中国大百科全书

（第二版简明版）

6

中国大百科全书出版社

奴儿干都司 中国明代政府设置于黑龙江、阿速江（今乌苏里江）、松花江以及脑温江（今嫩江）流域的地方军政机构。全称为奴儿干都指挥使司。洪武年间，黑龙江下游奴儿干地区的元代故臣多归降明政府。永乐九年（1411），正式开设奴儿干都司，为明政府管辖黑龙江口、乌苏里江流域的最高地方行政机构。都司的主要官员初为流官，后为世袭。管辖范围西起斡难河（今鄂嫩河），北至外兴安岭，东抵大海，南接图们江，东北越海而有库页岛。其境内的蒙古、女真、吉里迷、苦夷、达斡尔等族人民，多以渔猎为生。辖区内分置卫所，明朝政府还任命各族首领掌各卫所，给予印信，仍其习俗，统其所属，以时朝贡。贡物有海青、貂皮、马匹等土特产品，相当于内地的赋税。明政府在元代驿站的基础上，恢复了奴儿干通往内地的驿传，密切了奴儿干同明廷的政治联系、经济往来和各族人民之间的友好关系，促进了当地社会经济的发展。都司治所特林在黑龙江下游东岸，下距黑龙江口约200千米。明朝派到奴儿干都司的官员和驻防军都在这里。记载于19世纪许多中外文献的特林永宁寺的两块石碑，一块刻有《敕修永宁寺记》，分别由汉文及蒙古文与女真文写成；另一块有汉语碑文《重建永宁寺记》，记录了明政府管理和经营奴儿干都司的事实。永宁寺早已堙废。清光绪十一年（1885）曹廷杰奉命至其地调查，在特林仍看到此二碑，拓下碑文，并撰《伯力探险记》作为调查记录。

奴隶占有制社会 slave-owning society 原始社会瓦解后出现的人剥削人的社会。以奴隶主占有奴隶的人身、实行超经济奴役为主要特征。在奴隶社会中，奴隶主在经济和上层建筑居于主导地位，奴隶占有制生产方式决定着整个社会的基本发展方向。奴隶社会最早出现于埃及、西亚、中国和印度，继而在希腊和意大利等地产生。

原始社会末期，出现了人类历史上第一个人剥削人的形式，即奴隶占有制。最早的奴隶主是原始社会内部分化出来的氏族贵族。最早的奴隶是氏族部落战争中俘虏的外族人。其次是债务奴隶。此外，惩罚罪犯、海盗掠夺、拐卖人口、奴隶买卖、家生奴隶等也是奴隶的重要来源。

随着奴隶与奴隶主之间的矛盾和斗争日趋激烈，作为奴隶主阶级镇压奴隶和其他被剥削者工具的奴隶制国家应运而生。人类历史上最早在亚洲、非洲和欧洲出现的国家，都是奴隶制国家。

在奴隶社会，居民被分为自由民和奴隶两部分。奴隶反抗奴隶主的斗争，被奴役的氏族部落反抗征服者的斗争，往往表现为大规模的起义。但奴隶反抗奴隶主的方式，更为经常的是消极怠工、逃亡、破坏生产工具或杀死个别穷凶极恶的奴隶主。在反抗奴隶主剥削和奴役的斗争中，奴隶有时与自由民中的平民联合行动。

在奴隶社会末期，出现了一批由奴隶主阶级中产生的大土地所有者，广大自由民逐渐沦为与奴隶处境大体相同的被剥削被压迫的阶级，社会矛盾日益激化。各奴隶占有制国家通过长期的不同形式的革命性变革，逐步走上了封建化的道路，大土地所有者演变为封建主，奴隶和自由民转化为农奴。以剥削农奴为主的封建生产方式逐渐取代奴隶占有制为主导的生产方式。

与原始社会比较，奴隶占有制社会是一个巨大的进步。它打破了原始社会氏族部落关系的狭隘性，从而有利于社会生产规模的扩大，有利于体力劳动和脑力劳动分工的发展，为整个人类物质文明和精神文化的进一步发展创造了条件。

人类历史的发展在各地区是不平衡的。在某些地区，由于特定的历史条件，原始社会瓦解后越过了奴隶占有制社会发展阶段，直接进入封建社会，在另一些地区，如亚洲和非洲的一些落后地区，直到19世纪和20世纪的近代，仍处于奴隶占有制的社会中。

努比亚人 Nubians 非洲东北部苏丹共和国的主要民族之一。人口265万（2002），占全国人口8%，为该国第三大族。另有44万人分布在埃及南部。其祖先与埃及王朝前期的居民同属一类人种，后来由于大量尼格罗人迁入，发生种族融合。体质具有尼格罗人的一般特点，尤以其主要支系巴拉布拉人为典型代表。使用努比亚语，属尼罗-撒哈拉语系沙里-尼罗语族。多信伊斯兰教，属逊尼派。自古从事农业，种植高粱、大麦、小麦、棉花和枣椰，饲养骆驼、马、驴、羊等。许多人在苏丹或埃及一些城市从事手工业和商业，有的在工厂、矿山、棉花种植园里当工人。社会结构受阿拉伯人影响很大。农村仍保留氏族组织。其祖先早在四五千年前便已建立国家，并于公元前8世纪一度征服埃及（第25王朝）。后来苏丹境内的努比亚人长期遭受埃及压迫。到了近代，又遭受英国的殖民统治。直到埃及和苏丹相继获得独立，努比亚人才摆脱殖民主义的桎梏。

努比亚妇女

努尔哈赤 Nurhaqi (1559~1626-09-03) 大金（后金）开国君主，清朝奠基人。见清太祖努尔哈赤。

努克 Nuuk 格陵兰（丹）首府和最大城市。前称戈特霍布。位于格陵兰岛西南岸，戈特霍布峡湾入口处。人口1.54万（2008）。9~15世纪挪威人曾定居于此，后废弃。1721年挪威传教士H.埃格德在此重建殖民据点。1933年海牙国际法庭判决后，随格陵兰岛正式归属丹麦。自治议会、自治政府以及最高法院的所在地。港口不冻，为渔业中心，产鳕鱼、大比目鱼等。渔产品加工为城市经济主业。有石油、天然气储存设施。城郊牧场饲养驯鹿。海港与丹麦、加拿大、冰岛等国有定期航班往来。20世纪70年代后期兴建机场。有格陵兰大学（1974）。

努克城街景

努库阿洛法 Nuku 'alofa 汤加首都。位于汤加塔布岛北部的一个半岛上。北临太平洋，南面为方阿乌塔潟湖。市区人口约3万（2006）。城区沿海滨大道延伸。城市西端有建成于1867年的维多利亚式王宫和1862年建成的大教堂，游艇俱乐部位于东端。商业和服务业设施齐全，为观光游客的休憩地。有深水港口，附近新建有工业区。汤加塔布富阿阿莫图国际机场在市区南面22千米处，有往来奥克兰等地的定期航班。

努里·赛义德 Nuri as-Said (1888~1958-07-15) 伊拉克费萨尔王朝首相（1930~1958）。生于巴格达，卒于巴格达。1906年在土耳其伊斯坦布尔军事学院毕业后，留在土军中任下级军官，曾参加巴尔干战争。1916年在汉志参加了侯赛因·伊本·阿里领导的阿拉伯起义军，任参谋长，反抗奥斯曼帝国的统治。1921年任伊拉克陆军参谋长。1922～1930年任国防大臣。1930～1958年14次担任首相。

赛义德对外依靠英、美，出卖民族利益；对内忠实维护封建王朝的统治，实行法西斯专政。1958年2月，赛义德政府在美、英指使下与约旦结成阿拉伯联邦，以抵制埃及和叙利亚合并成立的阿拉伯联合共和国及其在阿拉伯世界的影响。1958年伊拉克革命爆发后，赛义德男扮女装潜逃，7月15日被杀。

努列克坝 Nurek Dam 世界第一高坝。位于塔吉克斯坦境内瓦赫什河的布利桑京峡谷。枢纽有发电和灌溉等功能。控制流域面积30 700平方千米。平均年径流量204亿立方米。坝址基岩为砂岩和粉砂岩，有覆盖层。地震烈度为9度。心墙土石坝最大坝高300米，坝顶长704米。总库容105亿立方米，为季调节水库。右岸水电站半露天厂房总装机容量270万千瓦，平均年发电量112亿千瓦·时。泄洪设施为左岸两条泄洪洞，设计总泄洪量为4 040米^3／秒。1961年开始导流，1980年竣工。

努美阿 Nouméa 新喀里多尼亚首府和主要港口。位于新喀里多尼亚岛的西南端。人口约9.14万（2004）。1854年建立，称“法国港”，1866年改为努美阿。第二次世界大战期间曾为美国在南太平洋地区的军事指挥中心。城市周边有镍和黄金等矿藏，为矿业中心。市区三面环山，一面临海。港内水深，风平浪静，是南太平洋西部最好的港口之一。港口外16千米处的礁屿上，有100多年前修建的铁架灯塔，是努美阿的标志。市内有圣约瑟夫大教堂、拉佩鲁兹学院、珊瑚水族馆、博物馆和海洋及植物研究中心等文化旅游设施，以及水电厂和镍冶炼厂等工业设施。1947年建立的南太平洋委员会总部设于此。

努米底亚王国 Numidia, Kingdom of 北非古国。位于今阿尔及利亚东北部与突尼斯毗邻部分。古代努米底亚人大致居住在今阿尔及利亚境内。努米底亚一词是古代罗马人对努米底亚人居住地区的称呼。努米底亚人骑马狩猎和从事游牧，他们的活动范围东达今利比亚地域。

公元前3世纪末，马西尼萨统一了国家并任国王，建都锡尔塔（今君士坦丁）。游牧部落开始转入定居，开垦荒地，发展农业，种植大麦、小麦，栽培果树；兴建城市，发展商品生产，加强同欧洲国家的商业联系；接受希腊文化，创造了本民族的文字。马西尼萨对外联络罗马反对迦太基。第二次布匿战争时期，罗马在马西尼萨的支援下打败了迦太基。公元前148年，马西尼萨去世。公元前146年，罗马入侵努米底亚王国。公元前118年马西尼萨的孙子朱古达领导反侵略战争，最后失败。公元前46年，努米底亚王国被罗马灭亡。它管辖的地区成为罗马阿非利加省的一部分。

努瓦迪布 Nouâdhibou 毛里塔尼亚第二大城市和最大港口，努瓦迪布湾省首府。旧称艾蒂安港，人口9.7万（2000）。在努瓦迪布角半岛东侧，临努瓦迪布湾。热带荒漠气候。原为小渔港和渔村。1963年矿石港码头和连接祖埃拉特铁矿的铁路建成投产，带动城市迅速发展。矿石港在康萨多，高品位铁矿石由此输往欧洲和美国。商港码头岸线总长1 600米，吞吐能力达100万吨。渔港码头水深6米，吞吐能力达30万吨，成为全国最大渔港，有大型海产市场。工业主要有鱼类加工和冷藏，包括制冷、鱼粉和鱼油制造、沙丁鱼罐头等厂；还有日用化工、炼油、船舶修造、食品、饮料以及摩尔人的传统手工业，尤以金银首饰、刺绣皮具、马鞍等著称。努瓦迪布—祖埃拉特铁路长675千米。有干线公路通首都努瓦克肖特和其他主要城市。有国际航空港。距市区几千米的布朗角是海豹栖息地，为旅游观光景点。

努瓦克肖特 Nouakchott 毛里塔尼亚首都和港口。濒大西洋。人口80万（2009）。地处撒哈拉沙漠西部边缘，背靠沙漠，属热带荒漠气候。炎热少雨，年平均最高气温32.2℃，极端最高气温46℃；平均年降水量130毫米。历史上为沙漠商队要道上的驿站。第二次世界大战后城镇始兴，国家独立后定为首都。集中了全国主要工业部门，有炼油、水泥、鱼类及畜产加工、纺织、制糖、食品、服装、制鞋、日用化工等企业以及传统手工业。鱼类加工（包括罐头）业是工业发展重点。全国手工业中心，生产各种传统手工艺精品。公路枢纽，公路干线连接南方农业区和北方矿业区；北通阿克茹特铜矿、弗德里克铁矿；南连边境城市罗索，抵塞内加尔圣路易。全国最重要商港。努瓦克肖特老港主要输出阿克茹特精铜矿，亦为渔港；新港友谊港由中国援建，在老港南5千米，系深水港，年吞吐能力达100万吨。努瓦克肖特机场为国际航空港。

努希奇 Nušić, Branislav（1864-10-08～1938-01-19） 塞尔维亚小说家、戏剧家。生于贝尔格莱德，卒于贝尔格莱德。先后在格拉茨大学和贝尔格莱德大学学习法律，获律师资格。23岁时因讽刺诗《两个奴才》而被捕入狱2年。后曾担任外交官、县长、剧院经理、文化部艺术局长，以及《戏剧报》、《我们的现实》等刊物主编。

努希奇文学创作的主要成就是戏剧。他写的讽刺喜剧《议员》（1883）揭穿了所谓自由选举的虚伪本质，长期被禁演。《可疑的人》（1888）抨击了官僚制度的腐败，揭露了贪官污吏的丑恶面貌。历史剧《洛亚哈吉》（1908）描写了波斯尼亚人民反抗异族统治的斗争，颂扬爱国志士。作品《大臣夫人》（1931）嘲笑了资产阶级议会制度的虚伪、上流社会的自私和卑鄙。《亡人》是努希奇喜剧创作的高峰，塑造了许多个性鲜明的形象。

努希奇的创作推动了塞尔维亚现实主义文学的发展。他的作品构思缜密，情节自然，故事奇巧真实，语言丰富幽默，具有艺术感染力。他被誉为“笑的大师”。

怒江 Nujiang River 中国重要的南北向河流。流域位于西藏自治区东部，云南省西缘。怒江由中国流入缅甸后称萨尔温江，最后在毛淡棉注入印度洋的安达曼海。总长2 103千米，流域面积14.27万平方千米。源出唐古拉山的吉热格柏。在嘉玉桥以上为上游，山势起伏较缓，河谷平浅。嘉玉桥以下至泸水为中游，两岸山脊多在海拔5 000米左右，谷底海拔2 000～3 000米。河床坡度陡，支流属羽状水系。怒江深切流经高黎贡山、碧罗雪山、怒山等，形成世界著名的巨大峡谷区。泸水以下为下游，沿河山脉高程降低，水面宽，河谷深度为500～1 000米，两岸有阶地分布。以下河流又进入峡谷地带，惠通桥附近谷地已较开敞，到曼辛河口流出中国国境。

怒江流域径流深，下游地区在500毫米以上，最多的无量山区可达800毫米。中

怒江第一弯

游一般为400～600毫米，上游只有150～400毫米。上游流域面积虽占总面积的一半以上，但河川径流量不及全河的45%。

怒江上游占流域总面积的50%以上，多年平均径流量244.4亿立方米。中游地区流域面积增加不大，但地表径流较丰富，至道街坝站达524.13亿立方米。以下到国境处多年平均径流量约569.2亿立方米。干流的径流年际变化较小，道街坝站年径流变差系数为0.12，历年最大流量与最小流量极值之比为27左右。怒江含沙量较小，道街坝站多年平均值仅0.43千克/米^3，是西南诸河中的最低值。干流年径流量丰沛，落差大，河道平均比降为2.4‰，水力资源较丰，干流的水力蕴藏量约为4 600万千瓦。怒江几无通航之利。怒江流域矿产资源有铜、铁、铅、锡及煤、汞、水晶、硫磺、石墨、云母等。

怒江傈僳族自治州 Nujiang Lisu Autonomous Prefecture 中国云南省辖自治州。位于省境西北部，北接西藏自治区，西与缅甸为邻。辖泸水县、福贡县、贡山独龙族怒族自治县、兰坪白族普米族自治县。面积14 703平方千米。人口53万（2010），有傈僳、汉、怒、白、普米、独龙、彝、纳西、藏、傣、回、景颇等民族。其中少数民族占总人口的92%左右。自治州人民政府驻泸水县。地处滇西横断山地纵谷中北段，山高谷深。除兰坪白族普米族自治县外，均沿怒江河谷两岸呈南北狭长分布。气候、土壤、植被垂直变化明显。特别是怒江大峡谷保存着众多古老珍稀植物种群和特有的植物群落，孕育出许多特殊的植被带谱，成为中国从南到北植物带谱的缩影。农业主产玉米、小麦、荞麦、豆类、薯类、油桐、生漆、生猪等。矿产有铅、锌、铜、锡、盐、汉白玉、大理石等。拥有亚洲已探明的最大铅锌矿床——兰坪铅锌矿。工业以采矿、建材、酿造、冶金、木材加工、电力等为主。怒江西部的片马口岸，是中缅边境北段交通要道和商贸往来重要通道。名胜有兰坪金鸡寺、福贡石月亮、贡山独龙江瀑布、匹河岩画及片马人民抗英胜利纪念碑等。

怒山 Nushan Mountain 中国怒江与澜沧江分水岭，横断山脉主要山脉之一。北段在西藏自治区境内称他念他翁山，进入云南省境后总称怒山或碧罗雪山。各分段名称不一：近西藏的山段为梅里雪山；滇藏交界的山段地势最高，称太子雪山；至保山市一带又称怒山。山脉作南北向分布，北窄南宽。太子雪山是怒山山脉主峰，海拔一般在5 000米以上，最高的卡瓦格博峰海拔6 740米，为云南第一高峰。太子雪山顶部终年积雪，雪线海拔4 000米以上，并发育有现代冰川。

怒语 Nu language 中国怒族使用的语言。根据自称，分怒苏语、柔若语、阿侬语，均属汉藏语系藏缅语族。怒苏语、柔若语属彝语支，阿侬语属景颇语支。在中国，怒苏语分布于云南省怒江傈僳族自治州福贡、泸水两县；柔若语分布在兰坪、泸水两县；阿侬语分布于福贡县城关。怒苏语、阿侬语在国外主要分布于缅甸北部。怒族没有本民族文字，通用汉文。

怒苏语有45个单辅音声母、15个复辅音声母，有39个单元音韵母，有4个介音，有4个声调。虚词和词序为表达语法意义的主要手段，形态不丰富。语序是主语-宾语-谓语。借词主要来源于汉语和傈僳语，也有少量白语和缅甸语借词。

柔若语分果力和江末两个土语，彼此可以通话。语音声母比较简单，有23个，浊音已消失；有80个韵母，元音分松紧，有6个声调。有一定比例的汉语、白语和傈僳语借词。词序和助词为表达语法意义的主要手段。句子的基本语序是主语-宾语-谓语。

阿侬语在同语支中与独龙语最接近。阿侬人绝大部分已经转用傈僳语，少部分转用汉语。阿侬语有64个声母，其中45个单辅音，9个复辅音；有10个单元音韵母，4个鼻音自成音节韵母，16个复元音韵母；有4个声调。借词主要来源于傈僳语和汉语。以形态为表达语法意义的主要手段，其次是助词和词序。

怒族 Nu 中国少数民族。主要分布在云南省。人口28 759（2000）。使用怒语，属汉藏语系藏缅语族。无文字，使用汉文。是怒江和澜沧江两岸古老的民族之一。由早期居于云南福贡、贡山的土著与唐代"庐鹿蛮"的一部分发展而来。主要经营农业。男女都穿麻布衣。一般女子穿长裙、右大襟上衣。男子穿长裤，腰佩砍刀，右肩背弓箭。主食为玉米和荞麦。住房有干栏式木板房和竹篾房两种。婚姻行一夫一妻制。贡山怒族有重葬习俗。行火葬和土葬。信仰原始宗教，相信万物有灵。部分人信喇嘛教、天主教或基督教。1956年建立了贡山独龙族怒族自治县。

怒族女子

《女店主》 *The Mistress of the Inn* 意大利剧作家C.哥尔多尼的喜剧。女主人公米兰多林娜独自一人经营着一家小旅馆，还雇了一个名叫法布里齐奥的人做帮手。店里住着穷酸的侯爵费利波波利、摆阔的新贵阿巴费奥里达伯爵和狂傲的里巴夫拉达骑士。前两人垂涎女店主的美貌，唯独骑士不以为然。女店主为了惩罚这个蔑视妇女的家伙，随即向其展开攻势，使之很快就拜倒在自己脚下。然而，米兰多林娜宣布嫁给真心爱着自己的仆人，把其他三个男人逐出了旅店。作品充分体现了剧作家所处的启蒙时代的新思想与新观念，完全摆脱了假面喜剧的传统手法，熔性格喜剧与风俗喜剧于一炉，对意大利戏剧的发展具有特殊的意义。

女儿墙 parapet 建筑物外墙高出屋面的部分，呈矮墙状。中国古代在城垣和城堡顶部用砖或石砌成矮墙，以利警戒和防卫，称胸墙，又称女垣或女墙。以后普遍用作建筑物屋顶上的栏护设施，或作为一种外形处理手段，成为房屋檐部的组成部分，沿称女儿墙，又称压檐墙。女儿墙和屋面的接缝处，应做好防渗漏处理，其构造方法是设置内天沟，并将屋面防水层延伸到女儿墙上，做成泛水。地震烈度7度以上的地震区，砖砌女儿墙应加钢筋锚固于屋顶构件上，以防地震时倒塌。

《女贵族莫洛卓娃》 *Feodosia Morozova* (1887) 俄罗斯19世纪后期历史画家V.I.苏里科夫的代表作之一。作品刻画了俄国17世纪宗教改革时期的反叛者、分裂派教徒、沙皇的亲戚女贵族莫洛卓娃的形象。她被拉出修道院的地牢，坐在简陋的雪橇上，与拥挤在修道院门前的莫斯科市民诀别。她高举右手，并以两个手指示意维护旧教的坚定信仰。莫斯科寒冬的街道上，具有鲜明特征的17世纪的人物分列在她的左右，右边有赤足、颈挂锁链、穿单薄衣衫坐在雪地里的苦行僧，有为她祝福的老妇人，有挎着篮子的流浪者，有向她鞠躬致意的少妇，有被当时情景惊吓了的修女。左边

《女贵族莫洛卓娃》(特列恰科夫画廊藏)

有看热闹的、奔跑的孩子，有幸灾乐祸的商人，有喜形于色的新教神父。莫洛卓娃面容苍白憔悴，但她眼中散发的狂热、炽烈的光芒，令人震撼。莫洛卓娃不可驯服和敢于抗争的性格，在画家的笔下得到充分的表现。

女权主义 feminism 以两性关系为政治研究的中心议题，反对性别歧视、压迫、剥削，追求两性的平等与妇女解放的政治主张。兴起于20世纪60年代。

2005年4月美国女权主义者举行对妇女分等级的抗议活动

1792年，英国的M.沃斯通克拉夫特发表了《女权辩护》，论证女人具有与男人一般无二的理性能力，应该享有与男人同等的权利，尤其是教育权利。这标志着女权主义的发端。此后，女权主义的代表作有1869年英国J.S.密尔的《妇女的屈从地位》、1949年法国S.de波伏瓦的《第二性》等。

西方女权主义运动出现过两次浪潮。第一次浪潮称“妇女普选运动”，从19世纪60年代美国妇女争取选举权的斗争，至20世纪30年代，西方大部分国家在法律上承认妇女的选举权。第二次浪潮称“妇女解放运动”，始自20世纪60年代中期，70年代初期结束。女权主义者不再满足争取外在的权利与法律的平等，而是将矛头直指妇女受压迫背后的社会与文化根源。

西方女权主义关注感性胜于理性，少强劲的说服力及系统的理论架构，气质温和。尽管妇女解放、女权革命，甚至性别战争是其核心概念，却很少诉诸暴力。另外，女权主义主张意识形态多元化，政治价值取向多样化，并试图整合其他政治思潮，侧重从多维度阐释女性被压迫的根源及解放的出路，故在内部形成了不同的流派。

《女人的一生》 *A Woman's Life* 日本现代剧作家森本薰的代表作。剧本写贫苦女子布引圭被女商人堤倭文子家收养，并在商业经营上显露才能。文子临终前要她继承事业，布引圭为此放弃了自己的爱情，一心扩展商务到中国，人也逐渐变得冷酷，丈夫、女儿、初恋情人都离她而去。最终，日本侵华战争的失败使她失去了一切，连家都毁于战火。剧作从侧面反映了20世纪前50年日本的历史悲剧，对日本发动侵略战争进行了反思。这部剧作是森本薰专为著名演员杉村春子而作，是日本文学话剧团的保留剧目。

《女神》 *Goddess* 中国现代诗歌集，作者郭沫若。是郭沫若出版的第一本诗集，也是其诗歌的代表作。共分三辑：第一辑收录《女神之再生》、《湘累》和《棠棣之花》三部诗剧；第二辑收录《凤凰涅槃》、《天狗》、《地球，我的母亲！》等郭沫若最重要的诗篇；第三辑所收诗篇写作时间跨度较大，风格和内容也比较驳杂。《女神》体现了“五四”狂飙突进的时代精神，表现出彻底破坏、扫荡旧世界的强烈要求和战斗的民族精神。在艺术想象和形象体系的建立方面，表现出浓厚的泛神论思想，把整个大自然都作为自己的抒写对象。因此，诗集中的形象就具有了壮阔、飞动、物我合一的特点，从而形成了雄奇宏大的艺术风格。《女神》是新诗的奠基之作，为新诗的发展提供了艺术表现上的多种可能性。

《女史箴图》 *Painting of the Admonitions of the Preceptress to the Ladies of the Palace* 中国东晋绘画作品。传为顾恺之作。绢本，淡设色，现藏于英国伦敦不列颠博物馆，多认为是唐代摹本。内容系据西晋张华《女

《女史箴图》（局部）

史箴》一文而作，原分12段，每段题有箴文，现存9段，自“玄熊攀槛”开始，到“女史司箴敢告庶姬”结束，是了解顾恺之绘画风格比较可靠的实物依据。另外，故宫博物院尚藏有宋人摹本一卷，艺术水平不如前者，但多出樊姬、卫女两段，也有研究价值。

女娲 Nüwa 中国神话中的创世女神。关于女娲的神话主要有两方面内容。一是造人，二是补天。神话说女娲抟团黄色泥土创造了人类。后来因为繁忙便引绳入泥浆拖拉甩动，飞溅的泥点变成了很多人（后汉应劭《风俗通义》）。补天神话最早见于《淮南子·览冥篇》。传说上古时候不知道什么原因，忽然发生了一场自然界的大灾变，天崩地陷，大火燃烧，洪水泛滥，恶禽猛兽残害人民。女娲熔炼五色石修补苍天，并斩断鳌足代替天柱，树立在大地的四方，将天撑起来。她还杀死黑龙，拯救中原人民。把芦苇烧成灰，堵住滔天的洪水。补天神话的中心内容是治水。此外，还说女娲曾制作笙簧（《世本》）。笙簧与后来中国西南苗、侗等民族所吹的芦笙很相似。还有神话说女娲替人类建立婚姻制度（《风俗通义》），让青年男女互相婚配繁衍后代。总之，女娲是原始社会母系氏族时期流传下来的一位中华民族伟大女神形象。

东汉女娲、伏羲画像砖（河南新野县出土）

女性生殖道瘘 female genital tract, fistula of 女性生殖道与附近器官（主要为尿道和肠道）之间形成的异常通道。有尿瘘、粪瘘两种。形成原因以产伤为主，其次有手术、放射线损伤（尤其是阴道镭疗）、癌瘤浸润、长期放置子宫托等。尿瘘按发生部位又分为膀胱阴道瘘、尿道阴道瘘、膀胱宫颈瘘、膀胱尿道阴道瘘、输尿管阴道瘘。前3种常见。临床表现为不自主地自阴道漏尿，漏尿多少依瘘孔部位和大小而异。可借助探针、导尿管、尿道内注入美蓝液体等方法协助诊断。粪瘘常见的为直肠阴道瘘，表现为大便失禁不能控制，粪便和气体自阴道排出。阴道及肛门检查即可诊断。治疗以手术修复为主，小的新鲜瘘道有希望自然愈合，注意术前充分控制炎症，术后加强护理以保证手术一次成功，因为再次手术困难很大而且效果也不好。

女乐 dancing girls 中国古代专业乐舞艺人。女乐主要在王室贵族之家以声色歌舞供王室贵族享用。女乐又指观赏性强、与雅乐舞体系相左的由女性艺人表演的歌舞。女乐最早出现于奴隶社会。从夏商到明清，历代宫廷皆备有女乐。唐代称具有女乐性质的艺人为歌舞伎，明清时也称女伶为女乐。女乐不仅供统治者享乐，早期还是统治者死后的殉葬品，或充当政治斗争的工具。如春秋战国时代，齐国向鲁国、郑国向晋国、秦国向西戎国分别以赠送女乐来达到乱其

朝政的目的。女乐一般都有较高的艺技，对中国古代舞蹈的发展有重要贡献。

女贞 *Ligustrum lucidum*; glossy privet 木犀科女贞属的一种。分布于中国华东、华中、华南至西南地区。常绿乔木或大灌木，高5～15米，枝条有明显的皮孔，无毛。叶革质而易碎，卵形、宽卵形、椭圆形或卵状披针形，长6～12厘米，无毛。圆锥花序较大，顶生，花萼钟状，4浅裂，花冠4裂，管部与裂片约等长，白色，雄蕊2，生花冠管喉部，伸出花冠外，雌蕊1，子房上位，球形。核果浆果状，长椭圆形，幼时绿色，熟时蓝黑色，种子1～2个。生于山地林中，亦可栽培于庭园。女贞树用途广，可以放养

白蜡虫以收虫蜡，亦为观赏树木。其果入药，有补肝肾、强腰膝的作用，药名女贞子。

女真 Jurchen 中国东北古代民族。又称女直。与肃慎、挹娄、勿吉、靺鞨有渊源关系。五代时，契丹人开始将黑水靺鞨称为女真。辽代，女真完颜部逐渐兴盛，定居按出虎水（今阿什河）一带，从事农业，学会了冶铁。首领乌古鹏（1021～1074）时开始统一女真各部。12世纪，女真首领阿骨打起兵反辽，1115年建立金朝，1125年灭辽，1127年灭北宋。辖境北至外兴安岭及黑龙江下游。1234年亡于蒙古。曾借契丹字母和汉字创女真大、小字。迁居中原者渐与汉人同化，留居东北的女真人仍以渔猎为生。元朝在女真各部分设军民万户府等管辖。明代，女真分为建州、海西、东海（野人）3部。明朝于各部分置卫所，从辽东直到黑龙江下游、库页岛。明末努尔哈赤起兵，统一女真各部，于1616年建立后金（后改称清）。其子皇太极继位后，于1635年改"诸申"（女真的异译）为满洲，女真一名逐渐消失。其后人今称满族。

女真文 Jurchen script 中国金代女真人创制的文字。据《金史》记载，金太祖阿骨打命完颜希尹仿契丹字和汉字制女真字，于天辅三年（1119）颁行。20年后，金熙宗完颜亶又制女真字，于天眷元年（1138）颁行。前者称女真大字，后者称女真小字。但《金史》上关于女真大、小字的区别没有明确记载。传世的女真文主要是一种与方块汉字相似的单文。日本《吾妻镜》所

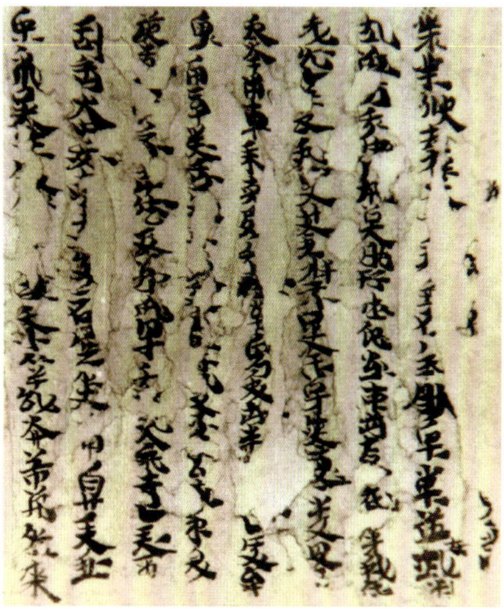

《女真字文书》残页

载的"银简铭"女真文和1977年苏联滨海地区赛金古城出土的金代银牌女真文均把两个单字合并书写，而中国明代《方氏墨谱》和《弇州山人四部稿》中，又有上下叠写的女真文，于是学术界认为这种并写或叠写的女真文颇似契丹小字，或者就是女真小字。一般以为女真文最初是表意字，继而为了适合女真语的语法特点，创制了词干字和词缀字，最后发展为按音拼写的文字，即金熙宗所制的女真小字。自1973年陕西西安文物管理委员会在石台《孝经》碑中心的石柱卯眼内发现金人手书《女真字文书》残页（见图）以后，更加深了这种看法。金世宗以后，废除并写、叠写，统用单文直书。

女真文创制后，主要用于官方文件。12世纪后期才以女真文译汉文经书。金朝灭亡（1234）后，女真文仍通用于中国东北的女真各部，至15世纪中叶始废。

女子胞 uterus; womb 中医学指位于女性小腹中，定期产生月经和孕育胎儿的器官。又称胞宫或子宫，属奇恒之腑。

中医认为女子胞与肾和冲任二脉（见冲脉、任脉）的关系最为密切。因肾主人体生殖机能，与女子胞有络脉相联系，而冲任二脉都起于胞中，有"冲为血海"，"任主胞胎"之说。当女性身体发育到一定的年龄，肾精旺盛，冲任二脉气血充足，月经来潮，为孕育胎儿准备了条件。若肾气衰弱、冲任二脉气血不足，会出现月经不调、闭经甚或不能受孕等病证。妇女至50岁左右，随着肾中精气和冲任二脉的衰弱，进入绝经期，受孕终止。此外，女子胞与心、肝、脾三脏的关系也很密切。因为月经的产生和胎儿的孕育都有赖于血，而心主血，肝藏血，脾为气血生化之源又统血。心、肝、脾三脏功能失调均可影响女子胞的正常功能而出现月经和胎孕疾病。故临床中见月经不调或胎孕病证时，多从肾、肝、脾、心及冲任二脉着手治疗。

女子足球 women's football 专由女子参与的足球运动。古代女子足球活动最早见于中国，多集中在宫廷里或在艺人之间进行，内容主要包括足球舞和足球游戏，表演性和观赏性强，对抗性差。在英格兰，16世纪时已有妇女参加类似现代足球运动的女子足球活动。

现代女子足球运动诞生于19世纪末的英国。1890年初，英格兰首先组建女子足球队。1894年英格兰出现世界上最早的女子足球俱乐部。1957年，第1届欧洲女子足球锦标赛在联邦德国举行。70年代初，女子足球运动正式得到国际足球联合会认可，世界女子足球从此步入正轨。80年代，国际足联开始举办国际女子足球比赛。90年代初，国际足联成立了女子足球委员会，专门管理世界女子足球运动，并于1991～2007年举办了5届世界女子足球锦标赛（亦即世界杯赛）。

中国女子足球从20世纪80年代开始蓬勃发展，1982年8月在北京举行全国10省市女子足球邀请赛，拉开了全国性女子足球竞赛活动的序幕。1983年始每年举行一届全国女子足球锦标赛。1986年12月举行的第1届亚洲女子足球锦标赛中，中国女子足球队以全胜的成绩夺得冠军，而后又多次在亚洲锦标赛和亚洲运动会（第8、9、10、11届）女子足球比赛中蝉联冠军，2006年7月第15届亚洲杯女子足球赛再次夺冠。中国女足以往最好战绩为1996年奥运会亚军、1999年世界杯亚军。

暖流 warm current 海水温度比流经海域的水温高的海流。一般由低纬度流向高纬度的海流是暖流，而由高纬度流向低纬度的海流则是寒流，但暖流的海水温度并不一定都比寒流的高，如北太平洋海流（属中高纬度的暖流）的水温就比加利福尼亚海流（属中低纬度的寒流）的海水温度低。

大洋西侧沿大陆坡从低纬度向高纬度的海流是暖流，如太平洋的黑潮和东澳大利亚海流、大西洋的湾流和巴西海流，以及印度洋的莫桑比克海流等。湾流和黑潮向北流到较高纬度处，便折向东流入盛行西风带所生的北大西洋海流和北太平洋海流中，并在那里遇到向南流动的拉布拉多寒流和亲潮。

疟疾 malaria 疟原虫寄生于人体引起的寄生虫病。传染源是患者和无症状的带虫者（血中带疟原虫配子体），由按蚊传播，以间歇性发冷、发热、贫血、肝脾肿大为主要临床特征。本病呈世界性分布，以热带及亚热带地区的发展中国家为多见，全球每年有3亿～5亿患者，并导致200多万人死亡。

诊断 依据患者在流行区停留史、典

型的临床表现、血涂片染色后在显微镜下找到疟原虫（并根据其形态确定虫种）可确诊。在慢性病例，厚血膜片检查的原虫检出率高于一般血涂片。血清免疫学试验仅对流行学调查有价值。DNA探针或多聚酶链反应（PCR）法对早期确诊有价值。目前已有试剂盒检测患者血液中恶性疟原虫富含组氨酸蛋白，方法简便且快速，阳性率可达100%。

治疗　自20世纪60年代初发现抗氯喹恶性疟后，抗疟治疗必须首先了解患者是否来自抗性恶性疟流行区。对氯喹敏感地区的患者仍可应用氯喹治疗，对来自抗性恶性疟地区如东南亚地区、中国海南、云南两省的患者应选用青蒿素类药物或奎宁。目前治疗恶性疟已趋向于数药联合应用，以延缓其抗性产生及增强疗效。间日疟和卵形疟上述治疗后，仍需用伯氨喹以求根治。

疟原虫 *Plasmodium*　原生动物门孢子虫纲真球虫目疟原虫科疟原虫属的统称。已记载100余种，寄生于两栖类、爬行类、鸟类和哺乳类的血细胞中。寄生于人的疟原虫可引起周期性的发冷发热，俗称打摆子（见疟疾）。

疟原虫的生活史中有两种寄主，脊椎动物为终寄主，蚊为中间寄主（又称媒介）。寄生于人的间日疟原虫的生活史可分3个时期：①裂体生殖。在人体中进行，使患者最初出现寒战继而高热。②配子生殖。从人体开始，在蚊胃完成。③孢子生殖。在蚊体中进行。

寄生于人体的疟原虫有4种，即间日疟原虫、恶性疟原虫、卵形疟原虫和三日疟原虫。以间日疟原虫和恶性疟原虫流行最广，在亚、非、拉为害最烈。疟疾在中国的分布很广，是中国五大寄生虫病之一。

挪威 Norway　欧洲北部国家。全名挪威王国。位于斯堪的纳维亚半岛西部。南濒北海，与丹麦隔海相望，西、北濒挪威海和巴伦支海。陆上东邻瑞典、东北与芬兰和俄罗斯接壤。领土狭长，南北延伸1770千米，东西间最宽处434千米，最窄处仅6.3千米。面积385199平方千米。人口486万（2009）。民族成分较单一，挪威人占总人口96%，90%居民信奉国教基督教路德宗。官方语言为挪威语，英语为通用语。首都奥斯陆。

地理　境内多山，山地约占国土面积的2/3，海拔150米以下的地面只占1/5。斯堪的纳维亚山脉纵贯东部，为地形的主脊。格利特峰海拔2470米，为全国最高峰。南部有狭窄的滨海平原，宽度仅几千米至几十千米。海岸曲折破碎，峡湾普遍而典型，以全国最长最深的松恩峡湾最著名，冰川地形极为普遍，全国有700多条现代冰川，

面积共5180平方千米。著名的约斯特谷冰原，面积815平方千米，是欧洲大陆上最大的冰原。海岸线长21192千米（包括峡湾），沿岸散布着约15万个岛屿岩礁。

挪威虽地处高纬度，国土约1/3处于北极圈内，但深受北大西洋暖流影响，大部分地区属温带海洋性气候。河流短小湍急，水量充沛，水力资源丰富，主要河流有格洛马河、洛根河、贝格纳河等。全国平均径流深度为1130厘米，居世界首位。可开发的水电资源约2150亿度，已开发60.2%。油气资源丰富，原油及天然气已探明总储量为130亿立方米（石油当量），已开采35%。其他如煤、铁、钛等矿藏蕴藏量较大，森林覆盖率26%，北部沿海是世界著名渔场。

历史　9世纪形成统一国家。13世纪中叶，国势鼎盛。14世纪中叶鼠疫流行，人口减半，并逐渐衰落。1397年成为以丹麦为盟主的卡尔马联盟成员。1523年瑞典脱离卡尔马联盟后，挪威继续与丹麦联合，直至1814年被丹麦割让与瑞典。1905年6月7日挪威王国独立，选丹麦王子为国王，称哈康七世。独立前的几个世纪中，海外属岛大部丧失，部分本土领土也分别割让给他国。第一次世界大战期间中立。第二次世界大战中被德国占领。战后由工党、保守党单独或与其他政党联合执政。

政治　实行君主立宪制。国王为国家元首兼武装部队统帅，军事上为名义上的

挪威王宫

最高统帅，并提名首相人选，但无权解散议会。议会采用比例代表直选制。分上、下两院，上院由全体议员的1/4组成，除制定法律先由下院后由上院讨论外，其他问题均由两院合并讨论。内阁通过国防大臣掌握全军。奉行与美国和北约结盟的防务政策。实行义务兵役制。

经济 属发达的混合型经济，主要以服务业、石油天然气生产和轻、重工业为基础，拥有发达的现代化工业。20世纪70年代末，发展成为一个经济发达的工业化国家。90年代初因取消石油生产限额，收入剧增，外贸顺差大幅度增加。2001年，虽受全球经济普遍低迷的影响，但挪威石油出口获巨额收益，政府“石油基金”在2009年底总额已达2.64万亿挪威克朗。2009年国内生产总值2.4万亿挪威克朗，人均国内生产总值约合49.4万挪威克朗，属世界最高之列。但经济存在过分依赖石油收入和福利开支过大等结构性问题，高科技产业投入与产出也显不足。货币名称挪威克朗。

工业在国民经济中占有重要地位，大部分工业以本国原料为基础。2009年产值占国内生产总值的37%。20世纪70年代兴起的近海石油工业已成为国民经济重要支柱，为欧洲最大产油国、世界第五大石油出口国。2009年油气总产值占国民生产总值的22%；油气出口额占挪威总出口额的45.2%。

2009年农林渔业产值211亿挪威克朗。农业用地面积10 400平方千米（2005），其中牧草地6 552平方千米。粮食主要靠进口。渔业是重要的传统经济部门，2009年捕鱼量250万吨。此外，养殖业发达，以人工养殖大麻哈鱼和近海捕捞为主，主要捕捞鱼种是鳕鱼、鲱鱼、鲐鱼、毛鳞鱼等。渔产品一半以上供出口。

服务业2009年产值占国内生产总值的57%。

交通运输中海运业较突出。2009年挪威商船队总吨位1 678万吨，是世界上最大和最现代化的商船队之一，其中大部为外国服务。航运收入为重要外汇来源。主要港口有奥斯陆、特隆赫姆和卑尔根，奥斯陆港年吞吐量约600万吨。

铁路总长4 114千米，其中电气化铁路2 552千米；2009年公路总长9.3万千米；主要机场有奥斯陆、卑尔根和斯塔万格。

2009年，挪威国际收支顺差3 330亿挪威克朗，中央银行国际储备3 183亿挪威克朗。

外贸在挪威经济中地位重要，主张自由贸易。主要出口石油、天然气、有色金属、各类机械、渔产品、化工产品，进口机械、电器设备、运输工具、石油制品、纺织品、食品。主要贸易伙伴为欧盟、英国、德国、瑞典、北美和亚洲等。2009年，外国在挪威投资总额约3 320亿挪威克朗。主要投资国有瑞典、美国、英国、德国等。投资集中在工业和商业。

文化 政府从1998年起实行十年制义务教育。教育制度完善。识字率100%。学校大多为公立，中央负责高等教育，地方负责中等和初等教育。有高等院校71所，其中成立于1813年的奥斯陆大学是挪威最大的综合性大学，此外还有卑尔根大学、挪威科技大学、特罗姆瑟大学、挪威商学院（BI）、挪威生命大学等著名高等学府。出版界水准高，编辑人员以独立性著称，出版业居世界前列。全国出版各种日报60种，另有其他报刊约100种。大多数报纸归属某一政党。主要报纸有《晚邮报》、《世界之路报》、《日报》、《卑尔根时报》等，其中发行量最大的是《世界之路报》。电视与广播为国家垄断（挪威国家广播公司），教育与信息节目比娱乐节目更受重视。挪威通讯社为非官方通讯社。

对外关系 以同北约的合作为其外交和安全政策的基础。积极加强与欧盟、美国、俄罗斯及周边国家的关系，重视发展与亚太国家的联系，努力拓展外交空间。挪威与140多个国家建有外交关系。1954年10月5日与中华人民共和国建交。

挪威海 Norwegian Sea 北冰洋边缘海。东北面以挪威北角、熊岛一线与巴伦支海相邻；西北面以扬马延岛、冰岛一线与格陵兰海相接；南面一条连接冰岛、法罗群岛、设得兰群岛和挪威西南塔德角的海岭，把挪威海与大西洋、北海分开；东邻斯堪的纳维亚半岛。面积138.3万平方千米。平均水深1 742米，最深3 970米，海水体积240.8万立方千米。北大西洋暖流自南向北流经海区，表层水温显著高于同纬度其他海区，2月2～7℃，8月8～12℃。海水含盐度34～35.2。世界著名渔场之一，盛产鳕、鲱、白鲑等。沿岸主要港口有挪威的特隆赫姆、纳尔维克等。

挪威人 Norwegians 北欧民族之一。人口超过500万，其中440多万人分布在挪威王国，其余主要分布在瑞典、丹麦、美国和加拿大。属欧罗巴人种北欧类型。使用挪威语，属印欧语系日耳曼语族，与瑞典语和丹麦语十分相近。文字用拉丁字母拼写。多信基督教路德宗。公元前2000年左右迁入的日耳曼人诸部落，不断吸收部分拉普人和芬兰人以及后来迁入的移民，于公元9～11世纪形成统一的挪威民族。其早期历史与丹麦人和瑞典人密不可分。他们曾共同组成日耳曼人的北支，或被统称斯堪的纳维亚人。在800～1050年的北欧海盗时期，又被称为诺曼人。9～10世纪建立统一王国。1380年，丹麦国王继承挪威王位。1814丹麦被迫将挪威割让给瑞典，挪、瑞结成联盟，实受瑞典控制。1905年挪威人独立。挪威文化开发较早，早自3～6世纪便已出现北欧古文字。民间关于神和英雄的叙事诗《古代神话诗集》是北欧的优秀文学作品。第二次世界大战以后，工业已发展为国民经济主体，主要有石油、化工、造船、水电、冶金、食品、造纸和木材加工等。捕鱼量居世界前列，乳用畜牧业发达，大部分土地为牧场。农村实行电气化和机械化。人均产值和收入居世界前列。

身着民族服装的挪威人

挪威-瑞典联盟 Norwegian-Swedish League 在瑞典武力威胁下，挪威被迫接受的两国联盟（1814～1905）。1813年瑞典在取得俄国、英国支持它占有挪威的许诺后，向拿破仑法国的盟邦丹麦发动进攻。丹麦战败后，于1814年1月签署《基尔和约》，将挪威（不包括冰岛、格陵兰和法罗群岛）割让给瑞典。

1814年，瑞典以武力摧毁了挪威的独立运动。同年8月丹麦和瑞典交接了对挪威的宗主权。同年11月挪威议会承认瑞典国王卡尔十三世为挪威国王（1814～1818）。1815年8月瑞典和挪威议会同时通过《瑞挪联盟法》。

挪威人民一直为争取民族独立而斗

争。1859年挪威议会迫使瑞典停止派驻副王。1905年挪威各党派联合政府决定建立单独的领事机构。挪威议会进而宣布解散挪瑞联盟。瑞典进行武力恫吓，但未奏效。1905年8月31日瑞挪双方在卡尔斯塔德进行谈判，宣布结束挪瑞联邦，废除《联邦条例》。

挪威语 Norwegian language 挪威的官方语言。属印欧语系日耳曼语族北支（又称斯堪的纳维亚语支）。使用人口接近500万，除挪威外，移居美国等国的挪威人也使用。

挪威语经历过漫长的变化。1917年以来，挪威书面语存在着两种不同的规范：布克莫尔语和新挪威语。布克莫尔语的前身称里克斯莫尔语，新挪威语的前身称兰斯莫尔语。布克莫尔语与新挪威语可以互通，两种语言均为教育用语和官方语言。

挪威语的语音比较复杂，分简单乐调重音和复合乐调重音，重读音节中元音音长和辅音音长相互制约。语法中名词分共同格和所有格，定冠词作为后缀附着于词后，形容词分强、弱，动词无人称词尾。挪威语共有29个字母。

挪亚 Noah 一译"诺亚"，又译"诺厄"。按犹太教和基督教《圣经》说法，是大洪水灭世后的人类新始祖。据《旧约·创世记》载，为亚当之子塞特的后裔，亚当的第9代孙。据称当时世人罪孽深重，上帝决定降洪水灭世。唯因挪亚能够持守正义，上帝便命其造方舟保护自己和家人以及各种禽兽物种。大雨下了40昼夜，洪水泛滥，地上的一切生物全被淹死，只有方舟中的生命安然无恙。洪水经150昼夜退落，挪亚在舟中先放出乌鸦，未归；又放鸽子，鸽子口衔新拧下的橄榄枝飞回，乃知水退，平安已到。后为上帝筑坛献祭，称谢拯救之恩。上帝与其立约，永不再以洪水灭世，并以彩虹为记。挪亚950岁老迈而死，其子成为多国的始祖。西方文学以鸽子和橄榄枝作为和平象征，出于此典。人们也常用"挪亚方舟"比喻"灾难中的救星"或"避难所"。

挪亚方舟 Noah's ark 《旧约·创世记》中挪亚为避洪水，遵照上帝的旨意建造的长方形大船。又称诺亚方舟。

傩 exorcise 产生于驱逐疫鬼巫术的一种原始宗教仪式。也用以称"傩舞"、"傩戏"。大约起源于原始社会末期，到商周逐渐形成定制，流传至今。有说驱逐疫鬼的本字为"魖"，后来假借为"傩"。一般认为，傩最初产生于中原地区，后逐渐与各地区、各民族文化融合。据《礼记·月令》和《吕氏春秋·十二纪》等记载，上古傩祭依时分为春傩、秋傩和冬傩三种形式，分别在季春、仲秋、季冬时举行。前两次只有君臣贵族能参加，一般庶民只参加岁末规模最大的冬傩。在宫廷傩与民间傩中，前者由太卜令、太祝等宫廷官员主持，只在宫内逐室驱疫；后者乃大众之礼，四处游走、挨户赶鬼。专职领导驱鬼的巫师是方相氏，《周礼·夏官》载其披熊皮，戴面具，双手各执戈、盾，带队到各房室搜逐疫鬼。汉代傩礼增加了如祖先崇拜、阴阳五行等内容。汉以后傩的次数逐渐改为一年一次。三国两晋时宫廷傩一度遭废止，南北朝以后才恢复，而民间傩一直盛行不衰。在长期的发展过程中，傩的宗教祭祀功能逐渐向娱人化、戏乐化方向发展，傩仪中的仪式舞蹈成为娱神兼娱人的民间舞蹈。广泛流行于江西、湖南、湖北、贵州、安徽、山东等地，各地有鬼舞、跳傩、跳神等不同名称。元至清代，傩礼在宫廷中由衰微渐至终止。经过与迎神赛会、岁时节令及戏乐的融合，傩由民间宗教仪式衍变出具有戏剧形式的傩戏。明中期以后，傩戏演出已相当普遍，上演的剧目丰富多彩。

藏族傩舞

傩仪建立在原始宗教巫术思维与神鬼信仰的基础上，在发展过程中又与道教、佛教等宗教以及民间信仰融合。现在各地所供奉的傩神十分庞杂，大多是各种信仰中的人物，如老子、释迦牟尼、孔子、傩公傩娘、孟姜女等。现今的傩仪活动大多穿插在傩戏演出中，目的在于驱鬼逐疫、招祥纳吉。其大致构架按请神、酬神和送神的模式进行。请神包括祭拜祖先神灵与施法祈神驱疫，酬神则包括请戏神及表演各种歌舞戏乐，送神也以歌舞形式为主拜谢辞神。演者多戴面具，面具常被视为神灵对待，也有一些地区和品种的傩戏改为涂面化装。表演动作一般较简单原始，音乐多以锣鼓伴奏，人声帮和。演出时间或在春节前后及某些特定的节日（如中元节），或应冲傩还愿及举办丧事之家的邀请演出，平时一般不演出。演出者为本村或本族的普通百姓，或者由巫师主持演出。

中国的傩仪傩戏至20世纪末仍主要流传于黄河流域、长江流域和西南地区，包括汉、侗、苗、壮、瑶、彝、土家、布依、仡佬、藏、门巴、蒙古等民族，名称有傩堂戏（包括名称不同而形式相近的端公戏、师道戏、傩愿戏、庆坛戏等）、地戏、关索戏、提阳戏、师公戏、僮子戏、变人戏、扇鼓傩戏、锣鼓杂戏等。根据服务对象、演出对象和演出场所可分为民间傩、宫廷傩、军傩及寺院傩，或分为村舍傩、巫师傩及军傩。现存的傩舞剧目有《盘古开山》、《纺织娘》、《孟姜女》、《董永》、《柳毅传书》等神话传说，《李斯操兵》、《关公斩貂蝉》、《张飞闯辕门》等历史演义，以及《西游记》、《封神演义》等神话故事。有些剧目又成为独立的舞蹈，如《和合舞》、《老杨公》等。

傩戏 exorcising opera; nuo opera 以傩舞为基础发展形成的一种戏剧形式。见傩。

诺贝尔 Nobel, Alfred Bernhard (1833-10-21～1896-12-10) 瑞典化学家和工程师。生于斯德哥尔摩，卒于意大利圣雷莫。1850年去巴黎学习化学一年，后又在美国工作过四年。后在他父亲的工厂里工作。1859年开始研究硝化甘油，1862年完成了第一次爆炸实验，1863年获得了瑞典炸药专利。诺贝尔在斯德哥尔摩附近建立了小型工厂来生产硝化甘油，但1864年工厂爆炸，五人（其中有诺贝尔的弟弟）丧生。为了防止再发生意外，他将硝化甘油吸收在惰性物质中，使用比较安全。他称它为达纳炸药，并于1867年获得专利。1875年他将火棉（纤维素六硝酸酯）与硝化甘油混合起来，得到胶状物质，称为炸胶，比达纳炸药有更强的爆炸力，于1876年获得专利。1887年他发展了无烟炸药。诺贝尔积累了巨大财富，逝世时将其主要部分作为每年对世界上在物理学、化学、医学或生理学、文学及和平方面对人类作出巨大贡献的人士的奖金基金，于1901年第一次颁发，即诺贝尔奖。

诺贝尔奖 Nobel Prize 根据瑞典化学家A.B.诺贝尔遗嘱设立并以其姓命名的系列奖项。1895年11月27日，诺贝尔在巴黎立下遗嘱，将其大部分遗产（约920万美元）成立奖励基金会，以其每年利息（约20万美元）作为年度奖金，以奖励在物理学、化学、生理学或医学、文学与和平事业中“对人类作出最大贡献的人”。1896年12月10日诺贝尔逝世，1900年瑞典国王和议会宣布按其遗嘱设立诺贝尔奖，并成立诺贝尔基金会及其理事会，选举产生基金会主席。理事会主席和副主席由瑞典政府任命，其余7名理事则由基金会内部产生。基金会是基金的合法所有人和实际管理者，并为各颁奖机构的联合管理机构，但不参与评奖的审议和表决工作。

此奖最初包括5个奖项：诺贝尔物理学奖、诺贝尔化学奖、诺贝尔生理学或医学奖、诺贝尔文学奖和诺贝尔和平奖。于1901年12月10日诺贝尔逝世5周年时首次颁发。以后，除1940～1942年曾停发外，每年颁发。1968年，瑞典银行在其成立300周年时，增设诺贝尔经济学奖，每年由该银行提供与当年诺贝尔奖单项奖金相同金额，并于1969年首次颁发。

依诺贝尔的遗嘱，颁发奖金的机构是：瑞典皇家科学院颁发物理学奖和化学奖；皇家卡罗琳外科医学院颁发生理学或医学奖；瑞典文学院颁发文学奖；挪威议会任命的挪威诺贝尔奖评定委员会颁发和平奖。后设的经济学奖也由瑞典皇家科学院授奖。每项奖包括一枚金质奖章（图1）、一张受奖证书（图2）和一笔奖金。奖金只发给个人，只有和平奖可以颁发给相关组织或机构。诺贝尔奖面向所有的人，不论国籍、种族和宗教信仰。同一项奖可奖给1人或2至3人；也可能同一人多次获奖。基金会1900年时拥有基金约920万美元，到1987年时已达17亿美元（扣除历年颁发的奖金和各种其他用款）。因此，各年的奖金也随之增加，1901年各单项奖金为3.5万美元，1972年为10万美元，1987年为34.3万美元，1998年为100万美元，2007年为153万美元。

图1 诺贝尔奖金质奖章（1905年德国R.科赫获生理学或医学奖的金质奖章，左为正面，右为反面，直径约6.5厘米）

图2 诺贝尔奖受奖证书（1901年生理学或医学奖得主德国E.von贝林的受奖证书）

诺福克岛 Norfolk Island 太平洋西南部的澳大利亚海外领地。全称诺福克岛领地。地处南纬29°02′、东经167°57′，西南距澳大利亚的悉尼1 676千米。面积34.6平方千米。包括主岛诺福克岛和无人居住的菲利浦岛、尼皮恩岛。人口2 140人（2009）。主要是来自皮特凯恩岛的英国人后裔（诺福克岛人），其余为澳大利亚、新西兰和波利尼西亚诸岛移民。71.5%的居民信奉基督教。官方语言为英语，诺福克岛人也讲诺福克语（英语和塔希提语的混合语）。行政中心金斯敦。

诺福克岛为火山岛，大部分为山地。也有一些面积较大的平坦地区，多为茂盛的草地。土地肥沃。属亚热带气候。日平均气温最高15.8～26.5℃，最低11～23.4℃。平均年降水量1 350毫米。经常受飓风影响。

1774年由英国船长J.库克发现并命名。1788年成为英属澳大利亚殖民地的一部分。1856年，部分皮特凯恩岛居民（英国凯恩号船员和塔希提妇女的后裔）来此定居。1913年英国将其移交澳大利亚管理。根据《1979年诺福克岛法案》，诺福克岛主权属澳大利亚，但居民享有很大的自治权。行政管理由澳大利亚总督委任的行政官和地方选举产生的立法会议共同负责。立法会议由9名成员组成，任期3年。司法机构有最高法院和小型议事法庭，上诉法院为澳大利亚联邦法院。防卫由澳大利亚负责。

旅游业是诺福克岛的重要经济部门。渔业资源丰富。农产品有棕榈树子、谷物、蔬菜、水果及牛和家禽。主要出口产品有邮票、棕榈树子及少量鳄梨，粮食需要进口。主要贸易伙伴为澳大利亚、新西兰及其他太平洋岛国。财政收入主要来自关税、发行邮票。货币为澳大利亚元。公路总长约85千米。机场有通往澳大利亚和新西兰的定期航班。共有3家航运公司经营至该岛的航线。

有公立学校1所，实行5～15岁儿童免费义务教育。有2份周刊、4家广播电台、1家电视台、2家互联网服务供应商。

重视环境保护。20世纪80年代中期由澳大利亚联邦政府和诺福克岛联合设立面积为465公顷的诺福克岛国家公园，以保护岛上的原始森林及独有的动植物物种，如诺福克岛绿鹦鹉和世界上最大的蕨类等。

诺卡氏菌病 nocardiosis 由诺卡氏菌所致的感染性疾病。可侵犯肺、皮肤、软组织、中枢神经系统及心脏等，导致急性或慢性的化脓性或肉芽肿性病变。临床可表现为急性、亚急性或慢性过程。本病多数发生在免疫功能降低的人群中。引起人类疾病的诺卡氏菌种主要为星形诺卡氏菌，其余的为巴西诺卡氏菌、豚鼠诺卡氏菌及鼻疽诺卡氏菌。经呼吸道吸入或直接污染伤口传播，偶经胃肠道侵入人体。诊断主要依据痰或脓液的细菌学检查。疑为脑脓肿者可进行CT检查。磺胺类为首选药物，也可选用链霉素、阿米卡星或米诺环素等。必要时，可对脓肿进行切开引流。

诺克雕塑 Nok sculptures 公元前500～公元200年非洲尼日利亚扎里亚地区诺克文化时期的雕塑。主要分布于扎里亚地区的诺克村及其附近的杰马等地，已发现150余件赤陶的人物和动物塑像，据推测是西非早期铁器时代尼日利亚黑人部落的作品。诺克雕塑中有些拟人化的大象、猴子、蛇等动物赤陶塑像，保留着原始图腾崇拜的遗风。人物赤陶塑像可能是非洲黑人部落祖先或酋长理想化的偶像，造型程式化，头部特别夸张，比身子还大，额头宽阔，眼睛呈倒三角形，鼻子扁宽，厚嘴唇外翻，发型与表情却不尽相同。诺克雕塑是西非传统雕塑的始祖，对后世有一定影响。

人物赤陶塑像

诺列加 Noriega, Manuel (Antonio) (1938–02–11～) 巴拿马军事领导人，国防军司令（1983～1989）。生于巴拿马城。出身于哥伦比亚血统的贫苦家庭。早年在巴拿马大学学习，后就读于秘鲁利马乔里奥斯军事学院。1970年晋升中校，任军事情报处处长，以严厉镇压反对派而出名。任内与美国情报机构建立了联系。1983年接任国民警卫队司

令，同时晋升为少将。任内将国民警卫队改组为国防军，自任国防军司令，成为左右政局的实权人物。在巴拿马运河问题上，坚持民族主义立场，拒绝美国提出的关于修改托里霍斯－卡特条约（即新《巴拿马运河条约》）的要求，维护国家主权。外交上奉行独立自主的政策，积极参加孔塔多拉集团的活动。1989年10月一场企图推翻他的军事政变被粉碎后，美国政府即派兵入侵巴拿马（12月20日）。1990年1月3日，诺列加被捕。后以“参与国际毒品走私”的罪名，被押往美国受审。1992年被美国联邦法院判犯有贩卖可卡因、敲诈勒索和洗钱罪。后在美国服刑。

诺林根城 Noerdlingen 欧洲中世纪的历史名城，对研究欧洲古代城市布局有重要价值。在今德国巴伐利亚州西北部的依格河畔，距慕尼黑120千米。诺林根城建于9世纪，1217年成为德意志独立的自由城市。这个古城至今保存完好，有14～16世纪建造的城墙，14世纪留下的市政厅，1427～1505年建设的哥特式圣乔治教堂以及许多16～17世纪的住宅。

诺林根城平面以教堂广场为核心，向外呈放射形发展。道路系统为不规则的蛛网形，转折较多，且较狭窄。教堂以其所处的中心位置和巨大的体量象征着宗教的统治力量。教堂广场同时也是集市贸易的中心和举行集会的地方。古城景色优美，环境协调。城市的空间主要是封闭式的。城内高矗向上的尖塔、角楼、山墙等所组成的建筑群体，取得了超尘脱俗的空间效果。

诺鲁孜节 Nowruz Festival 流行于中国新疆和中亚国家的传统节日。“诺鲁孜”来自波斯语，意为“春雨日”。又译诺吾鲁孜节、那吾鲁孜节、诺劳孜节。节期在公历的3月22日前后，正值农历春分。节日内容主要是辞旧迎新，希望春天能带来吉祥幸福，类似汉族等民族的春节。新疆地区的维吾尔、哈萨克、柯尔克孜、塔塔尔、乌孜别克等民族过此节。当日，家家户户都要吃用羊肉、奶酪、大米等7种食物混合做成的“诺鲁孜饭”，以预祝在新的一年里饭食丰盛。柯尔克孜族用跳篝火的方式驱走旧的一年的晦气、病魔、灾难，迎来新一年的平安、欢乐和丰收。除传统的歌舞表演外，节日期间还要开展刁羊、赛马、摔跤等竞技活动。

诺罗敦·西哈努克 Norodom Sihanouk （1922－10－31～ ） 柬埔寨王国国王（1941～1955，1993～2004年在位）。出生于金边。早年毕业于越南西贡夏斯鲁巴法文中学和法国索姆尔骑兵和装甲学校。1941年继承王位。1955年3月西哈努克让位于其父。同年4月组织人民社会同盟，任主席。9月举行普选，人民社会同盟赢得国民议会全部91个议席，西哈努克任首相并组成政府。1960年其父去世后，宣布就任国家元首。1970年3月朗诺发动政变后到中国，5月在北京组成柬埔寨民族统一阵线和王国民族团结政府，任阵线主席和国家元首。1975年4月17日金边解放后回国，担任民主柬埔寨国家元首。1976年4月发表声明宣布退休。1981年，建立争取柬埔寨独立、中立、和平与合作民族团结阵线。1982年7月，任民主柬埔寨联合政府主席。1990年2月任柬埔寨主席。1991年7月任柬埔寨全国最高委员会主席。1993年9月登基为柬埔寨王国国王。2004年10月退位，同月29日其子西哈莫尼继国王位。

西哈努克坚持奉行民族独立、和平、中立与不结盟的外交政策。1955年4月参加亚非会议。1961年后多次出席不结盟国家首脑会议，为不结盟运动的创始人之一。与中国有深厚友谊，多次访问中国。

诺曼底大桥 Normandy Bridge 世界大跨度斜拉桥。位于法国西北部诺曼底半岛的翁弗勒尔南部和勒阿弗尔北部之间的塞纳河河口。1995年建成时，跨径居世界同类桥第一。大桥为双塔双索面大跨度复合斜拉桥，主跨856米，全桥长2 141.25米。两岸引桥分别长737.50米和547.75米。边跨和靠近桥塔的部分中跨是预应力混凝土箱梁结构，主跨中央624米是流线型扁钢箱梁。为增加抗风稳定性，桥塔采用倒Y形塔，高202.70米。桥面设4车道，标准宽为19.5米。大桥基础施工自1990年10月开始，1994年8月合龙。

诺曼底登陆战役 Normandy Landing Operation 第二次世界大战期间，美英盟军1944年6～7月在法国北部诺曼底地区进行的战略性登陆作战。盟军进军欧洲的“霸王作战”计划的组成部分。目的是夺取集团军群登陆场，为开辟欧洲第二战场、发展对西欧的进攻、配合苏德战场最后击败纳粹德国创造条件。双方兵力为：美、英投入45个师，飞机1万余架，各种舰船5 000余艘；德军防守该地区的为6个师，飞机500架，舰艇500余艘。盟军战役指挥官为：最高司令D.D.艾森豪威尔，副司令英空军上将A.W.特德，参谋长美陆军上将W.B.史密斯，海军司令英海军上将B.H.拉姆齐，空军司令英空军上将T.利－马洛里。没有专任陆军司令。在艾森豪威尔的指挥部到达法国之前，由英陆军上将B.L.蒙哥马利任登陆部队的前线指挥。6月6日，盟军在5个地段突击上陆，突破德军防御。到7月24日胜利结束。其间，美、英军伤亡12.2万人，德军伤亡和被俘11.4万人。此次战役对美英盟军在西欧展开大规模进攻、加速纳粹德国的崩溃具有重大意义，为组织和实施大规模登陆作战提供了有益的经验。

诺曼底公国 Normandie, Duché de 10世纪建立的王国，位于今法国西北部。原是罗马帝国的一个行省。公元5世纪后期归墨洛温王朝法兰克人统治，是法兰克王国的一部分。自公元8世纪后，北欧的一些民族进入此地，他们被称为诺曼人。911年，法王查理三世同诺曼人首领罗伦签订和约，将塞纳河口一带划归诺曼人，建立诺曼底公国。1066年诺曼底公爵威廉征服英国，成为英国国王威廉一世，统辖诺曼底和英国。1087年威廉一世去世，其子因争夺王位而开战，亨利挫败其兄弟罗伯特而成为英国国王，并统治诺曼底。1144年，金雀花王室安茹伯爵征服诺曼底。1150年他将公国交与其子亨利统治。1154年，亨利成为英国国王亨利二世，诺曼底公国成为安茹帝国的一部分。在同法国的争夺战争中，英国战败，1204年法王腓力二世将诺曼底并入王室领地。1259年，英法签订《巴黎条约》，亨利三世正式宣布放弃对诺曼底的领土要求，将公国交还法国。在英法百年战争中，争夺战再起。1450年法国控制了这一地区。1468年，法国三级会议在图尔召开，会议宣布诺曼底不得再从法国王室中分离出去，从此成为法国的领地。法国大革命时期，革命政府将诺曼底划分成若干省。

诺曼征服 Norman Conquest 以诺曼底公爵威廉（约1028～1087）为首的法国封建

表现诺曼底公爵威廉一世率兵渡海征服不列颠的绘画

主对英国的征服。

1066年9月末，威廉召集诺曼底、布列塔尼、皮卡迪等地封建主进行策划，率兵入侵英国。10月14日，与英王哈罗德会战于黑斯廷斯。英军战败，哈罗德阵亡。12月25日，威廉在伦敦威斯敏斯特教堂加冕为英国国王，即威廉一世（征服者）。诺曼王朝（1066～1154）开始对英国的统治。残存的英国贵族顽强抵抗，均遭残酷镇压。1071年，威廉一世巩固了他的统治，获得“征服者”的称号。

诺曼征服加速了英国封建化的进程。威廉一世建立起强大的王权统治，还极力摆脱教皇对英国教会的干涉，把英国教会控制在自己手中。他主要依靠法国贵族进行统治，但在统治机构、法律上仍沿用英王旧制。诺曼征服后，在英国出现了封建庄园，封建领主是庄园最高统治者，大部分农民丧失人身自由，沦为农奴。

诺齐克 Nozick, Robert（1938-11-16～2002-01-23） 美国当代哲学家、伦理学家，西方激进自由主义的代表人物。生于美国纽约布鲁克林一犹太家庭，卒于马萨诸塞

州剑桥。20世纪50年代末毕业于哥伦比亚大学哲学系，后转入普林斯顿大学，于1963年获哲学博士学位，随即留校执教，两年后受聘于哈佛大学哲学系，1967年晋升为教授，36岁时担任哲学系主任。他的著作较多，1974年出版的《无政府、国家和乌托邦》是其成名作，也是欧美学界最早对J.B.罗尔斯《正义论》提出批评和挑战的力作之一。诺齐克信奉“个人权利神圣不可侵犯”的自由主义基本信条，强调限制国家对个人权利的干涉范围，主张“最小国家”。认为“国家”仅仅是一个受托的支配性管理机构，不应任意地以任何非个人意愿性的理由改变既定的权利实现状况。在哲学上，他既反对传统的本质主义形而上学，又不放弃对“客观真理”的理论探求。他总是能够及时地吸收各种自然科学的最新成果，运用老到的分析哲学技术，对诸如“真理”、“原则”、“理性”和“合理性”等关键主题作出自己独到的解释和证明。还著有《哲学的解释》、《合理性的本性》、《苏格拉底的迷惑》、《不变者》等。

诺思克利夫勋爵 Northcliffe, Lord（1865-07-15～1922-08-14） 19世纪末20世纪初英国现代报业主要奠基人。生于爱尔兰都柏林，卒于伦敦。一译北岩勋爵。原名

A.C.W.哈姆斯沃思。其控制的世界最大报业帝国联合报业集团拥有英国多种主要报刊，在舆论界有重大影响，因而有“舰队街拿破仑”之称。17岁任《青年》杂志助理编辑。1888年6月创办《回答》周刊，以“猜宝竞赛”刺激销路，1892年销量逾百万册。1896年创办英国最重要的廉价报纸《每日邮报》，前三年自任主编。1900年销量达98万多份。1903年创办《每日镜报》。1905年被封男爵。他还买下了《观察家报》及许多地方报刊。1906年取得了对《泰晤士报》的控制权，形成了英国最大报团。

诺特 Noether,（Amalie）Emmy（1882-03-23～1935-04-14） 德国数学家。抽象代数的奠基人。生于德国埃朗根，卒于美国布林莫尔。是数学家M.诺特的长女。1900年入埃朗根大学，1907年底在P.A.哥尔丹指导下获博士学位。1919年6月，取得格丁根大学授课资格，1922年4月为编外副教授。1923年开始领取讲课津贴。1928～1929年曾访问苏联，1932年同E.阿廷一起获阿克曼-托依布纳奖，同年9月在国际数学家大会上作大会报告。1933年4月，因为是犹太人被纳粹政府解职，同年10月赴美。先后在普林斯顿高等研究所及布

林莫尔女子学院工作。

诺特的数学思想直接影响了30年代以后代数学乃至代数拓扑学、代数数论、代数几何的发展。她的早期工作主要研究代数不变式及微分不变式。1920～1927年间她主要研究交换代数与“交换算术”。1916年后，她接触J.W.R.戴德金等人的工作，开始由古典代数学向抽象代数学过渡。1921年写出的《整环的理想理论》是交换代数发展的里程碑。建立了交换诺特环理论，证明了准素分解定理。1926年发表《代数数域及代数函数域的理想理论的抽象构造》，给戴德金环一个公理刻画，指出素理想因子唯一分解定理的充分必要条件。这两篇文章包含抽象代数的精髓。

1927～1935年，诺特研究非交换代数与“非交换算术”。1927年起，她把表示理论、理想理论及模理论统一在所谓“超复系”即代数的基础上。后又引进交叉积的概念并用来决定有限维伽罗瓦扩张的布饶尔群。最后导致代数的主定理的证明：代数数域上的中心可除代数是循环代数。

诺瓦利斯 Novalis（1772-05-02～1801-03-25） 德国诗人。生于上维得施泰德，卒于魏森费尔斯。曾到耶拿大学、莱比锡大学、维滕贝格大学、弗赖堡矿业学院学习。他是

一位诗人，也是一位思想家。他提出将生活和世界建立在诗的基础之上的“浪漫化”主张。他的理论作品大多采用“断片”的形式。在断片集《花粉》（1798）中，他表达了关于人的主体性的观点，通过“走向内心”，来重新构造外部世界。《信仰与爱》是同年发表的另一部重要的断片集。抒情诗《夜颂》表现了现世的痛苦以及诗人对彼岸世界的憧憬。《亨利希·封·奥夫特丁根》描写主人公奥夫特丁根在梦中见到一朵蓝花，历经探索、寻觅，终于认识到自己的使命就是当一个诗人。自这部小说问世后，蓝花就成了德国浪漫主义的象征和中心词语。

诺韦尔 Noverre, Jean-Georges（1727-04-29～1810-10-19） 法国芭蕾表演家、编导、

教育家和理论家。生于巴黎，卒于圣日尔曼昂莱。16岁在巴黎喜歌剧院首次登台，27岁即出任巴黎喜歌剧院芭蕾编导。一生创作芭蕾舞剧150多部。1760年创作出版的《舞蹈与舞剧书信集》是舞蹈史上的重要著作。他在书中强调舞蹈不应是歌剧的附庸或身体的杂技，而应是情节自然、“没有对话的戏剧”。他的“情节芭蕾”的思想和编导原则，对后世芭蕾舞剧的创作产生深远影响，被誉为18世纪最重要的芭蕾改革家。

诺彦乌拉墓地 Cemetery at Noyon Uul 公元前1世纪至公元1世纪的匈奴墓地。位于蒙古国中央省色楞格河畔诺彦乌拉山。20世纪曾多次发掘。已发掘的10余座大型墓葬系匈奴单于或贵族之墓，均被盗掘。地表有方形坟丘。墓室呈方形，四面有台阶，南面有墓道。用圆木铺墓底、构筑两重椁室和顶。内椁中置木棺。墓底铺有毡毯，椁壁挂有织物。内、外椁之间放置随葬品。遗物中有典型的匈奴用具，包括铜鍑、车马具、木桌、动物纹银饰牌、带花纹的金箔及丝织的衣服鞋帽等；也有汉代的铜灯、铜壶、花草纹铜镜，汉字织锦及有汉字铭文的漆耳杯。墓内普遍随葬发辫，有的多达85条。还有来自安息、大夏和小亚细亚的毛织品。丰富的随葬品为研究匈奴的历史文化、社会生活及汉匈关系、东西交通等提供了实物资料。

早期铁器时代的毡毯（诺彦乌拉墓地6号墓出土）

O

《瓯北诗话》 *Oubei's Comments on Poetry* 中国清代诗论著作。作者赵翼。

瓯江 Oujiang River 中国浙江省第二大河。山溪型河流。因温州古称瓯而得名。位于浙江省南部。源于浙闽边境洞宫山西北，东北流至丽水城郊附近折向东南，经

瓯江风景

温州流入东海。干流全长388千米，流域面积1.79万平方千米，多年平均年径流量189亿立方米。瓯江干流自源头至丽水市大港头称龙泉溪，属上游河段；大港头至青田县石溪称大溪，属中游河段；石溪以下始称瓯江。主要支流有松阴溪、好溪、小溪和楠溪等。瓯江中上游河段除局部小平原外，全系山区，河流转折在崇山峻岭之中，水急滩多，水力资源丰富。河口温州港是浙南最大海港。

欧贝德文化 Ubaidian Culture 西亚铜石并用时代晚期文化。以20世纪初在乌尔附近发现的欧贝德遗址而得名。年代为公元前4300～前3500年，晚于埃利都文化，早于乌鲁克文化。分布范围遍于美索不达米亚并远至沙特阿拉伯东部。居民主要从事农业，以渔猎为辅，已能运用灌溉技术，种植小麦、大麦和亚麻。已养牛。盛行铜、石材、木材的交易。有人推测，此时以神庙为中心已出现小城镇，但遗址中发现的居住房屋构造简单。墓葬中的死者多为仰身直肢单人葬，也有若干合葬墓，有的在死者身上撒赭石粉或在头部放一赤铁矿石。幼儿葬于陶器中。在美索不达米亚北部发现有屈肢葬例，显示出较明显的地方特色。

泥塑蜥蜴头妇女小像（乌尔出土）

遗物中以陶器最富特色，主要为素面的粗制陶和彩陶，用黑、绿、棕色单彩绘出动物、植物、几何形图案。生产工具有陶镰、陶斧、石锹、石矛、骨镞等。个别遗址出土有铜制品。墓葬中发现有红陶制裸体人物小雕像，头部呈蜥蜴状。女性雕像大概象征母亲女神；男性左手执权杖，它的出现标志着母权制社会向父权制社会的过渡。

欧登塞 Odense 丹麦第三大城市，菲英州首府。位于菲英岛中北部，欧登塞河畔，有运河通欧登塞峡湾。面积约53平方千米，人口15.88万（2009）。10世纪末首见记载，

安徒生博物馆前的安徒生塑像

后成为主教驻地和朝圣中心。1804年欧登塞运河凿通后成为港口。现拥有造船、食品、电子、纺织、家具等工业。欧登塞是菲英岛公路铁路枢纽，有欧洲最长之一的大桥与西兰岛相连通往哥本哈根。欧登塞常被称为“丹麦的花园”，具有浓厚的文化传统，世界著名童话作家H.C.安徒生诞生于此，其故居现已辟为安徒生博物馆。欧登塞大学是丹麦著名高等学府之一。

欧多克索斯 Eudoxus（约前400～前347） 古希腊数学家、天文学家，在地理、医学、法律等方面也有贡献。生于尼多斯（今土耳其西南角），曾受教于柏拉图及阿尔希塔斯，以后游历埃及和小亚细亚等地，在基齐库斯（今马尔马拉海南岸）建立学派。他是最早研究球面天文和描述星座的希腊科学家，倡导同心球理论来解释日月星辰的运动。在数学方面，他最大的功绩是创立了比例论。欧几里得的《几何原本》第5卷《比例论》大部分采自他的工作。过去毕达哥拉斯学派的比例论只适用于可通约量，欧多克索斯打破了这个限制，用公理法来建立体系。现今数学中盛称的阿基米德公理（对于任意二正数a，b，必存在自然数n，使得$na>b$），阿基米德明确地把它归功于欧多克索斯。后者还证明了一个十分重要的命题：取去一量之半，再取去所余之半，这样继续下去，可使所余的量小于另一任给的小量。这是近代极限论的前驱。他曾研究“中末比”和“倍立方”问题，把德谟克利特的“原子法”（几何体可以看作由有限多个不可再分的原子所构成）和安提丰的“穷竭法”建立在较稳健的基础上，并用归谬法证明了德谟克利特提出的命题：圆锥、棱锥的体积是等底等高的圆柱、棱柱体积的1/3。

欧·亨利 O. Henry（1862-09-11～1910-06-05） 美国短篇小说家。原名威廉·西德尼·波特。生于北卡罗来纳，卒于纽约。当过学徒、牧童、会计员、办事员和出纳员。1896年，因所在银行发现缺少一小笔款子，涉嫌被捕，判处5年徒刑。在狱中曾担任药剂师，并开始以欧·亨利为笔名写作短篇小说。1901年提前获释后到纽约专事写作。

欧·亨利创作的短篇小说共有300多篇，收入《白菜与国王》（1904）、《四百万》（1906）、《西部之心》（1907）、《都市之声》（1908）、《滚石》（1913）等集子，其中《麦琪的礼物》、《警察与赞美诗》、《最后一片藤叶》、《没有完的故事》、《带家具出租的房间》等，以别出心裁的手法表现了失意落魄的小人物的命运与复杂的感情。

欧·亨利善于捕捉生活中令人啼笑皆非而富于哲理的戏剧性场景，用漫画般的笔触勾勒出人物的特点。文字生动活泼，善于利用双关语、讹音、谐音和旧典新意，妙趣横生。他还以准确的细节描写，制造与再现气氛，使读者有亲历其境之感。

欧几里得 Euclid 古希腊数学家。以其所著的《几何原本》（简称《原本》）闻名于世。关于他的生平，现在知道的很少。早年大概就学于雅典，深知柏拉图的学说。公元前300年左右，在托勒密王的邀请下，来到亚历山大，长期在那里工作。欧几里得将公元前7世纪以来希腊几何积累起来的丰富成果整理在严

密的逻辑系统之中，使几何学成为一门独立的、演绎的科学。除了《几何原本》之外，他还有不少著作，流传下来的有《已知数》、《图形的分割》、《光学》、《镜面反射》、《现象》(论述天文学及球面几何学）等，收入1916年出版的拉丁文本《欧几里得全集》。《已知数》是除《原本》之外唯一保存下来的希腊文纯粹几何著作，体例和《原本》前6卷相近，包括94个命题，指出若图形中某些元素已知，则另外一些元素也可以确定。《图形的分割》现存拉丁文本与阿拉伯文本，论述用直线将已知图形分为相等的部分或成比例的部分。《光学》研究透视问题，叙述光的入射角等于反射角，认为视觉是眼睛发出光线到达物体的结果。据历史记载还有下列4部著作也归于欧几里得的名下，但大部分内容已失传：《辨伪术》、《圆锥曲线》、《曲面轨迹》和《衍论》。

欧几里得空间 Euclidean space 带有内积的实数域上的一类**向量空间**。简称欧氏空间。内积是一个度量概念，有明显的代数性质，向量的长度和夹角都可以通过向量的内积来表示。所谓内积，是指与实数域$\mathbf{R}$上向量空间E中任意一对向量$\boldsymbol{u}$、$\boldsymbol{v}$唯一对应的实数，这个实数记作$(\boldsymbol{u},\boldsymbol{v})$，并满足以下条件：

① $(\boldsymbol{u},\boldsymbol{v})=(\boldsymbol{v},\boldsymbol{u})$；

② $(\boldsymbol{u}_1+\boldsymbol{u}_2,\boldsymbol{v})=(\boldsymbol{u}_1,\boldsymbol{v})+(\boldsymbol{u}_2,\boldsymbol{v})$；

③ $(a\boldsymbol{u},\boldsymbol{v})=a(\boldsymbol{u},\boldsymbol{v})$；

④ $(\boldsymbol{u},\boldsymbol{u})\geqslant 0$，当且仅当$\boldsymbol{u}=\boldsymbol{0}$时$(\boldsymbol{u},\boldsymbol{u})=0$。

式中$\boldsymbol{u},\boldsymbol{u}_1,\boldsymbol{u}_2,\boldsymbol{v}$是$E$的任意向量，$a$是任意实数。

一个定义了内积的实数域上的向量空间，称为欧几里得空间。例如，设V是解析几何里的三维空间，$\boldsymbol{u}$、$\boldsymbol{v}$是V的任意向量，在V中定义$(\boldsymbol{u},\boldsymbol{v})=|\boldsymbol{u}|\cdot|\boldsymbol{v}|\cos\theta$，式中$|\boldsymbol{u}|$、$|\boldsymbol{v}|$分别表示$\boldsymbol{u}$、$\boldsymbol{v}$的长度，$\theta$表示$\boldsymbol{u}$和$\boldsymbol{v}$的夹角。$(\boldsymbol{u},\boldsymbol{v})$满足内积的全部条件，所以$V$是一个欧氏空间。设$\mathbf{R}$是实数域，$\mathbf{R}$上的$n$维向量空间$\mathbf{R}^n=\{(x_1,x_2,\cdots,x_n),|x_i\in\mathbf{R},1\leqslant i\leqslant n\}$，定义$(\boldsymbol{x},\boldsymbol{y})=x_1y_1+x_2y_2+\cdots+x_ny_n$，式中$\boldsymbol{x}=(x_1,x_2,\cdots,x_n)$，$\boldsymbol{y}=(y_1,y_2,\cdots,y_n)$，则$\mathbf{R}^n$成为一个欧氏空间。设$E$是定义在闭区间$[-1,1]$上一切连续实函数所构成的向量空间，定义：

$$(f(t),g(t))=\int_{-1}^{1}f(t)g(t)\mathrm{d}t$$

式中$f(t)$、$g(t)$是E中的函数。则E作成一个欧氏空间。

向量的长和夹角 欧氏空间E的一个向量$\boldsymbol{x}$的长，定义为非负实数$\sqrt{(\boldsymbol{x},\boldsymbol{x})}$，并记作$|\boldsymbol{x}|$，即$|\boldsymbol{x}|=\sqrt{(\boldsymbol{x},\boldsymbol{x})}$。欧氏空间$E$的任意两个非零向量$\boldsymbol{x}$和$\boldsymbol{y}$的夹角$\theta$由公式$\cos\theta=(\boldsymbol{x},\boldsymbol{y})/(|\boldsymbol{x}||\boldsymbol{y}|)$来确定。这是解析几何里关于两个向量夹角的自然推广。著名的柯西－施瓦兹不等式或布雅科夫斯基不等式$(\boldsymbol{x},\boldsymbol{y})\leqslant(\boldsymbol{x},\boldsymbol{x})(\boldsymbol{y},\boldsymbol{y})$，当且仅当$\boldsymbol{x}$与$\boldsymbol{y}$成比例时等号才成立，保证了上述的夹角定义的合理性。欧氏空间E的两个向量$\boldsymbol{x}$与$\boldsymbol{y}$的距离定义为$|\boldsymbol{x}-\boldsymbol{y}|$。对于$E$的任意三个向量$\boldsymbol{x}$、$\boldsymbol{y}$、$\boldsymbol{z}$，有通常关于距离的三角形不等式成立：$|\boldsymbol{x}-\boldsymbol{z}|\leqslant|\boldsymbol{x}-\boldsymbol{y}|+|\boldsymbol{y}-\boldsymbol{z}|$。

标准正交基 如果欧氏空间的两个向量$\boldsymbol{x}$与$\boldsymbol{y}$的内积为零，即$(\boldsymbol{x},\boldsymbol{y})=0$，那么$\boldsymbol{x}$与$\boldsymbol{y}$称为正交的。在一个欧氏空间里，与解析几何的直角坐标系相类似的概念是所谓标准正交基。n维欧氏空间E的基$\boldsymbol{e}_1,\boldsymbol{e}_2,\cdots,\boldsymbol{e}_n$，如果满足条件：

$$(\boldsymbol{e}_i,\boldsymbol{e}_j)=\begin{cases}1 & (i=j)\\0 & (i\neq j)\end{cases}$$

那么$\boldsymbol{e}_1,\boldsymbol{e}_2,\cdots,\boldsymbol{e}_n$称为$E$的一个标准正交基，即$E$的一组长度为1且两两正交的基称为标准正交基。任何一个n维欧氏空间都有标准正交基。如果$\boldsymbol{e}_1,\boldsymbol{e}_2,\cdots,\boldsymbol{e}_n$是$n$维欧氏空间$E$的一个标准正交基，

$$\boldsymbol{x}=\sum_{i=1}^{n}x_i\boldsymbol{e}_i,\ \boldsymbol{y}=\sum_{i=1}^{n}y_i\boldsymbol{e}_i$$

是E的任意向量，那么

$$(\boldsymbol{x},\boldsymbol{y})=\sum_{i=1}^{n}x_iy_i$$

即在一个标准正交基下，两个向量的内积等于其对应坐标的乘积之和。

欧氏空间的同构 如果两个欧氏空间E和E'，作为实数域上的向量空间是同构的，而且当$\boldsymbol{x}\leftrightarrow\boldsymbol{x}'$，$\boldsymbol{y}\leftrightarrow\boldsymbol{y}'$时有$(\boldsymbol{x},\boldsymbol{y})=(\boldsymbol{x}',\boldsymbol{y}')$，即$E$和$E'$的相对应的向量的内积是相等的，那么$E$与$E'$称为同构。任意一个$n$维欧氏空间都与$\mathbf{R}^n$同构。

酉空间 欧氏空间在复数域上的自然推广。如果V是复数域上的一个向量空间，对于V的任意一对向量$\boldsymbol{u}$、$\boldsymbol{v}$，有一个确定的复数$(\boldsymbol{u},\boldsymbol{v})$与之对应，且满足以下条件：$(\boldsymbol{u},\boldsymbol{v})=\overline{(\boldsymbol{v},\boldsymbol{u})}$；$(\boldsymbol{u}_1+\boldsymbol{u}_2,\boldsymbol{v})=(\boldsymbol{u}_1,\boldsymbol{v})+(\boldsymbol{u}_2,\boldsymbol{v})$；$(a\boldsymbol{u},\boldsymbol{v})=a(\boldsymbol{u},\boldsymbol{v})$；$(\boldsymbol{u},\boldsymbol{u})\geqslant 0$，当且仅当$\boldsymbol{u}=\boldsymbol{0}$时等号成立，那么$V$称为酉空间。这里$\boldsymbol{u}_1,\boldsymbol{u}_2$是$V$的向量，$a$是任意复数，$\overline{(\boldsymbol{v},\boldsymbol{u})}$表示$(\boldsymbol{v},\boldsymbol{u})$的共轭复数。由于有$(\boldsymbol{u},\boldsymbol{u})=\overline{(\boldsymbol{u},\boldsymbol{u})}$，所以$(\boldsymbol{u},\boldsymbol{u})$是实数，因而$(\boldsymbol{u},\boldsymbol{u})\geqslant 0$有意义。

在一个酉空间里，也可以把向量$\boldsymbol{u}$的长$|\boldsymbol{u}|$定义为$\sqrt{(\boldsymbol{u},\boldsymbol{u})}$，但是不能像在欧氏空间里那样来定义两个向量的夹角，因为一般说来，$(\boldsymbol{u},\boldsymbol{v})$不一定是实数。尽管酉空间里有向量的长度概念而无夹角概念，然而仍可引入两个向量正交的概念。如果酉空间的两个向量$\boldsymbol{u}$、$\boldsymbol{v}$的内积为零，即$(\boldsymbol{u},\boldsymbol{v})=0$，那么$\boldsymbol{u}$与$\boldsymbol{v}$称为正交的。在一个$n$维酉空间里，也可以定义标准正交基；而且任一$n$维酉空间必定存在标准正交基。

欧库西 Ocussi 东帝汶民主共和国在西帝汶（印度尼西亚东努沙登加拉省的一部分）的飞地。又称潘特马卡萨。位于帝汶岛西半段的北岸，临萨武海，范围包括欧库西镇及其周边沿海平原与丘陵，为东帝汶的一个县（或称行政区），人口约4.5万。从1520年起，为葡属帝汶岛的首府。1613年荷兰势力入侵，葡萄牙势力被排挤到岛的东部地区，1769年首府从欧库西迁到帝力。1859年，葡萄牙与荷兰签订条约，葡属帝汶的殖民地范围退缩到帝汶岛东半部，帝汶岛西半部并入荷属东印度（今印度尼西亚），但西帝汶的欧库西地区作为东帝汶葡萄牙天主教信徒的居留地而保留下来，当时西帝汶是荷兰基督教新教徒的居留地。1904年荷葡达成地界协议，一直延续至今。欧库西保持有昔日岛上茂盛的檀香林，还有椰林和水稻田。有海港和机场，有公路经内地通往东帝汶各城镇。

欧拉 Euler,Leonhard（1707-04-15～1783-09-18） 瑞士数学家、力学家。生于巴塞尔，卒于俄国圣彼得堡。他生于牧师家庭。15岁在巴塞尔大学获学士学位，翌年得硕士学位。1727年，欧拉应圣彼得堡科学院的邀请到俄国。1731年接替丹尼尔第一·伯努利成为物理教授。在俄国的14年中，他在分析学、数论和力学方面作了大量出色的工作。1741年受普鲁士腓特烈大帝的邀请到柏林科学院工作达25年之久。在此期间他的研究涉及行星运动、刚体运动、热力学、弹道学、人口学，并和他的数学研究相互推动。欧拉这个时期在微分方程、曲面微分几何以及其他数学领域的研究都是开创性的。1766年他又回到了圣彼得堡。

欧拉是18世纪数学界最杰出的人物之一。他又是一个多产作者。他写了大量的力学、分析学、几何学、变分法的课本，《无穷小分析引论》、《微分学原理》、《积分学原理》都成为数学中的经典著作。他的全集有74卷。18世纪中叶，欧拉和其他数学家在解决物理问题过程中，创立了微分方程这门学科，并发表了对偏微分方程进行纯数学研究的第一篇论文《方程的积分法研究》。欧拉还研究了函数用三角级数表示的方法和解微分方程的级数法等等。欧拉引入了空间曲线的参数方程，给出了空间曲线曲率半径的解析表达式。1766年出版的《关于曲面上曲线的研究》建立了曲面理论。这是欧拉对微分几何最重要的贡献，是微分几何发展史上的一个里程碑。欧拉在分析学上的贡献不胜枚举。如他引入了Γ函数和B函数，证明了椭圆积分的加法定理，最早引入了二重积分等。数论作为

数学中一个独立分支的基础是由欧拉的一系列成果所奠定的。他还解决了著名的组合问题：柯尼斯堡七桥问题。在数学的许多分支中都有以他的姓氏命名的重要常数、公式和定理。

欧拉首脑会议 Summit between the European Union and Latin America 欧洲联盟成员国与拉丁美洲国家共同举行的首脑会议。1999年6月28～29日在巴西里约热内卢举行第一届首脑会议。会议通过两个基本文件：《里约热内卢声明》和《优先共同行动计划》。声明阐述发展欧盟与拉美“战略协作关系”的政治意愿和对一些重大国际问题的共同立场，行动计划则对一些短期合作行动作出安排。这次会议虽未能消除双方之间的分歧，但为欧拉之间建立跨大西洋自由贸易区迈出第一步。2002年5月17～18日，欧盟与拉美国家在西班牙马德里举行第二届首脑会议。会议通过的《马德里承诺》声明不指名地批评美国对本国农产品实行保护主义政策。第三届欧拉国家首脑会议2004年5月28～29日在墨西哥瓜达拉哈拉召开。双方主要讨论了推进多边主义、促进社会发展和加强地区间合作等问题，发表了《瓜达拉哈拉宣言》。第四届欧拉国家首脑会议2006年5月11日～13日在奥地利首都维也纳举行。会议通过了旨在推进双边关系的《维也纳宣言》。第五届欧拉国家首脑会议2008年5月16日～17日在秘鲁首都利马召开。会议着重讨论了消除贫困、可持续发展、气候变化、环境保护、社会共融、食品安全、能源等问题。

欧里庇得斯 Euripides（约前485～前406） 古希腊三大悲剧家之一。生于雅典，卒于马其顿。他对神和命运之类的观念提出了异议。欧里庇得斯拥护雅典的民主制度，但对雅典进行的不义战争及压迫和虐待奴隶等社会问题进行了揭露和批判。晚年不得不客居马其顿并在那里去世。

欧里庇得斯写了90多部剧本，现存18部，其中约有2/3的作品以妇女为主要人物，作者对她们进行了深刻的心理描绘。《美狄亚》（前431）就是这方面最出色的悲剧。《希波吕托斯》（前428）写国王忒修斯的后妻淮德拉爱上了她丈夫前妻的儿子希波吕托斯的故事。欧里庇得斯对这对男女都表示同情，对神采取了批判的态度。《特洛伊妇女》（前415）写希腊人远征特洛伊的故事，影射前416年雅典人的侵略战争。《酒神的伴侣》（前405）中的酒神狄俄尼索斯要在忒拜城建立他的宗教仪式，国王彭透斯拒绝信奉他。酒神把国王诱入深山并当作一头狮子撕死。据酒神解释，他是在执行宙斯的意志。剧作说明这些神都是极端残酷无情的。

欧里庇得斯擅长心理分析，他在作品里着重反映人的情欲，语言朴质、自然，但有许多冗长的说理与辩驳。他的悲剧包含着大量的计谋成分、喜剧或闹剧因素以及浪漫情调，结构比较松散。

欧伦施莱厄 Oehlenschläger, Adam Gottlob（1779-11-14～1850-01-20） 丹麦诗人、剧作家、小说家。生于韦斯特布罗，卒于哥本哈根。1797年在皇家剧院当话剧演员，

1800年入哥本哈根大学攻读法律。1803年发表长诗《黄金号角》，打破古典主义文学传统，成为丹麦浪漫主义诗歌的经典作品。1809年任哥本哈根大学美学教授。主要作品有《诗集》（1803）、《诗作》（1805），童话剧《阿拉丁》（1805），历史剧《帕尔那托克》（1807）、《斯特科德尔》（1812），长诗《赫尔格》（1814），长篇小说《南海一岛屿》（1824～1825），悲剧《阿姆雷特》（1846）等。主要成就在诗歌方面，其诗作是丹麦文学史上的一个里程碑，标志着浪漫主义从德国进入丹麦，从而打破了18世纪丹麦文学的古典主义传统。

欧罗巴人种 Europa race 世界四大人种之一。见高加索人种。

欧麦尔一世 ‘Umar Ⅰ（584～644-11-03） 伊斯兰教史上第二任哈里发（634～644）。出身于麦加古莱什部落阿迪氏族，在麦加是位有影响的人物。早年反对伊斯兰教。618年在其姐处读到经文后入教。迁徙麦地那后成为穆罕默德的重要助手。穆罕默德去世后继任哈里发期间，他组织对叙利亚、巴勒斯坦、伊拉克、波斯和埃及等地的征战，号称信士的长官。同时，不准阿拉伯穆斯林在被征服领土上占有或耕种土地，只有俘虏和动产构成战利品，土地不在战士中分配；战士集中居住在军营城市中，土地及其税收归全体穆斯林所有，建立国库岁入积余分配登记制度，按虔诚和功勋的品级，作为年金发放给全体穆斯林。他还决定，以迁徙之年为伊斯兰教历纪元元年。644年，遭到一名信奉基督教的波斯奴隶行刺，临终前指定6名圣门弟子组成选举人团推举哈里发。他是伊斯兰教神权政体的第二位奠基人，在圣训中成为哈里发美德的化身，是许多政治制度的创立者。

欧姆 ohm 国际单位制中表示电阻的导出单位。简称欧。符号为Ω。伏特每安培（V/A）的专门名称。为纪念德国物理学家G.S.欧姆而命名。若某一导体内不存在任何电势，当在其两端加上1伏特恒定电势差时，导体中产生1安培电流，则导体两端之间的电阻定义为1欧姆。从前用过国际欧姆作为电阻单位：当温度为0℃时，质量为14.452 1克、长度为106.300厘米的均匀截面水银柱具有的电阻。1948年以后改用绝对欧姆即现定义。阻抗为交流电的表现电阻；电抗为阻抗的一部分，产生于电容和电感上。阻抗和电抗是与电阻相似的线路特性，也用欧姆来度量。声学欧姆和力学欧姆是类似的单位。

欧姆 Ohm, Georg Simon（1787-03-16～1854-07-06） 德国物理学家。生于巴伐利亚的埃朗根，卒于慕尼黑。1811年毕业于埃朗根大学并取得哲学博士学位。1817～

1826年在科隆大学预科教授数学和物理学，后在柏林从事研究并任教，1833年任纽伦堡综合技术学校物理学教授。1849年任慕尼黑大学教授。

欧姆最重要的贡献是建立电路定律。从1825年开始，先后以伏打电池和温差电偶对导线电路的电导率等各要素做了许多测定，1826年发现电路中电流强度、电压和电阻相关联的基本定律，后称为欧姆定律。1827年又从理论上分别作出部分电路和全电路的欧姆定律，引入了电动势、电压降和电导率等概念。他受到J.傅里叶关于热传导研究的启发，将电的流动和热的流动二者作了比较，建立了欧姆定律的理论。1827年出版《伽伐尼电路：数学研究》一书。电阻的单位欧姆是为了纪念他而以他的姓

欧姆的实验装置（悬挂着的磁针可指示电流的大小）

氏命名的。除电学之外，欧姆在声学、光学等方面也做过研究。1843年，他提出简谐振动的声，在耳朵感觉中为单音，所有其他的声则被感觉为基音和泛音。这一发现被称之为声学欧姆定律。

欧姆定律 Ohm's law 电学的基本实验定律。1826年由德国物理学家G.S.欧姆发现。可表述为通过导体的电流强度I与其两端的电压U成正比，表示为$I=U/R$，式中R称为导体的电阻。欧姆定律适用于金属等各类导电材料以及导电的溶液，如酸、碱、盐的水溶液，这种导体的电阻称为线性电阻。根据欧姆定律可导出欧姆定律的微分形式，导体中某一点的电流密度$\boldsymbol{j}$等于导体该点的电导率σ乘以电场强度$\boldsymbol{E}$，表示为$\boldsymbol{j}=\sigma\boldsymbol{E}$。欧姆定律的微分形式更细微地描述了导体内各点的导电状况，不仅适用于恒定电流情形，在非恒定的交变电流情形也仍然正确。电路中存在非静电力$\boldsymbol{K}$时，欧姆定律微分形式化为$\boldsymbol{j}=\sigma(\boldsymbol{E}+\boldsymbol{K})$，当还存在其他作用时，微分形式中还应加上其他相应的项。欧姆定律微分形式是解决介质问题的重要方程。数学中把含有电源在内的电路上电流I与电动势E、电压U、电阻R之间的数学关系都广而称为欧姆定律。一个含有电源（电动势为E，内阻为r）和电阻R的单一回路的这种数学关系$I=E/(R+r)$称为全电路欧姆定律。一段含有电源（E,r）的电路的这种数学关系$U=E\pm IR$称为含源部分电路的欧姆定律。

欧佩克 Organization of Petroleum Exporting Countries; OPEC 主要从事石油生产的发展中国家的永久性政府间石油经济合作组织。全称石油输出国组织。

欧泊 opal 蛋白石的宝玉石名称。具变彩效应。

欧文 Irving, Washington (1783-04-03～1859-11-28) 美国作家。生于纽约，卒于纽约州塔里敦。16岁辍学，在律师事务所学习法律；后帮助哥哥经营进口生意。

1807年，他和哥哥等人共同创办不定期刊物《杂拌》，开始了文学创作活动。第一部重要作品是《纽约外史》(1809)。书中讽刺荷兰殖民者在纽约的统治，驳斥殖民主义者为奴役和屠杀印第安人所制造的荒谬的论据。1819年陆续发表散文、随笔和故事，共32篇，于1820年结集为《见闻札记》出版，引起欧洲和美国文学界的重视。这部作品奠定了欧文在美国文学史上的地位。之后，欧文写了体裁相似的《布雷斯布里奇田庄》(1822)和故事集《旅客谈》(1824)。1826年任美国驻西班牙大使馆馆员。陆续发表《哥伦布的生平和航行》(1828)、《攻克格拉纳达》(1829)和故事集《阿尔罕伯拉》(1832)。

欧文曾担任美国驻英公使馆秘书。1832年欧文回到美国，写了《草原游记》和《阿斯托里亚》(1836)。1842～1846年欧文再度出任美国驻西班牙公使。晚年在他曾经描写过的睡谷附近度过。这一时期的主要作品是3部传记：《哥尔德斯密斯传》(1840)、《穆罕默德及其继承者》(1849～1850)和5卷本《华盛顿传》(1855～1859)。

欧文是散文大师，是美国文学奠基人之一。他的文笔优雅自然，清新精致，时常流露出温和的幽默。他能在描写现实生活的细节中巧妙体现幽默与幻想。浪漫气息给他的散文和短篇小说增添了不少风采和魅力。

欧文斯 Owens, Jesse (1913-09-12～1980-03-31) 美国田径运动员。生于亚拉巴马丹维尔，卒于亚利桑那菲尼克斯。热爱劳动，积极参加体育运动，练就了强壮的体魄。

1933年，在一次中学生田径赛中跑出9″4的成绩，平了当时的100码世界纪录。1935年，在美国10所大学田径运动会上，他在45分钟内先后在跳远、220码跑等项目中连续创5项、平1项世界纪录，成为田径运动史上的奇迹，其中跳远纪录8.13米，保持25年之久。1936年第11届奥林匹克运动会田径比赛中，夺得100米、200米、4×100米接力跑、跳远4枚金牌。1976年获国际奥林匹克委员会颁发的奥林匹克银质勋章。1980年被欧美媒体评为20世纪最佳运动员，同年因患癌症去世。为了纪念他，美国设立了“杰西·欧文斯”奖，一年一度授予当年世界最佳运动员。

欧亚地震带 seismic zone of the Europe-Asia 横贯欧洲、亚洲的地震带。又称地中海-喜马拉雅地震带。西起大西洋中的亚速尔群岛，经地中海沿岸、中近东、印度、中国、缅甸、印度尼西亚等国，东端在班达海附近与环太平洋地震带相接。这条带发生的地震以浅源地震为主，局部有中源地震，所释放的地震能量约占全球释放总能量的20%。中国西藏和云南局部地区属于这一地震带。

欧阳铎 Ouyang Duo (约1481～1544) 中国明朝大臣，以善理财知名。字崇道，别号石江（亦作石岗）。江西泰和人。正德三年（1508）进士。授行人，历官工部郎中，南京兵部郎中，延平、福州知府，广东提学副使，太常少卿，南京光禄寺卿等。迁转既多，而颇有廉洁正直之名。其任官右副都御史巡抚应天（今江苏南京）等十府并督理粮储时，曾实行征一法，所征税粮，在不公开变更赋税制度的前提下，由地方政府分别修改征收方法，以减少耗米、改征折色等办法减少税额最重者，以征发本色、增收耗米等办法加重税额最轻者，使负担比较均平。所派差役将里甲银、夏税、农桑丝绢、马草、盐钞等项并入秋粮，称“均摊”，然后将税粮总额按亩摊征，即所谓“从圩不从户”，为后世摊丁入地奠定了基础。其后改任南京兵部右侍郎、吏部右侍郎。二十年致仕，家居二年卒。赠工部尚书。

欧阳竟无 Ouyang Jingwu (1871～1943-02) 中国佛教学者，居士。名渐。江西宜黄人。早年习程朱陆王之学，因受朋友桂柏华影响而向佛。34岁到南京师从杨文会学佛。后往日本游学。数月后归来，任教于两广优级师范学校。1910年再赴南京投杨文会学佛。翌年杨去世，遵嘱经办金陵刻经处校刻诸务。2年后，于刻经处开办研究部并讲学。1917年刻成《瑜伽师地论》后50卷。于该书序中判唯识法相为二宗。1922年，办支那内学院，任院长并讲授法相唯识。抗日战争期间，惨淡经营支那内学院蜀院。学兼般若、华严、涅槃，世称宜黄大师。著有《唯识抉择谈》等26种，另主纂《藏要》3辑。

欧阳钦 Ouyang Qin (1900-08-03～1978-05-15) 中国无产阶级革命家，全国政协副主席。生于湖南宁乡，卒于北京。1919年赴法勤工俭学。1924年加入中国社会主义青年团，同年转为中共党员。1925年到苏联莫斯科东方大学军事训练班学习。1926年回国，到叶挺独立团当见习军官，参加北伐战争。后任武汉《国民日报》编辑，中共中央军事部组织科科长，军委秘书长，长江局军委秘书长。1931年到苏区，任中共苏区中央局秘书长，瑞金红军学校政治部主任，红一方面军和红3军团政治部、组织部部长。参加了长征。历任中共中央局秘书长，中央组织部科长，陕甘省委组织部部长，陕甘工委主席。抗日战争时期，任中共陕西省委西北军工委书记，省委组织部、宣传部、统战部部长，省委书记，中央西北局秘书长。解放战争时期，任中

欧阳钦外出视察（前右一）

共冀热辽分局秘书长，旅大地委书记、区委书记。中华人民共和国建立后，历任中共旅大市委书记兼市长，中共黑龙江省委第一书记兼省长，中共中央东北局第二书记。中共八届中央委员，第五届全国人大常委和全国政协第五届副主席。

欧阳山 Ouyang Shan（1908-12～2000-09-26） 中国小说家。原名杨凤岐，曾用笔名凡鸟、罗西。生于湖北荆州，卒于广州。1923年开始文学创作。1926年主编《广州文学》周刊，发表第一部长篇小说《玫瑰残了》。1927年组织“南中国文学会”，曾得到鲁迅指导。1928年到上海，成为职业作家。1932年回到广州组织“普罗作家同盟”，主编《广州文艺》周刊，发表粤语中篇《单眼虎》等作品。后又到上海参加中国左翼作家联盟，写有短篇小说集《七年忌》、《鬼巢》等。抗日战争爆发后，在广州、长沙、重庆等地编刊物、办报纸，再次提倡通俗文艺。1941年到延安，参加了延安文艺座谈会和整风运动。1946年完成长篇小说《高干大》，描写任家沟合作社从赔钱的单一消费到赚钱的多种经营的发展过程。小说刻画了农村干部高生亮的形象，情节生动，故事性强，呈现出朴素明净和平易生动的特色。中华人民共和国建立后，历任广东省作协主席、广东省文联主席、中国作协副主席等职。他自1957年开始创作多卷本系列长篇小说《一代风流》，至1985年全书5卷（《三家巷》、《苦斗》、《柳暗花明》、《圣地》、《万年春》）出齐。作品通过日常生活描摹历史风云的变幻，风格委婉纡徐。此后出版有杂文和回忆录《广语丝》3册（1990、1992、2001），《欧阳山文集》10卷（2000）等。

欧阳山尊 Ouyang Shanzun（1914-05-24～2009-07-02） 中国话剧导演。原名欧阳寿。生于湖南浏阳，卒于北京。20世纪30年代初参加左翼戏剧运动，演出《乱钟》、《黄浦江边》等剧。抗日战争开始后加入上海救亡演剧队第一队。翌年到延安，先后任抗日军政大学文工团副团长、战斗剧社社长等职，曾导演《黄河三部曲》、《旧恨新仇》等十余出反映抗敌斗争的戏。1950年参加创建北京人民艺术剧院，曾任副院长兼副总导演，先后导演过40余部剧作。代表作有《日出》、《关汉卿》、《智者千虑必有一失》等。70年代末开始，又相继导演了《曙光》、《于无声处》、《油漆未干》等话剧。欧阳山尊导演的戏，气势磅礴，感情浓烈，节奏鲜明，富于时代精神。

欧阳修 Ouyang Xiu（1007～1072） 中国北宋政治家、文学家。唐宋古文八大家之一。字永叔，号醉翁，晚号六一居士。吉州永丰（今属江西）人。欧阳修自称庐陵人，因为吉州原属庐陵郡。

欧阳修幼年丧父，在寡母抚育下读书。仁宗天圣八年（1030）进士。次年任西京（今洛阳）留守推官，与梅尧臣、尹洙结为至交，互相切磋诗文。景祐元年（1034），召试学士院，授任宣德郎，充馆阁校勘。景祐三年，范仲淹上章批评时政，被贬饶州。欧阳修为他辩护，被贬为夷陵（今湖北宜昌）县令。康定元年（1040）被召回京，复任馆阁校勘，后知谏院。庆历三年（1043），范仲淹、韩琦、富弼等人推行庆历新政，欧阳修参与革新，提出了改革吏治、军事、贡举法等主张。庆历五年，范、韩、富等相继被贬，欧阳修也被贬为滁州太守。以后，又知扬州、颍州（今安徽阜阳）、应天府（今河南商丘）。至和元年（1054）八月，奉诏入京，与宋祁同修《新唐书》。嘉祐二年（1057）以翰林学士身份主持进士考试，提倡平实的文风，录取了苏轼、苏辙、曾巩等人。这对北宋文风的转变很有影响。嘉祐五年拜枢密副使，次年任参知政事。以后，又相继任刑部尚书、兵部尚书等职。英宗治平二年（1065），上表请求外任，不准。此后两三年间，因被蒋之奇等诬谤，多次辞职，都未允准。神宗熙宁二年（1069），王安石实行新法。欧阳修对青苗法曾表异议，且未执行。三年，除检校太保宣徽南院使等职，坚持不受。改知蔡州（今河南汝南县）。这一年，他改号六一居士。四年六月，以太子少师的身份辞职。居颍州。卒谥文忠。

欧阳修是北宋诗文革新运动的领袖。他的文学成就以散文最高，影响也最大。他是唐宋八大家之一。他继承了韩愈古文运动的精神，在散文理论上，提出文以明道的主张。他取韩愈“文从字顺”的精神，大力提倡简而有法和流畅自然的文风，反对浮靡雕琢和怪僻晦涩。他不仅能够从实际出发，提出平实的散文理论，而且自己又以造诣很高的创作实绩起了示范作用。

欧阳修一生写了500余篇散文，各体兼备，有政论文、史论文、记事文、抒情文和笔记文等。他的散文大都内容充实，气势旺盛，具有平易自然、流畅婉转的艺术风格。叙事既得委婉之妙，又简括有法；议论纡徐有致，却富有内在的逻辑力量。章法结构既能曲折变化而又十分严密。《朋党论》、《五代史伶官传序》、《与高司谏书》、《醉翁亭记》、《丰乐亭记》、《泷冈阡表》等，都是历代传诵的佳作。

欧阳修的赋也很有特色。《秋声赋》运用各种比喻，把无形的秋声描摹得非常生动形象，使人仿佛可闻。这篇赋变唐代以来的“律体”为“散体”，对于赋的发展具有开拓意义。

欧阳修的诗歌创作成就不及散文，但也很有特色。他的一些诗反映人民的疾苦，揭露社会的黑暗；他还在诗中议论时事，抨击腐败政治。但他写得更多、也更成功的，是那些抒写个人情怀和山水景物的诗。他的诗在艺术上主要受韩愈影响。总的来看，他的诗歌风格是多样的。

欧阳修还善于论诗。在《梅圣俞诗集序》中，他提出诗“穷者而后工”的论点，对当时和后世的诗歌创作产生过很大的影响。他的《六一诗话》是中国文学史上第一部诗话，以随笔的形式评论诗歌，开创了中国古代诗论的新形式。

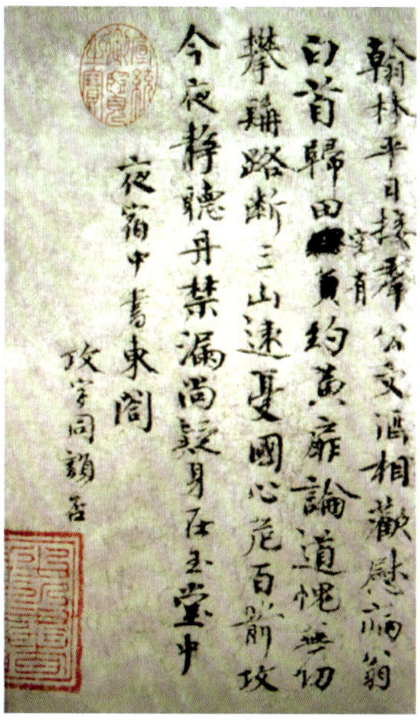
欧阳修自书诗文稿

欧阳修也擅长写词。他的词，主要内容仍是恋情相思、酣饮醉歌、惜春、赏花之类，善于以清新疏淡的笔触写景抒情。“离愁渐远渐无穷，迢迢不断如春水”，“平芜尽处是春山，行人更在春山外”，通过春水春山，把感情抒写得非常深挚。还有一些艳词，虽写男女约会，也朴实生动；当然，其中也不免有浅薄庸俗的作品。

欧阳修在经学、史学、金石学等方面都有成就。在经学方面，他研究《诗》、《易》、《春秋》，能不拘守前人之说，提出自己的创见。史学造诣更深于经学。除了参加修撰《新唐书》250卷外，又自著《新五代史》，总结五代的历史经验，意在引为鉴戒。他勤于收集、整理周代至隋唐的金石器物、铭文碑刻，编辑成一部考古学资料专集——《集古录》。

欧阳修在中国文学史上有重要的地位。他大力倡导诗文革新运动，改革了唐末到宋初的形式主义文风和诗风，取得了显著成绩。由于在政治上的地位和散文创作的巨大成就，他在宋代的地位有似于唐代的韩愈。他荐拔和指导了王安石、曾巩、苏洵、苏轼、苏辙等散文家，对他们的散文创作发生过很大的影响。其中，苏轼最出色地继承和发展了他所开创的一代文风。他的平易文风，还一直影响到元、明、清各代。

欧阳修的著述，今存《欧阳文忠公全集》。其生平事迹，宋人胡柯撰《庐陵欧阳文忠公年谱》，附录于全集。

欧阳询 Ouyang Xun (557～641) 中国唐代书法家。字信本。潭州临湘（今湖南长沙）人。隋时官至太常博士，唐时封为太子率更令。与裴矩、陈叔达共同编纂《艺文类聚》。欧阳询书法凝重沉着，转折处干净利落；

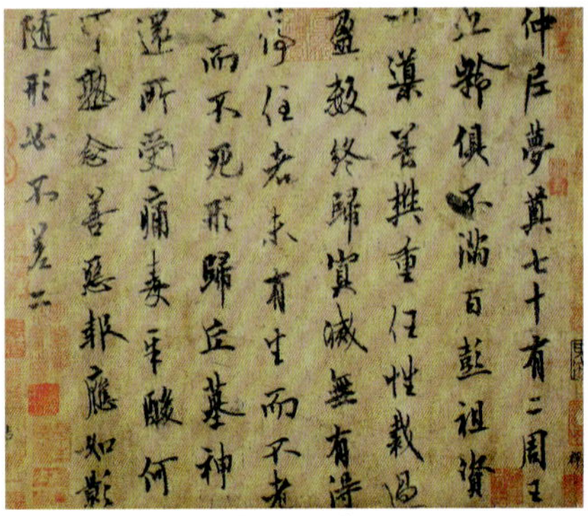

《梦奠帖》

结体紧结，方正浑穆，气度森严，在雍容大度中又有险劲之趣。为“初唐四家”之一。他的书体称为“欧体”，后世称颜、柳、欧、赵四大家。流传至今传为欧阳询的墨迹有《卜商帖》(唐)、《张翰帖》、《梦奠帖》和行书《千字文》等。欧阳询所书碑刻传世的有《九成宫醴泉铭》、《皇甫诞碑》等。

欧阳询之子欧阳通，书法学习父亲，称小欧，笔力险劲横轶。传世作品有《道因法师碑》等。

欧阳予倩 Ouyang Yuqian (1889-05-01～1962-09-21) 中国戏剧、戏曲、电影艺术家。原名立袁，号南杰，艺名莲笙、兰客，笔名春柳、桃花不疑庵主。生于湖南浏阳，卒于北京。1904年去日本，后在早稻田大学学习。1907年参加了中国留日学生组织的春柳社，并在话剧《黑奴吁天录》中扮演角色。1911年回国后，与陆镜若等组织新剧同志会、春柳剧场，演出倾向革命的新剧。后成为京剧职业演员，并编写了《鸳鸯剑》等“红楼戏”。1918年在南通组建“伶工学社”和更俗剧场，培养戏曲人才。他的表演艺术也日臻完美，享有“南欧北梅”之誉。

1922年在上海参加戏剧协社，写了独幕话剧《泼妇》、《回家以后》。1926年涉足电影界，编写了《玉洁冰清》、《天涯歌女》等默片。1929年2月赴广州创办广东戏剧研究所，出版刊物《戏剧》，还写有话剧《屏风后》、《车夫之家》等，并导演演出了几十个剧目。1930年执导《怒吼吧，中国！》。1932年创作了话剧《同住的三家人》和《不要忘了》，并参加中国左翼戏剧家联盟广州分盟。后因参加反蒋抗日活动受到国民党当局通缉，避难日本。

1934年回到上海开始电影创作活动。创作了《新桃花扇》、《清明时节》等有声影片。1937年上海沦为孤岛后，他和洪深等主持上海戏剧界救亡协会，演出了《梁红玉》、《渔夫恨》和《桃花扇》等京剧。后在香港编写电影剧本《木兰从军》。1938年赴桂林进行桂剧改革，排演《梁红玉》引起轰动。后在香港导演了《流寇队长》、《钦差大臣》等剧目。1944年和田汉等举办西南第一届戏剧展览会，演出话剧、戏曲、木偶戏等60余出。抗战胜利后先后任新中国剧社、永华影业公司编导。1949年后历任中央戏剧学院院长、中国文联副主席、中国戏剧家协会副主席等职。

欧阳予倩指导《桃花扇》排练

欧阳予倩一生编写过话剧20余部，创作、改编和修改过的戏曲剧本50余部。他的剧作具有与时代脉搏相通的进步倾向。最成熟的话剧创作是1947年改编的《桃花扇》，已成为中国话剧的保留剧目之一。他导演的话剧都富有浓郁的民族特色，导演的戏曲又吸收了话剧的长处，丰富了表现力。导演风格细腻、严谨。在创作中重视改革，善于汲取古今中外一切艺术精华。他坚持理论与实践相结合的教学方法，为中国培养了大批戏剧艺术人才。著有《欧阳予倩选集》、《回忆春柳》、《电影半路出家记》、《唐代舞蹈》等。

欧阳自远 Ouyang Ziyuan (1935-10-09～) 中国天体化学与地球化学家。江西上饶人。生于江西吉安。1956年毕业于北京地质学院，1961年中国科学院地质研究所研究生毕业。

历任中国科学院地质研究所室主任，中国科学院地球化学研究所研究员、所长，中国科学院资源环境科学局局长，贵州省科学技术协会主席等职。兼任中国矿物岩石地球化学学会理事长，中国地质学会、中国空间科学学会副理事长。1991年当选中国科学院学部委员（院士），2004年当选第三世界科学院院士。

率先在中国开展各类地外物质（陨石、宇宙尘、月岩）、比较行星学与天体化学研究，建立了天体化学学科。负责中国地下核试验选场和地质综合效应研究，爆后验证成功。系统提出铁陨石成因假说、玻璃陨石成因模型、宇宙尘的分类与判别标志、吉林陨石雨形成演化模式与多阶段宇宙线照射历史的理论；补充并发展了太阳星云化学不均一性模式与理论。论证了各类核转变能与地球物质的演化，提出地球多阶段的新演化模式；系统论证了中国白垩纪末与第三纪初天体撞击事件，提出并证实新生代以来6次巨型撞击诱发地球气候环境灾变的观点；论证组成地球原始物质的不均一性、地球两阶段形成与多阶段演化及对成矿与构造格局的制约，提出地球与类地行星的非均一组成与非均变演化的理论框架。参与并指导中国月球探测科学目标的论证与设计以及长远规划的制订，担任中国月球探测计划嫦娥工程的首席科学家。主要著作有《核转变能与地球物质的演化》、《天体化学》、《行星地球的形成与演化》(主编)、《月球探秘》等。

《欧也妮·葛朗台》 *Eugénie Grandet* 法国作家H.de巴尔扎克的小说。1833年出版。19世纪初期，葛朗台是法国西部索米尔城里的首富。但吝啬成性，对自己的独生女欧也妮也冷酷无情。欧也妮善良慷慨，把自己积蓄的金币送给堂弟查理作为到印度经商的路费，并私订终身。葛朗台发现女儿的金币不翼而飞，大发雷霆，把她关了起来，妻子因此惊恐而死。葛朗台逼迫女儿放弃了财产继承权，但到临终时也不得不把一大串钥匙交给她，给她留下了1 700万法郎的巨额遗产，并叮嘱女儿把一切都管理好，以后到阴间去向他交账。欧也妮收到堂弟背弃婚约的信，悲愤之下，与公证人的侄儿蓬风结成名义上的婚姻，并让他到巴黎去为查理的父亲偿还债务。蓬风指望在欧也妮死后独吞她的财产，却没想到自己先死，使欧也妮在33岁时就成为寡妇，她以向周围的人们行善来度过余生。

巴尔扎克在葛朗台的身上集中体现了资产阶级崇拜金钱的本质，以及资本主义社会里为追求金钱不惜一切，甚至丧失人性的风气，因而具有普遍的意义。

欧冶子 Ou Yezi 传说中的中国春秋末年越国铸剑匠师。《越绝书》记载，欧冶子曾为越王铸作铜剑五柄，名湛卢、巨阙、胜邪、鱼肠、纯钧。据说巨阙十分锋利，“可穿铜釜，绝铁鑘（鬲）”。它的花纹，“手振拂扬，其华捽如芙蓉始出，观其铄，烂如列星之行”。《淮南子》高诱注说，鱼肠剑纹理屈辟，如同鱼肠。《越绝书》还记载，欧冶子应楚王之邀，与干将一起制作铁剑三柄，名为龙渊、泰阿、工布，剑身也有花纹。

欧元 euro 欧洲联盟内实行单一货币成员国共同流通和使用的货币。1995年12月15日马德里会议上确定欧盟统一货币的名称为欧元。

500欧元

欧元的推出分两个阶段：1999年1月至2002年1月1日为过渡期，欧元主要用于银行间交易、政府收支及企业收支领域；从2002年1月1日开始，欧元现金进入货币流通领域，欧元区各国货币自2002年7月1日起退出流通。

欧元共有15种面值。其中纸币有5、10、20、50、100、200、500元7种，硬币有1、2、5、10、20、50分和1、2元8种。欧元纸币由欧洲中央银行负责管理，由有关的欧盟成员国中央银行印制。纸币上没有具体国家的标志。硬币则由欧盟各国自行铸造，所有硬币的一面是欧盟规定的统一标志，另一面是代表有关国家自己的图案。

欧洲 Europe 全称欧罗巴洲。位于亚欧大陆西部。北濒北冰洋，西临大西洋，南隔地中海与非洲相望，西北隔格陵兰海、丹麦海峡与北美洲的格陵兰岛相对；东以乌拉尔山、乌拉尔河、里海、大高加索山脉、黑海海峡、博斯普鲁斯海峡、马尔马拉海和达达尼尔海峡与亚洲为界。面积1 016万平方千米，约占世界陆地总面积的6.8%。其中岛屿面积75万平方千米。

大陆主要处于中高纬度。最南点是伊比利亚半岛的马罗基角（北纬36°），最北点是挪威北部的诺尔辰角（北纬71° 08′），最西点为伊比利亚半岛的罗卡角（西经9° 30′），最东点在乌拉尔山脉北端（东经66° 10′）。大陆轮廓破碎，有众多的半岛和海域交错分布。半岛面积240万平方千米。全洲海岸线总长3.8万千米，海岸线曲折程度居各洲之首。海岸类型多样。

欧洲现有46个国家和地区，在地理上习惯分为西欧、北欧、中欧、南欧、东欧5个地区。总人口6.87亿（不包括土耳其的欧洲部分，2002），占世界总人口的11.4%，次于亚洲和非洲，在各大洲中居第三位。

欧洲种族构成比较单一，居民绝大多数属欧罗巴人种（白种人）。第二次世界大战后世界各大洲移民进入欧洲，种族构成渐趋多元化，但并未改变欧罗巴人种占极大比重的格局。全洲约有70个民族，多数民族的人口均达到一定数量规模，小民族、小部落比较少见。

地理 欧洲大陆以前寒武纪古陆块为核心，通过不同地质时期与相邻陆块结合、分离的漫长过程，伴随多次地壳构造运动，古陆块外围相继形成加里东、海西、乌拉尔、阿尔卑斯等褶皱带，逐步奠定了大陆的地质构造基础。发育于俄罗斯地台的东欧平原及其向西延伸的中欧平原，构成大陆地形的主体。从全局和相对于其他大陆而言，欧洲地势低平，平均海拔300米，低于世界各大洲；海拔200米以下的平原占全洲面积的57%，多于世界各大洲。斯堪的纳维亚半岛是大陆冰川中心，阿尔卑斯山脉为山地冰川中心，欧洲地形深受第四纪冰川作用的改造。一般把欧洲第四纪冰川分为四次冰期：恭兹、民德、里斯和玉木。其中里斯冰期时冰川覆盖范围最大，大陆冰盖南界一直伸展到英国北部、德波平原以及东欧平原的基辅—伏尔加格勒一线。

地形 全洲分为四大构造地形区。

①北欧台地和蚀余山地。主要分布于斯堪的纳维亚半岛、芬兰、俄罗斯的科拉半岛和卡累利阿。北欧台地以波罗的地盾为构造基础，地势低缓，海拔不足200米，局部地区受断裂和抬升作用影响，出现丘状起伏。成块状山地，西坡陡壁临海，东坡向波的尼亚湾逐级缓倾。第四纪冰期时，本区冰盖最大厚度达2 000米以上，广布各种类型冰川地貌，如挪威沿海的峡湾、冰蚀湖群以及羊背石、蛇形丘、鼓丘等。

②东欧－中欧平原。西起大西洋岸，东达乌拉尔山脉，北自北冰洋，南抵黑海之滨，为一东宽西窄的广阔平原。大体以波罗的海东岸到喀尔巴阡山麓一线为界，东部为东欧平原，西部称中欧平原。

③中欧－西欧断块山地。主要为海西褶皱山地，大致可分为两支：西支为阿摩里干山系，起自英国南部，经布列塔尼半岛直到法国中央高原；东支为华力西山系，由德国的哈茨山至波兰南部的山地。山地与盆地或平原交错分布。山地高度一般在1 500米以下，以顶部平坦的块状山地为主，山地之间镶嵌着许多构造盆地。

④中欧－南欧褶皱山地和平原。在地质构造上属阿尔卑斯褶皱带。包括阿尔卑斯山脉、喀尔巴阡山脉以及南欧三大半岛上的比利牛斯山脉、亚平宁山脉、迪纳拉山脉、斯塔拉山脉等。褶皱山系之间夹有罗多彼和梅塞塔等古老地块以及多瑙河中下游、波河等流经的陷落平原。

多瑙河中、下游平原分别又称匈牙利平原和瓦拉几亚平原。前者东部平坦，西部波状起伏；后者地势低平，湖沼广布。

南欧三大半岛构造和地形比较复杂，山地高原占优势，平原面积狭小。

矿藏 欧洲矿藏丰富，种类多。前寒武纪地台的结晶岩中，富含金属矿，其中以铁最为重要，其次为铜、铅、锌等。波罗的地盾的基律纳等地的铁矿，含铁率高达63%～70%，是世界著名的优质富铁矿。俄罗斯地台上沃罗涅日陆背斜的“库尔斯克磁异常区”蕴藏着世界上最大的磁铁矿。乌克兰的克里沃罗格铁矿储量亦很丰富。俄罗斯伏尔加河与乌拉尔山脉之间的广大地区，是欧洲主要油、气田所在，含油地层以泥盆系、石炭系居多。

图1 英吉利海峡一角

欧洲政区
0 250 500km

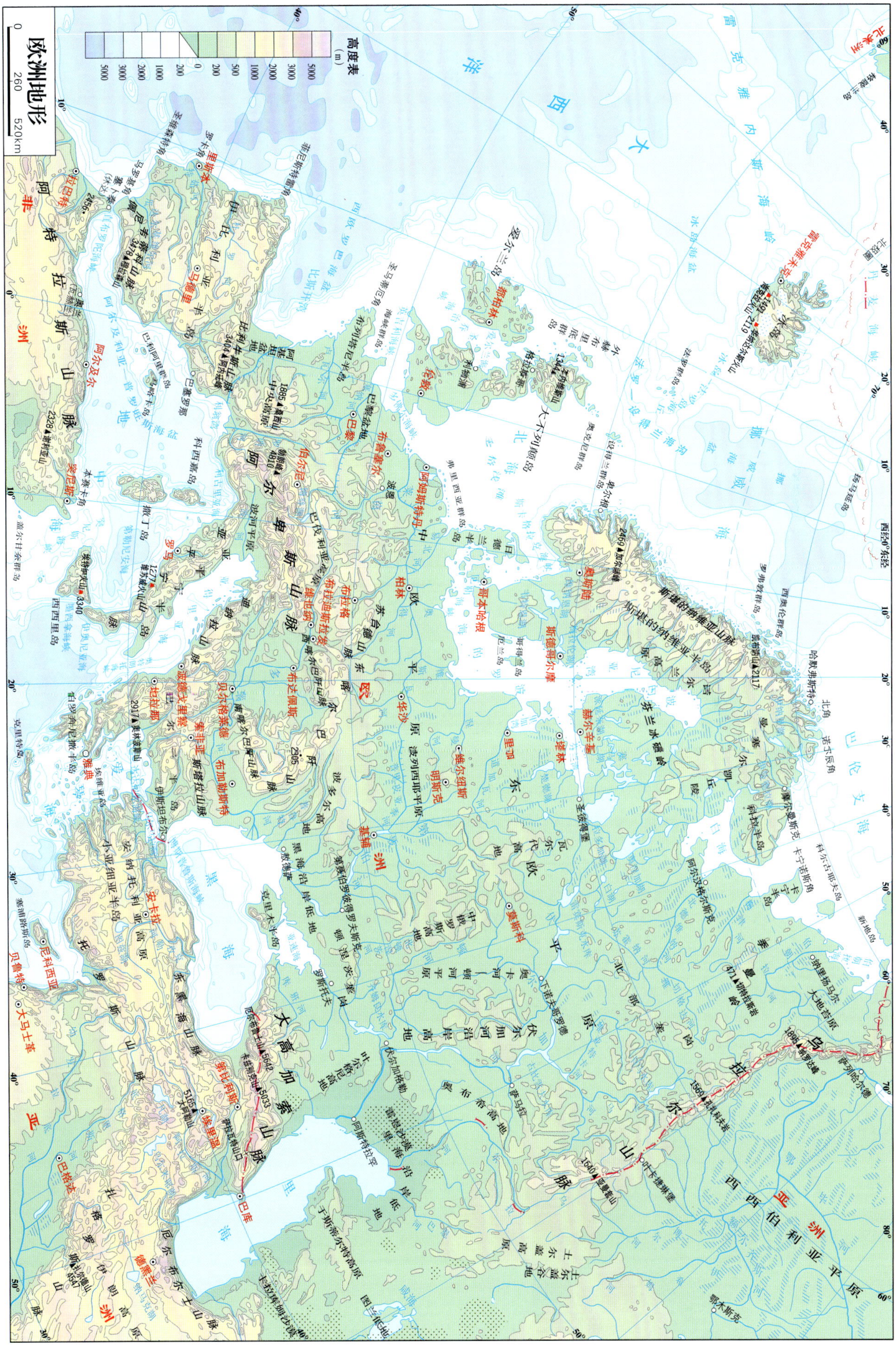
欧洲地形
0 260 520km
高度表 (m)
5000
3000
2000
1000
500
200
0
200
1000
2000
3000
5000
大西洋
挪威海
北海
巴伦支海
波罗的海
地中海
黑海
里海
欧洲
亚洲
非洲
阿尔卑斯山脉
比利牛斯山脉
喀尔巴阡山脉
乌拉尔山脉
大高加索山脉
斯堪的纳维亚山脉
伊比利亚半岛
亚平宁半岛
巴尔干半岛
小亚细亚半岛
东欧平原
西西伯利亚平原
中欧平原
冰岛
伦敦
巴黎
柏林
罗马
马德里
莫斯科
华沙
维也纳
布拉格
布达佩斯
雅典
安卡拉
巴库
奥斯陆
斯德哥尔摩
赫尔辛基
哥本哈根
都柏林
雷克雅未克

加里东褶皱带中主要为赤铁矿和磁铁矿，分布于挪威北部和英国等地。与岩浆活动有关的金属矿床，主要为挪威境内的铜、镍、铬等。

海西褶皱带的沉积矿床，以煤最重要，形成了一条西起英国、东至俄罗斯的煤矿带。主要煤田有下石炭统的英国煤田和波兰西里西亚煤田，中石炭统的法国北部、比利时、德国鲁尔和乌克兰顿涅茨煤田，石炭系至二叠系的俄罗斯伯朝拉和乌拉尔煤田。二叠系地层中还盛产钾盐，主要分布于德国、法国、俄罗斯等地。岩浆活动形成的金属矿藏有铜、铅、锌、锡等，主要分布于英国、法国和德国。爱尔兰纳文的锌矿和西班牙阿尔马登的汞矿为世界闻名的大矿。

阿尔卑斯褶皱带两侧盛产石油，如喀尔巴阡山外侧的波兰油田、罗马尼亚油田和阿塞拜疆的巴库油田。20世纪60年代北海海底发现了丰富的油气资源，并迅速发展成为欧洲主要石油产区之一（英国、挪威等国）。地中海沿岸诸国的阿尔卑斯褶皱带还蕴藏着大量铝土矿。

气候　欧洲地处亚欧大陆西部的中高纬度，濒临大西洋并受北大西洋暖流的影响，加之大陆轮廓破碎、海域深入内陆、平原广阔、山脉多为东西走向等原因，气候的海洋性较为显著，是世界上温带海洋性气候分布面积最广的洲。

①气温与降水。与其他大陆同纬度地区相比，冬季较为温暖，夏季较为凉爽。1月等温线在西欧几乎呈南北向延伸，其中0℃等温线沿斯堪的纳维亚半岛西岸，向南到阿尔卑斯山脉西端，东转经波河平原、巴尔干半岛西部和南部、克里木半岛南岸，顺着高加索山，直到里海南部。西欧英国、法国、比利时、荷兰及德国西部等广大地区，1月平均气温都在0℃以上。南欧一带，1月平均气温在6℃以上。东欧则受海洋影响较小，等温线呈西北—东南方向延伸，冬季比较寒冷。乌拉尔山北端1月平均气温可降到－22℃以下，是欧洲最冷的地方。7月等温线呈西南—东北向延伸，其中20℃等温线自伊比利亚半岛北部，经法国中部、德国南部、捷克西部、波兰南部，向东直抵俄罗斯的南乌拉尔。北冰洋沿岸7月平均气温在10℃左右，是欧洲夏季温度最低的地方。南欧地中海沿岸夏季温度较高，一般在22～27℃，个别地方可达28～29℃。海洋性自西向东减弱，气温年较差由西向东逐渐增大。

图2　阿尔卑斯山雄姿

受海洋和西风影响，降水量较丰富，且西部较多，东部较少；山脉西坡较多，东坡较少。年降水量500～700毫米分布区范围广阔，并呈楔状伸向东欧。西欧和北欧的大西洋沿岸以及阿尔卑斯褶皱带的向风坡年降水量在1 000毫米以上，有的地区可达2 000毫米以上。大陆的东北部、东南部和伊比利亚半岛内陆，年降水量低于500毫米。里海附近的伏尔加河三角洲地区，年降水量在250毫米以下，具有荒漠气候的特色。欧洲是世界上荒漠面积最小的一个洲。从降水的季节分配来看，欧洲大部分地区都有一定数量的冬半年降水：西欧、北欧西部，全年降水分配比较均匀，秋冬降水稍多；南欧以冬半年降水为主，夏季明显干燥；北欧东部、中欧和东欧地区的最大降水月份出现在夏季，但冬季降水仍占有一定比重。

②气候类型及分布。全洲主要气候类型自北向南有极地冰原气候、极地苔原气候、亚寒带大陆性（针叶林）气候、温带海洋性气候、温带大陆性气候和亚热带夏干气候（地中海型气候）等。其中以温带气候类型在欧洲占绝对优势，温带海洋性气候和亚热带夏干气候不仅特征典型，分布范围也远远超过世界各大洲的同类型气候区。

③气候类型的分布。具有明显的地带性结构。自南向北，亚热带夏干气候、温带海洋性气候、亚寒带大陆性气候、极地苔原气候和极地冰原气候依次东西延伸南北更替，体现出中高纬度大陆西部的气候地带性图谱。由西向东，离海越远，大陆性越强，体现了非地带性的影响，形成了温带海洋性气候、温带大陆性湿润气候及温带大陆性半干旱、干旱气候的东西更替。由于西部海洋性典型，东部大陆性显著，因此温带海洋性气候呈现西宽东窄向东楔入的空间分布特点，而亚寒带大陆性气候则东宽西窄向西尖灭。气候类型的空间分布格局，对土壤、植被和动物界的地域分异图式有着重要的影响。

水系　欧洲河网较稠密。大多数河流水量丰富，水位变幅小，水流平缓，且易于开凿运河互相沟通。多为外流区，内流区仅占总面积的约1/6。主要河流有伏尔加河、多瑙河、莱茵河、第聂伯河、伯朝拉河、顿河等。按水文特征的差异，欧洲河流可分为6种类型：①东欧式俄罗斯型。主要流经平原地区，曲流发育，流速缓慢，雪水补给为主，春季涨水，秋冬枯水并有冰冻。②西欧式大西洋型。雨水补给，全年满水，秋冬水位稍高，

图3　莱茵河

夏季稍低。③北欧型。发育历史短，河湖不分，雪水和雨水补给，春季水位最高，多急流瀑布，冬季枯水并有冰冻。④南欧型或地中海型。因阿尔卑斯山逼近海域，多短小河流，雨水补给，秋冬水位最高，夏季最低，甚至干涸。⑤混合型。全洲大河因补给地区不同和流经气候带多，因此上、下游水文特征不同。如多瑙河下游为东欧型，而上游属阿尔卑斯山地型；莱茵河下游属西欧型，上游属阿尔卑斯山地型。⑥山地型。高山河流为冰川和雪融水补给，夏涨冬枯；中山河流为雪水和雨水补给，春涨夏枯。

湖泊众多，且以冰川成因的湖泊为主。北欧地区有大小湖泊10多万个，大多数湖泊外形长而弯曲，呈西北—东南向或南北向伸展，较大的湖泊有拉多加湖、奥涅加湖等。东欧－中欧平原的北部地区湖泊密布，一般面积不大，深度小，属冰碛湖性质。在阿尔卑斯山区，分布着不少冰斗湖，山前地带则多为冰碛湖。此外，潟湖、火口湖等其他成因类型的湖泊，在欧洲亦有分布。位于欧洲东南部与亚洲交界处的里海是一个海迹湖，为世界最大的湖泊。

植被、土壤和动物界　森林景观在欧洲占绝对优势，尤以亚寒带针叶林、温带落叶阔叶林及其相应的土壤分布面积最广。植被－土壤类型的分布具有明显的地带性规律，自北向南可分为以下7个带：

①极地苔原－冰沼土带。见于欧洲最北部北冰洋沿岸。宽度自西向东增大，其南界多在北极圈附近。主要植被是地衣和苔藓，较南有极柳等矮小灌木。土壤为冰沼土。哺乳动物有北极狐、旅鼠、雪兔、北极熊、驯鹿以及海豹、白熊、海象等。鸟类有柳雷鸟、白鸮和雷鸟等。

②亚寒带针叶林－灰化土带。北接苔原带，南界北纬57°～60°，横贯欧洲北部。主要是暗针叶林，以云杉为代表，并有冷杉、

雪松、西伯利亚松、苏氏落叶松等。典型的地带性土壤是灰化土。主要动物有松鼠、森林旅鼠、貂、麋、獐、褐熊等。

③针阔混交林-生草灰化土带。西部较宽，介于北纬52°～60°；向东趋窄，止于乌拉尔山脉西南北纬55°处。针叶树以云杉和松为主，阔叶树以较耐寒的栎、桦、鹅耳枥等为主。土壤为生草灰化土。

④温带阔叶林-棕色森林土带。主要分布于西欧和中欧。山毛榉和栎为优势树种，还有鹅耳枥、槭、椴、桦、榆、赤柏等。自西向东，随着气候大陆度的增加，阔叶林带不但宽度变窄，优势树种逐渐过渡到以栎树为主的阔叶林。地带性土壤为棕色森林土。主要动物有松貂、欧洲獐、赤鹿、野猪、欧兔、山鼠、狐、獾、刺猬、欧洲水貂等。

⑤温带森林草原、草原-黑钙土带。主要分布在东欧平原南部。森林草原带呈西南—东北走向，主要树种为栎树，草本植物

图4 法国田园风光

以禾本科为主。地带性土壤为黑钙土。森林草原带以南为广阔的温带草原带，植被以乌克兰针茅、细叶针茅、俄针茅、棱狐茅等禾本科植物为主。地带性土壤为黑钙土和栗钙土。哺乳类动物以狼和高鼻羚羊为代表。啮齿动物种类繁多，有灰兔、草原蹄兔、大跳鼠、鼢鼠、黄鼠等。鸟类有草原鸨、云雀、野雁、鹑、草原雕、草原鹞、鹫等。

⑥半荒漠-淡栗钙土带。主要分布于欧洲东南部的里海低地。植被稀疏，蒿属植物明显增加，短生植物比重较大。地带性土壤为淡栗钙土，碱土分布也很广泛。动物与草原带有许多共同处，但数量较少。

⑦亚热带硬叶常绿林-褐色土带。主要分布在南欧三大半岛和地中海岛屿。植被为旱生的硬叶常绿乔木和灌丛，而且灌丛多于森林。代表性植物有冬青栎、栓皮栎、油橄榄树、齐墩果、无花果、桃金娘等。马基群落为最典型的灌木群落。地带性土壤为褐色土。动物种类丰富而独特。哺乳类动物有扁角鹿、摩弗伦羊、赤鹿、阿尔卑斯山羊等。西班牙有欧洲唯一的猿猴类动物。鸟类有蓝雀、山雷鸟、撒丁莺、西班牙雀以及兀鹰等猛禽。翼手目种类较多，如菊头蝠、长翼蝠等。此外还有很多爬行类动物。

历史 欧洲有着悠久的文明发展史。公元前4000～前2500年在南欧和西欧曾广泛分布巨石文化。位于亚洲和欧洲连接处的巴尔干半岛是西方文明的摇篮。公元前6世纪，古罗马国家兴起，逐渐发展为横跨亚、欧、非三大洲的庞大帝国，亚平宁半岛成为当时欧洲政治、经济、文化中心和人口的集聚地。公元3世纪后，罗马帝国衰落，原先居住在北欧的日耳曼人和东欧的斯拉夫人相继兴起，人口的大迁移伴随着文化和经济上的交流和融合，大大促进了欧洲的全面开发。到14世纪中叶，欧洲的人口已从纪元初的约3 200万增加到8 100万，人口分布也从南欧向东欧等地扩散。

15～16世纪，南欧和西欧的一些国家出现了早期资本主义的萌芽。地理大发现和新航路的开辟，西班牙、葡萄牙、荷兰、法国、英国等相继对海外殖民扩张，进入了资本原始积累时期。17世纪英国资产阶级革命，标志着人类社会资本主义时代的开端。18世纪英国率先进行产业革命，启动了全欧的工业化进程，西欧就此确立了在欧洲经济、文化中的领先地位。19世纪中叶，北欧、中欧和东欧诸国也步入资本主义发展阶段。到19世纪末，欧洲的人口占世界人口近1/4，并成为世界政治、经济和近代科学技术文化的中心，形成了以宗主国为中心的庞大殖民主义体系。

进入20世纪后，欧洲先后成为两次世界大战的策源地和主要战场。战争的破坏，以及资本主义政治、经济发展不平衡规律的作用，欧洲在世界上的地位相对下降。俄国十月革命的胜利，标志着世界第一个社会主义国家的诞生，欧洲的政治地图发生变化。第二次世界大战末期召开的**雅尔塔会议**奠定了战后欧洲的政治经济格局，形成以资本主义国家为主的“西欧”和以社会主义国家为主的“东欧”。20世纪80年代末至90年代初，东欧剧变，两德统一，苏联解体，长达近半个世纪的“冷战”告终，欧洲的各种力量重新分化组合，原来政治地理概念上的“西欧”和“东欧”已不复存在，欧洲一体化的进程加快。

1991年12月欧共体在荷兰的马斯特里赫特通过了以建立欧洲经济、货币联盟和欧洲政治联盟为目标的《欧洲联盟条约》。此后，欧共体的称谓逐步被**欧洲联盟**（EU，简称欧盟）取代。1995年奥地利、瑞典、芬兰加入，欧盟成员国增至15国。1999年1月**欧元**正式启动，2002年1月欧元现钞开始流通，除英国、瑞典、丹麦外，欧盟17国已加入欧元区，欧元成为欧元区国家唯一法定货币，也是世界第二货币。北约和欧盟在深化欧洲一体化进程中加快了东扩

图5 利物浦港

的步伐。北约于1999年3月接纳波兰、匈牙利、捷克3国加入，2004年3月又接纳保加利亚、罗马尼亚、爱沙尼亚、拉脱维亚、立陶宛、斯洛伐克、斯洛文尼亚7国加入。欧盟则于2004年5月实现了其历史上最大规模的一次扩张，波兰、捷克、匈牙利、斯洛伐克、斯洛文尼亚、爱沙尼亚、拉脱维亚、立陶宛、塞浦路斯、马耳他10个中东欧和地中海国家正式加入欧盟，标志着一个新的“大欧洲”开始启程。2007年1月，罗马尼亚、保加利亚加入欧盟。

经济 欧洲经济综合实力居各大洲之首。工农业生产发达，国际贸易、金融保险、交通运输、旅游业等方面也长期居于世界领先地位。绝大多数国家属发达国家，尤其是西欧、北欧和中欧一些国家经济发展水平最高。中东欧经济转型国家经过多年改革，经济发展渐趋稳定。全洲一半以上的国家人均国内生产总值在1万美元以上。人口达4.99亿（2009）。国内生产总值（GDP）18.5万亿美元（2009，按当前价格和汇率计算），人均约为3.7万美元。

农业在国民经济中所占比重不大，全洲农业人口和农业劳动力均不足9%，但农业发达，农业现代化、集约化、劳动生产率水平较高。农牧结合，以牧为主是欧洲农业结构的显著特点。

农业生产的地区专业化程度较高，可划分为三大农业类型区：①北部畜牧区。②中部农牧业区。③南部地中海农业区。

欧洲工业产值在各大洲居首位。现代工业门类齐全，自成体系，以加工工业最为发达，能源和采矿业较薄弱，是世界主要的工业原料、燃料的进口区和工业制成品的出口区。

在欧洲的工业布局中最突出的是纵横全洲的“十字形”大工业地带：横轴从英

国的中部、东南部，向东经荷兰、比利时、卢森堡、法国北部、德国中部、捷克、波兰南部，直到俄罗斯和乌克兰；纵轴北起北欧的瑞典、挪威、丹麦，经德国的鲁尔区，南延至瑞士和意大利西北部。

第三产业发展迅速，无论是实际产值还是从业人员比重均高居三大产业之首，西欧、北欧一些国家超过70%。欧洲对外贸易额长期占世界一半以上，以欧元区为核心的欧盟是世界最大的区域性贸易集团。旅游业高度发达，已成为许多国家国民经济的支柱。

欧洲安全与合作会议 Conference on Security and Co-operation in Europe 欧洲国家及北大西洋公约组织非欧洲成员国讨论欧洲安全与合作问题的国际会议。简称欧安会。1973年7月在芬兰首都赫尔辛基开始举行。参加会议的有33个欧洲国家以及美国和加拿大。阿尔巴尼亚拒绝参加会议。至2006年，共有56个成员国。第二次世界大战后国际局势发生演变，欧洲国家分别组成以美国为盟主的北大西洋公约组织和以苏联为盟主的华沙条约组织两个互相对抗的军事集团，在欧洲集结了大量武装力量和现代化武器，造成东西欧之间的隔绝和冷战对峙的局面。20世纪60年代，苏联和华沙条约组织倡议，召开欧洲国家会议，讨论欧洲安全和合作问题，但不提美国参加，以图排除美国染指欧洲，遭美国坚决反对。1972年5月，美国总统R.M.尼克松访苏，双方达成妥协，同意欧安会与欧洲均衡裁军会议大体同时召开。1972年11月至1973年6月，在赫尔辛基举行了15国大使级筹备会议，起草了《赫尔辛基最后建议蓝皮书》，确定了欧安会讨论的范围和日程。欧安会正式会议分3个阶段。第一阶段是外长会议，于1973年7月3日在赫尔辛基举行，通过议程并由各国阐述基本立场。第二阶段是专家会议，在日内瓦举行，就议程上的问题进行实质性辩论，历时近两年，最后通过一个为各方勉强接受的《欧洲安全与合作会议最后文件》(简称《最后文件》)。第三阶段为首脑会议，于1975年7月30日至8月1日在赫尔辛基举行，与会国家有33个欧洲国家及美国和加拿大。当时阿尔巴尼亚宣布不参加会议。会议签署《最后文件》。《最后文件》共分4个部分，也称“4个篮子”：欧洲安全问题，经济、科学、技术和环境方面的合作，人员、思想和文化交流，续会问题。到1995年初，欧安会先后召开了4次续会和3次首脑会议。续会的任务是检查《最后文件》的执行情况并就增进欧洲安全与合作交换意见。实际上，旷日持久的会议没有达成任何实质性协议。

1994年12月，在匈牙利首都布达佩斯举行的欧安会首脑会议上，决定从1995年1月1日起将会议名称更名为欧洲安全与合作组织。

欧洲防务共同体 European Defense Community 西欧国家在美国支持下为加强西欧防务、重新武装联邦德国、推进西欧联合、抗衡苏联而建立联合防务力量的一次未成功的努力。朝鲜战争爆发后，美国加紧敦促西欧各国增强防务，加速重新武装联邦德国的步伐。1950年9月，美国国务卿D.G.艾奇逊在纽约举行的美、英、法三国外长会议上正式向英、法提出，在北大西洋公约组织内建立联邦德国师。面对美国迫切要求重新武装联邦德国的压力，法国感到无法抗拒，但对重新武装联邦德国又满怀疑虑。在美国参与下，经过漫长而复杂的谈判，法国、联邦德国、意大利、比利时、荷兰和卢森堡六国于1952年5月27日在巴黎正式签订《欧洲防务共同体条约》。条约规定，六国要共同组成一支有统一领导的指挥机构、有共同预算的超国家的欧洲军。由于法国国民议会多数议员惧怕联邦德国重新武装，担心法国参加欧洲军会丧失独立防务，于1954年8月30日拒绝讨论批准《欧洲防务共同体条约》。条约未能生效，欧洲防务共同体夭折。

欧洲工业革命 Industrial Revolution in Europe 欧洲资本主义的机器大工业代替以手工技术为基础的工场手工业的革命。又称产业革命。它既是生产技术上的革命，又是社会生产关系的重大变革。始于18世纪60～80年代，结束于19世纪末。

英国工业革命 英国最早具备产生工业革命的条件。17世纪和18世纪，英国的工场手工业在棉织、采矿、冶金、制盐、玻璃等行业中迅速兴起。工场手工业内部分工也同时发展起来，生产技术不断改进。劳动工具日趋专门化，为过渡到大机器生产准备了物质技术条件。英国资产阶级革命的胜利，为资本主义工业革命提供了有利的政治条件。

18世纪30年代，开始农业革命。1760年以后的4 000多个圈地法案实施后圈占土地364万公顷，使农业完全纳入资本主义轨道。18世纪中叶，英国国内市场、殖民地市场和国外市场的扩大，使棉纺织业获得巨大发展。水陆交通大大改善，便利工农业产品和原料的运输，促进商业繁荣，为工业积累了资金。18世纪60年代，英国工业革命首先从棉纺织业开始。1769年，J.瓦特改良蒸汽机，取得划时代的技术成就，引起一场工业革命。1785年棉纺厂开始使用蒸汽机作动力。1789年蒸汽机开始应用于棉纺织业。工业革命后，蒸汽机逐步扩展到化工、冶金、采矿、机器制造、运输等部门。

英国工业革命时期的一座煤矿

化学工业得到迅速的发展。硫酸、漂白剂、盐酸、苏打的发明适用于纺织、玻璃、肥皂等行业的需要。对法战争以后的年代是英国化学工业的黄金时代。

在工业革命的推动下，采煤业迅速发展。在矿井中，普遍使用蒸汽抽水机。1820年卷扬机代替人工背运，煤产量迅速增长，英国成为欧洲最大产煤国。

1786年以后，蒸汽机的制造带来了冶铁业的繁荣；对法战争的军火需要扩大了冶铁业。战后工业革命开始进入以冶铁和机器制造为主的阶段。到19世纪40年代，已能用机器制造工作母机，主要部件已标准化。

此时，机器大工业已代替家庭手工业和工场手工业。1835年英国棉纺织业已有23.7万工人；毛纺织厂已达1 300个，工人7.1万人。

生产的增长，国内市场的扩大，对交通运输部门提出新的要求。火车的发明从根本上解决了陆路交通问题。到50年代，英国的主要铁路干线均已完成。19世纪上半叶，虽然帆船在远洋航行上还处于极盛时代，但使用蒸汽机于船舶上已获成就。1818年在多佛尔和加来间已有轮渡。1838年蒸汽轮船“阿斯”号和“大西洋”号横渡大西洋成功。

比利时工业革命 拿破仑一世占领时期，比利时开始冶铁业工业革命。棉纺织业中心在根特。英国制造商W.科克里尔在塞兰建立的铁工厂则是30年代欧洲大陆最大的工厂。到40年代工业革命已完成，其机器能与英国竞争。1833～1834年开始兴建铁路。

法国工业革命 法国在18世纪末开始资产阶级革命后，通过统一度量衡和关税来统一国内市场。革命彻底摧毁了封建土地所有制，使本已在巴黎周围开始的近代集约化家庭农场得到发展，农业生产得到提高。拿破仑统治时期，毛织业因军事需要得到发展，一批化学工业用吕布兰法制造苏打。波旁王朝复辟时期工业革命业已开始。七月王朝时工业革命进入极盛时代。19世纪中期拥有的蒸汽机台数和马力超过大陆其他国家的总和。但是工业只集中于几个地区，人口流动没有英国明显，而农业在国民经济中的比重一直相当大。到19世纪60年代后期，工业革命已经完成。

德国工业革命　德国工业在19世纪40年代末期已有很大发展。棉纺织业中心在巴伐利亚、符腾堡和巴登诸邦，1847年始用蒸汽机作动力，50年代出现股份公司办的大工厂。麻纺织业因农村家庭转向棉纺织业而衰落。毛纺织业在20年代曾发展为小型工业，但在19世纪中叶衰落，德意志统一后恢复成为大工业。重视重工业是德国工业革命的突出特点。冶铁业中心原在西里西亚和莱茵兰，19世纪50年代已转移到鲁尔。后者也是炼钢中心，A.克虏伯即发迹于此。1851～1871年间威斯特伐利亚成为欧洲大陆最大工业中心。德国统一前的煤、铁、钢产量都已超过法国，只有蒸汽机的使用还落在后面。19世纪50～60年代德国工业发展速度超过英、法。铁路处于重要地位。铁路一开始即与军事关系密切，1873年便成立帝国铁路管理局控制全境铁路。德意志统一后很重视利用最新科学成就，突出的是电气工业和化学工业，精密仪器也受到重视。19世纪80年代完成工业革命。

俄国工业革命　铁路在工业革命各个阶段都起到带动作用。1851年连接圣彼得堡和莫斯科的铁路通车，到1861年有铁路2 388千米。1861年以前形成3个工业中心：乌拉尔工业区、中部工业区、波罗的海沿岸工业区。1861年以前，工业对全国影响甚小，7 400万人口中只有76万工人，但颇为集中。1887年有铁路30 132千米。全国1.13亿人中有132万工人。1887年以后，工业发展速度加快。农村在19世纪90年代已成为工业品稳定的销售市场。这时修建的西伯利亚大铁路不仅增加对煤铁的需求，还把工业引向东方。1900年有铁路53 350千米。到19世纪末，俄国的工业革命已经完成。

此外，中欧如波兰、波希米亚（捷克），南欧如米兰、加泰罗尼亚，到19世纪末都已具有相当规模的工业，在不同程度上完成了工业革命。

欧洲广播联盟　European Broadcasting Union; EBU　以西欧和地中海沿岸国家广播电视机构为主的国际性广播电视组织。1950年2月12日建立。总部设在瑞士日内瓦，在比利时首都布鲁塞尔设有办事处。1993年1月与国际广播电视组织合并。至2002年9月有正式会员71个，代表52个国家。准会员45个，来自38个国家和地区。1954年该联盟的欧洲电视节目交换网开始工作。20世纪70年代后期开始每天交换电视新闻3次。自20世纪90年代开办欧广联电台，每年转播2 000场音乐会或歌剧。

欧洲经济共同体　European Economic Community; EEC　欧洲一些国家由政府出面组成的一个经济和政治集团。又称欧洲共同市场。见欧洲联盟。

欧洲空间局　European Space Agency; ESA　欧洲国家组织和协调空间科学技术活动的机构。1975年5月30日由欧洲空间研究组织（ESRO）和欧洲运载火箭研制组织（ELDO）合并而成。总部设在巴黎。下属机构主要有设在荷兰的欧洲空间技术研究中心，设在德国的欧洲空间运行操作中心和设在意大利的欧洲空间信息检索中心。正式成员国有奥地利、比利时、捷克、丹麦、芬兰、法国、德国、希腊、爱尔兰、意大利、卢森堡、荷兰、挪威、葡萄牙、西班牙、瑞典、瑞士和英国。加拿大为观察员。欧洲空间局的任务是制订空间政策和计划，确定相应的工业政策，协调欧洲国家的空间政策和活动，以保证成员国的充分合作，实现欧洲国家的空间科学技术活动的一体化。

欧洲空间局的活动主要包括研制运载火箭、发展卫星和载人航天活动3个方面。1973年7月，欧洲空间研究组织决定研制“阿丽亚娜”号运载火箭。1979年12月发射人造卫星成功。欧洲空间局有库鲁发射场和相应的地面测控网，“阿丽亚娜”号运载火箭已发展成系列。欧洲空间局还积极发展应用卫星，重点是地球静止轨道的通信卫星、气象卫星和导航定位卫星。研制了欧洲的广播卫星和地球资源卫星。

欧洲空间研究组织1973年和美国国家航空航天局签订了联合研制“空间实验室”的协议。“空间实验室”是欧洲第一个可供多次使用的载人航天器。1983年11月28日首次由美国航天飞机带入近地轨道，飞行10天，成功地完成了70多项科学实验。欧洲空间局参加了以美、俄两国为首的“国际”空间站计划。还致力于对火星、木星等行星进行探测，发射了多颗深空探测器，取得了许多重大科学成果。

欧洲联盟　European Union; EU　由欧洲一些主要国家组成的经济和政治集团。简称欧盟。1993年11月1日，《欧洲联盟条约》（又称《马斯特里赫特条约》）获得欧洲共同体所有成员国批准并生效，欧洲联盟正式成立，总部设在比利时首都布鲁塞尔。截至2009年底，共有27个成员国。共同体主要机构包括最高决策机构欧盟部长理事会，常设执行机构欧盟委员会，欧洲议会，欧洲共同体法院，欧盟审计院。

欧盟的前身是欧洲共同体，简称欧共体（EC）。1951年4月18日，法国、联邦德国、意大利、荷兰、比利时、卢森堡6国在巴黎签署《建立欧洲煤钢共同体条约》。1952年7月23日，欧洲煤钢共同体成立。1958年1月1日，欧洲经济共同体和欧洲原子能共同体同时宣告成立。1965年4月8日，上述6国在布鲁塞尔达成协议，将以上3个共同体的执行机构合并，统称欧洲共同体。1967年7月1日正式合并。1973年1月1日，英国、爱尔兰、丹麦正式加入共同体。1981年1月1日，希腊成为成员国。1986年1月1日，西班牙和葡萄牙正式加入。1993年11月1日，欧洲联盟正式成立。1995年1月1日，奥地利、芬兰、瑞典加入欧盟，欧盟扩大为15国。

冷战结束后，中、东欧国家纷纷申请加入欧盟。波兰、匈牙利、捷克、斯洛伐克、斯洛文尼亚、爱沙尼亚、塞浦路斯、立陶宛、拉脱维亚和马耳他10国于2004年5月1日起成为欧盟的正式成员。另外，自2007年1月1日起，保加利亚和罗马尼亚正式成为欧盟成员国。

1975年5月欧洲经济共同体同中国建立正式关系。21世纪初，中国成为欧盟最重要的供应商之一，也是欧盟最重要的市场之一。欧盟是中国的第三大贸易伙伴。

欧洲美元　Euro-dollar　存放在美国境外银行，主要是欧洲和美国银行欧洲分行的不受美国政府法令限制的美元存款，或是从这些银行获取的美元贷款。与美国国内流通的美元是同一货币，具有同等价值。

欧洲美元出现在20世纪50年代初。50年代末和60年代，欧洲美元迅速增长，主要汇集在伦敦，存贷活动也日益发展。欧洲美元供应充裕、运用灵活，存放及借贷不受任何国家外汇管理法令的干预和限制，可为各国政府或企业解决巨额资金需求，对扩展国际贸易，帮助一些国家平衡国际收支，推动世界经济的发展起了积极的作用。但由于它的流动性强，不受约束，因而助长了外汇投机交易，对国际金融危机的激化起了推波助澜的作用。

欧洲人权法院　European Court of Human Rights　欧洲理事会根据1950年《欧洲人权公约》第19条的规定设立的一个司法机构。1958年在法国斯特拉斯堡成立。欧洲人权法院由同欧洲理事会成员国数目相等的法官组成，法官任期9年，可连选连任。公约授权法院对公约的解释和适用方面的一切案件享有管辖权。但法院对案件无权直接受理，只有经过欧洲人权委员会确认友好解决失败后，才可由法院审理。有权向法院提交案件的有：欧洲人权委员会，其国民被指为是受害人的一个缔约国，将案件提交人权委员会的一个缔约国，被指控的一个缔约国。案件受理之后，法院可以经由判决给予受害一方以公平的补偿。判决为终审判决，对缔约国具有约束力，判决送交欧洲理事会部长委员会，由其监督执行。1998年11月1日，《欧洲人权公约第十一议定书》生效，原有的欧洲人权法院和欧洲人权委员会为一个常设的、唯一的、完全司法性的新欧洲人权法院所代替。该法院可以直接受理个人和国家的申诉，部长委员会在决定案件方面的权力则被取消。

欧洲史前美术 Europe, prehistoric art in 欧洲旧石器时代、中石器时代和新石器时代建筑、雕刻、绘画和工艺的总称。

①旧石器时代美术。欧洲旧石器时代晚期之前，实用工具的制作和改进已经显示了许多审美因素，为创作艺术作品准备了造型的技巧。欧洲旧石器时代晚期划分为奥瑞纳文化、佩里戈尔文化、梭鲁特文化、马格德林文化4个文化期。奥瑞纳文化得名于法国上加龙省的奥瑞纳洞窟；佩里戈尔文化得名于法国的佩里戈尔，拉斯科洞窟是这一阶段最主要的代表；梭鲁特文化得名于法国索恩-卢瓦尔省的梭鲁特；马格德林文化得名于法国多尔多涅省的马格德林洞。它们构成旧石器美术的晚期阶段，其典型为西班牙的阿尔塔米拉洞。

旧石器时代美术的题材以动物为主，人物占有相当大的比例，植物的形象只有极少几例，还有手印和几何纹样。美术的作用，一般被看作是一种狩猎巫术，利用图画或雕刻达到控制狩猎对象或增殖动物资源的目的。

②中石器时代美术。产生于公元前1万年以后。中石器时代美术可分为3个区域。第一区域是法国南部、西班牙北部旧石器洞窟艺术的繁荣地区，称阿齐利文化，留下的作品很少。第二区域是北欧，主要是岩石艺术。即在露天的山崖巨石上画或刻的作品和活动艺术（在可移动的石块或其他材料上刻画的作品）。第三区域是西班牙东部的黎凡特，这时的美术又称黎凡特美术，主要是留存在露天岩石和岩洞里的壁画，其母题与表现形式不仅体现了复杂的心理内涵，较为注重构图处理，而且在画面的审美方面也有明显的追求。

③新石器时代美术。在阿尔卑斯山以北，普遍存在一种以巨大石块构筑的建筑物，其壁画多有几何装饰，这种艺术被称为巨石文化。欧洲巨石文化产生于新石器时代，它不用灰浆黏合，而完全用石块垒砌，这种石块建筑大体上分石圈、石柱、巨石坟墓和神庙4种类型。其壁画风格与新石器时代岩画一样，完全脱离了旧石器时代的写实传统，形成了逐步程式化、简括化、符号化的主导趋势。

欧洲投资银行 European Investment Bank; EIB 欧洲经济共同体成员国合资兴办的金融机构。是欧洲联盟属下的长期贷款机构，具有独立法人资格和融资自主权。1958年1月1日在比利时首都布鲁塞尔成立，1959年正式开业。行址在卢森堡，在罗马设立意大利分部，在伦敦、雅典、里斯本、马德里设有联络处。至2009年，成员为27个欧盟成员国。

其宗旨是服务于欧盟。为建立一个组织严密的欧盟，尤其在经济一体化和使经济与社会更融合方面作出贡献。不以营利为目的，向不发达地区和落后地区提供长期贷款，为企业、公共管理机构和金融机构提供担保。从2000年起，开始加大知识创新领域的投资，并确定了三大核心领域：一是高等教育与在职培训，二是科技创新与持续发展，三是网络技术与信息通信。

组织机构包括：①股东。欧盟27个成员国。②管理层。一是理事会。由成员国金融部、经济部或财政部的部长组成。负责制定信贷政策总纲，核准银行在欧盟外的活动。二是董事会。由27个董事和15个候补董事组成。每月召开一次会议。三是管理委员会。执行机构。委员由董事会任命，只对银行负责，任期6年。四是审查委员会。每月召开一次会议。五是财务管制部。六是业务评价部。③欧洲投资银行集团。由欧洲投资银行和欧洲投资基金组成。

欧洲投资银行主要向交通、通信和能源等基础设施建设提供投资贷款。

欧洲中央银行 European Central Bank; ECB 负责协调欧元运作的区域性中央银行。世界上第一个管理超国家货币的中央银行。成立于1998年7月。总部设在德国法兰克福。它不接受欧洲联盟领导机构的指令，不受各国政府的监督，是唯一有资格允许在欧洲联盟内部发行欧元的机构。1999年1月开始发行欧元，2002年1月欧元完全流通。

欧洲中央银行总部办公大楼

欧洲中央银行系统由两个层次组成：一是欧洲中央银行本身，承担决策职能；二是欧盟各国的中央银行，承担执行职能。欧洲中央银行体系由欧洲中央银行理事会、欧洲中央银行执行委员会和欧洲中央银行委员会领导。欧洲中央银行理事会由执行委员会的全体成员和所有欧元区成员国中央银行行长组成，属于决策机构；欧洲中央银行执行委员会由行长、副行长和4位资深货币银行事务专家组成，属于执行机构；欧洲中央银行委员会由行长、副行长和全体欧盟成员国中央银行行长组成，属于咨询机构。

欧洲自由贸易联盟 European Free Trade Association; EFTA 政府间区域性贸易组织。简称欧贸联。又称小自由贸易区。总部设在瑞士日内瓦。1960年5月3日成立。先后有10个国家入盟，其中6个国家在不同时期退盟。至2009年，有冰岛、列支敦士登、挪威和瑞士4个成员国。

其宗旨是在联盟区域内实现成员国之间工业品的自由贸易和扩大农产品贸易；保证成员国之间的贸易在公平竞争的条件下进行；发展和扩大世界贸易并逐步取消贸易壁垒。

组织机构包括：①常委会。按照欧洲经济区协议进行行政管理的决策机构，由各委员会和工作组协助工作。②顾问委员会。旨在促进联盟国议会与其他国家间的交流。③理事会。联盟的行政机构，也是最高权力机构。由成员国部长或常驻代表组成，每月两次常驻代表级会议，每年两次部长级会议。负责管理与欧洲自由贸易联盟国和非欧洲经济区国家间出现的各项事物，并监督葡萄牙工业发展基金的运作情况；理事会还负责财务及行政管理。④秘书处。处理日常事务。⑤监督局。保证欧洲经济区协议在欧洲经济区成员国中得到正常执行的监督机构。⑥委员会。有成员国议员委员会、咨询委员会、预算委员会、审计委员会、贸易专家委员会等9个委员会。⑦专家组。设有国家援助、公共采购、知识产权等6个专家组。⑧法院。由5名法官组成，其职责和权限与欧洲法院相似。⑨法庭。对EFTA成员国就欧洲经济区协议的内容给予解释，是EFTA的司法机构。

欧洲自由贸易联盟重视同欧盟（欧洲共同体）发展经贸关系，涉及工业品自由贸易、科研、技术、教育、运输、环境及社会政策等多个领域。同时，也重视发展与区域外国家和组织的关系。

欧洲1848年革命 European Revolution of 1848 1848～1849年，主要发生在法兰西、德意志、奥地利、意大利、匈牙利等欧洲国家的资产阶级民主、民族革命。

1848年，法国先后爆发了二月革命和六月革命；德意志爆发了柏林三月革命和维护帝国宪法的斗争；奥地利爆发了五月起义；意大利人民也建立了以G.马志尼为首的罗马共和国；匈牙利人民则宣布匈牙利独立。不过这些起义和革命都先后失败了。

1848年欧洲革命打击了欧洲各国的封建专制制度，摧毁了反动的神圣同盟和维也纳会议的体系，为资本主义的发展扫清了道路；它锻炼了法、德等国的无产阶级以及革命群众，丰富了科学社会主义的理论，对于马克思主义和后来欧洲工人运动以及社会主义运动的发展有着深远的影响。

鸥形目 Lariformes; gull 鸟纲一目。有6科33属132种。嘴细而侧扁；翅尖长；尾短圆或呈叉状；脚短，前趾间具蹼，雄性不具交接器。多系海洋鸟类，有些见于内陆江河湖沼。喜群居，在繁殖季节，常成千上万集结于僻静的江河、湖海的岛屿或荒滩上营巢育雏。巢一般是在地面的浅穴内铺上少许杂草，有的直接把卵产在地上。一般每窝产卵2～3枚。卵呈浅褐、浅青、浅绿和淡灰色且具暗褐或红褐斑点。海雀科鸟只产卵2枚，卵呈纯白色。食鱼和其他水生动物。有的种（如贼鸥）掠夺其他海鸟的食物，甚至卵和幼雏。

呕吐 vomiting 将胃内容物经食管、口腔有力地排出体外的反射性动作。呕吐之前常有恶心。若恶心伴呕吐未将胃内容物自口腔排出，则称为干呕。从生理上讲呕吐可将食入胃内的有害物质吐出，从而起保护性作用。但频繁而剧烈的呕吐可引起失水、电解质紊乱、酸碱平衡失调、营养缺乏等。呕吐是由一系列复杂而协调的反射动作所组成，发病原因大体分为两大类：①中枢性呕吐。如脑血管病、脑肿瘤、早期妊娠等所引起的呕吐。②反射性呕吐。如各种胃肠疾病、心血管疾病等引起的呕吐。主要是针对病因进行治疗，若病因难以去除，宜对症治疗，依据引起呕吐的原因选择止吐药。

偶氮苯 azobenzene 偶氮基—N═N—的两个单键各与一个苯环相连接而生成的偶氮化合物，分子式$C_6H_5N{=}NC_6H_5$。有顺、反两种几何异构体：

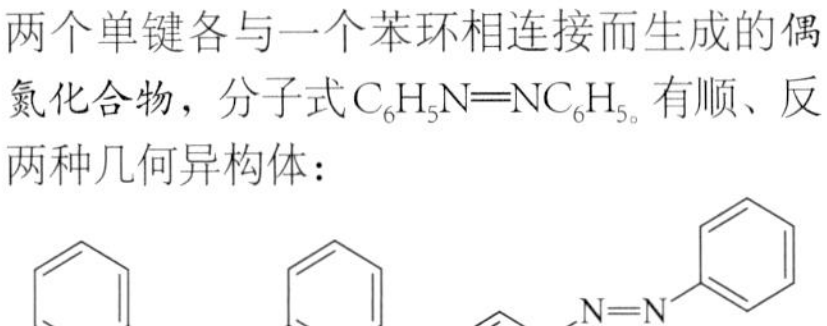

顺式偶氮苯　反式偶氮苯

反式异构体比顺式的稳定，是主要存在形式。两种异构体均为橘红色晶体。顺式异构体的熔点71℃；反式异构体的熔点68.5℃，沸点293℃，相对密度1.203（20/4℃）。微溶于水，溶于乙醇、乙醚、苯等。偶氮苯主要由硝基苯在锌粉或铁粉和氢氧化钠的作用下还原制得；以氢化铝锂作还原剂，也可将硝基苯还原为偶氮苯。可用于有机合成，作橡胶促进剂，制染料。偶氮苯有毒，对肝、肾有损害。将偶氮苯溶于橄榄油，对大白鼠皮下注射后可引起癌症。

偶氮化合物 azo-compound 两个烃基与偶氮基—N═N—相连接而生成的化合物。通式R—N═N—R′。有顺、反几何异构体，反式比顺式稳定，两种异构体在光照或加热条件下可相互转换。偶氮化合物主要通过重氮盐的偶联反应制得；氢化偶氮化合物和芳香胺在氧化剂存在下，可被氧化为相应的偶氮化合物；氧化偶氮化合物和硝基化合物在还原剂存在下，也可被还原为偶氮化合物。偶氮基是一个发色团，偶氮染料是品种最多、应用最广的一类合成染料。有些偶氮化合物可用作分析化学中的酸碱指示剂和金属指示剂；有些可用作聚合反应的引发剂，如偶氮二异丁腈等。很多偶氮化合物有致癌作用，如曾用于人造奶油着色的奶油黄能诱发肝癌，已禁用；作为指示剂的甲基红可引起膀胱和乳腺肿瘤。有些偶氮化合物虽不致癌，但毒性与硝基化合物和芳香胺相近。

偶发艺术 happening art 流行于20世纪60年代的美术流派。以表现偶发性的事件或不期而至的机遇为手段，重现人的行为过程，昭示人的本能反应。A.卡普罗认为，偶发艺术的概念是与传统艺术的技巧性和永久性原则相悖的新艺术形式，是拼贴艺术和环境艺术的继续和发展。所不同的是拼贴艺术和环境艺术都与物质形态和作品陈列方式相关，而偶发艺术注重活动的机遇性，艺术的创造活动在于即兴发挥，表现方式主要是自发的无具体情节和环境的戏剧性事件。偶发艺术首先发生在美国，代表人物是作曲家J.凯奇和卡普罗。后欧洲和日本也出现了偶发艺术运动，日本以具体派为代表，欧洲有激浪派等组织，J.博伊于斯是欧洲偶发艺术的代表。

偶人节 Doll Festival; Hinamatsuri 日本民间一个古老的重要节日。因节日期间供奉玩偶而得名。又称雏祭。女孩的节日，又因节期正值桃花绽放的3月3日而被称为女儿节或桃花节。此节可追溯到中国古代的三月上巳日在河边驱邪祛秽的习俗。传入日本后演变成"流送偶人"，即给泥娃娃穿上红色的纸衣裳，把它和供品一道放在河中或海上，任其漂向远方，以替代自己承受不幸。贵族女性尤其是少女流行赏玩偶人。江户时代，偶人节是全国五大节日之一。女孩过第一个偶人节时，父母或外祖父母要为她购置一个五或七层的梯形木架——雏祭祭台和一整套精美的玩偶，陈列在客厅中。许多家庭自2月20日起就摆放雏祭祭台。节日期间，女孩们身穿美丽的和服，同家人一道坐在雏祭祭台前赏玩偶人，或举办家庭联欢会、家宴。偶人节一过就要把偶人收藏起来，以免女儿在家里待的时间太长，找不到婆家。等女孩长大做新娘时，她把这些偶人连同父母多年来的祝福都带到小家庭，传给自己的女儿，如此代代相传。

偶蹄目 Artiodactyla; even-toed ungulate 哺乳纲一目。现存10科75属184种，包括野猪、西貒、河马、骆驼、鹿、叉角羚、长颈鹿、麝和鼷鹿等。其中长颈鹿是最高的动物，头顶距地面5～5.4米。最矮小的是鼷鹿，高0.5米。除大洋洲外，分布于世界各大洲。中国有偶蹄目动物近48种，其中特产偶蹄类不少，例如，野骆驼、林麝、马麝、獐、黑麂、毛冠鹿、白唇鹿、麋鹿、野牦牛、藏羚和羚牛等。因此目动物四肢末端的蹄均呈双数而得名。此类动物头上大多有角；胸腰部椎骨较奇蹄目为少，股骨无第三转子；四肢中第3、4趾同等发育以支持体重，胃大都为复室性，盲肠短小。以吃草、树叶为主，仅少数种类为杂食性。反刍的有驼科、鼷鹿科、麝、长颈鹿科、鹿科、叉角羚科和洞角科。胃的构造复杂，呈4室。河马科、野猪科和西貒科不反刍。胃1～3室。前臼齿和臼齿大而发达，犬齿多退化。门齿仅下颌门齿发达，上门齿小或退化以至消失，仅以硬皮上唇咬合取食。前臼齿和臼齿在构造上均属高冠齿。具有适于研磨的咀嚼面。反刍动物与非反刍动物在体形上亦不相同。反刍动物腿长、颈长，善于奔走。非反刍动物四肢短，体形粗壮，其生活与水域的关系更密切些。反刍偶蹄类动物的头上具角。角型可分为：①鹿类雄性个体的角具有分枝。夏初长出的茸角覆以皮肤，后经骨质化，表皮脱离、光裸。繁殖期过后，鹿角在翌年春天脱落。②长颈鹿的角极短小。外覆有皮肤，但角和皮从不脱落，终生存在。③牛、羊和羚羊的角不脱落，不分叉，外套有角质硬鞘。角的骨心和角鞘终生生长，老龄动物角基粗，角干长。④北美叉角羚的角不分枝，但有小叉。角鞘每年脱落。

藕 lotus root 睡莲科莲属宿根水生植物。其地下茎肥大部分为藕。横生于泥土中，为重要水生蔬菜之一。外皮黄褐色，肉肥厚，灰白色，微甜而质脆。根状茎中有管状小孔，折断处有藕丝相连。藕分为藕头、藕身和后把3部分，藕肉可食用及制淀粉。中医学上用节入药，性平味涩，功能化瘀止血，主治吐血、便血等症。藕节及地上的荷叶、莲子心、莲蓬均可入药。

沤肥 waterlogged compost 作物茎秆、绿肥、杂草等植物性物质与河泥、塘泥及人粪尿同置于积水坑中，经微生物嫌气发酵而成的一类有机肥料。

P

爬竿 pole climbing 一种沿着竖直的长竿向上攀爬的中国民间体育活动。起源很早，汉代张衡的《西京赋》载称“都卢寻橦”，寻橦即爬竿。又称缘竿、戴竿、橦技。爬

杂技爬竿表演

竿在少数民族地区往往是一种特殊的娱乐健身活动。爬竿的方法有手攀法、抱竿爬、爬蹬竿、转爬法、倒爬法，在竿上可做各种姿势与造型。下滑的方法有顺下滑和倒下滑。比赛一般分速度和表演两种，速度比赛以个人或集体用某一种爬法爬至竿顶击响铃后并滑下所用时间多少决定胜负；表演主要根据完成动作的难度和姿态评分。爬竿也是力技类高空**杂技**项目。杂技艺术团的演出中亦多有此类节目，有的节目在国际杂技比赛中还获得了金奖。

爬山虎 *Parthenocissus tricuspidata*; Boston ivy **葡萄科**爬山虎属的一种。落叶藤本。又称爬墙虎、地锦。原产中国、日本。适应性强，在中国栽培甚广。老枝皮孔明显。

卷须短而多分枝，端具吸盘。叶广卵形，互生。先端略呈3尖裂或3小叶，缘有粗齿。花小，黄绿色。浆果蓝黑色。性耐寒，喜阴湿。枝叶茂密，寿命较长。在潮湿条件下，蔓上易生气根。以扦插繁殖为主，也可用播种或压条繁殖。常作为垂直绿化材料，用以攀附墙面、园林山石或枯树干等。还可用作地被植物，覆盖土面和护坡。根、茎入药，破瘀血，消肿毒。

爬行动物 Reptilia; reptile 脊椎动物亚门爬行纲动物的统称。现存的爬行纲动物分为2型。无窝型**龟鳖目**，有220种（中国约有40种）。双窝型**鳄形目**，有25种（中国有1种）；喙头目，有1种；有鳞目蚓蜥亚目约有100种，蜥蜴亚目约有3 000种（中国约有162种），蛇亚目有2 700种（中国约有211种）。除极寒区域外，世界性分布。中国南方温热潮湿地带较多。

爬行动物最早出现于约2.8亿年前（晚石炭世），在中生代大发展。到8 000万年前（白垩纪后期），有很多分支绝灭，只余下4目约6 000种，体型和重量也由大变小，如最长的蟒约12米，最大的棱皮龟重达865千克，而古代的恐龙有的长达50米，重达4.5吨以上。

爬行动物皮肤无呼吸功能，也缺少皮肤腺，这可以防止体内水分蒸发。头颅的软骨颅，除鼻软骨囊外，全部骨化，外面更有膜成骨掩覆，以一个主要由基枕骨形成的枕髁与脊柱相关联，颈部明显，头部能灵活转动，胸椎连有胸肋，与胸骨围成胸廓以保护内脏。这是动物界首次出现的胸廓。腰椎与两枚以上的荐椎相关联，外接后肢，正如肩带的连接前肢。除四肢消失的种类（如蛇类）外，一般有两对5出的掌型肢（少数的前肢4出），水生种类掌形如桨，指、趾间有蹼以利于游泳，足部关节不在胫跗间而在两列跗骨间，成为跗间关节。四肢从体侧横出，不便直立；体腹常着地面，行动是典型的爬行；只有少数体型轻捷的种类能疾速行进。

脑部有屈曲，大脑、小脑比较发达，大脑有左右脑室，出现了新皮层，脑神经12对，外耳孔出现，眼内有栉膜，眶周有骨环，鼻腔附近有锄鼻器。呼吸用肺。心脏3室（鳄类心室虽不完全隔开，但已为4室）。无动脉圆锥。动脉弧3对，大动脉弧左右不对称，体循环动脉内杂有静脉血，体温随环境变动。肾脏由后肾演变，后端有典型的泄殖肛腔，雌雄异体，有交接器，体内受精，卵生或卵胎生。幼体从富含卵黄、具羊膜、有韧皮或钙质外壳的受精卵（蛋）孵出，羊膜水保护幼体完全脱离水域发育生长。

爬行动物第一次形成骨化的口盖，使口、鼻分腔，内鼻孔移至口腔后端，咽与喉分别进入食管和气管，从而呼吸与饮食可以同时进行。

爬行动物有一定的实用价值。在中国传统医学中，蛇毒可止痛，治麻痹、风湿。**蛇**和**蜥蜴**以虫蚁为食，大型蛇类是虫鼠的天敌。由于蛇的颊窝和腹部对天气与地震敏感，可用作指示生物。在中国由于乱捕滥猎，爬行动物尤其是龟鳖和蛇类被大量捕杀，许多种类已濒临绝灭或已经绝灭。

琶杰 Pajai（1902-02-13～1962-04-07）中国蒙古族民间歌手、诗人。内蒙古自治区扎鲁特旗人。8岁给王爷当奴隶。青年时代经常到寺庙集会上演唱。18岁时，足迹遍及内蒙古20多个旗。所编唱的《道尔吉署长之歌》，对伪警察署长进行了辛辣的讽刺。好力宝《格力布尔召赞》、《苏力赞》、《婚礼赞》、《骏马赞》等深受蒙古族人民的欢迎。中华人民共和国建立后，参加了民间艺人培训班。创作和演唱过《婚姻自由》、《黄继光》等。他的创作主题鲜明，构思巧妙，具有浓郁的民族特色。

《帕阿派玛尼》 *Phraaphaimani* 泰国长篇故事诗。作者**顺通蒲**，成书于19世纪初。这部浪漫主义作品共24 500余行，描述了王子帕阿派玛尼与其弟西苏旺被父亲逐出国门之后的一番曲折经历：帕阿派玛尼在海边被女海妖掠去。8年后，得鱼精相助，逃离妖洞，路遇帕叻国公主苏婉玛丽，与公主成亲，并承袭了王位。公主之未婚夫、楞迦国王子乌沙林为讨还公主，与父王一同举兵攻打帕叻国，不意败阵而亡。楞迦国公主拉薇腊宛即王位后，一心要报父兄之仇，多次与帕阿派玛尼交战。最后，终因彼此倾慕，结成连理。然而，他们的子嗣之间又掀起了一场战争。战事平息后，帕阿派玛尼皈依佛门，苏婉玛丽与拉薇腊宛相随出家为尼。这部作品场面宏大、人物众多、情节复杂离奇，勾画了形形色色的人、妖、怪、兽，通过他们之间的爱憎恩怨，向读者呈现了一个光怪陆离的大千世界。作品中的许多诗句脍炙人口，为后人世代传诵。《帕阿派玛尼》被公认为泰国文坛上一部不朽的文学巨著。

帕巴拉·格列朗杰 Pagbalha Geleg Namgyai; Phags pa lha dge legs rnam rgyal（1940-02～ ）中华人民共和国全国人民代表大会常务委员会副委员长，中国人民政治协商会议全国委员会副主席，中国佛教协会名誉会长，西藏自治区政协主席。藏族。四川理塘人。1942年被认定为昌都寺第十一世帕巴拉·呼图克图。1952～1956年在色拉寺学经，获格西学位。1950年后，任昌都人民解放委员会第一副主任，西藏自治区筹委会常委，西藏自治区宗教事务委员

会副主任、主任，昌都专署专员，西藏自治区人民委员会副主席、人民政府副主席，西藏自治区政协第三至五届副主席、第六至八届主席，第四、五届西藏自治区人大常委会副主任，全国政协第三至第七届、第十、十一届副主席，第八、九届全国人大常委会副委员长，中国佛教协会第五、六届理事会副会长、第七届理事会名誉会长、西藏分会名誉会长，援助西藏发展基金会副理事长。

帕尔玛 Palma, Ricardo (1833-02-06～1919-10-06) 秘鲁诗人、历史学家、散文作家。生于利马，卒于利马。曾在圣马科斯大学读法律，中途辍学。1860年被放逐智利。1862年任驻帕拉领事。1868年当选为国会议员。1872年后专心著述。最初从事诗歌创作，后转向散文。1855年发表第一部浪漫主义作品《诗集》。最有影响的作品是《秘鲁传说》(1872～1910)。这部历时40年的巨著共7卷，包括传说453篇，其中339篇以殖民时期为时代背景。作品再现了殖民地时代的风貌，概括了秘鲁民族的生活。作者从史册、游记、诗文、传记乃至修道院的记录，以及成语、谚语、民谣、习俗、民间故事、传奇中发掘素材，编集成书，描写从乞丐到总督各种人物，展示各个历史时期内容极其广阔的画卷。帕尔玛的其他著作有诗集《和声》(1865)、《西番莲》(1870)、《动词和形容词》(1877)，历史研究著作《利马宗教法庭纪年》(1862)，文学评论《破烂货》(1900)，文选《美洲弦琴》，游记《回忆西班牙》(1897)和《我那时代的流浪生活》等。

帕尔梅 Palme, Olof (1927-01-30～1986-02-28) 瑞典首相(1969～1976, 1982～1986)，瑞典社会民主工人党领袖，国际政治家。生于斯德哥尔摩，卒于斯德哥尔摩。自20世纪50年代早期起就是社会民主党的活跃人物。1963年后，历任不管部、交通部、教育部大臣兼管基督教教会事务。1969年起任社会民主工人党主席和政府首相。1976年社民党大选失利下野。同年11月当选社会党国际

副主席。1979～1980年任北欧理事会主席，主持日内瓦裁军与安全独立委员会。1982年再次出任首相。1985年获西班牙联合国协会和平奖。1986年2月28日晚与妻子在看电影后回家的路上遇刺身亡。

帕尔门 Palmén, Erik Herbert (1898-08-31～1985-03-19) 芬兰气象学家、海洋学家。生于瓦萨。1927年获赫尔辛基大学哲学博士。1939～1947年任芬兰海洋研究所

所长，1945年任芬兰地球物理学会主席，1948年起任芬兰赫尔辛基大学气象学教授，并被选为芬兰科学院终身院士。他曾获英国皇家气象学会西蒙斯纪念金质奖章(1957)、美国气象学会罗斯比奖(1960)、荷兰皇家艺术与科学学院白贝罗奖(1964)、瑞典地球物理学会罗斯比奖(1966)、芬兰地球物理学会银质奖章(1968)、世界气象组织奖(1969)。

1937年与J.皮耶克尼斯合著的《欧洲气旋选例分析》奠定了气旋结构及其变化研究工作的基础。1946～1948年在美国芝加哥大学讲学并参加领导大气环流的研究工作，阐述了西风急流在大气环流中的重要作用。1951年指出长波同极锋和气旋波之间的紧密联系，并区分出极地急流和副热带急流。他将芝加哥学派发现的大气长波、高空气流和挪威学派提出的锋和气旋有机地结合起来，清楚地揭示了大气扰动的三维结构及其热力和动力学性质。后来又在热带环流的研究中取得重要成果。有论著130篇。专著《热带大气环流系统》(与C.W.牛顿合著)评述和总结了成书前30余年高空气象观测资料丰富时期的大量研究成果。

帕尔纳斯派 Le Parnasse 法国文学中的一个诗歌流派。1866～1876年间，一部分年轻诗人在C.-M.-R.勒孔特·德·李勒的影响下，不定期地出版了三册诗歌丛刊，定名为《当代帕尔纳斯》(帕尔纳斯是祭祀太阳神和美术之神阿波罗以及诗神缪斯的希腊名山的法语音译)，于是就有了帕尔纳斯派这个称号。其特征为：①要求诗歌客观化，力图把个人感情隐藏在客观事物的背后。②要求诗歌科学化，倡导科学与诗歌相结合：崇尚理性，重视分析。③要求重视诗歌形式，具有严谨的结构、精确的语言、谐和的节奏和韵脚，在语言和格律两方面都要能做到至美尽善，无懈可击。参加帕尔纳斯派创作活动的有J.M.de埃雷迪亚、T.de邦维尔等数十人。邦维尔写的《法国诗歌格律简论》被视为诗歌写作指南，对一代诗风的形成起了一定的作用。

帕夫利科夫斯基 Pawlikowski, Tadeusz (1862～1915) 波兰导演、戏剧活动家。曾在德国学习音乐和戏剧导演。担任过克拉科夫剧院和利沃夫剧院院长。他善于吸取各派之长，在表演、导演和舞台布景上融汇自然主义和象征主义的某些特点，强调演出的整体性和心理的细微刻画。后来他又采用了现代派的一些因素，形成了自己的风格。他大胆实行剧院改革，打破演员的等级和行政界限，要求演员全面发展，并扩大剧院的剧目范围，使许多剧作得以在波兰演出。

帕格尼尼 Paganini, Nicolò (1782-10-27～1840-05-27) 意大利小提琴家、作曲家。生于热那亚，卒于法国尼斯。12岁时公开演出。后随乐队指挥、著名小提琴家A.罗拉学琴，同时学习作曲。1796年回到热那亚，受P.A.洛卡泰利《小提琴艺术》的启迪，后来也写了《24首随想曲》(约1805)。18岁脱离了父亲的监护，到卢卡开演奏会。以后任国家乐队指挥，并从事教学和作曲(作有12首小提琴和吉他的奏鸣曲)。1805年任拿破仑的妹妹埃莉莎·巴乔基公爵大人的宫廷乐师。在一次宫廷音乐会上，他只用两根弦即兴演奏《爱的情景》。后受命为庆贺拿破仑生日创作了只用一根弦的《拿破仑奏鸣曲》。1809年帕格尼尼离开卢卡，开始“自由艺术家”旅行演出生涯，受到热烈欢迎。1834年回到意大利，定居帕尔马。1837年再次去巴黎。

帕格尼尼奠定了现代小提琴演奏法的基础。他的小提琴演奏热情奔放而富于诗意，充满幻想，气势非凡。

他所创作的《24首随想曲》，曲调优美如歌，转调大胆，有些乐曲，如随想曲第二十一首采用了新的曲调发展原则，预示了F.李斯特、R.瓦格纳的写法。所写的小提琴协奏曲曲调丰富，配器色彩鲜明，追求戏剧性对比和歌剧的气势、色彩缤纷的效果。此外，还为小提琴创作过一系列奏鸣曲、变奏曲、舞曲以及若干室内乐作品。对19世纪30年代器乐艺术的转变有巨大影响。

帕果帕果 Pago Pago 美属萨摩亚首府和主要港口。地处图图伊拉岛中部由西向东深入陆地的帕果帕果湾南侧海岸附近。人口约4 600 (2005)。公共建筑、商业设施多分布于环岛公路两侧。湾内水深浪小，是天然良港，可停泊万吨轮。1878～1951年曾作为美国海军的燃料补给港和维修站。渔港位于市区，附近有两家鱼罐头厂。商

港的主要部分位于市区对岸。东南方向有帕果帕果国际机场，可起降大型客机，有往来于火奴鲁鲁的定期航班。

帕加马古城 Pergamum 小亚细亚古代希腊城市。遗址位于土耳其西部伊兹密尔省贝尔加马镇凯科斯河（今巴克尔河）河谷北边一座高山上，距爱琴海约26千米。1878年开始发掘。此城至少在公元前5世纪已存在，希腊化时代（前323～前30）阿塔利德王朝建都于此，使帕加马成为希腊化时代最重要和最美丽的希腊城市之一。城堡和宫殿均建在山顶，市集建在山坡。前188年城市归罗马后，迁到山下的平原。罗马帝国灭亡后为拜占廷所统治，14世纪初又转入奥斯曼人手中。山顶和山坡高处的古迹包括一座剧场、雅典娜神庙以及宙斯大祭坛。祭坛残存的浮雕立体感、动感和明暗对比都非常突出，具有巴罗克风格，可能受到亚洲泥塑艺术的影响。城内还有一个仅次于埃及亚历山大图书馆的大图书馆。罗马时代的遗迹包括竞技场、剧场和赛马场，当时人口估计达20万。古罗马医学家、哲学家加伦出生于此。

帕金森定律 Parkinson's Law 官僚主义或官僚主义现象的别称。源于英国学者C. N.帕金森所著的《帕金森定律》一书。帕金森是英国历史学家、作家，1935年获伦敦大学博士学位，第二次世界大战期间在英军服役，战后在英国利物浦、新加坡和美国讲授历史。1957年发表连续讽刺杂文《帕金森定律》，用一系列“定律”来总结和概括政府机构中的怪现象或“官场病”，如职能任务量与部门雇员人数成反比，议题的重要性和开会讨论的时间成反比，办公条件改善与效率成反比，人员录用时找“下手”而不是“对手”（以免给自己的晋升增加障碍）等。

帕金森氏病 Parkinson's disease; PD 以某些运动障碍（静止性震颤、肌强直、运动迟缓和姿势反射丧失）为临床特征的一组病变。因英国医生J.帕金森于1817年首次描述此组疾病的典型表现而得名。又称震颤麻痹。患病率在1‰～2‰，发病高峰年龄50～60岁。患者中男性略多于女性。

临床表现 起病隐袭，首先表现为动作缓慢，常单侧起病，病侧走路不摆臂、发僵，作快速重复动作，幅度、频率均减低，起动困难，面部表情少，眨眼次数减少，坐位时很少移动，50%的患者以静止性震颤为首发症状，震颤的频率为4～6次/秒，用力时减轻，睡眠时消失，15%的患者全部病程无震颤。可有书写障碍，字越写越小，称“写字过小症”。躯干呈屈曲姿势，低头、驼背、肘屈曲、两手掌指关节屈曲、指间关节伸直，晚期呈小步、前冲，躯干平衡不良。可有抑郁、流涎、尿失禁，晚期可有痴呆，病情进行性恶化，10年左右至病废。

治疗 分为对症治疗、保护性治疗及功能重建。对症治疗主要是复方左旋多巴替代治疗。应用神经生长因子或神经节苷脂行保护治疗。脑深部电刺激可明显改善症状。胎脑移植、基因治疗促使功能重建。继发的帕金森氏综合征对上述治疗效果差。

帕克 Parker, Francis Wayland（1837-10-09～1902-03-02） 美国教育家。生于新罕布什尔州的农民家庭。16岁起任学校教师。1872～1875年在德国柏林大学学习哲学、教育学和心理学，

系统地研究了J.A.夸美纽斯、J.J.卢梭、J.H.裴斯泰洛齐、J.F.赫尔巴特、F.W.A.福禄贝尔等人的教育思想，并到荷兰、瑞士、意大利和法国考察教育，逐渐形成了他自己的教育思想。回国后，应聘担任马萨诸塞州昆西市公立学校督学。任职期间（1875～1880），首次提出“教育要使学校适应儿童，而不是使儿童适应学校”的原则。在教育理论、课程和方法上进行了诸多改革：废止旧的课程计划，引进全新的实验课程计划，新计划对课程不作死板的一致要求，而是因人而异，因材施教；禁止体罚和强迫纪律；废除背诵法，强调领悟与理解；废止单纯填鸭式的灌输，增设手工、游戏等科目。帕克强调儿童是教学活动的中心，一切精神的、道德的活动都有赖于儿童的自我活动。其教育思想与教育改革实践形成昆西教育更新运动，给美国教育以很大影响，被称为美国进步主义教育运动之父。著有《关于教育学的谈话》和《关于教学谈话》等。

帕克 Park, Robert Ezra（1864-02-14～1944-02-07） 美国社会学家，芝加哥学派的主要代表人物之一。生于宾夕法尼亚州哈维维尔，卒于田纳西州纳什维尔。就学于密歇根大学，1887年获哲学学士学位。1898年起，先后在哈佛大学、海德堡大学深造。1904～1905年任哈佛大学哲学助理教授，曾协助黑人领袖B.T.华盛顿研究种族问题。1914～1936年在芝加哥大学社会学系任教。1925年任美国社会学会主席。著有《社会学导论》（合著）、《城市——对都市环境研究的提议》（合著）、《人种与文化》、《人类社区，城市和人类生态学》。

帕克在社会学研究上有两大兴趣，即种族和城市。在种族研究中，提出了表示个人间、团体间的密切程度的“社会距离”概念，并探讨“种族偏见”与“种族冲突”的关系。他认为，美国社会较其他社会种族偏见小但冲突大，这是因为美国社会开放、进步，黑人不满意、不顺从传统的不平等秩序。帕克从新闻媒介、商业活动、行政管理3个方面为城市下定义，认为城市是人类文明的一种方式。他受生态学思想的影响，提出“城市生态学”这一重要概念，对城市的研究主要包括人口、邻里关系、职业3个方面。帕克对社会学的贡献还突出地表现在对社会学人才的培养方面，如E.W.伯吉斯、L.沃思等著名社会学家都曾是他的学生。

帕拉第奥 Palladio, Andrea（1508-11-30～1580-08） 意大利文艺复兴后期的建筑理论家和建筑师。又译帕拉迪奥。生于帕多瓦一个贫苦家庭，卒于维琴察。在维琴察当过石匠，曾到罗马学习和研究古代建筑。返回维琴察后长期担任城市的首席建筑师；1570年举家定居威尼斯并在那里出版了他的主要著作《建筑四书》。这本书既有别于L.B.阿尔贝蒂那部采用古典语言、纯理论性质的巨著《论建筑》，也和G.B.da维尼奥拉等人专为从事实际工作的工匠和建筑师编写的图册性质的著作不同，在建筑史上占有重要的地位。

帕拉第奥擅长考古和建筑实践，在复兴古罗马建筑对称布局与和谐比例方面作出很大贡献。其作品风格严谨，具有手法主义的一些特征，主要集中在维琴察和威尼斯两个城市。如维琴察会堂的改建，是在原有大厅外面增加了一圈券柱外廊，所用手法以后得到广泛运用并被称为“帕拉

维琴察郊外的圆厅别墅

第奥母题”；维琴察郊外的圆厅别墅成为许多同类建筑的范本。其他作品还有威尼斯的圣乔治主堂、救世主教堂，维琴察的长官廊和若干府邸等。他的这些作品对后世影响很大。从18世纪开始，他的名字就成为完美建筑的象征，世界上许多地方都有所谓“帕拉第奥式建筑”。

帕拉马里博 Paramaribo 苏里南首都、最大城市和主要港口。位于苏里南河入海口左岸。人口24.36万（2004）。属热带雨林气候。原为印第安人渔村。15世纪末西班牙殖民者到达此地。后被英国、荷兰先后占领。1975年苏里南独立后为国家首都。主要有小型轻工业、食品工业、木材加工业等。全国水陆交通枢纽。全国几乎所有进出口贸易都经由此地。主要出口产品有铝土、木材、大米、蔗糖等。有大型国际机场。有国家博物馆、植物园、苏里南大学、农业研究中心等。名胜古迹有17世纪的泽兰迪亚城堡等。

帕拉马斯 Palamas, Kostis（1859-01-13～1943-02-27） 希腊诗人，新雅典诗派领袖。生于佩特雷，卒于雅典。18岁时去雅典学习法律，开始在报刊上发表评论文章和诗歌。曾担任雅典大学学部秘书42年。1886年发表第1本诗集《祖国的歌》。一生发表过18部诗集，1部诗剧和2 500篇评论文章及一些短篇小说，其中最有名的是《一个人的死》。他的诗作重要的有长诗《雅典娜颂》(1889)、《吉普赛人十二章》(1907)、《国王的笛子》(1910)，诗《我灵魂的眼睛》(1892)，诗集《许多国家》(1895)、《坟》(1898)、《静止的生命》(1904)。

帕拉西奥·巴尔德斯 Palacio Valdés, Armando (1853-10-04～1938-01-29) 西班牙小说家。生于阿斯图里亚斯，卒于马德里。曾在马德里学习法律。共创作长篇小说20余部，《玛尔塔与马里亚》(1883)，描写两姐妹的爱情，揭示幻想与现实生活的矛盾；《一个病人的恋爱史》(1884)，以一个病魔缠身的青年的恋爱悲剧为题材，表现爱情的神奇魔力。1885年以渔民生活为题材的中篇小说《何塞》问世，使作者赢得了声誉。短篇小说主要有《单枪匹马》、《清教徒》、《雪中鸟》等。其作品展示了19世纪后半叶和20世纪初西班牙广阔的社会生活，描写了各个阶层、各个行业人物的性格特征和心理活动，反映贵族的荒淫无耻和资本主义社会的腐朽没落。作品中人物对话生动，引人入胜，性格刻画细腻，尤以塑造女性形象见长；语言自然流畅，文笔诙谐轻松。

帕劳 Palau 太平洋岛国。全称帕劳共和国。与美国自由联合。位于西太平洋加罗林群岛最西部，关岛以南1 126.5千米处。靠近菲律宾和印度尼西亚。属密克罗尼西亚岛群。是太平洋通往东南亚的门户之一。面积458平方千米，水域面积62.9万平方千米。人口约2.08万（2009）。密克罗尼西亚人和马来人混血形成的帕劳人占70%，还有菲律宾人、华人、越南人等。通用英语，官方语言为帕劳语。73%的居民信奉基督教。设有16个州。原首都科罗尔，2006年10月7日迁都梅莱凯奥克。梅莱凯奥克面积28平方千米，人口391（2005）。

帕劳由帕劳群岛、松索罗尔群岛、托比岛三部分组成，包括巴伯尔道布等火山岛和大量的珊瑚礁岛。呈东北—西南向分布在长640千米的海面上，其中有9个岛屿有常住居民。属热带气候，年平均气温27℃，平均年降水量3 000毫米以上。

1710年被西班牙探险家发现，1885年为西班牙占领，1898年西班牙将其卖给德国。第一次世界大战中被日本占领，第二次世界大战期间被美国攻占。1947年联合国将其交美国托管，与马绍尔群岛、北马里亚纳群岛和密克罗尼西亚联邦构成太平洋岛屿托管地的4个政治实体。1969年帕劳开始就未来地位同美国谈判。1982年8月与美国签订《自由联系条约》，在1993年11月举行的第8次公决中终获通过。根据该条约，帕劳于1994年10月1日结束美国的托管地位，成立独立的主权国家。

1981年成立立宪政府。总统经普选产生，任期4年。国家执行机关由部长组成。各州自行立宪。设有一个酋长委员会，两位最高酋长享有等同于总统的声望。议会分为参、众两院。任期4年。

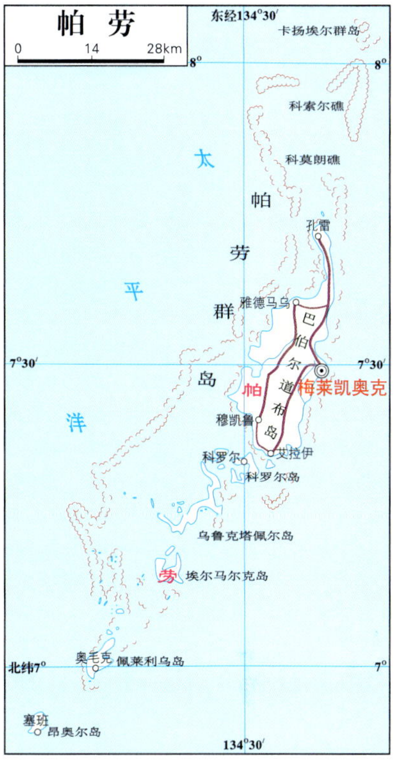

经济较为落后。主要依靠外国援助、旅游业和渔业生产。主要农产品有鸡蛋、水果、蔬菜、猪肉、椰果等。渔业资源丰富，出口金枪鱼和贝类。粮食及各种工业制成品均依靠进口。主岛巴伯尔道布上有中型机场。有人居住的岛屿均有港口和卫星通信系统。全国有公路61千米。旅游业为其主要外汇收入来源。通用美元。2008年国内生产总值1.64亿美元。美国因需要利用帕劳的军事设施，每年给予其数千万美元的援助。

帕劳建有小学25所，中学1所，并有1所大专帕劳社区大学。主要报纸有《帕劳报》等。有两家广播电台，一家有线电视台。

帕劳已与25个国家建交，在联合国派大使级常驻代表。尚未同中国建立外交关系。

帕雷托 Pareto, Vilfredo（1848-07-15～1923-08-19） 意大利经济学家、社会学家。生于法国巴黎，卒于瑞士日内瓦。早年学习自然科学。1868年在都灵大学获工程博士学位。1889年左右转向研究经济学，1893年任瑞士洛桑大学政治经济学教授，1906年后致力于社会学研究。著有《政治经济学讲义》、《社会主义体系》、《政治经济学教程》、《社会学通论》等。

帕雷托的社会学思想主要有：①行动理论。主要涉及人的行动的非逻辑方面。②精英理论。主要讨论社会分层和社会统治问题。③社会系统理论。主要研究社会的动态均衡问题。他认为，任何社会系统主要有四个方面的特征：经济生产力的水平、政治权力的分布状态、意识形态的性质、不平等的模式。社会系统是动态均衡的过程。他的社会学分析的理论前提是他对残余物和衍生物的区分。他认为，残余物是指从社会活动中除去人们所有的理性想法之后，依然保留下来的那种东西，它是社会活动的常数；衍生物则表示观念、信仰、理论等意识形态系统，它们是派生的，是社会活动的变数。人们对非逻辑行动的逻辑化就产生出了许多衍生物。帕雷托的社会学思想成为20世纪50年代西方社会学中占主导地位的结构功能主义的理论来源之一。

帕雷托最优 Pareto optimum 福利经济学关于实现生产资源的最适度配置或国民收入极大化所需条件的理论。由意大利经济学家、社会学家V.帕雷托提出。又称帕雷托效率。其主要含义是对于经济中的某种资源配置的状态，如果不能再作出任何改变使得在不损害任何一个人的情况下使其他人的境况变得更好，那么，这种资源配置便达到了最优的资源配置状态，由此被称为帕雷托最优状态。

如果对经济中的某种资源配置状态可以作出改变，从而使得至少一个人的境况变好而又不使其他任何一个人的境况变坏，则称这种“改变”为帕雷托改进。所以，只有当一个经济已经不存在帕雷托改进，或者说，已经穷尽了帕雷托改进时，该经济便实现了帕雷托最优状态。

帕雷托最优是福利经济学中的重要概念之一。美国经济学家K.J.阿罗和G.德布鲁共同证明了在一定的条件下竞争性均衡和帕雷托最优是等价的。

帕里尼 Parini, Giuseppe (1729-05-22～1799-08-15) 意大利讽刺诗人。生于波西西奥，卒于米兰。1752年出版第一部作品《利帕诺·埃乌比利诺诗选》，收入92首诗。显示出深厚的古典文学功底，获得好评。1757年写了对话录《关于高贵的对话》。通过贵族和诗人死后的对话，探讨贵族的起源、特权和虚荣心，表达了作家关于人无贵贱之分、只有品德高下之别的民主思想。长篇讽刺诗《一天》分为《早上》(1763)、《中午》(1765)、《黄昏》(1780)和《夜晚》(1791)四部分，第四部分没有写完。诗人以诙谐幽默的笔调，描述一位贵族公子如何打发一天的光阴，揭示贵族寄生生活的空虚无聊和日暮途穷的前景，表现出对劳动人民的关心和同情。由19首诗组成的《颂歌集》(1795)，反映了许多社会问题，表达了意大利人民的爱国主义热忱和对新生活的向往。帕里尼的诗歌具有启蒙主义积极向上的思想情感，又具有成熟的新古典主义艺术特征，文笔娴熟，风格清新，达到相当完美的境地。

帕伦克古城遗址

帕里镇 Pagri Town 中国西藏自治区亚东县辖镇。西藏南部贸易中心和边防要道关隘。海拔4 360米，在雪线之上，有“世界第一高城”和“生命禁区”之称。位于绰木拉利山（海拔7 314米）西南麓的帕里盆地，与不丹、印度相邻，居亚东通往腹心地区的咽喉要地。拉萨至亚东公路通过镇域。帕里盆地地处喜马拉雅山南侧的高山草原地带，年平均气温-0.2℃，极端最高气温仅19.3℃。平均年降水量约380毫米，冰雪融水资源丰富，以牧业为主。每年有不少不丹、印度边民到此进行易货贸易。

帕里镇一角

帕利基尔 Palikir 密克罗尼西亚联邦首都和第二大居民点。人口约6 600(2005)。位于波纳佩岛。建于1970年的密克罗尼西亚联邦学院为全国最高学府。附近的国际机场为游客进出密克罗尼西亚联邦的门户。

帕伦克古城 Palenque 中美洲玛雅文明古典期代表性礼仪中心之一。遗址位于墨西哥恰帕斯州乌苏马辛塔河下游地区，是最早被发现的玛雅遗址。古城的兴盛时期为600～800年。主要建筑有1座王宫和5座神庙。1952年发掘著名的铭文神庙对玛雅文明的考古学研究产生深远影响。铭文神庙清理了一条长长的梯道，梯道的尽头是一座开凿在基岩中的墓室。根据梯道两侧和石棺上的铭文，确认墓主人为巴加尔王，他生于603年，615年即位，684年去世。由此确认，玛雅文明的金字塔式台庙同时就是王者的陵墓。铭文还记载了巴加尔王以前7位统治者（其中2位是女性）的名字和在位时间，为研究玛雅文明的年代和王系提供重要依据。巴加尔神庙碑铭所记的统治者族谱，还得到其子钦·巴赫鲁姆所造神庙碑铭的印证和补充。由此可见，帕伦克的王朝序列及其残存的建筑雕刻，形象地展示了一个玛雅文化礼仪中心在政治、宗教和文化方面的成就。1987年，帕伦克古城和国家公园作为文化遗产被列入《世界遗产名录》。

帕米尔高原 Pamir 位于中亚东南部，地跨塔吉克斯坦的戈尔诺-巴达赫尚自治州，中国新疆维吾尔自治区西南部和阿富汗东北部，是地球上两条巨大山带（阿尔卑斯-喜马拉雅山带和帕米尔-楚科奇山带）的山结，天山、昆仑山、喀喇昆仑山和兴都库什山交会于此。“帕米尔”系塔吉克语，“世界屋脊”之意。习惯上，根据地形将帕米尔分作东西两部分：东帕米尔以高原上的中山为主，海拔平均6 100米或更高，山峰的相对高度大多不超过1 000～1 500米，山体浑圆。山间谷地宽而平，海拔3 600～4 200米。西帕米尔是高山与低岭相间。西北部高达7 495米的索莫尼峰（共产主义峰）是塔吉克斯坦的最高点。山脉的相对高度为2 000～3 500米，河谷窄而深，山脊高出谷底达3 000～4 000米，具有永久积雪和冰川的阿尔卑斯型山脉与深的峡谷交错分布，各种冰川地形广泛发育。

帕米尔高原是现代冰川的中心。这里有1 085条山地冰川，覆盖面积8 042平方千米。雪线高度，西帕米尔为4 000～4 400米，东部可达5 000～5 500米。科学院山脉的费德钦科冰川，长71千米，面积907平方千米，是世界最大的山地冰川之一。喀拉湖位于帕米尔北部，湖面海拔3 954米，是世界高湖和内陆盐湖之一。

属严寒的强烈大陆性高山气候，东部更为显著。这里冬季漫长，在海拔3 600米左右，1月平均气温-18℃，绝对最低气温-50℃；7月平均气温14℃，最高不超过20℃。东帕米尔因有高山阻挡西来的湿润气流，年降水量仅60～120毫米，在喀拉湖盆地更少至30毫米。西帕米尔多东西向并行山脉，山高谷深，气候的垂直变化很大。在海拔2 100米处，1月平均气温-7℃，7月平均气温22℃。高山的迎风坡年降水量可达1 000毫米，而谷地仅100～200毫米。

自然景观具有垂直地带性差异和东西差异。高原的基带属于荒漠带，4 300米以上为高山永久积雪带，中间为荒漠草原和草原地带。矿藏有钼、钨、稀有金属、水晶和云母矿等。居民90%以上是塔吉克人，住在西部；东部主要是吉尔吉斯人。主要从事农耕和养畜。

帕慕克 Pamuk, Orhan (1952-06-07～) 土耳其小说家。生于伊斯坦布尔。他除在美国纽约生活3年之外，一直生活在伊斯坦布尔。曾在伊斯坦布尔科技大学和伊斯坦布尔大学学习。1979年发表第一部作品《塞夫得特州长和他的儿子们》。历史小说《白色城堡》(1985) 探讨了身份认同与文化差异、东方与西方的接触，以及土耳其在世界版图上有时显然未知的部分。《新生活》(1979) 的出版在土耳其造成轰动，成为土耳其历史上销售速度最快的书籍。《我的名字叫红》(1998) 确定了他在国际文坛上的地位。《伊斯坦布尔——一座城市的记忆》(2005) 主要描述了在奥斯曼土耳其帝国瓦解后，世界几乎忘记了曾经叱咤风云的伊斯坦布尔存在过的事实。2006年获诺贝尔文学奖。其他主要作品还有《寂静的房子》(1983)、《黑书》(1990)、《雪》(2002) 等。

帕尼奥尔 Pagnol, Marcel (1895-02-28～1974-04-18) 法国剧作家。生于奥巴涅，卒于巴黎。1925年与人合作发表《贩卖荣誉的商人》。1928年《窦巴兹》(又译《托帕兹》) 问世，通过对穷困潦倒的同名小学教师的描写，揭露了法国贪污腐化、营私舞弊等社会弊端，揭示出人们在金钱面前不是毁灭便是堕落的可悲结局。此剧结构严谨，语言畅达，情节引人入胜，人物栩栩如生。之后又发表马赛三部曲中的《马里尤斯》(1929)、《法妮》(1931)。1930年后，创作了不少电影脚本，如三部曲中的《凯撒》(1936)、《面包师的妻子》(1938)、《磨坊札记》等。直到20世纪50年代中期之后，他才重新回到剧本创作，写有《尤达》(1955)、《法比安》(1956) 等。帕尼奥尔的剧本极富南方普罗旺斯地区的特征，风格幽默风趣，同时带有明显的感伤情调。

帕皮提 Papeete 法属波利尼西亚首府，旅游城市。位于塔希提岛西北部的一个海湾沿岸。市区人口约2.62万 (2002)。始建于1818年。商业较发达。塔希提岛和周围各岛出产的椰油、蔗糖、香草、磷矿、水果、珍珠贝等产品大都从这里输出。港口可停泊3.5万吨级船舶，是南太平洋地区重要的航运中间站，有定期班轮前往周围其他各岛。帕皮提以西6千米处的法阿机场是法属波利尼西亚唯一的大型国际机场。法国太平洋大学在此设有分校。

帕森斯 Parsons, Charles Algernon (1854-06-13～1931-02-11) 英国汽轮机发明家。生于伦敦，卒于牙买加金斯顿。毕业于剑桥大学，曾任英国供电和工程公司的指导。

1898年当选为皇家学会会员，1905～1906年任航海工程师协会主席，1919～1920年任英国科学促进协会主席。1877年，帕森斯根据水轮机原理，开始设计汽轮机，研制成多级反动式汽轮机，与他所制造的高速发电机配套，并于1884年取得轴流式多级反动式汽轮机的专利权。他的汽轮机发电机组使蒸汽动力和发电设备发生了革命性的变化。1888年为纽卡斯尔发电站制成可用于发电75千瓦的汽轮机。1891年他在汽轮机上装置凝汽器，大大提高汽轮机的热效率，降低了燃料消耗率。1894年成立帕森斯航海用蒸汽涡轮公司。他制造的汽轮机发电机组驱动的“透平尼亚”号战舰，在1897年举行的战舰比赛中，以创纪录的速度和良好的机动性取得优胜，从而开创了用汽轮机推进船舶的新时期。帕森斯于1910年又研制出齿轮减速器。

帕森斯 Parsons, Talcott (1902-12-13～1979-05-06) 美国社会学家，结构功能主义的主要代表人物。生于科罗拉多州斯普林斯，卒于德国慕尼黑。1920年入美国阿

默斯特学院学习，1924年获文学士学位。后赴欧洲，先在伦敦经济学院学习，复又转到德国海德堡大学研究经济学和社会学，1927年获博士学位。回国后一直在哈佛大学从事教学与理论研究工作。先后任哈佛大学经济系讲师、社会学系教授，1946年任新成立的社会关系系主任。1949年担任美国社会学会主席。著有《社会行动的结构》、《社会学理论论文集》、《社会系统》、《关于一般行动理论》(合著)、《经济与社会》(合著)、《现代社会的结构与过程》等。

帕森斯总结了前人的行动理论，提出了自己的意志论行动理论。他认为社会行动的基本单位是单元行动，由目的、手段、条件、规范这样一些要素构成，每一种行动都涉及主观目的，并构成行动中的意志自主因素。社会行动是一个庞大的系统，是由行为有机体系统、人格系统、社会系统和文化系统4个子系统构成，子系统都有自己维持和生存边界，但又相互依存、相互作用，共同形成层次控制系统。社会系统是一种行动者互动过程的系统，行动者之间的关系结构就是社会系统的一种基本结构。社会系统中的行动者通过社会身份和社会角色与社会发生联系，制度化了的身份与角色复合体就是社会制度。社会系统必须满足4种基本功能，即适应、目标达成、整合、潜在模式维系，在组织上产生功能分化，由经济、政治、社会共同体和文化意义上的模式托管系统分别执行。在社会系统与其他系统之间，在社会系统的各子系统之间，存在着多种多样的输入-输出的交换关系，形成社会系统的过程。通过交换，社会秩序得以结构化，并构成社会系统的动态平衡。

帕森斯在长达半个世纪的学术生涯中，对古典社会学进行了现代重建，他的社会行动理论和结构-功能分析产生了巨大的影响，并培养了一批社会学家，围绕其理论形成了许多当代社会学流派。

帕斯捷尔纳克 Pasternak, Boris Leonidovich (1890-02-10～1960-05-30) 苏联作家。生于莫斯科，卒于莫斯科。曾入莫斯科大学和德国马尔堡大学学习。1914年出版第一本诗集《云雾中的双子星座》，抒发诗人对大自然、爱情的个人感受。诗集《超越障碍》(1916) 多为诗人对个人命运和自然事物的瞬间感受。诗集《生活，我的姊妹》(1922) 则力图记录诗人所感受的人生。长诗《崇高的疾病》(1924)，叙事诗《施密特中尉》(1926～1927)、《1905年》(1927) 立意明确，感情真挚，同前期诗歌相比，显得清雅、明朗、质朴。1956年完成的长篇小说《日瓦戈医生》表现出对十月革命和苏联社会的怀疑和反感。1958年获诺贝尔文学奖，迫于压力拒绝接受。最后一本诗集《到天晴时》(1956～1959)，流露出凄凉悲痛的情调。其他主要作品还有自传体回忆录《安全通行证》(1929～1931)、诗体小说《斯彼克托尔斯基》(1931)、诗《冬天的原野》(1945) 等。

帕斯卡 pascal 国际单位制中表示压力（压强）的导出单位。简称帕。符号为Pa。

是牛顿每平方米（N/m²）的专门名称。为纪念法国数学家、物理学家B.**帕斯卡**而命名。1帕等于1牛的力均匀垂直作用在1平方米面积上所产生的压力（压强）。在很多情况下，这个单位显得太小，应用不便。工程上较通用的是千帕（kPa），即1 000牛/米²；气象上通常用单位百帕（hPa）。其他常见压力单位与帕斯卡的换算关系为：1毫米汞柱（mmHg）=133.322帕，1毫米水柱（mmH_2O）=9.806 375帕，1千克力/厘米²（kgf/cm^2）=9.806 65×10^4帕，1大气压（atm）=101 325帕，1巴（bar）=10^5帕。

帕斯卡 Pascal, Blaise（1623-06-19～1662-08-19） 法国数学家、物理学家、哲学家、散文作家。又译帕斯卡尔。生于克莱蒙费朗，卒于巴黎。1640年提出射影几何中的帕斯卡定理。1642～1644年，创制历史上第一架机械计算机器。1654年，提出二项式展开系数的三角形排列法，即帕斯卡三角形。和P.de**费马**共同奠定了概率论的基础。1658～1659年，研究摆线问题，间接促进了**微积分**学的形成和发展。在物理学方面，帕斯卡的主要贡献在于对大气压强和液体静力学的研究。1646～1647年，他成功证实了大气压强随高度的增加而减小。1649～1651年，证实了水银柱的高度与当时当地的大气条件有关，从而预示了气压计用于气象预报的前景。1651～1654年，他研究液体静力学和空气重量的各种效应，提出著名的**帕斯卡定律**。提出连通器原理和后来得到广泛应用的水压机的最初设想。他还指出器壁上所受的由于液体重量而产生的压强，仅仅与深度有关。为了纪念帕斯卡研究大气压强所作出的贡献，压强的单位帕斯卡以他的姓氏命名。

帕斯卡全家笃信天主教，1656年，帕斯卡应冉森派的要求写了18封《致一个外省人的信》，阐释了冉森派的教义，即道德准则和公民准则对任何人都应当一视同仁，只有全心全意献身上帝的人才能领受天恩，而不是像耶稣会那样对信徒们按地位和财产区别对待。他的信义正词严又极为感人，是法国散文的不朽之作。后人整理出版了他的一些笔记，名为《思想录》。

帕斯卡定律 Pascal's law 加在密闭液体任何一部分上的压强，必然按照其原来的大小由液体向各个方向传递。**流体力学**中的基本定律之一。由法国数学家、物理学家B.**帕斯卡**于1653年提出，在流体机械工程中广泛应用。可把小的输入力，转换成较大的输出力。据此原理，可制造水压机、千斤顶、液压制动闸等。

帕提农神庙 Parthenon 希腊**雅典卫城**中祀奉雅典守护神雅典娜的神庙。又称雅典娜帕提农神庙。位于雅典老城区卫城山的中心，坐落在山上的最高点。建于公元前447～前432年，古希腊雅典最繁盛的时期，主要雕塑师为菲迪亚斯。建筑平面呈长方形，长228英尺，宽101英尺，周围环以48根多立克式廊柱，东西两端入口处各有立柱6根。殿内供奉**雅典娜**立像。庙顶柱间壁等部位有以希腊神话为主题的精美浮雕。神庙西部即帕提农，意为圣女宫，曾用来存放财宝和档案。帕提农神庙被认为是多立克式建筑艺术的极品。

帕提亚帝国 Parthian Empire 伊朗古代奴隶制王国。帕提亚大致相当于今伊朗的呼罗珊地区，在波斯帝国和**塞琉西王国**时期是一个省。公元前3世纪前期，游牧的达海部落联盟的帕尔尼部从今中亚锡尔河流域迁徙到帕提亚，与当地居民融合。公元前247年，帕尔尼部的首领阿萨息斯杀死塞琉西王国的总督，以尼萨（今土库曼斯坦阿什哈巴德）为都城，建立阿萨息斯王朝。中国史籍称之为安息，西方史家称之为帕提亚。

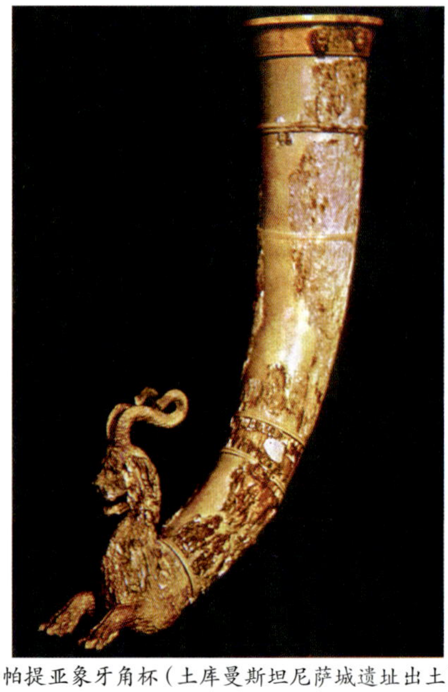

帕提亚象牙角杯（土库曼斯坦尼萨城遗址出土）

帕提亚建国后，随着国土扩张，屡次迁都。公元前147年迁都埃克巴坦那（今伊朗哈马丹）。前90年迁都泰西封。米特拉达梯一世（前171～前138年在位）即位后，首先进攻中亚的**巴克特里亚王国**，巩固东境；继而西进，占领米底及伊朗西北部各省，最后于前141年进入底格里斯河畔的塞琉西亚。这时帝国西以幼发拉底河为界，与罗马对峙；东北与**康居**和大月氏相接；东南占有坎大哈，远抵印度边境。帕提亚是横贯亚洲大陆的**丝绸之路**的必经之地，经济上因过境贸易而得到好处。为此帕提亚与中国一直保持友好关系。前115年，汉朝遣使节至帕提亚，米特拉达梯二世（前123～前88年在位）令二万骑迎于东界。公元87年，帕提亚王遣使来中国献狮子、符拔（传说中的辟邪神兽，一说为羚羊）。148年，王子安清（字世高）来中国传布佛教，译经多种。

在西面，帕提亚面对满怀敌意的罗马，公元前53年，罗马统帅**克拉苏**·**迪弗斯**率军强渡两国边界幼发拉底河，结果在卡尔莱大败，克拉苏·迪弗斯及其子被杀。

公元1世纪初，帕提亚进入所谓“反希腊化”时期。当帕提亚王权衰落，各省总督和部落首领纷纷独立时（公元1世纪中叶以后有18个小王国），民族意识的觉醒成为主流。同时，帕提亚人接受了琐罗亚斯德教。

帕提亚的最后一个王是阿尔达班五世（213～224年在位）。他打退入侵的罗马人，并攻入罗马境内，迫使罗马皇帝以重金乞和。阿尔达班于224年在伊斯法罕西北之霍尔米兹达干阵在与萨珊家族的作战中战死，帕提亚帝国遂亡。

帕图斯潟湖 Patos, Lagoa dos 巴西最大、南美洲第二大湖。位于巴西南部南里奥格兰德州的大西洋沿岸。为沙洲发育、阻塞水流而形成，与大西洋仅有一条沙带阻隔。湖面呈长条状，长290千米、宽64千米，面积10 144平方千米。

帕瓦罗蒂 Pavarotti, Luciano（1935-10-12～2007-09-06） 意大利男高音歌唱家。生于摩德纳，卒于摩德纳。1961年在雷焦艾米利亚市剧院举行的国际声乐比赛中获

奖，同年在该市首次登台扮演《波希米亚人》中的鲁道夫而一举成名。其后相继在荷兰和英国演出获得成功。1965年与J.萨瑟兰到澳大利亚旅行演出，扮演《拉美莫尔的露契亚》中的埃德加；同年在米兰斯卡拉歌剧院登台，扮演《弄臣》中的曼图亚公爵。1968年在美国旧金山和纽约登台扮演《军中女郎》中的托尼奥，声名大振。其嗓音开放、明亮，高音辉煌，穿透力极强，曾被誉为“高音C之王”。他的演唱优美、热情、奔放，具有典型意大利唱风，擅长抒情及戏剧性角色，为20世纪晚期最受欢迎的男高音之一。曾多次来中国访问演出，受到热烈欢迎。

帕西诺 Pacino, Al (1940－04－25～) 美国电影演员。出生于纽约。自曼哈顿表演艺术高中辍学后，又入纽约演员研修所。此后活跃在外百老汇和百老汇的戏剧舞台上，先后两次获托尼奖。1972年他的西西里血统和精湛演技被筹拍《教父》的F.F.科波拉看中。他将一个不闻家族事的大学生转变成心狠手辣的黑手党教父的历程演绎得细腻而令人信服。随后又在《教父Ⅱ》(1974) 和《教父Ⅲ》(1980) 中全方位地展示了黑手党的残忍冷酷以及教父的老谋深算和感情上的孤独凄凉。他以深沉内敛的演技确立了自己的地位。20世纪70年代主演《稻草人》(1973)、《色皮科》(1973)、《炎热的下午》(1975)、《伸张正义》(1979) 等。这些影片使他多次获得奥斯卡金像奖提名。1992年他因主演《闻香识女人》获奥斯卡金像奖最佳男演员奖。

《拍案惊奇》 *Astonished Slaps upon the Desktop* 中国拟话本小说集。明末凌濛初著。

拍板 clappers 碰奏体鸣乐器。广泛用于中国戏曲、曲艺、器乐合奏等乐队中。又称檀板、绰板，简称板。拍板多以3块紫檀、红木或黄杨木制作，长18～20厘米，宽4～6厘米，前两块板用丝弦结扎一起，与后一块板的上端相联结。

拍板的形制和持奏形式古今不同，宋陈旸《乐书》载：“拍板长阔如手，重大者九板，小者六板。”清《皇朝礼乐图式》中所绘之拍板为6块。今福建南音所用之拍板也由6块组成，用两手合拍击节。戏曲乐队采用的拍板为3块（前2后1），鼓与拍板相配合，有“鼓板”之称。拍板只在各种板式的强拍位置上碰击，所以板也是各种板式强拍位置的标志。

元代象牙曲板

拍卖 auction 由专营拍卖业务的拍卖行接受货主的委托，在一定的地点和时间，按照一定的章程和规则，以公开叫价竞购的方法，最后由拍卖人把货物卖给出价最高的买主的一种现货交易方式。有自愿拍卖和强制拍卖两种。自愿拍卖是根据财产所有者的意愿进行的；强制拍卖是财产所有者破产或无力偿债时举行的，通常由官方人员执行，如税务机关或海关委托拍卖逃税、走私或没收货物，还有受典押者（或单位）拍卖过期未赎买货物等。

拍卖的形式包括：买方叫价拍卖（又称有声拍卖）、卖方叫价拍卖（又称无声拍卖）、减价拍卖和投标式拍卖（又称密封出价信式拍卖或邮递拍卖）。

俳赋 parallel fu 中国赋体的一类。又称骈赋。在两汉古赋的基础上发展演变而来，盛行于六朝时期。“俳”、“骈”为对句、对偶的意思。孙梅在《四六丛话》中说：“左（思）、陆（机）以下，渐趋整炼；齐梁而降，益事妍华；古赋一变而为骈赋。”其体制的主要特征是句式整炼，多用四字对和六字对，语句华丽、新巧。同时题材也不再是关于京都、宫室、山川，而多是一些咏物、感时、抒情之作。代表作有江淹的《恨赋》、庾信的《哀江南赋》等。但大多数作品终因藻语润饰太过，缺少内容而流于形式。

俳句 haiku 日本最短的一种诗歌形式。由3句17音组成，首句5音，次句7音，末句5音。原为俳谐（又称连句）的发句（第一句），后来独立成诗。“俳句”一词，在江户时代（1603～1867）曾既指俳谐也指其发句，专指发句是从明治时代开始。室町时代的名俳谐家为荒木田守武。江户时代初期的俳谐诗人有松永贞德（贞门）和西山宗因（谈林），而被称为俳圣的松尾芭蕉则堪称贞门和谈林之集大成者，其后的与谢芜村和小林一茶也各有千秋。进入明治时代以后，正冈子规大力倡导俳句革新运动，使俳句成为深受人们欢迎的诗歌形式。俳句以短小为特色，内容简明，语言精练，能够引人深思。

排队论 queueing theory 研究各种随机性服务系统中排队现象的随机规律的学科。又称随机服务系统理论。运筹学的一个分支。日常生活中存在着各式各样的服务系统，如售票系统、电话系统、飞机升降、船舶装运、水库调度、无线通信、生产流水线、计算机系统与网络等，它们都具有随机性，都可利用排队论来分析研究，以便发挥最大的经济效益。

排队论研究起源于1909年丹麦的A.K.埃尔朗关于电话设计问题的探讨。20世纪30年代，苏联和瑞典的数学家为初期的进展作出了重要的贡献。50年代初，英国的D.G.肯德尔引进嵌入马尔可夫链，奠定了现代排队论发展的基础。50年代中期以后，排队论的研究又从初期的平稳性态发展到更为复杂、更为深刻的瞬时性态。之后，优化理论、排队网络、随机比较、逼近理论、矩阵解析、算法研究等新的研究方向不断涌现，使排队论的理论和应用范围获得持续的进步与发展。

任何随机服务系统都包含三个组成部分：①输入过程，即服务对象（或称顾客）到达系统的规律。输入过程可为定长输入（记为D），即顾客等间隔到达，如产品流水线；可为泊松输入或最简单流输入（记为M），即相继顾客到达的时间间隔相互独立，且均为相同的负指数分布，如电话的呼唤流；可为一般独立输入（记为GI），即相继顾客到达的时间间隔独立同分布，而为一般分布，前面两种输入当然均为其特例；可为成批到达的输入等。②排队规则，即顾客接受服务的次序与准则。排队规则可为损失制，即顾客到达时若所有服务设备被占，顾客就自动离去；可为等待制，即在设备被占时顾客排队等待，并可按各种不同次序接受服务，如先来先服务、后来先服务（如通信系统中后来信息可能会先予处理）、随机选取服务、优先权服务（如急诊病人）等；可为混合制，即在排队长度或顾客等待时间超过某个上界时顾客不再等待而离开系统。③服务机构，即为顾客提供服务的设施和服务的时间。服务机构中服务台个数可为单个或多个，服务台结构可为并联或串联，服务方式可为每次对单个顾客提供服务或每次对一批顾客进行服务，服务时间可为定长（记为D）、负指数分布（记为M）、一般分布（记为G）等各种分布。由于这三个组成部分都可具有各种不同的类型，因此组合而成的随机服务系统就会呈现出千变万化的模型。肯德尔引入了随机服务系统一个常用的分类记号$X/Y/n$，式中X代表输入，Y代表服务分布，n代表服务台的数目。因此如$M/D/1$就表示具有泊松输入、定长服务分布的单台系统，$GI/M/n$就表示具有一般独立输入、负指数服务分布、n个服务台的系统。如果不加其他说明，这种记号都指先来先服务、单个服务、服务台并联的等待制系统。

刻画随机服务系统性能的数量指标主要有三个：(顾客的) 等待时间、队长 (顾客排队长度) 与忙期 (服务机构连续繁忙的时期)。包括平稳性态、瞬时性态、优化理论、逼近理论、算法研究等在内的所有方向的研究几乎都是围绕着这些数量指标展开的。就研究方法来说，从经典的母函数法、拉普拉斯变换法、补充变量法、组合分析法、微分方程法、泛函分析法、更新过程法，到现代的测度弱收敛法、强逼近法、鞅论法、矩阵解析法、马尔可夫过程逼近算法等在处理不同问题上都各自显现出其威力，以至于对有些方法本身的研究就已构成了相应的重要研究方向。

排列组合 permutation and combination 排列和组合是组合数学中的两个基本概念。排列是指有限个事物按照一定顺序排成的队列，组合指有限个不同事物组成的整体或者说是有限个元素组成的集合。它们是从给定的对象集合中选出子集的两种不同方式：排列要求考虑到选出对象的次序，组合则不考虑次序。从n个不同的物体中取出k个 ($0\leqslant k\leqslant n$)，所有可能的排列数记作P_n^k，$P_n^k=\dfrac{n!}{(n-k)!}$；所有可能的组合数记作C_n^k，$C_n^k=\dfrac{n!}{k!(n-k)!}$。例如：给定$a$、$b$、$c$、$d$4个字母，从中取出2个形成的排列有$ab$、$ac$、$ad$、$ba$、$bc$、$bd$、$ca$、$cb$、$cd$、$da$、$db$和$dc$，共计

$P_4^2=\dfrac{4!}{(4-2)!}=\dfrac{4\times3\times2\times1}{2\times1}=12$种；从中取出2个形成的组合有$ab$、$ac$、$ad$、$bc$、$bd$和$cd$，共计$C_4^2=\dfrac{4!}{2!(4-2)!}=\dfrac{4\times3\times2\times1}{(2\times1)(2\times1)}=6$种。

排律 lengthy poem 中国古代诗歌体裁。近体律诗的一种，指每篇超过四韵（八句）的长篇律诗。“排”是排比的意思，是说它的体式特点是按照八行体律诗的黏对规则和中间的对仗形式一联联排比下去，因篇幅超过普通律诗的八行定式，故又称“长律”。排律有五言、七言两种。与八行体律诗一样，五言排律产生较早，齐梁时代已有试作，而七言排律，则是到盛唐以后才有的，故有“七言排律，创自老杜（杜甫）”（王世贞《艺苑卮言》）的说法。排律从格式上看，五言排律是五律的延长；七言排律是七律的延长，其延长的是对仗的联数。排律除首尾两联或只是尾联不对仗外，其余无论多长，一律对仗。其篇幅的长短，没有限制，可以从五韵十句起，一直写到一百多韵二三百句。如杜甫、白居易、元稹都有百韵排律。

排尿 micturition 机体将膀胱内的尿液经尿道排出体外的过程。尿液是在肾脏连续不断地生成的。尿液经输尿管进入膀胱，并在膀胱内暂时储存。输尿管穿过膀胱壁，开口于膀胱腔。尿液进入膀胱，膀胱逐渐充盈。膀胱壁的平滑肌具有平滑肌的一般特性，当受到牵拉时，起初平滑肌的张力增大，但延续一段时间后，平滑肌松弛，张力恢复到原先的水平。当膀胱被尿液充盈时，膀胱壁受到牵张，平滑肌有一定收缩，膀胱内压也有所升高，其升高的程度取决于膀胱内容纳尿液的量，但如果没有发生排尿，一定时间后膀胱壁的平滑肌松弛，张力降低，膀胱内压也回降。

排尿是一种反射过程，称为排尿反射。包括5个组成部分，即感受装置、传入神经、神经中枢、传出神经和效应器官。感受装置是膀胱壁内的牵张感受器。支配膀胱壁平滑肌和膀胱内括约肌的传出神经纤维包括副交感和交感神经纤维。支配膀胱的副交感纤维兴奋时，使膀胱壁平滑肌收缩，而膀胱内括约肌舒张，所以能促进排尿；支配膀胱的交感神经兴奋时，膀胱壁的平滑肌松弛，而膀胱内括约肌收缩，所以能阻抑膀胱排尿。

排尿反射的初级反射中枢在脊髓。当膀胱内尿液充盈到一定程度时，就可以发动并完成排尿反射。最基本的膀胱反射是：膀胱充盈，膀胱壁的牵张感受器受到牵拉，信息经传入神经纤维传到脊髓骶段的低级中枢，由副交感神经纤维传到膀胱，使膀胱平滑肌收缩。膀胱继续充盈，反射过程频繁发生。膀胱内括约肌、膀胱外括约肌舒张，尿液经尿道排出体外。交感神经在这个反射的过程中起的作用并不大。

实际的排尿过程更复杂。当膀胱充盈到一定程度时，其传入信息不仅可发动上述的膀胱收缩反射，而且这种信息可以上传到达脑的高级部位，引起尿意（尿液达到约150毫升），尿液增加到约400毫升时，产生较强的尿意。可以有意识地控制排尿。脑的一些部位对脊髓初级排尿反射中枢起易化作用，另一些部位起抑制作用。在平时，脑的高级中枢对脊髓骶段的初级排尿反射中枢经常保持一定的抑制作用。支配膀胱外括约肌的躯体神经（阴部神经）也持续活动，使膀胱外括约肌保持在收缩状态。当膀胱充盈至相当程度，而人有意识进行排尿时，脑的高级中枢对脊髓骶段的初级排尿反射中枢发生易化作用，此时盆腔神经副交感纤维的传出活动使膀胱壁平滑肌强烈收缩，膀胱内括约肌舒张，同时，阴部神经的传出活动抑制，使膀胱外括约肌舒张，于是膀胱内的尿液经尿道排出体外。

当排尿开始后，会引起正反馈现象，即膀胱的收缩和尿液刺激膀胱壁和后尿道壁上的感受器，这些感受器发出的传入冲动到达中枢，可进一步加强膀胱壁平滑肌的收缩。

上述反射弧的任何一个部分发生损害都可以导致排尿过程的障碍。在脊髓骶段以上部位发生损害时，起初是脊髓休克期，脊髓骶段的初级排尿反射中枢失去高级中枢的控制，反射活动消失，膀胱壁张力低下，膀胱被充盈膨胀，可发生部分尿液溢出，称为溢流性尿失禁。在脊髓休克期过去后，脊髓骶段初级排尿反射中枢的活动可以恢复，但是由于其上部脊髓受损，脑的高级中枢对骶段的初级反射中枢活动不能控制，排尿也就不能受意识控制；而且由于初级排尿反射中枢失去来自脑高级中枢的下行抑制性控制，排尿反射比正常时敏感，膀胱张力较高，容积变小，膀胱稍被充盈，就会发动排尿反射，称为痉挛性神经性膀胱。

排尿异常 urination disorders 尿频、尿急、尿痛、排尿困难、尿失禁等病理现象。是膀胱、尿道疾病的常见症状。中枢或脊神经病变，膀胱、尿道邻近器官的炎症刺激或肿物压迫，亦可引起排尿异常。

尿频　24小时排尿次数超过8次，夜间超过2次，每次尿量少于200毫升，常有膀胱排空后又有排尿感，即为尿频。儿童因膀胱容量小，功能不稳定，正常排尿次数多于成人。尿频伴尿急、尿痛，常见于尿道炎、膀胱炎、前列腺炎、膀胱结石、结核等。

尿急　有尿意时迫不及待，须立即排尿称尿急。常见于急性膀胱炎、前列腺炎、神经原性膀胱功能障碍、膀胱容量缩小、前列腺增生症等。若与尿频、尿痛同时存在是下尿路炎症的典型症状。

尿痛　指排尿时尿道或膀胱区疼痛。多见于膀胱或尿道的炎症或结石。若病变在尿道，多在开始排尿时感觉尿道内疼痛。病变在膀胱颈部，如急性前列腺炎、膀胱三角区炎症，在排尿结束时，膀胱区疼痛加重。

尿频、尿急及尿痛并存，常称为尿路刺激症或膀胱刺激症。

排尿困难　排尿困难可分为机械性和功能性两种类型。从膀胱、尿道直至包皮口任何部位的病变影响尿液排出而引起的排尿困难，均属机械性。泌尿管道通畅但膀胱肌肉无力，以及膀胱逼尿肌和尿道括约肌在排尿过程中不协调引起的排尿困难，都属功能性。神经性膀胱功能障碍常伴便

秘，肛门括约肌松弛，腹泻时大便失禁。年老体衰者排尿也可困难。

尿失禁 尿不自禁地由尿道流出称尿失禁。

排球 volleyball 球类运动之一。运动队双方各由分列两排的6人组成，以中间球网为界，用手击球过网决定胜负。排球运动既可在球场比赛，也可作为男女老少一起托球、击球的游戏。作为竞赛项目，它的对抗性、技巧性和集体性很强。排球运动始于1895年，创始人是美国基督教青年会干事W.G.摩根。因为这种球在空中打来打去，故称为volleyball，即击空中球之意。

女子排球比赛场面

1896年美国开始了排球比赛。第一部规则发表在1896年7月出版的美国《体育》杂志上。最初的排球比赛没有人数规定，赛前由双方临时商定，只要双方人数相等即可。排球运动最先传入美洲，尔后至亚洲，最后传入欧洲。排球运动的发展大体经历了娱乐排球、竞技排球和现代排球三个阶段。1947年4月国际排球联合会（FIVB）在巴黎的成立标志着排球运动从娱乐排球时代进入竞技排球时代。1949和1952年分别举行首届男子和女子世界排球锦标赛。1964年被列为奥林匹克运动会正式比赛项目。1965和1973年又分别举行了首届男子和女子世界杯排球赛。排球成为拥有世界锦标赛、奥运会、世界杯、世界青年锦标赛等各类重大赛事的全球性竞技运动。自20世纪80年代起，排球运动进入现代排球阶段。1984年以后，国际排联进行了一系列改革与调整，使排球成为拥有巨大社会效益和经济效益的体育产业。排球运动于20世纪初传入中国。1949年中华人民共和国建立后，排球运动作为重点项目加以推广，使该项运动发展和提高较快。20世纪80年代中国女子排球队曾分别两次取得世界杯和世界锦标赛冠军，一次奥运会冠军，即所谓“五连冠”。21世纪初，又获得世界杯和奥运会比赛冠军。

世界排球运动进入21世纪，技战术上正在向着进攻快高多变，防守灵活多样，技术全面，有所专精的方向发展。

排污权交易 emission trading 实行排污许可证制度的国家，政府向企业发放排污许可证，企业则根据排污许可证向特定地点排放特定数量的污染物；排污许可证及其所代表的排污权可以买卖，企业可以根据自己的需要，在市场上买进或卖出排污权。又称排污许可证交易。

在环境保护中运用排污权交易，可以产生这样一些效应：①环境标准不能绝对禁止排放污染物。即使某地所有的企业排放的污染物都达到环境标准的规定，但随着企业数量的增加，污染物排放量仍然会增加。如果为了保证总的排污量指标不被突破，就不允许新企业进入该地从事生产，则可能影响经济发展。排污权交易为新企业提供了一个机会。如果新企业的经济效率高于原有企业，它们就只需购买少量排污权就足以使其生产规模达到合理水平并赢利。在这种情况下，经济效率高、边际污染治理成本低的新企业就会以高价购买排污权，而经济效率低、边际污染治理成本高的企业则因买不起高价的排污权而无法投产。这对于优化资源配置是有利的。②排污权交易有利于政府的宏观调控。由于非对称信息的存在，政府决策可能出现失误，也可能落后于形势。有了排污权交易后，政府可用类似中央银行公开市场业务的做法，通过排污权的市场买卖，对环境状况进行微调。如环境标准偏低，可以买进排污权；环境标准偏高，可以卖出排污权。经过一定时期，证明调整后的环境状况可以兼顾环境保护和经济发展，再将其正式确定为环境标准。③认为现有环境标准偏低的社会集团，可以通过购买排污权而不排放污染物的办法，向政府表达自己要求提高环境标准的意愿。④通过排污权价格的变动，排污权市场可以对经常变化的市场物价和企业治理成本做出及时反应。

排污申报登记制度 application, reporting and registration rule for pollutant discharge 排放污染物的企、事业单位向环境保护主管部门申报登记有关排污事项的环境管理制度。是法律规定的一项特殊的行政管理制度。1989年颁发的《中华人民共和国环境保护法》第27条规定：“排放污染物的企业事业单位，必须依照国务院环境保护行政主管部门的规定申报登记。”《水污染防治法实施细则》第9条规定：“企业事业单位向水体排放污染物的，必须向所在地环境保护部门提交排污申报登记表，环境保护部门收到排污申报登记表后，经调查核实，对不超过国家和地方规定的污染物排放标准及国家规定的企业事业单位污染物排放总量指标的，发给‘排污许可证’。”国家环保行政主管部门于1992年7月发布排放污染物申报登记管理规定，进一步具体明确规定了申报的对象、管理机关、内容、程序以及有关义务。这项制度规定：凡向环境排放污染物的单位，必须按规定程序向环境保护行政主管部门申报登记所拥有的排污设施、污染物处理设施及正常作业情况下排污的种类、数量和浓度。如果排污的种类、数量和浓度有重大改变，也应及时申报。拒报或者谎报者，须依法承担相应的法律责任。排污申报登记是实行排污许可证制度的基础，其实施具有普遍性，每个排污单位均须申报登记。

排泄 excretion 机体将新陈代谢过程中的终产物排出体外的过程。食物中营养物质的成分是糖、脂肪和蛋白质。糖和脂肪在体内如能完全氧化，则最后生成二氧化碳和水；蛋白质的含氮部分最后成为尿素以及氨、尿酸等含氮物质，而非氮成分的氧化最后也是生成二氧化碳和水。体内的细胞在代谢过程中不断地将代谢废物转移出细胞，进入细胞间的组织液，再由血液循环将组织液中的代谢废物运送至肾脏，由肾脏将代谢废物排出体外。进入体内的非营养物质，在体内经过分解后，有些也经过肾脏由尿排出。机体代谢过程中产生的二氧化碳通过肺的呼吸以气体的形式排出体外。在生理学中，把肺排出二氧化碳的过程归在呼吸功能中，而把其余的代谢终产物通过肾脏的活动由尿排出的过程称为排泄。

“徘徊者”号探测器 Ranger probe 美国为“阿波罗”号飞船登月作准备而发射的月球探测器系列。从1961年8月到1965年3月共发射9个，每个质量300～370千克。任务是在月面硬着陆前逼近月球拍摄照片，测量月球附近的辐射和星际等离子体等。飞行采用地-月轨道，探测器第一次采用模块结构技术，并带有电视摄像机、发送和传输装置、γ射线分光计等设备。“徘徊者”1～6号的试验都因故障而失败。“徘徊者”7～

9号都装有电视发射系统，各有6台摄像机，其中2台摄像机装有广角镜头。第一次取得成功的是“徘徊者”7号，它向地球传送了4 300多幅电视图像，其中最后的那些图像是在离月面只有300米处拍摄的，显示出月球上一些直径小至1米的月坑和不到25厘米宽的岩石。“徘徊者”8号和9号传送了约1.2万张清晰的月球照片。

牌坊 memorial archway 中国一种门洞式建筑物。俗称牌楼。分一门、三门、五门式。起源于汉代坊墙上的坊门，门上榜书坊名以为标记。宋以后里坊制瓦解，坊门的原有功能消失，脱离坊墙独立存在，成为牌坊，立于大街、桥梁的显要位置。明代成为常制，建于里坊、陵墓、庙宇、祠堂、衙署、路口、园林等处，作为街巷区域的分界标志，装饰性建筑，增加主体建筑的气势，表彰、

安徽歙县棠樾村牌坊群（棠樾七牌坊）

纪念某人或某事。从用途分为功德牌坊、贞节牌坊、衙署府第牌坊、陵墓祠庙牌坊、街牌坊、桥牌坊、山门牌坊等。牌坊初为木质，后又出现石牌坊、琉璃牌坊和临时性彩扎牌坊，近代以来还有水泥牌坊。风格大体分南、北两派。南派尤其徽式、苏式、桂式牌坊，檐角高挑秀丽精巧；北派受京城皇室影响，多为宫廷建筑，显得凝重大气。北京明十三陵入口处的石牌坊，建于明嘉靖年间，有五间门洞，结构典雅庄重，雕刻精美，是牌坊的代表作。

牌九 pai-gow game 中国汉族传统娱乐用品。又称骨牌。牌九意为“牌出九点”。明清时已盛行，现代还可见于东南亚等其他亚洲地区。多为黑色骨制品或塑料制品，为长方体小牌。一副牌32张，每张牌上刻有以不同方式排列的由2到12的点子。旧时多用牌九来赌博，赌具包括32牌九、3颗骰及1个骰盅。玩法有大、小之分，大牌九由四人玩，分别比两组牌的大小，有可能出现平局的情况；小牌九可容许更多人参与，且一局只比一组，每局必有输赢，干脆迅速，有“一拍两瞪眼”之说。

迫击炮 mortar 发射迫击炮弹、用座钣承受后坐力的曲射火炮。早期均为迫击发火，故称迫击炮。最早专用于堑壕战，又有堑壕炮之称。体积小，质量轻，结构简单，适于随伴步兵隐蔽行动。一般以大于45°的射角射击，弹道弯曲，初速小，最小射程近，适于对近距离遮蔽物后的目标和反斜面上的目标射击。主要配用杀伤爆破弹，有的中口径迫击炮配用化学弹，大口径迫击炮可配用核炮弹。按炮膛结构分为滑膛式和线膛式，按运动方式分为便携式、驮载式、车载式、牵引式、自行式。此外，还可按口径分类。

通常由炮身、炮架、座钣和瞄准具组成。炮身尾端由装有击针的炮尾密闭。口径较小的迫击炮装有固定击针，从炮口装填炮弹，依靠炮弹下滑的动能，使底火撞击击针而发火。口径100毫米以上的迫击炮装有可伸缩的击针，可以触发，也可以拉发。炮架由托架、缓冲机、螺杆式瞄准机和脚架组成。脚架上端通过高低机和方向机与托架连接，下端的脚盘与地面接触。座钣有圆形、矩形、三角形或梯形。瞄准具一般装在托架上，也有的用卡环装在炮身上。炮架上装有弹簧缓冲机，使炮身与炮架成弹性连接。中小口径迫击炮多为滑膛式。滑膛迫击炮通常发射带尾翼的迫击炮弹，一般从炮口装填，弹丸在空中飞行的稳定性靠尾翼保持。线膛迫击炮通常发射旋转式炮弹，用拉火机击发底火，弹丸飞行稳定性靠弹丸高速旋转实现。有的迫击炮在身管中部开闩和装填炮弹，靠滑动套筒对身管进行锁定和密封，以利于提高射速。迫击炮射程的改变是靠变换装药和改变射角实现的。最大射程一般在2 000～8 000米，有的迫击炮最小射程仅46米。有的配用火箭增程弹，射程可达17千米。

现代迫击炮成为山岳丛林地作战和登陆作战的重要武器，并大量装备执行特种任务的部队。

派出所 local police station 公安系统的基层组织，上级公安机关的派出机构。在中国，派出所的主要任务是：坚决贯彻公安工作的路线、方针、政策；同犯罪分子作斗争；防、控各种事故的发生，管理社会治安，维护公共秩序；保障人民合法权益不受侵犯，保卫国家安全。依地区、社会情况、人口多少等诸因素的不同，可分别设立城市派出所、农村派出所、水上派出所、铁路派出所、工矿派出所、治安派出所等。派出所设所长、指导员、户籍民警、内勤民警，有的还设治安民警。派出所的职责概括为：管理户口；向群众宣传法制，组织发动群众同坏人坏事作斗争；组建治安保卫委员会；发现掌握嫌疑分子，教育改造有违法犯罪行为的人；预防、制止犯罪活动；管理特种行业，维护公共秩序，预防治安灾害事故等。派出所没有侦查和决定逮捕、拘留、搜查、传讯、罚款、没收的权力。

派克 Peck, Gregory (1916-04-05～2003-06-11) 美国电影演员。生于加利福尼亚圣迭戈，卒于洛杉矶。大学期间对舞台表演产生兴趣，并在百老汇舞台上演出获得成功。1944年从影。

共拍摄了50多部影片，其中以《爱德华大夫》、《太阳浴血记》、《百万英镑》、《罗马假日》、《海狼》等影片最为著名。他擅长扮演善良坚定的男性形象，是1947～1952年期间的美国十大明星之一。1967年参与创建了美国电影学院。1967～1970年任美国电影艺术与科学学院主席。此外曾任全国艺术委员会委员、美国防癌学会主席等职。1962年因《杀死一只知更鸟》获奥斯卡金像奖最佳男演员奖。1967年获美国电影艺术与科学学院的琪恩·汉旭特团结友爱奖。1989年，美国电影艺术与科学学院授予他终身成就奖。

派克 Pike, Kenneth Lee (1912-06-09～2000-12-31) 美国语言学家。生于康涅狄格州，卒于得克萨斯州达拉斯。1942年获博士学位。先后任密歇根大学语言学教授、语言学系主任等职。1974年当选美国国家科学院院士。曾任美国语言学会主席(1961)。

派克早期的贡献主要在语音学方面。他的专著《语音学》(1943)指出，语音学应严格区别于音系学，批评D.琼斯和J.S.肯尼恩的语音分类，并提出以生理部位和机能为标准把人类可能发出的语音进行分类。

其他著作有《美国英语语调》(1945)，从音位学角度划分出美国英语语调的四级高度及各种起伏模式；《音位学》(1947)是研究无文字语言的语音系统的指导性著作；《声调语言》(1948)提出了确定声调类型和数目的理论。

派克后来的贡献在语法和话语分析方面。他引申了语音学和音系学的等级系统，创立序位学，基本观点见于《语法分析》(1982)一书中。派克创立了分析整段话语或整篇故事的4个原则：位置、替换(或类)、功能、接合，他的观点在美国语言学界颇有影响。著有《论语言与人类行为的统一原理》(1967)、《文章与序位》(1983)。

派力司 palace 用混色精梳毛纱织制，外观隐约显出纵横交错有色细条纹的轻薄平纹毛织物。原为绢丝织物，后发展为采用天然黑羊毛与白羊毛混色纺的轻薄型毛织物。主要呈现混色的特殊外观。呢面平整，质地薄挺，光泽自然，弹性好。色泽以中灰、浅灰、浅米色为主。适宜作夏令男女西裤、套装等。经纱通常为17～14特×2 (60/2～70/2公支) 双股线，纬纱为25～22特 (40～45公支) 单纱。织物重量一般为140～160克/米^2。形成派力司独特风格的主要方法是选用色毛。一部分已上染较深颜色的毛条与另一部分白毛条或浅色毛条混合，由于两部分毛条深浅色阶差距大，深色纤维分布不匀，呢面的浅色条上出现深色纤维条纹。毛条深浅色阶差距太小会造成呢面模糊不清。

蒎烯 pinene 单萜中最重要的代表，分子式$C_{10}H_{16}$。有α-蒎烯和β-蒎烯两种异构体，二者均存在于多种天然精油中。

α-蒎烯

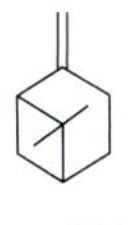
β-蒎烯

松节油中含有58%～65%的α-蒎烯和30%的β-蒎烯。α-蒎烯为无色液体，右旋体的沸点156℃，相对密度0.859 1 (20/4℃)，比旋光度$[\alpha]_D^{20}$ +51.14。α-蒎烯在空气中能自动氧化，聚合变稠，故常用抗氧化剂，例如2,6-二叔丁基对甲酚加以防止。α-蒎烯氢化，生成蒎烷；也可异构化生成含3%～6% β-蒎烯的混合物。α-蒎烯在硫酸作用下水合开环，生成松油醇。α-蒎烯用酸处理，能生成2-氯莰和莰烯。由莰烯或2-氯莰都可制成樟脑，因此它是一种重要工业原料。α-蒎烯可用于矫正一些工业产品的香味，并可做涂料溶剂、杀虫剂和增塑剂等。β-蒎烯在松节油中含量较α-蒎烯低得多。右旋体的沸点164～166℃，相对密度0.865 4 (20/4℃)，$[\alpha]_D$ +28.6。β-蒎烯类似α-蒎烯，遇热极易异构化成α-蒎烯；也可水合和异构化成莰烯。β-蒎烯的主要工业用途为热裂解成月桂烯，作为合成开链萜的原料；与甲醛加成，生成诺卜醇，其乙酸酯用作香料。以β-蒎烯为原料，已生产出多种香料和维生素A、维生素E等。

潘秉衡 Pan Bingheng (1912～1970) 中国玉器艺术家。晚年号玉饕。河北固安人。曾任北京市工艺美术研究所副所长。20世纪30年代即致力玉器工艺的改进。他在传统的薄胎技艺的基础上提高一步，使玉器胎薄如纸，隔胎可映见指纹，作品灵巧而庄重，造型奇伟，纹饰秀丽。1937年，他对传统的玉器压金银丝镶嵌宝石技艺进行改进，克服传统技艺不牢固、不平顺的弊病，使这一技艺著称于世。1956年，他创作玉器《待月西厢》，这是中国玉器史上第一件群像组合作品。还在一些人物和神佛的作品中饰以链环，充分发挥玉器技艺的特长。他琢玉技艺超群，作品设计新颖，题材广泛，留世珍品甚多，不少为国内外博物馆珍藏。1962年，中国美术协会举办“潘秉衡琢玉艺术展览”。1963年，人民美术出版社出版《潘秉衡琢玉画稿》。

潘多 Panduo (1938～) 中国登山运动员。西藏达人。生于藏族农奴家庭。1959年参加中国登山队，登上了慕士塔格山 (7 546米)，1961年登上了公格尔九别峰 (7 595米)，两次都创造了当时女子登山的世界纪录。

1975年，已是3个孩子的母亲、37岁的潘多再次参加中国登山队攀登珠穆朗玛峰的活动。5月27日同索南罗布等8名男队员成功登上了珠穆朗玛峰，成为世界上第一个从北坡登上珠穆朗玛峰的妇女。国家体委为她记特等功。曾任第四、五届中华全国体育总会副主席。1978～1998年当选为第五至九届全国人民代表大会代表。

潘多拉 Pandora 希腊神话中的第一个尘世女子。传说普罗米修斯盗天火给人类以后，宙斯为惩罚人类，命令火神赫菲斯托斯依照女神的形状用泥土塑成一个年轻姑娘。爱神阿佛罗狄忒赠她以妩媚，神使赫尔墨斯赠她以阴险、狡诈、虚伪和口才，智慧女神雅典娜给她披上美丽的衣裳。众神都有所馈赠，她因此得名潘多拉，意为“具有一切天赋的女人”。宙斯将她配给普罗米修斯的弟弟埃庇米修斯 (意为“后知”) 为妻。她出于好奇，不顾禁忌打开了宙斯赠给她丈夫的盒子，各种恶习、疾病和灾祸立即从里面飞散开来。她急忙盖上盒子，里边已只剩下了希望。从此人类便不断受这些灾难之害。潘多拉起初可能是一位地神，其名字意为“万物的赐予者”。

潘菲洛夫 Panfilov, Gleb Anatolyevich (1934-05-21～) 俄罗斯电影导演。生于马格尼托哥尔斯克。毕业于乌拉尔工业学校，曾在工厂工作。1966年毕业于电影学院高级导演班。1968年拍摄了第一部影片《火中无通道》。1971年拍摄了《开端》。1976年导演《我请求发言》。1981年，根据苏联剧作家A. V.万比洛夫的话剧拍摄了影片《瓦列金娜》。1983年，又将M.高尔基的《瓦萨·日列兹诺娃》搬上银幕(片名《瓦萨》)。1987年拍摄的表现一位剧作家创作思想枯竭的影片《主题》，获西柏林国际电影节金熊奖。1990年他以不同的视点改编了高尔基的《母亲》，并于当年在戛纳电影节获得“艺术贡献年奖”。2001年他又推出描写沙皇最后生命的《罗曼诺夫王朝一家》。1976年获俄罗斯联邦功勋艺术活动家称号。

潘凤霞 Pan Fengxia (1933～) 中国赣剧演员。工旦，偶亦串演老生、小生、彩旦。江西玉山人。原名王凤香。3岁丧父，11岁从养父学戏，在赣东北、闽北一带演出。曾受业于杨桂仙。后入江西省赣剧院任主演。她的唱腔圆润甜脆，喷口有力。吐字清晰，演出闺门旦、泼辣旦、小旦都有特色。

潘凤霞在赣剧《还魂记》中饰杜丽娘

擅演剧目有《拾玉镯》、《僧尼会》、《悟空借扇》、《白蛇传》、《孟姜女》等。1953年演出弹腔《梁祝姻缘》。1959年演出弋阳腔《珍珠记》、《还魂记》，已摄成舞台纪录片。1961年以经过革新的青阳腔演出了《西厢记》。此外，还曾演出现代题材的《江姐》、《祥林嫂》、《方志敏》等。

潘光旦 Pan Guangdan (1899-08-13～1967-06-10) 中国社会学家、优生学家。字仲昂。生于江苏省宝山县 (今上海市宝山区)，卒于北京。1922～1926年留学美国，先后在新罕布什尔州达特茅斯学院、哥伦

比亚大学研究院学习，获硕士学位。1926年回国，历任吴淞政治大学教务长、光华大学文学院院长、吴淞中国公学大学部社会科学院院长等职，讲授心理学、优生学、家庭问题、进化论、遗传学等课程。1934年起，先后任清华大学教授、教务长、社会学系系主任，西南联合大学社会学系教授、系主任等职。1952～1967年在中央民族学院工作。曾任政务院文教委员会委员，中国人民政治协商会议二、三、四届全国委员会委员。1941年加入中国民主同盟，历任民盟一、二届中央常务委员，三届中央委员。潘光旦十分重视优生学的教学和研究，把提高民族素质作为挽救民族危亡的出路之一。他认为个人品质和能力的形成，取决于先天遗传和后天环境两个方面，但前者更为根本。从人类社会的前景考虑，不能只讲求个人进步，也不能只讲求社会进步，还必须讲求种族进步。他在家谱学、人才学及妇女问题等领域的研究均有一定的成就。著有《家谱学》、《优生概论》、《中国之家庭问题》、《日本德意志民族性之比较的研究》、《中国伶人血缘之研究》、《人文史观》、《优生原理》等。译有H.霭理士《性的教育》、《性的道德》、《性心理学》，A.赫胥黎的《自由教育论》，C.R.达尔文的《人类的由来》。14卷《潘光旦文集》是其学术成果的集成。

潘汉年 Pan Hannian (1906-01-12～1977-04-14) 马克思主义者，中国共产党的统一战线领导人。江苏宜兴人。卒于湖南长沙。1924年加入创造社，主编进步刊物《洪水》。1925年加入中国共产党。第一次国内革命战争时期，任《革命军日报》总编辑，国民革命军总政治部宣传科科长，1929年任中共中央宣传部文化工作委员会书记，1930年任左翼文化总同盟中共党组书记。1933年后担任中共苏区中央局宣传部部长，中共赣南省委宣传部部长等职。1934年参加长征，任红军总政治部宣传部部长兼地方工作部部长。1937年抗日战争爆发前，被任命为中国共产党与南京国民党当局谈判停止内战、合作抗日的代表。抗日战争初期，任八路军驻上海办事处主任，后主要在上海、香港等地领导中共秘密对敌斗争和开展统一战线工作。中华人民共和国建立后，历任中共中央华东局和上海市委社会部部长，统战部部长，中共上海市委常委、副书记、第三书记，上海市副市长等职。曾当选为第一届全国人民代表大会代表，中国人民政治协商会议全国委员会委员，上海市政协副主席和华东军政委员会委员。1955年4月因“内奸”问题被判刑。1982年，中共中央为潘汉年平反，恢复名誉。

潘汉年扬帆冤案 Fabricated Case of Pan Hannian and Yang Fan Clique 中华人民共和国建立初期一起被错误认定为“反革命”性质的冤案。1954年2月中共七届四中全会揭露高岗、饶漱石反党集团后，时任上海市公安局局长的扬帆被错定为受饶漱石“重用、包庇和掩护的敌特分子”关押审查，不久被正式逮捕。在1955年3月中国共产党全国代表会议期间，时任中共上海市市委第三书记、副市长的潘汉年以书面形式向中央交代了自己1943年曾被挟持会见汪精卫的经过，并说明长期未向中央说明的原因。由于复杂的原因，4月3日，潘被以“内奸”罪逮捕，与扬帆一起被定为“反革命集团案”。1963年，潘被判处有期徒刑15年，1970年又被加重判处无期徒刑，1977年4月14日病故。中共十一届三中全会后，经陈云提议，对此案重新进行了审查。1982年，中共中央为潘汉年彻底平反。次年扬帆也获得彻底平反。

潘虹 Pan Hong (1954-11-04～) 中国影视演员。生于上海。1973年考入上海戏剧学院表演系。毕业后分配到上海电影制片厂任演员。从《苦恼人的笑》中的表演开始受到注意。

1983年因饰演《人到中年》中的陆文婷获同年第3届中国电影金鸡奖和第6届《大众电影》百花奖最佳女主角奖。1987年因在《末代皇帝》中饰演婉容获第5届大马士革国际电影节最佳女演员奖；因《火龙》获第6届香港电影金像奖最佳女主角奖。1988年因《井》中饰演徐丽莎获第8届中国电影金鸡奖最佳女主角奖。1994年因《股疯》再度捧走第14届中国电影金鸡奖和第17届《大众电影》百花奖最佳女主角奖桂冠。1995年因曾三次获金鸡奖最佳女主角奖而荣获第15届中国电影金鸡奖特别奖。1997年获中国文学艺术界联合会《世纪之星》奖。

潘季驯 Pan Jixun (1521～1595) 中国明代治河专家。字时良，号印川。浙江乌程（今湖州）人。生于乌程，卒于乌程。嘉靖二十九年（1550）中进士，四十四年任大理寺少卿。在嘉靖至万历年间，曾4次任总理河道（简称总河），主持治理黄河、运河，在理论和实践上都有重要贡献。

潘季驯主持治河后，提出并实行了“束水攻沙”的一系列主张和措施，对稳定河势、减少河患起到了一定作用。他吸取前人如刘天和、万恭等的治河成果，总结新的经验，逐步形成“以堤治河，以水攻沙”的治理方略，核心强调治沙，基本工程措施则是筑堤固槽，以堤治河，遥堤拦洪，缕堤攻沙，减水坝分泄特大洪水，改变了历代在治黄中只重治水、不重治沙的片面倾向。

潘氏的代表著作《河防一览》成书于万历十八年（1590），共14卷。此书被《四库全书》收录。收藏于国家博物馆的《河防一览图》由潘季驯组织同僚绘于万历十八年。全卷纵45厘米、横2 008厘米。此图详细反映了万历十六年（1588）至万历十八年3年间三省直（即河南、山东、南直隶）所修筑堤防的情况。对历年河患、地势、险情及河防须注意的问题均有详细的说明。

潘家口水利枢纽 Panjiakou Water Control Project 中国北方地区引滦供水工程网络中的控制性工程。位于河北迁西境内的滦河干流上。

潘家口水库是著名的引滦入津、入唐工程（见引滦工程）的主要水源地，枢纽工程主要包括：①潘家口大坝：坝高107.5米，坝长1 039米，形成29.3亿立方米的水库（称上库）。②下池大坝：坝高28.8米，形成库容0.1亿立方米的下池，是抽水蓄能运行的反调节池。③在潘家口大坝下游右侧，建有一座坝后混合式蓄能电站。④在下池大坝左侧，建有一座河床式电站。

潘家口大坝为混凝土低宽缝重力坝，坝身设有18孔溢洪道，下泄洪水流量达56 200米^3/秒。其中3孔采用了宽尾墩式溢

潘家口水利枢纽大坝

洪道，提高消能效果。

潘家口水电站安装1台15万千瓦的常规发电机组（1981年发电）、3台单机9万千瓦可逆式抽水蓄能机组（1991年发电），总装机42万千瓦，是中国第一座大型混合式抽水蓄能电站。集变极、变频、变速运行于一体的机组，在世界水电站建设中系首次采用。

潘家洵 Pan Jiaxun (1896～1989) 中国翻译家。生于江苏苏州，卒于北京。1920年毕业于北京大学。先后在北京大学、浙江农学院、昆明西南联合大学、贵州大学任教。1954年起任中国科学院文学研究所、中国社科院外国文学研究所研究员。1919年先后翻译了英国O.王尔德的《温德梅尔夫人的扇子》、H.易卜生的《群鬼》、萧伯纳的《华伦夫人的职业》，产生过很大影响。潘家洵毕生翻译易卜生的剧本15部，译作语言流畅、生动，能熟练地运用话剧语言，受到广大读者和观众的喜爱。

潘家铮 Pan Jiazheng (1927-10-19～) 中国水工结构、工程力学专家。生于浙江绍兴。1950年浙江大学土木工程系毕业。从事水电站的设计、研究工作。曾任上海水电勘测设计院设计总工程师，1973年后历任水利水电规划设计院、水利水电建设总局总工程师，水利电力部总工程师，能源部水电总工程师，中国岩石力学与工程学会理事长，中国水利学会和中国水力发电工程学会副理事长，中国大坝委员会主席，国家学位委员会委员。任国家电网公司高级顾问，国务院三峡工程质量检查专家组组长，国务院南水北调办公室专家委员会主任，清华大学教授。1980年当选中国科学院学部委员（院士），1994年当选中国工程院首批院士并被推选为副院长。获得何梁何利基金科学与技术进步奖和国际岩土工程学会特殊杰出贡献奖等。

1955年主持广东流溪河水电站的设计工作，设计了中国第一座采用坝顶泄洪的混凝土双曲拱坝。1957年任新安江水电站设计副总工程师和现场设计组组长，组织并参加了初步设计和技施设计，在水工设计中采用了当时较新颖的混凝土宽缝重力坝和厂房顶溢流的结构形式，以及大底孔导流的先进技术。擅长结构力学，多年来结合工程实践在坝工理论、地下结构、有限元分析、水力学、岩土力学、滑坡涌浪等方面进行了较系统的研究，提出许多新论点和分析方法。发表论文80余篇并出版多部学术专著，2006年出版的《潘家铮院士科幻作品集》获首届中国出版政府奖。

潘美 Pan Mei (925～991) 中国北宋将领。字仲询。大名（今属河北）人。初仕后周，官至客省使。潘美与赵匡胤素厚，北宋代周后，颇受重用，因功累迁防御使。开宝三年（970），潘美为行营兵马都部署，率军平南汉。七年，助曹彬平南唐。太平兴国四年（979）正月随宋太宗赵炅伐北汉。北汉主降，他又随宋太宗北伐辽朝，兵败而回。潘美南征北战，在北宋消灭十国过程中，起了积极的作用。太平兴国四年八月，潘美任河东三交口都部署，驻守西北边防，以御辽朝。以雁门之捷封代国公。雍熙三年（986），宋兵3路北伐辽朝，潘美为云（今山西大同）、应（今山西应县）、朔（今山西朔州）等州行营都部署，杨业副之，率西路军出雁门，所向克捷。不久，因曹彬所领东路军大败于岐沟关，潘美等也受诏撤军，并掩护云、应、朔等州之民内徙。在撤军过程中，潘美与王侁等逼迫杨业冒险迎敌，置之必败之地，而又见死不救，致使杨业全军覆没，被俘身亡。为此，潘美被削三任，降为检校太保。次年，又复旧官。淳化二年（991），加同平章事，数月后死。

潘念之 Pan Nianzhi (1902-01-27～1988-03-10) 中国法学家。浙江新昌人。卒于上海。青年时代接受马克思列宁主义，积极参加反对封建主义和帝国主义的斗争。1925年加入中国共产党，是共产党宁波地区工作的开辟者之一。1928年就学于日本东京明治大学法学部。回国后在上海参加自由大同盟、社会科学家联盟、救国会等组织，进行反蒋民主活动。抗日战争时期在重庆、西安等地从事抗战救亡的宣传组织工作。第三次国内革命战争时期，在上海进行中国共产党的统战工作，并在中华工商专科学校和上海法学院任教。中华人民共和国建立后，先后担任华东军政委员会参事室副主任、中共中央华东局统战部处长、华东政法学院和复旦大学历史系教授、上海社会科学院法学研究所副所长、华东政法学院副院长。1979年当选为第七届上海市人民代表大会代表、市人大常委会委员、市人大常委会政法委员会副主任、上海市法学会副会长、上海市政治学会会长、上海社会科学院顾问、上海市人大常委会法制委员会顾问。他长期潜心研究政治学和法学，撰有《思想家人名大辞典》、《宪法论初步》，译有《经营经济学》(1932) 等著作。他还撰写了《人民民主专政在我国社会主义革命和社会主义建设中的作用》、《略论宪法和我国新宪法的特点》等论文。

潘念之坚信法是处理国事、治理国家的重要武器，主张法必须切合社会需要，更必须严格执行。社会主义的法治必须与社会主义民主相结合，只有发扬高度民主、人民有了充分权力，才能维护法治的威严，监督法的施行，同一切违法行为作斗争，保证人民的安宁。

潘帕斯草原 Pampas 南美洲南部草原。又称潘帕斯平原。为拉普拉塔平原的一部分，一般指阿根廷中东部的大平原。东起大西洋岸，西至安第斯山麓，北达大查科平原（以萨拉多河为界），南接巴塔哥尼亚高原（以科罗拉多河为界）。面积约76万平方千米，其中66.3万平方千米在阿根廷境内。地势由西向东缓倾，地表低平坦荡。大致以500毫米等雨量线为界分东、西两部分，东部为湿润潘帕，西部为干燥潘帕。湿润潘帕面积约53.5万平方千米，占阿根廷国土的19.2%，按其地形的差异又可细分为波状潘帕、低潘帕、山间潘帕和高潘帕；干燥潘帕面积约12.8万平方千米，占阿根廷国土的4.6%。气候冬温夏暖，年平均气温在14～19℃。降水自西南向东北递增，东部年降水量1 000毫米，季节分配比较均匀；西部在500毫米以下。植被以针茅属、早熟禾属、三芒草属等硬叶禾本科草类为主，其次是菊科植物。向西植被更替为疏林与灌木干草原。为阿根廷政治、经济、交通和文化的心脏地区，有布宜诺斯艾利斯、科尔多瓦等城市。

潘佩珠 Phan Boi Chau (1867-12～1940-10-29) 越南近代爱国志士。原名潘文珊，别名潘是汉，号巢南。生于义安省南坛县一个乡学教师家庭，卒于顺化。自幼跟随其父习经书，精通汉文，曾中解元。

1882年，当获悉法国侵占北圻时，连夜写出《平西收北檄文》。1885年，聚集100多名同学组成学生军响应勤王运动。1904年5月成立越南维新会，其宗旨是恢复越南，建立君主立宪国。1905年初赴日本，先后结识梁启超、孙中山、章太炎等人，受梁启

超、孙中山影响颇深。以后多次来往于日本、中国之间，并秘密联系国内反法分子，组织青年学生赴日留学，掀起著名的东游运动。1908年11月间，日本政府下令解散越南留学生组织。潘佩珠和旅日的中国、朝鲜、印度、菲律宾等国革命者成立东亚同盟会。又与中国云南、广西留日学生组织桂滇越联盟会，以相互支援、共同反对帝国主义。1909年被日本政府驱逐出境，离开日本到广州。

在**辛亥革命**的影响下。1912年2月成立越南光复会并任总理。8月同苏少楼、邓警亚等中国人士在广州成立振华兴亚会。同时，派遣**光复会**会员携带武器回国活动。1913年，在广州被捕入狱，写下《狱中书》，记述其反法活动。1916年获释。1924年潘佩珠在广州解散光复会，成立越南国民党。1925年6月在上海被法国特务绑架，押解回国，软禁在顺化御津，著有《潘佩珠年表》等书。

潘菽 Pan Shu (1897-07-13～1988-03-26) 中国心理学家。原名有年，字水叔。生于江苏宜兴，卒于北京。早年就学于北京大学哲学门（系），1921年留美主修心理学，

1926年获芝加哥大学哲学博士学位。1927年回国。1949～1956年任南京大学教务长、校务委员会主席、校长兼心理学系主任。1955年任中国科学院生物学部委员（后改称院士），1955～1984年连续当选为中国心理学会第1～3届理事长。1956年中国科学院心理研究所成立，任所长，直至1983年5月改任名誉所长。

一生主要致力于心理学基本理论研究，主张中国心理学必须走自己的道路，要在辩证唯物论的指导下，结合中国实际，建立为社会主义服务的理论体系。确认心理学是兼有自然科学和社会科学双重性质的中间科学；提出生活、实践的观点是心理学的首要的和基本的观点；把心理活动分为认识活动和意向活动两个基本范畴，认为“意识就是综合的认识”；身体是心理的主体，心理是身体的作用，指出人体尤其人脑有生理的和心理的两种机能等。主要著作有《心理学概论》、《社会的心理基础》、《心理学的应用》、《心理学简札》、《潘菽心理学文选》、《意识-心理学的研究》，与吴绍熙合著《教育心理学》(1937)；主编《教育心理学》、《人类的智能》，与**高觉敷**主编《中国古代心理学思想研究》(论文集，1983)。

潘天寿 Pan Tianshou (1897-03-14～1971-09-05) 中国美术家、美术教育家。原名天授，字大颐，号寿者。生于浙江宁海北乡冠庄村，卒于杭州。14岁开始临摹《**芥子园画传**》、《**瘗鹤铭**》碑及《玄秘塔》帖。19岁考入浙江第一师范，专修5年，受教于经亨颐、李叔同、夏丏尊等。1923年到上海，任教于民国女子工校。不久，任教于**上海美术专科学校**国画系，教授中国画及中国绘画史。参与创办上海新华艺术专科学校，任艺术教育系主任。1928年春，任国立艺术院中国画主任教授。1944年，任国立艺术专科学校校长。中华人民共和国建立后，先后任中央美术学院华东分院副院长，**浙江美术学院**院长，中国美术家协会副主席、浙江分会主席等。“文化大革命”期间被迫害致死。

《松鹰》

潘天寿画、书、印、诗俱佳，尤以绘画盛称于世。绘画承名家之长，融铸成自己沉雄奇崛、苍古高华的艺术风格。书画追求雄强、豪壮、气势、刚阳之美。他画岩石，追求方折、突兀、陡峭、坚凝。用笔，务以苍劲、奇峻、挺拔、古拙、生辣为准。以书入画，但以隶书与魏碑运笔，多方折大起大落，布阵严正雄阔，贯于平面分割。作品追求博大静穆，这既是个性的表现，也是近代中国仁人志士以雄力改造世界的审美理想的曲折反映。

擅长指画。晚年常以指墨作巨幅大幛，古拙沉郁，生涩凝练，质朴无华，与其笔画的布阵造境、惨淡经营相互补充。在雄奇壮伟的总体风格上，其指画与笔画相一致，但由于运墨的似拙非拙的效果，比之峭拔的笔画更趋于自然质朴。指画一向为文人画家的“偏侧小径”，但潘天寿却将它作为大道行走，画出苍浑博奥的风貌，在中国绘画史上独树一帜。

书法得力于甲骨文、石鼓文、二爨及黄道周、史孝山诸家，真草篆隶无一不通，尤以行书最具特色，多用扁笔，方圆并用，错落参差；大小、疏密、斜正，一任天然，姿致奇峭而多意，与他的画面结构相谐。对于中国画的发展，主张先承而后革，先钻进去再跳出来。晚年主张中西画拉开距离，各自发展。出版有《潘天寿画集》，以及《听天阁诗存》、《听天阁画谈随笔》、《潘天寿谈艺录》、《中国绘画史》等。

潘玉良 Pan Yuliang (1895-06-14～1977-07-22) 中国油画家、雕塑家。原名陈秀清，后更名张玉良。1913年与桐城海关监督潘赞化结为伉俪，改姓潘。生于江苏扬州，卒于法国巴黎。自幼父母双亡，13岁被卖入芜湖烟花院，潘玉良数次逃跑，以死捍卫自己的清白。

1917年，潘玉良从上海美专教授洪野习绘画。1918年考入**上海美术专科学校**，师从朱屺瞻、王济远。1921年考取法国里昂中法大学，毕业后又考入里昂国立美术专科学校。1923年考取巴黎国立高等美术学校，与**徐悲鸿**同师于达仰。1925年以毕业创作第一名的成绩获罗马奖学金，得以入罗马皇家美术学院习绘画，后又学两年雕塑。其作品在法国和意大利国际艺术展览会上获金、银奖达21次之多。在美、英、比利时和希腊等国举办的个人画展，也获得极高评价。1929年回国，受聘上海美专绘画研究所主任、导师，同时应徐悲鸿邀，兼任南京中央大学艺术系教授。1933年当选中国美术会理事。1937年，愤于身世招来的流言飞语，再度出国。从此客居法国从事艺术创作直至去世。

第二次世界大战期间，在异乡卖画，捐款报国。1945年日本投降前夕，时任巴黎留法艺术学会会长，会同同仁上书国民政府，强烈要求追回日寇侵华期间劫掠的中国艺术珍品。她在海外四十余年，始终保留中国国籍，死后旗袍入殓。遗嘱将两千余件作品及遗物全部捐献给祖国，实现了她“魂归中华”的夙愿。诗人关山笛有诗悼云：“旗袍入殓明君志，情逐东风返故庐。”1979年，遗作运回国内，分藏于安徽省博物馆及**中国美术馆**。

《菊花和女人体》(1940)

前期画风基本以印象派外光技法为基础，赋色浓艳华丽，笔触洒脱，注重色彩的冷暖变化及画面整体光色效果，画风自由、泼辣。中年以后的绘画风格逐渐向巴黎画派和野兽派直至中国画风发展。合中西于一冶，形成了自己独特的艺术风格。在风景、人物、静物、雕塑、版画以及中国画方面均有很深造诣。她的作品为西欧许多国家收藏。她的传记载入《世界画家、雕塑家、素描家大辞典》和法国的《拉鲁斯绘画辞典》。1988年《潘玉良美术作品选集》出版。

潘岳 Pan Yue (247～300) 中国西晋文学家。字安仁。荥阳中牟（今河南开封附近）人。曾任河阳县令、著作郎、给事黄门侍郎等职。他经常参与依附贾谧的文人集团“二十四友”之游，是其中的首要人物。永康元年被诬杀。今存诗18首，其中《悼亡诗三首》是其代表作，诗中深婉缠绵地表现了对亡妻的怀念，情景交融，真切感人。受其影响，后人写哀念亡妻的诗都以悼亡为题。《河阳县作诗》2首，《在怀县作诗》2首，表现了诗人在仕途上苦苦挣扎的内心活动，比较有名，均被《文选》收录。《关中诗》16章是应制之作，诗中记录了元康九年（299）西晋王朝平定氐人齐万年叛乱的经过，旨在颂扬朝廷武功，客观上揭露了这场战乱给人民带来的无穷灾难：“哀此黎元，无罪无辜；肝脑涂地，白骨交衢；夫行妻寡，父出子孤；俾我晋民，化为狄俘。”潘岳的诗辞采华美，讲究骈偶，与陆机同样代表了太康诗坛的形式主义倾向，故与陆机齐名。钟嵘《诗品》列之为上品，并有“陆才如海，潘才如江”之说，潘岳的赋和诔文也很有名。其中《秋兴赋》、《闲居赋》、《西征赋》、《寡妇赋》、《怀旧赋》和《马汧督诔并序》、《哀永逝文》等，都是力作。这些作品以善叙哀情著称，具有清绮哀艳的风格特征。《隋书·经籍志》著录《晋黄门郎潘岳集》10卷，已佚。明代张溥辑有《潘黄门集》，收入《汉魏六朝百三家集》中。

潘梓年 Pan Zinian (1893-01-11～1972-04-10) 中国现代哲学家、逻辑学家。江苏宜兴人。早年在北京大学攻读哲学、逻辑学和新文学，积极参加革命活动。1927年加入中国共产党，曾任中共江苏省委机关报《真话报》总编辑、《新华日报》社长。中华人民共和国建立后任中南军政委员会教育部长、中国科学院哲学社会科学学部副主任兼哲学研究所所长等职。主要研究辩证唯物主义和毛泽东哲学思想。主要著作有《逻辑和逻辑学》；主要论文有《关于认识论和辩证法的同一问题》、《物质和精神的关系》、《关于“由量变到质变”的辩证规律》等。

攀登计划 National Climbing Plan 中国国家基础性研究重大项目计划。1991年启动。主要支持基础学科中对国家发展和科学技术进步具有全局性和带动性、相对比较成熟，需要国家有组织有计划开展的重要项目。以争取在主要的学科领域跟上世界发展的步伐；在一些基础较好的学科领域有所创新、有所建树，增强解决中国国民经济和社会发展中重大问题的能力。攀登计划项目包括两类：一类是以探索和认识自然界客观规律为目的的研究项目（攀登A项目），一类是以瞄准社会进步、经济发展为目标的研究项目（攀登B项目）。1997年以后，该计划作为973计划即“国家重点基础研究发展计划”的一部分，继续实施。

攀岩 rock climbing 体育运动项目之一。利用人类原始的攀爬本能，借以各种装备作安全保护，攀登由岩石所构成的峭壁、裂缝、大圆石以及人工岩壁。起源于20世纪初的欧洲。1947年苏联首先成立了攀岩委员会。1985年法国发明了人工岩壁。1987年国际登山协会联合会（UIAA）规定，正式的国际比赛必须在人工岩壁上进行，并于当年在法国举办了首届攀爬人工岩壁的比赛。1991年德国举办了首届世界攀岩锦标赛，以后每两年举行一次。攀岩被列为2005年世界体育大会正式的比赛项目。1991年亚洲竞技攀登委员会在中国香港成立。1992年第一届亚洲攀岩锦标赛在韩国举行，此后每年在亚洲各国轮流举行。1987年中国登山协会举办了首届全国攀岩赛。1995年攀岩运动被国家列入正式比赛项目。攀岩运动的形式可分为天然岩壁攀登和人工岩壁攀登。其保护方式有顶绳攀登对应上方保护和先锋攀登对应下方保护等。比赛形式有速度、难度等。

天然岩壁攀登场面

攀枝花市 Panzhihua City 中国四川省辖地级市。中国重要钢铁工业基地之一，有四川“钢都”之称。位于省境南部，川滇交界边缘山区，金沙江和雅砻江交汇处。辖东区、西区、仁和区和米易县、盐边县。面积7 440平方千米。人口121万（2010），有汉、彝、傈僳、回、满等民族。1965年为开发攀枝花矿藏而开始建设的新兴工业城市。1965年析置渡口市，1987年改称今名。属亚热带干燥型气候。干燥、炎热、昼夜温差大。河谷中可见亚热带水果和热带植物。尤以春季的攀枝花颇具特色，城市以此得名。境内有著名的攀枝花铁矿，储量占四川省的84%，并伴生有钒、钛、镍、钴、镓、锰、铜等多种元素，钒、钛储量居中国之首，被誉为“富甲天下的聚宝盆”。煤储量约7亿吨，已开发的宝鼎煤田炼焦煤

攀枝花远眺

储量为5亿吨，是四川省最大煤炭基地之一。水能蕴藏量493万千瓦，建有二滩水电站。20世纪80年代初已建成包括采矿、选矿、烧结、耐火材料、炼铁、炼钢、轧钢等在内的大型联合企业。市境由于受地形、用地和资源条件的限制，沿金沙江两岸形成8个分区。金沙江和雅砻江上建有多座跨径较大的公路桥和1座铁路桥。有成昆铁路、108国道等过境。名胜有微雕钢城、二滩水电站、二滩国家级森林公园、苏铁自然保护区、金沙江钢桥、大火山铁塔、龙潭溶洞、红格温泉等。

盘庚 Pan Geng 中国商代君主。商王阳甲之弟，汤第九代孙。在盘庚以前，商王朝政局混乱，统治阶级豪华奢侈，王朝的统治出现了危机。盘庚继位以后，决定把都城从奄（今山东曲阜）迁到殷（今河南安阳），遭到贵族的反对。但是盘庚决意迁都，并作书告谕，违者重惩。于公元前14世纪中叶迁都以后，执行比较开明的政策，人民安居乐业，文化发展，社会富足繁荣，商王期从此中兴。故商又可称为殷或殷商。

盘古 Pangu 中国神话中开天辟地之神。始见于《艺文类聚》所引三国吴人徐整的《三五历纪》和清人马骕《绎史》所引《五运历年纪》。

神话的基本内容是远古时天地混沌像个大鸡蛋，盘古生长在"鸡蛋"中。经过一万八千年，天和地分开，阳清为天，阴浊为地。盘古在天地当中，智慧超过天，能力超过地。天每天升高一丈，地每天加厚一丈，盘古的身子也每天伸长一丈。这样又经过一万八千年，天极高了，地极厚了，盘古的身子也极长了。盘古临死时，呼出的气成了风和云，声音成了雷霆，左眼变成太阳，右眼变成月亮，四肢五体变成大地的四极和五方的名山，血液变成江河，筋脉变成道路，肌肤变成田土，头发和髭须变成天上的星星，皮肤上的汗毛变成草和树木，牙齿和骨头变成金属的矿物和岩石，精液和骨髓变成珍珠和美玉，流的汗变成雨……盘古用他的身体化成世界万物。

盘古、伏羲、女娲图（河南南阳魏公桥汉墓中的盘古画像砖拓片）

盘古神话虽未见于先秦古籍，但它和《山海经》所记的烛龙神话却有相似之处，或为这一神话的演变，后来又吸收了南方民族盘瓠传说的某些因素，才创造出这样一个开天辟地的神话人物。到明末周游写《开辟衍绎》，盘古手里又被加上了斧头和凿子两件劳动工具，叙事内容也有所发展，包含了劳动开辟天地的观念。

盘锦市 Panjin City 中国辽宁省辖地级市。位于省境南部，辽河三角洲中心地带，临辽东湾。辖兴隆台、双台子2区和大洼、盘山2县。面积4 084平方千米。人口139万（2010），有汉、朝鲜、满、回、蒙古等19个民族。清光绪三十二年（1906）设盘蛇驿，同年建盘山厅。1913年改厅为盘山县。1984年建立盘锦市。属温带半湿润季风气候。有丰富的石油、天然气、井盐等。中国第三大油田——辽河油田坐落于此。农业主产水稻、高粱、棉花、麻类、大豆等。有苇田8万公顷，是全国重要的造纸原料和建材原料基地。沿海滩涂3.67万公顷，适宜虾、贝类繁殖，是辽宁省文蛤出口基地。工业以石油、化工、机械、建材、纺织、造纸、食品等为主。沿海沿江有码头54处，辽河口有盘锦港。风景名胜有双台子河自然保护区、红海滩、湖滨公园等。

红海滩

盘龙城遗址 Panlongcheng 中国商代前期城市遗址。位于湖北省武汉市黄陂区叶店村。公元前16世纪商立国后，成为商王朝控制的重要据点和掠夺南方矿产资源的中转站。前1400年前后正式建城，成为商王朝统治南方的政治中心。不足百年，即遭废弃。遗址于1954年发现，1963年起发掘。1988年国务院公布为全国重点文物保护单位。古城筑于涢水（府河）北岸台地上，平面近方形，城垣土筑，东西约260米、南北约290米。四面城墙中部有城门，城外环绕护城河，南部护城河上可能有桥。城内东北部为人工铺垫夯筑而成的台地，东西约60米、南北约100米，上有南北平行排列的3座大型建筑基址，南部的2座为大型宫室建筑，分别为"前朝"、"后寝"。人工台地西侧有陶管相接的排水设施。城外有平民聚居区和手工业作坊（铸铜）区。城的东、北、西三面有贵族墓地和平民墓地。其中李家嘴的一座大贵族墓有棺有椁，殉人3个，出土青铜礼器、兵器，玉器，陶器等。

盘羊 *Ovis ammon*; argali 偶蹄目牛科羊亚科盘羊属的一种。因雄性角呈螺旋状盘曲得名。头部大，所以又称大头羊、大角羊。

分布于亚洲中部广阔地区，包括中国、俄罗斯和蒙古。中国有6个亚种，主要分布于内蒙古、宁夏、甘肃、新疆、青海、西藏等省区。

盘羊是羊亚科中体型最大的一种，有些亚种体重达到200千克以上。两性均具角，雄性角粗大而长，具明显横棱，角形呈螺旋状，由头顶向下并向后作螺旋状弯曲，几乎可达360°；雌性角短而细，弯曲度不大。皮毛短而粗糙，全身毛色棕灰，有白色臀斑。

栖息于沙漠和山地交界的冲积平原和山地低谷中，善于在崎岖难行的岩石上奔跑。常结成十余只的小群活动。多在晨昏活动。以草及灌木的嫩枝、叶为主要食物。秋季或初冬发情交配，雄性间常发生激烈的争斗。孕期150～180天，每胎产1～2仔。

盘羊的主要天敌为狼和雪豹。盘羊由于角大而雄伟，常被猎取作装饰品或肉食。国家二级保护动物，所有亚种也被世界自然保护同盟（IUCN）列为易危或濒危种。

判定问题 decision problem 判定所谓"大量问题"是否具有算法解，即是否存在能行的方法，使得对该问题中的每一特例能在有限步骤内机械地判定它是否具有某种性质（如是否真、是否可满足或是否有解等）的问题。大量问题是与单个问题相对立的，它一般由无穷多个具有某种共性的单个问题组成。如果对某类问题已经获得这种能行的方法，就说明这类问题是可判定的，或者说其判定问题是可解的；如能够证明某类问题不可能存在这样的方法，就说这类问题不是可判定的。

要判断“是否有算法解”、“是否存在能行的方法”，首先要有精确的“算法”及“能行性理论”的概念。这两者是在20世纪30年代建立和发展起来，并成为递归论的基础部分。有了精确算法概念之后，随即发现许多长期悬而未决的大量问题不存在算法解，或者说是算法不可解的（根据丘奇论题，有时又说是递归不可解的），或者说该问题是不可判定的。其中最著名的有：①狭义谓词演算（又称一阶逻辑）公式的可满足性的判定问题（A.丘奇，1936；A.M.图灵，1937）；②群的字问题（S.P.诺维科夫，1955；W.W.布恩，1959）；③希尔伯特第10问题。

上述问题①就是希尔伯特所谓的“判定问题”。此问题1936年已被证明不可解（指算法不可解）。但全体公式类的不可解并不蕴涵其子类的不可解性。事实上狭谓词演算公式集的许多子类是有算法解的；同样有许多子类（特别是所谓“归约类”）是不可解的。这类判定问题即由希尔伯特的“判定问题”所引申出来的问题被称为“狭义的判定问题”，而一般大量问题的相应问题笼统地被称为“判定问题”。

从计算复杂性方面对可解的判定问题的研究证明，一些理论虽然原则上是可判定的，但它的判定程序（算法）所需的计算步数太多，以致在实践上是不可行的。一个重要的问题是：是否存在某些可判定的理论，其判定方法是快速的，在实践上是可行的。对于这个问题，迄今未能作出肯定的或否定的回答。20世纪70年代以来，通过研究命题逻辑的判定方法的复杂性，发现了许多已知的组合型的判定问题都可划归为命题逻辑的判定问题，如果能找到判定命题逻辑中的公式是否为重言式的快速算法，则可随之而获得一大批判定问题的快速算法。但迄今这仍是悬案，既未能找到命题逻辑的快速判定算法，也未能证明不存在它的快速判定算法。

判决 judgment; sentence 法院受理诉讼案件，经过法庭审理，根据查明和认定的案件事实，正确适用法律，以国家审判机关的名义，对案件的实体问题所作出的具有权威性的决定。民事判决在于解决当事人关于民事权利义务的争议；刑事判决在于确定被告人是否犯罪、犯何种罪、如何处罚等问题；行政诉讼的判决在于确定涉诉具体行政行为是否正确、应予维持或变更。

判决根据其制作的法院审级，可分为：①一审判决。在中国为地方各级人民法院对第一审案件审理终结后所作出的处理决定。②二审判决。在中国为中级以上人民法院审理上诉案件所作的判决，又称终审判决。③再审判决。即案件原审法院或其上级人民法院、最高人民法院按照审判监督程序，对案件重新审理后所作的判决。《中华人民共和国民事诉讼法》规定，被告或成为反诉之诉的被告的原告经传票传唤，无正当理由拒不到庭的，或者未经法庭许可中途退庭的，可以缺席判决。

判决书是判决的表现形式，是法院作出判决时所形成的文书。包括：①案由、诉讼事实和理由。②判决书认定的事实、理由和适用的法律依据。③判决结果（民事诉讼应写明诉讼费用的负担）。④上诉期间和上诉的法院。判决书应由审判人员、书记员署名，加盖人民法院印章。在中国，一审法院审理案件作出的判决，在上诉期间内，如果当事人不上诉，即发生法律效力。最高人民法院的一审判决为终审判决，中级以上人民法院所作的二审判决，都自判决书送达之日起发生法律效力。

判例法 case law 可作先例据以决案的法院判决。通常与制定法相对而言，是英美法系法律的一个重要渊源。根据判例法制度，某一判决中的法律规则不仅适用于该案，而且往往作为一种先例而适用于以后该法院或下级法院所管辖的案件。只要案件的基本事实相同或相似，就必须以判例所定规则处理。此谓遵循先例原则，是判例法的一个基本原则，但这并不意味着所有法院的先例任何法院都得遵循，而是依据法院的权威等级区别遵循的。

判例法一般规则是：所有法院都必须考虑有关先例；下级法院必须服从其上级法院的判例；上诉审法院一般也要受自己判例的约束，即法院的审级越高，其判例适用的范围越广。英国上议院作为最高上诉审法院，从1898年以来一直强调遵循该院的判例；但到1966年公开通过一项决议，认为在某些特殊情况下坚持判例，将可能导致“不正义”并“限制法律的发展”，因此，允许在认为正确时，可以不遵循本院的某一先例。英国法院的判决书包括判决理由和附署意见两部分。所谓先例，主要指判决理由。附署意见是法官在推理过程中表示的意见，并无拘束力。但某些有威望的法官的附署意见一般也受到重视。

庞巴维克 Böhm-Bawerk, Eugen von（1851-02-12～1914-08-27） 奥地利经济学家，奥地利学派的主要代表人物之一。生于奥地利帝国摩拉维亚布伦，卒于奥匈帝国蒂罗尔克拉姆萨赤。

曾就读于维也纳大学法律专业，后在海德堡大学、莱比锡大学和耶拿大学攻读政治经济学。1881年任英斯布鲁克大学的经济学教授。1889年进入奥匈帝国财政部，任币制改革委员会的副主席。自1895年开始，曾3次出任奥匈帝国财政大臣。1904年辞去财政大臣职务，任维也纳大学经济学教授。

庞巴维克是资本主义制度的忠实辩护士。在他的《资本实证论》中，系统地阐明了边际效用价值论，提出了“时差利息说”，用以攻击马克思的劳动价值论和剩余价值论。在他的《马克思体系的崩溃》一书中，又对马克思的理论体系进行了全面的攻击。他认为，马克思在《资本论》第一卷中把交换价值归结为劳动，提出价值量是由劳动决定的，而在第三卷中，又根据平均利润规律，主张商品可以按生产价格出售，这就造成了价值与价格的不一致，由此断言马克思的理论体系是前后矛盾的，必然在自我矛盾中崩溃。

庞贝壁画 wall painting at Pompeii 罗马公元前2世纪至公元1世纪的壁画。庞贝（又作庞培）是罗马古城，公元79年由于维苏威火山爆发而被掩埋，1748年后重新被发掘出来。分为4种样式。第一样式又称装饰泥灰样式，是在墙面上用泥灰砌塑各色大理石建筑构件，这种样式流行于前2世纪至

前1世纪初。第二、三样式都是要扩大建筑内部空间而制造一种幻境。第二样式又称建筑样式，主要是画出质感真实和透视感准确的建筑结构。第三样式又称装饰样式，

已无幻觉透视空间和写实的窗景。纤巧华丽的柱子，画得像金属蜡烛台，所以又称烛台风格。百年纪念之家、庞帕纽斯·海拉斯之家等都是这种样式的代表作。第四样式是第二样式的发展，又称幻想建筑样式。不重透视，造型也不太写实，只是利用想象组合建筑的构造成分。通过庞贝壁画可以了解罗马绘画的概况，也可以推想已经失传的希腊壁画。其中《酒神巴库斯的神秘崇拜者》(约前50年) 较为著名。

庞德 Pound, Ezra (1885-10-30～1972-11-01) 美国诗人、评论家。生于黑利，卒于意大利威尼斯。曾在宾夕法尼亚等大学学习。后在华巴施大学任教。数月后被辞退，后离美赴欧，先后到英国伦敦、法国巴黎。1928年在意大利拉巴洛定居。第二次世界大战开始后在罗马电台每周为法西斯政权宣传，攻击美国的作战政策。1943年被控叛国罪。1945年被押往华盛顿受审判，后因定为精神失常而被送进医院。1958年取消对他的叛国罪的控告。回意大利后定居在威尼斯。

庞德的主要诗作是一部长诗，以“诗章”的形式分批发表，自1917年开始，直至1959年。1969年又发表未完成的片段。全诗共包括109首“诗章”及8首未完成的草稿。长诗晦涩难读，涉及16世纪的意大利建筑、普罗旺斯的诗歌、孔子哲学、中古的经济史等。长诗中突出的一部分是在比萨俘虏营中所写的《比萨诗章》，描写一次穿过“灵魂的黑夜”走向爱之女神的过程。

庞德的诗歌理论推动了英美的现代派诗歌；他对于中国古诗、儒家哲学及日本戏剧的翻译介绍在英美文学界掀起喜爱东方文学、哲学的高潮。他的重要作品还有《休·赛尔温·毛伯利》(1920) 等。

庞德 Pound, Roscoe (1870-10-27～1964-07-01) 美国法学家，社会学法学派的主要代表。生于内布拉斯加州的林肯，卒于马萨诸塞州剑桥。曾在内布拉斯加州立大学

攻读植物学，后在哈佛大学改学法律。曾任律师、内布拉斯加州最高法官上诉委员会委员、内布拉斯加大学法学院院长。1916年起任哈佛大学法学院院长达20年之久。第二次世界大战后，曾任中华民国时期南京国民政府司法部和教育部顾问。主要著作有《社会学法学的范围和目的》(1911～1912)、《法哲学导论》(1922)、《法制史阐述》(1923)、《法和道德》(1924)、《通过法律的社会控制》(1942)、《法的任务》(1944)、《正义来自法律》(1951) 和《法理学》(5卷集，1959)。

庞德学说的思想渊源主要是W.詹姆斯的实用主义哲学、L.F.沃德和E.A.罗斯的社会学以及R.von耶林的新功利主义法学。他在《社会学法学的范围和目的》中曾提出社会学法学派的6点纲领，以后又扩大为下列8点：①研究法律制度、规则和学说的实际社会效果。②为立法准备而进行社会学的研究。③研究使法律规则发生实效的手段。④研究法律方法，对司法、行政和立法等活动进行心理学研究以及对理想进行哲学研究。⑤对法律史进行社会学的研究。⑥重视对法律规则的个别适用，即合理和公平地解决每一案件。⑦在普通法系国家设立司法部的作用应主要在于研究法律的作用。⑧以上各点宗旨都在于使法律目的更有效地实现。

从强调实现法的目的、法的效果这一前提出发，庞德认为法是一种社会工程，一种社会控制的工具。法的目的和任务在于最大限度地满足、调和相互冲突的利益。庞德在20世纪初曾提出文明社会在私法方面的五个方面的法律前提，主要是关于保护人身财产安全、所有权、履行契约义务和过失行为责任；在40年代，他又补充了有关劳动和其他社会立法的三个方面的前提。

庞德认为法的发展经历了5个阶段：①原始的法，如《汉穆拉比法典》。②严格的法，如罗马法和英国中世纪的法。③17～18世纪的衡平法和自然法。④成熟的法，如英美19世纪的法。⑤社会化的法，即19世纪末开始的西方各国的法。在《法理学》一书中，他认为下一阶段的法是世界法。早在1947年，他就呼吁建立“新的万民法”或“世界范围的法律秩序”。

庞德是20世纪西方各国，尤其是美国法学界最有权威的法学家之一。他所代表的社会学法学长期以来在美国法学中占有主导地位，对30年代美国政府的“新政”曾有积极影响。

庞加莱 Poincaré, (Jules-) Henri (1854-04-29～1912-07-17) 法国数学家、物理学家、天文学家、哲学家。一译彭加勒。生于南锡，卒于巴黎。1873年进巴黎综合工科学校，毕业后又进国立高等矿业学校求学，1879年获博士学位。旋即执教于卡昂大学。1881年起任巴黎大学教授，直至逝世。1887年当选为法国科学院院士。1906年

当选为法国科学院院长，1908年以作家身份(散文家) 成为法兰西学院院士 (法国作家的最高荣誉)。庞加莱对天体演化学、拓扑学和相对论的现代概念有深远影响；其哲学论著在学术界也拥有众多读者。在巴黎大学讲授过数学分析、光学、电学、流体平衡，电学中的数学、天文学、热力学和概率论等课程。

在数学方面，他早年创立了自守函数理论，其后创建了微分方程定性理论，创建了微分方程18个近展开法和积分法两个分支；也是多复变函数论的先驱者之一。对现代数学最重要影响是创立了组合拓扑学。在数论和代数方面开创了狄奥番都方程的有理解的研究，证明了群代数中分数定理，证明李代数第三基本定理，证明了庞加莱-伯克霍夫-维特定理等，推广了高斯在数论中的研究成果。

在力学和理论天文学方面，庞加莱是运动稳定性理论的奠基人之一和非线性力学的先驱。他在《论微分方程所定义的积分曲线》(共4篇) 中，对运动稳定性中许多几何或拓扑问题进行了广泛的探讨；使其和A.M.李雅普诺夫的数学分析方法互为补充，开辟了运动稳定性理论中的两个基本领域。他在研究旋转流体梨形平衡状态的稳定性时提出的分岔概念，力学和天文学都有重要意义。庞加莱在《天体力学新方法》(3卷) 中总结的渐近展开、积分不变量、小参数方法、摄动理论等新方法也促进了非线性力学理论的发展。

在物理学方面，庞加莱在《电子动力学》(1906) 中独立得出狭义相对论的许多数学结果，但他始终未曾理解相对论的意义和价值。

在科学方法论上，庞加莱提出了许多新观点；其后科学哲学不同流派的不少见解都可以在他的思想中找到雏形。他还从科学史出发，阐述了科学理论的淘汰与复活，分析了“科学危机”与“科学革命”的关系。他肯定了理论发展中的继承性，承认科学的客观价值。庞加莱写了一些科学哲学专著，如《科学和假设》、《科学的价值》、《科学和方法》，但他的一些哲学概念特别是约定论，却并未获得大多数读者的认同。

庞加莱的自然科学著作由法国科学院汇编为《庞加莱全集》，共10卷。

庞加莱猜想 Poincaré conjecture 拓扑学中重要的猜想之一。球面是数学中最简单且最常见的闭流形。从拓扑学的观点看，n维球面S^n的特征是什么？二维球面S^2是单连通的闭曲面，而且每个单连通的闭曲面都和S^2同胚。代数拓扑学的奠基人，法国数学家H.庞加莱在1904年猜测：单连通的三维闭流形必与S^2同胚。后人接着猜测：当维数$n\geqslant 4$时，单连通的闭流形如果与S^n

有相同的同调群，亦必与S^n同胚。这就是n维的庞加莱猜想。

1960年，S.斯梅尔证明了维数$n\geqslant 5$的庞加莱猜想；1981年M.H.弗里德曼证明了四维的情形。庞加莱原来三维的猜想则尚未解决。

这一猜想简明易懂，却是考验我们对于流形的认识深度的一块试金石，每前进一步都曾引起拓扑学的跃进。四维庞加莱猜想的解决，又导致一个非常重要的发现：四维的欧氏空间与其余维数的欧氏空间不同，除了通常的微分结构以外它还有别的不寻常的微分结构。

庞培 Pompeius, Gnaeus Magnus（前106－09－29～前48－09－28） 罗马共和国政治家、将军。一生谨严务实，曾在非洲、西班牙、小亚细亚和地中海指挥作战。

公元前78年苏拉卸任后，庞培支持李必达当选执政官。前70年任执政官。前67年他在3个月内肃清了海盗出没的海域。前66年罗马授权庞培指挥反击米特拉达梯的战争。前60年，庞培、克拉苏·迪弗斯、凯撒结成前三头政治（联盟）。庞培后害怕凯撒在高卢战争中得势，与元老院合谋反对凯撒。前49年1月7日元老院最终宣布了战争状态。前48年庞培在法萨罗战役中战败。庞培逃至埃及培琉喜阿姆，被杀。

庞尚鹏 Pang Shangpeng（1524～1581） 中国明朝大臣。以善理财知名。字少南，号惺庵。广东南海人。嘉靖三十二年（1553）进士。初任江西乐平知县，后升监察御史，核南京、浙江军饷，有政声。巡按河南，贪官污吏多闻风逃避。四十年改巡按浙江，打击地方豪强，行里甲均平法、十段锦法、一条鞭法，逐步将力差改为银差，特别将州县官吏从库子、斗级等役勒索的各项供应，改为以行政费用形式按丁粮征收银两；缙绅及军、匠、灶等户丁粮除例应优免部分外，其余同样摊派差徭，以均平负担。隆庆中，任右佥都御史，主持九边屯盐事务，向朝廷提出疏通盐引、禁私贩、合理拟定行盐地方等建议，又巡行九边，整顿屯政。因此招致其他督理盐政御史的不满，被劾免职。隆庆四年（1570），再遭权贵攻讦，贬为平民。万历四年（1576），复职，巡抚福建，改革赋役，推行一条鞭法。后因与张居正不合再被免职，居家4年卒。著有《百可亭摘稿》16卷，《奏议》10卷，《殷鉴录》，《行边漫记》等。

庞特里亚金 Pontryagin, Lev Semyonovich（1908－09－03～1988－05－03） 苏联数学家和控制理论家。极大值原理的创立者。生于莫斯科，卒于莫斯科。1929年毕业于莫斯科大学。1935年任莫斯科大学教授。1939年任苏联科学院斯捷科洛夫数学研究所主任。在拓扑学领域发现一般对偶定理并建立连续群特征理论。在同伦理论中得到庞特里亚金类等一系列结果。在张弛振荡渐近特性方面得到重要结果。在最优控制理论中提出极大值原理。在微分对策理论中作出奠基性工作。对建立最优过程数学理论和发展变分法起了重要作用。主要著作有《连续群》、《组合拓扑基础》、《常微分方程》、《最优过程的数学理论》。发表过《线性微分躲避对策》等论文。1958年当选为苏联科学院院士。任国际数学联盟副主席（1970～1974）。被授予匈牙利科学院名誉院士、英国数学会名誉会员（1953）、国际宇航学会名誉会员（1966）、苏联社会主义劳动英雄（1969）等。获苏联国家奖金（1941）、列宁奖金（1962）、列宁勋章三枚等。

庞统 Pang Tong（179～214） 中国东汉末年刘备谋士。字士元。襄阳人。与诸葛亮齐名，人称凤雏。刘备任荆州牧，任他为耒阳令，在县不治事。吴将鲁肃致书刘备，谓"庞士元非百里才也"；诸葛亮也极力推荐，刘备才赏识其才，任为治中从事，与诸葛亮并为军师中郎将。后刘备入蜀，诸葛亮留守荆州，庞统随刘备进兵成都，作为主要谋士。庞统论军国大事，讲究果断，不可仁义优柔，故刘备总是有选择地采纳其建议。建安十九年（214），庞统率兵攻雒县（今四川广汉北），身中流矢而死。

庞薰琹 Pang Xunqin（1906－06－20～1985－03－18） 中国画家、工艺美术教育家。原名薰琴，字虞铉。生于江苏常熟，卒于北京。1921年入上海震旦大学预科，1924年毕业后学医，翌年弃医学画，并赴法国留学，1929年回国，后与倪贻德等人组织决澜社，倡导现代美术。1933年任教于上海美术专科学校，1936年任教于杭州艺术专科学校和北平艺术专科学校，1940年任四川省立艺术专科学校实用美术系主任。1942年在重庆兼任中央大学艺术系教授。后在广州、上海从事美术教育和创作。1949年后出任中央美术学院华东分院教务长兼绘画系主任、教授，中央工艺美术学院副院长，中国美术家协会常务理事。他的绘画追求现代风格与中国传统艺术相结合，注重形式探索，作品接受西方现代艺术影响，参以中国少数民族艺术，画风单纯，具有装饰性。代表作品有《藤椅人体》、《贵州山民图》、《白描带舞》等。晚年多作油画静物、风景，色彩凝重炽热。在工艺美术方面，他重视对民族传统工艺美术的继承和研究。著有《中国历代装饰画研究》、《图案问题的研究》、《工艺美术设计》等。

《背篓》

旁观者介入 bystander intervention 人们在紧急事件中，尤其是有人处于危险境地或有人实施犯罪行为时，表现出来的救助或干预行为。一种在紧急情境下的利他行为。在同样的情况下采取袖手旁观、无动于衷的态度和行为，则为旁观者冷漠。

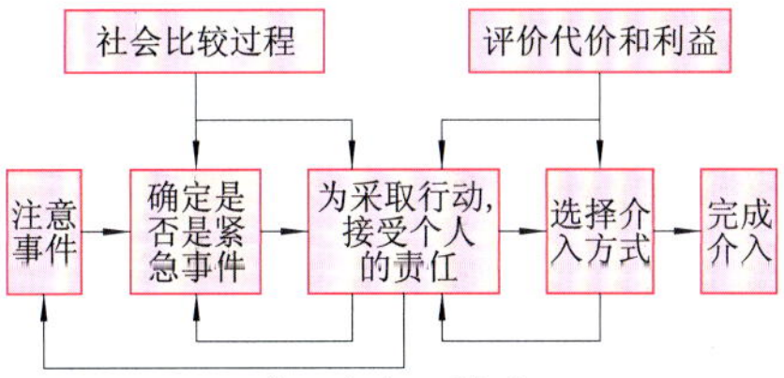

旁观者介入模型

美国社会心理学家B.拉塔内和J.M.达利1970年共同创建了关于旁观者介入的理论模型（见图），认为旁观者介入是个人的判断决策过程，由几个步骤构成：①对紧急事态的注意。②判断该事件是否为紧急事件。③判断和决定自己是否有责任采取行动。④决定介入的方式是自己直接介入，还是间接介入（找警察或其他人）。⑤介入的实行。在决策中，旁观者时常需要进行社会比较，看别人怎么做，旁观者也要对自己行动的代价和自身利益进行评价，从而决定自己是否能承担起个人的责任。

1968年拉塔内和达利提出，旁观者冷漠现象的产生是因为有众多人在场而分散了社会责任，因而旁观者的人数越多，每一个人采取行动的可能性越小；只有一个人在场时，他采取行动的可能性最大。R.D.克拉克和L.E.沃德1974年提出，个人拿不准怎样做更合适，想看看在场的其他旁观者怎么做。大家都这样想，结果旁观者的人数越多、个人越犹豫不决，采取行动的可能性便越小。但是，坚定的利他行为者会不计后果地介入事件而实现利他行为。

旁观者冷漠 bystander apathy 当有人处于需要救助的紧急情境时，旁观者无动于衷、袖手旁观的态度和行为。也称社会冷漠、“集体性坐视不救”。见*旁观者介入*。

旁系血亲 collateral consanguinity 具有间接血缘关系的亲属，即非*直系血亲*而在血缘上与自己同出一源的亲属。如兄弟姊妹与自己同源于父母，伯、叔、姑与自己同源于祖父母，舅、姨与自己同源于外祖父母，都是旁系血亲。见*血亲*。

旁遮普邦 Punjab Pradesh 印度西北部的邦。西同巴基斯坦接壤，东邻哈里亚纳邦，北连喜马偕尔邦，南接拉贾斯坦邦。面积5.04万平方千米。人口约2 428.93万。首府昌迪加尔。

印度古文明的发祥地之一。1849年沦为英属印度的一部分。1947年建邦。1966年，北半部划出，另建哈里亚纳邦。全境95%为平原，从东北向西南缓缓倾斜。仅东北部西瓦利克山脉很小一角及其山前地带，因受众多季节性急流的切割，地貌崎岖不平。副热带半干旱、半湿润型的大陆性气候，6月平均气温34℃，最高可达45℃；冬季趋冷，1月平均气温可低到13℃，夜间温度偶低于冰点。西瓦利克山区平均年降水量1 220毫米，向西南可递减为352毫米。城市人口占人口总数的32%。主要城市：卢迪亚纳、阿姆利则、贾朗达尔、伯蒂亚拉。主要语言为*旁遮普语*。锡克教徒最集中的邦，锡克教徒占人口的61%。经济以农业和小型工业为主。土地肥沃，是印度重要的农业邦之一，素有“印度粮仓”之称；也是印度“绿色革命”的主要发源地。主要粮食作物有小麦、玉米、水稻、粟、大麦和豆类；其他农作物有棉花、甘蔗、马铃薯和油料作物等。工业有毛棉纺织、丝绸、制糖、面粉、乳制品以及体育用品、自行车、缝纫机、水泥、电器、拖拉机和机床、汽车部件与棉花打包等部门。铁路和公路通达所有城市。阿姆利则、卢迪亚纳、伯蒂亚拉等城市皆有机场。与巴基斯坦有600余千米的共同边界，在印巴关系中，地位敏感。

旁遮普人 Punjabis 南亚民族之一。约9 500万人(2001)。主要居住在巴基斯坦的旁遮普省、印度的哈里亚纳邦和旁遮普邦及印、巴其他地区。属欧罗巴人种地中海类型，混有蒙古人种血统。使用*旁遮普语*。文字用锡克教师尊创制的古鲁穆奇字母、阿拉伯字母或梵文天城体字母。不少人通用乌尔都语和印地语。巴基斯坦境内的旁遮普人多信*伊斯兰教*，印度境内的多信*印度教*和锡克教。大体由4种人组成：①古代雅利安人及后来进入旁遮普地区的*希腊人*和塞种人等，主要分布在印度境内。②贾特人，主要分布在巴基斯坦境内。③拉杰普特人，系移居旁遮普的拉贾斯坦人的后裔。④古贾尔人，古代自克什米尔迁入，其上层多属刹帝利种姓。信仰印度教的旁遮普人实行种姓内婚，死后火葬。信仰伊斯兰教的旁遮普人按伊斯兰教习惯通婚，死后土葬。主要从事农业，纺织、陶器、地毯工业和木刻也很发达。信奉印度教的柯德利（即刹帝利）种姓则多从事商业。农民通常穿无领长袖布衫，缠围裤，包长头巾。城市妇女穿肥腿长裤、单衫，披披巾。以面食为主。

旁遮普省 Punjab Province 巴基斯坦东北部的内陆省份。大部分由旁遮普平原构成。面积20.6万平方千米，人口约8 000万。人口密度平均每平方千米388.3人。均居全国各省首位。首府*拉合尔*。

开发历史悠久，公元前2 000多年已有村镇。号称“巴基斯坦的粮仓”，耕地占全省面积的60%。拥有世界最大的灌溉系统。盛产小麦、棉花、稻米和甘蔗，产量分别占全国同一物产的40%～80%。工业主要有纺织、机械、电气设备、医疗器材、金属加工、自行车、地毯、食品等部门。产值约占全国工业产值的50%。古杰兰瓦拉和达斯卡建有核发电厂，锡亚尔科特因制造体育用品和外科手术器械而世界闻名，费萨拉巴德是全国最大的动力纺织中心，谢胡布尔为生产人造纤维、聚酯纤维的化工基地。木尔坦出产各种优质手镯、陶器、瓷砖、皮革品、地毯、木版印刷品和刺绣品等。铁路干线多循各大河走向敷设，公路交通亦占重要地位，拉合尔和拉瓦尔品第有国际机场。境内分布着许多历史文化遗址。

旁遮普语 Punjabi language *旁遮普人*使用的语言。属印欧语系*印度-伊朗语族*印度（又称印度-雅利安）语支。分布于巴基斯坦东北部的旁遮普省和印度西北部的旁遮普邦。源自古梵语，是在普拉克利特语（古印度通俗语）的一支白夏基语的基础上发展起来的。在巴基斯坦境内的旁遮普语称拉亨达语或拉亨地语，又称西旁遮普语。使用者中穆斯林占多数。用乌尔都文字书写，印度教徒则用伦达体文字书写。拉亨达语有几种方言，标准语以沙赫布尔县的方言为基础。在印度境内的旁遮普语受*印地语*影响较大，也有几种方言，标准语以阿姆利则的方言为基础。使用人口中锡克教徒占多数。文字为师说体。旁遮普语的语音和印地语的语音基本相同。有3个声调，声调与音节结构有关系。语法结构也与印地语比较接近，但名词、代词、动词等的词尾变化不同。

膀胱膨出 cystocele 女性生殖系统损伤的一种，膀胱向阴道前壁膨出。最常见的原因是产伤造成保持膀胱正常位置的骨盆底筋膜及肌肉的损伤而又未及时修复。严重时尿道也膨出。轻者无症状，重症时常感腰酸下坠，自觉有物自阴道脱出，排尿后肿物会缩小。常伴有排尿困难及尿不尽的感觉。多伴有张力性尿失禁，即在腹压增加时如咳嗽、用力时可有尿液溢出，绝经后症状加重。用金属导尿管插入尿道可确定膨出部分即为膀胱。轻症不需治疗，重症者可行阴道前壁修补术，同时还需纠正长期慢性增加腹压的疾患，如慢性咳喘等。

膀胱湿热证 dampness-heat of bladder, syndrome of 因湿热蕴结膀胱，气化功能失常所引起的中医学证候。常见于淋证、*癃闭*、尿血等疾病。

膀胱若感受湿热之邪或体内素有湿热下注膀胱，可导致膀胱湿热证。临床表现以尿频、尿急、尿道灼热疼痛、尿黄短少或浑浊，小腹胀痛，舌红、苔黄腻，脉滑数有力为主；兼见发热，腰痛，尿血或尿有砂石，甚或小便不通等。若湿热久郁不解、膀胱气化不利或砂石较大阻塞尿道，可出现小便不通而成癃闭之症。

膀胱湿热证的治疗以清热利湿为法，常用八正散等方。兼见寒战、发热者，可用柴苓汤；湿热损伤络脉而见尿血者，可用小蓟饮子、猪苓汤；尿中有砂石者，可用石韦散等方。

膀胱虚寒 deficient cold of bladder 中医学中膀胱失于温煦或寒邪侵袭膀胱，临床以尿频、遗尿甚或小便失禁、小腹喜温等为主要表现的证候。常见于遗尿、小便不禁、*癃闭*等病。

临床表现以小便频数、色白清长，遗尿甚至小便失禁，畏寒怕冷，腰膝冷而酸软无力，小腹喜温喜按，面色㿠白，舌淡苔白，脉沉细尺弱为主。也可出现小便不通或点滴不爽、排尿无力等症状。肾阳虚衰，下焦虚冷，膀胱气化无力为其基本病理变化。

膀胱虚寒的治疗以温阳散寒为主，常用济生菟丝子丸；若小便不通或点滴不爽、排尿无力者，可用济生肾气丸、金匮肾气丸等药。

鳑鲏 Rhodeinae; bitterling 鲤形目鲤科鳑鲏亚科动物的统称。主要分布于亚洲东部中国、朝鲜半岛及日本。中国约有5属21种。为小型淡水鱼类，最大不超过180毫米；体呈卵圆形或菱形；头短，口小；须1对或无；臀鳍始于背鳍基下方，背、臀鳍颇长，有或无硬刺；背鳍分枝鳍条8～18根，臀鳍7～15根；腹鳍腹位；尾鳍叉状；侧线鳞完全或不完全；下咽齿1行。繁殖习性特殊。生殖时期的雌鱼出现产卵管，卵由产卵管直接产在蚌体内，并在那里受精发育。雄鱼婚饰明显，色彩分外鲜艳。可作观赏鱼养殖。

抛光 polishing 用涂有磨料膏剂（即抛光膏）的高速旋转软轮（即抛光轮）对工件表面进行的修饰加工。抛光以得到光滑表面或镜面为目的，不提高工件的尺寸精度或几何形状精度。软轮用皮革、毛毡、帆布等材料叠制而成，具有一定的弹性。抛光膏由较软的磨料（氧化铁、氧化铬等）和油脂（油酸、硬脂酸、石蜡、煤油等）调制而成。抛光时，高速旋转的软轮对工件施加一定压力，使磨料与工件表面产生滚压和微量切削。油酸、硬脂酸一类强氧化剂物质在金属工件表面形成氧化膜可加大切削作用。抛光产生摩擦热，使工件表层出现极薄的金属熔流层，对原有微观沟痕起填平作用。可采用非油脂性的消光抛光膏对光亮表面消光以改善外观。经过抛光，表面粗糙度值可达0.10～0.12微米。

抛射体运动 motion of a projectile 地球表面沿任意方向以任意初速度抛出的物体（质点）在重力作用下的运动。

理想的抛射体运动 不计空气阻力且在均匀重力场中，抛射体运动可看成水平方向的等速运动与铅直方向的等加速运动的合成。建立地面坐标系Oxy，原点在质点的抛射点（见图）。抛射物在t时间内的抛

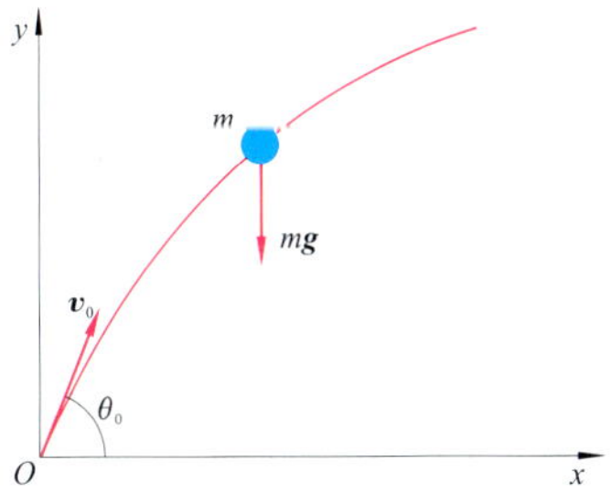

抛射体的受力图

射程x与抛射高度y分别为：

$$x=(v_0\cos\theta_0)t$$

$$y=(v_0\sin\theta_0)t-gt^2/2$$

式中g为重力加速度；抛射物的运动轨迹：

$$y=x\tan\theta_0-\frac{g}{2v_0^2\cos^2\theta_0}x^2$$

为一条抛物线。当抛射角θ_0=45°时射程最远，θ超过或小于最佳抛射角45°同一角度时，射程相同。

空气中的抛射体运动 空气阻力F_R与质点速度方向相反，大小为速度的函数：$F_R=mf(v)$。这时抛射体的轨迹称为弹道曲线。射程将大为缩短。如以550米/秒的初速沿θ_0=45°发射子弹，真空中的射程超过30千米；有空气阻力时射程是8.5千米，不到前者的1/3。

抛物线 parabola 一种圆锥曲线。直圆锥面用不经过顶点，且与一条直母线平行的平面去截，所截得曲线就是抛物线。抛物线也可以看作平面上到定点P以及到定直线l（不经过点P）的距离相等的点的轨迹，该定点P称为抛物线的焦点，定直线l称为抛物线的准线（见图）。

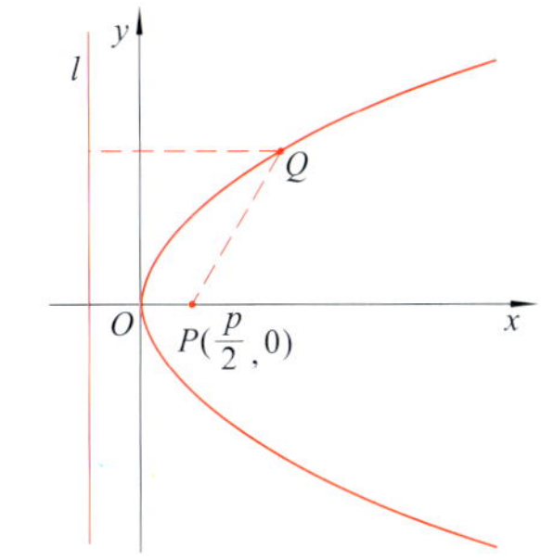

在平面上取直角坐标系Oxy，使原点O是抛物线的顶点，即焦点P到准线l的垂线的中点，而x轴是抛物线的对称轴（与准线l垂直），则抛物线的方程为$y^2=2px$，式中$p>0$是焦点P到准线l的距离。

取焦点为极点，对称轴为极轴，则抛物线的极坐标方程为$\rho=\frac{p}{1-\cos\theta}$。

抛物线是倾斜抛出的物体在重力作用下的运动轨迹。很多彗星的运动轨迹相对于太阳来说近似于抛物线。它还有特殊的光学性质，从焦点发出的光线经抛物线反射后成为平行光束，反过来平行于对称轴的光束经抛物线反射后聚焦于焦点，因此抛物镜面广泛用于探照灯、雷达和卫星接收天线。

泡桐 *Paulownia*; paulownia 玄参科泡桐属植物的统称。落叶乔木。因叶大似梧桐，木材轻泡而名。在中国分布广泛，越南、老挝北部也有分布，朝鲜半岛、日本、阿根廷、美国南部、巴西、巴拉圭有引种栽培。各地主要栽培种有：兰考泡桐、楸叶泡桐、毛泡桐、白花泡桐和川泡桐。

树皮灰色。假二杈分枝。单叶，对生。花大，淡紫色或白色。蒴果卵形或椭圆形，

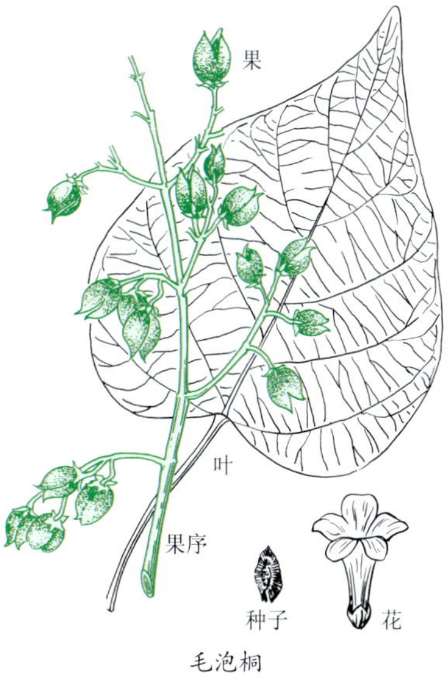

毛泡桐

熟后背缝开裂。种子多数为长圆形，小而轻。对热量要求较高，对大气干旱的适应能力较强，但因种类不同而有一定差异。适宜土层厚和疏松，pH6～7.5立地条件。在水淹和黏重的土壤上生长不良。泡桐生长迅速，通常7～8年生即可成材。可用插根、播种、留根等繁殖，以插根育苗最普遍。

木材可供建筑、家具、造纸、人造板和乐器等用材。叶、花、果和树皮可入药。树姿优美，花色美丽鲜艳，并有较强的净化空气和抗大气污染的能力，是城市和工矿区绿化的好树种。

狍 *Capreolus capreolus*; roe deer 鹿科狍属的一种。又称狍子、狍鹿、野羊、野狍。在欧亚大陆，除最北部极地和南部的印度外，分布范围极广。中国有2个亚种：中原

亚种分布于东北、内蒙古、青海、河北向南至浙江；西域亚种分布在新疆。体长0.95～1.35米，肩高0.67～0.78米，尾长仅2～3厘米，体重15～30千克；角短，长仅23厘米左右，角干直，基部粗糙有皱纹，分枝不多于3叉；夏毛红赭色，耳朵黑色，腹毛白色；冬毛黄褐。腿茶色，喉、腹白色；臀有白斑块；幼狍有3纵行白斑点，当体重达11千克左右时即消失。栖息在疏林带，多在河谷及缓坡上活动（海拔一般不超2 400米），不喜进入密林。由母狍及其后代构成家族群，一般3～5只。晨昏活动，以草、蕈、浆果为食。雄狍仲夏才入群。一雄一雌，7～8月交配。妊娠期4个月。幼狍3～6月出生，每胎1～2仔。若一胎产2仔，则出生地点相距10～20米，分别哺乳。出生10日后，母狍带领初生幼狍归群。狍受惊时吠叫。在野生环境中，寿命10～12年，最长可达17年。每年11～12月角脱落，2～3月生茸，4～5月角长成。

炮制 processing 中药材在应用或制成剂型前，进行必要加工处理的过程。又称炮炙、修事、修治等。其中炮炙也专指用火加工处理药材的方法。由于中药材大都是

徐福药碾子

生药，多附有泥土和其他异物，或有异味，或有毒性，或潮湿不宜于保存等，经过一定的炮制处理，可以达到使药材纯净、矫味、降低毒性和干燥而不变质的目的。另外，炮制还有增强药物疗效，改变药物性能，便于调剂制剂等作用。中药炮制方法通常分为修制、水制、火制、水火共制、其他制法五大类。

①修制。对药物进行纯净、粉碎和切制的处理方法。纯净是采用手工或机械挑、筛、簸、刷、刮等方法，去掉泥土杂质和非药用部分，以达到清洁药物的目的。粉碎是采用捣、碾、研、磨、锉等方法，改变药物外形，使其符合调剂、制剂和其他炮制法的要求。切制是采用手工或机械切、铡的方法，把药物切成片、段、丝、块等各种形状，以便于药物有效成分的溶出和药物的调剂使用。

②水制。用水或其他液体辅料处理药材的方法。常用的水制法有漂洗、浸泡、闷润等，目的是清洁药物，软化药物，调整药性。漂洗是将药物置于宽水或长流水中，反复换水，以去掉腥味或盐分。浸泡是将药物置于水中浸湿立即取出，或将药物置于清水或辅料药液中，使水分渗入、药材软化，除去药物毒性。闷润是根据药材质地的软硬，用淋浸、洗润、浸润等方法，使药物软化，便于切制饮片。

③火制。将药物经火加热处理的方法。主要有炒、炙、煅、煨等方法。炒是将药物置锅中不断翻动，炒至一定程度。有炒黄、炒焦、炒炭的不同。有便于粉碎加工并缓和药性的作用。炙是用液体辅料拌炒药物，能改变药性，增强疗效，减少副作用。煅是将药物用猛火直接或间接煅烧，使药物易于粉碎，充分发挥疗效。煨是用湿面粉或湿纸包裹药物，置热火炭中加热的方法，可减少烈性和副作用。

④水火共制。用水又用火的炮制方法。主要有蒸、煮、燀等。蒸是利用水蒸气和隔水加热药物，有增强疗效、缓和药性的作用。煮是将水或液体辅料同药物共同加热，可增强疗效，减低副作用。燀是将药物快速放入沸水中，立即取出，目的是在保存有效成分的前提下除去非药用部分。

⑤其他制法。如制霜、水飞、发酵等，其目的是改变药物原有性能，增加新的疗效，减少毒性或副作用。

炮炙 processing 用火加工处理中药材的方法和技术。见炮制。

袍 robe 直腰身、过膝的中式外衣。一般有衬里。男女皆可穿用。中国《诗经》、《国语》中已出现袍的名称。隋唐时期，袍服盛行。其中交领大袖直裰式袍服传入日本，促进和服的发展。随着历史的演进，袍被广为穿用，至今在民间和东南亚地区仍有沿用。分为龙袍、官袍、民袍等。

龙袍 皇帝专用的袍。又称龙衮。因袍上绣龙纹而得名。特点是盘领、右衽、黄色。泛指古代帝王穿的龙章礼服。唐高祖武德年间令臣民不得僭服黄色，黄色的袍遂为王室专用之服，自此历代沿袭为制度。960年，宋太祖赵匡胤"黄袍加身"，兵变称帝，于是龙袍别称黄袍。龙袍上的各种龙章图案，历代有所变化。龙数一般为九条：前后身各三条，左右肩各一条，襟里藏一条，于是正背各显五条，吻合帝位"九五之尊"。清代龙袍还绣水脚（下摆等部位有水浪山石图案），隐喻山河统一。

官袍 文武官员用作公服、朝服的袍。以一定颜色或图案表明官位等级。东汉永平二年（公元59）开始将袍定制为朝服，以所佩印绶为主要官品标识。唐代开圆领官袍的先河，并由长孙无忌上书而正式使用襕袍（袍的膝部位处加饰界栏），还配以相应的鞓（腰带）。武则天当政时颁命服绣袍，文官绣禽、武官绣兽，是补服的起源。宋代官袍袖子肥大，明确规定饰襕、佩绶、围鞓等。元代官袍多以罗为面料，并以花纹大小表示级别。明代洪武年间创立区别文武官员等的补子制度，称作补服；亲贵大臣袍服，按照品位还有斗牛服、飞鱼服、蟒衣（后称蟒袍）、麒麟袍等，分别刺绣相应的形状似龙的图案。明代官袍款式特点是在两侧袍衩处加幅称褶（摆）。清代官袍一般与马褂（即马蹄袖外褂）配套穿用；外穿而不配马褂的礼服袍必须临时装马蹄袖（俗称龙吞口）；作为行装的袍称行袍，其后侧襟裁短一尺以便乘骑，故又称缺襟袍。清室官员常服袍的款式为四开衩。蟒袍沿用至清代又称花衣，应用较广，规定繁琐，由服色、蟒数、纬帽上的顶珠花翎、外褂上的方圆补子等组成等级森严的制度。

民袍 民间用于日常生活的袍。袍因制作简单，穿用方便，在民间普遍穿用。周代和秦汉士人、庶民的袍，衣料粗糙，裁制简陋。唐代以来，随着封建社会的发展和民族服饰的交流，特别是元代蒙古袍服、清代满族袍服的传入，民袍在款式造型上有过长摆和短摆、交领和圆领、右衽和左衽、大袖和小袖及半袖等多种变化。当代旗袍和中国民族服装中的袍，正是民袍发展变化的结果。

袍带戏 Emperor opera 中国戏曲中以帝王将相等为主要角色的传统剧目。因剧中人物大都着蟒袍、玉带而得名。这类剧目往往人物众多，排场较大，角色齐全，如京剧《群英会》、《草桥关》，川剧《赠绨袍》、《帝王珠》，蒲剧《薛刚反朝》，秦腔《赵氏孤儿》，豫剧《穆桂英挂帅》、《三哭殿》等。袍带戏多为历史较长的昆曲、高腔、梆子、皮黄等大型剧种演出，所以又常用作大型剧种的代称。但有一些原来的小型剧种在发展过程中也有袍带戏的演出，如黄梅戏《女驸马》、评剧《秦香莲》等。

跑旱船 running land boat dance 中国汉族民间舞蹈。又称旱龙船、船灯、采莲船等。广泛流传于中国各地，多在年节喜庆日子里表演。旱船一般用竹、秫秸纸扎糊，饰以彩绸、纸花。旱船一般长5～7尺（约1.65～2.34米），大的丈余，船中间留有表演者站立活动的空间，用布带系在表演者的肩上或腰间。船形下面用布围住，遮住表演者的腿脚。晚上表演，船上还要燃起灯烛。跑旱船起源很早，相传与纪念爱国

跑旱船表演

诗人屈原的赛龙船有关。跑旱船，多扮成一对渔家夫妇或父女，女在船中，男在船外撑篙或划桨，表演水中行船或捕鱼的情景。湖北的采莲船以歌伴舞即兴编唱，别具一格。歌词内容多以吉庆为主，有领唱和合唱，气氛热烈。

泡碱 natron 化学组成为$Na_2[CO_3]\cdot 10H_2O$，晶体属单斜晶系的含水碳酸盐矿物。又称苏打。晶体呈板状。通常呈粒状、皮壳状或致密块状产出。白色、灰色或浅黄色。玻璃光泽。莫氏硬度1～1.5。密度1.46～1.48克/厘米^3。解理完全。在空气中水分很快

丢失，分解成白色粉末状水碱。主要产于现代内陆湖泊，在冬季从卤水中结晶而成，常与天然碱、水碱共（伴）生。中国主要产于新疆、内蒙古、吉林。主要用于制作肥皂、纸浆、玻璃、染料等。

泡利 Pauli, Wolfgang (1900–04–25～1958–12–05) 奥地利物理学家。生于维也纳，卒于苏黎世。1921年获慕尼黑大学博士学位后，赴格丁根大学随M.玻恩研究一学期，再赴哥本哈根大学随N.玻尔一年。1940年任普林斯顿高级研究院的理论物理访问教授。

20岁时为《数学科学百科全书》写相对论，此书在数学界具权威性。1924年提出说明电子能态的第四个量子数其数值可取作+1/2或−1/2。后来发现，这两个数值代表费米子自旋的两种可能取向。1925年发现不相容原理（今称泡利不相容原理）。这个原理把量子论和观察到的原子特性联系起来。为此获1945年诺贝尔物理学奖。20世纪20年代后期观察到，当一个原子核发射出一个β粒子（电子）时，总有一些能量和动量丧失掉，这就违反了守恒律。泡利在1930年提出，丧失掉的能量和动量是被某种中性粒子（后来由E.费米命名为中微子）从核里带走了。泡利对量子场论也有重大贡献。

泡利不相容原理 Pauli's exclusion principle 自旋为半整数的粒子（费米子）所遵从的一条原理。简称泡利原理。它可表述为全同费米子体系中不可能有两个或两个以上的粒子同时处于相同的单粒子态。电子的自旋$S=1/2$，电子遵从泡利原理。1925年W.泡利为说明化学元素周期律提出来的。原子中电子的状态由主量子数n、角量子数l、磁量子数m_l以及自旋磁量子数m_S所描述，因此泡利原理又可表述为原子内不可能有两个或两个以上的电子具有完全相同的4个量子数n、l、m_l、m_S。根据泡利原理可很好地说明化学元素的周期律。泡利原理是全同费米子遵从的一条重要原则，在所有含有电子的系统中，在分子的化学价键理论中，在固态金属、半导体和绝缘体的理论中都起着重要作用。后来知道泡利原理也适用于其他如质子、中子等费米子。泡利原理是认识许多自然现象的基础。

泡沫 foam 彼此被液膜隔开的气泡的聚集物，是气体在液体中的分散系统，气体的体积分数一般大于90%。泡沫的应用很广泛，如矿物的浮选、应用泡沫进行分离、泡沫灭火、泡沫塑料、泡沫金属等。

纯液体不能形成稳定的泡沫，而肥皂水形成的泡沫能在较长时间内不破坏，肥皂对气泡起了稳定作用。能使泡沫稳定存在的物质称为起泡剂，表面活性剂是最常用的起泡剂，其他还有蛋白质、高分子化合物、固体粉末等。由泡沫的结构（见图）可看到，泡沫的存在依赖于隔开气泡的液膜。液膜在重力作用和表面张力的作用下发生向a流动的排液作用，使液膜逐渐变薄，最终导致破裂，气泡发生合并。为了增加泡沫稳定性，常加入极少量稳泡剂（碳链较长的极性有机物，如月桂醇等），稳泡剂和起泡剂不仅可在表面形成紧密的混合膜，而且还可降低起泡剂的胶团临界形成浓度和降低起泡剂的吸附速度，因而可增加膜的弹性，使泡沫稳定性增加。

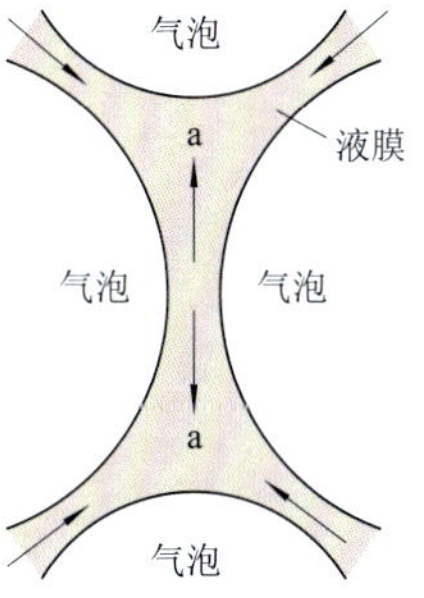

泡沫的结构

在较短时间内破坏一个泡沫系统称为消泡。泡沫的破坏主要有两类：①物理方法。搅拌破坏泡沫，改变温度和压力使气泡破坏。②化学方法。加入消泡剂如短碳链或支链的醇或醚，还有天然油脂类、磷酸酯类、硅油、聚醚类等。

泡沫金属 foamed metal 含有泡沫状气孔的特种金属材料。与一般烧结多孔材料比较，具有更高气孔率和更大孔径尺寸。典型泡沫金属是铝、镍及其合金。泡沫金属是随着航空航天技术发展起来的。生产工艺主要有两种：①发泡法。以泡沫铝为例，根据使用要求和发泡工艺确定金属成分，在熔体中通入空气、氧气或水蒸气，以形成微细氧化物质点，或添加某些矿物质，以进一步增加熔体黏度，使熔体中产生的气泡均匀地滞留而不上浮析出。然后在熔体中再加入发泡剂，如氢化钛、氢化锆、碳酸钙或某些天然矿物质等。在一定温度下发泡剂分解，产生的惰性气体形成气泡，剩余产物则溶于金属基体中，强化熔体，冷却后即成泡沫铝。②电镀法。通过电沉积工艺在聚氨酯泡沫塑料骨架上涂泡沫金属，其气孔率可达98%，孔径为0.1毫米至数毫米，表现密度为真实密度的1/7～1/50，但存在镀层厚度差异大的问题。泡沫金属用途：导弹、飞行器和回收部件的防冲击保护层，汽车缓冲器和轻质夹层板，电子器械减振装置，脉冲电源电磁波屏蔽罩，运输系统和住宅建筑的吸音隔热层，流体过滤器，雾化器，催化器，电解电极板，电池电极板等。

泡沫经济 bubble economy 一种或一系列资产在一个连续的涨价过程后，其市场价格远远高于实际价值的经济现象。在它的形成过程中，开始的价格陡然上升会使人们产生还要涨价的预期，资产价格连续上升，于是又吸引新的买主——这些人一般只想通过买卖资产价差牟取利润，而对这些资产的使用和产生利润的能力并不感兴趣。当这种行为成为一种普遍的经济现象时，社会资产所表现的账面价值远远高于实际价值，于是就形成一种泡沫经济。

它的基本特征包括：①经济中虚拟成分的比重超过了实质经济的承载能力，经济结构出现严重扭曲。②泡沫经济形成以后，市场预期会发生根本性变化，即使资产价格已经很高，在需求极为旺盛的推动下，大多数市场主体仍然预期价格会进一步升高。③公众行为的非理性化致使相关市场的不确定性激增，会出现价格越高、需求越旺的非理性结果，市场均衡规律失效。

泡沫经济对经济发展危害是巨大的：①影响国民经济的平衡运行，破坏国民经济的结构和比例。②助长了市场投机行为。③泡沫经济的价值回归造成经济萧条。一旦泡沫破灭，最终以金融危机和经济衰退而告终。

泡泡纱 seersucker 布面呈凹凸状泡泡的薄型棉织物。质地轻薄，手感柔软，穿着不贴皮肤，洗后不需熨烫。品种有漂白、素色、印花和色织彩条等。宜用作童装、女衫、衣裙、睡衣等。粗纱线织制的泡泡纱可作床罩、窗帘等。

炮兵 artillery 以火炮、火箭炮、战术导弹为基本装备，主要遂行地面火力突击任务的战斗兵种。又称地面炮兵。陆军的重要组成部分，主要火力突击力量。具有强大的火力和较高的机动能力，能集中、突然、连续地对地面、水面和空中目标实施射击。主要用于支援、掩护步兵和坦克兵的战斗行动，并与其他军种、兵种协同作战。

炮兵按隶属关系分为队属炮兵和预备炮兵；按运动方式分为摩托化炮兵和骡马炮兵；按作战任务分为压制炮兵、反坦克炮兵和地地战术导弹部队。通常按师（旅）、团、营、连、排、班的序列编制。

炮击金门 Bombardment of Jinmen Islands 中国人民解放军福建前线部队对驻金门岛的台湾国民党军进行的大规模炮击。又称“第二次台海危机”、八·二三炮战。

1958年8月23日，中国人民解放军福建前线部队奉命对驻金门岛的国民党军和炮兵阵地等重要军事目标及驶往金门的运输舰，进行猛烈炮击，击毙金门防卫部副司令吉星文、赵家骧、章杰3名中将，击伤运输舰一艘。炮击开始时，中共中央和中央人民政府希望借以逼迫台湾当局从金门、马祖撤退。在炮击过程中，美国政府调集军舰加强第七舰队，为国民党军运输舰队护航，并发出战争叫嚣。但在国内人民和同盟国的压力下，美国政府态度发生了变化，转而主张放弃金门、马祖，划峡而治，企图将台湾、澎湖从中国分离出去，形成“两个中国”或“一中一台”，并避免与中国直接发生冲突。蒋介石则主张坚守金门、马祖，以保持国民党政府对大陆享有“统治权”的象征，并希望拉美国下水，蓄意将冲突升级，图谋借美国力量实现“反攻大陆”。鉴于美蒋上述矛盾，为反对美国的阴谋，中共中央和毛泽东反复权衡后，为了“一个中国”的共同利益，防止“两个中国”或“一中一台”的产生，决定暂缓收复金门、马祖，留待以后条件成熟时，将金门、马祖、澎湖、台湾一揽子解决，执行“打而不登，封而不死”的方针。10月6日，毛泽东亲自起草并以国防部长彭德怀名义发布《告台湾同胞书》，重申世界上只有一个中国，以美军不得护航为条件，宣布暂停炮击7天，让国民党金门守军获得补给。13日，再次发布暂停炮击两周。25日，国防部长彭德怀发布《再告台湾同胞书》，宣布今后对金门“单日打炮、双日不打”的方针。至1959年1月7日，人民解放军福建前线部队共进行7次大规模炮击、数十次中小规模炮击、近千次零炮射击，并进行13次空战、3次海战，共毙伤国民党军7 000余人，击落击伤飞机36架，击沉击伤舰船27艘。1959年1月9日，中共中央军委决定“今后逢单日不一定都打炮”，此后福建前线部队炮击次数逐渐减少。1979年1月1日，中美两国建交。同日，全国人民代表大会常务委员会发表《告台湾同胞书》，宣布争取和平统一祖国的方针。国防部长徐向前发表《关于停止炮击大、小金门等岛屿的声明》。福建前线部队对金门的炮击即告停止。

中国人民解放军福建前线炮兵部队炮轰金门

疱疹病毒 herpesviruses 一组具有包膜的双链DNA病毒。已知有70多种。因代表种——单纯疱疹病毒能引起匐行性疱疹而得名。直径100纳米，20面体。在自然界广泛存在，引起人和动物的感染，主要侵犯皮肤、口腔、眼角膜和神经组织。

疱疹样皮炎 dermatitis herpetiformis 一种伴有谷胶过敏性肠病的大疱性皮肤病变。患者以青壮年多见。临床表现为直径0.5～1.0厘米的水疱，都发生在浮肿性红斑的基础上。水疱发生在表皮下，疱壁厚，不易破溃。皮损好发于四肢伸侧，尤其是肘伸侧，肩背，腰骶部及臀部，常对称散在分布。取新出水疱作病理学检查及直接免疫荧光示真皮乳头IgA沉积所致的颗粒状荧光可以确诊。病程慢性，皮疹时轻时重，但预后良好。治疗首选氨苯砜。

胚胎学 embryology 研究动物个体在出生或孵化前的发育过程，叙述怎样从一个受精卵发育成胚胎，从而了解各种动物发育的特点和规律的生物学分支学科。也可广义地理解为研究精子和卵子的发生、成熟与受精，以及受精卵发育到成体的过程的学科。

对象和范围 胚胎学的研究范围广泛，内容丰富。这有三种含义：①胚胎发育是一个连续的过程，必须研究不同时期的材料，才能对胚胎结构在发育中的变化有比较全面的了解。②胚胎是个整体，由各种组织和器官组成，它们的变化构成胚胎发育的总体演变。必须对各部分的变化有确切的了解，才能正确认识胚胎整体是怎样逐渐发育起来的。③动物界种类繁多，各门动物的胚胎都是胚胎学的研究对象。同一门中各纲的动物，发育的细节可能颇有差别，也应分别研究。因此除细致地研究一些代表性动物的胚胎外，对其他种类亦不能偏废，才能了解发育的一般规律。

主要分支学科 脊椎动物胚胎学 在脊椎动物中，对于鱼类、两栖类、爬虫类、鸟类以及哺乳类的胚胎发育过程，都进行了详尽的叙述。这个领域就是脊椎动物胚胎学。这些动物的成体形状各异，早期发育，如卵子和卵裂等，分别属于不同类型，但是发育的历程却基本上相似。从内部器官的发育，可推测出脊椎动物是怎样从低级向高级发展的。这不仅反映了脊椎动物的系统发育，并且为比较解剖学提供了资料。人类胚胎发育的研究，对了解人类自己，了解畸胎的形成、药物及环境因素致畸的机理、人口控制都是必不可少的。

无脊椎动物胚胎学 以无脊椎动物为研究对象的胚胎学分支学科。无脊椎动物种类繁多，其形态结构的差异远远超过脊椎动物。无脊椎动物胚胎学研究的内容包括卵子的成熟、受精、卵裂、早期发育、幼虫类型以及某些种类的变态过程。20世纪以来，无脊椎动物胚胎发育的知识，在人类日常生活中逐渐占有重要位置。

比较胚胎学 在对各种动物胚胎发育积累了大量叙述性资料之后，再把不同类群的发育历程加以比较的胚胎分支学科。从比较的角度可以找出不同类群动物胚胎发育的相同或相似之处，从而判断成体形态各异的两个类群的亲缘关系。比较可以是横向的，涉及较多类群。还可以纵向地比较不同类群的发育历程，这样可以理解类群的演变，为进化学说提供证据。

实验胚胎学 用实验方法干扰胚胎的发育过程，研究胚胎的各部分在发育中的相互作用，从而探讨胚胎发育中的因果关系的胚胎学分支学科。

分子胚胎学 研究动物胚胎发育过程中生长、分化和形态发生的分子基础的胚胎学分支学科。主要内容是：基因表达及其调控、形态发生的分子基础、细胞膜的功能，以及发育程序的遗传控制。

陪审制度 jury system 国家审判机关吸收非职业法官或非职业审判员为陪审官或陪审员，参加审判刑事、民事案件的制度。

西方国家的陪审制度 早在雅典、罗马时期，就选出陪审官组成陪审法庭或陪审法院审理案件。

欧洲中世纪时期，只有德国在较长时期内有由法官和陪审官共同组成的舍芬庭。英王亨利二世（1154～1189年在位）吸收见证人审理刑事案件。其后，见证人逐渐演变为有权在法庭上审查证据、作出裁判的陪审官，并进一步发展为负责审查起诉和审理案件的大陪审团和小陪审团。

17～18世纪，一些国家的资产阶级夺取政权后，先后在法律上确定了陪审制度。

英国继承了封建社会的大、小陪审团制。前者参加审查起诉，后者参加审理案件。大陪审团于1933年取消。法国、德国、奥地利等国也都只保留有小陪审团。目前保留大陪审团制度的主要是美国。美国联邦系统的法院受理的重罪案件如叛逆、谋杀、抢劫、纵火等，必须经大陪审团决定起诉。大陪审团一般由16～23人组成。它的裁断采取多数表决制，不要求一致通过。小陪审团与英国现行的陪审团相似。英国的陪审团由12人组成，其职权是参加庭审，审查证据，听取辩论，然后进行秘密评议，并就被告人是否有罪的事实问题作出裁断，如果裁断有罪，再由职业法官判刑；如果裁断无罪，案件即告结束，被羁押的被告人应获释放。陪审裁断至少需有10票的多数票通过。如果陪审团意见分歧，达不到规定的票数，就必须解散该陪审团，另行组成新的陪审团重新审理。

法国实行3名法官和8名陪审官共同就案件事实问题和法律问题进行评议，有利于被告人的裁断以多数票通过，不利于被告人的裁断必须超过2/3的多数。这种由职业法官和非职业陪审官共同审理、共同评议的制度，又称参审制。德国1924年恢复舍芬庭，由3名职业法官和6名陪审官组成，兼负审理和判决之责，其判决以2/3多数通过。

英美法系国家的陪审制和大陆法系国家的参审制，都只适用于少数罪行较重的案件，绝大多数第一审案件由治安法官或违警法院按简易程序审理。

中国的陪审制度　第二次国内革命战争时期，在中国共产党领导下的革命根据地，中华苏维埃中央执行委员会颁布的《裁判部暂行组织及裁判条例》中，具体规定了陪审制度。抗日战争和第三次国内革命战争时期，在各革命根据地，除反革命案件外，一切民事、刑事案件都实行陪审制。

中华人民共和国建立后，1979年通过的《中华人民共和国人民法院组织法》和《中华人民共和国刑事诉讼法》规定，人民法院审判第一审案件，除简单的民事案件和轻微的刑事案件外，都由审判员和陪审员组成合议庭进行。1983年9月2日，六届全国人大常委会二次会议决定修改人民法院组织法的有关条文，规定："人民法院审判第一审案件，由审判员组成合议庭或者由审判员和人民陪审员组成合议庭进行……"

人民陪审员在执行职务期间同审判员有同等权利，有权参加所办案件的全部审判活动，按少数服从多数原则制作出判决或裁定。除被剥夺政治权利的以外，凡年满23岁的公民都可以被选为人民陪审员。

培根　Bacon, Francis (1561～1626)　英国近代唯物主义哲学家。

生平和著作　生于伦敦一个新贵族家庭，卒于伦敦。12岁进入剑桥大学。1576年到巴黎任英国驻法国大使随员。1579年因父丧回国。以后从事律师工作，并当选为国会议员。1596年被聘为女皇特别法律顾问。在詹姆士一世的斯图亚特王朝时代，培根历任宫廷要职，1613年受命为首席检察官，1617年为掌玺大臣，1618年为大法官。培根多次接受贵族封号，1603年受封为爵士，1618年受封为维露南男爵，1620～1621年受封为圣阿尔班子爵。1621年培根被控受贿，经判决，免除一切官职。对于此案，他承认接受过不正当馈赠，但不承认因此枉法。后来，培根脱离政治生涯，潜心从事著述。

培根的主要理论著述都是在做官期间完成的。1597年，培根的《论说文集》问世。这是一本关于政治伦理道德的论文集，于1612、1625年两次增订再版。1605年出版的《学术的进展》，是培根全面改革知识的庞大计划《伟大的复兴》的第一部分。1609年出版《论古人的智慧》，通过古希腊神话表述了培根对政治、科学、哲学问题的见解。1620年未完成的巨著《伟大的复兴》出版，其主要部分是著名的《新工具论》。

唯物主义经验论　培根以知识论作为自己哲学的中心问题，把改造人类的知识，实现科学的"伟大的复兴"，建立一个能促进生产发展和技术进步的新哲学，当作自己理论活动的目的。他坚定相信人类的理智能力，认为只要人们认识自己的力量，并愿意尝试和发挥这种力量，就可以获得比以往更多的东西。他认为人类只要掌握了自然规律，就可以在认识上获得真理，在行动上得到自由。他提出了知识就是力量的著名口号。

培根尖锐批判经院哲学家脱离实际、玩弄概念、崇尚空谈的恶劣习气。号召人们从盲从权威中解放出来。培根是西方哲学史中第一个较全面、深刻地批判经院哲学的人。培根认为，要清除认识道路上的障碍，不能限于对经院哲学的批判，还必须揭露人们产生认识谬误的根源。他提出了"假相"说，揭示主观脱离客观的可能性和认识的片面性；揭示语言约定俗成的性质以及语言与概念乖离的可能性；揭露了神学、唯心主义以及一切谬误的哲学体系的根源。

培根在反对经院哲学的斗争中，建立了自己的唯物主义经验论。他认为知识起源于经验，并以此作为其认识论的基本原则。他认为要获得知识就要面对自然，面对事实，以经验和观察为依据，把经验从一向受鄙视、受贬抑的卑贱地位上升为一种科学原则，一种考察方法，使之成为科学上、哲学上一种不可缺少的依据。培根不仅重视感性经验在认识中的作用，同时也强调感性认识与理性认识的结合，指出两者的离异是人类认识的重大灾祸。

培根开创了经验的认识方法。他认为，缺乏正确方法的指导，正是以往人类知识没有重大进步的主要原因。他以创立新的认识方法作为自己认识论的重要任务。他倡导实验的方法，认为实验比感性直观更优越。唯有通过实验，才能发现一切现象的原因和规律。

唯物主义自然观　培根肯定世界是物质的，把万物的物质基础称为原始物质。他反对把物质看作抽象的东西。他强调运动是物质自身所固有的，运动是绝对的，静止是相对的，并认为静止是由运动的均衡或由运动的绝对优势引起的，在物体表面的静止中，物体内部的物质分子仍在不断地活动着。他还强调指出物质的无限的和永恒的存在。

哲学影响　培根认为对自然规律的认识构成人类知识和活动的论断，是唯物主义的科学原理。但是，由于他把自然界的多种多样的事物和现象归结为许多单个物体的运动，对自然物体的解剖带有片面的、静止的性质。培根的自然观既具有辩证法的因素，也开了近代形而上学思维方式和形而上学唯物主义的先河，对T.霍布斯的物体论和J.洛克的经验分析法产生了直接的影响。培根不是无神论者，他承认上帝是万有之源，承认有不死的理性灵魂，承认有自然的真理，也有启示的真理。培根的"双重真理"观，主要是划分科学与宗教，知识与信仰的界限，在当时起着进步作用。马克思给予培根极高的评价，称之为"英国唯物主义和整个现代实验科学的真正始祖"。

逻辑思想　培根是近代归纳逻辑的主要创立者。他认为亚里士多德所提出的三段论不能发现科学原理，而旧的归纳法即简单枚举法又得不出可靠的结论。因此，培根给自己提出的任务是清除科学复兴道路上的障碍，制定认识自然的新工具。在《新工具论》一书中，他阐述了建立一种新逻辑的设想，也就是他所说的真正的归纳法。培根对归纳逻辑的重要贡献是提出了三表法和排斥法，并把它们作为整理和概括经验材料的归纳方法。三表法包括：①具有表，用以罗列具有被研究性质的实例。②缺乏表，用以罗列不出现被研究性质的实例。③程度表或比较表，用以罗列被研究性质出现变化的实例。培根指出，在研究过程中建立起这一或那一表之后，需再用排斥法排除掉表上罗列的实例中的不相干因素，使得剩下的唯一的因素能被断定为是被研究性质的形式即原因。后来J.S.密尔所提出的著名的求因果方法就是以培根的归纳法为基础的。

培根　Bacon, Roger (约1214～1294)　英格兰哲学家，基督教僧侣。曾就读、任教于牛津大学。除研究哲学与神学外，对实验自然科学有很深的造诣。他做过光学与磁铁实验，在历法、地理及火药制造方面均提出过有价值的见解。培根一生历尽艰辛，先因进行科学实验被教会视为异端而遭长期监禁，后又因著作触犯教会，被投进监狱达14年之久。培根站在唯名论立场上，主张只有个别事物是真实存在的，一般不过是个别事物的相似点，否认有独立于个别事物之外的一般。重视实验科学，具有经验论倾向的认识理论是他的思想的重要组成部分。指出迷信权威、因袭习惯、屈从偏见、盲目无知是掌握真理的四大障碍，认为知识只能来自感官知觉和科学实验。但是，他的这些观点并不彻底。他曾宣称科学研究得愈充分，就愈能论证神学，认为“神圣的启示”和“内在的启发”也属经验之列，并且是认识的更好的途径。著有《大著作》、《小著作》、《第三著作》及《哲学研究纲要》等，仅有《大著作》被完好地保存下来。

培根起义 Bacon's Rebellion 英属北美殖民地的第一次农民起义。领导人N.培根为英国乡绅贵族出身。1674年，携家人到北美弗吉尼亚边疆地区定居经营种植园，并被任命为弗吉尼亚议会议员。起义的导火索是印第安人为夺回自己失去的土地对边疆村庄进行的袭击。培根要求弗吉尼亚总督W.伯克利对印第安人进行惩处，遭拒绝，遂于1676年8月发动起义，对印第安人进行征伐。伯克利怕战事扩大，斥其为反叛行动。培根转而反对伯克利及占统治地位的上层分子和他们所推行的政策，提出反对富有的种植园主压迫、反对不合理赋税制、扩大选举权及改选议会等要求。广大农民积极响应，纷纷投入培根起义军，起义军一度占领弗吉尼亚首府詹姆斯敦，改选了议会，并实行一些民主改革。当培根起义军第2次进入詹姆斯敦时，驱逐了伯克利，并放火烧城。1676年10月18日，培根突然病逝。英王趁机派大批军队镇压起义。起义失败。

培生集团 Pearson PLC 英国集教育、出版、商业信息等业务于一体的集团企业。国际传媒巨头之一。1844年，S.培生和其子在英国约克郡开办了一家父子建筑公司，后迁至伦敦，逐渐成为世界上最大的承包建筑工程公司之一。1919年，培生父子公司转为控股公司后收购了多家报社，组建了威斯敏斯特出版社，逐步转入出版业并走向集团化。以后50年里，培生集团收购了许多出版公司。1997年，M.斯卡迪诺女士任首席执行官，对集团业务进行大规模战略整合，形成了3个子集团：①以终身教育为主的培生教育出版集团。1998年11月由原西蒙·舒斯特公司所属教育出版公司和阿迪生－韦斯利－朗文出版集团合并组成，出版的教材和教学参考书在全世界享有很高的声誉。②提供商业信息服务的金融时报集团。世界财经新闻与分析权威，所办《金融时报》在世界12个城市印刷，为世界财经时报之最。③提供一流大众读物的企鹅出版集团。主要出版小说与非小说类书籍，以及儿童图书。下属美国分公司，包括美国最大的儿童出版公司——企鹅－普特南出版公司。

裴蒂庄 Pettijohn, Francis John (1904-06-20～1999-04-23) 美国沉积岩石学家。生于威斯康星州沃特福德，卒于马里兰州。1924年毕业于明尼苏达大学，1930年获明尼苏达大学博士学位。曾任芝加哥大学、约翰斯·霍普金斯大学教授，美国矿物学家学会会长等职。1966年当选为美国国家科学院院士。曾获美国地质学会彭罗斯奖、英国伦敦地质学会沃拉斯顿奖章。在用偏光显微镜研究沉积岩的成分、岩类及沉积岩组方面有突出贡献。早期在研究太古宙的沉积作用的基础上，提出历史上的沉积条件，并证实了构造控制沉积作用的观点。在古水流、盆地分析、砂和砂岩的研究领域也有卓越贡献。1938年与W.C.克伦宾合著出版的《沉积岩石学手册》推动了沉积学和沉积岩石学的发展。主要著作还有《太古代的沉积作用》、《沉积岩》、《砂和砂岩》和《古水流和盆地分析》等。

裴度 Pei Du (765～839) 中国唐代中叶名相。字中立。河东闻喜（今属山西）人。贞元五年(789)进士及第。唐宪宗元和九年(814)，累官至御史中丞。宪宗在削平不受朝命的藩镇的过程中，任命裴度为相，主持讨叛军事。十二年，讨叛军兵败，宰相李逢吉等以淮西屯兵4年，劳师弊赋，力主罢兵。裴度认为淮西是腹心之疾，必须扫除，不宜中止讨伐，并自请督师。十二年八月，裴度以宰相领淮西节度使、淮西宣慰招讨处置使赴前线。他奏准罢去监军，加强了统一指挥。十月，破蔡州，擒吴元济。淮西既平，河北震慑，相继归顺。十四年，又平定淄青李师道。元和十五年(820)，穆宗即位，由于措置不当，河北再乱，裴度被任为镇州行营招讨使，统兵讨伐。当时穆宗昏聩，宰相只图苟安，裴度军前奏请事宜，常受阻挠，因此不能取胜。最后，裴度被解除兵权，改任位高职闲的东都（洛阳）留守。敬宗、文宗二朝，裴度历任淮南等四道的节度使，其间虽曾短期入相，亦遭到李逢吉等排挤，不能久任。

裴多菲 Petőfi Sándor (1823-01-01～1849-07-31) 匈牙利诗人。生于小克勒什，卒于谢塞盖斯瓦尔(今属罗马尼亚)。做过演员，当过兵。1842年开始发表作品。早期运用经过提炼的人民语言和民歌形式，创作了50多首诗，如《谷子成熟了》(1844)、《傍晚》(1844)等。1844年到首都佩斯，出版《诗集》(1844)、《爱德尔卡坟上的柏叶》(1845)和散文作品《旅行札记》(1845)。1847年起诗歌创作涉及当时政事，如《致十九世纪的诗人》等诗篇。他的《自由与爱情》：“生命诚宝贵，爱情价更高；若为自由故，二者皆可抛！”成为诗人走向革命的标志。1848年裴多菲领导佩斯激进青年发动起义，并写下诗篇《民族之歌》、《大海沸腾了》、《把国王吊上绞架》等。1849年参加了贝姆将军领导的反抗俄奥联军的战斗。一说他牺牲在瑟什堡大血战中；一说被俘后被押送西伯利亚，后死于肺结核。

裴多菲一生写了约1 000首抒情诗和8部叙事长诗，其中最著名的有《农村的大锤》(1844)、《亚诺什勇士》(一译《勇敢的约翰》，1844)和《使徒》(1848)。也写过小说和剧本。

裴矩 Pei Ju (547或更前～627) 中国隋及唐初政治家。约生于梁太清元年(547)或更早。原名世矩，因避唐太宗讳而去世字。字弘大。河东闻喜（今属山西）人。杨坚代周，建立隋朝，矩为近臣，参与平陈之役，继而经略岭南，北抚突厥族启民可汗。又与牛弘等参定隋礼。隋炀帝杨广即位后，矩甚受重用，参掌朝政。裴矩一生最重要的活动是为炀帝经营西域。大业元年(605)至九年间，他至少4次来往于甘州、凉州（今甘肃武威）、沙州（今甘肃敦煌），大力招徕胡商。裴矩尽力搜集西域各国山川险易、君长姓族、风土物产等资料，绘画各国王公庶人服饰仪形，撰成《西域图记》3卷，并别造地图，注记各地险要，献于炀帝。炀帝即将经营西域事宜悉以委任给他。矩引致高昌王麴伯雅、伊吾吐屯设等入朝，并积极策划打击西域贸易的竞争者——吐谷浑。五年，炀帝亲征吐谷浑，拓地数千里。稍后，炀帝又派薛世雄进军伊吾，于汉旧城东筑新伊吾。矩同往经略，巩固了隋与高昌的联系。大业十四年，宇文化及杀炀帝，任裴矩为尚书右仆射。化及败，矩转事窦建德。建德败，矩降唐，官至民部尚书。裴矩80岁精明不减，历事诸主，均受礼遇，以熟悉故事，常受咨询。所撰《西域图记》记载了44国情况，可惜原书已佚。现仅存书序，记述了自敦煌至西海（今地中海）的3条主要路线，是关于中西交通的重要史料。

裴李岗文化 Peiligang Culture 中国新石器时代中期文化。以河南新郑裴李岗遗址而命名。主要分布在河南省中部。年代约为公元前6200～前5500年。是中原核心地区新石器中期文化的代表。当时经济生活以较发达的粟作农业为主，南部地区则种植水稻。农具有石铲、石镰、蚌镰和碾磨粮食用的石磨盘、石磨棒等。已饲养猪、狗、黄

石磨盘与石磨棒

牛、水牛、羊和鸡。渔猎、采集经济仍占一定比重。制陶业较原始，陶器手制。房屋绝大多数是小型的半地穴式单间建筑。人死后埋入氏族公共墓地，墓葬为长方形竖穴土坑，儿童一般用瓮棺葬。两种不同随葬品组合形式反映了男女的劳动分工。当时的社会尚未出现等级分化和财富悬殊现象。在龟甲上发现契刻符号，或许与巫术活动有关。已有以龟灵崇拜为内容的原始宗教。原始音乐相当进步。贾湖出土骨笛25支，能吹奏出四至七声音阶，旋律优美，是迄今所知世界上年代最早、数量最多的骨笛实物。

裴李岗文化与并存的磁山文化有密切的联系。裴李岗文化的直接来源尚不清楚，后继者是当地的仰韶文化。

裴斯泰洛齐 Pestalozzi, Johann Heinrich (1746-01-12～1827-02-17) 瑞士教育家。又译佩斯塔洛奇。生于苏黎世。学生时代受到法国启蒙思想的影响。1774年，他在诺伊霍夫（又译新庄）开办一孤儿院，收容50多个贫苦儿童。让儿童一面从事农业和纺织业劳动，一面学习读、写、算，并接受道德教育。但因经济困难，1780年被迫停办。1781～1787年他的著名教育小说《林哈德和葛笃德》分4卷出版。1798年，瑞士爆发资产阶级革命，新政府委派裴斯泰洛齐在斯坦兹组建一所孤儿院。他在这里收容了80多个儿童，根据《林哈德和葛笃德》中阐述的教育思想进行第二次教育实验。这次教育实验因孤儿院改作医院而被迫终止。之后，他又进行了第三次和第四次教育实验。在此期间，他主要进行改革初等教育的试验。

裴斯泰洛齐主张教育必须成为所有人的财富，使所有人都得到必要的教育。认为教育的目的在于发展人的天性，使人的天赋才能得到充分的和谐的发展，从而成为有智慧、有道德、身体强健，并有一定劳动技能的完善的人。因此，提出德育、智育、体育、劳动全面和谐发展的教育思想。坚持教育与生产劳动相结合，认为劳动能帮助形成精确、诚实等品质。指出智育在于帮助学生积累知识和发展智力，同时也要发展儿童的实际技能。因此，教学必须在严格的秩序中进行，方法必须简化。重视道德教育，认为整个教育的中心问题是形成人的道德。道德教育最简单的因素是儿童对母亲的爱。在教育史上第一个建立了初等教育的理论和分科教学法。认为知识的基本要素是数、形和词。初等教育要以发展儿童的测量、计算、说话能力为目的，并重视教学的直观性原则。著有《葛笃德怎样教育她的孩子们》和《论教学方法》等。

裴松之 Pei Songzhi (372～451) 中国南朝宋时史学家。字世期。河东闻喜（今属山西）人，祖父时已迁居江南。刘宋初官中书侍郎，奉命作《三国志注》，元嘉六年(429)奏上。他在《上三国志注表》中说，陈寿的书“铨叙可观，事多审正”，但又指出它“失在于略时有所脱漏”。所以裴注不仅解释地理名物等，更主要的在于补充原书记载的遗漏和纠正错误。同一事几家记述不同的，他都收录进来，以备参考。对于史事和人物，裴注有所评论；对于陈寿议论的不当，裴注也加以批评。裴注搜罗广博，引书首尾完整，不加剪裁割裂。所引用的书达140余种，其中90%以上今已亡佚。对于三国时代历史的研究，裴注的重要性不下于陈寿本书。见《三国志》。

裴桐 Pei Tong (1918-11-22～2009-01-06) 中国档案学家。生于北京，卒于北京。1938年参加革命，曾任中共中央办公厅秘书处材料科科长、秘书处副处长、秘书局副局长、中央档案馆常务副馆长、中国档案学会副理事长、理事长、名誉理事长等职。1951年创办并主编《材料工作通讯》，对交流档案工作经验，推动档案学术研究起了重要作用。他在担任中央档案馆领导工作期间，具体主持全馆业务工作，制订各项规章制度，开展大规模的革命历史档案征集工作。率先采用现代科学技术管理和保护档案。组织和参加编辑了《中共中央文件选集》等档案汇编。

裴伟 Peive, Aleksandr Voldemarovich (1909-02-09～1985-12-21) 苏联地质学家。生于托洛佩茨，卒于莫斯科。1930年毕业于莫斯科地质勘探学院。曾任苏联科学院地质研究所所长。1964年当选为苏联科学院院士。曾获列宁勋章。1972年任世界地质图委员会大

地构造图分委员会主席。早年从事地槽研究，重视地壳水平运动的作用。1956年论述深大断裂的主要类型及其与沉积、构造、岩浆活动和成矿的关系，形成较完整的深大断裂学说。1969年发表《地质历史中的大洋地壳》一文，提出在洋壳向大陆俯冲的过程中，一系列岩浆构造地质作用，可将洋壳改造为岛弧型过渡壳，然后再改造为陆壳。认为这种变化反映了地壳演化的成熟过程，提出了地壳成熟度的概念。还认为地史中各阶段都有不同成熟度的地壳出露于地表，可以作为构造划分的根据，由此逐步形成了地壳成熟度理论。他主编的《世界大地构造图（1:1 600万）》(1984)中，将地壳主要分为陆壳、洋壳及次洋壳，然后再将陆壳分为褶皱杂岩区、造山杂岩区和地台杂岩区等。主要论著还有《欧亚大陆地壳的成熟度》和《欧亚大陆的构造成熟度》。

裴文中 Pei Wenzhong (1904-01-19～1982-09-18) 中国考古学家、古生物学家。河北省丰南人。卒于北京。1927年毕业于北京大学地质系。1937年获巴黎大学博士学位。回国后任中国地质调查所新生代研究室研究员，并在北京大学、燕京大学和中法大学讲授史前考古学。中华人民共和国建立初期，任中央文化部社会文化事业管理局博物馆处处长。后历任中国科学院古脊椎动物与古人类研究所研究员、中国科学院生物学地学部学部委员、北京自然博物馆馆长以及中国古生物学会名誉理事、中国考古学会副理事长等职。曾先后被授予法国地质学会会员、英国皇家人类学会名誉会员、国际史前与原史科学协会名誉理事和国际第四纪联合会名誉会员等荣誉称号。

裴文中多年主持周口店遗址的发掘工作，是北京猿人第一个完整头盖骨化石的发现者。从1931年起，首次确认石器、烧骨和用火灰烬的存在，从而明确北京人的文化性质，将北京人的研究纳入考古学研究的范畴。主持发掘的山顶洞遗址，获得旧石器时代晚期的山顶洞人化石及其文化遗物。还发掘了广西巨猿下颌骨和牙齿化

石、山西襄汾丁村遗址、四川资阳人化石地点。综合研究了中国旧石器时代、中石器和新石器时代，对中国石器时代考古学的发展作出积极贡献。主要著作有《周口店山顶洞之文化》、《中国史前时期之研究》、《柳城巨猿洞的发掘和广西其他山洞的探查》等，发表论文80多篇。

裴行俭 Pei Xingjian (619～682) 中国唐朝高宗时名臣。字守约。绛州闻喜（今属山西）人。贞观中举明经，显庆初为长安令。因私下议论高宗立武昭仪，贬为西州都督府长史。麟德二年(665)拜安西大都护，西域诸部多慕义归附。与李敬玄同掌选事十余年，甚有能名，时称“裴李”。创立长名榜、诠注等法，使选官有例可循，为后来所承用。少时从大将军苏定方学习兵法，后来领兵出征东、西突厥，善于料敌决胜，又受到士兵爱戴，故战多取胜。高宗以他“文武兼资”，特授礼部尚书，兼检校右卫大将军。行俭善于识拔人才，军中提拔的将领如程务挺、王方翼、郭待封、黑齿常之等，都成为一代名将。行俭工于草书，著有文集20卷，《选谱》10卷。又撰《草字杂体》等，今佚。

裴秀 Pei Xiu (224～271) 中国西晋大臣、地图学家。字季彦。河东闻喜（今属山西）人。自幼好学，年长从政，官至司空，职在“地官”。主编《禹贡地域图》18篇，是中国目前有文献可考的最早历史地图集。又著《冀州记》、《地形方丈图》(已佚)。总结前人的制图经验，在《禹贡地域序》中提出绘制地图的6项原则，即制图六体（分率、准望、道里、高下、方邪、迂直），为中国传统地图（平面测量绘制的地图）奠定了理论基础，支配中国地图制图1 000多年，在中国和世界地图学史上占有重要地位。

沛县 Peixian County 中国江苏省徐州市辖县。位于省境西北部。东隔微山湖与山东省相望。面积1 349平方千米。人口114万(2010)，有汉、回、满、朝鲜、蒙古、苗等民族。秦置沛县，因古有沛泽而得名。矿产有煤、石油、天然气、石灰岩和铁等。农作物有小麦、水稻、玉米、大豆、棉花、花生等。工业有采煤、电力、纺织、农机、化工、食品、建材、酿酒、皮革等。大屯矿区是全国重要优质煤炭生产基地。名胜古迹有歌风台、吕布射戟台、华佗庙、樊哙巷、栖山汉墓群等。

佩德罗二世 Pedro Ⅱ (1825-12-02～1891-12-05) 巴西帝国皇帝（1831～1889年在位）。生于里约热内卢，卒于巴黎。5岁继承帝位，由三人摄政委员会治理国政。1840年7月23日，国民大会宣布佩德罗二世提前执政。执政后，他利用自由党与保守党交替管理政务，自己则保持最后裁决权。1840年宣布解放自己拥有的所有奴隶。1888年5月帝国政府宣布废除奴隶制，使70万奴隶获得自由。佩德罗二世鼓励外国移民开发国内资源，资本主义经济有所发展，工农业生产显著增长，铁路、电信建设也取得很大成效。1851～1852年联合乌拉圭以及阿根廷反对J.M.de罗萨斯独裁的力量，打败罗萨斯，并企图吞并乌拉圭；1865～1870年又联合阿根廷和乌拉圭击败巴拉圭。1889年11月15日在军队与共和党人联合发动的政变中被推翻，后流亡欧洲。

佩德罗一世 Pedro Ⅰ (1798-10-12～1834-09-24) 巴西帝国第一位皇帝（1822～1831年在位），葡萄牙国王若昂六世之子。生于里斯本，卒于里斯本。1807年法国入侵葡萄牙时随王室逃往巴西。1820年葡萄牙发生资产阶级革命。翌年若昂六世返葡，留下佩德罗为巴西摄政王。1821年，佩德罗拒绝葡萄牙议会的命令，决定留在巴西。1822年9月7日获悉葡议会不承认他的摄政王地位，当即宣布巴西独立。10月12日佩德罗在里约热内卢登基为巴西立宪皇帝，称佩德罗一世。后设国民议会，于1824年颁布巴西第一部宪法。1826年若昂六世死后，他成为挂名的葡萄牙国王佩德罗四世，不久将葡萄牙王位让与幼女玛丽亚（即玛丽亚二世女王）继承，令其弟米格尔摄政。佩德罗一世在巴西实行专制统治，维护葡萄牙贵族的利益，加之与阿根廷进行争夺乌拉圭的战争遭到失败，因而引起人民普遍不满。1831年3月13日，里约热内卢居民和士兵联合举行反专制主义示威，各地纷纷起义。佩德罗一世被迫于4月7日让位给儿子，即佩德罗二世。他随即返回葡萄牙。

佩尔蒂尼 Pertini, Alessandro (1896-09-25～1990-03-24) 意大利共和国总统（1978～1985)。生于萨沃纳省，卒于罗马。大学时攻读法律和政治学专业，获博士学位。1919年加入社会党。1929年创建意大利社会党地下组织。1932年被逮捕入狱，1943年获释。出狱后重建社会党，任副书记、书记。1946年当选制宪议会议员。1945年后，历任社会党机关报《前进报》总编、众议院副议长等职。1968年当选为众议院议长。1978年任意大利共和国总统。1985年7月被任命为终身参议员。1980年9月曾访问中国。

佩尔修斯 Perseus 希腊神话中的英雄。宙斯与阿尔戈斯的公主达那埃的儿子。出生后与母亲一起被国王阿克里西奥装箱投入大海。后被救起。佩尔修斯长大后，在雅典娜和赫尔墨斯的帮助下，杀死了女妖墨杜萨。他从海怪口中救出安德罗墨达，并娶她为妻。他在一次体育竞技比赛中用铁饼误杀了外祖父国王阿克里西奥。神的预言应验。他也因此离开阿尔戈斯，到了梯林斯，成为那里的王。在后世编造的神话里，众神让佩尔修斯及其妻子、岳父、岳母，甚至还有被他杀死的海怪都升到天上，变成了星宿。塞里福斯岛和雅典曾流行对他的崇拜。索福克勒斯和欧里庇得斯都根据这个传说写了悲剧《安德罗墨达》。

佩吉特氏病 Paget’s disease 发生于乳房和外生殖器皮肤黏膜的一种腺癌。又称湿疹样癌。乳房佩吉特氏病可能是乳腺导管癌的早期表现，或伴发乳腺癌。皮疹早期为淡红色斑片，可有渗液，结痂，境界清楚，逐渐扩大，形成不规则的糜烂或肥厚性损害。无自觉症状或有轻度瘙痒。常发生在中老年女性，单侧乳头、乳晕受累。乳房外佩吉特氏病常发生在男性的阴囊和女性的大小阴唇，也可发生在男女两性的肛门、脐或腋等处。组织病理检查示表皮内有明显佩吉特氏细胞，这些细胞体积大，胞浆丰富淡染，核有异形性。对乳房佩吉特氏病应进行乳腺的全面检查，必要时进行穿刺细胞学检查。诊断外阴或肛周佩吉特氏病时，应当进行宫颈检查或肛门指诊、直肠镜检查以除外宫颈癌或直肠癌。治疗首选手术切除。乳房佩吉特氏病若累及乳腺，应按乳腺癌的原则治疗。放射治疗也较敏感，适用于不宜手术者。此病治疗后应当定期随访。对

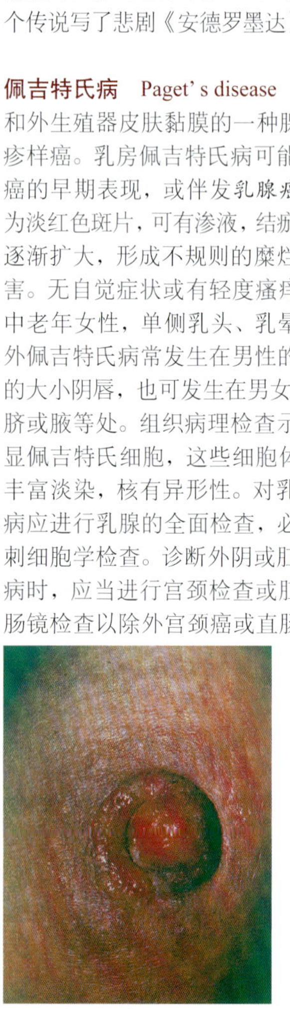

乳房佩吉特氏病外观图

复发者仍可进行手术或放射治疗。

佩雷克 Perec, George (1936-03-07～1982-03-03) 法国小说家。生于巴黎，卒于伊夫里。从小对文字游戏极有兴趣，1967年加入“潜在文学工场”文学团体。1978年出版《我记得》，使用了480个“我记得”，来回忆已经被人们遗忘的20世纪60年代的事物。佩雷克用“回文”体裁写过一篇有5 000多个字母的文章，不但正读和倒读不差一个字母，而且本身就是一篇关于回文的论文。他还写过一首诗，第一行一个字母，第二行两个字母，依次排列到第28行。整首诗构成了一个直角三角形，而它的斜边，即每一行诗的最后一个字母都是A。《生活的使用说明》(1978)是他用了10年才完成的重要作品。佩雷克创作了30多卷作品在法国和欧洲产生了很大影响。使文字技巧发展到了前所未有的高度。

佩雷斯 Peres, Shimon (1923-08-21～) 以色列总统(2007～)。生于波兰的一个小村庄。1924年，全家移居巴勒斯坦。曾当牧童。后来成为工党运动的成员。1948年任以色列国防部海军事务负责人。在中东战争时期，任以色列国防部驻美国使团团长。1959年任国防部副部长。1965年与D.本-古里安一起建立以色列工人党，任总书记，同年大选时再次当选为议员。1974年6月任国防部长。1977年4月当选为以色列工党主席。1984年9月任总理。1995年11月4日Y.拉宾遇害后，出任以色列代总理。1995年11月任总理兼国防部长。1997年6月在工党主席的竞争中获胜。2003年6月出任工党主席。2005年11月30日宣布退出工党。2005年1月任副总理。2007年6月当选为以色列第九任总统。佩雷斯是中东和平进程的设计师之一。1994年，与总理Y.拉宾和巴勒斯坦领导人阿拉法特一起，因推动以巴双方达成了具有里程碑意义的《临时自治安排原则宣言》(1993)，被授予当年的诺贝尔和平奖。1996年与约旦国王侯赛因·伊本·塔拉勒一起被授予美国费城自由勋章。曾多次来中国访问。

佩雷斯·加尔多斯 Pérez Galdós, Benito (1843-05-10～1920-01-04) 西班牙作家。生于拉斯帕尔马斯，卒于马德里。大学毕业后从事文学创作。一生写有小说78部，剧本和其他作品30多种。晚年双目失明，生活凄惨。第一部长篇小说《金泉》(1870)，写1814年后西班牙人民反对君主专制的斗争。1873年，开始致力于卷帙浩繁的历史小说《民族轶事》的写作。小说由5辑46卷组成，1912年完成。第一辑写18世纪西班牙人民的反法战争，第二辑写1814年君主制复辟后对民主人士的血腥镇压，第三辑写第一次查理战争到阿方索十二世登基，第四辑写伊萨贝尔二世的统治和第二次查理战争，第五辑写第一共和国的失败。每一辑有一个中心人物，描写一段特定的历史时期；每一卷又都独立成书，具有完整的故事情节。《民族轶事》被视为西班牙文学史上的一大创举，奠定了作者在西班牙文坛的地位。其他作品有小说《悲翡达夫人》(1876)、《福尔图纳达和哈辛达》(1886～1887)等。《悲翡达夫人》写19世纪末西班牙内地一落后城镇的腐朽势力对年轻生命的摧残。《福尔图纳达和哈辛达》反映了1868年革命到波旁王朝复辟时期的马德里生活。

佩里 Perry, Ralph Barton (1876-07-03～1957-01-22) 美国哲学家，新实在论者。生于佛蒙特州波尔特尼，卒于马萨诸塞州剑桥。早年就学于普林斯顿大学，1899年获哈佛大学哲学博士学位，后在该校任教。1920年曾当选为美国哲学学会东部分会主席。他提出“自我中心的困境”概念，认为认识的对象是独立于意识或心灵的，是实在的，主张内在独立说。在伦理学上，他提出价值兴趣理论，认为任何事物只要包含有兴趣便获得了价值。著有《自我中心的困境》、《一般价值论》等。

佩列杰里 Perederi, Grigory Petrovich (1871-09-29～1953-12-14) 苏联桥梁工程专家、力学家。生于叶伊斯克，卒于莫斯科。1897年毕业于彼得堡交通工程学院。1902年起先后在莫斯科工程学校、彼得堡交通工程学院等院校任教。佩列杰里在装配式桥梁结构、工业化施工方法和焊接在桥梁建造中的应用等方面，提出了许多有价值的主张。1932～1938年，在他的领导下，在列宁格勒建成了跨度达101米的沃洛达尔斯基钢筋混凝土拱梁组合体系桥，并将另一座桥改建为全焊钢桥。1901年主持出版《工程杂志》，1906年发表了《关于无斜杆桁架的理论》专著，1944～1951年，他所编写的《桥梁教程》总共发行了6版。曾获列宁勋章和5枚其他勋章、奖章等。1943年被选为苏联科学院院士。

佩鲁茨 Perutz, Max Ferdinand (1914-05-19～2002-02-06) 英国晶体学家、分子生物学家。生于奥地利维也纳，卒于英国剑桥。1940年在剑桥大学获得博士学位。1947年同J.C.肯德鲁在剑桥创建了隶属于医学研究委员会的分子生物学研究室，并被委任为负责人。1963～1969年曾任欧洲分子生物学组织的主席。1951年佩鲁茨首次用X射线衍射法证实了L.鲍林等人提出的蛋白质的α-螺旋结构模型。1953年创立了用于测定晶态生物大分子结构的同晶置换法的原则。肯德鲁和同事应用该方法于1957年解出了第一个蛋白质——肌红蛋白的低分辨率空间结构。两年后佩鲁茨和同事得到了血红蛋白的三维图像。1962年他与合作者证明，当血红蛋白同氧反应时，四个亚基间的相互位置发生变化。1970年他与同事测定出血红蛋白输送氧的分子机理。他为了解蛋白质的结构及其与功能关系作出了重要贡献。著有《蛋白质和核酸：结构与功能》、《血红蛋白和肌红蛋白，生物结构图册》等书。

由于在蛋白质晶体学方面的开创性成就，佩鲁茨和肯德鲁同获1962年诺贝尔化学奖。他是英国皇家学会会员，1963年被选为奥地利科学院的通讯院士，并先后当选为美国哲学学会会员，荷兰、法国等国科学院的外籍院士。他两次荣获英国皇家学会的奖章。

佩罗 Perrault, Pierre (1608/1611～1680) 法国水文学家，定量水文学的创始人。生于巴黎，卒于巴黎。佩罗在进行了三年降水观测后，根据平均年降水量估算流域年降水量，并与估算的年径流总量比较，提出河流的年径流量只是年降水量的1/6。首次科学地证明了河水来源于降水，降水补给河流是水量有余的看法。这一结果在1674年巴黎出版的《泉水之源》一书中发表，该书被认为是现代科学水文学的开端。他认为下渗只是一种偶然的和局地的现象，否定有足够的降水在尽量满足土壤润湿的需要之后，还能剩下充分的水量来形成河流和泉。佩罗在塞纳河上游对降水径流的观测分析工作是水文学史上的里程碑。他的实验技术虽然还比较原始，计算数据也未必精确，但他的论断是正确的。他的这一发现，后来得到E.马略特用较精密的观测技术所得成果证实。E.哈雷根据实验证明了水文循环的概念，可能也受到他的影响。他和马略特、哈雷三人被称为实验水文学的奠基人。

佩洛塔斯 Pelotas 巴西南部城市和重要港口。位于帕图潟斯湖南端，圣贡萨洛水道左岸。人口31.67万(2007)，多德国和意大利移民后裔。气候温暖湿润，地势低平，海拔7米。始建于1780年，1830年设镇，1835年设市。周围沿湖低地盛产水稻，内地坎普斯草原畜牧业发达，为农牧产品集散中心。港口优良，码头总长500米，可停泊吃水5米的远洋海轮，输出皮革、马黛茶、羊毛、牛肉干、肉罐头等。有屠宰、肉类加工、面粉、碾米、制革、纺织、化学等工业。有铁路和公路连通里奥格兰德港。

佩索阿 Pessoa, Fernando Antonio Nogueira (1888-06-13～1935-11-30) 葡萄牙诗人。生于里斯本，卒于里斯本。5岁丧父。曾入里斯本大学学习。1912年发表《从社会学角度看葡萄牙新诗》等文学评论文章。此后与友人创办《流放》、《葡萄牙未来主义》、《俄耳甫斯》等文学刊物，极力倡导现代主义文学。他用多个笔名写诗，并为每一个笔名编造了身世，通过不同的化名表达诗人内心不同的声音，分时自成体系，合则集各家之大成，从而创作出千姿百态的作品。他反对浪漫主义空洞无物的抒情，强调诗歌的感性，形成了一种新的流派，对葡萄牙诗歌创作的发展产生了很大影响。自选诗集《愈来愈》(1934)共收诗作44首，分成《纹章》、《葡萄牙的海》和《隐逸》三部分。第一部分记叙葡萄牙古老的世袭象征(原野、城堡、五盾国徽、美德、光荣)，赋予国王、圣贤、英雄神话般或真实的面貌，表现他们纯粹的心灵和坚定的意志。第二部分描绘了葡萄牙人不畏艰险的大无畏精神和坚定不移的信仰，讴歌了他们战胜大海发现新大陆的业绩。第三部分塑造了国王塞巴斯蒂安远征摩洛哥的虚幻形象。诗集以丰富的内容和艺术表现力与被誉为葡萄牙诗坛唯一可与L.V.de卡蒙斯比肩的诗人。他去世后整理出版的作品达23卷，其中包括11卷诗集、9卷散文集和3卷书简等。

佩特拉 Petra 约旦古城。因全部依山凿建，又称石城。遗址位于国境西南部穆萨山的幽闭山谷中，北距首都安曼260千米。公元前5世纪至2世纪是纳巴泰王国首都。106年沦为罗马帝国的一个行省。作为商路要道，曾盛极一时。3世纪起，因红海海上贸易兴起，佩特拉开始衰落。7世纪已是一座废弃的空城。1812年为瑞士人J.L.伯尔克哈特重新发现。

城中所有建筑，包括宫殿、庙宇、陵墓及住房、剧场、浴室等均依山岩开凿。周围山崖的岩壁上排列着雄伟挺拔的殿堂，殿宇层层叠叠，门檐相间，雄伟壮观。

古城东部有一条长约1.5千米、宽2～7米、两侧雕凿有洞窟、崖墓等的峡谷。近谷口耸立着一座高约40米、宽约30米依山雕凿的哈兹纳赫殿堂(意为“金库”)。造型雄伟，有6根罗马式门柱，分上、下两层，直至洞顶。横梁和门檐雕有精细图案，这个殿堂可能是阿雷特斯四世的陵墓。

殿堂前面的山谷中有一座依山岩雕凿的古罗马露天剧场，台上耸立着千根粗大圆柱，看台呈扇形、阶梯式，设33排席位，可同时容3 000人就座。

古城东北部一座气势雄伟的三层石窟，是历代国王的陵墓。佩特拉的建筑融合了亚述、巴比伦和希腊风格，大部分建筑和供水系统都保存完好。1985年古城作为文化遗产被列入《世界遗产名录》。现设有佩特拉石窟博物馆。

古罗马露天剧场

佩特罗尼乌斯 Petronius, Gaius Arbiter (?～66) 古罗马作家。贵族出身。据塔西佗的《编年史》记载，他曾任比提尼亚总督、执政官等职。曾主管宫中娱乐，故有“风流总裁”之称。后因被怀疑参与反尼禄的密谋，割断动脉自杀而死。一般认为长篇讽刺小说《萨蒂利孔》是他的作品。用诗文间杂的体裁写成，由书中人物恩科尔皮乌斯自述，描写公元1世纪意大利南部城镇的社会生活，对社会中、下层人物，如流浪汉、诗人、修辞学家、骗子等，作了鲜明、生动的刻画。作品语言鲜明生动，符合人物性格，是研究古代民间拉丁语的重要资料。

佩滕科弗 Pettenkofer, Max Josef von (1818-12-03～1901-02-10) 德国卫生学家、化学家。生于法国利希滕海姆，卒于德国慕尼黑。1837年入慕尼黑大学学医。1843年取得药师和医师资格证书。1847年任慕尼黑大学医用化学教授，1865年任该校卫生学教授，1879年主持组建卫生学研究所。学生时代即改进J.马什的测砷试验。他研究皇宫内用循环热空气加温后室内空气干燥的原因，研究医院的换气和人工通风问题。证明能用明确的资料和数据阐明住宅的卫生问题，从而开创环境卫生研究。1865年佩滕科弗与C.法伊特等创办《生物学杂志》，主要著作为1882年与H.齐姆森合著的《卫生学指南》。

《佩文斋书画谱》 *Peiwenzhai Studio's Encyclopedia of Calligraphy and Painting* 中国清代官修书画类书。康熙四十四年(1705)由孙岳颁、宋骏业、王原祁、吴暻、王铨等纂辑，康熙四十七年告成。全书共100卷，内容包括论书、论画、历代王书、历代帝王画、书家传、画家传、历代无名氏书、康熙皇帝御制书画跋、历代名人书跋、历代名人画跋、书辨证、画辨证和历代鉴藏。论书一门又评分为书体、书法、书学、书品4类，论画一门亦细分为画体、画法、画学、画品4类。此书是中国古代集有关书画著作之大成的第一部比较完备的类书。编写方法是广泛搜采清内府藏书中的有关材料，以类相从。体制与《古今图书集成》的字学部和画部相同，但分类更为精审。书中共征引经、史、子、集、稗官、野乘、山经、地志、释典、道藏各类古籍1 844种，对于书画家传记的编选，原则是“考索群籍，取其可征信者，兼收传采”，每条一一注明出处。

配第–克拉克定理 Petty-Clark theorem 关于经济发展中就业人口在三次产业中的

分布结构如何变化的理论。是英国经济学家C.克拉克对20个国家的各部门劳动投入和总产出的时间数据进行计算之后得出的重要结论。克拉克认为，随着经济的发展，第一产业中的就业人口比例在不断下降，而第二产业、第三产业中的就业人口比例则不断上升。而英国经济学家威廉·配第早在1676年写成的《政治算术》一书中论述过这一内容。配第认为，制造业比农业得到的收入多，而商业比制造业得到的收入更多，并指出，这种产业间的相对“收入差”会推动劳动力向收入更高的部门转移。克拉克认为自己发现的规律只不过是对配第所提出的观点进行了一下验证并进一步将其体系化。因此，这一经验性结论被称为配第-克拉克定理。这一定理可以从一个国家经济发展的时间序列分析中得到研究验证，也可以从处于不同发展水平的不同国家在同一时间点上的横截面比较中得到类似的验证。

配电 power distribution 电力系统中直接与用户相连，并向用户分配电能的环节。配电系统由配电变电所、高压配电线路（1千伏及以上电压）、配电变压器、低压配电线路（1千伏以下电压）以及相应的控制保护设备组成。

配电系统中常用的供电方式有三相三线制、带中性线的三相四线制、三相二线一地制、单相二线制、直流配电。

一次配电网络是从配电所、变电所引出线到配电变压器（或配电所）入口之间的网络，又称高压配电网络。电压一般为6～10千伏，有些地方也使用20千伏。二次配电网络是由配电变压器次级引出线到用户入户线之间的线路、元件所组成的系统。又称低压配电网络。配电线路按结构分有架空线路和地下电缆。

配合饲料 formula feed 由多种饲料配制成的商品饲料。是据动物营养需要和单一饲料原料的营养价值，按饲料配方将多种饲料原料按一定的比例和工艺混合而成。

饲料工业中一般将配合饲料分为7类：①添加剂预混料。由一种或多种饲料添加剂加上载体或稀释剂按一定比例配制成的均匀混合物，又称预混料。②浓缩饲料。又称蛋白质补充料、蛋白浓缩料。由蛋白质饲料、矿物质和添加剂预混料按一定比例配制而成的均匀混合物。③超级浓缩饲料。俗称料精，是介于浓缩料与添加剂预混料之间的一种饲料类型。在配合饲料中添加量一般在10%以内。④全价配合饲料。指理论上除水分以外能全部满足动物营养需要的配合饲料，又称全日粮配合饲料。⑤精料混合料。为补充以粗饲料、青饲料、青贮饲料为基础的草食饲养动物的营养，而用多种饲料原料按一定比例配制的一种饲料。⑥混合饲料。又称初级饲料，是由几种单一饲料经过简单加工粉碎，混合在一起的饲料，其营养不完善。⑦人工乳。为早期断奶的犊牛或仔猪配制的配合饲料。犊牛出生10天左右即可以人工乳代替母乳。

配送中心 distribution center 从事商品配送及相关业务的物流场所或组织。采用先进的管理技术和现代化的信息交流网络，对商品的采购、进货、加工、储存、分拣和配送等业务流程，进行科学、统一、规范的管理，使整个商品运动过程高效、协调、有序，从而促进物流费用的降低，减少用户库存，加快商品周转。特点是根据用户需要直接向用户进行配送，为用户提供物流方面的整体服务；具有集货功能，加工功能，储存保管功能，分货、拣货与配货功能，送货功能，以及物流信息情报收集、汇总、储存及传递功能。

配位场理论 ligand field theory 说明和解释配位化合物的结构和性能的理论。包括晶体场理论和配合物的分子轨道理论两大组成部分，是理论物理学和理论化学的重要分支，也是近代无机化学的理论基础。配位化合物中，中心原子被按照一定对称性分布的配位体所包围，这些配体对中心原子作用的势场就是配位场。若把中心原子或离子所处的点群对称性化学环境当作纯静电场来处理，则相应的理论称为晶体场理论；若考虑到构成化学环境的配体与中心原子（或离子）之间存在某种共价结合甚至于直接用分子轨道理论来处理，则相应的理论称为配位场理论。晶体场理论只考虑配合物中心金属原子的电子结构而将配体视为刚性的点电荷或偶极子，即把全部配体当作外部环境对中心金属d轨道或f轨道中的电子运动状态产生微扰作用的静电场（晶体场）来处理。配位场理论则在分子场模型下整体考虑中心原子和全部配体的电子结构，是晶体场理论在物理模型和数学方法上的合理推广。在解释金属配合物、金属有机化合物和金属酶的结构与性能间的关系、催化反应机理、激光物质工作原理、晶体的物理性质，以及金属离子与生物大分子之间的相互作用等方面，该理论得到了广泛应用和不断完善，同时也促进了相关领域的发展。

配位化合物 coordination compound 由可以给出孤对电子或多个不定域电子的一定数目的离子或分子（称为配位体，简称配体）和具有接受孤对电子或多个不定域电子的空位的原子或离子（称中心原子）按一定的组成和空间构型所形成的化合物。简称配合物，例如$K_4[Fe(CN)]_6$、$[Cu(NH_3)_4]SO_4$、$[Pt(NH_3)_2Cl_2]$和$[Ni(CO)_4]$都是配合物。其中：$CN:^-$、$:NH_3$、$:\ddot{\underset{\cdot\cdot}{Cl}}:^-$ 和$:CO:$是配体，皆有孤对电子（：）；Fe^{2+}、Cu^{2+}、Pt^{2+}和Ni是中心原子，皆可接受孤对电子。配体和中心原子组成配位个体，列入方括弧中。配合物在溶液中发生部分离解，但仍趋向保持其配位个体。配位个体可以是中性分子，也可是带电荷的离子。配离子的电荷为金属离子和配体所带电荷之和。元素周期表中所有金属均可作为中心原子，其中过渡金属比较容易形成配合物。非金属也可作为中心原子。中心原子接受配体提供的孤对电子的对数称为配位数。一般有2、4、6、8，最常见的是4和6。

配合物的结构有多种，最常见的为八面体和四面体，前者如$[Fe(CN)_6]^{4-}$，后者如$[Ni(CO)_4]$：

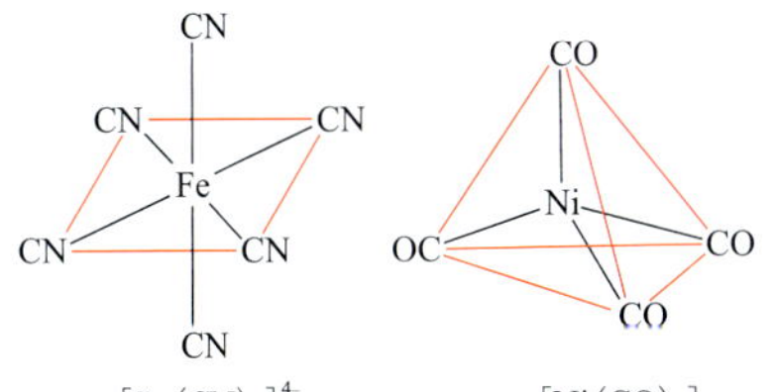

$[Fe(CN)_6]^{4-}$　　$[Ni(CO)_4]$

分类 经典与非经典配合物 根据配体提供电子对和接受中心原子反馈电子能力的差异，可分为两类。在$[Cu(H_2O)_4]^{2+}$或$[Co(NH_3)_6]^{3+}$中，配体分子有明确的孤对电子对，可与中心原子形成配位键，中心原子具有明确的氧化态，配体中没有不饱和键，这类配合物称为经典的配合物。在$[Cr(CO)_6]$、$[PtCl_3(C_2H_4)]^-$或$(C_5H_5)_2Fe$中，配体有不饱和键，既是电子给予体，又是电子接受体，使得中心原子不具有明确的氧化态，中心原子的氧化态较一般的低，称非经典配合物。

按配体的结构特征分类 配体可能有一个或多个配位原子，原子数目用单齿、二齿、三齿等表示。一个多齿配体通过两个或两个以上的配位原子与一个中心原子连接的称螯合配体或螯合剂，因此单齿、多齿配体生成的配合物分别称为单齿、多齿配合物或螯合物。有些配体可能键合两个或两个以上中心原子，生成多核配合物。联结于一个以上中心原子的配体称桥联基团（简称桥基）。中心原子可以桥基相联，也可以通过金属键联结。多核配合物中，中心原子的数目用双核、三核、四核等表示。含桥基的配合物可称为桥联配合物。通过金属键自已联结成簇的多核配合物称为金属簇配合物。

也常用配体的名称或类别来称呼该配体形成的众多配合物，如氨配合物、双氮配合物、双氧配合物、烯烃配合物、羰基配合物等。

超分子化合物　即广义配合物。强调了分子组分之间的作用，使配合物的类型更呈现出既纷繁复杂，又相互联系的局面。虽可以用超分子的概念把配合物的各种类型融贯起来，但同时又难以用它来说明配合物的本性和差别，因此传统的配合物分类更为实用。

性质　过渡元素中心原子形成配合物后，其溶解度、吸收光谱、氧化还原性质等都发生了明显的变化。如硫酸铜溶液为淡蓝色，当加入过量氨水后，溶液呈深蓝色。这是因为形成了$[Cu(NH_3)_4]^{2+}$配离子，使中心离子的吸收光谱发生了变化。

再如在水溶液中Co^{2+}离子稳定，在与适当强的配体同时存在时，Co^{3+}的配合物更稳定，可从它们的电极电势（还原电位）变化看出：

$$[Co(NH_3)_6]^{3+} + e \rightleftharpoons [Co(NH_3)_6]^{2+}\quad 0.10V$$

$$Co^{3+} + e \rightleftharpoons Co^{2+}\quad 1.842V$$

以上性质的变化是由于配体对中心原子的影响；反之，中心原子也会影响配体。如乙烯在$KMnO_4$的溶液中迅速被氧化，但乙烯配位后（如$[PtCl_3(C_2H_4)]^-$）却不被氧化。因此实际应用中常常借助有机分子配位后反应性质的改变，以加速或抑制某些反应的进行。

制法　常用的配合物制备反应有：取代反应、直接反应、氧化还原反应等。

取代反应　①配位水分子被其他配体取代。绝大多数金属离子在水溶液中都以水合配离子的形式存在。其他配体可以全部或部分地取代水分子形成新的配合物，如$[Ni(NH_3)_6]Br_2$的制备，可将溴化镍溶液加到过量的浓氨水中，即可得蓝紫色$[Ni(NH_3)_6]Br_2$晶体。取代反应进行得完全，配位水分子完全被配位氨分子取代。

②非水配体间的相互取代。在水溶液中，$[Co(NO_2)_6]^{3-}$中的NO_2^-可被乙二胺取代而生成$[Co(NO_2)_2(en)_2]^+$。

③利用热分解反应。许多配合物在加热时可逐步失去配体。还有一些配合物在失去配体的同时，外界离子可以进入内界。因此，通过控制加热温度，可以制备其他方法难以制备的配合物。如将$[Cr(en)_3]Cl_3$加热至483K，可制得顺式$[Cr(en)_2Cl_2]Cl$。

直接反应　氯化亚铁与液氨（沸点240K以下）反应可得在室温下稳定的$[Fe(NH_3)_6]Cl_2$。若将Fe^{2+}与氨水反应，则主要生成氢氧化物沉淀。

氧化还原反应　三价钴的配合物比二价钴配合物稳定，但在一般化合物中则相反。因此，制备三价钴配合物时，常用二价钴化合物为原料，通过氧化反应来制备。

配位化学　coordination chemistry　传统上认为配位化学是研究一类含有中心原子或离子（通常指金属）被一组离子或分子（称为配位体）所围绕而形成的**配位化合物**（简称配合物）的学科。更广义的配位化学是研究两个以上的物种通过配位作用结合成另一种新物种的化学。这种观点不再以配位多面体为核心，认为受体（配位体）不限于和过渡金属离子，而且可以扩展到和所有类型的底物（中心原子），如有机、无机或生物的阳离子、阴离子或中性的物种相互作用（见**超分子化学**。）1893年**A.韦尔纳**首先提出配位化合物的正确化学式和配位理论，在配位化合物中引进副价概念，提出元素在主价以外还有副价，从而解释了配位化合物的存在以及它在溶液中的离解。

配位键理论　阐明配合物的各种化学（稳定性、反应性）和物理性质（结构、光谱、导电性、磁性等）的理论主要**价键理论**、晶体场理论和**分子轨道理论**。

价键理论　在路易斯酸碱理论、N.V.西奇威克的“有效原子序数”规则和“价层电子对排斥理论”基础上，1930年**L.鲍林**发展了配合物的**杂化轨道**理论，强调邻近原子间的相互作用。配体和金属之间配位键的生成是源于配体上的电子对转移到金属的dsp杂化原子轨道上。由此可以说明配合物的几何构型和磁性。

晶体场理论　在H.A.贝特、J.H.范扶累克等人的工作基础上，把配体看作点电荷或偶极子，因而影响金属离子的部分已占据d轨道的能量，从而阐明其光谱和磁性。见**配位场理论**。

分子轨道理论　不强调中心原子和配体概念，认为电子围绕整个配合物体系的分子轨道运动，适于离域体系，是应用最广泛的理论。

对于固体配合物的成键则要应用到更为复杂的固体能带理论。

反应机理　通过配合物的各种反应可以进行配合物的转化，其平衡常数或稳定性由热力学决定，但其反应速率的快慢却决定于转化所经历的动力学机理。

取代反应　凡配体可快速（如大于1分钟）被其他配体取代时称为易变配合物，而配体慢速被取代的称为惰性配合物。应注意热力学稳定性（决定于反应能）和动力学惰性（决定于活化能）的差别。例如$Ni(CN)_4^{2-}$在H_2O中很稳定，但对CN^-确是易变的，若用标记原子^{14}C示踪，则有：

$$Ni(CN)_4^{2-} + 4\,^{14}CN^- \rightleftharpoons Ni(^{14}CN)_4^{2-} + 4CN^-$$

而$Co(NH_3)_6^{3+}$在酸性水溶液中不稳定，却是惰性的。H.陶布曾从配合物的电子结构讨论其反应速率。电荷和结构相同的离子的半径愈大，交换愈快；离子大小相同者，电荷愈高，交换愈慢。

氧化还原反应　配合物之间发生电子转移的反应。例如在下列反应中Cr^{2+}被氧化，失去一个电子，Co^{3+}被还原，得到一个电子，其反应为：

$$[Co(NH_3)_5Cl]^{2+} + [Cr(H_2O)_6]^{2+} + 5H_3O^+ \longrightarrow [Co(H_2O)_6]^{2+} + [Cr(H_2O)_5Cl]^{2+} + 5NH_4^+$$

这种氧化还原反应导致一个电子从Cr(Ⅱ)转移到Co(Ⅲ)。

应用　配合物依据其特有的性质而在科学实验和生产实践中有着广泛的应用。

金属的提取、分析和分离　主要依据配合物不同的稳定性和溶解度。在电解法生产金属铝时用冰晶石Na_3AlF_6作助熔剂，降低Al_2O_3的熔点。在湿法冶金中也常利用金属配合物的形成，例如可用噻吩甲酰三氟丙酮的苯溶液**萃取**核反应中产生的钹。用氰化钠的水溶液与砂中的金形成$NaAu(CN)_2$而浸出金，再用金属锌从该配合物中置换出金。

化学分析　用有螯合作用的乙酰丙酮在水相中萃取Be^{2+}；用有亲水内腔的冠醚在水相中萃取碱金属离子；用阳离子交换树脂分离性质相近的稀土离子。在化学分析中，主要用作显色剂、指示剂、沉淀剂、滴定剂、萃取剂、掩蔽剂等。如用8-羟基喹啉等有特定官能团的有机化合物和Cu^{2+}、Fe^{3+}等金属离子形成特定颜色或难溶的螯合物进行光度或容量分析。

催化作用　过渡金属化合物能与烯烃、炔烃和羰基等各种不饱和分子配位，通过过渡态分子活化而生成新的化合物。如氯化钛（Ⅲ）和烷基铝配位后所形成的**齐格勒-纳塔催化剂**，可使烯烃定向聚合成高分子化合物。在甲醇羰基化反应中，用$RhCl_3\cdot 3H_2O$作催化剂和氢碘酸作助催化剂，生成乙酸。这种方法可降低反应温度（约175℃）和压力（约35大气压）。

药物　早就已知顺铂$Pt(NH_3)_2Cl_2$是抑制某种类型癌症的药物。许多重金属元素Pb、Cd、Hg和放射性金属离子等都是有毒物质，可以用各种氨羧螯合剂如EDTA等，使之生成水溶性配位离子而排出体外。

其他如在地质科学、矿石浮选、化学电镀、塑料工业、染料、油漆、涂料、工农业、环境保护及国民经济等都广泛应用配合物。特别是在光电功能和高新技术中的应用正在得到迅速发展。

配位键　coordination bond　一种特殊的**共价键**，其共享的电子对不是由成键的两原子各提供一个，而是来自其中的一个原子。例如，氨NH_3与三氟化硼BF_3分子可形成**配位化合物**：

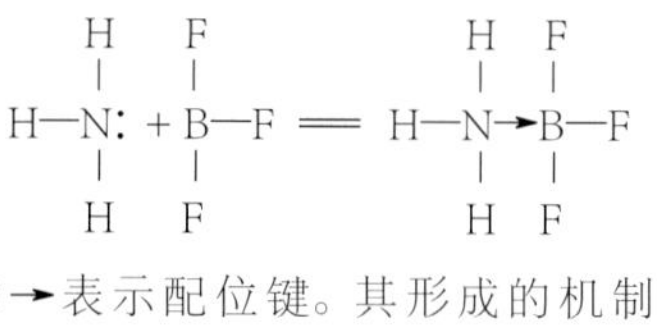

式中→表示配位键。其形成的机制是：

NH_3中的N的价轨道上有一对未成键的孤对电子，BF_3中的B上有一个空的价原子轨道，两者相重叠而形成配位键。

配位键属于极性共价键，因为成键电子总是偏向两原子中的一方。当提供孤对电子的配体原子的电负性比接收配位的原子大得多时，所形成的配位键接近于**离子键**。

喷出岩 extrusive rock 地球深部高温的**岩浆**通过火山作用喷发到地球表面冷却固结形成的各种岩石。又称**火山岩**。

喷火器 flame thrower 喷射火焰射流的燃烧武器。又称火焰喷射器。主要用于攻击火力点，消灭防御工事内的有生力量，杀伤和阻击冲击的集群步兵。喷火器喷出的燃烧油料形成猛烈的火焰射流，可四处飞溅，顺着堑壕、坑道拐弯黏附燃烧，杀伤隐蔽处的目标，并有精神震撼作用。由于燃烧要消耗大量的氧气和产生有毒烟气，可使工事内的人员窒息。在攻击坑道、洞穴等坚固工事时，喷火器具有其他直射武器所不具有的独特作用。

喷火器有便携式和车载式两种主要类型：①便携式喷火器。由单兵背负使用，压源为压缩空气或无烟火药，全重23千克左右，装油料10～18升，可持续喷射数秒钟或3～10次，最大射程为40～80米。②车载式喷火器。亦称机械化喷火器。安装在坦克或装甲车上，可携带200～1 500升油料，可持续喷射数十秒或数十次，最大射程为200米左右。

喷气发动机 jet engine 利用从喷管中喷射高速气流产生推力的发动机。广泛用作**飞行器**的推进系统。喷射的高速气流由燃料或推进剂燃烧后生成的燃气、燃气与空气的混合气形成，也可由推进剂催化分解产生的高温气体或经加热后的氢气等形成。涡轮喷气发动机、涡轮风扇发动机、冲压发动机和火箭发动机等都属于喷气发动机。其中使用空气作氧化剂的发动机又称为空气喷气发动机。涡轮螺旋桨发动机和涡轮轴发动机主要是输出轴功率，一般不属于喷气发动机一类。

喷气飞机 jet airplane 用**喷气发动机**向后喷射高速气流以产生推力的飞机。按使用发动机类型的不同分为涡轮喷气飞机、冲压发动机喷气飞机、火箭飞机和组合动力装置的喷气飞机。现代喷气飞机几乎都属于以涡轮喷气发动机或涡轮风扇发动机为动力的涡轮喷气飞机。其他各类喷气飞机仅少量用于靶机、无人驾驶飞机和试验研究机。第一架火箭飞机是德国的亨克尔176(He-176)，于1939年6月15日首次试飞。同年8月27日第一架涡轮喷气飞机（He-178）

波音747喷气飞机

试飞成功。1941年英国试飞了一架离心式涡轮喷气发动机飞机（E-28/39）。第二次世界大战末期已有少量喷气飞机服役。战后，各国研制的喷气式战斗机大量服役，很快取代了活塞式战斗机。40年代末喷气飞机速度增加到1 000千米/时。50年代改进了飞机外形，加大了涡轮喷气发动机的推力，速度超过声速，并很快达到两倍声速。1967年X-15A火箭飞机在3万米高空创造了**马赫数**6.72的载人飞机速度纪录。涡轮喷气飞机的速度纪录是由美国的SR-71A飞机在1976年7月28日创造的，为3 529.56千米/时。

喷气飞机的巨大推进功率和在高速飞行时的推进效率使它成为高速飞行，特别是超声速飞行的理想航空器，在军用和民用航空中广泛应用。

喷泉 fountain 喷泉源于一种自然景观，是承压水的地面露头。园林中的喷泉是为了造景的需要，人工建造的具有装饰性的喷水装置。喷泉可以湿润周围空气，减少尘埃，产生大量的负氧离子。因此，喷泉有益于改善城市面貌和增进居民身心健康。

喷泉起源很早，一般认为最早的喷泉建于公元前6世纪的**巴比伦空中花园**。在古希腊时代已有对天然泉水进行装饰的做法。另一种说法认为，喷泉起源于伊斯兰国家，

日内瓦湖上的喷泉

因为他们要斋戒沐浴，因此在伊斯兰教园林中多建喷泉，这一时期的喷泉多与雕像、柱廊、水池等结合造景。17～18世纪，喷泉在欧洲城市盛极一时，如意大利的海神喷泉、法国的太阳神喷泉、俄国参孙喷泉群。也有一些优秀的喷泉小品，如比利时的于连喷泉等。20世纪出现了像**日内瓦湖**上的大型水雕塑，并有利用计算机技术将水、光、音、色熔为一炉的音乐喷泉。

中国在汉**上林苑**中就有“激上河水，铜龙吐水，铜仙人衔杯受水下注”的记载。1747年在**圆明园**西洋楼建大型喷泉。20世纪80年代后，喷泉工程在中国迅速发展，还建造了具有中国文化特色的喷泉，如孔雀舞蹈喷泉、禅泉、京剧喷泉等。

盆地 basin 周围为山地或高地环绕的圆形或椭圆形的平坦低地。约占全世界陆地面积的30%。中国的盆地较多，有**塔里木盆地**、**柴达木盆地**、**准噶尔盆地**、**四川盆地**和**吐鲁番盆地**等。地壳的沉降是形成盆地的根本原因。一般分为凹陷盆地和断陷盆地。前者从盆地边缘向盆地中心沉积层逐渐变厚，盆地中的沉积层与周围高地沉积层之间呈现为逐渐过渡；后者是以**断层**相互分开，沉积层在横断面上呈不连续，地质学上称为构造盆地。盆地的自然环境比较优越，适合于人类居住和进行各种经济活动，如四川盆地有“天府之国”之称，柴达木盆地号称“聚宝盆”，塔里木盆地蕴藏有丰富的油气资源。

盆景 bonsai 呈现于盆器中的风景或园林花木景观的艺术缩制品。多以树木、花草、山石、水、土等为素材，经匠心布局、造型处理和精心养护，在咫尺空间集中体现山川神貌和园林艺术之美，成为富有诗情画意的案头清供和园林装饰，常被誉为“无声的诗，立体的画”。盆景源于中国，以后传入日本，1909年始传到欧美。

一般分为树桩盆景和山水盆景两大类：

①树桩盆景（见图）。多选用枝叶细小、盆栽易成活、生长缓慢、寿命长、根干奇特的树种，兼有艳丽花果者尤佳。被用作树桩景树的约有160种，以五针松、榔榆、雀梅、梅花、石榴等最为常见。中国盆景艺术流派主要有：岭南派、川派、徽派、海派、扬派等。②山水盆景。须事先选定主题，并精心设计，根据主题选石、加工；也可因石制宜，随类敷采。盆中景物布局须主次分明，层次丰富，有变化而不杂乱。同一盆中宜石种相同，石色相近，纹理相顺。同时运用近大远小、低大高小、近实远虚的透视原理，配以大小相宜的草木、亭桥、

a 曲干式

b 直干式

c 连根式

d 斜干式

e 附石式

树桩盆景

鸟兽等，用浅盆衬托，达到小中见大、咫尺千里的艺术效果。

树（或石）、盆和几架，是盆景艺术的三要素，缺一不可。盆器的质地、形状各异。树桩盆景多用紫砂盆和彩陶盆，形状不拘；山水盆景多用大理石、汉白玉、磬石或陶制的浅口盆，以长方形和椭圆形为多。几架多用红木、楠木、柚木、紫檀、黄杨等名贵硬质木材制成，也可用竹或天然树根加工。

盆腔炎 pelvic inflammatory disease 女性内生殖器及其周围结缔组织和盆腔腹膜的炎症。炎症可局限于一个部位，也可以几个部位同时发病。主要症状有下腹疼痛，白带量多、色黄、腥臭，多伴有发热等全身症状，为妇科常见病之一。病原体主要有葡萄球菌、链球菌、大肠杆菌，有时变形杆菌、产气荚膜杆菌等厌氧菌也可引起，亦可见混合感染。感染往往通过淋巴系统（如产后感染）、血液循环（如结核菌感染）或生殖道（如葡萄球菌、淋球菌感染）蔓延、扩散。按发生炎症的部位不同，可有子宫内膜炎和子宫肌炎（统称子宫炎）、卵巢炎、输卵管炎、输卵管卵巢炎、盆腔腹膜炎、盆腔结缔组织炎之分，但往往几部分炎症可先后或同时发生。重者可出现败血症、感染性休克等严重后果。急性炎症未经彻底治疗可转为慢性盆腔炎，后者往往久治不愈，反复发作，不但影响妇女身心健康，且为造成不孕症的常见原因之一。临床上，盆腔炎分急性和慢性两种。

急性盆腔炎 多发生于分娩、流产和生殖道手术后及月经后。少数患者继发于腹腔其他脏器的炎症，如阑尾炎等。最多见的是急性子宫内膜炎，病原菌自胎盘剥离面或创伤面侵入，逐渐蔓延。严重时可形成输卵管积脓、卵巢脓肿，二者相通形成输卵管卵巢脓肿，脓肿继续发展可破入腹腔，引起弥漫性腹膜炎、盆腔脓肿等。有时脓肿破入直肠或阴道，脓液经直肠和阴道而排除体外。如果炎症向盆腔两侧蔓延可形成盆腔蜂窝组织炎，俗称冰冻骨盆，其表现常与晚期妇科恶性肿瘤相似。在急性炎症期，患者可有下腹疼痛、寒颤、高热、头痛，并伴有尿频、排尿困难、腹泻等。严重者可出现败血症、感染性休克。查体可见腹肌紧张、压痛、反跳痛，妇科检查见子宫压痛，宫颈有举痛，穹隆触痛，脓肿形成时可触及有波动感的触痛明显的囊性包块。血及阴道分泌物的细菌培养能明确病原菌的种类以指导抗生素的应用。治疗时应使患者半卧位，以利脓液局限在盆腔最低处；保证充分营养及液体入量；根据药物敏感试验结果选用有效抗生素，积极控制感染。药物治疗后仍难以消除的脓肿包块应及时手术切除或阴道后穹隆切开引流。

慢性盆腔炎 可因急性炎症治疗不彻底而造成，也可以无急性炎症病史。慢性盆腔炎常见有输卵管增粗、弯曲、纤维化，及输卵管积水、输卵管卵巢粘连和输卵管卵巢囊肿等。患者常有低热、易疲乏、失眠、下腹坠胀、腰骶部酸痛及性交痛。常因输卵管阻塞而造成不孕。机体抵抗力下降时可有急性或亚急性发作。治疗方法有物理疗法、中药疗法、封闭疗法等，但都不易彻底根除。有囊肿形成并久不消退者可行手术切除。

烹饪 cuisine 用加热方法制作饭菜。烹饪一词始见于《周易·鼎》“以木巽火，亨饪也。”亨亦作烹，作加热解。约在魏晋南北朝之时出现料理一词，宋代出现烹调一词。二词词义与烹饪基本一样。以后，料理一词弃置不用，烹饪、烹调二词并存混用。近数十年来，烹调一词渐专指运用各种技术和工艺加工食物的过程。烹饪，则被赋予广泛得多的内容，包含烹调、饮食消费、饮食养生，以及由烹调和饮食所产生的多种文化现象。它既是艺术，又是文化，也是科学。

朋霍费尔 Bonhoeffer, Dietrich (1906-02-04～1945-04-09) 德国基督教新教神学家。生于布雷斯劳（今波兰弗罗茨瓦夫），卒于弗洛森比格。1923年起在蒂宾根大学和柏林大学学习。1929年到美国纽约协和神学院学习。1931年回国后在柏林大学任教。1935年在芬肯威尔德尔创办神学院，从事秘密的反纳粹活动。1943年被捕。1944年被控参与暗杀希特勒的行动。1945年在集中营遭杀害。其思想的核心在于认为人类已经成熟，现在的世俗时代不再需要假定一个神灵来解释世上发生的事。基督教信仰必须用一种非宗教的或世俗的方式来传达，基督徒应效法基督为他人而生活。其神学思想成为当代世俗神学（或称“上帝之死”神学）的理论渊源。著有《伦理学》、《作为门徒的代价》以及由在狱中札记书信汇集而成的《狱中书简》等。

彭冲 Peng Chong (1915-03～2010-10-18) 中国无产阶级革命家，中国共产党政治工作和中国社会主义法制建设的领导人，中共中央政治局委员，中央书记处书记，全国政协副主席、全国人大常委会副委员长。福建漳州人。卒于北京。1933年加入中国共青团，1934年转入中国共产党。历任中共漳州工委组织部长，安徽当芜县委书记，新四军第2支队民运科长，新四军第6师18旅52团政治处主任、团政委，中共泰州县委书记。1945年后任华东野战军第24军72师政委。中华人民共和国建立后，历任中共福建省委秘书长、统战部长兼任龙溪地委书记，中央华东局统战部副部长，中共南京市委第一书记、南京市长，江苏省委书记。1974年后任江苏省革命委员会主任、中共江苏省委第一书记、南京军区第二政委。1976年任中共上海市委第三书记、市革命委员会第二副主任、上海警备区第一政委。在中央粉碎“四人帮”后，完成了中央交给的控制上海局势工作。1978年当选为全国政协第五届副主席。

1979年任中共上海市委第一书记、上海市长。1980年任中共中央书记处书记。同年起历任第五至七届全国人大常委会副委员长。是中共第九、十届中央候补委员，第十一、十二、十三届中央委员，第十一届中央政治局委员。

彭德怀 Peng Dehuai (1898-10-24～1974-11-29) 中国无产阶级革命家、军事家、政治家。中国人民解放军创建人和领导人之一，中华人民共和国元帅。原名得华，号石穿。湖南湘潭人。卒于北京。

1916年入湘军当兵。1922年改名德怀，考入湖南陆军军官讲武堂，毕业后回湘军任排长、连长、营长。1926年随部队编入国民革命军，参加**北伐战争**。1927年10月升任团长，4月加入中国共产党。同年7月22日与**滕代远**、**黄公略**等领导平江起义，组建**中国工农红军**第5军，任军长兼第13师师长。率部在湘鄂赣边转战数月，建立三省边界革命根据地，后率第5军主力到达井冈山，与毛泽东、朱德领导的红军第4军会师。1930年6月任第3军团总指挥。1931年11月任中华苏维埃共和国中央革命军事委员会副主席。1934年1月补选为中共第六届候补中央委员。在中央苏区历次反“围剿”中是前线主要指挥员之一。在第五次反“围剿”中，认识到“左”倾冒险主义的危害，曾对错误的军事指挥提出严肃的批评。1934年10月率部参加长征。在遵义召开的中共中央政治局扩大会议上支持毛泽东的主张。1935年6月第一方面军同第四方面军会合后，坚决拥护北上方针，反对**张国焘**的分裂活动。9月，红1军、红3军（红1、3军团改称）合编为陕甘支队，任司令员。10月，与政治委员毛泽东率部到达陕北。同年11月，任西北革命军事委员会副主席、第一方面军司令员。参与指挥直罗镇战役。1936年1月补选为中共中央政治局委员。2月任中国人民红军抗日先锋军司令员。5月任西北野战军司令员兼政治委员。10月底任红军前敌总指挥部总指挥，参与指挥山城堡战役。抗日战争爆发后，任中共中央军委委员、八路军副总指挥（第18集团军副总司令）。与朱德总司令指挥八路军开赴华北前线对日作战，开辟了华北抗日根据地。1940年，在华北发动大规模的交通破袭战（后称**百团大战**），沉重地打击了日伪军。1942年8月代理中共中央北方局书记。1945年6月当选为中共第七届中央政治局委员，并任中央军委副主席兼总参谋长，协助毛泽东、朱德指挥对日军的大反攻。解放战争时期，任西北野战军（后为**第一野战军**）司令员兼政治委员、中国人民解放军副总司令，率部转战陕甘宁地区，解放了西北五省。彭德怀出奇制胜，以劣势兵力战胜优势兵力的指挥艺术，丰富了毛泽东军事思想。1949年任中共中央西北局第一书记、西北军政委员会主席、西北军区司令员。中华人民共和国建立后，任中央人民政府人民革命军事委员会副主席。1950年10月出任中国人民志愿军司令员兼政治委员，指挥**中国人民志愿军**，同朝鲜人民军一起，在7个月内连续进行5次战役，把以美国为首的“联合国军”赶回到三八线，迫使其转入战略防御，接受停战谈判。经过两年边打边谈，于1953年7月签订停战协定。朝鲜民主主义人民共和国最高人民会议常务委员会授予他朝鲜人民共和国英雄称号。1952年4月回国，主持中共中央军委日常工作。从1954年9月起任国务院副总理兼国防部部长和国防委员会副主席。1955年被授予中华人民共和国元帅军衔和一级八一勋章、一级独立自由勋章、一级解放勋章。1956年当选中共第八届中央政治局委员。1959年7月在中共中央政治局扩大会议（**庐山会议**）期间，勇于直言，写信给毛泽东主席，对“大跃进”和人民公社化运动中的错误提出批评，遭到错误的批判，并在中共八届八中全会上被错定为“右倾机会主义反党集团”的首领，免去国防部长职务。1965年9月派往四川任中共中央西南局三线建设委员会第三副主任，仍顾全大局，兢兢业业地工作。“文化大革命”期间，又遭严重迫害。1978年12月中共十一届三中全会为他平反昭雪，恢复名誉。1981年《彭德怀自述》出版。

1947年3月，彭德怀在保卫陕甘宁边区反内战动员会上讲话

彭斐章 Peng Feizhang (1930-09-30～) 中国图书馆学教育家、目录学家。字庆成。生于湖南汨罗。1953年毕业于武昌文华图书馆专科学校。1956年留学苏联，1961年

毕业于苏联国立莫斯科图书馆学院研究生部，获教育学副博士学位。同年回国，历任武汉大学图书馆学系讲师、副教授、教授兼副主任、图书情报学院院长。并任国务院学位委员会第二、三、四届图书馆学和情报学与档案管理学科评议组成员和召集人，中国图书馆学会第一、二届理事，第三届常务理事和名誉理事，中国社会科学情报学会常务理事，湖北省图书馆学会第一、二届副理事长。长期致力于目录学教学与研究，曾主编《目录学概论》(1982)、《目录学》(1986)等多种教材。著有《书目情报需求与服务研究》(1990)、《书目情报需求服务组织》(2000)等。

《彭公案》 *Case of Penggong* 中国近代章回小说。作者贪梦道人，原名杨挹殿。生卒年不详。福建人。小说共23卷，100回，1892年刊行。《彭公案》是继《**施公案**》、《**三侠五义**》之后又一部**侠义公案小说**。作品主人公彭朋，原型为彭鹏，字奋斯，号无山，一号古愚。福建莆田人。由知县官至巡抚，著有《古愚心言》，《清史稿》有传。彭鹏故事民间早有流传，大都出于附会。小说写彭朋任官时每以“为国尽忠，与民除害”为己任，留心捕盗，先后收服侠客李七侯、张耀宗、欧阳德、黄三太及其子黄天霸等。在众侠士保护、协助下，除掉了豪强左奎、武文华，镇压了“不服皇帝管”的响马周应龙，查办了大同总兵傅国恩等叛乱事，钦赐“忠臣爱民”匾额。侠客之堕落为统治阶级的鹰犬，较之《施公案》表现得更为明显，侠义内容更加薄弱，渐次形成这类小说“贤臣微行，豪杰盗宝”的俗套，标志着近代侠义公案小说的日趋没落。后有《续彭公案》80回、《再续彭公案》81回、《三续彭公案》80回。1986年北京宝文堂合刊为341回标点本。

彭谷 Pungguk (1910～1971) 马来西亚诗人。生于吉隆坡。毕业于伊德里斯学院，曾当过割胶工、矿工等。1934～1938年任具有全国影响的《教师月刊》主编。1933年发表诗歌《在大海中》，第一次展示他在创作新体诗方面的才能，从此马来新体诗便风行起来。1937年他开始创作短篇小说，至1941年已发表21部。内容大都与反对强

迫婚姻和西方文化影响有关，反映马来社会的政治经济问题和民族主义问题，带有一定的反封建和反殖民主义的色彩。长篇小说《悲与喜》(1936)也是以反对封建包办婚姻为主题，他宣称创作的目的就是为了唤起马来民族对政治和社会弊端的关注。1957年出版诗集《马来诗歌的开拓者》。

彭桓武 Peng Huanwu (1915-10-06～2007-02-28) 中国物理学家。湖北麻城人。生于吉林长春，卒于北京。1935年毕业于清华大学物理学系。1940年获英国爱丁堡大学哲学博士学位。

1941年去爱尔兰都柏林高等研究院理论物理研究所进行宇宙线介子研究。1943年回爱丁堡大学研究量子场论，1945年获该校科学博士学位。1947年回国。任云南大学、清华大学教授，中国科学院近代物理研究所研究员、副所长，高能物理研究所研究员、副所长，理论物理研究所研究员、所长，皇家爱尔兰科学院院士。曾获国家自然科学奖一等奖，并与M.玻恩共同获得英国爱丁堡皇家学会的麦克杜格尔-布里斯班奖。1955年当选为中国科学院学部委员（院士）。主要从事理论物理的基础和应用研究。最先在中国开展原子核理论研究，用双介子交换模型系统地探讨了核力有关的问题，并根据考察介子论的核力的需要对轻原子核结合能做了计算。最先在中国开展关于双粒子键问题的理论研究，并利用变分原理给出了一个双粒子键自洽场方程。在反应堆理论以及反应堆工程、临界安全研究等方面做了大量工作，同时对量子化学做了研究并提出了一个以化学键为基础的新方法以使分子结合能的计算更为方便与准确。在中国第一代原子弹和氢弹的理论设计等方面作出了重要贡献，在探讨调相聚焦激光加速粒子的可能性研究、推动凝聚态理论的学术交流、化学物理与生物物理中的理论物理研究等方面作出了诸多贡献。1999年被授予“两弹一星功勋奖章”。

彭克 Penck, Albrecht (1858-09-25～1945-03-07) 德国地理学家、地质学家。生于莱比锡，卒于布拉格。1878年毕业于莱比锡大学地质系。曾任慕尼黑大学讲师、维也纳大学和柏林大学教授、柏林大学校长及海洋地理研究所首任所长、柏林地理学会会长。致力于自然地理学，特别是地貌学的研究。首创地表形态学一词，探讨了地表形态的起源、形成过程；研究了阿尔卑斯山冰川周期变化及其对地表形态的影响，将阿尔卑斯山的第四纪冰川时期划分为3个间冰期和4个冰期，创立第四纪冰川地层学。在国际地理大会上，首倡编制百万分之一世界地图。

曾被授予英国牛津大学荣誉科学博士、爱丁堡皇家学会会员、维也纳科学院院士、普鲁士科学院院士和华盛顿国立科学院院士等。著有《地表形态学》、《冰川时期的阿尔卑斯山》(3卷)。

彭俐侬 Peng Linong (1930-04-08～1985-01-16) 中国湘剧演员。工正旦。湖南长沙人。湘剧琴师彭菊生之女。生于长沙，卒于长沙。1942年在桂林参加田汉领导中兴湘剧团。

彭俐侬在湘剧《拜月记》中饰王瑞兰

早期曾得湘剧小生吴绍芝指点，后又从萧全祥学戏。1949年9月，在长沙参加洞庭湘剧工作团（1953年改湖南省湘剧团）。她嗓音清亮，吐字行腔功底深厚，尤其在高腔演唱上，讲求韵味和传情，声情并茂，自成一派。曾主演《江汉渔歌》、《九件衣》等新剧。1952年与徐绍清合作演出高腔《琵琶上路》(饰赵五娘)。1957年主演的湘剧高腔《拜月记》(见图)摄制成戏曲艺术影片。

彭湃 Peng Pai (1896-10-22～1929-08-30) 中国第二次国内革命战争时期海陆丰革命武装和苏区创建人。广东省海丰县人。卒于上海。日本早稻田大学毕业。1921年加入社会主义青年团。1923年创建中国第一个县农会——海丰县总农会，任会长；1924年7月创办广州农民运动讲习所，任第一届主任；同年8月创立广东农民自卫军，任总指挥。在此期间加入中国共产党。1925年1月参与领导孙中山的建国陆海军大元帅府

铁甲车队和广宁农民自卫军反击地主武装的斗争，后任中共海陆丰地委书记。1927年被选为中共第五届中央委员。在南昌起义中，任中共前敌委员会委员，后随起义部队南下广东，任东江农民自卫军总指挥。中共中央在汉口召开的紧急会议（八七会议）上被选为临时中央政治局委员。他参与组织海陆丰起义，领导建立海陆丰苏维埃政府，后任中共东江特委书记。1928年1月，指挥工农革命军第2师、第4师和农民武装开展游击战，扩大了海陆丰苏区。同年6月被选为中共六届中央委员、中央政治局候补委员（后补选为政治局委员）。11月到上海工作，任中共中央农委书记、中央军委委员兼江苏省委军委书记。1929年8月24日被捕，坚贞不屈，30日被国民党反动派杀害于上海龙华。遗著有《海丰农民运动》。

彭珮云 Peng Peiyun (1929-12-25～) 中华人民共和国全国人民代表大会常务委员会副委员长。湖南浏阳人。1945年起先后在西南联大社会系、南京金陵大学外文系、清华大学社会系读书。

1945年加入民主青年同盟，次年加入中国共产党。在西南联大、清华大学做党的秘密工作，任中共地下党支部书记。中华人民共和国建立后，历任清华大学党总支书记，中共北京市委组织部学校支部工作科干事，北京市委高等学校工作委员会常委、办公室主任，中共北京市委大学科学工作部大学组组长、市委高等学校工作委员会委员。1964年起任北京大学党委副书记。“文化大革命”中受到迫害，后下放劳动。1975年回到北京大学政治部宣传组工作。1977年起任北京化工学院党委常委，国家科委一局负责人，教育部政研室主任、党组成员，国家教委副主任并兼中国科技大学党委书记，国家计划生育委员会主任、党组书记，国务委员。1998年当选为第九届全国人大常委会副委员长。1998～2003年任中华全国妇女联合会主席。是中共第十三届中央纪律检查委员会委员，第十四、十五届中央委员。

彭齐亚斯 Penzias, Arno (1933-04-26～) 美国天体物理学家。生于德国慕尼黑，后随父母移居美国，21岁毕业于纽约市立大学，25岁获哥伦比亚大学硕士学位。1961年到贝尔电话实验室工作，翌年获博士学位。1972年任该实验室无线电物理研究部

主任。1975年当选美国国家科学院院士。1964～1965年，与R.W.威耳孙使用6米号角式天线在波长7.35厘米的微波波段测量围绕银河系的银晕气体的射电强度。为提高测量精度，制造了一个液氦致冷参考源，威耳孙则改进了一套比较天线温度的开关装置。在测量过程中，意外地发现天空各个方向上始终存在着3.5K的背景噪声。后得知这正是普林斯顿大学R.H.迪克所领导的研究小组应用大爆炸宇宙理论试图寻找的微波背景辐射。经迪克研究小组用新研制的射电辐射计在工作波长3.2厘米处确实测到。1965年，彭齐亚斯和威耳孙正式公布这一发现，被公认为是大爆炸宇宙学重要的观测证据，因而两人同获1978年诺贝尔物理学奖。

彭赛列 Poncelet, Jean-Victor (1788-07-01～1867-12-22) 法国几何学家。生于梅斯，卒于巴黎。1810年毕业于巴黎综合工科学校，是G.蒙日的学生，后到梅斯工程学校任工程教官。1812年随拿破仑军队远征俄国，同年11月在克拉斯诺耶被俘，囚禁在萨拉托夫，1814年6月获释。在俘虏营的两年中，他在没有任何资料的情况下，回忆、思考了所学过的数学，创立射影几何学，还对同囚的技术人员讲解他的新思想。1815年他任梅斯兵工厂工程师，把在俘虏营中取得的成果写成《论图形的射影性质》(1822)一书。1825～1835年回梅斯工程学校任教，这期间出版了《力学教程》(1826)。1831年被选入巴黎理学院继任P.-S.拉普拉斯的职位。1835年成为"国防委员会"的成员。1838～1848年，任巴黎大学力学教授，1848～1858年以将军衔任巴黎综合工科学校校长。

彭赛列首先提出研究图形经过任意中心射影保持不变的性质，其中最重要的概念是交比。为了使所得结果具有完全的普遍性，他引进"无穷远"元素。他研究了二次曲线和曲面的配极理论，并由此导致一般的对偶原理。此外，他还直观地讨论了一类图形在一定范围内连续变动时所保持的性质，并应用于虚元素。他的工作对19世纪数学的发展有重大的影响。

彭述之 Peng Shuzhi (1896～1983-11-28) 化名张次南、陶伯。湖南邵阳人。卒于美国。1921年加入中国共产党。同年赴莫斯科学习。1924年回国后，在上海大学任教，并担任《新青年》月刊和中共中央机关刊物《向导》周报编辑。曾任中国共产党第四届中央委员、中央局委员、中共中央宣传部部长，中共第五届中央候补委员。北伐战争后期，执行陈独秀右倾机会主义。1929年同陈独秀等建立托派组织"中国共产党反对派"，任临时委员会常委。同年被中国共产党开除。后主持出版《无产者》。1931年5月在托派小组统一大会上，当选为常委。同年10月被国民党政府逮捕。抗日战争初期获释后，任托派组织"中国共产主义同盟"书记。中华人民共和国建立前夕赴香港。

彭头山文化 Pengtoushan Culture 中国新石器时代中期文化。以湖南澧县彭头山遗址而命名。主要分布在洞庭湖地区。年代约为公元前7000～前6000年。为长江中游已知年代最早的新石器时代文化，其确立进一步完善了洞庭湖地区的文化谱系。彭头山文化的原始稻作农业已有相当程度的发展。在澧县八十垱遗址出土大量炭化稻谷和大米，经鉴定属兼有籼、粳、野稻特征的小粒种类型，是世界上已知最丰富的早期稻作农业实物资料，对研究稻作农业的起源和早期发展有重要意义。当时还饲养牛、猪、鸡等家畜家禽。渔猎和采集在经济生活中也占有重要位置。制陶技术较原始，烧制火候较低的夹炭夹砂陶器。已会编织，发现芦席、芦笥、麻绳、藤索的遗存。八十垱遗址为一处有环壕并在内侧筑土埂的原始聚落，是迄今所知中国最早的环壕聚落。

彭托皮丹 Pontoppidan, Henrik (1857-07-24～1943-08-21) 丹麦作家。生于腓特烈西亚，卒于哥本哈根。哥本哈根技术大学肄业，后从事文学创作，一度任高等学校教师。早期作品有小说集《农村景象》(1883)、《农舍》(1887)、《云》(1890)等。作品反映19世纪80年代高等学校和农村的生活，描绘了穷苦人民受蹂躏的状况，表现了对社会罪恶势力的愤慨和批判态度。长篇小说《天国》(1891～1895)、《幸福的彼尔》(1898～1904)和《死人的王国》(1912～1916)通过各种人物，抨击了当时社会上自私虚伪、因循守旧和追求享乐的习俗。其中《幸福的彼尔》成为丹麦文学中的珍品。晚年还创作了小说《男人的天堂》(1927)和自传《寻找自己》(1943)。1917年与K.A.吉勒鲁普共获诺贝尔文学奖。

彭修文 Peng Xiuwen (1931-02-07～1996-12-28) 中国指挥家。生于湖北武汉，卒于北京。幼年学习二胡、琵琶、小提琴等乐器。1952年从重庆来到中央人民广播电台文艺组。1953年调到中央民族广播乐团，开始显露指挥才能。1956年率团参加了第一届全国音乐周的演出，引起广泛的重视。1957年又率团参加第六届世界青年联欢节，指挥该团演奏了《春江花月夜》、《金蛇狂舞》，受到观众的热烈赞赏，并荣获金质奖章。他改编了大量古曲，如《春江花月夜》、《梅花三弄》、《流水操》、《将军令》等；改编了许多传统民间乐曲，如《步步高》、《娱乐升平》、《绣红鞋》、《阿细跳月》、《江河水》、《二泉映月》等；并移植了一些管弦乐曲和外国作品，如《瑶族舞曲》、《四只小天鹅》、《卡门》等。此外尚作有《南海写照》、《丰收锣鼓》、《不屈的苏武》(二胡协奏曲)、《永远的怀念》(音诗)、《流水操》(交响诗)、《怀》(交响诗)、《兵马俑》(幻想曲)等。其中《流水操》获1983年全国民乐作品评比一等奖。曾任中国音乐协会常务理事、中国民族管弦乐学会会长。

彭雪枫 Peng Xuefeng (1907-09-09～1944-09-11) 中国工农红军和新四军高级指挥员、军事家。原名彭修道。河南镇平人。1925年加入中国共产主义青年团。次年加入中国共产党。1927年3月参加北平（今北京）南苑农民暴动。1930年参加红军，历任红8军大队政委、第6师政治委员、江西军区政治委员、红军大学政治委员。1934年10月参加长征，任红3军团5师师长、红13团团长。参加了直罗镇战役和东征、西征。抗日战争期间，任八路军参谋处处长兼驻太原办事处主任。1938年后历任新四军驻河南确山竹沟留守处主任、中共河南省委军事部部长、新四军4师师长兼淮北军区司令员、新四军6支队、4纵队司令员。曾参与领导创建豫皖苏根据地和淮北抗日民主根据地的斗争。1944年9月11日，在河南夏邑八里庄与日伪军作战时牺牲。

彭真 Peng Zhen (1902-10-12～1997-04-26) 马克思主义者，中国无产阶级革命家、政治家、国务活动家，社会主义法制的主要奠基人。原名傅懋恭。生于山西曲沃侯马，卒于北京。1923年加入中国社会主义青年团，同年加入中国共产党，是山西的中共组织创始人之一。1924～1929年在太原、石家庄、天津、唐山等地领导工人和学生运动，历任中共太原支部书记、天津市委书记、顺直

省委代理书记。1929年6月由于叛徒出卖被捕，在狱中组织了各种形式的斗争。1935年刑满获释后，任中共北方局代表、组织部部长。他支持刘少奇提出的白区工作方针，积极推动抗日统一战线的建立。抗日战争时期，1938年任中共中央晋察冀分局书记，同聂荣臻一起提出了一系列晋察冀根据地建设政策。1941年到延安后，任中央党校教育长、副校长，中央组织部代部长、城市工作部部长，参加领导整风运动。为在全党确立毛泽东思想的领导地位，作出了重要贡献。1945年出席中共七大，当选为中央委员和中央政治局委员，增补为中央书记处候补书记。抗日战争胜利后，1945年9月被派赴东北，任中共中央东北局书记、东北民主联军政委。1947年回中央后，任中央工委常委。1948年12月任中共北平市委书记。1949年9月参加中国人民政治协商会议第一次全体会议，当选为中央人民政府委员。中华人民共和国建立后，任政务院政法委员会副主任。1954年参加了制定第一部宪法的工作。从1954年起，任第一、二、三届全国人大常委会副委员长，政协第二、三、四届全国委员会副主席。1956年出席中共八大，当选为中央委员、中央政治局委员、中央书记处书记，在书记处协助邓小平负总责。1951年起当选北京市市长，1966年以前一直连选连任中共北京市委第一书记，为首都的建设作出了重要贡献。1966年2月，主持制定《关于当前学术讨论的汇报提纲》，对江青等人策划的批判《海瑞罢官》活动进行了抵制和斗争。5月受到错误批判，被撤销一切职务。在“文化大革命”中遭到林彪、江青集团的迫害，失去人身自由。1979年2月中共中央为他彻底平反。先后被选为中共第十一、十二届中央委员和中央政治局委员，中央政法委员会书记；第五届全国人大常委会副委员长、法制委员会主任。1983年当选为第六届全国人大常委会委员长。长期主持全国人大常委会的工作，提出了加强完善人民代表大会制度和健全社会主义法制的许多重要思想；主持修改宪法和制定关于国家机构、民事、刑事、经济、涉外等一系列基本法律，为改革开放时期国家的法制建设作出了重大贡献。主要论著收入《彭真文选》、《论新时期的社会主义民主与法制建设》、《论新中国的政法工作》等。

彭子冈 Peng Zigang (1914-02-07～1988-01-09) 中国新闻记者。原名彭雪珍，笔名子冈。江苏苏州人。卒于北京。1936年北平中国大学毕业。后任上海《妇女生活》编辑，不久转任《大公报》记者。抗日战争时期，以《大公报》记者名义在大后方采访，发表大量新闻通讯，揭露日本帝国主义侵略中国，屠杀和平居民的罪行，批评国民党当局的腐朽统治。解放战争期间，任《大公报》驻北平（今北京）记者。中华人民共和国建立后，先后任天津《进步日报》和《人民日报》记者，是中国作家协会会员。1954年后任《旅行家》杂志主编。1980年后任中国新闻社的名誉理事、中华全国新闻工作者协会理事。有文集《子冈作品选》等。

彭祖 Ancestor Peng 道教神仙。原为中国神话中的仙人，后为道教所崇奉。传说姓篯名铿，帝颛顼之玄孙。历夏至殷末，年800余岁，封于彭城，是为彭祖。常服水桂、云母粉、麋角散，老而有少容。又常闭气内息，危坐拭目。摩搦身体，服气起行，气行体中。又擅房中术。后周游四方，晚入蜀，抵武阳，留家于彭亡山，而后仙去。

蓬巴尔改革 Pombal’s Reform 葡萄牙首相S.J.蓬巴尔侯爵于1750～1777年在葡萄牙和葡属巴西殖民地所推行的改革。1756年出任首相，1759年封为奥埃拉斯伯爵。蓬巴尔提倡大力发展经济，保护本国的丝织、造纸、羊毛和亚麻纺织等工业的发展。创办一个巨大的葡萄牙酒类购销公司，保护本国葡萄酒的生产和价格，抵制英国商人的势力。鼓励移民，规定发给农村劳动者工资。开办世俗学校，革新大学教育。不准宗教裁判所对异端审判定罪，驱逐耶稣会教士出境。蓬巴尔对巴西殖民地也进行了一些改革：废除巴西奴隶制；革除9个封建领主；设置两所高等法院和一批司法委员会；把巴西提升到总督管辖区的地位，将首府自巴伊亚迁至里约热内卢；开设两家垄断巴西贸易权的贸易公司；驱逐耶稣会教士和禁止奴役印第安人。这些措施加强了葡萄牙王室的势力，促进了巴西经济的发展。

1777年，葡萄牙国王若泽一世死后，蓬巴尔被解职。他所制定的法令也大都被废除。

蓬莱角 Penglai Cape 位于中国山东半岛北部蓬莱市，突出于渤海与黄海之间。是基岩岬角。最北端位于蓬莱城西的田横山，又称为登州岬、老北山，为渤海与黄海的分界，岬角以西为渤海，以东为黄海。海蚀崖等海岸侵蚀地貌发育，西侧为黄土状堆积物构成的侵蚀海岸。岬角与北部的庙岛群岛之间海域为庙岛海峡，南北宽6～32千米，东西长15千米，其东端最窄处位于蓬莱角至南长山尾之间，向西逐渐展宽。岬角两侧的峡道展宽处海岸适合建港，西侧有蓬莱港，东侧有蓬莱新港。有多处地质地貌景观保护区，田横山为秦代田横屯兵处，明清两代设有炮台，现在已经开发为旅游风景区。有蓬莱阁、蓬莱水城、黄渤海分界灯塔等名胜。由此登高向北方眺望，有时可见奇特的海市蜃楼现象。

蓬莱市 Penglai City 中国山东省辖县级市。位于省境东北部，渤海、黄海交接处。面积1 129平方千米。人口45万(2010)。秦至隋属黄县、牟平县。唐贞观八年(634)置蓬莱镇，神龙三年(707)升镇为县。明洪武元年(1368)入登州，洪武九年(1376)复置蓬莱县。1991年撤县设市。由烟台市代管。矿产以金、石灰岩、滑石、花岗岩等为主。农业主产小麦、玉米、花生、苹果、长把梨和葡萄等。有86千米的海岸线，盛产鱼、虾、参、鲍、贝等海产品。工业有黄金、机械、电子、建材、化工、纺织等。206国道和烟潍、蓬寨等公路过境。有万吨级泊位3个，5 000吨级泊位2个，年吞吐能力1 000万吨以上。名胜古迹有蓬莱水城、蓬莱阁、戚公祠、紫荆山新石器时代遗迹、汉代古墓葬群等。

蓬皮杜 Pompidou, Georges-Jean-Raymond (1911-07-05～1974-04-02) 法国政治家，法兰西第五共和国总理(1962～1968)、总统(1969～1974)。生于康塔勒省蒙布迪夫市一小学教员家庭，卒于巴黎。第二次世界大战前，曾任中学教师。1944年8月巴黎解放后结识C.戴高乐，出任临时政府总理办公室专员，两人交往甚笃。1958年6月戴高乐再度出任总理，蓬皮杜任办公厅主任，参加制定第五共和国宪法。1962年4月出任总理。1968年法国发生以学生运动为开端的“五月风暴”，蓬皮杜出面与各方代表谈判，未得到戴高乐支持，被迫于7月辞职。1969年6月15日蓬皮杜当选总统。对内沿用第五共和国政治体制，大力发展经济。对外继续奉行维护民族独立政策。1973年9月访问中国。

蓬皮杜国家艺术文化中心 Centre National d’Art et de Culture Georges Pompidou 法国巴黎市内的一座国家级文化建筑。因法国总统G.-J.-R.蓬皮杜于1969年决定建造，故名。位于巴黎博堡大街，故又称博堡中心，是一座设计新颖，造型奇特的现代化建筑。

蓬皮杜国家艺术文化中心外观

电梯、上下水道、空气调节管等多在室外，并根据不同功用分别漆成红、黄、蓝、绿、白等颜色，形成钢架林立、管道纵横的工厂似的外观，故又有“炼油厂”、“文化工厂”之称。设计前共收到681份设计方案，最后选中意大利的R.皮阿诺和英国的R.罗杰斯共同设计的方案。1974年动工，1977年2月落成开放。中心大厦南北长168米，宽60米，高42米，地上6层，地下2层，占地7 500平方米，建筑面积10万平方米。各层内部无一立柱，也无固定墙，根据需要可随意隔成大小不同的房间。中心打破了文化建筑所应有的设计常规，突出强调现代科学技术同文化艺术的密切关系，是现代建筑中重技派的典型代表作。中心分工业设计中心、大众信息图书馆、巴黎国立近代美术馆、音乐与音响研究中心4大部分。

蓬塔阿雷纳斯 Punta Arenas 智利最南部城市，麦哲伦-智利南极大区首府和麦哲伦省首府。位于麦哲伦海峡的中部。气候寒冷，年平均气温6.7℃，多强风。人口11.6万（2002）。前身为1843年建立的布尔内斯堡，1849年迁现址建城。1868年起为自由港。经济以加工畜产品为主，主要有冷冻厂、肉类罐头和羊毛加工厂、制革厂等企业，输出羊毛、皮毛、冻肉、木材、天然气等。石油工业发展较快，成为智利南部的石油中心。市内多纪念馆、广场和雕像。交通以海路为主，另有通往阿根廷的国际航线和公路。是前往南极地区的重要交通站。

硼 boron 化学元素，符号B，原子序数5，原子量10.811，属周期系ⅢA族。约公元前2000年，古埃及、罗马、巴比伦曾用硼砂制造玻璃和焊接黄金。硼的英文名源自阿拉伯文，原意是“焊接”。1808年，H.戴维由电解熔融的三氧化二硼制得棕色的硼。同年J.-L.盖-吕萨克和L.-J.泰纳尔用金属钾还原无水硼酸制得单质硼。硼的矿物有硼酸、硼砂、硼酸盐和硅硼酸盐等。碱性干盐湖往往沉积有硼酸盐。中国青海、西藏、东北地区有丰富的硼资源。硼是黑色或银灰色固体。纯无定形硼和晶态硼均呈黑色。晶态硼有8种变体，晶态硼的熔点约2 300℃，沸点2 550℃，相对密度2.34，硬度仅次于金刚石，较脆，有很高的电阻率。氧化态+3。纯的晶态硼在室温下几乎是化学惰性的，在盐酸或氢氟酸中长时间煮沸也不起作用，硼可分别被热的浓硝酸、浓硝酸和30%过氧化氢的混合物、王水、2∶1的浓硫酸和硝酸的混合物等缓慢氧化为硼酸。硼与碳酸钠和硝酸钠的混合物共熔，可氧化为硼酸盐。过二硫酸铵和高碘酸钾溶液也可以将硼缓慢溶解。硼能与卤素直接化合，形成卤化硼BX_3。硼在600～1 000℃与氮、碳、硅作用，形成氮化硼BN、碳化硼$B_{12}C_3$及硅化硼B_4Si和B_6Si。高温下硼还可以与许多金属和金属氧化物反应，形成硼化物。其他重要的硼化合物有硼氢化钠、氧化硼、硼砂、硼烷等。

硼的制法：①用氢和三氯化硼的混合气流在热的钽丝或钨丝上沉积出晶形硼。②用镁还原硼酸。③氟硼酸钾溶液融盐电解。④溴化硼、碘化硼、乙硼烷的热分解。硼在高温时特别活泼，容易与氧、氮作用，可作冶金除气剂。硼与塑料或铝合金复合，可成为有效的中子屏蔽材料，硼钢在反应堆中用作控制棒。$^{10}BF_3$用于制作中子计数器，因为硼-10吸收中子转变为锂-7，同时产生α射线。硼纤维用于制造复合材料，用途日益增多。

硼化物 boride 硼与电正性元素生成的二元化合物，主要是硼和金属生成的化合物。已确定的硼化物组成有：M_4B、M_3B、M_2B、M_3B_2、MB、M_3B_4、MB_2、M_2B_5、MB_4、MB_6等，M代表一价金属。同一种金属可能有多种上述组成的硼化物。一般为间充型化合物，不遵循化合价规则。除了锌、镉、汞、镓、铟、铊、锗、锡、铅、铋以外，其他金属都能形成硼化物。它们熔点很高，硬度高，化学性质稳定，耐高温。

硼化物的制法：①在氩气中和1 300～2 000℃焙烧相应金属和硼粉体的混合物。②用金属氢化物还原卤化硼的蒸气。③金属氧化物和碳化硼反应。④用金属镁热还原金属氧化物和硼的混合物。⑤用难熔金属氧化物和碱金属及碱土金属硼酸盐进行熔盐电解。⑥用硼还原金属氧化物。硼化物应用广泛。运用扩散法在钢、镍、钼、钨等器件的表面上渗硼，可以明显地提高器件的硬度、耐磨性、耐腐蚀性。硼化镍是氢化反应的催化剂。过渡金属如铬、锆、钨、铌和钽的硼化物以及它们的合金具有很高的熔点和高温下的高强度，可以用于制作喷气发动机、汽轮机涡轮上的部件。钡、镧、铈等的六硼化物具有高的热发射电子能力，可用作电子器件的阴极。

硼砂 borax 化学组成为$Na_2[B_4O_5(OH)_4]\cdot 8H_2O$，晶体属单斜晶系的含水硼酸盐矿物。晶体呈短柱状、厚板状，集合体呈粒状、块状、晶簇状、土状、皮壳状等。白色或微带灰、黄、蓝、绿等色调。玻璃光泽。莫氏硬度2～2.5。性极脆。密度1.69～1.72克/厘米^3。解理完全。具逆磁性。易溶于水。味甜略带咸。烧时膨胀，熔成透明的玻璃状体。硼砂是最常见的硼酸盐矿物之一，主要产于干旱地区盐湖的干涸沉积物中，也呈硼霜于土壤的表面和热矿泉的沉积物中。世界著名产地有美国加利福尼亚州克

柱状硼砂

拉默、内华达州南部和俄勒冈州，土耳其比加迪奇和埃梅特，以及沿智利、阿根廷、玻利维亚、秘鲁边界延伸的安第斯山脉。中国西藏杜佳里湖、青海大柴旦湖产出的硼砂矿床闻名于世。硼砂是重要的工业硼矿物，用于提取硼及其化合物。

硼酸 boric acid 化学式H_3BO_3。白色粉末状晶体，手感滑腻，无臭味。密度1.435克/厘米^3，可溶于水。在0℃水中的溶解度为2.6克/100克水，在100℃水中的溶解度为39.7克/100克水，故可用重结晶法提纯。硼酸在70℃明显脱水，成为玻璃状的三氧化二硼。硼酸是一元弱酸，可与碱金属或碱土金属镁生成偏硼酸盐、二硼酸盐、四硼酸盐、多硼酸盐等。硼酸可由硼砂和硫酸反应制备。大量用于玻璃和搪瓷工业，在冶金工业中作为添加剂制造硼铁、硼钢。由于它能抑制霉菌的生长，也用作医药杀菌剂、防腐剂、消毒剂，特别是用于洗眼。

硼烷 borane 硼和氢形成的二元化合物。又称硼氢化合物。当有第三种非金属原子

介入硼烷组成时，形成杂硼烷，例如碳硼烷、硫硼烷；有金属原子参加而形成的硼烷化合物称为金属硼烷。硼烷的蒸气有明显气味，剧毒，在空气中会自燃。已发现二十几种硼烷，其中已经被人们了解的几种硼烷及其性质见表。最简单的硼烷是乙硼烷

硼烷及其性质

	化学式	状态	熔点（℃）	沸点（℃）
乙硼烷	B_2H_6	气体	－165.5	－92.5
丁硼烷	B_4H_{10}	液体	－120	18
戊硼烷	B_5H_9	液体	－45.6	65
己硼烷	B_6H_{10}	液体	－65.1	110
癸硼烷	$B_{10}H_{14}$	固体	99.6	213

B_2H_6，可用卤化硼与氢化锂铝反应等多种方法来制备。其他高元硼烷则是通过乙硼烷在控制条件下的热解反应而生成的。乙硼烷作为一种工业供应气体用于半导体材料的掺杂。此外，硼烷类化合物主要的是其理论上的重要性。硼烷化合物参与硼氢化反应，在有机合成中有重要意义。

硼纤维 boron filament 一种高比强度、高比模量的连续无机纤维。通常以直径约13微米的钨丝为载体，以化学气相沉积（CVD）工艺，用氢还原硼的卤化物，置换出硼并沉积于炽热的钨丝表面而制成。工程用硼纤维的直径主要有100微米、140微米、200微米几类。硼纤维的密度2.5～2.6克/厘米^3，拉伸强度3 000～4 000兆帕，拉伸模量约400吉帕。硼纤维是一种脆性材料，在常温下有较大惰性，但随着温度升高，化学活性迅速增加。主要作为增强剂用于硼纤维增强环氧树脂复合材料与硼纤维增强铝复合材料。由于制造硼/铝复合材料时，一般须经受400～550℃的高温滞留，硼与铝产生不利的界面反应，使复合体力学性能严重下降。因此，一般还必须在硼纤维表面用CVD方法涂覆碳化硼或碳化硅保护涂层。涂层厚度为2～4微米。由于制得的复合材料密度小于铝合金，而在增强方向上的强度性能与结构钢相当，因此在航空航天领域得到广泛应用。

澎湖岛 Penghu Island 中国台湾省辖岛。位于台湾海峡东南部，隔澎湖水道与台湾岛西南岸相望。是澎湖列岛的主岛，面积64.24平方千米。澎湖岛西南部有马公湾（妈宫湾），与澎湖湾相通连，为群岛中最佳天然良港，亦为群岛中心城市所在。

澎湖列岛 Penghu Islands 中国台湾省辖群岛。位于台湾海峡东南部，隔澎湖水道与台湾岛西南岸相望。有64个岛屿，面积127平方千米。中心部分为澎湖岛、渔翁岛（18.20平方千米）、白沙岛（14.11平方千米）及另一小岛中屯屿接连环峙，其间水域为澎湖湾，虽通外海，水面远较外海平静，宋初因而有“平湖”之称。居民以渔业为主，多分布于澎湖、渔翁、白沙三岛，兼营农业。农作物以甘薯、高粱、花生等为主。

唐宋以来，中国大陆人民便以澎湖等岛为从事海峡渔业活动基地。宋、元、明均曾设官置守，有福建晋江“外府”之称。明后期已成大陆海船往来台湾岛西南各港所必经和移民台湾的中转点。17世纪初，澎湖岛曾一再被荷兰人侵入，皆为明军所逐。1661年郑成功自金门渡海，过此候风，进军台湾，驱逐荷兰人。清光绪年间中法战起，法军曾一度入据。1894年爆发甲午战争，日军于签订《马关条约》前夕（1895年2月）攻占澎湖岛，继而诸岛与台湾全省尽为日本占据。1945年台湾光复，澎湖各岛全部划设澎湖县。

澎湖县 Penghu County 中国台湾省辖县。位于台湾海峡东南部，东与云林、嘉义两县相望，西与福建省厦门市相对。全县由澎湖岛及周围其他63个岛屿组成，散处北回归线南北，以澎湖、渔翁、白沙三岛最大。辖马公市和5个乡。面积127平方千米。人口约9.5万，居民大多以捕鱼为生。县治马公市。澎湖列岛是中国大陆与台湾的连接跳板，是拓台先民足迹最先到达之处。宋、元以来，澎湖已为中国海防要区，并为海峡渔民活动中心。明末，西班牙、荷兰人曾一再入侵，1661年郑成功进军台湾，先取澎湖。清初统一台湾，属台湾县。1727年设澎湖厅，1895年日本占据后，初设厅，后并入高雄州。台湾光复后，1950年设县。年平均气温23℃。平均年降水量约1 000毫米，风速大，蒸发盛，淡水不足。澎湖渔产丰富，种类繁多，水产养殖业较发达，农、畜牧业相对薄弱。以种植高粱、甘薯、花生为主，产量很低。主要特产珊瑚，是台湾省特产中经济价值最高的外销品。马公港分商港、渔港、军港3部分。澎湖的名胜古迹有妈祖宫、孔庙（原名文石书院）、明万历年间都司沈有容谕退红毛番韦麻郎石碑、白沙岛通梁古榕、渔翁岛灯塔、大屿的“七美人冢”等。

篷盖布 tarpaulin 产业用纺织品中用量最大的一个品种。应用领域包括火车、船和汽车用篷布、盖布，仓储用布，塔衣，炮衣，箱包用布，各种帐篷等。中国传统的篷盖布在20世纪70年代前以全棉帆布为主。80年代开发维纶篷盖布，后来又发展了涂聚氯乙烯的多功能维纶篷盖布。进入90年代，涤纶短纤维织物涂聚氯乙烯篷盖布开发成功，在功能上更具优势，且价格较为便宜。国外的篷盖布以涤纶长丝为主要原料，经涂层或层压加工而成。其强度更高，重量比涤纶短纤维篷盖布轻。在中国尚未得到普遍应用。

膨化食品 puffed food 采用膨化工艺制成的食品。以谷物、豆类、薯类等为主要原料（整粒或磨粉后），投入特殊设计的密闭容器中，进行高温、高压处理，经出口装置瞬时降压，使过热状态原料中的水分急剧汽化喷射而出，发生爆炸，原料体积膨胀，从而获得松脆适口的食品。

按加工工艺分为4种：①焙烤型膨化食品。以谷类、薯类或豆类等为主要原料，经焙烤或微波等加热方式膨化而成。②油炸型膨化食品。以谷类、薯类或豆类等为主要原料，经食用油煎炸膨化而成。③直接挤压型膨化食品。以谷类、薯类或豆类等为主要原料，经挤压机挤压，在高温、高压条件下，利用机内、外的压力差，使产品膨化而成。④花色型膨化食品。以焙烤型、油炸型及直接挤压型膨化食品为坯子，用油脂、调料或果仁等辅料夹心或涂层而成。

膨胀合金 expansion alloy 具有反常热膨胀特性的金属功能材料。通常金属和合金受热而膨胀，膨胀量随温度升高呈线性增加趋势。但某些合金的膨胀曲线在某温度出现弯曲点，弯曲点以下的膨胀系数比弯曲点以上的正常热膨胀系数低得多，这种现象称为反常热膨胀。铁镍基合金是膨胀合金的主要组成部分，调整镍含量可获得不同的热膨胀系数。膨胀合金分三大类：①低膨胀合金。线膨胀系数小于4×10^{-6}/℃的膨胀合金。②封接合金。电真空器件中用来与玻璃、陶瓷、云母封接的膨胀合金，又称定膨胀合金，平均热膨胀系数为（4～10）$\times10^{-6}$/℃。③线膨胀系数大于16×10^{-6}/℃的膨胀合金。主要用作热双金属的主动层和测温控温元件。影响膨胀合金的主要因素是合金的化学成分，其次是热处理制度和冷变形量。

膨胀岩土 swelling-shrinking rock/soil 含有大量亲水矿物，湿度变化时即有较大体积变化，变形受约束时则会产生较大内应力的岩土。又称胀缩岩土。膨胀岩土体积膨胀的起因，在于水分的增加导致岩土组成颗粒和矿物之间粒间结合水膜和晶间结合水膜增厚，最后产生膨胀应变。膨胀岩土会使覆盖其上的建筑物、公路、桥梁等失稳。近80年的研究使世界各国对膨胀岩土工程性质的了解已有长足进展，但不同国家和地区乃至不同研究者所使用的术语仍极不统一，如膨胀（黏）土、分散土、黑棉花土、裂土、黏土页岩等。判别膨胀岩土采用综合判定。根据现场的地质地貌标志、岩土的外观特征以及邻近工程的损坏

情况等，可以作定性分析；而室内常规试验指标以及膨胀性指标，则为定量分析提供依据。膨胀性指标包括膨胀率、膨胀力、自由膨胀率、饱和吸水率、崩解速度、耐崩解性指数、黏土矿物成分等。对重要和有特殊要求的工程场地，宜进行现场浸水载荷试验、剪切试验或旁压试验。

膨胀岩土广泛分布于世界各大洲，比较多见的有东南亚洲、东南大洋洲、北美洲、东南非洲等。中国有20个省、自治区发现膨胀岩土，以黄河流域及其以南地区分布较广。

碰撞 collision 两个作相对运动的物体，接触并迅速改变其运动状态的现象。可以是宏观物体的碰撞，如打夯、锻压、击球等，也可以是微观粒子如原子、核和亚原子粒子间的碰撞。由于碰撞过程十分短暂，速度变化很快，加速度很大，碰撞物体间的冲力远比周围物体给它们的非碰撞力为大，故后者可以忽略，碰撞的物体组成的系统可视为孤立系统，其动量和能量守恒，但机械能不一定守恒。如果两球的弹性都很好，碰撞时因变形而储存的势能，在分离时能完全转换为动能，机械能没有损失，称完全弹性碰撞，钢球的碰撞接近这种情况。如果是塑性球间的碰撞，若其形变完全不能恢复，碰撞后两球同速运动，很大部分的机械能通过内摩擦转化为内能，称完全非弹性碰撞，如冲击摆。介于两者之间的即两球分离时只部分地恢复原状，称非完全弹性碰撞，机械能的损失介于上述两类碰撞之间。微观粒子间的碰撞，如只有动能的交换，而无粒子的种类、数目或内部运动状态的改变者，称弹性碰撞或弹性散射；如不仅交换动能，还有粒子能态的跃迁或粒子的产生和湮没，则称非弹性碰撞或非弹性散射。在粒子物理学中可借此获得有关粒子间相互作用的信息。

批发 wholesale 在营销系统中，专门在制造商之间，分销商、零售商之间，或是制造商与分销商、零售商之间，从事大宗商品或服务贸易的商业活动。与零售相比，其最显著的特征是：①交易量大。②交易范围广。③专业化经营。

随着商品经济的发展，商品购销量增大，流通范围扩展，生产者相互之间、生产者与零售商之间直接进行商品交换，常有困难或不方便，于是产生了专门向生产者直接购进商品，然后再转卖给其他生产者或零售商的批发商业。随着制造商生产集中程度和纵向一体化程度的提高、产品生产范围的扩大与自建营销系统，以及零售业的规模扩大、组织化程度的提高和业态的多样化，批发业规模日益扩大，数量减少，呈现组织化、信息化、物流化、专业化的发展趋势。

批发交易市场 wholesale market 集中进行现货批量交易的场所。是组织商品集散、调配、分类，推动大宗商品向消费领域转移的一种常设的有形市场。一般实行会员制，有相对稳定的商品交易者和较严格的交易规则。批发交易市场可分为农产品批发交易市场、日用工业品批发交易市场和生产资料批发交易市场；专业批发交易市场和综合批发交易市场。通常是按交易量大小和规范化程度的高低将其划分为以下3类：①中央批发交易市场。是一种交易者不多，但交易量很大，规范化程度最高的批发交易市场。又称国家级批发交易市场。②地方批发交易市场。是中央批发交易市场以外达到法定规模的一种批发交易市场。又称区域批发交易市场。③除上述两类批发交易市场以外的自由批发交易市场。

主要功能有：①通过将商品交易者集中到一定的空间场所，共同利用其商流、物流和信息流设施、设备，以提高商品交易的效率，降低交易成本。②为商品交易者提供信息服务、物流服务，以及通信服务、货款结算、金融服务、储运服务和生活服务。③对场内交易活动进行规范和管理，保障批发交易市场公开、公正和公平交易。

“批林批孔”运动 Criticizing Lin Biao and Confucius Campaign 中国“文化大革命”后期联系孔子思想批判林彪的全国运动。中共十大前后，毛泽东多次提出要把批判林彪同批判中国历史上的孔子和儒家联系起来。1974年1月，全国开展“批林批孔”运动。毛泽东批准开展“批林批孔”运动，不仅因为林彪私下推崇过孔孟之道，而且是要借宣传历史上法家坚持变革、批判儒家反对变革来维护“文化大革命”。

“四人帮”利用“批林批孔”把矛头指向周恩来等老一辈革命家。他们在各种场合的讲话中，点名攻击中央、地方和军队的一批干部，还指使他们控制的写作班子发表大量所谓“批孔”文章，影射周恩来是“现在的儒”，对周恩来前一阶段恢复“文化大革命”前一些正确的政策措施和落实干部政策的工作进行攻击。他们的帮派分子在各地揪斗老干部和知名人士，乘机大搞突击入党、突击提干，社会秩序再度混乱，刚刚有所好转的国民经济再遭严重破坏。

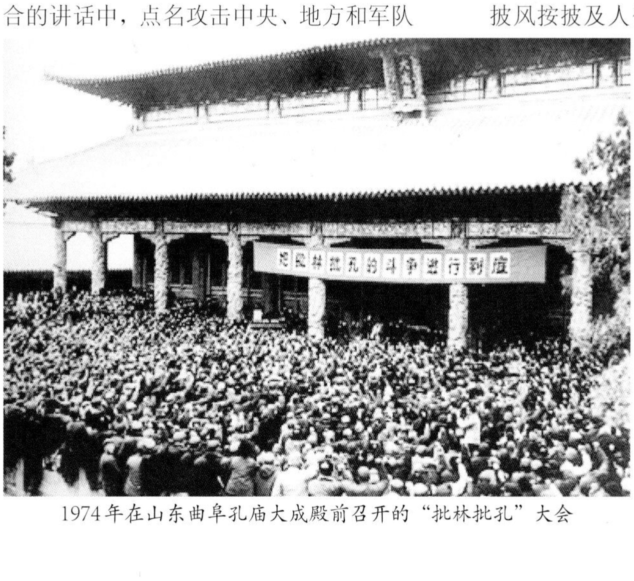
1974年在山东曲阜孔庙大成殿前召开的“批林批孔”大会

毛泽东对江青等人利用“批林批孔”搞乱社会的图谋有所察觉，对“批林批孔”运动作出限制性规定，并在中央领导层提出江青、张春桥、姚文元、王洪文结成“四人帮”的问题。这年下半年，毛泽东先后提出“还是安定团结为好”和“把国民经济搞上去”，使“四人帮”再次搞乱全国的图谋受到抑制。

毛泽东发动“批林批孔”运动，是试图维护“文化大革命”的理论与实践，但也不愿意再出现造反混乱局面。根据他的意见，中共中央连续发出有关“批林批孔”政策方面的文件，对运动加以控制和约束。到1974年下半年，随着毛泽东批评“四人帮”，这场运动已渐趋收场。

批判实在论 critical realism 20世纪20年代前后在美国继新实在论而出现的哲学流派。倡导者为D.德雷克、A.O.洛夫乔伊、J.B.普拉特、A.K.罗杰斯、G.桑塔雅那、R.W.塞拉斯、C.A.斯特朗。他们于1921年联合出版了题为《批判实在论论文集》一书，标志着这一流派正式形成。桑塔雅那被认为是主要代表人物。批判实在论具有明显的批判主义特征，即认为人们不可能直接认识存在本身。它放弃了新实在论那种接近于朴素实在论的一元论的认识路线，认为认识主体和客体是二元地存在的。30年代后期起，逐渐丧失影响。

披风 mantle 披用的外衣。用以防风御寒。短者曾称帔，长者又称斗篷。通常无袖。中国古代有虚设两袖的长披风（图1）。

披风按披及人体的部位可分为三类：①长披风（斗篷），披到腰部以下，其中及地披风俗称大斗篷。②短披风，披于腰部以上。女用披在肩部的，称小披风，或称披肩（前开襟以襻纽系合）。③连帽披风，与帽连成一体，又分连帽小披风、连帽斗篷等。按用途又可分为：①日常生活中用的披风，较多的是女用长、短披风，其中波蕾若披风（小披风）

魏晋武士大袖披风　隋唐小袖披风

图1　中国古代披风

(图2) 比较著名；其他有宝宝斗篷（儿童用的连帽合身披风）和连帽式披风雨衣(雨披)等。②宗教人士用的披风，有基督教的祭披和十字褡、佛教禅僧的小袈裟“挂络”、道教的“披”等。③舞台用披风，有戏装中的帔、魔术师用的及膝圆型披风（圆形裁片在中间留领口)。④礼仪用的披风，有观剧披风(图2)、英国元首加冕服蔻普斗篷、剑桥大学博士服大斗篷等。此外还有骑兵穿用的长披风、护士披风（以深蓝色毛料裁制、有红衬里的七分长披风)、斗牛士穿用的两色披风(柯波特)、游泳上岸用的海滩披风（图2)，以及中国彝族的擦尔瓦、纳西族的七星羊皮披肩等。

观剧披风

波蕾若披风　海滩披风

图2　各式披风

披头士　Beatles　英国的摇滚乐队之一。也可以说是20世纪60年代的一种摇滚乐风格。1958年，英国利物浦的J.列农组织了一个摇滚乐队，参加这个乐队的还有P.麦卡特尼、G.哈利森以及S.苏特克里弗和P.贝斯特。他们开始在利物浦演出，后来又到德国汉堡的一家俱乐部演唱。这个乐队曾有好几个名字，后来起名为“甲壳虫”(Beetles)。但列农故意将“Beetles”拼作“Beatles”,使之看起来很像“beat music”(拍子音乐)。不久，苏特克里弗和贝斯特离开了乐队。1962年，R.斯塔尔成为这支乐队的新成员，披头士的4名成员从此固定下来。

披头士乐队1966年6月在德国演出

披头士乐队前期的代表作有《我爱吧》、《附言：我爱你》、《请令我愉快》、《从我到你》、《她爱你》、《我想握住你的手》等。后期的代表作有《橡胶灵魂》、《昨天和今天》、《左轮枪》以及《佩帕军士孤独的心俱乐部乐队》、《披头士》等。披头士是60年代以来世界最具影响的摇滚乐队之一。“披头士”在许多场合下也成为一种独特的风格。披头士歌曲在中速到快速的4/4拍中突出了后中的衬拍，每一拍经常分成两个部分；在较缓慢温和的音乐中，一拍也可能被分为三个部分。披头士歌曲十分讲究音响效果，而且歌曲在句式和结构上也不规则。与此前的摇滚相比，披头士歌曲显然更具表现力。见摇滚乐。

劈理　cleavage　岩石受构造变形而形成的沿一定方向易于被劈开成一系列薄板或薄片的面状构造。基本构造特征为岩石内部发育有劈理域和微劈石域相间排列而成的域构造。劈理域通常是由云母类矿物富集形成的平行或交织状的薄条带或薄膜，肉眼能见沿此劈开的劈理面。微劈石是夹在劈理域之间的薄板状或透镜状岩片，常保持原岩面貌，并有长英质矿物的相对富集。劈理域和微劈石间的边界可以是截然的，也可以是渐变的。

按照劈理域构造的能识别尺度分为两

灰岩中的等厚褶皱及正扇形间隔劈理
（大连金石滩）

大类：①连续劈理。岩石中劈理域间隔细小，肉眼不能分辨域构造。板岩中的板劈理和千枚岩中的千枚理最为典型。②不连续劈理。肉眼能识别域构造。据内部构造特征可细分为间隔劈理和褶劈理。间隔劈理的劈理域是主要由黏土质矿物或不溶解残余物富集而成的薄膜，微劈石中多保留原岩的矿物和组构。褶劈理由先存的连续劈理形成紧密平行排列的微褶皱发展起来，微褶皱翼部因压扁作用而紧闭，其中长英质矿物减少而云母类矿物相对富集并平行排列构成劈理域。

劈理是大型构造的伴生构造要素。有限应变测量表明，劈理面平行于压扁面，劈理的密度反映了岩石所受的应变强度。在褶皱构造中劈理的发育总体上与轴面平行，故称轴面劈理。但由于褶皱岩层力学习性的差异，劈理常以不同角度与层理面相交，致使轴面劈理偏离平行状态。在褶皱的强岩层中，劈理向背形内弧收敛，形成正扇形劈理（见图)；在褶皱的弱岩层中，劈理向背形外弧顶收敛，形成反扇形劈理。在强、弱岩层交界处，劈理面与层理面交角不同，形成劈理折射现象。

霹雳舞　break dance　街舞的一种。break的字面意思是支离破碎，用来命名这种特定舞蹈，意思为身体的各部位都能独立自如地动作。20世纪70年代产生于美国纽约市布朗克斯区的街头，以后这种街舞风靡世界。

霹雳舞技术大致可分两类：一类是普通人难以完成的杂技性旋转，如模拟性的

霹雳舞舞姿

“螺旋桨”、“直升机”、“飞机”、“海龟”等，以及将身体各部位用作支撑点的单纯旋转，如“头旋”、“肩旋”、“背旋”、“手旋”等；另一类则是肢体的各种动作，称“电流步基”，舞动时如同一股电流通过全身，具体的舞步则包括“月亮步”、“海浪”、“突放”、“突收”等。由于这些动作对人体的各关节、韧带和肌肉的柔韧与力量要求极高，因此，参与者均为青少年。

皮艾角 Piai, Tanjong　亚洲大陆部分最南端的岬角。位于马来半岛马来西亚柔佛州笨珍县境。地处北纬1°15′、东经103°30′，伸入马六甲海峡。沿岸为沼泽，内地有橡胶园。

皮蛋 preserved egg　以鲜鸭蛋等禽蛋为原料经由纯碱和生石灰或烧碱及食盐、茶、水等辅料配成的料液或料泥加工而成的蛋制品。又称松花蛋。中国古老的民间创制产品。一般采用鸭蛋加工制成，风味独特，营养丰富，食后有清凉感。

加工方法有浸泡法和包泥法。皮蛋加工过程中发生物理和化学变化。①化清阶段。鲜蛋泡入料液后，在碱的作用下蛋白从黏稠变成稀的透明水溶液，蛋黄轻度凝固，蛋白质的变性达到完全，但未失去热凝固性。②凝固阶段。在碱的继续作用下，卵蛋白从稀的透明水溶液凝固成无色或微黄色有弹性的透明胶体，蛋黄凝固厚度增加。③转色阶段。在碱和水的作用下，发生美拉德反应及物理、化学变化，使蛋白呈深黄色透明胶体状，蛋黄凝固厚度达到标准要求，且产生颜色。④成熟阶段。蛋白全部转变为褐色的半透明凝胶体，仍具有一定弹性，并出现大量排列成松枝状的晶体簇，蛋黄凝固层变为墨绿色或多种色层，中心呈溏心状，有皮蛋的特殊风味。以上工艺的适宜温度为18～25℃，需要40～60天。⑤储存阶段。蛋的化学反应仍在进行，含碱量不断下降，游离脂肪酸和氨基酸含量不断增加。为保持产品不变质或变化较小，应将成品储存在10℃左右、无菌、相对绝氧、保持蛋内水分不低于65%、能排氧的环境条件下，可保存5个月。

皮蠹 Dermestidae; skin beetle　鞘翅目皮蠹科昆虫的统称。约800种，分布于世界各地。中国已知约50种，遍布全国各省区。体小至中型，体长1～12毫米，卵圆形与长卵形，暗色，密生鳞片与毛，多形成不同毛色的斑纹。触角短，11节或10节，棒状与球杆状，静止时常收纳在前胸背板前部腹面两侧的触角窝内。复眼大；除皮蠹属外，有单眼1个。后翅发达，适于飞翔。腹板5节。足短，腿节腹面具凹沟以纳胫节；胫节常具刺，跗节5节。幼虫密生刚毛；触角短，3节；单眼着生于头两侧，每侧6个；一些种类腹部末端具长尾毛。

很多种类主要危害生皮张、干鱼、咸肉、蚕茧、生丝、皮衣、毛织品、毛呢服装、动物性药材，部分危害谷类和豆类。生命力强，可在野外也可在室内繁殖，大量发生时可造成一些贮藏品的重大损失。

皮尔当人 Piltdown man　伪造的早期人类化石。1912年英国地方律师C.道森宣布，他在皮尔当砾石层中发现一些人类头骨化石破片、半个下颌骨、石器和绝灭的动物化石。出土地层被认为至少是几十万年前的，于是引起轰动。人骨化石被定名为道森曙人。但是，这个头骨形态与现代人一样，而下颌骨却极像猿类，引起许多人的怀疑。直到1953年，通过对各个样品的氟、铀、氮等含量的测定和X线、电子显微镜的研究表明：头骨来自现代人，下颌骨属于一个未成年的现代猩猩，牙齿经人工锉磨过；哺乳动物化石是由另外地点采集来，重新埋在这里的；石器、骨器均为伪造。1959年又用碳-14测定，皮尔当头骨的年代是620±100年前的，猩猩下颌骨是500±100年前的。至此，“皮尔当人”骗局被彻底揭穿。

皮尔·卡丹 Pierre Cardin (1922-07-07～　)　法国时装设计师。生于意大利威尼斯近郊，后移居法国。1947～1949年在巴黎帕坎时装公司和夏帕雷时装公司当设计师。1950年开设时装公司，主要制作演出服装。1953年第一次推出女装设计。为了使高级时装大众化，面向更多的消费者，卡丹潜心研究和设计，于1961年首次设计并批量生产流行服装获得成功。此后，他连连推出各种式样、不同规格的流行成衣产品。不仅占领了法国市场，而且还打入了国际市场。20世纪60年代后期，他以硬挺的短上衣，以及使用维纶、飞行帽和护目镜，推出航天时代的装束。卡丹的时装被推举为最创新、最美丽和最优雅的代表作，曾3次获得法国时装最高荣誉金顶针奖。他设计的汽车、家具、玩具，同样获得成功。与此同时，卡丹还经营了马克西姆餐厅，先后在墨西哥、新加坡、美国、中国等国家设立了马克西姆餐厅。

皮尔士 Peirce, Charles Sanders (1839-09-10～1914-04-19)　美国哲学家、逻辑学家、自然科学家。实用主义的创始人。生于马萨诸塞州剑桥，卒于宾夕法尼亚州米尔福德附近。曾于哈佛大学就读。在美国海洋和大地测量观察所任职。一生不得志。1887年以前一直未能在大学谋到一正式教席。在哲学上，提出作为实用主义核心的意义理论，把观念的意义和实际的效果联系起来，断言一个观念的定义是该观念的可感觉的效果。

后来，将实用主义易名为“实效主义”。在逻辑学方面有两大贡献，一是改进了布尔代数，一是发展了关系逻辑，即引入新的概念和符号，把关系逻辑组成为一个关系演算。在自然科学方面，先于A.A.迈克耳孙以光波波长作为测量单位。大部分论著由后人整理成《皮尔士文集》。

皮筏 skin raft　简易的水上交通工具。将圆木编排成列，或用圆木棍扎成由许多小格组成的长方形框架，再把若干个牛皮或羊皮的袋囊充气后系在排下或按框格捆在架上而成。又名牛皮筏、羊皮筏，古称革船。流行于中国青海、甘肃、宁夏黄河沿岸地区，以兰州一带为最多，是当地汉、回、土、保安、东乡、撒拉等族传统的水上交通工具。这一带河流湍急，不能行船，用皮筏由来已久。最初使用整张羊皮制成的单个皮囊，渡河前将衣物装入袋内，吹气扎口，挟于腋下或抱于怀中渡河。后以皮囊与木排、木架结合捆成筏，增强渡河的安全性和承载量。小筏用十几个皮囊，大筏皮囊可达几百个。牛皮筏多用于货运，载重可达数十吨；羊皮筏较小，负重亦轻，以客运为主，兼营短途货运。现代长途货运已不用皮筏，但用皮筏渡河仍部分保留。皮囊的传统充气方式是用嘴吹，据考证，讥讽人说大话的俗语“吹牛皮”即源出于此。

黄河上的皮筏

皮肤 skin　覆盖在人体外表的重要器官。自外向里分为表皮、真皮和皮下组织3层，其中包括由表皮衍生而来的小汗腺、大汗腺、皮脂腺、毛发和甲等附属器，真皮中含有丰富的血管、淋巴管和神经末梢等。

皮下组织由大量脂肪细胞和粗大结缔组织纤维束组成，功能为防外伤、保温、储存养料。皮肤能敏锐地感受外界刺激，并具有屏障、吸收、调节体温、分泌和排泄功能，同时，它还积极参与机体的代谢和免疫反应。外界的多种因素可使皮肤发病，体内的生理和病理情况可通过皮肤反映出来，如昆虫叮咬时产生皮疹，情绪激动时脸红耳赤，肝胆有病时皮色黄染。此外，机体的功能也可因皮肤大面积损伤而受到伤害，如烧伤后遗留广泛的瘢痕，破坏了大量的小汗腺，使患者调节体温的能力受到严重影响而不能忍受夏季的酷热。

皮肤病 skin disease 皮肤（包括毛发和甲）受到内外因素的影响后，其形态、结构和功能均发生变化，产生病理过程，并相应地产生各种临床表现。发病率很高，多比较轻，常不影响健康；但少数较重，甚至可以危及生命。皮肤病分非感染性皮肤病和病原体侵入皮肤引起的感染性皮肤病两大类。诊断时，辨认皮疹很重要，并应配合皮肤科的特殊检查，如斑贴试验、真菌检查、组织病理学检查和其他化验检查。治疗皮肤病主要针对病因，病因不明者对症治疗。外用药治疗占有相当重要的地位，应根据病情，遵从医生的处方用药。

皮划艇运动 canoeing 水上运动之一。由一个或几个桨手乘坐一种特制小艇，面向前进方向，用无固定支点的桨推进皮划艇前进。皮划艇包括皮艇和划艇两种，都是两头尖小的船艇。由于这两种艇的比赛场地、比赛距离、比赛规则和裁判方法基本相同，故称为皮划艇运动。皮艇起源于格陵兰岛上的因纽特人所制作的一种小船。划艇则起源于加拿大，因此又称加拿大划艇，这两种艇皆从独木舟演变而来。独木舟是人类祖先在原始社会就已广泛使用于渔猎和运输的水上劳动工具。中国广东化州等地都出土过独木舟或船桨的残骸，这些文物已有五千年至九千年的历史。现代的独木舟——皮划艇运动是1865年开始的。此后，皮划艇运动逐渐兴起。1924年在丹麦哥本哈根成立了国际划艇联合会。1936年在柏林举行的第11届奥林匹克运动会上，

双人划艇

皮划艇被列为奥运会正式比赛项目。到1948年第14届奥运会又增加了女子单人皮艇。1938年在瑞典举行了第1届世界皮划艇锦标赛。现在国际皮划艇联合会管理和组织的比赛项目有静水、激流、马拉松、皮艇球、旅游艇、风帆皮划艇等比赛。

1930年前后皮划艇运动传入亚洲。中华人民共和国建立后，皮划艇运动逐渐开展起来。1974年中国划艇联合会加入国际划联，1975年将皮划艇列入第3届全运会比赛项目，皮划艇运动由此进入蓬勃发展阶段，运动成绩不断提高。在第28、29届奥运会上，孟关良和杨文军均夺得男子双人划艇500米金牌。

皮划艇静水比赛是在尽可能短的时间内通过一段标志清楚而无障碍的直线航道。激流回旋比赛时，运动员的舟艇必须按顺序穿越每一个回旋水门。

皮肌炎 dermatomyositis 累及皮肤和肌肉的一种弥漫性感染病变。多见于40～60岁者。与自身免疫有关。临床表现为上眼睑浮肿性紫红斑，面部有弥漫性红斑，甲周红斑，指关节、掌指关节伸侧紫红色或暗红色斑丘疹等。可伴发热、关节痛、心肌炎及肺炎等。无皮炎者称多发性肌炎。女性较多。皮质类固醇激素治疗有效。伴发恶性肿瘤者预后不良。

皮卡德 Piccard, Auguste (1884-01-28～1962-03-24) 瑞士高空和海洋科学探险家、应用物理学家。生于瑞士巴塞尔，卒于瑞士洛桑。1907年毕业于瑞士联邦理工学院，1909年获自然科学博士学位。1922年起任比利时布鲁塞尔大学教授，1954年退休回瑞士。在高空与深海探险两方面均取得开创性成果。先后成功地研制三种气艇（气球）。第一次，1930年装备了可充填压缩空气的气密座舱（密封增压舱），克服了以往载人气球在进入平流层时即会致命的危险。这一技术迄今仍在飞机中广泛使用。第二次，1931～1932年研制具极强升力的“FNRS-1”号飞艇（气球），不必充满气体即可升空。第三次研制配备有无线电座舱的气艇。他研制的气艇（球）的升空高度不断创纪录。1931年5月27日A.皮卡德与P.基普弗上升到15 781米的超低压高空，1932年皮卡德父子上升到16 940米高空，1934年10月23日其孪生兄弟J.-F.皮卡德偕妻上升到17 500米高空。

A.皮卡德在深潜艇研制上进行技术革命。1948年研制成“FNRS-2”号深潜器，同年11月13日无人驾驶成功地深潜1 373米（水深为1 400米）后返回。此后又研制两艘深潜器。其中“FNRS-3”号（后转让给法国）于1954年2月由两位法国科学家下潜至4 050米。另一艘“的里雅斯特”号潜水器，于1953年8月由A.皮卡德和其子J.皮卡德在意大利蓬扎岛海岸外下潜至3 099米。

皮卡德 Piccard, Jacques(-Ernest-Jean) (1922-07-28～2008-11-01) 瑞士海洋工程学家、深海探险家、经济学家和应用物理学家。A.皮卡德之子。生于比利时布鲁塞尔，卒于瑞士。1943年毕业于瑞士洛桑法语区新校，曾在日内瓦大学研究经济、历史和物理学，1946年获硕士学位。1944～1945年在法国第一陆军服役。先后在大学、私人教育机构工作，20世纪60年代前后出任美国一些私人深海研究机构科学顾问，1966～1971年在纽约格鲁曼飞机工程公司工作。曾协助其父研制“的里雅斯特”号潜水器。1953年随其父乘“的里雅斯特”号深潜至3 099米；1960年1月23日又与美国海军上尉D.沃尔什乘“的里雅斯特”号成功地深潜到世界海洋最深的太平洋的马里亚纳海沟10 916米，开创人类有史以来载人深潜的新纪录。他发明了浅水探海的观光艇，载客40人，通过侧窗可水下观察，深度通常不超过90米。其设计的第二艘小型浅水探海艇可潜航一个多月。1966年利用浅水探海艇指导美国海军从佛罗里达下潜，在水下漂航到新斯科舍，成功地对斯特里姆湾流进行研究。

皮克 Pieck, Wilhelm (1876-01-03～1960-09-07) 德意志民主共和国第一任总统（1949～1960）。生于古宾的工人家庭。卒于柏林。1895年参加德国社会民主党。1910年4月当选为社会民主党中央教育委员会第二书记和中央党校书记，参加并领导了1918年德国十一月革命。同年12月在德国共产党成立大会上当选为中央委员会委员。1928年当选为德国国会议员。同年在共产国际第六次代表大会上当选为共产国际执委会委员，1931年起为执委会主席团成员和书记处成员。30年代A.希特勒上台后，赴巴黎建立德共国外领导机构。1935年德共布鲁塞尔代表会议上当选为德共中央委员会主席。第二次世界大战期间，前往苏联参加对德战俘的宣传教育工作。1946年4月社会民主党与共产党合并成立德国统一社会党，与O.格罗提渥一同当选为主席。1949年10月任民主德国总统。

皮兰德娄 Pirandello, Luigi (1867-06-28～1936-12-10) 意大利戏剧家、小说家。生

于西西里岛，卒于罗马。曾在巴勒莫的理工专科学校和罗马大学学习，后赴德国波恩大学深造。1892年回国，从事诗歌、小说创作。1910年开始写剧本，1925年开始担任戏剧导演。他一生写了7部长篇小说、300多篇短篇小说、40多部剧本，以剧作成就最高。1934年获诺贝尔文学奖。

皮兰德娄早期的短篇小说和第一部长篇小说《被抛弃的女人》(1901)，描写19世纪与20世纪之交西西里的风土人情。以后，他的创作倾向发生了转折。认为人们置身于其中的客观世界以及人的自我世界，像万花筒一样变幻莫测，艺术再也无法立足于真实地摹写现实。长篇小说《已故的帕斯卡尔》(1904)、《老人与青年》(1913)、《一个电影摄影师的日记》(1915)均体现了这种观点。《已故的帕斯卡尔》借助怪诞、离奇的情节表明社会生活中充斥着迷乱、荒唐，人只能给"自我"戴上种种"假面"，逃遁于虚幻的现实之中，而最终仍然找不到一席安身之地。

皮兰德娄的戏剧创作可分为3个阶段。1898～1916年是早期阶段，作品主要是真实主义的方言剧和表现资产阶级生活的通俗剧。方言剧以《西西里柠檬》(1910)、《利奥拉》(1916)为代表。这些作品从思想到内容都属于社会剧的范畴，注重写实。通俗剧以家庭生活为题材，揭示人与人之间不正常的关系，《别人的权利》(1899)、《想一想，贾科米诺》(1916)较为典型。这些作品精心刻画人物的心理活动和思考过程，具有心理的深度和哲理性。

1916～1925年是第二阶段。皮兰德娄在这10年里创立了其独特风格，写出了一批哲理剧、怪诞剧和"戏中戏"式的剧作。《就是这样，"既然你们这样认为"》(1917)是一出哲理剧。把抽象的观念寓于象征性的事件和人物形象之中，以主题思想为中心，而不是以情节或冲突为中心将戏展开。从此，他的写作方式从写实转移到主观表现，艺术性质发生了变化。怪诞剧《帽子和铃铛》(1917)、《各尽其职》(1918)、《人、兽与美德》(1919)等描写一些离奇古怪、荒诞不经的故事，用夸张事物的外表形态的手法来揭露事物本质上的变态和畸形。《六个寻找作者的剧中人》(1921)是一部"戏中戏"剧作。《亨利四世》(1922)的主题说明人的双重人格，表现真正的自我与社会造就的自我之间的冲突，揭示荒谬冷酷的社会如何使人失去自我的本质。

1927年后，皮兰德娄的戏剧创作进入第三阶段，这一阶段的戏剧表现出存在主义哲学的思想倾向。《寻找自我》(1932)用精神分析法描写女演员处理职业与爱情关系的经过，通过幻觉、意识流刻画人物的心理活动。皮兰德娄还写了4部神话剧，表现出对社会、人生和艺术的新思考。《高山巨人》(1934)表现他对自己作品命运的忧虑和对戏剧艺术价值的怀疑。

皮兰德娄（左）与爱因斯坦

皮兰德娄对戏剧艺术的试验为后来的欧美先锋戏剧开辟了道路。

皮奈罗 Pinero, Sir Arthur Wing (1855-05-24～1934-11-23) 英国剧作家。生于伦敦，卒于伦敦。19岁成为职业演员，1881年加入草市剧院剧团，后转而从事戏剧创作。一生写过50多部剧作，题材丰富，形式活泼。他擅长写滑稽剧，其中最有代表性的剧目是《地方法官》(1885)。这类滑稽剧的最大特点是从一个不可能的前提出发，引出一系列既可笑又顺理成章的事件。感伤喜剧《芳香的薰衣草》(1888)轰动伦敦舞台。1889年，作者写出一部风格迥异的"问题剧"《浪子》。1893年，在圣詹姆斯剧院上演的"问题剧"《第二位坦科雷太太》，成功塑造了一个曾被认为"下贱"的女人的典型形象。

皮钦语 Pidgins 几种不同的自然语言在频繁接触地区混合而成的语言。在中国旧称洋泾浜语，近世语言学家建议采用音译皮钦语或比京语。它是在没有共同语言而又急于进行沟通的人群中发展起来的一种信息传递系统和语言形式。与自然语言相比，皮钦语的发展程度，词汇、语法结构以及所起的作用都有限，通常不能长期存在，使用期超过一个世纪的寥寥无几。当使用皮钦语的某个社团迁移到别处，或使用它的某个社团学会了对方的语言，该皮钦语即自然消失；当皮钦语自身得到发展，使用它的某个社团逐渐把它作为母语，则会慢慢发展演化为一种更高级的形式——克里奥尔语。

皮日休 Pi Rixiu（约834～约883后） 中国唐代文学家。字袭美，一字逸少。居鹿门山，自号鹿门子，又号间气布衣、醉吟先生。襄阳（今属湖北）人。出身于贫苦家庭。早年立志于功名，曾游历各地。懿宗咸通八年（867）进士。曾任苏州刺史从事、太常博士。黄巢军下江浙，为黄巢所得，黄巢称帝后，任翰林学士。他的死因说法不一。

现存皮日休诗文，均作于他参加黄巢起义军以前，表现了对当时封建统治的不满。他认为："古之置吏也，将以逐盗；今之置吏也，将以为盗。"又说："古之官人也，以天下为己累，故己忧之；今之官人也，以己为天下累，故人忧之。"(《鹿门隐书》)

皮日休的文章，如《忧赋》、《河桥赋》、《霍山赋》、《桃花赋》、《九讽》、《十原》、《鹿门隐书》等，均为有所为而作。他的诗，有两种不同的风格：一种继承白居易新乐府传统，语言平易近人，以《正乐府》10首为代表，具体生动地反映了当时社会的矛盾和他同情人民、抨击暴政的态度；另一种，走韩愈逞奇斗险之路，以在苏州时与陆龟蒙唱和描写吴中山水之作为代表。著有《皮子文薮》10卷。

皮萨诺父子 Pisano, Nicola and Giovanni 意大利雕塑家。父N.皮萨诺（Nicola Pisano，约1220～1278/1284），生于阿普利亚，卒于比萨。子G.皮萨诺（Giovanni Pisano，约1250～约1314年以后），生于比萨，卒于锡耶纳。N.皮萨诺早年在家乡受古典雕塑风尚的影响，后移居比萨。1260年，他完成了比萨洗礼堂讲经台（见图）的雕刻，首次以鲜明的古典风格表现基督教传统题材，形象多直接仿自罗马浮雕，体形壮伟，仪态端庄。1265～1268年作锡耶纳大教堂讲经台，1278年完成佩鲁贾城的喷水池雕刻。G.皮萨诺继承父业，其代表作是皮斯托亚城的圣安德烈亚教堂讲经台（1301）和锡耶纳大教堂讲经台的雕刻（1302～1310），

N.皮萨诺的雕刻作品——比萨洗礼堂讲经台

作品除发扬其父风格之外，还以精致典雅见长。

皮漱石 Pi Shushi（1897-02-01～1978-05-16） 中国天主教重要领导人之一。教名依纳爵。辽宁辽阳人。卒于北京。1909～1927年，先后在沈阳教区小修院和大修院学习。

1927年祝圣为神父。同年起在沈阳大修院任教，历任大修院、小修院和预修院代理院长。1942年起历任大连天主堂本堂神父。1949年被任命为沈阳总主教区总主教。1957年起担任**中国天主教爱国会**第一、二届主席。1958年主礼祝圣首批自选主教。历任全国政协第三、四、五届委员。在领导中国天主教开展反帝爱国运动，走独立自主、自办教会的道路方面有重要贡献。

皮斯卡托 Piscator, Erwin（1893-12-17～1966-03-30） 德国导演。生于乌尔姆，卒于施塔伦堡。20年代初期曾创办无产者剧院，经常到工厂演出。1927、1929年两次创办皮斯卡托舞台，用以实验他的政治文献戏剧。运用平地舞台、圆形舞台和转动带，采用文献资料、幻灯、电影、机械等扩大表现手段。他的实验为**B.布莱希特**史诗剧的创立提供了经验。法西斯统治年代，先后流亡苏联、法国、美国，导演过许多名家剧作。第二次世界大战后返回联邦德国，60年代初执导了许多具有深刻社会批判倾向的剧作。著有《政治戏剧》一书。

皮特（老） Pitt, William, the Elder（1708-11-15～1778-05-11） 英国政治家，首相（1766～1768），争夺殖民地的积极倡导者和组织者。又称老皮特。生于伦敦，卒于肯特郡海斯。出身于英印富翁之家。1737年被任命为宫廷官员。特别关注国家对外政策，主张维护商业利益，同法国争夺殖民地，反对**R.沃波尔**在对外关系上的温和方针。1756年11月，在卡文迪什内阁任国务大臣兼下院领袖，位同首相。主持外交和军事，把作战重点放在美洲、印度和海上，为英国争得海上霸权。1761年10月辞职。1766年7月，受命组成新阁，受封查塔姆伯爵。1768年因病去职。去世后葬于威斯敏斯特教堂墓地。

皮特（小） Pitt, William, the Younger（1759-05-28～1806-01-23） 英国政治家、首相（1783～1801，1804～1806）。又称小皮特。老皮特之次子。托利党人。生于肯特郡海斯，卒于普特尼。1782年7月任内阁财政大臣。1783年底受命组阁。主张自由贸易，减少国债。初期得不到下院多数信任，在国王乔治三世支持下，解散议会，重新大选，争得议会多数支持后继续执政。这种做法在英国内阁制历史上开创了先例。

任职初期，进行一系列财政、税制改革。在对外政策上，反对俄国和法国强大。曾三次（1793年2月，1798年底，1805年4月）组织反法联盟，干涉法国大革命，进行反对拿破仑一世的战争。在国内镇压民主运动，禁止集会结社，反对爱尔兰自治。1801年议会通过英爱《合并法》。建议授予天主教徒政治权利，遭反对去职。1804年5月再次组阁。病逝后葬于威斯敏斯特教堂墓地。

皮特尔角城 Pointe-à-Pitre 法国海外省瓜德罗普的最大城市和主要海港。位于瓜德罗普岛东部的格朗德特尔岛西南岸。人口约2万，包括郊区共约17万。始建于17世纪中期。1843、1871年遭地震、大火毁坏，后重建。1906年萨莱海峡上建桥后，皮特尔角城一直是重要商业中心。有水果罐头、榨糖、酿酒、制革、烟卷等工厂。瓜德罗普约95%的进口商品由此入境，主要输出蔗糖、朗姆酒、咖啡、香蕉和香料等。城郊有国际机场。

皮特凯恩群岛 Pitcairn Islands 太平洋中南部的英国海外领地。全称皮特凯恩、奥埃诺、迪西和亨德森岛。地处南纬25°04′、西经130°06′。属波利尼西亚岛群。群岛包括皮特凯恩岛与附近无人居住的奥埃诺、迪西、亨德森3个环礁。陆地面积47平方千米。人口50（2009），均为皮特凯恩

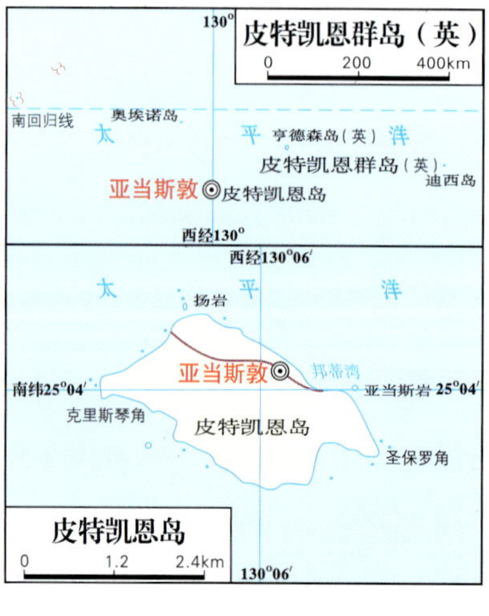

人。信奉基督教。官方语言为英语，本地语为英语和塔希提语的混合语。首府亚当斯敦。

皮特凯恩岛为火山岛，地势陡峭，最高海拔350米。属亚热带气候。年平均气温13～33℃。平均年降水量2 000多毫米。

1767年英国探险家菲力普·卡特莱发现皮特凯恩岛。当时岛上并无居民，但有人类活动的痕迹。1790年英国邦蒂号哗变船员和一些塔希提岛妇女到此定居。1887年正式成为英国殖民地。1898年起受英国西太平洋高级专员管辖，1952年行政权转归英属斐济总督。1970年斐济独立后，由英国驻新西兰高级专员兼任皮特凯恩群岛总督。

皮特凯恩岛风光

立法机构为10人组成的岛屿委员会（其中6人经普选产生），任期1年。政府日常事务由行政官主持，行政官经民选产生，任期3年。无党派组织。国防由英国负责。

其土地肥沃，出产水果、蔬菜和薯类。家庭捕鱼和饲养家禽较为普遍。工业以邮票和手工艺品制造为主。出口水果、蔬菜和手工艺品，进口燃料、机械、面粉、糖和其他食品。政府收入来自发行邮票、钱币销售、投资利润和英国政府的不定期赠款及给予外国渔船捕鱼许可权所得。无当地货币，使用新西兰元。

无港口、铁路和机场，只能通过少量不定期到来的船舶与外界保持联系。小学实行免费教育，岛上无中学，中学教育由新西兰免费提供。岛上教育官员每月出版4页《皮特凯恩杂集》（1959）的新闻报纸。设有一个广播电台。

皮特里 Petrie, Sir Flinders（1853-06-03～1942-07-28） 英国考古学家。生于查尔顿，卒于耶路撒冷。1875～1880年研究不列颠的斯通亨奇环状列石。1881年起，在埃及进行一系列考古调查和发掘，是埃及前王朝文化的发掘主持者之一。1892～1933年任伦敦考古学院的埃及学教授。1894年在伦敦创立埃及研究协会，1905年发展为不列颠考古学校。1923年获爵士称号。第一次世界大战后，在埃及孟菲斯等地及巴勒斯坦进行发掘。他是第一个用严格科学方法在埃及进行发掘的考古学家，所创立的顺序年代法至今仍为考古学家所袭用。著有《埃及十年之

发掘》、《考古学的方法与目的》、《史前埃及》等。

皮亚杰 Piaget, Jean (1896-08-09～1980-09-16) 瑞士儿童心理学家和发生认识论者、日内瓦学派创始人。生于瑞士纳沙泰尔，卒于日内瓦。1918年获纳沙泰尔大学生物学博士学位。曾当选为瑞士心理学会、法语国家心理科学联合会和第十四届国际心理科学联合会主席。还长期担任设在日内瓦的国际教育局局长和联合国教科文组织助理总干事之职。曾任瑞士《心理学杂志》主编多年。1955年在日内瓦创立国际发生认识论中心并终生担任主任。皮亚杰通过对儿童关于现实、因果、可能性与必然性、时间、空间、矛盾等逻辑－数学范畴和数、长度、重量、体积等的守恒的概念的形成，及其心理运算的起源与发展的大量实验研究，创立了发生认识论学科体系。主要著作有：《儿童的判断和推理》(1924)、《智慧心理学》(1947)、《发生认识论导论》(1950)、《运算逻辑试论》(1949)、《生物学与知识》(1967)、《心理发生与科学史》(1983)、《态射与范畴》(1987)等。

皮亚诺 Peano, Giuseppe (1858-08-27～1932-04-20) 意大利数学家、逻辑学家。生于库内奥附近的斯平里塔，卒于都灵。1876年入都灵大学学习，于1880年毕业。1884年起在都灵大学任数学讲师，后任教授。皮亚诺是研究数理逻辑和数学基础的先驱。他认为数学基础的研究困难在于语言含糊。为此，他创立了一种表意语言，所用符号简明易认，当用以分析各数学分支中大量的命题时，都说明这种语言足以表达各种数学思维。B.A.W.罗素曾赞扬皮亚诺的这一发现，认为推动了他关于数学原理的观点的发展。

他曾从不加定义的“集合”、“自然数”、“继数”与“属于”等概念出发，给出了关于自然数的五条公理。皮亚诺的这一公理系统，不仅是公理化中发生法的一个范例，同时还标志着当时数学分析算术化运动的终结。此外，他在分析学中，曾于1887年引进了一个比较严格的容度概念，并多次改进，从而使得一个区域的面积概念得以严密化并曾得到所谓皮亚诺面积、皮亚诺曲线等。

皮亚斯特王朝 Piast Dynasty 波兰历史上第一个封建王朝。9世纪和10世纪初，奥得河右岸和维斯瓦河左岸之间，出现古波兰人部落联盟的国家组织。传说中的创立者是皮亚斯特大公。其第四代统治者梅什科一世（约960～992年在位）在与德意志封建主侵略的长期斗争中，巩固和扩大了波兰国家版图。西里西亚、马佐夫舍、波莫瑞和维斯瓦河流域均纳入了波兰疆域，成为斯拉夫国家中的大国之一。公元966年梅什科一世接受基督教并引进了拉丁文，促进了国家封建化和文化的发展。10世纪末，勇敢者博莱斯瓦夫一世统一波兰，建立波兰王国。1320年，库雅维地区的大公矮子瓦迪斯瓦夫一世（1314～1333年在位）加冕为波兰国王，标志着波兰区域割据的告终。“伟大的”卡吉米日三世（1333～1370年在位）实行保护工商业政策，改革币制，扩大城市自治权，国力得到了进一步加强，并开始向东方罗斯地区扩展领土，1370年，卡吉米日三世去世绝嗣，王统中断，皮亚斯特王朝告终。

皮耶克尼斯 Bjerknes, Jacob (Aall Bonnevie) (1897-11-02～1975-07-07) 挪威、美国气象学家。V.皮耶克尼斯的长子，气象学挪威学派的主要成员。原籍挪威，生于瑞典斯德哥尔摩，卒于美国洛杉矶。1917年从德国莱比锡大学肄业。1919年担任卑尔根天气分析预报研究中心负责人。1924年从克里斯蒂安尼亚（今奥斯陆）大学毕业。1931年任卑尔根博物馆教授。1940年起任美国加州大学洛杉矶分校教授。获挪威、美国、丹麦和英国等政府和学术团体授予的20多项荣誉称号及奖赏。

1918年首先提出锋面气旋学说。1920年前后与V.皮耶克尼斯等提出气旋的生命史模式。20年代末期到30年代，他发现中纬度西风带中的大尺度波动。50年代研究海－气关系同气候变化的联系。60年代末提出著名的赤道东太平洋海面温度变化同中纬度大气环流之间存在着遥相关的论点，强调厄尔尼诺的影响及海气相互作用对大气环流的重要性。他除参加《物理流体力学及其在动力气象学上的应用》(V.皮耶克尼斯主编）的编写外，重要论著还有《移动性气旋的结构》、《气旋的生命史以及大气环流的极锋理论》(和H.索尔贝格合作)、《气旋理论》(和J.霍尔姆博合作)、《大气哈得来环流对赤道区海洋温度距平的可能影响》、《来自赤道太平洋的大气遥相关》等。

皮耶克尼斯 Bjerknes, Vilhelm (Friman Koren) (1862-03-14～1951-04-09) 挪威气象学家、物理学家。近代天气学和大气动力学主要创始人之一，气象学挪威学派的创始人。生于克里斯蒂安尼亚（今奥斯陆），卒于奥斯陆。1890年毕业于克里斯蒂安尼亚大学，后入德国波恩大学学习。1895年任斯德哥尔摩大学教授。1905年起兼任华盛顿卡内基学会（研究所）特约研究员达40年。1907年在克里斯蒂安尼亚大学任教授。1912年到德国莱比锡大学任教授，并组建和领导莱比锡地球物理研究所。1917年建立卑尔根地球物理研究所。1932年获英国皇家气象学会西蒙斯纪念金质奖章。

1897年提出著名的环流理论。1904年用力学和物理学的观点制订了长远的研究天气预报问题的计划。1910年在天气图上绘制流线，并分析辐合、辐散区。1913～1917年发现大气不连续面，并概括为冷锋、暖锋和锢囚锋等不同类型，提出气旋的极锋学说，创立气旋的现代模式，形成气象学的挪威（卑尔根）学派。1921年根据理论和观测事实，提出著名的大气环流图案。重要论著有与他人合著的三卷本《动力气象学和水文学》，其中第三卷《物理流体力学及其在动力气象学上的应用》是他本人及挪威学派研究成果的总结。

皮影戏 shadow play 中国戏剧形式之一。广义泛指影戏，因其为影戏中流行最广、影响最大的品种而成为影戏的代称。狭义指表演者操纵羊、牛、驴、骆驼等兽皮（亦间有纸质）制作的影偶（又称影人），借助灯光将影偶的活动影像投射在半透明的幕布上，表演戏剧，供人观赏。世界上许多国家与地区都有皮影戏存在，但内容风格、历史传承、操作技艺各有不同。皮影戏源于中国、印度、印度尼西亚、土耳其等亚洲国家。中国西汉（前2世纪）时已有方士（巫师）在汉武帝面前要弄影戏。印度的影戏由“看图说故事”发展而来，大约在公元2世纪时已有关于影戏的文字记载。印度尼西亚巴厘岛的皮影戏兴起于17世纪，《日本游戏史》载1674年日本已有职业性影戏演出。最初时的影戏大都与巫术、宗教活动相关，中国、泰国、爪哇等国家与地区至今尚有用于祭祀活动的影戏表演。中国影戏自宋以降，逐渐演变成为一种市民喜闻乐见的表演艺术。元代统治者则把影戏作为宫廷和军中之乐。成吉思汗的大军远征到欧亚大陆的广大地区时，将其传到波斯等阿拉伯国家，后又辗转传入

皮影操纵（辽宁凌源皮影）

土耳其、希腊等国。至今，希腊和土耳其仍称影戏为“中国皮影”。13世纪末，**马可·波罗**等将影戏带回意大利。1767年，一位名为居阿罗德的法国天主教传教士将中国皮影的制作方法与表演形式带回法国，以此为基础创造了法国皮影戏。1776年，中国皮影戏传入英国。1774年，诗人歌德在展览会上向德国观众介绍中国皮影戏。

影人的结构与雕镂艺术　制作影偶是皮影戏的第一道工序。中国在南宋时临安已有刻镂影人的行业，先为素纸刻镂，后为彩色羊皮刻镂。现在最普遍的是驴皮和牛皮、羊皮刻镂的影偶。一般影人的头面称头楂，多采用侧面刻镂的五分脸，使用通天鼻梁，除眉、眼、口外，全部镂空。影偶头楂的色彩分为红、绿、黄、白、黑五种，以浅深浓淡、勾勒烘染的手法，表现不同的人物形象和性格。专人专脸、花纹成套。据说影戏的头楂系由唐代的代面演变而来，或夸大或缩小，或化繁为简、以虚代实，或写实象形，创造了各种人物形象，成为中国独有的一种工艺美术品。

皮影的操纵艺术　皮影戏的操纵技艺以中国最高。早在宋代，皮影戏“一口叙述千古事，双手对舞百万兵”的形式已臻完善。现代的操纵方法则形成于清代道光年间。虽形式不一、方法各异，但基本是一根颈条、两根手条。通常左手持影人的颈条，右手大拇指与食指夹拿影人的右手条，中指与无名指夹拿影人的左手条。20世纪80年代法国出现了一些打破传统皮影技术的现代表演方法，如列斯格的皮偶表演。他承认自己受东方皮影戏的影响，他说：“影子具有双重使人分裂的效果，它也表现人们对文明的梦幻。”

枇杷　*Eriobotrya japonica*; loquat　**蔷薇科**枇杷属的一种。常绿小乔木。因叶片状似琵琶，故名。亚热带果树。原产中国长江上游。现以浙江、江苏、福建、台湾为主要产区。叶片长椭圆形，叶厚，革质，叶缘有粗锯齿，背面密生灰白或黄白色茸毛。在枝条的先端着生复总状花序，花白色有芳香。梨果球形至椭圆形，肉色浅黄至橙黄。品种有100个以上，根据肉色可分为红沙种和白沙种两大类。枇杷分布区年平均温度多在15℃以上。喜温暖湿润而阳光充足的气候和肥沃、排水良好的土壤。实生、**嫁接**或高空**压条**繁殖均可。花后或早春进行疏果。果实含水分85%～90%，糖8%～12%和较丰富的维生素A。除鲜食外也可制罐。果实和叶片制成的枇杷膏和枇杷叶膏是润肺止咳药。花为良好的蜜源。树形整齐而叶常绿，晚秋开花，是中国古典园林中有名的观赏树种之一。

毗诃罗　vihara　印度佛教建筑的一种形制。特指僧人集体居住静修的精舍、僧院、学园，后亦泛指寺院。一般形制平面呈方形或长方形，带有前厅或门廊。平顶大厅除入口一面外，三面侧壁均辟有数间方形单人小室，后壁往往设有供奉佛像的圣所。保存至今的独立式砖砌毗诃罗较少，石窟毗诃罗（即毗诃罗窟）较多。毗诃罗通常与**支提**相邻，后期逐渐混合为一。

毗舍佉达多　Viśākhadatta（约生活在7、8世纪）　印度古代戏剧家。生平事迹不详，仅据他的剧本序幕中舞台监督的介绍，得知他出身贵族世家。他至少写有4部剧本，但流传下来的只有一部7幕政治剧《指环印》。以公元前4世纪的印度历史为背景，描写孔雀王朝取代难陀王朝后，新王朝宰相贾那吉耶利用旧王朝宰相罗刹的一个指环印，巧施反间计，迫使罗刹归顺新王朝。该剧情节复杂，自始至终描写政治斗争，完全依靠步步深入的戏剧冲突吸引观众，在古典梵语戏剧中别具一格。

毗湿奴　Viṣṇu　印度教三大神（另为梵天和**湿婆**）之一，为保护之神。意译“遍入天”。形象为肤色深蓝，四面四臂或八臂。中间是表情平和的人面，其余三面则以神秘玄妙的样子表现他的特质：知识、力量、高贵气派、阳刚之美、才智和光彩。手执法螺、轮宝、仙杖、莲花。以金翅鸟为坐骑，亦携一弓一剑。传说恒河发源于他的脚掌。在吠陀时代早期为太阳的人格神，地位一般，但已有三步跨越三界的故事。在梵书时代，被等同于全能的吠陀祭祀，偶尔被当作最高神。公元4世纪后的《毗湿奴往世书》等经典将化身观念发展为毗湿奴定期下凡救世的理论。9世纪左右，毗湿奴教派产生，被定为最高神，集创造、保护、毁灭功能于一身，既是宇宙的本源，又是最初的动因。在不同的条件下，可以是梵天、毗湿奴自身和湿婆。毗湿奴有无数种化身，但主要化身是10种，其中最重要的有**克里希那**和罗摩。妻子有阿底提、悉尼伐哩、**吉祥天女**、萨拉斯瓦提等，因此平时与吉祥天女坐于莲花或莲叶之上。

毗湿奴石刻

铍　beryllium　**化学元素**，元素符号Be，原子序数4，原子量9.012 182，属周期系ⅡA族。**碱土金属**。1798年N.-L.沃克兰对绿柱石和祖母绿进行化学分析时发现了氧化铍。1828年**F.维勒**利用钾还原熔融氯化铍制得铍。英文名来源于绿柱石的英文beryl。铍在地壳中的含量为2.8×10^{-4}%。主要矿物有绿柱石（$Be_3Al_2Si_6O_{18}$）、硅铍石（Be_2SiO_4）、硅酸铍石[$Be_4Si_2O_7(OH)_2$]和硅钡铍石（$BaBe_2Si_2O_7$）等。

铍是钢灰色金属，密度1.85克/厘米^3，熔点1 287℃，沸点2 471℃。氧化态+2。铍与元素周期表对角线位置的**铝**的化学性质更相似，能形成保护性氧化膜，即使红热状态在空气中也稳定。常温下与水不反应，与稀酸、碱反应，与浓硫酸反应慢；在冷浓硝酸中钝化。重要化合物有氧化铍、氢氧化铍、氢化铍、氟化铍、氯化铍、硫酸铍等。

工业上从绿柱石、硅酸铍石等矿物提取铍的化合物。用金属热还原法或熔盐电解法制备铍。金属铍用作反应堆中子减速剂、中子反射体。铍铜合金用于制造不产生火花的工具和飞机发动机的关键部件等。铍也用作X射线管窗口。铍质轻、热稳定性好、弹性模数高，其合金已成为飞机、导弹的结构材料。铍有毒，烟尘中的铍化合物被吸入后会引起呼吸道损伤，导致肺炎和慢性病。可溶性铍盐特别是氟化铍接触皮肤可引发皮炎。

疲劳　fatigue　一种复杂的心理生理现象，尚无公认的定义。一般认为，疲劳是介于清醒与睡眠之间的过渡状态，它的一端指向睡眠，另一端指向放松和休息。还有人认为，可将疲劳区分为心理疲劳和生理疲劳。心理疲劳又称脑力疲劳，是一种缺乏动机与警觉的主观感觉，表现为头脑昏沉、注意力不易集中、思考困难、健忘、欲望下降、工作效率下降且易出差错。生理疲劳又称体力疲劳或肌肉疲劳，是经过一定体力负荷后肌肉缺乏力量的现象。另有一种意见将疲劳分为4种：①体力疲劳。②脑力疲劳。③心理疲劳。④病理疲劳。

在临床上疲劳是多种疾病的主要症状或伴随症状。美国疾病控制中心（CDC）1994年将自我报告持续1个月以上的疲劳称为长时间疲劳；将持续或反复发作6个月以上的疲劳称为慢性疲劳。因不感兴趣而产生的困倦状态称为厌倦，是疲劳的一种特殊状态，其产生的原因是大脑皮层的激活水平降低。评定疲劳的方法有：脑电图、心率、生化指标、心理运动测量和心理测验等。脑电图中α波和θ波的增加、β波的减少是困倦和睡眠状态的标志，也是疲劳出现的标志。

疲劳 fatigue 在循环加载下发生在材料或结构某点的局部、永久性损伤的传递过程。经足够的应力或应变循环后，损伤积累可使材料产生可见裂纹，并进一步扩展至完全断裂，称为疲劳破坏。

疲劳特征 疲劳破坏是一种损伤积累过程，它的力学特征主要表现为：①疲劳破坏需要经历多次循环加载才发生，循环应力远小于静强度极限，甚至小于屈服极限。②即使是塑性材料，破坏时一般也无明显的塑性变形。③在破坏的断口上，通常呈现两个区域，一个是光滑区，一个是粗颗粒状区。以上现象可这样解释：在循环应力下，构件内部应力集中与材质薄弱或存在微缺陷的局部将出现微裂纹，称为疲劳源。疲劳源微裂纹面随着应力循环，时而分离，时而挤压，或反复变向错动，使裂纹面缓慢扩展，形成光滑区。当裂纹扩展使构件残存截面不足以抵抗外载时，构件突然断裂，形成颗粒状区。

循环应力 周期变化的应力。疲劳破坏是在循环应力或循环应变下发生的。

疲劳寿命 在循环载荷下，产生疲劳破坏所需的应力或应变循环数。破坏循环次数高于10^4～10^5的疲劳称为高循环疲劳（高周疲劳）。一般振动元件，传动轴的疲劳属此类。破坏循环次数低于10^4～10^5的疲劳称为低循环疲劳（低周疲劳）。典型实例有压力容器、燃气轮机构件的疲劳。很多在变幅循环应力作用下的构件的疲劳可能是上述二者的混合。

疲劳性能 高循环疲劳的裂纹形成阶段的疲劳性能常以S–N（应力–寿命）曲线表征。S–N曲线需通过试验确定。

循环应力中最大应力小于某一极限值时，试件可经受无限次应力的循环而不产生疲劳裂纹，该极限应力值就称为疲劳极限或持久极限。如图中S–N曲线水平段对应的纵坐标就是疲劳极限。

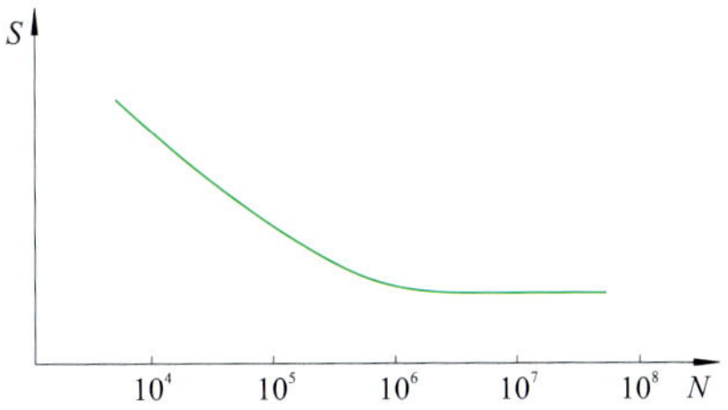

碳钢S–N曲线

表征低循环疲裂纹形成阶段的疲劳性能有ε–N（应变–寿命）曲线和循环应力–应变曲线，它们都是通过控制恒定的应变幅的试验测定的，所以低循环疲劳又称应变疲劳。

疲劳强度设计 fatigue strength, design for 对承受循环应力的零件和构件，根据疲劳强度理论和疲劳试验数据，确定其合理的结构和尺寸的机械设计方法。材料经过一定的应力循环后，由于疲劳损伤的积累，形成裂纹，裂纹在应力循环下继续扩展，直至发生全截面脆性断裂。机械零件和构件对疲劳破坏的抗力，称为零件和构件的疲劳强度。应用疲劳强度设计能保证机械在给定的寿命内安全运行。疲劳强度设计方法有常规疲劳强度设计、损伤容限设计和疲劳强度可靠性设计。

常规疲劳强度设计 在常规疲劳强度设计中，应考虑到对应于不同循环特征，有不同的S–N曲线、疲劳极限和有限寿命的条件疲劳极限。常规疲劳强度设计按照不同的应用分为：①无限寿命设计。将工作应力限制在疲劳极限以下，即应用S–N曲线的水平段进行设计，零件的疲劳寿命假设是无限的。②有限寿命设计。目的是在保证使用寿命的条件下，容许采用超过疲劳极限的工作应力，以减小零件截面，减轻重量。

损伤容限设计 以断裂力学为理论基础，以断裂韧性试验和无损检测技术为手段，对有初始裂纹的零件，估算其剩余寿命。

疲劳强度可靠性设计 在规定的寿命内和规定的使用条件下，保证疲劳破坏不发生的概率在给定值（可靠度）以上的设计。

啤酒 beer 以麦芽（包括特种麦芽）为主要原料，加啤酒花，经酵母发酵酿制而成的含二氧化碳的起泡、低酒精度（体积分数2.5%～7.5%）发酵酒。现在国际上的啤酒大部分均添加辅助原料。但在德国，除制造出口啤酒外，国内销售啤酒一概不使用辅助原料。常用的辅料有玉米、大米、小麦等。啤酒生产可分为麦芽制造、啤酒酿造、啤酒灌装三个主要过程。啤酒具有独特的苦味和香味，营养丰富，含有各种人体所需的氨基酸及多种维生素（如维生素B_1、B_2、B_6）以及矿物质等。

发展 已知最古老的酒类文献，是公元前6000年左右巴比伦人用黏土板雕刻的献祭用啤酒制作法。公元前4000年美索不达米亚地区已有用大麦、小麦、蜂蜜制作的16种啤酒。啤酒的酿造技术是由埃及通过希腊传到西欧的。中世纪以前，啤酒多由妇女在家庭酿制。在中世纪的德国，使用啤酒花作苦味剂的德国啤酒也已输往国外。19世纪初，英国的啤酒生产工业化。在美洲大陆，17世纪初由荷兰、英国的新教徒带入啤酒技术，1637年在马萨诸塞建立最初的啤酒工厂。不久，啤酒工业迅速发展，使美国成为超过德国的啤酒生产大国。

在中国，1900年俄国人在哈尔滨市首先建立乌卢布列希夫斯基啤酒厂；1903年德国人和英国人合营在青岛建立日耳曼啤酒公司青岛股份公司（青岛啤酒厂前身）。此后，不少外国人在东北和天津、上海、北京等地建厂。1949年后，中国啤酒工业发展很快。

类型 有多种分类方法。①以杀菌方式分。分为熟啤酒、生啤酒和鲜啤酒。②以发酵方式分。分为：上面发酵啤酒，生产周期短，设备周转快，啤酒有独特风味，但保存期较短，下面发酵啤酒，生产周期较长，酒液澄清良好，泡沫细腻，风味好，保存期长。中国和大多数国家均采用下面发酵法生产啤酒。③以色泽分。分为三种：淡色啤酒，色泽金黄，口味淡爽，酒花香味突出；浓色啤酒，色泽红棕，口味醇厚，苦味较轻，麦芽香味浓；黑啤酒，深红棕乃至黑褐色，原麦汁浓度高，口味醇厚，麦芽香味突出。此外，尚有特种啤酒，如干啤酒、低醇啤酒、无醇啤酒、小麦啤酒、浑浊啤酒、冰啤酒等。

著名啤酒 主要有产于捷克的比尔森啤酒，产于德国的多特蒙德啤酒和慕尼黑啤酒，产于英国的爱尔啤酒和司陶特黑啤酒，产于中国的青岛啤酒等。

典型特征 不论色泽深浅，均应清亮、透明，无混浊现象；注入杯中时形成泡沫并洁白细腻、持久、挂杯；有独特的麦芽、酒花香和苦味，浓色啤酒具有浓郁的麦芽香并酒体醇厚；含有饱和溶解的二氧化碳，饮用后有一种舒适的刺激感；应长时间保持其光洁的透明度，在规定的保存期内不应有明显的悬浮物。

饮用 啤酒经火车、汽车运输颠簸后，不可立即饮用，需经两天左右的静置，以消除可能引起喷涌的物理因素。不可受到阳光直接照射，应存放在阴凉处，储存温度以7～9℃为宜。适宜饮用温度为12℃左右。

啤酒店暴动 Beer Hall Putsch 1923年11月A.希特勒和E.鲁登道夫等人在慕尼黑发动的法西斯未遂政变。又称希特勒暴动。1923年，巴伐利亚邦长官G.von卡尔、驻巴伐利亚德国国防军司令O.von洛索和邦警察局长H.von赛塞尔为首的分离主义者企图维护君主制度，对抗共和国政府。他们同希特勒及其他民族主义团体联系甚密。希特勒试图利用**魏玛共和国**的危机发动政变，建立民族主义的独裁统治。

11月8日晚，当卡尔等应慕尼黑某些企业团体之邀，在比尔格布罗伊凯勒尔啤酒店讲演时，希特勒率冲锋队包围会场，宣布举行“民族革命”。希特勒将卡尔、洛索和赛塞尔赶进隔壁房间，用手枪胁迫他们一道组织新政府，未获成功。然而希特勒对外却谎称三人已同意组成新政府，并宣布由他接管全国政府的政策指导工作，由鲁登道夫领导国防军。翌日晨，国防军和邦警察的部队在陆军部周围布置了封锁线，包围了奉希特勒之命占领陆军部的H.希姆莱和E.罗姆所率领的武装团体“帝国战旗”。中午，当希特勒和鲁登道夫等人率游行队伍前去解救被围的罗姆时，警察阻止队伍前进，双方发生枪战。16名纳粹党徒和3名警察饮弹毙命，希姆莱和罗姆投降。H.戈林受重伤，逃到奥地利，暴动失败。希特勒和其他纳粹头目均被逮捕。鲁登道夫因得法官同情而获释。希特勒被拘禁于兰茨堡监狱。次年4月1日被判处5年徒刑。但同年12月即获释，出狱后继续从事法西斯活动。

啤酒花 *Humulus lupulus*; European hop 桑科葎草属的一种。多年生缠绕草本植物。又称忽布（由hop译音而来）、酒花。《本草纲目》中称蛇麻花。花为酿造**啤酒**的配料。原产欧、美和亚洲西部。中国主要在北方种植。

茎枝和叶密生细毛，并有钩刺。叶对生，

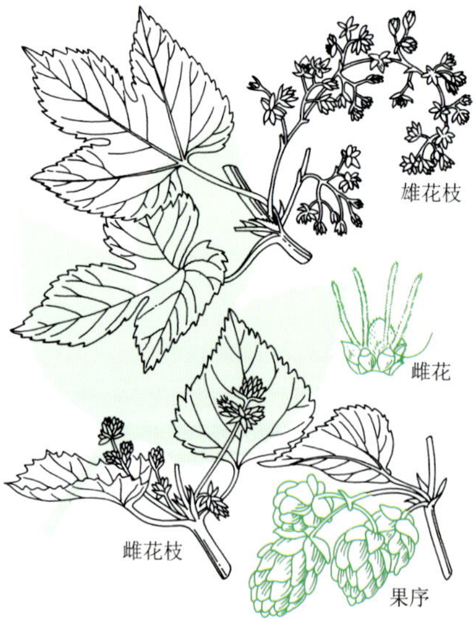

啤酒花形态

卵形，三至五裂，稀七裂或不裂，边缘具粗锯齿。单性花，雌雄异株，雄花圆锥花序，雌花两朵着生于每个苞片的腋部，成短穗状花序，酿酒只用雌花。瘦果，果期苞片增大成球果状，呈黄绿色。宜生长于温带冷凉地区。要求光照充足、夏季凉爽、冬季比较暖和的气候和肥沃的土壤。一般在3、4月间，用头年生带有3、4对芽的根状茎**扦插**繁殖。栽深约10厘米，株行距1.5米×1.5米。每亩种植280～300株。6、7月开花，8、9月成熟采收。

啤酒花中含苦味质，是制作啤酒必需的添加剂。茎皮纤维可作造纸原料。

琵琶 pipa; Chinese lute 中国拨奏弦鸣乐器。初以演奏方法而名为“批把”，即右手向前弹出曰“批”，向后弹进曰“把”。凡抱在怀中用此法弹奏的乐器，早期都称琵琶。

在中国历史上，琵琶有圆形音箱和半梨形音箱两类。圆形音箱的琵琶，相传为秦代在鼗鼓（拨浪鼓）上安弦而改其为拨弦乐器，称弦鼗，后世称秦琵琶。到汉代定型为4弦12品，用手弹拨。汉代解忧公主带到西域，又名汉琵琶。晋代阮咸以擅弹此乐器出名，后人又称为阮咸琵琶，简称**阮**。秦琴、**月琴**、**三弦**、双清等属此系统。半梨形音箱的琵琶于4世纪由印度传入。曲颈，颈上4相，用拨子弹奏。为区别于当时的直柄圆形汉琵琶，故名曲颈琵琶；又因传入地，称龟兹琵琶。5弦、6弦、2弦琵琶（忽雷）及火不思等属此系统。宋代以后，曲颈琵琶名琵琶，汉琵琶名阮咸。

隋唐时曲颈琵琶颇为流行。至明代，已发展为4相9品，19世纪初为4相10品，20世纪初增为12品，音域扩大至3个八度。演奏方法也改横弹为竖弹，以5个手指代替拨子弹奏，扩展了该乐器的演奏技法和表现力。30年代初又增为6相18品，现为6相25品，半音齐全，广泛应用于歌、舞、曲艺、戏曲的伴奏，以及器乐合奏、重奏和独奏。

琵琶独奏曲有大曲、小曲之分。大曲又称大套，多为多段形式的紧密有机整体或小曲联套形式。大曲中又有文、武曲之别。文套风格秀雅，如《夕阳箫鼓》、《汉宫秋月》；武套气概雄健，如《**十面埋伏**》、《海青拿天鹅》。小曲又称小套，通常为68板结构。

《琵琶记》 *The Romance of the Lute* 中国元代**南戏**作品。作者**高明**。《琵琶记》是宋元时民间流行的蔡伯喈的故事，尤其是在“戏文之首”《赵贞女蔡二郎》的基础上进行再创作而成。在宋代民间讲唱、戏文中，蔡伯喈是一个弃亲背妇的反面人物，高明却把他改写成孝义两全的正面形象。《琵琶记》写蔡伯喈被其父逼迫赴京应试。中状元后，牛丞相奉旨招他为婿。他辞婚、辞官均不获准，被逼入赘相府。时值家乡遭逢荒年，其妻赵五娘历尽艰辛侍奉公婆。她求得赈米供养二老，自己却暗吞糠秕。年迈双亲盼子不归，气饿而亡。五娘剪发买葬，安葬公婆后，又持琵琶卖唱，寻夫至京。最后夫妻团圆，庐墓一门受旌表。

这是一部思想内容比较复杂的作品。它一方面揭露了封建统治阶级专横自私、欺压百姓的黑暗社会现实，告诫读书人应试求官会带来灾难，宣扬“真乐在田园，何必当今公与侯”的避世思想；另一方面又以提倡道德风化为创作宗旨，不厌其烦地宣扬子孝妻贤等封建伦理观念。

赵五娘是剧中塑造得最成功的形象，她的不幸遭遇反映了中国封建社会里许多妇女身受的深重苦难，体现了中国妇女吃苦耐劳、坚韧不拔的传统美德和克己待人的牺牲精神。蔡伯喈是一个软弱动摇的知识分子，他被迫屈从权势，生活在富贵之中，内心却充满痛苦。他希望忠孝两全，结果却忠孝两不全。这个悲剧形象暴露了封建道德自身的矛盾及其不合理性。

《琵琶记》被称为戏文中的“绝唱”（何良俊《四友斋丛说》），它描写人情真实细腻，婉转曲折。剧中双线交错发展，以富衬贫，以喜衬悲，二者成鲜明对比，有力地表现了戏剧冲突，加强了悲剧的气氛，文词以本色为主而又文采斐然。

《琵琶记》是将民间戏文与文人创作结合的成功之作，它把南戏创作提高到艺术上比较成熟、能雅俗共赏的新阶段。《琵琶记》成为南戏创作的范本，获得“曲祖”（魏良辅《曲律》）、“南曲之宗”（黄图珌《看山阁集闲笔》）的称誉，对后世的戏剧创作产生了深远的影响。

脾 spleen 存在于脊椎动物体内最大的淋巴器官（见**淋巴循环**）。位于左上腹胃的背面，胃与膈之间，为表面有被膜覆盖的实体性器官，被膜为较厚的致密结缔组织，内有少量平滑肌。脾一侧有一凹陷，即脾门。血管、神经由此进出脾脏。脾可分为膈、脏两面，上、下两缘；上缘较锐利，朝向前上方，上缘靠前部有2～3个脾切迹，当脾肿大时，脾切迹是触诊的标志。另外在脾的附近，大网膜中有时可出现副脾，在脾功能亢进而做脾切除术时，应同时切除副脾。脾的表面有被膜包被，被膜结缔组织从四周向脾内部伸入，形成许多条索状的小梁。小梁相互连接构成支架，支架之间为脾的实质部分。哺乳动物的脾，实质大部为紫红色，称红髓。红髓中星散地分布着一些灰白色的点样结构，称白髓。白髓主要由淋巴组织构成，红髓由条索状的淋巴组织——脾索和通连成网的血窦——脾窦构成。

脾具有多种功能：①是胚胎阶段重要的造血器官，胚后成为淋巴器官。②是血液尤其是血细胞重要的储存库。③是血液有效的过滤器官。④可产生有力的细胞免疫和体液免疫反应。

脾不统血证 spleen failing to manage blood, syndrome of 因脾气虚弱，不能统摄血液而致血溢脉外所引起的中医学证候。常见于便血、衄血、皮下出血、崩漏等疾病。

脾不统血证是气不摄血的病机反映，它不仅与脾主统血直接相关，而且与脾化生气血的功能也有密切关系。因脾胃为气血生化之源，脾运健旺则气血充盈，气能发挥固摄作用，血液就能循其常道而不致溢出脉外。若脾胃素虚、因饮食所伤、劳倦思虑伤脾、久病耗伤脾气，可使脾气虚弱、运化失司、气血生化无源，因而气血虚亏、固摄无力、血溢脉外而致出血。临床表现主要包括两个方面：一为脾气虚弱，运化无力，气血亏虚，可见食后腹胀、大便稀溏、肢体倦怠、少气懒言、面色萎黄、舌淡苔白、脉缓弱；一为多种出血症状如便血、尿血、月经过多、崩漏等。治疗以补气摄血为法，可随证选用归脾汤、黄土汤、八珍汤等方。

脾功能亢进 hypersplenism 脾脏对血液细胞成分的过滤和吞噬作用过度增强的现象。脾功能亢进把正常的血液细胞成分也吞噬破坏了。主要见于脾脏吞噬成分增生（炎性疾病如黑热病）或继发于充血性脾肿大，两者均伴有血流通过时间的延长。因此，表现为脾脏肿大和血液细胞成分的减少，如贫血、血小板减少或粒细胞减少。骨髓可见代偿性增生，而脾切除可以纠正血液的异常改变。脾脏的浸润性病变（如淋巴瘤或慢性白血病）一般不引起脾功能亢进。

脾气下陷证 sinking of spleen qi, syndrome of 因脾气亏虚，升举无力，气反下陷所引起的中医学证候。常见于崩漏、脱肛、阴挺、久泻、久痢等疾病。脾位于中焦，根据五脏配五方的理论，脾属于中央，所以脾气又称为中气，脾气下陷又称为中气下陷。

脾气下陷证多为脾气虚证的进一步发展。饮食劳倦或久痢久泻损伤中气，导致脾气不足、升举无力，则清气不能上升反而下陷为患，形成脾气下陷证。临床表现主要为：脘腹重坠作胀、食入益甚，便意频数、肛门重坠、久泻久痢、甚至脱肛，或崩漏下血、子宫脱垂，小便混浊如米泔水，少气乏力、肢体倦怠、声低懒言，头晕目眩，体形消瘦，面色萎黄，舌淡苔白，脉弱。临床上根据或泻，或痢，或脱肛，或崩漏，或子宫脱垂等气失固摄、升举无力的不同表现，诊断为不同疾病。治疗以健脾益气，升阳举陷为法。可选用补中益气汤、升陷汤、举元煎等方。

脾气虚证 deficiency of spleen qi, syndrome of 因脾气不足、运化失健所表现的中医学证候。多因饮食失调、劳累过度以及其他急慢性疾病耗伤脾气所致。临床表现为纳少、腹胀（饭后尤甚）、大便溏薄、肢体倦怠、少气懒言、面色萎黄或㿠白，或浮肿、或消瘦，舌淡苔白、脉缓弱。脾气虚证以运化功能减退和气虚证共见为辨证要点。少气懒言、肢体倦怠、面色萎黄或㿠白、舌淡苔白、脉缓弱，为气虚证之表现。脾气不足、运化失健，则腹胀，食后益甚，纳少。水湿不化，流注肠中，见大便溏薄；水湿流溢肌肤，见水肿。气血化源不足，形体失养，可见形体消瘦。治宜益气健脾，方用香砂六君子汤、参苓白术散等。

脾肾阳虚证 yang deficiency of spleen and kidney, syndrome of 因脾肾两脏阳气虚衰，温化功能减弱所引起的中医学证候。多由脾、肾之病耗气伤阳，或久泻久痢，或水邪久踞，以致肾阳虚衰不能温养脾阳，或脾阳虚久累及肾阳，终致脾肾阳气俱衰。临床表现为面色㿠白，畏寒肢冷，腰膝或下腹冷痛，久泻久痢，或五更泄泻，或下利清谷，或小便不利，面浮肢肿，甚则腹胀如鼓，舌淡胖，苔白滑，脉沉细。脾肾阳虚证一般以腰膝、下腹冷痛、久泻不止、浮肿等与寒证并见为辨证要点。脾肾阳气虚衰，不能温煦形体，则面色㿠白，畏寒肢冷，腰膝冷痛。阴寒内盛，寒主收引，故见下腹冷痛。脾阳虚，水谷不化，见久泻久痢。肾不主水，脾失制水，见尿少，水肿，甚则腹大如鼓，一身面目皆肿。治宜温补脾肾，水肿为主用真武汤、实脾饮；腹泻为主方用附子理中汤合四神丸。

脾胃不和证 incoordination between spleen and stomach, syndrome of 因脾胃功能失调所引起的中医学证候。常见于胃脘痛、腹胀、呕吐、嗳气、泄泻、便秘等疾病。凡能引起脾胃功能失调的原因，如饮食不节（洁）、思虑太过、劳累过度、误吐误下等均可导致脾胃不和证。临床表现为食欲减退与食后腹胀同时并见，脘腹胀痛甚或腹泻、嗳气、恶心、呕吐等症。脾胃在生理、病理上是相互影响的。一般消化不良、食后腹胀、大便溏薄，其病变主要在脾；食欲不振或嘈杂易饥，其病变主要在胃。脾胃同病，以健脾和胃为主要治法，可选枳术丸、健脾丸等方剂。如属脾胃气阴两虚证，可改用参苓白术散等方。

脾阳虚证 deficiency of spleen yang, syndrome of 因脾阳虚衰，阴寒内盛所表现的中医学证候。又称脾胃虚寒证。多由脾气虚证发展而来，或过食生冷，或肾阳虚，火不生土所致。临床表现，腹胀纳少，腹满时减，腹痛喜温喜按，口泛清水，大便溏薄清稀，四肢不温，或肢体困重，或周身浮肿，小便不利，或白带量多质稀，小腹下坠，腰腹酸沉。舌淡胖，苔白滑，脉沉迟无力。脾胃虚寒证，以脾失健运和寒象表现为辨证要点。脾阳不足，运化失健，则腹胀纳少；阳虚阴盛，寒从中生，寒凝气滞，故腹痛喜温喜按；阴寒之气内盛，水湿不化，见口泛清水，大便溏泄，甚则完谷不化，小便不利，水肿。妇女带下清稀、腰腹酸沉，属寒湿下注。治宜温中健脾，方用理中汤。

脾肿大 splenomegaly 脾脏大小超过正常范围的病理现象。正常成人的脾长约12厘米，宽约7厘米，厚约4厘米，重100～200克。临床上除膈低位或体质瘦弱的无力型人外，正常脾一般在左肋缘下不能触到。能触到脾时应考虑脾脏肿大。脾肿大绝大部分为继发性。

病因 ①急性或亚急性感染性：病毒感染、细菌性感染、立克次氏体感染及寄生虫感染。②慢性感染：病毒感染、细菌性感染、霉菌感染、螺旋体感染及寄生虫感染。③郁血性脾肿大，见于肝硬化、慢性右心衰竭、慢性缩窄性心包炎、门静脉血栓形成、脾静脉血栓形成。④自身免疫性疾病脾肿大。⑤血液病性脾肿大。⑥单核－巨噬细胞病性脾肿大。⑦结节病。⑧淀粉样变性病。⑨脾肿瘤。⑩脾囊肿。

诊断 脾肿大通过触诊或叩诊或X射线、超声波、放射性核素扫描、CT等手段来确定。其中放射性核素扫描和照相还能对脾的储血、滤血、造血等生理功能作进一步检查。对肿大的脾脏应注意其质地硬度，边缘是否整齐、表面是否光滑、有无压痛。急性传染病患者的脾质较软，而慢性传染病、肝脏病、肿瘤患者的脾质较硬。慢性充血性脾肿大时，脾表面光滑、形状规则。脾脏的肿瘤、囊肿、结核或恶性淋巴瘤可使脾表面呈结节状或凸凹不平。当合并脾周围炎或病变涉及脾被膜时，可感到疼痛，并有明显触痛。

治疗 应针对脾肿大的病因作相应处

理。肿大显著、造成明显压迫症状，或合并脾功能亢进导致严重贫血（特别是溶血性贫血）、出血或反复感染时，考虑行脾切除术。

蜱 Ixodida; tick 节肢动物门蜱螨亚纲蜱目动物的统称。分布遍及全世界，已记录3科约880种，以热带和亚热带地区种类最多。

蜱目体型在蜱螨亚纲中最大，成蜱体长2～10毫米，饱血雌蜱可达30毫米。表皮革质，躯体背面或具骨化的盾板。气门一对，有气门板围绕，位于足Ⅳ基节外侧。眼1～2对，或无。足分6节，末端有爪一对，爪间或具爪垫；足一跗节具一感觉窝，称为哈氏器，是化学感受器，借以寻找宿主。蜱类的颚体称为假头。口器特化，由一对螯肢和一片口下板构成，后者具成列的逆齿。须肢4节，末端无爪。

蜱分卵、幼蜱、若蜱和成蜱4期。均营寄生生活，大多数蜱类是人畜传染病和寄生虫病的传播媒介。可直接或间接造成人畜死亡。少数某一虫期不吸血。宿主包括哺乳类、鸟类、爬行类和两栖类。多数种类侵袭人体。有的种类是某些疫源性疾病的传播媒介，对人畜的健康危害很大。

蜱螨亚纲 Acari 节肢动物门蛛形纲中一个极大的类群。包括蜱类和螨类。共431科、3 672属约45 200种。头、胸、腹常愈合而不分节。身体分颚体和躯体两部分。颚体突出于体前端，和昆虫的头部不同，无眼和触角；须肢在颚体两侧是感觉器官，中间有螯肢是取食器官。蜱螨在幼虫期时有3对足，其他各期有4对足。蜱螨亚纲分为3个总目：

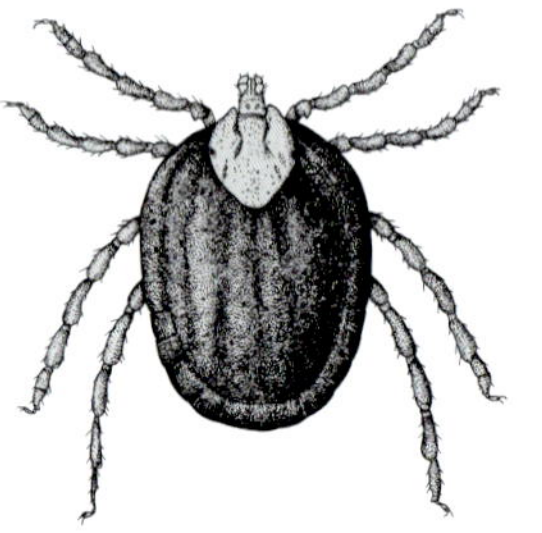
银盾革蜱（雌）

节腹螨总目 有人称为背气门目。体大型，与盲蛛目相似，是未骨化的螨类，有很多原始特征，末体有十几个不明显的“体节”。以花粉和菌类为食。生活于热带干旱地区。

寄螨总目 有人称为非辐毛总目，又称单毛类。足基节可自由活动，无背颈缝和头足沟，体躯和足上只有一种单折射光刚毛（不含光毛质）。寄螨总目包括：①巨螨目又称四气门目。体大型或中等螨类，两对气门位于躯体侧面或体缘。捕食性，栖息于石块下或腐植质中。②蜱目又称后气门目。见蜱。③中气门目又称革螨目。气门位于第2对至第4对足基节间。包括自由生活的捕食性种类和内外寄生性螨类。寄生性革螨多寄生于动物的体表，蜂螨危害蜂群，植绥螨捕食害螨和微小昆虫。

真螨总目 有人称为辐毛总目，又称复毛类。足基节常与腹面体壁愈合，有背颈缝和头足沟，体躯和足上具有双折射光刚毛（含光毛质）和单折射光刚毛（不含光毛质）两种。真螨总目包括：①前气门目又称辐螨目。气门开口于螯肢基部或前足体的肩部。栖息环境多样，包括植食性、捕食性、腐食性和寄生性螨类。如跗线螨的某些种类可对经济作物造成损害，有些种类捕食其他害螨和昆虫；叶螨、细须螨和瘿螨是重要的农业害螨；肉食螨和长须螨捕食其他螨类和昆虫；恙螨的幼螨寄生，可引起恙虫病，其他各期在土中营寄生生活；蠕形螨寄生于毛囊和皮脂腺内；绒螨的幼螨寄生于昆虫，若螨和成螨自由生活捕食昆虫；蒲螨寄生于昆虫，也能引起人的皮疹；赤螨捕食小动物，有些种类也能危害人体；水螨生活于各类水域，幼螨多寄生于水生昆虫，若螨和成螨自由生活捕食其他小型动物或卵以及取食植物。②无气门目又称粉螨目。无气门或气门沟。腐食性、菌食性和寄生性。粉螨常取食粮食、饲料、食糖等储藏物品；根螨危害植物的地下部分和储藏物；疥螨和痒螨寄生于人体或家畜；尘螨是一种过敏原，危害人类健康。③甲螨目又称隐气门目。多数种类体壁坚厚，气门不明显。营自由生活，对有机物质的分解和土壤的形成有重要意义。

匹兹堡 Pittsburgh 美国宾夕法尼亚州城市。位于该州西南部，阿勒格尼河与莫农格希拉河交汇注入俄亥俄河处。市区面积144平方千米；人口31万（2008）；大都市区包括阿勒格尼等6县，人口235.12万（2008）。原为印第安人毛皮贸易站。1754年法国殖民者在此建立迪尤肯堡。1758年为英国殖民者夺取，改今名。1816年设市。19世纪上半叶，随着宾夕法尼亚运河建成，铁路通达，以及附近地区发现优质煤田和铁矿，工业兴起。南北战争期间已成为全国钢铁工业中心。“钢铁大王”A.卡内基（1835～1919）在此经营数十年，其主要企业美国钢铁公司当时居世界之首。同时发展炼铝、军工、重型机械制造、玻璃、运输设备、电气器材、化工、金属加工等工业。城市经济已转为以服务业和高科技产业为主。市内有150多所科技研究机构。陆路交通枢纽，多条铁路干线和州际公路交会于此，也是重要内河港口。市内开通地铁。有国际机场。城市中心区“金三角”地带出现大批新建筑，美国钢铁公司大厦依然高高耸立。有桥梁700余座，为全国之冠。有卡内基－梅隆大学（1900）、匹兹堡大学（1787）等9所高等院校，以及卡内基捐助设立的美术陈列馆、自然历史博物馆、图书馆、音乐厅等文化设施，还有布尔天文馆、市民会堂、海因茨表演艺术厅等。众多的公园中以申利公园最有名，波因特州立公园为古匹兹堡旧址所在地。

匹兹堡城市中心区“金三角”

痞满 distention and fullness 中医以胃脘部痞塞不通，触之无形，按之不痛为特征的病证。多因误用泻下剂损伤脾胃之气，饮食不节，情志失调以及脾胃虚弱，引起脾胃升降失常所致。

治疗原则为实则泻之、虚则补之，但临证以虚实互见为多，故常用消补兼施之法。痞满可分以下证型：①饮食积滞。证见胃脘满闷，痞塞不舒，嗳腐吞酸，或恶心呕吐，或大便不通，腹满，舌苔垢腻，脉弦滑。治宜消导和胃，用保和丸合平胃散。②痰湿阻滞。证见胃脘痞塞，满闷不舒，头目眩晕，恶心欲吐，身重倦怠乏力，或咳痰不爽，苔白腻，脉滑。治宜祛痰化湿、顺气宽中，用二陈汤合平胃散加减。③肝郁气滞。证见胃脘不舒，痞塞满闷，心烦易怒，两胁作胀，常欲长长叹息为快，舌苔薄白，脉弦。治宜疏肝解郁、理气消滞，用越鞠丸加减。④脾胃虚弱。证见胃脘不舒、痞塞胀满、时宽时急、喜热喜按、得温则舒，四肢欠温、气短乏力，倦怠懒言，不欲食，大便不实，舌淡苔白，脉沉细或虚大无力。治宜健脾益气、升清降浊，用香砂六君子汤加减。⑤中虚湿热。证见胃脘部痞满，不思饮食，口苦，恶心，呕吐，大便黏滞不爽，舌质偏胖有齿痕、舌苔黄腻，脉滑数。治宜益气健脾、清热化湿，常用半夏泻心汤为主方。

淠史杭灌区 Pi-Shi-Hang Irrigation District 中国江淮之间的最大灌区，是淠河、史河、杭埠河3个毗邻灌区的总称，中国3个特大型灌区之一。位于安徽省中西部，横跨长江、淮河流域灌区，受益面积为13 130平方千米。1958年开工，1959年开始灌溉农田，以后逐年进行续建配套。该工程体系包括：佛子岭、梅山、响洪甸、磨子潭、龙河口5座大型水库，总库容为66.3亿立方米；淠河灌区的横排头、史河灌区的红石嘴两座渠首枢纽；淠河、史河两条总干渠长146千米，11条干渠长867千米，19条分干渠长405千米，317条支渠长3 349千米，支渠以上建筑物20 370座，中型水库24座，小型水库1 178座，塘坝21万处，水源补给站38座，渠道电灌站334座。

偏导数 partial derivative 多元函数关于某个自变量的导数。

设$u=f(x,y)$是定义在某个区域上的函数。若(a,b)是平面上定义域中的一点，则作为一元函数$f(x,b)$是在$x=a$点附近有定义的函数。这个函数作为x的一元函数，若在a点有导数，则其导数被称为$f(x,y)$在点(a,b)的关于x的偏导数，记为$f_x(a,b)$〔或$\frac{\partial f}{\partial x}(a,b)$〕。也可以类似地定义关于$y$的偏导数。简言之，一个多元函数关于某个变量的偏导数，就是固定其他变量（将其他变量视为常数）时函数对该变量的导数。

偏见 prejudice 以不充分或不正确的信息为根据而形成的对某人、某群体或某事物的一种片面乃至错误的看法和态度。其特点是以偏概全、不符合事实、先入为主、不易改变，常有过分简单化的倾向，形成之后常带有固执的、刻板的和泛化的性质。偏见与成见、歧视有密切的关系，如种族偏见、性别偏见、职业偏见等。一般认为，成见侧重于认识方面，是偏见的认识基础；歧视侧重于行为方面，是偏见的行为倾向；而偏见则侧重于态度方面，带有较多的情感色彩。偏见与误解不同，误解虽然也是错误的看法，但发现错误后一般能够改正。持有某种偏见的人即使面对事实也常因情绪方面的原因而不能改正原来的态度。

偏头痛 migraine 一组发作性的血管性头痛症状。常位于一侧头部，伴有恶心、呕吐。发作前或发作中可以合并神经系统症状及体征。发作时合并颅内外动脉舒缩障碍。局部脑血流量的研究表明：偏头痛先兆时大脑皮质小动脉收缩，随后皮质及颅外动脉扩张，此时发生头痛。一些内源性或外源性血管运动因子包括前列腺素E_1、5-羟色胺、儿茶酚胺、组胺、酪胺、缓激肽、血管扩张素、γ-氨基丁酸等，可影响血管壁平滑肌的张力，使管径发生收缩及扩张的变化。含酪胺的食物（如巧克力、红葡萄酒、奶酪、腊肉、火腿、洋葱等）可以诱发头痛。患病率为5%～10%，女性发病为男性的两倍，多起病于20～30岁。约60%有家族史。妊娠期尤其前3个月发作缓解。

类型及临床症状 可分为5型。

典型偏头痛 约占10%。头痛部位对侧视觉障碍为先兆。10～40分钟后出现对侧颞额部搏动性头痛，半小时达最高峰，伴有恶心、呕吐，声光刺激使之加重，2～3小时后缓解。头痛亦可位于双侧或视觉障碍之同侧。

普通偏头痛 占80%。先兆不明显。搏动性头痛持续数小时或数日。同时伴有易激惹、寒战、面色苍白、出汗、多尿。常在周末或假日发作。

眼肌瘫痪性偏头痛 多发生于青少年。头痛严重伴有同侧动眼神经及滑车、外展神经麻痹（包括眼内、外肌瘫痪）。可持续3～5日。数月或数年发作一次。此型罕见。

基底动脉型偏头痛 罕见，多见于少女。与月经关系密切。先兆常以视觉障碍开始。而后出现眩晕，共济失调，构音障碍。有时耳鸣、指（趾）麻木。持续数分钟至45分钟，继之以剧烈枕部搏动痛，伴有恶心、呕吐。

偏瘫型偏头痛 以轻偏瘫和（或）偏身麻木、失语为先兆。数十分钟后对侧或同侧头痛。偏侧神经症状可持续至头痛消失后一至数日。此型罕见。4%～18%有家族史。

防治 避免诱因可以预防发作。甲麦角新碱、溴麦角隐亭、苯噻啶、可乐宁、心得安、氟灭酸等可以预防发作。先兆出现时，酒石酸麦角胺可以防止头痛。

偏微分方程 partial differential equation 含有自变量、多元未知函数及其偏导数的数学方程式，其理论与物理学、几何学及工程技术有广泛深刻的联系。一般说来，如果$(x_1,x_2,\cdots,x_n)$是自变量，以u为未知函数的偏微分方程的一般形式是：

$$F\left(x_1,x_2,\cdots,x_n,u,\frac{\partial u}{\partial x_i},\cdots,\frac{\partial^{|\alpha|}u}{\partial x_1^{\alpha_1}\partial x_2^{\alpha_2}\cdots\partial x_n^{\alpha_n}}\right)=0$$

这里F是它的变元的函数，$|\alpha|=\alpha_1+\alpha_2+\cdots+\alpha_n$。

如果一个偏微分方程关于所有的未知函数及其导数都是线性的，则称为线性偏微分方程。否则，称为非线性偏微分方程（组）。

设Ω是自变量空间$\mathbf{R}^n$中一个区域，u是在这个区域上定义的具$|\alpha|$阶连续导数的函数。如果它能使上述方程在Ω上恒等成立，那么就称u是该方程在Ω中的一个解。

偏微分方程理论主要研究一个方程是否有满足某些补充条件的解（解的存在性），有多少个解（解的唯一性或自由度），解的各种性质以及求解方法等。

18世纪初，人们就开始结合物理问题研究偏微分方程。最早研究的几个方程是弦振动方程、热传导方程和调和方程（又称拉普拉斯方程）。例如给定一根拉紧的均匀柔软的弦，两端固定在x轴的某两点上，考察该弦在平衡位置附近的微小横振动，弦上各点的运动可以用横向位移$u(x,t)$满足$\frac{\partial^2 u}{\partial t^2}=a^2\frac{\partial^2 u}{\partial x^2}$（$a$是常数）表示。此方程就称为弦振动方程，它是J.le R.达朗贝尔首先研究的。如果考虑空间中的波动现象（例如电磁波和声波传播），其规律可以用$\frac{\partial^2 u}{\partial t^2}-a^2\left(\frac{\partial^2 u}{\partial x_1^2}+\frac{\partial^2 u}{\partial x_2^2}+\frac{\partial^2 u}{\partial x_3^2}\right)=0$（$a$是常数）表示。此方程称为波动方程。

描写热传导规律的热传导方程如下所示：

$$\frac{\partial u}{\partial t}-a^2\left(\frac{\partial^2 u}{\partial x_1^2}+\frac{\partial^2 u}{\partial x_2^2}+\frac{\partial^2 u}{\partial x_3^2}\right)=0 \quad (a\text{是常数})$$

它是J.傅里叶发现的。

当热运动达到平衡状态时，温度u所满足的方程是$\frac{\partial^2 u}{\partial x_1^2}+\frac{\partial^2 u}{\partial x_2^2}+\frac{\partial^2 u}{\partial x_3^2}=0$，它称为调和方程。调和方程也可以由许多其他物理理论推得，如牛顿引力理论中的引力势，弹性薄膜的平衡，不可压缩流体的定常运动等。在自变数个数为2时，该方程也是解析函数$f(z)=u+iv$的实部u与虚部v所应满足的方程，这时u、v应满足柯西-黎曼方程组：$\frac{\partial u}{\partial x}-\frac{\partial v}{\partial y}=0,\ \frac{\partial u}{\partial y}+\frac{\partial v}{\partial x}=0$。这是在数学中最重要的偏微分方程组之一，很早就在流体力学中起重要作用。

随着力学、物理学的发展，18世纪以来，连续介质力学、电磁理论、量子力学、引力理论、规范场论等方面的基本规律，都被写成偏微分方程的形式。这些方程通常称为数学物理方程，对于相应的力学、物理学科都是至关重要的。在偏微分方程中所获得的研究成果，可以迅速地在相应的力学、物理学科中得到应用。近年来，在力学、物理学、化学、生物学以至经济学、社会学等学科中又不断归结出一些新的偏微分方程（组），它们的研究对于认识相应学科中的一些规律是十分重要的。

偏微分方程往往还是处理几何问题的有效工具。微分几何学和偏微分方程关系一直十分密切，微分几何所提出的问题，是偏微分方程发展的一个动力。近年来，微分流形上的偏微分方程的研究，取得了很多深入的成果，微分几何和偏微分方程的相互渗透，成为一个重要的发展趋势。

偏执性精神病 paranoiac psychosis 以比较系统的妄想为主要症状的精神障碍。又称妄想性障碍。包括偏执狂（又称慢性偏执性精神病）、急性偏执性精神病和感应性偏执性精神病。患者对一些虚幻信念坚信不疑，即使提供充分证据，也不放弃其信念。社会因素、躯体因素和性格因素与该病有关。

临床表现　共同特点是持久的妄想。①偏执狂。多见于30岁以后发病。主要特点是持久不可动摇的妄想，其思维保持清晰，发病缓慢，情感和行为可用妄想解释。患者常隐藏其妄想，智能和职业能力可保持相当好，偏执思维的内容也仅涉及某一方面。②急性偏执性精神病。多在30岁以后发病。急性发病期一般不超过半年。多由失恋、家庭破裂、事业失败等精神因素诱发。③感应性偏执性精神病。又称二联性精神病。指两个或多个彼此接近的人同时存在类似的妄想，多见于文化水平较低或过幽居生活的人。典型表现是一个有固定妄想的患者将其妄想传给他人，使之也产生类似的妄想。

诊断和鉴别诊断　依据临床症状，诊断多不困难。精神分裂症患者的妄想多不系统，除妄想外，还有其他精神病性症状，如明显的幻觉（尤其是幻听）、思维散漫和破裂、逻辑障碍、情感淡漠、行为怪异和脱离现实等。情感性精神病患者不管是躁狂发作还是抑郁发作，其妄想既不系统也不突出，而情感症状出现在前且十分明显。器质性精神病患者的妄想不系统，且可找到器质性改变的症状和体征以及相应的化验或特殊检查阳性发现。偏执性人格障碍患者多无固定的妄想。疑病症患者仅是害怕或怀疑自己患病，也不形成妄想信念。

治疗　心理治疗合并抗精神病药物治疗有一定效果。急性偏执性精神病的治疗效果较好，可用抗精神病药物，如氯丙嗪、氟哌啶醇等治疗，电休克疗法也可能有效。对感应性偏执性精神病患者将其分开即可。

预防　培养开朗、乐观的个性对预防此类疾病有益。

骈赋　parallel prose　赋体的一类。见俳赋。

骈文　parallel prose　中国魏晋以后产生的以字句两两相对而成篇章的一种文体。又称骈俪文。南北朝是骈文的全盛时期。六朝骈文的句式多以四、六字句为主，但常常夹有杂言。唐代开始，骈文的句式更趋规整，出现了通篇四、六字句的骈文，所以在宋代一般又称骈文为四六文。

骈文本义即对偶文的意思，是从中国古代文章中的一种修辞手法演变来的。所谓排比对偶的修辞手法，先秦诗文中已采用，两汉逐渐习用；经过魏晋，至南北朝时，形成与散体文互相区别的独立文体，当时绝大部分的文章都是骈文。唐宋以后，古文复起，但直至清末，骈文仍在流行。

骈文的主要特点是要求通篇文章句法结构相互对称，词语对偶。在声韵上，骈文讲究运用平仄，音律和谐。修辞上注重藻饰和用典。一般说来，骈文多注重形式技巧，往往束缚内容，但运用得当，也能增强文章的艺术性。

胼胝　callus　手掌、足跖等部位长期受到摩擦（或挤压）形成的局限性角质层增生。又称茧。为扁平、稍隆起、局限性角质肥厚的斑块，质硬，界限不清，中央稍厚。好发于掌跖，严重时有压痛。减少摩擦、挤压，穿合适的鞋子或用海绵垫保护均有预防作用。热水泡后用刀削去厚的硬皮或服用角质剥脱剂可缓解症状。

片麻岩　gneiss　主要由长石、石英组成，具中粗粒变晶结构和片麻状或条带状构造的变质岩。关于片麻岩的含义及其与片岩的区分标志，各国岩石学家的看法不尽一致。在中国，片麻岩指矿物组成中长石和石英含量大于50%，其中长石大于25%的变质岩。片麻岩的原岩类型和形成条件比较复杂。按原岩主要有富铝片麻岩、斜长片麻岩、碱性长石片麻岩、钙质片麻岩。片麻岩的进一步命名，可按特征变质矿物、片柱状矿物和长石种类进行，如石榴黑云斜长片麻岩、夕线石榴钾长片麻岩等。在

前寒武纪结晶基底和显生宙的造山带中均有大量分布，在世界各大陆如北欧的波罗的地盾、北美洲的加拿大地盾、非洲大陆、印度半岛、澳大利亚和中国的华北陆台等地均有分布。片麻岩中常赋存大量非金属矿产，如石墨、石榴子石、夕线石等。可作建筑石材和铺路原料。

片山潜　Katayama Sen（1859-12-03～1933-11-05）　日本共产党创始人之一，国际共产主义运动活动家。生于冈山县一个贫苦农民家庭，卒于莫斯科。1894年毕业于耶鲁大学。1896年回国，开始从事工人运动和社会主义运动。1897年7月，与高野房太郎（1868～1904）等人组成日本最早的工会组织——工会促进会。1898年与幸德秋水等人创建社会主义研究会，探讨社会主义理论。1901年5月，与幸德秋水等人建立日本最早的社会主义政党——社会民主党，旋即被政府勒令解散。1904年8月任第二国际阿姆斯特丹大会副主席，结识俄国革命者，共同反对日俄战争。1906年2月，与堺利彦等人成立日本社会党，翌年2月又被取缔。1911年因领导东京电车工人罢工被捕入狱，出狱后，于1914年流亡美国。1919年在旅美日侨工人中建立了共产主义小组。1921年移居苏联。后曾任第三国际执行委员会委员，是远东民族大会的发起人之一。1922年领导创建日本共产党，主持起草了党的纲领草案。片山潜发表过一系列支持中国革命、反对日本侵略中国的演说和论文。1932年出席阿姆斯特丹和巴黎的反战大会，发表了反对侵略战争、保卫世界和平的演说。病逝后葬于莫斯科红场。

片岩　schist　完全重结晶、具有片状构造的变质岩。片理主要由片状或柱状矿物（云母、绿泥石、滑石、角闪石等）呈定向排列构成。片柱状矿物含量较高，常大于30%。粒状矿物以石英为主，可含一定量的长石，一般少于25%。由于原岩类型和变质作用程度不同，可形成不同的片岩，如云母片岩、钙硅酸盐片岩、绿片岩、角闪石片岩、蓝闪石片岩、镁质片岩等。

片治肯特古城　Pyanjikent　中亚古代粟特古城。遗址位于今塔吉克斯坦片治肯特城东南1.5千米处。该城始建于5世纪，繁荣于7、8世纪之交，后因阿拉伯人入侵而衰落，760年全部毁废。1946年起发掘。城址包括城堡、城区、农庄和墓地4部分。城堡在遗址西部，有墙三重，内建有宫殿和可供居住的望楼。城区与城堡隔一条泄水渠。城区东、南两面有城墙，城内有广场、神庙和由纵横相交的街道隔成的街坊。房屋以草泥和土坯筑墙。6世纪始出现二层楼，8世纪时有三层楼。贵族宅第一般建有柱廊和一个方形正厅，厅内天花板用4根华丽的雕柱支撑，墙上绘满壁画。城区以东沿灌溉渠两岸建有农庄，住宅也是两层楼房。墓地位于城区南面，死者按祆教习俗埋葬。

妇女弹奏竖琴图（壁画，中亚中世纪早期）

该城的最大特点是有大量壁画、灰泥雕塑和木雕等艺术

遗存，年代均属7～8世纪。私人住宅里壁画较多，气派宏伟，有的长达15米，题材为各种宗教仪式、史诗故事、神话传说、贵族和武士宴饮场面以及美女、妖魔和神怪等，有的壁画带有题记。其中一幅妇女弹奏竖琴图（见图），人物形象生动逼真。另一幅描绘了一对中国汉人男女，显示出粟特与中国中原地区有着交往。灰泥雕塑和高度几与真人相等的木雕女像均具有印度风格。城址内还出土了陶器、玻璃器，可看到拜占廷、伊朗、突厥和中国样式的金属器，以及数千枚阿拉伯和粟特的铜钱和银币。

漂移室 drift chamber 利用电子漂移时间确定漂移距离以测量粒子位置的气体探测器。高能物理实验中最重要的探测器之一。1969年G.夏帕克和T.布列萨尼首次提出并研究了漂移室的设计原理，1971年A.H.瓦伦达等制成了包括电子学和数字化读出的第一个运行的漂移室系统。它的室体由一排相互平行的阳极丝及其两侧的阴极丝组成，丝距约为2～10厘米，室体内充工作气体。带电粒子垂直丁丝平面射入时，产生的电离电子沿垂直于阳极丝的电力线方向漂移。若远离阳极丝空间的电场是均匀的，即漂移速度v是恒定的，则由漂移时间t即可确定漂移距离s ($s=vt$)。漂移室的最突出特点是定位精度高（可达70微米）和对大灵敏面积只需相对少的电子学电路数。

飘尘 dust 动力学直径小于10微米的颗粒物。见可吸入颗粒物。

朴景利 Park Kyeng Lee (1926-10-28～2008-05-05) 韩国小说家。生于庆尚南道忠武，卒于首尔。1945年晋州女子高校毕业。1957年起开始创作活动，陆续发表《剪刀》(1957)、《僻地》(1958)等短篇小说，引起文坛注目。60年代起，致力于创作长篇小说，连续发表了《圣女与魔女》(1961)、《一天》(1967)等数十部作品。前后花费25年时间完成的大河小说《土地》共5部16卷。小说以苦难深重的韩国半个世纪的历史为背景，描写了从“东学革命”到被日本帝国主义吞并这一“黑暗时期”韩国各种人物的不同命运，堪称韩国当代文学发展史上的一块丰碑。

朴正熙 Park Chung Hee (1917-11-14～1979-10-26) 韩国总统（1963～1979)。生于朝鲜庆尚北道善山郡，卒于汉城（今首尔)。第二次世界大战期间在日本军队中服役。朝鲜从日本统治下解放后成为朝鲜陆军军官。朝鲜战争期间任旅长。1961年晋升将军，同年领导不流血政变，推翻了第二共和国，两年后成为第三共和国总统。在国内继续奉行有指导的民主方针。在国际事务中与美国保持密切关系，曾派兵去越南协助美军作战。朴正熙的政权使经济达到大幅度增长（年率在10%以上)，然而由于限制个人自由，扩大中央情报部，实施赋予他以广泛权力的新宪法，民主被剥夺殆尽。朴正熙几次遇刺未中，最后被中央情报部部长打死。

朴趾源 Pak Ji Won (1737-03-05～1805-12-10) 朝鲜王朝晚期学者、小说家。字仲美，号燕岩。生于汉城（今首尔)，卒于汉城。16岁学习汉文，20岁时以实学派思想倡导改革。因不见容于当政，1769年后曾数度隐居黄海道金川郡燕岩峡。1780年6月随入燕使节团到中国祝贺乾隆70寿辰，接触到比较先进的科技文化，并与中国学者多次笔谈，切磋学问。1786年出仕，历任缮工监役、汉城府判官、安义县监、沔州郡守、襄阳府使等职。文学成就主要为小说和散文。重要作品《两班传》揭露李朝封建社会两班贵族的腐朽寄生性；《许生传》写弃学经商获利的许生带领“边山群盗”开发荒岛，建立平等社会的故事。《热河日记》是作者出使中国的见闻录。他还写有40余首汉文诗。

瓢虫 Coccinellidae; lady beetle 鞘翅目瓢虫科昆虫的统称。俗称“花大姐”。全世界记载约5 000种。中国已记录650余种。中、小型常具鲜明色斑的甲虫。下颚须末节斧状，两侧向末端扩大，或两侧相互平行；但小艳瓢虫亚科的下颚须末节锥形、长锥形、卵形或圆筒形而向末端缩小。体背面圆隆，腹面平坦；可见的第1腹板在基节窝之后有后基线，仅少数属不具此特征。跗节为隐四节类。此科植食性的种约占1/6。在植物上捕食蚜虫、介壳虫、粉虱、叶螨等。虽有少数瓢虫为害栽培作物，但大多数种类为农作物害虫的天敌。在捕食性的瓢虫中，七星瓢虫是古北界常见的蚜虫天敌，中国采取助迁和保护的方法用它来防治棉蚜。

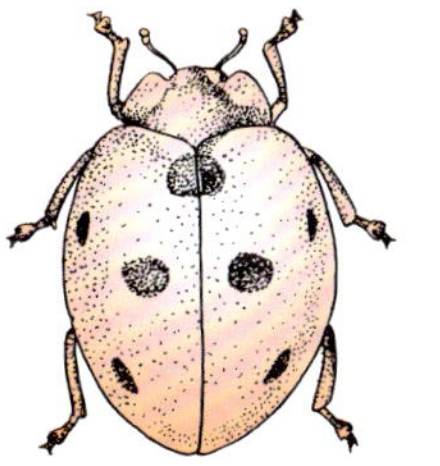

七星瓢虫

漂白粉 bleaching powder 主要成分是次氯酸钙$Ca(ClO)_2$和碱式氯化钙$CaCl_2 \cdot Ca(OH)_2 \cdot H_2O$，还含有少量氯酸钙和游离氢氧化钙，组成随制造条件而异。漂白粉的有效成分是$Ca(ClO)_2$，它水解后产生次氯酸HClO：

$$Ca(ClO)_2+2H_2O \longrightarrow Ca(OH)_2+2HClO$$

因为次氯酸和次氯酸钙都不稳定，有强氧化性，因此漂白粉具有漂白作用。漂白粉可在二氧化碳、加热、光照、酸化和潮湿空气等作用下分解，应密封储存。漂白粉的有效氯含量为35%左右。可由氯气作用于氢氧化钙溶液制备漂白粉。漂白粉可用作消毒剂、杀菌剂、漂白剂（漂白棉、麻、纸浆等)、水的净化剂。

票号 draft bank 中国清代以经营汇兑业务为主的信用机构。又称票庄、汇号或汇兑庄。乾隆、嘉庆以后，由于埠际贸易扩展，专营汇兑的票号应时产生。道光初年，山西平遥县日升昌颜料庄改组为日升昌票庄，是最早的一家。其后，票号相继在山西建立，形成山西人独占的一大新兴行业，通称山西票号。外国人称之为山西银行。票号多为合伙组织，也有独资经营。票号资本存储于设于原籍的总号，因而山西票号又因总号所在地不同而分为平遥、祁县、太谷三帮。在各大城市设立分号，不另拨给资本。总、分号间可直接通汇或调度资金。3年或4年结账一次，盈利按股分配。山西票号经营的业务首先是汇兑，活动范围遍及全国。营业重心在北方，但也兼及南方。最盛时山西有总号30余家，全国各省区设分号400余所。国外如日本东京、俄国莫斯科、印度加尔各答以及新加坡等地也设有分号。营业对象最初主要是商人。太平天国期间及以后，票号并经营存款、放款，往来对象则以清政府和贵族、官僚为主。票号得到官府和大官僚的直接扶助，地位优越，在全国金融市场上曾煊赫一时。20世纪初，外国银行势力迅速扩张，钱庄业务范围扩大，夺去不少票号业务。辛亥革命后，多数票号相继倒闭，终归没落。

票据 bill 出票人依照票据法的规定签发一定金额，约定自己或委托他人于指定的到期日或于见票时，无条件支付给收款人或持票人的一种要式有价证券。包括汇票、本票、支票。

票据具有如下法律特征：

①完全的有价证券。票据与票据权利不可分离，票据权利设立必须制成票据，票据权利的行使必须提示票据，票据权利的移转必须交付票据，受领票据金额后，必须将票据缴回于票据债务人，才能消除票据关系。

②无因证券。票据权利的成立，不以原因关系的成立和有根据为前提。票据权利人可不必证明其取得票据的原因而行使票据权利，付款人也不必过问持票人取得

票据的原因，即使原因关系无效，对票据权利的行使也不产生影响。票据债务人不能以票据原因关系拒绝履行票据债务。

③文义证券。票据上的权利义务均以票据上记载的文字为准，不受票据上所载文字以外事由的影响。票据的文义性在于维护票据流通过程中善意持票人的利益，保证票据的流通信用和交易安全。

④要式证券。票据必须按法定形式做成方为有效。票据上记载的文义，也必须在票据法规定的范围内才发生票据法上的文义效力。票据的签发、转让、承兑、付款、追索等行为也必须严格依票据法规定的程序和方式进行。

不同国家的票据法对票据种类的规定不尽相同。除一般分为汇票、本票和支票外，还可分为银行票据和商业票据、即期票据和远期票据、记名票据和无记名票据、国内票据和涉外票据。

作为金融工具的一种、商业信用的载体，票据在经济生活中具有汇兑职能、信用职能、支付职能、结算职能和融资职能。

票友 amateur performer 因个人爱好义务参加戏曲、曲艺演出的非职业性演员及乐师。同人组织称为“票房”，演出称为“玩票”，转为专业演员称为“下海”。票友出现于清初。最初演唱鼓书，后逐渐以演出京剧为主。大多文化素质较高，不少人擅长诗文，精通音律。票友对京剧的唱念做打、服装道具、场面流派非常熟悉，能对专业演出提出中肯的意见，很受专业演员的重视。一些人技艺甚精，京剧演员孙菊仙、汪笑侬、刘鸿声、黄润甫、金秀山等都是票友出身，奚啸伯由票友下海成为四大须生之一。票友对京剧艺术的发展和推广有很大贡献，他们的活动丰富了社会文化生活。北京、天津、上海、苏州等地以至海外华人聚居地都有票友活动。

嘌呤 purine 嘧啶和咪唑并联而成的杂环化合物，分子式$C_5H_4N_4$。嘌呤的衍生物存在于自然界，是生命必需的物质。

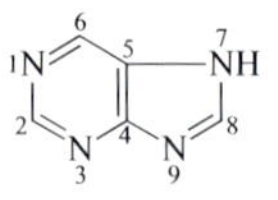

嘌呤类化合物也是组成遗传物质的基础。嘌呤为无色结晶的弱碱，熔点216～217℃，可与苦味酸、硝酸等生成盐。嘌呤可以用合成的方法制备，也可以从尿酸（2,6,8-三羟基嘌呤）制得。用尿酸与磷酰氯在强烈的条件下反应，先得2,6,8-三氯嘌呤，然后还原，即得嘌呤。此法也是制备嘌呤衍生物常用的方法。最重要的嘌呤衍生物腺嘌呤（6-氨基嘌呤）和鸟嘌呤（2-氨基-6-羟基嘌呤）存在于核酸和脱氧核糖核酸内。嘌呤衍生物的核糖苷也存在于某些蘑菇内。尿酸是最早取得的嘌呤衍生物，它是鸟类和人类的代谢产物。咖啡碱和可可碱也是重要的嘌呤衍生物。嘌呤代谢紊乱可引起高尿酸血症及痛风。

骠国 Pyu, Kingdom of 缅甸境内骠族在伊洛瓦底江流域建立的古国。都城为卑谬（梵文名室利差呾罗），在今缅甸伊洛瓦底江下游卑蔑附近。中国魏、晋人的著作都对骠国有所记载。唐代文献记载其都城是圆形砖城，周长160里，有12座门。人们信奉佛教。国内有寺庙百多座。农业比较发达，种植稻谷和甘蔗等作物，已经使用名叫“登伽陀”的钱币。613～718年毗讫罗摩王朝统治骠国。当时骠国十分强盛，有18个属国，298个部落和9个城镇。其疆域北抵南诏（今中国云南德宏和缅甸交界地区），东接陆真腊（今泰国、老挝、柬埔寨接壤一带），西接东天竺（今印度东部阿萨姆邦等地），南至海，据有整个伊洛瓦底江流域。骠国同中国、印度及东南亚等20多个国家都有贸易往来和文化交流。

802年（中国唐贞元十八年）骠王派王子舒难陀率“骠国乐团”访问中国，并在长安宫廷中演出，曾轰动一时。中国诗人白居易等为此作了《骠国乐》。832年（唐大和六年）骠国都城被南诏攻陷，骠国遂亡。骠人逃往浦甘，渐同化于缅人。

氕 protium 元素氢的一种稳定同位素，符号^1_1H或^1H。天然氢中99.985 2%是氕。一般化学中H表示天然氢，在同位素化学中H代表氕。

拼贴画 collage 以各种材料拼贴而成的装饰艺术或现代艺术形式。在中国，拼贴画属于工艺美术范畴，常用材料有贝壳、羽毛、树皮、布帛、皮毛、通草、麦秆等。中国的拼贴画以材料产地而得到发展，如贝壳镶嵌画产于沿海地区，羽毛贴画产于东北及山东，皮毛贴画产于内蒙古，树皮贴画产于东北，麦秆贴画产于东北及河北等地。这些拼贴画充分发挥各种材料的色泽和纹理等特性，具有民族特色和装饰美感。在西方，拼贴画属于现代派艺术范畴。西方的拼贴画常把偶得材料如报纸碎片、布块、糊墙纸贴在画板、画布或其他材料上，有时与绘画结合而成。20世纪初期，P.毕加索和G.布拉克把拼贴画发展为立体主义艺术的一个重要方面，至60年代成为流行艺术的重要形式之一。

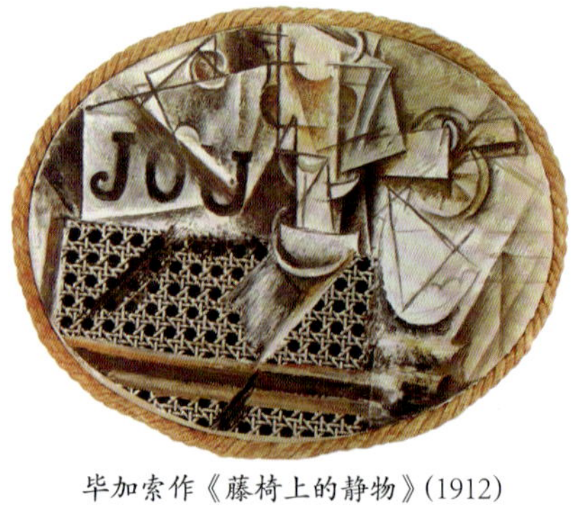

毕加索作《藤椅上的静物》(1912)

贫困线 poverty standard 对最起码生活条件与社会中等生活水平的差距所作的定量化规定。分为相对贫困线和绝对贫困线两种。

相对贫困线的计算方法主要有：①比例法。把全体居民按收入从低到高排序后，规定其中某一比例的最低收入群体为贫困群体，他们当中的最高收入即为贫困线。一般把占全体居民总数10%的最低收入群体作为贫困群体。②平均收入法。以全体居民人均收入的1/2或1/3作为贫困线。中国一般以人均收入的1/2作为贫困线。

绝对贫困线的计算方法主要有：①基本需求法。首先确定生活消费的必需项目和最小需求量，再计算满足最小需求量所需支出之和，把它定为贫困线。②恩格尔系数法。即确定一个最低食物支出标准，再用这一标准除以恩格尔系数贫困值，即0.6，得出绝对贫困线。③数学模型法。即在确定基本食品支出的基础上，通过有关统计资料建立总支出与食品支出之间关系的数学模型，进而计算出贫困线。此外还有线性支出系统（LES）法等。

贫血 anemia 血红蛋白浓度、红细胞计数或红细胞比积低于正常值的一种病理现象。在中国，成年男性血红蛋白浓度低于120克/升（女性低于105克/升）、红细胞计数少于4.00×10^{12}个/升（女性少于3.50×10^{12}个/升）或红细胞比积低于40.0%（女性低于35.0%）为贫血。

分类 临床上根据不同病因将贫血分为三类：①红细胞生成不良。②红细胞破坏过多。③急慢性失血。还根据形态学特征将贫血分成大细胞性、正常细胞性及小细胞低色素性贫血。

临床表现 贫血时血红蛋白减少，血液携氧能力降低，可导致全身组织和器官不同程度缺氧。贫血若超出机体代偿能力，或急剧贫血、机体来不及代偿，则可出现明显症状和体征。皮肤、口唇和结膜苍白、疲乏、无力、头晕、耳鸣、记忆力减退、注意力不集中，活动后气短、心悸等是贫血早期常见症状。贫血严重时，即使休息时也出现气短、心悸。慢性贫血患者心脏常不同程度地代偿性增大，心电图可出现缺血性改变，重症患者可发生心力衰竭。缺氧还引起其他系统症状，如食欲不振、恶心、腹胀等消化系统症状，月经失调、闭经和性欲减退等。除共同临床表现外，各类贫血还有其特殊表现或原发疾病的临床表现。如再生障碍性贫血，由于白细胞和血小板同时减少，有感染和出血症状；β-

珠蛋白生成障碍性贫血（地中海贫血）由于骨骼改变可表现特殊面容；白血病除贫血外，还有发热、出血，肝、脾、淋巴结肿大，胸骨压痛等症状；溶血性贫血时有黄疸及肝脾肿大；尿毒症性贫血伴浮肿、少尿。

诊断　详问病史为贫血病因诊断提供根据。询问内容包括贫血的常见症状及其开始的时间和进展情况，是否伴有感染、出血等其他表现，有无各系统的基础疾病，如结核病、恶性肿瘤、甲状腺疾病等，是否有急性大出血史等。若有黄疸、反复排浓茶色尿，常提示溶血性贫血的可能；若怀疑骨髓造血不良，应询问曾服用过哪些药物，是否接触苯、砷、农药及放射性物质等；若怀疑为遗传性疾病，还应仔细询问家族史。

贫血的确立要靠血液常规检查。以血红蛋白浓度作为贫血筛选的主要依据，并考虑年龄、性别、地理环境及血液浓缩或稀释诸因素。完整的血常规检查不仅可确定有无贫血，且结合病史和体格检查可提示病因及进一步检查的线索。①如根据血常规初步考虑为小细胞低色素性贫血者，首先想到缺铁性贫血（图1），可进一步行

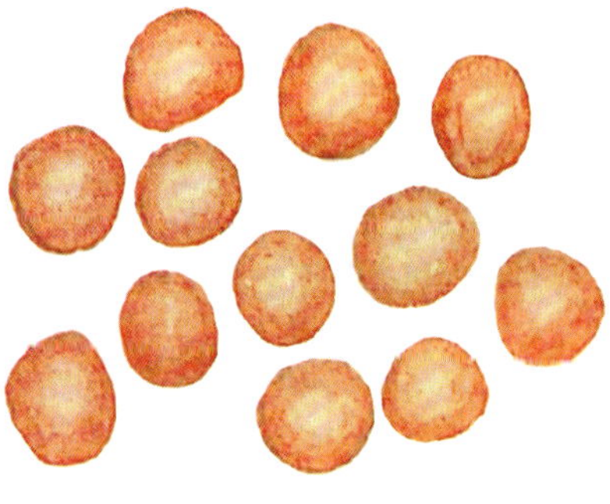

图1　缺铁性贫血的血细胞形态

血清铁、总铁结合力和铁蛋白检查。②大细胞性贫血则提示可能为巨幼细胞性贫血（图2），可行骨髓穿刺检查，红细胞叶酸、血清叶酸和维生素 B_{12} 测定以助诊断。③若白细胞、血小板同时减少，应考虑再生障碍性贫血，经骨髓穿刺或骨髓活组织检查不难诊断。④若伴有白细胞增多，分类检查发现幼稚细胞，应行骨髓穿刺及组织化学检查排除白血病。⑤若伴有较多的球形红细胞，结合红细胞渗透脆性试验及红细胞膜蛋白电泳等，可确诊遗传性球形红细胞增多症。⑥若伴网织红细胞明显增多，常提示溶血性贫血的可能。应进一步检查血浆游离血红蛋白、血清结合珠蛋白、血清胆红素及尿中的尿胆原，必要时测红细胞寿命，以证实溶血的存在。⑦急性血管内溶血时因大量游离血红蛋白从尿中排出可出现血红蛋白尿，尿潜血试验呈阳性反应，慢性血管内溶血时尿含铁血黄素试验呈阳性，证实溶血存在后，再结合临床表现，选择检查特异性的溶血试验，确定溶血性贫血的病因。

图2　巨幼细胞性贫血的血细胞形态

治疗　应强调病因治疗，勿随便投以各种补血药物，以免掩盖贫血真相，延误正确的诊治。①骨髓造血功能不良引起的贫血，应停服可疑药物或避免再接触毒物及放射性物质等。②再生障碍性贫血常选用雄性激素，重症患者首选骨髓移植及免疫抑制剂治疗。③对于造血物质缺乏引起的贫血，在纠正原发病因的同时，可补充铁剂、叶酸或维生素 B_{12} 等。④遗传性溶血性贫血宜防止溶血的发生和对症处理。⑤自身免疫性溶血性贫血首选糖皮质激素，也可试用硫唑嘌呤、环磷酰胺等其他免疫抑制剂。脾切除对部分自身免疫性溶血性贫血及遗传性球形红细胞增多症有良好的疗效。

贫铀弹　depleted uranium projectile　利用贫铀合金作为战斗部毁伤元的弹药。包括贫铀穿甲弹、贫铀破甲弹、贫铀炸弹等。贫铀是从天然铀中提取供核武器装料或核反应堆核燃料用铀－235后的废料，天然铀中铀－235的含量少于0.714%时就称为贫铀。早期用于制造贫铀弹的合金是含钛0.75%的铀钛合金，以后出现了铀钼、铀钨钼、铀铌、铀钛铌等高性能合金。经过热处理的贫铀合金具有高密度（18.3～18.9克/厘米^3）、高强度、高韧性、良好的机械性能和燃点较低等特点，在毁伤目标后能形成很好的燃烧后效，是穿甲弹弹芯的优选材料，适

贫铀弹及其剖面

合做大长径比的脱壳穿甲弹弹芯材料。采用贫铀合金弹芯制造的弹药具有很好的弹道性能和良好的自锐效应，侵彻威力大。贫铀合金具有高延展性，用做破甲弹的药型罩材料能形成较长的连续射流，抗干扰能力强，并能增大破甲深度。此外，还可用于自锻弹丸和穿爆燃多用途弹等。贫铀属于低放射性物质，对人员和环境有一定的危害性。

频率　frequency　随机事件在 n 次试验中发生 m 次的相对频次 m/n。物理科学中指单位时间内完成振动的次数或周数，常用符号 f 或 ν 表示，等于周期 T 的倒数，即 $f=1/T$。为纪念19世纪德国物理学家H.R.赫兹，频率通常以赫（兹）为单位。1赫等于1周每秒，符号为Hz，各种不同性质的振动或波具有不同的频率范围。波长和频率 f 的关系为 $f\times\lambda=v$，式中 v 为波速。在简谐振动中，频率常用角频率或圆频率 ω 来代替，$\omega=2\pi f$，它表示每秒弧度数。见声波、振动。

品特　Pinter, Harold（1930－10－10～2008－12－24）　英国剧作家。生于伦敦，卒于伦敦。曾入英国皇家戏剧艺术学院短期学习，1950年起成为职业演员，1957年写了第一部剧本《一间屋子》，从此成为专业剧作家。

品特是英国荒诞派戏剧的代表人物，着力表现人失去“自我”、人类在一个荒谬世界中的尴尬处境以及人与人之间的隔绝。他在作品中着意渲染人所面临的生存威胁。《一间屋子》、《生日晚会》（1958）均以外部威胁给人物带来灾难而告终。《微痛》（1961）、《夜晚外出》（1961）中的威胁则来自人物意识的深处。他的戏剧因而被称为“威胁喜剧”。其他主要作品还有运用模棱两可与多义性技巧的《搜集证据》（1962）、《情人》（1963）与《归家》（1965），以及《升降机》（1960）、《侏儒》（1960）、《山区语言》（1988）、《灰烬对灰烬》（1996）等。除舞台剧创作外，品特还写有多部电影与广播剧、电视短剧。2005年获诺贝尔文学奖。

聘任制　engagement system　用人单位依据公开、平等、竞争、择优的原则，采用合同形式聘用工作人员的一种管理制度。又称聘用合同制。按合同规定，用人单位有聘用和解聘的权力，个人有应聘和辞聘的权力。合同规定双方的责、权、利及有效期限，合同期满经双方同意，可以续聘。

实行聘任制，需要对被聘任人员的资格条件、岗位职责权利、工资待遇、聘任程序、考核监督、奖惩、续聘、解聘安置等事项事先作出明确的规定。用人单位对受聘人员实行契约化管理。

乒乓球 table tennis 球类运动之一。由两名或两对选手，用球拍在中间隔一网的球台两端轮流击球。该项运动场地、器材等设施比较简单，投入成本小，开展范围广。乒乓球运动起源于英国，是从网球运动派生而来的，有“桌上网球”之称，从桌上网球逐步演变成现代的乒乓球运动。1902年传入日本，1904年传入中国，1905年又传入欧洲。1904～1918年为游戏阶段。1926年1月在柏林举行了国际乒乓球邀请赛，才逐渐引起人们的重视。同年12月国际乒乓球联合会成立，由国际乒联组织的世界乒乓球锦标赛等赛事逐渐红火起来。1926～1951年是欧洲乒乓球运动的全盛时期，此间举行的18届世界乒乓球锦标赛有17届在欧洲国家。这18届锦标赛的117项次冠军，有109项次为欧洲选手夺得，他们在世界乒坛占有绝对优势。1952～1959年共举行7届世界锦标赛，总计49项次冠军，日本选手获得24项次——蝉联5届男子团体冠军，称雄世界乒坛。乒乓球运动的优势开始从欧洲转到亚洲。1959年第25届世界乒乓球锦标赛，中国选手容国团夺得男子单打冠军，这是中国第一个乒乓球世界冠军。从1961～1965年，中国选手创造了“快、准、狠、变”的近台快攻打法和“稳、低、转、攻”的削球型打法。在这5年举行的3届世界锦标赛中获21项次冠军的11项次，中国乒乓球运动开始崛起。欧洲选手20世纪50年代负于日本，60年代败给中国，经过长期摸索，吸收日本弧圈球和中国快攻的长处，创造了快攻加弧圈球的新型打法，取得佳绩，使乒乓球运动又由60年代中国与日本之间的对抗局面转到了亚洲与欧洲、速度与旋转、旋转与旋转相互对抗的新局面。中国乒乓球队又以自己独特的近台快攻，加上多种打法与技术革新，在有男女团体、单打、双打及混合双打等7项比赛的各种国际和世界赛事中有百十次问鼎纪录，再加上优秀运动员一代一代层出不穷，使中国的乒乓球在世界乒坛处于长盛不衰的优势地位。从1926年在英国伦敦举行第1届世界乒乓球锦标赛至2010年，已举行过50届。1988年，乒乓球正式列入奥林匹克运动会比赛项目，设男、女单打和男、女双打4项。

乒乓球比赛分单打、双打和团体赛：单打是一种在两名或两对选手之间进行的个人比赛。双打是单打比赛的一种特殊表现形式，其比赛性质和单打并无实质性区别，只是两名选手轮流击球而已。团体赛是若干场个人比赛的集合和汇总。乒乓球比赛的基本属性是个人比赛。

乒乓球比赛场地不小于14米长、7米宽、5米高，四周应用75厘米高的暗色栏板围起。比赛的器材包括球台、球网装置、球和球拍：球台长2.74米，宽1.525米，离地面76厘米，与水平面平行，台面为暗色，无光泽；球网高15.25厘米，网柱外缘离开边线15.25厘米；球的直径为38毫米，重2.5克。国际乒联规定自2000年10月1日起执行新的规定，即直径40毫米，球重2.7克；球拍的大小、形状和重量不限，底板应平整、坚硬。球拍面应用一层颗粒向外的普通颗粒胶覆盖，或用颗粒向内或向外的海绵胶覆盖。球拍两面不论是否加覆盖物，必须无光泽，且一面为鲜红色，一面为黑色。

比赛规则主要包括：①由两名或两对选手组成的一场比赛，通常采用7局4胜制或5局3胜制。②每局比赛均以先得11分（国际乒联规定自2001年9月1日起执行，原为21分）为胜方。如比分打到10平，则以10平后先多得2分者为胜方。③当发球方进行合法发球的一瞬间起，即进入比赛状态。当一方不能进行合法还击，而导致结束比赛状态时，即判对方得1分。

乒乓球运动极富竞技性并具有较高的锻炼价值，能培养竞技比赛者的反应、判断能力，以及敏捷的身手、灵活的反应和顽强的意志。

乒乓外交 ping-pong diplomacy 20世纪70年代初，民间外交推动世界大国关系发展的一次成功范例。美国总统R.M.尼克松上台后，调整美国对外战略，表示愿意改善美国同中华人民共和国的关系，中国对此作出积极反应。1971年4月6日，在日本名古屋参加第31届世界乒乓球赛的中国队，邀请了美国乒乓球代表团来中国进行友好访问。这是中国为恢复中美接触而采取的一个重大步骤，以民间往来的形式推动了整个中美关系正常化的进程，在国际上产生了巨大的反响，国际上称中国此举为“乒乓外交”。尼克松同意美国乒乓球队应邀，把这一邀请视为中美关系的一个突破。在中国总理周恩来接见美国乒乓球代表团成员几小时后，美国总统尼克松发表声明，宣布放宽对中国人员访美、货币使用、燃料供应、运输、贸易等方面的限制措施。“乒乓外交”促进了中美双方关系的发展，打开了中美两国友好往来的大门。

美国乒乓球运动员游览长城（1971）

平板显示器件 panel display device 依靠矩阵点或线段控制并激励屏幕发光，呈现信息供视觉感受的器件。平板显示器件有电致发光显示、等离子体显示、发光二极管显示和液晶显示等。它们都是依靠矩阵选址的方法激励像素点。矩阵式平板显示器件的像素点对应于两组（x，y）电极交叉点。在x_i、y_i两根电极上加电压，电极交点（x_i、y_i）受两电极间电压差激励而发光（或吸收光）。需要其他点发光时，则把电压加在另外的x，y电极上。矩阵选址一般用扫描方式，屏幕上x或y电极组内所有电极被激励电压扫过一遍就构成一幅由被激励像素点组成的图形。线段式平板显示器件的发光体和驱动电极做成固定线段格式，驱动某些线段使其发光就能显示字符，用译码选址方法将电码转换成字符显示。平板显示器件分无源和有源两大类器件。无源器件对比度、亮度和分辨率不高，主要用于显示字符和表格。有源器件的以上参数均有明显提高，可应用于电视图像显示。

平布 plain cloth 平纹棉织物。特点是经纱和纬纱的支数相等或接近，经密与纬密相等或接近。按使用纱的不同，分为粗平布、中平布和细平布。粗平布用32特以上（18英支以下）的棉纱作经、纬纱织成，又称粗布。布身粗厚、结实、坚牢，用作服装和家具布。中平布用22～30特（26～20英支）的棉纱作经、纬纱织成，曾称市布。布身厚薄中等、坚牢，用作面粉袋、衬料、服装或装饰用布。细平布用19特以下（30英支以上）的棉纱作经、纬纱织成。布身细薄，加工成漂白布、色布和印花布，用作服装。常见的平布还有细纺、巴里纱等。细纺用15特以下（40英支以上）的精梳棉纱作经、纬纱织制，布身质地细薄，手感柔软。巴里纱用高支强捻纱线作经、纬纱织成，俗称玻璃纱；布身质地稀薄，手感挺爽，布孔清晰，适宜用作夏令服装、装饰用布。

平城 Pingcheng 中国北魏前期都城。遗址位于山西大同市区及其附近。自天兴元年（398）道武帝建都于此，至太和十八年（494）孝文帝迁都洛阳时止，北魏以此为都共96年。孝昌二年（526）六镇起义军破平城后逐渐废弃。平城是当时中国北方的政治、军事、经济和文化中心。它的城市规划对北魏洛阳城，东魏、北齐邺城有直接影响。1988年国务院公布平城遗址为全国重点文物保护单位。

此城由宫城、郭城组成。天兴二年建内城，泰常七年（422）明元帝时筑外郭，“周回三十二里”。宫城、衙署区在城北，宅第区在城南。遗址中唯一有文献记载又经过考古发掘的遗迹是北魏明堂。它是平城南郊的重要礼制建筑（即辟雍）。遗迹中心为一方形夯土台基，边长42米，四周有环形水道。平城城北的方山为北魏皇陵区，陵园包括方山永固陵、万年堂、永固堂、思远浮图等。平城东南曾发现北魏贵族司马金龙墓，城南、城西有平民墓。平城西的武州塞有云冈石窟。在平城遗址附近还出土西方传入中国的金银器，反映了当时的东西方文化交流。

平城京 Heijōkyō 日本奈良时代（710～784）都城。遗址位于奈良盆地北部，大部分在今奈良市境内。元明天皇和铜元年（708）始建，至桓武天皇延历三年（784）迁都长冈京为止，以此为都70余年。平城京面积为藤原京的3倍，东西约5.9千米，南北约4.8千米，形制主要仿唐长安城，也受唐洛阳城的影响。平面呈长方形，宫城在北部中央。城周无城墙。长3.8千米的朱雀大路纵贯南北，连接宫城正门朱雀门和都城正门罗城门，分全城为东西两半，分别称左京和右京。城内各条大路交叉划分成坊，坊内再分为坪，居民住宅分布在坪内。贵族邸宅多在宫城附近。左、右京分别有东市和西市。平城宫是天皇居处和政府衙署，面积约1.2平方千米，周围筑墙，墙外有壕。四面共开12门。平城京内外多建佛寺。有从藤原京迁来的，也有圣武天皇时营建的，还有为鉴真和尚兴建的唐招提寺。这些佛寺有的保存至今。

平喘药 antiasthmatic drugs 缓解哮喘症状的一类药物。平喘药大致分为以下几类。

肾上腺素受体激动药 作用于气道平滑肌β肾上腺素受体，促使气道平滑肌松弛、扩张气道、减轻气道炎症反应。临床多选用作用于β_2受体的药以减轻其对心脏的副作用。主要副作用为心悸、手颤等。又分为速效与长效两类。速效制剂有沙丁胺醇、特布他林等；长效制剂有沙美特罗、福莫特罗、丙卡特罗、班布特罗等。

茶碱类药 主要使支气管平滑肌舒张、扩张支气管，缓解哮喘症状。此外还有轻度抗炎、增强膈肌收缩及利尿作用等。常用制剂有茶碱。改变其一定结构后可制成氨茶碱、二羟丙茶碱、多索茶碱、恩丙茶碱等。

糖皮质激素类药 具有抗炎、抗过敏与缓解支气管痉挛作用，可通过口服、注射或雾化吸入给药。除对比较严重的哮喘发作外，多以吸入（气雾剂、干粉吸入剂）方式给药，主要用于治疗支气管哮喘；部分特定的COPD病人亦可使用。

抗过敏类平喘药 为辅助性止喘药，主要品种有色甘酸二钠和酮替芬。

平等 equality 人与人之间在经济、政治、文化等各方面处于同等的地位，享有相同的权利。

平等问题是私有制形成、社会划分为阶级后出现的。原始社会中，在自然基础（生理上质的等同性）和社会基础（原始公有制）上的原始的平等，是当时人类得以生存和延续的重要条件。原始社会末期，社会开始出现不平等现象，从此以后，到封建社会和资本主义社会，建立平等公正的社会成为人类的理想之一。但在不同历史时期不同阶级的平等观是不同的，长期以来，许多理论家对平等从多方面进行了论述，并在改造社会的实践中使之不断发展。

在当代，平等是人类文明进步的重要价值标准，平等的实际状况往往体现一个国家社会制度的民主化程度。其含义可概括为三个方面：①权利平等。即国家承认所有公民在法律面前平等，都享有广泛、相同的权利。②机会平等。即社会应该为每个成员追求自身利益、自我发展和自我完善平等地提供必要的机会和条件。③结果平等。即主张全社会的劳动产品和价值物对所有人平等分配。这种观念在历史上体现着劳动者反对剥削和压迫，建立一个理想社会的强烈愿望。但这种主张在阶级社会中脱离了社会发展的规律，具有空想的性质。在共产主义社会的初级阶段，在生产力还不够发达的情况下，如果不适当地追求结果平等，也会导致平均主义，阻碍生产力的发展，最后反而使平等难以实现。

平等派 Levellers 英国资产阶级革命中的激进民主派。代表小资产阶级利益。成员有中小店主、手艺匠、帮工、学徒以及公簿持有农等。领袖为J.李尔本。第一次内战期间，平等派的思想已在伦敦和其他一些地区传播。平等派主张：未来的国家应该是共和国；废除王权和上议院；由人民选举产生的下议院享有最高权力；扩大选举权；消灭专卖权和垄断，实行自由贸易；减轻赋税，取消什一税、消费税和关税；将被圈占的土地归还农民等。

1647年8月6日军队开进伦敦，驱散了议会里反对他们的长老派议员。接着，军队里以O.克伦威尔为首的高级军官和平等派士兵之间的矛盾迅速上升。11月15日平等派士兵企图起义，遭克伦威尔镇压。1648年第二次内战起，独立派、平等派重新联合，击败王党。1649年共和国成立后，平等派继续为实现他们的理想与克伦威尔等新当权者作斗争。后来，平等派分裂为许多小的派别，逐渐衰落。

平顶海山 guyot 孤立的、平顶的海底火山。又称桌状山，曾译盖奥特，此术语来自瑞士出生的美国地质学家A.H.盖奥特的姓。平的山顶在海平面以下200多米，直径可达十多千米。太平洋里的海底平顶火山最多。大多数山顶都在海平面以下1 000～2 000米。

平顶山市 Pingdingshan City 中国河南省辖地级市。位于省境中部，西靠伏牛山，东接黄淮平原。辖新华、卫东、湛河、石龙4区和宝丰、叶县、鲁山、郏县4县，代管舞钢市、汝州市。面积7 874平方千米。人口490万（2010），民族有汉、回、蒙古、满等。1957年由叶县、宝丰县等析置平顶山市，以平顶山而得名。1964年改为特区，1968年设市。属暖温带大陆性季风气候，冬冷夏热，春秋凉爽。为中国煤炭基地之一。矿产资源还有铁、锰、铝、铀、硫、磷、萤石、石英石、紫砂陶土、石灰岩等。农作物主要有小麦、芝麻、烟叶等。传统产品有猕猴桃、核桃、板栗、黑木耳、猴头、柞蚕丝、安哥拉兔毛等。工业以煤炭、电力、纺织、食品、冶金、建材、化工等为支柱。境内有新石器时代的裴李岗文化、仰韶文化和龙山文化等遗址。名胜古迹有寺岗遗址、鱼陵山古墓群、建佛寺、韩棱墓和白龟山水库等。

平定准噶尔 中国清代康熙、雍正、乾隆三朝为统一西北地区与准噶尔贵族进行的多次战争，在清代文献中通称为平定准噶尔。

康熙时期 准噶尔部首领噶尔丹在俄国政府的怂恿支持下，于康熙二十七年（1688）进攻喀尔喀蒙古，并借口追击土谢图汗部余众，进军内蒙古乌朱穆沁。康熙帝3次率军亲征漠北。二十九年七月，他亲自进驻博洛河屯（今河北隆化）节制全军。八月一日两军在乌兰布通（今内蒙古克什克腾旗境内）交战。噶尔丹仅率数千人逃回科布多。三十四年五月，噶尔丹又以骑兵三万东犯克鲁伦河（今蒙古国境内）以北巴颜乌兰。三十五年五月，康熙帝命费扬古统帅清军在昭莫多（今蒙古乌兰巴托南之宗莫德）与噶尔丹主力军队激战竟日，噶尔丹军阵大乱，清军追击30余里，歼敌数千。噶尔丹率残部仓皇西逃。次年春，康熙帝亲赴宁夏，进剿噶尔丹残部。同年三月，噶尔丹暴病而亡。继噶尔丹成为准噶尔部首领的策妄阿拉布坦，于五十五年进犯西藏。次年十一月攻占喇萨（今西藏拉萨），造成西藏地方动乱。五十九年八月，清军进入喇萨，控制西藏政局，准噶尔残部逃回伊犁。

雍正时期　雍正五年（1727）噶尔丹策零继策妄阿拉布坦为准噶尔首领后，即遣使清廷要求派人入藏熬茶（向喇嘛寺庙发放布施），清政府未允其请，并令噶尔丹策零将发动叛乱的青海和硕特部贵族首领罗卜藏丹津送回。一年之后，雍正帝决意出兵准部。八年，噶尔丹策零押送罗卜藏丹津的队伍行至中途，探知清军西进来讨，便返回伊犁。九年六月噶尔丹策零大败清军。十年六月，噶尔丹策零进掠克鲁伦地区，与清军相遇，双方在额尔德尼昭（光显寺）激战，准噶尔军队中伏被围，仅噶尔丹策零等率残部突围。

乾隆时期　乾隆朝，清政府为完成对西北边疆地区的统一，曾两次出兵准噶尔部、进军伊犁。乾隆十年（1745）噶尔丹策零死。十七年达瓦齐在阿睦尔撒纳支持下夺取了准噶尔部统治权，不久两人又发生火并。十九年阿睦尔撒纳投清。清政府决定进军伊犁。二十年五月，达瓦齐退守格登山（今新疆昭苏县松柏边卡），遭清军夜袭，达瓦齐越天山奔南疆，在乌什为回部霍吉斯擒获，押交清廷。八月，阿睦尔撒纳发动叛乱。清政府于二十一年三月占领伊犁，阿睦尔撒纳逃入哈萨克阿克赉牧地。不久他又向俄国求援。二十二年二月清军再次进军伊犁。七月，阿睦尔撒纳兵败逃入俄境，不久死于痘疫。清政府通过上述战争，打击了准噶尔贵族上层的割据势力，统一了西北边疆，有力地抵制了俄国势力的扩张。

《平复帖》　中国西晋陆机书信墨迹。陆机（261～303），字士衡，吴郡吴县华亭（今上海松江）人。太康末入洛阳，曾官平原内史，世称陆平原。工书，能章草。《平复帖》

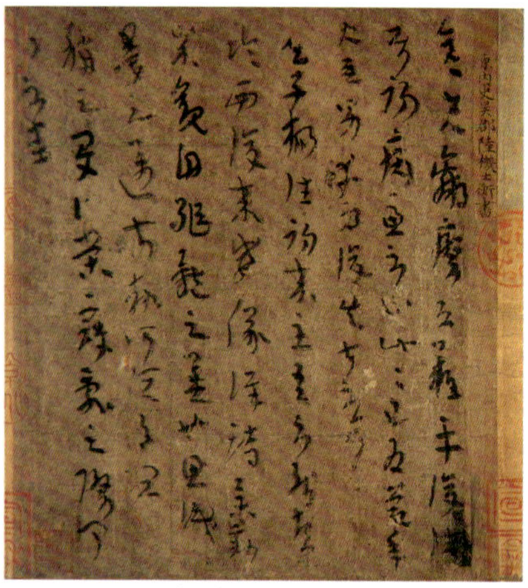

《平复帖》（局部）

纸本，高23.8厘米，宽20.5厘米，草书9行，存84字，故宫博物院藏。此帖无款，北宋《宣和书谱》卷十四著录为陆机真迹，自北宋以来流传有绪，为现今存世中国古代书法名家真迹中时间最早的一件。《平复帖》为陆机存世唯一书迹，帖文内容为问讯朋友之事，字体介于章草和今草之间，体现了草书演变过程中的过渡特征。

平肝潜阳　suppressing hyperactive liver and subsiding yang　中医临床治疗肝阳上亢证的方法。肝阴不足，阴不制阳，即出现肝阳上亢证。肝阴不足主要是由肾阴虚、肾水不能滋养肝木及气郁化火、内耗肝阴所致。平肝潜阳既能补肝阴之不足，又能使亢盛的肝阳得到抑制，使人体阴阳恢复相对的平衡。对肝阳上亢所致的眩晕耳鸣、头痛且胀、面红目赤、急躁易怒、失眠多梦、健忘心悸、腰酸膝软、舌质红绛、脉弦细数等病症，即可使用平肝潜阳法治疗。平肝潜阳常用质重镇坠的药物如牡蛎、生龙骨、石决明、珍珠母、磁石、代赭石等。因肝阳上亢是肝肾阴虚、阴不制阳的结果，所以平肝潜阳法常与滋补肝肾法配合使用。常用方剂有天麻钩藤饮、镇肝熄风汤等。肝阳上亢可致肝阳化风而见肢麻震颤、手足蠕动、语言不利、口眼㖞斜、半身不遂、甚则卒然昏仆等肝风之症，故平肝潜阳法常与熄风法配合使用。临床上痰湿内阻所致的眩晕不宜使用平肝潜阳法，肝阳上亢证忌用升浮、温燥的药物。

平肝熄风剂　formula for suppressing hyperactive liver for calming endogenous wind　中医治疗肝风内动证的方剂。以平降肝阳、熄风止痉为主要作用。肝风内动证多由肝经热盛，热极生风或肝肾阴虚，肝阳偏亢，化风上扰所致。热极生风者多属实证、热证，症见高热不退、烦闷躁扰甚则神昏、手足抽搐甚则发为痉厥、舌绛而干或舌焦起刺、脉弦数；肝阳化风者多属本虚标实，症见头目眩晕、头部热痛、面红如醉，甚或卒然昏倒、不省人事、口眼㖞斜、半身不遂，脉弦长有力等。代表方如羚角钩藤汤、风引汤、镇肝熄风汤、天麻钩藤饮等。服药期间宜清淡素食，忌食酸辣肥甘厚腻之品，以免助火生痰、加重病情。

平谷区　Pinggu District　中国北京市辖区。位于市境东北部。处于京、津、唐交会的三角地区。面积1 075平方千米。人口42万（2010）。汉高祖十二年（前195）设平谷县。1928年由河北省管辖，1958年划归北京市。2001年撤县设区。三面环山，山区半山区占2/3。水系独立，环境无污染，是国家生态示范区（县）。平谷以农业为主，是北京市主要的农副产品生产基地之一和主要的淡季菜、鲜果生产基地。为重要的大桃生产基地。有金海湖、京东大峡谷、湖洞水、飞龙谷、丫髻山、京东大溶洞、京东淘金谷、老象峰、凤凰台等游览景区。

平衡觉　equilibratory sensation　人体位置根据重力方向所发生的变化刺激内耳前庭感受器而产生的感觉。又称静觉。前庭器官包括前庭和半规管。半规管位于三个相互垂直的平面上，是反映身体（或头部）旋转运动的感受器。它按照惰性规律发生作用：在加速旋转运动时，半规管内的液体（内淋巴）推动感觉纤毛，使其产生兴奋；等速运动并不引起兴奋。前庭内部有耳石（含有极微小的晶体），其感受器位于膜质小囊里，由感觉细胞和支持细胞构成，耳石位于这两种细胞之上。在发生直线位移、圆形运动或头部及身体移动时，晶体的位置发生变化，引起前庭内感受器的兴奋。前庭器官与小脑有密切的联系，刺激前庭器官所产生的感觉在重新分配身体肌肉紧张度、保持身体自动平衡等方面起着重要作用。前庭感觉也与视觉有联系，当前庭器官受刺激时，可能会使人看见物体发生位移的现象。前庭器官也与内脏器官密切联系，当前庭器官受到较强烈的刺激时，可以产生恶心、呕吐等现象，如晕船或晕车等。

平衡木　balance beam　女子竞技体操项目之一。由一根横木固定在两个支架上。正式比赛器械木长5米，宽0.10米，高1.25米，木上有覆盖层。完成动作时，除应具有协调、灵敏、果断及良好的空间定向能力外，对人体平衡能力和控制能力要求也极高。平衡木起源于18世纪中叶。1936年进入奥林匹克运动会比赛，1952年列为奥运会正式比赛项目。近代平衡木技术发展很快，开始仅为滚翻、倒立、手翻等。20世纪70年代，苏联运动员O.V.科尔布特将空翻搬上平衡木，使这项运动的技术发展进入一个新阶段。1976年罗马尼亚运动员N.科马内奇做出了空翻连接且落木高度稳定的高难动作。平衡木是中国女子体操队的优势项目，刘璇、凌洁、莫慧兰、杨波等都曾是该项目世界冠军的得主。

平湖市　Pinghu City　中国浙江省辖县级市。位于省境东北部，南濒杭州湾。面积536平方千米。人口67万（2010）。明宣德

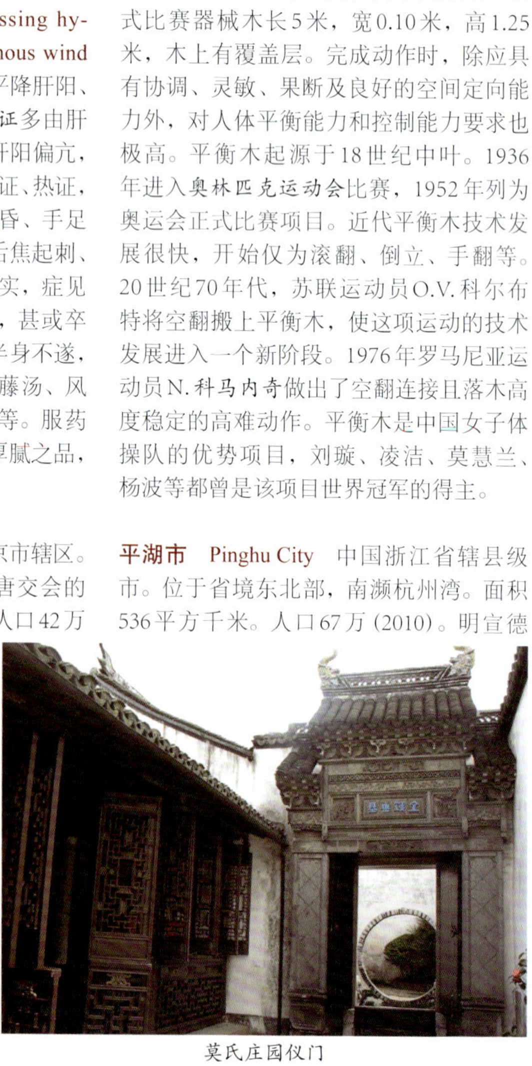

莫氏庄园仪门

五年(1430)置平湖县。1983年属嘉兴市。1991年撤县设市。由嘉兴市代管。土地肥沃，物产丰富。主要农作物为水稻、大小麦、油菜、棉花。特产西瓜、糟蛋、元青豆、生姜、蜂蜜和蜂王浆。工业以轻纺、机械为主，并有化肥、农药、水泥、电子仪表、塑料制品、医药、造纸、食品、工艺美术等行业。服装工业是传统优势产业。乍浦港是浙北地区的重要出海口。名胜古迹有乍浦九龙山风景旅游区，莫氏庄园、天妃宫古炮台、南湾古炮台3个省级文物保护单位。其中莫氏庄园建于1890年，为江南典型的砖木结构古住宅建筑群。

平话 ping dialects 汉语重要方言之一。主要分布于中国广西壮族自治区西南部、东南部和北部，也分布于邻近广西的云南省富宁县和湖南省宁远县、道县、新田县等地。主要语音特征：①没有舌尖后音声母［tʂ、tʂʻ、ʂ］。②古全浊塞音、塞擦音声母今属阳平调的，读不送气清音，与粤语同类字大多读为送气清音相比，具有较强的区别性。③保留入声调。平话的入声比较丰富，有多至二四个入声调的，最少的也有一个。平话内部桂北片和桂南片的差别较大。

平话 popular story 话本体裁之一。与小说、诗话、词话相对而言，平话是只说不唱的平铺直叙的话本。另一种解释是，平即平章之平，意即品评，因而后来又写作“评话”。现存的宋元平话多为长篇，题材主要是历史故事，如《五代史平话》、5种《全相平话》。还有《西游记平话》，仅存佚文。《永乐大典》卷一七六三六至一七六六一收有平话26卷，已佚。明清人多写作“评话”，也有把短篇小说称作评话的，见于《警世通言》第11卷《苏知县罗衫再合》、第17卷《钝秀才一朝交泰》。至今曲艺界仍把只说不唱的“大书”称为“评话”或“评书”。

《平家物语》 *Heike Monogatari* 日本镰仓时代“军记物语”的代表作。作者和成书时间不明。原称《平曲》，又称《平家琵琶曲》，为盲艺人以琵琶伴奏演唱的台本，只有3卷，后经说书艺人传唱、补充，加之一些文人校勘、改造，形成今传的13卷本。按内容可分为两大部分。前6卷描写平氏家族的荣华鼎盛和骄奢霸道；后7卷着重描述源平两大武士集团之间的大战，平氏家族悲惨覆灭。《平家物语》围绕平氏集团由盛至衰这一中心线索，表现了平安王朝末期旧的贵族阶级日趋没落，逐渐为新兴武士阶层所取代，而上升到政治舞台上的武士集团，由于被贵族同化，又被地方上拥有实力的武士集团所吞没。尽管作者有意把平氏的消亡归咎于他们为所欲为的恶行，但在客观上却道出了“贵族化”才是平氏走向衰败的症结，因而具有深刻的认识价值。《平家物语》最大的艺术成就是塑造了王朝文学所不曾有过的披坚执锐、跃马横枪的英雄人物。这些形象的出现，标志着日本古典文学开创了新的与王朝文学迥然有异的传统，给后世文学带来了极为深远的影响。

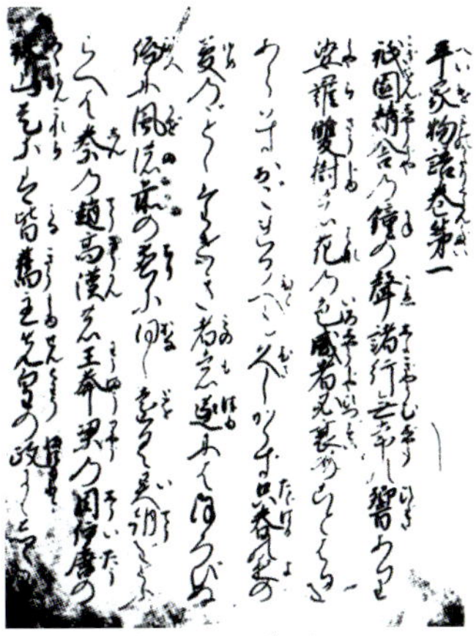
《平家物语》手稿

平江不肖生 Pingjiang Buxiaosheng (1890～1957) 中国近、现代小说家。本名向逵，字恺然，笔名不肖生、平江不肖生等。祖籍湖南平江，生于湘潭，11岁举家迁回平江。自小爱好武术，广交武术名家。早年考入长沙高等实业学堂。1906、1913年分别入日本东京弘文学院、东京中央大学留学，开始创作小说。1915年回国后寓居上海，以卖文为生，撰写小说时署名为不肖生。后辗转于湖南、北京、上海等地谋生。1932年回湖南，创办国术训练班，倡导中华武术。后历任安徽学院文学系教授、湖南省政府参议等职。中华人民共和国建立后，任湖南省政协委员和文史馆馆员。他是中国早期武侠小说的代表作家，对现代武侠小说模式的确立与发展，具有开创性作用。所著《江湖奇侠传》几至家喻户晓，书中“火烧红莲寺”的故事多次被搬上舞台，并被改编成多集电影上演，开中国电影史上武侠神话片之先河。他的武侠名作还有《江湖大侠传》、《现代奇人传》、《铁血英雄传》、《近代侠义英雄传》等，此外，还著有长篇小说《留东外史》、《留东艳史》、《留东新史》，以及有关国术的著作共20多部。

平津战役 Beiping-Tianjin Campaign 解放战争时期，中国人民解放军东北、华北野战军在北平（今北京）、天津、张家口地区对国民党军进行的战略决战性战役。当时，国民党军华北“剿总”总司令傅作义所部60万人，困守于北平、天津、张家口三个地区。按照中共中央军委的战略部署，平津战役总前委林彪、罗荣桓、聂荣臻等指挥所部东北、华北野战军100万人，发起平津战役。1948年11月29日～12月20日，解放军对国民党军队实行战略包围，将其分割包围在北平、天津、张家口、新保安、塘沽5个孤立据点。从12月22日至翌年1月15日，先后解放了新保安、张家口和天津，切断了北平20万余国民党军西逃和海上逃跑的道路。从1949年1月16～31日，中共中央军委为保护文化古都，决定以和平方式解放北平。经过多方工作，傅作义率所部接受和平改编，解放军进入古都，北平宣告和平解放。此役，除塘沽国民党军5万余人由海上逃跑外，共歼灭和改编国民党军52万余人，基本上解放了华北地区。辽沈、淮海、平津三大战役的胜利，使国民党军精锐师团丧失殆尽。从此，中国人民革命战争在全国胜利的局面基本确定。

人民解放军炮兵部队通过北平前门大街

平均海平面 mean sea level 水位高度等于观测结果平均值的平静的理想海面。是验潮站在一定时期内，按观测资料经滤波运算得到的海面高度值。观测时间范围不同，有不同概念的平均海平面，如日平均海平面、月平均海平面、年平均海平面和多年平均海平面等。取足够长的时段经计算求得的能完全消除各种周期性和非周期性的振动的理想海面称为海平面。它是陆地高程的基准面，由此算起的高程，即海拔高程。一些验潮站常用18.61年或19年每小时的观测值求出平均值，作为该站的平均海平面。因为观测值受天气状况而变，且具有季节性、周期性的变化。一年中月平均海平面的最大值与最小值之差，称为年较差。如渤海的月平均海平面的年较差为60～70厘米，黄海为35～50厘米，东海为30～35厘米，南海为20～40厘米，而印度洋恒河口可达170厘米，太平洋的檀香山仅约8厘米。各年平均海平面的差异，可达10厘米左右。

1956年，中国规定以青岛验潮站的多

年平均海平面为中国统一的高程起算面，称为青岛海平面或黄海基准面。它是测绘、制图、防洪、防潮、海上航行、海岸带开发、地震监测和地壳升降等科学研究的基准。中国出版的地图上的海拔高度都由这个基准面起算。至于航海图上的深度，则从海图的基准面向下计算。

平均数 average 反映一组观察数据的集中趋势或中心位置的度量。换言之，平均数是综合反映现象总体内各单位某一数量标志的一般水平的数值，是表明总体特征的重要指标。对大量现象某一数量标志的平均化过程，可以抵消个别的、偶然的因素所发生的影响而呈现共同的、基本的因素作用的一般趋势。计算平均数的前提条件是总体的同质性。平均数是进行统计分析和统计推断的基础。在社会经济研究中可以比较不同单位或地区同类现象的水平或质量，研究现象发展变化的过程和趋势，分析现象之间的依存关系，以及推算其他有关指标等。统计中常用的有算术平均数、加权平均数、例数平均数、几何平均数、众数、中位数等。

平凉市 Pingliang City 中国甘肃省辖地级市。位于省境东部，陇山东西两侧，北与宁夏回族自治区相邻，东南与陕西省接壤。辖崆峒区和泾川、灵台、崇信、华亭、庄浪、静宁6县。面积11 325平方千米，人口207万（2010），有汉、回、满、蒙古、藏、

南石窟寺

朝鲜等民族。前秦永兴二年（358）置平凉郡，元、明、清为平凉府。1913年废府。1950年设平凉市。几经变更，2002年设地级平凉市。矿产以煤炭为主，华亭煤田是甘肃省储量最大的煤田。工业以电力、采煤、毛皮加工、纺织、印刷、造纸、水泥、陶瓷等为主。农业主产冬小麦、玉米、糜子，兼产薯类、高粱、谷子等。名胜古迹有仰韶、马家窑、齐家、寺洼文化遗址和太统山、崆峒山、王母宫石窟、南石窟寺、石拱寺等。

平粮台古城 Pingliangtai 中国新石器时代河南龙山文化的古城。位于河南淮阳大朱庄西南。1979年发现。建城年代约为公元前2400年以前。城平面为规整的正方形，面积约5万平方米，有版筑夯土城墙，边长

平粮台古城出土的陶鼎

185米。现存城墙最高处达3.6米，底宽13.5米。已发掘南北两个城门。城内出土长方形多间排房和圆形房屋，普遍以土坯砌墙。在城西南角有奠基坑，内埋两头整牛。古城的发现对研究中国古代城市起源有重要意义。1988年国务院公布为全国重点文物保护单位。

平流层 stratosphere 从对流层顶到约50千米高度的大气层。平流层内温度分布初始随高度增加而不变或微升，约从30千米高度向上温度随高度增高而上升较快，至平流层顶（离地面约50～55千米高度）可达270～290K。这种温度随高度升高而增高的特征，是由于大气中的臭氧主要集中在这一层，臭氧强烈吸收太阳紫外辐射所致。平流层中空气主要呈平稳的水平运动，垂直运动非常微弱。平流层中水汽含量极少。在平流层底部，有时可见对流层中发展强盛的积雨云顶部，在中高纬度早晨、黄昏有时可观测到出现在20～27千米高度的、具有特殊色彩、由冰晶组成的珠母云（曾称贝母云）。大气污染气体进入平流层，以及火山喷发物直接注入平流层后，经过化学反应和核化凝结可形成永久性平流层气溶胶霾层，主要由硫酸盐组成，其尺度分布、物理化学性质包括不同相态，是计算平流层气溶胶辐射传输特征的重要参量，直接影响地球气候变化。平流层气溶胶遇到极端低温（T<195K）时，质粒尺度将惊人地增大，导致云的形成，它通常出现于极区冬季，故称为极地平流层云，在极地平流层臭氧衰减中起重要的中介作用。

平炉炼钢 open hearth steelmaking 在平炉中用煤气或重油作燃料，在燃烧火焰直接加热状态下，将生铁和废钢等原料熔化并精炼成钢水的炼钢方法。平炉是由熔炼室、炉头、上升道、沉渣室、蓄热室、换向阀、烟道、烟囱等组成的膛式火焰炉。平炉炼钢是继贝塞麦转炉炼钢之后研究成功的又一大规模生产钢的方法。优点是：原料配比灵活，炉产量高，钢质量较好，操作容易控制，适合于钢铁工业发展初期的条件。在近一个世纪中占据炼钢主导地位。但是其缓慢的冶炼速率只能用模铸法浇注钢锭而不适于连续铸钢。20世纪中叶，氧气转炉炼钢和超高功率电弧炉炼钢问世后，平炉炼钢渐渐退出舞台。

平面 plane 构成几何图形的基本元素之一。在空间中建立了直角坐标系$Oxyz$之后，平面上点的坐标(x,y,z)满足一个三元一次方程$Ax+By+Cz+D=0$，式中A、B、C不全为零。这种形式的方程称为平面方程的一般式。确定平面的方式有很多。最常见的是已知平面经过一点$M_0(x_0,y_0,z_0)$和垂直于平面的一个非零向量$\boldsymbol{n}(A,B,C)$（称为平面的法向量），于是平面上的动点$M(x,y,z)$满足方程$\overrightarrow{M_0M}\cdot\boldsymbol{n}=0$或者$A(x-x_0)+B(y-y_0)+C(z-z_0)=0$。这是平面方程的点法式。令$D=-(Ax_0+By_0+Cz_0)$，则上面的方程化为平面方程的一般式。

已知不共线的三点$M_i(x_i,y_i,z_i)$ $(i=1,2,3)$，也确定了经过这三点的平面。其实只要取平面的法向量$\boldsymbol{n}$为$\overrightarrow{M_2M_1}\times\overrightarrow{M_3M_1}$代入点法式方程得到：

$$\begin{vmatrix} x-x_1 & y-y_1 & z-z_1 \\ x_2-x_1 & y_2-y_1 & z_2-z_1 \\ x_3-x_1 & y_3-y_1 & z_3-z_1 \end{vmatrix}=0$$

这是平面方程的三点式。

若已知平面在x轴、y轴、z轴上的截距分别是a、b、c，则平面的方程是：

$$\frac{x}{a}+\frac{y}{b}+\frac{z}{c}=1$$

这是平面方程的截距式。

平面设计 graphic design 艺术设计的一个门类。又称“图形设计”或“装潢设计”。指在二维空间里进行的视觉语言的构思与

余秉楠作“汉字”海报（1995）

传达。20世纪以后，由于招贴广告的需求量骤增，加之照相制版和多色印刷技术的发展，从graphic art中派生出graphic design的分类。平面设计主要指通过印刷大量复制的图形设计，如招贴广告、报纸杂志广告、音像制品封套、插图、地图、统计图表、印刷包装书籍装帧以及影视广告和动画设计等，范围十分广泛。

平民教育运动 Civilian Educational Movement 中国五四运动时期的新教育思想和实践活动。五四运动前后，中国一批爱国进步的知识分子在“拥护民主”的口号指引下，通过开办平民学校，开展争取人民教育权利的进步运动。毛泽东等人于1917年11月在湖南长沙第一师范学校办的工人夜校，是当时萌芽中的全国平民教育事业的前驱。李大钊于1919年2月，在北京《晨报》发表《劳动与教育问题》，呼吁开展劳工教育。同年3月，邓中夏等发起组织“平民教育讲演团”，以“增进平民知识，唤起平民自觉心”。这一活动持续4年之久，是五四运动前后平民教育发展史上重要的一页。

1920年，各地共产主义小组以及社会主义青年团陆续成立后，配合工人运动的开展，采取办报刊、办劳动补习学校和工人俱乐部等形式，使平民教育运动得到进一步发展。工人报刊以1920年创刊的上海《劳动界》、广州《劳动者》和北京《劳动音》等周刊所起教育作用最大。邓中夏负责筹办的长辛店劳动补习学校，刘少奇等负责筹办的沪西小沙渡劳动补习学校，同毛泽东等办的工人夜校一起，大力发展了以“无产阶级的平民主义”为指导思想的平民教育。

一些持教育救国论的知识分子，也参加了五四运动前后的平民教育运动。晏阳初提出通过对平民进行不分贫富贵贱的平等教育来改良社会的主张。1916年10月，全国教育会联合会作了《注意贫民教育案》的决议，1919年10月又作了《失学人民补习教育办法》的决议。北京高等师范学校和南京高等师范学校，也在1919年10月和12月分别发刊《平民教育》周刊和《少年社会》，宣传平民教育。1923年6月，陶行知、朱其慧、晏阳初等发起组成南京平民教育促进会，8月在北京清华学校召开第一次全国平民教育大会，成立中华平民教育促进会总会。从1930年起，晏阳初由识字运动转向乡村建设，在河北省定县（今定州）农村进行“平民教育”的实验。此后，全国20个省区多办起平民学校等。

平民文学 Literature of the Common People 中国五四文学革命中提出的建设新文学的口号。指与文言的贵族文学相对立，表现普通人普遍与真挚情感的文学。1919年1月，周作人在《每周评论》第5号上发表《平民文学》一文，正式提出“平民文学”的主张和口号，他指出平民文学与贵族文学的主要区别在于：“第一，平民文学应以普通的文体，记普通的思想与事实”；“第二，平民文学应以真挚的文体，记真挚的思想与事实”。这样的文学，“自然应有艺术的美。只须以真为主，美即在其中”。他提倡在文学中应以一律平等的人的道德代替愚忠愚孝的封建道德，以社会普通男女的悲欢成败代替英雄豪杰才子佳人的事业和幸福。这种主张适应了当时反对封建旧文学、提倡新文学的需要，推进了文学革命。

平壤 Pyongyang; P’ yŏngyang 朝鲜首都、直辖市，全国最大城市。位于朝鲜半岛西北部，跨大同江两岸，西距河口约100千米。面积2 629.4平方千米，人口约300万。

位于平壤平原北端，地势北高南低。大部分为低山残丘。大同江及其支流普通江流贯市区。冬寒夏暖，年平均气温9.7℃，气温年较差大。平均年降水量925毫米。

平壤为朝鲜古城，有1 500多年历史，是朝鲜古代文化发祥地之一。427年高句丽长寿王朝迁都于此，筑大城山城与王宫，之后的240年间，是朝鲜半岛最繁荣的城市。从10世纪初到20世纪初的约1 000年间，是高丽王朝和李氏王朝的“西京”，又称“柳京”。1948年9月9日定为朝鲜首都，称平壤特别市。朝鲜战争期间90%的建筑物被毁，战后重建。

全国最大的工业中心，工业产值占全国工业总产值的1/4。为平壤工业区的核心，是以燃料动力、机械、纺织和食品工业为主的多部门综合性工业城市。机械工业地位重要，建材工业发展较快。大力发展冶金工业和以制药为中心的化学工业。全国最大轻工业与纺织工业中心。城郊农业具有集约化、专业化的特点。除种植水稻外，陆续建立了大果园、蔬菜农场和现代化的温室大棚。交通枢纽，地处于南北、东西铁路的交叉点，也是水路运输中心。平壤—南浦、平壤—元山、平壤—开城等高速公路的起点站。市内已建成两条全长24千米的地下铁路。平壤顺安机场有通往北京、莫斯科和曼谷等地的国际航班。南浦为平壤的外港，是朝鲜最大的对外贸易港。

市区道路宽阔，园林和绿化用地约占市区面积80%，有世界“花园城市”之称。大同江右岸的旧市街是市中心区。名胜古迹多分布在大同江畔和牡丹峰麓，有金日成故居万景台，始建于高句丽时代的乙密台，建于566年的大同门（又称挹灏楼是古内城东门），后经李氏王朝改建，门楼上挂一大钟——平壤报时钟，曾毁于战火，后又重建。现存大同门旁钟阁的大钟是1726年重铸，为中世纪朝鲜传统艺术的典型。

平壤市区一角

它同清流亭、浮碧楼、绫罗岛、练光亭、普通门、北门、七星门合称平壤八景。此外，大城山、峨嵋山、云头峰等都是著名的风景区。市内主要建筑有朝鲜革命博物馆、千里马铜像、万寿台议事堂和高达104层的柳京饭店等。朝中友谊塔位于牡丹峰西麓，始建于1959年10月，塔高30米，有“朝中人民以鲜血凝成的革命友谊永放光芒”碑文。有金日成综合大学等30余所高等学府和科学院等研究机构。还有平壤大剧院等文化设施。

平绒 velveteen 用经纱或纬纱在织物表面形成短密、匀整绒毛的棉织物。布身厚实，绒毛短而稠密，不倒伏，光泽柔和，抗皱，保暖性好。经染色或印花后，外观华丽。宜制作妇女春秋冬季服装、鞋帽和沙发套、窗帘等。根据绒毛形成方法分为两类：以纬纱起绒的称纬平绒，以经纱起绒的称经平绒。纬平绒由一组经纱与两组纬纱交织而成，其中一组纬纱与经纱交织成底布，用作固紧绒毛，称地纬；另一组纬纱与经纱交织成具有一定纬浮长线的起绒组织，称绒纬。成布后先经轧碱，再用机械将绒纬割断，然后进行退浆、烧毛、反复刷毛、煮练、染色或印花，最后拉幅上光而成。经平绒由两组经纱与一组纬纱交织成双层织物，其中一组经纱与纬纱交织成上下两层底布，用作固紧绒毛，称地经；另一组经纱与纬纱交织，在两层底布间构成绒毛，称绒经。成布后先用割刀将绒经割断，形成上下两幅平绒织物，经过刷绒、练漂、染色或印花，再经水洗、反复刷绒、剪毛，最后拉幅上光而成。

平山县 Pingshan County 中国河北省石家庄市辖县。位于省境西部。面积2 951平方千米。人口43万（2010）。西汉初置蒲吾县，隋开皇十六年（596）析置房山县，唐天宝十五载（756）改平山县。矿产资源有铁矿石、大理石、石英石、云母、石灰岩、金、银、铜矿、水晶、磷、蛭石、矿泉水等。药用植物主要有党参、黄芪、灵芝草、枣仁、乌灵脂等。野生动物有山羊、狍子、豹子、旱獭、野兔、黄鼬、狐狸、獾、野鸡等。境内岗南、黄壁庄两大水库总库容23亿立方米，可利用的养殖水面10万亩，占河北省淡水养殖水面的1/7。工业有冶金、建材、陶瓷、化工、纺织、机械等。古迹有战国中山国都城遗址、中山国王墓等和革命纪念地西柏坡中共中央旧址。

平山郁夫 Hirayama Ikuo (1930-06-15～2009-12-02) 日本画家。生于广岛县，卒于东京。1945年8月6日，在广岛市原子弹的轰炸下死里逃生，这给他的思想、创作带来深刻的影响。1952年，从东京艺术大学日本画系毕业后留校任教，并师事前田青邨。1959年第44回院展上，以《佛教传来》引起美术界轰动。从此，他转入佛教题材创作，不久又开辟了丝绸之路题材。1962年起他沿着古代的丝绸之路横贯欧亚大陆考察、旅游、写生，足迹遍及几十国，创作甚富。他不仅成为院展中心画家，而且以专画佛教与丝路题材闻名于世界。1973年就任东京艺术大学教授，后任东京艺术大学美术学部部长。1979年9月7日至10月13日，平山郁夫画展先后在北京、广州举行。

丝路题材作品《流沙之道》

平太阳日 mean solar day 由于太阳的周年视运动是不均匀的，太阳运行至近地点时最快，至远地点时最慢。同时，因为黄道与赤道并不重合，存在黄赤交角，因而根据太阳来确定的真太阳日有长短不一的问题。为了解决这个问题，使计时系统均匀化，假想了一个辅助点——平太阳，它沿着天赤道匀速运行，速度等于太阳在一年内的平均速度，并且和太阳同时经过近地点（即地球过近日点）和远地点（即地球过远日点）。将这个平太阳连续上中天的时间间隔称作平太阳日。1个平太阳日等分为24个平太阳小时，1个平太阳小时再等分为60个平太阳分，1个平太阳分又等分为60个平太阳秒。根据这个系统计量时间所得的结果就称作平太阳时，简称平时。这就是日常生活中所使用的时间。

以平太阳日作为计量时间的基本单位是从19世纪末期开始的。为了计算方便，S.纽康首先假设了一个平太阳。

平太阳时 mean solar time 主要以地球自转周期为基准的一种时间计量系统。简称平时。由于真太阳的运行速度和时角变化率不均匀，不适于作为计量均匀时间的基准，在天文学中引入平太阳。它在天赤道上做匀速运动，其速度与真太阳的平均速度相一致。一个地方的平太阳时以平太阳对于该地子午圈的时角来度量。平太阳在该地下中天的瞬间作为平太阳时零时。真太阳时与平太阳时的时刻之差即为时差。

平托 Pinto, Fernão Mendes (1510～1583-07-08) 葡萄牙作家、旅行家。生于旧蒙特莫尔，卒于里斯本。1537年开始先后游历印度、埃塞俄比亚、中国等地，经历了无数次充满传奇色彩的冒险，“曾13次被俘，16次被卖”。1558年回国后隐退到阿尔马达开始撰写《游记》一书，1580年完稿。人们竞相传抄阅读，但直到他死后31年才正式出版。在欧洲广为流传，是西方最早了解东方的一个窗口。《游记》是融真实与虚构于一体的小说，被认为是一部独一无二的作品，具有很高的文学、历史价值。

平肖 Pinchot, Gifford (1865-08-11～1946-10-04) 美国历史上第一个职业林学家、自然资源保护学家。生于康涅狄格州辛斯堡，卒于纽约州纽约。1889年在耶鲁大学毕业后赴德国学习森林经营，并先后在德国、法国和瑞士考察林业生产。1892年在北卡罗来纳州的比尔特莫尔开始进行美国历史上的第一个系统的森林经营。1898年任农部林业局（后改为林务总局）第一任局长，他主张森林保护和控制使用森林资源。在他的领导下，美国林学会和耶鲁大学林学院于1900年先后建立，并于1903～1936年间任该林学院教授。1923～1927年和1931～1935年曾两度任宾夕法尼亚州州长。著作有《比尔特莫尔的森林》、《阿迪朗达克的云杉》、《林业入门》、《为自然保护而战斗》、《林学家的训练》和《自传》等。

平行从表婚 parallel cousin marriage 婚姻习俗的一种。这种婚俗在某些地区是通例，而在另一些地区则属禁例。平行从表指同性的同胞的子女，即兄弟的子女以及姊妹的子女。按照父系的观念，两兄弟的子女为从兄弟姊妹，两姊妹的子女为姨表兄弟姊妹。姨表兄弟姊妹之间不通婚，其原因可追溯到母系社会的氏族外婚制。在群婚时期，姊妹的子女都是兄弟姊妹，属于同一氏族，因而在禁婚之列。在近现代，世界上有不少原始部落禁止姊妹的子女间通婚。中国的景颇、苗、彝、侗等民族，姨表不婚，是与姑舅表优先婚配（见交错从表婚）同时并行的。而在维吾尔、乌孜别克、塔吉克等族和部分汉族中，姨表兄弟姊妹结婚却是通例。多数民族从兄弟姊妹不通婚，因为在父系社会里，他们是近亲。但也有例外，怒、维吾尔、乌孜别克、塔吉克等民族，从兄弟姊妹也可以通婚。在国外，阿拉伯人也盛行从兄弟姊妹通婚。

平型关战斗 Pingxing Pass, Battle of 中国抗日战争初期，八路军第115师在山西省东北部平型关地区对日军进行的伏击战，是八路军首战告捷的战斗。1937年8月，日军侵占北平（今北京）、天津后，沿平汉、平绥、津浦等铁路线长驱直入，企图围歼华北中国军队。国民党军的各个防线不断被突破。为了配合国民党军作战、阻滞日军的攻势，八路军第115师在师长林彪、副师长聂荣臻率领下，到达平型关东南的上寨、下关地区集结待机。9月22日，由灵丘进攻平型关的日军第5师团一部进占平型关以北东跑池地区。八路军第115师于23日隐蔽进至平型关以东的冉庄和东长城村待机地域。25日拂晓前完成了各项战斗准备。当日，日军第5师团第21旅团一部和大批辎重车辆沿灵丘至平型关公路并进，7时许，全部进入第115师的设伏地区。第115师立即抓住有利战机，突然开火，给日军以大量杀伤，并乘其惊慌混乱之际发起冲击，经过激战，13时许，战斗结束。这次战斗，八路军第115师抓住日军骄横狂妄和麻痹大意的弱点，正确地运用伏击战术，发挥山地战和近战特长，以劣势装备一举歼灭日军1 000余人，缴获大量武器、物资，击毁汽车百余辆、大车约200辆。这一胜利打破了“日军不可战胜”的神话，提高了中国共产党和八路军的声威，也为后来在这一地区创建敌后抗日根据地奠定了广泛的群众基础。

平遥古城 Ancient City of Pingyao 中国明代古城。即今山西省平遥县城。平遥史称古陶，北魏初称平陶，后因避魏太武帝之讳，改平遥。此城是中国汉族城市在明清时期的杰出范例。1997年作为文化遗产被列入《世界遗产名录》。

平遥是中国古代城市历史风貌和历史建筑方面保存最为完整的历史文化名城，文物古迹众多，有国家级文物保护单位古城墙、镇国寺和双林寺3处，省级文物保护单位2处，县级文物保护单位71处。此外，还有保存完整的民居院落400余处。

平遥古城墙始建于公元前827～前782年。明洪武三年（1370）在原城基础上扩建，筑为现存规模。以后有过十余次的修葺。康熙四十二年（1703）筑四面城楼，使城墙更加壮观。古城平面呈方形，城墙周长6100余米，高10米，墙顶宽3～6米，底宽9～12米。墙身素土夯筑，外包砖石，顶部青砖铺墁，内向设泻水渠道。城墙东、西、北面为直线，南部随中都河蜿蜒而筑成弯曲状。四角原有角楼，现均失存。开六门，门外筑瓮城。城墙上还建魁星楼、文昌阁、点将台，城外有护城河。平遥城墙造型美观，防御设施齐备。

平遥古城面积4.2平方千米，以南大街为轴线，按中国传统城市布局。明建清修的市楼居全城中央，古朴清雅，为古城最高建筑；左有城隍庙、文庙、道观，右有县衙署、武庙、寺院，呈对称格局。整个城市基本保持了明清时代的完整旧貌，现存重要古建筑有金建文庙大成殿、元建明修清虚观和明建清修城隍庙等。街道旁有众多明清票号、钱庄、当铺、布庄、烟店等，仍为原有建筑布局和风貌。平遥民居多为严谨的四合院形式，筑有高大的院墙，临街大门有雕刻精细的垂花门。有的宅门外还立有上马石、拴马柱，石雕精美，形成了华丽的民居群落。

镇国寺位于古城东北12千米的郝洞村北。始建于五代北汉天会七年（963）。寺中的万佛大殿是具有唐代风格的五代建筑，为中国现存最古老的木构建筑之一，殿内有五代泥塑佛教造像。双林寺位于县城西面6千米的桥头村外，始建于北齐武平二年（571），现存殿宇多为元、明建筑，以明代彩塑著称。

平遥县 Pingyao County 中国山西省晋中市辖县。位于省境中部，太原盆地的西南端。面积1260平方千米。人口50万（2010）。春秋时属晋，战国时属赵。秦置平陶县，属太原郡。424年，北魏改平陶县为平遥县。农作物有小麦、高粱、谷子、玉米和棉花等。矿产有煤、铁矿、锰铁矿、铝土矿、硫铁矿、石膏、石灰岩、耐火黏土等。以煤炭资源最为丰富，预测总储量113亿吨左右。工业主要有纺织、煤炭、食品工业和铸造业。明清两代平遥商业在全国享有盛誉，清道光初年为鼎盛期，当时店铺林立，通商全国。平遥人率先创办了商业金融信贷组织——钱庄和票号，到19世纪上半叶，平遥商人在全国商业、金融业中居主导地位，在中国商业史上有重要的地位。平遥城墙是中国保存完好的4座古城墙之一。还有双林寺、镇国寺、日升昌票号旧址、文庙大城殿、慈相寺、清虚观、市楼、金庄文庙等古迹。民俗文化和地方特产丰富，喜庆节日盛行高跷、肩人、花鼓、龙灯。推光漆器制作家具，描金重彩，工艺精细。平遥是国家历史文化名城，1997年被列入《世界遗产名录》。

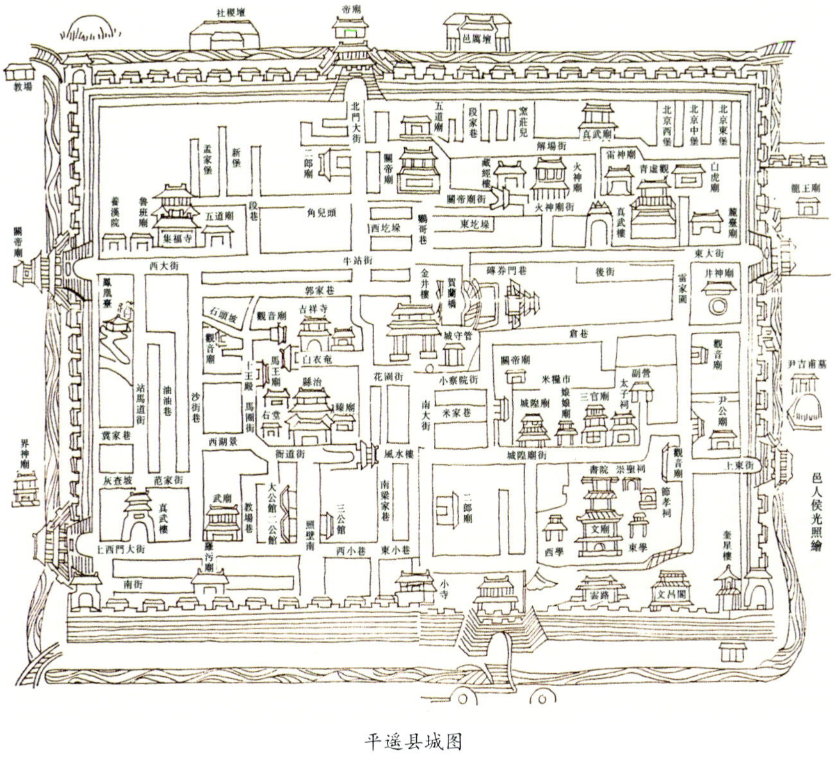

平遥县城图

平遥市楼

平原 plain 绝对高度低于200米、相对高度小于50米的平缓陆地。平原形成的基本条件是地壳的持续沉降或持续稳定。在地壳长期沉降的区域，地表不断接受从周围高处剥蚀或侵蚀而来的碎屑物质的堆积，不断堆积的结果是使得地表原有的起伏趋于消失，形成平原。世界上绝大多数平原是由堆积作用形成的堆积平原，如中国的华北平原。少量原来地势较高，遭受长期侵蚀或剥蚀而成的平原，称为侵蚀平原或蚀余平原。堆积平原分为：①冲积平原，以地势平坦、沉积深厚、面积广大为特征。②洪积平原，分布于山麓地带为特征。③湖积平原，以地表平坦、多沼泽化为特征。④冰水平原，分布于冰川前缘地带为特征。⑤海成平原，包括海积平原和海蚀平原（又称海蚀平台）。在两种或两种以上营力同时作用地区，出现混合成因的平原，如冲积-海积平原、洪积-冲积平原、冲积-湖积平原等。

黑龙江三江平原的绿色农田

平原与人类的关系十分密切，世界大部分人口均居住在平原地区；平原地区蕴藏有各种类型的沉积矿床。如世界上著名的大油田均位于海滨带或陆上的平原区，中国的东北平原、华北平原上分别是中国最大油田——大庆油田和胜利油田所在地。

平原君 Lord Pingyuan (?～前251) 中国战国时期四公子之一，赵国宗室大臣。即赵胜。赵武灵王之子，惠文王之弟。司马迁称之为“翩翩浊世之佳公子”。他礼贤下士，门下宾客至数千人。平原君初为赵惠文王之相，赵惠文王死后，又为赵孝成王之相。被封于东武城（今山东武城西北）。赵孝成王七年（前259），秦军进围邯郸（今河北邯郸），赵国派平原君向魏告急并向楚国求援。门客毛遂自告奋勇，同平原君去楚国求援，终于说服楚王救赵。援军到来之前，邯郸城内兵困粮尽，百姓炊骨易子而食，形势十分危急。平原君尽散家财，发动士兵坚守城池三年，直到楚、魏援兵赶到，邯郸解围。平原君虽立下了守卫邯郸之功，却不向赵王请封。

平准论 stabilizing price by the State, theory of 中国古代思想家关于国家运用大量物资和经济力量，通过贱时买、贵时卖，以稳定市场物价的一种经济主张和措施。西汉桑弘羊推行均输政策时，又在京城设置平准机构，推行平准制度，旨在平抑物价，防止商人操纵市场、牟取暴利。平准机构利用物价跌落时大批收购，物价上涨时大量抛售来保证物资供应、稳定市场物价，并使国家从中获得一定的收益，对改善汉武帝时的财政状况起了很大作用。

桑弘羊的平准思想对后世有重大影响。王莽的市平法吸取了它的基本精神。刘晏运用平准理论对市场物价进行调控。王安石推行的市易法，更是直接对平准理论的继承和发展。元、明以后，大规模的官营平准机构已不复出现。

平足症 flat foot 因维持足弓的韧带及肌腱过度劳损、松弛所致足弓减低或塌陷的一种疾病。又称扁平足、外翻平足。患足外翻，站立时足弓塌陷，足内缘接近地面并疼痛。病因多为长期站立或负重过度，足部韧带劳损，亦见于先天性骨畸形（例如第一跖骨短缩、舟骨结节增大、副舟骨或舟骨结节骨骺分离及先天性跟距骨桥），有的有家族史。平足症以预防为主，少年儿童应注意营养和休息，避免站立过久或负重过多。初发期可采用矫形鞋或足垫以支持纵弓。发展到痉挛期，应使足免除负重，可作热敷与轻度按摩，痉挛消退后用矫形鞋或足垫加强纵弓负重的能力。经休息痉挛不消退者，可在麻醉下将挛缩肌肉拉长并用石膏靴将足部固定于矫枉过正的位置3～4周，石膏去除后，再用矫形鞋或足垫。在强直期，无疼痛的患者可行保守治疗，包括调换工作，穿合适的鞋；有疼痛者根据情况可行跖楔、舟楔、跟距关节融合术或副舟骨切除术。三关节融合术是最后选择，虽可纠正畸形，恢复负重，步行不痛，但灵活性与弹性将丧失。

评点 annotate and punctuate 中国古代文学评论的一种形式。源于南宋。宋人刘辰翁评点《世说新语》为小说评点的发端。早期评点较有影响的是明人归有光的《史记》五色圈点本，或评全篇结构，或逐段分析精彩之处，或评析情节的曲折波澜，或评论文章的精神气魄。评点小说产生广泛影响的是李贽关于《水浒传》的两部评点本，有每回总评，有眉批和行批，即将评语批在书眉上和字行间，对小说的某一描写或叙述发表见解，使小说的思想内容和艺术形式都得到了较好的分析。此后，这种评点方式便广为流行。明清时期，对史籍、散文、诗、词、小说、戏曲等都有评点，且十分普遍。根据评点所使用的颜色分为硃批、墨批。一些作品因评点者的评论而扩大了影响。

评剧 pingju opera 中国戏曲剧种。1910年左右形成于唐山。评剧是在流行于冀东民间的说唱“莲花落”和活跃于东北的歌舞“蹦蹦”的基础上发展形成的。初时形

评剧《花为媒》剧照

式单调，后经成兆才等人的改革，将第三人称改为第一人称，由演员扮演剧中人；以蹦蹦音乐为基础，吸收冀东民间音乐素材，创造行当使用的唱腔；采用全套河北梆子乐器伴奏，取名为“平腔梆子戏”。1934～1935年，白玉霜等到上海演出，正式使用评剧名称。早期评剧只有男、女角之分，后逐渐发展为生、旦、丑的“三小戏”。以后又受梆子和京剧的影响，增添行当，有了青衣、花旦、老旦、小生、老生、小丑之分，其表演艺术虽吸收了梆子、京剧的身段、程式及唱腔，但仍保持着民间小戏活泼、自由、生活气息浓郁的特点。其唱腔也从男腔、女腔逐步吸收、借鉴梆子、京剧的音乐，形成自己的板式变化结构体制。伴奏以胡胡（板胡）为主，打击乐器与京剧基本相同。中华人民共和国建立后，评剧进入了新的繁荣发展时期，演出了一批整理改编的传统剧目与现代戏。前者如《秦香莲》、《花为媒》、《杨三姐告状》等；后者如小白玉霜（李再雯）主演的《小女婿》，新凤霞主演的《刘巧儿》、《小二黑结婚》、《金沙江畔》等。

评论 comment 就新近发生的事件、思想倾向、社会活动或工作发表议论的文章。新闻传播工具就其报道发表的重要评论，代表编辑部的意见。评论是近代报纸的产物。英、美等国的报纸以一定篇幅刊载新闻评论，称“首席文字”。中国报刊的评论渊源于历史上的政论文体。资产阶级改良派王韬是中国最早的新闻评论家。评论具有新闻性（表现为提出人们当前关注的问题，突出新意，迅速传播）和政论性（服务于各自的阶级、政党和集团，按本阶级的世界观解释客观事物）两大特征。评论的种类以中外报纸为例可分为5类：社论、本报评论员文章、短评、编后记和编者按、专栏评论。广播、电视、通讯社有评论员文章、短评、记者述评、编后话、编者按等。

坪内逍遥 Tsubouchi Shōyō (1859-05-22～1935-02-28) 日本戏剧家、小说家。原名雄藏。生于岐阜，卒于热海。1883年东京大学文学科毕业后，在早稻田大学任教。1885年创作了日本第一部重要近代文学评论《小说神髓》和长篇小说《当世书生气质》。1887年以后从事戏剧革新运动，创作了《梧桐一叶》(1894)、《子规鸟孤城落月》(1894)等新历史剧。他对日本的能剧、俗曲和西洋歌剧、舞蹈进行过全面研究，在此基础上提出创造一种全新的戏剧形式——新乐剧。他的《新乐剧论》对此进行了全面阐述。他还创作了新乐剧《新曲浦岛》。1909年创办文艺协会的戏剧研究所，这是日本第一所培养新剧人才的正规戏剧学校。1928年，早稻田大学以他的名字命名了新建的戏剧博物馆。

苹果 *Malus pumila*; apple 蔷薇科苹果属的一种。落叶乔木。重要的温带果树。原产地在高加索以南、黑海与里海之间。16世纪后经英国人改进，生食品种的现代苹果得到发展，17世纪传至美洲。19世纪又向欧洲和世界传播；1870年前后由美国人传入中国。中国苹果与现代西洋苹果同种，最早记载见于公元前2世纪西汉司马相如的《上林赋》。栽培苹果分布于最冷月份平均为-10～10℃的地区内。主要产于欧洲、北美和亚洲的温带。中国主要分布在年平均温度为8～14℃的地区内。全世界苹果属植物约有35个种。中国已知23种，为鲜食、加工兼用品种。栽培苹果树一般高3～5米，树干灰褐色，混合花芽，异花授粉。根系生长最适土温20℃左右。土壤pH低于4～4.5或高于7.5～8。易引起生理病害。土质以砂壤土最适宜。苹果用嫁接繁殖。中国常

用砧木有山荆子、楸子、西府海棠、湖北海棠和三叶海棠等。矮化砧有英国M系和MM系。栽植方式有乔化稀植和矮化密植；同时配植授粉树。基肥以有机肥为主，花前、坐果后和采收后追施速效氮、磷、钾等化肥。嫁接后4～5年开始结果；10年后进入盛果期并维持15～30年，条件适宜时达50～60年以上。主要病害为轮纹病和炭疽病，以早期防治为主。腐烂病和干腐病除施用药剂外，可通过农业措施防治。主要害虫有苹果食心虫、苹果卷叶蛾、苹果天牛、苹果害螨等。在中国，富士、国光、青香蕉等品种较有名。

苹果酸 malic acid 羟基丁二酸，分子式$HOOCCHOHCH_2COOH$。广泛存在于未成熟的番茄和水果如苹果、葡萄、樱桃、菠萝等中。苹果酸分子中含有一个**手性**碳原子，有两种**对映体**：

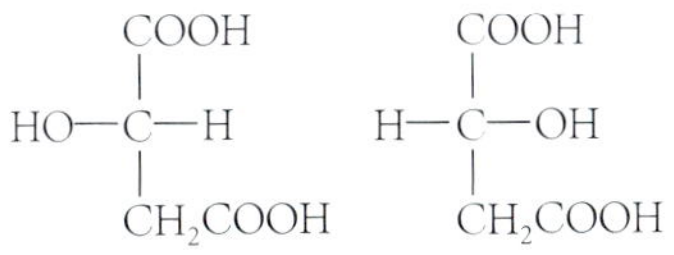

左旋苹果酸　　右旋苹果酸

天然存在的是左旋苹果酸，为无色晶体；熔点100℃，加热至140℃左右即分解成丁烯二酸；溶于水、乙醇、丙酮。苹果酸含有羧基和羟基，具有这两种官能团的性质，例如与醇作用生成单酯或双酯。苹果酸不能形成酸酐，但易形成环状交酯。由反丁烯二酸钙经延胡索酶发酵水合，首先生成左旋苹果酸钙，酸化后得左旋苹果酸。右旋苹果酸可由外消旋体拆分制得。苹果酸广泛用于食品工业，如制造饮料。苹果酸钠是无盐饮食的调味品。苹果酸酯可作人造奶油和其他食用油脂的添加剂。苹果酸也是制造醇酸树脂的原料。

苹婆 *Sterculia nobilis*; phoenix eye nut 梧桐科苹婆属的一种。又称凤眼果、七姐果。分布于中国广东、广西、云南、福建、台湾等省区。乔木，高达10米。单叶，互生，纸质或薄革质，矩圆状椭圆形，长10～25厘米，全缘；叶柄长2～3厘米；具托叶。圆锥花序下垂；花杂性；雄花萼5裂至中部，裂片三角状卵形，粉红色；无花瓣，雄蕊10，花丝结合成蕊柱，无退化雄蕊；雌花子房具柄，心皮5，离生。蓇葖果暗红色，卵形，

长4～8厘米，种子1～5，椭圆球形。生长在山地灌丛中。种子可食，味似板栗；树枝皮纤维可代麻用；果可供药用。

凭祥市 Pingxiang City 中国广西壮族自治区辖县级市。中国通往东南亚主要陆路口岸。位于桂西南与越南接壤。面积650平方千米，人口11万（2008）。有壮、汉、瑶、苗、布依等民族。明洪武十八年（1385）置凭祥镇，永乐二年（1404）升镇为县，成化十八年（1482）改县为州。清宣统二年

友谊关

（1910）改置凭祥厅。1912年改为凭祥县。1956年置凭祥市，2002年由**崇左市**代管。矿产有稀土、大理石、辉绿岩等。盛产水稻、甘蔗、八角、金花茶、巴戟天等。工业有电力、食品、水泥、建筑、制糖、酿造等。以浦寨国际商城为中心的边贸日益兴旺。名胜古迹有友谊关、平而关、白云洞、大清国万人坟、法卡山等。

屏东县 Pingdong County 中国台湾省辖县。位于台湾岛的最南端，地处中央山脉的最南端，东、南、西三面临海。辖屏东市及潮州、东港、恒春3镇和29个乡。面积2 775平方千米。人口约89.4万（2006），以汉族为主，占全县人口的96%以上，另有台湾少数民族分布在东部山区各乡。县治屏东市。原名阿缑社，是少数民族一个部落名称的译音。郑成功时隶属万年县，清朝隶属凤山县、恒春县。清光绪元年（1875）设下淡水县丞。1920年因地处高雄市半屏山以东，改称屏东，1933年称屏东市。台湾光复后，屏东市为省辖市。1950年屏东市和高屏溪以南地区新设屏东县。终年长夏无冬，是全省最富有热带特点的县，年平均气温24℃。平均年降水量2 000毫米以上，夏季多雨，冬季干燥。每年10月至翌年4月，恒春半岛常有“落山风”，是灾害性天气。农产品有水稻、甘蔗、大豆及香蕉、西瓜、椰子、莲雾、槟榔和烟草、蔬菜、琼麻等。养殖业以草虾、长臂虾、鳗鱼、虱目鱼等为主。工业发展较为缓慢，已陆续建立食品、造纸、塑胶、电子、成衣、金属加工等工业，多为中小型企业。畜牧与水产为台湾南部县市之冠。渔业产量居全省渔港第二位。恒春半岛具有典型热带风光，是全省著名的旅游区。1982年9月成立的**台湾垦丁公园**，是全省第一个大型自然公园。此外，还有四重溪、恒春古城门、万金天主教堂及三地门、雾台等山地风景区，东港、海鸥等海滨风景区，以及鲤鱼山泥火山、潮州森林游乐区和琉球屿离岛风景区等。

屏风 screen 置于室内以障风蔽物、分隔室内空间并起装饰作用的**家具**。周代已有屏风。东晋以来，许多著名书画家借屏风以书法和绘画。屏风的形式始为独扇固定式，唐代出现多扇折叠式屏风。

屏风按结构可分为两类。①座屏风。由插屏和底座两部分组成。插屏可装可卸，用硬木作边框，中间加屏芯。大部分屏芯用漆雕、镶嵌、绒绣、绘画、**刺绣**、玻璃饰花等作表面装饰。底座起稳定和装饰作用，常施加线形和雕饰。座屏风按插屏数分为独扇（插屏式）、3扇（山字式）和5扇等。还有一种放在桌、案上作陈设品的小屏风，其形式与独扇式座屏风完全一样，又称砚屏、台屏。②围屏。由偶数屏扇组成，可折叠。一般扇数为4、6、8扇，多至12扇。屏扇多以锯齿形放置在地面。围屏由屏框和屏芯组成，也有无屏框的板状围屏，扇与扇之间用铰链连接。屏框除用木、竹制作外，现代屏风还采用金属、铝合金作骨架。屏芯多用尼龙、皮革、塑料、彩绸等材料。

现代办公家具中的“屏风”，又称隔断，是用钢材、铝合金或塑料作骨架，人造板、金属板或塑料等作围板，纺织面料、皮革等作饰面，用于分隔办公空间的家具，与传统的屏风在功能上已大异其趣。

屏南宜洋鸳鸯猕猴自然保护区 Yiyang Mandarin Duck and Macaque Nature Reserve in Pingnan 中国猕猴和鸳鸯自然保护区。1984年建立。位于福建省北部屏南县和政和县。面积约653.3公顷。地处鹫峰山脉中部，地势高峻，为霍童溪上游白岩溪发源地。溪水清澈，有深潭、激流和巨砾。溪谷两旁山深林密，环境幽静。每逢秋冬季节，便有大群鸳鸯在此越冬，多时可达800多对，成为“鸳鸯之乡”。保护区内还有200多只猕猴（恒河猴），属于国家二级保护动物。

瓶子草科 Sarraceniaceae; sarracenia family 双子叶植物纲五桠果亚纲的一科。有3属17种。其中瓶子草属有10种，分布于北美东部大西洋岸；具盖瓶子草属有6种，分

布于委内瑞拉、圭亚那；鱼尾瓶子草属仅1种，分布于美国加利福尼亚。中国偶有栽培。多年生食虫植物，具根状茎，喜生沼泽地。叶丛生于基部，筒状，似瓶或喇叭，前侧伸出一翅，此筒状叶即捕虫器，筒内下部常有下向的毛，阻止堕入筒内的小虫逃逸。花大，两性，整齐，单生于花茎顶上（在具盖瓶子草属成为有少数花的总状花序），花被2列，萼片4～5或4～6，宿存，花瓣5，稀缺，黄、红或紫色，雄蕊多数，子房上位，由3～5心皮组成，有3～5室，蒴果，室背裂开。瓶子草科植物无重大经济价值，瓶子草属中有数种国外作为商品出售，如瓶子草；鱼尾瓶子草的顶部下倾，末端有鱼尾状附属物，形状奇特，供观赏。

萍乡市 Pingxiang City 中国江西省辖地级市。位于省境西部，与湖南省相邻。辖安源、湘东2区，芦溪、上栗、莲花3县。面积3 802平方千米。人口185万（2010）。萍乡因系楚昭王得“萍实”之地而得名。三国吴宝鼎二年（267）析置萍乡县。1960年撤县设市。矿产有煤、铁、粉石英、高

傩舞

岭土、石英砂、硅石、石灰岩、矿泉水、花岗岩、大理石等。农业主产水稻、小麦、甘薯、油菜子、豆类等。森林覆盖率60%以上。盛产瓜果、生姜、中草药等。工业以煤炭、机械、冶金、建材、化工、陶瓷、电力等为支柱。民俗文化丰富多彩，指掌画、多管书法、农民铜管乐、采茶戏、傩艺闻名，尤其傩文化“傩庙、傩面具、傩舞”三宝俱全。名胜古迹有武功山、杨岐山、大屏山、玉壶山等旅游胜地以及孽龙洞、宝积寺、纯阳观等，纪念地有张家湾秋收起义军事会议旧址、安源路矿工人运动纪念馆等。

钋 polonium 天然**放射性元素**，元素符号Po，原子序数84，属周期系ⅥA族。半衰期最长的同位素是^{209}Po。为纪念居里夫人的祖国波兰（Poland）而命名。1898年居里夫妇在处理沥青铀矿时发现钋。居里夫人在寻找矿物的放射性载体时，从沥青铀矿内与硫化铋共沉淀的馏分中提取了钋。

已发现质量数为191～218的全部钋同位素，^{210}Po、^{211}Po、^{212}Po、^{214}Po、^{215}Po、^{216}Po、^{218}Po天然存在，其余都是通过人工核反应合成的。^{210}Po是钋的最重要的同位素。天然存在的钋存在于所有铀矿石、钍矿石中；在达到放射性平衡的矿石中，钋与铀的重量比为7.6×10^{-11}∶1。地壳中钋的平均丰度为3×10^{-14}%。钋为银白色金属，在黑暗中发光；熔点254℃，沸点962℃；氧化态-2、+2、+4、+6，以+4氧化态最稳定，化学性质与**碲**和**铋**相似。

痕量的钋可以从铀矿石、镭盐溶液或氡的衰变产物中得到；用盐酸处理提铀后的铀矿残余物，然后用硫化氢处理，铋和钋的硫化物同时沉淀下来，再进行多次分级沉淀，钋富集在溶液中，用银置换得到金属钋。毫克量的钋可用中子照射铋得到。钋的放射性较镭强，可作为α放射源；也可将钋沉积在铍上，制成中子源。钋可用来消除静电，还可用作航天设备的热源。

坡垒 *Hopea hainanensis*; Hainan hopea 龙脑香科坡垒属的一种。常绿乔木。又称海南柯比木。分布于海南省山区，以昌江的霸王岭、乐东的尖峰岭林区较为集中。20世纪60年代北移引种至广东、广西、福建、云南南部，生长正常。树高可达25～30米，胸径50～85厘米。树干通直。叶互生，椭圆形，叶柄有皱纹。圆锥花序顶生或腋生。坚果卵形，宿存的萼翅5片，其中2片最大。较耐阴，喜生于温暖、湿润、静风的山谷雨林环境。属热带季雨林第二层林木。自然生长缓慢。用种子繁殖。为珍贵的工业用材，可供造船、水工、码头、桥梁、家具、建筑等用。淡黄色树脂可供药用和作油漆原料。

泊松 Poisson, Siméon-Denis (1781-06-21～1840-04-25) 法国数学家、力学家、物理学家。又译普阿松。生于卢瓦雷省的皮蒂维耶，卒于索镇。在青年时期曾学习过医学，后因喜好数学，于1798年入巴黎综合工科学校深造。他的数学才能受到**J.-L.拉格朗日**和**P.-S.拉普拉斯**的注意。在毕业时，因优秀的研究论文而被指定为讲师。1806年接替**J.傅里叶**任该校教授。1809年任巴黎理学院力学教授。1812年当选法国科学院院士。

泊松的科学生涯开始于研究微分方程及其在摆的运动和声学理论中的应用。他工作的特色是应用数学方法研究各类力学和物理问题，并由此得到数学上的发现。他对积分理论、行星运动理论、热物理、弹性理论、电磁理论、位势理论和概率论都有重要贡献。他是第一个沿复平面上的路径求复函数积分的人。他修正了拉普拉斯的位势方程，并将引力位势理论用于研究静电学。他主张概率方法的普遍适用性，与当时持反对观点的保守势力进行辩论。他得到了概率论中著名的**泊松分布**。以他的名字命名的专业术语还有位势理论中的泊松积分、微分方程中的泊松括号、弹性理论中的泊松比和电学中的泊松常数等。他第一个用冲量分量形式与**分析力学**，使用后称为泊松括号的运算符号；他所著《力学教程》在很长时期内被作为标准教科书。在**天体力学**方面，他推广了拉格朗日和拉普拉斯有关行星轨道稳定性的研究，还计算出球体和椭球体之间的引力。他用行星内部质量分布表示重力的公式对20世纪通过人造卫星轨道确定地球形状的计算仍有实用价值。他独立地获得轴对称重刚体定点转动微分方程的积分，即通常称为拉格朗日（工作在泊松前，发表在后）的可积情况。他在1831年发表的《弹性固体和流体的平衡和运动一般方程研究报告》一文中第一个完整地给出说明黏性流体的物理性质的方程，即本构关系。

在**固体力学**中，泊松以材料的横向变形系数，即泊松比而知名。他在1829年发表的《弹性体平衡和运动研究报告》一文中，用分子间相互作用的理论导出弹性体的运动方程，发现在弹性介质中可以传播纵波和横波，并且从理论上推演出各向同性弹性杆在受到纵向拉伸时，横向收缩应变与纵向伸长应变之比是一常数，其值为1/4。但这一数值和实验有差距，如1848年G.维尔泰姆根据实验就认为这个值应是1/3。

他一生共发表300多篇论著，最著名的著作有《力学教程》(2卷，1811，1833)、《审判的概率研究》(1837)、《热学的数学理论》和《毛细管作用新理论》等。

泊松比 Poisson's ratio 材料在单向拉伸时，垂直于载荷方向的应变和沿载荷方向应变之比的绝对值。见**材料力学性能**。

泊松分布 Poisson distribution **概率论**中常用的一种离散型**概率分布**。若**随机变量**X取非负整数值k的概率为

$$P(X=k)=\lambda^k e^{-\lambda}/k!=p(k;\lambda)\quad(k=0,1,2,\cdots)$$

式中$\lambda(>0)$是一个参数，则称X服从参数为λ的泊松分布，记作$P(\lambda)$。它的期望和方差都等于λ。这个分布是S.-D.泊松研究**二项分布**的渐近公式时提出来的。

在实际事例中，当一个随机事件，例如电话交换台收到的呼叫，来到某公共汽车站的乘客，某放射性物质发射出的粒子，显微镜下某区域中的白血球等，以固定的平均瞬时速率λ（或称强度）随机且独立地出现时，这个事件在单位时间（面积或体积）内出现的次数或个数就近似地服从泊松分布$P(\lambda)$。因此，泊松分布在管理

科学、运筹学以及自然科学的某些问题中都占有重要的地位。

泼水节 Water-Sprinkling Festival 中国云南傣、阿昌、布朗、德昂等民族传统节日。因节日期间人们相互泼水祝福，故名。又称浴佛节。相传源于印度，曾是婆罗门教的一种宗教仪式，被佛教吸收，后传入云南傣族地区。为傣族新年。时间在傣历六月六日至七月六日之间推移（相当于公历4月中旬），节期3～4天。前两天送旧，最后一天迎新。节日清晨，人们沐浴更衣，盛装到佛寺浴佛听经。佛事礼毕，青年男女退出互相泼水，之后四处游行泼洒行人，视为吉祥、幸福、健康。节日期间还要举行放高升（一种土火箭）、赛龙舟、丢花包、跳象脚鼓舞和孔雀舞等活动。在国外，柬埔寨、泰国、缅甸、老挝等国也于4月中旬过泼水节。

云南西双版纳地区泼水节

颇罗鼐 Poluonai（1689～1747） 中国清代西藏贵族。西藏江孜人。本名琐南多结。康熙五十九年（1720）时为拉藏汗秘书的颇罗鼐配合阿里总管康济鼐出兵策应进藏清军，击退入侵的准噶尔军。清政府平乱后，以颇罗鼐为四噶伦（总理西藏政务官员）之一，任仔本（审计官），掌管财政。雍正五年（1727）噶伦阿尔布巴杀首席噶伦康济鼐。颇罗鼐发后藏、阿里军讨击。六年，阿尔布巴兵败被执，清廷任命颇罗鼐协助驻藏大臣总理政务，并封其为贝子。颇罗鼐执政期间，设置常备军，练兵设卡，整修驿站，发展贸易，合理摊派差役、赋税，尊重西藏各派喇嘛教，修复各派寺院。雍正八年在拉萨主持雕印藏文大藏经甘珠尔（佛语部）、丹珠尔（论部）。乾隆四年（1739）颇罗鼐被封为郡王。

婆罗浮屠 Borobudur 世界佛教建筑遗迹。印度尼西亚佛教建筑和雕塑艺术的代表作品。又译婆罗浮图，梵文意为“山丘上的佛塔”。位于印度尼西亚中爪哇岛中部日惹西北41千米处的葛都峡谷。为790～850年夏连特拉王朝的陵寝。一般认为是因陀罗王在位时期（782～812?）兴建的。它代表夏连特拉王朝时期诸多佛教陵庙建筑艺术的最高成就，是世界著名的佛教石刻艺术瑰宝。建于马拉皮火山顶部被夷平的小山丘上，形似山冈。塔基为正方形，边长112米。现高35.29米（原高42米），占地14 165平方米。其上筑有5层方坛和3层圆坛，顶部冠以一座吊钟形大窣堵坡，连同底层共有10层。塔基地下部分有描绘地狱景象的浮雕160幅。方坛的各层，主壁和栏杆间有4个宽约2米的回廊，方坛的回廊壁和栏杆上，凿《本生经》故事浮雕1 460幅、装饰性浮雕1 212幅，称为“石头画卷”。圆坛上有72座角锥形小塔，内各有佛像1尊，连同塔基佛龛内趺坐的佛像共504尊，故俗称“千佛坛”。主佛塔为佛陀坐禅处，高7米。建造工程全用石块砌成，约耗用200万块石头。因历经火山喷发、地震、火山灰及热带丛莽湮没，佛教衰微，约于公元1000年被废弃。1814年重新被发现后几经发掘修复。1973年联合国教科文组织资助全面修葺，1983年竣工。对于研究印尼历史、宗教文化、建筑造型艺术都具有重要价值。1991年，婆罗浮屠寺庙群作为文化遗产被列入《世界遗产名录》。

印度尼西亚婆罗浮屠

婆罗门教 Brahmanism 印度教的一个发展阶段，从吠陀教演化而来。公元前10～前6世纪，原来以《梨俱吠陀》为内容，以祭祀为中心的吠陀教逐步演化为以婆罗门至上、吠陀天启和祭祀万能为三大纲领的婆罗门教。因婆罗门祭司是宗教的主宰者和传播者，故得此名。该教有3个特点：

①婆罗门祭司阶级在宗教和社会中占有至高无上的地位。婆罗门被认可为具有神秘与魔术般力量的人，没有他们，献祭本身就不能举行。

②把《梨俱吠陀》、《娑摩吠陀》、《夜柔吠陀》和《阿达婆吠陀》4部吠陀本集以及后来出现的解释《吠陀》的梵书、森林书和奥义书，统称为吠陀，视为“天启经”，并作为最高经典。

③把吠陀教时代的祭祀活动提高到一个新的水平，不仅祭仪的种类增多，形式极其烦琐，而且规模也越来越大。

随着婆罗门教走向僵化，刹帝利种姓倡导新兴宗教如佛教和耆那教。他们反对婆罗门正统，否认吠陀权威，并反对实行以牲畜作献祭。佛教等对于吠陀祭祀的攻击，加强了婆罗门教教义中一神论思想的趋势，奥义书哲学中的“绝对者”或“宇宙灵魂”概念导致了诸神三位一体的思想——梵天是创世主，毗湿奴是保护神，湿婆是宇宙间罪恶横行时最终摧毁宇宙的神。

湿婆神殿远眺

婆罗米字母 Brahmī alphabet 印度古代最重要的、使用最广的字母。Brahmī的原意为“来自大梵天的”，是婆罗门为了给这种字母围上一圈圣光而杜撰的。这种字母的历史极为久远，与古代腓尼基字母有一些渊源关系。它是一种音节字母，自左向右横写。每个字母代表一个元音或者后面带-a的辅音。如果辅音后面是-a以外的元音，则在字母上面、左面或右面另加不同的符号表示。如果辅音不带任何元音，则用涅槃点来标明。这种字母公元前6世纪已开始使用，变体颇多。近百年来在中国新疆发现的古代梵文以及其他文字的残卷是用所谓中亚婆罗米斜体字母书写的。字母排列顺序系统而有科学性。

正规的婆罗米字母主要用于书写梵文著作。其他一些古代语言也使用婆罗米字母。吐火罗文A（焉耆文）和B（龟兹文）都使用，但字母数目有所增加。回鹘文在使用其他字母的同时，也使用婆罗米字母，并增加一些新字母。

婆罗洲 Borneo 亚洲东南部岛屿。世界第三大岛。印度尼西亚称加里曼丹。位于马来群岛的中部。面积73.6万平方千米，连同附近岛屿共743 385平方千米。人口约1 353万。民族成分多，沿海为马来人、印尼人、华人，内地有伊班、卡达桑、巴瑶、米兰瑙、穆鲁特、普南、巴豪、克尼亚、卡扬等民族。东西、南北距离皆1 100千米左右。北部为马来西亚的沙捞越和沙巴两州，两州之间为文莱达鲁萨兰国，南部为印度尼西亚的东、南、中、西加里曼丹4省。

历史悠久，中国史籍称为“婆利”、“勃泥”、“浡泥”、“婆罗”等。山脉从内地向四处伸展，东北部较高，有东南亚最高峰基纳巴卢山，海拔4 101米。赤道横贯，热带雨林气候，年降水量2 000～3 000毫米以上。日照较短，平均每天5～6小时。年平均气温26℃上下，年较差很小。高温多雨，淋溶作用强烈，土壤比较贫瘠。河流自内地向四周分流入海，拥有东南亚岛屿最长的几条河流，如卡普阿斯河（1 150千米）、巴里托河（900千米）、马哈坎河（770千米）、拉让河（592千米）等。河流中下游沼泽广布，河口三角洲网状汊流交织，大河皆能通航。山区水力资源丰富，有待开发。森林覆盖率80%，为仅次于亚马孙流域的世界热带雨林区，树木种数在3 000种以上，出产婆罗洲铁木、红木、贝壳杉、树脂、藤条等。林中有长臂猿、猩猩、云豹、野猪及种类繁多的昆虫。地下矿藏品种多，有煤、石油、铝土、铁、锰、铬、钼、铜、铅、锌、金、铂、金刚石、锑、铋、砷、汞、高岭土和重晶石。金刚石储量估计为150万克拉，居亚洲首位，有少量采掘。主要开采的是石油，油田分布在北部沿海的文莱、马来西亚的沙捞越和沙巴，东部沿海的巴厘巴板至打拉根，为东南亚的重要产油区。农产品有橡胶、胡椒、西谷、椰干和稻米，胡椒居东南亚重要地位。陆上交通以公路为主。经济限于河流下游及沿海地带，主要城镇多在河口内侧，北部经济开发较南部发达，城镇亦较大，有山打根等港口。

婆罗洲的沙捞越村落

鄱阳湖 Poyang Lake 中国最大淡水湖。古称彭蠡、彭泽、彭湖。长江中、下游大型吞吐湖。位于江西省北部，长江以南。鄱阳湖水系纳赣江、抚河、信江、鄱江和修水5河来水，调蓄后经湖口汇入长江。流域面积16.22万平方千米，约占长江流域面积的9%。湖面以都昌和吴城之间的松门山为界，分为南、北两湖，南湖又称官亭湖、族亭湖，湖面宽阔，为主湖道；北湖又称落星湖、左蠡湖，湖面狭长，为入江水道。

地质与地貌 鄱阳湖区第三纪时是一巨大盆地。喜马拉雅运动期，西侧断裂上升为庐山，东侧陷落为鄱阳湖入江水道。六七千年前的全新世冰后期海侵时，沿江平原洼地和鄱阳湖区潴水成湖即古彭蠡泽。古长江在今长江以北鄂、皖两省的龙感湖、大官湖一带穿泽东下。古赣江纳江西诸水，经湖口沿今长江东流，在彭泽以下汇入古长江。此后，长江南移夺赣江古道，彭蠡泽淤积。长江分泽为南、北两水域，北部水域为今湖北、安徽间诸湖泊，南部水域即鄱阳湖。20世纪50年代以来，围垦日剧，鄱阳湖水面逐渐缩小。鄱阳湖水位21米（吴淞基面）时，南北长170千米，东西最大宽度74千米（最小3千米），平均宽20.4千米；最大水深23.7米，平均水深5.1米；水面3 960平方千米；容积260亿立方米。鄱阳湖多年最高最低水位差15.79米，在国内湖泊中少有。湖区由水道、洲滩、岛屿、内湖和汊港组成。水道分4支。洲滩分为沙滩、泥滩和草滩3种。全湖现有岛屿25处，共41座（中、低水位时多为滩丘），面积约100平方千米。内湖出现在枯水期。汊港多分布于入江水道东岸，主湖区北岸和东北、东南湖隅。

水文 鄱阳湖4～9月为汛期，10月至翌年3月为枯水期，五河洪水期一般为3月下旬至7月上旬，年最高水位多出现在5～6月（占75%）。当五河汛期基本结束，长江水位猛涨之际，则发生江水倒灌入湖，一般发生在7～9月，个别年份在6月或10月。主要大浪区有鞋山、老爷庙、瓢山三湖区，实测浪高约2米，爬高4.81米，大风尚可引起涌浪，使湖面倾斜，北风引起北岸水位降低，南岸水位升高；南风则反之。鄱阳湖湖水年平均水温18℃左右，水温年均变幅为32.9℃。鄱阳湖流域平均年降水量1 620毫米。

经济概况 20世纪50年代以来，鄱阳湖取代了**洞庭湖**而为中国最大淡水湖。为中国淡水渔业主要基地之一。鱼类有90余种，以鲤、鳙、鲫、鲌、鳊、鳜、鲶、鲭等较多，以鲥、银鱼著名。近年又进行了滨湖围湖放养。沿湖盛产菱、芡、莲、藕、芦苇等。野禽有凫、雁、天鹅、鸨、鸥、鹭等，此外又引进了水貂、海狸、麝香鼠、牛蛙、毛蟹及珍珠贝等。在湖西部赣江与修水汇合处，江西永修境内，冬季有30万只候鸟生活于此。其中有包括白鹤、白鹳、黑嘴鸭等20多种濒危鸟类在内的150多种鸟类。1983年在此成立鄱阳湖自然保护区，面积22 400公顷，1988年列为国家级自然保护区。鄱阳湖入江水口附近的大姑山（因山形似鞋，又称鞋山），湖口的石钟山，婴子口附近的“蛤蟆石”（突出水面蛙状湖蚀柱）均为著名旅游胜地。湖西岸的**庐山**是全国重点风景名胜区。

鄱阳湖候鸟——白鹤

迫降 forced landing **飞机**因意外情况在机场或机场以外的地面或水面上进行的有意识的紧急降落。导致迫降的意外情况有飞机的机械、液压或电气设备失灵，火灾，在空中与别的飞机或物体相撞，机上人员伤、病有生命危险，飞机迷航或燃料用尽，天气条件突然变坏，劫机或非法越境，不服从空中交通管制等。在发生这些意外情况时，飞行员应利用机上设备进行检测或判断，确定问题的严重程度，及时采取适当措施使潜在危险减至最低程度。在单发动机飞机上若发动机停车且空中启动无效，就只能滑翔到适当的地方着陆。在机场内着陆时，若起落架不能自动放下则用手控放下，如手动无效，则用机腹擦地着陆。为防止火灾，在机场跑道上洒以泡沫灭火剂。迫降时，消防车、救护车和各种应急车辆应立即驶至飞机将要迫降的地点。

珀蒂 Petit, Roland (1924－01－13～2011－07－10) 法国舞蹈家、编导。又译佩蒂。生于维勒蒙布勒，卒于瑞士日内瓦。早年为芭蕾舞演员，后从事编导工作。曾先后与人合作创建香榭丽舍芭蕾舞团和巴黎芭蕾舞团。重要作品有《软烤蛋》、《嚼钻石的人》、《卡门》、

珀蒂（中）排练《年轻人与死神》

《佩里亚斯与梅丽桑德》和《失乐园》等。其间，还曾为电影《安徒生》、《水晶鞋》等编舞。他主张摆脱古典芭蕾的程式化束缚，努力塑造有个性的人物和表现独特的感情。作品戏剧性强，常以舞蹈动作表现日常生活现象；双人舞构思新颖；善于吸收哑剧、流行歌舞等的表现手法，因而雅俗共赏，对当代青年舞蹈编导有相当大的影响。

珀金 Perkin, Sir William Henry (1838－03－12～1907－07－14) 英国有机化学家。生于伦敦，卒于萨德伯里。1853年在皇家化学学院师从德国有机化学家A.W.von霍夫曼。

先后获得皇家化学学院、约翰斯·霍普金斯大学、牛津大学的学位。1855～1857年，做霍夫曼的实验助手，同时在家里建立了自己的实验室。1866年当选英国皇家学会会员。1883年任英国化学会会长。1856年用铬酸氧化含杂质的苯胺盐，制成了苯胺紫染料，当年取得了专利。它是最早的合成染料。1867年他由芳醛类和脂肪酸酐，在碱的存在下合成了不饱和酸，此反应即珀金反应，或称珀金合成法。1868年首次由水杨醛和乙酸酐合成香豆素，是最早的人工合成香料。1869年取得独家工业生产合成茜素的专利。1889年获英国皇家学会戴维奖章。著有《实用化学教程》、《有机化学》、《无机化学》等。

珀斯 Perth 澳大利亚第四大城市，西澳大利亚州首府，主要工商业城市和港口。位于澳大利亚大陆西南部印度洋岸的斯旺河岸，市中心西距河口约20千米。人口144.51万（2006年）。气候适宜，日照充足。年平均气温18.2℃，平均年降水量873毫米。市区南北为沿海岸伸展的平原，是重要的农业地带，小麦种植和养羊业发达。达令山区以东的台地上铝土、金、镍等矿藏丰富。1829年始建。1856年设市。19世纪60年代即已初具规模，成为附近重要农业区所产小麦、水果、肉类、奶制品集散地。1890年在附近发现黄金。1901年建成弗里曼特尔港口。1917年横贯大陆铁路通达后，工业得到进一步发展。现为西澳大利亚州行政、经济、交通和文化中心。斯旺河蜿蜒流过市区，河北部的旧市街是珀斯的商业地区，有英国式的传统建筑物；河南部新市区则向西南的弗利曼特尔延伸，建有全国最大的黄金熔炼厂。轻工业大多分散在郊区城镇，有食品、印染、橡胶、涂料、水泥、木材、印刷等。重工业主要集中在中心市区南30千米的奎纳纳，有钢铁、炼铝、炼镍、造船、拖拉机、石油化工、化肥等。港口包括位于斯旺河的内港和印度洋岸的外港。奎纳纳为新开辟的港口。进口石油制品、钢铁、焦煤、化肥、杂货等。出口以小麦、羊毛、牲畜、氧化铝和其他矿物为大宗。珀斯国际机场为澳、亚、欧洲之间航空线的重要中间站。珀斯市区有许多历史性的建筑物，如天主教大教堂、古老的官邸。有西澳大利亚大学和技术学院。美术馆、博物馆以收藏丰富的土著居民文物著称。

破产 bankruptcy 债务人在其全部财产不能清偿到期债务、又不能达成和解结束债务关系时，法院宣告债务人破产并依法定顺序和比例强制公平偿还其财产于债权人而免除其余无法清偿债务的法律制度。其实体法律意义为：①债务人不能清偿其到期全部债务为破产的事实根据。②破产为法人消灭的原因之一。③破产为分配已受破产宣告的债务人之财产的方法和途径。④破产的目的在于通过诉讼手段，保护债权人与债务人的利益。⑤破产一般地免除

债权人审议并举牌表决通过破产财产分配方案

了债务人继续清偿其未清偿之债务。破产的一般程序为：对破产的申请，债务人和债权人均可提出。由法院宣告破产并指定破产清算组管理破产人的财产同时进行清理。各债权人应在法定期限内向清算组申请债权，以确定破产人的资产负债额。清算后的全部财产，按法定顺序和比例公平分配给债权人以抵偿债务。经破产程序清理债务后仍未清偿的部分，债务人不再负清偿责任。

破伤风 tetany 由破伤风梭状芽孢杆菌毒素所致的神经系统综合征。以局部或全身肌肉阵发或强直性痉挛，牙关紧闭和苦笑面容为特征表现。病因为外伤后伤口为泥土等污染，伤口条件又适于厌氧菌生存、繁殖。一般潜伏期4～14天，开始时症状可仅表现为烦躁、易激惹、出汗、吞咽困难等，继而牙关紧闭、角弓反张，以至全身抽搐，但神志一直保持清醒。肌痉挛可为自发，也可因轻微声响或触碰而引起。过去接生时脐带受污染常引起新生儿破伤风，现这种情况已很少见。应对本病的关键在于预防，即以破伤风类毒素注射，以激发自身抗体的产生（自动免疫）。这应在出生后进行，第二年加强一次，入学时再加强一次。成人也可初次注射，第二年以及每隔10年加强一次。一旦发病，则只能应用破伤风抗毒素（被动免疫），以对抗尚未同神经组织结合的毒素。其他处理包括：局部清创；杀菌（青霉素或四环素）；抗痉挛（如氯丙嗪、安定）；支持疗法（包括气管切开、胃管进食、补液等）。本病病死率很高，重症者（潜伏期短、早期出现全身抽搐者）可达70%。

《破瓮记》 *The Broken Jug* 德国剧作家H.von克莱斯特的独幕喜剧。1808年完成，是克莱斯特唯一一部以现实生活为题材的剧作。剧情发生在尼德兰的一个村庄里，法官亚当心术不正，对村民鲁布莱希特的未婚妻夏娃产生了非分之想。亚当趁着夜色来到夏娃的房间，正欲强施非礼时，恰巧鲁布莱希特来找未婚妻，慌乱跳窗外逃的亚当无意碰碎了夏娃母亲的酒罐，夏娃母亲误以为打碎罐子的是鲁布莱希特，遂将其告上法庭。而审理此案的正是亚当，他竭力往鲁布莱希特身上栽赃。然而，随着案件的步步深入，亚当最终露出了马脚，有情人之间则误会尽释，和好如初。该剧结构紧凑，喜剧性强，相当成功。

《破窑记》 *A Tale of Broken Cave Dwelling* 中国明代传奇作品。作者佚名。全名《吕蒙正风雪破窑记》，简称《吕蒙正》或《破窑记》。据《永乐大典目录》及《南词叙录》记载，《破窑记》为南戏"宋元旧篇"。元

杂剧中也有同名作品，明末王錂曾改《破窑记》为《彩楼记》。

《破窑记》演穷儒生吕蒙正发迹的故事。宰相刘懋彩楼招婿，其女刘千金抛彩球击中蒙正。为激励蒙正发愤读书，成就功名，刘懋将蒙正和千金逐出家门。吕蒙正夫妇同居破窑，受尽饥寒。后吕蒙正考中状元，荣归故里。《破窑记》对后世戏曲有一定影响。

剖宫产 caesarean section 经腹切开子宫取出胎儿的手术。又称剖腹产。适应证为产妇骨盆显著狭窄或畸形，产前出血（如前置胎盘、胎盘早期剥离），胎位异常（如横位、臀位），以前做过剖宫产子宫瘢痕有破裂危险者；胎儿宫内窘迫、脐带脱垂胎心尚好，短时间不能阴道分娩，或胎儿巨大者。以往有难产史，且盼子女者亦可考虑剖宫产。胎儿宫内窘迫、前置胎盘大出血、子痫等对母儿有即刻危险者，宜急行剖宫产。常有以下4种手术方法。

子宫下段剖宫产术　在子宫下段作横切口，其优点是切口在膀胱子宫腹膜反折部位，能避免创面与盆腔脏器粘连，减少术后合并症。为目前最常用的剖宫手术。

子宫体剖宫产术　在子宫体部中线纵向切开。手术比较简单，但术后伤口易与肠管及大网膜发生粘连，术中出血多，伤口愈合不如子宫下段切口；再次妊娠分娩子宫破裂机会大。现在已极少应用。

腹膜外剖宫产术　通过腹膜外途径进行。优点是不打开腹膜，羊水不会进入腹腔，术后近期合并症和远期后遗症少，患者不需禁食，身体恢复较快。凡需行剖宫产者皆可使用。但手术操作难度较大，故急需结束分娩以抢救母、儿生命者或有腹腔探查指征者均不宜作腹膜外剖宫产。

剖宫产子宫切除术　是剖宫产取出胎儿后随即进行子宫切除的手术，偶行于子宫严重感染、子宫卒中或剖宫产术中子宫收缩乏力性严重出血者。

扑克牌 poker 一种世界性的游戏纸牌。“打扑克”在西方原指用5张纸牌按一定规则比大小决胜负的赌博方式，据称于20世纪初传入中国。中文按照“poker”的音译指称特定的纸牌游戏。流行于全国各地，也有用于赌博的。现代扑克牌由黑桃(Spade)、红心(Heart)、草花(Club)、方块(Diamond)4种花色的52张纸牌组成。一般扑克还附有2张“丑角”(Joker)。每种花色13张，包括从2～10的9张数字牌和A(Ace)、骑士(Jack)、王后(Queen)、国王(King)4张图形牌。流行的玩法有桥牌、争上游、升级、拱猪、5·10·K、钓鱼等。扑克牌玩法简单，形式多样，场地也不受限制，深受人们喜爱。也用于魔术表演。

仆射 major-domo 中国魏晋南北朝至宋尚书省的长官。仆射起源较早，秦律中有仆射称谓。汉代仆射是个广泛的官号，自侍中、尚书、博士、谒者、郎以至于军屯吏、驺、宰、永巷宫人皆有仆射。“仆”是主管的意思，古代重武，主射者掌事，故诸官之长称仆射。后来只有尚书仆射相承不改，直到宋代。

尚书仆射为尚书令之副。尚书令阙，仆射便是尚书台（后称省）的长官。汉武帝至元帝时，兼用士人与宦官为仆射。至成帝时，罢宦官，专用士人。东汉时，尚书台称为“中台”，主管全国机要政务，组织扩大，仆射与尚书令同为台中长官，与六曹尚书台合称八座，台中具体事务遂移归尚书左右丞及诸曹尚书侍郎。仆射初置一人，至汉献帝建安四年(199)始分置左右仆射。自此以后，或二或一。置二人则分左右，以左仆射为首。尚书令阙，则左右仆射为省主。

魏晋南北朝至宋的仆射，专指尚书仆射而言（见尚书省）。

莆田市 Putian City 中国福建省辖地级市。古称兴化，又称莆阳、莆仙。北连福州，南接泉州，西依戴云山脉，东南濒临台湾海峡。辖城厢、涵江、荔城、秀屿4区和仙

湄洲妈祖庙

游县。面积4 119平方千米。人口278万(2010)，有汉、回、满、畲、壮、苗、瑶、土家等民族。是全国重点侨乡之一。南北朝陈光大二年(568)置莆田县。后几经变更，1983年成立莆田市。森林覆盖率50.8%。矿藏有铁、锰、铝、锌、镍、高岭土、蛇纹石、滑石、叶蜡石、明矾等。农业主产水稻、小麦、甘薯、大豆、甘蔗、花生、油菜子、黄麻、烟叶等。盛产荔枝、龙眼、枇杷、柑橘、文旦柚、橄榄、香蕉等。水产养殖发达。工业有制糖、制盐、电子、机械、建材、化工、制鞋等。三江口港、湄洲湾秀屿港对外通航。名胜古迹有释迦文佛塔、梅峰寺、何岭关、东岩山、湄洲妈祖庙等。

莆仙戏 puxian opera 中国戏曲剧种。流行于福建省莆田、仙游两县及闽中、闽南等兴化方言地区。南宋时，莆田、仙游民间出现了兴化杂剧。明初，形成兴化腔。因脚色行当原为生、旦、贴生、贴旦、靓妆(净)、末、丑7个，也称“兴化七子班”。清代又有很大发展。1954年改称“莆仙戏”。

莆仙戏的表演古朴优雅，还遗留着一些傀儡戏的表演。各行当都有一套严谨的基本功和专有的程式动作，构成具有鲜明地方色彩的表演风格。莆仙戏的唱腔主要是以唐宋词曲和俗曲、俚歌（民间音乐曲调）为基础，先后受海盐、余姚、弋阳、昆山诸声腔的影响而逐渐形成的“兴化腔”。其曲牌有“大题三百六，小题七百二”之说，曲牌名多与宋元南戏相同。唱腔结构为曲牌联套体，由几支曲牌组成有“引子、过曲、尾声”的套曲。演唱方法男女角色均用真声，有帮唱和帮腔。代表剧目有《团圆之后》、《春草闯堂》、《状元与乞丐》等。

菩萨 Bodhisattva 全称“菩提萨埵”，又称“菩提索多”等。意译为“觉有情”、“大觉有情”、“道众生”、“道心众生”。意谓修持大乘六度，上求菩提（觉悟），下化有情（众生），于未来成就佛果的修行者。与声闻、缘觉合称三乘。又为十界之一。经典中有关菩萨的异名有：大士（摩诃萨埵）、开士（菩提萨埵）、尊人（第一萨埵）、超士（最胜萨埵）、上人、大圣、高士、大自在、法臣、佛子等。菩萨有多种分类，除依悟解深浅而有不同的菩萨阶位外，《菩萨地持经》卷八亦举出菩萨有十种，即种性、入、未净、净、未熟、熟、未定、定、一生、最后身。其中，未得净心，称为种性；发心修学，称为入；已入而未达净心地，称为未净；入净心地，称为净；净者未入毕竟地，称为未熟；入毕竟地，称为熟；熟者未入定地，称为未定；已入定地，则称为定。又熟有两种：一生与最后身。一生是次第得无上菩提；最后身是此生得无上菩提。菩萨的修行称为菩萨行；有关菩萨的一切法则仪式，称为菩萨之法式；其教法以达到佛果为目的，称为菩萨乘；其经典称为菩萨藏；戒律称为菩萨戒，《梵网经》等所述的就是菩萨应持的菩萨戒。佛教诸经典上常提到的菩萨有弥勒、文殊、普贤、观音、大势至等。大乘僧侣或居士有时也被称为菩萨，如印度大乘佛教学者龙树、世亲等即被称为菩萨。在中国，竺法护被尊为敦煌菩萨，道安为印手菩萨。

菩提达摩 Bodhidharma (?～536) 中国南北朝时来华印度僧人。略称达摩，意译道法。南天竺人，婆罗门（一说刹帝利）种姓，香至王第三子。南朝宋末航海至广州，往北魏，于洛阳、嵩山等地游历并传禅学，遇慧可收为弟子，传《楞伽经》4卷。梁武帝曾迎达摩至建康（今江苏南京），然因与武帝语不相契，遂至北魏，在嵩山少林寺“面壁而坐，终日默然”达9年。传说他以二入四行教人，重视坐禅和教理，要求通过壁观，识自本有真性（理入）。在实际上达到无爱憎、无得失、无悲喜、无是非、超脱一切的精神

境界（行入）。被称为西天（天竺）禅宗第28祖和东土（中国）禅宗初祖。唐代宗赐谥圆觉禅师。著有《少室六门集》等。

菩提伽耶 Buddhagayā 佛教圣地。释迦牟尼成就正觉之道场。位于今印度比哈尔邦恒河支流法尔古河（即古尼连禅河）左岸的迦耶城南面。主要建筑物有高约50米的大菩提寺，底层为边长各15米的正方形，上部逐渐收缩，顶部为圆柱状。据说大菩提寺原系阿育王创建，后代屡加扩建或重建。现存大塔系十二三世纪时缅甸王所建。据传佛陀就是在寺西侧菩提树下的金刚座上成佛的。周围有中国汉地及西藏地区、日本、缅甸、泰国、斯里兰卡等国佛教组织和僧人修建的寺院。

菩提伽耶大菩提寺夜景

菩提亚人 Bhutias 南亚喜马拉雅山区民族之一。约80万人（2001）。主要分布在不丹境内，在尼泊尔、锡金、克什米尔等地亦有分布。属蒙古人种南亚类型。使用菩提亚语，属汉藏语系藏缅语族。无文字。多信仰藏传佛教，少数信仰本教和印度教。系中国藏族移民的后裔，历史上一直与藏族保持密切的经济、文化联系。大多为一夫一妻制，少数行一妻多夫制。盛行交表亲。服装与中、尼边境地区的藏族大体相同。人死后行火葬、水葬或土葬，少数行天葬。寺庙文化比较发达。作为祭司的喇嘛，社会地位很高。地方政权具有政教合一性质。主要从事畜牧业，饲养山羊、绵羊、牦牛等；辅以农耕，种植大麦、谷子和马铃薯等。

葡萄 *Vitis*; grape 葡萄科葡萄属植物的统称。多年生落叶木质藤本植物。古称蒲萄、蒲桃等。欧洲葡萄起源于地中海、黑海和里海沿岸。中国主要产区在北方，以新疆的栽培面积最大。葡萄属有70余种。各类品种约8 000个，用于生产栽培的有100～200个，分属于欧洲种群、东亚种群和北美种群。有28个种，重要的栽培种有美洲葡萄，以及河岸葡萄、砂地葡萄等抗根瘤蚜砧木种。20世纪60年代以来，中国通过杂交育种培育出不少新品种，如新疆无核白葡萄、宣化奶葡萄、龙眼葡萄等，还选出一些优良芽变品种和无性系。

葡萄枝蔓细长，褐色。单叶互生，近圆形，叶缘有锯齿。卷须或花序与叶对生。两性花。浆果多为圆形和椭圆形，色泽黄、绿至红、黑不一，具果粉。葡萄种植后2～3年开始结果，生产期可达20年或更长。根系发达，吸收根主要集中在20～60厘米的土层中。生长期间喜温暖干燥、阳光充足。对土壤适应性较强。主要用扦插，也可压条繁殖。常用篱架或棚架栽培。

葡萄果实营养丰富。除鲜食外，主要用于酿制各种类型的葡萄酒，还可加工成葡萄干、葡萄汁等。加工后的皮渣、酒脚可蒸馏酒精和制酒石酸，种子可榨取高级食用油和润滑油等。

葡萄酒 wine 以新鲜葡萄或葡萄汁为原料，经全部或部分发酵酿制而成、酒精度不小于7%(体积分数)的发酵酒。据《史记·大宛列传》记载，中国在汉代以前已经种植葡萄和酿造葡萄酒。埃及在4000年前的墓葬中发现一幅有挤压葡萄方法的壁画，说明远在古埃及即已种植葡萄并挤汁饮用。

分类 葡萄酒的种类很多。以酒的颜色分，主要有红、桃红和白葡萄酒三类。以二氧化碳含量和工艺分，有平静葡萄酒、起泡葡萄酒和特种葡萄酒三类。平静葡萄酒按酒中含糖量和总酸又分为干酒、半干酒、半甜酒和甜酒；起泡葡萄酒又分低起泡、高起泡和人工加气起泡葡萄酒，其中高起泡葡萄酒按含糖量分天然酒、绝干酒、干酒、半干酒和甜酒；特种葡萄酒又分利口葡萄酒和加香葡萄酒。

生产 葡萄酒的质量很大程度上与葡萄品种有关，生产技术因种类而异。①白葡萄酒。酿制白葡萄酒的优良葡萄品种主要有霞多丽、灰品乐、白诗南、灰雷司令、白雷司令等。白葡萄酒的生产包括去梗破碎、果汁分离、压榨、澄清、发酵、倒酒、澄清处理、灌装等工艺。②红葡萄酒。酿制红葡萄酒的优良葡萄品种主要有赤霞珠、品丽珠、蛇龙珠、宝石解百纳、黑品乐、黑佳美、梅鹿辄等。传统红葡萄酒生产包括去梗破碎、发酵、压榨、倒酒、澄清处理、灌装等工艺。③桃红葡萄酒。除用红品种葡萄外，其他工艺同白葡萄酒。④再制葡萄酒和特种葡萄酒。再制葡萄酒由酿成的干葡萄酒经再加工而成，如加入芳香植物浸提液的味美思、金鸡纳酒等。还有干酒（主要是白葡萄酒）经加糖、酵母在瓶内再发酵生成的起泡葡萄酒（见香槟酒）。在大罐内密闭发酵的称罐式起泡葡萄酒。特种葡萄酒系指世界上几种有名的、用特殊工艺酿制而成的葡萄酒，如葡萄牙的波尔德、西班牙的谐丽、匈牙利的托卡依等。

著名葡萄酒 世界著名葡萄酒品种以法国最多最有名，德国的莱茵葡萄酒、摩赛葡萄酒、装瓶所有权葡萄酒也很著名。中国以烟台张裕葡萄酿酒公司，天津王朝葡萄酿酒公司，河北长城、昌黎葡萄酿酒公司的产品为著名。

葡萄科 Vitaceae; grape family 双子叶植物纲蔷薇亚纲的一科。有16属约700种，主要分布于热带及亚热带，少数分布于温带。中国有9属150余种，多数分布于秦岭以南诸省区，只有葡萄属、蛇葡萄属及爬山虎属的少数种类越过秦岭分布到华北及东北。多为攀缘植物。茎通常合轴，有卷须，稀无卷须（火筒树属）。叶为单叶或复叶，互生，有托叶。花序聚伞状，通常与叶对生。花小，两性或单性，常黄绿色。萼片4～5，通常不明显或有时合生呈盘状或碗状。花瓣4～5，分生，镊合状排列，有时在顶部合生，在开花时呈帽状脱落（葡萄属）；或基部合生（火筒树属）。雄蕊与花瓣同数，并与之对生，着生于下位花盘的基部，分生，少有合生（火筒树属）。雌蕊由2（火筒树属3～6）枚心皮形成，子房2（3～6）室。多种植物的果实可食或供酿造。爬山虎、五叶地锦及刺葡萄等种类的叶在秋季变为红色或橙黄色，颇为美观，常栽培以点缀楼阁墙壁。白蔹、蛇葡萄、爬山虎及乌蔹莓等种类在民间供药用。

葡萄球菌感染 staphylococcal infection 由葡萄球菌引起的常见的细菌感染病变。葡萄球菌为革兰氏染色阳性细菌。排列如葡萄串状。葡萄球菌属有20多个菌种，对人类致病的有10余种，其中最常见的是金黄色葡萄球菌（简称金葡菌）和表皮葡萄球菌（简称表葡菌）。金黄色葡萄球菌对青霉素的耐药率已高达90%。

金葡菌感染 临床表现与诊治如下。

临床表现 包括由细菌本身引起的侵袭性疾病和由毒素引起的毒素性疾病。①侵袭性疾病。以化脓性感染为多见，有6类：ⓐ皮肤、软组织感染。ⓑ骨、关节、肺、心脏感染。ⓒ败血症。一般多有皮肤疖、痈或肺炎、骨髓炎等原发病灶。急起发病，表现为寒战、高热、皮疹及全身毒血症症状。ⓓ肺炎、肺脓肿。ⓔ化脓性脑膜炎及脑脓肿。ⓕ其他。泌尿系感染、心内膜炎等。②毒素性疾病。分为3类：ⓐ胃肠型食物中毒。ⓑ中毒性休克综合征（TSS）。ⓒ皮肤烫伤样

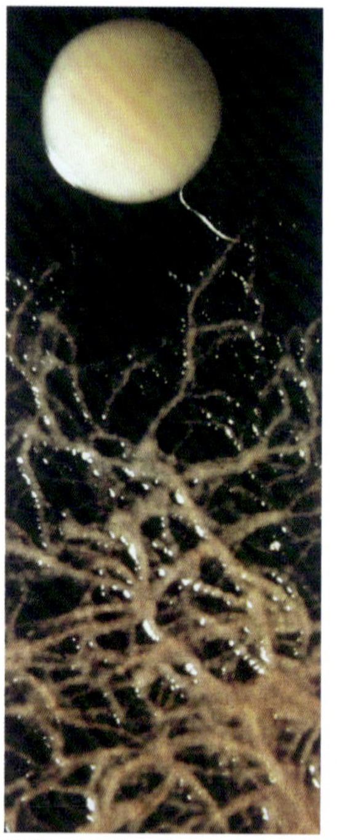
葡萄球菌（上方为圆形、黄绿色的葡萄球菌，下方为呈树枝状的根状葡萄球菌）

综合征

诊断 ①直接涂片，革兰氏染色后镜检查细菌。②细菌培养、鉴定和药物敏感试验，为确诊的重要方法。③血清学检查。④毒素的检查。

治疗 首先要引流及清洗伤口。同时应用敏感的抗生素。可选用的抗菌药物有β内酰胺类、氨基糖苷类、大环内酯类、糖肽类、林可霉素、克林霉素、利福平类、喹诺酮类等。感染轻者可口服，重者须两种药物联合、静脉注射。

表葡菌感染 病原为凝固酶阴性葡萄球菌，属条件致病菌，主要引起医院内感染。可由各种引流管、血管内导管、腹透导管、人工瓣膜、人工关节、人工晶体等引起感染。在医院暴发流行时，医务人员手的带菌率可高达50%～90%，成为重要的传染源。

临床表现 表现为败血症、尿路感染、呼吸道感染、化脓性关节炎等，是异物感染的主要原因，亦可引起皮肤软组织感染、中毒性休克综合征等，但临床较少见。

诊断和治疗 同金葡菌感染。

葡萄胎 hydatidiform mole 妊娠期滋养细胞过度增生、绒毛水肿形成连串葡萄样水泡状物的病理现象。系妊娠性滋养细胞疾病的一种。又称良性葡萄胎或水泡状胎块。绒毛增生分泌大量绒毛膜促性腺激素（HCG）。此种变性的绒毛已失去吸收营养的功能，故胚胎常早已死亡，经自溶而吸收，子宫腔内充满水泡状物，胎儿形迹不见，这称为完全性葡萄胎（见图）。若除水泡状绒毛外，尚伴有正常绒毛及胚胎或胎儿，则为部分性葡萄胎。临床上表现停经、阴道出血、子宫异常增大、妊娠高血压综合征症状，常合并卵巢黄素囊肿。根据临床表现，尿中HCG增高及超声波、X射线检查可确诊，确诊后应立即吸宫或刮宫，葡萄胎多为良性，一小部分为恶变，故所有患者均须随访。

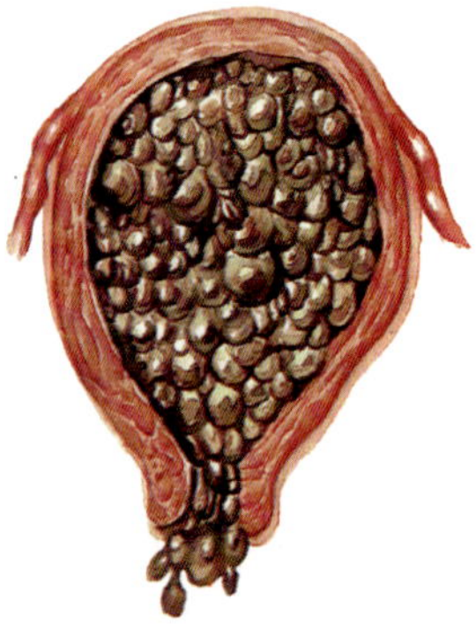

葡萄糖 glucose 最常见的六碳单糖，分子式$HOCH_2(CHOH)_4CHO$。又称右旋糖、血糖。因最初是从葡萄汁中分离结晶的而得名。是光合作用的产物。以游离或结合的形式，广泛存在于生物界。葡萄、无花果等甜果及蜂蜜中，游离的葡萄糖含量较多。更大量的存在形式是结合组成蔗糖、麦芽糖、乳糖、淀粉、糖原、纤维素、半纤维素和苷等。

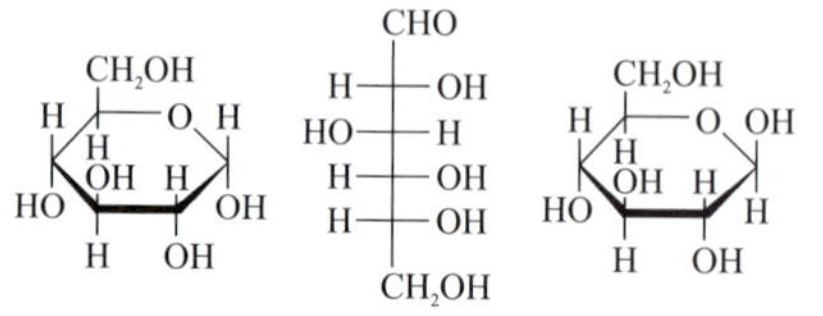
α-D-葡萄糖（吡喃型） D-葡萄糖（直链式） β-D-葡萄糖（吡喃型）

性质 α-葡萄糖的熔点146℃，其一水合物熔点83℃；β-葡萄糖熔点148～155℃。葡萄糖易溶于水，在室温下，饱和水溶液含有51.3%（重量）的葡萄糖；在有机溶剂中，甚至在乙醇中的溶解度很小。当α-葡萄糖溶解在水中时，能部分转化为它的异构体β-葡萄糖，达成平衡，平衡混合物的组成为α∶β=37∶63，比旋光度从开始的+112.2下降到平衡值+52.7。当β-葡萄糖溶解在水中时，比旋光度由+18.7逐渐上升到同一的平衡值。葡萄糖能还原费林试剂和次碘酸盐，这两个反应可以用来测定葡萄糖的含量。葡萄糖还可与苯肼结合，生成葡萄糖脎，后者在结晶形状和熔点方面都与其他糖脎不同，可作为鉴定葡萄糖的手段。

制法 过去用0.25%～0.5%稀盐酸在100℃水解玉米或马铃薯淀粉制备，现在几乎完全由酶水解代替。

应用 在人体内直接进入代谢过程。在消化道中，它比任何其他单糖容易被吸收，并能直接为组织利用。人和动物需要的能量的50%来自葡萄糖，每克葡萄糖代谢为二氧化碳和水并释出4.1千卡热能，以腺苷三磷酸形式储存起来，供生长、运动等生命活动之需。其甜味约为蔗糖的3/4，主要用于食品工业，如糖果、面包、酿酒等。用于病人输液的葡萄糖也占很大的比重。葡萄糖可还原为葡萄糖醇，用于维生素C的合成和氧化为葡萄糖酸，后者的钙盐在医药上提供钙离子；葡萄糖酸进一步氧化生成阿拉伯糖酸，用于维生素B_2的合成。

葡萄牙 Portugal 欧洲西南部国家。全称葡萄牙共和国。位于伊比利亚半岛西部，西、南濒大西洋，东、北与西班牙接壤。包括大西洋上的海外领地亚速尔群岛和马德拉群岛，面积92 391平方千米。人口1 070.79万（2009）。居民中葡萄牙人占96.9%，余为西班牙人和加里西亚人等。葡萄牙语为官方语言。约94%居民信奉天主教，少数人信奉基督教新教及其他宗教。首都里斯本。

地理 境内多山地。地势东北高西南低，由高原过渡到滨海丘陵平原。以特茹河谷为界，分为南、北两部分。北部多山地，平均海拔800～1 000米，最高峰埃什特雷拉山海拔1 993米；南部多丘陵和滨海低地，自东往西由600米下降至250米；西部沿海一带为平原。北部为温带海洋性气候，南部为地中海气候。境内河网较稠密，主要河流有特茹河、杜罗河、瓜迪亚纳河等，水力资源丰富。主要矿产有钨、锡、铁等，钨矿储量居西欧首位。此外，铀、铍、铌、高岭土等也有一定藏量。附近海域渔业资源丰富。森林覆盖率35%。

历史 9世纪前，先后受罗马人、日耳曼人以及穆斯林等异族入侵和统治。9～11世纪，归属于西班牙（莱昂王国）。1143年成为独立王国。13世纪后，葡萄牙逐渐发展为南欧强盛的封建中央集权国家。1385年与英国结盟。15～16世纪成为海上强国，并先后在非、亚、美洲占有大量殖民地。16世纪下半叶逐渐衰落。1580～1640年沦为西班牙的藩属。1640年12月脱离西班牙，建立布拉干萨王朝。1703年与英国签订《梅休因条约》，再一次加强了英葡间的同盟关系。1910年10月建立葡萄牙共和国。第一次世界大战中参加协约国。1926年5月成立军人政府。1932年A.de萨拉查任总理，实行独裁统治。第二次世界大战中保持中立。1974年4月法西斯独裁统治被推翻。1982年修改宪法，结束军人过渡政府，开始走向议会民主制。1986年，苏亚雷斯当选葡萄牙60年来第一位文人总统。

现行宪法规定，总统、议会、政府、

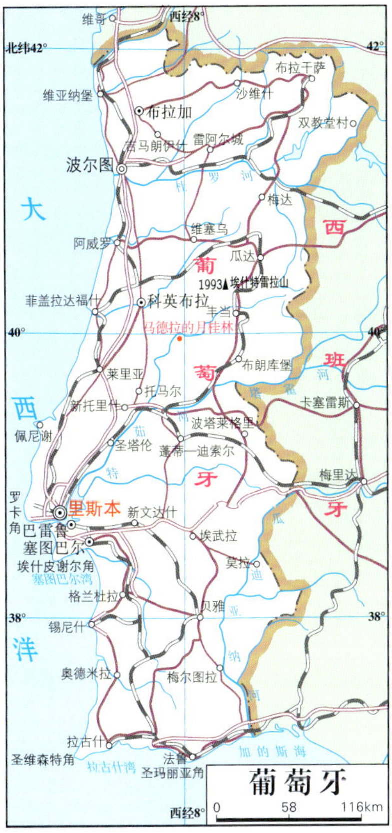

法院是国家权力机构。议会为一院制，是最高立法机构。多党制，主要政党有社会党、社会民主党、葡萄牙共产党、人民党等。葡萄牙主张在平等、互助的基础上同世界各国发展友好合作关系，视同欧美传统关系为对外关系的重点，积极参与欧洲区域一体化进程，同时加强同非洲、拉丁美洲的传统合作关系，日益重视发展同亚洲等国的关系。1949年参加北大西洋公约组织。1986年加入欧共体，并成为欧元区首批成员国之一。已与180个国家建立外交关系。1979年2月8日与中国建交。

经济　中等发达水平的工业-农业国。葡萄牙长期是西欧经济较落后的国家之一。1986年加入欧洲经济共同体后，促进了经济发展，2009年国内生产总值1 647.79亿欧元。经济结构比较合理，工业发展较快，纺织、服装、食品、造纸、软木加工等传统部门地位重要，其中软木及其制品产量占世界一半以上，是世界最大的软木生产国。葡萄酒酿造居欧洲前列，橄榄油产量居世界第四位。20世纪70年代后，钢铁、电力、化学、石油加工、电机、造船、汽车、水泥等工业有较快发展。采矿业中，钨、锡、煤、铁矿等开采较重要，钨精产量居欧洲第二位。能源、原材料对外依赖严重。葡萄牙的农业在国民经济中的比重位居欧洲前列。农业以谷物种植业和地中海型的果品园艺业为主。小麦、玉米为主要粮食作物。盛产葡萄、油橄榄和无花果等。畜牧业以饲养羊、牛为主。捕鱼业具有重要经济意义，盛产沙丁鱼、鲔鱼、鲭鱼、鳘鱼、鳕鱼等。旅游业发达。2009年国内铁路总长2 786千米，国家公路总长82 900千米。海运较发达，重要港口有里斯本、阿威罗、塞图巴尔、锡奈什、丰沙尔和蓬塔德尔加达。拥有3个国际机场。2009年外贸进出口总额886.47亿欧元，进口552.41亿欧元，出口334.06亿欧元，逆差218.35亿欧元。进口产品主要有机械、车辆、石油、粮食、蔬菜等；出口产品主要为软木及其制品、服装、机械、纺织、鞋类、建材、器材等，大理石出口占世界第二位。主要贸易伙伴是西班牙、德国、法国、意大利、英国等欧盟成员国，占其贸易总量的3/4以上。

里斯本港与地理大发现纪念碑

文化　实行12年义务教育制，全国文盲率9%。主要高等院校有科英布拉大学、里斯本大学、波尔图大学等。主要报纸有《新闻日报》、《晨邮报》、《快报》、《公众报》等。有国家通讯社。设有广播电台和电视台各3家。

葡萄牙人　Portuguese　西南欧民族之一。有1 200多万人（2001）。绝大多数分布在葡萄牙共和国，部分分布在法国、美国、巴西和加拿大等国。属欧罗巴人种地中海类型。使用葡萄牙语，属印欧语系罗曼语族。文字用拉丁字母拼写。多信天主教。葡萄牙人经历了两三千年的民族混杂和融合过程。葡萄牙自古便是伊比利亚人的故乡。公元前1000年至前6世纪，腓尼基人、希腊人、迦太基人和凯尔特部落先后侵入，与伊比利亚人发生混合。前2世纪至公元4世纪，这些混合居民在罗马帝国统治下，又与罗马人发生混合。居民基本上罗马化，皈依天主教，通用拉丁语。5世纪初，伊比利亚半岛先后受到日耳曼部落和阿兰部落的入侵与占领。其中对葡萄牙影响最大的是日耳曼部落的苏维汇人和西哥特人。8世纪初，葡萄牙地区又遭信仰伊斯兰教的**阿拉伯人**和**柏柏尔人**的入侵和统治，历时400多年。这些外来民族都在葡萄牙人的血统、文化和语言中留下了痕迹。葡萄牙人传统上种植小麦、玉米、水稻、葡萄、柑橘、油橄榄等。畜牧业和渔业也较发达。现代工业有纺织、造纸、酿酒、食品加工、石油、化工、钢铁、造船、机械制造等。

葡萄牙妇女

葡萄牙语　Portuguese language　葡萄牙的官方语言，也是巴西、安哥拉、莫桑比克、圣多美和普林西比、几内亚比绍、佛得角等国的官方语言。使用人口超过1.55亿。属**印欧语系**罗曼语族西支。葡萄牙语最早的文献见于12世纪，标准语形成于16世纪。它的历史发展可分为两个主要阶段：古代葡萄牙语（12～15世纪）和近代葡萄牙语（16世纪至今）。葡萄牙语有14个元音，其中包括9个口腔元音和5个鼻腔元音。辅音可以分为塞音、擦音、边音、颤音、鼻音以及半元音。重音一般落在倒数第二个音节上，以辅音结尾的词，重音一般落在最后一个音节上。书写时有4个读音符号。句法关系借助于词序和前置词等来表达，基本词序为主-动-补。词汇的大部分来自**拉丁语**。

葡萄牙语和西班牙语很接近，但保留了较多的古代语言特征。句法中有欧洲其他语言没有的“人称不定式”，即在动词不定式后面加上某一人称的词尾，用作宾语的代词放在动词之前，西班牙语则放在动词之后。葡萄牙语的文字以拉丁字母为基础。

葡萄牙资产阶级革命　Bourgeois Revolution in Portugal　葡萄牙发生的两次资产阶级革命。1820年立宪主义者发动的革命产生葡萄牙第一部自由宪法，为废除封建专制开辟了道路；1910年共和主义者发动的革命推翻葡萄牙封建王朝，建立了共和国。

1820年8月24日，M.F.托马斯等人乘国王不在国内，领导波尔图的卫戍部队发动了一场革命运动，不久遍及全国，并得到里斯本的响应。革命宣布取消独裁专制，成立了执政委员会和国民议会，并于1822年制定一部新宪法。新宪法得到国王若昂六世（1816～1826年在位）的承认，但他的儿子米格尔于1823年5月在弗兰萨镇策动一部分军队叛乱，宣布恢复君主专制，废除宪法。若昂六世转而支持他儿子的行动，议会被迫妥协，革命失败。

1910年10月4日，共和党人在一部分陆军和海军的支持下于里斯本起义。10月5日政府军投降。国王曼努埃尔二世逃往英格兰。T.布拉加建立临时政府，葡萄牙共和国宣告成立。1911年颁布宪法，规定建立由参众两院组成的议会。政教分离，废除贵族称号，实行世俗婚姻，出版和信仰自由，工人实行8小时工作制，并在里斯本和波尔图的大学里进行民主改革。

《蒲安臣条约》 *Burlingame Treaty* 美国卸任驻华公使蒲安臣代表清政府与美国订立的条约。又称《中美天津条约续增条款》、《中美续增条约》。咸丰十一年至同治六年（1861～1867）蒲安臣任美国驻华公使，任内曾调停中外交涉事项，颇得清政府信任，成为当时第一个对清政府具有重大政治影响的外国公使。1868年任满归国，清政府委托他访问欧美国家，疏通关系。1868年7月28日，他擅自越权，在华盛顿与美国国务卿西华德签订条约，共8款。主要内容为：①两国人民可随时自由往来、游历、贸易或久居。这一规定为美国在中国扩大招募华工提供了合法根据。②两国人民均可入对方官学，并受优惠待遇；双方得在对方设立学堂。这一规定为美国传教士在中国开办学校和中国派遣留学生赴美学习提供了法律根据。③两国侨民不得因宗教信仰的不同而受到歧视。这一规定使清政府承担镇压中国人民反洋教斗争的义务，以扩大美国在华传教。1869年11月23日，中美双方在北京交换了条约批准书。

蒲柏 Pope, Alexander (1688-05-21～1744-05-30) 英国诗人。生于伦敦，卒于伦敦郊区。12岁时患重病，健康受到损害，从此家居读书。16岁开始写诗。成名作《批评论》

(1711)运用英雄双韵体，宣扬古典主义诗歌理论，提出高雅趣味说。《夺发记》(1714)是模仿英雄史诗体的长篇讽刺诗，写两个天主教家庭间的争吵，讽刺上流社会的空虚无聊。此后，翻译出版了《伊利昂纪》(1715～1720)《奥德修纪》(1725～1726)，并编辑《莎士比亚全集》(1725)。其他主要作品还有《人论》(1733～1734)、《致阿勃斯诺特医生书》(1735)等。蒲柏善以议论和哲理入诗，语句精练、锋利，英雄双韵体运用得出神入化。

蒲菜 *Typha latifolia*; common cattail 香蒲科香蒲属的一种。多年生宿根草本水生植物。又称草芽。原产中国。世界各大洲均有分布。须状根系，茎短缩，并具地下匍匐茎。叶披针形，细长扁平。花序为肉穗圆筒状。结小坚果。种子细小，发芽力弱。喜温暖，不耐寒，喜充足光照，适宜于富含有机质、保水好的壤土或黏壤土种植，并保持浅水层。不耐浓肥。可分宽叶香蒲和狭叶香蒲。用分棵繁殖。夏秋季分次采收。第四年更新、换茬。极少病虫害。蒲菜含蛋白质、碳水化合物、多种维生素及矿物质。洁白柔嫩，可炒食、烩食或做汤，味清淡爽口。

蒲城火神会 Pucheng Fire God Festival 中国陕西蒲城举办的以燃放烟花为主的节庆表演活动。早在800年前的金元时期，蒲城民众就曾组织过火神会，到19世纪中叶清道光年间尤为昌盛。会上有药发傀儡表

药发傀儡（火戏）

演。药发傀儡又称杆火或架子火。将传说或戏曲故事中的人物、动物、场景造型，分别扎在架杆上，表演时，引火依次点燃架杆，产生光彩夺目的景象。表演形式有两种：一是利用烟火的反作用力驱动木偶的动作和表演。燃放后，木偶仍可保留下来；另一种是用纸扎成各种造型，按表演意图布置火药。将火药点燃，各式造型异彩纷呈后，随之消失。传统节目有《天女散花》、《劈山救母》、《唐僧取经》等180多种。

蒲风 Pu Feng (1911-09-09～1942-08-13) 中国诗人。原名黄日华，常用笔名蒲风。广东梅县人。1930年赴上海，在中国公学学习，并加入中国左翼作家联盟。1932年，与穆木天、任钧、杨骚等人发起成立中国诗歌会，出版会刊《新诗歌》等。1934年冬赴日本。1936年回国，曾先后在福州、厦门、广州等地从事诗歌活动。1940年到皖南参加新四军，从事文化宣传工作。

蒲风强调诗的政治作用，把诗视为斗争的武器。著有《茫茫夜》(1934)、《六月流火》(1935)、《生活》(1936)、《钢铁的歌唱》(1936)、《摇篮歌》(1937)、《抗战三部曲》(1937)，讽刺诗集《黑暗的角落里》(1938)。此外，还著有长诗集《可怜虫》(1937)等作品。这些诗歌真实地反映了广大农民被压迫被剥削的痛苦生活，以及他们在中国共产党领导下的觉醒、反抗，抒发了抗日救国的热烈情绪。他的诗大都朴实豪放、通俗易懂，为诗歌大众化进行了可贵

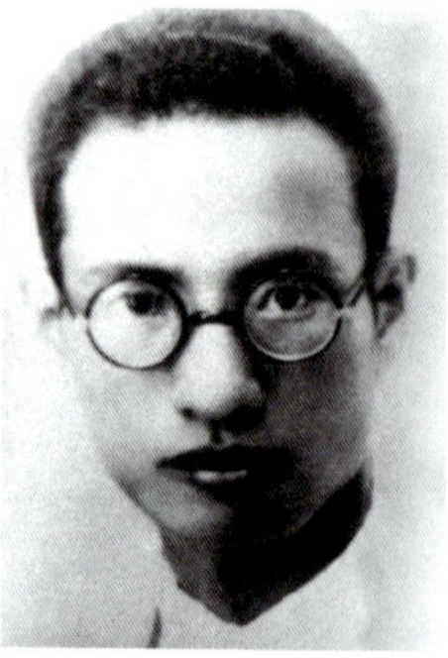

的探索和尝试。1957年，作家出版社出版了《蒲风诗选》。1985年，福建海峡文艺出版社出版了《蒲风选集》。

蒲辅周 Pu Fuzhou (1888～1975) 中国中医学家。四川梓潼人。三世业医。幼承家学，自《素问》、《灵枢》以下各种医书无不着意钻研，并得家传秘方。学成后先开业于本乡，后移居成都，医疗技术愈加精湛，声誉日隆。1955年中医研究院成立，蒲辅周调入，对乙型脑炎、腺病毒肺炎、冠心病和肿瘤等疾病作重点观察，探讨治疗规律，疗效显著，独具风格。历任中医研究院副院长、国家科委中医专题委员会委员、中华医学会常务理事等职，并任第三、四届全国政协常委等职。他的门人根据其临证经验整理出版了《中医对几种急性传染病的辨证论治》、《蒲辅周医案》、《蒲辅周医疗经验》等。

蒲甘王朝 Pagan Dynasty 缅甸封建王朝。缅王阿奴律陀（1044～1077年在位）于1044年在蒲甘（今卑谬以北）创建，故名。1057年以求取三藏经为名，阿奴律陀攻取孟族首都直通。转而西征，控制了阿拉干北部，完成了缅甸的第一次统一。

1077年阿奴律陀去世，其子苏卢（旧译修罗）即位。1083年孟人领袖，鄂耶曼干举兵反叛，缅王苏卢被杀。阿奴律陀的另一位王子江喜佗在皎克西大败孟军，被人民拥戴为王。江喜佗（1084～1112年在位）重用孟人文武大臣，破例立孟人血统的外孙阿隆悉都继承其王位，缓和了孟人与缅人的矛盾。阿朗悉都（1112～1167年在位）采取了许多进步措施，制订法典，发展工农业生产，统一全国度量衡，促进商业和航海事业的发展，使勃生成为通往海外各国的重要海港。

蒲甘时期的国王是全国土地的最高所有者，把土地分封给各地称为谬沙的封建主和各级行政官员，由他们向农民征税和

征调劳役。各地的封建主必须定期向国王纳贡，战时则向国王提供军队，形成了自上而下的封建剥削关系。蒲甘的历代统治者笃信佛教，广建佛塔寺庙，故有建塔王朝之称。僧侣领袖在政治上拥有左右国王的大权。寺庙占有大量土地和塔奴。

据缅甸《琉璃宫史》记载，阿奴律陀为求佛牙曾到过中国的云南大理，而中国史书也记载江喜佗于1106年遣使来中国通好，受到礼遇。1283年元军入侵缅甸，在江头城大败缅军，缅王那腊底哈勃德弃蒲甘城南逃，后被其子底哈都（旧译梯诃都）毒死。底哈都的幼子觉苏瓦（旧译桥苴）继位，全国骚乱，各地封建主乘外患内乱之机，纷纷独立。势力强大的掸人三兄弟废黜觉苏瓦，夺取了蒲甘政权，蒲甘王朝至此告终。

蒲剧 Puju opera 中国戏曲剧种。见山西梆子。

蒲鲁东 Proudhon, Pierre-Joseph (1809-01-15～1865-01-19) 法国政论家、经济学家，小资产阶级社会主义者，无政府主义奠基人之一。生于贝桑松，卒于巴黎。出身于农民兼手工业者家庭，家境贫苦。他刻苦自学，曾在印刷厂当排字工人，后与人合伙开办小印刷厂。

1837年发表《论通用文法》一书，获贝桑松大学奖金，迁居巴黎，从事著述活动。

1846年发表《贫困的哲学》，企图以政治经济学来论证自己的改良主义思想，反对工人阶级的革命斗争。1848年革命发生以后，开始从事实际的社会改革活动，曾任《人民代表》报和《人民之声》报主编，被选为国民制宪议会议员。1849年因著文反对路易·拿破仑·波拿巴被捕入狱。1862年遇赦返国，继续宣扬无政府改良主义思想。

蒲鲁东被称为“无政府主义之父”。他首先使用“安那其”一词表述社会的无政府状态。他否认一切国家和权威，认为它们维护剥削，扼杀自由。他反对政党，反对工人阶级从事政治斗争，认为其主要的任务是进行社会改革。他的无政府主义与改良主义合成一体，提出一个所谓“互助主义”的救世良方。认为社会财产分配之所以不平等，关键在于生产者得不到自己产品的全部价值。因此，他主张生产者根据自愿原则，通过订立契约进行互助合作，彼此“等价交换”各自的产品。蒲鲁东还亲自进行建立交换银行的试验，但以失败告终。其学说和政治活动对巴黎公社前的法国工人运动颇有影响。K.马克思在《哲学的贫困》等一系列著作中对蒲鲁东及其思想进行了深刻的批判。

蒲松龄 Pu Songling (1640～1715) 中国清代文学家。字留仙，一字剑臣，别号柳泉居士。山东淄川（今属淄博市）人。从小勤奋好学，曾深得当时主持山东学政的诗人施闰章的赏识。但自19岁“弁冕童科”之后，屡试不第，直到71岁高龄才援例成为贡生。科场的失败使他悲愤万分。他把满腔气愤寄托于《聊斋志异》的创作中。这部小说凝聚了他一生的心血。他还写有通俗俚曲14种，以浓厚的地方色彩从不同角度揭露了社会的黑暗和人间的不平。在人生态度和创作思想上同《聊斋志异》是相通的。此外，还有《聊斋文集》、《聊斋诗集》等。中华书局上海编辑所1962年曾出版路大荒编的《蒲松龄集》。

蒲绥里 Būṣīrī, al- (1211～1296) 阿拉伯诗人。生于埃及代拉斯，卒于亚历山大（一说开罗）。家境贫寒，曾以撰写墓志铭为业。后在政府机构任职，并在开罗办过私塾。创作的赞颂诗和讽喻诗中以《斗篷颂》最著名。全诗162行，充满对伊斯兰教创始人穆罕默德的颂扬。《哈姆宰韵基诗》也是歌颂穆罕默德之作，具有神秘主义色彩。他的诗作雅逸洗练，自然流畅。

蒲团影 hassock shadow show 中国影戏品种。清代自顺治直至嘉庆年间在京津地区流行。相传观音菩萨曾化身影戏艺人，坐在蒲团上以演唱影戏度化众生，因此后世演唱影戏者要端坐蒲团以示虔诚，是为蒲团影。蒲团影保存了唐代俗讲僧用影戏宣扬佛法的传统，多演出于各寺院的“善会”会场和信奉佛教之家的寿宴丧典，节目以因果报应、劝善惩恶的故事为主。影戏班供奉观音菩萨，戏中若有观音出场，演唱观音的艺人前一天要沐浴净身，戒绝房事。如果演出三天以上，第一天称初日子，第二天称正日子。正日演出时，演员必须头

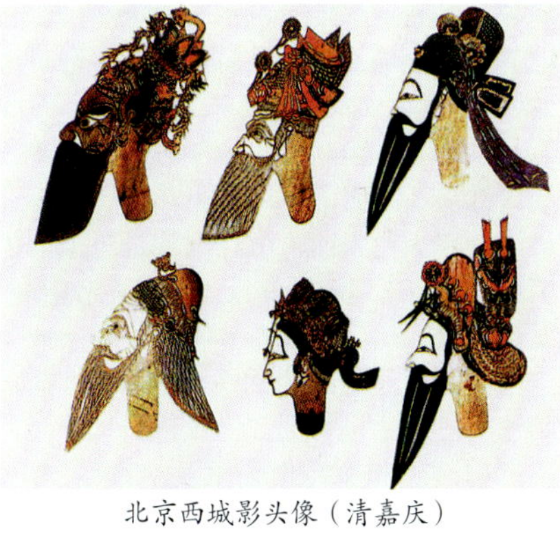

北京西城影头像（清嘉庆）

戴佛冠，手执拂尘，口诵经卷在场地虔诚礼拜一番。蒲团影在北京称西城影（见图），据传自涿州传入，故而又称涿州调。研究者认为涿州调源出陕西。据说观音发现在华阴县有大地震降临，便在距华阴县（今属陕西省华阴市）县城很远的地方，以佛光为幕，以竹叶为影，自坐蒲团演唱劝善故事，吸引城里百姓前来观看，从而躲过了没顶之灾。蒲团影的唱词根据不同情况，由演员随编随唱，因此又称流口影或流口辙。咸丰、同治年间滦州影传入，蒲团影日渐衰落。

蒲元 Pu Yuan 中国三国时蜀人，生卒年不详。曾在诸葛亮丞相府任西曹掾。有独特的造刀技术和淬火技术。据宋《太平御览》记载：蒲元在斜谷（古代汉中和关中通道之一，在今陕西眉县西南）为诸葛亮造刀三千口。传说他造出的刀能劈开装满铁珠的竹筒，被誉为神刀。造出神刀的主要诀窍在于他掌握了独特精湛的钢刀淬火技术，认为不同的水质和冷却速度对淬火质量有重要影响。汉中水不宜淬火，而蜀江水能把钢刀淬至合适的硬度。传说诸葛亮制作的木牛流马也是蒲元首先提出的。

濮阳市 Puyang City 中国河南省辖地级市。位于省境东北部，冀、鲁、豫3省交界处。辖华龙区及濮阳、清丰、南乐、范县、台前5县。面积4 266平方千米。人口360万（2010）。民族有汉、回等。春秋时称帝丘，战国称濮阳，秦置濮阳县。1983年设濮阳市。属暖温带大陆性季风气候。农作物有小麦、玉米、大豆、甘薯、棉花、花生等。中药材有金银花、枸杞等。传统产品有西瓜、枣花蜜、山羊板皮、兔肉及土特产草帽辫等。工业主要有石油、化工、轻纺、机械、冶金、建材、医药、食品等。有中原油田，已探明境内油气资源十分丰富，为国家重点能源基地之一。名胜古迹有“澶渊之盟”遗址、宋真宗回銮碑、西水坡仰韶文化遗址等，纪念地有华东野战军司令部旧址。

朴次茅斯 Portsmouth 英国英格兰南部城市。英语意为“港口”。老海军基地和旅游胜地。位于英吉利海峡北岸的波特西岛。岛长约6.4千米，宽4～4.8千米，面积37平方千米。有公路与铁路桥和陆上联系。人口20.35万（2009）。19世纪中叶成为重要海军基地，1194年设镇。1496年成为英国海军基地。1627年为自治镇。第二次世界大战期间受到严重破坏，战后重建。1997年4月1日脱离汉普郡，成为自主的行政单位。建有占地120公顷的海军造船厂，飞机和服装工业也很重要。通往欧洲大陆的重要客运港口。滨海夏季旅游胜地。主要名

胜古迹有朴次茅斯大教堂、南海船楼、狄更斯故里纪念馆和皇家海军博物馆。

朴素唯物主义 naive materialism 直观的、从常识出发的、缺乏坚实科学基础的唯物主义哲学。它是唯物主义的最初形式，产生于奴隶社会，在东方延续至封建社会。

浦东新区 Pudong New District 中国上海市辖区。1992年建立。2009年5月，南汇区撤销，并入浦东新区。新区位于市境东部，东濒长江口。面积1 210.41平方千米。人口504万（2010）。海岸线长44.6千米，筑有海塘。在黄浦江东侧建有大量码头，其中有万吨级泊位数十个，承担着上海港一半以上的货物吞吐量。另有可供内河航运船只停泊作业的码头160多个。区内已形成了以微电子、通信、石油化工和精细化工、汽车、造船、成套设备、生物医药等为主的产业格局。区内还建有陆家嘴金融贸易区、金桥出口加工区、外高桥保税区、张江高科技园区等4个国家级开发区，以及由陆家嘴、金桥、外高桥等软件分园组成的软件产业基地。此外，还建有华夏文化旅游区、孙桥现代农业开发区和星火开发区等3个市级开发区。全区拥有中外金融机构123家，其中中资金融机构64家、外资（中外合资）金融机构59家。浦东大道、浦东南路、杨高路、罗山路及环东一、环东二、环南一等大道为区境交通干道。浦东国际

从外滩遥望浦东新区

机场距市中心约30千米。名胜古迹有明代古城墙、明永乐御碑、老宝山城，以及钦赐仰殿、崇福道院、潮音庵和露德圣母堂等。主要纪念地有高桥烈士墓、川沙烈士墓、黄炎培故居、张闻天故居等。

浦那 Pune 印度西部马哈拉施特拉邦城市。人口约260万。位于德干高原西缘，西高止山的内陆斜坡，穆拉河和穆萨河汇流处。西北距邦首府孟买130千米。海拔600米，气候干旱、凉爽。17世纪起，曾为莫卧儿帝国南部的军事据点。马拉提帝国兴起后，1735年成为其首都。英国统治期间，被定为孟买地区的夏季首府。有丰富的历史、宗教、文化遗迹，一向被誉为“德干皇后”。现为旅游胜地。交通枢纽和工业贸易中心。主要工业部门有纺织、机械、化工、造纸和制药等；20世纪70年代起，计算机软件工业更是异军突起。还是重要的军火工业基地。城市向西北、东北方向扩展。老城为行政、商业与居住区，建筑保持马拉提时代风格。1961年遭水灾严重破坏，重建后的市区，更显得繁华和现代化。交通发达，铁路、公路枢纽，有机场。有包括浦那大学（1948）在内的教育机构40多所，还有班达卡尔东方研究所、哈达瓦萨拉科学研究院、天文台、博物馆、公园等诸多文化设施。印度南方军区司令部驻地。

浦熙修 Pu Xixiu（1910-10-20～1970-04-23） 中国新闻记者。上海嘉定人。卒于北京。北京师范大学中文系毕业。1937年春入南京《新民报》作记者，迁重庆后任采访部主

任。1945年参与国共两党重庆谈判等重大政治事件的采访活动。1947年5月，组织报道学生在南京举行的“反饥饿、反内战、反迫害”示威大游行。1948年7月南京《新民报》被迫停刊；11月浦熙修遭国民党当局逮捕。出狱后，为香港《文汇报》撰写通讯。1949年中华人民共和国建立后，任上海《文汇报》副总编辑兼驻北京办事处主任。曾三次赴朝鲜前线采访并慰问中国人民志愿军。回国后，往新疆等地采访，所写旅行通讯辑为《新疆纪行》出版。1957年被划为右派分子，后平反。

浦项 Pohang 韩国东南海岸港口城市，世界著名钢城。位于东海岸中部，迎日湾西侧。面积1 125.46平方千米，人口约51.6万。原为一小渔村。1949年设市。1995年迎日郡并入浦项市。20世纪70年代，在迎日湾西岸、兄山江入海口两侧进行大规模填海造陆，兴建浦项制铁所和港岛造船厂，发展冶金、化工、造船等工业。现已成为东南沿海工业带内的钢铁工业基地。浦项制铁所已成为世界第二大钢铁公司。其他还有硅藻土和高岭土开采及水产品加工。近郊农业较发达。交通运输便利。有通往釜山、大邱的铁路和贯通东海岸的高速公路。从迎日湾至九龙浦港沿岸港口、码头星罗棋布。1962年开辟大甫面国际海港，输入铁矿石、燃料；输出钢铁制品等。有至首尔、济州的航空线。设有浦项大学、浦项工业大学等高等院校。主要名胜有宝镜寺、观稼亭以及迎日湾沿岸的海水浴场和温泉疗养地等。每年10月举办兄山文化节。

普埃布拉 Puebla 墨西哥古城，普埃布拉州首府。全称普埃布拉-德萨拉戈萨。位于马林切火山西南的普埃布拉盆地内，巴尔萨斯河上游阿托亚克河畔。人口139.95万（2005）。海拔2 162米。气候温和，年平均气温16.6℃，平均年降水量838毫米。始建于1532年。是墨西哥城与出海口韦拉克鲁斯港之间交通咽喉，战略地位重要。殖民时期是墨西哥文化、宗教中心。墨西哥重要工业中心，有纺织、汽车、玻璃、水泥、皮革、建材、机械、化工、卷烟等工业。手工艺品享有盛名，尤以陶器、首饰著称。

双塔大教堂

交通枢纽，有铁路、国家公路、航空线通往墨西哥城、韦拉克鲁斯港和南部重镇瓦哈卡。旅游胜地，有著名的圣多明各大教堂、双塔大教堂、圣莫尼卡隐修院等60座教堂，以及建于1790年美洲最古老的剧院普林西帕尔剧院。普埃布拉大学建于1537年。

普奥战争 Austro-Prussian War 普鲁士和奥地利争夺统一德意志领导权的王朝战争。又称德意志战争、七周战争。1866年，普鲁士为夺取德意志联邦的领导权，于6月7日将军队开进由奥地利管辖的荷尔斯泰因。奥地利亦声言将进军石勒苏益格，6月14日战争开始。普鲁士利用同意大利的结盟，将部分奥军吸引到南部战场。在南部意军失利的同时，北部的普鲁士军队在短时间内控制了整个北德意志。7月3日，29.1万普军与23.8万奥军在萨多瓦展开决战，奥军大败，伤亡被俘4万余人。法国应奥地利之请出面调解，7月26日缔结停战协定。8月23日签订《布拉格和约》，普鲁士获得石勒苏益格-荷尔斯泰因及汉诺威等地。奥地利退出德意志联邦。次年以

普鲁士为首建立北德意志联邦，基本完成德意志统一。

普遍优惠制 generalized system of preference; GSP 发达国家对发展中国家和地区出口的制成品和半制成品给予普遍的、非歧视的、非互惠的优惠关税制度，比最惠国关税更为优惠。简称普惠制。1964年在第一届联合国贸易和发展会议上提出。1970年10月，发达国家开始制订普惠制的实施计划。普惠制目的是：扩大发展中国家和地区的出口，增加外汇收入；促进发展中国家和地区的工业化；提高发展中国家和地区的经济增长率。原则是：①普遍的，所有发达国家向所有发展中国家或地区提供优惠待遇。②非歧视性的，所有发达国家一视同仁地优惠所有发展中国家和地区。③非互惠的，发达国家向发展中国家提供优惠关税时，不要求发展中国家提供对等待遇或其他反向条件。但是实际上，普惠制实施国在提供普惠税时，常在方案中规定一些特殊条件。

普多夫金 Pudovkin, Vsevolod Illarionovich (1893-02-28～1953-06-30) 苏联电影导演、演员，电影理论家。生于奔萨，卒于莫斯科。1920年入苏联国立第一电影学校学习。1922年转入L.V.库里肖夫工作室学习与工作。1925年摄制了《棋迷》(合拍)和科普片《大脑的功能》。代表作有《母亲》(1926)、《圣彼得堡的末日》(1927)、《成吉思汗的后裔》(1929)。这几部影片是20世纪20年代苏联电影的杰作，奠定了普多夫金的导演风格和在世界影坛上的地位。其后，他又拍摄了《普通事件》(1932)、《逃兵》(1933)、《米宁和波扎尔斯基》(1939)、《海军上将纳希莫夫》(1947)、《瓦西里·波尔特尼柯夫的归来》(1953) 等影片。出版有《论电影编剧、导演和演员》、《电影剧本》等著作。

普洱市 Pu'er City 中国云南省辖地级市。位于省境西南部，东南与越南、老挝两国相邻，西南与缅甸接壤。辖思茅区和宁洱哈尼族彝族自治县、墨江哈尼族自治县、景东彝族自治县、景谷傣族彝族自治县、镇沅彝族哈尼族拉祜族自治县、江城哈尼族彝族自治县、孟连傣族拉祜族佤族自治县、澜沧拉祜族自治县、西盟佤族自治县。面积45 385平方千米。人口254万 (2010)，有汉、哈尼、彝、傣、拉祜、佤、回、傈僳、白、布朗、瑶、苗、壮、藏、纳西、普米、基诺等民族。西汉为哀牢地，东汉为永昌郡。唐南诏置银生节度，澜沧江以西属永昌节度。宋大理时澜沧江以东属威楚府，以西属永昌府。清置镇边直隶厅。1913年置滇南道。1950年置宁洱专区，1951年改普洱专区，1955年改思茅专区。1970年改思茅地区。2003年撤销思茅地区和县级思茅市，设立地级思茅市。2007年改为普洱市。地处横断山地南段。年平均气温15.2～20.2℃。森林覆盖率30.2%。矿产有岩盐、钾盐、铝、金、煤等。农业产水稻、旱稻、玉米、芝麻等。工业有炼铝、采金、采煤、水电、森工、建材、制盐等。名胜古迹有孟连宣抚司署、迁糯佛寺、景东文庙、孟连人黑山等。

普法伊尔 Pfeil, Friedrich Wilhelm Leopold (1783-03-28～1859-09-04) 德国林学家。生于瓦尔姆布鲁恩，卒于阿舍斯莱贝恩。1821年获德国洪堡大学哲学院名誉博士学位，同年被洪堡大学聘为教授。他是埃贝尔斯瓦尔德林业科学所的创建人。普法伊尔的理论对现代德国的林业发展影响深远，他被誉为“立地造林学”之父。共有著作24部，发表论文、报告及书评1 300余篇。

普法战争 Franco-Prussian War 1870年7月19日至1871年5月10日法国同普鲁士王国之间的一场重大战争。1870年7月13日，法国要求普鲁士国王作出永久不让霍亨索伦家族继承西班牙王位的保证，普鲁士国王同意，并电告普鲁士王国首相O.von俾斯麦。而俾斯麦蓄意挑起战争，篡改了国王电文并公之于众，使法国蒙受耻辱。西班牙王位问题成为战争导火线。7月19日法国向普鲁士宣战。法军屡败。9月1日色当决战，2日拿破仑三世和M.-E.-P.-M.de麦克-马洪元帅率军投降。4日巴黎发生革命，推翻法兰西第二帝国，宣布共和，成立以L.J.特罗胥将军为首的国防政府。普鲁士军队占领法国东北部，烧杀抢掠，矛头指向巴黎。9月4日成立的特罗胥国防政府未作积极抵抗。19日普军包围巴黎。巴黎人民开始组织国民自卫军。10月27日A.-F.巴赞元帅率军在梅斯投降。1871年1月18日普鲁士国王威廉一世在凡尔赛宫宣布成立德意志帝国，即德意志皇帝位。28日法德签订停战协定，规定法国投降，解除正规军武装，召开国民议会批准条约草案等。3月1日法国议会批准条约草案。3月18日巴黎发生无产阶级革命，成立巴黎公社。凡尔赛政府调集军队镇压，与德军配合封锁巴黎。5月10日法德正式签订《法兰克福条约》，战争结束。条约条件苛刻：法割让阿尔萨斯省和洛林省之大部给德国；法赔偿50亿法郎，在赔款付清之前，德军留驻巴黎及法国北部诸省，占领军费用由法国负担。

普法战争改变了欧洲政治军事格局。法国受到削弱，国际地位下降。普鲁士支配全德意志，成为强国，开始在欧洲拥有优势。

普芬多夫 Pufendorf, Samuel von (1632-01-08～1694-10-13) 德国法学家，古典自然法学派主要代表之一。1661年在德国海德堡大学开设自然法和国际法讲座，1670～1677年在瑞典隆德大学任教。主要著作有《法学要论》(1660)、《自然法和万民法》(1672) 等。

普芬多夫兼采T.霍布斯和H.格劳秀斯关于人性的不同解释，认为人兼有自然所赋予的利己和社交两种本性，既是自然世界又是道德世界的参与者，因而有两个基本的自然法原则：一是力求保护自己的人身和财产，二是决不扰乱社会的安宁。二者又组成一个基本准则，即每个人都应当积极保护自己从而使整个社会不受干扰。从上述第二个原则中又派生出另一原则，即任何人对待他人，都不应当使他人感到自己的平等权利受到侵犯，这一原则又可分为以下许多原则：不伤害他人人身，不篡夺他人财产，不违约，应赔偿因自己过错所造成的损失等。社交的义务就是要求一切人平等地遵守自然法的义务。人类最初生活在自由与平等的自然状态中，为了保障安全，通过两项公约建立国家：一项由人们相互协议放弃自然的自由权而进入社交的共同体，并作出决定规定政府形式；另一项由统治者（君主）与人民协议，君主承担维护共同安全的义务，人民承担服从统治者的义务。统治者受自然法约束，但由于缺乏强制执行的机构，这种约束是不完全的，只有上帝才能施加制裁；在一般情况下，臣民无权反抗君主违反自然法的行为，但在极端情况下除外。普芬多夫也以较早传播国际法闻名，他认为，没有离开自然法而独立自在的国际法；人类自然状态是和平而非战争。

普惠制 generalized system of preference; GSP 发达国家对发展中国家和地区出口的制成品和半制成品给予普遍的、非歧视的、非互惠的优惠关税制度，比最惠国关税更为优惠。全称普遍优惠制。

普及教育 universal education 国家对全体公民主要是学龄儿童实施的一定程度的

普通教育。许多国家通常以法律形式规定其义务性质，称为普及义务教育。19世纪后半期，欧美各主要国家相继通过立法开始实施普及教育。

在中国，**康有为**在《大同书》中较早提出普及教育的思想，太平天国政权较早提出普及教育制度，北洋政府曾立法规定实施普及教育。1949年《中国人民政治协商会议共同纲领》规定："有计划有步骤地实行普及教育。"1982年《中华人民共和国宪法》规定："普及初等义务教育。"1986年《中华人民共和国义务教育法》为普及教育提供了法律保证。1990年以来，中国把基本普及九年义务教育作为教育改革的重要任务并于2000年在占全国85%的人口和地区基本得到实施（见**义务教育**）。

普吉岛 Phuket, Ko 泰国最大岛屿。位于**马来半岛**北部西海岸，濒临安达曼海东岸，隔巴帕海峡与马来半岛相望。长45千米，宽20千米，面积801平方千米。地势大部平坦，丘陵散布其间，最高峰529米。居民大多为华裔以及部分葡萄牙裔。泰国重要锡矿产区，开采历史悠久，产锡量占全国1/3。东南部的普吉市为普吉府首府，是锡的主要出口港。此外，橡胶、木材、木炭也由此地输出。主要输往马来西亚和缅甸。海湾景色秀丽，为著名旅游休假地。2004年12月印度洋大地震受灾严重，现已逐步恢复。

普京 Putin, Vladimir Vladimirovich (1952-10-07～) 俄罗斯联邦政府总理（2008～）、前总统（2000～2008）。生于列宁格勒（今圣彼得堡）。1975年毕业于列宁格勒大学法律系。1996年8月起，先后担任总统事务管理局副局长、总统办公厅副主任兼总统监督总局局长、总统办公厅第一副主任、联邦安全局局长等职。1999年8月9日，被任命为第一副总理和代总理。8月16日，正式就任总理。1999年12月31日B.N.**叶利钦**辞职后，任代总统。2000年3月当选俄联邦总统。5月就职后，实行稳健的社会经济政策，促进经济持续增长。政治上，大力改善同反对派的关系，加强中央集权，建立总统辖下的七大联邦区，使俄政局走向稳定。但车臣问题依然存在。外交上，采取务实方针，将独联体、欧美和亚洲列为俄外交的三大优先发展方向，使俄国际地位上升。2004年3月再次当选为总统。2008年5月当选为政府总理，并出任统一俄罗斯党主席。

普救派 Universalists 基督教新教派别之一。18世纪中叶由英国牧师雷利所创。主张所有人的灵魂最终都将获得救赎，将回归上帝的怀抱，故名。但也认为所有人的罪都会遭到审判。该派早期教徒不多，影响甚微，后传至北美。

普拉克西特列斯 Praxiteles（前375～前330） 古希腊雕塑家。一生主要在雅典活动。他的作品风格优美细腻，擅长抒情。《休息的萨堤罗斯》据载是他最得意的作品之一。《抱幼童酒神的赫尔墨斯》传为他的原作。其作品《尼多斯的阿佛罗狄忒》是希腊第一尊全裸的女雕像。雕像表现了刚刚脱去衣服、正迈步走向海中的阿佛罗狄忒。作者在女神的裸体上强调了S形的优美曲线，显得轻盈婀娜。此像原作已失，后世曾有很多仿制品。

《抱幼童酒神的赫尔墨斯》

普拉姆迪亚·阿南达·杜尔 Pramudya Ananta Tur (1925-02-06～2006-04-30) 印度尼西亚小说家。生于中爪哇小镇布洛拉，卒于雅加达。幼年深受家庭民族意识的影响。1942年毕业于泗水无线电专科学校。1945年印度尼西亚独立，任军中新闻官员并开始创作。1947年任印度尼西亚自由之声出版社编辑，同年遭荷兰殖民军逮捕，1949年底获释。1959年任印度尼西亚文学协会中央理事会副理事长。1965年"九三〇"事件后被捕，1979年获释。

前期作品大多以八月革命为题材。其中在狱中创作的长篇小说《游击队之家》(1950) 以荷兰发动的第二次殖民战争为背景，描写游击队员萨阿曼一家数口死于战争、家庭被毁的故事，反映了广大人民为争取民族独立所作的重大牺牲。八月革命失败后，思想苦闷、彷徨，此后的创作有短篇小说集《雅加达的故事》(1957)、中篇小说《贪污》(1954)。50年代中期后，开始发表正面反映人民生活和斗争的现实主义作品，有《南万丹发生的故事》(1958) 和《铁锤大叔》(1965) 等。1980年起先后发表了在布鲁岛拘留营里写的四部曲《人世间》、《万国之子》、《足迹》和《玻璃屋》。四部曲展示了19世纪末印度尼西亚民族觉醒萌芽时期的历史画卷，引起世界文坛注目。

普拉斯 Plath, Sylvia (1932-10-27～1963-02-11) 美国诗人。生于波士顿，卒于英国伦敦。曾就读于史密斯学院和剑桥大学的纽纳姆学院。诗集《巨人》(1960) 和《阿丽尔》(1965) 主要描写自杀者反常的心理活动，被认为是60年代"自白派诗歌"的代表作品之一。另有以维多利亚·卢卡斯的笔名发表的小说《钟形坛》(1963)，也描写自杀者的心理状态。1963年因精神失常自杀。

《普拉特修正案》 *Platt Amendment* 1901年美国陆军拨款案的附加条款。旨在把古巴变成美国的保护国。由美国共和党参议员、参议院外交委员会主席O.H.普拉特提出，故名。美西战争后，美国从各方面对古巴进行控制。1901年2月，古巴制宪会议拟定一部宪法草案后，美国国会立即通过了规定美古两国保持主从关系的《普拉特修正案》。修正案的内容有8条。其中第1、2条规定，古巴政府不得与任何外国缔结有损古巴主权的条约，不得以任何方式把领土让给任何外国政府。第3、4条要求古巴政府同意美国行使干涉权，并认可美国军事占领期间的一切行为和所取得的权益。第7条要求古巴为美国提供建立煤站及海军基地所需的领土。该修正案实际上是使古巴完全沦为美国的殖民地和保护国。古巴制宪会议慑于美国的压力，于1901年6月12日把《普拉特修正案》作为附录列入本国宪法。以后，美国凭借这个修正案从古巴攫取了关塔那摩作为海军基地，并多次对古巴进行武装干涉和军事占领，激起古巴人民的不断反抗。1934年美国宣布废除该修正案，但关塔那摩海军基地继续被美国占领。

普拉托利尼 Pratolini, Vasco (1913-10-19～1991-01-02) 意大利作家。生于佛罗伦萨，卒于罗马。当过学徒、工人、记者，创办并主编文学刊物《校场》。中篇小说《马加志尼街》(1941) 具有自传性质，有浓郁的抒情色彩。长篇小说《街区》(1945) 描绘佛罗伦萨工人住宅区4个少年不同的成长道路，谴责法西斯对青

年的毒害。长篇小说《苦难情侣》(1947)，描绘了佛罗伦萨贫苦居民的日常生活，以及他们逐渐成为自觉的反法西斯战士的过程。其他主要作品还有《意大利历史》三部曲：《麦泰洛》(1955)、《豪华》(1960)、《理智的永恒》(1963)，描写19世纪70年代意大利资产阶级民主革命取得胜利直至第二次世界大战结束后这一漫长历史时期的生活。

普拉托诺夫 Platonov, Andrei Platonovich (1899-09-01～1951-01-05) 苏联作家。生于沃罗涅日，卒于莫斯科。1924年毕业于沃罗涅日综合技术学院。当过技师。20世纪20～30年代连续写出两个三部曲：反官僚主义三部曲，包括《格拉多夫城》(1926)、《契-契-奥》(1928)和《疑虑重重的马卡尔》(1929)；反乌托邦三部曲，包括《切文古尔》(1928)、《地槽》(1930)和《初生海》(1934)。因作品具讽刺意味，有无政府主义倾向，或遭到严厉批评，或被禁止发表。1986～1988年他的反乌托邦三部曲作为回归文学在苏联相继面世。其他主要作品还有诗集《蔚蓝色的深处》(1922)、中篇小说《叶皮凡水闸》(1927)等。

普拉亚 Praia 佛得角共和国首都和港口城市。位于佛得角群岛最大岛屿圣地亚哥岛东南岸，东临西非海岸640千米，地当大西洋航运要冲。人口13.2万(2009)。热带干旱气候，年平均气温25℃，降水稀少。是全国行政、经济、文教中心。本岛和附近岛屿的农渔产品经此输出并在此加工，建有榨油、卷烟、鱼类加工、水泥等小型工业。与国内诸岛联系靠海运和空运，国际机场2005年投入使用，2006年港口年吞吐量为24 384个标准集装箱。输出物资以香蕉、咖啡、鱼类及罐头、火山岩为多。

普莱斯利 Presley, Elvis (1935-01-08～1977-08-16) 美国摇滚乐歌手。人称“猫王”。生于密西西比的图佩洛，卒于孟菲斯。普莱斯利从小受到白人文化和黑人文化的熏陶。11岁开始学习吉他，并受到白人音乐以及节奏布鲁斯、福音歌、乡村音乐、蓝调音乐的影响。1948年，普莱斯利全家迁居孟菲斯。这一时期，普莱斯利经常到城里的黑人区听节奏布鲁斯歌手鲁恩齐、B.B.金等人的演唱。中学毕业之后，唱片公司与他签约。1954年，普莱斯利的第一张唱片《那很不错》获得出乎意料的成功。同年8月，普莱斯利开始现场演出，名声大作。1956年，专辑《魂断旅馆》获得巨大的成功，几个月内销量超过百万。1958年，普莱斯利应征入伍，被派往德国，两年后复员重返歌坛。此后，他在好莱坞拍了许多电影。1973年，普莱斯利在夏威夷的演出实况通过卫星向全球转播，掀起“普莱斯利热”。同年，因婚姻破裂和吸毒，精神受到巨大的打击。普莱斯利演唱的歌曲代表了美国早期摇滚乐的风格，对摇滚乐的发展起了巨大的推动作用。

普赖斯 Price, Derek John de Solla (1922-01-22～1983-09-03) 美国科学学家，科学计量学奠基人和情报科学创始人之一。犹太人。生于伦敦，卒于伦敦。1942年毕业于伦敦大学物理系，1946年获物理学博士学位。1947年移居新加坡，在马来亚大学任教。1948年发现了科学文献指数增长规律，绘制了普赖斯曲线。1954年获英国剑桥大学科学史博士学位。1959年任耶鲁大学教授。1961年出版《巴比伦以来的科学》一书，反映有关科学的新见解。1962年任耶鲁大学科学史与医学史系主任。后开始研究书目计量学、图书馆学和科学政策，并与美国费城科学情报研究所建立密切联系。他根据该所编辑出版的《科学引文索引》判断科学论文的价值，提出科学论文增长的统计模型，为情报科学研究工作奠定了基础。他曾担任过联合国教育、科学和文化组织，及多个国家的科学政策顾问。1983年当选为瑞典皇家科学院院士。发表了300余篇论文和17本专著。其中，对情报科学产生深远影响的有《科学论文网络》(1965)、《小科学，大科学》(1967)、《世界大脑的一些问题》(1975)、《引文循环》等。

普兰巴南坎蒂 Candi Prambanan 印度尼西亚的印度教神庙群。位于爪哇岛日惹东北17千米的普兰巴南。据传是信仰印度教的马拉兰王朝国王达刹于10世纪初期建立的，1953年重建。主建筑在东西2排，各并列着3座大殿。西侧一列从北开始依次是

普兰巴南坎蒂中心区湿婆殿

毗湿奴殿、湿婆殿、梵天殿，都是东向；东侧有3神各种化身的殿，此外还有几个小殿堂。20世纪80年代复原的湿婆殿，总高47米，基部34米见方，中心大殿祭祀石雕湿婆神立像(4臂，高3米)。毗湿奴殿和梵天殿与其同形但稍小。这3个殿在台基和屋子之间设有曲折的回廊，特别是湿婆殿的回廊中，有印度史诗《罗摩衍那》的浮雕，延续至梵天殿的回廊，还有守护神及其侍从的浮雕24面。此外，在回廊的外侧有3人一组的天女高浮雕。雕塑的技法典雅，特别是守护神、天女的造型富于变化。

普兰店市 Pulandian City 中国辽宁省辖县级市。位于辽东半岛中部偏南。面积2 923平方千米。人口83万(2008)，有汉、蒙古、回、满等15个民族。1945年置新金县，1991年撤新金县设普兰店市。由大连市代管。地处辽东丘陵之中，地势北高南低、西高东低，属低山丘陵区。矿产有铁、铜、铅、铀、金、磷、萤石、重晶石、石棉、大理石等。农作物主产玉米、水稻、杂粮，油料作物有花生、大豆。新金猪闻名遐迩，为省瘦肉型商品猪生产基地、苹果生产基地县。沿海以产褶牡蛎、对虾等为突出。野生药材有苍术、灵仙、泽兰等。工业有冶金、化工、机械、建材、制盐、纺织、食品等。名胜古迹有巍霸山城清泉寺、安波温泉等。

普兰县 Pulan County 中国西藏自治区阿里地区辖县。位于自治区西南部，冈底斯山和西喜马拉雅山之间的狭谷地带。南邻尼泊尔、印度。面积12 539平方千米，人

西藏普兰县妇女的服饰

口1万(2008)，以藏族为主，还有汉、回、满等民族。原为普兰宗，1960年成立普兰县。县境以高原山地为主。属高原亚寒带干旱气候，气温低，降水少，日照充足。矿产有煤、砂金、铁、硼等。农业以种植青稞、春小麦、豌豆、马铃薯和油菜等为主。畜牧业以发展绵羊、山羊和牦牛、犏牛、马、驴、骡等为主。工业仅有煤炭开采、小型农具、生活用品生产等。对外通商历史悠久。境内的普兰口岸，地处中尼、中印边境，是西藏西南部对外贸易的主要口岸。名胜有冈仁波齐峰，还有纳木那尼峰、“圣湖”玛旁雍错、“鬼湖”拉昂错、科迦寺等。

普朗克 Planck, Max (Karl Ernst Ludwig) (1858-04-23～1947-10-04) 德国物理学家，量子论的奠基者。生于基尔，卒于格丁根。1874年入慕尼黑大学。1877～1878年在柏林大学听过H.von亥姆霍兹和G.R.基尔霍夫讲课。在柏林期间，他自学R.克劳修斯的著作《力学的热理论》，便立志去寻找像热力学定律那样具有普遍性的自然规律。1879年在慕尼黑大学取得博士学位后，先后在该校和基尔大学任教。1888年柏林大学任命他为基尔霍夫的继任人和理论物理学研究所主任。1900年，他在黑体辐射研究中引入能量量子，因此于1918年获诺贝尔物理学奖。1918年选为英国皇家学会会员，1930～1937年担任威廉皇家科学促进协会会长。

普朗克早年的研究领域主要是热力学。他的博士论文是《论热力学的第二定律》。他认为热力学第二定律不只涉及热的现象，而且同一切自然过程有关。后来，他的研究重点转移到黑体辐射理论方面。1897～1899年发表了总题目为《论不可逆的辐射过程》的5篇论文，试图从研究一群可以辐射和吸收的谐振子与它周围的辐射场通过能量交换而达到平衡的情形入手，研究辐射的理论。1900年10月，他找到了一个适用于电磁波谱所有波段的黑体辐射的经验公式。在公式推导中，他提出一个革命性的假定，认为能量只能取某一基本量$h\nu$（即能量量子）的整数倍，h为作用量子，即普朗克常数。这样，就把当时只能分别在短波和长波波段与实验相符的维恩公式和瑞利－金斯公式衔接起来而成为著名的普朗克公式。对量子理论的发展起了主要作用。

在纳粹攫取德国政权后，德国科学界中的纳粹分子提出所谓亚利安（人）物理学，反对犹太学者尤其是A.爱因斯坦等以及相对论。他和M.von劳厄等物理学家主持正义向官方提出劝阻，但遭到无理拒绝。著有《热辐射理论》、《理论物理学导论》、《讲演与回忆》、《论文和演讲集》等。

普朗克常数 Planck constant 微观现象量子特性的表征。物理学普适常数之一，用符号h表示。1900年，德国物理学家M.普朗克发现，黑体辐射的能量密度随频率ν的分布$E(\nu)$的实验数据可用下列公式极准确地描述：

$$E(\nu)=c_1\nu^3/[e^{c_2\nu/T}-1]$$

式中T为黑体的绝对温度，c_1与c_2是两个参数。此公式克服了维恩公式：

$$E(\nu)=c_1\nu^3/e^{c_2\nu/T}$$

在低频区与实验的偏离，又克服了从经典电动力学和统计物理导出的瑞利－金斯公式：

$$E(\nu)=8\pi kT\nu^2/c^3$$

（k为玻耳兹曼常数，c为真空中光速）中出现的紫外灾难，即$\lambda\to0$时（λ为波长，$\lambda=\frac{1}{\nu}$），$E(\nu)\to\infty$。普朗克为了从理论上导出黑体辐射的能量随频率分布的公式，提出如下假设：对于一定频率ν的辐射，黑体只能以量子方式吸收或发射，每个量子的能量为$E=h\nu$，h为一个普适常数。他按此假设导出了上式。式中，

$$c_1=8\pi h/c^3,\ c_2=h/k$$

即：

$$E(\nu)=\frac{8\pi h\nu^3}{c^3}\left(\frac{1}{e^{h\nu/kT}-1}\right)$$

这就是普朗克公式。后来经实验测定，$h=6.626\times10^{-27}$尔格·秒$=6.626\times10^{-34}$焦耳·秒。

从宏观世界来看，普朗克常数是一个很小的量。可以证明，如形式上让$h\to0$，量子理论将回到经典理论。普朗克常数还出现在波粒二象性的关系式中。

普朗特 Prandtl, Ludwig (1875-02-04～1953-08-15) 德国流体力学家。生于弗赖辛，卒于格丁根。普朗特在大学时学机械工程，1900年获慕尼黑工业大学哲学博士学位。先后任格丁根大学应用力学教授，威廉皇帝流体力学研究所所长。

普朗特奠定了现代流体力学的基础。主要贡献有：①边界层理论。提出流体的黏性只在被绕流物体表面附近一薄层内起作用，把流体运动方程简化为边界层方程。②风洞实验技术。1906年建造了德国第一个风洞，1917年又建成格丁根式风洞。③机翼理论。在实验基础上，他于1913～1918年提出了举力线理论和最小诱导阻力理论，后又提出举力面理论等。④湍流理论。提出层流稳定性和湍流混合长度理论。此外，还有亚声速相似律和可压缩绕角膨胀流动，后被称为普朗特－迈耶尔流动。他在气象学方面也有创造性论著。

普朗特在固体力学方面也有不少贡献。他的博士论文（1899）探讨了狭长矩形截面梁的侧向稳定性。1903年提出了柱体扭转问题的薄膜比拟法，发展了关于塑性流动的研究。普朗特培养了诸如T.von卡门等许多国际知名的力学家。著有《流体力学概论》，《普朗特全集》共三卷，与O.G.蒂琼合作《应用水动力学和空气动力学》。

普劳图斯 Plautus, Titus Maccius (约前254～前184) 古罗马喜剧作家。生于意大利翁布里亚。他是罗马文学史上第一个有完整作品传世的作家。据说写过100多部剧本，但只有21部是他的真笔，可能写成于前3世纪末至前184年之间。

在普劳图斯的喜剧中，《安菲特律翁》是唯一一部幸存的以神话为题材的喜剧，《一罐金子》描写一个贫穷而吝啬的老人偶然找到金子后患得患失的心理；《凶宅》描写机智的奴隶愚弄主人，帮助小主人解脱爱情困境；《孪生兄弟》描写一对相貌完全相似的孪生兄弟被人误认，闹出不少笑话；《俘虏》描写奴隶冒险救主人，最后二人幸免于难，是普劳图斯喜剧中最严肃的一部，被看作欧洲人情剧的雏形。此外，还有《吹牛军人》等。

普劳图斯的喜剧主要依据希腊新喜剧改编，在改编时保留了新喜剧传统的情节结构，但在细节安排方面根据当时罗马观众的口味作了增删，同时吸收了不少意大利民间戏剧的因素，处理比较自由。他的喜剧反映一些社会问题，如贫富不均、妇女地位卑贱、社会风气败坏、道德沦落等。塑造了一系列生动的人物形象，如愚蠢好色的老头、卑鄙无耻的老鸨、贪婪狡诈的妓女、吹牛的军人。其中尤以奴隶形象鲜明、突出。剧中对话戏谑，语言丰富。普劳图斯的喜剧对法国古典主义时期的喜剧、意大利假面剧和西班牙喜剧都有一定的影响。

普雷格尔 Pregl, Fritz (1869-09-03～1930-12-13) 奥地利分析化学家。又译普列格尔。生于莱巴赫（今斯洛文尼亚卢布尔雅那），卒于奥地利格拉茨。1893年毕业于格拉茨大学医学院，1899年任该校生理化学和医药化学助教。1910年任因斯布鲁克大学化学系主任兼药物化学教授。1913年任格拉茨大学药物化学系主任。他所领导的实验室成为世界闻名的有机微量分析中心。利用他和W.H.库尔曼共同设计的、可以称量到微克级的微量天平和其他微量分析技术，只用1～3毫克试样就可以进行比较迅速和准确的定量分析。1912年他又建立了一整套有机物中碳、氢、氮、卤素、硫、羰基等的微量分析方法。因发明有机物的微量分析法而获1923年诺贝尔化学奖。著有《有机微量定量分析》。

普里戈金 Prigogine, Ilya (1917-01-25～2003-05-28) 比利时物理化学家、理论物

理学家。又译普里果金、普里高津。生于莫斯科，卒于比利时布鲁塞尔。1934年进入布鲁塞尔自由大学，1939年获理科硕士学位，1941年获博士学位，1947年任教授。1959年任索尔维国际理化研究所所长。1967年兼任美国奥斯汀得克萨斯大学的统计力学和热力学研究中心主任。1953年当选比利时皇家科学院院士。1967年当选美国国家科学院院士。长期从事关于不可逆过程热力学的研究。1945年提出最小熵产生定理，此定理是线性不可逆过程热力学理论的主要基石之一。他和同事们于20世纪60年代提出了适用于不可逆过程整个范围内的一般发展判据，并发展了非线性不可逆过程热力学的稳定性理论，提出了**耗散结构**理论，为认识自然界中（特别是生命体系中）发生的各种自组织现象开辟了一条新路。因创立热力学中的耗散结构理论，获1977年诺贝尔化学奖。著有《化学热力学》、《不可逆过程热力学导论》、《非平衡统计力学》和《非平衡系统中的自组织》等。

普里斯特利 Priestley, Joseph (1733-03-13～1804-02-06) 英国化学家。生于约克郡利兹城附近的伯斯托尔，卒于美国宾夕法尼亚州诺森伯兰。1765年获爱丁堡大学法学

博士学位。他的职业是牧师，化学只是他的业余爱好。1766年当选英国皇家学会会员。1782年当选巴黎皇家科学院的外籍院士。普里斯特利的重大贡献是发现氧。1774年他利用一个大凸透镜，把阳光聚焦，加热氧化汞，用排水集气法收集产生的气体。他发现蜡烛在这种气体中以极强的火焰燃烧，老鼠在瓶中存活时间为相同容积的普通空气的两倍。他是第一位详细叙述了氧气的各种性质的科学家。由于他是燃素说的信徒，遂推断出新气体必然含有极少的燃素或不含燃素，称它为"脱燃素气"。著有《电学史》、《光学史》和《各种空气的实验和观察》等。

普利策 Pulitzer, Joseph (1847-04-10～1911-10-29) 美国报业主、美国现代报业的奠基人。生于匈牙利毛科，卒于南卡罗来纳查尔斯顿。1864年到美国参加林肯骑兵部队。一年后退伍，自学法律。1867年取得律师资格，同年3月入美国籍。1878年购得《圣路易电讯报》，1880年将它与《晚邮报》合并为《邮报-电讯报》，成为获利最优厚的晚

报。1883年买下纽约《世界报》。1887年又出版《世界报晚刊》。他对《世界报》的报道、编排和经营进行了一系列改革，被认为是19世纪70～80年代兴起的"新新闻事业"的创始人。1890年辞去《世界报》主编职务。晚年双目失明。依普利策遗嘱，捐赠200万美元作为创建哥伦比亚大学新闻学院（1912年开办）的基金，并捐款设立**普利策奖**，自1917年起每年颁发一次。

普利策奖 Pulitzer Prizes 以美国报人**J.普利策**的遗赠为基金设立的年度奖。开始于1917年，分设文学、历史、音乐、新闻等奖项，以新闻奖的比例最大。评选结果在每年4月中旬公布，5月颁奖。评奖事宜由美国哥伦比亚大学主持，评选委员会由哥伦比亚大学校长及各方专业人士组成。

普利策奖奖牌

新闻奖授予有优异成就的美国新闻工作者和新闻机构。奖项包括优异公众服务奖、现场新闻报道奖、国内报道奖、国际报道（包括联合国报道）奖等。除优异公众服务奖颁发金质奖章外，其余各项均颁发奖金。普利策奖象征美国最负责任的写作和最优美的文字，特别是新闻奖，被美国新闻界视为最高荣誉。文学方面的奖项有美国作家的杰出小说奖、杰出剧本奖、杰出诗集奖等；还有音乐方面的美国人的大型音乐作品奖。

普利茅斯 Plymouth 英国英格兰西南部德文郡城市。位于康沃尔半岛南部，普利姆河与泰马河之间。面积79平方千米。人口24.1万（2003）。普利茅斯湾有宽阔的泊地。1690年在泰马河东岸建成海军造船厂，同年建成普利茅斯港，其南端的德文港是英国重要的海军基地。后又在德文港和普利茅斯港之间建斯通豪斯镇。1914年三地合并。1928年建市。第二次世界大战遭到严重破坏，后重建。工业有精密仪器、电子设备、化工、制衣和食品加工等。附近建有轻工业卫星城。普利姆河和泰马河上建有大桥。

普利斯卡 Pliska 保加利亚三大古都之一。位于舒门大区东部，舒门高原上。建于681年，为保加利亚第一王国首都，至12世纪末仍是繁华的中心城市。后毁于战乱。其遗址根据考古发掘发现，当时城区面积达23平方千米，分内城和外城，内城为可汗及贵族所居，正中为宫殿神庙。平民住外城。已发现的文物中有根据历代可汗命令铭刻的希腊语石柱碑文。

普列汉诺夫 Plekhanov, Georgy Valentinovich (1856-12-11～1918-05-30) 俄国最早的马克思主义理论家。生于唐波夫省利佩茨克县古达洛夫卡村，卒于芬兰泰留基。大学时代曾参加民粹主义小组，1880年亡命西欧，逐渐接受马克思主义，1883年组织"劳动解放社"。1900～1903年与V.I.列宁合作编辑出版《火星报》，积极参加

俄国社会民主工党的创建工作。1903年11月转向孟什维克，政治上走向机会主义，在1905～1907年革命中，作为孟什维克的思想领袖，在一系列策略问题上采取了右的立场。斯托雷平反动年代（1907～1911），为了保卫党、保卫地下活动，他同布尔什维克结成了反对取消派的战斗联盟。第一次世界大战开始后，又变成一个为帝国主义战争辩护的狂热社会沙文主义分子。1917年**俄国二月革命**的胜利，结束了他37年的流亡生活。回国以后，他始终不理解、也不赞同俄国十月社会主义革命。不久即在孤独中病逝。

普列汉诺夫的哲学思想自从他成为马克思主义者以后是始终如一的。他忠诚捍卫马克思主义哲学，对唯物史观的发展作出了贡献，他的许多著作精彩地宣传了**辩证唯物主义和历史唯物主义**。1895年问世的《论一元论历史观的发展》，标志着他一生理论思维的最高峰。主要哲学著作还有：《黑格尔逝世六十周年》、《唯物主义史论丛》、《论个人在历史上的作用问题》、《论艺术（没有地址的信）》、《反对哲学的修正主义》、《马克思主义基本问题》、《车尔尼雪夫斯基》。

普列姆昌德 Premchand（1880-07-31～1936-10-08） 印度印地语小说家。生于贝拿勒斯（今瓦拉纳西）附近，卒于贝拿勒斯。原名滕伯德·拉伊。5岁开始在农村上旧式学堂，学习波斯语和乌尔都语。8岁丧母，16岁丧父，为负担一家的生活，充当家庭教师。后在公立学校当教师。曾通过自学取得学士学位。1921年响应M.K.甘地的不合作运动的号召而放弃公职，在私立学校任教，后专门从事文学创作，并先后主编《时代》等杂志，创办智慧之神出版社。

他一生创作了15部中长篇小说（包括未完成的两部）、约300篇短篇小说及论文著作、电影剧本、儿童文学作品和翻译作品。早期用乌尔都语写作，1915年前后开始改用印地语。《服务院》(1916)是他的成名作，描写一个妇女由于没有陪嫁，不能嫁到体面人家；后被丈夫遗弃沦为妓女，受尽歧视和欺凌，最后在服务院栖身。小说揭露了索取嫁妆的恶习、人与人之间的冷漠以及上层人士的虚伪。《戈丹》(1936)是作者最优秀的长篇小说。主人公何利原是一个自耕农，有几亩祖传土地，他和妻儿终年劳动，勉强可以温饱。由于他赊购的奶牛被毒死，受到多方敲诈勒索。后因收留未正式结婚而怀孕的儿媳，更引起轩然大波。他破产而沦为雇工，被迫变相卖女。何利最后还想为孙子买奶牛，终在刮热浪时累倒而死。小说被誉为描写印度农村生活的一部史诗。

其他重要作品还有长篇小说《博爱新村》(又译《仁爱道院》，1921)、《妮摩拉》(1927)、《舞台》(又译《战场》，1925)等。短篇小说多收在题名为“圣湖”的8部集子中，包括《进军》、《半斤小麦》、《沙伦塔夫人》、《解脱》、《害人的天职》、《老婶娘》、《棋友》、《咒语》、《彩票》等名篇。普列姆昌德的小说和文论有中译本十余种。

普林尼(老) Pliny the Elder（公元23～79-08-24） 古罗马作家。全名盖乌斯·普林尼·塞扎都斯。习称老普林尼。生于诺乌姆科莫。在观察维苏威火山爆发时窒息而死。他的著作很多，有军事著作《论投枪法》，历史著作《彭波尼乌斯·塞孔杜斯传》2卷、《日耳曼战记》20卷、《续巴苏斯罗马史》31卷，语言学著作《文法》8卷，修辞学著作《演说术》3卷等，已全部散失。只有一部百科全书式著作《博物志》(又译《自然史》)传世。这部书写成于公元77年，全书37卷，第1卷介绍全书内容和材料来源；第2～7卷描写宇宙，介绍人种和地理概况；第8～11卷为动物学，介绍陆上动物、水中动物、鸟类和昆虫；第12～19卷为植物学，各种树木花卉；第20～32卷为药物学，介绍各种植物的医疗效用；第33～37卷为矿物学和冶金学，谈到绘画颜料的加工和雕塑材料的制作技巧，同时对古代许多优秀的艺术家及其作品进行评述。《博物志》内容丰富，在中世纪时很有影响。

普林斯顿大学 Princeton University 美国私立研究型大学。校址在新泽西州普林斯顿市。1746年建立，原名新泽西学院，1896年改现名。创办初期，以教授希腊语、拉丁语，进行文科和理科教育为宗旨。后逐渐扩充学科，开办工程与应用科学、建筑学与城市设计、公共事务与国际事务、地区研究以及艺术等院系。美国独立后的200年间，学校有两名毕业生曾任美国总统，另有许多毕业生先后担任美国副总统、最高法院法官、州长或政府其他高级官员，素有“政治家摇篮”之称。

普林斯顿大学物理学科有多名教授曾获诺贝尔奖。著名物理学家A.爱因斯坦长期在校执教。等离子体物理实验室是全美同类实验室中最大的一个。学校电脑学科也迅速发展，被选为美国“超级电脑大学”之一。

普林斯顿大学十分注重人才的培养，强调本科生做独立研究工作，导修是普林斯顿大学生活的主要内容。

普林斯顿大学校园

现设有本科生学院、研究生院以及工程与应用科学、建筑、威尔逊公共与国际事务等专门学院。图书馆藏书丰富，有一个总馆和18个专业图书馆，此外，还收藏有3.6万种珍贵的手稿以及数量可观的戏剧背景设计、戏剧服装设计、地图、硬币和资料等需要精心保管的珍品。

普卢塔克 Plutarch（约46～119） 罗马帝国时期传记作家，伦理学家。生于希腊中部喀罗尼亚的贵族家庭。公元66年在雅典学习哲学，后去亚历山大城进修。还学习过修辞学、物理学、数学和其他自然科学。曾多次访问罗马，很受罗马皇帝的赏识。到过埃及、意大利和希腊的许多地方，但大部分时间在本乡度过。他结识许多名人，在家乡担任行政长官，并当过德尔斐阿波罗神庙的祭司。

普卢塔克博览群书，著述丰富。据其子为其著作所辑之目录，篇名有227项之多。现存传世之作包括50篇希腊、罗马著名人物传记的《传记集》和由60余篇杂文组成的《道德论集》。他撰写历史人物传记的目的，在于宣传自己的伦理思想。

普鲁士 Prussia 中世纪由波兰人和日耳曼人统治的普鲁士人领土；也指1701年德意志霍亨索伦家族统治的王国；1918年霍亨索伦王朝覆灭后设立的邦也称为普鲁士。

普鲁士人属波罗的海民族。13世纪被条顿骑士团征服，居民改奉基督教。1660年勃兰登堡选侯通过《奥利瓦和约》，取得对普鲁士公国的主权，建立起勃兰登堡-普鲁士的专制政体的统治。1701年1月13日，普鲁士公国成为王国，勃兰登堡选帝侯腓特烈三世加冕为普鲁士国王，称腓特烈一世，普鲁士的发展进入新的时期。历任国王通过各种手段扩展自己的疆土，先后夺取西里西亚、东弗里斯兰、西普鲁士和内策行政区。18世纪普鲁士已成为欧洲军事强国，官僚组织、军事组织及普鲁士容克的政治统治均获得巩固。

法国大革命时期，普王腓特烈·威廉二世（1786～1797年在位）参加反法战争失利，把莱茵河左岸的土地割给法国。同时从第二、第三次瓜分波兰中掠得但泽、托伦、南普鲁士和新东普鲁士。1797年其子腓特烈·威廉三世（1797～1840年在位）继承王位。1806年占领汉诺威后，成为统治北德意志的大国。在1806年的耶拿-奥尔施泰特战役中普军惨败，丧失领土的一半，被迫进行资产阶级改革（见施泰因和哈登堡改革）。1815年维也纳会议后，普鲁士恢复军事强国地位。1815年后的普鲁士成为德意志资本主义经济最发达的邦。1840年后，普鲁士的资产阶级发动统一与自由的民族运动，无产阶级开始登上政治舞台。德意志的统一在普鲁士容克政治家O.von俾斯麦领导下，通过王朝战争最后完成。1870～1871年的普法战争确立了普鲁士在德意志的领导地位。1871年成立德意志帝国。普鲁士邦占有帝国领土的2/3，人口的3/5，在帝国中起决定性作用。

第一次世界大战中德国战败，帝国解体，普鲁士成为魏玛共和国的一个邦。A.希特勒攫取政权后，普鲁士实际上已经不再是一个邦。第二次世界大战后，东普鲁士北部并入苏联，东部地区划归波兰，剩余部分为苏、英、法三国占领区分割。1947年3月1日，盟军管制委员会下令废除普鲁士建制。

普鲁斯特 Proust, Marcel（1871-07-10～1922-11-08） 法国作家。生于巴黎，卒于巴黎。1895年获巴黎大学文学学士学位。曾一度到马扎然图书馆担任职员。1892年同朋友创办《宴会》杂志，并发表一些随笔和短篇小说。1896年出版作品集《欢乐与时日》。同年开始创作长篇小说《让·桑德伊》，未完成。死后，人们发现他的自传体小说《让·桑德伊》和论著《驳圣伯夫》两部手稿，经人整理后分别于1952年和1954年问世。1906年起，他病情加剧，整日闭门写作，撰写长篇小说《追忆似水年华》。小说以叙述者“我”的生活经历贯穿全书，主线是“我”对自己青春年华的怀念和追忆，其中穿插许多自成一体的独立故事，作品展现了上千个人物，描绘了19世纪末20世纪初巴黎上层社会广阔的画面。作者革新了小说的题材和写作技巧，打破传统的时空概念，运用细腻的心理描写和精到的心理分析，开辟了当代小说的新篇章，对西方现代文学产生重大影响。

普罗夫迪夫 Plovdiv 保加利亚第二大城市，经济和文化中心，普罗夫迪夫大区首府。位于马里查河上游，罗多彼山脉北侧。人口34.85万（2009）。公元前4世纪曾为马其顿王国都城。14世纪为重要行政和军事中心。1878年为东鲁米利亚首都。1885年归属保加利亚。第二次世界大战后工业兴起，有铅锌冶炼、汽车制造、电机、制药、制烟、纺织、食品加工等工业。城郊农业发达，为附近地区的烟草、稻米、蔬菜与水果主要交易市场。每两年在此举办一次国际博览会。有大学、蔬菜研究所、剧院、博物馆、美术馆和罗马城堡遗址。

普罗夫迪夫罗马剧场遗址

普罗霍罗夫 Prokhorov, Aleksandr Mikhailovich（1916-07-11～2002-01-08） 俄罗斯物理学家。生于澳大利亚昆士兰州，卒于莫斯科。1939年毕业于列宁格勒大学物理系，同年进入苏联科学院列别捷夫物理研究所。1941～1944年战争期间在部队服役。复员后回列别捷夫物理研究所，历任高级研究员，振荡实验室主任，副所长。曾兼任莫斯科大学教授，莫斯科罗蒙诺索夫大学教授。1960年，当选苏联科学院通讯院士，1966年当选为院士。1952年和N.G.巴索夫预言量子放大与振荡的可能性。1954年他们又提出微波激射器原理，1956年制成氨分子束微波激射器。20世纪60年代初，组织青年物理学家开展激光器研究，并制出第一批半导体激光器。与N.G.巴索夫及美国C.H.汤斯同获1964年诺贝尔物理学奖。

普罗科菲耶夫 Prokofiev, Sergey Sergeyevich（1891-04-23～1953-03-15） 苏联作曲家，钢琴家。生于乌克兰的松措夫卡村（今顿涅茨克州红村），卒于莫斯科。5岁开始学钢琴。1904年考入圣彼得堡音乐学院，1909年毕业于作曲班，1914年又毕业于指挥班和钢琴班，因演奏自己创作的《第一钢琴协奏曲》而获A.鲁宾斯坦奖。普罗科菲耶夫的创作分为早期、中期、晚期。

早期（1918年以前）的特征是不断探索和风格的急剧变化。从童年稚气的钢琴童话变为强烈的结构主义（如钢琴曲《托卡塔》）；从莫扎特风格的古典主义（《小交响曲》）一变为犷悍的野蛮主义（《斯基夫组曲》）；从早期浪漫曲（作品第九号）变为将散文音乐化的音调试验（音乐童话《丑小鸭》）等。这时期的作品有《第一钢琴协奏曲》、《第二钢琴协奏曲》、《第一小提琴协奏曲》、钢琴小品套曲《昙花一现》、《第一交响曲》。中期（1918～1933），普罗科菲耶夫离开祖国，在欧美侨居15年。这时期，他与法国六人团接近，并进一步探索更为复杂的半音化风格。作品有《第三交响曲》、《第四交响曲》，舞剧《钢铁的跳跃》等。脱离祖国对他的创作产生了不良影响。晚期从他1933年返回苏联后开始，是他创作的黄金时期，现实主义和俄罗斯性格的艺术特征更为鲜明。歌剧、舞剧的创作成就尤为突出。其中歌剧《战争与和平》、舞剧《罗密欧与朱丽叶》等作品在思想的深度和艺术的完美性方面都超过了前期同类作品。除此外，《第五交响曲》、《第六交响曲》、《第七交响曲》相继问世，其他器乐体裁的创作也取得了一些成绩。

普罗科匹厄斯 Procopius（约500～565） 拜占廷历史学家。主要活动于公元6世纪上半叶。生于巴勒斯坦。拜占廷帝国皇帝查士丁尼一世的同时代人。527年任拜占廷统帅贝利萨留的顾问和秘书。527～531年随贝利萨留远征波斯。533年参加对汪达尔人的战争。536年赴西西里参加对东哥特人的战争。540年随同贝利萨留回到君士坦丁堡，后又参加对波斯人的远征。543～545年开始撰写其巨著《查士丁尼战争史》（又译《查士丁尼皇帝征战史》）。全书共8卷，前7卷于550年完成，554年全书脱稿。第1、2卷为《波斯战纪》，第3、4卷为《汪达尔战纪》，第5、6、7卷为《哥特战纪》，第8卷为全书的提要和新的补充，叙述到553年为止。

普罗米修斯 Prometheus 希腊神话中一个受人们尊崇的提坦神。意为“先知”，为伊阿佩托斯之子。起初，他最明显的特征是善用诈术。当人们想减少给神的献祭时，他设法欺骗宙斯，帮助人类。宙斯被激怒，从人们那里把火夺走，普罗米修斯又机智

普罗米修斯被恶鹰啄食

地盗了天火，送给人类，并教会他们使用火的方法。为此，宙斯命令赫菲斯托斯把普罗米修斯钉在高加索的山崖上，让恶鹰每天去啄食他的肝脏。直到英雄赫拉克勒斯在宙斯授意下射杀恶鹰为止，他在痛苦中度过了3 000年（一说是3万年）。后来，他变成了一个能工巧匠的形象。传说普罗米修斯用泥土造了人，使他们有了生命，并教会他们建筑、航海、医病、写字等。他曾特别为希腊的工匠所崇拜。在雅典，曾有纪念他的节日。普罗米修斯的形象长久以来一直是诗人、作家、艺术家的创作题材。

普罗泰戈拉 Protagoras 古希腊哲学家，智者派的代表人物。生卒年不详，活动于公元前5世纪，大约活了70岁。他认为，感觉现象是真实的，人的感觉是可靠的。但又根据人们因各自的感觉对同一事物作出不同的判断的现象，断言“人是万物的尺度”，“知识就是感觉”。他强调个人的作用和价值，认为道德也是因人而异的。著有《论神》等。

普罗提诺 Plotinos（约204～270） 古罗马帝国时代的希腊哲学家。新柏拉图主义著名代表。又译柏罗丁。生于埃及。233年拜亚历山大里亚的阿曼纽斯为师学习哲学，

曾参加罗马远征军，其目的是研习东方哲学。此后从事教学与写作。其学说融汇了毕达哥拉斯和柏拉图的思想以及东方神秘主义的流溢说，视太一为万物之源，从太一流溢出理智（奴斯），理智再流溢出灵魂。人生的最高目的就是复返太一，与之合一。其思想对中世纪神学及哲学有很大影响。所著多篇论文由其学生编为《九章集》。

普罗旺斯 Provence 法国地区名和古省名。位于东南部地中海沿岸。西起罗讷河，东至瓦尔河，南达地中海。辖区大约包括今罗讷河口省、沃克吕兹省、上普罗旺斯阿尔卑斯省、瓦尔省和滨海阿尔卑斯省的部分地区。面积约3.14万平方千米，人口478.10万（2006）。公元前6世纪，建立了马萨里亚港（今马赛）和商行。2世纪，基督教传入。曾是阿尔勒王国的一部分，1841年归入法国。19世纪中叶起，沿海地区发展较快，工业和航海业日趋繁荣。矿产有煤、铅、锌、铝矾土及食盐。园艺业发达，盛产葡萄和橄榄。旅游业发达。

普罗文斯顿剧社 Provincetown Players 1915年由一些志同道合的艺术家和作家在美国马萨诸塞州普罗文斯顿组成的一个非商业性的戏剧团体。它旨在打破当时操纵在纽约百老汇几个资本家手中的商业化组织对戏剧的垄断，而给美国剧作家提供一个自由表达自己思想的机会。剧社最初在避暑别墅的阳台上演剧。1916年把一处码头仓库改为可容200名观众的码头剧院，首演了E.奥尼尔的《东航加的夫》。同年11月移到纽约格林尼治村。剧社主要发起人是小说家和戏剧家G.K.库克和S.格拉斯佩尔夫妇。剧社于1922、1925年两次因内部分裂而重组。1929年美国经济大萧条中终告解散。普罗文斯顿剧社在促进美国严肃戏剧的发展上起过作用。

普米语 Pumi language 中国普米族的语言，属汉藏语系藏缅语族羌语支。主要分布于中国云南省兰坪、宁蒗、维西、丽江，以及四川省的木里、九龙等县。分南部和北部两个方言，方言间差别较大。无文字。普米语有单辅音声母40个左右，塞音和塞擦音有清、浊和送气3套。复辅音声母北部方言有3个、南部方言有22个。单元音韵母分口元音和鼻化元音两类，复元音韵母较多，没有辅音韵尾。一般有高平和低升两个声调。动词有人称、数、时间、趋向、态和式，以不同的附加成分或词根屈折变化表示。句子的语序是主语－宾语－谓语。名词和代词作定语时在中心语前，形容词和数词或数量词组作定语时在中心语后，状语在中心语前。

普米族 Pumi 中国少数民族。主要分布在云南省。人口33 600（2000）。普米语属汉藏语系藏缅语族羌语支。通用汉文。其先民原是青海、甘肃、四川边沿的游牧部落，13世纪后陆续迁入云南并定居。汉文史籍上称“西番”、“巴苴”。主要从事农业，种植玉米、麦类、豆类等。畜牧业主要饲养牛、羊。副业有纺毛线、织羊毛布和麻布、酿酒、挖药材等。妇女喜编发辫、包大头帕，着大襟上衣、百褶长裙，宽大彩带束腰。男子

普米族女子

穿麻布短衣和宽大裤子，披白羊皮坎肩，系长腰带。主食以大米、玉米、小麦、荞麦为主。住房为木结构的“木楞房”（又称木垒子）。实行一夫一妻制，曾盛行姑舅表优先婚配（见交错从表婚）。人死后行火葬。主要节日有吾昔节（春节），时间为农历腊月初六至初八；其他有转山会、大十五节、尝新节等。崇拜多神，祭祀祖先，也有人信仰藏传佛教和道教。1988年建立了兰坪白族普米族自治县，在宁蒗县与其他民族建立了1个民族乡。

普那路亚家庭 punaluan family 原始社会群婚家庭形式之一。从血缘家庭发展而来。“普那路亚”系夏威夷语punalua的音译，意即“亲密的朋友”或“亲密的伙伴”。“普那路亚家庭”由美国民族学家L.H.摩尔根命名，并把它作为群婚家庭的典型。实行外婚制的群婚家庭是母系氏族公社时期的一种婚姻家庭形式。从其起源、形成和发展过程来说有一系列形式，其中包括19世纪以前澳大利亚人的级别制群婚家庭等。普那路亚家庭是群婚家庭发展的最高形式。特点是：若干同胞的、旁系的或血统较远的一群姐妹，与其他集团的一群男子互相集体通婚，丈夫们互称“普那路亚”；同样，若干同胞的、旁系的或血统较远的一群兄弟，与其他集团的一群女子互相集体通婚，妻子们也互称“普那路亚”。在这种家庭中，由于进行非固定对偶的群婚，必然是男子多妻，女子多夫；子女只知其母，不知其父。氏族制度即由普那路亚家庭发展而来。

普宁市 Puning City 中国广东省辖县级市。位于省境东南部。面积1 620平方千米。人口205万（2010）。明嘉靖四十三年（1564）析潮阳县置普安县，万历十年（1582）改普宁县。1993年撤县设普宁市。由揭阳市代管。农作物有水稻、甘薯、花生、甘蔗、蔬菜、茶树等。盛产柑橘、菠萝、荔枝、香蕉、青梅、桃、李等。特产有山茶、梅酒、蜜饯等。工业还有食品、机械、化工、制糖、嵌瓷等。纺织服装为最重要的支柱产业。抽纱、竹制品等传统工艺品畅销海内外。名胜有云石岩、盘龙阁、乌犁塔、望天石等，纪念地有南昌起义“流沙会议”旧址等。

普契尼 Puccini, Giacomo（1858－12－23～1924－11－29） 意大利作曲家。生于卢卡，卒于比利时布鲁塞尔。曾入卢卡音乐学院，从师作曲家C.安杰洛尼学习。16岁参加管风琴比赛获第一名，19岁任圣马丁教堂合唱队长和管风琴师。1880年入米兰音乐学院，从A.蓬基耶利和A.巴齐尼学习。初期曾写多部歌剧，多反映不佳或参赛

落选。至1893年根据法国古典名著A.普雷沃的《曼侬·莱斯戈》写了一部同名歌剧，在都灵上演，一举成名。1896年他写作的歌剧《波西米亚人》(又译《艺术家的生涯》)。描述绣花女咪咪与诗人鲁道夫的纯真爱情悲剧。1900年，他的歌剧《托斯卡》在罗马上演，具有法国大歌剧风格，反映历史英雄人物事迹。音乐中主导动机发展丰富，有充分展开的大段二重唱，和声较复杂。1904年他另一部歌剧《蝴蝶夫人》在米兰上演，为具有室内风格的抒情歌剧。它以日本为社会背景，运用日本曲调和五声音阶，并借鉴印象派的音响造型配器手法。普契尼后期作品有明显的自然主义色彩。最后一部歌剧《图兰多》则坚持现实主义创作原则，恢复几乎被人忘却的意大利正歌剧风格，有雄伟的合唱、辉煌的独唱和丰富多彩的音响效果。它以中国为戏剧背景，采用中国民歌《茉莉花》曲调，广泛运用欧洲古调式，偶尔运用不协和的多调性和弦，以加强表现力。写至第三幕时，普契尼由于心脏病去世，由他的学生F.阿尔法诺根据草稿续完，于1926年首演获成功。

普桑 Poussin, Nicolas (1594-06～1665-11-19) 法国画家、古典主义艺术的代表。生于诺曼底，卒于意大利罗马。从小热爱绘画艺术。1612年，普桑从家中出走到巴黎，向F.埃尔和G.拉勒芒等人学画。在外漂泊了一段时期后，回到故乡。1615年再次离家，从此再也没回过故乡。在巴黎结识了意大利诗人G.马里诺，在马里诺的鼓动与支持下，1623～1624年到意大利，先去威尼斯，1624年春到罗马。他醉心于希腊罗马的文化艺术，悉心研究，对文艺复兴大师们的作品也十分崇敬。他最热爱的画家有达·芬奇、拉斐尔、提香以及后来的G.罗马诺、A.卡拉奇等人。博洛尼亚学院派的古典宏大风格对他有直接影响。1628～1629年，他为圣彼得大教堂（梵蒂冈）作画。30年代以后，他放弃作大的构图，转向制作小画，此后的作品更多带有理性色彩。1636年为法国宰相C.de黎塞留作《酒神节日》。1640年才回法国，不久成为宫廷首席画家。他在宫廷里的

图1 《屠杀婴儿》

图2 《阿卡迪亚牧人》(卢浮宫博物馆藏)

生活并不愉快，1642年重返意大利。40年代中期以后深居简出，努力创作。他绘画艺术的主要特点是：①他讴歌大自然和完美的人性，作品主要取材于神话、历史、宗教和文学故事。②他的绘画是“思”的绘画。A.罗丹把他称作“生命的窥视者”。他把理性看作最高原则，思考人类的命运，试图以良知、信心战胜罪恶、狡诈和盲目的悲观。③他并不想描绘现实，认为现实是丑恶的。他前期有些作品带有一定的近似巴罗克美术的特色，但从主流上看，普桑崇尚自然。强调理性、朴素、庄重。他提倡永恒、和谐、理性、宁静的艺术，为古典主义艺术奠定了原则。普桑热爱生活，热爱人生，对人类的未来抱有美好的向往，同时，把美好的理想寄托在普通人的身上。主要代表作有《屠杀婴儿》(1630～1631)、《阿卡迪亚牧人》(1638～1640)、《洪水》(1660～1664)等。

普什图人 Pushtuns 西亚和南亚地区跨界民族。又称帕坦人。约3 880万人(2001)。主要分布在阿富汗东部、巴基斯坦西部、伊朗和印度。属欧罗巴人种印度帕米尔类型。大部分使用普什图语，有以波斯-阿拉伯字母为基础的文字。信伊斯兰教，多属逊尼派，少数属什叶派。在阿富汗，有两大支系和众多小支系：住在喀布尔以南和西南的是杜兰尼人，住在喀布尔以东和东南的是吉尔扎伊人。大多定居务农，饲养家畜或半农半牧；一部分人以游牧为主，一部分人从事工商业和服务业。在巴基斯坦，普什图人主要住在印度河与苏莱曼山脉之间地区，多在基达以北。有以下主要支系：卡卡尔人、谢拉尼人、乌什塔拉尼人、达维什赫尔人、比坦尼人、班加什人、阿夫里迪人、优素福扎伊人、巴努奇人、哈塔克人、哈利尔人和曼丹人等。

普什图语 Pashto language 阿富汗的两种官方语言之一。属印欧语系印度-伊朗语族伊朗语支。主要使用于阿富汗，其次是巴基斯坦西北地区。主要方言分为两支：西南方言和西北方言（主要分布于巴基斯坦）。普什图语和梵语的语法十分近似，除具有较多的共同词语外，还有许多共同的词根。普什图语受印地语的影响很大，并吸收了许多波斯语和阿拉伯语语词，但仍保留了古伊朗语的许多特征。普什图语有长元音和短元音各3个。名词与形容词都有性、数、格的变化，动词有人称和时、态等变化。采用经过修改的阿拉伯文字。语序为主-宾-动型。

普世教会运动 Oecumenical Movement 现代基督教内倡导各宗派重新合一的运动。又称普世合一运动。由美英等国新教团体在第一次世界大战后发起。该运动鼓吹教会的普世性，主张“教会一家”，终止基督教各大教派及各大宗派的对立，提倡相互间的对话，建设“以自由、和平、正义为基础”的“大社会”。东正教大多自主教会对此均作出了响应，天主教开始曾对此运动进行了抵制，但在60年代后开始表现出对话与合作的意向，新教某些教会至今对此运动持保留态度。该运动的主要机构是世界教会联合会。

普特南 Putnam, Hilary (1926-07-31～) 美国逻辑学家、科学哲学家。生于芝加哥。就学于加州大学洛杉矶分校，获哲学博士学位，曾任教于普林斯顿大学和麻省理工学院，后任哈佛大学哲学教授和皮尔逊讲座现代数学与数理逻辑教授。他侧重研究实在论、指称、真理和科学合理性等问题，提出了科学实在论的3个原则：①成熟科学的名词是有指称的。②成熟科学的理论定律是近似于真的。③前后相继的科学理论有共同的指称。著有《逻辑哲学》、《理性、真理和历史》等。

《普天忠愤集》 中日甲午战争时期中国诗文总集。编者孔广德，生卒年不详，别号鲁阳生，山东曲阜人。清光绪二十一年(1895)冬石印巾箱本12册。《普天忠愤集》卷首朱印光绪皇帝关于甲午战争的“上谕”六道，并以其中“忠愤”二字题名。其中“当此创钜痛深之日，正我君臣卧薪尝胆之时”等语，亦即编选此书主旨。书分3个门类14卷。“章奏门”收康有为《清代奏时务疏》、胡燏棻《变法自强疏》等奏疏29篇；“议论门”收薛福成《筹洋刍议》、张之洞《强学会叙》、康有为《强学会后序》等提出变法建议之文99篇；“诗赋门”收反映甲午之战、感愤时事的诗226首，词7阕，颂、赋各1篇；后两卷“增采章奏”32篇。采辑范围甚广，“上自朝士大夫，以至布衣女史，旁及西人”(《凡例》)。其中颇多不经见之作，如无名氏《冤海述闻》等。总集上承鸦片

战争时期《射鹰楼诗话》的影响，下开阿英所编一系列反侵略文学集的先河，为了解中日甲午战争时期的人民爱国情绪和诗文创作情况提供了重要资料。

普通法 common law 通常指次于宪法（根本法）的一般法律；或者指对全国一致适用的法律，如民法、刑法等，与特别法（即仅对特定身份的人、特定事项、特定时间或特定地区适用的法律）相对称。在西方国家的法学中，普通法最早是指英国12世纪左右开始形成的一种以判例形式出现的适用于全国的法律。与制定法相对而言，普通法是指判例法；与衡平法相对而言，是指普通法法院的判例；与大陆法系相对而言，是指英美法系；与教会法相对而言，是指世俗政权或法庭发布的法律。

普通股 ordinary shares 股份有限公司资本构成的最基础成分，也是风险最大的股份。最重要、最常见的股份形式。

普通股股东享有以下权利：①参加股东会议，就股东会议的议决事项发表意见，投票表决。②股东有选举公司董事、监事和被选举为公司董事、监事的权利。③参与公司利润分配。④在公司发行新股份时，有按其拥有的股份比例优先认购新股的权利。⑤在公司解散清算的情况下，有权依其持有的股份比例在优先股股东之后分得公司的剩余资产。⑥有权就公司的经营状况向董事、监事或其他高级管理人员提出咨询，有权查阅公司的财务账表及其他资料。⑦有权按有关规定出让所拥有的股份，或受让股份。负有下述义务：①按认购的股份数量及金额如期缴足股款。②以投入资本量，对公司债务承担有限责任。③保守公司的商业秘密。

普通话 common spoken Chinese 以中国北京语音为标准音、以北方话为基础方言、以典范的现代白话文著作为语法规范的现代汉民族共同语。中华人民共和国建立以后，为了加强政治、经济、文化的统一，为了顺利进行社会主义建设，决定把汉民族的共同语加以规范，大力推广。1955年召开全国文字改革会议和现代汉语规范问题学术会议，确定了民族共同语的标准，给普通话下了科学的定义，制定了推广的方针、政策和措施。普通话的标准包括语音、词汇、语法3个方面。普通话以北京语音为标准音。北京语音主要指北京话的语音系统，不包括个别的土音部分。以北方话为基础方言，北方话的词汇是普通话词汇的基础和主要来源。以典范的现代白话文著作为语法规范，所谓“典范”的著作，是指具有广泛代表性的著作，如国家的法律条文，报刊的社论，以及现代著作家的作品等。现代白话文著作是相对早期的白话文著作来讲的。普通话是现代汉语的标准语，是现阶段汉民族语言统一的基础，是现代汉语发展的主流和方向。

普通教育 general education 实施普通文化科学知识的教育。与专业教育相对。目的在于，使学生掌握人文科学、社会科学和自然科学的一般知识，具有基本的文化素养和处理社会问题的能力，为未来工作、生活或升学做准备。主要在普通中小学进行，也有国家强调在高等学校低年级实施。有时也与特殊教育相对，指以正常人为对象的教育。

普通心理学 general psychology 研究心理学基本原理和心理现象一般规律的心理学分支。心理学基本原理的研究主要有两类：一类是以心理实质的问题为核心，涉及心理与客观现实的关系，心理与脑、心理与社会、心理与实践的关系，以及心理活动的规律性等。这些通常称为心理学的哲学问题。另一类是以心理的结构问题为核心，涉及心理活动的层次组织，心理现象的分类，如各种心理现象的联系等。普通心理学对心理学基本原理的研究与一定的哲学思想紧密地联系着，同时也依赖于心理学的具体研究的发展，并常受到邻近学科的影响。在普通心理学中，心理现象一般规律的研究领域常分为：感觉与知觉；学习与记忆；思维与言语；情感与意志；人格与个别心理特征。普通心理学以正常成人的心理活动为研究对象，通过对正常成人的心理活动的研究来揭示心理现象的一般规律。

普陀区 Putuo District 中国上海市辖区。位于市区西北部。面积55平方千米。人口129万（2010）。1947年设普陀区，因境内普陀路得名。原是以纺织业为主的老工业区，现成为上海的物流中心和商贸中心。中山北路、长寿路、武宁路、曹杨路为主要干道；内外中三道环线、沪嘉高速和多条地铁线路及沪杭、沪宁铁路穿越区境，设有上海西站和货运站。长寿路、西康路一带及武宁路南段等为商业中心。名胜古迹有玉佛寺、真如寺等。纪念地有五卅运动期间上海总工会第四办事处旧址。

普陀山 Putuo, Mount 中国佛教四大名山之一。著名风景名胜区。位于浙江省舟山群岛中一个小岛上。岛形狭长，面积12平方千米。与沈家门港隔海相望，有轮渡可达。岛上主峰佛顶山，海拔290余米，为全岛之巅。相传普陀山是南海观音修真得道的地方。山上的寺庙都以供奉观世音菩萨为主。岛上寺院庵堂众多，古木参天。典型植被为中亚热带常绿阔叶林，有中国稀有树种鹅耳枥树。全岛森林覆盖率在63%以上，珍贵名木达63种。据山志记载，普陀山作为佛教圣地始于916年，“不肯去观音院”是普陀山最早的寺院，后经历代王朝修建，形成了拥有80多座寺院庵堂的古建筑群。其中以慧济寺（佛顶山寺）、法雨寺（后寺）、普济寺（前寺）三座最大庙宇为主的建筑群最为著名。普济寺最大，坐落在灵鹫峰脚下，已有900多年历史。寺院里的金佛、玉佛、珠宝佛是稀世珍宝。普陀山素有“海天佛国”之称。全岛有26山、18峰、15岩、13洞，分布错落有致。洞景琳琅满目，巨石千姿百态，主要有潮音洞、观音跳、朝阳洞、狮子洞、善财洞、磐陀石、二龟听法石、云扶石及百步沙、千步沙等胜景。

普陀山海岸牌坊

普希金 Pushkin, Aleksandr Sergeyevich（1799-06-06～1837-02-10） 俄国诗人。俄罗斯近代文学的奠基者和俄罗斯文学语言的创建者。生于莫斯科，卒于圣彼得堡。8岁开始用法文做诗。1811年进圣彼得堡皇村贵族子弟学校学习。其间完成流传后世的最早作品抒情诗《致娜塔丽娅》(1813)。1817年从皇村学校毕业后到外交部工作。创作长篇叙事诗《鲁斯兰与柳德米拉》(1820)，突破贵族文学的传统，被认为是俄罗斯诗歌的一个转变。还创作了不少政治抒情诗，激怒了沙皇，被变相流放至南俄。

1823年，普希金奉调从基什尼奥夫前往敖德萨，开始写作《叶甫盖尼·奥涅金》。南俄4年的流放生活没能改变普希金的政治立场，他再次被流放至父母的领地。其间普希金创作了从浪漫主义到现实主义的过渡作品叙事诗《茨冈》(1824)及历史剧《鲍里斯·戈都诺夫》(1825)等。

1826年9月，沙皇尼古拉一世赦免了普希金并把他召回莫斯科。普希金曾作出妥协，希望尼古拉一世能做一个“开明与宽容的君主”。写下了《先知》(1826)、《致西伯利亚囚徒》(1827)等抒情诗，反映当时的社会氛围和进步人士的情绪。

1830年同冈察罗娃订婚。普希金为此赴波尔金诺村接受部分产业，恰遇霍乱封锁，不得不在那里滞留3个月。这3个月是普希金创作的高潮期，创作了《别尔金小说集》(包括《驿站长》等)、《吝啬的骑士》等数部小悲剧和20多首抒情诗。1831年同冈察罗娃结婚，迁居圣彼得堡并重返外交部任职。1833年10月，完成《普加乔夫起义史》和以彼得大帝为题材的叙事诗《青铜骑士》，中篇小说《黑桃皇后》，童话诗《渔夫和金鱼的故事》等。1836年创办《现代人》杂志，并完成长篇小说《上尉的女儿》(1836)。1837年因决斗身受重伤而逝世。

普希金在诗歌、小说、戏剧和童话等多个领域都留下了丰富的文学遗产。他一生写下了800多首抒情诗和10多首叙事诗，尝试了各种形式和韵律。小说方面突出的贡献是开创了俄罗斯文学中同情下层人民的传统，对“小人物”的命运给予关注。戏剧作品在场景的设置和时间的跨度上，打破了古典主义戏剧“三一律”规则的束缚。童话内容丰富，语言生动，寓意深刻。还留下了不少政论、文论和书信。

普贤 Samantabhadra 佛教菩萨名。中国佛教四大菩萨之一。又译“遍吉”，音译“三曼多跋陀罗”。释迦牟尼佛的右胁侍（左胁侍为文殊），专司“理”德、“定”德和“行”德。《大日经疏》曰：“普贤菩萨者，普，是遍一切处；贤，是最妙善义。谓菩提心所起愿行，遍一切处，纯一妙善，备具众德，故以为名。”其坐骑多为六牙白象，原为菩萨所化，以示威灵。《普贤观经》曰：六牙表示六度，四足表示四如意。传说其说法道场在四川峨眉山。

峨眉山万年寺普贤菩萨铜像

普选 general election 凡达到选举年龄的公民，除被剥夺政治权利者外，普遍享有选举权。资产阶级虽然最早提出“普遍选举”的口号，用来动员人民群众参加反封建专制的斗争，但是在他们夺取政权后，却严格限制选举权，规定了诸如居住期限、财产资格、教育程度、性别、种族等选举资格的限制。直到20世纪初普选才成为一些资本主义国家的选举原则，但这一原则在实践中仍未能得到很好贯彻。中国选举法规定，凡年满18周岁的公民，不分民族、种族、性别、职业、家庭出身、宗教信仰、教育程度、财产状况、居住期限都有选举权，依照法律被剥夺政治权利的人除外。

普伊格 Puig, Manuel (1932-12-28～1990-07-22) 阿根廷小说家、电影剧本作家。生于比耶加斯将军镇，卒于墨西哥库埃纳瓦卡。曾在布宜诺斯艾利斯大学读哲学，后学习导演专业，当过导演助理。他是擅长戏谑的小说家。第一部小说《丽塔·海华丝的叛变》(1968)以多种手法及形式叙述主人公少年时代的生活情景及后来的经历与矛盾心理，表现出圆熟的叙事技巧。《蜘蛛女之吻》(1976)以被关押在同一牢房里的一名同性恋者和一名革命者之间的对话为题材，公开谴责残酷、黑暗的政治压迫。小说的情节用一个个电影故事来推进。小说的脚注也很特别，是正文的有机部分，有时字数甚至超过正文。普伊格一生共创作8部小说、两部电影脚本和一个剧本。作家强调风格的实验及作品形式的绝对自由。

溥心畬 Pu Xinyu (1896-09～1963-11-18) 中国现代中国画家。名溥儒，字心畬，号西山逸士，以字行。满族。生于北京，卒于台北。清宗室，恭亲王之后。早年毕业于北平法政大学，后游学德国，获天文学及生物学两博士学位。回国后潜心钻研文艺，尤其是中国画的学习。曾任中国画学研究会评议。1949年迁居台湾，为台湾省立师范学院、私立东海大学教授。溥心畬善画山水、人物、花鸟、走兽。冶南北宗于一炉，有自家风范。意境雅淡致远，俊逸出尘，结构谨严，笔法挺劲。花鸟画亦清逸雅静。溥心畬还长于草书，风格秀逸，得刚健婀娜之致。与张大千齐名，有“南张北溥”之说，又与张大千、黄君璧同被称为“渡海三大家”。著述有《四书经义集证》、《金文考略》、《陶文存》、《华林雪叶》、《寒玉堂论画》、《寒玉堂类稿》、《诗文集》等。

《池塘秋意》

溥仪 Puyi (1906-02-07～1967-10-17) 中国清朝末代皇帝、伪满洲国皇帝。满族，爱新觉罗氏，字浩然。醇亲王载沣之子。卒于北京。1908年即位，年号“宣统”。辛亥革命后被迫宣布退位，但据“清室退位优待条件”，仍居紫禁城。1917年7月1日，接受张勋奏请，宣布恢复帝制（见张勋复辟）。12天后，以失败告终。1924年11月，被冯玉祥驱逐出宫。不久，逃入日本驻华公使馆。次年2月，由日本便衣警察护送至天津日租界，继续从事复辟活动。1931年九一八事变后，在日本关东军策划下潜往东北旅顺。次年3月，在长春成立伪“满洲国”，初任“执政”。1934年3月改元“康德”，开始称“皇帝”。其后曾两次以此身份访问日本。1945年8月日本宣布投降后，在逃亡途中被苏军俘获，羁押西伯利亚5年。1950年8月，由中华人民共和国引渡回国，先后入哈尔滨、抚顺战犯管理所。1959年12月4日获释后，任全国政协文史资料委员会专员、全国政协第四届委员。著有《我的前半生》。

谱斑 plages 太阳色球中比周围背景明亮的区域。通常用两种单色光观测太阳的色球层，即氢原子发射的$H_α$（波长656.28纳米）或$H_β$（486.13纳米）谱线和电离钙原子Ca Ⅱ发射的K线（393.37纳米）或H线（396.85

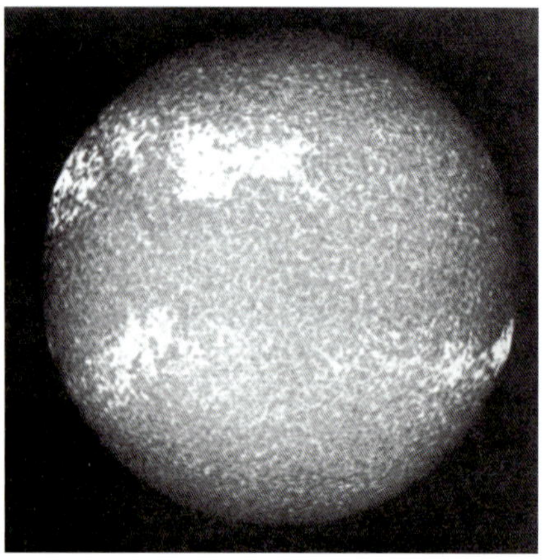

用电离钙Ca Ⅱ发射的K线观测到的谱斑

纳米)。用氢谱线观测到的谱斑称为氢谱斑，用钙谱线观测到的谱斑称钙谱斑。谱斑一般出现在黑子附近，但比黑子早出现，寿命也比黑子长得多。谱斑位置上与下方光球中的光斑对应，是光斑在色球中的延伸。谱斑的面积比下层光斑的面积更大，这是光球磁流管在色球层中扩散造成的。通常都把谱斑所占的面积作为太阳活动区的范围。研究表明，谱斑的发射强度与下方光球的磁场强度成正比，可见谱斑的发射机制与磁场有关。

谱牒 genealogy 中国记录氏族世系的书。熟悉或编纂谱牒的学问称为谱学。中国古代最早的谱牒是《世本》，记黄帝到春秋时列国诸侯大夫的氏姓世系，已亡佚。魏晋南北朝时社会重门阀，士族为了维护其世代相传的优越社会地位，以区别于庶族寒门，谱牒成为重要工具，谱学因而广泛流行。谱牒的作用有4个方面：①当时朝廷任官命职要考虑人选的门第和家世，必须参考谱牒。②士族一般不负担徭役兵役，而庶族则否。政府为了征发，要防止庶族冒充士族，规避徭役。除户籍上表明这种区别之外，谱牒也是一种依据。③当时婚姻注重门当户对，结姻亲时定要了解对方门第家世和世代仕宦情况，谱牒是必要的参考。④当时社会风习重避家讳，与人谈话中如触及对方父祖的名讳，即为不敬。所以社交需要熟知谱牒。谱牒姓氏之学，到唐代还受到重视，此类书有《元和姓纂》、《姓氏录》、《贞观氏族志》等。

氆氇 Tibetan wool 中国藏族人民手工纺织的毛织物和以此制成的长袍、围裙的统称。氆氇古称毲，又称毲毲，为羊毛织物，原产于中国甘肃、四川等地。唐贞观十五年（641），文成公主进西藏时，传去先进的纺织技术，并以西藏出产的羊毛织成织物，称为氆氇。宋代，西藏也曾以霞毲（红色氆氇）进贡朝廷。现代，氆氇主要产于西藏，幅宽约33厘米，经纱用本色毛线，纬纱用枣红、深黄、墨绿、黑色等毛线，色彩丰富，质地坚实而细密。藏族姑娘多喜爱用彩色氆氇制成围裙，其色彩最多可达九种，称九彩氆氇藏裙。

蹼泳 finswimming 潜水运动比赛项目。穿戴脚蹼、眼镜或面罩、呼吸管等简易装具，借助自身的力量在水中游进。兴起于20世纪70年代初。国际上把泳池内的竞速潜水项目统称为蹼泳。1976年第1届世界蹼泳比赛在联邦德国举行。1984年被列为正式的世界比赛项目，1986年国际奥林匹克委员会正式承认蹼泳的全部比赛项目，更为蹼泳运动在世界范围的广泛开展提供了保证。世界蹼泳比赛原为每4年举行一次，1990年第5届世界蹼泳比赛后改为每两年举行一次。其他世界级的蹼泳比赛还有世界运动会蹼泳比赛、世界青年蹼泳锦标赛和欧洲锦标赛、亚洲锦标赛。中国运动员吴笑慧、李少珍、刘齐等均在这些赛事的多项比赛中夺得冠军。蹼泳的比赛项目分为三类：水面蹼泳、水下屏气潜泳和水下带空气呼吸器的潜泳。共设男、女各12个项目。游泳池长50米，水深为1.8～2.2米。

瀑布 waterfall 从河床纵剖面陡坡或悬崖处倾泻下来的水流。又称跌水。主要是水流对河底软硬岩石的差别侵蚀的结果：在坚硬岩石露出的地方阻止了水流的进一步下蚀，而在软岩层水流容易向下侵蚀，于是在两者之间形成了岩槛或陡坡，水流从岩槛处流过形成瀑布。瀑布的大小和规模一般以落差、宽度和水量等来衡量，其中落差最为重要。世界上著名的大瀑布有北美洲的尼亚加拉瀑布、非洲的莫西奥图尼亚瀑布（旧称维多利亚瀑布）、南美洲的安赫尔瀑布和伊瓜苏瀑布等；中国著名的瀑布有贵州的黄果树瀑布、山西和陕西交界处的壶口瀑布等。瀑布有很好的观赏价值，是风景名胜的旅游胜地，同时又是重要的动力资源，可以用来建水电站。

黄果树瀑布

Q

七福神 seven deities of good fortune; Shichi Fukujin 日本民间信仰中惠比寿、大黑天、毗沙门天、弁财天、福禄寿、寿老人、布袋和尚7位福神的合称。室町时代（1392～1573），基于逐渐流行的“七难即灭，七福即生”的说法，人们将7位独立的神合祀，从而形成了七福神信仰。吸收印度教和中国俗信中的神祇并且将其与本土信仰融合是主要特征。惠比寿是日本神话中创始神伊耶那岐命的第三子，是保佑海运、渔业和商业繁盛的神。大黑天、毗沙门天和弁财天来自印度。大黑天掌管财宝和战争。毗沙门天可以防止妖魔和灾害。七神中唯一的女性弁财天是农业、艺术、才智的守护神。福禄寿、寿老人、布袋和尚是中国民间信仰日本化的产物。福禄寿和寿老人被认为是同神异体，前者赐予人幸福和俸禄，后者有使人长命、诸病平愈之功。布袋和尚本是中国的禅僧，后被神化为能够预知未来。在日本，新年时有依次参拜七

福神的神社祈求降福的习俗，称为“七福神诣”。江户时代（1600～1867）起，七福神乘坐满载金银财宝的宝船的形象成为崇拜对象。据说，正月初二的晚上将绘有宝船的画放在枕头下睡觉会带来一年的好运。

七国时代 Heptarchy 7世纪初叶至9世纪中叶，不列颠岛上七国并立的时代。从5世纪中叶起，欧洲大陆上的盎格鲁撒克逊人和裘特人跨北海侵入不列颠岛。在征服当地克尔特人的过程中，许多小国逐渐合并为7个王国。南部有西塞克斯、南塞克斯和东塞克斯；东北部和中部有麦西亚、诺森伯里亚和东盎格里亚；东南部有肯特。相互争雄，战乱不已。肯特的艾特尔伯赫特是英国第一个皈依基督教和颁布第一部法典的国王（560～616年在位）。827年，西撒克逊国王埃格伯特（802～839年在位）打败麦西亚。肯特、南塞克斯、东塞克斯尊其为英吉利王，以示臣服。埃格伯特建立起统一的英格兰王国。七国时代结束。6世纪后期，基督教传入不列颠，得到王室、贵族的拥护和支持。教权和王权紧密结合，大大促进了英国封建化的进程。

七君子事件 Seven Honours Event 中华民国时期，南京国民政府在上海逮捕全国各界救国联合会常务委员和执行委员沈钧儒、王造时、李公朴、沙千里、章乃器、

沈钧儒等七君子出狱后与马相伯老人合影
左起：杜重远、沙千里、章乃器、史良、邹韬奋、沈钧儒、马相伯、王造时、李公朴

邹韬奋、史良等7人的事件。因为被捕的是当时公认的社会贤达，所以世称七君子事件。1936年5月31日，马相伯、宋庆龄、何香凝、沈钧儒、章乃器等人在上海宣布成立全国各界救国联合会，发表宣言，通过《抗日救国初步政治纲领》，向全国各党各派建议：立即停止军事冲突，释放政治犯，各党各派立即派遣正式代表进行谈判，制定共同救国纲领，建立一个统一的抗日政权等。1936年11月23日，南京国民政府以“危害民国”罪在上海逮捕了救国会领导人沈钧儒等7人，于1937年4月3日向沈等提出起诉书，并于6月11日和25日在江苏省高等法院两次开庭审讯。沈钧儒等人坚持抗日救国立场，在狱中和法庭上进行了不屈不挠的斗争。从事件开始之日起，中国共产党和国内外进步人士就开展了广泛的营救运动。七七事变爆发后，南京国民政府于7月31日宣布具保释放沈钧儒等7人，并于1939年2月最后撤销了起诉书。

《七略》 *Seven Bibliographies* 中国第一部综合性图书分类目录，汉代官府藏书目录。西汉成帝河平三年（前26）刘向等人校勘政府藏书，为每种书编撰叙录一篇，后将各书叙录汇辑成《别录》一书。刘向之子刘歆在《别录》的基础上编成《七略》。全书分为七大类：辑略、六艺略、诸子略、诗赋略、兵书略、数术略和方技略。辑略是写在六略之前的一篇概括性的学术简史。《七略》对其后的图书分类学、目录学的发展影响深远。原书唐末佚失，东汉班固以《七略》为蓝本编成《汉书·艺文志》，从中可知《七略》的概貌。清代姚振宗等人有辑本。

七年战争 Seven Years' War 1756～1763年间欧洲主要国家组成的两大交战集团在欧、美、印度等广大地域和海域进行的争夺殖民地和领土的战争。奥地利、法国、俄国、萨克森、瑞典和西班牙为一方，英国、普鲁士、汉诺威选侯国为另一方。最后，普鲁士军队击退法奥联军，取得胜利。1763年2月15日，普鲁士、奥地利和萨克森签订《胡贝图斯堡条约》，欧洲战事结束。

与此同时，英法在美洲、印度等地继续争夺殖民地。1760年法军占领蒙特利尔，完全征服加拿大。至1761年，英国完全取代法国在印处于绝对优势，法国只保留几个贸易据点（见英国征服印度的战争）。在西非和英国也取得胜利。1763年2月10日英法签订《巴黎条约》，欧洲以外战事结束。七年战争是普鲁士走向强盛的转折点，也是英国建立海上霸权和殖民帝国的标志。

七七事变 July 7th Incident 日本为发动全面侵华战争于1937年7月7日在北平西南宛平县（今属北京市丰台区）卢沟桥制造的军事冲突。又称卢沟桥事变。日军挑起事端、进而发动大规模侵华战争后，中国军队在平津地区奋起抗击日军侵略的作战，称为卢沟桥抗战。1931年，日本帝国主义

七七事变中，卢沟桥中国守军与日军英勇作战

发动九一八事变侵占中国东北后，逐步把侵略扩张到平津附近。1936年，日本策划华北五省自治未逞，准备以武力攻占平津，进而侵占华北。1937年6月起，驻丰台日军经常在卢沟桥附近进行挑衅性的军事演习。7月7日晚，日军在卢沟桥进行军事演习，夜10时40分诡称一士兵失踪，强行要求进入宛平县城搜查。中国驻军29军37师219团团长吉星文以时值深夜予以拒绝。中日双方经过反复交涉，约定派员前往调查。8日晨4时许，双方代表到达宛平。正交涉间，日军竟开枪射击，并炮轰宛平城，中国军队当即奋起自卫还击。7月8日，中共中央发出《中国共产党为日军进攻卢沟桥通电》，号召全中国人民抵抗日本帝国主义的侵略。南京国民政府亦采取自卫抵抗方针，调兵北上增援。17日，蒋介石在庐山发表谈话宣布准备对日抗战，但仍不放弃和谈。24日，几路日军进逼北平。25日，日军发起进攻。26日，日军向第29军发出最后通牒，限37师于28日正午以前从北平附近撤退完毕，同时向南苑一带发动猛烈进攻；第二十九军奋起反击，副军长佟麟阁和132师师长赵登禹在激战中殉国，遂放弃南苑及卢沟桥等地。29日北平沦陷，30日天津也被侵占。中国人民进行的八年抗日战争从此开始。

七千人大会 Conference of 7000 Cadres 1962年1月11日至2月7日，中国共产党中央委员会在北京召开的扩大的中央工作会议。中央和省、地、县委四级主要负责人以及部分大厂矿和军队的负责人，共7 118人参加，通常称七千人大会。会议由毛泽东主持，主要目的是总结经验，统一认识，加强党的民主集中制，切实贯彻调整国民经济的方针。刘少奇代表中央向大会提出的书面报告草稿，比较系统地初步总结了“大跃进”以来经济建设工作的基本经验教训，认为产生缺点错误的原因，一方面是由于在建设工作中经验不够，另一方面是几年来党内不少领导同志不够谦虚谨慎，违反党的实事求是和群众路线的传统作风，削弱了民主集中制原则，妨碍了党及时地尽早地发现问题和纠正错误。这些看法，使党朝着勇敢地正视现实，实事求是地认识“大跃进”以来实际工作和指导思想上的错误，又向前迈进了一步。毛泽东1月30日在大会上发表讲话，中心是讲民主集中制，强调不论党内党外都要有充分的民主生活，并做了自我批评。毛泽东联系三年“大跃进”的教训，阐明人类认识客观世界规律的重要性，承认建设强大的社会主义中国需要一百年时间。这些认识对进一步深入总结几年来的经验教训、纠正工作中的错误具有极大作用。邓小平、周恩来在大会上分别代表中央书记处和国务院做自我批评，并分别讲了恢复党的优良传统和克服目前困难的主要办法。

这次大会取得了在当时历史条件下所能取得的积极成果。会议对缺点错误的比较实事求是的态度，会议的民主精神和自我批评精神，给全党以鼓舞，使广大党员心情比较舒畅，在动员全党为战胜困难而团结奋斗方面起了积极作用。会后，国民经济和政治关系等方面的调整都有进一步的发展。经过七千人大会前后将近两年的调整，国内形势逐步好转。但是党在政治思想上的“左”的错误并没有从根本上纠正，而且还在发展。

毛泽东、刘少奇、周恩来、陈云、邓小平在七千人大会上

七桥问题 Seven Bridges Problem 有关图论研究的热点问题。18世纪初普鲁士的柯

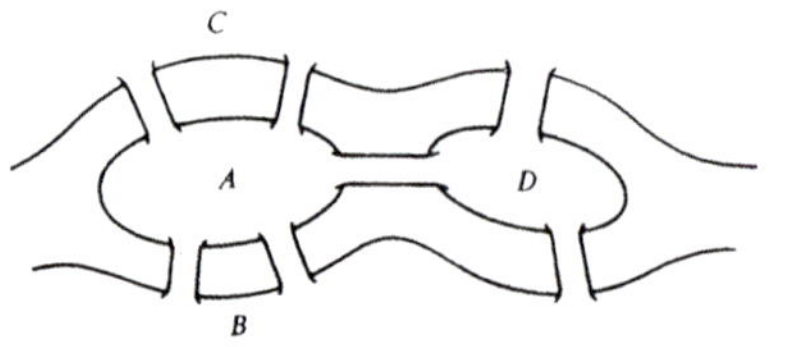

图1 柯尼斯堡七桥示意图

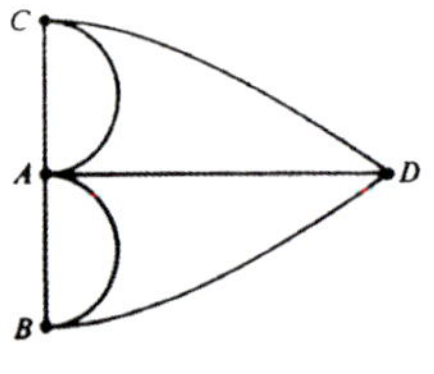

图2 用点表示陆地的柯尼斯堡七桥图

尼斯堡，普雷格尔河流经此镇，奈发夫岛位于河中，共有7座桥横跨河上，把全镇连接起来。当地居民热衷于一个难题：是否存在一条路线，可不重复地走遍七座桥。这就是柯尼斯堡七桥问题。L.欧拉用点表示岛和陆地，两点之间的连线表示连接它们的桥，将河流、小岛和桥简化为一个网络，把七桥问题化成判断连通网络能否一笔画的问题。他不仅解决了此问题，且给出了连通网络可一笔画的充要条件是它们是连通的，且奇顶点（通过此点弧的条数是奇数）的个数为0或2。

七情 seven emotions 中医学对喜、怒、忧、思、悲、恐、惊7种情志活动的合称。七情本是人体对外界事物和现象所产生的不同的情志反应，属正常的精神活动，一般不会使人致病。但如果遇到突然、强烈、长久的情志刺激，超过了常度，则成为致病因素。

致病机理 七情刺激首先影响脏腑气机，出现一系列生理反应，如喜时血脉流畅、人觉欣快；怒时面红耳赤；思时不欲饮食；悲时气急叹息；恐时颤栗汗出。这种气机变化是可逆的，情志刺激消除，气机即可恢复正常。但如果情志刺激持续存在或过于强烈，气机失调久不恢复，则可伤及脏腑，引致疾病的发生。七情对脏腑的侵袭，在中医学理论中有五行配属关系，《内经》中阐述为“心在志为喜，肝在志为怒，脾在志为思，肺在志为忧，肾在志为恐”，故“怒伤肝，喜伤心，思伤脾，忧伤肺，恐伤肾”。

病证治疗 对七情所致病证的治疗，应以精神治疗消除病因，以药物或其他方法（如针灸）治疗脏腑气血的损伤或消除病理性产物。在精神治疗方面，中医学有一种采取情志相胜的五行制胜疗法，即《内经》所说的“恐胜喜”、“怒胜思”、“喜胜忧”、“思胜恐”、“悲胜怒”。如忧愁思虑不解的患者可用激怒疗法治疗。其目的是在医生的诱导下，用不同的情志来转移和干扰原来对机体有害的情志刺激。在药物或其他方法治疗方面，则应针对情志所伤的不同脏腑及其所引起的气机紊乱或气血逆乱的病理变化，辨证论治。由于肝主疏泄，有调节情志刺激的功能，过度、持续的情志刺激大多使肝脏不能疏泄条达，进而影响其他脏腑，所以疏肝解郁是治疗情志所致病证时常须考虑的方法。

七人画派 Group of Seven 加拿大画派。1911年以后的几年中，七个持同样观点的画家集合在一起，其中包括J.E.H.麦克唐纳、L.S.哈里斯等。画派正式成立于1920年春，并于1920年5月在多伦多画廊举办了第一次展览。最后一次展览是1931年12月。他们的目的是寻找最恰当的形式来再现加拿大风景独一无二的性格，主要以安大略湖北部的风景为题材。

七杀 seven types of criminal homicide 中国封建法律规定的7种杀人罪，有谋杀、故杀、劫杀、斗杀、误杀、戏杀、过失杀，合称七杀。七杀始见于唐律，宋、明、清沿袭未变。

谋杀 二人以上合谋杀人。但在特定

情况下，一人也算谋杀。唐律按照谋杀进行的阶段不同，分别规定谋议的徒3年，已杀伤的绞，已杀死的斩。

故杀　故意杀人。唐律规定，故意杀人的斩；故杀未死的，依故意伤人论罪。明、清律斗殴及故杀人条节注："临时有意欲杀，非人所知，曰故。"故杀比谋杀轻，比斗杀重。

劫杀　因劫夺囚犯而杀人。唐律对劫杀的处刑很重，不分首从，一律处斩。

斗杀　在相互争斗中杀人。殴打人致死，又称殴杀。唐律规定，斗杀的绞；殴伤的依照伤害情状处罚，又依照身份不同而有加减。虽因斗，而用兵器致人于死的，拟制其有杀人故意，罪刑与故杀同。斗殴后已分散，去而又来杀伤的，依故杀伤处断。秦简中鬭杀即指斗杀。

误杀　有杀人故意，但杀错了人。《唐律疏议·斗讼》载："诸斗殴而误杀伤旁人者，以斗杀伤论，致死者减一等，流三千里。"

戏杀　本来无杀人的意思，而以杀人的行为做游戏，因而致人于死。戏杀对杀人的结果有预见，只因两相和好而减轻刑罚。戏杀人的，减斗杀人二等，即徒3年。因斗殴、偃仆（躺倒于地，或仰或伏）而致旁人于死的，以戏杀论。

过失杀　本来无杀人的意思，因过失而致人于死。如果没有特别规定（例如过失杀伤祖父母、父母、夫之祖父母、父母……又如因捕盗而误杀伤旁人的），依照故杀应得的真刑，以规定赎铜的数量赎罪。

"七十年代派"　Geração de 70　葡萄牙青年知识分子团体。1865年，葡萄牙文坛发生了一场现实主义对浪漫主义的文学论战。一些接受法国、德国、英国新文学思潮的青年知识分子聚会讨论文学、哲学、政治、社会等方面的问题，从而形成了一个团体，被称为"七十年代派"。由于团体的成员大多毕业于科英布拉大学，所以又称"科英布拉派"。这一团体主张现实主义文学，以促进社会的变革。领袖人物是A.T.de 肯塔尔，1865年其发表的《良好的判断和健康的趣味》一文成为现实主义文学的宣言。重要成员有小说家J.M.埃萨·德·克罗兹以及J.P.de O.马尔丁斯、拉马略·奥尔蒂冈等。该团体后被取缔，其成员也各自走上不同的道路。

七十七国集团　Group of 77; G77　联合国系统内发展中国家维护自身经济权益的世界性国家集团。1964年6月15日，因在瑞士日内瓦召开的第一届联合国贸易和发展会议上发表了《七十七国联合宣言》而得名。至2008年6月，共有134个成员国。

其宗旨是在国际经济领域内加强发展中国家在经济与技术方面的团结与合作；在贸易与发展方面，制定发展中国家共同目标和联合行动纲领，采取集体谈判策略和共同立场，加强发展中国家的谈判地位；推进建立国际经济新秩序，加速发展中国家的工业化进程和经济发展。

2005年6月15日"七十七国集团加中国"第二届南方首脑会议在多哈举行

集团是一个松散的组织，没有总部，也没有秘书处等常设机构，没有章程和财务预算，决策以协商一致为原则。一般在联合国和一些专门机构召开大会之前或会议期间，集团与会的成员国开会协调立场。主席由成员国轮流担任，任期一年。七十七国集团中的部分成员在国际货币基金组织和国际复兴开发银行中组成二十四国集团，其活动不受七十七国集团的支配。

主要活动包括：为维护发展中国家的利益，协调发展中国家的立场和政策，通过了许多共同宣言、行动纲领和协议。

七台河市　Qitaihe City　中国黑龙江省辖地级市。位于省境东部。辖新兴、桃山、茄子河3区和勃利县。面积6 223平方千米。人口92万（2010），有汉、满、朝鲜、回、蒙古等14个民族。市区原为勃利县的偏僻山村。1910年发现煤矿。1948年建立七台河区。1960年建立七台河镇，1965年改为特区，1970年设立七台河市。矿产资源有煤、黄金、石墨、膨润土等。以煤炭最为丰富，是国家重要的煤炭生产基地，东北地区主焦煤和黑龙江省唯一的无烟煤生产基地。原煤产量仅次于鸡西和鹤岗，居全省第3位；生物饲料、活性炭、乳化炸药、石油助剂等煤化工产业群已逐步形成，七台河市逐步从一座煤炭工业城市发展成为综合性工业城市。农业以小麦、大豆、玉米、水稻、烤烟、亚麻、蔬菜，以及肉、禽、蛋、奶等为主。风景名胜有吉兴河水库和吉兴湖山庄等。

七夕　Double Seven Festival　中国传统节日。又称乞巧节、少女节、穿针节等。女性的节日。流行于汉、满、壮等民族。农历七月初七晚俗称七夕。七夕节起源于上古社会的星宿崇拜。传说牛郎与织女每年此时要在天河相会。汉魏以后七夕逐渐形成固定节俗，内容重在乞巧。较早较普遍的是在庭院中设供桌、摆放瓜果等祭品，向织女乞巧。乞富、乞寿、乞子三种愿望只能选其一。典型节俗有穿针乞巧、丢巧针、观察盒中小蜘蛛结网等。用七孔针穿彩线快且好者得巧；妇女于是日中午将绣花针丢在水面，依据日光下的针影形状判断是否得巧；蜘蛛结网圆而正为得巧。朝鲜、日本也有七夕节，节俗大致与中国相同。

七星诗社　La Pléiade　16世纪法国的诗人团体。形成于1547年。诗人P.de龙萨是这个诗社的中心人物。围绕着他的诗人有J.杜贝莱、J.A.de巴伊夫、R.贝洛等。七星诗社的宗旨在于研究古代的希腊罗马文学，并以此为借鉴，对法国诗歌进行革新。1549年，杜贝莱执笔，发表了《保卫和发扬法兰西语》宣言，代表七星诗社的主张。认为法兰西民族语言完全可以与希腊、拉丁语言媲美，完全可以用法语写出文学杰作，不过需要使法语更加丰富多彩；提倡模仿希腊拉丁作家，但不主张单纯地翻译古代作品；在法国流行的各种诗歌体裁不值得保留，应当代之以古代诗歌格律，提倡亚历山大诗体；一个诗人不但要掌握写诗的技巧，而且必须具有受之于天的灵感。七星诗社是受文艺复兴时期人文主义影响的一个诗歌流派，它致力于丰富和纯洁法语，在当时具有进步意义，使法语获得了作为民族语言所应有的地位。

七言诗　poem with seven characters to a line　中国古代诗歌体裁。全篇每句七字或以七字句为主的诗体。它起于民间歌谣。先秦时期除《诗经》、《楚辞》已有七言句式外，荀子的《成相篇》就是模仿民间歌谣写成的以七言为主的杂言体韵文。西汉时期除《汉书》所载的《楼护歌》、《上郡歌》外，还有司马相如的《凡将篇》、史游的《急就篇》等七言通俗韵文。东汉七言、杂言民谣为数更多，如东汉末年的《小麦谣》、《城上乌》（司马彪《续汉书·五行志》）、《桓灵时童谣》"举秀才"（葛洪《抱朴子·审举》）都是很生动、通俗流畅的七言和杂言民间作品。魏曹丕的《燕歌行》是现存的第一首文人创作的完整七言诗。以后汤惠休、鲍照都有七言作品。鲍照的《拟行路难》18首，不仅在诗歌内容上有很大扩展，同时还把原来七言诗的句句用韵变为隔句用韵和可以换韵，为七言体的发展开出了新路。从梁至隋七言体诗歌逐渐增多，至唐代七言诗才真正发达起来。七言诗的出现，为诗歌提供了一个新的、有更大容量的形式，丰富了中国古典诗歌的艺术表现力。

七叶树 *Aesculus chinensis*; Chinese buckeye 七叶树科七叶树属的一种。又称娑罗树。分布于中国河南、陕西、甘肃、江苏、浙江、安徽、江西等省山地，各地均有栽培。落叶乔木，高达25米。掌状复叶对生，小叶

七叶树的花序

5～7。圆锥花序，雄花、两性花同株，花萼5裂，花瓣4，白色，雄蕊6，子房在雄花中不育。蒴果近球形。顶端略凹下，直径3～4厘米，种子近球形。花期5～6月。

七叶树木材优良，果实可作药用，树皮纤维较长，用途甚广；其种子又称娑罗子，可入药，有宽中理气之功。

七艺 seven liberal arts 西欧中世纪早期学校中的7种主要学科，即文法、修辞学、辩证法（逻辑学）、算术、几何学、天文学和音乐。

七艺起源于古希腊，发展于古罗马。希腊哲学家**柏拉图**曾经把学科区分为初级和高级两类。初级科目有体操、音乐练习和识字；高级科目有算术、几何、音乐理论和天文学。智者派提出文法、修辞学和辩证法等实用学科。古罗马学者瓦罗曾经起草过希腊化的学校课程计划。4世纪，七艺被公认为学校的课程。5～6世纪，七艺被基督教加以改造，为神学教育服务。

中世纪七艺内容为：文法科包括拉丁语和文学的常识，是学习其他各科的准备；修辞学包括散文和诗的习作，兼学一些历史和法律知识；辩证法类似于现代的形式逻辑；算术，初为计算宗教节日的方法，后增加一般运算的方法和阿拉伯的符号记数法；几何学，原来是学习一些地理和几何的基本概念，后增加了欧几里得几何学和测量知识；天文学起初包括行星运行、寒暑更替的日用常识，以后增加了托勒玫和亚里士多德的论著；音乐包括宗教音乐、音乐史与音乐理论。

作为学科，七艺一直沿用到文艺复兴运动以前。中世纪七艺在西方的学科发展史上处于承上启下的地位。

七月革命 July Revolution 1830年7月法国推翻复辟王朝，拥戴路易-菲利浦登上王位的革命。

1830年7月25日查理十世（1824～1830年在位）颁布敕令：修改出版法，限制新闻出版自由；解散新选出的议会；修改选举制度。敕令破坏了1814年《宪章》的精神，劳动群众和自由资产者对此十分气愤。27日，几千名工人和手工业者走上街头，与军警发生冲突。28日黎明，起义开始。工人、手工业者、大学生和**国民自卫军**建筑街垒，夺取武器库，攻占市政厅。7月29日，起义者控制了巴黎，占领卢浮宫和杜伊勒里宫，外省发动的起义也取得胜利。起义群众及其领导者要求宣布成立共和国。在巴黎市政厅成立了以拉菲特和国民自卫军总指挥M.-J.拉法耶特为首的市政委员会。

30日，拉菲特召集60名议员开会，决定委任奥尔良公爵路易-菲利浦为摄政官。8月7日，众议院召路易-菲利浦即位，建立了金融资产者统治的**七月王朝**。

七月王朝 July Monarchy 1830～1848年间的法国君主立宪制王朝。又称奥尔良王朝。1830年**七月革命**推翻了波旁复辟王朝，宣布奥尔良公爵路易-菲利浦为国王，金融资产者掌握政权。1830年8月颁布经过修改的宪法，限制国王权力，扩大了众议院权力，将选民及被选举人的财产资格放宽，对**国民自卫军**实行改组。但继续实行波旁复辟王朝的殖民侵略政策，入侵阿尔及利亚并建立殖民统治。

七月王朝时期，法国工商业得到较大发展，开始大规模使用机器，铁路建设速度加快。法国工人提出了经济和政治要求。1831年11月和1834年4月里昂工人两次自发举行起义（见**里昂工人起义**）。

1845年和1846年法国农业连续歉收，1847年发生工商业危机，革命形势逐渐形成。1848年2月22日工人们在巴黎街头开始建筑街垒。24日晨，起义群众进攻杜伊勒里宫。路易-菲利浦被迫将王位让与其孙巴黎伯爵后，逃往国外。革命临时政府于25日晨宣告**法兰西第二共和国**成立，七月王朝告终。

妻姊妹婚 sororate 婚姻习俗的一种。即一个男子在与某家的长女结婚后，有娶妻子的达到结婚年龄的妹妹们为妻的权利。此词源于拉丁语“soror”，即姊妹。这种婚俗是原始社会**群婚**的一种残余形式，在母系制后期开始流行，在阶级社会中长期保留下来。美国民族学家L.H.摩尔根首先记述了至少40个北美印第安部落的妻姊妹婚例。英国人类学家、民族学家J.G.弗雷泽搜集了在世界各地流行的这种婚俗的资料，称之为妻姊妹婚。在许多民族中，这种婚俗也表现为鳏夫可以或必须娶亡妻的未婚姊妹，而后者也有嫁给他的权利和义务。

栖霞山石刻 Stone Sculptures at Qixia Hill 中国佛教石刻。位于江苏南京东北22千米处的栖霞山，包括明征君碑、舍利塔和千佛崖3处。2001年国务院公布千佛崖石窟及明征君碑为全国重点文物保护单位。

栖霞寺舍利塔

山中有栖霞寺，明征君碑在寺门右侧，于唐代上元三年（676）立石。高宗李治撰文，书法名家高正臣书，是现存唐碑中最早的行书体碑之一。舍利塔位于寺东南角，始建于隋仁寿元年（601），五代南唐时重建。为五级八角形密檐式石塔，高18.04米，每层均有雕刻。塔造型优美，雕刻精致，是五代佛塔的典型代表。千佛崖石窟开凿在从舍利塔到千佛岭一带的崖面上。始凿于南齐，现存佛龛298个，造像515尊，大部分是明代隆庆以后开凿。栖霞山无量殿大像龛内南朝无量寿佛为南朝佛教造像典型作品，对龙门石窟北魏造像影响很大。千佛崖是中国南方现存年代最早、规模最大的佛教造像遗迹，对研究南北朝时期的佛教传播和信仰有重要意义。

栖霞市 Qixia City 中国山东省辖县级市。位于省境北部，渤海南岸。面积2 016平方千米。人口59万（2010）。金天会九年（1131）析蓬莱、莱阳二县置栖霞县，因“日晓辄有丹霞流宕，照耀城头，霞光万道”而得名。1995年撤县设市。由**烟台市**代管。矿产有滑石、大理石、石灰岩、花岗岩、黄金、白银等。农作物有小麦、花生、大豆等。工业有建材、机械、纺织、食品、化工、黄金等。

牟氏庄园

烟青公路、204国道及蓝烟、桃威铁路过境。名胜古迹有牟氏庄园、太虚宫、牙山、艾山、崮山、杨家圈新石器时代文化遗址等。

桤木 *Alnus*; congpeduncle alder 桦木科桤木属植物的统称。落叶乔木或灌木。又称赤杨。共40余种，分布于亚洲、非洲、欧洲及北美洲。中国有11种，分布于东北、华北、华东、华南、华中及西南。

单叶，互生，具叶柄，叶缘锯齿或浅裂，稀全缘，叶脉羽状。花单性，雌雄同株。果序球果状，果苞木质，具有两枚果。

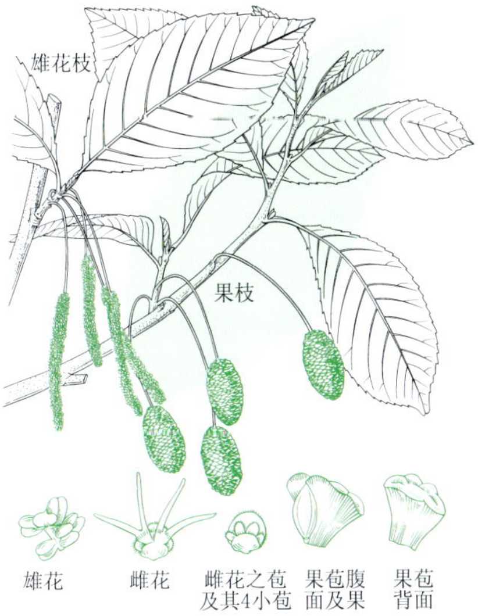

桤木形态

各种桤木对热量的要求和耐寒性不同。但都喜光，幼时稍耐阴。对水湿和肥力要求较高。萌芽力强，生长迅速。种子极小，育苗初期要特别注意保持苗床湿润。特别适宜用作混交树种。

材质轻软，纹理通直，为水工、坑木、建筑、胶合板、铅笔杆用材。也可用于繁殖木耳。树皮、果实含单宁，可提取栲胶。叶可沤肥或作饲料。根系发达，具根瘤、耐水湿，是护岸固堤、改良土壤的良好树种，也是优良的薪炭材树种。

戚夫人 Qi Furen (?～前194) 中国汉代高祖妃。山东定陶人。据《西京杂记》记载，戚夫人精于歌舞，善唱“出塞入塞望归”之曲，尤善“翘首折腰”之舞。此舞以舞袖时向旁、向下折腰90°为特点，轻盈柔美，曾在汉代楚地风行。戚夫人生子如意，封为赵王。史载，刘邦与戚夫人曾欲废原太子（吕后之子），改立赵王。事不谐，戚夫人和刘邦唱楚歌跳楚舞，悲不自禁。刘邦死后，戚夫人遭吕后迫害，被迫舂米。最后被斩肢、挖眼、毒哑，沦为“人彘”惨死。

戚继光 Qi Jiguang (1528-11-12～1588-01-05) 中国明代军事家、抗倭名将、民族英雄。字元敬，号南塘，晚号孟诸。生于山东济宁，卒于登州。嘉靖二十三年（1544）袭父职为登州卫指挥佥事。嘉靖三十四年调往浙江抗倭，任参将，镇守宁、绍、台（今临海）三府。鉴于明军纪律松弛、战斗力低下，至义乌招募农民和矿工4 000余名，编组训练成戚家军，成为抗倭主力。嘉靖四十年，在台州、仙居、桃渚等处大胜倭寇，九战皆捷。次年奉调援闽，连破倭寇巢穴横屿、牛田、兴化，闽境倭寇主力被消灭殆尽。因功升署都督佥事。四十二年再援福建，破倭寇巢穴平海卫（今莆田东南），进官都督同知，升福建总兵。此后转战闽粤沿海各地，终于解除东南沿海倭患。隆庆二年（1568），明廷特召戚继光总理蓟州、昌平、保定三镇练兵事，总兵官以下悉受节制。16年间整饬防务，加强战备，修筑御敌台，设立武学，训练将士，编成一支车、骑、步三者皆备的精锐部队，使防御巩固，京师（今北京）安全。后被排挤，南调镇守广东。再后被诬陷夺职。著有《纪效新书》、《练兵实纪》等，为兵家所重视。

期货 futures 买卖双方约定在未来某一时点结算、交割的某种商品或标的物。在**期货交易**中，期货是按照标准合同来交易的，并且交易是在指定的时间内，在特定的期货交易所内进行。期货一般分为商品期货和金融期货两种。

期货交易 futures trading 众多的买主和卖主通过**经纪人**在商品交易所内按一定的规则，以公平竞争的形式长期进行的标准化合约的交易。现货交易的对称。由于是一种非现金与现货的契约交易，实际上是一种期货合同交易。与现货交易相比，具有以下特点：①不规定双方提供或者接受实际货物。②交易的结果不是转移实际货物，而是支付或者取得签订合同之日与履行合同之日的价格差额。③期货合同是由交易所制定的标准期货合同，并且只能按照交易所规定的商品标准和种类进行交易。④交货期是按照交易所规定的交货期确定的，不同商品的交货期不同。⑤期货合同必须在每个交易所设立的清算所进行登记及结算。期货交易，通常分为两类：一类是利用期货合同买进卖出，从价格涨落的差额中追逐**利润**的投机活动；另一类是真正从事实物交易的人做**套期保值**。

期货交易所 futures exchange company 进行期货合约买卖的有组织的交易场所。其基本功能是为期货合约的买卖提供必要的场地和基础设施，提供标准的期货合同；提供商品分级、检验及仓储的便利；提供解决交易争议的仲裁机构，以及向公众传播交易信息，通过制定严格的交易规则和操作规范来保证交易的公开、公平、公正。期货交易所作为非营利的团体，通常实行会员制，靠收取会员席位费、会费和交易费作为日常管理和多种活动的经费来源。但随着**金融全球化**和交易所之间竞争的激烈，交易所公司化已成必然趋势。

上海期货交易所大楼

期货市场 futures market 进行期货合约买卖的场所。有以下几个重要组成部分：①**期货交易所**。其承担的职责是：提供一个有组织的市场；保证合约交易的公平竞争性；订立统一的交易规则和标准化合约。②期货结算所。其职责是：作为所有交易者的交易对手，通过保证金制度和每日结算制度等风险控制方式，保证交易的履行和合约的兑现。③期货经纪商。作为交易所的会员，基于自身或客户的利益进行期货合约的买卖。④期货交易者。主要分为套期保值者和投机者。只有基于不同目的的大量的投资者参与期货交易，才能保证市场的流动性，实现期货市场发现价格和规避风险的目的。

期间费用 period expenses 有助于当期**营业收入**的实现，或者为数细微，不值得在各期分摊的费用。包括：①营业费用。企业在销售商品过程中发生的费用，如运输费、装卸费、包装费、保险费、展览费和广告费等，商品流通企业的营业费用还包括在购买商品过程中所发生的进货费用。②管理费用。企业为组织和管理企业生产经营所发生的管理费用，包括企业董事会和行政管理部门在企业的经营管理中发生的，或者应当由企业统一负担的公司经费、工会经费、待业保险费、劳动保险费、董事会费、聘请中介机构费等。③财务费用。企业为筹集生产经营所需资金等而发生的费用，包括应当作为期间费用的利息支出（减利息收入）、汇兑损失（减汇兑收益）以及相关的手续费等。期间费用应当直接计入当期损益，并在利润表中分别项目列示。

期刊 periodical 定期或不定期成册连续出版的印刷读物。又称杂志。有固定刊名、版式、开本、定价。它根据一定宗旨，将众多作者的作品汇集成册出版。期刊是记录与报道社会科学、自然科学的活动、成果与发展的重要工具，是传播、交流与保存科学文化成就的手段之一。1665年1月，法国戴·萨罗在巴黎创办了世界上第一种期刊——《博学者杂志》。最早的中文期刊是1815年在马六甲出版的《察世俗每月统记传》。期刊的种类分为综合性、专业性，定期与不定期等；按内容分，有学术性与技术性、商业性与行业性、政治性与时事性、资料性、科普性、检索性、趣味性等；按读者对象分，有老年、中年、青年、妇女、儿童等；按表现形式分，有以文字为主的期刊和以图片为主的期刊。另外，还可以按载体分为印刷型和非印刷型期刊。

期票 promissory note 一种信用凭证。债务人签发的，载有一定金额，承诺在约定的期限由自己无条件地将所载金额支付给债权人的票据。债务人为出票人，债权人或持票人为受款人。期票一经发出，出票人就负有绝对付款的义务，如到期不予支付，受款人有权诉诸法庭。期票可分为：一般期票和银行期票；即期期票和远期期票。期票在未到期限间，可以由债权人背书转让，作为支付手段和购买手段进入流通领域。在西方国家，期票可以经过多次背书转让。转让后的期票如果到期不能偿付，背书人负有付款的责任。期票还可在到期前向银行申请贴现，作为融通资金的工具，银行按照一定的贴现率，预先扣除一定的利息。

期权 option 在预先约定的日期，根据事先确定的价格买卖某种特定商品、金融工具或相关期货合约的权利。又称选择权。权利享有一方（期权的买方）有权在期权合约到期日或到期日之前的有效期限内，按协议约定的价格选择是否买入或卖出一定的金融资产或商品，既可以执行这一权利，也可以放弃这一权利。期权的卖方作为义务执行者，在期权的有效期内必须履行合约的规定，无论行情怎样变化，均负有卖给买方或从买方处购进约定的金融资产和商品的义务。期权买方需支付卖方期权费，无论期权是否执行，期权费不能退回。期权最大的特点是：买卖的对象不是实质性的金融资产或商品，而是一种权利。期权可分为美式期权和欧式期权，看涨期权（又称买方期权）和看跌期权（又称卖方期权），股票期权、货币期权、利率期权、股票价格指数期权等。

期望理论 expectancy, theory of 美国心理学家V.H.弗鲁姆1964年在《工作与激励》一书中提出的激励理论。认为个体以某种方式采取行为的倾向强弱，取决于他对该行为所带来的结果的期望的强弱，以及该结果对个体的吸引力。用公式来表示就是：

激励力量=效价×期望

根据这一公式，个体对行为结果的估价越高，同时他期望自己能获得这一行为结果的概率越高，这一结果对他的激励力量就越大，他的积极性也就越高。该理论涉及三个主要变量：吸引力、绩效/报酬关系、努力/绩效关系。吸引力是指个体在工作中可能取得的结果和报酬对他的重要性，绩效/报酬关系是指个体认为一定水平的绩效能在多大程度上带来他所期望的结果，努力/绩效关系是指个体认为投入一定的努力能带来多少绩效。

漆器 lacquerware 用漆在木、织物、金属、竹篾、皮革等材料做成的器物胎骨上涂饰，并装饰图案的工艺品。

沿革 新石器时代，中国先民就认识漆的性能，并用以制作器皿。浙江余姚河姆渡遗址出土的木碗，内、外都涂以朱红色漆，色泽鲜艳。在湖北黄陂盘龙城、河北藁城台西、河南安阳侯家庄等商代遗址中都发现木雕涂饰朱漆的木椁板印痕，雕花或镶嵌绿松石、玉石的漆器。西周漆器多描绘花纹，或镶嵌蚌壳作为装饰，是螺钿漆器的雏形。山东临淄郎家庄发现的东周漆器残片，是现知较早的漆画。战国时期，漆器在胎骨、造型及髹饰技法上均有创新。夹纻已经出现，它是脱胎漆器的前身。汉代，漆器生产以湖南、四川为主，并出现较大型的作品。新技法有戗金及堆漆。在器物上镶金、镀银，或镶嵌玉石、琉璃珠，并加金银箔花饰，以彩绘相衬托，华美无比。唐代，漆器达到空前水平，有螺钿漆器、金银平脱漆器，并出现剔红漆器。夹纻造像也有发展。宋代，著名的漆器产地有浙江温州、杭州。剔红、描金、戗金等漆器都很精致。元代，漆器中最著名的是螺钿、戗金和雕漆，成就最高的是雕漆。明代，漆器生产有更大的发展。宫廷内宫监、御用监下设漆器工场。在永乐至宣德年间，宫廷设果园厂，专门制作漆器。民间漆器生产亦分布很广。浙江嘉兴以剔红漆器著称。江苏扬州以薄螺钿漆器和百宝嵌漆器著称。江苏苏州和北京以描金漆器为主。山西新绛以雕填漆器、剔犀漆器为主。清代，除宫廷设漆器工场外，民间漆器也普遍发展。福州以脱胎漆器为主。广东以描金、螺钿漆器为主。阳江漆器以牛皮作胎，质轻，耐潮，防水，坚固耐用。北京以雕漆为主。贵州大方漆器以马皮作胎，彩色雕填，独具风格。江苏扬州继承明代百宝嵌漆器的传统。四川漆器以研磨彩绘著名。

中国漆器的流传 在亚洲，中国漆器流传至朝鲜、日本。1913年，在朝鲜平壤古代乐浪郡遗址出土许多中国汉代漆器。唐代，大量中国漆器以及夹纻造像、金银平脱、螺钿等髹饰技法流传至日本。宋代，浙江雕漆经由明州（今宁波）流传至日本，日本匠师争相模仿。元代，浙江嘉兴张成等名匠的剔红漆器也经由庆元（今宁波）流传至日本。明永乐二年(1404)和五年(1407)，中国使臣出访日本，携带剔红香盒、车轿、椅、脸盆架、碗等近100件漆器，日本宫廷匠师也模仿生产。明末，居住在长崎的中国剔红匠师欧阳云台的作品在日本很受欢迎，被誉为云台雕。

16世纪，荷兰、英国、法国的商舶将中国漆器运到欧洲。中国漆器在法国大受欢迎。17世纪中叶至18世纪初，中国广东、福建商舶将漆器运至印度孟加拉湾科罗曼德尔海岸的商港，由英国和法国商舶转运至欧洲，在欧洲被称为科罗曼德尔漆器。当时，中国流传到欧洲的漆器大多是屏风、家具以及花瓶、酒具、咖啡具等，其中不少珍品现收藏于欧洲各国的宫殿和博物馆内。所有这些，促使法国、丹麦、奥地利、英国等国的漆器生产在18世纪迅速发展，成为欧洲漆器史上的黄金时代。乾隆四十九年(1784)，美国商舶“中国皇后”号抵达广州，翌年返航时运载了不少漆器。19世纪，美国也时兴松木漆器家具。

品种和产地 中国漆器按髹饰技法主要分为：①描金和描漆漆器。以漆、油调色和金色描绘花纹的漆器。②堆漆漆器。以稠漆或漆灰堆出花纹的漆器。③填漆漆器。在漆器表面刻出阴文花纹，再填以陷色漆，干后磨平的漆器。④戗金漆器。在漆器表面勾画阴文花纹，并在花纹内填金的漆器。⑤雕填漆器。采用填漆和戗金两种髹饰技法相结合的漆器。⑥螺钿漆器。用经过研磨、裁切的贝壳薄片作为镶嵌纹饰的漆器。⑦雕漆。在器物胎骨上多次涂漆，层层积累到相当厚度，再用刀在漆层上雕刻花纹的漆器，包括剔红、剔彩、剔犀等品种。⑧犀皮漆器。在漆面做出高低不平的地子，上面逐层涂饰不同色漆，最后磨平，形成一圈圈色漆层次的漆器。⑨百宝嵌漆器。以象牙、珊瑚、翡翠、玉石等珍贵材料在器物表面镶嵌成各种浮雕花纹的漆器。⑩脱胎漆器。用生漆将丝绸、麻布等织物糊贴在泥土、木或石膏制成的内胎上，裱贴若干层后形成外胎，然后脱去内胎，取得中心空虚的外胎，再将外胎作为器物胎骨而髹饰制成的漆器。

现代中国漆器主要分布在北京、福州、扬州、上海、成都、重庆、山西平遥、贵州大方、甘肃天水等地。北京以雕漆、金漆镶嵌为主。福州承袭脱胎漆器的传统。扬州以百宝嵌和螺钿漆器著名，其中尤以点螺最为突出，即将夜光螺等磨成细条，再以特制刀具切割成点、线、片等，或间以金丝，镶嵌于漆底上，作品熠熠生辉。重庆以研磨彩绘和蛋壳镶嵌见长。山西平遥的推光漆器、上海和甘肃天水的雕填漆器、贵州大方的马皮胎漆器等，也都各具特色。

漆树 *Toxicodendron vernicifluum*; lacquer tree 漆树科漆树属的一种。落叶乔木。又称大木漆、山漆树。因产生漆而得名。漆树原产中国。漆树属全世界约150种，分布于亚洲东部和北美至中美。中国产15种，约40多个品种，以陕西、湖北、四川、贵州、云南和甘肃6个省分布最多。

树高达20米。树皮幼时灰白色，成年树皮粗糙，呈不规则纵裂。小枝粗壮，顶芽大而显著。羽状复叶，互生。圆锥花序，腋生，黄绿色。果序下垂，核果肾形或椭圆形，果核棕色，坚硬。树皮和叶中具白色乳液，含有漆酚等物质。较喜光，不耐庇荫，适宜生长于背风向阳而又湿润的环境。生长发育和形成漆液的过程中，常需要较多的水分和较高的热量。生长发育的最适宜条件是：年平均气温13℃左右，最冷月平均气温2.5～5℃，极端最低气温－10℃，≥10℃积温4 500℃左右，年降水量750～1 200毫米，相对湿度70%以上。播种育苗对种子采用开水烫种，碱水脱脂，浸泡种壳，温水催芽的方法。

漆树形态

漆树除主产生漆外，也是用材树种。可作桩木、坑木、电杆和家具用材，也可作细木工制品及高级建筑物的室内装饰。果实的中果皮含有漆脂（俗称漆蜡），其主要成分饱和脂肪酸是制造肥皂的优良原料。漆仁油为不饱和脂肪酸含量较高的不干性油，可用作油漆工业原料，也可供食用。叶、花、果实和干漆可入药。

漆树科 Anacardiaceae; cashew family 双子叶植物纲蔷薇亚纲的一科。约60属600余种，广泛分布于全世界热带和亚热带地区，部分属种分布扩展到北温带地区。中国有16属54种（包括引种的1属2种），其中16个特有种。绝大多数为乔木或灌木，少有木质藤本和亚灌木状草本。叶互生，多为羽状复叶，也有单叶或掌状3小叶，无托叶。花小，单性或杂性异株，少有两性，排列成圆锥花序；3～5基数，稀为单被或无被；雄蕊与花瓣同数或为其2倍，有时部分退化，花盘多样；子房上位，1～5室。核果。

漆树科有的为著名的热带水果，如**腰果**、**杧果**和人面子等；绝大多数属种的树皮和叶均含鞣质，可提取栲胶，**漆树**是生产著名“生漆”的树种；很多植物可以入药，如黄连木具有清热解毒的作用；有些种类也可作观赏植物，如**黄栌**（西山红叶）。

漆侠 Qi Xia (1923-03-12～2001-11-02) 中国历史学家。字剑萍，笔名范今、万钧、泛金、季子涯。山东巨野人。卒于河北保定。1944年考入国立西南联合大学历史系。1948年毕业于北京大学历史系，旋入北京大学文科研究所史学部为研究生，师从**邓广铭**。1951年3月入中国科学院近代史研究所任助理研究员。1953年12月转入天津师院（河北大学前身）任教，1961年晋升为副教授，1979年晋升为教授。历任河北省民盟副主委、河北省政协常委、河北省社会科学联合会副主席、中国史学会理事、中国宋史研究会会长、中国农民战争史学会理事长、河北省历史学会会长、河北大学文科资深教授等。

漆侠坚持以马克思主义理论指导中国古代史的教学和研究，在中国农民战争史、中国古代经济史、辽宋夏金史和宋学等方面取得了很高的成就。主要著作有《秦汉农民战争史》、《隋末农民起义》、《王安石变法》、《宋代经济史》、《辽夏金经济史》（合著）、《求实集》、《知困集》、《探知集》、《宋学发展与演变》、《历史研究法》；主编《中国改革通史》（10卷本）、《中国改革史》、《中国封建社会经济史》（与田昌五共同主编）、《宋史研究丛书》（10种），发表160余篇论文。

漆侠在河北大学执教近50年，培养大批人才。他所创建的河北大学宋史研究中心被评为教育部省属高校人文社会科学研究基地。漆侠多次成功主办了中国宋史研讨会，且先后赴美国、日本、新加坡等国家以及中国香港、台湾等地区的大学进行学术交流和讲学，对加强海内外学界的交流与合作作出了贡献。

齐 Qi State 中国西周、春秋时期姜姓诸侯国，战国时期为田（陈）氏所取代，为七雄之一。

姜齐的始封君为太公望，氏吕名尚，辅佐周文王、武王灭商有功。周公平定三监之叛后，封吕望于营丘（今山东淄博东北），占有蒲姑旧地，齐立国，史称姜齐。齐的疆域盛时，北至黄河与燕接界，西至济水与卫接界，南至泰山与鲁接界，东至今山东寿光一带，与杞、莱接界，并占有今山东半岛。自齐献公起，定都临淄。公元前685年，**齐桓公**即位，任用**管仲**为辅佐，实行一系列改革，齐国日益强大。

春秋中期，齐桓公以“尊王攘夷”为号召，联合中原诸夏，讨伐戎、狄、徐、楚，安定周室。公元前664年，齐北伐山戎，救燕；接着，又逐狄，存邢救卫，公元前656年，齐合诸侯之师侵蔡伐楚，与楚盟于召陵。此后，齐又多次大会诸侯。公元前651年，齐会鲁、宋、卫、郑、许、曹于葵丘，周天子使宰孔赐齐侯胙，齐霸业达于顶峰，成为春秋五霸之一。公元前643年，齐桓公卒，齐从此失去霸主地位。春秋晚期，齐国公室衰落，卿大夫相互兼并。经反复斗争，公元前386年，陈成子玄孙太公和立为诸侯，迁齐康公于海上，田齐代立。

田齐系妫姓诸侯国，出于陈厉公之子陈完。陈与田古音相近，故古书往往作田。田齐的国都仍在临淄，疆域亦袭姜齐之旧。田齐立国时，已经进入战国中期。太公和是第一代齐侯。太公和之孙桓公午在国都临淄的稷下置学宫，招聚天下贤士。稷下人才济济，成为东方学术文化的中心。齐威王任用邹忌为相，改革政治，齐国遂强大。

齐国故城遗址的殉葬马坑

公元前353年，齐大败魏军于桂陵。公元前341年，齐又大败魏军于马陵。公元前334年，齐威王与魏惠王“会徐州相王”，正式称王。公元前314年，一度占领燕国。战国晚期，齐仍保持着强盛的地位。公元前288年，齐、秦并称东、西帝。公元前284年，燕以乐毅为上将军，合燕、秦、韩、赵、魏攻齐，攻入临淄，连下70余城。齐城不下者只有莒和即墨。公元前279年，田单收复失地。但齐元气大伤，无力再与秦抗衡。公元前221年，秦灭韩、魏、楚、燕、赵后，使将军王贲从燕地南攻齐国，俘虏齐王建，齐国灭亡。

齐 Qi Dynasty (479～502) 中国南朝第二个王朝。萧道成创建。都建康。疆域北至大巴山脉和淮南，西至四川，西南至云南，南至今越南横山，东南直抵海滨。历7帝，共24年。

萧道成，低级士族出身。他领兵30多年，利用刘宋末年皇室内部、君臣之间相互残杀的混乱局面，以中领军掌握实权，

齐世系表

①高帝萧道成（479～482）—②武帝萧赜（482～493）—③郁林王昭业（493～494）
　　　　　　　　　　　　　　　　　　　　　　　　└④海陵王昭文（494）
└⑤明帝萧鸾（494～498）—⑥东昏侯宝卷（498～501）
　　　　　　　　　　　　└⑦和帝宝融（501～502）

于升明三年（479）代宋称帝（见齐高帝萧道成），国号齐，年号建元，历史上又称南齐、萧齐。齐初虽对宋末暴政作过一些改革，注意劝课农桑和学校教育，但人民的负担并未减轻，濒于破产的农民纷纷沦为豪强大族的隐户。齐世寒人兴起的趋势继续发展，中央以寒人掌典机要，地方则重用典签，对皇室和方镇严加控制、监视，门阀士族的实权进一步削弱。齐初，鉴于宋末统治阶级内部相互残杀而失天下的教训，终齐武帝萧赜之世，虽然爆发过唐寓之暴动，尚能维持政局的稳定。齐明帝萧鸾在位5年，皇室间的相互残杀更甚于宋末。高、武子孙，几乎被萧鸾杀绝。萧鸾死后，即位的萧宝卷（东昏侯）更是专事杀戮的暴君，人人自危，众叛亲离，政局混乱达于极点。永元三年（501），宗室雍州刺史萧衍自襄阳起兵攻占建康，尽杀明帝后裔，次年称帝，建立梁朝，齐亡。

齐奥尔科夫斯基 Tsiolkovsky, Konstantin Eduardovich (1857-09-05～1935-09-19) 苏联科学家，现代航天学和火箭理论的奠基人。生于伊热夫斯科耶镇（现属梁赞州），逝于卡卢加。9岁时因病几乎失去听觉，被迫辍学。自修中学和大学的数理课程后，1880年到卡卢加省博罗夫斯克县立学校任数学教师并开始从事科学研究工作。1884年后研究全金

属气球（飞艇）、流线型飞机和气垫列车的基本原理。1896年起系统地研究喷气飞行器的运动原理。1903年发表著名论文《利用喷气工具研究宇宙空间》的第一部分，第二部于1911～1914年以连载形式刊登。此文论证了喷气工具用于星际航行的可行性，推导出著名的齐奥尔科夫斯基公式，奠定了火箭和液体火箭发动机的理论基础。

齐奥尔科夫斯基是征服宇宙的先驱思想家和理论家。他说过："地球是人类的摇篮。人类决不会永远躺在这个摇篮里，而会不断探索新的天体和空间。"他一生写了730多篇论著，苏联政府授予他劳动红旗勋章，还在莫斯科和卡卢加为他建造纪念碑。苏联航天史博物馆、卡卢加师范学院、莫斯科航空学院和月球上的一个环形山也都以齐奥尔科夫斯基命名。主要著作有《齐奥尔科夫斯基论文集》4卷、《齐奥尔科夫斯基选集》。

齐奥塞斯库 Ceaușescu, Nicolae (1918-01-26～1989-12-25) 罗马尼亚共产党中央总书记（1965～1989），共和国总统（1974～1989）。生于奥尔特县一个农民家庭，卒于布加勒斯特附近。1933年参加罗马尼亚共产党。1944～1945年任共青团中央书记。1945年当选为罗共中央委员。1965年3月当选为工人党第一书记。同年7月工人党重新定名为共产党，当选为罗共中央执行委员会委员、常设主席团委员和总书记。同年主持制定新宪法，改国名为罗马尼亚社会主义共和国。1967年12月被选为国务委员会主席。1974年3月被选为共和国总统。1989年12月，罗马尼亚国内政局发生变动。同月25日，罗马尼亚特别军事法庭判处齐奥塞斯库夫妇死刑，立即执行。

齐白石 Qi Baishi (1864-01-01～1957-09-16) 中国画家、篆刻家。原名纯芝，字渭清，又字兰亭，后取名璜，号濒生，别号白石山人、寄园、寄萍、寄萍堂主人等。生于湖南湘潭，卒于北京。8岁随外祖父周雨若读书，一年后因家贫辍学，在家牧牛砍柴。喜画，常以习字描红纸画人物、花卉及动物。15岁后学木匠，以雕花名闻乡里。21岁得《芥子园画传》，在松油灯下勾影描摹，初悟画理画法。1888年，拜湘潭画家萧传鑫为师，学画像。后经萧介绍得识另一画像师文少可，得其指教。翌年，从胡自倬学画工笔花鸟草虫，从陈作埙学诗文。从此以绘画维生。从胡自倬等学书法则以何绍基一体为主。1896年又学篆刻。1899年拜诗人王湘绮为师。1902年10月，应友人夏午诒之约，远游西安，在西安结识诗人、陕西臬台樊樊山（樊增祥）。1903年春，随夏午诒到北京。1904年春至秋，随王湘绮同游南昌、九江、庐山。1905年7月，广西提学使汪颂年邀他游桂林，翌年春赴广东钦州，秋返湘。1907年应郭葆生之约再赴钦州，教郭夫人画并为郭代笔。先后游肇庆、端溪、东兴，年底回湘潭。1908年到广州以卖画刻印为生。1909年夏经香港、上海、苏州、南京返家。齐白石在7年远游中临摹了很多名画，结识了许多名人和艺术家。绘画渐由工笔转向写意，书法由学何绍基转而临《爨龙颜碑》，刻印亦由学丁龙泓、黄小松转仿赵之谦。远游成为他"改变作风的个大枢纽"。

1910年，齐白石把游历得来的山水画稿重画一遍，编成《借山图册》，共52幅，同年又创作《石门二十四景图》。1917年，因连年兵乱，应樊樊山之约到北京，结识陈师曾等。1919年定居北京。1922年，陈师曾赴日本，首次将齐白石介绍到国外。1927年，北京艺术专科学校校长林风眠请齐白石到校执教中国画。1929年，徐悲鸿一度主持北京大学艺术学院，聘齐白石为教授。1933年，《白石诗草》印成。

1937年七七事变后，齐白石辞去一切教职，闭门家居。"画不卖与官家，窃恐不祥"。抗战胜利后，心情振奋，画作大增，并重新担任北京艺专教授。1946年应中国美术会之邀到南京、上海举办画展。1951年被选为中国文联主席团委员。1953年文化部授予他"优秀人民艺术家"荣誉奖状。同年，被选为中国美术家协会主席。翌年，在北京举办齐白石绘画展，并当选为第一届全国人民代表大会代表。1955年获德意志民主共和国艺术科学院通讯院士荣誉状。与陈半丁、于非闇等14位画家集体创作巨幅《和平颂》，献给在芬兰赫尔辛基召开的世界和平大会。1956年荣获世界和平理事会颁发的1955年度国际和平奖金。1957年任北京中国画院（今北京画院）名誉院长。

齐白石约65岁后进入绘画创作的高峰期，艺术臻于化境。齐白石艺术的渊源，一是民间艺术传统，二是明清个性派文人画的传统，三是清代以来的篆刻传统。他将文人传统与民间传统、文人修养与农民气质融为一体，雅俗兼得，成为现代艺术史上的奇迹。

《山溪群虾》

齐白石的绘画，以花鸟草虫为大宗，无论工、写，都造诣高深，独树一帜。他的写意人物画简括、传神、充满人情味和幽默感，山水画匠心独运，境界新奇而充满诗意，一扫近代山水画坛上的模拟、柔弱之风，无论造型、笔墨和结境、创意都成自家风范。在近现代绘画史上，如齐白石之兼具诗、书、画、印、花鸟、人物、山水的全才型而又能戛戛独造的巨匠，几乎绝无仅有。

齐白石的艺术在国内外获得广泛声誉。他的创作，描绘他经历、体验过的对象，大凡他记忆中的农村生活，都摄入画幅，注入真挚的情感。他的回忆、他的爱与恨、他的牢骚与幽默、他的人生体验和智慧，都质朴无华地融铸笔端，从而构成与传统文人画截然不同的精神特色：健康、欢乐、诙谐、倔犟、自足，有蓬勃的生命力。

画集有《齐白石全集》以及各种版本选集。

齐伯林 Zeppelin, Ferdinand von (1838-07-08～1917-03-08) 德国飞艇制造家，大型实用硬式飞艇的发明人。生于康斯坦茨，卒于柏林。1857年毕业于路易斯堡陆军士官学校，1858年进入蒂宾根大学进修工程课程。以后历任瓦敦堡国王侍卫官、王国驻柏林使节、骑兵旅长，1890年以陆军中将衔退伍。1863～1864年，齐伯林赴美国考察军事，曾亲自乘系留氢气球升空，使他产生研制可操纵气球的设想。1891年自陆军退役后从事飞艇的研制。1900年，制成第一艘雪茄形硬式飞艇。

于1900年7月2日首次升空试飞，因操纵性能不好在着陆时撞毁。齐伯林后来对飞艇结构作了改进，于1906年制成两艘飞艇并成功地进行了两次时速57.6千米的试飞。为此，德累斯顿工程学院授予他名誉工程博士学位。

齐伯林于1908年创办生产军用和商用飞艇的齐伯林飞艇公司，到1918年共制造113艘军用飞艇，在第一次世界大战中得到广泛应用。他还在1909年开办德国航空运输有限公司，经营国内航线和汉堡—美国之间的航线。齐伯林硬式飞艇是世界上最早用于正式空运旅客的商用交通工具。

齐夫定律 Zipf's law 描述单词在文献中出现频次的分布规律的一种经验性定律。又称省力法则。1948年由美国哈佛大学语言学教授G.K.齐夫对英语文献中单词出现的频次进行大量统计以检验前人的定量化公式而提出的。齐夫定律指出文章中单词的频次 (f) 与其排列的序号 (r) 之间存在着下述定量的关系：如果有一篇包含n个词的文章，将这些词按其在该文章中出现的频次递减地排序，那么序号r和其出现频次f之积fr，将近似地为一个常数，即$fr=b$（式中$r=1,2,3,\cdots$），即词频分布定律最普通而又最典型的表达。但是齐夫的表达仅适宜于中频词的情况，高频与低频词与该表述偏差较大。于是对词频分布规律又有许多补充和深化的研究。研究词频分布对词表编制、标引规则制定、词汇分析与控制、自动标引、作者著述特征等具有一定意义。

齐高帝萧道成 Emperor Gaodi of Qi Dynasty (427～482) 中国南朝齐创建者。字绍伯，小名斗将。在位4年。先世居东海兰陵（今山东苍山西南）。少从名儒雷次宗受业，治《礼》及《左氏春秋》。仕宋，初为左军中兵参军，后领偏军征仇池，进军距长安80里，以兵少，又闻宋文帝卒，乃还。明帝时为右军将军，先后镇会稽（今浙江绍兴）、淮阴（今江苏淮安市西南），以军功累官至南兖州刺史。明帝卒，他与尚书令袁粲等共掌朝政，并领石头戍军事。元徽二年 (474) 平江州刺史桂阳王休范的反叛，晋爵为公，迁中领军将军，掌握了禁卫军，督五州军事。与袁粲、褚渊、刘秉号称“四贵”。在刘宋皇室内部争权夺利的火并中，逐渐将军政大权揽到自己手中。升明元年 (477) 七月，弑宋后废帝刘昱，立刘準（顺帝）。萧道成封齐王，兼总军国大政，随后陆续诛灭异己。升明三年四月受刘宋禅让，登帝位，国号齐，年号建元，史称南齐。萧道成以宋亡为鉴，务从俭约，减免百姓逋租宿债，宽简刑罚，设立校籍官，以宋元嘉二十七年 (450) 版籍为准整顿户籍。但校籍工作有悖初衷，执行过程中多有舞弊，招致民众不满，在其死后不久，即发生了唐寓之暴动。

齐格勒 Ziegler, Karl (1898－11－26～1973－08－12) 德国有机化学家。生于卡塞尔附近的黑尔萨，卒于米尔海姆。1923年获马尔堡大学化学博士学位。1927年在海德堡大学任教授。

1936年任哈雷－萨勒大学化学学院院长。1943年任威廉皇家学会（后称马克斯·普朗克学会）煤炭研究所所长。在金属有机化学方面的研究工作一直占世界领先地位。1953年他利用铝有机化合物成功地在常温常压下催化乙烯聚合，得到聚合物，从而提出定向聚合的概念。他发现金属氢化物可与碳－碳双键加成，如由氢化铝锂合成四烷基铝锂。齐格勒最大的成就是发现金属铝和氢、烯烃一起反应生成三烷基铝。以三烷基铝与四氯化钛为催化剂（称齐格勒－纳塔催化剂），使乙烯在常温常压下聚合成线型聚乙烯。因合成塑料用高分子并研究其结构，与G.纳塔共获1963年诺贝尔化学奖。

齐格勒–纳塔催化剂 Ziegler-Natta catalyst 元素周期表中ⅣB～Ⅷ族过渡金属化合物和ⅠA～ⅢA族金属有机化合物共同构成的催化剂。通常将过渡金属化合物称为主催化剂，将有机金属化合物称为共催化剂。常用的齐格勒－纳塔催化剂由四氯化钛－三乙基铝〔$TiCl_4-Al(C_2H_5)_3$〕组成，适用于乙烯常压聚合和α－烯烃的定向聚合。所得聚乙烯具有线型结构、密度高、结晶度高等特点。用$TiCl_3-Al(C_2H_5)_2Cl$催化丙烯聚合得到全同立构聚丙烯。这类催化剂是20世纪50年代初由K.齐格勒和G.纳塔发明的，他们因此获1963年诺贝尔化学奖。四氯化钛与有机铝首先作用，被还原至三氯化钛，然后被烷基化而得氯化烷基钛，烯烃络合在钛原子的空位，而逐步聚合成长链。因该聚合反应是非均相配位过程，所以又称配位聚合。

齐观山 Qi Guanshan (1925－05～1969－08－15) 中国新闻摄影记者。河北平山人。卒于北京。1939年参加八路军。1941年在晋察冀军区摄影训练队培训后，开始从事新闻摄影工作。先后担任《晋察冀画报》、《冀热辽画报》记者。抗日战争胜利后，任《东北画报社》采访科副科长，拍摄了辽沈战役、平津战役的大量照片。中华人民共和国建立后，任中央人民政府新闻总署新闻摄影局记者室副主任、新华通讯社摄影部采访科科长，并当选为中国摄影学会理事。齐观山的摄影作品多为中国新闻照片中的珍品，具有重要的艺术价值和历史文献价值。1964年，《齐观山摄影作品选集》出版。

齐桓公 Duke Huan of Qi State (?～前643) 中国春秋时期齐国国君。姜姓，名小白。齐僖公子，齐襄公弟。公元前685～前643年在位。襄公时，因内乱而奔莒避祸。襄公被杀后，他与公子纠争夺君位，自莒回国，在齐大夫高氏、国氏支持下，先行夺取政权，立为齐君。齐桓公不计前嫌，任用管仲为相，整顿内政，把国都分为十五士乡和六工商乡，分鄙野为五属，寓军事编制于乡里编制中；“通货积财”，使齐的国势日益强盛。与此同时，又以尊王攘夷为号召，联合燕国打败北戎，抗御狄族，援救邢、卫。前656年，又集结中原诸侯击败楚之盟国蔡国，与楚会盟于召陵（今河南郾城东），制止楚对中原的进攻。齐桓公还平定周王室内乱，扶持周襄王继位。前651年，齐桓公在葵丘（今河南兰考）主持诸侯盟会，各诸侯国的君主和周天子的使臣参加，正式承认其中原霸主地位。桓公卒后，诸子争立，内乱不息，齐失去霸主地位。

齐家文化 Qijia Culture 中国铜石并用时代至早期青铜时代文化。以甘肃广河齐家坪遗址而命名。主要分布在黄河上游及其支流渭、洮、湟水等流域。年代约为公元前2100～前1600年。经济生活以原始旱地粟作农业为主，饲养猪、羊、狗、牛、马、驴等家畜，兼事狩猎。生产工具中有石刀、斧，宽刃骨铲等。制陶业发达，典型器物为双大耳罐、三耳罐和高领双耳罐等，新出现鬲、斝等三足器。彩陶占一定比例。玉器有琮、璧等。出现冶铜业，发现红铜器、青铜器60多件。青海西宁沈那遗址发现的大铜矛长62厘米，是齐家文化已知最大的青铜器。房址平面呈圆形或长方形，居住面及四壁近底处涂抹一层白灰，起坚固美观和防潮作用。

已清理墓葬约有千座，流行长方形土坑墓，随葬陶器和猪下颌骨。大墓和小墓在墓葬规格和随葬品数量上差别悬殊。表明当时私有制已产生，社会出现贫富分化。除单人葬外出现成年男女双人葬和一男两

双耳彩陶罐

（青海乐都柳湾墓地出土，器外饰蝶形纹）

女合葬墓，均为男性仰身直肢居中，女性面向男子侧身屈肢。表明男子地位已居于女性之上或处于统治地位，女子处于从属或被奴役的境地，婚姻形态已由对偶婚过渡到一夫一妻制，并有少数人过着一夫多妻的生活。合葬墓中还有父子合葬。上述迹象说明，齐家文化时期父系制已发展成熟。当时处于原始氏族社会行将崩溃的军事民主制时期。

齐美尔 Simmel, Georg（1858-03-01～1918-09-28） 德国社会学家、哲学家。生于柏林，卒于斯特拉斯堡。曾就学于柏林大学，1881年获博士学位，后留校任教。1914年转任斯特拉斯堡大学教授，直到去世。著有《历史哲学问题》、《道德科学引论：伦理学基本概念的批判》、《货币哲学》、《康德〈在柏林大学举行的十六次讲演〉》、《宗教》、《社会学：关于社会交往形式的探讨》、《社会学的根本问题：个人与社会》。

齐美尔是19世纪末20世纪初反实证主义社会学思潮的主要代表之一。他的社会学思想受到新康德主义和生命哲学的影响，是这两个派别在社会学领域内的主要代言人。他反对社会是脱离个体心灵的精神产物的看法，认为社会并不是个人的总和，而是由互动结合在一起的若干个人的名称。他把社会学划分为一般社会学、形式社会学和哲学社会学三类。他提出“理解”概念，认为研究者难免带上主观的价值取向，其知识也具有主观的和相对的性质。他创立了小群体的形式研究。从社会交往的复杂性出发，提出冲突的存在和作用，对冲突理论起了很大的促进作用。他还对文化社会学有突出贡献。齐美尔的唯名论、形式主义、方法论的个体主义思想和理解社会学思想，直接影响到以后的德国社会学家，同时对美国社会学也产生很大影响。

《齐民要术》 *Essentials of People's Livelihood* 中国东魏综合性农书。书名中的“齐民”意指平民百姓，“要术”指谋生方法。作者贾思勰。书约写成于公元6世纪30～40年代。他专心农事，除山东外，到过今山西、河南、河北省，“采捃经传，爰及歌谣，询之老成”，写成了这部百科全书式的农书。

全书共分10卷，92篇，约11万余字。在卷前有“杂说”一篇，一般认为是后人所加。前5卷包括粮食、油料、纤维、染料作物、蔬菜、果树、桑柘（附养蚕）等的栽培技术；第6卷为禽畜和鱼类的养殖；第7～9卷是农副产品的加工、储藏，包括酿造、腌藏、果品加工、烹饪、饼饵、饮浆、饴糖，旁及煮胶和制笔墨；第10卷以很大篇幅引载了有实用价值的热带、亚热带植物。书中引用近200种古代农书及杂著，使一些佚失的很有价值的著作如《氾胜之书》、《四民月令》及《陶朱公养鱼经》等得以部分地保存下来。

全书要旨在于提倡奖励农耕，改良土壤，采用合理的耕作制度和方法，强调选种和改良品种以及掌握好天时地利等因素的重要性。不尚空谈，注重实践。在农业生产方面，总结了按照不同的季节、气候和土壤特性来进行各类作物的布局、栽培和管理的经验，阐述了当时黄河流域的耕作方法，轮作制度，间套及混作措施；主张开辟肥源，栽植绿肥，旱地实行井灌，以及采取防治病虫害与霜冻等的技术措施；书中介绍了不少有关生物学的知识，多次提到植物遗传性和变异性的概念以及对植物的驯化与人工选择。杂交和定向培育等也都有所论述。在果树和用材木方面，总结了播种、扦插、压条、分株、嫁接等多种繁殖方法。该书对大家畜的外形鉴定，禽畜的选种，育种和饲养管理，畜产品加工，也有重要的论述。书中还介绍了野生植物和南方植物的利用，第10卷可以说是现存最早的南方植物志。

齐齐哈尔市 Qiqihar City 中国黑龙江省辖地级市。位于省境西南部，黑龙江、吉林、内蒙古3省（区）交界处。辖龙沙、建华、铁峰、昂昂溪、富拉尔基、碾子山、梅里斯达斡尔族7区和龙江、依安、泰来、甘南、富裕、克山、克东、拜泉8县，代管讷河市。面积43 000平方千米。人口537万（2010），有汉、蒙古、朝鲜、满、回、达斡尔、鄂温克、鄂伦春、柯尔克孜、锡伯等35个民族。市区原为满、蒙古各族先民游猎和兵防要地。清顺治九年（1652）前后达斡尔族迁此，“齐齐哈尔”为达斡尔语“边疆”或“天然牧场”之意。城始建于清康熙三十年（1691），康熙三十八年黑龙江将军衙门从墨尔根（今嫩江镇）移至此并建城。清光绪二十年（1894）置黑水厅。1936年设立齐齐哈尔市。曾为嫩江省、黑嫩省、黑龙江省省会。

大乘寺

属温带大陆性季风气候。年平均气温4.4℃。平均年降水量250毫米。春季多大风，较干旱。矿产储量较大的有石英砂、石灰岩、大理石、火山石、沸石、麦饭石、玄武岩、花岗岩、硅藻土、膨润土等。农业主产玉米、小麦、水稻、大豆、马铃薯、甜菜、向日葵、蔬菜等。工业以机械、冶金、化工、建材、电子、医药、食品、造纸、塑料等为主以轧制设备、重型锻压设备产量居全国首位，铁路货车产量占全国的1/3。为中国新兴重工业城市。有扎龙自然保护区和名胜古迹望江楼、关帝庙、龙沙公园、大乘寺、卜奎清真寺、昂昂溪遗址等。

齐如山 Qi Rushan（1877～1962） 中国京剧理论家、剧作家。河北高阳人。卒于台北。17岁入清朝总理各国事务衙门所属同文馆学习德文、法文。曾以商务游历欧洲，观摩了西方戏剧。酷爱京剧。1914年与梅兰芳结识，从此与之合作，参与了梅氏众多新戏的创作、排演，并参与策划、准备梅氏赴日本、美国、苏联访问演出。1931年，与梅兰芳、余叔岩、张伯驹等组建北平国剧学会，编辑出版《戏剧丛刊》、《国剧画报》，搜集整理戏曲资料，举办国剧传习所，培养京剧表演人才。1948年赴台湾，定居台北。自1913年撰写《说戏》，到1962年出版《五十年来的国剧》，著有戏曲论著数十种，集为《齐如山全集》，由台湾联经出版事业公司出版。

齐思和 Qi Sihe (1907-05-07～1980-02-29) 中国历史学家。山东宁津人。卒于北京。1928～1931年就读于燕京大学历史系。1931～1935年在美国哈佛大学研究院学习，

获博士学位。1935年回国后，先后在北平师范大学、燕京大学、私立中国大学等校历史系任教授，并曾任中国大学历史系主任、燕京大学历史系主任、燕京大学文学院院长等职。1952年转入北京大学历史系任教授，1958年起担任北京大学历史系古代史教研室主任，1979年被推选为中国世界中世纪史研究会名誉理事长。他长期从事中国史和世界史的教学，所授课程有商周至秦汉诸断代史、世界中世纪史、世界现代史、英国史、美国史、史学史等。

齐思和早年研究中国古代史和清代学术思想史，著有《战国制度考》(1938)、《孟子井田说辩》(1948)、《魏源与晚清学风》(1950)等论文。他的有关中国史的论文大都收入论文集《中国史探研》(1981)中。20世纪50年代起把研究方向转到世界中世纪史方面，编有《世界中世纪史讲义》(1957)，主持编译《中世纪初期的西欧》(1958)、《中世纪晚期的西欧》(1962)两部资料集，与翦伯赞等合编《中外历史年表》(1958)，并主持中国第一部多卷本《世界通史》上古部分(1962)的编写。同时他还致力于《中国近代史资料丛刊》的工作，先后主持编成《鸦片战争》(6卷，1954)、《第二次鸦片战争》(6卷，1979)两部巨型史料。

齐威王 King Weiwang of Qi State (?～前320) 中国战国时期齐国国君。妫姓，田氏，名因齐。战国初年，齐的大权在田氏手中，后田和得到周王承认而成为齐君。田和之孙威王针对卿大夫专权、国力不强之弊，用邹忌为相，田忌为将，孙膑为军师，进行政治改革，修明法制，选贤任能，赏罚分明，国力日强。经桂陵（今河南长垣西北）、马陵两役连败魏军，开始称雄于诸侯。又礼贤重士，在国都临淄（今山东淄博市东北）稷门外建稷下学宫，广招天下贤士议政讲学，成为当时的学术文化中心。到齐威王末年，齐国成为诸侯国中最强盛的国家。

齐文宣帝高洋 Emperor Wenxuan of Northern Qi Dynasty (529～559) 中国北齐第一个皇帝。在位10年。字子进。渤海蓨县（今河北景县东）人。高欢次子。东魏武定七年(549)，高洋兄渤海王、大将军高澄谋取代东魏，未及实现而死，高洋继掌朝政。次年，任丞相、都督中外诸军事、录尚书事、大行台。同年五月，禅代称帝，国号齐，史称北齐。天保三年(552)以后连年出塞，伐库莫奚。四年大败契丹。又支持柔然攻突厥。五年击败山胡。五至六年连续大败柔然，筑长城自幽州至恒州九百余里。乘南朝梁侯景之乱后，国势骤衰，天保三年，北齐兵锋南抵长江。六年，送降将梁宗室萧渊明入建康即帝位，后为陈霸先所废。齐军渡长江，占领石头城，为陈霸先击退。七年，齐军又南下，一度至建康附近。北齐疆土扩展至淮南，终与陈朝以江为界。高洋初即帝位时，比较谨慎，以法驭下，政治清明。后以功业自傲，荒淫酗酒，肆为暴虐。以鲜卑族自居，反对汉化。北齐一代鲜卑化占优势，与高洋很有关系。但他尚能任用汉人士族，所以时有“主昏于上，政清于下”的说法，北齐政权得以苟延下去。

齐亚·哈克 Zia-ul-Haq, Mohammad (1924-08-12～1988-08-17) 巴基斯坦伊斯兰共和国总统(1978～1988)。陆军上将。生于印度旁遮普邦，卒于巴哈瓦尔布尔附近。

第二次世界大战中曾随英印军队转战于东南亚。1965年参加第二次印巴战争。1972年任装甲师师长。1975年任陆军第2军军长。1976年3月提升为陆军参谋长，并晋升为上将。

1977年7月5日，巴武装部队接管政权。齐亚·哈克宣布全国实行军事管制，主张在巴实行伊斯兰化。1978年接替法兹尔·伊拉希·乔德里任总统。1980年宣布经济伊斯兰化的三年计划。此项计划使巴基斯坦生产增长速度和人均收入在南亚地区跃居首位。1981年3月，颁布临时宪法。1983年3月，与I.甘地在新德里会晤，签订建立巴印联合委员会的协定。同年8月，宣布新政体计划，即在18个月内举行大选，恢复民主治理。1985年3月23日，宣誓就任总统，并任命穆罕默德·汗·居内久为总理，组成文官政府。12月30日宣布取消军管。1988年5月又解散议会和内阁，解除了居内久的总理职务，6月宣布在巴实行伊斯兰法，并确定11月份举行大选。1977年12月、1980年5月两次访华。1988年因专机爆炸而遇难。

齐永恒 Qi Yongheng (1933～) 中国皮影戏演员。善操纵，被誉为当代箭杆王。河北昌黎人。其父齐秉勋对皮影操纵技艺深入堂奥，与唐山地区各路影戏艺人是为知交。在父辈的督促培养下，齐永恒兼收滦州影东、西二路操杆技艺之优长，又多有创新。文戏从程砚秋的水袖功夫中吸收滋养，创造了让影人戴绢制水袖的技艺。武戏则在表演传统长靠武打戏开打时，扎枪抡刀、挥剑趟马，招招式式，有功有法，刀枪能单手擎立；操纵对打时，套路有七八番之多，刀砍剑刺都有准确目标，改变了传统武打只以急快为准的简单方法。曾先后去美国、法国演出，并在法国夏维尔市的余尼玛国际木偶、皮影学院讲学，被誉为皮影艺术大师。他还参加过第7届国际木偶节、第8届世界戏剧节和日本1992年影绘剧节，其表演被誉为魔术般闪电式的艺术。

齐越 Qi Yue (1922-02-23～1993-11-07) 中国新闻广播播音员。原名齐斌濡，笔名遥拉。河北高阳人。卒于北京。1942年入西北大学学习。1946年10月进入晋冀鲁豫

解放区，先后任《人民日报》（晋冀鲁豫）和新华通讯社编辑。1947年8月调陕北新华广播电台从事播音工作。1949年10月1日，担任中华人民共和国开国大典的现场播音。20世纪50年代至60年代中期，历任中央人民广播电台播音部副主任、播音艺术指导。1975年后任北京广播学院（今中国传媒大学）播音系教授。译著有《播音创作漫谈》、《播音员日记》、《朗诵艺术》等。

祁彪佳 Qi Biaojia (1602～1645-07-28) 中国明末戏曲理论家。字虎子，一字幼文，又字宏吉，号世培。浙江山阴人。卒于杭州。明天启二年(1622)进士。崇祯四年(1631)升任右佥都御史。后遭权贵排斥，家居8年。崇祯末年复起用为官。清军入关，力图抗清。清兵攻占杭州后，自沉于水。祁彪佳爱好戏曲，作有传奇《全节记》、《玉节记》两种（一说《玉节记》即《全节记》，写苏武故事），皆佚。戏曲理论著作有《远山堂曲品》和《远山堂剧品》。《剧品》全稿皆存，《曲品》则有残缺。《曲品》收传奇剧目467种，包括“杂调”一类，收弋阳诸腔剧目。《剧品》收杂剧剧目242种，是明代著录明人杂剧唯一的专书。《曲品》与《剧品》，以搜录广博称著，可和吕天成《曲品》互相印证。另有《祁忠敏公日记》、《祁忠惠公遗书》等。

祁连山 Qilian Mountain 中国甘肃省西南部和青海省东北部的巨大山系。古匈奴语意

祁连山远眺

为天山。因在河西走廊之南，又称南山。北西西—南东东走向，长900～1 000千米，宽250～300千米，面积20.6万平方千米。东起乌鞘岭，西止当金山口，南邻柴达木盆地、茶卡-共和盆地和黄河谷地。整个山系西北高、东南低，绝大部分海拔3 500～5 000米，最高峰为疏勒南山5 827米的团结峰。山系南北两翼极不对称，北坡相对高度3 000米，南麓相对高度500～1 000米。古冰川冰碛地貌广泛分布于北坡2 700～2 800米以上地区。祁连山共有冰川3 066条，总面积2 062.72平方千米。储水量1 320亿立方米。近100年来，冰川处于退缩阶段。

祁连山地具典型大陆性气候特征。一般山前低山属荒漠气候，年平均气温6℃左右，平均年降水量约150毫米。中山下部属半干旱草原气候，年平均气温2～5℃，年降水量250～300毫米。中山上部为半湿润森林草原气候，年平均气温0～1℃，年降水量400～500毫米。亚高山和高山属寒冷湿润气候，年平均气温-5℃左右，平均年降水量约800毫米。山地东部气候较湿润，西部较干燥。祁连山水系呈辐射-格状分布。辐射中心位于“五河之源”，即黑河、托来河（北大河）、疏勒河、大通河和布哈河源头。植被呈垂直带结构，山地东西部南北坡不尽相同。

祁连山区农业主要限于东部的湟水和大通河中下游谷地及北坡的山麓地带，一年一熟。草场辽阔，宜于发展畜牧业，并有大片水源涵养林。有多种药用和其他经济植物，还有不少珍贵动物，如甘肃马鹿、蓝马鸡、血雉、林麝等。北祁连山有菱铁-镜铁矿、赤铁-磁铁矿，祁连山东段有黄铁矿型铜矿，肃北和酒泉南山一带有黑钨矿石英脉和钨钼矿。是中国西部钨矿蕴藏丰富的地区之一。位于甘、青两省交界处有国家级的祁连山自然保护区。

祁连山自然保护区 Qilianshan Nature Reserve 中国森林生态系统自然保护区。1988年列为国家级自然保护区。位于甘肃省河西走廊的酒泉市和张掖市。面积272.2万公顷。主要保护对象是水源涵养林及珍稀动物。祁连山自然保护区的野生动物有兽类58种，鸟类140多种，两栖、爬行类13种。属国家重点保护的野生动物有白唇鹿、野驴、野牦牛、盘羊、雪豹、斑尾榛鸡等几十种。还是珍贵动物林麝的重要产地。大约从海拔1 800米开始，分布落叶阔叶林，针叶林可上升到3 800米，在长江流域谷地可达海拔4 100米，是重要的水源涵养林。

岐伯 Qi Bo 中国传说中上古时代的医学家，黄帝的大臣。曾向神农时代的名医僦贷季学习医术。《内经》中称之为“天师”。因《内经》主要采用黄帝与岐伯君臣问对的方式，故常称其为岐黄家言，进而把医术称为岐黄之术，甚至以岐黄作为中医的代称。

岐山县 Qishan County 中国陕西省宝鸡市辖县。位于省境西部。面积855平方千米。人口46万（2010）。岐山是中华民族文化的

周公庙周公像

摇篮。古有炎帝，西周属“王畿”，秦属内史地。西魏设岐山郡，隋改名扶风郡，开皇十六年（596）设置岐山县，唐贞观八年（634）岐山县移治今址。1958年11月并入凤翔县。1961年复置岐山县，1971年隶属宝鸡市。矿产有铁、磷、镁、石英石、大理石、石灰岩等。工业以汽车制造、机电、水泥、食品、纺织、印刷为重点。农业以种植小麦、玉米、水稻、油菜为主，兼种谷、豆、高粱、薯类，为国家商品粮基地县。盛产辣椒、苹果，是著名的“秦椒”生产基地县。特产有凤鸣酒、竹器等。岐山素有“中国青铜器之乡”之称，被金石学家誉为“晚清四大国宝”的大盂鼎、毛公鼎以及小盂鼎皆出土于岐山。名胜古迹有周公庙、五丈原诸葛亮庙和衣冠冢、宋太平寺塔等。

岐邑 Qi Yi 中国周初都邑。又名周城。在今陕西岐山东北。周先祖原都邠（又名豳，在今陕西旬邑西南），古公亶父迁于岐山下周原，改国曰周。此后众多归之，逐渐强大。至周文王迁都丰邑（今西安市长安区西北沣河中游西岸的客省庄、张家坡、马王村一带）。岐邑为周都历三世，后为周公采邑。周武王灭商后，定都镐（今西安市长安区西北沣河中游东岸，北及洛水村，南至斗门镇，东到昆明池故址，西至鄗水故道），因岐邑为周发祥之地，且有先王宗庙在此，故常以周城称之，或尊之为宗周，为当时重要的政治中心。西周末年，西戎入侵而成废墟。据载，其地处岐山之阳，“沮、漆”之间。考古调查发现，故址以岐山县京当乡贺家为中心，西起岐阳堡，东至樊、齐二村，北起岐山山麓，南至康家、庄李等村。

奇布查人 Chibcha 南美洲哥伦比亚共和国和中美洲部分地区印第安人的一支。因共同创造奇布查文明而得名。又称穆伊斯卡人。16世纪初人口近200万，现约100万人。最早居住在哥伦比亚的孔迪纳马卡和博亚卡。现散居哥伦比亚和中美的哥斯达黎加、巴拿马。共有10个支系。属蒙古人种美洲支。语言同属奇布查语系。无文字。多信天主教，湖泊被奉为圣地，崇拜太阳和祖先。16世纪西班牙殖民者侵入前，在奇布查人居住区共有9个小国，以北方的翁萨国和南方的波哥大国最为强盛。1536～1541年被西班牙殖民者征服，政治和宗教组织被摧毁。文化发展与玛雅人较接近。原来的政治结构同印加帝国类似，具有严密的政治组织和复杂的祭司组织。在印第安人中，奇布查人最早知道淘金、开采宝石。陶器、石器、木器和首饰制作工艺发达。经济以农业为主，种植玉米、马铃薯、棉花、金鸡纳树等。现一般为佃、雇农，从事棕榈纤维编织等手工业。以小家庭为单位，保持亲属家庭互助的习俗。

奇恒之腑 extraordinary fu-viscera 中医学对人体内脑、髓、骨、脉、胆、女子胞的总称。奇恒意即不同于一般，异于通常。人体内这6个器官与五脏六腑相比较，在形态上像腑，多为中空的管腔性器官，而功能多像脏，主藏阴精。其中除胆为六腑之一外，其余的都表里配合，也无五行属性分类。奇恒之腑的具体功能为：脑藏髓，称髓海，为元神之腑；骨能藏髓，髓能充养骨骼；脉藏血，为气血运行的管道；胆藏胆汁，为中净之腑；女子胞能妊养胎儿。

奇经八脉 eight extraordinary channels; eight extraordinary meridians 中医理论中人体内八条经脉的合称。包括督脉、任脉、冲脉、带脉、阴跻脉、阳跻脉、阴维脉、阳维脉。所以称奇经，是相对于正经而言。因这八条经脉的分布不同于正经，八脉之间既无表里相合的关系，又无相互衔接和循环往复的流注过程。它们与五脏六腑没有络属关系，只与个别脏腑及奇恒之腑中的女子胞、脑等直接联系。奇经八

脉在循行上没有共同的规律。其中督、任、冲三脉同起胞中，同出于会阴。任脉行于胸腹正中线，督脉循于腰背正中线，冲脉挟脐上行。带脉束腰而垂，统束纵行诸经。二跻脉起于足内外踝，主宰一身左右之阴阳。二维脉维络一身表里的阴阳。奇经八脉与十二经脉有着不可分割的关系，它对十二经脉的分类组合起着统率和主导作用，如督脉总督一身阳经，任脉总任一身阴经。奇经八脉还能对十二经脉的气血起渗灌和存蓄作用。当十二经脉和脏腑气血旺盛时，奇经能将其存蓄起来，当生理功能活动需要时，奇经能予以渗灌，以供其所需。

奇马布埃 Cimabue（约1240～1302） 意大利画家。生于佛罗伦萨，卒于比萨。原名本奇维耶尼·迪佩波，奇马布埃是其绰号。他是13世纪后半期首先进行风格革新的画

《宝座中的圣母子》（乌菲齐美术馆藏）

家，一生主要在佛罗伦萨活动。他曾于1272年去罗马，1301～1302年在比萨，以及在阿西西的圣弗朗切斯科上部教堂作画。他的艺术承袭中世纪拜占廷风格而又有所创新。现存主要作品为祭坛画《宝座中的圣母子》（约1280），构图及人物描绘仍承袭拜占廷风格，但圣母形象已较为生动柔和。

奇南德加 Chinandega 尼加拉瓜第三大城市，奇南德加省首府。位于国土西部太平洋沿岸低地，埃尔别霍火山西南。市区人口约9.56万（2005）。气候炎热，干湿季分明。1849年建城。周边农牧业发达，盛产棉花、甘蔗、谷物、咖啡、可可，饲养牲畜。为农产品加工和商贸中心。主要工业有制糖、制革、家具、锯木、金属加工和香水等。交通便捷，有铁路和公路分别通莱昂、马那瓜和太平洋沿岸科林托港，并有公路北上与丰塞卡湾沿岸的莫拉桑港相连。

奇普曼 Chipman, John（1897-04-25～1983-05-14） 美国物理化学家、冶金学家，冶金过程物理化学学科的主要奠基人之一。生于佛罗里达塔拉哈西，卒于马萨诸塞温切斯特。1926年获加利福尼亚大学哲学博士（物理化学）学位。1937年后任麻省理工学院冶金系教授直到1962年退休，并任麻省理工学院材料工程系荣誉教授。第二次世界大战期间任麻院和芝加哥大学曼哈顿计划冶金部主任。美国国家科学院院士，美国金属学会（ASM）主席（1951～1952）。多次获得国内外荣誉奖章。最早把活度概念引进冶金熔体，创立测定高温熔体活度和研究冶金反应化学平衡的实验方法，并解决了有关的热力学计算方法问题。他为《碱性平炉炼钢》（有中译本）一书所撰写的两章“高温反应的物理化学”和“钢液的物理化学”，是炼钢过程物理化学的权威著作。共发表了近200篇科学论文。

奇琴伊察古城 Chichén Itzá 中美洲玛雅文明后古典期代表性古城。遗址位于墨西哥尤卡坦州南部、坎昆和梅里达之间。现存建筑多完成于11～12世纪。主要建筑遗迹有天文观象台、“战士神庙”以及供奉库库尔坎神的金字塔式台庙等。天文观象台是一建于方形台基中央的圆形塔式高台，台内有螺旋式阶梯连接各层，台上的窗户布局符合天文观象的需要。“战士神庙”地基为玛雅文明传统的金字塔式台基，庙前及左右有方形柱廊环绕，台顶亦有方柱，有“千柱建筑群”之称。一般认为这种柱廊属托尔特克文化影响。1988年，奇琴伊察古城作为文化遗产被列入《世界遗产名录》。

“战士神庙”遗迹

奇特旺国家公园 Chitwan National Park 尼泊尔国家公园。建于1973年。位于南部德赖平原上，北依默哈帕勒德岭，南紧靠印度边境，东与帕尔萨野生动物保护区为邻。以保护野生动物为主要任务，尤以独角犀牛闻名，目前世界上仅有1 200头左右，几乎濒于绝种。这种独角犀牛在尼泊尔被视为国宝。它身高2米，体重达2吨多，头呈三角形，生独角，无毛；以进食青草为生，性情温和，一般不伤人。孟加拉虎也是公园的重点保护动物，此外还有多种野鹿、羚羊、猿猴、豹、野象及野猪等36种哺乳动物，水中有鳄鱼以及350多种飞禽。公园东北角辟有盖达野生动物营，可近距离观赏独角犀牛、野鹿、猿猴及飞禽等。

奇特原子 exotic atom 由$\mu^{\pm}$子、$\tau^{\pm}$子、$\pi^{\pm}$介子、$K^{\pm}$介子、正电子、反质子、$\Sigma^{\pm}$超子和Ω^{-}超子等粒子分别取代普通原子中的电子、原子核或取代两者，通过电磁作用形成的类原子系统。例如由μ^{-}子取代原子中的电子形成μ^{-}子原子，由正电子取代原子核形成电子偶素等。奇特原子的平均寿命不长，但在取代粒子本身衰变之前有足够的时间形成奇特原子，并可被检测。奇特原子的性质与取代粒子的性质有密切的关系，例如，它们的质量与电子或原子核的质量不同，有不同于电子的折合质量，因而相应的里德伯常数不同，有不同的原子能级；另外，取代粒子有不同的自旋，因而形成的原子能级和发射的光谱有不同的精细结构。测定奇特原子发出的光谱结构，可以确定取代粒子的基本性质。奇特原子是原子物理和粒子物理共同感兴趣的研究对象。

奇瓦瓦 Chihuahua 墨西哥奇瓦瓦州首府。北部最大的铁路枢纽。位于西马德雷山脉山谷，人口74.85万（2005）。海拔1 430米。气候温和，雨量适中。16世纪开始有人定居，1709年建城。抗法战争期间曾是胡亚雷斯政府驻地。殖民时期是繁荣的矿业中心。畜牧业发达，以养牛为主。交通便利，通航空线、公路和铁路。1954年设奇瓦瓦自治大学。市内有18世纪墨西哥建筑艺术杰作圣方济各教堂及1810年革命烈士纪念碑。

奇穴 extrameridional points; extra points 中医学中十四经穴以外具有固定位置和主治作用的腧穴。又称经外奇穴。一般都是在阿是穴的基础上发展来的，其中部分穴位如膏肓俞、厥阴俞等，后来还补充到十四经穴中，可见奇穴本身又是经穴发展的来源。

奇穴的分布比较分散，大多不在十四

经循行路线上，但与经络系统仍有一定关系。有的奇穴并不专指某一个部位，而是指一组腧穴，如十宣、八邪、八风等。奇穴在临床应用上针对性较强，如四缝治疳积、太阳治目赤、十二井治高热昏迷等。1985年在香港召开的世界卫生组织亚太区第二次针灸穴名标准化工作组会议上通过的“经外穴名标准”中，收录了36个奇穴。

奇异粒子 strange particle 带有奇异数的强子。历史上，奇异重子（Λ、Σ、Ξ等）曾被称为超子，这是因为它们的质量均大于核子的缘故。其中的Σ^-超子是中国物理学家王淦昌等发现的。从强子结构的观点，奇异粒子是含有奇异夸克s或反奇异夸克，但总奇异数不为零的粒子，如$\Omega=(sss)$，$K^+=(u\bar{s})$。

奇异数 strangeness 描述粒子内部性质的一种相加性量子数。记为S。1947年观测到一起新奇的粒子反应，反应中生成的新粒子的性质与以前发现的粒子不同，有一些新奇的特征。它们产生快、衰变慢，它们协同产生、单独衰变，以后又发现一些其他类似的粒子。通过分析研究弄清楚它们的产生过程属于强作用，衰变过程属于弱作用。协同产生表明产生过程有某种限制，这一特征引入奇异数S来区分这些新奇的粒子和以前发现的粒子，例如p、n、$\pi^{\pm}$、π^0、μ^-、μ^+、e^-、e^+、ν等$S=0$，K^0、K^+的$S=+1$，Λ^0、K^-、Λ^0、$\Sigma^{\pm}$、Σ^0的$S=-1$，Ξ^0、Ξ^-的$S=-2$，Ω^-的$S=-3$。反粒子的奇异数与粒子的奇异数符号相反。在强作用和电磁作用过程中，奇异数守恒；在弱作用过程中，奇异数可以不守恒，$\Delta S=0, \pm1$。

歧化反应 disproportionation reaction; dismutation reaction 化合物中一种元素的原子自身同时发生氧化和还原的氧化还原反应。在歧化反应中，具有多种氧化态的同一种元素的一部分原子被氧化（氧化数升高）的同时，另一部分原子被还原（氧化数降低）。例如，氯气通入碱性溶液中，同时生成次氯酸盐和氯化物：

$$Cl_2+2OH^- \longrightarrow ClO^-+Cl^-+H_2O$$

氯的氧化数：0　　　　+1　−1

在有机化学中，两个相同或同类的有机分子或物种，在一定条件下相互作用时，彼此向相反方向转化生成两种不同产物的反应，通常也称为歧化反应。如苯甲醛在强碱作用下，一部分氧化生成苯甲酸，一部分还原生成苯甲醇。

耆那教 Jainism 印度古老的传统宗教。“耆那”一词原意为“胜利者”或“修行完成的人”。在汉译佛典中称为“尼乾外道”、“无系外道”、“裸形外道”、“无惭外道”或“宿作因论”等。耆那教相传原有24位祖师，最早的创始人名勒娑婆。目前有历史记载的是二十三祖波尔湿伐和二十四祖大雄。大雄为其实际创始人。耆那教主要有两个教派：白衣派与天衣派（或裸衣派、空衣派）。白衣派教徒都身穿白衣，天衣派教徒都不穿衣服，裸体。这两个教派对耆那教的基本教义并没有不同看法。

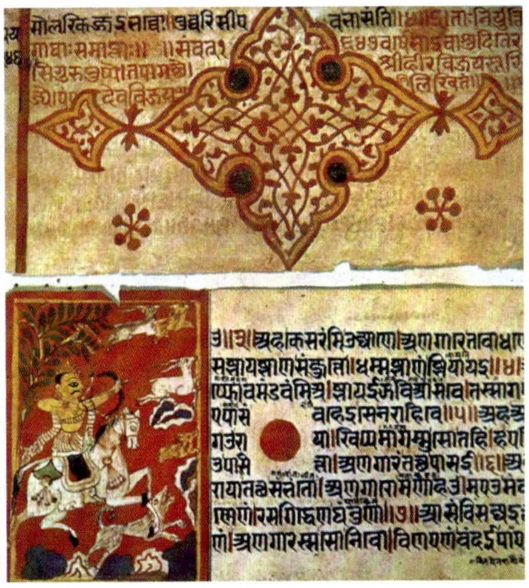
耆那教经典

根据耆那教徒的说法，最初有两种圣书：14部《初经》，11部《支》。但《初经》传播了一段时间后就散失了，因此11部《支》就成为现存最古老的耆那教圣典。

耆那教认为世界上有两组常住不灭的实体：①灵魂，即无数被赋予意识的无形的灵魂；②非灵魂，即空间、法与非法（即运动和静止的条件）和物质（即补特伽罗）。只有灵魂才具有无限清净和圆满的本性，但由于受到物质的影响从而失掉了它本身的特性，沾染上了一些本来没有的新特性。一种细质出于各种原因流进灵魂（漏入）从而与灵魂粘连在一起（系缚）。个人可以通过自己的道德行为与决定一个灵魂的命运和轮回的有形物体的有害漏入斗争；人们可以阻止新细质漏入灵魂（制御），已漏入的细质也可以被消灭（除灭）。当一个灵魂彻底摆脱了细质的漏入，就达到了一切世俗努力的最后目标，即解脱。

漏入一个灵魂的物质称作“业”。耆那教哲学家详细地讨论了物质漏入灵魂所带来的果报。根据他们的理论，业分为智障业、见障业、受业、迷妄业、寿业、名业、种业、遮业8类。达到解脱的道路有3条：①正智；②正信；③正行，即“三宝”。耆那教规定的正行的五戒是：①不杀生；②不妄语；③不偷盗；④不奸淫；⑤不蓄私财。

印度现有耆那教教徒300万～700万人，占总人口的0.5%～1%。白衣派主要分布在西印度的古吉拉特和拉贾斯坦邦；天衣派分南、北两支。

脐风 tetanus neonatorum 以唇青口撮，牙关紧闭，甚则四肢抽搐，角弓反张，面呈苦笑为主要表现的中医学儿科病证。多于出生后4～7天内发生。脐风多因初生儿断脐时处理不当，接触不洁之物，秽毒邪气乘机入侵而引起。临床可分为先兆期、发作期和严重期：①先兆期。证见喷嚏，多啼，唇青，牙关紧闭，不能乳食，面呈笑容，颈项强直。治宜祛风散邪，宣通经络，方用玉真散等。②发作期。证见四肢抽搐，因声、光刺激等引发，角弓反张，发热，舌体强硬，唇口收缩，啼声不出，吞咽困难。治宜熄风定痉，方用撮风散等。③严重期。证见面青唇紫，颈项强直，角弓反张，四肢频繁抽搐，呼吸喘促，汗出不止，少数患儿因反复抽搐而死。治应中西医结合抢救。

骑射 archery on horseback 沿循一定的程序和动作，一边驾驭着奔跑的马，一边用中国传统弓将羽箭射向目标的体育活动。为中国蒙古族、满族、维吾尔族、藏族、羌族等少数民族喜爱的一种传统体育项目。多在传统节日里进行。比赛的跑道长85米、宽4米，分固定靶和活动靶，每人每轮射3箭，共9箭。比赛时骑马背弓，闻令起跑后开始取弓、抽箭、搭箭、发射，要求跑程内射完3箭。固定靶靶位间隔25米，第1、

2箭的靶位在射手左侧，第3箭靶位在射手右侧。1999年第6届全国少数民族传统体育运动会列为拉萨分赛场竞赛项目。

骑士 knight 最初指受过正式训练的骑马作战的战士；后至中世纪早期，主要指西欧封建等级中的最低阶层。随着骑马作战成为封建主阶级的特权，骑士也就成为贵族阶层的独有称号。自11世纪起，西欧各地相继确立了维护封建等级关系与特权的骑士制度，到13世纪，更发展出骑士之子方可为骑士的原则，随之，骑士日益成为封闭的特权集团。骑士除拥有终身享用乃至世袭的采邑外，还享有一定的特权，如

在法律上，骑士须由同级贵族组成的法庭审判，方可定罪。骑士为职业战士，一般不与农、工、商等其他等级通婚，并视后者为贱业。骑士从小即被要求练习骑马、游泳、投枪、击剑、打猎、弈棋和吟诗等所谓“骑士七技”，在经过家庭教育、礼文教育和侍从教育等三个阶段的训练后，于21岁举行特定仪式，由老骑士授予武器，从而正式取得骑士称号。14世纪末起，由于火炮和射击武器的应用，骑士不再是主要的军事力量。到了16世纪，骑士变为可由君主随意授予的荣誉爵位。

綦母怀文 Qimu Huaiwen 中国淬火技术和灌钢法的实践者。南北朝北齐时人。曾任信州（今重庆万州和湖北巴东之间）刺史。据《北齐书》记载，他能够熟练掌握以牲畜之油脂和尿淬火的金属热处理工艺，即“浴以五牲之溺，淬以五牲之脂”。因尿中含有盐，具有比水高的冷却速度，使淬火后的钢获得较高硬度。牲畜油脂冷却速度较低，能避免钢淬火时脆裂，提高韧性，减少变形。他使用不同类型淬火剂，表明已认识到淬火剂与淬火后钢的性能之间的关系。他对灌钢技术也有较高的造诣。《北史》记载：怀文“造宿铁刀，其法烧生铁精以重柔铤，数宿则成钢”。这是关于灌钢技术的最早记载之一。即将生铁水灌注到未经锻打的熟铁中制成灌钢，又以灌钢为刃、“柔铁”为脊制成“宿铁刀”，淬火后据传能斩甲30层。

旗地 banner land 中国清代八旗成员所占有的田地。相对于汉族官民的民田而言。天命六年（1621）七月，努尔哈赤在辽沈地区实行“计丁授田”，每一成年的旗人授田6垧（一垧约为5亩）。入关后，清朝统治者先后进行了三次大规模的圈地，共圈占了畿辅官民田地16万余顷。各地驻防八旗也进行了圈地（见圈地令）。畿辅旗地、驻防旗地和入关以前早已圈占的盛京旗地共同构成了清代文献中所说的“八旗旗地”。

旗地可分为四大类：①皇庄，又称官庄，是皇帝的私产；包括内务府官庄，盛京户部、礼部、工部官庄及三陵所属官庄。②王庄，即八旗王公贵族的庄园。③官员庄田，系八旗官员占有的土地。④兵丁份地，是八旗兵丁按丁分给的土地。官员庄田和兵丁份地通常被称为“一般旗地”。清初圈占并免除了田赋的旗地又称“老圈地”。以后八旗人员另行开垦的旗地有“旗宗地”、“升科地”等，均须按亩上交田赋。

清初禁止“旗民交产”，不准汉人典买旗地。但到乾隆四年（1739），畿辅地区已有数百万亩旗地被典卖。此后，畿辅、奉天和吉林的旗地大半都典卖与民人。咸丰二年（1852）清政府公布《旗民交产章程》，允许关内旗地卖与汉民。此后时行时止。光绪三十一年（1905）再次规定，准许“旗民交产”，汉民不但可以典买关内旗地，还可以典买关外旗地。同年丈放锦州官庄，庄头、壮丁、佃农只要交银，同样可以买到庄地。中华民国初年，关内外的皇庄、王庄相继丈放或自行变卖，奉天实行“田赋划一”（旗地民田按同一税率纳税）。至此旗地制度结束。

旗袍 cheongsam 中国传统服饰。最初指满族男女所穿的直身袍服，满语称衣介，后来特指盛行于中华民国时期的立领大襟、两侧开衩的女式裙装。满人又称旗人，所着袍服称旗袍。男子旗袍为圆领、箭袖、左衽、束腰、四开衩。箭袖又称马蹄袖，指窄袖口上加一块半圆形袖头，造型似马蹄，平日挽起，出猎作战时放下覆盖手背；下摆前后左右开衩分四片至膝，便于骑射。满族入主中原后，受汉族服饰影响，旗袍由左衽变成右衽，但男子旗袍仍保留箭袖。女子旗袍较男袍略窄，长至足面，袖口齐腕，早期无领，佩白领巾，清晚期出现立领。贵族旗袍重装饰，袖端、衣襟部位多加边饰，

橘黄留香绉旗袍

尤以“十八镶滚”为美。按习俗，满族旗袍外常配坎肩，其质料和装饰工艺均很讲究，样式有对襟、大襟、琵琶襟、一字襟等。

20世纪20年代始，旗袍成为女子专用服装。受国内外新式服饰潮流影响，旗袍变化较大，并分为京、海两派。京派旗袍略显直身，庄重典雅。海派旗袍紧身收腰，下摆内收，其袍长、袖长、领高、开衩高度及装饰工艺皆随潮流而定，逐渐形成讲究色彩装饰和人体线条美的旗袍样式并流行于全国。改良后的旗袍非常适合中国妇女的体形和贤淑的性格，且不失现代感，深受东西方妇女的喜爱，一度被誉为中国的“国服”。

旗鱼 *Histiophorus orientalis*; oriental sailfish 鲈形目旗鱼科旗鱼属的一种，又称芭蕉鱼。分布于印度尼西亚至太平洋中部诸岛，北至日本南部。中国产于南海诸岛、台湾海域、广东、福建、浙江、江苏、山

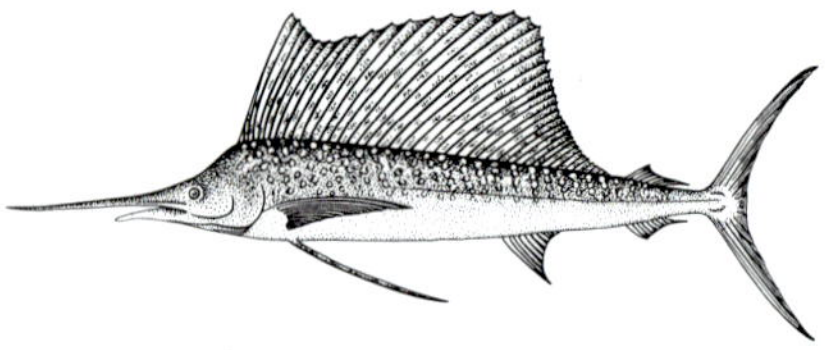

东等沿海。为太平洋热带及亚热带大洋性鱼类。一般体长2 000～3 000毫米。呈圆筒形，稍侧扁；背、腹缘钝圆，较平直。吻尖长，呈枪状。眼小，侧位。眼间隔宽平。口裂大，近于平直；前颌骨与鼻骨向前延长形成枪状吻部，长于下颌，上颌骨向后伸达眼后缘下方。体被针状鳞。侧线完全，在胸鳍上方渐向下弯曲后作直线延伸至尾部。尾鳍分叉较深。头及体背侧青蓝色，背侧有横排列的灰白色圆斑，腹部银白色，除臀鳍灰色外各鳍为蓝黑色，第一背鳍鳍膜上密布黑色圆斑。以小鱼和乌贼类等软体动物为食。

鳍 fin 水生脊椎动物的附肢。鳍分两类：一类是不成对的奇鳍，如背鳍、臀鳍及尾鳍；另一类是成对的偶鳍，即胸鳍和腹鳍。背鳍和臀鳍的基本功能是维持身体平衡，臀鳍长的，还可以帮助游泳。尾鳍主要起推进和转向的作用。偶鳍的主要作用是维持身体平衡和改变运动的方向。

鱼鳍的基本功能是维持平衡和帮助游泳，但在特别的环境条件下，鳍转化为多种多样特殊功能的器官，如摄食、吸附、呼吸、生殖、滑翔等。鳍还可特化为辅助呼吸器官。在成鱼和幼鱼中均能看到，如孵化不久的黄鳝有一对枝状胸鳍，其上密布血管，作为幼鱼的主要呼吸器官，到鳃成长后，胸鳍就逐渐退化。雄鲨和鳐的腹鳍内侧延伸出一对棒状交接器，称鳍脚，与此相联系，这些软骨鱼的生殖方式是体内受精的。飞鱼的胸鳍特别长大，展开似翼，当鱼跳出水面时，可以展开胸鳍进行滑翔。

麒麟 kylin 中国古代传说中的一种灵兽。又作骐麟，简称麟。雄为麒，雌为麟。状为麇身，牛尾，狼蹄，全身有鳞甲，头上独角。因行不履生虫，不折生草，具有“武备”而不为害，故被认为是一种仁兽，与凤、龟、龙共称为“四灵”，并居四灵之首。《诗经·麟趾》、《公羊传》、《尔雅》等书皆有关于麒麟的记载。商周青铜器上已有麒麟的形象。唐朝时，武官的官服上绘有麒麟图案，以标志太平盛世。在民间主要用以比喻杰出人物。据清陈厚耀《春秋战国异辞》卷一记载，号称“素王”的孔子就是在麒麟出现于曲阜阙里的第二天降生的。麒麟出现时还口吐一方帛，上书“水精之子继衰周而素王”。据此传说绘成的《麒麟吐书》图，多用于文庙、学馆的装饰，隐寓圣贤诞生。民间以“麒麟儿”美称幼子，还有

北京故宫天一门前的铜麒麟

祈麒麟送子的风俗。麒麟作为瑞兽主要流行于中国的汉族以及纳西族等一些少数民族地区，国外华人地区和属于汉文化圈的日本等国也有此信仰。

麒麟菜属 *Eucheuma* 红藻门红翎菜科的一属。又称鸡脚菜。全世界有30多种，主要分布在热带和亚热带海域。中国有麒麟菜、琼枝、珍珠麒麟菜等多种。

藻体一般长20～40厘米，肥厚，呈圆柱状或扁平状，多平卧分枝，腹面有数个固着器。藻体呈黄绿、紫红或暗红色。多年生。生活史有孢子体、配子体和果孢子体三个世代。多生长在低潮线以下1～5米处的珊瑚礁上，要求海水透明度大、水流通畅、水温周年不低于20℃，其次是珊瑚礁群连绵、海底平坦、退潮后藻体不会干露。

可供食用，也可入药，藻体含卡拉胶，是食品、医药和纺织工业的重要原料。养殖方式主要采用绑苗养殖法和筏式养殖法。种苗使用从海区采捞的大棵藻体撕开分成的小苗，或者使用人工苗圃中的培育苗。

乞伏国仁 Qifu Guoren (? ～388) 中国十六国时期**西秦**的建立者。陇西鲜卑（一说赀虏）人，在位4年。前秦主**苻坚**在位时，乞伏鲜卑酋长、国仁父乞伏司繁，率部众投附苻坚，镇勇士川（又名苑川，今甘肃榆中东北）。司繁死后，国仁代镇其地。苻坚淝水战败，国仁召集所部，并征服、合并不附者，众至十余万。385年自称大将军、大单于，领秦、河二州牧，筑勇士城于勇士川居之，史称西秦。387年，苻登封其为苑川王。

乞拉朋齐 Cherrapunji 印度东北部因创下世界降雨量记录而举世闻名的村镇。位于梅加拉亚邦南部，邦首府西隆西南45千米处，南距孟加拉国边境20千米。坐落在

乞拉朋齐的瀑布

卡西山脉南侧西南季风的迎风坡上，海拔1 313米，大量水汽最易受阻致雨。平均年降雨量11 430毫米，1961年全年降雨量20 447毫米，仅7月份的降雨量就达9 300毫米。绝对最高年降雨量26 461毫米(1861)，因而被称为"世界的雨都"、"地球的雨极"。

乞力马扎罗山 Kilimanjaro, Mount 非洲第一高山。在坦桑尼亚东北部，靠近肯尼亚边境，为一东西延伸约80千米的熄火山群。由基博、马文济和希拉3座主要火山组成。基博峰海拔5 895米，为非洲最高峰，火山口在顶峰南侧，直径2 000米，深约300米，内有一个由火山灰形成的内锥。马文济峰海拔5 149米，是较老峰顶的中心部分，侵蚀强烈，崎岖陡峭，东西坡被峡谷切成"V"形；两峰间以11千米长的鞍状山脊相连。希拉峰海拔3 778米，是老火山口残余部分，呈山脊状。基博峰的冰盖在火山口内呈孤立的山块，有一条冰川冲破西部边缘而下。冰川在西南坡下伸到4 300米左右。山地植被垂直分布，由低向高依次为赤道雨林带、亚热带常绿阔叶林带、温带森林带、高山草甸带、高山寒漠带和积雪冰川带。在1 000～2 000米的山麓南坡，有谷物、咖啡、香蕉种植园。为保护动物资源和发展旅游业，坦桑尼亚政府于1973年将整个山区辟为乞力马扎罗国家公园，1987年作为自然遗产被列入《世界遗产名录》。

企鹅目 Sphenisciformes; penguin 鸟纲的一目。善于游泳而没有飞翔能力的中、大型海鸟。世界共有6属17种，分布范围从南非到南美西部以及南极洲沿岸。前肢特化为鳍脚，适于水下划行。具鳞片状羽毛，羽轴宽而短，羽片狭窄而密接，均匀分布于体表。骨骼沉重而不充气，内含有多脂肪的骨髓。胸骨具有发达的龙骨突起，皮下脂肪发达。尾羽短。跗跖短，移至躯体后方。趾间具蹼，适应于游泳生活。在陆地上行走时，躯体近于直立，左右摇摆。嘴长而侧扁，并稍弯曲，在嘴端成钩状。上喙由3～5个角质片包被。舌表面布满钉状乳头，适于取食甲壳类、乌贼和鱼类等。

大多数种类1年繁殖1次。小型企鹅例外。阿德利企鹅以碎石筑巢，每窝产卵2枚；雌鸟产卵后即入海觅食，由雄鸟孵卵，2周之后轮换，然后每隔4～7天轮换一次，孵化期42天；雏鸟早成，但尚需双亲反吐哺育。帝企鹅和**王企鹅**的孵卵方式较为独特。

企鹅是南极生态系统的重要组成部分，对磷虾的种群数量调节以及南极生态系统的能量流转、土壤形成等均有重要作用。

企业 enterprise 从事产品生产、流通和提供服务活动，为满足社会需要的营利性经营单位，是社会生产力和**商品经济**发展到一定阶段的产物。

企业的特征包括：①必须具有一定的资源。②是一个经济组织。③需要自主经营、自负盈亏。④是个法人。

企业进行生产经营活动的目的，是为消费者提供质优、量多、价格适中的产品和优良的服务，在取得赢利的同时为社会创造财富。企业只有正确地处理同股东、债权者、职工、消费者、政府、社区、竞争者等之间的关系，满足他们不同的需要，承担对社会的责任和贡献，才能生存和发展，获得最多的利润。

根据企业的行业特点，分为农业企业、工业企业、商业企业、建筑企业、交通运输企业、金融企业等。农业企业又分为种植业、林业、畜牧业、渔业等企业；工业企业又分为采矿、冶炼、原材料、制造等企业。根据企业资源或生产要素的集中程度，分为劳动密集型、资本密集型、技术密集型、知识密集型企业。根据企业的经营规模，分为大型、中型和小型企业。根据企业的所有制结构或经济性质，分为单业主企业、**合伙制企业**、公司制企业。在中国，按所有制结构，还有**国有企业**、**集体企业**、合资企业等。根据企业的组织结构形式，分为单厂企业、多厂企业、联合企业等。

企业承包经营责任制 managerial responsibility system of contracting in business 中国**国有企业**在坚持全民所有制性质不变的情况下，按照所有权与经营权分离的原则，以承包经营合同形式，确定国家与企业的责权利关系，使企业做到自主经营、自负盈亏的经营管理制度。这一制度于1986年12月在中华人民共和国国务院颁布的《关

于深化企业改革增强企业活力的若干规定》中提出，1987年开始在各地推行。1988年2月国务院发布《全民所有制工业企业承包经营责任制暂行条例》(1988年3月1日起施行)，对企业承包经营责任制的内容和形式、承包经营合同、承包经营合同双方的权利和义务、承包经营企业的管理等作了具体规定。

主要内容 ①包上缴国家利润。具体形式有上缴利润递增包干、上缴利润基数包干、超收分成，微利企业上缴利润定额包干，亏损企业减亏(或补贴)包干等。②包完成技术改造任务。根据国家的产业政策、市场需求、技术改造规划和企业的经济技术状况确定，企业超承包目标多留部分，主要用于生产发展和技术改造。③实行工资总额与经济效益挂钩。具体形式根据国家的规定和企业的实际情况确定。

主要形式 ①双保。保逐年上缴给国家的利润，保承包期内国家批准的基本建设和技术改造任务的完成，以及承包期的资产增值一挂(工资总额和实现税利挂钩浮动)或双保一挂。②上缴利润递增包干。③上缴利润基数包干，超收分成。④微利企业实行上缴利润定额包干。⑤亏损企业实行减亏(或补亏)包干。⑥行业投入产出包干。

承包合同 实行承包经营责任制，必须由企业经营者代表承包方同发包方订立承包经营合同。发包方为人民政府指定的有关部门，承包方为实行承包经营的企业。承包经营合同的条款一般包括：承包形式、承包期限、上缴利润或减亏数额等11项。发包方有权对承包方的生产经营活动进行检查、监督。承包方享有国家法律、法规、政策和承包经营合同规定的经营管理自主权。

企业承包经营责任制作为中国**国有企业改革**中的一种过渡性改革措施，在当时的历史条件下有利于企业所有权与经营权分离，有利于推进企业技术进步，发挥了一定的积极作用。但是，也存在着包盈容易包亏难、导致企业短期行为、不利于优胜劣汰等弊病，没有从根本上解决国有企业的体制问题。1992年以后，中国的国有企业改革从实行承包经营责任制转向建立**现代企业制度**。

企业登记 registration of enterprise 依据法律、法规，国家授权的登记主管机关对企业和其他经营单位开业、变更和终止生产经营活动所进行的登记管理。主要包括企业法人登记和企业营业登记。按照1988年6月3日颁布并于同年7月1日起实施的《中华人民共和国企业法人登记管理条例》，企业通过企业法人登记，即可取得法律上的主体资格，成为一个独立的经济组织，并能以自身的名义参加经济法律活动，享有权利，承担义务，其合法权益受国家法律保护。

企业法人登记的主要事项包括企业法人名称、住所、经营场所、法定代表人、经济性质、经营范围、经营方式、注册资金、从业人数、经营期限、分支机构等。企业登记可分为设立登记、变更登记、注销登记。企业登记机关是国家工商行政管理局和地方各级工商行政管理局。

企业法人 enterprise as legal person 依照法人条件组建并被赋予法人资格的企业。中国法律规定的**法人**种类之一。特征是：①是以营利为目的经济组织，即企业追求利润最大化，并将获取的利润分配给其成员。②具有归自己所有或经营管理的财产，即全民所有制企业法人拥有国家授予其经营管理的财产，其他法人具有归企业所有的财产。企业以这些财产作为对外承担责任的一般担保。

依据《**中华人民共和国民法通则**》与《中华人民共和国公司法》，企业法人有以下类型：①具有法人资格的国有企业，即全民所有制企业，它是以国家行为或法律直接规定而设立并进行经营的法人。②具有法人资格的集体所有制企业，是由劳动者集体核准登记设立的劳动者集体所有的具有法人资格的企业法人。③具有法人资格的私营企业，是经核准登记设立的具有法人资格的私营企业。④具有法人资格的外资企业，是由外国人或外国企业与中国企业法人或者单独在中国经核准登记设立的具有法人资格的企业法人，包括中外合资企业、具有法人资格的中外合作企业、具有法人资格的外商独资企业。⑤具有法人资格的联营企业，是企业与企业之间为联营目的设立的具有法人资格的企业法人。⑥公司，是由一个以上的股东依一定程序设立的具有法人资格的经营组织，包括有限责任公司和股份有限公司。

企业管理 enterprise management 根据生产技术规律和**经济规律**对企业生产经营活动进行的计划、组织、指挥、控制和调节等管理活动的总称。社会化大生产发展的客观要求和必然产物。

性质 科学地组织**生产力**和完善**生产关系**是企业管理的两方面职能，前者是任何社会制度下社会化大生产所共有的，称为管理的自然属性；后者表明企业管理总是受一定社会经济关系的制约，体现一定的社会生产关系，称为管理的社会职能。这种由社会化大生产所产生的自然属性和特定社会经济关系所形成的社会职能，即企业管理的二重性。

发展阶段 企业管理的形成和发展是一个历史的过程。一般认为，可以划分为三个阶段：①19世纪初期到20世纪初期的古典管理理论阶段。其主要代表为美国F.W.**泰勒**的科学管理理论、法国H.**法约尔**的一般管理理论和德国M.**韦伯**的行政组织理论。这一阶段主要是研究实践企业内部的管理过程、管理职能和对生产作业的管理问题。②20世纪初期到20世纪中期的行为科学管理阶段。其主要代表为美国G.E.梅奥的“霍桑实验”，美国C.I.巴纳德等也把心理学、社会学、人类学等学科理论应用到企业管理的领域。它包括个体行为理论、团体行为理论和组织行为理论。③50年代以后的现代管理理论阶段。主要有以法约尔等为代表的管理过程学派、以美国P.F.德鲁克等为代表的经验学派，以美国H.A.**西蒙**为代表的决策理论学派，以及系统管理学派、管理科学学派、权变理论学派。90年代末以后，随着信息技术、网络技术、数字技术在企业管理中的应用，这些学派又相互渗透、相互补充，有了新的发展。

内容 涵盖了企业人、财、物，供、产、销等各个方面的活动。主要有以下几方面。

①计划管理。通过科学的战略决策以制订企业发展的长期计划、中期计划和短期计划，来保证经营任务和经营目标的实现。是以目标管理为依据的。

②研究开发管理。通过研究、设计、试验等开发新材料、新设备、新工艺、新产品，不断地为消费者提供优良的产品和服务。

③生产管理。运用先进的生产技术设备和科学的生产组织手段，把各个生产要素有机地结合起来，生产出好的产品和提供好的服务。为了保证生产过程的正常进行，生产管理一般又可细化为物资管理、设备管理、工具管理、质量管理等。

④技术管理。通过对企业生产经营过程中的技术活动进行计划、组织、协调、控制和激励等管理工作，以保证新技术和新产品的实现。在有的企业里，技术管理还包括技术创新、技术改造和技术引进。

⑤营销管理。通过产品策略、价格策略、促销组合策略、分销渠道策略，引导和挖掘消费者的潜在需求，不断提高产品的市场占有率和市场增长率。

⑥人力资源开发和管理。通过制订人力资源规划、职务分析和职务设计，以及职工的招聘、选拔、使用、培训、业绩考评、收入分配、奖惩制度等，不断提高职工的素质，激励他们的积极性，挖掘他们的潜在能力，在不断提高企业经济效益的同时，也不断提高职工的收入水平，在实现企业价值的同时，也实现职工的自我价值。在有的企业又称人事劳动管理。

⑦财务管理。为了达到企业预期的经营目的，对于企业经营所需资金的筹集、投放、运用、分配，以及对资金、成本、利润的决策谋划、预算、控制和分析等所进行的管理工作。在企业的财务管理中，

都包括成本管理，有的企业还设有单独的成本管理。

职能 近代管理学派一般把管理职能划分为决策、计划、组织、指挥、控制、协调、激励、人事、创新等职能，而计划、组织、控制是各个管理学派普遍公认的管理职能。

①计划职能。计划是企业管理的首要职能，是根据企业外部环境和内部条件，权衡客观的需要和自身主观的能力，通过科学的调查研究和预测，提出在未来一定时期内企业需要达到的具体经营目标以及实现经营目标的途径和方法。其内容和程序：一是调查和预测企业未来的情况变化。包括调查和预测市场和消费者需求的变化情况；研究企业外部社会经济文化等环境提出的机遇与挑战；分析企业自身经营的优势和劣势。二是确定经营目标。包括确定企业发展的任务和目标，经营方针、政策和规则。三是拟订实施计划目标的具体方案。企业通常为实现经营目标往往可能有几个方案可供选择，这就需要对各种方案进行可行性研究和技术经济论证，从中选择出一个比较满意的方案。四是编制企业综合计划和各项专业活动的具体计划。综合计划又称经营计划，具体计划又称分计划，包括各个经营单位（子公司、分公司、分厂）和管理部门（供应、生产、人事、技术、营销、新产品开发、财务成本、安全等部门）的分计划，并要用预算的形式使计划数字化。五是实施和检查总结计划的执行情况。通过对计划实施情况的检查和总结，及时发现计划执行中发生的问题，分析原因，采取措施，以保证计划的完成，并进一步提高计划工作的质量和水平。

②组织职能。组织是计划实施的保证。从静态方面看，指企业的组织结构，即反映员工、职位、任务以及它们之间特定关系的组合。从动态方面看，指维持与变革企业组织结构，以完成企业目标的过程。企业组织一般有正式组织和非正式组织两类。正式组织是体现企业目标所规定的成员之间的组织体系。我们一般所说的企业组织都是指正式组织。非正式组织是职工在共同劳动中基于兴趣、爱好、情感、血缘等关系自发形成的组织。

企业设置和调整组织结构的原则：一是任务目标原则。企业设置组织结构的目的就是为了实现企业的战略任务和经营目标，设置和调整组织结构必须以任务目标为出发点和归宿点。二是权责利相结合原则。组织中的责任、权力、利益是不可分割的，三者必须相统一。组织的权力是负责任的基础，责任是对权力的约束，有了责任和权力，就要考虑承担责任和运用权力所创造业绩的大小，给予必要的利益，以激励其积极性和创造性。三是分工协作原则。企业管理工作量大、专业性强，设置有不同的专业职能管理部门，这些部门在合理分工的基础上必须加强协作配合，才能保证完成企业的整体目标。四是管理幅度和管理层次原则。管理幅度是一个企业主管能有效指挥下属成员的数目。管理层次是企业内纵向管理系统所划分的等级，一般分为基层、中层和高层3级。在企业规模已定的条件下，管理幅度与管理层次成反比关系。五是统一指挥和权力制衡原则。统一指挥是一个下属人员只应接受一个领导人的命令。权力制衡是领导人权力的运用必须接受监督制约，应防止滥用权力。六是集权和分权相结合原则。集权是社会化大生产的要求，分权是调动下级积极性的条件。企业设置和调整组织结构应依据自己的实际情况决定权力的集中和分散程度。

企业组织结构的类型，一般有直线制、直线职能制、事业部制、矩阵制、多维立体制等。企业应根据自己的经营规模、产品性质、生产技术条件和管理水平择优而定。

③控制职能。控制是企业在动态变化的环境中，监督实施计划，检查实施成果是否符合原定的目标而进行的管理活动。任何企业在确定了计划和组织结构以后，都必须对计划执行过程中有没有偏离任务目标或者影响任务目标完成的因素进行研究，以发现问题，分析原因，采取措施，及时纠偏，从而达到预期的经营目标。

控制的要求：一是有预见性。尽可能做到事前控制，以减少事中控制和事后控制的纠偏。二是全面控制和重点控制相结合。应当从企业的整体利益来实施控制，使各个经营单位和管理部门的目标协调一致；同时应把握重点，针对薄弱环节，避免因某个环节失控或者控制不力而影响全面控制的效能。三是把领导者控制和职工的自我控制相结合。领导者的控制对职工来说是一种他控，只有他控和职工自控结合起来，控制职能才会有群众基础，并变为职工自觉的行动。

控制的类型主要有：直接控制和间接控制；集中控制和分散控制；事前控制、事中控制和事后控制；现场控制等。

企业管理上述的三项基本职能是相互联系和相互促进的。计划职能为组织和控制职能提供依据与要求；组织职能为计划和控制职能的实现提供组织上的保证；控制职能是实施计划和组织职能的必要监督和检查。

企业集团 group of enterprise 以大型企业为核心，以资本为联结纽带，将若干个保持独立法人地位的企业和事业单位法人联系在一起所组成的、具有母子公司关系、多层次的经济联合组织。

基本特征是：①多个企业法人组成的经济组织。企业和其他成员单位都保持独立的法人地位，集团和财产表现为各成员单位的独立财产，集团作为一个整体不是法人。②具有多层次的组织结构。集团内部成员企业之间根据控股、参股的程度，以及经济技术协作关系，一般分为核心层、控股层、参股层和协作层等不同的层次。③多功能的联合体。同单个企业相比，它能够把多方面的业务全面协调组织起来，使各种资源和生产要素得到优化配置，以及取得规模经济等多方面的综合经济效益。④能进行多元化经营和跨国经营。

按照企业集团的经营业务和功能，一般可分为产品协作配套型、项目成套型、产销结合型、科研开发型、集约生产型、外向发展型、综合开发型和社会服务型等。企业集团一般实行以母子公司为主体的经营管理体制。这种管理体制，按照集权和分权有效结合的程度，分为集权型、分权型、集权分权结合型3种形式。集团母公司对子公司的管理主要体现在股权管理、重大决策管理、财务监督管理、业务关系管理和日常监督管理等方面。

企业兼并 enterprise merger 市场经济中一个企业购买其他企业的产权，使其失去法人资格或改变法人实体的一种经济行为。市场竞争机制发挥作用的必然结果，也是中国深化企业改革的重要内容。兼并企业可以利用被兼并企业的生产经营条件，迅速形成新的生产能力，实现规模经营，增强竞争能力。

原则 中国：①遵循自愿、互利、有偿的原则，在竞争中实行优胜劣汰。②要以国家经济发展战略和产业政策为指导，使存量资产向需要发展的重点产业、新兴产业和生产短线产品的企业流动。③要符合建立现代企业制度的方向，按照新的企业经营机制运行。④不得损害社会公共利益，不得损害债权人和职工的权益，不得形成垄断和妨碍公平竞争。

形式 ①承担债务式。在资产与债务等价的情况下，兼并方以承担被兼并方债务为条件接收其资产。②购买式。兼并方出资购买被兼并方企业的资产。③吸收股份式。被兼并企业的所有者将其净资产作为股金投入兼并方，成为兼并方企业的一个股东。④控股式。一个企业通过购买其他企业的股权，达到控股，实现兼并。

程序 除控股式外，企业兼并一般须经如下程序：①通过产权交易市场或直接洽谈，初步确定兼并和被兼并方企业。②对被兼并方企业现有资产进行评估，清理债权债务，确定资产转让底价。③以底价为基础，通过招标、投标确定成交价，自找对象的可以协商议价。被兼并的全民所有制企业成交价，要经产权归属的所有者代表确认。④兼并双方的所有者签署协议。⑤办理产权转让的清算及法律手续。

企业会计 business accounting 按会计主体的性质所划分的会计的一个重要分支。与非营利组织会计相对应。运用确认、计量和报告等程序和方法，反映和监督企业的财务状况、经营成果（收入和成本费用）及现金流量等，借以分析企业生产经营活动得失，改善经营管理，提高经济效益的一种管理活动。

各类企业的会计内容 ①服务性企业。主要是资金筹集和资金的运用、营业收入以及营业成本和费用，并通过营业收入和成本、费用的配合比较，计算确定本期利润，并加以分析利用。商品购销企业会计的主要内容，除与服务性企业相同外，特点是反映和监督商品的购进、销售和储存。②工业和农业企业。除与商品购销企业会计相同外，特点是有产品的生产，相应地需要进行产品成本计算。工业产品成本通常有原材料、辅助材料、燃料和动力、工资及工资附加费、废品损失、停工损失、车间费用、管理费用等项目，计算成本的方法有品种法、分批法、分步法和定额法等。农业产品成本有肥料、种子及种苗、农药、人力作业费、机械作业费、畜力作业费、共同生产费、企业管理费等，计算成本的方法有直接记入法和两阶段法等。畜牧生产费用则用分群核算和混群核算等方法。③承建建筑安装工程的施工企业。除和一般工业企业的相同外，主要特点是进行建筑安装工程成本的计算，以及根据承包工程的具体形式，与委托单位办理工程价款的结算，并于工程竣工后办理竣工结算。④交通运输企业。因运输过程同时就是营业过程，完成运输任务即取得营业收入，所以需要核算运输收入，而不需要进行一般工业企业的产品生产、库存、发运和销售的核算。在运输过程中发生的材料、折旧、工资等费用，则按运输对象、运输工具或运送路程计算成本。

不同所有制企业的会计内容 在中国，不同所有制企业的会计在资产、负债、收入、费用以及利润确定上并无区别，区别主要在于企业所有者权益的来源不同，因此其利益分配关系也有所差异。中国传统上按企业的所有制性质和行业特点制定企业会计制度，20世纪90年代已不制定分所有制的企业会计制度。

不同组织形式企业的会计内容 在西方国家，企业一般按组织形式分类，主要有独资、合伙和股份公司等，相应地有独资企业会计、合伙企业会计和股份公司会计等。它们的特点主要表现为业主或股东权益的计算和反映。独资企业会计设置业主的资本账和提款往来账，核算原始投入的资本，及其因增资或获利而发生的增加，因提款而发生的减少。合伙企业会计为每一合伙人设置资本账和提款往来账，每期实现的税后净利润，按照合伙协议的分配比例，分别转入各合伙人的提款账中。股份公司的股东权益，包括股本、资本公积以及指定用途的和未指定用途的留存利润，分别设置账户进行核算，并登记反映本期企业利润扣除缴纳所得税后的净额，用来分发股利和增加留存收益的情况。

企业托管 enterprise entrustment 企业的所有者通过契约形式，把企业法人财产交由具有较强经营管理能力并能够承担相应经营风险的法人去有偿经营，以实现企业资产保值增值的一种经营方式。受托方一般是具有企业资产托管经营管理能力和权利的独立企业法人，如按现代企业制度模式建立的企业托管公司、资产投资管理机构和中外合资或外商独资企业或机构。标的企业是经营不善的企业、亏损企业、资不抵债或濒于破产的企业，对这种企业的托管是要使其重新获得生机；也可以是经营较好的企业，对这种企业的托管是要使其迅速成长。

企业文化 enterprise culture 企业在一定社会经济文化环境和长期生产经营活动中自觉形成的具有企业特征的，为绝大多数职工认同信守的价值观念、群体信仰、经营和道德行为准则，以及与此相适应的组织、制度、行为方式的综合反映。伴随着企业成立而萌生的一种文化现象。

美国管理学家A.A.肯尼迪和T.E.狄尔在1982年出版的《公司文化》一书中首先提出了“企业文化”的概念。在中国，有人认为广义的企业文化包括物质文化和精神文化；狭义的企业文化是精神文化，内涵包括：企业职工精神文明，企业行为道德准则，企业思想文化素质。这就是在中国常说的“企业精神”。企业文化具有依附性、可塑性、综合性、导向性特点；具有内渗和外显作用。集中表现为集聚、感化、激励、规范、导向作用。

培育优良的企业文化是一项长期的、潜移默化的系统工程。它需要在继承本民族和本企业优良文化传统的基础上赋予新的时代内容；制定企业文化建设战略；突出本企业文化的特色和个性；注意企业文化内容与表现形式的统一；进行文化灌输；建立文化礼仪和文化网络；发挥经营领导者的垂范和英雄模范人物的榜样作用。

企业形象 corporate image 企业在社会上、在消费者和本企业职工心目中所形成的总体印象。功能是企业物质文化和精神文化的综合体现。为了提高企业形象，需要建立完善企业形象设计系统，又称企业识别系统，简称“CIS”(corporate identity system的缩写)。它包括企业理念识别系统、活动识别系统、视觉识别系统。其中理念识别系统是企业形象识别系统的精神层面，是它的核心，即企业的精神文化。

企业组织论 business organization, theory of 西方管理发展中的一种理论。形成于企业由小到大、由相互独立到多种联合的实践过程中。存在着多种不同的类型：①古典组织理论。强调建立以工作为中心的企业组织结构，并依据绝对的权力指挥企业运行。②行为科学学派的组织理论。强调组织职能的重点是如何处理人际关系和激励人的行为，即如何开发和管理人才资源，组织是权威性和参与性的统一体。③系统学派的组织理论。强调运用系统论、控制论的原理和方法，建立系统模型，对企业的组织活动进行分析、指导和控制；企业中职工的工作活动、行为规范相互依赖，企业之间相互关联的群体形成各个子系统，各子系统相互输入、输出，联结起来共同实现企业的总目标。④权变学派的组织理论。强调只有根据企业外部和内部的境况因素变化，采用适宜的组织结构和领导方式，才有最佳的组织效应。

启 Qi 中国夏王。禹之子，姒姓，汉时避景帝讳称“开”。相传禹死后，伯益即位，其辅佐禹的时日较短，不如启贤，诸侯遂奉启为天子。一说伯益与启争帝位而被杀。战国时或认为禹虽然授位于伯益，实际上是让启自己去夺取。这些记载反映了原始社会末期向世袭政权的家天下制度转变的史影。

启取得政权后，同姓有扈氏不服，于是召集六卿出师讨伐，大战于甘（今陕西户县境内，又有今洛阳市西献艺和今郑州市以西的古荥甘之泽或甘水沿岸两说），并作《甘誓》，谴责有扈氏的罪行，申明赏罚措施，遂灭有扈氏。其后又征西河，巩固了夏政权，各方国首领偕来朝会，启在钧台（今河南禹州南）举行盛大享宴，史称“钧台之享”。启在位后期，淫逸耽乐。死后，子太康即位。

启东市 Qidong City 中国江苏省辖县级市。位于省境东南部，长江入海口北岸。面积1 191平方千米。人口97万（2010）。18世纪初期，崇明岛北侧诸沙洲初现。19世纪末沙洲连成一片，与崇明岛南北对峙，称外沙，属崇明县管辖。1928年置启东县，1989年撤县设市。由南通市代管。农作物有稻、麦、棉、豆类等。饲养桑蚕、奶牛、水貂、生猪和山羊。吕四渔场是江苏省四大渔场之一。产小黄鱼、鲳鱼、鲈鱼、海蜇、海蟹、对虾、文蛤、条斑紫菜等，为全国条斑紫菜、对虾、文蛤养殖基地。工业有纺织、机械、化工、电子、食品、建材等。吕四港为天然深水良港，可建5万～10万吨级深水泊位。

启发式教学 heuristic teaching 教师在教学工作中依据教学过程的客观规律，引导学生主动、积极、自觉地掌握知识和获得有效发展的教学方法。与注入式教学相对。

在中国，“启发”一词源于古代教育家孔子的“不愤不启，不悱不发”。在欧洲，古希腊思想家苏格拉底用“问答法”来启发学生独立思考和探求真理。近现代西方许多教育家在思想认识和实践模式上丰富和发展了启发式教学的内涵。

启发式教学的实质在于正确处理教与学的关系，它反映了教学的客观规律，是现代教学的重要指导思想。其特点是：创设宽松和谐的学习情境，激发学生学习兴趣，培养学生问题意识；强调学生是学习的主体，通过学生主动积极参与，在观察、操作、讨论、质疑、探究中学习；尊重学生个性与才能，关注个体差异，满足学生发展的不同需要；洞察学生的内心情感世界，培养自我反思、自主调控能力；给学生提供自我表现的机会，使学生获得积极的体验，理解知识的全过程；引导学生形成多样化的学习方式，促进学生主动地、富有个性地学习。

启功 Qigong (1912－07－26～2005－06－30) 中国书画家、书画鉴定家、文学家。字元伯，一作元白。满族，姓爱新觉罗。生于北京，卒于北京。幼年丧父，少年失学，初自学诗文书画。曾从戴姜福学文史词章，从贾尔鲁、吴熙曾、溥心畬学绘画，后又受业于陈垣。他的书法，长于行书，结体精严，笔画清朗刚健，具有鲜明的个性特点。其画多取山水、竹石，秀逸有书卷气。

楷书联

启功长期从事教育事业，先后任北京辅仁大学副教授、北京师范大学教授。曾长期兼事文物鉴定工作，并任中国书法家协会主席、名誉主席，中国佛教图书文物馆董事、全国政协常务委员，中央文史馆馆长等职。著述有《古代字体论稿》、《诗文声律论稿》、《启功丛稿》、《论书绝句百首》等。

启蒙运动 Enlightenment 17～18世纪欧洲资产阶级和人民大众反封建的思想文化运动，是文艺复兴之后近代人类的第二次思想解放运动。启蒙运动的矛头直接指向“黑暗的中世纪”。当代人即用“启蒙时代”这个概念，表明那是以光明驱逐黑暗的历史时代。

17～18世纪的欧洲，处于从封建社会向资本主义社会过渡的时期。随着西欧各国资本主义经济的发展，资本主义同腐朽的封建制度的矛盾日益尖锐，资产阶级和人民大众的反封建斗争此起彼伏。

启蒙运动兴起于西欧，很快波及欧洲大多数国家，并影响到全世界，但其中心在法国。

欧洲中世纪占统治地位的思想是宗教思想，因此启蒙运动思想家们首先把矛头指向宗教神学，而荷兰的思想家则为这一运动铺平了道路。其代表人物是自然法学说的创立者H.格劳秀斯和唯物主义哲学家B.斯宾诺莎。英国学者在启蒙运动中占有重要地位。唯物主义哲学家F.培根反对中世纪的经院哲学，肯定世界是物质的。机械唯物主义经验论创始人J.洛克对启蒙运动的发展作出过重大贡献。此外，还有哲学家E.赫伯特、唯物主义哲学家J.普里斯特利等。

18世纪法国还处在封建专制主义的黑暗统治下。法国的思想家们考察了荷兰和英国的社会和政治制度，先后同英、荷学者切磋交流，把启蒙运动推向高峰。法国启蒙运动的先驱者是P.培尔。紧随其后的有启蒙思想家伏尔泰、C.-L.de S.孟德斯鸠，经济学家A.-R.-J.杜尔哥，启蒙学家M.-J.-A.-N.de孔多塞等人。法国启蒙运动最突出的代表是以百科全书派为中心的一批唯物主义思想家。法国启蒙运动小资产阶级民主派的代表人物是J.-J.卢梭。社会主义的最初代表摩莱里和G.B.de马布里也属于启蒙者之列。

启蒙运动波及德国和俄国。德国启蒙运动的代表人物是C.沃尔弗。其他比较激进的代表人物有G.E.莱辛、J.赫尔德、J.C.F.von席勒和J.W.von歌德等。俄国的启蒙思想家有A.I.波列诺夫、N.I.诺维科夫、A.N.拉季舍夫等。启蒙运动越过大西洋，在英属北美殖民地得到传播。美国《独立宣言》起草人T.杰斐逊和著名思想家、科学家B.富兰克林，《常识》的作者T.潘恩都属于启蒙学者之列。

启蒙运动扩展到亚洲、非洲、拉丁美洲地区为时较晚。19世纪末20世纪初，中国出现一批以严复为代表的启蒙学者，他们翻译欧洲启蒙思想家的名著，介绍他们的思想，对中国的思想界、学术界起了重要的推动作用。启蒙运动为摧毁腐朽的封建制度、确立资本主义制度作了思想上和理论上的准备。启蒙思想家所宣传的自由、平等、民主和法制的思想，对1775～1783年的美国独立战争、1789年的法国大革命，以及19世纪欧洲爆发的一系列资产阶级革命都产生了极大的影响。

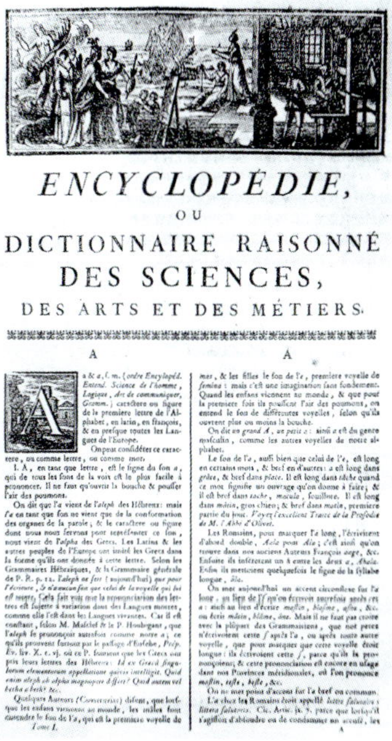
ENCYCLOPÉDIE,
OU
DICTIONNAIRE RAISONNÉ
DES SCIENCES,
DES ARTS ET DES MÉTIERS.

A A

启蒙运动思想家、百科全书派代表人物狄德罗等主持编纂的《百科全书》第一版正文第一页

启明星 phosphor 中国古代指日出之前，出现在东方天空的金星。

起霸 fornalized qiba in Chinese opera 中国戏曲表现古代将士出征上阵前整盔束甲动作的表演程式。因明传奇《千金记·起霸》一折而得名，是戏曲演员必练的一项基本功。有男霸、女霸之分。男霸由提甲出场式亮相、云手、踢腿、弓箭步、骑马蹲裆式、跨腿、整袖、正冠、紧甲等基本动作连贯组成；女霸由出场式亮相、云手、塌步、鹞子翻身、整袖、正冠、掏翎、紧甲等基本动作连贯组成。起霸又有单人、双人、多人之分，全套动作称整霸，只用半套动作称半霸，背向观众倒退出场称倒霸等。起霸在不同剧种中名称不一，动作组合也不尽相同。

起搏器 pacemaker 按规定程序发出电脉冲，通过导线及电极刺激心脏使之搏动的一种医用电子仪器。用以治疗缓慢型心律失常，如窦房结功能障碍、房室传导阻滞等。急症治疗用的临时性起搏装置，多采用导线经皮连接体外佩带的起搏器。慢性不易恢复的心律失常患者需接受永久起搏治疗，此时应采用埋藏式起搏器。起搏器的主要适应证包括：①病窦综合征；②Ⅱ度及Ⅱ型以上的房室传导阻滞；③反复发作的颈

动脉窦性昏厥和心室停搏；④异位快速心律失常药物治疗无效者。安装起搏器后可能发生某些并发症，所以在临床应用中应严格掌握使用的适应证。

起动器 starter 控制电动机起动和停止用的电器。又称启动器。电动机起动时，起动电流要超过电动机额定电流很多倍（可达5～7倍）。起动电流大时，线路的电压暂时有所降低。如果线路电压降低较多，会影响线路上其他设备的运行，电动机的起动转矩将减小，起动发生困难，甚至起动失败，因此需要采用起动器。

起动器按操作方式分为手动和自动两类。交流电动机的手动起动器中比较常用的有星三角起动器，它属于降压起动方式。电机正常运行时，绕组结成三角形。在起动时，先将交流三相电动机的绕组接成星形，使每相绕组的外加电压降低为相电压，以减小起动电流的冲击。起动电流减小后，将三相绕组转换成三角形接法，将每相电压升高到线电压后完成起动。直流电动机的手动起动器是在电机的绕组电路中串入限流电阻，以限制起动电流，逐段地切除串联电阻，直至全部串联电阻切除后起动完成。自动起动器又分直接起动和减压起动两种。常用的直接起动器是电磁起动器，具有失压和过载保护功能。减压起动器有自耦减压起动器、频敏起动器、软起动器和综合起动器等。

起居注 imperial diary 中国古代记载帝王言行，兼记朝政大事的日记体史册名称。为历代编修实录及正史的主要史料来源之一。中国周代就设有左史、右史，为天子记行记言。起居注的正式名称始于汉代。魏晋以后始设专官编撰，历代沿袭。清以前的历代起居注除三卷《大唐创业起居注》及明代的一些零星起居注外，原件均已佚失。唯清代起居注保存较完整。清代的起居注称为《起居注册》，由专设的日讲起居注官负责编纂。已知存世的计1万余册。起于康熙十年（1671）九月，迄于宣统二年（1910）十二月，但其中也颇多佚失。存世的《起居注册》有满汉两种文本，又有正本与稿本之别。中国第一历史档案馆及台北“故宫博物院”图书文献处为主要收藏单位。起居注为当时人记当时事，所载史实较一般官修史书翔实可靠，具有重要的史料价值。

起诉 commencement of action 当事人认为自己的合法权益受到侵害或发生争议，以自己的名义向法院提出诉讼请求，要求法院予以保护的诉讼行为。法院同意进行审理，即承认起诉的成立，称为受理。起诉的成立，标志着诉讼程序的开始，并引起一定的法律后果。

起诉制度的早期形态，刑事起诉和民事起诉没有区分，也没有行政诉讼。近代和现代的起诉，分为刑事起诉、民事起诉和行政起诉。现代世界各国的刑事起诉，有公诉和自诉之分。在民事起诉和行政起诉中，公民个人、机关、团体、企业事业单位均可起诉。在刑事起诉中，中国实行以公诉为主、自诉为辅的起诉制度，除自诉外，一律由检察院向法院提起公诉。

起诉有书面和言词（即口诉）两种方式。《中华人民共和国民事诉讼法》规定兼用书面和言词两种起诉方式，以书面方式为原则。按照普通程序审理的案件，当事人应向人民法院递交起诉状，并按照被告人数提出副本。如果当事人书写起诉状确有困难，

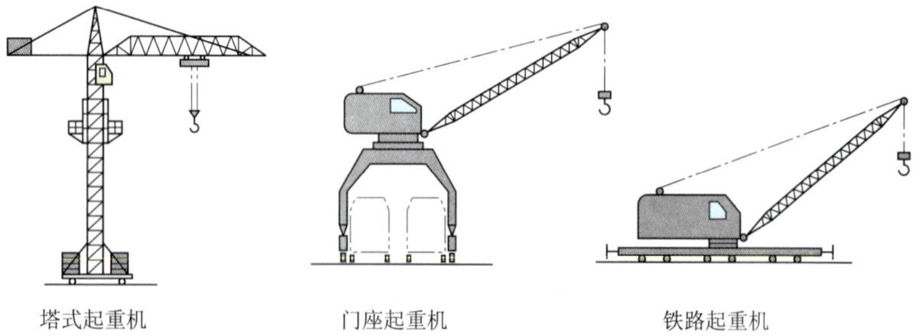

图1 臂架型起重机示意图

允许口头起诉，由人民法院记入笔录，并告知对方当事人。对于适用简易程序的案件，当事人可以自由选择采用口诉的方式，不用附加任何条件。人民法院接到起诉状或口诉以后，对是否具备起诉条件进行审查。起诉条件为：①原告是与本案有直接利害关系的公民、法人和其他组织。②有明确的被告。③有具体的诉讼请求和事实、理由。④属于人民法院受理民事诉讼的范围和受诉人民法院管辖。人民法院经审查认为符合起诉条件的，应在7日内立案，并通知当事人；认为不符合起诉条件的，也应在7日内作出不予受理的裁定。原告对不予受理的裁定不服的，可向上一级法院提出上诉。

起义 uprise 被压迫、被剥削的阶级和被剥削、被压迫的民族为了反抗反动的阶级或者外国侵略者的剥削和压迫而爆发的武装斗争。

中外历史上都曾经出现过农民起义和工人的武装起义。如1917年俄国工人阶级在彼得格勒举行的武装起义，1927年中国工农群众在中国共产党的领导下举行的南昌起义、秋收起义和广州起义等。

巴黎公社起义者构筑的街垒

起重机 crane 以间歇作业方式对物料进行升、降和水平移动的搬运机械。又称吊车。起重机械中的一大门类，用来吊运成件物品，配备适当吊具或容器后也可吊运散状物料和液态物料。

分类 通常按结构分为臂架型起重机和桥架型起重机等。

①臂架型起重机（图1）。包括悬臂起重机（如柱式、壁上和平衡起重机）、塔式起重机、门座起重机、浮式起重机、流动式起重机（如汽车起重机、轮胎起重机、履带起重机和铁路起重机）、桅杆起重机、甲板起重机等。

②桥架型起重机（图2）。包括梁式起重机、桥式起重机、龙门起重机、运载桥和缆索起重机（用承载索代替桥架）等。

组成 主要组成部分包括起升机构、运行机构、变幅机构和回转机构，以及金属结构、驱动装置和控制设备等。有的起重机还有完成一定工艺操作的专用工作装置，如夹钳起重机的夹钳。

①起升机构。起重机最基本的工作机构，大多由吊挂系统和绞车组成，或通过液压系统升降重物。有时可用电动葫芦或手动葫芦作为起升机构。

②运行机构。用以纵向水平运移重物或调整起重机的工作位置，一般由电动机、减速器、制动器和车轮组成。

③变幅机构。只在带臂架的起重机上才配备。变幅分动臂变幅和小车变幅。

④回转机构。用以使臂架回转，由驱动装置和回转支承装置组成。

⑤金属结构。是起重机的骨架。主要承载件如桥架、臂架和门架可以是箱形结构或桁架结构，也可以是腹板结构。还可用型钢作为支承梁。

驱动方式 多数起重机是用电动机驱动的，人力驱动仅适用于起重量很小且搬运距离不大的起重机。自行式起重机和浮式起重机大多采用内燃机驱动或内燃机－电机驱动。

操作方式 通常在司机室内操纵；也可在地面上用按钮

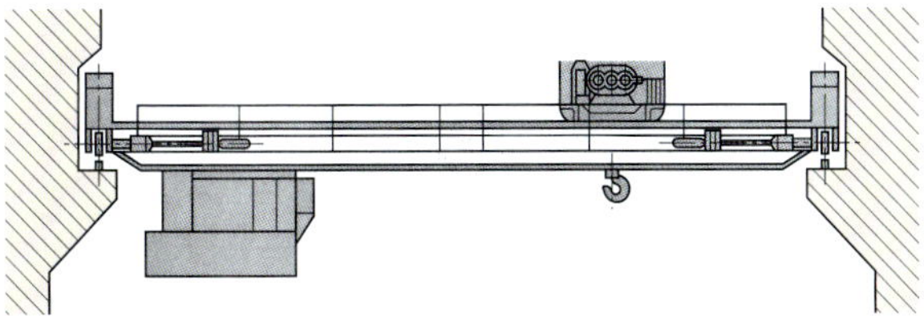

桥式起重机

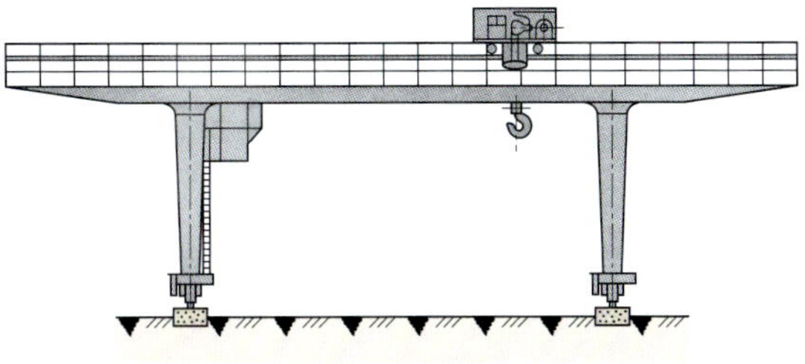

龙门起重机

图2 桥架型起重机示意图

操纵，而人随着起重机行走；还可以采用有线或无线远距离控制。固定程序的作业可以采用程序控制的方法自动完成多种动作。

气 qi 中国古代哲学常用的概念。在先秦时期，气被用于解释自然现象和社会现象。如伯阳父用气的“阴阳失序”来解释地震。到战国时代，《管子》、《孟子》、《庄子》、《荀子》都讲气。他们将气看作是一种有生命力的标志。《管子》中说：“有气则生，无气则死，生者以其气。”孟子认为气充满体内，与志相互区别又相互作用。“夫志，气之帅也；气，体之充也。”在汉代，气被认为是世界生成的重要因素，如王充在《论衡》中说：“天地合气，万物自生。”唐代的柳宗元明确提出宇宙是由元气运动构成的，元气运动的内在动力是因为它包含和统摄着阴阳二气。到宋代，气的概念得到极大的发展，张载在《正蒙·乾称》中说：“凡可状皆有也，凡有皆象也，凡象皆气也。”张载把“道”视为气的变化过程，说“有气化，有道之名”。程颢、程颐把气和道对立起来，认为道是理，理比气更为根本。朱熹融合张载和二程的观点，认为有理有气然后有物。明代的王廷相和明清之际的王夫之都继承了张载的学说，并有一定的发展。另外，气还用来描述一种精神现象，如孟子的“浩然之气”，宋明理学家的“圣贤气象”。

气垫船 air-cushion craft 利用高压空气在船底和水面（或地面）间形成气垫，使船体全部或部分垫升而实现高速航行的船。

图1 全垫升式气垫船

全垫升式气垫船在船体下部四周设有柔性围裙，用升力风机压缩空气在围裙所包围的船底空间内形成气幕，向上托起船体，使之脱离水面。用推进风机（空气螺旋桨）使船体向前运行（图1）。不仅能在水面上航行，而且能飞越一定高度的障碍物，可在海滩上着陆，具有两栖性。航速60～80节。

侧壁式气垫船在船体底部两舷装有刚性侧壁浸入水中，首尾设柔性封闭装置，构成气垫浮力舱（图2）。利用气垫抬高船体，使船体底部脱离与水面的接触，减小船体前进时的水阻力。采用喷水推进或水螺旋桨推进，航速一般为30～50节。

图2 侧壁式气垫船

双体气垫船是在侧壁式气垫船基础上发展的一种新船型（图3）。将侧壁排水体积加大，并改成双体船的片体形式，兼有气垫、双体两种船型的优点。航速一般为40～50节。

图3 双体气垫船

气动弹性力学 aeroelasticity 研究空气或其他满足状态方程的气体同弹性结构变形之间相互作用的规律及其在工程技术中的应用的学科。又称气动弹性理论。简称气动力学。空气动力学和弹性力学的交叉学科。它将弹性结构和周围的气流作为一个统一系统来考虑并找出其间的耦合条件。例如，结构在其周围空气动力作用下发生弹性变形，此变形会改变周围气流的流场，从而改变空气动力的大小和分布规律，使弹性结构产生新的变形。若结构与周围气流之间的相对速度较低，则这两方面的变化都趋于一个稳定值。但当相对速度达到某个临界值（称为临界速度）时，空气动力对结构弹性变形的微小变化也很敏感，它们的相互作用就会越来越大，从而严重影响甚至破坏结构性能。在飞机设计中，必须进行气动弹性研究以确定飞行临界速度。气动弹性力学的研究主要包括颤振、变形发散、抖振、操纵反效以及突风响应等。

气功 qigong 中国独特的健身术。在古代，根据功法不同，分别称吐纳、导引、行气、服气、食气、练气、静坐、坐禅或内功等。其特点是通过练功者的主观努力对自己身心进行意、气、体结合的锻炼，以达到健身和防治疾病的目的。

内容 气功内容广泛，主要有调身（姿势）、调心（意念和松静）、调息（呼吸）、自我按摩和肢体活动等。气功功法繁多，有以练呼吸为主的吐纳功，以练静为主的静功，以练站桩为主的站桩功，以练动静结合为主的动功，以练意念导引为主的导引功，也有以自我按摩为主的保健按摩等。中国气功流派很多，一般分为医、儒、道、释、武术五大派别，每个派别又分为若干个小流派。医家气功主要以防治疾病，保健强身为目的。儒家气功主要以修身养气为目的。道家气功主要以身心兼顾、性命同修、清静无为为目的。释家气功主要以练心为目的，要求精神解脱，其中又分两派，一派称为八定，强调四大皆空，一派称为参禅，强调修身养性。武术气功主要以锻炼身体、防身和提高击技为目的。各派气功尽管方法各异，但总以练意、练气为主。气功从形态上可分为静气功和动气功两类。静气功采取卧、坐、站等外表上静的姿势，运用精神内守和调整呼吸的方法，着重练身体内部，所以也称为内气功。动气功是采取意和气结合的各种肢体运动，如走式气功、太极棒气功、自我按摩等，因为它有动作表现于外，所以又称为外气功。

作用和疗效 中国古代气功从一开始就用于治病和健身。气功所以能够治病，主要是因为它对大脑皮层和皮层下植物神经中枢及心血管系统能起到有益的调节作用，对机体的异常反应有纠正作用，对腹腔器官有一种按摩作用，对自身生理机能可起到自我控制作用等。练功对人体的影响是多方面的，它可以排除情绪的干扰，让人体的生理、生化处于最佳工作状态；气功中的放松、入静和呼吸可缓解大脑皮层对整体的应急性反应准备，为机体的休息、修复和调整提供有利条件，亦即可清除“七情”对机体的扰乱，降低机体对外部环境的劣性刺激的敏感性，减弱“六欲”的危害；经过缓慢调整，使整体耗能减少，增强机体的抗病能力。

姿势（调身） 姿势自然放松，是顺利进行气功呼吸和诱导精神松静的先决条件。不同的姿势有不同的生理特点，姿势本身也起着一定的治疗作用。常用的姿势有平坐、自由盘膝、单盘膝、仰卧、侧卧、站式、走式等。

入静（调心） 入静是指一种稳定的安静状态，无杂念，集中意念于一点，即意守丹田或留意呼吸，对外界刺激的感觉减弱，进入似醒非醒、似知非知的境界，即大脑皮层进入保护性抑制状态。常用的入静方法有五种：①意守法。②随息法。③数息法。④默念法。⑤听息法。以上五种调心入静法初练时可从意守法开始，逐渐过渡到随息法或听息法，或始终练一种。

呼吸（调息） 呼吸是气功疗法的重要环节。通过锻炼，改胸式呼吸为腹式呼吸，改浅呼吸为深呼吸，最后练成自发的丹田呼吸。呼吸方法常用的有8种：①自然呼吸法。②顺呼吸法。③逆呼吸法。④停闭呼吸法。⑤鼻吸口呼法。⑥气通任督脉呼吸法。⑦潜呼吸法。⑧真息法。练呼吸要在柔和自然的基本法则指导下逐步做到深长、细匀、缓慢。

禁忌 一般有精神病、大出血、高热、各种急性病及急性传染病的人不宜练气功。

气管 trachea 连接喉和主支气管之间的管道。属于下**呼吸道**。位于食管前方，上接环状软骨。经颈部正中，下行入胸腔。根据气管的行程与位置，可分为颈、胸二部，在胸骨角平面（平对第4胸椎椎体下缘）分为左、右主支气管，分杈处称气管杈，气管杈内面有一向上凸的纵嵴，呈半月形，称气管隆嵴，是支气管镜检查的定位标志。

气管主要由气管软骨、平滑肌纤维及结缔组织构成。气管软骨为缺口向后呈蹄铁形的透明软骨环，约占气管圆周的2/3，其数目以14～17个最多见，占87%。最少为12个，最多可达19个。男性平均比女性多一个软骨环。气管软骨除第1个较高宽外，一般约高4毫米，管壁厚2.2～2.5毫米。气管软骨绝大多数分裂呈倒置的“Y”字形，分裂的位置没有一定的规律。气管软骨于40～50岁时出现钙化，管壁内的弹性纤维亦趋于减少。气管的后壁由弹性纤维和平滑肌封闭，称气管膜壁，其内所含平滑肌纤维称气管肌。各相邻的气管软骨间，均以弹性纤维形成的环状韧带（又称气管韧带）连接。由于气管软骨具有支架作用，致使管腔永远保持开放状态，以维持呼吸功能的正常进行。由于气管膜壁具有一定的舒缩性，有利于食管扩张，易于食团顺利下行入胃。气管的长度和口径，因性别和年龄而不同。一般成年男性较女性的长、口径大，男性平均13.6厘米、女性平均12.11厘米；小儿气管细小，位置较深而活动度较大。

气管切开 tracheotomy 在颈部中线切开气管的手术。患者经置入的套管呼吸，并可经此吸引出呼吸道分泌物。

适应证 ①炎症、肿物、外伤、异物及声带麻痹等原因引起的喉阻塞，喉部邻近组织病变引起的呼吸困难。②下呼吸道分泌物阻塞。③行口咽、喉颈部手术时，为保持术中术后呼吸道通畅，可先做气管切开术。④各种原因引起呼吸功能减退时。⑤取除异物。

并发症 ①出血。晚期大出血是气管切开术致死的主要原因。②皮下气肿。与术中过多分离气管前软组织有关。③纵隔气肿。过分分离气管前筋膜，气体经深筋膜进入纵隔而形成。重者引起心肺功能紊乱。④气胸。术中暴露气管时，过于向下分离，误伤胸膜顶，或喉阻塞使胸内负压过高，剧烈咳嗽时肺泡破裂形成气胸。此时可行胸腔穿刺或闭式引流。⑤喉及气管狭窄。切开气管部位过高，伤及环状软骨；切除气管软骨过多；或局部肉芽纤维组织增生均可引起。

其他情况的处理 ①紧急气管切开术。患者极度呼吸困难时，可行紧急气管切开术。不需麻醉。②环甲膜切开术。病情紧急时，可摸清环甲膜间隙，横形切开皮肤及环甲膜，插入套管。③气管造口术。对需要长期戴气管套管者，可做气管造口术，方法同气管切开术。愈合后形成永久性瘘口，便于更换气管套管。

气候 climate 地球上某一地区长期**天气**状况的综合。一般用该地区各种气候要素的长期统计特性（平均值、极值、概率和方差、协方差、相关等）来描述。气候的基本特征是由太阳辐射、地球表面性质、大气环流和人类活动等因子长期相互作用形成的。气候作为自然界的一种现象，与人类社会有着密切的联系。

气候是一个不断发展的概念。气候一词在古希腊文中意为“倾斜”，指各地气候的冷暖同太阳光线倾斜角度有关。在20世纪初，局地气候常被认为仅是温度和降水长期平均的季节变化情况，把存在相对均匀的局地气候的广大区域定义为气候带，如热带雨林、沙漠和冻原等，显现出地理特征。到20世纪中叶，随着高空和地面气象站网的发展，气候的范畴延伸到包括高空和地面的所有大气的长期统计量。此时，对气候的解释不仅限于局地的热量和水分收支，也包括大气内部的能量、水汽和动量输送作用，把大气环流看成形成气候的基本因素之一。再考虑到物候经验和资源利用开发，以及时间和空间尺度不同等，出现了各种不同的气候分类法。对气候的区分也越来越细致。如在时空尺度上有大气候、中气候和小气候；对各种社会生产和生活需要，又有工业、农业和医疗等专业气候。70年代以来，传统的气候概念逐渐扩展到包括大气圈、水圈、岩石圈、冰雪圈和生物圈在内的**气候系统**的概念。人们开始从气候系统的平均状态来定义气候，如用一组高阶矩统计量（如方差、协方差和相关等）来表述气候系统各圈在一段时间内的结构和行为。

气候变化 climatic change 地球气候存在明显的和连续不断的变化。通常用不同时期的温度和降水等气候要素的统计量（均值、变率等）的差异来表示。

近代关于气候变化的研究从1840年瑞典J.L.R.阿加西关于阿尔卑斯山脉冰川的研究开始。20世纪中叶英国C.E.P.布鲁克斯的《各时代气候》(1949)、德国M.施瓦茨巴赫的《过去的气候》(1950)和中国竺可桢的《中国近五千年来气候变迁的初步研究》(1972)等著作，都系统归纳了各个时代气候的特点，初步形成气候史的轮廓。近年，由于树木年轮、孢粉、冰心、黄土、深海沉积等代用气候资料的开发，使气候变化研究有了明显进展。

研究气候变化，常依不同的时间尺度作如下划分。①地质时期的气候变化。又称古气候。指1万年以上的各种时间尺度的气候变化。这种气候变化的事实，主要从地质资料的分析中得到。②历史时期的气候变化。指近几千年来的气候变化。依据历代史书文献中关于当时的农牧业生产、自然资源、灾害等的记载和各种考古文物，可以推证当时的气候状况，获知气候的变化过程。③现代气候变化。指近100多年来的气候变化。这时期有了现代气象观测网，可以用系统的气象记录来研究气候变化。

气候变化研究的中心问题是认识各种气候变化的过程及其原因，进而推测未来气候的变化趋势。

《气候变化框架公约》 *The Framework Convention on Climate Change* 全称《联合国气候变化框架公约》(UNFCCC)。1992年6月在巴西召开的**联合国环境与发展大会**上，包括中国在内的166个国家签署了这个公约。为一项原则公约，为国际社会在对付气候变化问题上加强合作提供法律框架，并对发达国家和发展中国家规定了有区别的义务。公约中制定的控制气候变化的最终目标是将大气圈中**温室气体**的浓度稳定在一个水平上，以防止人对气候系统的有害干预。这个水平应该在一个时间框架内达到，以使生态系统自然地适应气候的变化，保证粮食生产不受威胁，并以可持续的方式发展经济。公约于1994年3月21日正式生效。已有180多个国家批准《气候变化框架公约》，共召开5次缔约方大会。在1997年12月1日召开的京都缔约方大会上，形成具有法定约束力的《京都议定书》。议定书规定，发达国家均要限制6种温室气体的排放量，在2008～2012年间要在1990年排放水平的基础上至少减少5%；同时也确定了实现发达国家与发展中国家在全球气候保护方面“共同但有区别的责任”的原则和基本方法。

气候带 climatic zone 根据地面气候纬向分布的相似性划分的与纬度大致平行的带状气候区。它往往是各种气候分类的基础。

太阳辐射是气候形成的基本因素。由于太阳辐射（高度角）随纬度的增高而递减，地球气候的分布呈现出按纬度分布的地带性。A.苏潘（1879）以年平均气温的20℃等温线和最热月的10℃等温线为指标，划分热带、温带和寒带。W.柯本（1900）以最冷月平均气温和最热月平均气温及降水同温度的配合为标准，将全球气候划分为热带多雨气候、干旱气候、温暖多雨气候、寒冷雪林气候、冰雪气候5种气候带（主型）及11个副型。B.P.阿利索夫（1936～1949）以盛行气团和气候锋位置的季节变化为标准将每半球划分为赤道带、副赤道带、热带、副热带、温带、副极带和极带7个气候带；又根据海陆分布的差异，在气候带之下分成海洋型和大陆型等。

由于海陆分布、海拔高度、地形和大气环流等因素，实际气候带的分界线并不完全和纬圈平行，尤其是在较高纬度上，有些同纬度地区的气候可能相差很远。

气候带的概念还可以应用到山地的自然景观上，在水分供应充分的情况下，由于气温的垂直变化，在热带或赤道地区的高山区，从山麓到山顶，可以出现从热带雨林到终年积雪，类似于从赤道到极地的各种自然景观，这称作垂直气候带。

气候系统 climatic system 由地球的大气圈、水圈、岩石圈、冰雪圈和生物圈组成的系统。1974年在瑞典斯德哥尔摩召开的世界气象组织与国际科学联盟理事会联席会议上，明确提出了气候系统这一概念。大气圈是在地球表面上的一层气体混合物，其总质量的99%分布在距地面30千米高度之内。水圈包括海洋、湖泊、河流和地下水等地球上所有的液态水，其中最重要的是覆盖2/3地球表面的海洋。冰雪圈由地球表面的冰和雪构成。岩石圈包括大陆和海床。控制全球气候系统的基本过程是入射太阳短波辐射的加热和射出长波辐射的冷却。这种加热在热带地区最大，而冷却在冬半球的极地最强。热力梯度驱使大气和海洋流动，为系统的平衡提供必要的热量输送。气候系统不停地演变，是个运动的总体。用各圈在一定时期的平均物理状态，可表示气候系统在该时期的结构和行为。

气候学 climatology 研究气候状态、形成原因和演变规律及其与人类活动相互关系的学科。大气科学的分支。传统上又是地理学的组成部分。

发展 有关气候现象的记载和气候知识的积累可追溯到3 000年前。中国在殷代就已知一年四季和某些农事季节的划分。到春秋时代，创造了利用圭表测日影以定气候季节的方法。秦汉时期，二十四节气已成为农事活动的主要依据。《逸周书·时训解》系统地记载了反映气候年变化规律的七十二候的自然物候历。公元前5世纪，古希腊学者根据太阳高度角将地球气候划分为5带：北寒带、北温带、热带、南温带和南寒带。古埃及、巴比伦和印度等地在这个时期也有许多关于气候的记载。

1817年，德国的A.von洪堡首先绘制了全球等温线图，成为近代气候学研究的开端。20世纪初，随着气团概念、气旋模式和锋面理论的出现，天气图资料的积累，人们进一步研究气候的成因。这个时期气候学在各方面的应用也开始受到重视。70年代，经济活动日益全球化，因世界上出现了大范围灾害性气候异常，地球气候环境与社会发展的关系问题为世界所瞩目。1974年，在世界气象组织与国际科学联盟理事会联合召开的学术讨论会上，明确提出了气候系统的概念。气候学的研究领域扩展到由地球的大气圈、水圈、岩石圈、冰雪圈和生物圈组成的气候系统，气候学进入一个新的发展阶段。这个时期，气候学在诊断分析、数值模拟和动力理论等方面都取得了许多重大成果，其中最活跃的领域是气候变化和气候预测。

内容 主要包括以下几个方面。①气候学概论。包括气候学一般原理，气候特征的时间和空间分布、演变及其分类等。②气候监测。主要研究气候监测的范围和内容、监测项目设置、信息搜集及处理、监测系统构成和管理、产品和服务等。③气候变化。主要研究气候在各个时期的变化特征、演变规律和原因。④气候预测。主要研究气候演变规律和可预测性，确定预测内容，设计预测方法，建立预报系统和验证方法。⑤物理气候学与动力气候学。把地球气候看作是一个物理系统，主要以动力学和热力学的理论和方法研究气候形成和变化的规律。主要研究辐射平衡、热量平衡、能量平衡、动量循环、水分循环、碳循环以及人类活动与气候演变的关系。⑥天气气候学。研究多年间大气环流的一般状态及其变动的规律性。如环流的分型及其出现的频率，天气系统的频率、强度和路径，大范围气候异常与大气环流的关系等问题。⑦应用气候学。主要研究气候资源的利用，气候灾害的防御，气候环境的分析、评定和区划，以及各有关专业相应的气候问题。⑧小气候。主要研究小尺度地形、地貌、植被及人类活动等对小范围气候的影响，分析小气候的分布规律。⑨古气候。研究史前时期的气候，其主要特征可由地质学和古生物化石遗迹等推算。

气候学还可按大气的分层分为近地层气候学、平流层气候学和空间气候学等。

气辉 airglow 地球高层大气中由光化过程造成的弥漫性微弱发光现象。直接或间接地由太阳辐射激发，主要发生在地表以上60～300千米的高度，最亮部分位于100千米高度左右、10～20千米厚的区域。其可见光部分主要的颜色是红色、绿色和黄色。

气辉是全球性的，在天空中均匀分布。可分为三类：①发生在白昼的称昼气辉。由于白天太阳辐射最强，因此昼气辉最明亮，但完全被太阳光所遮盖，需要用特别的仪器才能观测到。②发生在日出和日落时的称曙暮气辉。此时高层大气能够吸收太阳辐射并产生气辉，而低层大气处于黑暗之中，因此曙暮气辉很容易被地面观测者观测到。③发生在夜间的称夜气辉。夜气辉不是直接由太阳辐射所激发，而是由一些光化学过程产生的，亮度低于昼气辉，但它的可见光亮度高于星光总亮度，占无月夜晚天空总亮度的40%。

气辉不仅发生在地球高层大气，在金星、火星、木星等行星的高层大气中也能观测到。

气机 qi movement 中医学理论中气在人体脏腑组织器官中的运动形式。人体中气的运动是生命活动的根本，可概括为升降出入四种基本形式。气的升降出入正常，则机体的功能活动正常；若气的升降出入有障碍，则机体的功能活动失常；若气的升降出入完全丧失，生命便告终结。气的升降出入协调正常时称为气机调畅，异常时称为气机失调（或气机不利）。气机失调又有多种表现形式。如由于某些原因引起气的运动受到阻碍，称为气机不畅，局部发生阻滞不通时称为气机阻滞，上升太过或下降不及时称为气机逆乱等。对气机失调的临床辨证论治还应结合具体的脏腑经络气血等作出诊断，如肺失宣降、肝气横逆、经脉阻滞、气血逆乱等。

气街 pathway of qi 中医学中经络之气会聚通行的径路。人体内气街有四，故又称四街。气街的主要部位在头部、胸部、腹部和背部。气街部位上的腧穴，在针灸选穴时，因有较特殊的实用价值而受到重视。

气街理论是经络学说的一项重要内容。气街是经络之气会集并通行于头、胸、腹、背部的通道，而十二经脉标本根结中的"标"和"结"的经气也散布于这些部位，故气街与"标"、"结"的分布部位有一致性。气街部位的腧穴既可治疗局部脏腑和器官的疾病，又可治疗远离部位的四肢疾病。例如头部腧穴可治头部病证，又可治全身性病证；气冲部位腧穴可治下腹部和髋关节病证，也可治下肢病证。所以，临床上标本根结取穴、俞募取穴等方法，实际就是气街理论的具体应用。

气逆证 reversed flow of qi, syndrome of 因体内气机应降反升或升发太过所引起的中医证候。可见于咳喘、呕吐、呃逆、反胃、头痛、眩晕、昏厥等疾病。

人体之气有升降出入四种基本运动形式。肺、胃等气本向下行为顺，若气行当降不降反而逆上者称为气逆证，可因感受外邪、痰食停积、情志不畅引起。如感受外邪或痰浊壅塞，肺失肃降，上逆而为喘咳；若寒饮、痰浊、食物停积于胃或外邪犯胃以致胃失和降、气反逆上则致恶心、呕吐、嗳气、呃逆（见胃气上逆证）。肝主疏泄条达，若恼怒伤肝，肝气升发太过，则出现头痛、眩晕，甚则昏厥。治疗以顺气降逆为法。痰浊壅肺、肺气上逆者常用苏子降气汤，胃气上逆者常用旋覆代赭汤，肝气升发太过者常用天麻钩藤饮。

气泡室 bubble chamber 高能粒子径迹探测器。1952年D.A.格拉泽所发明。在一能耐高压的密封容器内装置纯净的加压透明工作液，在一定温度下突然减压膨胀时，容器内的压力低于该液体的平衡蒸气压，液体处于过热的亚稳态，这时带电粒子射入，在其路径上产生离子，过热液体以离子为核心形成沸腾小气泡，从而显示出径迹，再通过照相拍摄下照片。工作液可用液氢或液氘，需在甚低温下工作，也可用液态碳氢有机物，如丙烷、乙醚等，可在常温下工作。大型气泡室容积可达20立方米。气泡室兼备乳胶和云室两者的优点，容器内的工作液本身就是一个可见的靶子。气泡室的径迹畸变小、本底干净、径迹清晰，测量精度高，用它发现了Σ^0、Ξ^0、Σ^+、Σ^-、Ω^-等粒子以及几百种共振态粒子。

气球 balloon 无推进装置的轻于空气的航空器。由气囊和吊在气囊下面的吊篮或吊舱组成。气囊内充以密度比空气小的浮升气体，使气球升空。吊舱用以放置仪器设备或乘人。

简史　中国在五代时期（907～960）就曾用竹篾扎成方架，糊上纸做成灯笼，点燃下面托盘上的松脂，夜晚升空作为军事信号。这种松脂灯（又称孔明灯）就是一种热气球。1783年6月4日法国人蒙哥尔费兄弟表演了他们制作的热气球（图1）。1783

图1　蒙哥尔费热气球

年11月21日法国人F.P.de罗齐埃和M.达尔朗德乘坐蒙哥尔费气球升到约1 000米高度，飞行25分钟，实现了人类第一次空中飞行。1783年法国物理学家J.-A.-C.查理制成和试放第一个氢气球。19世纪初氢气球成为军事、体育运动和科学实验方面有实用价值的航空器。20世纪20年代以后，出现了氦气球。1960年前后，载人气球飞升高度已达到34.5千米，不载人气球达到46千米，气囊容积最大的可达140万立方米，载重超过5 000千克。现代高空气球（图2）

图2　高空气球

图3　探空气球

可携带高空照相机和其他遥感设备，在一般飞机达不到的2万米以上高空进行战略侦察。系留气球还可在边远地区用作通信、电视广播的中继站。

在中国，1979年以来建立了万立方米级的高空科学气球系统。1984年建造了最大容积为5万立方米、载重250千克的探空气球（图3）。

分类　自由气球升空后随风飘移；系留气球则用绳索系留在地面上，基本保持在固定的高度上。

根据气囊内浮升气体可分为：①热气球。气囊下方开口处有一加热器（如喷灯），被加热的空气因密度小而上升进入气囊，使气球浮力大于重力。控制加热器燃料来控制热气球的升降。②氢气球。气囊无开口，内部充以氢气，净浮力较大。③氦气球。浮升气体为氦气。氦气在海平面密度为0.169千克/米^3。

根据氢气球和氦气球气囊内外压差可分为：①零压式气球。在地面时浮升气体不充满气囊。随着高度增加，气囊胀满后，多余浮升气体通过排气管排入大气，气囊内外压差大体为零。零压式气球难于长时间保持设计飞行高度。②超压式气球。气囊与大气不相通。气球在设计高度上飞行时，由于白天温度升高，气囊要承受一定的压差。超压式气球能长时间在设计高度飞行，有的长达1年之久。

构造　最初的热气球用亚麻布和纸糊成，后来采用浸橡胶的优质薄布和丝绸制造气囊，提高了强度和密封性能。20世纪50年代以后出现了塑料薄膜（主要是聚乙烯薄膜），质地轻而坚韧。自由气球多做成球形以减轻重量，载人高空气球的吊舱须做成密封增压式的。系留气球多做成像飞艇那样的流线型，尾部有稳定面，使气球始终对着风向，从而减小地面系留载荷。

气溶胶 aerosol 液态或固态微粒在空气中的悬浮体系。它们能作为水滴和冰晶的凝结核、太阳辐射的吸收体和散射体，并参与各种化学循环，是大气的重要组成部分。

气溶胶按来源可分为一次气溶胶（直接从发生源进入大气）和二次气溶胶（在大气中由一次污染物转化而生成）两种。它们一部分来自扬尘、海浪溅沫盐粒、宇宙尘和陨石进入大气燃烧后的产物、火山及林火烟尘等天然源；另一部分来自燃料燃烧、交通运输以及各种工业烟尘等人为源。此外，植物花粉、植被挥发和人类排放的多种气态物质经过一些物理和化学变化也对气溶胶的生成有很大贡献。

一般说来，直径小于2微米的细粒子，大都是由气体到微粒的成核、凝结、凝聚等过程所生成；而直径大于2微米的粗粒子，则是由固体和液体的破裂等机械过程所形成。气溶胶中的小粒子主要靠碰并、凝聚、聚合后被大气降水洗脱，大粒子由重力沉降过程去除。此外，地表植被对气溶胶的清除作用也有重要意义。

气溶胶的浓度，可以用单位体积中微粒的总质量来表示，也可用数密度即单位体积内的粒子数目来表示。直径小于0.2微米的粒子，其数密度随离地面高度的增加而减小，这表明它们来源于地表；直径0.2～2微米的粒子，其数密度在对流层顶上部随高度逐渐增加，并且在15～20千米附近出现极大值，形成平流层内的气溶胶层，这层气溶胶可能是火山喷出物气体在平流层中经氧化成固体而形成的。

气溶胶的化学组成十分复杂，它含有各种微量金属、无机氧化物、硫酸盐、硝酸盐、含氧有机化合物、有机物和微生物等。由于来源不同、形成过程不同，故其成分不一。城市大气受污染源的影响，气溶胶的成分变动较大；非城市大气气溶胶的成分比较稳定，大体上与地区的土壤成分有关。

气蚀 cavitation 液体流动形成的气泡破灭对零件表面不断冲击而引起的一种磨损。又称空蚀。气泡的破灭取决于气泡内外压力差和表面能。当液体的局部压力比蒸汽压力低时便形成气泡，气泡流到高压区突然破灭，瞬间产生局部高压，冲击零件表面而引起损坏。在船舶螺旋桨、水泵和水轮机的叶片上常发生气蚀破坏。在实际工作中侵蚀、气蚀、腐蚀磨损等常混在一起发生，使零件迅速失效。防止或减少气蚀的方法是：①合理设计结构，使有关零件的外形保持正确的型面，减少液流发生局部旋涡，保持周围的液体压力不小于一定数值，尽量避免气泡产生。②选用适当的材料，如锰青铜、不锈钢、橡胶和尼龙等。

气体 gas 以气态形式存在的物质的总称。气体分子间距较大，相互作用力弱，所以易压缩，易流动，无一定形状。气体分子作无规则热运动，气体的体积取决于容器的大小，其温度取决于分子的平均动能，其压强源于分子与器壁的不断碰撞。实际气体状态方程与理想气体状态方程有所不同，实际气体的内能不仅随温度还随体积变化，实际气体存在着相变的临界温度等。

有时把临界温度以上的气态物质称为气体，把临界温度以下的气态物质称为蒸气。气体概念也可以引申到其他领域，如金属中自由电子的集合，称为电子气。

气体动理论 kinetic theory of gases 研究物质热运动性质和规律的早期微观统计理论。曾称气体分子运动论。它根据物质由大量分子组成，分子不停顿地作无规则热运动，分子间存在相互作用力，分子的运动遵循牛顿定律等，用统计平均的方法，得出大量分子热运动所遵循的统计规律，建立宏观量与相应微观量平均值的关系，为热力学系统的宏观性质和规律提供微观统计解释。

早在18世纪，D.伯努利提出气体的压强来自大量激烈运动的分子对器壁的碰撞。1857年R.克劳修斯把分子看作无限小的质点，假设分子以平均速率运动，再次导出了气体的压力公式，并据此说明玻意耳定律、盖-吕萨克定律，还首次给出了氧、氮、氢气体分子在0℃的方均根速率的定量数据。1858年克劳修斯采用弹性球分子模型，首次导出了平均自由程的公式。

1860年J.C.麦克斯韦指出，气体分子的频繁碰撞并未使其速率趋于一致，而是出现稳定的分布（后称为麦克斯韦分布）。他首次导出平衡态气体分子的速率分布和速度分布，并据此修正了克劳修斯的平均自由程公式，还得出了气体输运系数的公式。1865年麦克斯韦把弹性球分子模型改为分子间作用力与其间距离的5次方成反比的力心点模型，进一步讨论了气体输运过程（见气体输运）。

1868年L.玻耳兹曼把麦克斯韦分布推广到受保守力场作用的系统。1872年他给出了随时间变化的非平衡态分布函数$f(\boldsymbol{r},\boldsymbol{v}t)$的演化方程，并给出了气体输运系数的表达式。1875年他用$f(\boldsymbol{r},\boldsymbol{v}t)$定义了一个$H$函数，并证明在分子相互碰撞的影响下，$H$随时间单调地减小，在平衡态达到最小值（$H$定理）。玻耳兹曼认为$H$函数对应于熵，$H$定理为熵增加原理提供了微观解释。玻耳兹曼假设系统每一种可能的微观状态具有相同的概率，认为熵与宏观状态所对应的微观状态的数目相联系，热力学系统是由比较有序的概率小的状态向比较无序的概率大的状态过渡，最后达到最概然的平衡态，这就是实际热力学过程不可逆性的微观本质。

布朗运动的研究曾对气体动理论起过重要作用，它证实了分子的热运动，并表明存在着涨落现象。

气体动理论的建立和发展标志着物理学进入了分子世界。作为第一个微观理论，它采用的概率概念和统计平均方法成为后来统计理论的基础。但由于气体动理论以分子为统计的个体，难于对分子模型和分子间相互作用作出相当具体且有根据的假设。为解决困难，1902年J.W.吉布斯建立了统计物理理论。

气体放电 gaseous discharge 在电场作用下气体被击穿而导电的物理现象。通常条件下气体中的自由电荷很少，因而它是良好的绝缘体。但在外界因素（如电场、紫外线、X射线、γ射线、加热等，称为电离剂）作用下，气体分子可被电离成电子和离子，气体变得可以导电。完全靠电离剂维持的气体导电称为被激导电或非自持导电。当电压增加到某一数值后，气体中电流急剧增加，即使撤去电离剂，导电仍能维持。这种情形称为气体自持导电或自激放电。气体由被激导电过渡到自持导电的过程，通常称为气体被击穿或点燃，相应的电压叫做击穿电压。撤去电离剂后，仍有许多带电粒子参与导电。首先，正负离子特别是电子在电场中已获得相当动能，它们与中性分子碰撞使之电离，这种过程连锁式地发展下去，形成簇射，产生大量带电粒子。其次，获得较大动能的正离子轰击阴极产生二次电子发射。此外，当气体中电流密度很大时，阴极会因温度升高产生热电子发射。

气体燃料发动机 gas engine 用可燃气体作燃料的内燃机（以往统称为煤气机）。最早的内燃机是用煤气作燃料的煤气机。1860年，法国人É.勒努瓦制出第一台实用的煤气机。当时使用的煤气机以照明煤气为燃料，在英、法两国很受欢迎。20世纪20～30年代开始，燃用液体燃料的汽油机、柴油机得到更大的发展，煤气机逐渐衰落。第二次世界大战特别是70年代以后，随着气体燃料的开发，为节约石油燃料，气体燃料发动机又重新得到重视和发展，并在发电站和动力站作为固定动力有较多的应用，也用作船舶、车辆的动力。90年代以来，随着环境保护意识不断提高，天然气发动机进一步得到重视，液化石油气发动机大量应用于城市车辆中。气体燃料发动机技术以机械混合式技术快速进入电控喷气技术时代。

气体燃料发动机所用燃料主要为天然气、沼气（主要成分甲烷）、液化石油气（主要成分丙烷、丁烷）、发生炉煤气（主要成分一氧化碳）及氢气（氢气、高炉煤气）等，并可按所使用的燃料分类。其中以甲烷为主要成分的燃料，其热值高且抗爆震性好，发动机的综合性能指标较好。按混合气着火方式分为柴油/燃气双燃料发动机和火花点火式气体燃料发动机。柴油/燃气双燃料发动机以燃气为主要燃料。火花点火式气体燃料发动机又可分为单燃料发动机和汽油/燃气两用燃料发动机。

气体输运 transport in gases 气体中各部分因流速、温度、密度不同，引起动量、能量、质量传递或交换的现象。这些现象分别称为黏滞（或内摩擦）、热传导、扩散现象，统称气体输运现象或气体迁移现象。在孤立系统中，通过动量、能量、质量的传递，各部分之间的宏观相对运动、温度差异、密度差异逐渐消失，系统由非平衡态过渡到平衡态。

黏滞、热传导、扩散遵循各自的实验规律，但形式类似，具有共同的特点。当气体各层流速、温度、密度不同时，相邻层分别互施切向作用力、传递热量、迁移质量。实验表明，相邻层之间单位时间内经单位面积传递的动量、热量、质量分别与流速的空间变化率、温度梯度、密度梯度成正比，比例系数分别称为黏滞系数、导热系数（热导率）、扩散系数。这些实验规律分别称为牛顿黏性定律、傅里叶热传导定律、斐克扩散定律。

气体输运现象源于分子间的碰撞，与气体分子的平均自由程密切相关。气体动理论揭示了输运现象的微观本质，可导出上述实验规律，并给出输运系数与相应的微观量平均值之间的联系，从而说明它们与温度、压强的关系。

在实际问题中，各种输运过程往往同时存在，交叉影响。输运现象不仅在气体中，在液体、固体、等离子体中也会发生。

气团 air mass 物理属性（温度、湿度和静力稳定度等）比较均匀的大范围空气块。其水平范围由数百千米到数千千米，垂直范围由几千米到十几千米。

气团的形成首先需要一个大范围空气块在一个下垫面物理特性（如温度、湿度、土壤特性、雪盖和下垫面植被）比较均匀的大范围地区停留一段时期，通过大气和下垫面之间热力和水分交换形成具有独特物理特性的大范围空气块。在停留期间，该地区的环流特征能稳定维持，能使空气的物理属性在水平方向均匀化。这样，大范围空气块便会成为具有某种特性的气团，该地区也称为气团源地。

气团按物理特性和源地分类。按热力性质可分为冷气团和暖气团，按湿度可分为干气团和湿气团，按静力稳定度可分为稳定气团和不稳定气团。按源地常分为北极、极地、热带和赤道气团，又可分为大陆性气团和海洋性气团。北半球的主要气团有北极气团、极地气团、热带气团、赤道气团。

气团离开源地而移到不同物理特性的地区后，通过与新的地区下垫面之间辐射热交换、湍流热交换、湍流水汽交换以及自由大气中大范围垂直运动而逐渐改变属性，成为变性气团。

气温 air temperature 空气的温度。表示空气冷热程度的物理量。气温的高低在微观上反映了空气分子不规则运动的平均动能大小。常采用摄氏温标表示，也有的采用热力学温标和华氏温标表示。地面气温常指地表面以上1.25～2.0米某一高度的空气温度。中国地面气温的观测高度规定为1.5米。

气陷证 qi sinking, syndrome of 因气虚而升举无力，清阳之气不升反而下陷所引起的虚弱性中医学证候。常见于久泻、脱肛等疾病。

机体脏腑位置的稳定及功能正常与否，与人体之气的盛衰关系密切。素体禀赋不足，老年元气亏虚，饮食不节，思虑伤脾，过度劳累，妇女胎产过多，均可导致气虚升举无力，清阳上升之气反而下陷，形成气陷证。临床表现以腰腹坠胀，久泻，脱肛，子宫脱垂，甚则大便随矢气溢出，诸症劳累后为甚，舌淡苔白，脉细弱等为主。气陷多由气虚发展而来，故兼见神疲乏力、气短懒言等气虚表现。气陷证的治疗以补气升提为法，常用补中益气汤类加减。

气相色谱法 gas chromatography; GC 以气体作移动相的色谱法。根据所用固定相的不同可分为固定相是固体的气-固色谱法和固定相是液体的气-液色谱法。根据色谱柱的不同，又可分为填充柱气相色谱法和毛细管柱气相色谱法。填充柱气相色谱的柱管通常为长1～3米、内径2～3毫米的不锈钢管，管内壁涂渍液体物质的为气-液色谱法，管内填充固体吸附剂的为气-固色谱法。气相色谱法的流动相主要是化学性质不活泼的氮气或氦气，有时也用氩气或氢气。

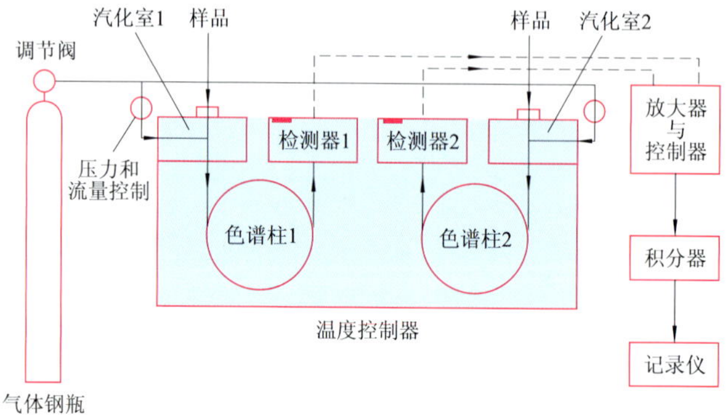

双气路气相色谱仪流程

气-液色谱 溶质分子因在气相（流动相）和液相（固定相）间的分配系数不同达到分离。气-液色谱法固定液有上千种，常用的固定液有聚二甲基硅氧烷、聚乙二醇、含5%或20%苯基的聚甲基硅氧烷、含氰基和苯基的聚甲基硅氧烷、50%三氟丙基聚硅氧烷等。另外，用于手性异构体分离的则主要有手性氨基酸的衍生物、手性金属配合物和环糊精衍生物。常用的无机载体有硅藻土、玻璃粉末或微球、金属粉末或微球、金属化合物；常用的有机载体有聚四氟乙烯、聚乙烯和聚乙烯丙烯酸酯等。

气-固色谱 固定相是固体吸附剂，分离是基于样品分子在固定相表面的吸附能力的差异而实现的。常用的固体吸附剂有碳质吸附剂（活性炭、石墨化炭黑、碳分子筛）、氧化铝、硅胶、无机分子筛和高分子小球。气-固色谱法主要用于永久气体和低沸点烃类的分析，在石油化工领域应用很普遍。

毛细管柱气相色谱法 毛细管柱是用熔融二氧化硅拉制的空心管。柱内径通常为0.1～0.5毫米，柱长30～50米，绕成直径20厘米左右的环状，其分离效率比填充柱要高得多。填充毛细管柱是在毛细管中填充固定相而成。如果装入的是载体，使用前在载体上涂渍固定液成为填充毛细管柱气-液色谱。如果装入的是吸附剂，就是填充毛细管柱气-固色谱。壁涂毛细管柱是在内径为0.1～0.3毫米的中空石英毛细管的内壁涂渍固定液，是使用最多的毛细管柱。

仪器 气相色谱仪由气流系统（包括载气和其他气体流动管路和控制、测量元件）、分离系统（包括进样室与色谱柱）、控制系统（包括检测器、微电流放大器和记录器）、数据处理系统（积分器或微处理机）与温度控制系统及其他辅助部件组成。常用的双气路气相色谱仪的流程见图。高压钢瓶中的载气（气源）经减压阀减低至0.2～0.5兆帕，通过装有吸附剂（分子筛）的净化器除去载气中的水分和杂质，到达稳压阀，维持气体压力稳定。样品在汽化室变成气体后被载气带至色谱柱，各组分在柱中达到分离后依次进入检测器。最终从色谱柱末端流出。由于固定相对样品中各组分吸附或溶解能力不同，各组分随流动相向前移动的速度就不同。以各组分从柱末端流出的浓度对进样后的时间作图，得到色谱图。

应用 20世纪70年代至90年代初期，GC是最有效和应用最广的分析技术，后来液相色谱技术的飞速发展，使GC不能分析的样品和相当一部分原来需用GC分析的样品都可以很方便地用液相色谱法分析。尽管如此，对于那些具有挥发性的天然复杂样品以及需要高检测灵敏度的样品，GC仍然是最佳选择，尤其是GC与质谱的联用分析。GC的仪器不仅价格便宜，而且保养与使用成本也很低，仪器易于自动化，可以在很短的分析时间内获得准确的分析结果。GC的分离度和检测灵敏度比液相色谱高。正是因为这些优势，才使得它在石油、化工、环境等许多应用领域仍然发挥着重要作用。

气象飞机 meteorological aircraft 为探测气象要素、天气现象、大气过程和人工影响天气而设计装备的专用飞机。气象飞机的观测内容可根据任务的性质来定。进行天气系统观测的飞机，以温度、湿度、气压和风等常规观测内容为主，还可以安装小型天气雷达，施放下投式探空仪；进行云雾物理观测的飞机以云内微观和宏观量为观测主要内容，如云内外的温度和湿度、云内的云雨滴谱、冰核和含水量等；用于气候影响研究的飞机则需要架设一些大气遥感设备，以测定地面和海面温度、云体温度、大气层的红外辐射等。飞机的飞行将会对大气的自然状态产生干扰，观测仪器在飞机安装的部位必须在风洞中实验确定。还需设计特殊的仪器支架和护套，尽可能减低高速飞行的干扰作用所导致的测量误差。

气象观测 meteorological observation 研究测量和观察地球大气的物理和化学特性以及大气现象的方法和手段的一门学科。测量和观察的内容主要有大气气体成分浓度、气溶胶、温度、湿度、压力、风、大气湍流、蒸发、云、降水、辐射、大气能见度、大气电场、大气电导率以及雷电、虹、晕等。从学科上分，气象观测属于大气科学的一个分支。它包括地面气象观测、高空气象观测、大气遥感探测和气象卫星探测等，有时统称为大气探测。

观测系统　较完整的现代气象观测系统包括：①观测平台。根据特定要求安装仪器并进行观测工作的基点。地面气象站的观测场、气象塔、船舶、海上浮标和车辆等都属地面气象观测平台，气球、飞机、火箭、卫星和空间实验室等是普遍采用的高空气象观测平台。它们分别装载各种地面的和高空的气象观测仪器。②观测仪器。主要包括直接测量和遥感探测两类。前者通过各种类型的感应元件，将直接感应到的大气物理特性和化学特性，转换成机械的、电磁的或其他物理量进行测量，如气压表、温度表、湿度表等；后者接收来自不同距离上的大气信号或反射信号，从中反演出大气物理特性和化学特性的空间分布，如气象雷达、声雷达、激光气象雷达、红外辐射计等。③资料处理。许多现代气象观测系统，都配备了小型或微型处理机，及时分析处理观测资料和实时给出结果。

观测网　气象观测网是组合各种气象观测和探测系统而建立起来的。基本上分为两大类：①常规观测网。长期稳定地进行观测，主要为日常天气预报、灾害性天气监测、气候监测等提供资料的观测系统。②专题观测网。根据特定的研究课题，只在一定时期内开展观测工作的观测系统。

气象火箭 meteorological rocket 携带气象仪器对中、高层大气进行探测的火箭。观测项目包括大气温度、密度、风向和风速等气象要素，以及大气成分、太阳紫外线辐射等内容。由于火箭飞行高度可达100千米以上，因此延伸了无线电探空仪和平流层平移气球的观测高度。气象火箭的探测工作始于第二次世界大战末期。由于高层大气的密度很低，火箭飞行速度极快，因此在火箭探测上必须使用有别于地面气象观测和无线电探空仪观测的感应元件和技术方案。风的测量采用追踪从火箭施放出来的金属降落伞、气球、轻质金属丝或金属蒸气云；气压的测量采用测量真空度的仪器；测温元件则必须有效地降低火箭飞行的动力加热和太阳辐射增温，安装在特殊设计的屏蔽网罩中。火箭观测的主要内容还应包括中、上层大气的空间环境因素。例如大气中的臭氧含量，紫外线辐射强度，大气电离层结构等。

气象雷达 meteorological radar 用于探测大气中的云、雨和气象要素的专用雷达。主要包括测雨雷达、测风雷达、测云雷达。随着发射系统新工作物质的出现，又发展出以激光器（发射激光）和声发射器（发射脉冲声波）为核心的激光雷达和声雷达。

当雷达方向性极强的天线向空间发射脉冲式电磁波时，会与传播路径上的大气发生相互作用。这些相互作用均与发射的电磁波波长、极化方式等有关。通过测量与大气相互作用后反射和散射回来的脉冲式电磁波的方向、时间、振幅、相位、频率和偏振等物理量，就可以反算出目标物的空间位置、形状、移动和发展演变等宏观特征以及云中含水量、降水强度、水平风场、垂直气流等物理特征。

气象雷达主要由发射系统、天线系统、接收系统、信号处理系统和显示系统等部分组成。气象雷达探测大气的性质与工作波段有关。当综合考虑云雨粒子对电磁波的散射和吸收时，不同的波段只适用一定的探测要求。如K波段（波长0.75～2.4厘米）适用于探测各种不降水的云；X、C和S波段（波长2.5～15厘米）探测降水，其中S波段（7.5～15厘米）最适用于探测暴雨和冰雹；用高灵敏度的超高频或甚高频雷达可以探测对流层－平流层－中间层的晴空湍流。

气象雷达在对中尺度强对流灾害性天气的警报和短时预报中发挥重大作用。

气象气球 meteorological balloon 用橡胶或塑料等材料制成球皮，充以氢、氦等比空气轻的气体，携带仪器升空，进行高空气象观测的观测平台。主要类型如下。

飞升气球　从地面释放，平稳地以固定的速度升空进行垂直探测的气象气球。携带各类无线电探空仪的探空气球，荷重可达1～2千克，能升至30千米以上高度，并具有300～400米/分升空速度。测定风向、风速用的测风气球，荷重很小，因此比探空气球小很多，升空速度为100～200米/分，可升的最大高度较低。测云气球一般采用直径较小的测风气球，升速多为100米/分。

平移气球　能保持在某一高度随风飘浮以进行大气水平探测的气象气球。又称定容超压气球。如高斯特气球在全球大气试验中，大量用于赤道等地区的环球飞行。

系留气球　进行大气边界层探测时可以使用系留气球。系留气球呈流线形气艇状，用缆绳及绞车拴住，尾部安装有水平及垂直尾翼。系留气球可以任意停在大气中某一高度，通过无线电遥测仪器，除可进行气象要素观测外，还用于臭氧观测及大气污染监测。

洛宾球　用于下投式垂直探测的气球。它是非膨胀型球形超压气球，充气后直径约1米。装在火箭前舱，当火箭升至最高点（约70千米）时施放。球内装有八面体的角反射器，作为雷达的观测靶。气球上携带下投式无线电探空仪，可进行空气密度、风、温度和压强的观测。

棘面气球　直径约2米，专门设计为雷达追踪用的气象气球。为非膨胀型，球面上有数百个突出物（角锥）。球的升速很稳定，在风速25米/秒的条件下，在9千米高度以下的升速，精度为1米/秒，最大上升高度约18千米。

气象塔 meteorological tower 观测大气边界层气象要素铅直分布的设施平台。随着大气边界层和大气环境工作的开展，气象部门架设的专用气象塔，以塔高100米的最为普遍，最高的达400米以上。也有利用电视塔和通信塔安装气象仪器进行观测的。

专用气象塔上安装的仪器可分为三大类别：①测量温度、湿度和风速梯度的观测仪器；②测量温度、湿度和风速脉动的大气湍流观测仪器；③大气化学的污染物浓度观测仪器。气象塔上仪器的安装通常上疏下密，采用对数等间距分布。仪器性能和准确度均高于一般气象台站的仪器，多使用先进的遥测系统与数据采集及其主控计算机相联。

气象台站网 meteorological station network 遍布全国和全球、一定数量、布局合理的气象观测站组建而成的观测网络。气象台站网中的各个观测站必须按照统一布局的要求设置和运行。站点应该有适当的地域密度，以保证发现和分析出有意义的天气系统。

近年来，中国和全球的气象站网建设发展很快，主要有以下特点：①气象观测资料的收集速度加快。②自动气象观测站成为站网中的主要成员。③建成一些常规观测与气象雷达、多普勒雷达、风廓线雷达以及**气象卫星**观测联合的中小尺度天气探测网，提高了对灾害性天气监测、警报、预报的能力。④建成一些专项观测站网，如闪电探测网等。

气象卫星 meteorological satellite 从外层空间对地球及其稠密大气层（主要是对流层）进行气象观测的**人造地球卫星**。卫星气象观测系统的空间部分。卫星携带有各种气象遥感器，能够接收和测量地球及其稠密大气层的可见光、红外与微波辐射，并将它们转换成电信号传送到地面。地面台站将卫星送来的电信号复原绘制成各种云层、地表和洋面图片，经进一步的处理和计算，即可得出各种气象资料。1966年美国发射了1颗实用的气象卫星。此后，美国、俄罗斯（含苏联）、日本、欧洲空间局和中国先后发射了气象卫星。中国的为**“风云”号卫星**系列。到2001年，世界已发射了160多颗气象卫星。

“风云”号卫星

气象卫星按卫星的轨道一般分成两类：太阳同步轨道气象卫星（又称极轨气象卫星）和地球静止轨道气象卫星（简称静止气象卫星）。**太阳同步轨道**气象卫星每天对地球表面巡视两遍，间隔12小时左右，可以获得全球气象资料。1颗地球静止轨道气象卫星可以对地球1/4的地区连续进行气象观测，实时将资料送回地面。4颗卫星均布在赤道上空，就能对全球的中、低纬度地区天气系统的形成、发展和变化进行无间断地连续监测，适于地区性气象业务，但对高纬度地区（大于55°）的气象观测能力较差。气象卫星通常是军民共用的。为了适应军事活动的特殊需要，有的国家发射专门的军用气象卫星，如美国的“布洛克”号太阳同步轨道军事气象卫星。

气象卫星通常由气象观测功能系统和保障系统两部分组成。气象观测功能系统中的主要设备是气象遥感仪器。常用的有：①多通道高分辨率扫描辐射计。可以获得可见光与红外云图。②高分辨率红外分光计。可以获得大气垂直温度分布和水汽分布。③微波辐射计。可以获得云层以下的大气垂直温度分布和云中的含水量。此外，还包括星载的数据存贮装置和数据传输设备。

气象卫星主要观测内容包括：①云图的动态变化对气象的影响。②云顶温度、云顶状况、云量和云内凝结物相位。③陆地表面状况（如冰雪和风沙），以及海洋表面状况（如海洋表面温度、海冰和洋流等）。④大气中水汽总量、湿度分布，降水区和降水量的分布。⑤大气中臭氧的含量及分布。⑥太阳的入射辐射、地气体系对太阳辐射的总反射率以及地气体系向太空的红外辐射。⑦空间环境状况（如太阳发射的质子、α粒子和电子的通量密度）。

气象学 meteorology 研究天气现象及大气运动的学科。由于早期人类的农耕渔猎等生产活动以及战争等军事活动都与天气和气候密切相关，所以气象学长期以来都受到广泛重视。中国殷商甲骨文中就保留了大量有关天气现象的记录，出现晴、阴、云、雾、风、雨、霜、雪、雷、电等文字。早期气象学是以描述自然现象、传播天气谚语为主的描述性学科，属于地学范畴。随着17世纪物理学的发展以及温度表、气压计等基本气象观测仪器的发明，气象学进入以器测为主、具有一定数理基础的现代科学。至20世纪中期，气象学已发展成为以热力学和动力学为基础的，具有**天气学**、**动力气象学**、**气候学**、**数值天气预报**等主要分支学科的发展较完善的数理科学。60年代起，由于研究范围的拓宽，气象学的研究往往要涉及地球各圈层的相互作用以及大气化学、环境科学等方面，这时一个涵盖更广泛的名称——**大气科学**就应运而生，气象学与大气科学的名称同时并存，并有后者取代前者的趋势。当侧重于天气现象和天气预报等传统性的气象业务内容时，习惯上仍常用气象学。

气象灾害 meteorological disaster 因气象原因直接或间接引起的**自然灾害**。按异常天气特征分为七大类：洪涝（暴雨、大雨）、干旱（久晴少雨、高温酷热）、**台风**（狂风暴雨）、冷冻（冷空气、**寒潮**、**霜冻**、雨凇、结冰、大雪、吹雪）、风雹（雷雨、大风、**冰雹**、龙卷风、沙尘暴）、连阴雨（阴雨）、浓雾（**雾**）。气象部门根据气象灾害致灾因子的强度、孕灾环境及承灾体的性质，在预报和服务时对各类气象灾害规定了相应的标准。某些持续时间较长、范围广的气象灾害也可称为气候灾害。

气象灾害是所有自然灾害中最常见的一类，也是种类最多、危害范围最大、造成综合社会经济损失最严重的一类。中国的气象灾害占自然灾害的70%～80%，其主要特点表现为：①致灾的**天气系统**和天气过程有多种，气象灾害类别多。②出现的范围广，发生频率高，地域性强。③群发性突出，连锁反应显著，最早发生的气象灾害诱发一连串其他灾害，包括次生灾害和衍生灾害，形成灾害链。④灾变的时空表现分3种：爆发型——强度大、突发性、面积不大、时间不长、损失严重，如台风。迁延型——最初强度不大，甚至未及感触，但面积大、时间长，严重程度与日俱增，最终形成一次大范围的严重灾害，如旱灾。过渡型——介于前两者之间，如洪涝。⑤灾情严重，经济损失逐年增加，但死亡人数大幅减少。

应对气象灾害，可充分利用气象业务系统的监测、预报功能，对致灾气象事件尽量提前作出正确预报；还可采取气象工程手段，对防灾抗灾所要求的大气环境进行人工调制，如**人工影响天气**、雷电防御、农业气象灾害防御和城市气象灾害防御等；同时在事先避让和灾后采取补救对策方面提供咨询服务。

气性坏疽 gas gangrene 主要与创伤有关的感染性病变。以创伤部位的肌肉坏死、气肿形成为特征，同时伴有发热、神志改变、血压下降等全身性毒血症表现。若未及时治疗，患者常很快死亡。病原体为气性坏疽菌群，包括产气荚膜梭状芽孢杆菌、诺氏梭状芽孢杆菌及败毒梭状芽孢杆菌等。潜伏期多在4天之内，短者仅数小时即发病。由于该病进展迅速，细菌学检查难以获得早期诊断，应根据病史（创伤史）和临床特征及时作出判断。X射线检查有助于显示病变部位是否有气体存在。创口流出液多有恶毒气味，应作革兰氏染色和厌氧培养。及时清创和切除坏死组织是极为重要的治疗措施，同时使用大剂量青霉素或甲硝唑，支持疗法也必不可少。

气胸 pneumothorax 空气进入胸膜腔并积聚于胸膜腔内的病理现象。通常临床上可分为自发性气胸与外伤性气胸。自发性气胸多继发于肺部病变，而外伤性气胸则多见于胸部创伤。根据胸膜腔内积气量与压力，以及胸膜脏层裂口情况和胸膜腔是否与外界大气沟通，可分为闭合性气胸、张力性（高压性）气胸和开放性气胸。

闭合性气胸 多见，发生后其脏层胸膜或肺组织破裂口很快闭合，不再有气体继续溢入胸膜腔内。临床症状表现与胸膜腔内积气量多少及肺组织受压缩的程度有关。肺脏压缩小于20%容积时，气体多可自行吸收。若胸膜腔内积气量大，可行排气（人工抽气、引流等），乃至手术治疗。

张力性（高压性）气胸　脏层胸膜或肺组织的破裂口形成活瓣状，使空气随吸气动作不断溢入胸膜腔，呼气时又不能被排出，致使胸膜腔内积气量越来越多，压力越来越高，使该侧肺组织严重受压或完全萎陷，患者出现高度呼吸困难，并进行性加重，伴躁动不安，大汗淋漓，甚至伴有青紫或休克。该类气胸一旦确诊，应急措施是在无菌条件下于患侧锁骨中线第二肋间处用粗针头穿刺排气减压以及时缓解症状，然后行胸腔闭式引流术。同时应密切观察病情的变化（症状、体征及胸部X射线检查结果）和胸腔引流的排气情况，以判断有无严重的深部肺裂伤或气管支气管撕裂损伤的存在。一旦明确或高度怀疑有上述损伤，经引流后病情无改善，引流管有持续气体排出，肺不能复张，应作进一步手术处理。

开放性气胸　胸膜腔与外界大气相通，空气经胸壁缺损伤口随呼吸运动自由进出胸膜腔。通常都为严重胸部贯通伤（如枪弹、锐器等）所致，其时由于患侧胸膜腔正常负压完全消失并转为与大气压相等的正压，使该侧肺组织完全受压萎陷。患者呈严重呼吸困难，烦躁不安，甚至休克状。急救措施是采用无菌的厚敷料立即覆盖封闭胸壁开放伤口，使开放性气胸变为闭合性气胸，缓解改善症状，然后按闭合性气胸进行处理，给予胸穿排气或胸腔闭式引流，进一步改善呼吸循环功能。病情稳定后，胸壁伤口根据污染情况给予清创，一期缝合或延期缝合。同时给予抗生素预防感染和破伤风抗毒素治疗。

气虚证　qi deficiency, syndrome of　因人体之气不足导致气的基本功能减退所引起的中医虚弱证候。可见于多种疾病，如久病体弱、虚劳等。

气有全身之元气、各脏腑之气，气的盛衰与机体的功能活动强弱关系密切。当饮食损伤脾胃、气血生化乏源，劳倦内伤，大病久病损伤元气，年老体弱或素体禀赋不足、元气亏损，均可形成气虚证。临床表现为神疲乏力，气短息弱，声低懒言，头晕目眩，自汗，活动后诸症加重，舌淡嫩，脉虚弱无力等。气虚证因虚损脏腑的不同，又可分为心气虚证、肺气虚证、脾气虚证、肝气虚证、肾气虚证等。

因气包括人身元气及各脏腑之气，故气能生血、气能生津，气能推动阴津血液的正常运行。一旦气虚，不仅阴津血液的化生不足，而且也易出现气不摄津、津液外泄之多汗，气不摄血之出血，气不行血之血瘀证表现。气虚证的治疗以补气为法，临床常结合具体病变脏腑，选用四君子汤、六君子汤、补中益气汤、玉屏风散、保元汤等。

气旋　cyclone　北（南）半球大气中水平气流呈逆（顺）时针旋转的大型涡旋。在等高面（等压面）上，具有闭合的等压（高）线，中心气压（高度）低于周围大气，故又称低气压。气旋的水平尺度从几百千米到三四千千米不等。

气旋可按温压场特性分为正压气旋、斜压气旋和中性气旋，也可由发生地区不同分为极地气旋、温带气旋、副热带气旋和热带气旋。在温带气旋中，气旋常可由锋面上波动发展而产生，称为锋面气旋，其中极锋面上波动产生的称极锋气旋。气旋也可依发生和活动层次分为低层气旋、中层气旋和高层气旋。在一条锋面上，可以先后发生数个气旋，向偏东方向移动，称为气旋族。

气血辨证　categorical identification in terms of qi and blood　中医对病证进行分析归纳的方法之一。即运用中医学气血理论，对望闻问切四诊所得临床资料进行综合分析，以判定气血病变状态的临床思维过程。是常用的辨证方法之一。临床常需与脏腑辨证结合使用。

气病辨证　气是脏腑组织的机能活动，其病机变化多表现为各脏腑组织机能活动的减退或失常，即气虚、气陷、气滞、气逆。①气虚。多由久病体虚，劳累过度，年老体弱等因素引起。临床表现以神疲乏力，声低气短、动则加重，舌质淡嫩，脉虚无力等全身机能活动减退的症状为主。②气陷。因气虚升举无力，清阳之气不升反而下陷所致。临床表现以腰腹坠胀、久泻久痢不止、内脏下垂、脱肛、阴挺等为主，并兼见气虚表现。气陷多是气虚的发展或为气虚的一种特殊表现形式。③气滞。病邪内阻、七情郁结、饮食失调或阳气虚弱、温运无力，使气机阻滞、运行不畅而致。临床特征为胀闷疼痛，据气滞部位的不同，胀痛部位也有区别。④气逆。七情、外邪、痰浊、食积、火热均可壅阻气机，使气当降不降反而上逆。临床常见以咳嗽气喘为主的肺气上逆，以呃逆、嗳气为主的胃气上逆，以头痛、眩晕、昏厥为主的肝气上逆。

血病辨证　血行脉中，运行全身，起滋养濡润全身脏腑组织的作用。血病主要表现为：①血虚。大病、久病、产后、外伤等可耗伤阴血或脏腑功能减弱，影响血的化生所致。临床表现为头晕眼花，心悸失眠，手足发麻，面色萎黄无华，爪、甲、唇、舌淡白，脉细等。②血瘀。情志不畅，寒邪侵袭，气虚无力推动或跌打损伤等均可导致血液运行不畅或血溢脉外而停蓄体内。其临床特征是固定性刺痛、拒按，甚者有肿块，面唇晦暗，舌有瘀点、瘀斑，脉涩等。③血热。由外感温热毒邪或脏腑火热炽盛，热迫血分而成。临床表现为各种出血势急量多、血色鲜红，斑疹显露或痈疡红肿热痛，伴发热、烦躁、舌红绛、脉数有力等。④血寒。由寒邪侵入血分，以致血脉凝滞、血行不畅而成。临床表现为手足冷甚至冷痛、肤色青紫或少腹拘急冷痛，痛经、月经错后、经色发暗夹有血块，舌质暗淡、苔白，脉沉涩等。

气血病证之间常相互影响，血离不开气的化生，气必须依附于血而存在。所以气虚不能生血可致血虚，血虚者亦易致气虚，终成气血两虚证，治宜气血双补。在大量失血的情况下，又可出现气随血脱之证，治宜益气固脱方能有效。治疗血行失常的病证，常须配合补气、行气、降气等药。

气压　atmospheric pressure　大气的压强。气象学中，把静止大气的压强定义为从观测高度到大气上界单位截面积上的铅直大气柱的重量。气压的大小同海拔高度、空气温度和密度有关，一般随高度升高按指数律递减。实际气压的形成是整个铅直大气柱中的分子运动与地球重力共同作用的结果。在国际单位制中，压强单位为帕（Pa），1帕=1牛顿/米^2。当前气象和航空上采用的气压单位为百帕（hPa）。在平均海平面上，温度为0℃、标准重力加速度为9.806 65米/秒^{2}时，定义760毫米铅直水银柱的压强为标准大气压p_0=101 325帕=1 013.25百帕。过去曾用毫巴（mb）作为气压单位，现已废止，但国际上有些出版物还有引用，它与百帕在数值上相等。另外，1毫米水银柱=4/3百帕。

气压表　barometer　用来测量大气压强的仪器。常用的如下。

水银气压表　将一根管顶抽真空的玻璃管插入水银槽内，就可形成一个最简单的气压表。由于大气压的作用，槽内水银柱将维持一定的高度。水银柱对水银槽表面产生的压强与作用于槽面的大气压强相平衡。在其近旁铅直竖立一支标尺，标尺的零点取在水银槽表面，就可直接读得水银柱的高度值，并可求得大气压强。水银气压表常作为标准气压表。

空盒气压表　它的感应元件是一组具有弹性的薄片所构成的扁圆空盒，盒内抽成真空或残留少量空气（图1）。盒的表面

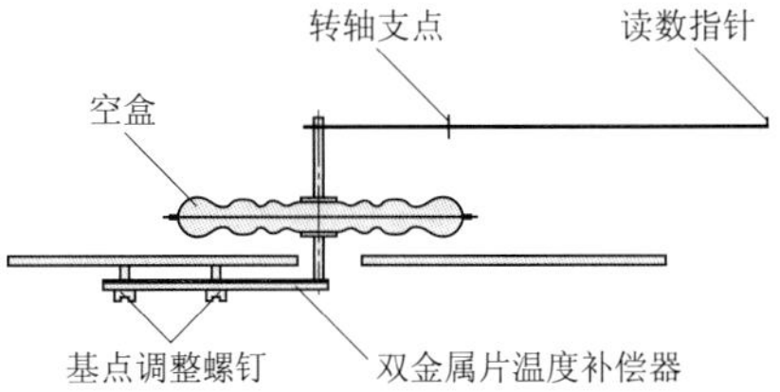

图1　空盒气压表

有波纹状的压纹，使气压变化只对空盒产生垂直方向的应变位移。将空盒的底部固

定，顶部可自由移动，用以操纵指示读数的机械系统。

硅单晶气压表　比较简单的硅单晶气压表为电容式硅单晶空盒，把一片硅单晶薄膜放置在一个浅玻璃容器上，玻璃容器底部与硅单晶薄片下方的表面真空喷镀上金属薄膜，形成一对电容极板，金属硅单晶薄片上方扣上硅单晶腔体，腔体内抽成真空，而玻璃腔体则与大气相通（图2）。通过测量电容量的变化换算大气压强的变化。

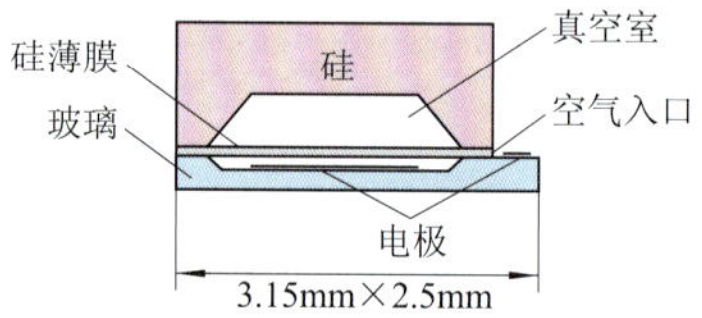

图2　硅单晶气压表

振筒气压表　其传感器为一个具有弹性的振动圆筒，圆筒内腔抽成真空。大气压强对外筒壁的作用使其振动频率随压力的变化而变化，测定其振动频率即可推算出大气压强。

气韵　中国古代美学术语。指超出于艺术形式之外的韵味风神。最早由南齐谢赫提出。他在《古画品录》中提出绘画“六法”，第一为“气韵生动”。他认为最好的画应该有气韵，气韵为根本，而形似、骨法等均从属于它。在谢赫之前，“气韵”作为一个合成词已有使用，但比较少见。谢赫以气韵生动为最高审美理想，受到了传统气化哲学的影响，而东汉以来的人物品藻风气促使这一审美观念形成。谢赫之后，气韵生动成为中国美学的一条重要原则，有无气韵成为判分艺术高下的重要标准。中国美学重气韵的思想，是和以神统形的美学观念联系在一起的；同时也反映了中国气化哲学的精神，突出了艺术要表现活泼宇宙生机的思想。气韵第一的思想，还与重视妙悟的美学传统相关，北宋以后出现了气韵不可学的思想，强调真正的艺术不是由知识获得，而是由心灵悟出。

气质　temperament　表现人的心理过程的强度、速度、稳定性、灵活性及指向性活动特征的综合。人们情绪体验的强弱，意志努力的大小，知觉或思维的快慢，注意集中时间的长短，注意转移的难易，以及心理活动是倾向于外部事物还是倾向于自身内部等都是气质的表现。

人的气质有4种最基本的类型，其心理特征可表述如下：①多血质——活泼好动，容易适应新的环境；注意易转移，接受新事物快，但印象不深刻；情绪和情感易产生也易改变，并直接表露于外。②胆汁质——直率热情，精力旺盛；性情急躁，反应迅速；情绪明显外露，但持续时间不长；行为上表现出不平衡性，工作特点带有明显的周期性。③黏液质——安静平稳，反应缓慢；善于克制自己，情绪不易外露；注意稳定但难以转移。④抑郁质——行为孤僻，反应迟缓，体验深刻，情绪不易外露，善于察觉到别人不易察觉的细小事物。

I.P.巴甫洛夫依据条件反射实验的结果，把动物神经过程的特点分成4种基本类型：①强、平衡、灵活型（活泼型）。②强、平衡、不灵活型（安静型）。③强、不平衡型（不可遏止型）。④弱型。并认为这4种基本类型是动物和人共有的，活泼型相当于多血质；不可遏止型相当于胆汁质；安静型相当于黏液质；弱型相当于抑郁质。

气质使人的心理活动染上某些独特的色彩，也影响性格形成和发展的速度与状态。但它并不决定一个人性格的倾向性和能力的发展水平。气质类型没有优劣之分，任何一种气质类型都既有积极的一面，也有消极的一面。它是在人的社会生活与教育条件的影响下形成、发展和改造的。了解人的气质对于教育工作、生产管理、培训人才等都有重要意义。

气滞证　qi stagnation, syndrome of　因人体某一部分或某一脏腑、经络的气机阻滞、运行不畅所引起的中医学证候。多见于胃脘痛、胸痛、胁痛、腹痛、郁证、癥瘕、痛经等疾病。

气运行于全身，贵在流通舒畅，如情志不遂、心情抑郁、感受外邪、饮食失调，则会导致气行不畅乃至停滞不通而形成气滞证。若元气亏虚、气行无力或瘀血停聚、阻碍气行，也可导致气滞证。临床表现以胀闷、疼痛为主，疼痛的基本特征为胀痛、窜痛或攻痛。辨证时要审症求因，确定部位。如胃脘胀闷疼痛、嗳腐吞酸、厌食、大便臭如败卵，多由饮食不节、暴饮暴食、食物停滞胃脘所致；胸闷叹息，胸胁、乳房、少腹胀痛，是情志不畅、肝气郁结、经气不利的表现；如项背强痛，伴有无汗、恶风等症，多因风寒侵袭肌表、足太阳膀胱经气行不畅、不能输布津液以濡养络脉所致。

气滞证的治疗以理气行滞为法，常用越鞠丸、五磨饮子等。因气滞证的病因、病位比较复杂，临床应结合病位、病性以及与其他病证的关系加减用药。

汽车　motor vehicle　由自身动力装置驱动，具有4个（或以上）车轮的无轨车辆。使用最广泛的交通工具。

简史　在汽车诞生之前，运输车辆都靠人力或畜力驱动。1769年法国N.J.居诺将蒸汽机装在一辆三轮车上成为第一辆蒸汽机汽车（图1）。1873年英国R.戴维森研制成第一辆有实用价值的用蓄电池驱动的电动汽车。1883年，德国G.戴姆勒研制了当时真正高速的单缸四冲程汽油机，转速达到700转/分。1886年1月29日，德国C.本茨取得世界上第一辆汽油机汽车的专利（图2）。1886年，戴姆勒研制成第一辆四轮汽车。19世纪末，世界上已有上百家作坊式的汽车生产厂。至20世纪初，汽油机汽车设计已大体定型，即两轴四轮，前轮转向，后轮驱动和制动（1923年开始普遍采用四轮制动），并采用了充气轮胎和封闭式车身。发动机的动力通过离合器、变速器、传动轴，传到装有差速器的后轴驱动轮。

图1　第一辆蒸汽机汽车

图2　1886年本茨制造的三轮汽车

1886年戴姆勒研制的单缸发动机仅0.462升排量、功率0.81千瓦（1.1马力）。1901年亨利·福尼埃的汽油机功率达44千瓦（60马力）。此后，发动机的功率不断提高，汽车车速也由最初的每小时几千米逐步上升，1903年第一次汽车大奖赛获得冠军的汽车平均车速已达101.2千米/时。从19世纪末到20世纪30年代，汽车发展的主要特征就是类型完备化和结构完善化。如适合汽车使用的高速汽油机和柴油机、等速万向节、双曲面齿轮传动。带有同步器的变速器、四轮制动、液压减振器等相继在汽车上出现。从1912年起汽车上开始装设发电机-蓄电池-起动电机系统及蓄电池点火系统。

第二次世界大战结束后（20世纪50～60年代），开始兴建高速公路，对汽车要求更舒适、更方便及提高车速，因此轿车发动机的功率不断加大，达到280千瓦（380马力），最高车速超过200千米/时。这一时期，很多便于驾驶操纵及提高舒适性的装置得到普及，如液力自动变速器、动力转向、动力制动器、独立悬架、汽车音响等。由于大功率高速柴油机的出现，使载货汽车的载重量及客车的载客量也有大幅提高，到60年代中期，矿用自卸车的载重量已达到百吨级。20世纪60年代末，采取措施减轻车重以减少油耗、降低排放有害物，在安全方面开发一些有效的结构措施。20世纪70年代末以来，由于电子计算机的微型化及微电子技术的迅速发展，使汽车有可能装备各种微处理机以及各种电子元件，实现操纵自动化，使汽车各总成工作得更有效并大大提高性能。

分类 按运输对象可分为客运汽车和货运汽车。客运汽车在9座以下者为乘用车，在中国，把其中一部分称为**轿车**；9座以上者为客车。货运汽车又可分为公路用和非公路用，还可按其用途分为专用汽车、越野汽车、农用汽车等。

汽车主要由车身、动力装置和底盘三部分组成（图3），还可与挂车或半挂车相连组成汽车列车。

使用性能 汽车种类繁多，各类汽车使用要求不同，性能侧重也不同。如豪华轿车要求舒适性及动力性好，普及型轿车强调经济性，载货汽车要求经济及可靠性，军用汽车则要求越野性及地区适应性。

动力性 由3项指标衡量。①最高车速。②加速性。③爬坡度。

燃料经济性 以汽车行驶一定里程所消耗的燃料量来表示。

制动性 包括3项指标：①制动效能。②制动效能的稳定性。③制动时的方向稳定性。

操纵稳定性 汽车能迅速、正确地按驾驶员给定的方向行驶，并在行驶过程中不受侧向风及路面侧向力的干扰而保持方向稳定的能力。

舒适性 包括行驶平顺性，即能很好隔绝由于路面不平所引起的振动，及在制动、加速及转弯时，尽可能减小车身的摆动；还包括乘坐舒适性。

通过性 又称越野性，指汽车在一定载重下能以足够高的车速通过各种坏路和克服各种障碍（如台阶、壕沟等），并能在松软路面（如沙地、雪地）及泥泞、滑的路面行驶的能力。

安全性 可分为主动安全性与被动安全性。主动安全性是指汽车避免发生碰撞事故的能力。被动安全性指汽车发生事故后，保护乘员免受损伤的能力。

可靠性与耐久性 可靠性为汽车在正常条件下行驶不发生故障的能力，通常以发生首次故障的行驶里程及故障间隔里程表示。耐久性通常指汽车的使用寿命。

适应性 汽车能在各种特殊地区正常工作的能力。

发展趋势 目前正从环境友好、更为安全、舒适且高人性化和智能化三个方面加强研究开发。采用天然气、蓄电池、混合动力、燃料电池为动力的汽车正在发展之中。汽车的小型化、轻量化和减少油耗是研发的重要内容。电子防碰撞装置、智能式安全气囊等安全装置正在进行研究并逐步商品化。卫星导航系统、车载移动通信系统等高科技装置已实用化。

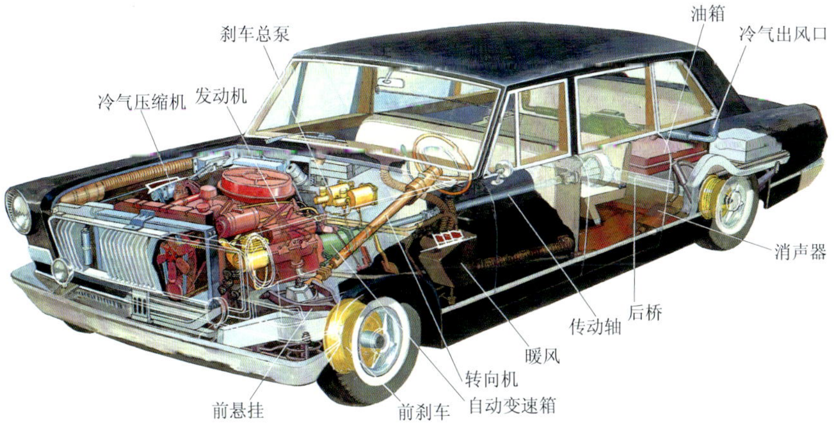

图3 中国“红旗”轿车结构

汽车安全气囊 automobile air bag 一种汽车安全保护系统。简称安全气囊。主要为迎面碰撞提供保护。当车辆前方受到撞击时，气囊吹胀器中心的点火器由传感器发动，点燃吹胀器中的叠氮化钠粒子，释放出主要成分为氮的气体，气体经过滤器除去灰分杂质进入气囊将其鼓胀。一般设计气囊于0.04秒内完成膨胀过程。

安全气囊所用的纤维材料要求强度高、热稳定性好、吸收能量、涂层黏结性好，以及在极端高温、严寒时仍能保持良好的功能。多用**锦纶**或**涤纶**制作。材料的抗撕裂强度、韧性和抗垢性很重要。气囊本身的可装入性和强度是关键的使用性能，同时要求材料柔软以减少人体皮肤磨伤。驾驶侧和乘客侧的气囊的性能稍有差异，织物也有差别。涂层只在驾驶侧气囊上应用，乘客侧气囊不用。

汽车拉力赛 auto rally 在一个国家内举行或者跨越国境举行的多日的、分段的长途汽车比赛。比赛的路面既有平坦的柏油公路，也有荒山野岭的崎岖山路。比赛时，路线上不断绝其他车辆通行，限定参赛汽车每天行驶的路程及到达时间。路线上设检查站检查是否在规定时间内通过，这是一种既检验车辆性能和质量，又考验驾驶员技术的比赛。参赛汽车须是批量生产的小轿车或经过改装的车。短的拉力赛需要几天，长者可持续几十天。拉力赛将出发地到终止地之间的路程分成若干个行驶路段和赛段，并在沿途设有给养站和休息站。在行驶路段中，参赛汽车受到一定的时速限制，并须按规定时间抵达各路段的终点，既不能提前也不能拖后，行驶中要遵守当地的交通规则，违反规则者将被扣分。在赛段中，赛车可以全速行驶，有时车速高达200千米每小时以上。在整个拉力赛结束时，以跑完全程累积时间最少和被扣分数最少的汽车和驾驶者为优胜。首次正式的汽车拉力赛于1900年在英国举行，全程长1 600余千米。路程最长的是1977年举行的从英国伦敦到澳大利亚悉尼的拉力赛，全程长31 100多千米，共用46天。目前世界著名的汽车拉力赛有巴黎至达喀尔拉力赛、欧洲的蒙特卡洛拉力赛和东非萨法里拉力赛等。中国举行的第一次汽车拉力赛是1907年进行的北京至巴黎拉力赛，全程12 000多千米。世界汽车拉力锦标赛（WRC）始于1973年，与一级方程式世界锦标赛（F1）并列为国际汽车联合会所辖的顶级汽车赛。

汽车运动 auto racing 运动项目之一。以汽车作为器材，在场地、公路和野外比赛速度、驾驶技术和车辆性能。也包括带有竞技性质的汽车旅游、露营、探险、娱乐和表演活动。汽车运动伴随汽车工业的发展而兴起。1894年在法国举行了第一次汽车比赛，路线是巴黎—鲁昂。此后，又陆续举行过巴黎—维也纳、巴黎—柏林等的汽车比赛。1904年国际汽车联合会（FIA）在巴黎成立。汽车比赛不断推动各国汽车工业改进技术，而汽车工业的发展又推动了汽车运动的不断提高。目前开展的汽车运动种类很多，如方程式汽车赛、耐力赛、拉力赛、越野赛等。中国汽车运动联合会（FASC）于1994年加入国际汽联。中国汽车运动联合会和香港汽车会先后共同举办了7届香港—北京汽车拉力赛。自1993年起，历次香港—北京汽车拉力赛和中国拉力赛均被列为国际汽车联合会亚太地区拉力锦标赛的一站；1999年中国拉力赛被列为国际汽车联合会世界拉力锦标赛的一站；2001年中国长春拉力赛和2002年武汉拉力赛均被国际汽车联合会列为亚洲拉力锦标赛的一站。

汽化 vaporization 物质从液态变为气态的相变过程。蒸发和沸腾是物质汽化的两种形式，前者是在液体表面上发生的汽化现象，而后者是当饱和蒸气压等于外界压强时发生在液体体内的汽化现象。汽化时液体中分子需克服分子间引力并反抗大气压力做功；因此汽化要吸热。

蒸发是温度低于沸点时发生在液体表面的汽化过程。温度越高，表面积越大、通风越好，蒸发越快。蒸发过程的汽化热叫蒸发热。蒸发的逆过程是凝结，即气相转变为液相。当两种过程达到动态平衡时，气液两相平衡共存，此时的蒸气叫饱和蒸气，其压力叫饱和蒸气压。对同一物质，饱和蒸气压随温度升高而增大。沸腾是在液体表面和内部同时进行的剧烈汽化过程。通常，液体内部和器壁上总有许多小气泡，其中的蒸气处于饱和状态。随着温度上升，其中的饱和蒸气压加大，当饱和蒸气压增加到与外界压力相同时，气泡骤然胀大，在浮力作用下迅速上升到液面并放出蒸气。这种剧烈的汽化就是沸腾。沸腾与蒸发在相变上并无根本区别。沸腾时由于吸收大量汽化热而保持液体温度不变，该温度值叫做沸点。不同液体的沸点不同。同种液体的沸点随外界压力的增大而升高。如果液体过于纯净，则温度高于沸点时仍不沸腾。这种液体称为过热液体（见过热）。

汽化热 vaporization, heat of 一定压强下单位质量物质在汽化过程中所需吸收的热量。汽化使能量相对高的分子逸出液体，形成蒸气分子，液体会变凉，故为了维持系统的温度恒定，外界必须向系统提供热量，这就是汽液相变过程中的汽化热。临界温度时气液两相的差别消失，汽化热为零；故可预期汽化热随温度升高而下降。

汽轮机 steam turbine 将蒸汽的热能转换成机械能的旋转式动力机械。又称蒸汽透平。

简史 1629年，意大利人G.布兰卡提出由一股蒸汽冲击叶片而旋转的转轮（图1）。19世纪末，瑞典的C.G.P.de拉瓦尔和英国的C.A.帕森斯分别创制了实用的汽轮机。20世纪初，法国A.拉托和瑞士H.佐莱分别制造了多级冲动式汽轮机，美国的C.G.柯蒂斯制成多个速度级的汽轮机。进

图1 布兰卡的转轮

入20世纪后，汽轮机单机容量增加，蒸汽初参数提高，得到广泛应用（图2）。

图2 30万千瓦汽轮机在总装配台上

工作原理 来自锅炉的蒸汽经主汽门和调节汽门进入汽轮机的通流部分（由一级或若干个级构成）。汽轮机的一个基元级由一列静叶（或喷嘴）和一列装在转子上的动叶组成。蒸汽在每一级的静叶中膨胀加速，将蒸汽的热能转换成蒸汽的动能，即蒸汽的压力和温度下降，汽流得到加速，高速的汽流流经动叶，推动转子旋转。从动叶流出的蒸汽再进入下一级的静叶，重复上一级的过程。蒸汽如此逐级行进，直至末级动叶出口排入排汽缸。

分类 按工作原理分为冲动式汽轮机和反动式汽轮机两大类。按热力特性分为凝汽式、背压式、抽汽供热式三大类。还有抽汽凝汽式汽轮机和抽汽背压式汽轮机。按新蒸汽参数分为饱和蒸汽轮机、低压（小于1.2兆帕）汽轮机、中压（3.5兆帕左右）汽轮机、高压（9.0兆帕左右）汽轮机、超高压（13兆帕左右）汽轮机、亚临界压力（17兆帕左右）汽轮机、超临界压力（大于24.2兆帕）汽轮机和超超临界压力（压力大于24.2兆帕，温度大于593℃）汽轮机。按结构形式分为单级汽轮机和多级汽轮机。还可分为单轴汽轮机和双轴汽轮机。按旋转速度分为全速汽轮机和半速汽轮机。按汽流方向有轴流式汽轮机和幅流式汽轮机。按用途分为电站汽轮机、工业汽轮机和船用汽轮机。按燃料有利用化石燃料热能的火电站汽轮机和利用原子核裂变热能的核电站汽轮机。

结构部件 图3为多级汽轮机的结构。汽缸和转子是构成汽轮机的主要部件。汽缸一般分为上下两半，在中分面法兰处用螺栓连接。冲动式汽轮机汽缸内装有隔板，隔板中有静叶。反动式汽轮机的静叶装在持环上，持环则装在汽缸上。转子由轴、轮盘和装在各轮盘上的动叶组成，轮盘用过盈配合套装在轴上。

汽轮机本体同凝汽器、回热加热系统、调节保安系统、监视仪表、油系统和汽水系统等构成汽轮机组。

发展特点 20世纪以来，汽轮机发展主要在于不断提高安全可靠性和寿命，同时在运行方便的基础上，增大单机功率和提高热经济性。

汽油 gasoline 碳原子数为4～12的挥发性和易燃的液态烃类混合物。由石油经蒸

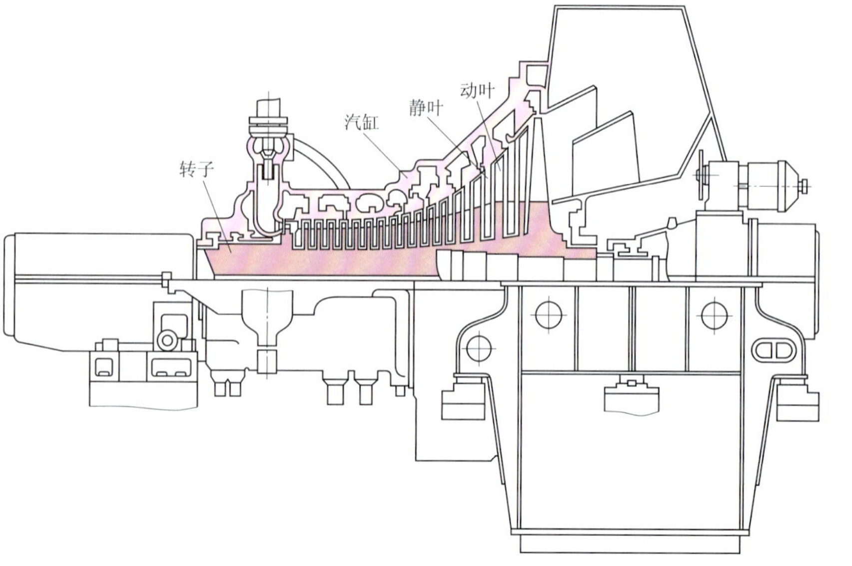

图3 多级汽轮机的结构

馏或由石油重质馏分经**裂化**而得。用作发动机燃料或油料和脂肪的溶剂。沸点范围（馏程）30～205℃，相对密度0.70～0.78。空气中含量为74～123克/米^{3}时遇火爆炸。分车用汽油和航空汽油两大类。表征汽油性能最重要的指标是蒸发性和抗爆性。蒸发性可以用馏程、38℃下的蒸气压以及在某规定温度和压力下的蒸气体积与液体体积之比（气液比）综合评定。抗爆性指汽油在各种使用条件下抗爆震燃烧的能力，用**辛烷值**表示。辛烷值高，抗爆性好。汽油中带支链的烷烃和烯烃、芳烃具有较高的辛烷值。辛烷值数也就是汽油的标号。一般有90号、93号和97号，即其辛烷值分别为90、93和97。

汽油机 gasoline engine 用汽油作燃料，并用火花点火的往复式**内燃机**。1883年德国人G.**戴姆勒**制造成功以汽油为燃料的汽油机。汽油机的出现既促进了运输工具（汽车、飞机等）的进步，也促进了石油工业的发展。

组成和分类 一般采用往复式活塞曲柄连杆机构，由本体（缸盖、缸体、曲轴箱）、活塞-缸套、曲柄连杆机构、配气系统、供油系统、润滑系统、冷却系统和点火系统等部分组成。按配气系统的不同，分为二冲程和四冲程两类。二冲程汽油机仅用于提供较小的动力，以求其结构轻巧和成本低。四冲程汽油机又可分为侧置气门式、顶置气门侧置凸轮轴式和顶置凸轮轴式3种。另外，还有一种新的电磁气门汽油机已经问世。按气缸进气方式的不同，分为自然吸气式和增压式两类。按供油系统的不同，分为化油器式和汽油喷射式两类。汽油喷射式又可分为多点喷射和单点喷射，20世纪90年代后半期，缸内直接喷射研究再度兴起并在产品上实际应用。按混合气形成的方法，分为均匀混合气式、火焰点火式和分层充气式三类。正在发展的均质混合气压燃方式可谓第四类。

燃烧 气缸内汽油蒸气与空气混合成均匀的可燃混合气。火花塞打出火花，使处于高温、高压下的微量混合气发生化学反应，累积热量而提高温度并使次层混合气受热发生化学反应，气缸内压力明显上升形成明亮的火焰核心，使缸内压力迅速上升。其他蒸发性好的液体燃料如**甲醇**、**乙醇**等，也可用于汽油机；气态燃料在适当改动燃料供给系统后也可用于汽油机。

汽油机的热效率与压缩比有直接关系，提高汽油机的压缩比，则热效率随之提高。压缩比已由早期的4.5提高到10。在分层燃烧的情况下可将压缩比提高到12～14。正在研究的均质混合气压燃（HCCI）直喷燃烧方式，可将压缩比提高到17。图为汽油机的燃烧室示意。其中，楔型（图c）燃烧室结构适于大量生产，是20世纪60年代以来轿车发动机最常用的结构。缸内直喷技术在20世纪90年代后，由于电控技术及燃油喷射的完善而有了长足的发展（图e）。

特点和应用 汽油机具有升功率大、比质量小、扭矩持性好、加速性好、噪声低、启动方便等特点，广泛应用于轿车、轻型商用车、摩托车、助力车，此外也是各种机械、发电机组、小型船舶等的主要动力。其缺点是热效率较低，烃类、一氧化碳及温室气体二氧化碳排放较多。

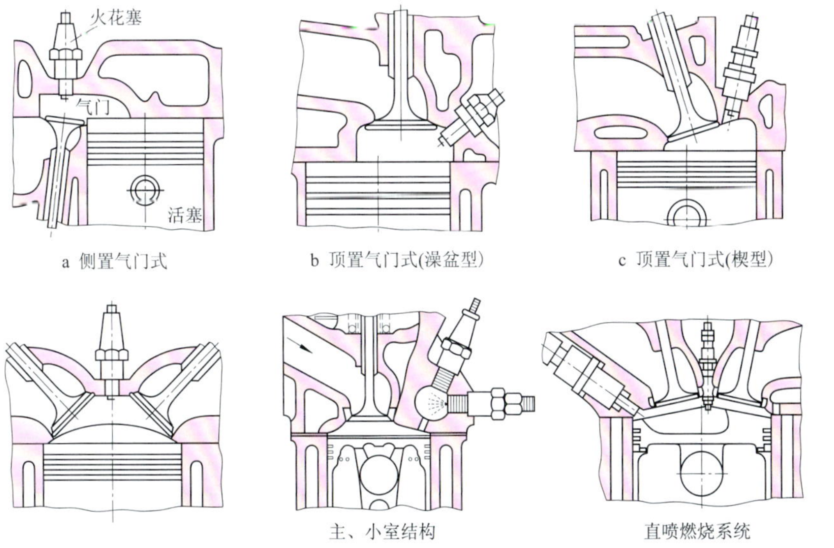

a 侧置气门式 b 顶置气门式(澡盆型) c 顶置气门式(楔型)
d 顶置气门式(半球型) 主、小室结构 直喷燃烧系统
e 分层稀薄燃烧系统

汽油机的燃烧系统

契丹 Qidan Tribe 中国古代北方民族及其所建政权名。与奚同为源出鲜卑宇文部的一支，北魏始见契丹族名。原分八部，居潢水（今西拉木伦河）以南，黄龙（今辽宁朝阳）以北，从事游牧。唐贞观初形成部落联盟，盟主常为大贺氏。648年诸部皆请内属，唐以其地置松漠都督府，以其首领窟哥为都督，赐姓李。各部分置羁縻州十，各以首领为刺史。武周时，契丹李尽忠、孙万荣曾大规模反抗。以后，契丹附于后突厥。玄宗时又有叛服，以至唐朝置范阳、平卢两节度重兵防守。后受制于**回鹘**。9世纪中叶，部落渐盛，征服邻近部族如奚、室韦等。907年，耶律氏为盟主，916年称帝，国号契丹。947年改称辽。

契丹在境内汉人帮助下发展了农耕和手工业，学习汉文化，创制了契丹大字和小字。本信萨满教，后期佛教大兴。1125年，辽为金所灭，契丹人多归附于金；一部分则于辽亡前一年（1124）随耶律大石西迁建西辽（哈剌契丹，1124～1211）。后契丹人多融入其他中国北方民族。契丹国势曾远及中亚，故中世纪中后期西方国家多以契丹指北部中国，13世纪蒙古西征后则转指整个中国。

契丹文 Qidan script; Khitan script 中国辽代为记录契丹语而参照**汉字**创制的**文字**。分大字和小字两种。相传大字是辽太祖耶律阿保机于神册五年（920）在突吕不、鲁不古等人的协助下创制，小字是太祖弟耶律迭剌创制，年代略晚于大字。金灭辽后契丹文继续使用，并在女真制字的过程中起过很大作用。金章宗明昌二年（1191）“诏罢契丹字”，契丹文乃渐失传。契丹文图书全部湮灭，仅留下《燕北录》和《书史会要》里收录的几个契丹字。

从出土的契丹文哀册和碑刻等来看，大字是一种表意方块字，其中夹杂一些直接借用汉字的形式；小字是一种拼音文字，利用汉字笔画形体创制出300多个原字。原字分正楷、行草、篆书等字体，篆体字的拼写方式异于正楷和行草，采取鱼贯式而不是层叠式。行文的款式自上而下竖写，自右而左换行，敬词抬头或空格。原字有一个书写形式代表几种语音或一个语音采用几种书写形式的情况。因此，同一个词或

契丹大字《北大王墓志》

词素表现在文字上可以有不同的拼写形式。

契尔年科 Chernenko, Konstantin Ustinovich (1911-09-24～1985-03-10) 苏联共产党中央委员会总书记，苏联最高苏维埃主席团主席（1984～1985）。生于克拉斯诺雅尔斯克地区一个农民家庭，卒于莫斯科。1931年加入联共（布）。1960～1965年任苏联最高苏维埃主席团秘书处主任。1965年起任苏共中央总务部部长，先后近20年。1966年当选为中央候补委员，兼任中央总书记秘书处主任。1971年当选为党中央委员。1976年任苏共中央书记。同年，获社会主义劳动英雄称号。1977年当选为中央政治局候补委员。次年升为政治局委员。1984年2月当选为苏共中央总书记、苏联国防会议主席。4月当选为苏联最高苏维埃主席团主席。他思想比较保守，任内没有什么特殊建树。

契诃夫 Chekhov, Anton Pavlovich (1860-01-29～1904-07-15) 俄国作家、戏剧家。生于罗斯托夫，卒于德国巴登韦勒。1879年考入莫斯科大学医学系。1884年毕业后开始行医。1884年第一本短篇小说集《梅尔波梅尼的故事》问世。而后另两本小说集《五颜六色的故事》(1886) 和《在昏暗中》(1887) 相继出版，从此成为知名作家。

契诃夫早期作品数量不少，大多是诙谐、幽默的小品和故事。用幽默、辛辣的文字揭露社会上诸多的丑恶现象；用凝重冷峻的笔触传达普通劳动者无尽的痛苦与忧伤。主要有《变色龙》(1884)、《万卡》(1886) 等。1890年4月契诃夫到库页岛考察流放苦役犯的生活，写成《库页岛旅行记》(1893～1894)，揭露沙皇政府的野蛮统治，对苦役犯寄予深切同情。这一时期的作品，题材进一步拓宽，内容也更加深刻。主要有《在流放中》(1892)、《第六病室》(1892)、《带狗的女人》(1899) 等。反对庸俗、保守、愚昧，是契诃夫晚期创作中最重要的主题之一，如《套中人》(1898)、《醋栗》(1898)、《姚内奇》(1898) 等作品。

剧本是契诃夫文学创作的另一重要组成部分。有独幕喜剧、戏剧小品、多幕剧、正剧、讽刺喜剧等戏剧类型，《海鸥》(1896)、《万尼亚舅舅》(1897)、《三姊妹》(1900～1901)、《樱桃园》(1903) 等堪称经典的戏剧佳作。

契诃夫既是短篇小说大师，又是戏剧艺术大家。在世界文坛占据重要位置。

契卡 Cheka 十月革命胜利初期保卫苏维埃俄国安全的无产阶级专政机构。全称“全俄肃清反革命及怠工非常委员会”，简称“全俄肃反委员会”，“契卡”是该委员会俄文缩写（ЧЕКА）的音译。苏维埃政权建立后，敌人妄图以各种手段颠覆新生的无产阶级政权。1917年12月4日彼得格勒军事革命委员会通过了《关于建立肃反委员会的决议》，12月20日，设立以F.E.捷尔任斯基为主席的契卡。12月28日，契卡号召各级地方苏维埃成立肃反委员会。1918年8月30日，彼得格勒肃反委员会主席M.S.乌里茨基被社会革命党人暗杀，同一天社会革命党人M.卡普兰在莫斯科开枪打伤V.I.列宁。于是，契卡便以红色恐怖来对付白色恐怖，它拥有很大权力，可以逮捕一切反革命分子。1922年2月6日，经全俄中央执行委员会决定，契卡改组为国家政治保卫局。

契税 deed tax 中国在土地、房屋权属转移时向其承受者征收的一种税。1950年4月3日，中央人民政府政务院发布《契税暂行条例》，即日起施行。1997年7月7日，国务院发布《中华人民共和国契税暂行条例》，自当年10月1日起施行。

契税以在中国境内转移土地、房屋权属的承受者为纳税人。计税依据分为3种情况：国有土地使用权出让、土地使用权出售、房屋买卖，为成交价格；土地使用权、房屋赠与，由征收机关参照土地使用权出售、房屋买卖的市场价格核定；土地使用权、房屋交换，为所交换的土地使用权、房屋的价格的差额。税率采用3%～5%的幅度比例税率。各省、自治区、直辖市的具体适用税率，由当地省级人民政府在上述幅度以内确定，并报财政部和国家税务总局备案。

契约 contract 即合同。广义指两个以上的当事人之间变动民事权利义务的双方民事法律行为；狭义指当事人之间以设定、变更或消灭债的关系为目的的双方民事法律行为。见合同。

契约自由 contract, freedom of 在尊重当事人意愿的前提下，承认当事人有订立合同、选择合同对方、决定合同内容和合同方式的自由。契约自由的完整含义包括：①当事人意愿，即契约主体有权自由实施契约行为，他人不得非法干预。只要不是法律明文禁止的，不违反“公序良俗”和“诚实信用”，当事人有订立契约的自由、选择缔约方的自由、决定契约内容的自由、选择订约方式的自由等。②国家尊重当事人的意愿表示。国家在契约方面的立法权是有限的，除个别情况需要制定强制性规范以外，一般只制定任意性规范，契约主体实施契约行为具有广泛的自主空间。③契约即法律。国家保证契约的法律效力，对于违反或不严格履行契约者予以制裁。契约自由的思想起源于罗马法。资产阶级继承了罗马法的契约自由原则，1804年《法国民法典》第1134条规定，依法订立的契约，对于缔约当事人双方具有相当于法律的效力。

槭树 *Acer*; maple 槭树科槭树属植物的统称。又称枫树。落叶乔木或灌木，稀常绿。全世界共有200余种，分布于亚洲、欧洲、美洲。中国约有150余种，其中特产种有100种以上。在中国以西南部、北部和中部的种类最多。主要的栽培种有色木槭、元宝槭、三角槭、茶条槭、青榨槭。

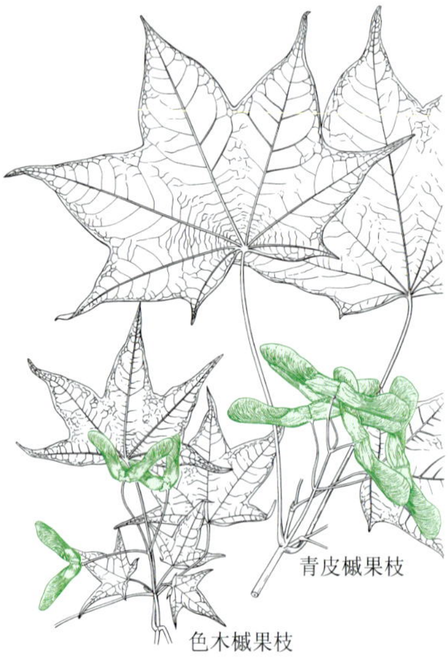

槭树形态

叶对生，单叶或复叶。花杂性，同株或单性异株。双翅果。一般稍耐阴。喜温凉气候、湿润肥沃的酸性土及中性土壤。在干旱瘠薄条件下造林虽能成活，但生长较缓慢。用种子直播繁殖。

树干挺直，木材坚硬，材质细密，可作家具、农具、枕木和建筑材料；种子含脂肪，可榨油供食用及工业应用；有些种类的树皮，其纤维可为造纸及人造棉的原料；树冠较大，叶多而密，遮荫良好，为城市绿化的优良树种。

器官保存 organ preservation 使移植备用的器官在离体无血供状态下保持生理活性的措施。器官移植必须移植活的器官，因此供移植用的器官保持完整的解剖结构和活性，是移植成功的前提。

两类方法可延长离体缺血器官的活性：一是降低细胞对维持代谢必需物质的需求或增加其耐受力；二是维持细胞活性所必

需的营养物质。前者是低温，后者是持续灌流。目前实际应用的有效方法为单纯低温灌洗保存法（冷贮存法），是上述两项原则的综合运用。

器官移植 organ transplantation 将健康器官移植到人体内，使之迅速恢复功能的手术。目的是替代患者相应器官因致命性疾病而丧失的功能。广义的器官移植包括细胞移植和组织移植。若献出器官的供者和接受器官的受者是同一个人，则这种移植称自体移植；供者与受者虽非同一人，但供、受者有着完全相同的遗传素质（即同卵双生子），这种移植称为同质移植。人与人之间的移植称为同种（异体）移植；不同种的动物间的移植（如将黑猩猩的心或狒狒的肝移植给人），属于异种移植。若移植成对器官（如肾）中的一个对器官，可取自尸体，也可取自自愿献出器官的供者（如父母或同胞）；而单一器官（如心、肝）的移植，只能取自尸体。移植于原来解剖部位，称为原位移植，如原位肝移植，必须先切除原来有病的器官；而移植于其他位置则称为异位移植或辅助移植，原来的器官可以切除也可以保留。临床常用的移植器官有肾、心、肝、胰腺与胰岛、甲状旁腺、心肺、骨髓、角膜等；处于临床初用或实验阶段的有心肺、肺、小肠、肾上腺、胸腺、睾丸以及肝细胞、胎肝细胞、脾细胞输注等。在发达国家，肾移植已成为良性终末期肾病（如慢性肾小球肾炎、慢性肾盂肾炎等所致的慢性肾功能衰竭）的首选常规疗法。中国在带血管胚胎甲状旁腺移植、胚胎胰岛移植以及带血管异体脾移植、肾上腺移植等方面成绩较好。

恰尔达什 csárdás 匈牙利民间舞蹈。通常分为慢板“拉舒”和快板“弗里斯”两部分，两部分交替进行，由舞蹈者给乐队一个明显的信号来指挥舞段的转换。舞伴面对面站立，男伴双手抱着女伴的腰部，女伴双手放在男伴肩上，基本的动作是两脚交替向两侧做滑步；但技艺高超的舞蹈者常常即兴表演出许多高难度舞步，导致许多变体的产生，甚至每个村镇都有自己独特的恰尔达什。舞蹈由一个吉普赛小乐队伴奏，第一小提琴手用他的琴声指挥乐队，激励舞者，直至狂热的程度；然后奏缓慢的悲歌，引导舞者恢复平静。经过改编的恰尔达什曾是19世纪在上流社会流行的一种舞会舞蹈。它也被改编为性格舞，出现在芭蕾或歌剧作品中。作曲家F.李斯特、F.舒伯特均作有恰尔达什舞曲。

恰尔达什舞

恰卡 Shaka（约1787～1828-09-22） 南非班图人祖鲁国家的奠基者。生于梅尔莫斯附近，卒于夸杜库扎。祖鲁酋长辛赞格科纳之子。1818年恰卡任祖鲁各部落联盟首领后，着手大规模改革。首先改革军事制度。还改革传统的政治制度，削弱地方酋长的权力，把行政权集中在由他任命的官员手中，并把行政、司法、军事和宗教的最高权力集于一身，建立了权力集中的军事国家的雏形。恰卡以武力或和平手段统一了100多个部落，建立了祖鲁王国。1828年9月被丁刚等所杀。

恰克图 Kyakhta 清代中俄边境上重要商埠。南通库伦（今蒙古国乌兰巴托），北达上乌金斯克（今俄罗斯乌兰乌德）。清雍正五年（1727）中俄草签《恰克图条约》于此。本为一城，雍正六年条约签订后，两国以恰克图为界，以旧市街归于俄，清朝别建新市街于旧市街南中国境内。七年在恰克图设互市处，由理藩院派遣司员一人驻扎其地，监理当地中俄互市。汉名买卖城。乾隆二年（1737）停京师贸易，中俄贸易统归恰克图办理。三十年理藩院改设库伦办事大臣监督恰克图通商事宜，在恰克图分驻司员一人。其后曾一度中断贸易。乾隆五十七年中俄订立《恰克图市约》重新通市。光绪八年（1882）在恰克图改设道员镇守边塞。今在俄国境内之街区仍名恰克图，在蒙古国境内者已改名阿勒坦布拉格。

《恰克图条约》 *Treaty of Kyakhta* 中俄两国于清雍正六年（1728）签订的规定中俄在蒙古北部边界（中段边界）及政治、经济、宗教等诸方面的相互关系的条约。应清政府划分国界的建议，俄国特命全权大使萨瓦·务拉的思拉维赤于雍正四年十月初八至次年闰三月十四日在北京同清政府代表吏部尚书察毕那、理藩院尚书特古忒、兵部侍郎图理琛三人会谈，历时六个月，会谈30余次。雍正五年七月十五日中俄在布尔河畔签订《布连斯奇条约》，划定中俄在喀尔喀地区的疆界。同年九月初七，两国代表在恰克图草签《恰克图条约》。次年五月十八日双方在此正式换文。

条约的基本内容是：边界方面，中俄中段边界照《布连斯奇条约》的规定，以恰克图和鄂尔怀图山之间的第一个鄂博作为两国边界起点，东自额尔古纳河，西至沙毕纳依岭（即沙宾达巴哈）为界线，以南归中国，以北归俄国。贸易方面，俄商每三年来北京一次，人数不得超过200人，中国不收税，同时允许俄商在两国交界处进行零星贸易，这是后来中俄恰克图互市的由来。宗教方面，除原住北京的东正教士一人外，准许补遣教士三人，同时接受六名俄国学生来京学习满、汉文，东正教教士在华的居住权从此得到规定。《恰克图条约》使俄国得到了领土、贸易、宗教等项利益，但对其侵略野心起到某种遏制作用，中俄中段边界遂得以保持较长时间的安宁。

恰佩克 Čapek, Karel（1890-01-09～1938-12-25） 捷克小说家、剧作家。生于马列·斯瓦托尼奥维采，卒于布拉格。曾在布拉格查理大学学哲学，毕业后任新闻记者。20世纪20年代主要创作了《罗素姆万能机器人》（1920）、科学幻想剧《长生诀》（1922）、科学幻想小说《原子狂想》（1924）等。30年代，恰佩克的思想发生很大变化，积极投入反法西斯斗争。这时期他的长篇小说《鲵鱼之乱》、剧本《白色病》（1937）和《母亲》（1938）都贯串着反法西斯的战斗精神。

恰佩克是捷克表现主义戏剧的先驱，他的戏剧艺术效果强烈、情节富有戏剧性，对社会中种种丑恶现象作无情讽刺，获得了强烈的艺术效果。

恰恰恰 Cha-Cha-Cha 交谊舞和国际标准舞的一种。又称恰恰舞。作为三拍子的舞蹈，它舞步有三步式和五步式两种结构。前者是两快一慢，后者是两慢两快一慢。伴奏

恰恰恰舞姿

的音乐则是强烈的拉丁节奏。有趣的是，男女舞者的跳舞方式和身体状态常常让人联想到企鹅——当男女双方情投意合时，女方会与男方面面相视地跳；当女方不高兴时则会转身走开，而男方则需要主动地跟着她跳。这种以女方为主导的跳舞方式正是恰恰恰与其他交谊舞或国际标准舞显著不同的地方。

1954年传入美国后，舞蹈的节奏型因吸收了牛仔舞的成分而在原有的慢速基础上，出现了崭新的快速类型。

恰佑比 Çajupi, Andon Zako (1866-03-27～1930-07-11) 阿尔巴尼亚诗人。原名安东·扎科。生于扎果利，卒于开罗赫利奥波利斯。曾在瑞士攻读法律，获博士学位。诗人定居开罗，积极开展爱国活动，并走上文学创作道路。诗集《父亲——托莫里山》(1902) 由《祖国》、《爱情》、《现实和寓言》三部分组成。第一部分主要是爱国抒情诗和讽刺诗；第二部分主要是情诗，表达爱情和希望；第三部分包括社会题材的诗歌和根据J.de拉封丹作品改编的和自己创作的寓言。另有政治性喜剧《死后》和诗体悲剧《祖国英雄》。他是阿尔巴尼亚戏剧事业的开拓者。作品注重借鉴民间诗歌，运用家乡方言，开拓新题材，是阿尔巴尼亚现实主义文学的先驱。

千宝菜 *Senposai greens* 十字花科的一种。一二年生草本植物。系种间双二倍体杂交一代，从甘蓝与普通白菜（不结球白菜）种间杂交种中选出。原产日本。1991年引入中国，青岛、昆明、武汉、北京等地都有栽培。

直根系，分布浅。株高13厘米左右。叶片圆形，叶面光滑，互生。复总状花序，完全花，黄色。长角果。种子圆球形，黑褐色。喜温和冷凉，较耐寒，也较耐热。耐抽薹。对土壤要求不严，但需水分较多，不耐涝，较耐肥。用种子繁殖。

千宝菜风味类似于甘蓝，但口感柔软又似白菜。可做色拉或凉拌等供生食，也可炒食、腌渍或做泡菜。

千岛湖 Qiandao Lake 中国大型水库。浙江省最大人工湖。位于浙江省西部的淳安县、建德市境内。由拦蓄钱塘江上游主源新安江而成，又称新安江水库。湖呈东西向延伸，长约150千米，宽窄不等，最宽处约10千米，拥有5.3万公顷的湖面。环湖锦峰簇拥，青翠葱郁，湖水晶莹，岛屿星罗棋布，大小岛屿1 078个，故名千岛湖。湖周森林覆盖率为79.1%。山清、水秀、洞奇、石怪，游点多，景色迷人，是杭州—黄山旅游线上的重要旅游区。有桂岛、天池、姥山岛、排岭、龙山、羡山、密山、龙羊山、方腊洞和华东独有的赋溪石林等，以及神龙岛、猴岛、鸟岛、鹿岛等多个动物系列岛以及各种水上娱乐场所。

千岛群岛 Kuril Islands; Kuril' skiye Ostrova 俄罗斯堪察加半岛和日本北海道之间的岛群。介于鄂霍次克海与太平洋之间。由幌筵、新知、得抚、择捉、国后等30多个较大的岛及众多小岛组成，呈东北—西南向延伸，长约1 200千米。面积1.56万平方千米。其中最大的择捉岛，长约200千米，宽约30千米，面积3 139平方千米。地处环太平洋火山地震带，地壳运动频繁。岛弧濒大洋一侧为千岛海沟。各岛以山地为主，海拔500～1 000米，主要由火山岩组成，已知有160座火山，其中活火山约40座。最北部的阿特拉索夫岛上的阿莱得火山，海拔2 339米，为岛群最高点。海洋性季风气候，夏季凉爽多雾，冬季寒冷且常有暴

千岛群岛鸟瞰

风雪。河流短小湍急，湖泊主要为火口湖和潟湖。植被贫乏，主要是小叶林和高草。土壤是生草土、草甸土和冲积土，森林区主要是含有大量火山碎屑物的弱灰化土。群岛陆上动物贫乏，鸟类丰富。海洋动物有海狗、海獭和海豹及鲑鱼等。有铁、铜、金等矿藏。居民以阿伊努人居多，主要从事捕鱼和林业，部分从事狩猎业及种植马铃薯和蔬菜。主要经济中心为北库里利斯克。1875年日俄两国签订千岛和萨哈林岛（库页岛）互换条约，规定萨哈林岛全归俄国，千岛群岛全归日本。1945年千岛群岛被并入苏联版图。日本要求归还择捉岛、国后岛、齿舞群岛和色丹岛。

千分尺 micrometer 一种长度精密测量工具。分为机械式千分尺和电子千分尺两类。

机械式千分尺 简称千分尺。利用精密螺纹副原理测长的手携式通用长度测量工具（见图）。采用高精度螺杆并利用游标（见卡尺），可以制成分度值为0.001毫米的千分尺。改变千分尺测量面形状和尺架可制成不同用途的千分尺，如用于测量内径、螺纹中径、齿轮公法线或深度的千分尺。

电子千分尺 测量系统中应用了光栅测长和集成电路等先进技术。测量结果由数字显示。常用的测量范围为0～25毫米和

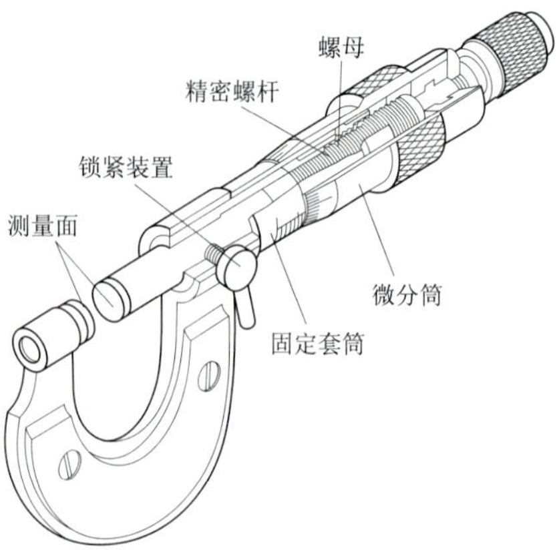

千分尺结构简图

0～38毫米，分辨率为1微米。允许误差不大于2微米。

千斤顶 jack 顶举重物的轻小型起重设备。又称举重器。千斤顶以人力驱动为主，起重量覆盖范围大，顶举高度一般不超过400毫米，广泛应用于设备检修和安装。按结构特征分类如下：①齿条千斤顶。由人力通过杠杆和齿轮带动齿条顶举重物。起重量一般不超过20吨，可长期支持重物。②螺旋千斤顶。由人力通过螺旋副传动，螺杆或螺母套筒作为顶举件，能长期支持重物，最大起重量已达100吨（见图）。③液压千斤顶。

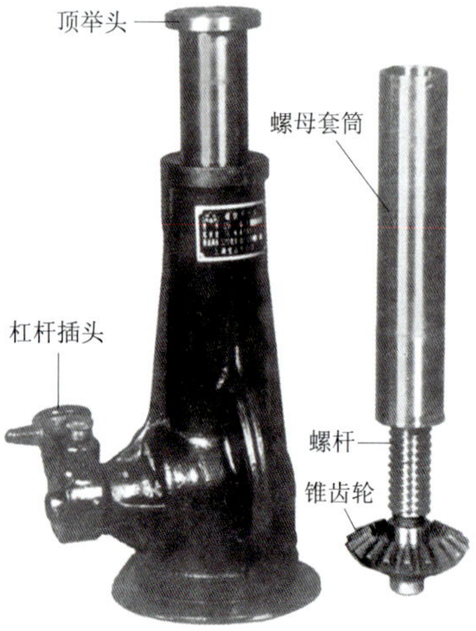

螺旋千斤顶

由人力或电力驱动液压泵，通过液压系统传动，用缸体或活塞作为顶举件，起重量最大达750吨。螺旋千斤顶和液压千斤顶可做成多级伸缩式结构。

《千金要方》 *Prescriptions Worth a thousand Pieces of Gold for Emergencies* 中医综合性临床医学著作。全称《备急千金要

方》，简称《千金要方》或《千金方》，30卷。唐代孙思邈著，约成书于永徽三年（652），集唐代以前诊治经验之大成，对后世医家影响极大。孙思邈集录东汉至唐初各家医论、治疗方剂，并将个人治疗经验融汇其中，编成《千金要方》。第1卷为总论，内容包括医德、本草、制药等；再后则以临床各科辨证论治为主，计妇科2卷，儿科1卷，五官科1卷，内科15卷（内中10卷按脏腑分述），外科3卷，另有解毒急救2卷，食治养生2卷，脉学1卷及针灸2卷。共计233门，方论5 300首。

《千金翼方》为孙思邈又一著作（作者尚有争议），30卷。书名取羽翼《千金要方》之意。约成于永淳元年（682）。卷一至四为药物部分，卷五至二十四为临床各科的方药证治及养生防病内容等；卷二十五为诊法（色脉）1卷；卷二十六至三十为针灸3卷，禁经2卷。《千金翼方》还辑录了一些国外医学资料，如耆婆方等，所辑录的《新修本草》、《伤寒论》等古代文献内容，对保存和研究史料有重要价值。

千克 kilogram 国际单位制中表示质量的基本单位。符号为kg。又称公斤。日常生活和贸易中，习惯上也作为重量单位。1889年第1届国际计量大会规定，千克等于国际千克原器的质量。国际千克原器用90%铂和10%铱的合金制成，为高度和直径均为39毫米的圆柱体，保存在国际计量局。1立方分米纯水在最大密度（温度约4℃）时的质量非常接近1千克。千克中的“千”不是国际单位制词头，即千克是基本单位，不是倍数单位，而克却是分数单位。千克与其他常见质量单位的换算关系是：1千克（kg）=1 000克（g）=2（市）斤=0.001吨（t）=35.273 962盎司（oz）=2.204 62英磅（lb）。

《千里江山图》 *Landscape of Thousand Miles Territory* 中国北宋青绿山水画作品。作者王希孟。王希孟18岁为北宋画院学生，后召入禁中文书库，曾得到宋徽宗赵佶的亲自传授，半年后即创作了《千里江山图》。惜年寿不永，20余岁即去世。

《千里江山图》，绢本，设色，纵51.5厘米，横1 191.5厘米，故宫博物院藏。画中描写岗峦起伏的群山和烟波浩渺的江湖。依山临水，布置以渔村野市、水榭亭台、茅庵草舍、水磨长桥，并穿插捕鱼、驶船、行路、赶脚、游玩等人物活动。形象精细，刻画入微。山石皴法以披麻与斧劈相结合，综合了南、北两派的特长。设色继承了唐以来的青绿画法，于单纯统一的蓝绿色调中求变化。用赭色为衬托，使石青、石绿颜色在对比中更加鲜亮夺目。整个画面雄浑壮阔，气势磅礴，充满浓郁的生活气息，将自然山水描绘得分外秀丽壮美，是一幅既写实又富理想的山水画作品，是中国传统山水画中少见的巨制。卷后有蔡京的题跋，证明此画是真迹无疑。

《千里江山图》局部

千山 Qianshan Mountain 中国国家级重点风景名胜区。又称千华山、积翠山。地

千山风光

处辽宁省鞍山、辽阳与海城之间。山体南北狭长，面积约44平方千米，平均海拔400米。属长白山地支脉。山中奇峰叠起，共有999座山峰，接近千座，故名千山。如从高处俯瞰群峰，犹如荷花浮水，又称“千朵莲花山”。最高峰仙人台海拔708米，绝顶有峭石高20米，状如天鹅头颈，又称“鹅头峰”。千山保存上万株百年以上的古松和丰富的野生动植物资源。树木植被覆盖率95%以上。盛产梨，为东北地区三大产梨区之一。千山环境幽静，风景秀丽，以幽谷曲回、千峰争奇著称。唐代以来修建寺庙，经辽、金到清而大盛，有“无峰不奇，无石不峭，无寺不古”之誉。山中龙泉寺、祖越寺、大安寺、中会寺、香岩寺等五大禅林最负盛名。北沟龙泉寺有殿阁楼亭20多处，寺内清泉常年喷流，有如“龙涎吐水”。千山依山势走向分北、中、南、西南4个景区，是集山石、园林、寺庙于一体的风景名山，与长白山、医巫闾山并称东北地区三大名山。

千田是也 Senda Koreya（1904-07-15～1994） 日本演员、导演。生于东京。原名伊藤国夫。俳优座剧团创立者。1924～1926年在早稻田大学读德文时，曾在筑地小剧场参加过一系列演出，在W.莎士比亚等人的作品中扮演角色。1932年与土方与志等人组建东京戏剧集团，演出B.布莱希特的《乞丐戏剧》。1936年加入新筑地剧团，导演和演出了《浮士德》、《吝啬鬼》、《哈姆雷特》等欧洲名剧。1942年创建俳优座剧团，4年后又创办了俳优座演员培训所。40余年中，平均每年导演近10部戏，培训所共招收了16期学员。1965年1月又创建了布莱希特研究会，专门研究、上演布莱希特的剧作。

千禧人 Millennium Man 早期人类化石。2000年发现于非洲肯尼亚中部土根山区。由于发现时间正值千年之交，故名。距今600万年。化石代表着至少五个个体。对股骨化石的研究表明，这种生物在陆地行走时已经适应习惯性直立，甚至已经完全直立，但同时具有攀缘功能。在牙齿及下颌骨特征上呈现出一些与非洲大猿和人类共

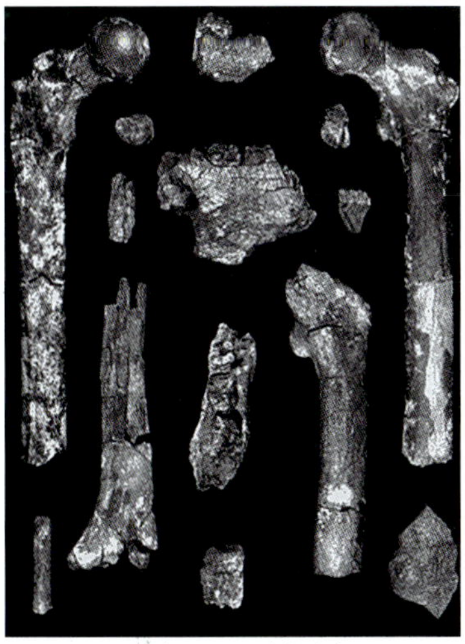

千禧人化石（部分）

有的原始性状。故被归入人科系统，名为“原初人土根种”，即土根原初人，俗名“千禧人”。其发现有助于证明：人猿最近的共同祖先很可能生活在非洲；且其分离时间可能要比原来多数分子生物学家推断的500万年前要早，至少要早于距今600万年前。

千叶 Chiba 日本本州岛东南部重要沿海工业城市，千叶县首府。位于东京湾东北隅，西距东京40千米。面积272.08平方千米。人口88.87万（2003）。地处东京湾沿岸

平原，都川及其支流流经市区。12～15世纪为千叶家族所控制的堡垒城镇。德川时代（1603～1867）为江户（今东京）与东京湾沿岸地区的中转商业港。19世纪后半叶与东京相连接的铁路修通之后，城镇逐渐发展。1873年废藩置千叶县时确立为县府。1921年设市。第二次世界大战期间一度成为“军都”。战后工业发展迅速，成为主要的重化学工业基地，是（东）京（千）叶工业地带的重要组成部分。工业以钢铁、化工、机械、金属、食品等为主。千叶钢铁联合企业（川崎制铁千叶制铁所）是世界著名钢铁企业之一。水陆交通中心，有高速铁路、高速公路西北通向东京，南达馆山。1978年建成新东京（成田）国际空港，推动了东京经济与社会的发展，遂将其纳入首都圈。千叶港为日本重要港口之一，是全国著名贸易港和世界大港之一。日本最大原料进口港，以输入原油、天然气、铁矿石、木材为主；输出汽车、钢铁、船舶等。近年第三产业已占重要地位。有千叶大学（1949）等高校。

《千字文》 *Thousand-Character Classic* 中国历史上流传最久的蒙学课本。南北朝梁周兴嗣编。见**蒙学读物**。

扦插 cutting 将切离植物的茎、根、叶等插入基质中，使其在适宜的环境条件下发育成为新植株的方法。又称插木。

方法 按取用器官的不同大致可分为枝插、根插和叶插三大类。

枝插 可分为硬枝扦插和软枝扦插（图1）。①硬枝扦插。一般在春、秋季进行，以春季为主。露地扦插后要适时浇水，保持土壤湿润和提高土温。对常绿和先抽枝展叶的插穗，应保持较高的空气湿度。②软枝扦插。在生长季（多在雨季）进行。适用于针叶树、阔叶长绿树，落叶乔、灌木和多年生草本植物以及部分蔬菜和农作物。

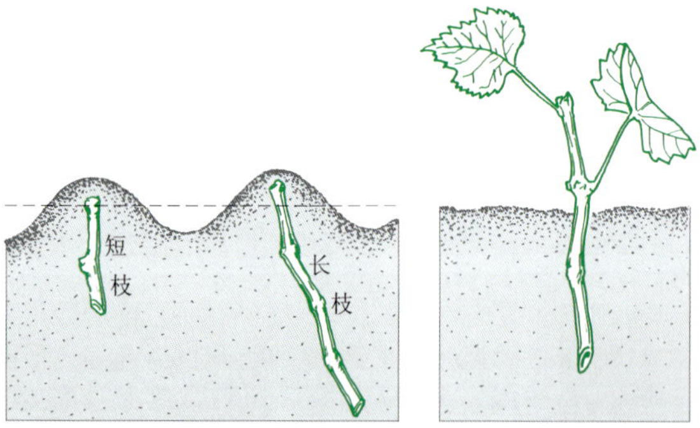

硬枝扦插　软枝扦插

图1 枝插

根插 将能产生不定芽的根剪成长约10～15厘米的插穗，水平或倾斜插入扦插基质中，深约3～5厘米。其他管理措施同枝插。

叶插 选取健康成熟的叶片作为插穗，一般在温室内进行（图2）。不同的植物产生不定芽的部位不同，故叶插的方法也有差异。

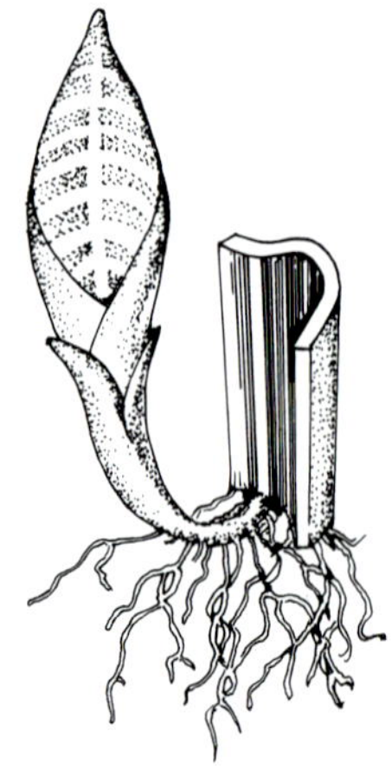

图2 叶插（虎尾兰）

成活 植物的再生能力和植物细胞的全能性，是植物能扦插繁殖的基础。插穗基部或叶脉切伤处的细胞能恢复分裂能力，形成愈伤组织，并分化成不定根。一般插穗上端发芽，下端生根，插时不可颠倒。不同种类的插穗扦插成活率不同，树龄和枝龄较小的实生树粗壮枝条和含生长物质与维生素较多的种类，扦插成活率较高。扦插成活还受气象和土壤因素的影响。多数种类生根的最适气温为15～25℃，以20℃最佳。扦插后的空气相对湿度以经常保持80%～90%、基质含水量稳定在最大持水量的50%～60%为宜。基质以疏松、通气、湿度稳定为佳。要适当遮阴，在漫射光下扦插。为促进生根，可在剪取插穗前的生长季节，于枝条基部环状剥皮或刻伤；在剪枝前用黑布等包裹枝条使其黄化或增加扦插床的底温；用植物生长素处理等。

迁安市 Qian' an City 中国河北省辖县级市。位于省境东北部。面积1 208平方千米。人口71万（2008）。古为幽州地，春秋时为令支国地，西汉设令支县，金大定七年（1167）改为迁安县，1996年撤县设市。由**唐山市**代管。属暖温带半湿润大陆性季风气候。矿藏有铁、石灰岩等。工业有冶金、建材、造纸、地毯、纺织、化工、医药、线缆、能源等。是“京东板栗”的发源地。有河流口明长城、古象化石、爪村遗址、安新庄遗址、建昌营清真寺等文物古迹。

迁海令 中国清朝初年为孤立与瓦解东南沿海以**郑成功**为首的抗清力量颁布的一项法令。顺治十八年（1661）颁布，康熙二十二年（1683）终止。当时，郑成功在东南沿海一带继续抗击清军。为断绝其接济，最后消灭其反抗力量，清廷以“坚壁清野”之法困之，发布“迁海令”，强令江南、浙江、福建、广东沿海居民，分别内迁30～50里，商船民船一律不准入海。其中广东地区曾连续内迁3次。清廷派满大臣四人分赴各省监督执行，违者胁以严刑。四省中尤以闽省为最严。沿海的船只和界外的房屋什物全部烧毁，城堡全数拆除，越界者不论远近立斩不赦。迁海令的实行，使农业、渔业、手工业及海外贸易均遭受很大摧残。人民生计断绝，流离失所。其间曾不断发生激烈的反迁海斗争。康熙元年，郑成功死，威胁减轻，迁海禁令略见放松。二十二年统一台湾，郑氏政权灭亡，前后延续23年之久的迁海苛政亦告结束。

迁徙 migration 动物周期性地往返于不同地区之间的远距离移居行为。主要见于鱼类、鸟类和哺乳类，一般以一年为周期，其水平距离常跨越不同的温度带，且除幼体外主要采取主动移动方式。

迁徙的类型主要有：①迁飞。空域迁徙的别称。空域辽阔，易于定向，除异常天气外极少障碍，飞行速度也远比在水、陆迁徙为快，故在此出现最发达的迁徙行为，如鸟类的迁飞。一般鸟类的迁飞是往返于繁殖地区和越冬地区之间，两地都要求在栖居期间食源充足、天敌少。局部的气候变化和食源消长往往是迁飞的动因。因此，同一物种中可能同时存在迁飞和不迁飞两种类型，视栖息地区的情况而定。在昆虫中也有真正的迁飞，或由繁殖地区至冬眠或夏眠地区，越冬或越夏后再返回原地排卵。②洄游。即水域迁徙。大多数鱼类都有洄游行为。洄游大致有3类：生殖洄游，指鱼在性成熟后由取食或越冬地区游向产卵场所的移动；索饵洄游，生殖洄游之后，为了弥补身体亏耗需要大量捕食而进行的洄游，路程可长达几千里；越冬洄游，喜温鱼类每当冬季降温时即游向温暖地区越冬，因洄游期间少食或不食，故常在索饵肥育之后进行。生殖洄游还有往返淡水、海水之间者。③陆地迁徙。陆地障碍较多，动物难以直线行进，而且陆行速度不快，消耗却较大，故陆地迁徙较不发达。此外还有一类垂直迁徙：某些小动物在山区高处繁殖，但当天气转寒时下至山脚或平原越冬。它们移动的路程虽短，但随季节往返于两种生态环境之间，这种行为仍属典型的迁徙。

迁飞是一些鸟类（候鸟）生活史中的一个组成部分，可能决定于某种内在节律。鸟类常在迁飞前表现烦躁不安，经常朝向未来迁飞的方向，这个现象称为迁飞前躁动，很大程度上是由遗传决定的。迁徙主要见于资源波动较大的地区，如北方寒冷

长距离迁徙中的燕鸥群

地区冬夏温差太大，而热带稀树草原干温季节气候也悬殊，某些水鸟即迁徙其间。对比之下，热带雨林虽食源丰富，但因供应稳定，生态位保持基本饱和，故鸟类基本不迁徙到热带雨林。

迁徙 Hijrah 伊斯兰教初期穆罕默德率穆斯林从麦加迁徙到麦地那的事件。音译希吉来。619～620年，穆罕默德在妻子赫蒂彻和伯父艾卜·塔里卜去世后，失去了氏族的保护。穆斯林在麦加受到统治氏族和部落贵族的迫害，伊斯兰教在麦加面临夭折的危险。穆罕默德开始到部落之外谋求发展，在游牧部落和塔伊夫都遭到拒绝。但在620年朝觐期间，6名麦地那人接受穆罕默德的传道。翌年，12名麦地那人再次前来，就邀请穆斯林前往麦地那达成初步协议。622年6月底，75名代表来麦加秘密会见穆罕默德，要求他去麦地那调解部落争端，并立誓服从和保护他。这就是著名的“阿克巴誓约”。随后，穆斯林分批迁往麦地那。最后，穆罕默德和艾布·伯克尔避开麦加人的防范，于9月24日抵达麦地那南郊库巴。这项行动意味着穆斯林突破了迄今为止保护他们的血缘关系，谋求在麦地那建立以信仰为基础的新社团，标志着伊斯兰教发展史的一个重要转折。

铅 lead 化学元素，元素符号Pb，原子序数82，原子量207.2，属周期系ⅣA族。人类使用最早的元素之一，公元前3000年，人类已会从含铅矿物中提炼铅。铅占地壳重量的$1.6×10^{-3}$%。主要矿物是方铅矿（PbS），其他还有白铅矿（$PbCO_3$）、硫酸铅矿（$PbSO_4$）等，在铀矿和钍矿中存在少量铅。

铅是灰白色金属，熔点327.46℃，沸点1 749℃，密度11.3克/厘米^3。莫氏硬度1.5，延展性好，抗张强度小，为电的不良导体。氧化态+2、+4。铅在空气中因表面被氧化生成氧化铅膜而失去金属光泽，在潮湿的含二氧化碳的空气中生成碱式碳酸铅膜。在加热情况下，铅能和氧、硫、卤素等反应，生成一氧化铅、硫化铅、卤化铅等。铅与冷盐酸、稀硫酸、浓硝酸不反应，但能和热浓硫酸、稀硝酸反应。在强碱性溶液中生成可溶性$Pb(OH)_3^-$。重要化合物有二氯化铅、二碘化铅、硫化铅、氢氧化铅、硝酸铅、硫酸铅、乙酸铅等。

在空气中焙烧方铅矿精矿，使硫化铅转变为一氧化铅，再用焦炭还原一氧化铅，可制得粗铅。粗铅经电解精制可得纯度为99.995%的高纯铅。铅的主要用途有制造铅蓄电池中的正、负极板；制造电缆套、枪弹头；制造放射性辐射和X射线的防护设备，如铅玻璃、铅围裙及铅罐等。还用于制造防酸蚀的管道和各种构件。

铅及其化合物均有毒。铅的蒸气和粉尘很容易通过呼吸道和食道进入人体，引起血液中毒，导致贫血、腹痛、痉挛、使眼和肾受损，称为铅中毒。急性中毒时消化系统遭严重损坏。铅在人体内积累不易排除。

铅笔 pencil 以石墨（或颜料）加黏土做成的笔芯为书写介质的书写或绘画工具。

按性质和用途分为三类。

①石墨铅笔。铅笔芯以石墨为主要原料的铅笔。可供绘图和一般书写使用。石墨铅芯的硬度标志，用“H”表示硬质铅笔，“B”表示软质铅笔，“HB”表示软硬适中的铅笔，“F”表示硬度在HB和H之间的铅笔。共分6B、5B、4B、3B、2B、B、HB、F、H、2H、3H、4H、5H、6H、7H、8H、9H、10H等18个硬度等级，字母前面的数字愈大，分别表明愈软或愈硬。

②颜色铅笔。铅芯有色彩的铅笔。铅芯由黏土、颜料、滑石粉、胶黏剂、油脂和蜡等制成。

③特种铅笔。ⓐ玻璃铅笔。铅芯由颜料、油脂和蜡类等制成。用于在玻璃、金属、搪瓷、陶瓷、皮革、塑料等表面书写或作标记。ⓑ变色铅笔。俗称拷贝铅笔。铅芯含有耐晒青莲色淀等染料。适于缮写需要长期保存的重要文件。ⓒ炭画铅笔。又称炭素铅笔。铅芯由黏土、木炭粉、炭黑等制成。用于绘画、油画打底。ⓓ晒图铅笔。又称描图铅笔。石墨铅芯用油溶蜡红等红色染料处理。用于绘图后直接晒图。ⓔ水彩铅笔。铅芯中加有水溶性酸性大红等酸性染料，沾水时如同水彩颜料。用于相片着色、写生、绘制地图和统计图表等。ⓕ粉彩铅笔。铅芯用颜料及多孔柔软的原料（如碳酸钙）制成。用于绘画。

活动铅笔又称自动铅笔，是不用卷削、能自动或半自动出芯的铅笔。按铅芯直径大小分为粗芯（大于0.9毫米）和细芯（小于0.9毫米）活动铅笔。按出芯方式分为四种：坠芯式靠铅芯重力自动出铅芯；旋转式靠旋转输送铅芯；脉动式（揿动式）靠揿动输送铅芯；自动补偿式（自动出芯）可自动补偿铅芯，连续书写。

铅笔画 pencil drawing 用铅笔绘制的图画。铅笔画主要通过线条和由线条组织成的明暗调子表现物像，易于掌握和修改，因此是初学绘画者掌握基本造型能力、进行素描练习的重要手段之一，也是艺术家搜集创作素材、记录形象、进行生活速写和创作构思时最常用的艺术形式。富于变化的线条和细腻的明暗层次，不但使铅笔画具有丰富的表现力，且有独特的审美价值。在中外美术史上不少艺术家绘制的大量铅笔画，其本身就是优秀的艺术作品，如达·芬奇、米开朗琪罗、伦勃朗、A.von门采尔、J.-A.-D.安格尔、I.Ye.列宾、P.毕加索、王式廓等人的精美的铅笔画都有极高的艺术价值，成为人类文化宝库中珍贵的艺术瑰宝。铅笔画中适当地施以水彩，称为铅笔淡彩画，可以收到素朴典雅、厚重滋润的艺术效果，成为不少艺术家乐于采取的绘画形式。绘画使用的铅笔根据需要分别采用B至6B型号。

铅玻璃 lead glass 含二氧化铅的玻璃。中国战国时期（前475～前221）即有铅玻璃制品。铅玻璃的组成式为$R_mO_n-PbO-SiO_2(B_2O_3)$。式中$SiO_2(B_2O_3)$为氧化硅（氧化硼），称网络形成物，是构成玻璃网络结构的基本单元；R_mO_n代表碱、碱土、稀土金属的金属氧化物，是使玻璃网格结构发生变化，达到调整特性的网络修改物；PbO（一氧化铅）为特征成分，赋予玻璃基本特性。随PbO含量的增加，玻璃的密度、折射率、色散、介电常数、对X射线和γ射线吸收系数等性能指标值增加；硬度、高温黏度、软化温度、化学稳定性等指标值降低；玻璃成型料性变长，着色剂色彩鲜艳，表面光泽增加，敲击声清脆。铅玻璃种类繁多，性能各异。实际应用中常把用于制作餐具、高级器皿、艺术品的铅玻璃专称为铅晶质玻璃；用作光学玻璃的铅玻璃称为火石类光学玻璃；用于核工业、核医学中防止和阻挡核辐射射线的铅玻璃称为防辐射玻璃，即透明铅墙。

铅矾 anglesite 化学组成为$Pb[SO_4]$，晶体属正交（斜方）晶系的硫酸盐矿物。含PbO达73.6%，大量聚集时可作为铅矿石资源。晶体呈板状、短柱状和纤维状，集合体为致密块状、粒状、钟乳状、结核状和

皮壳状。残余的方铅矿常包裹在内。纯者无色或白色，常被杂质染成灰、黄、绿、褐等色调；含较多方铅矿显微包体的铅矾呈灰黑色。金刚光泽。莫氏硬度2.5～3.0。密度6.1～6.4克/厘米^3。解理中等至不完全。性脆。紫外光下发荧光。主要由方铅矿氧化而成，产于铅锌矿床氧化带；在地表碳酸水溶液的作用下，进一步氧化变成白铅矿。常与方铅矿、白铅矿及其他风化过程的产物自然硫、石膏、黄钾铁矾等伴（共）生。

铅球 shot put 田径运动中投掷项目之一。运动员单手持球于肩上锁骨窝处，站在投掷圈后缘，经滑步或旋转后充分发挥全身的力量，用最快的出手速度和最适宜的出手角度

将铅球推出并获得尽可能的远度。推铅球的完整技术由握球与持球、预备姿势、滑步或旋转、最后用力掷出和掷出后平衡等紧密相连的动作环节组成。1340年前后，欧洲炮兵用相当于炮弹重量的石块进行掷远比赛，后逐渐发展为一种推铅球的运动项目。1896年第1届奥林匹克运动会铅球被列为男子比赛项目，1948年第14届奥运会又被列为女子比赛项目。推铅球技术过去采用原地推、上步推、侧向滑步推，后来发展为背向滑步推或旋转推。经常练习推铅球能发展力量、速度、灵敏等身体素质，提高身体协调用力的能力，培养坚毅、顽强的意志品质。

谦虚 humility 中国传统美德之一。一种不因自己的功德、才能、地位而自夸、自满、自傲，虚心学习、尊重他人的品德。中国典籍《周易》即有“谦”卦，认为谦即是虚而不盈，居高不骄；“谦”则亨通。《尚书·大禹谟》也认为“满招损，谦受益”。道家主张“为而不恃，功成而不处”。孔子也反对骄傲、自满，认为“君子泰而不骄”。古贤认为，只有谦虚，才能善于学习；及时听到批评、忠告，才能常存“临深履薄”之心；办事谨慎，避免失误，才能常保“孜孜求进之心”；奋发不已，才能得到众人的亲近、拥护。“劳谦虚己，则附之者众；骄慢倨傲，则去之者多。”（《抱朴子·外篇·刺骄》）总之，“谦者众善之基，傲者众恶之魁”（《王阳明全集》卷三）。毛泽东屡次告诫中国共产党人要“谦虚谨慎，不骄不躁”，指出：“虚心使人进步，骄傲使人落后，我们应当永远记住这个真理。”

荨麻科 Urticaceae; nettle family 双子叶植物纲金缕梅亚纲的一科。约49属1 900余种，分布于全世界热带、亚热带，少数至温带地区。中国有25属350余种，主要分布于长江流域以南省区。常为草本，有时为灌木，稀为乔木，有的有刺毛。单叶，互生或对生，托叶常存在，叶表皮有隆起的钟乳体。花极小，单性，花被单层，常带绿色，雄蕊与花被片同数并对生；心皮与柱头1；花序常聚伞状、穗状或圆锥状，稀生于肉质花序托上；退化雌蕊常存在，退化雄蕊鳞片状。果为瘦果或肉质核果；种子常有胚乳，具直立的胚。

荨麻科中的苎麻、青麻和红活麻等为中国南方常见的重要栽培纤维植物。冷水花属、赤车属、楼梯草属中的一些种类茎肉质，叶翠绿，体态奇特或有美丽的花纹，广为栽培观赏。荨麻族植物具有独特的刺毛，一旦触及人或牲畜的皮肤，就会出现红斑，痛痒难忍，有的种类甚至会引起儿童或幼畜死亡。刺毛的毒液很复杂，含有一种特殊的酵素和蚁酸、醋酸、酪酸以及含氮的酸性物质。

前定和谐 pre-established harmony 德国G.W.莱布尼茨提出的一种哲学概念。莱布尼茨认为，万物由“单子”构成，而单子因其绝对单纯而无部分，没有“窗子”可供出入，因而彼此不能互相影响、互相作用；但宇宙万物却互相协调，构成一个和谐的总体。他认为这是因为上帝在创造世界时就使每一单子具有这样的本性，在以后的全部发展中，每一个单子都各自遵循自身的规律发展变化，又自然地与其他一切单子的发展变化保持协调。他还用“前定和谐”的学说来说明心身关系。莱布尼茨有时自称其哲学体系为“前定和谐系统”。

前郭尔罗斯蒙古族自治县 Qian Gorlos Mongol Autonomous County 中国吉林省松原市辖自治县。位于省境西北部，松辽平原的东北边缘，邻接黑龙江省。面积5 085平方千米。人口58万（2008），有汉、蒙古、满、回等19个民族。“前郭尔罗斯”系蒙古语，意为“江南”。明嘉靖年间为郭尔罗斯部。清顺治五年（1648）郭尔罗斯部沿嫩江、松花江分为前后两旗，该地为前旗，民国袭之。1949年后，撤销前旗建制，1956年成立前郭尔罗斯蒙古族自治县。矿产有石油、天然气、泥炭、硅土、油母页岩、膨润土、铁矿石、石英、硫磺、硅酸盐等。已探明石油储量约3.2亿吨，是吉林油田主要产油区。农业盛产玉米、高粱、水稻、大豆、甜菜、向日葵、马铃薯等。工业有电力、石油、化工、机械、建材、造纸、食品等。名胜古迹有塔虎城古城址、莲花泡风景区、龙坑旅游区等。

前寒武纪 Precambrian 地球形成之后，寒武纪之前的全部地质时期。又称先寒武纪。这一时期形成的地层称前寒武系或先寒武系。始于地球形成约45亿年前，终于寒武纪的起点时间约5.43亿年前。时距长达近40亿年。前寒武纪目前分为太古宙和元古宙，界线放在25亿年。与前寒武纪同义的、以前曾广泛使用的隐生宙，其使用已经大大减少，趋于不用。

前寒武纪地层在全球有广泛出露，大面积露头区称地盾或克拉通。一般岩石以麻粒岩、片麻岩、绿岩、沉积变质岩、花岗岩、基性火山岩为主，冰碛岩是前寒武纪的另一特殊岩石类型。前寒武纪的化石稀少，但在31亿年前的古老地层中已发现有原始菌、藻类的遗迹或遗体。前寒武纪以具有浮游的微生物、从无核的到有核及单细胞的原生生物微化石为特征。约20亿年前，大气圈才开始有氧的积累，在大气圈有相当的氧的含量后，生物才得到发展。由蓝-绿藻类衍生的叠层石广布于晚前寒武纪，而在约6亿年前出现有软躯体的多细胞的后生动物，称伊迪卡拉动物群。

前寒武纪具有丰富的矿产，尤其是铁、镍、金、铀、铜，其他有价值的矿产还有铂、银、铅、锌、铬、钴、锰、石墨、云母和滑石等。

前凉 Former Liang 中国古代十六国之一。汉族张寔所建。都姑臧（今甘肃武威）。盛时疆域有今甘肃、新疆及内蒙古、青海各一部分。历8主，共60年。

晋惠帝时，张轨为凉州刺史，治姑臧。晋永嘉之乱，洛阳沦陷（311），中原和关中地区人民流入凉州的很多。张轨于姑臧西北置武兴郡，分西平（今青海西宁）郡界置晋兴郡，以处流民。又铸五铢钱，通行境内。314年张轨病死，长子张寔继任，晋愍帝任命寔为都督凉州诸军事、凉州刺史，西平公。西晋亡后，自317年起，张氏世守凉州，长期使用晋愍帝的建兴年号，虽名晋臣，实为割据政权，史称前凉。

张骏、张重华父子统治时，前凉达于极盛，境内分置凉、沙、河三州，设西域长史于海头，在今吐鲁番地区设置高昌郡，353年张重华死后，张氏宗室内乱不绝，凉州大姓也起兵反抗。到张天锡时已失去今甘肃南部。376年，前秦主苻坚以步骑13

前凉世系表

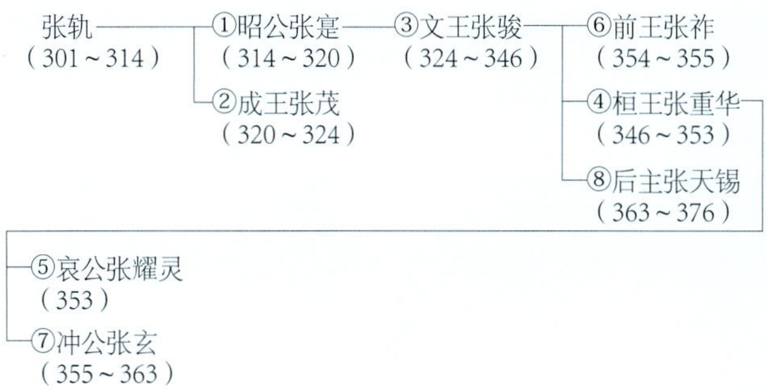

万大举进攻，张天锡被迫出降，前凉亡。

前凉政权依靠凉州大姓，各代统治者除张祚外，都自居晋朝的刺史或州牧，接受晋的封号。前凉先后与**前赵**、**后赵**发生过战争，多次击败刘曜、石虎的进攻，但慑于对方的强大，也曾向前赵、后赵称臣纳贡。

张氏子孙世代保守的凉州，是当时中国北部较为安定的地区，都城姑臧是西北地区政治、经济和文化中心。当时的凉州还是中国北部保存汉族传统文化最多和接受西域文化最早的一个重要地区。

前列腺 prostate 雄性生殖附属**腺体**。结构上部分为腺体，部分为纤维肌性组织的坚实结构。人的前列腺围绕在男性尿道的起始部。位于小骨盆的下部，耻骨联合下缘和耻骨弓的后方，直肠壶腹的前方，通过直肠壶腹可以摸到前列腺。前列腺呈锥状，上方是前列腺底或膀胱面，下方是前列腺尖，有一个后面，一个前面和两个下外侧面。

人的前列腺呈前后稍扁平的栗子形，质硬，色稍灰红。腺的上端宽大称前列腺底，下端尖细称前列腺尖。底与尖之间为前列腺体。体的后面较平坦。在正中线上有一纵行浅沟，称前列腺沟。男性尿道从腺底近前缘处穿入前列腺，经腺实质前部，由前列腺尖穿出。老年人前列腺肥大时，常可压迫尿道引起排尿困难。近底的后缘处有左、右射精管穿入，开口于尿道前列腺部，前列腺的排泄管开口于尿道前列腺部的后壁上，精阜的两侧。

前列腺的发育与**性激素**密切相关。小儿前列腺小，腺组织不发达，主要由肌组织和结缔组织构成。随性腺发育而增长。一般从16岁开始，前列腺迅速增大。

前列腺癌 prostatic carcinoma 发生于**前列腺**部位的恶性肿瘤。男性常见的肿瘤。多发生在50岁以上，发病率随年龄而增长。发病与**性激素**、种族及遗传、饮食和环境等因素有关。

分类与分级 前列腺癌中腺癌占95%，少数为移行细胞癌和鳞癌。多数前列腺癌起源于外周带，且为多中心性。前列腺癌分级为Gleason分级系统。它将前列腺癌分为主要和次要两个部分进行分级，总分以两个相加表示。总分在2～4分者为高分化(分化良好)；5～7分为中分化；8～10分为低分化(分化不良)。分化越低，前列腺癌的恶性度越大，预后也越差。

临床表现 早期并无临床症状。常常因体检时行前列腺直肠指诊发现前列腺硬结或发现血清前列腺特异性抗原（PSA）升高而最终诊断前列腺癌。少数患者因前列腺癌造成排尿困难或便秘，或有骨转移而就医。有部分患者因良性前列腺增生行前列腺切除术后标本中发现有前列腺癌，即偶发癌。中国前列腺癌发病率并不高，发现时前列腺癌多已出现局部扩散或远处转移，随着血清PSA检测的普及，早期前列腺癌的诊断率有很大的提高。

诊断 基本诊断方法是前列腺直肠指诊、血清PSA检查，及经直肠超声检测。CT和**磁共振**有助于前列腺癌的分期诊断，全身骨扫描可了解有无骨转移，血清PSA高于20纳克/毫升时高度怀疑全身骨转移，是全身骨扫描检查的指证。

治疗 取决于患者的年龄和肿瘤的分期。通常治疗手段有等待观察、根治性前列腺切除术、内分泌治疗、放射治疗和基因治疗等。

前列腺炎 prostatitis 各种原因所致**前列腺**部位的炎症。为常见的泌尿外科疾病。患者可出现尿痛、尿频、射精痛，也可以表现为不育、反复泌尿生殖系感染等症状。该病可以发生在任何年龄的男性，但发病高峰在青壮年阶段。

病因和分型 根据前列腺的组织学、细菌学及临床表现等特点，将前列腺炎分为下列4种类型：①急性细菌性前列腺炎。由大肠杆菌、克莱布斯氏杆菌等细菌引起的前列腺急性炎症，治疗不及时可能会出现严重的并发症。②慢性细菌性前列腺炎。指前列腺、尿路的反复感染和炎症，症状比急性细菌性前列腺炎轻。③非细菌性前列腺炎。指前列腺有炎症改变和临床表现，但无细菌感染。④前列腺痛。也被称为“慢性盆腔疼痛综合征”。仅有前列腺炎的症状，前列腺本身既无炎症也无感染。以上四型后两者较为常见。

临床表现 因类型而异，均可以出现尿频、尿急、尿不尽等症状，也可有关节、腰背酸痛，射精痛、血精等表现。此外，各型前列腺炎还有其特殊表现，如急性细菌性前列腺炎有明显的发热、寒战等感染症状，慢性细菌性前列腺炎则以反复出现尿路感染为特征，可表现头昏、失眠、多梦、记忆力减退等神经症症状。

诊断 直肠指检能够发现前列腺是否存在压痛和肿胀，还可以检查其大小、形状和质地等。前列腺液常规检查项目主要包括卵磷脂小体和白细胞数目。正常前列腺液应当是卵磷脂小体较多，白细胞数低于10个/高倍视野。前列腺液的细菌培养对明确诊断有十分重要的意义。尿三杯检查是前列腺炎诊断的重要方法之一，能发现前列腺液和尿液中的白细胞和细菌。

治疗 及时采用抗生素药物治疗，如氟喹诺酮类、磺胺类等。服用消炎、镇痛等药物能较好地缓解前列腺痛和非细菌性前列腺炎的症状。热水坐浴是治疗前列腺炎的有效方法，既可促进炎症的消失，也能使症状缓解（急性前列腺炎患者除外）。α受体拮抗剂是治疗前列腺炎的有效药物，它通过阻断α受体，使患者尿频、尿急、会阴部疼痛等症状减轻，使后尿道的排尿期压力降低，能控制尿液反流导致的前列腺炎。外科手术不是首选方案。但对慢性前列腺炎、前列腺痛的患者，手术切除前列腺有可能使症状改善或消失。

前列腺增生 prostate, hyperplasia of 发生于前列腺部位的良性增生病变。老年男性的常见疾病。年龄老化和正常的雄激素状态是致病主要因素。增生腺体位于膀胱颈，使尿路梗阻，引起尿频和排尿困难。早期膀胱壁肌层增厚可以克服颈部阻力排尽尿液，随着腺体增大，逐渐超过了膀胱的代偿能力，尿液便残留膀胱，症状随之加重，甚至发生尿潴留或上尿路积水。

临床表现 最初为刺激性症状，如尿频、尿急、夜尿增多。膀胱出口梗阻后出现排尿踌躇、尿线变细、腹压排尿、间断排尿和终末滴沥等症状。前列腺肥大梗阻严重时，膀胱代偿能力下降，不能排尽尿液，出现残余尿。随着残余尿量的增加，膀胱有效容量减少，尿频愈加严重，慢性尿潴留时可发生充盈性尿失禁。合并膀胱结石时可出现血尿、排尿疼痛伴尿线中断。长期慢性尿潴留常合并泌尿系统感染，表现为尿频尿急和尿痛。严重者出现高热腰痛等上尿路感染症状。若长期得不到缓解，可造成肾功能的损害。严重者甚至出现乏力、贫血等肾功能衰竭症状。

诊断与鉴别 腹部检查有无因慢性尿潴留所致下腹胀满，直肠指诊可了解前列腺的大小、质地、有无硬结，以及肛门外括约肌和球海绵体肌反射。一般体检和神经系统检查有助于鉴别诊断。实验室检查包括血尿常规、尿培养和血生化。血清前列腺特异性抗原PSA可鉴别前列腺增生是否合并前列腺癌。

泌尿外科特殊检查　B超可了解前列腺的大小和质地；测定残余尿量，了解有无上尿路积水等。尿流率是前列腺增生基本检查之一。排尿量在150～500毫升范围的尿流率结果较为可靠，男性最大尿流率正常值应在15毫升/秒以上。尿动力学检查并非必须检查。但怀疑可能存在逼尿肌功能障碍，如有神经系统疾病或严重糖尿病或盆腔手术后等病史，或准备进行手术治疗前，应做尿动力学检查，有无膀胱出口梗阻，逼尿肌的功能是否正常。

治疗　轻度症状可等待观察，禁忌饮酒，少吃辣椒，防止便秘等即可明显改善症状；中度至重度症状可采用药物或外科手术。常用经尿道前列腺切除术。激光前列腺消融或切除术也逐渐得到重视。还可应用射频经尿道针消融。微波热疗、气囊扩张、前列腺网状支架均有一定的疗效。

前裸子植物　progymnosperms　一类由蕨类过渡到裸子植物的植物类型。出现于中泥盆世至早石炭世早期。根据化石植物建立起来的类群，被不同学者列为单独的目、纲、亚门或门。前裸子植物门包括3个目，即①古羊齿目，出现于晚泥盆世至早石炭世初期；②戟枝木目，出现于中泥盆世至晚泥盆世；③原始髓木目，见于早石炭世。

前裸子植物这一类群的建立，是20世纪60年代初古植物学研究的重大成果。这是一类具有裸子植物解剖、“类似蕨类”的叶子和以自由孢子这种蕨类植物方式繁殖的植物。茎内具形成层，产生次生木质部，木质部管胞径向壁上有裸子植物特征的具缘纹孔。生殖器官为孢子囊，孢子同形或异形。

从建立这一类群时起，前裸子植物就被普遍认为是裸子植物的祖先型。但裸子植物是否都起源自一个祖先，或者不同的裸子植物演化自不同的祖先，这方面还存在意见分歧。一种单元发生的假设认为，戟枝木目是祖先型前裸子植物，由它演化出种子蕨类，再由种子蕨类植物演化出其他的裸子植物类群；另一种观点认为裸子植物是多元发生的，种子蕨类演化自戟枝木目祖先，而科达类和松柏类则起源自古羊齿目。还有一种说法，认为裸子植物都起源自古羊齿目。

前七子　Former Seven Masters　中国明代文学流派。弘治、正德年间，李梦阳、何景明针对当时虚饰、萎弱的文风，提倡复古，鄙弃西汉以后的散文和中唐以后的诗歌。这一主张被当时许多文人接受，于是形成影响广泛的文学上的复古运动。除李、何之外，这个运动的骨干尚有徐祯卿、康海、王九思、边贡、王廷相，总共7人。为把他们与后来嘉靖、隆庆年间的李攀龙、王世贞等后七子相区别，世称前七子。前七子强调文章学习秦汉，古诗推崇汉魏，近体宗法盛唐，反对充斥文坛的台阁体、八股文、理气诗，主张廓清委靡不振、陈陈相因的诗风。在当时有进步意义。前七子多在政治上敢与权臣、宦官作斗争。尽管诗文创作成就不等，但均有一些面对现实、揭露黑暗的作品。如李梦阳、何景明的《玄明宫行》、王九思的《马嵬废庙行》、王廷相的《西山行》等，都是表现宦官专权及讽刺他们横行不法、骄横淫逸的题材，颇切中时弊。前七子虽主张文必秦汉、诗必盛唐，而在一些具体的文学见解上存在着不同程度的分歧。有人过分强调从格调方面刻意模拟汉魏、盛唐的诗歌，甚至将一些结构、修辞、音调上的问题视为不可变动的法式，忽视文学应有的独创性，忽视了创作的现实生活根源，以致发展到后来模拟成风，万口一喙。

前秦　Former Qin　中国古代十六国之一。氐族苻健所建。都长安（今陕西西安）。盛时疆域东至海，西达葱岭，南控越嶲，北抵大漠，东南以淮、汉与东晋为界。历6主，共44年。

前秦世系表

苻洪—①高祖景明帝苻健（351～355）—②越厉王苻生（355～357）
　　—苻雄—③世祖宣昭帝苻坚（357～385）—苻宏
　　　　　　　　　　　　　　　　　　　—④哀平帝苻丕（385～386）
⑤太宗高帝苻登（苻坚族孙）（386～394）—⑥末主苻崇（394）

333年，氐族酋长苻洪为流民都督，率氐、汉各族百姓自关中徙居关东枋头（今河南卫辉东北），并接受东晋官爵。350年，苻洪拥众10余万，欲率众还关中，被人毒死。洪子苻健继领其众，自枋头西入潼关。关中氐人纷起响应，苻健遂攻占长安，据有关陇。351年自称大秦天王、大单于，国号大秦，史称前秦。352年改称皇帝，都长安。355年苻健子苻生继位。357年苻生堂兄苻坚杀苻生自立。苻坚即位后的十几年内，国内相对安定，前秦势力渐强大，苻坚开始了统一黄河流域的征战。370年灭前燕，371年灭仇池（今甘肃成县西北）氐族杨氏，373年攻取东晋的梁、益二州，376年灭前凉，同年乘鲜卑拓跋氏衰乱灭代，382年苻坚命吕光率军进驻西域。至此，前秦统一整个北方，与东晋形成南北对峙局面。

“大秦龙兴化牟古圣”瓦当
（河北易县出土）

苻坚自恃强盛，不断对东晋发动进攻，379年攻占东晋战略重镇襄阳，进而全力发动对东晋的进攻。383年苻坚不顾群臣反对，下诏进攻。八月以苻融为前锋都督，率步骑25万先行。九月苻坚亲统步兵60余万、骑兵27万为后继。益州、凉州、河北等地的秦军也纷纷出动。东晋谢安当国，命谢石为征讨大都督、谢玄为前锋都督，率水陆8万迎敌。十月，两军会战于淝水，秦军大败（见淝水之战）。

淝水之战后，前秦帝国四分五裂，各族贵族纷纷起兵，丁零翟斌起兵河南，鲜卑慕容垂起兵河北，鲜卑慕容泓起兵陕西华阴，羌姚苌起兵渭北。慕容冲率军进围长安，苻坚于385年五月出奔，后为姚苌擒杀。长安遂为慕容冲攻占。前秦名存实亡，但它在各地的残余势力则延续了近10年之久。

苻坚死后，镇守邺城的苻丕遭慕容垂长期围攻，于385年八月弃城，退至晋阳（今山西太原西南），自立为帝。次年与西燕激战，秦军大败，丕逃奔河南，为东晋军所杀。其后，苻坚族孙苻登称帝于枹罕（今甘肃临夏）。394年七月，苻登与姚苌子姚兴作战，兵败被杀，前秦灭亡。

苻坚统治时，重用汉人王猛，抑制氐族贵族豪强，扩大皇权。吸收汉族士人参加政权，提倡儒学，注重农桑，发展工商。消灭前燕后实行徙民政策，将关东被征服的鲜卑、乌桓、丁零等族10万户徙至关中，充实近畿；又将关中的氐族15万户移至关东，分置于各要镇，以加强控制新征服地区的人民。政治较为清明，社会相对安定，国力达于鼎盛。但自淝水战败后，迅速走向衰落和瓦解，北部中国再度陷于分裂。

前蜀　Former Shu　中国古代五代时十国之一（见五代十国）。前蜀高祖王建所建。都成都（今属四川）。盛时疆域约为今四川大部、甘肃东南部、陕西南部、湖北西部。历2主，共19年。

前蜀世系表

①高祖王建（907～918）—②后主王衍（918～925）

大顺二年(891)王建攻占成都，据西川。乾宁四年(897)，占有东川梓（今四川三台）、渝（今四川重庆）诸州，遂有全蜀之地。天复二年(902)取山南西道（治兴元，今陕西汉中）。三年，唐封王建为蜀王。

后梁开平元年（蜀仍称天复七年，907）王建称帝，国号蜀，史称前蜀。前蜀永平五年（915），王建又取秦（今甘肃秦安西北）、凤（今陕西凤县东北）、成（今甘肃成县）、阶（今甘肃康县）四州，扩境至大散关。唐末大乱，不少文人投奔蜀土，王建多加录用，有的拜为宰相，但实权常由宦官和王建养子掌握，统治集团内部矛盾尖锐，有时互相厮杀。光天元年（918），王建死，子王衍即位。

前蜀建立后，很少有大规模战争，社会生产基本上能正常进行，但赋税繁重，王衍奢侈荒淫。太后、太妃卖官鬻爵，臣僚贿赂成风，政治十分腐朽。同光三年（925），后唐庄宗李存勖发兵攻蜀，王衍降，前蜀亡。

《前线》 *The Front* 苏联剧作家A.Ye.柯涅楚克的剧本。写于1942年。剧情发生在苏联卫国战争期间，写总指挥戈尔洛夫将军的弟弟奉斯大林之命前来调查德国驱逐机在此降落事件，戈尔洛夫对下级没有向自己汇报非常恼怒，对弟弟没有祝贺自己获得勋章也极其不悦。就在将军为自己大摆宴席的同时，军长却脚踏实地地在前线侦察敌情，并根据新情况不顾将军的反对重新向上级呈交了作战方案。军长的方案得到了上级的批准，战斗胜利结束。将军由于思想僵化与不称职被解除了总指挥的职务，由军长接替。该剧是一部批判因循守旧、不思进取等保守现象的力作，曾在《真理报》上连载，影响极大。

前燕 Former Yan 中国古代十六国之一。鲜卑贵族慕容皝所建。都邺城（见邺）。盛时有今河北、山东和山西、河南、安徽、江苏、辽宁的一部分，西接前秦，与东晋以淮水为界。有户245万余，人口998万余。历3主，共34年。

前燕世系表

慕容廆——①太祖文明帝慕容皝（337～348）

②烈祖景昭帝慕容儁（349～360）

③幽帝慕容暐（360～370）

魏晋之际，鲜卑慕容氏自辽西迁于辽东北。294年，其酋长慕容廆徙居大棘城（今辽宁义县西北），开始了定居的农业生活。307年前后，慕容廆自称鲜卑大单于。西晋亡后，得汉族士人辅佐，以大棘城为中心据有辽水流域，受东晋官爵。廆死，子慕容皝继立。于337年称燕王，建燕国，史称前燕。皝继续尊奉东晋。342年迁都龙城（今辽宁朝阳），东破高句丽，攻灭鲜卑宇文部及夫余。348年皝死，子慕容儁继立，349年进攻后赵，夺得幽州，迁都于蓟（今北京城区西南）。352年击灭冉魏，占有河北，抛弃东晋旗号，自称燕皇帝。357年迁都邺城。检括人口，欲使步卒满150万，以攻灭东晋和前秦。360年儁病死，11岁的太子慕容暐即位，儁弟慕容恪辅政。前后7年，前燕政治稳定，攻占东晋的河南、淮北土地。369年东晋桓温北伐，燕军连败失地，后慕容垂在襄邑大败晋军，桓温退走。370年前秦苻坚命王猛率大军攻燕，破邺城，俘慕容暐，前燕亡。

慕容廆时即招徕流民，在辽水流域设置侨郡，许多山东、河北一带的汉族世家大族纷纷迁徙辽西。前燕自慕容廆起与汉族士大夫合作，循魏晋九品官人法（见九品中正制），肯定士族特权，承认坞主壁帅势力。境内大族势力有所发展。又兴立学校，培养统治人才。慕容皝时留意农桑，兴修水利，国势日盛。到慕容暐时政治腐败，矛盾交错，终至亡国。

前意识 preconscious 精神分析学说的一个概念。最初，S.弗洛伊德认为，人的心理历程可以分为意识和无意识两层。无意识中的本能、欲望不能进入意识领域。后来，他又提出前意识的概念，认为前意识是介于意识和无意识之间的一种中间心理状态。它是那些此时此刻虽然意识不到，但在集中注意认真回忆搜索的情况下可以回忆起来的经验。前意识好比一个恪守社会道德规范的严格的“检查员”，立于意识和无意识之间，控制着意识的大门。无意识只有伪装，才能通过前意识进入意识。前意识的作用在于保持对欲望和需要的控制，延缓本能的满足，并按照外界现实的要求和个人的道德水准来调节精神活动。

前赵 Former Zhao 中国古代十六国之一。匈奴贵族刘曜所建，实为汉政权的继续。都长安（今陕西西安）。历1主，11年。

318年七月，汉主刘聪死，子粲继立，为匈奴贵族靳準所杀。镇守长安的刘聪族弟刘曜闻变，发兵攻靳準。十月，自立为皇帝。与此同时，石勒亦以讨伐靳準为名，率军攻破汉都平阳，自平阳、洛阳以东之地尽入勒手。319年，曜徙都长安，改国号为赵，史称前赵。此后刘曜、石勒常相攻伐。328年，两军大战于洛阳城西，曜饮酒过量，兵败被擒，前赵主力被消灭。石勒军乘胜西进，曜太子刘熙弃长安，逃奔上邽（今甘肃天水）。329年九月，勒军攻占上邽，杀刘熙，前赵亡。

刘曜继承刘汉政权胡、汉分治的政策。以子刘胤为大司马、大单于，置单于台于渭城（今陕西咸阳），自左、右贤王以下皆用少数族豪酋充当。又大体沿用魏晋九品官人法（见九品中正制），设立学校，肯定士族特权，以维护统治。此外，还仿效刘渊、刘聪徙民都城地区的办法，将被征服的各族人民大量徙置长安一带，以便直接控制。前赵全盛时，拥兵28万余人，据地有今陕西、山西、河南、甘肃各一部，关陇氐、羌莫不降附。前凉张茂，亦遣使贡献。

前置胎盘 placenta previa 胎盘部分或全部附着于子宫下段或覆盖在子宫颈内口上方的一种病理产科现象。是妊娠后半期阴道出血最常见的原因之一，严重者可危及母婴健康及生命。

病因 受精卵的滋养层发育迟缓，受精卵着床时已步入子宫下段；也可能与子宫内膜病变有关。

类型 按病情需要终止妊娠时胎盘位置与子宫内口的关系，可分为三种类型。①完全性（中央性）前置胎盘。子宫颈内口全部为胎盘组织所覆盖。②部分性前置胎盘。子宫颈内口部分为胎盘组织所覆盖。③边缘性前置胎盘。胎盘附着于子宫下段，不超越子宫颈内口。胎盘下端已达子宫下段，距宫颈内口在6厘米以内称低置或低位胎盘。

临床表现 妊娠后半期无痛性阴道出血是前置胎盘的主要特征。中央性和部分性前置胎盘出血时间较早（24～32孕周），初次量不多，可暂时自止，以后有反复出血，血量增加，亦可出现急性大出血，伴有下腹部的下坠感，腰酸及排尿排便感。边缘性及低置胎盘出血时间较晚，甚至在临产时才出现，血量亦较少。腹部检查子宫松软，可清晰触及胎体，胎头高浮或臀位、横位等异常胎位；子宫无压痛；在急性大量出血时会出现休克。胎儿缺氧，胎心率可增快或减慢。但亦有少数病例无症状而在超声检查或剖宫产时偶然发现为低置胎盘。

诊断 多用B超检查诊断，此法简便、准确、安全，准确率为94%～98%，只是对类型诊断的准确率尚不够理想。

治疗 凡疑为前置胎盘又有无痛性阴道出血的患者，都应立即住院观察。采用积极的保守疗法，包括大量输血、应用宫缩抑制药及作羊水测定了解胎儿成熟度，保胎治疗使孕期延长至胎儿成熟或促胎肺成熟后进行计划分娩，这样可降低围产儿死亡率。若大量出血应立即行剖宫产术，以迅速止血；边缘性及低置胎盘出血量不多且宫口已开全的患者可人工破膜，加催产素静脉点滴亦可达到止血和加速分娩的目的。

前奏曲 prelude 自由结构的短曲。常放在具有严谨结构的乐曲或套曲之前作为序引。15、16世纪的前奏曲是作为琉特、哈普西科德或管风琴演奏的即兴性乐曲，由和弦和走句交织而成。巴罗克音乐时期的作曲家对此加以继承和发展，把它用作赋格或组曲的开始曲。19世纪F.F.肖邦使这种体裁脱离了赋格和组曲成为独立的钢琴特性曲。继作者有A.H.斯克里亚宾、C.德彪西等人。19世纪40年代以后，短小的歌剧序曲也称前奏曲，如R.瓦格纳的《罗恩格林》前奏曲、G.威尔第的《弄臣》前奏曲等。

钱宝琮 Qian Baocong (1892-05-29～1974-01-05) 中国数学史家、天文学史家。字琢如。浙江嘉兴人。卒于江苏苏州。1911年毕业于英国伯明翰大学。1912年回国，先后执教于苏州中等工业学校、南开大学、中央大学、浙江大学(1928～1956)，任副教授、教授。曾任浙江大学数学系主任。自20世纪初起从事中国数学史、天文历法史的研究，为中国数学史、天文学史学科的开拓者与奠基人之一。1956年调入中国科学院历史研究所任研究员，协助李俨组建中国自然科学史研究室，任中国科学院自然科学史委员会委员、《科学史集刊》主编。代表作为《古算考原》、《中国算学史》(上篇)、《中国数学史》(主编)，校点《算经十书》等。他的著述结集收入《李俨钱宝琮科学史全集》十卷，其关于宋元数学是中国筹算数学的高潮的看法在海内外数学史界影响深远。

钱昌照 Qian Changzhao (1899-11-02～1988-10-14) 中国爱国民主人士，政治活动家，全国政协副主席。字乙藜。生于江苏常熟，卒于北京。1918年毕业于上海浦东中学。1922年毕业于英国伦敦大学经济学院。1923年参加北洋政府派出的考察团到英国、美国、日本考察。1928年后历任国民政府外交部秘书、国民政府秘书、国民政府教育部常务次长。1930年加入中国国民党。1932年后历任国民政府国防设计委员会代理秘书长，资源委员会副主任委员、主任委员、委员长，国民党中央候补执行委员。参与成立中国社会经济研究会，出版《新路》周刊。1948年秋赴欧洲考察工业。后在香港加入中国国民党革命委员会。1949年由香港到北平，出席中国人民政治协商会议第一届全体会议。中华人民共和国建立后，历任政务院财经委员会委员兼计划局副局长，全国政协财经组副组长，全国人大常委会法制委员会委员，香港特别行政区基本法起草委员会委员，中华诗词学会会长。1980～1988年任全国政协第五至七届副主席，民革四届中央常务委员、社会联系工作委员会副主任、对台工作委员会副主任、第五、六届中央副主席。

钱潮 Qian Chao (1896-11-20～1994-01-18) 中国儿科专家、微循环障碍和莨菪类药研究的先驱。字君胥。生于浙江杭州，卒于上海。1913年入浙江医学专门学校，同年赴日留学。1922年毕业后在九州帝大医学部附属医院进修。1924年回杭州从事临床、教学、科研工作。1937年在九州帝大获医学博士学位。归国后迁沪开业。1951年组织联合诊所。1959年任上海新成区中心医院副院长兼儿科主任。与助手观察到中毒型菌痢患儿眼底动脉痉挛，提出该病的中毒症状是全身血管痉挛，大剂量阿托品治疗有效。1977年中国微循环与莨菪类药研究学会成立，当选为会长。1979年与祝寿河、杨国栋主编《微循环障碍和莨菪类药》一书。

钱澄之 Qian Chengzhi (1612～1693) 中国清代诗人。原名秉镫，字幼光（一作饮光)，号田间(别号西顽)。桐城(今属安徽)人。南明唐王时，授彰州府推官；桂王时授礼部仪制司主事。永历三年(1649)授翰林院庶吉士。曾在吴江起兵抗清，又曾避南明党祸削发为僧，改名幻光。后还俗归隐故乡，又改名澄之，不再出仕。他博学多才，诗文尤负盛名，诗文反映的生活面比较广阔。其诗继承了陶渊明、白居易等人的传统而有自己的特点，苍凉沉痛，感怀弥深。著有《田间诗集》28卷，《田间文集》30卷。

钱崇澍 Qian Chongshu (1883-11-11～1965-12-28) 中国植物学家。字雨农。生于浙江海宁，卒于北京。1904年中秀才后，曾在南洋公学、唐山路矿学校、清华留美预备学校学习。1910年赴美国，先后入伊利诺伊大学自然科学院、芝加哥大学、哈佛大学学习，先学农学，后改学植物学，最后攻读植物生理学和生态学。1916年回国，历任南京甲种农业学校、南京金陵大学、东南大学、北京农业大学、清华大学、厦门大学、四川大学和复旦大学教授，中国科学社生物研究所所长，中国科学社生物研究所研究教授，兼植物部主任。1953年后任中国科学院植物研究所研究员、所长。1955年当选中国科学院学部委员（院士)。他对兰科、荨麻科、豆科、菊科等进行了系统的分类研究。采集了大量植物标本，对森林和岩石植物、中国植被的类型和区域进行过专门的研究。主要著作有《安徽黄山植被区系的初步观察》、《中国兰科植物之研究》、《中国槭属的地理分布》、《中国荨麻科之研究》、《中国森林植物志》(卷一)、《黄河流域植物的分布概况》(与吴中伦合作)、《中国植被类型》(与吴征镒、陈昌笃等合作)、《中国植物志》(与陈焕镛合作主编)等。他长期在大学任教，培养和造就了秦仁昌、李继侗、裴鉴、郑万钧、曲仲湘、方文培等学者。曾与邹秉文和胡先骕合作，编写了中国第一部植物学教科书《高等植物学》。

钱崇澍在中国学术界做了许多组织和领导工作。1922年他曾与胡先骕合作，在南京创立了中国科学社生物研究所植物部。1933年，在他和胡先骕、陈焕镛等植物学家的倡议下组成了中国植物学会。1949年后任第二届全国人大代表、第三届全国人大常务委员会委员、全国政协第二届常委、中国植物学会理事长、北京市科协副主席等职务。

钱大昕 Qian Daxin (1728～1804) 中国清代史学家、汉学家。字晓征，一字辛楣，号竹汀。江苏嘉定(今属上海)人。乾隆进士。擢翰林院侍讲学士。清乾隆三十四年(1769)入直上书房，授皇十二子书。参与编修《热河志》，与纪昀并称“南钱北纪”。四十年，居丧归里，引疾不仕。潜心著述课徒，历主钟山、娄东、紫阳书院讲席，出其门下之士多至2 000人。晚年自称潜研老人。其学以“实事求是”为宗旨，同时主张把史学与经学置于同等重要地位，以治经方法治史。自《史记》、《汉书》，迄《金史》、《元史》，一一校勘，详为考证。萃其平生之学，历时近50年，撰成《廿二史考异》，纠举疏漏，校订讹误，驳正舛错，优于同时其他考史著作。于正史、杂史而外，兼及舆地、金石、典制、天文、历算以及音韵等。对宋、辽、金、元四史用功甚深，元史尤为专精。除史学外，于所涉诸学多有创获。《三统术衍》、《四史朔闰考》为其研治天文历算学的代表作，深为同时学者推重。“古无轻唇音”、“古无舌上音”，更是其在音韵学上的卓见。精心所荟，则有《十驾斋养新录》，后世以之与顾炎武《日知录》并称，赞钱氏为“一代儒宗”。一生著述甚富，后世辑为《潜研堂丛书》刊行。

钱德拉塞卡 Chandrasekhar, Subrahmanyan (1910-10-19～1995-08-21) 美国理论物理学家、天体物理学家。生于印度拉合尔（今属巴基斯坦），卒于美国伊利诺伊州芝加哥。

1930年毕业于印度马德拉斯大学，1930～1934年在英国剑桥大学三一学院学习理论物理，1933年在该校任教。1937年到美国芝加哥大学叶凯士天文台工作，翌年任该校教授。1952年任《天体物理学杂志》主编，1955年当选美国国家科学院院士。他利用完全简并的电子气体的物态方程建立白矮星模型，导出了白矮星的质量上限是太阳质量的1.44倍，被称为钱德拉塞卡极限。后来的天文观测发现，白矮星的质量确实均小于1.44太阳质量。这项重大贡献，使他与美国物理学家W.A.福勒一起获1983年诺贝尔物理学奖。他还在恒星内部结构、恒星和行星的辐射转移理论、星系动力学、等离子体天体物理学、宇宙磁流力学等方面均有贡献。著作有《恒星结构研究引论》、《恒星动力学原理》、《辐射转移》、《等离子体物理》等。

钱德勒 Chandler, William Henry (1878-07-31～1970-10-28) 美国果树学家。生于密苏里州巴特勒，卒于加利福尼亚州伯克利。1913年获密苏里大学园艺学博士学位，先后执教于密苏里大学、康奈尔大学、加利福尼亚大学洛杉矶分校。1943年当选美国国家科学院院士。他在科研中应用生物统计学，以提高试验数据的准确性和可靠性。发现果树组织冻死的原因，从而找到了避免果树受冻致死的防治措施；采取的独特的果树修剪方式方法，也具有现实意义。他还从理论上阐述了在自然环境中各果树品种需要不同程度的低温去打破果树休眠的观点；在与他人共同研究果树因缺锌而引起的小叶病过程中，发现了各种微量元素对果树生长所起的生理作用，为果树营养学研究开辟了新的领域。著有《果树生产》、《北美果园》、《落叶果园》、《常绿果园》、《落叶果树》等。

钱端升 Qian Duansheng (1900-02-25～1990-01-21) 中国法学家、政治学家。上海市上海县（今闵行区）人。卒于北京。1919年毕业于清华学校。1923年获美国哈

佛大学哲学博士学位。1924～1952年历任清华大学等校教授。1949年后，任北京大学校务委员会委员、法学院院长。1952年任北京政法学院院长。1954年任中华人民共和国宪法起草工作顾问。1982年当选全国人民代表大会常务委员会委员、法律委员会副主任。长期致力于发展中国的法学教育和法学研究事业。钱端升学识渊博，强调学术和政治的一致性。他认为国家法（包括宪法）是非常重要的部门法，中国早在《尚书》、《春秋》及诸子百家的著作中，就有关于国家法的论述，因此必须对古今中外的有关论述和各国革命、立法的历史进行研究。著有《中国政府与政治》、《民国政治史》、《战后世界之改造》等。

钱金福 Qian Jinfu (1862-02-17～1937-09-25) 中国京剧演员。工武花脸，兼架子花脸。满族。北京人。幼入全福昆曲科班，后改入四箴堂科班，与陈德霖等同科，从

钱金福在京剧《定军山》中饰夏侯渊

于双寿、崇富贵学戏。早年曾被选入清昇平署外学。辅佐谭鑫培、杨小楼、余叔岩演出。昆曲根底深厚，武功稳健，举手投足都给人以美感。尤擅长“把子功”。演长靠戏有大将风度，演火判、钟馗、花判、周仓等“毛净”戏于威武中见妩媚，表演艺术自成一派。拿手戏有《芦花荡》、《嫁妹》、《庆阳图》、《取洛阳》、《瓦口关》等。钱金福还善勾脸谱，有“天下一品”之誉。长子钱宝森，将其父之“身段谱口诀”详加解释，著《京剧表演艺术杂谈》。

钱君匋 Qian Juntao (1907-02-12～1998-08-02) 中国书籍装帧家、书画家、篆刻家。原名玉棠。生于浙江桐乡，卒于上海。1925

年毕业于上海私立艺术师范学校。1927年始历任开明书店音乐美术编辑兼书籍装帧设计，神州国光社专职美术编辑、编辑部主任，万叶书店编辑主任并主编《文艺新潮》月刊，文化生活出版社美术编辑等职。1952年担任新音乐出版社负责人及董事。1956年任上海音乐出版社副总编辑。1959年任上海文艺出版社编审。曾为鲁迅、叶绍钧、茅盾、丰子恺、巴金的许多著作和多种期刊进行装帧设计、绘制封面。他是中国新文艺书籍装帧艺术的开拓者之一。曾任上海市政协委员、上海出版工作者协会理事、华东师范大学艺术系教授、杭州西泠印社副社长等职。著有《君匋书籍装帧艺术选》、《君匋论艺》、新诗集《水晶座》、诗词集《冰壶韵墨》等。

钱俊瑞 Qian Junrui (1908-09-28～1985-05-25) 中国经济学家。江苏无锡人。1927年毕业于江苏省第三师范学校。1929年参加陈翰笙领导的农村经济调查。1938～1949年，从事党的文化工作。曾任中共中央文委委员、中共中央华中局文委书记、新四军政治部宣教部部长等职，先后担任新华社北平分社社长兼总编辑，《解放日报》和新华社社论委员会主任。中华人民共和国建立后历任教育部、文化部党组书记、副部长，中国社会科学院世界经济与政治研究所所长，国家进出口管理委员会对外经济贸易中心主任，《中国大百科全书》第一版编辑委员会委员等。钱俊瑞长期从事中国经济和世界经济的研究工作。著有《中国国防经济建设》、《世界经济与世界经济学》、《世界经济与中国经济》、《当代世界经济发展规律探索》等。

钱临照 Qian Linzhao (1906-08-28～1999-07-26) 中国物理学家。生于江苏无锡，卒于安徽合肥。1929年毕业于上海大同大学。1934年留学英国，在伦敦大学研究晶体范性学，1937年回国。历任中央研究院物理研究所研究员，中国科学院物理研究所研究员，中国科技大学教授及副校长，中国电子显微镜学会、中国自然科学史学会理事长、名誉理事长，《物理学报》主

编等职。1955年当选为中国科学院学部委员（院士）。旅英期间通过研究低熔点金属钠、钾及高熔点钼的滑移面，发现了立方晶体滑移面间距随着晶体形变温度与晶体熔点温度之比的增加而加大的规律。抗日战争期间主要进行应用光学研究，设计制造了能测毫米级曲率半径的球径仪，相继生产出数百台显微镜、水平仪等光学仪器，为支持抗日战争作出了贡献。设计制造了高灵敏度拉伸机，成为研究金属单晶范性的重要设备。20世纪50年代在锡单晶的微蠕变、铝单晶表面上刻文所导致的滑移特征、硅单晶中的硅氢键及其性质等多项金属单晶研究中取得重要成果。装备了中国第一台电子显微镜，并于1955年与何寿安率先用电子显微镜观察“铝的滑移带精细结构”，开创了中国电子显微镜在固体物理研究中的应用。创建中国科技大学自然科学史研究室，著有《西方历史上的宇宙理论评述》等专著。

钱令希 Qian Lingxi (1916-07-16～2009-04-20) 中国工程力学家。生于江苏无锡，卒于辽宁大连。1936年毕业于上海国立中法工学院。1938年获比利时布鲁塞尔自由大学工程师学位。回国后曾从事铁路桥梁工程设计，担任云南大学、浙江大学教授。1952年起在大连工学院（现大连理工大学）执教，历任数理力学系主任、研究部主任、工程力学研究所所长、院长等职。1955年当选为中国科学院学院士。1982年起任中国力学学会理事长。长期从事结构力学研究。在刚架结构分析、悬索桥分析、余能理论、结构极限分析与安定分析和锥柱结合壳的稳定性等方面有研究。20世纪70年代后在中国国内倡导计算结构力学和结构优化设计。他将结构力学理论用于许多建筑、桥梁、船舶等结构工程的大型计算任务中，是中国计算结构力学的开拓者。专著有《静定结构学》、《超静定结构学》和《工程结构优化设计》。

钱穆 Qian Mu (1895-07-30～1990-08-30) 中国历史学家。原名思鑅，字宾四。生于江苏无锡，卒于台北。1912年因家贫辍学，开始了为期10年的在家乡小学边教书、边自学、边写作的奋斗人生。1922年后相继任教于厦门、无锡和苏州等地的师范学校及中学，先后出版《论语要略》、《孟子要略》、《国学概论》等多种学术论著。1930年秋，经**顾颉刚**推荐，被燕京大学聘为讲师。同年冬发表《刘向刘歆父子年谱》，对**康有为**《新学伪经考》提出批评，指出刘歆无伪造诸经必要与可能，受到学术界重视。次年夏被北京大学聘为史学系副教授。1933年春，撰成《先秦诸子系年》，被誉为对清代版本考据的一次总结。接着，又推出第二部学术巨著《中国近三百年学术史》。**七七事变**后，辗转长沙、昆明、蒙自、成都等地，先后任教于西南联大、华西、四川、齐鲁等大学，著《国史大纲》、《中国文化史导论》等书。抗战胜利后，初执教于云南大学，后任无锡江南大学文学院院长。1949年秋南下香港，创办新亚书院（后并入香港中文大学）。先后被香港大学、美国耶鲁大学授予名誉法学博士、文学博士。1967年移居台北，任“中央研究院”院士。1987年结束教职生涯，出版《晚年盲言》上、下卷。钱穆一生笔耕不辍，专著80种以上，强调维护中国传统民族文化。

钱南扬 Qian Nanyang (1899～1987) 中国戏曲史家。名绍箕，字南扬，以字行。浙江平湖人。1919年入北京大学国学门中文科。曾从许守白学戏曲，从钱玄同学声韵学，从刘子庚学词学，从戏曲学家吴梅学曲。钱南扬长期致力于中国古典戏曲的研究，对于宋元南戏造诣颇深。他将可考的**宋元南戏**整理了一篇总目，并分别对作品本事及曲文加以考证，辑成《宋元戏文辑佚》。撰写和校注的作品还有《元本琵琶记校注》、《汤显祖集·戏曲集》、《永乐大典戏文三种校注》，以及戏曲论文集《汉上宧文存》、《戏文概论》、《谜史》等。钱南扬还从事民间文学和民俗学的研究。20世纪30年代初，曾同**钟敬文**等人在杭州发起成立中国民俗学会。

钱能训 Qian Nengxun (1869～1924-06-05) 中华民国时期北洋政府国务总理。字幹丞。生于浙江嘉善，卒于北京。29岁中戊戌科进士，先后任广西学政、刑部主事及员外郎等职。1903年再中经济特科进士后，任监察御丞。1906年受知于巡警部尚书**徐世昌**，任巡警部左丞。次年4月随徐世昌赴奉天任右参赞，后升任顺天府尹。1910年8月任陕西布政使。**辛亥革命**后，依仗徐世昌等人的关系，历任北洋政府内务次长、政事堂右丞、内务总长、代国务总理等要职。1918年12月20日起任国务总理。1919年**五四运动**爆发后，于6月12日免去交通总长**曹汝霖**、驻日公使章宗祥、币制局总裁陆宗舆三人职务。继而辞国务总理职。1921年夏与**熊希龄**等发起组织华盛顿会议中国后援会，任主席，主张山东应无条件归还中国。

钱七虎 Qian Qihu (1937-10-26～) 中国防护工程专家。生于江苏昆山。1960年毕业于军事工程学院工程兵工程系。1961年赴苏联莫斯科古比雪夫军事工程学院研究生部学习，1965年毕业并获副博士学位。1965年8月回国。历任工程兵工程学院副教授、训练部副部长、院长、教授。1988年被授予少将军衔。1994年当选为中国工程院院士。是中国共产党第十二次全国代表大会代表，第八届、九届全国政协委员，国务院学位委员会第三届、四届学科评议组成员，中国工程院工程管理学部副主任，中国土木工程学会常务理事、防护工程分会理事长。在防护工程理论研究中，解决了冲击波作用下的土与结构动力相互作用等一系列重大理论问题，形成了中国浅埋结构冲击波与结构相互作用问题的理论体系和计算方法；提出了“防护效率”概念及其通用公式，防御阵地稳定性的概念及其理论分析方法；解决了孔口防护、大跨度防护门、土中浅埋结构等难点的计算与设计问题。1978年获全国科学大会奖，1987年获国家人防委科技进步奖一等奖，1987～2000年五次获军队科技进步奖二等奖，1989年、1997年两次获全国优秀教学成果军队级一等奖，1996年获军队科技进步奖一等奖，1998年获国家科技进步奖二等奖，1999年获中国人民解放军专业技术重大贡献奖。著有《民防学》、《有限单元法在工程结构计算中的应用》等。

钱其琛 Qian Qichen (1928-01-05～) 中国共产党中央政治局委员，国务院副总理兼外交部长。江苏嘉定人（今属上海）。生

于天津。1942年加入中国共产党。1942～1945年在上海大同大学附中学习，任党小组长、党支部书记。1945～1949年在上海《大公报》任职员，并任中共上海地下党中学区委委员、男中学委委员，徐龙区学生区委副书记。中华人民共和国建立后，任中共上海市徐汇、长宁、杨浦区委委员，共青团徐汇、长宁、杨浦区委书记。1953年任共青团中央办公厅研究员。1954年赴苏联中央团校学习。1955年任中国驻苏使馆二秘、留学生处副主任、研究室主任。1963年后任高教部留学生司处长、对外司副司长。“文化大革命”中下放“五七”干校劳动。1972年后任中国驻苏联使馆参赞、驻几内亚大使，外交部新闻司司长。是外交部第一任新闻发言人。1982年后历任外交部副部长、党组成员、党委副书记。代表中国政府参加中苏谈判。1988年后任外交部部长、党委书记。出访过100多个国家和地区。1991年任国务委员，1993年任国务院副总理。1993年7月至1995年12月任香港特别行政区筹备委员会预备工作委员会主任。1995年12月至1997年7月任香港特别行政区筹委会主任委员。1998年3月连任国务院副总理。1998年5月至1999年12月任全国人大澳门特别行政区筹委会主任委员。2000年1月任北京大学国际关系学院院长。是中共第十二届中央候补委员、中央委员，第十三届至十五届中央委员，第十四届、十五届中央政治局委员。著有《外交十记》。

钱起 Qian Qi 中国唐代诗人。大历十才子之一。生卒年不详。吴兴（今属浙江）人。天宝九载（750）应进士试，所作《省试湘灵鼓瑟》末二句“曲终人不见，江上数峰青”，为人传诵，称为绝唱。大历中，官至考功郎中，世称钱考功。其诗多为五七言近体。五言善写景，体格新奇，理致清赡，如“鸟道挂疏雨，人家残夕阳”，“牛羊上山小，烟火隔林深”等，精工清丽。还有不少投献应酬之作。今存《钱考功集》，其中杂入其曾孙钱珝作品。

钱谦益 Qian Qianyi (1582～1664) 中国明末清初散文家、诗人。字受之，号牧斋，晚号蒙叟、东涧遗老。常熟（今属江苏）人。明万历三十八年（1610）进士。天启中，任经筵日讲官、詹事府少詹事。明崇祯元年（1628）任礼部侍郎、翰林侍读学士，与温体仁、周延儒争为阁臣，被革职。仕清后以礼部侍郎管秘书院事。清顺治三年（1646）辞归，居家著述至终。钱谦益学问淹博，论文论诗，一面倡“情真”、“情至”以反对模拟；一面倡学问以反对空疏。所以他的文章常把铺陈学问与抒发思想性情糅合起来，纵横曲折，奔放恣肆，虽内容比较驳杂恢诡，但规模阔大，足以转变明文的衰微格局。其诗初学盛唐，后广泛学习唐宋各名家，转益多师，不拘一格。明亡后的诗篇寄寓沧桑身世之感，哀感顽艳与激楚苍凉合而为一，尤有特色。著有《初学集》110卷、《有学集》50卷、《投笔集》2卷、《苦海集》1卷。此外有《钱注杜诗》20卷。另编选《列朝诗集》77卷（顺治间刊本作81卷）。

钱人元 Qian Renyuan (1917－09－19～2003－12－06) 中国高分子物理学家和物理化学家。生于江苏常熟，卒于北京。1939年毕业于浙江大学化学系。1940～1943年，

在西南联合大学任教。1944年赴美留学，在威斯康星大学从事拉曼光谱和电偶矩测定方面的研究工作。1948年回国后，历任厦门大学和浙江大学化学系副教授，中国科学院物理化学研究所、长春应用化学研究所、上海有机化学研究所和化学研究所研究员，化学研究所所长。1982～1986年任中国化学会理事长。1980年当选中国科学院学部委员（院士）。1999年当选亚太材料科学院（PAM）院士。长期从事高分子物理化学的研究。重要研究成果有：关于高聚物分子量测定的研究成果，获1978年全国科学大会奖；为采用控制降解法降低丙纶纺丝温度，1980年获国家发明奖三等奖；对高分子聚集态研究，提出一些新概念和新研究领域，1999年获国家自然科学奖二等奖；对有机金属导体和导电聚吡咯的研究，1988年和1995年分获国家自然科学奖二等奖。1994年获求实杰出科学家奖。著有《高聚物分子量测定》等，发表论文270余篇、综述和专论50余篇，申请专利42项。

钱三强 Qian Sanqiang (1913－10－16～1992－06－28) 中国物理学家。浙江湖州人。生于浙江绍兴，卒于北京。1936年清华大学物理系毕业。1940年受约里奥－居里夫妇指导，获法国国家博士学位。1946年获法国科学院亨利·德巴微物理学奖。曾任法国国家科学研究中心研究员和研究导师。1948年回国后，任清华大学物理系教授和北平研究院原子学研究所所长。1950年起，历任中国科学院近代物理研究所副所长、

所长，中国科学院计划局副局长、局长、副秘书长，原子能研究所所长、副院长，第二机械工业部副部长。1955年当选为中国科学院学部委员（院士）。曾任中国物理学会副理事长、理事长，中国核学会荣誉理事长，中国科协副主席、名誉主席。

早年从事原子核物理研究，在铀和钍产生的稀土放射性同位素辐射的比较、Ac和AcK的γ射线以及α能谱的精细结构、核能级、内转换、放射性物质的反冲扩散等方面，取得重要研究成果。特别是发现重原子核三分裂和四分裂现象和对三分裂机制的合理解释，深化了对裂变反应的认识，在裂变机理研究中有独特作用。组建中国原子能科学研究基地，为中国原子能科学事业的创立、发展和两弹研制，作出杰出贡献。1999年被追授“两弹一星功勋奖章”。参加中国科学院及中国科学院学部的组建，并长期参与领导，为全院工作决策。主张科学技术同国民经济和社会发展相结合，倡导自然科学与社会科学联盟，为促进中国软科学、交叉科学、管理科学的研究和发展发挥了重要作用。

钱松喦 Qian Songyan (1899－09－11～1986－09－04) 中国中国画家。生于江苏宜兴，卒于南京。8岁随父学习诗、文、书、画，1918年考入无锡江苏省立第三师范学校，毕业后曾在无锡美术专门学校任教。1955年任无锡美术协会主席，1957年6月任江苏省国画院画师，后任院长，同时当选中国美术家协会常务理事、美协江苏分会名誉主席。钱松喦重视深入生活，先后10余

《红岩》

次长途旅行写生。作品意境深邃隽永，富有生活情趣；构图稳中求变，笔墨浑厚苍茫；强烈的时代气息与民族的传统特色融为一体。晚年多作长城、飞瀑、劲松、名胜，又多忆写早年故乡生活之作。此外还创作一批指画，别具生拙之美。出版有《钱松喦画选》、《太湖风光》、《钱松喦八旬后指画集》等。理论著作有《砚边点滴》、《指画浅谈》等。

钱塘江 Qiantang River　中国浙江省最大河流。古称浙江、浙水、浙河、制河。源出安徽省休宁县西南皖、赣两省交界怀玉山脉中的六股尖东坡。干流流经皖、浙两省，于海盐县澉浦长山东南嘴至余姚市和慈溪市边境的西三闸的连线入杭州湾。全长605千米，流域面积4.88万平方千米。流域地势从西南向东北倾斜，干流依势向东北注入杭州湾。河流呈羽状水系。

钱塘江风光

干流概况　干流在新安江水电站以上为上游。上源冯村河流经皖南山地，到休宁县鹤城，与源出怀玉山五股尖的梅溪源汇合后，称大源溪。大源溪从休宁县流口合小源河至黄山市屯溪区间称率水。到屯溪纳支流横江后称浙江；在歙县浦口，练江自北注入。浦口至浙江省建德市梅城镇间称**新安江**。

新安江水电站至富春江水电站为中游。新安江流至梅城，接纳支流兰江和桐江，三江汇合成“丁”字形。兰江为钱塘江最大支流的一段，上游马金溪。至衢州市双港口纳江山港间称常山港，衢州市至兰溪称衢江（又称衢港、信安江），兰溪至梅城间称兰江。桐江为梅城至桐庐的一段支流。

富春江水电站以下为下游。属钱塘江河口区，受潮水影响。由桐庐到杭州市萧山区闻堰称**富春江**，河床开阔稳定，水流缓慢，堆积显著，河漫滩发育。闻堰至杭州闸口段，河床宽浅而河道迂回曲折，形如“之”字，故又称之江。闸口以下始称钱塘江，后泛指全河流，以涌潮汹涌为其特征。澉浦以下为杭州湾。

气候与水文　钱塘江流域属中亚热带季风气候。年降水量1 600～2 000毫米，干流上游山地降水量高于中、下游丘陵和平原地区。径流补给以雨水占绝对优势，地下水仅占少量。钱塘江多年平均年径流量431亿立方米，年径流深880毫米。径流季节分配不均，洪枯水流量相差悬殊。钱塘江多年平均年含沙量0.1～0.4千克/米^3，年输沙量668万吨。江水常年清澈，仅在洪水期江水呈混浊状。河水矿化度、硬度和碱度均较低。

钱塘潮　钱塘江潮是世界著名大潮之一（见**钱塘江涌潮**）。钱塘江怒潮时，海水倒灌，主要由长江挟带大量泥沙，经海水搬运淤积于河口段，为沙坎泥沙的主要来源。同时也使河床抬高，水深日浅，严重影响河口段的航运和水产捕捞养殖之利。为防止潮患，古来即兴建了海塘工程。

开发与利用　全流域水力资源蕴藏丰富，可开发水电约205万千瓦。河口区潮汐能量更大。20世纪50年代以来，对钱塘江进行了梯级开发。兴建了新安江、富春江、黄坛口和湖南镇等水库和水电站。其中新安江水电站总库容220亿立方米，装机容量66.25万千瓦；富春江水电站总库容9.2亿立方米，装机容量29.72万千瓦。黄坛口和湖南镇水电站为对支流乌溪江进行两级梯级开发而建成。

钱塘江兰溪以下为主航道，通航30～100吨级船舶。杭州以下仅通航外海小轮。新安江是沟通浙西和皖南的重要航道，航道在新安江大坝中断，上、下分段通航，汽轮溯新安江可达安徽屯溪。

1988年底，通过杭州城东北角开挖7千米长的河道，将钱塘江与京杭运河重新沟通，实现了京杭运河与**长江**、**黄河**、**淮河**、**海河**、钱塘江五大水系的沟通，扩展水运直达距离400千米，形成了以杭州为中心的水运网。

钱塘江桥 Qiantang River Bridge　中国自行建造的第一座公路、铁路两用双层桁架梁桥。位于中国杭州市，在闸口附近跨越钱塘江。沟通了沪杭铁路和浙赣铁路，并把华东公路干线连接起来。钱塘江桥于1935年4月全面开工，1937年9月建成通车。由**茅以升**和罗英主持修建。桥全长1 453米，正桥长1 072米，共16孔，墩距67.0米，每孔跨度为65.84米，简支平弦钢桁梁。上层为6.1米宽的公路，两侧人行道各宽1.5米，下层为标准轨距的单线铁路。因江底流沙深达40米和钱塘江潮等，造桥工程十分艰巨。

钱塘江桥通车3个月后，在日军侵入杭州前夕，中国军队于1937年12月23日将桥炸毁。抗日战争胜利后又经修理，1947年铁路、公路恢复通车，中华人民共和国建立后全部修整完毕。

钱塘江涌潮 tidal bore of Qiantang River　发生在中国杭州湾钱塘江口的潮水暴涨现象。又称钱塘涌潮、海宁潮。涨潮时段，涌潮滚滚，波涛汹涌，排山倒海而来，涛声传闻十数里。

大潮时的钱塘江涌潮

中国沿海的潮波主要是由太平洋传入的，浙江沿岸、杭州湾一带正当其冲。加上杭州湾呈喇叭形，致使潮差增大，在澉浦可高达9米。杭州湾连接钱塘江口，为典型的漏斗形状，水域变浅变狭。从东海传入杭州湾的潮波，在这里和河水相遇，波面受到较大的阻力，使潮波波峰的前沿出现破碎现象；并在尖山和海宁附近发生潮波的折射、反射和交汇，在凝聚点能激起十余米高的水柱。每年农历八月十八日前后，恰逢临近秋分的大潮，若遇强劲的东风或东南风，则风助潮势，涌潮景象蔚为壮观。

钱伟长 Qian Weichang（1912-10-09～2010-07-30）　中国人民政治协商会议全国委员会副主席，应用数学家和力学家。生于江苏无锡，卒于上海。1935年毕业于清华大学物理系，1939～1942年在加拿大多伦多大学求学，获哲学博士学位。后在美国加利福尼亚理工学院喷气推进研究所从事研究工作，得到T.von卡门的指导。1946年回国后任清华大学教授，兼任北京大学、燕京大学教授。1949年以后在清华大学任教，曾任教务长、副校长等职。1955年当选为中国科学院数理学部委员（院士）。1983年起任上海工业大学校长。曾任中国力学学会副理事长，中文信息学会理

事长。2003年任《中国大百科全书》第二版总编辑委员会副主任。全国政协第六届、七届、八届、九届副主席。

主要从事力学、应用数学研究和教学及教育组织的领导工作，是中国科学院力学研究所、上海市数学和力学研究所等多个研究所和学术机构的创建人之一。在板壳问题的内禀统一理论研究方面，首次将张量分析及微分几何用于弹性板壳研究并建立了薄板薄壳的统一理论，提出了线壳理论的非线性微分方程组，国际上称为钱伟长方程。在薄板大挠度问题的摄动和奇异摄动法研究方面，首次成功地用系统摄动法处理非线性方程，至今仍为国际上使用。其广义变分原理和环壳分析解等研究成果被誉为具有中国独特方法的重要贡献。研制成功中文编码及计算机汉字输入方案（钱码），对大功率电池的设计理论、电机计算理论等有独特见解。对中国教育、科技、经济和港口建设等方面提出过很多有效建议。发表研究论文160余篇，并有《弹性板壳的内禀理论》等专著20种。

钱杏邨 Qian Xingcun（1900-02-06～1977-06-17） 中国文学理论批评家、文学史家、作家。见阿英。

钱学森 Qian Xuesen（1911-12-11～2009-10-31） 中国人民政治协商会议全国委员会副主席，力学家，工程控制论和物理力学的开创者，中国空间技术、系统科学和系统工程的奠基人。祖籍浙江杭州。生于上海，卒于北京。1934年毕业于上海交通大学机械工程系。1936年获美国麻省理工学院航空工程硕士学位后，转学加州理工学院，师从力学家T.von卡门，1939年获哲学博士学位，留校成为卡门的助手，是卡门组建的美国航天中心喷气推进实验室的主要成员。1947年任麻省理工学院教授。1949年任加州理工学院喷气推进中心戈达德讲座教授。1955年钱学森回到祖国。1956年春参加制订国家12年科技发展远景规划，并主持制订其中"喷气和火箭技术的建立"一项的规划。同年，创建中国科学院力学研究所，并被任命为国防部火箭、导弹研究院院长。1957年当选中国科学院学部委员（院士）。1958年开始，主持中国科学院卫星技术领导小组，开创了中国空间技术的研究，任中国空间技术研究院第一任院长。1965年以后，任第七机械工业部副部长、国防科工委副主任。1991年被授予"国家杰出贡献科学家"称号和一级英雄模范奖章。1999年被授予"两弹一星功勋奖章"。任《中国大百科全书》第一版总编辑委员会副主任。全国政协第六届、七届、八届副主席。

早年在空气动力学、航空工程、喷气推进、工程控制论等技术科学领域做出了

许多开创性的工作。在空气动力学方面的主要贡献是：30年代与卡门共同提出可压缩流体边界层理论；并提出高超声速流的概念；40年代初，与卡门共同提出计算翼上流体压缩性效应的较普朗特和葛劳涯理论适用范围更普遍一些的近似理论；与郭永怀共同在跨声速流动研究中引入上下临界马赫数的概念，并且发现更有实际意义的是上临界马赫数；独立提出超声速流动相似律。这些贡献，为空气动力学的近代发展及其成功地用于航空工程实践奠定了重要的基础。与卡门共同提出球壳与圆柱壳的新的非线性失稳理论。在火箭与喷气推进方面提出并实现了用火箭助推起飞，在远程火箭推进方面开展了一系列开创性研究，在1945年8月至50年代初期的这方面论著被誉为该领域的国际经典文献，是将核能用于火箭推进的先驱思想家之一。开创了工程控制论、稀薄气体动力学、物理力学等研究，对稀薄气体的物理学特性的研究是该分支学科发展的先声，专著《工程控制论》是该领域中权威性著作之一。此外，他在技术科学和思维科学方面也有显著贡献。

钱学森是中国航天事业的奠基人之一，1956年最先为中国导弹与火箭技术的发展提出了实施方案，规划与组建了国防部第五研究院，长期直接参与组织领导和主持了中国运载火箭、导弹、卫星的试验研制，为中国航天事业的创建与发展作出了卓越的贡献。60年代开始致力于发展系统工程论和系统科学，并将其广泛运用于军事运筹、农业乃至整个社会经济各个领域的实践活动。曾获中国自然科学奖一等奖、国家科技进步奖特等奖和国际理工科技界最高奖小罗克韦尔奖。他在1938～1956年期间的论文编有《钱学森文集》。

钱永健 Tsien, Roger Yonchien（1952-02-01～ ） 美籍华裔生物化学家。钱学森的堂侄。祖籍浙江杭州。生于美国纽约。1972年获哈佛大学化学和物理学学士学位。

1977年获英国剑桥大学生理学博士学位。历任剑桥大学研究员，加利福尼亚大学伯克利分校、圣迭戈分校教授。美国医学研究院院士、美国国家科学院院士和美国艺术与科学院院士。主要学术贡献有：利用化学技术发明出可追踪细胞内的钙水平、检测钙离子浓度的有机染料。改进绿色荧光蛋白（GFP）的发光强度、发光颜色（多种不同颜色），发明更多应用方法，阐明发光原理。2004年获沃尔夫奖医学奖。因共同发现绿色荧光蛋白以及应用方式与下村修、M.查尔菲共获2008年诺贝尔化学奖。

钱运录 Qian Yunlu（1944-10～ ） 中国人民政治协商会议全国委员会副主席、党组成员兼秘书长。湖北大悟人。1965年加入中国共产党。大学学历。1963～1967年在

湖北大学国民经济计划统计系统计学专业学习。1967～1968年留校待分配。1968～1970年在湖北省大悟县三里公社劳动锻炼。1970～1973年任中共湖北省大悟县委宣传部、县委办公室干事，中共孝感地委组织部干事、共青团孝感地委常委。1973～1975年任中共湖北省汉川县环城区委副书记兼小河公社党委书记。1975～1976年任中共湖北省汉川县委副书记兼新河公社党委书记。1976～1979年任中共湖北省汉川县委副书记。1979～1982年任中共湖北省大悟县委副书记，大悟县革委会主任、县长。1982～1983年任共青团湖北省委书记。1983～1998年任中共湖北省委副书记。1991～1998年任中共武汉市委书记。1995～1998年任湖北省政协主席。1998～1999年任中共贵州省委副书记，贵州省代省长。1999～2000年任中共贵州省委副书记，贵州省省长。2000～2005年任中共贵州省委书记。2003～2005年任贵州省人大常委会主任。2005～2008年任中共黑龙江省委书记。2006～2008年任黑龙江省人大常委会主任。2008年任全国政协十一届副主席、党组成员兼秘书长。是中共十四届、十五届中央候补委员，十六届、十七届中央委员；全国政协十一届副主席、秘书长。

钱正英 Qian Zhengying（1923-07-04～ ） 中国人民政治协商会议全国委员会副主席，水利专家。浙江嘉兴人。生于上海。1939～1942年在上海大同大学土木工程系学习，1942年参加新四军。以后，在淮北解放区参加淮河修堤工程。1945～1948年任苏皖边区政府水利局工程科科长、苏北运河南段工程处副处长。1948～1950年任山东省黄河河务局副局长。1950～1952年任华东军政委员会水利部副部长兼治淮委员会工

程部副部长。1952～1988年先后担任水利部、水利电力部副部长、部长。1988～2003年任第七届、八届、九届全国政协副主席。1997年当选为中国工程院院士。

20世纪50年代初期，她领导部分治淮重点工程的建设。50年代中期主持编制淮河、海河、长江、珠江、辽河、松花江等主要河流的综合性流域规划。60～70年代，为水利工程的巩固、配套和发展，组织制定一系列政策和法规，在健全工程管理，提高工程效益，解决水事纠纷方面发挥了重要作用。其间她重点推动黄淮海平原的治理，南方平原圩区的机电排灌和水力发电的发展。80年代，配合全面改革，提出加强管理，健全法规和扩大服务范围，组织完成了《中华人民共和国水法》的起草工作，主持了长江三峡工程可行性论证工作。主持研究“中国可持续发展水资源战略研究”和“西北地区水资源配置、生态环境建设和可持续发展战略研究”两个重大咨询项目。

钱钟书 Qian Zhongshu（1910-11-21～1998-12-19） 中国作家、学者。字默存，号槐聚，曾用笔名中书君。江苏无锡人。古文家钱基博的长子，自幼受传统经史教育。

1929年考入清华大学外国语文系，广泛接受世界各国文化学术成果。1935年与杨绛结婚。同年考取了英国退回庚子赔款留学名额，在牛津大学攻读两年，又到法国巴黎大学进修法国文学一年。1938年归国后担任过西南联合大学外文系教授、湖南兰田师范学院英语系主任、上海暨南大学外语系教授、中央图书馆英文总纂、清华大学外文系教授等。1953年起，任文学研究所（原属北京大学，后属中国科学院哲学社会科学学部，现属中国社会科学院）研究员。1982年起任中国社会科学院副院长。

钱钟书深入研读中国的史学、哲学、文学经典，同时一直持续对西方新旧文学、哲学、心理学等的关注和研究。他的《谈艺录》（1948）在继承和总结传统诗话的基础上，对中西诗论进行了精微的辨析、比较和阐发。它不仅是中国最早的丰富而详赡的中西比较诗论，而且提出了很多前人不曾提出的新问题。他的另一部学术著作《管锥编》（1979），富有辨伪和辩证的精神，对《诗经》、《易经》、《老子》、《左传》、《史记》、《楚辞》、《太平广记》、《全上古三代秦汉三国六朝文》等古籍，不株守成见地作了许多新的考释和有创见性的赓扬，并将中西文化和文学作了许多有意义的比较和研究，融广博的知识和精卓的见解于一体。《宋诗选注》（1958）提出新的选诗原则，突破传统选本止于注解、疏证的局限，对诗歌创作中的很多问题作出了贯通中西、精见迭出的阐发。他的许多著作在国内外学术界享有很高的声誉。

钱钟书还是出色的散文家和小说家。长篇小说《围城》（1947）描绘了抗战期间中上层知识分子的众生相，而“城外的人想冲进去，城里的人想逃出来”的“围城”意象表达了小说的深层意蕴，包含了现代人对自己生命处境的哲理思考。小说的反讽技巧高超，旁支斜出的叙述风格，诡奇、机智、聪睿、富有知识容量的语言，妙趣横生的比喻，尤其是信手拈来的典故，使它得以成为独树一帜的“学人小说”。短篇小说集《人·兽·鬼》（1946）和散文集《写在人生边上》（1941）同样才情横溢，妙喻连篇，具有机智隽永的风格。三联书店2001～2002年出版有《钱钟书集》，10种13册，300多万字。

钱仲联 Qian Zhonglian（1908-09-03～2003-12-04） 中国古典文学研究家。名萼孙，字仲联，号梦苕，亦号苕隐。原籍浙江吴兴。家学渊源，藏书丰富，自幼用功读书。

1923年入无锡国学专门学院，师从唐文治和曹无弼研治国学，广泛涉猎哲学、史地、佛道、书画等典籍，打下深厚的学术根底。1926年毕业后任上海大夏大学、无锡国专教授。中华人民共和国建立后，任南京师范学院、江苏师范学院（后改名为苏州大学）教授，中文系古典文学教研室、明清诗文研究室主任、中国诗学研究会理事长等职。钱仲联专长于研究古近代文学，尤精于清代文学。著有《人境庐诗草笺注》、《鲍参军集注》、《赣昌黎诗系年集释》、《海日楼诗集笺注》、《后村词笺注》、《吴梅村诗补笺》、《文廷式年谱》、《剑南诗稿校注》，主编有《清诗纪事》、《中国文学家大辞典·清代卷》，创作有《梦苕庵诗存》、《梦苕庵词》，诗论《梦苕庵诗话》，还编纂有《清诗精华录》、《清文举要》、《近代诗选》、《近代诗三百首》等普及性读物。

钱庄 old-style Chinese private bank 中国清代以办理存款、放款为主，间或经营汇兑的一种信用机构。起源于经营银、钱兑换的钱摊。主要分布在长江流域和东南各大城市。北方各地一般称为银号、钱铺。钱庄与商业有密切关系。商人在买卖时，不仅可以用钱庄签发的由其支付金额的庄票支付货价，而且可以到期转换，或收划银钱。鸦片战争后，上海成为国内外贸易中心，钱庄随之有较大发展。钱庄有汇划庄（或称大同行）或非汇划庄（或称小同行）之分。汇划庄在开业前须加入钱业总公所，享有发行银票、钱票和代收票据的权利，办理存放款、贴现及汇划签发庄票、汇票等业务。非汇划庄又分元、亨、利、贞四种号庄，资力薄弱。一般所称钱庄，指汇划庄。钱庄的放款对象主要是商业行号。有时也举办工业和贸易贷款，但其数量在全部放款中所占比例很小。钱庄庄票的信用，能在一定期限内给予商人调度资金的便利。鸦片战争后，庄票很快为外国在华洋行和外商所认识。他们开始接受钱庄庄票作抵押并对钱庄提供短期贷款（当时称折款）。钱庄逐渐与外国在华银行建立起金融来往关系。在钱庄之间，庄票的清算方法最初大抵是各自直接划抵，到1890年前后创造了一种公单制度，即每日下午二时，各汇划庄汇总其应收之庄票到出票钱庄换取公单，到四时以后，各钱庄齐集汇划总会，互相核算，出入相抵，奇尾零数则以现金清偿，其整数则由钱庄另行出票实行划账。这实际上是各钱庄之间初步实行的票据交换制度。钱庄签发汇票，对于洋货向内地扩散和土产向口岸集中也起着重要作用。19世纪末叶，中国自办银行兴起。由于钱庄同当地工商业联系密切，上海钱庄还得到外商的信用支持，因此在清末金融市场上，钱庄比起本国银行仍然居于优势地位。但由于清末金融风潮以及辛亥革命时期政局的动荡，为数众多的钱庄被迫闭歇清算。

钳工 bench work 用手持工具对金属进行加工的方法。机械制造中最古老的金属加工技术。其作业主要有錾切、锯切、锉削、划线、钻削和铰削、攻丝和套丝、刮削、研磨、铰孔、校正、铆接和装配等。这些工作大多是在虎钳上进行。

钳工在机械制造中的作用是：生产前的准备，单件生产中的部分加工，生产工具的调整，设备维修和产品装配等。作业的质量和效率在很大程度上取决于操作者

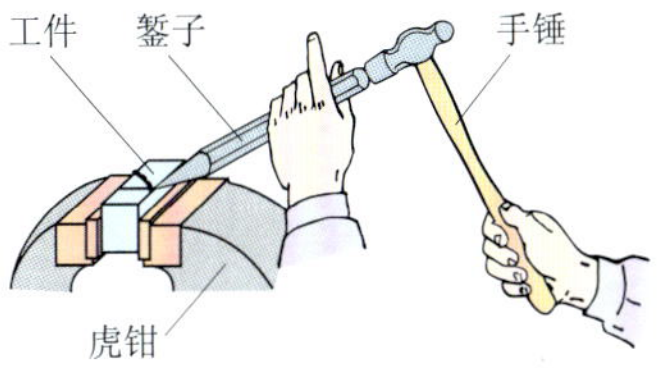

錾切

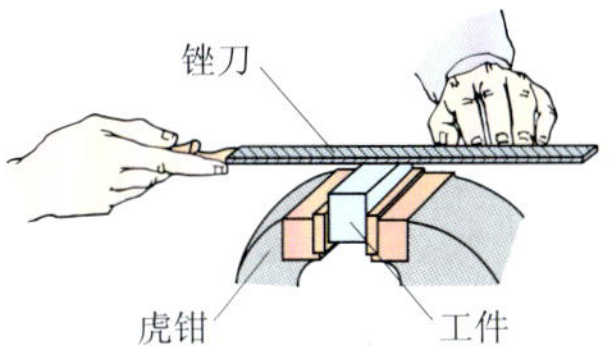

锉削

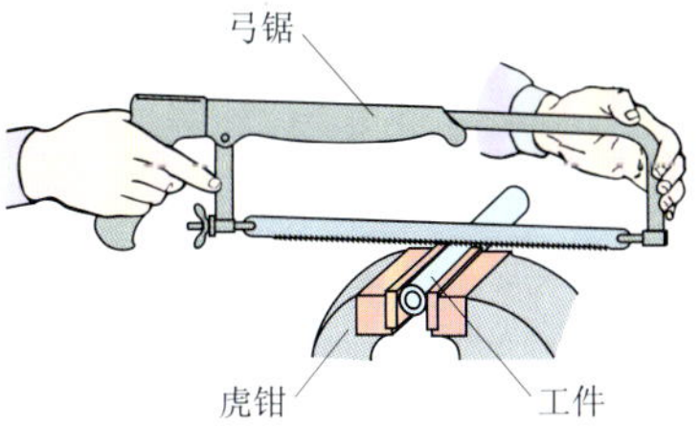

手锯切

钳工作业法

的技艺和熟练程度。钳工作业大部分已机械化、自动化，但在单件小批量生产、装配、维修等场合仍广泛应用。按专业性质分为普通钳工、划线钳工、模具钳工、刮研钳工、装配钳工、机修钳工和管子钳工等。对从事该手工作业的工人也称钳工。

乾嘉学派 Qian-Jia school 中国清代学术流派。亦称汉学、朴学、考据学派。因其在乾隆、嘉庆两朝达了极盛，故名。惠栋、戴震、钱大昕、段玉裁、王念孙、王引之为其代表人物。其中有吴、皖二派之分：吴派创自惠周惕，成于惠栋；皖派创自江永，成于戴震。

乾嘉学派首重音韵、文字、训诂之学，扩及史籍、诸子的校勘、辑佚、辨伪，留意金石、地理、天文、历法、数学、典章制度的考究。在诸经的校订疏解中，取得了超迈前代的成就。对古籍和史料的整理，亦有较大贡献。清初汉学兴起之时考据只是借以通经致用的手段。顾炎武主张以经学去取代理学，目的在于“经世致用”。顾氏之后，此风渐趋蜕变。段玉裁、王念孙、王引之以下，更是远离社会现实，止于训诂考据。因此，乾嘉学派是清初之学的倒退。然而就其为学的特色及其在各个领域所取得的学术成就言，乾嘉学派又是清初之学的发展。这一学派的形成，正是清初学者对宋明理学进行批判和总结的必然结果。清初之学，以博大为其特色。乾嘉汉学，则以专精而扬其帜。乾嘉学派诸学者，无论在经学、史学、音韵、文字、训诂，还是金石、地理、天文、历法、数学等方面，都取得了当时最好的成就。道光以后，学术风气发生了较大变化，沉沦千余年的今文经学得以复兴。一时学者多舍弃文字训诂，而从事于“经邦济世”之学。同治、光绪之世，汉学于穷途末路之中，得俞樾、孙诒让诸人坚守壁垒，在古籍整理上依然成就斐然。而章太炎重倡顾炎武“博学于文，行己有耻”之学，以伸张其政治主张，是汉学的一个光辉结束。

乾隆帝 Emperor Qianlong (1711-09-25～1799-02-07) 中国清朝入关后第四代皇帝。见清高宗弘历。

《乾隆平定准部回部战图》 中国清代宫廷绘画作品。铜版组画，共16页，每页纵55.4厘米，横90.8厘米。由郎世宁（意大利人）、王致诚（法国人）、艾启蒙（波希米亚人）和安德义（意大利人）绘制。内容描绘乾隆二十至二十六年（1755～1761）平定蒙古族准噶尔部的阿睦尔撒纳和维吾尔族的波罗尼都、霍集占（又称大小和卓）叛乱的经过。

乾隆二十九年（1764）皇帝弘历下令绘制，至三十年16幅图稿完成，由广东粤海关监督交法国船运往欧洲，在法兰西皇家艺术院及法国铜版刻制艺术家的帮助下，至乾隆三十八年16幅铜版画每幅印200张全部告竣。铜版组画采用全景式构图，较好地反映出战斗进行的过程、规模和全貌。刻制精致细微，具有浓厚的欧洲绘画风格。它是18世纪中外文化交流的产物。

《乾隆平定准部回部战图》局部

箝位电路 clamping circuit 将脉冲信号波形的某一部分固定在一个选定的电平上，使原信号其余部分的波形形状保持不变的电路。箝位电路可使失去直流分量的脉冲信号恢复直流成分，故又称直流恢复器。用箝位电路对示波器和雷达中的扫描信号进行直流恢复，以解决扫描速度改变引起荧光屏上图像的移动。用于电视系统中可使电视信号的同步脉冲顶端电平保持为一个固定的数值，以克服由于失去直流分量和干扰等原因所造成的电平波动，便于从电视信号中分离同步脉冲。

潜地导弹 submarine-to-ground missile 从潜艇发射攻击地面目标的战略导弹。是国家战略核力量的重要组成部分。主要用于袭击敌方政治和经济中心、工业基地、交通枢纽、军事指挥中心等战略目标。具有隐蔽性好、机动性大、生存能力强、随时可以实施核突击等特点。潜地导弹由弹体、推进系统、制导系统和弹头（战斗部）等部分组成。按飞行轨迹，可分为潜地弹道导弹和潜地巡航导弹。

中国潜地导弹水下发射

潜地弹道导弹通常部署在战略导弹潜艇上，射程650～11 000千米，起飞质量10～60吨，命中精度（圆概率偏差）4 000～90米。核弹头有单弹头、集束式多弹头和分导式多弹头。爆炸威力为30万～100万吨梯恩梯当量。采用惯性制导或惯性－星光制导。推进系统采用2～3级固体或液体火箭发动机。通常由潜艇在水下发射。潜艇在水下机动时，艇上导航系统能为导弹发射连续提供有关艇位、航向、航速和纵横倾角等数据，连同预先装定的目标坐标，通过射击指挥系统随时计算出每枚导弹的射击诸元，并将其装定到弹上制导计算机内，迅速完成导弹发射准备。发射时，通常采用冷发射（即动力发射）方式，一般用燃气蒸汽作能源，以较大的推力将导弹从发射筒推出，出水前或出水后导弹发动机点火，按预定弹道飞向目标。

潜地巡航导弹通常配置在攻击潜艇上。射程550～3 000千米，有的命中精度小于百米。战斗部为常规装药或核装药，推进系统通常采用涡轮风扇发动机，制导方式为惯性－地形匹配复合制导。借助潜艇内的鱼雷发射管或专用发射筒发射，发射方式和水中弹道与潜舰导弹相似。当导弹出水上升到一定高度时，弹翼自动展开，火箭助推器脱落，发动机工作，导弹转为巡航状态；进入陆地后，能随地形起伏飞行。

潜舰导弹 submarine-to-ship missile 从潜艇上发射攻击水面舰艇的导弹。是现代潜艇的主要作战武器。弹长一般为4～11米，弹径0.35～1.10米，发射质量600～5 500千克，战斗部通常为常规装药或核装药，飞行速度多为亚声速，射程数十至数百千米。主推进装置大多为涡轮喷气发动机，辅助推进装置多为固体火箭发动机。制导系统多采用惯性加雷达或红外末制导。其构造与**舰舰导弹**、**空舰导弹**、**岸舰导弹**等**反舰导弹**基本相同，不同之处在于其水下发射方式和水下运动方式。

美国“捕鲸叉”潜舰导弹水下发射

潜舰导弹水下发射一般采用3种发射方式：①鱼雷管发射方式。如法国的SM.39“飞鱼”导弹，是通过常规的鱼雷管和气压投射系统从鱼雷管射出。这种方式利用潜艇原有的鱼雷发射装置，投资少，费用低，但潜艇携带导弹的数量不多。②垂直发射方式。如美国的BGM-109E“战斧”导弹，发射时，固体火药气体发生器产生的气体把导弹垂直推出潜艇。③发射箱发射方式。如苏联的SS-N-7导弹，发射时首先打开发射箱密封盖，点火后导弹射出。根据发射箱内有无海水，潜舰导弹水下发射分湿、干两种方式。

潜舰导弹在水下通常有两种运动方式。①弹器运动方式。即装载导弹的运载器连同导弹一起在水下运动。运载器分有动力和无动力两种。②裸体运动方式。即导弹在水下单独运动。

潜江市 Qianjiang City 中国湖北省直辖县级市。新型石油化工基地和全国农业商品基地之一。位于省境中南部，江汉平原腹地，汉江下游。面积约2 004平方千米。人口95万（2010）。春秋战国时为楚地。秦至唐分属江陵、竟陵两县。北宋乾德三年（965）置潜江县。1988年撤县设市。矿产有石油、天然气、卤水、岩盐、石膏等。有全国十大油田之一的江汉油田。工业有化工、轻纺、服装、冶金、机械等。农业以水稻、小麦、大豆、棉花、油菜、蔬菜和生猪、牛、家禽、水产养殖等为主。名胜古迹有离宫章华台遗址、三国时代名城华容城故地等。

潜科学 potential science 尚未成熟、处于潜在形态的科学。与已经成熟并被公认的显科学相对。包括孕育中的科学思想和待显阶段的科技成果两个方面。特征是：①不确定性。在潜科学阶段，所表达的语言、思想、结论、模型等都显示出模糊性、不严格性。②反常性。潜科学思想常向传统的概念、观念、定理、定律、结论、方法等提出挑战，往往孕育出新的概念、新的学说、新的学科。③创造性。它运用多种创造性技法，进行创造性思维和想象，从事纵横交错的创造性活动，时而获得创造性的成果。④艰巨性。来自社会条件的制约等原因，孕育中的科学思想、待显阶段的科技成果，往往受到科学规范的排斥、传统观念的指责。科学的发展是在潜科学和显科学互相影响、交替作用下前进的。研究潜科学有利于探索和认识科学发展规律，创建新学科，涌现原创性成果，发现和培育科学人才。

潜口民宅 civil houses at Qiankou 中国明代民居建筑。位于安徽省黄山市徽州区潜口紫霞峰南麓。包括民居5幢、祠堂3幢、路亭1座、石牌坊1座、单孔石桥1座。原分散在潜口村和其他村庄，1984年开始按原貌拆迁集中于今处。它们反映了明清时期皖南地区不同民间建筑的风貌，有些还保存了宋、元建筑的特色，有重要的历史、科学和艺术价值。1988年国务院公布为全国重点文物保护单位。在这批建筑中，吴建华宅为典型的砖木结构民用楼房，部分构件和做法保留了明代早期的建筑风格。司谏第是家祠，建于明弘治八年（1495）。为厅堂建筑，棱柱、斗栱等有精美雕刻。斗栱如流云飞卷，表现了明代建筑做法，又保存了浓厚的宋元建筑特色，在江南明代建筑中较为罕见。曹门厅建于明嘉靖年间，尚存门厅和两廊，部分构件上沿袭了宋、元建筑的“禅宗样”古法。善化亭建于明嘉靖三十年（1551），是徽州地区现存年代较早的敞亭建筑。此外，普通农民住宅方观田宅和苏雪痕宅，支祠厅乐善堂，以及富有人家住宅方文泰宅，均为明代中期建筑，也各具特色。

潜热 latent heat 物质相变过程中，在维持温度恒定不变情况下吸收（或放出）的热量。一级相变（见**相和相变**）像汽化、凝结、熔解、凝固、升华和凝华等的基本特征之一是有相变潜热。所以称之为潜热，是因为在这些相变过程中的热效应是在不改变系统温度的情况下悄然进行的。相变潜热的常用单位是焦/千克或千焦/摩。在一定温度下单位质量物质从液态（β）变成气态（α）时所吸收的热量称为汽化（潜）热$l_{\alpha\beta}$，逆过程的热效应称作凝结（潜）热。显然，相同温度下同一种物质的凝结热在数值上等于汽化热。一定温度下单位质量物质从固态（γ）变成液态时所吸收的热量称为熔解（潜）热$l_{\beta\gamma}$，逆过程的热效应称作凝固（潜）热。在一定温度下单位质量物质从固态变成气态时所吸收的热量称为升华（潜）热$l_{\alpha\gamma}$；逆过程的热效应称作凝华（潜）热。由**热力学**可得，上面的三种潜热之间有一个简单的关系：$l_{\alpha\gamma}=l_{\alpha\beta}+l_{\beta\gamma}$。

潜山县 Qianshan County 中国安徽省安庆市辖县。位于省境西南，大别山东南麓。面积1 686平方千米。人口50万（2010）。周为皖国，汉为皖县，元置潜山县。地形以山地、丘陵为主。属亚热带湿润性季风气候。农作物有水稻、小麦和油菜等。矿藏有金红石、大理石、水晶、石棉等。工业有机械、电力、化工、纺织、印刷、食品、建材、陶瓷等。地处皖西南中心，濒临长江黄金水道。105、318国道，合九铁路、沪蓉高速公路贯穿县境。名胜有薛家岗新石器时代遗址、太平塔、舒王塔、天柱山、禅宗三祖寺等。

《潜书》 中国清初思想家唐甄所著的政治和哲学著作。原名《衡书》，署名唐大陶。分为上下两编：言学者系于上编，凡50编；言治者系于下编，凡47编。

《潜书》认为秦以后的历代皇帝都是贼，极力强调民众在国家和政治中的地位和作用，对民众的疾苦给予了一定的同情，提出了一系列有关富民、养民、保民的政治主张和措施。在学术思想方面，书中强调为民的功利主义，反对宋明理学家空谈心性、不务实际的治学态度，认为儒学的可贵之处就在于讲“定乱、除暴、安百姓”。在哲学思想上，尊崇孟轲的主观唯心主义，认为仁义礼智之“四德”，乃“我所自有，非由外铄”。《潜书》还尊崇王守仁“致良知”之学，认为“良知”既要自修，又要扩充出去、“达于天下”。

潜水 phreatic water 地表以下第一个稳定隔水层之上含水层中的**地下水**（见图）。潜

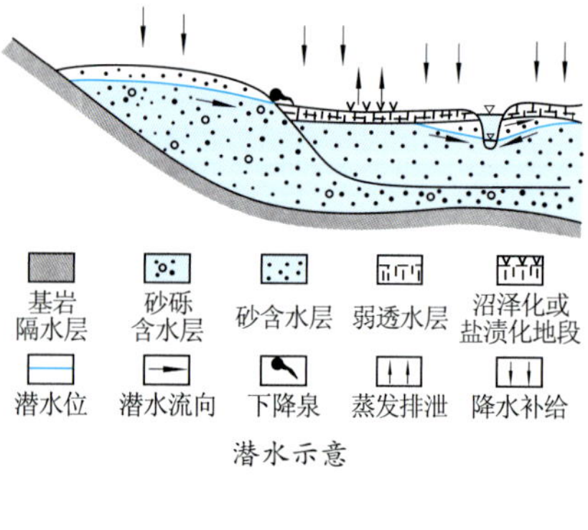

潜水示意

水含水层表面为自由水面，称为潜水面。从潜水面到隔水底板的距离是潜水含水层厚度。潜水面离地面的距离为潜水埋藏深度。潜水在其分布范围内，通过**包气带**接受大气降水或地表水的补给。潜水在重力作用下由水位高处向水位低处流动，最终以**泉**或渗出等方式排泄于地表或地表水体中。另一种排泄方式是在太阳热能影响下，以蒸发及植物叶面散发经由包气带泄入大气。

潜水受气候影响明显。丰水季节，潜水接受降雨补给，潜水面上升。干旱季节，补给减少而排泄继续进行，蒸发加强，潜水面下降。因此，潜水的动态变化大，它积极参与**水循环**，资源容易补充恢复。潜水一般情况下为淡水。但在干旱气候下，地形低平处，蒸发强烈，径流微弱，可形成咸水甚至卤水。潜水与土壤植被关系密切。潜水埋藏过浅时，毛细管饱和带接近地面，造成土壤沼泽化。干旱地区由于强烈蒸发，盐分随毛细管水上升，还会导致土壤盐渍化。潜水含水层是理想的供水水源，但因潜水上部没有隔水层，水质易受污染，需要注意卫生防护。

潜水技术 diving technology 供人员和机具潜入水下环境的专门装备和操作方法。是海洋开发利用以及打捞、救助、观测的重要辅助手段。现代海洋潜水技术分为有人潜水和无人潜水两大类。

有人潜水 潜水员直接和海水接触，暴露在高压环境中，潜水结束后要按照不同下潜深度和逗留时间进行减压，称为直接潜水（又称高压潜水）；潜水员在耐压容器内，不与海水直接接触，容器内保持正常大气压（一个大气压），称为间接潜水，又称大气压潜水或常压潜水。

直接潜水时，潜水员暴露在水下高压环境中，每下潜10米水深约增加一个大气压，必须呼吸有相应压力的混合气体。供气装具有水面供气式（又称重潜水）和自携式（又称轻潜水）两种。水面供气式潜水由水面通过软管向潜水员输送呼吸气体。随下潜深度增加，输送的呼吸气体成分不同，有氧气、压缩空气、氦-氧或氦-氮-氧混合气体。自携式潜水是指潜水员自己携带呼吸气体下潜。潜水员在水下能自由活动，作业范围广，并能和潜水钟式潜水器等配合使用，是现代潜水技术中的主要潜水方式。一般用提供氦-氧或氧气的潜水装具。

无人潜水 依靠遥控操作的无人潜水器在水下执行观察和作业任务，操作人员不直接进入水下。无人潜水器有多方向的推进器、水下姿态控制系统、水下照明、电视摄像系统和机械手等装置。

潜水器 submersible 具有水下观察和作业能力的潜水运载器。现代潜水器自带推进动力装备和水下观察设备，既能在水面行驶，又能在水下独立工作。主要用于水下考察、海底勘探和开发、打捞、救生等。1930年美国研制出潜水球，用的是钢缆吊放下潜，既不便操纵，又有危险。1946～1948年瑞士A.**皮卡德**研制出第一艘深潜水器“弗恩斯”号，于1954年2月在大西洋下潜至4 000米。1953年皮卡德研制的第二艘带有小型电力推进器的“的里雅斯特”号潜水器，于1960年在太平洋**马里亚纳海沟**下潜到1万多米深处，创造了世界潜水最深纪录。从60年代起，潜水器不断改进和完善，普遍装有机械手、仪器设备，扩大观测窗口。1969年美国建造的核动力潜水器“NR-1”号，重达400吨，水下自持力可达45天。70年代中期，出现了无脐带无人潜水器，并研究了无人无缆自航潜水器。潜水器的应用，对海洋基础学科的研究和海洋开发有重大作用。

潜水摄影 underwater photography 摄影类型的一种。使用专业水下照相机在水下进行拍照。又称水下摄影、水中摄影。

潜水医学 diving medicine 研究和解决潜水作业过程中各种医学问题的学科。又称水下医学。主要研究人在水下和高气压环境中以及劳动作业时的生理反应和病理变化，潜水疾病的防治，潜水作业中的卫生学要求和医学保障技术措施，还要根据人在水下作业时的生理卫生特点，为潜水装具和装备的研制提出人-机-环境系统的设计要求，并进行医学生理学鉴定评价等。

潜台词 subtext 戏剧术语。潜藏在台词下面的人物的思想、愿望和目的，是台词的真实含意。K.S.**斯坦尼斯拉夫斯基**说，潜台词“是角色的并不明显但在内心感觉得到的‘人的精神生活’，它在台词字面底下不断流动着，随时都给予台词以根据，赋予台词以生命”。潜台词是人物在行动过程中真实的内心表现，是表现人物形象的灵魂。潜台词存在于一切台词之中。当人物采取直接的方式表达思想感情时，台词与潜台词是一致的。当人物采取曲折的方式表达思想情感时话就有了弦外之音、言外之意。

潜艇 submarine 能潜入水下活动和作战的舰艇。潜水艇的简称。用于攻击大、中型水面舰船和潜艇，袭击陆上重要目标，实施核突击和发挥核威慑作用，以及布雷、侦察、救援和遣送特种人员上陆等。可单独或与其他兵力协同，完成战略、战役和战术任务。

1620年，荷兰人C.德雷布尔建成一艘潜水船，被认为是潜艇的雏形。美国1954年9月建成世界上第一艘核动力潜艇“鹦鹉螺”号，1959年又建成核动力战略导弹潜艇“乔治·华盛顿”号。

分类与特点 按作战使命，分为战略导弹潜艇、攻击潜艇和担负特殊任务的特种潜艇；按动力，分为核动力潜艇和常规动力潜艇；按排水量，分为大型（2 000吨以上）潜艇、中型（600～2 000吨）潜艇、小型（100～600吨）潜艇和袖珍（100吨以下）潜艇等。潜艇具有良好的隐蔽性，能在水层掩护下进行隐蔽活动和对敌实施突然袭击；有较大的自给力、续航力和作战半径，可远离基地，在较长时间和较大海区实施独立作战；有较强的突击威力，能在水下发射导弹、鱼雷和布设水雷，攻击海上和陆上目标；自卫能力差，水下通信联络困难，探测设备作用距离较近，观察与掌握敌情受限制；常规动力潜艇水下航速较低，除少数采用不依赖空气动力潜艇外，多数潜艇通气管航行状态时易于暴露。

构成 由艇体、动力装置、作战系统、操纵系统和生存保障系统等组成。艇体又称艇壳，分内壳和外壳。内壳是耐压艇体，用于承受外部海水压力。外壳是非耐压艇体，包围内壳并构成良好的潜艇外形。内壳、外壳间布置压载水舱、燃油舱和管路。耐压艇体内通常分隔成3～8个密封舱室，布置各种装置、系统、设备及操纵指挥设备等。分为核动力装置或常规动力装置。核动力装置主要由核反应堆、蒸汽发生器、循环水泵和蒸汽轮机等组成。常规动力装置分柴油机-电机动力装置和新发展的潜用不依赖空气动力装置。作战系统主要由指挥控制系统、武器装备、探测设备、导航设备和通信设备等组成。指挥控制系统是作战系统的中枢，将作战系统的设备和分系统综合成一个有机整体，实现自动化指挥功能。武器装备主要有**弹道导弹**、**巡航导**

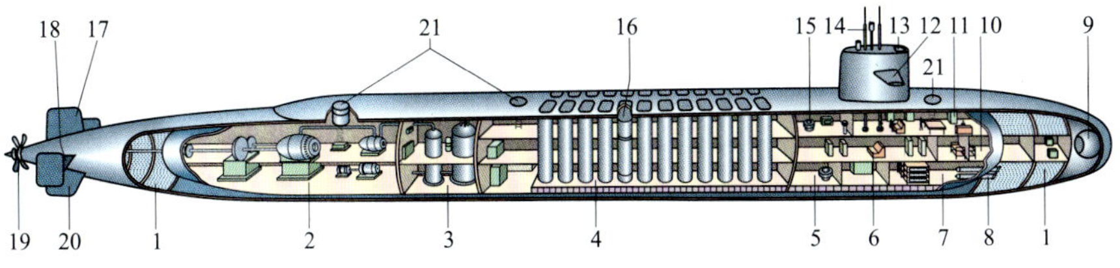

核动力战略导弹潜艇构成示意图

1 主压载水舱 2 主辅动力机舱 3 核反应堆舱 4 导弹舱 5 蓄电池室 6 导弹控制中心 7 鱼雷舱 8 鱼雷发射装置 9 声呐换能器球形基阵 10 居住舱 11 指挥操纵中心 12 艇首升降舵 13 指挥室围壳 14 升降装置 15 导航中心 16 战略导弹 17 垂直尾翼 18 水平尾翼 19 螺旋桨 20 方向舵 21 出入口

弹、反潜导弹、鱼雷、水雷等武器及其控制系统和发射装置。探测设备主要有声呐、雷达和潜望镜等。导航设备包括惯性导航和无线电、天文、卫星导航等设备。通信设备主要有短波、超短波收发信机和甚长波收信机，以及卫星通信和水声通信等设备。操纵系统主要包括潜浮系统、均衡系统、方向舵、升降舵及操纵装置等。生存保障系统包括救生设备和供艇员生活所需的设施等。

潜艇战 submarine warfare 使用潜艇兵力在海洋战区进行的作战。海军海上主要作战样式之一。目的是实施战略威慑，打击敌岸上重要战略目标；袭击敌方在海洋上航行或在基地、港口内的大、中型战斗舰艇或舰船编队；破坏敌海上交通线，削弱对方战争潜力。

主要任务 袭击敌方陆上重要目标，进行核威慑或实施核突击；袭击敌方海上作战舰艇编队，夺取和控制作战海区制海权；攻击敌方护航运输编队，破坏敌海上交通运输线；实施反潜作战，消灭、驱除敌方潜艇，以及实施攻势布雷和遣送特种人员上陆等，保障己方兵力作战行动。

战法 潜艇袭击陆上目标，通常由战略导弹潜艇使用潜地弹道导弹，或攻击潜艇使用潜地巡航导弹实施。潜艇预先展开在有利发射区域隐蔽待机，按岸上指挥所指令发射导弹，攻击指定目标。对水面舰船攻击，通常使用攻击型潜艇，采取阵地

潜艇水面发射反舰导弹

伏击、区域游猎或引导截击等战法，预先展开在敌方舰船经过海域隐蔽待机，待敌通过时对其实施导弹、鱼雷或水雷攻击。对潜艇的攻击，通常由具有反潜能力的攻击型潜艇，采取伏击、游猎或跟踪监视等方法进行。

特点 随着军事技术的不断发展，潜艇的水下生存能力、机动能力和攻击能力不断提高，潜艇作战使用更加广泛，潜艇战地位进一步提高；信息技术在军事领域的发展与应用，使潜艇战方法更加灵活、多样，更便于实施作战指挥与协同。

潜望镜 periscope 可使观察者在隐蔽位置观察不直接在视线内的目标的光学仪器。一般由上、下反射镜（或棱镜）与有一定放大率的望远镜系统构成。仪器上端镜筒水平轴线与下端出射光瞳中心间的距离称为仪器的潜望高。潜望镜多采用透镜组转像。为减小镜管直径，还常在中间加一场镜集光。潜望镜可安全隐蔽实施观察，亦可作方位角、高低角及距离测量。

潜望镜按在军事上的用途分为步兵、炮兵、坦克和潜艇潜望镜：①步兵潜望镜。多为小型，放大率为4～8倍，潜望高0.4～0.55米，手持或架设于三脚架上。②炮兵潜望镜。主要用于炮兵指挥所，放大率在10倍以上，潜望高2～4.5米。③坦克潜望镜。常采用不具放大作用的观察系统，或与有一定放大率的望远镜系统交替使用，潜望高0.2～0.4米。④潜艇潜望镜。是复杂的大型仪器，潜望高达十几米，有升降及俯仰观察装置，仪器可精确测定目标的方位和距离，还可根据星体的方位和高度确定潜艇自身的位置进行天文导航。由于现代光纤传像技术的发展，已出现软型潜望镜。它用传像光纤把物体经物镜所成的像传输到目镜前焦面上。光纤可随意弯曲，还可把像转为正立的，适用于某些特定场合。

潜意识 nonconscious 精神分析学说的概念。又称无意识。指被压抑的、当时知觉不到的本能欲望和经验，处于人的心理结构的深层。

潜蝇 Agromyzidae; leaf-miner fly 双翅目潜蝇科昆虫的统称。全世界已知约2 500种，除极地外，各大动物地理区均有分布。中国已知约140种。微小至小型种类，成虫体长1.5～4.0毫米，黑色或黄色具深色斑纹，部分种类具有蓝、绿或铜色金属光泽。头部具鬃。触角较短，第3节几呈圆形，其末端一般钝圆，少数类群具刺状或角状突出；触角芒裸或呈短毛型。翅透明，一般无斑纹。腹部通常为椭圆形，雄性可见5个腹节，雌性可见6个腹节。幼虫蛆状，长3～5毫米。

潜蝇以蛹在土中越冬。完成1代所需的时间和一年发生的代数随地区、温度和寄主的不同而变化。幼虫植食性，其中多数潜叶，部分蛀茎、蛀根或作瘿，潜食植物组织，形成隧道，致使叶片大量脱落和植株枯死。

已被许多国家和地区列入严防传入的有害生物名单中。

潜泳 underwater swimming 身体在水下游进的一种实用的游泳方式。潜泳有潜深和潜远，使用器材和不使用器材的区别。潜泳是在水压加大、长时间屏气和剧烈肌肉动作的条件下进行。科学实验证明，水下每深10米会增加1个大气压，同时深吸气时屏气会增大肺的内压，阻碍肺的血液循环，因而回心血液减少。所以在没有供氧装备的条件下进行潜泳，不能停留过久，否则可能会引起神经系统机能失调和头晕现象，甚至会失去知觉，发生生命危险。潜泳的姿势很多，但以蛙式游进最普遍。潜泳包括实用潜泳和竞速潜水两种：①实用潜泳时，特别要注意安全，尤其是水混浊时，潜泳在生产、军事以及救护溺者等方面都有较大的实用价值。②竞速潜水，在国际上统称蹼泳。在现代的蹼泳比赛中设有50米屏气潜泳的竞赛项目，运动员脚穿脚蹼，前进的动力主要来自腿打水。

潜鱼 Carapinae; pearlfish 鳕形目蛇鳚亚目潜鱼亚科鱼类的统称。因多潜生于海参类体内而得名。世界有4属约26种，分别为：①鳗潜鱼属。产于太平洋及印度洋热带。有4种。中国的台湾省产宽臂鳗潜鱼、细鳗潜鱼与蚓鳗潜鱼。②潜鱼属。产于太平洋、大西洋、印度洋热带。约有15种。南海有细扁潜鱼、细尾潜鱼、大牙潜鱼及长臂潜鱼等5种。③犬牙潜鱼属。约有4～5种。生于太平洋、大西洋和印度洋。④扁牙潜鱼属。寄生于印度洋到菲律宾、斐济等浅海贝类体内。至少有2种。中国尚无记载。

黔东南苗族侗族自治州 Qiandongnan Miao-Dong Autonomous Prefecture 中国贵州省辖自治州。位于贵州省东南部，东与湖南省为邻，南与广西壮族自治区相连。辖凯里市和黄平、施秉、三穗、镇远、岑巩、天柱、锦屏、剑河、台江、黎平、榕江、从江、雷山、麻江、丹寨15县。面积30 339平方千米。人口348万（2010），有苗、侗、汉、布依、壮、瑶、土家、水等20多个世居民族。其中苗族和侗族人口占60%以上。1956年撤销镇远专区，设置黔东南苗族侗族自治州。自治州人民政府驻凯里市。全州以中山山地为主体，次为丘陵和盆地。以中亚热带湿润性季风型气候为主，局部属北亚热带湿润性季风型气候。温暖湿润，冬无严寒，夏无酷暑，降水充沛，四季分明，无霜期较长。矿产资源有汞、铝土矿、铅锌矿、磷、煤、锑等。农业主产水稻、玉米和油菜子、烤烟、豆类、水果、茶叶等。工业以电力、采矿、有色金属、黑色金属、煤炭、化工、木材、电子等为主。名胜古迹主要有云台山自然风景区、黎平八舟河风景区、雷公山自然保护区、天柱金凤山溶洞、重安江景区、黄平浪洞温泉和镇远历史文化名城、古思州文化遗址群、侗族鼓楼、黎平会议旧址等。

黔南布依族苗族自治州 Qiannan Buyei-Miao Autonomous Prefecture 中国贵州省辖自治州。位于省境中南部，南界广西壮族自治区。面积26 195平方千米。人口323

万(2010)，聚居着汉、布依、苗、水、瑶、毛南等37个民族，少数民族占总人口的57%。自治州人民政府驻都匀市。辖都匀市、福泉市和荔波县、贵定县、瓮安县、独山县、平塘县、罗甸县、长顺县、龙里县、惠水县及三都水族自治县。1949年分属独山专区、贵阳专区。1952年独山专区改为都匀专区，贵阳专区改为贵定专区。1956年撤销都匀、贵定二专区，设立黔南布依族苗族自治州。

属典型的亚热带湿润性季风气候，温和湿润，降水充沛。矿产资源有磷、煤、锑、汞、金、锌、硅、绿辉岩和水晶、大理石等。其中磷矿储量超过10亿吨，是全国特大型磷矿之一。农业盛产水稻、玉米、小麦和烤烟、油菜子、麻类、茶叶、魔芋、中药材等。特产黑糯米和都匀毛尖茶、贵定云雾茶、瓮安青山茶、罗甸上隆大叶茶等。工业以磷化工、煤炭、电力、冶金、建材、医药和汽车修配、粮油和饲料加工等为主。名胜古迹有国家级荔波樟江风景名胜区、茂兰喀斯特原始森林自然保护区和龙里猴子沟、福泉洒金谷、燕子洞、福泉古城垣等。

黔首 中国战国和秦汉时期对百姓的称呼。战国时期，黔首之称已经广泛使用，含义与当时常见的“民”、“庶民”同。

秦始皇二十六年（前221）下令“更名民曰‘黔首’”。这是秦统一中国后更定名物制度的内容之一。黔，黑色。秦诏令称百姓为“黔首”，是由于秦为水德，水德尚黑。因黔与黎同义，故秦始皇二十八年泰山刻石用“黎民”、三十二年碣石石刻也用“黎庶”称谓百姓。而“黔首”一词作为“民”的通称，在汉代以后也继续使用。

黔西南布依族苗族自治州 Qianxinan Buyei-Miao Autonomous Prefecture 中国贵州省辖自治州。位于黔西南，西连云南省，南邻广西壮族自治区。辖兴义市和兴仁县、普安县、晴隆县、贞丰县、望谟县、册亨县、安龙县。面积16 805平方千米。人口281万(2010)，有布依、苗、汉、彝、回、黎、仡佬等33个民族，少数民族人口约占总人口的40%。自治州人民政府驻兴义市。1949年设兴仁专区，1952年改为兴义专区。1982年撤销兴义专区，成立黔西南布依族苗族自治州。地处黔中高原向广西丘陵山地过渡地带，地形以丘陵为主。属中亚热带与南亚热带气候过渡地带，气候温和湿润，降水充沛，雨热同季，立体差异明显。矿产资源有煤、金、铊、锑、萤石、大理石等。红铊矿储量居全国之首。农业主产水稻、玉米、小麦、油菜子、花生、烤烟、早熟蔬菜、水果、茶叶、生姜等。工业以煤炭、电力、黄金、医药、卷烟、建材、酿造、食品、饮料等为主。名胜古迹有国家级马岭河峡谷－万峰湖风景名胜区，省级安龙招堤、鲁布革峡谷、兴义泥凼石林、贞丰三岔河等风景名胜区，兴义猫猫洞旧石器时代遗址等。

鲁布革峡谷风光

浅海海流 current in shallow water 浅海中除潮流之外的规模较大的非周期性流动。通常把浅于200米的海域称为浅海。因此，浅海海流又称陆架流。浅海上持续刮风，海水的密度分布不均，降水或大陆径流的影响，都能形成浅海海流。此外，有的浅海海流是深海海流进入浅海的分支。中国从20世纪50年代起，开始系统地研究中国沿海的浅海海流，70年代后发展了浅海海流的数值计算。浅海海流在本质上与深海海流没有区别，研究方法和运动方程基本上相同，但底摩擦效应对海流的影响，季风、大陆径流等季节性变化因子的影响，地形的影响，以及海流规模等，都有别于深海海流。

浅沼稻次郎 Asanuma Inejirō (1898-12-27～1960-10-12) 日本社会党领导人。生于东京都三宅岛，卒于东京。在早稻田大学读书时，加入建设者同盟，参加学生运动。毕业后参加工人运动和农民运动。1925年12月成立农民劳动党，任书记长，但当天就被勒令解散。1926年3月，任劳动农民党组织部长。同年12月，参与组织日本劳农党，任中央执行委员兼组织部部长。1936年起9次当选为众议院议员。日本战败投降后，致力于日本社会党的创建工作，任该党组织委员长。1947年曾任众议院运营委员长。1948年当选为社会党书记长，同年当选东京都议会议员，后任副议长。1951年社会党分裂后，任右派社会党书记长。1955年两派社会党统一后，仍任书记长，努力调解党内各派斗争。1960年3月，当选为社会党委员长，积极领导反对《日美安全保障条约》的斗争。1957年4月和1959年3月，两次率领社会党代表团访问中国，为促进中日友好和两国关系正常化作出了贡献。1960年10月12日在东京日比谷公会堂发表演说时，被右翼分子刺杀。

遣唐使 imperial embassies to Tang Dynasty 中国唐代时日本派赴中国的使节团。唐朝代隋以后，日本沿袭遣使入隋的旧制，继续派出遣唐使。630年第一次遣使，最后一次在838年。894年又准备派遣，但未成行。从630～894年260余年间，正式的遣唐使计有12次。使团官员是正使、副使、判官、录事。成员有主神、阴阳师、医师、画师、乐师、译语、史生，以及各行工匠。随行有长期居留的留学僧、留学生和短期入唐、将随使团回国的还学僧、还学生。初期使团共200余人，乘船2艘，以后增为4艘，人数增至500余人。

遣唐使的目的在于向中国学习，吸取唐朝文化，因而很重视使团人员的选拔。如高向玄理、吉备真备曾长期在中国留学；不少成员是文章博士。随行的留学生，如阿倍仲麻吕（晁衡）与诗人李白、王维结下深厚友谊，归航受阻，留唐官至秘书监。桔逸势被唐人目为秀才。遣唐使大量输入中国经史子集各类典籍，中国文化风靡日本封建社会上层，渗透到思想、文学、艺术、风俗习惯等各个方面。正仓院所藏大量唐代文物，是遣唐使输入的中国物质文化。

入唐僧人在中国巡礼名山，求师问法，带回大量佛经、佛像、佛具等，同时传入与佛教相关联的绘画、雕刻等。对促进日

日本空海和尚搭乘遣唐使船到中国（绘画）

本文化的发展起了作用。最澄、空海分别创立了日本的天台宗和真言宗，并且仿效唐朝，开创了日本佛教在山岳建寺的风气。

遣唐使回日，唐朝有时派遣送使同去。由于航行艰险，他们往往居留下来，归化日本。如沈惟岳、袁晋卿等，都在日本朝廷任职。唐朝僧人也有随遣唐使赴日的，最有名的是东渡传授戒律的**鉴真**。日本派遣唐使，由于负担沉重和航行艰险，在9世纪停止，但中日文化交流仍在继续。

谴责小说 condemnatory novel 中国近代小说流派。以揭露、讥讽清末政治腐败、社会黑暗为主要特征。出现于1903年后，并迅速扩展，成为清末最兴盛的小说流派，余波延及民初。**鲁迅**在《**中国小说史略**》概括这类小说的特点是“揭发伏藏，显其弊恶，而于时政，严加纠弹，或更扩充，并及风俗”，而“辞气浮露，笔无藏锋”，有别于古代讽刺小说，故称之为“谴责小说”。

戊戌变法失败，随后八国联军侵华，清王朝的腐朽暴露无遗，这是谴责小说产生的社会原因。谴责小说又是小说变革的产物。**梁启超**发起小说界革命后，作家广泛接受他的以小说来“改良群治”的主张。先后出现了**李宝嘉**的《**官场现形记**》、**吴沃尧**的《**二十年目睹之怪现状**》、**刘鹗**的《**老残游记**》、**曾朴**的《**孽海花**》，合称清末四大谴责小说，皆以写官场为主。在它们的影响下，同类小说大量涌现。

谴责小说从官僚系统及商界、名士、外交等多个侧面暴露了清末社会的腐朽、污浊、黑暗，反映社会面之广阔为此前小说所未有。但谴责小说作家大多倾向改良社会，而不赞成革命，却又提不出什么治世药方。谴责小说处于近代新小说起步阶段，艺术上尚不成熟。

芡实 *Euryale ferox*; gordon euryale **睡莲科**芡属的一种。多年生水生大型浮叶草本植物。又称鸡头米。一般作一年生栽培。原产中国和东南亚。中国自古栽培，分布于淮河流域以南湖塘滩地。

须根，较长。茎短缩，组织呈海绵状。叶着生于短缩茎上，紫色。花梗从短缩茎叶腋中抽生，顶端着生一朵紫或白色大花，自花授粉。假果，圆球形或长圆形。种子圆球形，外被假种皮，乳白色伴红斑纹。喜温暖，不耐寒，温度15℃以下生长停滞。喜充足光照。要求深20～30厘米（苗期）和70～90厘米的水层以及水下土层深厚、富含有机质。芡实有刺芡和苏州芡实两个变种。用种子繁殖。只有在无霜期内才能生长、开花结果。

芡米富含蛋白质、碳水化合物、磷等营养物质，并具有益肾固精、去湿止泻、收敛、镇静等保健功效。可煮食，作配菜、汤料。茎、根富含淀粉。

茜草科 Rubiaceae; madder family 双子叶植物纲菊亚纲的一科。约500属6 000余种，广布于热带和亚热带地区，少数草本延伸至寒带。中国约70属近600种，主要产于东南部和西南部。多为木本，少数为草本。叶对生，很少3枚轮生，通常全缘，具托叶。花两性，合瓣，5～4基数，有等基数的雄蕊，萼管与子房合生，萼檐呈各种形状，全缘，齿裂或其中1枚裂片特大而成叶状；花冠形状多种，冠檐裂片整齐或二唇形；子房下位，极少半下位，1至多室。果实类型很多。

茜草科的**乌檀**木材橙黄色，为良好的建筑及家具用材；树皮有苦味，含黄酮苷生物碱，供药用。风箱树全株入药，有清热消毒之效。白花蛇舌草全株含三十一烷、豆甾醇等成分，有抗肿瘤、消炎、止痛之效。蛇根草全株含有吲哚类生物碱哈尔满、无羁萜等成分，全草入药。龙船花花鲜红、艳丽，花期长，常栽培供观赏；药用有止痛、行气、活血之效。鸡屎藤全株入药，含有鸡屎藤苷和车叶草苷等成分；茎皮是造纸和人造棉的原料。茜草（又称红丝线）含有茜素，是一种高级红色染料，也是一种名贵的绘画颜料。

嵌金铜犀尊 Rhinocero-shaped Bronze Zun with Gold Inlay 中国战国晚期至西汉初青铜器。1963年出土于陕西省兴平县（现为市）豆马村。器高34.4厘米，长57.8厘米，重13.3千克。现藏中国国家博物馆。嵌金铜

犀尊为写实的犀牛形象，头部有双角，耳小；足为三瓣蹄；眼睛以蓝料镶嵌，闪烁有光；尾夹于股间。犀牛头部右侧口边有细管状的流，器口开于背部，椭圆形，上覆素面活动铜盖。犀牛躯体不同部位施加各类花纹，以形成相异的质感。犀身主要部分遍饰精细的嵌金流云纹，华美的纹饰既具有很强的装饰效果，又有助于表现犀皮粗糙厚重的质感，使纹饰与造型得到完美的结合。与商代的小臣艅犀尊相比，明显表现出战国时期艺术工匠在写实能力方面的进步。

羌 Qiang Tribe 中国西部民族名。殷商甲骨文中出现“羌”、“羌方”名，为商西方强邻，多次被征伐，臣服于商。先秦典籍也记载有“羌”，且多与“**氐**”连称。商末，周人兴起于今陕西西部，与羌族姜氏世为婚姻，羌、姜二字古代相通。羌人参加了周武王灭商纣的战争。西周建立后，姜氏贵族多封为异姓诸侯，立国于内地，较早融入华夏。

留存在西部的大量羌人，主要居于河湟地区，以游牧为生。氏族无定，或以父名母姓为种号。至汉武帝时，欲隔绝羌、胡（匈奴）交通，筑令居塞，开河西四郡，始设置护羌校尉。羌人自湟中稍西徙至西海（今

汉朝授予羌族首领的“汉归义羌长”铜印
（新疆沙雅于什格提出土）

青海湖）、盐池。而远在今新疆天山以南也多有羌部，如婼羌、葱茈羌、白马、黄牛羌等。王莽辅政后，调令诸羌献西海之地，遂于今青海湖东北置西海郡。东汉建立后，复置护羌校尉，以统羌人，且因羌人反抗而多徙入关陇之地。

魏晋时，羌人继续内迁，广布于秦、凉、雍、益四州。曹魏、西晋仍置护羌校尉以统之。杂居于关陇的羌人部分已为编户，备受奴役，多次举行起义。南北朝时，秦陇羌人进一步与汉族融合。而今四川西北、甘肃东南的邓至羌、宕昌羌一度称雄，最终为西魏、北周所灭，分置宕州和邓州。

秦陇羌民于唐初最后融入汉族。在今青海、甘南和四川西北等地大部分羌人，史籍则统称为“党项羌”。唐贞观末至永隆初（约648～680），由于吐蕃的侵逼，部分党项羌陆续迁入今陕西北部、宁夏及甘肃东部。唐末，党项拓跋部崛起，据夏州等地，为唐藩镇之一。北宋宝元元年（1038），拓跋氏正式建立西夏政权。

余留在今四川西北、青海南部及甘南的诸羌部，大多为吐蕃所征服，一部分融入藏族之中。仅有今岷江上游一带的**羌族**绵延下来，历经唐宋所置羁縻府州、元明所置土司的统治。至清乾隆时，改土官为流官，经济有缓慢发展。1949年中华人民共和国建立后，于此地设置茂汶羌族自治县（今析置茂县、汶川县、理县），其余散居于四川松潘等地。

羌活 *Notopterygium incisum*; incised notopterygium **伞形科**羌活属的一种。分布于

中国陕西、四川、青海、西藏等省区。多年生草本，高60～120厘米；根状茎粗壮，伸长呈竹节状，根颈部有枯萎叶鞘；茎中空，圆柱形，带紫色。基生叶及茎下部叶有长柄，具叶鞘。叶互生，三出式3回羽状复叶，末回裂片长圆状卵形至披针形，边缘缺刻状浅裂或羽状深裂；茎上部叶简化，无柄，叶鞘膜质抱茎。复伞形花序；伞辐7～18；花多数，两性花，辐射对称；萼齿5，卵状三角形；花瓣5，白色；雄蕊5；心皮2，合生，子房下位，2室；花期7月。双悬果长圆形，背腹稍扁，主棱扩展成翅；果期8～9月。生长在海拔2 000～4 000米林缘及灌丛中。根可入药，称竹节羌或蚕羌，有解表驱风寒、除湿止痛功效。

羌塘高原自然保护区 Qiangtang Plateau Nature Reserve 中国国家级荒漠生态系统自然保护区。1993年建立。位于西藏自治区藏北高原那曲地区的双湖特别区、尼玛县、安多县、班戈县、申扎县和阿里地区

羌塘高原自然保护区的野驴

的改则6县（区）境内。面积24.71万平方千米。主要保护对象是高原荒漠系统以及野牦牛等有蹄类动物。保护区是中国内陆湖泊分布最集中的区域，面积5平方千米以上的湖泊有307个，大于100平方千米的大湖有42个。湖泊总面积21 400平方千米，约分别占西藏和中国湖泊总面积的88%、28%。有藏羚羊、藏原羚、野牦牛、野驴等珍稀动物。许多湖泊里有裸鲤、裸裂尻鱼和高原条鳅等高原特有鱼种。在湖滨滩地或湖心沙洲上有不少珍贵鸟禽品种，如赤麻鸭、棕头鸥、斑头雁、黑颈鹤等。

羌语 Qiang language 属汉藏语系藏缅语族羌语支。分布于中国四川省阿坝藏族羌族自治州茂县、汶川县、理县、黑水县、松潘县等地。分南、北两个方言；南部方言又分7个土语，北部方言分5个土语。北部方言内部差别较小，土语间基本上可以通话；南部方言内部差别较大，土语间通话有困难。羌语各方言土语一般都有40个单辅音，塞音、塞擦音均分清音、清送气音、浊音3套。北部方言复辅音较丰富，南部方言个别地区复辅音已消失。北部方言有丰富的单辅音韵尾和复辅音韵尾，南部方言一般只有50个左右。南部方言有2～6个声调；北部方言无声调，但少数词用轻重音区别词义。主要的语法特点（以南部方言桃坪话为例）：名词后加助词表示复数和指小。量词比较丰富。动词有人称、数、时间、体、态、式、趋向等语法范畴。语序是主语－宾语－谓语。有不少汉语和藏语借词。

羌语支 Qiang branch 属汉藏语系藏缅语族。分南支和北支，南支包括纳木义语、尔苏语、贵琼语、木雅语、史兴语，北支包括羌语、普米语、嘉戎语、尔龚语、拉乌戎语、扎坝语、却隅语。主要分布于中国四川省阿坝、甘孜、凉山3个自治州和云南省的西北部。它是保留汉藏语系语言早期特征较多的一个语支。根据最新研究成果，西夏语也属于羌语支。羌语支语言的主要特点：单辅音声母比较复杂，一般在40个以上；有数量不等的复辅音，多的有300多个；元音有长短、卷舌等特色，部分语言有松紧对立；韵尾基本上已消失。声调比较少，一般在4个以内，声调的区别作用不大，部分语言没有声调。形态、助词和语序是表达语法意义的主要手段。多数语言动词有人称、数、时态、体、态、式、趋向等语法范畴。

羌族 Qiang 中国少数民族。主要分布在四川省西北岷江上游地区。人口306 072（2000）。使用羌语。通用汉文。20世纪90年代，四川省创制了《羌族拼音文字方案》。春秋战国时期，古羌人的一支从甘肃、青海地区迁居于岷江上游，与当地居民融合，逐渐形成今日的羌族。主要经营农业，种植玉米、小麦、青稞和马铃薯，特产雪山大豆。所居山区有珍稀动物大熊猫、金丝猴等。善刺绣、挑花、编织，建筑艺术精湛。民歌与民间故事内容广泛，有神话故事《开天辟地》等。舞蹈以羌族锅庄“跳沙朗”最为流行。男女均穿麻布长衫，外套羊皮长背心，包头巾，缠绑腿。妇女系绣花腰带，穿绣花鞋，喜戴耳环、圈子、簪子、银牌等首饰。以玉米、小麦、大米和马铃薯为主食，喜饮自酿的酒，俗称咂酒。住房为方形或长方形，平顶，墙壁由石片砌成，以三层结构居多。过去住房多为用石块砌成的六角形或八角形的“碉楼”。婚姻行一夫一妻制。丧葬分火葬、土葬和水葬。节日有羌历年、祭山会等。多数人信仰万物有灵的原始宗教。在屋顶上供奉白石为天神。1953年建立了阿坝藏族羌族自治州，并先后与其他民族建立了21个民族乡。

羌族女子

枪族 gun family 使用同一弹药、供弹具和主要活动部件通用的若干种枪的总称。班用枪族一般以突击步枪为基础，采用加长、加重的枪管，配用加大容量的容弹具，安装上两脚架，即可成为机枪；若采用较短枪管，即成为短步枪。枪族既便于生产、供应，又便于训练、使用和维修，战场上还可应急拆配。20世纪50年代，北大西洋公约组织国家统一采用美国T65E3式7.62×51毫米枪弹作为标准的步枪和机枪枪弹。同时，西方一些国家研制出采用重枪管并安装两脚架可以作为轻机枪使用的变型步枪，与原型步枪组成枪族。1959年，苏联研制出由7.62毫米AKM步枪和RPK轻机枪组成的班用枪族。70年代以后，枪族大量涌现，中国也先后研制成功由81式步枪和轻机枪组成的7.62毫米枪族和由95式自动步枪、轻机枪和短自动步枪组成的5.8毫米枪族。

中国95式5.8毫米枪族

腔肠动物门 Coelenterata 传统分类中动物界的一门。体壁中有刺细胞，所以又称刺胞动物门。体呈辐射或两辐射对称，仅具二胚层，是最原始的后生动物之一。分为水螅虫纲、钵水母纲和珊瑚虫纲3纲。约1万种，绝大部分海产。

腔肠动物体壁由外胚层、内胚层和中胶层组成。内胚层围成身体的整个内腔（称为消化循环腔），腔肠一端为口，他端闭塞，无肛门。骨骼主要为外骨骼，具有支持和保护功能。多由几丁质、角质和石灰质构成。在很多珊瑚虫中具有骨针或骨轴，它们存在于中胶层，或突出于体表面。

腔肠动物有无性和有性两种生殖方法，并往往出现在同一种的生活史中，即水螅型世代用无性出芽生殖方式产生水母型世代，而水母型个体脱离母体，长大成熟以后，又以有性生殖方式产生水螅型个体，两个世代互相交替完成整个生活史。

腔肠动物门中的较小种类可作鱼类食饵，海蜇盐渍后成为食品，有些种类可作药用，古珊瑚和现代珊瑚可形成储油层，海边的珊瑚礁可作天然海堤，有些浮游水

母类可作为海流指示生物。但是，有些大型水母（如霞水母、根口水母）在大量出现时，会阻塞或破坏渔网，有的海葵混于渔获物中，人食后中毒致死。

腔静脉阻塞综合征 vena cava obstruction syndrome 腔静脉阻塞引起静脉回流障碍的一组症状。分为2种：①上腔静脉阻塞的病因有肿瘤压迫、纵隔炎症、血栓性静脉炎、缩窄性心包炎等。表现为头、面、颈、上肢和胸部静脉瘀血、水肿和侧支循环形成。②下腔静脉阻塞大部分由血栓形成引起，其次由肾脏恶性肿瘤、肝脏肿大或腹水压迫等引起。下腔静脉上段（肝静脉段）阻塞，即肝静脉回流障碍综合征（又称布德-希阿里二氏综合征），伴有肝大、黄疸、腹水和肝功能障碍；中段（肾静脉开口部）阻塞表现为肾病综合征；下段下腔静脉阻塞表现为两下肢浮肿、下腹和侧腹壁的表浅静脉扩张且血流方向向上。针对病因作相应治疗，为改善症状可采用静脉吻合、人造血管或自体血管移植等外科治疗。

腔上囊 bursa of fabricii 鸟类体液免疫系统B淋巴细胞分化成熟的中枢器官。位于泄殖腔背侧，呈囊状结构。由于被意大利解剖学家H.法布里奇乌斯发现，又称法氏囊。是鸟类特有的结构。

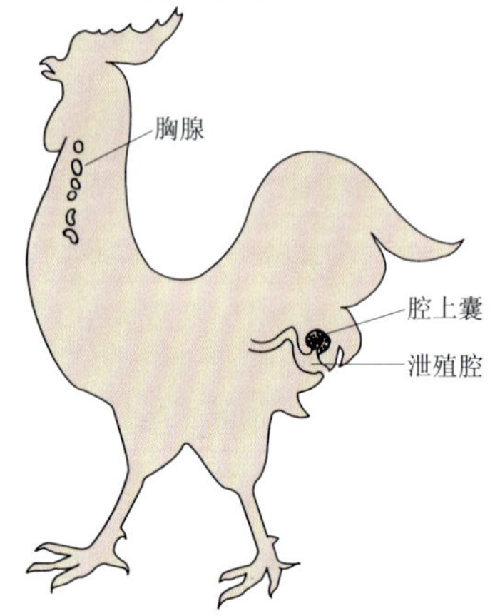

腔上囊的解剖部位

腔上囊以细小导管与泄殖腔肛道相通。各种鸟类腔上囊的形状虽不相同，但基本结构是相同的。腔上囊壁由多皱的黏膜层、薄层平滑肌和浆膜组成。腔上囊组织结构最明显的特点是，黏膜层固有膜中有大量淋巴上皮滤泡和与此相关的黏膜上皮的分化。淋巴上皮滤泡呈梨形，顶部朝向黏膜腔，在固有膜中紧密排列成层，滤泡由皮质和髓质组成；中央为髓质呈椭球形。皮质呈杯状，套在髓质之外。髓质由来源于黏膜上皮、多突起的网状上皮细胞构成网状支架，网眼中填充着淋巴类细胞、巨噬细胞和少量浆细胞、粒细胞。滤泡皮质类同一般淋巴组织，由间充质来源的网状细胞形成支架，淋巴细胞密集。皮质与髓质间淋巴细胞有迁移现象。腔上囊黏膜上皮分化为连滤泡上皮和滤泡间上皮。与滤泡顶部髓质直接相连的上皮叫连滤泡上皮，相邻滤泡间的黏膜上皮叫滤泡间上皮。连滤泡上皮有内吞黏膜腔中的颗粒或液体成分的功能。滤泡间上皮具有分泌黏液的功能。

腔上囊是鸟类最早发生并提供B淋巴细胞的器官。一旦腔上囊淋巴细胞迁出，外周体液免疫功能建立，腔上囊切除对体液免疫反应的影响就会减弱乃至消失。另一方面，腔上囊连滤泡上皮具有内吞功能。并且通过腔上囊途径给予抗原，可以使鸟类获得对特异抗原的免疫能力，这表明腔上囊可能同时具有外周淋巴器官的功能。此外，腔上囊还产生促进B淋巴细胞分化成熟的激素物质，腔上囊因子或腔上囊素。

蜣螂 Scarabaeidae; dung beetle 鞘翅目金龟科昆虫的统称。

《强盗》 *The Robbers*; *Die Räuber* 德国剧作家J.C.F.von席勒的成名剧作。写于1777年，1780年完成。剧中的主人公为贵族青年卡尔，他生性豪放，酷爱自由，其弟弗朗茨则阴险、歹毒。弗朗茨为了达到独吞遗产的目的，在父亲面前对卡尔造谣中伤。卡尔无奈进入绿林为盗，并成了首领。弗朗茨后将老父囚禁林中宝塔。不久，卡尔率领众好汉打回老家，无意中将囚禁在塔内的父亲救出。弗朗茨走投无路，自缢身亡。

席勒在剧中塑造了一个典型的既不满现实却又无可奈何的反叛青年形象，具有相当强烈的现实意义，同时也充分暴露了德国知识分子与生俱来的软弱性格。

在创作上，《强盗》也显示出席勒艺术上的不成熟，属于探索时期的作品。除了人物的矛盾性之外，台词过于冗长、情节有欠合理、细节不够真实、结构松散等均是明显的不足。《强盗》的浪漫主义甚至感伤主义情调极其浓郁。

强度 strength 材料或结构抵抗外力的能力。按所承受外力的作用形式可分为静强度、冲击强度和疲劳强度等。按环境温度可分为常温强度、热（高温）强度或冷（低温）强度等 。材料强度可用屈服强度、强度极限（见材料力学性能）、疲劳极限（见疲劳）等指标度量。结构强度指结构的极限承载能力，不仅同材料强度有关，而且同结构的几何形状、构件配置、外力作用形式等有关。强度问题是工程设计中最重要的问题之一。房屋倒塌，堤坝溃决，飞机、飞船坠毁，高压容器爆破等大都是由于强度不够所致。

强化 reinforcement 以一种刺激物的出现，促使动物对另一种刺激物所引起的反应概率提高，或者效应增强的方法。在I.P.巴甫洛夫的条件反射实验中，让一个原来并不具有特定意义的中性刺激（例如用一个并不能引起流唾液反应的灯光刺激），与无条件刺激（能引起流唾液反应的食物）同时出现，多次以后，它（灯光）便可以引起无条件刺激所能引起的反应（流唾液），因而成为条件刺激，它所引起的反射即条件反射。让无条件刺激在条件刺激之后出现就是强化。强化是条件反射形成的必要手段；在条件反射形成后，强化可以使条件反射得到维持和发展；不予强化，条件反射将逐步减弱以至消退。

强化玻璃 strengthening glass 经强化处理，具有良好机械性能和耐热振性能的玻璃。见钢化玻璃。

强化理论 reinforcement theory 以学习的强化原则为基础的关于理解和修正人们行为的一种学说。由美国心理学家B.F.斯金纳提出。强化理论认为，人的行为是由外部因素控制的，控制行为的因素称为强化物。强化物是在行为之后紧接着的一个反应，它提高了这个行为重复的可能性。因此，强化理论认为，行为是其结果的函数。按照强化理论，管理者可以通过强化他们认为有利的行为来影响组织成员的活动。包括：①积极强化，即在积极行为发生后，管理者立即用物质或精神的措施来肯定这种行为，鼓励组织成员多有这种行为。②消极强化，又称为逃避性学习，即一个特定的能够避免产生个人所不希望的刺激的强化。③惩罚，即在不利于组织的行为发生后，管理者采取适当的惩罚措施。④自然消退，即管理者对某种行为视而不见，既不给予积极强化，也不给予惩罚，组织成员可能会感到自己的行为得不到承认，慢慢地减少这种行为的发生。这一理论的不足是忽视了诸如目标、期望、需要等个体因素，而仅仅重视人们采取某种行为会带来的后果。

强击 assault 航空兵从低空、超低空对地面或水面目标强行实施火力攻击的战斗行动。通常在敌防空火力威胁下强行实施，主要用以攻击小型目标，直接支援地面部队或海上舰艇编队作战。航空兵的强击行动，根据合成军队的统一计划，采用低空、超低空突防与电子干扰突防、隐身突防相结合的突防方式，多种攻击目标方法，多机种合同作战，与地面部队、海上舰艇编队密切协同动作，集中兵力实施重点突击，以隐蔽迅速的行动、准确猛烈的火力摧毁预定目标。使用航空炸弹、火炮或火箭等非精确制导武器攻击时，对面状目标和垂直面较大的立体目标，如交通枢纽、舰艇等，通常采用水平轰炸、射击；对狭长目标，如

强击机对地面目标实施火力攻击

桥梁等，通常采用下滑轰炸、射击；对点状和活动目标攻击时，通常采用俯冲轰炸、射击。使用精确制导弹药实施攻击时，一般采用同一攻击方法攻击不同类型目标。

强相互作用 strong interaction 自然界四种基本相互作用中最强的一种。最早研究的强相互作用是核子（质子或中子）之间的核力，它是使核子结合成原子核的作用。自1947年发现与核子作用的π介子以后，实验中陆续发现了几百种有强相互作用的粒子，这些粒子统称为强子。

强相互作用与其他相互作用相比有如下一些特点：①强度大。电磁相互作用的强度可用一个称为精细结构常数的量

$$\frac{e^2}{4\pi\hbar c}\approx\frac{1}{137}$$

来表示，这里e是电子的电荷，$2\pi\hbar=h$是普朗克常数，c是光速。如果强相互作用也用一个与电荷e对应的量g来描述，则$g^2/(4\pi\hbar c)$约为1～10。强相互作用比电磁相互作用强10^2～10^3倍。②强相互作用是短程力。但力程比弱相互作用的力程长，约为10^{-13}厘米，约等于原子核中核子间的距离。③比其他三种基本作用有更大的对称性。即在强相互作用中有更多的守恒定律。④20世纪70年代以来，在深度非弹性散射等一系列高能量实验中发现一些新现象，借助于理论分析，可解释为强作用在短距离（小于10^{-14}厘米）处随距离减小而变弱。

对强相互作用本质的了解一直是物理学中的困难问题。由强子的夸克模型和规范场的概念出发提出了量子色动力学，这个理论中强作用是组成强子的夸克之间通过一些称为胶子的规范粒子场传递的作用。这个理论有在小距离处作用变弱的性质，称为渐近自由，已为实验证实，取得了成功，被认为是强作用基本理论。

强心苷 cardiac glycoside 一类具选择性强心作用的药物。又称强心甙或强心配糖体。主要用以治疗心功能不全，又可治疗某些心律失常，尤其是室上性心律失常。

用药方法　口服或静脉注射。按其作用的快慢分为两类：①慢作用类。作用开始慢，在体内代谢及排泄亦慢，作用时间长。此类均为口服药，包括洋地黄叶末、洋地黄毒苷等。②快作用类。作用开始快，在体内代谢及排泄亦快，作用时间短。适用于急性心力衰竭及慢性心力衰竭急性加重时。静脉注射或口服。包括地高辛、毛花苷C、毒毛旋花子苷、羊角拗苷、铃兰毒苷、福寿草等。

洋地黄类制剂的应用　适应证是：①任何心脏病引起的心力衰竭。②大多数室上性快速心律失常（洋地黄引起者除外）。具体应用时应注意疗效差异。对心肌情况不佳（心肌炎、缺氧性肺心病、急性心肌梗死），机械性梗阻（重度二尖瓣狭窄、缩窄性心包炎），或机械性原因（乳头肌断裂、室间隔穿孔等）引起的急性心力衰竭，高排血量型心力衰竭（甲状腺功能亢进性心脏病、贫血性心脏病）等疗效不满意，此时用洋地黄也容易中毒。

绝对禁忌证为：①洋地黄中毒。②洋地黄特异质反应。相对禁忌证为：①二度以上房室传导阻滞（或伴心力衰竭）时，发生急性肺水肿时慎用。②肥厚性梗阻型心肌病。③病态窦房结综合征。若安置人工起搏器后，心力衰竭仍持续存在，则可用洋地黄类制剂。④预激综合征并快速心房纤维性颤动者，此时用洋地黄可促发心室颤动甚或猝死。

洋地黄类制剂的使用方法　此类制剂强心作用的特点是：小剂量时有弱作用，较大剂量时有较强作用，但用到一定剂量时疗效不会继续提高。洋地黄用量的个体差异很大，且治疗量与中毒量较接近，出现中毒时用量已为致死量的40%～50%，故用药期间需密切观察，根据具体情况用药。

洋地黄的毒性反应　最重要的中毒表现是心脏跳动频率和节律的变化，主要是过量洋地黄类制剂兴奋心脏异位自律点和抑制传导系统的结果。严重时可导致死亡。各种测定血清洋地黄浓度的方法，均可用以确定洋地黄某些制剂的最佳治疗剂量，还可协助临床判断洋地黄是否过量或中毒。

发生洋地黄中毒后，应立即停药，并停用排钾性利尿药。一般轻度中毒，在停药后数天症状可自行消失。严重心律失常必须积极处理，快速性心律失常可选用苯妥英钠及钾盐。由于洋地黄中毒时电击易致心室颤动，故一般不选用直流电复律。心率缓慢的心律失常可选用阿托品，少量异丙基肾上腺素可提高心室率。重复传导阻滞不宜用钾盐，不然可加重房室传导阻滞。洋地黄中毒后，在补钾的同时补镁可迅速纠正低血钾症。镁离子本身对洋地黄中毒的快速性心律失常亦有良效。用洋地黄特异抗体治疗洋地黄中毒亦取得重要成果，如地高辛抗体碎片的分子量较小，可以更快、更广泛地进入组织。由于强心苷对特异性抗体的亲和力大大超过对受体的亲和力，抗体使用后可使强心苷从受体转移到抗体而失去作用并排出体外。此种抗体无抑制心肌的作用，应用安全范围广，故抗体治疗是今后有希望推广的新方法。

强学会 Society for National Strengthening 中国清末戊戌变法时期的政治团体。清光绪二十一年（1895）中日甲午战争后，民族危机严重，康有为等资产阶级维新派发动

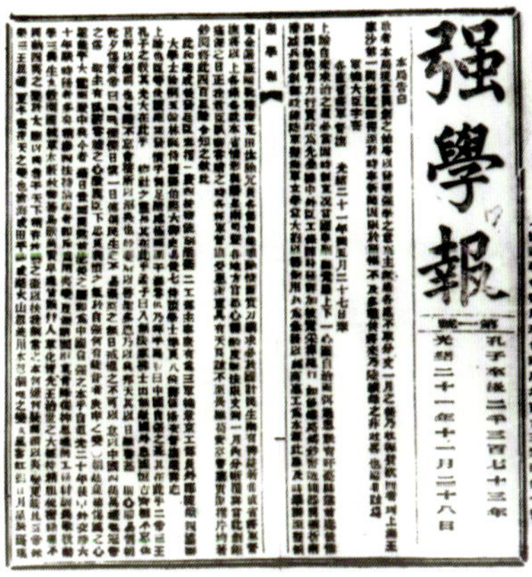
強學報
第一號
孔子卒後二千三百七十三年
光緒二十一年十一月二十八日

图1 《强学报》第一号

“公车上书”，不达帝听，遂“日以开会之义号之于同志”，认为“思开风气、开知识，非合大群不可”，“合群非开会不可”，于是先办《万国公报》(非西人所办《万国公报》)，于1895年8月17日创刊，“遍送士夫贵人”，使之“渐知新法之益”。11月中旬，强学会成立。列名会籍的有康有为、梁启超、沈曾植、文廷式、陈炽、丁立钧、杨锐等，李鸿藻、翁同龢等也予支持，成为维新派和帝党相结合的政治团体。成立后，“先以报事为主”，改《万国公报》为《中外纪闻》，于12月16日出版，双日刊，有阁抄、新闻

图2 强学会址旧照

及“译印西国格致有用之书”诸栏，译印后有附论，专论不多。筹设之初，原定陈炽、文廷式、沈曾植、沈曾桐四人为总董，都是帝党，后为李鸿藻亲信张孝谦所把持，内部矛盾日增。

强学会甫有成议，康有为又南下南京游说署两江总督张之洞，拟在“南北之汇”的上海组织学会。11月，上海强学会成立，拟定章程，说明“专为中国自强而立”，以通声气，聚图书，讲专门，成人才，传“圣教”。1896年1月12日刊《强学报》以孔子纪年，“托古以改今制”，倡导维新变法，提出开议院的政治主张。列名会籍的有康有为、梁鼎芬、汪康年、张謇、黄遵宪等。

1896年1月20日，后党御史杨崇伊上疏弹劾强学会，请饬严禁。强学会被改为官书局，专欲“译刻各国书籍”，不准议论时政，不准臧否人物，分学务、选书、局务、报务四门。“专为中国自强而立”的强学会便违失原旨。

强直性脊柱炎 ankylosing spondylitis; AS 累及骶髂及脊柱关节而逐渐引起骨性强直的一种结缔组织病。是一种进展缓慢的潜行性疾病。病变可在任何阶段停止，又可复发，病程甚至达数十年之久。男女发病率之比约为10∶1。以青壮年多见。

病因　是一种自身免疫病。其遗传因素明显，约23.7%有明显家族史，人类白细胞抗原HLA-B8阳性率可达80%以上。

临床表现　开始发病时，多有全身无力、低热、食欲不振，贫血及出汗、心悸等植物神经系统症状。晨起有僵硬感，弯腰受限。骨盆的肌腱附着处如坐骨结节以及胸骨、胫骨粗隆和跟骨底部也可有疼痛。随病程发展，疼痛逐渐加剧，患者卧位时身体蜷曲。病变亦逐渐由腰骶部向上朝胸、颈段脊柱发展。活动越发困难，终至发展为驼背畸形，或同时伴有脊柱侧弯。严重者甚至颈部亦呈屈曲性强直，不能抬头，视线朝下，胸壁与耻骨间距离明显缩短，发展为严重驼背畸形，至此必然出现一系列呼吸、循环及消化系统的症状。患者一旦遭受外伤，由于脊柱失去退让能力，可出现骨折、脱位，引起截瘫。髋关节受累的并不少见，且常为两侧性，甚至两侧膝关节亦被累及。其最终结果亦为屈曲强直畸形，使患者几乎完全丧失独立生活能力。

典型的X射线片改变为：骶髂关节早期由于缺钙和松质骨吸收而有不规则间隙假性加宽，边缘呈锯齿状，随后变为模糊，终至骨性强直，关节突关节间隙模糊，随后关节融合。由于椎旁及椎间韧带广泛骨化，椎体边缘骨赘相连成骨桥，呈竹节样变，但椎间隙仍保存。椎体虽然骨质疏松，但仍呈方形。

诊断　根据病史、临床表现有疼痛及关节活动受限，终至强直；结合血沉加快，类风湿因子阴性，抗链球菌溶血素“O”高于正常者仅26.2%。但HLA-B8阳性；诊断多无困难。

治疗　除一般支持疗法外，对早期或轻型病变，常用水杨酸类及非类固醇抗炎药。疼痛不能控制时，可用小剂量皮质类固醇药物，但不宜久用。患者在坐位或卧位时，应注意保持正确姿势，不使发生驼背、屈颈、屈髋及屈膝畸形。同时还可进行按摩和理疗。对已有严重驼背畸形者，若病情已停止或基本停止发展，体温、血沉正常或接近正常，同时心肺功能又均良好，可行手术。

强制性标准 mandatory standard 在一定范围内通过法律、法规等强制手段加以实施的标准。强制性标准主要以保障国家安全，防止欺诈行为，保护人、动植物、环境为目标。强制性标准的内容为：①有关保障国家安全的技术要求；②保护人体健康和人身、财产安全的要求；③产品及产品生产、储运和使用中的安全、卫生、环境保护技术要求；④工程建设的质量、安全、卫生、环境保护要求及国家需要控制的其他要求；⑤污染物排放限值和环境质量要求；⑥保护动植物生命安全和健康的要求；⑦防止欺骗、保护消费者利益的要求；⑧维护国家经济秩序的重要产品的技术要求。强制性标准必须执行。不符合强制性标准的产品，禁止生产、销售和进口。

强制执行 execution 法院按照法定程序，依法采取强制措施，迫使被执行人履行生效法律文书所确定的义务。执行程序是民事诉讼程序的最后阶段，《中华人民共和国民事诉讼法》设置专编作了规定。

执行原则　根据中国民事诉讼法和司法解释的有关规定，民事强制执行应遵循以下原则：①强制执行必须以生效的法律文书为执行根据。②执行对象仅限于被执行人的财产或行为，不包括被执行人及其扶养家属的生活必需费用和物品，不得对被执行人的人身采取强制措施。③当事人申请执行与法院依职权主动执行相结合。④强制执行与说服教育相结合。⑤法院执行与有关单位、个人协助执行相结合。

执行措施　主要有：①金钱债权的执行。依次如现金、存款、收入、财产。②物的交付请求权的执行。如财物、票证、凭证或房屋、土地。③对行为的执行。对可以替代履行的行为，在债务人不履行时可以采取代执行的方法，即法院可委托第三人代为完成。对于不可替代的行为，被执行人拒不履行给权利人造成损失的，应当承担赔偿责任。法院也应采取强制措施。此外，法院还可采取保障性的执行措施，如查询与搜查，强制交付迟延履行利息或迟延履行金，办理财产权证照转移手续等。

强子 hadron 参与强相互作用的粒子。自旋为$\hbar$的整数倍的强子，称为介子；自旋为$\hbar$的半奇数倍的强子，称为重子。已发现的强子是由夸克及其反粒子构成的。夸克之间交换胶子，使夸克束缚在一起构成强子。

墙 wall 建筑物竖直方向的用以分隔和围蔽建筑空间的构件。室外用以分隔和围合场地区域的构筑物也称墙，如围墙、城墙等。

古代主要以土、石、砖、木等材料筑墙。19世纪以后，出现了混凝土和钢筋混凝土墙，以及用玻璃、金属板、塑料等材料制成的非承重悬挂墙板（又称幕墙）。地方材料墙仍在广泛使用。砖墙在建筑中仍占相当比重。砖墙组砌的方式有一顺一丁式、多顺一丁式等多种（见图）。

分隔建筑内外空间的墙是外墙。位于房屋两侧的外墙称端墙或山墙，高出屋面的外墙称女儿墙。建筑外墙是建筑立面的主要部分，外墙及其饰面对建筑物的外观

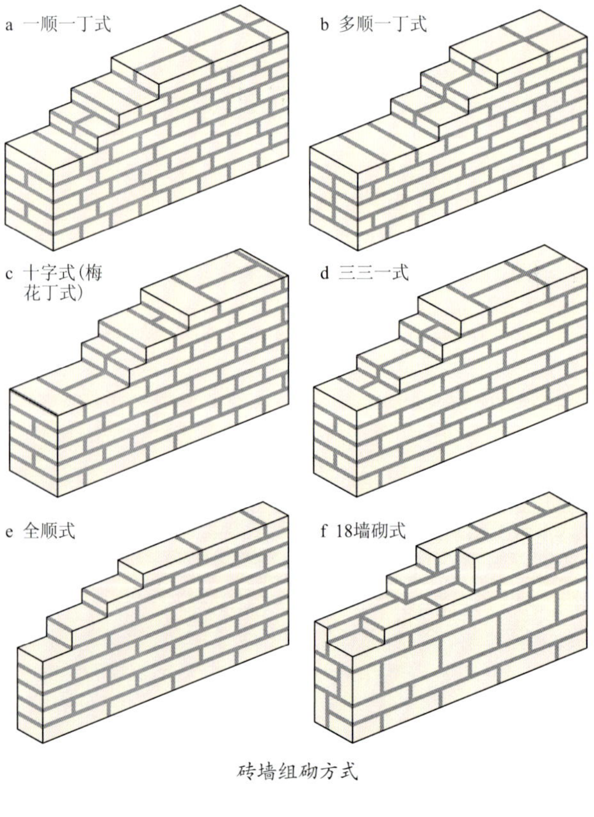

砖墙组砌方式

起着重要作用。建筑物内分隔房间的墙是内墙，又称隔墙，内墙的饰面是室内装修的重要方面。

除了分隔和围蔽空间的作用外，对墙的功能要求还包括：①足够的强度。满足安全防卫的要求。②保温、隔热（主要指外墙）。以保证室内热环境的要求和节约采暖与空调的能耗。③隔声。阻隔通过墙体传播的声音，保证室内安静的要求。④防火。在发生火灾时难以燃烧，并能阻隔火灾的蔓延。⑤防潮和防水。既保证墙体本身的防潮，也防止水通过墙渗漏。

《墙头马上》 中国元杂剧作品。见白朴。

蔷薇科 Rosaceae; rose family 双子叶植物纲蔷薇亚纲的一科。有126属3 300余种。广泛分布于北半球温带到亚热带，南半球为数很少。中国有53属1 000余种。绝大多数为木本，少数为草本。叶片从单叶到复叶，常有托叶。花多两性；整齐、离瓣、极稀为单性或稍不整齐，从上位花到周位花。雄蕊多数离生，极稀退化为2或1；心皮1或多数，分离或为各式连合；果实类型很多，如蓇葖果、瘦果、梨果或核果，少有蒴果。

蔷薇科中的许多种如苹果、沙果、海棠、梨、桃、李、杏、梅、樱桃、枇杷、榅桲、山楂、草莓和树莓等，是著名的水果；扁桃仁和杏仁是著名的干果。桃仁、杏仁和扁桃仁可榨油。地榆、龙芽草、翻白草、郁李仁、金樱子和木瓜等可入药。各种悬钩子、野蔷薇和地榆的根皮可以提取单宁，为工业原料。玫瑰、野蔷薇、香水月季等的花瓣可以提取芳香油，供制高级香水及饮料。

乔木种类的木材多坚硬细致，有多种用途，如梨木为优质雕刻板材，桃木、樱桃木、枇杷木和石楠木等宜制作农具柄材。许多植物可作观赏。或具美丽可爱的枝叶和花朵，或具鲜艳多彩的果实，如各种绣线菊、绣线梅、珍珠梅、蔷薇、月季、海棠、梅花、樱花、碧桃、花楸、棣棠和白鹃梅等，在世界各地的庭园绿化中占重要的位置。

抢婚 marriage by capture 民众认可的依靠抢劫手段来实现男女婚配的一种婚姻缔结形式。又名抢劫婚、掠夺婚，俗称抢亲。中国《易经》已有记载。产生于母系制向父系制过渡时期。在印度尼西亚的萨沙克族、越南的沙族、泰国的鲁阿人、埃塞俄比亚的安哈拉人和加拿大北部的因纽特人中都有流行。中国汉族以及蒙古、鄂温克、苗、瑶等民族在1949年以前曾存在此婚俗。一般认为，抢婚风俗经历了真抢、真抢和假抢并存、完全象征性和模拟性的佯抢三个演变阶段。较为常见的是，男子未经女子亲属的同意，以掠夺方法娶该女子为妻妾。无论是真抢还是假抢，抢婚作为一种婚俗只限于一定的通婚范围才符合习惯法，如鄂伦春人的抢婚只限于寡妇改嫁。现在，抢婚已不多见，有些地区和民族的婚俗中还保留着某些残存和变异的形式。

强迫症 obsession 以强迫现象为主要症状的一种神经症。又称强迫性神经症。表现为反复出现的思想、表象和企图，这些现象固然出于患者内心，但患者却不认为是自愿产生的，并试图努力控制和摆脱它，但总不成功，因此感到焦虑和痛苦。此病多于青年时期发病。

类型 常见如下几种：①强迫观念。包括强迫怀疑；强迫对立观念（接触某些事物或词句时脑中即出现相反的概念。②强迫表象。脑中反复出现形象性的内容而不能摆脱。③强迫恐惧。对自己的恐惧，患者害怕丧失自我控制能力，害怕会发病，害怕会干出违反习俗甚至伤天害理的事来。④强迫意向。患者感到有一种强烈的内在驱使，马上就要行动起来的冲动感，但这种冲动并不会直接转变为行动。想要做的可以是某种小动作，也可以是自杀或杀人之类极其严重的行为。⑤强迫动作。可分为两类。一是屈从性强迫动作，如强迫怀疑引起的检查或核实行为，污染的强迫观念导致反复洗手；另一类是对抗性强迫动作，如为了对抗淫秽内容的强迫观念而反复背诵道德箴言。各式各样的仪式化动作都可以起对抗强迫症的作用。总之，强迫动作都是继发性的，都是前述四种强迫现象引起的。

治疗 应以心理治疗为主。可采用发掘病因的领悟疗法或针对强迫行为的行为矫正法。伴有焦虑、抑郁症状者，可用抗焦虑药和抗抑郁药治疗。其中，具有中枢神经系统5-羟色胺回收阻断作用的抗抑郁药，对部分患者有控制强迫症状的作用。

强迫状态 obsessive-compulsive state 一种个人明知不对又不能驱除，反复在脑中出现的异常心理现象。怀疑或担心自己言行出错、被细菌感染或脏物毒害，反复思索毫无意义的琐事，反复体验违背常理的冲动的称为强迫观念；为减轻强迫观念引起的紧张不安，强迫自己采取反复检查、反复清洗、反复计数或做刻板性、仪式性动作的称为强迫动作。这种心理现象逐渐干扰了个人的工作、学习和日常生活，虽经努力克制但收效甚微，个体为此感到十分痛苦。强迫状态的产生与一个人从小形成的特殊人格特征和行为模式有关。

跷功 arts of walking in high-soled boots in Chinese opera 中国戏曲旦行表演基本功。又称"踩跷"。"跷"又称"跷板"，分"硬跷"和"软跷"两种。"硬跷"为木制，"软跷"用布缀衲，均仿小脚形。"踩跷"即模仿缠足妇女行走姿态的动作，多用于花旦、武旦、刀马旦。表演时，演员双脚掌各缚"跷板"一块，外套绣花鞋，着大彩裤遮住真脚，而将"小脚"露出。跻功属于高难技术，创始于何时，尚难确考。乾隆年间，秦腔演员魏长生丰富和提高了踩跷的技巧，逐渐在梆子、京剧等剧种中流传开来。

乔巴山 Choibalsan 蒙古东部古城，东方省首府。位于克鲁伦河下游左岸，面积50平方千米，人口4.17万（2000）。地势平坦。海拔752米。气候寒冷干燥。早期为藏传佛教庙宇中心。历史上曾称为克鲁伦、桑贝子、巴彦图门等。为军事、贸易要地。1941年为纪念蒙古革命的英雄乔巴山而得名。第二次世界大战后，兴建起以畜产品加工为主的现代工业。市内有洗毛厂、面粉厂、肉类联合加工厂，以及发电厂、热电站和汽车修配厂等。南部有阿敦楚伦露天煤矿，郊区农牧业发达。1939年由此向东北方向修建铁路，与苏联西伯利亚大铁路支线上的博尔贾相通，成为东部克鲁伦河流域的交通枢纽和贸易中心。有公路向西通温都尔汗、乌兰巴托和科布多，向东可达塔木察格布拉克，北通俄罗斯的赤塔市。羊毛、萤石和其他矿石通过铁路运往俄罗斯。蒙古东部80%的输入物资通过本市。市内设有农学院及建筑、农牧业中等专业学校等。

乔丹 Jordan, Michael (1963-02-17～) 美国篮球运动员。生于纽约布鲁克林。中学时已在篮坛崭露头角。1984年入选美国国家队，参加第24届奥林匹克运动会篮球比赛，获金牌。

有"空中飞人"之称。成为职业运动员后，长期效力于芝加哥公牛队，在参加全美职业篮球联赛，为公牛队6次获NBA总冠军作出贡献，个人总得分为29 277分，平均每场得31.5分。5次获常规赛最有价值运动员称号，3次获全明星最有价值运动员称号。1992年，作为职业运动员入选美国国家"梦之队"，参加第25届奥运会篮球比赛，再获金牌。先后10次入选NBA最佳阵容，14次入选全明星阵容，10次为NBA得分王。2001年加盟华盛顿奇才队。1999年6月被国际体育记者协会评为20世纪最佳运动员，同年11月被世界各大通讯社联合评为体育巨星，获"国际体育奥斯卡金像奖"。

乔尔乔涅 Giorgione（约1477～1510） 意大利画家。生于卡斯泰尔弗兰科，卒于威尼斯。师事G.贝利尼，并受达·芬奇影响，出师后即以风格独特引人注目。他的作品能公认为真迹者只有六件。

乔尔乔涅艺术风格形成以后的代表作为《暴风雨》（约1505）和《三位博士》（约1510）。《暴风雨》完全把人物从属于风景的描绘，被认为是西方绘画中第一幅风景画杰作。《三位博士》取材于传统的宗教故事，即传说基督降生后前来朝拜的东方贤人。人物姿态各有特色，尤为杰出的是黝黑岩石和夕照远景的表现。开辟了威尼斯画派以色彩表现为主的特点。

乔尔乔涅善于描绘风景，人物造型也很有新创。他吸取了达·芬奇艺术特别重视的烟雾状笔法和含蓄表情，使自己创作的人物形象既有恬静优雅的神态，又有微妙丰富的诗意。他的人物画代表作《尤迪丝像》（约1505），着重描绘的不是古代犹太女英雄的气概而是少女温柔秀美的容貌。最著名的人物造型是《入睡的维纳斯》（约1510），它开创了西方绘画中历久不衰的一个题材：裸体躺卧着的女性像。他把女神

《入睡的维纳斯》（德累斯顿国家艺术收藏馆藏）

置于一片优美的田园风景之中，维纳斯的体态极其恬美，沉睡的神情和田园风光的宁静恰相配合，这幅画是西方同类题材作品中最完美的一幅。

乔尔乔涅的风格，特别是色彩运用和气氛烘托的技法，成为威尼斯画派最重要的艺术遗产。

乔戈里峰 Qogir Peak 喀喇昆仑山最高峰。

世界第二高峰——乔戈里峰

世界第二高峰，海拔8 611米。喀喇昆仑山脉位于中国西部边陲，是世界上最高峻的山系之一。乔戈里峰居喀喇昆仑山脉中段，中国与巴基斯坦交界处。山的南坡降水丰富，森林衍生高度海拔3 500米左右，草场繁盛，低处并可农作；北坡是“雨影”区，降水显著减少，植被稀少，仅河旁稍有灌丛。而山原地区除个别山峰外，几乎全为冰雪覆盖，现代冰川发育。世界几条长达40千米的著名大冰川多集中于此。

乔冠华 Qiao Guanhua（1913-03-28～1983-09-22） 中国外交家。生于江苏盐城，

卒于北京。毕业于清华大学。早年曾留学日本、德国。1939年加入中国共产党。1941年任《华商报》和《大众生活》周刊编委。1945年在重庆《新华日报》主持国际述评专栏工作。1946年任新华社香港分社社长。中华人民共和国建立后，历任外交部政策委员会副主任，中央人民政府办公厅副主任，中国人民外交学会副会长，新闻总署国际新闻局局长，外交部部长助理、副部长、部长等职。1971年11月，作为中华人民共和国代表团团长出席联合国第26届大会。后任中国人民对外友好协会顾问。是第四届全国人民代表大会代表，中共第十届中央委员。著有《国际评论集》等。

乔吉 Qiao Ji（?～1345） 中国元代杂剧家、散曲作家。一称乔吉甫，字梦符，号笙鹤翁，又号惺惺道人。太原人。流寓杭州。剧作存目11种，有《杜牧之诗酒扬州梦》、《李太白匹配金钱记》、《玉箫女两世姻缘》3种传世。乔吉的杂剧曲辞秾丽，立意亦求新巧，但在题材上却没有脱出才子佳人、风流韵事的窠臼。乔吉的散曲创作，成就高于杂剧，明、清人都把他与张可久相提并论。在他的散曲中可以看到他客居异乡、穷愁潦倒的生活经历，如〔绿幺遍〕“不占龙头选”、〔卖花声〕《悟世》、〔玉交枝〕《闲适》等曲。然而他的作品大多数以啸傲山水、寄情声色诗酒为题材，不同程度地表现出消极颓废的思想。乔吉的散曲以婉丽见长，精于音律，工于锤炼，喜欢引用或融化前人诗句，与张可久的风格相近。不同的是，乔吉的风格更为奇巧俊丽，还不避俗言俚语，具有雅俗兼备的特色。乔吉的散曲作品据《全元散曲》所辑存小令200余首、套曲11首。

乔玛 Csoma Sándor Körösi（1784-04-04～1842-04-11） 匈牙利藏学家。生于克勒什，卒于印度大吉岭。1820年起赴中亚旅行。1827～1831年在中国西藏一带研究西藏宗教、历史和语言。1830年任孟加拉亚洲协会图书馆副馆长，著有《藏-英词典》（1834）和《藏语语法》（1834）等。匈牙利现有乔玛学会，致力于东方学研究。

乔姆斯基 Chomsky, Noam（1928-12-07～） 美国语言学家，生成语法创始人。生于美国费城。1955年获宾夕法尼亚大学博士学位，此后一直在麻省理工学院任教，并任

美国科学促进会委员、国家科学院院士、美国文理科学院院士。1955年写出论文《语言理论的逻辑结构》，提出形式语言分类法，并用于自然语言，通过数学模拟论证了当时盛行的结构主义语法不适用于描写自然语言。1957年在荷兰出版《句法结构》，正面提出与结构主义背道而驰的生成语法。主张语言学家的研究对象应从语言使用转入语言能力，研究目标应从观察现象转向描写和解释现象，研究方向应从处理语言素材转到评比语法假设。这一学说成为国际上语言学的重要流派。

1965年发表的《句法理论的若干问题》，试图建立包括句法、音系和语义三部分的全面语法系统。20世纪70年代以来研究的重心逐渐由探究具体的转换规则转移到探究抽象的转换限制，这一变化体现在《形式与解释论文集》等著作中。70年代末80年代初，他提出了普遍语法原则及参数的理论，通常称为“管辖与约束理论”，代表作是《论管辖与约束》（1981）。到90年代，又提出“最简方案”，对其理论体系作了大幅度的调整。

乔姆斯基在哲学上提倡理性主义，批判经验主义；在语言学上提倡心理主义，批判行为主义。1984年以后他惯用的提法是“心理——最终是大脑”。他把语言学看作一种心理学，而最终是生物学，是研究人类这一最高等生物大脑机制的科学，语言学应该有真正的科学性，不仅是相对的科学性。

乔姆斯基的语言学理论对语言研究及

哲学、心理学、逻辑学、计算机科学、生物学、神经生理学等学科产生了巨大的影响，有“乔姆斯基革命”之称。

乔木 arbor 具有直立主干、树冠广阔、成熟植株在3米以上的多年生木本植物。又称树木。与乔木概念相对的是灌木（成熟植株在3米以下的多年丛生木本植物）。

按其成熟植株高度，乔木可分为高大乔木（大于20米）、中乔木（10～20米）和小乔木（3～10米）。按其树干形态，可分为树干分支具主轴、树干分支不具主轴和主干部分支形。树冠形态多种多样，但其大致形态也有一定特征。树干分支具主轴形乔木的冠形有尖塔形、圆锥形、卵形、伞形；树干分支不具主轴形乔木的冠形有扁球形、广卵形、扇形和钟形；主干不分支形的乔木冠形多为伞形。按其树叶形态特征，乔木可分为针叶树和阔叶树。针叶树树叶形状为针形和鳞片形；阔叶树叶形扁平，形态各异，叶脉有网状结构和平形结构之分。按其树叶的季节变化可分为落叶树和常绿树。与树叶形状一起可将主要乔木分为常绿阔叶树、常绿针叶树、落叶阔叶树和落叶针叶树，这些特征是森林分类的主要依据之一。按其对光环境的反应，乔木可分为喜光（阳性）树种和喜阴（阴性）树种。

乔木是构成森林的主要成分，又称为建群种。森林类型的确定多数是以乔木的特征确定的。如常绿针叶林、落叶阔叶林、针阔混交林、落叶针叶林等。

乔木是林业生产的主要对象，木材生产全部来源于乔木，大多数水果也是乔木类型的果树生产的，其他林副产品很多也来源于乔木。乔木由其高大的体态、广阔的树冠和较高的初级生产力，对于固定二氧化碳、吸收污染物、调节气候、防风固沙等具有重要作用。

乔清秀 Qiao Qingxiu（1910～1944） 中国河南坠子艺人。本名李金秀，河南内黄人。卒于天津。10余岁随乔利元学唱河南坠子短篇节目，14岁参加乔利元的家班，在大名附近和家乡内黄县等地正式登台演出。18岁经由济南到达天津演出，之后十余年间主要在天津行艺，并到上海灌制过唱片。

她的演唱，嗓音甜润，吐字俏丽，行腔明快，节奏流畅，人称“巧口”、“俏口”或“小口”，又因师傅暨丈夫乔利元一直为她担任伴奏，故有人还称之为“乔口”，后来一并统称为“乔派”。与当时同样走红天津的程玉兰和董桂枝等的表演，被称为河南坠子的“北路”派。1939年一度去沈阳演出，受到日本侵略者的迫害，乔利元惨死，她返回天津后也一病不起，不久故去。早期演出过长篇大书《杨家将》、《包公案》和《五虎平西》，对唱《洛阳桥》、《马前泼水》和《吕蒙正赶斋》等，后来经常演出的节目为《王二姐思夫》、《玉堂春》、《蓝桥会》等短段。

乔石 Qiao Shi（1924-12-21～ ） 中国共产党中央政治局常务委员会委员，中华人民共和国全国人民代表大会常务委员会委员长。浙江定海人，生于上海。1940年8

月加入中国共产党并参加革命工作。1940～1945年任上海南方中学、光华附中地下党支部委员、书记，上海地下党中学区委干事。1945～1949年任上海地下党学委中学区委组织委员、中学分委副书记兼组织委员，上海同济大学地下党总支部书记，上海地下党学委总交通，上海地下党新市区委副书记，上海市北一区学委书记。1949～1962年任中共杭州市委青委宣传部部长、组织部部长、市委青委书记，中共中央华东局青委统战部副部长，鞍山钢铁建设公司工程技术处副处长、处长，酒泉钢铁公司设计院院长兼钢铁研究院院长，酒泉钢铁公司陕西工程管理处党委书记。1963～1982年任中共中央对外联络部研究员、副局长、局长、副部长。1982～1987年任中共中央对外联络部部长，中央书记处候补书记，中央办公厅主任，中央组织部部长，中央政法委员会书记，中央保密委员会主任，中央政治局委员，中央书记处书记，国务院副总理。1987～1992年任中共中央政治局委员、常委，中央书记处书记，中央纪律检查委员会书记，中央政法委员会书记，中央保密委员会主任，中共中央党校校长（兼）。1992～1997年任中共中央政治局委员、常委。1993年当选为第八届全国人大常委会委员长。是中共第十二至十四届中央委员，十二届至十四届中央政治局委员，十三至十四届中央政治局常委，十二届中央书记处候补书记、书记，十三届中央书记处书记，中共十三大当选为中央纪律检查委员会委员、常委、书记。

乔叟 Chaucer, Geoffrey（约1343～1400-10-25） 英国诗人。生于伦敦，卒于伦敦。可能上过牛津或剑桥大学。1357年入宫廷做少年侍从。1359年随国王在法国作战并被俘，不久被赎回。1370～1378年出使欧洲大陆数国。1374～1400年间在宫廷担任国王文书、王室修建大臣以及税务官、林务官等职。乔叟以宫廷文人身份开始文学创作。

最早的作品之一是译成中古英语的法文诗《玫瑰传奇》（1370）。创作的长诗有用八音节双韵诗体写成的《公爵夫人的书》和《声誉之宫》（1379或1380），用“君王诗体”写成的《百鸟会议》（1382）和《特罗伊拉斯和克莱西德》（1385），用十音节双韵诗体写成的《贞节妇女的传说》（1386）以及《坎特伯雷故事集》。乔叟把属于中古英语的东中部方言（伦敦方言）提升为英国的文学语言，引进意大利和法国诗歌的形式，丰富和提高了英国诗歌的表现力。被视为英国诗歌的奠基人。

乔托 Giotto（约1266/1276～1337-01-08） 意大利文艺复兴时代画家。生于佛罗伦萨的韦斯皮尼亚诺，卒于佛罗伦萨。他幼年牧羊，后学画于奇马布埃，并博采皮萨诺父子及罗马画家P.卡瓦利尼的优秀艺术，被尊奉为意大利写实绘画传统的奠基人。

乔托1305～1309年创作的阿雷纳礼拜堂壁画，全面显示了其艺术成就。壁画虽为宗教题材，却展示出富于生活气息的世俗画面。所有画幅一律取平视角度，前后景人物排列有序，加强了空间深远关系和人物主体造型的表现。其中《金门相会》、《逃亡埃及》、《最后审判》、《犹大之吻》、《哀悼基督》等，都摆脱了中世纪圣像画的程式，

《犹大之吻》

传达出人文主义的精神。尤其《犹大之吻》(见图)，通过耶稣被犹大出卖，罗马官兵以犹大和耶稣接吻为暗号而逮捕耶稣的故事，集中塑造了正反两面的典型形象，被认为是14世纪文艺复兴美术的杰作之一。

创作阿雷纳壁画之后，乔托名声远扬，各地纷纷聘请他作画，在故乡佛罗伦萨尤受欢迎。但乔托在意大利各地所作均已失传。乔托晚年还担任了佛罗伦萨大教堂的修建工程(1334～1337)，主持了大教堂钟楼的初步设计。

乔托的艺术创作对14世纪意大利文艺复兴美术影响极大，在佛罗伦萨还形成了人数众多的乔托画派，延续至15世纪初。马萨乔、达·芬奇和米开朗琪罗等人都非常重视对乔托艺术的学习。

乔戏 disguise acrobatics 杂技门类之一。又称乔装戏。“乔”者，乔装打扮，以假扮真的意思。其项目包括台阁、化装表演、假面戏、乔装动物戏、彩扎戏、偶人戏、影戏和口技等。乔装作态起源于巫祝图腾祭祀，后来演变为纯粹的表演艺术。两宋时乔戏在百戏中已成为独立的行当，常与滑稽结合在一起，利用各种装束、绘饰、彩扎道具、假面和文身进行表演。常见的有乔相扑、乔影戏、乔筋骨、乔三教、乔迎酒、乔亲事(乔做亲)、乔乐神(乔谢神)、乔捉蛇、乔学堂(乔教学)、乔宅眷、乔焦锤、乔卖药、乔像生、乔师娘、乔教象、独自乔等。或装扮成神鬼、人物、动物，或模拟假人、傀儡进行表演，或制造幻影，以物象人，以人象物，有的可能是对某些历史或现实人物进行幽默嘲弄性的夸张表演，有的则大约只是队舞中的化装游行。

乔相扑 disguise sumo 乔装戏类杂技项目。相扑是杂技力技节目。乔相扑就是由一位演员扮演摔跤的两人，将之再现为一种幽默风趣的滑稽表演。其技法是先用稻草或棉花扎制两个偶人，演员藏进偶人衣袍，将手脚穿入它的四只裤腿成四肢着地，外观就俨然是一对扭抱在一起的相扑斗士了。这个节目流传至今，人称假人摔跤、二贵(鬼)摔跤、鞑子摔跤，俗称跤人子。见乔戏。

乔伊斯 Joyce,James (1882-02-02～1941-01-13) 爱尔兰小说家。生于都柏林，卒于瑞士苏黎世。1902年毕业于都柏林大学。1904年后先后在罗马、的里雅斯特、苏黎世等地以教授英语为生，同时从事文学创作。1920年定居巴黎。

第一部作品是短篇小说集《都柏林人》(1914)，对爱尔兰的社会风尚表现了蔑视与反感。《一个青年艺术家的肖像》(1916)是一部自传体中篇小说，通过主人公的内心活动来描绘他的经历和客观世界。乔伊斯用7年时间写成的《尤利西斯》(1922)，是现代西方社会中人的孤独与绝望的写照。晚年几乎双目失明，但仍然埋头写作，完成最后一部长篇小说《芬尼根们的觉醒》(1939)。围绕人类历史上死亡与复活的循环往复这个中心主题，描写了都柏林一家小酒馆老板梦中的经历，表现当代世界已进入死亡期的最后混乱。其他作品还有抒情诗集《室内乐集》(1907)、《一分钱一首的诗》(1927)，剧本《流亡者》(1918)等。

乔治敦 Georgetown 圭亚那首都、最大城市和主要港口。位于德梅拉拉河入海口东岸冲积平原上，北临大西洋。人口约24.76万(2008)。1970年城市扩展后称大乔治敦。热带雨林气候，年平均气温26～28℃。有“加勒比花园城”之称。1748年荷兰殖民者在此建哨所。1781年沦为英国殖民地。1966年圭亚那独立后为国家首都。沿海地区农产品和内地林、矿产品的集散地和加工中心。有制糖、酿造、服装、木材加工等工业。全国交通枢纽。港口可泊吃水6米的海轮。吞吐全国大部分进出口货物，主要输出铝土、黄金、金刚石、蔗糖、大米、木材、朗姆酒等。有大型国际机场。市内有许多19世纪欧洲式白色古建筑，如哥特式的市政厅、议会大厦和总统府等。建于1892年的圣乔治大教堂高44米，是世界上最高的木结构建筑。有圭亚那大学、国家博物馆、艺术馆、运动中心等。

乔治敦 Georgetown 加勒比海开曼群岛首府，港口城市。位于大开曼岛西南岸。人口3.06万(2006年估计)。属热带雨林气候。年平均气温约21℃。平均年降水量1 400毫米。位于飓风区内。经济以金融服务和旅游业为主，银行林立。有食品加工、建材、绳索、水产品加工等工业。建有海龟养殖场。有环境优雅的海滨浴场，珊瑚礁岩岸等。天然良港，港区主要码头泊位有2个。主要出口海龟肉、皮革、贝壳及渔产品等；主要进口粮食、纺织品、食品运输设备及建材等。国际机场距城3千米，有飞往美国休斯敦、迈阿密及牙买加的金斯敦等地航班。

乔治·卢卡斯 George Lucas (1944-05-14～) 美国电影导演。生于加利福尼亚州。加州大学电影系毕业后，到旧金山办了一家制片公司。这时期，他筹集到78万元美金，拍摄了一部表现城市郊区年轻人跳摇摆舞的影片，影片获得500万美元的票房。1973～1977年卢卡斯一直在进行电影《星球大战》的构思和编写，但没人愿意投资。后来在S.斯皮尔伯格的帮助下，20世纪福克斯电影公司为他投资800万美元，但条件很苛刻。该片几乎囊括了奥斯卡金像奖的所有技术奖项。影片获得了3亿美元的利润，卢卡斯也由于经营影片派生产品而获利2亿美元。1980年他制作的《星球大战》第二部《帝国反击战》再次获得票房佳绩，而且荣获第53届奥斯卡金像奖的两项技术大奖。接着《星球大战》第三部《绝地大反攻》面世。1999年，他策划多年的《星球大战》前传《幽灵的威胁》再度掀起狂潮。2002年推出《星球大战前传》之《克隆人的进攻》；2005年《星球大战前传》之《西斯的复仇》上映。《星球大战》开科幻大片之先河，对世界电影贡献较大。

乔治·桑 George Sand (1804-07-04～1876-06-08) 法国小说家。生于巴黎，卒于诺昂。原名奥罗尔·杜邦。4岁丧父后由祖母抚养。1830年与青年诗人于勒·桑多相恋，来到巴黎开始文学创作。

1831年以“于勒·桑”的笔名发表了小说《玫瑰花与白色》。后来以乔治·桑为笔名，发表了第一部独自完成的小说《印第安娜》(1832)，提出了妇女解放的问题，引起社会注意。此后发表了一系列以妇女的爱情、婚姻和解放为主题的小说，如《瓦朗蒂娜》(1832)、《莱莉娅》(1833)、《雅克》(1834)、《莫普拉》(1837)等。社会问题小说，如《木工小史》(1840)、《康素爱萝》(1842～1843)和《安吉堡的磨工》(1845)。

《魔沼》(1846)和《小法岱特》(1849)是乔治·桑田园小说创作的顶峰，充满理想主义色彩。晚期作品有多种回忆录。

乔治·桑是欧洲最早反映工人和农民生活的作家之一。她的抒情小说没有其他浪漫主义作家的感伤情怀，闪耀出乐观和明快的光彩。作品文字清丽流畅、风格委婉亲切，具有强烈的感染力。

侨民文学 emigrant literature 苏联时期流亡国外的俄罗斯作家在国外创作的文学作品。按照出国时间大致可分为三批。第一批指十月革命和内战结束之后(1917年至30年代)侨居国外的作家。知名的有L.N.安德列耶夫、I.A.布宁、A.I.库普林、Ye.I.扎米亚京等。第二批指第二次世界大战和战后移居国外的作家。他们人数不多，声势不大，主要有纳罗科夫、叶拉金、尤拉索夫等。第三批始于20世纪60年代末，人数颇多，其中有许多持不同政见，主要有A.I.索尔仁尼琴、柯别列夫、布罗茨基等。他们的作品多反对现政权、否定社会主义制度，带有强烈的政治倾向性。V.V.波尔托拉茨基主编的《俄罗斯侨民文学》(1972)一书统计，从1918～1968年的50年中共出版了1 000部左右的中、长篇小说，1 000本左右的诗集，600多本短篇集及其他作品。

侨州郡县 county and prefecture of refugee residence 中国东晋南朝为流寓百姓设立的地方行政区划。由于它是寄治在别的州郡境内，故称侨。其后经过土断，许多寄治州郡获得实土。但因本是外地迁来，故继续称为侨州、侨郡、侨县。侨州郡县的名称始于东晋。西晋末，八王之乱和永嘉之乱导致北方汉族人民大量南迁，东晋政府遂在其聚居之地，以他们原籍州、郡、县的名称（亦有新立名称者）设立临时性的地方行政机构以登记和管理他们。这些人称侨人，州郡县称侨州郡县，而以流亡百姓中的大族担任刺史、太守、县令。侨州郡县的户籍是临时性的白籍，与土著的黄籍相区别，著籍的人享受免除调役的优待。但是时间既久，他们与土著百姓杂居错处而户籍各别，负担不同，不但管理不便，而且影响赋役征发。于是东晋政府实行土断，并省侨郡县，所有侨人必须在居留之地编入正式户籍黄籍，与土著百姓同样负担调役。当时大族标榜郡望，为了照顾他们的利益，不能不保留一些北方郡邑的名称，很多侨州郡县机构仍保留下来，从所寄治的南方旧郡县中划出一部分土地作为它们的领土。十六国时期有几次大规模的北人南迁，又形成新的侨州郡县。过一段时期又分割原州、郡、县土地以为领土，于是州郡分割得愈多、愈小，而且还出现两郡同治一县和两州同治一郡的双头郡县。因此，南朝后期地方行政区划十分混乱，大体南朝侨置的州郡以在今鄂北及苏南、苏北、皖南者为多。北方政权也侨置州郡。设立侨州郡以统流人，是当时各国统治者争夺人口的一种手段，也是笼络大族首领的一种办法。隋统一全国后，废除这种办法，并省郡县，许多侨郡县废罢，但还是有不少名称保留下来。

荞麦 *Fagopyrum*; buckwheat 蓼科荞麦属植物的统称。一年生或多年生草本植物。主产于中国和俄罗斯、加拿大、法国、波兰等。中国主要分布在西北、东北、华北和西南高寒山区。

茎直立有分枝，质柔软。叶戟形，互生。总状或圆锥花序，花白色或淡红色。子实为三棱形瘦果，黑、褐或灰色。有三个种：甜荞，又称普通荞麦，是中国栽培较多的一种；苦荞，又称鞑靼荞麦，中国西南地区栽培较多；翅荞，又称有翅荞麦，中国北方和西南地区有少量栽培。

属短日照作物。喜凉爽湿润环境，不耐高温旱风，畏霜冻。生长期短，全生育期仅2～3个月。春夏秋三季均可播种，掌握播种时间使盛花期与雨季相吻合十分重要。以磷肥拌种可显著提高产量。宜条播，行距约45厘米。可结合养蜂进行辅助授粉。在同一株上，当基部种子已完全成熟时，上部尚在开花，因此为防基部种子脱落，当大部种子成熟即须收获。

荞麦具有良好的适口性，可做面条、饸饹、凉粉、糕饼和荞麦米饭，还可做麦片和糖果的原料。茎秆、糠壳和麸皮是牲畜的良好饲料。中医学上用于治疗和预防高血脂病、高血压病、糖尿病及微血管脆弱性出血等。

桥梁 bridge 为公路、铁路、城市（农村）道路、渠道、管线、行人跨越各种障碍（如江河、湖泊、海峡、沟谷、其他交通线路或建筑物等）而修建的一种人工构筑物。简称桥。是交通线路的重要组成部分。

桥梁组成 由桥梁上部结构、桥梁下部结构以及桥梁防护建筑物组成（图1）。

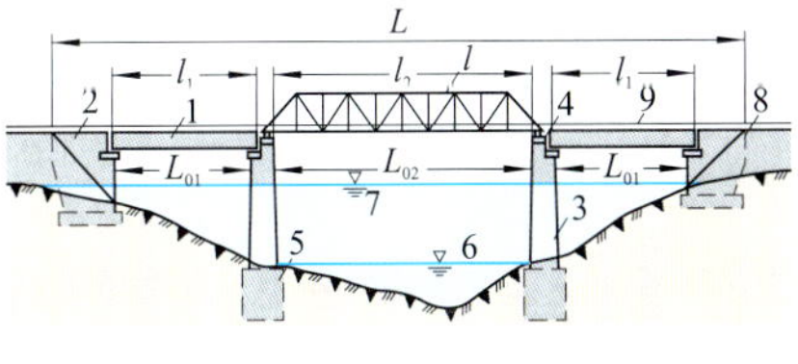

1 上部结构 2 桥台 3 桥墩 4 支座 5 基础 6 低水位 7 设计水位 8 锥体填方 9 桥面

图1 桥梁组成

桥梁上部结构 又称桥跨结构。承担线路及结构本身的荷载，跨越障碍。主要包括桥面系、主要承重结构和支座等。

①桥面系。公路和城市道路桥梁的桥面系包括桥面铺装（又称行车道铺装）、防水排水系统、伸缩缝、人行道（或安全带）、栏杆（或防撞护栏）及灯光照明系统等。铁路桥的桥面系一般由桥面、纵梁和横梁组成。桥面一般采用明桥面或道碴桥面。

②主要承重结构。它的作用是承担上部结构所受的全部荷载并传递给支座，如实腹梁桥中的主梁、桁架梁桥中的主桁、拱桥中的主拱圈和索结构等。在实腹梁桥中，大跨度预应力混凝土梁桥多采用箱形主梁；钢实腹梁桥则常采用带正交异性钢桥面板的箱形主梁。箱梁具有较大的抗弯和抗扭惯矩，故可减轻自重，提高跨越能力。在桁架梁桥中为将主桁联结成整体以承受各方向的荷载，应在其两上弦和两下弦间设置水平联结系，在竖直平面内设置横向联结系（简称横联），位于下承式简支梁桥两端及连续梁桥中间支座上的横联称桥门架，所有横联杆件必须布置在桥梁建筑限界之外以保证车辆的通行（图2）。主拱圈作为拱桥的主要承重构件，在荷载作用下主要承受轴向压力，按其横截面形式通常可分为板拱、肋拱、双曲拱及箱形拱等类型，其中肋拱和箱形拱多用于大、中跨径拱桥。

③支座。通常设于桥台（墩）顶部，除固定和支承上部结构并将荷载传递给下部结构外，还应能适应上部结构在荷载、温度变化等因素作用下按其结构图式所产生的转角和位移。有固定支座和活动支座两种类型。

桥梁下部结构 用以支承上部结构并将荷载传给地基。主要包括桥台、桥墩（一般合称为墩台）和桥梁基础。

①桥台。位于桥梁的两端，支承桥梁上部结构，并与路堤衔接，用以传递上部结构荷载至基础，并抵抗路堤土压力。

②桥墩。位于多孔桥梁的中间部位，支承相临两孔上部结构，用以将上部结构荷载传至基础。

③桥梁基础。是桥梁最下部的结构，上承墩台，用以保证墩台安全并将全部荷载传至地基。

桥梁防护建筑物 是为保护桥梁墩台、桥头路基等而修建的附属工程，主要包括桥

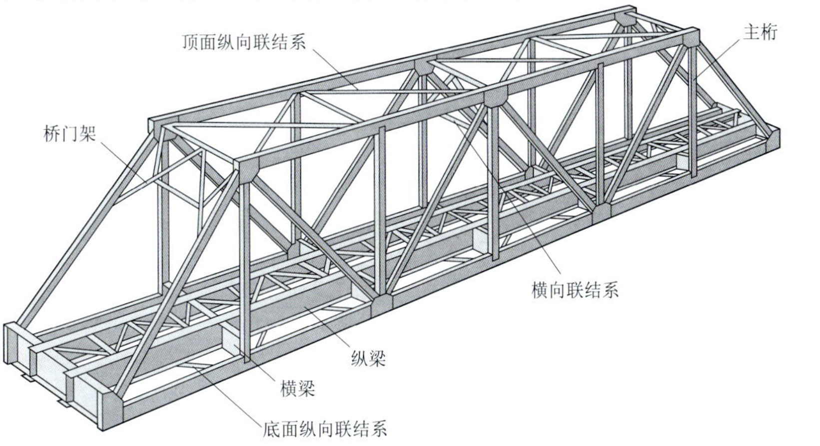

图2 下承式桁架梁桥

台两侧的翼墙（或锥体护坡）、桥墩防撞设施及在桥梁上下游设置的导流结构物、防洪堤、丁坝、护岸等。

桥梁主要标高和总体尺寸 桥梁沿高度方向的结构位置，用国家标准水准高程表示，主要控制部位有基底、地面、襟边、墩（台）顶、桥面（公路桥）或轨顶（铁路桥）等处。在设计中的主要水位有低水位、设计水位、洪水位及设计通航水位等。

设计水位或设计通航水位与桥跨结构最下缘间的高差称为桥下净空高度。桥面（或轨顶）与低水位或桥下线路路面之间的高差称为桥梁高度（简称桥高），它在某种程度上反映了桥梁施工的难易性。桥面（或轨顶）与桥跨结构最下缘间的高差称为桥梁的建筑高度。

沿桥梁轴线，两岸桥台侧墙或八字墙尾端之间的距离L（无桥台的桥梁为桥面系行车道长度）称为桥梁全长（公路桥），两桥台挡碴墙间的长度称为桥梁长度（铁路桥）。对于梁式桥，设计水位线上相邻两桥墩（台）之间的水平净距L_{01}、L_{02}（不计墩台厚度）称为净跨径，各孔净跨径的总和称为总跨径，桥跨结构两支座中心间的水平距离l_1、l_2称为计算跨度，简称跨度（图1）。跨度越大承重结构的尺寸也变大，设计和施工的难度也高，因此跨度的大小往往是衡量桥梁技术水平的重要指标。

桥梁横向总宽度一般指两侧栏杆内侧间的水平距离，由行车道、慢车道宽度（公路桥）或轨道股数（铁路桥）和人行道宽度决定。

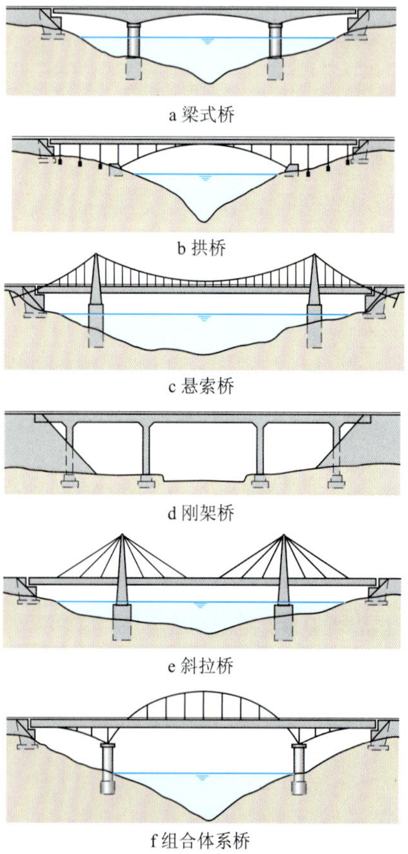

a 梁式桥

b 拱桥

c 悬索桥

d 刚架桥

e 斜拉桥

f 组合体系桥

图3 不同结构体系的桥梁

桥梁分类 分类方法有多种：

①按结构体系分。有**梁式桥**、**拱桥**、**刚架桥**、**悬索桥**和**斜拉桥**（有时合称缆索承重桥）等基本体系，此外还有组合体系桥等（图3）。梁式桥以受弯为主的主梁作为主要承重构件。拱桥的主要承重构件是承受轴向压力为主的主拱圈。刚架桥的主梁和墩台固结为整体，刚架构件既承受弯矩，也承受轴向力。悬索桥（又称吊桥）是以受拉为主的缆索（或链索）作为主要承重构件，因材料强度利用充分，是跨越能力最大的桥型。斜拉桥（又称斜张桥）由主梁、斜拉索和索塔等组成，其主梁的受力如同弹性支承上的连续梁。组合体系桥是由基本体系组合而成的桥梁。常用的有拱、梁组合体系桥和索、梁组合体系桥，因此斜拉桥和悬索桥亦可归入此类。

②按桥跨结构的材料分。有木桥、圬工桥（包括砖、石、混凝土桥）、钢筋混凝土桥、预应力混凝土桥、钢桥和结合梁桥等，其中以混凝土桥（包括钢筋混凝土桥、预应力混凝土桥和圬工拱桥）的应用最为广泛。木桥易腐朽且资源有限多用于临时性桥梁。圬工材料抗压强度高而抗拉强度甚低，主要用于中小跨度拱桥。钢筋混凝土桥由耐压的混凝土和拉、压性能均好的钢筋组合而成，主要用于中小跨度的梁式桥和大、中跨度拱桥。预应力混凝土桥系采用高强度钢筋（丝）和高标号混凝土建成，可达到的跨度大大超过钢筋混凝土桥。钢桥常用于实腹梁桥及大跨度桁架梁桥、拱桥、斜拉桥和悬索桥，其优点是施工速度快、跨越能力大，缺点是用钢量多、养护维修费用高。结合梁桥（也称组合梁桥、叠合梁桥）通常由钢梁和钢筋混凝土桥面板相结合，可节省钢材。此外，还有用轻质混凝土、铝合金、玻璃钢等材料建造的桥梁。

③按用途分。有公路桥、铁路桥、公路铁路两用桥、城市道路桥、农村道路桥、人行桥、输水桥（渡槽）及其他专用桥（如管线桥等）。

④按跨越障碍分。有跨河桥、跨谷桥、跨线桥和高架桥等。跨河桥的长度和高度，应满足泄洪和通航的要求。在主河槽部分的桥梁称为正桥，跨度通常较大，其余部分称引桥。跨谷桥的长度和高度由地形决定。跨线桥是一条线路跨越另一条线路的桥梁，又称**立交桥**；在地下穿过既有线路的又称地道桥。高架桥是修建于地面或道路上空的旱桥，也是一种用桥梁代替路堤的高架道路。

⑤按桥面位置分。有上承式桥、中承式桥、下承式桥和双层桥。桥面布置在桥跨结构顶面的称上承式桥（图3a、b、d），在承重结构下缘附近的称下承式桥（图2），介于上、下缘之间的称中承式桥，上、下缘均设桥面的称双层桥。上承式桥具有构造简单、养护施工方便、节省墩台圬工数量及视野开阔等优点，常宜优先选用；中、下承式桥具有建筑高度小、桥面标高较低的优点；双层桥多用于公铁两用桥。

⑥按桥梁平面形状分。有正交桥、斜桥和弯桥。正交桥的桥轴线与主河槽的流向（或被跨越线路的中心线）正交。斜桥的桥轴线与主河槽流向斜交，斜桥的受力和构造都较复杂，用材料也多。弯桥是桥梁轴线顺线路走向呈曲线布置的桥梁，其受力和构造亦较复杂，桥面应按线路要求设置超高并予以加宽。

⑦按施工方法分。混凝土桥分整体式施工和节段式施工两类。前者是在桥位上搭支架现浇（或整体预制）的整体式结构。后者又分为预制装配式桥和逐段现浇式桥。预制装配式桥是将预制的各种构件拼装架设成为整体结构，逐段现浇式桥则是采用现代施工方法逐段现浇而成为整体结构；也有两者结合的装配-现浇式混凝土桥。钢桥一般采用装配式施工方法。

⑧按桥梁长度分。桥梁在技术要求和养护设施等方面需要按桥梁长度进行分类。中国公路桥梁涵洞按总长或单孔跨径进行的分类见表1，中国铁路桥梁按桥梁长度的分类见表2。

表1 中国公路桥梁涵洞按跨径分类

分类	多孔跨径总长 L(m)	单孔跨径 l_0(m)
特大桥	$L\geqslant500$	$l_0\geqslant100$
大桥	$100\leqslant L<500$	$40\leqslant l_0<100$
中桥	$30<L<100$	$20\leqslant l_0<40$
小桥	$8\leqslant L\leqslant30$	$5\leqslant l_0<20$
涵洞	$L<8$	$l_0<5$

表2 中国铁路桥梁按长度分类

分类	桥梁长度L(m)
特大桥	$L>500$
大桥	$100<L\leqslant500$
中桥	$20<L\leqslant100$
小桥	$L\leqslant20$

⑨按使用期限分。有永久性桥、临时性桥和半永久性桥。永久性桥为长期使用的桥梁，需按规定设计洪水频率、桥面宽度和检查维修设备。除固定式桥外，还有**活动桥**。活动桥是桥跨结构可以移动或转动，以扩大或开放桥下通道的桥梁。临时性桥采用简易构造，仅在短期内使用或在永久性桥未建成以前供维持交通之用，如**浮桥**和军用桥。军用桥通常要求材料轻而强度高，构件可以互换，拆装简便，能快速组装成各种跨度和承载力的桥梁。半永久性桥一般是下部结构按永久性桥设计，而上部结构是临时性的。

桥梁工程 bridge engineering 桥梁勘测、设计、施工、检测、维修养护和检定等的

表1 国外大跨度桥梁

桥型	桥名	国名	桥别	主跨（m）	建成年份
钢桁架梁桥	魁北克桥	加拿大	公铁	548.6	1918
	福斯湾桥	英国	铁路	521	1890
	港大桥	日本	公路	510	1974
钢拱桥	新河峡谷桥	美国	公路	518.2	1977
	贝永大桥	美国	公路	503.6	1931
	悉尼港桥	澳大利亚	城市	503	1932
钢悬索桥	明石海峡大桥	日本	公路	1 991	1998
	大海带桥	丹麦	公路	1 624	1998
	汉伯桥	英国	公路	1 410.8	1981
钢斜拉桥	多多罗大桥	日本	公路	890	1998
	诺曼底桥	法国	公路	856	1994
	名港中央大桥	日本	公路	590	1997
混凝土斜拉桥	卢纳桥	西班牙	公路	440	1983
	布罗托讷桥	法国	公路	320	1977
	帕斯科－肯纳威克桥	美国	公路	299	1978
钢筋混凝土拱桥	克尔克桥	克罗地亚	公路	390	1980
	格莱兹维尔桥	澳大利亚	公路	304.8	1964
	阿米扎迪桥	巴西	公路	290	1964
预应力混凝土梁桥	斯托尔马桥	挪威	公路	301	1998
	拉夫脱圣德桥	挪威	公路	298	1998
	门道桥	澳大利亚	公路	260	1986

表2 中国大跨度桥梁

桥型	桥名	地点	桥别	主跨（m）	建成年份
钢桁架梁桥	九江长江大桥	江西	公铁	216	1992
	三堆子金沙江大桥	四川	铁路	192	1969
	宜宾金沙江大桥	四川	铁路	176	1968
	雅砻江渡口大桥	四川	铁路	176	1968
	南京长江大桥	江苏	公铁	160	1968
钢拱桥	卢浦大桥	上海	城市	550	2003
钢悬索桥	润扬长江大桥	江苏	公路	1 490	2005
	江阴长江大桥	江苏	公路	1 385	1999
	青马大桥	香港	城市	1 377	1997
钢斜拉桥	南京长江二桥	江苏	城市	628	2000
	武汉长江三桥	湖北	城市	618	2000
	青州闽江大桥	福建	城市	605	2000
混凝土斜拉桥	荆州长江大桥	湖北	公路	500	2002
	鄂黄长江大桥	湖北	公路	480	2002
	大佛寺长江大桥	重庆	城市	450	2001
	李家沱长江大桥	重庆	公路	444	1996
	番禺大桥	广东	公路	380	1999
钢筋混凝土拱桥	万县长江大桥	四川	公路	420	1997
	丫髻沙大桥	广东	城市	360	2000
	江界河大桥	贵州	公路	330	1995
	邕宁邕江大桥	广西	公路	312	1996
	晴川大桥	湖北	城市	280	2000
预应力混凝土梁桥	虎门大桥辅航道桥	广东	公路	270	1997
	泸州长江二桥	四川	公路	252	2000
	黄花园嘉陵江大桥	重庆	公路	250	1999
石拱桥	丹河大桥	山西	公路	146	2000
	乌巢河大桥	湖南	公路	120	1990
	丰都九溪沟桥	四川	公路	116	1972

工作过程，以及研究这一过程的科学和工程技术。它是**土木工程**的分支。

发展 首先取决于交通运输对它的需要。古代桥梁以通行人、畜为主，载重不大，桥面纵坡可以较陡，甚至可以铺设台阶。在有重载马车之后，载重量逐步加大，桥面纵坡也必须使之平缓。这时的桥梁材料仍以木、石为主，较少使用铸铁和锻铁，但中国的浮桥、索桥及石拱连接体有所应用。有了铁路以后，桥梁所承受的载重逐倍增加，线路的坡度和缓和曲线标准要求又高，且需要建成铁路网以增大经济效益。因此，为要跨越更大更深的江河、峡谷，迫使桥梁向大跨度发展，钢材的工业化生产正好满足这一要求。在技术方面，仅凭经验修桥曾使19世纪80～90年代的许多铁路桥发生了重大事故，此后正在发展中的结构力学理论得到了重视，而在静力分析理论完全确立并广泛普及之后，桥梁因强度或刚度不足、细节设计安装方法不当而造成的事故显然大为减少。20世纪以来，公路交通特别是高速公路的快速发展，在内陆，要在更多的江河、峡谷上建桥；在城市中，现代化的各种交通的发展，要建造高架桥、立交桥；在沿海，既需要在大船通航的河口、海湾、海峡修建特大桥梁，又需在一些海岛与大陆之间修建长桥。桥梁需要大量修建，必然促进技术水平不断提高和新材料、新工艺、新桥式不断涌现。

内容 主要有：①桥渡设计。选择桥位，确定桥梁长度和孔径，考虑通航和线路要求以确定桥梁高度，考虑基底不受冲刷或冻胀以确定基础埋置深度，设计导流建筑物等。

②桥式方案设计。根据设计任务书编制各种可能采用的桥式方案，进行技术比较和经济比较，提出推荐方案，提供建设单位进行决策。

③桥梁结构设计。为选定的桥式进行结构分析，决定桥梁上部结构和下部结构尺寸，绘制设计图。

④桥梁施工。按现场和施工单位的具体条件，选择适当施工方法，进行施工组织设计，按设计建造桥梁。

⑤桥梁检定。确定既有桥梁所能安全承受的活荷载和抗洪能力。

⑥桥梁试验。测定实桥或模型在荷载下的应变、位移及振动等行为，与计算或预期效果进行对比，为桥梁设计及其科学技术的发展积累资料。部分试验应在设计或施工阶段前进行。

⑦桥梁养护。延长桥梁寿命，保证使用安全。

成就 跨度记录虽不能用以确定地说明成就，但它较为具体，可以在一定程度上反映桥梁技术水平。表1为国外大跨度桥梁记录汇编，表2为中国大跨度桥梁记录汇编。

展望 21世纪桥梁工程面临的任务是：建造跨越深阔海峡的特大跨度桥梁，更加好、快、省地建造大跨度和中小跨度桥梁，检测维修大量运营中的桥梁。在桥梁规划设计方面，将运用高度发展的计算机辅助手段进行有效和快速的优化设计和仿真分析，包括虚拟现实技术，如可模拟地震和台风袭击下结构物的表现和桥梁对环境的影响、景观等，以及不断修改方案或作出决策。

在桥梁施工安装方面，将利用智能化的制造系统、工厂完成结构部件的精密加工，然后，施工时可用全球定位系统（GPS）

重庆长江公路桥

和遥控技术，在总部管理和控制桥梁结构的高质量与安全施工。

在保证桥梁安全运用和在结构设计寿命期内的结构安全性、耐久性和可靠性方面，将采用桥梁的自动监测和管理系统，如出现故障或损伤，系统将自动发出警报，显示结构损伤或故障部位，指示养护、维修或加固对策。

桥牌 bridge 使用普通的扑克牌进行竞技的一种牌戏。其前身为流行于16世纪英国的一种称为"凯旋"的扑克牌戏，后逐步演变成为翻开第52张牌为将牌花色的"惠斯特"牌戏。19世纪80年代，桥牌开始出现。它与3种玩法不同的牌戏相关联，人们称其为"惠斯特桥牌"、"竞叫桥牌"和"定约桥牌"。1958年8月在挪威奥斯陆成立世界桥牌联合会，1999年成为国际奥林匹克委员会认可的国际体育组织，2000年成为国际体育联合会成员。该桥联举办的主要赛事有百慕大杯、威尼斯杯世界桥牌赛和世界桥牌奥林匹克团体赛等。

桥牌由4名牌手分成两对，使用52张牌，分黑桃、红心、方块、梅花4种花色，每种花色牌的大小按A、K、Q、J、10、9、8、7、6、5、4、3、2的顺序。发牌、叫牌及打牌过程，均采用顺时针方向进行。由发牌人发牌，牌面向下，每个牌手得13张。打牌，每人每轮出1次牌，每轮的4张牌称为1墩。打牌的直接目的是赢得牌墩。打牌前先通过叫牌确定一种花色为将牌或无将，并且确定各方应取得的赢墩数。

1949年前中国只有少数人参加桥牌活动。中华人民共和国建立后，定约桥牌活动逐步发展起来。1979年9月中国桥牌协会成立。1980年10月加入世界桥牌联合会和远东桥牌联合会。先后承办了百慕大杯、威尼斯杯世界桥牌锦标赛和远东桥牌锦标赛等国际桥牌赛事。中国桥牌运动水平也得到了大幅提高，中国女队共获11次远东赛冠军，中国男队也曾多次获地区锦标赛冠军。中国桥牌协会每年都举办如全国桥牌锦标赛、全国桥牌协会锦标赛等赛事。

桥社 Die Brücke 德国表现主义的美术社团。1905年成立于德累斯顿。桥社一词是由K.施密特－罗特卢夫从F.尼采的《查拉图斯特拉如是说》一书中引用而来。作为社团的名称，其含义是联结一切革命的和活跃的成分，通向未来。发起者是德累斯顿理工学院建筑专业的学生E.L.基希纳、E.黑克尔、E.布莱尔、施密特－罗特卢夫。参加者还有E.诺尔德、O.米勒、M.佩希施泰因。桥社的活动主要为印刷画家设计明信片、广告画和展览目录，定期举行展览等。1906～1912年间曾在德累斯顿等地举办数届画展，1913年因内部观点不一致导致分裂。桥社主张创作者与欣赏者处于平等的地位，试图建立一个把生活和创作融合在一起的组织。桥社的艺术家们有共

基希纳作《街头的五个女人》(1913，科隆威尔拉利菲路美术馆藏)

同的美学追求和大致相近的风格，擅用激昂、狂放的艺术语言，并在发展过程中逐渐形成自己的个性。但面对立体主义、未来主义等新思潮，桥社成员意见不一，导致分道扬镳。

《翘传》 *Truyen Kieu* 越南古典文学名著。又名《断肠心声》。19世纪初，越南诗人阮攸以中国明末清初青心才人所著章回体小说《金云翘传》为蓝本，用喃字改写为叙事长诗。全诗共3 254行。作品以美丽善良、才华出众的少女王翠翘历经磨难的人生遭际为主线，敷衍成一个情节曲折、凄婉动人的爱情故事。揭露封建制度的腐朽和黑暗，歌颂自由和爱情。创作上采用具有民族特点的六八体诗形式，无论是结构还是表现手法都达到了很高的水平。在运用和驾驭语言能力方面，更突显出诗人的高深造诣。《翘传》被视为越南民族古典诗歌艺术的巅峰之作，对后世越南文学的发展产生了深远的影响。有中、英、德等多种译本。

谯纵 Qiao Zong（？～413） 中国十六国时期后蜀国君。405～413年在位。巴西南充（今四川南充市北）人。出身世家大族。初为东晋安西府参军。义熙元年（405），益州刺史毛璩遣谯纵等领诸县氐兵东下征讨桓玄，士兵不愿离乡，侯晖、阳昧逼其反叛，推他为主。攻占涪城（今四川涪陵），诛西夷校尉毛瑾，自称梁、秦二州刺史。遣弟谯明子在绵竹设伏兵大败毛璩部下王琼。毛璩死，纵自称成都王，以谯洪为益州刺史，谯明子为镇东将军、巴州刺史。四年，击败晋征蜀都督刘道规。向后秦姚兴称臣，封为蜀王。九年，刘裕以朱龄石为益州刺史，率兵2万，自江陵讨纵，纳刘钟之计，斩侯晖，大败谯军，攻入成都。谯纵自缢而亡。

巧克力 chocolate 以可可制品（可可脂、可可液块、可可粉）、砂糖为主要原料，添加或不添加乳制品、食品添加剂，经混合、研磨、精炼、调温、成形等工艺制成的食品。英文chocolate的音译。巧克力具有光亮的外观和香醇甜美、柔滑细腻的口感，能量密集浓缩，风味独特，且含有比较丰富的矿物质如镁、铜、铁、锌等，是一种理想的能量补充品。

巧克力按加工工艺和原料组成分为巧克力和巧克力制品两类。巧克力按主要原料配比可分为：①黑巧克力。呈棕褐色或棕黑色、具有可可苦味的巧克力。②牛奶巧克力。添加乳制品、呈棕色和浅棕色、具有可可和乳香味的巧克力。③白巧克力。不添加非脂可可物质（如可可粉、可可液块）的巧克力。巧克力制品一般是以糖果和焙烤食品为芯料，外涂巧克力酱料制成，如斯纳克、维化巧克力等。

由于可可产量有限，不能满足巧克力生产发展的需要，针对可可脂的特性，研究开发出了类可可脂和代可可脂，用以部分代替可可脂或全部代替可可脂生产代脂巧克力。

壳斗科 Fagaceae; beech family 双子叶植物纲金缕梅亚纲的一科。常绿或落叶乔木，稀灌木，托叶早落。花单性，同株或同序，花被1轮，下部合生，4～6裂；花序直立或下垂，整穗脱落，穗状，但南水青冈属为单花或2～3花的二歧聚伞花序，而水青冈属的雄花序为多花组成的头状花序，雌花稀单朵散生或由二歧聚伞花序组成；雄蕊8～12，雌花单或数朵内藏于花后增大的壳斗（又称总苞）内，子房下位，3～6室。坚果的壳斗外壁有锐刺、鳞片、层片、疙状体或环纹。共7属900余种。除热带非洲和南非地区不产外几产全世界，以亚洲的种类最多。中国有7属约320种。除新疆有引种外，自然分布于南北各省区，主要产于西南及南部。

壳斗科植物的各部大多含鞣质，以树皮和壳斗的含量较高，鞣质分解产物通常为鞣花酸、没食子酸、儿茶酸和去氢双没食子酸。水青冈属和栎属等的种仁含以油酸和亚油酸为主的脂肪油。

鞘翅目 Coleoptera; beetle 昆虫纲中最大的一目。**有翅昆虫**。统称甲虫，俗称甲壳虫。世界已知约40万种，约占世界已知昆虫总数的40%。中国已知约1万种。

体壁坚硬。触角11节或更少，丝状至膝状。口器咀嚼式。复眼较发达，有的退化或消失，有的分裂为上下两个。前胸发达。前翅角质化，坚硬，无翅脉，称为鞘翅，静止时覆在背上，盖着中、后胸以及大部或全部腹节（中胸小盾片一般均外露）；后翅膜质，一般很大，静止时纵横折叠藏于鞘翅下，在不同类群中折叠方式不同。足具有各种形态变异，适于疾走、游泳、跳跃、挖掘或攫取。爪一般1对，有的只具单爪；有单齿式、附齿式、双齿式。雌虫产卵管一般由第9腹节延伸而成，雄外生殖器主要由阳茎和阳基两部分组成，均是种类鉴定的重要依据。完全变态。

鞘翅目具有十分广泛的适应性，是昆虫纲中分布最广的一目。除海洋和极地外，各种生境中均有分布，尤以陆生种类最多。有的寄生于其他昆虫的体内，有的寄生于哺乳动物的体外，有的在动物粪便、尸体、枯枝落叶层或土壤中生活，也有的寄居在鸟类或鼠类的巢穴中，或寄居于某些社会性昆虫（如蚁类或蜂类）的巢内，还有的是仓库害虫。本目中广布的有步甲总科、叶甲总科、金龟子总科和象虫总科。虎甲科、吉丁科、天牛科和锹甲科主要分布于热带地区。有些科的分布范围很有限，如水生的两栖甲科仅分布于中国的四川和吉林，以及北美洲。在仓库害虫中有100多个种为世界性分布。

甲虫的食性很复杂，包括腐食性、粪食性、尸食性、植食性、捕食性和寄生性等。植食性的种类有很多是农林业的重要害虫，如叩头虫科，其幼虫通称金针虫，生活于土中，危害土内的种子、块根和幼苗等。在捕食性的甲虫中，有很多是对人类有益的，如瓢虫科、步甲科和虎甲科等。瓢虫科中的澳洲瓢虫是有很大经济价值的天敌昆虫，中国已从大洋洲引进以防治吹绵蚧；隐唇瓢虫原分布于印度至澳大利亚，中国也曾引进以防治介壳虫。步甲科中重要的种类如中华广肩步甲和赤胸步甲捕食黏虫和切根虫等鳞翅目幼虫，捕食率很高。

有些甲虫具有医药价值，如芫菁科的斑芫菁属、绿芫菁属、豆芫菁属和短翅芫菁属等，其成虫能分泌芫菁素（又称斑蝥素），中国用它来治疗某些癌症；粪金龟科紫蜣螂的干燥成品有镇惊、破瘀止痛、攻毒通便等功能，在中药中应用。

鞘膜积液 hydrocele of tunica vaginalis 因渗出过多或吸收障碍，睾丸鞘膜囊内积有过多的液体的病理现象。

分类 ①睾丸鞘膜积液。单纯鞘膜腔内积液，最常见。②精索鞘膜积液。精索鞘膜突部分未闭，液体积聚在精索部。③精索睾丸鞘膜积液。鞘膜突在内环以下部位未闭所致。④交通性鞘膜积液。鞘膜突未闭造成鞘膜腔与腹膜腔相通，腹腔液体可以直接进入睾丸鞘膜腔。

临床表现和诊断 睾丸鞘膜积液主要是阴囊部逐渐发现囊性肿块，呈卵圆形或梨形，有下坠感而无疼痛，阴囊皮肤正常，睾丸被包在鞘膜囊内不能触及。透光试验阳性。

治疗 两岁以前的婴儿时期少量的鞘膜积液可自行消失，若积液量逐渐增加，则应采取积极的治疗。①阴囊穿刺抽液。一般穿刺抽出液体后，液体仍能继续积聚。②阴囊穿刺抽液后药物注入。③手术治疗。是鞘膜积液的根治方法，可适用于各种类型的积液。治愈率可达99%以上。

切比雪夫 Chebyshev, Pafnuty Ljvovich (1821-05-26～1894-12-08) 俄国数学家、机械学家。生于奥卡托瓦，卒于圣彼得堡。1841年毕业于莫斯科大学。1849年获博士学位。1847～1882年在圣彼得堡大学任教，1850年成为教授。1859年当选为圣彼得堡科学院院士。他还是许多国家科学院的外籍院士和学术团体成员。1890年获法国荣誉团勋章。

切比雪夫是圣彼得堡数学学派的创始人，他在许多数学领域及其邻近学科都作出重要贡献，并注重理论联系实际。在数论方面，切比雪夫从本质上推进了对素数分布问题的研究，他探讨了素数分布的渐近规律，还证明了贝特朗猜想：任何自然数n与$2n$之间至少有一素数，并引入重要的数论函数——切比雪夫函数。

在概率论方面，切比雪夫建立了证明极限定理的新方法——矩法，用十分初等的方法证明了一般形式的大数律，研究了独立随机变量的和函数的收敛条件，证明了这种和函数可以按$n^{-1/2}$的方幂渐近展开（n为变量的个数）。

切比雪夫从机械原理出发，研究了用多项式逼近连续函数的问题，建立了偏离零最小函数的专门理论，作出区间$[-h,h]$上的几个著名的多项式，称为切比雪夫多项式。他还研究了二次逼近和用三角函数及有理函数逼近连续函数的问题。由此，创立了函数构造论。

切比雪夫在数学分析中研究了无理函数的可积性，解决了有限形式下椭圆积分问题，证明了著名的微分二项式可积性条件的定理等。

切比雪夫去世后，先后出版了他的论文集（1899～1907）、全集（1944～1951）和选集（1955）。1944年，苏联科学院设立了切比雪夫奖金。

切断低压 cut-off low 对流层中部和上部的冷性气旋。中纬度高空冷性西风槽快速向南发展时，冷槽南部冷空气受暖空气切断而与北方大槽脱离，在大槽南方形成一个孤立的闭合冷性低压，称为切断低压。切断低压水平尺度常为数百至数千千米，在**卫星云图**上有明显的旋向中心的孤立云系。切断低压可由冷性大槽发展或由其西侧暖性高压北伸而发生。切断低压常生成在对流层中高层，生成时地面常为冷性高压，发展后由于气旋性涡度下传而地面出现弱气旋环流。切断低压东部经常有上升气流而有降水，西部有下沉气流而天气晴好。

切尔克斯人 Cherkesses 西亚民族之一。又称契尔卡斯人。约30万人（2001）。主要分布在土耳其、叙利亚、约旦和伊拉克，部分分布在俄罗斯联邦。原住高加索黑海沿岸至库尔德斯坦地区。属欧罗巴人种地中海类型。使用切尔克斯语，属高加索语系阿布哈兹-阿迪格语族。原信基督教，16～18世纪改信伊斯兰教，属逊尼派。远在古希腊罗马时代，即有关于切尔克斯人的记载，史称“切尔西塔人”。13世纪俄国文献亦有记述。法国人多桑所著《多桑蒙古史》称此族为“薛尔客速部”。1864年沙俄吞并高加索，切尔克斯人中的阿迪格人大批迁往土耳其东部。1877年俄土战争后，又有切尔克斯人流入叙利亚北部及约旦境内。文化上受**波斯人**影响。经济以农牧业为主，少数经营园艺。手工业以毛毯和其他毛织品著称。

切尔诺贝利核事故 Chernobyl Accident 1986年4月26日凌晨苏联乌克兰共和国基辅以北切尔诺贝利核电站4号机组发生的严

切尔诺贝利事故现场

重事故。事故中所释放的放射性物质随烟云飘流到整个北半球。北半球各国都能检测到事故中所排出的放射性物质。

事故导致大量人员伤亡。起因是反应堆设计上有严重缺陷以及一系列严重违反运行规程的误操作。这一事故对世界核电站发展产生久远而严重的影响。

切尔斯基山 Cherskogo, Gora 俄罗斯西伯利亚东北部山系。为纪念俄国西伯利亚考察者I.D.切尔斯基而命名。从亚纳河的下游向东南延伸到科雷马河上游。长约1 500千米，宽400千米。大多为海拔2 000～2 500米的中山，最高点胜利峰海拔3 147米。山顶有350多条冰川（总面积157平方千米）。以高山灌丛及山地苔原为主。北坡海拔300米以下、南坡海拔1 100米以下生长落叶松疏林。矿藏有金、锡及稀有金属。

切花 cut flower 从鲜活植株上切取的花朵或枝叶。是花卉装饰艺术中具有生命力的物质材料，用途十分广泛，既可供瓶插水养，也可用来制作插花、花束、花篮、花圈、花环等。

根据使用时的情况，切花分为鲜切花和干切花两种。鲜切花一般为花枝硬挺，花美色鲜或具芳香，切枝水养可维持较长时间的观花植物。如菊花、唐菖蒲、郁金香等。干切花一般为花枝切下后经干燥或人工着色处理，能长期保持花朵姿色的植物，如翠菊、千日红、银苞菊等。

鲜切花脱离植株根系后，依赖花枝上的叶片、茎（枝）、花托等器官，通过同化和呼吸作用，其生命力仍能维持一定时间，加之人工保鲜措施，可进一步延长鲜活期。

鲜切花经保鲜、分级、包装处理后，迅即投入花卉市场，销往国内外。传统的切花生产国有荷兰、丹麦、法国、意大利等。中国随着花卉业的发展，切花生产也在迅速兴起。

切凯蒂 Cecchetti, Enrico（1850-06-21～1928-11-13） 意大利芭蕾表演家、教育家。生于罗马一舞蹈世家，卒于米兰。5岁在热那亚登台，29岁开始专业生涯，后以客席主演身份周游欧洲。曾任马林斯基剧院第二芭

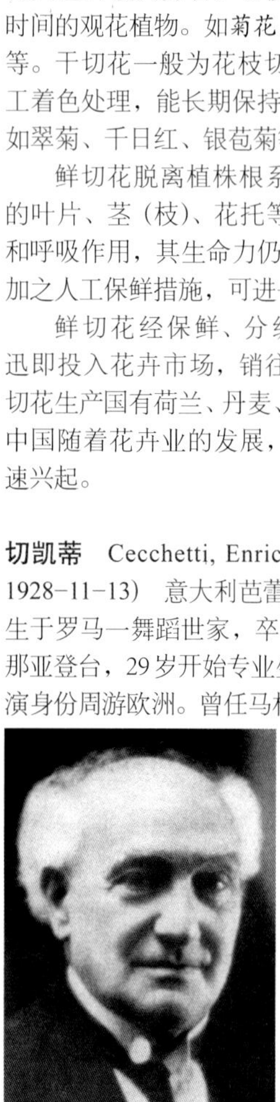

蕾编导、剧院附属舞校教员。佳吉列夫俄罗斯芭蕾舞团教师兼演员，为提高俄罗斯芭蕾的整体技术水平作出卓越贡献。他的学生A.P.巴甫洛娃、A.瓦冈诺娃、N.莱加、M.M.福金、V.尼金斯基、L.马辛、G.巴兰钦、N.de瓦卢娃、M.克拉斯科、A.丹妮洛娃、A.马科娃、A.都林、S.里法尔等，日后均成为苏联、美国、英国、法国芭蕾界的栋梁之材。1925年返回意大利，任斯卡拉歌剧院芭蕾舞校校长。切凯蒂为古典芭蕾制定了严格的基本技术规范，他的教学体系被称为切凯蒂教学体系。

切列普宁 Tcherepnin, Alexander Nikolayevich（1899-01-20～1977-09-29） 美籍俄裔作曲家、钢琴家。中国名齐尔品。生于圣彼得堡，卒于巴黎。幼年在圣彼得堡音乐学院跟父亲学习。十月革命之后随父迁居第比利斯，后侨居国外，经常开音乐会演奏自己的作品。1926年访问美国。1934年到中国，同年5月在上海委托萧友梅筹划举办“征求中国风味的钢琴曲”作品比赛，对中国音乐创作的发展产生了积极影响。1937年与中国钢琴家李献敏结婚。后又到日本。他曾支持和奖励中、日青年作曲家的创作，组织出版他们的优秀作品。1944～1964年在芝加哥德堡大学任教。1967年曾回苏联举行音乐会。他的作品有芭蕾《特列帕克》（1938）、《女人和她的影子》（1948），歌剧《农夫与仙女》（1952），4部交响曲以及协奏曲、重奏曲、康塔塔等。

切伦科夫辐射 Cerenkov radiation 高速带电粒子在非真空的透明介质中穿行，当粒子速度大于介质中的光速时所产生的一种特殊辐射。1934年P.A.切伦科夫发现，1937年I.M.夫兰克和I.Ye.塔姆作了理论说明。切伦科夫辐射同带电粒子加速时的辐射不同，不是单个粒子的辐射效应，而是运动带电粒子与介质内束缚电荷和诱导电流所产生的集体效应。可视为一种在介质中的电磁冲击波，类似于超声速子弹或飞机在空气中形成的空气冲击波。这一电磁冲击波是粒子在其运动轨迹的各点所辐射的波相互干涉的结果，呈圆锥形，粒子正好处在圆锥的顶点。冲击波的传播方向与粒子运动方向之间的夹角θ称为切伦科夫角，满足$\cos\theta = c/nv$，式中v为粒子速度，n为介质折射率，c为真空光速。切伦科夫辐射是强偏振辐射，其电矢量在传播方向与粒子运动方向组成的平面内。可用于制成探测高速粒子的切伦科夫计数器。它具有计数率高、分辨时间短、能避免低速粒子干扰、准确测定粒子运动速度等优点。切伦科夫计数器在核物理和粒子物理发展史上起过重要作用，1955年利用它发现反质子，是高能物理和宇宙线实验中广泛应用的重要计数器之一。

切萨皮克湾 Chesapeake Bay 美国东部大西洋沿岸伸入内陆最深的海湾。北部在马里兰州，南部在弗吉尼亚州。南北延伸，长310千米，宽6～48千米。湾区水域面积7 115平方千米。平均水深8.5米，最大深度53米。东岸岸线曲折，地势较低，多岛屿和沼泽；西岸多半岛和溺谷。接纳大小河流多条，其中萨斯奎汉纳河最大，其流量占入湾总流量的50%；其次是波托马克河，占入湾总流量的15.5%。湾内海水盐度差异明显，湾口、湾中和湾顶的盐度分别为30、15和5。美国大西洋沿岸的航运中心。北端通过运河与特拉华河和特拉华湾相连；南端经伊丽莎白河与阿尔伯马尔湾沟通，构成大西洋沿岸水道的重要一环。1952年在海湾北部最狭处的桑迪角与肯特岛间建成切萨皮克湾桥，连接两岸交通；1964年在湾口建成连接两岸的一组桥梁、人工岛、隧道和高架桥工程，长28千米。沿岸多史迹，为重要旅游胜地。沿岸主要港口有巴尔的摩、诺福克等，后者也是美国重要海军基地。

切削加工 machining by cutting 用切削工具（包括刀具、磨具和磨料）把坯料或工件上多余的材料层切去，使工件获得规定的几何形状、尺寸和表面质量的加工方法。是机械制造中最主要的加工方法。

简史 切削加工的历史可追溯到原始人创造石劈、骨钻等劳动工具的旧石器时期。1668年，中国采用畜力驱动的装置上，以多齿刀具铣削天文仪上直径达2丈（古丈）的大铜环（见图）。19世纪70年代，切削

畜力驱动铣削大铜环

加工中开始使用电力。19世纪末出现的高速钢刀具，使刀具许用的切削速度达到25米/分左右。1923年出现的硬质合金刀具，使切削速度比高速钢刀具又提高两倍左右。20世纪30年代以后出现的金属陶瓷（见陶瓷）和超硬材料（人造金刚石和立方氮化硼），进一步提高了切削速度和加工精度。

分类 常见的有以下几种。

按工艺特征分为车削、铣削、钻削、镗削、铰削、刨削、插削、拉削、锯切、磨削、研磨、珩磨、超精加工、抛光、齿轮加工、蜗轮加工、螺纹加工、超精密加工、钳工等。

按材料切除率和加工精度可分为粗加工、半精加工、精加工、精整加工、修饰

加工和超精密加工。

按表面形成方法可分为三类：①刀尖轨迹法。②成形刀具法。简称成形法。③展成法。又称滚切法。

提高切削加工质量的途径　切削加工质量主要是指工件的加工精度和表面质量。影响切削加工质量的主要因素有机床、刀具、夹具、工件毛坯、工艺方法和加工环境等方面。要提高切削加工质量，必须对上述各方面采取适当措施。常用的高效切削加工方法有高速切削、强力切削、等离子弧加热切削和振动切削。

非金属材料的切削加工　对木材、塑料、橡胶、玻璃、大理石、花岗石等非金属材料的切削加工，虽与金属材料的切削类似，但所用刀具、设备和切削用量等各有特点。

茄科　Solanaceae; nightshade family　双子叶植物纲菊亚纲的一科。约85属3 000余种。广泛分布于全世界温带及热带地区，南美洲为最大的分布中心，种类最多。中国有24属105种，全国普遍分布，以南部亚热带及热带地区种类较多。草本、灌木或小乔木。叶常为单叶，极少为复叶。花单生、簇生或聚伞花序，花为5基数，辐射对称，极少两侧对称，有时第5枚雄蕊退化，子房由2心皮合生而成，2心皮偏斜。浆果或蒴果。

茄科许多植物具有较大的经济意义，除著名的辣椒、马铃薯、番茄、烟草外，还有许多种类有药用价值，如宁夏枸杞的红色浆果是良好的滋补药，中药称枸杞子，性味甘平，有滋肝补肾、益精明目的作用；其他各地所产枸杞，药用效能与宁夏枸杞相近，品质稍差；颠茄的根和叶含莨菪碱、阿托品、东莨菪碱、颠茄碱等，叶作镇痉及镇痛药，根治盗汗，并有散瞳的效能。茄科中原产中国的含莨菪烷类生物碱的植物很多，如赛莨菪属、山莨菪属、天蓬子属、马尿泡属、天仙子属、泡囊草属、茄参属和曼陀罗属等。

茄子　*Solanum melongena*; eggplant　茄科茄属的一种。一年生草本植物。古名酪酥、昆仑瓜。以幼嫩果实供食用。原产东南亚。中国南北各地均有栽培，为夏季主要蔬菜之一。

植株高1.0～1.3米，茎基部木质，直立，分枝性强，单叶互生。蝎尾状花序。能孕花单生或簇生。浆果，球圆、扁圆、长圆、卵圆或长条形；颜色紫红、红、绿或乳白。成熟时不论绿色或紫红色果实均较为棕黄色。食用部分包括果皮、胎座及“心髓”部分，均由海绵状薄壁组织组成，组织松软。种子细小。栽培的茄子包括三个变种，即：①圆茄。植株高大，果形大而圆，属华北生态型。②长茄。植株高度中等，果形较小而细长，属华南生态型。③矮茄。植株较矮，果实卵形，皮厚而子多，但抗性强。

属喜温作物，较耐高温。以露地栽培为主。由于茄子的结果期长，除要有充足的基肥外，还要求多次追肥（氮肥为主，适当增施磷肥、钾肥）。

茄子果实宜在幼嫩时采收，过熟时不但营养下降，而且果皮变厚，种子发育，不适于食用。果实含较多的蛋白质及矿物盐，维生素C含量较低。果内组织中含有的生物碱，使其带有涩味，不宜生吃。除作蔬菜煮食外，也可制成茄干、茄酱或腌渍茄。

《切韵》　中国古代最重要的韵书。隋代陆法言著。陆法言名词，字法言，以字行。河北临漳人。开皇（581～600）中官承奉郎。20岁左右，曾与前辈刘臻、萧该、颜之推等8人讨论音韵问题，并记下了讨论的要点。20年以后，据此编著《切韵》，成书于仁寿元年（601）。原书已失传。20世纪初以来，陆续发现了不少唐五代的写本和刻本。《切韵》收字11 500个左右，全书5卷，共分193韵，平声54韵，上声51韵，去声56韵，入声32韵。一韵之内的字，按同音关系分成小组，后来通称小韵。分韵的标准除了韵母本身的差别以外，还考虑到声调，同一个韵母，声调不同也分成不同的韵。现存的《切韵》完整增订本只有两个：一是故宫博物院藏唐写本王仁昫《刊谬补缺切韵》，另一是北宋陈彭年等编的《大宋重修广韵》。

《切韵》音　中国古代《切韵》所反映的中古时期的汉语语音系统。《切韵》原书已经失传，今人主要依据两种增订本来考证它的语音系统，即是故宫博物院所藏的唐写本王仁昫《刊谬补缺切韵》和《大宋重修广韵》。研究《切韵》的语音系统，通常分两步进行：先考求声、韵类别，然后再构拟它们的具体音值。《切韵》用反切注音。最先系统研究《广韵》反切的是清代陈澧。他创造了一个研究反切的著名方法，后来通称为系联法。后人在陈氏系联法的基础上，广泛地利用其他有关的材料和知识，逐步解决了大部分陈氏未能解决的问题。

用近代语言学的方法构拟《切韵》音值始于20世纪初，瑞典汉学家高本汉是取得较大成绩的第一人。在中外学者的努力下，后又取得了不少进展。基本成果如下：

声母的类别和构拟：

帮组	帮p	滂pʻ	并b	明m	
端组	端t	透tʻ	定d	泥n	
来组					来l
知组	知ȶ	彻ȶʼ	澄ȡ	娘ȵ	
精组	精ts	清tsʻ	从dz	心s	邪z
庄组	庄tʃ	初tʃʻ	崇dʒ	生ʃ	俟ʒ
章组	章tɕ	昌tɕʻ	船dʑ	书ɕ	常ʑ
日组				日nʑ	
见组	见k	溪kʻ	群g	疑ŋ	晓x
	匣ɣ				
影组	影ʔ				以∅

以上共37个声母。其中“帮、滂、并、明”等是习惯上用的声母代表字。

韵母的类别和构拟：《切韵》193韵中所包含的韵母数，如果按照平、上、去、入四声分别计算，可得335个韵母；如果把上声、去声与平声合并，只计平声和入声，也有163个韵母。

《切韵》把193韵按声调分成4大类，有4个声调，分别标以平上去入的名称。有人认为《切韵》是四声八调，即将4个声调按声母清浊各分为阴阳。

《切韵》音系在音韵学研究史上具有重要意义。尽管《切韵》音系是什么性质，是单一的还是综合的，学者们的看法还很不统一。但有两点是公认的，即《切韵》音系的内部是一致的，是当时文化界视为权威的音系。这两点使它在汉语语音史上占据着十分重要的地位。

切诊　palpation and pulse taking　中医望闻问切四诊方法之一。医生运用手和指端的感觉，对病人体表某些部位进行触摸、按压，从而获得辨证资料的诊法。古代切诊原指脉诊，但按诊法古已有之，后世又有所发展，故切诊应包括脉诊和按诊两部分。脉诊是通过脉象变化的体察，了解体内病变的切诊方法。按诊是用手触摸按压病人体表某些部位，以了解局部异常变化，推断病变部位、性质和病情轻重等情况的切诊方法。切诊可了解气血的盛衰和病邪的深浅。

砌末　中国戏曲演出中大小用具和简单布景的统称。又称切末。砌末一词，在金、元时期已有，为戏班行话，意思是“什物”（《墨娥小录·行院声嗽》）。传统戏曲舞台上的砌末包括生活用具（如烛台、灯笼、扇子、手绢、文房四宝、茶具、酒具等），交通用具（如轿子、车旗、船桨、马鞭等），武器（又称刀枪把子，如各种刀、枪、剑、斧、锤、鞭、棍、棒等，图1）以及表现环境、

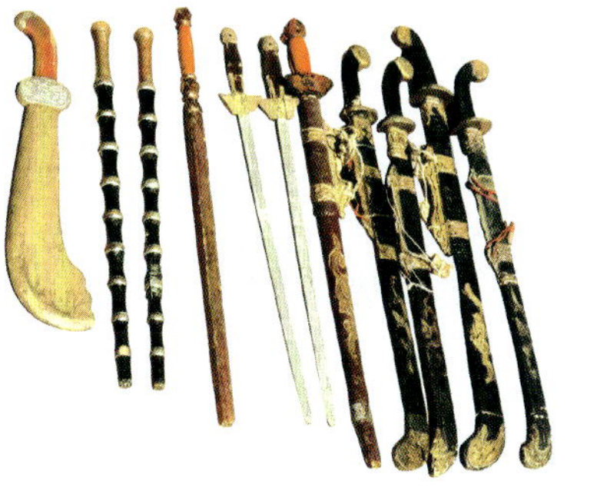

图1　山西清代砌末——刀枪把子

图2 清昇平署道具——站堂仪仗

点染气氛的各种物件（如布城、大帐、小帐、门旗、纛旗、水旗、风旗、火旗、銮仪器仗、桌围椅披等）。砌末大多根据演出需要，经过不同程度、不同方式的艺术加工，如在实际生活中，风是看不见的，戏曲把它有形化为风旗；而水旗、云片则把自然界本来流动不定的形态固定化了。

窃蠹 Anobiidae; drugstore beetle 鞘翅目窃蠹科昆虫的统称。已知1 300种，分布于世界各地。中国记载50种。体小型，卵圆与长椭圆形，红褐与褐色。触角10～11节，少数8～9节，锯齿状、栉齿状与棒状。前胸背板常隆起。腹部5节。幼虫蛴螬型，乳白色。足4节，跗节端部具弯曲的爪。多以幼虫越冬。由于物品的运输，一些种类得以广泛传播。一般危害干的动植物物质。世界各国普遍发生的烟草甲是烟叶、香烟、雪茄的重要害虫，还危害人参等中药材。药材甲是干面包、药材、图书、档案的重要害虫，甚至可以损害铅板、锡箔、铝箔等金属制品。

窃听 bugging 使用技术器材秘密听录对方谈话、声响的侦察活动。技术侦察的手段之一。主要包括有线电窃听、无线电窃听、微音窃听、红外线窃听和激光窃听等。早在第一次世界大战期间就出现了电话窃听。20世纪40年代出现了无线电窃听，因其适应性强、易于伪装并可实施遥控等特性而被广泛使用。70年代，激光窃听器的出现，为窃听开辟了新的途径。随着科学技术的不断发展，窃听器材向体积小、灵敏度高、伪装巧妙、多样化和高效率的方向发展。窃听具有组织实施简便、所获情报真实可靠、时效性强等特点。器材一般由拾音器、传导器、接收机等部分组成。基本原理是拾音器把拾取的谈话、声响转换成电信号，通过有线或无线等途径传输到接收机，将信号记录下来，获取所需情报。

钦察汗国 Golden Horde 中国元朝西北宗藩国（1243～1502）。又称金帐汗国或术赤兀鲁思。

《钦差大臣》 *The Government Inspector* 俄国N.V.果戈理的五幕讽刺喜剧。1836年4月在圣彼得堡公演。故事发生在外省某小城市，以市长为首的一群贪官污吏听到钦差大臣要来本城“微服察访”的消息，慌了手脚，竟将一位路过圣彼得堡的小官吏赫列斯达科夫误认为是钦差大臣。市长大人、全城官员竭力阿谀奉承，丑态毕露，甚至市长太太和小姐也前去调情献媚……赫列斯达科夫则乘机逢场作戏，大吹大擂，还答应同市长女儿结婚。正当市长得意忘形做着进一步飞黄腾达的美梦之时，传来真正的钦差大臣驾到的通报，全体官员顿时目瞪口呆、惊恐万状。骗局被拆穿，喜剧以哑场告终。

通过这个喜剧，果戈理以其卓越的现实主义手法、辛辣的讽刺，狠狠地揭露了昏庸腐败、谄媚阿谀、卑劣庸俗的整个俄国官僚阶层的丑恶面目。

《钦差大臣》剧照

《钦定宪法大纲》 *General Outline of Regius Constitution* 中国历史上第一部宪法性文件。1908年8月27日颁布。由“君上大权”和“臣民权利义务”两部分组成。“君上大权”部分共有14条，规定了清帝国的基本政治制度和君主享有的若干重要权力。根据《大纲》的规定，清帝国的政治制度仍是秦汉以来历代沿袭的皇帝制度，皇位世袭，皇帝神圣不可侵犯。皇帝享有以下重要权力：①最高立法权。只有皇帝有权颁行法律，发布诏令。凡法律虽经议院议决，但未奉诏命批准颁布者，不能见诸施行。在议院闭会时，遇有紧急之事，皇帝有权发布与法律有同等效力的诏令。②最高行政权。皇帝有任命、使用、奖赏、处罚官员的最高权力，有召集、开闭、停展及解散议院的权力。③最高司法权。皇帝委任审判衙门执行法律，任命审判官代行司法权。凡重大案件，必须报皇帝决定。④最高军事指挥权和外交支配权。皇帝享有统率军队及编定军制的最高权力。⑤支配皇室经费和主持皇室大典的权力。《大纲》又规定了限制皇权的少量内容。皇帝不以诏令随时更改法律或审判官的判决。凡已定立法律，非交议院协赞奏经钦定时，不以命令更改废止。“臣民权利义务”部分作为附录，共有9条。

钦人 Chins 亚洲中南半岛西部缅甸联邦的民族之一。约83万人（2001）。主要分布在钦邦。分为几十个大小支系，一般以住地为名。属蒙古人种南亚类型。使用钦语，属汉藏语系藏缅语族。有由外国传教士用罗马字母创制的钦文。信仰小乘佛教、基督教和邦景杭教。其祖先系由中亚高原东部逐渐南迁的，约于公元初期定居于缅甸。主要从事农业。主要作物为旱稻、玉米、薯类、豆类和香料；并种植棉花，制作蓝靛，自织自染。还有铁器、制陶、编织等手工业。每月都有节会，主要节日为新年节。

钦州市 Qinzhou City 中国广西壮族自治区辖地级市。位于自治区南部，濒临北部湾。因钦江而得名。辖钦南区、钦北区和灵山县、浦北县。面积10 728平方千米。人口308万（2010）。有汉、壮、瑶、京等民族。秦属象郡，汉属合浦，隋开皇十八年（598）置钦州。明洪武九年（1376）置钦县，十四年（1381）复升为钦州，清因之。1983年成立钦州市（县级）。1994年设立地级钦州市。夏季多台风、暴雨。矿产有锰、钛铁、石膏、煤、磷、金、石灰岩、重晶石等。农作物有水稻、甘薯、花生、甘蔗、玉米、大豆、木薯等。盛产柑橙、荔枝、龙眼、菠萝等。滨海盛产对虾、牡蛎、青蟹、石斑鱼等。工业有制糖、建材、食品、磷酸盐、电力等。有临海工业园区、钦州园区等高科技区。钦州港为深水良港，年吞吐能力超过5 300万吨。名胜古迹有刘永福古居三宣堂、冯子材墓、天涯亭、文峰卓笔、龙门群岛（七十二泾）景区等。

钦州湾 Qinzhou Gulf 中国南海北部湾的一部分。位于广西壮族自治区南部钦州市以南。东以犀牛脚半岛南面的大面墩（玳瑁洲）、西以企沙半岛的天堂角间的连线为其南界。水域面积约400平方千米。湾内岸线曲折，岛屿棋布，港汊众多。钦州湾北部为茅尾海，有钦江、茅岭江淡水汇入，饵料充足，鱼类资源丰富，水产养殖亦发达。青蟹、石斑、大虾、大蚝为钦州湾四大名产。湾内有数百公顷红树林，鸟类野鸭成群。由众多岛屿之间的曲折水道形成的龙门七十二泾是钦州八景之一。钦州湾潮汐以日潮为主，龙门港区平均潮差2.55米，最大潮差达5.49米，涨潮潮流流向西北，流速2.8节；落潮流流向东南，流速2.8节。年平均水温21.3℃。钦州湾及其沿岸附近属中国沿海开放带。为协调沿海经济发展，将钦州湾周围地区合称为钦州湾地区。面积1.98万平方千米，人口400多万。钦州湾地区面向东南亚，背靠大西南，是广西和中国西南地区通向东南亚和非洲、欧洲，进入国际市场的最便捷出海通道。地理位

龙门港涨潮时七十二泾道中的红树林

置优越，气候条件良好，适宜种植亚热带作物，水产、矿产资源丰富，海滩广阔，岛屿众多，海湾曲折，是发展对外贸易和旅游业的“黄金海岸”。

侵略 aggression 关于“侵略”，长期以来各国间并没有形成公认的明确概念。苏联曾经就“侵略”的定义提出过一系列主张，并提出“侵略定义”草案。1974年3月11日至4月12日，联合国大会侵略定义特别委员会举行会议，审议了《侵略定义》草案，同年12月14日该草案在联合国大会上获得通过。

定义指出侵略是指一个国家使用武力侵犯另一个国家的主权、领土完整或政治独立，或以本定义所宣示的与《联合国宪章》不符的任何其他方式使用武力。同时规定：①一个国家的武装部队侵入或攻击另一国家的领土，或因此种侵入或攻击而造成的任何军事占领，不论时间如何短暂，或者使用武力对另一国家领土的任何兼并。②一个国家使用武装部队对另一国家的领土进行轰炸或使用任何武器。③一个国家使用武装部队封锁另一国家的港口或海岸。④一个国家使用武装部队攻击另一个国家的陆、海、空军或商船和民航机。⑤一个国家违反其与接受国家签订的协定所规定的条件，使用其在另一个国家领土上的武装部队，或在协定终止后，延长该武装部队的驻扎期间。⑥一个国家允许另一个国家使用其领土对第三国进行进攻。⑦一个国家以其名义派遣武装小分队、武装团队、非正规军或外国雇佣军，对另一个国家进行其严重性相当于上述所列各项行为的武力行为，或者该国实际卷入了这些行为。上述行为都构成侵略。联合国安理会还可以根据《联合国宪章》的有关规定确认哪些其他行为也是侵略行为。定义还指出：“不得以任何性质的理由，不论是政治性、经济性、军事性或其他性质的理由，为侵略行为作辩护”；“侵略战争是破坏国际和平的罪行”；“因侵略行为而取得的任何领土或特殊利益均不得亦不应承认为合法”。

1939年9月1日德军士兵拆除波兰边境路障，公然入侵波兰

中国代表在讨论定义草案时指出：①定义把侵略局限于武装侵略行为，没有涉及其他形式的侵略，如领土兼并和扩张，政治干涉和颠覆，以及经济控制和掠夺，而这些都是现代生活中超级大国推行侵略扩张政策的主要表现形式。②有些条文含义模糊，容易为侵略者所利用，为其侵略行为开脱罪责，甚至颠倒黑白，把反对侵略的正义斗争诬指为“侵略”。③定义使超级大国有可能滥用否决权，阻止安理会作出谴责侵略者的决议。由于上述原因，中国代表在表决这一“定义”时，未参加投票。

侵权行为 tort 因作为或不作为而不法侵害他人财产或人身权利的行为。不法侵害他人权利的人称致害人，权利遭受损害的人称受害人。受害人同致害人之间形成债权债务关系，受害人为债权人，致害人为债务人。

侵权行为的构成要件 包括：①损害事实的客观存在。指致害人给受害人造成的财产上或人身上的损失。②致害行为的违法性。指造成损害的行为必须具有违法的性质，致害人才负民事责任。造成他人损害的行为并不都是违法行为。例如执行职务的行为、正当防卫行为和紧急避险行为（见自力救济）就都不是违法行为。凡是法律禁止的行为都是违法行为。③侵权行为与损害事实之间具有因果关系。即损害结果必须是由侵权行为造成的。④致害人的过错。过错是致害人对其行为及其行为可能产生的后果的一种心理状态。分为故意和过失两类。故意指致害人已经预见自己行为可能造成的损害后果而仍然希望或听任其发生。过失是指致害人对自己行为及其行为可能产生的后果应当预见、能够预见而竟没有预见，或者虽然已经预见但却轻信其不会发生。不论故意或过失，致害人都要承担民事责任。

过错责任原则和无过错责任原则 过错责任原则即有过错始负责，无过错即无责任。这一原则在19世纪资产阶级民法中被普遍采用。随着工业交通事业中具有高度危险性的技术的使用日益增多，经济交往的情况日益复杂，工业污染日益普遍，公害日益严重，因此在立法原则上相应地提出了“无过错责任原则”。在英美法中也称作“结果责任原则”，即行为人是否应负民事责任，只看有无损害结果，而不看有无过错；只要有损害结果，就要负民事责任。在中国，无过错责任原则在立法和司法实践中，如在交通肇事的民事案中也占有重要地位。

特殊侵权行为的民事责任 主要有：①无行为能力人和限制行为能力人致人损害的民事责任。无行为能力人和限制行为能力人由于不能理解或不能全部理解自己行为的后果及其影响，因而对自己给他人造成的损害不负民事责任。2001年修订的《中华人民共和国婚姻法》规定：“在未成年子女对国家、集体或他人造成损害时，父母有承担民事责任的义务。”②国家机关公职人员致人损害的民事责任。国家机关公职人员在执行职务中给他人造成的损害，包括执行职务中的违法行为和合法行为造成的损害，均由国家机关承担民事责任。国家机关公职人员利用职权故意使他人受到损害的，由公职人员自己承担民事责任。国家机关公职人员不是在执行职务中给他人造成损害的，也由他自己承担民事责任。③法人的工作人员致人损害的民事责任。法人的工作人员在执行职务中由于过错造成的损害，由法人承担民事责任，之后，法人可以向有过错的工作人员进行追偿。④动物饲养人的民事责任。法人或公民饲养的动物给他人人身或财产造成损害时，除损害是受害人个人故意引起的以外，动物的所有人或管理人应当承担民事责任。⑤危险施工物、建筑物致人损害的民事责任。建筑物或其他设施，由于设置或管理不善发生倒塌、脱落而造成他人人身或财产损害时，危险建筑物的所有人或管理人应当承担民事责任。

侵蚀轮回学说 erosion cycle, theory of 地表在河流作用下，地貌形成和发展经历幼年期、壮年期和老年期阶段的学说。又称地貌轮回说、地理轮回说。由美国W.M.戴维斯于1889年提出。认为地貌是构造、过程（指各种外力作用过程）和阶段（指发展阶段）的函数。此学说首先假设有一个因构造运动从海底抬升的陆地，由于抬升迅速，地面立即受到侵蚀，原来的低平地形变为高山、深谷、陡坡；然后，构造运动处于长时间的稳定，高地被蚀低，河谷渐变宽浅，缓坡又复盛行；最终整个地面变成仅有微小起伏的平原地形——准平原。这就是一个地貌轮回，又称侵蚀轮回、地理轮回。

以后该区再一次经历构造抬升，继以稳定，其地貌演变又重复上述过程。此学说风行于19世纪末至20世纪初，极大地推动了地貌学发展，但此学说过于理想化，如地壳运动不可能总是短暂的、突发性的上升、然后继以长期稳定的模式；海面作为基准面，也不是长期稳定不变；有时地形发育还没有完成一个轮回就被新的上升所打断，就会出现多发育阶段地形的叠置等。

侵蚀作用 erosion 外营力对地表冲蚀、磨蚀、溶蚀等作用的总称。狭义的侵蚀作用指水流、冰川、波浪、潮汐、海流、风和生物作用等外营力的侵蚀作用。广义的侵蚀作用还包括在坡地重力作用下，岩石、土体下移的块体运动。剥蚀作用亦有狭义与广义之分。广义的剥蚀作用包括侵蚀作用及风化作用产生碎屑及坡地重力下岩石、土体下移的块体运动。狭义的剥蚀作用仅指风化与坡地重力的作用。也有人认为剥蚀作用即侵蚀作用。侵蚀作用使地表遭受破坏，剥脱下来的物质随着大气和水流的移动、运移，形成新的地貌体。根据外营力作用类型的不同，可分为：①重力侵蚀作用，多发生坡地侵蚀。②流水侵蚀作用，分为片状流水侵蚀作用和线状流水侵蚀作用，线状流水侵蚀又分为下切侵蚀、侧方侵蚀和向源侵蚀。③可溶岩的溶蚀作用。④冰川的刨蚀与磨蚀作用。⑤冻融作用。⑥风沙流的风蚀作用。⑦波浪、潮汐、海流对海岸、海底的海蚀作用。

亲等 kinship, degree of 中外法律上衡量亲属亲疏远近的尺度。亲属关系除有血亲、姻亲和尊亲属、卑亲属等区别外，还有亲疏远近之分。亲等越多，关系越远。

亲等的计算方法分为两种：①代数亲等制。即以出生次数（代数，或称世数）为标准来计算亲等，一代（一世）即为1亲等。计算方法分为罗马法计算法和寺院法计算法。②等级亲等制。中国古代丧服制的亲等计算方法，也就是以丧服的差别来区分亲属之间的亲疏远近，服重则亲近，服轻则亲远。丧服分为5等。即斩衰三年之服；齐衰期年之服；大功九月之服；小功五月之服；缌麻三月之服（见服制）。这一计算方法除以血统的亲疏远近作为标准外，还参照亲属的名分、尊卑进行计算。

中国清朝末年、中华民国初年历次的民律草案，都采用寺院法计算法。中华民国时期国民政府的民法，改用罗马法计算法。中华人民共和国建立后，废除了封建的宗法制度及其丧服制，以最简便的群众习惯的方法计算亲等。《中华人民共和国婚姻法》(2001) 第7条第1款规定："三代以内的旁系血亲"禁止结婚。这里所说的"三代"，为最简单的代数计算方法，即己身为

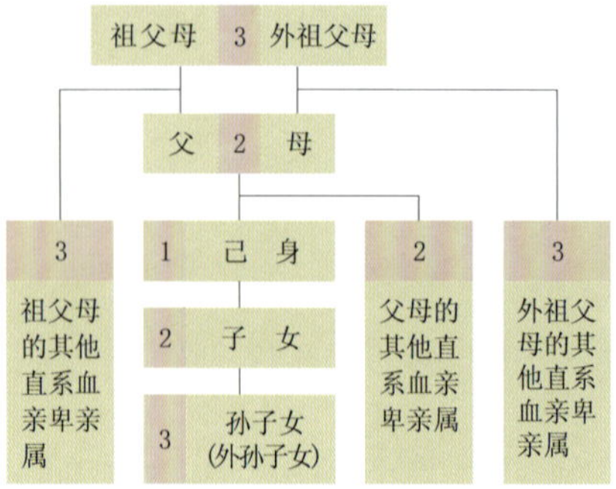

中国三代以内直系血亲和旁系血亲示意图

一代，父母为一代，祖父母（外祖父母）为一代，从己身上数到祖父母、外祖父母共为三代。旁系血亲，如从祖父母（外祖父母）同源而出，就是三代以内的旁系血亲。不论堂兄弟姊妹、表兄弟姊妹间以及伯叔侄姑与侄、甥与舅间，均不得结婚。

亲电试剂 electrophilic reagent 化学反应中易于进攻分子中电子密度较大位置的试剂。亲电试剂是电子对的接受者，在化学反应过程中，是一个缺电子或者带正电的反应点，通过从其他分子或离子取得电子或共用电子而形成共价键。亲电试剂通常为路易斯酸和布仑斯惕酸（见酸碱理论），如NO_2^+、Br^+、Cl^+、H_3O^+、$RC^+{=}O$、Cl_2、Br_2、I_2、HCl、HBr、HOCl、H_2SO_4、$AlCl_3$、$F_3C—COOH$、BF_3等。这些试剂容易与给出电子的不饱和化合物、有孤电子对的酚和胺等化合物反应。

亲和数 amicable numbers 任何一对不相等的正整数m和n，其中任一数的全部（正）真因数之和等于另一数。也可以说m的全部（正）因数之和等于n的全部（正）因数之和，并且都等于$m+n$。例如，220和284是一对亲和数，220的真因数是1,2,4,5,10,11,20,22，44,55,110，总和是284；而284的真因数是1,2,4,71,142，总和是220。又如数对1 184和1 210,79 750和88 730也都是亲和数。并且不存在这样的亲和数对，其中较小的那个数比220小。

亲核试剂 nucleophilic reagent 化学反应中易于进攻分子中电子密度较小位置的试剂。亲核试剂是电子对的给予者，它与亲电试剂相反，在化学反应过程中，通过给出电子或共用电子的方式与其他分子或离子形成共价键。亲核试剂通常为路易斯碱（见酸碱理论），如OH^-、RO^-、RS^-、X^-、CN^-等负离子，具有未共用电子对的$H_2\ddot{O}$:、$R\ddot{O}H$、$C_6H_5—\ddot{O}H$、H_3N:等分子及烯烃和芳烃都被看作亲核试剂。这些试剂容易与正离子或分子中电子不足的原子进行反应。

亲鸾 Shinran (1173～1262) 日本佛教净土真宗创始人。又名绰空、善信等。谥号

见真大师。京都人。早年入青莲院依慈圆修学，后游学比叡山、奈良。29岁于吉水投源空门下，专修净土法门。与师俱被流放越后（今新潟），遇赦后四处教化，归依者甚众。于常陆（今茨城）稻田草庵著《教行信证》。60岁，于近江（今滋贺县）木部建锦织寺，又于京都诸寺弘教。与惠信尼结婚，子善鸾等，门下有真佛、性信、唯圆等。

亲民党 People First Party 中国台湾地区的政党。2000年3月31日成立。党主席宋楚瑜。

2000年3月18日，台湾地区领导人选举中，曾任台湾省省长、中国国民党中央秘书长的宋楚瑜退出国民党单独参选，获466万余票，得票超过国民党候选人，比当选的民进党候选人仅少30万票。当晚，在其大批支持者的拥护推动下，宋楚瑜宣布将成立新政党。3月31日亲民党举行成立大会，推举宋楚瑜为党主席，并通过了党章、党纲。

亲民党成立之初仅有17席"立委"，但其政治支持度及岛内政治影响力迅速上升。在2001年底台湾县市长和"立委"选举，亲民党夺得2席县市长，46席"立委"，成为台湾第三大党。

2003年2月14日，宋楚瑜为应对2004年台湾"大选"，与国民党主席连战签署"国亲政党联盟备忘录"，接受"连宋配"共同参选2004年台湾当局领导人选举，但"连宋配"最终以微弱差距落选。

2006年宋楚瑜参选台北市长失败，2007年1月22日，宋楚瑜与国民党主席马英九签署"国亲联盟协议"，迈出了国亲合并的重要一步。

亲民党坚持一个中国，反对"台独"，认同"九二共识"，主张发展两岸关系。2005年5月党主席宋楚瑜应邀率团访问大陆，胡锦涛总书记与宋楚瑜举行正式会谈并发表会谈公报。内容包括："促进在'九二共识'基础上，尽速恢复两岸平等谈判"、"坚决反对'台独'，共谋台海和平与稳定"、"推动结束两岸敌对状态，促进建立两岸和平架构"、"加强两岸经贸交流，促进建立稳定的两岸经贸合作机制"等。

亲亲相隐 mutual concealment of offenses among the kin 亲属之间有罪应当互相隐瞒，不告发和不作证的不论罪，反之要论罪。

中国封建刑律的一项原则。

亲亲相隐本是春秋战国时期儒家提出的主张。三国、两晋、南北朝时期，亲亲相隐原则进一步得到确认。

唐律对亲亲相隐原则作了具体规定，以后各朝的规定大体上与唐相同，其内容主要有3点：①亲属有罪相隐，不论罪或减刑。②控告应相隐的亲属要处刑。如唐律规定，告祖父母、父母，处绞刑；告期亲尊长、外祖父母、夫、夫之祖父母，符合事实，处徒刑2年，如所告罪重大，以减所告罪一等论处。③有两类罪不适用亲亲相隐原则。一类是谋反、谋大逆、谋叛及其他某些重罪。如唐律规定的缘坐之罪、明律规定的窝藏奸细罪。另一类是某些亲属互相侵害罪。

亲权 parental power 父母基于其身份对未成年子女特有的权利和义务的总和。亲权是大陆法系国家亲属法中的一项重要制度。英美法系国家的亲属法中未设亲权制度，亲权与监护不分，以父母为未成年子女的当然的监护人。

《中华人民共和国民法通则》规定父母为未成年子女的监护人。《中华人民共和国婚姻法》第21条规定："父母对子女有抚养教育的义务"，"父母不履行抚养义务时，未成年的或不能独立生活的子女，有要求父母付给抚养费的权利"。第23条规定："父母有保护和教育未成年子女的权利和义务。在未成年子女对国家、集体或他人造成损害时，父母有承担民事责任的义务。"第25条规定："不直接抚养非婚生子女的生父和生母，应当负担子女的生活费和教育费，直至子女能独立生活为止。"根据《婚姻法》第26、27条的规定，亲权也存在于养父母与养子女和继父母与受其抚养教育的继子女之间。根据第37、38条的规定，离婚后不直接抚养子女的父或母，其亲权中尚保留有探望子女的权利和负担必要的生活费与教育费的一部或全部的义务。

亲属 kinship 因婚姻、血缘和收养而产生的、彼此间具有法律上权利与义务的社会关系。

亲属的种类 中国的封建法律把亲属分为宗亲和外亲，自《大明律》开始，又由外亲分出妻亲。宗亲又称内亲，即男系亲或父系亲，指同一祖先的男系血亲，以及嫁入的妇女，包括祖母、母、妻、子媳、孙媳等。外亲即女系亲，指其血缘由女系相联系的亲属，包括嫁到本宗的女子家中的亲属及本宗女子嫁出后其夫家的亲属，前者如母族，即外祖父母、母的兄弟姊妹及其子女等；后者如姑表兄弟姊妹、外孙等。妻亲专指夫的妻方亲属，包括岳父母、妻的兄弟姊妹等。

中华人民共和国把亲属分为配偶、血亲及姻亲3种。①配偶。是男女双方因结婚而产生的亲属关系。中国现代把夫、妻双方都列为"近亲属"。②血亲。是具有血缘关系的亲属。分为自然血亲与法律拟制血亲两种。前者指出于同一祖先具有血缘关系的亲属。后者指本无血缘联系而由法律确定其地位与血亲相等。按照血缘关系的亲疏远近，血亲又可分为直系血亲与旁系血亲。③姻亲。因婚姻关系而产生的亲属。分为血亲的配偶与配偶的血亲两种。姻亲同血亲一样，也有直系与旁系、尊亲属与卑亲属之分。

亲属的法律效力 根据中国的婚姻法、民事诉讼法、刑法、刑事诉讼法的规定，亲属关系一经确定，就产生法律上的效力：①民法上的法律效力。监护人由一定范围内的亲属，即配偶、父母等担任，继承权只限于一定范围内的亲属，即只有死者的配偶、子女、父母、兄弟姐妹、祖父母、外祖父母等才能享有。②婚姻法上的法律效力。一定亲等内禁止结婚，如禁止直系血亲和3代以内旁系血亲结婚。一定亲属间有抚养、扶养、赡养的义务和继承的权利，如规定父母对子女有抚养教育的义务；子女对父母有赡养扶助的义务；继父母与继子女间，祖父母、外祖父母与孙子女、外孙子女间以及兄弟姐妹间，在一定条件下有相互扶养的义务。夫妻、父母、子女有互相继承遗产的权利。③刑法上的法律效力。某些犯罪以亲属关系作为告诉才处理的要件，如1997年《中华人民共和国刑法》第260条第3款规定：虐待家庭成员罪必须告诉的才处理。④诉讼法上的法律效力。以一定亲属关系作为回避的原因，如1996年《中华人民共和国刑事诉讼法》第28、31条规定，审判人员、检察人员、侦查人员、翻译人员是本案当事人的近亲属，本人或其近亲属和本案有利害关系，都应当自行回避，当事人及其法定代理人也有权要求他们回避。第32条规定，被告人的亲友、监护人得为被告人的辩护人。

亲属的发生 亲属因婚姻、出生等法律事实而发生，也可能因法律拟制而发生。出生为自然血亲发生的原因，亲子关系和其他血亲关系都因出生而发生。非婚生子女与生母之间自出生即发生血亲关系；与生父之间，只有到生父认领或抚育时才能确认血亲关系，但认领后，这种血亲关系溯及于非婚生子女出生时。结婚为姻亲发生的唯一原因，配偶关系和姻亲关系都因婚姻而发生，养子女与养父母间因收养行为而发生法律拟制血亲关系。《中华人民共和国婚姻法》第26条规定，继父母和继子女关系，只在他们之间已经形成了抚养教育关系的条件下，才能发生法律拟制血亲关系。

亲属的消灭 亲属因以下原因而消灭：①死亡。如亲子关系因父或母、子或女死亡而消灭。死者以外的亲属关系，不因此而消灭。如父母亡故后，兄弟姊妹关系仍然存在。不能通过法律手段消灭血亲关系。②离婚。姻亲关系因离婚而消灭，父母子女关系不因离婚而消除。离婚后，子女无论由父方或母方抚养，仍是父母双方的子女。③其他法律行为。如养子女与养父母之间的法律拟制血亲，因解除和撤销收养关系而消灭。

亲子鉴定 parentage testing 运用医学、遗传学和生物学等学科的理论和技术，通过对人类遗传基因的检测、分析，判断可疑的父母与子女间，是否存在亲生血缘关系的方法。又称亲子试验或亲权鉴定。随着社会的发展及科学水平的提高，所采用的方法更为先进，所选择的检验项目更为科学，被用于检验的材料更为多样。这类鉴定的被检测对象已不再局限于直接相邻的父母与子女两代的个体。一方面对隔代，甚至隔数代的（包括旁系）个体间是否存在亲缘关系已有可能进行相应的鉴定。另一方面，通过对胎儿，甚至胚胎的某些遗传标记检测，也可进行相关的鉴定。亲子鉴定所采用的试验手段主要有：①血型分析。②HLA血清型分析。③遗传标记分析。

亲子鉴定可以有以下几种结果：①肯定亲子关系。在应用各种方法检测后得到完全一致的结果，即可以肯定亲子关系。用于判断的遗传指标越多，肯定的概率就越大。②否定亲子关系。遗传学证据可以断然表明某个人不可能是某个孩子的父亲。③既不能肯定也不能否定。如果只有某些基因型相同，则既不能肯定也不能否定亲子关系。在现有的亲子鉴定技术条件下，只要检测样本齐全，第三种可能性已经基本不存在。

亲子鉴定适用的范围和涉及的内容非常广泛。亲子鉴定报告作为诉讼证据之一，为有关民事、刑事案件的调解和判决提供了科学依据。亲子鉴定不仅仅是一个技术问题，还涉及很多社会伦理问题。因此一定要慎重对待。

芹菜 *Apium graveolens*; celery 伞形科旱芹属的一种。二年生草本植物。又称旱芹、药芹。以叶柄作蔬菜食用。原产于地中海沿岸的沼泽地带。中国现南北各地广泛种植。

株高60～90厘米，侧根发达，多分布在土壤表层，叶着生在短缩茎上，叶柄基部有分生组织，能逐渐伸长。茎绿、浅绿或白色。复伞状花序，花小，白色。双悬果，含种子2粒。芹菜按叶柄形态可分为细柄种（本芹）及宽柄种（洋芹）两类。

为半耐寒性蔬菜，不喜高温。由于种子小，生长期长，多行育苗移栽。但也有直播的。中国各地都在春、夏至秋季播种育苗。从播种到收获需100～140天。中国北方除在露地栽培外，还在温室、阳畦和塑料薄膜棚中栽培。

芹菜含芳香油、蛋白质、无机盐和丰富的维生素。除作蔬菜外，在中医学上有止血、益气、利尿、降血压等功能。果实中的芳香油经蒸馏提炼后可用作调和香精的原料。

秦 Qin State 中国先秦诸侯国，战国七雄之一。嬴姓。秦的历史主要见于《史记·秦本纪》，但所述秦人先世杂乱，多出于传说。西周金文中有“秦夷”（见于师酉簋、师询簋），说明秦原为东方部族。大约周灭殷后迁至西方，为周王室服役，以养马为主。西周中期，其祖先大骆居于西犬丘（今甘肃天水西南、礼县东北），生子成与非子，成为嫡嗣，仍居西犬丘，这一支秦人后被西戎攻灭。非子为周孝王养马有功，被封于汧渭之会的秦（今陕西宝鸡一带），作为附庸，号曰秦嬴，这是秦人发展的始基，此后秦人的世系事迹较为可考。

周宣王即位，以非子曾孙秦仲为大夫，伐戎不胜，死于戎。秦仲子庄公破西戎，收复西犬丘而居之。庄公子襄公护送周平王东迁有功，被封为诸侯，秦立国始于此，国都在西犬丘，襄公为第一代国君，立国后追称庄公为公。

秦的疆域最初主要在今甘肃东南和陕西西部的渭水流域，僻处西垂，中原各国以夷狄视之。但秦人在襄公时便自以为受天命当王，渐有一统天下的想法。

周平王东迁后，秦人致力于东略伐戎，从戎族手中夺回岐丰之地。为此，襄公、文公以拥戴周王为号召，进行了两代的征伐，终于打败犬戎，占据了以岐丰为中心的广阔地域。文公迁都于秦。文公十三年（前750），秦“初有史以记事”。德公时，迁都雍（今陕西凤翔西南）。

传至穆公，秦又有一次重大扩展。起初，穆公意在争霸中原，故重用百里奚、蹇叔等东方贤才，借晋国内乱之机，得晋河西地，秦境东至河。其后又灭掉梁、芮两小国。但晋文公即位后，晋强盛起来，堵住了秦向东发展的道路。此后秦穆公对晋三次战争，两败一胜，特别是崤之一役，秦匹马只轮不返，受到沉重打击。从此，穆公转而向西拓土，用由余之谋伐戎，“益国十二，开地千里”，称霸西戎。秦穆公因此被列入春秋五霸。

战国中期，秦经过了“初租禾”、“初行为市”、“为户籍相伍”等改革，国力逐步增长。与此同时，秦献公在栎阳（今西安市阎良区东南）建城，并把都城迁此，重新开始实施东进战略。秦先后在石门（今山西运城西南）、少梁（今陕西韩城南）打败魏国。献公之子孝公即位，下令求贤，得到**商鞅**辅佐，实行变法，努力耕战，秦国富强。随即图谋向东扩展。秦连续击败魏。前350年，秦迁都咸阳（今陕西咸阳东北）。

孝公死，惠文君即位，车裂商鞅。但秦的变法未废止，国力不断增强。先后收魏之阴晋（秦改名宁秦，在今陕西华阴东南）、河西地以及上郡15县。扭转了几百年来秦所处的劣势，转入进攻局面。惠文君也趁势称王改元。接着，秦灭蜀。取义渠25城。攻楚汉中，取地600里，置汉中郡。

惠文王死，武王立，以樗里疾、甘茂为左右丞相，继续东进，伐韩取宜阳（今河南宜阳西），城武遂（今山西垣曲东南）。

昭襄王（又称昭王）时，以足智多谋的魏冉为相，进一步向东扩展，不断蚕食韩、魏及楚的土地，逐步发展到同称霸的齐国并列为东西两强，国势凌于韩、赵、魏、楚、燕之上。前288年，齐、秦并称东、西帝，旋皆放弃帝号。这时，齐湣王吞并宋国，打破列国均势，引起秦、魏、韩、赵、燕五国伐齐，齐几乎亡国，从此丧失霸国地位，无力与秦对抗，秦国独强。为对付六国合纵抗秦，昭王采纳范雎远交近攻的策略，分化六国，实现领土不断扩张。六国则各怀私利，始终不能真正联合起来。前260年，秦在**长平之战**大败赵军，坑杀40余万降卒。前256年，灭**西周**（战国时小国）。

庄襄王时，**吕不韦**为相国，灭**东周**（战国时小国），周至此亡。又伐韩、攻赵，于所取土地置三川郡、太原郡。秦东界至于大梁（今河南开封）。

秦王政立，采用**李斯**建议，瓦解了六国的抵抗力量。从前230年灭韩，至前221年灭齐，秦很快于十年之内将六国次第吞灭，一统天下，秦王政改称始皇帝。见**秦始皇**。

秦邦宪 Qin Bangxian（1907～1946-04-08） 中国共产党早期领导人之一。见**博古**。

秦朝 Qin Dynasty 由崛起于华夏大地西部的嬴姓部族政权逐渐扩张形成的，中国古代第一个统一王朝（公元前221～前207）。秦王嬴政在公元前221年灭齐，结束了七雄竞争的战国时代，实现统一，建立了秦王朝，定皇帝称号，自称“始皇帝”。嬴政希望，后世子孙代代相承，传之无穷。秦的统治虽未能长久，但秦王朝的若干重要制度，特别是皇帝独尊的制度，却一直影响此后两千多年的历史演进。

秦朝世系表

①始皇帝政——②二世胡亥——③秦王子婴
（前221～前210）（前209～前207）（前206）

由战国后期一个诸侯王国发展起来的统一大国，中国封建社会的第一个统一王

秦疆域图

朝。秦始皇完成了统一六国的事业，实现了从分封制到郡县制的转变。他所建立的专制主义中央集权制度，及所采取的旨在巩固统一的某些措施，为后世帝王所取法。秦朝统治暴虐，导致速亡。末年陈胜、吴广领导的农民战争，在中国历史上开创了武装反对黑暗统治的传统，影响至为深远。由于过去割据局面所造成的社会影响，反秦过程中重新出现了分裂的倾向。在接踵而来的争夺统治权的楚汉之战中，汉胜楚败，使分裂形势受到控制，统一国家得以恢复。

专制主义中央集权制度的建立　公元前221年，秦王政统一六国，结束了长期的诸侯割据局面，建立了一个以咸阳为首都的幅员辽阔的国家。其疆域，东至海，西至陇西，南至岭南，北至河套、阴山、辽东。始皇二十六年（前221），**李斯**主张废除分封诸侯的制度，全面推行郡县制度。秦始皇接受了李斯的建议，把全国分成36郡，以后又陆续增设至40余郡。这些郡完全由中央和皇帝控制，是中央政府辖下的地方行政单位。中央集权的制度从此确立。

秦始皇以战国时期秦国官制为基础，把官制加以调整和扩充，建成一套适应统一国家需要的新的政府机构。中央设丞相、太尉、御史大夫，下设分掌具体政务的诸卿。丞相、太尉、御史大夫与诸卿议论政务，皇帝作裁决。地方行政机构分郡、县两级。郡、县主要官吏由中央任免。县以下有乡，乡下有里，是最基层的行政单位。里有里典，后代称里正、里魁。此外还有司治安、禁盗贼的专门机构，叫做亭，有亭长。早在秦献公十年（前375），秦国就建立了以“告奸”为目的的“户籍相伍”制度。后来商鞅规定，不论男女，出生后都要列名户籍，死后除名；还“令民为什伍”，有罪连坐。秦王政统治时期，户籍制度趋于完备。户籍中有年纪、土地等项内容，户籍制度也就远远超过“告奸”的需要，成为国家统治人民的一项根本制度。秦置二十级爵，以赏军功。国家按人们的爵级赐给田宅，高爵者还可以得到食邑和其他特权。爵级载在户籍，所以户籍也是人们身份的凭证。秦始皇统一六国后，以秦律为基础，参照六国律，制订了全境通行的法律。秦律经过汉朝的损益，成为唐以前历代法律的蓝本。秦军以灭六国的余威，驻守全国，南北边塞是屯兵的重点地区。秦制以铜虎符发兵，虎符剖半，右半由皇帝掌握，左半在领兵者之手，左右合符，才能调动军队。这是保证兵权在皇帝手中的重要制度。

秦始皇采用了战国时期阴阳家的终始五德说，以辩护秦朝的法统。终始五德说认为，各个相袭的朝代以土、木、金、火、水等五德的顺序进行统治，周而复始。秦得水德，水德尚黑，所以秦的礼服旌旗等都用黑色。秦始皇还确定了一套与皇帝地位相适应的复杂的祭典以及封禅大典，并于渭水之南修造富丽宏伟的阿房宫。专制主义中央集权制度，在当时的条件下是维持封建统一所不可少的条件。但是这种政治制度对百姓的束缚极大；而且它对经济文化发展的促进作用也可以转变为阻滞作用，这在封建社会后期更为显著。

防止封建割据的措施和焚书坑儒　为了防止割据的再现，秦始皇把六国富豪和强宗迁到咸阳、巴蜀、南阳、三川和赵地，使他们脱离乡土，以便监视。他把缴获的和没收的武器加以销毁，在咸阳铸成12个各重千石的钟铜人。秦始皇还修建由首都咸阳通到全国各地的驰道，东穷燕齐，南极吴楚。当时的一些儒生、游士，希望复辟贵族割据局面。始皇三十四年，丞相李斯请求焚毁《诗》、《书》，消灭私学。秦始皇接受了这一建议，于是就发生了焚书事件。第二年，又将460多名儒生坑死。在早期封建社会的历史条件下，在统一与分裂激烈斗争的年代，秦始皇用焚书坑儒手段来打击贵族政治的思想是可以理解的。但是，焚书坑儒摧残文化，对于古文献的保存和学术的传授，造成了极大的损失。

整齐制度　战国时期，各国文字的基本结构虽然相同，但字体繁简和偏旁位置却有差异。李斯受命统一文字，他以秦国的文字为基础，参照六国文字，制定小篆，并写成范本，在全国推行。当时还流行一种书法，叫做隶书，比小篆更简便。秦始皇废止战国时各国形制和轻重大小各不相同的货币，改以黄金为上币，以镒（20两）为单位；以秦国旧行的圆形方孔铜钱为下币，文曰半两，重如其文。秦始皇用商鞅时制定的度量衡标准器，来统一全国度量衡。文字、货币、度量衡的统一，为经济、文化的发展提供了便利条件，促进了统一国家的发展。

对匈奴和对越人的战争　全国统一以后，秦始皇派蒙恬率军抗击匈奴。蒙恬于始皇三十二年（前215）收复河套以南地，即当时所谓“河南地”，第二年进一步斥逐匈奴。秦还把战国时燕、赵、秦三国长城修复并连接起来，筑成西起临洮（今甘肃岷县）、东迄辽东的万里长城，用来保护北方农业区域。秦王政二十四年（前223），王翦率秦军灭楚，继续南进，夺得越人一部分土地，置会稽郡（今江苏苏州）。为了解决秦军转饷的困难，监禄率卒在湘水、漓水间开凿**灵渠**（在今广西兴安），沟通了长江和珠江水系的交通。

秦代的急政　在秦统一以后的十几年中，秦始皇维持了一支庞大的军队，建立了一个庞大的官僚机构，进行了多次的大规模战争，完成了巨大的国防建设和土木建筑。秦始皇大大增加了对人民的征敛。为了强化地主阶级的统治，秦朝又推行严刑峻法以镇压人民，并且把数十万人民变为封建国家的囚徒。秦始皇使黔首自实田，在全国范围内正式承认土地私有制。地主阶级凭借这个命令，不仅得以合法占有土地，而且可以用各种手段兼并农民的土地。急政暴虐激化了社会矛盾，秦始皇在完成统一事业的同时，也造成了秦王朝倾覆的条件。公元前210年**秦二世胡亥**即位。他进一步加重对农民的剥削和压迫，农民的困苦达于极点，大规模的农民起义已经到一触即发的地步。

陈胜、吴广领导的农民战争　二世元年（前209）七月，在陈胜、吴广的领导下，在大泽乡举起了中国历史上第一次大规模农民起义的旗帜。一些潜藏民间的六国旧贵族、游士、儒生，也都乘机来归，凭借旧日的地位，在农民军中发挥影响。陈胜作为反秦的先驱者，领导起义只有半年就失败了，但是反秦的浪潮却被他激起，继续不断地冲击秦的统治（见**陈胜、吴广起义**）。

楚汉之战　**楚汉战争**是由秦末农民战争直接演变而来的。农民战争推翻了秦朝，曾经是农民战争领袖的刘邦和项羽，逐步转化为封建统治权的角逐者。刘邦知人善任，因势利导，终于战胜项羽，登上了西汉统一王朝的皇帝宝座。秦末农民战争推翻了贪婪残暴的秦统治集团，使社会得以前进。

秦二世胡亥　Second Emperor of Qin Dynasty（前230～前207）　中国秦朝第二代皇帝。始皇少子。早年随中车府令**赵高**学习狱法。秦始皇三十七年（前210）始皇帝病死，胡亥在赵高和丞相**李斯**的扶植下，得立为太子，承袭帝位，称二世皇帝。

胡亥即位后，下令秦始皇后宫无子者都为秦始皇殉葬，将营造骊山墓地下机弩的工匠活埋在墓中。又与赵高密谋，诛杀诸公子、公主20余人和秦始皇亲信大臣**蒙恬**、蒙毅等，株连者不可胜数，群臣人人自危。胡亥又承袭始皇弊政，继续修治阿房宫等，征调材士5万人屯卫咸阳，令教射狗马禽兽，致使赋敛越重，戍徭无已。二世元年（前209）七月，征发闾左戍边，终于激发了**陈胜、吴广起义**，反秦斗争随即席卷关东地区。秦二世变本加厉，行督责于群臣，以税民深者为明吏，杀人众者为忠臣。结果刑者相伴于道，死人堆积于市。又听信赵高谗言，诛杀左丞相李斯，迫使右丞相冯去疾和将军冯劫自杀，任赵高为中丞相，专擅朝政，致使众叛亲离。二世三年七月，刘邦（见**汉高祖刘邦**）带领的起义军攻下武关。赵高与其婿咸阳令阎乐合谋，诈诏发兵包围望夷宫，胡亥被迫自杀。

秦观　Qin Guan（1049～1100）　中国北宋词人。字少游，又字太虚，号邗沟居士，学者称淮海先生。高邮（今属江苏）人。元丰八年（1085）进士，曾任秘书省正字，兼国史院编修官等职。因政治上倾向旧党，被视为元祐党人，绍圣（1094）后累遭贬谪。文辞受苏轼赏识，是苏门四学士之一。

秦观诗、文皆工，以词著称，当时即负盛名。陈师道《后山诗话》誉其为“当代词手”，叶梦得《避暑录话》则说秦观“善为乐府，语工而入律，知乐者谓之作家歌，元丰间盛行于淮楚”。秦观是北宋词坛正宗的婉约派词人。其词善于描写男女的思恋爱慕、悲欢离合，并将个人的坎坷际遇与之融合，运用含蓄的手法、清丽淡雅的语言，通过柔婉的乐律、幽冷的场景、鲜明的形象表现出来，达到情韵兼胜，余味无穷。正如清人周济所言“将身世之感打并入艳情，又是一法”（《宋四家词选》）。他的作品如〔满庭芳〕“山抹微云”，〔望海潮〕“梅英疏淡”，〔水龙吟〕“小楼连远横空”，〔踏莎行〕“雾失楼台”等，哀感顽艳，幽婉动人，精巧工致，辞情相称。虽承继了柳永之风，又区别于柳词的俚俗、白描和铺叙，以秀丽含蓄取胜。秦观词除情调凄婉的主调外，也有爽健开朗之作，如〔鹊桥仙〕“纤云弄巧”所写“两情若是久长时，又岂在朝朝暮暮”的爱情，思想境界较高。秦观诗风略似其词。许多抒情短章写得精致细密，秀丽有余，但气魄较弱。如七绝《春日》中的名句“有情芍药含春泪，无力蔷薇卧晓枝”，就充分显示了秦诗的特色。金人元好问讥为“女郎诗”（《论诗绝句》）。秦观的政论文章贴近现实，有献策30篇、论20篇，从政治、经济、军事等各个方面，提出了一整套政治主张，支持旧党废除新法，但又反对尽废新法，观点与苏轼接近。他的政论结构严密，说理透彻，文笔犀利，富有感染力和说服力。

今存《淮海集》40卷、《后集》6卷、《长短句》3卷，有《四部丛刊》本。《淮海词》1卷，收入《宋六十名家词》刊本。

秦汉 Qin Han（1946-07-10～ ） 中国台湾电影演员。本名孙祥钟，曾用艺名康凯。四川成都人。生于上海，1949年随父移居台湾。中学毕业后入训练班学习表演。曾在《母亲三十岁》、《窗外》等影片中扮演

重要角色。1974年因在《吾土吾民》中扮演性格懦弱的中学教师成名。1977年主演《烟水寒》获当年巴拿马国际电影节最佳男主角奖。1978年主演《汪洋中的一条船》获第15届台湾电影金马奖最佳男演员奖。他还执导过影片《情奔》、《铁血勇探》等片。主演的影片还有《此情可问天》、《原乡人》、《滚滚红尘》等；影响较大的电视剧则有《几度夕阳红》、《我是中国人》等。《云水谣》（2006）是秦汉阔别银幕多年之后的复出之作。

秦淮河 Qinhuai River 中国长江下游支流。位于江苏省西南部。古称龙藏浦，后称淮水。秦以后始有秦淮之名，直到唐杜牧《泊秦淮》诗问世后，秦淮河一名始普遍使用。北源句容河和南源溧水河于南京江宁区西北村汇合，绕江宁区方山西侧北流，过东山镇、上方门入南京市区。至通济门外歧分为二：①由东水关入城，经城南夫子庙，出西水关，为内秦淮；②由通济门绕行城外，为外秦淮。内、外秦淮在西水关外合流，过草场门、定淮门，循石头城北流，在三汊河汇入长江。另在三汊河附近分支东北流，称惠民河，过中山桥，至下关入江。以句容北山为发源地至三汊河入江，全长110千米，包括溧水河在内，全流域面积2 630平方千米。秦淮河污染严重，近年来加强了治理的力度，已得到了初步改善。

秦皇岛港 Qinhuangdao, Port of 中国最大的能源输出港。是晋煤外运的水陆联运枢纽，也是大庆原油出口口岸之一。地处河北省东部，南临渤海，陆域开阔，海域宽敞，不淤不冻。其经济腹地以山西、内蒙古为主，并有输油管道通到大庆。秦皇岛港在清末是一个渔港。1899年英商开平煤矿公司开始建造木码头。1915年开滦矿业公司建成1～7号泊位，主要供出口开滦煤炭。中华

秦皇岛港鸟瞰

人民共和国建立后，先后建了三期大型煤炭码头以及原油出口码头。港口煤炭装船效率每小时6 000吨。2008年，拥有生产性泊位54个，其中万吨级以上泊位42个。港口通过能力2.2亿吨/年。2008年港口吞吐量25 231万吨。

秦皇岛市 Qinhuangdao City 中国河北省辖地级市。位于省境东北端，邻接辽宁省，南濒渤海。辖山海关、海港、北戴河3区和

燕塞湖

昌黎、抚宁、卢龙3县及青龙满族自治县。面积7 467平方千米。人口299万（2010）。商属孤竹国，战国时为燕国辖地，汉属幽州。1948年设秦榆市，翌年改称秦皇岛市。矿产有煤、铁、金、铜、铝、硅、石灰岩等。工业有建材、食品、机械、煤炭、电力、造纸、纺织等。大陆海岸线长126.4千米，岛屿海岸线长8.1千米。秦皇岛港位于渤海湾西北部，为华北良港，具有不冻不淤、风小浪低等优良条件。出港货物以煤炭、石油、粮食、木材等大宗商品为主。其中，运往华东、华南各省区及世界各地的煤炭和石油占全港年吞吐量的88%，为世界最大的能源输出港之一。有京沈、大秦、京秦3条铁路穿越市区。工业以玻璃、机械、陶瓷、机械、造船、食品为主。南大寺的水蜜桃、昌黎县的葡萄、青龙的苦杏仁、卢龙的粉条、石门寨的核桃享有盛名。是中国著名旅游城市。名胜古迹有万里长城“天下第一关”山海关及长寿山、燕塞湖、北戴河海滨、悬阳洞、孟姜女庙等。

秦桧 Qin Hui（1090～1155） 中国南宋权奸。字会之。江宁（今江苏南京）人。宋徽宗政和五年（1115）登进士第，历官太学学正、职方员外郎、御史中丞。曾主张抗金，反对割地求和。金军攻占开封后，欲立张邦昌为帝，秦桧进议状，主张另立宋朝宗室为帝，反对成立张邦昌伪楚政权，遂被金军驱掳北去，旋即降敌。秦桧在金廷大倡和议，故于建炎四年（1130）被金将完颜昌放回南宋。秦桧得宋高宗赵构信用，官至宰相，因提出“南人归南、北人归北”的主张，罢相闲居。绍兴七年（1137），秦桧任枢密使，与宰相张浚劝说宋高宗收回由岳飞并统淮西等军的成命，招致淮西军的哗变投敌。八年，秦桧重新拜相，力主和议，代表宋高宗向金使跪接诏书。十年，金朝都元帅完颜宗弼领兵南侵，岳飞等军大举北伐，屡破金军，进逼开封，秦桧却怂恿宋高宗迫令班师。十一年，宋高宗与秦桧解除岳飞、韩世忠等大将军权，诬构谋反罪状，杀害岳飞，与金朝再次签订屈辱的和约（见绍兴和议）。宋向金称臣、纳贡、割地，金朝规定

宋高宗不许以无罪去首相。秦桧再次任相18年，独揽朝政，排除异己，大兴文字狱，极力贬斥主张抗金的官员，压制抗金舆论，篡改官史，奖励歌颂和议的诗文。他还任用李椿年等推行经界法，丈量土地，重定两税等税额，又密令各地暗增民税十分之七八，使很多贫民下户因横征暴敛而家破人亡。绍兴二十五年病死。

秦基伟 Qin Jiwei（1914-11-16～1997-02-02） 中国共产党中央政治局委员，中华人民共和国全国人民代表大会常务委员会副委员长。生于湖北黄安（今红安），卒于北京。

1927年参加黄麻起义，次年参加中国工农红军。1930年加入中国共产党。历任红四方面军排长、连长、营长，中共四川红江县委委员和军事指挥长，红四方面军总部警卫团长，红31军274团团长。长征中任补充师师长、红四方面军总部参谋。抗日战争时期，任八路军129师游击支队司令员，晋冀豫军区司令部科长、处长，副旅长，太行军区第一分区司令员。抗战胜利后，任太行军区司令员、晋冀鲁豫野战军第9纵队司令员、第二野战军15军军长，参加了渡江和解放西南战役。中华人民共和国建立后，1951年参加抗美援朝战争，任志愿军军长，指挥上甘岭战役。1953年回国，历任云南军区、昆明军区副司令员。1957年毕业于南京军事学院。后历任昆明军区、成都军区司令员，北京军区第一政委、司令员，国务委员兼国防部长。是中共十届、十一届中央委员，十二届中央政治局候补委员，十三届中央政治局委员、中央军委委员。1993年当选为第八届全国人大常委会副委员长。1955年被授予中将军衔，1988年被授予上将军衔。

秦简（湖北云梦睡虎地出土）

秦简 bamboo slips of Qin Dynasty 中国战国时代秦国和秦朝所遗留下来的简牍。在战国和秦朝，简是主要的书写材料，但是秦简的实物直到20世纪70年代才第一次发现。1975年底，考古工作者在湖北云梦睡虎地（秦朝属安陆县）发掘战国末年至秦朝（公元前3世纪中后期）秦墓时，在11号墓中发现1100多枚竹简，在4号墓中发现两块木牍。11号墓所出竹简里有秦律的部分抄本（包括《田律》、《厩苑律》、《仓律》、《效律》等多种律文中的一些条文）、对秦律的问答体诠释、关于治狱的各种文书程式的汇编（原题为《封诊式》）、南郡守发给属县的文书（原题为《语书》）、秦昭王元年（前306）至秦始皇三十年（前217）间国家与墓主家庭的大事年表、格言和字书的抄本，以及两种讲时日禁忌等迷信的《日书》。这座墓是秦朝（始皇三十年或稍后）下葬的，不过所出简册大概有不少是战国末年的抄本。4号墓的木牍是家信，从内容看是战国末年的。1979年又在四川青川县的一座秦墓（50号墓）里发现了两块木牍，其中一块抄有秦武王关于更修田律的诏书。秦律制定于战国时代，秦亡以后全部亡佚，新发现的秦律是中国现存的最古法律（见云梦秦简）。秦朝统治时间很短，流传下来的秦国和秦朝史料，特别是社会经济方面的史料，非常贫乏。秦律等新史料的发现，在一定程度上弥补了这个缺陷。通过这批珍贵史料，对当时的国有经济、奴隶劳动、土地制度、阶级关系、官制、刑法以至社会一般生活等方面情况，可以获得很多新的知识。秦简的发现对汉字发展史的研究，也提供了重要史料。自古相传秦朝开始使用隶书，但是秦隶的面貌究竟如何，过去一直不清楚。现在发现的秦简，所用的字体同小篆有相当明显的区别。这种字体应该就是秦隶。通过秦简，不但可以认识秦隶的真面目，还可以知道隶书实际上在战国时代，至少在战国晚期的秦国，就已经初步形成。睡虎地4号墓家书木牍上的隶书，写得很草率，从中还可以清楚地看到草书的萌芽。

秦九韶 Qin Jiushao（约1202～约1261） 中国南宋数学家。字道古。普州安岳（今四川安岳）人。南宋末年曾先后在湖北、安徽、江苏、浙江等地做官。晚年受贾似道打击，贬于梅州，死于任所。所著《数书九章》对大衍求一术和正负开方术的研究作出了杰出的贡献。正负开方术是以增乘开方法为主导的求解高次方程正根的方法，今有“秦九韶程序”之称。

秦岭 Qinling Range 横贯中国中部的东西走向山脉，重要的自然地理界线。东汉班固的《两都赋》中已有“秦岭”之名。历史上曾为秦国之地，故称秦岭或秦山。西以甘肃省的岷迭山系与昆仑山脉为界；东至河南伏牛山麓；北以白石山、火炎山、秦岭北麓的大断裂带、河南境内黄河南岸山地为界；西南以甘、川省界为界；南临汉江与米仓、大巴山分界；东南直抵郧县。东西长约1 600多千米，南北宽数十千米至二三百千米不等。面积约12万平方千米。山势西高东低。山脉北侧为黄土高原和华北平原，南侧为低山丘陵红层盆地和江汉平原。主峰太白山，海拔3 767米。习惯上以嘉陵江为界分为东、西秦岭。西秦岭又以徽县、成县盆地为界分为北秦岭和南秦岭。东秦岭是秦岭的主体。山体呈现为蜂腰形。蜂腰东面分出华山，位于华阴市南部，海拔1 997米，为“五岳”中的西岳。秦岭进入河南省境呈扇形，北支崤山，余脉沿黄河南侧延伸，通称邙山。位于登封市北的嵩山为“五岳”的中岳。秦岭主分水脊偏居北侧，多高峰，如太白山、鳌山。山脊北坡多断崖，呈高山深谷地形。南坡坡长而缓，形成波状山地。南北的水系格局明显不同，北坡呈羽状，南坡树枝状。

秦岭是中国气候上的南北分界线。特别表现在冬夏季风的巨大屏障作用。冬季冷空气过境时，南北之间温差6～7℃。秦

秦岭风光

岭对水汽也起阻滞作用，南坡平均年降水量在800毫米以上，北坡多在800毫米以下。秦岭以北的河流水量较小，流量变化大，汛期短，含沙量大，冬季结冰。以南河流反之。习惯上以秦岭北坡和淮河一线划分，以北属暖温带湿润、半湿润气候，以南属北亚热带湿润气候。北坡为针阔混交林与落叶阔叶林；南坡为含常绿阔叶树种的落叶阔叶混交林；河谷盆地中栽植有亚热带经济林木，如柑橘、枇杷、油桐、油茶、棕榈、茶、乌桕、杉木、马尾松和柏木等。秦岭以北以旱作农业为主，以南多水田。

秦牧 Qin Mu (1919-08-19～1992-10-14) 中国散文家。原名林觉夫。广东澄海人。生于香港，卒于广州。在新加坡度过幼年和少年时代，1932年回国。抗日战争期间当过教师、编剧，参加过救亡运动和民主运动。中华人民共和国建立后在广州工作，曾担任暨南大学中文系主任、《羊城晚报》副总编辑、广东省作家协会副主席、广东省文学艺术联合会副主席等职。

20世纪40年代初开始写作小品文和杂文。其创作体裁包括散文、小说、诗歌、儿童文学等，但主要以散文成就著称。他的散文题材广泛，具有杂文的风骨、抒情小品的神韵。其笔墨娴熟，夹叙夹议，娓娓而谈，亲切流利，关键之处，施以刻画描绘，做到曲折尽意，栩栩传神，使思想、知识、艺术达到较好的结合。散文集有《秦牧杂文》(1947)、《贝壳集》(1958)、《花城》、《星下集》(1961)、《潮汐和船》(1964)、《长河浪花集》(1978)等。此外，写有中篇小说《黄金海岸》(1955)、长篇小说《愤怒的海》(1982)、文艺散论集《艺海拾贝》(1962)和童话故事集《巨手》(1979)等。1994年人民文学出版社出版《秦牧全集》(10卷)。

秦穆公 Duke Mu of Qin (?～前621) 中国春秋时期秦国君主，春秋五霸之一。嬴姓，名任好。在位期间任用由余、百里奚、蹇叔、巫豹、公孙支等为谋臣，修明政治，国力强盛。即位当年就打败戎族，其后又击败晋国，俘获晋惠公，助晋公子重耳归晋，并灭了梁、芮等国。在向东进展时，遭到晋的阻击，失利较多，以至在崤（今河南陕县东）全军覆灭。秦国力不如晋，而晋恰好挡住秦东进的道路，使秦很难进入中原。因此，秦只得向西发展，击败附近的戎人以增强自己的力量。秦穆公采纳由余关于伐戎王的正确谋略，收到了"益国十二，开地千里"的战果。周襄王承认他为西方诸侯伯，穆公"遂霸西戎"。同时，秦与南面的楚国加强联系，从穆公以后到春秋末，秦一直与楚共同与晋为敌。

秦鹏章 Qin Pengzhang (1919-03-08～2005-05-04) 中国指挥家、民族器乐演奏家。生于上海，卒于北京。幼年习二胡、笛子、琵琶。13岁师从卫仲乐、汪昱庭学习古琴、琵琶，并参加大同乐会的演出活动。1937年入上海国立音乐专科学校，1944年在中国青年交响乐团，任首席单簧管。1946年任邮政军乐队指挥。1948年起在国立音专任单簧管副教授，并在上海交响乐团任首席单簧管。1950年任中央音乐学院上海分院副教授，教授管弦乐合奏、单簧管及民乐合奏课。1952年参与筹建中央歌舞团。1960年参与创办中央民族乐团，并任艺术委员会副主任及指挥。指挥演出了舞蹈音乐《荷花舞》、《孔雀舞》、《大茶山》，电影音乐《五更寒》、《红旗谱》，民族管弦乐《广陵散》、《二泉映月》、《翠湖春晓》等。自1963年始，长期执教于中央音乐学院民乐系，任民乐合奏等课程教授。此外，他还编配了许多民乐合奏曲，如《阿细跳月》、《十面埋伏》、《春江花月夜》、《金蛇狂舞》等。曾任中国音乐家协会理事、中国民族管弦乐学会常务副会长。

秦腔 Shaanxi opera 中国戏曲剧种。其起源说法不一，一般认为出自陕西、甘肃及山西的民歌小曲，由民间流行的弦索调演变而成。因采用梆子击节，作"咣、咣"声，又名梆子腔或"咣咣子"。明万历抄本《钵中莲》传奇中已使用了〔西秦腔二犯〕的曲调。清初"秦优新声"已流传至北京。乾隆年间，魏长生进京演出秦腔，轰动京师。对各地梆子声腔的形成有直接影响。秦腔的唱腔分为欢音、苦音两类。欢音长于表现喜悦、爽快的情绪；苦音长于表现悲愤、凄凉的情感。唱腔为板式变化体，板式有慢板、代板、起板、尖板、滚板。另有花腔（或称彩腔），用一种假声的"二音"演唱。伴奏乐队分文、武场。文场，早年以二股弦为主，又称二弦，发音尖细清脆。后弃二弦，以呼胡（或称板胡）为主奏乐器。武场为打击乐。秦腔的脚色，分四生、六旦、二净、一丑，计13门，又称"十三头网子"。秦腔演员不只重唱，也重工架、特技。脸谱也自有特色。秦腔的传统剧目，大多出自民间文人之手，题材广泛，内容丰富，已抄存的有2 748本。辛亥革命后，西安成立了专演秦腔的易俗社，吸收京剧等剧种的营养，唱腔从高亢激昂趋于柔和清丽。《三滴血》、《火焰驹》已摄制成影片。

秦仁昌 Qin Renchang (1898-02-15～1986-07-22) 中国植物学家。生于江苏武进，卒于北京。1925年毕业于金陵大学林学系。1929～1932年先后在丹麦、瑞典、德国、法国、奥地利、捷克斯洛伐克等国访问研究。历任云南大学教授、生物系主任，云南省林业局局长，中国科学院植物所研究员、分类室主任，植物研究所顾问，中国植物志编委会秘书长，植物分类学报主编，中国植物学会名誉理事长，国际植物分类学会和命名委员会名誉主席等职。1955年被选为中国科学院生物学部委员（院士）。曾当选为第一至三届全国人民代表大会代表。创建庐山植物园。重点研究了蕨类植物中最大的水龙骨科的分类系统，把传统的、十分庞杂混乱的水龙骨科分为33科249属，震动了当时国际蕨类学界，产生了深远影响，推动了蕨类植物系统学的研究和发展。著有《中国蕨类植物志》、《中国高等植物图鉴》(第一、二、三册)、《中国蕨类植物科属系统排列和历史来源》等专著12部和论文150余篇，共500多万字。

秦山核电站 Qinshan Nuclear Power Plant 中国自行设计和建造的第一座实用型核电站。位于浙江省海盐县东南秦山。采用技术成熟的压水堆，核岛内采用燃料包壳、压力壳和安全壳3道屏障，能承受极限事故引起的内压、高温和各种自然灾害。电站

中国自行设计建造的秦山核电站

1984年开工，一期工程包括建设一座30万千瓦核反应堆、安装3台共30万千瓦汽轮发电机组及建设配套厂房和输电设施，1991年建成投入运行。年发电量为17亿千瓦·时。截至2008年12月，已累计发电335亿千瓦·时。扩建项目方家山核电工程于2008年开工。秦山二期工程在原址上扩建2台65万千瓦发电机组，分别于1996、1997年开工，2002、2004年投入商业运行。秦山三期核电站是中国首座**重水堆**核电站。采用加拿大坎杜6型核电技术，装机容量为两台728兆瓦。于1998年开工，2003年建成投产。截至2008年9月底，累计发电601亿千瓦·时。

秦始皇 First Emperor of Qin Dynasty（前259～前210） 中国**秦**王朝的开国皇帝。即嬴政，秦庄襄王之子，13岁即王位，39岁称帝，在位共37年。

初即位时，国政为相国**吕不韦**和宦官嫪毐所把持。公元前238年，他亲理国事，平定嫪毐的叛乱，免除吕不韦的相职；并任用尉缭、**李斯**等人，部署统一全国的战略和策略。自前230年至前221年，先后灭韩、魏、楚、燕、赵、齐六国，终于建立了中国历史上第一个统一的、多民族的、专制主义中央集权制国家——秦朝。

秦王政为炫耀自己统一天下的功业，确立至高无上的权威，创立了“皇帝”的尊号，自称始皇帝，宣布子孙称二世、三世，以至万世，代代承袭。随后，他在政治、经济、军事和文化思想方面推行了一系列巩固统一的中央集权国家的措施。在政治上，废除分封制，代以**郡县制**；建立起适合君主专制需要的一整套官僚机构；以秦国原有的法律令为基础，制定和颁行统一的法律；将原六国贵族豪富迁至关中、巴蜀，以防止他们的反抗；又明令禁止民间收藏武器。在经济上，统一全国的度量衡制度和币制；实行“车同轨”，修建由咸阳通向全国各地的道路；开凿沟通湘江和漓江的**灵渠**。在军事上，北击**匈奴**，修筑**长城**；南服百越，设置桂林、象、南海等郡。在文化思想方面，以秦国通行的文字为基础制定小篆，作为标准文字，颁行全国；利用战国阴阳家的“五德终始”说，为秦朝的专制主义统治制造理论根据。始皇三十四年（前123），又采纳丞相李斯的建议，下令销毁民间所藏《诗》、《书》、百家语，禁止私学。随后因求仙药的侯生、卢生逃亡，牵连儒生、方士400余人，而将他们全部坑杀于咸阳。

秦始皇是很有作为的政治家，但因刚愎自用，以刑杀为威，大臣多怕获罪，不敢指陈他的过失。在统一六国之后，他修建豪华的阿房宫和骊山墓，先后进行五次大规模的巡游，在名山胜地刻石纪功，炫耀声威。为求长生不老之药，又派方士徐市（即徐福）率童男女数千人至东海求神仙等，耗费了巨大的财力和人力，加深了人民的苦难。

前210年，秦始皇第五次巡游，在返回途中得病，行至沙丘平台（今河北广宗县西北）病死。

秦始皇陵 Mausoleum of First Emperor of Qin Dynasty 中国历史上第一个皇帝秦始皇嬴政的陵园。位于陕西省西安市临潼区。据记载，秦始皇即位后便开始营建陵墓，前后延续30多年，秦亡时尚未全部竣工。秦始皇陵是中国历史上体形最大的陵墓。秦始皇开创的陵园制度对历代帝王陵园建筑产生了深远影响。1961年国务院公布为全国重点文物保护单位。1962年起勘察，1974年后发掘，清理了从葬坑和铜车马坑。

该陵陵园为南北长、东西窄的长方形，占地面积212.95万平方米，有内外两重夯土围墙。除内墙北墙辟二门外，其余每面各辟一门。内围墙四角有角楼，坟丘在中部偏南处。为平顶的四方锥形台体，三层阶梯状，夯土筑造。现南北长350米、东西宽345米、高35.5米。坟丘下放置棺椁和随葬品的地宫尚未经考古发掘。据《史记·秦始皇本纪》记载，地宫“以水银为百川江河大海，机相灌输”。在坟丘中心1.2万平方米范围内测出有一强汞异常区，验证了文献中关于水银的记载。坟丘东西北三边都发现墓道。坟丘北部有寝殿、便殿和“丽山食官”建筑遗存。整个陵园布局，大体上是按照宫廷生活设计的。陵园内还有陪葬墓群、建陵刑徒的墓地以及包括**秦始皇陵兵马俑**、马厩坑、珍禽异兽坑、石甲胄坑、百戏俑坑在内的各类陪葬坑182座。

秦始皇陵兵马俑 Terra-cotta Warriors and Horses in Mausoleum of First Emperor of Qin Dynasty 中国**秦始皇陵**随葬的陶兵马雕塑群。位于陕西省西安市临潼区，西距秦始皇陵东垣墙1千米。兵马俑坑发现于1974年，1979年就地建成的秦始皇兵马俑博物馆对外开放。兵马俑坑约始建于公元前221

秦始皇陵1号兵马俑坑

年秦王朝建立后，到前209年因农民起义爆发而中断，不久即被项羽所焚毁。兵马俑坑共发现4处，均为规模巨大的土木结构建筑。最大的为1号坑，平面长方形，面宽9间，四周绕以回廊，前有5个门道，总面积约14 260万平方米。列置于其中的6 000个兵马俑是以战车、步卒相间排列的长方形军阵。2号坑总面积约6 000平方米。兵马俑内容为以战车和骑、步兵混合编组的大型军阵。3号坑总面积约520平方米。有驷马漆绘的木质战车和执殳的仪仗，象征军阵的指挥部。4号坑仅有土坑，是一个未建成即被废弃的兵马俑坑。按1、2、3号坑出土兵马俑的排列形式复原，应有武士俑7 000个，驷马战车100余辆，战马100余匹。已出土的数千件与真人真马等高的兵马俑，其躯体采用泥条盘筑法塑造，头像则运用模制加手塑的方法制作，然后套合、粘接，再雕塑出五官、须发、铠甲、衣纹等细部，最后彩绘。这批兵马俑标志着秦代雕塑艺术的卓越成就，再现了秦军奋击百万、战车千乘、勇于公战、怯于私斗的精神风貌，体现了王权的极度威严。其主要艺术特点是形体高大，崇尚写实，手法严谨；类型众多，个性鲜明，形象生动；在总体布局上，利用众多直立静止体的重复，造成排山倒海的磅礴气势，令人产生敬畏而难忘的印象。1987年被列入《世界遗产名录》。

秦始皇陵铜车马 Bronze Chariots and Horses in Mausoleum of First Emperor of Qin Dynasty 中国**秦始皇陵**随葬的青铜车马模型。1980年冬出土于陕西省临潼县（今西安市临潼区）秦始皇陵坟丘西侧的陪葬坑中。共两乘，一前一后排列，均为双轮独辀，每乘驾铜马四匹，大小约为真车马的1/2，车上各有一铜御官俑。两车结构相同，形制有别。1号车为立车，御者立于车上；车舆左、右、前三面立栏板，后有车门，圆形伞盖下立一佩剑铜御官俑。舆内有弩、镞、盾等兵器。2号车为安车。车舆分前后室，有车辎相隔。前室内坐一佩剑铜御官俑；后室为主人乘坐处，上有车盖，周有车辎，前面和两侧辎上开窗，后有门。据研究，1号车应是2号车的前导车。两车为研究古代

2号铜车马（通长317cm、通高106.2cm，由3 000多个零部件组成，重1 241kg）

车制提供了实物例证，澄清了古代车马系驾方法上的一些问题，对研究秦代的冶金技术、宫廷舆服制度也有重要价值。

秦韬玉 Qin Taoyu 中国唐代诗人。字仲明。湖南人，旧称京兆（今陕西西安）人，疑非是。生卒年不详，约890年前后在世。其交通宦官，为“芳林十哲”之一，为士人所恶。屡举不第。后为宦官田令孜府中幕僚。黄巢入长安后，随僖宗入蜀。中和二年（882），特敕赐进士及第。四年，任工部侍郎，判度支。光启中，为田令孜神策军判官。

秦韬玉少有辞藻，尤擅长歌吟，“恬和浏亮”，“每作，人必传诵”（《唐才子传》）。《贫女》诗中“苦恨年年压金线，为他人作嫁衣裳”，借贫女的不幸遭遇倾诉自己不得志的情怀，托兴委婉，尤为人称赏。《织锦妇》、《贵公子行》、《天街》、《豪家》诸篇，寓尖锐的讽刺于铺张的陈述中，耐人寻味。“初出海涛疑尚湿，渐来云路觉偏清”（《八月十五日夜同卫谏议看月》）、“女娲罗裙长百尺，搭在湘江作山色”（《潇湘》）等写景句亦感受细腻，构思新奇。《吹笙歌》、《咏手》诗则诗风情丽侧艳。

著有《投知小录》3卷，已散佚。明人辑有《秦韬玉诗集》1卷，后收入《唐诗百名家全集》和《唐人五十家小集》中。

秦文君 Qin Wenjun (1954－03－15～) 中国儿童文学作家。上海人。1971年在黑龙江大兴安岭塔林林场插队务农，80年代毕业于华东师范大学中文系。1982年进少年儿童出版社，历任编辑、编审、《中国儿童文学》主编等。现为中国福利会出版社总编辑，中国作家协会全国委员会委员，上海市作家协会副主席。1981年开始发表作品，主要从事儿童小说创作。出版的主要作品有中长篇小说《男生贾里全传》、《女生贾梅全传》、《十六岁少女》、《小鬼鲁智胜》、《小丫林晓梅》、《天棠街三号》、《一个女孩的心灵史》等。1998年由安徽少年儿童出版社出版5卷本《秦文君文集》，2005年由接力出版社出版10卷本《秦文君花香文集》。

秦文君的小说注重从少年儿童的现实生活中汲取题材，以“感动当下”为主旨，紧贴当今校园生活，紧贴儿童的情感世界与想象世界，作品流动着一股清新活泼、幽默风趣的生气与灵气，创造了男生贾里、女生贾梅等一系列当代少儿艺术形象，被誉为“雕塑当代少儿群像的高手”。

秦怡 Qin Yi (1922－02－04～) 中国电影、电视剧、戏剧演员。原名秦德和。生于上海。曾就读于中华职业学校商科。1938年在《好丈夫》中当实习演员。1941年后参加进步话剧运动。先后在《忠义之家》、《无名氏》、《遥远的爱》、《母亲》等影片中担纲主要角色。1949年后，在《铁道游击队》（1956）、《女篮五号》（1957）、《青春之歌》（1959）、《海外赤子》（1979）、《雷雨》（1984）等影片中扮演重要角色。她扮演了众多不同类型的角色，形成了朴实、深沉、细腻、自然的表演特色。

秦兆阳 Qin Zhaoyang (1916－11－18～1994－10－11) 中国小说家、文艺评论家。笔名秦策。湖北黄冈人。乡村师范学校毕业后在小学任教。1938年赴延安，在陕北公学分校和鲁迅艺术学院美术系学习，1939年后在华北联合大学任美术教师。1943～1947年先后任《黎明报》社长、《前线报》副社长。1948年任《华北文艺》编辑。中华人民共和国建立后曾任《人民文学》副主编，《文艺报》执行编委，人民文学出版社副总编辑兼《当代》主编等。

1935年在师范学校读书期间开始发表宣传抗日的漫画和诗歌，写有长诗《长城》、《祖先的开拓》、《松花江怒吼了》等，此后发表过短篇小说、独幕话剧和散文。中华人民共和国建立后出版短篇小说集《平原上》（1949）、《幸福》（1951）、《农村散记》（1954）和长篇小说《在田野上，前进》（1956），以朴素清新的风格反映解放后农村的新变化。长篇小说《大地》（1984）写农民的斗争生活和历史命运，具有肃穆而伟岸的气势、深邃而厚实的力度。他的文学评论具有敏锐的观察分析能力。童话《小燕子万里飞行记》获1995年全国儿童文学奖。1956年化名何直发表的《现实主义——广阔的道路》长篇论文，因此受到错误批判，并被错划为“右派”，“文化大革命”中他的文艺理论被定为“黑八论”之一，再度受到批判。后获平反。另有论文集《论概念化公式化》（1953）、《文学探路集》（1984）等。

琴 qin; pluckedstring instrument 中国拨奏弦鸣乐器。现代称古琴、七弦琴。琴在中国古代文化生活中占有重要地位。孔子、司马相如、蔡邕、嵇康等人都以弹琴著称。通过历代琴师的积累和传承，至今尚有上百种琴谱传世。

考古发现的最早实物，是湖北随县（今随州）出土的战国初期的10弦古琴，以及湖南长沙马王堆出土的7弦汉琴。虽然早期的琴在造型、弦数方面有所不同，但都具备1弦多音的特点。汉魏之际，琴有了完善的共鸣箱和标志音位的琴徽。南北朝时，琴曲已有文字谱。唐代产生了减字谱，并流传至今。

琴的全身为扁长共鸣箱，面板即指板，多用梧桐木制作。面板外侧有13个骨或贝壳质的圆点称为徽，是音位和泛音的标志。琴有7弦，古代用丝弦，现用钢丝芯缠尼龙弦，音量增大，余音加长，并减少了移指时的摩擦噪声。琴的定弦法主要有3种：①C、D、F、G、A、c、d；②C、D、F、G、^{b}B、c、d；③C、D、E、G、A、c、d。此外还有数十种五声音阶和非五声音阶的定

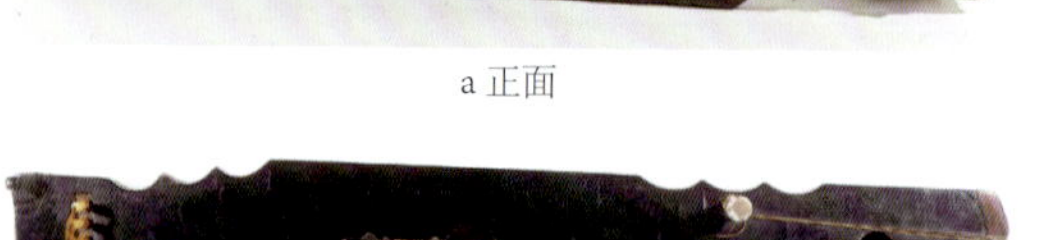

a 正面

b 背面

雷氏造七弦琴（唐开元三年）

弦法。琴的音域为C～d^3。

琴有4种传统演奏形式：独奏、琴箫合奏、琴歌、雅乐合奏。在数千年的发展过程中，产生了一些艺术观点和演奏风格不同的、以地名相称的流派。较有名的琴派有浙派、虞山派和广陵派等。浙派源于南宋末期，创始人郭沔，传人毛敏仲、徐天民等，代表作有《潇湘水云》、《秋鸿》、《渔歌》、《樵歌》等。虞山派明末兴于江苏常熟，创始者严澂、陈爱桐，传人徐上瀛等。广陵派产生于清代江苏扬州，由创始者徐常遇在继承虞山派的基础上发展、形成。传人徐祺、吴灴等。近百年来又出现了浦城派、泛川派、九嶷派、诸诚派、岭南派。

琴鸟 *Menura*; lyrebirds 雀形目琴鸟属鸟类的统称。有华丽琴鸟和艾氏琴鸟两种，仅分布于澳大利亚的新南威尔士。雀形目中体型较大者，体形略似母鸡；通体浅褐色。因整个尾形颇似古希腊七弦竖琴，因而得名。雄鸟最外侧的尾羽先端外卷成弧形，上缀金褐色冠状斑，边缘呈黑色；中间12枚尾羽纤细如丝；还有2枚触角状羽；雌鸟不具此种装饰羽。

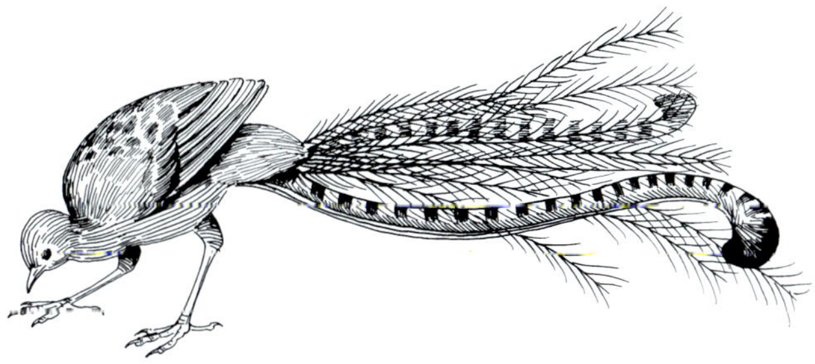

华丽琴鸟

生活于热带雨林的密林中，营地栖生活。一雄多雌。雄鸟善效鸣鹦鹉及其他鸟类的鸣声，甚至可效仿某些兽叫和人的语言。雌鸟也会效鸣，但远不如雄鸟。5～6月营巢，筑于高树上；巢呈圆顶状，由雌鸟完成。求偶期间，雄鸟在树顶上搭一个直径约1米的圆形“舞台”，且舞且歌，琴羽横伸，纤羽上摆，犹如一把阳伞。雌鸟的尾羽在繁殖期间卷向一侧。

琴鸟是一种珍贵的观赏鸟类，美丽的琴尾和学舌的本领都深为人们喜爱。常被乱捕滥猎，现已严加保护，并被许多国家引种驯养。

禽流感 avian influenza; AI 甲型流感病毒引起的人、禽类共患的急性传染病。禽流行性感冒的简称。表现为呼吸道和严重全身性感染。主要发生在禽类，如鸡、鸭、鹅、鸽等。又称欧洲鸡瘟、真性鸡瘟。按病原体致病性的大小，分为高致病性、低致病性和无致病性。其中高致病性禽流感传播快、病情重、病死率很高。由于病毒基因易发生变异，可感染人而发生呼吸系统和全身多脏器功能衰竭，称为“人禽流感病”，病情进展快，病死率高。

临床表现 潜伏期一般为10天。发病以儿童和年老体弱者多见。起病急，早期表现类似流感，有发热，体温多在38.5℃以上，以稽留热和不规则热型较多见。热程一般为2～3天，亦可达7天。有流涕、鼻塞、头痛、全身不适和肌肉酸痛、恶心、腹痛和腹泻、稀水便，半数患者肺部有实变征，有干、湿性啰音。部分患者病情进展快，有明显的出血征象，表现为口腔黏膜瘀点、瘀斑，四肢及胸腹部皮肤可见大片瘀点和瘀斑，咳嗽、痰中带血，血尿或血便，血压明显下降、休克，肺炎进行性加重，血氧饱和度和氧分压下降，可出现肺出血、胸腔积液、急性呼吸窘迫综合征、全血细胞减少、肾功能衰竭和多脏器功能衰竭。

诊断 曾到过疫区，有与家禽及猪接触史，出现典型临床症状。血清抗体有4倍升高。血清、呼吸道分泌物和咽拭子可分离出甲型流感病毒，为上述常见的禽流感血清型。用PCR法检测上述标本，有禽流感病毒RNA，须经测序鉴定。

治疗 主要是对症和支持治疗。密切观察病情变化，及时给予相应治疗。早期可应用抗病毒治疗，如金刚烷胺、金刚乙胺和神经氨酸酶抑制剂，如奥司他韦和札那米韦。

预防 应对患者隔离，接触者应戴口罩，对受染动物应立即杀灭及深埋。并对疫地及周围环境进行严密消毒，对密切接触者可口服抗病毒药预防。

勤王运动 Revolts of Gentries in Vietnam 1885～1896年越南爱国士绅领导的抗法武装斗争。又称“文绅运动”。“文绅”大多是退休官吏和乡村举人。1884年第二次《顺化条约》签订后，越南沦为法国的殖民地。但以阮朝辅国大臣、兵部尚书尊室说为首的主战派主张继续抗法。1885年7月10日，咸宜帝下诏，号召“勤王抗法”。中部、北部各地文绅在“忠君爱国”的旗帜下纷纷起兵响应，形成声势浩大的勤王运动。其中著名的有潘廷逢领导的河静省香溪起义（1885～1896）、阮善述领导的兴安省荻林起义（1886～1889）、宋维新领导的清化省雄岭起义（1886～1892）、范澎领导的清化省巴亭起义（1886～1887）和阮光碧领导的西北起义（1885～1889）。运动的共同宗旨是“驱逐法贼，拥护王朝，谋求独立”。各地起义虽有一定联系，但没有统一指挥，缺乏相互配合。法国殖民者采用武力镇压和政治分化兼施的手段，动用殖民军队，组建越籍保安兵（“蓝带兵”），同时扶植同庆帝取代咸宜帝，收买起义官吏，竭力镇压起义。1888年咸宜帝被俘，尊室说亡命中国。各地起义先后失败。1896年潘廷逢在根据地病逝，坚持11年之久的香溪起义被镇压下去，勤王运动结束。

擒拿 qinna; joint lock 中国武术徒手格斗技击项目之一。又称拿法。两人在身体接近的情况下，利用人体关节、穴道和要害部位的弱点，使对方身体局部产生剧痛而束手就擒。是运用反关节原理进行擒伏与解脱、控制与反控制的专门性技击术。擒拿历史悠久，《春秋公羊传》中已有记载。擒拿可分为拿骨、拿筋、拿穴3类，拿骨为核心技术。擒拿的部位分为拿指、拿腕、拿肘、拿肩、拿头颈、拿腰、拿膝、拿足踝8部位。其用力方法分单拿、双拿、组合拿；主要手法有刁、拿、锁、扣、拧、缠、搬、点、托、折、压、切、踩、绊、踢、靠、甩等。擒拿套路中解脱与反拿的手法中环环相扣，实战性强，深受人们喜爱。中华人民共和国建立后，擒拿被列为全国武术表演与比赛项目。

沁阳市 Qinyang City 中国河南省辖县级市。位于省境西北部，北邻山西省。面积623平方千米。人口49万（2008）。民族有汉、回等。春秋时为野王邑，秦置野王县，隋开皇十六年（596）改河内县。1913年改沁阳县，以旧城在沁河之北而得名。1989年撤县建市。由焦作市代管。属暖温带大陆性季风气候。矿产有铁、铜、铝、煤、石油、耐火黏土、大理石等。农作物主要有小麦、玉米、棉花、烟草。中药以怀药（怀牛膝、怀菊花、怀地黄、怀山药）著名。工业主要有机械、化肥、造纸、卷烟、玻璃、耐火材料、酿酒、服装等部门。名胜古迹有天宁寺三圣塔、兴龙寺、尧池泉等。

青白瓷 bluish-white ceramic 中国古代瓷器品种。因釉色青白而得名。清末以来，又称影青、映青、隐青。创烧于北宋初，北宋中期繁荣，宋元时代为南方的众多窑场烧造，而以景德镇窑产品水平最高。产品多为碗盘瓶壶等器皿，也有枕和观音像等瓷塑。北宋作品胎体洁白细腻而轻薄，釉面光润透明，

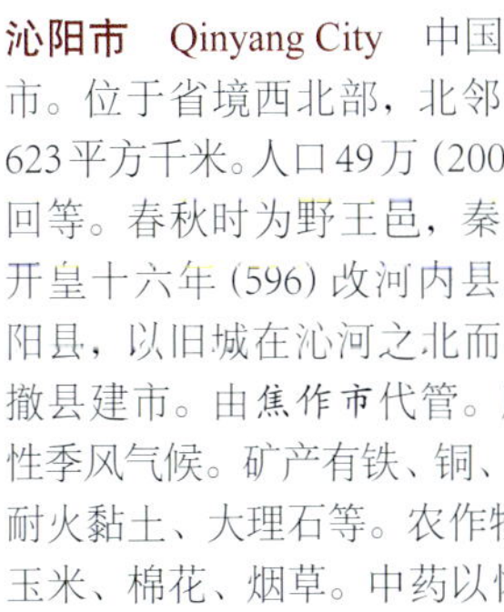

景德镇影青蟠螭提梁倒流壶（宋，故宫博物院藏）

光照见影。色调纯正匀净，造型轻盈秀丽，素面的器物不少，若加装饰，则以潇洒优雅的刻花、划花居多，间有印花、贴花，与**定窑**白瓷颇多相似。碗盘类器物逐渐推广了定窑创造的覆烧法。南宋景德镇青白瓷精品依然保持很高水平，因有玉的质感，而被称为“饶玉”。元代，胎体常较粗糙，釉质往往不纯，但作品更重装饰，造型每每趋大。宋元时代，青白瓷是外销瓷的主要品种。

青帮 Green Gang 中国近代秘密会社。又称清帮、安清帮。传说最早渊源于明代的民间宗教罗教。最初分布于北直（今河北、京津）、山东等地，后来沿运河发展到南直隶、浙江、江西等地区。其门徒主要在运河沿岸各埠以运漕粮为业，又称粮船帮或粮帮。到1726年（清雍正四年），由翁雍、钱坚、潘清组织南北运河的船夫为清政府承办漕运，遂称清帮，又称潘门或潘家。其中又分为两派，一是主帮，由浙东温州、台州人组成；一为客帮，由皖北、江北人组成，又称巢湖帮。帮内有帮规仪式，有辈分区别，按辈分收徒，长期在运河漕运中保持封建行帮地位，要求其成员“帮丧助婚，济困扶危”，从而赢得广大粮船水手和下层群众的拥护。后因漕粮改由海运，粮船水手大多失业，遂在上海、天津等地和长江下游其他通商口岸流为游民帮会，以“密行贩盐，或以偷税为业”。其成员也日益复杂化，除破产农民、失业手工业者和流氓无产者之外，不少被裁革的兵勇也加入其中，也有少数地主士绅参加，在社会下层联系广泛。**辛亥革命**时期，青帮在上海成立“中华共进会”。1913年受雇于**袁世凯**，刺杀**宋教仁**。1920～1930年，其势力迅速发展，有仁社、荣社、恒社、兴中学会、江北帮五大派系，主要人物有**黄金荣**、**杜月笙**、**张啸林**，称三大亨。一些青帮头目勾结军阀政客，广收门徒，霸占一方，开设赌场妓院，贩运毒品，绑票勒索，坐地分赃；有的利用搜刮来的巨额资财投资工商业。这些人气焰嚣张，横行不法，为害地方。张啸林的五十大寿，黄金荣建造的黄家花园（今上海桂林公园）落成和杜月笙修建杜氏家祠，竟成为当时轰动上海的“盛典”。1927年为**蒋介石**利用，参与“四一二”反革命大屠杀，将上海总工会委员长汪寿华骗到杜月笙家中加以杀害，并指使流氓冒充工人，从租界出发向上海工人纠察队发动进攻。抗日战争期间，日本特务机关也利用青帮组织进行汉奸活动。

青城山 Qingcheng Mountain 中国道教发祥地之一，风景名胜区。又称丈人山，系都江堰市一带山地的总称。位于四川省都江堰市西南。最高的老霄顶，海拔1 600多

道教发祥地之一——青城山

米。青城山背靠**邛崃山**，面向成都平原，林木葱茏，四季常青，峰峦起伏，状若城郭，故名。山区为四川省多雨区，年降水量1 300毫米以上，终年云雾缭绕，气候潮湿，利于林木花草繁殖。山区林深叶茂，竹翠花多，景色清幽，有“青城天下幽”之称。此外，青城山又有日出、云海、圣灯三大自然奇景。产雀舌、乌嘴、片甲、雪芽等青城名茶。青城山相传为东汉张道陵讲经传道之处，有宫观多处。古常道观建于隋代，为规模宏大、结构精美的建筑群，属青城山主庙。还有天师洞、朝阳洞、祖师殿、上清宫，以及天然图画、金鞭岩、石笋峰等风景名胜。

青春期 adolescence 人的发育过程中，介于儿童期和成人期之间的过渡期。此时身高体重加快发展，性器官迅速成熟；抽象思维和创造能力跃升，人格走向定型。一般将青春期分为早（11～14岁）、中（14～17岁）、晚（17～20岁）三个阶段。青春早期指女孩月经初潮前或男孩首次遗精前的生长突增阶段；中期以第二性征迅速发育为特点，女孩往往在这期出现月经初潮，男孩可能发生首次遗精；晚期性腺发育接近成熟，第二性征近似成人，体格发育逐渐减慢直至基本停止。青春期是一个人的人格定型（养成稳定的心理和行为反应模式）和确立价值观（包括道德准则）的关键时期。这常使一个人的人生追求、心理健康和社会表现定型。

《青春之歌》 *The Song of Youth* 中国当代长篇小说。**杨沫**著。作家出版社1958年初版，

故事片《青春之歌》剧照

后经修改于1960年再版，1978年人民文学出版社重印。3个版本后面分别有初版、再版、重印后记。小说以1931年九一八事变到1935年一二·九运动这段历史为背景，主要描写了中国共产党领导下北平学生的爱国运动，塑造了戴愉、余永泽、白莉萍、王晓燕、许宁、林道静等一系列知识分子形象。小说最大成就在于对主人公林道静形象的塑造。作者把她放到阶级矛盾和民族矛盾尖锐剧烈的背景下，紧紧把握住她的温情、爱幻想和狂热等性格弱点，细致地描绘她从一个小资产阶级知识分子怎样一步步成长为共产主义战士的精神历程，揭示形成这一历程的主客观原因以及成长的艰巨性、曲折性，生动地反映出那个历史时期部分知识分子所走的革命道路。1959年北京电影制片厂将其改编成同名故事片。影片创造了独特的抒情意境，以加深和丰富人物内心感情的刻画，突出人物性格的发展变化。整部影片充满激情，呈现出细腻感人的特色。

青瓷 celadon 中国古代传统颜色釉瓷器。因釉呈青绿色而得名。中国商周原始瓷器所施为青釉。东汉至唐代，均以青釉为主。入宋，随着白釉、青白釉、黑釉的发展，青釉虽逐渐失去主导地位，但到明前期，仍占很大比重，并在海外极受喜爱。五代以来的北方虽有重要青瓷窑场，如五代北宋的**耀州窑**、北宋的**汝窑**和官窑，但以浙江为代表的南方长期是青瓷的主要产地。重要窑场有汉唐时代的**越窑**、瓯窑，南宋官窑，宋元龙泉窑等，特别是宋代龙泉窑的粉青釉和梅子青釉将青瓷的幽雅之美发挥到极致。与其他大批烧造的瓷器品种相同，青瓷产品包括餐具、饮具、存储器、文具、玩具、陈设品和明器等，用途极为广泛。青瓷的装饰题材随时代而异，装饰手法则极其丰富。除各时代均占很大比重的光素无纹作品之外，大体上，汉到唐前期以捏塑、堆居多，唐五代，彩绘与刻划较有特色，宋明以刻划、模印成为装饰主流。两宋是青瓷艺术的高峰，以汝窑、官窑为

青瓷羊（西晋，江苏南京出土）

代表的高档青瓷往往光素无纹，以古雅的造型和温润的釉质取胜，成为中国瓷器艺术的重要代表。受中国影响，古代东亚的不少国家均曾烧造青瓷，其中成就较高的有约略相当于宋元时期的高丽镶嵌青瓷。

青岛市 Qingdao City 中国山东省辖市。位于山东半岛南部，东、南濒临黄海。面积11 026平方千米。人口872万(2010)，有汉、满、回、朝鲜、壮、蒙古、土家等民族。辖市南、市北、四方、李沧、崂山、城阳、黄岛7区，代管即墨、胶州、胶南、平度、莱西5市。原为渔村，隶属即墨县，以其前海的小青岛而得名。宋元以后渐为通商口岸，明朝为防倭寇设“浮山所”。清成为一个繁华市镇，称胶澳。清光绪十七年(1891)在胶澳设防，为青岛建制之始。1897年德国强占胶州湾，1914年日本侵占青岛，1922年收回开为商埠，直属北洋政府。1929年设青岛特别市，1930年改称青岛市。为海滨丘陵城市，崂山位于市区西北，是中国名山之一。大陆海岸线长730.64千米，

青岛沿海景观

占山东省岸线的1/4。岬湾相间，有海岛69个，总面积21.2平方千米，其中小青岛、小麦岛等10个海岛有固定居民。青岛验潮站1950～1956年观测的平均潮位被命名为“海平均海水面”，中国大陆国土的地物高程即以此为零点起算。属暖温带海洋性季风气候，年平均气温12.2℃，平均年降水量775.6毫米，多海雾。矿产以非金属矿为主，有石墨、花岗岩、大理岩、矿泉水、透辉岩、滑石、沸石等。盛产粮油、林果、畜牧、水产品，农作物主要有小麦、玉米、大豆、花生、甘薯、棉花等，海区有鲷鱼、黄鱼、鲈鱼、鲍鱼、牡蛎、对虾、干贝、海参、螃蟹、海螺等，海下泥沙底质岸段是发展贝类、藻类养殖的优良海区。以港口、海洋和旅游作为三大经济特色，重点建设电子、化工、汽车、造船和新材料产业基地，是中国重要的纺织、化工生产基地。青岛港是著名的天然良港，中国大陆最大的国际集装箱中转港，与世界上130多个国家和地区的450多个港口有贸易往来。胶济铁路及多条高速公路、国道交叉成网。已开通国内航线80余条，并可直达东京、大阪、福冈、首尔、釜山、曼谷、新加坡等城市。青岛是疗养、避暑、游览胜地，有前海海滨、崂山、石老人、金沙滩、琅邪台、薛家岛、田横岛等旅游度假区。崂山被称为海上第一名山，是中国道教的发源地之一。古迹有琅邪台、平度天柱山石刻、湛山寺、天主教堂、天后宫和康有为故居等。青岛是国家历史文化名城。

青光眼 glaucoma 病理性高眼压合并视神经萎缩、视野缺损的眼部病变。发作时患者瞳孔散大，瞳孔内出现青绿色的反光，故而得名。根据其发病机理通常分为4类：①原发性青光眼。根据眼压升高时房角的开闭情况又分为闭角型和开角型。闭角型青光眼眼压升高时其房角是关闭的，其眼球具有前房浅、房角窄、眼球或角膜较小等解剖特点。发作时起病急，眼压突然升高，患者眼剧痛，视力显著下降，伴偏头痛、恶心、呕吐、球结膜充血、角膜上皮水肿，前房极浅，瞳孔开大。治疗应使房角重新开放，以手术治疗为主。开角型青光眼，眼压升高时其房角是开放的，其病因是房水排出通道受阻，其部位主要在小梁网，此型发病隐蔽，进展缓慢。少数人眼压在正常范围(10～21mmHg)，亦无头痛、眼胀等症状，但已有视野受损及视神经萎缩(正常眼压性青光眼)。眼压升高，视盘凹陷和视野缺损为主要诊断依据。早期病例可根据眼压、眼压描记和激发试验来确定诊断，治疗应是用药物，若眼压不能控制则应考虑手术治疗。②继发青光眼。凡能增加房水产量或影响房水排出的各种眼病，均能导致眼压升高而引起青光眼。眼内容增加也可引起。治疗应针对原发眼病进行病因治疗。③先天性青光眼。因胚胎时房角发育异常致使房水排出受阻引起眼压升高，药物治疗效果差，应尽早行眼外引流术。④混合型青光眼。同时具有两种或两种以上类型的青光眼，如原发与继发青光眼同时存在或具备一种以上的原发或继发青光眼。青光眼的治疗主要是降低眼压(药物、激光、手术)，眼压降低后视野损害可得控制。

青海湖 Qinghai Lake 中国最大内陆咸水湖。汉代称西海。北魏时始名青海。蒙古语称“库库诺尔”，意即“青色的湖”。位于青海省东北部。海面海拔3 196米，长108千米，平均宽38.6千米，周长360千米，面积4 340平方千米。储水量742亿立方米，平均水深17.6米，最深达27.0米。水位年变幅不大，近年湖水出现负平衡。湖水含盐量12.49克/升，pH为9.1～9.4，属氯化钠质水。

湖中耸立蛋岛、鸟岛、海心山、新沙岛、老沙岛和三块石岛6座岛屿。其中，老沙岛为湖中最大岛屿，面积约11平方千米，高出湖面113米，是湖中沙垅出露水面后经风沙堆积而成。湖西南的三块石岛为湖区诸岛中最小者，由七块三叠统灰岩礁石组成，实属宗务隆山向湖的延伸部分。鸟岛则是中国内陆湖候鸟栖息地，每年来此栖息、繁殖的鸟类估计有10万只，是中国鸟类自然保护区之一。

全新世以来，水位下降，湖面缩小。湖滨东缘出现了两个脱离母体的子湖——尕海和耳海。青海湖流域为内陆封闭水系，入湖河流达40余条，较大者如布哈河等多由西北面汇入，由东、南面注入的河流如甘子河、倒淌河等少而短小。布哈河年径流量10.64亿立方米，占入湖总径流量的2/3。湖中鱼类单一，以鲤科的青海湖裸鲤(俗称湟鱼)为主，并有条鳅。为青海省重要鱼类产地。湖岸有广大草原，是良好牧场。

青海平弦 中国曲艺曲种。又称“平曲”、“西宁曲子”或“西宁赋子”。流传于青海省的西宁、大通、湟中、湟源、互助和乐都一带。其历史渊源众说纷纭。从曲调上看，有人认为可能与兰州鼓子及河州平弦有一定的关系。是一种联曲演唱的曲艺唱曲形式，唱腔曲牌丰富多样，有“赋子”、“背宫”、“杂腔”和“小点”四种类型。表演使用西宁方音，形式通常为一人用竹筷敲击“月儿”(小瓷碟)站唱，另有多人分持三弦、扬琴、琵琶、板胡、二胡、月琴、笛子等坐着伴奏。也有伴奏者参与对唱、轮唱和帮腔演唱的情形。传统节目多据历史题材的小说和故事编演，如《桃园结义》、《杨八郎捎书》、《杜十娘》等。也有一些神话题材和民间传说故事内容的节目，如《白蛇传》、《舍身崖》等。另有咏事、写景、抒情和喜庆祝颂之类的小段。

青海省 Qinghai Province 简称青。位于中国西部腹地，青藏高原东北部，东邻四川省，北依甘肃省，南与西藏自治区接壤，西与新疆维吾尔自治区毗连。东西长1 200千米，南北宽800千米。因境内有全国最大的内陆咸水湖——青海湖而得名。辖1个地级市、1个地区、6个自治州、4个市辖区、2个县级市，30个县、7个自治县(见表)。面积约72万平方千米。人口563万(2010)。

青海省行政区划表(2010)

西宁市	**海北藏族自治州**	甘德县　达日县
城中区　城东区	海晏县　祁连县	久治县　玛多县
城西区　城北区	刚察县　门源回族自治县	**玉树藏族自治州**
大通回族土族自治县	**海南藏族自治州**	玉树县　杂多县
湟源县　湟中县	共和县　同德县	称多县　治多县
海东地区	贵德县　兴海县	囊谦县　曲麻莱县
平安县　乐都县	贵南县	**海西蒙古族藏族自治州**
民和回族土族自治县	**黄南藏族自治州**	德令哈市　格尔木市
互助土族自治县	同仁县　尖扎县	乌兰县　都兰县
化隆回族自治县	泽库县　河南蒙古族自治县	天峻县
循化撒拉族自治县	**果洛藏族自治州**	
	玛沁县　班玛县	

有汉、藏、回、土、撒拉、蒙古等43个民族。少数民族人口占青海总人口的42.8%。少数民族以藏族人口居多。省会**西宁市**。

建制沿革　青海古属雍州地。秦、汉之际为羌人游牧地。汉武帝时设“护羌校尉”，管理甘肃和青海东部羌人事务。西汉末年，在今海晏县三角城置西海郡。东汉时在今民和县古鄯邑设金城郡。东汉末年，在今西宁市设西平郡。魏晋南北朝时，在今西宁、乐都一带建立南凉国，改西平郡为湟河郡。北魏时改西平郡为鄯州。西魏时在今循化、贵德一带设浇河郡。北周时在今尖扎县设达化县。4～6世纪，吐谷浑人在此建立吐谷浑国。隋时，复在西宁设西平郡，新置龙支县（今民和回族土族自治县南），并在原吐谷浑都城伏俟城置西海郡，在赤水城设河源郡。唐初，青海东部属陇右道，改西平郡为鄯州。宋时，将原鄯州改名为西宁州。元代，旧甘州治地设甘肃行省。明初，改西宁州为西宁卫。明中叶，蒙古族进入青海。清初，南部藏族又进入青海湖南北，蒙古族、藏族杂居至今。清代改西宁卫为府。1911年辛亥革命以后，封建军阀马步芳家族统治青海。1929年1月青海正式建省。1950年1月1日青海省人民政府成立。

自然条件　青海地处青藏高原东北部，地势高耸，地形、气候、植被、土壤等自然条件的地区差异和垂直差异均甚显著，自然资源丰富多样。

地质构造上，青海自北而南分为祁连褶皱系、柴达木地块、昆仑褶皱系、巴颜喀拉褶皱系、唐古拉褶皱系五大构造系。

图1　青海察尔汗盐湖钾肥生产基地

地貌可分为3区：①北部为祁连山－阿尔金山山地。青海湖位于祁连山东南的大通山和青海南山之间，湖滨冲积平原的农牧利用条件优越。②西北部阿尔金山、祁连山和昆仑山之间为柴达木盆地。山前洪积平原发育，中部低平，形成众多盐湖和大面积沼泽。盐类、有色金属、石油、天然气、石棉等矿产资源丰富，素有“聚宝盆”之称。③南部为由**昆仑山脉**及其支脉可可西里山、**巴颜喀拉山**、阿尼玛卿山、唐古拉山等组成的青南高原，海拔4 500米以上，常年积雪的山峰甚多。

青海由于地处高原，深居内陆，终年受温带大陆气团及青藏高原气团影响，气候寒冷而干燥。年平均气温为－5.0～8.6℃，1月平均气温－18.2～－7.0℃，7月平均气温5～21℃。气温年较差小，日较差大。冬季寒冷而漫长（半年以上），夏季凉爽而短促。日照时间长，太阳辐射强。气温和降水地区差别大，垂直变化显著。多大风、沙暴、冰雪。境内水系发育，江河纵横，湖泊众多，是**长江**、**黄河**、**澜沧江**的发源地，有“江河源头”之称。主要河流有通天河、黄河、扎曲、解曲，主要湖泊有青海湖、**扎陵湖**、**鄂陵湖**。青海植被类型以高寒灌丛、高寒草甸及高寒草原为主，其次为荒漠和山地草原，森林较少。野生动物资源种类多，分布广。有鸟类200多种，占全国的1/4；兽类50多种，占全国的1/3。国家一级保护动物有野骆驼、野牦牛、野驴、藏羚羊、盘羊、白唇鹿、雪豹、黑颈鹤8种。

青海省矿产资源有4大特点：①地域分布呈北煤、南砂金、西盐类和油气、东非金属矿产。②矿床、矿点多，矿种全，潜在价值大。③优势矿产主要为盐类、石油、天然气、部分金属矿产和非金属矿产。盐湖资源储量巨大。金属矿产中，主要有铜、铅、锌、钴及金矿，储量大、开发前景较好。非金属矿产中，石棉、石英岩、石灰岩等储量均居全国前列。④共伴生矿产多，资源组合好。如察尔汗钾镁盐矿床，既是大型钾盐矿，又是特大型的镁盐矿、盐矿、锂矿、铷矿及硼矿，还是大型溴矿和碘矿。

经济概况　20世纪50年代以来，青海工、农（牧）业和交通运输业均有很大发展。但与东部沿海发达地区相比较，则仍属生产力水平较低、经济不发达地区。

青海是中国重要的畜牧业生产基地，全国五大牧区之一。畜牧业历史悠久。以养殖适应高寒能力强的藏系绵羊和牦牛为主，次为山羊和马，有少量驴、骡和骆驼。青海牧区均以草原畜牧业为主，藏系绵羊所占比重大，分布广，是全国主要羊毛产区之一。历来以生产富弹性、韧性及耐磨的“西宁毛”著称。农业以旱作为特色，种植业以粮食生产为主，主要为春小麦、青稞，次为蚕豆、豌豆、马铃薯等。经济作物较为单一，以油料作物居绝对优势。根据生产条件、特点和地域差异，青海农业可分为东部农业区、环湖牧农区、柴达木盆地牧农区、青南高原牧业区四大农业区。

青海是全国森林覆盖率最低的省份，仅为4.40%。森林资源分布极不平衡，主要集中于省境东半部，而西半部极少。山地森林以云杉为主，次为圆柏、桦和山杨等。荒漠灌丛则主要以柽柳、梭梭、沙拐枣、麻黄等为主。人工林多见于东部农业区和柴达木盆地新垦区。野生植物资源分布广，数量多，尤以西宁大黄、冬虫夏草、青贝母、黄芪、羌活、雪莲最为著名。冬虫夏草产量约占全国的70%，为青海重要的传统出口产品。

渔业发展以水产捕捞和养殖为主，发展较晚。青海湖泊众多，水域广阔，除盐湖外，一般均拥有一定的鱼类资源。青海湖、扎陵湖及鄂陵湖均盛产无鳞鱼，已发展为省内的三大天然渔场。淡水养殖则以柴达木盆地的可鲁克湖产量较大。

20世纪50年代以后，青海初步形成以机器制造、食品加工和纺织为主，包括盐化工、电力、轻纺、皮革、造纸、食品、机械、冶金、煤炭、石油、电子、建材、畜产品加工等门类比较齐全的现代工业体系。

交通运输以西宁为中心。公路运输主要有甘青、青藏、敦格、敦芒、茶芒、青川、青新、宁张等干线。已建成高速公路800余千米。铁路有兰青、青藏铁路干线。民航已开通西宁至北京、乌鲁木齐、兰州、西安、广州、成都、上海、格尔木、拉萨等地的航线。

文教科技　青海高等院校有青海大学、青海师范大学等。

名胜古迹　青海旅游资源丰富独特。有终年积雪的冰峰雪山、起伏不平的高原丘陵、广袤平坦的草原、茫茫天际的戈壁、纵横交错的河流、星罗棋布的湖泊。丰富的

图2 7月的青藏高原草原上牛羊成群

文物古迹、古老的宗教文化、绚丽的民族风情，其原始、神秘、粗犷亦为世人所惊叹。主要自然景观有青海湖、三江源地区、被誉为“高原西双版纳”的孟达自然保护区、玉树隆宝滩的黑颈鹤自然保护区、互助北山国家级森林公园、坎布拉丹霞地貌（国家级森林公园）、柴达木盆地风蚀雅丹地貌、巴隆狩猎场等。人文景观主要有：坐落在湟中县鲁沙尔镇的**塔尔寺**、体现明代建筑风格的寺院瞿昙寺、柳湾古墓群、别具一格的热贡艺术、唐蕃古道、平行于河西走廊丝绸之路的古代通往西域的丝绸南路——丝绸之路青海道。有国家历史文化名城同仁。

青函海底隧道 Seikan Tunnel 日本穿越**津轻海峡**连接**本州岛**（青森）与**北海道岛**（函馆）的海底铁路隧道，世界上最长的隧道。为双线隧道，全长53.85千米，其中海底部分为23.3千米。本州端陆上部分长13.55千米，北海道端陆上部分长17.00千米。

1949年9月26日，航行在青森至函馆间的轮渡遭台风袭击而翻船，1 430人遇难。为避免再次出现海难事件，日本政府修建青函海底隧道。由日本国家铁路公司发起建设，1964年5月开工，1988年竣工通车。这条海底隧道的最大水深为140米，距离海底100米以下。主隧道宽11.9米，高9米，铺设两条铁路线，复线铁路隧道的旁边还分别有作业隧道和紧急隧道。电气化列车从海底通过津轻海峡只用大约30分钟，从前以轮渡过海则要长达4小时。青函海底隧道对日本北海道的矿山、钢铁、造船和渔业的发展产生了不可低估的作用，被称为日本列岛的“北方走廊”。

青蒿素 artemisinin 倍半萜内酯，分子式$C_{15}H_{22}O_5$。从青蒿叶中提取，故名。抗疟新药。无色针状结晶，熔点156～157℃，比旋光度$[\alpha]_D^{23}$+68（无水乙醇）。易溶于氯仿、乙酸乙酯、丙酮、冰乙酸和苯，能溶于甲醇、乙醇、乙醚和热石油醚，几乎不溶于冷石油醚和水。化学结构奇特，分子中的过氧基团、缩酮、缩醛、内酯的结构使其化学性质较活泼，易被还原、水解，加热至熔点以上即迅速分解。青蒿素对恶性疟和间日疟都有效，对抗药性恶性疟和凶险的脑型疟有特效。与已有的抗疟药相比，具有速效、高效、低毒的优点。但青蒿素在水或油中的溶解度小，无法制成针剂。青蒿素与钠硼氢反应生成二氢青蒿素，在酸催化下，与甲醇生成蒿甲醚；在碱存在下，与琥珀酸酐生成青蒿琥酯。它们均可制成针剂。临床试验证明它们的疗效超过了青蒿素。蒿甲醚和青蒿琥酯还是公认的最佳血吸虫病预防药。

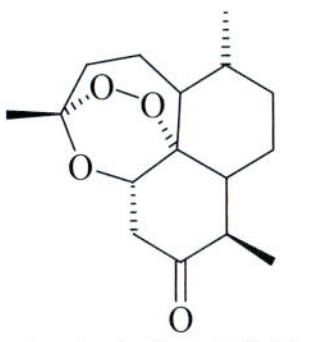

青花 underglaze blue 中国古代传统彩绘瓷器。以氧化钴在坯胎上绘画图案，施透明釉后，在约1 300℃的温度中以还原焰烧成。效果多为白地蓝花，偶见蓝地白花，优质品雅洁光润。青花瓷出现于9世纪以后的唐代中国，产品当受西亚白地蓝花陶器的启发，应烧造在今河南巩义。到宋代，作品依然粗朴，数量稀少。元中后期，因

青花缠枝莲纹赏瓶（清）

蒙古族色尚青、白，青花瓷迅速发展。其产地虽不断增加，但元以来，景德镇始终以量大质优而成为生产中心。入明清，青花不仅是御器厂烧造的主流，也是民窑生产的重要品种。作为陶瓷烧造的主要品种，元明清青花瓷的造型和装饰基本涵盖了当代陶瓷的各种样式和艺术风貌。中国青花对异域陶瓷影响深远。14世纪以后，在世界陶瓷生产中，白地蓝花的器物历来是产量最高的一种。

青花菜 *Brassica oleracea* var. *italica*; broccoli 十字花科芸薹属的一个变种。以绿色或紫色花球供食。又称绿菜花、西兰花、木立花椰菜。由原产地中海东部沿岸的**甘蓝**演化而成。19世纪末传入中国，现南北各地均有栽培。

根系发达，茎较短缩，叶阔卵形至椭圆形。复总状花序，花黄色。种子近圆球形。喜温和、湿润气候。以种子繁殖，多行秋季或秋冬季栽培。以深厚、肥沃、排水良好的壤土和砂壤土为宜，能耐短时间霜冻，抗病性较强。按叶球色泽可分为绿花球和紫花球两种。常用品种有日本的绿岑、里绿等。

青花菜营养丰富，含维生素C（113毫克/100克鲜样）、维生素A、维生素B_1、维生素B_2以及钙（103毫克/100克鲜样）、磷、铁等矿物质，高于甘蓝类其他蔬菜，并具抗癌等保健效果。可炒食、速冻、加工制罐。

青花釉里红镂雕盖罐 中国元代景德镇窑瓷器。1964年河北保定窖藏出土一对，分别为故宫博物院与河北省博物馆收藏。藏于故宫博物院的一件通高41.2厘米，口径

青花釉里红镂雕盖罐（元，故宫博物院藏）

15.5厘米，底径18.5厘米；藏于河北省博物馆的一件通高42.3厘米，口径15.3厘米，底径18.7厘米。器形饱满，直口，短颈，溜肩，鼓腹，圈足，砂底无釉。胎体上薄下厚，胎质坚硬致密。器表施白釉，釉色细腻润泽，青花色彩浓艳，釉里红略暗。盖罐集绘画、镂雕、浮雕、贴塑、青花、釉里红等多种装饰技法于一身，代表了元瓷烧造的最高成就。

青鳉 *Oryzias latipes*; ricefish 鳉形目颌鳉亚目鳉科鳉属的一种。又称阔尾鳉鱼、大眼贼鱼。分布于中国大部、朝鲜西部及日本本州。为小型上层淡水鱼类，体长约

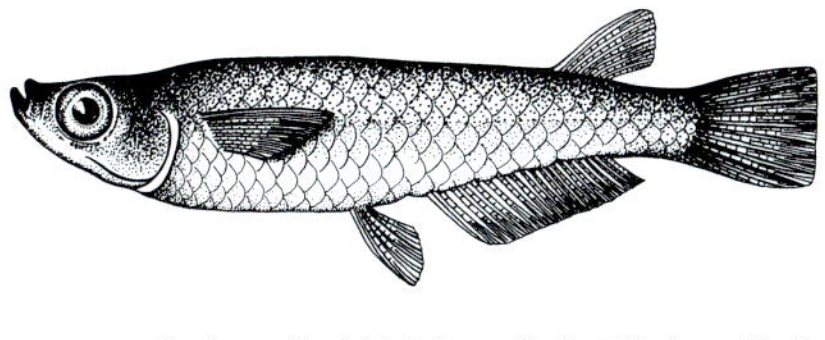

20～26毫米，体形侧扁，背部平直，腹缘略呈圆弧状。头中等大，较平扁。眼大。口小。下颌稍长于上颌。头部及身体被圆鳞。

无侧线。尾鳍截形。体背侧淡灰色，体侧及腹面银白色，臀鳍及尾鳍散布黑色小斑点，其他各鳍淡色。常成群栖息于静水或缓流水的表层。在稻田及池塘、沟渠中常见。以昆虫幼虫、小软体动物为食。

青金石 lazurite; lapis lazuli 化学组成为 $(Na,Ca)_8[AlSiO_4]_6(SO_4,Cl,S)_2$，等轴晶系的铝硅酸盐矿物。晶形为菱形十二面体，通常为致密块体。天蓝至深蓝色。玻璃光泽，折射率1.50。莫氏硬度5.5。密度2.38～2.42克/厘米^3。解理不完全。主要产于碱性岩与**碳酸盐岩**的接触变质带中。可作细工石材，还可作为蓝色彩绘颜料。作为一种**玉石**，则常是以青金石为主并含有方钠石、透辉石、方解石、黄铁矿等矿物集合体，有人称其为杂青金石，其中方解石可呈现白色斑点、条纹，黄铁矿呈金黄色星点。青金石以其鲜艳的蓝色自古以来受到人们的喜爱，为名贵玉种。主要产出国为阿富汗、智利，俄罗斯贝加尔地区、美国加州、加拿大、缅甸等地亦有产出。

青稞酒 qingke-wine 中国藏族传统饮料。以青稞为主要原料酿制。藏语称“纳然”。藏族人民喜庆、丧葬时的必备饮料，也是馈赠礼品。**藏历年**前家家酿制，以备节日饮用。饮青稞酒的习俗于明末清初已在今西藏、云南、四川等地藏区盛行。酿制方法：秋末，选出子粒饱满的青稞洗净煮熟，稍凉后拌以酒曲，放进密闭的陶罐或木桶中发酵，于第二、三天加水，再过一两天便可饮用。此酒色淡黄，味酸甜，15～20度，可出四道酒。头道酒最为可口，一般用来招待显贵客人或在隆重的节日中饮用；二道酒甜味减少酸味加大，村人一起过节时仍可用以敬人；三、四道酒只能自己家人饮用。藏族人以青稞酒招待客人时，要斟满酒端到客人面前。客人双手接过酒杯，然后一手拿杯，另一手中指伸进杯中轻蘸一下，朝天一弹，以敬天神，再蘸、弹两次，分别表示敬地、敬佛。主人请喝青稞酒，客人应先喝一口，主人将酒杯添满后客人再喝一口，如此三次，最后喝干，称“三口一杯”。若不如此，客人被视为不礼貌，主人会不高兴。之后，客人可随意饮用。客人喝得越多，主人越满意。敬酒时还常唱祝酒歌，唱完后喝酒的人必须一饮而尽。

青梅酒 greengage wine 以青梅为原料制造的饮料酒。在热酒时放入青梅煮，是早期简单的配制青梅酒并即时饮用的方式，具有方便性和随意性。现在用青梅作原料制造青梅酒有三种方法：一是采用发酵方法；二是采用发酵与浸泡结合的方法；三是采用食用酒精（或**白酒**、**黄酒**）为酒基的浸泡调配方法。按照中国饮料酒分类的国家标准（GB/T 17204—1998），采用前两种方法生产的青梅酒属果酒类（见**果酒**），而用第三种方法生产的青梅酒属配制酒类。

青梅酒具有亮丽的色泽、幽雅的果香与酒香以及丰富的口感。其色泽有纯天然梅汁的浅金黄色、人工调制的深金黄色和翠绿色。口味有干型和甜型两种，以甜型为主。适宜任何场合饮用，餐前可增进食欲，餐后帮助消化，也可兑苏打水作为饮料，具有开胃、促进唾液分泌等功效。

生产青梅酒的国家主要有中国和日本。

青霉素类抗生素 penicillins 分子中含有青霉烷，能破坏细菌的细胞壁并在细菌细胞的繁殖期起杀菌作用的**抗生素**。

作用机理 青霉素类抗生素是破坏繁殖期细菌细胞壁的杀菌剂。其作用原理为抑制细菌细胞壁合成过程中的转肽酶，阻止细胞壁黏肽合成中的交叉连接步骤，使正处于繁殖分裂期的细菌细胞壁合成发生障碍，致菌体细胞壁损坏，使细菌因渗透压等原因而发生溶解死亡。人和动物的细胞无细胞壁，所以青霉素类抗生素有高度的抗菌选择作用。

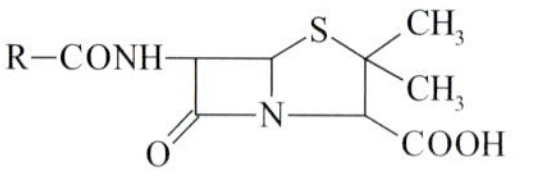

青霉素类的基本结构

分类、抗菌作用和临床应用 天然青霉素类 以青霉素G为代表。为窄谱的、不耐酶的青霉素。对革兰氏阳性球菌如链球菌、肺炎链球菌，敏感的葡萄球菌及革兰氏阴性球菌如奈瑟氏淋球菌、脑膜炎球菌，革兰氏阳性杆菌如破伤风杆菌、炭疽杆菌、白喉杆菌、气性坏疽梭形杆菌，放线菌、螺旋体等，均有较强的抗菌作用。临床上用于上述微生物引起的感染性疾病。

口服青霉素类 主要代表药为苯氧甲青霉素（青霉素V），有耐酸特点，不被胃酸破坏，故可口服。抗菌谱与青霉素G相同，但抗菌作用较青霉素G弱。主要治疗敏感菌引起的轻、中度感染和预防风湿病。

耐酶青霉素类 对β-内酰胺酶稳定。主要有甲氧西林、苯唑西林、氯唑西林、双氯西林、奈夫西林等。对产生青霉素酶的金葡菌作用较强，是产酶金葡菌感染的首选药。

广谱青霉素类 ①抗一般革兰氏阴性杆菌的有两种：ⓐ氨苄青霉素类。以氨苄青霉素为代表及其类似的羟氨苄青霉素等，保留了天然青霉素抗革兰氏阳性菌的作用，并对流感杆菌、大肠杆菌、变形杆菌等有较好的作用。ⓑ氨苄青霉素与酶抑制剂的复方制剂。氨苄青霉素与酶抑制剂棒酸的复方（优立新）和羟氨苄青霉素与棒酸的复方（奥格门汀）能克服β-内酰胺酶水解的缺点，扩大氨苄青霉素的抗菌谱和抗菌力。

②抗绿脓杆菌的也有两种：ⓐ羧苄青霉素类的抗绿脓杆菌的广谱青霉素。羧苄青霉素以及类似的磺苄青霉素、羧噻吩青霉素等对绿脓杆菌和吲哚阳性变形杆菌等感染有效，对革兰氏阳性菌的活力较氨苄青霉素低。已逐渐被哌拉西林所取代。ⓑ脲基青霉素类。以哌拉西林为代表的脲基青霉素及类似的苯咪唑青霉素及硫苯咪唑青霉素等。以哌拉西林的抗菌谱最广，除具有氨苄青霉素的抗一般革兰氏阴性杆菌的作用外，对绿脓杆菌与肠杆菌属革兰氏阴性杆菌都有较强的作用。

窄谱青霉素类 抗革兰氏阴性杆菌的青霉素有两种：①羧噻吩甲氧青霉素。对革兰氏阴性杆菌的肠杆菌有较强的抗菌活性，且对β-内酰胺酶高度稳定，半衰期较长（约5小时），是青霉素类中抗革兰氏阴性杆菌的最好品种。②氮草脒青霉素。仅对革兰氏阴性杆菌中的肠杆菌科的某些细菌如大肠杆菌有抗菌作用，抗菌谱较窄。

不良反应及使用注意事项 青霉素类抗生素的毒性很小。但其过敏反应在各种药物中居首位，发生率最高可达5%～10%。常见者为皮肤反应，表现有皮疹、血管性水肿，最严重者为过敏性休克，多在注射后数分钟内发生，抢救不及时可造成死亡。各种给药途径或应用各种制剂都能引起过敏性休克，但以注射用药的发生率最高。过敏反应的发生与药物剂量大小无关。对本品高度过敏者，虽极微量亦能引起休克。注入鞘内可致癫痫样发作。大剂量长时间注射对中枢神经系统有毒性（如引起抽搐、昏迷等），停药或降低剂量可以恢复。使用本品必须先做皮内试验。皮内试验阳性者禁用青霉素治疗。

青年 youth 现代社会的一个年龄群体概念，泛指介于少年和成年之间特定年龄段的年轻人。18世纪基督教创办青年联合会以来，“青年”一词开始正式出现。1919年五四运动后，“青年”一词在中国逐渐被广泛使用。

对青年的年龄界定国内外学者存在着不同的标准，如日本界定为12～25岁；美国及北美大陆界定为男13～25岁，女12～24岁；中国界定为14～28岁。要界定青年的年龄，首先必须界定青年的本质是什么。20世纪80年代，曾将青年视为“社会化的一个阶段和向成人过渡”，即从少年向成年过渡，从不成熟向成熟过渡，从自然人向社会人过渡。有的学者还将就业、结婚视为青年期结束进入成年期的标志。但国外已有越来越多的年轻人选择不结婚（只同居等），这一标准并不适用。欧美一些社会学家又将青年定义为“人生生命历程（或生命周期）中的一个重要的战略性阶段”。在这一阶段，主体将获得最主要的社会资格能力，作出那些影响他未来一生的重大选择和决定（如接受教育、就业、结婚等）。这一青年本质的重新认定，在很大程度上解决了现代社会因多元文化选择而导致的固定的、统一的标准失效的问题。由此，联合国将青年的年龄上限划定在24岁，下限划定为15岁。

《青年比利时》 *La Jeune Belgique* 比利时法语文学刊物。1881年12月在布鲁塞尔创刊，发起人为马克斯·瓦莱尔、阿尔贝·吉罗。宗旨是发展有个性特点的文学，反对因袭模仿。发刊后吸引了大批著名作家为杂志撰稿。《青年比利时》还组织会议，出版了《青年比利时诗集》（1887）等书籍，对颁发文学奖发表意见，影响较大。由于瓦莱尔等主张"为艺术而艺术"，引起E.皮卡尔的不满，他创办《现代艺术》周刊，提倡社会艺术和民族性，双方展开论战。后G.埃克豪特等7人创办文学杂志《红公鸡》，放弃对《青年比利时》的所有权，《青年比利时》愈发走向衰落，1897年12月停刊。

青年黑格尔派 Young Hegelians 19世纪30年代黑格尔哲学解体过程中产生的激进派。活动中心在柏林。主要成员有D.F.施特劳斯、B.鲍威尔、E.鲍威尔、A.卢格、K.F.科本、A.鲁滕堡、E.梅因、M.赫斯、M.施蒂纳等。

青年黑格尔派反对黑格尔体系的保守倾向，力图从它的辩证方法中引出革命的和无神论的结论。在19世纪30年代，他们主要从事对宗教，特别是对福音书的批判性研究。施特劳斯认为，福音故事是像神话那样不自觉地发生的，其中客观的精神实体起了决定性的作用；鲍威尔则认为它出自福音书作者的有意虚构，起决定作用的是自我意识，因而只有自我意识才能把人类从宗教异化下解放出来。进入40年代后，曾经起过进步作用的青年黑格尔运动发生分化和解体。其中最激进的分子开始公开批判普鲁士国家制度，赫斯开始宣传空想共产主义。L.费尔巴哈从唯物主义立场批判宗教和青年黑格尔哲学。与此同时，以鲍威尔兄弟和梅因为首的一群人指责英法等国的社会主义工人运动；施蒂纳则用至上的"唯一者"来鼓吹无政府主义。马克思和恩格斯参加过青年黑格尔运动，但一开始就有别于其他青年黑格尔分子。

《青年近卫军》 *The Young Guards* 苏联长篇小说。A.A.法捷耶夫著。1945年出第1版，1951年出修订版。小说记叙了第二次世界大战期间德寇入侵苏联占领克拉斯诺顿后，当地青年团员在党的领导下建立"青年近卫军"组织，同法西斯展开殊死斗争的英勇事迹。在克拉斯诺顿解放前夕，由于叛徒的出卖，大多数"青年近卫军"成员被捕。在法西斯匪徒的严刑拷打下，他们经受了最为严酷的考验，献出了宝贵的生命，谱写了一曲爱国主义的悲壮颂歌。

作品斗争场面激烈、悲壮，艺术形象真实生动。在严格坚持现实主义的同时，也洋溢着高亢、乐观的革命浪漫主义精神，具有强烈的艺术感染力。

青年旅舍 youth hotel 主要接待青年旅游者住宿的经营单位。第二次世界大战以后，适应青年旅游者的特点和需要而兴起。至21世纪初，已有5 600多家青年旅舍分布在全球各地。通过国际青年旅舍联盟的全球订房网络，可让青年旅游者在旅游出发之前预订世界任何一家联网的青年旅舍。青年旅舍一般规模较小，收费水平较低，床位多为数十张，两人或多人同室。旅社的设施设备，一般都有公共淋浴、洗衣机、饮食用具和电冰箱等。青年旅舍品牌在欧洲、日本、美国等地，特别是在西欧有较高的知名度和认同率，每年用英、法、德、西4种文字出版的《青年旅舍指南》已成为青年自助旅游的必备工具书。青年旅舍在中国已形成连锁经营，北京、上海、广州等地的青年旅舍已初具规模。

青年社会化 youth, socialization of 青年社会行为的模塑过程。即青年从生物人成长为社会人，并逐步适应社会生活的过程。通过这一过程，青年形成为生存环境所认可的社会行为，学会对生存于其间的社会环境给予合适的、稳定的反应。

青年社会化贯穿于整个青年时期，涉及青年生活的所有方面。其内容大体可以归纳为3个方面。①确定生活目标，即通常讲的人生观。②通过学习掌握生活技能，培养社会角色。③促进个性形成和发展，培养完美的自我观念。青年社会化的基本特征是青年在与社会的互动关系中，能动地、自觉地、有选择地接受社会教化，不仅是受教育的对象，也是能动的主体，对社会起着改造的作用。

青年社会化大致可分为3个阶段。①青年前期社会化，即14～17岁的社会化。主要特征是：自觉地选择社会化的目标与方向；自我意识急剧发展，却又对自我充满着迷茫与矛盾。这一时期青年社会化的主要任务是，确立积极的自我概念。②青年中期社会化，即18～22岁，是青年社会化的紧迫、困难时期。这一时期青年所面临的问题主要有：跨入社会的意义，社会意识的发展，对社会批判的展开，出路和职业的选择，恋爱及婚姻。这一时期的社会化过程呈现出较复杂的情况，一方面要使自我确立，自我形成，也就是人格的个人化；另一方面，要成为对工作、社会以及家庭负有责任的人，也就是人格的社会化。这一时期的社会化任务，主要在于加强角色学习，建立并塑造健康人格。③青年后期社会化，即23～28岁，是青年社会化的成熟与发展期。在这个年龄段的青年，已掌握一般的社会生产、生活与人际交往知识，理想、职业、生活逐步稳定，对于人一生将遇到的各种社会角色有了一定认识。社会化的目标是不断完善与丰富自己，并随着生产、生活方式的变化进行以创新为特征的继续社会化和以反向社会化为特征的再社会化。青年社会化不能自然地实现，需要借助于一定的方式和途径来完成。

青年文化 youth culture 青年群体在社会生活过程中以其思想观念和行为方式表现出的文化现象。青年文化反映在青年日常生活的各个领域和方面，集中体现在青年的生活方式上，与现代社会的大众文化和大众消费紧密结合在一起。作为社会学概念的青年文化，最初是由美国社会学家T.帕森斯在20世纪中期提出来的。对青年文化的诸种不同理解中，值得注意的主要有两种观点。一是认为青年文化是一种反文化或"反主流文化"。这种观点特别强调青年文化与社会主导或主流文化相背离的一面，将青年中摒弃传统和社会主流价值观念，以激进的态度及方式抨击和反抗现存社会制度，以放浪、怪异的生活方式标新立异等因素作为青年文化的本质属性和特征。另一种观点认为，青年文化只是庞大的社会亚文化系统中的一种形式，青年的文化反抗并不是青年文化的本质属性，而是青年对社会发展意愿的特殊表达方式，其积极的作用是应该首先予以肯定的，青年亚文化是社会主流文化的一种有益补充。帕森斯认为，尽管青年文化有反抗因素，但青年仍然是为在一定的社会制度内生活而不是为站在社会的对立面而做准备的。中国的研究者多持后一种观点。

《青鸟》 *The Blue Bird* 比利时剧作家M.梅特林克的六幕梦幻剧。写于1907年。写樵夫的一双儿女蒂蒂儿和米蒂尔熟睡之中，灯光亮起，走进来又矮又丑的贝里吕娜仙姑。她要孩子们去为病重的孙女寻找一只青鸟，还交给他们一顶镶有魔钻的小绿帽。蒂蒂儿一扭钻石，周围顿时发生了奇妙的变化。在变成人形的面包、火、猫、狗等

《青鸟》剧照

的陪伴下，孩子们先后在记忆国里遇见爷爷和奶奶，在黑夜之宫走进关着各种奥秘的门，还经过了森林、墓地和未来王国等地。然而，在这些地方他们都没有找到青鸟。早晨醒来之后，女邻居前来为生病的孙女向蒂蒂儿要其笼中的小鸟。蒂蒂儿发现自己的这只斑鸠正是他们寻找的青鸟，而小女孩见到鸟之后竟然立即痊愈，可惜她一失手鸟就飞走了。这出童话剧充满了乐观向上的精神，且色彩斑斓，因而深受观众的喜爱，在各国舞台上久演不衰。

青皮 *Vatica mangachapoi*; stellatehair vatica 龙脑香科青皮属的一种。常绿乔木。又称

青梅、青楣、油楠。因树皮青灰色，有淡绿色斑疤而得名。产于中国海南省和广西的海拔1 000米以下地区。

树干通直，树高可达30多米，胸径1.2米左右。单叶，互生，全缘。圆锥花序，果球形。喜光，苗期尚耐庇荫。在山地粗骨质砖红壤、红色砖红壤以及滨海沙土，仍能正常生长发育。在天然林中生长缓慢，人工林中生长较快。5～6月开花，8～9月果实成熟。新鲜种子发芽率达95%，但10天后即可完全丧失发芽力，应随采随播。

木材结构致密，极耐腐，为造船、木工、桥梁、建筑和做枕木的良材。木质部富含清香的树脂和木油，可供药用和油漆业用。

青浦区 Qingpu District 中国上海市辖区。位于市境西部，距市区中心40千米。面积676平方千米。人口108万（2010）。唐设华亭县，明嘉靖二十一年（1542）置青浦县，以境内有青龙江得名。原属江苏省。1958年划归上海市。1999年撤县设区。区境西北部的淀山湖，为上海市最大的淡水湖，是黄浦江上游的重要水源。工业以精密机械、纺织、信息电子、印刷传媒和文体类用品为其主导产业。刺绣服装著名。农作物以水稻、小麦、油菜、蔬菜为主。水产养殖业发达，盛产青、鲢、鳊等淡水鱼。所产“青角薄稻”、“香粳”、淀山湖清水大闸蟹闻名遐迩。有唐、宋、元、明、清古建筑30余处。崧泽和福泉山新石器文化遗址、青龙寺塔、泖塔、放生桥、普济桥等为市级重点文物保护单位。朱家角镇是上海市四大历史文化名镇之一。旅游点有“红楼梦大观园”游览区、上海水上运动场、市青少年野营基地、太阳岛国际俱乐部、民族文化村等。练塘镇有陈云故居暨青浦革命历史陈列馆。

青骑士社 Der Blaue Reiter 德国表现主义的美术社团。1911年成立于慕尼黑。青骑士原是W.康定斯基1903年创作的一幅画的标题。1911年，他与F.马尔克组织编写1911年艺术活动年鉴时，借用它来作为出版物的名称，而一批团结在青骑士年鉴周围的画家自然地形成一个社团。青骑士社是从慕尼黑新美术家协会分裂出来的，成员除康定斯基、马尔克和G.明特尔外，还有A.马克、H.坎彭东克和作曲家A.勋伯格。这些艺术家参加编辑部的讨论会、撰写稿件，参加青骑士社举行的画展。1911年12月至1912年1月，在慕尼黑坦豪泽尔画廊举办了青骑士的第一次展览。1912年3月，举办了第二次大型版画展览。先后参加展览的有法国的R.德洛内、G.布拉克和M.de弗拉曼克等人，瑞士的P.克利、J.阿尔普，俄国的K.马列维奇。以后，青骑士社的成员们参加了在科隆举行的具有国际性的画展。第一次世界大战爆发后，青骑士中止了活动，但康定斯基与A.von亚夫伦斯基、L.费宁格、克利于1924年组织青色四人社，继续青骑士社的路线。青骑士社对德国以至欧洲的现代绘画起了推动作用。

康定斯基作套色木刻《伟大的复活》

青少年奥林匹克运动会 Youth Olympic Games; YOG 国际奥林匹克委员会主办的、仅限14～18岁青少年参加的世界性综合运动会。简称青奥会。每4年举办1届。2001年由国际奥委会主席J.罗格提出设想，2007年第119次国际奥委会全会上一致同意创办。比赛项目原则确定为游泳、射箭、田径、羽毛球、篮球、拳击、划艇、自行车、马术、击剑、足球、体操、手球、曲棍球、柔道、现代五项、划船、帆板、射击、乒乓球、跆拳道、网球、铁人三项、排球、举重、摔跤26个大项。除了体育竞赛，还注重在运动会举办期间的教育与文化活动，举办关于奥运价值观的教育互动和论坛，结合奥运象征仪式（火炬接力、奏国歌、升国旗等）传播奥运精神。

第1届青奥会于2010年8月14日至26日在新加坡举行。有205个奥委会的5 000名运动员和官员参加。中国运动员参加了比赛，以30金、16银、5铜的成绩位居金牌榜和总奖牌榜第一。中国南京获得2014年第2届青奥会举办权。

青少年犯罪 juvenile delinquency 泛指处于从儿童向成年过渡的青少年年龄段上的人所实施的犯罪。青少年犯罪并非严格的法律意义上的概念，而是犯罪学、社会学等学科研究及日常生活中经常使用的概念。在中国，一般指已满14周岁至未满25周岁的人因触犯刑事法律而应受到法律处罚的行为。但14周岁以下的人的违法犯罪行为也属于青少年犯罪研究的范围。

青少年犯罪是一个在世界范围内普遍受到关注的社会问题。城市化和工业化进程中各种社会问题的不断衍生和加剧，青少年群体的产生及这一群体在适应和参与社会生活过程中经常遇到的种种障碍和困难，通常被认为是现代社会青少年犯罪产生的最主要也是最基本的原因。国际社会普遍认为，不仅要通过司法措施防止违法犯罪，还要确保所有违法少年的利益和权利，预防青少年犯罪。

现中国青少年犯罪以盗窃为主要类型，同时涉及暴力、色情、毒品、赌博等的违法犯罪活动也相当突出，团伙犯罪是青少年犯罪的主要形态。青少年犯罪低龄化趋势正在发展，未成年人犯罪逐年增多。独生子女、女性青少年、青少年流动人口、在校学生、失业和待业青年犯罪所占比重越来越大。为预防和治理青少年犯罪，中国采取了社会治安综合治理总战略，并建立健全以少年法庭为中心的少年司法制度。

青田县 Qingtian County 中国浙江省丽水市辖县。位于省境东南部，瓯江中下游。面积2 484平方千米。人口34万（2008）。唐景云二年（711）置青田县。矿产有钼、铅、锌、叶蜡石、花岗石、高岭土等。所产冻石为青田名贵石雕用材。主要农作物为水稻、小麦、甘薯和豆类。林副特产有松、杉、毛竹、茶叶、乌桕子、油茶子、油桐子。工业有化工、采矿、机械、水泥、电子、电器、服装等行业。青田石雕驰名中外。名胜古迹有石门洞省级风景名胜区以及太

石门洞风景——洞天飞瀑

鹤山、金坑湖、千丝岩、九龙山、清真禅寺等。

青铜 bronze 除黄铜、白铜外的其他铜合金。青铜前面常冠以主要合金元素的名称，如锡青铜、铝青铜、铍青铜、硅青铜等。青铜与黄铜比，强度和耐蚀性更高；与白铜比，强度高而耐蚀性稍差。青铜常以铸造的方法制造耐磨和复杂的构件，以压力加工方法制成型材，冲制或机加工成弹簧和机械零件。

①锡青铜。锡青铜中须添加少量磷(0.03%～0.35%)脱氧精炼，故国际上称磷青铜。锡青铜是世界上最早出现的铸造青铜。中国早在商、西周（前16～前8世纪）时，青铜器已进入鼎盛时期。春秋时代（前770～前476）的编钟即用含锡15%～20%的铸造青铜制造。迄今世界最大的直径两米以上的铜锣是中国生产的高锡青铜锻件。含锡10%以上的或含高铅的锡青铜多以铸造的方法制作耐磨轴承、齿轮等构件。加工锡青铜的锡含量在10%以下。锡青铜具有高弹、耐蚀、耐疲劳、易成型、可焊接和电镀且价格适中等综合优势，其抗拉强度可达950～1 100兆帕，仅次于铍青铜。在铜合金中的用量次于黄铜，广泛用于电子仪表弹簧、通信器材精细簧片、弹性构件、编织网、冷凝器散热管（片）以及打击乐器的制造方面。

②铝青铜。合金中含铝7%～11.5%，有时添加适量镍、铁或锰元素。铝青铜耐大气、耐海洋环境腐蚀性优异，强度可达810～1 100兆帕。可以锻造或铸造制成船舶构件、螺旋桨、紧固弹簧、建筑装饰件、钎焊焊丝等。但其电镀、软焊性能不及其他铜合金。

③铍青铜。国际上简称铍铜。以铸造和压力加工两种形式提供产品。加工铍铜含铍0.3%～2%，铸造铍铜含铍0.3%～2.7%。铍铜的强度居铜合金之冠，时效强化后强度高达1 440兆帕。合金抗疲劳、耐蚀、不闪火花、电导率等均优于其他高强铜合金。

④硅青铜。合金中硅含量0.6%～4%，并添加适量（约0.7%～3%）的锰。硅青铜强度适中，约500～800兆帕，各种工艺性能良好，价格低于锡青铜。常用于替代锡青铜制作弹簧及机械零件，并大量用于钎焊料。

青铜器 bronze ware 用青铜（红铜与锡或铅等的合金）作原料制成的器物。除泛指用青铜制作的所有物品外，常特指人类物质文化发展到青铜时代阶段的青铜制品。据考古发现，约在公元前4000～前3000年，青铜器开始出现。最早发明青铜器的地区是西亚。在两河流域发现的苏美尔早王朝时期的雕有狮子形象的大型铜刀、阿卡德王国时期萨尔贡一世的青铜像等，都是较早的著名青铜器实物。埃及在中王国时代出现锡青铜，到新王国时代青铜器普及，除青铜工具外，还用青铜制作战车及庙门的饰件。在印度河文明中，已有用青铜制作的锄、镰、斧、刀、矛、剑及舞女和动物雕像等。欧洲的青铜器出现较早，最早使用青铜器的地方是邻近小亚的巴尔干半岛东部。后来爱琴海地区也有了青铜器。在迈锡尼文明中，用金银镶嵌的青铜短剑等已相当精美。铁器发明后，青铜继续使用。在欧洲中世纪，青铜用于制作教堂的门、圣物箱和烛台等。直至19世纪，青铜还广泛用于制作家庭用的盆、罐及吊灯一类物品。

中国的青铜时代约始于前19～前16世纪的二里头文化时期，终于前5世纪中叶至前4世纪中叶，即战国早期。中国已知最早的青铜器是甘肃东乡林家出土的属马家窑文化晚期的一件青铜小刀，年代约为公元前2700年。商周时期，青铜被广泛地用于制作生产工具、武器、车马上的青铜构件、饰件及装饰品、礼器等。其中，商代后期是中国青铜器发展的第一个高峰时期，青铜器出土地点更加广泛，青铜器的器类已基本齐备。此期的河南殷墟妇好墓

大方鼎（郑州杜岭张寨南街出土）

出土的各类青铜器达460余件，多造型庄重，纹饰精细，代表了商后期青铜工艺的水平。西周时期是中国古代文明发展史中一个非常重要的历史阶段，对后世中国社会政治、经济、思想文化的发展有重要影响。此期青铜器有许多铸有内容涉及西周重要史事的铭文，为研究西周历史、经济、历法与年代提供了极宝贵的资料。春秋中期至战国早期是中国青铜器发展的第二个高峰期。出现了新器形，造型与纹饰的变化亦给青铜工艺带来一种清新气象，并将中国青铜器的发展引入一个崭新的阶段。战国中晚期，青铜工艺与礼器制度仍有所发展。

中国青铜器如按照器物的用途分类，可大致分为容器、乐器、兵器、车马器、工具以及杂项六大类。杂项包括铜镜、带钩等服御器与符节、牌饰等。容器又可再按用途分为食器、酒器、水器（主要指盥洗器）及量器诸类。在“国之大事，在祀与戎”（《左传》成公十三年）思想的支配下，在中国，青铜更主要的还是用来制作以祭器为主的礼器与兵器。青铜兵器被用来武装国家及各级贵族的军事组织。青铜容器与乐器更大量被应用于贵族间的礼仪活动，包括祭祀以及婚媾、宴享、朝聘、盟会、丧葬等活动，以维护王朝政治统治与贵族阶级内部的等级制度。自商晚期始流行在青铜器上铸铭文的风气，使青铜器更成为各级贵族通过铭文追念祖先，颂扬君主或上级贵族，记录与自身及其家族有关的重要政治、礼制、经济活动的载体。如西周晚期的毛公鼎，腹内铸有铭文499字，是目前已发现的铭文最多的青铜器。青铜器对社会政治生活发生巨大影响，成为中国青铜时代的突出特点。

中国古代青铜器不仅造型庄重，而且表面大多铸或刻有精美的纹饰，具有极高的艺术价值。商代及西周初期主要饰兽面纹（饕餮纹）、夔纹及小鸟纹等，繁缛神秘。西周中期盛行垂冠大鸟纹、顾龙纹及窃曲纹，西周晚期除流行窃曲纹外，波带纹、环带纹等亦最为常见。春秋中期以后盛行蟠螭纹及蟠虺纹等。战国早期出现的反映宴乐、狩猎、陆战及水战等古代社会生活、战争场面的纹饰，开汉代画像艺术的先河，在中国美术史上占有重要的地位。战国时期，青铜礼器开始衰落，青铜武器也开始被铁兵器取代。但青铜货币及日用器如铜镜、带钩、玺印及灯等发展起来。其中青铜货币自春秋晚期始成为中国历代货币的主要种类（见中国古钱币）。铜镜在汉代和唐代得到高度发展，直至清代才被玻璃镜代替。

青铜时代 Bronze Age 以使用青铜器为标志的人类物质文化发展阶段。处于铜石

并用时代之后，早期铁器时代之前。青铜是红铜（纯铜）与锡、铅的合金，熔点为700～900℃，低于红铜的1 083℃。青铜性能良好，含锡10%的青铜，硬度是红铜的4.7倍。这些使青铜得以广泛应用，并很快传播。青铜出现后，对社会生产力的发展起了划时代的作用。在世界范围内，青铜时代大约始于公元前4000年，至公元初年结束。今伊朗南部、土耳其和美索不达米亚一带进入青铜时代的时间最早，前第4千纪初已使用青铜器。欧洲在前第4千纪中，古印度和埃及在前第3千纪也有了青铜器。埃及、北非以外的非洲使用青铜较晚，大约不晚于前1000年至公元初年。美洲直到将近11世纪才出现冶铜中心。

在青铜时代，世界上青铜铸造业形成几个重要的中心。这些地区的青铜时代与文明的到来和早期国家的形成、发展基本同步，如美索不达米亚、爱琴海地区、埃及、古印度、中国等，此时都是王权产生和国家繁荣的时期，并都已出现文字。也有一些地区未经青铜时代便直接进入铁器时代。

中国 中国的青铜时代为前21～前5世纪，大体相当于文献记载的夏、商、西周和春秋时期，经历了早、中、晚三期。①早期。相当于夏王朝时期。以河南偃师二里头文化为代表，年代大约为前1800～前1550年。此时的青铜文化遗存还有山西夏县东下冯遗址、山东岳石文化、内蒙古东部和辽宁的夏家店下层文化、黄河上游的四坝文化等。这些文化相继出现了种类多样的青铜制品。②中期。包括商代至西周前期，可分为前后两个阶段。前段为商代早期，约当前16～前13世纪，以河南郑州二里岗文化为代表。此时国家进一步发展，青铜器数量大增，常有成套礼器，贝币大量出现，人殉、人牲有所增加。后段为商代晚期至西周前期，约当前13～前10世纪（周穆王以前）。此时中国青铜时代进入鼎盛期，青铜铸造工艺相当成熟，出现大量精美的青铜礼器、武器和工具。这时的青铜文化以河南安阳殷墟为代表，这里是商王朝政治统治的中心，也是青铜铸造业的中心。此时兴建大规模的宫殿和陵墓；有发达的文字，被用作占卜的记录；人殉和人牲十分盛行。在西周的周原遗址和丰镐遗址发掘出周王朝的宫殿、宗庙和墓葬，发现大量青铜礼器，反映出中国古代的礼制已成熟。③晚期。从西周后期至春秋时期，为中国古代社会的转型期。此时金属货币大量流通，列国都城形成繁荣的政治、经济、文化中心，青铜铸造业取得突出成果，有了分铸法等先进工艺技术。江西铜岭古矿冶遗址、湖北铜绿山古矿冶遗址的发现表明，商周时期中原王朝的铜料可能主要来源于长江中下游地区，当时在采矿、配矿、冶炉砌筑和冶炼方面均有较高水平。到战国时期，随着铁器冶炼制作技术的普及，青铜铸造业逐渐衰落。

商周时期，在中原以外的广大地区还有很多具有地方特色的青铜文化，它们不同程度地受到中原地区的影响。如甘青地区有辛店文化、卡约文化和寺洼文化等，其中寺洼文化与西周文化有密切的关系。内蒙古鄂尔多斯草原一带流行着鄂尔多斯式青铜器，以饰有动物图像的牌饰和铜刀为特征。东北地区有夏家店上层文化、郑家洼子遗存、西团山文化等，出土的琵琶形青铜短剑地方特点鲜明。在东南地区，商代有湖熟文化；浙江、福建、台湾等地至西周末期才产生青铜文化，出土的青铜武器等有些与西周王朝中心区的同类器物相近。有些方国也掌握了高超的青铜铸造技术，如四川广汉三星堆遗址出土许多青铜器和玉器，其中有高达2米多的大型神人像和神树，高数十厘米的大型青铜人头像等。江西新干商墓所出大量青铜器，有些与殷墟的青铜器相同，还有一些有鲜明的地方特色，可能出自当地工匠之手。此外，中国的青铜文化在发展过程中，还与周围地区存在接触，如曾与北方蒙古大草原和西伯利亚的青铜文化进行交流，晚期与东南亚青铜文化有密切联系。

中国青铜时代的特点是：青铜未被主要用于制作生产工具，而是用来制作礼器和兵器，即被用于维护王权的统治。尤其是青铜礼器是代表性的器类，青铜礼器发达是中国古代青铜文明的显著特征。

朝鲜半岛和日本 在中国的春秋战国时期，青铜文化主要经东北地区影响朝鲜半岛，发展成以细型青铜短剑、铜矛、扇形铜斧和细纹铜镜为代表，以素面陶器为特征的朝鲜青铜文化，其年代为前10～前5世纪。后又影响到日本列岛的弥生文化。此后不久，中国汉文化系统的铁器经朝鲜半岛传入日本，形成铜、铁器并用的局面，从而造成在日本历史上没有青铜时代。

南亚次大陆和东南亚、北亚 南亚在青铜时代产生了印度河文明。大约在前2350年前后，印度河流域进入城市化文明时期，青铜工具和武器被广泛使用，对金属的热加工和冷加工都已达到较高水平，能用焊接法制造金属器具，并刻有铭文。在东南亚地区，迄今发现最早的青铜冶铸中心是泰国乌隆府的班清墓地，年代为前3600～前1000年，出土的青铜器有矛头、手镯、脚镯，矛头是铸造后再锻打成形的。在泰国的能诺他遗址发现用双扇合范制造的青铜器，并有人祭遗迹。越南红河流域的青铜文化出现在前2000年前后，其后的东山文化时期，大量制造铜鼓。菲律宾约在前600年出现青铜器和铁器，是从大陆沿海地区经巴拉望岛传入，器物种类与中国南方和中南半岛的相似。在北亚西南部、南西伯利亚和哈萨克斯坦，青铜时代还处在原始公社时期。前第1千纪初的卡拉苏克文化，代表性器物为曲柄刀、短剑、锛、弓形器、蹼形垂饰，并有装饰性动物纹样。

西亚 西亚的青铜时代是城市文明进一步发展的时期。两河流域南部的奴隶制城邦随着乌尔王朝的灭亡而衰落。进入巴比伦时期后，青铜文化达到一个新的发展阶段，生产力进一步提高，并进口金、银、铜、锡等金属原料。小亚细亚东部卡帕多细亚约在前3500年进入青铜时代早期，产生奴隶制国家。前3000年前后转入中期，此时小亚细亚各地由野蛮时代进入文明时代。在邻近伊朗高原西南部的埃兰，于前第3千纪中叶形成奴隶制城邦，产生国家，处于青铜文化的发展时期。

欧洲 爱琴海南端各岛屿在基克拉泽斯文化时期进入青铜时代，年代在前3500年左右。克里特岛在米诺斯文明时期进入青铜时代，在前第2千纪建立起奴隶制国家。前1600年后，迈锡尼文明兴起，已发现此时的贵族宫室和陵墓，并出土大量装饰豪华的青铜武器和金、银、铜器皿。多瑙河流域的青铜文化是铜石并用文化的继续。中欧和西欧早期的青铜文化是钟杯战斧文化，以绳纹陶为特征，年代为前第3千纪中至前第2千纪初；晚期是骨灰瓮文化，以骨灰墓园为特征，已会用失蜡法铸造铜器，年代为前第2千纪后期至前第1千纪初。巴尔干和东南欧为一青铜文化中心，以乌涅茨基文化著称，分布于捷克、摩拉维亚、多瑙河以北的下奥地利、西里西亚和撒克逊等地。另一青铜文化中心是西班牙东南和葡萄牙南部的埃尔阿尔加尔文化。此文化的村落围以石砌的高墙，居民住方形房子，墓葬在村内，工具和武器有刀、斧、剑、戟、弓箭等。东欧森林地带有法季扬诺沃文化、竖穴墓文化和木椁墓文化。意大利北部有泰拉马拉文化，于前1700年进入青铜时代，前1400年进入鼎盛期；南部是亚平宁文化，于前第1千纪初被铁器文化所代替。英国和德国境内的青铜文化都是以农业为特征，种植谷物、饲养家畜，遗留下大量有复杂建筑物的墓地。

非洲 埃及在中王国时代（前2133～前1786年）开始制造青铜器，并出现繁荣的城市。到新王国时代有了脚踏风箱冶金设备，青铜使用更加普遍。埃及、北非以外的非洲掌握青铜制造技术应不晚于前第1千纪。11～17世纪，几内亚沿海地区的青铜制造业达到繁荣期。一般认为非洲的铜器工艺比铁器工艺发展晚，似乎是从石器时代直接过渡到铁器时代。在东非的麦罗埃遗址发现冶铁炉和残余铁块，西非在前10世纪已掌握了冶铁技术。

美洲 美洲的青铜手工业最早发生于

中南美，以秘鲁和玻利维亚为冶铸中心，年代约为前11世纪以前。然后传到智利、阿根廷西南部和墨西哥，再传到北美。13～15世纪，南美安第斯山区的印第安人已大量使用红铜、青铜、金、银、铅等制造器物，并建立起奴隶制国家。

青铜峡市 Qingtongxia City 中国宁夏回族自治区辖县级市。位于自治区境中部。面积2 441平方千米，人口26万(2010)。隋唐属灵州，北宋属怀远镇。元属宁夏府怀远县和灵州。清雍正三年（1725）设宁朔县。1960年撤宁朔县设青铜峡市。1963年撤市为县。1984年复建青铜峡市。由吴忠市代管。农业主产小麦、稻谷、玉米等，是国家商品粮基地之一。矿藏主要有铁、铜、烟煤、重晶石、石灰岩、胶泥等。工业以电力、冶金、化工、造纸等为主。名胜古迹有一百零八塔、口子门沟砂石梁岩画、鸟岛、

一百零八塔——西夏王朝的神秘之塔

牛首山寺庙群、董（福祥）府、低温热水泉群等。

青铜峡水利枢纽 Qingtongxia Water Control Project 中国黄河上游的控制性水利枢纽工程。位于宁夏回族自治区黄河青铜峡峡谷出口处。控制流域面积27.5万平方千米。大坝为混凝土重力坝，高42.7米，正常蓄水位高程1 156米，总库容6.06亿立方米。装有8台发电机组，总装机容量为27.2万千瓦。枢纽建筑物由河床闸墩式电站、溢流坝、重力大坝、河西和河东渠首电站、岸边泄洪闸、高干渠首闸、土坝等组成。枢纽建筑物总长666.75米。

工程于1958年动工，1960年引黄河水

青铜峡水利枢纽大坝

灌溉，1967年12月第一台机组发电，1978年8台机组全部投产，设计年发电量12.80亿千瓦·时，是宁夏电网的水力调频调峰电厂。青铜峡水利枢纽建成后，结束了宁夏灌区长期无坝引水的历史。

青蛙 *Pelophylax nigromaculata*; pond green frog 蛙科侧褶蛙属的一种。又称黑斑侧褶蛙。

青羊宫 Qingyang Monastery 中国道教宫观。位于四川成都市西南郊。旧名元中观，始建年月不详。唐中和三年（883）扩建，改名青羊宫。明末毁。清康熙七年（1668）重建。宫内有铜羊2只，各高0.67米，长1米，至今尚存。殿宇、八卦亭等建筑，已经重新修缮，接纳参拜游览。

青阳腔 Qingyang tune 中国戏曲声腔。戏曲史家一般认为是在明嘉靖年间因弋阳腔流入池州府青阳县（今属安徽）与当地语音及民歌小调结合形成；也有认为是由余姚腔演变而来。与弋阳腔相似，青阳腔的演唱只用打击乐器伴奏，一唱众和，但唱法则沿平、低调发展，趋向柔和优美。发展滚调是其重要成就。滚调包括散文体的滚白与韵文体的滚唱。在曲牌内插入滚唱或滚白，称作夹滚；在曲牌之外加唱大段滚调，称作畅滚。滚调的发展，不仅使传奇的文学体裁发生了变化，而且突破了曲牌联套体的音乐结构形式，使曲情更加发挥充分，通俗易懂。青阳腔也因此一跃而为独立的声腔剧种，由皖南流布至闽、广、湘、赣、鄂、蜀、晋、鲁等地，被称为“天下时尚”的“新调”，又名池州调。湖北的清戏和麻城高腔，山西万荣的清戏，江西都昌、湖口的高腔以及安徽岳西的高腔等，均是与青阳腔有渊源的剧种。

青衣江 Qingyi River 仅次于大渡河的岷江最大支流。又称雅河、若水、羌河等。因流经古青衣国而得名，又说因水色青，故名。发源于巴郎山和夹金山，上游为宝兴河、天全河和荥经河。在飞仙关合流后始称青衣江。飞仙关、千佛岩分全河为上、中、下游段，于乐山草鞋渡与大渡河相遇，全长276千米。青衣江是四川省年降水和径流深值最大河流，径流深1 000～1 800毫米，水量充沛。河口多年平均年径流量176亿立方米，水力资源蕴藏量424万千瓦。流域内森林覆被率达26.3%，居四川省境各河流之首。

青鱼 *Mylopharyngodon piceus*; black carp 鲤形目鲤科雅罗鱼亚科青鱼属的一种。又称乌青、螺蛳青、黑鲩、青根子。中国主要淡水养殖鱼类之一，与鲢、鳙、草鱼合

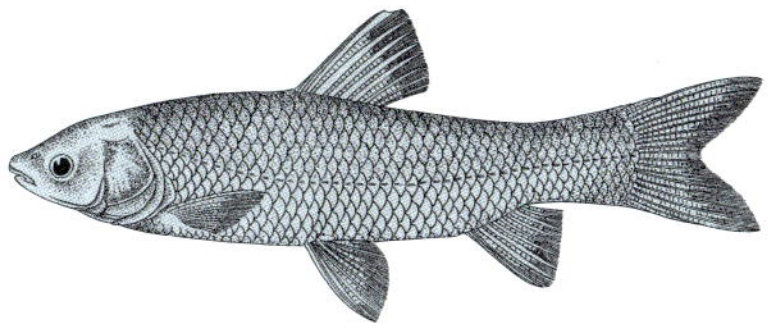

称四大家鱼。体圆筒形。腹部平圆，无腹棱。尾部稍侧扁。吻钝，但较草鱼尖突。上颌骨后端伸达眼前缘下方。鳃耙短小，乳突状。咽齿一行，齿面宽大，臼状。鳞大，圆形。体青黑色，背部更深，各鳍灰黑色，偶鳍尤深。为中国黄河、长江、珠江及黑龙江等平原地区的特产鱼类。平时多栖息于水的中、下层，一般多在底层多螺蛳的较大水体中生活。食物以螺蛳及双壳类软体动物为主，亦常食虾及水生昆虫。生长快。2～3冬龄的鱼一般可达3～5千克。最大可达70千克。

青藏高原 Qinghai-Tibet Plateau 世界最高的高原。有“世界屋脊”之称。西起帕米尔高原和喀喇昆仑山脉；南缘为自西北向东南延伸，呈向南突出弧形展布的喜马拉雅山脉；东南经横断山脉连接缅甸和云南高原，东部则濒临四川盆地；东北部与秦岭山脉西段和黄土高原相衔接；北缘的昆仑山、阿尔金山和祁连山与亚洲中部干旱区的塔里木盆地及河西走廊相连。高原南北纵贯约15个纬度，宽1 400千米；东西横跨30个经度，长约2 700千米。总面积约250万平方千米。中国境内包括西藏自治区、青海省，以及新疆维吾尔自治区、甘肃省、四川省和云南省等部分地区。

地质和地貌 青藏高原的形成与地球上最近一次强烈的、大规模的地壳运动——喜马拉雅造山运动密切相关，是世界上最高最年轻的高原。高原海拔大多在3 500米以上，总倾向为西北高、东南低。主要大山有阿尔金山脉、祁连山脉、昆仑山脉、喀喇昆仑山脉、唐古拉山脉、冈底斯山脉、念青唐古拉山脉、喜马拉雅山脉及北西—南东或南北纵列走向的横断山脉。海拔大多在5 500米以上，许多高峰在7 000米以上；珠穆朗玛峰、乔戈里峰及希夏邦马峰等超过了8 000米。这些高大山脉构成了高原地形的骨架。高原大部分为荒漠草原所覆盖，森林向东缘、南缘退却。

青藏高原是地球上中低纬度地区最大的冰川作用中心，现代冰川面积约4.987万平方千米，占中国冰川总面积的84%。高原上多年冻土面积约140万平方千米，为北半球中低纬度地区冻土分布最广、厚度最大、海拔最高的地区。高原是中国主要地震区。20世纪以来已发生过7次8级以上

的大地震。高原又是强烈的地热区，特别是在高原南部喜马拉雅山一带水热爆炸、间歇喷泉、沸泉及温泉广泛分布，蕴藏有丰富的地热能资源。

气候和水文 青藏高原占据了大气圈中对流层厚度的一半左右。冬季受西风急流控制，风大而干燥；夏季受西南季风影响较深，降水增多。高原上空气稀薄、大气干洁，太阳总辐射比同纬度低海拔地区高50%～100%，但高海拔导致的气温低并且年、日较差大的特点也很突出。

高原南部与东部的边缘山区河网密集，较大的外流河有雅鲁藏布江、怒江、朋曲和长江、黄河和澜沧江等。水力资源丰富，河流侵蚀切割强烈，大河谷地深邃险峻；高原内部河网稀疏，多季节性河流。高原上湖泊广布，面积大于0.1平方千米的湖泊有1 770个，湖泊总面积为3.656万平方千米。除少数淡水湖及纳木错、色林错等较大的咸水湖外，多数湖泊因长期缺乏充足水源补给和湖水蒸发浓缩，已演化为高矿化盐湖，甚至成干涸盐沼，蕴藏有丰富多样的矿盐。

土壤和生物 青藏高原东南部天然森林茂密，发育着类型众多的酸性的森林土壤；其余大部分地区主要为多年生中生或旱生的灌丛与草本，拥有广袤的天然牧场。

青藏高原复杂生物物种非常丰富。已知高原上有高等植物13 000余种，陆栖脊椎动物近1 100种，有哺乳类206种、鸟类678种、爬行类83种、两栖类80种。还有鱼类152种及尚难以计数的昆虫、无脊椎动物和低等植物及菌类。

自然地理区 在地势高度、地理纬度和大气环流等因素共同作用下，随着高原由东南温暖湿润向西北寒冷干旱递变的水平带状分异，出现森林、草甸、草原、荒漠等不同自然景观地带依次更迭。山地自然景观垂直带谱性质也由东南部的季风性湿润、半湿润型递变为高原腹地的大陆性干旱、半干旱型，其优势垂直带相应由森林转变为草原及荒漠，带谱结构由繁而简，景色渐趋单调。喜马拉雅山南翼，从山麓海拔数百米的热带雨林、常绿阔叶林开始，往上相继为针阔叶混交林、暗针叶林、高山灌丛、高山草甸直至雪线以上的冰雪带等不同类型的垂直自然带，成为中国最完整的山地自然景观垂直带谱。自然地域的水平分异和垂直分异紧密结合是青藏高原地表自然界区域分异的显著特点。

根据地势结构、生物、气候、垂直自然带谱及土地开发利用等方面的区域差异，青藏高原区可划分为10个自然地理区：①喜马拉雅山南翼亚热带及热带北缘山地森林区。为高原向印度恒河平原过渡地段。地形陡峻，深切的谷地海拔多低于2 000米。气候暖热湿润。天然森林覆被率高，树种丰富，垂直分带明显。农作物可一年两熟至三熟，主要有水稻、鸡爪谷、玉米、麦等。还可栽植茶树、甘蔗和香蕉等，有“西藏江南”之美誉。野生动植物资源丰富、种类多，盛产麝香、天麻、三七、贝母和胡黄连等中药材。②藏东川西山地针叶林区。位于雅鲁藏布江中游下段与毗邻的横断山脉中北段。森林资源丰富，是中国西南部用材林生产基地。珍稀野生动物有大熊猫、藏马鸡等。河谷地区农作物以青稞、小麦为主，适宜发展核桃、苹果、梨和桃等。水能资源蕴藏量甚大。③藏南山地灌丛草原区。为雅鲁藏布江中游与朋曲上游流域，宽谷盆地为主，一般海拔在3 000～4 500米。气候温暖半干旱。河谷地区是西藏重要农区，有“西藏粮仓”之称。农作物一年一熟，有青稞、小麦、豌豆和油菜等。由于日照充足、太阳辐射强度大、光温配合好，麦类作物产量高。高山草原是绵羊和牦牛的天然牧场。④青东祁连山地草原和针叶林区。包括积石山以北的青海省东部及祁连山东段。东部低地适宜种植小麦、青稞和油菜；大部分天然草场适宜放牧绵羊、牦牛和马。⑤果洛那曲高寒灌丛草甸区。包括怒江河源以东至川西北若尔盖一带。地面切割浅，多宽谷、盆地和缓丘，海拔3 500～4 600米。除海拔稍低处有少量青稞等种植外，辽阔的草场是牦牛和绵羊的优良放牧地。盛产贝母、虫草和大黄等中药材。⑥青南高寒草甸草原区。包括唐古拉山与昆仑山之间的长江、黄河上游一带切割浅的波状高原，平均海拔4 200～4 700米，气候寒冷半干旱，多年冻土连续分布，冰缘地貌发育。是放养牦牛和绵羊的纯牧区，但草场的载畜量低。⑦羌塘高寒草原区。“羌塘”系藏语“北方高平地”之意，指冈底斯－念青唐古拉山脉以北的内流区，一般海拔4 400～4 800米。高山草原土以有机质含量低，碳酸盐聚积、土层薄、含砾多为特征，大部分地区只宜放牧绵羊，载畜量很低。野生动物种类少，有藏羚、野驴和野牦牛等特有动物。⑧阿里山地半荒漠与荒漠区。包括高原西南隅的喜马拉雅山、冈底斯山和喀喇昆仑山及其间的印度河上源宽谷与班公错盆地，低地海拔3 800～4 500米。发育有山地荒漠草原土和亚高山荒漠土。以牧业为主（绵羊和山羊），也有青稞、春小麦和豌豆等种植业，但无灌溉即无农业。⑨昆仑高寒半荒漠和荒漠区。位于昆仑山脉中西段南翼，平均海拔5 100米，其间开阔湖盆海拔4 800米以上。气候寒冷干旱，草场质量差，目前开发极少，仅暖季放牧少量绵羊和山羊。⑩柴达木－西昆仑山地荒漠区。包括柴达木盆地及其外围的西祁连山、阿尔金山和西中昆仑山北翼，是青藏高原向西北干旱区过渡地段。气候温凉而极度干旱。察尔汗盐湖是世界最大的干盐湖。盐湖盛产石膏、食盐及钾、镁、硼锂等10多种稀有元素等矿盐，还有石油和铅锌矿等，故有“聚宝盆”之称。柴达木盆地除部分绿洲可发展灌溉农业，种植春小麦、青稞与马铃薯外，广大的山地草原、荒漠及部分盐化草甸可供放牧骆驼、羊和牦牛。

自然保护区 青藏高原自然环境独特，自然生态系统保持相对比较完好。自1963年以来，已建立的自然保护区100多处，其中国家级自然保护区有21处，总面积近48万平方千米；省级自然保护区53处，总面积约43万平方千米。

昆仑山下的青藏公路

青藏公路 Qinghai-Tibet Highway 中国青海西宁至西藏拉萨的国家干线公路。途经倒淌河、茶卡、格尔木、安多、那曲等地。初通时长2 200余千米，后经不断改建裁弯取直，2001年实际长度1 943千米。

青藏公路翻越日月山、昆仑山、唐古拉山等高山，跨过柴达木河、楚玛尔河、沱沱河等多条大河，海拔4 500米以上的永冻土路段500多千米，唐古拉山口海拔5 231米，高寒缺氧，施工困难。20世纪30、40年代，曾先后在西宁至格尔木之间修过简易公路，至1949年已经毁坏。1950年开始修复、改建，1953年通车。格尔木至拉萨1 100余千米，1954年12月通车。经多次改建，全线加铺沥青路面，基本达到二级路标准，个别路段还改建为一级公路。青藏公路的通车对青海西部和西藏自治区的社会与经济发展，具有重要意义。

青藏铁路 Qinghai-Tibet Railway 起自中国青海西宁止于西藏拉萨，世界上通过冻土地段最长和海拔最高的铁路。途经纳赤台、不冻泉、五道梁、沱沱河、雁石坪、安多、那曲、当雄和羊八井等城镇，跨越昆仑山、风火山、唐古拉山、念青唐古拉山，全长1 956千米。其中，西宁至柴达木盆地

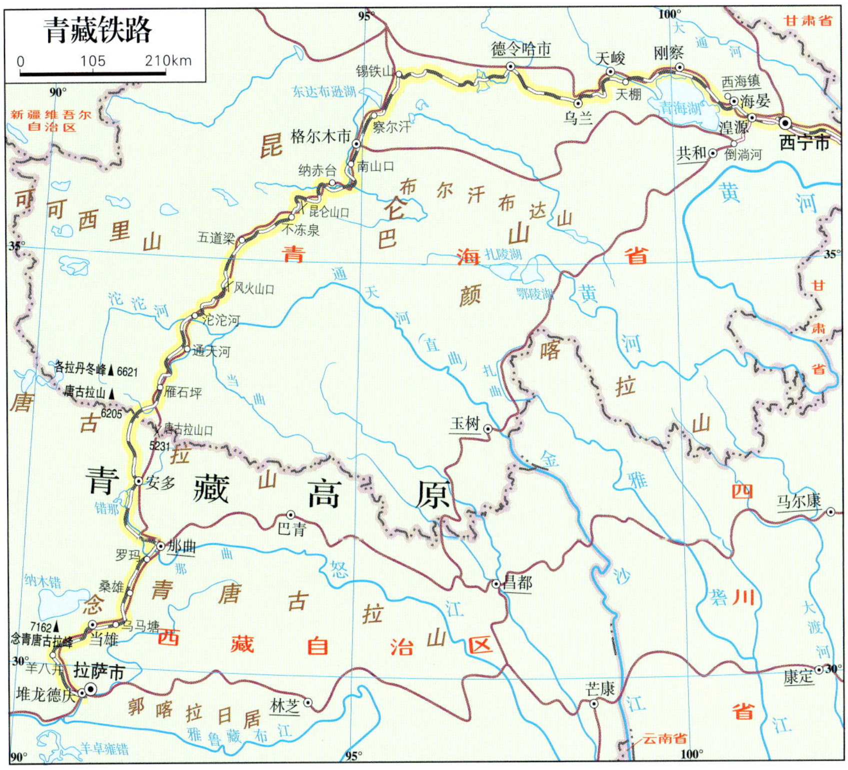

青藏铁路一段

南缘格尔木市814千米，已于1979年建成，1984年正式运营，2005年10月至2006年6月增建第二线481千米；格尔木至拉萨段全长1 142千米，新线建筑里程为1 110千米（青海省境内约560千米，西藏自治区境内约550千米），2001年6月29日开工，2005年10月全段铺轨完工，2006年7月1日通车运行。格尔木至拉萨段基本沿**青藏公路**，全段通过多年冻土地段550千米，海拔高于4 000米地段965千米，海拔最高点为唐古拉山口达5 072米。青藏铁路西宁至格尔木第二线旅客列车设计时速160千米；格尔木至拉萨段旅客列车设计时速120千米。格尔木至拉萨段工程克服了多年冻土、高寒缺氧等施工困难，创造了世界海拔最高的隧道和车站等一系列奇迹，并在施工中保护了沿线植被和野生动物。青藏铁路的建成极大地改善了西藏交通条件和投资环境，加强了与内地的经济和文化联系，推动了经济和社会快速发展。

青州市 Qingzhou City 中国山东省辖县级市。位于省境中部。面积1 569平方千米，人口94万（2010），有汉、回、满等民族。古九州之一。西汉初置广县，晋废，北齐

云门摩崖石刻

设益都县。1945年析益都县置青州市，1948年并入益都县。1986年撤县设青州市。由**潍坊市**代管。矿产有铁、石灰岩、碱石、黄沙等。农业主产小麦、玉米、高粱、谷子、大豆、棉花、黄烟等，是全国商品粮和黄烟基地。工业有机械、化工、纺织、电子、食品、建材、医药等。名胜古迹有云门山摩崖巨"寿"、驼山石窟、明衡王府石坊、宋代松林书院、苏埠屯墓群等。

青主 Qingzhu（1893-06-10～1959-05-09） 中国音乐学家、作曲家。原名廖尚果。生于广东惠阳，卒于上海。早年参加**辛亥革命**，后赴德国学习法律同时学习音乐。1927年参加广州起义，后被国民党政府通缉而避居香港。1929年以青主为名受聘于上海国立音乐专科学校，任校刊《乐艺》主编。1934年离开音乐界。中华人民共和国建立后，曾在上海复旦大学和南京大学从事德语教学。著有《乐话》和《音乐通论》，是中国近代较早的音乐美学专著。他还创作了一些艺术歌曲，并出版了《清歌集》和《音境》两部歌曲集。其中以《我住长江头》、《大江东去》最为有名。

轻工业 light industry 主要生产生活消费品和制作手工工具的工业部门的总称。城乡居民生活消费资料的主要来源。按其所使用原料的不同，可分为两大类：①以**农产品**为原料的轻工业，主要包括食品制造、饮料制造、烟草加工、纺织、缝纫、皮革和毛皮制作、造纸以及印刷等工业；②以非农产品为原料的轻工业，主要包括文教体育用品、化学药品制造、合成纤维制造、日用化学制品、日用玻璃制品、日用金属制品、手工工具制造、文化和办公用机械制造等工业。

轻工业的发展速度和规模受城乡居民收入状况和收入水平的制约，受**农业**、**重工业**为轻工业提供劳动对象和劳动手段的数量多寡和规模的制约。

轻金属 light metal 密度小于5 000千克/米^{3}的**有色金属**。又称有色轻金属。包括铝、镁、铍、钠、钾、钙、锶、钡7种金属。其中最有代表性的是铝和镁。轻金属的物理化学性质相近，其冶炼技术也有着许多共同之处。例如它们与氧、**卤素**、硫和碳的化合物都非常稳定，在电化次序表上，又都是**电负性**很强的元素。这决定轻金属冶炼工艺都分成两个阶段：第一阶段由矿物或卤水结晶析

出的盐类制取中间化合物，如氧化铝、氧化镁、氧化钠等；第二阶段再用熔盐电解或金属热还原法制取金属。高纯金属由粗金属进一步精炼制得。

在用熔盐电解方法生产轻金属时，为了保证产品纯度，电解质熔体中比产品金属正电性更强的杂质含量必须低于技术规范要求，以免其先于产品金属在阴极析出。因此，要专门建厂，以生产纯化合物的电解原料。以铝工业为例，包括氧化铝生产、氟化盐生产、阳极碳素材料生产以及电解炼铝过程四个组成部分。轻金属化合物也常常是用途广泛的商品，而不只是作为制取轻金属的半成品。

轻木 *Ochroma lagopus*; balsa 木棉科轻木属的一种。常绿乔木。原产美洲热带和西印度群岛。中国台湾、云南有栽培。单叶，互生，心状卵形；叶柄长5～20厘米；托叶明显，早落。花两性，单生枝端或叶腋；萼5裂，长3.5厘米；花瓣5，白色；雄蕊多数，花丝结合成雄蕊管，长9厘米；心皮5，合生，子房上位，5室。蒴果圆柱形，5瓣裂，簇毛散开成猫尾状；种子多数，淡红色或咖啡色，疏被丝状棉毛。为热带速生用材树种，年生长胸径可达30～40厘米。为世界木材中最轻的一种。材质均匀，易加工，可制航空工业夹心板材、隔音设备、救生胸带、水上浮标等。

轻质油 light distillate oil 一般指沸点范围50～350℃的烃类混合物或轻质石油产品，包括汽油、石脑油、石油溶剂、轻柴油、灯用煤油、喷气燃料、常压瓦斯油等。以上产品可由原油常压精馏、催化裂化、热裂化、石油焦化、加氢裂化、催化重整等加工过程获得的产品，经精馏后制取。石脑油和常压瓦斯油是裂解制取乙烯的重要原料。

轻子 lepton 不参与强相互作用的自旋为$\hbar/2$的费米子。包括电子、μ子、τ粒子和与之相应的中微子（ν_e,ν_μ和ν_τ以及它们的反粒子）。电子e^-、μ^-子和τ^-子的质量分别为0.51兆电子伏、105.66兆电子伏和1 776.99兆电子伏，它们都带有一个单位的负电荷。它们的反粒子e^+、μ^+子和τ^+子带有一个单位的正电荷。中微子及其反粒子不带电，是中性粒子，近年来实验结果表明中微子具有非零的质量。

轻子参与的所有弱相互作用和电磁相互作用过程中，发现存在一个守恒的量子数，称为轻子数。电子、μ^-子和τ^-子的轻子数为+1，相应的反粒子的轻子数为−1。对所有的反应过程，轻子数的代数和在反应前后不变，并且电子轻子数、μ子轻子数和τ子轻子数也分别保持不变。

1962年实验上发现存在两种中微子ν_e和ν_μ，它们分别与电子和μ子相联系，因此轻子数守恒又分解为电子数（e^-和ν_e粒子数减去e^+和ν_e粒子数）和μ子数（μ^-和ν_μ粒子数减去μ^+和ν_μ粒子数）分别守恒。1975年实验上发现了轻子τ，2000年实验上发现了与τ粒子相应的中微子ν_τ。同样，在轻子参与的所有过程中，τ轻子数也是守恒的。

轻子数 lepton number 描述粒子内部性质的一种相加性量子数。记为L，有电轻子数L_e、μ轻子数L_μ和τ轻子数L_τ3种。电子e^-及电子中微子ν_e的L_e为+1，它们反粒子的L_e为−1，其他粒子的L_e=0；μ^-和ν_μ的L_μ=+1，它们的反粒子的L_μ=−1，其他粒子的L_μ=0；τ^-和ν_τ的τ粒子数L_τ=+1，它们的反粒子的L_τ=−1，其他粒子的L_τ=0。有轻子参与的强作用、电磁作用、弱作用，粒子反应或衰变过程中，各轻子数分别守恒。

氢 hydrogen 化学元素，元素符号H，原子序数1，原子量1.007 94，属周期系ⅠA族。汉译名氢（轻），以音会意，英文名来源于希腊文hydro-和genēs，有“水素”之意，即组成水的元素。1766年由H.卡文迪什发现，称之为可燃空气。1783年A.-L.拉瓦锡证明氢是一种单质并命名。

存在　氢在地壳中的丰度很高，原子组成占15.4%。在宇宙中，氢是最丰富的元素。太阳的能量辐射来源于太阳体内氢的核聚变。在地球上化合态氢主要存在于水和有机物如石油、煤炭、天然气和生命体中。氢有3种同位素：氕^{1}H、氘^{2}H和氚^{3}H。天然氢中，氕的丰度为99.985%，氘的丰度为0.014 8%，氚的丰度约为5×10^{-19}%。

性质　通常状况下氢为无色、无臭、无味气体，分子由双原子组成。熔点−259.14℃，沸点−252.8℃，气体密度0.089 9克/升。

氢气在空气中燃烧生成水，能同氧气以及卤素发生爆炸反应。氧化态+1、−1。大量的氢气用于合成氨。在工业上也用氢作还原剂，可将金属氧化物还原成金属。氢气在催化剂帮助下可以将不饱和度的液态油转化成有较高熔点的饱和化合物，例如生产人造奶油。氢气同一氧化碳反应生成甲醇。

氢分子比较稳定，但高温下，在电弧中或在紫外线照射下，确能发生解离。产生的原子氢立即又重新结合成分子氢并放出大量的热。这个反应用于原子氢炬，用于熔焊金属。

化合物　有机化合物一般都含氢。无机化合物中水H_2O、氨NH_3都是含氢的重要化合物，其他如氢酸HX（X为卤素）、含氧酸、碱类MOH（M为金属）、酸式盐（$NaHCO_3$、$KHSO_4$等）。除稀有气体外，几乎所有的元素都与氢生成化合物。

制法　实验室制法有：①活泼金属与水的反应，如钠汞齐或金属钙与水的反应；②金属锌或铁与酸（盐酸或硫酸）的反应。

工业制法主要有：①电解水，电解15%氢氧化钾水溶液，是工业制造纯氢气的常用方法。在氯碱工业中电解食盐水的产物是氯气、烧碱和氢气。②从天然气或裂解石油气制氢气，是制氢的主要方法：

$$CH_4+H_2O\xrightarrow[\text{催化剂}]{1\,100℃}CO+3H_2$$

$$CO+H_2O\xrightarrow[\text{催化剂}]{400\sim600℃}CO_2+H_2$$

③从焦煤或白煤制氢气，又称水煤气法，是中国小合成氨生产厂普遍采用的方法：

$$H_2O+C\xrightarrow{>1\,100℃}CO+H_2$$

$$CO+H_2O\xrightarrow[\text{催化剂}]{400\sim600℃}CO_2+H_2$$

副产的二氧化碳经分离可用于制碱、尿素和碳酸氢铵。

应用　氢气是重要的工业原料。氢也是一种能源载体，可以将其他形态的能源（如电能）转化为氢能，提高能源利用效率。氢燃料电池联合的电动力技术将改变全世界能源利用的状况。

氢脆 hydrogen embrittlement 金属材料因氢的进入而塑性下降、损伤或低应力下的滞后断裂现象。氢进入金属材料有两种方式：①在冶炼、加工（如酸洗、电镀、焊接等）过程中因添加湿料或因与电解质接触而溶入，称为内氢。②由金属材料制成的工件放置或工作于含氢的环境中，氢会不断通过工件表面渗入金属材料中。金属溶氢后引起的损伤分为两类：①可逆损伤。金属溶氢后可通过驱氢处理消除氢脆，往往在从环境吸氢且含量较低时出现这种现象。温度低或温度高时，氢都不易通过扩散达到富集，从而降低氢脆敏感性。一般在室温附近，以慢应变速率拉伸，氢脆最敏感。②不可逆损伤。在内氢的情况下，由于钢中含氢量较高，在钢的组成相发生变化时，大量原子氢析出并在晶体缺陷或夹杂物界面处聚集成分子氢，引起巨大的内压而使钢产生内裂纹，成为不可逆损伤。在环境氢条件下，特别是高温条件下，钢件会发生表面脱碳，溶入的氢会使钢中碳化物分解，形成甲烷气而产生巨大内压，使钢件表皮下出现鼓泡，这也是一种不可逆的氢损伤，又称氢腐蚀。

氢弹 hydrogen bomb 利用重原子核裂变反应提供的能量引发氘、氚等轻核产生自持聚变反应，瞬时释放巨大能量的核武器。又称聚变武器或热核武器。氢弹的杀伤破坏因素与原子弹相同，但威力要大得多。原子弹的威力常为几百至几万吨梯恩梯当量，氢弹的威力则可大至几千万吨梯恩梯当量。有普通氢弹及中子弹、弱剩余辐射弹，还有增强X射线弹、核电磁脉冲弹等特殊性能氢弹。

1942年，美国科学家在研制原子弹的过程中，推断原子弹爆炸提供的能量有可能

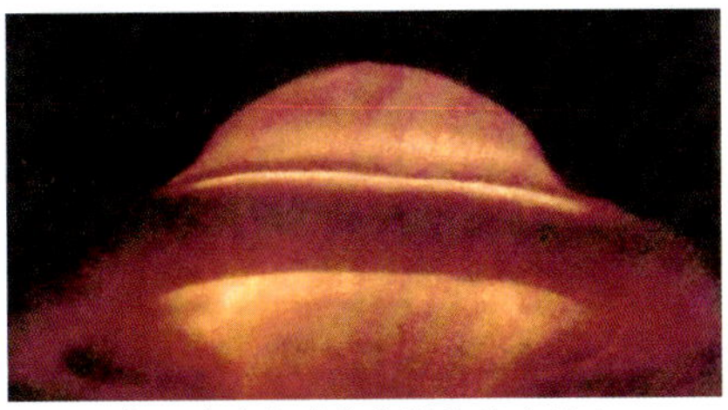
中国首次氢弹空中爆炸的冷凝云

引发大规模的轻核聚变反应，并想以此来制造一种威力比原子弹更大的超级核弹。1952年11月1日，美国进行了世界上首次氢弹原理试验。中国是继英国之后第4个掌握氢弹技术的国家，1966年12月28日成功地进行了氢弹原理试验。到20世纪60年代末，世界上已有美国、苏联、英国、中国和法国拥有氢弹。

核聚变反应是带电原子核之间发生聚合的反应，反应的条件是参加反应的原子核必须具有足够的动能，克服静电斥力而彼此靠近。提高物质的温度，是使原子核增大动能的重要途径。氢弹把热核材料加热至几千万开[尔文]以上，使之发生聚变反应。这种把物质加热至高温发生的核聚变反应，称为热核聚变反应，又称热核反应。氘和氚是氢的同位素，其原子核间的静电斥力最小，在几百万开温度下，即可激发明显的核聚变反应，而且反应释放的能量较大。

要使热核材料燃烧充分，需要创造一种能使其自持燃烧的高温、高密度条件。氢弹中热核材料的自持燃烧条件，迄今只能由核裂变爆炸来创造。因此，氢弹里都有专门设计的用来引发热核反应的核裂变爆炸装置，称为“初级”或“扳机”。而装有热核材料的核部件则称之为氢弹“次级”。

氢弹的运载工具一般是导弹或飞机。为使核武器系统具有良好的作战性能，要求氢弹自身必须质量轻、体积小、威力大。因此核弹比威力（核弹的威力与其质量的比值）的大小是衡量氢弹技术水平的重要标志之一。为了达到特殊的作战目的，可以通过调整氢弹设计、选用不同的热核材料和结构材料等手段，较大幅度增强或减弱其某种杀伤破坏因素，使之具有所需的特殊性能。

氢键 hydrogen bond 一个分子（或化学基团）中与**电负性**高的原子X共价结合的氢原子带有部分正电荷（X—$H^{\delta+}$），能再与另一分子（或化学基团）中的一个电负性高、且拥有未成键的孤对电子的原子Y相吸引而形成X—H…Y型聚集结构的化学结合作用。X、Y原子的电负性越大、半径越小，则形成的氢键越强。例如，F—H…F是最强的氢键。氢键与**共价键**相似，具有方向性和饱和性：一个X—H基团只能与一个Y原子相结合，且X—H…Y要尽可能成直线。但氢键H…Y之间的作用主要是静电吸引和X—H与Y间的极化，与共价键形成过程的电子配对和共享有本质的不同。氢键可以在分子内形成，称为内氢键，也可以在分子之间形成。分子间的氢键可使很多分子结合起来，形成链状、环状、层状或立体的网络结构。

氢键**键能**比较小，通常只有17～25千焦/摩。但氢键的形成对物质的性质有显著影响，例如使熔点和沸点升高；溶质与溶剂之间形成氢键，使溶解度增大。氢键的形成决定蛋白质分子的**构象**，在生物体中起重要的作用。

氢能 hydrogen energy 氢气与氧气发生**化学反应**释放出的**能量**。常温、常压下，氢氧反应放出的燃烧热为1.21×10^5千焦/千克氢，比普通烃类液体燃料在同样氧化剂中燃烧时所产生的能量几乎要高2.8倍，氢燃烧的产物仅为水，所以氢能是最有发展前景的、理想的清洁**能源**之一，利用氢能是能源领域实现可持续发展的途径。氢能工业是一种新的能源系统，包括氢气的制造、氢气的储存与运输、氢气的转化利用。因为地球上几乎不存在单质氢，而是以含氢物质的状态存在，必须通过其他能源转换，如太阳能制氢、生物质能制氢、电解水制氢和烃类燃料制氢等。廉价和大量制氢的技术是开发利用氢能的关键。氢能能源系统必须建立起从氢气生产到分散的、非连续使用的终端用户之间的储运及加注系统网络。氢气转化利用技术的突破促进了氢能的发展。以氢气为燃料的质子交换膜**燃料电池**可以在常压、80℃的温和条件下与空气中氧气反应产生电能，此电能可以作为汽车动力，也可用于分布式小型发电站、移动式电源及微型电源，在军事上可用作潜艇动力。氢气可用作航天火箭燃料，也可作为内燃机燃料。

氢氧化钙 calcium hydroxide 化学式$Ca(OH)_2$。俗称熟石灰和消石灰。无色晶体或疏松白色粉末，密度2.2克/厘米^3，微溶于水。氢氧化钙为强**碱**，溶于酸，吸收空气中二氧化碳生成**碳酸钙**。加热至580℃，分解失水成**氧化钙**。工业上用石灰消化法制取氢氧化钙。石灰石煅烧成氧化钙后，经精选，与水按一定配比消化，生成氢氧化钙乳状液（石灰乳），除去渣状杂质，并在150～300℃干燥，可得氢氧化钙。氢氧化钙常作建筑用灰泥，用于制**漂白粉**，是硬水软化剂、消毒剂、酸中和剂。价格便宜，广泛用于农药、造纸、食品、石油、化工、制革、废水处理。

氢氧化钠 sodium hydroxide 化学式NaOH。俗称烧碱或苛性钠。白色固体，密度2.13克/厘米^3，熔点323℃，沸点1 388℃。易潮解且易溶于水，20℃ 100克水中可溶解108克氢氧化钠。在空气中容易吸收二氧化碳，生成碳酸钠，使纯度降低。热稳定性高，加热至熔化时挥发而不分解。可与许多单质、氧化物、酸、无机盐和有机化合物反应。氢氧化钠最突出的性质是强碱性和强腐蚀性，能溶解某些非金属（如硫、磷、硅）、金属（如铝）及它们的氧化物（如二氧化硅、氧化铝）。对人体皮肤以及玻璃、陶瓷都有腐蚀性。

工业上主要用电解食盐水法制备氢氧化钠，分别采用隔膜法、汞阴极法和离子交换膜法。其中隔膜法是用石棉隔膜将阴、阳两极分开，以避免氯气与产品氢氧化钠作用，使产量降低，优点是生产率高、价格便宜，但纯度不高。汞阴极电解法以石墨为阳极，汞为阴极，得钠汞齐与水作用，生产氢氧化钠，产品纯度高，缺点是汞会造成污染。离子交换膜法使用的阳离子交换膜允许钠离子由阳极区定向移向阴极区，而氯离子和氢氧根离子不能通过，该法能耗低、产品质量高、设备占地小、生产能力大，是最优良的方法。

氢氧化钠是重要的化工原料和化学试剂，常用于肥皂、合成洗涤剂生产，是生产硼砂、氰化钠、甲酸、草酸、苯酚的化工原料，也用于医药、染料、农药生产。在石油精制、钻井泥浆、矿物和金属表面处理、纺织品加工、纸张和人造丝生产、废水处理、离子交换树脂再生等方面皆有应用。接触氢氧化钠必须身着防护用品，处理固体烧碱时，工作场所应有通风设备。

氢原子光谱 atomic spectrum of hydrogen 氢原子能级之间跃迁所发射或吸收的光谱。为最简单的原子光谱。到1885年已经观察到氢原子的14条谱线，其中较强的4条谱线H_α、H_β、H_γ、H_δ在可见光区，J.J.巴耳末将它们的波长用经验公式表示。1890年J.R.里德伯把巴耳末写的公式改写成用波长的倒数表示，仍称巴耳末公式：

$$\frac{1}{\lambda}=R_{\mathrm{H}}\left(\frac{1}{2^2}-\frac{1}{n^2}\right)\qquad n=3,4,5,\cdots$$

R_{H}称为里德伯常数。以后相继发现了氢原子的其他谱线系，都可以用类似的公式表示，把波长的倒数称为波数σ，则氢原子光谱可概括为一个普通公式：

$$\sigma=R_{\mathrm{H}}\left(\frac{1}{m^2}-\frac{1}{n^2}\right)$$

称为广义巴耳末公式，已命名的谱线系分别为：

莱曼系　$m=1$ $n=2, 3, 4, \cdots$紫外区
巴耳末系　$m=2$ $n=3, 4, 5, \cdots$可见光区
帕邢系　$m=3$ $n=4, 5, 6, \cdots$红外区
布喇开系　$m=4$ $n=5, 6, 7, \cdots$近红外区
芬德系　$m=5$ $n=6, 7, 8, \cdots$远红外区
汉弗莱系　$m=6$ $n=7, 8, 9, \cdots$远红外区

用色散率和分辨本领更高的分光仪器观察氢原子光谱线时，发现它们又由若干相近的谱线组成，称为氢原子光谱的精细结构。

氢原子的光谱规律最先由N.玻尔用量子论作出很好的解释，**量子力学**建立（1926）

对氢原子光谱也作出成功的说明，P.A.M.狄拉克用相对论波动方程对氢原子光谱的精细结构作出进一步解释，**量子电动力学**对氢原子光谱的**兰姆移位**作出精确的计算。氢原子是最简单的原子，核内只有一个质子，核外只有一个电子，其最为简单的原子光谱提供了便于理论研究和实验检验理论的最好课题。到2000年，测量氢某些谱线频率的精度已达10^{-13}量级，由此推出的

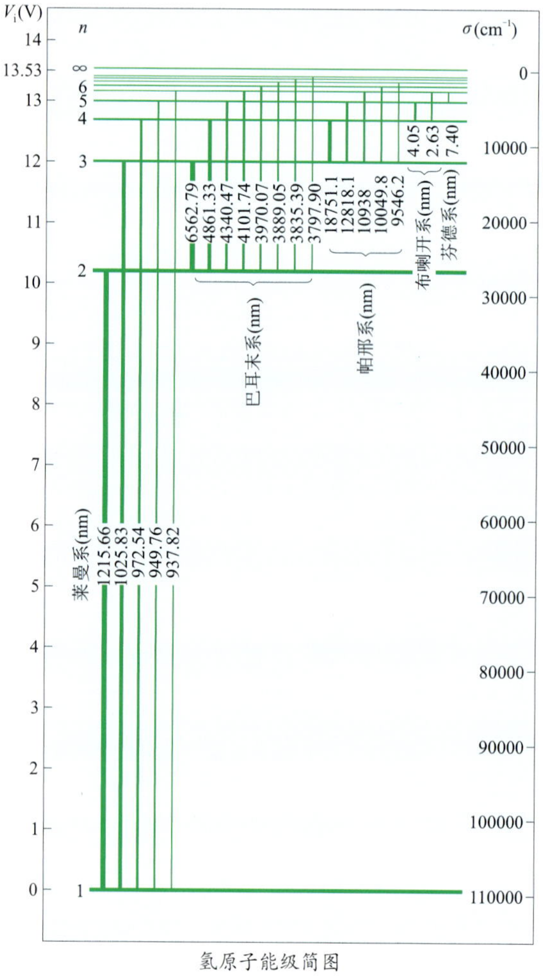

氢原子能级简图

V_I为电离电位

里德伯常数的精度达10^{-12}量级。

倾销与反倾销 dumping and anti-dumping 一国的产品以低于正常价值的**价格**进入另一国的市场，并使另一国国内有竞争能力的**产业**受到损害或威胁的不正当的贸易行为称作倾销。当一国认为输入的外国产品系进行倾销时，在应征的进口税外，再课以进口附加税或特别关税以保护本国产业，即反倾销。

为规范各国反倾销法规，1973～1979年，在多边贸易谈判东京回合中，修订和补充了1968年7月1日生效的《反倾销法典》，简称《反倾销法典修订本》。主要内容有：①凡产品从一国向另一国出口时，产品的出口价低于供货国国内用于消费的同类产品在正常交易时适用的可比价格，可视为倾销。②作为倾销论处的进口产品，必须是对本国工业造成重大损害或重大威胁的主要原因。③受倾销影响的生产部门应事先提出书面申请，申请内容要有充分的根据证明倾销、造成损害或威胁，以及所称的损害或威胁与倾销之间的因果关系。④征收反倾销税的税额可接近于倾销差额，但不得超过这个差额。⑤争端的解决。反倾销已成为**贸易战**的一个重要手段。

倾转旋翼机 tilt-rotor aircraft 通过变换旋翼俯仰角度改变飞行方式的航空器。装在机翼两端的旋翼可以根据动作需要倾转一定角度，旋翼朝上产生升力，使旋翼机像直升机一样垂直起飞、降落和悬停飞行；旋翼向前倾转一定角度产生拉力，靠机翼提供升力，旋翼机又会像固定翼飞机一样以较大速度向前飞行。它是介于直升机和固定翼飞机之间的一种航空器。旋翼倾转方式有3种：①只倾转旋翼，发动机和机翼不动。②发动机与旋翼一起倾转，机翼不动。③机翼、发动机和旋翼三者一起倾转。倾转旋翼机的气动布局与普通涡轮螺旋桨飞机基本相同，由机体、机翼、尾翼、动力装置和起落装置等组成，但“螺旋桨”直径较大。优点是不仅能像直升机一样垂直起降，而且比直升机巡航速度大、耗油率低、操纵品质好、生存能力强。技术难点在于旋翼倾转过程中如何保持旋翼机正常飞行。

1989年3月，美国贝尔/波音公司研制的V-22“鱼鹰”倾转旋翼机首飞。该机的动力装置为两台T406-AD-400涡轮轴发动机，最大连续功率2×4 392千瓦，装两副双向反转3叶旋翼螺旋桨，桨叶直径11.6米，最大平飞速度580千米/时（高度5 500米），比直升机快得多。飞行包线范围相当于H-60直升机与C-130运输机的总和，适应性很强。短距起飞时发动机与旋翼向上倾转80°～85°（近于垂直）滑行进场，起飞前发动机倾角改为60°，滑行150米即可离地。作为直升机使用时，发动机倾角保持90°，巡航速度185千米/时，机外吊挂最大质量6 800千克，平飞时转场航程3 890千米，升限7 900米，机翼翼展14米（不包括发动机舱），机舱可容纳24名全副武装士兵和2名机枪射手，或12副担架及必要的医护人员。

美国V-22“鱼鹰”倾转旋翼机

清唱剧 oratorio 介于**歌剧**和**康塔塔**之间的多乐章大型声乐套曲。包括独唱、重唱及合唱，由管弦乐队伴奏。清唱剧与歌剧的不同是：没有布景、服装和动作，多在音乐会上演出。与康塔塔的区别是：篇幅较大，有较鲜明的戏剧结构和情节，更富史诗性和戏剧性。清唱剧形成于16世纪末。1600年在罗马演出的E.de卡瓦列里的《灵魂和肉体的表白》，是历史上的第一部清唱剧。17世纪清唱剧创作的代表人物是G.卡里西米。他的名作《所罗门的审判》和《耶弗他》以《圣经》故事为题材，唱词用拉丁文。H.许兹、**G.F.亨德尔**和**C.P.E.巴赫**是德国的清唱剧代表性作曲家。**J.海顿**、**F.门德尔松**、**R.舒曼**及现代作曲家**E.埃尔加**、**科达伊**等都曾留下此类名作。

清朝 Qing Dynasty 中国历史上最后一个封建王朝。由满族统治者建立。明万历四十四年（1616），**努尔哈赤**称汗，国号大金（史称后金）。明崇祯九年（1636）**皇太极**改国号为大清。1644年清军入关，确立对全国的统治。宣统三年（1911），**辛亥革命**推翻清朝。翌年清帝被迫逊位。自世祖以下，共历10帝，268年。清朝全盛时，疆域西至巴尔喀什湖；东至海，包括台湾和澎湖列岛；北至唐努乌梁海与俄国接壤；南达南沙群岛。陆地总面积约1 300万平方千米。

清对全国统治的建立 明万历十一年（1583），建州女真努尔哈赤开始统一女真各部。努尔哈赤创建了八旗制度，又发展经济，订立行政和法制规条，设立了议政王大臣。明万历四十四年，努尔哈赤在赫图阿拉（今辽宁新宾老城）称汗，建国号大金。后迁都于盛京（今沈阳）。

皇太极改制称帝 努尔哈赤死后，其第八子皇太极被拥立为汗，改元天聪。皇太极和其兄代善、阿敏、莽古尔泰四大贝勒共同主持军政大事。皇太极改易族名为满洲，并进行了一系列改革：①每旗设旗务大臣，与诸贝勒共议国政。②设内三院，又以六部及都察院、理藩院取代八旗贝勒。③任用汉族官员、将领和知识分子。④设立汉军八旗、蒙古八旗，扩大兵源。⑤发展农业生产，将农庄重新编组。又使大量土地和壮丁掌握在国家的控制下。⑥加强法制。皇太极于天聪十年（1636）改国号为清，改元崇德。

清朝世系表

①太祖爱新觉罗·努尔哈赤（天命）（1616～1626）—②太宗皇太极（天聪、崇德）（1627～1643）

—③世祖福临（顺治）（1644～1661）—④圣祖玄烨（康熙）（1662～1722）—⑤世宗胤禛（雍正）（1723～1735）

—⑥高宗弘历（乾隆）（1736～1795）—⑦仁宗颙琰（嘉庆）（1796～1820）—⑧宣宗旻宁（道光）（1821～1850）

—⑨文宗奕詝（咸丰）（1851～1861）—⑩穆宗载淳（同治）（1862～1874）

—醇亲王奕譞—⑪德宗载湉（光绪）（1875～1908）

—醇亲王载沣—⑫溥仪（宣统）（1909～1911）

明清战争与清军入关　崇德元年（1636），皇太极征服朝鲜。此后，他又完成了对漠南蒙古的统一。漠北喀尔喀蒙古亦臣属于清朝。皇太极还统一了东北全境。此后，皇太极亲率大军攻明。当时，李自成、张献忠的农民起义军，声威日盛。皇太极乘机大举用兵，夺取了明朝锦州、宁远地区，扫除了进入山海关的障碍。崇德八年，皇太极突然病逝。皇太极的第九子福临（顺治帝）即位，改元顺治，而以两个叔父**多尔衮**和济尔哈朗辅政。后多尔衮称皇父摄政王。明崇祯十七年（清顺治元年，1644），李自成农民起义军攻入北京，推翻明朝，崇祯帝自缢。驻军山海关的**吴三桂**背叛，引清兵入关。清军长驱直入北京，取代了明王朝的统治。

南明及各地的抗清斗争　明朝灭亡后，明宗室先后在南方建立弘光政权、隆武政权、鲁王监国、绍武政权和永历政权，但是这些地区性政权均很快为清所灭亡（见**南明**）。

清军入关后，实行圈地，严定逃人法，强迫汉人薙发易服（见**剃发令**），激化了民族矛盾，抗清斗争如火如荼地开展起来。**郑成功**、**张煌言**等出没于海上；刘体纯、郝摇旗、李来亨等13家结寨于夔东。许多降将降官也倒戈反清。南明永历政权先和大顺军合作，又与张献忠的大西军余部孙可望、李定国联合抗清。顺治十六年，郑成功与张煌言合作，出动水师，深入长江，围攻南京，苏皖震动。顺治十八年郑成功率军攻打为荷兰占据的中国领土台湾，康熙元年荷兰军力竭投降。

清初的统治　清朝入关时，采取了一些野蛮的掠夺政策。如在京畿大规模圈占土地，分配给满族的王公、官僚和将士。严厉处罚逃人及隐匿的窝主，使各阶层惴惴不安。在政治上，清朝"首崇满洲"，强迫汉族按照满俗薙发易服，违者处死。不许满汉通婚。刑法方面，满汉之间、各个等级之间量刑标准亦不同。许多汉人虽在政府中任官，但实权掌握在满族官员手中。清廷特别对汉族乡绅和知识分子严加控制防范。江浙发生的通海案（与郑成功相通）、科场案（科举考试中舞弊）、奏销案（欠交钱粮）、**文字狱**，诛杀流放许多乡绅士子。又颁布迁海令，沿海25千米内居民，均迫令迁移，不准商船渔船出海，使许多人破家失业。清初为适应新占领区的形势，政策也有其开明和进步的一面。入关伊始，即取消明末苛重的三饷（辽饷、剿饷、练饷），奖励垦荒，招集流亡，减轻赋役，使农业生产有所恢复。在政治上，礼葬崇祯帝，收罗人心。招降明朝的文官武将，委以职任。为了笼络知识界，又开科取士，为他们开辟入仕做官的途径；尊重汉族大部分原有的制度和习俗，崇尚孔子和儒家文化。清朝政权，虽属满族当权，却逐渐形成满汉地主阶级的联合专政。顺治十八年（1661）顺治帝逝世，其子玄烨（康熙帝）即位，由索尼、苏克萨哈、遏必隆、**鳌拜**四大臣辅政。康熙八年，玄烨夺回权力。十二年，康熙帝玄烨下撤藩之令。吴三桂、耿精忠和尚可喜的儿子尚之信悍然发动叛乱。康熙二十年，平定了**三藩之乱**。康熙二十二年，台湾统一于清朝中央政权之下。

图1 《乾隆南巡图》卷九中所绘当年的盛况

政治制度　清政权实行以满族贵族为主体的满、蒙、汉封建阶级的联合专政，是专制主义中央集权制度的高度发展形态。

政权机构　最初，军政大权操于**议政王大臣会议**，日常庶政归内阁。康熙时，皇权加强，南书房协助皇帝，参与机务。雍正时，创设**军机处**，为清代处理政务的最高权力机关。其他中央机关有吏、户、礼、兵、刑、工六部。都察院为监察机关。新增的理藩院管理少数民族和某些对外事务。另有内务府，照料皇室的生活和财产，管理宫廷太监、匠役。地方行政机构，大体分省、府、县三级，总督、巡抚为省级最高长官。

军队　清朝军队，以八旗兵为主体。清初，八旗兵战斗力很强，待遇亦较优厚，但后来渐染城市习气，不习武事，逐渐丧失了战斗力。清朝入关，招降了大批明朝军队，建立绿营。清朝中叶以后，又有汉族地主自募自练的团练乡勇。

法律　清代法律，结合满族在关外时期的习俗、制度，也沿用明律。顺治初已制定了大清律。乾隆初公布《**大清律例**》。

科举制　清朝继续以科举制作为培养、选拔官吏的"正途"。考试从四书五经中出题，写八股文章，思想内容和文章形式均有严格的程式，应试者受很大束缚，不能反映其真才实学。

康雍乾时期的统治　清朝确立全国统治之后，采取各种措施发展生产，到康雍乾时期，经济繁荣，社会稳定，国力达到鼎盛。史称"康雍乾盛世"。

经济　①农业和水利。清廷奖励垦荒，招集流民授予土地。康熙八年，实行**更名田**，刺激了农民的生产积极性。又减轻赋税。治理黄河、淮河、运河、长江、钱塘江、永定河，努力减轻水灾，提高农业产量，保持运输畅通。②手工业和抑商政策。最重要的手工业是纺织业，南京、苏州、杭州等地较为集中。矿冶业中，云南铜矿的规模最大；资本雄厚，采炼技术达到相当水平。制瓷是重要的传统手工业，以景德镇瓷业最发达。清代手工业很繁荣，达到了中国封建社会历史上的最高水平，并出现了资本主义萌芽。可是清政府执行"抑商"政策。对于那些有大利可图及有关国计军需的手工行业，实行垄断。对于其他手工行业，允许商民经营，但控制亦严，妨碍手工业的自由发展。③大城市的出现。北京是全国的首都和政治文化中心。扬州是淮盐的集散地，经济发达，多富商大贾。南京、苏州、杭州都是丝绸、布匹及其他手工业品的产地，且文化发达，风景优美。广州是对外贸易的口岸，是封闭的封建中国通向世界的主要窗口。汉口为米谷、木材、食盐、药材和各种货物的集散地。④赋役制度的改革。康熙五十一年（1712），宣布滋生人丁永不加赋，将丁税总额固定下来，稳定了全国的丁税负担。雍正元年（1723）制定**摊丁入地**政策，从此废除了中国历史上长期存在的人头税，简化了收税标准和手续。有利于丁多地少的贫苦农民。

统治阶级上层的斗争　康熙帝去除鳌拜集团以后，重用**索额图**、**明珠**。这两人

图2 《清代皇帝先农坛祭祀图》（局部）

采取各种措施，团结笼络。清朝统一全国，边疆地区在中央政府管辖下得到了较长时期的安定，经济迅速发展，各族人民的生活有所改善。内地急剧增加的汉族人口大批迁往边疆，使边疆地区经济、政治、文化大大活跃起来。清政府又大力开辟驿路，广设台站，形成了以北京为中心通向边疆各地的交通网。

各树党羽，争权倾轧。康熙二十七年（1688），明珠等被革职。康熙中期，索额图被囚处死。六十一年，康熙死，据称遗诏指定皇四子胤禛继位，即雍正帝。雍正实行秘密立储，密写继承人的名字，藏于乾清宫的匾额之后，以避免公开立储引起的争夺。雍正时，朝臣中仍多结党。雍正亲自写《朋党论》以告诫廷臣。他最亲信的大臣**年羹尧**、**隆科多**亦得罪。乾隆初，**鄂尔泰**与**张廷玉**广植党羽，乾隆帝加以裁抑，两派均不得专权。乾隆年老，**和珅**得宠。乾隆死后，和珅立即被嘉庆诛死。

边疆地区的治理　①西北地区。康熙二十七年（1688）准噶尔部噶尔丹和俄国相配合，东侵喀尔喀蒙古。康熙二十九年乌兰布通之战清军击败准部，噶尔丹遁逃（见平定准噶尔）。次年，康熙与内外蒙古的首领参加多伦会盟，实行盟旗制度，稳定了喀尔喀蒙古长期动荡的局势。三十五年至三十六年康熙率师亲征，平定了噶尔丹叛乱。此后策妄阿拉布坦重振准部，占领拉萨。清廷于康熙五十九年派兵入藏，驱逐了准噶尔军。雍正二年（1724），清军又平定了和硕特部罗卜藏丹津叛乱。乾隆二十二年（1757），平定准噶尔，统一天山北路，随即进入南疆。二十四年夏，平定**大小和卓之乱**，统一南疆。三十六年，土尔扈特部在其领袖渥巴锡的率领下回到伊犁，受到清政府的重视和欢迎。②西藏。康熙五十九年，清军逐准部出西藏，清廷设驻藏大臣监督。后进一步提高驻藏大臣的权力，并实行金瓶掣签制，以防止班禅、达赖的转世为贵族农奴主操纵、利用。③西南其他地区。雍正年间，清廷在云南、贵州、广西、四川、湖南等省大规模推行**改土归流**政策。废除土司，分别设置府、厅、州、县。改土归流政策遭到土司的抵制。清朝镇压土司势力用力最大、耗时最久的是乾隆年间的大小金川之役。④民族政策和边防设施。清朝对边疆少数民族的基本政策是保持各民族的风俗习惯、生活方式、宗教信仰，根据各地不同的情况，采取措施，加强统治和管理。清政府对少数民族的上层，

与俄国的关系　16世纪末和17世纪初，俄国开始侵犯中国的蒙古和东北。顺治十五年（1658）清军全歼入侵的哥萨克（见**雅克萨之战**）。但俄军仍盘踞在黑龙江上游的尼布楚（今俄罗斯涅尔琴斯克），以后又侵占雅克萨（今漠河东，黑龙江北岸）。清廷通过各种渠道，要求俄军撤出中国领土，但一切交涉均无效果。康熙二十四、二十五年，清军两次进攻雅克萨，直到俄皇接受中国的谈判建议以后，清军才停止攻打雅克萨。二十八年，双方签订了《**尼布楚条约**》。条约签订后，东段边界相对平静，贸易有较大发展。但北段边界由于俄国不断入侵蒙古，矛盾逐渐加剧。雍正五年（1727）清廷与俄国签订了中俄《**布连斯奇条约**》，完全满足了俄方对两国北段边界的要求。

清朝的衰落　乾隆后期，清朝走过了全盛阶段而逐渐衰微。嘉道时期，土地兼并严重，人民谋生困难，再加上历年发生水旱虫灾，粮价腾贵，饥民遍野，社会秩序日益动荡。统治阶级骄奢淫逸，供应浩繁。军政废弛，纪律败坏，士无斗志，武装力量大大削弱。以乾隆三十九年（1774）山东临清的王伦起义为契机，揭开了清中叶农民起义的序幕。四十六年，甘肃爆发了苏四十三、田五起义。五十一年，台湾爆发了天地会的**林爽文起义**。六十年又发生了湘黔苗民起义。嘉庆元年（1769），爆发了清中叶规模最大的农民起义——**川楚白莲教起义**。

闭关政策与鸦片贸易　清政府实行**闭关政策**，在中外贸易和交往方面设置了障碍。清政府一方面限制中国人出洋，另一方面限制来华外国人的活动，指定在广州一口通商。乾隆五十八年（1793），英国不甘心于对华贸易的长期逆差，派**马戛尔尼使团**到北京，未获结果而回国。嘉庆二十一年（1816），英国又派阿美士德使团来华，但未能进行对话。英国后来终于找到了可以改变对华贸易不利局面的途径，即向中国输入大量鸦片，中国的对外贸易从出超变成入超。鸦片贸易为英国商人和英国印度政府带来了巨大的利益，给中国社会、中国人民造成了严重的灾难。官吏和士兵吸食鸦片，意志萎靡，不理政事，不习武功。清朝也因货币流通混乱、税源枯竭而减少了财政收入。清政府三令五申，严禁鸦片，但并无效果。道光帝也主张禁烟，派**林则徐**为钦差大臣，往广州查办鸦片。

两次鸦片战争　道光十九年（1839），林则徐奉命为钦差大臣往广州禁烟。英国鸦片贩子和英国政府因不肯放弃这项具有大利可图的贸易，悍然发动战争。

第一次鸦片战争于道光二十年（1840）爆发。清廷惊慌失措，接受了英国的全部侵略要求。二十二年七月二十四日（1842年8月29日）签订了中国历史上的第一个不平等条约，即中英《**南京条约**》。以后又和美国签订《**望厦条约**》，和法国签订《**黄埔条约**》。第一次鸦片战争结束了中国孤立于世界历史潮流之外的格局，古老的封建中国遭遇到强大的西方殖民主义。

第一次鸦片战争虽然打开了中国的大门，但是外国商品的输入还不像外国资本家所期待的那样迅速增加。咸丰六年（1856），英国以广州官兵搜查曾在香港登记的中国走私船亚罗号为借口，法国以在广西传教的法国教士被杀为借口，共同出兵，再一次发起侵略战争（见**第二次鸦片战争**）。清王朝正在长江中下游和太平军殊死战斗，只得和英法订立《**天津条约**》。咸丰十年再起战端，八月，英法联军至北京，焚毁了圆明园。恭亲王**奕䜣**与英法联军议和，签订了《**北京条约**》。

俄国在英法联军进攻时趁火打劫，迫使清朝地方当局签订《**瑷珲条约**》。英法联军攻入北京，俄国又自称"调停"有功，迫使清政府签订中俄《**北京条约**》，为俄国侵占中国西部领土作了准备。

清统治格局的变化　随着社会矛盾的激化，外国侵略势力的加深，清王朝的统治危机日益严重。

太平天国起义　**太平天国**领袖**洪秀全**创拜上帝教，道光三十年十二月初十（1851年1月11日），**拜上帝会**起义于广西金田，建号太平天国。咸丰三年（1853）攻克南京，定都于此，改名为天京。太平天国的胜利进军，使清军顾此失彼，穷于应付。但太平天国政治日益腐败，纪律废弛。第二次鸦片战争刚刚结束，外国侵略者就插手中国的国内战争，帮助清廷围剿太平军。同治三年（1864）清军攻破天京，太平军余部转战江西、福建、广东，被清军击败，太平天国农民起义失败。

在太平天国起义影响下，全国掀起规模浩大的反清大起义，如上海小刀会刘丽川起义。咸丰五年，各支捻军公推张乐行

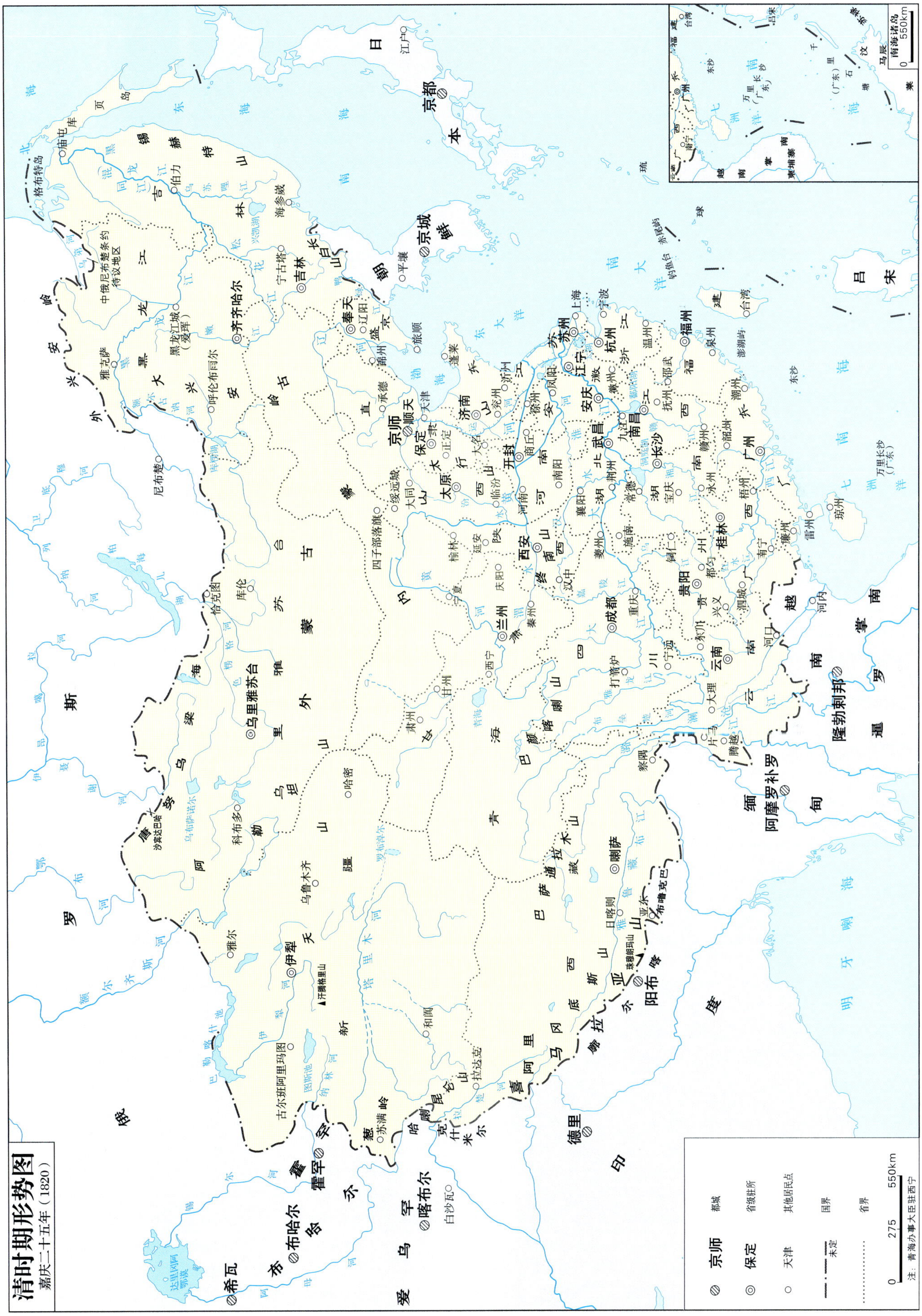
清时期形势图
嘉庆二十五年（1820）
京师 都城
保定 省级驻所
天津 其他居民点
国界
未定
省界
0 275 550km
注：青海办事大臣驻西宁
南海诸岛
0 550km

为盟主，声势大盛。以后捻军与太平军联合作战。天京失陷后，太平军将领赖文光等和捻军合作，分兵作战，直至同治七年失败。

统治阶级内部的分化组合　两次鸦片战争及太平天国起义，使当时的中国社会发生了深刻的变化。

《北京条约》签订后不久，慈禧太后企图揽权，与留守北京的奕訢合谋，发动政变。从此，慈禧太后把持晚清政权将近半个世纪（见辛酉政变）。

在镇压太平天国的战争中湘淮军的许多将领立下汗马功劳，晋升高官，其中不少人位列封疆。汉人在中枢和地方的实力增强，清政府不得不更多地依赖地方汉族地主势力的支持，故政治离心力显著增强。兵权下移的同时，财权也在逐步下移。督抚掌握地方财政，自行支配，户部连各省收支的项目和总数也不清楚，更不可能进行财政的统筹和监督。

清朝政府被迫打开了中国的门户，洋务派官僚集团应运而生，其主要代表人物有奕訢、李鸿章、张之洞等（见洋务运动）。他们主张学习外国的某些长处，以辅助封建主义之不足。他们的主张和措施遭到各方面的猛烈反对，但洋务派在日益频繁的对外交涉、创建海军以及工商活动中积聚起了实力。

外国侵略势力的深入和人民的反抗　19世纪70年代起，列强发动的侵华战争，计有：俄国入侵伊犁（1871）、日本武装登陆台湾（1874）、中法战争（1884）、英国武装入侵西藏（1888）、中日甲午战争（1894～1895）、八国联军侵华（1900）、沙俄出兵占领东北（1900）、日俄战争（1904～1905）、英国再次入侵西藏（1904）。在半个世纪里，各列强或单独或联合发动侵华战争达10余次，平均每间隔5年多就武装侵华一次，每次清朝必向列强屈辱签约，割地、赔款，出让国家主权。如《马关条约》向日本赔款2亿两白银，《辛丑条约》赔银4.5亿两。更严重的是割让领土。如沙俄逼签《瑷珲条约》和《北京条约》，侵吞中国东北领土达100余万平方千米，又从西北割去巴尔喀什湖以东40万平方千米土地。日本则侵吞了中国的台湾。西方列强肆无忌惮地掠夺中国权益，它们在中国沿海、沿江大城市设立租界，独立于中国管理之外，强索租借地，控制中国海关，划分势力范围，妄图把中国变为他们任意奴役的殖民地。

外国对中国的武装侵略和经济掠夺，进一步激化了国内社会矛盾，各种反清活动风起云涌。少数民族也揭竿而起，如贵州苗民、云南回民、陕甘回民、新疆维吾尔等族，不约而同地向清政权发起了进攻。全国各地频繁发生反洋教斗争，1900年义和团兴起，又一次把反对外国侵略的斗争推向了新高潮。尽管这些斗争都归于失败，但清朝也遭到沉重打击，变得更加虚弱，加速了衰亡的进程。

清末改革与清朝逊国　帝国主义列强企图瓜分中国，特别是甲午战争中国惨败，签订屈辱的《马关条约》，民族危机空前加深，却促进了中华民族的觉醒。光绪二十一年（1895），以康有为为代表的一批先进的中国人即1 300余名举人上书皇帝，此即著名的“公车上书”，要求变法维新。二十四年（1898）四月二十三日，德宗下诏宣布变法，康有为等筹划具体变法事宜。但是，变法遭到以慈禧太后为首的守旧派的抵制和反对。八月初六，慈禧下令囚禁光绪，废止新政，康有为、梁启超出走日本，谭嗣同、刘光第、杨锐、林旭、杨深秀、康广仁六君子被杀害。其他凡拥护或参与变法的官员，或被革职，或被遣戍。历时103天的“百日维新”以失败告终。

戊戌变法之后，国内革命风潮兴起。为应对严峻的局势，清政府不得不实行前不久还在拼命反对的“新政”。这是它自身进行的一次改革。多属表面文章，并无实效，很快又被资产阶级的立宪运动所取代。立宪倡导者，有流亡海外的梁启超与国内的张謇、杨度、熊希龄、汤化龙等人。光绪三十二年（1906），清政府被迫宣布预备立宪，却迟迟不实行。至三十四年，光绪与慈禧相继死去，清皇室亲贵力图垄断权力，仍不行宪政，引起立宪派屡次请愿。宣统三年（1911）才成立新内阁，成员13名，皇室亲贵占有9名，汉族只占4名，被称为“皇族内阁”。清政府无意立宪，暴露无遗。

在改良派、立宪派十分活跃时，以孙中山为首的资产阶级革命派，早就确立了推翻清朝的革命目标，于光绪二十年（1894）创立了第一个资产阶级革命团体兴中会，其纲领是：“驱逐达虏，恢复中华，创立合众政府”。三十一年（1905）创同盟会，办机关报《民报》，鼓吹革命。同时，不断组织和发动武装起义。宣统三年（1911）三月以黄兴领导的黄花岗起义最著名。接着，在湖南、湖北、广东、四川等四省掀起了保路风潮。清政府派兵入川镇压，激起四川及全国人民的愤怒。清朝统治风雨飘摇。

四川保路风潮为武汉革命党人发动起义创造了有利的时机。宣统三年八月十九日（1911年10月10日）夜，武昌起义爆发，各省纷纷宣告独立。年底，孙中山自海外归国，各省代表公推孙中山为临时大总统，定国名“中华民国”。清政府为挽救自身灭亡，不得不重新起用袁世凯为内阁总理，与民国对抗。袁世凯得到各列强的支持，挟北洋军队之实力，“压南逼北”，向民国施压，向清廷逼宫。皇室亲贵眼见回天无力，纷纷出走。已成孤家寡人的隆裕太后别无选择，只有接受民国优待皇室的条件，和平交权，于1912年2月12日宣布宣统退位，统治中国268年的清朝就此灭亡。

清代文化　清代的文化，丰富绚丽，流派众多，人才辈出，在许多领域取得了光辉的成就。清初，一度产生幼弱的民主启蒙思想，但思想文化界仍不能冲出儒家的樊笼。

清初的学术思想　清初是中国历史上思想文化最活跃、最繁荣的时期之一，出现了以黄宗羲、顾炎武、王夫之、颜元等为代表的许多杰出学者。他们开创了与宋明理学相对立的新思潮、新学风。清初思想家在历史学、地理学方面也做出了贡献。黄宗羲的《明儒学案》是中国第一部系统的学术思想史。顾炎武作《天下郡国利病书》，开地理研究之先河。清初思想家对现实持激烈的批判态度，提出新颖的见解，使当时的思想界十分活跃。

清前期的文化政策　在清朝的高压政策下，思想家们埋头古籍，变得谨小慎微。清朝为了巩固思想统治，笼络知识界，大力尊孔崇儒，程朱理学被视为孔子的真传、儒学的正统，四书及五经中的一部分均以朱熹的注释为准。清朝的统治安定以后，大规模编纂书籍，最著名的有《古今图书集成》和《四库全书》，为中国古代思想文化遗产之总汇。但在编纂过程中，清政府对全国图书作了一次大检查，大批书籍被认为对清朝统治不利，遭到销毁或篡改。很多外国耶稣会传教士来华，带来了西方的科学文化，但清廷未用力提倡，知识界沉溺在儒家经典中，不了解西方科学的内容和价值。清朝对文化思想的控制十分严厉，发生了许多次文字狱，惩治极重，株连极广。文人士子，惴惴自危，只得埋首故纸堆中，使知识界思想麻木。

汉学的兴起　乾隆时，汉学兴起。这一学派以儒家经典作为主要的研究对象，考其真伪，正其讹误，辨其音读字义，校勘异同。乾嘉之际，汉学大盛，治经、考史、文字、声韵、天文、历算、地理、金石以及目录、校勘、辑佚、辨伪、版本等学蔚起，都取得了较高的成就。鸦片战争前夕，一个新的学派开始兴起，这就是清今文经学。

清前期的文化成就　清代在文学艺术方面取得新的成就，并开始接触西方科学技术，但远远落后于世界上的先进国家。

①文学艺术。清初出现了一批具有较强现实主义倾向的作家，如诗人屈大均、陈恭尹、顾炎武、归庄、钱澄之、杜岕。另外还有一些著名诗人，如钱谦益、吴伟业、王士禛和赵执信。词人有陈其年、纳兰性德、朱彝尊。散文家有侯方域、魏禧、汪琬等。清初的戏曲界，有洪昇的《长生殿》和孔尚任的《桃花扇》，堪称双璧。清代中期，著名诗人有沈德潜、袁枚、翁方纲等。文章则有方苞、刘大櫆、姚鼐的桐城派，对

后世影响甚大。清代文学成就最大的是小说。**蒲松龄**的《聊斋志异》借妖狐鬼魅，写世态人情，寓意深远。**吴敬梓**的《儒林外史》笔锋犀利，讽刺深刻。**曹雪芹**的《红楼梦》是中国最优秀的古典小说。清代的绘画也达到了很高的成就。清初四僧，即渐江、石谿、石涛、朱耷，笔意高远，画风苍劲。画坛正宗，推“四王吴恽”，即王时敏、王鉴、王翚、王原祁、吴历、恽寿平。清中叶，有扬州八怪**汪士慎**、**黄慎**、**金农**、高翔、李鱓、**郑燮**、李方膺、罗聘，师法自然，极富情趣。还有西方来中国的画家郎世宁，供奉内廷，创作了许多描写战功、朝会和人物的画幅。

②科学技术。清代，官方和学术界都不重视科学技术和生产技术，故这方面的成就不大，但在某些传统的科学技术领域中比前也有所进展。在历法方面，清初改用**利玛窦**、**汤若望**等编著的《时宪历》，吸取了西方的天文理论和计算方法。当时的天文学家、数学家王锡阐、梅文鼎等颇能中西兼采、潜心天算，做出一定的成绩。另一受西方影响较大的是地图测绘学。康熙、乾隆时，国家统一，版图巩固，始绘制全国和各地的地图，派人到各处实地测量。在器械方面，也引进了西方的制造技术。但中叶以后，国家承平，只强调刀矛骑射，不重视火器的改进。中国不乏聪明才智之士，能制造各种精巧的器具、机械，但被视为奇技淫巧，得不到提倡和推广。农业方面，清代有《授时通考》、《广群芳谱》、《补农书》等著作，详细论述了各种作物的栽种和农业生产技术。医药学方面，名医徐大椿、喻昌、柯琴等，对古代医学典籍的注释作出了贡献。叶天士、吴瑭等开创了温病学派。王清任、王维德在外科领域进行了一定的研究。建筑学方面取得了很高的成就，宫殿、园林、寺庙、宅宇、城垣的建筑，盛极一时。外国传教士蒋友仁、王致诚带来了西方的建筑技术，设计了圆明园内西洋楼、大水法等建筑群。

资产阶级改良主义思想的发生、发展　随着新经济、新阶级的出现以及国外科学、文化的传入，中国的知识界也发生急剧的变化。**魏源**提出“师夷长技以制夷”。此后，知识分子中要求学习外国、进行改革的思潮日益高涨。戊戌变法以前，早期的改良主义思想家有**薛福成**、**马建忠**、**王韬**、**容闳**、**郑观应**、何启等人。中日甲午战争后，列强瓜分中国的危机，使改良主义的思潮进一步高涨。资产阶级改良派发动了声势浩大的维新运动，其主要代表有**康有为**、**严复**、**谭嗣同**、**梁启超**等。这些思想家和他们的著述、译作在社会上发生很大的影响，形成一个解放思想的启蒙运动。

近代知识分子的出现和新学的传播　近代知识分子是在国家危亡的形势下产生的，具有强烈的爱国思想，又接受外国科学、文化的影响，活跃、开放、勤奋。但他们又和封建的传统儒学有血缘关系，头脑中的新思想和旧思想并存。他们和劳动群众缺乏联系，实践能力差，政治上不够成熟。随着近代知识分子的增长，西方的思想迅速传播，在思想文化的各个领域形成西学和中学、新学和旧学的尖锐对立。一批既有旧学根基又受西方影响的学者脱颖而出。**黄遵宪**等倡诗界革命，反对陈腐的同光体。以后又出现了宣传反清的爱国革命文学团体南社。清末的谴责小说风行一时，出现了李伯元、吴趼人、刘鹗、曾朴等作家。还有林纾、曾朴等致力于翻译外国小说，许多世界名作第一次被介绍到中国。

清的历史地位　清朝是中国最后一个封建帝制王朝。在它统治期间，中国从封建社会逐步走向半殖民地半封建社会。入关后，清政府致力于恢复生产，使社会经济逐渐恢复。到康雍乾统治时期，中国的封建经济高度繁荣，在政治上制定了各项典章制度，矛盾相对缓和，秩序比较稳定，国力臻于鼎盛。清朝前期总结了中国历史上统治的经验教训，决策施政，经过深思熟虑而审慎从事，威权专一，令出法随，取得了重大的治绩。清朝最突出的贡献是统一全国，增强了多民族大家庭的团结，

19世纪末帝国主义在华势力范围图

最后奠定了中国的版图。清朝政权是满汉统治阶级的联合专政，阶级压迫和民族压迫极为严重。在高度集权的统治下，清政府实行高压政策，滥施专制淫威。在对外政策方面，又自我孤立，虚骄自大，执行闭关政策，限制中国人和外国接触交往，对中国社会的发展带来非常不利的影响。清朝前期的治绩，十分突出，达到了中国历史上的又一个高峰。但如果同当时世界上一些先进国家比较，则政治、经济、文化成就可谓处于相对停滞状态。但中国却在天朝大国的迷梦中酣睡，不了解外部世界正在发生翻天覆地的变化。到了鸦片战争时，英国的大炮轰开了中国的门户，从此，中国从独立的封建社会逐步地变为半殖民地半封建社会。清朝政府曾企图振作自强，但它只能勉强地做些枝节的改变，而顽固地拒绝根本性的变革。在列强进一步侵略面前，使国家和民族处在帝国主义瓜分宰割的危机之中。20世纪初，全国掀起了资产阶级民主革命的巨大浪潮，在伟大的民主革命家孙中山的领导下，清朝政府终于被推翻，建立了共和国。清朝的覆灭虽然并没有解决中国的根本矛盾，但在中国大地上结束了2 000多年的封建专制帝制。

清初三大疑案 传说中国清朝入关初期宫廷里发生的太后下嫁、顺治出家和雍正窜改朱批夺取皇位的三件事。由于史料不足，史学界长期聚讼未决，诸说并存，因此，多年来被称为疑案。

太后下嫁，指顺治朝皇太后博尔济吉特氏下嫁给摄政王多尔衮。博尔济吉特氏史称孝庄文皇后，系**清太宗皇太极**妃。她一生扶立两代幼主（子顺治帝，孙康熙帝），影响朝政数十年。多尔衮是清太祖努尔哈赤第十四子，太宗时封和硕睿亲王。福临以冲龄即位后，多尔衮以摄政王辅政。太后下嫁多尔衮之说，清初即已流传，清末排满时重又复炽。20世纪30年代，明清史大师孟森著《太后下嫁考实》，力辨其无。但近代学者亦有持太后下嫁确是事实之说，迄今难以定论。

顺治出家，指顺治十七年（1660）八月，顺治帝福临宠爱的皇贵妃董鄂氏病逝，他十分悲痛，辍朝5日，并将她追封为皇后。传说半年之后，福临勘破红尘，于次年正月遁入五台山，削发为僧。民间流传此说甚广。民国初年，孟森撰写的《世祖出家事实考》一文考证详尽，认为福临死于痘疹，并没有出家。但对其中一些关节没有作出解释，因此仍是悬案。

雍正帝胤禛是否窜改朱批夺取帝位，从其嗣位时起民间就有种种传说。一说康熙帝临死前曾手书遗诏"皇位传十四子"，而胤禛在**隆科多**的帮助下，把"十"字改为"于"字，变成"皇位传于四子"，皇四子胤禛即登皇帝位；一说康熙帝临死前并没有立遗诏，而是隆科多要了手腕，将康熙帝死前宣召十四子（胤禵）改成宣召四子；还有说康熙帝本来就以四子胤禛为帝位继承人。孟森撰写《清世宗入承大统考实》一文，认为胤禛矫诏夺位实属事实；但不少学者持胤禛是合法嗣位之说。

《清词综》 中国清词总集。原名《国朝词综》。清王昶编。王昶字德甫，号述庵，又号兰泉。青浦（今属上海市）人。乾隆十九年（1754）进士，官至刑部右侍郎，著有《春融堂集》。《清词综》仿**朱彝尊**的《**词综**》体例，选录清初至乾隆朝词人735家的作品（末3卷有方外、妇女作品），共48卷。作者名下附小传，并辑有评语。书成于嘉庆七年（1802），有当时刊本。嘉庆八年，又续刻《国朝词综二集》，共8卷，录60余家词。王昶论词，以为"词实继古诗而作"，不宜说成"诗之余"，意在尊词体。但他以南宋词为宗，与"浙派"相近，所以此书所选词，以朱彝尊、**厉鹗**的作品为多，两人都独占一卷。此书保留乾隆以前的大批词作，是清词较早的重要选本。道光间，海盐黄燮清编《国朝词综续编》24卷，选录586家词，是接续此书的纂集。

清德宗载湉 Emperor Dezong of Qing Dynasty（1871-08-14～1908-11-14） 中国清代皇帝。爱新觉罗氏。名载湉。满族。道光帝第七子醇亲王奕譞之子。生于北京太平湖醇亲王府，卒于北京西苑南海。1875年1月，同治帝病故，无子。**慈禧太后**指定其入承大统，年仅四岁，由慈禧、慈安两太后"垂帘听政"，年号光绪。旋以内阁学士**翁同龢**、侍郎夏同善为师，于毓庆宫习读儒家经典、历代帝王治术等书，兼习满文、蒙古文和骑射。

慈禧太后命其每日向自己问安，时加"调护教诲"。1881年慈安太后病逝，1884年恭亲王奕訢被罢黜，慈禧太后大权独揽。1887年光绪帝"亲政"，慈禧太后以"训政"名义掌握清廷最高权力。至1889年始正式亲政，但一切用人行政皆仍出慈禧太后之手。1894年日本挑起**中日甲午战争**，光绪帝倾向主战。次年因战争失败，签订《**马关条约**》。于此前后，清廷内部帝党与以慈禧为代表的后党展开党争。帝党重要成员志锐、长麟、汪鸣銮、文廷式等先后被革逐。甲午战争后，民族危机日重，**康有为**等维新派多次上书，急呼变法，救亡图存。光绪帝先后阅读康有为多次上书及其所著《俄大帝彼得变政记》、《日本变政考》等，不甘为亡国之君。为刷新国内政治，御侮图强，1898年6月11日颁诏明定国是，推行一系列除旧布新变法措施：广开言路，准大小官员及民人上书言事；裁撤闲散衙门，裁汰冗员；设立农工商、铁路、矿务总局，鼓励私人创办实业、兴办铁路和矿业等；设邮局，撤驿站；改革财政，编制国家预算；奖励发明；裁减绿营冗兵，采新法练兵；废八股，改策论；创立新式学堂、学会、报馆等。朝野震骇。罢翁同龢官，命回原籍；召见重用康有为、**梁启超**；命**谭嗣同**、刘光第、林旭、杨锐为军机章京，参与新政；斥革御史文悌；谕责推行变法不力的两江总督刘坤一、两广总督谭钟麟；罢免阻挠新政的礼部六堂官怀塔布、许应骙等；将**李鸿章**等逐出总理衙门。引起慈禧太后及顽固派的不满。顽固守旧势力纷纷吁请慈禧太后训政，京津一带形势紧张。为防不测，光绪帝接受维新派建议，召见掌握新建陆军的**袁世凯**，授侍郎衔，命其"可与**荣禄**各办各事"。9月19日，慈禧太后突然回宫。21日，光绪帝被囚禁于南海瀛台（一度囚于颐和园玉澜堂），慈禧太后重新训政。1900年初，慈禧太后立端郡王载漪之子溥儁为大阿哥，谋行废立计划，旋因国内各政治势力及外国公使的反对而暂停。**义和团运动**中，光绪帝力主剿杀义和团，反对围攻外国使馆及对列强宣战。8月15日，**八国联军**攻入北京，随慈禧太后一起逃往西安。1902年1月，与慈禧太后等回銮北京。在清廷"新政"和"筹备立宪"期间，形同傀儡，毫无作为。先慈禧太后一日死于瀛台涵元殿。庙号德宗，谥号景皇帝。

清东陵 Eastern Mausoleums of Qing Dynasty 中国清代皇陵区。位于河北遵化昌瑞山南麓。清顺治十八年（1661）起在此建陵。因在易县**清西陵**之东，故称。有帝陵5座，为世祖顺治孝陵、圣祖康熙景陵、高宗乾隆裕陵、文宗咸丰定陵、穆宗同治惠陵。另有慈禧陵等后陵4座，以及妃园寝和王爷、皇太子、公主园寝等。1928年裕陵和慈禧陵地宫被军阀孙殿英盗掘一空，至1945年其他各陵也被盗掘。1961年国务院公布清东陵为全国重点文物保护单位。2000年作为明清皇家陵寝的一部分被列入《世界遗产名录》。

陵区占地约2 500平方千米。帝、后、妃陵寝以孝陵为中心，按顺序排列两旁。南面正门大红门是孝陵和整个陵区的门户。门前有石牌坊，门内有神道直通孝陵。从大红门顺神道往北，依次有孝陵圣德神功

清东陵鸟瞰

碑楼、18对石象生、龙凤门、神道桥、神道碑亭。神道后段分出通往景陵、裕陵和定陵的神道，唯惠陵无神道。各帝、后陵园形制基本相同：前面隆恩门内为隆恩殿和东西配殿，往后依次有三座门、二柱门和石五供，再后为明楼，最后是宝城、宝顶，宝顶下为地宫。其中慈禧陵的隆恩殿最为豪华，梁柱用黄花梨木，斗栱、梁枋、天花板上的彩绘和雕砖内壁全部贴金，殿内外64根柱上均有高浮雕金龙盘绕。裕陵地宫规模最大，进深54米，墓室四壁及顶部雕刻佛像和经文。

清高宗弘历 Emperor Gaozong of Qing Dynasty (1711-09-25～1799-02-07) 中国清朝皇帝。爱新觉罗氏。名弘历。号长春居士、信天主人，晚年号古稀天子、十全老人。满族。生于北京，卒于北京。清世宗胤禛

郎世宁绘《乾隆皇帝大阅铠甲骑马像》

第四子。雍正十一年(1733)，封和硕宝亲王，十三年八月即帝位，年号乾隆，习称乾隆帝。在位60年。嘉庆元年(1796)，传位第十五子颙琰（嘉庆），自为太上皇帝，仍掌军国大政，直至去世，实际统治63年，是中国历史上掌权时间最长的皇帝。

高宗在位期间，多次用兵统一疆土，使统一的多民族国家得到巩固发展。即位之初，以号称知兵的张广泗经略苗疆，镇压苗民起义。乾隆十八年(1753)，杜尔伯特部内附。十九年，阿睦尔撒纳又率部众内附。高宗亲自接见，详询准噶尔内部情况，决定于第二年春天两路出兵伊犁。二十年，准噶尔部败于清军。不久，归降清廷的阿睦尔撒纳又聚众叛乱，高宗随即派军征讨，准部割据势力乃告平定。二十二年至二十四年，平定了南疆大小和卓之乱。随即设置伊犁将军，统辖全疆军政，建立起军府统治。下置参赞大臣，分统天山南北路。于南疆各城置办事大臣或领队大臣，管理一城之事。并垦荒屯田，移民入疆，陆续建置州县以管民事。明代以后长期割据之地，从此牢牢置于中央政府直接管辖之下。清初以后，西藏政局经常动荡不定，变乱时有发生。乾隆五十三年，廓尔喀（今尼泊尔）入侵西藏。五十六年复派兵入侵。乃授福康安为将军，率兵入藏将其击退。次年颁布《钦定西藏章程》，集民政、财政、军政、外交大权于驻藏大臣之手。同时规定金瓶掣签之制，大活佛之继承也处于清政府监督之下。从此西藏政局方趋稳定，而中央对西藏之政令也得以贯彻执行。对云南、贵州、广西、四川、湖南、湖北各土司统治地区，高宗继续推行改土归流政策。经过两次金川之役，川西南地区也实行改土归流。

高宗在位时期，西方殖民势力对中国不断进行试探，北方沙皇俄国也虎视眈眈。出于自卫需要，高宗采取限制贸易，减少接触政策。只留广州一口通商外，其他海口一律禁止贸易。高宗拒绝英国马戛尔尼使团来华提出的各项有损中国主权之要求。对沙俄也坚持原定条约之规定，多次断绝恰克图贸易以抑制其非法行动。严格限制对外交往的政策，在国力强盛时虽可保全于一时，但却使中国更加昧于世界大势，远离世界之潮流，日渐落后。

高宗十分重视文化事业，以国家财力纂修书籍甚多。乾隆三十八年开馆编纂《四库全书》，是中国最大的丛书。武英殿所刻书籍甚多，且刻印精美，又用木活字印书，称为“聚珍版”，刊布流传。他又喜爱书法字画、铭器古砚，内府所藏珍贵字画、古器、书籍甚富，于古代珍贵文物之保存颇有贡献。但高宗又迭兴文字狱，常以莫须有之罪名加之于人，使人们的思想受到钳制，并且刑戮甚酷。

高宗一生，武功显赫，自诩为十全武功。他巡游无度，土木繁兴，耗费大量人力财力。官吏又借机肥私，大大加重人民负担。中期任用于敏中，官吏贪污之风渐炽。晚年又宠信和珅，吏治更趋败坏，大贪污案层出不穷，屡诛不止。加之土地高度集中，人口增殖过快，阶级矛盾日渐尖锐。民间流传的带有浓厚政治色彩的秘密宗教迅速发展，最后终于爆发了长达九年的川楚白莲教起义。嘉庆四年正月，高宗卒。他一生诗文之作甚多，有《乐善堂诗文全集》等。

清法 clearing method 中医临床运用寒凉性质的药物治疗里热证的治法。又称清热法。属治疗八法之一。具有清热泻火、凉血解毒的作用。清法适用于外感热邪入里；或其他外邪如风、寒、湿邪入里化热；或七情过激，气机失调，郁而化火；或痰湿瘀血，饮食积滞，积蓄化热；或阴液不足，阴虚阳亢等所致的里热证。虽然不同的里热证的临床表现不尽相同，但都常见发热、口渴、面红目赤、烦躁不宁、小便短赤、大便干燥、舌红苔黄而干燥、脉数等症状。

清法在临床上的具体运用需根据热邪在气、在血（气分热证、血分热证），脏腑热盛以及实热、虚热的不同，分为清气分热、清热凉血、清热解毒、清脏腑热、清退虚热和清暑等治法。

运用清法时需注意：①阴寒内盛，格阳于外的真寒假热证忌用。②使用寒凉药应避免用药过量，以免损伤脾胃之气或损伤人体阳气。③素体阳虚患者慎用。

清格尔泰 Čenggeltei (1924-06～) 中国蒙古族语言学家。生于内蒙古昭乌达盟喀喇沁中旗（今赤峰市）宁城县。20世纪40年代初留学日本，1946年回国，曾任内蒙古自治区蒙文研究会副主任，文字改革委员会副主任，语文工作委员会代主任，内蒙古大学副校长兼蒙古语文研究所所长，中国语言学会、中国民族语言学会、中国蒙古语文学会副会长，中国民族研究会常务理事，国务院学位委员会学科评议组成员等职，是第四至第七届全国人民代表大会代表，第五届全国人大民族委员会委员，第六、第七届全国人大常务委员会委员、民族委员会委员。任国际蒙古学协会（乌兰巴托）副主席、匈牙利东方学会名誉会员。1949年所著《蒙文文法》是中国第一本用现代语言学方法系统介绍现代蒙古语的语法书，曾被译成英文在美国出版。50年代，参加和组织领导中国蒙古语族语言和蒙古语方言的调查研究，著有《中国蒙古语族语言及其方言概述》。在1979年出版的《现代蒙语语法》中，清格尔泰提出了一系列新见解。在此书基础上，1992年编著了《蒙古语语法》。70年代开始主持契丹文研究小

组，于1985年出版了《契丹小字研究》。此书资料丰富，并在方法、观点上有许多创新，引起学术界广泛关注，得到有关部门的高度评价。1996年著《语言文字论集》一书，回顾自己从事教学科研工作50年的历程，从理论上总结了丰富的民族语文工作和语言学研究的经验。清格尔泰在满-通古斯语族研究方面也发表了不少论著。他的学术著作多次获得全国高等院校和省、部级优秀成果奖。1999年9月，应聘担任日本东京外国语大学亚非语言文化研究所客座教授，著有《契丹小字释读问题》一书。

清宫菜 imperial meals of Qing Dynasty 中国清代皇宫内由御膳房制作的专供皇帝、后妃们食用的菜肴。以满族食风为主，包括江南、山东和四川风味。制作精致，色形美观，擅长熘、炒、蒸、炸，以清、鲜、酥、嫩著称。国家第一历史档案管保存的御膳档案记载有自乾隆至宣统，近200年间7位皇帝每日进膳所点菜点的名称，所用家具、餐具及做菜厨师姓名等，记载菜名近万种。清宫菜的特点是：①选料考究。所用米、面、肉、蔬、瓜果、禽鱼、山珍海味，多为各地精选的贡品。②名厨精心烹制。分工细，制作精。许多御厨终其一生只负责一种或数种菜点的制作。③配料严格，不得任意搭配。④讲究原汁本味。⑤菜名朴素直观。清宫菜得以流传下来，首先得力于原清宫御膳房中的几位老御厨：孙绍然、王玉山、赵永寿、牛文质、温宝田等。清亡后，他们于1925年在北海公园内开设了仿膳斋（仿膳饭庄的前身）。

清华大学 Tsinghua University 中国以理工科为主的综合性大学。属教育部。校址在北京。1911年创办，名为清华学堂，1912年更名为清华学校，1925年设立大学部，1928年更名为国立清华大学。1937年抗日战争全面爆发后南迁，与北京大学、南开大学组成长沙临时大学。1938年再迁昆明，改国立西南联合大学。抗战胜利后，1946年迁回北京清华园复校，设文、理、法、工、农5个学院26个系。1952年全国院系调整，划出文、理、法、农4个学院，成为一所多科性工业大学。1978年以来，陆续增设文科、理科、经济管理、医学等学科，1999年中央工艺美术学院并入成为清华大学美术学院。2006年，中国协和医科大学更名为“北京协和医学院（清华大学医学部）”，接受教育部、卫生部双重领导。至2006年，设建筑、土木水利、机械工程、航天航空、信息科学技术、理学、医学、经济管理、人文社会科学、法学、美术、公共管理、新闻与传播13个学院54个系。有培养学士、硕士和博士的教学体系。有国家重点实验室十余个。

清华大学曾是由美国“退还”的部分

清华大学二校门

“庚子赔款”建立的留美预备学校，其初期发展虽然渗透着西方文化的影响，但学校植根于中华民族优秀文化的沃土，形成了自己优良的传统和精神。“中西兼容、文理渗透、古今贯通”的治学思想，“自强不息、厚德载物”的校训，“行胜于言”的校风，“爱国奉献、追求卓越”的清华精神，一代代得以传承。培养出一大批中华民族引以为自豪的治学大师、兴业英才和治国栋梁。他们中有竺可桢、高士其、姜立夫、段学复、张子高、杨石先、叶企孙、周培源、钱三强、王淦昌、邓稼先、梁思成、杨廷宝、钱伟长、吴仲华、洪深、曹禺、金岳霖、王力、陈岱孙、钱钟书、费孝通、吴晗、闻一多、周光召、林宗棠等。另外，马寅初、陈寅恪、熊庆来、华罗庚、茅以升、吴有训、钱学森、张光斗等是清华的进修生和资助生。美籍学者杨振宁、李政道、林家翘是清华校友。他们中的许多人曾在清华任教。朱镕基、胡锦涛分别是1951届和1965届毕业生。

“清华大学”(新竹) “Tsinghua University” (Xinzhu) 中国台湾地区以理工科为主的大学。位于台湾新竹。1955年筹建“清华大学”原子科学研究所。1956年招收首届原子科学研究生。1963年增设数学研究所。1964年设大学部（本科教育）。现设理学、工学、原子科学、人文社会学、生命科学、电机资讯等学院含近20个学系及通识教育中心、师资培育中心等。建有纳米工程与微系统、台湾文学、分子与细胞生物、分子医学、生物资讯与结构生物、生物科技等20多个研究所。

清教 Puritanism 基督教新教派别之一。16世纪出现于英国。该派要求以加尔文学说为依据改革英国国教会，承认《圣经》为唯一权威，反对国王和主教的专制。主张清除国教会所保留的天主教旧制度，简化仪式，提倡过勤俭清洁的生活，故名。后又分为长老派与独立派。清教徒在英国国内遭受迫害时期曾大量逃亡到北美建立殖民地。

清洁汽车 clean automobile 尾气排放指标优于现行排放法规，并能达到下一阶段排放法规要求的汽车。包括低排放的燃气汽车、电动汽车、混合动力汽车以及通过采用多种技术手段大大降低排放污染的燃油和其他燃料汽车。意大利、荷兰、俄罗斯、澳大利亚等几十个国家和地区一直重视燃气汽车的发展。进入21世纪，中国、土耳其、巴西等国燃气汽车的发展也十分迅速。电动汽车能满足零排放标准要求。具有噪声低、能源多样性等优点。但现有的电池能量密度低，电池组重量过重，车辆续行驶里程过短，电池循环使用寿命及可靠性较差，严重影响电动汽车的实际使用和商品化。混合动力汽车将先进的发动机、电机、能量储存装置、电控系统结合起来，综合发动机驱动和电力系统驱动的优点，克服了电动汽车动力电池续驶里程短等方面的难题，在提供与传统的燃油发动机几乎同样的动力性的同时，使燃油经济性得到很大改善，有害排放接近零排放的水平。燃料电池汽车是一个直接把化学能转化为电能的化学装置。所用的燃料电池有质子交换膜燃料电池、磷酸燃料电池、碱性燃料电池、熔态碳酸盐燃料电池、固态氧化物燃料电池等，可用的燃料种类有氢、甲烷、丙烷、甲醇、一氧化碳等。尽管目前燃料电池的价格远不能为人们所接受，但其近乎完美的工作原理、优良的能量效率和环保性能，具有极强的吸引力。

清洁生产 clean production 使用清洁的能源和原料，采用先进的工艺技术和设备，改善管理、综合利用等措施，从源头削减污染，提高资源利用效率，减少或者避免生产、服务和产品使用过程中污染物的产生和排放，以减轻或者消除对人类健康和环境的危害的生产方式和过程。

清洁生产是20世纪90年代以来，在可持续发展思想指导下，产生和发展起来的一种环境战略措施。清洁生产最本质的要素是污染预防，即将环境保护贯穿渗透到生产发展等活动过程中，充分有效地利用资源能源，提高生态效率，最大可能地从各种活动过程的源头避免或减少废物或污染物的产生。

清津 Ch’ŏngjin 朝鲜东北海岸最大港口城市，钢城，咸镜北道首府。位于输城川河口，东临日本海镜城湾。面积5 000平方千米，人口约70万。海拔693米。市区中心地势较高，向外逐渐降低。冬寒夏热，平均年降水量600毫米左右。多雾，日照少。水力资源丰富。山林覆盖率80%以上。受对马暖流影响为不冻港。湾内潮差小，有群山蔽护，并建有防波堤。原为渔村。“津”朝语即码头，加之附近海水清澈而得名。1908年辟为贸易港。1960年富宁郡和罗南市并入，市域扩大。曾两次定为直辖市。1985年废除，编入咸镜北道。利用附近的煤、铁等资源，建有钢铁联合企业，其产量占全国的1/4以上，成为朝鲜重要的钢铁工业基地。还有化纤、造船、铁道、矿山机械和橡胶等工业。以清津为中心同罗先、阿吾地、茂山、会宁等组成东部综合性工业区。城郊农业以蔬菜为主。渔业及水产加工业发达。朝鲜东岸的重要国际贸易港。分别建有渔港(东)和贸易港(西)。设有工业、矿冶、农业、医学和师范等大学以及水产研究所等。

清酒 saké 以精白米为原料，用日本独特方式酿造的酒。又称日本酒。酒度在15%(体积分数)以上，色泽淡黄，清亮透明，具有独特的香和味。成品酒按糖度可分为甜型和干型；按酒精度、浸出物含量、感官特性等质量指标可分为特级、一级和二级酒；按酿造方法可分为吟酿造酒、纯米酿造酒、本酿造酒、普通酿造酒、增酿造酒等。

清酒的酿造方法几经变迁，至15～16世纪已接近现代的方法。随着日本人民饮酒习惯的变化，清酒消费量的增长趋缓。为推进传统酒种的发展，在生产技术方面已不断改进，如开发贵酿酒、高酸味清酒、红酒、发泡清酒、纯生清酒、低度清酒、利口清酒等新产品等。

日本清酒年出口量400万千克。美国、巴西建有清酒厂。中国天津、河南南阳、上海、长春、山东等地有清酒生产。

清利湿热 clearing heat and eliminating dampness 中医临床清法与祛湿法配合治疗湿热病证的治法。湿热病证多由感受湿热之邪，或饮食不节、过食肥甘等酿成湿热，或湿郁化热等因素所致。

临床使用清利湿热法需根据湿热侵袭人体部位、脏腑及不同的临床表现选用不同的方药。若湿热蕴蒸肝胆、肝失疏泄、胆汁外溢，证见身面俱黄、黄色鲜明，宜清热利湿退黄，方用茵陈蒿汤；湿温初起、阻遏气机，证见头痛、恶寒、身重疼痛、胸闷不饥、午后身热，宜清热利湿、宣畅气机，方用三仁汤；湿热伤于肠胃，证见泄泻腹痛、泻下急迫或泻而不爽，粪色黄褐而臭或下痢赤白，宜清利湿热止泻，方用葛根芩连汤；湿热蓄于膀胱，证见尿频涩痛、淋沥不畅甚或癃闭不通、小腹胀满，宜清热泻火、利水通淋，方用八正散；湿热痹阻经络、骨节疼痛，宜清热利湿、宣通经络，方用宣痹汤。

临床使用注意湿热伤阴，宜酌加养阴药。湿热病证需辨别湿热的偏重是湿重于热或热重于湿或湿热并重而分别施治。

清凉峰自然保护区 Qingliangfeng Nature Reserve 中国中亚热带常绿阔叶林和珍稀动植物自然保护区。1979年建立。位于安徽省东南部，介于歙县、绩溪县和浙江临安市之间。面积4 000公顷。属中亚热带湿润季风气候，温暖多雨，自然生态系统较完整，野生动植物资源丰富集中。高等植物有1 316种（种子植物1 216种，蕨类植物100种），其中木本植物有517种。陆生动物已发现有263种，其中兽类32种，鸟类79种，爬行类14种，两栖类12种，昆虫类126种。被列为保护对象的植物有银杏、金钱松、南方红豆杉、香果树、华东黄杉、南方铁杉、安徽槭等20种。动物有梅花鹿、黑麂、金钱豹、猕猴、白颈长尾雉、红嘴相思鸟、穿山甲、大鲵等29种。

清凉峰风光

清迈 Chiang Mai; Chiengmai 泰国北部地区经济、文化和旅游中心，清迈府首府。面积17.5平方千米，人口约16.77万。地处湄南河主要支流宾河上游谷地的冲积平原，土地肥沃。冬暖夏凉，气候宜人，是泰国著名的疗养地。市内花卉艳丽，素有“北国玫瑰城”之雅称。建于1286年。1796年为兰那王朝都城。此后，城市不断发展，1935年设市。手工艺驰名全国，盛产绸伞、银器、漆器、柚木雕刻和陶瓷等，被誉为泰国“手工艺之家”。银器制作集中在城南银匠街，城东多绸伞制造业。市郊汕甘碧镇更是手工艺的荟萃之地。工业有柚木加工和锯木等。有铁路通曼谷。市区位于宾河东西两岸，西岸为旧城，东岸为新城。市内多庙宇。市郊的素贴山，是全国闻名的风景区和佛教圣地，位于山腰的双龙寺建于1383年，山顶有用黄金铸成的佛龛。市郊有栽培300种兰花的兰圃，驰名东南亚。建有农艺学院、清迈大学等高等院校。每年4月13～16日为泼水节，吸引众多国内外游客。

清明节 Pure Brightness Festival; Tomb-Sweeping Festival 中国传统民俗节日。又称踏青节。节期在农历三月（公历4月5日前后）。清明为二十四节气之一。《淮南子·天文训》中已有关于“清明”的记载。约在唐代，清明前一二日的寒食（见寒食节）融入清明。唐宋时期逐渐形成清明扫墓、插柳、植树、踏青、斗草、打秋千、放风筝、游乐等习俗，清明成为节日。后世一直盛行。流行于全国各地。

《清明上河图》 *Along the River During Pure Brightness Festival* 中国北宋风俗画作品。作者张择端。绢本，淡设色，纵24.8厘米，横528.7厘米，故宫博物院藏。一般认为《清明上河图》是描绘北宋京城汴梁及汴河两岸清明时节的风光。开卷处画汴京近郊，疏林薄雾，农舍田畴，渐次柳树成丛，嫩绿新发，行人往来，其中有踏青扫墓归来的轿乘队伍和长途跋涉的行旅。中段写汴河，巨大的漕船，或停泊于码头，或往来于河心，一片繁忙景象。汴河上有一座规模宏敞的横跨拱桥，宛如飞虹。桥的两端紧连着街市，车马行人，南来北往。一艘巨大的漕船，正在放倒桅杆，准备过桥。后段写市区街道，以高大雄伟的城楼为中心，两边街道纵横，房屋鳞次栉比，有茶坊、酒肆、脚店、肉铺、寺观、公廨等。各类商店经营着罗锦布匹、沉檀香料、香烛纸马等。另有医药门诊、大车修理、看相算命、修面整容等，各行各业应有尽有。街市上行人摩肩接踵，各个

《清明上河图》(局部，故宫博物院藏)

阶层人物无所不备。

《清明上河图》写实性很强，时代气息浓厚。画面细节刻画真实，如桥梁的结构，车马的样式，人物的衣冠服饰，各业人员的不同活动等，描画具体入微，生动丰富，其反映社会生活和物质文明的广阔性与多样性，有着文字难以替代的文献史料价值，是了解12世纪初中国中原城市生活极其重要的形象资料。在表现手法上，采用了传统的手卷形式，全图以不断移动视点的办法，即“散点透视法”来摄取所需的景象。繁而不乱，长而不冗，段落分明，结构严谨。画中人物不仅衣着不同，神情气质也各异，而且穿插安排着各种活动，其间充满着戏剧性的情节冲突，其笔墨技巧，兼工带写，线条遒劲老辣，与一般的界画大不相同。此图曾经被北宋、金、元、明、清内府和许多私人收藏过，是一幅流传有序的名迹。

清末留学运动 Oversea Study Movement during Late Qing Dynasty 从19世纪70年代起，中国清政府因办洋务的需要，开始成批派遣学生出国留学；到20世纪初，因推行“新政”而派遣得更多；同时，广大知识分子为了寻求救国救民的真理，纷纷争取到国外学习，从而形成留学热潮。1870年（同治九年），根据容闳的建议，曾国藩、李鸿章联名上奏，请求选派学童去美国留学。经过短期筹备，从1872～1875年（同治十一年至光绪元年），每年派遣30名学童（年龄规定为12～16岁，个别年仅10岁）。计划学习15年，“学习军政、船政、步算、制造诸学”。到1881年，清政府决定裁撤留美，下令留美学生全部撤回。只有詹天佑等二人完成学业，获得学士学位。不久，洋务派又向欧洲派遣留学生。1873年，福建船政大臣沈葆桢奏准选派船政学堂学生分赴英法学习造船、驾驶。他们回国后，成为中国造船工业、海军建设等方面的重要骨干，著名人物有严复、刘步蟾、林泰曾、叶祖珪、萨镇冰等。

甲午战败，日本政府为缓和对立情绪邀请中国派遣学生留日。1896年起，清政府开始派遣留日学生。从1901年起，清政府为推行“新政”，大力提倡青年学生出国留学，在中日两国朝野的鼓动下，一时留日学生势如潮涌，留学人数逐年上升。留日学生既有官费生，又有自费生，程度参差，到日本后绝大多数就读于中等专业学校及大学速成科，学习期限从三个月到七八年不等。学文科的占绝大多数。法政、军事尤为留日学习的热门。1905年孙中山领导的中国同盟会在东京成立，参加者90%以上是留日学生。他们归国后，在辛亥革命的整个历史过程中起了十分重要的作用，涌现出黄兴、宋教仁、邹容、陈天华、秋瑾、陶成章、林觉民、方声洞、胡汉民、居正、焦达峰、陈其美、朱执信、廖仲恺、鲁迅、陈独秀等一大批著名的革命家和政治家。广大留日学生的革命化，使清政府从1906年起对赴日留学采取了许多限制办法。同时，因反对日本取缔中国留学生规则和参加革命，留日学生纷纷回国。1907年以后，留日学生人数逐年下降。赴日留学转入低潮后留学欧美再度兴起。特别是美国于1908年将部分庚子赔款用于向美国派遣留学生，使留美热日炽。欧美留学生以学习理工为主。新疆因与俄国接壤，除派遣满蒙学生留俄外，还派遣了少量学童，专学俄罗斯语言文字。

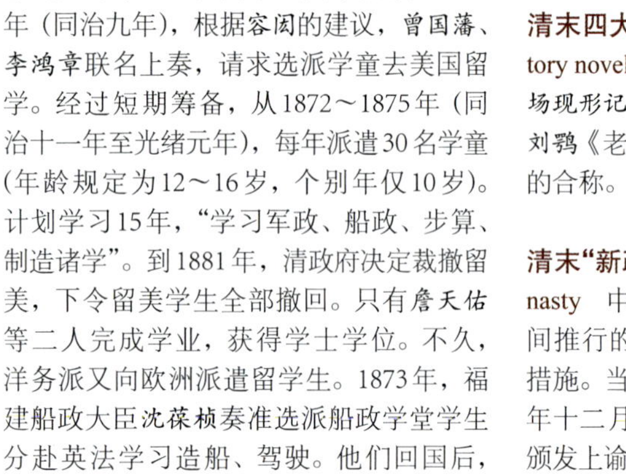

1872年第一批30名学童赴美时留影

清末四大谴责小说 four main condemnatory novels of Late Qing Dynasty 李宝嘉《官场现形记》、吴沃尧《二十年目睹之怪现状》、刘鹗《老残游记》、曾朴《孽海花》4部小说的合称。

清末“新政” New Politics of Late Qing Dynasty 中国清朝政府在义和团运动后十年间推行的一系列政治、经济、文化、军事措施。当时习惯称为“新政”。光绪二十六年十二月初十（1901年1月29日），清政府颁发上谕，命各省督抚及政府大员议奏，“举凡朝章国政、吏治民生、学校科举、军制、财政，当兴当革当省当并，如何而国势始兴，如何而人才始盛，如何而度支始裕，如何而武备始精”。4月21日，又命成立督办政务处，作为推动“新政”的专门机构。以后陆续颁布各种章程命令推行“新政”，直至清政府灭亡。

编练“新军” 新军是相对于清朝旧有军队（八旗、绿营）而言。1894年冬，清政府命胡燏芬在直隶（约今河北）马厂编练“定武军”，后转驻小站。次年由袁世凯接办，改称“新建陆军”。同时，张之洞在湖北编练“自强军”。1901年以后，“练兵”成为清末“新政”的主要内容。当年下谕停止武科科举考试，命各省编练“常备军”。1903年，清政府设总理练兵处，各省设督练公所。1905年，将“常备军”改称“陆军”，统一全国番号。

筹饷 《辛丑条约》后，清政府财政收支入不敷出的状况日益严重，因此，将“筹饷”与“练兵”同作为“新政”的核心任务。内容包括：增加税种，提高税率，将各地库存以及各项“陋规”收归清朝中央政府；允许地方官自筹税收。

废科举、办学堂、奖游学 1901年9月14日，命令将各省书院中属省城者改为大学堂，属各府者改为中学堂。1905年9月2日，命令自明年起停止一切科举考试，结束了中国延续1 000余年的科举取士制度（见科举制）。初步建立起近代教育体制。另外，1901年9月11日，命各省选派留学生出国，并准许自费留学，以后陆续颁布有关游学及奖励章程。

改革官制 清政府为了提高中央至地方的行政效率，对原有机构进行了一些改变、裁减和合并。如撤销原总理各国事务衙门，改设外务部，班列六部之首。巡警部改民政部，户部改度支部，兵部改陆军部（将练兵处、太仆寺并入），刑部改法部，大理寺改大理院，工部、商部改并为农工商部，设邮传部，理藩院改理藩部；太常寺、光禄寺、鸿胪寺并入礼部。三十三年，将盛京将军改为东三省总督，设奉天、吉林、黑龙江三省巡抚。命各省将按察使改为提法使，增设巡警道、劝业道，留兵备处，设审判厅。

振兴商务、奖励实业 1904年，公布《商律》(部分)、《公司律》、《商会简明章程》，并先在京师设立商会。1905年，颁布一系列奖励实业的章程。三十三年，设立邮传部交通银行，三十四年公布《大清银行则例》，将原户部银行改为大清银行，并先后对著名工商界人士给以名位荣誉。

清末“新政”是清政府在义和团运动后为维护其封建统治，迫于国内外形势而采取的措施。其中一些措施在客观上对传播文化和民主革命思想，对发展工商业起了一定作用。

清穆宗载淳 Emperor Muzong of Qing Dynasty (1856-04-27～1875-01-12) 中国清朝皇帝。爱新觉罗氏。名载淳。满族。文宗奕詝长子。咸丰十一年(1861)6岁即帝位，由肃顺等顾命八大臣辅佐，定年号祺祥。同年九月其生母慈禧太后、恭亲王奕䜣等发动政变后，改年号为同治。即位后由生母慈禧太后掌

权。在位期间依靠湘军、淮军，并借助外国军队平定太平军、捻军、回民和苗民起义，并在洋务派主持下推行自强、求富的新政，创办工矿企业；接见西方使节，维持中外和好局面，使清廷危机略为缓和，被旧史家称为同治中兴。

同治十三年十二月卒，葬惠陵。庙号穆宗，谥号毅皇帝。

《清平山堂话本》 中国小说家话本集。明代洪楩编印。原名《六十家小说》，分为《雨窗》、《长灯》、《随航》、《欹枕》、《解闲》和《醒梦》6集，每集分上下卷，各收话本5篇，共有60篇。大约刻印于嘉靖二十年至三十年间。现存《雨窗》、《欹枕》两集的残本，仅12篇；日本内阁文库藏残本3册，书名不详，存15篇；共27篇，影印本合为一书，题作《清平山堂话本》。书中多宋元旧作，也有明人作品，当属小说家的话本，有些只是说话人抄录的资料，作为提纲式的说话底本。原文结构笨拙，语气质朴，都还显出宋元旧作的风味。此书脱文误字较多，但保存了话本的原貌，是刻印较早的小说话本集，为研究中国小说史的重要资料。通行有文学古籍刊行社影印本和谭正璧1957年校注本。

清热剂 heat-clearing formula 中医用以治疗里热证的方剂。以清热、泻火、凉血、解毒以及清退虚热等为主要作用，体现中医治法中的清法。

分类 ①清气分热剂。适用于热在气分，热盛津伤证。症见发热，不恶寒反恶热，汗多，渴喜饮冷，尿赤，舌红苔黄，脉数有力；或热病后气分余热未清，气津耗伤所致身热多汗，心胸烦闷，口干舌红等；或气分邪热郁扰胸膈所致身热，虚烦不眠，舌苔薄黄腻等。常用辛甘大寒的石膏与苦寒质润的知母、甘淡而寒的竹叶，或苦寒除烦的栀子与辛凉宣散的豆豉等为主组成方剂。代表方如白虎汤、竹叶石膏汤、栀子豉汤等。②清营凉血剂。适用于邪热传营或热入血分之证。邪热传营见有身热夜甚，心烦不寐或时有谵语，斑疹隐隐，舌绛而干等；热入血分则见出血，发斑，神昏谵语或如狂，舌绛起刺等。常用水牛角、生地等清营凉血药为主组成方剂。代表方如清营汤、犀角地黄汤等。③清热解毒剂。适用于温疫、温毒、火毒及疮疡疔毒等病证。火毒充斥三焦，症见烦热、错语、吐衄、发斑及外科的热毒痈疡等；热聚胸膈，上中二焦邪热炽盛，可见身热面赤、胸膈烦热、口舌生疮、便秘溲赤等症。风热疫毒上攻头面，气血壅滞，症见头面红肿热痛、咽喉肿痛、舌苔黄燥等。临床常以黄芩、黄连、连翘、金银花、蒲公英、大青叶等清热泻火解毒药为主组方。代表方如黄连解毒汤、凉膈散、普济消毒饮、仙方活命饮等。④气血两清剂。适用于温疫热毒充斥内外，气血两燔证。临床表现既有大热烦渴为主的气分热盛，又有吐血、衄血、发斑为主的血热妄行，还有神昏谵语的热毒扰神。常以清热解毒药黄连、黄芩、栀子与清气分药石膏、知母及清营凉血药水牛角、生地等综合配伍，代表方如清瘟败毒饮。⑤清脏腑热剂。适用于邪热偏盛于某一脏腑所产生的火热证。代表方如导赤散、龙胆泻肝汤、泻白散、清胃散、芍药汤、白头翁汤等。⑥清虚热剂。适用于热病后期之邪热未尽而留伏阴分、阴液已伤所致的暮热早凉、舌红少苔；或由肝肾阴虚、虚火内扰，以致骨蒸潮热或久热不退的虚热证；或阴虚火扰的发热盗汗等。常以滋阴清热的鳖甲、知母、生地与清透伏热的青蒿、秦艽、银柴胡等配合组方。代表方如青蒿鳖甲汤、清骨散、当归六黄汤等。

使用注意事项 清热剂一般在表证已解，里热正盛，尚未结实时使用。使用时注意护胃、保津。清热药一般具有苦寒之性，有伤阳之弊，故用量不宜过大、服药时间不宜过长，必要时可配醒脾和胃、护阴生津之品。此外，对于热盛而拒药不纳者，可稍加温热药（反佐药）或采用凉药热服法。

清热解毒 clearing heat and removing toxicity 中医临床运用有寒凉解毒作用的药物治疗各种热毒病证的治法。属治疗八法中的清法之一。适用于：①瘟疫，如大头瘟、烂喉痧、疫痢、白喉、麻疹等。②高热、烦躁、吐血、衄血、斑疹等火热毒盛之证。③外科疮疡、痈疽、疖疔、丹毒、肠痈、肺痈等属热盛者。常用的清热解毒药物有黄连、黄芩、黄柏、银花、连翘、板蓝根、玄参、蒲公英、紫花地丁、野菊花、败酱草、土茯苓、半边莲、蚤休等。常用的方剂有黄连解毒汤、普济消毒饮、仙方活命饮、五味消毒饮。

临床上需注意：①寒性痈疽忌用。②脾胃素虚、气血不足、阴液亏虚者慎用，必要时须与补气养血、滋阴、健脾等法配合使用。

清热凉血 clearing heat and cooling blood 中医临床运用清热药与凉血、散血药配伍以治疗气血两燔证的治法。属治疗八法中的清法之一，又称气血两清法，适用于一切热疫之证，临床上表现为大热烦躁，头痛如劈，渴喜冷饮，谵妄不安，骨节疼痛，或发斑，吐衄，尿血，舌绛唇焦、苔黄燥或焦黑，脉沉而数或浮大而数。常用清热药有石膏、连翘、栀子、黄芩、黄连、知母、竹叶等；凉血、散血药有水牛角、生地黄、丹皮、赤芍、玄参等。常用方剂有清瘟败毒散、化斑汤等。

运用此法时应注意：①热盛于气分而未入营血者不宜用，以免引邪深入。②邪初入营分而未动血者，应清营透热，使营分邪热转出气分而解，不宜早用凉血、散血法。

清仁宗颙琰 Emperor Renzong of Qing Dynasty（1760-11-13～1820-09-02） 中国清朝皇帝。爱新觉罗氏。名颙琰。满族。高宗弘历第15子。1796～1820年在位，年号嘉庆。即位初政事仍由乾隆帝主持。嘉庆四年（1799）亲政后，诛杀权臣和珅，力图整顿财政，未见成效。时吏治腐败，武备废弛，各地起义接连不断，其中规模较大的有乾隆六十年至嘉庆元年（1795～1796）湘黔苗民起义，嘉庆元年至九年（1796～1804）川、楚、陕等五省白莲教起义，东南有蔡牵、朱濆起义于海上，嘉庆十八年山东、河南天理教起义。教众曾攻入宫城。时官场腐败，贪污成风，黄河连年决口，漕、盐之弊积重难返，经费支绌，清政权日趋衰落。二十五年暴卒于热河避暑山庄。葬易县昌陵。庙号仁宗。谥号睿皇帝。

清商曲 qingshang tune 中国乐府曲调名。"清商"之名起源于三国魏的"清商三调"。西晋灭亡时其音分散，直到宋武帝灭后秦，才重新入南朝。由于时代的变化，这些汉魏以来的旧曲，已日益衰微零落。北魏孝文帝、宣武帝攻克南朝寿春等地，收其声伎，所得乐曲既包括汉魏旧曲，也包括东晋南朝流行于长江下游的"吴声歌"和流行于荆襄等地的"西曲歌"，总称之为清商乐。隋文帝平陈，得其乐曲，视为"华夏正声"，称为"清乐"。宋郭茂倩编《乐府诗集》，把东晋南朝以来流行的"吴声"和"西曲"统名之曰《清商曲辞》，以别于汉魏旧曲《相和歌辞》。《清商曲辞》中保存了不少东晋南朝民歌，但也杂有不少文人拟作，二者不太容易区别。

清商乐舞 qingshang music and dance 中国古代宫廷乐舞。曹魏至李唐时期直接采自民间，属中原传统乐舞体系清商乐。简称清商、清乐。清商乐舞委丽柔曼、飘逸婉约，"犹有古士君子之遗风"，被指为华夏正声。较早用"清商"为乐舞类名的见于张衡的《西京赋》。清商乐盛行于曹魏，置清商署。西晋武帝也好清商乐，保留了清商署女乐机构。永嘉之乱（307～312）后，清商署乐工舞人大部流散，清商乐得以四方传播。传入凉州的清商乐与龟兹乐结合成为西凉乐；

传至南方的清商乐极大地影响当地的民间歌舞，促进了"西曲"、"吴歌"的发展。清商乐的内容相当丰富，有乐曲、歌曲、舞曲。从汉魏六朝到初唐，清商乐舞历代都有新作。隋七部乐、九部乐中设"清乐"，唐九部乐、十部乐中设"清商乐"。唐武太后时清商乐舞虽然衰落，但犹存63部，如《白纻》、《前溪》、《铎舞》、《巴俞》、《公莫舞》、《明之君》、《乌夜啼》等记录在册。

清少纳言 Sei Shōnagon (966? ～1021–1028?) 日本平安时代中期作家，随笔文学的创始人。出身于歌人辈出的清原世家。真名不详。正历四年 (993) 进宫，任一条天皇皇后（定子）的宫中女官。清少纳言就是她在宫中任职时的称呼，清字取其姓，少纳言大概是她的职称。由于她才思敏捷，能作和歌又熟知汉文，因而深得皇后宠信。长保二年 (1000)，皇后定子病故后，离宫归里，晚年出家。

代表作《枕草子》是日本第一部随笔作品集。书名系后人所加。草子是册子的音变，枕草子即枕边的册子，有备忘录之意（一说是枕词的集成)。根据作品的内容判断，执笔始于在宫中供职之时，长德元年 (995) 已有部分形成并开始流传，后不断续写，大约于宽弘末年 (1012) 完成。全书共有300余段，从内容上可以分为：①列举山川草木、四季虫鸟等自然中优美有趣的景象以及评论有关人的行为和情感的类聚部分；②描述以皇后定子为中心的优雅豪华的后宫生活的日记部分；③记录作者所见所闻、所思所感的随想部分。文笔简洁，风格明快，表现出作者对人事的观察细微敏锐又不失幽默风趣。对当时及后世日本文学的发展影响巨大。中国已有全译本出版。

还有和歌集《清少纳言集》传世。

清圣训 Quotations from Qing Dynasty Emperors 中国清代皇帝谕旨汇编。自康熙起，各朝皇帝继位后均令词臣将前朝皇帝的谕旨编纂成书，以使后代恪守祖训，也便于查考。到光绪时，共编有10部，通称十朝圣训。分别为：《太祖高皇帝圣训》、《太宗文皇帝圣训》、《世祖章皇帝圣训》、《圣祖仁皇帝圣训》、《世宗宪皇帝圣训》、《高宗纯皇帝圣训》、《仁宗睿皇帝圣训》、《宣宗成皇帝圣训》、《文宗显皇帝圣训》、《穆宗毅皇帝圣训》。十朝圣训均有清内务府刊本传世，原本现存**中国第一历史档案馆**。圣训的编排是按门类选择谕旨，各门类内再按成文时间顺序排列。无目录，凭类目查找。

清圣祖玄烨 Emperor Shengzu of Qing Dynasty (1654-05-04～1722-11-13) 中国清朝皇帝。爱新觉罗氏。名玄烨。满族。顺治帝福临第三子。母佟佳氏，汉军都统佟图赖之女。生于景仁宫，卒于畅春园。顺治十八年 (1661)，世祖福临去世，玄烨以8岁孩稚继承皇位。改次年为康熙元年 (1662)。习称康熙帝。二年二月，生母去世，由祖母博尔济特氏（孝庄文皇后）抚育。他自幼苦读，好学不倦，身体强健，骑射娴熟。14岁亲政，在位61年，一生勤奋治国，是清代颇有作为的皇帝，也是中国历史上一位杰出的封建君主。

福临临终时，遗命内大臣索尼、苏克萨哈、遏必隆、鳌拜4人为辅政大臣，代理国政。在此期间，逐渐形成鳌拜专权跋扈，欺凌幼主，结党擅权的局面。六年，玄烨"躬亲大政"，八年五月，清除鳌拜及其同党，开始掌握实权。玄烨亲政后，先后平定三藩，统一台湾，并粉碎了西北厄鲁特蒙古准噶尔部上层分子的分裂阴谋，基本上实现了国家的统一。康熙十二年，玄烨下令撤藩。十一月，**吴三桂**举兵反，尚之信（可喜子)、耿精忠起兵响应。在历时8年的平乱战争中，玄烨表现出卓越的政治军事才能。二十年，**三藩之乱**平定。二十二年清军水师攻占澎湖，台湾郑氏向清军投降。又在台湾设置一府三县，隶福建省，使台湾重新统一于中央政府的管辖之下。康熙二十七年，厄鲁特蒙古准噶尔部首领噶尔丹直抵距北京350千米的乌兰布通。玄烨于二十九年、三十五年、三十六年，三次亲征，三十六年噶尔丹败死。玄烨为加强对外蒙古地区的管理，沿袭了太宗皇太极以来的盟旗制度，以密切与蒙古领主贵族的关系。康熙三十年，玄烨与喀尔喀蒙古诸部举行**多伦会盟**，以加强北部边防。玄烨也十分注意西藏、青海问题。五十二年，他册封班禅呼图克图为班禅额尔德尼。五十七年，以皇十四子胤禵为抚远大将军，进藏击败入侵西藏的准噶尔部首领**策妄阿拉布坦**，使西藏暂时得到安定。

玄烨十分注意恢复和发展生产，与民休养生息。下令停止清初圈地弊政。为招徕垦荒，修订顺治年间的垦荒定例。又规定地方官能招徕垦荒者升，否则罢黜。实行更名田，将明藩王土地给与原种之人，改为民户，承为世业，使耕种藩田的农民成为自耕农。实行蠲免政策，五十一年二月，宣布滋生人丁永不加赋，将全国人丁税固定下来，减轻了农民负担。玄烨十分重视对黄河的治理，将三藩、河务、**漕运**列为三大要务。经过几十年的努力，全国垦田面积大大增加，人口迅速增长，出现了所谓的"康乾盛世"。

玄烨对汉族官吏、名士及一般士子，分别采取不同措施，罗致了封建统治所需要的人才。为了安抚汉官，玄烨一再声称"满汉皆朕之臣子"，"满汉一体"，谕令"满汉官员职掌相同，品级有异，应行画一"。十六年，设置**南书房**，命**翰林院**、詹事府、国子监官员轮流入值，以笼络汉官。十七年，命开"博学鸿儒科"，以网罗负有盛名的硕彦鸿儒，入史馆纂修明史。又吸收大量学者编纂各种图书。著名的有中国最大的一部类书《**古今图书集成**》。玄烨对程朱理学尤其用力提倡，特别尊崇**朱熹**，在他的奖励提拔下，大批信奉程朱的"理学名臣"如**李光地**、魏裔介、熊赐履、**汤斌**、张伯行等都受到重用。这些措施起到了收揽汉官和汉族士子人心的作用，扩大了满汉地主阶级的统治基础。清代严酷的**文字狱**也是从康熙朝开始的。康熙一朝大小文字狱不下10余次，其中牵连较广的大案有庄廷《明史》案、戴名世《南山集》案。

其时，沙俄派遣哥萨克远征军侵扰黑龙江流域已达数十年。康熙二十四年至二十六年，玄烨组织了两次收复**雅克萨之战**。此后，两国通过平等谈判，于二十八年（1689）正式签订了中俄《**尼布楚条约**》，从法律上确定了中俄东段边界，这是中国和西方国家签订的第一个条约。玄烨命在黑龙江重要处所建城驻兵，设置驿站，制定巡边制度，有力保障了东北边境的安宁。

玄烨自5岁开始读书，一生学习勤奋。举凡史乘、诸子百家、律吕、数理、佛教经论、道书，无不涉猎。亲政后，提倡文学，优容文人。对西方自然科学也有极浓厚的兴趣，耶稣会传教士**南怀仁**、**白晋**、**张诚**、安多等人应召为玄烨讲解自然科学。对数学特别爱好，对西方医学也感到很大的兴趣。玄烨一生勤于政务，也能倾听臣下意见，鼓励各官大胆直言。注重实务，宽于御下。宫中用度也力崇俭约。晚年，诸皇子争夺储位的斗争愈演愈烈，以至于为储位之事杀戮大臣，吏治趋于废弛。康熙帝时期，中国成为疆域辽阔、统一繁盛的国家，封建的经济文化得到发展，伸向中国的西方早期殖民势力受到遏制，开始了封建社会新的相对稳定时期。玄烨的诗文，辑为御制诗文4集。

《清诗别裁集》 中国清代诗歌总集。原名《国朝诗别裁集》。**沈德潜**编选。原选本36卷，入选996人，3952首诗。始选于乾隆十九年 (1754)，二十二年完成，二十四年初刻，二十五年重新修订。二十六年增订本刻成，同年十二月乾隆帝命南书房删改重镌为32卷，将**钱谦益**、**吴伟业**、龚鼎孳等人的诗删去。书前有《例言》，作者名下有小传，诗后有评语。香奁诗、遗老诗一般不选。以乾隆二十五年36卷本较完备。此本选有少数揭露统治阶级内部矛盾、批评明末弊政、哀恸民间疾苦的作品，相对缺少暴露康、雍、乾时期社会矛盾之作。此集在一定程度上反映了清初到乾隆的诗歌面貌。有中华书局1975年影印乾隆二十五年36卷本等。

《清史稿》 *Draft of Qing Dynasty* 记载中国清朝史事的纪传体史书。赵尔巽主编。共529卷（原本为536卷）。计本纪25卷，共12帝；志135卷，共16类，其中《交通志》、《邦交志》为前史所无；表53卷，共10类；传316卷，《畴人》、《藩部》、《属国》三传为新创。1914年，民国特设清史馆编修该书，至1927年基本完成。先后参与其事的有百余人。以当时可见的史料为基础，按传统史书体裁，详细叙述了清代的人物、史事及典章制度，是一部较为详备的大型清史著作。但同时又是一部存在众多谬误和缺陷的史书。编纂者多系清朝遗老，顽固站在清朝统治者的立场上，对其统治大加褒扬，而对反清人物、史事如辛亥革命，则一概加以贬斥；编纂者来不及直接利用清宫中的大量档案，致使此书价值有所降低；此书未经复审核定便仓促成书，史实、人物、时间、地点多有错漏，列传疏漏尤多。由于付印时只为初稿，又称未定稿，加之差谬时见，因此未能作为正史得到当时官方的承认。中华民国时曾列为禁书。

《清史稿》在版本上有“关内本”及“关外本”之分。1976年中华书局校点本以“关外二次本”为底本出版。

清世宗胤禛 Emperor Shizong of Qing Dynasty (1678-12-13～1735-10-08) 中国清朝皇帝。爱新觉罗氏。名胤禛。满族。清圣祖玄烨第四子。康熙六十一年(1722)即位。

年号雍正，习称雍正帝。在位13年，庙号世宗。康熙末年，同其他皇子争为储君。圣祖死后，他在步军统领隆科多帮助下继承帝位。世传他夺了抚远大将军胤禵的帝位，尚无定论。

他在政治上采取多种措施以巩固自己的皇位。首先是消除异己，分化瓦解诸皇子集团。又创立秘密立储制度。雍正元年(1723)，施行耗羡归公和养廉银的措施，以此限制、减少官员的贪赃舞弊和横征暴敛。二年，决定对贪官污吏即行抄家追赃，对民间拖欠，命在短期内分年带征。三年，世宗以作威作福、结党营私之名，责令抚远大将军年羹尧自尽，同时削隆科多太保，后圈禁致死。七年，发生曾静遣其徒张熙策动川陕总督岳钟琪谋反的投书案，牵连到已故理学家吕留良，世宗遂大兴文字狱，以作为控制思想、打击政敌、提高自己权威的手段。同年，为适应西北用兵之需，始设军机房，选亲重大臣协办军务。还命督抚布按等地方大员密折奏事，以加强皇帝对地方行政的控制。

在经济上采取措施发展生产。雍正二年，开始实行摊丁入地的赋役制度，限制绅衿特权，鼓励垦荒，兴修水利，强调粮食生产，反对种植经济作物，并反对开矿和发展手工业。与此同时，实行社会改革。雍正元年，下令消除各类贱籍。后来浙江绍兴惰民、安徽徽州伴当、宁国世仆、广东蜑户、江苏常熟丐户相继开豁为良，从而打击了残存的蓄奴制度。雍正四年，根据云贵总督鄂尔泰的建议，大规模地推行改土归流政策。五年，同俄国订立了《布连斯奇条约》和《恰克图条约》，在划定中俄边界及处理两国通商问题等方面，维护了国家主权。雍正十三年，世宗卒。清世宗勤于政务，大力清除康熙统治后期的各种积弊，取得一定成效，但他统治严酷，猜忌多疑，刻薄寡恩，故后世颇有争议。

清世祖福临 Emperor Shizu of Qing Dynasty (1638-03-15～1661-02-05) 中国清朝入主中原以后的第一代皇帝。爱新觉罗氏。名福临。满族。皇太极第九子。6岁即位，年号顺治，习称顺治帝。即位之初，由郑亲王济尔哈朗、睿亲王多尔衮辅政。迁都北京后，多尔衮独揽大权，总理国政。顺治七年十二月多尔衮卒，八年正月顺治帝亲政。二月，以谋逆罪削多尔衮爵，籍没家产，平毁墓葬。颇信用汉官，提升汉官地位。编制《赋役全书》，除前明苛政。惩治贪污，赃10两即重处。继续进行统一全国的战争，十年，任洪承畴为五省经略，主持西南军事，十五年，命吴三桂等进军云、贵，逼南明永历帝逃往缅甸。复在东南对郑成功用兵，郑成功弃福建进据台湾。清政府基本统一了大陆地区。与天主教传教士汤若望接触频繁，颇受其影响。十四年以后又崇信佛教，尊高僧玉林琇等为师，自称弟子，取法名行痴，号痴道人。十七年，宠妃董鄂氏病逝，痛不欲生，决心削发出家，几经劝阻乃止。次年正月病卒。葬遵化孝陵。庙号世祖，谥号章皇帝。

清太宗皇太极 Emperor Taizong of Qing Dynasty (1592-11-28～1643-09-21) 中国清朝的创建者。爱新觉罗氏。满族。努尔哈赤第八子，在位17年。天命十一年（明天启六年，1626）在沈阳即后金汗位。次年改元天聪。十年四月改元崇德，改国号大清，正式称帝。

皇太极即位之初，实际上是同代善、阿敏、莽古尔泰三大贝勒“按月分值”政务。

权力分散，事事掣肘，徒有“一汗虚名”。为了加强中央集权，皇太极将阿敏终生幽禁。五年，革去莽古尔泰大贝勒衔。六年，皇太极废除了与三大贝勒俱南面坐、共理政务的旧制，取得了汗的独尊地位。同时，仿照明制，逐步建立和完善国家统治机构，以取代八旗制度所行使的国家权力。建立由满汉知识分子组成的文馆以助其推行汉化。又设立六部，分掌国家行政事务。十年，又将文馆扩充为内三院，负责撰拟诏令、编纂史书、颁布制度等。稍后，又建立了都察院，改蒙古衙门为理藩院。皇太极通过这套政权机构，把权力集中到自己手中。

在经济上，使大量汉族奴隶取得了民户地位，成为后金政权下的个体农民。皇太极注意体恤民力，凡有妨农务的工程，一律不复兴筑，使百姓能“专勤南亩，以重本务”。经过几年的努力，农业有了较大发展，社会矛盾得到缓和。

天聪元年一月，皇太极不宣而战，进入朝鲜，迫使朝鲜签订《江都和约》。崇德元年（1636），皇太极又亲率大军入侵朝鲜，国王李倧投降，称臣纳贡，允诺与明代断绝往来，并将王子送沈阳为人质。对蒙古，首先争取受察哈尔林丹汗欺凌的科尔沁、喀喇沁等部的归附。天聪九年，命多尔衮等渡黄河西进，至托里图，俘获了林丹汗子额哲及其部众，统一漠南蒙古。并用联姻、赏赐、封王封爵等手段，赢得了蒙古诸部的支持和效忠。

皇太极对汉族地主知识分子和明代降官降将采取招降收买政策，量才录用，赐以庄田、奴仆、马匹，并委以官职。逐步建立蒙古八旗和汉军八旗，大大增强了军事力量。天聪十年四月，皇太极在沈阳称帝，从此全力以赴地对明代发动进攻，连年发兵入关。自崇德五年三月起，发动了锦州战役。皇太极亲临前线指挥作战，大败明军。七年二月，松山城陷，洪承畴被俘，祖大寿在锦州投降。至此，明廷在关外仅剩宁远一孤城。崇德八年，皇太极在宫中猝然病死，葬沈阳昭陵。庙号太宗，谥号文皇帝。

清太祖努尔哈赤 Emperor Taizu of Qing Dynasty (1559～1626) 中国大金（后金）的创建者，清朝奠基人。爱新觉罗氏。满族。庙号太祖。早年投到明辽东总兵李成梁部下，屡立战功。他勤奋好学，粗通汉文，受汉文化的影响很深。努尔哈赤的先祖许

多人受明代册封，担任指挥使等官职。他的祖父觉昌安为建州左卫都指挥，父亲塔克世为建州左卫指挥。但被明军误杀。后努尔哈赤袭父职回建州，任建州左卫指挥。于是他打起为祖、父报仇的旗号，以“遗甲十三副”起兵，开始了统一女真各部的事业。经多次征战，很快成为女真诸部中最强大的力量，他推行远交近攻之术，一方面拉拢蒙古，团结朝鲜，与明廷仍然保持臣属关系，以取得明廷的信任；另一方面对邻近的女真各部，采取恩威并行，顺者以德服，逆者以兵临的武力统一办法。这些措施推动和加速了女真各部统一的进程。万历十一年（1583），努尔哈赤首先控制整个苏克素护部。然后用30多年的时间，东伐西讨，南征北战，统一了建州女真和海西女真的全部，以及“野人”女真的大部，从而结束了自元明以来女真社会长期分裂和动乱不安的局面。

万历二十七年，他命额尔德尼和噶盖以蒙古文字母与女真语音创制满文，称为老满文，作为本民族文字开始应用推广。四十三年，又在原有女真狩猎的“牛录”组织的基础上，建立**八旗制度**，成为兵民合一的社会组织形式。接着又置理政听讼大臣、扎尔固齐，与八旗旗主共同佐理政务。万历四十四年，努尔哈赤在赫图阿拉称汗，建立大金（史称后金），改元天命，三年，努尔哈赤誓师统兵攻陷明抚顺、清河等地，后金由防御转入进攻，从此改变了辽东的形势。六年二月，率领大军相继攻占沈阳、辽阳等70余城，辽河以东尽为后金所有。于是，由萨尔浒城（今辽宁新宾西）迁都辽阳，后又迁至沈阳。努尔哈赤进入辽沈地区以后，实行计丁授田，使原来的汉族农民沦为农奴，又下令实行编丁立庄，把汉民编入汗、贝勒的庄中，使汉人遭到更残酷的剥削。天命十一年正月，努尔哈赤统率大军进攻宁远（今辽宁兴城），被宁远守将**袁崇焕**击败，损失惨重。这是努尔哈赤对明战争以来第一次遭受挫败，他满怀愤恨返回沈阳。七月身患毒疽，八月病死。葬沈阳福陵，初谥武皇帝，后谥高皇帝。

《清文汇》 *General Collection of Qing Dynasty Proses* 中国清代散文总集。原名《国朝文汇》。近人沈粹芬、黄人、王文濡等辑刊。此书分甲前集20卷，甲集60卷，乙集70卷，丙集30卷，丁集20卷。甲前集收遗民文作者107家；甲集收顺治、康熙、雍正三朝文，乙集收乾隆、嘉庆两朝文，两集作者951家；丙集收道光、咸丰两朝文，丁集收同治、光绪两朝文，两集作者298家。共收录作者1 356家，文章共万余篇。自明末清初的**顾炎武**、**黄宗羲**、陆世仪、孙奇逢诸家始，至近代的**章炳麟**、**严复**、**康有为**、**梁启超**诸家。选文“不名一家，不拘一格”，以求齐备整朝不同流派的代表作为宗旨。作者名下，附字号、爵里、著作的简注。辑刊始于光绪三十四年（1908），完成于宣统元年（1909），上海国学扶轮社刊印。

清文宗奕詝 Emperor Wenzong of Qing Dynasty (1831-07-17～1861-08) 中国清朝皇帝。爱新觉罗氏。名奕詝。满族。宣宗旻宁第四子。道光三十年（1850）即位，年号咸丰。时政治腐朽，内忧外患交困。1853年**太平天国**定都南京，出师北伐，直逼京师。清廷集八旗、**绿营兵**主力及**湘军**与太平军作战，对外则妥协投降。1856年**第二次鸦片战争**爆发。1858年英法联军攻占大沽炮台后，咸丰帝派桂良、花沙纳与英、法、俄、美分别签订《天津条约》。1860年英法联军攻入北京，咸丰帝逃往热河承德，命弟奕訢留京求和，同英、法分别签订《**北京条约**》。第二次鸦片战争中又被迫签订丧失大片领土的中俄《**瑷珲条约**》和中俄《北京条约》。1861年病死于热河行宫。葬遵化定陵，庙号文宗，谥号显皇帝。

清西陵 Western Mausoleums of Qing Dynasty 中国清代皇陵区。位于河北易县城西的永宁山下。清入关后所建二陵中，此陵位西，故称。始建于雍正八年（1730）。有帝陵4座，为世宗雍正泰陵、仁宗嘉庆昌陵、宣宗道光慕陵、德宗光绪崇陵。另有后陵2座，后妃合葬墓1座，以及妃园寝和王爷、公主园寝等。1938年，崇陵和崇妃园寝被盗。1961年国务院公布清西陵为全国重点文物保护单位。2000年作为明清皇家陵寝的一部分被列入《世界遗产名录》。

泰陵全景

陵区面积225平方千米。以并列的泰陵和昌陵为中心，西有慕陵，东有崇陵，布局不如**清东陵**整齐集中。陵区最南端有大红门，是泰陵和整个西陵的门户。门前有3座石牌坊、五孔石桥和下马碑。门内东侧有具服殿。泰陵和昌陵神道建制相同，自门内开始各自分开。神道上往北依次有圣德神功碑亭、七孔桥（桥北神道两侧立石望柱1对、石象生5对）、龙凤门、三路三孔桥、神道碑亭、下马碑和神厨库。慕陵和崇陵没有圣德神功碑亭和石象生。各陵陵寝建制基本相同，隆恩门内有隆恩殿及东西配殿，殿后有三座门、二柱门、石祭台，后面为方城、月牙城和宝城。方城上建明楼，宝城下为地宫。慕陵无明楼和方城等。

清宣宗旻宁 Emperor Xuanzong of Qing Dynasty (1782-09-16～1850-02-25) 中国清代皇帝。爱新觉罗氏。名旻宁，原名绵宁。满族。清朝唯一一位以嫡长子的身份即位的皇帝。1820年，嘉庆皇帝病死，旻宁即位，年号道光。一生比较朴素节俭，然昧于形势，暗于知人，又优柔寡断，是一个平庸之人，所以导致清朝国势更加衰弱。在位期间曾支持**林则徐**禁烟，之后**鸦片战争**爆发，由于道光帝不能知人善任、缺乏准备，以及武器装备相对比较落后等原因，清朝战败于英国。道光帝罢免林则徐，并与英人求和，签订近代第一个不平等条约《**南京条约**》，割让香港，开放五口通商。自始，开启中国五千年未遇之大变。在位30年，终年69岁，葬易县慕陵。庙号宣宗，谥号成皇帝。

清远市 Qingyuan City 中国广东省辖地级市。位于省境西部，北江中下游。辖清城区和清新县、佛冈县、阳山县、连山壮族瑶族自治县、连南瑶族自治县，代管**英德市**、**连州市**。面积19 015平方千米。人口370万（2010）。南朝梁置清远郡，隋废郡置县。1988年撤县置清远市。喀斯特地貌发育。属亚热带季风气候。年平均气温21.4℃，平均年降水量2 215.7毫米，是广东最大的暴雨中心之一。盛产水稻、甘蔗、花生、蚕桑、茶叶、黄麻等。特产麻黄鸡、乌棕鹅、笔架茶、源潭红烟和清远笋等。为广东著名“三鸟”(鸡、鹅、鸭)之乡。矿产有硫铁矿、煤、金、钨、铅、锌、钾长石、石灰岩等。工业有陶瓷、建材、电力、汽车、食品、水泥、木材加工等。名胜古迹有飞来峡、飞来寺、英西峰林走廊、宝晶宫、阳山石坑崆、湟川三峡、银盏温泉等。

清真菜 cuisine of Muslim 既体现伊斯兰教习俗，又具有中国饮食风格的菜肴的统称。又称回族菜。在中国，人们在习惯上又常常把主要居住在新疆的几个少数民族的风味菜肴划出来，称为新疆菜，而特指回族菜肴为清真菜。

清真菜的历史可追溯到唐初。当时与海外特别是西域各国通商活动频繁，不少阿拉伯商人通过丝绸之路（陆路）和香料之路（水路）来到中国，也带来了穆斯林独特的饮食习俗和饮食禁忌。以后，又有一部分人迁往华北、江南、西南等地。随着中国穆斯林人数增多，专供穆斯林食用的菜肴、食品便迅速发展起来。同时，因其菜肴风味独特，也广泛受到非穆斯林群众的欢迎。最早详细记载回族菜肴的书籍，是约成书于元代的《居家必用事类全集》。当时的回族菜，还较多地保留着西域阿拉伯国家菜肴的特色。元代忽思慧著的《饮膳正要》，也记载了不少回族菜肴，其中多羊馔。明代记载回族菜肴的书籍有《事物绀珠》等。至明末清初，“清真”一词为社会广泛使用，而清真菜之名也才取代了回族菜肴的旧名称。清真菜不仅流行于回汉杂居的民间，而且进入了清代宫廷。

清真菜最突出的特点在于饮食禁忌比较严格，其饮食习俗来源于伊斯兰教教规。伊斯兰教认为，人们的日常饮食不仅为了养身，还要利于养性，因而主张吃佳美、合法的食物。此外，无鳞鱼和凶狠食肉、性情暴躁的动物也不能吃，如鹰、虎、豹、狼等。清真菜选料主要取材于牛、羊两大类，特别擅长烹制羊肉菜肴。

清真菜的烹调技法，早先以炮、烤、涮为主，较多地保留着游牧民族的饮食习俗。后烹饪技法由简到繁、由少到多，日臻完善，炒、熘、爆、扒、烩、烧、煎、炸无所不精，形成了独具一格的清真菜体系。口味偏重咸鲜，汁浓味厚，肥而不腻，嫩而不膻。由于地区不同，清真菜又有西北地区、华北地区、西南地区等不同的流派。清真菜宴席也极有特色，大体可分为燕菜席、鱼翅席、鸭果席、便果席和便席5类。具有繁简兼收，雅俗共赏，高中低档咸备，色、香、味、形俱佳的特点。此外，清真小吃名目繁多，用料广泛，应时当令，丰富多彩。

清真寺 mosque; Masjid 穆斯林主要的宗教与社会活动场所。音译“麦斯吉德”，意为“聚会礼拜之地”。一译礼拜寺。在中国，又称礼拜堂、正教寺、回回寺等。麦加禁寺、麦地那先知寺和耶路撒冷阿克萨清真寺为各国穆斯林的朝觐圣地。明中叶以后，中国穆斯林正式以清真寺称呼礼拜之地，建筑形式一般采用四合院式、宫殿式，也有尖塔圆顶式，主要由大殿、宣礼楼、望月楼、经堂、浴室等组成。

清真言 al-Kalīmah al-Ṭayyibah 伊斯兰教义学用语。阿拉伯语“凯利迈·泰伊拜”意译，即“美好的语言”。穆斯林五功之一，即对信仰的表白。清真言是：“万物非主，唯有安拉，穆罕默德是主的使者。”中国通用汉语的穆斯林常用清真一词说明伊斯兰教的基本信仰，故称此语为清真言。穆斯林均经常诵念，尤其是面临艰险或在临终时，更是诵念不已。如自己不能诵念时则由家人或请阿訇在耳旁代诵提示。穆斯林生育婴儿也请阿訇向婴儿诵念清真言并起经名。归信伊斯兰教者，必须首先朗诵清真言和“作证词”。中国伊斯兰学者刘智《天方典礼·谛言篇》称谛言。

《清真指南》 *Islamic Guidebook* 中国伊斯兰教著作。作者马注。康熙二十二年(1683)成书。全书约20万字，10卷。作者自述，有感于“正教久湮”，“儒习罔闻”，“异端左道，眩惑人心”，故而“领诲明师，或见或闻”，著录以“晰诸教异同之理，阐幽明死生之说，上穷造化，中尽修身，末言后世”，意在阐扬正教，驳斥异端，启发人心，希望博得统治者青睐，提高伊斯兰教的社会地位。书中以论述、推理、答问等方式，分门别类阐发教义要旨，修道原理及敬慎修身等现实问题，并经作者一生的修订增补。刊行前后，该书为各地穆斯林辗转传抄，捐资翻刻，流行较广的有成都刊本和广州刊本。后常被选为经堂教育课本，对中国穆斯林有较大影响。

清镇市 Qingzhen City 中国贵州省辖县级市。位于省境中部，乌江上游南岸。面积1 492平方千米，人口47万(2010)，有汉、苗、布依、彝、仡佬、土家等民族。古为夜郎地。唐属清州。清康熙二十六年(1687)

清镇市平坝县红枫湖风景区

置清镇县。1992年撤县建市。由贵阳市代管。属北亚热带湿润性季风型气候。气候温和，降水充沛，山区气候特色明显。矿产资源有铝土矿、铁、硫铁矿、磷、煤、硅石、大理石等。农业主产水稻、玉米、小麦和油菜子、烤烟、蔬菜、水果、茶叶等和生漆、油桐。工业以电力、化工、化肥、化纤、纺织、印染、建材、铁合金等为主。名胜古迹有红枫湖国家风景名胜区、百花湖、东风湖和青梯塔古迹等。

清政府统一台湾 Qing Government Unifying Taiwan 中国清代康熙年间发生的一次重大政治事件。康熙初年，全国大规模的抗清斗争已经基本结束，唯郑成功子郑经占据台湾，仍奉明正朔。康熙六年(1667)，清政府曾有统一台湾之议，因条件尚未成熟，而暂时作罢。对台湾的郑氏政权及其部属仍采取招抚政策，同时厉行海禁，切断郑氏和内地的联系。十三年，郑经乘三藩叛乱之机，联合耿精忠出兵福建，占据泉州、漳州及广东的潮州、惠州等地。耿精忠降清后，在清军压力下，郑经退回台湾。二十一年正月，郑经病死，郑克塽继立。这时，历时八年之久的三藩之乱已被平定，清政府以形势有利，决定统一台湾，任命内大臣施琅为福建水师提督，赴福建筹备一切事宜。

二十二年六月，施琅经过充分准备，统率清军水师2万多人，大小战船200余只，由铜山起锚，向澎湖进发。郑军守将刘国轩仓促应战。经过激烈战斗，郑军溃败，损失战船200余艘、将士1.2万多人，刘国轩逃回台湾。郑克塽得知澎湖失守消息后，极为震恐，施琅派人前来招抚，郑克塽遣郑平英等人赴闽谈判，因为双方对归降条款多有分歧，谈判中辍。康熙帝为了消除郑氏集团的顾虑，表示只要归降，从前抗违之罪尽行赦免。七月，郑克塽派人到澎湖会见施琅，请缴册印，奉表归降。八月，施琅率领清军抵达台湾。清政府决定设置台湾府，隶福建。于台湾置总兵一员，澎湖设副将一员，领兵镇守。台湾至此统一于清朝中央政府的管辖之下。

《清忠谱》 中国明末清初剧作家李玉的传奇代表作。写明代天启年间阉党魏忠贤等迫害东林党人的残酷史实。天启六年(1626)三月，魏忠贤派厂卫缇骑到苏州逮捕东林党人周顺昌时，市民颜佩韦等聚众万余人请愿，要求释放周顺昌，掀起了一场轰轰烈烈的市民暴动。事后，为首的颜佩韦、杨念如、马杰、沈扬、周文元五人被杀，周顺昌也被暗害于狱中。魏忠贤被黜后，苏州人民感五人之义，毁魏忠贤生祠，就地建五人墓以为纪念。剧作成功地塑造了颜佩韦等“五人义”的市民形象，并在舞台上展示了市民暴动的壮烈景象。

蜻蜓 Anisoptera; dragonfly 蜻蜓目差翅亚目昆虫的俗称。

蜻蜓目 Odonata 昆虫纲的一目。大、中型有翅昆虫。全世界分布，尤以热带地区为多。已知约5 000种，中国有400余种。

体长20～150毫米。体色多艳丽。头大且转动灵活。触角短小，刚毛状，3～7节。复眼发达，占头部的大部分，单眼3个。口器咀嚼式。上颚发达。前胸较细如颈。中、后胸合并，称合胸。两对翅膜质透明，翅多横脉，翅前缘近翅顶处常有翅痣。腹部细长，雄性交合器生在腹部第2、3节腹面。雄性在性成熟时，把精液藏入交合器中。交配时，雄虫用腹部末端的肛附器“捉住”雌虫头顶或前胸背板，雄前雌后，一起飞行。有时雌虫把腹部弯向下前方，将腹部后方的生殖孔紧贴到雄虫的交合器上，进行受精。许多蜻蜓没有产卵器。它们在池塘上方盘旋，或沿小溪往返飞行，在飞行中将卵撒落水中；有的种类贴近水面飞行，用尾“点水”，将卵产到水里。半变态。绝大多数稚虫水生，许多蜻蜓年生一代，有的种类要经过3～5年才完成一代。稚虫靠吃水中小动物长大。它们有的栖在水底，有的附着在水体上层的水草上，后者能以蚊虫的孑孓为食。成虫在飞行中捕捉大小适宜的昆虫为食。蜻蜓多在开阔地的上空飞翔，黄昏时出来捕食蚊类、小型蛾类、叶蝉等，是重要的益虫。

蜻蜓

蜻蜓目下分3亚目。①均翅亚目。昆虫色常艳丽，俗称豆娘。分2总科8科。前后翅的形状和脉序相似，翅基狭窄形成翅柄。休息时一般四翅竖立体背。稚虫体细长，腹末有3个尾鳃。②间翅亚目。因昆虫的特征介于均翅亚目与差翅亚目之间而得名。翅基部不呈柄状，后翅大于前翅。只有2种，一种产于喜马拉雅山南侧，一种产于日本，是古老类群的孑遗后代，有“活化石”之称。③差翅亚目。此亚目昆虫俗称蜻蜓。包括2总科5科，蜓科和蜻科常见。广布中国各地。后翅基部比前翅基部稍大，翅脉也稍有不同。休息时四翅展开，平放于两侧。稚虫短粗，具直肠鳃，无尾鳃。

鲭鲨 Lamniformes; mackerel sharks 软骨鱼纲鼠鲨目动物的统称。又称鼠鲨。

情报 information 被传递的知识或事实。情报一词在中国有着悠久的历史，又是一个发展中的概念。在不同的历史时期，其含义和社会功能有所不同。在古代，情报首先产生于时间性和决策性较强的军事领域。构成情报的两个基本条件是“情”与“报”，即重要情况、消息的报道与交流。到了近代，随着现代科学技术的迅速发展，新知识大量涌现，使创造与传播知识的工作进入了新的发展时期。人们更多地从知识、信息及情报的社会功能等角度来认识情报的概念。使知识有序化，以解决情报检索问题，已成为各种专职情报机构的主要工作。

情报的主要属性是知识性、传递性与效用性。情报的本质是知识，但知识要成为情报，必须经过分析和传递，以满足特定用户的特定需要。情报的效用性表现为启迪思想，增进知识，改变人们的知识结构，提高人们的认识能力，帮助人们去认识和改造世界。效用性是衡量情报服务质量的重要标志。

按情报的应用范围可分为科学情报、经济情报、技术情报、军事情报、政治情报等。按情报的内容和作用，又可分为战略性情报和战术性情报。

1956年，中国第一个科技情报机构取名为中国科学院科学情报研究所。从此，情报这一概念在中国广为使用，各地区各部门的科技情报机构相继建立，形成了全国的科技情报系统。1992年第八次全国科技情报工作会议后，许多科技情报所相继改称为信息所。信息这个术语为越来越多的人所理解和使用。在中国台湾地区，资讯被认为是information的对应词。业内人士认为，资讯与情报的基本内涵是一致的。

情报学 information science 研究信息、情报和知识的产生、传递、利用的规律，运用现代科学技术有效地管理和利用信息、情报和知识的一门科学。源于欧美国家的科技情报工作和文献学研究，是第二次世界大战后逐步形成的一门新学科。战后社会经济和科技的迅速发展，特别是“信息论”、“控制论”、“系统论”和电子计算机的诞生，为情报学奠定了理论和物质基础，并使它发展成为一门横跨自然科学、技术科学和社会科学的交叉学科。

历史 情报学的起源、形成与发展是同一些国家科技情报工作的发展紧密相联的。

起步阶段（20世纪50年代） 第二次世界大战结束以后，一些高水平的科学家从研究、开发和生产领域转移到一个新领域：为同行提供动态的情报服务。在欧洲，荷兰学者J.E.L.法拉当斯于1953年首次提出了情报学家（information scientist）这个名称。两年后，情报学（information science）作为一个学科名称在他的倡导下首次被使用。1958年英国成立情报学家协会。当这方面的业务不断扩展和规范时，社会就需要为那些想进入这个行业的人提供培训服务。这种培训的内容就渐渐地构成了情报学的内容。

在美国，一些学者围绕确保存储和计算问题进行了许多具有开创性的研究开发和应用，出现了单元词索引法、叙词法、组配索引法、题内关键词索引法（KWIC）、引文索引法、定题情报服务（SDI）等新的技术方法和情报服务模式；科学地评价情报检索系统性能的研究和实验也已经展开；有关科技文献的生产率、增长和分布规律的研究在深入发展。这些研究工作和成果给情报学的发展奠定了基础。基于此，美国科学家柴瑞1957年提出把各种各样的相关研究与活动统一于情报学这个名称之下。

在中国，1956年中国科学院建立了科学情报研究所，标志着中国科技情报事业的开始。1957年出版了《科学情报工作》杂志，介绍国内外情报工作现状与发展，引起学者们探讨情报工作理论的兴趣，是中国情报学研究的开端。1958年中国已开始出现情报述评和分析服务，在此基础上，逐渐发展成为具有中国特点的情报研究工作，其成果具有综合性、战略性和及时性的特点。中国科学技术情报研究所还于1958年创办了中国科技情报大学，后并入中国科技大学，设立了情报专业。

在这一阶段，情报学逐步形成自己的研究体系和内容：情报组织方法，情报储存与检索技术，机器翻译，情报需求与服务等。

发展与成熟阶段（20世纪60～70年代） 这一时期，情报学在美、英、苏联等一些国家已逐渐发展成为一门比较成熟且仍在不断发展的独立学科。它的研究对象、内容、体系与研究方法和手段、系统与网络实体，同其他学科和工程技术的交叉程度都变得更为广泛、严格和复杂。研究重点放在发展适用性情报技术，支持国家情报系统的建立，支持和加强专业化情报服务系统，解决情报用户与情报系统之间相互作用和关系问题等方面。

在理论方面也有了重要的发展。如D.J.de S.普赖斯侧重从历史与社会学观点来研究科学情报，于1961、1968年分别出版了《巴比伦以来的科学》与《小科学、大科学》两书，为文献计量化的发展作了奠基性工作，提出了科学文献指数增长定律与衡量科学文献老化的普赖斯指数；苏联著名情报学家A.I.米哈伊洛夫创立科学交流理论；G.索尔顿的自动标引研究取得了重要成果，建立了一种新的情报检索理论——向量空间模型；Cranfield情报检索评价实验、MEDLARS系统评价实验以及后来的许多评价实验在影响情报检索系统性能的要素和机制方面取得了一系列重要成果，丰富了情报检索和情报学的理论。上述研究与实践标志着情报学在20世纪60～70年代已进入了它的发展与壮大时期。

在情报学研究和教育的建制化方面也有很大发展。继苏联和中国比较早地实现建制化之后，美国和日本等国的情报学教育也开始在大学中扎根。在中国，“文化大革命”结束后，中国科学技术情报研究所等一批情报工作研究机构立即恢复了情报业务的研究，并开展了研究生培养工作。武汉大学也于1978年开办了中国第一个科技情报专业。

提高与拓展阶段（20世纪80年代以后） 随着社会信息化的进一步发展，情报学的研究范围和深度大大拓宽与提高，研究范式展现出多元化趋势，并与信息科学群中的其他学科协调、融合、互补，进入了一个整体更新的发展阶段。情报学及其研究成果已被国际社会视为现代社会的理论和物质基础的一部分。

在理论方面，出现了以下学派：以英国B.C.布鲁克斯为代表的“知识学派”，他在英国科学哲学家波普尔“三个世界”学说的基础上，认为情报学的基本任务是探索和组织客观知识，并提出著名的布鲁克斯知识方程式：$K[S]+\Delta I=K[S+\Delta S]$；以美国T.萨拉塞维克为代表的“社会结构学派”，把情报学分为理论情报学和应用情报学，分别研究社会现象的情报和知识交流的技术手段；以美国M.C.约维兹为代表的“决策学派”，认为情报是知识的同义语，是对决策有价值的数据，并提出一种决策模型，借此研究人们在获取情报前后的决策状态的变化。此外还有“认知学派”、“共引分析学派”、“传播学派”、“交流学派”等。

在中国情报学界，也同样提出了一些具有理论价值和值得讨论的思想，诸如“大情报观”、“动态交流与静态交流”、“人际情报网络理论”、“四个世界”、“信息链理论”、“知识元挖掘”等。在情报学的基本原理探讨方面，不断丰富着相关性原理、离散分布原理、有序性原理、转化原理、可视化原理等。情报学界出现了“百花齐放、百家争鸣”的局面。

在技术方面，联机检索技术日臻成熟并应用广泛，新的检索系统模型和结构陆续出现（如模糊集合检索模型、概率检索模型、扩展布尔检索模型等），自然语言检索、跨语言检索、智能检索等技术得到研究开发和应用。互联网的出现和普遍应用为情报学的发展提供了更加广阔的舞台，新的网络信息组织技术、搜索检索和服务不断涌现，如元数据技术、超链分析技术、PageRank算法等。

在服务方面，情报服务的类型更加多样化，有文摘索引服务、定题情报提供（SDI）、回溯检索服务、查新服务、“进行中的研究”情报服务、竞争情报服务、战略情报服务以及基于互联网的各种情报服务。

情报学教育进一步发展和提高。一些发展中国家和新兴工业国家的情报学教育的规模在扩大，层次在提高。

情报学在20世纪的主要贡献有：①情报学家采用计量学方法对“信息爆炸”现象进行了测算和描述，建立了文献计量学。②情报学家创造了文本分析、索引、摘录、词汇控制和组配检索技术，设法控制了“信息爆炸”带来的负面影响。③情报学家在情报存储与检索领域最早成功地利用计算机处理文献数据。④情报学家研究了用户的信息查寻行为、需求和偏好以及相关领域，如“相关性和效用性评价”，研究和开发出各种有效的情报服务。⑤情报学界在政府和产业界的代表人物在制定有关隐私保护、信息安全、信息传播和获取的规制、知识产权保护等方面的国家信息政策过程中作出了贡献。

情报学的性质与内容 情报学自产生到现在，研究对象先后经历了三个阶段，即从以文献为主要研究对象，转向以信息为主要研究对象，而后转移到以知识为主要研究对象。这些研究对象决定了情报学的学科性质：综合性、交叉性、渗透性、时代性和前瞻性。

情报学内容一直在发展和更新。20世纪90年代以来，情报学的研究领域和内容有了明显的变化，信息管理或信息资源管理的地位越来越突出。1998年英国情报学家协会提出了新的学科标准，把情报学的内容划分为三大部分：①情报学核心领域，包括信息的生产、采集、评价、组织、存储、传输、检索和传播的理论与实践。②信息管理，各种组织的信息资源管理，包括规划、沟通、管理信息系统和控制系统、人力资源管理、财务管理、营销和经营，以及政治、社会、道德和法律因素。③信息技术，包括可用于情报学与信息管理的各种技术，如计算机系统、电信技术、信息技术应用、环境等。

研究方法和前沿领域 情报学采用的研究方法主要有社会调查法、统计和计量方法、引文分析法、数学建模和实验方法、系统分析与评价方法。另外还有案例分析法、历史分析法、*德尔斐法*、内容分析法、比较分析法，以及在情报研究中经常要运用到的多元分析法、层次分析法、时间序列分析法、趋势外推法等。

情报学研究热点和前沿领域主要内容有信息资源管理、信息构建、知识管理研究、数字图书馆研究、数据库知识发现研究、语义网和智能检索研究、信息网格研究、小世界现象和社会网络研究等。

未来，情报学的跨学科性进一步增强，学科边界将更加模糊，对社会和其他学科将发挥更大的作用。展现在它面前的将是一幅更加复杂多彩的图景：和许多学科共同研究或分工研究信息问题，出现许多专门的信息流（GIS、社会经济数据流、网络信息流等）和许多新的应用领域（大学、医院、旅行社、银行、公司企业、政府等）。

情感障碍 affective disorder 人在认识客观事物过程中因态度上的紊乱或精神疾病而导致对事物表现出的不适当或不协调情绪的异常心理现象。又称心境障碍。

情感障碍主要有两大类：①发生在人与客观现实关系方面的情感障碍，如情感淡漠，即对外界任何刺激都缺乏相应的情感反应；情感倒错，即情感反应与外界刺激性质和相应的内心体验不符；矛盾情感，即对某人或某事同时引起两种截然相反的情感反应。②影响整个精神生活的情绪异常，如情绪高涨，即积极性情感活动明显增强；情绪低落，即消极性情感活动显著增强；*焦虑*，即由紧张、焦急、忧虑、担心和恐惧交织而成的情绪反应，并伴有植物性神经系统活动的亢进；强迫性情绪，即与某种特殊情境或事物相联系的不由自主的紧张恐怖情绪，如高处恐怖、社交恐怖等；情感爆发，即由精神因素引起的爆发性情感障碍，表现为哭笑无常、吵闹打骂等。此外还有易激惹、情感脆弱、强制性哭笑、情感衰退等。

情节剧 melodrama 根据题材内容划分的戏剧类别之一。它的主要特点是：矛盾冲突尖锐激烈，剧情发展中包含着大量偶然及巧合的因素，充满了紧张的戏剧场面。18世纪末19世纪初盛行于欧洲的情节剧被后世称为原始情节剧，它们通常有4个程式化的人物：高贵勇敢的男主角、年轻美貌的女主角、代表邪恶势力的坏蛋、滑稽的丑角。它们的情节也是程式化的：第一幕表现爱情；第二幕坏蛋作恶，女主角受难；第三幕男主角在丑角的帮助下惩罚坏蛋，以大团圆结束。在欧洲，考茨贝曾写过200多部情节剧，其中以《厌世与忏悔》(1789)最为著名。有人认为，普兰奇的《土匪》(1829)是最后一部原始情节剧。从此以后，它逐步衰落。但情节剧作为一种样式，此后仍时有作品出现。现代戏剧中的惊险剧、侦破剧、推理剧等，都可以列入这个范围。

情结 complex *精神分析*理论的一个概念。由相同心理内容构成，因受到压抑而只能停留在*无意识*中活动的愿望。又译为情意综合感或情综。情结因个人先天的本能欲望为社会道德、法律、风俗等所不容；或者由于幼年经历过精神上的严重创伤，被压抑的本能欲望和精神伤害进入无意识之中并且被禁锢在那里而产生。情结以*本能*为核心，有其驱动力，虽然潜藏于无意识之中，仍然时刻寻机表现自己：在主体不知不觉中干扰着甚至控制着他的思想、情感和行为，使他把大量时间和精力投入与该情结有关的活动，甚至失去理性。情结既可能是各种神经症和精神病的病因，也可能成为创造力的源泉。情结包括恋母情结、恋父情结、性爱情结、金钱情结、自卑情结等多种。

情人节 Valentine's Day 西方传统节日。又译瓦伦丁节。节期在公历的2月14日。届时情人间互赠信物，以示爱慕之情。其由来说法不一。主要有：①罗马帝国基督教徒瓦伦丁因带头反抗罗马帝国对基督教徒的迫害而被捕入狱。在狱中，瓦伦丁与典狱长的女儿相恋，但终未免祸，于270年2月14日被处死。后来，基督教徒为了纪念他，把他殉教之日定为情人节。②基督教徒瓦伦丁因违背皇帝的旨意秘密为青年人举行婚礼而遭监禁致死，遂成为情人的守护神，为追念他而出现情人节。③古人认为，2月14日是百鸟发情择偶之始，人们推鸟及人，始有此节。随着时间的推移，该节日逐渐成为世界部分地区流行的非宗教节日，瓦伦丁也成为情人、情书以及与爱情有关事物的代名词。情人节多以红心、鲜花、贺卡、巧克力为庆祝方式。各国有不同的节日习俗。在美国，情人节期间人们最向往的地方是科罗拉多州洛弗兰德镇(英文名意为“情人居住的地方”)。届时，大量来自全美各地和异国的信件寄至镇邮电局，以求得一个富于浪漫色彩名字的邮戳。在丹麦，男子常写开玩笑的书信给女子，署名时只用密码或小点点作字母。如果收件人猜出了写信者，后者要在这一年的复活节送她一份礼物。在意大利，未婚女子常在节日黎明时分起床，静立窗口等候第一个来到她窗前的男子，往往将此人作为自己命中注定的情郎。在加拿大，大多数人互寄贺帖，不单给情人，也给父母、同学和师长等。在英国，青年男女互赠倾诉爱慕之情的“瓦伦丁图片”。近年来，情人节已被越来越多的中国城镇青年人所接受。

情商 emotional quotient 个体控制和管理自身情绪的能力。它包括4个要素：①了解自己的情绪并能加以控制。②了解他人情绪并能加以对应。③人际关系的协调能力。④发现似乎不相关的事物之间的关系的能力。国外学者还没有找到测量情商的公式。一般认为，情商与智商是一个人成功的两大要素。

情书 love letter 男女间表达爱情的信。又称情信。广泛流行于有文字的民族和地区。已知世界上最老的情书发现于波斯帝国时期（前550～前330）的遗址，在一块重达15千克的石板上刻着表达爱慕的词语。中国古代有“鱼雁传书”之传说，认为恋人的书信可借助鱼腹或雁足来传递。情书有不同的体裁，诗歌和散文最为常见，也有词、曲等。在恋爱的各阶段如初恋、热恋乃至已婚，都可能有情书出现，在成就姻缘和加深情感上发挥作用。书写载体最常见的是纸张，此外又有素、绢、帛、锦等织品以及扇面、墙壁、石板等。随着社会发展和技术进步，情书的样式也发生了变化。20世纪末，随着电脑和网络的普及，出现了“电子情书”。

情绪和情感 emotion and affection 人对事物的态度的体验，是人的需要是否得到满足的反映。情绪和情感表现为特殊的主观体验、显著的身体－生理变化和外部表情变化。

情绪和情感两个词常可通用，但它们表达的内容也有区别。短暂的、强烈的、具有情景性的感情反应是情绪，如愤怒、恐惧、狂喜等；稳定而持久的、具有深沉体验的感情反应是情感，如自尊心、责任感、热情等。但情绪中有主观体验，情感要通过情绪表现出来，所以情绪和情感的区别是相对的。在个体发展中，情绪反应出现在先，情感体验发生在后。新生儿一个月内就出现了愉快、痛苦的情绪反应。他们最初的面部表情具有反射的性质，随后发生的社会性情绪反应就带有体验的性质，产生了情感。

情绪以表情形式表现出来。表情包括面部表情、言语表情和身段表情。面部表情是情绪表现的主要形式，它是在种族遗传中获得的。表情在儿童的认知和社会性发展、在成人的交际中都具有重要的意义。情绪的身体－生理反应是由中枢和外周神经系统，以及内分泌系统的活动产生的。中枢神经系统对情绪起着调节和整合的作用。自主神经系统与情绪的身体－生理反应有密切的关系。神经系统和脑的化学过程对情绪的发生和变化有直接的影响。特别是脑垂体－下丘脑－肾上腺系统的活动，对情绪的调节起着显著作用。

情绪和情感复杂多样，心理学家一般把愉快、愤怒、恐惧和悲哀视为最基本的情绪，称原始情绪。研究发现，从面部表情可区分出10种基本情绪，即兴奋、愉快、痛苦、惊奇、愤怒、厌恶、惧怕、悲哀、害羞和自罪感。前8种在1岁内均已出现，后两种在1岁半左右亦能发生。成人除基本情绪以外还有许多复合情绪，如悲喜交加、既羡慕又妒忌等。焦虑包括恐惧、痛苦、羞耻、自罪感等成分；忧郁则包括痛苦、恐惧、愤怒、厌恶、轻蔑和羞耻等成分。

情绪和情感具有两极对立的特性。在一定条件下它们之间可以互相转化。情绪具有4个维度：强度（情绪的强弱程度）、快感度（愉快和不愉快的程度）、紧张度（从紧张到轻松的程度）和激动度（从激动到平静的程度）。情绪的每个维度都有不同程度的序列。4种维度之间不同程度的组合构成复杂多样的情绪状态。

情绪状态有几种特殊的形式：心境微弱而持久；激情强烈、短暂，是爆发式的，具有明显的外部行为表现；应激则是在人的生命或精神受到威胁而又无力改变受威胁的处境时产生的情绪状态，长期持续的应激可引起精神创伤，危及身体健康。

情感可以发生在不同的水平上：①与嗅、味、触、声音、颜色等感觉刺激相联系的简单情感，如噪声、臭味引起厌恶等。②与饥饿、疼痛等机体感觉相联系的简单情感，如饱食的满足、身体良好状态的舒适等。③基于个体社会经验和文化影响而产生的社会性情感。如道德感、理智感、审美感。道德感、理智感、审美感被称为高级社会性情感或情操。④表现个人气质的情感，如乐观、生气勃勃、冷静、忧郁等。在个人的气质中，表现持久而经常出现的情感体验成为人格构成的重要成分。

氰化物 cyanide 化学式MCN（M代表一价金属离子），含负一价氰根离子CN^-的化合物，氢氰酸的盐。多数是无色晶体。碱金属及碱土金属的氰化物，如KCN和$Ca(CN)_2$易溶于水；重金属（汞除外）氰化物难溶于水。易溶于水的氰化物在水中发生水解，产生剧毒的有苦杏仁气味的氰化氢，溶液呈强碱性。CN^-离子容易和许多金属离子如Cu^{2+}、Cu^+、Fe^{2+}、Fe^{3+}、Pt^{2+}、Ag^+、Au^{3+}等生成配合阴离子，这些金属的配合氰化物均易溶于水，比较稳定，其中的金属离子又容易被锌还原为金属，因此氰化钠（钾）可用于从矿砂中提取金和银。工业上以铂或铂铑合金为催化剂，用空气氧化氨和甲烷的混合物制备氰化氢。用碱液中和氰化氢，即可得到相应的氰化物。

氰化物可用于金、银、锌等金属的电镀、钢铁表面淬火、硫化物矿石的选矿和有机化学合成等。

氰化物剧毒，如果食入氰化物或吸入由氰化物产生的氰化氢，或者皮肤接触氰化物溶液，都会发生氰中毒现象，表现为眩晕、恶心、摇晃和丧失知觉。苦杏仁和野樱桃子中也会有氰化物。

氰戊菊酯 fenvalerate 拟除虫菊酯类杀虫剂。又称杀灭菊酯、敌虫菊酯、速灭杀丁。学名α－氰基－3－苯氧苄基(R,S)－2－(4－氯苯基)－3－甲基丁酸酯。结构式：

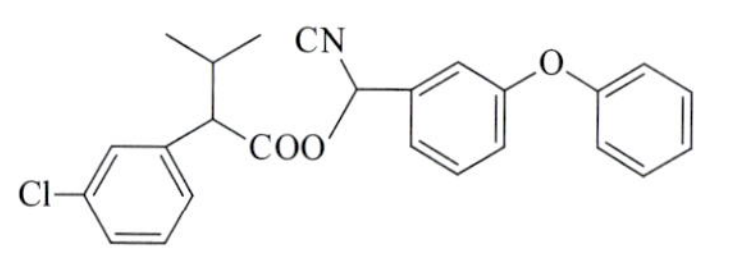

氰戊菊酯为棕黄色油状液体，在室温时略有结晶，几乎不溶于水，而溶于多种有机溶剂。在酸性条件下非常稳定，但pH8以上时不稳定，在田间对光稳定。具有触杀、胃毒作用，击倒效果好，有忌避作用。对鳞翅目幼虫特别有效，广泛用于防治粮、棉、果、林、牧、卫生害虫。亩用有效成分5～10克。毒性低，但对鱼和蜜蜂有剧毒。

庆历新政 New Politics during Qingli Period 中国宋仁宗庆历年间（1041～1048）进行的改革。宋仁宗时，官僚队伍庞大，行政效率低，人民生活困苦，辽和西夏威胁着北方和西北边疆。庆历三年（1043），范仲淹、富弼、韩琦同时执政，欧阳修、蔡襄、王素、余靖同为谏官。宋仁宗责成他们在政治上有所更张以“兴致太平”。范仲淹与富弼提出明黜陟、抑侥幸、精贡举、择官长、均公田、厚农桑、修武备、减徭役、覃恩信、重命令等10项以整顿吏治为中心的改革主张。欧阳修等人也纷纷上疏言事。宋仁宗采纳了大部分意见，施行新政。诏中书、枢密院同选诸路转运使和提点刑狱；规定官员必须按时考核政绩，以其政绩好坏分别升降。更荫补法，规定除长子外，其余子孙须年满15岁、弟侄年满20岁才得恩荫，而恩荫出身必须经过一定的考试，才得补官。又规定地方官职田之数。四年三月，更定科举法。另外，还颁布减徭役、废并县、减役人等诏令。由于新政触犯了贵族官僚的利益，因而遭到他们的阻挠。五年初，范仲淹、韩琦、富弼、欧阳修等人相继被排斥出朝廷，各项改革也被废止。

庆阳市 Qingyang City 中国甘肃省辖地级市。位于省境东部。东南接陕西省，西、西北邻宁夏回族自治区。辖西峰区和庆城、环县、华池、合水、正宁、宁县、镇原7县。面积27 119平方千米。人口221万（2010）。庆阳古称庆州。宋宣和七年（1125）称庆阳府。2002年设立地级庆阳市及西峰区。地处陇东黄土高原。北部属中温带半干旱气候，平均年降水量407.3～501.7毫米；南部属中温带半湿润气候，平均年降水量572.1～623.5毫米。矿产有石油、天然气、煤等。工业有石油、化工、化肥、针织、地毯、水泥、皮革、卷烟等门类。农业主产冬小麦、玉米、高粱、糜子、烤烟、中药材等。特产有黄花菜、杏仁、白瓜子等。畜牧业发达，早胜牛、庆阳驴、环县滩羊等素享盛名。纪念地有河连湾陕甘宁省政府旧址。名胜古迹有宋天庆观老子道德经石幢，巨家塬、刘家岔等旧石器时代遗址，北石窟寺，政平唐塔，金慈云寺女真文铁钟，普照寺贞元铜钟，罗川赵氏石坊等。

庆应义塾大学 Keio University 日本近代最早的私立大学。简称庆应大学。与早稻田大学并称为“私学双雄”。前身是由日本近代思想家福泽谕吉于1858年在江户（今东京）设立的“兰学塾”。1868年，取当时孝明天皇年号“庆应”为塾名。1890年，创办大学部，设有幼儿园、小学、中学直至大学整个的教育体系。1920年，大学部发展成为包括文学、经济学、法学、医学4个学部和研究生院的综合性大学，改为现名。

庆应义塾大学校园

现设有文学、经济学、法学、商学、医学、理工、综合政策、环境信息、看护医疗等学部以及研究生院，另外还有日本规模最大的函授部。大学从创办之日起就十分重视经济学和经济管理方面的教育，并与企业建立了密切的联系，被誉为日本“企业家的摇篮”。

庆元党禁 Faction Prohibition of Qingyuan Period 中国宋代宁宗庆元年间韩侂胄打击政敌的政治事件。绍熙末，宋宁宗由赵汝愚和韩侂胄拥立为帝。赵汝愚出身皇族，韩侂胄是外戚，二人不合。赵汝愚为相，收揽名士，朱熹是当时著名学者，被召入经筵，为皇帝讲书。韩侂胄图谋排斥赵汝愚。时宋宁宗信任韩侂胄，朱熹因罢去，赵汝愚和中书舍人陈傅良等力争不能得。庆元元年（1195）二月，赵汝愚罢相，出知福州。反对赵汝愚罢官的人都陆续被放逐；太学生杨宏中等6人被编管于500里外，时号六君子。庆元二年正月，赵汝愚暴死于衡州（今湖南衡阳）。韩侂胄当政，凡和他意见不合的都称为道学之人，后又斥道学为伪学。禁毁理学家的语录一类书籍，科举考试稍涉义理之学者，一律不予录取。庆元三年，将赵汝愚、朱熹一派及其同情者定为逆党，开列伪学逆党党籍，凡59人，包括周必大、陈傅良、叶适、彭龟年、章颖、项安世等。名列党籍者受到程度不等的处罚，凡与他们有关系的人，也都不许担任官职或参加科举考试。嘉泰二年（1202）二月，始弛党禁。

庆州 Gyeongju 韩国东南部新罗文化历史古城，世界文化都市之一。曾称金城。面积1 323.80平方千米。人口26.79万（2005）。东西两侧为山地，位于庆州盆地。1955年9月设市。主要有机械、非金属、食品等工业。朝鲜半岛历史文化、艺术、文物遗产最丰富之地，韩国重要旅游胜地。每年接待游客650多万，其中外国游客50多万。公元前57年朝鲜古代新罗王国曾在此建都，之后经历三国时期和新罗统一朝鲜时代，直至935年新罗被灭，前后作为新罗都城长达900年。城内残留有新罗时代的外城（山城）和王宫（半月城）及第5代婆娑王所筑的满月城遗迹。庆州博物馆陈列有圣德三神钟、市内还有亚洲最早的石建天文台之一的瞻星台以及各种庙宇、石塔、陵墓、古冢、古堡等。市郊东南的佛国寺存有新罗时代建造的释迦石塔和多宝石塔等古建筑，以及离宫旧址的鲍石亭遗址等。1979年联合国教科文组织选定庆州为世界文化都市之一。庆州佛国寺和石窟庵于1995年、庆州历史区于2000年作为文化遗产分别被列入《世界遗产名录》。交通便利，有通往浦项、永川、大邱、蔚山、釜山等城市的铁路和公路。设有东国大学等5所高等学府。

庆州佛国寺

磬 chime stone 中国击奏体鸣乐器。新石器时代晚期已出现。商代石磬上作弧形，下近直线；西周至战国的石磬，上为倨句形，下为微弧形；汉代以后上下均为倨句形。单个的称特磬，多枚音高不同成一组的称编磬。一般为石制，也有用玉或铜制的。最早用于先民的乐舞活动，后来成为礼器，用于历代宫廷宴乐和雅乐。

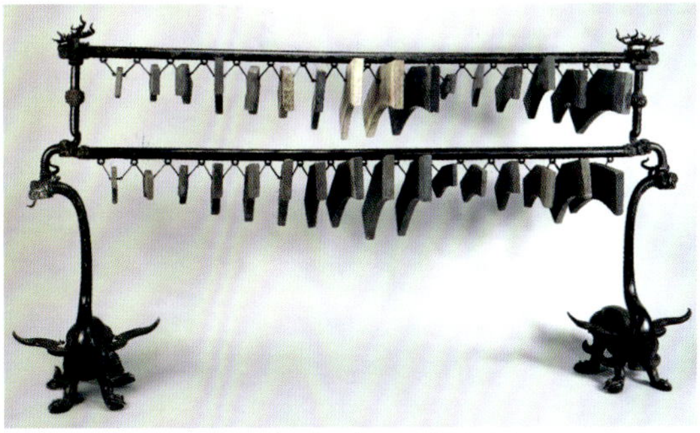
编磬（战国，曾侯乙墓出土）

邛崃山 Qionglai Mountain 岷江和大渡河的分水岭，四川盆地和青藏高原的地理界线和农业界线。为四川盆地都江堰市至天全一线以西山地的总称。山脊平均海拔在3 000米以上，主峰四姑娘山海拔6 250米，为四川著名高峰之一。山脉近南北向，东陡西缓。主要矿产有煤、铁、铅、锌、铜、硫、石棉和大理石。邛崃山东坡雨泽充沛，海拔2 100～2 300米地带平均年降水量2 000～2 500毫米，有“华西雨屏”之称。西坡云少雾散，气候干燥，植被稀疏。邛崃山东部为农业区，西部属半农半牧区。邛崃山是四川大熊猫、金丝猴、扭角羚等多种珍稀动植物重要分布区，辟有汶川卧龙、宝兴蜂桶寨、天全喇叭河等自然保护区。夹金山是红军长征时翻过的第一座大雪山。南边的二郎山是川藏公路要道，为四川通往西藏的第一险要，原公路垭口海拔约2 890米。

邛崃市 Qionglai City 中国四川省辖县级市。位于省境中部，川西平原西南，邛崃山脉东麓。面积1 384平方千米。人口61万（2010），以汉族为主。古为蜀国地。秦惠文王二十七年（前311）置临邛县。南朝末期（552）改为邛州。后几经更迭变化，至1913年改置邛崃县。1994年撤县设市。由成都市代管。属中亚热带湿润季风气候，温和湿润，降水充沛。矿产资源有天然气、芒硝、盐、铝土矿等。农业主产水稻、小麦、豆类、油菜子、花生、蚕桑、生猪等。山区多松、杉、桦等林木，产茶叶、棕片和中药材等。工业以酿造业为支柱产业，是中国最大的白酒原酒基地之一。还有煤炭、建材、化肥、农机修造、丝织、皮革及农产品加工等。名胜古迹有天台山国家级森林公园、十方堂、文君井、石塔寺、回澜塔、花置寺摩崖造像、邛窑遗址等。

穹隆 dome 平面轮廓近于等轴的背斜构造。一种特殊形态的褶皱。平面上地层呈近同心圆状分布，核部出露较老的地层，向外依次变新。岩层从顶部向四周倾斜，穹隆发育地区变形一般比较微弱，地层产状平缓，常伴有放射状或环状高角度断层。大的穹隆直径可达几十千米，小的只有数米。大型穹隆一般发育在稳定的克拉通地区或造山带的前陆地区。

穹隆的成因很多，最常见的是与岩浆或岩盐底辟作用有关的穹隆。由于岩浆或岩盐等黏性流体式的上涌，可使上覆岩层隆起成穹隆或短轴背斜。在一些变形微弱而又没有底辟作用的克拉通地区，穹隆常被解释为沉积物在成岩过程中差异压实作用的结果。在构造变形强烈地区出现的成串排列的穹隆与构造盆地相间的构造，则常是两次变形叠加的产物，这种穹隆中的岩层产状常较陡倾，且内部构造复杂。构造盆地是平面轮廓成近等轴状的向斜构造。

穹隆是有利的储油构造，对其平面轮廓和最高点的研究有重要的实际意义，常用组成穹隆的某个标志层的构造等高线图来表示其详细的形态。

穹窿 dome 建筑物内表面呈半球形或近乎半球形的多面曲面体顶盖。古代多用砖、石、土坯砌筑。

建筑物的穹窿顶在古代先出现于亚述、波斯和伊特鲁里亚，后在罗马得到完善和发展。中国的穹窿顶出现于公元前1世纪的汉代。因为砖石有防腐、耐压的特性，穹窿顶在中国历史上长期作为墓室顶盖的一种形式。在地面建筑上，穹窿则用于某些砖塔的顶部以及后来的清真寺的窑殿中。穹窿顶筑在地下时一般跨度为3米左右，发展到地面上砌筑时，顶跨有达12米以上的。

琼海市 Qionghai City 中国海南省直辖县级市。位于海南岛东部，东临南海。面积1 692平方千米。人口48万（2010），有汉、苗、壮、黎等民族，海外侨胞55万。唐显庆五年（660）置乐会县，属琼州。元至元二十八年（1291）析置会同县，清嘉庆二十五年（1820）改为琼东县。1958年琼东、乐会、万宁合并为琼海县。1992年撤县设市。属热带季风气候。农作物有水稻、甘薯、甘蔗、橡胶、瓜菜、荔枝、番石榴、胡椒等。水产品有虾、鲍鱼等。工业有丝绸、制药、摩托车、饲料、水产品加工等。港口有博鳌港、潭门港等。风景名胜有万泉湖、万泉河、白石岭、官塘温泉、博鳌水城等，纪念地有红色娘子军纪念园。

琼结县 Qiongjie County 中国西藏自治区山南地区辖县。著名古城，有“吐蕃王朝故都”之称。位于自治区南部，雅鲁藏布江中游南岸的琼结河谷地。面积1 030平方千米。人口约2万（2008），以藏族为主，还有汉、回、蒙古等民族。1364年设琼结达孜宗，1957年建立琼结县。县境三面环山，东为狭窄谷地，平均海拔约3 900米。属高原温带半干旱季风气候。矿产有铬铁矿、水晶、玉石等。农业以种植青稞、冬小麦、春小麦、荞麦、豌豆、马铃薯和油菜等为主，为自治区农业县和“一江两河”开发县之一。畜牧业以发展牦牛、犏牛、黄牛、绵牛、山羊等为主。工业有粮油加工、农机修造、轻纺、工艺和民族手工业等。名胜古迹有藏王陵、匹播城遗址、帮打塔、德吉林卡、日吾德庆寺、达娃卓玛旧址、次仁炯尼姑庙等。

松赞干布藏王墓

琼剧 Qiongju opera 中国戏曲剧种。流行于海南和广东雷州半岛部分地区。前身是“土剧”，初从闽南、潮汕一带传入海南岛，所唱声腔源出弋阳腔，高亢激越，一唱众和。之后，又吸收了海南民歌小调和“歌舞八音”等乐曲，发展形成具有海南特色的戏曲剧种。琼剧与梨园戏、潮剧、正音戏等剧种都有渊源关系。特别是清咸丰、光绪年间，粤剧艺人陆续来海南演出并开馆传艺，逐渐将“梆簧”声腔传入海南，使琼剧在剧目、表演、音乐等方面引起了较大的变革，一度出现繁盛局面。1929年后渐趋衰落。中华人民共和国建立后，才又陆续组成20多个专业剧团，并于1959年成立了广东琼剧院。

琼森 Jonson, Ben（1572－06－11？～1637－08－06） 英国剧作家、诗人、评论家。生于伦敦，卒于伦敦。曾就学于古代史学者坎姆登，并在他的资助下在威斯敏斯特学校读书。约在1597年开始当演员和剧作家。1605年因合著的《向东方去！》一剧诬蔑了苏格兰人，被捕入狱并被割去耳朵。1618年詹姆斯一世颁给他年俸。1628年成为伦敦市史官。

琼森写了18部戏剧，除两部罗马历史悲剧《西亚努斯的覆灭》（1603）和《卡塔林的阴谋》（1611）之外，大都是社会讽刺喜剧。其剧作遵循古典主义原则，并有强烈的道德倾向。《人人高兴》（1598）和《人人扫兴》（1599）是琼森根据气质论（中世纪所谓4种不同气质产生不同性格的生理学学说）创作的癖性喜剧。后者引起几位戏剧家的笔战，琼森为此又写了《冒牌诗人》（1601）。最成功的喜剧有《狐狸》（1606）、《炼金术士》（1610）和《巴托罗缪市集》（1614）。

琼斯 Jones, Robert Edmond（1887－12－12～1954－11－26） 美国舞台设计家。生于米尔顿，卒于米尔顿。毕业于哈佛大学。1913年赴欧学习舞台艺术，为著名导演M.莱因哈特设计了《威尼斯商人》的布景。1914年返美。1915年为《娶哑妻的人》的演出作舞美设计，随后又为舞剧《蒂尔·埃伦斯皮格尔》、《理查三世》等剧目担任设计。1934年被邀请到好莱坞，出任电影《脂粉市场》和《拉·卡拉拉却》的美术设计。琼斯重视表演艺术，认为布景应从属于演员表演的需要。他善于从戏剧内涵中去挖掘形象，而不拘泥于外部物质环境的描写；又善于夸张变形，以灯光的灵活变化去烘托剧情和人物，而且常常避开直接描写采用暗示手法，使观众产生丰富的想象和联想。1922年与戏剧理论家K.麦高文赴欧考察，合著《欧洲演剧技巧》（麦高文撰文，琼斯画稿）。还著有《舞台设计图集》（1925）、设计理论著作《戏剧的想象》（1941）等。

琼斯 Jones, William（1746-09-28～1794-04-27） 英国语文学家。生于伦敦。通晓希腊语、拉丁语和欧洲近代多种语言，熟习梵语、波斯、印地等东方语言。1783年起任英国驻印度法官，在加尔各答组织亚细亚研究会。他是最早将迦梨陀娑的名剧《沙恭达罗》译成英文的人。

在语言学方面，琼斯的最大贡献是提出印欧诸语言同出一源的理论，比F.博普早30年。1786年他在亚细亚研究会的一次学术讲演中，指出梵语与希腊、拉丁语的联系。他说："梵语……的动词词根和语法形式与希腊、拉丁语酷似，这绝非偶然。任何考查过这三种语言的哲学家，不能不认为三者同出一源。不过始源语言恐已不存在。同时也有理由假定（虽然理由还不很足），哥特语、凯尔特语与梵语虽然面目迥异，但与梵语仍属同源，而波斯语也属同一语族。"这一讲演全文见于W.P.莱曼所编的《19世纪历史印欧语言学资料选编》。

琼瑶 Qiongyao（1938-04-20～ ） 中国台湾现代小说家、制片人。原名陈喆。湖南衡阳人。生于四川成都。1947年举家迁上海，在上海《大公报》儿童版发表第一篇小说《可怜的小青》。1949年随家人赴台，毕业于台北第二女中。16岁时，在晨光杂志发表小说《云影》。1963年7月在《皇冠》杂志发表自传体爱情小说《窗外》，不久出单行本，一举成名。此后，创作了《烟雨濛濛》、《几度夕阳红》、《月满西楼》、《哑妻》、《彩云飞》、《月朦胧鸟朦胧》、《在水一方》、《人在天涯》、《浪花》、《一帘幽梦》、《庭院深深》等40多部小说。1966年创立火鸟电影公司，摄制《月满西楼》等影片。1976年与人合办巨星影片公司，摄制改编自她的小说的影片13部，均由她编剧和监制。1964～1983年香港、台湾据其小说改编为电影的有51部，多次获台湾电影金马奖优等剧情片奖，并被评为最佳国语片和中国名片。大陆拍摄据其小说改编的影视作品有《婉君》、《哑妻》等。1983年宣布结束巨星公司。后担任台湾《皇冠》杂志主编。1990年出版首部历史题材

《琼瑶全集》书影

长篇小说《雪珂》。琼瑶小说以言情见长，内容从中国历代爱情故事，到以台湾为背景的当代都市男女的恋爱、婚姻、家庭问题，或古典或现代，或悲剧或喜剧，将纯情少女的爱情梦想尽情描绘。语言清丽通俗而典雅，人物性格单纯而类型化，易为青少年读者所接受。

琼脂 agar 组成石花菜、江蓠等红藻类的

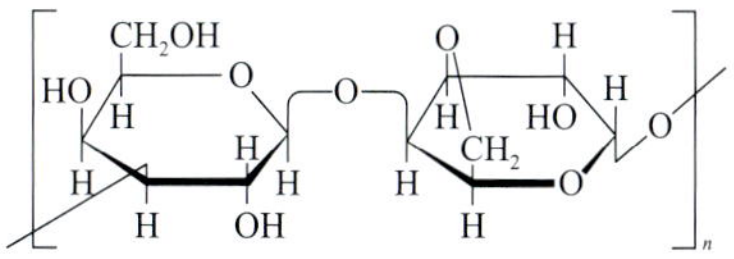

细胞壁的黏性物质。俗称洋菜。结构和组成随原料和制造过程而异，主要成分是琼脂糖，次要成分是硫琼脂，此外还有少量的D-葡萄糖醛酸和丙酮酸等。琼脂糖是由D-半乳糖基和3,6-脱水-L-半乳糖基交替键合而成的多糖，分子量约十几万。为白色或淡黄色有光泽的胶片或粉末；不溶于冷水，但可在冷水中溶胀，溶于热水，也不溶于有机溶剂；不耐酸，比较耐碱。琼脂可由上述红藻类经沸水提取、过滤、冷冻、脱水、干燥而得。可用作食品增稠剂、蚕丝上浆剂、缓泻剂，以及制药用的胶黏剂、增稠剂和胶囊，还可作为细菌培养基、固定化酶载体、细菌的包埋材料和电泳的介质。

琼州海峡 Qiongzhou Strait 中国三大海峡之一。位于雷州半岛与海南岛之间。海南岛曾与大陆联成一体。第四纪初期，新构造运动使地壳急剧上升，琼州海峡由地堑式断陷形成。海峡大致呈东西方向延伸，长80.3千米，宽度最大39.6千米，最狭19.4千米，平均29.5千米。面积2 370平方千米。平均水深44米，最深120米。琼州海峡为南海交通走廊，北有海安，南有海口、铺前等港。尤以海口港最为重要，已成为海南省海陆运输枢纽。从广州、香港、汕头、湛江等港至广西北海及越南海防等港的航线均经海峡。大陆客货列车可通过粤海铁路在徐闻海安港跨海轮渡，海安港已成为水陆联运重要口岸。海峡附近是中国著名的北部湾渔场和清澜渔场，盛产多种经济鱼类，海水养殖业（如麒麟菜、珍珠）也较发达。海峡南北还有铺前湾、马袅和徐闻盐场，为广东、海南主要盐场。

蛩蠊目 Grylloblattodea; grylloblattids 昆虫纲一目。小型无翅昆虫。通称蛩蠊。为世界稀有种类。此目只有蛩蠊科1科，已发现29种，中国已知2种。加拿大、美国、俄罗斯、朝鲜、韩国、日本等均有分布。中华蛩蠊于1986年发现于长白山，是此目昆虫在中国的首次发现，属于国家一级保护昆虫。体形扁长，长14～34毫米。头扁。无翅。复眼退化，无单眼。触角丝状，23～45节。前口式，咀嚼式口器。上唇和大颚发达，小颚完整，下唇分前、中、后3节。舌扁，宽卵形，唾液由此分泌。胸部3节背片几乎相等，但侧片发达。3对足等长，基节特大，跗节5节，各具1腹垫。有端爪，但无爪垫。腹部10节。另外，肛上板和1对肛侧板可代表第11节。雌雄腹端均有能动的尾须1对，由5～8节组成。

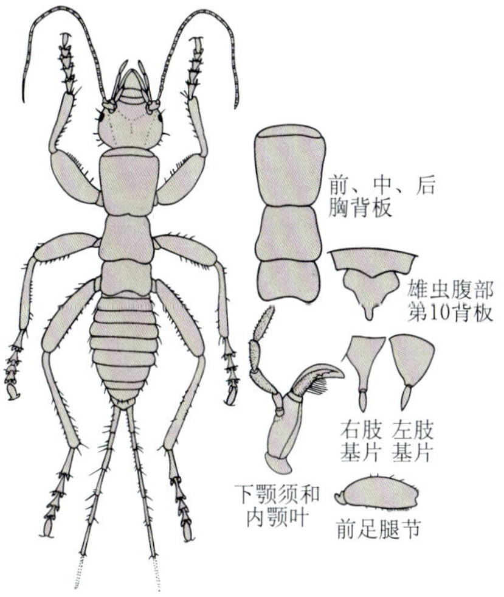

中华蛩蠊

蛩蠊一般生活于高山上或冰川附近。肉食性。夜出活动，适应于1℃低温环境。雌虫羽化约1年后成熟，在土内或苔藓上产卵。卵黑色，单产。卵期约1年化为若虫，5～7年才能完成一个世代。有的种类栖居于穴洞内。

丘巴良 Chubarian, Ogan Stepanovich（1908-10-08～1976-01-07） 苏联图书馆学家。生于顿河－罗斯托夫。早年就读于俄罗斯苏维埃联邦社会主义共和国国家书院高级目录学专业。1945～1960年任莫斯科图书馆学院副院长，1960～1963年任苏联国立公共科学技术图书馆副馆长，1964～1976年任苏联国立列宁图书馆副馆长。他是《苏联图书馆学》和《苏联科技图书馆》两种杂志的创办人之一。丘巴良1966年当选为国际图书馆协会和机构联合会书目委员会主席，后又担任图书馆学委员会的领导人。著有《普通图书馆学》、《苏联图书馆事业的理论与实践问题》等100多部（篇）有关图书馆学、目录学及版本学的论著。

丘比特 Cupid 古罗马神话传说中的小爱神。又译库比德，本意为"欲望"。有时又称阿摩尔（Amor，意为"爱情"）。相当于古希腊神话中的小爱神埃罗斯。古罗马神话承袭了古希腊神话中关于埃罗斯的传说，将丘比特与埃罗斯等同，并把丘比特视为爱神维纳斯的儿子。

丘成桐 Yau, Shing-Tung（1949-04-04～ ） 美籍华裔数学家。生于广东汕头，后全家

移居香港。1966年入香港中文大学数学系，1969年提前修完四年课程，为美国加州大学伯克利分校**陈省身**教授所器重，破格录取为研究生。在陈省身指导下，1971年获博士学位。后在斯托尼布鲁克的纽约州立大学、斯坦福大学等校任教，并为普林斯顿高级研究院终身教授，现在圣地亚哥加州大学任教。

1976年，丘成桐因解决微分几何中的卡拉比猜想，声名鹊起。他的研究成果，促使一大批同类方程得到解决，推动了代数几何学、复解析几何学、**微分几何学**甚至广义相对论等领域的一系列重要定理的证明。1978、1979年丘成桐与R.舍恩应用微分几何方法，造极小曲面，运用非线性方程的技巧，证明了广义相对论中的正质量猜想。此外，在高维闵可夫斯基问题、塞梵利猜想（与萧荫堂合作）、弗兰克尔猜想、三维流形的拓扑学与极小曲面和史密斯猜想等方面均有成就。1981年获美国数学会颁发的维布伦奖，1982年又获**费尔兹奖**。1994年当选中国科学院首批外籍院士。2003年获得中国政府授予的国际科技合作奖。

丘迟 Qiu Chi（464～508） 中国南朝梁文学家。字希范。吴兴乌程（今浙江湖州）人。南朝齐时以秀才累迁殿中郎。入梁后，官中书郎、司空从事中郎等职。

丘迟能诗，工**骈文**，辞采逸丽。钟嵘说“丘诗点缀映媚，似落花依草”（《**诗品**》）。但他最负盛名的不是诗，而是骈文《与陈伯之书》。陈伯之是投降北魏的梁朝武将，对梁有功，也有罪。故文章从晓之以大义、动之以真情两个方面入手来劝降，文辞委婉，情深义明，切中要害。最后一段“暮春三月，江南草长，杂花生树，群莺乱飞”，用江南风物打动陈伯之的故国之思，情景交融，清新明丽，是历来为人传诵的名句。陈伯之接到这封劝降书后，立即率部归降了梁朝。明代张溥辑有《丘司空集》，收入《汉魏六朝百三家集》。

丘逢甲 Qiu Fengjia（1864～1912-02-25） 中国近代诗人。字仙根，又字吉甫，号蛰庵、仲阏，别署海东遗民、南武山人。辛亥革命后以仓海为名。祖籍嘉应镇平（今广东蕉岭），先世迁台湾彰化。生于台湾苗栗。清光绪十五年（1889）进士，授工部主事。未就任，回台讲学。甲午战争后，清廷割弃台湾，丘逢甲联合台绅驰电抗议，并率义军抗击登台日军。失败后内渡。曾与**康有为**、**梁启超**会晤。后顺应时代潮流，从赞同维新保皇逐渐倾向革命，掩护同盟会员的反清活动，致力于兴办学校，推行新学，培植人才。丘逢甲少有诗名，内渡前所作已多，但内渡后的作品更能代表其成就。这部分诗约1700多首，以怀念台湾和感愤时事之作最为突出。《愁云》、《春愁》、《往事》、《秋怀》等，倾诉台湾沦亡的悲愤，抒写思念故园的愁情和恢复失土的壮志。他的怀古、记游诗，表彰前贤，刻画山川，往往寄托忧时济世的怀抱。在艺术风格上，抒怀感时之作悲凉激越，写景小诗清新爽秀，叙事之作酣畅淋漓。在形式上，颇为放恣，不为格律所拘，语言圆熟流畅。诗集主要有《柏庄诗草》、《岭云海日楼诗钞》等。

丘赫莱伊 Chukhrai, Grigory Naumovich（1921-05-23～ ） 俄罗斯电影导演。生于梅利托波尔。1953年毕业于苏联国立电影学院导演系。他的处女作《**第四十一个**》（1956）和《士兵之歌》（1959）、《晴朗的天空》（1961）被

苏联电影评论界认为是20世纪50年代后期、60年代初苏联创新电影的代表作。1961年因《士兵之歌》获列宁奖，还曾多次在戛纳、旧金山以及其他国际电影节上获奖。他是莫斯科电影制片厂专拍实验性电影的创作集体的创始人。其他重要影片有《从前有一个老头和一个老太太》（1965）、《回忆》（1970）、《泥潭》（1978）、《生活是美好的》（1980，苏联、意大利合拍）以及《我教你幻想》（1984）等。

丘吉尔 Churchill, Sir Winston (Leonard Spencer)（1874-11-30～1965-01-24） 英国政治家、首相（1940～1945，1951～1955）。生于牛津郡一贵族世家，卒于伦敦。1894年毕业于桑德赫斯特皇家军事学院。

1895年从军，曾参加英国在印度、苏丹和南非的殖民战争。1906年作为自由党议员进入下院。主张自由贸易，反对保护主义的关税政策。后历任殖民部次官、贸易大臣、内政大臣、海军大臣和军需大臣、陆军大臣兼空军大臣、殖民大臣等要职。在任海军大臣期间，大力加强海军实力，以回击德国对英国海上霸权的挑战。第一次世界大战爆发后，1915年11月，因加利波利战役失利，引咎辞职。1919年1月出任陆军大臣兼空军大臣，积极参与策划武装干涉苏俄（见**苏俄国内战争**）。1924年作为保守党候选人当选议员，同年任**S.鲍德温**内阁的财政大臣。1926年，主张镇压工人总罢工。20世纪30年代，对来自德国的威胁不断发出警告，主张重整军备，反对**N.张伯伦**姑息德国侵略的**绥靖政策**，主张联合法国和苏联，依靠**国际联盟**来阻止德国的侵略。

1939年9月德国入侵波兰后，丘吉尔任张伯伦政府的海军大臣。1940年5月10日继张伯伦任首相，并兼国防大臣，立即把全国经济纳入战时轨道。丘吉尔政府拒绝德国的诱和，坚持对德作战，同时争取美、苏作为同盟者参战。为了保卫不列颠群岛，亲自视察海防、空防设施。他支持沦陷国家开展**抵抗运动**，支持沦陷国家的流亡政府。1941年7月12日签订《英、苏在对德战争中联合行动的协定》。8月9日，丘吉尔和**F.D.罗斯福**签署《**大西洋宪章**》。太平洋战争爆发后，丘吉尔与美国缔结一系列条约。先后参加德黑兰会议、**雅尔塔会议**和波茨坦会议等国际会议。在处置战败的德国、波兰的疆界变动和政府组成等问题上，极力维护英国的利益。

1945年7月大选中保守党失败，丘吉尔辞去首相职务。1946年3月5日，在美国密苏里州富尔顿发表题为《和平砥柱》的演说。富尔顿演说揭开了战后**冷战**的序幕。

1953年，丘吉尔被封为爵士，获“嘉德勋章”。同年获诺贝尔文学奖。1955年4月5日正式退休，但直到1964年7月一直任下院议员。

丘吉尔还是一位演说家、政论家和作家。主要著作有《伦道夫·丘吉尔勋爵传》（1906）、《世界危机》（1923～1929）、《第二次世界大战回忆录》（1948～1954）和《英语民族史》（1956～1958）等。

丘就却 Kujūla Kadphises（?～约75） 贵霜帝国的创立者。即迦德菲塞斯一世（约15～65年在位）。原为大夏的贵霜侯。公元1世纪20年代，贵霜翕侯部开始强大。丘就却最初依附立国于喀布尔的中亚希腊王赫尔谟尤斯。30年代，帕提亚人冈多弗纳斯大王灭赫尔谟尤斯后，丘就却得以摆脱希腊人羁縻。40年代末，冈多弗纳斯卒，其王国势力大衰，丘就却乘机南下，于50年代初夺得战略要地喀布尔河谷，并正式采用王中之王的称号，创立贵霜帝国。接着，又向东扩张，于60年代吞并罽宾和坦叉始罗（今巴基斯坦白沙瓦一带）。丘就却对文化传统、宗教信仰采取兼容并蓄的宽容政策。此外

还成功地协调各民（部）族之间的关系，为贵霜帝国的进一步发展奠定了基础。

他在位时，佛教正式传入中国。

丘陵 hills 海拔高度在500米以下，相对高度在200米以下，坡度较缓的低矮隆起高地。山地与平原之间的过渡。成因：地壳抬升幅度和速度均较小，形成低矮的丘陵；

意大利多斯加尼丘陵

原为高峻的山地，经长期侵蚀或剥蚀，被夷平成低矮的丘陵。丘陵可以是孤立的，也可以是连绵成片的。孤立的山丘被称为残丘或岛山。

丘特切夫 Tyutchev, Fyodor Ivanovich (1803-12-05～1873-07-27) 俄国抒情诗人。生于奥尔洛夫，卒于圣彼得堡。早年受过良好教育。1819年入莫斯科大学语文系学习，毕业后先后在慕尼黑和都灵等地外交机关任职20年，并从事诗歌创作。

一生的诗作约400首，大多为哲理、风景、爱情诗。代表性作品包括组诗《寄自德国的诗》(1836)，抒情诗《春》(1838)、《波浪和思想》(1851)，献给恋人的组诗和悼亡诗等。俄国象征派诗人视其为先师、象征主义抒情诗的创始人。

邱处机 Qiu Chuji (1148～1227) 中国金、元时道士，全真道龙门派创始人。字通密，号长春子，世称长春真人。登州栖霞人（今属山东）。世为显族名姓。19岁出家于宁海，执弟子礼于王重阳。师卒后，入磻溪穴居，历时6年。后又赴陇州龙门山（今宝鸡市东南），隐居潜修7年，创全真道龙门派。

长春真人像

大定二十八年（1188），世宗召见至燕京（今北京）问以至道，并主持万春节醮事。明昌元年（1190），金章宗以“惑众乱民”为由，下诏禁罢全真道等教，邱处机即东归山东栖霞。兴定三年（1219），居莱州昊天观，南宋及金朝先后遣使来召，俱不赴。

兴定四年（1220），应元太祖成吉思汗之邀，偕弟子尹志平等18人，历时2年，到达西域，晋见成吉思汗。太祖深信其言，赐号“神仙”、“大宗师”尊号。元太祖十九年（1224），返归燕京，太祖赐以虎符、玺书，命其掌管天下道教。遂于燕京建立平等、明真等8个教会，于各地建立宫观，扩大全真道的影响。元太祖二十二年，诏改太极宫为长春宫，赐邱处机金虎牌，主领道教。七月，卒于宝玄堂，殡于白云观处顺堂。至元六年（1269）诏赠“长春演道主教真人”。元武宗至大三年（1310）加封为“长春全德神化明应真君”。

邱处机传承全真道法，其论修道，主张修道者应出家，断绝一切尘缘；以清心寡欲、去爱欲、离声色、除妄念、复真性为修道成仙之本根。其著述有《大丹直指》、《鸣道集》、《玄风庆会录》、《摄生消息论》、《磻溪集》等。

邱吉彩 Qiu Jicai (1900～1973) 中国常德汉剧演员。工丑。湖南常德人。11～14岁在科班习艺。出科后在洞庭湖滨及沅江、澧水上游一带流动演出，以武功特技崭露头角。后师承胡春阳，并博采众长，跨班苦学“一家戏”。他文、武、高（腔）、弹（腔）兼擅，以擅演焦光普（《拦马》）、撮狗（《捉撮狗》）、督邮（《鞭打督邮》）、蒋干（《蒋干盗书》）、张文远（《活捉三郎》）、何乙保（《何乙保写状》）等人物著称。中年后演技益精，以《祭头巾》享誉剧坛。

邱少云 Qiu Shaoyun (1926-07～1952-10-12) 中国人民志愿军一级英雄。战士。四川铜梁人。1949年12月参加中国人民解放军。1951年3月参加中国人民志愿军赴朝作战。1952年10月11日，在反击金化以西391高地战斗中，他和战友奉命夜间潜伏距敌前沿60余米的蒿草丛中等待进攻。次日12时左右，美军发射的一颗燃烧弹在身边燃起烈火，为确保全体潜伏人员的安全和攻击任务的完成，他忍受着烈火烧身的剧痛坚持不动，直至壮烈牺牲。战后，所在军党委根据他生前意愿，追认他为中国共产党党员，并追授“模范青年团员”称号。志愿军总部于1952年11月6日为他追记特等功，1953年6月1日追授“一级英雄”称号。同年6月25日，朝鲜民主主义人民共和国最高人民会议常任委员会追授“朝鲜民主主义人民共和国英雄”称号和金星奖章、一级国旗勋章。

邱岳峰 Qiu Yuefeng (1922～1980) 中国译制片演员。原籍福建福州。生于黑龙江呼伦贝尔（今属内蒙古）。曾用名邱呼生、欧阳月枫。1942年肄业于北平外国语学校，同年参加话剧演出。1950年进入上海电影制片厂翻译片组任译制片演员。他在30年的译制片创作生涯中，为约200部外国影片的主要角色配音，运用语言声音创造性地再现了原来的银幕形象，如《简·爱》中的罗契斯特、《红菱艳》中的莱蒙托夫、《警察与小偷》中的小偷、《大独裁者》中的希特勒和理发师、《凡尔杜先生》中的凡尔杜等。此外，他还执导了匈牙利影片《称心如意》和日本电视剧《白衣少女》的译制；同时在数十部中国美术片和故事片中担任配音，并在中国影片《林则徐》、《傲蕾·一兰》中扮演过角色。

邱钟惠 Qiu Zhonghui (1935-12-22～) 中国女子乒乓球运动员。云南绥江人。中学时在学校打乒乓球就小有名气。1953年进入北京体育学院学习，不久被选为中国乒乓球队队员。左推右攻打法，正手攻球及拉攻技术好。1957年，作为中国女队主力队员参加第24届世界乒乓球锦标赛，获女子团体第3名。1959年和同伴一起获第25届世界乒乓球锦标赛女子团体第3名，并获女单和女双第3名。1960～1962

年连获3届全国乒乓球锦标赛女子单打冠军。1961年获第26届世界乒乓球锦标赛女子单打冠军，是中国第一个乒乓球女子单打世界冠军获得者。国家体委给她记特等功并授予体育运动荣誉奖章。1969年担任国家乒乓球女队教练员，1973年后从事体育科研工作。2002年底，中国乒协向其颁发中国乒乓球队建队50周年终身成就奖。

龟兹 Qiuci 西域古国名，中国唐代安西四镇之一。又称丘慈、邱兹、丘兹。古代居民属印欧种。回鹘人到来后，人种和语言均逐渐回鹘化。龟兹国以库车绿洲为中心，最盛时辖境相当于今新疆轮台、库车、沙雅、拜城、阿克苏、新和6县市。都延城，唐代称伊逻卢城（今新疆库车东郊皮朗古城）。西汉时隶属于匈奴。汉昭帝元凤四年（前77），龟兹服从于汉。神爵二年（前60），汉廷在龟兹东乌垒城设西域都护。王莽时重又隶属于匈奴。东汉明帝永平十六年（公元73），汉使班超经营南道，北征匈奴，西域各国重与汉通。和帝永元三年（公元91），龟兹降汉。汉以班超为都护，居龟兹它乾城。但因与中原交通被阻，西域都护撤回。终汉之世，龟兹叛服不常。魏晋时，龟兹遣使入贡。其后，先后顺属前凉、前秦、北凉。又向北魏遣使朝献。5世纪中叶，龟兹一度为柔然部控制。5世纪末，曾隶属于西方强国哌哒。此后，龟兹曾先后遣使于北魏、北周和南朝的梁。隋代时，龟兹臣属于北方西突厥汗国。炀帝大业十一年（615），曾遣使入朝。唐初，龟兹与唐有交往，但仍附属于突厥。贞观十八年（644），唐军攻焉耆，龟兹与焉耆连兵相拒。二十一年，唐兵进击龟兹。翌年擒其国王、权相，唐移安西都护府于龟兹。显庆三年（658）唐将安西都护府迁至龟兹都城，下设龟兹、于阗、焉耆、疏勒四镇，龟兹开始成为唐朝统治西域的中心。由于吐蕃势力进入西域，唐被迫多次放弃龟兹等四镇。直到武则天长寿元年（692），才恢复四镇，此后约百年间，安西都护府得以稳定在龟兹，故龟兹王城又称作安西。在德宗贞元六年（790）前后为吐蕃攻占。

840年后，龟兹进入西州回鹘势力范围，人种也逐渐回鹘化。随着黑汗王朝（操突厥语的民族在今新疆、中亚建立的封建王朝）的强盛，大概在11世纪末，龟兹脱离西州回鹘，归附喀什噶尔汗，皈依伊斯兰教。从此，龟兹不再是一个独立或半独立的政权。乾隆二十三年（1758）归入清版图，定名库车。龟兹地区气候温热，盛产麻、麦、葡萄、梨、桃等；出良马、封牛；山中有矿，故黄金、铜、铁等冶铸业闻名西域；又因处在丝绸之路干线上，中转贸易发达，龟兹锦尤负盛名。在伊斯兰化以前，一直以佛教为国教，是西域小乘佛教的中心。龟兹乐从前秦吕光西征时传入河西，再入中原。隋乐有西国龟兹、齐朝龟兹、上龟兹三部。入唐后，龟兹乐又编为十部乐之一。

秋分点 autumnal equinox 太阳沿黄道由北向南通过天赤道的那一点；与春分点相对。见分至点。

秋海棠 *Begonia grandis*; begonia 秋海棠科秋海棠属的一种。中国主产长江以南各

省区。日本也有分布。多年生草本，有球形块茎，叶腋间生珠芽。叶互生，阔卵形，偏斜，边缘波状，有细尖齿，叶背和叶柄微带紫红色。聚伞花序腋生，花淡红色，雄花被片4枚，雄蕊多数，雌花被片5枚，雌蕊心皮3，合生，子房下位，3室。蒴果具3翅，其中一翅较大。盛花时期，一抹轻红。花姿优雅动人，是中国著名花卉。喜生于阴湿地方，特别是郁闭的林下，但常见多为盆栽。全草及块茎药用，有健胃、行血、消肿、驱虫之效。

《秋胡戏妻》 *Qiuhu Flirting with His Wife* 中国元代杂剧作品。作者石君宝，平阳（今山西临汾）人。生卒年不详。《秋胡戏妻》为其代表作。故事本出自刘向《列女传》，但作了很大改造。写军户秋胡新婚三天，即被迫从军，其妻梅英采桑度日，奉养公婆，抗拒诱惑，坚不改嫁。十年后，秋胡做官返乡路经桑园，调戏已不相识的妻子，被梅英痛加斥责。梅英回家后，得知此人即是丈夫秋胡，立即要求离异，宁肯沿街讨饭，也不屑一顾冠帔官诰。由于婆婆说情，并以死相挟，她才勉强认了秋胡。此剧在戏曲发展史上有一定地位，京剧《桑园会》即渊源于此。

秋瑾 Qiu Jin（1875-11-08～1907-07-15） 中国清末杰出的革命家。字璿卿，号竞雄，别号鉴湖女侠。浙江山阴（今绍兴）人。自幼爱读书，工诗文，好骑马击剑。1896年，在湖南依父命嫁湘潭富绅子王廷钧。1903年，随王去北京居住。时值八国联军入侵后不久，她目睹民族危机的深重和清政府

的腐败，决心献身救国事业。于是冲破封建家庭的束缚，于1904年夏东渡日本留学，常参加留学生大会和浙江、湖南同乡会集会，登台演说革命救国和男女平权道理。并创办《白话报》，以“鉴湖女侠秋瑾”署名，撰写文章。1905年初，在日语讲习所毕业后归国。分别在上海、绍兴会晤蔡元培、徐锡麟，并由徐介绍参加光复会。同年7月，回到日本，不久入青山实践女校学习。由冯自由介绍，在黄兴寓所加入同盟会，被推为评议部评议员和浙江主盟人。

1906年初，秋瑾在反对日本文部省颁布的限制中国留学生的“取缔规则”风潮中，愤而归国。1907年1月，在上海创办《中国女报》，并为该报写了《发刊词》，号召女界为“醒狮之前驱”，“文明之先导”。旋因母丧回绍兴，又先后到诸暨、义乌、金华、兰溪等地联络会党。并应大通学堂之邀主持校务。遂以学堂为据点，继续派人到浙省各处联络会党，自己则往来杭、沪间，运动军学两界，准备起义。7月6日，徐锡麟在安庆起义失败，其弟徐伟的供词中牵连秋瑾。10日，她已知徐失败的消息，表示“革命要流血才会成功”，她遣散众人，毅然留守大通学堂。14日下午被捕。她坚不吐供，仅书“秋风秋雨愁煞人”以对。次日凌晨就义于绍兴轩亭口。著作辑为《秋瑾集》。

《秋菊打官司》 *The Story of Qiu Ju* 中国故事片。中国青年电影制片厂、香港银都机构有限公司1992年摄制。编剧刘恒，导演张艺谋，主要演员巩俐、雷恪生、刘佩琦。影片通过农村妇女秋菊在村、乡、县、市逐级上访告状的经历，展示了中国城市与农村的各个方面，表现了中国特有的传统文化、生活状况和心态。影片娴熟的纪实风格标志着张艺谋美学观的一次新飞跃。本片获1992年第49届威尼斯电影节金狮奖、最佳女演员奖。

秋千 swinging 中国民间传统体育游戏的一种。一般情况下，秋千架为竖立于地上的两根圆木，顶端架一圆木固定，上系两根绳索，绳端系有一短木板，游戏时人立或坐于板上用力蹬荡。起源众说不一，一说源于西域，又说源于印度，也说源于汉武帝时。唐代被称作“半仙之戏”。历代从宫廷至民间均有广泛开展。比赛分高度和触铃两种，各又分单人、双人两种形式。高

秋千比赛

度比赛以在规定的起荡次数内能达到的高度大小来决定胜负；触铃比赛以在规定的时间内在一定的高度上触碰响铃的次数多少来决定胜负。在1986年第3届**全国少数民族传统体育运动会**始列为正式比赛项目。中国的学校、公园及许多娱乐场所大多置有各种秋千。

秋色叶树 fall colour tree 秋季叶变成红、黄等色彩，形成供观赏的秋色季相景观的树木。

树叶变色的原因是入秋后气温逐渐下降，叶片中叶绿素的合成受阻并逐渐破坏消失，而其他色素体因能耐较低的温度，其颜色就逐渐呈现。不同色素体的数量在变化的生态条件下常有增减或消失，使叶片呈现出颜色的变化。除气温条件外，晴天多、光照足、昼夜温差大、天气与土壤偏于干旱的条件，都能使秋色叶变得更加绚丽多彩。

中国秋色叶树资源丰富，观赏价值较高者不下200余种，除**银杏**、**槭树**、**乌桕**、**漆树**、**山楂**、**柿**、**核桃**、**金钱松**、**落叶松**、**榉树**、栎等秋叶能变色外，重要种类还有黄栌、盐肤木、火炬树、枫香、石楠、卫矛、连香树。

秋田雨雀 Akita Ujaku (1883～1962) 日本剧作家、小说家。原名德三。生于青森。1907年毕业于早稻田大学英文科，1909年开始发表剧本，1911年出版小说戏剧集《幻影与夜曲》，两年后出版另一部戏剧集《埋葬了的春天》。这些早期作品具有浪漫主义色彩，多用象征手法。1918年以后，陆续出版了《三个灵魂》、《佛陀和幼儿的死》、《国境之夜》等戏剧集，并发表了《骷髅的跳舞》、《围着棺材的人们》、《手榴弹》等剧作。这一时期他接受了社会主义学说的影响，创作方法也转向现实主义，作品主要反映劳苦大众的悲惨生活，批判现实，抒发作者的革命民主主义激情。

秋狝 中国清代皇帝秋季围猎。清政府在承德修建避暑山庄。每年秋天皇帝到木兰围场行围射猎，举行秋狝典礼。召集蒙、藏、维等各族王公大臣轮流前来聚会，在这里联欢赐宴，颁行赏赐。此外还通过各种娱乐活动，达到“上下情相浃”，笼络各族上层人物。

秋燥 epidemic fever due to Autumn-Dryness 中医学中秋季感受燥热之邪而引起的以唇、口、鼻腔、咽喉及皮肤干燥少津为特征的外感热病。秋燥病情一般较轻，传变少，预后较好。秋燥初起邪在肺卫，中期可见邪入阳明，后期可伤及肺胃阴液。治疗以滋润为主，忌用苦寒清泻法。临床常见以下证型：①邪在肺卫。属温燥者，证见发热、微恶风寒、口渴咽干、咳嗽少痰、舌红苔燥、脉数。治宜辛凉甘润，轻透肺卫，方用桑杏汤。属凉燥者，证见发热恶寒，头痛鼻塞、咳嗽稀痰、咽干、苔白欠润、脉浮。治宜辛温甘润，宣肺解表，方用杏苏散。②燥热伤肺。证见身热而喘，干咳无痰，舌红苔黄，脉细数。治宜清燥润肺，方用清燥救肺汤。③肺燥肠闭。证见胸满咳嗽，便秘腹胀。治宜清肺润肠，方用五仁橘皮汤。④腑实阴伤。证见身热便秘，腹胀疼痛，苔燥，脉沉细。治宜滋阴通下，方用增液承气汤。⑤肺胃阴伤。证见身热稍退，口干咽燥，干咳无痰，舌红少苔，脉细数。治宜滋养肺胃，方用沙参麦冬汤。

蚯蚓 earthworm; angleworm **环节动物门**寡毛纲陆栖种类的通称。俗称地龙、蛐蟮。全世界1 800余种，几乎世界各地凡湿度合适、含有足够有机物质的土壤中均有

参环蚯蚓

分布。体细长；分节，数十节至数百节不等。每一节上多有数十条至百余数刚毛。无视觉和听觉器官，但躯体能感受光线和震动。没有专门的呼吸器官，但有发育良好的循环系统，由体表吸收氧气，排出二氧化碳。多怕光，常夜间出来觅食、交配。为杂食性动物，以土壤中腐烂的生物体为食，同时吞下大量土壤、沙及石屑，每日进食量和排泄量约与体重相等。雌雄同体，但行异体交配。成熟期约六个月，有的个体可活十年或更久。

楸树 *Catalpa bungei*; manchurian catalpa **紫葳科**梓树属的一种。落叶乔木。又称萩、金丝楸、梓桐等。梓树属约13种。产于亚洲及美洲。中国产5种，另1911年自美洲引入栽培种3种。分布于黄河流域及长江流域。

树高可达30米，胸径约1米。主干通直。单叶，叶片大，基部脉腋有紫色块状腺斑。花大形，成顶生总状花序，粉紫色，内有紫色斑点。结果细长似豇豆角状，含种子多数。喜光。喜温暖湿润气候，不耐寒冷。适深厚肥沃、疏松的土壤，不耐干旱瘠薄，也不耐水湿，低洼积水处不能生长。稍耐盐碱。生长较快，寿命长。主根明显，侧根粗壮，萌蘖力强。多用埋根方法繁殖。在有结实母树的地方，可用播种育苗繁殖。

木材软硬适中，耐腐力强，为高级家具及室内装修用材。树皮、叶、种子可入药。楸树高大挺拔，叶荫浓，花美观，对城市有毒气体抗性强，为优良用材树及绿化树种。

仇士良 Qiu Shiliang (781～843) 中国唐朝文宗时当权宦官。字匡美。循州兴宁（今广东兴宁北）人。唐宪宗时任内给事，数出为监军，复入为五坊使。文宗大和九年(835)，为神策左军中尉。文宗与李训、郑注等谋诛宦官，因计划不周，未能成功（见**甘露之变**），仇士良与右军中尉鱼弘志（一作志弘）等遂大肆诛戮朝臣，挟持文宗。从此宦官更为专横。宰相李石为士良所忌，士良遣刺客刺之。李石幸得免，惧而辞职。开成五年(840)，唐武宗即位，**李德裕**为相，以士良有拥立功，表面尊宠，实抑其权。会昌三年(843)五月，迫士良以内侍监致仕。六月，士良卒。次年，因家藏武器，诏削官爵，籍没其家。

仇英 Qiu Ying 中国明代画家。字实父，一作实甫，号十洲。太仓（今属江苏）人，后移居苏州。一说生于弘治七年(1494)，卒于嘉靖四十年(1561)或嘉靖三十一年腊月前；一说生于成化十八年(1482)，卒于嘉靖三十八年(1559)。出身寒微，初为漆工，兼彩绘栋宇，后改习绘画。他精研“六法”，人物、山水、走兽、界画俱能。他临古功深，落笔乱真，并在继承唐宋以来优秀传统基础上，吸取民间绘画和**文人画**之长，形成自己的特色，对青绿山水和工笔人物尤有建树。其青绿山水境界宏大繁复，物象精细入微，色彩浓丽而又不失明雅，工而不板，严谨精丽中透出文人画的妍雅温润，具有雅俗共赏的格调。存世作品有《桃源仙境图》、《莲溪渔隐图》、《秋江待渡图》、《剑阁图》等。人物画多绘传统题材，有工笔重彩和粗笔写意两种面貌。其精丽的仕女画影响尤大，形成仇派仕女画风。他存世的人物画较多，工笔方面的有《摹萧照〈中兴瑞应图〉》、《人物

《莲溪渔隐图》(故宫博物院藏)

故事图》和《秋原猎骑图》等，大多造型准确，笔法细秀，色彩清艳，精丽之中具文雅之致。粗笔写意人物则线条流畅飘逸，笔法劲健简洁，形象豪放潇洒，存世佳作有《右军书扇图》、《柳下眠琴图》等。

犰狳 Dasypodidae; armadillo 贫齿目犰狳科动物的统称。地栖动物。共8属20种。分布从北美洲至南美洲。体长12.5～100厘米，尾长2.5～50厘米，体重可达50千克以上；上体两侧和四肢外侧常覆盖着骨板与鳞板，构成保护躯体的盔甲。盔甲由几列可动的横带分成前后两部，横带间由弹性皮肤连接，可将身体蜷缩成球状，以防御天敌侵害。耳小；舌能伸缩；前肢3～5指，指爪弯曲强大，后肢5趾，具爪；牙齿细小呈钉状，终生生长。

独个或成对活动。视觉、嗅觉和听觉均较发达。生活于森林或气候温暖而干旱的沙丘及仙人掌丛生的地方。以昆虫、无脊椎动物(如蜗牛、蚯蚓等)、尸肉、蛇及植物为食。每胎产仔1～2只或6～10只。已知一些犰狳的寿命可达16年。代表种是大犰狳、九绊犰狳和小帔蓬犰狳。

大犰狳

许多种犰狳能消灭害虫和毒蛇，也可饲养供展出。因栖息地被破坏以及食肉动物的侵害，分布范围日益缩小，有的属种近于灭绝。已被列入《濒危野生动植物物种国际贸易公约》(CITES) 附录I。

《求是》 *Seek Truth* 中国共产党中央委员会主办的政治理论刊物。前身是1958年6月1日创刊的《红旗》。1988年7月1日，中共中央委托中央党校主办全党理论刊物《求是》，同时《红旗》停刊。1989年6月中共十三届四中全会以后，由中共中央主办。半月刊，大16开本，64页，每月1日、16日出版。读者对象主要是县团级以上党政领导干部及理论工作者。

《求是》杂志社坚持全党办刊方针。辟有："红旗论坛"、"三个代表与党的建设"、"社会主义市场经济"、"民主与法制"、"文化大观"、"科教天地"、"探索与争鸣"、"调查报告"、"地县工作"等栏目。

2000年1月开通网络版。

《虬髯客传》 *Qiuranke Legend* 中国唐代传奇。今人所编唐传奇集均署杜光庭(850～933)。大约此传曾经杜光庭删节，收入《神仙感遇传》，后人遂以为是他的作品。

该书写李靖于隋末在长安谒见司空杨素，为杨素家妓红拂所倾慕，随之出奔，途中结识豪侠张虬髯，后同至太原，通过刘文静会见李世民(即唐太宗)。虬髯本有争夺天下之志，见李世民神气不凡，知不能匹敌，遂倾其家财资助李靖，使辅佐李世民成就功业。后虬髯入扶余国自立为王。篇中故事情节和两个主要人物红拂妓、虬髯客均出虚构，主旨在表现李世民为真命天子，由此宣扬唐王朝统治的合理性。描写人物颇为精彩，红拂的勇敢机智，虬髯的豪爽慷慨，都刻画得鲜明突出，文笔亦细腻生动，艺术成就在唐传奇中属于上乘。后世戏曲用为题材的，有明代张凤翼《红拂记》、张太和《红拂记》、凌濛初《虬髯翁》。又李靖、红拂、虬髯三人，后人称"风尘三侠"。

酋长 chief 不发达社会里社会组织的首领和军事首领。其地位有时是世袭的。他可能有口才，勇武善战，笃信宗教和具有令人信服的品质，在其社会团体如部落、联盟中有很高的威望。平时负责其团体内民事方面的管理。在同外团体发生冲突或需要采取军事行动时便成为本团体的军事首领。但也有上述两种职能由不同的人来担任的。管理日常内部事务的称常务首领；长于作战的领袖称作战首领，战时担任指挥，平时服从常务首领的领导。

酋长国 sheikhdom 以部落首领为元首的国家。如1971～1972年间脱离殖民统治的7个酋长国联合组成的**阿拉伯联合酋长国**，其最高权力机构是7国酋长组成的最高委员会，统一掌管国防、外交和经济发展等事务，各成员国的酋长对本国国家机构拥有绝对的控制权。

球 sphere 空间中最简单的一种几何图形。在空间中到一个定点O的距离为常数r的点构成的集合。定点O称为球心，常数r称为球的半径。

球的特征是它的匀称性。过球心的任意一个平面都是球的对称面。无论从哪个角度去观察球，其形状都是一样的。在空间直角坐标系下，半径为r的球的方程是$x^2+y^2+z^2=r^2$。球的表面积是$4\pi r^2$，它所围的体积是$4\pi r^3/3$。用平面去截球，得到的是**圆**，不相切的两个球相交时，其交线也是圆。

球根花卉 flowering bulbs 具有膨大的根或变态地下茎的草本花卉。因其花朵艳美、栽培简易、用途广泛，在观赏园艺中占重要地位。主要原产地有两个中心：一是以地中海沿岸为代表的冬雨地区，一是以南非为代表的夏雨地区。

全世界栽培的球根花卉有数百种，其中属单子叶植物的约10个科，属双子叶植物的约8个科。按地下部分的器官形态，可分为鳞茎、球茎、块茎、根茎、块根。球根花卉主要利用母株自然形成的新鳞茎、球茎、块茎、块根或根茎等进行分生繁殖。百合、朱顶红等还常取母球鳞片进行**扦插**繁殖。

球根花卉种类繁多，栽培容易，并有适应各种环境条件的种类，是园林布置的理想材料。常用于花坛、花境、岩石园、基础栽植、地被覆盖或点缀草坪等。又是重要的**切花**材料。大多可供盆栽。一部分适合水培，如最常见的水仙等。

球菌 coccus 细菌中的一个大类群。因菌体呈球形或近似球形得名。球菌的形态多种多样，由细菌分裂后产生的新细胞保持的排列方式决定。分裂时沿一个平面进行，分裂后的菌体呈分散状，单独存在的称为单球菌，如尿素小球菌；两个球菌成双成对排列的，称为双球菌，如肺炎双球菌；菌体成链状的称为链球菌，如溶血链球菌、乳酸链球菌。球菌的种类繁多，广泛分布于土壤、水源、水果、谷物等植物表面，也分布于动物和人体的皮肤、毛发及与外界相通的器官。

球蚜 Adelgidae; conifer woolly aphid 同翅目球蚜科昆虫的统称。有45种。主要分布于全北界，波及东洋界、大洋洲界及南美。中国产11种，主要分布于东北、华北和西北以及西南高海拔地区。体长1～2毫米。

背面蜡腺常发达，分泌的蜡粉、蜡丝覆盖虫体。无翅蚜及幼蚜，触角3节，冬型触角甚退化。头部与胸部之和大于腹部。有翅蚜触角5节。前翅有3斜脉，后翅有1斜脉，静止时翅屋脊状。孤雌蚜与性雌蚜均有产卵器，卵生。球蚜大都营异寄主全周期生活。原生寄主为云杉类，形成复杂的虫瘿，形同云杉嫩球果，干母生活在虫瘿中。第二代完全或不完全迁移。次生寄主为松、落叶松、冷杉、铁杉或黄杉等，蚜裸露生活。大都2年一个生活周期。有些种类在次生寄主上营不全周期生活。每年发生2～3代或4～5代。大都以1龄干母在云杉属上或以1龄冬停育型在次生寄主上越冬。危害云杉类幼梢，形成虫瘿，引起树干变形；危害其他针叶幼树，使生长速度大幅度降低，是云杉、红松、红杉和落叶松的重要害虫。

裘盛戎 Qiu Shengrong（1915-08-25～1971-10-05） 中国京剧演员。工花脸。北京人。自幼从父裘桂仙（名净）学艺，1928年入富连成社坐科，受业于萧长华、叶福海、王连平、孙盛文等。1934年出科，搭班演戏。1947年冬成立戎社，成为继金少山之后独立挑班的花脸演员。50年代，加入北京京剧团，长期与马连良、谭富英、张君秋、李多奎等合作。

裘盛戎在京剧《将相和》中饰廉颇

裘盛戎继承家学，在唱功方面有独到建树，世称“裘派”。他所创的唱腔继承了净脚传统唱腔雄浑豪放的风格，又融合了老生、青衣唱腔中低回婉转的抒情特色，形成韵味醇厚，含蓄细腻的独特风格，把花脸唱腔推到了新的境界。在做功方面，工架稳健严谨、刚柔相济，动作洒脱大方、节奏鲜明，更能利用髯口的撕、推、拢、托、甩和水袖的舞动，着力表现人物情感的变化。裘盛戎能戏很多，特别以演铫期（全本《铫期》）、包拯（《铡美案》、《赤桑镇》、《打龙袍》等）、廉颇（《将相和》）、魏绛（《赵氏孤儿》）最为成功。在现代戏《雪花飘》、《杜鹃山》中，对花脸行当的表演，又有所创造。他还参加了影片《群英会》、《铡美案》的拍摄。传人有方荣翔等。

区际冲突法 inter-regional conflicts law 解决一个国家内部具有独特法律制度的不同地区之间的民商事法律冲突的法律规范的总称。又称区际私法。例如美国的州际私法，加拿大的省际私法，中国内地与香港、澳门、台湾之间的法律冲突法。许多国家由于各种不同的历史和现实的原因，其内部存在两个或两个以上的具有独特法律制度的区域。这种区域称法域、法区或法律区域，其内部存在两个或两个以上法域的国家称多法域国家、复合法域国家或法制不统一国家。在这种多法域国家，各法域之间的民商事交往十分频繁，区际法律冲突自然不可避免。为审理不同法域当事人的民商事案件，确定以哪个法域的法律为适用于该案的准据法，区际冲突法便应运而生。

特性 区际冲突法具有如下特性：①是国内法。②是民商事法律适用法。与国际冲突法相似。③同国际私法既有区别又有联系。其区别为解决一国之内不同法域法律冲突与解决国际间不同国家法律冲突之不同；其联系为既有历史发展方面的联系，又往往适用共同的冲突规范，例如侵权行为适用侵权行为地法。

中国的区际法律冲突 中国香港和澳门两特别行政区享有行政管理权、立法权、独立的司法权和终审权，这意味着香港和澳门的法制不同于内地的法制，中国已出现一国两制多法域的局面，成为多法域国家。从宪政的角度讲，在中华人民共和国内，社会主义制度、社会主义法制仍然是主体。但从冲突法的角度讲，因内地、香港、澳门和台湾的人民相互往来已十分频繁，而这些地方又是互为独立的法域，在区际民商事交往中，当某一事项或一项争议涉及两个或两个以上的法域时，究竟应当用哪个地区的法律处理争议，区际法律冲突便不可避免地产生了。

中国区际法律冲突的特点 主要有：①是一种特殊的单一制国家内的区际法律冲突。②既有属于同一社会制度的法域之间的法律冲突（如香港、澳门和台湾之间的法律冲突），又有社会制度根本不同的法域之间的法律冲突。③既有同属一个法系的法域之间的法律冲突，如台湾和澳门的法律制度深受大陆法系的影响；同时，又有分属不同法系的法域之间的法律冲突，如属普通法系的香港法律与属大陆法系的澳门法律之间的冲突。④不仅表现为各地区本地法之间的冲突，而且有时表现为各地区的本地法和其他地区适用的国际条约之间以及各地区适用的国际条约相互之间的冲突。⑤各法域都有自己的终审法院，而在各法域之上无统一的终审法院。⑥在民商法或私法领域，中国的区际法律冲突是在特定时期（至少50年）内在内地适用的全国性法律和特别行政区法律之间的冲突。⑦范围极其广泛。特别行政区在其管辖事项上有广泛的立法权，导致各特别行政区的法律差异极大，在广泛的领域会产生区际法律冲突。⑧从两个基本法的规定来看，香港和澳门特别行政区实施的全国性法律仅限于基本法以及有关国防、外交和其他按基本法不属于其自治范围的法律，故直接通过全国性立法来解决中国区际法律冲突的可能性不存在。

中国区际法律冲突的解决原则和途径 一般认为，解决中国区际法律冲突应遵循如下原则：①促进和维护国家统一原则。②“一国两制”原则。③平等互利原则。④促进和保障正常的区际民商事交往原则。

无论通过什么途径解决中国内地、香港、澳门、台湾相互之间的区际法律冲突，都可借助于在中国及其香港、澳门地区适用的国际私法条约，包括统一冲突法条约、统一程序法条约和统一实体法条约。尽管从原则上讲，一国内部各地区之间的关系不能直接用国际条约来调整，但是，既然某一条约在各地区都适用，意味着各地区在该条约所规定的问题上形成一致，不存在实质上的法律冲突，那么，将该条约的规定通过某种形式转换成解决区际法律冲突的规定，是有效的法律协调方式。

区位论 location theory 社会经济客体在地理空间中的分布、集聚和相互关系的学说。经济地理学乃至地理学和经济学的重要基础理论之一。区位理论萌于18世纪，19世纪初至20世纪40年代先后形成4个代表性的区位论：农业区位论、工业区位论、中心地理论（又称城市区位论）、市场区与市场网理论。它们所寻求的目标是不相同的，但它们的假设前提、研究方法、表达形式等却是基本类似的。即假设研究的区域是与外界隔绝的“孤立国”，是域内不存在自然条件差异的“均质区”；方法上在掌握一定考察和记录资料基础上，运用严格的几何推导和逻辑推理，归纳和演绎出理论模型；表达的是单项的区位决策，考虑因子相对较少，没有复杂的数学运算，模型所表现的是静止的、局部的均衡状态。宗旨在于揭示人类社会经济活动的空间法则。包括1826年德国J.H.von屠能发表《孤立国对于农业及国民经济之关系》，从经济地租出发创立农业区位论。德国A.韦伯于1909年发表《工业区位论》，德国W.克里斯塔勒和德国A.廖什分别于1933年和1940年创立的中心地学说、市场区与市场网理论。这时期的区位论称为静态区位论、古典区位论。

第二次世界大战以后发展成为动态区位论，代表性学派有成本学派、市场学派、成本-市场学派、社会学派、行为学派和边际区位学派等，尤以美国W.艾萨德对区位理论的全面发展作的贡献最为突出，他和他领导的研究集体奠定了区域科学的理论基础。

区位论的研究长期以来是地理学的核

心内容之一，促进了地理学的发展。区位论研究涉及的对象，从传统的第一、第二产业，发展到第二、第三产业和城市，目前已发展到着重在城市和区域方面。

区域 region 用某个指标或某几个特定指标的结合在地球表面中划分出具有一定范围的连续而不分离的空间单位。一般认为，区域主要由其内部的均质性和内聚性决定的。分为：①内部具有均质性的区域，如雨量区、气候区。②具有一定吸引辐射范围的区域，如经济区、贸易区等。③内部起着共同职能作用的功能区，如城市中的居住区，工业区等。④人为决定的管理区，如行政区、教区等。

区域地理学 regional geography 研究某一特定地区地理环境的特征、结构、发展变化以及区域分异、区际联系的学科。地理学的主要分支学科。它不仅揭示地理环境的自然特征，而且考虑社会、经济、历史因素，强调研究人地关系的地域系统，研究人类活动与环境的相互作用和影响。对于合理开发利用自然资源、国土整治、解决区域生态环境、人口问题、制定区域发展规划及区域社会经济可持续发展有重要意义。

区域地理学的历史与地理学的历史一样久远。许多早期地理著作都可被认为是区域地理著作。如中国战国时期的《尚书·禹贡》、古罗马斯特拉波的《地理学》等。近代地理学的创建人德国的A.von洪堡和C.李特尔对区域地理学的发展作出了重要贡献。洪堡的《新大陆热带地区旅行记》(30卷，1808～1827)，是关于拉丁美洲的第一部区域地理著作。李特尔在名著《地学通论》中提出区域概念和不同等级单位，强调地理学的两个基本部分：部门地理学（又称系统地理学）和区域地理学。随着科学的发展，地理学发生学科分化，但区域地理学始终是地理学最稳定的组成部分，受到许多地理学家的重视。20世纪80年代以来，经济全球化导致全球性的生态、环境、资源、人口等问题日益突出，使区域间的相互联系和影响加深，许多地理学家认识到人类面临的许多重大问题最终都将落实到区域的层面上，地理学的区域综合研究重新受到重视，也为区域地理学提出新的任务。科学技术的发展也为区域地理学研究提供了坚实的技术支撑，区域地理学引入系统论、数量分析、计算机技术、遥感、地理信息系统、互联网络等新方法，现代区域地理学进入定量研究阶段。

区域地理学的研究内容主要有：①编纂地理志。②区域人地关系研究。③区域景观研究。④区域分异和区划研究。⑤区域地理调查和规划。⑥专题性区域研究。

区域地理学主要分为：①区域自然地理学，着重研究区域各个自然地理要素的相互关系；区域自然地理环境的特征、结构、形成、演化过程及区域分异规律。②区域人文地理学，着重研究区域人地关系，探讨区域中各种人文现象的分布、变化、扩散以及人类社会活动的空间形式和结构。③综合区域地理学，强调自然与人文的相互结合与统一，注重对区域自然地理要素和人文地理要素的区域综合和空间联系的研究。

区域规划 regional planning 为实现一定地区范围的开发和建设目标而进行的总体部署。属于空间布局规划。主要任务是根据区域的发展条件，从其历史、现状和发展趋势出发，明确该区域社会、经济发展的总体战略，并对区域开发和建设的有关内容进行布局规划。内容主要包括区域社会经济发展战略规划、土地利用总体规划、工农业生产布局总体规划、城镇体系和乡村居民点规划等综合规划内容，以及区域性基础设施规划、环境治理和保护规划等专项规划。常见的区域规划方法有系统法、传统的综合方法、区域比较法和数学模拟法。

区域经济 regional economy 在一国国民经济的地域单元中以一定地域为范围并与经济要素及其分布密切结合的区域发展实体。

发展战略　区域经济发展战略是指对特定区域内经济长远发展的全局性的谋划，主要是为实现地区经济社会发展总目标指明前进的方向，制订相应的策略和行动纲领，在此基础上，再制订地区发展规划和计划。无论是哪一个地区的区域发展战略，都应体现以下几个原则：即充分发挥市场对资源配置起基础性作用的原则、从实际出发的原则、系统性原则、开放性原则和可操作性原则。这些原则既应体现全国性的指导方针，又应充分反映本地区的区域特点；将区域经济发展方针具体化和量化，提出区域经济发展的可行目标，分别从产业结构、空间布局和时序安排上提出区域经济发展的战略重点、战略布局和战略步骤。由于各地经济发展水平、阶段和面临的任务各不相同，不同类型的地区其发展战略所采取的对策肯定不一样。大体可分为待开发阶段地区、处于成长阶段地区和处于发达阶段地区。正确分析区域所处发展阶段，是制订区域经济发展战略的基本出发点。

区域经济增长与产业结构　区域经济增长一般指区域国民生产总值不断增加的总体趋势，与之相伴的是人均收入提高、就业规模扩大和城市人口增多，在经济增长基础上，使经济社会结构不断优化和高效化，并保持区域经济的可持续发展。区域发展既表现为总量的增长，又体现为结构的优化。总量增长既由于资金积累、劳动力增加或素质提高，以及技术进步等作用而引起一个地区的商品和服务总产出的增加，更同形成人力资本的教育的发展有重要的关系，成了区域可持续发展最重要的资源。区域产业结构，包括主导产业、关联产业和基础产业，其优化过程应体现新产业替代原有产业，新技术置换原有技术，实现产业升级和优化。区域结构中还包括区域空间结构，使产业以不同强度合理分布，并集聚在城市中心，通过乘数效应和扩散效应，带动整个区域发展。相应地，必然要研究城镇体系在区域经济发展中的基本功能；城镇体系的建设与布局。

区域经济政策　是政府运用国家干预，优化资源空间配置，控制区域差异扩大，协调区际关系，解决发展中出现的种种区域性问题，以推动地区协调发展所实施的政策和政策体系。包括由中央政府及其所属的各有关机构制定的各项国家区域政策，是国家宏观经济政策向地方的直接延伸，以及由地方政府制定的各项地方经济政策，通常考虑的主要是地方经济利益，但并不违反国家的宏观经济政策，而是各项国家区域经济政策的具体化和补充。

①特征。普通意义的区域经济政策是国家层次的政策，它具有3个明显的特征：ⓐ有限性。即它必须与其他政策配合运用才能发挥更大的作用。ⓑ系统性。即政策本身是一个体系，在作用方向相同的前提下，各项政策要相互衔接，相互配合。ⓒ阶段性。即在区域发展的不同阶段，因区域问题的类型和性质不一样，采用的区域政策也就不同，并应适时更新，转换区域经济政策。

②总目标和经济动机。在发达市场经济下区域经济政策的总目标，可概括为追求经济效率与社会公平的最大化。重要的是为了纠正市场缺陷，因为市场机制不可能自行实现区域均衡发展与解决社会公平问题。其动机是消除“问题区域”的主要困难，包括4种类型：ⓐ贫困地区，即经济发展水平绝对落后的地区，其经济结构中初级产业部门居主导地位。ⓑ萧条衰退地区，主导产业是传统第二产业，随着时代的发展，这些产业由创新阶段进入衰退阶段。ⓒ拥挤（旧城）地区，是经济发展水平绝对发达的地区，潜在问题是产业、人口过于集中，地区规模急剧膨胀，外部不经济现象开始出现，环境污染等公害造成环境成本上升，生活开支加大而生活质量下降。ⓓ边界地区，区域问题与民族、宗教、国防、文化等问题相关，对非经济问题采取经济办法解决的范围在扩大。

③主要内容。ⓐ促进区域经济协调发展，逐步缩小地区发展差距，保持“差异的适度范围”的政策。ⓑ运用财政转移支付以缩小地区间居民收入水平的区域补偿政策。ⓒ对不发达地区加大公共投资的政策，以促进地区间社会、基础设施的均衡发展。ⓓ产业布局政策，为“取长避短，发挥优势”创造外部环境的政策。ⓔ扶持贫困地区和鼓励高新技术开发区的政策等。

中国区域经济发展　中国是一个发展中的大国，又是区域经济发展很不平衡的大国，表现出有别于其他国家的特殊性。

中国区域经济发展条件差异性较大，区域间自然地理、资源禀赋、经济技术水平和社会历史沉积等方面都有差异，如自然地理和资源禀赋西高东低，经济技术与经济效益水平东高西低，形成中国区域经济从不平衡至相对平衡发展将是一个较长的历史过程。中国区域经济发展大体经历了改革开放前30年和后30年两个阶段。其中前30年经历了3个时期：①“一五”时期。强调均衡布局，注重内地发展，投资的区域分配较合理。②“大跃进”和经济调整时期。先是强调分散布局，要求区域自成体系，导致产业结构趋同化，不得不关停并转迁了大批已建成或在建的项目，造成重大损失。③三线建设时期。呈现出向内地局部地区倾斜布局的特征。20世纪80年代以后，中国明确了区域经济发展以提高国民经济整体效益优先、效率优先的指导思想，按东、中、西三大地带序列，分阶段、有重点、求效益地展开布局，继续实施向东部沿海地区倾斜的投资和布局政策，同时扩大地方经济权限，对老少边穷地区实行扶持和补偿政策。到80年代后期初步形成了“经济特区——沿海开放城市——沿海经济开放区——内地”的区域发展新格局。但地区经济差距不断扩大，重复建设严重，地区分割与封锁突出。为此90年代初提出了地区经济发展的新的总方针是：按照鼓励先富，带动后富，东西联合，共同富裕的指导思想和“因地制宜、各展所长、优势互补、共同发展”的原则，促进地区经济合理布局和健康发展，2006年公布的“十一五”规划纲要专列“促进区域协调发展”一篇，要求坚持实施推进西部大开发，振兴东北地区等老工业基地，促进中部地区崛起，鼓励东部地区率先发展的区域发展总体战略，健全区域协调互动机制，形成合理的区域发展格局。

区域经济一体化　regional economic integration　相邻近或特定地域范围内两个或两个以上国家（地区），为维护和实现共同利益，通过签订政府间协定，乃至建立共同的授权机构，实行不同程度的联合，向结成一体的方向发展，进行稳定的超国家（地区）的经济调节的组织或联盟。

区域经济一体化的产生可上溯到1932年英国与英联邦成员国共同组成的英联邦特别优惠关税区。20世纪90年代，区域经济一体化快速发展，其中欧洲联盟（EU）的形成和发展最为典型。除欧盟外，主要的区域一体化组织有北美自由贸易区、东南亚国家联盟等。

区域经济一体化的类型或层级的划分，有六分法和八分法。六分法即特惠关税区、自由贸易区、关税同盟、共同市场、经济联盟和完全的经济一体化。排序越后，联合程度越高。八分法即特别优惠关税区、个别产品（产销）一体化（如欧洲煤钢共同体）、自由贸易区、关税同盟、共同市场、经济联盟、货币联盟、经济与政治联盟等8种类型或层级。

2002年11月，中国和东盟10国签署了《中国东盟全面经济合作框架协议》，2010年1月全面启动中国东盟自由贸易区。2001年，中国、俄罗斯、哈萨克斯坦、吉尔吉斯斯坦、塔吉克斯坦和乌兹别克斯坦成立上海合作组织。此外，中国参与的澜沧江－湄公河国际区域合作、图们江国际区域合作和中日长江中下游－大阪神户地区国际区域合作也取得进展。

20世纪90年代以后，中国内地逐步形成了7个跨省区市的经济区域，即长江三角洲和长江沿江地区经济带、环渤海地区经济区、东南沿海地区经济圈、西南和华南部分省区经济区、东北地区经济区、中部地区经济区和西北地区经济区。其中以上海为核心的长江三角洲地区和以广州、深圳为中心的珠江三角地区的经济一体化起点高、起步快。

山东曲阜孔庙

曲阜鲁城　Qufu City of Lu State　中国西周至战国鲁国国都曲阜的故城。遗址位于山东曲阜市区及外围。周初成王时周公长子伯禽在此建都，公元前249年楚灭鲁后，此地改为县治。西汉鲁王亦曾都于此。1977～1978年此处进行勘探发掘。1961年国务院公布曲阜鲁国故城为全国重点文物保护单位。城平面略呈圆角长方形，东西最长约3 700米，南北最宽约2 700米。城外围有城壕，发现城门11座。城墙自西周晚期沿用至西汉，经过多次夯筑和修补。城中部和中南部有东周及西汉鲁王的宫城。宫城位于郭城中心，与《周礼》所载都城制度相近，而有别于其他东周诸侯国都城。城内有东西和南北交叉的街道各5条，均通向城门或重要建筑。城内最重要的建筑

猿形饰（鲁城东周墓出土）

物均沿中轴线设置。南城墙东门外两侧有东周的“两观”基址和“舞雩台”台基。城内北部和西部有周代的冶铜、制骨、制陶和冶铁作坊遗址，西部还有两周时期的数处墓地。鲁城出土的遗物有陶器、铜器、玉器、筒瓦、板瓦和瓦当等。

曲阜市　Qufu City　中国山东省辖县级市。位于省境西南部。面积896平方千米。人口64万（2010），有汉、回、满、蒙古、苗、朝鲜、壮、俄罗斯等民族。商为奄国都，周为鲁国都。隋开皇十六年（596）定县名为曲阜，因“鲁城中有阜，逶曲长七八里”而得名。1986年撤县建市。由济宁市代管。矿产有煤、石灰岩、耐火黏土、磷、花岗岩、河沙等。农业主产小麦、玉米、大豆、花生、水稻、棉花、芝麻等。工业有煤炭、电力、机械、电子、纺织、化工、医药、建材、酿造等。有重点文物保护单位112处，孔庙、孔府、孔林被列入《世界遗产名录》，另外有鲁国故城、黄帝出生地寿丘、少昊陵、颜庙、周公庙、梁公林、孟子故里、尼山古代建筑群、九龙山汉墓群、洙泗书院等。曲阜是国家历史文化名城。

曲棍球　field hockey　使用带有弯头的曲棍通过集体配合射球入门得分的一种户外球类运动。古代波斯人最早用棍打球进行比赛。中国古代也有关于类似曲棍球活动的记载，唐代称为“步打球”，北宋称为“步击”。现代曲棍球运动始于1875年的英国。1886年在伦敦成立了曲棍球协会。在印度和巴基斯坦，曲棍球被当作“国球”，他们

曲棍球比赛场面

曾多次获得奥运会和世界杯赛的冠军。自1908年起男子曲棍球被列入**奥林匹克运动会**比赛项目。1924年在巴黎成立国际曲棍球联合会，中国曲棍球协会在1980年被接纳为该会会员。1927年，国际女子曲棍球联合会成立。从1980年起，女子曲棍球被列入奥林匹克运动会比赛项目。国际曲联管理的世界性比赛还有4年一度的世界曲棍球锦标赛和2～3年举行一届的世界杯曲棍球赛。20世纪70年代中期，曲棍球在中国逐渐开展起来。男子和女子曲棍球分别从1983年和1987年被列为全国运动会正式比赛项目。中国女子曲棍球水平已跻身世界强队行列，在第14届**亚洲运动会**上获冠军，在2008年第29届奥运会上获得银牌。

正式比赛时两队各出11人，在长方形的场地上进行。全场比赛时间为70分钟，分上下两半场，中间休息5～10分钟。比赛以双方进球多少来决胜负。曲棍球的战术类似足球。阵形多采用5个前锋、3个前卫、2个后卫、1个守门员。队员不许用球棍和身体的任何部分插入（或跑入）球与对手之间进行阻挡，另外还不许撞、踢、推、绊、打、拉对方队员及其衣服等。每场比赛由两名裁判员主持。比赛场地为长方形，球门安置在端线的中央，球门的两立柱相距3.66米，上连横木与地面平行，横木下沿离地面2.14米。球棍的重量不得超过737克，由队员自己选用，长度一般不超过1米。球的重量为156～163克，周长为22.4～23.5厘米。男运动员应着运动衫、短裤、长袜，运动衫背后应有明显的号码；女运动员应着运动衫、短裙及长袜。

曲江池 Qujiang Pool 中国唐代都城长安风景区，在长安城东南隅，因水流曲折得名。这里在秦代称隑洲，并修建有离宫称“宜春苑”，汉代在这里开渠，修“宜春后苑”和“乐游苑”。隋营京城（大兴城）时，宇文恺凿其地为池。隋文帝称池为“芙蓉池”，称苑为“芙蓉园”。唐玄宗时恢复“曲江池”的名称，而苑仍名“芙蓉园”。据记载，唐玄宗时引黄渠自城外南来注入曲江，且为芙蓉园增建楼阁。芙蓉园占据城东南角一坊的地段，并突出城外，周围有围墙，园内总面积约2.4平方千米。曲江池位于园的西部，水面约0.7平方千米。全园以水景为主体，一片自然风光，岸线曲折，可以荡舟。池中种植荷花、菖蒲等水生植物。亭楼殿阁隐现于花木之间。唐代曲江池作为长安名胜，定期开放，都人均可游玩，以中和（农历二月初一）、上巳（三月初三）最盛。现在池址仍在，园林设施均已湮没。

曲靖市 Qujing City 中国云南省辖地级市。素有“珠江源头第一城”、“入滇锁钥”之称。位于省境东部，邻接贵州省和广西壮族自治区。辖麒麟区和马龙、沾益、富源、罗平、师宗、陆良、会泽7县，代管**宣威市**。面积29 855平方千米。人口586万（2010）。西汉置味县。元改为南宁县。明、清时为曲靖府府治。1913年改为曲靖县，1983年曲靖、沾益合并为县级曲靖市，1997年成立地级曲靖市。位于滇东高原上的大型断陷盆地内。属北亚热带高原季风气候，冬暖夏凉，干湿季分明。历史上为云南省主要产粮区之一。粮食作物有水稻、小麦、蚕豆、玉米、薯类等。经济作物以烤烟、油菜、蔬菜、水果等为主，是云南省最大的烤烟和油料生产基地。原煤、发电量、锌和白酒产量居全省之首，卷烟、水泥、化肥、生铁等的产量在全省名列前茅。风景名胜有段氏与三十七部会盟碑、珠江源、以礼河、陆良彩色沙林、九乡等风景名胜区，长海子黑颈鹤自然保护区、罗平九龙瀑布群和“油菜花海”、多依河风景区、爨龙颜碑、爨宝子碑等。

陆良彩色沙林

曲率 curvature 微分几何学最基本的概念。设C：$\boldsymbol{r}=\boldsymbol{r}(s)$是一条空间曲线，$s$是弧长参数，则$\dot{\boldsymbol{r}}(s)$是$C$的单位切向量（“·”表示对弧长参数的导数），$\ddot{\boldsymbol{r}}(s)$是$\dot{\boldsymbol{r}}(s)$关于弧长$s$的变化率，它的长度$k=|\ddot{\boldsymbol{r}}(s)|$称为曲线$C$的曲率。若用$\Delta\theta$表示邻近点的切向量$\dot{\boldsymbol{r}}(s+\Delta s)$与$\dot{\boldsymbol{r}}(s)$的夹角，则$k(s)=\lim\limits_{\Delta s\to 0}\dfrac{|\Delta\theta|}{|\Delta s|}$，即曲率$k$是曲线$C$的切方向随点运动的变化的速率。当$k\equiv 0$时，该曲线是直线。所以曲率$k$刻画了曲线$C$“偏离”直线的程度。空间曲线还有第二个“曲率”——挠率τ，它是曲线C的次法方向随点运动的变化的速率；当$\tau\equiv 0$时，它是平面曲线，故τ刻画了曲线“偏离”平面曲线的程度。

曲率的概念有很多推广，比如曲面有法曲率、主曲率、平均曲率和高斯曲率。特别是高斯曲率有特殊的重要性。根据定义，高斯曲率是曲面的两个主曲率的乘积，但是高斯证明它只依赖于曲面的第一基本形式。当曲面具有平面的第一基本形式时，高斯曲率为零。由此可知，高斯曲率刻画的是曲面的第一基本形式偏离平面的第一基本形式的程度。这种观念被黎曼认识到，并推广到任意维数的情形，创建了**黎曼几何学**。现在，“曲率”一词除了刻画空间中曲线、曲面的弯曲程度以外，更常用的是刻画空间的一种结构“偏离”某种平凡结构的程度，例如，在黎曼流形上有曲率张量、截面曲率、里奇曲率等。

曲麻莱县 Qumarlêb County 中国青海省玉树藏族自治州辖县。位于省境西南部。面积50 000平方千米。人口3万（2010），藏族占总人口的98%以上。“曲麻莱”藏语意为红色的河、宽广的滩。以境内曲麻河和莱央河得名。1940年置星川设治局。1950年改为曲麻莱设治局，1952年设立曲麻莱区工委，1953年设曲麻莱县。地处青南高原，横跨通天河、**黄河**两大水系，县域内平均海拔4 500米以上。矿产有金、盐等。野生动物有野牦牛、白唇鹿、野驴、藏羚羊、黄羊等。珍禽有黑颈鹤、金雕、雪鸡等。野生药用植物有冬虫夏草、鹿茸、蕨麻、青贝母等。工业以采金、采盐为主。以牧为主，牧养牦牛、藏系绵羊、马等。名胜古迹有夏日寺、巴干寺、格萨尔王点将台等。

曲霉病 aspergillosis 由致病曲霉所致的感染病变。已成为仅次于念珠菌感染的条件性深部真菌病。曲霉腐生于植物、土壤等处，可产生大量孢子，由呼吸道进入引起呼吸道疾患，也可引起鼻窦、眼眶部感染，皮肤烧伤后可引起感染。机体免疫力差者可以发生感染，少数可血行播散至全身，预后不良。呼吸系统曲霉病分过敏性支气管肺曲霉病、曲霉球（真菌球）及侵入性肺曲霉病。系统性曲霉病常为血行播散。诊断曲霉病较难，常需反复培养证实系同一菌种，才可确诊，组织病理找到菌丝也可确诊。血清学诊断也有用，主要检测抗曲霉抗体，如琼脂双扩散法等。治疗要使用两性霉素B、5-氟胞嘧啶、利福平、伊曲康唑或特比萘芬。

曲面 surface 微分几何学研究的对象之一。直观上，曲面是空间具有两个自由度的点的轨迹。曲面可用方程 $Z=f(x, y)$ 或 $F(x, y, z)=0$ 来表示，也可用参数方程 $x=\varphi(u, v)$，$y=\psi(u, v)$，$z=\chi(u, v)$ 表示。在最简单的曲面中，除平面外，

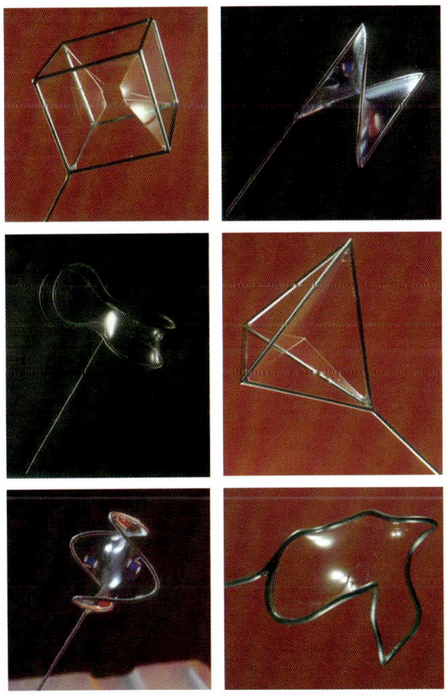

不同形状的框架上用肥皂液张成的极小曲面

有旋转面和二次曲面。曲面还有直纹面、可展曲面、极小曲面、多面曲面、单侧曲面等。

曲线 curve 微分几何学的研究对象之一。在直观上，曲线可看作空间中的质点运动的轨迹。它的定义是从区间 $[a,b]$ 到空间 E^3 中的映射 $\boldsymbol{r}$: $[a,b]\to E^3$。有时也把该映射的像称为曲线。假定在空间 E^3 中取定了直角坐标系，用 $\boldsymbol{r}$ 表示曲线 C 上的点的向径，则：

$$\boldsymbol{r}(t)=(x(t), y(t), z(t)), t\in[a,b]$$

上式称为曲线 C 的参数方程，t 是曲线的参数。在曲线论中通常要求坐标函数 $x(t)$，$y(t)$，$z(t)$ 有三次以上的导数且连续，并且 $(x'(t), y'(t), z'(t))$ 处处不为零。这样的曲线称为正则曲线。曲线的参数 t 容许作替换 $\tilde{t}=\tilde{t}(t)$，要求 $\tilde{t}(t)$ 有三次以上导数且连续，并且 $\tilde{t}'(t)\neq 0$。曲线的弧长 s 定义为：

$$s=\int_a^t\sqrt{\left(\frac{\mathrm{d}x}{\mathrm{d}t}\right)^2+\left(\frac{\mathrm{d}y}{\mathrm{d}t}\right)^2+\left(\frac{\mathrm{d}z}{\mathrm{d}t}\right)^2}\cdot\mathrm{d}t$$

它与曲线 C 的参数选择无关。进而，可用曲线 C 的弧长 s 作为它的参数，称为自然参数，或弧长参数。

设正则曲线 C 的参数方程是 $\boldsymbol{r}=\boldsymbol{r}(s)$，$s$ 是弧长参数，并且用“·”表示关于弧长参数 s 的导数，则沿曲线 C 有一个确定的右手单位正交标架场 $\{\boldsymbol{r}(s); \boldsymbol{t}(s), \boldsymbol{n}(s), \boldsymbol{b}(s)\}$，称为曲线的弗雷内标架。式中 $\boldsymbol{t}(s)$ 是曲线的单位切向量，$\boldsymbol{t}(s)=\dot{\boldsymbol{r}}(s)$；$\boldsymbol{n}(s)$ 是曲线的主法向量，$\boldsymbol{n}(s)=\dfrac{\ddot{\boldsymbol{r}}(s)}{|\ddot{\boldsymbol{r}}(s)|}$，与 $\boldsymbol{t}(s)$ 垂直；$\boldsymbol{b}(s)=\boldsymbol{t}(s)\times\boldsymbol{n}(s)$ 是曲线的次法向量。它们决定的直线分别称为曲线的切线、主法线和次法线。主法线和次法线张成曲线在点 $\boldsymbol{r}(s)$ 的法平面；主法线和切线张成曲线的密切平面；次法线和切线张成曲线的从切平面。

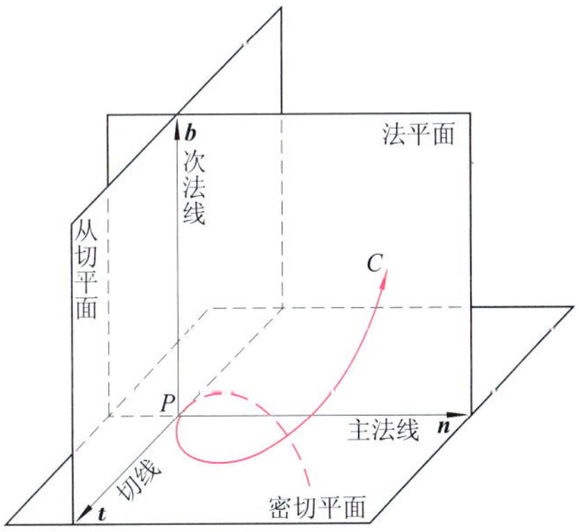

曲线的弯曲状况由弗雷内标架沿曲线运动时的变化规律完全地反映出来：

$$\dot{\boldsymbol{t}}(s)=k(s)\boldsymbol{n}(s)$$
$$\dot{\boldsymbol{n}}(s)=-k(s)\boldsymbol{t}(s)+\tau(s)\boldsymbol{b}(s)$$
$$\dot{\boldsymbol{b}}(s)=-\tau(s)\boldsymbol{n}(s)$$

这就是曲线的弗雷内公式，式中 $k(s)=|\dot{\boldsymbol{t}}(s)|=|\ddot{\boldsymbol{r}}(s)|$ 是曲线的曲率（切方向的变化率）$\tau(s)=-\dot{\boldsymbol{b}}(s)\cdot\boldsymbol{n}(s)$，为曲线的挠率（次法方向的变化率）。曲线论基本定理说，已知曲线的曲率和挠率作为弧长的函数，则该曲线除了在空间中的位置外是完全确定的。

若曲线的挠率 τ 恒为零，则该曲线落在一个平面内。若在平面内取好直角坐标系，则平面曲线可以表示为 $\boldsymbol{r}(s)=(x(s), y(s))$，且在曲线上取标架场：

$$\{\boldsymbol{r}(s); \boldsymbol{t}(s), \boldsymbol{n}_r(s)\}$$

式中 $\boldsymbol{t}(s)=\dot{\boldsymbol{r}}(s)$ 是曲线的单位切向量，$\boldsymbol{n}_r(s)$ 是将 $\boldsymbol{t}(s)$ 沿平面的正向转过 $\pi/2$ 所得的向量，此时弗雷内公式成为：

$$\dot{\boldsymbol{t}}(s)=k_r(s)\boldsymbol{n}_r(s)$$
$$\dot{\boldsymbol{n}}_r(s)=-k_r(s)\boldsymbol{t}(s)$$

这里 $k_r(s)$ 称为曲线的相对曲率，$|k_r(s)|=k(s)$。

设曲线 C 的挠率 $\tau\neq 0$，且 $k(s)/\tau(s)=$ 常数，则该曲线的切方向与一个固定的方向成定角。这种曲线称为一般螺线。$k(s)=$ 常数，$\tau(s)=$ 常数的曲线称为圆螺旋线，是最简单的空间挠曲线。

曲率和挠率满足条件 $\lambda k(s)+\mu\tau(s)=1$，式中 $\lambda>0$，λ、μ 为常数的曲线称为贝特朗曲线。这种曲线的特征是有一条相伴的曲线，使得它们之间有一一对应，而在对应点曲线的主法线是重合的。

曲线的大范围性质是受到关注的课题。如正则闭曲线的全曲率 $\oint_C k(s)\mathrm{d}s\geqslant 2\pi$，且等号成立当且仅当该曲线是平面凸闭曲线（芬切尔定理）；平面简单正则闭曲线的旋转指标 $i=\dfrac{1}{2\pi}\oint_C k_r(s)\mathrm{d}s$ 等于 ±1（旋转指标定理）。

曲阳县 Quyang County 中国河北省保定市辖县。位于省境中西部。面积1 064平方千米。人口59万（2010）。战国时建曲阳邑，秦置曲阳县。因地形而得名（山曲之阳）。属暖温带大陆性季风气候。矿产有大理石、墨玉、石灰岩、煤炭、钛矿等。工业有水泥、汽配、采煤、制瓷、石木雕刻等。曲阳是著名的“雕刻之乡”，石木雕刻已有2 000多年历史。曲阳定窑是宋代五大名窑之一。农业主产玉米、小麦、谷子，盛产鸭梨、大枣等。有北岳庙、定窑遗址等古迹。

佉卢字母 Kharoṣṭhī alphabet 古代印度重要字母之一。意译为“驴唇”。使用区域极广，包括当时中国的新疆、印度西北部、巴基斯坦、阿富汗、中亚两河流域一些地区。使用范围也很大，货币、金属铭文、石碑、写经的桦树皮上都有这种字母。它由阿拉米字母演变而来，其原型可能在公元前500年间已传入波斯（今伊朗），公元前4世纪由波斯统治者带入北印度。

字母自右向左横行书写，与阿拉伯文相同。在中国新疆考古发掘中已发现不少

佉卢字母书写的文件

佉卢字母残卷。在古代于阗王国和鄯善王国遗址中发现了大量使用一种印度俗语写成的佉卢残卷。有人称这种语言为尼雅俗语或鄯善俗语。

驱虫剂 anthelmintics prescriptions 中医学对以驱虫药为主组成的方剂的统称。用于治疗人体寄生虫病。

因作用部位及治疗疾病的不同，驱虫剂可分为两类：一是驱虫止痛剂，主要治疗体内肠道寄生虫病，如蛔虫病、蛲虫病、绦虫病、钩虫病及姜片虫病等。二是杀虫止痒剂，主要外用治疗体表皮肤风、湿、热、虫、毒等所致鹅掌风、牛皮癣、白秃疮、疥疮等瘙痒性皮肤病；有的还可用于杀灭头虱、体虱，又有灭虱杀虫止痒之效。

用驱虫止痛剂治肠道寄生虫病时应忌食油腻，并以空腹服药为宜。此类药剂多具有毒性，不可过量或长时间服用，以免损伤正气或导致药物中毒，年老体弱者及孕妇等尤当慎用或禁用。

驱蛔素 ascaridole 含过氧基团的单萜，分子式$C_{10}H_{16}O_2$。存在于土荆芥精油中。具有臭味的黏稠液体；熔点3.3℃，沸点115℃（15毫米汞柱）、39～40℃（0.2毫米汞柱），相对密度1.010 3；比旋光度为零，但从杜香属植物中分得的驱蛔素的比旋光度$[\alpha]_D^{19}-4.9$。可溶于己烷、戊烷、乙醇、甲苯、苯和蓖麻油。在光照和光敏剂存在下，α-松油烯和氧气加成，可得驱蛔素。它的化学性质不稳定，加热至130～150℃或用酸处理时会发生爆炸。驱蛔素曾用作对蛔虫和钩虫的驱虫剂，也有一定的抗疟作用，但毒性大。

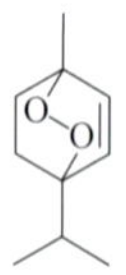

驱口 战争中被俘强逼为奴、供人驱使的人。原意为被俘获驱使之人。"驱口"一词始见于中国金代。蒙古灭金过程中，掠民为奴。贵族、将校所得驱口，约当金残存人口的一半。在蒙古灭南宋的战争中，掠民为驱口仍相当普遍。后来，驱口成了奴婢的通称。直至明代初期还有个别驱口的记载。

元代，宫廷和官府都占有大批驱口，称为官户、监户等。贵族、官僚占有驱口的数字是很惊人的。驱口主要被用于家内服役，用于农牧业、手工业生产的情况也屡见不鲜。法律规定，驱口属于贱人，是主人财产的一部分，使长（驱口所有人）对驱口有人身占有权力，可以任意转卖，滥施刑罚，甚至杀死。在大都和上都等城市中设有人市，买卖驱口。驱口只有通过赎身才能成为良人。赎身费通常要相当于或大于该驱口终身劳动所创造的价值，对于绝大多数驱口来说，赎身是根本不可能的。就是少数侥幸得以赎身的驱口，脱离奴籍之后，一般仍需与使长保持一定依附关系，如军户的驱口赎身后就成为该军户的贴户，津助军役。

驱口所受压迫较之一般劳动者更加惨重，因而引起各种形式的反抗。金末山东红袄军起义，就有驱口参加，蒙古时期和元代经常发生驱口逃亡事件。14世纪初期，北方许多从江南被虏而来的驱口，纷纷逃回故乡，用船筏偷渡过黄河、长江。当使长赶来追捕时，他们群起抵抗，夺回被捉获的其他驱口。这次声势浩大的驱口反抗事件，使元朝政府大为震动。在元末农民战争中，许多驱口也纷纷参加起义。

驱力 drive 驱使人采取某种行为的内在动力，即由内部和外部刺激唤起，并使有机体指向一定目标的某种内在倾向。又称驱力状态。驱力是由于个体内在生理变化暂时失去平衡，导致个体对外在刺激敏感，并对其作出反应的倾向；或是指某种内在状态的变化达到某种程度时，促使个体产生外显性的目标寻求行为。广义言之，驱力、需求、动机三词意义相同，可替代使用，而且三者均可用动机一词加以涵盖。狭义言之，驱力特指生理性动机，而需求含义不定，可视为形成驱力的原因（缺乏而有需求，需求而有驱力），也可视为复杂的动机。就激发人的作用和性质来看，驱力和动机二者具有同样的意义。在一般心理学书籍中，习惯上以驱力表示生理性或自发性的动机，如饥、渴、性等；用动机表示经过学习而产生的动机，如审美、名利、成就等。

驱逐出境 deportation 强迫犯罪的外国人离开国境的刑罚。在世界各国刑法中，关于驱逐出境的地位有三种情况：①将驱逐出境定为附加刑，附加于自由刑而执行。②将驱逐出境定为保安处分的一种。③刑法对驱逐出境未作规定。

《中华人民共和国刑法》第35条规定："对于犯罪的外国人，可以独立适用或者附加适用驱逐出境。"在中国，驱逐出境实际上是一种专门适用于犯罪的外国人的附加刑。刑法规定的驱逐出境与《中华人民共和国外国人入境出境管理法》第30条规定的驱逐出境，虽然名称相同，但二者在性质、适用对象和适用机关等方面均有区别：①在性质上，前者是刑罚，后者是行政处罚措施。②在适用对象上，前者适用于犯罪的外国人，后者适用于违反《外国人入境出境管理法》的外国人。③在适用机关上，前者由人民法院依照刑法的规定适用，后者由公安机关依照《外国人入境出境管理法》的规定适用。④在执行的时间上，前者如独立适用时，从法院判决发生法律效力之日起执行；附加适用时，从主刑执行完毕之日起执行。后者则在公安机关作出决定后立即执行。

驱逐舰 destroyer 以导弹、鱼雷、舰炮和舰载直升机为主要武器，具有多种作战能力的中型水面战斗舰艇。用于攻击潜艇和水面舰船，担负己方舰艇编队的防空、反潜、护航以及侦察、巡逻、警戒、封锁、搜索、救援、支援登陆和抗登陆作战等任务。

19世纪下半叶出现的鱼雷艇捕捉舰是驱逐舰的前身。19世纪末出现的鱼雷艇驱逐舰是世界上最早的驱逐舰。第二次世界大战期间，驱逐舰成为数量最多的舰种。20世纪50年代中期，出现了导弹驱逐舰，装备有舰空导弹、舰舰导弹和反潜导弹。80年代中期以来，美国积极发展新一代导弹驱逐舰。1991年装备有"宙斯盾"系统的"阿利·伯克"级导弹驱逐舰服役。该级舰采用模块化结构设计和雷达隐身技术，具有防核、化学和生物武器袭击的能力。

美国"阿利·伯克"级导弹驱逐舰

现代驱逐舰按作战使命不同，分为防空型、反潜型、对海型和多用途型驱逐舰。现代驱逐舰的满载排水量3 000～9 500吨，多数为4 000～5 000吨。航速30～35节，续航力4 500～7 000海里。武器装备主要有舰空导弹、舰舰导弹、反潜导弹、鱼雷、深水炸弹和舰炮，有的还可携载舰载机1～2架。通常多层配置，具有防空、反潜和对海作战能力。主要电子设备有各种雷达、声呐、通信、导航、电子对抗、火控和指挥自动化等。

屈大均 Qu Dajun (1630～1696) 中国明末清初诗人。初名绍隆，字翁山，又字介子。番禺（今属广东）人。顺治三年（1646）清军陷广州，次年，屈大均参加反清斗争，失败后，削发为僧。后还俗北上与郑成功联络，密谋反清，无成，终不复出。屈大均具有多方面的文学才能，而以诗的成就最高。他一生跋涉山川，联络志士，冀求恢复，发而为诗，主要是写这种经历和情怀。其诗在内容上表现了满怀爱国忧国之情，也有一些诗对南明政权的腐败表示痛心和气愤，并揭露清朝的苛政，对广大人民的祸难疾苦表示深切的同情。诗的艺术特点是气魄豪放，笔力遒劲，富于瑰奇的想象，为岭南三家之冠。其著作在乾隆时曾遭禁毁，后人辑存的有《翁山诗外》、《翁山文外》、《翁山易外》、《广东新语》及《四朝成仁录》，合称屈沱五书。此外，尚有《道援堂词》。

屈尔佩 Külpe, Oswald（1862-08-03～1915-12-30） 德国哲学家、心理学家。生于库尔兰的坎道，卒于慕尼黑。先在柯尼斯堡大学，后于1881年转入莱比锡大学学习历史。在W.冯特的影响下转向哲学和实验心理学。1887年获哲学博士学位。此后作为冯特的助手在莱比锡大学心理学实验室工作。1893年出版《心理学纲要》，把心理学定义为依赖于经验者的经验事实的科学。1894年任维尔茨堡（符兹堡）大学教授，并创办心理学实验室。他创立了符兹堡学派，他的学生进行了很多有关思维的实验研究。1909年去波恩大学任教授，也建立了心理学实验室。他最后一部心理学著作《心理学讲演录》经他人整理于1920年出版。

屈尔佩Ⅱ创了思维的实验研究领域，并提出思维内容中有非感觉、非意象的因素。他还提出定势、识态等概念，这些构成了符兹堡学派著名的无意象思维学说，并使他脱离了冯特的心理学派。

屈光不正 refractive errors 一类常见的眼球屈光缺陷性疾病：当眼球在调节静止状态下，平行光线经过眼球屈光媒质的屈折后，不能成焦点在视网膜黄斑部。又称非正视眼。通常有3种：①近视。眼球在调节静止状态下，平行光线入眼后，经过屈折成焦点在视网膜前面，视网膜上仅为一模糊不清的弥散环，因此远视力不好。按屈光度高低可分为低度近视（-3D以下）、中度近视（-3D～-6D）、高度近视（-6D以上）。主要症状为远视力减退，近视力好。高度近视常伴有玻璃体变性混浊。近视可在眼前置凹镜予以矫正，戴镜以最低度能矫正至1.0即可。度数高者尚可配戴接触眼镜。对近视也可手术治疗行放射状角膜切开术，但对此手术的评价尚有争论。②远视。眼球在调节静止状态下，平行光线入眼后，经过屈折，成焦点在视网膜后面，视网膜上为一不清晰的像。若眼轴较正常眼短，而眼的屈光力正常，则称为轴性远视；相反眼轴正常，而眼的屈光力较正常弱，称为屈光性远视。儿童或青少年的轻度远视可以由调节作用代偿，看远或近视力均正常，如果远视度数大或因年龄增长调节力减弱，不能完全被调节作用所代偿，则远或近视力均有不同程度的减退，看近比看远更模糊。另外远视眼还可能有眼疲劳症状，远视眼可用凸镜片矫正。7岁以下儿童多为远视，如果眼位正常可不配镜。若度数较高或有症状或显斜视必须尽早配镜矫正，其原则是给足度数。③散光。眼球在调节静止状态下，平行光线入眼后，经过屈折，不能聚焦于一点而成为两条焦线，两焦线之间的距离决定散光度。大部分散光是由于角膜或晶状体两个互相垂直经线的弯曲度不相同所致，临床上将散光分为规则散光和不规则散光。前者是角膜互相垂直的两个经线的屈光度不同，可用圆柱镜矫正，后者是由于角膜病变引起的角膜表面不平，不能用圆柱镜矫正。患者视力看远看近都不清楚，并有视疲劳症状。轻度散光若无症状，可不矫正，相反如有症状即使轻度散光，也应戴圆柱镜矫正。

屈家岭文化 Qujialing Culture 中国新石器时代晚期文化。以湖北京山屈家岭遗址而命名。主要分布在江汉平原和洞庭湖平原。年代约为公元前3400～前2500年。稻作农业是主要经济部门，在建筑遗迹的红烧土中发现有稻壳印痕，经鉴定为人工栽培的粳稻。居民还饲养家畜，兼事渔猎。生产工具有磨制的石质斧、锛、镰、镞和打制的凹腰石锄及彩陶纺轮等。陶器中有一种施彩纹具有晕染风格的薄胎彩陶器，精美而富有特色。已发现多处城址，其中湖北天门石家河古城，面积120万平方米，是一处以城址为中心的聚落群，为长江中游已知面积最大的史前古城（见石家河文化）。湖南澧县城头山的圆形城址，直径约310米，外侧有护城河。当时居民的房屋大多是方形、长方形的地面建筑，有红烧土居住面，木骨泥墙或直接用黏土混合烧土渣垒成墙壁。既有单间的，也有套间或各开屋门的双间屋。多间式房屋的出现，显示出建筑技术的进步，同时可能反映了父系家族实行小家庭分居生活的情景。在建房过程中，有时还把整条猪、狗埋在房基下作为奠基牺牲。成年死者多采用土坑葬，儿童用瓮棺葬。大多数墓无随葬品或仅有少量随葬品，少数墓随葬大量陶器。这些表明，父系氏族内部有了贫富和等级分化。以古城为中心的聚落的出现，反映出社会结构发生了变化。

彩陶壶（河南淅川黄楝树遗址出土）

屈赛 Tracy, Spencer（1900-04-05～1967-06-10） 美国电影演员。生于威斯康星州密尔沃基，卒于洛杉矶。1922年入美国戏剧学院学习。1930年在百老汇演出舞台剧《最后一英里》后，被J.福特邀请在影片《河的上游》中担任角色。1935年转到米高梅公司，成为该公司的主要男明星之一。1937年和1938年因《勇敢船长》与《男孩城》，连续两次获得奥斯卡金像奖最佳男演员奖。还因《旧金山》(1936)、《新娘的父亲》(1950)、《黑礁石不祥之日》(1955)、《老人与海》(1958)、《演变的强风》(1960)、《纽伦堡审判》(1961)、《猜猜谁来吃晚餐》(1967) 获得过7次奥斯卡金像奖最佳男演员提名。

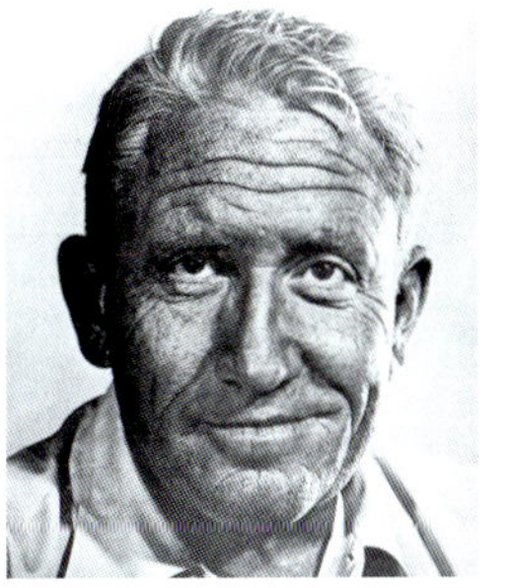

屈武 Qu Wu（1898-07-16～1992-06-13） 中国爱国民主人士、政治活动家、全国政协副主席、民革中央主席。陕西渭南人，卒于北京。1919年参加五四运动，代表陕西学生赴京请愿。后赴上海参加第一次全国学生代表大会。1920年考入天津南开中学。1922年考入北京大学文科。1923年加入中国社会主义青年团，任北京大学团支部书记、团北京地委候补委员。1925年转为中国共产党党员。1926年当选为国民党第二届中央候补执委。同年赴苏联，先后在中山大学、伏龙芝军事学院学习。1928年因未及时奉命回国，被苏联当局逮捕，判刑流放。经于右任、邵力子帮助，于1938年回国，历任国民党军委会顾问处处长、立法委员、少将参议、中苏文化协会秘书长，陕西省建设厅厅长等职。1941年参与创建中国民主政团同盟。1945年任国民党中央赴新疆和谈代表团成员，后任新疆迪化市（今乌鲁木齐市）市长。1949年任南京国民政府和谈代表团顾问赴北平谈判。9月参加新疆和平起义。中华人民共和国建立后，历任西北军政委员会委员、新疆乌鲁木齐市市长，政务院副秘书长兼参事室副主任、对外文化联络委员会副主任，第一届全国人大常委会副秘书长，中苏友好协会会长，孙中山研究会名誉顾问。1983年起任全国政协第六、七届副主席。是民革中央第五、六届副主席，第六届主席，第七届名誉主席。

屈原 Qu Yuan（前340/前339～约前278） 中国战国时代楚国诗人、政治家。名平，字原。据汉以后各家之说推断为丹阳（今湖北秭归东南）人。

屈原生活在战国中后期，正是中国古代社会大变革的关头。各诸侯国兼并战争空前激烈，重新统一的局面即将出现。屈原生活在当时的楚国，正处在这一时代激烈的潮流之中。

生平 屈原是与楚王同姓的贵族。屈原的先人屈瑕是楚武王（熊通）的儿子，封于屈地，因以为氏。战国之世，楚公族中以屈、景、昭三氏为最通显。早年，屈原以贵族身份，任三闾大夫之职。不久即被任命为左徒（仅次于令尹，相当于副宰相）。《史记》上记载，他这时“入则与王图议国事，以出号令；出则接遇宾客，应对诸侯”。在他任职期间，楚国的政治和外交都取得了一些成就，例如，他对内主张“举贤授能”，刷新政治；奉命起草“宪令”，为国家的富强而立法，限制旧贵族的权益，两次东使于齐，主张合纵抗秦，收复祖国失地。屈原的政治主张和政治才能，特别是他果于执法的精神，遭到旧贵族势力的嫉恨和反对。他们处心积虑对屈原横加诬陷，离间屈原和楚怀王的关系，终于使昏庸的楚怀王“怒而疏屈平”。

屈原以“信而见疑，忠而被谤”，遭谗被疏。他满怀“存君兴国”之志，却唤不醒昏庸之主，眼看楚国兵挫地削，危亡无日，自己却竟被疏失位，救国无门。他的满腔热情变成了无比的悲伤与愤慨，从而写下了震古烁今的长诗——《离骚》。

屈原既黜，由郢都溯江北上，流浪于汉北。这一时期屈原作《抽思》一诗。诗中指责了楚怀王的虚骄自用和性格多变，并抒写了远离国都度日如年的痛苦，同时也表达了他对于祖国不能须臾忘怀，对人民无限同情的感情。

屈原被疏远后，楚怀王放弃了联齐抗秦的方针。怀王三十年（前299），秦昭王于大败楚军以后又提出秦楚联姻，要求与怀王会盟。去与不去，怀王犹疑不决。据记载，这时屈原已回郢在朝。他与大臣昭睢皆阻楚王前往，认为“秦虎狼，不可信”，认识到这不过是秦的骗局，不如“发兵自守”。但以怀王幼子子兰为一方的妥协派，却亟劝怀王前行，结果，怀王听信了子兰等人的话而往秦国。秦以割地相要挟，楚王不许，结果被拘留于秦。楚国将质于齐的太子横接回，立为顷襄王。顷襄王三年（前296）怀王卒于秦国。

怀王末年的这一变故，在屈原看来，乃是一桩丧君辱国惨痛无比的事，从而他对劝楚王入秦的祸首子兰等人十分愤恨，结果遭到子兰的迫害。子兰唆使上官大夫进谗言于顷襄王，而流放屈原于江南。屈原这次被流放的时间很长，在极端困苦、彷徨中走了很多地方。就在屈原渡湘水到达汨罗附近时，秦将白起率大军打进了楚国，拔郢都，烧楚先王陵墓。这一重大事变，使诗人屈原感到一切希望都破灭了。为了表明自己至死不离祖国的决心，自沉于汨罗江。在他临死前所写的绝命辞《怀沙》中，他再一次揭露了楚国“变白以为黑兮，倒上以为下；凤皇在笯（竹笼）兮，鸡鹜翔舞”的黑暗现实。屈原的死，不单纯出于感情上的激愤，也是出于自己的理智。他和当时的社会既然不能调和，而国破家亡的现实更使他无路可走，就只有以一死来表明自己的志向，来殉于自己的国家了。《怀沙》首句记述时令：“滔滔孟夏兮，草木莽莽。”这和后世传说他死在五月初五是颇为接近的。

作品 按班固《汉书·艺文志》著录为25篇，但未标出具体篇目。见于司马迁《史记·屈原列传》的有《离骚》、《天问》、《招魂》、《哀郢》和《怀沙》等5篇。东汉王逸的《楚辞章句》是现存最早《楚辞集》注本，它标明属于屈原的作品有《离骚》、《九歌》（11篇）、《天问》、《九章》（9篇）、《远游》、《卜居》、《渔父》，篇数与《汉书·艺文志》相符。但后人对于王逸的这个篇目，也提出许多疑问。一般认为《招魂》应依司马迁所著录亦为屈原所作。《卜居》、《渔父》都是根据某些关于屈原的传说敷衍而成，应不属屈原自作。

湖北秭归乐平里屈原出生地

《屈原》 *Qu Yuan* 中国话剧作品。作者郭沫若。1942年4月中华剧艺社首演于重庆。陈鲤庭导演，金山饰屈原，白杨饰南后，张瑞芳饰婵娟，演出引起轰动。全剧5幕，取材于战国时代诗人屈原的事迹，但并未拘泥于史实，而是把屈原与楚怀王为首的统治集团的矛盾集中在一天之内展开，以秦使张仪勾结南后给楚怀王施加影响，企图破坏其联齐抗秦的政策为背景，以南后对屈原的引诱不成、阴谋陷害为主线，以屈原的弟子宋玉变节攀附权贵，而侍女婵娟却代屈原误饮毒酒而死为陪衬，生动地表现出伟大诗人忧国忧民、不畏强暴、磊落坚贞、大义凛然的崇高品质。剧中许多场面和语言充分体现了作者独特的浪漫主义风格，大气磅礴，如诗如画。

《屈原》剧照

祛风除湿 dispelling pathogenic wind and removing dampness 中医临床运用祛风药以祛除肌表、经络及筋骨湿邪的治法。又称祛风胜湿。祛风药性多辛散，祛风除湿具有使湿邪从表而解的作用，适用于风湿在表所致的风湿表证，证见头痛头重、身体痛重难以转侧、恶寒微热、苔白脉浮，以及风湿侵袭肌肤、经络、筋骨所致的痹证，证见肌肉、关节肿痛，重着，肢体麻木等。常用祛风除湿的药物有羌活、独活、防风、秦艽、桑寄生、木瓜、苍术等。代表方剂有羌活胜湿汤、独活寄生汤。

祛风湿剂 antirheumatic formula 以祛风湿、活血药为主组成，具有祛风除湿、温经散寒、活血行气、通痹止痛等作用的一类中医方剂。主要治疗风寒湿邪，痹阻经络引起的肢体、肌肉、关节疼痛、酸楚、麻木、沉重以及关节肿大、变形、屈伸不利等证，或年老体弱，肝肾不足，筋骨无力，拘挛疼痛，或筋骨折伤后期，或风湿热引起的瘾疹、湿疹、疥癣、皮肤瘙痒等。根据作用不同，祛风湿剂可分为祛风散寒除湿剂、祛风清热除湿剂、祛风除湿强筋壮骨剂、祛风除湿杀虫止痒剂。

祛风除湿剂多辛散温燥，易伤阴耗血，阴亏血虚者应当慎用。由于痹证病程较长，因此祛风除湿剂多制成丸剂、酒剂服用。

祛湿利水剂 desiccating formula 以化湿、燥湿、利水药为主要组成，具有利水化湿、通淋泄浊等作用的一类中医方剂，体现中医治法中的**消法**。主要治疗水湿内停引起的水肿、癃闭、泄泻、痰饮、心悸、咳喘；湿热内蕴引起的黄疸、淋浊、小便不利；湿浊内盛，脾失健运所致的胸腹胀满，嗳气吞酸，呕吐泄泻，食少体倦等证。根据作用不同，祛湿利水剂可分为芳香化湿剂、利水渗湿剂、清热利湿剂、温化水湿剂。

祛湿利水剂多属辛香温燥或甘淡渗利之品，易耗伤阴津，故肿消即停，不可久用；且素体阴虚、病后体弱，以及孕妇等，均应慎用。另外，水湿为病，与肺脾肾关系密切，选方用药应结合**脏腑辨证**。

祛痰 expelling phlegm 中医临床通过消解或排除痰涎来治疗各种疾病的方法。又称化痰。痰是由机体水液代谢障碍，水湿积聚而产生的病理产物。痰不仅可以停留在肺，也可以停留在人体的其他部位，因此痰所致的病证很多，祛痰法的应用也非常广泛。常用于滞痰在肺而致咳喘咳痰；痰浊迷心而致的胸闷心悸，神昏癫狂；痰停留在胃而致的恶心呕吐，痞满不舒；痰停留在经络筋骨而致的瘰疬，痰核，肢体麻木，或半身不遂，或阴疽流注；痰浊上犯而致的眩晕；痰气结于咽喉而致的**梅核气**等。根据痰的病因、性质以及不同的临床表现，祛痰法又常分为燥湿化痰、清热化痰、温化寒痰、润燥化痰、治风化痰、理气化痰等。临床具体使用祛痰法时应注意：①治疗痰病时，不宜单攻其痰，应重视治其生痰之本。②痰随气而升降，气壅则痰聚，气顺则痰消。因此祛痰剂中每配伍理气之品。③痰流注经络，肌腠所致的瘰疬、痰核需辅以疏通经络，**软坚散结**等治法。

祛痰药 expectorant drugs 使痰液变稀、黏稠度降低，或使呼吸道黏膜纤毛运动加速，改善痰液转运功能的一类药物。祛痰药能促使痰液增多时气道内积存的痰液排出，减少痰对黏膜的刺激，间接起到镇咳、平喘作用，也有利于控制继发感染。常用祛痰药可分为4类：①增加水样层厚度促进呼吸道分泌的药物。因促进分泌的方式不同又可分为恶心祛痰药（如氯化铵）和刺激性祛痰药（如碘化钾）。前者口服后直接刺激胃黏膜感受器，通过肺胃迷走反射，促进支气管分泌增加。后者口服后经血液循环分布到气道，直接刺激腺体分泌。②降低凝胶层黏稠性的药物。包括黏蛋白水解酶激活物（如碘化钾）；能使痰中的黏多糖纤维裂解，痰黏度下降的药（如必嗽平）；黏蛋白双硫键裂解药（如乙酰半胱氨酸）。③增加纤毛活动的药物。包括β_2受体兴奋剂，如舒喘灵。④某些中成药。如痰咳净、祛痰灵口服液、化痰口服液等，以及来源于中草药的祛痰药如远志流浸膏。

躯干 trunk 人或其他哺乳动物除头部和四肢以外的部分。人体的大部分功能器官，包括呼吸、消化、泌尿、生殖、内分泌及免疫器官等均分布在躯干内。躯干由上至下分为胸部、腹部和盆部。

胸部位于颈部与腹部之间，其上部两侧借上肢带与上肢相连。腹部位于膈和骨盆上口之间，上接胸腔，下接盆腔，包括腹壁和腹腔及其内容物。腹腔内有消化系统的大部分器官和一部分泌尿器官，包括食管、胃、小肠、胰腺、胆囊、肝、肾等。此外，还有脾和肾上腺以及血管、神经、淋巴管、淋巴结等。腹壁的上界为剑胸结合、肋弓、第11肋前端、第12肋下缘至第12胸椎棘突的连线，下界为耻骨联合上缘、耻骨嵴、耻骨结节、腹股沟、髂嵴至第5腰椎棘突的连线。腹壁在两侧以腋后线为界。分为腹前外侧壁及腹后壁。盆部上接腹部，下方接肌、筋膜膈封闭。盆壁由骨盆及覆盖在骨盆内的肌和筋膜构成。盆腔内含有泌尿生殖器官及消化管末端。男性盆腔内含有膀胱及输尿管盆部、前列腺、输精管盆部和射精管、精囊、直肠等脏器；女性盆腔内含有膀胱及输尿管盆部、卵巢、输卵管、子宫、阴道等脏器。此外，还有部分血管和神经等。

趋肤效应 skin effect 导线内有交流电通过，由于**电磁感应**使电流在导线中分布得不均匀，越近导线表面电流密度越大的现象。本质上是**电磁波**从导体侧面进入导体并在导体内传播时，电磁波随着进入深度而按指数衰减从而与之成比例的电流密度也随之按指数减少的现象。用趋肤深度描述趋肤效应的显著程度，它是指从导体表面算起深入导体内部电流密度下降到1/e≈37%的深度。理论计算得出趋肤深度：

$$d=\sqrt{\frac{2}{\omega\mu_0\mu_r\sigma}}$$

式中ω是交流电的圆频率，μ_r是相对磁导率，μ_0是真空磁导率，σ是导体的电导率。趋肤效应使导线的有效截面积减少，有效电阻增大。高频下这种效应更加显著。为了减小这种效应，在频率不太高时常采用辫线，即用细导线编织成束来代替实心线；而载有高频电流的导体则做成管状并在表面镀低电阻率的银，以减小表面层的电阻。可利用趋肤效应对金属表面淬火：用高频强电流通过金属，趋肤效应使表面迅速加热达到一定温度，立即淬火使之冷却，可使金属表面变得很硬，而内部仍保持原有的韧性。

渠道 canal 具有自由水面的人工水道。地面上的渠道多为开敞式明渠。埋设在地面下四周封闭的称为暗渠（见**输水管道**）。渠道按用途可分为：灌溉渠道、动力渠道（用于引水发电）、供水渠道、通航渠道和排水渠道（用于排除农田涝水、废水和城市污水）等。渠道设计的主要内容为：渠道选线，确定断面形式和尺寸，拟定渠道防渗措施等。

渠线 渠道线路可根据运用要求，结合地形、地质、施工等条件，初选几条线路，通过技术经济比较，择优选定。要求是：①尽量避开挖方或填方过大的地段，最好是挖方和填方基本平衡，或挖方略大于填方（见图）。②在平坦地段，线路应力求短直，以减少工程量和水头损失。当受地形等条件限制必须转弯时，其转弯半径不宜小于渠道正常水面宽的5倍。③避免通过滑坡、透水性强和土壤沉降量大的地段。④通过山脊，挖方过大时，可选用隧洞；遇山谷，可采用倒虹吸管或渡槽。⑤尽量避免与道路、河流或其他渠道交叉，以减少渠系交叉建筑物。此外，还需考虑施工时的交通运输、动力和水源供应以及施工场地、取土场和弃土场的布置等。

断面形式和尺寸 渠道横断面常用梯形，两侧边坡根据土质情况和开挖深度或填筑高度选定。渠道两侧堤埝顶的填筑高程应为渠内最高水位加超高。一般超高不小于0.25米。堤顶宽度据交通要求和维修管理条件确定。渠底宽度取决于施工条件。用于发电的动力渠道的断面尺寸，要综合考虑水能损失及建筑费用，进行动能经济比较，其经济流速一般为1.5～2.0米/秒。

渠道的首部称为渠首。渠首的位置选择和布置，直接影响渠道的正常运行和安全。无坝取水枢纽的渠首，可分为一首制渠首和多首制渠首两种。多首制渠首一般都布置有2～3条引水渠，因为这种渠首多设置在不稳定多沙河流上。有坝取水渠首

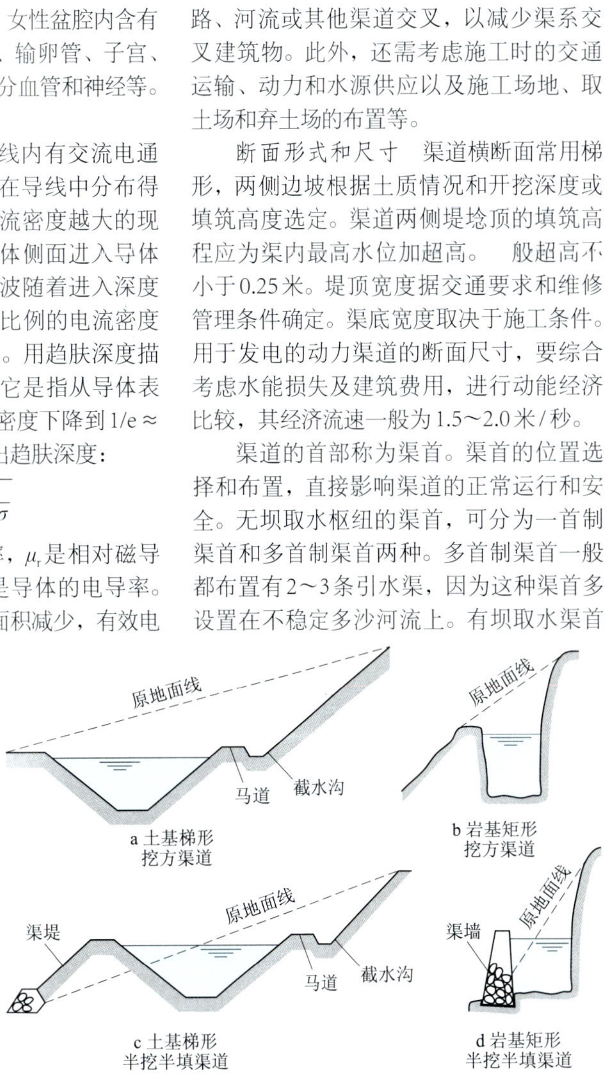

渠道断面形式

的布置有以下几种：①沉沙池（冲沙槽）式渠首。②人工弯道式渠首。③底部冲沙廊道式渠首。④分层取水式渠首。⑤底栏栅式渠首。⑥两岸取水式渠首。

防渗 长渠道通过非密实的黏土层、无黏性土层或裂隙发育的岩石层的渗漏损失，有时可达引水量的50%～60%。渗漏不仅损失水量，影响工程效益，而且还将引起地下水位升高，使土地盐碱化、沼泽化，对填方渠道甚至出现塌滑破坏。为此，需要在渠床表面加做护面等渠道防渗措施。

瞿麦 *Dianthus superbus*; fringed pink 石竹科石竹属的一种。因其根旁生横出，而子形如麦，故名。广布于中国各地。欧亚温带地区也有分布。多年生草本，节膨大。单叶，对生，条形或条状披针形，全缘。花单生或数朵成聚伞花序；萼筒状，粉绿色或紫红色，先端5裂；花瓣5，淡红色，瓣片先端裂成丝状，裂达中部，具长爪，喉部有须毛；雄蕊10；心皮2，合生，子房上位，1室，特立中央胎座；花期7～8月。蒴果圆筒形，先端4齿裂；种子圆形，边有宽翅；果期9～10月。生长在海拔1 000米以下山坡、林下及路旁。全草可药用，有清热利尿、散瘀消痈、凉血消炎功效。

瞿秋白 Qu Qiubai (1899-01-29～1935-06-18) 中国共产党早期主要领导人之一。马克思主义理论家、宣传家、文学理论批评家。名懋淼，字秋白。江苏常州人。1917年9月考入北京政府外交部立俄文专修馆读书。1919年参加五四运动，参加北京学联，成为运动领导人之一。参与创办《新社会》、《人道》，并为主要撰稿人。1920年春，加入北京大学马克思学说研究会。10月以《晨报》记者身份旅苏采访考察，是最早报道苏联实况的新闻界先驱。1922年加入中国共产党。1923年1月回国后，主编《新青年》、《前锋》，参与编辑《向导》。参加中共三大，起草党纲。参与创办上海大学，任教务长兼社会学系主任。从事马克思主义的研究和宣传工作，为中共早期思想理论建设和毛泽东思想的形成作出开创性的贡献。

1924年，出席国民党一大，参加宣言起草，当选为中央候补执行委员，后又任中央政治委员会委员，为推进国共合作、发动北伐战争作出卓越贡献。1925年，参加中共四大，当选为中央委员、中央局成员。参与领导五卅运动，主编《热血日报》。1927年，参与策划上海工人武装起义。参加中共五大，当选为中央委员、政治局委员，后又任政治局常委。8月7日，主持召开中共中央紧急会议，结束共产国际和斯大林指导下的陈独秀右倾错误，确定土地革命和武装反抗国民党的总方针。会后任临时中央政治局常委，主持中央工作。一度犯过“左”倾盲动错误，但他在极端困难的条件下，为中共独立领导中国革命作出重要贡献。

1928年，在莫斯科出席中共六大，当选为中央委员、政治局委员。参加共产国际六大，当选为共产国际执行委员、主席团委员，并任政治书记处成员；留驻莫斯科任中共驻国际代表团团长。1930年8月回国，主持中共六届三中全会，纠正李立三“左”倾冒险错误。1931年1月中共六届四中全会，被错误地解除中央领导职务。此后在上海和鲁迅一起领导左翼文化运动，致力于译介马克思主义文艺理论，从事文艺批评、杂文创作和文字改革研究。1934年初，到瑞金任中华苏维埃政府教育人民委员，兼苏维埃大学校长，《红色中华》主编。10月中央红军长征，瞿秋白奉命留在江西。1935年2月24日，在福建长汀被国民党军俘虏。于长汀县就义。遗作编为《瞿秋白文集》14卷。

瞿式耜 Qu Shisi (1590-09-06～1651-01-08) 中国南明大臣。字起田，一字伯略，别号稼轩。江苏常熟人。明万历四十四年(1616)进士，崇祯初任户科给事中。以敢于建言，触当政者之忌，罢职回籍，后被诬下狱。南明弘光政权立，升为广西巡抚。清顺治三年（1646）又拥立桂王朱由榔，建永历政权。任文渊阁大学士兼吏兵二部尚书，留守桂林。他积极主张整顿朝政，并多方筹措军饷，团结各方人士，进行抗清斗争。四年，清军对桂林发动首次进攻，瞿式耜率军民奋勇抗击，桂林得以保全。五年，李自成农民军余部郝摇旗、刘体纯、李过和高一功等率军进入桂林，与瞿式耜联合抗击清军。隆武政权灭亡后，何腾蛟、堵胤锡也尽归永历政权，是时诸军云集，何腾蛟与瞿式耜共商作战计划，重新整编军队，士气为之一振，相继收复常德、永州、宝庆、益阳、湘乡、衡山，直驱长沙。但永历朝廷内部的倾轧削弱抗清力量。瞿式耜仍尽力主持危局。他兼任督师，调解抗清队伍内部矛盾，联络农民起义军，虽在局部地区取得一些胜利，但终不能挽回永历政权的最后失败。七年十一月，清军破全州，逼近桂林。瞿式耜与总督张同敞同守桂林，誓与城共存亡。城破，被杀。死后有《瞿忠宣公诗文集》传世。

瞿昙悉达 Qutan Xida (7世纪下半叶～8世纪上半叶) 中国唐代天文学家。原籍天竺。世居长安（今陕西西安）。从1977年5月西安市文物管理处发掘瞿昙譔墓所获墓志铭中，得知瞿昙氏家族“世为京兆人”即长安人。

瞿昙悉达在唐睿宗景云三年（712）行太史令时，亲自参加修理铁浑仪，这架浑仪为北魏永兴四年（412）所制，辗转入唐。唐玄宗开元六年(718)奉诏翻译天竺《九执历》，介绍了当时印度的天文学，包括日月运动和日月食计算法等。引进的内容还有：分周天为360度、一度为60分的圆弧量度制；以30度为一宫的黄道十二宫，称为“十二相”；用一点表示十进位数字中的空位“零”；以两月为一季，一年分六季，称为“六时”的印度季节分法；三角术的正弦函数。不过，这些内容对中国古代天文学和数学的发展影响不大。

《开元占经》的修撰是瞿昙悉达一项意义重大的工作。通过这部著作，中国上古、中古时代许多宝贵的天文资料得以保存下来。

瞿塘峡 Qutang Gorge 见长江三峡。

瞿希贤 Qu Xixian (1919-09-23～2008-03-19) 中国作曲家。生于上海，卒于北京。中学时开始学钢琴，并开始创作歌曲。1940年在重庆入国立音乐学院学习钢琴。1941年回上海入圣约翰大学英国文学系学习。1946年在上海国立音乐专科学校作曲系学习，1948年毕业。中华人民共和国建立后，先后在中央音乐学院、中央歌舞团和中央乐团从事音乐创作。被选为中国音乐家协会第一届常务理事，第二、第三届理事，第四届副主席。作有许多优秀声乐作品，如歌曲《全世界人民一条心》、《听妈妈讲那过去的故事》、《把我的奶名叫》等，合唱《牧歌》、《红军根据地大合唱》、《全世界无产者联合起来》，声乐套曲《北大荒抒情》。她还创作了多部电影音乐，如《青春之歌》、《红旗谱》、《骆驼祥子》等。出版有《瞿希贤歌曲选》，著有《歌曲作法》，译有N.A.里姆斯基-科萨科夫《管弦乐法原理》。

瞿佑 Qu You (1341～1427) 中国明代文学家。佑一作祐。字宗吉，号存斋。钱塘（今杭州）人。14岁即以善写艳体诗、风月词闻名。洪武年间，曾被推荐出任仁和、临安等县训导，升任开封藩王周王府长史。永乐十三年（1415），他因写诗获罪，谪戍陕西保安10年。洪熙元年（1425），英国公张辅奏请朝廷将他赦还，在英国公家教家塾三年，后复官。一生著述很多，大多散失。仅存《剪灯新话》、《归田诗话》、《咏物诗》3种。他的小说创作代表了他在文学上的主要成就。传奇小说集《剪灯新话》4卷，主要叙述灵怪、艳情之类的故事，在中国文言小说发展史上有一定的地位。它是由唐宋传奇到清代笔记小说之间的过渡作品，促进了文言短篇小说的复兴。瞿佑的诗和词在当时也颇为有名，艺术上兼具风情绮丽与兴寄警策，但影响不及小说。

鼩鼱 Soricidae; shrews 食虫目鼩鼱科动物的统称。约23属，312种。除极地附近、澳大利亚、新西兰和一些大洋岛屿外，各大陆均有分布，南美洲只见于北部。中国境内有10属35种，常见的是鼩鼱和麝鼩。体型纤小、肢短，形状如鼠类而吻部尖长，绝大部分种类栖于湿润地带。现生哺乳动物中体型最小的一种臭鼩，体重仅2克。一般体长3.5～18厘米，尾长0.9～12厘米。覆毛细短而密，多数呈褐灰色，有些种类体侧有臭腺，繁殖季节其味更浓。眼细小，视觉甚差，但听觉与嗅觉发达。外耳壳不显著。部分水生种类的足下具毛栉或蹼（如蹼足鼩），均为适应水栖生活的性状。臼齿齿冠具发达的齿尖，呈“W”形排列，适于食虫。地栖者居多，亦有半水栖或穴居者。昼夜活动或仅夜间活动，不冬眠。平时独栖，繁殖期配对。食虫或其他小动物。其唾液腺中常含麻醉物质，可使捕获物麻痹。温带3～11月繁殖，热带终年繁殖。孕期17～28天。年产数胎，每胎2～10仔。野外寿命12～18个月。

衢州市 Quzhou City 中国浙江省辖地级市。位于省境西部，钱塘江上游，南、西、北邻福建、江西、安徽3省。面积8 837平方千米。人口212万（2010）。辖柯城、衢江2区和常山、开化、龙游3县，代管江山市。唐武德四年（621）置衢州。1949年置衢州市。1985年升为地级市。林业资源丰富，有松、杉、苦槠、青冈、油茶、乌桕、毛竹等，以及珍贵树种银杏、水杉。矿产有萤石、石灰岩、煤、黄铁矿、石英石、大理石、花岗石等50多种。主要农作物为水稻、小麦、棉花、油菜，并产茶叶、蚕茧、柑橘和柚。工业有化工、机械、纺织、建材、造纸、食品等门类。民航衢州机场已开通至北京、广州、南京、厦门等地的航线。名胜有江郎山国家级风景名胜区、烂柯山省级风景名胜区、东岳山、小九华山、白云山风景区等。省级文物保护单位有南宗孔庙、仙岩洞摩崖石刻、两弓塘窑址群、吴氏宗祠、衢州府城等。

曲调 melody 即旋律。中国传统称曲调。

《曲律》 中国戏曲理论著作。明代王骥德著。成书于万历三十八年（1610），以后不断增订，历十余年才定稿。共4卷，分40章，是诗话式兼笔记式的戏曲和散曲评论。《曲律》全面论述了戏曲、散曲艺术形式的兴起和发展，分别探讨了南北曲源流、南曲声律、传奇作法等，涉及戏曲创作和戏曲理论的许多重要问题，并对元明两代戏曲作家和戏曲作品进行了广泛的品评。

王骥德的戏曲理论深受徐渭的影响，重本色，要求词格俱妙，大雅与当行参间，方为上乘之作。王骥德排除门户之见，在临川派与吴江派的论争中，对汤显祖和沈璟各有褒贬。

《曲律》对戏曲的布局和剪裁，宫调与语言，都有全面的论述。对戏曲创作的规律则第一次作了系统的阐发，以其理论的创新性和系统性，雄踞明代曲坛；并对后世的戏曲理论批评产生了深远的影响。清初李渔就是在《曲律》的基础上对戏曲演出理论作出重大贡献的，他的《闲情偶寄》与《曲律》各有侧重，相互补充，丰富了中国古代戏曲理论的宝库。

曲牌联套体 中国戏曲音乐结构形式的一种。将若干支曲牌按一定章法组合成套，以构成一出（折）戏的音乐。一本戏若干出（折），即由若干组套曲构成。这种音乐结构方法，开始于南北曲，至昆山腔渐趋成熟，而弋阳腔则有了不同发展。在梆子、皮黄出现以前，曲牌联套曾是中国戏曲音乐唯一的结构形式。曲牌联套的结构形式，经历了一个由简单到复杂的发展过程。从南北曲至昆曲、高腔所用的套曲，其曲体大致有如下3种：①单曲体，除引子与尾声外，全为同一曲牌的反复。②循环曲体，除引子与尾声外，完全或部分采用两曲循环交替。③多曲体，全套均由不同的曲牌组成。

套曲通常分为引子、过曲、尾声3部分。当若干曲牌联成一套时，其中必有一曲居于主要地位，称“主曲”。主曲是全套曲中调性最强、也最能发挥演唱技巧的曲牌，通常用于引子之后，为过曲的第1曲。为了保持全套风格的统一，除有赖于宫调的规范外，也还需要在唱腔中运用某种有特点的腔型，以之贯连全套。这种曲调处理手法，传统称之为“通套相协”。

《曲品》 中国明代曲学著作。见吕天成。

曲艺 表演艺术门类之一。是以口头语言的“说唱”方式进行表演的艺术形式的总称。具体包括“说书”、“唱曲”和“谐谑”三个品种类型，说（徒口讲说）、唱（演唱）、又说又唱（说唱相间）和似说似唱（韵诵）四种表演方式。以第三人称口吻统领的口头语言的“说唱”叙述为其艺术表现的基本特点。其中，“说书”类曲艺以叙事为主要特征，包括徒口讲说表演的评书评话类形式如北京评书、四川评书、苏州评话等，说唱相间表演的弹词鼓书和渔鼓琴书类形式如苏州弹词、木板大鼓、湖南渔鼓等，以及韵诵表演的山东快书、快板书和竹板书等具体类型；“唱曲”类曲艺以抒情为主要特征，包括主要采用板腔来叙唱表演的京韵大鼓和梅花大鼓等“鼓曲”，主要采用曲牌包括民间小曲来填词叙唱表演的单弦牌子曲、大调曲子和湖北小曲等“牌子曲”，以及板腔、曲牌与民间小曲混同使用叙唱表演的粤曲、锦歌和二人转等“杂曲”；“谐谑”类曲艺以喜剧性审美的方式进行说理为主要特征，包括相声、好来宝、上海独脚戏等。如前所举的中国曲艺形式之外，世界上的其他国家也有以口头语言进行“说唱”的表演艺术形式，如古希腊著名的“荷马史诗”的“说唱”传承方式，日本的“绘解”、“歌祭文”、“落语”和“漫才”，韩国的“盘索里”，美国的“直立喜剧”等，均属各自国家的曲艺表演形式。

取保候审 obtaining a guarantor pending trail 公安机关、人民检察院和人民法院责令犯罪嫌疑人、被告人提供保证人或者交纳保证金，以保证其不逃避和妨碍侦查、起诉和审判，并随传随到的强制方法（见刑事强制措施）。其适用对象包括：①可能判处管制、拘役或者独立适用附加刑的犯罪嫌疑人、被告人。②可能判处有期徒刑以上刑罚，采取取保候审不致发生社会危险性的犯罪嫌疑人、被告人。③应当逮捕，但患有严重疾病、正在怀孕或哺乳自己婴儿，不宜羁押的犯罪嫌疑人、被告人。④对被拘留人，经过讯问、审查，认为需要逮捕但证据还不充分的。⑤已被逮捕羁押，但在法定的侦查、起诉、一审、二审的办案期限内不能结案，采用取保候审方法没有社会危险的。对于累犯、犯罪集团的主犯，以自伤、自残办法逃避侦查的犯罪嫌疑人，危害国家安全的犯罪、暴力犯罪，以及其他严重犯罪的犯罪嫌疑人，一般不适用取保候审。在取保候审期间，被取保候审人应当遵守以下规定：未经执行机关的批准不得离开所居住的市、县；传讯时及时到案，随传随到；不得以任何形式干扰证人作证；不得伪造、毁灭证据或者串供。

公安机关、检察机关、审判机关都有权决定取保候审。取保候审由公安机关执行。对犯罪嫌疑人、被告人取保候审最长不得超过12个月。

取代反应 substitution reaction 有机化合物受到某类试剂的进攻，致使分子中一个基（或原子）被这个试剂所取代的反应。取代反应按其反应机理可分为亲核取代、亲电取代和均裂取代三类。有些取代反应还同时发生分子重排（见**重排反应**）。

亲核取代反应　进攻试剂是**亲核试剂**的取代反应，简称S_N。大多数亲核取代反应发生在饱和碳上，称脂肪族亲核取代反应。饱和碳上的亲核取代反应很多，如卤代烷能分别与氢氧化钠、醇钠或酚钠、硫脲、硫醇钠、羧酸盐和氨或胺等发生亲核取代反应，生成醇、醚、硫醇、硫醚、羧酸酯和胺等。

由于反应物结构和反应条件的差异，S_N有两种机理，即单分子亲核取代反应S_N1和双分子亲核取代反应S_N2。S_N1的过程分为两步：①反应物发生键裂（电离），生成活性中间体碳正离子和离去基团。②碳正离子迅速与试剂结合成为产物。总的反应速率只与反应物浓度成正比，而与试剂浓度无关。S_N2为旧键断裂和新键形成同时发生的协同过程，试剂从离去基团的背面进攻，反应结果使中心碳原子的构型发生转化。反应速率与反应物浓度和试剂浓度都成正比。能生成相对稳定的碳正离子和离去基团的反应物容易发生S_N1，中心碳原子空间阻碍小的反应物容易发生S_N2。

如果亲核试剂呈碱性，则亲核取代反应常伴有**消除反应**，两者的比例取决于反应物结构、试剂性质和反应条件。低温和碱性弱对S_N取代有利。

发生在芳香环碳上的亲核取代反应称芳香族亲核取代反应，简称S_NAr。S_NAr需要一定条件才能进行。如卤代芳烃一般不易发生S_NAr，但当卤原子受到邻或对位硝基的活化，或者在强碱条件下，也可发生取代。

亲电取代反应　进攻试剂是**亲电试剂**的取代反应，大多数亲电取代反应发生在芳香环碳上，称芳香族亲电取代反应简称S_EAr。芳烃通过硝化、卤代、磺化和烷基化或酰基化反应，可分别在芳环上引进硝基、卤原子、磺酸基和烷基或酰基。芳环上已有取代基的化合物中，取代基对试剂的进攻有定位作用。苯环上的取代基为给电子基团和卤原子时，亲电试剂较多地进入其邻位和对位；取代基为吸电子基团时，则以得到间位产物为主。除发生这些正常反应外，有时试剂还可以进攻原有取代基的位置并取而代之，这种情况称为原位取代。

发生在饱和碳上的亲电取代反应称脂肪族亲电取代反应，简称S_E。如同脂肪族亲核取代反应一样，它也有单分子取代S_E1和双分子取代S_E2二类：

$$S_E1:\ R—E_1 \longrightarrow E_1^+ + R:^- \xrightarrow{E_2^+} R—E_2$$

$$S_E2:\ E_2^+ + R—E_1 \longrightarrow R—E_2 + E_1^+$$

进攻的亲电试剂一般是路易斯酸（见**酸碱理论**）或其他缺电子物种，离去基必须是比碳更电正性的基团，一般是金属或质子H^+。

均裂取代反应　**自由基**对反应物分子中某原子进攻而生成产物和一个新的自由基的反应，简称S_H。多数发生在氢和卤素原子上，也能发生在磷、硫、硅、锡、镁、汞、硼原子上。这种反应通常是自由基**链反应**中的链转移步骤。

一些有机物在空气中会发生自动氧化，其过程也是均裂取代，如苯甲醛、异丙苯和四氢萘等与氧气作用，可分别生成相应的有机过氧化物。

取得时效　acquisitive prescription　占有人和平、公然、持续占有他人动产或不动产经过法定期间即取得所有权的效力。又称占有时效。包括动产取得时效和不动产取得时效。不动产取得时效的期间较长，有规定30年的，也有规定20年或15年的；善意占有的，得适用较短的特别时效，一般为10年。动产取得时效的期间较短，一般规定5年。取得时效的客体，指可以适用取得时效的财产种类及其范围，各国民法的规定有较大差异。取得时效主要适用于所有权、定限物权，如地上权、地役权、准用所有权取得时效的规定。有的民法典规定专属于国家的荒地、森林、矿藏、水源、国家文物等不适用取得时效，宗教圣物、庙宇、教堂等也不适用取得时效。中国台湾地区民法规定已登记不动产不适用取得时效。

取食行为　feeding behaviour　动物获得营养的诸般活动，包括寻找、获取和贮藏食物等过程。取食的策略是以尽可能少的时间和精力去获得尽可能多的能量收益。食物一般分布不均匀，因此取食过程中都有一个搜寻的阶段。猎取方式有多种：猎食者可能要走来走去搜寻猎物，也可能埋伏起来等猎物接近时再出击，还可能将猎物从隐蔽处惊起以便捕食（如杂色鹡鸰）。肉食性动物往往偷偷接近猎物（潜近），如猫头鹰飞行无声，许多食肉目猛兽会屏息地低姿前行。猎食者常选择较易捕到的猎物为追捕对象，如非洲野犬会从近处突然冲向羚羊群，很快选择一只跑得慢的个体为追捕对象。对于极为机敏的猎物，猎食者往往不愿为之浪费精力，只有狼群才穷追不舍。也有些动物采取其他节省精力的方式猎食，如斑鬣狗和豺会食腐尸或偷食其他猎食者捕来的猎物，贼鸥常袭击其他鸟类并偷取其食物。有些动物还采取集体行猎的方式，如狼、豺狗和非洲野犬等。等待也是一种取食策略，其形式多种多样：有的捕食者只是坐等，如海葵伸开触手，等小鱼撞入；有的捕食者随机移动，如水母随波漂浮，碰到鱼类即吞食；有的动物会引诱猎物上钩，如鮟鱇用以背鳍演化来的钩丝引诱其他鱼类。养殖是一种更有效的策略。如切叶蚁剥取植物叶片，用作菌床，以繁殖真菌为食。

龋病　dental caries; tooth decay　以细菌为主的多种因素作用下，牙体硬组织发生慢性进行性破坏的一种疾病。即牙体硬组织的细菌感染性疾病。俗称虫牙、蛀牙。龋病的发生过程是在细菌作用下牙体硬组织中的无机晶体溶解、破坏和有机成分分解、崩溃，导致坚硬的釉质和牙本质疏松、软化、缺损，逐渐扩大形成龋洞。龋洞一旦形成，则缺乏自身修复能力。

治疗　早期可用各种牙科充填材料进行充填（俗称补牙）。最常用的有银汞合金和复合树脂。如果龋洞很大，为防止充填后牙齿在咀嚼时碎裂，还需要用人造牙冠修复。牙髓血供要通过狭窄的根尖孔，一旦发生牙髓炎就很难康复，常常要进行开髓，失活牙髓（俗称杀神经），清除病变的牙髓组织（俗称抽神经）进行根管治疗（见**补牙**）。

预防　世界卫生组织1983年确立了预防龋病的方法有：①全身性应用氟化物，包括饮水氟化，口服氟片等。②局部应用氟化物，包括用含氟牙膏刷牙，氟化物含漱等。③窝沟封闭，在牙体好发龋病的部位的殆面、颊面等点隙裂沟涂布一层粘接性树脂，即窝沟封闭剂，以保护釉质不受细菌及其代谢产物的侵蚀。④控制含糖食物及饮料。

圈闭　trap　能阻止油气继续运移并能使油气在其中聚集的场所。是由储集层、盖层及遮挡面在三维空间上所组成的封闭体，也是储集层中被油气高势区或与非渗透性遮挡（屏蔽）联合封闭的油气低势区。一个圈闭由三部分组成：①储存油气的储集层。②储集层之上有防止油气散失的直接盖层。③有阻止油气继续运移的遮挡面条件。这种遮挡面条件可由地层的变形如背斜、断

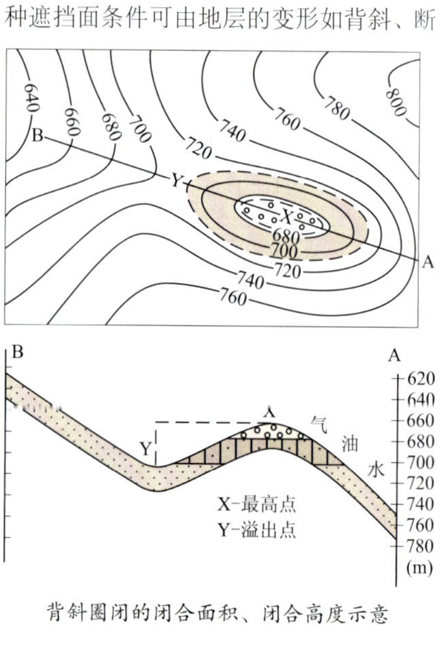

背斜圈闭的闭合面积、闭合高度示意

层等造成，也可以是因储集层沿上倾方向被非渗透性地层不整合覆盖，以及因储集层沿上倾方向发生尖灭或物性变差而造成。圈闭具备储藏油气的能力，但圈闭中不一定都有油气。

圈闭有多种多样，形状各异，大小不一。圈闭的大小可用最大有效容积来度量。容积大小取决于闭合面积和闭合高度。闭合面积是指不超过溢出点的构造等高线所圈出的面积。溢出点是指流体在圈闭中开始外溢的点，背斜的溢出点决定于向四周倾伏的储集层中最先翘起的位置。闭合高度是指从圈闭的最高点到溢出点间的海拔高差（见图）。可见闭合面积和闭合高度越大，圈闭中的有效容积也越大。此外，圈闭中的有效容积也与储集层的孔隙度有关。圈闭中聚集工业性油气后，称为油气藏。油气藏的大小是用油气的储量来度量，它主要取决于圈闭的大小和油气在圈闭中的充满程度。

圈闭可以由构造、地层岩性、成岩以及流体等多种地质作用所形成。根据成因可分为五类：①构造圈闭。由同沉积或沉积后地层组成的储集岩层及其上盖层构造形变而形成的圈闭。主要有褶皱作用形成的背斜圈闭，以及由断层作用形成的圈闭、裂隙作用形成的圈闭、刺穿作用形成的圈闭和由上述各种构造因素综合形成的圈闭。②地层圈闭。由储集层纵向沉积连续性中断而形成的圈闭。圈闭中必要的几何形态和储盖组合均由地层变化而形成，主要有地层超覆、生物礁体等形成的原生地层圈闭，由地层不整合、成岩后期溶蚀作用等形成的次生地层圈闭。③岩性圈闭。储集层岩性变化所形成的圈闭。岩性纵横向变化可以在沉积作用或成岩作用过程中形成，但大多数是沉积环境的直接产物，形成岩性上倾尖灭体及透镜体圈闭。④水动力圈闭。储集岩层中水动力发生变化造成流体遮挡而形成的圈闭。⑤复合圈闭。上述两种或三种圈闭因素共同形成的圈闭。主要有构造-地层复合圈闭，构造-水动力复合圈闭，地层-水动力复合圈闭和构造-地层-水动力复合圈闭。

上述五种圈闭类型中除构造圈闭外，对于那些应用目前勘探石油天然气的技术手段尚不易认识的不明显和不易于发现的非背斜圈闭，主要是由于岩性、地层以及岩层孔隙度变化而形成的圈闭，又称隐蔽圈闭。在含油气盆地勘探的早期阶段以找构造圈闭为主，中后期阶段则以勘探隐蔽圈闭为主要视点。

圈地令 enclosure order 中国清朝入关后为掠夺土地而颁布的命令。又称圈占、圈田。顺治元年（1644）颁发，康熙二十四年（1685）废止。清朝入都北京后，为解决八旗官兵生计，顺治元年十二月下令圈占近京各州县无主荒地和明朝皇亲、驸马、公、侯、伯、太监的遗留土地，分给东来诸王兵丁人等。四年，由于原圈地内"薄地甚多"，东来八旗官兵日增，无地耕种，遂于近京州县内，不分有主无主，一律拨换原圈薄地。康熙八年清政府又决定圈占张家口、杀虎口、喜峰口、古北口、独石口、山海关外的旷土，拨给八旗官兵。根据上述命令，旗人骑马携绳，任意圈量占夺汉人土地，故有跑马圈地之说。八旗贵族和官员、兵丁，按照各自地位高低及所属壮丁多少，分得数量不等的土地。圈地总数达16万多顷（一说19万多顷）。驻防外地的八旗也进行过少量圈地。圈地给汉族人民带来极大痛苦，原田主被逐出家门，背井离乡，纷纷起而反抗。清政府因此时圈时停。康熙二十四年四月作出永远不许再圈的决定，圈地最后停止。

圈地运动 Enclosure Movement 15世纪末叶至19世纪中叶西欧新兴资产阶级和新封建贵族使用暴力剥夺农民土地的过程。这种情况在英、德、法、荷、丹等国都曾先后出现过，而以英国的圈地运动最为典型。所谓圈地，即用篱笆、栅栏、濠沟把强占的农民份地以及公有地圈占起来，变成私有的大牧场、大农场。大批丧失土地和家园的农民成为一无所有的雇佣劳动者。这是资本原始积累的最重要手段之一。

15世纪末至17世纪末，英国圈地运动最早从工商业较发达的东南部农村开始。地主贵族最初圈占公有地，后来圈占小佃农的租地和公簿持有农的份地。大部圈占地变成牧场。主要的圈占者是乡绅。大批农民被迫出卖土地，或远走他乡，或到处流浪，陷于极端悲惨的境地。

圈地运动引起大规模的农民起义。圈地运动有所收敛。都铎王朝与早期斯图亚特王朝考虑到兵源、财政和社会治安诸因素，基本上采取反圈地政策。16世纪末叶和17世纪初叶，英国城市人口日益增多，工场手工业迅速发展，市场对谷物、肉类的需求大大增加。于是，圈地运动又重新加强。18世纪初期至19世纪中期，英国资产阶级取得决定性胜利之后，加速进行圈地。资产阶级则大力鼓励圈地。政府通过议会立法使圈地合法化。地主贵族依靠国家机器，强迫农民服从圈地法案。18世纪和19世纪，圈地运动扩及苏格兰和爱尔兰。1845年以后，圈地运动已近尾声。

权韠 Gwon Pil（1569～1612） 朝鲜王朝时期诗人。字汝章，号石洲。生于贵族文人家庭，父兄都有文名。19岁参加进士试中式，但因文字犯讳，被黜榜。此后再没应试中式。44岁时由于写下题为"宫柳诗"的诗篇讥刺光海君妃柳氏及其兄柳希奋的专横，被捕入狱，遭受酷刑，流配途中，刑伤恶化而去世。

权韠的诗文均享盛誉。他的汉诗共有853首，可分为三大类。第一类是表现出愤世嫉俗之傲兀气质的述怀之作，如《述怀》等。第二类为抨击社会黑暗的讽喻诗和揭露现实矛盾的作品。《忠州石》漫画般地勾画出官僚贵族自吹自擂的丑态，手法巧妙、含蓄。《斗狗行》则把热衷于党派争斗的官僚们比成为争食一块骨头而互相撕咬的群狗，表现出诗人对党争的深恶痛绝。第三类为通过所见所闻，表现内心感受的游历诗篇，如《晓逾车岭》等。在权韠的散文中值得注目的是小说《周生传》。作品的主人公是壬辰卫国战争期间作为明朝援军的一员来到朝鲜的中国文人，作品描述了他的恋爱故事。小说情节曲折，文辞动人，诗文并茂。权韠留有《石洲集》11卷。

权变理论 contingency theory 西方组织管理学中以具体情况及具体对策的应变思想为基础而形成的一种管理理论。认为每个组织的内在要素和外在环境条件都各不相同，因而在管理活动中不存在适用于任何情景的原则和方法。成功管理的关键在于对组织内外状况的充分了解和有效的应变策略。

权变理论的研究主要集中在三个方面：①组织结构的权变理论把企业组织作为一个开放系统，并试图从系统的相互关系和动态活动中考察和建立一定条件下最佳组织结构的关系类型。②人性的权变理论认为人是复杂的，要受多种内外因素的交互影响。因而，人在劳动中的动机特性和劳动态度总要随其自身的心理需要和工作条件的变化而不同，不可能有统一的人性定论。③领导的权变理论认为领导是领导者、被领导者、环境条件和工作任务结构四个方面因素交互作用的动态过程，不存在普遍适用的一般领导方式，好的领导应根据具体情况进行管理。

权力 power 依法赋予国家机关及其工作人员的职权并从而具有的处理公务的资格与能力。

在中国现代汉语词汇和法律规定中，权利和权力，特别是公民权利和国家权力是有严格区分的。国家权力或者是指人民代表大会的名称（权力机关），或者是指国家、国家机关行使的职权、权限。国家机关工作人员以本机关名义在商店购买一般物品，在这种一般民商事法律关系中，国家机关（作为采购者）的法律地位与普通公民相同，都享有一定的民事权利并承担相应的民事义务。但在国家机关参加的法律关系中，它所参加的绝大部分法律关系是从事法定的、职权范围内的活动。它拥有职权、权限、权力，并承担相应的义务、职责。“权利”与“权力”两词有时可通用，有时却有很大区别。英语中，“right”(权利)与“power”(权力)一般是分开使用的，例如美国1776年的《独立宣言》和1987年宪法及其修正案广泛使用了“权利”与“权力”两个词，且含义都很明确：人民享有权利，政府行使权力。然而在英美一些法学家的作品中，这两个词却往往是通用的，例如英国法学家哈特在其《法律的概念》一书中就认为，“法即第一性规则和第二性规则的结合”；“第一类规则设定义务”，“第二类规则授予权力、公权力或私权力”。

权力机关 organs of power 代表统治阶级集中行使国家权力的机关。西方国家权力机关一般实行立法、行政、司法三权分立的原则，三大机关各自独立、互相制衡。在议会制国家，法律上承认议会有权控制内阁（行政机关），但不能干预司法。实际上国家权力主要通过行政机关（政府）来行使。社会主义国家由国家权力机关统一领导行政机关、审判机关和检察机关，它们在各自的职权范围内进行工作。在中国，最高国家权力机关是全国人民代表大会，地方各级国家权力机关是地方各级人民代表大会，都由人民选举产生，对人民负责，受人民监督。

权利 right 法律规定法律关系的主体或享有权利人，具有自己这样行为或不这样行为、要求他人这样行为或不这样行为的能力或资格。法学的一个基本概念，法律关系的重要内容。

权利这种法律现实，有的是明确规定，有的是从有关规定中推论出来的。法律关系主体一般指这种关系的当事人或参与人，通常指公民（自然人）、法人（包括企业法人和国家机关、事业单位、社会团体法人）、非法人组织以及国家。这种权利在日常生活中到处可见，例如一个人有在大街上行走的权利，也有不去大街而在家中休息的权利，这是自己这样或不这样行为的权利；又如一个人要求债务人归还欠款或要求邻居不要大吵大闹，这是要求他人这样或不这样行为的权利。能力是指法律关系主体应具有法律规定的权利能力或行为能力。在有的法律关系中，还要求权利主体具有特定资格，如监护人、法人代表、一般代表人等。从权利的含义即自己可以这样或不这样行为或要求他人这样或不这样行为就可以看出权利与义务是关联的、对应的、相辅相成的，有权利即有义务，有义务即有权利，互为目的、互为手段（见**义务**）。权利概念的另一复杂性是权利与权力两词的关系，有时可以通用，有时又有区别（见**权力**）。

法律意义上的权利有很多种，可分为：公权利和私权利；对世权和对人权；原权利和救济权；专属权和可转移权。权利还可分为公民权、政治权以及社会、经济、文化权利。

现代国家在规定公民的权利时一般体现的一些原则是：①在法律面前人人平等。②权利与义务之间的平衡。③有关权利的实现要与国家的经济发展相适应，不能超越特定的历史发展阶段。④特别是公民权和政治权利的实现需要一个长期的渐进过程，也没有一个统一和固定的模式。⑤权利的实现必须制度化和法律化。

权利法案 Bill of Rights 泛指美国宪法上有关保障公民权利不受政府侵犯的各项规定，尤指《美利坚合众国宪法》第1～10条修正案。此10条修正案于1791年生效。它仿效英国《权利法案》，但着重点不同，关于诉讼权利的规定尤为具体。主要内容为：国会不得制定剥夺公民的言论、出版、和平集会和请愿等自由的法律；公民的人身、住宅、文件和财产不受非法的搜查或扣押；非依法定正当程序，不得剥夺任何人的生命、自由或财产；司法机关不得对同一行为进行两次追诉，不得强迫任何人自证有罪；被告人享有辩护权，有要求公开审理和由陪审团审理的权利。

权威主义 authoritarianism 原意指一切形式的独裁主义，第二次世界大战结束以来更多用来指称一种介于民主主义和集权主义之间的政治统治形式或体制形式。

权威主义的基本特征：权威主义国家一般没有明确的意识形态，其合法性标准常在于其政绩的好坏或其现实的统治能力；公民可以享有一种有限的个人自由，虽然它并不完全否定个人自由，但自由必须受到国家权威的限制。当政治权威与公民基本自由发生冲突时，后者一般有条件服从前者。权威主义政权的政治权威是有限多元的。**政治权力**往往以行政权力为主导，相对不受民意的监督和制约，但国家和社会的界限尚有一定程度的分离，个人相对有一定的独立空间。权威主义大多实行一党优势制，由一个政党占据执政地位；有的权威主义体制下存在其他政党，但难以形成有效的竞争或制约。

权威主义政体是第二次世界大战后发展中国家和地区在现代化进程中所选择的政治制度形式之一，一些学者因此把权威主义视为发展中国家进行现代化的战略模式。这一战略模式的主要内容是，发展中国家为了实现保持政治稳定和谋求经济发展的双重目标，必须首先确保政治体系的绝对稳定，在强有力的政权主导下，扶持和推动本国经济的快速发展，实现本国的工业化、现代化。然后在经济发展、社会变迁的宏观背景下，开始政治的民主化和制度化。这一理论模式的意义在于突破了西方国家社会发展的固有模式，指出发展中国家的现代化进程不可能重复发达国家走过的道路，即经济发展和政治民主同时推进，相反，政治集权的政体形式也可能促进经济的迅速发展，从而为处于发展中的国家和地区的现代化提供一种新的可能路径。20世纪80年代，东亚、拉美等一些权威主义国家和地区向民主政体的政治转型为这一理论模式提供了实际的注解。

权责发生制 accrual basis 在会计工作中，以收入和费用应当归属的期间作为标准确定当期收入和费用的会计处理原则和方法。又称应计制或应收应付制。现金收付制的对称。凡是当期已经实现的收入和已经发生的或应当负担的费用，不论款项是否收付，都应当作为当期的收入和费用处理；凡是不属于当期的收入和费用，即使款项已在当期收付，也不应当作为当期的收入和费用处理。

在权责发生制下，会产生待摊费用、预提费用、递延收入和应计收入等项目。①待摊费用，又称预付费用或递延费用，指本期已经支付而由后续会计期间受益，应归属于后期负担的费用，如预付保险费、预付租金等。②预提费用，又称应计费用或预计负债，指已在本期耗用或已由本期受益而尚未支付的费用，如预计产品保质负债等。③递延收入，又称递延收益或预收收入，指本期或前期已经收到并已入账，但要到后续会计期间才能获得的收入，如预收销货款、预收租金等。④应计收入，指本期已经获得、但尚未收到款项的收入，如应收利息收入等。

权杖 sceptre 古代用以表示统治者身份、象征权威的杖形特殊器具。用玉石、陶、木、竹、青铜、黄金等制作。主要分布在中国、埃及、近东和两河流域，以及多瑙河至西伯利亚和蒙古高原的欧亚大草原地区。流行年代约为公元前3500～前300年。

金权杖（三星堆遗址1号坑出土，长1.42米，木质杖体已朽，用纯金皮包卷）

在中国发现有权杖和权杖头。甘肃秦安大地湾遗址出土的彩陶权杖头，年代约为前3 000多年，是迄今中国发现的年代最早的权杖头。此外，在四川广汉三星堆遗址发现商代晚期的金权杖，湖北荆门包山2号墓有战国时期的青铜龙首积竹体杖等。古埃及在前王朝时期（约前3050年以前）已有权杖，那尔迈调色板上有那尔迈国王手持权杖击打敌酋和手持权杖巡视的图案。近东、两河流域和东欧发现的权杖与权杖头包括玉石、青铜、玉髓、玻璃制品。

全琫准 Chon Bon-dzhun（1853～1895） 朝鲜近代农民起义领袖。字明淑，号海梦。生于朝鲜。全罗道高敞郡。1874年加入民间秘密结社东学教，后任古阜、泰仁地区接主。1892年起，率领农民反对古阜郡守强征水税。1894年2月，发动古阜农民起义，占领古阜邑。初步达到目的后解散队伍。5月再次发动起义。他发布的《白山檄文》，提出“辅国安民，斥倭斥洋，尽灭权贵”的口号。队伍迅速扩大，被推为总大将。6月1日占领全州，声威大振。此后与政府签订《全州和议》，退出全州，同时领导农民成立政权机构执纲所。中日甲午战争后，日军与官军配合进攻起义军，全琫准再次起兵，11月率军10万北上，但在公州之役中失利。此后，仍转战全州、泰仁等地，并辗转至淳昌坚持斗争。12月28日，由叛徒出卖被捕，次年4月23日被杀（见**甲午农民起义**）。

全俄肃反委员会 All-Russian Extraordinary Commission for Combating Counter-Revolution and Sabotage 俄国十月社会主义革命胜利初期，苏维埃俄国于1917年12月设立的专政机构。见**契卡**。

全反射 total reflection 入射光能量在介质界面上全部被反射的现象。根据折射定律：

$$\frac{\sin\theta_i}{\sin\theta_t}=\frac{n_2}{n_1}$$

式中θ_i和θ_t分别为入射角和折射角；n_1和n_2分别为第一介质（入射光所在介质）和第二介质（折射光所在介质）的折射率。当$n_1>n_2$时，必有$\theta_t>\theta_i$。折射角$\theta_t=90°$时的入射角θ_0称为全反射的临界角，入射角$\theta_i>\theta_0$时，第二介质中不再存在折射光，入射光能量全部被反射。故产生全反射的条件为：反射界面为光密－光疏界面；入射角大于全反射的临界角，即

$$\theta_i>\theta_0=\arcsin\frac{n_2}{n_1}$$

全反射现象被广泛用来设计制造各类全反射棱镜，它们的主要用途是改变光线的传播方向，全反射棱镜造成的光能损失比普通平面反射镜要小得多。在偏振棱镜中，全反射现象被用来分离晶体中的寻常光和非常光（见**双折射**），以得到纯的线偏振光。光导通信和医学内窥镜中使用的**光学纤维**也是利用全反射使光在纤维中传输。

全非人民大会 All-African Peoples' Conference 20世纪50年代末60年代初，在泛非主义思想指导下，非洲各国为争取民族独立和加强团结而召开的地区性国际会议。共举行过3次。1958年12月8～13日，经加纳总统**K.恩克鲁玛**倡议，在阿克拉召开了第一届全非人民大会，28个国家和地区的300多名代表参加了会议。此后，1960年1月25～31日和1961年3月25～30日，在突尼斯和开罗先后召开了第二届和第三届全非人民大会。三次会议的决议，均谴责新老殖民主义和帝国主义，支持各国的民族解放斗争，要求已经获得独立的国家对正在争取独立的殖民地和附属国人民提供一切可能的援助。全非人民大会的召开为非洲统一组织的建立奠定了思想和组织基础。

全氟碳 perfluorocarbon **烷烃**或环烷烃分子中与碳原子连结的氢原子全部被**氟**原子取代所得到的全氟烷烃或全氟环烷烃。这些有机氟化合物具有很好的化学稳定性；不溶于水，也不溶于有机溶剂。但一般的气体，如氧、氮、二氧化碳等在这些全氟碳化合物中有较好的溶解度。全氟醚类和全氟叔胺类化合物虽然分别含有醚键和碳氮键，但具有与全氟碳类似的稳定性和溶解性能，所以也常被称为全氟碳。适当分子量范围的这类化合物在水中的乳剂，经氧饱和后，可以应用为携氧剂，称为氟碳代血浆。

全国少数民族传统体育运动会 National Games for Ethnic Minorities of China 以中国少数民族传统体育为主、由少数民族运动员参加的综合性运动会。早在1953年举办的全国民族形式体育表演及竞赛大会的基础上发展而来的，1984年改现名。为了深入贯彻落实民族政策，进一步继承和发展民族民间传统体育，经国务院批准，该运动会由国家民委和国家体育总局（原国家体委）联合举办，由各届运动会所在地政府

第7届全国少数民族传统体育运动会开幕式

承办，每4年举办1次。自1953年第1届开办以来，已分别在天津、内蒙古、新疆、广西、云南、北京、宁夏和广东举办了8届。运动会所设比赛项目每届都有所不同，一般有举重、拳击、赛马、刁羊、摔跤、射箭、射弩、抢花炮、秋千、珍珠球和陀螺等。台湾少数民族选手分别参加了第4届和第5届龙舟比赛。

该运动会已成为全国较有影响的大型综合性体育运动会之一，为增强各族人民身体素质，促进各民族团结等方面作出了积极贡献。

全国重点文物保护单位 Key Cultural Relics Units under State Protection 中华人民共和国国务院核定公布的国家级重点文物保护单位。包括具有重大历史、艺术、科学价值的革命遗址、纪念建筑物、古文化遗址、古墓葬、古建筑、石窟寺，以及石刻等文物。对这些文物保护单位要划定必要的保护范围，作出标志说明，建立记录档案，并分别设置专门机构或专人负责管理。其保护范围和记录档案要由省、自治区、直辖市文化行政管理部门报国家文化行政管理部门备案。若需对这些文物保护单位进行考古发掘，要由国家文化行政管理部门会同中国社会科学院审核后，报经国务院批准。

截至2010年底，国务院先后核定公布了六批全国重点文物保护单位名单（台湾省的暂未列），总计2 351处。其中，第一批计180处，于1961年3月4日公布；第二批计62处，于1982年2月23日公布；第三批计258处，于1988年1月13日公布；第四批计250处，于1996年11月20日公布；第五批计521处，2001年6月25日公布518处，2002年又增补3处；第六批计1 080处，于2006年5月25日公布。

《全汉三国晋南北朝诗》 *Complete Poetry Works of Han, Three Kingdoms, Jin, Northern and Southern Dynasties* 中国汉到隋的诗歌总集。近人丁福保（1874～1952）编。共54卷，依时代次序分为11集，意在前接《**全唐诗**》。此书以明代冯惟讷《**古诗纪**》为根据，取其正集中自汉至隋诗歌，并参酌清代冯舒《诗纪匡谬》，加以修订而成。丁福保也自加按语。卷首有《绪言》，指出明清人编纂诗集之误。此书辑录两汉以下800年间的诗歌，力求齐备，为逯钦立《**先秦汉魏晋南北朝诗**》出版以前最为便用的古诗总集。但此书基本沿袭二冯之书。《匡谬》有误亦未加辨正。所选上限仅为西汉，舍去《古诗纪》内《前集》10卷中歌谣、逸诗等先秦诗歌，亦为一失。原有印本，有1959年重刊断句排印本。

全汉昇 Quan Hansheng（1912－11－19～2001－11－29） 中国经济史专家。广东顺德人。卒于台北。1935年毕业于北京大学史学系，历任“中央研究院”总干事及该院历史语言研究所研究员、台湾大学经济系教授兼系主任、香港中文大学教授、新亚书院校长、新亚研究所所长、“中央研究院”院士，曾应美国芝加哥大学、哥伦比亚大学、

哈佛大学及日本东洋文库之邀，担任访问学者和研究员。

全汉昇受陶希圣、傅斯年等人的影响，潜心于中国经济史的研究。1934年在北京大学肄业期间，即已发表了《中国行会制度史》。此后，主要从事唐宋经济史，特别是宋代经济史的研究，是宋代经济史研究的开创者。1944～1947年赴美进行学术交流期间，吸收了国外经济史学界的新观念和新方法。自1949年后，研究重点转向明、清和近代经济史，其研究成果大量使用中外文资料，对清代的物价、人口变动、近代工业化等问题，特别是明代中叶以后中、日、葡、荷的贸易关系，金银比价等问题作了深入的论述。

他的著作主要有《中国经济史论丛》、《中国经济史研究》、《汉冶萍公司史略》等，还有若干与外国汉学家合写的著作。

《全金元词》 中国金元词总集。今人唐圭璋编。前人刻词，自唐宋之外，兼及金元名家，但辑录词家甚少。此编收录金元词人282家，词作7293首。其中金词人70家，词3572首；元词人212家，词3721首。体例与《全宋词》相同。以时代先后为序，依次编录诸家词作。词人名下，大多有小传。所录诸家词作，皆以善本、足本为据，并详加校勘、考订。辑录之词大多注明出处，引用书目达200余种。中华书局1979年出版。

全景画 panorama 大型综合性公共艺术，通常以油画作为基本手段，辅之以塑形、道具、音响、灯光照明与电子技术和解说，再现某一历史内容或自然界的特定场面，画面覆盖圆形大厅上下和四壁，观众置身于大厅中央四周环顾，可以欣赏到发生在不同时间和空间的众多情节和场景，感受从不同侧面反复和加强的同一主题，各种模型和实物在剧场式灯光和音响效果下，与画面重复交叠，能使观众产生身临其境的感觉。同类形式有全景画与半景画两种。

全景画大都表现战争题材。在美术史上，第一幅全景画出现在1787～1788年，是爱尔兰画家R.巴凯尔完成的。19世纪后期，全景画在法国、德国、俄国、波兰、匈牙利等国先后发展起来。苏联的《斯大林格勒大会战》(1982) 是全景画中规模宏大的作品。中国20世纪80年代在北京中国人民抗日战争纪念馆建成卢沟桥事变半景画馆，1989年以后，由东北鲁迅美术学院组织、创作的全景画作品有《攻克锦州》(锦州辽沈战役纪念馆，1989)、《晴川江畔围歼战》(丹东抗美援朝纪念馆，1993)、《赤壁之战》(武汉赤壁之战全景画馆，1999)、《解放济南》(济南战役纪念馆，2003) 等，此外，尚有《大决战——三大战役》等多座半景画馆。这些以史实和革命战争为主要题材内容的全景画创作，很好地发挥了弘扬爱国主义精神和进行革命历史教育的作用。

《赤壁之战》(局部)

全聚德 Quanjude 中国北京特级风味餐馆。清同治三年 (1864) 创办。当时前门外肉市胡同有一家名为“德聚全”的干鲜果铺因经营不好而倒闭，一位原来靠摆摊出售生鸡、生鸭为生的河北冀州人杨全仁买下它，把原字号倒过来改称“全聚德”。开业后主要经营烤鸭，兼售生鸡、生鸭。后又聘请在清宫御膳房包哈局专管烤猪、烤鸭的孙师傅制作挂炉烤鸭，从此名震京城。1954～1959年相继在西长安街和王府井帅府园开设全聚德西号和东号。1963年西号歇业。1964年全聚德总店改建，门面扩建到前门外大街。1979年在前门西大街新建一座7层大楼，定名北京全聚德烤鸭店。老店同时经营。1993年5月，中国北京全聚德集团成立。1994年6月，由全聚德集团等6家企业发起设立北京全聚德烤鸭股份有限公司；2005年1月，公司更名为中国全聚德（集团）股份有限公司。

《全辽文》 *Complete Literature Works of Liao Dynasty* 中国辽代诗文总集。史学家陈述 (1911～1992) 辑校。陈述因补注《辽史》而致力于搜集辽代诗文，有感于缪荃孙《辽文存》、王仁俊《辽文萃》、黄任恒《辽文补录》、罗福颐《辽文续拾》等各自成书，既有重出，犹有佚漏，于是将诸家所编诗文重新整理、校订，补苴缺漏。除诸帝、后妃外，皆按作者生卒先后编次，共得诗文500多篇，名为《辽文汇》，1953年由中国科学院印行。《辽文汇》问世以后，编者又陆续收录近30年新发现的材料，成《辽文汇续编》(未刊)。《辽文汇》和《辽文汇续编》合并为《全辽文》，共收诗文800余篇，为研究辽代历史和辽代文学提供了一部较完备的史料。1982年由中华书局出版。

全美职业篮球联赛 National Basketball Association; NBA 美国国家篮球协会 (NBA) 主办的全美国职业篮球队间规模最大的赛事。习称NBA篮球赛，简称NBA。被公认为世界最高水平的篮球比赛，它云集了美国国内和世界各国最优秀的篮球运动员。NBA的前身是1946年成立的全美篮球协会(BBA)。在1949～1950年，BBA合并了国家篮球联盟（NBL)，同时正式更名为美国国家篮球协会，开始了美国职业篮球新的发展历程。在1975—1976赛季，NBA又合并了与之对抗了9年之久的职业篮球联盟(ABA)，完成了对美国篮球市场高水平联赛的垄断。自1984年NBA第4任总裁D.斯特恩接手以后，实行了一系列改革措施，使美国职业篮球运动开展得如火如荼。NBA联赛的竞赛方法基本是：将联赛分成常规赛和季后赛两个阶段。常规赛分成东部和西部两个联盟若干赛区，从每年的11月初开始，至次年4月20日左右结束。常规赛总共要进行1 189场比赛，每支球队共需进行82场比赛。常规赛结束后，按胜率高低排出东、西部的前8名，参加季后赛。季后赛采用淘汰制，从4月下旬开始，到6月下旬决出冠军为止。第一轮采用5战3胜制，第二、三轮（东、西部联盟半决赛和决赛）和NBA东、西部冠军总决赛均采用7战4胜制。在常规赛中胜率高的球队，在季后赛时将获得主场之利，5战3胜比赛主客场的安排是：2场主场-2场客场-1场主场；7战4胜的比赛主客场的安排是：2场主场-3场客场-2场主场。

NBA篮球联赛比赛场面

全面经济核算 general economic accounts 企业对生产经营活动及其成果实行全面记录、计算、控制、分析、比较的一种管理方法。企业要以自己的收入弥补自己的支出，并取得赢利，必须对自己的原材料、能源、零部件、人工费用、管理费用等所有支出进行核算，以不断降低成本，提高赢利水平。

全面经济核算要求：①全厂性核算。即整个企业的生产技术、经营管理、生活服务等各个领域和各个环节都必须进行核算，不能有空当。②全员性核算。即企业的管理人员、生产技术人员和生产工人等所有的职工都要参与经济核算工作。③全过程核算。即企业从产品的研究、设计、制造、销售及到用户的各个环节，都要进行核算，讲求经济效益。

常用的有经济活动分析、价值工程、目标成本、盈亏平衡点等。

全面战争 general war 交战国进行全面动员，运用军事、政治、经济、文化、外交的整体力量所进行的战争。中国人民在革命实践中所进行的全面战争，集中地体现了毛泽东放手发动群众、进行人民战争的思想。美国军方认为，全面战争是大国之间投入全部资源并危及一个主要交战国生存的武装冲突。通常的理解是指各大国之间关系国家生死存亡的战争，并将导致新的世界大战。

全面质量管理 total quality control 企业综合运用管理技术、专业技术和科学方法所形成的系统的产品质量管理和产品质量保证体系。又称全面质量控制、综合质量管理。其特点在于全面性。主要表现：①管理的内容是全面的。即不仅要管理产品质量，而且要管理产品质量赖以形成的工作质量，并从工作质量入手保证产品质量。②管理的范围是全面的。即是对产品研究、开发、设计、试制、生产准备、生产制造、设备维修、成品检验、销售、售后服务等全过程实行全面的质量管理。③参加质量管理的人员是全面的。即对各级工作人员提出严格的工作质量要求，使全体职工都来关心和参加质量管理。④质量管理的范围是全面的。即广泛吸收自然科学、技术科学和管理科学的有用成果，根据不同情况和影响因素，采取多种多样的管理技术和方法，以保证质量管理的有效性。

全民公决 plebiscite 由全体公民以法定的直接投票形式决定国家或区域的重大事项，决定是否批准某项法律或条约。又称全民投票。实行直接民主的一种具体形式。实质是政府以法定的形式征询国家权力主体即全体公民对重大政策、重要立法或政府基本外交方针的意见。全民公决分为强制性的和选择性的两类。强制性的是指有些国家规定修改宪法等特定的事项必须经全体公民的表决；选择性的是指有些国家的国家权力机关在决定国家重大事项或立法时一般不须公决，但应一定比例或数量的公民的要求，或是面对某项争议，有时也可以依一定的程序，对某一事项或法律进行公民投票。全民公决的具体办法是，参加投票的公民在赞成和反对两种答案中选择其一，然后政府去执行或是放弃，政府此前没有明确的态度。由此还衍生有一种“全民复决”，就是公民在政府已有决策表态的前提下，对政府的决策表示态度。

全民所有制 ownership by the whole people 社会全体劳动者共同占有和支配生产资料的社会主义公有制。

中国在工人阶级取得政权后，通过没收官僚资本建立起全民所有制，又通过赎买方式实现民族资本主义工商业的社会主义改造，完成了资本主义私有制向社会主义全民所有制的转变。全民所有制经济的财产包括属于全社会劳动者的工厂、农场、铁路、公路、银行、商店等，以及矿藏、水流、土地、森林、草原等自然资源。

社会主义全民所有制经济是和社会化大生产相适应的公有化社会主义经济。在全民所有制条件下，全社会的劳动者总合为一个所有者，工人、农民、知识分子和其他劳动者共同占有生产资料，产品归全社会劳动者所有。生产品的分配，一部分用于全社会的共同需要，一部分依据按劳分配原则分配给企业职工。社会主义全民所有制经济是社会主义国民经济中的主导力量。一般采取社会主义国家所有制形式，但所有制的实现形式可以多种多样。

《全明散曲》 *Complete Non-dramatic Songs of Ming Dynasty* 中国明代散曲总集。谢伯阳编。齐鲁书社1993年出版。全书分5册，收录自元末明初王子一、刘兑等至明末清初钱古民、杨景辉等明末清初的曲家凡406人（无名氏不计在内），散曲小令10 606首、套数2 064篇。凡散曲别集中有叙跋者，一并揽入，置于各家之后，为研究者提供原始资料。书末附录《明人散曲有关作品作者异名表》、《作者姓名字号籍贯索引》和《曲牌及使用此曲牌之作品首句索引》。《全明散曲》与隋树森所编《全元散曲》，凌景埏、谢伯阳合编《全清散曲》并称20世纪散曲编纂学三大工程，为古代散曲史暨中国古代文学史的研究提供了系统完备的资料。

《全清词钞》 *Complete Ci-poem Copies of Qing Dynasty* 中国清词总集。编者叶恭绰（1881～1968）。一字誉虎，一字玉甫，号遐庵。广东番禺人。曾任北洋政府交通总长和孙中山大本营财政部长。中华人民共和国建立后任全国政协委员、中央文史馆副馆长、北京中国画院院长等职。全书分40卷，收入全部清代词家作品。凡清亡以后去世的词人作品，编为附录。共选录3 196人，词8 260多首，是收录清词最多的选本。叶氏主编，分纂和襄助者共53人。创始于1929年，至1952年完成，始终其事者陆维钊。

此选本发凡起例，秉承被推为晚清词坛领袖的朱孝臧的指示，初稿甄选，一部分取决于朱氏。其取材，则广泛利用全国图书馆和私家藏书，特别是林葆恒所藏完整的清词别集和总集。因此，此书选词质量较《国朝词综》等为精，数量远较《箧中词》为广。

《全清词钞·例言》称编写目的在于“综合贯串，以供源流正变之推寻”。编者认为，清初词沿明末余习，虽杂以兴亡乱离之感，而其弊为纤仄与芜滥；浙西派救之以清雅，然仅学南宋白石（姜夔）、玉田（张炎）的琢句遣词，至乾隆中叶而颓靡益甚；乾嘉以还，常州词派创意内言外之旨，开辟途径，始为“词的中兴光大时代”。鸦片战争以后及至晚清“更形光辉灿烂”。由于编者的词学观点属于朱孝臧一派，崇尚清真（周邦彦）、梦窗（吴文英），见解难免于偏。豪壮舒发的作品，往往被摈于选录之外，而与编者同一流派的一般词友之作，则入选较多。但采辑既广，读者大体可见清词初期、中期到后期的变化以及各种流派的发展轮廓。每位作者姓名之下，略注字、号、籍贯、词学著作，并随文断句。有1975年香港中华书局初版本，1982年中华书局本。

《全清散曲》 *Complete Non-dramatic Songs of Qing Dynasty* 中国清代散曲总集。凌景埏、谢伯阳合编。清代散曲是散曲史上的衰落时期，尽管时代较近，作品选集却十分罕见，个人别集亦不多。凌景埏在20世纪30年代末执教燕京大学时，已开始对清人散曲进行辑佚。去世后，其女婿谢伯阳继其志业，1980年完成此书。《全清散曲》分上、中、下3册，共收录沈自晋、虞巍等明末清初作者至李和兑、李骥等清末民初作者凡342家，作品计小令23 214首、套数1 166篇。书末附录《作家姓名字号籍贯索引》、《曲牌及使用此曲牌之作者索引》两项，便于检索。1985年由齐鲁书社出版。

全球变暖 global warming 地球表面平均温度和地表平均气温的升高。全球变暖是就地球环境总体而言的，并不是说全球任何区域都会变暖或每个季节都会变暖。见全球环境问题。

全球导航卫星系统 Global Navigation Satellite System; GLONASS 俄罗斯导航卫星系统。为中高轨道多星星座、采用时间测距的卫星导航定位系统，可提供全球（空中、海洋、陆地）每天24小时全天候的连续实时的导航定位服务。全球导航卫星系统空间部分由24颗卫星组成。卫星轨道高度19 130

千米，位于3个倾角64.8°的轨道平面内，周期11小时15分钟。系统工作基于单相测距原理，每个卫星采用频分多址。民用标准定位精度50米，实际可达20米；军用定位精度约10米。1982年10月12日苏联发射了第一颗全球导航卫星，1995年完成24颗中圆轨道卫星，每个轨道面各加1颗备用卫星组网。由于经费短缺，不能及时更新系统，卫星在轨数目不断减少。到2000年年底，只有11颗卫星在轨。2005年该系统卫星集群的卫星增加到17颗，2007年俄罗斯计划拨款近100亿卢布用于实施发展全球导航卫星系统，到2007年年底增至18颗。

全球定位系统 Global Positioning System; GPS 美国国防部研制组建的新一代全天候的全球性空基无线电授时与导航定位系统（图1）。系统采用距离交会方法进行工作，可实时提供地球及近地空间任何位置的三维坐标和时间等信息。GPS卫星星座计划由均匀分布在倾角为55°的6个轨道面上的24颗卫星组成（图2）。2000年底实际可用的GPS卫星已达28颗。GPS的出现引起导航和定位技术的革命，在军事、测绘、交通、导航、气象、授时、资源调查、环境保护、精细农业及防灾救险等领域得到广泛应用。

系统组成 由GPS卫星、地面监控系统和用户三部分组成。GPS卫星可连续向用户播发用于进行导航定位的测距信号和导航电文。地面监控系统通过对GPS卫星的观测确定和预报其运行轨道和卫星钟差，然后按规定格式将它们编制成导航电文后送往卫星。用户则用GPS接收机接收导航电文并测定至各GPS卫星的距离，进而解算出自己的位置、高程、速度和接收机钟差。

测距方法 为测定从卫星至接收机间的距离，GPS卫星发射两种不同性质不同精度的测距码。其中C/A码是免费供全球所有用户使用的一种明码，测距精度较低，一般2～3米。Y码是专供美国及其盟国军方用户使用的一种密码，测距精度0.3米左右。为满足高精度定位的需要，测量用户将GPS卫星信号中的载波恢复并分离出来当作测

图1 美国新一代全球定位系统

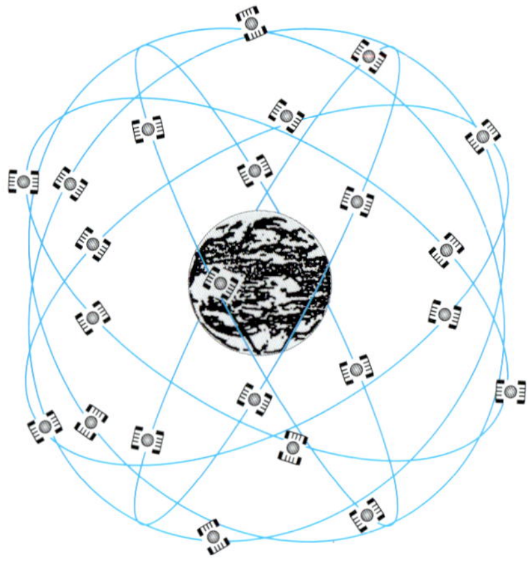

图2 GPS卫星星座图

距信号使用，对其进行相位测量。载波相位观测值的精度可达毫米级或更高。

卫星星历 描述卫星在空间瞬时位置的一组信息，分广播星历和精密星历两类。广播星历是由GPS的地面监控系统生成并经GPS卫星播发给用户使用的一种预报星历，精度较低，主要用于导航和实时定位。精密星历是依据许多GPS跟踪站的观测值经严密数据处理后而得到的一种高精度星历，主要用于高精度定位。

定位模式 分单点定位和相对定位两种模式。用一台接收机对GPS卫星进行距离测量，根据观测瞬间的卫星位置用距离交会法来确定用户绝对位置的方法，称为单点定位。单点定位观测方便，数据处理简单，精度较低，用于导航和低精度定位。至少用两台GPS接收机进行同步观测以确定它们之间相对位置的方法，称为相对定位，是高精度定位中采用的主要模式。

全球环境问题 global environment problem 全球范围内普遍存在的环境问题。一般认为全球性环境问题主要有以下九个方面。

全球气候变暖 20世纪80年代后，全球气温明显上升。导致全球变暖的主要原因是人类大量使用矿物燃料（如煤、石油等），排放出大量的二氧化碳等温室气体。这些温室气体对来自太阳辐射的短波具有高度的透过性，而对地球反射出来的长波辐射具有高度的吸收性，从而产生温室效应，导致全球气候变暖。全球变暖会导致全球降水量重新分配、冰川和冻土消融、海平面上升等后果，既危害自然生态系统的平衡，更威胁人类的食物供应和居住环境。

臭氧层破坏 人类的生产活动向大气中排放大量能够同臭氧起化学反应的氯化亚氮、四氯化碳等气体，使臭氧层中的臭氧迅速耗减，进而遭到破坏。南极的臭氧层空洞（见南极臭氧洞），就是臭氧层破坏的一个最显著的标志。

物种加速灭绝 一般来说，物种灭绝的速度与物种生成的速度平衡。但人类活动破坏了这种平衡，使物种灭绝速度加快。物种灭绝将对整个地球的食物供给带来威胁，对人类社会发展带来难以预料和挽回的损失与影响。

森林锐减 由于世界人口的增长，对耕地、牧场、木材的需求量日益增加，导致对森林的过度采伐和开垦。据统计，全世界每年约有1 200万公顷的森林消失，其中绝大多数是对全球生态平衡至关重要的热带雨林。对热带雨林的破坏主要发生在热带地区的发展中国家。

荒漠化与土地退化 简单地说，土地荒漠化就是指土地退化。荒漠化是由于气候变化和人类不合理的经济活动等因素，使干旱、半干旱和具有干旱灾害的半湿润地区的土地发生了退化。荒漠化已不再是一个单纯的生态环境问题，而是演变为经济问题和社会问题，它给人类带来贫困和社会不稳定。全世界受荒漠化影响的国家有100多个。

淡水资源危机 地球表面虽然2/3被水覆盖，但是97%为无法饮用的海水，只有不到3%是淡水，其中又有2%封存于极地冰川之中。然而水却被大量滥用、浪费和污染，加之区域分布不均匀，使世界上缺水现象十分普遍，全球淡水危机日趋严重。世界上100多个国家和地区缺水，其中28个被列为严重缺水的国家和地区。一些河流和湖泊的枯竭、地下水的耗尽和湿地的消失，不仅给人类生存带来严重威胁，而且许多生物也正随着人类生产和生活造成的河流改道、湿地干化和生态环境恶化而灭绝。

资源与能源短缺 资源和能源短缺问题已经在大多数国家甚至全球范围内出现。这种现象的出现，主要是人类无计划、不合理地大规模开采所致。在新能源（如太阳能、快中子反应堆电站、核聚变电站等）开发和利用尚未取得较大突破之前，世界能源供应将日趋紧张。

有毒化学品污染 由于化学品的广泛使用，全球的大气、水体、土壤乃至生物都受到不同程度的污染、毒害。20世纪50年代以来，涉及有毒有害化学品的污染事件日益增多，如果不采取有效防治措施，将对人类和动植物造成严重危害。

海洋污染与海洋资源退化 海洋污染主要发生在受人类活动影响广泛的沿岸海域。大量的污染物质通过陆地河流、空气、海运和海上倾倒等各种渠道源源不断地进入海洋，破坏海洋生物资源和海水使用性质，并引起浅海或半封闭海域中氮、磷等营养物质的富集，使浮游生物过量繁殖，形成赤潮。赤潮的广泛发生，可以看作是世界海洋污染广泛、污染加重和海洋环境质量退化的一个突出特征。

全球性环境问题具有不同地区相互影响的特点，必须通过全球协作，才能获得建设性解决。

"全球鹰"无人驾驶侦察机 Global Hawk unmanned reconnaissance aircraft 美国特里达·瑞安航空公司研制的高空大型长航时无人驾驶侦察机。主要用于执行高空、远程和长续航时间的监视侦察任务。1998年2月28日首飞，2001年开始装备美国空军。

"全球鹰"采用大展弦比下单翼、V型尾翼正常式布局，机翼采用碳纤维复合材料，机身为铝合金材料。机长13.53米，翼展35.42米。动力装置为1台AE3 007H涡轮风扇发动机，装在后机身上部。巡航速度635千米/时，实用升限20 500米，活动半径5 560千米，转场航程26 761千米，最大续航时间大于42小时。可同时携带光电/红外传感器、合成孔径雷达和信号侦察设备，通过卫星进行视频信号传输，实时提供高分辨率的地面图像，并直接反馈给地面部队。在20 000米高度能识别地面停放的各种飞机、导弹和车辆的类型。每天监视范围可达137 320平方千米。飞行中由预编程序控制，也可随时改编程序，以适应任务需要。

2001年11月，"全球鹰"无人驾驶侦察机首次用于实战，参加对阿富汗的侦察行动。在2003年的伊拉克战争中，用于目标侦察监视。

全球战略 global strategy 20世纪中叶美国为争夺世界霸权而提出的战略。在第二次世界大战中，美国的政治、经济、军事实力发展很快，又垄断着原子武器，因而提出称霸世界的全球战略。1947年3月12日提出的杜鲁门主义就是其突出表现。全球战略要求推行实力政策，主张帝国主义国家联合起来，向社会主义国家发动一场全球战争。尼克松政府确定了全球战略计划的4项原则：①遇到战略核战争，依靠美国的核力量。②遇到战区核战争，由美国承担主要责任，英国等承担部分责任。③战区常规战的任务由美国和盟国部队分担。④对次战区或地区性战争，由当事国和盟国承担主要责任，美国提供一定援助。几十年来，全球战略始终是美国对外政策的中心。

《全上古三代秦汉三国六朝文》 中国上古至隋的文章总集。编校者清代严可均（1762～1843）。741卷，收作者3 400多人。清嘉庆十三年（1808）开馆辑《全唐文》。严氏认为唐以前文章亦应有总集问世，遂发愤独自编纂。从别集、总集、史书、类书到金石拓片、片语残文，莫不广搜博采，经27年完成，规模可谓宏大。编选体例以"文"为标准，载文而不载诗；序列按朝代先后，分为《全上古三代文》至《全隋文》14集，朝代不明的文章别立《先唐文》一卷，列在其后。同一朝代的作家以帝后、宗室、贵族、百官、群雄、士庶、列女、释道、阙名等次序排列。每一作家都有小传。同一作家的作品又以骚、赋、制、诏等七十体分类编次。所录各篇均注明出处，是一部使用方便，便于检索的大型资料书。但也存在着疏于考辨、遗漏重出、残篇拼接不当等缺点。中华书局曾据原书重加断句缩印。

《全宋词》 *Complete Ci-poem Works of Song Dynasty* 中国宋词总集。唐圭璋编。1940年由商务印书馆于长沙出版线装本。1965年经编者重新增补改编，中华书局指定王仲荦对全稿进行订补复核，最后由编者通读订正稿，于1965年出版。以后，编者仍不断搜集资料进行增补修订，写成《订补续记》附于书后，于1980年重印。全书收录词人1 300余家，收词近19 900余首，残篇530余首。此书考订颇严：凡五七言绝句及古诗均不阑入；所收作家，均改为以时代先后为序；词人时代，昔人疏于考订而编次有误者，均加考订，重为编排；词人姓氏，昔人或仅题字号，或以此作彼，亦重为厘正，词人行实，也多有订正；所用底本，亦多为善本或足本，底本有脱误者，多据他本作了校改，并出有校记。1981年中华书局出版了孔凡礼辑的《全宋词补辑》，主要据明抄本《诗渊》补，共辑得140余人的430多首词作。

《全宋诗》 *Complete Poetry Works of Song Dynasty* 中国宋诗总集。北京大学古文献研究所编。傅璇琮（1933～ ）等主编。此书分正、补两编。正编收目前传世的诗集；现存诗集外的分散宋诗的辑佚则限于现存宋元诗话、笔记及其他史籍；现存宋元类书、总集以及《永乐大典》和《诗渊》的残存本；宋元方志以及近年来集中印行的若干重要方志，如影印天一阁藏明代方志；《宋诗纪事》、《宋诗纪事补遗》已引用到的书、敦煌遗书。补编则收正编以外的各类书籍以及书画题跋和散存各地的石刻、手迹、抄本等。史学家邓广铭《全宋诗题词》云："这部《全宋诗》搜采广博，涵容繁富，名家钜制，散篇佚作，全部荟萃于斯。而考订之精审，比勘之是当，亦远非《全唐诗》之可比拟。不惟两宋诗坛之各流派各家数均可借此探索其源流，而三百余年之社会风貌、学士文人之思想感情，亦均借此而得所反映。"1991年开始由北京大学出版社出书，正编已出齐。

《全宋文》 *Complete Literature Works of Song Dynasty* 中国宋文总集。四川大学古籍整理研究所编。曾枣庄、刘琳主编。《全宋文》旨在将有宋一代的单篇散文、骈文以及诗词以外的韵文汇为一集，为文史研究工作者提供一部完备而又易于检索的大型断代文献。全书除宋太祖赵匡胤开头外，一律按作者生年或大约生年编次。每一作者之文，按辞赋、诏令、奏议、公牍、书启、赠序、序跋、论说、杂记、箴铭、颂赞、传状、碑志、哀祭、祈谢、其他（指以上各类无法统归者）等16大类编次，有则存，无则缺。《全宋文》的作者小传及其各篇文章，一律注明资料出处。《全宋文》于1985年开始编纂，1988年开始由巴蜀书社陆续出版。

全碳分子 all carbon molecule 仅由碳原子组成的具有封闭笼形结构的碳60（C_{60}）等碳原子簇的总称，是碳的第三种同素异形体。具有准一维笼形结构的碳纳米管，虽然没有确定分子量，也属于全碳分子讨论范畴。

1985年H.W.克罗托、R.E.斯莫利和R.F.柯尔发现，碳可以形成$n<200$的C_n碳原子簇，当$n>40$时，簇中碳原子数仅为偶数，并发现C_{60}的质谱峰明显高于其他碳原子簇的峰。在预言C_{60}结构时，由于受美国建筑学家B.巴克明斯特·富勒（Buckminster Fuller）的用五边形和六边形构成的拱形薄壳建筑结构的启发，他们提出C_{60}分子的结构是由12个五边形和20个六边形组成的酷似足球的结构，并以buckminsterfullerene命名C_{60}。除C_{60}外，具有封闭笼形结构的分子还有C_{70}、C_{76}、C_{78}、C_{84}等，把这些笼状结构的系列物统称为fullerene，中文命名为富勒烯，各同系物的命名为富勒烯C_{60}、富勒烯C_{70}等。1990年W.克雷奇默和D.R.赫夫曼用石墨电极电弧法制得了常量的富勒烯C_{60}和C_{70}，为其深入研究奠定了物质基础。

富勒烯的发现开辟了人类对碳元素认识的新阶段，使人们了解到一个新的碳物质世界。从平面低对称性分子到球形高对称性分子，从平面结构的石墨烯到准一维的碳纳米管再到全碳笼状结构概念已广泛影响到化学、物理学以及材料领域。

《全唐诗》 *Complete Poetry Works of Tang Dynasty* 中国唐诗总集。清康熙四十四年（1705）三月至四十五年十月，由彭定求、沈三曾、杨中讷、潘从律、汪士纮、徐树本、车鼎晋、汪绎、查嗣瑮、俞梅10人奉敕编校，由曹寅负责刊刻事宜。

此书凡900卷，目录12卷，共计收诗49 403首，作者2 576人，是在明代胡震亨《唐音统签》和清初季振宜《唐诗》的基础上，旁采残碑断碣稗史杂书所载，拾遗补缺，网罗了唐五代的诗歌，包括已结集者及散佚者而成。全书以帝王后妃作品列于首；其次为乐章、乐府；接着是历朝作者，略按时代先后编排，附以作者小传；最后是联句、逸句、名媛、僧、道士、仙、神、鬼、怪、梦、谐谑、判、歌、谶记、语、谚谜、谣、酒令、占辞、蒙求，而以补遗、词缀于末。它不但全部收集了唐代知名诗人的集子，而且广泛搜罗了一般作家及各类人物的作品，全面反映了唐诗的繁荣景象。《全唐诗》在编校时，曾订正过一些所收材料的错误。但也还存在漏收、误收以及小传舛误、篇章复出、作者张冠李戴、诗题错误、小注错误等问题。尽管如此，仍不失为一部资料丰富和比较完整的唐诗总集。

《全唐诗》最早的本子，是康熙四十六年扬州诗局本，120册。光绪十三年（1887）上海同文书局石印本（4函），归并成32卷。1960年中华书局排印本，精装12册，以扬州诗局本为底本，除断句外，还改正了某些明显的错误，书后并附有作者索引。

《全唐文》 *Complete Literature Works of Tang Dynasty* 中国唐五代文总集。清代董诰等编，修成于嘉庆十九年（1814），收唐五代作家3 035人，文20 025篇，共1 000卷。以清廷内府所藏钞本《唐文》160册为底本，并采辑《文苑英华》、《唐文粹》、《古文苑》、《永乐大典》、《四库全书》、史子杂家等书及金石碑板而成。它较为全面地反映了唐五代文的成就，提供了大量的唐五代文学史料，对于唐五代文学和历史的研究具有重要价值。

《全唐文》卷帙浩繁。其体例仿《全唐诗》，改变历来总集以文入类的体制，而是以文从人，各家名下再按照《文苑英华》的文体分类编排。其总体编次为：首诸帝，次后妃，次宗室诸王，次公主，次臣工，次释道，次闺秀；其十国主附五代后；至于宦官、四裔各文无可类从，附编卷末。每人之下均附有简明的作者小传，略叙里居、科第及历官始末。次序按时代先后排列，已登第者以登第之年为主，未登第及无可考者以入仕之年为主，处士则以所卒之年为主。该书在辑录时订正了不少前人的错误，但仍存在误收、漏收及人名误、小传误、校勘误等不少问题。

全同粒子 identical particles 内禀性质（质量、电荷、自旋等）完全相同的粒子。如所有的电子都是全同粒子，所有的质子、所有的α粒子也分别都是全同粒子。在经典力学中，尽管粒子性质相同，由于它们在运动过程中都有确定的轨道，在任何时刻都有各自确定的位置和速度，因而它们可以彼此区分；而对于微观粒子，由于波粒二象性，粒子没有确定的轨道，在一个体系内部完全不可分辨；交换其中的两个粒子的运动状态，不会观察到任何物理上的差别。全同粒子的不可分辨意味着描写全同粒子体系的波函数只可能是交换对称的或交换反对称的，对称性质不随时间改变。实验表明，所有自旋取整数的粒子称为玻色子，例如光子的自旋为1，其波函数是对称的；所有自旋取半整数的粒子称为费米子，例如电子、质子和中子的自旋均为1/2，其波函数是反对称的。

粒子全同性不是一个抽象概念，它是可观测量。全同费米子体系必须遵守泡利不相容原理，它是理解化学元素周期律（原子中的电子壳结构）的关键。而全同玻色子体系则允许任意多个粒子处于同一量子态，在适当条件下可能出现玻色－爱因斯坦凝聚现象。

全微分 total differential 多元函数的微分。设$u=f(x,y)$在(a,b)附近有定义。若存在两个常数A与B使得下面的式子对充分小的Δx与Δy成立：

$$f(a+\Delta x,b+\Delta y)-f(a,b)=A\Delta x+B\Delta y+\alpha\cdot\rho$$

式中$\rho=(\Delta x^2+\Delta y^2)^{1/2}$。这里$\alpha\to 0(\rho\to 0)$，这时称$f$在$(a,b)$点可微，并把$A\Delta x+B\Delta y$称为$f$在$(a,b)$点的全微分，记为$df$。

若$f(x,y)$在点(a,b)可微，则f在该点有偏导数，且$A=f_x(a,b)$，$B=f_y(a,b)$。

当f在(a,b)点附近有连续的偏导数f_x与f_y时，则函数f在(a,b)可微且有公式：

$$df=f_x(a,b)\Delta x+f_y(a,b)\Delta y$$

应当指出，仅是偏导数的存在不足以保证函数的可微性。这是多元函数与一元函数在可微性上的一大差别。

全维作战 full-dimension operations 在战争和非战争军事行动中运用一切手段进行的作战。系美国陆军作战理论。全维作战理论认为：①美国陆军已由传统型陆军变为战略陆军，作为联合部队的一员参与全面联合作战。②在敌人作战地域的全纵深同时运用空中、地面、海上和空间力量，从各个方向、各个层次、各个方面对敌发起进攻，以迅速剥夺敌人的主动权，使其不能按预想的步骤组织和实施作战。③选择能在战区的整个地面、空中和太空同时运用战斗力的战场结构。④除作战外，陆军要在维和、反恐怖、反毒品、非战斗人员撤离、军备控制、国家援助、支援符合美国利益的叛乱和反叛乱行动、显示武力、平息民间骚乱等方面发挥重要作用。⑤陆军必须具备多种作战能力，要在军事行动的一切领域和战略、战役、战术三个层次都能执行任务，并能迅速地进行任务转换。⑥在未来战场上应自始至终实施信息作战，掌握制信息权。⑦以机动战为基本作战思想实施攻防作战，谋求在行动上始终快于敌方，使敌人无力或来不及作出反应便归于失败。

全息电影 holographic motion picture 用全息术制作和显示的电影。

全息术 holography 在照相胶片或干板上通过记录光波的振幅和位相分布并再现物体三维图像的技术。又称全息照相术、全息摄影术。早在1947年D.伽柏就已提出了全息术，但其真正发展和应用于实际则在20世纪60年代发明了激光器之后。普通感光片只能记录光波的振幅（光强），不能记录相位，因而所得底片不能真实地重现原来的物光波，图像缺乏立体感。用全息术制作的全息底片同时记录了光波的全部信息——振幅和相位，故能真实地重现原来的物光波，图像有极强的立体感。为使只能记录光强的感光片能把相位信息记录下来，就必须把相位信息转换成光强形式，通常用干涉法达此目的。图1是制作全息

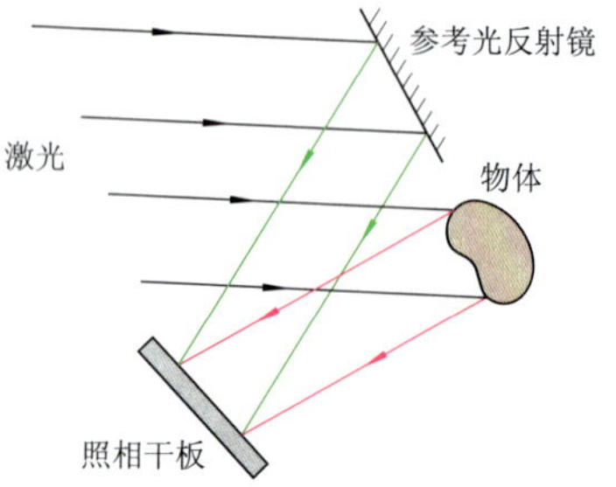

图1 波前记录

底片过程的示意图，即波前记录。从激光器发出的相干光波经分束器后分成两束，一束经扩束后用来照明物体，从物上发出的漫反射光成为物光波，照到全息感光片上；另一束经扩束和准直后也照到感光片上，称为参考光波。物光波和参考光波相干叠加，在全息感光片上形成干涉条纹。感光片记录下来的干涉图样称为全息图，经显影处理后得全息底片。由于干涉条纹很密，必须采用高分辨率感光片。若物光波与参考光波的夹角较小，形成的干涉条纹间距比感光乳胶厚度大很多时，所得全息图称为平面全息图；若乳胶厚度比条纹间距要大，则称体全息图。全息底片记录下来的只不过是一些需在显微镜下才能看清的复杂干涉条纹，毫无原物的形象，但却包含了原物光波的全部信息，适当条件下可把物光波重现出来，称为波前重现（图2）。当把原来所用的参考光波照射全息底片时，照明光将在组成全息图的干涉条纹上产生衍射，产生彼此分离的三束衍射光，第一束为直射光，即零级衍射光。第二束是重现的物光波，在原来物的位置上将观察到原物的虚像，它毫无像差，且有很强的立体感，就像观察真实物体一样。第三束是共轭物光波，形成原物的三维实像，通常有很大像差。

制作全息底片有多种方式，可分别得到透射全息图、反射全息图、傅里叶变换

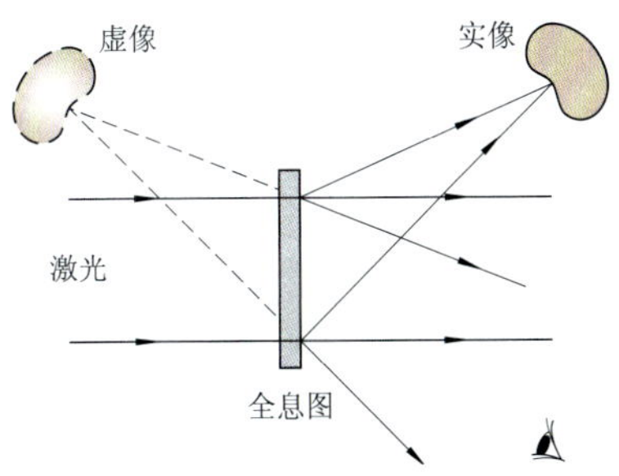

图2　波前重现

全息图等。把全息图漂白后得到相位全息图。全息术除用于上述全息照相外，在干涉计量、信息存储、光学滤波和光学模拟计算等方面均有广泛应用。全息术除应用于光学波段外，已扩展到微波波段、超声领域和X光波段。

《全相平话五种》　中国元代讲史话本集。辑有五种平话：《武王伐纣书》（《吕望兴周》）、《乐毅图齐七国春秋后集》、《秦并六国平话》（《秦始皇传》）、《前汉书续集》（《吕后斩韩信》）和《三国志平话》。每种平话均分为上、中、下3卷，共15卷。编者不详。现存最早版本为元代建安（今福建建瓯）虞氏于至治年刊刻。书的每页上面1/3版面为图像，下面2/3为文字，图文对照，故称之为“全相平话”。此书是说话艺人的底本，说话人于讲史之中加进了许多神怪情节，有些内容与历史不符。文字粗疏，讹错处较多，明显带有说话人口授传抄的痕迹。其思想内容和体例形式均对后世的历史演义小说和神魔小说，如《三国演义》、《列国志传》和《封神演义》等书有直接影响，因此在中国小说发展史上有重要的史料价值。通行的版本有上海古典文学出版社1955年标点本、文学古籍刊行社1956年影印本和巴蜀书社1990年校注本等。

全新世　Holocene Epoch　第四纪最后一个分期，它与更新世的界限以第四纪最后一次冰期结束、气候转暖为标志，因此又称为冰后期。1850年法国P.热尔韦提出“全新世”一词，指堆积物全部是新的。从距今1.2万～1万年开始到现在，是人类正在经历的地球历史阶段。此时期形成的地层称全新统。全新世和现代为同义词，“现代”一词最早在1833年由C.莱伊尔引进地质学中，含义是从此地球被人类所居住。

全新世气候特征和动植物分带与现在基本相同，全球气候经历了气温回升、气候温暖和气候轻微波动三个阶段。全新世时，海平面变化也比较显著。人类在全新世进入现代人阶段，早期有了弓箭和镶嵌工具，以后出现了磨制石器和陶器，有了农业和畜牧业。人类从石器时代进入铜器时代、铁器时代、工业时代，直到现在的信息时代。

《全元散曲》　*Complete Non-dramatic Songs of Yuan Dynasty*　中国元代散曲总集。编者今人隋树森。散曲集分上、下两册，收入自金代元好问迄元末明初谷子敬等213家，以及一些无名氏的散曲作品，共计小令3 800余首、套曲450余套，并且还辑录了一些残句断语等。编排大体以作家年代先后为序，每一作家附有小传。对所收散曲，于曲尾注明出处，关于作者、异说、题目差异、字句不同等，附有比较详细的校勘记。比较全面地反映了元朝一代散曲创作概况，对于研究元代散曲有重要参考价值。《全元散曲》1964年由中华书局首次出版。

全真道　Quanzhen Taoism　中国道教教派。又称全真教、全真派。始创于金代初年。创始人王重阳，陕西咸阳人。出身地方豪门，早年曾应金朝武举，为小吏，后辞职还家。正隆四年（1159），自称在甘河镇遇仙，得授金丹口诀。遂隐居终南山，修道三年。大定年间出关去山东传教。招收马钰、谭处端、刘处玄、邱处机、王处一、郝大通、孙不二等七大弟子，号称全真七子。全真道至此正式成立。该教教义受时代思潮影响，力主三教合一，以《道德经》、《般若心经》、《孝经》作为信徒必读经典。修行方术以内丹为主，不尚外丹符箓，主张性命双修，先修性，后修命。认为修真养性是道士修炼唯一正道，除情去欲，识心见性，使心地清静，才能返璞归真，证道成仙。还规定道士必须出家住观，严守戒律，忍耻含垢，苦己利人。对犯戒道士有严厉惩罚，从跪香、逐出直至处死。金元之际邱处机嗣教时，全真道得到大发展。邱处机于1219年远去西域行宫朝见成吉思汗，大得赏识。赐给金虎牌、玺书，命他主持天下道教。邱回燕京后驻长春观（今北京白云观），开坛说戒，弟子四出建立宫观，使全真道组织发展到极盛。其后虽因与佛教辩论失败而受打击，但在整个元代全真道一直保持发展势头。

邱处机便装像（北京白云观藏）

当金元时期全真道在北方发展时，南宋地区亦有专主内丹修炼的道派，称作金丹派南宗。该派以张伯端为创始人，其特点是修炼时主张先修命，后修性。元朝统一江南后，南宗与全真道（北宗）合并，共尊东华帝君、钟离权、吕洞宾、刘海蟾、王重阳为五祖，下设北七真（即全真七子）、南七真（张伯端、刘永年、石泰、薛道光、陈楠、白玉蟾、彭耜）。南北宗合并后仍称全真道，为封建社会后期道教主要宗派之一。全真道内部又分化出一些小派别，如南宗有清修派和双修派，北宗全真七子亦各传一派，其中邱处机所传全真龙门派势力最强。明代朝廷重视正一道，全真道势力相对削弱。清初著名道士王常月整顿教门，曾一度复兴全真龙门派，但终难挽救全真道在清代日渐衰落的总趋势。

全宗　fonds　一个机关、团体、企业或个人在社会活动中形成的，各种形式和各种载体的档案的有机整体。是档案的基本分类和管理单位，也是国家档案全宗组成的基本单位。全宗既是一定数量档案的实体概念，也是档案整理原则和方法的重要体现，在档案学中有时称为全宗原则和全宗理论。有的国家不用全宗概念，如美国的文件组合、英国的档案组合等，其含义与全宗大致相同。全宗，法文fonds，最先是法国作为对档案馆内档案分类的原则而应用的，1841年首次提出，后为许多国家采用，逐渐成为国际范围内档案学通用的术语。中国曾有“档案群”和音译“芬特”等名称，1955年全国统一改为“全宗”。在汉语中，“宗”本为祖庙、族系以及类别、批量的意思，因而惯称相关事件的一组文书，以致泛称档案，均谓卷宗。“全宗”的字面意义就是全部卷宗。

一个全宗的档案是历史地形成的，它是由特定的来源单位在履行职能任务过程中积累下来的原始记录组成的不可分割的有机体系，包括该机关各种门类的档案，各种记录方式、各种载体和文种形式的内部文件、收文和发文。全宗是档案馆对档案进行整理分类、编目和日常管理，以及国家对档案进行统计监督的基本单位。在档案的整理、流转和保管过程中，同一全宗的档案不得分散，不同全宗的档案不得混杂，这被称作档案管理中全宗不可分散性原则。

全宗的形式主要分为常规全宗、特殊形式的全宗两种类型。

全宗构成条件和立档单位在通常情况下，一个独立从事活动的单位，如一个机关、一个工厂、一个学校所形成的档案应该组成一个全宗；其内部的各个部门的档案则成为全宗的组成部分。形成全宗的机关、工厂、学校称为“全宗构成者”，在中国又称为“立档单位”。立档单位确定之后，对整理完毕的每个档案全宗，均标明立档单位的名称，如“××省教育厅全宗”，并编一个全宗号。

全祖望 Quan Zuwang（1705～1755） 中国清代学者，文学家。字绍衣，号谢山。鄞县（今浙江宁波）人。乾隆元年（1736）进士，选翰林院庶吉士，次年返里专事著述。为清代浙东知名史学家。一生贫病而著述不辍，37岁时三笺《困学纪闻》；42岁时补辑《宋元学案》；45～48岁朝夕不倦地校正《水经注》。临终前还自编文集。写了不少记叙清代重要人物和学术文艺的文章，如《忠介钱公第二碑铭》、《二曲先生窆石文》、《亭林先生神道表》等。还有一些传论，如《庄太常传》、《陈同甫论》等。他的诗歌多为评论人物，表彰忠义，笔较质直。著有《鲒埼亭集》38卷，《外编》50卷，《诗集》10卷。另有《汉书地理志稽疑》6卷，辑补《宋元学案》100卷，《全校水经注》40卷并补附4卷。

泉 spring 地下水的天然露头。是地下水的一种重要排泄方式。泉的出现受一定的地质、水文及地貌条件的控制。在基岩山区，断裂构造发育、侵蚀作用强烈的地带，泉的出露较多。平原区处于相对沉降地带，覆盖有厚度不等的第四纪松散沉积物，地形切割微弱，泉的出露较少，一般在洪积扇前缘或河谷阶地前缘陡坡下溢出。

类型 有多种分类。①按水力性质分为两类：上升泉为承压水的天然露头，是地下水受静水压力作用上升涌出地表所形成；下降泉是非承压水的天然露头，主要受上层滞水和潜水的补给，在重力的作用下自由地流出地表而形成。②按含水层的孔隙性质分为三类：孔隙泉是松散沉积物中孔隙水的天然露头，通常出现在冲洪积扇的前缘；裂隙泉是坚硬岩层裂隙系统中的地下水天然露头，因裂隙发育程度、补给范围及补给水量之不同，其流量可有很大差别；岩溶泉是岩溶水的天然露头。③按水温分为温泉和冷泉。

动态 泉的流量随时间变化是泉的动态最重要特征。通常采用年最小流量与年最大流量之比（不稳定系数）来判定泉流量的稳定程度。下降泉的季节性变化显著，其动态多与气象要素变化一致，属于流量不稳定泉。上升泉的流量比较稳定，因为上升泉一般为承压水补给，地下水要通过一定距离的承压区才能排泄于泉，最大流量的出现要比降雨量的峰值推迟一个相当长的时间，大多属于稳定泉。

《泉》 *The Spring* 19世纪法国新古典主义画家J.-A.-D.安格尔的作品。《泉》的初稿起于1820年，后经几次修改，画过多幅变体画，直到1856年，安格尔76岁时才完成这幅杰作。他力求自然美与艺术理想的统一，

《泉》（卢浮宫博物馆藏）

用简洁的线条去构思形体。画家塑造了一位恬静、纯净、优雅的少女形象。他努力探求线条、形体、色调的和谐统一。《泉》的前身构图是《阿纳底奥曼的维纳斯》，完成于1848年，安格尔在画中画了维纳斯女神，她周围有一群小天使。两者相比，《泉》体现出安格尔艺术形式的单纯与完美。

泉州市 Quanzhou City 中国福建省辖地级市。地处福建东南沿海，与台湾隔海相望。辖鲤城、丰泽、洛江、泉港4区和惠安、安溪、永春、德化、金门5县，代管石狮、晋江、南安3市。面积11 244平方千米（含金门县）。人口813万（2010），有汉、回、畲、蒙古、苗等民族。西周时属七闽地，此后多有变更，唐武德五年（622）属泉州（州治在今福州）之丰州地，嗣圣元年（684）析置武荣州，景云二年（711）武荣州改称泉州，南宋、元时为全国最繁盛的海内外贸易中心，有“世界第一商港”之称。明洪武二年（1369）改为泉州府。1951年设泉州市（县级），1985年改设地级泉州市。大陆海岸线长421千米，岛岸线长138千米，沿岸蜿蜒曲折，半岛突出，水深浪平，形成湄洲湾、泉州湾、深沪湾、围头湾等著名海湾和一系列优良海港群。属亚热带海洋性季风气候。旱、涝、台风等自然灾害较为频繁。土特产有德化瓷器、惠安石雕、鲤城木偶头、安溪乌龙茶、永春老醋等。矿产主要有花岗岩、石灰岩、石英砂、高岭土、煤、铁、黄金、锰、铅、锌等。沿海养殖发达，水产有蛏、紫菜、海带等。工业以石油化工、纺织、建材、食品、电子等为主。名胜有开元寺、老君岩、清净寺、伊斯兰教圣墓、草庵等，以及洛阳桥、安平桥、崇武古城等传统建筑精品。泉州为国家历史文化名城。

泉州宋元港 Song and Yuan Dynasties Harbor in Quanzhou 位于中国福建泉州。泉州是古代著名的港口城市，早在南朝这里就与海外交往。唐代的泉州城是一座规整的长方形城池，五代及南宋经数次扩建，达到今泉州城的规模，成为依地形而建的不规则形城市。因环植刺桐，又称刺桐城；城东南的泉州港，亦得名为刺桐港。

泉州港包括3湾11港，港湾交错，水道深邃，内陆交通也很畅通。北宋元祐二年（1087）泉州始设市舶司，从此这里正式开港。南宋进一步发展，成为中外贸易最重要的港口之一。北至朝鲜、日本，南至南洋，西到波斯、阿拉伯半岛及东非地区，均有商船往来，促进了中外友好交往和经济文化交流。从海外引进了旱稻、棉花，运进来香料药物，输出瓷器、丝绸和铜铁器等。通往各国的条条航路被誉为“海上丝绸之路”，泉州港则为丝路的重要起点。元末的战乱使对外贸易被迫停止，明初实行海禁政策，泉州港遂逐渐衰落。

泉州港是当时世界上著名的大港口，有大量外国人侨居泉州，尤以阿拉伯人为多，许多人终老此地。他们在礼拜寺、教堂、佛寺及墓地留下了大量石刻。20世纪以来，已发现有关宗教的石刻数百方，所属教门有伊斯兰教、景教、摩尼教、基督教、印度教和佛教等，雕刻的文字有阿拉伯文、波斯文、古叙利亚文、拉丁文、蒙古八思巴文及汉文。还有印度教浮雕石刻和佛教造像。具有重要历史价值。

拳击 boxing 竞技体育运动项目之一。两人戴上拳套，在一定规则限制下，相互击打对方有效部位并进行防守反击。源于人类之初为了生存和竞争而进行的搏击。公元前688年第23届古奥林匹克运动会上，拳击被列为正式比赛项目。但没有规则限制，往往将一方击倒在地后还可继续进行攻击。

拳击比赛场面

1743年英国拳击家J.布劳顿针对拳击比赛的混乱局面，曾制定出最早的一份拳击规则。1747年布劳顿又设计了拳击手套，对近代拳击运动的开展作出了贡献。1880年伦敦成立了英国业余拳击运动协会，翌年举行了第1届锦标赛。1888年美国也成立了业余拳击运动协会。1904年第3届奥林匹克运动会，拳击被列为正式比赛项目。现代拳击运动分为两大系统，即业余拳击和职业拳击。业余拳击以增进运动员的健康、培养顽强拼搏、机智勇敢为目的。1946年国际业余拳击联合会（AIBA）在伦敦成立。职业拳击是市场经济下运作的一种商业比赛。近、现代有名的职业拳击家有美国的J.L.沙利文、J.路易斯、阿里、M.泰森、E.霍利菲尔德、L.刘易斯等。世界女子拳击运动于80年代初崛起，现正方兴未艾。世界职业拳击有四大组织，即国际拳击联合会（IBF）、世界拳击组织（WBO）、世界拳击理事会（WBC）、世界拳击协会（WBA）。拳王挑战赛规定为12回合，其他比赛回合可根据比赛资力分为4、6、8、10回合不等。职业拳赛记分以给对手打击的重拳为依据，比赛时，有1名台上裁判，3名台下评判。评判员负责双方运动员的技术得分，2名以上评判判定一方获胜，该运动员胜利。业余拳击比赛规定运动员必须戴护头，护齿，护裆，上身穿背心，外戴皮质拳击手套。比赛每场4回合，每回合2分钟，回合之间休息1分钟。业余拳击比赛时，必须在没有阻挡或防御的情况下，直接击打在对方头部或腰带以上部位的正面或侧面，每击中一次得一点。拳击台的面积为4.9～6.1米见方，台高0.91～1.22米，台面必须坚固平整。

中国拳击在殷商时代就出现了，那时称为"斗"。汉朝发展为"卞"。现代拳击于20世纪初传入中国。1987年中国拳击协会成立，同年被国际业余拳击联合会正式接纳为会员。之后，拳击运动逐步发展起来，中国男子和女子拳击运动员均在重大国际比赛中夺金。

醛 aldehyde 羰基碳原子上结合着两个氢原子或一个氢原子和一个烃基的羰基化合物，通式RCHO。R可以是各种饱和的或不饱和的，脂肪族的、脂环的、芳香族的或杂环的各种基团，除甲醛是气体外，其他所有的醛都是液体或固体。醛的化学性质活泼，能发生许多重要反应，如羰基碳原子容易发生亲核加成反应。α-碳原子上活泼氢可以形成烯醇负离子而发生多种反应。醛的羰基能被还原生成醇或烃，也能被氧化生成酸，与醇反应生成缩醛或半缩醛。许多醛都是极重要的化工原料和试剂，例如甲醛用以制酚醛塑料，乙醛制造醋酸，糠醛制造合成纤维、合成橡胶等。

醛固酮增多症 hyperaldosteronism 因醛固酮分泌增多而引起的疾病。肾上腺皮质球状带分泌调节水盐代谢的盐皮质类固醇激素，在人类主要为醛固酮。醛固酮对维持体液容量和渗透压平衡有重要调节作用。它主要作用于肾脏远曲小管，促进钠离子重吸收及钾、氢离子排出，即潴钠排钾。当醛固酮分泌增多时，可因潴钠、失钾而出现高血压、低血钾、碱中毒和血容量扩张等病理生理改变和临床表现。按病变部位不同，可将醛固酮增多症分为原发性及继发性两大类。原发性醛固酮增多症（简称原醛症）指肾上腺腺瘤、腺癌或增生导致肾上腺自主性分泌过多的醛固酮。继发性醛固酮增多症是肾上腺以外的因素，如失血、脱水所致的血容量减少和肾动脉狭窄所致的肾缺血等刺激肾素-血管紧张素系统，使醛固酮分泌增加。下面重点介绍原醛症。

原醛症是一种内分泌性的继发性高血压病。一种以高血压、低血钾、低血浆肾素活性及高醛固酮水平为主要内容的临床综合征，1954年由美国J.W.康恩首次报告，故又称康恩氏综合征，本症若不早期诊断、及时治疗，长期高血压会造成严重的心、脑、肾损害。故应在一般高血压患者中及早鉴别出此病。

病因 原醛症的主要病因是肾上腺皮质产生分泌醛固酮的腺瘤，绝大多数（70%～80%）为单侧肾上腺皮质腺瘤，偶有（1%～2%）双侧腺瘤，一侧多发腺瘤也甚少见。

临床表现 主要有以下几方面：

高血压 为原醛症的早期表现。随病程进展，血压逐渐升高，大多数为缓慢发展的良性过程，少数可表现为恶性高血压。

低血钾症 由于大量醛固酮的作用，尿钾排泄增加而出现低血钾。早期，血钾水平可波动，有时正常，有时降低，以后发展为持续性低血钾。患者可出现肌无力，严重时肌麻痹，四肢软瘫，甚至吞咽和呼吸困难。血钾水平越低，肌无力和麻痹症状越重。

酸碱平衡失调 因细胞内大量钾离子丢失，钠、氢离子增加，细胞外液氢离子减少而出现碱中毒，此时血浆游离钙减少，可出现肢端麻木，手足抽搐。尿液呈中性甚至碱性。

糖耐量低减 空腹血糖多为正常，但由于低血钾可抑制胰岛素释放，约半数患者可有糖耐量低减，甚至轻度糖尿病曲线。经补钾或手术治疗后，糖耐量可恢复正常。

生长发育障碍 常见于儿童。长期低血钾可影响儿童生长发育。

诊断 遇高血压、低血钾的患者，结合血尿生化测定、放射免疫测定、低钠或高钠试验、安体舒通试验不难确诊。

治疗 手术切除醛固酮分泌腺瘤可根治本病，术前需服用安体舒通纠正低血钾及降低血压。术后血钾正常，大多数血压恢复正常，少数患者因病程长，有肾血管病变，血压下降不明显，可服用降压药。对特发性醛固酮增多症病人，一侧肾上腺全切，一侧大部分切除的手术疗效不显著，目前已倾向于药物治疗。但对原发性肾上腺增生症患者进行单侧肾上腺全切除术则可完全控制高血压和低血钾。糖皮质激素可抑制醛固酮增多症，患者需终生服用小剂量地塞米松治疗。对特发性醛固酮增多症或不能手术的患者可口服安体舒通或氨苯蝶啶，或补钾加降压药物治疗。长期服安体舒通可有男性乳房发育、阳痿，女性月经不调等副作用。近来用钙通道拮抗剂——硝苯吡啶（心痛定）治疗原醛症，有较好的降压及部分减少醛固酮合成的作用，若低血钾难以纠正可与钾盐合并应用或与小量安体舒通合用，定期复查血钾，观察疗效。

犬 *Canis familiaris*; dog 食肉目犬科犬属的一种。中国自古把犬列为"六畜"（马、牛、羊、鸡、犬、豕）之一。大者称犬，小者称狗，现多通用。供人狩猎、牧畜、看门守户和追踪破案等，现今是人的主要动物伴侣和宠物，也是医学的重要实验动物。

生物学特性 外形差异极大，体重从0.6～70千克不等。毛色有红、棕、黄、灰、蓝、白、黑以及各种花斑。体毛从无毛裸身到毛长盈尺。嗅觉和听觉比较发达。视力较差，且是色盲。皮肤汗腺不发达，高温时主要靠长而薄的舌和喘息蒸发散热。

体型高大的守卫犬苏联红

品种类型 全世界约有400种。按用途划分成：①猎犬，包括鸟猎犬（又称枪猎犬）、兽猎犬、小兽猎犬。②作业犬，包括牧羊犬、军犬、警犬、缉毒犬等。③玩赏犬，包含品种最多。多为小型、奇型或来自大型犬种的侏儒型。

繁殖与饲养 性成熟期小型种偏早，大型种偏晚。妊娠期59～64天。大型种1胎生8～12仔，中型种5～7仔，小型种2～3仔。小型种在1岁、大型种在2岁达到体成熟，5～8岁进入老年，寿命可达10～15

年以上。营养需求大体与人相似，但消化纤维的能力很弱，啃食、消化骨头的能力强。以动物性饲料为主。

调教与训练　调教是使犬养成良好行为习惯的必要措施，应及早开始。在日常生活中随时注意防止不当行为的发生，一旦发生，要当即给予惩戒。训练的目的是教犬学会按主人的命令行动。方法是用奖赏鼓励犬做出主人要求的行为；用惩罚戒除不需要的行为。

犬科动物　Canidae; dog　哺乳纲食肉目的一科。共14属38种。除南极洲和部分海岛外，广布全世界。中国产4属6种。特征是吻部长，犬齿和裂齿发达，便于捕食；鼻端突出，耳尖、直立，嗅觉灵敏，听觉发达；腿长，尾长，利于快速奔跑和平衡；爪粗而钝，毛粗而长。多喜群居。多食肉，以啮齿动物和食草动物等为食；有些食植物或杂食；有时伤害人类。包括犬、澳洲野犬、丛林犬、狼、草原狼、胡狼、狐、大耳狐、狸、豺、亚洲豺犬、非洲豺犬等。其中，犬是人类最早驯化的动物，迄今已有1.4万年历史，全世界约有400个品种。不但成为人类狩猎、牧畜、守户看门、追踪破案的助手，又是人类主要的伴侣和宠物；狐、狸都是珍贵的毛皮动物。

犬儒学派　Cynic school　古希腊主张自然主义的哲学派别。小苏格拉底学派之一。又译为昔尼克学派。得名来由有二：一是其创始人安提斯泰尼在名叫“快犬”（Kunosarges）的地方讲学，二是这一派的人们生活方式粗野、衣食简陋，被当时人称之为“犬”（kuōn）。主要代表人物有安提斯泰尼、第欧根尼等。该派在哲学上反对“理念论”，认为一般概念只是一个名称，具体的事物才是真实的。在伦理学上，主张禁欲主义乃至苦行主义，把名利看作身外之物，认为社会生活和文化生活是不自然和无足轻重的，主张回到极端简朴的原始生活，进入“自然”状态，号召人们克己自制，独善其身而无所求，这才是美德。

安提斯泰尼

炔烃　alkyne　含碳－碳三键的不饱和链烃，通式C_nH_{2n-2}。其碳－碳三键是由一个σ键和两个π键组成。化学性质很活泼，易起加成反应、聚合反应、氧化反应等。与三键碳原子直接相连的氢原子比较活泼，能被金属取代生成金属炔化物。最简单的炔烃是乙炔。炔烃的系统命名法与烯烃相似，即选择含三键的最长碳链为主链，从靠近三键的一端开始编号，以侧链为取代基：

$HC\equiv CCH_3$　丙炔

$CH_3C\equiv CCH_3$　2－丁炔

$HC\equiv CCH(CH_3)CH_3$　3－甲基－1－丁炔

三键在链端的炔烃称为端炔，其沸点和相对密度都比相应的烯烃和烷烃高。炔烃中只有乙炔在工业上大量生产。第二次世界大战时期，德国化学家W.J.雷佩发展了使乙炔在加压和高温下安全进行反应的技术，合成了许多重要产品，使乙炔成为基本的有机原料，但后来乙炔的用途已逐渐被乙烯或丙烯代替。

缺翅目　Zoraptera　昆虫纲的一目。小型稀见有翅昆虫。统称缺翅虫。全世界已知20余种，主要分布在南北回归线之间的热带雨林和季雨林内。中国已知2种，分布在西藏自治区东南部，属于国家二级保护昆虫。成虫体长一般小于4毫米。头三角形，触角念珠状，口器咀嚼式，无翅或有翅。有翅种类翅展约7毫米，翅膜质，脉少，后翅小于前翅。胸部发达，前胸背板近方形，中、后胸背板后缘稍大，成梯形。6足粗壮，适于奔跑。尾须不分节、短小。种类稀少，仅缺翅虫科1科、缺翅虫属1属。

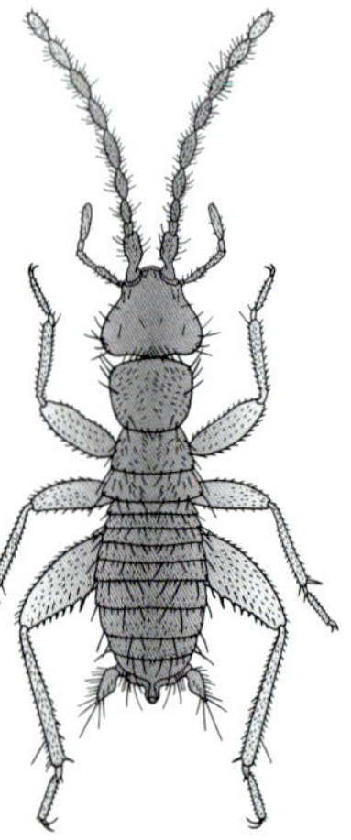
a 中华缺翅虫缺翅型雄虫

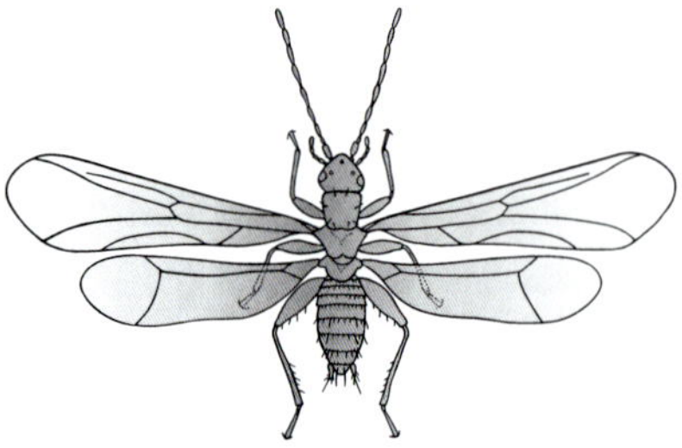
b 墨脱缺翅虫有翅型成虫

缺翅目形态示意图

渐变态。一般生活在常绿阔叶林中，多发现于楠木树皮下、朽木或腐殖土内，有时可生活在白蚁巢附近，在消化道内可找到真菌孢子和螨类残片。

缺铁性贫血　iron deficiency anemia　因体内贮存铁的耗竭，血红蛋白合成减少而产生的贫血现象。最常见的贫血，也是缺铁综合征的一种表现。占各类型贫血中的50%～80%，其发病率达到世界人口的10%～20%。

血液缺铁的原因有：①慢性失血。居缺铁病因的首位，如月经过多、消化道出血、钩虫病、痔疮等。②摄入不足及需要量增加。如偏食使摄入不足及婴幼儿、青少年和月经期、妊娠期、哺乳期的妇女需要量增加等。③吸收不良。如萎缩性胃炎、胃全部或次全切除术后及大量饮浓茶甚至吃茶等均可导致铁吸收不良。

诊断除根据病史中有引起缺铁的原因和贫血的常见表现外，血常规检查发现血红蛋白减少最显著，而红细胞计数减少程度较轻，故呈低色素小细胞性贫血，血片中见红细胞的形态小，而且中心染色过浅；血清铁和铁蛋白减少，骨髓细胞外铁消失，内铁减少；若用铁剂治疗效果显著可帮助诊断。

治疗除补充铁剂外，应注意纠正病因。首选口服铁剂，常用制剂为琥珀酸亚铁、富马酸亚铁及硫酸亚铁。铁剂易引起胃肠道反应，剂量不宜过大，宜餐后或餐中服用，以免空腹时刺激胃肠。若口服不能耐受或因肠道疾病吸收不良时，可用注射铁，血红蛋白正常后不宜立即停药，应继续口服铁剂直到血清铁蛋白高于30～50微克/升，以补足储存铁。

预防应注意膳食配伍。对儿童、青少年、育龄期妇女及定期献血者都应予以预防性铁剂治疗。足月新生儿生长所需铁来源于本身储备及母乳，母乳含铁丰富且易吸收，应强调母乳早期哺养。婴儿4个月后应添加食物。孕妇应于妊娠后半期常规补充铁剂。献血者每献血500毫升应补充铁剂1个月。

缺席判决　default judgement　开庭审理案件时，只有一方当事人到庭，法院仅就到庭的一方当事人进行询问、核对证据、听取意见，在审查核实未到庭的一方当事人提出的起诉状或答辩状和证据后，依法作出的判决。相对于当事人双方都到庭的对席判决而言。

在中国，有下列情形之一的，可以缺席判决：①原告经人民法院用传票合法传唤，无正当理由拒不到庭，或者未经法庭许可中途退庭，被告反诉的。②原告申请撤诉，经法院裁定不准许撤诉，而原告无正当理由拒不到庭的。③被告经人民法院用传票合法传唤，无正当理由拒不到庭或未经法庭许可中途退庭的。④无诉讼能力的被告的法定代理人，经用传票合法传唤，无正当理由拒不到庭，又不委托其他诉讼代理人代理诉讼的。⑤第三人不到庭的，即无独立请求权的第三人不愿参加诉讼，而案件的审理结果又可能与之有法律上的利害关系，使之承担某种义务，经人民法院用传票合法传唤，无正当理由拒不到庭的或未经法庭许可中途退庭的。

芍陂 Quebei Irrigation Project 中国淮河流域古代陂塘灌溉工程。又称安丰塘。位于今安徽省寿州市南，是全国重点文物保护单位。系春秋楚庄王十六年至二十三年（公元前598～前591）由孙叔敖创建（一说为战国时楚子思所建），迄今2 600多年一直发挥着灌溉效益。芍陂利用本区丘陵地形，拦蓄淠河，筑堤形成周长100多里的人工湖泊。芍陂始见《汉书·地理志》，西汉时设陂官专管灌溉维修。《水经注·肥水》

详述芍陂源流、工程规模，并指出陂有五门（水口），吐纳川流水量，调节灌溉用水。隋代，芍陂经整修达到36座水门，灌渠总长达783里。唐宋以来，芍陂多为豪强地主占垦和盗决，迭有兴废增减。至1949年芍陂实灌面积仅8万多亩。1958年兴建淠史杭工程后，芍陂成为**淠史杭灌区**的一个反调节水库。

雀斑 freckle 常见的色素性皮肤病。常染色体显性遗传，女性多见。皮损为褐色小斑点，分布于面、鼻、颈、肩、上背和手背等皮肤暴露部位。无自觉症状。夏天日晒后皮疹变得明显，色加深。冬季颜色变浅而不明显。一般3～5岁开始发病，随年龄增长可能减轻。皮损不会恶变。一般不需治疗。患者应避免日晒，涂防晒制剂。涂用剥脱剂或用冷冻、激光疗法，均有暂时疗效。

雀巢公司 Nestle Alimmtann S.A. 瑞士最大的食品工业企业，全球规模最大的食品跨国公司。总部设于瑞士韦维。公司始创于1866年。美国人伯奇兄弟以英瑞炼乳工厂名义在瑞士登记。1905年与制造婴儿乳品的亨利·内斯尔工厂合并，称雀巢·英瑞炼乳公司。1929年兼并彼得·凯勒·柯勒巧克力公司，向产品多样化方向发展。

雀巢公司总部办公楼

1947年购入瑞士阿里孟塔那食品公司，更名雀巢·阿里孟塔那公司。20世纪60～70年代，先后购入意、英、美、法、瑞典的多家食品公司的部分或全部股权。1977年购入美国专制眼科药物的阿尔康药厂，后又购入美国制造软性隐形眼镜的巴顿派逊斯公司和法国麦迪科尼埃公司的全部或大部分股权，产品更趋多样化。

雀巢公司重视科研开发，除在瑞士总公司设有中心研究所外，在美、英、意等国设有11个应用研究所，每个所专门研究一二种主要食品质量的提高和对当地居民的适应性，以扩大生产经营。公司主要产品可划分为七大类：速溶饮料、奶制品、调味品、糖果、冰冻食品、儿童营养品、医药用品。

雀盲 night blindness 中医以入暮或在暗处视力锐减，甚至不辨人、物，白天或于明亮处则视觉正常为特征的眼病。俗称“鸡盲”或“夜盲”。

雀鳝 Lepidosteiformes; gar 硬骨鱼纲辐鳍鱼亚纲雀鳝目动物的统称。仅1科1属，共7种。化石始自上白垩统。古时遍布北美、欧洲、印度及非洲，现仅见于北美东侧、中美和古巴。也曾有分布于中国的说法，但无标本依据。一般体长1～2米，最大的可达3米。体延长，上下颌亦长。口裂深，具锐齿。背、臀鳍相对并位于体后部；无脂鳍；腹鳍腹位。各鳍无硬刺。侧线完全，侧线鳞50～65。鳔有鳔管与食道背部相连，鳔多分室，形如肺，鳔壁密布微血管，可营气体代谢。体被菱形硬鳞，具后凹椎体及近歪形尾，系低等硬骨鱼。

属大型凶猛鱼类，主要生活于淡水，偶入咸淡水。喜单独生活。在隆冬季节则停食，匿居于深水层。3～6年性成熟，生长速度随性别而异，雌快，雄慢。生殖期3～7月，有的种类延至10月间。卵呈绿色且有毒，黏附于水草或砾石上。孵化后幼体仍悬垂在固着物上。幼鱼时期食小型**无脊椎动物**；一般体长超过5厘米时改食小鱼，也捕食蟹类和昆虫。肉可食用。

雀形目 Passeriformes; perching birds 鸟纲一目。此目种数在鸟类中最多，占鸟类全部种类的一半以上，分为4个亚目：阔嘴鸟亚目、霸鹟亚目、琴鸟亚目和鸣禽亚目。大都善鸣，并巧于在树木上或灌丛间营巢。体型不一。尾羽大都12枚；足趾前3后1，适于栖息于树上。后爪较其他爪为长，无距。雏鸟为晚成性。

阙 watch tower; rampart of palace 中国古代用于标志建筑群入口的建筑物，常建于城池、宫殿、第宅、祠庙和陵墓之前。阙大体是由最初的显示威严、供守望用的建筑，逐渐演变为显示门第、区别尊卑、崇尚礼仪的装饰性建筑。

现存最早的阙属于汉代。有纪年可考的，以四川梓潼李业阙为最早（公元36），以雅安高颐阙为最晚（209）。这些阙从形式上看有单檐或重檐的正阙和单檐或重檐的子母阙两种。从构造上看四川诸阙如渠县冯焕阙（见图）均属仿木的石砌实体，外表刻出**斗栱**柱枋形象，有的还在基座上刻斗子蜀柱；阙身上部有人物、走兽、车马、四灵等浮雕。山东嘉祥武氏阙、平邑二阙，河南登封三阙和正阳阙等都是不仿木的石砌体，阙身上刻几何图案，杂以人物、车马、动物等浮雕。

四川渠县汉代冯焕阙（121）

阙的类型又可分为两种。一种是独立的双阙，双阙之间不设门，上覆屋顶，这种独立的阙到唐宋时仅用于陵墓，以后就不再用。另一种是门、阙合一的阙，即在双阙之间连以单层乃至三层檐的门楼，可从汉代石刻中见到。阙经宋元演变，到明清时成为北京紫禁城午门的形制。

榷场 中国辽、宋、西夏、金政权各在接界地点设置的互市市场。榷场贸易是因各地区经济交流的需要而产生。对于各政权统治者来说，它还有控制边境贸易，攫取经济利益，以及安边绥远的作用。所以榷场的设置，常因各政权间政治关系的变化而兴废无常。宋太宗赵炅时期，宋辽间就已在宋境的镇州（今河北正定）等地设置榷场，不久因宋辽战争而罢。澶渊之盟后，宋辽之间，主要有在宋境的雄州（今河北雄县）、霸州（今河北霸州）、安肃军（今河北徐水）、广信军（今河北徐水西）等河北四榷场，以及辽境的新城（今河北高碑店东南）榷场。宋夏之间，先于景德四年（1007）在保安军（今陕西志丹）置榷场互市，后又在镇戎军（今宁夏固原）等地置榷场。在宋仁宗赵祯、宋神宗赵顼等各朝，都曾因战争而一度废罢。辽夏间则有在辽境的振武军（今内蒙古和林格尔西北）榷场。宋、金双方于1141年订立和约、划定疆界后，先后在宋境的盱眙军（今江苏盱眙）、光州（今河南潢川）、安丰军花靥镇（今安徽寿县西北）、枣阳军（今湖北枣阳），以及金境的泗州（今江苏盱眙西北）、寿州（今安徽凤台）、蔡州（今河南汝南）、唐州（今河南唐河）、邓州（今河南邓州）、颍州（今安徽阜阳）、息州（今河南息州）、凤翔府（今陕西凤翔）、秦州（今甘肃天水）、巩州（今甘肃陇西）、洮州（今甘肃临潭）等地置立榷场。金夏间榷场则主要在金境的兰州、保安州（今陕西志丹）、绥德州（今陕西绥德），以及东胜州（今内蒙古托克托）、环州（今甘肃环县）等地。此外，辽朝于保州（今朝鲜新义州）等地，金朝于西京大同府（今山西大同）西北过腰带、银瓮口等地亦设有榷场，与高丽及周边民族开展互市贸易。榷场贸易，中原及东南地区向北方输出的主要是农产品及手工业制品，如粮食、茶叶、布帛、瓷器、漆器，以及海外香药之类。辽、金、夏地区输往南方的大宗商品则有牲畜、皮货、药材、珠玉、青白盐等。互市商品种类的不同反映了南北方各自生产发展水平及其特点。

榷场贸易受官方严格控制，官府有贸易优先权。榷场领辖于所在地区的监司及州军长吏，又另设专官，稽查货物，征收商税。还有官牙人评定货色等级，兜揽承交，收取牙税。宋金榷场制度，小商人十人结保，每次携一半货物到对方榷场交易。大商人悉拘之，以待对方商贾前来。交易双方须由官牙人从中斡旋，不得直接接触。各政权对榷场交易的商品种类也有严格规定，如北方的战马，南方的铜铁、硫磺、焰硝、箭笴之类军用物资，一般都严禁出境。

虽然当时民间走私贸易十分活跃，榷场贸易仍是隶属于不同政权的地区之间经济交流的重要途径。

裙 skirt 围穿于下体的服装。广义上包括连衣裙、衬裙（见内衣）、腰裙。

中国先秦时期男女通用上衣下裳，裳即裙。隋唐以后，女子盛行上襦下裙，裙的品种、款式日趋多样化。至近代，裙的品种日益丰富。裙一般由裙腰和裙体构成，有的只有裙体而无裙腰。按裙腰在腰节线的位置分，有中腰裙、低腰裙、高腰裙；按裙长分，有长裙（裙摆至胫中以下）、中裙（裙摆至膝以下、胫中以上）、短裙（裙摆至膝以上）和超短裙（裙摆仅及大腿中部）；按裙体外形轮廓分，大致可分为筒裙、斜裙、缠绕裙三大类。

各式裙示意图

筒裙　从裙腰开始自然垂落的筒状或管状裙。又称直裙、直筒裙。常见的有：①旗袍裙。左右侧缝开衩。因造型与旗袍中腰以下部分相同而得名。②西装裙。通常采用收颡、打褶等方法使裙体合身。因与西装上衣配套穿着而得名。③夹克裙。注重拼缝装饰，在缝合处缉明线，有横插袋或明贴袋，后裙摆开衩或前中缝开门，也可采用暗褶。因与夹克衫的装饰特点相近而得名。④围裹裙。从裙腰至摆开口的裙片，通常在前身交叠，以纽带系合。因围裹式穿着而得名。也可不用纽带，围裹下体后将余幅塞入裙腰。

斜裙　由腰部至下摆斜向展开呈A字形的裙。按裙型构成可分为单片斜裙和多片斜裙。单片斜裙又称圆台裙，是将一块幅宽与长度等同的面料，在中央挖剪出腰围洞的裙，宜选用软薄面料裁制。多片斜裙由两片以上的扇形面料纵向拼接构成。通常以片数命名。常见的品种有：①钟形裙。外形似钟的裙。腰部常以褶饰使裙体蓬起，内加衬里或亚麻布质的衬裙。②喇叭裙。裙体上部与人体腰臀紧密贴附，由臀线斜向下展开，形似喇叭状。③超短裙。又称迷你裙。长度仅至大腿中部，具有梯形轮廓的斜裙。由英国女装设计师M.匡特推出，成为时装流行。④褶裙。有定型褶的裙。通常采用可塑性高的面料，加热压出褶形。有百褶裙、褶裥裙等。百褶裙的裙体为等宽一边倒的明褶和暗褶。褶裥裙通常在臀围以上部位为收拢缉缝的裥，臀围线以下为烫出的活褶。褶裥裙的褶裥一般比百褶裙宽，并富于变化。⑤节裙。又称塔裙。裙体以多层次的横向多片剪接，外形如塔状。通常为曳地长裙，每节裙片抽碎褶，产生波浪效果。19世纪初盛行于欧洲皇室，多穿用于隆重的社交场合。现已将节裙改短，便于日常穿着。

缠绕裙　用布料缠绕躯干和腿部，用立体裁剪法裁制的裙。因缠绕方法不一，裙式也多种多样。常作为晚礼服。

裙带菜 *Undaria pinnatifida*; undaria　海带目翅藻科裙带菜属的一种。大型经济藻类。为太平洋西岸所特有。中国的主要产区在山东、辽宁大连和浙江沿海。20世纪60年代开始人工养殖。

裙带菜体长1～1.5米，宽0.5～1米，褐色或黄褐色，分为叶片、柄和固着器三部分。柄两侧有较宽的皱褶，称为孢子叶。叶片中部有中肋，两侧为羽状深裂片，薄且柔软。生活史中分孢子体和配子体两个世代。孢子体成熟后放散出游孢子，游孢子附着后发育成雌、雄配子体，配子体成熟后产生卵和精子，卵受精后萌发成为孢子体（裙带菜叶体）。裙带菜生长于低潮线以下至水深5米的岩石上，耐风浪。供食用，味道鲜美，可淡干、盐干或烫腌加工；也可入药，有软坚散结、消肿利水等功效。

群 groups　只具有一个二元运算的抽象代数结构，数学概念之一。与环和域一样，群也是用抽象的方式定义的，但比较简单，只要具有乘法及单位元（或加法及零元）与乘法（或加法）交换律和结合律的集合就可构成群。群论已是量子物理学和量子化学的常用工具。

群婚 group marriage　原始社会的一种婚姻形式。指一个集团的一群男子与另一集团的一群女子集体互相通婚，集团内部的男女则禁止婚配。产生于旧石器时代中、晚期，由血缘婚发展而来。一般实行于不同胞族、氏族之间。群婚实行集团外通婚，排除了姊妹和兄弟之间通婚的可能，与血缘婚的同辈之间即兄弟姊妹通婚相比，是一个很大的进步。氏族就是从群婚直接产生的。群婚进一步发展，转变为对偶婚。

《群舞演员》 *A Chorus Line*　美国当代音乐剧代表作。M.贝奈特创作、编舞并导演，M.汉姆里克作曲。剧情是18位舞蹈演员接受一位导演的面试以争取8个群舞演员的职位。作品与现实中人们面对生活的真实体验相通的内涵以及精美的舞蹈与场面处理，使该剧获得观众热烈反响。自1975年在百老汇上演后，连演16年达6 136场。1985年经改编被拍摄成影片。

R

髯口 artificial whiskers worn by actors in Chinese opera 中国戏曲中各式假须的统称。又称口面。用牦牛毛或人发制成。从山西明应王殿元代戏曲壁画来看，早期的髯口似用细绳所拴，三绺髯、满髯都较短，紧贴面颊，接近写实。后来改用铜丝作挂钩，趋向夸张、装饰，式样上也逐渐丰富。髯口的改进，同演员注意利用髯口做种种身段动作以刻画人物的情绪、性格有关，并

蒲州梆子《薛刚反朝》中徐策的髯口功

由此而形成“髯口功”。各式髯口的色彩，一般有黑、灰（称为“黪”、“苍”或“花”）、白3种，以区别角色的年龄。少数形貌怪异或性格暴烈的人物及神怪，也有戴红髯、紫髯、蓝髯、黑红二色髯的。现在戏曲舞台上常用的髯口式样有十多种。加上色彩的不同和尺寸上的若干区别，就有了许多变化，故戏曲剧团常备髯口有数十种之多。髯口中还有一些是专人专用的，如“关公髯”、“刘唐髯”等。清末以来，又有各种改良髯口，挂钩较细，紧贴腮边，全都露口，尺寸也较短。

燃料 fuel 用来产生光、热和动力以供利用的物质。主要有化石燃料、生物质燃料和核燃料（见能源）。燃料按来源分为天然燃料和人造燃料。按照形态和实际应用分为：①固体燃料。包括木柴、木炭、煤和焦炭等，即木柴和木柴改质产物以及经长期的热和压力作用生成的其他有机物质。燃料中的灰分、挥发分和硫分，在燃烧时对空气的污染影响很大。②液体燃料。主要是石油及其产品（汽油、煤油、柴油、喷气燃料、燃料油和润滑油等）。常用的还有甲醇、水煤浆、煤液化燃料、液氢等。它们具有发热量高、燃烧性好、运输方便和易于操作等优点，因而广泛用于各种动力装置。③气体燃料。存在于自然界中的气体燃料有天然气、油田伴生气和矿井瓦斯等。人工生产的气体燃料有高炉煤气、发生炉煤气、水煤气、焦炉煤气、炼油厂液化石油气和沼气等。④火箭燃料。这类燃料单位重量和单位容积释放出来的能量比一般燃料高得多。它自身含有氧化剂，能在无外界供氧的条件下（如密室或宇宙空间）燃烧，释放出的化学能用作推进动力（见推进剂）。⑤核燃料。通过原子核的裂变或聚变，释放出大量的核能，可以作为动力加以利用。

燃料电池 fuel cell 将氢、天然气、甲醇、肼等燃料的化学能直接转换为电能的化学电池。与传统燃料的热-电转换方式相比，在燃料电池中不需经过中间燃烧，化学能转换为电能的效率可大大提高。燃料电池是一个开放系统，只要连续不断地把反应物（燃料）供给电池，并把电极反应的产物不断地从电池排出，就可以长时间连续工作。燃料电池发电产物只是水、二氧化碳、氮，不对环境构成污染，是一种清洁的能源；而且运行过程中不存在机械转动部分，故振动噪音很小。所以燃料电池是理想的化学电源。

按电解质的不同，燃料电池可分为磷酸型燃料电池、熔融碳酸盐型燃料电池、碱性燃料电池、固体氧化物燃料电池和固体聚合物燃料电池。其中固体聚合物燃料电池具有很多优点：电解质是全氟磺酸膜，无污染；能量密度高；结构紧凑、体积小、使用温度低等，有利于电池的携带和快速启动。

固体聚合物燃料电池中，氢氧燃料电池和直接甲醇燃料电池是研究的重点。氢氧燃料电池的阳极活性物质是氢气，阴极活性物质是氧气或空气。电池反应为：

$$2H_2+O_2 \longrightarrow 2H_2O$$

直接甲醇燃料电池的阳极活性物质是甲醇水溶液，阴极活性物质是空气。电池反应为：

$$2CH_3OH+3O_2 \longrightarrow 2CO_2+4H_2O$$

以上两种燃料电池都以金属铂作催化剂。如何提高铂催化剂的电催化活性是研究的热点，设法寻找新的廉价催化剂也是研究的重要方向。

燃料化工 chemical processing of fossil fuel 以煤、石油、天然气、油页岩、油砂等化石燃料为原料的化学加工工业和加工过程（包括热加工和催化加工）。可以获得两大类主要产品：一类为油品，包括汽油、柴油、煤油等燃料和润滑油；另一类为化学品，包括乙烯、丙烯、苯、甲苯等基本有机化工原料，以及用以合成氨、甲醇等的合成气等。燃料化工工业包括石油炼制、石油化工、煤化工、天然气化工、页岩油工业等。

在化石燃料仍占世界能源消耗主要部分的时期，一些轻质燃料如汽油、喷气燃料、柴油仍主要由石油提供，故石油和天然气，特别是后者，仍将在世界能源和化工产品生产构成中占主要地位，但在消费结构中的比例会逐渐下降。因此，石油炼制将趋向深度加工，以充分利用资源。石油化工和天然气化工也有同样的趋势。在寻找石油和天然气的代替能源时，必然要考虑潜在而资源丰富的煤炭、油页岩和油砂等化石燃料，但需要解决使用这些矿物燃料时会带来对环境的污染和生态平衡的破坏问题。冶金工业所用的焦炭，迄今仍然依赖于煤炼焦这一传统的工业，炼焦工业和炼焦化学产品的加工和利用依旧是燃料工业的主要部分。

燃料油 fuel oil 棕黑色、黏稠、重质石油产品。又称残渣燃料油、炉油。主要由各个炼油过程所得的渣油制得。广泛用作各类锅炉、工业窑炉和家庭取暖用燃料。对燃料油性能的要求主要有：①黏度，保证较好的输送和油雾化性能；②闪点，保证贮运和使用的安全性；③含硫量，力求减少设备的腐蚀和燃烧产物污染环境；④沉积物和机械杂质，以免输送和使用中堵塞管道。中国的燃料油按黏度分级，有20、60、100和200号四种，各相当于80℃时油品的运动黏度数值（毫米^2/秒）。

燃气轮机 gas turbine 以连续流动的气体为工质，推动叶轮高速旋转，把热能转变为机械能的内燃式动力机械。是一种旋转叶轮式热力发动机。

简史 中国在南宋高宗年间（1131～1162）记载的走马灯，是燃气轮机的雏形。1791年，英国人J.巴伯首次论述了燃气轮机的工作过程，并在英国取得专利。1905年，法国人C.勒梅尔和R.阿芒戈制成第一台能输出功的燃气轮机。1920年，德国人H.霍尔茨瓦特制成第一台实用的燃气轮机，其效率为13%、功率为370千瓦。1939年，德国制造的喷气式飞机试飞成功。20世纪末，已有数种容量超过200兆瓦的机组，最大容量为334兆瓦；透平前温达1 427℃，热效率达39.5%以上。

工作原理 图1为开式简单循环燃气轮机工作过程示意图。压缩后的空气进入燃烧室，与喷入的燃料混合后燃烧，成为高温燃气，随即进入燃气透平中膨胀做功。

按结构的轻重程度燃气轮机可分为重型和轻型两类；按循环方式可分为简单循环和复杂循环两类；按轴系可分为单轴系和多轴系两类；按循环开闭型式还可分为开式循环和闭式循环两类。燃气初温和压气机的压缩比，是影响燃气轮机效率的两个主要因素。提高燃气初温，并相应提高压缩比，可使燃气轮机效率显著提高。

主要部件 燃气轮机的主要部件有压气机、燃烧室和燃气透平。

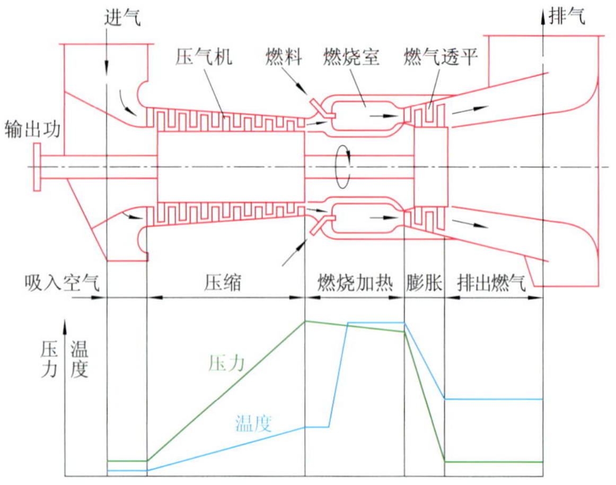

图1 燃气轮机的工作过程（等压加热循环）

①压气机。有轴流式和离心式两种。轴流式是多级的，离心式是一级或两级的。轴流式压气机在功率大于1兆瓦的大、中型燃气轮机中普遍应用。1兆瓦以下的小功率燃气轮机中广泛采用离心式压气机。

②燃烧室。由高温合金制成的燃烧部件。由压气机送来的高压空气在其中与燃料混合后燃烧，形成满足要求的高温燃气，随后进入燃气透平膨胀做功。

③燃气透平。把来自燃烧室的高温高压燃气的能量转化为机械能。燃气透平分轴流式和径流式两大类。

图2 飞机用涡轮风扇发动机

燃烧室和燃气透平不仅工作温度高，而且还承受燃气轮机在起动和停机时温度剧烈变化所引起的热冲击，工作条件恶劣，是决定燃气轮机寿命的关键部件。此两大部件中工作条件最差的零件如火焰筒和叶片等，必须用镍基和钴基合金等高温材料制造。

应用　在不同部门应用的燃气轮机有：发电用燃气轮机、航空燃气轮机（涡轮喷气发动机、涡轮风扇发动机（图2）、涡轮轴发动机、涡轮螺旋桨发动机）、工业用燃气轮机、船用燃气轮机、车辆燃气轮机、机车燃气轮机和城市民用微型燃气轮机。

燃气轮机的主要发展趋势是提高效率，采用高温陶瓷材料，利用核能，发展燃煤技术和低污染燃烧技术等。

燃气热水器　gas water heater　靠可燃气体加热水的装置。一般由水路、燃气、热交换、排烟、安全五个系统组成。水路系统内设置水阀和水管，用以向热水器供水。燃气系统内设置燃气调气阀、点火器、燃烧器和水气联动阀，用以将通入的燃气点燃，并使之正常燃烧。热交换系统内设置燃烧室和热交换器，利用燃气燃烧产生的热能将冷水加热。排烟系统内有排烟罩和烟道，用以将换热后的废气排掉。安全系统内设有安全阀，用以在火熄灭时切断燃气，保证安全。

燃气热水器所用的燃气有液化石油气、人工煤气和天然气。一般热水器只能使用一种燃气，兼用型热水器可使用两种以上的燃气。燃气热水器的热负荷量是定值，出水多则水温低，出水少则水温高。控制水温和水量的方法有两种：一种是在冷水进口端设冷水阀门，通过调节冷水进水量控制水温；另一种是在热水出口端设热水阀门，通过调节热水出水量控制水温。

燃烧弹　incendiary projectile　装有燃烧剂的航空炸弹、炮弹、火箭弹、枪榴弹和手榴弹的统称。又称纵火弹。主要用于烧伤有生力量，烧毁易燃的军事技术装备和设备。通常由弹体、燃烧剂、炸药或抛射药、引火管、引信等组成。燃烧剂多选用铝热剂、黄磷、凝固汽油、稠化三乙基铝和稠化汽油等，用于产生高温火焰，毁伤目标；抛射药或炸药用于将弹体炸碎，将燃烧剂引燃抛散至目标。常用的航空燃烧炸弹有混合燃烧炸弹和凝固汽油炸弹。前者装有铝热剂和稠化汽油，弹体较小，弹重约10～50千克；后者装有凝固汽油和黄磷，弹重可达500千克。

燃素说　phlogiston theory　18世纪前期和中期在化学界盛行的一种对燃烧现象和火的本质进行诠释的学说，但它也涉及整个化学现象的理解。

早在1667年，德国化学家J.J.贝歇尔曾对燃烧问题做过系统的论述，认为构成各种物质的初始元素是空气、水和土质；构成动、植、矿物体的则是水和土质两种元素。但有一类土质是“油土”，是可燃性的，一切可燃的物体就因为都含有“油土”。他甚至认为那些可煅烧变质的金属中也含有一些“油土”；至于硫磺，是硫酸与“油土”的结合物，硫磺燃烧后“油土”跑掉了，剩下了硫酸。

1703年，德国化学家和名医G.E.施塔尔对贝歇尔的学说倍加推崇，并加以发挥而形成了一个解释燃烧现象甚至整个化学的学说，认为可燃的要素是一种气态的物质，存在于一切可燃的物质中。他把这种要素称为“燃素”。它在燃烧的过程中从可燃物中飞散出来，与空气结合，从而发光发热，这就是火。所以“燃素是火的原质和火的要素，而非火本身”。在他看来，油脂、蜡、木炭都是富含燃素的物质，烟炱则几乎是纯粹的燃素，所以它们燃烧起来非常猛烈，而且燃烧后只剩下极少的灰烬。石头、木灰、黄金不含燃素，所以不可能燃烧。按照他的学说，一切化学变化，甚至物质的化学性质乃至颜色、气味的改变都可以归结为物体释放燃素或吸收燃素的过程。但是施塔尔和他的支持者们始终也未能取得纯净的燃素。

与氧化还原学说比较，燃素说恰恰是对燃烧现象做了颠倒的解释。但它因为可以对大多数化学现象得出统一的解释，有助于人们摆脱炼金术思想的束缚。所以应当肯定它在历史上起过的积极作用。18世纪70年代，氧气被发现之后，燃烧本质真相大白，燃素说终于退出历史舞台。但那一时期积累起来的丰富的科学实验材料，仍保持着其有效性。

冉魏　Ranwei　中国十六国时期汉族冉闵所建政权。都邺城。历一主三年。冉闵，字永曾，魏郡内黄人（今河南内黄西北），父冉瞻，原属乞活军。闵为石虎养孙，改姓石，是石赵较重要的将领，以勇敢善战著称。349年石虎死，诸子争立，闵乘后赵政局混乱，又得大司马李农之助，于350年正月杀石鉴，自称皇帝，国号大魏，复姓冉氏，仍都邺城，史称冉魏。石鉴死后，石祗（石虎子）据襄国称帝，联合羌酋姚弋仲和鲜卑族前燕慕容儁，与冉闵常相攻伐。351年石祗为其部将刘显所杀。352年闵攻破襄国，杀刘显，消灭了后赵的残余势力。其时，慕容儁势力渐盛，南下冀州，冉闵率军抵抗，兵败被俘，前燕军攻入邺城，冉魏亡。

冉庄地道战遗址　Site of the Tunnel Warfare at Ranzhuang　中国冀中人民抗击日本侵略军的防御工事。位于河北省保定市清苑县冉庄村。1942年建成。此年日本侵略军向冀中平原发动残酷的“大扫荡”，冉庄人民在原有掩蔽洞的基础上，建成连家贯村的地道网。地道宽1米，深约1.5米，总长15千米左右。有主干线4条和东西支线11条，南北支线13条，还有连村地道2条和突围线2条。地道内设指挥部、休息室、陷阱、翻板和枪眼多处。地道口多设在锅台、牲口槽、墙根、碾台、水井处。冉庄人民曾开展地道战72次，配合村外作战85次，杀敌2 100多人。1961年国务院公布冉庄地道战遗址为全国重点文物保护单位。

染料 dye 能将纤维或其他被染物染成各种颜色的有机化合物。分天然染料和合成染料。染料分子中含有一个或数个特殊的官能团，称为发色团，如偶氮基、硝基、亚硝基、羰基等。这些发色团可以吸收光线的不同波长，因而可使被染的物料显示出不同的颜色。此外，染料还必须有助色团，如氨基、羟基、磺酸基和甲基等，它们对染料的色光、纯度、深浅度和溶解度都有影响。染料有两种分类方法：①根据染料分子中所含类似的基本结构或基团而形成的化学结构分类，如亚硝基染料、硝基染料、偶氮染料、三芳甲烷染料、噻唑染料等；②根据染料品种对某些纤维的应用性能和应用方法的共性分类，如分散染料、直接染料、反应性染料、酸性染料或碱性染料等。

染料主要用于各种纤维的染色，如棉、丝、毛、麻等天然纤维和黏胶、聚酯、涤纶、锦纶、腈纶等化学纤维。还广泛用于纸张、木材、皮革、涂料、塑料、油墨、墨水、感光材料、食品、医药、化妆品和指示剂等。液晶、热敏、压敏、增感等元件以及太阳能利用，激光等所用的功能性染料也得到开发和应用。

染色体 chromosome 典型的染色体指真核细胞在有丝分裂和减数分裂时期出现的由染色质聚缩而形成的亚细胞结构。一般呈棒状，因能被碱性染料染色而得名。染色体和染色质是在细胞周期不同阶段可相互转变的动态结构，它们都是由脱氧核糖核酸（DNA）、组蛋白、非组蛋白及少量的核糖核酸（RNA）组成的复合结构，是细胞的遗传物质的存在形式。随着对遗传物质本质的认识，现在染色体概念的范畴已经扩展为生物体内所有有组织的遗传物质结构。以下内容主要针对真核生物的染色体。

数目和大小 不同物种的染色体数目有很大差异，但同一物种的染色体数目基本恒定。一般而言，性细胞的染色体为单倍体，体细胞为二倍体，有些生物的染色体数目会呈倍性增加，称为多倍体。例如，人的染色体数为$2n=46$，小鼠为$2n=40$，果蝇为$2n=8$，水稻为$2n=24$。而普通小麦为六倍体，染色体数目为$6n=42$。中期染色体的大小也因物种而异，长度多在1～10微米之间，直径为1～2微米。

结构和功能 染色体是一个高度组织化的结构。基本结构单位是核小体。它是由四种组蛋白（H2A、H2B、H3、H4）各两分子形成八聚体核心，外绕长度为146碱基对的DNA链而构成。核小体之间由约60碱基对的连接DNA相连成串珠状，这就是染色体的一级结构。核小体链以每圈6个核小体的比例螺旋盘绕形成直径约30纳米的染色质纤维，形成染色体的二级结构。30纳米的染色质纤维如何进一步包装形成中期染色体尚未有定论，但研究表明，主要由非组蛋白组成的染色体骨架或核基质在染色体聚散的动态变化中起重要作用；同时，染色质纤维的多级螺旋化可能也是染色体包装的重要形式之一。

一个稳定的、有功能的染色体起码应具备三种功能元件，即：DNA复制原点，以确保染色体的自我复制；着丝粒，是纺锤丝的附着结构，以确保细胞分裂中复制后的染色体被平均分配到子细胞中；端粒，位于染色体的两个末端，是保证染色体的稳定性和完整性所必需的。

染色体作为真核细胞中最重要的结构和遗传信息的载体，在遗传学、细胞学、分子生物学、医学、功能基因组学等领域中具有重要的地位，对染色体的研究已成为探索生命本质的重要课题。某一生物有丝分裂中期染色体在数目、形态大小、着丝粒的位置等方面表现出的特征被称为该生物的核型（又称染色体组型）。核型分析是细胞遗传学、物种亲缘关系、进化和遗传疾病等研究中的一个重要手段。通过特殊的处理和染色，可使染色体呈现出特定的带型，称为染色体分带技术，分带技术使核型分析更为精确细致。另外，基于DNA分子杂交的染色体原位杂交技术在染色体畸变和基因定位等研究中具有重要用途。

染色体病 chromosome diseases 细胞内染色体异常引起的人体病变。通常分为常染色体病和性染色体病。常染色体病由常染色体异常引起，临床表现为先天性智力低下、发育滞后及多发畸形。性染色体病由性染色体异常引起，临床表现为性发育不全、智力低下、多发畸形等。染色体病患者通常缺乏生活自理能力，部分患者在幼年即夭折。染色体异常包括染色体数目的改变和染色体结构的改变，又称为染色体畸变。染色体病较为常见，在妊娠初3个月的自然流产儿中，20%～50%有染色体异常，而在活产新生儿中，约1/100～1/200可发现染色体病。染色体病尚无有效的治疗手段，只能通过产前诊断、遗传咨询等预防措施，减少染色体病患儿的出生。

染色质 chromatin 细胞核中能被碱性染料着色的物质。细胞分裂时，染色质凝聚成染色体。染色质从结构上分为常染色质和异染色质，常染色质是在细胞周期中显示正常周期变化的染色质。异染色质又可分为结构异染色质和兼性异染色质。结构异染色质在间期细胞核内经常呈现浓集的染色质团块；兼性异染色质是某些生物发育时期由常染色质凝缩，暂时失去基因活性而形成的异染色质。又可把具有转录活性的染色质称为活性染色质。它们是构成染色质的基本单位。

染整 dyeing-and-finishing 对纺织材料进行以化学处理为主的工艺过程。又称印染。包括预处理、染色、印花和整理。纺织生产的重要工序。其质量的优劣对纺织品的使用价值有很大影响。预处理的主要目的是去除纺织材料上的杂质，为后续的染色、印花、整理提供条件。染色和印花分别使纺织物获得颜色和花纹。整理是通过机械或化学作用改进织物性能，提高织物使用价值。染整加工要根据加工材料和产品要求选用不同的染化料、工艺条件和加工设备，以达到合理的生产效率和理想的质量。染整加工大多以水为介质并要经过多次水洗、烘干，热能和水的耗费很大。染整加工所用的某些染化料、整理剂、涂层剂中的有害物会残留于织物，生产过程所产生的废气、废水会污染环境。

让·保尔 Jean Paul（1763-03-21～1825-11-14） 德国小说家。生于冯西德尔，卒于拜罗伊特。1781～1784年入莱比锡大学读神学。后在家乡当教师。1796年后到魏玛等地。后定居拜罗伊特，专事写作。《看不见的共济会》是他第一部未完成的长篇教育小说。通过一个受过双重教育的青年在社会上的经历表达了他的教育理想。《黑斯佩罗斯，或四十五个狗邮日子》（1795）是一部感伤主义小说。其他主要作品还有长篇小说《昆图斯·菲克斯莱因的生平》（1796）、《花卉、果品、荆棘画或穷人律师齐本克思的夫妇生活、死亡和婚礼》（1796～1797）、《巨神》，文艺理论著作《美学入门》（1804），教育著作《莱瓦那或教育学》等。

饶毓泰 Rao Yutai（1891-12-01～1968-10-16） 中国物理学家。生于江西临川，卒于北京。1913年赴美留学，1922年获普林斯顿大学哲学博士学位。历任南开大学教授及物理系主任，北平研究院物理研究所研究员，西南联合大学教授及物理系主任，北京大学教授及物理系主任、理学院院长，中国物理学会

副理事长、名誉理事。1948年当选中央研究院院士。1955年当选为中国科学院学部委员（院士）。是中国现代物理学研究的先驱之一，也是国际上早期研究**斯塔克效应**的光谱学家之一。早年设计了新的低压电弧光源，其电压比通常的低，这是当时气体导电研究的一项新成果。20世纪40年代，他在美国和他的合作者进行**分子光谱**的研究，系统地研究了多种化合物的拉曼光谱和某些同位素的分子振动-转动光谱，为确定化合物中自由基的结构和研究同位素气体分子开辟了途径。从事教育事业50余年，创建了南开大学物理系。

饶宗颐 Rao Zongyi（1917－08－09～　）中国历史学家、古文字学家、古典文学家、书画家。号选堂，又号固庵。广东潮安人。幼承家学，早岁整理其父饶锷《潮州艺文志》，在《岭南学报》专号刊出，以此知名。后入中山大学广州通志馆任纂修，利用馆藏方志，拟撰古地辨，成《楚辞地理考》，即其一种。抗日战争爆发后，因病留居香港，为中山大辞典撰古籍篇名提要稿，又佐叶恭绰为编定《全清词钞》初稿，故有《词籍考》之作。又应**顾颉刚**之约，为齐鲁大学国学研究所编撰新莽史（后仅刊《新莽职官考》、《西汉节义传》）及《古史辨》第八册（地理部分未成）。香港沦陷，西奔桂林，任教无锡国学专修学校。抗日战争胜利后，任广东文理学院教授。继回汕头，主持《潮州志》总纂事宜。旋任广东省文献委员会委员。1952～1968年，执教香港大学中文系共16年。后移席新加坡（国立）大学，为首任中文系讲座教授。中间赴美，任耶鲁大学客座教授及台湾“中央研究院”历史语言研究所研究教授。1973～1978年为香港中文大学中文系教授、系主任。退休后，赴法国巴黎任高等研究院宗教部客座教授一年。后为香港中文大学中文系名誉教授，艺术系与中国文化研究所荣誉教授。1982年香港大学颁布为名誉文学博士。饶宗颐先后在若干不同国家学术研究机构工作，吸收各种治学方法，著述宏富。1963年在印度浦那班达伽东方研究所作研究工作，先后从帕拉尼普尔兑子攻治婆罗门经典。1976年在巴黎从博特罗习楔形文字及西亚文献，首次译出《开辟史诗》。其《敦煌典》及《敦煌白昼》二书也作于此时。1962年获法国儒莲汉学奖，1980年被选为亚洲学会荣誉会员。

饶宗颐治学特点在于能不断创新，极具开拓精神。所著如《楚辞书录》为第一部楚辞书目，《老子思想朱注校证》（上海古籍出版社）为首次研究**张天师**一家著述，尤有筚路蓝缕之功。治楚帛书、云梦日书、辑全明词，皆先人著鞭；始编录星马华文碑刻，开海外金石学之先河。其他著作有《殷代贞卜人物通考》、《词集考》、《敦煌白昼》、《国史上之正统论》、《敦煌书法丛刊》(29册)、《选堂集林·史林》(3册)、《丝绸之路》等。

桡足纲 Copepoda **甲壳动物**亚门的一纲。全世界已知7目约有8 400种，中国已发现淡水300余种，海洋约500种。

桡足类身体一般1～4毫米。由16～17个体节组成，由于愈合，一般不超过11节。体躯分为前体部和后体部，其间有一活动关节。前体部较为宽大，包括头部和胸部。头部一般由6个头节与第一胸节（或第一、二胸节）愈合而成。背面有1个单眼或1对晶体。其腹面有6对附肢。胸部有3～5个自由体节，各有1对胸足，第5对胸足有显著雌雄区别。后体部（又称腹部）较短小，由3～5节组成，雌性第一、二节愈合。雄性第一腹节为生殖节，末节最小，因具肛门，称为肛节，其末端有1对尾叉。

雌雄异体。少数寄生种类为雌雄同体。一般进行两性生殖，少数营孤雌生殖。雌雄异形。营自由生活的桡足类栖息于各种不同的水域，在世界各海洋、各种淡水水域苔藓植物丛，潮湿的树皮上或叶腋中都有分布。寄生种类多见于鱼的体表、鳍、鳃、鼻孔、口腔或眼眶等处。淡水桡足类和个别海洋桡足类有休眠现象。

桡足类的食性多样化，有滤食型、掠食型、刮食型和混合型。浮游桡足类是很多经济鱼类的饵料，可用于寻找渔场及探索海流的流向和测定水体污染的程度。某些也给鱼类的繁殖带来危害。

热泵 heat pump 将低温热源的热量转移到温度高于环境温度的物体或空间，从而获得热量的机器和设备。热泵的工作过程与**制冷机**相仿，但它是通过转换制冷系统制冷剂运行的流向，向高于环境温度的物体或空间供给热量，如给建筑物室内空气直接加热供暖或供应热水等。热泵的低温热源最常用的是环境介质（空气或地面水）的热量，也可用地热或生产过程中排出的废气、废水和废油等的热量。

如图示为压缩式热泵的工作原理。衡量热泵工作有效性的重要技术指标是性能系数，其值随热泵的工作温度而变，蒸发温度越低、冷凝温度越高，则其值越小。

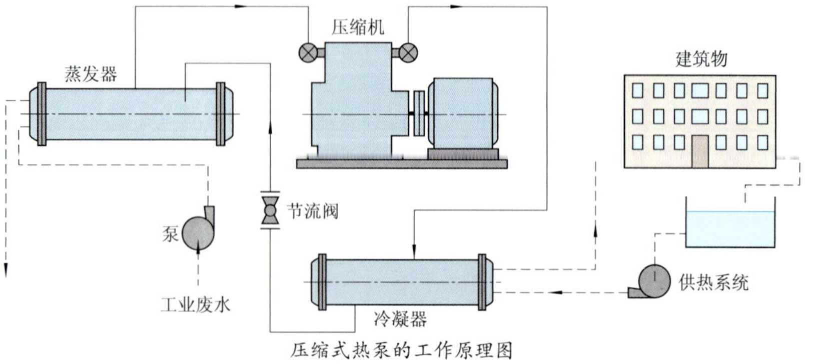

压缩式热泵的工作原理图

热层 thermosphere 位于**中间层**顶（高度约85千米）至热层顶的地球大气区域。又称暖层。从热层底部向上，**大气温度**迅速增高，可达500～2 000K。气温从向上增温转为等温时的起始高度，即为热层顶。热层顶高度随太阳活动变化很大，通常在300～500千米高度。热层大气极稀薄。热层几乎吸收了波长小于1 750埃的全部太阳紫外辐射，成为主要热源。热层温度结构主要受太阳活动的支配。热层以上的空间区域称**外逸层**或外层。

热成风 thermal wind 在铅直方向上高层**地转风**与低层地转风的矢量差。

在静力平衡的条件下，等高面（水平面）上的等压线相当于等压面上的等高线，因此地转风的大小就与等压面的坡度大小成正比。由此可见，热成风的大小与两个等压面之间的气层厚度梯度的大小成正比。但两个等压面之间的气层厚度完全由这两个等压面间气层的平均温度所决定，所以热成风的大小与气层的平均温度梯度的大小成正比。热成风的方向与气层的等平均温度线平行，在北半球，顺热成风方向看，高温在右侧，低温在左侧；南半球则相反。

热成风并不是大气中真正的风，而是用热成风来表征自由大气中的实际风随高度的变化。若等压面上有水平温度梯度存在（即等压面上有等温线存在），则热成风必存在，即必有地转风随着高度而变化。

热传递 heat transfer 在不做功情况下发生的能量从高温物体迁移到低温物体，或热量从一个物体中的高温部分迁移到低温部分的现象。**热力学过程**中改变系统状态的方式之一。热传递中用热量量度物体内能的改变。它有以下三种形式。

热传导 由组成系统的**分子**或**原子**的

热运动及其相互作用引起的热量从高温向低温迁移的宏观现象。在物质的三种聚集态——气、液、固中都能发生，并遵从傅里叶定律。据该定律，由系统内温度分布不均匀引起的在dt时间内流过面积元dS的微热量为：

$$dQ=-\lambda(\boldsymbol{r})\,(\partial T/\partial n)\,dS\,dt$$

式中的$\boldsymbol{r}$是确定面积元dS位置的径矢；$(\partial T/\partial n)$表示$\boldsymbol{r}$处沿dS法线方向的温度梯度；负号说明热量总是沿着温度减小的方向进行；$\lambda(\boldsymbol{r})$表示$\boldsymbol{r}$处系统的热导率，它的数值反映该种物质传递热量的本领。热导率是温度的函数，在温度分布不均匀的系统中，随径矢而改变。但当温度变化不大时，很多物质的热导率近似为常数。

热辐射　在自身传播中激励了所遇物体中的微观粒子的热运动而使该物体升温的电磁辐射。热辐射电磁波的波长限于0.8微米至0.8毫米的红外波段。物体的温度升高到400～500℃后就会发出可见光（波长为0.4～0.8微米），同时以热的形式辐射能量。热辐射遵循斯忒藩－玻耳兹曼定律：黑体的总辐出度E_0（单位时间里从单位面积发射的能量）与它温度T的四次方成正比：

$$E_0(T)=\sigma_0 T^4=\sigma_0'(T/100)^4$$

式中的比例系数$\sigma_0'=5.67$焦/（秒·米^2·开^4）称斯忒藩－玻耳兹曼常数。落到物体上的电磁辐射部分被吸收，部分被反射，部分贯穿物体，可分别定义物体的吸收系数a、反射系数r和透射系数d：

$$a=Q_a/Q \quad r=Q_r/Q \quad d=Q_d/Q$$

式中的Q和Q_a、Q_r、Q_d分别表示入射物体的电磁辐射能量及其被吸收、反射和透射的那一部分能量。通常把$a=1$、$r=d=0$的物体称为绝对黑体；具有全反射（$r=1$、$a=d=0$）性质的物体称绝对白体；绝对透明体的$d=1$、$a=r=0$。实际上只有薄膜固体才具有相当的透明度。一些气体可看作是透明体，另一些气体对辐射的吸收具有选择性。

热对流　流体流动过程中从温度较高处向温度较低处放热的宏观现象。分为强迫对流和自由对流。前者是流体在外界动力（如泵、风扇、压强差等）驱动下的运动；后者是流体因温度分布不均匀诱发密度不均匀而产生浮力作用下的运动。管道内发生的对流传热称为内部问题，流体流过物体时发生的对流传热是外部问题。

实验表明，对流传热过程中物体从流体获得（或放出）的热量Q与物体的表面积A、时间τ和它与流体之间的平均温度差$\Delta t=\bar{t}_w-\bar{t}$成正比，故有牛顿冷却定律：$Q=\alpha\Delta t A\tau$。式中的比例系数$\alpha$称为放热系数，$\bar{t}_w$和$\bar{t}$分别是物体表面和流体的平均温度。计算对流传热问题的困难在于确定放热系数α，应用实验和理论来确定不同情况下的放热系数是热交换理论的主要内容。

热带辐合带　intertropical convergence zone

南北两半球低层信风气流汇合地带的总称。又称赤道辐合带。由于这个汇合区的气压比两侧低，所以又称赤道槽。它是热带地区重要天气系统。由于气流辐合，在热带辐合带上布满积雨云塔组成的云团，并且几乎环绕地球（图1）。

图1　卫星云图显示的热带辐合带

左图为季风辐合带云带，中、右图主要为信风辐合带云带

热带辐合带有两种类型：一种是另一半球的信风直接越过赤道与出现辐合带的半球中信风汇合，称为信风辐合带（图2b），这种辐合带经常出现在赤道附近；另一种是出现辐合带的半球其信风位置比较偏北，另一半球来的信风越赤道后受科里奥利力的影响而转变为西南风，再与该半球的信风汇合，这种辐合带称为季风辐合带（图2a）。在北半球夏季，来自南半球的东南信风与北半球的东北信风汇合而形成信风辐合带，出现在自东太平洋直到非洲大陆；南半球信风自阿拉伯海经南海到西太平洋，越赤道已转向为西南季风而与北侧信风汇合，便为季风辐合带。

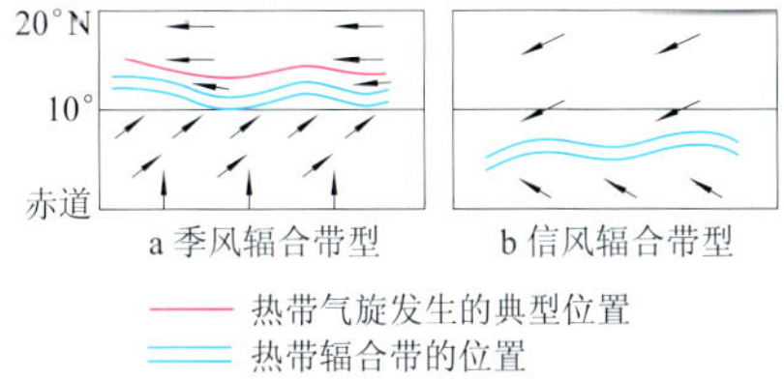

图2　热带辐合带的风场分布

热带辐合带有明显的季节变化。对季风辐合带，北半球夏季（7月）的平均最北位置可以到达20°N以北。而在南半球夏季（1月），季风辐合带平均位于10°S。信风辐合带冬夏几乎都在北半球，1月在赤道附近，7月在5°～10°N。自气象卫星云图出现后，发现南北半球赤道附近经常存在各自的云带，因而提出存在双辐合带。这种现象在太平洋中部十分明显。

热带季雨林　tropical monsoon forest

分布在热带有周期性干、湿季节交替地区的一种地带性森林类型。也是热带季风气候带相对稳定的一种植被类型。又称季雨林、潮湿半落叶林、半常绿季雨林等。由较耐旱的热带常绿和落叶阔叶树种组成，且有明显的季相变化。

分布　热带季雨林不连续分布于亚洲、非洲（称混合落叶林）、美洲（称季节林）热带季风区，而以东南亚受季风影响较大的地方最为典型。中国热带地区受太平洋及印度洋季风控制，热带季雨林分布北界基本上在华南和西南的北回归线附近，东部偏南，西部偏北。此外，在南亚热带的一些河谷和南坡沟谷也有零星分布。

组成　热带季雨林的植物种类繁多，但不及热带雨林。中国的热带季雨林的植物区系以亚洲热带广布种和热带北部特有种为主，多属于番荔枝科、使君子科、梧桐科、木棉科、大戟科、豆科、桑科、无患子科和山榄科等。群落有较明显的优势种或共优势种，水热条件好的地方常绿树种较多。

热带季雨林主要可分为落叶季雨林和半落叶季雨林。中国的落叶季雨林主要分布于干旱季节长、气候干热的海南岛西部沿海台地和滇南干热河谷盆地，年雨量1 000毫米左右，上层乔木2/3以上为落叶种类，高不到20米，树冠不连续，林下多禾草，层间植物贫乏。半落叶季雨林广布于半湿润以至湿润气候区，年雨量1 300～1 800毫米，上层1/3～2/3的树种为落叶、半落叶性的，高约20～25米，树冠连续，林下很少禾草，藤本植物较繁茂。此外，还有常绿季节林，是由热带性的常绿树种组成的森林，但有些地区也杂有少量落叶种类。主要分布在中国热带湿润气候的东部山地下部和西部迎风河谷，年雨量1 600～1 800毫米以上，旱月雨量较少或多雾露。乔木分3层，上层高30米以下，树冠不连续，少数林木高达35～40米以上，落叶及半落叶树约占1/3；中、下层乔木形成郁闭林冠。板状根和老茎生花现象普遍，层间植物也繁茂，但均不及热带雨林，是热带季雨林向热带雨林的过渡类型。由于群落特征接近热带雨林，有人将它归并在雨林类型中，称季节雨林。

利用　热带季雨林生物生产量低于热带雨林，但也蕴藏着多种多样的植物资源，其中尤多珍贵用材、油脂、药用植物等。

热带气旋　tropical cyclone

生成于热带海洋具有气旋性环流的暖心低压涡旋。水平尺度一般为数百千米，垂直高度约10千米，伸展到对流层高层。热带气旋的涡旋气流自外向内加强，在气旋内部发生狂风、暴雨和巨浪，是地球上最强烈的自然灾害之一。1989年世界气象组织依气旋内发生的最大风速把热带气旋分为四类：①热带低压。最大风速10.8～17.1米/秒（风力6～7级）。②热带风暴。最大风速17.2～24.4米/秒（风力8～9级）。③强热带风暴。最大风速24.5～32.6

米/秒（风力10～11级）。④台风或飓风。最大风速≥32.7米/秒（风力12级以上）。

热带气旋结构随发展强度而有很大不同。热带低压除有气旋环流外还可有闭合等压线，在气象卫星云图上常有密蔽弧状云区并经常和热带辐合带云带相连或位于其北侧，在旋向内部气流较强时可出现完整的向中心旋入的积云线。低压内水汽充沛并有较强的上升运动，所以有较强烈的天气，登陆时也会发生暴雨。热带低压在环境条件合适时有10%可继续发展成热带风暴或台风。当强度达到热带风暴或强热带风暴时，在气旋的中心区天气反而变为晴朗并有下沉气流，风速变小，称为台风眼。

热带低压发生一般与热带辐合带风的切变有关。在西北太平洋，热带气旋发生时其中心常位于辐合带北侧晴空区，发生后随副热带高压南侧的东风气流向西移动，一般生命期为数天，若西移过程中环境条件合适发展成热带风暴或台风，则生命期达数天或一星期以上。

热带鱼 tropical fish 原产于热带、亚热带的鱼类。又称热带观赏鱼。习惯上还包括南北温带的少数种类。热带鱼包括淡水热带鱼和海水热带鱼。热带鱼的养殖源于欧洲。19世纪末，热带鱼作为观赏鱼类开始在世界各地逐渐普及。热带鱼种类繁多，已发现的淡水热带鱼和海水热带鱼达千种以上。

淡水热带鱼的主要种类有：骨舌鱼科，副蝶骨、两颌与舌具发育良好的齿，广布于南美洲、非洲、澳大利亚以及亚洲。巨骨舌鱼，产于南美洲亚马孙河，个体最大长达4米，重约200千克。美丽骨舌鱼，又称金龙鱼，原产加里曼丹岛，体色金黄，体长1米，最为名贵。双须骨舌鱼，又称银龙鱼，原产南美洲亚马孙河，体银白色，微蓝，亦颇名贵。脂鲤科鱼类，见于南美洲各河川，体色多彩艳丽，大部分热带观赏鱼类属此科。鲤科中的唐鱼，又称白云金丝鱼，原产中国广州白云山地区，背部青灰色，体侧有一银色及绿色纵带，各鳍略呈粉红色，是中国著名的热带鱼。其他还包括异鳞波鱼、寡鳞刺和双色野鲮。鲇科中的玻璃鲇鱼，又称猫头玻璃鱼，体透明洁白，色淡雅，可见椎骨。美鲇科中的豹兵鲇，又称反游老鼠，原产南美洲，全身花斑，似豹皮，游泳时常反向浮游。花鳉科热带鱼大都产于南美洲。丽鱼科的种类有筑造坑形巢穴的习性，把卵产在巢穴内，由亲鱼保护卵子；也有的种类把卵含在口腔内孵化。斗鱼科有中国南方产的叉尾斗鱼、泰国产的泰国斗鱼，其雄鱼体色鲜艳，异常好斗，有一定的观赏价值。吻鲈科中的灰吻鲈，又称接吻鱼，原产印度尼西亚、马来西亚，体粉红色，游动时显出闪闪银光，两鱼有口部对接的习性而得名。射水鱼科中的射水鱼分布于印度到菲律宾、澳大利亚沿岸红树林附近的海水、半咸水或淡水中；以陆生昆虫为食，能从口中射出一股水流，准确地射中2米以内漂浮在水面或停息在水草上的飞虫。此外产于非洲的齿蝶鱼、象鼻鱼、电鲇、非洲肺鱼，北美洲的四眼鱼都是珍稀热带鱼。

海水热带鱼是生活于珊瑚礁区的小型鱼类，分布于大西洋、印度洋和太平洋；婀娜多姿，体色最为艳丽，较之淡水热带鱼更具观赏价值。需要在海洋环境中生活，饲养条件要求高，没有淡水热带鱼那样普及。主要种类有：鲈形目的隆头鱼科，如剑唇鱼、蓝猪齿鱼、普提鱼、新月锦鱼、美体紫胸鱼以及专替大型鱼类清除口腔寄生虫的裂唇鱼等。雀鲷科鱼类头部每侧有鼻孔1个，多为小型热带性鱼类，生活在沿岸岩石和珊瑚礁之间，行动活泼迅速，以小型无脊椎动物为食，有些种类体色颇美丽；有300余种。刺尾鱼科鱼类尾柄两侧各有一个或多个尖棘或带有锐嵴的骨板或瘤突，皮肤颇坚韧，栖于水质清澈的珊瑚礁或岩石海域。篮子鱼科鱼类腹鳍内外各具一鳍棘，常见有狐篮子鱼、爪哇篮子鱼等。蝴蝶鱼科鱼类体甚侧扁而高，菱形或近于卵圆形，一般个体较小，生活在热带珊瑚海区；行动迅速，稍受惊动即躲入珊瑚礁或岩石缝中，以浮游甲壳动物、珊瑚虫、蠕虫、软体动物和其他微小动物为食；体色鲜艳美丽；分布于大西洋、印度洋和太平洋的热带与暖温带海洋，有190余种。

热带鱼一般用玻璃水族箱饲养。适温范围为13～38℃（25～28℃最适）。淡水热带鱼的喂饲按鱼的食性不同而异，如双须骨舌鱼要以鲤科小型鱼作饲料，接吻鱼及平鳍鳅喜刮食水族箱壁上的着生藻类，杂食性鱼则喂饲天然饵料。海水热带鱼由于生活环境比淡水热带鱼要求严格，只有在自然环境中才能繁殖，因而在水族箱内或在水族馆中饲养的海水热带鱼一般不能繁殖。

热带雨林 tropical rain forest 热带潮湿地区高大茂密而常绿的森林类型。由无御寒、无抗旱能力的树种组成，乔木种类非常丰富，层次多而界限不明，没有明显的优势种。乔木具板状根、支柱根、气生根和老茎生花现象。层间藤本植物和附生、寄生植物发达，并有绞杀植物（一些具粗大缠藤和气生根发达的树种，常缠绕或包卷支持它的树木，将其绞杀至死）。

热带雨林景观

分布 热带雨林主要分布于南美洲亚马孙河谷盆地、非洲刚果盆地、亚洲马来半岛及其附近地区、澳大利亚东北部及太平洋群岛。中国的热带雨林主要分布在台湾南部、海南岛、广西临海的十万大山、滇东南河口、西双版纳及西藏东南部等迎风坡面的丘陵低地、山麓或沟谷等的水分充沛地段。

典型热带雨林分布地区的年平均气温在25～26℃。与世界热带雨林相比，中国热带雨林分布地区的温度较低，且变幅较大，年平均气温随纬度北移为22～26℃，最冷月平均气温低至15～18℃；年降水量为2 000～3 000毫米，最高可达5 000～6 000毫米。土壤主要为砖红壤。

组成 中国热带雨林为东南亚雨林的北延部分，由于纬度偏北，并受季风的影响，上层树种表现出干湿季节的变化。也具有异常丰富的植物种和一切热带雨林的特征，但热带雨林的特有科如龙脑香科、肉豆蔻科和玉蕊科的属种偏少。如龙脑香科在东南亚热带雨林中约有25属400种，而在中国只有5属12种。常见的还有番荔枝科、藤黄科、梧桐科、大戟科、豆科、桑科、橄榄科、楝科、无患子科等，但株数很少，没有达到优势地位。

利用 热带雨林生长迅速，生产力和空间利用率都很高，林木蓄积量和生物量大，但木材出材率低。珍贵用材有坡垒、青皮、荔枝、海南油丹、油楠、蝴蝶树、胭脂木、紫荆木等。药用植物有益智、砂仁、巴戟等。珍贵动物有亚洲象、长臂猿、双角犀鸟等。

热带雨林气候 tropical rain forest climate 赤道南北常年高温、潮湿和多雨的气候。主要分布在南美洲亚马孙河流域、非洲刚果河流域、亚洲和大洋洲从苏门答腊岛至新几内亚岛一带。热带雨林气候的主要特点如下：①常年高温，气温变化小。太阳一年两次直射地面，辐射强烈，昼夜长短差别很小。一年内各月的平均气温在24～28℃变化，最冷月平均气温不低于18℃，绝对最高气温很少超过35℃。气温年较差一般不超过5℃，而日较差可达10～15℃。②全年多雨。南、北两个半球的信风气流在赤道地区辐合上升，地面风力较弱，湿润气流上升容易成云致雨。终年潮湿，相对湿度大，云量也多。月降水量不少于60毫米，年降水量一般为1500～3000毫米。③气候变化单调。在赤道气团控制下，全年皆夏。一般早晨晴朗，午前炎热，午后下雨，黄昏雨歇，大气稍凉。

热带作物 tropical crop 热带地区的栽培植物。在中国，为了区别于一般农作物，通常指在热带地区栽种的特种经济作物，种植范围主要在广东、海南、广西、云南、福建、台湾等地，尤以海南和云南西双版纳最为适宜。

类别 根据其用途和经济性状大致可划分为12个主要类别（见表）。其中有的在国民经济中居重要地位，如橡胶树所产橡胶，与钢铁、石油、煤炭并列为四大工业原料；咖啡、可可与茶为世界三大饮料。

栽培特点 热带作物多起源于或长期栽种于热带，一般要求较高的热量条件。有些纯热带性植物如可可，要求年平均温度24～28℃，月平均最低温度在18～19℃以上；面包果和榴莲需要27℃以上的年平均温度才能生长良好；轻木需要26℃以上的年平均温度。有些热带作物对热量的要求有一定的可塑性，也可适应较高纬度的气候条件。如起源于巴西亚马孙河热带雨林的橡胶树经人工栽培后，在中国现已可扩种到北纬24°的适宜地区。但向较高纬度扩种的可能性有一定限度。即使在限度之内扩种，仍会在生长状况及产量上造成不同程度的差异。

热带作物的主要类别

类别	主要作物
热带产胶作物	橡胶树等
热带油料作物	油棕、椰子等
热带纤维作物	龙舌兰麻（剑麻、番麻、马盖麻等）、蕉麻、吉贝等
热带饮料作物	咖啡、可可等
热带粮食或淀粉作物	木薯、竹芋、参薯等
热带芳香作物	依兰香、香茅、丁香等
热带香辛作物	胡椒、八角等
热带药用植物	豆蔻、槟榔、胖大海、益智、巴戟、肉桂、沉香、秘鲁香等
热带饲料作物	象草、大黍、危地马拉草等
热带绿肥作物	三裂叶葛藤、毛蔓豆、距瓣豆、笔花豆、卵叶山蚂蝗、短萼灰毛豆、蓝花毛蔓豆
热带果树	面包果、榴莲、杧果、腰果、红毛丹、山竹子、人心果、波罗蜜、香蕉、凤梨等
热带经济林木	柚木、非洲桃花心木、大叶桃花心木、桉树、木麻黄、母生等

热带作物一般具有多年生习性，生产上通常采取种植园方式。热带作物如橡胶树的自然寿命有百年以上，其芽接树的经济寿命也有30年；椰子的经济寿命可达80年以上。这种习性决定了它们都是一次栽种、多年收获，但初期都有一段较长的非生产期。由于种植后不宜轻易改种其他作物，且开始时的投资较大，因此栽培时需选择较好的地理环境条件，避免自然灾害损失。

热岛 thermal island 一个地区（人口高度密集、工业集中的城市区域）内地面和空中的温度高于周围郊区的现象。见城市热岛。

热地 Raidi（1938–08～ ） 中华人民共和国全国人民代表大会常务委员会副委员长。藏族。中央党校大专学历。西藏比如县人。1959年入中央政法干校学习。1961年10月加入中国共产党。1962年任西藏自治区那曲地区行政公署公安处侦察员。1966年到西藏自治区那曲地区公检法军管会工作。历任那曲地区革委会人保组干事、副组长，中共那曲地委书记。1975年后历任中共西藏自治区委书记兼自治区贫协主任、自治区革委会农牧办公室副主任、自治区纪委书记、自治区革委会副主任、自治区人大常委会副主任、自治区党校校长。1983～1985年入中央党校进修部干部大专文化进修班学习。1985年后历任中共西藏自治区党委副书记，自治区政协主席、党组书记，自治区纪委书记，自治区人大常委会主任、党组书记。2003年当选第十届全国人大常委会副委员长。中共第十一届中央候补委员，十二至十六届中央委员。

热点 hot spot 形成与板块边界无关的、来自上地幔中相对固定的火山的岩浆源。地球上地幔物质熔融上涌、穿透地壳形成火山特征的区域。即地幔柱在地表或洋底出露区域（见图）。热点概念是由J.T.威尔逊于1963年提出，指通常伴有大规模火山活动的地表高热流区。世界已知的火山与板块边缘紧密关联，有约5%的火山与板块边缘没有紧密关联而分布在板内，被称为热点火山。夏威夷火山链是热点火山的实例：因太平洋板块西移而在洋底留下一条由死火山形成的海山链，经年龄值4 000万年的中途岛转折而成向北西延伸的皇帝海岭，并一直到阿留申岛弧西端，年龄值也增至7 500万年。这一现象被解释为太平洋板块向西北方向运移过程中通过下伏固定热点留下的痕迹。因此很长一段时间里曾把热点视为板块绝对运动的参照系。

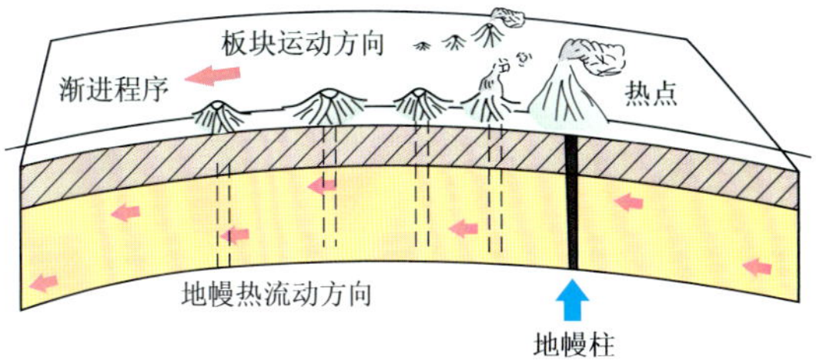

夏威夷–皇帝海岭火山链形成过程图示

现今全球热点大多位于洋中脊的转折拐点或三联点上，少数在板内，总共30余个，而陆上较少，约5个。

热分析 thermal analysis 在程序控制温度下，测量试样的物理性质（质量、温度、尺寸和声、光、热、力、电、磁等）与温度关系的技术。根据国际热分析协会的归纳和分类，热分析方法共分为9类17种，例如热重法、差热分析、差示扫描量热法、热机械分析、动态热机械法、逸出气分析、放射热分析、热微粒分析、热光学法、热发声法、热电学法、热磁学法等。

1887年法国H.-L.勒夏忒列首先用热电偶测量得黏土的热效应图谱，被公认为差热分析的创始人。20世纪80年代后，热分析仪器从实验条件选择到数据处理全部实现微机控制。同时，热分析在理论、数据分析和实验方法上取得较大进展，已发展成为跨越多科学领域的边缘科学，并广泛应用于物理、化学、化工、冶金、地质、陶瓷、建材、生物化学、药物、地球化学、航天、石油、煤炭、环保、考古和食品等领域。其主要应用类型有：①成分分析。无机物、有机物、药物和高聚物的鉴别和分析以及它们的相图研究。②稳定性测定。物质的热稳定性、抗氧化性能的测定等。③化学反应研究。固体物质与气体反应的研究、催化剂性能的测定、反应动力学的研究、反应热的测定、相变和结晶过程的研究。④材料质量检定。纯度的测定、固体脂肪指数的测定、高聚物的质量检验，以及液晶的相变、物质的玻璃化转变和居里点、材料的使用寿命等的测定。⑤材料力学性质测定。抗冲击性能、黏弹性、弹性模量、损耗模数和剪切模量等的测定。

⑥环境监测。研究蒸气压、沸点、易燃性和易爆物的安全储存条件等。

热功当量 mechanical equivalent of heat 热量的单位卡和功的单位焦耳的比值。热量和功都是系统内能改变量的量度，都是过程量，它们的单位之间应该存在着一定的换算关系，英国J.P.焦耳首先从实验测定这个关系。现代实验得出，1克纯水在101.325千帕恒定压强下，温度从14.5℃升高到15.5℃所吸收的热量为4.185 5焦，并称之为1个15℃卡。因此，热功当量就是4.185 5焦/卡。

热管 heat pipe 一种能在小温度梯度下传递大热量的高效热传递装置。1942年R.S.高格勒提出热管的工作原理，1962年G.M.格罗弗发明了热管装置。热管的外形是管状的封闭结构，管内的部分空间充满液状的热载体。如图所示，在热管的加热汽化区，液体吸收热量汽化，由汽化区回流的蒸气，在冷却凝结区放出热量，重新凝结为液体。蒸气回流的驱动力是由两区温度差产生的蒸气压强差；液体可靠重力从凝结区回流到汽化区，也可利用安装在管壁上的毛细物质（如芯线）形成的毛细压强差驱动液体回流到汽化区。后一驱动机制在失重的情况下也有效，这是热管可应用于航天工程的原因之一。通过热管的热通量密度与管子单位长度上温度降落之比定义为热管的有效热导率。实验表明，热管的有效热导率可达10^7瓦/（米·开），几乎是铜、银和铝的几万倍。由于重量轻、高效率、使用可靠和可单独运行，热管在动力、化工、航天和电子工程等部门已得到广泛应用。

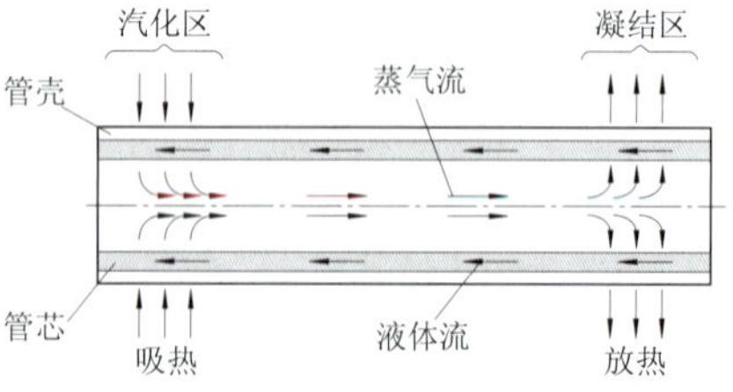

热管工作原理示意图

热管按其工作温度范围可分为高温热管（大于620K）、中温热管（120～620K）和深冷热管（小于120K）；按结构特点可分为吸液芯热管、重力辅助热管、旋转热管、等温热管和可控热管等。

热河鸟 *Jeholornis* 中国境内迄今所发现的最原始的鸟类，已灭绝。产自早白垩世的九佛堂组，距今不到一亿两千万年。这件化石代表了除始祖鸟之外世界上唯一一种具有完整长尾椎的鸟类，代表了鸟类早期演化的一个更加古老的祖先类型。热河鸟发现的重要意义之一是为鸟类起源于恐龙的假说增添了最新的证据。热河鸟虽然时代比始祖鸟要晚，而且总体特征也更加进步，但是它的尾椎骨骼却更加原始，体现在具有更加发育的脉弧和加长的关节突，这些特征恰恰和奔龙类恐龙十分相似，表明鸟类和这一类恐龙具有十分密切的关系。热河鸟化石的另外一个重要意义是体内保存了许多植物的种子化石，表明这是一类以吃种子为生的鸟类。在过去发现的中生代鸟类化石中，很少有关于食性的直接证据，在中国发现的数百件鸟类化石中，这还是第一次保存了有关食性的直接证据。

热河鸟化石

热河生物群 Jehol Biota 发现于辽宁省西部的朝阳地区与河北省北部的承德地区的晚侏罗世—早白垩世的化石生物群。

生活在距今1.3亿年前后东亚的外贝加尔、蒙古南部、朝鲜半岛、日本西南部、中国北方和东南沿海地区，面积相当于欧洲大小，已发现的有古植物及其孢粉、双壳类、腹足类、介形类、节肢类（包括昆虫、鲎虫、蜘蛛、虾）、鱼类、两栖类、爬行类（包括龟鳖、蜥蜴、恐龙、翼龙）、鸟类和原始哺乳动物等约20个化石门类，数量丰富，保存精美，是一个世界级的古生物宝库。热河生物群的生物地理分布虽然很大，迄今已知有上千种无脊椎动物、80余种脊椎动物和60多种植物化石，但从属一级动物分类单元看，除衍蜓和女星介等少数昆虫和甲壳类在欧亚大陆都有分布外，其余绝大多数是东亚土著分子。

孔子鸟化石（雌雄一对）

对于热河生物群的研究已有七八十年的历史，20世纪90年代以来，先后发现早期鸟类（孔子鸟、朝阳鸟、华夏鸟、中国鸟、冀北鸟、神州鸟等）、带毛恐龙（中华龙鸟、原始祖鸟、尾羽龙、北票龙、中国鸟龙等）、原始哺乳动物（张和兽、热河兽、中国俊兽）、古老被子植物（辽宁古果），这对于研究1.25亿年以前鸟类起源、被子植物起源和哺乳类起源与早期辐射演化等，都具有十分重要的科学意义。

热核聚变 thermonuclear fusion 在高温条件下较轻的原子核聚变成较重的原子核的核反应。热核聚变反应时会放出大量能量。太阳每天投向地球的光和热，氢弹爆炸时释放的巨大能量都是其内部的轻核热核聚变反应的结果。但这些聚变反应过程不能根据人们的需要加以控制，因而是不受控的。如果聚变反应在人为控制的条件下进行，则称之为受控热核聚变反应。可用为聚变燃料的轻核有氘（D）、氚（T）、氦-3（^{3}He）和锂（Li）等。在地球上氘极为丰富，占海水中氢的0.015%（原子数）。即海水可提供极大量的核聚变燃料，且分布比较均匀。聚变产物比较清洁，对环境没有严重的污染。实现受控核聚变是根本解决能源问题的出路所在。

在热核聚变反应中两个轻核要相互结合成重核。原子核带正电，两核相互趋近时要互相排斥，必须要有足够的动能冲过其间的斥力才能趋近结合。这就必须先将一团含有轻原子核的粒子约束住而不散掉，然后把它们加热到很高的温度（如几亿度）。这团灼热的粒子团中，粒子进行快速的无规则热运动，彼此间频繁碰撞，发生聚变反应。

热化学 thermochemistry 研究化学反应及相关物理过程（溶解过程、聚集态变化过程等）的热效应的物理化学分支学科。热化学提供的各种数据，对工业生产和科学研究都有重大的理论和实际意义。工业生产中各种换热问题、燃料的利用以及相应设备的设计都离不开热化学数据，而反应热与各种热力学函数、物质结构之间的紧密联系，又使精确的热化学数据对开展化学基础理论研究、了解分子结构间的规律和理解化学键本质都起着重大作用。

热化学的主要任务是用量热方法实验测定化学反应及相关物理过程的热效应。测定反应热的仪器称为量热计。现代量热法的基本原理可以分为两类：①使化学反应（或其他物理变化过程）在量热计中绝热的条件下进行，其结果是使反应体系的温度发生变化，若已知反应体系的热容，则可根据温度的变化计算出反应热。②若反应是放热的，分别用电能和化学反应使量热计升高同样的温度；若反应为吸热的，则在反应的同时通入电能，维持反应体系温度不变。上述两种情况下均可根据通入的电能计算出反应热。

若在量热计中进行的化学反应是在等压的条件下进行的，则测定的化学反应热为反应体系的焓变ΔH，若是在等容的条件下进行的，则测定的化学反应热为反应体系的内能变ΔU。若反应体系中的气体可视为理想气体，则一个化学反应的摩尔焓变和摩尔内能变可通过下式换算：

$$\Delta H_m = \Delta U_m + RT\sum \nu_B(g)$$

式中T为反应的热力学温度；R为摩尔气体常数；$\nu_B(g)$为化学方程式中气体物质的化学计量数，产物取正值，反应物取负值。

世界上的化学反应数以万千，要用实验测定所有的化学反应在各种反应条件下的反应热是不可能的，也是不需要的。根据热化学的基本定律，应用热力学方法和一些已知反应的反应热及标准热力学数据，则可以计算许多未知反应热的数值。

随着量热技术的进展，量热计精确程度的不断提高，现代热化学的研究对象已从一般的化学体系扩展到生物体系和复杂化学体系。各种类型的微量热计被用来研究追踪细胞生长过程和生物大分子，特别是蛋白质分子之间的各种生化反应过程，而利用量热技术研究反应速率形成了一门新兴学科——热化学动力学。

热加工 hot processing of metal 在高于再结晶温度的条件下，使金属材料同时产生塑性变形和再结晶的加工。机械制造行业中这一概念的内涵则更为广泛，通常包括金属的铸造、锻造、焊接、热切割、热处理、表面改性等方法和工艺。热加工采用熔化、结晶、塑性变形、扩散、相变等物理、化学手段使工件成形，或改变其结晶状态以改善力学性能。研究领域包括：①材料成形与控制基础理论，包括材料在加工过程中的成分、组织、性能变化，成形规律，以及在使用寿命和安全可靠度。②材料成形工艺，包括工件成形过程和方法。③材料加工过程的生产装备及其自动化、智能化和集成化。

热加工具有少、无切削和快速制造的优势，在柔性制造系统和计算机集成制造系统中具有发展潜力。

热里科 Géricault, Théodore (1791-09-26～1824-01-26) 法国画家，浪漫主义的先驱。旧译籍里科。生于鲁昂，卒于巴黎。热里科幼年随家迁往巴黎，1808年从画马名家C.韦尔内学画。1810年进入P.盖兰画室，与E.德拉克洛瓦相识，并常去卢浮宫博物馆临摹古代艺术作品，极为崇拜P.P.鲁本斯。从青年时代起对马和赛马感兴趣，并能用速写抓住马在运动中的姿态，获金质奖章的《轻骑兵军官》(1812，巴黎卢浮宫博物馆藏）就是他21岁时的作品。1814年展出《受伤的重骑兵》。1816～1817年在佛罗伦萨和罗马度过，特别推崇米开朗琪罗和巴罗克美术，从那时起他的素描属古典风格。1819年在沙龙中展出《梅杜萨之筏》，它所包含的浪漫主义因素构成其主要特点，那就是悲剧性的力量，构图与人物的丰富表现力，色调的森严与沉抑和明暗的强烈对比。

《轻骑兵军官》(1812)

1820年热里科去英国旅行，结识了J.康斯特布尔，吸收了康斯特布尔表现手法的单纯、自然和在色彩上的成就，成为第一个把英国绘画介绍给法国的人。1822年回到法国后不慎从马上坠落下来，脊椎受重伤，在病榻上受近11个月的折磨后去世，留下一些未完成的画稿。

热里科的艺术成就在于：一方面，对待传统采用新的分析方法，吸取有益的东西，譬如，鲁本斯的动力感、A.-J.格罗的题材选取等在他的《轻骑兵军官》和《受伤的重骑兵》中都有反映；另一方面，是对现代内容的关注，热里科的艺术是19世纪艺术的重要转折点。他受到米开朗琪罗艺术及巴罗克美术、新古典主义的启示，同时也预示了浪漫主义、写实主义和早期印象主义的出现。

热力发动机 heat engine 将热能（常规燃料或核燃料反应产生的热能及地热、太阳能等）转换为机械功的动力机械，又称热力机械，简称热机。可按两种方法进行分类：①按工质的加热方式分为内燃式（内燃机、燃气轮机)和外燃式(蒸汽机、汽轮机)。②按热能转换为机械能的机构及其运动方式分为旋转叶轮式（汽轮机、燃气轮机、喷气式发动机)、往复活塞式（蒸汽机、热汽机、柴油机、汽油机、煤气机)、旋转活塞式和自由活塞式。各种热力发动机可组成联合机组。

热力学 thermodynamics 从宏观角度研究物质的热运动性质及其规律的学科。物理学的分支。它与统计物理学分别构成了热学理论的宏观和微观两个方面。热力学是根据实验结果综合整理而成的系统理论，它不涉及物质的微观结构和微观粒子的相互作用，也不涉及特殊物质的具体性质，是一种唯象的宏观理论，具有高度的可靠性和普遍性。

热力学的完整理论体系是由几个基本定律以及相应的基本状态函数构成的，这些基本定律是以大量实验事实为根据建立起来的。无论多少个物体互相接触都能达到热平衡，并且如果A物体同时与B、C两物体处于平衡态，则B、C两物体接触时也一定处于平衡态，这一热平衡规律称为热力学第零定律。由此可以引入一个状态函数温度，温度是判定一系统是否与其他系统互为热平衡的标志。热力学第一定律是能量守恒定律在一切涉及热现象的宏观过程中的具体表现。描述系统热运动能量的状态函数是内能。通过做功、传热，系统与外界交换能量，内能改变。热力学第二定律指出一切涉及热现象的宏观过程是不可逆的。它阐明了在这些过程中能量转换或传递的方向、条件和限度。相应的状态函数是熵，熵的变化指明了热力学过程进行的方向，熵的大小反映了系统所处状态的稳定性。热力学第三定律指出绝对零度是不可能达到的。上述热力学定律以及温度、内能和熵这三个基本状态函数构成了完整的热力学理论体系。为了在各种不同条件下讨论系统状态的热力学特性，还引入了一些辅助的状态函数，如焓、亥姆霍兹自由能、吉布斯自由能等。在涉及某种特殊物质的具体性质时，需要把热力学的一般关系与相应的特殊规律结合起来。例如讨论理想气体时，需要利用理想气体的状态方程。以上的平衡态的热力学理论已经相当完善，并且得到了广泛的应用。但在自然界中，还大量存在着处于非平衡态的热力学系统（物理的、化学的、生物的）和不可逆的热力学过程，并且和许多重要现象有关。非平衡态热力学即不可逆过程热力学是正在发展的一个重要领域。

热力学第二定律 second law of thermodynamics 限定实际热力学过程发生方向的热力学规律。它证实了熵增加原理：达到平衡态的热力学系统存在一个态函数熵，孤立系的熵不减少，达到平衡态时的熵最大。这就是说，热力学第二定律要求：孤立系中发生的过程沿着熵增加的方向进行，称为熵判据。它与热力学第一定律和热力学第三定律一起，构成了热力学理论的基础。由它引出的卡诺定理指出了提高热机和制冷机经济性的方向和限度。对热力学第二定律最常用的两种表述是开尔文表述和R.克劳修斯表述。

开尔文表述：不可能从单一热源吸取热量，使之完全变为有用的功而不产生其他影响。这一表述否定了第二类永动机，故热力学第二定律还可表述为：第二类永动机是不可能制成的。克劳修斯表述：不可能把热量从低温物体传递到高温物体而不产生其他影响。开尔文表述和克劳修斯表述分别揭示了热功转换过程和热传导过程的不可逆性。可以证明两种表述完全等价。这表明，各种不可逆过程具有深刻的内在联系。因此，可以选用任何一种特殊的不可逆过程来表述普遍的规律。无论采用何种表述，热力学第二定律的实质，是指明了在一切涉及热现象的实际宏观过程中，能量转换或传递的方向、条件和限度。态函数熵为热力学第二定律提供了定量表述，熵的微观含义揭示了热力学第二定律的微观本质和统计意义。

热力学第三定律 third law of thermodynamics 限定温度趋于绝对零度时物质性质变化必须遵循的基本规律。它是在大量实验观测基础上概括而成的，有两种表述形式：能斯特定理和由它引出的绝对零度不可达原理。

1906年德国物理化学家W.H.能斯特从研究低温下化学反应的性质得到结论：凝聚系的熵在可逆等温过程中的改变随绝对温度趋于零而趋于零：$\lim\limits_{T\to 0}(\Delta S)_T=0$。称之为能斯特定理。1912年能斯特又从能斯特定理引出一个结论：不可能使一个物体通过有限步骤冷却到绝对零度。这就是著名的绝对零度不可达原理。后来人们认识到，这一原理能用于原不适用于能斯特定理的非晶体，于是把这一原理作为热力学第三定律的标准说法，而把能斯特定理当作它的推论。

由能斯特定理可知，凝聚系的熵将随热力学温度趋向零而趋向一个常数值S_0。为了确定这个熵常数，M.普朗克于1911年提出了一个假设：$S_0=0$。由此确定的熵的数值称作绝对熵。普朗克的假设能从近代量子论中找到合理的解释。由于绝对熵的概念把问题本质表述得更简明，从而被认为可以代替能斯特定理。

热力学第一定律 first law of thermodynamics 普遍的能量转化和守恒定律在一切涉及热现象的宏观过程中的具体表现。热力学的基本定律之一。

表征热力学系统能量的是内能。通过做功和传热，系统与外界交换能量而使内能有所变化。根据普遍的能量守恒定律，系统由初态Ⅰ经过任意过程到达终态Ⅱ后，内能的增量ΔU应等于在此过程中外界对系统传递的热量Q和系统对外界做功A之差，即

$$U_{\text{Ⅱ}}-U_{\text{Ⅰ}}=\Delta U=Q-A \text{ 或 } Q=\Delta U+A$$

这就是热力学第一定律的表达式。如果除做功、传热外，还有因物质从外界进入系统而带入的能量Z，则应为$\Delta U=Q-A+Z$。对于无限小过程，热力学第一定律的微分表达式为

$$\mathrm{d}Q=\mathrm{d}U+\mathrm{d}A$$

式中U是态函数，$\mathrm{d}U$是全微分；Q、A是过程量，$\mathrm{d}Q$和$\mathrm{d}A$只表示微小量并非全微分。ΔU或$\mathrm{d}U$只涉及初、终态，只要求系统初、终态是平衡态，与中间状态是否平衡态无关。

热力学第一定律的另一种表述是：第一类永动机是不可能造成的。人幻想制造的能不断地做功而无需任何燃料和动力的，或能够无中生有、源源不断提供能量的机器显然违背能量守恒定律。

热力学系统 thermodynamical system 由大量微观粒子组成，并与其周围环境以任意方式相互作用着的宏观客体。热力学的研究对象。简称系统或热力系、热力系统。它不仅是宏观的，而且是有限的。热力系与环境之间的界限称为分界面。分界可以是真实的或虚拟的，固定的或移动的。一般把系统的周围环境称为系统的外界或简称外界。根据系统与外界有无相互作用，系统可分为：①与外界没有任何相互作用的孤立系统；②与外界有能量交换但没有物质交换的封闭系统，简称闭系；③与外界既有能量交换又有物质交换的系统称为开放系统，简称开系。又可根据组成系统的物质是一种还是多种将系统分为单元系与多元系。还可根据系统各部分的性质是否完全一样将系统分为均匀系（又称单相系）和非均匀系；如果整个系统虽是不均匀的，但可分成若干个均匀的部分，则称为复相系。见相和相变。

严格意义上的封闭系统、孤立系统在自然界是不存在的。它们作为特定的分析对象而被引用只是一种近似，其目的是使问题在研究时得以简化。

热力循环 thermodynamical cycle 用以实现热能与机械能转换的封闭的热力学过程。简称循环。在热力循环中，工质由初始状态出发，经历一系列状态变化后又回到初态。可分为热机循环和制冷机（热泵）循环。①热机循环。工质从高温热源吸热Q_1，一部分转变为对外的净功W，其余的热量Q_2排放给低温热源。典型的热机循环包括卡诺循环、兰金循环、狄塞尔循环、奥托循环、勃朗登循环和斯特林循环等。它们的热经济性用热效率(η_t)衡量，$\eta_t=W/Q_1$。②制冷机循环。工质从低温热源吸热Q_2，外界输入净功W，然后将热量Q_1排放给高温热源，实现热量由低温热源向高温热源的传递，达到使低温热源（如冷库）保持低温不变或使高温热源获得热量（供暖）的目的。制冷机循环是热机循环的逆向循环。制冷机和热泵循环的热经济性分别用制冷系数和供暖系数衡量。制冷系数(ε)等于从低温热源取出的热量Q_2与外界输入的净功W的比值：$\varepsilon=Q_2/W$。供暖系数（ε'）等于向高温热源传递的热量Q_1与外界输入净功W的比值：$\varepsilon'=Q_1/W$。为了有效利用能量，还可将几种循环组合起来形成联合循环（或复合循环）。

热量 heat 当热力学系统与外界之间或热力学系统各部分之间存在温度差时，其间传递的能量。18世纪前后，热质说认为热量就是传播的热质的数量。热质说被否定后热量被赋予新的物理含义：热量是系统内能改变量的量度。热量与功相当，都是传递的能量，都是与系统状态变化过程相联系的过程量，而不是态函数。热量又与功有区别：做功由外力作用下的位移引起的，是与系统宏观移动相联系的能量转移；热量传递则来自温度差，是只出现在原子、分子尺度的能量转移。系统与外界交换的热量可通过系统的热容量及温度变化求得。热量的单位与能量和功相同，在国际单位制中为焦耳，常用的非国际制单位是卡。

热疗 heat therapy 将各种热源作用于人体，以防治疾病的物理疗法。既可通过传导、对流、辐射等热传递方式将热源的热量传给机体，又可利用电磁原理，机体吸收电磁场的能量，使之变成热能。一些光疗（如红外线治疗）的生理作用也是热作用。常用的热疗可分高频透热疗法、辐射热疗法和传导热疗法。

高频透热疗法是利用高频或超高频电磁场作用于人体，使人体产生内生热，达到消炎、消肿、止痛和改善血液循环目的（见电疗）。辐射热疗法是利用红外辐射进行治疗，有止痛、消肿和改善局部血循环的作用。常用方法有红外线治疗、光浴、频谱治疗等（见光疗）。传导热疗法是利用热源介体直接接触人体，将热传入人体的治疗方法。常用方法有蜡疗、泥疗、中药敷贴、蒸汽、热空气和坎离砂等。

热罗姆斯基 Żeromski, Stefan (1864-10-14～1925-11-20) 波兰作家。生于基埃尔策，卒于华沙。父母死后靠在地主家当

家庭教师为生。1886～1888年在华沙兽医学校学习。因参加爱国活动被捕。1892～1896年旅居瑞士。1908年因同情革命再次被捕，后流亡国外。1912年回国。

主要创作了短篇小说《忘却》(1891)、《坟》(1894)、《林中回声》(1905)，长篇小说《徒劳无功》(1898)、《罪恶史》(1908)、《早春》(1924)，剧本《玫瑰》(1908)，长篇三部曲《与恶魔的斗争》(1916～1919)等。他的作品揭露了统治者的罪恶，充满爱国主义精神。被誉为波兰"现代人的精神领袖"、"波兰人民的良心"。

热那亚 Genoa; Genova 意大利西北部最大港口城市，利古利亚区首府，热那亚省首府。地中海仅次于马赛的第二大港。位于热那亚湾顶端。面积240平方千米。人口60.88万(2010)。城建于狭窄的滨海平原与亚平宁山脉西坡的山麓地带，沿海岸延伸25千米。地中海型气候。早先是利古里亚人拓居地。罗马帝国时期为主要的自治市、交通枢纽和军港。西罗马帝国衰落后被拜占廷统治，继被伦巴德人与法兰克人占领。11世纪起逐渐强盛，15世纪初，成为欧洲最强大的城邦国家之一。16世纪趋于衰落，沦为法国、米兰公国和西班牙的争夺对象。1797年成立拿破仑利古里亚共和国。1815年并入撒丁王国。1860年归属意大利王国。城市经济以港口为基础，港口客货运量皆为全国之冠。意大利北部与中欧至地中海的重要出海口，进口以煤炭、原油和谷物为主；出口以棉、丝纺织品、橄榄油与葡萄酒居多。与航运业有关的服务部门繁荣。以造船业为主，全国半数以上的船舶在此建造。还有化工、钢铁、有色冶金、机械及食品等工业。铁路、公路枢纽。有输油管道通往意大利北部与瑞士、德国。航海家哥伦布的诞生地。历史名城，圣洛伦佐大教堂、圣多纳托教堂、圣乔治宫、罗索宫与市政厅等为著名的古建筑遗迹。为著名旅游胜地。意大利北部重要的文化中心，设大学、考古博物馆、美术馆、海军博物馆等。国际帆船展览会与国际帆船比赛所在地。

热那亚圣乔治宫

热那亚共和国 Genoa, Republic of 意大利西北部城市共和国。中心城市热那亚原为罗马帝国自治市，中古初期先后被东哥特王国、拜占廷帝国、伦巴德王国及法兰克王国占领。1100年建立市议会，标志着独立共和国的形成。

热那亚经济的基础是对外贸易。13世纪末至14世纪末，热那亚进入鼎盛时期。1284年和1298年，相继在海战中击败其贸易竞争对手比萨共和国和威尼斯共和国。造船、纺织、建筑和银钱业也很发达。14世纪时，其造船业生产中已出现资本主义萌芽。1453年，土耳其攻占君士坦丁堡，热那亚在黑海沿岸的商业殖民地全部丧失。新航路开辟后，其地中海贸易活动开始萧条，商业资本转向高利贷活动。15～16世纪，依赖从西班牙进口生丝曾维持丝织业的短暂繁荣，17世纪后彻底衰落。1796年被拿破仑军队占领。1815年并入撒丁王国。1860年成为意大利王国的一部分。

热内 Genet, Jean (1910-12-19～1986-04-15) 法国小说家、剧作家。生于巴黎，卒于巴黎。自幼被父母遗弃。青少年时多次因行窃入狱。在狱中创作了一些主要描写

同性恋者囚徒生活的诗歌和小说，还有一部剧作《女仆》(1947)，均由J.-P.萨特和J.科克托协助出版。长篇小说《小偷日记》(1949)出版之后，他专门从事戏剧创作，先后发表并上演了《高度监视》(1949)、《阳台》(1956)、《黑人》(1959)和《屏风》(1961)，成为荒诞派戏剧的代表作家。

热内的剧作不注意情节和结构，着重于对社会的控诉，而且语言简练清晰，有古典主义的风格。萨特为他的《全集》写了长篇序言；著名导演L.茹威执导其剧本《女仆》。其戏剧数十年来连演不衰。

热膨胀 thermal expansion 物体温度变化引起其大小（长度、面积和体积）发生变化的现象。长度、面积、体积的变化分别称为线膨胀、面膨胀和体膨胀。通常物体随温度升高而膨胀，但也有少数物质如水、锑、铋等，在其熔点以上的某一温度范围内受热时，体积反而缩小，称为反常膨胀。一般气体的热膨胀比液体大，液体又比固体大。

恒压下温度升高1度物体体积（或面积、长度）的变化率称为该物质的体（或面、线）膨胀系数。若用α_V、α_A和α_L分别表示体积为V、面积为A和长度为L的物体的体、面和线膨胀系数。处于室温的大多数材料其膨胀系数随温度的变化可近似为常数，则得$V=V_0(1+\alpha_V t)$，$A=A_0(1+\alpha_A t)$和$L=L_0(1+\alpha_L t)$。式中的t是摄氏温度，V_0、A_0和L_0分别是t=0℃时的体积、面积和长度。对于各向同性的固体显然有：

$$\alpha_V \simeq 3\alpha_L \qquad \alpha_A \simeq 2\alpha_L$$

从微观看，固体的热膨胀源于原子间相互作用势能曲线的不对称性。这种不对称性使原子间的平均间距随温度升高而增大。

单晶固体的各向异性导致它的α随方向而异。液体和气体没有固定的形状，一般情况下只讨论其体膨胀系数。稀薄气体的热膨胀系数可由理想气体状态方程求得，为一常数：(1/273.15) K^{-1}。

热切割 thermal cutting 利用集中热能使材料熔化或燃烧（快速氧化）而分离的切割方法。可分为气割、电弧切割、等离子切割、激光切割和水下切割等。工业上主要应用于金属材料的下料、加工成形、拆除和废料解体等。

气割 通常使用氧乙炔火焰加热切口将金属材料熔化，高压氧气流吹向切口，使铁迅速氧化成氧化物并将其吹掉，形成切口。

电弧切割 利用电弧热能熔化金属并吹掉液体金属而实现切割。电弧切割的切口很不整齐，一般只用于废料切断。

等离子切割 利用等离子弧（温度高达10 000～14 000℃）的热能使金属或非金属材料熔化而进行切割。所用切割气流可以是氮、氧或空气。

激光切割 利用激光加热熔化并吹掉液体金属。激光功率密度很高，加热极其集中，可切割厚大工件和高熔点材料，变形小，热影响区窄，切割尺寸精度很高。

水下切割 使用水下电-氧切割，属于熔化加氧化的切割方法，是利用空心电极作为"割条"，割条与工件之间产生电弧使工件熔化，同时从割条空心吹出氧气使金属氧化，并将液态金属和熔渣

气割厚钢板

吹掉，形成切口。除电－氧切割外，还有熔化极水喷射电弧切割（电极熔化金属同时喷射高压水吹掉金属以形成切割，熔化极连续送进）、等离子水下切割（因水压冷却等离子弧的影响，要求很高的空载电压），以及不属于热切割的水下机械切割（主要是铣、车或砂轮片切割，常用于水下焊接前加工坡口）等。

热容 heat capacity 物体升高（或降低）单位温度时从外界吸收（或向外界放出）的热量。又称热容量。热容与物体的性质、所处的状态以及传递热量的过程有关，并与物体的质量成正比。热容不是态函数，而是一个过程量；必须指明物体所经历的过程，热容才有确定的值。一单位质量或摩尔质量的物体升高（或降低）单位温度时从外界吸收（或向外界放出）的热量分别称为它的比热容或摩尔热容。热容C、比热容c、摩尔热容C_μ的关系是$C=Mc$，$C_\mu=\mu c$，其中M是物体质量，μ是摩尔质量。在国际单位制中，C、c和C_μ的单位分别是焦／开、焦／(千克·开)和焦／(摩尔·开)。不同物质的比热容不同，故可用比热容值来区分不同材料。同一物质的比热容还与其物态有关，例如水的比热容约为4.2 J／(kg·K)，冰则为2.1 J／(kg·K)。在同样物态下，同一物质的比热容还与温度有关。

在实际问题中经常用的是气体在等压或等体（积）过程中的比热容c_p或c_V。在等体过程中气体吸收的热量全部用来增加内能，升高温度；在等压过程中，只有部分用来增加内能，其余转化为气体膨胀时对外所做的功。因此，气体升高同样温度时，在等压过程中要比在等体过程中吸收更多的热量，即c_V小于c_p，两者有显著的差别（约相差50%）。对于液体和固体，由于体膨胀率很小，它们的c_V或c_p的差别较小（一般小于5%）。

热弹性力学 thermoelasticity 研究物体或结构因不均匀受热产生在弹性范围内应力和应变问题的学科。又称热弹性理论。固体力学的一个分支。它是在弹性力学基础上考虑温度影响，在应力－应变关系中增加由温度引起的应变项，并需用到热传导方程和热力学第一、第二定律而建立起来的理论。

根据温度和应力同时间的关系，可分为定常热应力问题和非定常热应力问题；根据温度同变形之间的关系，又可分为耦合热弹性问题和非耦合热弹性问题。定常热应力问题指应力与时间无关的问题，非定常热应力问题指应力随时间而变化的问题。耦合热弹性问题考虑温度同变形的相互作用，即不但温度会产生变形，而且变形也要产生或者消耗能量，反过来又影响温度。热传导方程和热弹性方程不再是独立的，必须联立才能求解温度、位移和应力。在实际应用中，耦合项往往可以忽略，变成非耦合热弹性问题。对于某些问题，需要考虑耦合项的作用。例如，在波的传播中，由于热能耗散，热弹性耦合对波的阻尼起较重要的作用。在应力或应变不连续的问题以及热冲击问题中也须考虑耦合项的影响。

热瓦甫 rawap 拨奏弦鸣乐器。流行于中国新疆维吾尔、乌孜别克、塔吉克等民族地区的弹拨乐器。曾译名“喇叭卜”、“拉瓦波”。按形制、流行地区及定弦方法的不同，通常分为喀什热瓦甫、乌孜别克热瓦甫和多朗热瓦甫等多种。喀什热瓦甫主要流行于喀什等南疆维吾尔族地区。琴身长130厘米，共鸣箱呈半球形，上蒙羊皮或蟒皮。琴头向后卷曲，指板上缠有28个丝弦品位，按十二平均律排列。张主奏弦1根，共鸣弦4～7根。常用的定弦为：主奏弦为c¹，共鸣弦为#f、B、e、a、d、g。演奏时，左手持琴横于胸前，右臂托住共鸣箱，右手持拨子弹奏。左手按弦。乌孜别克热瓦甫根据喀什热瓦甫改革而成。缩短了琴身，加大了共鸣箱，取消了共鸣弦，张金属弦5根，铜质音品，中外弦各用两根，同发一音，里弦1根。各弦相距较宽，均可奏旋律及和弦。多朗热瓦甫主要流行于南疆麦盖提、巴楚、莎车等地区。共鸣箱有葫芦形、圆形等多种。体积较大，琴颈短而粗，指板较宽，均用金属琴弦，弦数因地而异。常见者，设3根旋律弦，5～7根共鸣弦。演奏时将琴置于右腿，左手持琴按弦，右手持拨子弹奏。热瓦甫常用于独奏、合奏及伴奏。

热污染 thermal pollution 由于人类的某些活动，使局部环境或全球环境发生增温，并可能对人类和生态环境产生直接或间接、即时或潜在危害的现象。

热污染可以发生在较小的尺度。煤矿、油田、电厂等大型能源企业以及化工、轻工等行业的工厂排放的废水往往温度较高，造成江、河、湖泊等接纳水体局部水温升高，使地表水体自净能力降低，蒸发速率增大，进而影响水生生态平衡。在这样的尺度上，水体热污染波及的范围很小，对气候几乎没有影响，但会影响渔业生产。

热污染也可能发生在很大的尺度乃至全球。在这样的尺度上，人类活动主要从三个方面影响环境，形成热污染，即大气组成的变化、太阳辐射和地球辐射反照率的改变。工业革命后，温室气体的大气浓度显著增长，全球平均气温相应增加了0.2～0.5℃。此外，由于人类对自然环境的开发和利用，地表状态发生改变。这导致地面反射率的改变，实际上改变了地表和大气之间的换热过程，破坏环境的热平衡，造成很大空间尺度的热污染。

环境热污染对人类的危害大多是间接的。环境冷热变化首先冲击对温度敏感的生物，破坏原有的生态平衡，然后以食物短缺、疫病流行等形式波及人类。危害的出现，往往会滞后较长时间。由于人们对自然气候还远未充分了解，控制与之有关的热污染问题尚处于探索阶段。

热学 heat 研究物质处于热状态下有关性质和规律的物理学分支。起源于人类对冷热现象本质的探索。公元前东方和西方都出现了热学领域的早期学说；如中国战国时代的邹衍创立的五行学说（水、火、木、金、土），古希腊时期赫拉克利特提出火、水、土、气是自然界的四种独立元素。从1714年D.G.华伦海特改良水银温度计，定出华氏温标，到1912年W.H.能斯特提出热力学第三定律，经过科学家200年的努力，对热的本质才有了正确的认识，并逐步建立起热学的科学理论。

历史上对热的认识，出现过热质说与运动说两种对立的观点。前者把热看成是一种不生不灭的流质，后者把热看成物质的一种运动形式。M.V.罗蒙诺索夫指出热是分子运动的表现。1840年以后J.P.焦耳所做的一系列实验都证明热是同大量分子的无规则运动相联系的。焦耳的实验以精确的数据证实了J.R.迈尔热功当量概念的正确性，使人们摈弃了热质说，并为能量守恒定律奠定了实验基础。与此同时，热学的两类实验技术——测温术和量热术也得到了发展。

热学理论有两个方面：一是宏观理论，即热力学；一是微观理论，即统计物理学。这两个方面相辅相成，构成了热学的理论基础。

热盐环流 thermohaline circulation 由温度、盐度变化引起的海流。见大洋环流。

热月政变 Thermidorian Reaction 法国大革命中推翻雅各宾派M.-F.-M.-I.de罗伯斯比尔政权的政变。因发生在共和2年热月9日（1794年7月27日），故名。1794年7月27日，国民公会宣布罗伯斯比尔“不受法律保护”，加以逮捕，同时被捕的还有其弟A.B.J.de罗伯斯比尔、L.-A.-L.de圣茹斯特、G.库东等。他们一度被国民自卫军司令F.昂里奥抢救出来，但7月27日夜又被P.-F.-J.-N.de巴拉斯率领的拥护国民公会的军队重新逮捕。7月28日罗伯斯比尔等人被送上断头台。热月政变建立了以热月党人为代表的大资产阶级政权。

热障 heat barrier 飞行器的速度发展到超过一定马赫数时，因高速气流引起表面加

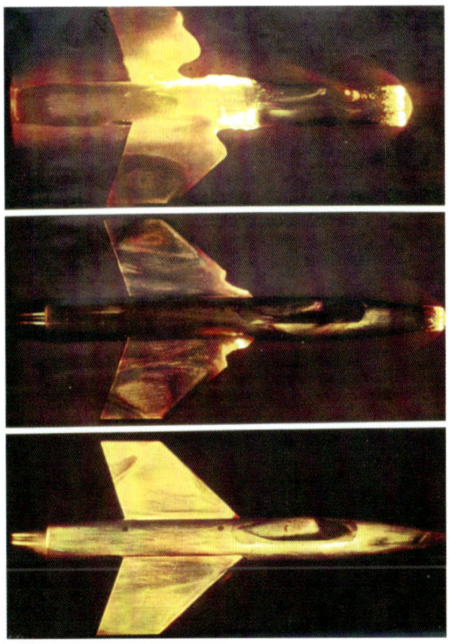
飞机模型防热实验

热（气动加热）而遇到的障碍。大多数超声速飞机可按巡航设计状态来估算气动加热，这时飞机蒙皮温度将达到某一平衡温度，其值与飞行高度、飞行速度、**边界层**状态以及蒙皮材料的辐射系数等有关。飞行马赫数越高，气动加热越严重。气动加热使机体温度升高而引起材料性能下降，因而使结构强度和刚度降低，并产生热应力和蠕变，飞机的气动外形受到破坏，甚至引起灾难性的颤振。通常对马赫数超过2.2的飞机必须采取防热措施，如采用耐热材料（钛合金和不锈钢等）、加装隔热设备、安装冷却系统等。

人本学 anthropology L.**费尔巴哈**的哲学学说。意即人的哲学或关于人的学说。人本学原是研究人类起源和人种的科学，是从人和人种的形态学和生理学过渡到历史的桥梁。在I.**康德**哲学，特别是G.W.F.**黑格尔**哲学中，它的含义开始有所变化，费尔巴哈则赋予它新的内容。费尔巴哈第一次把人的哲学称为新哲学。他从人的自然属性角度规定人是有感觉能思维的感性实体，人的本质在于人的类，即理性、意志、情感。人是自然的一部分，自然是人类的母亲，因而新哲学同样包含了自然学。但他又认为，自然只是在时间上是第一性的实体，而在地位上并不是第一性的；人在时间上是第二性的感性实体，在地位上则是第一性的；人的第一个对象就是人，只有人才有对自然的认识；人是新哲学的最高最普遍的对象，是新哲学的根本原则；人也是历史的、国家的、宗教的和艺术的本质。这样，作为人的哲学的人本学也就是新哲学或未来哲学。在思维和**存在**关系的问题上，人本学认为人是这两者统一的主体和基础。人本学对哲学基本问题的解决是唯物的，但也是形而上学的。它脱离人的社会性和历史发展考察人，其历史观仍旧是唯心史观。费尔巴哈的人本学唯物主义为N.G.**车尔尼雪夫斯基**所继承。19世纪40年代德国的“真正的社会主义”者发挥了这一学说的消极因素。20世纪20年代出现的德国哲学人本学以及当代以**存在主义**为主要代表的哲学人本学，则根本抛弃了古典人本学的唯物主义，成为主观唯心主义的哲学。

人本主义心理学 humanistic psychology 20世纪50～60年代在美国兴起的一个心理学流派。主张心理学者应关心人的价值与尊严，研究对人类进步富有意义的问题，反对贬低人性的生物还原论和机械决定论。其观点与近代心理学两大传统流派——**精神分析**和**行为主义心理学**有分歧，在西方称为心理学的第三种力量。其创始人是A.H.**马斯洛**，后来的主要代表人物是C.**罗杰斯**。

人本主义心理学家认为，凡是有机体都有一种内在倾向——以有助于维持和增强机体的方式发展自身的潜能，这就是机体潜能说。人的机体除具有一般生物潜能外，还有心理潜能。心理潜能也有求得发展的内在倾向。人本主义心理学的主要理论——自我实现论就是指人有这种尽其所能的内在倾向。

人本主义心理学家主张以现象学方法研究人的心理现象。认为心理学不能仅仅依靠对一般人的调查统计和平均数字提出理论，而应着重对健康人或自我实现者进行质的研究。因而他们强调个案研究的重要意义，主张走一条由特殊到一般、由个体到法则的研究路线。

人本主义心理治疗 humanistic psychotherapy 以人本主义理论为基础的**心理治疗**方法。这种治疗方法认为，只要得到治疗者的温暖和鼓励、发挥患者内在的潜能，他们完全有能力作出合理的选择和治疗自己。主要方法包括：①患者中心疗法。是一种个别谈话的治疗方法，由C.**罗杰斯**创立。治疗中贯彻非指导性原则，治疗的中心人物是来访者而不是医生。治疗关系对来访者人格的改变所产生的影响远远大于所采用的治疗技术的作用。治疗者应以真诚、积极关注的态度对待来访者，以帮助来访者进行自我探索，促使其自我认识向着更接近自我的经验、体验的方向发展。②“交朋友”小组。利用集体帮助人们改变其适应不良行为或解决心理问题，也是罗杰斯治疗的一种形式。③存在分析治疗。由V.B.弗兰克创立。他主张把神经症理解为对人实现自身存在能力的一种破坏。治疗的责任在患者自己，如果患者不再抱怨，而是对自己的命运负起责任，他就得到了自由。④现实治疗。由W.格拉泽创立。现实治疗的中心任务是向患者阐明生命的“向上目标”，帮助其获得成功的自我识别；建立负责任的、与“向上目标”协调的计划，学习并形成现实的行为方式。

人才 talent 有才能和学识的人。通常把德才兼备或具有一技之长的人称为人才。

人的才能有大小和类型的区别。按照不同的标准可将人才分成不同的类型，如可以知识结构、智力结构、个性特征、行为特征等为标准进行分类，也可将思维类型与个性特征结合起来作为标准进行分类。与只具有一技之长的人才相对应的是“**复合人才**”，指同时熟悉若干学科领域科学技术知识，能够解决多种实际问题的人，在日本称为“多功能人才”。与复合人才相似的还有一种“T型人才”，即具有一门专业知识又具有管理科学方面知识的人。

人才的内在要素包括德、识、才、学、体几个方面。人才之德，包括政治品德、伦理道德和心理品质三个方面。人才之识，包括社会见识、业务见识以及自我认识：社会见识，是指了解历史发展规律和社会发展的方向；业务见识，是指看得清学科发展的方向，抓得住具有较大意义的攻关课题；自我认识，是指能够清楚、准确地认识自己的所长与所短，自觉地扬长避短。人才之才，包括各种能力，特别是创造力。人才之学，包括各种知识，尤其是专业知识。人才之体指体魄。

人才是个动态的概念。一方面，不同历史时期对人才的界定会不尽相同；另一方面，非人才可以向人才转化，潜人才可以向显人才转化，人才也可以转化为非人才。即使是已经成才的人，也有一个从崭露头角到炉火纯青的发展过程。所谓“潜人才”，是指以创造性的劳动，为社会发展、人类进步作出较大贡献而又尚未得到社会承认的人才。潜人才经过一个优势不断积累的过程脱颖而出，最终得到社会的承认，即转化为显人才。所谓“显人才”，是指以创造性的劳动，为社会发展、人类进步作出较大贡献从而得到社会承认的人才。

人才链 talents chain 同一类型人才连续出现的现象。首先提出此概念的是中国人才学者王通讯。他在《人才学通论》中指出，人才链包括两种：①血缘型人才链。即同一类型的人才在有血缘关系的两代或两代以上连续出现的现象。这种人才链较多出现在“有可见性规矩可循”的技艺专业领域，如国画、中医、杂技、戏曲、雕塑等。它延续的原因是：ⓐ具有正常或较好的遗传素质；ⓑ长辈有心传授；ⓒ受到较好的学前、学校教育；ⓓ个人爱好与长辈一致；ⓔ社会为之提供了较好的施展才能的机会；

ⓕ具有创新意识，能够适应时代对人才发展提出的要求等。②师徒型人才链。即在社会各行各业里，通过师承效应出现的同一类型人才连续出现的现象。延续师徒型人才链的基本原理是“双边对称”，包括才能上的对应，彼此信任以及师傅不保守、徒弟不守成等，这样才有延续的前提。

人才市场 talent market 人才交流的场所，劳动力市场的组成部分。人才定义为经过相当程度的教育和培训（如大专以上），具有一定的专门知识与技能，能够从事创造性劳动的人。属于人力资源中较高等级的部分。其创造的经济价值，提供的社会效益大大高于一般的人力资源，对于社会的发展具有重大推动作用。根据其受教育的程度和实际具备的能力，可以分为初级人才、中级人才和高级人才。在中国，人才市场和劳动力市场的区分很大程度上与中国的公务员和工人身份区分有直接的关系。即人才市场由人事部门管辖，而劳动力市场由劳动和社会保障部门管辖。

人才市场一般具有以下功能：①信息功能，即收集、贮存、提供人才需求与人才供给信息。②交流功能，为人才供需双方提供双向选择的机会，签订成交合同。③管理功能，即对流动人才的档案、社会保险等进行管理。人才市场对人才观念的形成、人才素质的提高、人才培养的优化、人才管理的改进和人才资源的最优配置均有积极作用。

人才外流论 brain drain, theory of 经济学中分析熟练工人、技术人员和其他受过高等教育的人才跨国流动的原因和影响的理论。又称智力外流论。

人才外流本质上是人力资本要素的流失，对移居国来说则是人力资本的吸纳。引起人才外流的主要因素是预期的一生收入的差距，以及因为国外研究条件优越、工作环境适宜所致，同时也受发展中国家因教育和科研制度不合理，而导致知识失业等因素的影响。人才外流即使在发达国家也是存在的，但通常所说的人才外流仅指专业技术人才从发展中国家流向发达国家。这种流动使发达国家节省了人才投资，发展中国家却浪费了宝贵而稀有的人才资源。人才外流对发展中国家来说是一种损失，对于科技水平低下、人才奇缺的发展中国家的经济发展有极为不利的影响。

美国经济学家M.P.托达罗认为，人才外流不仅表现为发展中国家高级专门人才迁往国外的现象，还表现为国内高级专门人才眼光向外的倾向。他把前一种现象称作外在的智力外流，而把后一种倾向称为内在的智力外流。

人才外流加剧了发展中国家的经济不发达，进一步拉大与发达国家的差距。但发展中国家不能仅仅消极地限制人才外流，而是要积极创造条件，吸引人才留在国内或归国服务，还要有选择地引进国外的人才。

人道主义 humanism 高扬人的使命、地位、价值，肯定个性发展的思想和理论。“人道主义”一词是从拉丁文humanistas（人道精神）引申而来的，最早见于古罗马思想家西塞罗的著作中，是指一种能够促使个人才能得到最大限度发展的、具有人道精神的教育制度。人道主义作为一种思潮最早出现于意大利，后来扩及西欧各地。文艺复兴时期的人道主义，针对中世纪神学禁欲主义，提出了以人为本的思想，强调以人为中心、追求人的现世生活幸福，歌颂人的伟大，赞扬人的价值，提倡人的尊严和个性的自由发展。这种人道主义思想极大地冲击了封建专制主义和神学禁欲主义，促进了资本主义制度的形成和发展。

文艺复兴运动之后，人道主义思想继续在欧洲传播和发展，并在资产阶级革命过程中担当了精神旗帜的作用。其中，18世纪法国启蒙思想家的人道主义思想最具有典型意义，主要代表人物有J.-J.卢梭、伏尔泰等人。他们提倡天赋人权论和社会契约说，得出“主权在民”的结论，把批判的矛头直接指向封建等级特权制。

现代西方哲学中的许多流派，仍然坚持并发展了人道主义传统，并以现代眼光研究人的状况、境遇、特点、前途和利益。例如，存在主义者J.-P.萨特认为，人不具有固定不变的本质，是存在提供了产生本质的可能性，存在先于本质。人的本质就是自由的存在。新托马斯主义者J.马里旦提倡以神为中心的人道主义，强调人性是神性的反映，人的本质是上帝本质的世俗化。人格主义的人性论以人格为核心，认为人的本质是由总体人格决定的。实用主义者J.杜威强调关于人性的科学应当主要关心怎样最有效地改变人性。法兰克福学派的H.马尔库塞认为，人的本质是历史和自我意识的产物，人的本质的要领是实践的伦理学和哲学的根据。E.弗罗姆认为，人的本质是可以阐明的，人的本质在于人的存在所固有的矛盾。

马克思主义者着重从人的社会关系中具体地、历史地看待人、人性、人的本质等，他们继承和发扬了人道主义精神，把人道主义上升到了一个新的阶段。

人道主义干涉 humanitarian intervention 个别国家或国家集团由于一国发生大规模侵犯人权的现象不愿或无力制止时，不经该国同意而对该国采取的武力行动。为现代国际法所禁止的非法行为。其特征是：①干涉者以保护人权为由。②干涉的手段是使用武力，并且是干涉者单方面自行决定使用武力。③被干涉国是否发生了大规模的侵犯人权的现象以及该国政府是否愿意或是否有能力制止这种现象，都是由干涉方来判断的。④干涉者都是强国，被干涉者都是弱国，干涉行动不经被干涉国同意，是违背干涉国意愿的。

人道主义干涉是在近代国际法时期出现的。由于近代国际法不禁止国家单方面使用武力，人道主义的武装干涉是不为近代国际法所禁止的。近代国际法史上最著名的人道主义干涉，是19世纪英、法、俄以保护遭到迫害的基督教徒的名义，直接使用武力，对土耳其进行了多次联合或单独的干涉。20世纪初，欧洲列强还以人道为由，对东欧一些国家进行过干涉。

在现代国际法上，1945年《联合国宪章》明文禁止干涉内政和禁止使用武力，人道主义干涉已经为现代国际法所禁止。根据《联合国宪章》，除自卫以外的任何武力行动，没有联合国的授权都是非法的。

人地关系论 man-land relationship, theory of 有关人类及其各种社会活动与地理环境关系的理论。它是人文地理学的基础理论，也是人文地理学研究的中心课题。

人地关系是自人类起源以来就客观存在的关系。人类的生存和活动，都要受到一定的地理环境的影响。人地关系是指人类社会向前发展的过程中，人类为了生存的需要，不断地扩大、加深改造和利用地理环境，改变地理环境的面貌，同时地理环境影响人类活动之间的关系，产生地域特征和地域差异。人地关系论的产生和发展经历漫长的历史过程。在古代中国有天命论和不可知论，也有“人定胜天，天定胜人”的思想。西方既有埃拉托色尼等为代表的把地球作为人类家乡的观点，也有神创论思想。欧洲文艺复兴和资本主义出现以后，J.博丹和C.-L.de S.孟德斯鸠等学者开始提出气候对人类活动的影响的思想。18～19世纪近代地理学的奠基人A.von洪堡和C.李特尔对人地关系论的发展作出贡献。洪堡认为，人是地球这个自然统一体的一部分，地理学是研究各种自然和人文现象的地域结合。李特尔把自然现象的研究与人文现象的研究结合起来，认为地理学的中心原理是自然对人类的关系。德国F.拉采尔详细探讨了地球表面居民分布、人类迁移和民族特性等对于地理环境的依赖关系，认为各地区人类活动的特征决定于各地地理环境的性质。美国E.C.森普尔和E.亨廷顿等把拉采尔的主张进一步发展成为环境决定论，又称决定论或必然论。20世纪初，以法国的P.维达尔-白兰士为代表的法国地理学派，主张自然环境为人类活动提供了多种可能性，自然界对于人类没有必然，只不过提供机遇或阻难，人类是选择或支配这种机遇的主宰，这种观点被称为可能论。1952年，英国地理学家O.H.K.斯帕特折中环境决定论和可能论，提出或然论。20世纪上半叶，欧美地理学界还提出适应论、生态调节论、文化景观论等观点。20世纪60、70年代以来，在适应论基础上提出协调论、和谐论，在文化景观论和生态论基础上发展出地理系统论，强调地理环境系统与人类社会系统的动态联系。

人防工程 civil air defence shelter 为防空要求而修建在地下或半埋于地下的民用建筑物。人民防空工程的简称。国外称作民防工程。从第二次世界大战前后起，一些国家都各自陆续构筑了许多不同类别、用途和规模的民防设施，如人员掩蔽部、指挥所和通信枢纽、救护站和地下医院、各类物资仓库，以及地下疏散干道和连接通道等。有些国家的城市，还将人防工程和城市地下铁道、大楼地下室及地下车库等市政建设工程相结合，组成一个完整的防护群体。人防工程应满足防核武器、防化学武器和防细菌武器（二者合称生化武器）等三防要求，有些还要求兼防常规武器（炮弹、炸弹）的直接命中作用。

人防工程按所处的地层条件和施工方法分为：坑道式、地道式、掘开（单建）式和防空地下室等多种类型。位于山地采用暗挖法施工的，称为地道；位于平坦地带，采用暗挖法施工的也称地道；埋深较浅，采用明挖法施工，其上部没有建筑物的称为单建掘开式工事；位于地面房屋建筑物之下的地层内，采用明挖法施工，并有防护要求的地下室，称为防空地下室，又称附建式工事。

建设人防工程时，要根据战时的城镇人口规划人防工程数量，并将工事布置在居民点的附近，使在空袭情况下能尽快进入地下隐蔽。为避免轰炸时伤亡过多，单个人防工事的规模和容量都要有一定的限制。工事出入口的数量应不少于两个，相邻出入口要有一定间距，朝向应不同，使不致同时遭受破坏；洞口还要避免被倒塌物掩盖。对大型的掩蔽工事，要求设置能够相互独立的几个防护（防火）单元，各单

哈尔滨地下疏散干道

元之间用防护门和防火门隔断。在居民住宅区的楼层下面，可结合房屋基础的需要修建防空地下室，设计时要考虑大楼被爆炸冲击波击倒时地下室的抗击稳定性。在遭受轰炸时，城市大火蔓延，并将持续很长时间，要研究人防工事内缺氧的对策，要有通风设施控制一氧化碳等有害气体的含量。专用工事内还要有备用的水源和电源。

人格 personality 个体特有的特质及行为倾向的统一体。又称个性。人既有表现于外给人印象的特点，也有某些未必显露在外的东西。这些稳定而又异于他人的特质模式，使人的行为带有一定的倾向，表现了一个人的人格。

有代表性的人格理论有以下几种：①特质理论把人格当作许多个别特点的组合。认为对一个人的描述如能确实代表此人在某种情境下的行为特点，它也预示在另外的场合下他将会怎样表现。这种行为的一致性和倾向性可概括为某人的人格结构，即特质，它是人格最基本的测量单元，也是行为不同于他人又相似于他人的原因。②精神分析人格理论创始人S.弗洛伊德把人的心理分为意识和无意识两部分。意识只占心理生活的小部分，是浅层的经验部分；无意识是深层的、更重要的部分，对人的思想和行为起主导和决定作用。弗洛伊德认为人格是一动力组织，其能量的来源是“力比多”（即性力）。心理性欲的发展阶段也就是人格的发展阶段。任何阶段的发展阻滞都会对个体的人格产生持续的后效。③人格学习理论认为学习是人格形成的决定因素。个人和环境彼此影响，由于看到他人的行为被强化（奖励或惩罚）而影响自己的行为，遂逐渐形成人格。④现象学人格理论把注意力集中在个人的当前和未来。如C.罗杰斯强调人的功能的完善性；A.H.马斯洛的人的自我实现观点等。他们都强调个人是如何知觉和解释事物的，都重视个体对世界的独有的观点。

人格权 personality, right of 民事主体固有且依法专属享有的、以人格利益为客体的、为维护主体的独立人格所必备的权利。它是自然人和法人的一项与生俱来的权利，是民事主体所享有的人身权的重要组成部分，包括一般人格权和身体权、健康权、生命权、姓名权、名称权、肖像权、自由权、名誉权、隐私权等具体人格权。

人格权具有自然性、普遍性、专属性和法定性。其实现体现在下列三种途径：①维护人格利益的完整的权利。②排斥他人对主体人格权予以侵害的权利。③专有使用权。各国法律对人格权的行使作出了一些限制性规定。如为了维护公共利益而使用他人肖像，无需取得本人同意。又如，一方肖像权与另一方肖像著作权的协调，个人隐私权与新闻报道权的平衡，对轻微妨害的容忍义务等。对人格权的侵害，会造成权利人的财产和精神损害，可以提起侵权之诉，请求判令对方承担民事责任。

人格障碍 personality disorder 人格的异常，表现为成年期间固定的适应不良行为模式。又称精神病态人格、病态人格或变态人格。通常始于童年或青少年期。患者的行为特征是：①紊乱不定的个人心理特点和难以与人相处的怪异性格。②把自己的困难都归咎于命运不济或别人的差错，经常把社会或外界的一切看作是荒谬、悖理的。③认为自己对别人可不负任何责任，对不道德的行为没有罪恶感。④在任何环境中都表示猜疑、仇视，从而使其行为影响新环境的气氛。⑤他们对其怪癖行为给别人造成的伤害或影响泰然自若。1980年《诊断统计手册》(DSM-Ⅲ)将人格障碍区分为12种类型，其中最后1型为非典型者。其他11种类型依次为：偏执型人格障碍、精神分裂样人格障碍、精神分裂症型人格障碍、戏剧化人格障碍、自恋型人格障碍、反社会性人格障碍（又称精神病态或社会病态）、边缘型人格障碍、回避性人格障碍、依赖性人格障碍、强迫性人格障碍和被动攻击性人格障碍。

人格主义 personalism 现代西方宗教哲学流派之一。形成于19世纪末，以美国为中心，主要创始人是美国哲学家B.P.鲍恩，代表有R.T.弗卢埃林、E.S.布赖特曼和W.E.霍金等人；20世纪30年代法国的代表是E.穆尼埃和J.拉克鲁瓦。西方其他国家也有代表，但影响不大。人格主义的不同代表人物各有其理论特色，共同之处是：认为人的自我、人格是首要的存在，整个世界都因与人格相关而获得意义；人格是具有自我创造和自我控制力量的自由意志；人的认识是由人格内在地决定的，认识实在只能凭借直觉，不能凭借概念和推理；上帝是每一有限人格的理想和归宿；人格是一种道德实体，其内部存在着善与恶、美与丑等不同价值的冲突，这种冲突是一切社会冲突的根源，解决社会问题的关键在于信仰上帝，以调解人格的内部冲突。

人格尊严不受侵犯 personal dignity, infrangibility of 公民作为人，其价值和主体资格受到承认、尊重与维护。包括人格尊严不可剥夺、不可转让和不受限制三方面内容。任何公民，包括违法犯罪的公民，其人格都应受到国家和社会的尊重，可以被依法剥夺的公民权利中不包含人格尊严在内，公民个人也不能转让或放弃自己的人

格尊严。绝大多数公民权利都有一定的范围或界限，要受到法律的限制。人格尊严不同于所有其他公民权利，它是公民的一项精神上的内在权利，对国家和社会不构成任何明显威胁，因而也是一项不受限制的权利。

不少国家的宪法都确认了人格尊严的权利。《中华人民共和国宪法》明确肯定公民的“人格尊严不受侵犯”。为了切实实施《宪法》保护人格尊严的规定，《中华人民共和国刑法》还规定：“以暴力或者其他方法公然侮辱他人或者捏造事实诽谤他人，情节严重的，处三年以下有期徒刑、拘役、管制或者剥夺政治权利。”《中华人民共和国民法通则》分别规定了公民的姓名权、肖像权、名誉权、荣誉权的法律保护。此外，诉讼法、行政法等部门法也有保障人格尊严权的条款。

人工草地 tame grassland 采用农业栽培技术措施建植而成的草地。目的是获得高产优质的饲草，以补充天然草地之不足，解决因季节变化造成草畜不平衡的矛盾，满足家畜的饲草需要。可用以收割牧草作青饲、青贮、半干贮或制作干草，也可直接放牧利用。足够的人工草地，对减少家畜因冬、春季饲料不足而掉膘或死亡损失，增加畜产品产量和提高土地利用率等，均有重要意义。欧美各国的人工草地面积合计约占耕地的50%以上。至21世纪初，中国人工草地面积为710多万公顷，约占天然草原的2.3%。

中国人工草地中推广的草种除紫花苜蓿外，北方草种有沙打旺、红豆草、冰草、老芒麦、披碱草、无芒雀麦等，南方多用红三叶草、白三叶草、多年生黑麦草和鸭茅等。播种方法包括人力播、畜力播和机具播，在地形复杂、劳力少、机具作业不便的地区，可用飞机播种和施肥。人工草地按其用途和利用时间长短可分为轮作中的短期草地、永久放牧地和永久割草地。

人工耳蜗 artificial cochlea 模拟人耳蜗毛细胞的声–电换能机制，用来代替丧失功能的聋人耳蜗，以便恢复听觉的一种电子换能装置。由于需经手术植入体内，故习惯称为耳蜗植入。其主要目的是使极重度或全聋残疾者获得部分听觉，改善其听力。

声波到达内耳耳蜗，将声能转换为生物电能，引起蜗神经末梢兴奋，发出神经冲动，经听神经中枢传导径路传至听觉中枢，产生听觉。大多数聋症患者耳蜗螺旋器毛细胞虽近乎全部或全部丧失，但通常尚有一定比例神经纤维存活，这些残存神经纤维末梢可直接为电刺激激活。

人工耳蜗基本构造由换能器和电极两部分组成。换能器的体积较大，只能携带于体外。电极则需经手术由中耳内壁圆窗植入耳蜗鼓阶，分单导及多导两种，单导电极已废止不用，多导电极可将语言信息分频处理，送到相关电极上，兴奋基底膜不同部位的蜗神经末梢，模拟人类听觉机理。由于术后患者听到的是一种畸变的声音，只有通过训练，言语识别能力始能逐步提高。

人工关节置换 artificial joint replacement 应用生物材料制成的人工假体以修复病损关节的技术。人工髋、膝关节应用最多，效果也较好。

人工关节材料 良好的机械性能和生物相容性，耐磨、耐腐蚀、强度高、对人体组织无刺激和无毒性。金属材料有316不锈钢、钛合金（Ti–6Al–V）及钴铬钼合金（Co–Cr–Mo）等。在高分子材料中，最常应用的是高密度超高分子聚乙烯，具有良好生物相容性，降解较慢，有一定黏弹性，与金属的摩擦系数很低。

人工关节及人工骨的类型 人工关节有关节表面、半关节及全关节全髋关节置换。假体形式多种多样。关节的骨干端多采用金属杆髓腔插入式，相对应的关节端则采用超高分子聚乙烯，如人工全髋等。

适应证 ①关节的创伤性损坏。②骨性关节炎。③类风湿性关节炎。④关节的骨及软骨坏死。⑤骨端的骨肿瘤。

人工关节固定方式 主要有：①压配式固定。②骨黏固剂固定。③生物学固定。

人工关节并发症 ①骨质溶解和假体松动、下沉。②应力遮挡导致骨吸收。③假体与人体不匹配。④假体周围骨折。⑤异位骨化。

问题 主要有：①改进人工关节的材料。②改进人工关节的设计，使其更合乎人体工程学与生物力学要求。③加强随诊，改进手术方法和手术器械。

人工呼吸 artificial respiration 自然呼吸停止时的一种急救方法。可用徒手或机械装置将空气有节律地压入肺脏，并利用胸肺组织的弹性回缩力，使进入肺内的气体呼出，如此周而复始，用以代替自主呼吸运动。

口对口人工呼吸 使患者仰卧平地或硬板上，两臂在身旁紧贴身躯，用手帕擦去口腔内呕吐物、液体或异物，观察有无胸廓起伏运动，然后将耳贴近口鼻部，听闻或感觉有无呼吸音或气息。判定没有呼吸后，将耳紧贴在胸壁，判定有无心跳，同时将手指触摸喉部气管与外侧颈肌肉间沟内，有无颈动脉搏动感。动作要迅速，在数秒钟内作出结论。若呼吸停止，但仍有心跳，可行人工呼吸；若二者均消失，则应人工呼吸和体外心脏按摩交替进行，使呼吸道通畅无阻。方法是一手掌按患者前额，将另一手的食指和中指置于其颏骨下，上抬下颏部，使头颅后仰，使舌根与后咽壁分离，遮盖气管开口的会厌软骨翘起，上呼吸道得以畅通。再次判定确实已无呼吸即可开始口对口（鼻）吹气。口对口吹气时，用按于前额手的拇指和食指夹住鼻翼；口对鼻吹气时，则可将上抬下颏手掌代替中、食指，以拇指、食指封闭口唇。抢救者作深吸气后，俯身以口唇包严患者口（鼻）部，用力缓慢呼气，将气压入肺脏。吹气时应见到胸廓扩张。每次吹气时间1～1.5秒，气量800～1 000毫升为宜，开始第1～2次量可多些。每次吹气后，操作者移开自己的口唇，放开捏住患者鼻孔的手，让患者肺内气体随胸廓回缩排尽。再重复吹气，每分钟12次左右，吹气时务求将深吸气吸入的前部分吹入患者肺部，以保证最高的含氧浓度；每隔5～10秒，测摸患者的颈动脉搏动，若脉搏消失，胸前亦听不到心跳，即进行体外心脏按压，心脏按压与人工呼吸交替进行；每两次吹气后，以80～100次/分的频率进行体外心脏按压15次。人工呼吸和体外心脏按摩交替4次后，检查颈动脉搏动。若心脏跳动恢复，呼吸未出现，则继续人工呼吸。若有两人在场，一人做人工呼吸，一人做体外心脏按摩，吹气与按摩的比例一般为5∶1。现场抢救的同时，应迅速通知专业救护人员接应，或急送医院治疗。

利用抢救器械 有以下三种：

简易呼吸囊 口对口（鼻）人工呼吸方法虽然有效，但只能用于现场短时间抢救。简易呼吸囊等人工呼吸器械，既使用方便又卫生，且可供较长时间的人工呼吸使用。

气道管 一种具有特殊形状和弯度的中空管，插入口腔，其外端裙部位于口唇内切牙，管壁一侧与舌面紧贴，内端进入后咽腔，通过管腔道使口咽腔保持通畅。给气囊加压，气流很容易进入气管和肺。

机械通气机 即人工呼吸机。在简易呼吸囊设计的基础上，结合临床应用的实践经验出现了更复杂、性能更完备并具有人工智能的人工呼吸器械，多在医院中使用。

人工流产 artificial abortion 妊娠12周内用人工方法终止妊娠的手术。用来作为避孕失败的补救措施。

常用方法 主要有：①负压吸引人工流产术。即吸宫术。在妊娠10周内应用400～500mmHg负压的装置将子宫内胚胎组织物吸出的手术。②钳刮人工流产术。即刮宫术。扩张子宫颈后，用钳取出胎儿及胎盘的手术。用于终止11～14周妊娠。妊娠在11周以上者用药物引产效果好、损伤少，故钳刮手术在今后可能逐渐为药物引产所代替。

并发症　主要有：①子宫出血。手术出血量多在30毫升以下。若出血量多，则除给子宫收缩药外，还应迅速清除宫腔内残留胚胎组织。②妊娠组织残留。手术时未将胚胎组织全部清除干净，可引起出血及下腹痛。可用中药、宫缩药促其排出，必要时甚至再次刮宫，清理宫腔。③子宫穿孔。极少见，是人工流产最严重的并发症，处理不当后果严重。操作细致轻柔，可以避免其发生。④感染。若术前有生殖器炎症未经控制，或手术当中未严格执行无菌操作，可造成盆腔感染，应立即进行抗感染治疗。⑤月经失调。术后3～6个月内，月经量可增多，月经不准，多可自然恢复。⑥宫腔粘连。偶尔发生。多系手术操作粗暴、带负压多次进出宫腔操作，致损伤宫颈管及宫腔内膜所致。

人工神经网络　artificial neural network　一种模拟生物神经网络行为特征的分布式并行信息处理算法结构的动力学模型。它用接受多路输入刺激，按加权求和超过一定阈值时产生“兴奋”输出的部件来模拟生物神经元的工作方式，并通过这些神经元部件相互联接的结构和反映关联强度的权系数使其具有各种复杂的信息处理功能。这种宏观上具有鲁棒、容错、抗干扰、适应性、自学习等功能不是由于元部件性能不断改进，而是通过复杂的互联关系得以实现，因而人工神经网络是一种联接机制模型，具有复杂系统的许多重要特征。人工神经网络适用于信号处理、数据压缩、模式识别、机器人视觉、知识处理及其应用，预测、评价和决策问题，调度排序、路由规划等组合优化问题。在控制系统设计中可用于模拟被控对象特性，搜索和学习控制规律，实现模糊和智能控制。

人工生育子女　children of artificial insemination　借助于现代人工生殖技术而出生的子女。自然生育子女的对称。许多国家尚无有关人工生育子女的法律规定。少数国家虽有规定，内容却不一致。一般说来，经同质人工授精（用夫妻本人的精子、卵子实施人工授精）所生的子女当然是婚生子女，经夫妻双方同意实施异质人工授精（用夫妻一方的精子或卵子和第三人的卵子或精子实施人工授精）所生的子女也应视为婚生子女。有的国家法律规定，夫妻在婚后逾法定期间仍未生育的，方可向精子库提出申请，实施异质人工授精。有的国家法律规定，对妻未经夫同意实施异质人工授精所生的子女，夫有否认权。关于代生母亲的法律地位，代生行为是否合法（这种行为能否作为契约之标的），以及由此而衍生的一些法律问题，各界意见不尽相同。随着科学技术的发展，通过立法措施对人工生育子女加以必要的规范，防止人工生殖技术的滥用，是当代亲属法必须解决的一个重要课题。

人工授粉　hand pollination　用人工方法把植物花粉传送到柱头上以提高结实率的措施。在农业生产上，对自花不结实、雌雄同株而异花以及雌雄异株的作物，在缺乏授粉或花期气候恶劣影响正常自然授粉的情况下，常需进行人工授粉，以提高结实率、种子后代生活力。有些果树品种，虽具有不形成种子的单性结实习性，仍必须有授粉的刺激才能坐果。

一般人工授粉以花朵初放时进行最适宜。以育种为目的的人工控制授粉在花苞将开放前进行，事先在母本上除雄以免发生自然授粉。

人工授粉需要采集生命力强、发芽率高的花粉。保存花粉的具体温度、湿度因植物种类而异。有些作物的花粉较难贮藏，则须在采集的当时立即授粉。

人工授粉时间集中，且较费力。生产上只能作为一种补救应急的辅助措施。提高结实率主要靠配置适合的授粉植物（株）、在花期放养蜜蜂和选育自花结实能力强的品种等措施解决。

人工授精　artificial insemination　将男性精液用人工方法注入女性子宫颈或宫腔内，使其受孕的方法。人工授精的种类有两种：配偶间人工授精，由丈夫提供精液；非配偶间人工授精，由其他健康男性提供精液。

人工授精主要用于男性不育症。当男方有性器官异常致性交障碍、阳痿、早泄时，可由丈夫提供精液。若为输精管阻塞、无精子或精液不正常等情况时，可采用其他健康男人提供的精液。若女方有子宫颈管狭窄或子宫体异常、子宫颈黏液过分黏稠或含抗精子抗体致精子不能穿过、不明原因的不孕等情况，亦可用丈夫精液。非配偶间人工授精除适用于丈夫无精子、死精外，还可用于有遗传性疾病，或原因不明的不孕。

有下列情况者，不宜作人工授精：男方精液不正常或泌尿系有炎症；男方年龄大于50岁或女方已40岁以上；女方生殖器有畸形、肿瘤，患有全身性疾病不适宜妊娠，或精神异常，不能抚养子女；男女家族有先天性畸形的遗传病史。

应注意避免医疗、伦理纠纷，术前医生应向受试者说明人工授精的方法、成功率、并发症及其他伦理社会问题后，方可进行。

人工影响天气　weather modification　在一定的天气条件下，通过向大气播撒催化剂等技术手段，对局部区域内大气中的物理过程施加影响，使其发生某种变化，从而达到减轻或避免气象灾害的一种科技措施。是人工增雨、人工防雹、人工消雾、人工消云、人工削弱台风、人工防霜冻和人工抑制雷电等的总称。

飞机播撒人工催化剂

人工影响天气的理论基础是云物理学。最主要的作业技术方法是利用飞机、火箭或地面发生器等手段向云（系）中一定部位播撒人工催化剂，改变云的微结构。根据云的性质，人工催化过程可分为：①冷云催化。温度为0～-30℃的云中，往往存在过冷却水滴，若在这种云中播撒碘化银或干冰等成冰催化剂，可以生成大量的人工冰晶，增加云的降水效率，达到增雨的目的。在强对流云中，人工冰晶能长大成冰雹胚胎，同自然冰雹争夺水分，使各个冰雹都不能长成危害严重的大雹块，这样可以达到防雹的目的。②暖云催化。在云中播撒吸湿性核或直接播撒直径大于0.04毫米的水滴，使它们同云滴碰并，长成雨滴而降落到地面，达到增加降雨的目的。

人工智能　artificial intelligence　研究、解释和模拟人类智能、智能行为及其规律的学科。计算机科学的一个分支，主要任务是建立智能信息处理理论，设计可以展现某些近似人类智能行为的计算系统。

发展简史　20世纪40年代，有两项研究对人工智能的发展起着重要的作用。第一，1943年为神经元建立的数学模型，奠定了神经计算的理论基础。第二，英国数学家A.M.图灵从智能行为的角度提出了著名的图灵实验，后人称其为行为主义的智能。人工智能至今仍然沿着这种思路发展。1956年，美国斯坦福大学的计算机科学家J.麦卡锡建议使用“人工智能”一词来概括复杂信息处理的研究。由此，人工智能的研究正式诞生。

1960年H.A.西蒙夫妇作了一个有趣的心理实验，认为人类的问题求解是一个搜索的过程。同年，卡内基-梅隆大学的计算机学家A.纽厄尔、J.C.肖与西蒙合作发表了通用问题求解器系统（GPS）。GPS阐述了智能系统的原形，并指明智能系统的3个要素：表示、推理和搜索。1960年，麦卡锡发表了符号处理语言的原型，奠定了人工智能符号处理的理论基础。1965年，J.罗宾森在研究机器定理证明的过程中，提出了归结原理，推动了演绎推理的进展。

1969年，E.A.费根鲍姆发表了第一个分析化学分子结构的专家系统DENDRAL。1977年，费根鲍姆又提出知识工程的概念，人工智能进入了研制一类特殊智能系统——专家系统的时代。这个时期出现了大量的专家系统，涉及医学、地质、分子生物学、化学分析、自动程序设计、计算机辅助教育及智能控制等。

20世纪80年代有两项研究对机器智能有重要意义。一个是发表了下国际象棋的程序deep thought，这个程序目前已达到国际象棋大师2 600等级分。1997年，国际商用机器公司（IBM）开发的“深蓝”系统打败了国际象棋之王G.卡斯帕罗夫。第二个是中国学者吴文俊提出的平面几何定理机器证明，解决了大量相当困难的平面几何证明问题。

研究内容　主要包括知识表示，自动推理和搜索方法，机器学习和知识获取，知识处理系统，自然语言理解，计算机视觉，智能机器人，自动程序设计等方面。

知识表示是人工智能的基本问题之一，推理和搜索都与表示方法密切相关。问题求解中的推理是知识的使用过程，与知识表示有密切关系，由于有多种知识表示方法，相应地有多种推理方法。推理过程一般可分为演绎推理和非演绎推理。

搜索是系统在引导推理时使用的策略，可以有效地寻找解的方法。搜索分为盲目搜索（无信息搜索）和启发式搜索（有信息搜索）。

常识知识指那些凭直觉（即生活经验）来认识世界的知识，这些知识不是普遍的真理，但对某些问题的解决往往是决定性的。机器学习指特定表示意义上的学习。由于数字网络的普及，人们获得数据越来越容易，如何有效地使用这些数据，机器学习是解决这个问题的有效方法。

智能机器人研究所涉及的推理以及规划技术和机器人对实际世界感知技术等，是人工智能的重要课题。

人化自然　humanized nature　由人的本质力量所创造并为社会的人所占有的对象世界。K.马克思在《1844年经济学哲学手稿》中使用的术语。人化自然概念是同马克思异化劳动的思想相联系的。马克思认为，自由自觉的活动（劳动）是人的类的特性，它通过实践创造一个对象世界而确证了人的类本质。但是异化劳动从人那里夺去了他所创造的对象，从而使人同自己的类本质相异化。通过异化劳动的扬弃，废除了私有财产，人的本质力量的对象化所创造的对象世界才真正成为人化的自然界，人也成为实现了自己类本质的人。马克思在后来的著作中不再使用“人化自然”这个术语，但它所包含的能动地改造客观世界的思想则得到保留和发挥，成为马克思主义实践观的重要内容。今天有些学者仍使用这个概念，指经过人类实践改造过的对象世界。

人蛔虫　*Ascaris lumbricoides*; giant roundworm　线虫动物门线虫纲蛔目蛔虫属的一种。全球性分布。人体肠道常见的一种大型寄生虫。雌雄异体。虫体活时呈粉红色，死后变为乳白色。线形圆筒状，两端尖细。虫体两侧有明显侧线，背腹也各有1线。体表角质层具细横纹，头顶端部有口唇3片，中央片最大，腹面2侧片较小。唇片内缘具纤细小齿，其两侧缘各有1个小乳突。消化系统结构简单，从唇片以后开始有一个小口庭通向食管，食管有3个单细胞的食道腺，一个背腺，两个腹腺，食管下接中肠和直肠。

蛔虫生活史简单，无中间宿主的参与。寄生在肠道里，夺取宿主食物为营养，其分泌的毒素及代谢产物经吸收后对神经系统具有严重危害，致使出现各种神经障碍。尤其是大量幼虫移行时，引起发热，咳嗽，血液内嗜酸性白细胞增多等过敏症状，出现荨麻疹等，并且引起肺泡机械性损伤和出血。蛔虫大量寄生时，会塞阻肠管，造成肠梗阻、肠套叠等。蛔虫又有喜爱钻孔的习性，引起肠道穿孔。另外由口和鼻腔钻出虫体的现象时有发生。此外，由于蛔虫的寄生，可以引发许多继发病，如腹膜炎、腹膜脓肿、胰腺炎、肺部并发症、尿道并发症、血小板减少性紫癜症等。

消灭蛔虫病的关键在于预防和治疗并举。注意搞好周围环境和个人卫生十分重要。饭前便后洗手，不吃不洁的食品和不饮用不洁的水，对粪便中的虫卵进行无公害处理等措施，很容易达到消灭蛔虫病的目标。

人机工程学　human-machine engineering　研究人机系统中人的生理、心理特征和局限性，以及人与机器之间的相互关系的科学。又称人类工程学。在国外，也称工程心理学、工效学。运用人体测量学、生理学和生物力学等研究手段和方法，综合地进行人体结构、功能、心理以及力学等问题的研究。人开始使用机器就构成了人机系统。人的能力和机器的潜力很好地配合，能提高管理和控制效率。因此，在组成和设计人机系统时，人机工程学把人和机器二者综合考虑，取长补短，以取得最好的整体效益。已在交通工具的设计和国防工业等方面起着日益显著的作用。

人机系统　man-machine system　由人和机器交互作用组合而成的系统。简单的人机系统如人操作各种机器等，复杂的人机系统如人－智能机器系统等。人机系统是由人和机器组成的反馈系统。人感受来自机器的信息，对信息进行筛选、计算、分析、判断、综合、推理等处理，并作出控制决策，机器按照人的控制决策运转，并将运行的信息反馈给人，使控制过程的性能达到要求或最优。人机系统必须具备信息传递、信息处理、控制决策、信息反馈等基本功能。在人－智能机器系统中，还需处理人智能和机器智能间的复杂交互作用，使人作为主体的能动作用得到更大限度的发挥。

人际吸引　interpersonal attraction　人们在社会交往中发展起来的情感联系。一般形式是喜欢或友谊，强烈形式是爱或爱情。

人际间的相互吸引的原则有：①相似性原则。人们往往喜欢那些与自己在某些方面相似的人。②互补性原则。可以互补的双方更具吸引力。③外貌吸引力。人们一般喜欢外貌美的人。④相互性原则。一个人容易喜欢那些也喜欢自己的人，不喜欢那些不喜欢自己的人。⑤熟悉性或交往频率原则。熟悉或交往频率高可增加喜欢的程度。⑥邻近性原则。在其他条件相等时人们倾向于喜欢邻近的人。

爱包括对人民、父母、师长、朋友等的爱，表现为友好的感情和深刻的理解，其特点是友好、谅解、关心对方幸福。爱情则专指男女之间的亲昵关系，是一种强烈的生理状态，一种包括温柔和性感、兴奋和苦恼、焦虑和欣慰、利他和嫉妒等的混合情感。恋爱常有把对方理想化的倾向，往往表现为盲目的不可控制的情绪状态。

人际知觉　interpersonal perception　个人对他人的感知、理解和评价。又称对人知觉。人际知觉研究知觉主体如何处理有关他人的信息的过程和方式，以及影响人际知觉的主要因素。人际知觉是社会知觉研究的基本内容。

人祭　human sacrifice　用活人祭祀祖先（人鬼）、神灵或自然界万物。见人牲。

《人间词话》　中国近代文学理论著作。王国维著。1908年首刊于《国粹学报》时，著者手定为64则。后人陆续整理、增补，至154则。齐鲁书社1981年版为辑录较全的版本。是王国维文学批评的代表作，影响很大。它熔中国古典文论和西方哲学、美学于一炉，而以发挥前者为主，建立起自己的一套文艺理论体系。它在探求历代词人创作得失的基础上，结合作者自己艺术鉴赏和艺术创作的切身经验，提出了境界说，这是王氏艺术论的中心与精髓。它还进一步提出和论述了写境与造境、有我之境与无我之境、景语与情语、隔与不隔，以及对宇宙人生的"入乎其内"与"出乎其外"等内容，广泛接触到写实与理想化的关系、创作中主观与客观的关系、景与情的关系、表现上的白描与"务文字之巧"的关系，以及作家观察事物与表现事物的关系等文艺创作中带有规律性的问题。在作家修养、创作方法、写作技巧等方面，也有精辟见解。但是，这部著作同样表现了叔本华等西方唯心主义美学的某些影响，而且过于推重唐、五代、北宋词人作品，贬抑南宋作家，有失之偏颇之处。

《人间喜剧》 *La Comédie Humaine* 法国作家H.de巴尔扎克的小说总集。

人科 Hominidae 灵长目的一科。20世纪90年代以前一般指能够用两条腿直立行走的高等灵长类。90年代，人类学家认识到现代人与黑猩猩等现生猿类在遗传构成上的差别很小，逐渐取得共识：将现生黑猩猩与现生人类，以及能两腿直立行走的化石高等灵长类，归入人族；将现生大猩猩、猩猩和化石猿类巨猿、禄丰古猿、森林古猿等，以及人族，归入同一科。有的学者称此科为人科；有的学者则称为猿科，主张废除人科这个名称。这个科与长臂猿科等现生和化石高等灵长类共同组成人猿超科。

人口 population 构成社会生活主体并具有一定数量和质量的人所组成的社会群体。人口学最基本的范畴。人口永远处在不断的变动之中，这是由人口自然的和社会的两重属性决定的。自然属性是人口本身固有的特征，是人口存在和发展的自然基础。人口通过个体的出生、成长、繁殖、衰老、死亡的生命过程进行世代更替，并具有性别年龄特征和遗传变异等机能，自然属性对人口的数量和质量、人口性别和年龄结构、人口再生产周期和生命周期有重要影响。人口的社会属性，是人口的本质属性，决定着人口的生存和发展。表现为其固有的社会特征：①人口的生命过程是在一定的社会生产方式下进行的。生活资料是人口存在和发展的物质前提，只有通过人们的劳动才能获得。人口在劳动中一方面与自然界发生联系，另一方面又结成一定的生产关系，形成一定的社会生产方式，从而决定物质资料的生产、分配、交换与消费，制约人口的数量与质量。②人口的繁育是在一定的婚姻家庭形式下进行的，家庭是社会的细胞，婚姻家庭制度受社会生产方式的制约，社会通过婚姻家庭影响人口的数量与质量。③人口作为生产力的重要因素和生产关系的承担者，是社会生活的主体。

根据人口固有的两重属性，可以把生活在一定时间和空间内的人口按其不同特征划分为不同组别的人口。例如，老年人口、少年儿童人口，男性人口、女性人口，经济活动人口、赡养人口，以及不同宗教信仰的人口等。也可以按不同地区划分为世界各大洲人口、各个国家的人口、各个行政区的人口等。

人口分布 population distrbution 一定地区范围内人口的空间分布状况。包括不同地区总人口分布，以及某些特定人口、特定人口过程和构成的分布。衡量人口分布的主要指标是人口密度和人口比重。人口分布是人口地理学中的一个重要课题。2010年全世界人口已达69.07亿。世界人口分布极不平衡，表现出明显的中低纬指向、近海指向和平原指向。世界人口的88.5%集中在北半球，并且主要集中在北纬20°～60°之间的区域。从海岸线向内地约200千米范围内集中世界人口的一半，但面积仅占陆地面积的30%。海拔500米以下的低地和平原地区仅占陆地面积的57%，却集中世界人口的80%；而占陆地面积43%的高原地区（海拔500米以上），仅居住着世界人口的20%。有人定居的各大洲中，亚洲人口最多，2010年41.66亿，约占世界总人口的60.32%。中国是世界人口最多的国家，2010年中国大陆31个省、市、自治区（不包括福建省的金门、马祖等岛屿）的人口13.40亿，香港特别行政区的人口为709.76万（2010），澳门特别行政区人口为55.23万（2010），台湾省和福建省的金门、马祖等岛屿的人口为2 316.21万（2010）。人口分布的另一趋势是向城市集中。21世纪初世界城市化水平达47%，其中发达国家城市人口已占全国人口的70%以上。中国城镇人口占全国人口的49.68%。

人口过剩 overpopulation 在一定区域内、一定生产方式下出现的人口生产快于物质资料生产的一种社会现象。又称过剩人口。有相对和绝对之分。相对人口过剩指劳动力的供给超过资本的需要，从而出现劳动力人口的相对过剩，形成人口过剩现象；绝对人口过剩是因人口的增长超过生活资料的增长而形成的。

人口密度 population density 单位面积土地上居住的人口数。用人/千米^{2}来表示。人口密度能从数量上反映人口分布的地区差异，是反映某一区域范围内居住人口疏密程度的指标。中国人口密度为140人/千米^2（2010）。人口密度一般是平原和盆地高于山地和高原，城市高于乡村，经济发达区高于欠发达区。主要是由于各地的自然、历史和经济的原因，导致人口密度差异。如中国人口最稠密的上海市，人口平均密度达3 631人/千米^2（2010）；人口最稀疏的西藏自治区，人口平均密度为2.4人/千米^2（2010）。现代人口统计学家和地理学家提出的人口密度的标准很多：①自然密度，即每单位区域的人口数。②经济密度，把人口规模与生产能力联系起来。③生态密度，指人口与可耕地的比例。④农业密度，指农民与农田总数之比，反映出农业的效益。⑤比较密度，将人口与土地面积的产量联系起来。⑥社会密度，将交通方式与人口密度结合，以说明社会相互作用的强度。

人口年龄结构 population age structure 一定时间、一定地区各年龄组人口在全体人口中所占的比重。又称人口年龄构成。由诸多年龄组人口在总人口中的份额组合而成。通常用百分比来表示。

现有人口年龄结构是既往人口变动的结果，又是未来人口变动的基础。依据人口年龄结构的成熟程度及对未来人口变动的可能影响，可划分为：①增长型人口、静止型人口和缩减型人口，用以反映不同的人口年龄结构类型对未来人口再生产的影响趋势（表1）。②年轻型人口、成年型人口和老年型人口。21世纪初，对人口年龄结构类型的划分方法有了较大变化。根据青少年人口和老年人口在总人口中所占比重的不同，可将人口年龄结构分为年轻型、成年型和老年型（表2）。

表1 人口年龄结构类型划分标准（Ⅰ）

年龄结构类型	0～14岁人口占总人口百分比	15～49岁人口占总人口百分比	50岁以上人口占总人口百分比
增长型	40	50	10
静止型	26.5	50.5	23
缩减型	20	50	30

表2 人口年龄结构类型划分标准（Ⅱ）

年龄结构类型	0～14岁人口占总人口百分比	65岁以上人口占总人口百分比	老少比	年龄中位数
年轻型	40以上	4以下	15以下	20以下
成年型	30～40	4～7	15～30	20～30
老年型	30以下	7以上	30以上	30以上

人口普查 population census 在统一确定的时点，按照统一的调查表式、项目和填写方法，由政府组织对全国或一个地区的全部人口的社会、经济特征资料，逐人进行搜集、整理、汇总、评价、分析和公布的全过程。又称国情普查或国势调查。特征是：①按人进行调查登记和汇总。②调查登记全国或规定地区范围内的全部人口。③严格按照标准时间的人口状况进行登记。④在政府的统一组织领导下，按照法令公布的普查方案和调查表式进行普查。⑤组

织工作高度集中。⑥定期进行，许多国家每隔10年举行一次人口普查，两次普查中间进行一次简易普查。

人口普查是现今世界各国广泛采用的搜集人口资料的一种科学方法，是提供全国基本人口数据的主要来源。人口普查提供的资料具有法律效力，用于分配人民代表或议员名额，进行行政管理，制定政策和拟订建设计划；用于商业网点的铺设和劳动力的分配，以及用于广泛的人口研究工作。

一般认为，现代意义上的人口普查是从美国1790年人口普查开始的。美国是世界上最早定期进行人口普查、公布普查结果并把人口普查作为一项条款写进宪法的。

中国自1949年以来分别于1953年、1962年、1982年、1990年、2000年和2010年进行过人口普查。人口普查工作的核心问题是确定人口范畴，规定标准时间，选择普查项目，拟定调查方法。

人口容量 population, capacity of 在可预见的时期内，利用土地资源、矿产资源和其他自然资源，再加之该土地面积上的人力及其智力、技术等条件，在保证符合一定社会文化生活水平条件下，该国家或地区所能持续供养的人口数量。又称环境人口容量。人口容量是时间的函数，具有不确定性。在预测和计算人口容量时，应指出具体时间。资源、科技水平和生活水平是制约人口容量的重要因素。在特定时期和一定科技发展水平下，过快的人口增长对环境的负面影响是相当大的，对人类的发展也是有害的。

人口学 demology 研究人口发展及其规律，人口变量与社会、经济、生态环境等变量之间相互关系的一门学科。

发展历史 人口学作为一门学科，一般公认在17世纪为J.格兰特所创立。格兰特于1662年发表的《关于死亡表的自然的和政治的考察》，被认为是人口学的第一部科学著作。继他之后，比利时学者L.A.凯特莱把概率论引入人口研究之中。18世纪末，现代人口普查首先在美国开始，之后普及欧洲各国和日本，人口学的实际研究愈来愈为政府和学术部门所重视。第二次世界大战后，全球人口空前激增，在联合国的推动下，人口学成为当时最繁荣的学科之一，取得了许多实质性的发展。

人口学体系 西方学者普遍将人口学分为人口学分析和人口研究。前者包括：人口资料搜集、分析、评价，人口分析技术，即形式人口学或称纯人口学，理论人口学，数学人口学。人口研究包括人口经济学、人口社会学、人口生态学等。

20世纪70年代以来，中国学者将人口学体系归结为三大组成部分：人口理论、人口统计学、人口应用学科（或分支学科）。这样归类是将人口学视为由理论、方法和应用学科组成的统一整体。

中国人口学研究 中国古代特别是先秦人口思想十分丰富，是最早有人口统计的国家之一，西汉元始二年（公元2年）就有了正式的有关全国和分地区的人口数字记载。中国人口学的启蒙和发展是从西方人口思想传入后逐步开始的。20世纪20～30年代起，陈长蘅、孙本文、陈达等人相继出版了一批人口学著作。当时一些学者也进行了一些人口资料的搜集和研究工作。这些早期的人口学研究，揭示了当时确实存在的人口问题，并提出节制生育的主张。中华人民共和国建立后，马寅初于1954年提出要控制人口增长，1958年发表《新人口论》。陈达、费孝通、吴景超等人也都发表论文提出控制人口的主张。随后在70年代初，中国开始实行计划生育。80年代开展了一系列大规模的人口调查，取得了丰富的人口资料，为人口研究创造了良好的条件。人口学研究范围也扩展迅速，涉及人口发展战略、人口老龄化、人口迁移、小城镇人口和人口城市化、人口素质和低生育研究，取得了一批有价值的成果。

《人口原理》 *An Essay on the Principle of Population* T.R.马尔萨斯的著作。1798年匿名发表。全名为《论影响社会改良前途的人口原理，以及对葛德文先生、孔多塞先生和其他作家推测的评论》。1803年出版第二版，从5万字扩充为20万字，书名改为《人口原理，或关于其过去及现在对人类幸福影响的见解；以及有关我们将来消除或减轻由此而引起的灾难前景的研究》。

《人口原理》从两个不变法则出发：①食物为人类生存所必需。②两性间的情欲是必然的。论证人口以几何级数增加，生活资料以算术级数增加，人口增长必然超过生活资料增长。人口自然法则要求二者保持平衡，因此，必然发生强大的妨碍，阻止人口的增加，这种妨碍就是贫穷与罪恶。在第二版中，马尔萨斯又提出阻止人口增加的道德抑制。根据《人口原理》，失业和贫困不是社会制度造成，而是人口自然法则作用的结果；财产私有制使人们不致因纵欲而生殖过多子女，因而是发展人类能力和智慧，培养和提高人类德性的最良好制度。也因此，《人口原理》反对英国当时的济贫法，还主张工人的工资水平和工人的生活要随工人人口增减而进退。马尔萨斯在第二版中运用土地肥力递减规律作为其人口理论的基础。还以抽象的人口规律代替历史的人口规律，为资本主义私有制度辩护。《人口原理》作为最早的人口学著作之一，对后来的人口理论有重要影响。

人口增长率 population growth rate 某一时期人口增长数与该时间段可能导致人口增长的人年数之比。用千分比表示。人年数等于人数乘以年数。这个指标反映的是：如果可能导致人口增长的人数多，而且这些人可能作为人口增长出现的时间长，人口增长的频数就高。

实际上人们经常按照年度或以一年为单位来计算人口增长率，那么，人口增长率的计算公式可以写为：

$$\text{某年人口增长率}=\frac{\text{该时期内人口增长数}}{\text{该年平均人口数}}=\frac{A}{P}$$

人口增长是自然增长和迁移增长的共同结果。在特定地区、一定时期内，人口增长量＝（出生人数－死亡人数）＋（迁入人数－迁出人数）＝人口自然增长＋人口迁移增长。

人口增长率＝（出生率–死亡率）＋（迁入率–迁出率）＝人口自然增长率＋人口迁移增长率。

人口增长率为正数时表示该地区总人口数在增加，人口增长率为负数时表示总人口数在减少。就全世界而言，只有人口自然增长一个因素，而没有迁移增长。这样，人口增长率就等于人口自然增长率。

人口政策 population policy 一个国家为了对本国人口发展过程施加影响和干预而作出的具有法律效力的规定。国家或政府的基本政策体系中的重要组成部分。

从范畴上，分为狭义人口政策和广义人口政策。前者是有关人口生产和再生产的政策，主要指政府在影响生育率变化方面的措施，也包括婚姻政策、保健政策等。后者是政府为了达到预定的与人口有关的经济、社会发展目标而采取的旨在影响人口发展变化的一系列措施。人口政策是由诸多相互联系、相互制约的政策组成的政策体系，渗透到全社会及每个家庭生活的全过程。其主要内容有：①调节人口自然增殖的政策。可以直接规定预定时期的人口规模或自然增长目标，也可以规定最低结婚年龄，借以影响生育率的变化。②人口迁移政策。在国内方面，迁移政策常常和人口地区分布政策密切结合，两者的目标必须一致。在国际方面，迁移政策可分为迁入国和迁出国两种类型，常采用法律的形式来实施。许多移民入境国往往通过法律条文对不同来源国的移民加以选择性的鼓励、限制或禁止，移民出境国则按不同情况对本国移民出境加以鼓励、限制或禁止。③人口发展政策。通过发展文化教育和医疗卫生保健事业，以提高人口素质。

作为狭义人口政策的生育政策，是对

人口生产和再生产的数量进行调节和指导的政策。内容可分为：①鼓励人口增殖的生育政策，包括鼓励早婚、早育、多生育子女。②限制人口增殖的生育政策，包括鼓励晚婚、晚育、少生育子女。中国21世纪初有关生育及人口发展政策的基本内容可概括为“控制人口数量，提高人口素质”。

人类 human 两足直立行走的高等灵长类动物。相当于分类单位的人族。1864年以前人类是指人属内的唯一物种智人，1864年起还包括尼安德特人等在内的人类化石。随着新的人类化石的发现，人类的历史记录不断延伸，现知人类历史始于600万年前。

人类能两足直立行走，会使用两手进行复杂细致的操作，具备所有动物中最发达的大脑，会用有音节的语言进行沟通，能进行抽象思维。这些特征都是经历了长时期的演化而形成的。根据现有证据，直立行走形成于大约600万年前；最早制造工具的证据出现在250万年前；其他特征则是在古猿变成最初人类之前已经以萌芽状态在发展，以后继续不断地完善。

人类的演化是一个很复杂的过程，过去曾划分为猿人（或原人）、古人、新人3个阶段；20世纪70年代起划分为早期猿人、晚期猿人、早期智人和晚期智人4个阶段（见人类起源与演化）。早期猿人的分布局限于非洲。晚期猿人分布于亚、非和欧洲，也被称为直立人。早期智人包括古老型智人和尼安德特人。晚期智人为解剖学上现代人，分布区域先后扩展到大洋洲和美洲。早期猿人身材较现代人矮小，直立行走的步态还不很完善；晚期猿人的身材与步态已经与现代人基本上一致。初期的早期猿人的脑量与现代猿相仿，在进化过程中脑量逐渐增大；早期智人已经达到现代人的水平，但是形状仍有些不同。在人类进化史上，人体形态的地区间差异较大。居住环境的不同在人类形态上也有所反映，与历史上形成的地区差异结合起来，形成不同的人种。随着各地区人群之间交流的增加，现代人的地区差异比早先小得多，而且今后人类进化将加速减弱人类不同种族在形态和生理等方面的差异，人种差别最终将趋于消失。

《人类地理学》 *Anthropogeographie* 人文地理学的奠基性著作。F.拉采尔著。

人类工效学 ergonomics 以人机系统为研究对象的综合学科。其基础研究的目标是探讨在人机系统中人的生理及心理特征和局限性，以及人与人、人与机器之间的相互作用的规律。其应用目标是应用基础研究所获得的知识设计出安全、舒适、高效的人机系统，在生产活动中获得最大效率同时最大可能地保护劳动者。主要研究方法有现场观察、问卷调查、实验室实验、理论建模和计算机模拟等。

人类工效学作为一门独立的学科成型于第二次世界大战期间。当时，随着飞机等现代武器的大量使用，人类第一次面临大规模的人与复杂的机器协同工作的问题。二战后，与之有关的研究成果又被用到工业界。

人类工效学在研究工具、设备、系统和任务的设计的过程中，考虑的是人，是人的生理、心理能力和限度。如人在工作时的姿势和动作（坐、立、抬、推、拉等）、工作环境（噪声、震动、照明、小气候、要接触的化学物质等）、信息加工（获得信息的通道、进行控制的通道、显示器和控制器的关系等），以及涉及任务和工作本身的因素（任务安排是否合理、工作本身是否有趣等）。

人类基因组计划 Human Genome Project; HGP 人类基因组测序和基因作图研究的总称。其核心任务是要绘制出人类基因组的遗传图谱、物理图谱、转录图谱和序列图谱，最终测定出人类基因组DNA的全部核苷酸序列。人类基因组包括核基因组和线粒体基因组，通常所说的基因组研究是指核基因组。

美国于1990年10月1日正式启动了人类基因组计划，15年内由政府投资共30亿美元支持该项目的研究。2001年2月国际人类基因组测序协作组（IHGSC）和塞莱拉基因组公司联合宣布完成了覆盖人类基因组约90%的工作框架图。2003年4月15日美、英、日、法、德和中国6国联合宣布人类基因组计划提前完成。以研究基因和基因组功能为任务的功能基因组研究已经开始。

迄今，已经完成或正在进行基因组测序的生物包括大肠杆菌、果蝇、酵母、线虫、拟南芥、斑马鱼、冈比亚按蚊、恶性疟原虫、河豚、小鼠、大鼠、黑猩猩、水稻以及多种微生物、病毒等。人类及其他物种的基因组序列相关信息主要存放于GenBank、EMBL和DDBJ三个国际序列数据库并供免费使用。

人类基因组计划的实施和完成对21世纪的生物学研究、生物医药及其他相关学科的研究将产生深远的影响，对于理解生命本质、人类进化、生物遗传、个体差异、疾病防治、发病机制、新药开发、社会伦理、健康长寿等问题都具有重要而深远的意义。

《人类理智论》 *Essay Concerning Human Understanding* J.洛克的著作。1690年出版。书中阐述了洛克的哲学认识论体系，主张将人类理智本身的考察作为哲学的开端。探讨了人类知识的起源和范围，批判了天赋观念说，肯定知识直接来源于经验，并在系统论证中提出了第一性的质和第二性的质的学说。该书对18世纪法国唯物主义哲学及D.休谟、I.康德等人产生了深刻的影响。

人类起源与演化 origin and evolution of humans 远古以来，对人类起源与演化有各种各样的猜想和说法。1859年，C.R.达尔文发表《物种起源》，创立进化论，为这个问题的探讨奠定科学的理论基础。

人类起源 19世纪中叶，英国科学家达尔文和T.H.赫胥黎论证了古猿是人类的祖先，人类起源于非洲。20世纪中叶以前，人类学界普遍认为森林古猿是人类最直接的祖先。1965年至80年代，一般认为腊玛古猿属于人科，是最早的人类。20世纪60年代中期，分子生物学家介入人类起源的研究，他们推算出人类和黑猩猩的祖先在进化上分道扬镳的时间在大约距今500万年前。1970年以后，世界上出土了更多的腊玛古猿化石，深入研究后人类学家逐步改变观点，主张腊玛古猿是西瓦古猿的雌性代表，西瓦古猿是猿类进化上一个绝灭的旁支。后来，又在亚洲和欧洲发现了其他古猿。虽有人主张其中有的接近人类，但现已发现的分布在亚、非、欧洲的诸多古猿化石还没有任何一种可确认是人类的直接祖先。

古猿一般都在树上生活。当某个地区气候逐渐变得干旱，森林逐渐减少、稀疏，树上的果子和嫩叶随之变少，食物来源逐渐困难时，古猿便不得不从原先的树居生活逐渐改变为地面生活。在新的生活条件下，为了能够生存，古猿逐渐会用手使用各种天然工具，并使用得越来越频繁，越来越熟练，同时慢慢开始直立行走。

20世纪60年代以前，人类学家以能否制造工具作为人和猿的分界标志；之后，则以经常性地竖直着躯干用两条腿行走作为人类出现的标志。

人类的演化 分为早期猿人、晚期猿人、早期智人、晚期智人四个阶段。

早期猿人 现已报道的最早人类是600万年前的，为发现于非洲的撒海尔人和土根原初人（俗称千禧人）。千禧人大腿骨化石骨干部的后面有一条从上向下延伸的骨嵴。这样的构造在现生动物中只能在人类大腿骨上见到，解剖学上称其为股骨嵴或股骨粗线。只要发现大腿骨化石有这样的股骨嵴，就可以肯定它属于人类。

比千禧人稍晚些的有地猿，发现于埃塞俄比亚阿法裂谷，包括生活于580万～520万年前的地猿始祖种基根亚种和生活于大约440万年前的地猿始祖种始祖亚种。再晚些的是发现于肯尼亚的南方古猿湖畔种，生活在大约400万年前。2001年3月报道的扁脸肯尼亚人生活在距今大约350万～330万年前，也发现于肯尼亚。

南方古猿最初是1924年在南非塔翁发现。后来不但在南非，而且在东非又发现了更多的化石和有关材料。现在知道在距今420万年～140万年前，在非洲的南部、东部和中部生活有许多种南方古猿，他们都能两腿直立行走，主要靠自己的体力和自然界的破碎石块及折断的树枝这样的天然工具谋生，都不会制造工具。

迄今发现最早的人造工具是在埃塞俄比亚发现的大约250万年前的石器。这时地球上已经有了一种学名称作能人的人类。这种人的脑子比南方古猿的大，可以达到800毫升，生活地区仍旧局限在东非和南非。这一时期的人类用最原始的技术制造石器，做出来的石器形状不很规则。

晚期猿人　人类进化的下一个阶段是以直立人为代表的阶段。直立人生活在距今约180万～20万年前，创造的文化属于旧石器时代早期的文化。

直立人化石最早是在印度尼西亚的爪哇发现的。发现者E.杜布瓦将其定名为直立猿人，并相信直立猿人是现代人的祖先。但关于爪哇直立猿人是猿是人的争论持续了很久，直到20世纪20～30年代，在北京周口店发现了北京猿人化石，并有大量石制品、用火遗迹和动物化石出土，直立人是早期原始人类的概念才逐渐被广泛接受。现在发现直立人类型化石的地点已遍布亚、欧、非三洲广大地区。中国最早的代表是云南元谋猿人，用古地磁测得大约170万年前；还有蓝田猿人、南京猿人等，迄今中国已有十余处地方发现了晚期猿人的化石。

早期智人　人类继续发展，成为智人。可分为早期智人和晚期智人。晚期智人的形态已经基本上与现生的人类一致，所以

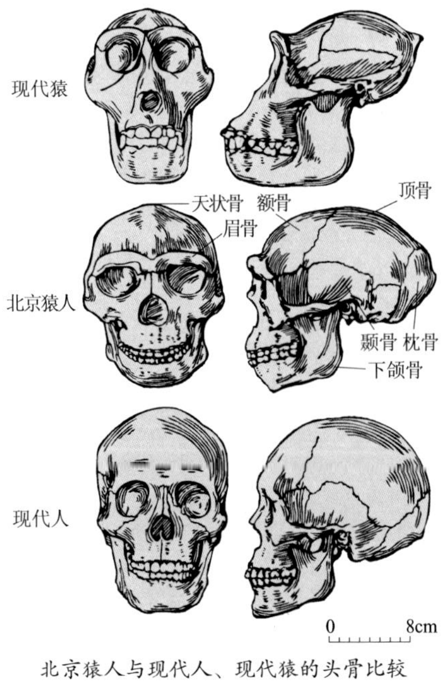

北京猿人与现代人、现代猿的头骨比较

又称解剖学上现代人；形态介于晚期智人和晚期猿人之间的古人类是早期智人。中国早期智人的主要化石已经发现了十余处，重要的有陕西大荔人、广东马坝人、山西许家窑人等。欧洲早期智人主要是尼安德特人（简称尼人）。

晚期智人　欧洲晚期智人最初出现是在距今约35 000年前，以克罗马农人最为有名。中国晚期智人已在约50个地方有发现，重要的有北京山顶洞人、广西柳江人、内蒙河套人等。晚期智人在亚洲、非洲、欧洲的分布区域比早期智人更大，扩展到纬度和海拔比较高的地区，还进入了美洲和澳大利亚，逐渐形成现生的四大人种，即蒙古人种（黄种）、尼格罗人种（黑种）、高加索人种（白种）和澳大利亚人种（棕种）。

综观人类起源和进化的历史，在古猿变人的过程中上肢越来越灵活，下肢越来越粗壮。在距今180万年以前的时期身材有逐渐增高趋势，此后似乎没有太大的变化。最早人类的脑量为300～500多毫升，能人阶段发展到500～800多毫升，直立人可以达到1 000毫升以上。人类牙齿发展的总趋势是由粗大到细小，牙齿总数在有些人已经由32颗减少到28颗。

现代人起源争论　根据现有的化石证据，最早人类起源于非洲东部几乎是人类学界的共识。但是现代人的起源却争论很大，主要有两派观点：①非洲起源说，又称夏娃说。主张解剖学上现代人的祖先约在20万年前首先在非洲出现，在约13万年前他们走出非洲，经过近东地区到达东亚、西欧，完全取代各地的原住民。②多地区进化说。主张现在的黑种人、黄种人、棕种人和白种人的祖先分别主要是非洲、东亚、东南亚和欧洲的早期智人，各地区早期智人的后代之间不时地有基因交流，使得分别在这些地区进化的人群仍然能够保持在同一个物种——智人内。

人类生态学　human ecology　研究人类与其生存环境之间关系的学科。人类生态学一词出现于20世纪前期。20世纪后期开展广泛研究，从人类的生物性和社会性两方面综合讨论人与环境的关系。主要涉及人口、资源和环境问题。

人口问题包括人口数量和人口质量。从生态学观点来看，世界人口总数不应超过地球的承载量，即整个地球生态系统所容纳的人口应以不影响它的稳定性为限度。自然资源是环境承载力的主要内容，在所有资源中，粮食、能源和可耕土地最为关键。人类的生活质量取决于每人所能分享的资源数量。在漫长的狩猎和采集社会，人们对环境的影响很小，环境的伤害容易恢复。在农业社会，农业的发展减少了食物短缺的威胁，同时由于食物的大量生产，生活条件的改善，导致人口开始膨胀，并使多余劳动力从农村转移到集镇或城市，促使小规模工业的发展，增加了对资源的需求，加上过度放牧、采伐森林等，引起对自然环境的广泛破坏，许多曾经生产力很高的地区变成裸秃荒地；加上疾病、瘟疫，特别是外族入侵，使许多古代文明走向灭亡。工业社会一方面大大提高了生产力，改善了人类的生存条件；另一方面进一步扭曲了人类与自然的关系。工业生产巨大地增加了对能源和资源的需求和开采，以及废弃物的排放，从而引起广泛的环境退化和污染，使提供人类需求的环境系统变得难以持续。当前，各国都面临生态上可持续发展的问题。生态上的可持续发展实质上是保持自然生态系统的健康，即保持自然生态系统有足够的功能完整性与人类社会文化系统相互作用，能持续不断地给人类和其他动物提供食物、水、蔽所以及他（它）们所需要的其他资源。人类生态学的任务就是研究人类社会文化系统与自然生态系统的协同进化和协同适应。

人类学　anthropology　研究人类的体质特征、文化特征及其演化和发展规律的学科。人类学一词，起源于希腊语anthropos（人）和logos（科学），意思是人的科学。因不同的传统，这门科学在不同的国家有着不同的含义。在欧洲大陆的许多国家，人类学曾专指研究人类体质的学问，包括灵长类学在内，这是狭义的人类学；在英、美等国家，则不仅包括体质人类学，也包括人类的社会和文化在内，称为社会人类学或文化人类学，包括民族学、考古学、语言学等，这是广义的人类学。在中国，广义人类学和狭义人类学都有人采用过。现世界和中国都流行广义人类学。

《人类知识原理》　*Principles of Human Knowledge*　G.贝克莱的哲学著作。1710年出版。书中集中阐述了贝克莱的主观唯心主义哲学，认为只要否定了物质的客观存在，就可以驳倒唯物主义，“移掉”无神论的基石。认为人们通常所说的事物只是观念的集合，观念存在于感知者心中，提出“存在即被感知”的唯心主义基本原则，宣称物质实体并不存在，而只是一个抽象的概念。为了避免唯我论，他肯定观念来自上帝，并认为观念的存在就证明上帝存在。

人力资源　human resources　推动国民经济和社会发展、具有智力劳动和体力劳动能力的人的总和。另有一种解释，是能够推动整个社会经济发展的劳动者的能力，即处在劳动年龄的已直接投入建设或尚未投入建设的人口的能力的总和。

美国经济学家T.W.舒尔茨在20世纪50年代末60年代初提出了人力资本理论。他认为，人力资本才是国家和地区的富裕之泉。所谓人力资本是指通过对人力资源的投资而体现在劳动者身上的体力、智力和技能，这种资源是企业、地区和国家经济发展的第一资源。

人力资源的一般特征是：①能动性。即人力资源具有自我强化能力、选择职业的能力和积极劳动的能力。②生产者和消费者两重性。即人力资源既是投资的结果，又能创造财富。③时效性。人力资源存在于人的生命中，是生命的一种资源。它的形成、开发和利用都受到时间的限制。④再生性。和其他物质资源不同，人力资源在使用过程中，有一个持续开发、丰富再生的过程。⑤社会性。人力资源会受到自身民族文化和社会环境的影响，它会体现出民族的价值取向和文化特征，具有社会性特征。

人力资源由数量和质量两方面构成。人力资源的数量分为绝对数量和相对数量两种。绝对数量主要是指一个国家或地区中具有劳动能力、从事社会劳动的人口总数。相对数量又称人力资源率，是指人力资源的绝对量占总人口的比例，它是反映经济实力的重要指标。人力资源的质量主要指人力资源所具有的体质、智力、知识、技能、劳动态度等状况。

人力资源管理 human resource management 政府机构或其他社会组织对人力资源的获取、维护、激励、运用与开发的全部管理过程与活动的总称。于20世纪60～70年代在美国兴起，很快在企业中取代了传统的人事管理，并对政府的人事管理产生了巨大影响。

除少数领域外，人力资源管理的具体内容和工作任务与传统人事管理没有本质区别。两者之间的区别主要体现在理念和指导原则上：人力资源管理视人力为资源和资本，而不像传统人事管理那样主要视人力为“成本”；人力资源管理强调在管理中“以人为本”，注重“职业生涯规划”和雇员自身价值、能力的提高，不像传统人事管理那样主要视雇员为工具，管理的目的仅仅是确保组织目标的实现；人力资源管理扩大了传统人事管理的职能，从事务性的员工控制转为根据组织战略目标制订相应人力资源规划与战略，以提高组织的竞争力。人力资源管理比传统人事管理更具战略性、整体性和未来性。

人伦 Confucianist interpersonal relations 中国儒家对古代宗法社会里的五种基本人际关系及与其相应的道德规范的统称。又称“五伦”。意指父子、君臣、夫妇、长幼、朋友五种人际关系及其相应的“亲”、“义”、“别”、“叙”、“信”五种道德要求。孟子首倡“人伦”，他说：“人之有道也，饱食、暖衣、逸居而无教，则近于禽兽。圣人有忧之，使契为司寇。教以人伦：父子有亲，君臣有义，夫妇有别，长幼有叙，朋友有信。”全面概括了封建社会的道德关系。并认为圣人是人伦的楷模，“圣人，人伦之至也”。儒家十分重视“人伦”教化。孟子说，古代设立庠、序、学校，“皆所以明人伦也”。《礼记·中庸》称此为“天下之达道也”。如果“人伦明于上，小民亲于下”，就能实现国治而天下平。中国封建统治者一直用它处理社会人际关系，以维护和稳固宗法等级秩序。

人面方鼎 Bronze Square Ding with Human-mask Motif 中国商代后期青铜器。出土于湖南宁乡。通高38.5厘米，口长29.8厘米，宽23.7厘米。湖南省博物馆藏。内壁有“大禾”二字铭文。造型为商至西周流行的方鼎样式，鼎腹四面铸有浮雕人面，底部填云纹。在已知的商周青铜器中，以人面为鼎腹装饰的仅此一例。其五官的表现与商代青铜、玉器上所见人面形象不同，为同时期所少见。

但其耳下部有爪，故应是一种神异的形象。有学者认为与“黄帝四面”的传说有关。

人民 the people 以社会各劳动阶级、阶层为主体并联合其他爱国社会集团组成的统一战线。人民是一个政治的、历史的范畴，在不同的国家和各个国家的不同历史时期，有着不同的内容。V.I.列宁所说的人民指无产阶级与农民。中国共产党人所说的人民在中国革命与建设的不同历史时期体现为不同阶级、阶层与社会集团的联合：在抗日战争时期，一切抗日的阶级、阶层与社会集团都属于人民的范围；在解放战争时期，一切反对美帝国主义、官僚资产阶级、地主阶级和国民党反动派的阶级、阶层和社会集团都属于人民的范围；在社会主义时期，人民的范围不仅包括以工人、农民、知识分子为主体的全体社会主义的劳动者，还包括拥护社会主义的爱国者、拥护祖国统一的爱国者。

人民币 renminbi 中华人民共和国的法定货币。主币单位为元，辅币单位为角、分。1元＝10角＝100分。代号为¥。至2008年，流通中的人民币纸币面额有：1角、2角、5角、1元、2元、5元、10元、50元、100元9种，硬币面额有1分、2分、5分、1角、5角、1元6种。1948年12月中国人民银行成立时开始发行第一套人民币，陆续收回各解放区发行的地方性货币，并用收兑的办法清理了国民政府发行的各种货币。1955年3月起，发行新人民币（第二套人民币），并按1元新人民币折旧人民币1万元进行兑换。1962年4月起发行第三套人民币。1987年4月起发行第四套人民币。1999年10月发行第五套人民币。人民币由国家法律授权中国人民银行统一印制、发行，任何单位和个人不得印刷、发售代币票券。

人民出版社 People's Publishing House 中华人民共和国诞生后最早建立的国家政治书籍出版社，也是全国性的多学科社会科学书籍出版社。1950年12月在北京成立。1921年，中国共产党成立之后不久建立的第一个出版机构，即以“人民出版社”命名，由时任党中央宣传主任的李达主持。人民出版社以宣传马列主义、毛泽东思想、邓小平理论、“三个代表”重要思想和科学发展观以及党和国家的方针政策为己任，出版了大量的经典原著，党和国家的重要文件、文献、法律汇编，党和国家领导人的文集、传记，以及哲学社会科学、文化艺术、人物传记、翻译作品等各领域的学术专著。除图书外，还编辑出版《新华月报》、《新华文摘》、《人物》3种期刊。

人民大会堂 Great Hall of the People 中华人民共和国全国人民代表大会会址。位于北京市天安门广场西侧，坐西朝东，南北长336米，东西宽206米，高46.5米，占地面积15万平方米，建筑面积17.18万平方米。

人民大会堂外景

大会堂正门面对天安门广场，正门顶上镶嵌着国徽，迎面有12根25米高的浅灰色大理石门柱，进门是典雅朴素的中央大厅。厅后是宽达76米，深60米的万人大会场，大会场北翼是有5 000个席位的大宴会厅。南翼是人大常务委员会办公楼。大会堂内还有以全国各省、市、自治区名称命名，富有地方特色的厅堂。整个大会堂的建筑造型，平面对称，高低结合，台基、柱廊、屋檐采用中国传统的建筑风格，使其与天安门城楼和广场协调一致而又有所创新。

人民大会堂是为庆祝国庆10周年，北京市及全国建筑师共同协作，以极高的创作热情参与规划设计和建设的。1958年10月动工，1959年9月建成，仅用10个多月的时间。历届全国人大、政协会议和重大国事活动以及外国首脑欢迎仪式在这里举行。

人民代表大会制度 people's congress system 中华人民共和国的政权组织形式，国家的基本政治制度。它是中国共产党在领导中国人民进行长期革命斗争中，根据巴黎公社和苏维埃制度的原则，结合中国的实际情况，总结民主革命时期革命根据地政权建设的经验而建立和发展起来的。它保证了全国人民当家做主，行使国家权力。

中华人民共和国是工人阶级领导的，以工农联盟为基础的人民民主专政的社会主义国家，国家的一切权力属于人民。人民代表大会制度体现了以工人、农民、知识分子为主体的社会主义劳动者和爱国者的根本利益，体现了全国各民族、港澳同胞和海外侨胞的根本利益。保证全体人民行使国家权力，是人民代表大会制度的实质，按照民主集中制原则组织起来的人民代表大会体现了人民民主专政的国家本质。

人民选举代表，组成全国人民代表大会和地方各级人民代表大会，作为人民行使国家权力的机关。全国人民代表大会是最高国家权力机关，有权修改宪法，制定法律，决定国家重大问题。地方各级人民代表大会是地方国家权力机关，依照宪法和法律规定的权限，决定地方的各种重大事项。其他国家机关由人民代表大会产生，受它监督，向它负责。各级人民代表大会组织本级的国家行政机关、审判机关、检察机关。常务委员会向本级人民代表大会负责，人民代表大会向人民负责。人民代表大会有权撤销常务委员会不适当的决定，罢免它的组成人员。

人民公社 People's Commune 1958～1984年在中国农村建立的集体所有制经济组织，又是县之下、生产大队之上的政社合一基层政权。

1957年冬季全国农村开展大规模兴修水利活动，需要多家农业合作社协作，投

1958年湖南宁乡县某人民公社成立大会

入较大资金和人力，共同施工和管理，于是出现了联合建大社的要求。当时对共产主义的认识偏差及“大跃进”导致的高指标和浮夸风，也推动着生产关系方面急于向所谓更高级的形式过渡，主观地认为农业合作社规模越大、公有化程度越高，就越能促进生产。1958年3月，中共中央在成都召开政治局扩大会议，讨论通过了《关于把小型的农业合作社适当地合并为大社的意见》。

1958年3月，河南新乡七里营成立了全国第一个农村人民公社。4月，河南遂平嵖岈山卫星社将27个社合并为一个大社，草拟的简章后来成为中央推广人民公社的典型。7月1日，《红旗》杂志发表文章《全新的社会，全新的人》，第一次提出了“人民公社”的名称。8月，毛泽东到各地视察，肯定了办人民公社的做法。同月，中共中央政治局扩大会议通过《关于在农村建立人民公社问题的决议》，于是，全国农村掀起了人民公社化的高潮，只用一个多月，就基本实现公社化。到1958年底，全国74万个农业合作社合并为2.6万个人民公社。参加人民公社的农户已经占全国总农户的99%以上。稍后，在部分城市中又进行了办城市人民公社的试点工作。当时，农村人民公社的特点被称为“一大二公”，即规模大、公有制程度高。一般是一乡一社，大力推行组织军事化、行动战斗化、生活集体化；合并后一切财产收归公社所有，在全社范围统一核算、统一分配，实行部分的供给制，大办免费的公社食堂、敬老院、幼儿园等；还无偿地调拨生产队的土地、物资、劳力。这些都导致了“一平二调三提款”的“共产风”，使农民惊恐和不满，纷纷宰杀牲畜、砍伐树木，给农业生产造成很大破坏。中共中央和毛泽东注意到其严重失误，采取了一些纠正措施进行整顿。1958年11月至1959年2月先后召开中共八届六中全会和第二次郑州会议，发出了《关于人民公社若干问题的决议》、《关于人民公社管理体制的若干规定（草案）》、《关于人民公社的十八个问题》，规定生产队是人民公社的基本核算单位，生产队所有制目前还是公社的主要基础，凡是征用队和个人的财物、劳力都要进行清理、如数退还。1962年又进一步规定所有制为公社、生产大队、生产队三级所有，生产队为基础，允许社员经营少量自留地和家庭副业。在经营管理上，生产队独立核算、自负盈亏，公社执行基层政权的职能。这种体制一直延续到1984年实行联产承包责任制改革之前。

初期人民公社的做法，混淆了社会主义和共产主义的区别，严重脱离中国社会生产力和人们思想觉悟的实际程度，带有浓厚的平均主义和军事共产主义色彩，因而严重挫伤了农民的生产积极性，破坏了生产力的发展。1983年中共中央发出《关于实行政社分开建立乡政府的通知》，到1984年，原来政社合一的人民公社不复存在。

人民教育出版社 People's Education Press 中国基础教育教材和其他各类教材的专业出版社。直属中华人民共和国教育部。1950年12月在北京成立。受教育部委托，人民教育出版社主持或参与草拟了2000年以前历次中小学各科教学大纲，由国家颁布；根据中国教育改革和发展的需要，先后编写、出版了9套全国通用的中小学教材；编写、出版了义务教育课程标准全套实验新教材，即第10套供全国选用的中小学教材，陆续出版。为了加强基础教育课程和教材的研究工作，1983年经教育部批准，成立课程教材研究所，与人民教育出版社合署办公。

人民美术出版社 People's Fine Arts Publishing House 中国全国性美术专业出版社。1951年9月在北京成立。1998年5月与中国连环画出版社等单位重组成立中国美术出版总社。以出版中国各类优秀美术作品和论著为主，也出版介绍外国有研究和借鉴价值的美术作品及有关论著。出版物的品种包括：各种类型的美术与摄影画册、美术教材与技法书、连环画、年画、宣传画、美术期刊、丛刊等。1951年5月创刊《连环画报》。目前编辑出版《中国艺术》、《美术之友》、《中国中小学美术》、《漫画大王》等期刊。此外，还编辑出版全国美术教材。

人民陪审员 people's juror 依法从人民法院组成人员以外的公民中选举产生，依法定程序参加人民法院案件审理工作的非职业审判人员。

人民陪审员制度起始于中国新民主主义革命时期。在各革命根据地，除反革命案件外，一切民事、刑事案件都有陪审员陪审。中华人民共和国建立后，根据现行法律的规定，人民法院审判第一审案件，

除了简单的民事案件、轻微的刑事案件和法律另有规定的案件，可以由审判员一人独任审判之外，应当由审判员组成合议庭或者由审判员和人民陪审员组成合议庭进行。

人民陪审员由选举产生。凡年满23周岁没有被剥夺过政治权利的中华人民共和国公民，都可以被选举为人民陪审员。人民陪审员在人民法院执行任务期间，是他所参加的审判庭的组成人员，同审判员有同等权利。

《人民日报》 *People's Daily* 中国共产党中央委员会机关报。1948年6月15日由《晋察冀日报》和晋冀鲁豫《人民日报》合并而成，为中共华北局机关报，在河北平山里庄创刊，毛泽东题写报名。1949年3月15日，迁入北平（今北京）；8月1日，中共中央决定将其转为中国共产党中央委员会机关报，并续延期号。

《人民日报》是中国最具权威性、最有影响力的全国性报纸，是党和人民的喉舌，是联系政府与民众的桥梁，也是世界观察和了解中国的重要窗口。

为适应社会主义现代化建设事业发展的需要，《人民日报》的版面不断进行调整，创刊时为对开4版，2003年扩为16版。评论和理论宣传是《人民日报》的重点和优势，除社论、评论外，还设有人民论坛、思想纵横、人生境界、人民时评、声音、今日谈、金台随感、国际论坛等栏目。1985年7月1日创办《人民日报》(海外版)。1995年和1997年，先后创办《人民日报（华东新闻）》和《人民日报（华南新闻）》。此外，还主管、主办《市场报》、《讽刺与幽默》、《环球时报》、《证券时报》、《京华时报》、《环球人物》、《汽车与运动》等报刊。

1997年1月1日，《人民日报》(网络版)进入国际互联网。2000年8月21日，网络版更名为“人民网”。人民网是中国国家

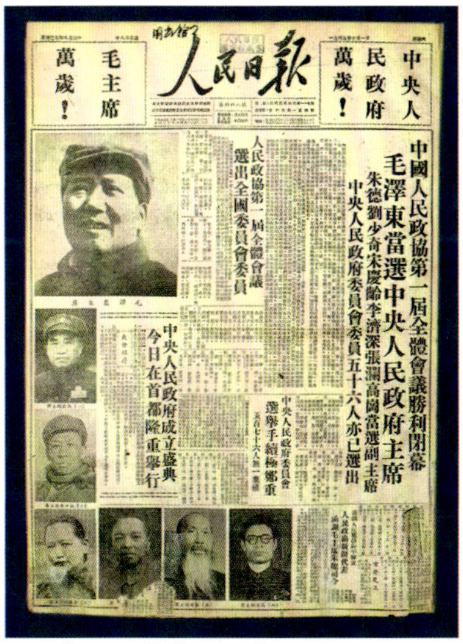
人民日報
毛主席萬歲！
中央人民政府萬歲！
中國人民政協第一屆全體會議勝利閉幕
毛澤東當選中央人民政府主席
朱德劉少奇宋慶齡李濟深張瀾高崗當選副主席
中央人民政府委員會委員五十六人亦已選出
人民政協第一屆全體會議選出全國委員會委員
中央人民政府成立盛典今日在首都隆重舉行

《人民日报》1949年10月1日版

重点新闻网站，24小时滚动发布新闻，日新闻信息更新量超过6 000条。建有中国共产党新闻、中国人大新闻、中国政府新闻、中国政协新闻四大专题网站，在全国各省、直辖市、自治区及计划单列市设有39个地方视窗。除中文版（简体、繁体）外，另有英、日、法、俄、西班牙、阿拉伯6个外文版，读者遍及200多个国家和地区。

《人民日报》的新闻信息采集渠道遍布国内外。国内设有2个分社和36个记者站，国外设有33个记者站。报纸发行全国及世界100多个国家和地区，发行量达300万份。

1992年，《人民日报》率先在中国报业建成卫星版面数字传输系统，做到全国42个承印点同步接收，同步印刷，同步发行。

人民文学出版社 People's Literature Publishing House 中国文学专业出版社。1951年3月在北京成立。主要出版优秀的当代中国文学作品，注重反映现实生活的新创作；整理出版中国古典文学作品、五四运动以来

政務院財政經濟委員會執照
人民文學出版社 設立於北京市
經營出版文學方面的圖書雜誌 經本會核准
登記特發給執照以資證明
主任 陳雲
公元一九五一年六月二十三日

政务院财经委员会主任陈云签发的人民文学出版社营业执照

新文学中有代表性的作品；系统介绍外国古典文学名著和有影响的外国当代文学作品；出版各种文学研究论著。除图书外，还编辑出版《当代》、《新文学史料》、《中华文学选刊》等期刊。

人民音乐出版社 People's Music Publishing House 中国出版音乐书籍和音像制品的专业出版社。前身为万叶书店，由钱君匋1938年7月创建于上海。1954年10月以万叶书店为主体，与中国音乐家协会出版部合并组建音乐出版社。1974年8月更名为人民音乐出版社。出版物范围包括中外音乐书籍、乐谱、工具书、中小学音乐教材和教辅，兼营电子音像制品，以及《中国音乐教育》、《音乐研究》和《钢琴艺术》3种期刊，致力于积累中外音乐文化成果，弘扬中华民族优秀音乐文化传统，促进中外音乐文化艺术交流。

人民英雄纪念碑 Monument to the People's Heroes 中国大型纪念性建筑物。建立在北京天安门广场中心。1949年9月30日中国人民政治协商会议第一届全体会议通过决议，为纪念在人民革命战争、民族解放战

人民英雄纪念碑远景

争和民主运动中牺牲的人民英雄建立纪念碑。当天下午毛泽东主席和全体出席政协会议的代表参加奠基典礼。由梁思成主持建筑设计，刘开渠主持雕塑创作。1958年5月1日揭幕，是中华人民共和国建立后第一座大型纪念性建筑物。1961年定为全国重点文物保护单位。

纪念碑通高37.94米，用1.7万多块花岗岩和汉白玉砌成。碑基面积3 000余平方米。台座两层，下层呈海棠形，东西宽50.44米，南北长61.54米。上层为方形，四周以汉白玉栏杆环绕，四面设台阶。台座上为两层须弥座，下层大须弥座束腰处四面镶嵌着八块巨大的汉白玉浮雕，分别以“虎门销烟”、“金田起义”、“武昌起义”、“五四运动”、“五卅运动”、“南昌起义”、“抗日游击战”、“胜利渡长江”为主题。在“胜利渡长江”浮雕的两侧，另有两幅以“支援前线”、“欢迎人民解放军”为题的装饰性浮雕。上层小须弥座四周镌刻由牡丹、菊花、垂幔等组成的八个花环。碑身高大。正面碑心为一整块大石，长14.7米，宽2.9米，厚1米，重达70吨，镌刻毛泽东题词“人民英雄永垂不朽”八个镏金大字。背面由七块大石组成的碑心，镌刻由毛泽东撰文、周恩来题写的碑文。碑身两侧用五星、松柏和旗帜组成浮雕花环图案。碑首为庑殿顶式。整座纪念碑雄伟壮观，庄严肃穆。

人民运动联盟 Union pour un Mouvement Populaire; UMP 法国执政党和议会第一大党。前身系C.戴高乐于1947年成立的法兰西人民联盟，其间曾数易其名，但它一直声称忠于戴高乐主义，所以习惯上称之为戴党。1976年12月，改名为保卫共和联盟，J.希拉克任主席。2002年4月，为吸取教训、团结右翼取得大选胜利，保卫共和联盟吸收了自由民主党和法国民主联盟部分成员

组成总统多数派联盟。同年5月举行的立法选举中，总统多数派联盟获胜。同年9月自由民主党和法国民主联盟分别召开会议，宣布解散各自政党，并入总统多数派联盟。2002年11月7日，总统多数派联盟召开代表大会，更名为人民运动联盟。2009年9月党员约35万人，多为职员、官员、自由职业者、商人、农民和工人等。属中右政党。2007年5月N.萨科齐当选总统后辞去党主席职务。2007年7月该党召开全国理事会修改党章，党章规定2012年前实行集体领导制，由三位副主席组成立法机构（全国理事会办公室），三位总书记组成执行机构（总书记处）。目前党主席一职暂时空缺，J.-P.拉法兰任第一副主席。2009年1月起，B.贝特朗担任总书记。

中央领导机构有全国代表大会、全国理事会、政治局，地方组织有省委员会和选举委员会。联盟出版物有《联盟杂志》、《联盟辩论》、《某种观点》、《地方议员通讯》等。

人名学 anthroponomastics 研究人名产生发展的规律、人名的结构及其社会功能和地理分布的学科。人名的产生和发展与各民族的社会情况和风俗习惯密切相关。各民族的人名构成方法和结构常有差异。在汉语人名系统中，属于人的专有名称的有姓（氏）、名、字、别号、乳名、绰号。过去还有谥号和美称。姓和名是现代汉语社会中每个人必不可少的名称，用来代表一个人，区别于别的人。中国的一些少数民族以及朝鲜和越南的人名系统和汉族的很相近。日本人的姓名数目庞大，且姓多于名，模式同中国汉族人，姓在前，名在后。英美人的基本人名模式是名在前，姓在后，有的有中间名（第二名字），而第一名被称为洗礼名或教名。俄罗斯人姓名的全称有名字、父名和姓，并有明显的性别标志，且可用后缀表达特定的关系或感情。研究人名学对历史学、民俗学、人口学和语言学等有重要意义。

人权 human rights 在一定社会历史条件下，人按照自然属性和社会属性应该具有和实际具有的权利。

内容 人权的主体在各个历史时代是不同的。当代人权主体指所有的人，是不分种族、民族、肤色、性别、语言、宗教、政治或其他见解、国籍、出身、财产、出生、其他身份等区别的一切人。所有的人在法律面前一律平等，其人格尊严、价值和自由，受法律的平等保护，不受歧视。

人权客体也是非常广泛的，它随着人类认识和实践的发展而不断发展和丰富。在一个国家中，人权客体主要包括：①人身权利。分为人格权和身份权。人格权包括姓名权、生命权、身体健康权、名誉权、荣誉权、自由权、肖像权等。身份权包括亲属权、配偶权、监护权、继承权和知识产权中的身份权等。②政治权利。包括选举权和被选举权，言论、出版、集会、结社、游行、示威自由，以及请愿、罢工等权利。③经济、社会、文化权利。包括财产权、劳动权、受教育权、休息权、社会保障权和社会救济权等。

人权按照主体分为个人人权和集体人权；按照存在的形态分为应有人权或应然人权（习惯上、道义上的人权）、法定人权和实然人权。应有人权是关于人权的一种理想的形态，也是一种道义上的诉求，是按照人的属性，在逻辑上推论出的一种人权形态，是作为人权的一般，人权的概括和抽象；法定人权是在法律上规定的人权，是法律所保护的人权。《世界人权宣言》在序言中表明："鉴于为使人类不致迫不得已铤而走险对暴政和压迫进行反叛，有必要使人权受法治的保护。"实然人权是在一个国家中，作为人权主体真正具有和真实享受到的具体权利状况。

人权在一个国家的法律表现是公民权。人权同公民权有着密切的联系，也有重大的区别：①人权首先和主要指道德或道义上的权利，是人性反对神性的产物，公民权是人权在法律上的表现，主要是指法律上的权利，是国家和法律的产物；人权涉及的内容范围极为广泛，是不可能穷尽和一一明确列出的，公民权是宪法和法律所规定的权利，包括人权中的最重要的部分，是可以明确和一一列出的。②人权有个人人权和集体人权的区分；人权的法律保障有一个国家的国内法保障（这是主要的和根本的），还有国际法的保障，公民权则是一个国家的内政问题，是一个国家的国内法保障的问题。

明确的人权意识是资产阶级在反对宗教神权、君权和封建等级和人身特权的斗争过程中逐步形成和发展起来的。17世纪英国资产阶级革命被称为第一次人权运动；1776年美国的《独立宣言》被马克思称为"第一个人权宣言"；1789年法国《人权与公民权宣言》以天赋人权为理论基础，明确提出了"人权"的口号，以政治纲领的形式确立了人权原则，并使之法律化。后来资产阶级夺取国家政权以后，都纷纷将人权载入宪法。

人权不是天赋的，而是历史地产生的。人权归根结底是一定社会历史发展阶段的产物，是由特定社会的物质生活条件所决定的，具体来说，是由该社会的经济基础以及由经济基础所制约的文化发展状况所决定的。一切所谓的"天赋人权"或"自然权利"都不过是资产阶级的阶级特权，"人权本身就是特权"。

无产阶级和劳动人民在资本主义社会里虽然接过资产阶级提出的关于人权的口号为自己的人权进行斗争，在某种程度上也确实改善了自己的人权状况，但是，只要资本主义的社会制度和资产阶级的国家政权仍旧存在，无产阶级和劳动人民的人权就不可能得以真正实现。

第二次世界大战后，保护人权成为世界各国人民的普遍的和强烈的呼声。社会主义和资本主义作为两种不同的社会制度和意识形态的对峙与共处，特别是某些西方国家自20世纪70年代以来实施"人权外交"战略，借"人权"干涉别国内政，对社会主义国家进行"和平演变"，使国际人权斗争领域呈现出非常复杂的局面。

人权外交 human rights diplomacy 以人权为筹码和借口，对其他国家的内部事务进行干涉的一种对外政策或对外行为。美国推行其全球霸权战略的一个工具。人权外交的始作俑者是美国第39届总统J.卡特。他在1977年1月20日的就职演说中表示，"我们致力于人权的决心必须是绝对的。"翌年12月6日，他又在纪念《人权宣言》发表30周年大会上声称："强调人权原则是美国对外政策的灵魂，是确定美国同其他国家保持什么关系的一个因素。"在卡特当政时期，美国经常以人权问题为由，向苏联发难，试图通过这种做法提高美国形象、团结西方盟国、动员世界舆论，以实现其孤立苏联之目的。冷战结束后，美国仍继续打着维护人权的旗号，对其他国家施加压力，将自己的意愿强加于人。

《人权宣言》 *Déclaration des Droits de l'Homme* 法国资产阶级革命时所发表的《人权与公民权宣言》的简称。1789年8月26日制宪会议通过。为其后资产阶级代议民主制国家所崇奉和仿效的经典性政治文件。全文除序言外共17条，主要规定：人生而平等，享有自由、财产、安全和反抗压迫的权利；自由包括言论、著述和出版等自由；财产神圣不可侵犯；主权属于国民；实行分权原则；任何团体或个人不得行使主权所未明确授予的权力；法律为公共意志的体现，公民均有权亲自或通过其代表参与制定；公民在法律面前人人平等，任何人非于法定情况下并经法定程序不受控告、逮捕或监禁；动议、发布、执行或指示他人执行专断命令者应受惩罚，但抗拒合法的传唤或扣押者构成犯罪；承认法律不溯既往和无罪推定的原则；等等。

人身权 personal rights 民事主体依法享有且与主体不可分离的，以在人格关系和身份关系上体现的人格利益、身份利益为客体的民事权利。财产权的对称。它包括人格权和身份权两部分。

人身权具有如下法律特征：①人身权是民事主体专属的权利。②人身权没有直接财产内容。③人身权是绝对权。④人身权是支配权。

人身权的内容包括控制权、利用权、有限转让权和依法处分权。权利主体在法律范围内，有权根据自己的利益为一定的行为或不为一定的行为；有权要求义务人为一定行为或不为一定的行为；有权在自己的人身权利遭到侵害或义务人不履行义务时，请求法院予以保护。《中华人民共和国民法通则》规定侵害人身权应承担的民事责任方式主要包括：停止侵害、消除影响、恢复名誉、赔礼道歉、赔偿损失。其中的赔偿损失既包括对因人身权受损而引起的物质损害的赔偿，也包括对精神损害的赔偿。在民法的人身权保护制度之外，刑法对侵害人身权的犯罪予以刑罚制裁，行政法追究侵害人身权行为人的行政责任，都可以起到保护人身权的作用。

人身自由 personal freedom 公民人身不受侵犯的权利。又称身体自由。人身自由是公民参加国家政治生活、社会生活的基础，是以人身保障为核心的权利体系，体现了人的价值，其自由的实现程度直接影响社会生活的安定。

人身自由的保障通常分为两种形式：一是实体保障，如确立限制或剥夺人身自由的法定原则、罪刑法定原则，禁止连坐等；二是程序保障，如严禁刑讯逼供、禁止非法搜查公民的身体、禁止非法搜查或者非法侵入公民的住宅等。

人身自由的内容主要有：①任何公民，如果没有法律所禁止的行为，应不受任何刑罚。②公民如果触犯了法律，应由有逮捕、拘留、扣押和审判权之机关来处理。③对于任何公民，即使依法限制人身自由，也不准施行肉体或精神惩罚。④公民住宅除依法搜查外，非经本人同意，任何人不得进入。⑤公民的人格尊严不受侵犯。⑥公民的通信自由和通信秘密受法律保护。

人身自由是资产阶级在反对封建的人身依附关系的过程中提出的。第二次世界大战后，联合国颁发的一系列重要国际文件把人身自由规定为公民的基本权利。

人参 *Panax ginseng*; astatic ginseng 五加科人参属的一种。多年生草本植物。因其根形像人，逐渐长成，故名。药用植物，主要以根供药用。生产人参的主要国家为中国、朝鲜、韩国、日本和俄罗斯。

主根肉质，淡黄白色，纺锤形或圆柱形，下部分枝，须根长。茎高可达60厘米。掌状复叶，轮生。伞状花序，顶生。花小，淡黄绿色。果实扁肾形，红色。属阴性植物，喜寒凉湿润气候，忌强光与高温。野生的

人参植株和根形

“野山参”多生长于山区茂密的针阔叶混交林下，以阴坡地为多见。通常用种子繁殖，育苗移栽。栽培5～6年后收获，采挖时间多在9～10月。忌连作。

人参根有调整中枢神经功能，提高脑力和体力劳动效率和抗疲劳作用；能增强机体免疫功能，促进血清蛋白质和细胞内核糖及蛋白质的合成，调节糖和脂肪等物质代谢，降低血糖；增强心脏收缩，小剂量使血压升高，大剂量使血压下降；还具有兴奋肾上腺皮质，促进性腺机能，以及抗炎和抑制肿瘤等作用。人参叶有生津益气和降虚火的作用，也可制成人参茶饮用。花蕾可制成人参花晶，是一种滋补饮料。种子的脂肪油可作药用油，为调制涂剂的赋形剂。从茎叶、花蕾、果实及芦头中可提取人参皂苷，制成各种制剂用于临床。

人参三醇 panaxotriol 四环三萜，分子式$C_{30}H_{52}O$。熔点238～239℃，比旋光度$[\alpha]_D^{22}$ +14.2（氯仿）。人参三醇是人参中的人参皂苷R_g的苷元（原人参三醇）在稀酸的作用下，分子侧链部分的羟基与烯键环合而生成的。

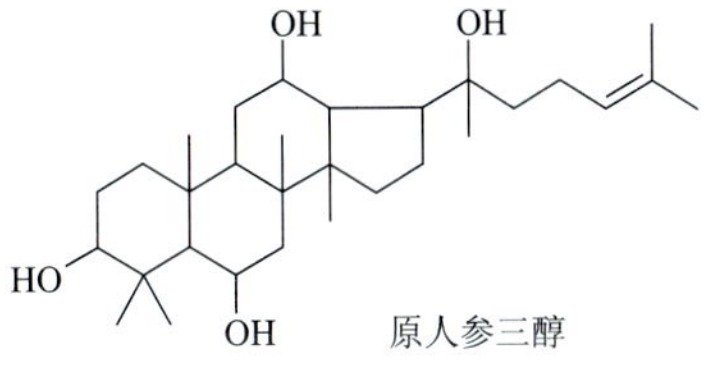

原人参三醇

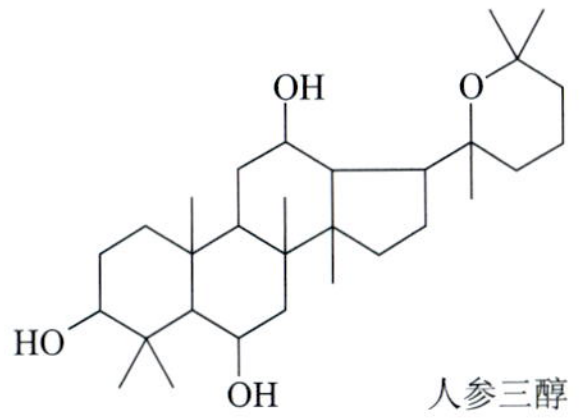

人参三醇

人生观 outlook of life 关于人生目的、态度、价值和理想的根本观点。它主要回答什么是人生、人生的意义、怎样实现人生的价值等问题。其具体表现为苦乐观、荣辱观、生死观等。人生观是一定社会或阶级的意识形态，是一定社会历史条件和社会关系的产物。人生观的形成是在人们实际生活过程中逐步产生和发展起来的，受人们世界观的制约。不同社会或阶级的人们有着不同的人生观。

在人类历史上曾出现过以下几种有代表性的人生观。①享乐主义人生观。它从人的生物本能出发，将人的生活归结为满足人的生理需要的过程，提出追求感官快乐，最大限度地满足物质生活享受是人生的唯一目的。②厌世主义人生观。宗教的厌世主义认为，人生是苦难的深渊，充满各种烦恼与痛苦，唯有脱俗灭欲，才能真正解脱。③禁欲主义人生观。它将人的欲望特别是肉体的欲望看作一切罪恶的根源，主张灭绝人欲，实行苦行主义。④幸福主义人生观。一种观点是强调个人幸福是人生的最高目的和价值；另一种观点是在强调个人幸福的同时，也强调他人幸福和社会公共幸福，认为追求公共幸福是人生的最高目的和价值所在。⑤乐观主义人生观。它认为社会发展的前途是光明的，人生的目的在于追求社会的文明和进步，在于追求真理，对人生抱着积极乐观的态度。⑥共产主义人生观。它是无产阶级的科学的人生观。它把人的生命活动历程看作是认识和改造客观世界的过程，把消灭资本主义，实现共产主义，为绝大多数人谋利益，看作是人生的崇高目的和最大幸福。人生的价值和意义在于对社会所尽的责任和所作的贡献，人生的最大价值和意义，在于努力为人民服务，无私地把自己的一切精力贡献给共产主义事业。

人生礼仪 life rite 人生中标志不同年龄阶段和身份变化的重要环节及相关的各种仪式。人生礼仪在不同国家、不同地区和民族中形成不同习俗，显示具体的生命价值观念。主要包括诞生礼、成年礼、婚礼、葬礼和生日等。人生礼仪在人类社会开始时就已出现，至今仍为世界各民族传统礼仪中重要的组成部分。各国历史文献对此都有大量记述。《礼记》详细而系统地记述了中国古代人生礼仪。西方关于人生礼仪的记录最早见于一些神话传说，如希罗多德的《历史》。

诞生意味人生开始，诞生礼表明社会或宗族对婴儿的具体接纳。中国许多民族特别是汉族庆贺诞生礼的内容主要有洗三、满月、百日、周岁等。洗三，即婴儿降生后第三日，通知岳父母和亲友，相聚庆祝婴儿的诞生。中原地区流行“做九”习俗，即婴儿出生后第九日，族内亲友送黄酒、米面、红鸡蛋、红绒线和整数的钱财，象征美满、长久、吉祥。

成年礼普遍存在于世界许多民族。中国传统的成年礼主要有**冠礼**和**笄礼**，即男子20岁、女子15岁时分别举行庆贺活动，标志青年进入成人社会。有些民族的成年礼举行时间不同。

婚礼是人生礼仪中家庭关系确立的具体标志。历史上的婚姻形式主要有群婚、对偶婚和一夫一妻制等，并形成许多婚姻习俗。在中国，**六礼**是影响最大的婚姻仪礼，闹洞房是婚礼中的高潮。一些少数民族中，至今仍有**阿注婚**等古老婚姻形式。

葬礼是对人生终结的祭奠。出现于原始社会，至今仍受到世界各民族的重视。葬礼形式主要有**土葬**、**火葬**、**水葬**、**树葬**、**塔葬**、**天葬**等。灵魂崇拜是葬礼的核心内容。如今，薄葬成为葬礼的发展趋势，火葬日益被人们接受。

人牲 human sacrifice 用活人祭祀祖先（人鬼）、神灵或自然界万物。又称人祭。主要来源于战争中的俘虏，或由俘虏变成的奴隶。起源于原始社会末期的农业崇拜。主要流行于原始社会末期到文明社会初期。约从公元前4000～前2000年，从印度半岛到地中海地区，曾广泛流行以人牲祭祀农神的习俗。美洲墨西哥阿兹特克人、波利尼西亚人、秘鲁印加人也有此俗。西南非洲、大洋洲、中南美洲和太平洋岛屿上的一些原住民，则流行猎取其他部落的人头来供奉神灵的习俗，至近现代仍有残存。中国在龙山文化遗址的灰坑或文化层中，常见被杀祭的人牲与牲畜同埋，人牲的身份大概是敌对部族的俘虏。在房基下，也发现被作为奠基牲埋置的成人或儿童。商代后期，用人祭祀达到高峰。仅河南安阳**殷墟**一地，至今发现的人牲遗骸已达数千具。周代人牲趋向衰微，秦汉及其以后，人牲基本消失，但在特定的时间或环境中仍有发生。

人事管理 personnel management 相关组织对人力资源的取得、开发、保持和利用等方面所进行的计划、组织、领导和控制活动。现又称人力资源管理。其基本任务就是通过招聘、选拔、培训、考评等活动为组织各部门、各岗位配备合适人选，充分发挥他们的工作积极性和创造性，以保证组织活动的顺利进行和组织目标的实现。人事管理工作的内容包括：①招聘和选拔；②培训；③绩效考评；④确定员工报酬；⑤处理劳动关系，即所有者、经营管理者和一般员工在企业生产经营过程中形成的责、权、利关系，正确处理这种关系对于建立和维持和谐的工作环境至关重要。

《人是机器》 *L'homme machine* 法国J.O.de拉美特里的著作。作者因出版《心灵的自然史》一书被迫流亡荷兰时写成，1747年匿名发表。拉美特里根据大量医学、解剖学和生理学的科学材料，证明人的心灵状况取决于人的机体状况，特别着重证明**思维**是大脑的机能和道德源于机体的自我保存的要求。《人是机器》假定一切生物都具有所谓“运动的始基”，它是生物的运动，感觉以至思维和良知产生的根据。书中明确指出，运动的物质能够产生有生命的生物、有感觉的动物和有理性的人。公开表明**唯物主义**和**无神论**的立场，驳斥心灵为独立的精神实体的唯心主义观点，论证精神对物质的依赖关系。《人是机器》在自然观、认识论、社会历史观、无神论和伦理学等许多方面还提出一系列后来为其他法国唯物主义者进一步发展了的思想。它是18世纪法国第一部以公开的无神论形式出现的系统的机械唯物主义著作。

人寿保险 life insurance 人身保险的主要险种之一。以人的寿命为保险标的，当被保险人在保险期限内死亡或生存至一定年龄时，保险人即履行给付保险金责任的保险。又称生命保险。通常分为生存保险、死亡保险以及生死两全保险3种。生存保险是在约定的期限届满时而被保险人仍健在时，由保险人给付保险金；死亡保险是在保险期限内被保险人死亡时，由保险人给付保险金；生死两全保险是除被保险人在保险有效期间死亡给付保险金外，在保险期限届满时如保险人仍健在，保险人也给付保险金。

人属 *Homo* 灵长目**人科**的一属。主要特征：大脑比较发达，脑量大；用双脚直立行走，且整个人体结构尤其是肢体结构与之相适应；手的拇指发育完全，并可与其余手指相对地动作，能准确握物；能利用一种工具去制造另一种工具。据现有资料，开始出现于约距今240万年前，一直生存至今。包括已经绝灭的**能人**（种）、**直立人**（种）、弗洛勒斯人（种）和至今生存的**智人**（种）（内含已经绝灭的早期智人、晚期智人和现在生存的现代人种）。另有学者认为直立人与智人应属同一个物种；还有学者主张有些化石人类不应归入上述几个种，而应另立种名为**鲁道夫人**、**海德堡人**、**尼安德特人**等。

人体 human body 由多种细胞构成的人类有机体。

概述 人体与自然界中的万物一样也是由化学元素构成，其中最主要的元素是碳（C）、氢（H）、氧（O）、氮（N），约占有机体总量96%，还有少量的硫（S）、磷（P）、钠（Na）、钾（K）、钙（Ca）、氯（Cl）、镁（Mg）等。这些元素是人体必不可少的，此外还有极微量的铜（Cu）、铁（Fe）、锌（Zn）、锰（Mn）等，它们尽管在体内含量少，但都有其特殊的生理功能。元素一般不能单独存在，总是结合成分子，形成无机化合物（如水、二氧化碳、氨、磷酸等）和有机化合物（如糖类、蛋白质、脂类、核酸等，又称生物分子）。这些生物分子按一定方式有序地组装成生物活性的亚单位，再组装成各种细胞器，形成细胞。细胞是人体最基本的结构与功能单位，形态相似和功能相关的细胞借助细胞间质结合起来形成四大组织：上皮组织、结缔组织、肌组织和神经组织。几种不同的组织结合在一起完成特定的生理功能就组成器官，如心、肺、肾、肝等。许多功能相关的器官连接在一起完成一定的生理功能就形成系统。

成人体重的55%～60%来自液体。其中2/3的液体分布在细胞内，称细胞内液；余下的1/3分布在细胞外，称细胞外液。细胞新陈代谢所需的营养成分由细胞外液提供，代谢产物也排入细胞外液中，细胞外液再与外环境发生物质交换。因此，细胞外液被称为机体的内环境。内环境的各项理化因素是相对稳定的，称为内环境稳态，这是细胞、器官维持正常生存和活动的必要条件。若稳态功能受到破坏将导致机体功能发生严重障碍，甚至死亡。

人体结构 人体的系统主要有运动系统、消化系统、呼吸系统、泌尿系统、生殖系统、循环系统、神经系统、内分泌系统。在这些系统的共同作用下，人体才能进行日常的活动。如果没有这些系统，即便是一个看来极为简单的动作都无法完成。

运动系统 由骨、**关节**和骨骼肌组成，对人体起到支持、保护和运动的作用。每块骨由表层的骨膜、深层的骨质和**骨髓**组成。人体的骨与骨之间借关节相连，形成骨骼。全身各关节因其构成形态不同，运动的种类、范围和幅度也不同。一般躯干的关节运动范围小，四肢的关节运动范围较大。四肢关节的运动，上肢以灵活性为主，下肢以稳定性为主。人体骨骼肌600余块，分布全身各处。骨骼肌附着于骨，在神经系统支配下收缩和舒张，牵动骨和关节产生运动。

消化系统 由消化管和消化腺构成，其功能主要是消化食物，吸收营养，排出食物残渣，为机体提供物质和能量来源。消化管由上而下依次为口、咽、食管、胃、小肠（十二指肠、空肠、回肠）及大肠（盲肠、阑尾、结肠、直肠、肛管）。临床上常把口腔至十二指肠一段称上消化道，十二指肠以下的部分称下消化道。消化腺的大小与位置各不相同，大的消化腺有肝、胰和唾液腺（包括腮腺、舌下腺和下颌下腺），小的消化腺分布于消化管壁内，如胃腺、肠腺等。

呼吸系统 由呼吸道和肺两大部分组成，功能主要是完成气体交换。通常把鼻、咽和喉称上呼吸道，把气管和各级支气管称下呼吸道。呼吸道的起始部是鼻，鼻具有呼吸和嗅觉双重功能。喉不仅是呼吸的管道，也是发音的器官。幼儿的肺呈淡红色，随着年龄的增长，肺颜色逐步变为暗红或深灰色。

泌尿系统　由肾及输尿管、膀胱、尿道4部分组成。其功能主要是排出机体内水溶性代谢产物（尿素、尿酸等），维持水、电解质和酸碱的平衡，保持机体内环境的相对稳定。肾为生成尿液的器官，输尿管将尿液导入膀胱，膀胱为暂时性储尿器官。最终，尿液经尿道排出体外。

生殖系统　由生殖腺（男性为睾丸，女性为卵巢）、输送管道（男性为附睾、输精管、射精管和男性尿道，女性为输卵管、子宫和阴道）和附属腺体（男性为精囊、前列腺和尿道球腺，女性为前庭大腺）以及外生殖器（男性为阴囊与阴茎，女性为女阴）组成。该系统不仅具有繁衍后代的作用，而且可以分泌性激素。

循环系统　由心脏、动脉、毛细血管和静脉及淋巴系统构成。其中心脏、动脉、静脉和毛细血管合称心血管系统。心血管系统主要担负着运输血液的功能。此外，心肌细胞也可产生和分泌心钠素、肾素、血管紧张素、脑钠素和抗心律失常肽等十余种激素和生物活性物质，参与机体多种功能的调节。淋巴系统可看作是循环系统的补充，具有产生淋巴细胞、过滤淋巴液和进行免疫应答的功能。

神经系统　由脑、脊髓及与其相连并遍布全身各处的周围神经组成。神经系统对不同的细胞、组织和器官的活动进行统一协调。人的神经系统空前复杂，不仅与各种感觉和运动有关，而且体现了更为复杂的高级神经活动，如情感、言语、学习、记忆、思考、思维和意识等。

内分泌系统　由内分泌腺和内分泌组织构成，是神经系统以外的另一重要的调节系统，对机体的新陈代谢、生长发育和生殖活动等进行体液调节。人体的内分泌腺包括甲状腺、甲状旁腺、肾上腺、垂体、松果体、胸腺。内分泌组织包括胰腺中的胰岛、生殖腺中的内分泌组织（睾丸中的间质细胞、卵巢中的卵泡、间质腺和黄体）等。此外，从胃到大肠的黏膜层内分布着40多种内分泌细胞，调节消化腺的分泌和消化器官的功能以及其他激素的释放和营养作用。

人体与环境　人体与环境有着密切的关系。人通过新陈代谢与周围环境进行物质与能量交换，通过调节自身来适应环境，但超过生理调节范围时就引起人体功能与结构的变化，导致疾病。

人体工程学　ergonomics　研究人与机器、环境相互适应，创造舒适、安全的工作条件和休息环境，提高工作效率的一门学科。见人类工效学。

《人体构造论》　*De humani corporis fabrica*　16世纪科学革命的标志性著作之一。曾译《人体结构》。由A.维萨里著。1543年在瑞士巴塞尔出版。全书七卷，依次为骨骼、肌肉、血管、神经系统、腹腔、胸腔、脑和眼。第一次在人体解剖实验的基础上，科学地论述人体构造，推翻了统治学术界1 000多年、建立在非人体素材解剖（即动物解剖）基础上的加伦解剖学，奠定了人体解剖学的科学基础，亦为近现代观察科学奠定了基础，是文艺复兴时代最为重要的著作之一，也是16世纪科学革命的两部标志性著作之一（另一部为N.哥白尼的《天体运行论》）。

人体摄影　nude photography　以人体为创作对象的特殊摄影类型。其属性不是纪实而是艺术。生物学家、医学家拍摄人体是记录，而摄影家拍摄人体必须是以审美理想作指导，通过各种造型，表现对人、对生命的赞颂。

自摄影术诞生之日起，便有摄影家把镜头对准人体。虽然人体美的表现在绘画、雕塑中已经有众多作品，但当摄影以“可怕的真实”来表现人体美时，仍遭到社会上种种异议。因此，最初的人体摄影内容多依托神话传说，在形式上追求朦胧的画意。

20世纪初的纯粹主义是人体摄影成熟的标志。E.韦斯顿以摄影自身的特性与优势，展现了人体的自然美、光影造型美，使人们认识到人体摄影这一新生艺术所独具的魅力。

经过百余年发展，人体摄影艺术形成多种风格和类型。①展示型。人体复杂、和谐、匀称、优美，这种自然属性是展示人体美的基础。体型的对称美，线条的韵致美，肌肤的光洁美，姿态的变幻美，摄影选择其最佳的时空组合，进行独特的艺术表现，是对人的肯定与赞颂。②光影型。采用自然主义手法拍摄人体，属生理与医学的照片。而人体摄影创作必然讲究用光造型。美妙的光影运用把自然的人体造型升华为情感的符号、生命的意象。③天人合一型。人体是大自然的组成部分。完美的人体是大自然的缩影，而大自然有如人体的延伸。男人如山，女人似水，儿童有如花朵，老人犹似苍松。因此在大自然与人文环境中拍摄人体，或对比，或和谐，往往可以生动地展现生命的坚强与美丽。④诗情哲理型。人们最美最善的情感是诗情，人们最平凡最深刻的道理是哲理。作为天地的精华、万美之荟萃的人体便成为人们抒发诗情、探索哲理的艺术载体。观念艺术的兴起更使人体摄影另类丛生。P.哈尔斯曼的《红粉骷髅》可称为其中的代表作。

哈尔斯曼的《红粉骷髅》

人生的迷恋、困惑、思考在一个令人瞠目结舌的画面中展现出来。

人体艺术　body art　专指西方后现代主义中以创作者的身体或借助别人的身体作为艺术传达媒介的艺术。由流行于20世纪60年代的偶发艺术发展而来。它既不表现艺术家的情感，也不记叙个人的生活经历，而是非个性化躯体活动的即时记录，通常借助摄影和录像展示出来，让观众欣赏他们的表演过程，有些人体艺术家还邀请观众参与他们的创作活动，共同完成作品。

一般认为，人体艺术由Y.克莱因揭开序幕。1961年，他请两个身上涂满颜色的裸体女模特按音乐的节奏在画布上滚打拖拽作成绘画。1965年后，人体艺术在欧美行世。B.瑙曼1965年表演了一套类似健美体操的人体艺术。1968年，他借手的推挤按压扮出各种怪脸，制成一组《怪相》全息图。其中最有影响的作品《喷泉的艺术家肖像》（1967），是一组从他嘴里向外喷水的照片。Y.伦莱与艾德罗合演的《女人轶事》，也受到人们注意。此后，人体艺术更是花样翻新，无奇不有。B.麦克莱恩的《微笑》（1969）用3帧连续的照片展现他的微笑起止过程。L.史密斯自己用刀在手臂上

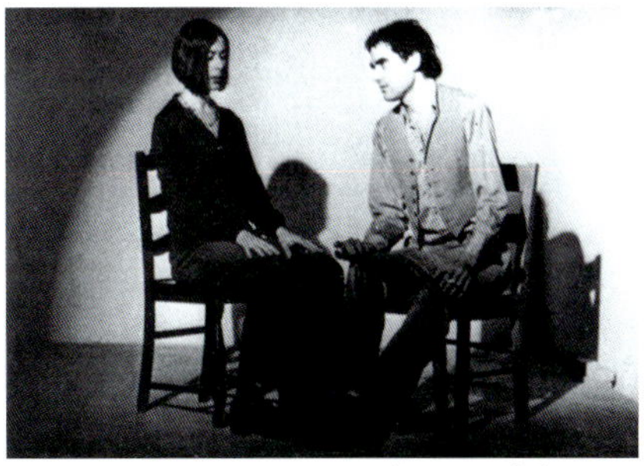

伦莱与艾德罗合演的《女人轶事》

割开15厘米长的血口，取名《线》（1971）。类似这样的人体作品在欧美各国时有出现，是西方现代派艺术发展的一种现象。

人为灾害　artificial calamity　以人为影响为主因产生的灾害。又称人为态灾害。如人

为引起的火灾和交通事故。由自然变异所引起却表现为人为态的灾害称为自然人为灾害，如太阳活动峰年发生的传染病大流行；由人为影响所引起却表现为自然态的灾害称为人为自然灾害，如过量采伐森林引起的水土流失、过量开采地下水引起的地面沉陷等。人为灾害可以防止和避免。

人文地理学 human geography 研究人类活动与地理环境相互关系的地域体系的形成过程、结构、特点和发展规律的学科。以**人地关系论**为基础理论，以人文现象为研究主体，侧重于研究人地间相互作用、相互适应的规律和人地关系地域系统的调控优化，揭示人类活动的分布、变化、扩散及人文现象的空间结构的规律性，为地区经济、社会的可持续发展提供决策支持。当前地理学更趋于深入研究国家建设和解决社会问题，人文地理学日益成为地理学的发展重点。

人文地理学肇始于19世纪下半叶，到第二次世界大战前已经作为一门独立的地理学分支学科。德国是近代地理学的发源地，**C.李特尔**、**F.拉采尔**是近代人文地理学的创始人。人文地理学的许多学术思想大多直接或间接从德国向世界各国传播，相继形成人地关系研究、区域研究、景观研究、区位理论研究等传统。现代人文地理学始于第二次世界大战后，研究领域不断扩展，更加关注人群行为、经济问题和社会发展问题，在理论方面更加重视人文化、生态化，在技术和方法上越来越多地运用计量方法、数学模型、遥感技术等。

人文地理学的研究内容极其广泛，既研究物质生产流通（如经济地理学等），也研究人类居住场所和游憩（如**城市地理学**、旅游地理学等），还研究非物质的文化意识形态（如社会地理学、文化地理学等）。研究对象：一是注重区域和空间的研究，研究人文现象的空间分布，以及它们的形成过程、发展规律和演变趋向；二是人地关系，研究人文现象空间特征与人类活动赖以生存的地理环境之间的关系，揭示自然环境对人类社会活动和人类活动对环境的作用变化规律，以及探讨如何适应环境和改造环境，以协调人地关系。人文地理学是从地域的观点去研究人文现象的空间分异规律，着重说明在什么地方有什么样的人文活动和人文特性，探讨其形成过程，揭示其与地理环境的相互关系，并预测其发展变化趋向。人文地理学是地理学中的社会科学，主要特性是社会性、区域性、综合性。它是一个横断学科，综合研究一个区域的人口、经济、社会、文化、政治、聚落等方面形成发展的条件、特点、分布规律和人地之间的关系，在一个更高的层次上发现问题，提出解决问题的构思。人文地理学有**经济地理学**、人口地理学、聚落地理学、**文化地理学**、**政治地理学**、社会地理学、行为地理学、旅游地理学、军事地理学等分支学科。

人文学科 humanities 涉及人类文化的各学科的总称。始于古希腊教育的一门课程。以后，不同的时代赋予它不同的内容。中世纪教会的教育方案中，它包括数学、语言、历史、哲学和科学。文艺复兴时人文主义者用它指非神学的学术活动，包括语法、修辞、诗学、历史、伦理、古希腊研究等。19世纪以来，强调它与自然科学、社会科学的区别，认为与它们的主要区别不在于研究对象，而在于研究方法：自然科学和社会科学意在寻找规律，用的是规律探求法；人文学科研究的是无规律可循的个别现象或文学艺术创作，用的是特性描述法。当今人文学科一般包括文学、艺术、历史、哲学、神学、语言、文字等内容，相当于欧美国家的大学文科。

人物画 figure painting 以人物形象及其活动为主要描写对象的中国画传统画科。曾因题材类别的不同分为许多支科：描写历史故事与现实人物者称人物画，描写仙佛僧道者称道释画，描写社会风俗者称风俗画，描写妇女者称仕女画，肖像画称**写真**。又曾因画法样式上的区别分为若干类别：刻画工细勾勒着色者称工笔人物画，画法洗练纵逸者称简笔人物画或写意人物画，画风奔放水墨淋漓者称泼墨人物画，纯用线描或稍加墨染者称白描人物画，以线描为主但略施淡彩于头面手足者称吴装人物画。人物画是中国画里直接反映现实的画科，在体现中华民族审美意识特点的同时也较全面、较充分地反映了社会意识，在中国画各科中最富于认识价值与教育意义。

图1 陈洪绶作《钟馗图》（明，苏州博物馆藏）

人物画的产生早于其他中国画科。据《孔子家语》记载，在周代即有劝善戒恶的历史人物壁画。至战国秦汉，以历史现实或神话中人物故事和人物活动为题材的作品大量涌现。战国楚墓出土的《人物龙凤》与《人物御龙》帛画是已知最早的独幅人物画作品。其后大量出土的帛画、壁画、画像砖石，表现

图2 唐寅作《王蜀宫妓图》（明，故宫博物院藏）

出这一时期人物画的兴盛发达。魏晋隋唐是中国人物画重要发展时期，出现了以**顾恺之**为代表的人物画大师和以《魏晋胜流画赞》、《论画》为代表的人物画论，奠立了中国人物画的重要传统。盛唐时期**吴道子**则把人物宗教画推进到更富于表现力的新境地。五代两宋是中国人物画深入发展的时期。随着宫廷画院的兴办，工笔重着色人物画更趋精美，又随着**文人画**的兴起，民间稿本被**李公麟**提高为一种被称为**白描**的绘画样式。宋代社会风俗画和具有现实意义的历史故事画亦蓬勃发展。自南宋受禅宗思想影响，写意人物画肇兴以来，中国人物画开始转向重视审美作用，从为对象传神转向更多地抒发作者情感。元明清时期，虽较多的文人画家转而致力于山水画与花鸟画，但具有萌芽状态反封建意识的文人或职业画家仍不乏人物画的优秀创作。明末的**陈洪绶**、清末的**任伯年**便是杰出的代表。现代的中国人物画，深入研究传统，广泛吸收外来技巧，表现新的时代生活。

中国人物画善于选择具有认识与教育意义的题材，也能在平凡而广泛的选材中开掘深意，侧重“神识风采”之美。其传统素称传神或称为写真、写心、肖品，即通过足以显现人物内在本质的外形的描写，真实地展示不同人物的个性与内心世界，同时也揭示其品格，反映其社会属性，并给以或尝试新的审美判断。某些人物画为突出作者独特感受，亦采取夸张变形的手法。人物画中使用的笔墨技巧与技法，一方面服从于形象的结构质感、量感与神情，另一方面也要传达作者的感情，同时还用以体现作者的个人风格。

《人性论》 *A Treatise of Human Nature* D.休谟的哲学著作。写于1732～1736年，全书3卷，1739年后分卷出版。作者试图把实验推理的方法推广应用于精神哲学，剖析人性中的理智和情感，建立一个新的科学体系。第一卷阐述认识论，提出了他的不可知论和唯心主义学说。第二卷以感觉论观点说明伦理学和美学问题，认为快乐的感觉是善和美的共同基础。第三卷论述快乐论、功利论的伦理学原理以及人性论、契约论的政治学原理。他提出支配人的生活的是意志、情感（或激情）而非理性，道德和政治的基础是“自利心”，以及同“自利心”相辅相成的“同情感”。出版后，由于公众反应冷淡，休谟对全书作了改写、修订。

人殉 human sacrifice 用活人为死去的氏族首领、家长、奴隶主或封建主殉葬。在古代世界曾普遍存在。主要流行于原始社会末期到阶级社会初期。殉人的身份基本上是主人的近亲、近臣和近侍，或自愿从死，或被杀殉。采用人殉是冀图达到主奴关系在阴间的继续。

在西亚，人殉习俗开始于苏美尔早王朝中期（前3000～前2700），有些地方持续到早王朝后期（前2700～前2371）。考古发现的人殉材料以乌尔王陵的最为重要。王陵共16座，每座殉数人至数十人。其中国王阿卡拉姆杜格墓有殉人40人；1 237号墓有殉人74人，包括68名女性。在古埃及，人殉的出现大约不晚于第1王朝时期（前3000年左右）。考古发现的重要人殉墓是阿拜多斯王陵、萨卡拉王陵和第5王朝的陵墓，殉人数量为百余人至800人。在俄罗斯、日本、印度等国的考古工作中也发现人殉。

中国最早的殉人墓发现于黄河上游的甘肃齐家文化墓地和内蒙古朱开沟文化墓地，是中国最早的妻（妾）殉夫合葬墓。河南龙山文化、大汶口文化和良渚文化的墓葬中也曾发现人殉。到商代，人殉渐趋普遍。盘庚迁殷后，人殉达到鼎盛。殷王、殷王室及大小奴隶主贵族一般都要用人殉葬，已发掘的殷王陵和殷王室墓中，每墓少者殉数人，多者殉数百人。周代人殉仍时有发生。殉人最多的是陕西凤翔秦公一号大墓（可能是秦景公墓），殉166人（另杀殉20人）。春秋末期以后，人殉习俗越来越遭到社会舆论的反对，开始出现用陶俑、木俑代替殉人的现象。秦汉及其以后，人殉基本消失，仅在个别墓中发现。

人妖 calypso 与正常人不同的生理变态或伪装异性者。多为男扮女。分为生理性人妖和精神性人妖。前者为男身，但因生理变异导致男性特征消退而女性特征明显；后者生理与男性无异但心理女性化，举止、打扮都模仿女性。人妖的男扮女有化妆、整容、变性等之分。主要见于东南亚及日本，尤以泰国盛行。在泰国，人妖主要集中在旅游城市芭堤雅，这里的人妖表演吸引了大批观光客。人妖一般来自贫苦家庭，两三岁时进入专门学校接受女性化训练，每天注射女性激素、进行体型训练、舞蹈和歌唱练习。他们半男半女，非男非女，故称人妖。寿命一般为40多岁。泰国法律规定他们为男性，但一直受到歧视。

泰国的人妖表演

人与生物圈计划 Man and the Biosphere Program 一项范围广泛涉及全球性或一些重要区域性陆地自然资源与环境问题的大型研究计划。联合国教科文组织在其第16届大会上正式提出人与生物圈计划，并于1971年10月在巴黎召开人与生物圈计划国际协调理事会第一届会议。

人与生物圈计划确定了14个研究领域：①日益增长的人类活动对热带、亚热带森林生态系统的影响。②不同土地利用和经营措施对温带和地中海森林景观的生态影响。③人类活动和土地利用措施对放牧地、稀树草原的生态影响。④人类活动对干旱和半干旱地区生态系统的动态变化的影响，特别强调灌溉的作用。⑤人类活动对湖泊、沼泽、河流、三角洲、河口、海湾和沿海地区的价值和资源的生态影响。⑥人类活动对山地和冻原生态系统的影响。⑦岛屿生态系统的生态学与合理利用。⑧自然区域及其所包含的遗传材料的保护。⑨在陆地和水生生态系统中化肥的使用和病虫害防治的生态学估价。⑩大型工程设施对人类及其环境的影响。⑪城市系统的生态学内容，特别强调能源的利用。⑫环境的改造及其与人口适应数量和遗传结构的相互关系。⑬对环境质量的认识。⑭对环境污染的研究及其对生物圈的作用。各国根据自己的实际情况，围绕这14个方面确定本国的项目。早期的计划偏重于受人类干扰较少的自然生态系统的特征与过程的研究或次生生态系统如何恢复平衡的研究。近年提出应围绕下面四个方面进行：在人类不同程度影响下生态系统的功能，在人类影响下资源的管理与恢复，人类的投入与资源的利用，人类对环境压力的反应。当前，活动的优先领域调整为下列四方面：生物多样性和生态活动进程的保护，地区性土地利用规划和资源的持续管理方法的探讨，为资源的持续管理和促进环境的改善而建立的通信和政策信息，为土地利用规划和持续的资源管理而开展的人才培训和能力的提高。

人与生物圈计划的实施归纳起来有国际示范项目、对比研究、国际生物圈保护区网络、国家项目、教育与培训、国际合作和信息交流七种方式。

人与生物圈计划组织有一套完整的管理体系，主要包括国际协调理事会、国际协调理事会执行局、顾问组（包括总体科学顾问组和生物圈保护区科学顾问组）、国际秘书处和国家委员会。

人与生物圈计划是作为一项政府间的计划而发起的。已有100多个国家建立了人与生物圈国家委员会。中国人与生物圈国家委员会于1978年正式建立，常设机构——秘书处设在中国科学院。

人造板 wood based panel 将木材或其他木质材料加工成各种形状的单元后，施加或不施加胶黏剂和其他添加剂制成的板材。其基本产品是胶合板、刨花板、纤维板和由两种以上木质材料搭配复合压制的板状材。

常用的分类方法有：①按所用树种分，有针叶材胶合板、阔叶材胶合板等。②按用途性质分，有室外用胶合板、室内用胶合板、结构用胶合板、装饰用胶合板等。③按成型工艺分，有湿法、干法、半干法纤维板。④按加压方式分，有平压、挤压、辊压刨花板。⑤按产品密度分，有低密度、中密度、高密度刨花板，软质中密度、高密度（硬质）纤维板等。⑥按胶合材料分，有有机胶合人造板、无机胶合人造板等。由于各种人造板之间互相渗透，加上复合板的出现，分类概念逐渐模糊，各种板材之间的界限也逐渐打破。

与锯材相比，人造板的优点是：幅面大、胀缩率低、不易变形开裂，弯曲性能较好；组成人造板的单元易于进行各种功能性处理。制造过程包括切削加工、干燥、施胶、成型和加压、最终加工5个主要工艺。

人造地球卫星 artificial earth satellite 环绕地球在空间轨道上运行（至少一圈）的无人航天器。简称人造卫星。人造卫星是发射数量最多、用途最广、发展最快的航天器，约占航天器发射总数的90%以上。卫星工程系统由人造卫星、运载器、航天器发射场、航天测控和信息网以及用户台（站、网）组成。人造卫星和用户台（站、网）组成卫星应用系统，如卫星通信系统、卫星导航系统和卫星空间探测系统等。1957年10月4日苏联发射了世界上第一颗人造地球卫星。

图1 中国“实践”1号科学试验卫星

中国于1970年4月24日发射了人造地球卫星“东方红”1号。从70年代起，各种新型专用卫星相继出现，性能不断提高。到2001年底，世界各国共发射入轨了4 930颗人造卫星。

种类 按运行轨道分为低轨道卫星、中高轨道卫星、地球同步轨道卫星、地球静止轨道卫星、太阳同步轨道卫星、大椭圆轨道卫星和极轨道卫星。按用途分为科学卫星、技术试验卫星和应用卫星。

①科学卫星。用于科学探测和研究的卫星（图1），主要包括空间物理探测卫星和天文卫星。科学卫星使用的仪器包括望远镜、光谱仪、盖革计数器、电离计、压力测量仪和磁强计等。借助这些仪器可探测高层大气、地球辐射带、地球磁层、宇宙线、太阳辐射和极光，观测太阳和其他天体。

②技术试验卫星。进行新技术试验或为应用卫星进行试验的卫星（图2）。如重力梯度稳定试验、电火箭试验、生物对空间环境适应性的试验、载人飞船生命保障系统和返回系统的验证试验、交会对接试验、无线电新频段的传输试验、新遥感器的飞行试验和轨道上截击试验等。

图2 返回型科学探测和技术试验卫星

③应用卫星。直接为国民经济和军事服务的卫星。种类和发射数量最多。按用途分为通信卫星、气象卫星、侦察卫星、导航卫星、测地卫星、地球资源卫星、海洋卫星、预警卫星、截击卫星和多用途卫星等。按是否专门用于军事目的又分为军用卫星和民用卫星，但许多都是军民兼用的。

组成 由包含各种仪器设备的若干系统组成，这些系统可分为功能系统和保障系统两类。

功能系统是与卫星任务直接有关的系统，又称有效载荷系统。系统装载的仪器和设备可分为探测仪器、遥感仪器和转发器3类。科学卫星使用各种探测仪器（如红外天文望远镜、宇宙线探测器和磁强计等）探测空间环境和观测天体，通信卫星经过通信转发器和通信天线传递各种无线电信号，对地观测卫星使用各种遥感器（如可见光照相机、侧视雷达、多光谱相机等）获取地球的各种信息。保障系统主要有结构系统、热控制系统、电源系统、无线电测控系统、姿态控制系统和轨道控制系统。有些卫星集成星上计算机系统、电子系统和信息网构成星务系统，用以处理、协调和管理各分系统的工作。返回型卫星还有返回着陆系统，由制动火箭、降落伞和信标机等组成（见航天器）。

应用 人造卫星观测天体不受大气层的阻扰，可以接收来自天体的全部电磁波辐射，实现全波段天文观测。人造卫星的飞行速度高，一天绕地球飞行几圈到十几圈，能够迅速获取地球的大量信息。人造卫星在几百千米以上高度飞行，不受领土、领空、地理和气候条件限制，视野广阔。一张地球资源卫星照片拍摄的面积达几万平方千米，在地球静止轨道上一颗卫星可以观测到40%的地球表面，可实现全球范围的信息传递和交换。人造卫星能飞越地球任何地区，特别是人迹罕至的原始森林、沙漠、深山、海洋和南北两极，并对地下矿藏、海洋资源和地层断裂带等进行观测。因此，人造卫星可用于天文观测、空间物理探测、全球通信、电视广播、军事侦察、气象观测、资源普查、环境监测、大地测量、搜索营救等众多方面。

“人造地球卫星”1号 Sputnik-1 苏联研制发射的世界第一颗人造地球卫星。1957年10月4日，在拜科努尔航天中心用“卫星”号运载火箭成功发射，开创了人类航天的新纪元。它提供了高层大气密度和温度的有关资料。卫星质量83.6千克，为直径0.58米的球体。初始轨道近地点高度215千米，远地点高度9 474千米，运行周期96.2分钟。

卫星主要由壳体、卫星设备和天线组成。

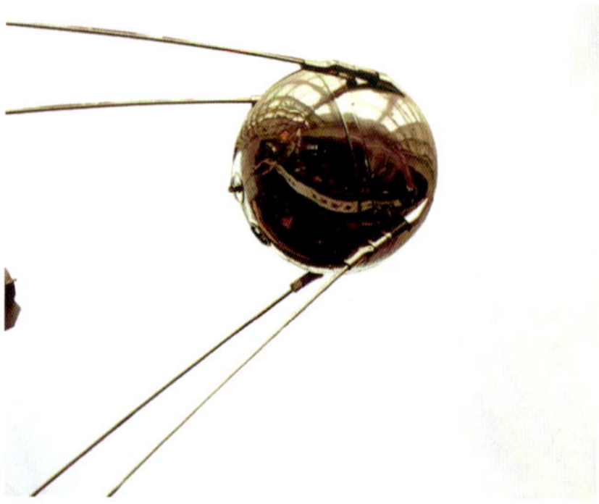

壳体由两个铝合金半球壳对接而成，内装电池组、无线电发射机、热控制系统组件、转接元件、温度和压力传感器。电池组由3个银锌电池构成，在电池组中央的矩形槽内安置两台交替工作的无线电发射机。壳外4根鞭状天线总质量8.4千克，长2.4～2.9米。卫星共运行92天，绕地球飞行1 400圈，于1958年1月4日再入稠密大气层烧毁。

人造革 artificial leather 外观、手感似天然革并可代替其使用的一类复合材料。通常以织物为底基，涂覆由合成树脂添加各种塑料添加剂制成的配混料制成。广泛用于制作服装、鞋帽、箱包、家具、装饰品及工业配件。由于涂覆材料的不同，人造革可分为聚氯乙烯人造革、聚酰胺人造革和聚烯烃人造革等。底基也有多种，如平布、帆布、针织布、起毛布、无纺布等。

人造毛皮 fake fur 仿兽皮织物的总称。外观色泽和斑纹酷似动物毛皮的长毛绒型织物。绒毛分两层，外层是光亮粗直的刚毛，里层是细密柔软的短绒。常用作大衣、服装衬里、帽子、衣领、玩具、褥垫、室内装饰物和地毯等。制造方法有针织（纬编、经编和缝编）和机织等。由机织或针织制成坯织物，然后经开毛、印花、剪花、拷花、纹压等各种后整理加工而成。针织仿毛皮效果好，其中以针织纬编法应用最广。由于绒毛在线圈中呈“V”形，且针织底布延伸度较大，必须再在底布背面涂黏合剂，使底布定形，不致掉毛。针织人造毛皮底布通常用棉、黏胶纤维或涤纶长丝作原料，毛条大多使用腈纶或改性腈纶纤维。外层粗刚毛纤维的粗细在11.11～33.33分特（10～30旦），多用异形截面，具有较好光泽；里层短绒毛纤维的粗细在1.66～5.55分特（1.5～5旦），在沸水中收缩性较强。为使织物双面可用，也可在人造毛皮的背面粘贴一层人造麂皮或尼龙纺等织物。

人造麝香 artificial musk 用化学方法合成的具有天然麝香气味的物质。人造麝香在结构上往往与天然麝香毫无共同之处，天然麝香的主要发香成分麝香酮为一大环酮，

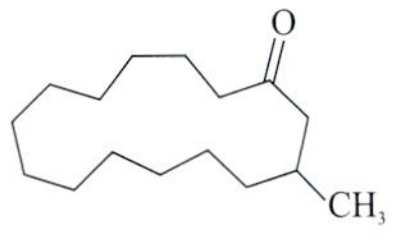

麝香酮

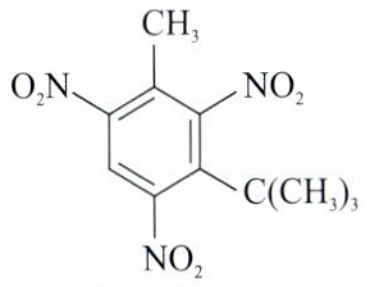

鲍尔麝香

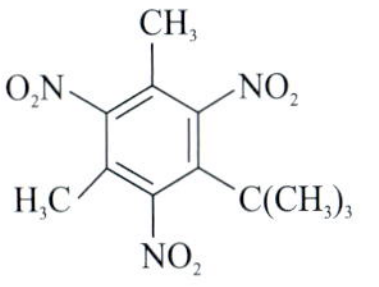

二甲苯麝香

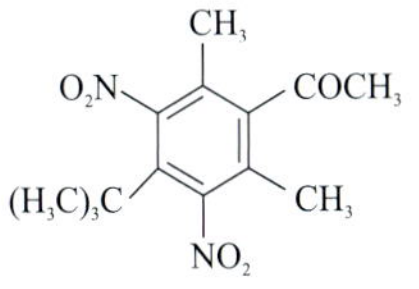

酮麝香

而一大类合成的麝香则为多硝基的芳烃衍生物，如鲍尔麝香为多硝基甲苯的衍生物。在这类化合物的苯环中再引入甲基或乙酰基等仍能保持麝香气味，如二甲苯麝香和酮麝香；其他类型的化合物有些也具有类似的香味，如香豆素、四氢化萘、茚等的衍生物。这类价廉的人造麝香有多种用途，特别是用在肥皂工业。

人造石油 synthetic crude oil 由煤、油页岩及油砂等矿物燃料经过加工得到的液体燃料。主要的加工方法有：①把这些矿物燃料进行干馏，使其中的有机质热裂解而生成轻质的燃料油。②煤间接液化法，即先把煤与水蒸气在高温下反应生成含氢气、一氧化碳的合成气，再通过催化反应生成汽油、煤油、柴油。③煤直接液化法，即在高的氢气压力下把煤进行直接的加氢反应，以取得氢碳比较高的液体燃料。天然石油大量开采且价格低廉，人造石油工业很难与天然石油炼制工业竞争。但随着石油储量日益减少，人造石油又成为重点研究和发展的问题。见煤液化。

人造天体 artificial celestial body 在宇宙空间基本按照天体力学规律运行的各种人造物体。包括航天器和空间垃圾。

人造纤维 artificial fiber 用纤维素或蛋白质等天然高分子化合物为原料，经化学加工制成高分子溶液，再经纺丝和后处理制得的纺织纤维。见化学纤维。

人造元素 artificial element 通过人工核反应合成而被鉴定的放射性元素。包括锝、钷、砹、镎、钚、镅、锔、锫、锎、锿、镄、钔、锘、铹、𬬻、𬭊、𬭳、𬭛、𬭶、鿏、𫟼、𬬭和鿔、112号元素、114号元素。

人质 hostage 被一方拘留用以迫使对方承诺或履行某项条件的人。古代战争中交战国在停战或对方投降时，为防止背信弃义，往往要求对方遣派重要人物作为人质；平时两国为保证盟约的履行，亦有互派重要人物作为人质的。普法战争中占领军为迫使占领区人民放弃反抗行动而拘捕当地居民作为人质。第二次世界大战期间，德、日法西斯曾大规模拘捕和枪杀人质。1949年《关于战时保护平民的日内瓦公约》规定，禁止拘捕人质。杀害人质被认为是战争罪。1979年联合国大会通过《反对劫持人质国际公约》，对一切劫持人质的行为提出谴责，并规定对犯有此项罪行者予以起诉和惩罚。《中华人民共和国刑法》规定，拘留人质属于非法拘禁。

人治 rule of man 一种强调统治者个人的道德品质的影响力，否认法律规范对社会政治生活的决定作用，把提高社会政治生活质量的希望寄托在道德高尚的统治者身上的治理国家的思想主张。与法治相对立。人治主张的理论前提是承认人的道德品质是可靠的，同时承认由品德优良的人们掌握权力的可能性。在东西方思想史上，人治主张均有较为悠久的思想传统。历史上主张人治的思想家大都认为，法律是由人制定并且由人执行的，法律仅仅是一般的规定，而在实际生活中总是存在着一些法律所不能规定的具体情况，所以，一个优良的社会在根本上不在于制定一部好的法律，而在于道德优良的统治者，人治主张在总体上倾向于专制主义集权统治。

人种 race 具有共同遗传体质特征的人类群体。又称种族。1684年由法国学者F.柏尼埃创立。在生物学上，人类各种族都同属于一个物种，即智人。不同的人种在肤色、眼色、发色、发型、头型、面型、指纹、身高等外形和生物化学、遗传特征等方面有所区别，是由于人类在一定地域内长期适应当地自然环境，又经长期隔离所形成的。

分类 根据体质特征的差异，全世界分为三大人种：蒙古人种（黄色人种）、高加索人种（白色人种）、尼格罗人种（黑色人种）；或四大人种，即上述三大人种加澳大利亚人种（棕色人种）。在这些主要人种之间还有过渡型人种，如介于尼格罗人种和高加索人种之间有埃塞俄比亚人种和南印度人种，介于高加索人种和蒙古人种之间有南西伯利亚人种和乌拉尔人种，介于蒙古人种和尼格罗人种之间有波利尼西亚人种和千岛人种（图1）。

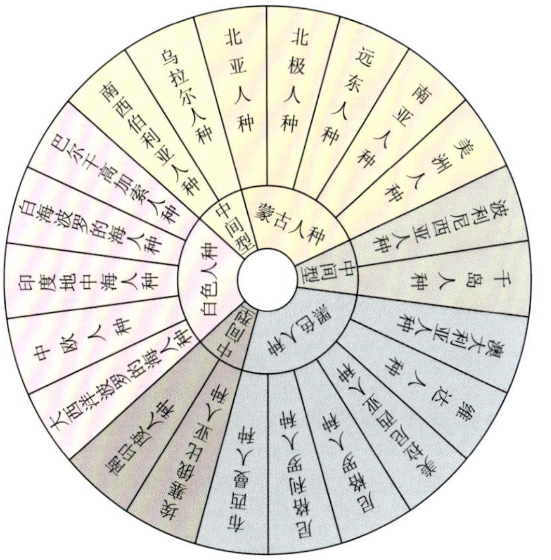

图1 世界三大人种和过渡型人种分类图

然而，不同的人种除外表形态特征外，还有生物化学（如血型）、遗传特征等一系列的差别，因而以纯形态特征或肤色为标准的人种划分方案欠贴切。因此，德国学者B.伦什于1929年提出地理人种概念，美国学者S.M.卡恩于1961年提出一套由地理人种、地域人种、小人种组成的新的人种分类体系。此方案为学术界所接受，并于20世纪70年代在联合国讨论通过，与三大、四大人种方案同时施行。在这个方案中，卡恩把世界人类划分为九大地理人种（见表）、32个地域人种。

随着人类交往日益频繁，各人种间不断发生混杂交融，这一现象越来越广泛，几乎扩展到世界上每个角落，因此，世界上没有一个纯的人种。

起源 有多中心说和单中心说两种理论。

人种起源多中心理论 认为蒙古人种、高加索人种、尼格罗人种三大人种各自在亚、欧、非三大洲形成，三大洲所发现的晚期智人化石证明他们在各地区分别延续发展。

蒙古人种起源于中亚和东亚，中国北京周口店山顶洞人和广西柳江人头骨化石表现了以黄种人特征为主导的特征。早期蒙古人种向北方扩展，成为西伯利亚的通古斯人、楚科奇人和因纽特人（爱斯基摩人）。跨过西伯利亚和美洲阿拉斯加之间曾经存在的白令陆桥，蒙古人种来到美洲，定居下来，成为美洲大陆最早的居民——印第安人。东南亚居民从印度尼西亚或其他地方航海到澳大利亚，比到美洲去的历史或许稍早一些，形成澳大利亚人种。大洋洲的美拉尼西亚、波利尼西亚和密克罗尼西亚则是在几千年前才有人居住。

非洲尼格罗人种与在本地区发现的晚期智人在体质特征上的继承关系很明显，大部分学者认为他们起源于非洲热带地区，并分别向非洲的北部和南部扩展。

高加索人种起源地目前圈定在南欧、北非和西亚。欧洲晚期智人化石以克罗马农人为代表，他们在3万年前已经显示了高加索人种的性质。由于欧洲与附近亚、非洲部分的人群混杂很频繁，高加索人种再分化为

九大地理人种划分方案对比表

九大地理人种	四大人种	
欧洲地理人种	高加索人种	白种人
印度地理人种		
亚洲地理人种	蒙古人种	黄种人
美洲印第安地理人种		
非洲地理人种	尼格罗人种	黑种人
澳大利亚地理人种	澳大利亚人种	棕种人
美拉尼西亚地理人种		
波利尼西亚地理人种		
密克罗尼西亚地理人种		

现代的次级人种。

人种起源单中心理论 即非洲起源说，认为世界上所有人种源于一个祖先，始于一个中心，即非洲的夏娃——俗称夏娃说。依据分子人类学测试的结果，非洲早期智人在非洲孕育了尼格罗人种，约在13万年前走出非洲，到欧洲形成高加索人种，到亚洲产生蒙古人种。而且后者是先到东南亚，再渐次到中国华南、华北等地。

分布 意大利航海家C.哥伦布1492年到达美洲大陆以后，随着欧洲资本主义国家寻求新的殖民地，世界人种的分布发生急剧变化：数以百万计的欧洲人涌向美洲、南非、澳大利亚和新西兰，使高加索人种的数目迅速增长。与此同时，几百万非洲黑人作为奴隶被贩卖到美洲。由于混杂出现新的人种，如美洲有色人种：在北美洲主要是高加索人种与尼格罗人种混血，即白种人与黑种人混血；在中美洲、南美洲主要是美洲印第安人与尼格罗人种混血，即美洲黄种人与黑种人混血；在夏威夷，蒙古人种、高加索人种与原住民波利尼西亚人种三者混血，形成新夏威夷人。有的人种，如塔斯马尼亚人已灭绝；有些人种，如大洋洲土著及美洲印第安人人口大大减少。这样的一系列过程形成了现代人种分布的基本格局（图2）。

讨论 过去一些人类学家把三大或四大人种看成是智人种下的变种或亚种，现在看来这种看法是欠妥当的。首先，深入研究发现人种之间的差异并不像过去认为的那么大，大多数性状在不同人种中的出现率是高低之别，而不是有无之别，而且，很多性状在人种之间变化是渐变的，不是突变的，大致按南北方向或东西方向逐渐变化。例如，肤色由北欧→中欧→南欧→非洲由浅变深；B型血由西欧→东欧渐变。乃至有的性状，在人种内的变异大于人种间的变异。例如，非洲卡拉哈里沙漠中的赫雷罗人在肤色上与印度东部的奥里亚人相近，为浅褐至褐色；而与黝黑的尼罗特人相远。但他们与尼罗特人同属尼格罗人种，印度的奥里亚人则属于高加索人种。从基因上讲，没有一个人种是具有独特基因的，而且不同人种之间基因是开放的、交流的。再从人类进化角度看，人种是人类进化的产物，也必将随着人类的进化而消失。因此，很多西方人类学家放弃了人种概念，认为将现代人分为人种是没有意义的。同时，不少人类学家认为，人种的差异在现时是客观存在的，而且不可能在较短的时间内消失，因此开展人种研究在当前及以后一段时间内是需要的。

人种之间的差异不存在种族的优劣，种族主义者宣扬种族有优劣之分，为其种族歧视、种族隔离和种族灭绝辩护，这是反科学的，联合国已通过公约：任何传播种族优越或仇恨思想，煽动种族歧视，实施强暴行为，都是犯罪，应依法惩处。

人种地理学 racial geography 研究人种形成和发展与地理环境关系，以及人种分布、迁移的科学。是地理学与人种学之间的边缘学科。1927年，美国芝加哥大学教授、澳大利亚地理学家G.泰勒发表《环境与人种》（曾中译为《人种地理学》），促进了人种地理学的建立。1929年，德国B.伦什倡用地理人种、地域人种两词。1961年，美国S.M.卡恩提出小人种一词，并首次采用地理人种、地域人种、小人种三级系统，把全世界人类按洲划分为九大地理人种、按地区划分为32个地域人种，发展了人种地理学。

人种学 ethnology 研究现代人类分类、起源、演变、分布、体质特征，及其与环境关系的学科。为人类学的分支学科，体质人类学的重要组成部分。源自希腊语ethnos，意为对种族的研究。

1684年，法国学者F.柏尼埃最早提出

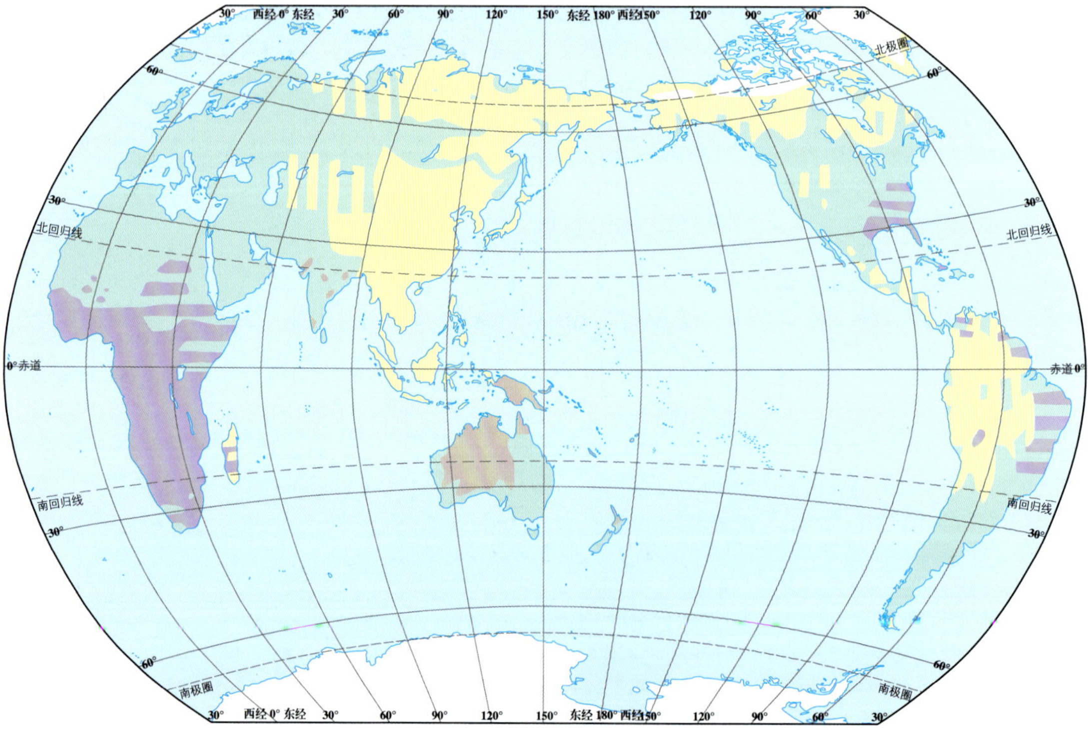

图2 世界四大人种现代分布

不同地区人种的血型属性百分比 (%)

不同地区人种	A_1	A_2	B	O	Rh阴性	达菲因子
高加索人	5～40	1～37	4～18	45～75	25～46	37～82
美洲黑人	8～30	1～8	10～20	52～70	4～29	0～6
亚洲蒙古人	0～45	0～5	16～25	39～68	0～5	90～100
美洲印第安人	0～20	近乎0	0～4	68～100	近乎0	22～99

“种族”一词，并对其进行分类。1775年，德国人类学家J.F.布鲁门巴赫发表《人种的自然起源》一书，标志着人种学建立。20世纪70年代以来，随着信息化的发展、全球经济一体化的出现，在许多地区主要是移民地区（例如美国、巴西、澳大利亚等），人种交融形成不少新的**地域人种**。

人种学的研究主要从分类、体质特征、与环境的关系三方面进行，方法主要是实地调查、室内实验和人体测量学的统计方法。目前通用的人种分类方法有三分法（高加索人种、蒙古人种、尼格罗人种）、四分法（高加索人种、蒙古人种、尼格罗人种、澳大利亚人种）以及九大地理人种（见**人种**）。人种差异客观存在，但这种差异并不大，且有逐渐消失的趋势。人种的差异不仅表现在外表形态，还有内在的生物化学和遗传方面的不同。例如，各种血型出现的频率随人种的不同而有差异（见表），是区别人种的一个重要的指标。人种的形成离不开自然环境。例如，**尼格罗人种**由于长期生活在赤道热带地区，形成一系列适应性生理特征：黑色的肤色可保护皮肤免受日光的灼伤；浓密的卷发可防止头被赤日晒昏；瘦长的身材和宽厚的鼻、唇，可促进蒸发散热。北欧地域人种长期生活在寒冷地区，鼻子高而狭窄，使冷空气经过预热后再进入气管和肺部；肤色浅白，有利于皮肤制造维生素D，并少受冻伤。北极人群身材粗短，以适应冷寒环境。此外，人文环境（包括群居行为、文化）对人种也会产生影响。

人种是人类进化的产物，随着人类的进化，不同人种之间交往、通婚的频繁等人文社会环境对人种的影响愈来愈大，人种也必然会消亡。

人族 Tribe hominini 能两足直立行走的高等灵长类。由于近年分子生物学的研究显示现生人类与黑猩猩、大猩猩等高等灵长类动物的差异比过去认识的小得多，人类学界趋于将人与这些动物归入同一个科（见**人科**），而现生人类和其能两足直立行走的直系以及旁系祖先则归入一个更小的分类单元——人族。归入人族最早期化石有距今约600万年的**千禧人**和**撒海尔人**（其归属问题尚有争议）。其后有地猿（属）、肯尼亚人（属）、**南方古猿**（属），最晚的有**人属**；人属有**能人**（种）、**直立人**（种）、弗洛勒斯人（种）、**智人**（种）等，至今仅存智人一个多型种。

人族的特征有许多与猿类相近，但有其独有的特征：经常性的两脚直立行走；晚期成员脑子较大；下颌骨浅且粗壮；犬齿和下第一前臼齿退化，牙釉质厚，3个臼齿的磨耗相差很大等。人族的特征在进化过程中是逐渐发展的。有一些性状变化很大，如早期类型的两侧齿列向后方张开，晚期则变为抛物线形；下第一前臼齿由扇形变为两个齿尖大约对称。人族的晚期类型还有一些行为方面的特征：使用和制造工具，用有音节的语言表达思想，有比较固定的活动基地和劳动分工，丧失发情期等。

关于人族起源的主要假说是：第三纪晚期，人的祖先生活区内灵长类大量繁衍，树林高中层内的食物不敷需要，一部分古猿向树林低层和地面开拓新的生活资料来源，这些新食物主要是小颗粒且结实的种子。对这类食物的适应，促进古猿的进化。有一部分古猿的前肢从运动的功能中解放出来，用两脚直立行走，使它们能够使用和制造工具，从而促进脑的发展。工具的制造和使用与脑又互相促进，使这部分古猿向人族进化，到中新世晚期发展出人族。人族较早期类型仅分布于亚、非、欧洲的温暖地区，现在分布于世界各大洲。

壬辰卫国战争 Imjin War 1592～1598 李朝时期朝鲜军民抗击日本入侵的卫国战争。又称壬辰丁酉之役。因在农历壬辰年（1592）爆发，故名。16世纪末期，**丰臣秀吉**统一日本后，即图谋吞并朝鲜，侵略中国。1592年4月，丰臣秀吉派军约20万由釜山登陆，至6月，已占领汉城（今首尔）、开城和平壤三京。李朝宣祖率王公贵族逃至义州，遣使向中国明朝求援。与此同时，以李舜臣部为主力的朝鲜水军连获大捷，掌握了制海权。12月，明朝派李如松等率军4万到达朝鲜。1593年初，收复平壤、开城，4月收复汉城。日军被迫退守南方沿海一带，与朝鲜和中国谈判。1597年初和谈破裂，日本又出兵15万人，在釜山登陆，对朝鲜进行新的侵略。政府再次起用已遭罢黜的李舜臣取得鸣梁海战大捷。1598年7月，明朝派杨镐等率大军到达朝鲜，取得稷山等战役的胜利，日军退到东南一隅，再无发动攻势之力。不久，丰臣秀吉病死，遗命撤军。日军主将小西行长于1598年11月18日夜遁，朝中水军在露梁海上截击日军援军，大胜。战争结束。

壬午兵变 Soldiers Rebellion of Im Ou 1882年朝鲜汉城旧式军队士兵发动的起义。以发生在农历壬午年，故名。《**江华条约**》签订后，日本对朝鲜的侵略日甚，社会动荡不安。1881年，政府成立了一支新式军队——别技军，而原有的军队处处受到歧视，甚至拖延13个月不发薪饷。愤怒的汉城士兵在柳春万、金长孙等人的带领下，于1882年7月23日发动起义。起义很快发展到仁川一带。在士兵起义的打击下，日本公使花房义质焚毁使馆逃回日本，高宗之后闵妃也慌忙逃走，大院君李昰应掌握政权。8月中旬，日本以兵变时使馆被袭为由，派4艘军舰和1 500名士兵侵入仁川。同时，清朝政府应闵妃的请求，派北洋水师3艘军舰及水陆1 000余名士兵开赴朝鲜。8月26日，逮捕大院君，29日，起义被镇压。起义失败后，闵妃重新执政，日本强迫朝鲜签订《济物浦条约》和《朝日修好条规续约》，进一步加速了朝鲜的殖民化。

壬午兵变（绘画）

壬子癸丑学制 Renziguichou Educational System 中国南京临时政府教育部1912年9月公布的新学制《壬子学制》及其后至1913年8月又陆续颁布的各种学校规程的总称。学制规定，儿童从6岁入学到23、24岁大学毕业，整个学程为17年或18年，分三段四级。第一阶段为初等教育。分两级：初等小学4年，为义务教育，毕业后可入高等小学校或乙种实业学校；高等小学3年，毕业后可入中学校或师范学校、甲种实业学校。第二阶段为中等教育。设中学校，学习年限4年，毕业后可入大学、专门学校或高等师范学校。第三阶段为高等教育。分大学、专门学校、高等师范学校。大学本科3年或4年，预科3年；专门学校和高等师范学校本科3年毕业，预科1年。另外，小学以下设蒙养院，大学以上有大学院，均不计入学制年限之内。在推行新学制的同时，教育部于1912年9、10月先后颁布了《小学校令》、《中学校令》、《专门学校令》、《大学令》、《师范教育令》，1913年8月颁布《实业学校令》，对各级各类学校的目的任务、课程设置、学校设备、入学条件、教职员任用、经费及领导管理都作了具体规定。

初等小学设修身、国文、算术、手工、图画、唱歌、体操等课程。高等小学设修身、国文、算术、本国历史、地理等，并视地方情形加设英语或其他外国语。中学课程为修身、国文、外国语、历史、地理、数学、法制经济等。外国语以英语为主，因地方条件可任择法、德、俄语之一种。专门学校以教授高等学术、养成专门人才为宗旨，分政法、医学、药学、农业、工业、商业、美术、音乐、商船和外国语各类。大学以教授高深学术、养成硕学闳材为宗旨，分文、理、法、商、医、农、工等7科，各科再分为若干门。师范学校以造就小学教员为目的。高等师范学校以造就中学校、师范学校教员为目的。实业学校以教授农工商业必需之知识技能为目的。

这个学制与1904年癸卯学制不同，女子教育取得了一定的地位，学制缩短了，规定初小为义务教育。一直沿用到1922年北洋政府公布《学校系统改革案》，这个学制才告废止。

仁 ren 中国儒家学派道德规范的最高原则。“仁”的最初含义是指人与人相互亲爱。孔子给仁下的定义是仁者“爱人”。仁包括恭、宽、信、敏、惠、智、勇、孝、悌等诸多内容，其核心是爱人、利人，“己所不欲，勿施于人”。他把仁作为人生追求的最高理想，提出“志士仁人，无求生以害仁，有杀身以成仁”。他还提出“为仁由己”的思想，认为每个人只要主观努力，都可以达到仁的道德境界。孟子发挥了孔子的思想，把仁同义联系起来，把仁义看作道德行为的最高准则。汉代董仲舒提出“以仁安人，以义正我”，明确把仁和义分别为对己和对人两个方面；他还把仁与智结合在一起，对仁作了新的诠释。

仁安羌 Yenangyaung 缅甸石油城。缅语意为“油河”，亚洲历史最久的石油开采区之一。位于缅甸中部干燥地区南部，伊洛瓦底江东岸。海拔约120米。气候干热，最热月平均气温30℃以上。人口不到10万，其中80%是石油工人及其家属。油田长约9千米，宽1.5千米，主要油田面积3.5平方千米。含油层自地面深至1 200米，与北面的仁安吉、稍埠等油田构成缅甸中部的石油工业区。13世纪开始采油。1886年后使用新技术开采，石油产量不断提高。通过400千米的输油管直通仰光东南的炼油中心沙廉。1962年油田收归国有，并在石油工业的基础上，建立起化肥、陶器、玻璃等工业。交通发达，城西的伊洛瓦底江油船往来频繁。公路南通仰光，北至曼德勒等地。

仁川 Inchon 韩国西海岸重要港口城市，首尔外港。位于江华湾内突出的半岛顶端，东北距首尔45千米。面积954.53平方千米。人口253.13万（2005）。港口有月尾、永宗等岛为屏障。但潮差达8～10米。设有人工闸门，连接月尾岛筑有防波堤。原为渔村，1883年开港，当时是黄海沿岸唯一的对外贸易港。1910年设仁川府，1949年改称市。1965～1974年建成作为免税区的出口工业区，现已成为京仁工业地带的组成部分。1981年升为特别市，1995年3月改为仁川广域市。轻重工业发达，主要有钢铁、机械、化工、纺织、食品、造船和陶瓷等。全国第二大贸易港，分内港与外港，码头长7 980米，泊位45个，其中万吨级25个，集装箱泊位2个。年吞吐量3 000多万吨，集装箱年装卸能力15万标准箱。出口以电器、电子产品、钢铁、汽车机械和纤维制品为主。沿岸岛屿渔业发达。环黄海经济圈的对华贸易基地。

仁川登陆战役 Inchon, Landing Campaign of 朝鲜战争期间，以美军为首的“联合国军”在朝鲜仁川地区进行的战略性登陆战役。1950年8月“联合国军”被朝鲜人民军压缩在釜山大丘地区，双方在洛东江两岸对峙。美陆军五星上将D.麦克阿瑟为切断朝鲜人民军后方补给线及北撤道路、围歼朝鲜人民军主力，决定在仁川地区实施登陆战役。仁川守军有朝鲜人民军约3 000人，海岸抗登陆防御薄弱，“联合国军”的登陆部队有7万余人，各种参战舰艇230余艘，以及各型飞机约350余架，于9月11～28日对朝鲜半岛仁川地区实施登陆并取得成功。

仁怀市 Renhuai City 中国贵州省辖县级市。位于贵州省北部。面积1 788平方千米。人口55万（2010），有汉、苗、仡佬、彝等民族。西晋置安乐县。南朝为绵水县。北周改为合江县。唐置乐源县。宋置仁怀县。1995年撤县设仁怀市。由遵义市代管。矿产资源有煤、黄铁矿、铁、高岭土、石灰岩等。农业主产水稻、玉米、小麦、高粱和油菜子、烤烟、甘蔗、蔬菜、水果、茶叶等。山区产油桐子、生漆、棓片等。工业以酿酒为主，所产茅台酒享誉世界，有中国“国酒”之称。其他有电力、化肥、造纸、煤炭、农机修配、水泥、化工、食品等。名胜有鹿鸣塔、怀阳洞、鱼跳瀑布和茅台河滨公园等，纪念地有红军“四渡赤水”茅台渡口纪念碑。

仁亲 Rinchin, Biambiin (1905～1977) 蒙古小说家、翻译家和学者。生于恰克图。从小学蒙古文、满文、藏文和汉文，后来又掌握了法文、英文和俄文。中学毕业后去苏联列宁格勒东方语言学院留学。后长期在蒙古《真理报》和《火星》、《曙光》、《科学》等杂志任主编和编委。20世纪20年代发表了《给黄色寄生虫们》等为数不多的几首诗。30年代主要致力于蒙古语文的研究。1944年创作的电影剧本《朝克图台吉》被拍成了电影，先获乔巴山奖，后又受到错误批判。他的三部曲《曙光》(1951～1955) 是重要的长篇小说，描写19世纪末至20世纪30年代约60年间错综复杂的历史事变。60年代和70年代，有长篇历史小说《扎阿那扎鲁岱》和《大游牧》出版。学术著作有《蒙古语比较语法》(4卷) 等。中国出版有《曙光》的中译本。

仁政 中国古代儒家代表人物孟子的政治主张，即政治管理者应以仁义之心施政，使人民得到必要的生产生活资料，保障人们的基本生活。孟子认为，在战国纷争的环境下，首先要让人们得到一定数量的土地，为此他设计了“井田制”经济模型。仁政以民生为焦点，它构成了孟子王政主张的核心内容。当有人询问王政包含哪些内容时，孟子以周文王治岐为例作了说明：耕者九一而助，仕者世禄，关市讥而不征，泽梁不禁，罪人不孥，使鳏夫、寡妇、孤老、幼弱皆有所养。孟子宣称，“不以仁政，不能平治天下”，“行仁政而王，莫之能御也”。作为一种理想，仁政对中国古代政治产生了一定影响。特别是宋代以后，仁政在一定程度上成为政治的追求。

任弼时 Ren Bishi (1904-04-30～1950-10-27) 马克思主义者，中国无产阶级革命家、政治家、组织家，中国共产党和中国人民解放军的卓越领导人。

出生在湖南湘阴唐家桥（今属汨罗）一个乡村小学教师家庭，原名培国，号二南。1918年毕业于湖南省立第一师范附小高等科。后依次就读于长沙明德中学和长郡中学。1919年参加五四运动。1920年8月在长沙加入俄罗斯研究会。同月，加入中国社会主义青年团。1921年5月赴苏俄学习。8月入莫斯科东方劳动者共产主义大学学习。1922年12月转为中共正式党员。1924年代表中国社会主义青年团出席共产国际第四次代表大会。

1924年8月回国，9月开始参加中国社会主义青年团中央工作，任青年团江浙皖区委委员、上海区委委员、团中央宣传委员会编辑员及团中央俄文翻译等。1925年1月出席青年团第三次代表大会，当选为团中央执行委员，任团中央组织部主任。5月代理团中央总书记，7月任团中央总书记。1926年4月与陈琮英在上海结婚。1927年4月出席中国共产党第五次全国代表大会，当选为中央委员，同毛泽东等在会上批评了陈独秀的右倾错误。5月主持召开共青团第四次代表大会，当选团中央总书记。6月向中共中央提交团中央的“政治意见书”，强调无产阶级应有独立的政策与主张，要实行土地革命。

1927年8月7日出席中共中央紧急会议，当选为临时中央政治局委员。1928年3月调中共中央工作。中国共产党第六次全国代表大会在莫斯科召开期间，与李维汉、罗登贤等留在国内，主持中央日常工作。7月当选为中央委员。1930年3月起先后任中共长江局委员、湖北省委书记、武汉市委书记。1931年1月出席中共六届四中全会，当选为中央政治局委员。3月率中央代表团赴中央苏区。任中共苏区中央局常委、组织部长，参加筹建中华苏维埃共和国的工作。11月当选为中华苏维埃共和国中央执行委员。1932年任中共苏区中央局副书记兼组织部长。1933年任中共湘赣省委书记兼军区政委。1934年7月任中共中央代表、红6军团军政委员会主席。8月与萧克、王震率红6军团突围西征，为中共中央和中央红军实行战略转移作先遣探路。10月在贵州印江县和贺龙率领的红3军（会合后恢复红2军团番号）会合，任红2军团政委。11月任中共湘鄂川黔边省委书记兼军区政委。此后与贺龙等亲密合作，使红2、红6军团结成一支强大的战略突击力量；创建湘鄂川黔根据地；1935年11月突围长征。1936年7月任红二方面军政委、中共中央西北局副书记，同张国焘的分裂党和红军的行动作坚决斗争，推动红二、四方面军共同北上，为实现红军三大主力胜利会师，作出重要贡献。到陕北后，任红军前敌总指挥部政委、中央革命军事委员会主席团委员，成为中国工农红军统一领导核心成员。

抗日战争爆发后，任中央军委前方委员会常委兼秘书长、八路军政治部主任和中央军委总政治部主任。9月和朱德等率八路军总部开赴山西抗日前线。1938年3月前往莫斯科担任中共驻共产国际代表。4月向共产国际提交《中国抗日战争的形势与中国共产党的工作和任务》的书面报告大纲；5月出席共产国际执委会主席团会议，就书面报告大纲作说明和补充，详细阐述中国共产党坚持抗日民族统一战线、独立自主地开展敌后游击战争、实行全面持久抗战的方针和政策。报告大纲和说明赢得共产国际对毛泽东为代表的中共正确路线的理解和支持。1940年3月回国，参加中共中央书记处工作。1941年8月任中共中央秘书长。1943年3月与毛泽东、刘少奇组成中共中央书记处。协助毛泽东领导整风、大生产和中央机构改革，及筹备召开中共七大，同时分管中共中央西北局、陕甘宁边区、西安办事处等多方面的工作。1944年4月在陕甘宁边区高级干部会上作关于陕甘宁边区财政经济工作的基本方针的演讲，特别指出：革命的目的就是为着建设，如果不善于建设新的丰衣足食的幸福快乐的社会，那我们也不能胜利。5月同毛泽东、朱德、刘少奇、周恩来组成中共六届七中全会主席团，负责主持起草《关于若干历史问题的决议》。1945年4～6月为中共七大主席团常务主席兼秘书长，主持中国共产党第七次全国代表大会开幕式并讲话。在中共七大上，当选为中央委员，在中共七届一中全会上当选为中央政治局委员和中央书记处书记，并继续兼任中央秘书长。

1947年3月起，和毛泽东、周恩来一起在转战陕北中主持中共中央工作，指导土地改革，指挥全国解放战争。1948年1月在西北野战军前委扩大会议上作《土地改革中的几个问题》的讲演。这篇讲演得到毛泽东的高度评价和补充修改，被确定为中共中央关于土改政策的指导文件。1949年3月出席中共七届二中全会。4月抱病代表中共中央向中国新民主主义青年团第一次全国代表大会作政治报告，被推举为团中央名誉主席。1949年11月赴苏联治病。1950年5月回国。6月出席中共七届三中全会。在朝鲜战争爆发后的第二天，致信毛泽东等，要求恢复部分工作。经毛泽东批准每日工作不得超过4小时，主管组织部和青委。

1950年10月25日突发脑出血，27日在北京逝世，终年46岁。主要著作编入《任弼时选集》。

任伯年　Ren Bonian (1839/1840～1895/1896)　中国清代画家。见任颐。

任访秋　Ren Fangqiu (1909-10～2000-07-03)　中国文学研究家。原名任维焜，字仿樵，笔名访秋、霜枫。河南南召人。1923年考入河南第一师范。1928年加入文学社团晨星社，参与出版《晨星》杂志。1929年毕业后考入北京师范大学中文系。翌年参加组织草虫社，编辑《草虫周刊》。其间开始发表一些学术论文。1935年入北京大学研究院，毕业后回洛阳师范教书。1940年起长期任教于河南大学（原开封师范学院）直至去世。曾任河南大学教授、中文系主任、《中国现代文学研究丛刊》副主编。致力于中国文学史的教学和研究工作长达70年，对近代文学史学科的建设作出了开拓性贡献。著有《中国现代文学史》上卷、《中国文学史散论》、《中国古典文学研究论集》、《中国现代文学史论稿》、《〈聊斋志异〉选讲》、《鲁迅散论》、《袁中郎研究》、《新文学渊源》、《中国近代文学作家论》、《子产评传》，主编有《中国近代文学史》、《中国近代文学大系·散文集》等。

任光　Ren Guang (1900-11-09～1941-01)　中国作曲家。生于浙江嵊县，在皖南事变中牺牲。1917年入上海震旦大学，1919年赴法国里昂大学音乐系学习。1928年回国任上海百代唱片公司音乐部主任，并参加苏联之友社音乐小组和左翼戏剧家联盟音乐小组，与聂耳、张曙等人一起从事革命音乐创作和研究活动。1933年后，他为进步电影《母性之光》、《渔光曲》、《大路》等创作了音乐和插曲，其中《渔光曲》、《月光光》受到了广泛好评。1936年后他创作了抗战歌曲《打回老家去》、《高粱红了》，歌剧《洪波曲》及民族器乐曲《彩云追月》等。1940年参加了郭沫若领导的军委政治部第三厅，从事抗日文艺工作，后到新四军战地文化处工作，创作了《别了皖南》(即《新四军东进曲》)等歌曲。1982年出版了《任光歌曲选》。

任继愈　Ren Jiyu (1916-04-15～2009-07-11)　中国哲学家、宗教学家、历史学家。山东平原人。卒于北京。师从国学大师汤用彤。1941年毕业于西南联大北京大学研究院文科研究所。长期执教于北京大学哲学系。致力于中国哲学史、中国佛教史、中国道教史研究。1960年以后，努力推动国内宗教研究的科学化和现代化。历任北京大学教授、中国社会科学院研究生院教授、中国社会科学院世界宗教研究所所长、中国宗教学会会长、国家图书馆馆长等职。1978年年底提出“儒教是教”说，说明了儒教的性质、发生和发展，教义教理和神灵系统。著有《汉唐佛教思想论集》、《中国哲学史论》等；主编《中国佛教史》、《宗教词典》等。

任建新　Ren Jianxin (1925-08～　)　中国人民政治协商会议全国委员会副主席。山西襄汾人。1946年入北京大学工学院化学工程

系学习。1948年加入中国共产党。先后在华北人民政府秘书厅、中央政法委员会办公厅、中央法制委员会、国务院法制局任秘书。1959年后任中国国际贸易促进委员会科长、处长。“文化大革命”中下放“五七”干校劳动。1971年后历任中国国际贸易促进委员会法律部处长、法律部部长，中国国际贸易促进委员会副主任、党组副书记，最高人民法院副院长、院长、党组书记，中央政法领导小组成员兼秘书长，中央政法委员会副书记兼秘书长，中央政法委员会书记。是中共十三届、十四届中央委员，十四届中央书记处书记，政协第九届副主席。

任美锷 Ren Mei' e（1913-09-08～2008-11-04） 中国地理学家、海洋学家。生于浙江鄞县（今宁波市鄞州区），卒于南京。1934年中央大学地理系毕业。1936年入英国格拉斯哥大学，1939年获博士学位。同年回国，任职于浙江大学，继任复旦大学系主任，中央大学教授，南京大学教授、系主任，兼南京地理研究所所长。历任中国地理学会副理事长、名誉理事长，中国海洋学会副理事长、名誉理事长，中国海洋研究委员会副主席、主席，国际地质科学联合会海洋地质委员会委员，国际第四纪研究委员会名誉委员等。1980年当选中国科学院学部委员（院士）。长期致力于地貌学、海洋沉积动力学和喀斯特的研究。著有《建设地理新论》、《中国自然地理纲要》、《岩溶学概论》（合著）、《中国海岸及近岸带的现代沉积作用》（英文）、《中国的三大三角洲》和《任美锷地理论文选》（1991）等。曾获国家科技进步奖一等奖（1992）、国家自然科学奖三等奖（1998）。1986年获英国皇家地理学会维多利亚奖章。

任丘市 Renqiu City 中国河北省辖县级市。位于省境中部。面积1 023平方千米。人口82万（2010）。汉元始二年（公元2年）在此筑城，名任丘城。北齐时置任丘县。1986年撤县建任丘市。由沧州市代管。属暖温带半湿润大陆性季风气候。工业有石油化工、电器线缆、摩托车、塑料橡胶、汽车配件、机械、建材、家具模具、农产品加工等。已探明石油和天然气储量分别为9.3亿吨和16亿立方米。国家特大型企业华北石油管理局机关驻市区。

任溶溶 Ren Rongrong（1923-05-19～ ） 中国儿童文学作家、翻译家。上海人。原名任根鎏，后又改名任以奇。1945年毕业于上海大夏大学中文系。1946年发表第一篇外国儿童文学译作，此后在上海时代出版社连续出版了10多本苏联儿童文学译著。1952年进上海少年儿童出版社负责外国儿童文学的译介，翻译了大量苏联儿童文学作品，尤其是系统翻译了曾获列宁文学奖的C.马尔夏克、S.米哈尔科夫、A.巴尔托三位诗人的作品，同时还翻译了意大利著名儿童文学家G.罗大里的许多作品。1976年调上海译文出版社任编审、副总编辑，翻译了瑞典著名儿童文学家A.林格伦的几乎全部作品。除翻译外，他还创作童话、小说、诗歌。童话《“没头脑”和“不高兴”》、《天才的杂技演员》是当代幽默儿童文学的代表作。任溶溶的儿童诗的诗艺功力及对儿童情趣与幽默风格的机智把握，在当代儿童诗创作中甚有影响，主要儿童诗集有《小孩子懂大事情》（1965）、《给巨人的书》（1980）、《我妈妈的故事》（1983）等。

任天知 Ren Tianzhi 中国早期话剧奠基人之一。名文毅。艺名天知。北京人。见进化团。

任新民 Ren Xinmin（1915-12-05～ ） 中国航天技术和火箭发动机专家。生于安徽宁国。1937年6月南京中央大学化工系肄业。1940年重庆兵工学校大学部毕业。

1946年2月入美国密歇根大学研究生院，先后获机械工程硕士、工程力学博士学位。1949年回国后，任南京华东军区军事科学研究室研究员，哈尔滨军事工程学院教授。1956年8月参加国防部五院筹建工作，先后任国防部五院总体设计室主任、液体火箭发动机设计部主任、一分院副院长兼液体火箭发动机研究所所长。1975年以来，历任七机部副部长，航天部科技委主任，航空航天部高级技术顾问。第五、六、七届全国人民代表大会常务委员会委员。1980年当选中国科学院学部委员（院士）。国际宇航科学院院士。

任新民领导和参加了中国第一种自行设计的液体中近程弹道式地地导弹液体火箭发动机的研制工作。1970年4月，担任中国第一颗人造地球卫星发射火箭的技术负责人。参与领导和指挥了1980年5月向太平洋预定海域发射远程弹道式导弹的飞行试验。领导用“长征”3号运载火箭把“亚洲”1号通信卫星准确地送入地球同步转移轨道。1985年获两项国家科技进步奖特等奖。1999年获中共中央、国务院、中央军委“两弹一星功勋奖章”。有《当代中国的航天事业》等著作。

任颐 Ren Yi（1839/1840～1895/1896） 中国清代画家。原名润，字伯年，号小楼。后更名颐熙。生于浙江山阴，卒于上海。幼时随父学画肖像。青年时迁居萧山，画过许多灯片。曾随任薰学画。后寓居上海近30年，以鬻画为生，颇负声誉。他的创作中颇多针砭寄情之作，如《苏武牧羊》、《钟馗像》、《关河一望萧索》、《送炭》、《女娲炼石》、《树荫观刀》等，在一定程度上揭露了当时尖锐的社会矛盾。他的人物画题材广泛，既有历史故事、神话故事、民间传说，也有直接反映现实生活的作品。他尤善写真术，能够捕捉人物刹那间的神情动态。所作通景屏《群仙祝寿图》，金笺底，设色，纵206.8厘米，横714厘米，以12幅屏条组成巨幅，人物众多，形象生动，构思奇妙，为近代中国画史上少见的佳作。他的花鸟画手法多样，博采众长，无论是工笔、写意、勾勒、没骨、设色、水墨均能运用自如。他多用湿笔，运用淡墨尤有独到处。尤以能在写意画中掺和水彩画法，颇有新意，形成明快、温馨、清新而又活泼的画风。他的山水画也别具丘壑，构图

《苏武牧羊》

层出不穷，不落时流畦径。任颐兼善塑像。据说他曾用宜兴陶土，塑制其父一小全身像，“状至入神”。他制作的茗壶酒瓶以及种种器皿，造型新颖别致，可惜作品没有流传下来。

任中敏 Ren Zhongmin (1897～1991-12-13) 中国戏曲史家、敦煌学家。原名讷，曾用笔名二北、半塘。江苏扬州人。生于扬州，卒于扬州。1920年毕业于北京大学。历任四川大学、江苏扬州师范学院教授。

早年师从戏曲学家吴梅，致力北宋词学和金元散曲及其音乐理论的研究，著有《作词十法疏证》、《散曲概论》、《曲谐》等，另辑有元、明、清历代散曲作家集30余种，编纂戏曲理论丛书《新曲苑》，收录了散见的曲话、曲论、曲韵、曲谱等方面的资料。其戏曲代表作《唐戏弄》(1958)为专门研讨唐至五代的唐戏发展演进过程的专门著述。其他著述有《古剧衡源》、《傀儡戏探源》等专题论文，以及采录西周以来历代俳优艺人优语的《优语集》。任中敏研究敦煌遗书达20多年，先后出版《敦煌曲初探》、《敦煌曲校录》。晚年又辑佚钩沉，搜集敦煌歌辞1 200余首，整编为《敦煌歌辞总编》。

忍冬 *Lonicera japonica*; Japanese honeysuckle 忍冬科忍冬属的一种。多年生半常绿缠绕灌木。又称金银藤、鸳鸯藤、左缠藤。花蕾名金银花，又称双花、二宝花；带叶的茎枝名忍冬藤。均供药用。亦作观赏植物。中国大部分地区有分布，其中以河南、山东所产最为闻名。日本和朝鲜、韩国亦有出产。

茎长可达9米，中空。多分枝。叶对生，

卵形或长卵形。夏季开花，初为白色，后变金黄色。浆果球形，熟时黑色。适应性强。金银花含异绿原酸、绿原酸、木犀草素、肌醇及挥发油，叶含忍冬苷、忍冬素、番木鳖苷及鞣质等。对多种细菌有抑制作用。作中药能清热解毒，可治上呼吸道感染、肠炎、痢疾、痈肿、丹毒等症。制剂有银翘解毒片、银花露、银黄注射液等。忍冬藤的药用功能与金银花相似，还能通经络，治风湿痹痛。此外，花还可提制芳香油，茎皮可作纤维用。

忍冬科 Caprifoliaceae; honeysuckle family 双子叶植物纲菊亚纲的一科。共13属约500种，主要分布于北温带和热带高海拔山地。中国有12属200余种，大多分布于华

红花忍冬

中和西南各省，其中七子花属、蝟实属和双盾木属为中国的特有属。灌木、小乔木或木质藤本，很少多年生大型草本。叶对生，稀轮生，单叶，很少为奇数羽状复叶（接骨木属），无托叶或具叶柄间托叶或托叶退化成腺体。花序聚伞状，或由聚伞花序集合成伞房或圆锥式的复花序，有时因聚伞花序中央的花退化而仅具2朵花，排成总状或穗状花序。花两性，极少杂性；花冠合瓣，辐状、筒状、高脚碟状、漏斗状或钟状，5（～4）裂（接骨木属有3裂的），具1～5枚蜜腺，有时花冠二唇形，筒基部有时膨肿或呈囊状或距状；雄蕊5～4，极少3枚；子房下位，由2～5枚心皮合成，2～5(7～10)室。果实为肉质浆果、核果、蒴果、瘦果或坚果。

忍冬科以盛产观赏植物而著称。荚蒾属（如琼花）、忍冬属、六道木属（如大花六道木）和锦带花属（如锦带花）等都是庭园观赏花木。忍冬属（如金银花）和接骨木属（如接骨木）的一些种是中国传统的中药材。接骨木属的果实可以酿酒。

认识 cognition 在人的意识中反映或观念地再现现实的过程及其结果。认识的前提是外部世界不依赖于人的意识而存在的客观实在性和外部世界可知性。外部世界的客观存在是认识的最终源泉，外部世界的可知性是认识的可能性的根据。认识的主体是社会的人。认识活动的手段和形式包括工具、仪器、语言、逻辑范畴等。人作为认识的主体首先在于他是社会实践的主体。认识不是离开实践而在主体的头脑中凭空地产生的，而是在社会实践的客观需要和实践活动的基础上发生、发展起来的主体对客体的一种观念的或理论的关系。认识以实践为基础，但认识并不就是实践。认识主要是通过主体的意识、思维的活动实现和表现出来，它只能以观念的形式反映和把握客体。认识具有主观和客观两重属性。一方面，认识是作为主体的人以观念的形式反映或再现客体，而不是现实地创造客体本身；同时，观念本身也不能直接外化为客观实在，单纯的观念并不能实现任何现实的东西，这就是认识的主观性。另一方面，认识是以客观的社会实践为基础的，认识的内容来自客观世界，认识的目的和任务是要正确地反映客体，获得关于外部现实的精确的知识，从而有效地指导实践，并通过实践转化为客观现实，达到主观和客观、主体和客体的一致，这就是认识的客观性。

认识是对外部客观现实的反映，但不是死板的、凝固的和一下子完成的，它表现为通过各种形式和不同阶段而实现的能动的辩证过程。在实践的基础上，由生动的直观到抽象的思维，再到实践，这是一个具体的认识过程。而整个人类的认识发展过程，则是在实践、认识、再实践、再认识的循环往复的运动中实现的。

认识论 epistemology 研究人类认识的本质及其发展过程的哲学理论，哲学的一个组成部分。又称知识论。研究的主要内容包括认识的本质、结构，认识与客观实在的关系，认识的前提、来源和基础，认识发生、发展的过程及其规律，认识的真理性标准等。东方西方在古代就有了十分丰富的认识论思想。在中国的春秋战国时代，孔子对认识来源问题作出了“生而知之”与“学而知之”两种回答，后来孟子发展了他的先验论倾向，荀子发展了他的经验论倾向。庄子对认识的相对性有明确的理解，并较早提出了怀疑论观点。宋明时期围绕知识来源和知行关系问题，哲学家们进行了深入研究，例如程朱学派主张知是人所固有的，但必须格物以致知。王守仁认识了行（实践）与知的不可分割的关系，但过分强调，陷入了“知行合一”的误区。王夫之则提出了“知行相资以为用”并“进而有功”的知行统一观。

在古希腊时期，柏拉图就在他的理念论中提出并讨论了有关知识的来源和本质的问题，德谟克利特、亚里士多德等人对意见范畴的探讨与研究，也对后来的哲学，特别是认识论的研究产生了重要的和深远的影响。但是，作为哲学的一个基础部门，并有其特定的研究对象、内容和形式的认

识论的建立，严格说来，则是近代的事。

16世纪以来，认识论问题在欧洲哲学中占有中心的地位，甚至成为构造哲学体系的出发点。在认识论中，自我和外部世界、主体和客体、外在经验和内在经验、感性和理性的关系是讨论的主要问题。哲学家们对于回答这些问题选择了不同的道路，从而产生了经验论和唯理论。英国唯物主义经验论创始人F.培根坚持从经验出发，认为真正的知识只能从经验中获得。R.笛卡尔是近代唯心主义唯理论的第一个代表。他认为只有从清楚明白的公理出发，通过演绎推理才能达到真理性知识。继笛卡尔之后，唯理论的代表有B.斯宾诺莎和G.W.莱布尼茨。唯物主义的经验论者，特别是J.洛克，对笛卡尔的天赋观念说进行了尖锐的批判。G.贝克莱、D.休谟利用洛克的学说发展了系统的主观唯心主义和不可知论。

在德国古典哲学中，I.康德对认识形式的发现是他对认识论的重要贡献。G.W.F.黑格尔力图克服认识论问题和本体论问题的对立，在唯心主义辩证法的基础上比较好地解决了思维和存在、主体和客体的辩证的相互统一问题。

19世纪末以来的现代西方哲学学派林立，对认识论的一些基本问题也众说纷纭，观点各异。新实在论、新托马斯主义承袭了柏拉图主义、托马斯主义的先验论；唯意志论、新黑格尔主义、生命哲学、存在主义等鼓吹神秘的直觉主义、反理性主义，否认认识是外部世界的反映；实证主义、马赫主义、实用主义、逻辑实证主义等，继承唯心主义的经验论，声称一切知识起源于经验，但根本否定经验的客观来源和客观内容，把它归结为主观自生的东西。

马克思主义哲学的认识论即辩证唯物主义认识论，是马克思和恩格斯在总结、批判与继承马克思主义以前哲学史中各种认识论的基础上建立起来的，后又由列宁、毛泽东和其他马克思主义者所发展。它是彻底唯物主义的能动的反映论。反映论的原则是辩证唯物主义认识论的基石。辩证唯物主义认为，人的认识是人脑这一特殊物质对外部现实世界的反映。辩证唯物主义认识论把科学的实践观引入认识论，强调社会生活和社会实践在认识领域中的基础地位和作用。人们对客观现实的认识是在实践基础上由感性认识上升到理性认识，又由理性认识向实践能动地飞跃的过程。

认知发展 cognitive development 随着年龄增长，人对客观世界的认识能力的发展。儿童心理学的重要研究课题。人类个体的认知是在其出生以后开始发生和发展的。新生儿出生不久，就表现出一定的感觉能力，甚至还有感觉和运动之间的初步协调，如将头转向声源方向，用眼睛和头部去追随在垂直于视线的平面上缓慢运动着的鲜明物体；逐步有与成人之间的目光交往。新生儿在与客观环境进行交往过程中逐渐形成一种内部的认知结构。这种认知结构主要是感觉和运动所组成，所以称为感觉运动性认知结构。从幼儿期至青年期，儿童逐步掌握符号、语言、概念以至逻辑的命题，逐步能对直接感知的具体事物以至抽象的概念进行运算，如进行逻辑命题的运算；与此相应，他们发展了运算性认知结构。

认知发展的一个重要方面是由浅入深，由认识事物的表面现象逐步达到认识事物的实质。儿童认知发展中的另一个显著的变化是随着儿童的成长，信息加工容量日益增加。人的机体特别是人脑是认知和整个心理的物质基础，它的成长过程在很大程度上制约认知的发展。另一方面，认知及其发展是在个体与周围环境的交互作用中实现的，客观世界是认知的本源，环境和教育在认知发展中起着决定性的作用。

认知方式 cognitive style 人在认知操作中表现出来的持久个体特征。又称认知风格。认知方式表现为一个人习惯于采取什么方式对外界事物进行认知，认知方式上的差异并没有好坏的区分。H.A.威特金提出认知方式的场依存性和场独立性理论。具有场依存性特征的人倾向于以整体的方式看待事物，在知觉中表现为容易受环境因素的影响；具有场独立性特征的人倾向于以分析的态度接受外界刺激，在知觉中较少受环境因素的影响。场依存性的个体比场独立性的个体具有更强烈的社会取向。在学科兴趣、学习策略和方法上，上述两类个体之间表现出明显的差别。

认知心理学 cognitive psychology 20世纪50年代中期在美国兴起的心理学思潮，在70年代成为心理学的一个主要方向。它研究人的高级心理过程，主要是认识过程，如注意、知觉、表象、记忆、思维和语言等。认知心理学的主要理论是信息加工理论。其代表人物是A.纽厄尔和H.A.西蒙。1967年U.R.G.奈瑟出版第一本专著《认知心理学》。

信息加工观点把人看作是一个信息加工的系统，它包括感觉输入的变换、简约、加工、存储和使用的全过程。按照这一观点，认知可以分解为一系列阶段，每个阶段是一个对输入的信息进行某些特定操作的单元，而反应则是这一系列阶段和操作的产物。信息加工过程包括4个主要部分，即感知、记忆、控制和反应。环境为感知系统提供输入的信息，感知系统首先把刺激的基本特征抽取出来，送入记忆系统。输入的信息再与记忆中的信息进行比较。记忆系统包括长时记忆和工作记忆。长时记忆是一个巨大的信息存储库，它存储着各种信息，如运动技能、语义信息、加工程序等。当前和过去输入的信息激活了长时记忆中的一部分信息，使它处于工作记忆中，接受更精细的加工。中枢处理器是系统的控制部分，它主要处理目标和达到目标的计划。反应系统控制着一个系统从运动动作到语言和表情的全部输出。

认知心理学家关心的是作为人类行为基础的心理机制，其核心是输入和输出之间发生的内部心理过程。但是人们不能直接观察内部心理过程，只能通过观察输入和输出的东西来加以推测。所以，认知心理学家所用的方法就是从可观察到的现象来推测观察不到的心理过程。计算机模拟是认知心理学家采用的一种特殊方法。要使计算机像人那样进行思维，计算机的程序就应当符合人类认知活动的机制。把某种认知理论表现为计算机程序即计算机模拟。计算机模拟首先可以用来检验某种理论，发现其缺陷。口语记录也是认知心理学家，特别是研究思维的认知心理学家常用的一种方法。

一些心理学家认为，认知心理学的出现是心理学的第二次革命。第一次革命是行为主义的兴起。认知心理学反对在西方心理学中统治多年的行为主义和弗洛伊德主义。它强调知识在决定行为上的重要作用和人的主动性。它重视心理学研究中的综合的观点，强调各种心理过程之间的相互联系、相互制约。

认知行为治疗 cognitive behavioural therapy 根据认知过程影响情感和行为的理论假设，通过认知和行为技术，改变来访者不良认知的一类心理疗法的总称。20世纪60～70年代在美国出现的心理治疗学派。

在认知行为治疗学派中，具有代表性的疗法有三种：①由A.贝克创立的认知疗法(CT)，主要适用于抑郁症和各种焦虑障碍，用改变个体的信念和态度来矫正适应不良性认知。在各种认知治疗方法中影响最大。②A.埃利斯创立的理性情绪疗法(RET)。③D.梅钦鲍姆创立的认知行为矫正法(CBM)，它重视内部言语与人的认知结构的关系，发展出自我指导训练和应激接种训练两种方法。自我指导训练是教会个体进行自我说服或进行现场示范指导，主要用于治疗儿童注意缺陷、多动障碍、冲动儿童、精神分裂症患者等。应激接种训练主要用于处理各种与应激适应性有关的问题。训练的方法是先让个体适应小的挫折或应激，以提高其适应能力。在认知行为治疗中影响较大的治疗方法还有应对技巧训练、问题解决技术，以及认知重建法等。各种认知行为疗法与技术方法均强调以改变人的认知为主的方式来消除或减轻心理问题或障碍。

认知行为治疗的特点为短程、结构性强、围绕问题、不强调过去；多采用苏格拉底式提问和辩论的方法等。因其简洁有效，在世界心理治疗领域属快速发展的治疗学派。

任脉 conception channel; conception vessel 中医学中奇经八脉之一。任脉总任一身阴经，与全身所有阴经相连，凡精血、津液均为任脉所司，故称为“阴脉之海”。任脉

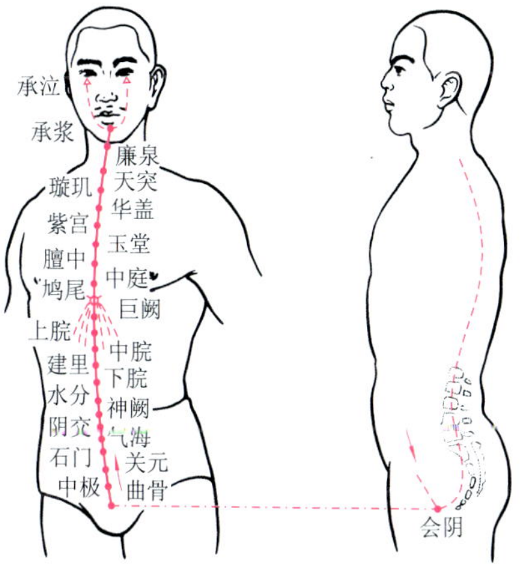

任脉循行线路图

能妊养胎儿，与女子经、带、胎、产的关系密切。任脉起于胞中，下出会阴，经阴阜，沿腹部和胸部正中线上行，经过咽喉，到达下唇内，环绕口唇，上至龈交穴，与督脉相会，并向上分行至两目下。分支由胞中贯脊，向上循行于背部（见图）。本经脉腧穴包括会阴、曲骨、中极、关元、石门、气海、阴交、神阙、水分、下脘、建里、中脘、上脘、巨阙、鸠尾、中庭、膻中、玉堂、紫宫、华盖、璇玑、天突、廉泉、承浆，共24穴。

韧带损伤 injury of ligament 韧带遭受暴力、牵拉时发生的损伤。韧带部分损伤而未造成关节脱位趋势者称为扭伤。韧带本身完全断裂时也可将其附着部位的骨质撕脱，从而形成潜在的关节脱位、半脱位乃至完全脱位。临床表现为局部肿痛、压痛或关节不稳定，向暴力方向牵拉时疼痛加剧。治疗不当可能导致不稳定或创伤性关节炎。治疗的原则是确切诊断，早期处理，全面修复。一部分损伤可直接修复，严重者需以临近的肌腱、筋腱等组织转移修复。

韧致辐射 bremsstrahlung 原指高速电子骤然减速产生的辐射，如X射线管中高速电子轰击金属靶骤然减速，产生高能X射线束；后泛指带电粒子碰撞过程中发出的辐射。当带电粒子的速度$v \ll c$时，韧致辐射与电离相比显得并不重要，其方向性不强；当带电粒子的速度接近光速时，韧致辐射是其能量损失的主要机制，韧致辐射引起的角分布向前倾，随着速度增大，向前倾的程度增大。韧致辐射的重要特征是具有连续谱，其强度在很宽的频谱范围内缓慢变化。除了X射线管中产生的X射线连续谱属于韧致辐射之外，韧致辐射在热核聚变反应中也是重要的，在β衰变过程中电荷的突然产生或电荷的突然消失（如电子俘获）也伴随有韧致辐射。天文观测中韧致辐射也是常见的现象，如在中子星表面因热韧致辐射引起的X射线辐射。

妊娠 pregnancy 卵子受精后，受精卵在母体子宫内生长发育形成胎儿，直到胎儿分娩的过程。人类的妊娠时间一般以最后一次月经来潮的第一天开始算起，为280天，如果以排卵时间计算的话，那么人类的妊娠时间应为266天。

妊娠主要分三个阶段：①卵子受精。排卵期成熟的卵细胞由卵巢排出，进入输卵管的壶腹部。性交时，精液射到阴道后穹窿，部分精子进入宫颈管，通过宫腔到达输卵管峡部与壶腹部交界处，穿进卵细胞前需经过获能变化，精子与卵细胞融合形成受精卵或称孕卵。受精卵含有46个染色体（来自父母的各23个）。②受精卵发育、运行与着床。受精卵的发育与运行是同时进行的，在受精后3～4天卵子到达宫腔，在运行过程中进行细胞分裂，开始为一实心细胞团，状如桑椹（故称桑椹胚）。以后外层细胞分裂较快，形成囊壁（称滋养层），是受精卵接触母体的部分，将形成胎盘和胚外结构。内层细胞分裂较慢，形成内细胞团，是以后胚胎发育的始基。此时孕卵称为囊胚或胚泡。约在受精后7～8天，胚泡侵入到子宫内膜，称为着床。③胚层的形成。约在受精后9～10天，内细胞团很快增殖与分化，分裂成外胚层和内胚层，二者之间组织称为胚盘，将来分化成为胎儿身体各部分。受精后第三周开始，外胚层分化出中胚层，此时已形成3胚层，称为胚胎。

母体各系统变化主要有以下几方面：①生殖系统。为适应胎儿发育，妊娠期子宫变化明显，子宫增大，血流量增加。另外，乳房变大，乳头、乳晕色素沉着。②循环系统。妊娠期新陈代谢增加，血容量增加，总循环量增加30%～45%，其中血浆增加40%～50%，血细胞增加18%～30%，形成生理性血液稀释。其次是心排出量增加，心率增快，约增加10次/分，血液处于高凝状态。③其他系统。如肾血流量和肾小球滤过率增加；横膈上升，膈肌活动度减小，孕妇呼吸以胸式为主，且呼吸较深。胃肠道平滑肌张力降低，胃排空时间延长，胃肠蠕动减弱，故易恶心、烧心、腹胀和便秘。妊娠期母体增重平均10～15千克，后期增加较多，而孕末一个月，每周体重增加不超过500克。

妊娠的诊断在早期（12周以内）依靠停经、早孕反应、妊娠试验确诊；中期以后由于子宫明显增大，扪到胎体（20周后），感到胎动（18～20周），听到胎心音（18～20周）可助诊，必要时超声检查确诊。

妊娠高血压综合征 pregnancy-induced hypertension 妊娠特有的以高血压为主的症候群。以水肿、高血压、蛋白尿于妊娠20周以后出现并在分娩后迅速消失为特征，简称妊高征或称妊娠中毒症，病因尚不清楚，这给预防带来很大困难。按病情发展程度分为：①轻度。血压>17.3/12kPa（130/90mmHg）或基础压升高4/2kPa（30/15mmHg），可伴轻度蛋白尿和水肿。②中度。血压<21.3/14.6kPa（160/110mmHg），蛋白尿（+）或伴有水肿。③重度（先兆子痫和子痫）。重度先兆子痫指血压≥21.3/14.6kPa（160/110mmHg），蛋白尿（++～++++），伴水肿及头痛等自觉症状，此三项有两项者；子痫为妊高征发展至最严重阶段，在妊高征基础上有抽搐。另外，中、重度病例还易并发肺水肿、心力衰竭、胎盘早剥、肾功能衰竭、胎儿窘迫、胎死宫内等，这些均可威胁母儿健康与生命。处理原则：轻症可在门诊随诊，休息，服降压药，防止发展为重症。中、重症需住院治疗，保证足够休息，服用镇静、降压、解痉药物如硫酸镁，严密注意自觉症状、血压及胎心变化，预防和及时发现并处理合并症。重度病例积极治疗24～48小时后，孕龄已超过36周者宜终止妊娠。36周前者胎盘功能减退或孕妇病情恶化者也应终止妊娠。终止妊娠方法视宫颈条件及病情严重程度而定，分别采用引产或直接剖宫产。产后酌情给药治疗以防产后发生子痫。

妊娠合并症 pregnancy, complication of 未孕之前或妊娠期间发生的、非妊娠直接引起的疾病。这些疾病出现于妊娠之前并不影响卵巢的排卵及受孕，但一旦妊娠后，原有疾病便可影响妊娠的进程及胎儿的生长发育，而妊娠也可使原有疾病恶化，影响孕妇的健康。妊娠合并症是产科领域的重要问题。常见的、影响较大的妊娠合并症有各种心脏病、慢性高血压病、糖尿病、肝炎、慢性肾炎、急性阑尾炎、贫血、骨软化症等。

妊娠合并心脏病 因妊娠和分娩给心脏的额外负担，可造成心功能进一步减退，甚至引起严重后果。妊娠期总血容量增加，心排出量明显增加，心脏做功高峰在32～34周，心率加快，而且子宫增大，横膈上升，心向上向左移位，这些都机械地增加心脏

负担。分娩期宫缩使心脏排血量阵发性增加，尤其第二产程，产妇屏气，周围血管阻力增加，内脏血涌向心脏，心脏负担最重，原来心功能不全的孕妇，易发生心力衰竭。产后24～48小时，子宫逐渐缩小，多量血液进入体循环，且组织内液体也开始回到血循环，加重心脏负担，也易导致心力衰竭。

处理原则：①正确估计孕妇能否继续妊娠。心功能Ⅲ～Ⅳ级，有过心衰史、活动风湿、肺动脉高压等均不宜妊娠，应在妊娠12周内行人工流产。②可以妊娠者应从妊娠早期开始产前保健检查，除查产科情况如胎位、胎心外，根据心脏情况，安排孕妇的工作与生活，避免感冒，纠正贫血，预防和治疗早期心力衰竭，并提前入院待产。③分娩期。心功能Ⅰ～Ⅱ级者可选择阴道分娩，而心功能Ⅲ～Ⅳ级者以择期剖宫产为宜，临产后保证供氧，安静，减少屏气，必要时阴道手术助产，产后抗生素预防感染。心功能Ⅱ级以上者不宜哺育婴儿。凡属不宜妊娠者，产后严格避孕或行绝育术。

妊娠合并急性病毒性肝炎　妊娠期间肝脏负担加重，容易感染病毒性肝炎，或促使原来的肝病恶化。孕妇患肝炎的病情较非孕期重，且妊娠期限越晚，越易发展为重症肝炎。肝炎对妊娠最主要的影响为母婴传播，即患有急、慢性肝炎或肝炎病毒携带者（HBsAg阳性）在妊娠、分娩期可将病毒传播给胎、婴儿。HBsAg阳性孕妇传播概率平均为40%～50%，其中双抗原（HBsAg、HBeAg）阳性的母亲传播概率为90%～100%。乙肝病毒可以通过胎盘屏障感染宫内胎儿（5%），但90%～95%传播途径为分娩过程胎儿通过产道时吸入含有病毒的阴道分泌物或产母血液受染。少数情况下新生儿通过母乳或乳母乳头皲裂出血受染，故患乙肝产母不应哺乳。HBs Ag阳性或双抗原阳性孕妇所生小儿可应用乙肝免疫球蛋白和/或乙肝疫苗加以阻断。

处理原则：争取阴道分娩，注意预防产后出血和感染。

妊娠合并肺结核　本已不多见，但20世纪末又有增多趋势。非活动型肺结核或结核病变范围不大者对孕产妇及胎婴儿的发育无明显影响。但活动型肺结核已引起心肺功能不全者，妊娠时病情会恶化，甚至导致死亡；缺氧、营养不良可导致胎儿在宫内发育迟缓或死亡。严重者可通过血行播散将结核菌传染给胎儿，但甚为罕见。

早期妊娠如发现患有各类急性结核病，应人工流产终止妊娠。患急性肺结核病的晚期妊娠孕妇应提前住传染性结核病医院，分娩时应缩短第二产程。除非有产科指征，不采用剖腹产术，手术时应避免吸入性麻醉。肺结核患者的新生儿，出生后应及时接种卡介苗。产后患者不宜哺乳，并继续抗结核治疗。

妊娠合并贫血　由于妊娠期血容量增加，妊娠晚期可能会出现生理性贫血，故孕妇贫血的诊断标准相对降低，当血红蛋白在100克/升以下或红细胞压积在30%以下时，才诊断为贫血。妊娠贫血多数为缺铁（77%）或缺乏叶酸或二者同时缺乏所致。恶性贫血、溶血性贫血及再生障碍性贫血等少见。

预防的方法为在妊娠期每日口服硫酸亚铁0.3克。治疗仍以口服铁剂为主，必要时可肌肉注射右旋糖酐铁。

妊娠期的食物应富有叶酸，并每日口服300～500微克叶酸，缺乏叶酸的孕妇中约有1/2同时缺铁，故需同时加用铁剂。合并维生素B_{12}缺乏时，可每日加用维生素B_{12}100微克肌注。

妊娠合并急性阑尾炎　急性阑尾炎是妊娠期较常见的外科并发症。孕期增大的子宫使阑尾逐渐向上向外移位，加之孕期盆腔充血，阑尾亦充血，故炎症发展迅速，易发生坏死及穿孔；又由于大网膜被增大的子宫推开，不易使炎症局限化，阑尾炎可发展为弥漫性腹膜炎。炎症波及子宫，可刺激宫缩，引起流产及早产；细菌毒素可致胎儿死亡。因此早期诊断、正确处理极为重要。

妊娠期急性阑尾炎临床特征不典型，故诊断较为困难。常与右侧卵巢囊肿蒂扭转，右肾、输尿管结石，肾盂肾炎，急性胆囊炎等妊娠并发症相混淆。

一旦确诊应立即手术切除阑尾，并积极抗炎症治疗。妊娠已近足月阑尾被增大子宫所掩盖不能暴露时，可先做剖宫产，然后再做阑尾切除。术后采用大剂量广谱抗生素。

预后与阑尾炎发生在妊娠的早、中或晚期及能否早期诊断有关。妊娠越晚，延误诊断的机会越大，且易延误治疗，致发生化脓穿孔、弥漫性腹膜炎，增加孕产妇及胎儿的病死率。

妊娠诊断　pregnancy, diagnosis of　根据自觉症状、体征、临床检查及辅助化验，判断是否妊娠的医疗活动。

早期妊娠的诊断　正确判断早期妊娠主要依据自觉症状、体征、临床检查以及辅助诊断。

自觉症状　停经是早孕妇女最早的主诉。早孕反应是早期妊娠的常见主诉，包括头晕、乏力、嗜睡、恶心、晨吐、食欲异常（喜食酸甜、厌油腻）等，停经后5～6周即出现，妊娠12周左右后大多数自行消失，偶有个别妇女整个孕期都可能持续有孕吐等反应。怀孕早期孕妇因增大的子宫在盆腔内压迫膀胱，会出现尿频现象。

临床检查　孕妇乳房受雌激素与孕激素影响，逐渐增大，感觉轻度胀痛，乳头

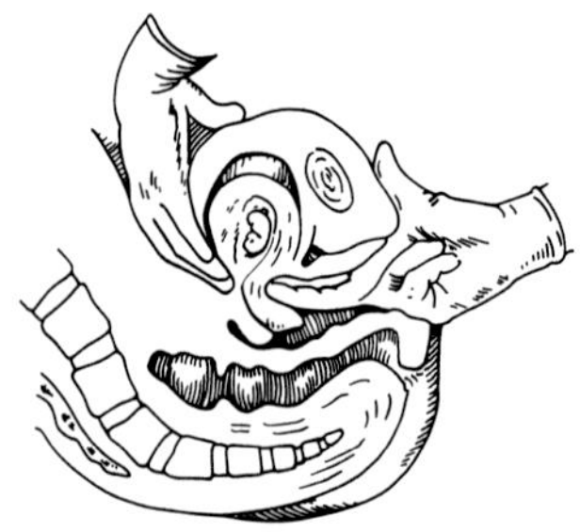

黑加尔氏征

及乳晕色素加深，乳头周围有隆起的结节出现（为肥大的皮脂腺）。生殖器的变化最为明显。阴道壁及子宫颈充血变软，呈紫蓝色；子宫峡部（子宫颈与子宫体连接处）比子宫体及子宫颈更软，作双合诊时检查者会感到子宫体似与子宫颈不相连，双手指尖似可相触，称为黑加尔氏征（见图）。子宫体增大，开始时略觉饱满，以后渐成球形，至12周时宫底超出盆腔，在腹部耻骨联合上方可触及。

辅助诊断　包括妊娠试验、基础体温测定、孕酮试验、子宫颈黏液检查、超声波诊断等。

中晚期妊娠的诊断　妊娠中期以后各种征象逐渐明显，诊断比较容易。

临床表现　孕妇自觉腹部逐渐膨胀，18～20周时开始自觉胎动，后期更明显，同时可经孕妇腹壁用胎心听筒听到胎儿心音，应用多普勒胎心探测仪可在停经13～14周时探测到胎心，20周后可扪及胎头及胎儿肢体及胎动。

辅助诊断　超声检查可显示胎体、胎动、胎心搏动、胎头、胎盘等完整图像。X射线摄片可见到胎儿骨骼阴影，对多胎、畸形胎儿、死胎等有诊断价值。但由于X射线照射对胎儿的远期可能有不利影响，故现在多主张用B型超声检查。

假孕的鉴别诊断　假孕者常有停经史及腹部膨隆，但临床检查子宫不大，亦无胎体胎心，B超检查发现子宫正常大小，腹部肠襻胀气。多为盼子心切、月经失调及肠胀气所致。

日　day　以地球自转运动为基础的时间单位。地球自转反映为各种天体在天球上的周日视运动。根据天球上不同的参考点计量的地球自转运动，就有各种各样的日。真太阳日是真太阳在天球上连续两次由东向西通过同一子午圈所需要的时间。真太阳除了周日视运动以外，还存在着不均匀的周年视运动，因而真太阳日的长度是不断变化的。平太阳日是平太阳在天球上连续两次由东向西通过同一子午圈所需要的时间。所谓平太阳是天球上一个假想的点，它在天赤道上按真太阳在黄道上运动的平均速度均匀运动。日常生活中的“日”，通常是以平太阳日的长度为基础的。恒星日

是春分点在天球上连续两次由东向西通过同一子午圈所需要的时间。由于**岁差和章动**，恒星日有真恒星日和平恒星日两种。前者受岁差和章动的影响，后者仅受岁差的影响。一平恒星日等于平太阳日23小时56分4.090 54秒。某一恒星在天球上连续两次由东向西通过同一子午圈所需要的时间，就是地球自转的周期，它比一恒星日约长0.008 4秒。实际上，地球自转呈现出复杂的不均匀性，上述各种日的长度都相应发生变化。

日报 daily paper 每日白天出版的报纸。多以刊登国内外各领域新闻为主。见**报纸**。

日本 Japan; Nippon 亚洲东部、太平洋西北部的岛国。全称日本国。自西南向西北隔东海、黄海、日本海、鄂霍次克海同中国、韩国、朝鲜、俄罗斯相望，东濒太平洋。领土由北海道、本州、四国和九州4大岛及6 800多个小岛组成。陆地面积377 925平方千米。领海面积31万平方千米。人口12 738万(2010)。城市人口比重66.5%。民族构成99.4%的人口为大和民族，少数民族阿伊努人仅有2.4万左右。居民多信奉神道教和佛教。通用日语。首都**东京**。

地理 地处亚欧板块与太平洋板块相接触地带，地壳变动剧烈，山脉纵横，火山广布，地震频繁，平原狭小、分布零散，海岸线漫长而曲折是群岛地形的突出特征。山地和丘陵占国土总面积的75%，主要山脉有本州的奥羽山脉、越后山脉、飞驒山脉、木曾山脉、赤石山脉、中国山脉，北海道的日高山脉以及四国山地和九州山地等。境内有大小火山200多座，其中活火山70多座，富士火山带的富士山海拔3 776米，为日本第一高峰。每年发生5 000～10 000次地震。由于地处环太平洋地震带，与火山、

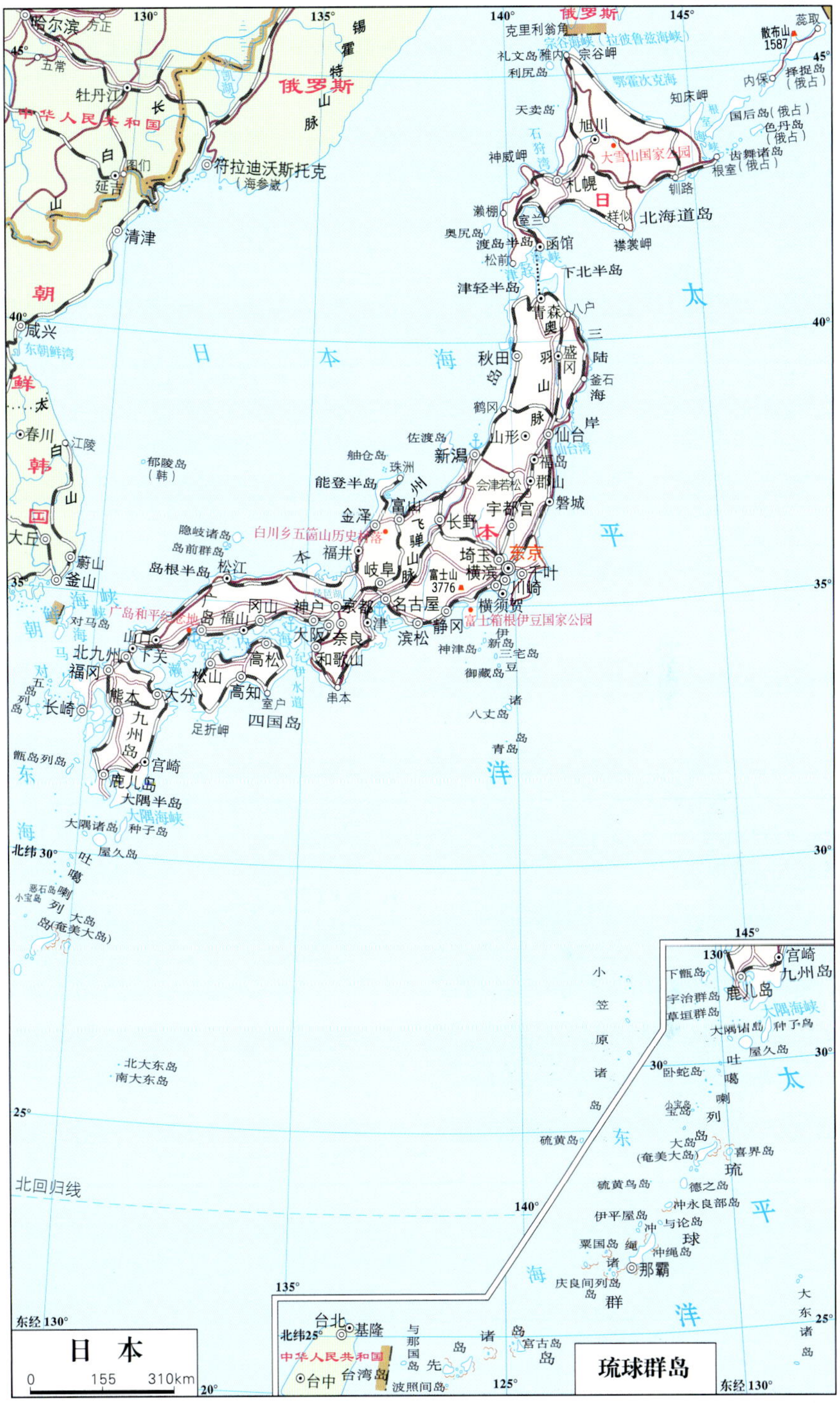

地震相联系，温泉分布广泛，全国共有大小温泉2万多处，著名的有热海（静冈县）、别府（大分县）、箱根（神奈川县）等。平原主要分布于大河下游及沿海一带，主要有关东平原、新潟平原、石狩平原等。关东平原最大，面积1.6万平方千米。海岸线漫长而曲折，总长2.98万千米。沿岸多岛屿、半岛、海湾及天然良港。20世纪50年代后期以来，日本在临海地带大规模填海造陆，建深水码头和现代化大型工业基地，形成了许多人工海岸。

气候温和湿润，四季分明，南北差异、东西差异均十分明显。年平均气温多在12～18℃之间。8月大部分地区都在20℃以上，1月平均气温除北海道（－8℃）与本州北端（－1℃左右）外，均在0℃以上（东京4.7℃）。雨量丰富，各地平均年降水量800～2 500毫米，最高达4 000多毫米。自北向南包括寒温带、温带和亚热带3个气候带，主要属温带海洋性季风型，气候地区差异明显，东西之间差异尤为明显。

河流具有河网密、流程短、流域面积小、河床坡度大、水量充沛、水势湍急、径流量年变化与季节变化大等特点。水力资源丰富，但不利于航运，汛期易涝，枯期易旱。全国长度超过300千米的河流只有信浓川和利根川两条。湖泊多而小，全国共有600多个，以火口湖、构造湖为主，主要集

中于东北部。琵琶湖为日本面积最大的湖泊（673.77平方千米）。

有众多的优良港湾。其中东京湾、伊势湾、大阪湾是全国重要的经济中心区。有对马海峡、宗谷海峡（拉彼鲁兹海峡）以及津轻海峡分别沟通日本海与东海、鄂霍次克海和太平洋。位于本州西部、四国、九州之间的濑户内海是一个内海。影响较大的海流主要有两支——日本暖流（黑潮海流）和千岛寒流（亲潮海流）。寒、暖流交汇于本州东北部海域，形成良好的渔场。

日本是世界上动植物种类较为丰富的国家之一。野生植物种类多达31 800余种，动物36 900余种。陆栖脊椎动物的种类较少。渔业资源比较丰富，金枪鱼、沙丁鱼、大麻哈鱼等的产量都很高。近年来由于过度捕捞等原因，资源量逐渐下降。鸟类大约有400种，雉（野鸡）因其美丽而被尊为日本的国鸟。

图1 着传统服饰的新娘

水力资源和森林资源丰富，矿产资源贫乏。水资源总量约为4 200亿立方米。世界上森林覆盖率最高的国家之一，覆盖率达66.4%，林木蓄积量24.8亿立方米。

历史 早在旧石器时代，日本群岛上就已经有人类居住。明治维新（1868）以前，日本的经济、文化受古代中国以及朝鲜的影响较深，曾多次派遣隋使、遣唐使到中国进行文化交流，吸取中国的文化与生产技术。传入中国水稻耕作技术，为现代日本建立以水稻为中心的耕作体系奠定了基础。随着商品经济的发展，也促进了城市的形成与发展。江户（今东京）、大阪和京都是当时的三大城市，号称“三都”。

明治维新以后，日本走上了资本主义发展道路。吸收国外新技术，输入近代机器，为日本近代工业打下基础。1894年发动了侵略中国的甲午战争，1904年挑起日俄战争。1910年又吞并了朝鲜。战争刺激了日本工业的发展，促进了资本的积累。在掠夺中国东北和朝鲜矿产资源的基础上，发展了为侵略扩张服务的采矿、冶金、机械、电机、化学等工业部门，促进了重工业的发展。到20世纪20年代，形成了京滨、阪神、中京和北九州四大工业地带。1931年发动了**九一八事变**，侵占了中国东北。1937年，日本工业占资本主义世界的4.8%，居第五位。同年全面发动侵华战争，1941年又发动了太平洋战争。在此期间，国民经济全面军事化，重化工业得到进一步发展。1945年，日本战败，经济陷于严重崩溃的局面。

政治 实行以立法、司法、行政三权分立为基础的议会内阁制。天皇为国家象征，无权参与国政。国会是最高权力和唯一立法机关，分众、参两院。众议院议员任期4年。参议院议员任期6年，每3年改选半数，不得中途解散。众议院的权力优于参议院。司法机构包括最高法院、高等法院、地方法院、家庭法院和简易法院，采用“四级三审制”。最高法院长官（院长）由内阁提名，天皇任命。内阁为最高行政机关，首相由国会选举产生，天皇任命；其他成员由首相任免，天皇认证。首相有权提前解散众议院，重新选举。

日本为多党制国家，主要政党有自民党、民主党、公明党、日本共产党、社会民主党等。2009年日本民主党首次在大选中战胜第一大党的自民党。

日本军队称自卫队，是第二次世界大战后在美国扶植下重建和发展起来的。随着日本经济实力的迅速增强，日本军队建设得到长足发展。自卫队实行志愿兵役制，役期为2～3年。自卫队的最高统帅是首相，最高军事决策机构是内阁会议。

日本的军事政策多次进行调整，军费多次突破占国民生产总值1%的限额；1991年派遣自卫队赴海湾参加多国部队的扫雷活动，又派遣自卫队参加联合国驻柬埔寨维持和平行动。1992年6月，国会通过《联合国维持和平合作法》，从法律上确定自卫队可出国执行联合国主持的国际维和行动。2001年10月，小泉政府借9·11事件之机出台了“恐怖对策特别措施法”，一举突破制约日本发挥军事作用的“地区限制”、“行为限制”和“国会限制”三大禁区，使自卫队首次远赴印度洋配合美军行动。2002年，日本政府正式推出“有事法制”相关法案，并加快其立法进程，旨在从法律上确立国家的应战体制。2003年，国会通过了“武力攻击事态法案”、“自卫队法修改案”和“安全保障会议设置法修改案”。这是日本战后制定的第一个“战时立法”，确立了日本的战时国防动员体制。

经济 第二次世界大战后，日本经济迅速恢复，并重视引进新技术和更新设备，从而推动了经济的高速发展和全面增长。1968年，国民生产总值跃居世界第二位，仅次于美国。随着苏联解体，世界第二经济大国的地位再次确立。随着2000年全球范围内信息（IT）泡沫的破灭，日本经济出现衰退。2002年起有所恢复。2008年全球经济危机，日本经济也受到影响。2009年，国内生产总值5.077万亿美元，人均国内生产总值4万美元。货币名称日元。截至2010年6月，外汇储备10 502亿美元，居世界第二位；是世界最大的债权国。对外贸易居世界前列。产业结构的特点是：服务业占主要地位，在国民经济中的比重呈上升趋势；工业地位较重要，特别是制造业高度发达；农业发达，但在国民经济中的比重很小。

日本资源贫乏，经济发展严重依赖国际市场。一方面，能源、原材料主要靠进口，煤炭需要量的98.2%、铁矿石的99.5%均依赖进口，石油、镍、铀、磷矿石、羊毛、棉花等原料则全靠输入；另一方面，因国内市场狭小，工业产品又主要依赖国际市场。

工业 工业高度发达，为国民经济的主要支柱。主要部门有机械制造业、建筑业、化学工业等，粗钢、汽车、船舶、电子、电能等产品产量居世界前列。工业主要分布在太平洋工业地带，该地带集中了全国工业产值的3/4，特别是三湾（东京湾、伊势湾、大阪湾）一海（濑户内海）地区集中了全国钢铁生产能力的88%、石油精炼的84%和石油化工的94%。

农业 农业居次要地位。农业从业人口约占总劳力的3.9%。耕地面积约占国土面积的13%。农业经营规模小，为以个体经济为基础的商品化生产；集约化程度高，已经实现了水利化、化肥化和机械化；水稻，菜、果、花和养畜业是农业的三大支柱；

图2 在港口等待出口的日产汽车

农业、加工业和旅游业一体化发展。日本农产品长期不能自给。

交通运输业　交通运输业发达，铁路、公路、航空、海运等形成密集的交通网络，连接全国各地。铁路总长2.74万千米，一半以上实现了电气化。20世纪60年代以来陆续完成了7条高速铁路（新干线），营运里程达23 769千米。高速公路多达100多条，长约7 400千米。全国有1 070个港口，最主要的贸易港为横滨、神户、名古屋、东京、千叶、大阪和川崎。有机场100多个，主要机场有成田、羽田、关西、大阪、福冈等。

金融　日本是一个政府主导型的国家，财政与金融是政府干预经济生活的重要手段。泡沫经济破灭后，政府采取了一系列“紧急经济对策”，国债发行额呈上升之势。1984年开始改革金融体制，推进金融自由化与国际化，助长了金融机构对海外的扩张；东京逐渐成为国际金融中心，与伦敦、纽约形成三足鼎立的局面；日元国际化也有长足进展，在国际金融货币市场上的地位不断提高。日本的中央银行为日本银行。

对外贸易　对外贸易在国民经济中占有重要地位。第二次世界大战以后，日本提出“贸易立国”的口号，形成了进口原料、燃料，出口制成品的外向型经济结构。对外贸易发展十分迅速，在世界出口贸易总额中的比重不断上升，到20世纪70年代成为仅次于美国和联邦德国的世界第三贸易大国。两次石油危机以后，日本改变经济发展战略，以“技术立国”代替“贸易立国”。但是，日本作为世界贸易大国的地位并未动摇。2009年贸易总额约11 330亿美元，其中出口5 807.8亿美元，进口5 522.5亿美元。主要进口机械、原油、天然气等一次能源以及食品、原材料等，出口汽车、电器、电子产品等一般机械、化学制品等，主要的贸易对象是美国、中国、韩国、中国台湾、中国香港、德国等。

受日元升值和美国高利率的影响，20世纪80年代以来日本对外直接投资显著增加，1981年为89亿美元，2008年度增至1 308亿美元。主要投资的国家和地区为美国、欧洲、中国、新加坡等。

图3　广岛县严岛神社海上鸟居（日式牌坊）

文化　日本自古以来即十分重视教育、科技和文化事业的发展，特别是第二次世界大战以后，进行了一系列的改革，不仅促进了教育、科技、文化事业的发展，提高了日本国民的素质，而且为经济的高速增长作出了突出贡献。

学校教育分为学前教育、初等教育、中等教育、高等教育四个阶段，学制为小学6年、初中3年、高中3年、大学4年，其中小学到初中为9年义务教育。大学有国立大学、公立大学和私立大学。著名的国立综合大学有**东京大学**、**京都大学**等，著名的私立大学有**早稻田大学**、**庆应义塾大学**等。日本重视社会教育，函授、夜校、广播、电视教育等较普遍。教育经费主要由国家财政支出（文部省预算）和地方教育经费构成。2007年度教育预算为52 700亿日元，约占当年预算总额的6.36%。

1980年，日本政府明确提出“科技立国”战略。1995年国会审议通过并开始实施了第一部科学技术基本法。根据该法案，已经制定了两次科学技术基本规划。重视基础研究，建立产、学、研三位一体的联合研究体制。20世纪70年代后半期开始，日本政府和民间大企业的科学技术开发经费迅速增加。科研经费和科研人员仅次于美国，居世界第二位。

日本新闻出版事业发达，报刊发行量大，广播电视覆盖面广，在世界各国中位居前列。有全国性报纸5家：《朝日新闻》、《读卖新闻》、《每日新闻》、《产经新闻》、《日本经济新闻》，广播电台、电视台共200多家。全国性的电视、广播公司主要有：日本广播协会（NHK）、东京广播公司（TBS）、日本电视网（NTV）等。主要的通讯社有共同通讯社和时事通讯社，全国拥有1 000多家出版社，岩波书店是亚洲最大的出版社和书店，在世界亦名列前茅。

名胜古迹　日本自然风光优美，人文景观独特。全国建有众多的以自然风光为主的国立公园、国定公园和都道府县立及市立自然公园。比较著名的名胜古迹有京都的御所（皇宫）、二条城、修学院离宫、西本愿寺、金阁寺、银阁寺、教王护国寺等；奈良的东大寺、唐招提寺、平城京遗址、四郊皇陵、兴福寺等；镰仓的建长寺、觉园寺、寿福寺、国宝馆等。此外，还有名古屋老城、大阪的难波城遗址、长野县的松本城、爱知县的犬山城等。东京迪斯尼乐园是全国最大、最现代化的游乐场，也是亚洲第一个迪斯尼风格的游乐场。

对外关系　第二次世界大战后，日本形成了“以日美关系为基轴”和“以经济外交为主要手段”的外交路线，以此为核心重建对外关系体系。近年来，日本外交呈全方位进取态势，不仅加强日美安全合作，致力于稳定对华关系，深化与东盟关系，而且加强对欧关系，改善日俄和日朝关系。同时积极参与地区和国际政治、经济和安全事务，力争成为联合国安理会常任理事国。截至2010年，已与192个国家建立外交关系。

1972年9月29日同中国恢复外交关系，签署了联合公报；次年互设大使馆。日本为中国第三大贸易伙伴，中国为日本第一大贸易对象国。

日本法西斯　Japanese fascism　第一次世界大战后在日本出现的反共反民主思潮和极端反动的独裁专制政治体制。它以天皇制军国主义为基础，实行军部法西斯统治。在**俄国十月社会主义革命**影响下，以1918年**米骚动**为起点，日本国内阶级对立和斗争日趋激化。1922年**日本共产党**诞生前后，工农运动和社会主义运动蓬勃发展。在面临严重内外危机的形势下，日本开始出现一股企图实行“国家改造”、建立法西斯专政以维护日本军国主义统治的反动思潮和运动。首先建立起一些法西斯化的右翼团体。主要有犹存社、行地社、国本社和樱会。20年代末30年代初，法西斯军人成为日本法西斯运动的主导势力。日本法西斯思想虽然吸收了一些欧洲的法西斯思想，但主要来源于天皇至上的皇权主义思想。日本法西斯团体以《日本改造法案大纲》为经典，宣扬皇国史观、“八纮一宇”、“大和魂”、**武士道**、日本至上主义等极端民族沙文主义思想，鼓吹“皇道维新”、“昭和维新”、“建设广义国防国家”等。

1931年日本帝国主义发动侵略中国的九一八事变前后，军部法西斯势力开始与民间右翼团体紧密勾结，一再策动政变，妄图以恐怖手段夺权，建立天皇制军事法西斯专政。先后发动三月事件、十月事件、五一五事件、二二六事件。二二六军事政变被镇压后，统制派完全掌握军部大权。同年3月，广田弘毅内阁成立。此后，军部法西斯独裁开始确立，日本加紧对外侵略扩张。1937年日本帝国主义发动全面侵华战争后，日本全国开展国民精神总动员运动，法西斯国家体制进一步加强。1936年和1937年日本先后与德国、意大利签订《反共产国际协定》，结成国际法西斯轴心。1940年与德、意组成三国军事同盟。至此，日本天皇制军事法西斯专政的国家体制最后建成。1941年**东条英机**上台后，日本天皇制军事法西斯专政达到顶峰。但它很快走向反面。随着1945年日本战败投降，日本法西斯势力也宣告土崩瓦解。

日本佛教 Buddhism in Japan 早在西汉时期，日本就经过朝鲜受到中国文化影响。6世纪，中国佛教经朝鲜传入日本。佛教在日本确立，得力于推古朝的圣德太子（574～622）。大致说来日本佛教分为以下几个发展时期：

奈良时代（710～794） 初传时期之佛教主要在皇室和贵族阶层传播，完全因朝廷支持而自上而下发展。圣武天皇建著名的东大寺（740），称“总国分寺”；各地所建为国分寺。中国佛教中的三论宗、法相宗、华严宗、律宗等六宗相继传入日本。因当时定都奈良，日本佛教史称此六宗为“奈良六宗”。

平安时代（794～1192） 最澄、空海从唐朝新传入的天台宗和真言宗。最澄师承天台，805年归国，在天皇支持下创日本天台宗。天台宗至法然（9世纪末）时，提倡“现世成佛”、“即身作佛”，此时天台大本营比叡山密风猖炽，称台密。空海亦曾入唐求学，在长安青龙寺惠果门下，受胎藏、金刚灌顶，习诸密仪密典。空海于平城天皇大同元年（805）八月归日本，得皇室支持，创日本真言宗，称“东密”。

镰仓时代（1192～1333） 是日本佛教民族化发展期。此期净土宗和禅宗都很活跃。末法思想流行，促使简便易行的净土法门层出不穷。先是源空受源信和善导启发，创日本净土宗，提倡称名念佛法门，皈依者甚众。源空弟子亲鸾更以信心为往生极乐之首要条件。其所主张“恶人正机”说，符合日本社会现实，净土解脱法门得以普及。影响更为久远的是日莲（1222～1282）和他的日莲宗，因教义和修习都简明而广为人们信奉。禅宗早在唐代就传入日本，但正式传入却以荣西为开端。荣西在中国南宋时两度（1168年和1187年）来华，归国后开启禅法，形成日本临济宗。随后高僧道元也于1223年（南宋嘉定十六年）入宋，归国创日本曹洞宗。

江户时代（1603～1867） 佛教从宗派理论到实践都无甚发展。佛寺与信众建立稳定联系，称“寺檀关系”。江户时期，佛教世俗化进一步发展，鼓吹诸教合一，提倡日用即为佛道。

日本近现代佛教 明治维新后，政府定神道教为国教，天皇颁布《神佛分离令》，使神道教完全脱离佛教而独立。对佛教则采取抑制政策，一些地方发生“废佛毁释”运动，寺院经像被毁，僧人被迫还俗。1889年，《大日本帝国宪法》确立“信教自由”权利。佛教自身也竭力适应社会而日益世俗化。20世纪50年代以来传统佛教不断分出新宗教运动，诸如创价学会、灵友会、立正佼成会等，都很活跃。今天的日本佛教，是适应现代社会的完全民族化的宗教。

日本公明党 Clean Government Party, Japan; Komeitō 日本政党。自称是贯彻中道主义的国民政党。1964年11月成立。前身是宗教团体创价学会于1961年创建的公明政治联盟。1964年11月改称公明党，通过了沿用王佛冥合说的党纲。1964～1969年间，实行政教合一体制，党员来自学会会员。中道主义和人性社会主义是公明党纲领的理论基础。党的最高机构是中央委员会。执行机构是中央执行委员会，下设13个职能局。2009年有党员40万人。党员主要成分是中小资本家、职员和青年学生。妇女党员约占党员总数的一半。机关报《公明新闻》和《公明新闻星期日版》；理论刊物《公明》（月刊）。

1993年，公明党先后加入细川护熙联合政权和羽田孜联合政权。1994年12月，公明党解散，众议员加入新进党，参议员和地方议员以“公明”的名义开展活动。1997年底，新进党解散，原公明党按众参两院议员分为“新党和平”和“公明”。1998年11月，两党合并，使用“新公明党”名称，由神崎武法任党代表。1999年10月起，小渊惠三改组内阁，将公明党拉入联合政权。2009年8月，在众议院大选中惨败，与自民党双双下野。2010年在参众两院分别拥有21席，为议会中第三大党。党首山口耶津男，干事长片上义久。

该党主张日中友好，为日中邦交正常化作出过积极贡献。1999年5月与中国共产党正式建立党际交流关系。2004年，该党同自民党一起与中共建立“中日执政党交流机制”，迄今召开过4次会议。

日本共产党 Japanese Communist Party; JCP 日本政党。1922年7月15日成立。同年12月加入第三国际。成立后为推翻专制主义天皇制、废除封建主义所有制、反对侵略战争、争取人民民主等进行了英勇斗争，因此屡遭日本政府镇压和迫害，1935～1945年间，党的全国性统一活动处于中断状态。1945年8月日本战败投降，12月日共召开第四次党代表大会，制定了党的行动纲领和党章，提出了废除天皇制，建立人民共和国的口号。德田球一当选为总书记。1946年2月召开五大，提出“和平革命”论，认为在美军占领下，可以通过和平、民主方式过渡到

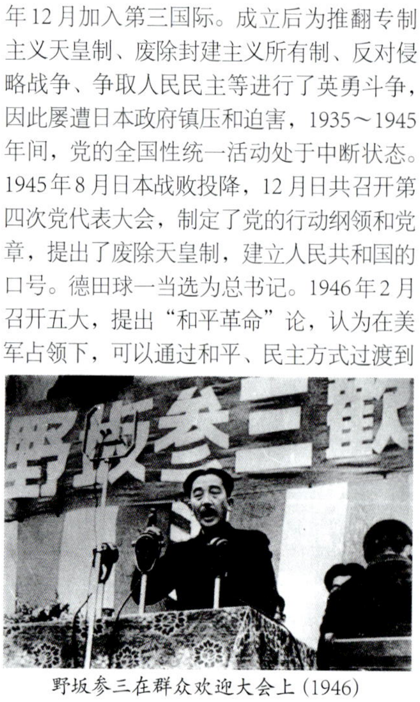

野坂参三在群众欢迎大会上（1946）

社会主义。1950年6月，美国占领军勒令日共的《赤旗》报停刊，并禁止日共全部中央委员的政治活动，日共再次被迫转入地下。1951年10月，以德田球一为首的一派召开第五次全国协议会，通过了《五一年纲领》和武装斗争方针。1958年召开七大，决定废除《五一年纲领》，通过了新党章并提出了新的纲领草案，开始确立独立自主路线。野坂参三当选为主席，宫本显治为总书记。1970年7月十一大提出建立“民主联合政府”五项政策。1976年7月十三大决定将党的纲领、章程中“马克思列宁主义”改为“科学社会主义”。将“无产阶级专政”改为“工人阶级政权”。自七大以后，日共为反对日美安全条约，为独立、民主、和平和提高人民生活进行了不断的斗争。该党主张通过掌握国会多数议席，合法地、民主地建立联合政府，然后向社会主义过渡。日共最高权力机关是党的代表大会，大会选举中央委员会。中央执行委员会主席为宫本显治。在1997年9月第21次党代表大会上，修改了《日本共产党章程》，通过了《日本共产党纲领》，明确了在21世纪尽早实现民主联合政府的目标。强调建设以“国民为主人翁”的民主主义日本。委员长志位和夫，书记局长市田忠义。2008年7月党员有40多万人。中央机关报为《赤旗》（日报）；理论刊物为《前卫》（月刊）。

日本国立国会图书馆 National Diet Library, Japan 日本国家图书馆。1948年6月，根据国会图书馆法，将帝国议会贵族院和众议院图书馆（1890年建立）与帝国图书馆（1872年建立）合并而成，在东京都，属文部省。由中央馆、东京本馆、关西馆及国际儿童图书馆、国会分馆、上野图书馆、东洋文库以及各行政司法部门的36所图书馆组成。隶属日本国会，为国会的常设机构。除为日本国会服务外，也对行政和司法部门以及日本国民提供法律规定的服务。

2005年底藏有图书860万册，连续出版物19万种，地图49万件，录音资料58万件。日本德川幕府和明治维新时期的历史文献、中国古籍、日本语言和文学、俄国沙皇时代出版物是该馆特藏。从1994年起，开始大规模实行数字图书馆项目。

此馆是唯一法定接受缴送本的图书馆，它收集的国内出版物作为日本的文化遗产将进行永久性的保存，因此同时具有保存图书馆的作用。编辑出版国家书目以及各种书目、索引。还代表本国图书馆，同国际图书馆组织和各国图书馆进行图书交换、馆际互借和学术交流。出版物有《日本全国书志》、《国立国会图书馆月报》等。

日本海 Sea of Japan 亚洲大陆与日本群岛之间半封闭式的西北太平洋边缘海。经

周边的鞑靼海峡（日本称间宫海峡）、宗谷海峡（俄罗斯称拉彼鲁兹海峡）、**津轻海峡**、关门海峡、**对马海峡**和朝鲜海峡6个海峡分别同**鄂霍次克海**、**太平洋**、濑户内海、东中国海、黄海等相通。海域呈不规则菱形，东北部狭窄，中、南部宽广。从东北向西南延伸长达2 200千米，东西宽约900千米，最大宽度1 265千米。海域面积约100万平方千米。地处深海盆，其平均深度为1 350米，最大深度3 796米。海底地形分为3部分：北纬44°以北为日本盆地，是最深的部分，有一条南北方向狭长的鞑靼海槽；位于北纬40°～44°之间的东南部为大和盆地，海底平坦；北纬40°以南的西南部为对马盆地，海水最浅。海域大陆架面积约28万平方千米，占海域总面积的1/4强。日本群岛一侧大陆架较宽，而朝鲜半岛与俄远东一侧则较窄，平均宽度为30千米。海区属温带季风气候，表层水温自北向南递增，1月平均水温为－2～13℃，8月为18～27℃。海域东部有对马暖流以926～1 852米/时的速度北上，并分别从津轻、宗谷海峡流向太平洋和鄂霍次克海；西部有利曼寒流以370米/时的速度沿西海岸南下。表层海水盐度

日本海风光

为33～34，海域年降水量北部为600毫米，南部为1 200～1 500毫米。日本一侧的秋田、新潟和萨哈林岛（库页岛）沿岸及对马海盆等大陆架区域均有石油、天然气埋藏。在寒、暖流前缘和沿岸河口附近，富浮游生物，水产资源丰富，盛产沙丁鱼、墨鱼、鲭、大麻哈鱼等。沿岸主要港口城市有俄罗斯的苏维埃港、纳霍德卡、符拉迪沃斯托克（海参崴）等，朝鲜的清津、金策、兴南和元山等港，韩国的浦项、蔚山、釜山和镇海等以及日本的函馆、青森、秋田、新潟、下关、北九州和福冈（博多）等。中国在图们江下游的防川内河港经恢复与建设，可依相关国际条约与协定经图们江口进出日本海海域。

日本画 Nihonga 日本的民族传统绘画。明治维新（1868）以后才广泛使用这一概念。主要指除洋画之外的日本绘画。

平安中期以后，出现了日本画的第一

狩野永德作《京都内外图》

阶段：**大和绘**。安土桃山时代，**狩野派**吸收大和绘与汉画的长处，创作了金碧辉煌的障屏画，形成日本画的第二阶段。江户时代，日本文人画、宗达光琳派、**浮世绘**、圆山四条派，共同汇成日本画的第三阶段。明治维新前后，西方绘画的涌入，猛烈冲击着日本画。冈仓天心先后领导了日本美术复兴运动与新日本画运动。狩野芳崖和桥本雅邦以新方法改造狩野派绘画，为新日本画奠定了基础。1887年创建的东京美术学校与1898年创立的日本美术院，成为新日本画的中心。第二次世界大战后的新日本画更多地吸收了西方文化的影响。

日本画的材料一般包括：纸（或绢）、笔、颜料、墨。日本画分单色与彩色两种。种类有绘卷物、册页、袄绘、屏风绘、壁绘、扇面。以绘卷物、袄绘、屏风绘最多而最有代表性。

日本开国 forcing Japan to open door 19世纪50年代中期，西方列强以武力强制日本放弃锁国政策，对外实行以建立国交和开港贸易为中心的开放政策。开国是对锁国而言。在17世纪中叶至19世纪中叶日本推行“锁国政策”期间，英、美、法等国先后进行了资产阶级革命和产业革命，并挟其武力和商品向亚洲、非洲、拉丁美洲等地区侵略扩张，同时也把锋芒指向日本。从18世纪末起，俄、英、美等国不断向日本叩关，要求建交和开港通商，均遭拒绝。19世纪中叶，美国为开辟横跨太平洋的航路，并为捕鲸船只寻求停泊港，于1852年派遣其东印度舰队司令海军准将M.C.佩里前往日本交涉。1853年7月8日佩里率舰队驶抵江户湾的浦贺，要求日本开国。因美舰身涂黑漆，日本人称为黑船。在美国舰队武力威胁下，1854年3月31日，德川幕府被迫签订《日美和好条约》（通称《神奈川条约》）。条约规定，日本开放下田、箱馆（今函馆）两港作为美国来往船只的停泊港，并给予美国最惠国待遇等优惠。1858年（安政五年），日本又被迫与美国、荷兰、俄国、英国、法国分别签订通商条约，总称《安政条约》。

日本开国标志着资本主义世界市场的形成。在严重的民族危机下，日本广大人民和爱国志士展开了反对侵略、反对幕府统治的斗争，揭开了日本近代史序幕。

日本联合舰队 Japanese Combined Fleet 20世纪上半叶日本海军执行机动作战任务的远洋舰队。其前身为1889年7月组建的常备舰队，1903年12月改建为联合舰队，编有舰船100余艘，首任司令为东乡平八郎。日俄战争后解散。1915年11月重建。1939年8月起，**山本五十六**任总司令。太平洋战争爆发前扩编，辖第1至第6舰队和2个航空舰队及南遣舰队，拥有主要作战舰艇230余艘，其中航空母舰和战列舰各10艘。1941年12月7日（夏威夷时间）袭击美国太平洋舰队基地珍珠港，重创美国太平洋舰队，暂时夺取西太平洋制海、制空权，同时支援陆军实施南下作战。1942年6月在**中途岛海战**中遭惨败。1944年10月在莱特湾海战中几乎全军覆没。1945年5月改称海军总队。日本投降后解散。

日本料理 Japanese cuisine 日本饭菜。又称和食。最有代表性的主食是米饭，副食多为鱼虾贝类、海藻等海产品及部分蔬菜。其最大特点是保持原材料的自然风味，讲究清淡鲜美。日本的传统副食有三大菜肴之说，即酱汤、咸菜和清煮。蔬菜类多生吃，或腌酱烹煮制成咸菜、凉拌菜和清炖菜等；鱼虾贝类多制成生鱼片、汤、炸面虾、酱腌鱼、清煮鱼、鱼贝汤等；肉类多采用清炖、烧烤、涮等方法，加混蔬菜或豆腐等食用。

日本料理的名菜有：刺身（生鱼片）、天麸罗（汤蘸油炸面裹虾或面裹各种蔬菜）、锄烧（素烧肉片）、寿司（鱼虾饭卷）等。日本式宴席就餐者每人独坐一桌，有

日本定食（套餐、份饭）

五菜三汤、七菜三汤等规格，上餐及就餐都有一定的程序。

日本美术 Japanese art 日本文化的重要组成部分。历史上受过中国文化和西方文化的重大影响。

飞鸟和白凤时代美术 飞鸟时代和白凤时代（约6世纪前半叶至710年）是仿效中国的时代。日本朝廷积极导入以佛教和儒学为主体的大陆文化，美术上主要受中国魏晋南北朝和隋唐的影响。

建筑 以佛教寺院为代表的大陆建筑影响到日本，成为飞鸟、白凤建筑的主体。最早的佛寺——飞鸟寺，是百济来的工匠于588年建立的。斑鸠寺（创建期的法隆寺）比它稍晚。白凤时代导入和普及了中国唐朝建筑风格。

雕塑 雕塑多为佛教题材，飞鸟时代经朝鲜半岛传入的中国南北朝样式，白凤时代盛行中国隋唐样式，从古拙风格向古典风格发展。

绘画 6世纪前期以来，由中国和朝鲜三国尤其是百济来的画师传来大陆绘画的技法，反映了中国南北朝古拙的绘画样式。法隆寺金堂壁画（7世纪末），有规模宏大的净土图和富丽堂皇的菩萨像，明显是吸收中国初唐样式而成。《橘夫人厨子》（8世纪初期）中，唐朝样式获得进一步发展。

书法 日本书法是汉字传入后产生的。飞鸟时代多流行中国魏晋南北朝书风。圣德太子的《法华义疏》（615）是日本最早的书迹。白凤时代，开始由遣唐使传播唐朝书风，以初唐书风的《金刚场陀罗尼经》（686）最早。

奈良时代美术 奈良时代（710～794）受中国盛唐文化的影响，出现了日本第一次文化全面繁荣的局面。

建筑 奈良时代建筑悉仿唐朝样式。743年，圣武天皇发愿而建造东大寺。唐朝高僧鉴真754年建造的唐招提寺，影响到奈良后期以至后代的建筑样式。

雕塑 佛像雕塑采取新传来的唐朝样式，完成了古典风格。造东大寺司的造佛所，活跃着许多工匠，大多为大陆人后裔，制作了东大寺大佛等大型造像。

绘画 中国唐朝绘画的技法和样式被广泛吸取。东大寺华堂的《释迦灵鹫山说法图》通过致密浓厚的色彩和复杂的山水结构吸收了盛唐样式。

书法 遣唐使、留学生带来了唐朝的书迹，唐风书法很流行。晋人**王羲之**的书风也备受尊崇，光明皇后的《乐毅论》便是临摹王体之作。

平安时代美术 平安时代（794～1192）以894年废止遣唐使为界，分为前期和后期。平安前期是唐风文化达到极盛并向和风文化过渡的时期，平安后期兴起民族文化的复兴运动，在美术的各领域都成立了和样。

建筑 平安京（今京都）的大规模建设，前期受唐朝影响，后期逐渐日本化。和样建筑首先在神社、住宅中出现，以后甚至波及佛教寺院。

雕塑 平安前期的雕塑有两个系统：原造东大寺司等官营造佛所工匠的唐风雕塑，民间佛师的木雕。它们在样式、技法上的融合，形成平安后期的和样雕塑。

绘画 806年归日的空海等入唐八家，移入密教系统的彩色画、白描画，给日本佛画带来新的面目。宫廷、官邸喜用唐朝风格的山水画、风俗画装饰，被称为唐绘；随后又代之以日本的山水、风俗，被称为**大和绘**。11世纪以来，绘卷物成为大和绘最重要的形式，绘卷物的代表作有《源氏物语绘卷》（12世纪前期）。

书法 前期流行中国晋唐书风，出现日本书法史上的鼎盛时期。当时，书家中最杰出的是空海、嵯峨天皇、橘逸势，被誉为“书道三笔”。后期的小野道风以晋人王羲之的书法为摹本，创始了合乎平安贵族好尚的和样，继之又出现藤原佐理、藤原行成，三人同被誉为“书道三贤”或“三迹”。

镰仓时代美术 镰仓时代（1192～1333）是京都朝廷的公家文化与镰仓幕府的武家文化对立和交融的时代。

建筑 1180年毁于平氏兵火的奈良东大寺，进入镰仓时代后在幕府的支持下由重源修复，并且采用了中国南宋的新样式，被称为大佛样。以后随禅宗而来的南宋样式，称为禅宗样，代表作是荣西的建仁寺（1202）、建长寺（1249）。

雕塑 雕塑界主要有院派、圆派、庆派。院派、圆派在京都为宫廷、贵族造佛，流于程式化。庆派试图脱离拘泥于一般的样式，形成镰仓雕塑样式的主流。庆派的代表人物运庆注重于对人物形象的深刻内向性表现。13世纪中叶起，运庆样与宋风相结合，产生以镰仓大佛为代表的地方样式。

图1 《源氏物语绘卷》局部（12世纪，五岛美术馆藏）

绘画 13世纪后期，伴随中日禅僧往来而舶来的南宋画，在幕府的资助下，在禅寺中大量收藏，形成水墨画发展的契机。南宋水墨画也对大和绘、佛绘、神道垂迹绘画进行了形式更新。

图2 尾形光琳作八桥泥金砚盒（江户时代）

书法 初期的藤原良经以法性寺流为宗，书风有笔势，被称为后京极流。末期的伏见天皇学习平安中期的三迹书风，字形端正平稳，被称为伏见院流。

室町时代美术 室町时代（1333～1573）的美术以禅宗和武家的美术为代表。

建筑 室町初期，仿中国南宋健全了五山、十刹及诸山的制度，京都、镰仓及各地都广建禅寺，形成禅宗样。禅宗样还渗透到以和样为主的密教寺院建筑中。

雕塑 庆派佛师与南都佛师进入活跃期，但样式上没有新的发展。新兴的禅宗在顶相雕塑上却不乏杰作，如瑞泉寺的梦窗国师像、酬恩寺的一休和尚像。

绘画 如拙、周文等与幕府关系深厚的相国寺画僧非常活跃。周文被任命为御用绘师，摄取中国南宋和朝鲜李朝山水画样式，对日本化的水墨画——汉画起了开拓作用。**雪舟**访问中国后，在山口等地活动，以中国南宋画和明朝**浙派**坚实的造型能力为基础，融入民族情感，达到汉画最高峰。狩野正信为日本历史上第一个俗人画家，他在汉画中加以民族装饰味，被视为**狩野派**之祖。

书法 尊圆亲王学习世尊寺流和中国南宋书风，风格平稳而有笔力，被称为青莲院流。京都五山兴盛书法，仿南宋风和明风而成，被称为五山样。禅林墨迹，以宗峰妙超、一休宗纯为优秀。

桃山时代美术 桃山时代（1573～1603）统治者构筑规模宏大的城郭，集美术各门类之长创造金碧辉煌的装饰美术。

江户时代美术 江户时代（1603～1867）由于工商业的发展，市民的力量增加，培育了以**浮世绘**为代表的市民美术。

建筑 桃山的建筑样式在前期仍很流行。中期以后，市民文化的娱乐建筑大兴于江户、京都、大阪等地，剧场建筑的发展也很惊人。

绘画 桃山样式的金碧障屏画，由花鸟画题材转向风俗画，主要表现花街柳巷和歌舞伎。俵屋宗达以市民趣味为基础，使大和绘的传统产生装饰性和工艺性特色，这种样式至尾形光琳而达极致。在江户，菱川师宣创始浮世绘，反映市民逸乐的气氛。浮世绘技术从肉笔彩色的丹绘向色印版画发展，1765年，铃木春信发明了多色印的锦绘，完成了技术革命。浮世绘美人画中出现鸟居清长、喜多川歌麿，风景画中出现葛饰北斋、安藤广重，迎来了浮世绘的全盛期。受中国明清画的影响，开始兴盛日本文人画，其先驱有祇园南海、柳泽淇园，又通过池大雅、与谢芜村达到鼎盛。由于禁止基督教而一度受挫的洋风画，又随兰学的勃兴而复兴，涌现出以司马江汉、亚欧堂田善为首的早期洋画家，洋画的影响也波及各画派。

书法 青莲院流从幕府普及民间。由于重视汉学，中国风书法又复盛行。著名的书家有石川丈山、隐元隆琦、池大雅、良宽等。

明治、大正、昭和前期美术 明治时期（1868～1912），日本推行全面开放方针，提倡学习西方，“脱亚入欧”。一方面，不惜重金聘请西方专家到日本传授西方的建筑、雕塑、绘画、工艺等技术，另一方面有大批日本人远渡重洋去欧洲留学美术。

1884年，美国学者E.F.芬诺洛萨和冈仓天心一道组织鉴画会，发起日本美术复兴运动。1889年，东京美术学校开办，培养出日本现代第一代美术家。1898年以后，冈仓天心领导桥本雅邦、横山大观、菱田春草、下村观山等人，创立日本美术院并开展新日本画运动。大正时期（1912～1926），留学的美术家增多，许多人主张在艺术中解放个性，表现自我。

建筑 明治时期在欧美建筑思潮和建筑技术渗透日本的同时，日本独特的传统建筑也被重新认识并现代化，从而形成了西方式和日本式两种典型。大正时期，在新样式的刺激下，建筑师努力表现其个性。20世纪30年代前期，表现主义、包豪斯、勒·柯布西耶的风格逐渐被年青一代的日本建筑师接受。

图3 上村松园作《火焰图》（1918）

雕塑 明治末年，由于私淑罗丹的狄原守卫、高村光太郎归国，雕塑向西方体系进了一大步。

绘画 明治绘画分为油画和日本画两大门类。日本油画的奠基人为川上冬崖和高桥由一。狩野芳崖、桥本雅邦改革狩野派，吸收西方手法，奠定了现代日本画的基础。横山大观、菱田春草等画家运用西方光、空气等表现方法，创造朦胧体。竹内栖凤则在京都融合西方手法和日本情趣。20世纪初，印象主义之后的现代各流派深刻影响日本油画界，油画家突破正统画风，开始强调个性，追求创作自由。

书法 20世纪初，中国学者王国维、罗振玉到日本，日本书法篆刻界受其启发，开始广泛学习中国古代书迹。著名的汉字书法家中村梧竹，师六朝法书。日下部鸣鹤、西川春洞则奠定了现代汉字书法的基础。

日本美术一方面继续从中国美术吸取营养，同时又对中国现代美术有较大影响。当时中国的油画技法乃至西方美术知识，主要是从日本间接传入的。中国现代美术的开拓者李叔同、高剑父、高奇峰、陈师曾、刘海粟、徐悲鸿、吕凤子、潘天寿、丰子恺、张大千都曾在日本考察或留学过。20世纪30年代前后，到日本留学的美术家众多，著名的有陈之佛、傅抱石、许幸之、常任侠。1931年，日本木刻家内山嘉吉应鲁迅之邀来上海讲习木刻，推动了中国现代版画的发展。

战后的美术 20世纪50年代中期开始，日本不断参加在外国举行的国际美术展览，同时在日本举办大型外国古典及现代的美术展览，出版大量印刷精美的名画。60年代以后，则频繁在世界各国举办日本美术展览。60年代，战后青年美术家中间，反传统艺术的倾向和“表演艺术”的倾向显著发展。70年代以来，出现了兴建美术馆的热潮。

建筑 60年代，兴建了一批超高层建筑。从爱知县犬山市的明治村（谷口吉郎，1965）开始，产生与大规模建设相对抗的建筑保护运动，出现了迎宾馆（村野藤吾，1974）等优秀作品。美术馆等文化设施的建设盛行不衰。70年代以来，现代主义的方法遭到指责。与此相关，建筑界开始重新评价日本建筑和城市的空间结构。

雕塑 60年代对人类活动及其环境的关注，使雕塑明显多样化。

绘画 20世纪60～80年代，日展的东山魁夷、院展的平山郁夫、创画展的加山又造的创作活动深受人们注意，被称为“三山”。伊东深水师承镝木清方，开拓了现代美人画的新天地。丸木位里、丸木俊（赤松俊子）夫妇创作的反战题材绘画，引起人们注意。栋方志功、滨口阳三、池田满寿夫等版画家技法和风格多样，继浮世绘之后，再次为日本版画赢得荣誉。

工艺美术和设计 1950年，日本公布文物保护法，工艺技术成为无形文物。1955年创立日本工艺会，开始吸收日展中重视传统的画家举办日本传统工艺展览。

工艺美术以手艺设计的名义追求新的质感和机能。20世纪60年代以来，随着经济的发展，对宣传广告的需要剧增，开创了战后设计史的新局面，不仅设计师和美术家的交流十分活跃，而且美术家也广泛参加设计活动。

书法 战后复兴的书法，从50年代以后越发兴盛。在传统的书法之外，还流行先锋派书法。著名的书法家有丰道春海、西川宁、金子鸥亭、饭岛春敬、田中冻云、川村骥山、柴田木石。

日本战后美术与中国有频繁的友好交流，两国美术家及其代表团互访连年不断。日本美术来华展出数以百计。

日本民主党 Democratic Party of Japan 日本执政党，国会第一大党。1996年，从社会民主党和先驱新党分裂出来的52名国会议员创建了民主党，鸠山由纪夫和菅直人共同出任党首。作为代表市民工薪阶层利益的温和保守型政党，通过吸纳太阳党、民社党等各派势力，不断发展壮大。2003年9月，小泽一郎率自由党并入民主党。2007年7月，在参议院选举中一跃成为参院第一大党。2009年8月30日，在参议院大选中一举夺得480个议席中的308席，以压倒优势实现了政权更替，并与社民党、国民新党组成以鸠山由纪夫为首相的联合政府。2010年6月，菅直人当选民主党新党首并组阁。2007年1月，民主党修订的党章规定，该党是“生活者”、“纳税人”和“消费者”利益的代表，以超越“市场万能主义”和“社会福利至上主义”这两个对立概念、推动日本走上“民主中道”主义道路为目标。对外主张构筑“主体性”外交战略。

民主党最高决策机构是党代会，每年召开一次。参众两院议员总会是仅次于党代会的议决机构。该党中央是常任干事会，负责执行党务和决定其他重要事项。另设干部会，负责就该党整体运营进行综合协调、审议和制定有关国会对策执行的各种事项、制定有关党务执行的方针等。

日本群岛 Japan Islands 亚洲大陆东岸外花采列岛中的最大岛群。又称日本列岛。东濒太平洋，西临日本海。呈东北—西南向的弧状分布。主要由北海道岛、本州岛、四国岛和九州岛组成，是日本领土的主体部分。

日本社会党 Socialist Party, Japan; Nihon Shakaitō 日本的社会民主主义政党，社会党国际成员。1945年11月2日，由战前的社会大众党、日本劳农党、日本无产党以及劳农党等系统的代表人物创建，片山哲任书记长。1947年4月选举中，社会党成为日本第一大党。6月，社会党与民主党、国民协同党联合组阁，由片山哲任总理大臣。1948年3月，社会党参加了以民主党为首的芦田均内阁。1948年10月芦田内阁总辞职后，该党长期为在野党。

1951年10月，围绕《旧金山对日和约》及《日美安全保障条约》问题，社会党左右两派意见尖锐对立，遂分裂为左右两个社会党。两社会党于1955年10月13日恢复统一，选铃木茂三郎为委员长，浅沼稻次郎为书记长。此后，党内仍然存在众多派系，并不断围绕路线、方针、政策发生论战，酿成新的分化。1993年8月与日本新党等组成八党派联合政府，1994年4月退出。1994年6月起与自民党、先驱新党联合执政，社会党委员长村山富市任总理大臣。1996年1月村山内阁总辞职。同年1月19日，社会党第64届代表大会决定改名为社会民主党，村山任党首。9月，土井多贺子任党首。1998年7月，社民党解除了与自民党的“阁外合作”，再次成为在野党。2003年福岛瑞穗接任土井多贺子，任社民党党首。2009年8月，社民党参加了民主党主导的工党联合政府。2010年8月，退出联合政权。

2010年，在众、参两院分别有7个和5个议席。

日本文学 Japanese literature 日本作家用日文以及在日本早期有书写文字以前用古汉语写成的作品。

大和·奈良时期（8世纪） 最早的文学典籍是《古事记》、《日本书纪》及《风土记》。前两部著作追记了日本国史，后一部则记载了日本各地自然状况、风土人情。两者均收录了丰富的神话传说和生动的古歌谣。稍后出现的汉诗集《怀风藻》标志着文人诗歌创作的肇始，而和歌集《万叶集》的编撰成功则代表着日本诗歌发展的第一个高峰。

平安时期（8～12世纪） 受中国唐代文化影响，大量汉诗文集相继问世，汉文学热持续一个世纪之久。敕撰诗集《古今

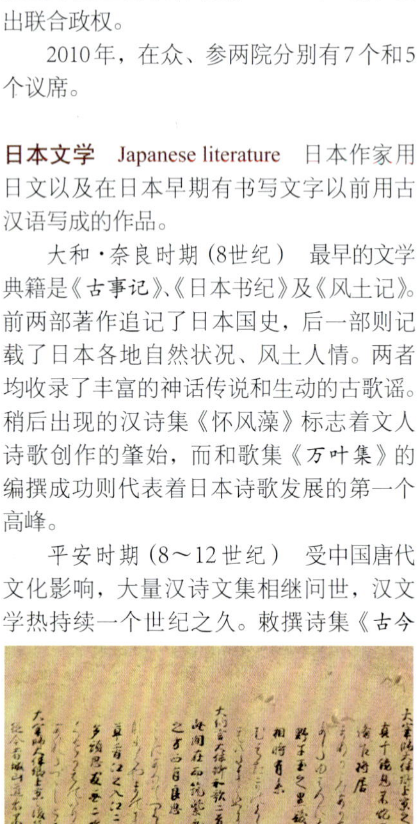

图1 桂本《万叶集》卷四抄本

和歌集》恢复了日本民族诗歌的地位。与此同时，散文创作硕果累累：《竹取物语》、《伊势物语》开辟了传奇物语、和歌物语两条道路，《宇津保物语》开长篇物语的先河，这就为物语文学的集大成之作《源氏物语》的诞生奠定了基础。长篇写实小说《源氏物语》出自女作家紫式部之手。作者以沉郁、凄婉的笔调抒写了源氏苦乐参半的一生及宫廷妇女不幸的命运，表达了作者人生无常的佛学观和以哀为极致的美学观。除紫式部外，许多女作家的作品都于此时脱颖而出，如《蜻蛉日记》、《和泉式部日记》、《更级日记》等。这些日记成为日本后世文学中私小说的滥觞。女性散文中较为引人注目的是清少纳言的随笔《枕草子》，作者观察之敏锐细腻，用笔之纤柔清丽，一直为后人所称道。此期散文创作的最后收获是佛教说话集《今昔物语》和历史物语《大镜》。这些物语一改王朝物语的纤弱文风，拓展了物语文学表现的范围。

图2 《源氏物语》桐壶卷跋
（三条西实隆手迹）

镰仓室町时期（12～16世纪） 随着武士阶级登上历史舞台，贵族和歌文学走向衰落。1205年完成的《新古今和歌集》虽与《万叶集》、《古今和歌集》形成三足鼎立之势，但毕竟是强弩之末，取而代之的是连歌和俳谐的兴起。二条良基、山崎宗鉴等人确立了连歌、俳谐的文学地位。散文方面也出现了描写新兴武士生活的军记物语和抒发隐遁者之情的僧人随笔。军记物语中臻于成熟的经典之作是记述平、源两大武士集团兴衰始末的《平家物语》。小说刻画了平清盛等骁勇善战的武士英雄形象，再现了他们自信向上的精神风貌，客观上反映了贵族社会向武士社会转变的时代本质。僧人随笔中的传世之作是鸭长明的《方丈记》和吉田兼好的《徒然草》。两篇随笔各具特色，被誉为随笔文学的双璧。该时期诞生的能与狂言是日本戏剧史上辉煌的开端。“能”着重演唱、舞蹈表演，具有庄重典雅的正剧特点，“狂言”以幽默滑稽的科白为主，体现轻松诙谐的笑剧风格。世阿弥在能乐的表演艺术和创作理论等方面作出了开拓性贡献。

江户时期（17～19世纪） 商业经济的发展带来了社会结构的变化，町人阶级（市民阶层）作为社会的主体逐渐成为文学作品的欣赏者。为适应他们的审美要求，松尾芭蕉在贞门、谈林俳谐的基础上，推出了世俗化的蕉风俳谐，井原西鹤铺写了町人的商业生活和享乐生活，丰富了浮世草子（风俗小说）的创作内容。近松门左卫门的净瑠璃（木偶戏）更广泛地表现了社会下层人物的生离死别、喜怒哀乐。这种以俗为美的美学追求，导致轻文学（戏作者文学）的产生，给后世文学带来一定的消极影响。

明治时期（1868～1911） 1868年明治维新是日本近代文学开始的标志。坪内逍遥的小说理论著作《小说神髓》的发表，具有近代文学启蒙的性质。二叶亭四迷写出近代第一部现实主义小说《浮云》，森鸥外继而发表近代最早的浪漫主义小说《舞姬》，确立了近代文学的发展方向。砚友社作家群的代表尾崎红叶的名作《金色夜叉》是19世纪末最畅销的小说。20世纪初，受西方影响，自然主义文学兴起。代表作家岛崎藤村的长篇小说《破戒》具有强烈批判现实的倾向，田山花袋的小说《棉被》却不乏自然主义文学的特点，受到自然主义文学理论家的赞许。卓立于这一运动之外的作家夏目漱石，其代表作《我是猫》以嬉笑怒骂的讽刺给予近代社会的种种弊端以有力抨击。

大正时期（1912～1925） 近代文学进入末期，以武者小路实笃为首的白桦派作家和以芥川龙之介为代表的新思潮派作家等，为文坛主流。芥川的小说以怀疑主义对“人性的自私”等社会现实进行考察，悲观的结论导致其自杀，也意味着大正文学发展的终结。

昭和时期（1926～1988）及其后 日本现代文学开始形成并得以发展。初期文坛的主流是无产阶级文学。1928年全日本无产者艺术联盟（简称纳普）成立，促进了无产阶级文学的成熟。小林多喜二和德永直的小说《蟹工船》和《没有太阳的街》是典范之作。与革命文学并立的是新感觉派作家，其代表横光利一和川端康成等在当时有一定影响。1937年日本侵华战争全面展开至第二次世界大战结束期间，许多作家被征集从军，文坛冷寂不振。

第二次世界大战以后，文学流派竞生，作家辈出。进步作家宫本百合子的小说《知风草》、《播州平野》（1946～1947）和德永直的长篇小说《静静的群山》，以及老作家志贺直哉的《灰色的月亮》、井伏鳟二的《遥拜队长》等优秀作品，都获得好评。战前即已成名的川端康成以《雪国》、《千羽鹤》和《古都》3部小说获得诺贝尔文学奖。战后新作家中，野间宏的《真空地带》、井上靖的《天平之甍》、水上勉的《越前竹偶》、

松本清张的《日本的黑雾》、司马辽太郎的《龙马奔走》等作品有较大影响。60年代中期，文学发展进入新时期。除一些严肃作家写出许多有社会意义的作品外，小松左京的科幻小说《日本沉没》及一些破案推理小说等也颇受欢迎。70年代，"内向的一代"的代表作家黑井千次等人的作品，及描写当代商潮的经济小说等，都对文坛的繁荣起了推动作用。之后，中上健次、津岛佑子、村上春树、村上龙等成长为一代新人。岛田雅彦及更晚的吉本芭娜娜等年轻作家，则以不同的视角，表现他们对生活的感受。

日本新干线 Japanese Shinkansen 日本高速铁路干线。新干线为日语高速铁路的音译。1959年4月，开工修建东海道新干线，1964年10月1日建成通车，"光"号列车最高运行速度210千米/时，后继续提速，列车运行时间由原来的6小时30分减至2小时30分。随后，新干线相继延伸至博多、盛冈、新潟、长野等地。2007年新干线总长2 304千米。

九州新干线列车

日本银行 Bank of Japan 日本的中央银行。创建于1882年6月。总行设在东京。银行设正、副总裁，由内阁任命，任期5年；理事由总裁推荐，大藏大臣任命，任期4年；监事由大藏大臣任命，任期4年；参事由大藏大臣任命，任期2年。1949年6月设立政策委员会，作为金融政策的最高决策机构。政策委员会由7名委员组成，即日本银行总裁（有表决权）、大藏省代表1人和经济企划厅代表1人（没有表决权）、城市银行有经验和见识者1人（有表决权）、地方银行有经验和见识者1人（有表决权）、工商业有经验和见识者1人（有表决权）、农业有经验和见识者1人（有表决权）。议长由有表决权的委员5人互选，一般均选日本银行总裁为议长。委员由国会通过后内阁任命，任期4年。

日本战后改革 reform in postwar Japan 第二次世界大战结束后，在反法西斯盟国和日本人民的要求下，由美国占领当局主持，在日本政治、经济和教育等方面实行的民主化改革。改革从修改宪法开始。1945年10月，盟军最高司令官D.麦克阿瑟指示日本政府修改1889年制定的《明治宪法》。1946年11月3日公布新的《日本国宪法》，翌年5月3日正式实施。新宪法第9条规定日本"永远放弃以国权发动的战争、武力威胁或武力行使作为解决国际争端的手段"。通过修改宪法，改革了日本的政治制度。同时，还在教育、文化、经济等方面进行了一系列改革。麦克阿瑟将这些改革概括为"确保人权的五大改革"，即妇女解放和参政、鼓励建立工会组织、教育民主化、废除秘密审讯司法制度和经济机构民主化等。

政治改革主要包括以下几个方面：①改革天皇制。新宪法取消了天皇总揽国家一切统治权的权力。对天皇制的改革，不仅革除了类似封建帝王的专制主义大权，而且铲除了法西斯帝国主义的精神支柱——天皇主义。②改革议会制。通过改革，取消了贵族院，设众议院和参议院，两院均由20岁以上男女公民直接选举产生。其次，取消天皇以敕令、敕语立法的权利，排除天皇和军队对议会的控制和干涉。修改宪法、制定法律、审议预算、任命总理大臣等一切重大问题均由国会决定。③改革内阁制。经改革，建立了议会制内阁，总理大臣由国会确定，一般由在众议院中占多数席位的政党总裁担任。总理大臣和其他国务大臣均由文官担任，职业军人不得担任。内阁负责总理国务，处理外交，缔结条约，编制预算，制定政令，决定大赦、特赦，掌握人事等有关行政事务。④改革中央集权制，实行地方自治。战前地方的一切行政事务和人事，均由中央决定和管理。地方领导人由当地居民直接选举产生。地方可设各级议会，编制预算，制定地方性条例和法令。⑤改革司法制度。一切司法权均归最高法院和下级法院。同时，扩大了司法机构的独立性，最高法院成为同国会、内阁鼎立的独立机构。⑥扩大民主权利。特别是过去政治地位很低的妇女，从此也和男人一样享有选举权和被选举权。

教育改革上战前日本教育带有封建法西斯军国主义色彩。战后盟军总司令部连续发出指令，要求排除教育领域中的法西斯军国主义，禁止用神道进行宣传和教育。通过教育开发"人才资源"，有力地推动了日本经济的发展。

解散财阀。以封建血缘家族为中心形成的日本财阀，是日本法西斯军国主义的经济基础和对外进行经济侵略的先锋。日本投降后，作为日本经济非军事化和民主化的一项措施，盟军总司令部指令"解散财阀"。采取成立控股公司的措施，迫使三井、三菱等财阀家族退出财界。另外，为了防止日本垄断资本复活。美国占领当局指令日本政府于1947年7月20日发布《关于禁止私人垄断和保证公平交易的法律》（简称《禁止垄断法》），同年12月18日又发布《排除经济力量过度集中法》（简称《集排法》），禁止以卡特尔协定之类的形式进行垄断，并指定325家公司为经济力量过度集中的企业，令其分散化小。"解散财阀"对战后日本经济的发展仍然产生了积极的影响。具有实际管理能力的中上层管理人员登上财界的领导岗位，建立了资本和经营相对分离的新体制，对改善经营管理起了较好作用。

农地改革方面，由于战后空前的粮食危机，土地和粮食问题更加突出。因此，日本政府继1945年12月28日公布第一次《农地改革法》后，在盟军总司令部的敦促下，又于1946年10月21日发布了第二次《农地改革法》。经改革，474万多户佃农和少地农民买到189.9万多町步土地。不在村地主完全被消灭，在村地主基本被消灭。于是，基本上消灭了寄生地主及其土地所有制。

日本自由民主党 Liberal-Democratic Party, Japan; Jiyū-Minshutō 日本资产阶级政党。简称"自民党"。1956年成立，曾长期执政，日本第二大政党。

20世纪50年代中期，面临以左右两社会党为首的"革新"势力的统一和成长的新局面，日本民主党和自由党于1955年11月15日合并，成立自由民主党。该党的政治理念是实行议会民主政治，主张自由主义、民主主义、和平主义，排斥社会主义和共产主义。其基本政策是，对外坚持日美"安全保障体制"，大力发展与各国的经济贸易关系和资本输出；对内主张"自主修改宪法"、"整顿与国力、国情相适应的自卫军备"和"维护自由经济体制"。1972年田中角荣任自民党总裁和内阁总理大臣时，实现了中日邦交正常化。

自民党为保守政党，党员人数曾高达550万，2010年约为87.1万。党首为总裁，由党的代表大会按少数服从多数的原则选举产生，任期三年，原则上只能连任一次。其他党内主要负责人有干事长、总务会长和政务调查会长。党内派系林立，各派系间围绕总裁选举不断展开错综复杂的争夺，财界背景和某些具体政见亦不尽一致。

日常语言哲学 ordinary language, philosophy of 分析哲学的主要支派之一。又名语言分析哲学。它着重研究如何通过分析日常语言解决哲学问题。20世纪30年代中叶出现于英国，并盛行于50年代。主要受

G.E.摩尔和L.维特根斯坦后期哲学思想的影响。日常语言哲学与逻辑实证主义是分析哲学的两个并列的支派。

日常语言学派又分为剑桥学派和牛津学派。剑桥学派形成于20世纪30年代中叶，它以剑桥大学为中心基地，主要代表人物是J.T.D.威斯顿。牛津学派形成于20世纪40年代，发展的高潮时期是50年代，它以牛津大学为中心基地，以G.赖尔、J.L.奥斯汀、P.F.斯特劳森、F.韦斯曼等人为主要代表。相比而言，牛津学派比剑桥学派的影响大得多。剑桥学派和牛津学派之间虽有一些分歧，但基本观点是一致的。主要表现为以下几点：①重视语言分析。②肯定形而上学的积极方面。③强调词的意义在于词的用法。20世纪60年代以后，日常语言哲学逐渐衰落。这个学派的某些传统观点，如语言分析、意义理论、语言行为理论等，对此后的一些分析哲学家，如美国的W.S.塞拉斯、R.M.齐索姆、J.R.塞尔等人仍有一定影响。

《日出·印象》 *Impression, Sunrise* 19世纪法国印象主义画家C.莫奈的代表作品。1874年，有29位法国画家在学院体系之外组成"无名艺术家协会"，其中莫奈的油画《日出·印象》(1872)在协会的第一次画展上引起巴黎画坛的争论。一些保守评论家在杂志上用该画的标题嘲讽参展的是一群"印象主义者"。"印象派"因此得名。《日出·印象》描绘勒阿弗尔港口一个多雾的早晨。海水在晨曦的笼罩下，呈现出橙黄和淡紫的色彩，微红的天空映照在平静的水面上。海上的细节，是用厚薄不均、长短不一的色彩笔触组成的。远处雾气弥漫，景物隐隐约约，画面上只有几道色彩交错的粗糙笔触。这幅杰作是莫奈从一个窗口凝神远眺画成的。

日德兰半岛 Jutland; Jylland 欧洲北部半岛。介于北海和波罗的海之间，西临北海，北对斯卡格拉克海峡，东隔卡特加特海峡、小贝尔特海峡和利勒拜尔特运河。半岛的中、北部为丹麦，南部为德国。习惯上仅指丹麦部分。面积29 767平方千米。人口254.36万(2009)。半岛和附近岛屿在第四纪时被冰川覆盖，冰川消退后留下的冰碛物形成低缓起伏的冰碛平原和冰碛湖。半岛东部中央有一列小山丘，最高仅海拔173米。众多河流横切半岛，其中最长为160千米的古德纳河。半岛西部为沙质海岸，仅埃斯比约为良港；东岸为岩质，多峡湾良港。农业主要集中在东岸附近肥沃的波状土地和草场，以饲养肉牛和奶牛为主。渔业是重要产业。第一次世界大战时英国和德国最大的一次海战——日德兰海战就发生在半岛北面的斯卡格拉克海峡。

日德兰海战 Jutland, Naval Battle of the 第一次世界大战期间，英国、德国主力舰队在日德兰半岛以西斯卡格拉克海峡附近海域进行的海战。又称斯卡格拉克海战。大战爆发后，德国公海舰队为打破英国海上封锁，企图诱歼英国海军编队。英国大舰队司令J.R.杰利科也制定了相同的计划。1916年5月31日下午，双方前卫舰队开始交战，英舰"不倦"号和"玛丽王后"号被击沉，旗舰"狮"号受伤，德舰损失轻微。18时许，双方主力舰队交战，英舰"防御"号、"无敌"号和德舰"吕佐夫"号先后沉没，并各有数艘舰只受损。德舰队见取胜无望，遂向西南方向撤退，英舰队追击。夜间，双方混战，英舰损失5艘，德舰损失2艘。天亮后，杰利科因担心遭德潜艇袭击和触雷，放弃追击。战斗中，英国舰队投入作战舰艇151艘，损失14艘，伤亡6 800人；德国舰队投入作战舰艇110艘，损失11艘，伤亡近3 100人。此次海战是第一次世界大战期间规模最大的海战，也是世界海战史上最后一次战列舰大编队交战。

日地关系 solar-terrestrial relationship 主要研究太阳辐射特别是太阳活动时辐射和高能粒子增强对日地空间环境和地球的影响的学科。又称日地物理学。于20世纪50年代产生，是太阳物理学和地球物理学的边缘学科。研究内容包括：①太阳辐射和高能粒子对地球磁场的影响，特别是太阳活动引起的磁暴。②太阳活动对电离层的影响，包括短波衰减或中断、甚长波相位突然反常、长波增强和宇宙噪声突然吸收等。③太阳活动对气候变化的影响。④极光的产生和形成。⑤日地空间高能粒子流增强对宇宙航行的影响及研究太阳活动对植物生长、生命活动、交通安全、水文等方面的影响。

日俄密约 Russo-Japanese secret agreements 1907～1916年日本与俄国订立的4次侵略中国的秘密协定。分别为4次在圣彼得堡签订的《日俄协定》中的秘密部分。

第一次日俄密约签订于1907年7月30日(光绪三十三年六月二十一)。共4条。主要内容是：①将中国东北三省划分为南满和北满两部分，分属日本和俄国势力范围。②俄国承认日本在朝鲜现存的政治关系；日本承认俄国在中国外蒙古的"特殊利益"。附款划定了南满、北满的分界线。日俄依据该约实际上瓜分了中国东北及外蒙古和朝鲜。

第二次签订于1910年7月4日(宣统二年五月二十八)。是上次密约的补充和发展。是日俄为共同对抗美国提出的"满洲铁路中立化计划"而达成的秘密协议。共6条，主要内容是：两国进一步确认第一次密约所划定的势力范围和两国在各自的势力范围内的特殊利益。如两国特殊利益受到威胁，缔约双方将采取联合行动或提出援助。这次密约具有明显的军事同盟色彩。它加快了俄国侵略中国北满、蒙古和新疆等地的步伐；使日本加强了在南满的地位，并得以放手吞并朝鲜。

第三次签订于1912年7月8日。共3条，主要划定日俄在中国内蒙古和东三省西部的势力范围。日俄进一步把侵略势力伸入内蒙古。

第四次签订于1916年7月3日。共6条，这次密约和公开的协定将日俄势力范围从中国东北和内、外蒙古扩大到整个中国，并准备相互以武力支援来"保卫"其侵华权益，从而日俄正式结为军事同盟。

日俄战争 Russo-Japanese War 20世纪初日本和俄国为争夺在朝鲜和中国东北的权益进行的以中国东北为主要战场的帝国主义战争。19世纪末20世纪初，俄国把扩张矛头指向中国东北和朝鲜。1895年4月，俄国联合法国、德国进行"三国干涉"，迫使日本将辽东半岛归还中国。不久辽东半岛落入俄国之手。"三国干涉"使日本向大陆扩张受挫。日本制订了十年扩军计划，决心与俄国一战。1904年2月8日，日本不宣而战，派遣海军偷袭旅顺口的俄国舰队，陆军先遣队在朝鲜仁川登陆。9日俄国对日宣战。10日日本对俄正式宣战。4月下旬，日军渡过鸭绿江。5月，在辽东半岛登陆的日军占领金州，围困旅顺口。8月下旬，日俄陆军在辽阳会战，俄军大败，日军占领辽阳，双方隔沙河对峙。8月10日双方舰队在黄海激战，俄方惨败。1905年1月2日，日军攻陷旅顺口。3月，日俄陆军在奉天(今沈阳)附近决战，日军获胜。此后双方在昌图与四平间对峙。5月27日，俄国从欧洲增派的第二太平洋舰队(波罗的海舰队)驶抵对马海峡，双方海军展开决战。28日俄国舰队在日本海被全歼。6月初，美国向日俄双方提出议和建议。8月10日，日本的小村寿太郎和俄国的S.Yu.维特全权代表本国在美国朴次茅斯举行和谈。9月5日双方代表在《朴次茅斯和约》上签字。根据和约，日本获得萨哈林岛（库页岛）南部并取得旅顺和大连的租借权、长春至旅顺间的铁路及其支线的管辖权，并攫取了对朝鲜的实际控制权。

日俄战后，日本加紧对朝鲜实行殖民侵略，1910年吞并了朝鲜。战败的沙皇俄国危机重重，终于导致1905年革命的爆发。

日耳曼人 Germans 古代欧洲民族集团之一。人种属欧罗巴人种大西洋-波罗的海类型。语言属印欧语系日耳曼语族。最初分布在斯堪的纳维亚半岛南部以及北海和波罗的海南岸的威悉河与奥得河之间。公元前6～前1世纪逐渐南下，占据今德国及附近地带，西与凯尔特人为邻，东抵维斯瓦河，与斯拉夫人为邻；南达多瑙河，临近罗马共和国北部边境。前113年，属于日耳曼族的辛布里人和条顿人南迁，进入罗马境内，与罗马人发生了长达11年的战争，于前102～前101年被罗马统帅马略打败。前58～前51年间，罗马统帅凯撒渡过莱茵河，第一次进入日耳曼人地区。4～5世纪，受匈奴人驱迫，大批日耳曼人向西迁移，进入罗马帝国，于476年推翻西罗马帝国统治，先后在罗马帝国的土地上建立了西哥特王国、苏维汇王国、勃艮地王国、东哥特王国、伦巴德王国和法兰克王国等。仍然留居斯堪的纳维亚半岛和日德兰半岛的日耳曼人，在8～11世纪，以“诺曼人”、“维金人”身份南下，进入西欧和不列颠，对欧洲的历史和民族形成产生重大影响。现代欧洲属于日耳曼语族的各个民族，如德意志人、奥地利人、英格兰人、丹麦人、挪威人、瑞典人、冰岛人、荷兰人、佛拉芒人等，都是以日耳曼人为核心形成的；其他属于罗曼语族的诸民族，如法兰西人、意大利人、葡萄牙人、西班牙人等，也有日耳曼人的成分。

日耳曼语族 Germanic group 印欧语系的主要语族之一。所属各语言使用于北欧、中欧（德国、奥地利、卢森堡等）、西欧（英国、比利时、荷兰），以及欧洲之外的英语国家和地区，总人口在4.8亿以上。

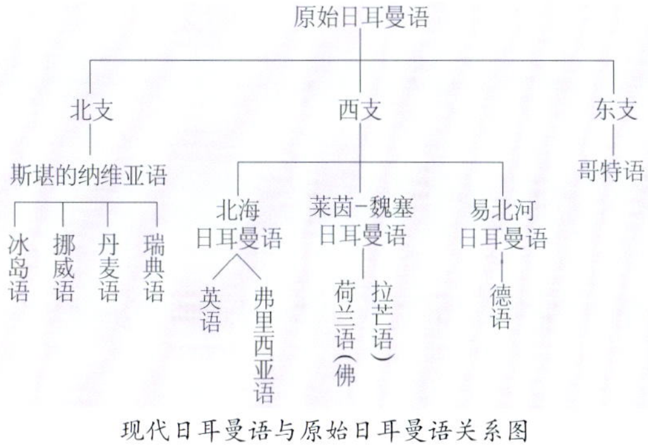

现代日耳曼语与原始日耳曼语关系图

日耳曼诸语言是印欧语言内发生“日耳曼语音变”时分化出来的。这个音变就是：原始印欧语的p、t、k变为日耳曼语的f、p、h，同时b、d、g变为p、t、k，而f、p、h则变为b、d、g，例如拉丁语的decem（十）变成了哥特语的taihun。

原始印欧语中的词根元音交替现象在日耳曼语言里还表现得很突出。词汇方面，日耳曼诸语言内部的相似性很明显。

约公元前250～公元250年间，日耳曼人的部落分化为5个部分，形成5个方言。学者们习惯把现代日耳曼诸语言分为北支、西支和东支，其中西支包括原来的3个方言（见图）。

东日耳曼人（以哥特人为代表）曾扩张到黑海西岸和南欧。哥特语于16世纪中叶在最后一块地盘克里米亚消亡。

西日耳曼语从共同日耳曼语中分离出来，并且演变为英语（7世纪时由盎格鲁-撒克逊人带到英国）、弗里西亚语（形成于11世纪，主要使用于荷兰北部一个省）、荷兰语（以4～5世纪进入荷兰的法兰克人的方言为基础发展而成）、德语。

北日耳曼语在600～1050年之间称为共同斯堪的纳维亚语。它的许多特点（特别是复杂的词形变化）还保留在冰岛语中。现代北欧各日耳曼语言是16世纪后发展起来的，它们内部（冰岛语除外）有很大的一致性。挪威的书面标准语甚至称为“丹麦-挪威语”。北欧日耳曼诸语言在语法上有共同特点，如：名词所有格加-s；形容词比较级加-r，最高级加-st；定冠词可以作为后缀附在名词上；数词“一”的非重读形式用作不定冠词。这些语言之间当然也有差异。

日珥 solar prominences 突出于太阳边缘色球之上的火焰状物质。它们在太阳圆面上的投影就成了暗条。日珥的主体在日冕当中，底端与色球相连。太阳边缘看到的日珥如篱笆、云彩、喷泉和圆弧等形状。厚度约为5 000千米，高度一般为几万千米，长度可达10万～20万千米。但爆发日珥的高度可达几十万千米。日珥中有精细结构，一般由条状的纤维组成，纤维中有些亮块，称为节点。日珥的分布范围比黑子广。除中纬度和低纬度的黑子带日珥外，还有纬度超过40°的极区日珥。黑子带日珥的出现规律与黑子相似。

日珥大体上可分为三类：①宁静日珥。形状长期稳定，一般体积较大，寿命可达2～3个月。经常出现在活动区发展的后期，又出现在高纬的日珥中。②活动日珥。又称黑子日珥或电磁日珥，大多数出现在黑子附近，形状不断变化，并可觉察到其中物质的缓慢运动。③爆发日珥。某些宁静日珥或活动日珥会突然发生猛烈的爆发性膨胀或向外抛射。成为爆发日珥。爆发日珥沿径向抛射的速度可达每秒几百千米，高度可达0.3～0.5太阳半径，有时也会超过1个太阳半径。

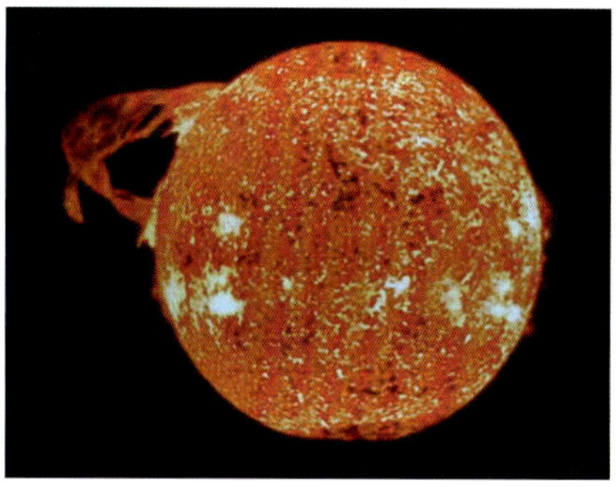
突出于太阳边缘的日珥

日夫科夫 Zhivkov,Todor（1911-09-07～1998-08-05） 保加利亚共产党中央委员会第一书记（1954～1981）、总书记（1981～1989），共和国部长会议主席（1962～1971），国务委员会主席（1971～1989）。生于索非亚州，卒于索非亚。1932年加入保加利亚共产党。1954年当选为保共中央第一书记。1962年11月至1971年7月任保加利亚人民共和国部长会议主席。1971年7月保加利亚设立国务委员会，任委员会主席。1981年保共恢复总书记名称，当选为中央总书记。1989年11月辞去总书记职务，12月被开除出党。1990年春被拘捕。1991年2月被审讯，罪名是“利用特权谋私”。审讯进行两个多月后，宣布“无限期中断”。

日高孝次 Hidaka Kōji（1903-11-04～1984-08-15） 日本物理海洋学家。生于宫崎县佐土原市。1926年东京帝国大学毕业，同年入中央气象台工作，1933年获博士学位。曾任神户气象台技师，东京帝国大学讲师、教授。1962年创立日本东京大学海洋研究所，首任所长。1948～1967年连任日本海洋学会会长。还是日本海洋学会学术名誉终身会员、日-法海洋学会名誉会员、东京大学名誉教授、日本学士院会员。曾在“春风丸”调查船上参加海洋调查工作1 000天以上；1971年以私人财产为基金，创设日高海洋科学振兴财团，奖励优秀海洋学者。他主要从事物理海洋学研究，在黑潮系研究、海流动力计算、海潮的振动与海流研究、涌升流的海洋力学研究等方面都有重要贡献，尤其是对风生海流理论的研究。曾获（日本）帝国学士院奖（1934）、摩纳哥阿尔伯特大公奖（1966）、日本海洋学会奖（1970）。著有《海流》等。

日光浴 sunbath 一种利用日光进行锻炼或防治慢性病的方法。主要是让日光照射到人体皮肤上，引起一系列理化反应，以达到健身治病目的。日光有3种射线可用来锻炼身体，即红外线、可见光线和紫外线。这3种射线对人体的作用各有不同。红外线能穿透表皮达到深部组织，使照射部位组织温度升高，可扩张血管，加快血流，改善血液循环；可见光线通过视觉和皮肤对人有振奋情绪的作用，使人心情舒畅；紫外线是日光中对人体作用最强的光谱，能够加强血液循环，促进物质代谢，可使皮肤中的麦角固醇转变成维生素D，调节钙磷代谢，促使骨骼正常发育。日光浴的方法一般采用直接照射法，可采取卧位或坐位，如出现头痛、心慌、恶心、全身不适或皮肤轻度灼伤等，应立即停止。

日晷 sundial 中国古代测时仪器。由晷针和晷盘组成。晷盘上有时间刻度，晷针垂直于盘面，通过晷针日影在盘面上的方向就能测定时间。因盘面安置的方

北京故宫太和殿前的日晷

向不同，日晷可分为地平日晷、赤道日晷、立晷、斜晷。日晷的早期历史尚不清楚，最早的可靠记载是《隋书·天文志》中提到的袁充于隋开皇十四年（594）发明的短影平仪（即地平日晷）。赤道日晷的明确记载初见于南宋曾敏行《独醒杂志》卷二中提到的晷影图，但晷盘是木制的。后世改用石质晷盘、金属晷针。北京故宫等处保存的都是清代制造的石质赤道日晷。赤道日晷的晷面平行于赤道面，晷针指向南北极。

《日韩合并条约》 *Japan-Korea Annexation Treaty* 日本吞并朝鲜的条约。1910年8月22日，日本胁迫朝鲜总理大臣李完用签订。通过该条约，日本实现所谓日韩合并。条约规定：朝鲜国王将一切统治权完全而永久地让给日本天皇；日本天皇接受这种转让，并将朝鲜完全并入日本帝国，朝鲜国王及其后裔和皇族，以及为签订这一条约建有“功勋”的“有功者”，享有“表彰、

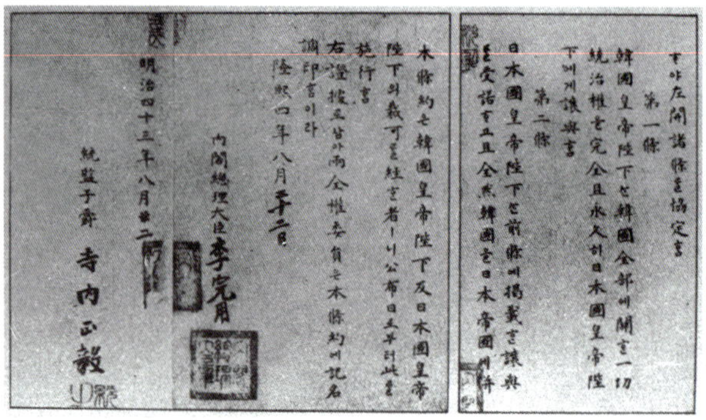

ᄒᆞ야左開諸條를協定홈
第一條
韓國皇帝陛下ᄂᆞᆫ韓國全部에關ᄒᆞᆫ一切統治權을完全且永久히日本國皇帝陛下에게讓與홈
第二條
日本國皇帝陛下ᄂᆞᆫ前條에揭載ᄒᆞᆫ讓與를受諾ᄒᆞ고且全然韓國을日本帝國에併

本條約은韓國皇帝陛下及日本國皇帝陛下의裁可를經ᄒᆞᆫ者ㅣ니公布日로부터此를施行홈
右證據로삼아兩全權委員은本條約에記名調印홈이라
隆熙四年八月二十二日
內閣總理大臣 李完用
明治四十三年八月二十二日
統監子爵 寺內正毅

《日韩合并条约》(片断)

威严及名誉”的待遇，并供给充分的生活费和赏金；胁迫朝鲜人民“遵守法规”，忠于“新制度”。日本在朝鲜设总督府。朝鲜完全沦为日本帝国主义的殖民地。

1945年日本战败投降后，朝鲜获得独立，条约废除。

日经股价指数 Nikkei Stock Average 日本经济新闻社编制并公布的反映日本股票市场变动的股票价格平均指数。全称日本经济新闻社股票价格平均指数。1950年9月7日开始编制。最初根据东京证券交易所第一部上市的225家公司股票算出修正平均股价，时称东证修正平均股价。1975年5月1日正式买进道·琼斯商标，开始编制日经225种道·琼斯平均股价指数，后扩大到日经500种道·琼斯平均股价指数。1985年5月改名为“日经股价指数”。日经225种道·琼斯平均股价指数样本均为东京证券交易所上市的股票，原则上固定不变，具有连续性和可比性，反映日本股市长期趋势，是最常用的指标。而从1982年1月4日开始编制的日经500种道·琼斯平均股价指数的样本则不固定，每年4月，根据前3个财政年度各发行人的经营状况、股票成交量、成交金额和总市值等进行更换样本。

日军731部队 Japanese Army，No.731 Units of 日本帝国主义侵占中国东北时期，设在哈尔滨市东南的进行细菌试验、研究和制造细菌武器的秘密部队。对外称关东军防疫给水部队，以掩人耳目。这支部队由关东军司令官直接管辖，石井四郎主持，以活人为试验对象，有些重大问题直接听命于日本大本营参谋本部的指令。731部队在林口、牡丹江、孙吴和海拉尔设有4个支队，在安达设有试验场，人数最多时达到3 000人左右。

731部队自组建后，绝大部分时间由石井四郎任部队长。其下属1～4部是从事细菌研究试验的主要机构。1部专门从事研究伤寒、霍乱、鼠疫、结核等严重危害人类生命的传染病细菌，研究冻伤、赤痢以及立克次氏体、血清和毒药等。实验室以培育可供战争时使用的细菌为目的。该部还管辖秘密监狱，关押供实验的犯人。2部的任务是检验1部研究成果，并研究投入实际应用的手段，以活人为研究对象，研制各种传播细菌的炸弹、喷射器。1944年，日本帝国大本营曾决定将这里研制的钢笔式喷射器投入生产，作为部队连、排必备武器予以装备。该部管辖特别航空部队和试验靶场，专门从事细菌炸弹投射试验。还另设一分部，专门培养携带大量鼠疫细菌的跳蚤。跳蚤生产周期为3～4个月，每一周期生产的跳蚤达45千克，约为14 500万个。3部从事防疫给水的研究，也从事细菌炸弹外壳的生产。4部是细菌工厂，拥有两套生产能力相等的设备，可以繁殖各种细菌，一个月可生产鼠疫细菌300千克或伤寒细菌800～900千克，炭疽细菌500～700千克，霍乱细菌1 000千克。731部队各支队人数在200～300人左右，也有生产细菌和培养跳蚤等寄生虫和进行试验、研究的能力。

为了证明各种细菌的效力，日军用被抓捕的中国人作为试验的材料。1939年末，关东军司令官植田谦吉曾发布密令，将以所谓“反满抗日”的罪名逮捕的中国人由宪兵队直接送往731部队进行各种惨无人道的细菌试验。细菌部队利用活人进行的各种药理、病理实验以及活体解剖实验极为残忍。如毒气试验是将各种有毒气体施加到活人身上。731部队专设毒气试验室，将充当实验品的活人送入后加以密闭，通入毒气，大部分实验者立即窒息而死，也有受脓肿瓦斯试验者残留性命，然后将其再进行第二次、第三次实验，直到死亡。冻伤实验由冻伤病理实验室主持，在－30～－40℃的室外严寒天气，将被实验者手或足浸以冷水后冷冻，这种实验的目的是为关东军在寒冷的冬天寻求防止冻伤的方法。据细菌战犯吉房虎雄供认，1937～1945年，仅731部队用于细菌试验惨死的有4 000余人，细菌部队成为最残暴的杀人魔窟。

从1940年起，731部队曾连续多次在中国抗日战场对中国军队和和平居民施行细菌战。到1941年，日本帝国主义不仅在中国东北建成一整套从事细菌研究、试验和制造细菌武器的庞大基地，而且也大体完成施行细菌战的准备。

日喀则地区 Xigazê Region 中国西藏自治区人民政府设立行政公署所管理的地区。位于自治区西南部，雅鲁藏布江中游两岸。

南邻尼泊尔、不丹。辖日喀则市和南木林县、江孜县、定日县、萨迦县、拉孜县、昂仁县、谢通门县、白朗县、仁布县、康马县、定结县、仲巴县、亚东县、吉隆县、聂拉木县、萨嘎县、岗巴县。面积182 000平方千米。人口70万(2010)，多为藏族，还有汉、蒙古、回、彝、纳西等民族。行政公署驻日喀则市。1960年置日喀则专区，1970年改称日喀则地区。北为冈底斯山脉，南为喜马拉雅山脉，中有雅鲁藏布江横贯。位于定结县南缘有世界第一高峰珠穆朗玛峰。为高原季风气候，气候寒冷、空气稀薄、日照时间长。矿藏有金、铁、煤、铬等。森林多松、柏、杉等树种。野生动物有金钱豹、长尾猴、藏羚羊、麝、鹿等。盛产虫草、贝母、麝香、大黄、雪莲花、党参等药材。农作物主要有青稞、小麦、豌豆、油菜等，畜牧业有牦牛、犏牛、绵羊、山羊等。工业有煤炭、电力、建材、皮革等。有219、318国道过境。名胜古迹有扎什伦布寺、萨迦寺、夏鲁寺、白居寺和贡觉林卡等。

日喀则市 Xigazê City 中国西藏自治区第二大城市。日喀则地区行政公署驻地。“一江两河”开发重点市。位于自治区南部，喜马拉雅山北麓，雅鲁藏布江与其支流年楚河交汇处。面积3 700平方千米，人口约11万(2008)，以藏族为主，还有汉、蒙古、回、彝、纳西等民族。1951年前为日喀则宗，1959年建立日喀则县，1986年改为日喀则市。地形以平原为主，属高原温带半干旱季风气候，光照充足，干湿季分明。矿产有煤、金、铬铁矿、水晶等。农业以种植青稞、小麦、蚕豆、豌豆、油菜、蔬菜、马铃薯等为主，为自治区商品粮生产基地和重要蔬菜产区之一，产苹果、桃和核桃。畜牧业以发展牦牛、犏牛、山羊、绵羊、马、驴、骡、生猪、鸡等为主。工业有电力、畜产品加工、地毯、粮油和食品加工等小型工业和卡垫、藏靴、氆氇、金丝帽等传统民族手工业等。有公路直通拉萨、狮泉河和尼泊尔，并与日喀则地区各县相通。名胜古迹有扎什伦布寺、那当寺、贡觉林卡、德庆格桑颇章和夏鲁寺等，为西藏自治区著名旅游胜地。

日喀则市俯瞰

日立公司 Hitachi, Ltd. 日本最大的综合性电机厂商，跨国公司。总部设在东京。成立于1910年，是由小平浪平建立的。原为久原矿业日立矿山的电机修理厂，1912年从日立矿山分离出来。公司的第一个产品是电动摩托。1916年开始生产电风扇。1959年建立日立美国有限公司。1962年成立日立化学品有限公司。1982年建立日立欧洲有限公司。1988年成立日立亚洲有限公司。1994年成立日立中国公司。

公司的业务范围包括信息系统和电子设备、动力系统和设备、工业和基础设施、家用电器产品、材料、服务等诸多领域。产品包括家用电器、电子计算机、电子装置、电力机械、铸锻制品、汽车机器、住房设备、测量仪器等2万余种。2006年公司拥有38.44万名员工，其中约1.7万名科研人员分布在30多个研究机构，从事电子工艺、计算机软件、能源和新材料等研究。先后在欧美各国设立了研发中心。

日莲 Nichiren (1222～1282) 日本佛教日莲宗创始人。俗姓贯名，幼名善日麿。生于安房国(今千叶县)小凑。幼年落发，名莲长，后改名日莲。曾习天台宗、禅宗教义多年，认为“末法”时代，唯《妙法莲华经》为诸经中最胜者，于1253年归乡登清澄山面对旭日，高唱“南无妙法莲华经”10遍，是日后世以为日莲宗开宗之日。日莲以《法华经》反对净土宗、禅宗、密宗、律宗，倡4句格言：“念佛进无间地狱，禅宗是天魔，真言宗导致亡国，律宗是国贼”，遂引起各宗反对，数度逃亡。于甲斐(今山梨县)身延山建草庵，后成为久远寺，为日莲宗寺山。著有《守护国家论》等，卒后追谥立正大师。

《日美安全保障条约》 *Treaty of Security and Safeguard Between Japan and United States* 日本和美国签订的安全保障条约。1951年9月8日由日本首相吉田茂和美国代表D.G.艾奇逊签署。正式名称为《日本国和美利坚合众国之间的安全保障条约》。条约规定美国有权在日本国内及其周围驻扎陆海空军，根据日本政府的请求美军可以镇压日本发生的暴动和骚乱。1952年2月28日，日美两国根据《日美安全保障条约》又在东京签订了《日美行政协定》。详细规定了驻日美军的地位及特权。1952年4月28日《日美安全保障条约》和《日美行政协定》同时生效。1960年1月19日，日本首相岸信介和美国总统D.D.艾森豪威尔在华盛顿签署《日本国和美利坚合众国共同合作和安全保障条约》，是为《新日美安全保障条约》。与旧条约相比，增加了政治上与经济上的合作，以及在日本行政管辖下的领域内日美任何一方受到攻击时将采取共同行动，行使武力时两国事前协商等内容；删除了镇压日本内乱的条款。新条约于1970年期满后，以两国不通告废除而自动延长的方式延续至今。1972年5月美国把冲绳归还日本，该条约同样适用于冲绳。

《日美防卫合作指针》(1997) *Guidelines for Japan-US Defense Cooperation* (1997) 1997年9月23日，美国和日本政府为了各自的利益，经过一年半的谋划和谈判，公布了对1978年制定的《日美防卫合作指针》修订后的《日美防卫合作指针》。又称为“新日美防卫合作指针”。新《日美防卫合作指针》的主要内容是：①平常时期的合作。②对日本进行武力侵略时的合作。③日本周边地区发生“对日本的和平与安全有重大影响”的事态时：第一，日美两国战时援救难民、海上搜索、撤离非战斗人员等的各自行动；第二，日本在提供自卫队以及民间设施、为美军运输战事物资、后勤服务等方面与美国军队进行合作；第三，日美在收集情报、警戒监视、扫雷等方面进行合作。新《日美防卫合作指针》为日本军事力量走向世界、干预地区事务提供了法律依据，引起了周边国家的极大不安，为地区制造了不稳定因素，破坏了亚太地区缓和的氛围。

日冕 corona 太阳的最外层大气。日冕位于色球上面，亮度仅为光球亮度的百万分之一，比地面上的天空亮度暗得多，因此在地面平时看不见日冕，必须用专门的仪器日冕仪，或者在日全食时才能看见。安装在海拔2 000米以上高山(那里天空散射

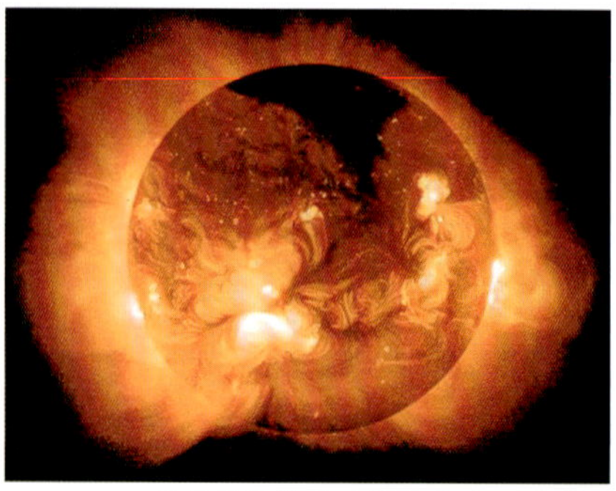

X射线波段的日冕结构

光很弱）的日冕仪也只能看到从太阳边缘至大约0.3太阳半径范围的日冕。日全食时看到的日冕呈银白色，也是太阳边缘以外的投影日冕。从最好的日全食照片上，能够看到它可延伸到5～6个太阳半径的距离，但实际上它可延伸到超过日地距离。距日心5～6个太阳半径以外的日冕物质是以很高的速度向外膨胀的，形成所谓的**太阳风**。太阳风就是动态日冕。日冕的温度高达100万～200万度，密度小于10^{-14}克/厘米^3，而且随日心距迅速下降。可在空间飞行器上用X射线观测整个太阳半球面上的日冕结构，能够看到活动区上空的日冕区中有许多亮环，非活动区的日冕则由更大尺度的弱亮环贯穿，还有一些几乎全暗黑的区域称冕洞。高温条件下的日冕物质处在高度电离状态，自由电子和各种高次电离原子倾向于沿磁力线延伸，因此日冕中的这些结构实际上反映了它的磁场分布。

日内瓦 Geneva; Genève 瑞士第二大城市，国际活动中心。日内瓦州首府。人口18.33万（2009），居民主要讲法语。位于日内瓦湖（莱芒湖）西南岸，罗讷河出湖处。秀丽的湖光山色和宜人的气候，使其成为“游览者圣地”。

公元1世纪建城。16世纪宗教改革，使许多法国知识分子逃亡至此并带来法国文化与科技。1536年日内瓦成立共和国。1798～1814年为法国占领。1815年加入瑞士联邦。1864年创立国际红十字会。第一次世界大战后曾是国际联盟所在地。第二次大战后国联大厦改为联合国欧洲总部。世界贸易组织、国际劳工组织、世界卫生组织、世界气象组织、国际电信联盟等200多个国际组织均设于此。素称“世界会议之都”，是世界重要的国际城市。

日内瓦万国宫（联合国欧洲总部）

瑞士主要的经济中心，1587年开始生产钟表，至今仍为瑞士重要钟表产地，精密机械和仪器、工艺品、印刷、化工、食品等工业也很发达。世界著名的时装设计和雪茄产销中心。交通便捷，有世界重要的国际空港。

世界文化艺术和旅游中心。日内瓦大学是欧洲名校。博物馆众多，1895～1908年列宁多次侨居于此，并创立《火星报》。

市中心区位于罗讷河出湖处。老城区位于罗讷河左岸，多中世纪建筑。罗讷河右岸为新城区，以现代化的住宅和众多的公园绿地为特色，幽静秀丽。位于市区东北郊日内瓦湖畔的万国宫，为联合国欧洲总部。

日内瓦公约 Geneva Conventions 关于保护平民和战争受难者的一系列国际公约的总称。

公约的产生与发展 1864年8月，瑞士政府邀请法国、意大利、西班牙等12个国家在日内瓦签署《改善战地武装部队伤者境遇的公约》。公约作为第一个关于保护战争受难者的国际法文件，标志着国际人道主义法的诞生。在此基础上，经过1906、1929、1949年几次修订和补充，发展为日内瓦四公约，即《改善战地武装部队伤者病者境遇的日内瓦公约》（第1公约）、《改善海上武装部队伤者病者及遇船难者境遇的日内瓦公约》（第2公约）、《关于战俘待遇的日内瓦公约》（第3公约）、《关于战时保护平民的日内瓦公约》（第4公约）。1949年8月12日由中国、苏联、美国、英国、法国等61个国家签订，1950年10月21日生效。

公约的主要内容 1949年日内瓦第1公约是对1929年《改善战地武装部队伤者病者境遇的公约》的修订和补充，共有64条正文和2个附件。主要内容是确认敌对双方伤病员在任何情况下应该无区别地予以人道主义待遇的原则；禁止对伤病员的生命和人身施加任何危害或暴行，特别是禁止谋杀、酷刑、供生物学实验或故意不给予医疗救助及照顾；医疗单位及其建筑物、器材和人员不受侵犯，但应有明显的白底红十字、红新月或红狮与日标志。

日内瓦第2公约是对1907年海牙第10公约的修订和补充，共有63条正文和1个附件。适用范围、保护对象、基本原则等与第1公约完全相同，只是根据海战特点规定了保护伤病员、遇船难者、医院船及其人员的特殊原则和规则。

日内瓦第3公约是对1929年关于战俘待遇公约的修订和补充，共有143条正文和5个附件。主要内容是战俘是处在敌国国家权力之下，而非处在俘获他的个人或军事单位权力之下，因此拘留国应对战俘负责，给予他们人道待遇和保护；禁止任何可导致战俘死亡或严重危害其健康的不法行为，尤其不得加以肢体残伤或用其进行医学和科学实验，不得对其施以暴行、恫吓和侮辱；所有战俘应享受同等待遇，不得因种族、国籍、宗教信仰、政治见解或任何其他区别而有所歧视；不得剥夺和限制战俘在被俘时所享有的全部民事能力及权利；战俘的住宿、饮食及卫生医疗照顾等应得到保障；战事停止后应立即释放或遣返战俘。

日内瓦第4公约共有159条正文和3个附件。主要内容是处于冲突一方权力下的敌方平民应受到保护和人道待遇，包括准予安全离境，保障未被遣返的平民的基本权利等；禁止破坏不设防的城镇、乡村；禁止杀害、胁迫、虐待和驱逐和平居民；禁止体罚和酷刑；和平居民的人身、家庭、荣誉、财产、宗教信仰和风俗习惯应受到尊重；禁止集体惩罚和扣押人质等。

公约的基本原则 ①公约不但适用于一切经过宣战的战争，而且适用于任何其他武装冲突，即使其中一方不承认存在战争状态。②公约不但适用于缔约国之间，而且在冲突一方不是缔约国时，其他缔约国与其相互关系中仍受公约的拘束；若上述非缔约国接受并援用公约的规定，则缔约各国对此国的关系亦受公约的拘束。③公约不但适用于国际性武装冲突，而且为非国际性武装冲突中的冲突各方规定了应遵守的最低准则：不实际参加战事的人员，包括放下武器的武装部队人员及因病、伤、拘留或其他原因而失去战斗力的人员，在一切情况下应予以人道待遇；伤者、病者应予收容与照顾。④公约不但禁止占领国破坏被占领国的私有财产，而且禁止破坏属于国家、集体或合作组织的财产，即承认了两种所有制的平等地位。⑤公约在一定限度内承认了游击战的合法性和游击队员的战斗员资格。

中华人民共和国政府于1952年7月13日发表声明，宣布承认中华民国政府签署的日内瓦四公约，同时针对公约的不足提出了4项保留。

日内瓦湖 Geneva, Lake 欧洲阿尔卑斯山区最大湖泊。又称莱芒湖。位于瑞士西南，与法国相邻，西南部在瑞士境内，中、东部属瑞士和法国边界湖。长72千米，宽8千米，面积580平方千米。湖面海拔372米，平均水深150米，为一新月形的冰川湖。有罗讷河注入。有一长堤直通湖心，还有一座水柱高达130米、具有百年历史的人工喷泉，在阳光照耀下似有彩虹若隐若现，与高耸的勃朗峰雪山交相辉映，蔚为壮观。

日内瓦湖风光

气候温暖宜人，全年有航班及游船运行。沿湖有多个公园，其中英国公园内的花钟为一巨型花坛式大钟，堪称一大景观。湖滨有日内瓦、尼翁、莫尔日、洛桑、沃韦、蒙特勒和法国的托农莱班等城市。

日内瓦会议(1954,1961) Geneva Conferences, 1954 and 1961 1954年和1961年两次在日内瓦召开的讨论和平解决朝鲜问题、恢复印度支那和平问题以及和平解决老挝问题的国际会议。

1954年日内瓦会议 1954年4月26日至7月21日召开。与会首席代表为外长级。中国总理兼外长周恩来出席了会议。讨论朝鲜问题和印度支那问题两项内容。关于朝鲜问题。《朝鲜停战协定》(见**朝鲜战争**)签字后，美国公然违反协定，与韩国签订《共同防御条约》，继续增强军事力量，企图唆使韩国重新诉诸武力统一朝鲜。朝鲜和亚洲的和平受到严重威胁。会议自4月27日起至6月15日止。参加国有中国、苏联、朝鲜民主主义人民共和国、韩国以及美国、英国、法国等。苏、英、泰3国首席代表轮流担任会议主席。朝、中、苏三国代表在会议上相互配合，分别提出了解决朝鲜问题的方案和建议。基本主张是在6个月内从朝鲜境内撤走一切外国军队。美国及其追随者主张中国人民志愿军单方面从朝鲜撤退。由于美国从中作梗，朝鲜问题的讨论中断，未达成任何协议。关于印度支那问题会议于5月8日起至7月21日止。中、苏、美、英、法参加。会议主要议题有两个：①关于在越南、寮国和高棉3国停止敌对行动问题。②关于政治解决印支问题。会议最后就上述两个议题达成协议，签署了印支三国交战双方停止敌对行动的协定，并发表了《日内瓦会议最后宣言》。协定和宣言的基本内容包括：立即停止三国的敌对行动，三国停战后将不得从境外进入增援性的外国军队和军事人员及各种武器弹药；三国将分别举行自由普选，以实现各国在民主基础上的统一；三国不参加任何军事同盟，也不容许任何外国在他们领土上建立军事基地；法军在协定规定的时间内从三国领土上撤走；与会各方保证尊重三国的主权、独立、统一和领土完整，不干涉其内政。美国拒绝在最后宣言上签字，并单独声明：美国将不使用武力或武力威胁妨碍上述协议的实施。

1961年日内瓦会议 讨论老挝问题的扩大会议。1961年5月16日至1962年7月23日在日内瓦召开。参加国有中、苏、美、英、法等。1960年，美国在老挝挑起大规模内战，公开进行颠覆老挝合法政府的活动，并准备直接入侵。1961年1月1日，柬埔寨国家元首**诺罗敦·西哈努克**亲王致函有关国家，建议召开一次扩大的日内瓦会议讨论老挝问题。会议经过14个多月的激烈斗争，于1962年7月23日一致通过《关于老挝中立的宣言》和《关于老挝中立宣言的议定书》。两个文件重申1954年日内瓦会议协议中包括的尊重老挝主权、独立、统一、领土完整和不干涉其内政的原则；确认老挝走和平中立的道路，不参加任何军事同盟，不进驻任何外国军队。这次会议对和平解决老挝问题及缓和印支和亚洲的紧张局势起到了一定的积极作用。但由于美国的侵略政策，有关协议均未得到全面的履行。

日内瓦学派 Geneva school 当代儿童心理学和发展心理学中的主要派别。又称皮亚杰学派。为瑞士心理学家J.**皮亚杰**所创立。其主要工作是通过对儿童科学概念以及心理运算起源的实验分析，探索智力形成和认知机制的发生发展规律。

日内瓦学派的最初活动可追溯至皮亚杰1921年前后在巴黎比内实验室工作期间所进行的关于儿童智力的研究。1950年他发表3卷集《发生认识论导论》，标志着发生认识论体系的建立。皮亚杰在日内瓦大学任职时召集了一批志同道合的儿童心理学家，形成了日内瓦学派的基本队伍。1955年，皮亚杰又在日内瓦大学创立了发生认识论国际中心，邀集各国心理学家及其他有关学科的学者进行跨学科合作研究。发生认识论的基本观点是：由于科学知识处于不断演化之中，因而我们不能静止地看待认识论问题；人类知识的形成，既不是外物的简单复本（经验论），也不是主体内部预成结构的独立显现（预成论），而是包括主体和外部世界在连续不断地相互作用中逐渐建立起来的一系列结构。客观知识从属于这些结构，认知结构的发展标志着儿童智力水平的提高和逻辑范畴与科学概念的深化。

日惹 Yogyakarta 印度尼西亚日惹特别自治区首府。人口43.35万(2005)。位于爪哇岛中部南岸，离印度洋29千米，默拉皮火山(2 911米)南麓。18～19世纪日惹苏丹驻地。1945～1950年印尼独立革命时的临时首都。距日惹25千米的默拉皮山坡下的卡利乌朗避暑山庄，是1949年印尼与荷兰谈判独立的历史纪念地。西北30千米的婆罗浮屠寺庙群与东北16千米的普兰巴南寺庙群是世界著名的宗教胜迹，均被列为世界文化遗产。有卡渣马达大学、艺术学院、伊斯兰教学院等多所高校及日惹博物馆与蜡染花裙研究所等。手工艺中心，制作金银铜器、乐器骨木雕、皮影戏人物、蜡染纱笼等，技艺超群。日惹出产的衬衫和花裙是印尼总统赠送来参加国际首脑会议贵宾们的礼物。现代工业有雪茄烟、制糖、纺织、制革、制药、铁路车辆等。有铁路和公路在此交会。有机场。保存有古王城风貌：苏丹宫、楼阁、城墙和堡垒。

普兰巴南寺庙群

日晒伤 sunburn 因强烈日光照射所致的局部急性红斑、水肿等皮肤损伤。又称晒斑。常见于春末夏初，在强烈日光照射后，一般经4～6小时，在光照部位出现红斑、水肿，严重时可见水疱，损害边缘清楚。反应轻重与光线强度、时间和范围有关。损害第二天达到高峰，轻者2～3天红肿逐渐消退，留有脱屑或色素沉着。一般症状比较轻的有灼热、刺痛及瘙痒等。严重时可伴有全身不适，如**发热**、**头痛**、**恶心**等。局部治疗可用冷盐水或冷牛奶湿敷。全身症状明显者可口服消炎痛、小量皮质类固醇等。

日食 solar eclipse 在地球上看到**太阳**被月球遮蔽的现象。

月球绕地球公转，而地球又带着绕它公转的月球一起绕太阳公转。太阳的直径约为月亮直径的400倍。但月球离地球的平均距离又大致是日地平均距离的1/400。因此太阳的视角径（日轮）与月球视角径（月轮）几乎是一样大小，都是约32角分（32′）。如果地球绕太阳的轨道和月球绕地球的轨道在同一平面上，则每逢农历初一月球走到日地之间时三者处在同一直线上，就会发生地球上看到月球遮挡太阳的日食现象。但实际上地轨和月轨并非在同一平面上，而是相互倾斜成5°9′的交角。因此并非每逢农历初一都有日食。

日食可分为日偏食、日全食和日环食3种。图中月球的影子有三种区域：由月球直接伸展出去的锥形暗区是月亮的本影区；由本影延长线构成的锥形暗区称为伪本影区；本影和伪本影周围的斜线区就是半影区。若某次日食时，仅是月球的半影区落在地面上，该地区只能看到日轮的一部分缺失，就是日偏食。若某次日食时月亮的本影落到地面上（相当于月地距离较近和月轮略大于日轮的情况），则处在本影区将看到整个日轮被遮，就是发生了日全食。若某次日食时只有月亮的伪本影到达地球（相当于月地距离较远和月轮略小于日轮的情况），则处在伪本影区将会看到只有日轮的中央部分暗黑，这就是日环食。日全食和日环食合称为中心食。

随着月亮的公转运动和地球自转，月亮的影子将会在地面上扫过一大片区域。其中本影或伪本影扫出的地带非常狭窄，宽度只有几十至几百千米，长度则可达几千至上万千米，它们分别称为全食带或环食带。处在全食带或环食带地区就将会先后看到日全食或日环食。而在全食带或环食带两边地区显然就是月球半影扫过的地区，这些地区就只能看到日偏食。日全食，则可分为初亏、食既、食甚、生光和复圆5个阶段。其中食既至生光为日全食时间，一般为2～3分钟，最长7分多钟，最短只有几秒钟。日环食也分为5个阶段，其中环食始至环食终为日环食时间。日偏食只有初亏、食甚和复圆3个阶段。月轮即将完全遮挡日轮，亦即食既之前的瞬间，日轮的东边缘仅剩一丝亮弧时，会在亮弧上出现几颗如珍珠般闪亮的光点，称贝利珠。较大的光点光芒四射，更像钻石镶嵌在亮弧上，常称为钻石环。

天文学家的计算表明，平均每个世纪可出现67.2次日全食、82.2次日环食和82.5次日偏食。由于日全食带和环食带非常狭窄，每次日食时只占据地球表面积的极少部分，因此看到日全食和日环食的机会很少。对于某一具体地区来说，平均每300多年才能看到一次日全食或日环食，平均每3年可看到一次日偏食。

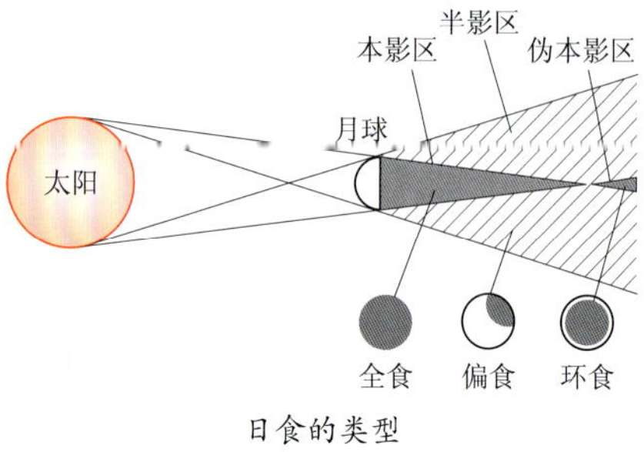

日食的类型

《日瓦戈医生》 *Doctor Zhivago* 苏联长篇小说。B.L.帕斯捷尔纳克著。1957年在意大利发表，1988年作为“回归文学”在苏联出版。主人公日瓦戈出身豪门，虽然父母早逝，但自幼受良好的贵族教育，笃信基督教义。第一次世界大战时目睹了战争的残酷和沙皇专制制度的腐败，因此当二月革命和十月革命来临时他倍感兴奋。然而十月革命后的严酷现实打破了他的幻想。饥饿、严寒和疾病使他难以忍受，只好到乌拉尔去躲避战乱。颠沛流离的旅途中他目睹了内战的惨相，逐渐改变了对革命和新政权的态度，尤其憎恶暴力行为，认为革命暴力损害了人的尊严和个性。他渴望自由，只身回到莫斯科，又不愿投奔新政权。在莫斯科过了几年潦倒的生活后，终因突发心脏病，猝死街头。

作品规模宏大，人物众多，语调平和，充满诗人气质和抒情气氛。但结构不够严谨，情节略显平淡舒缓。关于这部小说的评价，不论在思想上和艺术上都存在着很大的分歧。

日心说 heliocentric system 古代描述宇宙结构和运动的一种学说。认为太阳是宇宙的中心，地球和其他行星绕日运动。见日心体系。

日心体系 heliocentric system 认为太阳是宇宙中心，地球和其他行星都绕太阳转动的学说。又称日心地动说或日心说。公元前3世纪，古希腊学者阿利斯塔克就有过这种看法，但未得到进一步发展。直到16世纪，波兰天文学家N.哥白尼出版的《天体运行论》才系统地提出了日心体系。哥白尼认为，地球不是宇宙中心，而是一颗普通行星，太阳才是宇宙中心，行星运动的一年周期是地球每年绕太阳公转一周的反映。哥白尼体系另一些内容是：①水星、金星、火星、木星、土星五颗行星和地球一样，都在圆形轨道上匀速地绕太阳公转。②月球是地球的卫星，它在以地球为中心的圆轨道上，每月绕地球转一周，同时跟地球一起绕太阳公转。③地球每天自转一周，天穹实际上不转动，因地球自转才出现日月星辰每天东升西落的现象。④恒星和太阳间的距离十分遥远，比日地间的距离要大得多。限于当时的科学发展水平，哥白尼学说也有缺点和错误，这就是：①把太阳视为宇宙的中心，实际上，太阳只是太阳系的中心天体，不是宇宙中心；②沿用了行星在圆轨道上匀速运动的旧观念，实际上行星轨道是椭圆的，运动也不是匀速的。在哥白尼之后，意大利思想家G.布鲁诺认为太阳并不是宇宙的中心，也并不存在“恒星天”这一层，他大胆地提出了宇宙无限而且不存在中心的正确见解。德国天文学家J.开普勒彻底地摒弃了托勒玫地心体系的本轮、均轮概念，明确指出行星运动的轨道是椭圆的，而太阳位于椭圆的一个焦点上，从而解决了行星运动速度不均匀的问题。

日语 Japanese language 日本国的官方语言。系属未定。分布于日本列岛。标准语以东京横滨方言为基础。有两大方言：本岛方言（包括日本东、西部方言）和琉球方言。

现代日语有5个元音，2个半元音（古代日语有8个元音，并有元音和谐现象），23个辅音。音节构造简单，数目较少。分高低声调，声调变化只发生于音节之间。在东京话中，有元音清化现象。日语汉字的发音分音读和训读两种，近似汉字本来读音的称音读，取汉字的字义而按日语的固有读法发音的称训读。另外，在汉字中还包括日本人根据六书中的会意创造的汉字，叫国字。国字多半为训读字。

日语的语法特点主要有：①词分为独立词与附属词两大类。②动词、形容词、形容动词有词尾变化，其变化受后面的黏着成分制约。③日语的语序比较自由，为主-宾-动型。④敬语用法十分发达而复杂。⑤口语与书面语以及男女用语的差别都比较大。日语的词汇分4类：和语词（日语中固有的词）、汉语词、外来词，以及由两种或两种以上不同来源的词结合而成的混合词。日语中汉语词的数量最多，占半数以上。现代日语中有大量的外来词（一般指16世纪后来自西方语言的借词），其中80%来自英语。

日语的文字由汉字和假名两套符号组成，并混合使用。相传汉字于4～5世纪由中国经朝鲜半岛传入日本，成为古代日本的官方文字。后来日本人发明了假名（为音节符号），与汉字一起混合使用。假名有两种字体：平假名和片假名。前者假借汉字的草书构成，用于日常书写和印刷；后者假借汉字楷书的偏旁冠盖构成，用于电报、标记外来词、象声词以及特殊的词语。明治时期还出现了罗马字拼写法，主要用于标记人名、地名，或国际电报等方面，不是主要文字。

日元 Japanese yen 日本的货币单位。流通的纸币面额有1 000、5 000、10 000元等；金属辅币面额有1、5、10、100、500元。

日本于1871年颁布《新货币条例》，规定新货币称“元”，形状为圆形的硬币，

1 000日元

每元含金量为1.504 66克，对美元的比价是1∶1。第二次世界大战后，日本经济受到重创，**通货膨胀**十分严重，日元急剧贬值。为恢复经济、增加出口，1949年实行单一汇率，规定360日元兑换1美元。1953年日元含金量定为0.002 468 53克。1964年日元成为可自由兑换的货币。1973年正式实行**浮动汇率**。20世纪80年代以后日元被广泛用于国际贸易、国际信贷和国际证券交易等领域，日元的国际地位不断提高。

日月山 Riyue Mountain　中国青海省内、外流域水系分水岭和农、牧区天然分界线。历来被称为“草原门户”和“西海屏风”。属**祁连山**。位于**青海湖**东南的湟源、海晏、共和3县间，北接大通山，东接拉脊山，呈西北—东南走向。长约90千米，海拔约4 000米。自古山东为耕稼社会，山西为游牧部落，气候地势划然为二。阿勒大湾山与野牛山二山间为日月山口，海拔约3 470米，历来为内地赴西藏大道的咽喉，当年文成公主进藏即于此处通过。唐时建有唐与吐蕃赞普分界碑。青藏公路即通过此处。

日月潭 Riyue Lake　中国台湾省最大天然湖泊。著名的风景区，为台湾省“八景”之最。位于台湾岛中部南投县鱼池乡水社村，浊水溪分支流水里溪上源。水面海拔约727米，面积5.4平方千米。为北起埔里镇，迤南至浊水溪北一连串南北走向构造

日月潭风光

盆地之一，集汇附近山溪诸水所成。四周诸山海拔皆逾1 000米，东侧最高，有卜吉山（1 351米）、水社大山（2 056米）等。湖中有小岛名珠仔山，将全湖分隔为二，岛北湖形如日轮，以南状似上弦月，故名日月潭。盆地一带，旧有“水沙连”地方之称。环湖有台湾少数民族居民聚落。1931年因下游兴建“大观”、“钜工”两水电站，筑坝蓄水，水位提高，面积扩大为7.7平方千米，最大深度约30米。湖中小岛面积缩小，改名光华岛。环湖自然景物优美，气候条件适宜。有涵碧楼、文武庙、孔雀园、玄光寺、玄奘寺等名胜古迹，为台湾游览和避暑胜地。

日照 sunshine　表示太阳照射时间的量。包括日照时数和可照时数，均以小时为单位。日照时数指在地球表面上不受地物遮蔽，终年从日出到日没均能接受太阳辐射照射的实际时数，又称实照时数。实照时数除随地理纬度、季节呈规律性变化外，主要决定于白天云层的厚度和覆盖的范围，以及城市工业交通污染所造成的局地性烟霾对太阳辐射的削弱作用。

可照时数是指一天内可能的太阳光照时数，即一天内太阳中心从当地东方地平线升起，直到落入西方地平线之下的全部时间。完全由该地的纬度和日期决定。

日照市 Rizhao City　中国山东省辖地级市。位于省境东南部，东临黄海，南接江苏省。辖东港区、岚山区和莒县、五莲县。面积5 310平方千米。人口280万（2010）。有汉、回、蒙古、朝鲜等民族。西周到战国前期属莒国，秦属琅邪郡。西汉置海曲县，东汉改西海县，宋元祐二年（1087）置日照镇（属莒县）。金大定二十四年（1184）升镇为日照县，属莒州，1958年改为日照市。属暖温带大陆性季风气候，年平均气温12.7℃，平均年降水量870毫米。矿产有金、铜、铁、石棉、蛇纹石、花岗岩、硫铁矿、红柱石等。山东省重要的粮食、花生、果品、茶叶生产基地。海岸线长100多千米，沿海盛产鲅鱼、鲳鱼、海鳗、鳗鲡、真鲷、河豚、牙鲆、黄花鱼、对虾、海参等。工业有电力、食品、机械、化工、建材、皮革、电子、盐业等。日照港是中国第二大煤炭输出港、十大港口之一，岚山港有全国最大的液体化工码头。名胜古迹有陵阳河遗址、龙山文化遗址、河山摩崖石刻“日照”、浮来山、刘勰故居、东海峪、两城遗址、万平口海滨风景区等。

《日知录》　中国**顾炎武**的著作。共36卷，以“明道”、“救世”为宗，核心思想为经世致用，分论经义、政事、世风、礼制、科举、艺文、名义、史法等。哲学思想散见其中。在宇宙观上，认为天地之间皆是气；在认识论上，强调由认识具体事物继而求得通达道理；在人性论上，强调人性随人情的变化而改变。该书于清代康熙年间已有刻本，《四库全书》入子部杂家类。

戎 Rong Tribes　中国古代西北各族的通称。又称西戎。殷周之际有鬼戎、余无之戎等。周代分布在黄河上游及甘肃西北部，后东迁。公元前771年，犬戎与申侯联合，攻杀周幽王，周室被迫东迁。春秋时戎有7种。又晋北有林胡、楼烦之戎；燕北有山戎，各分居山谷，不相统一。至战国，迁居中原诸戎已渐融入华夏，余皆灭于诸国。

荣宝斋 Rongbaozhai Studio　中国经营、装裱、出版中国古今书画、金石篆刻、**文房四宝**的综合性艺术企业。1998年隶属人民美术出版总社，2009年起分立重组。位于北京市琉璃厂文化街。荣宝斋原名松竹斋，创于清康熙十一年（1672），店主绍兴张氏，原是明末京官，因耻食清禄而世代业此。1894年，改聘外姓庄耻臣为经理，店名亦改为荣宝斋。这时期出版的《缙绅

荣宝斋北京琉璃厂总店

（官名录）》、《七十二候笺》名重一时。1925年，王仁山继任经理，在国内广设分店，规模跃居同业之首。1933～1934年间出版的《北平笺谱》、《**十竹斋笺谱**》（**鲁迅**、**郑振铎**编）镌印精工，发扬了水印木刻的优良传统，为艺林所推崇。抗日战争期间，荣宝斋业务萧条，老店濒临倒闭，各分店先后易手，技工失业还乡，仅北京一处也成为债台高筑的店堂。中华人民共和国建立后，渐次召回失散的技工，培育新的一代，并聘请名书画家与社会人士参加指导，荣宝斋由复苏而兴旺。尤其古代和近现代名画家的作品，不断通过良工的镌刻、水印复制出来，酷肖传神，在国内外赢得声誉。1959年，获莱比锡国际书籍印刷装帧金奖。1979年，传五代顾闳中所绘名作《韩熙载夜宴图》水印木刻版问世，1994年，又完成宋代**张择端**所绘《**清明上河图**》水印木刻版。

20世纪80年代以来，荣宝斋扩充琉璃厂总店，设立艺术画廊，在香港开办分公司，在东京等处设立经销处，出版《荣宝斋画

谱》，并多次在亚、欧、非、美等洲的几十个国家和地区举办展览。1986年起在香港开始拍卖业务，1994年正式成立荣宝艺术品拍卖有限责任公司。1999年，《荣宝斋》杂志创刊。

荣成市 Rongcheng City 中国山东省辖县级市。位于省境东端，东、北、南三面濒临黄海。面积1 392平方千米。人口71万（2010）。西汉设不夜县，北齐置文登县，清雍正十二年（1734）置荣成县，1988年撤县设市。由威海市代管。三面环海，海岸线长487千米，共有大小岛屿72个。矿产有铁、铝、铜、锌、钼、金、锆、磷、石墨、石棉、石英玻璃砂、花岗岩等。全国粮食、花生生产基地，盛产对虾、扇贝、鲍鱼、海参、黄花鱼、鲅鱼、鲳鱼等。工业有机械、橡胶、化工、塑料、建材、造船、电子、纺织、服装、工艺美术、食品等。名胜古迹有成山头、九顶铁槎山、天鹅湖、不夜古城、始皇庙、河口新石器时期遗址、三琢泊石阙等。

荣成成山头天尽头景观

荣高棠 Rong Gaotang（1912～2006-11-15） 中国体育领导人。原名荣千祥。生于河北霸县（今霸州），卒于北京。1932年考入清华大学外语系，读书时即参加学生运动。长期从事青年工作。抗日战争和解放战争时期，先后在中共中央南方局、北平军事调停处执行部工作。1949年中华人民共和国建立后，先后担任中国新民主主义青年团中央委员会和中国共产主义青年团中央委员会书记处书记、中华全国体育总会副主席兼秘书长、国家体委秘书长、副主任和中国奥委会副主席等职。曾当选为第一、二、三届全国人大代表和第六届全国人大常委，全国政协第5届常委。是中共八大、十二大代表，中共中央顾问委员会委员、秘书长。1952年7月，担任中国体育代表团团长去芬兰赫尔辛基参加第15届奥林匹克运动会。在国家体委工作期间，协助贺龙具体负责全国体育事业的建设和发展，在制定社会主义体育事业的方针政策、体育队伍的建设、开展国际体育交往等方面作出了积极贡献。“文化大革命”期间，受到冲击和迫害。1979年恢复工作，担任国家体委副主任。是中国社会主义体育事业创建者之一。1983年9月国际奥林匹克委员会授予其奥林匹克银质勋章。曾任《中国大百科全书·体育》卷编辑委员会主任。

荣格 Jung, Carl Gustav（1875-07-26～1961-06-06） 瑞士精神病学家。生于图尔高州，卒于苏黎世。1895年入巴塞尔大学，1900年获医学博士学位，1902年又获苏黎世大学医学博士学位。1905年任苏黎世大学精神病学讲师。1907年参加精神分析运动。1911年参与创立国际精神分析学会，被推为第一任主席。1912年荣格发表《力比多的变化与象征》。1914年荣格创立了分析心理学。1944年任巴塞尔大学医学心理学教授。在人格结构问题上，他把人格分成三个层次，即意识、个人潜意识和集体潜意识；又把人格分为内倾和外倾两种类型，成为人格类型学说的代表人物。主要著作有《无意识过程心理学》（1917）、《心理类型》（1923，英译本）、《分析心理学的理论和实践》（1958）和《记忆、梦、思考》（1962）等。

荣禄 Ronglu（1836～1903） 中国清末大臣。字仲华，号略园。满洲瓜尔佳氏。八旗满洲正白旗人。辛酉政变前后为慈禧太后和恭亲王奕訢所赏识。官至总管内务府大臣。1874年，同治帝死，荣禄参与确定载湉继承帝位，为慈禧太后所倚重。1875年（光绪元年），兼署步军统领。1878年，擢工部尚书。1879年，因忤慈禧太后，又被劾纳贿，降二级，去职十余年。1891年底，起任西安将军。1894年，允准入京拜贺慈禧太后60寿辰，适逢中日战事紧急，留京，再授步军统领，会办军务。战后，授总理各国事务大臣、兵部尚书、协办大学士，督练北洋新建陆军。1898年6月，百日维新期间，授直隶总督兼北洋大臣，为慈禧太后发动政变的得力人物。旋即内调中枢，授军机大臣，晋文渊阁大学士，管理兵部事务，节制北洋海陆各军，统近畿武卫五军。策划立端王载漪子溥儁为大阿哥（皇储），谋废黜光绪帝。1900年义和团运动中，主张保护各国驻京使馆，镇压义和团。1902年1月，随慈禧太后返京后，转文华殿大学士，管理户部事务。1903年病死。谥“文忠”。

荣毅仁 Rong Yiren（1916-05-01～2005-10-26） 中国现代民族工商业者的代表，中华人民共和国副主席，全国人大常委会副委员长、全国政协副主席。生于江苏无锡，卒于北京。1937年毕业于上海圣约翰大学历史专业。在荣氏企业集团任管理职务，历任无锡茂新面粉厂经理、上海申新纺织印染厂二、三、五厂总管理处和申新印染公司总经理。1954年积极响应国家对资本主义工商业改造的号召，率先提出将自己企业公私合营，受到毛泽东的多次表扬。1950年起历任上海市工商联副主任，全国工商联副主席、主席，第一至七届全国人大代表，全国政协第二至五届委员。1957年被选为上海市副市长，1959年兼任纺织工业部副部长。“文化大革命”中受到严重冲击。1978年起当选为第五、六、七届全国人大常委会副委员长，全国政协第五届副主席。1979年创办中国国际信托投资公司，任董事长兼总经理。1987年后任中国太平洋经济合作全国委员会名誉会长、中国和平统一促进会会长、海峡两岸关系协会名誉会长等职。1993年当选为中华人民共和国副主席。为对外引资、经济体制改革和社会主义市场经济建设及祖国统一大业作出积极贡献。发表《关于搞好国有企业的几个问题》、《关于建立社会主义市场经济体制的几点思考》等文章。

荣誉 honour 一定社会或集团对人们履行社会义务的道德行为的肯定和褒奖。个人因意识到这种肯定和褒奖所产生的道德情感，通称荣誉感。在中国，孟子最早从伦理方面使用荣辱概念：“仁则荣，不仁则辱。”荣誉是社会历史范畴。不同的社会或不同的阶级对同一行为的褒贬不同甚至相反。如历史上，对体力劳动，剥削阶级曾以劳动为耻，劳动者则以辛勤劳动为荣。荣誉的获得与履行道德义务密切相关，忠实履行对社会、阶级或他人的义务是获得荣誉的前提。荣誉可分为集体荣誉和个人荣誉，在社会主义时代，这二者从根本上来说是一致的：个人荣誉是集体荣誉的体现和组成部分，集体荣誉是个人荣誉的基础和归宿。

荣誉权 right of honour　自然人或者法人对自己依法取得的荣誉称号所享有的不可侵犯和剥夺的权利。**身份权**的一种。《**中华人民共和国民法通则**》第102条规定：“公民、法人享有荣誉权，禁止非法剥夺公民、法人的荣誉称号。”由于荣誉权在某种意义上反映对某一民事主体的评价，具有人格方面的因素，所以荣誉与名誉有一定的关联。但荣誉权与**名誉权**有着根本的不同，它是与荣誉称号获得者身份联系在一起的一项权利。公民的荣誉如“劳模”、“三八红旗手”等；法人的荣誉如“先进企业”、“重合同、守信用单位”等。荣誉权与获得荣誉称号的人的人身具有不可分离性，既不能转让，也不能继承，更不可被非法剥夺。

狨 Hapalinae; marmosets/ tamarins　**灵长目**狨亚科动物的统称。又称绢毛猴、怪柳猴、猬。有4属约42种。分布在南美洲热带雨林或热带森林草原。体型似松鼠或略大，体长13～37厘米，尾长15～42厘米，体重70～1 000克；头、脸的模样似哈巴狗或狮子，有的具白色长须；头圆，耳大而裸露或仅有稀疏的毛；体被毛，丝绒状，色泽多样；尾长，末端多具长毛；仅大脚

图1　狮面狨

图2　黑白狨

趾具扁甲，其余各指、趾均为尖爪；胸部有1对乳头；后肢比前肢长；牙齿32枚。

栖于树冠上层，很少到地面活动。吃植物的果实、嫩叶、嫩芽等植物性食物，也食昆虫、蜘蛛、蛙类、小蜥蜴、鸟卵等动物性食物。视觉敏锐，听、嗅觉次之。白天活动，夜晚睡在树洞里。以家族形式结成3～12只群体。好动，性机警。妊娠期130～160天，通常每胎产2仔。哺乳期42～84天。

狨自20世纪60年代末首先被用于人类营养学研究，随后被广泛应用于生命科学的其他科研领域，是重要的医学实验动物。野外种群数量稀少，应严加保护。

绒 velvet　表面呈现茸立或平排的紧密绒毛或绒圈的花、素**丝织物**。又称丝绒织物。采用桑蚕丝或化学纤维长丝织制而成。色泽鲜艳光亮，质地柔软，外观类似天鹅绒毛，通常又称天鹅绒。宜用作妇女服装、外套、窗帘、装饰和工艺用品。湖南长沙马王堆出土的西汉绒圈锦，说明当时已采用提花机和起绒杆织制绒圈织物。唐代创制丝绒，明代已有大量生产。丝绒按织制方法分为双层分割起绒的经起绒织物、双层分割起绒的纬起绒织物、用起绒杆形成绒圈或绒毛的绒织物、缎面浮经线或浮纬线经通割的绒织物。天鹅绒通过起绒杆织入而形成毛圈或经割绒成为毛绒；漳绒用提花机织制，地部为缎纹组织，花部为毛圈或毛绒；光明绒地部为平纹，花部为毛绒；乔其绒是在双层地组织上，绒经上下贯串与地部接结成“W”或“V”形绒根，经剖割、精练、印染等，形成的两幅上、下分离丝绒；金丝绒是在普通浮组织的长浮线处用通绒刀手工割断浮经线，经刷绒等整理而形成的丝绒。按织物后处理不同，又可分素色绒、印花绒、烂花绒、拷花绒、条格绒等。

绒毛膜癌 choriocarcinoma　妊娠性胚胎滋养细胞失去绒毛（或葡萄样结构），侵入子宫肌层的一种高度恶性肿瘤（见图）。简称绒癌，旧曾称绒毛膜上皮癌。多与**妊娠**有关，约4%～5%继发于**葡萄胎**之后。可随血流转移到其他器官，尤其是肺。临床表现与恶性葡萄胎非常相似，可表现为葡萄

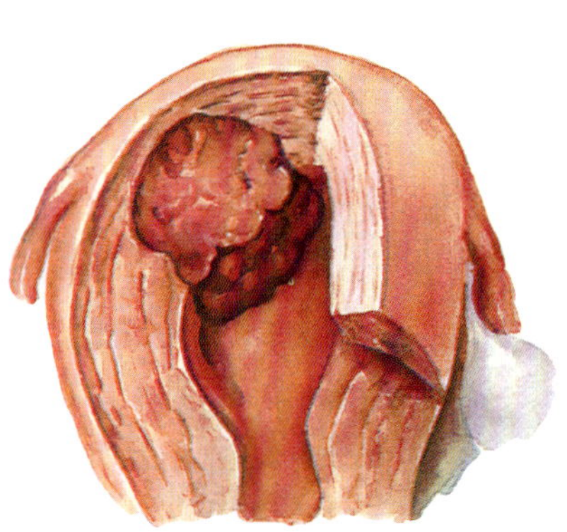

胎排除后、流产后或足月分娩后有不规则阴道出血，有转移者依转移部位而出现不同症状。尿中绒毛膜促性腺激素增高，需与恶性葡萄胎鉴别，确诊后应立即处理，多采用以化学疗法为主、手术为辅的综合治疗。

容庚 Rong Geng (1894-09-05～1983-03-06)　中国古文字学家。字希白，号颂斋。广东东莞人。青年时习《**说文解字**》，立志研究古文字。对古文字学的贡献，以青铜器方面为最多。

金文字汇《金文编》初版于1925年，后一再增补重版，为研究商周金文者所必备。还编有《金文续编》，专收秦汉金文。容庚精于青铜器鉴别，曾鉴定清宫旧藏铜器，编印为《宝蕴楼彝器图录》等书。所著《商周彝器通考》，1941年出版，通论商周青铜器，上编15章，下编4章，附有大量图版，在青铜器研究上有重大影响。

容国团 Rong Guotuan (1937-08-10～1968-06-20)　中国乒乓球运动员、教练员。广东珠海人。生于香港，卒于北京。从小喜爱乒乓球运动。1958年入选广东省乒乓球队，同年参加全国乒乓球锦标赛，获男子单打冠军。随后被选为中国国家队队员。他创造了发转与不转球、搓转与不转球的新技术。中国乒乓球近台快攻的技术风格，就是在总结了容国团的技术经验之后，由原来“快、准、狠”发展成为“快、准、

狠、变”的。1959年参加第25届世界乒乓球锦标赛，在男子单打比赛中，先后战胜了美国的R.迈尔斯、匈牙利的Z.别尔切克和F.西多等世界乒坛名将，为中国夺得了第一个乒乓球男子单打世界冠军。1961年，在第26届世界乒乓球锦标赛比赛中，为中国第一次获得男子团体冠军作出了重要贡献。1964年担任中国乒乓球队女子队的教练员，在他和其他教练员的指导下，中国女队获得了第28届世界乒乓球锦标赛的女子团体冠军。国家体委于1961、1964年先后两次给他记特等功。

容闳 Rong Hong (1828～1912-04) 中国近代改良主义者。原名光照，族名达萌，号纯甫。广东香山南屏镇（今属珠海）人。卒于美国康涅狄格州哈特福德城。出身贫寒。1847年（道光二十七年）初，赴美学习，1854年（咸丰四年）以优异成绩毕业于耶鲁大学，成为毕业于美国大学的第一个中国留学生。1855年回国，

曾在广州美国公使馆、香港高等审判厅、上海海关等处任职，后为上海宝顺洋行经营丝茶生意。出于对太平天国的同情，1860年至太平天国首都天京（今江苏南京），向洪仁玕提出组织良好军队、设立武备学校及海军学校、建立有效能的政府、颁定教育制度等建议7条，但对太平天国任事坚辞未受。在洋行任职后，自营商业，旋投入师夷自强的洋务运动。1863年（同治二年），向曾国藩建议创办机器厂，并受曾的委托赴美购买机器，筹建江南制造局。1870年（同治十年），任留学事务局副监督，并于次年率第一批留学生赴美。此后长期驻美，专管留美学生事务。1875年（光绪元年），兼任出使美国、西班牙、秘鲁三国副大臣，直至1881年清政府撤回留学生为止。戊戌变法时期，在北京与维新派密切往还，变法失败后避居上海租界。1900年唐才常的自立会在上海改称中国国会，被推为会长。自立军起义被镇压时，遭清政府通缉，辗转流亡美国。后仍与国内各派改革力量联系，渐趋支持孙中山所进行的革命活动。著有回忆录《西学东渐记》。

容积率 floor area ratio; plot ratio 城市用地的地块上建筑物的总建筑面积与地块面积的比值。建筑物的地下建筑面积不计在内。容积率为无量纲的比值。例如在1万平方米的土地上，有4 000平方米的建筑总面积，其容积率为0.4。容积率愈大，表示开发强度越高；反之亦然。容积率是表述用地（地块）开发强度的一项重要指标，它经常在城市的控制性详细规划和城市规划管理中使用，是政府管理用地开发，保证合理使用土地和城市环境质量的有力工具。在一定的建筑层数条件下，容积率与建筑密度成正比。同理，在一定的建筑密度条件下，容积率与建筑层数成正比。超过合理限度的容积率会造成建筑密度或层数过高，从而使建筑物周围的空间缺少必要的阳光、通风、绿化、交通、防火、视野等条件。制约容积率的主要因素是环境的质量。

容克 Junker 原指无骑士称号的贵族子弟，后泛指普鲁士贵族和大地主。起源于16世纪，第二次世界大战后基本消亡。在德国文献中容克被分为作战容克、宫廷容克、议院容克和乡村容克等不同类型。在德国历史上真正起过较大作用的是乡村容克。

乡村容克指普鲁士的贵族庄园主，主要是征服易北河以东地区并在那里进行殖民的德意志骑士领主的后裔。乡村容克具有粗犷、暴戾、眼光狭隘的特点。在1807年开始的施泰因和哈登堡改革中，容克受到重大打击。19世纪以来普鲁士资本主义的迅速发展，全面瓦解了容克的经济基础——封建庄园。为此普鲁士王朝把重要军官职位和政府官位赐给容克作为补偿。1848年德国革命后，容克的庄园经济逐渐转变为资本主义性质的农场，大部分容克开始资产阶级化，但仍保留许多封建残余。

容克地主阶级在政治方面属于极端的保守主义，主张君主专制，崇尚武力，赞成对农业采取保护主义，其代表人物是O.von俾斯麦。1871年普鲁士“自上”统一德意志，标志容克资产阶级统治的最后形式。帝国国会中的德意志保守党和国会外的农民同盟均代表容克利益，军队中的军官也多出身于容克，从而使整个德意志帝国打上容克的烙印。魏玛共和国时期，容克敌视共和政体，支持A.希特勒执政。

容克斯 Junkers, Hugo (1859-02-03～1935-02-03) 德国飞机设计师和航空企业家。生于赖特，卒于慕尼黑附近的高亭。1908年开始从事飞机的研制。1913年在亚琛建造德国第一座风洞。他设计的J-1型飞机于

1915年12月12日首次试飞，是世界上第一架张臂式全金属飞机。第一次世界大战后，容克斯在德绍开设飞机工厂，从事民用运输机的研制和生产。他设计的世界上第一架硬铝全金属旅客机F-13于1919年6月15日首次试飞，在国际民航史上占有重要地位。1932年开始制造的大型三发动机运输机Ju-52共生产约4 000架，在世界各地广泛使用。1936年容克斯飞机公司与容克斯发动机公司合并，改名为容克斯飞机发动机公司，主要生产各种军用飞机（Ju-86、Ju-87和Ju-88等）。

容量分析 volumetric analysis 将已知浓度的试剂溶液用滴定管滴加到待测物质的试液中，根据完成反应所消耗的标准溶液的体积确定试液中待测物质含量的定量分析方法。即滴定分析。

容县 Rongxian County 中国广西壮族自治区玉林市辖县。位于自治区东南部，邻广东省。面积2 257平方千米。人口71万（2010）。著名侨乡。有海外华侨、港澳台同胞60多万，归侨、侨眷近4万。秦属象郡，汉先后属南越国和合浦郡。唐属容州，宋属容州路，明洪武十年（1377）改容州为容县。森林覆盖率60%。农业主要种植水稻、甘薯、花生、甘蔗、玉米、大豆、木薯等。特产有沙田柚、龙眼、玉桂、八角、松脂等。工业有食品加工、制药、机械、日用瓷、香料、建材、饲料加工、造纸、化工等。名胜古迹有经略台真武阁、都峤山、贵妃园、二十六洞天等。

《容斋随笔》 中国宋代笔记体学术著述。作者洪迈，字景卢，号容斋、野处。《容斋随笔》是作者近40年的读书笔记，计有《随笔》、《续笔》、《三笔》、《四笔》、《五笔》共74卷。内容兼论经史典故、诸子百家、诗文词语，但以关于史学者最为可采。历来被认为是一部有学术价值的著述，与沈括的《梦溪笔谈》、王应麟的《困学纪闻》并重于世。

容志行 Rong Zhihang (1948-07-30～) 中国足球运动员。广东台山人。8岁习练足球。16岁被选入广州工人足球队。1969年进广东足球队。1972年入选国家足球队。先后担任边锋、前卫和中锋。参加了第7、8届亚运会和第6届亚洲杯比赛。在1980年香港举行的第12届世界杯足球赛亚太区的比赛上，容志行是中国队主力前锋，起了重要作用。因在比赛中所表现出来的高尚的体育道德，被誉为“志行风格”。1983年退役后任足球教练，1991年任深圳市体委主任。

溶洞 limestone cave 可溶性岩石中因喀斯特作用所形成的地下空间。

溶剂 solvent 不论是否发生化学反应，能将其他物质以分子或离子状态分散于其

中形成单一均相的液体。溶剂应具有溶解某些物质的能力、低毒性和低易燃性，工业生产中大量使用的溶剂应容易得到和价廉。溶剂分为无机溶剂和有机溶剂。

无机溶剂　最常用的是水以及硫酸、盐酸、氢氟酸、氢氧化钠、碳酸钠、氰化钠等的水溶液。在湿法冶金工艺中常用无机溶剂浸取精矿中的有用成分：如用氢氧化钠溶液浸出铝矾土中的铝，用氰化钠溶液浸出金矿砂中的金。液态氨也可作为溶剂，以溶解碱金属、磷、硫、胺类。液态二氧化碳无毒、易挥发、不会残留在被溶解的物质中，是超临界萃取工艺中常用的溶剂，用于萃取天然有机物（如中草药）中的有效成分。

有机溶剂　在实验室和工业生产中广泛地使用性质各异的有机溶剂，如脂肪烃（煤油等）、芳烃（苯等）、卤代烃、醇、醚、酮等。

在油脂工业中，利用溶剂将油脂原料（如大豆、橄榄等）中的油脂萃取出来，可使大豆油饼中的剩余的油量降低到1%以下。油脂萃取用的溶剂必须对油脂溶解能力强、中性、无毒、不易燃和回收率高等。大量使用的是石油醚，以及乙酸乙酯、丙酮等。

溶剂在油漆涂料工业中起着很重要的作用。溶剂在涂膜形成后便蒸发掉。

溶剂在石油炼制工业中主要用于芳烃抽提，润滑油和柴油、燃料油等的精制。

在纤维工业中溶剂有多方面的用途，如纤维原料精制、染料分散剂、合成纤维的溶剂及薄膜制造的溶剂等。

在医药工业中常使用有机溶剂利用萃取、浸析、洗涤等方法对药物进行精制。

大多数有机溶剂都有毒、易燃、易爆，也容易通过皮肤接触和口鼻吸入而引起中毒，轻者引起头痛、眩晕、呼吸困难，长期吸入会导致重病和死亡。使用有机溶剂的场所应通风良好。有机溶剂应盛放在密封容器中，放置在远离火源处。使用过的有机溶剂应尽量地回收再利用，不可随意丢弃。

溶剂萃取　solvent extraction　利用液体混合物在与它不互溶或部分互溶的溶剂中溶解度的不同以分离混合物中的组分的方法。即液液萃取。

溶解度　solubility　在一定的温度和压力下，物质在一定量的溶剂中溶解的最大量。通常固体或液体的溶解度以100克溶剂中溶解物质的最大克数表示，气体的溶解度用每升溶剂中溶解气体的体积表示。一种物质在某种溶剂中的溶解度主要决定于溶剂和溶质的性质。如大多数碱金属盐类都可以溶于水，苯几乎不溶于水。溶解度明显受温度的影响，大多数固体物质的溶解度随温度的升高而增大；气体物质的溶解度

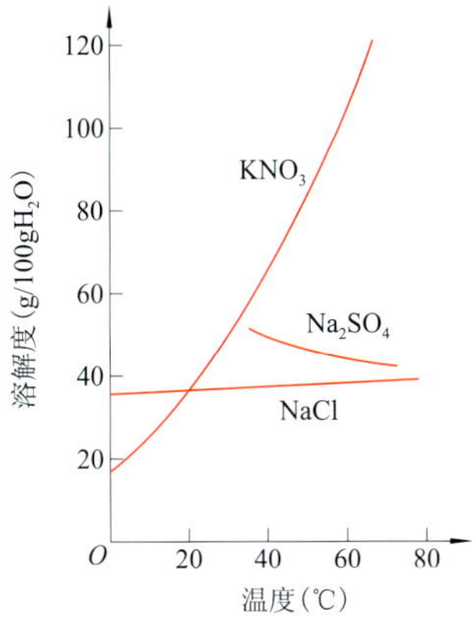

溶解度曲线

则随温度的升高而降低。溶解度与温度的依赖关系可用溶解度曲线表示。固体在液体中的溶解度基本不受压力的影响，气体在液体中的溶解度同时受温度和压力影响，溶解度与气体的分压成正比。

物质的溶解度对于化学工业都很重要，在固体物质的重结晶和分级结晶、化学品的制备和分离、混合气体的分离等工艺中都要利用物质溶解度的差别。

溶解热　heat of solution　在指定的温度、压力下，将一定量的溶质溶解于一定量溶剂形成某一组成的溶液时产出的热效应。又称溶解焓。溶解热与溶质、溶剂性质，温度、压力以及溶质、溶剂的量有关。溶解热通常分为积分溶解热和微分熔解热。前者是在指定的温度、压力下将1摩尔溶质溶于一定量的溶剂中，形成某一浓度的溶液时产生的热效应；后者是在指定的温度、压力下，将1摩尔溶质溶于大量的一定组成的溶液中（溶液的浓度不变）时的热效应。积分溶解热可用量热计直接测定。微分溶解热可用作图法间接求出。工程中主要使用积分溶解热。

溶菌酶　lysozyme　广泛存在于微生物和动植物的组织和分泌液中的一种多糖水解酶。因能水解细菌细胞壁上的糖苷键而导致溶菌，故名。在自然界，它有杀菌保卫机体的作用。溶菌酶能水解以N-乙酰胞壁酸（NAM）和N-乙酰氨基葡糖（NAG）重复组合的多糖。细菌细胞壁多糖即具有这种 $(NAM\text{-}NAG)_n$ 的结构。

溶菌酶可用于细胞壁结构等研究。在临床上，血清溶菌酶的水平低于正常值是再生障碍性贫血和急性白血病的诊断指标之一。在医药上，溶菌酶是一个消炎酶，它一方面可使细菌失活，另一方面可激活白细胞的吞噬功能，增强机体抵抗力。溶菌酶不受胃蛋白酶和胰蛋白酶的水解，故注射和口服的疗效相近。在医疗手术室里，把溶菌酶和核酸酶固定在玻璃纤维上，能除去空气中90%的细菌和病毒。在微生物发酵工业上用溶菌酶和超声波处理各种菌体可制得无细胞提取液，再经分离提纯，可获得各种纯酶制剂。

溶酶体　lysosome　真核细胞中内含多种水解酶的一种细胞器。普遍存在于动植物细胞中。为单层膜包被的囊状结构，直径约0.025～0.8微米，最大可达7微米。主要功能是分解各种外源和内源的大分子物质。

根据内含物和形成阶段的不同，溶酶体一般分为初级溶酶体和次级溶酶体两类。初级溶酶体来源于高尔基体，或近于高尔基体分泌面的糙面内质网的特化区，囊内仅含有水解酶。次级溶酶体是初级溶酶体与细胞内由吞噬或胞饮作用所形成的小囊泡，或与细胞器受损后的膜片等结构相融合而形成的。次级溶酶体经酶解后的残余物质称为残体或终末溶酶体，即在光学显微镜下所见的脂褐质等（见图）。

溶酶体具有多种生理功能：原生动物借助溶酶体消化摄入的食物；真核细胞细

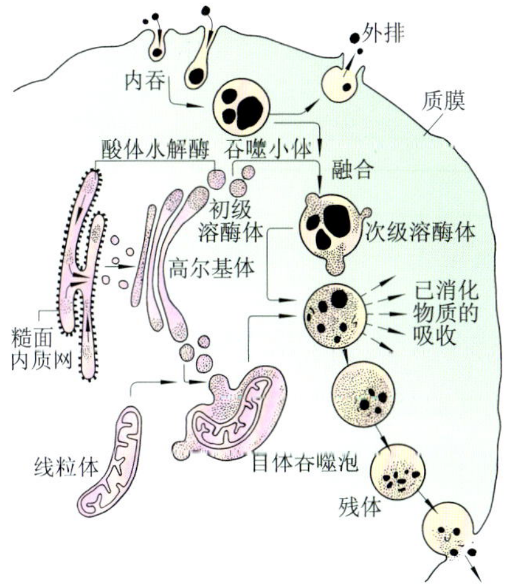

溶酶体在细胞异体吞噬和自体吞噬中的形成和功能

胞器更新，如线粒体等细胞器常被溶酶体包围而被消化；动物发育和变态过程中组织的退化（如雌性胚胎中沃尔夫氏管的退化，蝌蚪尾部的吸收）也是由于溶酶体的活动；所有白细胞均含有溶酶体性质的颗粒，能消灭入侵的微生物。

此外，溶酶体在病理研究中也有重要意义。溶酶体的先天性缺陷可导致40多种溶酶体病，大多数为染色体隐性遗传病，如糖原沉积病、脂质沉积病、黏多糖沉积病等。

溶血性贫血　hemolytic anemia　因红细胞破坏速度超过造血代偿性增生能力引起的一种贫血现象。成人骨髓具有正常生成红细胞能力的6～8倍的潜力。如果骨髓能够产生足够的红细胞，足以补偿溶血则不发生贫血，称为溶血性疾患。若红细胞在骨髓生成过程中尚未释放到血循环前即破坏，称为原位溶血。

分类　按照红细胞内在缺陷或红细胞外溶血因素进行病因及发病机理相结合的分类法（见表）。

溶血病的分类

红细胞内在缺陷所致	细胞外溶血因素所致
红细胞膜结构与功能异常	免疫性溶血病
先天性：	自身免疫性溶血
遗传性球形红细胞增多症	温抗体自身免疫性溶血
遗传性椭圆形红细胞增多症	冷抗体自身免疫性溶血
后天性：	阵发性寒冷性血红蛋白尿症
阵发性睡眠性血红蛋白尿症	同种免疫性溶血
血红蛋白病	血型不合输血反应
珠蛋白生成障碍性贫血（又称地中海贫血）	新生儿溶血病
珠蛋白肽链组分异常	非免疫性溶血
异常血红蛋白病	药物及化学物质所致溶血
葡萄糖代谢酶缺陷	感染性溶血
恩布登－迈尔霍夫二氏糖酵解途径酶缺陷：	动植物成分所致溶血
丙酮酸激酶缺乏症	机械损伤所致溶血
单磷酸己糖旁路酶缺陷：	物理因素所致溶血
6－磷酸葡萄糖脱氢酶缺乏症	

临床表现　除机体缺氧造成的一般贫血临床症状与体征外，急性溶血可表现为突然发病，背痛、胸闷、头痛、发热，甚至发生周围循环衰竭、无尿或少尿直至急性肾功能衰竭；慢性溶血，起病缓慢，上述症状较轻或不明显，常有不同程度的肝脾肿大和黄疸。

实验室检查　红细胞破坏增多的直接证明：①游离血红蛋白定量明显升高。②血浆结合珠蛋白减少或阙如。③高铁血红素白蛋白试验呈阳性。④出现血红蛋白尿，尿呈红色或酱油色，联苯胺试验阳性。⑤尿含铁血黄素试验呈阳性反应。⑥胆红素（主要是间接胆红素）升高。⑦粪胆原定量及溶血 ^{51}Cr 标记红细胞测定的红细胞半寿命明显缩短。

间接证明：①骨髓红细胞系统代偿性增生，骨髓象表现为红细胞系统增生明显活跃，粒系与红系比例降低甚至倒置。②红细胞形态异常。③网织红细胞增多。④ ^{99}Tc 及 ^{111}In 双标记作全身骨髓γ照相检测造血部位及功能活跃。

诊断与鉴别诊断　根据血常规检查可确定有无贫血，上述一系列化验检查确定是否有溶血。在诊断中需注意鉴别溶血性**黄疸**与肝病性黄疸；血管内溶血与血管外溶血。确定有溶血后，还需结合临床和初步判断进一步探明溶血的类型和病因。

治疗　有溶血诱因时，应尽快去除诱因。继发于其他疾病的溶血应积极治疗原发病。常用的对症治疗有：①肾上腺皮质激素。②脾切除术。③雄激素。④免疫抑制剂。⑤补充造血原料。⑥少量输血。⑦及时防治。对溶血的并发症如肾功能衰竭、休克、心力衰竭等，应早期预防、早期发现和处理。

溶液　solution　两种或两种以上的物质组成的均匀稳定的混合物。均匀是指物质在溶液中分散成分子、离子或缔合物的单相系统。具有上述特征的混合物系统可能是气态、液态或固态，习惯上溶液常指液体溶液。气体或固体溶于液体时，通常把液体称为**溶剂**，气体或固体称为溶质。液体溶于液体时，通常以相对量多的组分称为溶剂，相对量少的组分称为溶质。

溶液的性质取决于溶剂和溶质的本性、溶剂和溶质分子间的作用力的大小以及分子的排列方式，还取决于溶液各组分的数量之比。溶液的组成可以在一定范围内连续变化，其性质也连续变化。即使是有相同物质组成的溶液，只要浓度不同，其凝固点、沸点、热容、渗透压等性质也不同。

熔断器　fuse　利用金属导体作为熔体串联于电路中，当电流超过给定值一定时间，熔体熔化而分断电路的器件。俗称保险器，其中的金属熔体称为保险丝。熔断器具有结构简单、体积小、价格便宜、维护方便、保护动作可靠和消除短路故障时间短等优点，是**电力系统**中过载和短路故障的保护器件。熔断器具有反时延的熔断特性，即通过电流小时，熔化时间长；电流大时，熔化时间短。熔体可由铅、锡、铜、银及其合金制成，其材料、尺寸和形状决定了熔断特性。

熔解　melting　物质由固相转变为液相的相变过程。在一定的压强下，晶体固体要到一定温度（熔点）才熔解，熔解过程中温度不变，从外界吸热。单位质量晶体熔解成液体所吸收的热量称为熔解潜热，简称熔解热。晶体的熔解是其晶格粒子由规则排列转化为无序状态的过程，熔解热是破坏点阵结构所需的能量，可用来衡量晶体结合能的大小。不同晶体的熔点不同。同一晶体的熔点还与熔解时的压强有关。大多数晶体熔解时体积膨胀，熔点随压强增大而降低。熔点还与晶体纯度有密切关系，少量杂质即可显著降低其熔点。非晶体固体如玻璃、石蜡、树脂、沥青、塑料等的熔解并不在特定温度下进行，无熔点可言。它们在熔解过程中随着温度的上升逐渐软化，最终变成液体。

熔炼　smelting　把炉料等在高温炉内熔融，通过物料化学变化，制成金属或金属富集物，将炉料中所含脉石和杂质变成炉渣分离出去的**火法冶金**过程。熔融冶炼的简称，又称冶炼。金属或金属富集物与炉渣都以熔融状态存在，互相的溶解度小，并有适当的密度差，故而分为两层，得以彼此分离。熔炼所得金属一般为粗金属，是多元合金熔体，须进一步精炼以得到适合于各种用途的最终金属产品。金属富集物为锍或黄渣，是中间产物，为了得到最终主金属，须进一步采取转炉吹炼等方法。通常炉渣中含有很少的主金属，可在水泥、建材等其他领域加以利用。若要回收其中有价值的元素还须进行再处理。熔炼炉内除装入精矿、焙砂、烧结矿等外，还需要加入冶金熔剂、**还原剂**、燃料空气等。按所用设备可分为鼓风炉熔炼、反射炉熔炼、电炉熔炼；按工艺过程可分为闪速熔炼、熔池熔炼、旋涡熔炼、富氧熔炼、热风熔炼、造锍熔炼等；按过程反应的实质分为氧化熔炼、还原熔炼、挥发熔炼等。

蝾螺科　Turbinidae; turbine shell　原始腹足目一科。贝壳呈陀螺形或球形，螺旋部小，体螺层膨大。多数种类的壳高与壳宽近相等，最大个体直径可达200毫米。贝壳表面

夜光蝾螺

平滑，或具螺旋肋，纵肋，棘和突起。壳口完整，多呈圆形，壳内面富有珍珠光层，壳轴平，弓形，无褶襞，有脐孔。厣石灰质，重厚，表面平滑或具粒状突起，核位于中央或两侧。齿舌呈扇舌型，有5个侧齿。雌雄异体。生活于暖温带－热带浅水水域，岩相和珊瑚礁等硬底区。以藻类为食。

蝾螈　*Cynops salamandora*　蝾螈科蝾螈属种类的统称。有6种和1个亚种，分布于中国和日本。中国已知4种和1个亚种。体全长80毫米左右，小者60毫米，大者115毫米左右，一般雌性大于雄性。头部扁平，吻端钝圆，唇褶位上唇后部；犁骨齿列呈“∧”形；有眼睑，颈褶不明显。躯干浑圆，

黄斑蝾螈

皮肤光滑或较粗糙，背面有细小疣粒，枕部有一“V”字形隆起，一般在背中线有一纵行棱嵴。四肢细长，指4个，趾5个。尾长短于头体长，尾基部侧扁，尾肌不发达，尾鳍褶平直，尾末端一般钝尖。其颜色变异较大，多为蓝绿色、黑色、黄褐色和黑褐色等，色浅者有的有深色斑；眼后下方和口角后方常有2个橘红色斑，头体腹面和尾下缘呈橘红色且或多或少散有黑褐色斑。

分别生活于海拔2 400米以下的丘陵或山区沼泽地水坑、池塘、稻田及其附近。10月至次年3月多在水域附近的土隙或石下冬眠。底栖，爬行缓慢，很少游泳，夜间活动频繁，以蚯蚓、软体动物、昆虫等小动物为食。雌螈在繁殖期内多次产卵，平均年产卵100～200粒，最高纪录达668粒（蓝尾蝾螈）。卵粒多产在水草叶片间，受精卵经15～25天孵出幼体，幼体具平衡肢和3对外鳃，当年即可完成变态，幼螈登陆后需越过2个冬季即达性成熟。室内饲养其寿命可达15年左右。

融水苗族自治县 Rongshui Miao Autonomous County 中国广西壮族自治区柳州市辖自治县。位于自治区境北部，与贵州省交界。面积4 665平方千米。人口40万（2010）。有苗、汉、侗、瑶、水、壮等族。南朝齐置齐熙县，隋开皇十八年（598）改义熙县。唐武德六年（623）改为融水县。1953年撤融水县置大苗山苗族自治区（县级），1955年改为大苗山苗族自治县，1966年改为融水苗族自治县。矿产有锡、钨、锑、铜、金、铁、石英、大理石等。森林覆盖率72.11%，多杉、松、竹、油茶、油桐等。农产品有水稻、甘蔗、水果、蚕丝等。特产香猪、香鸭。工业有电力、建材、食品、农产品加工等。风景名胜有真仙岩、老子山、贝江、龙女沟等。

融资租赁 finance lease 企业向租赁公司筹措设备投资的一种方式。又称资本租赁。又译理财租赁。企业通过这种租赁可以在不作大量固定资产投资的条件下，及时取得和使用所需设备并最终购得这种设备，同分期付款购入设备类似。根据业务特点的不同，融资租赁可分以下几种：①自营租赁，又称直接租赁。金融租赁的典型形式。用户根据自己所需设备，先向制造厂或经销商洽谈供货条件；然后向租赁公司申请租赁预约，经租赁公司审查合格后，双方签订租赁合同；租赁公司用自筹资金或银行贷款向国内外厂商购进用户所需设备租给用户使用；用户根据租赁合同分期交付租金，并自行负责设备的安装、保养、维护、保险等事宜。②回租租赁，又称售出与回租。租赁公司先买下企业正在使用的设备，然后再将设备租赁给同一企业。这种租赁方式，既可使企业继续使用原有设备，又可增加资金周转。③转租赁。国内租赁公司在国内用户与国外厂商签订设备买卖合同的基础上，选定一家国外租赁公司或厂商，以承担人身份与其签订租赁合同，然后，再以出租人身份将设备转租给国内用户，并收取租金转付给国外租赁公司。

柔巴依 robayi 中国维吾尔诗歌体裁。“柔巴依”一词源出阿拉伯文，意为“四行诗”。郭沫若曾译作“鲁拜”。每首四行，独立成篇。一般一、二、四行押韵。近似汉族诗歌中的绝句。11世纪成书的《突厥语大词典》里收录了不少完整的民间四行诗，11世纪成书的《福乐智慧》里间杂有173首四行诗，表明当时的文人已采用这种形式。15世纪以后，柔巴依这一名称始冠于诗歌体裁，而为维吾尔文坛普遍使用。柔巴依形式短小，要在寥寥4句中表达一个完整的形象或思想，要求诗人做到语言精练，言简意赅，意味隽永。诗人多用这种体裁表达深邃的哲理和人生的感受。

柔道 judo 两人徒手、赤足较量的竞技体育运动。中国明代有关于柔术的记载。明末武术家陈元赟旅居日本将拳术传至日本，并结合日本国的一些技艺发展成柔术。1882年，日本人嘉纳治五郎创立了柔道，同时创建了训练柔道运动员的讲道馆。1949年成立了全日本柔道联盟。1951年欧洲柔道联盟成立，1952年改称为“国际柔道联合会”，本部设在日本东京。1956、1958年在东京先后举行了第1届和第2届世界柔道锦标赛，此后规定每两年举行1次。1964年第18届奥林匹克运动会，柔道被列为正式比赛项目。1966年在马尼拉举行了第1届亚洲柔道锦标赛。1980年开始举行世界女子柔道锦标赛。1992年第25届奥运会，女子柔道被列为正式比赛项目。1949年中华人民共和国建立后，中国柔道运动逐步发展起来。1983年第5届全运会，柔道被列为正式比赛项目。1984年举行了第1届全国女子柔道比赛，女子柔道运动员在历届奥运会女子柔道比赛中屡获冠军。参加比赛的运动员一方穿蓝色的柔道服，另一方穿白色的柔道服，腰扎一条宽4～5厘米的腰带。比赛场地面积最小为14米×14米，最大为16米×16米。比赛时间男子为5分钟，女子为4分钟。柔道比赛禁止击打，不许用头、肘、膝顶撞对方。柔道比赛评分一般分为一本、技有、有效、效果4种，其中一本分值最高，一方运动员获得一个一本即为本场胜利。在日本及其他一些国家实行的段位制，以运动员的腰带颜色表示段位的高低，红带是段位最高的9段和10段。

女子柔道比赛场面

柔佛海峡 Johor Strait 中南半岛南端的海峡，位于马来西亚柔佛州与新加坡岛之间，东西走向。中间被新柔长堤割断，分成东西两段，西段长约24千米，水深6～7米，宽1 400米，最窄630米。东段长约29千米，水深12米，宽1 800～2 000米，东口最宽5 600米，口内有乌敏岛横亘，分成南北两水道，南水道宽2 000米，水深12米以上；北水道宽900米，水深7～9米。古代海峡是来往于中国和印度之间的帆船航行与寄泊之所，北岸附近考古发掘出中国古瓷器。1919～1923年建成花岗石长堤，北头设闸门通航。第二次世界大战时闸门被毁，战后填平，海峡被阻。长堤几经扩建，现长1 056米，面宽25.3米，北起新山，南抵兀兰镇，北段448米属马来西亚，南段608米属新加坡。堤面东侧是输水管，从柔佛州引水供应新加坡；中间是铁路，西侧是公路，有6条车道。海峡东段北岸有巴西古丹港，南岸有森巴旺港。

柔佛王国 Johor, Kingdom of 马来半岛封建王国。又称胡戎国。1511年，葡萄牙人占领马六甲。马六甲王国苏丹马哈茂德·沙阿（1488～1528年在位）率领军民，转移至吧我（麻坡属下的一个小镇）和柔佛等地，继续抗击葡萄牙的入侵。1528年，阿拉瓦丁·里阿耶特沙（1528～1564年在位）继承王位，1536年被迫与葡萄牙人讲和。不久，建立柔佛王国。

柔佛王国建立以后，一方面不断与苏门答腊岛上兴起的亚齐王国交战，另一方面继续与葡萄牙殖民者进行战争。17世纪初叶，荷兰、英国势力侵入马来半岛。荷兰联合柔佛王国，打败葡萄牙在马六甲的军队，柔佛王国国势一度转强。1673年，柔佛王国遭受苏门答腊岛上的占卑的入侵，一蹶不振。1699年，柔佛政权落入首相阿卜杜尔·贾利勒·里阿耶特沙之手。

18世纪柔佛王国划入荷兰的势力范围。1914年，英国海峡殖民地总督派遣官员驻扎，总揽柔佛的行政、司法、财政之实权，柔佛沦为英国殖民地。

柔然 Rouran Nomadic Tribes 中国古代北方民族。亦有蠕蠕、蝚蠕、芮芮、茹茹等名，均为同音异译。本为东胡苗裔，与鲜卑同源。4～6世纪间游牧于蒙古高原。辫发左衽，居穹庐毡帐，无文字，刻木以记事。4、5世纪之交，鲜卑拓跋部南迁平城，柔然得以兴起扩张，北侵高车，兼并诸部。最盛时西达焉耆，东抵朝鲜，北至贝加尔湖，南到阴山。402年，首领社仑自称可汗。可汗原是鲜卑族对贵人的尊称，社仑首次把它用作最高统治者的称号，以后突厥、回纥、蒙古等族均沿用。柔然汗国制度除自立军法外，还学习中原立法。464年，可汗予成开始用汉字建年号。曾以佛僧为国师。长期与北魏为敌，并由西域经青海—益州道通使南朝。北魏亦多次大规模远袭柔然，并修筑长城，设置沃野、怀朔、武川、抚冥、柔玄、怀荒六镇防御。6世纪中叶，突厥部落强大起来。552年，突厥发兵击柔然，可汗阿那瓌大败自杀。其后又屡被突厥所败，555年亡国，余众辗转西迁。现代学者多倾向于西迁的柔然族就是欧洲史上的阿瓦尔人。

柔石 Rou Shi (1902-09-28～1931-02-07) 中国现代小说家。原名赵平福，后改名平复，笔名柔石。浙江宁海人。1918年入浙江省立第一师范就读。五四运动爆发后，参加晨光社，从事新文学活动。1923年起在慈溪等地任小学教员。1925年出版短篇小说集《疯人》。1926年因三一八惨案创作长篇小说《旧时代之死》。1927年北伐军占领浙江后，回乡创建宁海中学，并任县教育局局长。1928年参与旁亭农民暴动。失败后避走上海，与友人设立“朝花社”。在鲁迅领导下致力于介绍外国文艺，出版《朝花》周刊、旬刊及《文苑朝华》。1929年任《语丝》编辑。1930年3月被选为中国左翼作家联盟执行委员，后任常务委员、编辑部主任。同年加入中国共产党，代表“左联”出席全国苏维埃区域代表大会。代表作有中篇小说《二月》(1929)和短篇小说《为奴隶的母亲》(1930)。前者经由主人公萧涧秋的际遇，抒发了20世纪20～30年代小资产阶级知识分子的苦闷和彷徨，显示出创作才华；后者通过描写浙东地区流行的“典妻”制度，控诉封建主义的罪恶，表明其现实主义创作方法已臻成熟。另有短篇小说集《希望》和译著《浮士德与城》(1930)等。1931年被国民党反动派逮捕并秘密杀害于上海龙华，为“左联五烈士”之一。1986年人民文学出版社整理出版了《柔石选集》。

柔性生产 flexible production 一种能够根据制造任务和生产品种变化而迅速调整的自动化制造系统。它一般由若干台数控设备、物料运储装置和计算机控制系统组成。柔性生产应具备7种柔性：设备柔性、工艺柔性、产品柔性、工序柔性、运行柔性、批量柔性和扩展柔性。柔性生产的出现，一是适应了市场需求，有利于多品种、中小批量生产；二是提高机床利用率，缩减辅助时间，有利于降低成本；三是缩短生产周期，减少库存量，有利于提高市场响应能力；四是提高自动化水平，有利于提高产品质量，降低劳动强度，改善生产环境。

柔性制造系统 flexible manufacturing systems; FMS 可灵活设定加工顺序和生产节拍，适应多品种小批量生产的机械制造系统。FMS的工艺基础是成组技术，它按照成组的加工对象确定工艺过程，选择相适应的数控机床或工件、工具等物料储运系统。柔性制造系统以计算机为核心进行系统管理，用无人搬运车进行工件传送，用数控技术实现自动化加工，用机器人进行自动装卸，并具有监视切削状态和精度、诊断、复原等功能，还能在一定范围内完成一种零件加工到另一种零件加工的自动转换。

柔性制造系统主要由数控加工中心、自动物料储运系统和计算机控制系统组成(见图)。

数控加工中心　带有刀库和自动换刀装置的一种多功能数控机床。工件经一次装夹后，能对两个以上的表面自动完成铣、镗、钻、铰等加工，并且有多种换刀和选刀功能，使生产率和自动化程度大大提高。

自动物料储运系统　包括自动化仓库、中央刀具库、无人运输小车、输送带及搬运机器人等。可以自动地以任意顺序存取工件和刀具，自动响应调度系统的指令，完成传送工件及刀具等到指定地点的任务。

计算机控制系统　接收主计算机的指令并对整个FMS实行监控，能自动制订生产作业计划，实现生产任务的调度，对生产活动进行控制。当系统某设备出现故障时，能自动选用其他设备代替故障设备。

柔鱼 Ommastrephidae; squid 头足纲柔鱼科动物的统称。分布于温带、寒带和热带海域，约有30种。常活动于水的中上层，能作1 000米左右的垂直移动。头部两侧的眼径略小，眼外无膜。头前和口周有腕5对；其中4对较短。腕上具2行吸盘，右侧、左侧第4腕或第4对腕茎化，部分吸盘变形；其中1对较长，称“触腕”或“攫腕”，具穗状柄，触腕穗上的吸盘4行。胴部圆锥形，肉鳍短，端鳍型，分列于胴部两侧后端，两鳍相接略呈横菱形。内壳薄，不发达，包埋于外套膜内，角质，狭条形，末端形成中空的“尾锥”。少数种类在皮下有发光器。雌体具1对输卵管。以磷虾、沙丁鱼、鲹、鲐等为主要食物，本身常为金枪鱼、鲯鳅等凶猛鱼类的猎取对象，又是海鸟和抹香鲸的食物。产卵量从几万至几十万个。柔鱼是最有开发潜力的渔业资源之一。柔鱼类的干制品称“柔鱼干”，在国际海味市场上占有重要位置。

肉苁蓉 *Cistanche salsa*; saline cistanche 列当科苁蓉属的一种。分布于中国内蒙古、陕西、甘肃、宁夏、新疆等省区的沙荒地带。蒙古、俄罗斯也有分布。多年生寄生草本，高15～40厘米。茎肥厚肉质，圆柱形，黄色，常不分枝或从基部有2～3分枝。叶肉质鳞片状，黄色，卵形至长圆披针形，长1～2.5厘米。穗状花序圆柱形，长8～25厘米，宽6～8厘米，花萼钟形，淡黄或白色，5浅裂，花冠管状钟形，5浅裂，裂片近圆形，紫色，管部白色，雄蕊4，子房上位，长

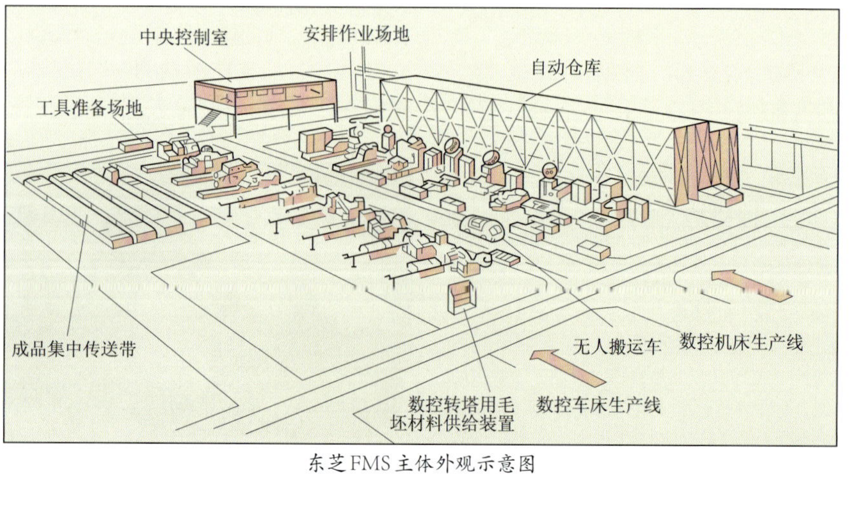

东芝FMS主体外观示意图

呈圆柱形的肉苁蓉穗状花序

椭圆形。蒴果椭圆形，2裂，种子多数。

肉苁蓉常寄生在其他植物（寄主）的根上，寄主种类有红沙、盐爪爪、梭梭、西伯利亚白刺等。肉质茎入药，有补肾、益精、润燥、滑肠的作用，有“沙漠人参”之称。

肉豆蔻科 Myristicaceae; nufmeg family 双子叶植物纲木兰亚纲的一科。共16属380多种，分布于世界热带地区。中国有3属15种，分布于云南、广西、广东、海南、台湾等地。常绿乔木或灌木，各部都有香气。单叶互生，全缘，常有透明腺点，无托叶。花小，总状花序，雌雄异株，无花瓣，花萼下部管状或钟状，上部通常3裂，雄花有数目多变的雄蕊（2～40），花丝合生成柱状（单体雄蕊），柱顶在有些属中形成盘状或球形体，雌花有1枚心皮。果肉质，外果皮沿背缝及腹缝两侧开裂为2果瓣，露出大形种子；种子被短珠柄基部长出的分枝或撕裂状的假种皮所包。

肉豆蔻的种子和假种皮为著名香料，可供调味用；种子可入药，能温中止泻；假种皮称肉豆蔻衣，也可药用。肉豆蔻属、红光树属、风吹楠属等的种子富含脂肪及油脂，为工业用油。有些种类为速生大乔木，树干通直，材质致密，适于建筑和家具等用材。除花和果实外，树皮、树叶、种子均具有芳香性，与樟科和木兰科相近。

肉毒中毒 botulism 由肉毒梭菌外毒素所致的中毒性疾病。与饮食习惯和食品加工方式有关，与患病地区土壤污染的主要是对人类致病的肉毒梭菌A、B、E、F型有关。分3种类型：①食物中毒型。食入被肉毒毒素污染的食品，如罐头、火腿、臭豆腐等而发病。②伤口型。由肉毒杆菌感染伤口所致。③婴儿肉毒中毒。如食用被肉毒杆菌芽孢污染的蜂蜜引起。临床表现均以神经系统症状为主，头痛、眩晕、眼肌和呼吸肌麻痹、双侧下行性肌力减弱及软瘫。患病后应及早注射肉毒抗毒血清治疗。预防的关键是严格食品管理、食物食用前需煮沸。

肉桂醛 cinnamaldehyde 丙烯醛衍生物，分子式$C_6H_5CH{=}CHCHO$。存在于中国盛产的肉桂油中。室温下为淡黄色油状物；熔点－7.5℃，沸点253℃（分解），相对密度1.049 7（20/4℃）；具有浓厚的肉桂香味，是一种食用香料。可由苯甲醛和乙醛在稀碱的作用下，发生交叉的羟醛缩合反应制得。

肉鳍鱼类 Sarcopterygii 鱼类硬骨鱼纲的一个重要类群。包括总鳍鱼类和肺鱼类。以具有被覆鳞片的肉质叶状偶鳍等性状区别于硬骨鱼的主要类群——辐鳍鱼（亚纲）。因曾认为肉鳍鱼类具内鼻孔，也称内鼻鱼类。化石种类最早发现于志留纪晚期的地层（距今约4.1亿年）。早期肉鳍鱼类一般具有两个背鳍，体被菱形鳞片，尾鳍歪型，偶鳍、背鳍及臀鳍具有发育的肉质鳍基和内支持骨。许多种类的鳞片及膜骨表面有光亮的整列层，这种整列层由齿质层、釉质层及其中的孔－管系统组成，孔－管系统以小口开口于釉质层表面，可能与侧线感觉功能有关。颅顶骨片表面的整列层有时连成一片，覆盖住骨片间的缝隙。不同学者将四足动物起源问题或与总鳍鱼类或与肺鱼类联系起来，因此对于肉鳍鱼类的化石与现生代表的研究成为古生物学和进化生物学中颇为引人瞩目的一个研究领域。

肉松 pork floss 以瘦肉为原料，经加工、炒制、调味制成的食品。用猪、牛、鸡、鸭、鱼等肉类均可制造。一般指猪肉松。中国传统肉食制品。以太仓肉松和福建肉松的产量最大。太仓肉松的蛋白质含量达到40%左右，疏松柔软，香味浓郁，易于消化，适宜作老人、病人、产妇和小孩的营养助餐食品。生产流程是将猪肉进行处理，选用瘦肉，除去所有肥肉，煮肉，除去液汁，肉块打碎成丝条状，然后放入锅内炒松，边炒边加入配料液，不断蒸发水分，最后成品率为35%～36%。配料液是将生姜、茴香等辛香料放入水中煮沸数分钟，滤液中加酱油、白糖、黄酒等配制而成。福建肉松的成品呈颗粒状，大小均匀，无硬粒，不焦苦，酥松易嚼，入口即化，香味浓郁，稍带甜味。生产过程大致与太仓肉松相似，配料有酱油、砂糖、红糟、猪油、辛香料液等。

肉芽肿 granuloma 伤口的毛细血管和结缔组织组成的新生组织里，以血管为中心生长的一簇簇颗粒状新生物。其主要成分通常为具有很强吞噬作用的巨噬细胞，这些细胞以后可以演变成为体积大、多边形、胞浆丰富，有时含有大量类脂的所谓类上皮细胞，还可演变为多核巨细胞。由于病原因子的不同，肉芽肿的形态结构多具有一定的特异性。肉芽肿可分为两大类，即感染性肉芽肿和异物肉芽肿。

肉用牛 beef cattle 普通牛种以及由普通牛和瘤牛或野牛杂交育成的专门用作产肉用的牛品种。简称肉牛。体躯宽广，呈圆筒形，侧望和上望均呈长方形，后望呈方形。生长快，早熟，胴体净肉率高，脂肪间杂在肌肉纤维中，切面呈大理石状花纹，肉质柔嫩多汁。

主要品种　世界肉用牛主要品种现有40余个。较著名的除短角牛、安格斯牛、利木赞牛和夏洛来牛等外，还有海福特牛。此牛为最古老的中小型肉用牛品种，育成于1790年。原产地在英国的海福特及牛津等地区。早熟易肥，耐粗饲，体格结实，适应性好。全身被毛红色，仅头部、颈垂、腹下、四肢下部和尾帚白色，具典型的肉用体型。

中国原来没有专用的肉用牛品种。自20世纪60年代开始利用国外引进品种改良本国黄牛的肉用性能，取得了较好效果。有些地方良种黄牛如秦川牛、南阳牛、鲁西牛、晋南牛、延边牛等，也具有较好的肉用性能，可作为选育肉用品种的基础。

饲养和繁育　肉用犊牛多随母牛哺乳。经六七个月哺乳期后采食青粗饲料。肥育方式有二：一为直线肥育法，即从犊牛断奶开始，利用较丰富的饲料促其生长，一直肥育达到出栏体重（多数要求18月龄出栏）。此法消耗精料多，但能提高出栏率，节约人工和设备。另为架子牛肥育法，又称农场肥育，即在条件较差的情况下，犊牛断奶后放牧或利用大量粗料使其生长骨架（长成架子牛），到宰前三个月左右加强饲养，使之日增重一千克左右，达到一定体重后出栏。这种方法消耗的精饲料少，但时间较长。

肉用牛终年发情，性成熟一般在8～12月龄，配种适期为14～18月龄。妊娠期283天左右。有纯种繁育与杂交繁育两种方式。中国多用纯种肉用公牛与当地黄牛杂交，初生犊体重大，生长较快。

如皋市 Rugao City 中国江苏省辖县级市。位于省境东南部，长江下游北岸。面积1 531平方千米。人口127万（2010）。西周称海阳，汉为海陵县地，东晋义熙七年（411）析置如皋县。1991年撤县置如皋市。由南通市代管。平均年降水量1 057毫米，初夏有梅雨，夏秋有台风。农作物以水稻、小麦、玉米、棉花、花生为主，为全国粮棉生产基地。始于北宋的“如派盆景”为全国七大流派之一。工业有纺织、电子、化工、机械、食品等。名胜古迹有水绘园、唐定慧寺、孔庙楠木大殿等。纪念地有红十四军建军遗址、如（皋）黄（桥）战役遗址等。

如来 Tathāgata 佛的十大名号之一，即佛的尊称。音译为“多陀阿伽陀”、“答塔葛达”、“怛佗仪多”、“多阿竭”等。“如”

即“真如”。为由真理而来（如实而来），而成正觉之义，故称如来。又作“如去”。为乘真如之道，而往于佛果涅槃之义，故称如去。佛陀即乘真理而来，由真如而现身，故尊称佛陀为如来。《长阿含经》卷十二《清净经》：“佛于初夜成最正觉及末后夜，于其中间有所言说尽皆如实，故名如来。复次，如来所说如事，事如所说，故名如来。”

如来藏 tathāgatagarbha 佛教名词。等同于佛性。因为在烦恼之中尚未彰显，所以是隐藏的如来之性，叫如来藏，它是未来成就佛身的依据。佛身又称法身，法身是如来藏之果。如来藏有三种意义：一为所摄义。一切众生普遍为如来之性所摄，亦即是一切众生皆有佛性。二为隐覆义。佛性隐而未彰显，藏于烦恼众生中，被遮盖着。三为能摄义。佛性与真如都包含着未来成佛的一切功德果报，所以说如来藏能够包藏成佛后的一切无量无边的清净善业。如来藏在未显发以前就包含了未来成佛时的一切潜能。

如意 s-shaped ornamental object 中国古代搔痒、玩赏之物。柄长三尺许，柄端作手形，有玉、角、铜、铁、竹、木等不同质地。西晋时已有此物。最初是搔痒用具，又名

搔杖，《音义指归》谓“用以搔抓，如人之意”，故名。据《释氏要览》记载，佛门弟子讲经时亦持如意，梵语名为“阿那律”。据宋人考证，可在柄上记文辞，以备讲经时遗忘。明代也有人认为如意有防身之用。约在元代以后，如意由搔痒用具衍生为吉祥物，取义“吉祥如意”，且不再实用，专供玩赏。传世的这类如意多是清代之物。清代皇室勋贵有逢节日嘉会互送如意的习俗，相沿及于民间。此时如意的质地众多，造型特点是曲柄，柄端多作云头形或灵芝形，亦有作圆形或其他异形者。柄端和柄上多雕刻或镶嵌吉祥图案。器型大小都有，以长度在30余厘米的最为多见。

茹科夫 Zhukov, Georgy Aleksandrovich (1908-04-23～1991) 苏联新闻工作者，《真理报》政治评论员。又名尤里。乌克兰人。生于顿涅茨克。1932年莫斯科汽车拖拉机学院毕业。1927～1946年曾在几家报刊的编辑部工作。1947年起先后任《真理报》驻法国记者、副总编辑、政治评论员等职。1962年5月被选为苏联保卫世界和平委员会副主席，1982年任主席。著有《这17年》(1963)、《巨大变化的时代》(1973)等。

茹科夫斯基 Zhukovsky, Vasily Andreyevich (1783-02-09～1852-04-24) 俄国诗人。生于图拉，卒于德国巴登-巴登。1808年起主编《欧洲通报》。1815年进宫廷任职，历时25年。诗作数量不多，但艺术成就很高，公认是俄国浪漫主义诗歌的奠基人。除代表作《斯维特兰娜》(1808～1812)外，其主要作品还有《风神与竖琴》(1815)、《十二个睡着的姑娘》(1817)和《大海》(1822)等。浪漫主义的手法、离奇的内容、神秘的氛围、民间故事的风格是其作品最典型的特点。

茹潘契奇 Župančič, Oton (1878-01-23～1949-06-11) 斯洛文尼亚诗人。生于维尼查，卒于卢布尔雅那。毕业于维也纳大学。曾游历欧洲。1894年初次发表诗歌。他一生中创作出版的诗集有《醉心杯》(1899)、《越过平原》(1904)、《独白》(1908)、《黎明时节》(1920)、《雪下长春花》(1945)，以及诗体悲剧《德塞尼查贵族女子维罗尼卡》(1924)等。他的诗表现了诗人深厚的民族感情和热烈的爱国情怀，袒露了诗人由消沉转向奋发进取的心路历程。他的长诗《沉思》被誉为斯洛文尼亚的赞歌。他的诗立意新颖，语言富于地方特色，在运用隐喻、象征和拟声等方面独具匠心。他开拓了自由体诗歌新形式。第二次世界大战后当选为斯洛文尼亚国民议会议员、主席团委员，被授予“人民艺术家”称号。

茹茹公主墓 Tomb of Princess Ruru 中国东魏时期的柔然族邻和公主墓。位于河北磁县大冢营村。柔然又称茹茹。邻和公主为柔然族可汗阿那瑰的孙女，东魏大丞相高欢第九子高湛之妻，死于东魏武定八年，年仅13岁。此墓于1978～1979年发掘。1988年国务院公布此墓所在的磁县北朝墓群为全国重点文物保护单位。

茹茹公主墓由斜坡墓道、甬道、墓室组成，总长约34.89米。墓室砖砌，穹窿顶，平面近弧边方形，东西长5.58米。墓室西侧有砖棺床，棺椁已朽。墓道、甬道、墓室内均有壁画。墓道东西两壁分别绘14人组成的仪仗队列，队列的上方有神兽、羽人等。墓道地面还有地画。甬道南端门墙上绘伫立在莲花宝珠上的朱雀。墓室壁画分上下两栏，上栏依方位绘白虎、玄武等四神及天象图等，下栏为墓主人生活场景。墓中壁画填补了中国美术史上东魏画迹的空白。此墓早年被盗，墓室中仍出土陶俑1 064件，以及墓志、陶瓷器、金属器、料珠等。另有2枚拜占廷金币，反映了当时的东西文化交流。

茹威 Jouvet, Louis (1887-12-24～1951-08-16) 法国演员、导演和戏剧活动家。生于克罗松。在卡拉马佐夫兄弟剧团开始演员生涯。1913年加入J.科波的老鸽巢剧院。茹威在C.杜兰导演的W.莎士比亚名剧《第十二夜》中饰安·艾古契克爵士，以新意征服了巴黎观众和戏剧界。1922年到香榭丽舍喜剧院担任舞台总调度，后任剧院院长至1934年。J.季洛杜的第一部剧作《安菲特律翁38》和《插曲》由茹威于1928年首次搬上舞台，此后季洛杜每写一部新戏必交茹威上演，茹威成为季洛杜戏剧的忠实体现者。1934年秋，茹威迁往雅典娜剧场，并把它改建成自己的路易·茹威剧院。此时，茹威还被国立戏剧学院聘请为教授，培养出不少才华出众的演员。

茹威认为舞台上的人物创造不是基于热情，而是基于清醒的理智。他要求演员付出努力，但不要违背顺乎个人气质的自由表现。他的导演手法是一种冷峻的幽默。茹威强调舞台演出效果的完美，追求手法洗练与现代趣味和传统习惯的平衡。他为自己导演的戏设计舞台布景，风格明快，别具一格。

茹志鹃 Ru Zhijuan (1925-09-13～1998-10-07) 中国现当代小说家。曾用笔名阿如、初旭。祖籍浙江杭州。生于上海，卒于上海。1942年初中毕业，次年随兄参加新四军，在部队从事文艺活动。1945年到华东军区文工团工作。1955年任《文艺月报》编辑。1958年短篇小说《百合花》问世后，以其独特的艺术风格引起人们的关注。继之出版小说集《高高的

白杨树》(1959)、《静静的产院》(1962)。她这一时期的作品擅长表现人物细腻、丰富的情感世界，风格清新俊逸，富有韵味。代表作《百合花》描写了一位质朴憨厚的小通讯员和一位温存娴静的农村新媳妇的形象，从一个平凡的生活侧面表现了人性之美，洋溢着感人的诗情和深意。构思精巧，刻画细腻，抒情色彩十分浓厚。

“文化大革命”结束后，她曾担任上海市作家协会副主席、《上海文学》主编等。所写小说《剪辑错了的故事》、《草原上的小路》分别获得1979、1980年全国优秀短篇小说奖。此外有短篇小说《儿女情》、《丢了舵的小船》，报告文学《离不开你》，自传体小说《她从那条路上来》，散文集《惜花人已去》等。这时期的作品“由微笑到沉思”，具有发人深省的社会意义。风格也日趋蕴藉和冷峻。

铷　rubidium　*化学元素*，元素符号Rb，原子序数37，原子量85.467 8，属周期系ⅠA族，*碱金属*。1861年R.W.本生和G.R.基尔霍夫在研究锂云母样品的光谱时发现了铷。根据铷光谱上有两条明显的红线，定名为rubidium，来自拉丁文rubidus，原意为“深红色”。铷在地壳中的含量为9.0×10^{-3}%，未发现铷的独立矿物。铷是稀散元素，常与*钾*共存于锂云母、*光卤石*中，海水、卤水含有铷。

铷是银白色金属，密度1.53克/厘米^3，熔点39.30℃，沸点688℃，莫氏硬度0.3，可用刀切割。氧化态＋1。铷的化学性质与钾相似，但更活泼；在空气中可自燃，与－100℃冰能猛烈反应，生成与钾相似的各种化合物。

可从海水、天然卤水或光卤石或锂云母母液中提取铷的化合物。一般用金属热还原法制备金属铷，用蒸馏法提纯。铷可用于制造光电器材，铷及其钾、钠、铯合金是真空器件的脱气剂。碘化铷银$RbAg_4I_5$是良好的固态离子导体。氧化铷可用于调整光学玻璃的密度和折射率，生产光敏玻璃和光色玻璃。

铷–锶法定年　rubidium-strontium dating　根据放射性成因锶–87与放射性铷–87的比值测定岩石、矿物和陨石形成年代的方法。铷有^{85}Rb和^{87}Rb两个天然同位素，铷–87经β^-衰变形成稳定的锶–87。按照放射性衰变定律，年龄方程式可写成：

$$\frac{^{87}\mathrm{Sr}}{^{86}\mathrm{Sr}}=\left(\frac{^{87}\mathrm{Sr}}{^{86}\mathrm{Sr}}\right)_0+\frac{^{87}\mathrm{Rb}}{^{86}\mathrm{Sr}}(e^{\lambda t}-1)\qquad(1)$$

式中^{87}Sr/^{86}Sr和^{87}Rb/^{86}Sr是样品中相应核素现有原子数目的测定比值；(^{87}Sr/^{86}Sr)$_0$是岩石或矿物形成时的锶同位素初始比值（是与岩石或矿物年龄无关的非放射成因锶，在年龄计算中需要扣除）；λ是铷–87的衰变常数；t是岩石或矿物形成事件的年龄。

方程(1)计算出的是表面年龄。真实年龄必须满足下列条件：①岩石或矿物形成后保持封闭系统，没有发生铷、锶及其同位素的丢失或获得。②正确扣除初始锶的同位素比值。

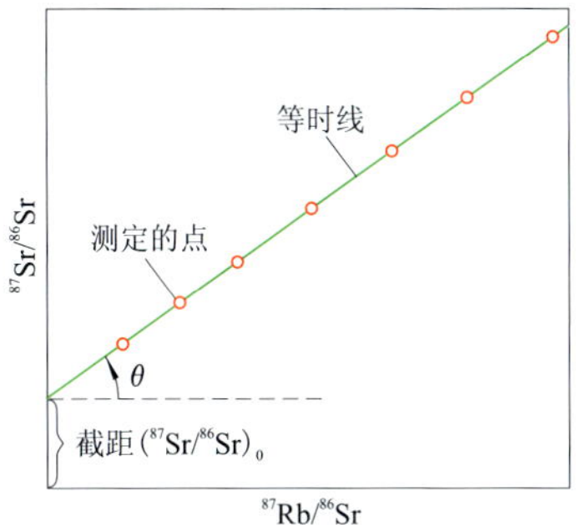

等时线示意

为解决初始锶扣除中的不精确，特别是对于大多数岩石样品实际上无法进行正确扣除的情况，更可靠的方法是采用等时线法定年。方程(1)表明，对于采集一套成因相同（同时形成并具有相同同位素初始比）的岩石样品，假定形成后保持封闭系统，那么在^{87}Rb/^{86}Sr(x)–^{87}Sr/^{86}Sr(y)双变量投影图解上，数据点构成了一条直线，这条直线称作等时线（见图）。通常可以采用最小二乘法对数据点进行直线的拟合，得到与方程(1)形式完全相同的等时线方程$y=b+mx$。此时，等时线截距是岩石形成时的锶同位素初始比值，即$b=(^{87}\mathrm{Sr}/^{86}\mathrm{Sr})_0$，这是具有岩石成因意义的指纹参数；等时线的斜率$m$可用来计算岩石的年龄，即：

$$t=\frac{1}{\lambda}\ln(m+1)\qquad(2)$$

理想的等时线应确保数据点分布合理地沿直线散开，具体办法是选择一套具有不同Rb/Sr比值的样品，特别是此比值尽可能大和尽可能小的两个关键样品。岩石等时线是指一套相同成因岩石构成的等时线，矿物等时线是指一个岩石样品中几种不同矿物和该岩石全岩一起构成的等时线。

适用于铷–锶法定年的样品：矿物主要有云母、钾长石和黏土矿物，岩石主要是酸性火成岩、变质岩和陨石。岩石全岩样品定年一般采用等时线法。铷–87的半衰期接近500亿年，适用于古老岩石和陨石样品的定年，定年范围通常为8 000万年至46亿年。

儒艮　*Dugong dugon*; dugong/sea cow　海牛目儒艮科儒艮属唯一现生种。分布于印度洋、太平洋。最大体长3.3米，成体平均体长约2.7米。体纺锤形，身体的后部侧扁。皮肤较光滑，有稀疏的短毛。头部较小，略呈圆形。上唇略呈马蹄形。嘴吻弯向腹面，其前端扁平，形成吻盘。通过吻盘的侧缘和后缘可以抓住植物送入口中。两个阀门状鼻孔靠近在一起，位于吻端背面，可以在潜水时露出水面呼吸。潜入水中时，鼻孔被活瓣关闭。眼小。无耳廓，耳孔很小。鳍肢短，梢端圆，无指甲。尾叶水平。胸部每侧有一个乳房，乳头位于鳍肢后方的腋下。睾丸在腹腔内。雄性的生殖孔接近脐，雌性生殖孔位在远后方，很接近肛门。成体背面灰色，腹面稍浅。幼体呈淡奶油色。在儒艮一生中，每侧上、下颌各有3枚前臼齿和3枚臼齿。这6枚齿不在同一时期长出，各前臼齿和第1臼齿随着年龄增长而消失，而最后长出的2枚臼齿终生存在。雄性具突出的獠牙，约在9～10龄时长出（见图）。

生活在沿岸海域。海上观察到的多为2～6头在一起的小群。只在有些地点可看到数百头的大群。游泳速度缓慢。在浅海摄食热带和亚热带的海草。雌性在10～17年时怀第1胎。妊娠期约13个月，每胎产1仔。新生的儒艮体长1～1.5米，重约20千克。幼仔的哺乳期为18个月左右。在整个分布区内，它们都曾遭到人类的捕杀，栖息地遭到沿岸经济建设的严重破坏。除澳大利亚外，大多数地区的儒艮数量已急剧下降。中国广西、广东、海南沿岸海域曾发现儒艮。

儒家　Confucianist school　中国春秋末期*孔子*创立的学派。在先秦，儒家为诸子百家之一，是“世之显学”。秦时“以法为教”，汉初崇尚黄老，儒家一度消沉。西汉中期，汉武帝采纳*董仲舒*的对策，罢黜百家，独尊儒术。此后，儒家文化逐渐成为中国传统文化的核心，深刻影响并主导了中国文化的发展。

儒家之所以称为“儒”，据《汉书·艺文志》说：“儒家者流，盖出于司徒之官，助人君顺阴阳、明教化者也。”近代有的学者认为，“儒”的前身是古代专为贵族服务的巫、史、祝、卜，在春秋社会大动荡时期，“儒”失去原来的地位，由于他们熟悉贵族的礼仪，便以“相礼”为谋生职业。按这种说法，春秋末期，“儒”指以相礼为业的知识分子。孔子早年曾以“儒”为业，故说：“吾少也贱，故多能鄙事”；“出则事公卿，入则事父兄，丧事不敢不勉，不为酒困，何有于我哉？”（《论语·子罕》）不过，他除通晓养生送死的礼仪外，还具有丰富的文化知识，精通礼、乐、射、御、书、数六艺。34岁时，开始聚徒讲学，传授文化知识。“孔子以诗书礼乐教，弟子盖三千焉，身通六艺者七十有二人。”(《史记·孔子世家》)由此形成一个以孔子为核心的学派，后世称为“儒家”。

儒家宗师孔子，视其言行为最高准则；以《诗》、《书》、《礼》、《乐》、《易》、《春秋》为经典；提倡仁义，作为行为准则；维护君臣、父子、夫妇、兄弟等伦常关系。

儒家是一个具有持久生命力的学派。它随着历史的发展而绵延传续，经历了先秦儒家（或原始儒家）、汉唐儒家、宋明新儒家和现代新儒家等不同发展阶段。儒家在历史上对中华民族的文化发展，对塑造中华民族的民族心理、思维方式和生活习惯，对陶冶中华民族自强不息的奋斗精神，都产生了重大而深刻的影响，也是世界多元文化的重要组成部分。

《儒林外史》 *The Scholars* 中国清代小说。吴敬梓著。共56回。表面上写明代生活，实际上展示了一幅18世纪中国社会的风俗画。它以封建士大夫的生活和精神状态为中心，从揭露科举制度以及在这个制度奴役下的士人的丑恶灵魂入手，进而讽刺封建官吏的昏聩无能、地主豪绅的贪吝刻薄、附庸风雅的名士的虚伪卑劣，以及整个封建礼教制度的腐朽和不堪救药，乃至在这种社会秩序下城乡下层人民的被扭曲的灵魂。吴敬梓揭发这些丑恶的人物和他们之间的关系，并通过具有说服力的艺术形象揭露造就这些人物的社会制度，给了封建社会以有力一击。小说也宣泄了作者对善良人物的诚挚深厚的爱心，表明了艺术家爱憎分明的态度。吴敬梓是刻画人物性格的巨匠，三言两语便将作品人物形象勾勒出来，将他们内心的隐秘全部揭开。作家在描画人物片刻活动时，已经将人物的历史、将生活的全部本质摄取在内了。他通过人物之间的辐射、前后人物和事件的呼应，呈现了纷沓的生活的本源状态，揭示了社会关系的本质，从而使《儒林外史》成为一部现实主义的杰作。此书现存最早版本为嘉庆八年（1803）卧闲草堂刻本。人民文学出版社版张慧剑校注本较通行。

儒略历 Julian calendar 16世纪以前西方国家采用的一种历法。世界通用的公历的前身。公元前46年罗马统治者儒略·凯撒采纳天文学家索西琴尼的意见制定儒略历。公元前8年凯撒的养子、罗马帝国皇帝奥古斯都又作了调整。儒略历以回归年为历法基本单位，所以是一种阳历。它分一年为12个月，1、3、5、7、8、10、12月为大月，每月31日；4、6、9、11月为小月，每月30日；2月平年为28日，闰年为29日。平年共365日，闰年共366日。西方国家采用公元后，凡公元年份能被4整除的，为闰年。这样，历年平均长度为365.25日，比回归年长度365.242 2日要长0.007 8日，每400年要多出3.12日。到16世纪后期，累差已约10天。因此，罗马教皇格列高利（又译格雷果里）十三世进行修订，于1582年颁行格雷果里历，即公历。

蠕变 creep 固体材料在保持应力不变的情况下，应变随时间缓慢增长的现象。金属、高分子材料和岩石等在一定条件下都具有蠕变性质。蠕变材料的瞬时应力状态不仅与瞬时变形有关，而且与该瞬时以前的变形过程有关。瞬时响应后随时间发展的蠕变一般可分成3个阶段：第一阶段是衰减蠕变，应变率（应变的时间变化率）随时间增加而逐渐减小；第二阶段是定常蠕变，应变率近似为常值；第三阶段是加速蠕变，应变率随时间逐渐增加，最后导致蠕变断裂。同一材料在不同的应力水平或不同温度下，可处在不同的蠕变阶段。通常温度升高或应力增大会使蠕变加快。引起多晶体材料蠕变的原因是原子晶间位错引起的点阵滑移以及晶界扩散等；而聚合物的蠕变机理则是高聚物分子在外力长时间作用下发生的构形和位移变化。研究材料的蠕变性质对安全经济地设计结构和机械零件具有重要意义。

蠕虫 vermes 无脊椎动物中的一大类。包括扁形动物门、纽形动物门、线形动物门、星虫动物门和环节动物门等。三胚层动物。又称蠕形动物。一般体延长，左右对称，肌肉大多数发达，柔软，无骨骼，多数无附肢，借身体蠕动而移行，故名。海水、淡水和陆地均有，也有营寄生者。由于绝大多数无硬体，化石稀少。有些环节动物栖居在自身分泌的钙质或胶结他物而形成的管中，管常保存形成化石，称“虫管化石”。有时在岩石中留下其栖居的孔穴，称虫穴。偶尔也有其本身的印痕化石，则可见其身体的形状、分节，有无刚毛、疣足等特征。有些种类有硬质的齿状颚，可保存为化石。

蠕形螨 Demodicidae; follicle mite 蜱螨亚纲前气门目肉食螨总科蠕形螨科动物的统称。因状似蠕虫得名。一种永久性体内寄生螨类，主要寄生于人和哺乳动物的毛囊和皮脂腺内。已知有140余种和亚种，寄生人体的仅有毛囊蠕形螨、毛囊蠕形螨中华种和皮脂蠕形螨。

毛囊蠕形螨和皮脂蠕形螨形态基本相似，体微小，长形，具明显环纹，呈蠕虫状，乳白色，半透明，成虫体长0.1～0.4毫米。雌虫略大于雄虫。体分颚体、足体、末体3部分。雄螨的阴茎位于足体背面的第2对足之间，雌螨的生殖孔在腹面第4对足之间。

寄生人体蠕形螨的生活史基本相似，可分为卵、幼虫、前若虫、若虫和成虫5个时期。人体蠕形螨的寄生引起毛囊和皮脂腺的袋状扩张，增生肥大。毛囊蠕形螨的寄生可引起蠕形螨性皮炎。预防感染应注意个人卫生，经常洗被褥，分用面巾、面盆等，避免与患者直接接触。

汝龙 Ru Long（1916～1991-07-13） 中国翻译家。曾用笔名及人。江苏苏州人。卒于北京。1938～1945年先后在江苏江北，四川重庆、涪陵等地任中学英语教师，同时致力于俄苏文学翻译。中华人民共和国建立初期曾在无锡中国文学院、苏南文化教育学院、苏州东吴大学任教。1953年任上海平民出版社编辑部主任，后专门从事俄苏文学翻译。1976年后曾任福建师范大学教授。

1945年开始发表作品。所译俄苏文学作品数量甚多。中华人民共和国建立以前的主要译作有M.高尔基的长篇小说《阿托莫诺夫一家》和短篇小说集《同志集》、《旅伴集》等，A.I.库普林的长篇小说《亚玛》、《决斗》和短篇小说集《歌舞集》、《呆子集》等。1949年以后译有A.P.契诃夫小说选集《巫婆集》、《儿童集》、《三年集》、《艺术集》等27种，以及《契诃夫论文学》、《回忆中的契诃夫》等，还发表过一些研究契诃夫的论文。所译L.N.托尔斯泰的长篇小说《复活》，L.N.安德列也夫的中篇小说《七个绞决犯》、《总督大人》，以及长篇小说《大学生》（特里佛诺夫）、《儿子》（斯米尔诺夫）、《人间》（高尔基）等。

汝窑 Ru Kiln 中国宋代瓷窑。窑址在河南宝丰清凉寺，因宝丰宋属汝州得名。临汝、宝丰一带本烧耀州窑系的刻花、印花青瓷，现在一般称“临汝窑”。北宋晚期，宫廷因定窑器口部无釉、不便宫廷使用而在宝丰烧制供御青瓷，即古今所谓汝瓷。入贡的

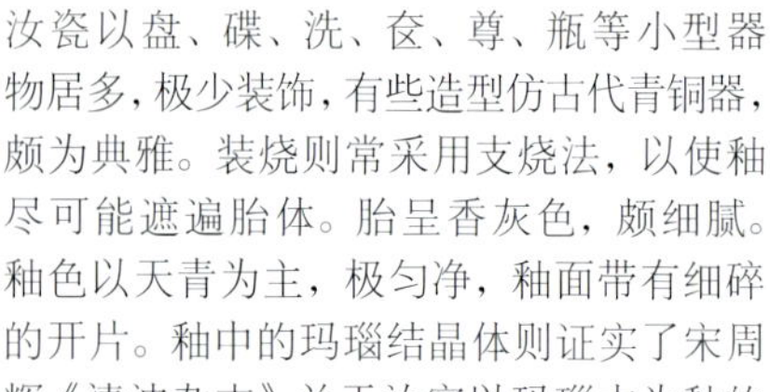

汝窑青瓷钵（北宋）

汝瓷以盘、碟、洗、奁、尊、瓶等小型器物居多，极少装饰，有些造型仿古代青铜器，颇为典雅。装烧则常采用支烧法，以使釉尽可能遮遍胎体。胎呈香灰色，颇细腻。釉色以天青为主，极匀净，釉面带有细碎的开片。釉中的玛瑙结晶体则证实了宋周辉《清波杂志》关于汝窑以玛瑙末为釉的记载。在中国陶瓷史上，汝窑地位突出，对后世影响极大。

汝州市 Ruzhou City 中国河南省辖县级市。位于省境中西部。面积1 573平方千米。

人口93万（2010），民族有汉、回等。秦置梁县。隋开皇四年（584）设伊州，后改汝州。明洪武初废梁县入汝州。1913年废汝州改置临汝县，以县境临北汝河得名。1988年改置汝州市。由平顶山市代管。属暖温带季风气候。以旱地为主，农作物有小麦、玉米、棉花、烟草、芝麻、油菜、花生等，是河南省重要产棉县之一。工业主要有煤炭、电力、炼焦、化工、机械、纺织、建材、食品等。名胜古迹有风穴寺、北宋汝窑遗址、唐代法行寺塔、万古神汤温泉镇疗养区等。

乳 milk 哺乳动物分娩后从乳腺分泌的一种白色或微黄色液体。有特殊气味、富营养、易消化，是哺育初生幼小动物的必需食物。供人食用的动物乳通常指牛乳，可直接饮用，或加工成乳制品。此外，驯鹿、山羊、绵羊等的乳在某些地区也被人们食用。

牛乳的组成受品种、个体、年龄、泌乳期、季节和饲料等的影响，其中脂肪的变化最大，蛋白质次之，乳糖较为恒定。①蛋白质。乳中蛋白质的总含量占2.7%～3.3%，其中酪蛋白约占78%，白蛋白约占10%，球蛋白约占6%，其他低分子蛋白约占6%。②脂肪。乳中含脂肪3%～5%，其中97%～98%为甘油三酸酯，以微细球状成乳浊液分散在乳中。③乳糖。在正常乳中的含量约为4.7%，是由1分子葡萄糖和1分子半乳糖结合而成的双糖。乳糖经乳糖酶分解而成单糖，经乳酸菌的作用生成乳酸。④无机成分。通常用灰分表示，其含量约为0.7%。牛乳的无机成分主要有钾、钠、钙、镁、硫、磷、氯等。此外，还含有铝、锰、钼、锌、硼、溴、氟、碘、硅等微量成分。但铁和铜的含量过少，是牛乳营养价值上的缺点。⑤维生素和酶。牛乳中所含维生素，脂溶性的有A、D、E、K以及F（必需脂肪酸）；水溶性的有硫胺素、核黄素、B_6、烟酸、B_{12}和抗坏血酸等。

对乳的质量检验和加工处理有重要意义的物理性质有：①色泽、滋味和气味。②酸碱度。正常乳的pH值为6.5～6.7。③密度和比重。乳的平均密度为1.030。④黏度和表面张力。乳的黏度因其中可溶成分和分散成分的影响而有不同，以酪蛋白的影响最大，脂肪和白蛋白次之；同时也多受杀菌、均质处理等的影响。牛乳的表面张力在20℃时为40×10^{-3}～60×10^{-3}牛顿/米。⑤比热、冰点和沸点。比热受温度的影响，大致为3.88～4.02焦耳/（克·度）。冰点通常为-0.525～-0.565℃。乳中加水则冰点上升。在标准大气压下牛乳的沸点约为100.55℃。

乳制品大致分成5类：①饮用乳。包括消毒乳、咖啡乳等。②发酵乳制品。包括干酪、酸牛乳、乳酒等。③高脂乳制品。包括奶油、冰淇淋等。④浓缩乳制品。包括炼乳、无菌浓缩乳等。⑤干燥乳制品。包括全脂奶粉、酪乳粉、稀奶油粉、冰淇淋粉等。

乳房腺纤维瘤 breast, adenofibroma of 一种常见的女性乳腺内孤立性良性肿块。又称乳腺纤维腺瘤。多见于15～35岁妇女，尤以20岁前后最常见。多表现为偶然发现的乳腺内孤立性肿块，一般大小多在1～3厘米之间，20%左右可为多发性，同时或先后在双侧乳房内出现。肿块境界分明，表面光滑，质地坚韧而有弹性，在乳房内极易推动。青春期患者在月经初潮后不久，肿瘤可能突然迅速增大，甚至充满全乳房，或发展成双侧性巨型腺纤维瘤。有时巨大的瘤体可因营养血管的血栓形成，或因生长过速造成的相对性供血不足而出现梗塞，表现为局部皮肤发红、充血、水肿、疼痛，甚至与炎性乳腺癌不易鉴别，需做病理切片确定。本病应作手术治疗，术后很少复发。

乳化剂 emulsifier 能使互不相溶的液体形成稳定乳状液的表面活性剂。乳化剂分子具有亲水和亲油两个部分，能降低液体间的界面张力，在水和油的界面形成吸附层而将二者联结起来，使互不相溶的液体易于乳化。乳化时，分散相是以很小的液珠形式（直径在0.1微米至几十微米之间）均匀地分布在连续相中，乳化剂在这些液珠的表面上形成薄膜或双电层，以阻止它们的相互凝聚，保持乳状液的稳定。

乳化剂按亲水性、亲油性，可分为水包油型（油/水型）和油包水型（水/油型）。前者亲水性强，后者亲油性强。通常使用亲水亲油平衡值（HLB值）来表示乳化剂亲水性和亲油性的关系，以HLB值为20表示亲水性最大（易形成油/水型乳状液），以1表示亲油性最大（易形成水/油型乳浊液）。乳化剂除有乳化作用外，随其HLB值的不同还可有消泡、湿润、洗涤和增溶等作用。

常用的食品乳化剂有甘油脂肪酸酯、蔗糖脂肪酸酯、山梨醇酐脂肪酸酯、丙二醇脂肪酸酯和卵磷脂等，对面包和糕点还可有抗老化作用等。

乳山市 Rushan City 中国山东省辖县级市。位于省境东部，南濒黄海。面积1 668平方千米。人口57万（2010），有汉、朝鲜、白、傣等民族。西汉置育犁县，1945年更名乳山县，以县南大乳山而得名。1993年撤县设市。由威海市代管。海岸线长185.6千米，有13个岛屿。矿产有金、银、铜、铁、大理石、花岗石、石墨、磷等。主产小麦、花生、玉米、甘薯、大豆等。特产柞蚕丝。浅海盛产虾、鱼、参、贝。工业有机械、冶金、化工、电子、塑料、造纸、仪表等。乳山口港可停泊3 000吨级货轮。名胜古迹有乳山银滩、岠嵎山、乳山口、圣水宫、玉虚观等。

乳酸 lactic acid 2-羟基丙酸，分子式$CH_3CHOHCOOH$。存在于酸牛奶和血液中，肌肉运动时也产生。乳酸有右旋和左旋两种对映体：

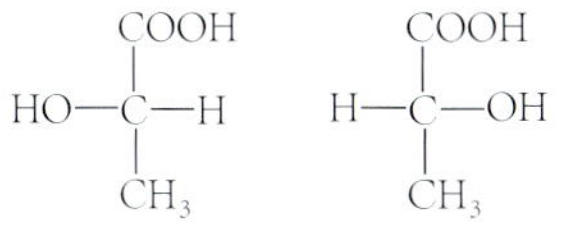

右旋乳酸　　左旋乳酸

乳酸不挥发，无气味。吸湿性强，一般呈浆状液体，若经减压蒸馏和分步结晶，可得纯晶体。相对密度1.206 0（21/4℃）。右旋体和左旋体的熔点都是53℃，外消旋体的熔点为18℃。乳酸分子能与醇生成乳酸酯，又能与酸酐生成羧酸酯。在脱水剂存在下，两分子乳酸间的羟基和羧基彼此进行酯化，生成丙交酯（右下式）。

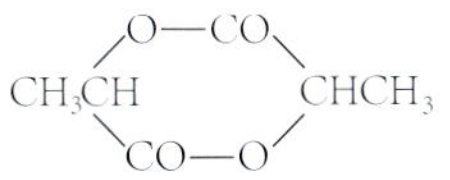

左旋乳酸可由葡萄糖经乳酸杆菌发酵产生，外消旋乳酸可由酸牛奶中提取或合成制得。乳酸广泛用作食品工业的酸性调味剂。它的酸性较强，医药上用作防腐剂；还可作皮革生产的除钙剂。乳酸钙是医药上的补钙剂；乳酸酯是硝酸纤维素的溶剂。

乳酸细菌 lactic acid bacteria 可发酵糖产生乳酸的细菌的统称。

已发现的乳酸细菌在分类学上至少有24个属。其中较为重要的有乳杆菌属、双歧杆菌属、明串珠菌属、链球菌属等。其中乳杆菌属已发现60多个种，分布广泛，很少有致病菌，与人类关系密切，是人、动物胃肠道的正常菌群，如嗜酸乳杆菌吸附在肠壁上可防止致病菌在那里生存繁殖。乳杆菌用于食品发酵以及微生态制剂、发酵饲料、青贮饲料和饲料添加剂的制作。工业生产乳酸中乳杆菌属细菌也占重要地位，最常用的是德氏乳杆菌德氏亚种、干酪乳杆菌等。

双歧杆菌属中现有30多种，分离自人体的有12种，其中3种来自人齿，9种分离自人的肠道粪便。

明串珠菌属现有8种3亚种，大多见于水果、蔬菜和蔬菜的发酵过程，以及牛奶和乳制品及其起始培养物中。有的菌株分离自糖液，如肠膜明串珠菌的一些菌株可利用蔗糖生成葡聚糖。

链球菌属细菌包括口腔链球菌和医学链球菌。前者有20种。它们栖息于人的口腔和呼吸道、尿殖道和肠道中，除了构成正常菌群外，也包括条件致病菌。

乳糖 lactose D-半乳糖和D-葡萄糖缩合失水，通过β,1→4糖苷键连接而形成的双糖，分子式$C_{12}H_{22}O_{11}$。系统名4-O-β-D-半乳吡喃苷基-D-葡萄吡喃糖。哺乳动物乳汁中主要的糖，人乳含乳糖5%～7%，牛乳含4%。一般情况下获得的乳糖晶体为α-D-型，93.5℃以上析出的晶体则为β-D-型：

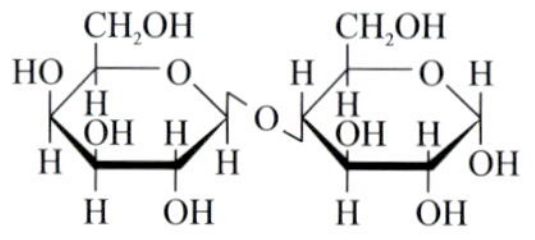

α-D-乳糖

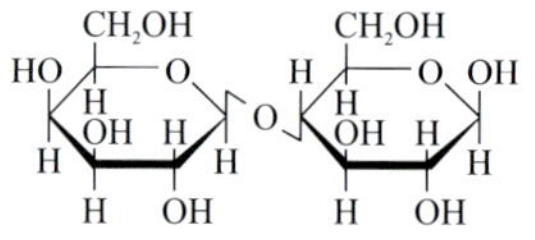

β-D-乳糖

α-D-乳糖在水中溶解度小，味不甚甜，具有还原性，能形成糖脎，有变旋光现象，比旋光度$[\alpha]_D^{20}$平衡值为+52.6，熔点252℃。β-乳糖比α-乳糖甜，在水溶液中也呈现变旋光现象。在体温37℃下人乳中含有的乳糖是2份α-乳糖和3份β-乳糖的平衡混合物。人肠道中有乳糖酶，可将乳糖分解为葡萄糖和半乳糖而吸收利用。工业上，一般由牛乳乳清制备乳糖。用于生产婴儿食品、糖果、人造奶油等。食品工业中酸奶的制备，主要是利用嗜酸乳杆菌发酵乳糖产生乳酸，构成酸奶的主要酸味成分。

乳腺 mammary gland 哺乳动物皮腺的一种。汗腺的变形物。虽雌雄都有，但雄性只有痕迹。雌性个体乳腺能分泌乳汁，哺育幼儿。

乳腺的结构 母牛的乳房有四个乳腺区，母羊有两个乳腺区，母猪在其腹正中线两侧共有8～16个奶包，每个奶包中各有两个乳腺区。所有乳腺区都各自独立，互不相通。每一乳腺区都包括腺组织和间质两大部分。腺组织又包括乳腺泡和乳导管系统。间质则是指腺组织周围的结缔组织和脂肪组织。此外，还分布有丰富的神经纤维。乳腺泡是生乳的主要部位，乳导管系统则是储乳和排乳的主要部位，它们随性周期的发生而不断发育。不过，它们都只在母畜妊娠期才能得到充分发育，并开始出现各自的功能。

在单孔类，乳腺开口处稍微凹下而成乳囊。其他哺乳动物在乳腺开口处常突出成乳头。乳头可分真乳头和假乳头两种。例如有袋类、啮齿类和猿猴类等动物，乳腺开口在乳头的表面，称为真乳头。又如反刍动物和食肉类等动物，其乳头前端只有一开口，内通有长的乳管，各乳腺开口于乳管的底部，这种乳头称为假乳头。

乳汁的生成 母畜妊娠后，乳导管的数量随即不断地增多，及妊娠后期，每一微小乳导管的末端形成乳腺，并迅速在乳腺内出现空腔，成为乳腺泡。临产前，构成乳腺泡的分泌上皮开始具有泌乳能力，到了分娩后，乳腺泡便开始大量泌乳。

乳腺泡泌乳时所需的原料全部来自血液。据研究，每生成1升乳汁，大约需要500升左右的血液流经乳房。这些血液主要是通过胸部外动脉进入乳房的。乳腺泡的分泌上皮可把血液提供的原料，分别合成为乳中的蛋白质、乳糖和乳脂。此外，乳腺泡的分泌上皮还可选择性地吸收血液中的少量免疫球蛋白和血清白蛋白，以及维生素、无机盐等。

乳腺的分泌 乳腺是哺乳动物的皮肤腺或外分泌腺，它来自外胚层。哺乳动物通过乳腺将合成的营养物质和抗体，转移给初生仔畜，保证其发育和成长。动物乳腺在大量分泌乳汁前，乳腺的生长和发育称为乳腺发育，发育越充分，增殖的乳腺上皮细胞越多，泌乳期的产奶量越高。影响乳腺发育的激素有雌激素、孕酮、甲状腺素、泌乳素（PRL）和生长素（GH）。分娩时的大量分泌乳汁称为泌乳或生乳，受激素的控制。孕酮在妊娠期能抑制泌乳，分娩前孕酮的突然降低和泌乳素出现分泌峰，引起大量泌乳。泌乳的维持受几种激素的控制，其中生长素的作用最为显著。

乳腺癌 breast, cancer of 女性乳腺最常见的恶性肿瘤。也是女性最常见的恶性肿瘤之一。主要表现为乳房内肿块，往往具有质地较硬、边界不清、表面可能不光滑的特点。发病原因与环境、遗传、内分泌、营养等因素有关。男性乳腺癌偶见，预后更差。

临床表现 乳腺癌最常发生在乳房的外上象限（45%～50%）。其次是乳头、乳晕区（15%～20%）和内上象限（12%～15%）。最早的表现是乳房内出现无痛、单发的小肿块，肿块质硬，表面不光滑，与周围组织界限不清及不易推动。晚期癌块表面皮肤呈橘皮样凹陷（见图），乳头被牵向癌块方向，有时可有皮肤溃疡，腋窝或锁骨下淋巴结肿大、变硬。

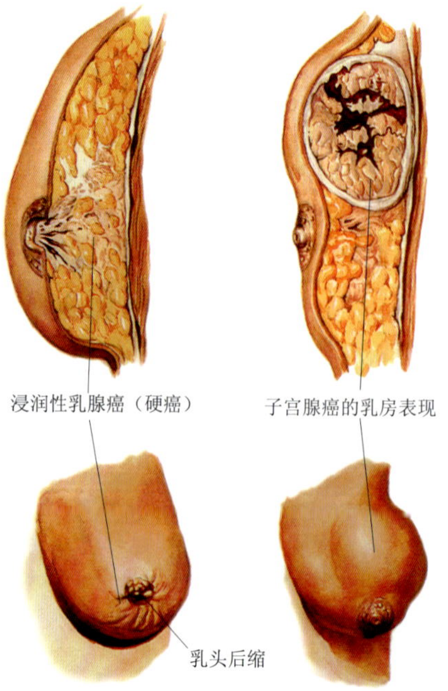

乳腺癌的临床表现

直接蔓延或淋巴结转移是乳腺癌最常见的扩散方式；血行转移多见于晚期肺转移，其他如骨、胸膜、肝、脑及卵巢亦可见到。

诊断 主要根据体检、乳腺X射线摄影、针吸细胞学检查和组织学检查。体检或X射线检查有可疑发现时，应及时进行细胞学或组织学检查。

临床分期 分为四期。以下原发肿瘤为T；区域淋巴结为N；远处转移为M。

Ⅰ期（T_0）：乳房内无可扪及的肿瘤。Ⅰ期（T_1）：肿瘤最大直径≤2厘米；有或无与胸大肌粘连。Ⅱ期（T_2）：肿瘤最大直径>2～5厘米；有或无与胸大肌粘连。Ⅲ期（T_3）：肿瘤最大直径>5厘米，或肿瘤为多发性；有或无与胸大肌粘连。Ⅳ期（T_4）：肿瘤不论大小但侵犯皮肤或胸壁（肋间肌、肋骨、前锯肌）。

N_0：未触及同侧腋淋巴结。N_1：触及同侧腋淋巴结。N_2：同侧腋淋巴结有粘连或固定。N_3：同侧锁骨上或锁骨下淋巴结肿大，或上肢水肿。

M_0：无远处转移。M_1：有远处转移。

治疗及预后 乳腺癌的治疗仍以早期手术治疗为主，辅以放射、激素、化学治疗等。常用的化疗药物如蒽环类、紫杉类、环磷酰胺、氟尿嘧啶等。未治疗乳腺癌的自然生存期平均为36～40个月。手术治疗后的10年生存率为Ⅰ期70%～80%，Ⅱ期40%～50%，Ⅲ期20%～30%。

乳制品 milk product 以生鲜牛（羊）乳及其制品为主要原料，经杀菌、浓缩、干燥、发酵等工艺制成的供人直接食用或作为其他食品配料与原料的产品。依据组织状态、理化性质、营养成分、制造工艺分成七类：①液体乳类。包括杀菌乳、灭菌乳、酸牛乳和配方乳等。②乳粉类。包括全脂乳粉、全脂加糖乳粉、脱脂乳粉和调制乳粉等。③炼乳类。包括全脂无糖炼乳、全脂加糖炼乳、调味炼乳和配方炼乳等。④干酪类。包括原干酪和再制干酪。⑤乳脂肪类。包括稀奶油、奶油和无水奶油等。⑥乳冰淇淋类。包括乳冰淇淋和乳冰等。⑦其他乳制品类。包括干酪素、乳糖、乳清粉和浓缩乳清蛋白粉等。

乳状液 emulsion 一种液体以液珠的形式分散在与其不相溶的另一种液体中所形成的分散系统。又称乳浊液。液珠称为分散相（或不连续相），另一相液体称为分散介质（或连续相）。乳状液一般不透明，呈乳白色。乳状液一般由水和与水不相溶的有机液体（通称为油）组成。根据分散相和连续相不同，可分水包油和油包水两种类型。前者油是分散相而水是连续相，表示为油/水型或o/w型；后者水是分散相，油是连续相，表示为水/油型或w/o型。

乳状液的液珠直径一般大于100纳米，属于粗分散系统，具有很大的比表面，是热力学不稳定的多相系统。制备乳状液时，除了要有两种不混溶的液体外，还必须加入第三种物质——**乳化剂**。乳化剂可以是表面活性剂、合成或天然的高分子物质或固体粉末，但最常用的是**表面活性剂**。

乳状液在工业、农业、医药和日常生活中都有极广泛的应用。牛奶、冰淇淋、雪花膏、橡胶乳汁、原油等均属乳状液。

入赘 uxorilocal marriage 男子就婚于女家并成为女方家庭成员的婚姻形式。俗称招养老女婿或招婿。原是一种母系家族婚制，是从妻居、服役婚的古婚遗俗的发展。男子入赘的主要原因是家贫，无力娶妻，只能以身为质到女家完婚，或是女方需要劳力，需要养老接代。秦汉时，入赘形式具有“赘婿服役”的性质。宋以后，入赘变为“赘婿补代”、“赘婿养老”性质，女家没有男性子嗣，招婿上门接续宗祧，补充劳力，并赡养女家老人。赘婿也有改为妻姓与不改姓两种形式。现代男女平等，男到女家落户者，大多出于日常生活、住房、养老等需要，社会舆论已不再对此非议。

褥疮 bedsore 因身体某些部位长期受压，因局部血液循环不良，组织营养缺乏造成的坏死、溃疡现象。长期卧床的患者因翻身不便，长期处于一种体位，易发生褥疮。以骶尾部、臀部及足跟部最常见。初期局部充血水肿，呈境界清楚的红斑，并可出现水疱，因局部血管受压，血液供应不足，受轻微外伤即溃破，进而成为溃疡。严重者溃疡呈凿状，可深达骨膜，自觉疼痛，褥疮易继发感染。发生绿脓杆菌感染时脓液呈绿色，处理困难。预防：加强对长期卧床者的护理，改善受压部位的血液循环。已出现溃疡者则按外科伤口处理，每天清洗、换药。此外，加强支持疗法，注意营养，纠正低蛋白血症等。

阮 ruan 中国拨奏弦鸣乐器。据东汉傅玄《琵琶赋》序载，当时乐工参照琴、筝、筑、箜篌等乐器，创制出圆形音箱、直柄、12品位、4弦的乐器，古称秦琵琶或汉琵琶。唐代**武则天**时发展为13品，改称阮咸。宋代简称为阮。现经改革，发展为24品，并有大阮、中阮、小阮、低阮4种形制。民间流行的阮定弦不统一。民族乐队中的大、中、小阮均五度关系定弦，小阮C、g、d^1、a^1，中阮G、d、a、e^1、大阮C、G、d、a，低音阮以四度关系定为E_1、A_1、D、G。它们的常用音域是：小阮C～a^3，中阮G～e^3，大阮C～a^2，低音阮E_1～e。历史上阮常与其他乐器合奏。现代的阮是民族乐队和戏曲乐队中的常用乐器，并用于独奏。

小阮、中阮和大阮

阮大铖 Ruan Dacheng（1587～1646） 中国明末戏曲作家。字集之，号圆海，又号石巢、百子山樵。怀宁（今属安徽省）人。万历四十四年（1616）进士。依附**魏忠贤**。明亡后，与马士英迎立福王，打击东林、复社诸人。南京破后降清，随清军攻仙霞关时死于道途。阮大铖作传奇9种，现存《春灯谜》、《燕子笺》、《双金榜》和《牟尼合》，世称《石巢四种》。代表作《燕子笺》作于崇祯十五年（1642），写唐代士人霍都梁与名妓华行云及礼部尚书郦安道之女飞云的爱情故事。《春灯谜》作于崇祯六年（1633），写士子宇文彦一家的悲欢离合故事。阮大铖剧作的艺术风格以前两种为代表，虽思想平庸，但曲词工丽，加之作者精通舞台艺术，常用误会、巧合手法推动情节，有较好的演出效果，旧时颇为流行。

阮冈纳赞 Ranganathan, Shiyali Ramamrita（1892-08-09～1972-09-27） 印度图书馆学家、教育家。生于马德拉斯邦（今泰米尔纳德邦），卒于班加罗尔。早年攻读并教授数学。1924年任马德拉斯大学图书馆馆长后，去英国考察近百个图书馆，并进入伦敦大学图书馆学院学习。1925年回国继续担任马德拉斯大学图书馆馆长至1944年。1945～1947年任巴纳拉斯印度大学图书馆长兼图书馆学教授。1947～1954年任德里大学图书馆学教授。曾任印度图书馆协会主席，印度标准学会文献工作委员会主席、国际文献联合会副主席及分类委员会主席等职。他编制了冒号分类法，研制成功链式索引，提出了著名的“图书馆学五定律”。著有《图书馆学五定律》、《图书分类法导论》等。

阮公欢 Nguyễn Công Hoan（1903-03-06～1977-06-06） 越南作家。北宁文江人。1926年河内师范男校毕业后曾执教。1954年以后成为专业作家。作品涉猎较广，笔触深邃，语言洗练。代表作《最后的道路》揭露了殖民主义者与地主勾结的罪恶。除小说外，还写回忆录、文学评论等，尤以短篇讽刺小说见长。短篇小说《男角四下》（1935）在当时的越南文坛引起强烈反响，成为1935～1936年间“为艺术而艺术”派和“为人生而艺术”派大辩论的题材。主要作品还有长篇小说《女教师阿明》（1936）、回忆录《我的写作生涯》（1971）等。

阮籍 Ruan Ji（210～263） 中国三国时期曹魏末年诗人。字嗣宗。陈留尉氏（河南开封）人。阮瑀之子。曾任步兵校尉，世称阮步兵。思想上崇奉老庄；政治上采取谦退冲虚、谨慎避祸的态度。他与**嵇康**、向秀、刘伶等6人为友，常集于竹林之下肆意酣畅，世称“竹林七贤”。

阮籍是“正始之音”的代表。他的《咏怀》82首是十分有名的抒情组诗。其中有些诗反映了诗人在险恶的政治环境中，在种种醉态、狂态掩盖下的内心的无限孤独寂寞、痛苦忧愤。有些诗流露出诗人害怕政治风险，希冀避世远祸的思想；有些诗借古讽今，寄托了对时政的抨击或感慨，表现了诗人对国事的关切；还有些诗嘲讽了矫揉造作的虚伪的礼法之士。总的来说，阮籍的《咏怀》诗以“忧思独伤心”为主要基调，具有强烈的抒情色彩。在艺术上多采用比兴、寄托、象征等手法，因而形成了一种“悲愤哀怨，隐晦曲折”的诗风。

除诗歌之外，阮籍还长于辞赋和散文。今存赋6篇，其中述志类有《清思赋》、《首阳山赋》，表现了作者超凡绝尘清虚自守的精神境界；咏物类有《鸠赋》、《猕猴赋》，借咏物抒发了自己的惧祸心情，讽刺了虚伪的“礼法之士”。另存散文9篇，其中最长最有代表性的是《大人先生传》。文章借着给“大人先生”立传的机会，激烈地抨击了统治阶级的“礼法”制度，宣泄了内心的积郁，寄托了自己不与物交、神游自得的意趣。

《隋书·经籍志》著录阮籍集13卷，已佚。明代张溥辑《阮步兵集》，收入《汉魏六朝百三家集》。近人黄节有《阮步兵咏怀诗注》。

阮晋勇 Nguyễn Tấn Dũng (1949-11-17～) 越南政治家。越共中央政治局委员、越南政府总理。生于越南金瓯省泰平县。1967年加入越南劳动党。1961年参军，曾任团政委、坚江省军事指挥部干部部长。1981～1994年历任越共坚江省委组织部副部长、常务副书记、省人民委员会主席、省委书记，并在阮爱国高级党校学习。1991年在越共七大上当选中央委员。1995年1月至1996年5月任内务部副部长。1996年6月在越共八大上当选政治局委员、常委，任中央经济部部长。1997年9月任政府常务副总理。1998年4月起兼任国家银行行长。2001年4月在越共九大上再次当选政治局委员。2002年8月连任政府常务副总理。2006年4月在越共十大上连任政治局委员，同年6月在越南第11届9次国会上当选政府总理，2007年7月第12届国会上当选并连任。2006～2010年先后6次来华访问。

阮玲玉 Ruan Lingyu (1910-04-26～1935-03-08) 中国电影演员。乳名凤根，学名阮玉英。原籍广东中山。生于上海，卒于上海。1926年考入**明星影片公司**当演员，改名阮玲玉，并先后主演《挂名的夫妻》、《血泪碑》、

《白云塔》等影片。1928年主演过《劫后孤鸿》等武侠片。其后有《故都春梦》、《野草闲花》、《三个摩登女性》、《神女》、《新女性》等影片。其中，《神女》是她的代表作，也是中国无声片时期表演艺术的高峰。阮玲玉从影10年，拍了29部影片，是同时代拥有最多观众的电影演员。

阮明哲 Nguyễn Minh Triết (1942-10-08～) 越南政治家，越南共产党中央政治局委员、越南国家主席。生于平阳省边吉县富安乡。1960～1973年参加南方革命活动。1974～1987年在胡志明共产主义青年团中央工作，曾任团中央书记、青年联合会副主席，并在阮爱国高级党校学习。1988年1月至1996年12月，历任越南劳动党小河省省委委员、副书记、书记，其间1991年6月在越共七大上当选中央委员，1996年6月在越共八大上连任中央委员。1997年1月任越共胡志明市市委副书记。同年12月在越共八届四中全会上当选政治局委员。1998～1999年任越共中央民运部部长。2000年1月至2006年6月任胡志明市市委书记，并在2001年4月越共九大和2006年4月越共十大上当选政治局委员。2006年6月在第11届第9次国会上当选国家主席，2007年7月第12届国会上当选并连任。1995年4月率小河省代表团访华，2000年7月率越南共产党代表团访华，任国家主席后于2007年5月访华。

阮文灵 Nguyễn Văn Linh (1915-07-01～1998-04-27) **越南共产党**领导人。生于越南北方兴安省，卒于胡志明市。又名阮十菊。1930年参加革命。同年被捕，被判无期徒刑，流放昆仑岛。1936年特赦获释，后加入印度支那共产党，在海防、河内等地从事党的地下活动。1960年在越南劳动党第三次全国代表大会上，当选中央委员。抗美战争期间，任南方局副书记兼党在越南南方民族解放阵线中的副代表。1976年当选越南共产党中央政治局委员、书记处书记，兼任胡志明市市委书记至1977年。后任越南总工会主席（1978～1980）。在1986年举行的越共第六次全国代表大会上，当选党中央总书记。主张走革新开放的道路。后任中央顾问。

阮攸 Nguyễn Du (1766-01-03～1820-09-16) 越南作家、诗人。字素如，号清轩，又号鸿山猎户、南海钓徒。11岁丧父，13岁丧母，在同父异母的兄长家中长大。其家族在黎朝政治生活中地位重要。其父兄叔侄大多有作品行世，形成“鸿山文派”，享誉文坛。1784年参加乡试，中三场，从此入仕途，经历曲折。1813年出使中国，归国后晋职。1820年又奉命出使中国，未成行即辞世。代表作《**翘传**》至今仍为

《翘传》插图

越南文学名著。喃字作品还有《招魂文》等，汉文诗有《清轩前后集》、《南中杂吟》等。1965年被世界和平理事会列为世界文化名人。

阮元 Ruan Yuan (1764～1849) 中国清代嘉庆道光大臣、学者。字伯元，号芸台。江苏仪征人。乾隆进士。乾隆、嘉庆、道光间，历任浙江、河南、江西巡抚及漕运、湖广、两广、云贵总督。道光十八年（1838）以体仁阁大学士致仕。二十九年卒。谥文达。其学平实精详、所涉甚广，尤长于治经及文字训诂。身历乾嘉汉学鼎盛之时，敦崇经史之学，主持编刻图书，颇多提倡之力。乾隆末，参与编纂《石渠宝笈》，校勘《石经》。

嘉庆间，先后在浙江建诂经精舍，在广东建学海堂，聘请名儒，培养人才。主持撰成《经籍纂诂》106卷、《十三经校勘记》243卷，以及《积古斋钟鼎彝器款识》、《山东金石志》、《两浙金石志》等。又创编清史《儒林传》、《文苑传》及《畴人传》，重修《浙江通志》、《广东通志》。并购进四库未收古书一百数十部，每得一书，则仿《**四库全书总目**》撰《提要》一篇。道光初，集清代前期诸家经说，汇为《皇清经解》180余种，凡1 400余卷。一时知名学者著述，多赖以刊行。自著为《揅经室集》。

阮章竞 Ruan Zhangjing (1914-01-31～2000-02-11) 中国现代诗人、剧作家。笔名洪荒。广东中山人。卒于北京。13岁当学徒。20岁失业流浪到上海。1937年到太行山抗日根据地工作多年，并开始文学创作。曾任地方抗日游击队政治指导员，八路军太行山剧团艺术指导员等职。1947年起任太行文联

戏剧部部长、中共太行区党委文委委员。中华人民共和国建立后，任中共中央华北局文艺处长、中国作家协会青年作家工作委员会主任、《诗刊》副主编等职。著有长诗《圈套》、《白云鄂博交响诗》，童话诗《金色的海螺》（获1980年全国少年儿童文艺创作一等奖），组诗《新塞外行》、《乌兰察布》，诗集《虹霓集》、《迎春橘颂》、《勘探者之歌》、《阮章竞诗选》。还著有话剧《未熟的庄稼》、《糠菜夫妻》，歌剧《赤叶河》（1947）等。他的诗作善于吸取民歌营养，并结合古典诗歌的韵味，诗风清新明快、朴实豪放、想象丰富。采用民间歌谣形式写成的《漳河水》（1949）是他的代表作，通俗流畅，是他实践新诗民族化、大众化的可贵收获。

阮廌 Nguyễn Trãi (1380～1442-09-19) 越南诗人、军事家和政治家。又名黎廌，号抑斋。河东上福（今河西常信）人。汉文功底深厚。20岁试中太学生（进士）。1407年其父为明军所俘，阮廌送其父至镇南关（今友谊关）后返回东关（今河内）时被明

军软禁多年。1418年投奔黎利参加蓝山起义。1428年黎利称帝（黎太祖）后为黎朝开国功臣。黎太祖死后，曾辞官回昆山清虚洞隐居，后又被启用。1442年黎太宗出巡归途中暴亡，受诬陷被处死。黎圣宗时冤案得以昭雪。作品很多，不少因蒙冤散失。现存汉文著作有《蓝山实录》、《抑斋诗集》等。他编选的《国音诗集》收入喃字诗254首，是越南现存最早的一部字喃诗集。1980年被联合国教科文组织列为世界文化名人。

软产道损伤 laceration of birth canal 分娩过程中，软产道（子宫下段、子宫颈、阴道、会阴）发生的裂伤。按部位分别称为子宫破裂、宫颈裂伤和会阴阴道裂伤。以会阴阴道裂伤最常见。原因为分娩过程中骨盆狭窄、胎位不正造成梗阻性难产或使用催产素不当造成子宫破裂；宫颈口未开全时产妇用力屏气，宫缩过强或阴道手术助产造成宫颈裂伤；产程过快、胎儿过大或接产时保护会阴手法不当造成会阴裂伤。产后经仔细检查软产道，可以确诊。一旦确诊，应立即手术缝合。

软骨 cartilage 由软骨细胞、基质及纤维构成的结缔组织。根据无定形基质的数量和包埋在其中的胶原纤维、弹性纤维的数量多少，可将软骨分为三种：透明软骨、弹性软骨和纤维软骨。其中最普遍最典型的是透明软骨，可以把另两种看成是它的变型。和其他结缔组织不同，软骨没有它们自己的神经和血管。因此，其基质的胶体性质对细胞的营养供应很重要，同时在很大程度上决定着软骨的坚实性和韧性。软骨有迅速生长的能力，同时又保持相当程度的硬度，使得它成为胎儿最适合的骨骼物质。大多数的躯干骨骼和四肢骨骼都首先形成软骨形式，后来才被骨所代替。

软骨鱼纲 Chondrichthyes 脊椎动物亚门鱼类一纲。下分板鳃亚纲和全头亚纲2亚纲。世界上有13目49科158属约837种，中国有13目40科90属约202种。软骨鱼纲鱼类的内骨骼完全由软骨组成，常钙化，但无任何真骨组织；外骨骼不发达或退化，体常被盾鳞。脑颅为原颅，上颌由腭方软骨组成，下颌由梅氏软骨组成。鳃孔每侧5～7个，分别开口于体外；或鳃孔1对，被以皮膜。雄鱼腹鳍里侧有交配器的鳍脚。肠短，具螺旋瓣。心脏动脉圆锥有数列瓣膜。无鳔。无大型耳石。泄殖腔或有或无。卵大，富于卵黄，盘状分裂，体内受精。卵生、卵胎生或胎生。分布于低纬度海洋，个别栖息淡水。

软坚散结 softening and resolving hard mass 中医临床上治疗痰浊瘀血等结聚而形成结块诸证的治法。属治疗八法中的消法之一。有使结块由硬变软、逐渐消散的作用。软坚散结法适用于瘰疬、瘿瘤以及各种积块等。常用的软坚散结药物有浙贝母、牡蛎、夏枯草、连翘、海藻、昆布、天花粉等。另外，一些活血祛瘀的药物也有软坚散结的作用，如大黄、䗪虫等。代表方剂如治疗瘰疬的消瘰丸等。积块日久、不易消除时也常配以软坚散结方法治疗。

临床上注意软坚散结为祛邪的治法，正气虚时慎用，必要时可配以扶正方法治疗。

软件 software 计算机系统中的程序及其文档。见计算机软件。

软件产业 software industry 研制和销售一种指导计算机工作程序的信息产业。程序是由程序员用计算机语言写成的序列。随着计算机的发展与普及，人类编制和运行了大量软件。就种类看，除操作系统、中文平台等基础软件外，还有支撑软件、嵌入软件、中间件，以及电子排版、财务会计、数据库管理等各种应用软件。信息产业发展的历程表明，由硬件为主开始，转向以软件为主，而后又转向服务为主。软件产业包括套装软件生产业和软件编程服务业。前者是研制基础操作系统和专业性应用软件包的，后者是提供各种应用软件服务的。世界各国政府在发展信息产业的过程中，无不把软件产业的发展放到突出位置上。有些国家如印度、爱尔兰、以色列等还以发展软件业为突破口，来提升国家的经济实力。中国政府高度重视振兴软件产业问题，指出加快软件产业发展要根据国情、发挥后发优势。中国的软件产业从20世纪90年代开始出现了快速发展态势。至2007年底软件企业已增到几万家，其中非国有的中小企业居多数，但也有北大方正电子有限公司、中国计算机软件与技术服务总公司、用友软件股份有限公司等若干大型软件企业集团，并有10多个经国家批准的软件产业基地（如北京中关村软件园、广州天河软件园等），显示出软件硬件化、软件集成电路化、软件系统化、软件项目化等特点。

中国国家级软件产业基地——上海浦东软件园鸟瞰

软科学 soft science 综合运用自然科学、社会科学、数学和哲学的理论和方法，探讨经济、教育、科学、技术、管理等社会环节内在联系及其发展规律的学科的总称。由日本学者提出借用计算机软件之意得名。包括管理科学、科学学、预测学、决策科学、科学技术论、技术经济学等学科。相对于研究物质设备的技术知识体系的硬科学，软科学是研究技巧、信息、组织和领导的知识体系。与传统的硬科学比较有三个明显的区别：①侧重研究人和社会因素在自然现象和科技项目中的作用，而不是单一地以某个自然或社会现象作为研究对象，即研究对象具有广泛性、复杂性。②研究方法具有综合性和跨学科性，主要采用系统分析法，物理模型和数学模型，多元、多值、多测度的网络分析等。③研究目的是为领导决策的科学化和制定政策的科学化服务，研究成果紧密结合实际，具有明确的实践价值和相当的政策性。软科学是新兴的决策科学，其研究已成为决策过程中的重要环节，显示出新科技革命时代决策观念和方法的变革。

软流层 asthenosphere 位于岩石层之下的地幔物质壳层。黏度较小，可以沿水平方向流动。地质学常称软流圈。“软流层”概念的提出与岩石层板块构造说有密切的关系。软流层位于岩石层之下，它的黏度比岩石层小，具有可流动性，岩石层板块可以在其上作相对运动。

软锰矿 pyrolusite 化学成分为MnO_2，属四方晶系的氧化物矿物。金红石型结构，与正交（斜方）晶系的拉锰矿成同质多象。发育良好的柱状晶体称黝锰矿，但罕见。集合体呈块状、土状、肾状，有时具放射纤维状构造（见图）；呈树枝状者见于岩石裂隙面上，习称假化石。通常呈钢灰色或铁黑色。条痕黑色。金属光泽。土状软锰矿的莫氏硬度1.5～2.5，密度4.7～5.0克/厘米^3。显晶质的软锰矿硬度高达6～6.5，性脆；密度为5.1克/厘米^3。解理完全。软锰矿含锰量达63.2%，是提炼锰的重要矿石矿物。除在冶金、化工、电子、玻璃行业得到广泛利用外，在环保领域还用作净化催化剂。在强烈氧化条件下形成，主要在沼泽、湖底、海底和洋底形成沉积矿床，以及在矿床氧化带、岩石风化壳里产出。南非、乌

放射状软锰矿

克兰、俄罗斯、加蓬、巴西、印度、澳大利亚为世界主要产地。中国湖南、四川、广西、辽宁等地锰矿床中也盛产软锰矿。

软木 cork 木栓形成层发达的栓皮栎树等树干外皮经加工的产物。又称栓皮。主产于西部地中海沿岸的葡萄牙、西班牙等国，产皮树种是欧洲木皮栎。中国年产量约5万吨，产皮树种主要为栓皮栎。树龄在20年以上，胸径大于20厘米时即可进行第一次剥皮，称初生皮，较薄；以后每10～20年再剥，所得的皮称再生皮，较厚。树木寿命可达150年以上。

软木密度约0.24克/厘米^3，质轻而富有弹性，具有不透气、不透液、吸音、隔热、耐腐蚀、耐磨、无毒、无味和具有一定的阻燃性等优点。软木用途广泛，常见的有软木塞、软木片、低压静密封垫、防震垫等。经特殊加工的软木片，可仿造出大理石、花岗石、樱桃木等的花纹，具装饰性，覆贴于墙面、地面，使室内环境变得柔和有弹性。作为装饰材料适用于别墅、宾馆、图书馆等场所。

软珊瑚目 Alcyonacea 刺胞动物门八放珊瑚亚纲的一目。统称软珊瑚。已知有1 000多种，大部分生活在热带和亚热带浅海区，少数种类分布在温带、寒带和深海区，最大栖息深度8 610米。群体形态多样，有块形、蘑菇形以及宛如花草的分枝植物形。

软珊瑚群体的基部称柄部，无水螅体；上部称冠部，布满水螅体。水螅体嵌于共肉中，并能从中伸出到群体表面之上，有些群体的水螅体不能收缩。水螅体和群体通常都具有许多钙质骨针。深水种类所含的骨针常较浅水种类多，因而身体没有浅水种类柔软。骨针形状随种类而异，在软珊瑚属中，一般为长纺锤形或棒形；在异花软珊瑚科中，骨针小而薄，卵圆形。在硬轴柳珊瑚亚目和全轴柳珊瑚亚目的珊瑚群体中，许多骨针则融合成骨轴。

软珊瑚的颜色非常美丽，常见的有红、橙黄、绿、紫、褐等色。有些软珊瑚是建造珊瑚礁的重要种类。

软舌螺 hyolithoid 绝灭的一类小型海生有壳的无脊椎动物。化石一般保存锥壳、口盖和附肢3个部分，外壳为钙质成分，两侧对称。锥壳呈细长锥形，大小在1～150毫米，横切面为圆形、三角形、梯形、心形等，壳体常有背腹之分，顶部有口，口缘平或有口唇。口部覆盖有低锥状口盖，口盖与口壳之间有一对附肢。锥壳的始部呈锥形、柱形、球形。壳面光滑或饰有粗细不一的纵横向纹饰。根据有无口唇将软舌螺门（或纲）分成直管螺纲（或目）和软舌螺纲（或目）两个纲(或目)。软舌螺被应用于寒武—奥陶纪地层的划分和对比，在寒武纪建阶划带中起着标准化石的作用。

软水 soft water 不含或仅含少量钙、镁等的可溶性盐的天然水或软化水。软化水为经过处理将硬水中钙、镁等盐的含量降低至5～50毫克/升后生成的水。

软化水的方法通常有：①化学药剂软化法。在硬水中加入石灰乳和碳酸钠。硬水中的钙、镁以氢氧化镁和碳酸钙析出；或在硬水中加入磷酸三钠或磷酸氢二钠，使钙、镁离子生成磷酸钙和磷酸镁沉淀。此外，在硬水中加入少量三聚磷酸钠($Na_5P_3O_{10}$)，它将和水中的钙、镁离子络合，不再会形成不溶性的钙镁盐类。②阳离子交换法。常用的离子交换剂有人造沸石、磺化煤或聚苯乙烯磺酸钠阳离子交换剂。使硬水通过钠型阳离子交换树脂填充的柱，钙和镁离子交换到树脂上，钠离子进入水中，而钠离子不影响水的硬度。

软水适用于低压锅炉、生活用水和工业用水等。

软体动物门 Mollusca 动物界第二大门。因多有贝壳，又称贝类。海生的称海贝，陆生的称陆贝。有10余万种。分布广泛，从热带、温带到寒带，从海洋到湖河，从平原到高山，乃至动物体内，都有分布。主要特征：①身体柔软，不具有一般无脊椎动物具有的骨骼，故名。②形态特别多样，最大的大王乌贼可达18米，最小的有仅长1毫米的螺类。③具有外套膜及其分泌而成的贝壳。贝壳的数量、形态、花纹和色彩多种多样，是区分种、属、科，乃至纲的重要特征。此门分为无板纲（如龙女簪）、单板纲（如新蝶贝）、多板纲（如石鳖）、腹足纲（如鲍）、掘足纲（如角贝）、头足纲（如枪乌贼）、喙壳纲（如锥乌蛤）、双壳纲（如贻贝）8纲。生存时代自约6亿年前的寒武纪，一直到现代。它们与人类关系密切：①可食用。②供药用。③农业用。④工业用。有些种类危害人类，如钉螺是血吸虫的中间宿主；船蛆、海笋等钻孔生物、附着生物危害海洋船只和海港设施。

软舞 soft dance 中国古代宫廷、士大夫家中的小型表演性舞蹈。属唐代教坊乐舞，与健舞相对称。软舞源于民间，多为独舞或双人舞。舞蹈婉曲柔媚、温馨雅致、妙曼舒缓，间有快节奏舞段。唐代不同时期软舞节目有不同，主要是中原乐舞。《春莺啭》、《屈拓枝》、《绿腰》是软舞中有代表性的作品。软舞在古代舞蹈发展中产生过较大影响。

软下疳 chancroid 由杜克雷氏嗜血杆菌所致一种性传播疾病。早期在男女生殖器部位出现红色丘疹，周围绕以红晕，疼痛明显（见图）。经1～2天后变成脓疱，继而发展成糜烂和溃疡。溃疡在男性单发，疼痛明显；在女性常为多发，疼痛则较轻，溃疡严重时可并发阴道直肠瘘。半数患者早期出现单侧淋巴结肿大，相互融合，质软，疼痛明显，表面皮肤发红，严重时形成脓肿，称为横痃。可伴有轻微全身不适。若不治疗，可持续几周。常用红霉素、阿奇霉素、头孢三嗪或环丙沙星等治疗。

软玉 nephrite 中国传统玉石品种。为透闪石-阳起石系列矿物的纤维状集合体，有时可含微量的绿帘石、透辉石、绿泥石、蛇纹石、磁铁矿等。透闪石和阳起石均属单斜晶系，常见晶形为柱状或纤维状，其集合体软玉具纤维交织结构，加强了颗粒间的结合。因此，软玉质地细腻、韧性好、不易碎裂。莫氏硬度6～6.5。密度2.9～3.1克/厘米^3。因其阳起石中铁含量的增高、微量杂质矿物的存在，颜色加深，有白色、灰白、黄、黄绿、绿、墨绿乃至黑色。玻璃至油脂光泽。半透明至不透明。折射率1.62。按颜色可分为白玉、青玉、青白玉、碧玉、墨玉、黄玉以及多色玉等品种。白玉中洁白细腻滋润宛如羊脂者称羊脂玉，为软玉中上品。软玉原料根据其产出位置常被划分为在原生矿山中产出的“山料”和原生矿经风化搬运堆积于河床中的“仔料”。仔料虽一般块度较小，但质量更好。软玉原生矿床主要形成于接触变质及浅变质作用带。中国是软玉的著名产出国，主

青玉鹤攫天鹅佩

要产地在新疆和田，历史上最为著名，所以又称其为和田玉。此外，四川、台湾亦有软玉产出。国外产地有美国、加拿大、新西兰、澳大利亚等。

软着陆 soft landing 通过减速使返回式航天器的返回器或进入式航天器的进入器在接触地球或其他星球表面瞬时的垂直速度降低到最小值（理想情况为零），从而实现不超过规定过载的安全着陆技术。目的是保证航天员的安全和返回器或进入器上的仪器设备完好无损。为实现软着陆，必须设有专用的着陆系统，使返回器在下降过程中受控减速。进入器进入有大气的星球，可利用大气阻力减速。对于弹道式返回器，降落伞是有效的气动力减速装置，辅以着陆缓冲火箭、缓冲结构或气囊即能实现软着陆。有翼返回器在稠密大气层里可逐步减速，像飞机一样水平着陆。人类在实现了地球软着陆之后，又实现了在月球、金星和火星上软着陆。进入器在无大气的星球上软着陆，须应用制动火箭作为减速的动力并辅以着陆缓冲结构。

返回器或进入器未设置专门的着陆系统减速装置，不减速直接冲撞着陆的方式称为硬着陆。苏联的“月球”2、5、7、8号探测器曾在月球上硬着陆，“金星”3号探测器曾在金星上硬着陆。

朊病毒 prion 一种不含核酸的蛋白质侵染因子。又称朊毒体、毒蛋白、锯蛋白、普里昂。同类病毒、卫星病毒、拟病毒 起列入亚病毒类群。广义而言，朊病毒具有病毒的基本特征，如滤过性、传染性、致病性、株系多样性等。狭义上看，也表现其独特性：①无核酸的蛋白质侵染性。②潜伏期较长，几年或几十年。③热稳定性强，90℃、30分钟不失活性，能耐受高温高压处理。④抗辐射（紫外线和电离辐射）。⑤跨越不同动物界限的传染性，其生命活力不一。⑥亦存在非致病型朊病毒，在酵母中亦有其存在。⑦人体能被感染，此病毒亦与其宿主体内的某一正常基因或其变异形式相关。⑧感染性与其宿主组织受体蛋白紧密相联。

宿主受朊病毒侵染后可引发人畜疾病，如羊瘙痒病、人库鲁病、克－雅二氏病（CJD）、牛海绵状脑病（疯牛病，BSE）等，这些病均系神经性退化疾病。因其严重威胁人类生命，国际上朊病毒研究颇为活跃。

芮城县 Ruicheng County 中国山西省运城市辖县。位于省境西南端，邻接陕西、河南2省。面积1 161平方千米。人口39万（2010）。汉置河北县。西魏置安戎县，北周明帝二年（558）改为芮城县。农作物主要有小麦、棉花，次为玉米、谷子等，产柿、枣、苹果。沿河各乡利用黄河滩开挖荷池，生产白莲藕。矿物资源有磷矿石、大理石、白云石、铜和金等十余种。工业有化工、制药、造纸、建材等。名胜古迹有匼河遗址、永乐宫、风陵渡、西侯度遗址等。

芮杏文 Rui Xingwen（1927-04-01～2005-06-05） 中国共产党中央书记处书记。江苏涟水人。卒于北京。1945年加入中国共产党。曾任江苏滨海中学青年救国会宣传部副部长、中共中央东北局组织部干事、锦西炼油厂机电科科长。中华人民共和国建立后，历任化工部吉林总公司副经理、兰州化学工业公司第一副经理、第七化学工业建设公司经理、北京市国防工业一办副主任、城市规划局领导小组副组长等职。1979年起历任第七机械工业部副部长、航天工业部副部长、城乡环境建设部部长、国家计委副主任。1985年6月任上海市委书记，9月在中共全国代表会议上增补为中央委员。1987年当选中共十三届中央委员、中央书记处书记。1989年6月在中共十三届四中全会上被免去职务。1991年5月任国家计委副主任。1993年3月当选为全国政协八届常委。

蚋 Simuliidae; black fly 双翅目蚋科昆虫的统称。世界已知1 800多种，中国已知250多种。成虫体短粗，长约1.2～5.5毫米，通常黑色，形似蝇，俗称黑蝇。触角短，硬，9～11节，伸出如牛角状。雄蚋复眼大，约与胸部等宽，两眼沿额缝处相接；雌蚋复眼略狭于胸部，两眼被额明显分开。口器为刺吸式；雌蚋吸血，上下颚的末段具锯齿，雄蚋不吸血，上下颚的末段仅具软毛。中胸特别发达，背面隆起如驼背，故又称“挖背”。翅宽阔，膜质透明，无色斑，前缘脉、亚前缘脉、径脉特别粗壮，其上着生有毛或刺和毛。足短，跗节末端有1对爪。

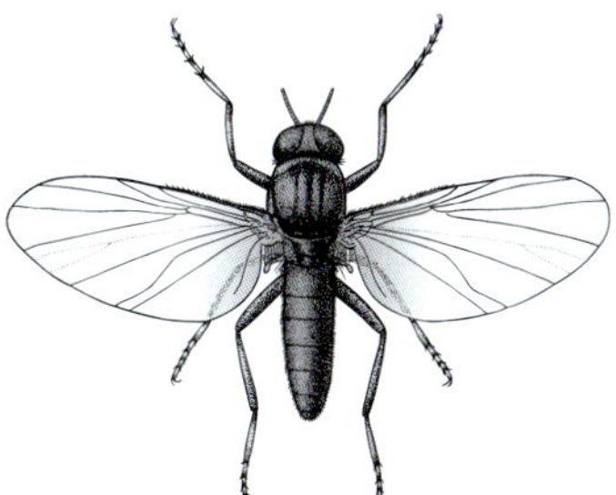

成虫

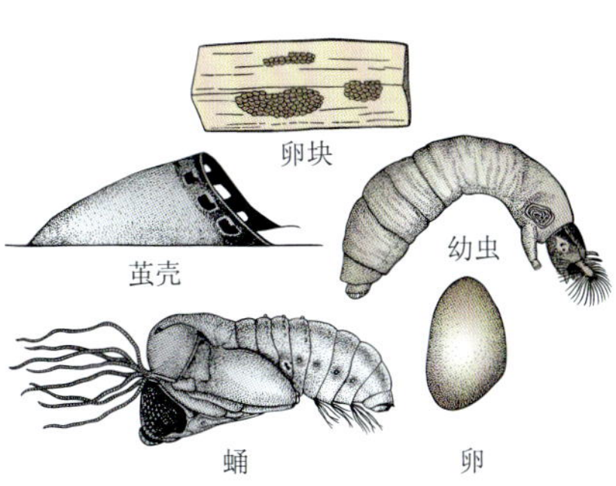

蚋的生长发育示意图

雌蚋产卵在山泉、溪流、河水以及路旁清洁流水沟内的水草、树枝、叶片或石块上。幼虫的形状较特殊，中间细，后端明显膨大，前端略膨大，它们以前胸足和尾吸盘交替附着在物体上进行活动，有时在活动时口内可吐丝涂在附着物上，并有一根细丝粘连虫体与附着物，以适应于在急流的流水里生活。蛹为半裸茧型。

成虫飞行力强，白天活动。在晚春和夏季常大量出现在山区、林区、草原等有泉水、溪流或河流的地方。雄蚋羽化后栖息在岸边植物上，交配后即死亡。雌蚋吸血，交配后大量出现在人畜周围，侵袭人畜。

瑞安市 Rui' an City 中国浙江省辖县级市。在省境东南沿海。面积1 278平方千米。人口142万（2010）。三国吴赤乌二年（239）置罗阳县。吴太平二年（257）改名为安阳县。唐天复二年（902）改名为瑞安县。1981年属温州市。1987年撤县设市。由温州市代管。农作物有水稻、小麦、油菜、甘薯、蔬菜等，是全国商品粮基地之一。为省内养蜂、种蔗、奶牛饲养重点地区之一。沿海产带鱼、墨鱼、黄鱼和梭子蟹等。温郁金、淮山药、龟脚、牡蛎为传统特产。工业有机械、五金、电料、汽车配件、摩托车配件、乳品、罐头、制革、塑料、纺织、服装、化工、制药等。名胜古迹有仙岩、寨寮溪风景名胜区，鹤屿山、牛头颈山、大坪等新石器时代晚期遗址，玉海楼（浙江四大藏书楼之一）、观音寺石塔、利济医学堂旧址、圣井山石殿等。

瑞昌市 Ruichang City 中国江西省辖县级市。位于省境北部，长江中下游南岸，与湖北省相邻。面积1 423平方千米。人口44万（2008）。唐建中四年（783）设赤乌场，五代南唐昇元三年（939）升场为县，定名瑞昌县，寓祥瑞荣昌之意。1989年撤县建市。由九江市代管。金属矿产以金、银、铜为主，有“万两黄金市”之誉。非金属矿产主要有大理石、白云石、方解石、滑石、石灰岩、云灰岩、煤、硫、镁质黏土、高岭土等。盛产水稻、棉花、小麦、油菜子、芝麻、甘薯、茶叶等。工业有冶金、纺织、机械和建材等。名胜古迹有峨嵋溶洞群、青山森林公园、龙口源水区、柳湖公园等。铜岭古矿冶遗址是迄今世界上最早有木支护的采冶遗址。

瑞典 Sweden; Sverige 欧洲北部国家。全称瑞典王国。位于北欧斯堪的纳维亚半岛东部，西邻挪威，东北接芬兰，东濒波的尼亚湾，东南临波罗的海，西南隔卡特加特海峡和厄勒海峡同丹麦相望，面积449 964平方千米。人口938万(2010)。90%为瑞典人，外国移民及其后裔约100万人，北部居住着少数芬兰人和约1万萨米人（曾译拉普人）。官方语言为瑞典语。90%的国民信奉基督教路德宗。首都斯德哥尔摩。

地理 地形主脊是贴近西北边境纵向延伸的斯堪的纳维亚山脉，实际上是一长列块状高原。高原上冰川地貌非常典型；最高峰凯布讷峰，海拔2 117米。山脉东部呈阶梯式下降，第一级是诺尔兰高原，第二级是古老缓倾的丘陵，第三级是海滨平原。国土大部处在北温带，约有15%的土地位于北极圈内。因受北大西洋暖流和波罗的海影响，气候较温和。大部分地区属亚寒带针叶林气候，最南部属温带阔叶林气候。

河流短小湍急，主要河流有约塔-克拉尔河、翁厄曼河与吕勒河共有大小湖泊9.2万个，数量超过号称“千湖之国”的芬兰。内湖总面积达39 030平方千米，占国土8.7%。最大为欧洲第三大湖维纳恩湖。矿产资源以铁矿为主，已探明铁矿储量36.5亿吨，主要分布于北部的基律纳和耶利瓦勒。北部和中部地区有硫、铜、铅、锌、砷等矿，但燃料矿藏贫乏。

历史 海盗时期（9～11世纪）的瑞典人曾在波罗的海地区和东部的俄国建立据点。1100年前后形成统一国家。1155年进攻芬兰，并于1157年将其兼并。13世纪建立起稳固的君主制。1397年与丹麦、挪威组成卡尔马联盟，受丹麦统治。1523年脱离联盟独立，开始走向强盛。1660年对丹麦获得军事上的决定性胜利，根据和约从丹麦取得了目前本国南方的沿海地区，之后一度占领现芬兰、爱沙尼亚、拉脱维亚、立陶宛以及俄国、波兰和德国的波罗的海沿岸地区，成为欧洲的一个大国。18世纪初，逐步走向衰颓。1809年把整个芬兰割让给俄国。1812年参加反法联盟，1814年从丹麦获得挪威，成立瑞-挪联盟。1905年挪威独立，联盟解散。瑞典在两次世界大战中均保持中立。

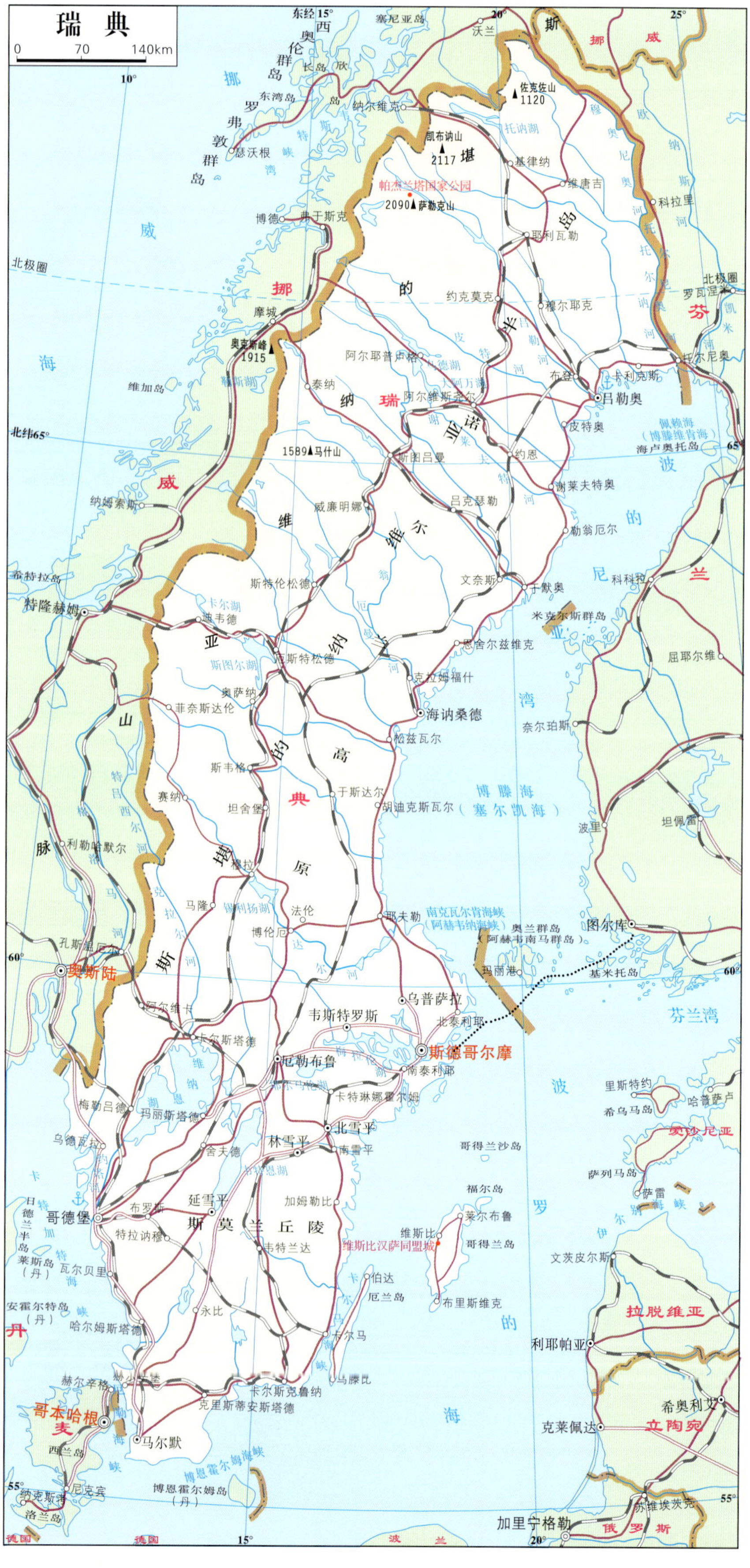

首都斯德哥尔摩市貌

政治 实行君主立宪制，国王是国家元首，议会是国家唯一立法机构，政府是国家最高行政机构。宪法强调政府对议会负责，国王作为国家的象征仅履行代表性或礼仪性职责，不能干预议会和政府工作。国王的长子女为法定王位继任人。

瑞典议会为一院制，共有议员349名，通过大选直接选举产生，任期4年。大选后15天召集新议会首次会议，选出正副议长，议长提名首相，首相得到议会多数信任后组织内阁。

主要政党有瑞典社会民主工党（社民党），温和联合党（又称保守党），人民党（又称自由党），中央党（原名农民协会），左翼党（又称共产党），环境党（又称绿党）等。

经济 实行发达的私营工商业与比较完善的国营公共服务部门相结合的“混合经济”。20世纪50～60年代经济发展迅速。70年代工业向高技术产业方向发展。80年代后期至90年代初经济出现停滞，1994年经济开始回升，后一直保持2%～4%的增长速度。出口增长是促使瑞典经济增速的主要原因。2009年人均国内生产总值33.42万瑞典克朗（约合4.28万美元），属世界最富裕国家之列。货币名称为瑞典克朗。

全国可分为南部、中部和北部三大经济区。中部经济区有全国第一大城市斯德哥尔摩和第二大城哥德堡，分别位于东海岸和西海岸，其经济水平和发展速度均显著领先。南部是全国最温暖的地区，农业生产地位相对突出。北部发展比较缓慢。

工业发达且品种繁多，重工业地位突出。2009年产值占国内生产总值的26.6%，主要有矿业、机械制造业、森林及造纸工业、电力设备、汽车、化工、电信、食品加工等。

农业比重和农场规模都小，但机械化程度和单位产量产值均属世界最高之列。耕地面积约占国土面积的6%，2009年农业产值约占国内生产总值的1.1%，其中畜牧业占农业总产值的80%。

服务业地位重要，2009年产值占国内生产总值比重71.8%。

主要旅游地有首都斯德哥尔摩、北部自然保护区和北极圈内的基律纳、南部的哥德堡和斯科纳省。

有高度发达的铁路网和四通八达的公路系统。2009年铁路总长1.28万千米。2009年公路总长21.6万千米，港口吞吐量1.88亿吨，2008年机场进出港2 807万人次，货运量18.5万吨。

外贸依存度较高，2009年对外贸易额相当于国内生产总值的62%。出口各类机械、运输通信设备、化工及医药产品、纸张纸浆、造纸设备、铁矿石、家用电器、能源设备、石油制品、天然气和纺织品等。主要贸易伙伴有德国、英国、丹麦、法国、挪威、美国等。主要投资对象是美国和欧洲国家，2008年瑞典对外投资2 651亿瑞典克朗。外资主要来自美国、德国、英国和北欧邻国。2006年排名世界500强的瑞典重要公司有：沃尔沃汽车公司、伊莱克斯电器公司、诺迪亚银行等。

2009年瑞典外援额为339亿瑞典克朗，占国内生产总值1%。主要受援国是亚、非国家，南斯拉夫地区等。

文化 实行9年一贯制义务免费教育。小学生毕业后90%直接升入高中。高中毕业后45%直接升入高等学府。全国有各类高校47所（其中综合性大学7所，艺术类院校9所），著名的大学有斯德哥尔摩大学、乌普萨拉大学等。科研和开发工作分散进行，大学和科研所、企业都从事科研和开发工作。主要科研机构有皇家科学院、皇家工程科学院、皇家林业科学院等。主要报纸有《每日新闻》、《瑞典日报》和《晚报》。瑞典通讯社建于1921年。1925年设立了广播股份公司，1993年分为三个独立的广播电视公司。

对外关系 奉行“和平时期军事不结盟，邻近地区发生战争时能够保持中立”政策，承认北约在欧洲安全事务中的主导地位，重视同美国、俄罗斯的关系，视参与联合国事务为外交基石之一。1995年1月1日成为欧盟正式成员国，1997年首次允许北约在本土进行“和平伙伴关系”军事演习，1998年4月，议会批准了欧盟《阿姆斯特丹条约》。在伊拉克问题上反对美、英发动对伊战争，强调重建工作应重新回到联合国框架内。1950年5月9日同中国建交。

瑞典古文石碑 runic 瑞典拥有的，以北欧古文字镌刻的石碑。瑞典的古文石碑极为丰富，约有3 000块之多，其中近半分布在乌普兰省。在基督教传入之前就有人把北欧古文刻在石碑上，到11～12世纪则日益普及。绝大多数碑文只有一句话，如“英瓦尔为先父立此碑”。碑文有时也介绍死者的生平事迹，多以诗的形式写成。这些诗近似古代冰岛诗歌，一般是头韵体，也有一部分用半谐音。这表明古代冰岛诗歌的格律和表现手法在当时的瑞典已为人们所熟知。最珍贵的古文石碑为吕克石碑，高3米多，矗立在乌姆山附近的吕克教堂旁边，上面的碑文大约是850年镌刻，各面共刻有北欧古文字约800个，是已知石碑中内容最丰富的一块。

瑞典人 Swedes 北欧民族之一。约1 000万人（2001）。其中825万人分布在瑞典王国，其余100多万人分布在芬兰、丹麦、美国和加拿大。属欧罗巴人种北欧类型。使用瑞典语，属印欧语系日耳曼语族，与挪

瑞典人的节庆舞蹈

威语和丹麦语十分相近。文字用拉丁字母拼写。多信基督教路德宗。以属日耳曼人北支的斯维尔人和高特人为主体，不断吸收迁入的移民以及部分拉普人和芬兰人，于9～11世纪形成统一的瑞典民族。其早期历史与丹麦人和挪威人联系密切。800～1050年为北欧海盗时期，曾对英、法、俄等国进行侵扰和掠夺。11世纪建立统一国家。1397年与丹麦、挪威结成卡尔马联盟，受丹麦控制。1523年重获独立。历史上以农业、畜牧业和渔业为生，手工业和商业亦很发达。第二次世界大战后，工业发展迅速，成为国民经济的主体，主要有采矿、冶炼、机械、造纸、造船、电力和森林工业等；农业以畜牧业为主，产值占农业产值的80%。

瑞典学派 Swedish school 当代西方经济学的一个流派。又称北欧学派、斯德哥尔摩学派。

瑞典学派起源于19世纪末20世纪初，理论先驱为K.维克塞尔、G.卡塞尔和D.达维逊。维克塞尔提出累积过程理论，主张控制利息率以维持经济稳定，是瑞典学派的理论渊源，开国家干预主义先河。20世纪20～30年代，G.缪尔达尔、E.R.林达尔、E.伦德堡、B.G.奥林等人发展了宏观动态均衡方法论，建立起瑞典学派经济周期理论，并提出以宏观货币政策为主、以财政政策、产业政策、工资政策为辅的经济政策主张，使瑞典学派的理论达于形成。

第二次世界大战以后，以A.林德贝克为代表的瑞典经济学家进一步发展了瑞典学派的理论，使其带上小国开放型、社会民主主义色彩和混合经济3个明显特点。林德贝克分析了小国开放型混合经济的经济周期理论、通货膨胀理论和失业理论；把经济制度区分为无政府主义经济制度、自由放任经济制度、社会民主主义经济制度、市场社会主义经济制度和中央集权经济制度，分析比较了后3种制度；宣扬瑞典社会民主主义混合经济制度的成就，也分析了这种制度的缺陷。瑞典学派的经济理论产生了广泛的影响。

瑞典语 Swedish language 瑞典的官方语言，也是芬兰的两种官方语言之一。属印欧语系日耳曼语族北支（又称斯堪的纳维亚语支）。分布于瑞典和芬兰，使用人口近900万，其中850余万在瑞典。

瑞典语形成于9世纪前后，经历了古瑞典语和近代瑞典语两个时期。古瑞典语受拉丁语和德语影响很大。1526年印行的《新约全书》瑞典文译本被认为是近代瑞典语的开始。方言通常分为两支：北部方言（又称斯维亚方言）和南部方言（又称约塔方言）。标准语形成于17世纪，以斯德哥尔摩和梅拉伦湖地区的斯维亚方言为基础，也吸收了约塔方言的某些成分。

近代瑞典语元音有长短之分，无复合元音，有å、ä、ö 3个变元音。分单重音词与双重音词，后者包括一个主重音和一个次重音。人称代词有性、数、格的变化。名词有性（中性、通性）和数的范畴，有肯定式与不定式，但除所有格须加s外，标准瑞典语名词没有格的词尾。形容词有性、数范畴和肯定、不定形式。形容词定冠词置于形容词之前。动词无人称变化，有时、态、式等语法范畴。语序一般为主－动－宾型。采用以拉丁字母为基础的文字，另加å、ä、ö 3个字母，共计9个元音字母和20个辅音字母。瑞典语与丹麦语、挪威语一般可以互通。

瑞蚨祥 Ruifuxiang Silk Fabric Store 中国老字号棉布、绸缎商店。始由山东章丘孟氏家族独资经营，初名万蚨祥，以经营山东土布起家。最初设在济南。清同治以后，陆续在天津、烟台、北京、上海、青岛等地设分店。除经营布匹、呢绒、绸缎外，兼营百货、皮货和茶叶等。1893年总店迁北京，资本迅速扩大，全盛时期各地共有分店26个，职工千人左右。北京总店1954年公私合营，各地分店1956年公私合营，1966年国营。1978年底实行改革开放以来，瑞蚨祥员工以“名店、名货、名牌、名服”的经营理念经理着这家百年老字号。

瑞金市 Ruijin City 中国江西省辖县级市。位于省境东南，邻接福建省。面积2 448平方千米。人口64万（2008）。瑞金古为扬州域，秦属九江郡。汉至隋，均隶于都县，地名象湖镇。唐天祐元年（904），以象湖镇淘金场置瑞金监，因“掘地得金，金为瑞”得名。五代南唐保大十一年（953）升为瑞金县。1994年撤县设市。由赣州市代管。矿产有白云岩、瓷土、石灰岩、萤石、黄金、钽铌、稀土、钨、黏土、无烟煤、磷、铀等。农作物主要有水稻、甘蔗、烟叶、甘薯、油菜等。是江西省最大的鳗鱼养殖、加工、出口基地。盛产脐橙、柚、桃、李、板栗、青梅等。工业以食品、机械、建材、冶金、医药等为主。瑞金是红色故都，是中华苏维埃共和国临时中央政府的诞生地。革命遗址和纪念建筑物有叶坪、沙州坝等革命旧居旧址群和烈士陵园、长征第一山、长征第一桥等，还有罗汉岩风景区等旅游景点。

瑞丽市 Ruili City 中国云南省德宏傣族景颇族自治州辖市。位于省境西部，与缅甸相毗邻。面积1 020平方千米。人口18万（2010），有傣、景颇、汉、德昂、傈僳、阿昌等民族。西汉属哀牢。东汉属永昌郡哀牢县地。元设麓川路，明置勐卯安抚司，隶永昌府。1932年设瑞丽设治局，1952年设瑞丽县，1992年撤县设市。矿产有煤、铁、石油、铅锌矿、石灰岩、陶土等。农业主产水稻、旱谷、小麦、玉米、豆类、蔬菜、甘蔗、橡胶、胡椒、花生和烟叶等。畜牧养殖以生猪、牛、家禽为重点。山区以亚热带阔叶林等为主，并有部分杉、松等。工业以制糖、制胶、煤炭、造纸、皮革、电力、饲料加工等为主。市境建有姐告边境贸易区。320国道（昆瑞公路）至中缅交界的畹町、瑞丽出境。沿南碗河、瑞丽江有多条口岸公路。每年过泼水节。名胜古迹有平麓古城、姐勒金塔、弄安佛塔、扎朵瀑布等。

姐勒金塔

瑞利 Rayleigh, 3rd Baron（1842-11-12～1919-06-30） 英国物理学家，原名约翰·威廉·斯特拉特（John William Strutt）。生于埃塞克斯的威特姆，卒于威特姆。20岁入剑桥大学三一学院学习。毕业后第二年被选为三一学院研究员。1873年被选为英国皇家学会会员，1879年任卡文迪什实验室主任；1885年任皇家学会秘书，1905年任会长。1908年任剑桥大学校长直到逝世。

瑞利的研究工作始于电学，此后更多地研究声学和光学，如研究声学中的共振理论。1878年写成《声学原理》两卷，为近代声学奠定了基础。他对“天空为什么呈蓝色”作了理论解释，导出了分子散射公式（瑞利散射定律）。他进行了光栅分辨率和衍射的实验研究，第一个对光学仪器的分辨率给出明确的定义，对光谱学的研究起了重要作用。首次精确测定了气体密度，1895年发现从液态空气中分馏出来的氮，与从亚硝酸铵中分离出来的氮，有极小的密度差异。这一事实导致空气中的一个稀有元素——氩的发现，因而获得1904年诺贝尔物理学奖。1900年得出关于热辐射的公式（瑞利－金斯公式），在长波区域，同实验符合得很好，为量子论的出现准备了条件。

瑞士 Switzerland 欧洲中西部多山的内陆国家。德语为Schweiz，法语为Suisse，意大利语为Svizzera。全称瑞士联邦。周围与意大利、法国、德国、奥地利、列支敦士登

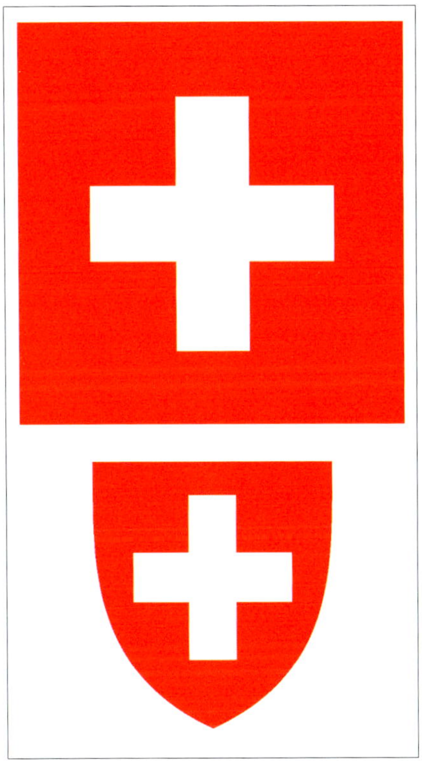

相邻。面积41 284平方千米。人口779.2万（2009）。德、法、意及雷托罗曼语为官方语言，居民中讲德语的占63.7%、法语占20.4%、意大利语占6.5%、雷托罗曼语占0.5%，其他语种占8.9%。主要宗教是罗马天主教和基督教新教，分别占信教人口41.8%和35.3%。首都伯尔尼。

地理 地形南高北低，可分为3部分：①阿尔卑斯山区。斜贯国土中部、南部及东南部，约占全国面积的60%。瑞意边境罗萨山的杜富尔峰（海拔4 634米）为全国最高峰。②汝拉山区。在瑞士西北部，约占国土面积10%。③中部高原区。约占国土面积30%。

莱茵河、罗讷河、波河和因河为瑞士主要河流。全境有大小湖泊1 484个，最大的日内瓦湖（莱芒湖）面积580平方千米。与意大利共有的马焦雷湖湖面海拔193米，是瑞士最低处。

气候具有明显的过渡性和多样性。自西向东由温带海洋性向温带大陆性气候过渡，南部提契诺州属地中海气候。

矿产资源贫乏，仅有少量煤、铁、铝和天然气等矿藏，但温泉与矿泉资源丰富，矿泉有250种。森林覆盖率达32.4%。

历史 公元前58年被罗马占领。260年后日耳曼人、勃艮第人、伦巴德人相继入侵并分区占领。11世纪成为神圣罗马帝国的一部分。1291年8月1日中部地区乌里、施维茨、下瓦尔登三州在哈布斯堡家族衰落之际结为“永久同盟”，后同盟不断扩大组成瑞士联邦。1648年《威斯特伐利亚和约》确认瑞士独立。1815年维也纳会议确认瑞士为“永久中立国”。

政治 1848年通过第一部宪法，1999年颁布新宪法，明确规定瑞士是联邦制国家，各州有自己的宪法。联邦政府管辖全国性事务；联邦议会是立法机构，由同等权力的联邦院和国民院组成，只有两院一致批准的法律或决议方能生效。联邦院议员由各州议会推选，任期因州而异，最长4年。国民院议员由公民普选产生，任期4年。两院议长任期均为1年。联邦委员会是国家最高行政机构，由议会任命；由7名委员组成，分任7个部的部长，实行集体领导；设主席和副主席，由联邦委员轮任，任期1年，不得连任。主要政党有瑞士人民党、瑞士自由民主党、社会民主党、瑞士基督教民主人民党等。

经济 高度发达的资本主义国家，奉行市场经济体制和自由贸易政策，使用大量外籍职工从事工资较低的劳动。2009年国内生产总值为5 355.68亿瑞士法郎（约折合4 659.94亿美元），居世界前列，2009年失业率为4.5%。工业、金融业和旅游业是国民经济三大支柱。主要工业部门有机械、化工、钟表、纺织、食品、水力发电、炼铝等，工业产品以耗用原材料少、附加值高、精密度强、主要供出口为特点。主要产品有精密仪器和机床、纺织机械、发电设备、化学制药和食品等。世界钟表制造中心，有“钟表王国”之称。1587年已开始生产手表，1776年世界上第一块双指针用陀飞轮手表在瑞士面世。金融业收入占国家财政收入的第2位。2008年全国共有银行327家，外国银行在瑞典分支机构31家。银行职员占就业人口的5%。瑞士联合银行是瑞士最大的商业银行，也是世界大跨国银行之一。苏黎世是欧洲仅次于伦敦的金融中心，其黄金和外汇市场更居世界前列。保险业发达。瑞士有秀丽的自然景色、便捷的交通和高水平的酒店管理，旅游业成为全国经济的支柱产业之一。旅游收入约占国民收入的8%。农业虽只占国内生产总值的4%，但农林牧用地占国土的68.7%，小规模的集约经营使瑞士肉类及奶制品基本自给，木材大量出口。交通发达，铁路、公路和航空线连通欧洲和世界各国。对外贸易发达，95%工业原料与能源及60%消费品依赖进口，工业制成品70%～90%出口。主要投资在美国、欧洲及其他工业国家。

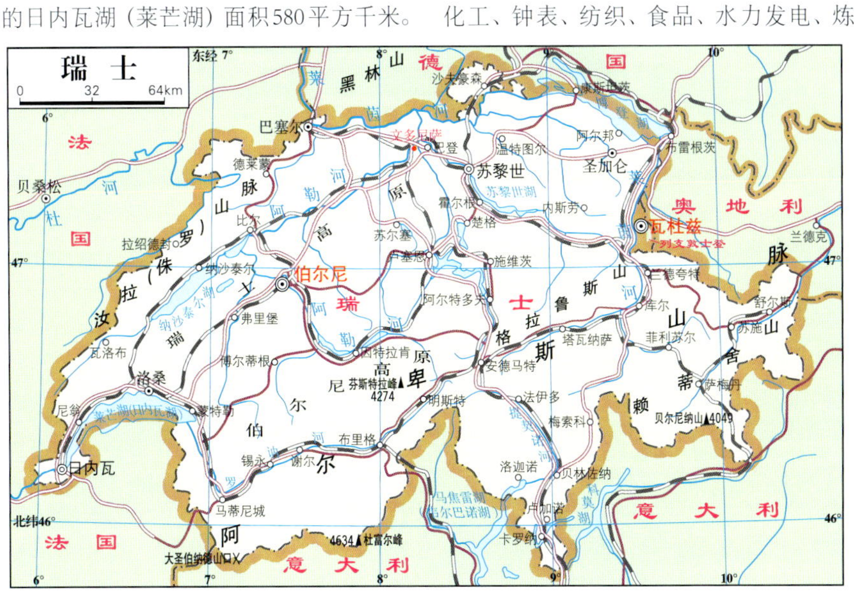

文化 实行9年义务教育制。有12所高等学校，以洛桑酒店管理学院为主的酒店管理学校闻名世界。有瑞士通讯社和79种报刊，其中影响最大的是德语报纸《新苏黎世报》。各语区（德、法、意）均有各自语言的广播电视。瑞士有600多座博物馆，故有“博物馆之国”美称。

对外关系 瑞士为永久中立国。普遍性、善良服务和国际合作，构成瑞士外交政策的3要素。对外关系立足欧洲，主张全面合作。现为适应国际局势的变化，加强外交活动，积极参加欧安会，列席不结盟国家会议，并参加了除世界银行和国际货币基金组织以外的所有联合国专门机构。2002年3月3日举行全民公决，同意瑞士加

图1 瑞士议会大厦

图2 瑞士度假胜地因特拉肯鸟瞰

入联合国。在1950年9月14日与中国建立外交关系。同世界上192个国家建有外交关系。

瑞士永久同盟 Ewiger Bund, Schweiz 瑞士联邦的雏形。13世纪，不同的本地领主代表**神圣罗马帝国**统治今天的瑞士领土上的不同地区。1264年，占据中东部的**哈布斯堡家族**继承位于中西部的姻亲金堡格家族领地，成为瑞士最大封建领主。这个家族是施维茨、乌里、下瓦尔登3个森林州的直接领主。1231年和1240年乌里、施维茨先后摆脱直接领主的控制。1273年哈布斯堡的鲁道夫伯爵当选为帝国皇帝，马上恢复哈布斯堡家族对3个州的各种权利。1291年，3个州乘鲁道夫一世（1273～1291年在位）驾崩、国势衰落之际，于8月初缔结“永久同盟”。盟约规定，同盟任何一州遭到外来侵犯时，要互相支援，维护和平；不承认任何委任的长官；盟约各方发生矛盾时，由仲裁人裁决。后来盟约内容又得到充实：不经同意，任何人不得单独对外议和或结盟。3州历经多次战役，打败了哈布斯堡家族。此后，其他各州也相继入盟。永久同盟成为瑞士联邦立国之基石。因此瑞士联邦把8月1日定为国庆节。

瑞香科 Thymelaeaceae; mezereum family 双子叶植物纲蔷薇亚纲的一科。约50属500种，广布于全世界热带和温带地区，但主产非洲南部、地中海沿岸至大洋洲。中国有9属约100种，广布于全国，主产西南、西北和华南。灌木、稀乔木或草本。单叶互生或对生，全缘，无托叶，叶柄短。花两性或单性，整齐，排列成头状、穗状或总状花序，稀单生，有或无叶状苞片，花萼花冠状，圆筒形，稀漏斗形、壶状或钟形，顶端4～5裂，裂片通常覆瓦状排列；花瓣缺或鳞片状；雄蕊4或8，1轮或2轮，着生于花萼筒上，稀退化为2枚；花盘环状、杯状或鳞片状，稀无花盘；子房上位，包被于花萼筒的基部。核果、浆果或坚果，稀为2瓣开裂的蒴果。

瑞香科多数种类的韧皮纤维发达、细柔、韧性强，是造高级用纸和人造棉的良好原料；瑞香属、荛花属、结香属等都是著名的庭园观赏花木；许多种类可入药，如沉香属的木材可作薰香料，树脂为名贵的药材，但一般都有微毒；少数种子可榨油，花可提取芳香油，如土沉香、瑞香、芫花等。

闰周 intercalary month, period of 设置闰月的周期。在阴阳历即中国通用的农历中，12个朔望月比一回归年约少11天，需要设置闰月来调整季节与月份的关系。约在春秋战国之际，人们发现19个回归年与235个朔望月非常接近。《四分历》就是按二者完全相等来制定的，19年中安排7个闰月，它的闰周就是19年7闰。随着科学发展，19年7闰显得粗略，人们就寻求更精密的闰周。北凉赵畋首次创用600年221闰的闰周。**祖冲之**改用391年144闰，比赵畋更精密。后来根据精密测定的回归年和朔望月以及无中气之月为闰月的原则具体安排闰月，按规定的闰周置闰已失去意义。

润滑 lubrication 改善摩擦副的摩擦状态以降低摩擦阻力减缓磨损的技术措施。是**摩擦学**研究的重要内容。充分利用现代润滑技术能显著提高机器的使用性能，延长寿命，并减少能源消耗。按摩擦副之间润滑材料的不同，润滑可分为流体润滑和固体润滑。按摩擦副之间摩擦状态的不同，润滑可分为流体润滑和边界润滑。介于流体润滑和边界润滑之间的润滑状态称为混合润滑。

流体润滑 摩擦只存于流体分子之间的润滑状态。流体润滑的摩擦系数很低（小于0.01）。按润滑膜压力的产生方式，流体润滑可分为动压润滑和静压润滑。

边界润滑 两相互摩擦表面间存在一层薄膜（边界膜）时的润滑状态。这种现象通常出现在机器起动或停车时。边界膜可分为吸附膜和反应膜。

润滑油 lubricating oil 用以润滑、冷却和密封机械表面，减少有相对运动的表面摩擦的液体油品。按来源可分为动物油、植物油、石油润滑油和合成润滑油，其中石油润滑油占总量的97%以上。其主要作用是减少运动部件间的摩擦，并对机器设备具有冷却、密封、防腐、防锈、绝缘、传送功率和清洗杂质等作用。主要性能指标：①黏度。有两种指标，一是油品在100℃时的运动黏度（毫米^2/秒），作为商品润滑油的分类依据；二是黏度指数，表示油品黏度随温度变化的特性。②氧化安定性。表示油品在使用环境中，针对温度、空气中氧和金属催化作用所表现的抗氧化能力。③润滑性。表示润滑油的减磨性能，由油性和极压性综合评定。前者指油脂在金属表面上的吸附强度，后者指在高负荷的苛刻条件下油品抗擦伤和抗烧结的性能。润滑油加入稠化剂和添加剂（抗氧、防锈、抗磨等）制成固体或半液体的润滑脂，俗称黄油。

润扬长江大桥 Runyang Yangtze River Bridge 中国长江上第一座由**悬索桥**和**斜拉桥**组成的组合型公路桥梁。2005年建成。位于江苏省镇江市与扬州市之间，跨江连岛，是中国跨长江公路交通体系的重要组成部分。主桥长7 371米，按双向6车道设计，分为南北两桥。南汊主桥跨越长江主航道，为主跨1 490米的单跨简支钢箱梁悬索桥，跨径居中国第一、世界第三位；索桥主塔高215.58米，为国内第一高塔；悬索桥主缆长2 600米，为国内第一长缆。北汊主桥为钢箱梁斜拉桥，斜拉索为空间扇形双索面体系，主塔采用花瓶型混凝土塔柱，总高约145米。引桥和高架桥为预应力混凝土连续箱**梁式桥**。

润扬长江大桥远眺

润燥 moistening dryness 中医学中运用具有滋润作用的药物治疗燥证的治法。燥证是由于人体感受**燥邪**，津液不足、精血亏虚等阴液不足所致的脏腑组织干燥失润的病证。润燥有宣散燥邪、生津、滋阴、养血的作用。燥证有外燥、内燥之分，因此，润燥法有轻宣外燥和滋润内燥两大类。

轻宣外燥 用于外燥的治法。外燥有温燥、凉燥的不同。温燥多发于秋初，证见发热，微恶风寒，头痛，少汗，口渴心烦，鼻干咽燥，干咳少痰或痰中带血、咳而不爽等。治宜辛凉甘润、宣肺清热，代表方如桑杏汤。凉燥多发于秋末，证见恶寒发热，头痛，无汗，干咳少痰，口鼻干燥等，治宜苦辛温润、宣肺散邪，代表方如杏苏散。

滋润内燥　用于内燥的治法。不同脏腑的燥证处方用药也有所差异。如燥伤肺胃、津液亏损，证见咽干口渴、干咳少痰、舌红少苔等，治宜清养肺胃、生津润燥，方用沙参麦门冬汤。大肠燥热伤津，证见大便秘结、口渴、舌干红等，治宜增津润燥，方用增液汤。如血虚肠燥，证见大便秘结、面色无华、头晕目眩、心悸、唇舌淡等，治宜养血润燥，方用润肠丸。

临床注意事项　①燥证不宜使用辛香、苦燥之品。②润燥剂多由甘凉滋润药物组成，故脾胃虚弱者慎用。

若尔盖沼泽　Zoigê Swamp　中国最大泥炭沼泽分布区。旧称松潘草地。位于川、青、甘3省交界处。西起阿坝县城，南到查针梁子，东抵班佑，北达川、甘边境的黄河。其中，人畜可进入或部分可进入的沼泽草地面积为2 916平方千米，人畜不能进入的湖沼为508平方千米。若尔盖沼泽以四川西北部阿坝藏族羌族自治州境内分布面积为最广，唐克、瓦切、麦洼、若尔盖、黑河5地为沼泽腹心地带，地处川西北地势低陷地区。第四纪以来，西、南、东三面相对上升，北面沉陷，黑河附近沉积物厚达75米，龙日坝达295米。沼泽地区海拔3 400～3 600米，四周山地为4 000米左右，三面高中间低的马蹄形地势使区内排水不良，水草丛生，形成“人陷不见头，马陷不见颈”的泥沼地区。

沼泽地区气候寒湿。年平均气温0～3℃，1月平均气温-10～-8℃，极端最低温-34℃，7月平均气温10～11℃。年降水量600～800毫米，相对湿度70%左右，是川西北最潮湿的地区。气温低、蒸发弱、湿度大亦为促进此地区沼泽发育的重要条件。但区内地势高燥的宽谷阶地水草丰茂，是四川天然牧场，所产麦洼牦牛、唐克马，均为四川著名良种牛和良种马。又为中国泥炭资源最丰富地区，泥炭层一般厚为2～3米，最厚达9～10米。

若开人　Arakanese　亚洲中南半岛西部缅甸联邦的民族之一。又称阿拉干人。约200万人（2001）。主要分布在若开邦，分4个支系。属蒙古人种南亚类型。使用若开语，属汉藏语系藏缅语族，为缅语的一种方言。现代若开文与缅文基本相同。信仰小乘佛教。4世纪初建阿拉干王国，1785年被缅族国王孟云所征服。1826年受英国统治。缅甸独立后，于1974年成立若开邦。以农业为主，种植水稻、玉米、花生、豆类等；渔业也很发达。每月都有节会，主要节日为泼水节。

若开山脉　Arakan Yoma　缅甸西部山脉。北与印度交界。又名阿拉干山脉。位于孟加拉湾海岸和伊洛瓦底江河谷之间。呈西北—东南走向。系印缅边界的那加丘陵向南延伸部分，长402千米，平均海拔约2 000米，最高峰在钦邦南部的维多利亚峰，海拔3 658米。山脉阻挡来自印度洋的湿润西南季风，使缅甸中部地区形成干燥地带，为主要石油产区。中段的洞鸽山隘海拔1 168米，卑谬—洞鸽的全天候公路由此通过。山脉外缘的沿海地区，除实兑（阿恰布）附近有局部冲积平原外，均属下沉海岸，多岛屿和半岛，其中兰里岛为缅甸沿海石油产区之一。沿岸的丹兑（山多威）是休养度假胜地，气候宜人，海滨有大片沙滩，称额不里沙滩，风光绝佳，是著名的海滨浴场。

若羌县　Ruoqiang County　中国新疆维吾尔自治区巴音郭楞蒙古自治州辖县。位于自治区东南部，东部与甘肃、青海2省相连。南依昆仑山北麓与西藏自治区接壤，是古丝绸之路的咽喉和门户，为新疆通往内地的第二通道。面积199 222平方千米，是全国县级政区面积最大的县。人口3万（2008），有维吾尔、汉、回、东乡等11个民族。汉代属西域三十六国的若羌、楼兰（鄯善）国地。唐、宋改为石城镇。元至元十一年（1274）将石城镇改名为罗布镇。清光绪二十九年（1903）设若羌县，属焉耆府管辖，1954年隶属巴音郭楞蒙古自治州。属温带大陆性干旱荒漠气候。矿产有石棉、金、钾盐等40余种，其中尤以石棉、钾盐、芒硝品位高、储量大、易开采，为国内重要的石棉基地。主要农作物有小麦、棉花、玉米等。若羌的红枣、蟠桃闻名遐迩。工业以石板、化工、煤炭为重点。文物古迹有楼兰遗址、上琅（烽燧）遗址、魏晋的海头城遗址、汉唐的弩支城（瓦石峡）遗址、唐代的米兰古城（伊循）和屯田遗址、新石器时代遗址。自然景观有雅丹奇观、魔鬼谷、鲸鱼湖、阿尔金山自然保护区、若羌苏吾杰国际狩猎场。

楼兰遗址

弱相互作用　weak interaction　自然界的四种基本相互作用之一。按照相互作用的强度排列，它在强相互作用和电磁相互作用之后而居于第三位，简称为弱作用。

最早观察到的弱作用现象是原子核的β衰变。后来又观察到介子、重子和轻子通过弱作用的衰变和中微子散射等弱作用过程。弱作用的力程在四种相互作用中最短，低能过程中可近似地看作是参与弱作用过程的粒子在同一点的作用。分析实验的结果发现，费米子在一点的弱作用（称为费米作用）是两个费米子弱作用流的耦合，所谓弱作用流相当于电磁作用的电流。耦合常数G与质子质量二次方的乘积是无量纲的量$Gm_p^2 \approx 10^{-5}$，比电磁作用的精细结构常数小10^3倍。这个比例反映了两种作用在低能下强度的差别。

弱相互作用的另一个特点是对称性低。弱相互作用中空间反射、电荷共轭和时间反演的对称性都被破坏；同位旋、奇异数、粲数、底数等在强相互作用下守恒的量子数都不守恒。但破坏时间反演的弱作用比不破坏时间反演的弱作用弱得多。

自20世纪60年代末发展起来的弱作用和电磁作用统一的规范理论电弱统一理论正确地描述了弱相互作用。

弱用之术　中国古代的一种政治艺术理论。最早由先秦道家提出，《老子》的有关论述最具代表性。它对许多思想家、政治家的政治思想和政治行为有深刻的影响。

道家认为“弱者，道之用”，“柔弱胜刚强”，物极必反，因而主张贵柔用弱，守静处虚。道家把这个思路运用于政治领域，提出了一套弱用之术。具体方略大体可归纳为四类：恃强治弱、以弱养强、守强以弱、无为而治。

恃强治弱之术主要有3种：①知微治弱，即“为之于未有，治之于未乱”，明察秋毫，审视端倪，在对手尚属微弱、对抗初露苗头之际，将其根治。②愚民政治，即以各种手段使臣民无知无欲无为或欲为而不能。③予取之术，即“将欲弱之，必固强之；将欲废之，必固兴之；将欲取之，必固予之”，以强化对手的方式使之走向衰弱。

以弱养强的思路是以曲求全，以屈求伸，以退为进，主要方略是“不争”。如争众人之不争，以永保成果，避免祸患。又如曲线之争，即“不自见，故明；不自是，故彰；不自伐，故有功；不自矜，故长”。所谓“不争”实是为了“争”。以不争为手段，防止未盛先衰，避免欲速不达。不争之争绝非单纯消极避让，而是驾驭矛盾、利用矛盾，有所借助，使自己处于支配地位。讲究因人成事、“不争而善胜”、“夫唯不争，故天下莫能与之争”是这种政治艺术的精髓。

守强以弱是又一类弱用之术。既然物极必反、盛极必衰，那么保持强盛的最佳办法是预先以柔弱加以限制，使强盛不趋于极端而走向反面。要做到这一点，必须遵循不盈、守拙、去余这三条。具体方略：①知盈处虚，持满自戒，避免满盈而溢。②“知足不辱，知止不殆”，使自己知足而常足。③“为而不恃”，“功成而弗居”，不恃强自贵，不居功自傲。④“被褐怀玉”，深藏不露，把实力、聪明、锋芒、才能统统掩藏起来，使人摸不清底细。⑤居上谦下。“贵以贱为本，高以下为基”，因此“大者宜为下”。这就好比海洋居下而能容纳百川。道家一再指出：以强守强、以盈守盈是一种愚者之守。多藏厚亡，强兵必败。恃势弄权，自取灭亡。因此，强者要经常用弱来约束和调整自己。

“无为而治”是一种具有很强的谋略意识的政治理论，既是道家政治理论的总纲，又是一种弱用之术。“无为”的目的是“无不为”。“以无事取天下”，“无为而无不为”，这种“为无为”之术显然属于政治策略、政治技巧范畴。

以弱为用实际上是为了求强、变强、养强、保强，通过善用柔弱，取得一味恃强用刚所不能取得的奇效。这种政治艺术论正题反作，以反常求常，故发人所未发。它包含着一些具有普遍价值的政治智慧。但是，这套政治艺术在实践中常常流为阴险狡诈、纵横捭阖的权术。

弱智儿童 **mental retarded child** 智能发展水平明显低于常态儿童，缺乏处理与其年龄相应的日常生活事务能力或缺乏学习能力的儿童。又称低常儿童或智力缺陷儿童。

撒旦 Satan 《圣经》中魔鬼之名。又译“沙殚”，原意为“抵挡”、“仇敌”、“对头”，即魔鬼，堕落的天使。“撒旦”的含义有一个逐渐发展的过程：在《旧约圣经》中，是义人的控告者、人的敌对者和叫人做错事的教唆者；在《新约圣经》中，则为反对上帝和世人的众恶之首，曾对耶稣进行引诱、试探，是敌视基督的首恶。基督教认为，撒旦将伴随人类始终，在末日的最后审判时将被上帝毁灭。

撒丁岛 Sardinia; Sardegna 意大利属岛。地中海第二大岛。位于西地中海，北隔博尼法乔海峡与法国**科西嘉岛**相望，东与意大利本土之间为第勒尼安海。面积23 813平方千米。加上周围小岛在内，构成撒丁自治区，面积24 090平方千米，人口167.29万（2010）。首府卡利亚里。全岛多山，最高峰马尔莫拉峰，海拔1 834米。西南部有较大的坎比达诺平原。属地中海型气候。河流短急，有蒂尔索河、弗卢门多萨河等。森林覆盖率17%。据记载，公元前800年腓尼基人已在此定居。此后，相继被古希腊人、迦太基人、罗马人、拜占廷人和萨拉森人占据。1326年被阿拉贡王室控制。西班牙的统治一直持续到1708年。1713～1720年被奥地利占领。1720年萨伏依王室以西西里岛换取撒丁岛，建立了撒丁王国。1861年该岛归属意大利。1948年撒丁获得自治地位。岛上多史前时期的截顶圆锥形建筑，当地称“努拉吉”。

撒哈拉沙漠 Sahara 世界最大的沙漠。阿拉伯语意即大荒漠。位于**阿特拉斯山脉**和地中海以南，约北纬14°线以北，西起大西洋海岸，东到红海之滨。横贯非洲大陆北部，跨埃及、苏丹、利比亚、乍得、突尼斯、阿尔及利亚、尼日尔、摩洛哥、马里、毛里塔尼亚、西撒哈拉等11个国家和地区。东西长达5 600千米，南北宽约1 600千米，面积约960万平方千米，约占非洲总面积的32%。

撒哈拉沙漠地区为一个起伏不大又有多种地貌类型的辽阔高原。一般海拔200～500米。中部有一条南东—北西向高地，包括阿哈加尔高原、提贝斯提高原等；地势向四周逐渐降低，递变为一系列低高原和盆地。第三纪、第四纪火山活动，在高原上形成不同形态的火山，其中提贝斯提高原的库西山海拔3 415米，为全地区最高峰。埃及西北部盖塔拉洼地最低处在海平面以下133米。高地四周，放射状干河谷相当密集。间歇河谷在广大平缓地区纵横交织，是撒哈拉沙漠地貌上的一个重要特征。除山地、高原外，全区基本上是由错综分布的闭塞盆地构成，盆地大多海拔50～200米。间歇河呈辐合状消逝在盆地之中。全区地面主要由石漠（岩漠）、砾漠和沙漠组成。石漠多分布在撒哈拉中部和东部地势较高的地区，或岩石裸露或仅为一薄层岩石碎屑。砾漠多见于石漠与沙漠之间，主要分布在利比亚沙漠的石质地区、阿特拉斯山、库西山等山前冲积扇地带。沙漠分布最为广阔，面积较大的称为沙海，由复杂而有规则的大小沙丘排列而成，形态复杂多样，有高大的固定沙丘，有较低的流动沙丘，还有大面积的固定、半固定沙丘。固定沙丘主要分布在偏南靠近草原地带和大西洋沿岸地带。从利比亚往西直到阿尔及利亚西部是流沙区。流动沙丘顺风向不断移动。

沙漠商旅

全境处于副热带高压带控制下，全年大部分时间盛行干热的哈马丹风，形成典型的热带沙漠气候。大部分地区年降水量在50毫米以下，内陆有的地方甚至多年无雨，降水年变率很大。蒸发旺盛，潜在年蒸发量在2 000毫米以上，高者达4 500～6 000毫米。年平均气温一般在25℃以上。7月平均气温在35～37℃，绝对最高气温超过50℃，而且高温持续时间很长。利比亚阿齐齐耶绝对最高气温曾达58℃，有“世界热极”之称。气温日较差大，一般为15～30℃，科罗托罗曾观测到38.2℃的绝对日较差。太阳能资源极其丰富，年日照时数一般都在3 600小时以上，中部可达4 300小时。

境内除东部有**尼罗河**贯穿外流以外，皆为内流区或无流区，无常年水流，干河谷只降雨时短期有水。部分干河谷是第四纪温暖湿润时期形成的，当时大量降水下渗，成为目前撒哈拉沙漠地下水的主要来源。在阿特拉斯山前缘凹陷地区和中部高地干河谷及小盆地中，地下水出露形成绿洲，成为沙漠中主要经济活动地区。绝大部分绿洲利用地下水进行灌溉，灌溉方式有**坎儿井**灌溉、井灌、泉水灌溉等。

植物贫乏，且大部分是旱生植物和短生植物。除绿洲外，乔木和灌木丛极为罕见。沙漠南缘一带植物较多，分布有灌丛和硬质禾本科草类，以三芒草最多。大西洋沿岸的狭长地带，有较繁茂的多汁大戟属植物。阿哈加尔和提贝斯提高原一带有地中海类型树种，如金合欢、无花果树、橄榄树、夹竹桃等。一些干谷中有柽柳属植物。绿洲中植物较茂盛，主要是枣椰。此外，不少地方还散生有矮小的豆科、菊科和十字花科植物。

适应荒漠生态环境，动物具有耐渴、耐饥、视觉和听觉发达以及奔跑迅速的特性。多聚居在干谷、绿洲和湖泊附近草木丰盛处。主要有爬行动物、鸵鸟、鼠类、羚羊、蝙蝠、猬、狐和骆驼。

撒哈拉地区地广人稀，平均每平方千米不足1人。以阿拉伯人为主，其次是柏柏尔人等。居民和农牧业生产主要分布在尼罗河谷地和绿洲，其余为游牧区。20世纪50年代以来，沙漠中陆续发现丰富的石油、天然气、铀、铁、锰、磷酸盐等矿。石油储量119亿吨（2003），占非洲的59%。1984年建成纵贯撒哈拉沙漠公路干线，连接阿尔及利亚、马里、尼日尔、尼日利亚等国，全长8 000多千米。

撒哈拉岩画 Sahara rock-paintings 非洲北部撒哈拉沙漠及其周边地区的岩画。特别集中于撒哈拉中部阿杰尔高原一带的塔西里、费赞、提贝斯提地区。撒哈拉岩画的年代约从公元前8000年至公元12世纪。大致可分为古风时期（或猎人时期）岩画、牛时期（或牧人时期）岩画、马时期岩画和骆驼时期岩画。

《放牧》（新石器时代）

古风时期岩画　约前8000～前5000年，相当于撒哈拉新石器时代文化早期。此期岩画大多刻画大象、河马、犀牛、长颈鹿、羚羊等单独的野生动物，包括公元前就已绝种的远古水牛。这些野生动物图像有的长达7.8米，轮廓线简洁，造型古拙写实，故称古风风格。

牛时期岩画　约前4000～前1500年，相当于撒哈拉新石器时代文化晚期。此期岩画大量刻画放牧牛群的场面。牛图像高15～35厘米，造型或比较写实，或趋于风格化。有些公牛或公绵羊颈部和头部饰有光轮式圆盘和卷线。后期岩画中掌管谷物播种的双角女神，与埃及神话中的丰饶女神相似。

马时期岩画　约前1500～前500年，相当于撒哈拉铁器时代。此期岩画出现类似迈锡尼艺术中奔驰的大型马车图像，人物形象风格化。

骆驼时期岩画　约始于前200年。当时随着撒哈拉地区干旱化、沙漠化的加剧，骆驼从亚洲流入撒哈拉地区，基本写实、略带夸张的骆驼图像也进入撒哈拉岩画。

撒哈拉语族　Saharan group　尼罗－撒哈拉语系的一个语族。

撒拉语　Salar language　属阿尔泰语系突厥语族西匈语支。主要分布于中国青海省循化撒拉族自治县、化隆回族自治县的甘都、初麻，以及甘肃省临夏回族自治州积石山保安族东乡族撒拉族自治县的四堡子、大河家等地。分为街子土语和孟达土语。语音方面，以分布较广的街子土语为代表。有8个元音，各有一个清化的变体；复合元音有9个，其中5个用于拼读汉语借词；元音和谐以舌位和谐为主；有29个辅音；塞音、塞擦音都是清音，分送气和不送气。语法方面，动词不带人称附加成分，但有确定语气和非确定语气的差别；句子的基本语序是主语－宾语－谓语。从汉语吸收了不少词语，也从藏语、阿拉伯语、波斯语吸收了一些词语。撒拉族一般兼通汉语，使用汉文。

撒拉族　Salar　中国少数民族。主要聚居在青海省，少数散居于新疆、甘肃等地。人口104 503（2000）。使用撒拉语，属阿尔泰语系突厥语族西匈语支。不少人会讲汉语和藏语。无文字，一般使用汉文。由元代经新疆迁入循化一带的中亚撒马尔罕人与周围藏、回、汉、蒙古等族长期相处、相互融合，逐渐发展而成。汉文史籍中有“撒拉儿”、“沙喇簇”、“撒剌”、“撒拉回”等多种称呼。主要从事农业，兼营畜牧业和园艺业。种植小麦、青稞、荞麦、马铃薯以及苹果、核桃、花椒等。民间流传着许多传说、故事、神话、寓言等口头文学，以及撒拉曲儿、宴席曲、花儿等歌曲。妇女戴“盖头”，常在花色鲜艳的外衣上套黑坎肩，下穿长裤，喜欢佩戴金银首饰。男子戴黑色或白色六牙帽，穿白色对襟汗褂，外套黑色坎肩，下穿长裤。以小麦、青稞、荞麦为主食。住房多为土木结构的四合院式平顶土房。婚姻行一夫一妻制。实行土葬。节日有开斋节、古尔邦节和圣纪节。信仰伊斯兰教。1954、1981年分别在青海省和甘肃省成立了循化撒拉族自治县和积石山保安族东乡族撒拉族自治县。

撒拉族男子

撒切尔夫人　Thatcher, Margaret Hilda（1925-10-13～　）英国首相（1979～1990），英国保守党领袖。生于林肯郡格兰瑟姆。婚前名玛格丽特·希尔达·罗伯茨。1951年同D.撒切尔结婚。1953年加入林肯法学协会。1959年当选保守党下院议员。1961～1964年任年金和国民保险部政务次官。1970年6月至1974年2月任保守党E.R.G.希思内阁教育和科学大臣。1975年2月当选为保守党第一位女领袖。1979年5月任首相。是英国历史上第一位女首相。1983年、1987年连选连任，是20世纪任职时间最长的首相。

在首相任内，推行以货币主义为主的经济政策，注重发挥市场的作用。任期内，英国还因马尔维纳斯群岛的归属问题，同阿根廷发生马岛之战。主张发展同中国的经济合作和进行文化、科学的交流。1977年第一次访华。1982年9月再次访华，同意就香港问题同中国政府谈判。1984年12月第三次访华，同中国政府签订《中英关于香港问题的联合声明》。

1990年11月12日辞去首相职务。同年12月获功绩勋章。1992年退出下院，册封为撒切尔女男爵。

萨巴依　sabay　摇奏体鸣乐器。流行于中国新疆维吾尔族地区。有三种形制，较为普遍的为两根长约45厘米连在一起的木杆，中部安两个大铁环，各环中装若干小铁环组成，演奏时右手执其下端，手臂前后或上下摇振，使铁环碰击木杆和互碰发“哗啦”声。作为歌舞道具时，亦用碰肩、击地等奏法。萨巴依用于民间歌舞、曲艺音乐伴奏或器乐合奏，起加强音乐节奏和渲染气氛的效果。

萨巴依（清，国家博物馆藏）

萨本栋　Sa Bendong（1902-07-24～1949-01-31）中国物理学家、电机工程学家、教育家。蒙古族。生于福建闽侯，卒于美国旧金山。1921年在清华学校（今清华大学）毕业后赴美国，先后在斯坦福大学和伍斯特工学院攻读电机工程和物理学。1927年获理学博士学位。1928年回国，历任清华大学物理系教授、厦门大学校长、中央研究院总干事兼物理研究所所长、中国物理学会副理事长等职。1948年当选中央研究院院士。

萨本栋提出用双矢量（即并矢）方法解决电路的计算和分析问题，开拓了电机工程的新研究领域。发表的《瞬变和推挽电路》一文很有影响。此外还有关于各种真空管性能的研究成果。曾受聘为美国俄亥俄州立大学客座教授，麻省理工学院和斯坦福大学的访问教授，并发表英文专著《并矢电路分析》、《交流电机》。萨本栋编著的《普通物理学》和《普通物理实验》，是第一部用中文正式出版的大学物理教材，使用了近20年。还出版了《实用微积分》、《交流电路》、《交流电机》等著作。

萨布素　Sabsu（？～1700）　中国清康熙年间抗俄名将。满洲富察氏。八旗满洲镶黄旗人。行伍出身。康熙三年（1664）为宁古塔骁骑校时，曾带兵袭击沙俄入侵者于黑喇苏密。十七年，升宁古塔副都统。二十二年十月，升黑龙江将军。二十二年至二十三年，萨布素在当地少数民族的配合下，基本上肃清了黑龙江中下游的沙俄侵略者。二十四年，奉命率兵围攻雅克萨城，俄国侵略军首领托尔布津投降，被遣返俄国。次年，托尔布津背信弃义，又率兵至雅克萨筑城盘踞，萨布素遂引兵抵雅克萨城下，大败俄军，使其龟缩城中。沙皇政府闻讯急忙派遣使臣来华，要求停战，并声明已派F.A.戈洛文为大使，前来同中国谈判。康熙帝接受了俄国的要求，命萨布素撤雅克萨之围（见**雅克萨之战**）。二十八年，领侍卫内大臣**索额图**率清朝使团赴尼布楚与俄方代表戈洛文谈判，萨布素为使团成员之一，率水师溯流至尼布楚，以保证清朝使团的安全。康熙二十八年七月二十四日（1689年9月7日），双方在平等谈判的基础上签订了《**尼布楚条约**》，确定了中俄东段边界。萨布素任黑龙江将军达18年之久，他不仅在抵抗沙俄侵略的斗争中建立赫赫战功，还为建设东北边疆作出了贡献。

萨达姆·侯赛因 Saddam Hussein（1937-04-28～2006-12-30） 伊拉克共和国总统（1979～2003）、革命指挥委员会主席，阿拉伯复兴社会党伊拉克地区领导机构总书记，伊拉克武装部队总司令。生于萨拉赫丁省提克里特县一个农民家庭，卒于巴格达。1957年，加入阿拉伯复兴社会党。1960年2月，入开罗大学法学院学习。1963年2月，复兴社会党执政后萨达姆回到伊拉克，担任复兴社会党地区领导机构副书记，并负责中央农民局的工作。同年11月，阿里夫推翻复兴社会党政权后萨达姆于1964年10月被捕，两年后越狱出逃。1968年7月，复兴社会党再度执政后，萨达姆担任革命指挥委员会副主席。1976年1月，晋升上将军衔。1979年7月，萨达姆·侯赛因正式接任伊拉克总统，以及复兴社会党伊拉克地区领导机构总书记、伊拉克革命指挥委员会主席和武装部队总司令等职务。

执政后，于1980年9月发动对伊朗的战争，**两伊战争**持续8年之久。1990年8月2日，发动入侵和吞并科威特的战争。以美国为首的多国部队在**联合国**授权下，发动**海湾战争**，最终将伊拉克军队赶出科威特，并恢复科威特的主权。海湾战争后，联合国对伊拉克实施严厉的制裁措施。萨达姆进一步加强对国内的控制。另一方面，为摆脱海湾战争后伊拉克的内外困境，也实施了某些政治和经济改革，如制定新宪法，实施总统全民选举，颁布政党法和新闻自由法，提出新经济政策等。

2003年3月20日，美国在“反恐”的旗号下，发动了旨在推翻萨达姆政权的**伊拉克战争**。4月9日，萨达姆政权垮台。同年12月14日，萨达姆被美军抓获。2006年12月30日被处以绞刑。

萨达特 Sadat, Muhammad Anwar el（1918-12-25～1981-10-06） 阿拉伯埃及共和国总统（1970～1981）。生于尼罗河三角洲努菲亚省米特阿布库姆一职员家庭，卒于开罗。1938年入开罗皇家军事学院，毕业后在军队服役。1950年加入自由军官组织，成为该组织核心成员之一，1952年参与发动七月革命，推翻法鲁克王朝。1968年任阿拉伯社会主义联盟最高执行委员会政治事务书记。1970年当选该联盟主席，同时任副总统。1970年9月纳赛尔总统病逝，他临时总统。同年10月5日当选总统。1973～1974年兼任总理。1978年创建民族民主党作为执政党，任主席。执政期间，对纳赛尔总统的内外政策作重大调整，改政治体制为议会多党制；实行经济开放政策，在扶持国营经济的同时，允许私营经济和外资企业的存在和发展。外交上废除《埃及苏联友好条约》。1979年3月同以色列签署《埃以和约》，结束两国持续30年的战争状态并建立外交关系。1981年在开罗遇刺身亡。

萨·德·米兰达 Sá de Miranda, Francisco de（1481-08-28～1558-05-17） 葡萄牙诗人、剧作家。生于科英布拉，卒于塔帕达。里斯本大学毕业。1527年创作散文喜剧《外国人》。1528年，用“康索尼”（歌曲）体裁创作长诗《鲻鱼的寓言》。之后又以“埃克洛格”（对话体牧歌）体裁创作长诗《阿莱克索》。他的作品抨击宫廷和上层社会的奢华与虚伪，揭露社会的堕落现象，怀念往昔质朴的“黄金时代”，这种倾向主要表现在诗歌体的《书简集》、“埃克洛格”《够了》和喜剧《维利亚尔邦多一家》（1560）等作品中。其主要贡献在于在葡萄牙传播意大利文艺复兴的精神，推动了伊比利亚半岛文学艺术的发展。他也用卡斯蒂利亚语写作，但他最好的诗歌仍然是用葡萄牙语和葡萄牙传统格律写成的书简诗。第一部《弗朗西斯科·德·萨·德·米兰达诗集》于1885年出版，《弗朗西斯科·德·萨·德·米兰达全集》2卷于1937年出版。

萨迪 Sa ‘dī, Moshlef al-dīn Moṣleḥ（1208～1292） 波斯诗人、作家。生于设拉子，卒于设拉子。幼年丧父，饱尝生活的艰辛。曾入巴格达内扎米耶学院学习文学和伊斯兰教神学。蒙古军入侵，他以伊斯兰教游方者的身份，开始了几十年的游历生涯，足迹遍布叙利亚、埃及、摩洛哥、埃塞俄比亚、印度、阿富汗和中国新疆等地，并14次赴麦加朝觐，对他世界观的形成及日后的文学创作产生深刻影响。1256年返回故乡埋头写作，将自己悟出的人生哲理和处世哲学诉诸文字。

流传至今的《萨迪全集》包括“玛斯纳维”叙事诗集《果园》（1257），诗文相间的故事集《蔷薇园》（1258）以及抒情诗、颂诗、短诗、四行诗等。萨迪的《论文五篇》、《帝王的规劝》等散文著述，也是传世精品。

萨迪的诗文作品洋溢着深厚的人道主义精神，语言平易而新奇，凝练而畅达，朴实而优雅，是学习波斯语的理想范本。

萨迪王朝 Sa ‘ādī Dynasty 16世纪至17世纪中期，由居住在摩洛哥苏斯河流域的阿拉伯-萨迪人建立的王朝。自15世纪末起，葡萄牙和西班牙入侵摩洛哥，占领了摩洛哥沿海的一些港口和地区。16世纪初，萨迪人掀起了反对欧洲入侵者的“圣战”。号召推翻屈从侵略者的马林王朝。1520年艾哈迈德·阿拉杰占领马拉喀什，推翻了马林王朝的统治。艾哈迈德·曼苏尔苏丹（1578～1603年在位）统治时期，是萨迪王朝全盛时期。曼苏尔曾远征西苏丹，带回大量黄金。他加强中央政权，建立了一套沿用至今的行政机构。他的后继者懦弱无能，统治阶层内部争斗不断，使萨迪王朝趋于衰落。1666年为阿拉维王朝取代。

萨蒂 Satie, Erik（1866-05-17～1925-07-01） 法国作曲家。生于翁弗勒尔，卒于巴黎。1879年入**巴黎国立高等音乐学院**学和声和钢琴。1905年入圣歌学院学对位法与配器法。他在音乐创作上进行多种尝试，追求独创性，风格和手法多变，自成一体。如废除调号和小节线的《玄秘曲三首》，形式简洁的小型钢琴曲《梨形乐曲三首》，乐队中加入警报笛、打字机、飞机、手枪、发动机音响的舞剧《炫技表演》，1917年公演时引起轰动。1918年写的用乐队和4个女高音的交响剧《苏格拉底》，音乐清晰严谨，不追求外在效果，开新古典主义音

乐之先河。曾提倡“不引人注意，像家具一样普通”的所谓“家具音乐”。他的思想和音乐颇为法国一些青年作曲家赞赏，“六人团”就是在他影响下组成，1923年还有一批人围绕他形成阿尔克伊乐派。

萨都剌 Satula（约1305～约1355） 中国元代诗人。字天锡，号直斋。色目人，一说蒙古人。祖上累有功勋，颇受知于元世祖和英宗。萨都剌出身将门，但幼年生活贫穷。青年时曾奔波于吴、楚，泰定四年（1327）进士及第。后任京口录事司达鲁花赤、江南行御史台掾史以及燕南河北道、闽海福建道、燕南河北道肃政廉访司的一些小官。萨都剌博学能文，兼善楷书。他的文学创作以诗歌为主。诗词内容以游山玩水、归隐赋闲、慕仙礼佛、酬酢应答之类为多，思想价值不高。有些诗涉及元代社会的黑暗现实，反映了当时的阶级压迫。例如《大同驿》、《黄河月夜》、《鬻女谣》、《织女图》等反映了劳动人民的生活惨状；《过居庸关》、《题画马图》等表达了反战思想；《旧剑》、《尘镜》等则抒发了报国志愿。萨都剌的山水诗颇见功力。他游宦多年，足迹遍及长城内外、大江南北，不少山水诗富有生活实感，描写细腻，贴切入微。在诗歌技巧上，萨都剌继承了唐、宋诗歌的某些手法，并具有自己的特点。其诗往往很有意境，而且语言简练，形象生动。萨都剌的词作虽然不多，但颇有影响，尤以〔念奴娇〕《登石头城》、〔满江红〕《金陵怀古》两首著名。后人曾推崇萨都剌为“有元一代词人之冠”，并非溢美之词。著有《雁门集》14卷，又《武夷诗集序》文1篇。《雁门集》有近人殷孟伦点校本。

萨杜尔 Sadoul, Georges（1904-02-04～1967-10-26） 法国电影史家、影评家。生于南锡，卒于巴黎。1935年任法国共产党创办的《瞭望》周刊主编，从此开始电影的研究工作。第二次世界大战法国沦陷时期，担任地下刊物《法兰西文学报》编委，主编《法兰西银幕》专栏。战后除继续主

编独立出版的《法兰西银幕》、写作电影史外，还在法国电影高等学院、巴黎大学电影学研究所任教。他一生著作颇丰，仅电影中就有《电影艺术史》(1948)、《法国电影》(1953)、《世界电影史》(1959)、多卷集《电影通史》。

萨尔 Sarh 乍得第二大城市、中沙里省首府。又译萨尔赫。前称阿尚博堡。人口13万（2002）。地处国境南部、沙里河左岸，东距中非边境约60千米。居民以萨拉族为主，故名。气候温暖，干湿季交替。周围适于植棉，是重要棉花产区。为乍得的纺织工业中心。还有屠宰和冷藏、加工，以及农产品加工等。乍得南部的商业捕鱼中心、农产品交易中心和集散地，有公路干线北通首都恩贾梅纳，西连多巴、蒙杜，南抵中非首都班吉。沙里河至恩贾梅纳河段，一年内大部时间可通航。有机场，还有交通学校和医院。

萨尔茨堡 Salzburg 奥地利中北部城市，萨尔茨堡州首府。地处阿尔卑斯山北麓，萨尔察赫河畔，西与德国巴伐利亚州毗邻。人口14.79万（2008）。古代凯尔特人定居点，后为罗马人城镇。739年起一直是天主教大主教领地，直到19世纪初脱离宗教统治。1809年曾划归巴伐利亚。1914～1915年维也纳会议后归属奥地利。历史上以产盐著名，城名在德语中即盐城之意。现为全国主要旅游胜地之一，并有生产啤酒、食品、纺织品、服装、皮革、五金、乐器、电子和电气产品以及环保工程等工厂企业。铁路和公路交通枢纽，设有马克思格兰国际机场。老城区在萨尔察赫河左岸，城内保存有众多中世纪建筑和文化古迹。

始建于1077年的霍亨萨尔茨堡耸立在门希斯贝格山巅，是中欧地区保存最完整、规模最大的古城堡和城市的标志。附近有始建于7世纪末的本笃会圣彼德隐修院，还有圣方济各会教堂、大主教府邸。萨尔茨堡老城粮食街建于16世纪，是老城区最热闹的街道。萨尔察赫河右岸的内城和新市区也有不少名胜古迹。是闻名于世的“音乐之城”。1756年1月27日音乐家莫扎特诞生于此，1917年已辟为莫扎特纪念馆。老

莫扎特纪念馆

城西南专设萨尔茨堡艺术节区，一年一度的莫扎特音乐节、复活节音乐会、圣灵降临节音乐会、萨尔茨堡艺术节和文化节等盛大演出活动在此举行，成为国际著名音乐家聚会之地。

萨尔蒂科夫 Saltykov, Mikhail Yevgrafovich（1826-01-27～1889-05-10） 俄国作家。生于特维尔，卒于圣彼得堡。12岁以优异成绩被保送入皇村中学。学生时代开始文学创作。毕业后到陆军部任职，同时写作。

1849年因作品抨击社会不公平而遭逮捕并被流放到维亚特卡。1856年回到圣彼得堡。曾任副省长、税务署署长等职。因撰文嘲讽权贵并屡与上司冲撞被沙皇革职。1877～1884年任《祖国纪事》杂志主编。长篇小说《戈洛夫廖夫一家》(1875～1880)通过对一个家庭衰败的描写，说明俄国地主阶级由贪婪、残忍到腐朽没落的历史必然性。主人公犹大什卡是贪婪阴险的伪善者的典型。其他主要作品还有长篇讽刺小说《一个城市的历史》(1869～1870)、中篇小说《矛盾》(1847)、特写集《外省散记》(1856)、《童话集》(1882～1886)等。

萨尔蒂科夫运用“伊索式”的语言和多样的讽刺手法同沙皇专制主义进行长期而坚决的斗争，对俄国批判现实主义文学的发展作出了重大贡献。

萨尔浒之战 Sarhoo, Battle of 中国明朝万历四十七年（后金天命四年，1619）春，后金汗努尔哈赤督率八旗军主力在萨尔浒（今辽宁抚顺东）及其附近地区大败明军的反击作战。四十六年，努尔哈赤以“七大恨”为由举兵反明，相继克抚顺、清河（今抚顺东南）等地。次年，明廷命杨镐为辽东经略，统兵约11万人，号称24万（一称47万），分四路合击后金都城赫图阿拉。努尔哈赤侦知明军企图，留少数兵力守后方，集中八旗兵6万人先迎击明军左翼中路杜松军。在萨尔浒山歼其大部，杜松战死。北路马林军闻讯，于尚间崖（在今抚顺县境）掘壕固守，努尔哈赤移师又将其歼灭，马林仅以身免。南路刘綎军绕道进逼赫图阿拉，因路远不知败讯，努尔哈赤命士兵持杜松令箭，诈称杜军已进城，诱刘綎率部疾进，后金军于中途伏击，明军大溃，刘綎战死。杨镐闻三路败后，急令右翼中路李如柏军火速撤退，得以幸免。

此战，明军不明后金虚实便仓促出师，

统帅调度无方，各路互不协调；而努尔哈赤准确获悉明军情况，集中兵力，各个击破。后金军此后在辽河流域转入大举进攻，明军则转为守势。

萨尔马泰人 Sarmatians 公元前4～公元4世纪时占据南俄草原及巴尔干东部地区的居民。属东伊朗人种，操北伊朗语。原来生活在咸海沿岸及其以东地区。前6世纪时，开始向西北移动，进入乌拉尔丘陵地带。前5世纪时，占据乌拉尔河与顿河之间的草原。前2世纪，征服大部分斯基泰人部落，成为南俄草原的霸主。公元1世纪时，控制除克里木半岛以外的所有南俄草原地区，转而与罗马帝国为敌。3世纪时，哥特人的迁徙浪潮冲垮萨尔马泰人在南俄草原的霸主地位。但他们仍保有很大的势力。后来连续受西迁的匈奴人和阿瓦人的冲击，一蹶不振。至6世纪时，已完全消失。

萨尔马泰人的生活习俗和文化传统与斯基泰人相仿，但崇拜火，杀白马祭天。主要战斗武器是矛和长剑。作战主要靠装备有铠甲的重骑兵，马镫是他们最重大的发明。萨尔马泰人称霸时期，所有南俄草原部族都接受其文化，影响广及黑海沿岸及其以西地区。

萨尔马泰文化 Sarmatian Culture 欧洲早期铁器时代文化。因该文化的属有者萨尔马泰人而得名。年代为公元前7世纪至公元4世纪。最大分布地域东起托博尔河，西到多瑙河，跨咸海、里海和黑海北岸诸草原。萨尔马泰在前4世纪之前被称为萨夫罗马泰，最初见于古希腊历史学家希罗多德等人的著作。从前4世纪后半叶开始，称萨尔马泰。中国文献中所载的奄蔡，即系萨尔马泰人的一支——阿兰人。该文化有设防的古城，以托博尔河西岸的丘达基古城最为重要。该城为不规则椭圆形，周围有2米深的壕沟，房屋由前后两室组成，面积甚大，墙壁涂泥。该文化的墓葬多为土葬，单人葬居多，随葬品有祭肉、兵器、马具、陶器和饰物。另有氏族部落贵族、军事首领的厚葬冢墓。经济以游牧为基础，后期发展到骑马游牧阶段。也有不发达的农业，以及制陶、铸造、纺织和手工加工业。兵器多铁制。装饰纹样以野兽纹居多。人骨资料表明，萨尔马泰人主要属欧罗巴人种的安德罗诺沃类型和帕米尔费尔干纳类型。该文化起源于中亚，或乌拉尔以东的安德罗诺沃文化。与波斯、中亚塞种、黑海北岸斯基泰文化及中国均有密切联系。

萨尔托 Salto 乌拉圭萨尔托省首府，全国第二大城市，内陆地区最大的城市。位于西北部乌拉圭河左岸，与阿根廷城市康科迪亚隔河相望，有轮渡往来。人口9.91万（2004）。全省农牧业产品集散地和工业中心，城市周围是牛、羊的重要牧养地。柑橘和酿酒用的葡萄的种植非常有名。环绕城市的柑橘林和葡萄园有32千米长。工业有肉类加工、制革、酿制葡萄酒和橘汁饮料等。城北郊区有大型造船厂。1983年，在城北20千米的乌拉圭河上建成了装机容量189万千瓦的大型水电站。城北6千米有托尔萨矿泉，为旅游疗养胜地。市内有剧院、图书馆和学校，其中有一所著名的农学院。有铁路、公路和航空线连接首都蒙得维的亚和西部主要城市。为乌拉圭西北部地区的物资供应港。

萨尔瓦多 El Salvador 拉丁美洲国家。位于中美洲北部、太平洋沿岸，东北同洪都拉斯交界，西北与危地马拉接壤，南濒太平洋。海岸线长256千米。面积20 720平方千米。人口719万（2009）。居民中印欧混血种人占人口的90%，印第安人占5%，欧洲人后裔占5%。75%以上的居民信奉天主教。西班牙语为官方语言。首都圣萨尔瓦多。

地处中美洲火山带中心，全国有火山25座以上，素称火山之国。北部的阿洛特佩克－梅塔潘山脉是萨尔瓦多与洪都拉斯两国天然分界线，南部沿海地带是一条宽15～20千米的狭长平原，其后是与海岸线平行的内科迪勒拉山系的科斯特拉山脉火山带，其中圣安娜火山海拔2 381米，为全国最高峰。海拔1 965米的伊萨尔科火山被誉为“太平洋上的灯塔”。中部的山间盆地是政治、经济中心。伦帕河是全国最长的河流，长320千米，流域面积占国土的一半，也是唯一的通航河流。境内湖泊星罗棋布，多为面积较小的火山湖。地处热带，但因地形复杂，各地气候有明显差异。矿藏有石油、金、银、铜、铁等，地热和水能资源较丰富。森林面积约占全国面积的13.4%。

原为印第安人居住地。1524年沦为西班牙殖民地。1821年9月15日萨尔瓦多宣布独立，1822年被并入墨西哥。1823年加入中美洲联邦。1834年联邦首府从危地马拉迁至圣萨尔瓦多。1838年联邦瓦解。1841年2月18日宣布成立萨尔瓦多共和国。独立后到19世纪末，政局长期动荡。1992年，政府同游击队达成和平协定，结束内战。

总统是国家元首和政府首脑，也是武装力量统帅，由全民直接选举产生，任期5年。实行三权分立的代议制民主共和体制和国民议会一院制。主要政党有民族主义共和联盟、法拉本多·马蒂民族解放阵线、全国协和党、基督教民主党。

农业是国民经济支柱。1/4的人口从事农业，80%的农产品用于出口。2008年国内生产总值221亿美元，外债总额95亿美元。货币名称科朗。传统的咖啡生产和出口国。主要农产品还有蔗糖、棉花、可可、玉米、菜豆、水稻。也是世界主要糖胶产地。工业基础薄弱，主要为轻纺工业。旅游资源丰富，火山、高原湖泊和太平洋海滨浴场吸引众多游客。交通运输以公路为主。公路总长12 164千米，其中泛美高速公路306千米。铁路总长674千米。水运主要港口有阿卡胡特拉港、库图科港、自由港和凯旋港。有萨尔瓦多国际机场和伊洛潘戈国际机场，有通往中美洲各国首都、墨西哥城、迈阿密和洛杉矶的国际航线。

主要贸易伙伴为美国、危地马拉、欧盟等。主要出口产品为咖啡、可可、蔗糖、虾、纺织品和化工产品。主要进口产品为原材料、消费品、工业制成品、燃料、粮食和石油。美国为最大投资国，控制着全部空运、2/3的铁路、大部分的咖啡生产及重要金融和工业部门。

中小学实行义务教育。2006年，小学和中学入学率分别为92%和48%。圣萨尔瓦多大学和中美洲大学是著名大学。全国有《新闻写真》、《今日》和《世界报》等报纸。约有51家商业电台，国家电台由总统府新闻局管辖。电视台有8家，其中1家为国家电视台。

萨尔瓦多与美国关系密切，是美国第三大受援国。重视与欧盟及其邻国的关系。与中国无外交关系。为中美洲共同市场成员国。同102个国家建有外交关系。

萨尔瓦多 Salvador 巴西东部重要海港和工商业城市，巴伊亚州首府。气候温热，年平均气温25℃，平均年降水量1 800多毫米。面积324平方千米，人口289.14万(2007)；大萨尔瓦多面积2 213平方千米，人口359.85万(2007)，多为黑人和黑白混血种人。始建于1549年，曾名巴伊亚。第二次世界大战后，由于近海油田的开发和阿拉图工业区的建立，发展成为综合性的工商业城市。工业主要有石油提炼和石油化工、纺织、食品、机械、造船、冶金、木材加工、水泥等。东北部地区重要水陆交通枢纽。铁路和公路通内地和东海岸重要城市。港阔水深，能停泊远洋巨轮和超级油轮。市郊有机场。设有大学、研究所、博物馆、图书馆等文化教育机构。阿拉图工业区在市东北15千米处，有石油化工、冶金、水泥、造船等工业。辟有深水港。其北的卡马萨里为石油化工基地。

萨尔温江 Thanlwin; Salween 中南半岛的大河。上游是中国的怒江。源于中国西藏唐古拉山南麓。先东南流，转而南流，经中国云南，流入缅甸后称萨尔温江。在上缅甸称查黑江，下缅甸称滚龙江。穿过掸、克耶、克伦和孟等邦，在毛淡棉附近注入安达曼海的莫塔马湾（马达班湾）。全长3 673千米，在缅甸境内长1 660千米，下游有128千米的河段构成缅甸和泰国的天然界河。流域总面积32.5万平方千米，在缅甸境内约为20.5万平方千米。支流较少，大部分河段流经高山峡谷，落差大、水流急，多瀑布、险滩，富水力资源。河谷平原较小，且不连片，仅毛淡棉附近有几十平方千米的冲积平原。航运价值不大，在下游400千米的地段，只能通平底汽船。从掸邦和克耶邦采伐的柚木，多由此顺流浮运而下。但在枯水期，浮运常常受堵；而在涨水期间，下游平原地区洪水又常泛滥成灾。

萨法尔王朝 Saffārid Dynasty 9世纪后期统治伊朗东部的封建王朝。创建者耶古卜·伊本·莱伊斯（861～879年在位）出身铜匠（即萨法尔），因以为王朝名。9世纪50年代初参加由亡命者组成的军事组织。861年自立为锡斯坦的埃米尔，建立萨法尔王朝。865年，他征服锡斯坦境内的哈瓦利吉派。873年灭塔希尔王朝。875年占领赖伊（今德黑兰东南郊），打败塔巴里斯坦的阿里后裔季亚尔王朝。他死后，其弟阿姆尔继承王位。阿姆尔在位期间（879～900）是萨法尔王朝极盛时期。898年，他向河外及叶火罗斯坦扩张。900年，在巴尔赫附近为萨曼王朝击败，被俘后解往巴格达。此后，萨法尔朝仍有三个埃米尔相继统治锡斯坦，不久沦为萨曼王朝藩属。

萨非王朝 Safavid Dynasty 伊朗中古时期的王朝（1502～1736）。王朝始祖名萨非丁

萨非王朝王宫

（1252～1334年在位），因以为王朝名。1502年，伊斯梅尔一世（1502～1524年在位）领导基泽勒巴什（意为“红头军”，因头戴12角深红色帽）在沙路尔击败白羊王朝军，攻下大不里士，自立为王，建萨非王朝。他宣布伊斯兰教什叶派为国教，与东西两方属于逊尼派的强敌——中亚的乌兹别克汗国和奥斯曼帝国相对抗。

伊斯梅尔之子塔赫马斯普在位期间（1524～1576），东西两强邻多次入侵，下美索不达米亚领土丧失，大不里士屡被占领，塔赫马斯普被迫迁都卡兹文。阿拔斯一世（1587～1629年在位）即位后，国势逐渐达于全盛。1597年阿拔斯一世大败乌兹别克于赫拉特（今阿富汗境内），遂将国都从卡兹文迁至伊斯法罕（位于今伊朗境内）。1603年起，阿拔斯一世对奥斯曼帝国发动攻势，至1607年，奥斯曼帝国的军队全部被逐出萨非国家。

1720年阿富汗的吉尔扎伊部落首领马赫穆德入侵伊朗东境，两年后围困首都伊斯法罕，苏丹侯赛因一世（1694～1722年在位）率众投降，其子塔赫马斯普二世（1722～1732年在位）在伊朗北部自立为王。1726年，呼罗珊的阿夫沙尔部落首领纳迪尔率部支援萨非王室，将阿富汗人逐出伊斯法罕。1732年，纳迪尔成为摄政。1736年，纳迪尔自立为王，改称纳迪尔沙，萨非王朝遂亡。

萨福 Sappho（约前610～前580） 古希腊诗人。生于莱斯沃斯岛。她共写下9卷诗，被基督教会以有伤风化为由毁掉。但她的抒情诗无论在古代还是近代都有相当影响，甚至不少诗人曾袭用她用过的一种诗歌体裁，称之为“萨福体”。传说她出身于贵族家庭，父亲在她经年时战死。她曾因受到当地僭主的迫害，逃亡到西西里岛，并在那里住过一段时间。她的诗歌真挚感人，语言用当地口语，自然朴实。她又善用各种诗歌体裁。她的诗被按照不同格律汇编成卷，虽然今天只存留下断章残句，但还可看出她是古代一个有高超诗歌技巧的重要诗人。

萨冈 Sagan, Françoise（1935-06-01～2004-09-24） 法国小说家、剧作家。生于卡雅尔克，卒于翁弗勒尔。原名弗朗索瓦丝·夸雷。1954年以萨冈为笔名发表小说《您好，忧伤》，从此成为专业作家。

萨冈创作的都是通俗小说，篇幅不长、人物不多，描写的是二人或三人世界里的感情波澜。如《某种微笑》(1956)、《您喜欢勃拉姆斯吗？》(1959)、《狂乱》(1965)等小说，主要表现人生的孤独。她笔下的人物大多生活在中产阶级家庭，精神空虚，以爱情游戏作为点缀，在三角恋爱里寻求刺激，是当代法国社会里许多人精神状态的写照。萨冈共出版了30多部小说、剧本和回忆录，具有多方面才能。1984年出版自传《我的美好回忆》。

萨格勒布 Zagreb 克罗地亚首都和最大城市。位于国土北部，萨瓦河畔。人口约78.8万（2008)。1093年首见史载。城市发端于格拉代茨和卡普托尔两座城堡，于1850年在行政上正式合为萨格勒布市。1867年成为奥匈帝国所属克罗地亚和斯拉沃尼亚领地的首府。1918年归属塞尔维亚－克罗地亚－斯洛文尼亚王国（1929年改称南斯拉夫王国）。第二次世界大战期间，一度成为轴心国控制的克罗地亚傀儡国首都。1945年5月解放，随同克罗地亚成为南斯拉夫联邦的一部分。1991年成为独立的克罗地亚首都。全国最大的工业中心，主要工业部门有炼油、石化、机械、医药、造纸、纺织、食品等。每年春、秋季举行的国际博览会在中东欧颇具影响。西欧、中欧通往亚得里亚海和巴尔干半岛的公路、铁路枢纽，有国际机场。是重要文化中心。有大学、研究机构，各类博物馆、美术馆、图书馆等文化设施和音乐、舞蹈团体。众多国际文体盛会在此举行。北部上城山势起伏，为古城堡所在地，有圣马克教堂、圣斯蒂芬大教堂、大主教宫等中世纪建筑。南部下城一马平川，伊里察大街为最繁华的商业区。

萨哈林岛 Sakhalin Island; Ostrov Sakhalin 俄罗斯太平洋沿岸最大岛屿，属萨哈林州。中国名称为库页岛。西与大陆相望，南同日本北海道相对。南北长948千米，东西宽6～160千米，面积7.64万平方千米。人口58.4万（2002)，其中俄罗斯人占81.6%，乌克兰人占6.5%，朝鲜人占5%。北部是北萨哈林低平原，地势较低，沿岸多潟湖。中南主要是山地，西有西萨哈林山脉，东为东萨哈林山脉，土峰洛帕京山海拔1 609米，是全岛最高点，两山脉之间是特米－波罗奈谷地。温带季风性气候，冬季寒冷，夏季凉爽多雾。特米河与波罗奈河纵贯该岛中部，属山地型河流。北部为泰加林，中部是针叶林，西南部为针阔混交林。森林和石油、天然气及煤炭资源丰富。工业以

石油和天然气开采、木材加工、制浆、造纸和鱼类加工为主。农业以种植饲料作物、马铃薯、蔬菜和乳用畜牧业为主。海洋水产业发达。有铁路纵贯全岛，海运业较重要。主要海港有：科尔萨科夫、霍尔姆斯克、涅韦尔斯克、亚历山德罗夫斯克。建有输油、输气管。主要城市除南萨哈林斯克外，还有霍尔姆斯克、科尔萨科夫、奥哈。该岛原属中国，18世纪中叶后，俄、日相继侵入，俄占北部，日占南部，俄称萨哈林，日称桦太。1875年俄日签订条约，俄以千岛群岛18岛交换日占南部，全岛遂归俄。1905年日俄战争后，俄又将南部（北纬50°以南）割让给日本。1945年，《波茨坦协定》规定全岛归属苏联。

萨赫勒 Sahel 非洲热带草原向撒哈拉沙漠过渡的干旱、半干旱地带。1900年法国植物学家首次倡用萨赫勒一词，阿拉伯语意为边缘。范围包括自塞内加尔北部和毛里塔尼亚南部，东经马里中部、布基纳法索北部、尼日尔南部，直到乍得和苏丹中部一条宽320～480千米的地带。为起伏平缓的低高原。地形单调，植被稀疏，降水量稀少，变率大。平均年降水量从南部的700毫米递减至北部的200毫米。阿拉伯树胶树分布很广，河谷一带有少量棕榈和金合欢树。地区经济以牧业为主，牲畜有骆驼、牛、山羊和绵羊，局部地区雨季有小规模农业，花生是重要经济作物。是非洲阿拉伯树胶的最大产区。气候变化和滥伐树木、过度放牧等导致沙漠面积不断扩大，每年有大片农田、牧地被吞没。1973年9月，该地区有关8国决定成立萨赫勒地区常年抗旱委员会（CILSS），总部设于布基纳法索首都瓦加杜古。共有9个成员国。

《萨迦格言》 *Saja Legs Bzhad* 中国藏族第一部哲理格言诗集。萨班·贡噶坚赞著。成书于13世纪初。全书共9章，有格言诗457首。作者以宗教观点提出治国之道和治学、待人、处世等哲学主张，对区分智愚、善恶因果、生老病死、皈依佛法等均有涉及。格言多取自民间，加工改编，以七言四句诗歌体写成。语言简明通俗，说理深入浅出，形象生动，易说易记，深受藏族民众殊爱而广为流传。作者以简练的笔触勾勒出当时社会各阶层、各种类型的人物形象，具有一定的社会意义，显示出作者高超的概括能力和艺术技巧。其文体对后世之《水树格言》、《西藏王臣记》等的形成有极大影响，为研究藏族文学的一部重要著作。有汉、蒙古、英、匈等文译本。

萨迦派 Sa-skya-pa 中国藏传佛教宗派。因主寺萨迦寺所在地土色灰白而得名。

该派由昆·贡却杰布创于北宋熙宁六年（1073）。其子贡噶宁布为萨迦五祖的初祖。贡噶宁布共有四子，次子索南孜摩继任萨迦寺住持，为萨迦二祖；三子扎巴坚赞为萨迦三祖；贡噶宁布的四子贝钦沃布没有出家，他有两个儿子，长子萨班·贡噶坚赞随扎巴坚赞出家，并继任萨迦寺住持，为萨迦四祖，有“班智达”（藏语意为“大学者”）之称，班智达弟弟的长子八思巴是萨迦五祖。13世纪时，萨迦派因蒙古势力强盛而显赫一时。八思巴曾为元世祖忽必烈作喜金刚密法灌顶，并被封为国师。14世纪中，该派政治地位由帕竹噶举支系所取代。萨迦派教法以道果法为核心，修佛之路分三次第：首破非福，不作恶业；次破我执，明一切皆空；最终破除一切见。其观想实践也有三次第：先观我，而后作诸法取舍抉别，最终得佛果。萨迦派极重显宗学理，其理论研究活动遍及佛学各个方面。

萨克拉门托 Sacramento 美国加利福尼亚州首府。位于该州中北部，萨克拉门托河下游与亚美利加河汇合处，西南距圣弗朗西斯科（旧金山）137千米。市区面积252平方千米，人口46.38万（2008）；萨克拉门托－约洛大都市区人口227.51万（2008）。1839年始建定居点。1848年当地发现金矿，成为淘金者的物资供应中心。1850年设镇。1854年成为州首府。1863年设市。1869年北美第一条横贯大陆铁路通达。第二次世界大战后，城市经济趋向多样化。萨克拉门托谷地农业区的商贸中心。食品加工工业发达，还有运输设备、木材加工、化工等；新兴的宇航、计算机、电子等工业部门发展较快。纵横加利福尼亚的高速公路和铁路的交叉点。重要河港，1963年建成通往圣弗朗西斯科湾的深水航道后，成为连接内地的转运港。萨克拉门托河东岸保留淘金时代老街，有当年城市开拓者故居改建的萨特堡等游览名胜。有加利福尼亚州立大学（1947）等多所高等院校，以及克罗克美术馆、铁路博物馆等文化设施。公园多达120个，每年3月举行盛大山茶花节。也是一年一度的州博览会所在地。

萨克雷 Thackeray, William Makepeace (1811-07-18～1863-12-24) 英国小说家。生于印度阿里帕，卒于伦敦。4岁丧父。1829年入剑桥大学。曾任报刊记者、主编、专栏作者等。1847年开始连载长篇小说《名利场》，从此享誉文坛。1863年因心脏病发作逝世。

《名利场》以辛辣讽刺的手法，真实描绘了1810～1820年摄政王时期英国上流社会没落贵族和资产阶级暴发户等各色人物的丑恶嘴脸和弱肉强食、尔虞我诈的人际关系。还创作有长篇小说《彭登尼斯》（1848～1850）、《亨利·埃斯蒙德》（1852）、《纽克姆一家》（1853～1855）、《弗吉尼亚人》（1857～1859），散文集《势利人脸谱》（1847）等。其中以《亨利·埃斯蒙德》和《纽克姆一家》最为出色。萨克雷以机智幽默甚至玩世不恭的态度无情地展示生活的真实，成为英国19世纪小说发展高峰时期的重要作家。

萨克森王朝 Saxon Dynasty 德意志封建王朝。又称利乌多尔芬格王朝。919年由萨克森伯爵亨利一世建立。

919年亨利一世（919～936年在位）被选为东法兰克国王。其统治政策以巩固和扩展王权为标志，他扶植教会势力，依靠骑士、家臣，同大封建主作斗争，并通过反对匈牙利人入侵以及向易北河以东斯拉夫人地区的扩张，使他的王权在全国得到承认。其后的奥托一世（936～973年在位）依靠教会、封建主和中小世俗封建主，反对世俗贵族，进一步加强中央权力，巩固了德意志封建国家。951年，奥托一世应教皇约翰十二世（955～964年在位）的要求侵入意大利，并占领意大利大部分地区。955年，又在莱希费尔德击败匈牙利人的入侵。962年，在罗马由教皇加冕称帝，成为罗马的监护人和罗马天主教世界的最高统治者，开创了神圣罗马帝国，取得了在中欧和西欧的霸权。亨利二世（1002～1024年在位）无男嗣，死后，亨利一世的另一后代康拉德二世（1024～1039年在位）被推为国王，萨克森王朝结束。

萨克斯 Sachs, Curt (1881-06-29～1959-02-05) 美籍德国音乐学家。生于柏林，卒于纽约。曾在柏林大学攻读音乐史与艺术史。1904年获艺术史博士学位。先在柏林美术博物馆工作，随后开始音乐研究工作。1914年与E.M.von霍恩博斯特尔共同写作了重要论文《乐器分类法》，提出了日后产生巨大影响的乐器分类法。1920年任德国乐器博物馆馆长。同时在柏林大学任教。1937年定居美国，任纽约大学教授。1950～1952年任美国音乐学学会主席。其最主要著作，在德国时期有《实用乐器词典》、《乐器的精神与演变》、《比较音乐学纲要》、《世界舞蹈史》等；在美国时期有《乐器史》、《东西方古代世界的音乐起源》、《艺术共同体：美术、音乐和舞蹈中的风格》、《节奏与速度》等。

萨克斯 Sachs, Hans (1494-11-05～1576-01-19) 德国诗人、剧作家。生于纽伦

堡，卒于纽伦堡。小学毕业后随鞋匠学艺。1511～1516年在南方各地漫游，接触到流行于手工业者中间的工匠歌曲。回到纽伦堡后创建工匠歌曲学校，推动了工匠歌曲的发展。1523年写下著名长诗《维滕贝格的夜莺》，歌颂宗教改革首领马丁·路德。一生创作了6 000多篇作品，其中工匠歌曲4 275首，双韵诗歌1 700首，短剧约200出，世俗和宗教诗歌73首以及散文对话录7篇。他把这些作品手抄成册，名为《诗全集》。其语言生动幽默，对社会弊病进行了一定程度的讽刺与批评。

萨克斯 Sachs, Julius von (1832-10-02～1897-05-29) 德国植物学家。生于布雷斯劳（今波兰弗罗茨瓦夫），卒于维尔茨堡。1856年获哲学博士学位，1868年任维尔茨堡大学教授，1871年起被选为该校校长，1877年任枢密顾问，直至去世。

萨克斯是现代植物生理学的创始人，他的研究工作几乎涉及植物生理的各个方面。主要成果有：证明叶绿素仅存在于叶绿体中，光合作用在叶绿体中进行并形成淀粉；发现植物生长主要是由于细胞的增大而不是由于分裂等。主要的理论观点有：环境对各种植物的生理活动均显示有最低、最适和最高三个基点；推论花、茎、根的分化是由“专性器官形成的物质”所控制等。对他未能解决的问题，亦提出了思路和手段。萨克斯在实验技术上也很有创新，如用碘染色测定淀粉，用数气泡法测定光合作用等。他还创制了一些仪器。

萨克斯一生发表过许多科学论文，已被汇成2卷专集。他的主要著作有：《植物的实验生理学手册》、《植物学教科书》、《植物学史》及《植物生理学讲义》等。

萨克斯管 saxophone 单簧气鸣乐器。广泛用于军乐、歌舞音乐、爵士乐，有时也用于管弦乐队。1840年由比利时乐器制作家A.萨克斯发明。管体由金属制成，用单簧哨片演奏。有24个音孔及两个高音键。它融合了单簧管和双簧管的特点，既有双簧管的圆锥形管体，又有单簧管的吹嘴和单簧片。最初制作的萨克斯管有14种型号，7个一组，一组是降E和降B调，另一组是F和C调。这些乐器都是移调乐器，记谱用高音谱号，最常使用的是中音和高音萨克斯管。萨克斯管的音色灵活多变，与其他木管乐器能很好地融合。既能演奏柔和的长笛音色及色彩丰富的弦

高音萨克斯管

乐音响，又可演奏强烈的、金属般的声音变化。其音色具有朦胧的特点，音质浓重而穿透力强。第一次世界大战后为美国爵士乐队采用。

萨空了 Sa Kongliao (1907-03-26～1988-10-16) 中国新闻记者、新闻学家。笔名了了、艾秋飙。蒙古族人。原籍内蒙古翁牛特旗。生于成都，卒于北京。20世纪20年代开始从事新闻工作。1935年11月到《立报》工作，任副刊主编、总编辑兼经理。1939年赴新疆从事抗日宣传活动，任《新疆日报》第一副社长。1941年任重庆《新蜀报》总经理，配合《新华日报》进行抗日救亡宣传。1943年被国民党特务机关逮捕，秘密囚禁两年。出狱后赴香港，任《华商报》、《光明报》总经理。1949年6月《光明日报》在北京创刊，任秘书长。中华人民共和国建立后，任中央人民政府新闻总署副署长。1983年后历任中国人民政治协商会议全国委员会常务委员、副秘书长兼《人民政协报》总编辑。著有《科学的新闻学概论》等。

萨拉查 Oliveira Salazar, António de (1889-04-28～1970-07-27) 葡萄牙独裁者，政府总理（1932～1968）。生于维米埃鲁，卒于里斯本。早年学习神学，后就读于科英布拉大学法律系。1930年7月建立法西斯政党国民同盟，自任领袖，宣称同个人主义、社会主义和议会制

作斗争。兼任殖民部长期间颁布《殖民地法令》，取消殖民地人民的自治权利。1932年8月，国民同盟成为全国唯一合法政党，他就任总理。1933年2月通过一部墨索里尼式宪法。同年9月，颁布《国民劳动条例》，在国内建立法西斯职工会，禁止罢工。1936年5月，兼任陆军部长。1936年11月又兼任外交部长。掌权30多年中，在国内推行法西斯独裁统治，对外残酷剥削和掠夺殖民地，特别是镇压安哥拉、莫桑比克和几内亚比绍民族解放运动。1936～1939年西班牙内战时，大力支持F.佛朗哥反动政权。1968年9月病重离职。

萨拉丁 Salāh ad-Dīn, Yūsuf ibn Ayyūb (1137/1138～1193-03-04) 埃及阿尤布王朝开国君主（1174～1193年在位），穆斯林抗击十字军东征的英雄。库尔德人。生于伊拉克提克里特城，卒于大马士革。1169年任埃及法蒂玛王朝宰相。1171年推翻法蒂玛王朝，自立为苏丹，在埃及建立阿尤布王朝。

1187年，萨拉丁率阿拉伯联军向耶路撒冷王国发起圣战，在海廷战役大败十字军，俘虏耶路撒冷王国国王，遂乘胜进占地中海东部沿海要塞和内陆城镇。同年10月2日收复被十字军强占88年的圣城耶路撒冷。1189年英王理查一世（狮心）、神圣罗马帝国皇帝腓特烈一世（红胡子）和法王腓力二世组成第三次十字军，围困阿克要塞。阿拉伯军民在萨拉丁的指挥下奋勇抵抗，击退敌军多次进攻。1192年理查一世被迫签订《拉姆莱和约》。萨拉丁威名远扬，成为深受阿拉伯人民景仰和爱戴的民族英雄。他关心教育，开办学堂，修葺清真寺，兴修水利，鼓励发展对外贸易，建造开罗城堡和部分城墙。

萨拉丁古堡 Saladin, Citadel of 埃及古城堡。位于开罗东郊穆卡塔姆山坡上。1176年，埃及苏丹国王萨拉丁为抵御十字军东征而

穆罕默德·阿里清真寺

建。古堡内有雄伟壮观的穆罕默德·阿里清真寺，是穆罕默德·阿里于1830年仿照奥斯曼土耳其的大清真寺式样所建，具有浓厚的土耳其建筑风格。墙外层敷以黄色雪花石膏。礼拜堂的大型圆顶高约52米，直径21米。两个塔尖高达85米余，是开罗的标记之一。清真寺西南有穆罕默德·阿里的坟墓。城堡在法鲁克王朝时曾作监狱。

萨拉马戈 Saramago, José (1922-11-16～2010-06-18) 葡萄牙作家。生于里巴特茹戈莱加，卒于兰萨罗特岛。1966年出版了第一部诗集《可能的诗歌》。1968年起为《首都报》等报纸杂志撰写文学评论和政治评论专栏文章。以诗集《可能的诗歌》和《或许是欢乐》(1970) 步入文坛。1980年长篇小说《从地上站起来》为作家赢得声誉。长篇小说《修道院纪事》(1982) 的出版更使萨拉马戈闻名遐迩，他因此被视为葡萄牙文学史上最优秀的长篇小说家之一。此后，陆续出版了《里卡多·雷伊斯死亡之年》(1984)、《石筏》(1986)、《里斯本围城史》(1989)、《耶稣基督眼中的福音书》(1992)、《失明症漫记》(1995) 和《所有的名字》(1997) 等长篇小说。他创造了充满隐喻和暗示的全新小说形式。1998年获诺贝尔文学奖，成为葡萄牙语从事文学创作的作家中获此殊荣的第一人。其他作品有诗集《一九九三年》(1975)，剧本《夜晚》(1979)、《以上帝的名义》(1992)，短篇小说集《几乎是物体》(1978)、《五种感觉俱全的作诗法》(1979) 和《兰萨罗特日记》(之一至之五，1994～1998) 等。

萨拉姆 Salam, Abdus (1926-01-29～1996-11-21) 巴基斯坦物理学家。生于印度旁遮普邦农村，卒于英国牛津。1952年在剑桥大学获哲学博士学位。历任伦敦帝国学院理论物理学教授，巴基斯坦原子能委员会委员，巴基斯坦总统首席科学顾问和科学委员会委员，联合国科技咨询委员会主席。1959年被选为英国皇家学会会员，1973年当选国际理论物理和应用物理协会副主席。他是瑞典皇家科学院名誉院士，苏联科学院外籍院士和美国艺术与科学学院院士。20世纪50年代初，他在**重正化理论**方面提出了消除理论中出现的某些发散（交缠无穷大）的方法。1968年独立地提出了通过黑格斯机制使中间玻色子获得静止质量的电弱统一规范理论，即通常所说的温伯格-萨拉姆理论（见**电弱统一理论**）。因此，他和**S.温伯格**、**S.L.格拉肖**共同获得1979年诺贝尔物理学奖。所预言的静止质量很大的三种中间玻色子$W^{\pm}$和Z^{0}，后来由欧洲核子研究中心分别于1983年1月和6月在质子-反质子对撞机的实验中找到。萨拉姆等人还在1973年提出了统一描述夸克和轻子的帕提-萨拉姆模型，预言了质子的衰变。这项工作为**大统一理论**开了头。

萨拉热窝 Sarajevo 波斯尼亚和黑塞哥维那首都，经济、文化中心。位于国土中东部，米梁茨卡河横贯全城。周围群山环抱。人口约45万（2004），其中穆斯林约占1/2，其次是塞尔维亚人和克罗地亚人。建于1244年。1878年后受奥匈帝国统治。1914年6月28日，塞尔维亚爱国青年刺杀奥匈帝国皇储，德、奥借此挑起第一次世界大战。1918年归属**塞尔维亚-克罗地亚-斯洛文尼亚王国**（1929年改称南斯拉夫王国）。1992年波斯尼亚和黑塞哥维那独立后的三年半内战期间，遭到严重破坏，人口锐减。工业有机械制造、化学、食品、纺织、木材加工等，铜、银器皿和地毯等手工艺品制作驰名。附近地区产褐煤。旅游业也是城市经济的重要产业。铁路、公路交通枢纽，设有国际机场。全城分为老城（穆斯林都城）、中心城和新城三部分。市内有国家科学院、萨拉热窝大学、博物馆等。

萨拉萨特 Sarasate, Pablo de (1844-03-10～1908-09-20) 西班牙小提琴家、作曲家。又译萨拉萨蒂。生于潘普洛纳，卒于比亚里茨。幼年到法国，1856年入**巴黎国立高等音乐学院**学习，1859年获优等奖。毕业后放弃了作曲专业，全力投入小提琴演奏活动。曾到世界各国旅行演出，受到热烈欢迎，各国音乐界公认他是19世纪最杰出的小提琴演奏家之一。萨拉萨特的演奏技艺精湛，洋溢着火热的感情。萨拉萨特擅长小品类曲目，尤其是他自己根据歌剧主旋律改编的幻想曲最为出色。他的作品多取材于西班牙民歌及民间舞曲体裁，有浓郁的西班牙民间音乐特色。著名作品有《吉普赛之歌》、8首《西班牙舞曲》、《巴斯克随想曲》、《卡门幻想曲》、《安达卢西亚的浪漫曲》等。

萨拉乌苏遗址 Salawusu 中国**旧石器时代**中期遗址。位于内蒙古鄂尔多斯乌审旗萨拉乌苏河沿岸。1922年由法国人桑志华发现，是中国最早发现的旧石器遗址之一。20世纪50～80年代和21世纪初多次调查发掘，发现晚期智人化石23件，被称为“河套人”，石制品约500件，以及45种动物化石。制作石器用锤击法和压制法。种类有刮削器、尖状器、雕刻器等。石器普遍细小，但未见典型的细石核和细石叶。石制品与早于它的北京人文化（见**北京猿人**）和比它晚的**峙峪文化**多有相同之处，表明它们在文化传统上存在联系。动物化石有野马、野驴、披毛犀、羚羊、大角鹿、水牛、象、骆驼等生活于草原兼有水泽环境的动物，称为“萨拉乌苏动物群”，是华北晚更新世的代表性动物群。遗址光释光测年为距今约7.7万年。2001年国务院公布为全国重点文物保护单位。

萨莱诺 Salerno 意大利南部港口城市，萨莱诺省首府。位于萨莱诺湾顶部，伊尔诺河河口，西北距那波利约45千米。人口13.95万（2010）。最初为伊特鲁里亚人拓居地。197年为罗马殖民地。后被哥特人与拜占廷人征服。646年被伦巴德人占有，成为伦巴德王国的都城。1077年落入诺曼人之手，并成为其首都。后并入那不勒斯王国。1861年归属意大利王国。经济以农产品贸易、港口、银行与旅游业为主。工业部门有食品、机械、纺织与陶瓷等。意大利第勒尼安海主要海港，铁路、公路枢纽。有大教堂、钟楼、宫殿、高架渠和城堡等遗迹。有萨莱诺大学等高等学校，以及博物馆与美术馆。

萨利赫 Ṣālih, al-Tayyib (1929～) 苏丹作家。生于北方农村。早年曾在戈登学院、喀土穆大学、牛津大学学习。先后任苏丹广播公司经理、英国广播公司阿拉伯语部艺术主任。曾在阿拉伯联盟科教文组织工作。作品多以农村为背景。长篇小说《移居北方的季节》(1968)，写一个苏丹留学生在西方文明冲击下，一度迷惘、堕落，回国后用自己的知识为祖国效劳，在一次洪水中为抢救集体财物牺牲。小说揭示了阿拉伯青年在东西方文明冲突中寻找人生真谛的艰苦历程。小说对意识流、内心独白、悬念迭生等手法的纯熟运用，突破时空界限，使全书浑然一体，在艺术上把阿拉伯小说创作推进了一步。主要作品还有长篇小说《瓦德·哈米德棕榈林》(1962) 和《麦尔尤德》(1977) 等。

萨洛特 Sarraute, Nathalie (1902-07-18～1999-10-19) 法国作家。生于俄国伊凡诺沃-沃兹涅先斯克，卒于巴黎。1932～1937年陆续写了18篇小故事，以“向性”这一生物学词汇作书名结集出版，但并未引起注意。1948年发表长篇小说《陌生人肖像》。后写作了《轻蔑的时代》、《鸟瞰》、《对话与潜对话》等论文，表明自己对文学和小说的看法，1956年结集为《怀疑的时代》出版，成为新小说派的先驱。此后发表小说《马尔特洛》(1953)、《行星仪》(1959)和《金果》(1963)。萨洛特一生笔耕不辍，出版了12部小说、6个剧本和3卷评论集。毕生都在进行一场向传统小说挑战的革命，试图探索一种直接描写潜意识的方式，这种探索对当代小说的发展很有意义。

萨马科铁矿浆管道 Samarco Iron Slurry Pipeline 21世纪初世界上最长的矿浆浆体管道。位于巴西东部，起自乔曼诺赤铁矿区，终于大西洋海岸的乌布港。全长396千米。1977年5月建成投产。管道大部分管段管径508毫米，有40千米管段管径457毫米。所输铁矿浆重量浓度为66%，设计输量1 200万吨/年，实际输量达1 430万吨/年。由于管道落差很大和投产后的输量不满，采用铁矿浆和水顺序输送的工艺，并采用批量输送和停输的方法调节管道输量。

萨马拉 Samara 俄罗斯伏尔加河中游重要的工业城市，萨马拉州首府。1935～1991年曾称古比雪夫。在萨马拉河注入伏尔加河处。人口113.4万(2010)。1586年建为要塞，1688年建市。17世纪为伏尔加河沿岸重要的贸易中心。19世纪末成为伏尔加河流域重要的商贸、食品和轻工业中心。第二次世界大战后，现代工业发展迅速。主导工业部门为石油加工与石油化工、机械制造，建有3座大型炼油厂；冶金、轻工、食品工业亦较重要。是通往莫斯科、乌法、罗斯托夫和奥伦堡等地的铁路枢纽，重要的河港、航空港以及多条干线输油、输气管的中心。市区沿伏尔加东岸延伸35千米，介于伏尔加河与大基涅利河之间，共分8个区。大部分工厂分布于城南和城东。有10所大学、4座剧院和5个博物馆。距市区西北80千米处，建有萨马拉水电站（装机230万千瓦）。

萨马兰奇 Samaranch, Juan Antonio (1920-07-17～2010-04-21) 西班牙社会活动家。国际奥林匹克委员会第7任主席。生于巴塞罗那，卒于巴塞罗那。巴塞罗那高级商务研究院毕业，通晓法语、英语，懂俄语、德语。曾任巴塞罗那市政府体育官员、议员、州议会议长。1977年后任西班牙驻苏联和蒙古国大使。曾任西班牙滑冰协会主席，1966年当选为国际奥委会委员，1967～1971年任西班牙奥林匹克委员会主席。1968～1975年及1979年以后任国际奥委会礼仪委员会主席，1970～1978年及1979年以后为国际奥委会执委会委员，1974～1978年任国际奥委会副主席。1980年7月，在莫斯科第22届奥运会期间举行的国际奥委会第83届全体会议上，当选为国际奥委会主席，接替退休的M.M.基拉宁。萨马兰奇就任时，国际奥委会正面临一系列巨大困难。他以稳健而又灵活的态度审时度势，使奥林匹克运动顺应国际形势，运用自己的才智和经验解决了奥委会的财政困难。任期内允许职业选手参赛；增添女性国际奥委会委员；成立运动员委员会；将冬夏季奥运会以两年为间隔分别进行；1999年始，更积极进行了一系列改革。热情支持中国发展奥林匹克运动，为恢复新中国在国际奥委会中的合法席位、为北京申办奥运会都作了重要的努力。第1任期满后，多次连选连任，直至2001年退休，被推为终身名誉主席。

萨满教 Shamanism 原始宗教的一种晚期形式。“萨满”一词源于满-通古斯语，意为“激动不安和疯狂乱舞的人”，是对萨满教巫师的通称。通常泛指东起白令海峡、西迄斯堪的纳维亚拉普兰地区之间整个亚、欧两洲北部乌拉尔-阿尔泰语系各族人民信仰的该类宗教。曾广泛流行于中国东北至西北边疆地区操阿尔泰语系满-通古斯、蒙古、突厥语族的许多民族中，鄂伦春、鄂温克、赫哲和达斡尔族到20世纪50年代初尚保存该教的信仰。美洲的因纽特人和印第安人等土著民族所信仰的宗教，性质与萨满教类似。该教形成于原始社会后期，具有明显的氏族部落宗教特点。各族间没有共同的经典、神名（近亲部落除外）和统一的组织，但彼此都具有大致相同的一些基本特点。其信仰是相信万物有灵和灵魂不灭，认为自然界的变化给人们带来的吉凶祸福，都是各种灵魂意志的反映。如赫哲人认为人有三个性能不同的灵魂，即生命之魂（斡仁）、思想之魂（哈尼）和转生之魂（法加库），各种灵魂只能闻其声，不能见其形。该教常赋予火、山、日月星辰、风雨雷电、云雾、冰雪、彩虹、河流、树木和某些动物（如熊等）以人格化的想象和神秘化的灵性，将其视为主宰自然和人间的神灵。特别是由祖先亡灵所形成的鬼神观念以及对人间各种疾病与死亡所造成的恐惧，是萨满教神灵观念的核心。鄂伦春人认为每个氏族都有自己的祖神，这些祖神多是氏族内亡故的曾祖父以上的男祖先。氏族的萨满常被称为“斡娇如”萨满，意即祖先传下来的。随着原始公社的解体和阶级社会的出现，萨满教日益衰落，社会上层人士陆续皈依藏传佛教、东正教和伊斯兰教等。该教的一些原始因素不同程度地为上述宗教所汲取和融合。但在民间，仍有其浓厚的影响，甚至以变异了的形态残存下来。

满族九千岁玛发（祖先神）面具

萨曼王朝 Sāmānid Dynasty 中亚地区的封建割据政权。其王称异密（现称埃米尔），名义上尊奉阿拉伯帝国阿拔斯王朝哈里发。主要领土在今乌兹别克斯坦南部和土库曼斯坦东南部、伊朗东北部、阿富汗西北部一带。首都布哈拉。该王族出自波斯萨珊王朝贵族，一说为嚈哒人后裔。纳斯尔·伊本·艾哈迈德于895年受封于哈里发穆太米德，正式成为藩王，是为萨曼王朝之始。

纳斯尔以撒马尔罕为中心，命其弟伊斯梅尔·伊本·艾哈迈德统治布哈拉。伊斯梅尔能得民心，成为纳斯尔的继承人和萨曼王朝的真正创业者。至其孙纳斯尔二世时，先后任用贾伊汉尼和柏莱密二人为相，在政治上颇多建树，同时大力奖掖学术，文化事业昌盛，称为萨曼王朝的黄金时代。王朝后期，多数异密即位时年幼，形同傀儡。1005年萨曼王朝灭亡。

萨曼王朝文化事业发达。在纳斯尔二世时，各方学者云集于布哈拉，在此地收藏大量图书，成为伊斯兰世界最大的文化中心。出现许多著名的天文学家、地理学家、史学家、诗人、宗教作家等，其中尤以诗人鲁达基最为有名。

萨缪尔森 Samuelson, Paul Anthony (1915-05-15～2009-12-13) 美国经济学家。新古典综合派代表人物。生于印第安纳加里，卒于马萨诸塞贝尔蒙特。1935年获芝加哥大学学士学位，1941年获哈佛大学哲学博士学位。麻省理工学院教授。曾任美国

全国资源计划局、财政部、经济顾问委员会等机构的顾问。先后任计量经济学会会长、美国经济学会会长、国际经济学会会长。1970年获诺贝尔经济学奖。

萨缪尔森的研究领域十分广泛，从数理经济学到一般经济理论，从纯理论到现实经济政策的应用都有所论述。他把以A.马歇尔为代表的传统经济学和凯恩斯主义结合在一起，把前者称为微观经济学，把后者称为宏观经济学，形成新古典综合理论体系，成为第二次世界大战后西方经济学的正统理论。在他的研究中，关于消费者选择、经济增长和资本理论的分析、关于乘数和加速数相互作用、社会福利函数、国际贸易理论、经济学比较静态和动态分析方法、财政政策和货币政策作用等的论述，都对现代西方经济学产生了较大的影响。他的《经济学》1948～1985年再版了12次。他继承了凯恩斯和A.H.汉森的理论，认为现代西方主要资本主义国家是政府和私人都实行经济控制的混合经济，其中，市场经济为经济主体，通过价格机制调节生产、消费和分配，而政府则根据市场状况，通过财政政策和货币政策对经济实行干预和调节。他继承和创造的许多经济分析方法、对经济进行调节的方法被西方国家政府广泛接受。但是，他的理论和观点也引起许多争论。著有《经济分析的基础》、《经济学》等书，撰有《线性规划与经济分析》及《乘数分析和加速原理的相互作用》等论文。

萨摩亚 Samoa 南太平洋中部岛国。位于波利尼西亚岛群中南部，地处南纬13°～15°、西经171°～173°。陆地面积2 934平方千米，水域面积12万平方千米。人口18.5万（2006），属波利尼西亚人种的萨摩亚人占大部分，波利尼西亚人与欧洲人的混血人种占7%，还有少数欧洲裔居民。居民多信奉基督教。官方语言萨摩亚语，通用英语。首都阿皮亚。

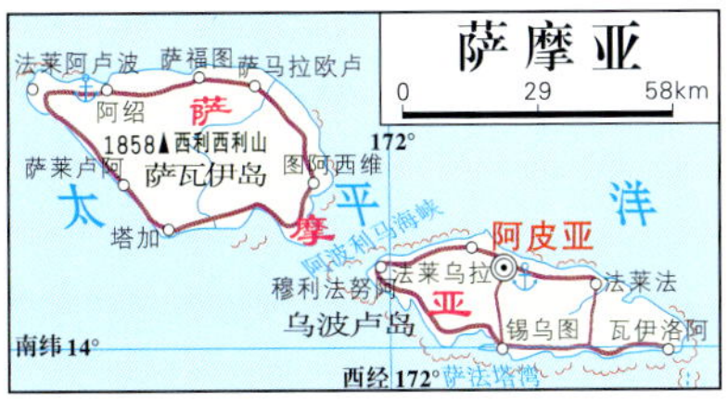

萨摩亚独立国由萨摩亚群岛西部的乌波卢、萨瓦伊两个面积较大的火山岛和附近的7个小岛礁组成。地势陡峻，大岛多火山，仅海岸附近地区有小片的平原和山谷低地。常受飓风袭击。属热带雨林气候。年平均气温28℃。年降水量2 000～3 500毫米。

公元前1000年左右波利尼西亚人已在此居住。附近的斐济人和汤加人曾先后入侵。1250年马列托亚家族赶走汤加入侵者。1722年荷兰航海者发现萨摩亚群岛。1768年法国人L.-A.de布干维尔航行到此，认为此地是太平洋航行理想的中途休息地，且见岛上居民擅长制造独木舟，故又称之“航海者群岛”。19世纪中叶，英、美、德三国相继侵入。1899年英国为换取其他殖民地，把西萨摩亚让给德国，而东萨摩亚则由美国占领。第一次世界大战爆发后，新西兰占领西萨摩亚。第二次世界大战结束之后，联合国将西萨摩亚交由新西兰托管。1954年实行内部自治。1962年1月1日宣布独立，称西萨摩亚独立国，成为太平洋岛屿中的第一个独立国家。1997年7月，改国名为萨摩亚独立国。

1962年1月1日生效的宪法规定，国家元首将由议会选出，任期5年。首任国家元首为终身职务。在元首之外设有代表委员会，委员不多于3名。当元首空缺或不能行使职务时，由其代行职权。立法议会有49个席位，由普选产生，任期5年。内阁由总理和13名部长组成，任期5年。内阁总理由国家元首任命，按惯例由议会第一大党领导人出任。部长由国家元首根据内阁总理的提议任命。主要政党有人权保护党、服务萨摩亚党、萨摩亚民主联合党。

经济发展缓慢，被联合国列为最不发达国家之一。农业人口占77%，主要种植椰子、可可、香蕉等农产品。金枪鱼资源较为丰富。工业处于初级阶段，仅有一些从事消费品生产和农产品加工的小型工厂。旅游业是重要经济支柱和第二大外汇来源。交通运输以海运为主。阿皮亚为主要商港。全国公路总长976千米。法莱奥诺机场为唯一的国际机场。石油、机电设备、车辆、服装、食品、日用品需要进口，外贸长期入超。主要贸易对象为澳大利亚、新西兰、美国和美属萨摩亚。财政在很大程度上依靠外援，外援主要来自澳大利亚、新西兰、中国、日本、欧盟等。货币单位塔拉。2008年国内生产总值约5.74亿美元。

中小学教育普及。主要报纸有《萨瓦利》、《新闻》、《萨摩亚观察家报》、《萨摩亚》。有一家官方电视台。4家广播电台中，萨摩亚广播公司电台部为官方广播电台。

萨摩亚独立国已同60个国家建立外交关系。与中国于1975年11月6日建交。

萨摩亚群岛 Samoa Islands 南太平洋中部岛群。在美拉尼西亚、密克罗尼西亚和波利尼西亚三大岛群相会处，为南太平洋海上航行的要道。位于南纬13°～15°、西经168°～173°之间。由萨瓦伊岛、乌波卢岛、图图伊拉岛和马努阿群岛组成，有大小岛礁16个。总面积3 133平方千米。以西经171°线为界，西部诸岛属萨摩亚独立国，东部诸岛为美属萨摩亚。主要岛屿多为火山岛，周围有珊瑚礁。萨瓦伊岛上的西利西利山海拔1 858米，为萨摩亚群岛最高峰。属热带海洋性气候，年平均气温23.9～32.2℃。平均年降水量4 830毫米，11月至翌年4月为雨季。居民多为萨摩亚人。

萨摩亚人 Samoans 太平洋中部萨摩亚群岛的民族。约18万人（2001）。其中约有12万人分布在萨摩亚，3万人分布在美属萨摩亚，约3万人移居新西兰和斐济群岛等国。为波利尼西亚人的一支。属南方蒙古人种和澳大利亚人种的混合类型。使用萨摩亚语，属南岛语系波利尼西亚语族。有以拉丁字母为基础的新创文字。原信巫术，崇拜首领，现多信基督教。其祖先可能早在2 500年前便已从东南亚迁居到此。19世纪中叶以前，社会以父系大家族为基本单位，已有阶级分化。经济以农业和渔业为主，种植椰子、香蕉和芋类。喜饮卡哇酒，爱穿树皮布，盛行文身。房屋多用树干和枝叶搭盖。19世纪中叶，英、美、德相继侵入，1889年三国达成协议，共同进行统治。1899年英国退出，

萨摩亚人的草屋

萨摩亚群岛由德、美两国瓜分：西萨摩亚归德国统治，第一次世界大战后委任新西兰管理；东萨摩亚归美国统治。西萨摩亚人已于1962年1月1日获得独立，1997年改国名为萨摩亚独立国。

萨莫耶德语族 Samoyed group 乌拉尔语系的两个语族之一（另一为芬兰－乌戈尔语族）。

萨姆纳 Sumner, James Batcheller (1887-11-19～1955-08-12) 美国生物化学家。生于马萨诸塞州坎顿，卒于纽约州布法罗。1914年获哈佛大学哲学博士学位；1929年起在科内尔大学医学院任生物化学教授。自1947年起，兼任康奈尔大学酶化学研究室主任。萨姆纳从1917年开始用刀豆粉为原料，分离提纯其中的脲酶（刀豆中脲酶多，易于测定）。1926年他成功地分离出一种脲酶活性很强的细小晶体，并经各种试验证明这些细小晶体是蛋白质。这是生物化学史上首次得到的结晶酶，也是首次直接证明酶是蛋白质，推动了酶学的发展。1937年他又得到了过氧化氢酶的结晶，还提纯了几种其他的酶。由于脲酶和其他酶的工作，他于1946年获得诺贝尔化学奖。主要著作有：《生物化学教本》、《酶的化学和方法》、《酶——化学及其作用机制》等。

萨姆纳 Sumner, William Graham (1840-10-30～1910-04-12) 美国社会学家、经济学家，社会达尔文主义的主要代表人物之一。生于新泽西州帕特森，卒于该州英格尔伍德。曾在牛津大学、日内瓦大学和格丁根大学攻读神学、社会科学和语言学。1863年毕业于耶鲁大学。1866年在耶鲁大学执教数学和希腊语。1872年在耶鲁大学任政治学和社会学教授。1909年担任美国社会学会会长。著有《民俗论》、《社会的科学》。

萨姆纳接受C.R.达尔文“自然选择”和“适者生存”的思想，并用来解释社会现象。他认为，进化通过生存竞争为自己开辟道路，生存竞争像进化本身那样“自然”。社会不平等是自然的状态和文明发展的必要条件。他还认为，社会的发展只是生物进化的一种形式，认识社会的关键在于民俗和民德，在于内群体间和外群体间的争斗和竞争。他强调并抬高内群体的地位，贬低外群体；他对内群体优越感的强调几乎达到了种族中心主义的程度。他追求“自由放任”的原则，反对任何形式的人为的或国家法律的对社会生活的干预。在他看来，社会整体运行的机制就是竞争，竞争是自然法则，社会是竞争着的群体的组合。

萨那 Sanaa 也门共和国首都，直辖市。位于国境西部高原地区的萨那盆地内，西距红海150千米。海拔2 350米，是西南亚各国海拔最高的首都，1990年南北也门统一后人口激增，已达约190万（2005）。阿拉伯半岛最古老的城市之一，公元4世纪成为也门政治、经济和宗教中心之一，6世纪曾是希穆叶尔王朝（前125～公元525）的首府。先后为也门王国（1918～1962）、阿拉伯也门共和国（1962～1990）和也门共和国（1990～ ）首都。气候温和，年平均气温17.5℃，最热月（6月）21℃，最冷月（1月）13.7℃。平均年降水量300毫米。富地下水，土地肥沃，城郊园圃连片，种植苹果、杏、桃、葡萄、石榴等水果和多种蔬菜、花卉。建有电站以及纺织、印染、印刷、皮革、食品、军械等工厂和宝石加工等。附近农牧业发达，为咖啡等产品集散地。无铁路，有南北纵贯国境的公路通连国内各主要城市和港口以及沙特阿拉伯。城区分两部分，东为旧城，西为新城，均有近似圆形的城墙，由一瓶颈状街衢通连，形状宛如横置的葫芦。长5千米，南北宽2千米。旧城为行政、商业区，新城为住宅、花园区。

萨那老城区一角

萨帕塔 Zapata, Emiliano（约1879-08-08～1919-04-10） 墨西哥1910～1917年资产阶级民主革命时期农民运动领袖。生于莫雷洛斯州梅斯蒂索农民家庭，卒于莫雷洛斯。1909年，被选为阿内内奎尔科村保卫土地委员会主席，发动莫雷洛斯州农民斗争，夺取地主土地。革命爆发后，在南部战场向P.迪亚斯反动政权进攻。11月，F.马德罗就任总统。萨帕塔在莫雷洛斯州建立革命委员会，宣布著名的《阿亚拉计划》，不承认马德罗为革命领袖和总统，提出“土地与自由”的口号，号召以革命手段夺取土地。在他领导下，革命者没收地主及敌人的土地，将土地归还印第安农民。1913年反动军官V.韦尔塔在美国策划下发动反革命政变，推翻马德罗政府。萨帕塔与P.比利亚率领的农民军以及V.卡兰萨的宪法军合作，南北夹击韦尔塔反动军队，获得重大胜利。1914年7月，韦尔塔政府被推翻，但政权落入宪政派卡兰萨手中。萨帕塔要求卡兰萨承认《阿亚拉计划》，遭到拒绝。12月，萨帕塔与比利亚联军进入首都。不久，萨帕塔撤回到南方根据地，继续反抗卡兰萨政权。后被卡兰萨政府军阴谋杀害。

萨丕尔 Sapir, Edward (1884-01-26～1939-02-04) 美国人类学家、语言学家。生于德国劳恩堡（今波兰伦堡）。5岁时移居美国。1907年起先后在加州大学、宾夕法尼亚大学从事研究与教学。1909年获哥伦比亚大学博士学位。1910～1925年任渥太华加拿大国立博物馆人类学部主任。1925年起任芝加哥大学人类学与语言学副教授、教授。1931年到耶鲁大学，任刚成立的人类学系主任。他担任过美国语言学会会长（1933）和美国人类学会会长（1938）。

他发展了音位理论，根据语音的分布模式分析语音，是形态音位概念较早的提出者，并将词形变化表中能互相替代的音位都归为一类。他做了大量研究工作，探索语言之间的亲缘关系和语言类型。他提出结构压力论，说语言变化（音位变化、形态变化）是由于受到语言本身固有的有关模式的影响。他根据吐火罗语的材料，按喉辅音假说研究古印欧语。他还认为印欧语言和闪族语言可能同出一源。萨丕尔认为不同语言的表达方式会对同一客观世界提出不同的分析和解释，这种观点后来被B.L.沃尔夫绝对化，成为“萨丕尔－沃尔夫假说”。主要著作有《语言论》(1921)和《萨丕尔选集》(1949)。

萨珊王朝 Sāsānid Dynasty 古代伊朗王朝。又译萨桑王朝。萨珊家族崛起于伊朗西南部法尔斯。王朝的始祖萨珊是琐罗亚斯德教的祭司。3世纪初其子帕佩克据法尔斯自立为王。224年帕佩克之子阿尔达希尔一世（224～241年在位）推翻帕提亚帝国，226年在泰西封（位于今伊拉克巴格达东南32千米处）加冕，自称诸王之王。他进而占领原帕提亚帝国的广大地区，建立中央集权的萨珊波斯封建帝国；又北征亚美尼亚，粉碎帕提亚遗族与大月氏人的联合，巩固了帝国的边境。他以祆教为国教。

沙普尔一世（241～272年在位）给予罗马帝国3次极沉重的打击。他所统治的领土共有27省，东境远达今锡尔河流域和印度河的中上游。沙普尔一世自称“伊朗和非伊朗的诸王之王”。为了统治多民族的帝国的需要，他扶植摩尼所创立的宗教。他死后，摩尼教遭到迫害。

4～5世纪，萨珊王朝与西邻**拜占廷帝国**不断进行战争，互有胜负；在东境则先后受游牧民族——**匈奴**的一支匈尼特人和哌哒人的威胁。萨珊王菲鲁兹（又称卑路斯，457～484年在位）抵御哌哒人，战死。其时王室衰弱，贵族专横。菲鲁兹之子卡瓦德一世（488～496，499～531年在位），501年靠哌哒人的支持恢复了王位。

卡瓦德一世之子库斯鲁一世（531～579年在位）统治期间，帝国达于极盛。库斯鲁一世之子霍尔米兹德四世（578～590年在位）继续与拜占廷的战争。在国内，他企图依靠基督教徒加强自己的地位，继续执行抑制大贵族的政策，因而触怒大贵族和琐罗亚斯德教的僧侣，结果被推翻。其子库斯鲁二世（590，591～628年在位）继位不久，602年，对拜占廷发动战争，征服了整个小亚细亚，洗劫叙利亚，占领安条克、大马士革、耶路撒冷，最后于619年占领埃及，他以此得到“帕维兹”（Parvīz，意为胜利者）的称号。

622年拜占廷皇帝希拉克略收复小亚细亚，627年进至底格里斯河中游地区。637年阿拉伯人大败萨珊军于卡迪西亚，攻下泰西封。642年奈哈万德之役决定了萨珊帝国的灭亡。末王雅兹底格德三世于651年在木鹿被一个磨坊主杀死。

萨斯喀彻温河 Saskatchewan River 加拿大中南部草原诸省的内流河。上源北萨斯喀彻温河（1 287千米）和南萨斯喀彻温河（1 392千米），源出艾伯塔省西部落基山东麓后，两河分别东流，在萨斯喀彻温省中南部艾伯特王子城以东汇合，继续东流，在马尼托巴省注入**温尼伯湖**。以南萨斯喀彻温河主源鲍河起算，全长1 939千米，流域面积38.3万平方千米。主要支流有雷德迪尔河、巴特尔河等。18～19世纪曾是毛皮贸易的重要通道。流经加拿大主要农业地带，现河水主要用于农业灌溉和发电，航利不大。在**萨斯卡通**以西100千米处建成加德纳坝和电站，形成水库迪芬贝克湖，为萨斯喀彻温省西南部广大农业区提供灌溉水和水电。

萨斯卡通 Saskatoon 加拿大萨斯喀彻温省最大城市。位于该省中南部，南萨斯喀彻温河畔。市区面积148.3平方千米，人口20.23万（2006）；大都市人口23.39万（2006）。原为印第安人狩猎地。1882年首批移民到此，在河东始建定居点。1890年首条横贯大陆铁路通达，河西也出现定居点。1906年东、西两区合并设市。第二次世界大战后，城市发展较快，尤其是附近地区丰富钾盐矿和北部铀矿的开发，城市人口激增。除面粉、乳品、肉类、酿酒等传统农产品加工工业外，兴起化工、化肥、炼油、电子设备等工业部门。20世纪80年代起引入以生物技术、信息技术为中心的高科技产业。铁路和公路交通中心，设有约翰·迪尔范贝克尔机场。萨斯喀彻温大学（1907）为全省第一所高等学府。有西部开拓博物馆、加拿大乌克兰博物馆、门德尔美术馆、瓦奴斯克温遗产公园等众多文化设施。1985年5月与中国河北省石家庄市结为友好城市。

萨特 Sartre, Jean-Paul（1905-06-21～1980-04-15） 法国哲学家、作家、评论家。无神论**存在主义**的代表人物。

生平 萨特生于巴黎一个海军军官家庭，卒于巴黎。幼年丧父，寄居外祖父家。中学时代开始接触A.**叔本华**、F.**尼采**、H.**柏格森**等人的著作，这对他的哲学思想的形成及发展发生了深远的影响。同时，他对文学也产生了越来越浓厚的兴趣。1924年，萨特考进巴黎高等师范学校，攻读哲学。1929年获中学哲学教师学衔，随后在勒阿弗尔的一所高级中学任教。1933～1935年，在德国柏林法兰西学院进修哲学，受教于现象学创始人E.**胡塞尔**门下，并研读德国存在主义者M.**海德格尔**的著作，接受存在主义观点。回国后继续任教。从1936年起发表哲学著作。第二次世界大战中，萨特曾于1940年被德军俘虏，关入集中营，次年逃出，并与M.**梅洛-庞蒂**、S.de**波伏瓦**等左派知识分子一起积极参加抵抗运动。1945年，他主持创办了《现代》杂志，传播存在主义的思想。50年代，他积极参加维护世界和平的活动，1953年被选为世界和平理事会理事。1968年5月，巴黎爆发反政府学潮，萨特站在造反学生一边，并先后担任“极左派”报纸《人民事业》和《解放》的主编。70年代以后，萨特的健康每况愈下，但仍坚持参加各种社会政治活动，并继续保持其激进的政治立场。1964年瑞典文学院曾决定授予萨特以诺贝尔文学奖，但被他本人谢绝。

哲学思想 萨特哲学思想的发展大致可分为3个阶段：①第二次世界大战前，这是萨特哲学思想的形成时期。在这一阶段中，他主要以胡塞尔的现象学方法研究现象、自我、意识等问题。他企图把胡塞尔现象学的意识论和海德格尔的本体论调和起来，提出所谓“现象学的本体论”。②第二次世界大战爆发以后至50年代末期。萨特在这个阶段接触了马克思主义，并试图把他的存在主义与马克思主义调和起来，从而用存在主义改造马克思主义，使之成为真正的“人学”。③60年代以后，萨特的哲学思想向多元化发展，而把主要精力放在社会政治活动方面。他的哲学思想主要集中在著作《**存在与虚无**》、《存在主义是一种人道主义》、《辩证理性批判》中。

“人”的问题是萨特哲学思想的中心。他声称自己的哲学不研究物质世界的存在，只研究现实具体的人的具体存在。他否认普遍的人性，认为人的真实存在只有在个人与他人和社会隔离起来的时候，才能显现出来。因此，他的哲学即他称之为“人学”的出发点，就是孤立的个人存在，也就是人的意识和主观性。

萨特从纯粹主观性和纯粹意识活动出发，引出了两个根本不同的存在领域，即“自在的存在”和“自为的存在”。他的《存在与虚无》一书就是以这两个基本概念论述存在主义的。萨特指出，我以外的世界是“自在的存在”，萨特认为只有“自为的存在”才是真正的存在。认为“自为”实际是一种“无”，通过这个“无”产生了物体。在他看来，“自在”与“自为”的联系是依赖“自身”本身的，如果没有“自为”，“自在”就失去了本质和意义。

萨特从“存在先于本质”这一论断出发引出了他的哲学中最重要的部分，即有关自由的理论。他强调人是“存在先于本质”的，“首先是人存在、露面、出场，后来才说明自身”。“人之初，是空无所有；只是后来，人需要变成某种东西，于是人就按照自己的意志而造就他自身”。在他看来，人的本质，不是先天决定的，而完全是由自己的行动造成的，是自己设计选择的结果。萨特的名言“人命定是自由的”，其中包含着两层意思：人是被无缘无故抛到世界上来的，是空无所有的；人一旦进入尘世，他就享有绝对的自由，就要对所做的一切负责，就是自己行动的主人。归根结底，他所谓的自由就是人的存在本身，“人即自由”；只有在自由选择的行动中，人才能变成自己所要成为的，才能够显示出自己的存在、自己的本质。人的全部价值就在于他是自由的。萨特的自由观带有浓厚的**唯意志论**的色彩。

萨特的自由观在其哲学思想发展的第二阶段有所变化。在《辩证理性批判》一书中，他把个人自由和实践放到一起考察，认为自由是与个人实践的辩证发展相关联的。萨特还在现代西方资本主义社会的阶级斗争发展本身的启发下，把人的存在与社会历史联系起来，从而使他的观点由文学与心理学过渡到历史和社会学方面，由十分抽象的内化的自由过渡到比较现实的异化的自由。但是，在片面强调主观性，宣扬“个人自由”这个核心问题上，萨特的观点始终没有改变。他认为每个人对其他人是有依附性的。他最终也未能解决其思想中的自为与自在的深刻矛盾。

文学与戏剧 萨特是法国战后重要文学流派存在主义的倡导者，在小说、戏剧、评论等方面均有建树。他的小说代表作《恶心》是存在主义的典型作品，主人公罗康丹是典型的存在主义人物。短篇小说《墙》、中篇小说《一个头目的童年》、长篇小说《自由之路》也从不同角度揭示了人物的内心世界，反映了现实。他的剧作也在一定程度上表现了他的存在主义思想。剧本有《群蝇》、《密室》、《肮脏的手》、《死无葬身之地》和《恭顺的妓女》等。文学论著颇丰，《存在主义是一种人道主义》、《波德莱尔》、《什么是文学？》、《境遇》(1～10集)较有名。除此之外，还有回忆录《字句》。

影响 第二次世界大战前后，萨特所代表的存在主义是法国最重要的哲学流派，它对战后的一代青年影响极大，而且这种影响远远超出法国国界，波及西欧、美国甚至东欧以及亚洲的一些国家。这是与当时的社会历史条件分不开的。两次大战的残酷事实使人们对资本主义社会的现实及其合理性发生疑问，他们渴望摆脱荒谬的社会与人生。萨特的哲学正好反映了这种时代悲剧性的历史心境。因此，它在第二次世界大战期间的法国反法西斯的斗争中，在战后对资本主义的揭露和批判中，都起过一定的积极作用。但另一方面，萨特对人生、社会的悲观看法，以及极端强调个人存在、个人自由的主观唯心主义倾向也产生过消极的影响。

萨瓦连斯基 Savarensky, Fiodor Peterovich (1881-02-11～1946-10-08) 苏联地质学家。苏联工程地质学派的创建人。生于弗拉基米尔州戈罗霍韦茨，卒于莫斯科。1909年毕业于莫斯科大学数理学院自然科学系。曾任莫斯科地质勘探学院教授，1943年当选为苏联科学院院士。曾获列宁勋章、劳动红旗勋章。苏政府还设立萨瓦连斯基科学奖金。最早提出水在土壤形成中的作用。将半沙漠地区的水文地质特征同气候、土壤、植被、地貌及地质构造结合起来解释问题，其研究成果为干旱地区灌溉系统的设计提供了新的水文地质的依据。提出并发展了**工程地质学**研究中的自然历史观点。提出在使用岩土力学方法时必须考虑工程地区的自然条件，尤其是地质环境。在第聂伯河、伏尔加河、顿河等流域的大型水电工程建设中发展了工程地质学新领域。1935年在苏联科学院地质研究所创建了工程地质与水文地质研究室。主要著作有《苏联地下水资源概略》(主编)、《水文地质学》、《工程地质学》等。

萨维尼 Savigny, Friedrich Karl von (1779-02-21～1861-10-25) 德国法学家，历史法学派主要代表，该派首创人G.von胡果的学生。生于美因河畔法兰克福，卒于柏林。1800年开始先后在马尔堡大学和巴伐利亚州兰茨胡特大学任教。1810年柏林大学创办后在该校任教达30年之久。曾兼任柏林大学校长和普鲁士王子的法学教师，并创办历史法学派刊物。1842～1848年任普鲁士政府的修订法律大臣。主要著作有：《论立法和法理学的现代使命》(1814)、《中世纪罗马法史》(1815～1831)和《现代罗马法制度》(1840～1849)。

萨维尼认为理性主义的立法观点，即希望通过人类的普遍理性制定出对人类普遍适用的法典的观点，完全是“荒诞无稽的”“幻想”，自古以来，法律就像语言、风俗、政制一样，具有“民族特性”，是“民族的共同意识”，“世世代代不可分割的有机联系”，它“随着民族的成长而成长、民族的壮大而壮大”，当这一民族丧失其个性时，这个民族的法也就趋于消逝。法学家固然有独特的知识，但这仅是法的技术成分。而法主要是“民族精神”的体现，是民族意识，即共同体的一个部分，它是法的政治成分。法主要体现为**习惯法**，它是最有生命力的，其地位远远超过立法。法是自发地、缓慢地和逐步成长的，而不是立法者有意识地、任意地制造的。维护代表旧封建统治利益的习惯法。在**国际私法**方面，萨维尼则是普遍主义-国际主义学派的奠基人。

萨维奇 Savage, John Lucian (1879-12-05～1967-12-28) 美国坝工专家。又译萨凡奇。生于威斯康星州柯克斯菲尔。早年就读于威斯康星大学工程系，1903年获博士学位，同年进入美国垦务局工作，1924年任垦务局工程及研究中心设计总工程师。20世纪30年代从事坝工设计，特别在设计当时世界上最高的重力拱坝——**胡佛坝**中，建立了高拱坝应力分析方法，指导并推动了大坝专用水泥的研制，采用分缝、分块及冷却灌浆等浇筑技术，解决了混凝土高坝施工中温度控制等一系列重大课题。他曾多次获得各种奖章和荣誉称号。他一生负责设计了60余座大坝，主要有美国的胡佛坝、沙斯塔坝、大古力坝(见**大古力水电站**)，波多黎各的伊莎贝拉坝，多米尼加的巴拉奥纳坝，巴拿马运河区的马登坝等。1944年萨维奇率领中美专家对长江三峡进行查勘，并提出《扬子江三峡计划初步报告》，提出了兴建长江三峡工程的建议。

《萨逊的大卫》 *Sasun's David* 亚美尼亚人民的英雄史诗。描写亚美尼亚人民7～10世纪为反对阿拉伯统治者哈里发的侵略而进行的斗争。最初由民间说唱者用口传的形式演唱，1874年由学者斯尔万兹江用散文形式记录下来，1889年由阿别吉扬用诗体的形式加以记录整理。现有史诗11 000多行。由《萨纳萨尔和巴格达萨尔》、《大穆格尔》、《萨逊的大卫》、《小穆格尔》组成，叙述了萨逊家族四代英雄们的业绩。已有中文全译本。

萨伊 Say, Jean-Baptiste (1767-01-05～1832-11-15) 法国经济学家。生于里昂，卒于巴黎。少年时代即开始经商。曾在英国伦敦附近一所商业学校学习，在此期间了解到英国工业革命进程并接触到**亚当·斯密**的学说。法国大革命时拥护大资产阶级执政，雅各宾派上台后转而反对革命。1794～1799年任《哲学、文艺和政治旬刊》主编，后受拿破仑一世重视被委任为法官，又被派往财政委员会工作。不久，因拒绝支持拿破仑保护关税政策被解职。1805～1813年与人合伙办纱厂。1815年波旁王朝复辟后，先后在法国阿森尼大学、工艺学院和法兰西学院讲授政治经济学。

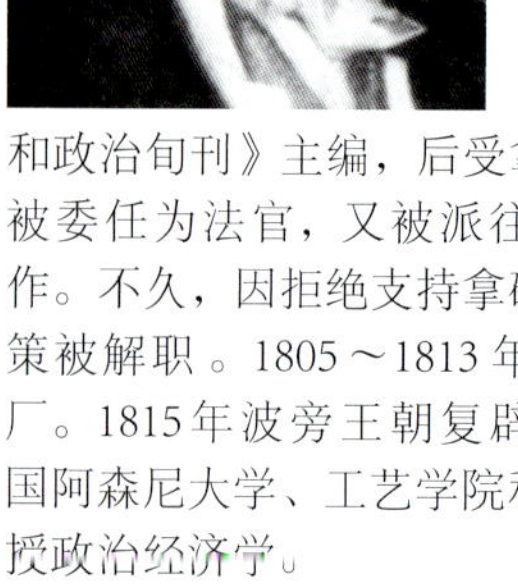

萨伊是19世纪初欧洲大陆最重要的经济学家之一，他使斯密的经济学说通俗化和系统化，但同时也抛弃了斯密学说中的科学因素。他建立了**政治经济学**的三分法，把政治经济学划分为财富的生产、财富的分配和财富的消费三部分。提出效用价值论，认为生产只创造效用（物品满足人类需要的内在力量），物品的效用是物品价值的基础，劳动、资本、土地（自然力）共同创造了产品的效用，从而创造了产品的价值，还用工资、利息、地租这三种收入组成生产费用来构成价值。他断言工资、利息、地租分别来源于劳动、资本、土地，建立起三位一体公式的分配论，利润则被看作企业家才能的报酬，否定资本主义剥削。他还提出供给创造需求的原理（即萨伊定律），全面否认资本主义经济危机产生的必然性。萨伊的这些理论多被后来的资产阶级经济学家接受，在经济思想发展史上产生了重大影响。著有《政治经济学概论》、《政治经济学问答》、《政治经济学教程》等。

萨伊德 Said, Edward Wadie (1935-11-01～2003-09-25) 美籍巴勒斯坦批评家。生于耶路撒冷，卒于纽约。获哈佛大学哲学博士学位。1963年起在哥伦比亚大学任教，并任哈佛、斯坦福、耶鲁等大学客座教授。主要著作有《开始：意图与方法》(1975)、《东方主义》(1978)、《文化与帝国主义》(1992)等。萨伊德富于独创性，善于将表现理论和文化实践相结合。他是美国最早将现象学和存在主义理论应用于文学批评的学者之一。20世纪80年代后他发展了一种重要的政治批评——后殖民主义文化批评，通过文化分析比较，反对欧洲文化中心论，反对以西方个人中心主义文化标准来评价东方文化。

萨伊定律 Say's law 一种认为社会生产本身总能创造足够的需求以吸收掉所生产的商品、供求会自然均衡的理论。又称萨伊市场定律。由法国经济学家J.-B.萨伊提出。萨伊在其《政治经济学概论》中提出：生产给产品创造需求；单单一种产品的生产，就给其他产品开辟了销路。萨伊这个论断是以他对货币在商品交换中作用的看法为基础的："在以产品换钱、钱换产品的两道交换过程中，货币只一瞬间起作用。但交易最后结束时，我们将发觉交易总是以一种货物交换另一种货物。"萨伊的论断事实上以市场存在完全自由竞争为前提条件。因为他认为市场供给和需求的对比关系可以自动调节市场价格，价格进而调节生产和需求，因而即使出现局部或暂时的产品不足或过剩，也不难加以消除。据此他否认发生长期的或全面生产过剩的可能性。长期以来，萨伊定律被信奉，1929～1933年资本主义世界经济大危机和凯恩斯主义经济学的出现给萨伊定律以沉重打击。

萨镇冰 Sa Zhenbing (1859-03-30～1952-04-10) 中国北洋政府海军总长，福建省长，爱国人士。

字鼎铭。福建侯官（今福州市）人。卒于福州。早年进马尾船政学堂，学习驾驶。1877年受派赴英国学习海军。回国后任天津水师学堂教习、北洋水师帮统兼海圻舰管带、广东水师提督、海军统制等职。武昌起义爆发后，被袁世凯任命为内阁海军大臣，未就职。1917年、1919年两度任海军总长。翌年5月暂代国务总理。其后继任海军总长等职。1922～1927年，任福建省省长。1927年南京国民政府成立后，萨镇冰挂名为海军部高等顾问，实际上他对蒋介石的独裁统治不满，留居福州从事社会救济工作。1933年11月他支持19路军在福州成立人民革命政府，赞成反蒋抗日的主张。抗日战争爆发后，他到南洋和后方蜀、黔、湘、滇、桂、陕、甘等省宣传抗日。1949年9月萨镇冰为中国人民政治协商会议特邀代表。中华人民共和国建立后，历任中国人民政治协商会议全国委员会委员、中央人民革命军事委员会委员、华侨事务委员会委员和福建省人民政府委员等职。

噻吩 thiophene 含有一个硫杂原子的五元杂环化合物，分子式C_4H_4S。

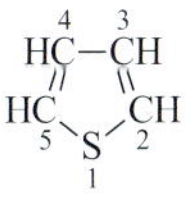

存在于煤焦油和页岩油中；由煤焦油分馏得到的粗苯和粗萘中，含有少量的噻吩。无色液体；熔点－38.2℃，沸点84.2℃，相对密度1.064 9(20/4℃)；溶于乙醇、乙醚、丙酮、苯等。噻吩具有芳香性，与苯相似，比苯更容易发生亲电取代反应。噻吩环系对氧化剂具有一定的稳定性，例如烷基取代的噻吩氧化后可以形成噻吩羧酸。用金属钠在液氨和甲醇溶液内还原噻吩，可得二氢噻吩，以及某些开环化合物。用催化氢化法还原噻吩，可得四氢噻吩。工业上噻吩用丁烷与硫作用制取。噻吩在许多场合可代替苯，用作制取染料和塑料的原料，但由于性质较为活泼，一般不如由苯制造出来的产品性质优良。噻吩也可用作溶剂。

噻唑 thiazole 含有一个硫和一个氮杂原子的五元杂环化合物，分子式C_3H_3NS。

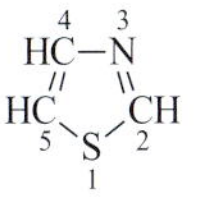

噻唑

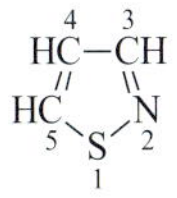

异噻唑

唑字由外文字尾azole译音而来，意为含氮的五元杂环，除吡咯外都称为某唑。硫和氮占1,3两位的称为噻唑，硫和氮占1,2两位的称为异噻唑。噻唑和异噻唑在自然界不存在。噻唑为淡黄色液体，有腐败臭味；沸点116.8℃，相对密度1.998 (17/4℃)。噻唑与吡啶类似，具有弱碱性；可与苦味酸和盐酸等形成盐；与许多金属氯化物（如氯化金等）形成络合物。噻唑的环系具有一定的稳定性，也表现出一定的芳香性，它的2位上的氢具有活性，可以与氨基钠作用，生成2-氨基噻唑。噻唑一般不能被还原为二氢和四氢化合物。噻唑及其衍生物常用α-卤代醛或酮与硫代酰胺反应制备。噻唑的多种衍生物是重要的药物或生理活性物质，是合成氨基酸、嘌呤等的试剂。青霉素分子中含有一个四氢噻唑的环系。维生素B_1分子中的噻唑部分是一个四级铵盐的衍生物。磺胺噻唑是重要的抑菌剂。

塞班 Saipan 北马里亚纳群岛联邦首府。位于马里亚纳群岛中南部塞班岛北部，行政范围则为整个塞班岛。面积122平方千米（全岛）。人口6.24万（2000）。塞班岛与提尼安岛隔塞班海峡相望，南距关岛约220千米。系石灰岩岛屿。中部为石灰岩台地，最高点塔波乔山海拔474米。沿海为平原。属热带雨林气候，降水丰富。台地上分布有热带雨林，许多地区已经被辟为肉牛的牧场。沿海平原分布有热带作物种植园，主要生产咖啡、可可豆、水果和烟草等。岛上建有美军基地。国际机场有通往关岛及日本、韩国、菲律宾等地的定期航班。旅游业发达。20世纪80～90年代，塞班岛的服装加工业发展迅速。

塞得港 Port Said; Bûr Sa 'îd 埃及第二大港，塞得港省首府。人口57.08万（2006）。位于苏伊士运河北端，地中海与曼宰莱湖之间狭长的人造陆地上。地处非洲和亚洲、地中海和红海的交接点，印度洋、大西洋、黑海和地中海沿岸各国航路的要冲，为重要的货物转口港。原为一小村，1859年随苏伊士运河的开凿而兴建，以当时埃及总督塞得命名。长期为英、法殖民者统治。1952年国家独立后回归。港区水域30万平方米，有泊位11个，岸线总长1 888米，年

东塞得港集装箱码头

吞吐量约300万吨。19世纪末期为世界上最大的加煤港，现在以供应重油为主。并成为尼罗河三角洲东部棉花、稻米、皮张、盐、冷冻食品等的出口港。市内有船舶修造、化工、食品、纺织、服装、玻璃、瓷器、汽车电池、轮胎、手表和化妆品等工业以及运河公司的主要工场。铁路、公路沟通运河区其他城市。

塞尔维乌斯·图利乌斯改革 Servius Tullius's Reforms 古代罗马王政时代第六位国王塞尔维乌斯·图利乌斯统治时期（约前578～前534）实行的一系列军事和政治改革。

塞尔维乌斯·图利乌斯改革是罗马从氏族社会过渡到奴隶占有制社会的重要历史事件。它打破了氏族制的藩篱，按照地域和财产原则划分公民，吸收大批外来移民为公民，扩大了罗马城邦公民集体的基础。同时又扩充和改组军队，增强了罗马的实力。在新建立起来的森图里亚组织制度中，氏族贵族依然保持特权；但平民和外来人中的有产者得以参加森图里亚会议和军队，获得一定的权益。

塞尔维亚 Serbia; Srbija 南欧国家。位于巴尔干半岛的中北部，东与罗马尼亚、保加利亚、马其顿，南与阿尔巴尼亚、黑山，西与波黑和克罗地亚，北与匈牙利相连。面积88 361平方千米，人口732.08万(2009)，不包括科索沃和梅托希亚。以塞尔维亚人为主，其次是克罗地亚人、阿尔巴尼亚人、黑山人、匈牙利人等。居民多信奉东正教。官方语言为塞尔维亚语。首都**贝尔格莱德**。

公元6～7世纪，部分斯拉夫人进入巴尔干半岛。9世纪起开始形成塞尔维亚国家，到14世纪已成为巴尔干强国之一。15世纪土耳其征服塞尔维亚，统治长达近500年。

1878年柏林会议承认塞尔维亚独立。1918年成立**塞尔维亚－克罗地亚－斯洛文尼亚王国**，1929年改称南斯拉夫王国。第二次世界大战后，塞尔维亚是南斯拉夫联邦人民共和国（1963年改称南斯拉夫社会主义联邦共和国)的成员共和国。20世纪90年代初，南斯拉夫联邦解体。1992年4月27日塞尔维亚和黑山两共和国联合成立南斯拉夫联盟共和国（简称南联盟)。2003年2月4日南联盟议会两院分别通过了《塞尔维亚和黑山宪章》，改国名为塞尔维亚和黑山（简称塞黑)。2006年6月3日，黑山宣布独立。同年6月5日，塞尔维亚共和国宣布继承塞黑的国际法主体地位。

境内大部分地区山丘起伏，东、西部分别为斯塔拉山脉和迪纳拉山脉的延续。南部由科索沃盆地和梅托希亚盆地组成。北部为伏伊伏丁那平原。温带大陆性气候，冬寒夏热，年降水量在550～750毫米。矿产资源有铜、铅、锌、褐煤和石油等。

原有经济基础较好，20世纪90年代受战乱、制裁影响，经济一度近于崩溃。战后重建。2009年国内生产总值为439亿美元，人均达6 000美元。工业占主导地位，主要工业部门是有色金属开采和冶炼、电力、机械、化学、纺织和食品。农业地位突出，伏伊伏丁那平原素有“谷仓”之称，生产全国2/3的小麦和玉米，盛产甜菜、向日葵、亚麻。中部山区主要经营畜牧业和水果种植。

境内多名胜古迹，有中世纪的斯塔里拉斯古城遗迹与索波查尼修道院、斯图代尼察修道院。各地有许多游览和休闲胜地，温泉广布。

政府将融入欧洲一体化进程作为外交的首要战略目标，重视同美国、俄罗斯、中国的关系。积极参与区域合作，注重开展经济外交。

塞尔维亚－克罗地亚－斯洛文尼亚王国 Serbs, Croats and Slovenes, Kingdom of 南斯拉夫历史上第一个统一的多民族国家。建立于1918年12月1日。1929年易名为南斯拉夫王国。

1878年，黑山和塞尔维亚首先获得独立，进而在1912～1913年的**巴尔干战争**中打败土耳其，结束了**奥斯曼帝国**在南斯拉

大东部和南部的统治。第一次世界大战爆发后，南斯拉夫境内的各族人民掀起反对奥匈统治的斗争。1918年10月，在萨格勒布成立斯洛文尼亚人、克罗地亚人和塞尔维亚人的国民议会，宣布该议会为奥匈帝国境内所有南部斯拉夫人临时中央政府；脱离奥匈帝国，中断同哈布斯堡王朝的一切联系。1918年12月1日，国王亚历山大一世在贝尔格莱德宣告成立塞尔维亚－克罗地亚－斯洛文尼亚王国。

1921年6月，王国政府通过第一部宪法，宣布废除封建剥削，保障私人所有制和公民的民主权利。由于政党繁多，政局不稳。1921～1929年共更换了约20届政府。1929年1月，亚历山大国王实行独裁，废除宪法，解散议会，禁止所有政党活动。10月，宣布塞尔维亚－克罗地亚－斯洛文尼亚王国正式改名南斯拉夫王国。南斯拉夫王国对内继续实行专制独裁的政策，从1935年起对外奉行亲法西斯的政策。1945年5月南斯拉夫王国解放。同年11月29日，南斯拉夫立宪会议宣布废除君主制，成立南斯拉夫联邦人民共和国。

塞尔维亚–克罗地亚语 Serbo-Croatian language 原南斯拉夫、克罗地亚、波斯尼亚和黑塞哥维那的官方语言，也使用于斯洛文尼亚和马其顿等国。使用人口约1 850万。属印欧语系斯拉夫语族南支。又称克罗地亚－塞尔维亚语。主要方言有什托方言、卡伊方言和查方言。

塞尔维亚－克罗地亚语以内地通用的什托方言的依耶化次方言为基础。有30个音位，每个音位都有相应的字母，其中元音5个，辅音25个；有4种重音；元音无软化现象。属屈折型语言，语法变化复杂。名词、代词和形容词有单、复数和阳、阴、中性之分，有7个格：主格、属格、与格、宾格、呼格、工具格和前置格。动词有7个时态。有6种人称变化，有完成体和未完成体之分，有不定式、形动词、副动词、命令式、虚拟式等。语序比较自由，主－动－宾或动－主－宾均常用，在某些情况下还用主－宾－动型。塞尔维亚－克罗地亚语，塞尔维亚人通常称之为塞尔维亚语，而克罗地亚人称之为克罗地亚语。

塞尔维亚起义 Serbian Uprisings 塞尔维亚人民反对土耳其奥斯曼帝国压迫和军事封建制度的大规模起义。前后有两次：第一次起义在1804～1813年，第二次起义在1815～1817年。

塞尔维亚帝国于1389年科索沃战役中败于奥斯曼帝国，于1459年被正式吞并。1804年2月，数以千计的农民、手工业者和商人不满奥斯曼帝国近卫军的残暴统治，发动起义。起义范围迅速扩大，波及塞尔维亚的广大地区。后由反近卫军暴政转变为争取独立的战争。1806年8月，起义军在米沙尔战斗中大败土军，进而又攻占了贝尔格莱德等地。1813年中，土耳其军队发动全面进攻。10月占领贝尔格莱德，恢复在塞尔维亚的统治。卡拉乔治率余部进入匈牙利。第一次塞尔维亚起义被镇压下去。

第一次起义失败后，土耳其军队对塞尔维亚居民进行残酷屠杀和报复，10万余居民离乡背井。土耳其的暴行导致了第二次起义。在短短几个月时间内，起义军重新解放塞尔维亚的大部分地区和一些城市。1815年10月，在俄国干预下，土耳其当局同意与米洛什商议塞尔维亚人在帝国境内的地位问题，并达成口头协议。1817年11月国民议会选举米洛什·奥布雷诺维奇为塞尔维亚世袭大公。

塞尔维亚人民的起义打击了土耳其封建政权，为塞尔维亚民族的完全独立奠定了基础。

塞尔维亚人 Serbs 欧洲巴尔干半岛的主要民族之一。人口约900万（2001）。主要分布在塞尔维亚、黑山，其次分布在波斯尼亚和黑塞哥维那、克罗地亚等地。另有部分散居在罗马尼亚、匈牙利及美国。属欧罗巴人种巴尔干类型。使用塞尔维亚语，属印欧语系斯拉夫语族。主要分为什托方言、卡伊方言和查方言，以什托方言作为标准语的基础。信教者多为东正教徒。6～7世纪，塞尔维亚人的祖先陆续迁入塞尔维亚地区，部分同已被罗马化的当地居民伊利里亚部落和瓦拉几亚部落发生混合。传统经济以种植业为主，主要生产小麦、玉米、甜菜、葡萄、麻类。矿产有铜、铅、锌、褐煤和石油。

塞尔维亚青年

塞尔柱帝国 Seljuq Empire 11世纪塞尔柱家族统率乌古斯诸部侵入西亚建立的帝国。帝国极盛时领有伊朗、美索不达米亚、小亚细亚大部及叙利亚（包括巴勒斯坦）等地。

乌古斯原系中国隋唐时期的九姓部落联盟，臣属突厥，后一部分辗转西去，称乌古斯。10世纪中叶，乌古斯各部在首领塞尔柱统率下定居药杀水（今锡尔河）下游地区，改信伊斯兰教逊尼派。1040年，塞尔柱之孙图格里勒伯克占领呼罗珊，进而征服伊朗全境，并于1055年进入巴格达。哈里发卡伊姆封他为苏丹，号为“东方和西方之王”。1071年，图格里勒伯克之侄和继承者阿尔普·阿尔斯兰（1063～1072年在位）在曼齐克特大败拜占廷军队，俘获拜占廷皇帝罗曼努斯四世，拜占廷所属小亚细亚大部分地区尽归其手。阿尔普·阿尔斯兰之子马利克沙在位时（1072～1092）是塞尔柱帝国极盛时期。帝国为了培养神学者和行政官吏，创建了许多学院。还奖励学艺，知名诗人和天文学者欧玛尔·海亚姆就受到庇护。

1092年马利克沙死后，诸子纷争，帝国四分五裂。在叙利亚、克尔曼、小亚细亚等地先后出现了一些小王朝。第三子桑贾尔（约1096～1157年在位）受封于呼罗珊。1104年成为大塞尔柱帝国仅存的继承人和其他各塞尔柱小王朝的宗主，声誉日隆。他于1157年死去。国土后并于花剌子模王国。

叙利亚的塞尔柱王朝为阿尔普·阿尔斯兰之子图图什所建。塞尔柱家族在叙利亚的统治只维持了20余年（1094～1119）。

克尔曼的塞尔柱王朝是由图格里勒伯克之侄卡武尔特在1041年建立的。至12世纪70年代，塞尔柱家族发生内讧，于1185年为呼罗珊的乌古斯系土库曼人所灭。

塞尔柱诸王朝存续时间最长的是小亚细亚的罗姆苏丹国。创立者是阿尔普·阿尔斯兰的堂弟苏莱曼沙，1084年定都于伊科尼阿姆（今科尼亚）。1243年蒙古军入侵小亚细亚，科塞达克一役，塞尔柱军溃退，罗姆苏丹国从此沦为蒙古人的藩属，于1308年灭亡。

塞菲里斯 Seferis, George（1900-03-13～1971-09-20） 希腊诗人。本名塞菲里阿底斯。生于小亚细亚斯弥尔纳，卒于雅典。1918年入巴黎大学读法律，后去伦敦深造。1925年冬回国，次年进希腊外交部，多次出任外交使节。1931年第一部诗集《转折》问世，被认为是现代希腊诗歌发展的转折。次年发表诗集《水池》。1935年出版自由体诗《神话和历史》，标志着诗人创作进入成熟阶段。1940年出版《习作》，及反对法西斯侵略、表现民族忧患意识的长诗《航海日志》。后随政府流亡国外。第二次世界大战后返回祖国，先

后发表《航海日志》的续篇和《航海日志》的第三篇。《画眉鸟号》(1947)是一首抒情长诗，带有浓厚的迷幻色彩。它写战争给人类造成的危害和创伤，并由此联想到人类的命运变化，表现了作者对战争的痛恨和对人生的追求。1963年获诺贝尔文学奖。

塞弗尔特 Seifert, Jaroslav (1901-09-23～1986-01-10) 捷克诗人。生于布拉格，卒于布拉格。未念完中学就在报刊任职并开始文学创作。主要作品有捷克“纯诗派”代表作《全是爱》(1923)、《信鸽》(1929)；以爱情为主题的《维纳斯的手臂》(1936)、《母亲》(1954)；表现“爱国、爱民和爱乡之情”的《别了，春天》(1937)、《披上白昼的光》(1938)、《石桥》(1944)等。中间两次因故辍笔达22年。1982年完成带有强烈感情色彩的长篇回忆录《世界美如斯》。1984年获诺贝尔文学奖。

塞甘蒂尼 Segantini, Giovanni (1858-01-15～1899-09-28) 意大利画家。生于阿科，卒于瑞士莫特雷西约。1876年考入米兰布雷拉美术学院，两年后因经济困难辍学，以画谋生。他善于描绘农村中平凡的劳动生活和富有诗意的田园风光，画风朴实严谨。他喜用逆光，伴随强烈鲜明的色彩对比来取得效果。他以宗教题材所作的画，洋溢着世俗农民的生活气息。1894年移居山区高原，直到去世。这段时期他的作品内容比前期更为深沉，同时也趋向于神幻的象征性，《黄昏》、《不幸的母亲》(1897)可视为代表作。从1896年开始的《生》、《自然》、《死》大型三联画创作，是他艺术生涯的

《死》(1896～1898)

总结。这幅三联画以阿尔卑斯山不同季节的晨、昼、暮展开了颇具气势的美妙画面。许多国家的美术馆收藏了他的作品。

塞格雷 Segrè, Emilio Gino (1905-02-01～1989-04-22) 意大利裔美国物理学家。生于罗马的蒂沃利，卒于加利福尼亚州。1928年在E.费米指导下获罗马大学哲学博士学位。1932～1938年先后任罗马大学和巴勒莫大学物理学教授。后定居美国，历任加利福尼亚大学劳伦斯辐射实验室副研究员，加利福尼亚大学伯克利分校教授。美国国家科学院院士。1932年起，他与费

米合作实验元素嬗变，1935年发现慢中子，1937年发现超铀元素锝。1940年与他的同事发现砹，后与另一研究小组发现钚-239。1943～1946年研制原子弹期间，他又与费米合作，完成将铀-238转变为钚-239的实验，并将后者作为制造原子弹和反应堆的重要材料。从1948年起，塞格雷和O.张伯伦合作进行了一系列质子-质子散射实验和极化效应的研究。1955年他们利用新的高能质子同步稳相加速器发现并判明了反质子，为其他许多反粒子的发现打下基础。为此，他们获1959年诺贝尔物理学奖。

塞拉 Cela, Camilo José (1916-05-11～2002-01-17) 西班牙小说家。生于伊里亚弗拉维亚，卒于马德里。当过记者、斗牛士、电影演员。20世纪50～60年代曾在英法许

多名大学讲学。1989年获诺贝尔文学奖。

塞拉是西班牙战后小说的第一个创新者。他采用溢丑主义的创作手法，以恐怖事件为创作题材。第一部小说《帕斯夸尔·杜阿尔特一家》(1942)的主人公是一个性情暴戾的农民，在对生活的绝望中杀死了母亲。小说出版后引起震动，后遭查禁。《蜂房》(1951)反映了第二次世界大战期间马德里中下层人民的贫困及精神状态。此后他锐意进取、不断创新题材和手法，创作了《圣卡米洛1936》(1969)、《复活节前的早祷5》(1973)、《献给两个死人的马祖卡舞》(1983)、《黄杨木》(1999)等。还写有诗、散文、游记等。

塞拉利昂 Sierra Leone 西非大西洋沿岸国家。葡萄牙语意为“狮子山”。陆邻几内亚与利比里亚，面积71 740平方千米(2010)，人口570万(2009)。首都弗里敦。其他主要城市有博城、佩佩尔。居民60%以上为门德人和泰姆奈人，余为林巴、富尔贝（富拉尼）人和“自由”黑人后裔克里奥尔人。各部族语言中，克里奥尔语通用于全国，英语为官方语言。60%的居民信奉伊斯兰教，30%信奉基督教，少数人信奉拜物教。

地理 地处富塔贾隆高原西南坡，地

势自东而西呈阶梯状下降。海拔150米以下平原约占国土一半，300～600米高原占1/4以上。东部富塔贾隆高原的宾蒂马尼山海拔1 945米，为全国最高峰，西部是北宽(130千米)南窄(48千米)、海拔由150米递降至76米的波状平原。平原以西为海拔15米以下的红树林沼泽地带。全国海岸线长345千米，外侧岛屿以歇尔布罗岛最大，该岛以北大陆海岸线曲折多港湾。境内河网密集，多数河流自东北流向西南注入大西洋，流短水急，多瀑布，水力蕴藏丰富，热带季风气候，高温多雨。各地年平均气温26～27℃，平均年降水量1 700～4 000毫米，为西非多雨地区之一。

历史 门德人于13世纪移入，16世纪中叶至18世纪，门德人与泰姆奈人先后在沿海地区建立王朝。1462年葡萄牙殖民者侵入后，荷、法、英接踵而至。16世纪至18世纪中叶奴隶贸易猖獗一时。1896年沦为英国保护地。1961年4月29日宣告独立，但仍留在英联邦内。1971年4月成立塞拉利昂共和国。1985年政体由一党制向多党制转变。1996年2月首次举行共有13个政党参加的多党选举。按1991年9月颁布的现行宪法规定，政府实行总统内阁制。议会为单一的众议院制，总统和议员任期

5年；总统可连任两届。政府奉行不结盟和睦邻友好政策，致力于非洲团结和地区合作，已建立外交关系的国家有90多个。1971年7月29日塞中建交。

经济 2009年国内生产总值18亿美元，人均国内生产总值316美元。20世纪90年代经济出现衰退，经济发展屡遭重创。经济以农、矿业为主。2007年农业占国内生产总值的57.6%，65%以上的劳动力从事农业。可耕地占国土面积的75%，森林占6%。主要粮食作物有水稻、木薯、玉米等，粮产不足自给。主要经济作物有油棕、纤维棕榈、咖啡、可可、生姜、花生等，产品在出口贸易中占重要地位。畜牧业以肉用牛饲养为主。沿海渔业资源丰富，邦加鱼、沙丁鱼、金枪鱼为主要产品。工业以采矿业为主，高原山地金刚石、铁、铝土、金红石、铬、金、钛等矿产蕴藏丰富。主要进行金刚石、铝土和黄金等的开采。其他工业有森林采伐和木材加工、炼油、化工、机修、粮油加工等。国内运输主要依靠公路，公路总长11.3万千米，其中沥青路面904千米。1995年首都与各省开通高速公路。铁路仅有马兰帕—佩佩尔长92千米的矿山专用线，其余已停止运行。海运多由外国公司经营。最大港口为弗里敦，可泊4.6万吨油轮，年吞吐量125万吨。佩佩尔、邦特、尼蒂为矿产和农产品出口港。内河航线750千米，其中600千米终年通航。国际机场设于隆吉。国内小型机场12个。

塞拉利昂海滨风光

文化 实行9年义务教育制。已发行报刊40种，均为英文，其中《每日邮报》和《自由之声》为官办报纸。广播电台覆盖首都及周边地区，1994年后电视台正常开播。另有1家私营电视台。滨海地带风光秀丽，是主要旅游区。

塞拉斯 Sellars, Roy Wood (1880～1973-09-05) 美国自然主义哲学家。生于加拿大安大略省，卒于美国安阿伯。1908年在密歇根大学获哲学博士学位，1909～1910年去欧洲考察，回国后一直在密歇根大学任教。20世纪头20年间，他持批判实在论的观点，并且是这个流派的主要创始人之一。1908年，他首先使用“批判实在论”这一名称，1916年出版了《批判实在论》一书。1920年，他与G.桑塔雅那等美国哲学家共同出版《批判实在论文集》，该书的出版通常被看作美国批判实在论学派形成的标志。20年代起，他的观点逐渐转向自然主义，这种转变最初表现在他1922年出版的《进化的自然主义》中。到30年代，他的思想开始转向**唯物主义**，1930年出版的《物理实在论的哲学》一书，是一个标志。40年代后，他不仅对唯物主义有了较深刻的认识，而且对**辩证唯物主义**也有一定的了解。他在1944年发表的《辩证唯物主义简述》一文中，概述了辩证唯物主义的基本原理，并对其中许多观点表示赞许。他重视对马克思主义经典著作的研究，高度评价列宁的《唯物主义和经验批判主义》一书。50～60年代，他写了不少论文，其中大部分收集在《倏忽实在论原理》和《一些遭到忽视的替换方案》两本论文集中。60年代末，他发表了最后两部著作：《从美国内部对美国哲学的考察》和《社会模型和政治视野》，前一书是他从自然主义观点出发对当代美国各哲学流派的评述，后一书系统地阐述了他的社会政治观点。

《塞莱斯蒂娜》 *La Celestina* 西班牙对话体小说。1499年在布尔戈斯问世时无作者署名，全书分16场，1502年再版时增至21场，作者署名为费尔南多·德·罗哈斯。原名《卡里斯托与梅丽贝娅的悲喜剧》，描写一对青年男女的恋爱悲剧。贵族青年卡里斯托爱上了少女梅丽贝娅，求助于媒婆塞莱斯蒂娜。塞莱斯蒂娜巧施计谋，使二人终于相爱。一次相会时，卡里斯托不慎坠墙殒命，梅丽贝娅殉情而死。这部作品在西班牙文学史上被认为是结束中世纪的黑暗、迎接“黄金世纪”曙光的里程碑，开西班牙民族戏剧之先河。作品宣扬爱情就是生命和一切，要求个性解放，追求人生快乐。作品成功地塑造了塞莱斯蒂娜这个下层社会老年妇女的形象，一反中世纪教会的道德观念，为欧洲文学史上的首创。塞莱斯蒂娜也成为世界著名的文学典型人物之一。

塞雷尔人 Server 西非塞内加尔共和国的主要民族之一。人口约165万（2002），占全国人口的16.7%，系该国第三大族。主要分布辛-萨卢姆地区和提埃斯地区塔姆纳湖沿岸。另有约1万人在毗邻的冈比亚境内。属苏丹尼格罗人种。分辛辛人和诺诺人两大支系。讲塞雷尔语，属尼日尔-科尔多凡语系西大西洋语支。无文字。多信伊斯兰教，属逊尼派；少数人保持传统信仰。主要从事农业，种植小麦、谷子、玉米、高粱，大量种植花生；兼事牧业，养牛和羊。居住在尼奥曼卡的塞雷尔人从事渔业、制盐，栽种水稻。典型住屋为方形或圆形的小茅舍。以父系大家庭为居住单位。母系痕迹明显，土地、牧畜及各种特权仍以母系血统传承。传统社会等级分明，分为贵族、自由民、工匠、说唱乐师和奴隶阶层。实行族内婚，行一夫多妻制，各妻室独居。

塞林格 Salinger, Jerome David (1919-01-01～2010-01-27) 美国小说家。生于纽约，卒于新罕布什尔。1936年入纽约大学。不久后辍学，去德国和波兰从事进口生意，

后又回美国继续求学。曾在军队中服役，同时写作短篇小说。复员后回纽约，专门从事写作。他的主要作品有长篇小说《麦田里的守望者》(1951)，写一个16岁的中学生被学校开除后在纽约流浪，因孤独、苦闷而引起精神失常，被送进医院。整部小说以回忆形式写成，描写美国富裕家庭出身的青少年精神上的空虚和苦闷。主人公的反叛在美国青年中引起很大反响。此后他又出版一部小说集《九个故事》(1953)，中篇小说集《弗兰妮与卓埃》(1961) 和《木匠们，把屋梁升高；西摩，一个介绍》(1963)，主要描写年轻人一方面痛恨当代的世界和世界上的一切，却又感到不能离开这个为他们所痛恨的世界，因此内心十分矛盾和痛苦。

塞琉西王国 Seleucid Kingdom 亚历山大帝国分裂后塞琉古一世在东方建立的王国。又译塞琉古王国。希腊化国家中版图最大者，领有西起小亚细亚、叙利亚、美索不达米亚，东达印度的广大地区。因以叙利亚为统治中心，又称叙利亚王国。中国史书称之为条支。塞琉古一世（号胜利者，前312～前281年在位）是马其顿人。公元前305年正式称王，进而向东扩张领土，自伊朗远至印度河，与印度孔雀王朝旃陀罗笈多（月护王）订立和约，转而西进叙利亚和小亚细亚。公元前281年，他渡赫勒斯滂（今达达尼尔）海峡，企图占领马其顿；同年被刺身死。

公元前3世纪中叶以后，塞琉西王国与埃及的托勒密王朝争夺巴勒斯坦，导致东部领土大部分丧失。伊朗东北部的帕提亚（安息）和中亚的**巴克特里亚王国**相继独立。安条克三世（号称大王，前223～前187年在位）以20年的不断战争收复东部已失的大部分领土，但于公元前188年被罗马人败于马格内西亚，因而丧失了小亚细亚。安条克四世（前175～前163年在位）南进一度占领下埃及。此后，王国领土日趋缩小。公元前141年，美索不达米亚并于**帕提亚帝国**。公元前64年，罗马的庞培将叙利亚并为罗马帝国的一个行省。

塞罗－德帕斯科 Cerro de Pasco 秘鲁中西部矿业城市，帕斯科省首府。素有“矿都”之称。海拔4 338米，为世界最高的城市之一。人口6.93万（2005）。1630年因附近发现银矿而建。17～18世纪为世界著名产银地之一。19世纪末开始开采铜、金、铅、锌、铋和煤等，成为秘鲁的采矿中心。有铁路和公路通连首都**利马**。20世纪70年代在附近兴建新城镇圣胡安－德潘帕斯。

塞曼效应 Zeeman effect 原子在磁场中能级和光谱发生分裂的现象。1896年P.塞曼发现原子在足够强的磁场中光谱线发生分裂，在垂直磁场方向观察到分裂为3条，裂距与磁场大小成正比。中间的谱线与不存在磁场时的波长相同，但它是线偏振光，振动方向与磁场平行；两边的两条谱线是振动方向与磁场垂直的线偏振光。在平行磁场方向观察，只能看到两边的两条谱线，它们是圆偏振光（见**光的偏振**）。**H.A.洛伦兹**用经典电磁理论作了解释。后来进一步研究发现许多原子的光谱线在磁场中分裂更为复杂。人们把塞曼原来发现的现象称为正常塞曼效应，更为复杂的称为反常塞曼效应。全面解释塞曼效应须用量子理论，并须考虑电子自旋，电子自旋磁矩与轨道磁矩耦合为总磁矩，它们是空间量子化的，在外磁场作用下引起的附加能量不同，造成能级分裂，从而导致光谱线的分裂。正常塞曼效应是总自旋为零时原子能级和光谱在磁场中的分裂；反常塞曼效应是总自旋不为零的原子能级和光谱线在磁场中的分裂。

塞曼效应是研究原子结构的重要途径之一。在天体物理中，塞曼效应被用来测量天体磁场及星际磁场。

塞纳 Sena, Jorge de（1919－11－02～1978－06－04） 葡萄牙作家、文学评论家。生于里斯本，卒于美国。1963年移居美国，在大学讲授葡萄牙文学、巴西文学和比较文学。塞纳属于学者型作家，学识渊博，著作等身，主要成就是诗歌，在小说、戏剧、文学批评和文学理论等方面也有建树。主要诗作有《追随》（1942）、《忠诚》（1958）、《音乐艺术》（1968）、《诗歌三十年》（1972）等。其他作品有中短篇小说集《魔鬼的行动》（1960）、《奇异的表象》（1976）及死后出版的长篇小说《火的标志》（1979）。文学评论著作有《论葡萄牙诗歌》（1959）、《文学理论之辩证》（1977）、《葡萄牙文学研究》（1982）等。

塞纳河 Seine 法国北部大河。古称Sequana。意为宁静的河流。发源于东部朗格勒高原的塔斯洛山（海拔471米），向西北流经巴黎盆地，在勒阿弗尔附近注入英吉利海峡。全长776千米，流域面积7 865平方千米。在蒙特罗以上河流深切石灰岩高原，两侧先后汇入奥布河和约讷河。自蒙

塞纳河畔的巴黎一角

特罗至河口，河流流经平原地区，有马恩河、瓦兹河、厄尔河等支流相继汇入。巴黎以下河曲相当发育，多江心小岛。河流比降很小，水流平稳。重要的内河航运干线，通航里程约560千米，货运量居全国第一。以巴黎为中心的中游河段是重要的内河航运干线，鲁昂以下至河口是河、海运输结合的水运干线。主要港口有勒阿弗尔、鲁昂和巴黎。

塞内加(小) Seneca, Lucius Annaeus（约前4～公元65） 古罗马政治活动家、悲剧作家。老塞内加的儿子，习称小塞内加。又译塞涅卡。生于西班牙科尔杜巴（今科尔多瓦），卒于罗马。他学习过修辞学和哲学，接触过当时流行的各种哲学派别。由律师开始从政。曾出任裁判官。尼禄在位时辅佐朝政，掌握国家大权。后受反对尼禄密谋的牵连而自杀。著作包括自然科学、哲学、文学等方面。自然科学著作有《自然界问题》7卷，探讨天文、地理、气象等方面的问题。哲学著作主要是《论道德·致卢齐利乌斯》（书信124封），以及《论天命》、《论忿怒》、《论幸福》、《论仁慈·致尼禄》等，其哲学思想对中世纪基督教哲学有较大影响。他宣扬平等和人道的思想以及宿命论思想，在他的悲剧中也得到反映。文学著作有讽刺散文《变瓜记》和9部悲剧，按抄本次序排列为：《疯狂的赫拉克勒斯》、《特洛亚妇女》、《腓尼基少女》、《美狄亚》、《菲德拉》、《俄狄浦斯》、《阿伽门农》、《提埃斯忒斯》、《奥塔山上的赫拉克勒斯》。这些悲剧取材于希腊神话，影射古罗马的现实生活，反映当时贵族反对派的心理。悲剧情节比较简单，语言夸张，还有不少流血场面和关于鬼魂、巫术的描写。其悲剧对欧洲文艺复兴和古典主义时期的悲剧创作产生过不小影响。

塞内加尔 Senegal; Sénégal 非洲大陆最西部国家。西濒大西洋，海岸线长约500千米。北以**塞内加尔河**与毛里塔尼亚为界，东、南临马里、几内亚和几内亚比绍。冈比亚呈长条形嵌入其南部。面积196 722平方千米。人口约1 250万（2009）。首都**达喀尔**。公元10世纪伊斯兰教传入，并成为全国性宗教，信徒占人口的90%，城市中少数人信基督教和天主教。沃洛夫语全国较通行，官方语言为法语。

地理 地处西非苏丹平原的西部，属撒哈拉地盾一部分，是由东向西微倾斜的波状平原，东南隅地势最高，塞几边境最高峰海拔564米。全国分为7大自然区。佛塔区为巴克尔至达加纳的塞内加尔河河谷区，自然条件差，多洪涝和旱灾。滨海平原区大部分由沙丘、沼泽、盐渍地组成，主要用作放牧；达喀尔以南的“小海岸”，

以其海滨风光成为旅游开发区。西部平原区，为海拔低于40米的波状平原，是最重要的农业区。费尔洛区系西部平原东面的低高原，又称费尔洛荒漠，主要用于放牧。崩杜区是巴克尔以南、呈南北狭长的丘陵地带。上冈比亚区指国土东南地区，属低高原，300～400米的丘陵、高地是牧区。卡萨芒斯区、冈比亚以南地区，是主要林区。全境大部属热带草原气候，全年高温，雨旱季分明，气候从西南向北依次为热带季雨林气候、热带草原气候和热带荒漠气候，年降水量从卡萨芒斯河口南面的1 600多毫米递减到圣路易的388毫米。主要河流有塞内加尔河、冈比亚河、卡萨芒斯河、费尔洛河和萨卢姆河。主要矿产有磷酸盐、铁、海盐、铜、钛铁、锆石、黄金、石油等。磷酸盐矿储量约24亿吨，其中铝磷酸盐储量约6 000万吨，是世界市场唯一的供货者。

历史 中古时期，境内较发达民族建有若干小王国，如德克鲁里王国、图库洛尔王国、卓洛夫王国等，后相继归属西非的加纳、马里、桑海等大帝国的版图。1444年葡萄牙人、荷兰人先后入侵佛得角半岛。16～17世纪荷兰、英国、法国在塞内加尔展开激烈的殖民争夺。1659年后法国在圣路易建立殖民据点，1895年沦为法国殖民地。1958年为法兰西共同体内的自治共和国。1959年同法属苏丹（今马里共和国）组成马里联邦。1960年8月退出联邦，成立塞内加尔共和国。议会制国家。总统是国家元首和武装力量最高统帅，由直接普选产生，任期5年，只能连任1次。国民议会由普选产生。有合法政党65个，主要有塞内加尔民主党（执政党）、塞内加尔社会党、独立劳动党、民主复兴联盟、进步力量联盟等。实行义务兵役制，服役2年。国防委员会为最高军事决策机构。2006年总兵力1.36万人。非洲统一组织和西非国家经济共同体成员国，对外奉行全方位、不结盟、重视睦邻友好的外交政策。已同120个国家建立外交关系。1971年12月7日同中国建交，1996年1月9日中止外交关系。2005年10月25日与中国恢复外交关系。

经济 独立后国家经济有所发展，后因花生单一经济的影响而发展缓慢。20世纪80年代实行新的工业政策和农业政策，经济形势好转。2009年国内生产总值122亿美元。农业是国民经济基础，花生、黍类、稻谷为三大传统作物。以生产花生闻名，花生种植遍及国家整个西半部，产量和出口量均居世界前列，被誉为“花生之国”，国家财政收入约一半来自花生，花生出口约占出口总额的3/4。农业多样化取得初步成效，蔗糖除自给外还可部分提供出口；棉花已成为仅次于花生的第二大经济作物，国家主要创汇来源之一。粮食作物主要有御谷、稻谷、薯类、玉米等。海洋渔业重要，2008年捕鱼量42万吨。达喀尔和圣路易是主要海洋渔业基地。为法语非洲制造业基础较好的国家。工业部门较多，包括食品、纺织、化工、机械制造、采掘、动力、建材、石化、制革、制鞋、造纸、木材加工、制药、鱼类和肉类加工等。食品工业居工业部门之首，其中以花生榨油为主。磷酸盐开采占矿业产值的70%，是世界主要磷酸盐出口国之一。交通较发达，全国铁路、公路密度是非洲平均水平的1倍以上。陆上货运量公路居首，承担60%以上，铁路约占30%。铁路有3条，达喀尔－尼日尔铁路最重要，全长1 286千米，塞内加尔境内643千米，是马里进出口的重要通道。海运占有重要地位，港口有达喀尔、圣路易、考拉克、丰久尼涅、济金绍尔等；达喀尔港为西非第三大商港。外贸长期处于逆差，进口以金属及其制品、机械设备、化工产品、粮食、原油为主，出口主要是花生油、鱼类及罐头、磷酸盐、石油制品等。法国是其最大贸易伙伴。有航空港20个，达喀尔的桑戈尔机场为非洲重要的国际航空港；圣路易、济金绍尔、坦巴昆达为一级机场。

文化 教育发展较快。有达喀尔大学等高等学校10所，在读大学生9.1万人。有法语非洲历史最早、规模最大的出版社和各类博物馆，为法语非洲文化教育最发达的国家之一。文学艺术和大众传媒的发展也居法语非洲前列。主要名胜有戈雷岛、尼奥科洛科巴国家公园、朱贾鸟类保护区、萨卢姆河三角洲等，已有6处被列入《世界遗产名录》。另有建于1886年的图巴伊斯兰圣城，以及下卡萨芒斯公园、巴尔巴里公园、马德伦群岛公园等国家级自然保护区。

塞内加尔农民驱车去出售花生

塞内加尔河 Senegal River; Riviere Sénégal 西非第二大河。发源于几内亚富塔贾隆高原中部卡文杜山东麓的巴芬河，向东北流入马里，然后转向西北在巴富拉贝汇入巴科伊河后称塞内加尔河，再穿越马里西部，并作为毛里塔尼亚和塞内加尔的界河向西注入大西洋。全长1 641千米，流域面积45万平方千米。主要支流有卡拉科罗河、法莱梅河、费尔洛河。水量主要来自巴芬河和法莱梅河，流域内年降水量1 000～2 000毫米。巴克尔以下河谷展宽到20千米。洪水于9月初来到巴克尔，10月中至达加纳，流量是旱季的300倍。达加纳以下进入三角洲，洪泛面积更宽。全流域自然景观包括热带森林、热带稀树草原和半荒漠草原。流域内主要居民为沃洛夫人、图库洛尔人、萨拉科雷人，还有通常以游牧为生的富尔贝人和摩尔人。下游河谷地带兴退洪耕作。在达加纳附近连接塞内加尔河与盖尔湖的陶韦河上建有拦河坝，发展灌溉农业。马里的卡伊以下924千米河段可季节性通航，下游220千米河段可全年通航。

塞努尔 Sanu, Yaqūb（1839～1912） 埃及剧作家、演员。青年时期留学意大利，受西方戏剧的较大影响。回到埃及后，先后创作了36部剧本，包括话剧、歌剧和皮影戏。塞努尔还建立了埃及第一个剧团，1870年在开罗建立了剧场。他擅演讽刺剧和滑稽剧，借此对封建制度和统治者表示不满和鞭挞，被称为“埃及的莫里哀”。他的剧本用埃及方言写成，其剧作和演出对当时社会产生了较大影响。

塞浦路斯 Cyprus 地中海东北部岛国。北距土耳其64千米，扼亚、非、欧三大洲海上交通要冲。海岸线长782千米，是地中海

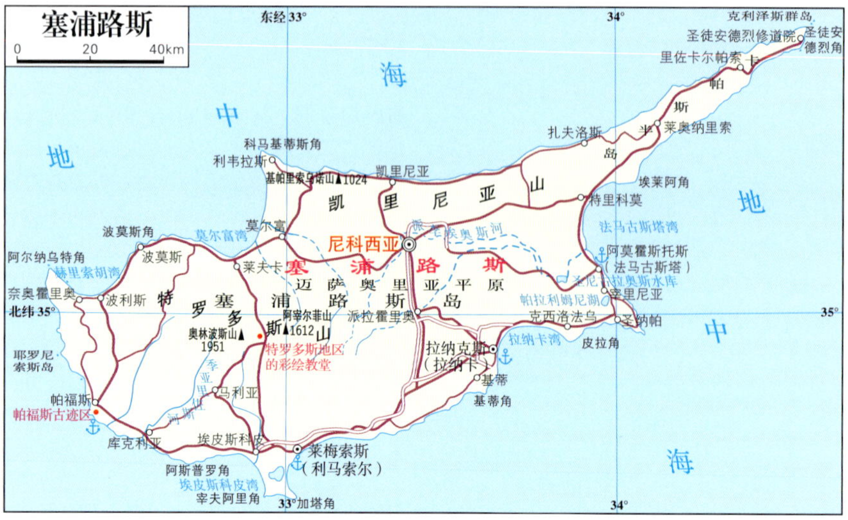

第三大岛。面积9 251平方千米（由希腊族政府实际管理的地区或称希族区，面积5 896平方千米，占国土面积的64%；土族区面积3 355平方千米，占国土面积的36%）。人口79.17万（2008），其中希腊族占76.8%、土耳其族占10.3%，另有少数亚美尼亚人、阿拉伯人等。希腊族信奉东正教，土耳其族信奉伊斯兰教。主要语言分别为希腊语和土耳其语，通用英语。城市人口占68.7%。首都**尼科西亚**。

图1 凯里尼亚风光

地理 西北部和西南部山地横亘，约占全岛面积的1/3。西南部地势较高，为特罗多斯山脉，最高峰奥林波斯山，海拔1 951米，是塞浦路斯的最高峰。沿北部海岸作东西走向的狭长的凯里尼亚山脉，山势低缓，山脉向东突出很远，构成卡帕斯半岛。夹在它们之间的是迈萨奥里亚平原，东西长90千米，南北宽约50千米，面积2 000平方千米。属亚热带地中海型气候，夏季长而干热，冬季短而温湿、多雨。由于地形影响，山地和平原差异较大，平原地区1月平均气温约10℃，8月约27℃。两侧山地冬季可降至冰点以下。受西风影响，西部气温比东部稍低。平原和沿海平均年降水量300～450毫米，山区一般达500～600毫米，高山上甚至可超过1 000毫米。基本没有常年流水的河川，只有少数季节性的间歇河。山区森林茂密，林地面积占国土面积的13%。主要树种为松、杉、丝柏、槲。矿产资源以蕴铜著称。铜矿主要在特罗斯西部的莱夫卡、尼科西亚西南的塔马索斯和南部沿海的卡拉瓦索斯等地。另有黄铁矿、铬盐、石棉、石膏、大理石等。

历史 早在公元前3 000多年即有人类居住。前16世纪希腊人开始移居岛上，借此与西亚和北非进行频繁的贸易和文化往来。后遭埃及、腓尼基、波斯等的连续侵入和长期占领。前58年并入罗马帝国，公元395年后，属拜占廷帝国。1191年被十字军占领，1489年被威尼斯兼并。1571年被并入奥斯曼帝国。1878年被英国占领，1925年沦为英国“直辖殖民地”。1960年8月16日宣布独立，称塞浦路斯共和国，9月2日加入联合国，1961年加入英联邦。

政治 1960年独立后，希、土两族一度组成联合政权。但很快就冲突不断，“联合”难继。1974年塞浦路斯发生政变，土耳其借机出兵干预，土族举族北移，于1975年宣布成立塞浦路斯土族邦，1983年进一步组建为北塞浦路斯土耳其共和国，全岛形成南北对峙、分割的政治局面。南部是由塞浦路斯合法政府统辖，得到国际普遍承认（唯土耳其例外），并且取得联合国会员国地位的希腊族区；北部是自立政府、自建国号但未获国际承认（唯土耳其例外）的土族区（也把“首都”设在尼科西亚）。

现行宪法于1960年8月16日公布，宪法规定塞浦路斯为实行总统制的共和国，总统由希族人担任，土族人任副总统。由于两族争端，宪法并未得到贯彻。议会实行一院制，议会每5年选举一次，共有80个席位，其中希族56席，土族24席（土族不参加议会选举，其议席多年空缺）。土族区另选举自己的总统，成立自己的政府。主要政党有劳动人民进步党、民主大会党、民主党、社会民主运动党和联合民主运动党。土族区另有民族团结党、民主党和共和土族党等政党。因两族冲突不断，现有联合国派驻的维和部队。

经济 国民经济原以农业为支柱，自20世纪70年代中期后经济结构逐渐发生变化。开始重点发展制造业，随后服务业、旅游业和金融业又渐次成为拉动经济增长的主要产业部门。1998年又对经济政策、经济结构进行调整，财政状况得以改善。2009年国内生产总值236.36亿美元，人均29 660美元。已被世界银行列入发达国家之列。

独立前，除采矿业外，几乎没有加工工业；独立后，各种工业部门应运而生，主要有食品、纺织、炼油、化工制品、电子光学设备、机械设备、木制品和非金属矿物等。陶器、宝石镶嵌、金银器皿、刺绣、抽纱花边等传统手工业，以富于拜占廷、威尼斯艺术风格而备受外贸市场称道。2009年工业产值39.61亿美元。工业产品和加工农产品大部用于出口。采矿业原是传统工业部门，现规模越来越小，仍以采铜为主，还有石棉、铬、黄铁矿、石膏，其矿产品几乎全部出口。

农业曾是塞浦路斯经济中的重要部门，全国50%～60%的土地已经耕种，垦殖程度比西亚任何国家都高。2009年农业生产总值4.4亿美元。只是随着其他产业部门的兴起和发达，农业的地位已显著下降。粮食作物面积占耕地面积的1/3。以小麦、大麦、燕麦、马铃薯为主。由于气候冬雨夏干，对水果生长十分有利，热带、亚热带和温带等不同季节的水果应有尽有，主要是香蕉、石榴、无花果、桃、李、杏、苹果和梨等；具有地中海地区特点的柑橘、橄榄和葡萄尤为著名。畜牧业发展较快，山间平原的干旱地段和丘陵地区被开发为优良的牧场。

对外贸易中，医药用品、柑橘、服装、奶酪、酒类、部分轻工产品和农产品是主要出口产品；进口以机械、运输设备、工业原料、石油及其副产品等为主。英国是最大贸易对象，其次为意大利、德国、日

图2 帕福斯考古遗址

本和美国等。

土族区经济规模小，经济以农业为主，约2/5以上的就业人口从事农业，农业产值约占区内生产总值的1/5，农产品出口额占出口总值的80%。工业有少数加工业。区财政赤字连年扩大，每年土族区近一半的财政支出由土耳其援助。所需生产资料和生活资料主要靠进口，外贸逆差很大。主要贸易对象国是土耳其、英国和德国。

旅游资源丰富，旅游业发展迅速，已成为外汇收入的主要来源和拉动经济增长的主要产业。2009年旅游业收入15亿美元。主要旅游城市有帕福斯、莱梅索斯（利马索尔）、拉纳卡等。帕福斯考古遗址和特罗多斯彩绘教堂，已作为文化遗产，分别于1980、1985年列入《世界遗产名录》。

境内无铁路。公路是陆路运输的主要方式，有公路1.7万千米（35%在土族区），一半以上是铺面道路。以首都尼科西亚为中心，包括环岛公路，形成全国公路网。主要港口有莱梅索斯（利马索尔）（年吞吐量30万吨）、阿莫霍斯托斯（法马古斯塔）、拉纳卡、凯里尼亚、帕福斯。著名的“船旗国”，按登记吨位，居世界第六（2005年，注册船只1 819艘）。尼科西亚和拉纳卡均有国际机场。

文化 小学和初中实行义务教育。有各类学校1 233所，有一所综合性大学，另有其他各类高等院校30所。土族区有中小学120所，高等院校8所（2000）。主要报纸有《自由爱好者报》和《黎明报》，另有《斗争报》、《今日报》、《自由新闻报刊》、《真理报》和《新闻报》等。土族区有《灰狼报》。塞浦路斯通讯社为非官方通讯社。塞浦路斯广播电台用希、土、英、法、阿拉伯和亚美尼亚语广播，有一家电视台。土族区也有电台和电视台。

对外关系 已与世界上173个国家建立外交关系。1999年欧盟赫尔辛基会议正式确认“解决塞问题不是塞入盟的前提条件”。2004年5月，塞浦路斯正式加入欧盟。希腊是塞浦路斯的母国和安全保证国，英国是塞浦路斯殖民地时代的宗主国，当今的安全保证国之一，投资、贸易和旅游人数在塞浦路斯均居首位。故与希、英均有非常密切的关系。1971年12月14日与中国建交。

塞浦路斯土耳其人 Turks of Cyprus 西亚塞浦路斯共和国第二大民族。约8.15万人（2008）。属欧罗巴人种地中海类型。通用土耳其语。信奉伊斯兰教。1571年以后，土耳其人陆续移居塞岛，带来东方的文化、政治、宗教和生活方式。1571～1878年，奥斯曼帝国统治该岛300多年，这种文化传统得到发展和巩固。塞浦路斯土耳其人与第一大民族塞浦路斯希腊人杂居了几百年，既有和睦相处的一面，也有冲突的方面。

塞浦路斯希腊人 Greeks of Cyprus 西亚塞浦路斯共和国第一大民族。约60.8万人（2008）。属欧罗巴人种地中海类型。通用希腊语。希腊人从公元前2000年起便开始移民塞岛，带来希腊的文化、生活方式和政治制度。后经希腊化时期，得到进一步发展和巩固。此后，虽遭多种异族侵略和统治，希腊传统仍一直延续下来。塞浦路斯希腊人与塞浦路斯土耳其人共同杂居了几百年，但由于各自宗教教规的严格限制，没有出现通婚和融合现象。希腊人遵守东正教的行为规范，土耳其人坚守穆斯林的生活习俗。

塞萨洛尼基 Thessaloníki 希腊第二大城市与港口，塞萨洛尼基州首府。位于北部爱琴海塞尔迈湾的顶端。人口36.4万（2001），都市区人口80.08万（2001）。始建

古希腊时期的拱门

于公元前316年。前146年为古罗马马其顿省首府。10～12世纪先后被萨拉森人与诺曼人占领。13世纪在拜占廷帝国统治下，城市臻于繁荣。后相继被保加利亚人与诺曼人占领。1430年后为土耳其帝国统治。1913年归属希腊。第二次世界大战德国占领期间，约有6万犹太居民被驱逐与杀害。1978年因地震受到严重破坏，后修复。希腊北部重要工商业中心。有石油化工、钢铁、造船、纺织、面粉、酿酒、皮革与制皂等工业。港口规模仅次于比雷埃夫斯。交通枢纽，有铁路连接国内主要城市与巴尔干半岛各国。多古代建筑遗迹，有古希腊时期的拱门与城墙；拜占廷时期的长方形教堂与圣乔治教堂等。

塞尚 Cézanne, Paul (1839-01-19～1906-10-22) 法国画家。继印象主义之后的绘画革新家，与V.凡高、P.高更一道被称为后印象主义画家。出生在普罗旺斯附近的艾克斯，卒于艾克斯。塞尚青年时期学过法律，

图1 《玩纸牌者》(奥塞美术馆藏)

爱好文学和美术。1862年到巴黎专攻绘画，并结识C.毕沙罗。1863年，经É.左拉介绍，与É.马奈、P.-A.雷诺阿等交往。1872年与毕沙罗在蓬图瓦兹一起作画。从1873年起他得到印象主义绘画最早的收藏家之一P.-F.加歇医生的赏识，从此渐露头角。早期作品富于戏剧性。浪漫主义的两大主题——悲剧的爱情与死亡，强烈地吸引着他。他早期人物画的比例较奇特，不合乎古典法则，在画面的结构与色彩关系上，有敏锐的感觉。在作品《穿僧侣衣服的多米尼克舅父》(1866)中，为了表现结构与色彩关系，他采用蜿蜒弯曲的笔触，用画刀在画布上厚重地涂抹，运用强烈的黑白对比。1866年后，他吸收印象派的技法，涂色较为均匀、和谐，并采用马奈惯用的黄、灰和棕色。这种转变风格的代表作品是《读报纸的父亲像》。不过，塞尚在吸收印象主义技法的同时，并没有抛弃个性，他更加关注对象的实体感，关注均衡与结构，画面显示出凝重和恒定持久的感觉。这种艺术追求驱使他更接近N.普桑和新古典主义，并与印象主义分道扬镳，独辟蹊径。

图2 《大浴女》

从70年代末到逝世前，塞尚创造了一系列风格特征鲜明的人物画、风景画和静物画，如《肖凯像》(约1877)、《玩纸牌者》(1890～1892)、《圣维克图瓦山与苍松》和《苹果篮》(1890～1894)以及《酒神宴舞》(1875～1876)等。晚年作品《大浴女》(1895～1905)写意的特征鲜明。

塞尚主张绘画摆脱文学性和情节性，充分发挥绘画语言的表现力，推动了欧洲纯绘画观念的流行和现代派绘画的发展。他要求强烈地感受对象，反对冷漠地对待自然，强调主观感受的重要性，坚持发挥思维的作用，把客观物象条理化、秩序化和抽象化。他提出要用圆柱体、球体和锥体来处理形象，以表达超越自然的理想概念。在画面处理上，塞尚追求平面感，用色彩表现空间。

他在绘画上的革新精神受到西方20世纪艺术家的普遍重视，被誉为“现代绘画之父”。

塞舌尔 Seychelles 印度洋西部岛国。西距肯尼亚蒙巴萨港1 593千米，东北距印度2 813千米，为西印度洋及亚非两大洲交通要冲。陆地面积约455.39平方千米。领海面积约40万平方千米。人口约10万。首都维多利亚。居民主要为班图人、克里奥尔人（欧洲人和非洲人混血）、印巴人后裔、华裔和法裔等。约90%的居民分布在马埃岛。居民中，90%信奉天主教，8%信奉基督教新教，少数人信奉伊斯兰教、印度教等。克里奥尔语为国语，通用英语和法语。

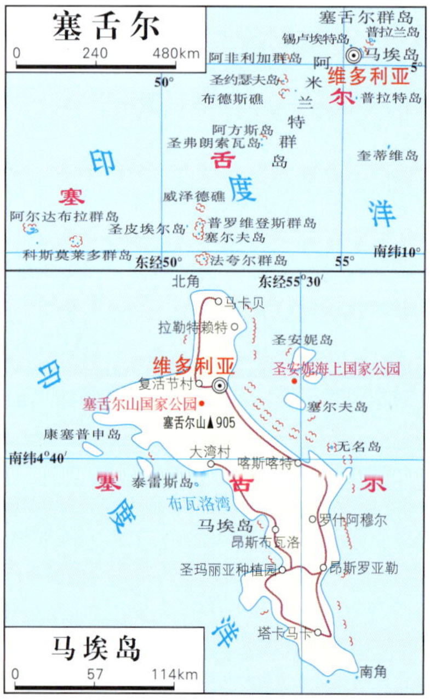

全境由37个花岗岩岛和78个珊瑚岛组成。以马埃岛最大，塞舌尔山海拔905米，为全国最高点。次为普拉兰岛和锡卢埃特岛。珊瑚岛很分散，在花岗岩群岛西南延绵1 200多千米；地势低平，有的海拔仅1米左右，周围多珊瑚礁；多数岛屿无水，几乎无人居住。属热带海洋性气候，终年高温多雨。12月至次年3月为热季，盛行西北季风，平均气温30℃；5～10月为凉季，盛行东南季风，平均气温24℃。年降水量2 000～4 000毫米。河流短而少。马埃岛上建有罗雄水库。森林茂密，珍奇动植物繁多。

塞舌尔群岛最早被阿拉伯人发现。公元16世纪葡萄牙人曾到此，命名七姊妹岛。1609年英国入侵。1756年被法国占领，以塞舌尔命名。1794年，英国取而代之。后英法多次易手占领。1814年，英法签订和约，塞舌尔沦为英国殖民地。1970年实行内部自治。1976年6月29日宣布独立，成立塞舌尔共和国，仍留在英联邦内。

1991年实行多党制。在1993、1998、2001年多党大选中，勒内蝉联总统。2004年将总统职务移交副总统米歇尔，2006年7月，塞举行独立之后第四届总统选举，米歇尔当选。1993年6月第三共和国《宪法》颁布实施。《宪法》规定：塞舌尔为民主共和国，实行立法、行政、司法三权分立。总统为国家元首兼政府首脑、武装部队总司令，全国选举产生，任期5年，可连任1届。实行一院制，国民议会由各选区按比例直接选举和各政党按得票比例推举，任期5年。实行总统制，内阁由总统任命。现有正式注册的政党4个：塞舌尔人民进步阵线（简称人阵执政党）、塞舌尔民族党、塞舌尔民主党、塞舌尔社会民主联盟。1977年6月创建人民解放军，1980年改称人民国防军，由陆军和海岸警卫队组成。实行志愿兵役制。奉行中立、不结盟、睦邻友好和多元化外交政策，注重经济外交，重视区域合作，支持非洲经济一体化和建立地区经济集团。1976年6月30日与中国建交。

2009年人均国内生产总值7 000美元，居非洲各国之首。经济结构以第二、第三产业为主，农业仅占2.6%（2006）。渔业和旅游业是两大经济支柱。渔业资源丰富，鱼虾种类多，以金枪鱼为大宗。出口产品的70%左右来自渔业。旅游业直接或间接地创造了国内生产总值的72%，1993年在

塞舌尔休闲度假区一景

世界十大旅游点评选中名列第三，旅游业收入成为塞舌尔第一大经济支柱，每年创造1亿多美元的外汇收入，占外汇收入的72%。工业基础薄弱，以金枪鱼罐头、饮料、饲料加工、肉类加工、乳制品、电视机组装等为主。耕地少，粮食主要靠进口，主要种植椰子、肉桂、茶叶、蔬菜和水果等。境内无铁路，交通运输主要靠公路、水路和航空。公路总长482千米。维多利亚港是印度洋航线的重要停泊港和中继站。码头岸线总长1 290米，有11个泊位，年吞吐量近100万吨。维多利亚国际机场是印度洋上重要的航空枢纽。外贸进口大于出口。出口主要有椰干、鲜椰子、肉桂皮、金枪鱼罐头。进口主要为运输设备、食品、石油、轻工产品等。

重视发展教育事业，实行9年免费义务教育。综合工艺学院是最高学府，相当于大专。无大学。2003年，教育支出占总支出的9.67%，在政府各部门预算中份额最高。《塞舌尔民族报》是全国唯一的日报，系官方主办，此外还有《政府公报》、《人民报》、《观察》周报和《群岛回声》等。塞舌尔新闻通讯社为官方通讯社。塞舌尔广播电台为政府电台。国家电视台1983年投入使用。

风光秀丽，气候宜人，素有“旅游者天堂”之称。阿尔达布拉环礁和普拉兰岛国家公园的马埃谷地海椰林自然保护区于1982、1983年先后被联合国教科文组织列入《世界遗产名录》，成为主要旅游景点。

塞舌尔人 Seychellese 印度洋西部非洲岛国塞舌尔共和国的主体民族。又称塞舌尔克里奥尔人。主要分布在马埃岛，约占全国人口的90%。属黑白混血人种。使用克里奥尔语（以法语为基础的混合语），属印欧语系罗曼语族；部分人通用英语和法语。多信天主教，少数信基督教新教。塞舌尔群岛古时无人居住。阿拉伯人最早发现该岛，16世纪葡萄牙人曾一度涉足，1756年被法国占领。1770年，法国从毛里求斯岛和留尼汪岛迁入一批黑白混血种人，随后又从法国本土移民。1794年英国夺取该岛以后，陆续从东非运来大批班图黑人

（见班图尼格罗人），从印度招募来许多契约劳工。这些不同来源的人们经过长期交往与混合，逐渐形成今日以黑白混血种人为主的塞舌尔人。

塞万提斯 Cervantes, Miguel de (1547-09-29?～1616-04-23) 西班牙作家、戏剧家、诗人。全名米全尔·德·塞万提斯·萨维德拉。

生平 生于埃纳雷斯堡，卒于马德里。父亲是潦倒终身的外科医生。由于家贫，只上过中学。以后跟随父亲过着颠沛流离的生活。1569年充当胡利奥·阿克夸维瓦红衣主教的随从，前往意大利，游历罗马、威尼斯、

那不勒斯、米兰等地，并阅读了大量文艺复兴时期的作品。1570年从军，1571年参加抗击土耳其军队的勒班多海战，左手残废。1572年伤愈后重返军队，参加纳瓦里诺海战和占领突尼斯的战役。1573年随军驻防那不勒斯。两年后奉命回国。途中遭到土耳其海盗袭击，被虏至阿尔及尔。1580年被赎回国。1582年开始陆续写了几个剧本。1584年写出悲剧《被围困的努曼西亚》和田园牧歌小说《伽拉苔亚》第一卷。由于家境贫困，曾于1587年上书请求差务，被委派担任无敌舰队的军需。在负责采购粮油工作中，受乡绅的诬陷被捕入狱，获释后改任税吏。1597年因储存税款的银行倒闭，无力赔偿欠款，又被革职入狱。获释后10余年间，往返跋涉于城乡之间，目睹人民的疾苦和社会的黑暗，对后来的文学创作产生很大影响。1602年，开始写作长篇小说《堂吉诃德》。1605年在卡斯蒂利亚出版《堂吉诃德》上卷。一年之内再版6次。然而作者贫穷如故，而且屡遭不幸：1605年因门前有人被刺涉嫌下狱；1611年又因女儿陪嫁事被控告，出庭受审；同年，法院又责令偿还当税吏时所欠公款；不久，妻子去世。但他仍然顽强地坚持文学创作。1613年相继完成长诗《帕尔纳索斯之旅》和《警世典范小说集》，并继续《堂吉诃德》下卷的写作。与此同时，有人化名发表《堂吉诃德》下卷伪作，促使他紧张写作。1615年，《堂吉诃德》下卷出版。1616年4月，虽已卧病在床，还是写完了最后一部长篇小说《贝雪莱斯和西吉斯蒙达历险记》。因水肿病逝世。

创作 塞万提斯的文学创作深刻地反映了16世纪末西班牙王国走向衰落时期的社会现实，暴露了封建制度的黑暗，宣传人文主义思想。

诗作主要有：1568年为悼念腓力二世的王后逝世而写的三首哀歌；1577年在阿尔及尔被俘期间写的《致我的主人马特奥·巴斯格斯》；1587年写的两首十四行诗表现爱国主义的激情；1596年写的《贺梅地纳公爵攻占加的斯》的十四行诗谴责了英国军队在加的斯所犯下的罪行；1598年写成的《拜谒塞维利亚吾主腓力二世》，讽刺教会僧侣利用国王葬礼大肆铺张，反映人民对统治阶级的不满；1613年发表的长诗《帕尔纳索斯之旅》，写西班牙诗人的论战，赞扬了他所推崇的诗人，嘲讽了他所厌恶的文人。

剧作约有二三十种。前期较著名的有：1584年创作的悲剧《被围困的努曼西亚》和1585年创作的《阿尔及尔的交易》。后期的重要剧作有1615年出版的《八出喜剧和八出幕间短剧》。大多以西班牙市民生活为题材，采用的是“黄金世纪”流行的戏剧形式。

塞万提斯的文学成就突出表现在小说方面。第一部小说《伽拉苔亚》(1584)以牧羊男女之间的爱情为主题，出版后影响不大。短篇小说集《警世典范小说集》收入12个短篇，分流浪汉小说风格作品、哲理性对话作品、注重情节的作品三类。从不同的角度反映了当时西班牙的市民生活。

塞万提斯最后的一部长篇小说《贝雪莱斯和西吉斯蒙达历险记》，1616年4月19日脱稿，作者去世后于1617年出版。它叙述北欧两个小王国的王储贝雪莱斯和西吉斯蒙达，伪称兄妹，化名出游欧洲其他各国，历尽千辛万苦，最后结成良缘。作品精心构思，着意雕刻，使它充满诗情画意。但它的思想深度和艺术成就远逊于《堂吉诃德》。

《堂吉诃德》(1602～1615)是16世纪末至17世纪初西班牙封建社会状况的真实全面的反映。小说中有贵族、教士、地主、市民、士兵、农夫、囚徒、强盗、妓女等近700个人物。描写的生活面十分广阔，从贵族的城堡到外省的小客店，从农村到城镇，从平原到深山，从大路到森林，展现了一幅完整的社会生活画卷，揭露了正在走向衰落的西班牙王国的各种矛盾，谴责了贵族阶级的荒淫腐朽，对人民的疾苦表示深切的同情。此外，小说还广泛地触及当时政治、经济、道德、文化和风俗等方面的问题。堂吉诃德已成为世界文学中的一个著名典型。

在创作方法上，作者善于运用典型化的语言行动刻画主角的性格，反复运用夸张的手法强调人物的个性，大胆地把一些对立的艺术表现形式交替使用。既描写平凡的生活琐事，也叙述奇特幻异的想象；既有朴实无华的真实生活，也有滑稽夸张的虚构情节；既有发人深省的悲剧因素，也有引人发笑的喜剧成分。尽管小说的结构还不够严密，有些细节前后矛盾，然而不论在反映现实的深度和广度上，还是在塑造人物的典型性上，都比此前欧洲的小说前进了一大步，标志着欧洲长篇小说的创作跨入一个新的阶段。

塞维利亚 Sevilla 西班牙西南部古都和工商业、文化中心。安达卢西亚自治区首府和塞维利亚省首府。位于伊比利亚半岛南部，北靠瓜达尔基维尔河下游谷地，西

塞维利亚鸟瞰

南距加的斯湾约60千米。城市人口70.32万(2009)。谷地开阔地平，海拔100米以下，多肥沃冲积土。1月平均气温12℃，7月29℃。年降水量800毫米左右，降水集中于秋、冬两季。公元前7世纪始建。公元711～1248年间先后为哥特人和摩尔人所建王国的都城。14～15世纪为海外贸易中心。18世纪一度垄断了西班牙同海外殖民地的贸易，航海和造船业兴盛。19世纪末以后，现代工业得到发展。主要工业有造船、飞机制造、拖拉机、电器设备、化学、石油化工以及棉毛纺织、卷烟和食品加工等。重要的农产品加工和集散中心。南部地区交通枢纽。内陆河港，涨潮时可通海轮；有铁路。多古迹和艺术建筑。有著名的希拉尔达大教堂、阿拉伯城堡、大清真寺和贝德洛宫等建筑，设有大学和博物馆等。

《塞维利亚的理发师》 *Le Barbier de Séville* 法国剧作家P.-A.C.de博马舍的喜剧。1775年首次上演。又译《塞维勒的理发师》。贵族小姐罗丝娜父母双亡，监护她的老医生霸尔多洛心存不良，把她囚禁在家里，企图骗她为妻。西班牙大贵族阿勒玛维华伯爵爱上了罗丝娜，但是两人只能在窗口见面，无法相聚，他只得求助于自己过去的仆人、现在当理发师的费加罗。聪明能干的费加罗从中撮合，多次设下妙计，挫败了霸尔多洛的阴

谋，使有情人终成眷属。费加罗天性乐观，说话风趣，他虽然身为仆人，却比他的主人高明，表现了当时法国社会里第三等级的形象。作品宣扬启蒙思想，是一出情节生动、语言幽默的喜剧，上演后受到民众的热烈欢迎。由意大利作曲家G.罗西尼和脚本作者C.斯泰尔比尼改编的同名二幕喜歌剧，被公认是意大利喜歌剧的杰作。

塞文河 Severn River 英国最长河流。位于英格兰西南部。发源于威尔士坎布里山脉普林利蒙山的东北坡，曲折向东北、东南和西南流，注入大西洋凯尔特海的布里斯托尔湾。河名源于盎格鲁-撒克逊语，意为“边境”，系一古代王国的西部边界线。全长338千米，流域面积11 267平方千米。主要支流有斯陶尔河、蒂姆河及埃文河等。有运河与泰晤士河、特伦特河及墨西河等相通。自河口上溯至威尔士浦可通航280千米。下游有长约80千米的三角湾。塞文河口湾底有铁路隧道沟通威尔士南部与英格兰西部。下游还建有2座公路大桥。

塞种 Saka 古代中亚游牧部族名。仅见于《汉书》。一般认为“塞”，是西史所见Saka之对译。Saka则是古波斯人对锡尔河以北游牧部族的泛称。中国史籍所见塞种，应即阿契美尼德朝波斯大流士一世贝希斯登铭文所见Saka，由若干部落组成。早在公元前7世纪末叶，塞种诸部已出现在伊犁河、楚河流域。约公元前177或前176年，由于大月氏人西迁，塞种被迫放弃伊犁河、楚河流域，一部分南下，散处帕米尔各地。其中一部越过了名为县度的天险，侵入乾陀罗和呾叉始罗，赶走当地的希腊统治者，建立了《汉书》所谓的罽宾国。其时间上限为前129年。上述大月氏人的第二次西迁，还迫使一部分塞种自索格底亚那和吐火罗斯坦，侵入帕提亚帝国，占领了德兰吉亚那和阿拉科西亚，《汉书》所载乌弋山离国正是这个以塞斯坦为中心的塞种王国。一些学者还认为，《史记》所见大宛、大夏、奄蔡和康居诸国，亦系塞种所建。

赛典赤·赡思丁 Saiyid Ajall Shams al-Dīn (1211～1279) 中国元代名臣。一名乌马儿。不花剌人。成吉思汗征中亚，赛典赤随从东来。元世祖忽必烈即位后，官至中书省平章政事。在40余年的仕途中，积累了适应于统治中原地区的丰富经验。

至元十年(1273)，世祖在云南建行省，以赛典赤为平章政事。他到任后，使政令一律出于行省，加强了元王朝对云南的中央集权制的统治。行省治所设在善阐（昆明），久之取代大理成为全省政治、经济和文化的中心。对待地方上层，采取收揽人心以代替军事镇压的办法。各级官员尽量选任各族首领和土官。萝槃甸（云南元江一带）土官发动叛乱，他坚持招抚政策，使其首领率众出降。在安定民生和发展生产等方面采取了一系列措施，如均赋税、省徭役、建义仓赈灾，抚恤孤贫，并传授内地种植水稻桑麻等技术、兴修水利、开驿道等，以利于生产发展。他提倡儒学，修讲堂学舍，选官员富民入学。最后，卒于云南任上。赛典赤对于祖国的统一和云南的发展作出了一定的贡献。赛典赤子孙甚多，形成回族几个大姓。

赛福鼎·艾则孜 Säypidin Äzizi(1915-03-12～2003-11-24) 中国共产党和国家民族工作的领导人，社会政治活动家，全国人大常委会副委员长，全国政协副主席。维吾尔族。生于新疆阿图什，卒于北京。少年时代入新文化学校学习，1935年赴苏联学习。1937年回国后任塔城维吾尔文化促进会秘书长、副会长，曾被反动势力逮捕。1944年参加新疆伊犁、塔城、阿勒泰地区的“三区革命”，任临时政府教育厅厅长，民族军喀什团团长。参与创建三区革命青年组织，在此基础上成立人民革命党，为主要领导人并兼任宣传部部长。新疆省民主联合政府成立后任委员兼教育厅厅长。1946年接受中共领导后，人民革命党编入新疆保卫和平民主同盟，任副主席、主席。1949年出席中国人民政治协商会议第一届全体会议。同年12月27日加入中国共产党。中华人民共和国建立后，历任中央人民政府法律委员会委员、中央民族事务委员会副主任，新疆省人民政府副主席兼民委主任，新疆军区副司令员，中共中央新疆分局常委、民族部部长、统战部部长，西北行政委员会副主席。1968年后历任新疆维吾尔自治区革命委员会副主任、主任，自治区党委第二书记、第一书记，新疆军区第一政委。1954～1993年当选为第一至七届全国人大常委会副委员长，1993年当选为全国政协第八届副主席。是中共第八届中央候补委员，第九至十三届中央委员，第十、十一届中央政治局候补委员。1955年被授予中将军衔。

赛龙舟 Chinese dragon boat racing 中国传统民俗活动。龙舟是像龙形的船或绘有龙形亦或挂着龙幡的船。据《穆天子传》，龙舟早在西周穆王时期已出现。龙舟歌舞在古代是祭祀龙神的一项活动，以期禳灾纳吉、风调雨顺。传统龙舟用杉木制成，取其质轻，船最长达11丈，由80桡划行；次者9丈，60余桡；短的也有7丈多，桡手40余人。现在的龙舟长可3～5丈，狭长如苇，仅容2人对坐，底尖，轻巧便捷。赛龙舟前，有祭龙头的仪式。

龙舟竞渡流行于很多地区，最早的记载为晋代，但各地说法不一。楚地为纪念屈原，越地为纪念勾践，吴地为纪念伍子胥，云南大理白族为纪念白洁夫人，西双版纳傣族为纪念新领袖召勐，贵州清水江苗族为纪念烧死恶龙的民族英雄够保等，而以纪念屈原之说影响最深远。至迟在晋代已形成龙舟竞渡纪念屈原的风俗。唐代的龙舟竞渡有夺标的制度，与近世无异。有的是在前方终点处先泊一标船，赛船到达时，标船上有人把锦标（如活鸭或活鹅等）投入水中，赛船上选一水性极好的人届时跳水夺标。宋时有夜龙舟之戏，四面各垂小灯，竞渡如白日。现今龙舟竞渡已成为端午节最有代表性的一项全民游乐活动，盛行于整个江南，1984年还成为全国正式比赛项目。

赛马 horse racing 人骑乘马匹或驾驭马车进行快跑比赛的运动。赛马运动历史悠久（见马术）。也是中国蒙古族、藏族、回族、维吾尔族、哈萨克族、满族、水族、苗族、达斡尔族等少数民族喜爱的传统体育项目。多在盛大传统节日里进行，如蒙古族的那达慕大会等。比赛分直线跑道和圆场跑道两种，距离有300米、5 000米、10 000米等。1986年第3届全国少数民族传统体育运动会始列为正式比赛项目。赛马是北方牧区开展全民健身，活跃群众文化生活的优秀项目。

赛乃姆 sanam 中国维吾尔族民间歌舞。广泛流布于新疆各地。是喜庆节日、麦西

维吾尔族舞蹈赛乃姆

来普及一般欢聚时表演的歌舞形式。男女老少均可参加，人数不限。赛乃姆原是古代一种节奏平稳、旋律优美的曲调，后与节奏欢快的曲调赛勒凯相结合，形成由慢转快的两段体的舞蹈。表演时，舞者可自由进场，在鼓乐声、伴唱声中独舞，动作即兴发挥；也可边舞边邀请围观者进场同舞。赛乃姆舞姿优美，动作丰富，大小动作配合巧妙，小的停顿或一组动作的末尾，以扬眉、动目、移颈、耸肩作为装饰性动作，犹如画龙点睛，亲切感人、意趣横生。伴奏乐器有弹拨尔、热瓦甫、都它尔、沙塔尔、手鼓等。赛乃姆地域特色突出，南疆以喀什赛乃姆为代表，风格明快、活泼、深情、优美；北疆以伊犁赛乃姆为代表，风格潇洒、豪放、轻快；东疆以哈密赛乃姆为代表，风格平稳、安详、风趣、乐观。

赛宋本 Xaisômboun 老挝唯一的行政特区。1994年建制，面积7 105平方千米，人口3.85万（2005）。原是万象省北部的一个县。1994年与相邻的波里坎塞省和川圹省部分地区组成行政特区。特区政府设在龙镇，是上寮地区川圹高原与中寮地区湄公河万象平原之间地形上的阶梯与陆路交通的要冲，东北距查尔平原约50千米。20世纪60年代老挝解放战争期间，曾是美国中央情报局特种部队的重要军事基地所在地。

赛艇运动 rowing 水上运动之一。运动员坐在舟艇上，背向艇的前进方向，通过

赛艇比赛场面

桨柄固定在船艇上的桨的简单杠杆作用，来推动舟艇前进。赛艇运动多在江河、湖泊的大自然水域进行。考古发现，人们最早用桨作动力的舟艇已有6 000多年历史。现代赛艇运动起源于1715年的英国。1892年举办了第1届欧洲赛艇锦标赛，同年在意大利都灵成立了国际赛艇联合会（FISA）。1962年在瑞士卢塞恩举办了第1届世界赛艇锦标赛。1900年第2届奥林匹克运动会男子赛艇被列为比赛项目，1976年第21届奥运会女子赛艇也被列为比赛项目。欧洲的赛艇水平最高，目前仍处于赛艇运动的领先地位。现代赛艇约于1930年前后传入中国。20世纪80年代开始，中国赛艇运动水平迅速提高，特别是女子项目在世界上已有一定竞争力。1988年在世界赛艇锦标赛上，中国女子轻量级四人单桨无舵手艇夺得金牌，也是中国为亚洲摘取的第一枚世界金牌。1990年北京第11届亚洲运动会赛艇比赛，中国艇手取得全部14个项目的金牌。此后在世界各项大赛上又多次获得金牌和银牌。赛艇比赛从运动员体重上分轻量级与公开级和有男子与女子之分；赛艇从人数上一般可分为单人、双人、四人、八人；从桨数上可分为一人划一只桨的单桨和一人划两只桨的双桨，还可分为有舵手和无舵手。目前，世界赛艇锦标赛男女共24项，奥运会赛艇比赛共有14项。赛艇现除了有少量的采用优质木制材料制作外，大多数国家都采用玻璃钢来制作。比赛开始时，各艇排在起点线后取齐。发令后，各艇尽快划向终点，以艇首到达终点的先后判比赛胜负。由于在天然水域比赛，往往受天气影响，至今不设世界纪录。

赛义德·伊本·苏丹 Sa ‘id ibn Sultān（1791～1856-10-19） 马斯喀特和阿曼的君主，兼治桑给巴尔。其父苏尔坦·本·艾哈迈德是马斯喀特苏丹。生于马斯喀特，卒于海上。赛义德于1804年与兄弟赛利姆共同继承父亲王位，但王位很快被其表兄弟巴德尔篡夺。1806年赛义德刺杀了巴德尔，成为阿曼的唯一君主。即位之初，他积极扩充军队，建立了一支陆军和一个舰队。1828年赛义德首次访问桑给巴尔岛，并在该岛很快获得地产，种植乳香。此后他加强了对东非海岸的控制并鼓励这一地区的经济发展，努力使桑给巴尔成为世界最大的丁香产地和西印度洋上的一个商业中心，他本人成为桑给巴尔的统治者。赛义德统治时期曾同法、美签订商业协定。

赛珍珠 Buck, Pearl（1892-06-26～1973-03-06） 美国作家。本名珀尔·赛登斯特里克·布克。赛珍珠是她自己起的中文名字。生于希尔斯伯勒，卒于丹比。父母是传教士。自小随父母来中国，先后在镇江、上海、宿州、南京、北京、庐山等地居住近40年。17岁回美国入伦道夫-梅康女子学院攻读心理学，毕业后又到中国，从事传教工作。在镇江崇实女中、南京金陵大学和中央大学执教英语。1934年回美国定居，专事写作。

赛珍珠于1922年开始写作，1931年发表长篇小说《大地》。1938年获诺贝尔文学奖。一生写了85部作品，包括小说、传记、儿童文学、政论等。主要作品有《大地上的房子》三部曲〔《大地》(1931)；《儿子们》(1932)；《分家》(1935)〕、《东风·西风》、《龙子》、《帝国的妇女》、《慈禧太后》等。这些作品大多取材于中国，反映了清末民初中国农村的社会风貌。

三案 Three Cases 中国明代晚期宫廷中发生的梃击、红丸、移宫三起政治案件的总称。是万历末年以后最高统治集团内部争夺权力的激烈斗争的反映。

①梃击案。明神宗时，郑贵妃有宠，意欲立其子福王朱常洵为太子，事未成。万历四十三年（1615）五月初四，有一男子手持枣木棍，闯入太子（朱常洛）所居之慈庆宫，被内监所执。经审问，知其为蓟州村民张差，刑部欲以疯癫定罪，但在刑部司官复审中，张差供认系受郑贵妃宫中太监庞保、刘成指使，于是皆怀疑郑贵妃欲谋杀太子，以扶立福王。郑贵妃向太子极力表白。后神宗下令磔张差于市，杀庞保、刘成于内廷了事。②红丸案。万历四十八年，明神宗卒，八月，光宗即位。不久，光宗患病。内医崔文昇进药，病情加重。鸿胪寺丞李可灼诊病后进一红丸，光宗用药后称稍有好转，可灼复进一丸，光宗服后即去世。朝中认为可灼误下药剂，恐有情弊，但首辅方从哲却拟旨赏可灼银50两。于是议者蜂起，指责方从哲曲庇，崔文昇杀君，且语涉郑贵妃。后崔文昇被发遣南京，李可灼亦遣成边地。③移宫案。光宗死后，皇长子朱由校（即熹宗）当立。抚育他的李选侍与心腹太监李进忠（即魏忠贤）密谋，企图挟皇长子据乾清宫，以操纵朝政。给事中杨涟、御史左光斗等知其谋，乃入宫拥皇太子登舆，至文华殿，转移入慈庆宫。两日后迫使李选侍从乾清宫迁至哕鸾宫，并拥朱由校即位。

因主梃击、红丸、移宫三案的代表人物王之寀、孙慎行、邹元标、杨涟、左光斗等均系东林党人，故天启初魏忠贤专权后全面翻案，与东林党对立的齐、楚、浙诸党官僚尽附魏忠贤，结成阉党，怂恿魏忠贤汇集三案谕旨及争执之词，撰成《三朝要典》，企图一网打尽东林党人，三案遂成为魏忠贤杀人的口实，所以有三大案之名。

三宝 triratna 佛教名词。即佛、法、僧。“佛”最初是指佛教的创始人释迦牟尼，后来泛指十方世界无数诸佛；“法”指诸佛所说的一切教法，包括佛教的一切理论学说；“僧”指佛教的出家信徒，是依照佛的教法出家进行修行的人。佛教认为，如果没有佛出世，一切众生还仍然处于“无明”黑暗之中，仍然沉溺于生死的苦海，不能自拔，无从解脱。佛的出现，是明灯，也是道路，故此，他们将佛看作是无上的宝物，称为“佛宝”。“法”，指一切诸佛的教法，其核心有四谛、五蕴、八正道、十二因缘、善恶业报等，大乘佛教出现后，一切经典如《般若经》、《法华经》、《华严经》、《无量寿经》、《维摩经》、《大般涅槃经》等都成了法的具体表现。佛教又认为，僧人是传播佛法的主体，故亦为无上至宝，称为“僧宝”。供养三宝，不仅是信心虔诚的表现，也是实有功德的事。

三宝垄 Semarang 印度尼西亚中爪哇省首府，爪哇岛北岸次于丹戎不碌和泗水的第三大港。印尼华人对郑和（小名三宝、三保）下西洋的重要纪念地，因名三宝垄，简称垅川。城市依山滨爪哇海，跨三宝垄河东西两岸。人口135.29万(2005)，华人十余万。工业有制糖、纺织、卷烟、食品、木材加工、制鞋、电器、机械、造船等，手工艺以制作黄铜钟、佳美兰铜乐器、蜡染花布、家具雕刻有名。中爪哇省农（橡胶、糖、椰干、烟草、咖啡、可可）工业品集散地，渔产丰富。铁路和公路通岛内东西部各大城市，有机场。有多所清真寺、印度庙、华人佛寺及18世纪的天主教堂与基督教堂。西南5千米望安山麓建有古木参天的三宝公庙（1434）与三保洞和三宝井，1966年三宝垄市政府在庙内树立新碑，用中文铭刻郑和简历和功绩，附印尼文与英文摘要。

三宝鸟 *Eurystomus orientalis*; broad-billed roller 佛法僧目佛法僧科三宝鸟属仅有的一种。分布于日本南部、印度东部、中南半岛、大洋洲和太平洋岛屿。在中国夏季从东北南部起，西至贺兰山、峨眉山，南至云南南部、广西南部及福建，在广东为留鸟。

全身呈纯暗蓝绿色。肩羽鲜亮而微呈蓝色；翅上有一道显著的翠蓝色横斑，展翅时更明显，似镶嵌一块宝石；尾呈黑色；下体色较淡，为蓝绿色，愈向后羽色愈淡；嘴和脚呈鲜艳的朱红色。

栖息于林间空地，经常停息在树顶小枝上。有时高翔空中或飞落地面寻食。飞翔时左右颠簸不定，很易识别。主要以金龟甲、蝽象、天牛、象甲等虫类为食，是农林业的益鸟。不自营巢，在树洞筑巢，有时利用喜鹊的旧巢或抢占鹊巢。每窝产卵2～5枚，卵呈白色。雌雄共同孵卵。

三宝颜 Zamboanga 菲律宾南部棉兰老岛西南部港口城市。位于三宝颜半岛最南端，与苏禄群岛遥望。人口约60.18万。处在狭窄的沿海平原，终年炎热，平均年降水量900毫米，为全国雨量最少的城市之一。建于1635年，曾遭西班牙殖民者焚毁，后又重建。1936年成为直辖市。港口繁忙，锚地优良，为菲律宾南部的国际转运港，香港—马尼拉—澳大利亚航线的必经之地。出口椰干、木材和蕉麻以及少量果品等。重要的渔业基地。泛菲公路的南方终点。有飞机场。多西班牙式建筑，海滨有良好的沙滩，为旅游胜地。

三苯甲烷 triphenylmethane 芳烃，分子式$(C_6H_5)_3CH$。无色晶体；熔点94℃，沸点358～359℃（754毫米汞柱），相对密度1.014（99/4℃）。

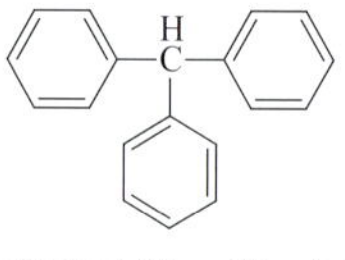

溶于乙醚、苯、氯仿。三苯甲烷分子中的次甲基受三个苯基的影响，有很高的化学活性，能被金属原子置换。氯代三苯甲烷在金属锌作用下，生成三苯甲基，这是首次发现的自由基。三苯甲烷可由苯在无水三氯化铝存在下与四氯化碳作用，再用乙醚使反应物分解得到。三苯甲烷被不同取代基取代，可形成一类称为品红的染料即三苯甲烷染料。在医药上用作消毒剂（龙胆紫）。

三边测量 trilateration 在地面上布设一系列连续的三角形，采取测边方式来测定各三角形顶点水平位置的方法。建立大地控制网和工程控制网的方法之一。它是在电磁波测距仪问世后，才得以实际应用。三边测量控制网由连续的三角形构成锁状或网状，测量各三角形的三边，并用天文测量方法测设起始方位角，从一起始点和方位角出发，利用测得的边长推算各边的方位角和各三角形顶点在大地坐标系中的水平位置。三边测量因电磁波测距仪的天线装置可伸展高出测站13米而不影响精度，一般在测距50千米内不需要造标。为了提高三边测量锁网的方位精度，需要通过天文测量方法测设较精密的起始方位角。

三表 three criteria 中国战国初墨子提出检验认识的三条标准。具体内容是：①“上本之于古者圣王之事”，即追溯、借助前人的间接经验；②“下原察百姓耳目之实”，即以众人的直接经验为认知来源；③“发以为刑政，观其中国家百姓人民之利”，即把认知应用于社会实践，观察其对国家、人民利益的符合程度。墨子在中国哲学史上首次提出，以直接和间接经验及社会应用的效果为检验认知真理性的标准，强调历史和现实的事实与人民利益，在检验认知中的决定性作用，是对中国传统哲学真理论的重要贡献，有深远的影响，是荀子重“符验”、韩非重“参验”、王充重“效验”思想的先驱。但墨子的三表忽视思维、理性和理论，有经验论的弊端，不能科学地区分事物的真相和假象，因而导致墨子根据史书对鬼神的讹传和众人“见鬼神之物，闻鬼神之声”的错觉，得出鬼神存在的荒谬结论。

三叉神经痛 trigeminal neuralgia 面部三叉神经感觉支出现的疼痛现象。多发病于中年以上人群，70岁以后逐渐减少。患者中女性与男性的比例约为3:2。多为一侧性，双侧受罹者在5%以下。以三叉神经第二支（上颌支）受侵犯者最常见。双侧三叉神经痛多为两侧交替疼痛，两侧同时发作罕见。

病因 分为原发性和症状性两类。现知邻近血管压迫三叉神经根为主要病因（约占80%以上），此外局部硬脑膜增生、局部蛛网膜粘连、三叉神经出颅穿过的骨孔亦可压迫神经根；动脉硬化使三叉神经供血减少可诱发疼痛；鼻窦、牙龈感染可产生反应性三叉神经痛。少数病例病因不明。

临床表现 发作性短暂而剧烈的疼痛。沿该支分布区放射，呈烧灼性，针刺或撕裂样痛，每次持续仅数秒至1～2分钟，可频繁发作。面部肌肉因疼痛而呈痉挛状，因此本病曾称为痛性抽搐。同时有植物神经刺激症状：局部皮肤潮红，流泪，鼻涕及唾液分泌增加。第一支（眼神经）受侵部位在眼周围、眼球深部及前额。压痛点在眶上切迹。第二支（上颌神经）疼痛的范围包括上颌、颊部、上唇、上牙列及硬腭。压痛点在眶下孔。第三支的范围包括下颌、下牙列、下唇、舌及口腔黏膜。压痛点在颏孔。三叉神经痛于数周或数月后缓解，持续数月或数年。随年龄增加缓解期有变短的倾向。半数有异常敏感点，称“扳机点”，轻触此点可诱发疼痛。

治疗 一般止痛药无效。酰胺咪嗪（卡马西平、痛惊宁）有显著疗效，70%～80%的患者用药后可在24小时内缓解疼痛。此外苯妥英钠、氯硝安定及大量维生素B_{12}亦有效。针灸有一定疗效。

《三朝北盟会编》 *Collected Records of the Northern Alliance during Three Reigns* 中国宋代史学名著。250卷。作者徐梦莘（1126～

1207），江西清江人，29岁举进士，一生大部分时间居家著述，至绍熙五年（1194）撰成此书。三朝，指宋徽宗、宋钦宗、宋高宗三朝。该书会集了三朝有关宋金和战的多方面史料，按年月日标出事目，加以编排。宋金和战是北宋末南宋年间头等大事，宋人据亲身经历或所闻所见记录成书者，不下数百家。徐梦莘将各家所记，以及这一时期的诏敕、制诰、书疏、奏议、传记、行实、碑志、文集、杂著等兼收并蓄，对记述的异同和疑信，也不加考辨。书成之后，实录院取进，作为编修《高宗实录》的参考。此后，徐梦莘又继续编纂了《北盟集补》50卷，但早已失传。该书征引的文献材料达200多种，而且所引用的全录原文，这种引用方法，在过去编年史著作中是不多见的。所征引的史料，有许多后来散失，赖该书得以保存。为研究辽、宋、金史的基本史籍之一。

三船敏郎 Mifune Toshirō（1920－04－01～1997－12－29） 日本电影演员。生于中国青岛，卒于日本东京附近。1946年进入电影界，1948年主演《泥醉天使》一举成名。善于扮演粗犷、强悍、动作性强的粗线条人物，中年后以扮演首领人物为多。曾经多次在国际电影节上获奖。如《罗生门》（1950）、《七武士》（1954）、《不守法的阿松的一生》（1958）分别获威尼斯电影节金狮奖、银狮奖和铜狮奖，《宫本武藏》（1954）获当年奥斯卡金像奖最佳外语片奖，《保镖》（1961）和《红胡须》（1965）两度获威尼斯电影节最佳男主角奖。主要作品还有《蛛网宫堡》（1957）、《山本五十六》（1968）、《黑部的太阳》（1968）、《日本海大海战》（1969）、《千利休》（1989）等。

《三打白骨精》 *Three Attacks on White Skeleton Ghost* 中国皮影戏剧目。唐山市皮影剧团根据传统《西游》剧目改编创作。在表演中充分发挥唐山皮影操杆艺术的传统技巧，并有许多创新。操纵白骨精的齐永恒被誉为箭杆王。他在表现白骨精的变形改装、梳头照镜时层次分明，并在镜中出现脸形，令人耳目一新。在表现影人身披长靠于马上开打时，枪刀有式、趟马有法，抡刀砍圆、撸枪扎串，刀枪能单手擎立，标杆流直。对打套子有六七番，刀砍剑刺，有功有法。表现唐僧骑马，白龙马四腿迈步，蹄下生烟；表演猪八戒惜别师父，能够掉下豆粒大的泪珠。

《三打白骨精》剧照

《三打祝家庄》 *Three Attacks against Zhujia Village* 中国京剧作品。李纶、魏晨旭、任桂林编剧。1945年2月，延安平剧研究院首演。剧作取材于《水浒传》三打祝家庄故事，情节有所增饰。宋江领兵攻打祝家庄，因指挥不当，第一、第二次连遭失败。第三次采用里应外合战术，由孙立率孙新、乐和等混进庄内，智取守城的祝小三，联合庄民，内外夹攻，终于大破祝家庄。全剧3幕42场，唱、做、打并重，老生、武生、净、丑、武旦等行当齐全，尽得发挥。作品配合革命形势，具有积极的教育意义。毛泽东在写给作者的信中说：继《逼上梁山》之后，此剧创造成功，巩固了平剧革命的道路。1959年，曾经作者整理修订为13场，情节结构更为严谨集中，由中国京剧院演出。

三大改造 中华人民共和国建立后，中国共产党领导的对农业、手工业和资本主义工商业的社会主义改造。

农业社会主义改造 通过合作化道路，把农民个体经济逐步转变为社会主义集体经济的理论和实践。1953年春，中国土地改革基本完成，获得土地的农民有着极大的生产积极性，但分散、脆弱的农业个体经济既不能满足工业发展对农产品的需求，又有两极分化的危险。中国共产党当时认为只有组织起来互助合作，才能发展生产，共同富裕。1953年，先后发布了《中共中央关于农业生产互助合作的决议》和《中共中央关于发展农业合作社的决议》，中国农村开始了互助合作运动。到1956年底，基本实现了农业合作化。

手工业社会主义改造 通过合作化道路，把个体手工业转变为社会主义劳动群众集体所有制经济的理论和实践。个体手工业是以私有制和个体劳动为基础、从事商品生产的一种个体经济，在中国国民经济中占有一定的地位。1952年手工业产值占全国工业总产值的21%，农村需要的生产资料和生活资料很大部分来自手工业。从1953年起，中国共产党在过渡时期总路线的指导下，决定逐步对手工业进行社会主义改造。改造采取合作化的形式和逐步过渡的步骤，从手工业生产合作小组、手工业供销合作社，再发展为手工业生产合作社。1956年底参加手工业合作组织的人数已占全国手工业从业人数的91.7%，基本上完成了对个体手工业的社会主义改造。

资本主义工商业社会主义改造 通过国家资本主义的形式，将民族资本主义经济逐步转变为社会主义经济的理论和实践。消灭资本主义私有制是过渡时期的一项基本任务。中国民族资本主义经济在由新民主主义向社会主义的过渡时期中具有两面性，既有有利于国计民生的一面，又有不利于国计民生的一面；中国民族资产阶级相应也具有两面性。中国共产党对资本主义工商业采取利用、限制、改造的政策，对资产阶级采取赎买政策。在经过委托加工、计划订货、统购包销、委托经销代销等一系列从初级到高级的国家资本主义过渡形式后，至1956年底，实行公私合营的工业企业已占原有资本主义工业总户数和职工人数的99%，占生产总值的99.6%。全行业公私合营后，采用定息方式，即按照公私合营企业的私股股额（共23亿余元）每年发给资本家5%的股息，共发10年。这就使得私股与生产资料的使用权相分离，企业的生产资料由国家统一管理和运用。定息停付后，企业就完全成为全民所有制企业。中国对资本主义工商业的改造包括对资产阶级分子的改造，使剥削者逐步转变为社会主义的劳动者。随着资本主义工商业改造的完成，资产阶级作为一个阶级被消灭了。

三大纪律八项注意 Three Main Rules of Discipline and Eight Points for Attention 中国人民解放军处理内部关系、军民关系和对待俘虏的行为规范。中国人民解放军政治工作的重要内容。初为三大纪律六项注意。三大纪律是一切行动听指挥，不拿群众一针一线，一切缴获要归公。八项注意是说话和气，买卖公平，借东西要还，损坏东西要赔，不打人骂人，不损坏庄稼，

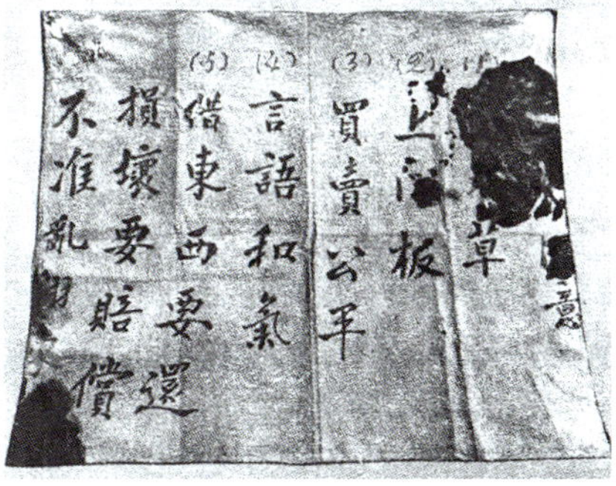

红军士兵写在包袱皮上的三大纪律六项注意

不调戏妇女，不虐待俘虏。1947年10月10日，毛泽东起草《中国人民解放军总部关于重行颁布三大纪律八项注意的训令》，对其内容作了统一规定。

三岛由纪夫 Mishima Yukio (1925-01-14～1970-11-25) 日本小说家。本名平冈公威。生于东京，卒于东京。1947年毕业于东京大学法律系，曾入大藏省银行局供职，后辞职成为专业作家。凭短篇小说《烟草》(1946) 初获声誉。《假面的告白》(1949) 表面上展示了主人公"我"的性恋意识轨迹，实际上却充溢着强烈的特异观念性，存在一种与作者自我意识无关的悖论，是日本战后传记文学的巅峰之作。前期作品还有《潮骚》(1954) 等，唯美色彩较浓；后期以《丰饶之海》四部曲（1965～1970）为代表，表现轮回转生思想。此外尚有诸多散文、随笔和剧本创作。60年代的三岛由纪夫频发右倾政论，组织右翼团体"盾会"，煽动自卫队武装政变，失败后剖腹自杀。

三叠纪 Triassic Period 中生代的第一个纪。约开始于2.50亿年前，结束于2.05亿年前。三叠纪时期形成的地层称三叠系。1834年，F.A.von阿伯蒂在德国中部研究介于二叠系蔡希斯坦统与侏罗系里阿斯统之间的斑砂统、壳灰统、考依波统时，因其三分性明显，称之为三叠系。三叠纪在地史上具有特殊意义，它是生物群广泛更新的时代，是大面积陆地出现的时代，也是联合古陆开始破裂的时代。

三叠系分为下、中、上三个统。具有海相、海陆交互相、陆相红层等沉积相。

三叠纪的古生物群演化进入一个新阶段，海生无脊椎动物大量更替，陆生脊椎动物有新的发展，植物不论类别还是组成分子都有显著变革。二叠纪末，海生无脊椎动物发生一次大的生物绝灭事件，三叠纪时由菊石、双壳类、腕足类等门类组成了新集群。在脊椎动物中，爬行类繁盛。中、晚三叠世时，大量的新类群，包括两栖类、龟鳖类、原始的恐龙、古脚类等迅速发展。因适应湖海生活还形成了一支水生爬行类，如鱼龙、幻龙等。三叠纪时，松柏、银杏和中生代类型的种子蕨植物兴起，裸子植物成为优势群落。

三叠系主要有石油、天然气、煤、石膏、岩盐、铁、锰、铜、铝等沉积矿产。

三都水族自治县 Sandu Sui Autonomous County 中国贵州省黔南布依族苗族自治州辖县，中国唯一的水族自治县。位于苗岭山脉南麓，都柳江上游。面积2 384平方千米。人口34万 (2008)，以水族为主，还有布依、苗、汉等14个民族。1914年都江县并入三合县，易名三都县。1956年撤销三都县，成立三都水族自治县。属中亚热带湿润性季风型气候，温暖湿润，降水丰沛，四季分明。矿产资源有金、锑、硫铁矿、汞、铅、锌、磷和重晶石、石灰岩等。农业主产水稻、玉米、小麦和油菜子、花生、辣椒、青麻、水果等。工业有采矿、机修、纺织、水电、食品、酿造、手工编织等。以产九阡糯米酒、马尾结花背带、民族土衣布等著名。名胜古迹有都柳江自然风光、瑶人山森林自然保护区、仙人桥、引朗石板墓等。

三段论 syllogism 传统逻辑中的一类主要推理。又称直言三段论。三段论是由三个直言命题组成的推理，其中2个是前提，1个是结论；并由三个不同的词项作这些命题的主谓项，而每个词项在两个命题中各出现1次。以S代表结论的主项（称小项），P代表结论的谓项（称大项），M代表在两前提中出现的词项（称中项）。包含小项的前提叫小前提，包含大项的前提叫大前提。

三段论是有效的，当且仅当：①M至少周延（外延全部被断定）1次；②S、P在结论中周延仅当它在前提中周延；③前提和结论中否定命题的数目相同。根据M在前提中作主谓项的不同情况，三段论分为以下4个格：

第1格	第2格	第3格	第4格
M–P	P–M	M–P	P–M
S–M	S–M	M–S	M–S
S–P	S–P	S–P	S–P

组成三段论的直言命题有全称肯定判断（A）、全称否定判断（E）、特称肯定判断（I）、特称否定判断（O）4种基本形式，由此形成三段论的式，如AAA。有的式在任何格里都无效，如EEE；有的式只在某些格里有效。三段论有以下24个有效形式：

第1格AAA, AAI, AII, EAE, EAO, EIO。

第2格AEE, AEO, AOO, EAE, EAO, EIO。

第3格AAI, AII, EAO, EIO, IAI, OAO。

第4格AAI, AEE, AEO, EAO, EIO, IAI。

只有第1格三段论能有结论SAP；第2格只有否定结论；第3格只有特称结论。日常思维中容易发生的错误有：①M在两前提中都不周延，如"有植物是开花的，有生物是植物，所以，有生物是开花的"；②在前提中不周延的项在结论中周延，如"有唯物主义者是马克思主义者，凡共产主义者是马克思主义者，所以，凡共产主义者是唯物主义者"。

传统逻辑不考虑指称空类的词项，认为全称命题可以推出特称命题。现代逻辑推广了词项的范围，认为组成命题的词项可以指称空类。它指出如不增加说明某些类不空的前提，则9个两全称前提得出特称结论的三段论形式是无效的，如在4个格里都有的EAO式。三段论有效，当且仅当：①M恰好周延1次；②S、P各自在前提和结论中周延情况相同；③前提和结论中的否定命题数目相同。三段论只是一元谓词逻辑中的一小部分。

三藩之乱 Revolt of the Three Feudatories 中国清代康熙年间以吴三桂为首的汉族三个藩王的叛乱。顺治初清兵南下，东南、西南既定，清廷以平西王吴三桂留镇云南；平南王尚可喜留镇广东；靖南王耿继茂（耿精忠父）留镇福建。时称三藩。

吴三桂、尚可喜、耿仲明（耿继茂父）原都是明朝将领，清兵入关前先后降清。三藩各拥重兵，久据数省。其中吴三桂功高兵强，四方精兵猛将多归其部下。清廷擢升其部将，三藩势力几及全国之半。三藩势成割据，严重威胁着清王朝的统治和国家的统一。康熙十二年（1673），康熙帝下令三藩俱撤还山海关外。是年十一月，吴三桂反，佯称拥立先皇三太子，兴明讨清，致书平南、靖南二藩及各地故旧将吏，并移会台湾郑经，邀约响应。三藩之乱由此开始。自康熙十二年十一月二十一日吴三桂起兵反清，至康熙二十年十月二十九日吴世璠（吴三桂之孙）自杀，清军进入昆明，三藩之乱历时8年。起初，战乱不断扩大，吴三桂兵出云贵，进据湖南，清军云集荆州，但不敢渡江撄其锋。孙延龄叛于广西，罗森、郑蛟麟、吴之茂叛于四川，耿精忠叛于福建，台湾郑经渡海进兵福建漳州、泉州和广东潮州，提督王辅臣又叛于宁羌，击杀清陕西经略莫洛。四方震动，人心动摇。康熙帝欲亲征，经议政内大臣密议谏止。清军东征西讨，顾此失彼。随后尚之信又叛于广东，总督、巡抚俱附之，清廷增兵两江。后因郑经部争据福建漳、泉、兴、汀等地，耿精忠腹背受敌，仓促撤兵请降。尚之信也相继投降。孙延龄又被吴世璠杀于桂林。于是，清军集中兵力进逼长沙、岳州，吴三桂聚众固守。两军在江西吉、袁二州，广东韶关、永兴和广西梧、浔二州及桂林等地反复争夺。康熙十七年，吴三桂在衡州称帝，国号大周。同年秋，吴三桂病死，形势陡变。叛军无首，众心瓦解。吴世璠继承帝位。清军趁机发动进攻，湖南、广西、贵州、四川等地逐步为清军恢复。康熙二十年底，清军围攻省城昆明。吴世璠势穷自杀，余众出降，三藩之乱终告平定。

"三反"、"五反"运动 Three Antis Movement and Five Antis Movement 中华人民共和国建国初期在党政机关开展的反贪污、反浪费、反官僚主义运动，简称"三反"运动；在资本主义工商业者中开展的反行贿、反偷税漏税、反盗骗国家财产、反偷工减料、反盗窃国家经济情报的斗争，简

“三反”运动中刘青山、张子善被判死刑

称“五反”运动。

中华人民共和国建立后，在党政机关中出现了先后任天津地委书记的刘青山、张子善等少数干部受侵蚀的严重腐败事件和种种官僚主义现象。1951年11月30日，中共中央针对刘张一案，指示“必须严重地注意干部被资产阶级腐蚀发生严重贪污行为这一事实”，“并须当作一场大斗争来处理”。12月1日，中共中央作出《关于实行精兵简政、增产节约、反对贪污、反对浪费和反对官僚主义的决定》，要求各地普遍检查和反对贪污、浪费和官僚主义问题。1952年1月1日，毛泽东在元旦团拜会上号召“大张旗鼓地，雷厉风行地，开展一个大规模的反对贪污、反对浪费、反对官僚主义的斗争”。1月4日，中共中央又发出《关于立即抓紧“三反”斗争的指示》，“三反”运动在全国铺开。各地揭露了一批严重的贪污腐败案件，规定贪污1亿元（旧币，相当于人民币新币1万元)以上者为“大老虎”，1 000万元以上者为“小老虎”；召开了坦白检举和公审大会，刘青山、张子善被判处死刑，一批严重的犯罪分子被绳之以法。4月，运动进入核实定案阶段，中共中央和中央人民政府先后发出了关于处理贪污浪费问题的若干规定、关于小贪污分子的5项决定、《中华人民共和国惩治贪污条例》等文件，规定了“严肃与宽大相结合”、“坦白从宽，抗拒从严；一般从宽，恶劣从严”等政策，对于贪污、浪费人员予以不同处理。1952年10月25日，中共中央批转安子文《关于结束“三反”运动和处理遗留问题的报告》，“三反”运动基本结束。据当时统计，全国县以上党政机关有383.6万人参加运动，查出贪污分子和犯贪污错误的120.3万人，其中共产党员占16.3%；全国被贪污的赃款赃物共6万亿元（旧币），已追回2万亿元。“三反”运动是中华人民共和国建立后中国共产党作为执政党领导的第一次大规模反腐败斗争，斗争的胜利有力地抵制了腐朽思想对党员干部的侵蚀，在社会上树立了廉洁奉公的道德风尚，维护了中国共产党和人民政府的形象。在运动高潮中，一些地区和单位也发生了打击面过大和违反政策的现象，误伤了好人，这些问题在运动后期得到纠正。

在“三反”运动中，揭发出一批不法资本家拉拢腐蚀干部，盗窃国家财产和情报，为了牟取暴利不惜违法乱纪的事实。如武汉资本家李寅廷用烂棉花充作急救包，导致志愿军伤员感染截肢甚至死亡；天津40多家私营工厂用废次木料做锹镐柄，致使前线志愿军无法修筑工事。这些情况引起了全国人民的极大义愤。1952年1月26日，中共中央发出《关于首先在大中城市开展“五反”斗争的指示》，要求“向着违法的资产阶级开展一个大规模的坚决的彻底的反对行贿、反对偷税漏税、反对盗骗国家财产、反对偷工减料和反对盗窃经济情报的斗争”，以配合“三反”运动。各地很快掀起了高潮，大张旗鼓地进行宣传，揭露不法资本家的“五毒”行为；对私营工商业者进行排队调查，确定重点；抽调干部和工人、店员积极分子进驻，向不法资本家进行说理斗争。大多数不法资本家坦白交代了自己的问题。3月5日，中共中央发出关于在“五反”运动中对工商户分类处理的标准和办法，即分为守法的、基本守法的、半守法半违法的、严重违法的和完全违法的5类；并肯定了北京制定的“过去从宽，将来从严”、“多数从宽，少数从严”、“坦白从宽，抗拒从严”、“工业从宽，商业从严”、“普通商业从宽，投机商业从严”的5条原则，从而缩小了打击面，纠正了前一时期因仓促出现的一些混乱和偏差，使运动进入定案处理阶段。1952年10月25日，中共中央批转廖鲁言《关于结束“五反”运动和处理遗留问题的报告》，“五反”运动基本结束。据当时统计，参加的工商户共999 707户，受到刑事处分的有1 509人，占总户数的0.15%，其中判有期徒刑和缓期执行者占97.4%，因罪大恶极而判处死刑的全国有19人（其中5人缓期执行)；北京等八大城市定为半守法半违法、基本守法和守法的工商户占总户数的97%以上，这样安定了人心，活跃了经济。“五反”运动是中华人民共和国建立后中国共产党领导下对资产阶级进行的第一次大规模斗争，打击了资产阶级的违法乱纪活动，维护了社会经济秩序，巩固了工人阶级和国有经济的领导地位，为以后的私营工商业改造提供了经验和准备了条件。

三氟氯乙烯 chlorotrifluoroethylene 重要的含氟烯烃。分子式CF_2═CFCl。无色、无臭气体；熔点－157.5℃，沸点－26.2℃，相对密度1.54（－60/4℃）；溶于苯。三氟氯乙烯与亲核试剂的加成反应与四氟乙烯类似。三氟氯乙烯也较难与亲电试剂反应。三氟氯乙烯的毒性比四氟乙烯和偏氟乙烯大。三氟氯乙烯在空气中的爆炸极限浓度为28.5%～35.2%。操作场所必须通风，在运输、储存时需要添加阻聚剂，以防吸氧引起暴聚。三氟氯乙烯可由氟利昂-113经锌粉脱氯制得。主要作为单体，用于合成均聚物或共聚物（聚三氟氯乙烯）。三氟氯乙烯低聚物可用作耐腐蚀润滑油脂。

三氟乙醇 trifluoroethanol 2,2,2-三氟乙醇，分子式CF_3CH_2OH。具有醇的气味的无色液体。熔点－45℃，沸点73.6℃，相对密度1.382 2（25/4℃）。蒸馏时稳定，能与水和多种有机溶剂相混溶。具有能使尼龙（聚酰胺）和多肽溶解的特殊性质。由于具有极好的物理性质及热力学性质，与水混合后可作为兰肯引擎的工作液，从废热源中回收热能。化学上具有醇类的典型性质，通过各类氧化剂氧化可得三氟乙醛或者三氟乙酸。催化还原三氟乙酸酐可得三氟乙醇。其他制取方法有：三氟乙酰胺催化氢化；四氢化铝锂还原三氟乙酰氯或其酯；以氧化铜催化氢化2,2,2-三氟乙酸三氟乙酯，产率高达95%。对人的毒性尚无可查。对小雄鼠50ppm（百万分之）～150ppm的长期暴露可使之睾丸受抑制，当10ppm时无明显症状。但应当避免空气中的浓度达5ppm，或者化合物与皮肤长期接触。

三氟乙酸 trifluoroacetic acid 分子式CF_3COOH。强刺激性无色液体；熔点－15.2℃，沸点72.4℃，密度1.535 1克/厘米^3（1℃）；溶于水、乙醇、乙醚。它是许多有机化合物的良好溶剂，如与二硫化碳合用，可溶解蛋白质。它也是有机反应的优良溶剂，可获得在一般溶剂中难以获得的结果，例如喹啉在一般溶剂中催化氢化时，吡啶环优先氢化，但在三氟乙酸中苯环优先氢化。三氟乙酸在苯胺存在下分解成氟仿和二氧化碳。三氟乙酸可由3,3,3-三氟丙烯经高锰酸钾氧化制得；或由三氯乙腈与氟化氢反应，首先生成三氟乙腈，继而水解制得；也可用乙酸或乙酸酐进行电化学氟化制得。三氟乙酸是重要的有机合成试剂，由它可以合成各种含氟化合物、杀虫剂和染料。也是酯化反应和缩合反应的催化剂；还可作为羟基和氨基的保护剂，用于糖和多肽的合成。

三纲五常 three cardinal guides and five constant virtues 中国宗法社会的基本道德原则和规范。又称纲常。“三纲”指“君为臣纲、父为子纲、夫为妻纲”，要求为臣、为子、为妻的必须绝对服从于君、父、夫，也要求为君、为父、为夫的为臣、子、妻作出表率。它反映了宗法社会中君臣、父子、夫妇之间一种特殊的道德关系。“五常”即仁、义、礼、智、信，是用以调整君臣、父子、兄弟、夫妇、朋友等人伦关系的行为准则。三纲、五常这两个词，来源于西汉董仲舒的《春秋繁露》一书。但其内容最早可追溯到韩非。《韩非子·忠孝》篇说："臣事君，子事父，妻事夫。三者顺则天下治，三者逆则天下乱。此天下之常道也。"到宋代朱熹，才开始将三纲五常联用。三纲五常这一道德规范，体现了宗法社会中人们的社会关系。

"三个代表"重要思想 The Important Thought of the Three Representatives 中国特色社会主义理论体系的重要组成部分。中共十三届四中全会以后，以江泽民为主要代表的中国共产党人，高举毛泽东思想、邓小平理论伟大旗帜，坚持以发展着的马克思主义指导发展着的实践，准确把握时代特征，科学判断党所处的历史方位，紧紧围绕建设中国特色社会主义这个主题，集中全党智慧，总结实践经验，以马克思主义的巨大理论勇气进行理论创新，逐步形成"三个代表"重要思想这一科学理论。中共十六大把"三个代表"重要思想同马克思列宁主义、毛泽东思想、邓小平理论一道确立为党必须长期坚持的指导思想。

江泽民是中国共产党第三代中央领导集体的核心，"三个代表"重要思想的主要创立者。2000年2月，江泽民在广东省考察工作时首次提出：我们党所以赢得人民的拥护，是因为我们党在革命、建设、改革的各个历史时期，总是代表着中国先进生产力的发展要求，代表着中国先进文化的前进方向，代表着中国最广大人民的根本利益，并通过制定正确的路线方针政策，为实现国家和人民的根本利益而不懈奋斗。2001年7月1日，江泽民《在庆祝中国共产党成立八十周年大会上的讲话》中，对"三个代表"重要思想的科学内涵和精神实质作了全面深刻的阐述。2002年11月8日，江泽民在中共十六大报告中，对全面贯彻"三个代表"重要思想作了系统论述。

"三个代表"重要思想突出强调，中国共产党要始终代表中国先进生产力的发展要求、代表中国先进文化的前进方向、代表中国最广大人民的根本利益，遵循了人类历史发展进步的普遍规律，顺应了时代发展的潮流和中国社会发展进步的要求，抓住了新形势下提高党的执政能力、巩固党的执政地位、完成党的执政使命的根本。

始终代表中国先进生产力的发展要求，就是党的理论、路线、纲领、方针、政策和各项工作，必须努力符合生产力发展的规律，体现不断推动社会生产力的解放和发展的要求，尤其要体现推动先进生产力发展的要求，通过发展生产力不断提高人民群众的生活水平。

始终代表中国先进文化的前进方向，就是党的理论、路线、纲领、方针、政策和各项工作，必须努力体现发展面向现代化、面向世界、面向未来的，民族的科学的大众的社会主义文化的要求，促进全民族思想道德素质和科学文化素质的不断提高，为中国经济发展和社会进步提供精神动力和智力支持。

始终代表中国最广大人民的根本利益，就是党的理论、路线、纲领、方针、政策和各项工作，必须坚持把人民的根本利益作为出发点和归宿，充分发挥人民群众的积极性、主动性、创造性，在社会不断发展进步的基础上，使人民群众不断获得切实的经济、政治、文化利益。党的所有的政策措施和工作，都应该正确反映并有利于妥善处理各种利益关系，都应认真考虑和兼顾不同阶层、不同方面群众的利益。但是，最重要的是必须首先考虑并满足最大多数人的利益要求，最大多数人的利益是最紧要和最具有决定性的因素。

代表中国先进生产力的发展要求，代表中国先进文化的前进方向，代表中国最广大人民的根本利益，是统一的整体，相互联系，相互促进。发展先进的生产力，是发展先进文化、实现最广大人民根本利益的基础条件。人民群众是先进生产力和先进文化的创造主体，也是实现自身利益的根本力量。不断发展先进生产力和先进文化，归根到底都是为了满足人民群众日益增长的物质文化生活需要，不断实现最广大人民的根本利益。实现人民的愿望、满足人民的需要、维护人民的利益，是"三个代表"重要思想的根本出发点和落脚点。

"三个代表"重要思想集中反映了中国共产党领导人民建设中国特色社会主义必须坚持的基本经验，涵盖了社会主义经济建设、政治建设、文化建设、社会建设和党的建设以及国防和军队现代化建设、祖国统一、国际战略和外交工作等各个领域，涉及改革发展稳定、内政外交国防、治党治国治军等各个方面，是一个完整的科学的思想体系。其最鲜明的特点和最突出的贡献，在于用一系列紧密联系、相互贯通的新思想、新观点、新论断，进一步回答了什么是社会主义、怎样建设社会主义的问题，创造性地回答了在长期执政的历史条件下建设什么样的党、怎样建设党的问题，深化了中国共产党对新的时代条件下推进中国特色社会主义事业和加强党的建设的规律的认识。

"三个代表"重要思想创造性地运用马克思列宁主义、毛泽东思想特别是邓小平理论，紧密结合时代发展的新形势、中国广大人民群众的新要求、中国改革开放和社会主义现代化建设的新实践，在什么是社会主义、怎样建设社会主义这个根本问题上形成了富有独创性的理论成果。"三个代表"重要思想提出了关于实现好、维护好、发展好最广大人民的根本利益的思想，关于把发展作为党执政兴国的第一要务的思想，关于全面建设惠及十几亿人口的更高水平的小康社会的思想，关于坚持和完善社会主义公有制为主体、多种所有制经济共同发展的基本经济制度的思想，关于坚持和完善按劳分配为主体、多种分配方式并存的分配制度的思想，关于建立社会主义市场经济体制的思想，关于推进经济结构战略性调整和经济增长方式转变的思想，关于推进西部大开发、促进区域协调发展的思想，关于实施"引进来"和"走出去"相结合的开放战略的思想，关于建设社会主义政治文明、发展社会主义民主政治的思想，关于实行依法治国基本方略、建设社会主义法治国家的思想，关于发展社会主义先进文化的思想，关于实行依法治国和以德治国相结合的思想，关于推动社会主义物质文明、政治文明、精神文明协调发展的思想，关于促进人的全面发展的思想，关于正确处理改革发展稳定关系的思想，关于正确处理新时期人民内部矛盾的思想，关于贯彻新时期军事战略方针、推进中国特色军事变革的思想，关于现阶段发展两岸关系、推进祖国和平统一进程的思想，关于促进世界多极化和国际关系民主化的思想，关于正确应对和驾驭经济全球化、促进共同发展的思想，等等。这些重大思想，进一步回答了建设中国特色社会主义的发展道路、发展阶段、发展战略、根本目的、根本任务、发展动力、依靠力量、国际战略等重大问题，是对马克思主义理论的重大贡献。

"三个代表"重要思想强调，在新的历史条件下加强党的建设，重点是要把握好党的历史方位，以改革的精神加强和改进党的建设，切实解决好提高党的领导水平和执政水平、提高拒腐防变和抵御风险能力这两大历史性课题。"三个代表"重要思想提出了关于中国共产党是中国工人阶级的先锋队、同时是中国人民和中华民族的先锋队的思想，关于坚持立党为公、执政为民的思想，关于坚持把加强党的思想理论建设放在首位、不断推进马克思主义的中国化的思想，关于加强党的执政能力建设、改革和完善党的领导方式和执政方式的思想，关于坚持民主集中制、以党内民主带动人民民主的思想，关于大力培养忠诚于马克思主义、坚持走中国特色社会主义道路、会治党治国的政治家的思想，关于领导干部一定要讲学习、讲政治、讲正气的思想，关于始终保持党同人民群众的血肉联系、不断增强党的阶级基础和扩大党的群众基础的思想，关于治国必先治党、治党务必从严的思想，关于反对腐败是关系党和国家生死存亡的严重政治斗争的思想，等等。这些重大思想，是在新的历史条件下对马克思主义党建理论的重大发展，为把党建设成为用邓小平理论武装起来、全心全意为人民服务、思想上政治上组织上完全巩固、能够经受住各种风险、始终走在时代前列、领导全国人民建设中国特色社会主义的马克思主义政党，指明了前进方向和现实途径。

“三个代表”重要思想是对马克思列宁主义、毛泽东思想和邓小平理论的继承和发展，反映了当代世界和中国的发展变化对党和国家工作的新要求，是加强和改进党的建设、推进中国社会主义自我完善和发展的强大理论武器，是中国共产党集体智慧的结晶，是党必须长期坚持的指导思想。始终做到“三个代表”，是中国共产党的立党之本、执政之基、力量之源。

“三个代表”重要思想的本质是立党为公、执政为民。贯彻“三个代表”重要思想，关键在坚持与时俱进，核心在坚持党的先进性，本质在坚持执政为民。

三个世界 Three Worlds 对世界政治力量的一种划分。三个世界的概念最早是西方政治家针对第二次世界大战后世界民族解放运动发展的新形势和新的世界政治格局而提出来的。当时称以美国为首的帝国主义阵营为第一世界，以苏联为首的社会主义阵营为第二世界，其他民族独立国家为第三世界。20世纪60年代之后，随着帝国主义阵营内部的矛盾发展和因苏联走上霸权主义道路所导致的社会主义阵营的分裂，世界政治格局又发生了新的变化。1974年2月，毛泽东审时度势，依据当时各类国家所处的地位和它们的不同要求，对三个世界作了新的划分：苏联、美国两个超级大国为第一世界，亚、非、拉及其他地区的发展中国家为第三世界，处于这两者之间的发达国家为第二世界。毛泽东关于三个世界划分的战略思想，是经过对国际形势和世界政治长期观察和深思熟虑的科学概括，符合当时的世界实际。到20世纪80年代末、90年代初，东欧剧变，苏联解体。冷战结束后，唯一的超级大国美国虽然实力有所增强，但在世界向着多极化格局发展的今天，美国要称霸世界也很难。原来的第二世界也发生了变化。冷战结束后，西欧、日本等走出了苏联核威胁的阴影，它们对美国提供的安全保障的依赖性减弱，与美国分庭抗礼的倾向越来越强。第三世界国家历经坎坷，在艰难曲折的道路上前进，为建立国际政治经济新秩序而斗争。随着世界形势的发展和世界政治格局的演变，原来划分三个世界的战略思想以及提法也将会随之进行相应的调整。

三公 three dukes 中国古代官名合称。周代已有此称，为最高辅政大臣。一说指太师、太傅、太保，一说指司徒、司马、司空。秦及西汉均未置，汉武帝时，因受今文经学影响，习称丞相、御史大夫、太尉为三公。绥和元年（前8）仿古制立三公官，改御史大夫为大司空，与大司马、丞相合为三公，秩禄同丞相，各自立府，辟僚属，三公相权。元寿二年（前1）又改丞相为大司徒，三公之称遂与经书一致。东汉建武二十七年（公元51）改三公为太尉、司徒、司空，同为中央最高行政长官。名义上无所不统，实则三公府仅为处理庶务的办事机构。东汉后期外戚专权，宦官干政，三公秉其旨意行事。东汉末，董卓为相国而居三公之上。后曹操专权，罢三公，复置丞相、御史大夫，三公制遂废。魏晋南北朝设为大臣之加官、赠官，名称各异。隋以太尉、司徒、司空为三公，不常置。唐为亲王、大臣的加官、荣衔。宋初为宰相、亲王、使相加官，其特拜者亦不预政事。政和二年（1112）以太师、太傅、太保为三公，为真宰相之任，执掌朝政。南宋复为加官。元代为大臣的最高荣衔。明初为皇帝辅弼大臣，地位极尊。宣德后渐成虚衔，用为勋戚大臣的最高荣衔。清沿明制。

三国 Three Kingdoms 中国继东汉而出现的魏、蜀、吴三个国家鼎立的时代称号。始于220年魏国代汉，终于265年晋国代魏。但史家往往以190年董卓挟汉献帝离开洛阳为上限，以280年晋灭吴为下限。

三国局面的形成 东汉中平六年（189）灵帝死，刘辩继立为少帝。执政的何太后兄何进联络西园八校尉之一的袁绍，密谋尽杀宦官，并召并州牧董卓入洛阳为援。董卓率兵入洛，尽揽朝政，废黜少帝，另立刘协为帝，即汉献帝。董卓的专横激起东汉朝臣和地方牧守的反对，酿成大规模的内战。

董卓入洛后，袁绍出奔冀州，东郡太守桥瑁假东汉三公名义，要求州郡兴兵讨伐董卓，关东州郡纷纷响应。他们推袁绍为盟主，相机进攻董卓。初平元年（190），董卓避关东兵锋，挟持汉献帝西迁长安。初平三年长安兵变，董卓被杀。

经过激烈的混战以后，到建安元年（196），全国形成许多割据区域：袁绍占据冀、青、并三州，曹操占据兖、豫二州，韩遂、马腾占据凉州，公孙瓒占据幽州，公孙度占据辽东，陶谦、刘备、吕布先后占据徐州，袁术占据扬州的淮南部分，刘表占据荆州，刘璋占据益州，孙策占据扬州的江东部分，士燮占据交州。此外，张鲁以道教的组织形式保据汉中地区，置祭酒以治民。在这些割据者中，势力最强也最活跃的是袁绍和曹操（见魏武帝曹操）。

董卓入洛后，曹操逃至陈留（今河南开封东南），聚兵反抗，成为关东联军的一支。初平三年，他在济北（今山东长清南）诱降黄巾军30万众，选其精锐，编为青州兵。建安元年，他把汉献帝迁到许县（今河南许昌东），取得了挟天子以令不臣之势；又屯田积谷，以蓄军资。建安五年，曹操与袁绍两军进行官渡之战，曹操以弱胜强，全歼袁军主力；又利用袁绍二子的矛盾攻占袁氏的邺城，相继占领青、冀、幽、并四州之地，统一了中原地区。建安十二年，曹军出卢龙塞（今河北遵化西北），打败侵扰北方的乌桓。

建安十三年，曹军南下，攻占刘表之子刘琮所据的荆州。依托于荆州的刘备向南奔逃，与孙权结盟，共抗曹军。孙、刘联军以少胜多，大败曹军于赤壁，迫使曹军退回中原。这就是决定南北相持局面的赤壁之战。曹操北归以后，用兵于关中、陇西，把统一范围扩及整个北方。

建安十六年，刘备率部进入益州，逐步占据了原来刘璋（刘焉之子）的地盘。二十四年，刘备从曹军手中夺得汉中，但是孙权遣军袭杀据守荆州的关羽，占领荆州全部，隔三峡与刘备军相持。

汉延康元年（220）一月，曹操死；十月，子曹丕称帝（即魏文帝曹丕），国号魏，都洛阳，建元黄初。221年，刘备在成都称帝（即汉昭烈帝刘备），国号汉，世称蜀，又称蜀汉，建元章武。孙权于221年接受魏国封号，在武昌（今湖北鄂州）称吴王。222年，蜀军出峡与吴军相持于夷陵（今湖北宜昌东南），猇亭一战，被吴将陆逊击败，退回蜀中。229年，孙权（即吴大帝孙权）在武昌称帝，后迁都建业（即建康，今南京），建立吴国。猇亭之战以后不久，蜀、吴恢复结盟关系，共抗曹魏。鼎足之势维持了40余年之久。

三国疆域，大体魏得北方，蜀得西南地区，吴得东南地区。魏国置司、豫、兖、青、徐、凉、雍、冀、幽、并、荆、扬等州。其中凉州领戊己校尉护西域；幽州地境达于辽东；南部诸州大致依秦岭、淮河分别与蜀、吴相接。蜀置益州，自秦岭至于南中（今四川大渡河以南和云南、贵州，因在巴、蜀之南，故名）。吴有扬、荆、交三州。三国户口，魏有户万余，口440余万；蜀有户28万，口94万，吏4万，兵10万余；吴有户52万余，口230万，吏3万余，兵23万。

魏 汉末社会中的世家大族魏晋时称为士族，影响很大，名士多出于这个阶层，或者在政治上站在这个阶层一边。曹操由

图1 曹魏弩机（陕西历史博物馆藏）

于其宦官家族的身世，一般说来不为名士所尊重，不具备战胜出身于世家大族的割据者的政治优势。曹操为了战胜强大的对手，不得不度外用人，即从较低的社会阶层中网罗有能力的人才。后来他一再发布“唯才是举”的教令，拔用那些不齿于名教但有治国用兵之术的人。但曹操选官的真正准则并不是“唯才是举”，而是“治平尚德行，有事赏功能”，越到晚年，越是以慎德为念。

曹操死后数月，曹丕在尚未代汉称帝之时，采纳了陈群建议的九品官人之法，选择贤而有识鉴的官员，兼任其本郡的中正，负责察访与他同籍而流散在外的士人，评列为九品，作为吏部授官的依据。这就是**九品中正制**。魏国齐王芳时，又增设州中正。九品中正制初行时，士人品定之权掌握在政府的中正手里，中正采择舆论，按人才优劣评定品第高低，多少改变了东汉末年名士臧否人伦，操纵选举的局面，有利于政权的稳定。但到西晋时已是“上品无寒门，下品无势族”，九品中正制反而成为巩固士族力量的工具。

为保持固定的兵源，曹魏建立了士家制。士家有特别的户籍，男丁世代当兵或服特定的徭役。士家身份低于平民，士逃亡，妻子没官为奴。冀州士家有十万户以上。

曹操势力得以不断壮大，经济上主要得力于屯田。曹操建安元年破汝南、颍川黄巾，夺得大批劳动人手和耕牛农具，在许昌附近开辟屯田区。接着，许多郡国都置田官，招募流亡者屯田。屯田自成系统，不属郡县。屯田民是国家佃客，以四六分（用官牛的）或对分（不用官牛的）向国家缴纳地租，但不负担另外的徭役。一部分屯田用军士屯垦，称为军屯。

曹操进驻冀州后颁行租调制，对土地所有者（包括自耕农和地主），每亩土地征收田租谷四升，每户征收户调绢二匹、绵二斤。户调取代汉代沉重的人头税，对人民有好处，也有利于大族豪强庇荫佃客。

随着北方的统一和屯田制、租调制的施行，北方社会秩序趋于稳定，生产逐渐恢复。冶铁业中，利用水力鼓风冶铸的水排得到推广，丝织业也兴盛起来。商品交换渐有起色，魏明帝时重新颁用钱币。魏国与日本境内的邪马台国保持着较频繁的交往。西域诸国也有使臣和商人前来。

文化方面，文学、哲学和科学技术都有重要成就。曹操、曹丕、曹植父子都是著名诗人；还有以王粲、陈琳为代表的所谓建安七子。三曹和建安七子在诗歌创作上形成“建安风骨”，留下许多名篇。才华横溢的女诗人蔡琰（文姬）有《悲愤诗》传世，著名的乐府叙事诗《孔雀东南飞》也创作于建安时。以**何晏**、**王弼**为代表的**玄学**的产生，是哲学思想的突出成就。后世称为“医圣”的**张仲景**，著《伤寒杂病论》（后人析为《伤寒论》及《金匮要略》二书），奠定了中国医学体系的基础。**华佗**则精于外科手术，首创用麻沸散作手术麻醉剂。数学家**刘徽**在圆周率计算上有重大贡献。马钧在机械上有多种发明，包括提水工具翻车。在宗教方面，道教由于**黄巾起义**和张鲁保据的失败，略有沉寂，佛教则继续流传。颍川人朱士行远赴于阗求经，是第一个西行求法的汉僧。

魏国建立不久，政权开始腐败。齐王芳在位时发生了辅政的宗室曹爽和太尉**司马懿**的权力之争。曹爽重用名士何晏、邓飏、李胜、毕轨、丁谧等人，改易朝典，排斥

魏世系表

魏（武帝）曹操
- 燕王宇 —— ⑤元帝奂（260～265）
- ①文帝丕（220～226）
  - 东海王霖 —— ④高贵乡公髦（254～260）
  - ②明帝叡（226～239） —— ③齐王芳（239～254）

司马懿。司马氏是东汉以来的世家大族，司马懿本人又富于谋略，屡有军功。景初二年（238），他率军平定公孙渊，使辽东归入魏国版图。正始十年（即嘉平元年，249），又乘曹爽奉齐王芳出洛阳城谒高平陵的机会发动政变，处死曹爽及其党羽，独揽朝政，史称高平陵事件。后来，司马懿及子司马师、司马昭陆续压平了起自淮南的王凌（嘉平三年，251）、毌丘俭（正元二年，255）、诸葛诞（甘露二年，257）的军事叛乱和其他朝臣的反抗，巩固了司马氏的统治。以**竹林七贤**为代表的一批玄学名士对司马氏持消极反抗态度，其中的嵇康被司马氏以非毁名教和欲助毌丘俭为乱之罪名杀害。他们之中大部分人在魏和西晋初都陆续归服于司马氏。

司马氏于魏景元四年（263）出兵灭蜀。两年后，司马炎以接受禅让为名，代魏为晋。魏国历5帝，共46年。

蜀 董卓入洛的前一年（中平五年，188），汉宗室刘焉出任益州牧。焉死，子璋继任。刘焉、刘璋相继压平了益州豪强的

蜀世系表

①汉昭烈帝刘备（221～223） —— ②后主刘禅（223～263）

反抗。建安十六年刘璋邀请暂驻荆州的刘备入蜀，使击保据汉中的张鲁。建安十九年，刘备占据益州；二十四年进驻汉中，自称汉中王。是年，留守荆州的关羽被孙权军袭杀。刘备于221年称帝后，为争夺荆州，于次年出峡，与吴军进行了夷陵之战，败退入蜀，病死。其子刘禅继立。

刘备在荆州时，邀约客居襄阳的诸葛

图2　湖北襄阳古隆中

亮为辅佐。诸葛亮看清了北有曹操、东有孙权，荆州不可持久的形势。从战略上促成刘备进入益州，以图自保。刘备死，诸葛亮辅刘禅。小国弱民，处境困难。今川西和云、贵的一些少数民族，当时统称西南夷，接连发生叛乱。建兴三年（225），诸葛亮率军南征，大军分为三路，诸葛亮军西平越嶲、马忠军东平牂柯，然后他们与中路李恢所部共指益州郡。此时**孟获**已代益州郡（今云南晋宁东）豪强雍闿据郡。诸葛亮败孟获，并按出军时马谡“攻心为上”的建议，对孟获七纵七擒，终于使孟获归心，南中平定。诸葛亮把夷人渠帅移置成都为官，把南中青羌编为军队，以南中的牛马特产充实蜀国军资。西南夷人地区的闭塞状态，从此有所改变。

南中战争结束，蜀吴结盟也取得圆满成果。诸葛亮于建兴五年率军进驻汉中，同魏国展开争夺关陇的激战。诸葛亮在益州疲惫情况下急于求战，一方面力图以北伐来巩固自己“兴复汉室，还于旧都”的正统地位；另一方面则以攻为守，借以图存。建兴六年，诸葛亮命赵云据箕谷（今陕西褒城北）以为疑兵，自己率主力取西北方向进攻祁山（今甘肃礼县东北）。前锋马谡在街亭（今甘肃庄浪东南）败阵，蜀军撤回。以后三年，诸葛亮又屡次出兵，都由于军粮不济，没有成果。建兴十二年再次北伐，进军至渭水南面的五丈原（今陕西眉县西南），病死军中，蜀军撤回，北伐停顿。

诸葛亮死后，蜀国以蒋琬、费祎、董允等人相继为相，因循守成而已。景耀元年（258）以后，宦官擅权，政治腐败。大将军姜维北伐，劳而无功。景耀六年，魏军三路攻蜀，姜维在剑阁抗拒魏钟会大军，而魏邓艾则轻军出阴平（今甘肃文县西）险道南下，于是年冬灭蜀。蜀国历2帝，共43年。

吴 董卓之乱时，**孙坚**参加讨伐董卓的关东联军，隶属于袁术，在淮南活动。孙坚死，子孙策统领部众，约于兴平元年（194）开始向江东发展。他得到周瑜等人的

吴世系表

①吴大帝孙权（222～252）
- 太子登
- 废太子和——④末帝皓（264～280）
- 鲁王霸
- ③景帝休（258～264）
- ②会稽王亮（252～258）

助力，驱逐暂驻曲阿的扬州刺史刘繇，逼降会稽太守王朗。建安元年献帝都许以后，孙策拒袁术而联曹操，受封为吴侯。建安四年，孙策击破袁术庐江太守刘勋，吞并其部曲，并取得豫章郡地。建安五年孙策死，策弟孙权统众。建安十三年由吴徙治京城（今江苏镇江）。赤壁之战后势力达于荆州；十五年招附保据岭南的士燮兄弟，取得东南半壁。建安十六年徙治秣陵，次年改秣陵为建业。建安二十四年破关羽，占有荆州全境。三年以后（222）又取得夷陵之战的胜利，限制了蜀国出峡发展的可能。孙权尚存的困难，一是对付山越的不宁，一是在淮南巢湖地区抗拒曹魏的压力。

图3　吴青釉堆塑人物罐

散布在东南州郡山区的山越人阻险割据，孙权与山越进行过多次战争。嘉禾三年（234）诸葛恪率军进攻丹阳山越，经三年围困，山越十万人出山投降，其中四万丁壮补兵，余下的成为编户。孙吴统治的几十年中，山越人大体与汉人趋于融合。东晋南朝史籍中，关于山越的记载只偶尔一见。

孙权主要的军事活动在淮南。赤壁战后，曹操军屡攻合肥地区。诸葛亮死，魏蜀战争停止后，魏国加强了在淮南对吴国的进攻，双方相持有年。

孙权统治时，江东经济有显著发展。北人南来，山越出居平地，劳动力增多。长江两岸地区都设有屯田区，其中毗陵屯田区（今江苏常州、镇江、无锡一带）最大。会稽郡农业生产比较发达。历代陆续修成的浙东运河和江南运河在孙吴时发挥了通航效益。江南运河云阳至京口（今江苏丹阳至镇江）一段流经山间，不便通航，吴末得到修整。云阳以西开辟破冈渎，使秦淮河和江南运河相联通，为三吴至建业的便捷水道。由于河海交通的需要，造船业很兴盛，海船经常北航辽东，南通南海诸国。黄龙二年（230）万人船队到达夷洲，即今台湾省，这是大陆与台湾联系的最早记载，吴国使臣朱应、康泰泛海至林邑（在今越南南部）、扶南（在今柬埔寨境）诸国。大秦商人和林邑使臣也曾到达建业。

经济的发展，与外界交往的增加，促进了江南文化的提高，出现了一批知名的经学家和文史之士，如虞翻、陆绩、韦昭。佛教开始在江南传播，居士支谦从洛阳南来，世居天竺的西域僧康僧会稍晚从交趾北上。他们在建康译经传法，影响颇大。道教在南方民间继续流传。

孙吴诸将以私兵随孙氏征战，孙吴屡以国家佃客赐给功臣，功臣往往拥有多至数县的俸邑，因而逐渐形成吴国武将世袭领兵的制度。同时，江南也出现了像吴郡的顾、陆、朱、张那样占有大量土地和僮仆，而且各有门风的世居高位的大族。他们和世袭领兵的武将同是孙吴政权的主要支柱。

孙权死（252）后，吴国日趋衰弱，而魏国则在司马氏消灭淮南地区三次军事叛乱后日趋强大。由于司马氏以先灭蜀后取吴作为国策，而在灭蜀（263）、代魏（265）后又忙于新朝定制，吴国政权暂得延续。晋泰始五年（269），羊祜受命都督荆州诸军事，镇襄阳筹划攻吴。羊祜命王浚在益州筹建水师，并预定攻吴的军事方略。咸宁五年（279）冬，晋军出兵自长江以北、江陵至建业之间五道攻吴，而以益州水师为奇兵出峡顺流，于太康元年（280）三月攻下建业，吴帝孙皓降，吴国亡。吴国历4帝，共59年。东汉初平元年（190）后出现的全国分裂局面，经过魏、蜀、吴三个区域的局部统一和相持后，至此又归于全国的统一。

三国干涉还辽　Three Countries' Intervention in Japan Returning Liaodong Peninsula to China　19世纪末俄、德、法三国为了各自的侵略利益，联合干涉日本，要求将辽东半岛归还中国的事件。19世纪末，沙俄为争霸远东，开始修筑西伯利亚大铁路，中国东北地区成为沙俄重要的侵略目标。日本在中日甲午战争中侵占了中国辽东半岛，并在随后签订的《马关条约》中规定中国割让辽东半岛给日本。沙俄得知后，立即联合德、法两国对日本施加压力。光绪二十一年三月二十九（1895年4月23日），俄、德、法三国驻日公使分别向日本政府递交了内容相同的声明，迫使日本政府不得不同意“放弃对辽东半岛之永久占领”，条件是向中国增索赔款三千万两。11月8日，清政府派李鸿章与日本驻华公使林董在北京签订《中日辽南条约》，规定：1895年11月16日中国将库平银三千万两交与日本后，日军即于三个月内从辽东半岛撤走。日本还辽后，三国以干涉还辽“有功”，向中国索取种种权益。沙俄诱逼清政府签订《中俄密约》，逐步使中国东北地区成为沙俄的势力范围。

三国连太郎　Mikuni Rentaro（1923-01-20～　）日本电影演员。出生于群马县太田市。原名佐藤政雄。1950年进入电影界，次年主演了第一部影片《闪电手册》，获得“蓝绶带奖”的新人奖。成名作是1957年与田中绢代合作的影片《异母兄弟》，该片被评为当年《电影旬报》10大佳片之一。1959年主演《漫长的旅程》获“蓝绶带奖”和日本广播协会电影奖的男演员奖。他饰演的角色真实可信并具有强烈的性格特征。迄今已出演140多部影片。重要作品还有《诸神的欲望》（1968）、《蓝缕的旗》（1974）、《啊，野麦岭》（1979）、《一盘没有下完的棋》（1982，中日合拍）、《北斗斜指之所》（2007）等。

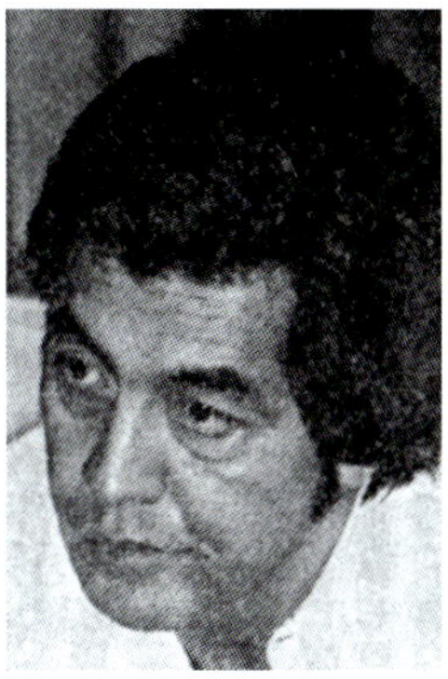

《三国全传》　*The Whole Romance of the Three Kingdoms*　中国元末明初的长篇小说。见《三国演义》。

三国同盟(1882)　Triple Alliance（1882）　德国、奥匈帝国、意大利在维也纳结成的秘密同盟。是一个针对法国和俄国的军事同盟。1879年德奥结盟后，O.von 俾斯麦为继续罗织其欧洲联盟体系，进一步孤立法国，又利用法、意两国争夺突尼斯的矛盾，拉拢意大利加盟。1882年5月20日，德、奥、意三国在维也纳签订同盟条约。条约主要内容是：①缔约国相互维护和平、友好，不参与敌对同盟。如意大利遭到法国进攻，德、奥两国应全力援助；如德国遭受法国侵略，意大利也担负同样的义务。②缔约国的一国或两国遭受两个或两个以上的大国（实际指法、俄）进攻，则缔约三国应协同作战。③当一大国（实际指俄国）攻击缔约国一方时，其他两缔约国应取善意的中立，即一旦发生俄、奥战争，意大利将保守中立。条约有效期5年，1887、1891、1902、1912年4次续订，并增补了一些义务条款。

三国同盟的缔结标志着欧洲列强两大对峙军事集团的一方初告形成。三国同盟的矛头本是指向俄国和法国，但意大利改善了同法国的关系。第一次世界大战爆发后，1915年5月意大利参加协约国，三国同盟瓦解。

三国同盟(1940)　Tripartite Pact（1940）　第二次世界大战中德、意、日三个法西斯国

《德意日三国同盟条约》签字仪式（1940-09-27）

家组成的政治和军事侵略性同盟。1938年初至1939年夏，德、意、日在柏林、罗马和东京分别进行多次谈判，酝酿在日、德、意《反共产国际协定》基础上建立三国同盟。1940年9月27日德国外长J.von里宾特洛甫、意大利外长G.齐亚诺及日本外相来栖三郎在柏林签订《德意日三国同盟条约》(又称《柏林条约》)。条约主要内容为：德、意和日本彼此承认在欧洲和亚洲的“领导地位”；三国中一国受到未参加中日战争和欧洲战争国家的攻击时，相互给予政治、经济和军事援助。同盟条约的矛头首先是指向苏联，其次是指向美国和英国。条约诡称其条款不影响三缔约国与苏联现存的政治地位。实际上，希特勒德国企图利用日本在远东牵制苏联，激化日美争夺太平洋的矛盾，把美国吸引到太平洋上，以便同英国争夺大西洋。三国同盟条约的签订表明，德、意、日三国轴心军事同盟正式形成，它促成德国武装进攻苏联和太平洋战争的爆发。

三国协约 Triple Entente 英国、法国、俄国为对抗**三国同盟**（1882），通过1904～1907年签订一系列协议而结成的一个帝国主义集团。进入帝国主义时代，列强实力对比发生新的变化。经济实力高速膨胀的德国，要同英国等老牌资本主义分享“阳光下的地盘”，使英国非常担心。法、德之间的矛盾也促使法国向英国靠拢。1904年4月8日，英、法两国在伦敦签订一项瓜分殖民地的协约。主要内容是：①法国不干涉英国在埃及的行动，英国承认法国在摩洛哥有维护安宁和协助改革的权力；②划定两国在**暹罗**（今泰国）的势力范围；③法国放弃在纽芬兰独占的捕鱼权，英国将西非的一些殖民地让给法国。英、法协约签订后，英、俄也开始接近。1907年8月31日，俄、英在彼得堡签订了分割殖民地的协定。主要内容是：①划定波斯（今伊朗）东南部为英国势力范围，北部为俄国势力范围。两者之间的地区为中立地带，对英俄两国平等开放。②俄国承认阿富汗在自己的势力范围之外，并承允英国代管阿富汗的外交。③尊重西藏的领土完整，不得干涉它的内政，只可经过中国政府中介与它进行交涉。

英、法协约和英、俄协定，加上**法俄同盟**，组成了“三国协约”或“协约国”。三国协约与三国同盟双方疯狂地进行扩军备战，终于导致**第一次世界大战**的爆发。1918年德国投降后，美、英、法、日等帝国主义国家曾以协约国的名义，三次向苏俄发动武装干涉。后协约国因相互之间矛盾不断加深而逐步瓦解。

《三国演义》 *Romance of the Three Kingdoms* 中国长篇历史演义小说。共120回。元末明初**罗贯中**撰。又名《三国志通俗演义》、《三国志演义》。《三国演义》是众多的无名作者和文人作家集体创作的成果，它的成书经历了一个漫长的流传演变过程。小说所依据的史料主要是晋代陈寿的《**三国志**》和南朝宋时裴松之的注。罗贯中在长期民间传说、说话艺术和元杂剧中三国戏的基础上，熔铸进自己的生活体验，再创造而成这样一部宏伟的长篇巨著。

《三国演义》以三国时期的历史为基本内容，通过艺术的想象，概括了比三国时期远为丰富的社会历史内容。小说从汉灵帝建宁二年（169）写到晋武帝太康元年（280）晋灭吴统一全国为止的100多年的史事，其间着重描写了大约半个世纪魏、蜀、吴三国的纷争和兴衰过程。它对封建社会的历史面貌（不局限于三国时期）和封建统治阶级的本质特征都有比较细致的描绘，生动地揭示了封建统治阶级各政治集团之间钩心斗角、尔虞我诈的关系。小说着力塑造的曹操形象具有很高的典型意义。《三国演义》描写不同统治集团之间的关系，以军事斗争为主。它长于描写战争，侧重于表现每次战争的特定条件、环境、双方力量的对比，以及战略战术的运用等决定战争胜负的诸种因素，尤其注重于战争指导者正确与否对战争胜负的决定意义。《三国演义》通过不同人物的塑造，在一定程度上反映了人民群众的爱憎感情、道德观念和理想愿望。书中所表现的德治仁政、圣君贤相的社会理想，也符合长期战乱中人民渴望过安定生活的要求。小说还在一定程度上反映了在战乱中人民群众所遭受的深重苦难。“尊刘抑曹”是《三国演义》的基本思想倾向，其中既包含了封建正统思想，也曲折地反映了在整个成书过程中特定历史条件下形成的民族思想。小说还表现了忠、孝、节、义等封建伦理观念及迷信思想。

《三国演义》在艺术上也取得了很高的成就。情节曲折生动，引人入胜；塑造了曹操、诸葛亮、刘备、关羽、张飞、赵云等众多栩栩如生的人物形象；艺术结构既宏伟而又严密；小说的语言“文不甚深，言不甚俗”，具有独特的风格。它是历史演义小说的典范。

现存《三国演义》的最早版本是明嘉靖元年（1522）刊印的《三国志通俗演义》，24卷240则。明末题为“李卓吾批点”的《三国演义》，并240则为120回。清康熙年间，毛纶、**毛宗岗**父子进一步修订《三国演义》，在思想内容、情节、回目、文字各方面都作了加工润饰，并附评语，成为近代最通行的版本。

《三国志》 *History of the Three Kingdoms* 记述中国魏蜀吴三国历史，基本属于**纪传体**的史书。晋陈寿撰，南朝宋裴松之注。含魏书30卷，蜀书15卷，吴书20卷，共65卷。在纪传体正史中，与《**史记**》、《**汉书**》和《**后汉书**》并称前四史。

陈寿（又作长寿，233～297），字承祚，蜀国巴西安汉（今四川南充北）人。仕蜀时为散骑黄门侍郎，入晋后任著作郎、治书侍御史。280年晋灭吴后，著《三国志》。当时魏、吴两国先已有史，如王沈的《魏书》、鱼豢的《魏略》、韦昭的《吴书》，此三书当是他依据的基本材料；蜀国无史，由其自采资料。

《三国志》以曹魏为正统，故魏书居首，称曹操、曹丕、曹叡为帝。对吴、蜀君主即位，都记明曹魏年号；东吴只有孙权称主，而孙亮等都称名。这是因为晋朝受禅于魏，为尊重本朝的合法性，就只能以魏为正统。对蜀汉刘备父子称先主、后主，不同于孙吴，多少反映陈寿对蜀汉的故国之思。

《三国志》中充分肯定了诸葛亮的功绩，还收录了亮集目录，为全书特例。同时也公允的记载了当时人说诸葛亮将略非长的评论。但《三国志》对于晋室的叙述时有曲笔，对魏晋禅代中司马氏的作为尤

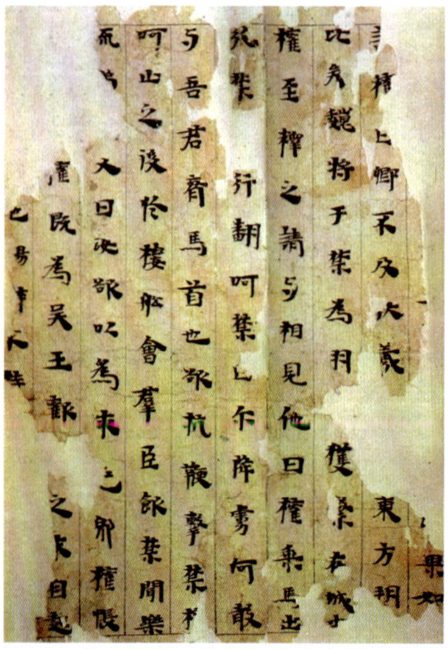

《三国志·吴志》写本残卷

多回护。

《三国志》记载了少数民族及邻国历史，《魏志·倭人传》是日本古代史的重要史料。但没有记述典章制度等的志，是一缺陷。陈寿取材审慎，文字简洁，后人说其书“裁制有余，文采不足”。

裴松之（372～451），字世期，河东闻喜（今属山西）人，祖父时迁居江南。刘宋初官中书侍郎，奉命作《三国志注》，元嘉六年（429）奏上。裴注不仅解释地理名物等，尤其尽力补充史事的遗漏并纠正其错误。同一事而有不同记述的，尽量录以备考。对于史事和人物也时加评论，或驳正陈寿议论的不当。裴注搜罗广博，引征完整，所用书达140余种，其中大多今已亡佚。故其史料价值不下于陈寿本书。

研究《三国志》及裴注者历代颇多，清代人用力最勤。民国时卢弼作《三国志集解》，可供参考。

《三国志演义》 *Romance of the Three Kingdoms* 中国元末明初长篇小说。见《三国演义》。

三海（北海、中海、南海） Sanhai(Beihai, Zhonghai and Nanhai) 中国现存历史悠久、规模宏大、布置精美的宫苑之一。位于北京故宫和景山的西侧，三海是北海、中海、南海的合称。明清时期，北海与中海、南海因在皇宫之西，合称为西苑。北海于辛亥革命后的1925年辟为北海公园，对外开放，中华人民共和国建立后曾拨巨资修葺，1961年定为全国重点文物保护单位。

历史上三海和西苑两个名称一直并用，而中海和南海紧密相依，常合称为中南海。三海总体布局继承了中国古代造园艺术的传统：水中布置岛屿，用桥堤同岸边相连，在岛上和沿岸布置建筑物和景点。全园面积166公顷，水面占一半以上，景观开阔。琼岛耸立于北，瀛台对峙于南，长桥卧波，状若垂虹。岛上山石和各种建筑物交相掩映，组成一个整体。许多景点高低错落，疏密相间，点缀其中。

北海主要景物以白塔山为中心。琼岛上布置了白塔、永安寺、庆霄楼、漪澜堂、阅古楼和许多假山、邃洞、回廊、曲径等建筑物，有清乾隆帝所题燕京八景之一的“琼岛春阴”碑石和模拟汉代建章宫设置的仙人承露铜像。北海东北岸有画舫斋、濠濮间、静心斋、天王殿、五龙亭、小西天等园中园和佛寺建筑；其南为屹立水滨的团城，城上葱郁的松柏丛中有一座规模宏大、造型精巧的承光殿。

北海白塔远眺

中海主要景物有紫光阁、蕉园和孤立水中的水云榭。此榭原为元代太液池中的犀天台旧址，现在还存有清乾隆帝所题燕京八景之一的“太液秋风”碑石。

南海主要景物有瀛台，台上为一组殿阁亭台、假山廊榭所组成的水岛景区。重要的建筑物有翔鸾阁、涵元殿、香扆殿、藻韵楼、待月轩、迎薰亭等。瀛台东现有石桥通达岸边。此外，在中南海中还有丰泽园和静谷，是园中之园，尤以静谷的湖石假山的堆叠手法高超。

三海自辽金以来连绵不辍地经营，历史文献记载丰富，现在大多数尚有遗迹可寻。清代乾隆时的建筑、山石和园林布局，现在还基本保存完整（仅中南海有较多的改变），是其他宫苑以至私家园林所少见的。琼华岛金代的艮岳遗石，广寒殿里元代的巨大玉瓮，明代的团城，以及树龄八九百年的苍松翠柏等，是北京城发展史的可贵见证。

三韩 Sam Han 朝鲜半岛南部古代居民的总称。包括马韩、辰韩和弁韩三支。其名始见于中国史书《三国志·魏志》。中国三国时期（220～280），三韩族仍处在部落联盟阶段。当时，马韩在三韩族中居于主体地位；辰韩在马韩东；弁韩在辰韩之南，有辰韩人杂居，也称弁辰。三韩各部落的首领原先都是马韩人。三韩都从事种稻、养蚕、织布等生产。公元前2世纪末以后，受制于汉乐浪、带方郡，后二郡势衰。660年，三韩之地为新罗统一。

三河马 Sanhe horse 中国挽乘兼用型马品种。主产于中国内蒙古额尔古纳和大兴安岭以西的滨洲沿线。20世纪由俄国引入后贝加尔马及其杂种等与当地马杂交育成。该品种头直，颈长适中。鬐甲明显，胸深广且长，背腰平直，尻较宽，稍斜。四肢坚强有力，关节轮廓明显，肌腱发育良好。蹄质欠坚实。毛色主要有骝、栗、黑三种。母马平均体尺（厘米）：体高146.0，体长151.6，胸围179.2，管围19.8。三河马适用于多种用途。遗传性稳定，用于改良蒙古马取得良好效果。

三河牛 Sanhe cattle 中国培育的第一个乳肉兼用牛品种。具有抗寒、耐粗、适宜放牧等优点。原产呼伦贝尔草原，因较集中于额尔古纳的三河地区而得名。从1898年起用蒙古牛和许多外来品种牛杂交选育而成。毛色以红（黄）白花为主，花片分明。头白色或额部有白斑，四肢膝关节以下、腹下及尾帚呈白色。角稍向上、向前弯曲，少数角向上。成年公牛体重1 000千克左右，母牛500千克左右。产奶性能差异较大，一般年产奶量为1 800～3 000千克。乳脂率4%左右。在一般饲养条件下屠宰率50%～55%，净肉率44%～48%，肉质良好。后躯发育欠佳，有尖斜尻的缺点。

三河市 Sanhe City 中国河北省辖县级市。位于省境中部，邻接北京市、天津市。面积643平方千米。人口52万（2008）。唐开元四年（716）置三河县，因境内有洵河、鲍邱河、泃河而得名。1993年撤县设市。由廊坊市代管。属暖温带半湿润大陆性季风气候。矿产有煤、白云石、石灰岩、大理石、页岩、海泡石、矿泉水、地热等。主要农作物有小麦、玉米、高粱、大豆、红小豆、甘薯、棉花、蔬菜、烟叶等。有印刷装订、食品加工、建筑建材、电子信息、生物制药、新材料等工业。名胜古迹有灵山辽塔、灵山寺、龙潭峡谷、一线天、皇叔院等。

三化螟 *Tryporyza incertulas*; yellow rice borer 鳞翅目螟蛾科的一种。分布于亚洲热带至温带南部。中国发生于长江以南大部。成虫雌雄的颜色和斑纹皆不同。雄蛾头、胸灰褐色。下唇须很长，向前突出。腹部上下两面灰色。雄蛾前翅灰褐色，中室前端有一个小黑点，从翅顶到翅后缘有一条黑褐色斜线，外缘有8～9个黑点；后翅白色，外缘带淡褐色。雌蛾前翅黄色，中室下角有一个黑点；后翅白色，靠近外缘带淡黄色。腹部末端有黄褐色成束的鳞毛。三化螟在中国南方发生代数比北方多。幼虫蛀食稻基秆或稻穗，引起枯秆和白穗以致颗粒无收。中国利用天敌、药剂并结合农业防治方法，消灭三化螟颇有成效。

三皇同盟 Three Emperors' League 德意志统一后，O.von俾斯麦为了孤立和打击法国，策划德皇与俄、奥两皇结成的同盟。1872年9月，奥皇弗兰茨·约瑟夫一世及首相G.安德拉希伯爵、俄皇亚历山大二世及首相A.M.戈尔恰科夫访问柏林，与德皇威廉一世及首相俾斯麦会晤。三国首相最后议定：维持欧洲现状，协同解决东南欧的纠纷。1873年5月6日，德皇威廉一世和俾斯麦、H.von毛奇访问彼得堡，德国和俄国签订一项军事协约。约定：缔约一方被欧洲任何一国进攻时，另一方应出兵20万相助。同年6月6日，俄皇亚历山大二世和戈尔恰科夫访问维也纳，俄奥两皇又签订《兴勃隆协定》，约定：遇有第三国侵略危及欧洲和平时，两国应立即商讨共同的行动方针。同年10月22日德皇也加入这一协定。协定至1875年有效，史称第一次三皇同盟。

柏林会议（1878）后，德国和俄国关系恶化，1879年缔结的德奥同盟以俄国为假想敌。但俾斯麦为了防止俄、法联合，使自己两面受敌，而俄国也想联合德国在近东和两海峡与英国抗衡，因而在1881年6月18日俾斯麦与俄、奥两国大使在柏林又签订了《三国协定》。这个协定为期3年，1884年续订，1887年废除，史称第二次三皇同盟。协定规定：缔约国之一与第四国作战时其他两国应守善意的中立，并尽力使冲突局部化；对土耳其欧洲领土的任何改变须经三国共同协议；三国承认封闭博斯普鲁斯和达达尼尔海峡的原则是涉及整个欧洲和具有相互约束性质的，三国将共同注意，务使土耳其不得将海峡所构成的这部分土耳其领土例外地供任何交战国作军事活动之用。1887年协定期满，因俄奥两国在巴尔干冲突加剧而未再续订。

三皇五帝 Three Sovereigns and Five Emperors 中国传说时代的古史系统。是随着古代文明和文化的发展，经过战国秦汉数次对古史传说的综合整理而逐步形成。

“三皇”一词出现于战国，如楚辞有西皇、东皇、上皇等。当时又有天皇、地皇、泰皇之名，称为“三皇”。在《周礼》、《吕氏春秋》与《庄子》中，始有指人主的“三皇五帝”。到汉代才形成几种置在五帝前的“三皇”说，如：①燧人、伏羲、神农。②伏羲、女娲、神农。③伏羲、祝融、神农。④伏羲、神农、共工。⑤伏羲、神农、黄帝。

汉代仍有以天皇、地皇、人皇为三皇说。道教经典中的三皇分初、中、后三组：“初三皇”还具人形；“中三皇”则具人面蛇身或龙身，一说以中地皇为有巢氏、中人皇为燧人氏；“后三皇”中的“后天皇”人首蛇身（即伏羲），“后地皇”人首蛇身（即女娲），“后人皇”牛首人身（即神农）。汉代画像石和帛画即多此形象。

“五帝”一词较早见于《荀子》，排在“三王”前，但无人名。今所见和古帝王结合的五帝也有几种不同说法，如：①黄帝、颛顼、帝喾、尧、舜。②宓羲（伏羲）、神农、黄帝、尧、舜。③太昊、炎帝、黄帝、少昊、颛顼。④少昊、颛顼、帝喾、尧、舜。⑤黄帝、少昊、颛顼、喾、尧。

汉代以后，以伏羲、神农、黄帝为三皇，少昊、颛顼、帝喾、尧、舜为五帝说逐渐成为定制，唐代曾在京师立庙奉祀。元代成宗元贞元年命州县通祀三皇，各建三皇庙，或称先医庙，将伏羲、神农、黄帝奉为医家先圣先师。

对于作为传说时代古史系统的“三皇五帝”，20世纪20～30年代古史辨派曾认为属于“伪古史”，应加以推翻。但是随着科学和文化的发展，揭示出所谓的“三皇五帝”，虽然有些并非实有其人，凝聚在每个名号中的事迹，也是出于后人的整理，然而以伏羲、神农、燧人等为代表的生存技术的进步，如从靠采集、捕捉小动物为生到能够猎取大兽、发明原始农业，从生食到学会用火乃至人工取火等，确曾在中华大地发生过；以黄帝、颛顼、尧、舜、禹等古帝为代表的历史时期所发生的变革，反映了中国古代文明形成过程中几个主要的递进发展阶段，而且其中的某些成果已为夏、商、西周的制度所吸收。

由此可见，这一古史系统尽管是后人总结归纳的，却包含了真实历史的影子。

三级会议 États-généraux 法国中世纪的等级代表会议。参加者有僧侣、贵族和市民三个等级的代表。通常是国家遇到困难时，国王为寻求援助而召集会议，因此会议是不定期的。它的主要职能之一是批准国王征收新税。在会议期间，三个等级各自讨论议案，只有在拟定对国王的回答时才举行联席会议。三个等级，不分代表多少，各有一票表决权。

1302年腓力四世召开第一次三级会议。16世纪至17世纪初，专制王权加强，三级会议的权力被削弱。从1614年到路易十六统治时期，三级会议中断了175年。法国大革命前夕，由于国王财政困窘，1789年5月5日在凡尔赛重新召开三级会议。第三等级代表的要求遭到拒绝后，第三等级于6月17日自行召开国民议会。至此以等级为基础的三级会议完成了历史使命。

三级跳远 triple jump 田径运动项目之一。运动员在快速助跑后，经单脚跳、跨步跳、跳跃，连续三次向前腾越尽可能远的距离，且双脚落入沙坑。三级跳远是从多级跳演变而来。据记载，1456年在瑞士苏黎世举行的一次游艺会上，第一次出现“三级跳远”活动。1896年三级跳远被列入第1届奥林匹克运动会男子比赛项目。1990年国际田径联合会决定将三级跳远列为女子正式比赛项目。1992、1993、1996年，女子三级跳远分别被列为世界杯田径赛、世界田径锦标赛和奥运会的比赛项目。三级跳远的技术类型有高跳型、平跳型和介于两者之间的混合型。三级跳远具有比跳远效果更好的锻炼价值，为中国中等以上学校男生体育课的教学内容和《全国田径业余锻炼标准》的锻炼和测验项目之一。

三级跳远比赛

“三家村”冤案 Fabricated Case of “Village of Three Families” 中国“文化大革命”前夕《三家村札记》的作者被当作“反党集团”受到批判打击的冤案。《三家村札记》原是中共北京市委杂志《前线》的一个专栏，1961～1962年，中共北京市委书记处书记邓拓同副市长吴晗、市委统战部长廖沫沙三人用“吴南星”的笔名，在《三家村札记》专栏连续发表杂文，介绍文史知识，进行思想评论。在此之前，邓拓还为《北京晚报》的《燕山夜话》专栏撰写了多篇文章。1965年11月姚文元发表批判《海瑞罢官》文章以后，《三家村札记》杂文被以极端牵强附会的手法，扣上种种政治罪名大加挞伐。《燕山夜话》和《三家村札记》被说成“贯穿着一条反党反社会主义的黑线”，《前线》、《北京日报》、《北京晚报》是“反党工具”。1966年5月10日，姚文元在《解放日报》、《文汇报》上发表长文《评“三家村”——〈燕山夜话〉、〈三家村札记〉的反动本质》，将“三家村”定为“反党集团”。批判“三家村”很快在全国引起连锁反应，不仅出现许多针对邓拓、吴晗、廖沫沙的批判文章，而且各地区都开始了揪当地的所谓“三家村”、“四家店”活动。邓拓和吴晗夫妇在迫害中含冤去世，廖沫沙则长期受到监禁关押。1979年8月2日，经中共中央批准，中共北京市委决定为“三家村”冤案彻底平反。

三家分晋 Partition of Jin by Three States 中国春秋末年韩、赵、魏三家瓜分晋国。晋国从献公时起，不许立公子、公孙为贵族，公子、公孙只好离晋而仕他国，这就是所谓晋无公族。由于排斥公族，导致异姓或国姓中疏远的卿大夫得势，政权逐渐为他们所操纵。春秋中期以后，十余个卿大夫家族控制了晋国的政局。经过不断吞并，到了春秋晚期，只剩下韩、魏、赵、范、智、中行6家最大的宗族，称为六卿。六卿各自采取革新措施，以期发展实力。韩、赵、魏的改革尤为彻底。后来赵又灭范氏、中行氏，迫使他们逃出晋国。春秋末年，智氏最强，赵联合韩、魏消灭智氏。晋长期的卿大夫兼并战争告一段落，三家被周威烈王册封为诸侯。公元前376年，韩、赵、魏废除晋国的最后国君——晋静公，最终完成三家分晋的历程。

三尖杉科 Cephalotaxaceae 裸子植物门松柏纲的一科。又称粗榧科。常绿乔木或小乔木。仅有三尖杉属1属共9种，分布于东亚南部及中南半岛，主产于中国。中国产8种，其中5种为特有种。枝、叶对生或近对生，小枝基部有宿存芽鳞。叶条形至披针形，在侧枝上成两列。雌雄异株，稀同株。雄球花6～11聚成头状花序，生于叶腋；雌球花具长梗，生枝顶或一年生枝基部的苞腋。种子核果状。三尖杉科植物树皮、枝叶中含有多种生物碱，对治疗白血病和淋巴肉瘤有一定疗效。木材坚实，结构细致，可作细木工用材。

三江并流国家公园 Three Parallel Rivers National Park 1988年8月建立的中国最大的国家重点风景名胜区。2003年7月被联合国教科文组织列入《世界遗产名录》。横跨云南省的丽江市、迪庆藏族自治州、怒江傈僳族自治州等。面积3.4万平方千米。区域内怒江（萨尔温江上游）、澜沧江（湄公河上游）、金沙江（长江上游）3条大江在此并行而流，形成世界唯一的“江水并流而不交汇”的奇特景观，故称三江并流。其中怒江与澜沧江最短直线距离18.6千米，澜沧江与金沙江最短直线距离66.3千米。

区域内雪山林立，冰峰汇聚，海拔在5 000米以上的山峰118座。与雪山相伴的是众多的山岳冰川及分布于残余高原和冰川谷地内的大大小小的冰蚀湖400多个，形成高山冰蚀湖群，留有大量的冰碛、冰蚀地貌，是第四纪山岳冰川和现代山岳冰川地貌的展示区，低纬度山岳冰川的集中分布区。在距丽江古城140余千米的老君山，黎明丹霞地貌（红紫色砂岩）成为世界上海拔最高、面积最大、发育最完整的丹霞地貌区之一。

三江并流区囊括了亚热带、温带及高山苔原等多种气候类型，构成了显著的立体气候，是地球最直观的体温表和中国珍稀濒危动植物的避难所。是南北交错、东西汇合、地理成分复杂、特有成分突出的横断山区生物区系的典型代表和核心地带，是中国生物多样性最丰富的地区，名列中国生物多样性保护17个关键地区的第1位。是北半球生物景观的缩影，世界级的物种基因库。区域内有高等植物6 000种以上，包括34种国家级保护植物。以不到0.4%的国土面积，容纳了中国20%的高等植物。三江并流区占中国动物种数总数的25%以上。拥有第四纪冰期之前的众多孑遗物种和珍稀濒危物种。

秋天的三江平原

三江并流区除包括虎跳峡、怒江大峡谷、梅里雪山、泸沽湖、碧塔海、玉龙雪山等海内外闻名的11处自然奇观外，还孕育了丰富的人文景观。这里居住着汉、藏、纳西、傈僳、白、独龙、普米、怒等16个民族，80余万原住民，是世界上罕见的多民族、多文字、多语言、多种宗教信仰、多种生产生活方式、多种风俗习惯并存的汇聚区，受到国内外人文学界的高度重视。是中国著名的国际古商道——茶马古道的发祥地。抗日战争时期著名的“驼峰航线”和中国远征军赴缅抗日也由此经过。

三江侗族自治县 Sanjiang Dong Autonomous County 中国广西壮族自治区柳州市辖自治县。位于自治区境北部，邻接湖南、贵州两省。面积2 455平方千米。人口30万（2010），主要有侗、苗、瑶、汉、壮等民族。唐属融州，宋崇宁四年（1105）置怀远县，1914年改为三江县，1952年设立三江侗族自治区，1955年改三江侗族自治县。矿产有铅、重晶石、水晶、石煤、锑等。盛产水稻、油茶、香菇、猕猴桃、油桐、毛竹、杉、松等，是广西油茶、杉木基地。工业有电力、食品、竹木器加工、森林化工等。名胜古迹有永济桥、马胖鼓楼、老堡石门等。

永济桥

三江平原 Sanjiang Plain 中国东北平原的一部分。最大的沼泽分布区。位于中国东北部，西起小兴安岭东南端，东至乌苏里江，北自黑龙江畔，南抵兴凯湖。面积5.13万平方千米。完达山脉将三江平原分为南北两部分：山北是松花江、黑龙江和乌苏里江汇流冲积而成的沼泽化低平原，面积4.25万平方千米，即狭义的三江平原；山南是乌苏里江及其支流与兴凯湖共同形成的冲积-湖积沼泽化低平原，面积8 800平方千米，又称穆棱-兴凯平原。平原海拔55～95米，北部和西部的地面波状起伏，有10～20米高差。三江平原属温带湿润、半湿润大陆性季风气候。天然植被覆盖率60%，其中74.9%是沼泽化草甸和沼泽植被。沼泽和沼泽化土地近244万公顷。主要土壤为草甸土和沼泽土，次为白浆土，加有少量黑土，泥炭零星分布。三江平原是中国重要的农垦区和商品粮基地。

三江源自然保护区 中国国家级自然保护区。2000年成立。位于东昆仑山地与唐古拉山脉之间的青南高原西部，是长江、黄河、澜沧江三大河流发源地。面积15.23万平方千米。主要保护对象是高原湿地生态系统，野牦牛、藏羚羊、雪豹、野驴、白唇鹿、黑颈鹤、冬虫夏草等国家珍稀野生动植物物种及栖息地，以及高寒草甸、高原森林生态系统等。保护区内地形地貌复杂，以冰川地貌、冰缘地貌、高山地貌、高平原丘陵地貌等为主，间有温泉谷地、盆地沼泽，河流密布，湖泊众多。三江源地区属高原大陆性气候，年平均气温为-6.0～-4.2℃，年降水量200～548.5毫米。三江源地区是中国面积最大的江河源区和世界上海拔最高、面积最大的高山草甸及天然湿地分布区，又是中国生物多样性最丰富、最集中的地区，具有独特而典型的高寒生态系统，是中亚高原和世界高寒草原的典型代表。

“三讲”教育 “Three Emphases” Education 中国共产党在新形势下针对党内领导干部进行的一次党性党风教育运动。根据党的十五大确定的任务，从1998年11月开始，全党在县级以上党政领导班子、领导干部中集中时间，分期分批开展以讲学习、讲政治、讲正气为主要内容的党性党风教育。党中央对这次“三讲”教育高度重视，作出全面部署，进行精心指导。中央政治局常委带头认真总结经验，检查和改进工作中的不足，深入思考改革和发展中的一些重大战略性问题，推动“三讲”教育扎实、有序地开展，并分别到7个县（市）进行调研，指导工作。全党共有70万党政领导干部参加了“三讲”教育，其中省部级领导班子成员达2 100多人。党内外干部和群众对“三讲”教育十分关注，表现出很高的参与热情，仅直接听动员报告、参加民主测评和帮助整改的就有500万人以上。广大干部在“三讲”教育中切实拿起批评与自我批评的武器，广泛听取群众意见，查找领导工作中及自身存在的问题，开展积极健康的思想斗争，普遍受到一次深刻的马克思主义教育，在坚持群众路线和党的民主集中制等方面有明显提高，经受了一次党内政治生活的严格锻炼。“三讲”教育中思想上、作风上的收获，不断转化成广大干部求真务实、锐意进取、廉洁自律、不怕困难、勇挑重担的实际行动。许多党外人士反映，共产党花这么大力量，在领导干部中进行这样认真的自我教育，显示了共产党人敢于揭露并解决自身问题的勇气和气魄。

实践证明，进行“三讲”教育，是促进提高党的领导水平和执政水平，增强拒腐防变和抵御风险能力，有效推进党的建设新的伟大工程的正确决策，是新形势下加强党的建设特别是领导班子、领导干部思想政治建设的一次创造性探索和成功实践，是延安整风精神和党的“三大作风”在历史新时期的丰富和发扬。

三焦 sanjiao; triple energy 中医学理论中的六腑之一。上焦、中焦、下焦的合称。《内经》最先提出三焦的名称，同时论述了三焦的部位。其后历代医家对三焦的形态和部位有许多争论，概括起来为无形和有形两说。前者认为三焦没有具体的形态，但有一定的功能。后者认为三焦是一个脏器，是“脏腑之外，躯体之内，包罗诸脏，一腔之大府也”，故又称孤府。比较一致的看法是把三焦作为部位和功能的划分，并非一般脏器实体。即将躯干划分为三个部位，横膈以上为上焦，包括心、肺；横膈以下至脐为中焦，包括脾、胃；脐以下为下焦，包括肝、肾、大肠、小肠、膀胱。

三焦总领五脏六腑、营卫、经络、内外、上下之气的功能，五脏六腑的气化功能都是通过三焦来实现的，三焦是人体气机升降出入的道路，所以说三焦主持诸气。三焦能通行水液，有疏通水道、运行水液的功能。上焦主宣发散布，即通过心肺的输布作用，布散水谷精微以营养全身，有“上焦如雾”之说。中焦主腐熟水谷，有消化、吸收并输布水谷精微和化生血液的功能，有“中焦如沤”之说。下焦主分别清浊、排泄水谷之糟粕废物，即肾与膀胱的排尿和大肠的排便作用，有“下焦如渎”之说。

三焦辨证 syndrome differentiation of sanjiao theory 中医学中以上焦、中焦、下焦三焦为纲，对温病过程中的病理变化、证候特点及其传变规律进行分析和概括，确立治疗原则并借以推测预后转归的辨证方法。为清代吴鞠通所创立，侧重于对湿热病证的辨证。

①上焦病证。温病由口鼻而入，鼻通于肺，故温病开始即出现肺卫受邪的症状。温邪犯肺以后，有两种传变趋向：一为顺传，病邪由上焦传入中焦，出现脾胃经的证候；另一种为逆传，从肺卫传入心包，出现邪陷心包的证候。上焦病证的临床表现为发热、微恶风寒、自汗、口渴或不渴而咳、午后热甚、脉浮数或两寸独大，治宜辛凉解表，方用银翘散、桑菊饮等。

②中焦病证。温病顺传到中焦，则见脾胃之证。胃喜润恶燥，邪入中焦而从燥化，则出现阳明经（胃、大肠）的燥热证候；脾喜燥而恶湿，邪入中焦而从湿化，则见太阴（脾）的湿热证候。中焦病证的临床表现为阳明燥热，则面红目赤、发热、呼吸俱粗、便秘腹痛、口干咽燥、唇裂舌焦、苔黄或焦黑、脉沉实；太阴湿热，则面色淡黄、头胀身重、胸闷不饥、身热不扬、小便不利、大便不爽或溏泄、舌苔黄腻、脉细而濡数。中焦病证的治法，阳明燥热，则通腑泄热，方用三承气汤；太阴湿热，则清热化湿，方用三仁汤。

③下焦病证。温邪深入下焦，多为肝肾阴伤之证。临床表现为身热面赤、手足心热甚于手背、口干、舌燥、神倦耳聋、脉象虚大；或手足蠕动、心中憺憺大动、神倦脉虚、舌绛苔少甚或时时欲脱。治宜滋阴潜阳，方用加减复脉汤、三甲复脉汤等。

三角帆蚌 *Hyriopsis cumingii*; triangle shell mussel 真瓣鳃目蚌科帆蚌属的一种。又称劈蚌、翼蚌。培育淡水珍珠的贝类。主要分布于中国长江下游广大流域。贝壳大而扁平呈三角形，壳顶低，位于前端，后背缘向上扩展形成帆状的后翼。壳黑褐色，有明显的生长线和放射线。左右壳各有二个拟主齿和一个长的侧齿，或二个侧齿。珍珠层银白色或粉红色，闪耀珍珠光泽。栖息于水质清新，有流水、泥沙底质的水域。利用斧足挖掘泥沙，使蚌体部分潜入其中，壳后缘外露进行摄食、呼吸、排泄。很少移动。以浮游生物、细菌和有机碎屑为食。

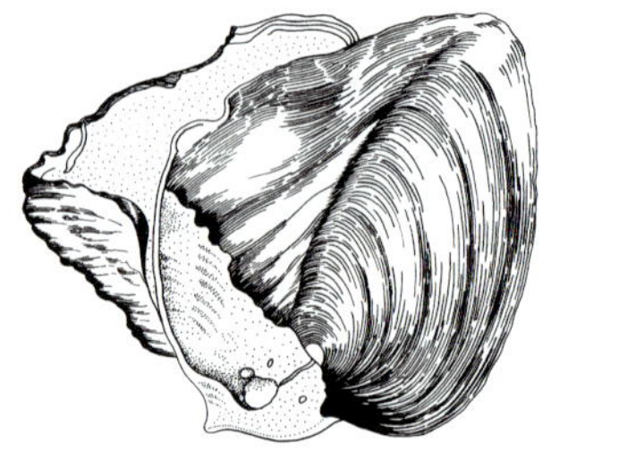

三角帆蚌外形

中国主要用三角帆蚌进行淡水无核和有核珍珠的人工养殖。蚌肉可食用。蚌壳的珍珠层可磨制珍珠层粉供药用，也能加工成纽扣和贝雕工艺品等。

三角函数 trigonometric function 一类描述直角三角形中边与角的关系的基本初等函数。包括正弦函数、余弦函数、正切函数、余切函数、正割函数和余割函数。三角函数最早出现于天文观测与大地测量，后来广泛应用于其他方面，成为科学技术领域内最常见、最有用的初等函数之一。

定义 设有一个直角三角形ABC，其中角C为直角，并假定顶点A、B、C的对边之边长分别为a、b、c（图1）。这时角A

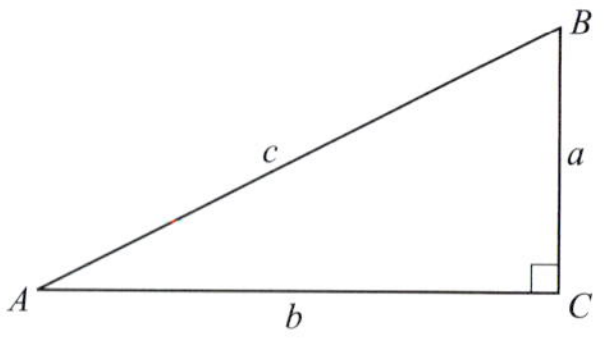

图1

的正弦定义为$\sin A=a/c$，余弦为$\cos A=b/c$，正切为$\tan A=a/b$，余切为$\cot A=b/a$，正割为$\sec A=c/b$，余割为$\csc A=c/a$。

根据上述定义及勾股定理，很容易得出下列公式：

$$\sin^2 A+\cos^2 A=1$$
$$\tan A=\sin A/\cos A$$
$$\cot A=\cos A/\sin A$$
$$\sec A=1/\cos A$$
$$\csc A=1/\sin A$$
$$1+\tan^2 A=\sec^2 A$$
$$1+\cot^2 A=\csc^2 A$$

上述定义只限于锐角的情形。它们可以推广到关于一般角度的情形。为此，在平面上取一个直角坐标系Oxy，并考虑一个以原点O为圆心，以1为半径的圆周。在该圆周上取一固定点$A(1,0)$和一动点$P(x,y)$，用圆弧长度来表示矢径OP对OA的张角α。这个张角α是一个按照下述办法确定的有向角：假如把点P看作是点A沿圆周按逆时针方向旋转的结果，那么α便是动点所经过的圆弧长度；假如把点P看作是点A按顺时针方向旋转的结果，那么α便是所经过的圆弧长度的负值。这时，定义正弦

$\sin\alpha=y$，而余弦$\cos\alpha=x$（图2）。其他三角

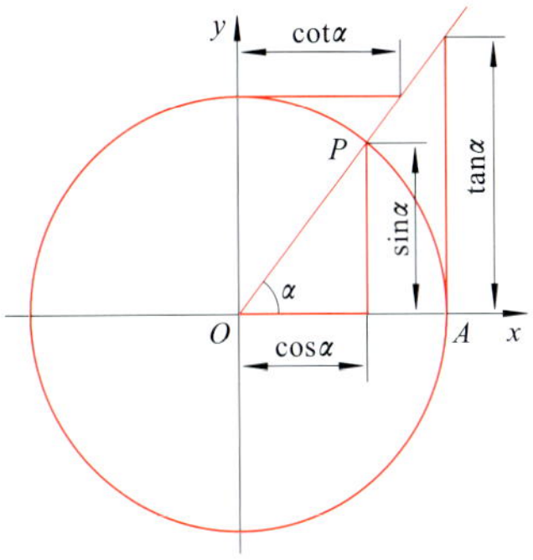

图2　三角函数线

函数则可由正弦与余弦定义：

$$\tan\alpha=\sin\alpha/\cos\alpha$$

$$\cot\alpha=\cos\alpha/\sin\alpha$$

$$\sec\alpha=1/\cos\alpha$$

$$\csc\alpha=1/\sin\alpha$$

显然，用上述办法，矢径OP与OA的张角α不仅可正可负，而且可以超过圆周角，等于任何实数值。这样，正弦函数与余弦函数便在整个实数集合上有了定义。

在上述讨论中，用单位圆周上圆弧的长度来表示它所对应的圆心角。这种度量角度的办法称为弧度制。按照弧度制，平角应为π，而直角应为$\pi/2$，而圆周角为2π。弧度制的采用简化了很多计算，特别是在**微积分**中三角函数的导数的计算上，公式$(\sin x)'=\cos x$的成立就有赖于此。有鉴于此，在科学计算中三角函数一般都采用弧度制。

基本性质与公式　三角函数都是以2π为周期的函数，比如$\sin(x+2\pi)=\sin x$和$\cos(x+2\pi)=\cos x$对一切x成立。$y=\sin x$的图形见图3。

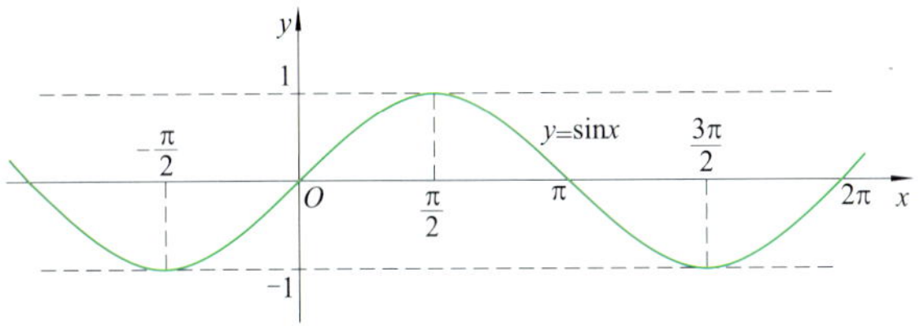

图3　正弦曲线

三角函数在其定义域内是连续函数，也是可微函数，其导函数也是三角函数，且有下列公式：

$$(\sin x)'=\cos x$$

$$(\cos x)'=-\sin x$$

$$(\tan x)'=\sec^2 x$$

$$(\cot x)'=-\csc^2 x$$

三角函数有许多其他公式，其中和角公式是基本的：

$$\sin(x+y)=\sin x\cos y+\cos x\sin y$$

$$\cos(x+y)=\cos x\cos y-\sin x\sin y$$

由此可以导出三角函数的积化和差公式、倍角公式、半角公式等。

应用价值　三角函数描述了三角形边与角之间的关系，因此它们在天文观测、各种测量、弹道学和精密机械加工中具有重要的应用价值。正弦函数和余弦函数都是周期函数，因此它们被用来研究各种波动现象。由正弦函数和余弦函数组成三角级数，无论在理论研究还是工程技术上，都有重要价值（见**傅里叶级数**）。

三角铁　triangle　击奏体鸣乐器。用于现代多种乐队的打击乐器。以圆形钢棒弯曲成一角开口的等边三角形，悬于架上或提于手上，以钢棒敲击，发出尖锐而清亮的声音，近似铃声，穿透力较强。边长最小10厘米，最大36厘米。乐队采用的三角铁，通常用边长15、20、25厘米3种，发音高低不同。还有1种在一边的钢棒上有一列凹槽的刮奏三角铁。三角铁系土耳其军乐乐器，后传入欧洲，18世纪为交响乐队采用。

三角债　triangular debt　企业之间拖欠货款所形成的连锁债务关系。通常由甲企业欠乙企业的债，乙企业欠丙企业的债，丙企业又欠甲企业的债以及与此类似的债务关系构成。企业之间的资金拖欠，有些是正常的商业信用，不可能完全避免，也不应该强行清理。但若波及面太广，规模过大，则会严重影响企业生产经营的正常进行，同时也会冲击银行信贷计划的执行。此时，企业应主动清欠，银行也应积极协助。办法是推进商业信用票据化，专业银行对企业的商业票据有选择地承兑和**贴现**，**中央银行**有选择地进行**再贴现**。

三角洲　delta　在河口区由于流速减缓，水流所携带的泥沙堆积而形成的冲积平原。因其外形类似希腊字母Δ得名。世界上大三角洲主要分布在入海河口。

三角洲由水上三角洲和水下三角洲两部分组成（见图）。水下三角洲位于低潮位以下，包括三角洲前坡和前三角洲。水上三角洲又称三角洲平原。以最大高潮位为界，分为上三角洲平原和下三角洲平原。前者完全脱离了潮汐的直接作用，地貌形态主要有泛滥平原、天然堤、决口扇等。后者处在河流和海洋动力交互作用的环境，其宽度取决于潮差大小和底坡坡降，主要地貌形态有河口边滩、河口沙嘴、河槽、潮滩和波浪塑造的滩脊。三角洲的发育受制于许多因素，主要取决于入海河流挟沙能力与海洋动力（波浪、潮汐、沿岸流等）对入海泥沙再搬运能力之间的对比关系。

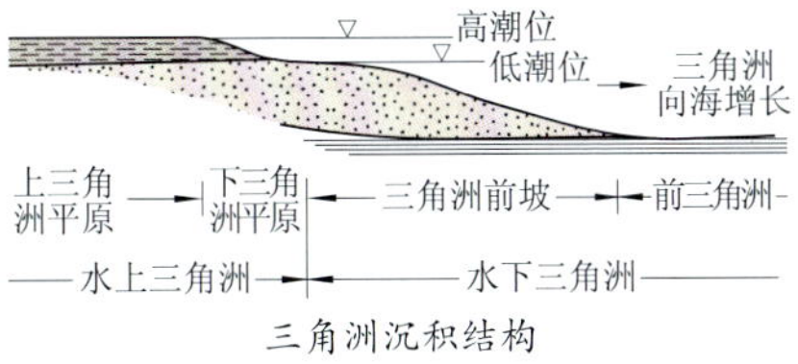

三角洲沉积结构

随着入海泥沙量的减少和海洋再造营力的增强，依次形成扇形、鸟足形、舌形、尖嘴形、弓形、河口湾形三角洲。

三角洲地区绿野沃土，营养盐类富集，蕴藏丰富的水土资源和生物资源，且内外交通都较为便利，具有极大的开发价值。但是，三角洲的生态环境比较脆弱，容易遭到人类活动的破坏，必须注意保护。此外，三角洲是地球表面主要的沉积区之一，古三角洲沉积层往往是油、气藏的重要场所。

三界　trilokya　佛教术语。表明关于生存的三种境界观念。佛教认为有情众生在生死轮回过程中可能处在欲界、色界和无色界三个层次之一上。三界是据有情所造善、恶业及修不同定业所感苦、乐、色、无色等不同果报而建立的。《俱舍论》说，欲界为食欲、淫欲很盛的众生所居，此界涵盖了地狱、饿鬼、畜生、天、人五道以及他们生存的器世间（处所）。色界，位于欲界之上，为离食欲与淫欲的众生所居。所居场所（器）及居者自身仍为色所属界，并未完全脱离色的质碍、变易等属性。无色界，在色界的上边，为无形色之众生所居，此界的有情已经克服了形质之色的有限性，他们的生存仅仅依赖生命和果报的共性观念而存在。

《三界经》　*Traiphumphraruang*　泰国**素可泰王朝**最有代表性的宗教文学作品。由国王帕耶立泰（1354～1376年在位）编撰。写于1345年，根据佛教、印度教、耆那教及吠陀本集等30多部经典编纂而成。描写了众生和神佛所在的三界三十一境，引用了佛陀时代几个教人向善的故事，勾画了天堂的美好境界，叙述了佛教的创世说，最后归结为众生无常，只有涅槃才能达到永恒的境界。作品集中体现了泰族人民的早期宗教观和哲学观，宣扬善恶有报的因果报应观点，教导众生弃恶从善，免遭三界轮回之苦。《三界经》开创了泰国宗教文学的先河，对后世的宗教文学和世俗文学以及绘画、雕塑等艺术领域都有较大影响。在写作手法上，它吸取了古代印度文学作品中常见的框架式结构，在长篇叙述中穿插小故事，语言生动、形象，描写细腻。

三井财团　Mitsui Business Group　影响日本经济最重要的**财团**之一。其历史可以追溯到1673年三井高利在东京、京都开办的和服店和外汇兑换所。1876年开设了日本第一家私人银行三井银行，创设了三井物产公司，势力伸向近代工矿部门。1910年建立了总持股公司三井合名公司，基本形成了近代的三井财阀。20世纪上半叶，三井财阀达到了全盛期，旗下企业130家，是当时日本最大的财阀。第二次世界大战后，三井财阀被

迫解散。20世纪50年代后，原三井系统各企业以三井银行为中心，通过横向相互持股形式，重新集结。原三井物产系统的200多家公司，重新并为一家。

三井财团的核心为第二次世界大战后不久成立的三井银行、三井物产、三井矿山。此后，由于煤炭业的衰败，三井矿山脱离，三井不动产地位上升。现在，财团的主干公司转为樱花银行、三井物产、三井不动产三家企业集团。

三井财团的金融能力在日本各大财团中相对较弱。1990年，三井银行与太阳神户银行合并，1992年更名为樱花银行。财团还拥有三井信托银行、三井海上火灾、三井生命等金融机构。2001年，樱花银行与住友集团旗下的住友银行合并，成为日本第三大银行。

三聚氰胺 cyanuramide 分子式$C_3H_6N_6$。

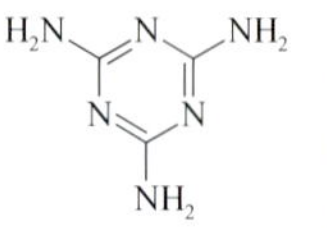

又称2,4,6-三氨基-1,3,5-三嗪、三聚氰酰胺，俗称蜜胺。白色单斜棱晶；熔点345℃（分解），密度1.573克/厘米^3(16℃)。微溶于水和热乙醇。工业上三聚氰胺由双氰胺与氨在高温下反应，或由尿素直接在高温高压下制得，后者成本低，较多采用，三聚氰胺与甲醛缩合可制得三聚氰胺甲醛树脂，此外三聚氰胺也用作合成药物的中间体。国际食品法典委员会规定：每千克婴儿奶粉中三聚氰胺含量不能超过1毫克，而在每千克其他食品或动物饲料中的含量不能超过2.5毫克。

三哩岛核事故 Nuclear Power Station Accident at Three Mile Island 1979年3月28日清晨美国宾夕法尼亚州三哩岛压水堆核电站的2号堆发生一起严重的放射性物质泄漏事故。反应堆中的大部分核燃料元件受到了损坏，甚至熔化，放射性的裂变产物泄漏到反应堆的安全壳内。事故的主要原因是管理不善和操作水平低。

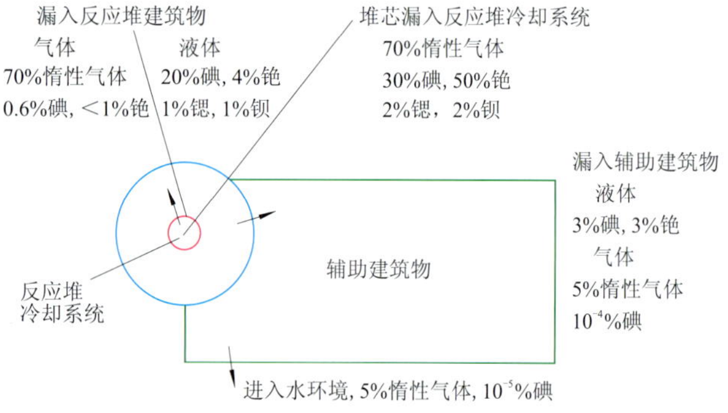

三哩岛核事故中放射性释放份额示意图

三菱财团 Mitsubishi Business Group 影响日本经济最重要的财团之一。起源于岩崎弥太郎于1870年（明治三年）创办的“九十九商会”，1873年取名三菱。明治维新以后，收购了政府管辖的碳业、造船业，实现了由政治商人向财阀的转化。借助第一次世界大战，一跃成为拥有银行部、造船部、营业部等部门，以及东京海上火灾、东京仓库等多家公司的垄断企业。第二次世界大战后，财团的统辖机构三菱总公司被迫解散，三菱重工、三菱矿业也因为经济力过度集中而被分割。1950年，以朝鲜战争为契机，原三菱财团旗下的公司群进行重新合并，成为相互持股的企业集团。

21世纪初，在日本财团中，三菱集团以雄厚的实力位居三井、住友、富士、三和、第一劝业银行之前。三菱集团旗下有41家大公司，包括三菱银行、三菱商事、三菱重工、三菱信托、明治生命保险、东京海上保险、三菱电机、三菱汽车、三菱石油、日本邮船等。2001年，三菱集团进行内部整合，成立三菱东京金融控股集团；2005年10月，此控股集团与日本联合金融控股集团合并，组成三菱联合金融控股集团，从而成为世界上最大的金融机构。

在强大的金融力量支持下，集团在造船、石油化工、冶金、重电机、化学、飞机、军舰、电子仪器设备等方面均居日本同行前列。

三陆地震 Sanriku Earthquake 1933年3月3日发生于日本仙台市东北方日本海沟中的巨大地震。它是与浓尾地震、关东地震齐名的大地震。这次地震距离陆地较远，但震级较高，为8.5级，按日本所定震级为8.3级。震中与日本东北部三陆地区海岸的直线距离约为230千米。明显特点是巨大地震发生在海沟的外侧而不是内侧。按板块消减运动的一般规律，消减带上的大地震大都发生在海沟内侧，即海洋板块与大陆板块的接触面上。地震发生在海沟外侧意味着地震是由于海洋板块于俯冲前自身发生弯曲而导致的张裂。这次地震在陆上引起的震害并不严重，但海啸的规模惊人。日本东北部的岩手县、宫城县和青森县因海啸而死亡的人数分别为2 670、309和30人。海啸影响的海岸线长度约480千米。估计海啸起源于海沟外侧壁的张裂和大规模崩塌。1896年另一次三陆地震时也有海啸为害，而且死亡人数远超过这一次，上述三县的死亡人数分别是25 413、2 557和346人。1896年地震震中距海岸较近，地震发生在当地时间下午7时半，海啸于8时许就到达岸边，居民毫无防备。1896年后，日本政府在三陆地区海岸采取防潮措施，居民对海沟大地震和随之而来的海啸大潮颇有警惕，比较敏感，感到地震即避往内地高处，因而大大减轻了伤害。

三氯甲烷 trichloromethane 甲烷分子中三个氢原子被氯取代而生成的卤代烃，分子式$CHCl_3$。又称氯仿。无色易挥发液体，稍有甜味；熔点－63.5℃，沸点61.7℃，相对密度1.483 2(20/4℃)。微溶于水，溶于乙醚、乙醇、苯等。难燃烧。在光照下能被空气中的氧氧化成氯化氢和有剧毒的光气，应贮于密封的棕色瓶中。工业产品中通常加1%～2%的乙醇，以使生成的光气与乙醇作用生成无毒的碳酸二乙酯。用前可加入少量浓硫酸振摇后水洗，经氯化钙或碳酸钾干燥，即可得不含乙醇的三氯甲烷。在强碱作用下，三氯甲烷可消除一分子氯化氢，生成二氯卡宾，可用于制备二氯环丙烷衍生物。与乙醇和水可以分别形成二元共沸物或三元共沸物。工业上可用甲烷氯化的方法，或利用含有乙醛基的醛或酮与次氯酸盐作用来制取，还可在高温下用铁和水还原四氯化碳制取。三氯甲烷是常用的有机溶剂，医疗上曾用作吸入性全身麻醉剂，因毒性较大，已很少使用。它的蒸气对眼黏膜有刺激性。

三氯乙醛 chloral 乙醛分子中甲基的三个氢原子被氯取代而生成的化合物，分子式CCl_3CHO。无色油状液体，有刺激性气味；熔点－57.5℃，沸点97.8℃，相对密度1.512 14(20/4℃)。溶于水、乙醇、乙醚。三氯乙醛溶于水生成稳定的水合三氯乙醛；与醇作用生成稳定的半缩醛$CCl_3CH(OH)OR$和缩醛$CCl_3CH(OR)OR'$。三氯乙醛经较长时间贮存会聚合成不溶的固体，此聚合物于碳酸钠溶液中在180～185℃蒸馏，可重新得到三氯乙醛。工业上由氯气与乙醇反应制取。三氯乙醛是生产滴滴涕的原料。适量的三氯乙醛对人有镇静和催眠作用（临床上用水合三氯乙醛）；用量大时，先是引起兴奋，随后产生深度麻醉，同时麻痹、抑制中枢神经导致死亡。三氯乙醛对农作物有害。

三氯乙烯 trichloroethylene 乙烯分子中三个氢原子被氯取代而生成的卤代烃，分子式$ClCH{=}CCl_2$。无色液体；熔点－73℃，沸点87℃，相对密度1.464 2(20/4℃)。难溶于水，溶于乙醇、乙醚等。不能燃烧。三氯乙烯于80～90℃在三氯化铁催化下与氯气反应，可得五氯乙烷。与其他亲电试剂（如硫酸）也可以进行加成反应，生成硫酸酯$CH_2ClCCl_2OSO_3H$，再经水解则得氯乙酸$ClCH_2COOH$。三氯乙烯在强碱作用下可脱去1分子氯化氢，生成易爆炸的二氯乙炔$ClC{\equiv}CCl$。四氯乙烷在100℃与石灰乳作用，或在230～320℃用吸附在木炭上的氯化钡作催化剂，都可脱去氯化氢生成三氯乙烯。三氯乙烯曾用作镇痛药和金属脱脂剂，可用作萃取剂、杀菌剂和制冷剂，以及衣服干洗剂。长期接触可引起三叉神经麻痹等病症。

《三略》 *Three Treatises on Military Tactics* 中国古代兵书，《武经七书》之一。又称《黄石公记》、《黄石公三略》。所谓《三略》，意为上、中、下三卷韬略，共3 800余字。相传其源出于太公姜尚，经黄石公推演以授张良，故旧题黄石公撰；《隋书·经籍志》称“下邳神人撰”。均不可考。约为秦汉之间无名氏作品。今存有《续古逸丛书》影宋本及明、清《武经七书》本等。《三略》是一部从政治与军事关系上论述战胜攻取的兵书。值得重视的是，它对将帅、士兵和民众的各自作用作了中肯的论述，指出“统军持势者，将也；制胜破敌者，众也”，“庶民者，国之本”，“以弱胜强者，民也”。《三略》上、中两卷是对前人兵法《军谶》、《军势》的征引和发挥，下卷则是作者的论述。

三论宗 Three Treatises sect of Buddhism 中国佛教学派。又称三论学派。以传习龙树之《中论》、《十二门论》和提婆《百论》而得名。三论义学始自后秦鸠摩罗什译出诸论传习，至隋代吉藏在长安大弘此学。三论主要说明诸法性空的义理，故也称法性宗。三论所传习的实为中观学派思想，要言之，即中道正观的说法。《中论》有“众因缘生法，我说即是空，亦为是假名，亦是中道义”。诸法因缘而生，便无自性，也即毕竟空；但诸法毕竟依缘有，随俗而论，不妨承认有此假名。从真俗两视角，兼顾性空与缘起，就能把握中道实相。与三论法相关，引出三论宗的一系列主张：如八不中道（世间万有说到底“不生亦不灭，不常亦不断，不一亦不异，不来亦不出”）；二谛论（菩萨教法有第一义谛与世俗谛两重真实）及判教原则等。最早研习三论的，是罗什门下的僧叡、僧肇、昙影等。复兴三论之说的是宋齐之际南来的僧朗。他继法度住持摄山栖霞寺破成实论师而弘扬三论，在梁武帝（502～548）支持下三论义学复炽。其高足为僧诠，僧诠门下又有法朗、智辩、慧勇、慧布等。陈初，法朗所住的兴皇寺成为三论学的中心。法朗门下人才济济，三论学集大成者吉藏即其弟子。学术界有认为，三论学实际已因吉藏之讲论著述而成宗派。著作有《中观论疏》（已佚）、《三论玄义》、《大乘玄论》、《法华玄论》、《净名玄论》、《二谛义》等。

三茅真君 Three Mao Perfect Sovereign Brothers 中国道教神仙。即茅盈、茅固、茅衷兄弟三人，相传为汉景帝时（前157～前141）咸阳人。茅盈18岁时，入恒山修道，受西域王君（王远）传西王母之道法。后茅固、茅衷弃官，从之隐修。以句曲山形胜福地，遂隐居此山，终于得道成仙。汉魏以来，吴中盛传三茅故事，更名句曲山为茅山。

陶弘景《真灵位业图》将茅盈列在上清左位，称“司命东岳上真卿太元真人”，茅固列于太清左位，称句曲山真人定箓右禁师，茅衷则为三官保命小茅君。今茅山

三茅真君塑像

道观有三茅塑像，供奉为神，江浙一带民众信仰之颇盛。

三门峡 Sanmen Gorge 中国黄河中游峡谷。位于河南省三门峡市和山西省平陆县间。中国古代地理图志中称为三门山。旧时峡谷中有两座坚硬的闪长玢岩石岛兀立河中，岛壁峭拔。鬼岛位于右岸侧，呈弯弓形。神岛位于左岸侧，呈鱼脬形，屹立中流。顺河稍下左岸尚有半岛切入河中，称为人门岛；右岸有巨石探出河岸，称“狮子头”，犹如凶狮踞岸。三门峡谷两岸，劈立千仞，两石岛自右岸至左岸将水道分成鬼门、神门、人门三股急流。鬼门河和神门河水势殊险；人门河水势稍缓，但也水深流急，舟楫难行。河水撞过三门后又被两岸半岛巨石束合为一，水流在仅7 000多米长、400多米宽的峡谷中经一分一合后，流急浪大，浊浪排空，吼声巨大，形成“三门天险”。

三门峡市 Sanmenxia City 中国河南省辖地级市。位于省境西部、黄河南岸，邻接山西、陕西两省。辖湖滨区和渑池、陕县、卢氏3县，代管义马市、灵宝市。面积10 475平方千米。人口223万（2010），有汉、回等民族。西周时属虢国，汉武帝时置弘农郡，北魏置陕州。民国二年（1913）改陕县，1957年初因兴建三门峡水利枢纽工程，析陕县部分地区建三门峡市。因临黄河三门（鬼门、神门、人门），故名。属暖温带大陆性季风气候。矿产有黄金、铝、铁、石墨、大理石等。灵宝的黄金储量丰富，品位

虢国车马坑（三门峡市虢国墓地博物馆）

较高，为全国产金基地之一。农作物有小麦、玉米、棉花、花生等。盛产苹果、木耳、猕猴桃、杏等。牛心柿饼为当地特产，曾是古代贡品。有天麻、柴胡、黄芪、连翘等中药材。工业有电力、轻纺、机械、冶金、化工等。三门峡市和水库的兴建，促进了旅游业发展。名胜古迹有宝轮寺塔、庙底沟文化遗址、虢国墓地、亚武山风景区、龙山风景区、三门峡水库。

三门峡水利枢纽 Sanmenxia Key Water Control Project 中国黄河中游的大型水利枢纽工程。在河南省西北部三门峡市近郊。是中国在黄河干流上兴建的第一座以防汛为主，兼顾防凌、灌溉、供水、发电等任务的大型水利枢纽工程，被誉为“万里黄河第一坝”。1957年4月开工，1960年基本建成。三门峡水利枢纽自投入运用以来，运用方式经历了蓄水拦沙、滞洪排沙和蓄清排浑三个阶段。枢纽先后进行了以扩大泄流规模为主的两次改建，增建了两条泄流排沙隧洞。大坝为混凝土实体重力坝，高106米。坝后式电站厂房，改建后安装水轮发电机组7台，总容量41万千瓦，设计年发电能力约14亿千瓦·时。

“三面红旗” Three Red Banners 中国20世纪50年代末期提出的社会主义建设总路线、“大跃进”和人民公社的统称。1958～1960年的“大跃进”遭到挫折后，由于认识上的局限，很长一段时间仍把总路线、“大跃进”和人民公社作为指导人民进行社会主义建设的“三面红旗”予以肯定。1979年召开的中共十一届四中全会通过了叶剑英在中华人民共和国建立30周年庆祝大会

1963年10月1日，上海市各界集会庆祝中华人民共和国建国14周年，群众簇拥着“三面红旗”字标的彩车欢呼行进

上的讲话，对“大跃进”运动作出了基本否定的评价。1983年中共中央发出政社分开、建立乡政府的通知，人民公社建制被乡政府取代。此后，“三面红旗”不再作为正确的提法予以肯定。

三民主义 Three Principles of the People 中国近代革命家、思想家孙中山所倡导的民主革命纲领。由民族主义、民权主义和民生主义构成，简称“三民主义”。三民主义的发展过程分为两个阶段，即旧三民主义和新三民主义。它曾经起过重大的积极作用，是中国人民的宝贵精神遗产。

旧三民主义反映了中国旧民主主义革命时期的社会基本矛盾，概括了历史进程提出的三大任务——独立、民主与富强。清光绪二十年（1894）十一月，孙中山在檀香山建立兴中会。入会誓词是：“驱除鞑虏，恢复中国，创立合众政府。”誓词同《兴中会章程》中救亡图存、振兴中华的内容，成为民族主义和民权主义的简要表述。兴中会的纲领第一次提出了民主共和国的要求，具有划时代的意义。在同盟会的政纲中，三民主义被完整地表述为“驱除鞑虏，恢复中华，创立民国，平均地权”。

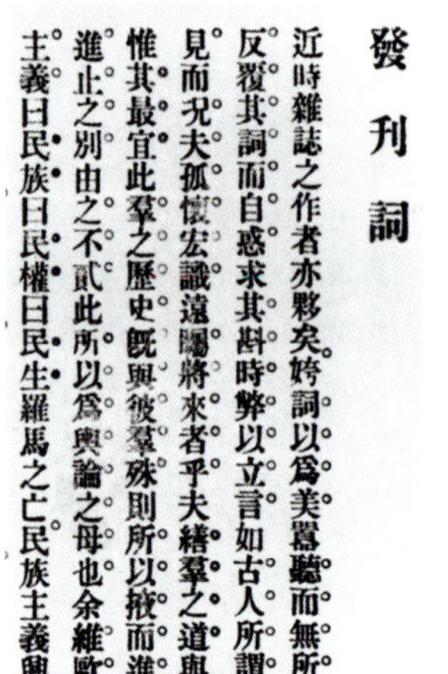
發刊詞

孫文

近時雜誌之作者亦夥矣姱詞以為美囂聽而無所終摘埴索塗不獲則反覆其詞而自惑求其斟時弊以立言如古人所謂對症發藥者已不可見而況夫孤懷宏識遠矚將來者乎夫繕群之道與群俱進而擇別取舍惟其最宜此群之歷史既與彼群殊則所以掖而進之之階級不無後先進止之別由之不貳此所以為輿論之母也余維歐美之進化凡以三大主義曰民族曰民權曰民生羅馬之亡民族主義興而歐洲各國以獨立

孙中山撰写的《民报》发刊词

民族主义初期的主要内容之一，就是“反满”。“驱除鞑虏，恢复中华”，始终是资产阶级革命民主派在清末时期的战斗口号。

民权主义是三民主义的核心，基本内容是：揭露和批判封建专制主义，指出封建的社会政治制度剥夺了人权民主与自由，必须经由“国民革命”的途径推翻封建帝制，代之以“民主立宪”的共和制度。

民生主义是孙中山的“社会革命”纲领。它希图解决的主题是中国的近代化，即快速实现工业化，使中国由贫弱至富强；同时还包含着关怀劳动人民生活福利的内容，以及对资本主义社会经济溃疡的批判和由此产生的“对社会主义的同情”。孙中山把民生主义的主要内容归结为土地与资本两大问题。“平均地权”、“土地国有”是孙中山的土地方案，孙中山认为这一方案的实施可以防止垄断，也能使“公家愈富”，从而促进“社会发达”。在有关资本的课题上，孙中山确认“实业主义为中国所必须”。他认为中国的近代化是历史的必然趋势，《实业计划》一书就是发展社会经济的宏伟蓝图。他把发展社会经济的途径归结为“节制资本”和发展“国家社会主义”，即将“不能委诸个人及有独占性质”的“大实业”（如铁路、电气和水利等）“皆归国有”，因为这既可“防资本家垄断之流弊”，又得以“合全国之资力”。民生主义实质上是近代化的方案，虽然它涂饰了主观社会主义的色彩。

三民主义存在着历史的局限，主要表现为缺乏明确的、彻底的反帝反封建内容。但是，它批判地承袭了农民战争和维新运动的积极内容，从西方吸取了民主主义思想素材，成为中国近代社会中具有比较完全意义的民主革命纲领。三民主义反映了半殖民地半封建社会的主要矛盾，表达了人民群众争取独立、民主和富强的愿望，标志着旧民主主义革命在正规意义上的开始，在当时的历史条件下产生过重大积极作用。

当中国革命历程进入新民主主义阶段时，孙中山接受了中国共产党和国际无产阶级的帮助，“适乎世界之潮流，合乎人群之需要”，确立了联俄、容共、扶助农工的三大政策，把旧三民主义发展为新三民主义。在民族主义中突出了反帝的课题：“民族解放之斗争，对于多数之民众，其目标皆不外反帝国主义而已”；民权主义中进一步揭露封建军阀、官僚的暴戾恣肆，对资产阶级的社会政治制度作了某些批判，称道“比较代议政体改良得多”的苏维埃国家“人民独裁政体”，重申“主权在民”的原则；民生主义则强调“耕者有其田”的观点，阐发了“使私有资本不能操纵国民之生计”的思想。新三民主义是旧三民主义的发展，反映了新的历史特点，表现了资产阶级革命民主派在新的革命阶段的进步性，并成为第一次国共合作的政治思想基础。

三民主义青年团 Youth League of Three Principles of the People 蒋介石为控制中国青年运动、统一国民党各派组织和改造、复兴国民党而创设的青年组织。简称“三青团”。1938年7月9日在湖北武昌正式成立，由蒋介石兼任中央团部团长，陈诚任书记长，康泽任组织处长。其组织骨干多为中华复兴社成员。三青团初在“团结抗战”口号下，从事抗日救亡宣传、动员组织民众等活动，吸引了不少爱国青年。随着抗日战争转入战略相持阶段，国共关系恶化，三青团基本成了国民党的反共工具，有些地方的组织还被复兴社分子操纵，成为关押、迫害共产党人及进步青年的特务组织。自1943年开始，蒋经国逐渐取代康泽成为三青团新的实权人物。抗战胜利后，三青团积极支持蒋介石发动反共内战，破坏、镇压国统区的学生爱国民主运动。1947年9月，由于三青团与国民党矛盾冲突不断，严重危及“党国存亡”，蒋介石不得不采取党团合并的“根本改造”措施，将三青团并入国民党。

三明市 Sanming City 中国福建省辖地级市。位于省境中部偏西，沙溪中游。辖梅列、三元2区和明溪、清流、宁化、大田、尤溪、沙县、将乐、泰宁、建宁9县，代管永安市。面积22 929平方千米。人口250万（2010）。1940年设三元县。1956年合三元、明溪为三明县。1960年设市。属中亚热带季风气候。森林覆盖率63.3%。农业主产水稻、大豆、烟叶、水果、食用菌、茶叶、甘蔗、淡水鱼等。是全国柑橘生产基地之一。工业有钢铁、化工、化纤、印染、水泥、煤炭、造纸、农药等。水陆交通便利。泰宁金湖、永安石林和桃源洞为国家级旅游名胜风景区。古迹有永安安贞堡等。

三明治课程 sandwich course 根据三明治教学计划进行教学的课程，系英国、澳大利亚、印度、加拿大等国部分高等学校实行的一种本科课程计划。三明治教学计划又译“工读交替制教学计划”。最早由苏格兰格拉斯哥大学工学院于1840年建院时实行，1956年后开始广泛实施。计划安排学生既在校内进行若干期课程学习，又到校外有关工厂、商业部门或其他专业部门参加一期或几期工作（一般有适当报酬），两者交替进行。校外训练由学校与有关工作单位共同计划和组织实施，学习年限比不实行这种计划者要适当延长，在英国为4年。具体安排有两种方式：①“厚三明治课程”，即安排一次为期一年的全时校外实践，大多安排在入学学习两年后进行，也可于学习一年后进行，其余三年全时在校内学习。②薄三明治课程，即将校外实践分为2～5期，在整个学习期间穿插进行，总实践时间一般为6个月。学生按计划学习，毕业时可以获得相应的技术文凭或学士学位。

三年经济困难 three years of economic hardship 1959～1961年中国国民经济出现的严重经济困难。由于“大跃进”和“反右倾”的错误，导致国民经济结构比例严重失调，工农业生产秩序混乱，浪费严重，再加上从1959年起中国连续三年遭受较大的自然灾害，使中国国民经济在1959～1961年发生严重困难，国家和人民遭到重大损失。主要表现在：①国民经济比例严重失调。首先是积累与消费的比例失调，1958～1960年基本建设规模不断扩大，基本建设投资高达10 007.4亿元，比第一个五年计划时期的五年总额还多419亿元，使三年平均积累率达39.1%，直接导致消费基金短缺，经济不断恶化。其次是工农业比例失调，1957～1960年按不变价格计算，工业总产值增加了1.3倍，而农业生产值则下降了22.7%，工业严重挤压了农业。再次是工业内部轻、重工业比例失调，1960年重工业总产值比上年增长25.9%，而轻工业总产值下降了9.8%。②财政收支失衡。由于经济困难，国家财政收入减少，不得不大量发行货币，导致物价不断上涨，市场各种物品供应紧张。③粮食生产大幅度下降，人民生活出现严重困难。三年中粮食产量比1958年下降23.2%，其中1960年甚至低于1951年产量，再加上大办公共食堂，消费粮食过多，造成全国普遍出现粮食供应危机，食油、蔬菜、肉类等供应也持续紧张。由于饥饿和营养不良，许多地区发病率上升，出现大量非正常死亡的现象。为了渡过难关，国家千方百计采取了各种措施，如动用库存和进口粮食、实行定量供给、号召人民食用代食品等。全国人民也同心同德节衣缩食，共赴时艰。国家和社会仍然保持了基本稳定。为了克服三年经济困难，从1961年起国家开始实行国民经济调整方针。经过三年调整，到1963年底，国民经济出现了根本好转。

三七 *Panax pseudo-ginseng*; falseginseng ginseng **五加科**人参属的一种。又称田七、山漆、人参三七、金不换。产于中国广西百色地区和云南文山州，四川、湖北、江西等省亦有种植。印度北部和越南有零星分布。现野生三七已少见，多为栽培。株高30～60厘米，有倒圆锥形或圆柱形肉质根。茎直立，不分枝，有横卧的肉质根状茎。掌状复叶轮生茎顶。伞状花序单个顶生，夏秋开黄绿色小花。果近肾形，红色，俗称"红子"。种子扁球形，色白。属喜阴植物，需搭阴棚、筑围篱，并根据季节和不同生长发育阶段的需要调节透光度和温湿度。采收年限以不低于4～5年为宜。

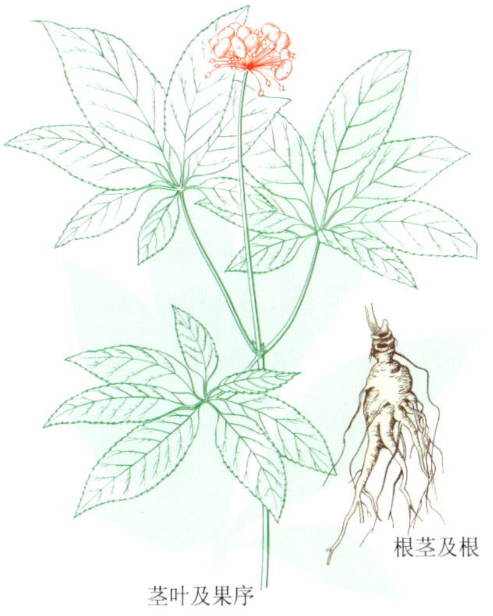

三七形态

三七根作中药有止血、散瘀、消肿、定痛、抗炎等功效，可治跌打损伤、产后瘀阻、崩漏、经闭及各种出血症。云南白药中三七为其主要成分。茎叶制成三七膏，作滋补强壮剂。三七花晒干作茶饮，制成冲剂可治疗高血压。

三清 Three Pure Ones 中国道教神系中最高的三位天神，即元始天尊、灵宝天尊、道德天尊。三者统称三清尊神、三清。三清尊神的形成，经历了一个漫长而复杂的历程。东汉末年，**五斗米道**（道教早期）初创时，尊奉太上老君为至高神。魏晋南北朝时，大批的《灵宝》、《上清》经出现，同时也推动了造神活动，于是元始天尊、元始天王、太上玉晨大道君、太上道君等各派涌现出了众多新尊神。经过各派的协调、融合，直至梁陶弘景撰著《洞玄灵宝真灵位业图》，三位一体的三清尊神才基本确立。

三清塑像

元始天尊，居三清之首位，全称"玉清圣境虚无自然元始天尊"，又称"玉清大帝"，是虚拟的最原始的至高无上神。灵宝天尊，居三清之第二位，即太上玉晨大道君，又称"太上道君"、"上清大帝"、"太清大道君"。太上玉晨大道君、太清大道君的称谓最早出于**上清派**，太上道君的称谓，则始于**灵宝派**。亦为虚拟之神。道德天尊，居三清之第三位，又称"太上老君"、"混元老君"、"降生天尊"、"太清大帝"。道家创始人老子（李耳）的神化格，道教奉为教祖。

自晋以来，由于上清、灵宝诸派相继出现，元始天尊等新神灵的涌现，道气化身的虚拟神自然凌驾在人神之上，所以太上老君逐步从道教最高神退居为三清中第三尊神道德天尊。但在民间，人们仍以老子为道教教主。

三权分立 separation of powers 国家权力按照立法、行政、司法的功能划分为不同的功能性权力，分别设立相应的权力机关行使这些权力，同时，三种权力机关之间具有相互制衡关系的政体。

古希腊政治学家**亚里士多德**、近代的西方思想家J.**洛克**和C.-L.de S.**孟德斯鸠**等先后明确提出并逐步完善了三权分立的学说。分权理论在资产阶级取得政权之后得到进一步完善，并付诸实践。美国1787年宪法中，基本按照三权分立思想设计和规定了国家权力体制。根据该宪法规定，国会拥有立法权，总统拥有行政权，法院拥有司法权。这三种机关各自独立的权力，相互之间又构成了制衡关系：国会有权审议或者批准总统的施政方针、政策和有关条约，有权建议和批准总统提议的行政官员的任命，同时有权根据法律弹劾总统，并有权建议和批准总统提议的联邦最高法院法官的任命，弹劾或者决定审判最高法院法官；总统拥有对国会通过的法案的一定的否决权，拥有对最高法院法官的提名和任命权；最高法院法官是受弹劾总统的审判庭的当然主席，有权解释法律，审查国会制定的法律是否违宪和有效。在英、法等资本主义国家，三权分立的制度也得到确立，不过这些国家政体与美国有所区别，三权分立的制度结构和形式也与美国有所不同。英国实行议会内阁制的分权形式，主要特点是，首相由议会产生，而掌握立法权的议会与掌握行政权的内阁通过首相进行协调，实行的是以立法机关为中心的分权形式。法国实行总统内阁制，其特色是总统权限很大，但具体政务由政府总理组织实施，实行的是以行政机关为中心的分权形式。

三色堇 *Viola tricolour*; pansy **堇菜科**堇菜属的一种。又称蝴蝶花。一年生草本。原产欧洲。主根短细，灰白色；地上茎高约30厘米。基生叶有长柄，叶片近圆心形；茎生叶矩圆状卵形或宽披针形，边缘具圆钝锯齿；托叶大。花大，两性，两侧对称；萼片

5，绿色，矩圆状披针形，顶端尖，全缘；花瓣5，近圆形，假面状，有蓝、黄、白各色，最下一花瓣演变成距，距短而钝直；雄蕊5，下面2枚有腺状附属突伸于距内，花药环生于雌蕊的周围；心皮3，合生，子房上位，1室；花期4～5月。蒴果3瓣裂；果期7～8月。世界各地广泛栽培，为极常见的春夏草花。茎、叶可入药，为止咳剂。

三牲 three sacrifice offerings 中国古代祭祀用品，指牛、羊、猪。儒家经典多有记载，是祭祀的重要内容和方式。民间视家庭经济状况，有的以鸡、鱼、猪为三牲。此外，三牲也用来指：①夏、商、周三代祭祀用的牺牲，《小学绀珠·动植类·三牲》："夏牲用玄，殷牲用白，周牲用骍"；②道教所用的三牲祭品，即獐、鹿、麂；③供养父母的美食，《孝经》有"日用三牲之养"；④一般祭品，在各类小说中常见。

三省六部 Three Departments and Six Ministries 中国隋唐至宋的中央最高政府机构。三省指中书省、门下省、尚书省，六部指尚书省下属的吏部、户部、礼部、兵部、刑部、工部。每部各辖四司，共为二十四司。

三省六部是自西汉以后长期发展形成的制度。其中尚书省形成于东汉（时称尚书台）；中书省和门下省形成于三国时，目的在于分割和限制尚书省的权力。在发展过程中，组织形式和权力各有演变，至隋，才整齐划一为三省六部，主要掌管中央政令和政策的制定、审核与贯彻执行。

隋唐中书省的长官为中书令（隋称内史令），副长官为中书侍郎（隋称内史侍郎），主要职官有中书舍人。门下省的长官为侍中（隋称纳言），副长官为黄门侍郎（后改称门下侍郎），主要职官有给事中。中书、门下二省都设在宫内，所以又有谏诤之责。尚书省设在宫外，长官为尚书令，实际不任命，由副长官左、右仆射代行职权。仆射之下有左右丞、左右司郎中、员外郎，负责都省职事，总领六部。各部长官称尚书，副为侍郎；各司之长为郎中，副为员外郎，分别负责贯彻各种政令。他们对中央担任具体事务的九寺三监（或五监）及地方上的府、州、县官有领导、监督之权。"中书取旨，门下封驳，尚书奉而行之"，是三省分工原则，从而彼此制约，以掌管国家大政。这个原则并没有始终贯彻。唐初以三省长官为当然宰相，合议军国大事于**政事堂**（初设于门下省，高宗死后，移至中书省，玄宗时改名中书门下）；但又择他官参加议政，号为参知机务、参议得失等，也是宰相。此时，决定政事之权已不全由三省长官，其后又有以同中书门下三品、**同中书门下平章事**为名的他官参政。唐中叶以后，同中书门下平章事才是真正的宰相。三省长官却先后被排斥出宰相行列，成为荣誉职，决定政策之权则被剥夺。玄宗以后，中书舍人起草诏敕之权又为翰林学士所分割；尚书省各部司的职权，在**安史之乱**后也大部分为各种使职所瓜分。故唐中叶后，三省六部制名存实亡。

宋承唐制，设门下、中书、尚书三省，吏、户、礼、兵、刑、工六部。但北宋前期除刑部尚保留审覆天下大辟案的职权外，三省六部的主要职权都已转移至其他机构，其长官也都只作为寄禄官衔，另派升朝官分别主判，以处理残留细务，三省六部制仍是名存实亡。**元丰改制**，以三省取代中书门下为最高行政机构，与枢密院对掌文武大权。除正、副宰相外，门下、中书省分设左、右谏议大夫，左、右司谏，左、右正言掌原谏院所领谏诤弹劾职务，起居郎、起居舍人掌原起居院所领修起居注职务；又分设门下后省、中书后省，为门下省及中书省下属机构，分别以给事中及中书舍人主管，以给事中掌原封驳司的封驳职务，并以封还词头的方式行使封驳权。尚书省下领六部，由各部尚书、侍郎主管，恢复六部下属二十四司。宋哲宗元祐元年（1086），改为三省共同议事，奏请取旨，分省治事行下，实际上使三省合一，后习惯上常统称三省。南宋高宗建炎三年（1129），又实行三省合一，二十四司也时有省并，宋孝宗隆兴元年（1163），又进一步省并六部下属诸司，如以司封兼司勋，礼部兼祠部，兵部兼驾部，都官兼比部，工部兼屯田等。

辽代南面官系统中，设三省六部（其中"中书省"初名"政事省"），设官同于宋制。金、元、明只设一省六部。一省，金为尚书省；元、明为中书省。明洪武十三年（1380）罢中书省，分中书省之权归于六部。自此，六部取代了三省六部之制。

三十六计 thirty-six stratagems 中国古代总结的36种军事谋计。分胜战计、敌战计、攻战计、混战计、并战计、败战计六套谋计，每套谋计各列为6计，总共36计。三十六计之说最早见于《南齐书·王敬则传》，约在明、清时期才真正汇编成书。其每一谋计多以众所周知的成语定名，易懂便记，一直广泛流传，并普遍运用于军事等领域。

胜战计 1～6计为胜战计。第1计：瞒天过海。第2计：围魏救赵。第3计：借刀杀人。第4计：以逸待劳。第5计：趁火打劫。第6计：声东击西。

敌战计 7～12计为敌战计。第7计：无中生有。第8计：暗度陈仓。第9计：隔岸观火。第10计：笑里藏刀。第11计：李代桃僵。第12计：顺手牵羊。

攻战计 13～18计为攻战计。第13计：打草惊蛇。第14计：借尸还魂。第15计：调虎离山。第16计：欲擒故纵。第17计：抛砖引玉。第18计：擒贼擒王。

混战计 19～24计为混战计。第19计：釜底抽薪。第20计：混水摸鱼。第21计：金蝉脱壳。第22计：关门捉贼。第23计：远交近攻。第24计：假道伐虢。

并战计 25～30计为并战计。第25计：偷梁换柱。第26计：指桑骂槐。第27计：假痴不癫。第28计：上屋抽梯。第29计：树上开花。第30计：反客为主。

败战计 31～36计为败战计。第31计：美人计。第32计：空城计。第33计：反间计。第34计：苦肉计。第35计：连环计。第36计：走为上。

三十年战争 Thirty Years' War 17世纪上半叶，以德意志为主要战场的一次席卷欧洲的战争。战争基本上是以德意志新教诸侯和丹麦、瑞典、法国为一方，并得到荷兰、英国、俄国的支持；**神圣罗马帝国**皇帝、德意志天主教诸侯和西班牙为另一方，并得到教皇和波兰的支持。

13世纪以后，哈布斯堡王朝统治下的神圣罗马帝国皇权日益衰微，各邦诸侯割据称雄。信奉新教（路德教、加尔文教）的诸侯和信奉旧教（天主教）的诸侯在宗教纠纷掩饰下争夺地盘和反对皇帝专权，并分别于1608年和1609年组成新教联盟和天主教联盟。法国、丹麦、瑞典、荷兰和英国支持新教联盟；罗马教皇、西班牙和波兰贵族支持天主教联盟。1618年捷克反对哈布斯堡王朝的起义，是三十年战争的导火线。1618年5月23日，武装群众冲进王宫，把神圣罗马帝国皇帝的钦差从窗口抛入壕沟，史称"掷出窗外事件"，它成为三十年战争的开端。

整个战争大致分4个阶段：①捷克－普法尔茨时期（1618～1624）。②丹麦时期（1625～1629）。③瑞典时期（1630～1635）；④法兰西－瑞典时期（1635～1648）。长期战争使双方都有极大的消耗，帝国方面的困难更为突出，被迫求和，战争结束。

1648年10月24日，参战各方代表齐集明斯特市政厅签署《奥斯纳布吕克和约》和《明斯特和约》，统称《威斯特伐利亚和约》。和约规定：法国得到洛林的3个主教

掷出窗外事件（1618年5月23日）

区（梅林、图尔、凡尔登）和整个阿尔萨斯（斯特拉斯堡除外）。瑞典获取西波美拉尼亚及东波美拉尼亚的一部分、维斯马城和不来梅、维尔登两个主教区，从而得到了波罗的海和北海沿岸的重要港口；正式承认荷兰和瑞士独立；和约重申1555年的《奥格斯堡宗教和约》继续有效，承认德意志境内新旧教地位平等。

三十年战争和《威斯特伐利亚和约》削弱了哈布斯堡王朝的统治地位，加深了德意志境内分裂割据的局面；为法国称霸欧洲准备了条件；瑞典的力量大增，成为北欧强国。

三司 Three Provincial Offices 中国明代行省中平行的三个最高权力机构。系都指挥使司、承宣布政使司、提刑按察使司的合称。明初沿元制，地方设行中书省，后以行省权力太大，遂将行省的权力一分为三，设都、布、按三司。

都指挥使司是地方最高军事机构。都指挥使官名始于五代，是统兵将领的称号，宋代相沿。元代设都指挥使司，明洪武八年（1375）亦置。简称都司。全国有都司十三。永乐后增至二十一。又在东北边疆设奴儿干都司；在西番设乌思藏、朵甘卫二都司。长官为都指挥使。都司掌一方之军政，所属卫所隶属五军都督府，由兵部统辖。凡遇朝廷吉凶大事，上奏表时，序衔于布政司、按察司之上。

承宣布政使司简称布政司，是一省的最高行政权力机构。洪武九年，改浙江、江西等12行省为承宣布政使司，废行省平章政事等官，改参知政事为布政使，别称藩台或藩司，时人又称方伯。至宣德初年，除两京外，全国设十三布政司。初期，布政使调至京师供职，即为尚书、侍郎、副都御史，权位较高。后来明廷为加强统治，在地方逐渐增设巡抚，成为各省之长。巡抚与巡按合称两台。布政司及按察司、都司，均成为巡抚属下。

提刑按察使司简称按察司，是一省的最高司法机构。其职责是纠官邪，戢奸暴，平狱讼。遇重大案件，要与都、布二司会议，报告抚按，听命于部院。按察司长官为按察使，别称臬台或臬司。按察司始设于明初。建文时，改为十三道肃政按察司。成祖初复旧。明中叶后，或置或废。

三司使 state fiscal commissioner 中国五代、北宋前期、金代最高财政长官。唐开元二十二年（734）太府少卿萧景任知度支事，为“三司”设专使之始；其后盐铁、户部（指户部的户部司）皆设专使，并各置司，以重臣或宰相兼领，遂夺户部职权。后唐长兴元年（930）始设三司（盐铁、户部、度支）使，总管国家财政。宋初沿置。三司是仅次于中书、枢密院的重要机构，号称“计省”，形成政、军、财三权分立。三司长官三司使，被称为“计相”，地位略低于参知政事。太平兴国八年（983），废三司使，分为盐铁、户部、度支三个机构，各置使分领。咸平六年（1003）又合为三司，设三司使为长官，下设盐铁、户部、度支三副使为副长官，分管三部，其下又设兵、胄、商税等二十多案，后又改为只设三司副使为副长官。王安石变法时，将三司修造案事务归将作监，熙宁六年（1073）将三司胄案事务归于新设的军器监。元丰五年（1082）官制改革（元丰改制），废三司，职事归还户部、工部及有关寺、监。辽南面官有南京（今北京）三司使司。金泰和八年（1208）省户部官，设三司使。

三羧酸循环 tricarboxylic acid cycle 乙酰辅酶A的乙酰基在生物体内受一系列酶的催化，生成水和二氧化碳的代谢途径。又称柠檬酸循环。此循环最初由H.A.克雷布斯提出，故也称克雷布斯循环。

循环的第一步是乙酰辅酶A的乙酰基与草酰乙酸（4个碳原子）缩合形成柠檬酸（6个碳原子），后者经异构并氧化脱羧生成α-酮戊二酸（5个碳原子），再氧化脱羧生成琥珀酸（4个碳原子），琥珀酸进一步经两次氧化则又重新生成草酰乙酸，完成循环过程。这一循环的每一步都由特定的酶来催化。经过一个循环后，生成的草酰乙酸，又可和另一分子乙酰辅酶A作用。每一轮循环的各个氧化步骤都导致腺苷三磷酸（ATP）的生成。

在真核细胞中，三羧酸循环在线粒体中进行，是糖、脂肪及氨基酸的共同代谢途径或终末代谢途径，是体内重要的供能过程。三羧酸循环还可提供生物体内合成其他物质的原料，如α-酮戊二酸可以在体内与氨作用，生成谷氨酸。

三头政治 Triumvirate 古代罗马共和末期前后两次由3个权势人物联合执掌国家最高权力的政治体制。又称三头同盟。三头政治是在帝制尚不成熟的条件下形成的集团独裁，是由共和制向帝制过渡的形式。分为前三头政治和后三头政治。

公元前60年，在罗马拥有巨大势力和影响的凯撒、庞培、克拉苏·迪弗斯三人秘密结盟，通过各种手段左右老兵、流氓无产者、在职官员，共同控制罗马政权，史称前三头政治。公元前53年克拉苏在侵略帕提亚的战争中败亡。庞培与凯撒矛盾激化，双方于公元前49年开战，凯撒占领罗马。次年庞培兵败被杀。前三头政治以凯撒建立独裁统治告终。

凯撒于公元前44年被刺身亡，罗马内战再起。公元前43年，凯撒派的屋大维（即奥古斯都）、安东尼和李必达三人公开结盟，由元老院授予共同统治国家5年的权力，史称后三头政治。公元前36年屋大维剥夺了李必达兵权。公元前31年安东尼被屋大维战败，次年自杀，后三头政治自此告终。屋大维成为罗马的唯一主宰，建立帝制，罗马帝国确立。

三位一体 Trinity 基督教的基本信条之一。源出于《马太福音》和《哥林多后书》。认为上帝是唯一的，但包括圣父、圣子、圣灵（圣神）三个位格。三个位格具有严格实在的区别，不可混淆；但又是完全同性同体，彼此间无大小、尊卑之别，同为独一真神。不是三个神，又非只一位。基督教会认为，这是“奥秘的启示”，只能凭信仰来接受领悟，无法用理性来论证解说。

三武一宗灭佛 Four Suppressions of Buddhism 中国佛教历史上发生的毁灭佛法事件。佛教徒称为法难。一般通指汉地佛教传播史上遭受的4次来自官方的禁断命令。三武，指北魏太武帝、北周武帝、唐武宗；一宗则指后周世宗。

①北魏太武帝禁佛。太武帝借口王公以下有私养沙门、积敛富人财产、与贵室女行淫乱，以及佛寺私藏兵器等劣迹，于太平真君七年（446）三月下诏禁断佛教，诛长安沙门，又令太子晃执行在国中全面禁佛的敕令。但太子素信佛法，故意缓发诏书，故天下沙门得以逃匿并收藏经像等。至文成帝（452～465）继位后，佛教恢复。

②北周武帝禁佛。武帝为抑制佛道，增加岁入，维护封建国家政治利益，于566～578年7次召集百官及沙门道士论议儒释道三教优劣，及政治地位的先后。禁佛之议始于建德三年（574）五月，时下诏，要求禁止佛、道二教，悉毁经像，罢沙门道士，禁诸淫祀。此次禁佛，到武帝死后停止。

③唐武宗禁佛。又称会昌法难。武宗在会昌年间（841～846）实行越来越严厉的禁佛措施。会昌二年（842）十月，勒令僧尼戒行不精者还俗，财产入官。五年三月诏勘检天下寺舍奴婢，八月敕尽毁天下佛寺，令僧尼一律还俗。除长安、洛阳各留二寺，每寺留僧30人，部分州治所或留一寺或留二寺外，其余寺庙全悉毁撤，财产没官，僧尼还俗成两税户。

④后周世宗禁佛。周世宗显德二年（955）四月诏禁私度僧人，废无敕寺院。并令男子出家必须年十五以上且能诵经百纸或读经五百纸，女子出家必须年十三以上且诵经七十纸或读经三百纸。是年废寺3 336所，仅存2 000余，合法僧尼6.12万人。北方佛教大受摧残。

《三希堂法帖》 *Sanxitang Studio's Model Calligraphy* 中国清代官刻的一部大型丛

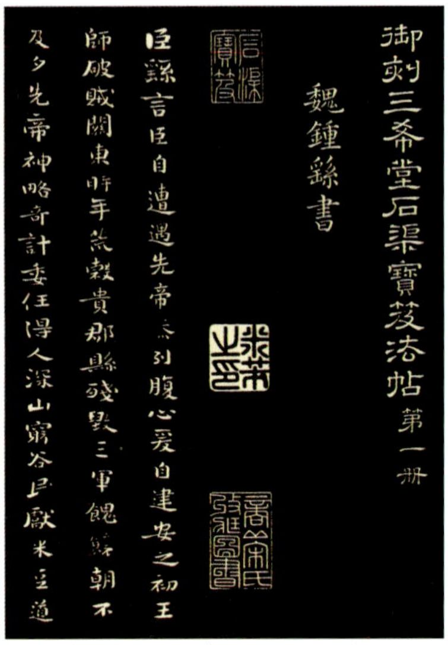

《三希堂法帖》初拓本（局部，中国国家图书馆藏）

帖。乾隆十二年（1747）大学士、吏部尚书梁诗正（1697～1763，字养仲，号薌林）等人奉敕用内府所藏魏晋至明朝历代书迹选编摹勒上石，刻成《御刻三希堂石渠宝笈法帖》32卷，至乾隆十八年（1753）完成，共收入历代书法家134人，书迹340件，刻石495块，原石今存北京北海公园阅古楼。

清高宗弘历（乾隆）曾将王羲之《快雪时晴帖》、王献之《中秋帖》和王珣《伯远帖》合称“三希”，并在故宫养心殿内辟专室收藏，名曰“三希堂”；又曾命张照等将宫内收藏的书画作品整理著录，先后编成《石渠宝笈》共3编。《三希堂法帖》即由此得名。此帖收罗广泛，摹刻亦精，规模之大为其他朝代所未有，但其中伪迹甚多，后人评价不高。其初拓本纸墨、拓工、装裱皆精良，收藏价值较高，宣宗道光十九年（1839）在帖石上下边缘加刻花纹后，拓本遂粗率不足观。

此外，乾隆二十年（1755），弘历又命大学士、户部尚书蒋溥（1708～1761，字质甫，号恒轩）等人选出《三希堂法帖》未收的唐、宋、元人书迹38件摹勒上石，嵌于清漪园万寿山墨妙轩两壁，称《墨妙轩法帖》四卷，弘历亲自作序，作为《三希堂法帖》的续帖。今原石已毁，拓本流传较少。

《三侠五义》 *Three Heroes and Five Gallants* 中国近代小说。120回。清光绪五年（1879）初版，署石玉昆述，卷首有问竹主人、退思主人、入迷道人三序。石玉昆（约1810～1871），字振之。天津人。咸丰、同治间著名说书艺人。其说唱之《包公案》，由文良等人记录整理为《龙图公案》，再经人删去唱词、增饰成120回小说《龙图耳录》。问竹主人又加以修改润色，更名为《忠烈侠义传》，又名《三侠五义》。近代学者俞樾认为此书第一回“狸猫换太子”事“殊涉不经”，遂援正史重撰第一回。又因三侠即南侠展昭、北侠欧阳春、双侠丁兆兰和丁兆蕙，实为四侠，增以小侠艾虎、黑妖狐智化、小诸葛沈仲元共为七侠；原五鼠即钻天鼠卢方、彻地鼠韩彰、穿山鼠徐庆、翻江鼠蒋平、锦毛鼠白玉堂，仍为五义士，故改书名为《七侠五义》，于光绪十五年（1889）作序刊行。所以今有《三侠五义》和《七侠五义》两本流传。

宋元以来不断有以包公为题材的文学作品出现。明末《龙图公案》，是有关包公审案断狱的短篇故事集。《三侠五义》把这些公案故事及民间传说串联为长篇，加以虚构扩展，特别增加大量侠客义士帮助官府破案缉凶和游行村市、除暴安良的情节。

小说大致分为两部分。前70回，主要写包公陈州查赈、明断各种奇案冤狱以及铡庞昱、葛登云和为李太后申冤等，其中穿插南侠封“御猫”、五鼠闹东京并归服朝廷事。后50回，以包公门生颜眘敏为中心，写他在众侠义协助下，剪除马朝贤、马强、襄阳王赵珏等诛强除暴的故事。

《三侠五义》是侠义公案小说中较优秀的作品，影响十分广泛。其后，出现了《小五义》、《续小五义》、《英雄大八义》、《英雄小八义》等类似的作品。而《三侠五义》的不少故事，又成为各类戏曲的题材来源。如京剧《打銮驾》、《遇皇后》、《打龙袍》、《赤桑镇》和《五鼠闹东京》等，均敷衍其中故事。《三侠五义》有多种铅印本。《七侠五义》有1980年北京宝文堂铅印本。1981年上海古籍出版社首次出版谢蓝斋抄本《龙图耳录》。

三峡水利枢纽 **Three Gorges Water Control Project** 长江干流治理开发的战略性水利工程。中国规模最大的水利枢纽，也是世界上装机容量最大的水力发电站。坝址在湖北省宜昌三斗坪，位于长江三峡中的西陵峡。控制流域面积为100万平方千米，占长江流域面积的56%。坝址处多年平均流量14 300米^3/秒，基岩为完整坚硬的花岗岩。

沿革　孙中山于1918年在《建国方略》中就首次提出开发三峡水力资源。1932年国民政府组织长江上游水力发电勘测队，在三峡地区进行查勘测量，完成《扬子江上游水力发电测勘报告》，提出三峡工程低坝方案。1944年中国资源委员会邀请美国垦务局的J.L.萨维奇博士来华，查勘三峡，提出三峡工程以发电为主、兼顾其他的高坝方案。1946年资源委员会派出中国工程师到美国垦务局合作研究三峡设计方案，并进行了部分勘探、测量和设计研究工作。中华人民共和国建立后，长江水利委员会对三峡工程进行了大量勘测、科研、规划设计工作。1986年水利电力部组织各方面专家论证三峡工程，长江水利委员会于1989年提出三峡工程可行性研究报告。1992年4月第七届全国人民代表大会通过《关于兴建长江三峡工程的决议》，将兴建长江三峡水利枢纽列入国民经济和社会发展十年规划。三峡工程经历了70余年的勘测设计研究与论证，于1994年12月14日正式开工。1997年11月8日，大江截流合龙成功。2003年7月10日，首台机组并网发电。2009年经审定：三峡工程初步设计任务如期完成，防洪、发电、航运等综合效益全面发挥。

工程方案　枢纽建筑物由大坝、电站厂房、船闸及升船机组成。大坝为混凝土重力坝，最大坝高181米，坝顶高程185米，大坝轴线全长2 300米。正常蓄水位175米，初期蓄水位156米，汛期限制水位145米，防洪库容221.5亿立方米，总库容393亿立方米。泄洪坝段位于河床中部，长483米，设23个深孔和22个表孔，两侧为电站厂房坝段及非溢流坝段。电站采用坝后式，分设左岸及右岸厂房，分别安装14台及12台水轮发电机组。水轮机为混流式，单机容量均为70万千瓦。加上2台单机容量5万千瓦的机组，水电站装机34台，总计2 250万千瓦，年发电量超过1 000亿千瓦·时。通航建筑物包括永久船闸和垂直升船机，均布置在左岸。永久船闸为双线五级连续船闸，位于左岸临江最高峰坛子岭的左侧，船闸总水头达113米，闸室有效尺寸为长280米，宽34米，坎上最小水深5米，可通过万吨级船队，年单向通过能力为5 000万吨。施工期间，在永久船闸与左岸厂房之间，另设单线一级临时船闸，闸室有效尺寸为长240米，宽24米，坎上最小水深4米，后期改建为冲沙闸。升船机在临时船闸左侧，为单线一级垂直升船机，承船厢有效尺寸为长120米，宽18米，最小坎上水深3.5米，最大提升高度113米，一次可通过一艘3 000吨级客货轮或1 500吨级船队。

三峡水利枢纽鸟瞰

效益　三峡工程是开发和治理长江的关键性工程，具有防洪、发电和航运等综合效益。①**防洪**。可将荆江河段防洪标准由十年一遇提高到百年一遇；减缓洞庭湖的泥沙淤积，延长其寿命；较大幅度地减少中游分蓄洪损失；减轻武汉地区洪水威胁；对下游防洪也有一定作用。②发电。水电站多年平均年发电量居世界第一，每年约替代原煤4 000万～5 000万吨。③航运。三峡水库形成600千米以上的深水航道，下水单向年通过能力由1992年的1 000万吨提高到5 000万吨，航运成本降低35%～37%，万吨级船队可直航重庆，使川江真正成为"黄金水道"。④其他。有利于沿江城镇供水、**南水北调工程**等，并有灌溉、水产养殖、旅游等效益。

三峡水库面积1 084平方千米，淹没陆地面积632平方千米，其中淹没耕田地41.75万亩；受淹人口84.41万，其中城镇人口占57%。最终安置的移民总数达113万人。三峡工程动态总投资为2 039亿元。

三弦　sanxian　拨奏弦鸣乐器。又称弦子。有源自中国秦代弦鼗之说。元代为元曲的主要伴奏乐器。明初广泛流行于南方各省，在江、浙、闽一带更盛，其形制较小，多用于弦乐合奏及戏曲、说唱的伴奏。19世纪中叶，河北高阳县木板大鼓艺人马三峰根据小三弦的形制改制出大三弦。从此，大、小三弦并存，并形成南北不同的风格。三弦的音箱扁平呈椭圆形，两面蒙以蟒皮。琴杆长而无三弦品，琴头两侧置3个弦轴，张3根弦。定弦法随乐种而异，多按四、五度关系定弦。演奏时左手按弦，右手以手指或拨子弹奏。因无品，演奏滑指和走音方便，可自由转调。三弦品种很多，常见的有大、小两种。小三弦又名曲弦，因伴奏**昆曲**而得名。因流传在南方，又称南弦。长约95厘米。大三弦又名大鼓三弦或书弦，因为北方大鼓书伴奏而得名。长约122厘米。三弦用于独奏、合奏和伴奏。除汉族外，蒙古、满、彝、白、拉祜、哈尼、基诺、傈僳、景颇、傣等民族也使用三弦。

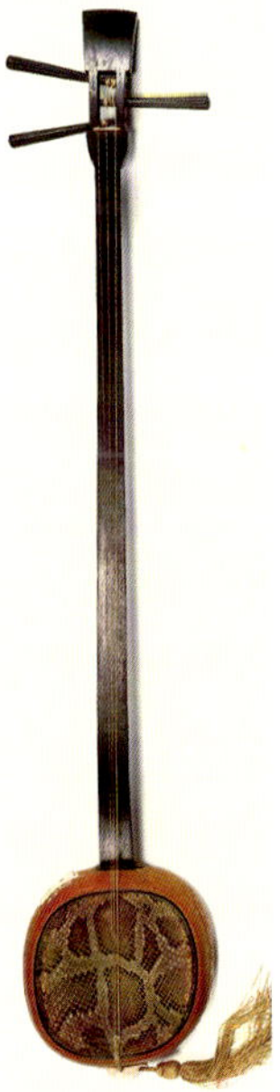

三饷　three extra taxes　中国明末加派的辽饷、剿饷和练饷三项赋税的合称。①辽饷又称新饷，始征于万历四十六年(1618)，主要用于辽东的军事需要。到四十八年止，按亩征收，一度征及権关、行盐及其他杂项银两。②剿饷为镇压农民起义的费用，主要也征自田土。原议只征一年，实际上从崇祯十年起，直到十三年才被迫停止。③练饷是崇祯十二年(1639)根据**杨嗣昌**的提议征派的，名义是训练"边兵"，加强九边各镇防御力量，实际是为了对付农民起义。三饷的加派反映了明末统治的腐败，并成为明朝灭亡的重要原因之一。清朝统治者入关后，曾下诏蠲免三饷，但没有认真实行，特别是辽饷中的九厘银，不久即被编入《赋役全书》，成为田赋的正式份额，终清一代，再未蠲除。

三相交流电路　three-phase A. C. circuit　由三相交流电源供电的电路。简称三相电路。三相交流电源指能够提供3个频率相同而相位不同的电压或电流的电源，最常用的是三相交流发电机。三相发电机的各相电压的相位互差120°，它们之间各相电压超前或滞后的次序称为相序。三相电动机在正序电压供电时正转，负序电压供电时则反转，因此，使用三相电源时必须注意其相序。一些需要正反转的生产设备可通过改变供电相序来控制三相电动机的正反转。

三相电源连接方式　常用的有星形连接(Y形)和三角形连接(Δ形)。从电源的3个始端引出的三条线称为端线(俗称火线)，任意两根端线之间的电压称为线电压。星形连接时线电压为相电压的$\sqrt{3}$倍，3个线电压间的相位差仍为120°，它们比3个相电压各超前30°。星形连接有一个公共点，称为中性点。三角形连接时线电压与相电压相等，且3个电源形成一个回路，只有三相电源对称且连接正确时，电源内部才没有环流。

三相负载　按三相阻抗是否相等分为对称三相负载和不对称三相负载。三相电动机、三相电炉等属前者。一些由单相电工设备接成的三相负载(如生活用电及照明用电负载)，通常取一条端线和由中性点引出的中线(俗称地线)供给一相用户，取另一端线和中线给另一相用户，这类接法三条端线上负载不可能完全相等，属不对称三相负载。三相负载连接方式也有星形与三角形之分。

三相电路的瞬时功率等于各相瞬时功率之和。即

$$P=P_A+P_B+P_C$$

式中下标分别表示各相。对于对称电路，

$$P=3U_pI_p\cos\varphi=\sqrt{3}\,UI\cos\varphi,$$

此时$U_A=U_B=U_C=U_p$，式中U_p、I_p、U、I分别是相电压、相电流、线电压和线电流的有效值。对称三相电路的平均功率与其瞬时功率相等。其无功功率为$Q=\sqrt{3}\,UI\sin\varphi$，视在功率为$S=\sqrt{3}\,UI$。对称三相电路的瞬时功率为常量，正常运行时带动三相发电机的原动机所受的反力矩和三相电动机的输出转矩都是平稳的。

三星堆遗址　Sanxingdui　中国新石器时代末期至商代的大型遗址。位于四川省广汉市的南兴镇北、鸭子河南岸。年代为公元前2500～前1200年。因最重要的考古发现集中于名为三星堆的土丘周围而得名。1929年发现，1934年调查发掘，1963、1980年后又多次发掘。此遗址是三星堆文化典型遗址，也是长江上游地区已发现的规模最大的青铜文化遗址，在中国**青铜时代**考古中具有重要意义。1988年国务院公布为全国重点文物保护单位。

三星堆古城平面为南宽北窄的梯形，东西宽在1 800米以上，城内面积达2.5平方千米。城墙用土堆筑，墙基一般宽40余米。城北部中央的月亮湾高地为人工堆筑，曾发现大量玉石礼器，推测为宫殿区所在。南部中央有人工堆砌的三星堆土丘，曾发现两个具有原始宗教含意的器物坑，被推测为宗教祭祀活动场所。古城内发现居民区和大型公共建筑的夯土基址。西城墙外有当时的墓地。

青铜面像

三星堆器物坑发现于1986年。两坑相距约30米，坑中出土大量金、铜、玉、石、陶质器物和象牙、海贝等。其中，金器中的包金木杖、面罩和金虎制作精美。玉器有圭、璋、璧等祭祀用器。青铜器除有罍、尊、盘、戈等与商代青铜器形制风格相近的器物外，还有具有浓郁地方特色的大铜树、铜面像、人头像、大型立人像和铜鸟、铜鹿等。大铜树2件，一件枝叶类似桑树，一件枝叶类似柳树，它们可能分别代表中国古代太阳神话中的扶桑和若木，是中国上古宇宙观念的产物；铜面像眼睛的瞳孔像柱子一样突出，大耳长且尖；青铜人头像形象夸张；立人像连座通高约2.60米，采用分段浇铸法铸成，是研究蜀人体质和服饰的宝贵资料。

三星堆遗址分为三个大的时期。第一期为聚落时期。第二期为三星堆古城崛起，这一阶段的遗存被命名为三星堆文化。第

三期为古城被废弃。一般认为，三星堆文化为古蜀人的遗存，年代可能相当于蜀国古史传说中的柏灌王朝或鱼凫王朝时期。

三性 tri-svabhāva 佛教术语。有二义：①佛教瑜伽行派学说的中心观念。译作三自相或三相，即遍计所执性、依他起性和圆成实性。遍计所执性，指将种种因缘所生并无实体的存在执为实体，又称虚幻分别相或分别性；依他起性，指依众缘而起的现象存在，又称因缘相或他根性；圆成实性，即排除妄执客观世界实有，并悟到现象界为心识所派生，显示出圆满成就诸法实性，也就是唯识真性。②佛教对一切法从价值角度所作的性质分类，有善、不善和无记（非善非不善）三种。简而言之，有利于解脱的一切法为善，有悖于解脱的称恶，利害无从判断（记别）的称无记。无记又分为有覆无记和无覆无记两种。

三学 trisiksa 佛教用语。学佛者应当完成的基本修持功课，包括戒（律）、（禅）定及（智）慧三方面的学业。

戒，又称增上戒学。即持守戒律以防止身口意三方面的过失。在家与出家的佛教徒，小乘和大乘关于应持守的戒律多寡有不同说法，但持戒的宗旨则是一致的。小乘有五戒、八戒、二百五十戒等，最基本的是五戒，即戒杀生、偷盗、邪淫、妄语及饮酒；大乘则有三聚净戒、十重戒、四十八轻戒。

定，又称增上定心学，即修持禅定的功夫。修定的目的在于除杂虑，静心观想四谛道理。小乘禅分四个阶段，共同的特性在于实现心一境性（专注于一境），而禅定层次逐步深入，由舍离心理追求，摈除情欲、消除不善心，直至舍离对修禅带来利益的关心。大乘佛教一般并不讲孤立习禅，而强调与般若相结合，定的目的在于生慧。

慧，又称增上慧学。这是指通过学习佛教义理而培养起辨别事物，指导精神修习的能力。大小乘都承认慧具有择法和断疑的功能。广义地说，慧学是指义学修养的培植过程，而培养智慧的最终目标仍是实现解脱。

三亚珊瑚礁自然保护区 Sanya Coral Nature Reserve 中国唯一的国家级珊瑚礁自然保护区。1989年建立。1990年9月批准为国家级自然保护区。位于海南省三亚市西南面和三亚港鹿回头湾内。面积4 000公顷。主要保护对象是珊瑚礁及其生态系统。这里海洋生态环境好，波浪破坏作用小。基质适于珊瑚附着，珊瑚礁保存完好，种类为海南岛沿海之冠，约有87种，珊瑚礁生长较为密集，分布面积大，从2～3米至10米左右水深均有分布。

三亚市 Sanya City 中国海南省辖地级市。环境指标均优于国家一级标准。联合国公认最适合人类居住的城市之一。长寿之乡。位于海南岛南部，南临南海。面积1 919平方千米。人口69万（2010），有汉、黎、苗、回等民族。西汉时为临振县地，隋为临振郡，唐为振州，宋始称崖州，其后名称时有变易，明清时亦称崖州，1912年改置崖县。1984年设立三亚县级市，1987年升为地级市。海岸曲折，多海湾岬角和海岛。地处热带，高温多雨。干湿季明显，多台风。矿产有磷、铁、钛、石灰岩等。农作物有水稻、甘薯、甘蔗、橡胶、水果等，是中国重要育种基地。林业在经济中居重要地位，盛产花梨、子京等珍贵木材。沿海盛产鱼、盐。工业有制糖、食品、水产加工、水泥、电力和木材加工等。旅游资源丰富。名胜古迹有亚龙湾、南山、

三亚市全景

鹿回头、大东海、小东海、天涯海角、落笔洞、大洞天、小洞天、崖州古城等。

三言二拍 中国明代通俗文学家冯梦龙编纂的小说集《古今小说》(《喻世明言》)、《警世通言》和《醒世恒言》与小说家凌濛初的拟话本小说集《拍案惊奇》和《二刻拍案惊奇》的合称。

三叶草 *Trifolium*; clover 豆科三叶草属植物的统称。一年生或多年生草本植物。分布最广的一种牧草，也可兼作绿肥。原产小亚细亚南部和欧洲东南部。本属约有360多种，其中在农业上有利用价值的约有25种，而以红三叶、白三叶和绛三叶3种栽培较多。此外，还有杂三叶等。

红三叶又称红车轴草。主要分布于欧洲及美国、新西兰等地。中国淮河以南亦有栽培。喜湿润温暖气候，较耐旱、耐寒。适宜于排水良好、富含钙质的黏性土壤生长。茎叶柔软，略带苦味。

白三叶又称白车轴草。中国淮河以南和西南地区均有栽培。多年生草本。喜温

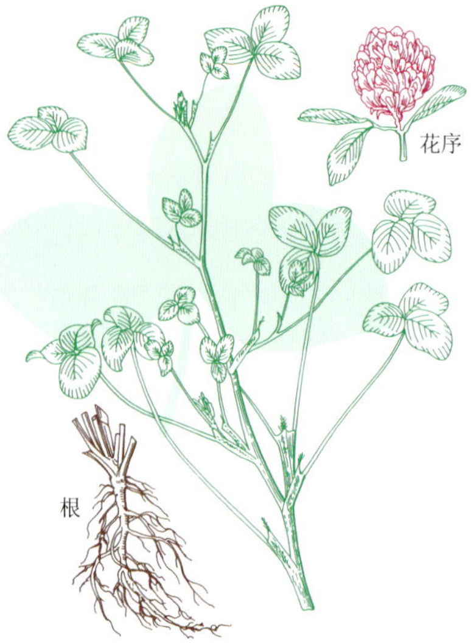

红三叶形态

暖湿润气候，适应性广，耐酸性强。再生性好，耐践踏，属放牧型牧草。

绛三叶又称绛车轴草。原产欧洲，中国淮北及长江以南地区广泛引种栽培。可用作牧草、地面覆盖植被或绿肥，也可作填闲作物。一年生或越年生草本。喜温暖湿润气候，耐瘠、耐阴。

三叶虫 Trilobita; trilobite 节肢动物门中已绝灭的三叶虫纲昆虫的统称。虫体的外壳纵分为一个中轴和两个侧叶，故名三叶虫，由前至后又横分为头、胸、尾3部。三叶虫全属海生，多数营底栖游移生活，少数钻入泥沙中或漂游生活。寒武纪早期出现，至二叠纪末则完全绝灭。

背部观三叶虫为卵形或椭圆形，成虫长3～10厘米，宽1～3厘米。小型的6毫米以下。三叶虫体外包有一层外壳。腹面的节肢为几丁质，其他部分都被柔软的薄膜所掩盖。三叶虫背壳的中间部分称为轴部或中轴，左、右两侧称为肋叶或肋部。三叶虫壳面光滑。或有陷孔、瘤包、斑点、放射形线纹、同心圆线纹、短刺等。头部多数被两条背沟纵分为三叶，中间隆起的部分为头鞍及颈环，两侧为颊部，眼位于颊部。胸部由若干胸节组成，形状不一，成虫2～40节。一般所采到的三叶虫化石都是背壳。迄今为止全世界已发现节肢的化石只有19种。

三叶虫卵生。一般划分为3期：幼虫、中年期、成年期。是分类的重要根据之一。三叶虫纲可以分为7目：球接子目、莱得利基虫目、耸棒头虫目、褶颊虫目、镜眼虫目、裂肋虫目及齿肋虫目。

中国三叶虫化石是早古生代的重要化石之一，是划分和对比寒武纪地层的重要依据。

三一律 three unities 戏剧结构理论之一。又称“三整一律”。先由文艺复兴时期意大

利戏剧理论家提出，后由法国古典主义戏剧家确定和推行。三一律规定剧本创作必须遵守时间、地点和行动的一致，即一部剧本只允许写单一的故事情节，戏剧行动必须发生在一天之内和一个地点。

三一律是从**亚里士多德**的《**诗学**》引申出来的，认为戏剧“所模仿的就只限于一个完整的行动”，也提到“悲剧力图以太阳的一周为限”，但这只是指演出时间的长度。意大利理论家基拉尔底·钦提奥在1545年首先提出“太阳运行一周”指的是剧情的时间。其后，洛德维加·卡斯特尔维屈罗在注释《诗学》时又进一步阐述了剧情时间与演出时间必须一致的观点。此外，戏剧行动的一致性也被加上了排斥次要情节、只能有一条情节线的限制。17世纪，三一律被法国古典主义戏剧家当作不可违反的规定而极力推行，并在欧洲剧坛长期占据统治地位。18世纪以后，随着浪漫主义戏剧的兴起，三一律不断受到戏剧家的抨击，逐渐被冲破。

三一论 Trinity, doctrine of 基督教基本教义之一，亦属基督教神学重要课题。三位一体论的简称。此教义是说上帝既是一神，又包括**圣父**、**圣子**、**圣灵**（亦译“圣神”）三个位格；圣子为圣父所生，圣灵从圣父（西派教会认为从圣父和圣子）发出，所以三位同为一个上帝；上帝乃通过圣父、圣子、圣灵的行动或表现，而显示其单一的本体。一般认为这一教义使基督教避免了多神论和僵硬的唯一神论这两个极端。《**圣经**》中虽无“三位一体”一词，但后世正统教会认为圣经关于圣父、圣子和圣灵的记载表明了这一观念，故确定其为正统基本教义之一。东西两大派教会均认为此教义是“奥秘的启示”，只能凭信仰接受，无法用理性说明。

三一运动 March 1st Movement 朝鲜人民反对日本殖民统治、争取民族独立自由的爱国运动。因爆发于1919年3月1日，故名。

1919年1月，**李氏朝鲜**废帝高宗（李熙）暴卒，传为日本人所害，激起朝鲜人民多年的积愤。2月8日，朝鲜留日学生在东京发表宣言，号召人民“为自由而溅其热血”，得到国内学生的响应。3月1日，学生和市民等纷纷涌上街头，当众宣读《独立宣言书》，举行声势浩大的游行，参加人数达30多万。3月中旬，斗争浪潮迅速推向全国城乡，全国有11个府、206郡，200多万人示威和暴动。约7 000人被日本军警屠杀，1.6万人受伤，4.6万人被捕，其中1万人受审和被判刑。6月底，运动被日本殖民当局镇压。

三乙胺 triethylamine **氨**分子中的氢原子被三个乙基取代的**胺**，分子式$(CH_3CH_2)_3N$。易挥发的无色液体，有氨的气味。熔点－114.7℃，沸点89.3℃，相对密度0.727 5(20/4℃)。溶于水和乙醇、乙醚等有机溶剂。三乙胺有碱性，与无机酸能生成易溶于水的盐类。可由N,N-二乙基乙酰氨与氢化铝锂反应制取，也可用**乙醇胺**进行气相**烷基化反应**合成。用于制橡胶硫化促进剂、润湿剂和杀菌剂等，也可用作溶剂和用于合成四级铵化合物。

三因制宜 treatment individualized to patient, season and locality 中医临床治疗法则之一。即因人因时因地制宜。在治疗上须依据疾病与气候、地理、患者三者之间的关系，制订相适宜的治疗方法，这是中医学的整体观念和**辨证论治**在治疗上的体现。

因人制宜 ①年龄。不同年龄具有不同的生理和病理特点：小儿生机旺盛，但气血未充，脏腑娇嫩，患病易寒易热、易虚易实，病情变化较速，但接受治疗的药效反应也较快，故小儿用药剂量较小，一般不宜用峻泻、涌吐以及大温大补的药物；老人生机减退，气血亏虚，患病多虚证或虚实夹杂，用药剂量也比青壮年较少，较多用补益药，祛邪峻猛药也须慎用；青壮年气血旺盛，发育成熟，脏腑功能趋于稳定，对各类疾病的抵抗力也强，在患病时多表现为邪正搏斗激烈的实证、热证，治疗用药禁忌相对少些。②性别。男女性别不同，各有其生理和病理特点：妇女有经、带、胎、产等情况，治疗时必须加以考虑。③体质。一般人的身体素质多有强弱与寒热之偏，偏于阳盛或阴虚之体，慎用辛温燥热之剂；偏于阳虚或阴盛之体，慎用寒凉伤阳之药。体质强壮的人，用药剂量可相对重些；体质瘦弱者，用药剂量也相对减轻。

因时制宜 根据季节气候的特点制定适宜的治疗方法。四季气候的变化，对人体的生理功能、病理变化均能产生相应的影响，治疗用药需适应四季气候的特点。春夏季节气候由温渐热，阳气升发，人体腠理疏松开泄，此时外感风寒，不宜用过于辛温的药，以免开泄太过、耗伤气阴；秋冬季节气候由凉变寒，阴盛阳衰，人体腠理致密，阳气敛藏于内，此时若病非大热，当慎用寒凉之品，以防苦寒伤阳。

因地制宜 按照地域环境的不同，制定适宜的治疗方法，治疗用药也应有所差异。气候寒冷、干燥少雨的高原地区，外邪致病多为寒邪、燥邪所致，治疗宜用辛散滋润的药物；炎热多雨、地势低洼、气候潮湿的地区，外邪致病多为湿邪、热邪所致，治疗宜用清热化湿的药物。

三元里抗英斗争 Sanyuanli People's Resistance against British Invasion 中英**鸦片战争**时期广州人民自发的武装抗英斗争。道光二十一年四月初五（1841年5月25日），英军攻陷广州城北诸炮台，设司令部于地势最高的永康台。永康台土名四方台，距城仅一里，大炮可直轰城内。清军统帅奕山等畏惧求和，四月初七与英订立《广州和约》，以支付英军赎城费、外省军队撤离广州等条件，换取英军交还炮台、退出虎门。和约墨迹未干，英军窜扰西北郊三元里及泥城、西村、萧冈等村庄，抢掠烧杀，奸淫妇女。广大民众义愤填膺，各地团练共图抵抗。初九，三元里村民击退来犯小股英军。次日，南海、番禺百余村团练手持戈矛犁锄，群起围困永康台。相持近半日，

三元里抗英烈士纪念碑

英军司令卧乌古（郭富）亲自带兵出击。团练且战且退，诱敌至牛栏冈丘陵地带。时大雨骤至，英军火枪受潮不能发射，团练民众冒雨反击，将英军分割包围，肉搏鏖战。英军一个连队几遭全歼，其余逃回炮台。十一日清晨，广州手工业工人以及附近州县团练陆续赶来，围台民众增至数万，相约饿死英军。卧乌古不敢再战，转而威胁官府，扬言毁约攻城。奕山等闻讯恐慌，急派广州知府余保纯出城，先安抚英军，复率番禺、南海两县令向团练中士绅施加压力。士绅潜避，团练逐渐散去，台围遂解。

三垣二十八宿 three enclosures and twenty-eight mansions 中国古代对黄赤道带和它以北天区的恒星的一种划分方法。类似于现代天文学中将天空划分为许多星座。其中二十八宿是对黄赤道带恒星的划分，而三垣则是对黄赤道带以北天区的恒星的划分。二十八宿创立的年代很早。1978年夏，湖北随州发掘出战国初年古墓葬中的一个漆箱盖，上面有完整的二十八宿的名称。这说明至迟在公元前5世纪，二十八宿业已划定。二十八宿后来被分成4组，并与东、北、西、南4宫及用动物命名的四象相配。即东宫苍龙（或青龙）包括角、亢、氐、房、心、尾、箕七宿；北宫玄武（龟

蛇）包括斗、牛、女、虚、危、室、壁七宿；西宫白虎包括奎、娄、胃、昴、毕、觜、参七宿；南宫朱鸟（或朱雀）包括井、鬼、柳、星、张、翼、轸七宿。二十八宿中，各宿所包含的恒星都不止一颗，从每宿中选定一颗星称为精细测量天体坐标的标准，叫作这个宿的距星，下宿距星和本宿距星之间的赤经差，称为本宿的赤道距度（简称距度）。二十八宿在天空所占的范围大小相差很大，最大的井宿所占的赤经范围达33°，最小的觜宿则不足2°。三垣的形成比二十八宿晚得多。尽管《开元占经》辑录的《石氏星经》中已出现了紫微、天市两个名称，但当时只是将它们作为星官看待，还未代表大片的天区。直到唐代的《步天歌》中，三垣的划分方法才完全被确定下来，其中紫微垣包括北天极附近的星区，大体上对应于拱极星区，紫微垣和二十八宿中星、张、翼、轸等宿之间的星区称太微垣，紫微垣和房、心、尾、箕、斗等宿之间的星区称天市垣。

唐二十八宿镜拓片（湖南省博物馆藏）

古代的印度、阿拉伯、伊朗、埃及等国，也有类似的二十八宿体系。二十八宿起源于中国还是起源于印度的问题，尚无定论。

三月三 Third Day of the Third Lunar Month, Festival on 中国壮、侗、苗、水、黎、布依、畲、仡佬等少数民族传统节日。流行于广西、贵州、福建等地。因在每年农历的三月初三举行，故名。壮族三月三又称歌节、歌仙节，民间盛传为纪念唐代壮族歌仙刘三姐而设。每年三月初三，青年男女着盛装，用荷叶、箬竹叶包五色糯米饭、彩蛋、绣球去赶歌圩、赴歌会，参加对歌比赛。对歌前，先祭祀歌仙刘三姐，然后对唱。歌词皆即兴发挥，天文地理、民族历史、生产和生活知识包罗万象。彻日对歌的同时，并有抛绣球、碰红蛋、放花炮、演壮戏等活动，场面壮观。1983年广西壮族自治区人民政府决定，每年农历三月三为壮族歌节，并在南宁、柳州、桂林等地举行歌节盛会。侗族三月三，多举行抢花炮、斗牛、斗鸟、对歌、踩堂等活动，其中以抢花炮最有特色，故又称“花炮节”。布依族三月三，杀猪祭社神、山神，吃黄糯米饭，各寨三四天内不相往来。畲族以三月三为谷米的生日，家家吃乌米饭。

广西柳州市三江侗族自治县富禄苗族乡的少数民族同胞在“三月三”歌圩上表演芦笙踩堂

三藏 tri-piṭaka 佛教典籍的组织与保存形式。又称一切经、契经、藏经，包括经、律、论三个基本部分。佛教经典中最早出现的是**释迦牟尼**在世时宣说的正法，最初佛的教法是以口口相传的形式保存下来的。而以经藏和律藏来命名，是佛逝世以后的事。佛涅槃后，大迦叶、阿难等人深感树立佛生前教导的权威性并以此维系僧人的修持和教团的发展，十分必要。佛入灭的当年，在夏安居时迦叶主持了佛教教理的汇编工作，这就是结集。佛的弟子们聚集一处，会诵并确认佛所说法的地点、对象和因缘。“多闻第一”的阿难背诵了佛祖生前的思想论述，这称为“经”；“持律第一”的优波离诵出了佛祖为僧团制定的规章制度，这称作“律”。

“藏”的本意是“箧”或“箱”，转义为今日所谓“范畴”。经是佛的论议教导，律是佛制定的戒律，而论是佛弟子们对佛的言教的议论发挥。而较部派佛教稍晚的大乘佛教，部派佛教时期多数部派已使用三分法来归类佛教经典。大乘佛教亦采用三藏形式，即大乘经、大乘律、大乘论。而将先前的三藏称为小乘经、小乘律、小乘论。

大乘经音译名为大乘修多罗。相对于阿含经四部或南传五部尼柯耶而言的大乘经典。依《大智度论》的说法，经可以分为声闻藏与菩萨藏。菩萨藏中的经典就是大乘经。通常认为最初的大乘经出现大约在公元1世纪前后。从古代佛教经录看，整理佛经目录的僧人是明确注意到了大乘经典的存在的。据《历代三宝记》说，在南北朝时的众多经录都分列了大小乘的经律论。大乘经在内容上的特征是多讲以往原始佛教或部派佛教没有提及或没有明确发挥的内容，诸如**如来藏**、**佛性**、六波罗蜜等。大乘律音译名为大乘毗尼、菩萨毗尼或菩萨律。意为大乘菩萨受持的戒律。大乘律是泛指包含“三种净聚戒”的根本原则的经典。汉文大乘戒经有《菩萨戒经》和《梵网经》，禅门的清规在大乘律仪范围内。大乘论音译名为大乘阿毗昙，意译名大乘对法。是关于大乘经的论义的发挥或条列。包括对于原始佛教或部派佛教时代的佛所教法含义的发掘，也包括对所谓菩萨藏中要义的发挥。最著名的大乘论有**中观派**的《**中论**》、《大智度论》，同样重要的还有**瑜伽行派**的《瑜伽师地论》、《成唯识论》和《**大乘起信论**》等。

南传上座部的三藏又称巴利文三藏，或巴利语系大藏经。公元前3世纪阿育王时，摩揭陀国首都华氏城曾行第三次结集。结集后阿育王派其子（或说其弟）摩哂陀往斯里兰卡弘法。他生长于印度西南山奇一带，那里使用巴利语，所以他传入斯里兰卡的是巴利语的三藏。前1世纪，斯里兰卡举行第四次结集，将巴利语佛经用僧伽罗字母读音记录到了铜片或贝叶上。5世纪时，觉音长老又将所有经典再加整理。所谓巴利文只是用僧伽罗字母读音写的巴利语。随着佛教传向东南亚，巴利语佛教经典也就有了用不同文字字母读音写的巴利语佛经，如缅甸字母、老挝字母、高棉字母和四种泰文字母读音写的佛教三藏。近代以来才有了直接翻译为本国语文的巴利语系三藏。泰国从20世纪40年代起就开始编纂泰文三藏，历时12年完成。斯里兰卡在50年代编纂了僧伽罗文本的巴利语三藏。1935～1941年，巴利语系的三藏译成日文翻译出版，共70本，称《南传大藏经》。

拉丁文转写的巴利语三藏的出现应归功于著名英国佛教学者L.大卫，他在1881年发起组织了“巴利语圣典学会”，专门从事南传巴利语大藏经典籍的搜集、校勘、整理及刊行。现今最为完善的巴利文大藏经是1956年缅甸联邦政府在佛涅槃2 500周年纪念会期间的第六次结集时完成的。

傣文三藏又称傣文大藏经。为中国云南的傣族以傣文读音写的或者翻译的巴利语系大藏经。傣文三藏的内容结构与巴利语系三藏无异，但因地理和历史方面的缘故，傣文三藏分为西双版纳傣文、德宏傣文以及傣绷文。傣文三藏佛教的装帧形式有两种：贝叶刻写本与构皮纸抄写本。

汉文三藏又称汉文大藏经（见**大藏经**）。

三长制 three elders system 中国**北魏**后期的基层政权组织。**魏道武帝拓跋珪**建立北魏政权时，各地宗族坞堡林立。北魏朝廷利用各地“宗主”“督护”地方，实行**宗主督护**之制。**魏孝文帝改革**时，为加强中央政府对人民的实际控制，采纳给事中李冲建议，于太和十年（486）建立三长制，以取代宗主督护制。三长制规定：五家为邻，设一邻长；五邻为里，设一里长；五里为党，设一党长。三长制与**均田制**相辅而行，三长的职责是检查户口，征收租调，征发兵役与徭役。

实行三长制，三长直属州郡，原荫附于豪强的荫户也将成为国家的编户，因而必将与豪强地主争夺户口和劳动力。李冲提出实行三长制的建议后，在朝廷中引起激烈争论。冯太后从加强中央集权出发，认为实行三长制既可使征收租调有根据和准则，又可清查出大量的隐匿户口。三长制终于在冯太后的支持下实施。

三长制的建立，打破了豪强荫庇户口的合法性。较之宗主督护制，毕竟是一种历史的进步。实行后，国家直接控制的自耕农民大量增加，国家赋税收入相应增加，人民赋税负担也有所减轻。北魏后期社会经济明显的恢复和发展，当与此有密切关系。后来成为北齐、隋、唐时期乡里组织的基础。

三正 three calendars of the different first months 三种不同岁首的历法。“正”是指正月。三正是夏正、殷正、周正。《左传》说：“火出，于夏为三月，于商为四月，于周为五月。”大火星黄昏出现于东方地平线时，夏历为三月，商历为四月，周历为五月。这表示三种历法的正月是在不同的时节。《史记·历书》说：“夏正以正月，殷正以十二月，周正以十一月。”这是以夏历为标准而言的。到近代，中国的王韬、朱文鑫，日本的新城新藏等人根据对《春秋》历法的研究，认为三正交替之说，只是春秋战国时宣传改变历法的托词，未必真有其事。

三支两军 three supports and two military tasks 中国人民解放军在“**文化大革命**”中执行支左、支工、支农、军管、军训任务的简称。1967年1月，“文化大革命”进入“全面夺权”阶段，全国各级党政机构陷于瘫痪或半瘫痪状态。为了控制局面，1月21日，毛泽东决定人民解放军正式介入地方“文化大革命”，执行“三支两军”任务。到1970年底，全军共有干部战士近280万人次参加。“支左”主要是促进各派群众组织“大联合”、制止武斗、收缴武器、建立和参加革命委员会的工作。“支工”是派出大批人员到工矿企业和铁路交通行业，组织和直接参加工业生产。“支农”是派出大批人员组成宣传队，到各地农村协助当地领导机关和人民公社，组织农村春耕、秋收等生产。“军管”是对边防沿海、交通要道、公安机关、机密单位、电台报社、国防工厂、重要仓库等核心要害部门及部分省、市、自治区和国家部门实行军事管制。“军训”是对大学、中学和小学高年级学生实行军政训练。1972年8月21日，中共中央、中央军委发出通知，撤回了参加地方“三支两军”工作的大部分军队人员。“三支两军”的指战员在非常混乱和极其复杂的环境中，做了大量工作，对于缓和国家动乱局势，维持经济建设，维护社会秩序，减少动乱损失起了积极作用。但是，由于在总体上执行了“文化大革命”的错误方针，所以也产生了许多缺点错误，带来一些消极后果。

三趾马 *Hipparion* 一类已绝灭的马。最早的三趾马发现于北美中中新世，距今约1 500万年的地层中，在距今1 200万年前后，至少有一支通过白令陆桥进入旧大陆，曾经繁盛一时。这一时期的动物群就被称为三趾马动物群。三趾马是一个相当庞杂的类群，可能包括多个属。广义的三趾马至少还包括北美的祖三趾马、新三趾马和矮三趾马。

三趾马复原图

三趾马是马科进化谱系树中的一个旁支，并不是现生马的直系祖先。体型上小的如驴，大者如马。上颊齿有孤立的原尖和极多的窝内细褶，是三趾马和一切其他马类的区别。头骨上的眶前窝在大多数种类中都很发育（现生马没有）；前肢3趾，中趾显著粗大于两侧趾。大部分化石马类都是三趾型的。

中国三趾马化石丰富。从晚中新世直至早更新世末或中更新世初期（匼河），生活在中国的广大区域内。

三资企业 three-capital enterprises 外国商人在中国直接投资经营企业的三种基本形式，即**中外合资经营企业**、**中外合作经营企业**和**外商独资企业**的统称。

三资企业的发展，引进大量的国外资金，弥补国内建设资金的不足，促进中国的经济增长和产业结构的升级，扩大社会就业，提高对外贸易的水平，也推动社会主义市场经济体制的建立与完善。不断吸引外商直接投资，促进三资企业的发展，是中国全面提高对外开放水平的重要方面。

《三字经》 *Three-Character Classic* 中国古代的蒙学课本。相传为宋王应麟所编（一说宋末区适子所撰），经明、清陆续补充，清初的本子为380句，1 140字。后来比较通行的本子（如所谓《徐氏三种》本）总共1 248字。全书从论述教育的重要性开始，开首是“人之初，性本善。性相近，习相远”。然后依次叙述三纲五常十义，五谷六畜七情，四书六经子集，历史朝代史事，最后以历史上奋发勤学、显亲扬名的事例作结，把识字、历史知识和封建伦理训诫冶为一炉。《三字经》“分别部居，不相杂厕”，全用三言，开三言韵语蒙书的先例，且句法灵活，语言通俗，便于儿童诵读。

《三字经》版本很多，有增补、注释、注音、绘图、翻刻以及译成少数民族文字和外文等各种版本。元、明以后陆续出版过各种增改新编的《三字经》，但都未能持久、较广地流传。

三唑酮 triadimefon 三唑类**杀菌剂**。又称唑菌酮、粉锈宁。学名1-（4-氯苯氧基）-3,3-二甲基-1-（1,2,4-三唑-1-基）-丁酮。分子式$C_{14}H_{16}ClN_3O_2$，结构式：

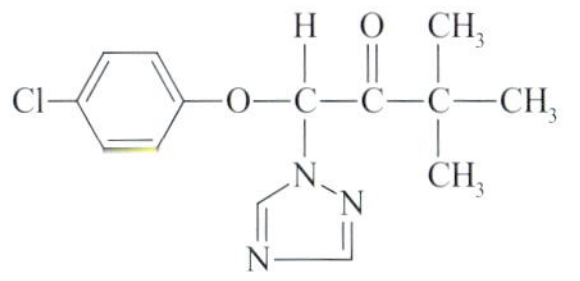

纯品为无色固体，溶点82.3℃，难溶于水，易溶于有机溶剂，是内吸杀菌剂。由茎叶吸收后可向上传导达到叶片和顶芽，并代谢成三唑醇杀灭病菌，对作物产生保护作用。用以拌种可渗入到种子内，杀死潜藏病菌，或随萌芽和幼苗生长而传导到叶片，防止作物苗期病害的发生。三唑酮药效高，持效期长。叶面喷雾亩用有效成分8.25克即可。对小麦条锈病和**白粉病**有良好防治效果。可用于防治果树、葡萄、烟草、花卉以及大麦和小麦的白粉病、锈病，对于春大麦的**黑粉病**、小麦叶枯病、玉米和高粱丝黑穗病、桑树的白粉病和赤锈病也有较好的防治效果。毒性低，对蜜蜂安全，未发现有慢性毒性问题。

三K党 Ku Klux Klan 美国内战结束后，南部战败的奴隶主阶级的反动恐怖组织。Ku Klux来源于希腊文Ku Kloo，意为集会。Klan是种族。因三个字头都是K，故称三K党。又称白色联盟和无形帝国。1865年创建于田纳西州的普拉斯基城。党纪严厉，下属对上级必须绝对服从，相互联系只有纵向关系。散布种族主义，主张剥夺黑人的基本权利。通过绑架、私刑、集体屠杀等非法恐怖手段迫害黑人或思想开明人士。1871年被定为非法组织，U.S.格兰特总统下令解散南方所有三K党。1915年重新恢复。第一次世界大战后空前发展，1924年达500万人。第二次世界大战时宣布解散。1944年4月公开恢复活动。战后将矛头指向共产主义、进步人士和黑人群众。逐渐在加利福尼亚州、佛罗里达州取得合法地位，还在其他18个州大肆活动。该党常与提倡种族歧视的一些法西斯组织交往，相互支持。但在大多数州得不到当局和公众的认可。

伞兵 paratroop 以伞降、机降方式投入地面作战的兵种或部队。见空降兵。

伞菌 agaric 真菌界一类子实体形如伞的高等担子菌。俗称蘑菇。包括伞菌目、红菇目和牛肝菌目。有55科500属，约12 000余种。中国报道约2 000余种。世界性分布，从北极至热带地区，从早春至初冬均有不同种类的伞菌出现，秋季是伞菌生长的旺季。子实体伞状、肉质、易烂，很少膜质或革质。典型的子实体包括菌盖、菌柄和位于菌盖下面的菌褶或菌管，位于菌柄中部或上部的菌环和位于菌柄基部的菌托。子实层在生长初期往往被易脱落的内菌膜覆盖，成熟后外露。担子无隔、棒状。担孢子单孢，无色或有色，其形状、大小、颜色和纹饰是分种的重要依据。

伞菌有的生长在枯枝落叶层或树干上，有的生长在沼泽地、空旷地、草地、牧场或粪上，有的寄生于植物根部引起根腐，少数寄生在其他大型真菌上。

伞菌类真菌具有重要的经济价值。有的味美可食，如松口蘑、香菇、草菇、牛肝菌等，蛋白质和氨基酸含量高，是高蛋白低脂肪的健康食品；有的能降血压、抗癌，对心血管疾病等有药效，可供药用；有的（如毒伞属、环柄菇属等）有毒，含剧毒物质鬼伞素、环肽等，称为毒蘑菇，误食后轻者引起头晕、呕吐、幻觉，重者导致肝坏死而死亡；有的与高等植物共生（如红菇科、丝膜菌科等）形成外生菌根。

伞形科 Umbelliferae; carrot family 双子叶植物纲蔷薇亚纲的一科。约270属2 800种。广布于北温带至热带和亚热带高山地区。中国约95属580余种，产全国各地，以西部为最多。一年生至多年生草本，根通常直生，呈圆锥形，少数呈块状、球状或为成束的须根。茎直立或匍匐上升，通常为圆柱形，一般髓部充实，有时中空。叶互生；叶片通常分裂，为1回掌状分裂或1～4回羽状分裂的复叶，有时为1～2回三出式羽状分裂的复叶，很少为单叶。花两性或杂性，呈顶生或兼有侧生的复伞形花序或单伞形花序，少数为头状花序。伞形花序有伞辐数条至数十条，基部有总苞片，全缘或齿裂，很少羽状分裂；小伞形花序基部通常有小总苞数片至十数片，全缘或很少羽状分裂；花萼与子房贴生，萼齿5或无；花瓣5，基部狭窄，有时成爪或内卷成小囊，顶端钝圆或有内折的小舌片；雄蕊5，与花瓣互生。子房下位，2室。果为2个分生果，又称双悬果。伞形科不少种类是中国传统的中药材，如当归、川芎、独活、柴胡、前胡、北沙参、明党参、羌活、阿魏等。伞形科植物的主要化学成分有香豆素类、精油和精油生源相关的非挥发性成分、聚乙炔类、黄酮类、苯丙烷类及苯乙烯类、酚及酚类、三萜皂苷、生物碱等类化合物。这些成分具有多种生理活性，可用以治疗某些疾病，其中部分已获得初步疗效和成果。某些种类有食用价值，为常见栽培的蔬菜，如芹菜、芫荽、胡萝卜、欧芹等。有的为食品香料或工业用香料，如茴香、莳萝等。有的可做饲料，如欧防风。还有一些属于有毒植物，如毒参、毒芹等。

伞翼机 parawing 以伞翼为升力面的重于空气的固定翼航空器。伞翼位于全机的上方，用纤维织物制成的伞布形成柔性翼面。翼面一般由左、右对称的两个部分圆

锥面组成。伞翼的平面形状可由充气骨架或铝管保持，利用迎面风吹鼓伞布，形成产生升力的翼面。伞翼可以快速装配和收叠存放。伞翼本身的升阻比较低，一般只有10左右。按有无动力装置分为伞翼滑翔机和动力伞翼机（即伞翼飞机）。伞翼机结构简单，质量轻，最大速度一般不超过70千米/时，转弯半径可小到30米以下，空中停车后仍有一定滑翔能力，适合低空作业。起飞和着陆滑跑距离短，只需百米左右的跑道。飞行高度一般不超过2 000米。伞翼飞机翼面大，翼载仅100帕（10千克力/米^2），不适合在2级以上的侧风中起飞和着陆。多用于低空航空运动和娱乐。

散度 divergence 向量场的一个基本概念。用来描述向量场在一点附近向外扩散的性态。

设$\boldsymbol{F}=\boldsymbol{F}(x,y,z)$是一个向量场，并假定

$$\boldsymbol{F}=P\boldsymbol{i}+Q\boldsymbol{j}+R\boldsymbol{k}$$

式中P,Q,R是$\boldsymbol{F}$的三个分量。则$\boldsymbol{F}$在一点(x,y,z)处的散度是：

$$\frac{\partial P}{\partial x}+\frac{\partial Q}{\partial y}+\frac{\partial R}{\partial z}$$

记为$\mathrm{div}\boldsymbol{F}$，形式上也可以写成$\nabla\cdot\boldsymbol{F}$。

若$\mathrm{div}\boldsymbol{F}$在一点处大于0，则称该点为“源”。若$\mathrm{div}\boldsymbol{F}$在一点处小于0，则称该点为“漏”。若一个向量场$\boldsymbol{F}$使得$\mathrm{div}\boldsymbol{F}\equiv 0$，则称$\boldsymbol{F}$为无源场。

散度运算有如下基本性质：

①$\mathrm{div}(\boldsymbol{F}_1\pm\boldsymbol{F}_2)=\mathrm{div}\boldsymbol{F}_1\pm\mathrm{div}\boldsymbol{F}_2$；

②$\mathrm{div}(\varphi\boldsymbol{F})=\varphi\mathrm{div}\boldsymbol{F}+\boldsymbol{F}\cdot\mathrm{grad}\varphi$；

③$\mathrm{div}(\mathrm{grad}\varphi)=\Delta\varphi$（$\Delta=\nabla^2$为拉普拉斯算子）。

散货船 bulk cargo ship; bulk carrier 载运粉末状、颗粒状、块状等非包装大宗货物的运输船舶。1869年大西洋航线上就出现了专用的尾机型运煤船。20世纪初又出现了运输铁矿石等块状货物的散货船。第二次世界大战以后，散货船发展迅速。散货船为单甲板船；货舱口大，宽度可达船宽的70%；货舱的横截面呈八角形；机舱通常设在船尾；一般无起货设备。总吨位仅次于油船，单船吨位可达20多万吨。

按运输货类分主要有：①运煤船，为了防止煤发热自燃，船上设有良好的通风设备。②散粮船，为减小散装粮食在航行中因船舶摇摆而产生的自由流动，通常装设止移板，或将货舱口围壁加高，使货物沉降后的表面面积局限在货舱口范围内。③矿砂船，货舱因货物比重大而容积有余，为了改善船舶适航性，提高装卸效率，常将双层底抬高，货舱口向两侧设纵向水密隔壁，货舱呈狭窄的矿斗形。④车辆－散货船，装有若干层悬挂式或折叠式车辆甲板，用于回程装载汽车。⑤散装水泥船，为了防止散装水泥飞扬、水湿结块，船中部设有集尘室或在舱盖上装有空气过滤器。此外，还有运输磷矿、化肥、盐、砂糖等散装货物的专用船、集装箱－散货船等。

散剂 powder 一种或多种中药粉碎后均匀混合而成的粉末状剂型。特点是制作简便，吸收较快，节省药材，性质较稳定，不易变质，便于服用及携带。散剂分内服和外用两种。内服散剂末细者可直接冲服，如川芎茶调散、七厘散；将饮片捣成粗末加水煮沸取汁服者称煮散，如银翘散。外用散剂一般匀撒疮面上或患处，如生肌散、金黄散等；还有吹喉、点眼等外用散剂，如冰硼散、八宝眼药等。散剂要求粉碎细度适当，混合均匀，色泽一致，剂量准确。为了消除散剂的不良气味或刺激性，除用矫臭矫味法或装入胶囊外，还可将药物粉末制成包衣颗粒剂或微型胶囊剂。

散曲 sanqu 兴盛于中国元代的诗歌形式。宋、金之际，以民谣俚歌的音乐为基础的散曲，在当时已很发达的说唱艺术影响下逐渐萌芽形成，金末发展成熟；著名诗人元好问创作散曲，说明其已成为当时重要的诗歌形式。至元代，进入全盛时期。

散曲又称清曲、乐府，可分为小令与套曲两类。小令又称叶儿，是散曲中最早产生的体制。一般说来，小令是单只曲子，但还包括“带过曲”与“重头小令”。带过

曲是三个以下的单只曲子的联合，但须同一宫调，且音乐衔接，同押一韵。重头小令是由同题同调、内容相联、首尾句法相同的数支小令联合而成，支数不限，每首可各押一韵，而且各首可以单独成立。套曲的体制有三个主要特征：①由同宫调的两个以上的单只曲子组成，宫调不同而管色相同者，也可“借宫”。②一般有尾声。③全套必须同押一韵。套曲由于篇幅较长，可以包容比较复杂的内容，因此既可用来抒情，也可以叙事。

散曲形式与诗、词相比有以下特点：①它与词一样，是长短句形式，但是能在正字之外加衬字，更灵活，更适合使用口语。衬字一般加在句首或句中，不能加在句尾。②曲韵与诗韵、词韵不同，用的是当时北方话音韵。协韵方法为通押一韵，不换韵。但四声通协，韵字可以复用。③对仗形式比较丰富，除了诗、词的偶句作对外，三句、四句皆可对，还有隔句对、联珠对等名目，使散曲在字句参差变化中，具有端饬严谨的气度。总之，散曲是有严格格律的倚声填词的诗歌形式。

散手 sanshou; free sparring combat 中国武术对抗性技击项目之一。又称散打。双方运用零散招数按照一定规则进行的徒手相搏运动。现代散打可追溯到古代武士们

散手比赛场面

的徒手擂台赛之类的活动。1928年和1933年两届国术国考中被列为重点项目。1949年中华人民共和国建立后，随武术运动的普及与发展，习练散手者日众。1989年，散手被国家体委列为正式比赛项目。散手的基本技法包括打、踢、摔、推、拿，运动员依靠自己的身体素质与攻防技战术等方面的能力，正确运用进、退、跨、闪、击、垫、霎等步法与身法变化保护自己，打击对手，取得胜利。散手的合理攻防方法包括：目击、声击、逼进、进招、突击、佯攻、破招、潜势防守、逆力防守、顺力防守、横力防守、还击、迎击、反击等。

散体赋 prose style free from parallelism 中国古代文体——赋体的一类。又称古赋、散体大赋。它是两汉赋最为流行的形式。其体制特点是篇幅长、规模大，句式参差不齐，散韵间出，并多用主客问答结构，以铺陈叙事为主。其题材大都描写宫室、游猎、山川、京都等，铺张扬厉，踵事增华，虽有时也含有某些“讽喻”内容，但往往“劝百讽一”，主要迎合当时统治者的趣味和爱好。著名代表作品如司马相如的《子虚上林赋》、扬雄的《长杨赋》、班固的《两都赋》、张衡的《两京赋》等（见赋）。

散文 essay 文学体裁之一。其概念古今有所不同。中国古代散文指与韵文、骈文相区别的散体文章，包括经传史书在内。中国文学散文是从应用文字和学术论著（最早是经、史、子）发展而来的，而且与它们始终不曾完全脱离关系。中国现代散文指与诗歌、小说、戏剧文学并称的一种文学样式，包括杂文、小品、短评、随笔、速写、通讯、游记、报告文学、书信、日记、回忆录等。按其内容和性质，它大致又可分为3类，即侧重抒情的散文，侧重叙事的散文，侧重议论的散文。在西方，散文并不像中国这样作为一种独立的文学体裁，而是泛指一切不是韵文的文字作品，因此，非韵文的小说和戏剧作品都可以是散文，散体的日常应用文字也属散文之列。

散文题材广泛，写法灵活自由，多种多样。它可以叙事，可以抒情，可以描写，可以议论，可以像小说那样描写形象，刻画心理，渲染环境，烘托气氛，可以像诗歌那样运用比喻、象征、拟人等手法创造意境，这就是散文的“散”的特点。但散文贵“散”而又忌散，必须做到散而不乱，散而有致，通过形散而神不散的技巧，把深刻的思想、美好的情怀凝聚为生动的画面，而且要做到内情与外物相融合，诗意与境界相交织，精练优美，朴素自然，音节铿锵，情感浓郁，既具有时代的生活气息，又具有个人的风格特点。

散文诗 prose poetry 兼有诗与散文特点的文学样式。它融合了诗的某些特质和散文的描写性，从形式上看，它有散文的外观，不像诗歌那样分行和押韵，但又含有浓郁的诗意和音乐美、节奏美。散文诗是一种近代文体，正式流行起来是在19世纪中叶以后。第一个正式采用“小散文诗”这个名称并有意识采用这种体裁是法国诗人C.波德莱尔。在中国新文学中散文诗是一个引进的文学体裁。最早出现的是刘半农翻译的I.S.屠格涅夫的4章散文诗（1915）和印度作品《我行雪中》（1918）。鲁迅、刘半农、许地山、冰心等都有散文诗作品，其中思想和艺术成就最高、影响最大的是鲁迅的散文诗集《野草》。

丧服 mourning dress 对死者表示哀悼而穿用的礼服。晚辈为长者服丧穿用的丧服称孝服。由于民族风俗及宗教信仰等因素，丧服十分复杂。中国古代丧服自周代已用素服（素衣、素裳、素冠等），均取白色，并有五服制度，即按服丧重轻、做工粗细、周期长短，分为斩衰、齐衰、大功、小功、缌麻5等。其中斩衰最上，用于重丧，取最粗的生麻布制作，不缉边缝，出殡时披在胸前；女子还须加用丧髻（髻系丧带），俗称披麻戴孝。五服以外的远亲丧服，只需袒免，即袒露左臂、免冠括发。五服制度历代延续并有所变化，今已不多见。现代丧服不用陈规旧俗，只要求衣着整洁朴素，以显肃穆；臂戴黑纱或胸前别以白花，以示悼念。欧洲丧服通常为黑色，居丧期后半年加穿白、灰、紫或淡紫色（称半丧服）。伊朗丧服用表示凋谢的黄色。叙利亚和也门的丧服用蓝色。日本用于丧礼的和服一般为白色或黑色。

桑 *Morus*; mulberry 桑科桑属植物的统称。落叶乔木，偶有灌木。叶为桑蚕饲料。木材可制器具，枝条可编箩筐，桑皮可作造纸原料。果实为多肉聚花果称桑椹，可供食用、酿酒，叶、果和根皮可入药。

亚洲、非洲、美洲、大洋洲等地均有野生桑生长，以亚洲最多。栽培桑的分布与蚕业有密切联系，主要集中在中国、日本、印度和俄罗斯等国。中国是栽桑养蚕最早的国家。桑属有30多个种。中国有15个种、4个变种和1 000多个品种，其中主要的栽培品种多属于鲁桑、白桑、广桑三个系统。

自然生长的桑树树龄可达千年以上。栽培桑常修剪成各种不同的树形。枝条有直立、开展或垂卧等形态。叶互生；裂叶或不裂叶；叶缘有不同形状的锯齿；叶基呈凹形或楔形；叶尖锐、钝、尾状或呈双头。花单性，偶有两性花，葇荑花序，雌雄同株或异株。花柱有长短之分，柱头二裂，有茸毛或突起。桑椹成熟时呈紫黑色偶有白色，内含黄褐色种子。

桑树在12℃以上时萌芽生长，最适温度为25～30℃。光照充足时枝叶生长健壮，叶色深，叶肉厚，产量高。土壤适宜含水量为土壤最大持水量的70%～80%，以有机质丰富、土质疏松、土层深厚、地下水位1米以上、pH中性土壤为宜。中国江苏、浙江的桑园，一般在5月下旬采收全部桑叶饲养春蚕，后剪去枝条称夏伐。经过夏伐的桑树，一年中形成春期和夏秋期两次生长高峰。

桑巴 samba 巴西民间最流行的群众性舞蹈，巴西的代表性舞蹈。桑巴最初流行于

表演性桑巴

从非洲来到巴西的黑人之中。被称为摩尔人的桑巴。

19世纪50年代，巴西年青一代音乐家和舞蹈家对桑巴进行了改革，使它动作更丰富，更加活泼，富有生气，继而产生了表演性桑巴。

桑巴舞蹈分为两大类：①群众性桑巴。舞蹈动作由舞蹈者随着节奏即兴创作。女舞者主要是小而灵巧的扭胯动作，男舞者除胯部动作外，常以脚下各种灵巧的动作变化来显示自己的舞技。表演时可围成圆圈而舞，可以是一位男舞者邀请一位女舞者在圈内表演，而其他人在原地随跳；也可以由一人领先，其他人在他后边排成一行，由后人扶着前人腰，众人按各种队形一致做扭胯动作。②表演性桑巴。女舞者扭胯动作结合大幅度的造型舞姿及各种步法的变化，同时根据舞蹈的人数创造各种队形，男舞者手执各种打击乐器边击边跳。音乐节奏为2/4和3/4拍，节奏性强，切分音丰富。

桑巴特 Sombart, Werner (1863–01–19～1941–05–18) 德国社会学家、经济学家。生于普鲁士萨克森埃姆斯莱本，卒于柏林。早年在柏林和罗马学习法律、经济学、历史学和哲学。1890～1906年任布雷斯劳大学副教授。1917年任柏林大学教授，1931年退休。他曾与M.韦伯参加创立德国社会学会的工作，并合办了《社会科学与社会政策》杂志。

桑巴特早年倾向于马克思主义，后受到韦伯和历史主义的影响。他认为社会学是一门有明确内容和特殊方法的独立学科，其任务在于提出有关精神领域的社会联系的理论。他反对人文科学中的价值取向，主张价值中立。他对社会学理论的主要贡献集中在经济社会学和宗教社会学领域。他借用K.马克思的观点分析了资本主义社会的历史、社会结构，特别是阶级结构和资本主义精神，并把资本主义发展大致划分为早、中、晚3个阶段。在探寻资本主义发生的原因时，他认为对资本主义发展起着重要作用的新教伦理来源于犹太教。他还考察了犹太人文化的诸多方面。著有《19世纪的社会主义和社会运动》、《现代资本主义》、《犹太人与经济生活》、《资本主义》和《新社会哲学》等。

桑蚕 *Bombyx mori*; silkworm 鳞翅目蚕蛾科蚕属的一种。又称家蚕、蚕。以桑叶为食料的吐丝结茧的经济昆虫。茧可缫丝，主要用于织绸，是优良的纺织原料，在军工、交电等方面也有广泛用途。蚕蛹和蚕粪可综合利用。

生活史 桑蚕是全变态昆虫，一个世代中，历经卵、幼虫、蛹、成虫4个发育阶段（见图）。

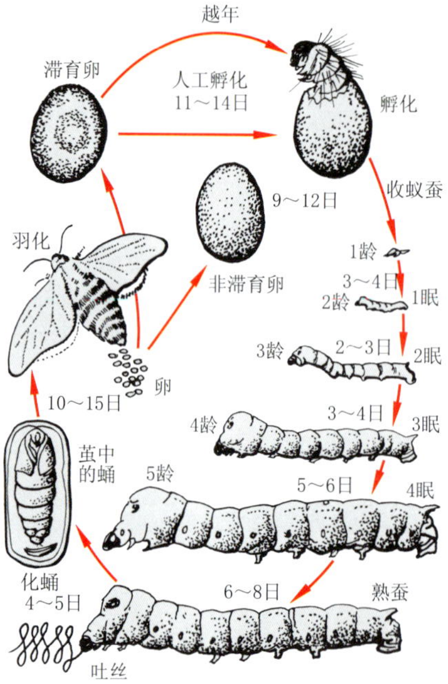

桑蚕的生活史图示

①幼虫。长圆筒形，由头、胸、腹三部分构成。头部外包灰褐色骨质头壳，胸部三个环节各有一对胸足；腹部10个环节有四对腹足和一对尾足。体侧有九对气门。刚孵化的幼虫遍体着生黑褐色刚毛，体躯细小似蚂蚁，称蚁蚕。其体壁的表皮要发生多次蜕皮，蜕皮前，幼虫停止食桑，静止不动，称眠。眠是分龄的界限，每眠一次增加一龄。生产上常用的蚕品种是四眠五龄蚕。至前半身呈透明时，称熟蚕，即开始吐丝结茧。结茧过程需二三日。

②蛹。熟蚕吐丝毕，体躯缩小略呈纺锤形，静止不动，二日后蜕皮化蛹。蛹呈纺锤形，乳白色，后转深褐色。化蛹后约14日完成成虫发育并羽化。

③成虫（蛾）。羽化后的成虫，吐出碱性肠液，以湿润和松解头端茧层，并用胸足拨开茧丝，从茧内钻出。雌雄交配1.5～2小时即可产受精卵。成虫不摄食，交配产卵后经10日左右自然死亡。

④卵。椭圆形略扁平，长1.1～1.5毫米，宽1.0～1.2毫米，厚0.5～0.6毫米，一端稍钝，另一端稍尖，尖端有卵孔，为受精孔道。分滞育性卵（越年卵）和非滞育性卵（不越年卵）两种。后者产下后胚胎不断发育，约经10日即形成蚁蚕孵化；前者胚胎发育至一定程度即进入滞育期，经冬季低温解除滞育，到翌年春暖时才孵化。

丝物质的生成 吐丝和结茧是桑蚕适应环境的一种本能。生成和分泌丝物质的丝腺，是一对半透明多屈曲的管状器官，在胚胎发育后期形成，随龄期增进而长大，到5龄末期丝腺可达1.6克，约占体重的45%～50%。

丝物质包括丝素和丝胶，均为由18种氨基酸构成的蛋白质。茧丝一般无色透明，但也有结黄茧、红茧或绿茧等的蚕品种。一般茧丝的色素存在于丝胶中，缫制后随丝胶溶失而成为白色生丝；但绿茧的色素在丝素中也有存在，缫丝后仍带绿色。

生殖和胚胎发育 蚕蛹化蛾前一二日卵细胞核进行第一次成熟分裂，待化蛾交配后，精子进入卵内。卵产下后约两小时，雄核与雌核融合，并开始卵裂。约在产下后15小时，形成胚盘。胚盘逐渐增厚成胚带。卵产下后24小时胚带形成胚胎。滞育卵的胚胎至翌年春季经加温催育后孵化发育成蚁蚕。在自然状态下，蚁蚕通常在上午5～9时孵化。

桑代克 Thorndike, Edward Lee (1874–08–31～1949–08–09) 美国心理学家、动物心理实验首创者，教育心理学体系和联结主义心理学的创始人。生于马萨诸塞州威廉斯堡，卒于纽约州蒙特罗斯。1895年到哈佛大学学习，后开始进行动物心理实验，得到W.詹姆斯的支持。1898年在哥伦比亚大学J.M.卡特尔指导下发表博士论文《动物智慧：动物联想过程的实验研究》。他首创迷笼实验，确立动物由“尝试错误与偶然成功”的学习形成种种联结（行为），用刺激和反应的联结代替观念联想概念，反对动物心理学中的拟人观。他把联结概念推广到人类心理，形成联结主义心理学体系，认为人类心理与动物相比只是复杂程度不同。他还首创教

育测验，制定阅读等学科量表，是当时美国心理测量和智力测验的领导人。他创立的教育心理学体系使教育心理学成为独立学科。他是遗传决定论者和机械论者，是美国机能心理学生物学化的主要人物。主要著作有：《动物智慧》(1911)、《心理学纲要》(1905)、《教育心理学》(1913、1914)、《成人的学习》(1928)、《人类的学习》(1931)、《学习要义》(1932)等。

桑德尔 Sander, Bruno (1884-02-23～1979-09-05) 奥地利地质学家，岩组学创始人。生于因斯布鲁克，卒于因斯布鲁克。1907年获因斯布鲁克大学博士学位。1937年、1959年分别获格丁根大学、维也纳大学名誉博士学位。曾任因斯布鲁克大学教授和矿物岩石学研究所顾问，是美国华盛顿国家科学院外籍院士、德国哈雷自然科学院院士，美国地质学会会员、英国伦敦地质学会会员，曾获奥地利维也纳地质学会修斯奖章、维也纳矿物学会维也纳奖章、德国地质学会施泰因曼奖章、美国地质学会彭罗斯奖章和意大利罗马林塞科学院国际费尔特因利奖金。1930年在《岩组学》一书中对变形岩石的组构作了全面的论述，系统阐述了构造岩组分运动的概念，提出组分对称与运动对称的关系，并将可能存在的对称作详尽的分类，具体研究了石英、方解石、云母、长石和普通角闪石等矿物的组构形式，介绍了岩组测量和图解方法等。桑德尔指出，岩组学分析方法还可用来研究组构要素的不同尺度、深成岩体的形成机制、熔岩的流动构造，甚至沉积岩层中的韵律。确立了岩组学方法在地质力学和工程地质学等方面应用的前景。主要著作还有《岩组学及其应用》、《论面和轴组构》和《地质体岩组分析导论》(2卷)等。

桑地诺 Sandino, César Augusto (1893-05-18～1934-02-21) 尼加拉瓜民族英雄。生于马萨亚省尼基诺奥莫村小庄园主家庭，卒于马那瓜。曾当仓库保管员。1923年参加当地人民的反帝爱国斗争。1926年10月26日率领29名爱国志士宣布起义，参加自由党反对亲美保守党政权的斗争。美国为了支持A.迪亚斯傀儡政权，于1926年12月派海军陆战队入侵尼加拉瓜。桑地诺的队伍不断扩大，并建立了根据地。1927年7月17日发起对奥科塔尔的进攻。到1931年7月，他领导的主权保卫军增加到3 800人，前后进行了500多次战斗，粉碎了1万多美军的围剿，占领了大西洋沿岸8个省的广大农村地区，控制了一半以上的国土。1933年1月，经过7年抗战，终于迫使美国侵略军全部撤出尼加拉瓜。这是尼加拉瓜人民反帝斗争的一次重大胜利。美军撤出后，桑地诺应立宪政府J.B.萨卡萨总统的邀请赴首都谈判，1934年2月2日签订了“和平协定”。2月21日，第二次谈判的最后一天，被国民警卫队头子A.索摩查·加西亚派人谋杀。桑地诺的革命精神和英雄业绩一直鼓舞着尼加拉瓜人民的反帝斗争，他被尼加拉瓜人民誉为“人民反帝革命之父”和“自由人的将军”。

桑干河 Sanggan River 中国永定河的正源。上游有支源，西源称恢河，至朔州东榆林镇西约20千米处与北源汇合。北源出自左云县西南山丘，西流称源京河，二源汇合后称桑干河。东流纳黄木河、漳河、御河，至怀来县与洋河汇合后称永定河，入官厅水库。桑干河全长437千米，流域面积23 944平方千米，多年平均年径流量约11.7亿立方米。桑干河含沙量大，多年平均含沙量25.0千克/米^3，有“小黄河”之称。主要支流有壶流河、御河等。

桑戈尔 Senghor, Léopold Sédar (1906-10-09～2001-12-20) 塞内加尔诗人、文艺理论家、政治家。生于达喀尔若亚尔，卒于法国韦尔松。1934年获巴黎大学文学学士学位。第二次世界大战应征入伍，被德军俘虏获释后，参加政治活动。先后在法国议会及政府中任职。1948年退出法国社会党，建立塞内加尔民主集团。1960年起任塞内加尔共和国总统20年。辞去总统职务后专心从事文学创作。1934年，桑戈尔与人共同创办《黑人大学生》杂志，提倡“黑人性”文艺。1948年，编辑出版《黑人和马尔加什法语新诗选》。诗集有《阴影之歌》(1945)、《黑色的祭品》(1948)、《夜歌集》(1961)、《主要的哀歌》(1979)，后合并为《诗歌总集》(1983)。著有论文集《自由一集：黑人性和人道主义》(1964)等，阐述“黑人性”学说，介绍非洲的文学艺术及政治、美学、语言、文艺等各个方面的主张。

桑格 Sanger, Frederick (1918-08-13～) 英国生物化学家。生于伦德库姆。1943年获剑桥大学博士学位。1951年起在医学委员会主办的研究所工作，曾任英国医学委员会剑桥分子生物学研究所蛋白质和核酸化学实验室主任。1955年建立了蛋白质氨基酸的序列分析方法，完成第一个蛋白质——牛胰岛素51个氨基酸的全序列测定。为此，1958年他第一次获得诺贝尔化学奖。60年代初，他转向核酸的化学结构研究，1965年完成含有120个核苷酸的大肠杆菌5SrRNA的全序列分析。此后，他又多次创造了RNA序列分析新技术。1975年他与同事们建立了DNA核苷酸序列分析的快速、直读技术。1978年，在前述方法的基础上又建立了更为简便、快速、准确测定DNA序列的“链末端终止法”，随后完成了人线粒体DNA（全长为16 569个碱基对）的全序列分析，为整个生物学特别是分子生物学研究的发展开辟了广阔的前景。为此，他于1980年再次荣获诺贝尔化学奖。

桑国卫 Sang Guowei (1941-11～) 中华人民共和国全国人民代表大会常务委员会副委员长，中国农工民主党中央委员会主席。浙江湖州人。研究生学历，研究员，中国工程院院士。1958～1962年在上海第一医学院药学系药学专业学习。1962～1966年为上海第一医学院医学系药理专业研究生。1966～1983年任浙江省人民卫生实验院（医学科学院）药物研究所研究实习员、助理研究员（其间：1979年10～12月在英国剑桥大学生理系进修；1980～1981年在英国伦敦大学皇家医学研究生院临床药理及甾体生化系进修）。1983～1991年任浙江省人民卫生实验院（医学科学院）药物研究所、计划生育研究所副研究员、所长、研究员（其间：1989～1990年任美国康奈尔大学医学院临床药理学及内科客座教授）。1991～1997年任浙江省医学科学院副院长兼药物研究所所长，农工党浙江省副主委（1997年1月）。1991～1999年任浙江省医学科学院计划生育研究所所长。1997～1998年任浙江省卫生厅副厅长。1997～1999年任农工党浙江省主委。1998～1999年任浙江省省长助理。1999年当选中国工程院院士。1999～2003年任国家药品监督管理局副局长。1999～

2005年任国家药典委员会秘书长。1999～2006年任中国工程院医药卫生学部副主任。1999～2007年任中国药品生物制品检定所所长，中国生物制品标准化委员会主任委员，世界卫生组织药品质量控制研究与培训合作中心主任。2000～2003年任农工党中央副主席。2003～2007年任农工党中央专职副主席，中国药学会代理事长。2007～2008年任农工党中央主席，中国药学会理事长，中国药品生物制品检定所研究员。2008年任十一届全国人大常委会副委员长。是十届全国人大常委会委员、全国人大教育科学文化卫生委员会副主任委员，十一届全国人大常委会副委员长；全国政协第七届、八届、九届委员。

桑海帝国 Songhai Empire 15世纪中叶至16世纪末的非洲西部古国。7世纪桑海人的祖先在尼日尔河中游的登迪建立小王国，都城为库吉亚。该王国积极参与穿越撒哈拉的贸易。约从8世纪中叶至10世纪中叶，登迪的统治者将都城迁至商业城市加奥，此后即以加奥为国名。加奥曾先后臣属于加纳王国和马里帝国。14世纪末独立，15世纪中叶，桑尼·阿里建桑海帝国，最盛时期统治范围西达大西洋岸，东抵豪萨地区，向北几达摩洛哥南部，称霸西苏丹。1492年，桑尼·阿里在出征归途中突然去世。高级将领穆罕默德·杜尔发动兵变，于次年夺取王位，建立阿斯基亚王朝，称穆罕默德一世（阿斯基亚王朝的）。1528年8月被其子穆萨废黜。经过激烈的权力斗争，穆罕默德一世的另一个儿子伊斯迈尔登位。传至达乌德国王时（1549～1582年在位），桑海帝国一度中兴。他重组军队，平定边界地区的叛乱，重振国威。但他死后，他的儿子们又展开王位之争。1588年西部各省又在乱中分裂出去。1590～1591年，摩洛哥国王乘桑海内乱，出兵入侵，大败桑海军队，先后进占廷巴克图、加奥和杰内等城市。桑海帝国就此解体。

桑海的繁荣主要依靠对穿越撒哈拉的商路的控制。奴隶劳动在桑海经济生活中起重要作用。廷巴克图是桑海的文化中心，在当时的伊斯兰教世界中享有盛誉。据文献记载，16世纪中叶，廷巴克图有150多所教授《古兰经》的学校，极像一座大学城。

桑海人 Songhai 西非跨界民族。有392万人（2002）。主要分布在尼日尔（为尼日尔的第二大族）、马里、布基纳法索、尼日利亚、贝宁、加纳等国。属尼格罗人种苏丹类型，混有摩尔人、柏柏尔人、图阿雷格人和颇尔人的血统。使用桑海语，属尼罗－撒哈拉语系桑海语族。无文字。85%以上的人信奉伊斯兰教，其余保持原始信仰。社会组织严密，阶级界线分明，分贵族、平民、工匠、鼓手等。男子穿靛蓝色大长袍，左脸颊常刻有部落标记。传统首领戴面罩。婚姻为一夫多妻制。桑海人中的杰尔马人擅长政治活动，近几十年来一直是尼日尔社会和政治生活中的支配力量。以农业为主，兼事畜牧业和渔业。农作物有水稻、谷子、玉米和高粱等。饲养山羊、马、驴和瘤牛等。有铸铁、纺织、制陶、制革等手工业。近年来，城市商业经济发展较快。

桑弘羊 Sang Hongyang（前152/141～前80） 中国汉武帝时大臣。洛阳（今河南洛阳东北）人。出身商人家庭，自幼有心算才能，13岁入侍宫中。

汉武帝刘彻即位后，桑弘羊是其经济政策制订和推行的主要人物。他自元狩三年（公元前120）起，终武帝之世，历任大司农中丞、大司农、搜粟都尉、御史大夫等重要职务，与担任大农丞的大盐铁商东郭咸阳、孔仅二人均深得武帝宠信。元狩以后，在桑弘羊的参与和主持下，先后实行了盐、铁、酒官营，均输、平准，算缗、告缗，统一铸币等经济政策；此外，还组织了60万人屯田戍边，防御匈奴。这些措施借助武帝酷吏苛法的高压手段，都在不同程度上取得了成功，暂时缓解了财政危机。桑弘羊以此赐爵左庶长。史称当时“民不益赋天下用饶”。

武帝后元二年（前87），桑弘羊由搜粟都尉迁任御史大夫，与霍光、金日磾、上官桀四人同受遗诏辅佐昭帝。始元六年（前81），针对海内虚耗的残破现实，昭帝召集各地贤良文学至长安，会议盐铁等国家大事。贤良文学反对盐铁官营和均输平准等与民争利的政策，力主改弦更张，桑弘羊与之展开辩论。由于桑弘羊的坚持和国家财政方面的需要，当时除废止酒类专卖改为征税外，盐铁官营等各项重要政策仍沿袭不变。次年，桑弘羊因与霍光政见发生分歧，卷入燕王旦和上官桀父子的谋反事件，被处死。

桑给巴尔苏丹国 Zanzibar, Sultanate of 19世纪阿曼人在桑给巴尔及东非沿海建立的国家。17世纪，阿曼人多次派遣舰队南下东非海岸，驱逐葡萄牙人势力，建立马兹鲁伊王朝。1785年，阿曼本土阿布赛德王朝崛起。1804年，阿曼苏丹赛义德·伊本·苏丹即位后，大力经营东非领地，灭马兹鲁伊王朝，占领重镇蒙巴萨，并逐步控制了从蒙巴萨到基卢瓦的整个东非海岸。1856年赛义德死后，两个儿子分别承继马斯喀特和桑给巴尔王位，桑给巴尔苏丹国成为同阿曼本土分离的单一国家。西方殖民者在19世纪上半叶不断向东非地区进行渗透和扩张。1885年德国侵占坦噶尼喀，英、德两国于1886年签订协定，将苏丹对大陆沿海地区的统治限定为16千米的一条狭长地带。1890年的英德协定进一步使桑给巴尔苏丹国沦为英国的保护国。1964年1月建立桑给巴尔人民共和国。

桑科 Moraceae; mulberry family 双子叶植物纲金缕梅亚纲的一科。约60属1 400种。分布于全世界热带、亚热带地区，少数属种分布于北温带。中国有12属150余种，主要分布于长江以南各省区，以云南南部为最多。乔木、灌木，稀为草本，有刺或无刺，有或无乳状液。单叶互生或对生，全缘或具锯齿或分裂；托叶脱落。花单性，异株或同株，雌雄花常密集为头状，聚伞状，穗状花序。花序托开张或封闭，有或无花被，雄蕊通常4，稀1～8。花丝在花蕾时内折或直立，有或无退化雌蕊，子房上位至下位，或陷入花序轴内，子房1～2室。果为核果或瘦果，分离或与花序轴合生，形成聚花果。常见种如桑、大麻、构树、柘树、无花果、波罗蜜、榕树等。

桑尼·阿里 Sonni ‘Alī（?～1492） 桑海帝国的创建者（1464～1492）。桑海桑尼王朝的第15位君主。桑尼·阿里即位后开始南征北战，率领水军在1469年攻占廷巴克图，1473年又攻占尼日尔河上游重镇杰内。此后他一直沿尼日尔河上下开拓疆土，在位28年间，建成从东南的凯比和登迪到西北的杰内的新月形的大帝国。1492年在出征古尔马的归途中突然去世。

桑奇大塔 Sanchi, Great Stupa of 印度早期王朝时代的佛塔。位于印度中央邦首府博帕尔附近的桑奇。大塔直径约36.6米，高约16.5米。大塔中心半球形的覆钵，始建于孔

雀王朝阿育王时代。塔门的浮雕题材主要是本生经和佛传故事。桑奇东门方柱与第三道横梁末端交角处的托架像《树神药叉女》，约作于公元1世纪初叶，是桑奇最美的女性雕像。她头部向右倾侧，胸部向左扭转，臀部又向右耸出，全身构成了富有律动感的S形曲线。这种身体弯曲成S形的三曲式，逐渐发展为塑造印度标准女性人体美的规范。

桑塔·克鲁斯 Santa Cruz, Andrés de（1792－12－05～1865－09－25） 南美洲独立战争将

领，玻利维亚共和国总统(1829～1839)。生于的的喀喀湖畔瓦里纳镇，卒于法国圣纳泽尔。1809年参加西班牙殖民军。1820年在秘鲁加入J.de圣马丁统率的爱国武装，投身南美独立战争。1826～1827年任秘鲁总统。1828年8月，玻利维亚议会推选他为玻利维亚总统，翌年就任。他强迫玻利维亚与秘鲁结盟，于1836年成立“秘鲁-玻利维亚联邦”，自任联邦的“保护者”，但招致国内外反对。同年11月，智利向联邦宣战。1839年1月20日，联邦军在永盖被智利打败，联邦瓦解，桑塔·克鲁斯出逃。

桑塔利语 Santali language 印度东部农村地区的主要语言之一。主要分布于奥里萨邦和比哈尔邦等。在孟加拉国也有一些小的社团使用桑塔利语。属**南亚语系**蒙达语族。与蒙达里语关系最近。有6种方言。桑塔利语没有文字，必要时，可采用孟加拉语和奥里亚语的文字书写，基督教传教士及其信徒则更愿意采用拉丁字母。

桑坦德尔 Santander, Francisco de Paula (1792-04-02～1840-05-06) 哥伦比亚独立运动领袖，新格拉纳达共和国总统(1832～1837)。生于库库塔的罗萨里奥镇，卒于波哥大。1810年7月桑坦德尔参加了反对西班牙殖民统治的起义军。后任奥卡尼亚部队总司令和新格拉纳达军总参谋长。1817年初率领东部平原起义军加入**S.玻利瓦尔**的军队，屡建战功。1818年晋升少将，成为玻利瓦尔的得力副手，1819年8月7日在波亚卡战役中表现突出，晋升为中将。同年12月哥伦比亚共和国(见**大哥伦比亚**)成立后，被任命为副总统。1827年以前，代替玻利瓦尔行使总统职务。后因政治上的分歧与玻利瓦尔发生冲突。1828年桑坦德尔被指控参与谋害玻利瓦尔，被判死刑，后改判流放，先后流亡欧洲和美国。1830年大哥伦比亚共和国瓦解，1832年桑坦德尔被选为新格拉纳达共和国总统，积极发展教育事业。1837年任期满后为参议员。

桑托斯 Santos 巴西海港，世界最大的咖啡输出港。位于东南部圣保罗州的大西洋沿岸。面积725平方千米。人口41.61万(2007)。气候温和，年平均气温21.9℃，平均年降水量2 232毫米。地势低洼，海拔仅4米。始建于1543年。1839年设市。19世纪中叶起，随着圣保罗州咖啡种植业的发展，铁路的修筑以及港口的扩建，逐渐发展成为世界最大的咖啡输出港和圣保罗市的外港。港口优良，平均水深11.5米，外有圣阿马鲁岛屏障，港内风平浪静，设有各种专用码头，总长6千米，可同时停泊海轮50艘。进出口值约占巴西对外贸易总值的40%。除咖啡外，还输出棉花、蔗糖、柑橘汁、香蕉、皮革、肉类以及各种工业制成品。有食品、石油提炼、化学、冶金、机械、纺织、建筑材料、印刷等工业。为海滨旅游胜地。有铁路和高速公路连通圣保罗。

桑维翰 Sang Weihan (898～947) 中国**后晋**宰相。洛阳人。后唐同光三年(925)登进士第。随**石敬瑭**历数镇。后唐末帝李从珂疑石敬瑭，石敬瑭遂反，命桑维翰作书致**契丹**主耶律德光求援，请结为父子，割地称臣。遣桑维翰见耶律德光力争，耶律德光乃决意出兵助石敬瑭。清泰三年(936)十一月，契丹立石敬瑭为大晋皇帝，石敬瑭即以桑维翰为同中书门下平章事知枢密院事。四年，桑维翰出为相州节度使，移镇兖州。镇州节度使安重荣建议联合吐谷浑抗契丹，桑维翰力言不可。七年，石敬瑭死，侄重贵立，召桑维翰为侍中。时景延广用事，上书契丹，拒不称臣，自此契丹屡发兵进攻。少帝出景延广为西京(今洛阳)留守，以桑维翰为中书令兼枢密使。桑维翰权势显盛，颇受贿赂。少帝怒，罢桑维翰为开封尹。开运三年(946)，契丹军南下，耶律德光入恒州，命降将张彦泽先入开封，召桑维翰至军前。桑原主张结好契丹，少帝不愿其见契丹主，张彦泽又贪其家财，遂承少帝之意杀桑，以桑维翰自缢告于耶律德光。

桑耶寺 Bsam-yas Temple 中国西藏第一座佛教寺庙。以密教为主。位于西藏札囊县雅鲁藏布江北岸。桑耶寺始建时间一说于唐天宝八载(749)，一说则为唐大历九年(774)。西藏有僧伽住持的大寺始自本寺。印度佛教僧人寂护和**莲花生**仿印度的欧丹达培黎寺(Otantapuri)而设计修建此寺。主殿乌策大殿三层象征须弥山；四方有四殿，象征四大洲；四殿又各有两配殿，象征八小洲；主殿之南北两处又各建一殿，象征日、月二轮；主殿四角建有白、青、绿、红四色舍利塔，象征四大天王；外有垣墙围绕，象征铁围山。寺院的整体结构体现了佛教的宇宙构成论观念。其实这也是佛教密宗的“坛城”式样。密教的这一建筑观念和建筑艺术，对西藏以后的寺庙建筑产生深远影响。建桑耶寺后，寂护任堪布，并剃度七名贵族子弟出家，史称“七觉士”，这是西藏社会中最初的佛教僧伽团体。桑耶寺先是传旧密法，以后传宁玛派教法。后因萨迦派曾出资修复，寺自宁玛派转到萨迦派手中。寺内原有殿堂和佛塔多处，但因屡遭火灾及年久失修，今存者仅建筑主体及其他遗址二十余处。

西藏第一座佛教寺庙桑耶寺

嗓音分类 range of voices 在美声歌唱艺术中对人的嗓音的分类。在声乐表演中，根据演唱者的性别和嗓音的特性、色彩及音域等，大致可分为：①戏剧性女高音。声音浑厚，壮实有力，适宜表现富于戏剧性的激情和温柔而深沉的感情。音域为$b \sim b^2$(或c^3)。②抒情女高音。音色柔美、清丽，演唱中常以音质而不是音量取胜，适宜表现富于歌唱性的、流畅的抒情曲调。音域为$c^1 \sim c^3$。有的抒情女高音，能在戏剧性高潮处运用有力和激情的嗓音者，称为抒情斯宾托女高音。③花腔女高音。声音轻巧而富有弹性，音色中含有年轻少女那种明亮、清脆而华丽的色彩，适宜表现轻快、活泼的感情和难度较高的花腔技巧。音域为$c^1 \sim c^3$(或d^3, e^3, f^3)。④女中音。音色与戏剧性女高音相接近，有时甚至难以区分。兼具戏剧性女高音的浑厚、深沉及抒情女高音的歌唱性及灵活性。音域为$g \sim g^2$(或b^2)。⑤女低音。声音较女中音更宽、更浓、更浑厚、更暗，适宜表现深沉、稳重的感情。音域为$e \sim e^2$(或g^2)。⑥轻快型抒情男高音。声音纤巧、清脆、明亮、灵活，高声区的起音和装饰性花腔乐句的演唱比一般抒情男高音更轻巧灵便。音域为$c^1 \sim c^3$(或d^3)。⑦抒情男高音。声音优美、柔和而富于歌唱性，以抒情见长，音域为c^1～b^2（或c^3）。抒情男高音中能在戏剧性高潮处运用有力和激昂的嗓音者，亦称抒情斯宾托男高音。⑧戏剧性男高音。声音结实饱满，音色浓厚，富有男性英雄气概，适宜表现慷慨激昂的激烈感情，因之在德语国家中又被称作“英雄男高音”，其中有一些音量更为洪大，音色更为浓厚。近似男中音的戏剧性男高音以专演R.瓦格纳歌剧中威武有力的英雄人物见长，又称瓦格纳风格的男高音。音域为c^1～$^{b}b^2$（或c^3）。⑨高男中音或抒情男中音。音色近似戏剧性男高音，然而以抒情见长，声音温暖而如倾诉。音域为F～g^1（或a^1）。⑩低男中音或戏剧性男中音。声音浑厚结实，音色接近男低音，善于表现强烈的激情。音域为E～e^1（或f^1、g^1）。⑪歌唱男低音。声音低沉而不失流畅，具有浓厚的感染力和强烈的歌唱性，有时也能演唱较轻快的抒情作品。音域为D～d^1（或e^1）。⑫深沉男低音。是最低的声部，声音深沉重浊，音量洪大。音域为C～d^1。

骚体 poetry in the style of Li Sao 中国古典文学中韵文体裁的一种。屈原在楚国民歌的基础上所创造的一种抒情韵文。得名于屈原的作品《离骚》。由于后人常以“骚”来概括楚辞，所以“骚体”亦可称为“楚辞体”。由于汉代司马相如的《长门赋》、《大人赋》，班固的《幽通赋》，张衡的《思玄赋》等作品与《离骚》体裁相类，所以后者也被称为“骚体赋”。这样，“骚体”又包括了与《离骚》形式相近的一些赋。骚体以《离骚》为代表。一般篇幅较长，句式灵活参差，多六、七言，以“兮”字作语助词。

骚体赋 fu in the style of Li Sao 赋体的一类。汉初作家追随楚辞的余绪而创作的赋体作品。其特点是在体制上极力模仿楚辞。虽尚铺陈，但篇幅不太长，且富有抒情色彩。句式整齐，通篇用韵，并以“兮”字作为语助词。代表作品有汉初贾谊的《吊屈原赋》、司马相如的《长门赋》等。见骚体、赋。

扫描隧道显微镜 scanning tunneling microscope; STM 一种用来研究导电材料最表层结构的显微分析仪器。工作原理基于量子隧道效应，将一尖端为原子尺度的导电探针作为一电极，样品表面作为另一电极，当二者距离极其接近（通常小于1纳米）时，在外加偏压的作用下，电极间将产生对二者间距十分敏感的隧道电流。通过电子反馈线路控制尖端与样品间距离恒定，扫描样品时，针尖的运动轨迹表征了样品表面态密度的分布或原子排列的图像；监测隧道电流与外加偏压的关系，可得到样品表面电子结构的信息；利用间距与电流之间的依赖关系，还可测定样品表面局域势垒的变化。该仪器可在实空间下获得某些表面原子级分辨率结构信息，在纳米级尺度上实时观测表面三维结构图像，获得表面最表层的局域结构信息，对表面进行纳米级尺度上的加工及处理。可在真空、大气、溶液、常温、低温等不同环境下工作，得到表面电子结构的有关信息。

扫描探针显微加工 scanning probe microscope, micromanipulation by 利用扫描探针在原子、分子尺度上，在一个固体表面对微小物体加工和操作的过程。由于探针的曲率半径很小，在工作状态时它与固体样品表面之间的距离很近（小于1纳米），这会在针尖与样品之间产生一个高度局域化的场，包括力、电、磁、光的等。该场会在针尖所对应的样品表面微小区域产生结构性缺陷、原子摄取、吸附原子的移位、表面结构相变和化学反应等干扰，也可诱导化学沉积和腐蚀等过程的发生。通过控制探针与样品之间场的变化以及探针的移动，可在材料表面上实现可控的单个原子的三维移动、纳米量级的刻蚀和沉积，并按照预先的设计直接操纵获得或生长出具有特定构型和功能的纳米结构。扫描探针显微加工在高密度存储、纳米级电子器件、新型材料的组成和物种再造等方面有非常重要、广泛的应用前景，它开创了从下向上的人工纳米制造技术。

扫描仪 scanner 能自动阅读数据、文字、图片和图像并把它转换成计算机代码的装置。常用作计算机的输入设备。有光电扫描仪和磁墨水扫描仪两种。光电扫描仪是利用光信号可转换成电信号的原理，把需要输入到计算机中的数据、文字、图像或实物进行扫描并转换成计算机代码的装置。磁墨水扫描仪是对用磁性墨水书写的文件进行扫描，通过磁头读出并转换成计算机代码的装置。应用最广泛的是光电扫描仪。

光电扫描仪至少可以处理3种类型的图像：线性照相底片，如工程图；黑白照片；以文本为基础，把图像文本翻译成字符文本，再把字符文本输入到字处理器以便编辑。常用的光电扫描仪有手持式、滚筒式、平台式和成像式等。以工作原理分，有光电扫描鼓、激光扫描仪和飞点扫描仪等。按扫描仪可辨别的颜色来分，有单色扫描仪和彩色扫描仪。

扫描仪中的关键技术主要包括识别图形和文本等的识别技术，高分辨率的实现技术，单相彩色扫描器实现技术以及高性能光电变换器件等。

扫墓 tomb-sweeping 在家族先辈、民族先辈等墓地进行的祭祀活动。存在于世界许多地方。中国汉、苗等民族都有此俗。在中国，早期有修理封土、铲除杂草、加培新土等内容，故名。又名上坟、上冢。考古资料表明，商代已有在墓地祭祀的活动。春秋战国时有在墓地建祠坛祭祀的做法。汉代出现“上冢”一词。上坟扫墓风俗一直沿袭至今。一般在清明节、农历七月十五和十月初一等节日，尤其是清明节，后代到祖先坟地修葺墓地，祭献食物，焚香烧纸并叩头。遇到荣归故里等大事，也有随时扫墓的。俄罗斯人每年春秋两季各扫墓一次。扫墓一般是为了祭祀死者、寄托哀思、表达孝心，也教育生者敬祖孝亲，于巩固家族关系有重要作用。中国西北地区伊斯兰教派哲合忍耶有为其殉教烈士扫墓的习俗。现代中国也为革命烈士扫墓，以培养后代的国家意识、民族意识。

埽工 fascine works 中国古代创造的以梢料、苇、秸和土石分层捆束制成的河工建筑物。可用于护岸、堵口和筑坝等。在黄河上应用较多。埽工的每一构件称为埽个或埽捆，简称埽。累积若干个埽个接连修筑构成的工程就叫埽工。先秦已有类似埽工的建筑，称为茨防。埽工在宋代已普遍使用，卷埽技术已比较成熟。清代中叶以前基本是卷埽，后逐渐改为厢埽，即于施工处设置一捆厢船，在船与堤头间铺绳索加料，就地捆埽，层层下沉并且很少用碎石，签桩也减少了。

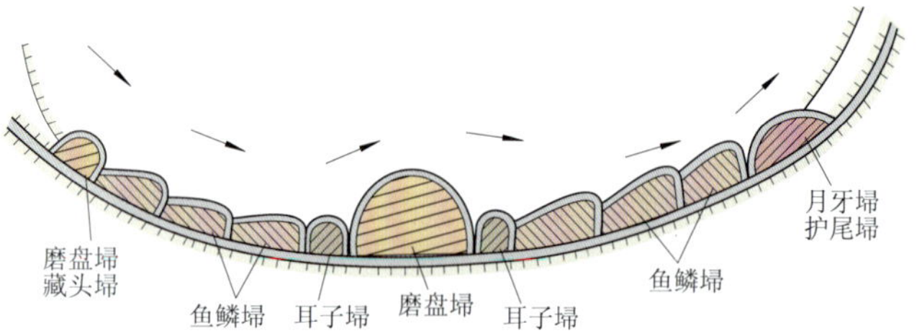

各种护岸埽工

埽工就地取材，制作较快，便于应急，且秸草等料可缓溜、抗冲刷、留淤，特别适用于多沙河流，具有多种用途，但体轻易腐，要经常修理，更换管理费用大。

瘙痒症 pruritus 仅有皮肤瘙痒而无原发皮疹的一种皮肤病变。临床分为全身性和局限性两种。全身性皮肤瘙痒症的内因多与一些慢性疾病有关，如糖尿病、尿毒症、肝胆疾患、贫血、淋巴瘤，在老年人还与皮脂腺分泌减少、皮肤萎缩导致皮肤干燥有关。外因常与生活、工作环境、气候变化、饮食或药物有关。局限性皮肤瘙痒症多与局部摩擦、刺激、细菌、真菌及寄生虫或神经症有关。临床表现主要为程度不同的瘙痒，以晚间或洗澡后尤重。皮肤可见条状抓痕和血痂，长期也可出现湿疹样皮疹及色素沉着等。瘙痒部位可局限于小腿、肛周、阴囊及女阴，也可泛发全身。治疗原则：去除病因、止痒对症。

色 rūpa 佛教名词。意近“物质”概念。在佛教中，色本身是形色示现的意思。它有两种性质：会变坏且有质碍。变坏即不能久住，质碍指其占有空间，在同一空间中具有排他性。在佛教概念体系中，色与心往往相对。一切有形质的无知觉的东西，称“色”；而一切有知觉无形质的东西，则称“心”。色心二者合起来构成了世俗所见的“人我”或人身。身又称色身，它是四大、五尘（色声香味触）所构成的。

色彩学 colour science 研究色彩产生、接受及其应用规律的科学。与透视学、艺用解剖学一起构成美术的基础理论。

人类对色彩的感知与人类自身的历史一样漫长，在色彩的应用史上，装饰功能先于再现功能而出现。在古代中国、印度、埃及、美索不达米亚，颜料多用在家具、建筑内部、服装、雕像等的装饰上。早期中国绘画上的色彩主要是轮廓和形象的修饰手段，用色简练单纯。从文艺复兴时代开始，艺术家们不断探索新的色彩材料，凡·爱克兄弟等人在“油-胶粉画法”的基础上改进而形成了亚麻油等调制的油画颜料，为油画的产生提供了媒介材料。自此，绘画上色彩表现的手段大为丰富。

尽管人类的色彩应用已有几千年历史，但独立意义上的科学的色彩学研究，却晚于透视学、艺用解剖学而到近代才开始。17世纪60年代，I.牛顿通过“日光-棱镜折射实验”得出白光是由不同颜色光线混合而成的结论之后，颜色的本质才逐渐得到正确的解释。由J.开普勒奠定的近代实验光学，为色彩学的产生提供了科学基础。感知心理的研究为解决色彩视觉问题、心理物理学的方法为解决视觉机制对光的反映的问题都提供了重要的前提条件。视觉艺术所提出的色彩问题，尤其是印象派出现之后遇到的外光描绘、色彩并置对比、互补色等问题，促使理论家、艺术家运用科学方法探讨色彩产生、接受及应用的规律。到19世纪下半叶，色彩学研究的专门著作开始出现，进入20世纪，色彩学更在现代光学、心理物理学、神经生理学、艺术心理学等基础上获得了长足进展。色彩学的发展又促进了视觉艺术从19世纪向20世纪多元化时代的转变。

色彩学大体可按色彩与光、眼睛、感知个体、应用的关系分为4个主要部分。

①色彩与光的关系涉及物理学，主要是光学。色彩从根本上说是光的一种表现形式。不同的光源有不同的颜色，而受光体则根据对光的吸收和反射能力呈现千差万别的颜色。由色彩的这个光学本质引发出色彩学这部分内容的一系列问题：颜色的分类（彩色与非色两大类）、特性（色相、纯度、明度）、混合（光色混合，即加色混合；色光三原色，即红、绿、蓝；混合的三定律，即补色律、中间色律、代替律）等。A.H.孟塞尔综合了前人在这方面的研究成果，建立了“孟氏颜色系统”。

②色彩感知的研究必须考察眼睛对色彩的接受过程。色彩学的这个部分涉及生理学、感知心理学，并且大量运用心理物理学的方法来研究。色彩学还研究接受过程即颜色视觉中的对比（色相、明度的同时对比与连续对比），常性、辨色能力（包括色盲、色弱等）等问题。关于颜色的视觉机制及过程的具体研究，20世纪以前主要有“三色说”和“四色说”，20世纪产生了以研究颜色标定和测量的色度学。

③色彩学还考察色彩与感知个体的关系，色彩会因不同观者、不同条件而有不同的感受，因此引发出色感、对色彩的好恶、色彩的意义、色听现象等问题。它以个性心理学的研究为基础。

④色彩学进一步考察色彩在生活与艺术中的应用问题。首先，它要研究物像的色彩、色彩透视、色彩材料，进而讨论色彩的具体应用。在艺术中的应用则是色彩学研究最重要的方面，主要包括绘画色彩、舞台色彩、录像、彩色摄影等。由于色彩渗透到人类生活的各个方面，因此可以说到处都存在着色彩应用的问题。在现代视觉艺术中，色彩的地位日益突出，表现主义、奥普艺术、抽象主义等尤其将色彩作为主要的视觉艺术语言，色彩材料和表现手段的不断更新、丰富，为色彩的应用开辟了更为广阔的天地。

色彩乐器 colour instruments 音乐演出时，能同时提供光线色彩与之相配合的一些乐器与仪器。外形似风琴，以键盘演奏或控制，故又称色彩风琴。这种乐器多数不发出音响，而是与音乐同步表演；也有与某一乐器（例如钢琴或管风琴）结为一体，是名副其实的色彩乐器。

最早提出音乐与色彩联系在一起的是17世纪德国人A.基歇尔。他在著作中提出：音乐是光线的模仿，二者是可以互为表达的。最早从事这一理论实践的是法国人L.-B.卡斯特尔，他于1720年出版了《音乐与色彩》一书，1734年设计了一种“视觉哈普西科德”，将音阶按光谱的位置排列分配，一个键连接一种颜色，按键演奏乐谱，光线就从透明色彩带传出。由于当时尚未发明电器，仅靠蜡烛灯光显示，未获成功。1881年，美国人B.毕晓普设计过一种能演奏音乐的色彩风琴。他用的是一架小型风琴。首次试验成功的是1895年A.W.里明顿教授创制的“里明顿色彩风琴”。风琴本身不出音乐，而是配合乐队和其他乐器将色彩投影到银幕上作同步表演，实际是仪器的“乐器”。更为精巧的是，丹麦歌唱家兼科学家T.维尔夫雷德于1925年在纽约演出的“克拉维勒克斯”，其外形如一张斜面写字台，有各种旋钮与开关。1926年，他与美国费城交响乐团合作演出了N.A.里姆斯基-科萨科夫的《天方夜谭》，在视觉与听觉的结合上，效果颇佳。现代采用更先进的电子合成器与激光技术，以立体投影于空间而非银幕。

色差 chromatic aberration 由透镜材料的色散引起的成像偏差。同一透镜材料对不同波长的单色光有不同的折射率，因而对不同色光有不同的焦距和横向放大率。前者使不同色光的像成在不同位置上，称轴向色差；后者使不同色光的像的高度不同，称垂轴色差。对目视仪器中的透镜，通常用氢原子光谱中的红色C线和蓝色F线这两种单色光所成像的差别来表征色差大小（见图）。色差的存在使像点变成带色的弥散斑，可严重影响像质。

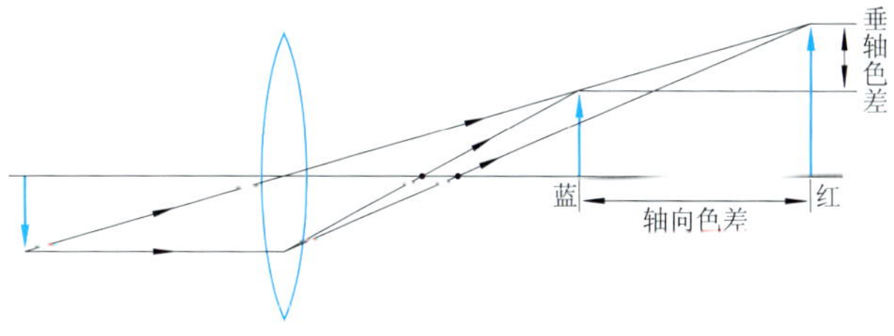

轴向色差和垂轴色差示意图

校正单透镜的色差是将一对用不同材料做成的正、负透镜胶合起来，选择适当的折射率和透镜的曲率半径，可对选定的两种波长（目视仪器通常为C、F谱线）消除色差。

《色佛尔条约》 *Treaty of Sèvres* 第一次世界大战战胜国同战败国土耳其于1920年8月10日在巴黎附近的色佛尔签订的和约。又译《塞夫勒条约》。主要内容是：土耳其承认汉志和亚美尼亚独立；伊拉克和巴勒斯坦划为英国委任统治地，叙利亚和黎巴嫩划为法国委任统治地；土耳其在欧洲的大部领土主要由意大利和希腊瓜分；黑海海峡由国际共管；土耳其武装力量被限制在5万人以内，其财政经济接受战胜国的监督。

色拉寺 Sera Monastery 中国藏传佛教格鲁派寺院。与哲蚌寺、甘丹寺合称拉萨三大

色拉寺一角

寺。位于拉萨北郊3千米处的色拉山麓。明永乐十七年（1419），**宗喀巴**弟子绛钦却杰兴建，成于宣德九年（1434）。后绛钦却杰应召赴北京，受封大慈法王。回藏后将钦赐经像等珍藏于寺内，至今仍存。寺内有结巴、麦巴、阿巴三扎仓（经院）。其全盛期僧人定额为5 500人，规模略次于哲蚌寺。

色拉西 Serasi（1887～1968-07-14） 中国蒙古族民间音乐家。生于内蒙古哲里木盟科尔沁左翼中旗的一个贫苦牧民家庭，卒于呼和浩特。6岁随父学琴，善于演奏潮尔（即马头琴）、四胡、三弦等，被当地牧民称为“神童”。十六七岁时开始过草原流浪艺人的生活，是东部哲里木盟（今通辽市）、昭乌达盟（今赤峰市）、兴安盟一带著名的民间歌手。1946年参加内蒙古歌舞团，1949年随内蒙古歌舞团参加中华人民共和国的国庆典礼演出。1955年获内蒙古第一届音乐、舞蹈、戏曲会演演员一等奖。1957年调内蒙古艺术学校从事教学工作。曾任中国音乐家协会内蒙古分会的常务理事。色拉西说唱的主要内容是民间神话传说、传奇英雄故事。其体裁多为改唱与牧民生活相关的叙事性民歌，如《荷英花》、《达那巴拉》、《嘎达梅林》等数十首民歌。他的演唱风格淳朴、深邃、富于激情。他发展了潮尔演奏艺术，创用了“泛音”、“双泛音”、“和音”，以及富有民族特点的滑、颤、打音等技法和独有的定弦法，并自编自演了《苏木茹》、《农吉娅》等数十首马头琴独奏乐曲。改变了过去这一乐器只用于伴奏的地位。

色楞格河 Selenge Mörön; Selenge 蒙古水量最大河流。位于国土中北部，属北冰洋水系。全长1 024千米，蒙古境内615千米；流域总面积42.5万平方千米，蒙古境内28.2万平方千米，占蒙古各河流域总面积的66%。发源于杭爱山脉北坡由埃格河和木伦河汇合而成，向东北流经蒙古北部，在苏赫巴托尔市与鄂尔浑河汇合后北流，注入俄罗斯的**贝加尔湖**。河水补给主要靠地下水、融雪水和雨水，全年水量丰沛。河床宽70～200米，深约2米。上游水流湍急，河床落差720米，多急流瀑布，水力资源丰富；中下游河段水势平缓，河谷宽广，沿岸林木茂盛，草原肥美。每年10～11月开始结冰，结冰期6个月。苏赫巴托尔以下不冻期可通航。主要支流有楚鲁特河、哈努伊河、额吉河、鄂尔浑河和俄罗斯境内的希洛克河等。流经蒙古重要的农牧经济区，为蒙古进入俄罗斯亚洲平原的通道。

色盲 colour blindness 眼睛辨色能力缺陷的一种病理现象。正常人的辨色能力有个体差异，但差异不大。

色盲有先天性和后天性两大类，前者是遗传性缺陷，后者见于视网膜脉络膜、视神经或视路的疾病，按其轻重可分为色盲和色弱（对三原色能感受，但对色调和饱和度的辨识能力差）。色盲有红色盲、绿色盲、全色盲等不同种类，最常见者为红绿色盲。

色觉对从事某些专业（如驾驶、印染、医学、美术等）的人员非常重要。因此，对色盲的检查格外重要。常用方法有：

假同色图 常称色盲本。用色调、亮度、饱和度各不相同的色块拼成图或字，色觉正常者能在5秒内读出文字或图案；而色觉异常者则依色块的亮度，或以其异常的辨色能力来认读，从而暴露其色觉缺陷以及其类别（图1、图2）。

FM-100色彩试验及D-15色盘试验 在固定照明条件下，嘱患者将许多有色棋子

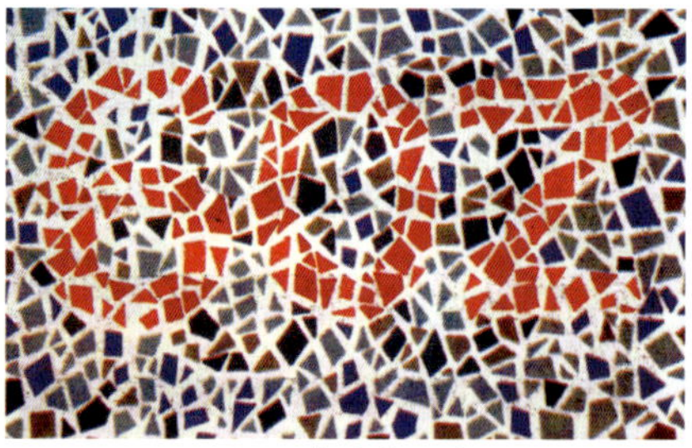

图1 色盲本图片

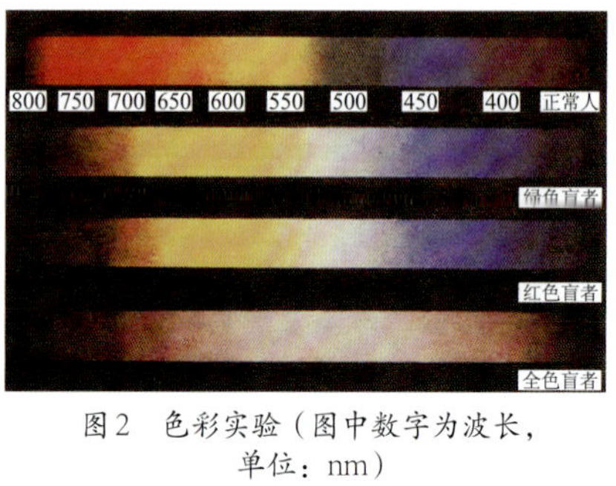

图2 色彩实验（图中数字为波长，单位：nm）

按色调依次排列，根据其排列顺序的正常与否，判断其有无色觉障碍及其性质和程度。

色觉镜 利用红光与绿光适当混合形成黄光的原理，根据受试者调配红光与绿光的比例是否合适，判断其有无色觉障碍以及色觉障碍的性质和程度。

色诺芬 Xenophon（约前431～约前352） 古代希腊著作家、历史学家。生于雅典一个富裕家庭。哲学家苏格拉底的学生。公元前401年参加波斯王子小居鲁士招募的希腊雇佣军。在库纳克萨战役中，小居鲁士兵败被杀，色诺芬被推举为希腊万人军司令官。公元前400年，率部返回希腊。色诺芬反对希腊的民主制度，拥护斯巴达的贵族专制政体。后来投靠斯巴达国王阿格西劳斯二世，与雅典为敌，因而被雅典公民大会缺席判处流放，长期寄居斯巴达。公元前365年，雅典与斯巴达结盟反对底比斯，因而解除了对色诺芬的放逐令。晚年移居科林斯。

色诺芬著述丰富。主要有《希腊史》、《长征记》、《斯巴达的政治制度》等。其著作文字简明流畅，《长征记》常被用作学习古希腊文的教材。作品往往表现出强烈的政治倾向性，有意渲染或回避一些事实。

色谱法 chromatography 利用试样中的不同组分与固定相和流动相之间的作用力（分配、吸附、离子交换等）的差异，当两相做相对移动时，混合物中的各组分在两相间进行多次分配平衡，从而实现分离和分析的方法。又称层析法或色层法。1903年俄国M.S.茨维特发表第一篇关于色谱法的论文。色谱法体系中的两相作相对运动时，固定不动的相称为固定相，移动的相称为流动相。色谱分析过程中，物质的迁移速度取决于它们与固定相和流动相的相对作用力。

仪器测得的色谱图（见图）表明了流出物中溶质浓度随时间变化的曲线。直线部分是没有溶质流出时流动相的背景响应值，称作基线。某溶质开始流出至该溶质完全

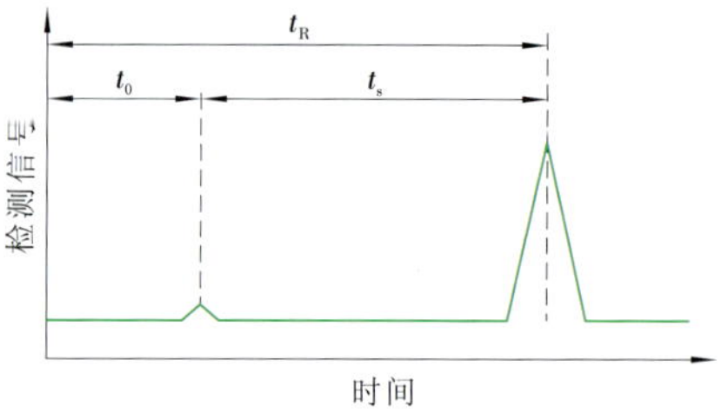

色谱图与保留时间

流出所对应的峰型部分称为此溶质的色谱峰，基线与所有溶质的色谱峰组成了一个完整的色谱图。在色谱柱中无保留的溶质从进样器随流动相到达检测器所需要的时间称死时间，用t_0表示。溶质因与固定相作用在色谱柱中所停留的时间称溶质保留时间，又称真实保留时间，它不包含死时间，通常用t_s表示。t_s与t_0之和就是保留时间，通常用t_R表示。

色谱法的分类方法很多，最粗的分类是根据流动相的状态将色谱法分成四大类（见表）。有时为了强调某一特点，常将具有这一特点的色谱法归成一类。例如，为了突出某种固定相，有薄层色谱法和凝胶色谱法；为了强调分离过程的物理化学原理，有离子色谱法和电泳等方法。或按吸附剂及其使用形式分为柱色谱、纸色谱和薄层色谱。按吸附力分为吸附色谱、离子交换色谱、分配色谱和凝胶渗透色谱。按色谱操作终止的方法分为展开色谱和洗脱色谱。按进样方法可分为区带色谱、迎头色谱和顶替色谱等。

色谱法按流动相种类的分类

类型	流动相	主要分析对象
气相色谱法	气体	挥发性有机物
液相色谱法	液体	可以溶于水或有机溶剂的各种物质
超临界流体色谱法	超临界流体	各种有机化合物
电色谱法	缓冲溶液、电场	离子和各种有机化合物

经色谱分离出的各组分，通过与已知标准样品在相同条件下的色谱性质（如保留时间）进行对照实现组分定性分析，而根据其色谱峰的面积（或峰高）实现定量分析。现代化的色谱-质谱联用仪或色谱-光谱联用仪，配备有丰富的谱图库和微处理机。色谱柱流出的组分直接送入质谱和光谱仪进行定性鉴定和数据的定量处理。开发智能化色谱分析是发展的主要方向。

色谱法的特点是：①分离效率高。可分离性质十分相近的物质，可将含有上百种组分的复杂混合物进行分离。②分离速度快。几分钟到几十分钟就能完成一次复杂物质的分离操作。③灵敏度高。能检测含量在10^{-12}克以下的物质。④可进行大规模的纯物质制备。

色谱法在化工、石油、生物化学、医药卫生、环境保护、食品检验、法医检验、农业等各个领域都有广泛的应用。

色谱仪 chromatograph 一种物理分离或分析混合物组分的仪器。能对同位素及同分异构体等性质极为相近的物质进行分离，可检测出10^{-11}～10^{-13}克物质。因俄国植物学家M.S.茨维特利用该技术使植物色素在试管中分离并呈现不同颜色的谱带而得名，而样品可以是无色物质（见色谱法）。

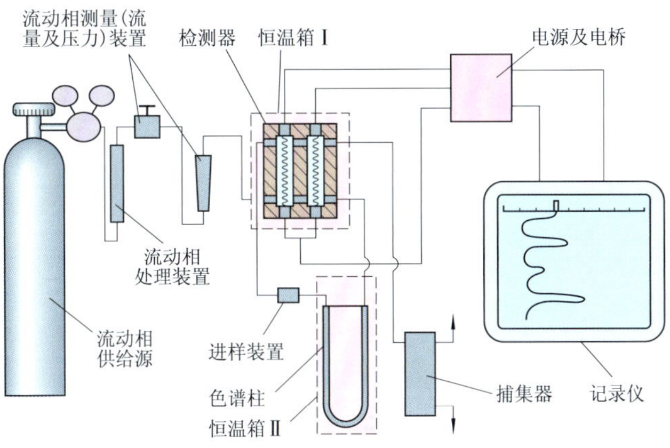

色谱仪结构示意图

色谱柱是色谱仪的核心部分，内径为几毫米，充填固体吸附剂、液体溶剂或惰性气体。前者称为固定相，后两者称为流动相。物质组分在色谱柱中被分离开，并依次进入检测器，在记录仪上每个组分各自呈现出多个峰，称为色谱峰，其极大值是定性分析依据。按进入色谱柱的样品状态，色谱仪分为气相色谱仪和液相色谱仪两种。

色球 chromosphere 位于光球和日冕之间的太阳大气层。通常把太阳大气中的温度极低层作为光球与色球的分界，亦即色球底部，它大约位于从光球底部（定义为波长为500纳米的光学深度为1处）起算的高度h=500千米处。至于色球的上边界，则难以明确。问题在于色球上层基本上是由从超米粒边界向上延伸的针状体构成。针状体大约从色球底之上约1 500千米处向外延伸，可达到约5 000千米的高度，但它们的覆盖面积只占全日面积的1%～2%。而针状体之间的区域实际上已具有日冕物质的特征，比较均匀的色球仅限于从色球底向上延伸约1 500千米的范围。因此，对于色球上界常有不同的说法，但大部分研究者认为色球厚度约为1 500千米。色球底部的

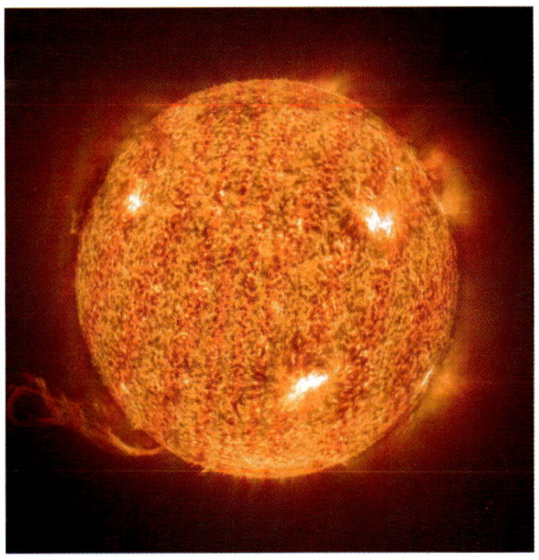

密度约为8×10^{-8}克/厘米^3，随高度迅速下降至顶部的约10^{-4}克/厘米^3，但其温度却从底部的几千度向上迅速增加到顶部的近100万度。由于色球的亮度只有光球的万分之一，比白天的天空亮度还要暗，因此平时是看不到色球的，必须用专门的仪器（色球望远镜）或在日全食时才能看到太阳色球层。日全食时看到的是色球在太阳边缘的投影，而且时间非常短暂（通常只有几秒钟）。用色球望远镜则可看到日面上的色球结构，如谱斑、暗条（日珥在日面上的投影）和耀斑等活动现象。

色役 中国唐代对各种有名目（即色）的职役和徭役的统称。担任某种色役的人可以免除课役或免除正役、兵役及杂徭，因此投充色役在某种程度上逐渐成为逃避正役、兵役及杂徭的一种手段。

色役的名称当起源于南北朝后期，服色役的一般是良民及具有资荫的人，大致可分为3类。

①由具有资荫的五品以上官员子孙及品子、勋官所承担的色役。这种色役，同时也是一种出身，当番达一定年限以后考试合格即可参加职事官（实任官）的铨选；不上番的可以每番交一笔钱代役，称为纳资。充当王公和三品以上官的亲事、帐内，定期上番；不上番的，交钱代役，称为纳课。

②由白丁充任的色役，这是最大量的一类。供王公、贵主、官僚私人役使的色役，都从普通百姓即由白丁或中男中抽取。充当上述色役后得免正役，如不上番就纳课代替。此外，还有很多种类，如地方机构的胥吏和乡官等。

③由特殊身份的人或贱民充任的色役。唐代具有某种技艺的工匠是世代相传，不准改业的，他们所服的番役也类似一种色役，除长上匠外，短番匠可以纳课代役。此外，有由官奴婢释放和犯罪配役的官户（番户）、杂户，依其所长的技艺而配于诸司，也是分番赴役。没有技艺的则配给司农寺去做屯民。他们所承担的某些色役如乐工、兽医、骟马、调马、辟头、栽接等，由于是贱民所业，普通良民一般不愿意去冒充。

由于广泛存在冒充色役以避正役、兵役和杂徭的情况，因此官府要设法制止。玄宗采取裁减最大量的色役的办法。官僚所应得的白直课钱，改由官府用征税办法发给料钱。色役名目繁多，原先就轻重不一，苦乐不均，唐中叶以后，由色役、杂徭演

变而来的差役十分苛重；同时另一部分如工匠、太常乐人、金吾角子、五坊色役户、中书门下陪厨户等等也是色役，但仍然是富人避役的隐庇场所。

涩艺术 art brut 法国画家J.迪比费于20世纪40年代为一种粗糙、不熟练，甚至粗鄙的艺术创造的名称。迪比费的绘画作品表现出他称之为真正涩艺术的那种真挚和质朴。最早的作品色彩鲜艳明快，线条朴素，显示出对博爱和文明的孩子般天真的想象。后期作品热情质朴，有时是忧郁的，有时是隐晦的，体现了由粗糙随意与精神病患者艺术派生出来的混合形态；这些厚涂浓抹或裁剪拼贴的作品极度详细而又具有很强的表现力，使人感到富有生气和兽性的力量，于激情之外往往还伴有诗意和幽默。

铯 cesium 化学元素，元素符号Cs，原子序数55，原子量132.905 451 9，属周期系ⅠA族，碱金属。1860年R.W.本生和G. R.基尔霍夫在研究矿泉水残渣的光谱时发现了铯，按照铯在光谱上独特的蓝线，定名为cesium，来自拉丁文caesius（天蓝色）。铯在地壳中含量为3×10^{-4}%，主要矿物是铯榴石$2Cs_2O\cdot2Al_2O_3\cdot9SiO_2\cdot H_2O$。已发现34种铯的同位素，除铯－133是唯一存在于自然界的稳定同位素；其余皆是铀裂变产生的放射性同位素，其中长寿命的铯－137是铀－235的裂变产物，半衰期30.17年，可辐射β射线和γ射线。

铯是银白色金属，质地轻软，密度1.93克/厘米^3，莫氏硬度0.2，熔点28.5℃，沸点671℃。氧化态+1。化学性质与钾、铷相似，但更活泼，室温下接触空气立即燃烧，在纯氧中则会发生爆炸，生成超氧化铯。铯与水剧烈作用，甚至与－116℃的冰也能剧烈反应，生成氢氧化铯和氢气。因此，铯必须在严密隔绝空气的情况下保存在液体石蜡中。铯还能与卤素发生反应。与其他碱金属能生成低熔点合金，组成为41%铯、12%钠、47%钾的合金的凝固点达到－78℃。铯盐在火焰中呈蓝紫色，可以定性检测铯。

从铯榴石可提取铯的化合物，用钙、镁等金属在高温下还原氯化铯，可制得金属铯。铯是制造光电管、光电池、电视显像管的主要材料，铯及其碱金属合金也用作真空管除气剂。铯用于制造最精确的计时器铯原子钟。铯－137还可用于辐射育种、食品辐射保藏、医疗器械灭菌、癌症治疗等。

瑟 se 中国拨奏弦鸣乐器。瑟的历史在《诗经》中已有记载。考古发现最早的实物为出土于湖南长沙浏城桥一号楚墓，约为春秋晚期或战国早期制品。此外，在河南、湖北、湖南等地，均发现战国至汉代制品。

黑漆彩绘云龙纹瑟（清）

出土的瑟为长方形木质音箱，瑟面张弦，弦下设调节有效弦长的弦柱。多为25弦，也有24或23弦的。据柱位较清楚的长沙马王堆一号汉墓出土的25弦瑟推算，它按五声音阶定弦。

在古代乡饮酒礼中，瑟为歌唱伴奏。魏、晋、南北朝时期，为相和歌伴奏。隋唐时期用于清乐。宋以后只用于宫廷雅乐。同时，据唐宋以来文献所载，以及明清宫廷所用的瑟，与周汉时期的出土实物在形制、张弦、定弦方面有很大差异。后瑟失传。

森 Sen, Amartya Kumar（1933－11－03～ ） 印度经济学家、数学家。生于孟加拉邦森蒂尼盖登。1959年获英国剑桥大学哲学博士学位。1955年被贾多弗布尔大学聘为经济学教授。1956～1958年在加尔各答大学任教。

1957～1963年担任剑桥大学三一学院研究员。1963～1971年任印度德里大学经济学教授。1971～1977年任英国伦敦政治经济学院教授。1977年任牛津大学经济学教授，1981年任牛津大学万灵学院德拉蒙德讲座政治经济学教授和研究员。1987年成为哈佛大学经济学与哲学教授，拉蒙特冠名大学教授。1998年退休后，到剑桥大学担任三一学院院长。曾任国际经济学会会长、印度经济学会会长、联合国先进技术与工艺专家小组主席等职。1998年获得诺贝尔经济学奖。

森在福利经济学和公共选择理论等方面颇有建树。他早期对发展中国家的适宜技术选择问题进行了系统研究。后来，对发展中国家的贫困、不平等和饥荒问题进行了深入探索和测度。他的理论和计量方法被联合国等一些国际机构作为定义和计量人类发展指数的基础。作为发展中国家的经济学家，森更关心贫穷地区的经济问题。在《贫困与饥荒——论权利与剥夺》的著作中，他对缺粮是饥荒的最重要（甚至是唯一的）原因的观点提出了挑战。森对公共选择理论的一个重要贡献是解决了阿罗投票悖论问题。“投票悖论”指出，“少数服从多数”规则在有3个以上的候选人时选举可能出现不满足传递律的情况。著有《技术的选择》、《集体选择与社会福利》、《论经济不平等》、《贫困与饥荒：论权利与剥夺》、《资源、价值与发展》、《不平等的再考察》等。

森林 forest 以乔木为主体的植被类型。随着林学、生态学的发展，人们从不同的视角认识森林：①森林群落学、地植物学、植被学着眼于森林生物组成的植物区系和外貌结构，称为森林植物群落。②生态学着重研究森林的结构（组成成分和配置关系）和功能（能量转换和物质循环），即森林生态系统。③林业经营上把森林看作可再生自然资源，是人类经济活动的生产要素，是林业生产的劳动对象和劳动手段，具有经济效益、生态效益和社会效益。全面认识森林，并加以科学保护、合理经营和综合利用，对维护生态安全，社会物质生产的发展和人类精神文化生活的提高有重大意义。

种类、数量和分布 森林按其在陆地上的分布，可分为针叶林、针叶落叶阔叶混交林、落叶阔叶林、常绿阔叶林、热带雨林、热带季雨林、红树林、珊瑚岛常绿林、稀树草原和灌木林。按发育演替可分为原始林、次生林和人工林。按起源可分为实生林和萌芽林（无性繁殖林）。森林经理上将树种、测树因子、组成结构、年龄等基本一致，且与邻近的森林有明显区别的森林地段称为林分。按树种组成可分为纯林和混交林。按林业经营的目的可分为用材林、防护林、薪炭林、经济林和特种用途林。按作业法可分为乔林、中林、矮林。按林龄可分为幼林、中龄林、成熟林和过熟林。按年龄结构可分为同龄林和异龄林。

丽江原始森林

21世纪初世界森林面积为34.5亿公顷，约占地球陆地总面积的1/4。森林蓄积量为3 837.3亿立方米，森林生物量为4 404.8亿吨。由于自然因素和社会经济因素的影响，森林在世界上的分布很不均匀。据联合国粮农组织20世纪末公布的数字，世界森林的分布为：欧洲（含俄罗斯）森林面积最大，为9.3亿公顷，占全球的27.0%，森林覆盖率41.3%，人均森林面积1.3公顷；其次是南美洲，森林面积为8.7亿公顷，占全球的25.2%，森林覆盖率49.7%，人均森林面积2.7公顷；第三是北美洲和中美洲，森林面积为5.4亿公顷，占全球的15.5%，森林覆盖率25.5%，人均森林面积1.2公顷；第四是非洲，森林面积为5.2亿公顷，占全球的15.1%，森林覆盖率17.7%，人均森林面积0.7公顷；第五是亚洲，森林面积为5.0亿公顷，占全球的14.5%，森林覆盖率16.4%，人均森林面积0.1公顷；第六是大洋洲，森林面积为0.9亿公顷，占全球的2.7%，森林覆盖率10.7%，人均森林面积3.2公顷。

特性　森林有以下特性：①生命周期及演替系列长。森林的主体成分——树木的寿命可达数十年，数百年甚至上千年。如北美的巨杉，中国的**银杏**、**红桧**。森林演替系列也是植物群落中最长的。从原生演替的先锋树种（灌木）开始到成熟稳定的顶级阶段，通常要经过百年以上。如果加上先锋树种阶段的先期部分，则阶段更多，过程更长。②再生性。森林本身具有生产力，是可以更新的资源，如能合理利用，可实现森林资源的永续利用。③分布范围广。由落叶或常绿以及具有耐寒、耐旱、耐盐碱或耐水湿等不同特性的树种形成的各种类型森林，分布在寒带、温带、亚热带、热带的山区、丘陵、平地，甚至沼泽、海涂滩地等地方。④再生能力强。森林是可再生资源，可进行人工更新或天然更新；有很强的竞争力，能自行恢复在植被中的优势地位。但也有限，一经采伐，其生产力的提高或衰减取决于经营的集约程度。⑤生产率高。森林由于具有高大而多层的枝叶分布，其光能利用率达1.6%～3.5%，森林每年所固定的总能量占陆地生物每年固定的总能量的63%，森林的生物产量在所有植物群落中最多，是最大的自然物能储存库。⑥用途多，效益大。森林能持续提供多种林产品，如木材、食物、化工和医药原料等。同时，森林在涵养水源，改善水质，保持水土，减轻自然灾害，调节温度与湿度，净化空气，减弱噪声，美化环境以及保护野生动植物方面的生态效益、社会效益也很大。

潜力和前景　要使森林得到持续、健康的发展，必须扩大森林资源面积，提高资源的质量，建立节约型的可持续发展的资源利用体系，充分挖掘森林资源中林业用地潜力、林分质量潜力、人工林潜力及森林资源节约利用潜力。中国现有森林面积为1.75亿公顷，占林业用地面积的60%左右；全国林分平均蓄积量只有世界平均水平的72%。无论天然林还是人工林增产潜力都很大。只要有正确的森林经营方针、政策，增加对林业的投入，加强对森林资源的保护，实行科学管理，森林资源发展前景广阔。

森林保护　forest protection　防治或控制森林自然灾害、人为灾害的生产活动。森林自然灾害包括生物性灾害和非生物性灾害。生物性灾害是指由**真菌**、**细菌**、病毒和类菌原体等病原微生物引起的病害和由昆虫及鸟兽危害造成的灾害；非生物性灾害是指由火灾、气象灾害和酸雨以及大气污染等导致的灾害。森林自然灾害的防治和管理包括灾害的检疫、监测、预测和预警以及灾害的预防及其治理。森林保护的目标是持续地控制森林自然灾害，维持森林的健康并满足人类对森林的经济、生态以及社会需求。森林保护的主要技术是森林自然灾害的生态控制技术和与环境相协调的多种控制技术以及基因控制技术。

森林覆盖率　rate of forest coverage　反映一个国家或地区森林资源丰富或贫乏程度的指标。常被用于国土整治和林业规划。森林覆盖率用森林面积占土地总面积的百分比表示。提高森林覆盖率对改善生态环境，保持**生态平衡**有重要意义。

根据中国《国家森林资源连续清查主要技术规定》(1994)，森林面积包括：①有林地面积。郁闭度（指林冠投影面积与林地面积的比值）在0.2以上（含0.2）的乔木林地面积、经济林地和竹林地面积。②国家特别规定的灌木林地面积。③农田林网以及村旁、路旁、水旁、宅旁林木的覆盖面积。森林覆盖率的计算公式如下：

$$森林覆盖率(\%)=\frac{有林地面积+灌木林地面积+林网占地面积+四旁树占地面积}{土地总面积}\times 100\%$$

森林古猿　*Dryopithecus*　**古猿**化石。属名。以1856年在法国中新世地层中发现的三块下颌骨为依据，定名为森林古猿方氏种。由于在相同的地层中发现有橡树等植物化石，原定名者认为这类古猿生活在森林环境中，故命名。100多年来，森林古猿化石陆续在欧、亚、非洲地区有所发现，主要发现于欧洲中新世中晚期地层，距今1 800万～1 200万年。化石多为破碎的颌骨、牙齿。有人认为，森林古猿这类化石猿类包括现代大型猿类的祖先，也可能包括人类的祖先。

森林火灾　forest fire　由自然或人为引起的、一定气象条件下森林中的可燃物失去控制的燃烧现象。全世界每年平均发生森林火灾约22万次，每年烧毁森林面积约占全世界森林总面积的1.2‰以上。森林火灾不仅烧死、烧伤林木，直接造成木材损失及减少森林面积，而且严重破坏森林结构和森林环境，导致森林生态系统破坏，益兽益鸟减少，甚至造成人畜伤亡。

发生条件　包括森林可燃物、火源和氧气（助燃物)。森林中所有的有机物质，如乔木、灌木、草类、苔藓、地衣、枯枝落叶、腐殖质和泥炭等都是可燃物。火源按性质可分为：①自然火源。有雷击火、火山爆发和陨石降落起火等，常见的是雷击火。②人为火源。绝大多数森林火灾基本都是人为用火而引起。

规律　森林火灾的发生、蔓延和火灾的强度，都有其规律性。森林火灾的发生除上述三个条件外，还与天气（如高温、干旱、大风等）有密切关系。一般具有下述变化规律：①年周期性变化。森林火灾多发生在降水少的干旱年份。②季节性变化。凡一年内干季和湿季分明的地区，森林火灾往往发生在干季。③日变化。在一天内，太阳辐射热的强度不一，中午气温高，相对湿度小，风大，发生森林火灾的次数多；早晚气温低，相对湿度大，风小，发生森林火灾的次数少。影响林火蔓延和强度的因素主要有可燃物的种类、数量和含水率，地形变化和立地条件的干湿度以及风速的大小等。

种类　一般分为地表火、林冠火和地下火三种。地表火是火沿林地表面蔓延，烧毁地被物，危害幼树、灌木、下木，烧伤大树干基部和露出地面的树根等。一般温度在400℃左右，烟为浅灰色，约占森林火灾的94%。树冠火是火沿树冠蔓延，主要由地表火在强风的作用下引起。一般温度在900℃，不易扑救，约占森林火灾的5%。地下火又称泥炭火或腐殖质火。火在林地的腐殖质层或泥炭层中燃烧，地表看不见火焰，只见烟雾，蔓延速度缓慢，仅4～5米每小时，持续时间长，能持续几天、几个月甚至更长，可一直烧到矿物质层或地下水层。破坏性大，能烧掉土壤中所有的泥炭、腐殖质和树根等，不易扑灭。火烧后林地往往出现成片倒木。约占森林火灾1%。

扑救和预防　扑救方法有：①窒息法。如覆土、喷洒灭火剂和扑打等。②冷却法。即在着火可燃物上覆盖湿土或洒水等，使着火可燃物的温度降到燃点以下而灭火。③隔离可燃物。如开设防火线；在可燃物表面喷洒化学阻滞剂，或大量浇水形成阻燃带等。

中国森林防火的方针是“预防为主，积极扑灭”。预防措施有：①控制人为火源。②建立防火设施。③航空巡护。④林火预测预报。包括火险天气预报、火灾发生预报、火行为预报。

森林气象 forest meteorology 研究森林与大气相互作用及其变化规律的学科。应用气象学的一个分支。主要涉及两方面：一是林木生长发育、分布和生产力水平受气象因素的影响；二是造林对改善局部地区气候、防止大气污染、治理生态环境有重要作用。森林气象研究内容主要包括下述各项。

营林与气象 对林木生长发育起主导作用的气象因子因地区和树种而异，提高森林生产力的关键在于确定限制生长的主导因素。如在干旱地区是水分，在热带地区是光照。

防护林气象效应 包括林带、林网结构、布局的动力效应、热力效应和水分效应。一般林带削弱风速的影响范围在迎风面可达树高5倍的距离，在背风面可延伸到树高25倍以上。从结构上比较，疏透型要优于通风型或紧密型。林带还可改善保护地段的温度、湿度，减轻农业气象灾害的影响。

森林与大气污染 森林对于大气中二氧化碳含量的增加可起到一定的抑制作用。每公顷年产量10吨干物质的森林，每年能从大气中吸收18.3吨二氧化碳，同时释放13.2吨的新鲜氧气。森林还可以吸收某些有害气体（如二氧化硫），吸附烟尘，增加空气中的负离子，净化空气。

森林气象灾害 包括气象因子起直接作用的如林木的冻害、寒害、风倒、风折、雪折、日灼、干旱、涝害等，气象因子间接起作用的如森林火灾、森林病虫害等。其中森林火灾的为害最大。雷电可引发林火，高温、干燥是成灾的重要条件，降雨可抑制林火蔓延。因此，森林火险预报已成为森林气象的重要研究领域。

林冠气象和森林小气候 林冠层是森林通过光合作用给森林生态系统提供第一性生物量的主要源泉。太阳辐射通过林冠时发生再分配，较多的辐射能为林冠所吸收并消耗在蒸散上，从而影响林冠层内热量和水分收支、二氧化碳分布。林冠也是大气降水存储和再分配的场所，因而具有保持水土的机制。由于林冠的存在就形成了具有光照弱、风速小、湿度大，气温与地温日变化、年变化俱小的森林小气候，为林区野生动植物生存繁衍提供了良好的生态环境。

森林书 Āraṇyaka 古代印度解释吠陀的一类书籍。音译“阿兰若迦”。成书时期约在公元前10世纪下半叶。它附属在梵书的末尾。从理论上讲，每一吠陀本集都有自己的森林书，但现存的最有名的森林书主要有四部。它们是：属于《梨俱吠陀》的《爱达罗氏森林书》和《乔什多基森林书》，属于《娑摩吠陀》系统的《耶摩尼奥义梵森林书》，属于《黑夜柔吠陀》系统的《鹧鸪氏森林书》。据说森林书是由古代仙人哲学家隐居深山林泉探索和讲授吠陀玄义的内容结集而成，并因此得名。还有学者推断，这些作品可能是为已经退休到森林里的老年人创作的，他们在森林里不能从事精细的祭祀，因为那种祭祀需要许多在森林里无法获得的零星物品。读森林书，沉思就作为一种优良的仪式开始代替了祭祀礼。由于森林书的影响，在一部分知识分子中间，仪式的观念开始衰退，而关于真理性质的哲学思维逐渐取而代之。

森鸥外 Mori Ōgai (1862-01-19～1922-07-09) 日本小说家、评论家、翻译家。本名森林太郎，号鸥外。生于岛根，卒于东京。幼年习汉学。1881年毕业于东京大学医学部。1884年赴德国留学。1888年回国，创办评论杂志《栅草纸》，出版了译诗集《面影》，先后发表了留德生活三部曲：《舞姬》、《泡沫记》、《信使》。《舞姬》以抒情笔调描写了一个留学柏林的日本青年与德国舞女之间的不幸恋情。这部作品被认为是日本浪漫主义文学的代表作。1899年森鸥外迁至小仓任军医部长，1907年又升任军医总监和陆军部医务局长。1909年，日本文坛自然主义的兴起和夏目漱石活跃的创作激起森鸥外的创作欲望，他很快写出了《半日》(1909)、《我的性欲生活》(1909)、《青年》(1910)和《雁》(1911)等一批现代小说，其中最成功的是《雁》，作品用一只被飞石击中的雁象征女主人公的悲剧命运。

1910年后，森鸥外把创作转向历史小说。《兴津弥五右卫门的遗书》(1912)和《阿部一族》(1913)都选用了武士殉死的题材，但前者赞美了殉死行为，后者则通过阿部因未为藩主殉死而招致满门抄斩的悲惨遭遇，否定了殉死制度。

僧格林沁 Senggerinčin (1811～1865-05-18) 中国清朝蒙古亲王、清军将领。博尔济吉特氏。蒙古科尔沁旗（今属内蒙古）人。嗣父科尔沁扎萨克多罗郡王索特纳木多布斋是嘉庆帝额驸。道光五年（1825）袭郡王爵。1834年授御前大臣，后历任领侍卫内大臣、都统等职。咸丰三年(1853)秋，太平天国北伐军突入直隶（约今河北），北京震动。僧格林沁受命为参赞大臣，与奉命大将军、惠亲王绵愉部署抵御。次年太平军南撤，他协同钦差大臣胜保军追击。五年春，先后在直隶东光县连镇和山东茌平县冯官屯围歼太平军，俘其首领林凤祥、李开芳，以功晋封亲王。八年四月英法联军攻陷大沽后，授钦差大臣，督办军务，于天津严行设防。九年五月，在大沽炮台督军力战，挫败英法联军，击沉其舰船多艘。次年英法联军扩大侵略战争，僧格林沁失守大沽、天津，继败通州（今属北京）八里桥，致北京失陷。九月，奉命率兵镇压山东、河南、安徽各地捻军等抗清武装。同治元年(1862)，奉命统辖山东、河南军务，并节制包括直隶、山西在内的四省督、抚、提、镇统兵大员。二年春，攻占捻军根据地皖北雉河集（今安徽涡阳）一带，杀捻军首领张乐行。此后捻军实行流动作战，僧格林沁穷追于豫鄂各地，但屡遭挫败。四年四月二十四日，在山东曹州（今山东菏泽）被捻军围击，毙于高楼寨。

僧伽罗人 Sinhalese 南亚斯里兰卡民主社会主义共和国人口占多数的民族。约1523.5万人（2009）。主要聚居在人口稠密、经济发达的西部、西南部和中部山区。属欧罗巴人种地中海类型。使用僧伽罗语，属印欧语系印度－伊朗语族。文字以巴利文为基础。大多信奉佛教。印度教在居民日常生活中也有很大影响。乡间广泛流行巫术。史家对僧伽罗先民的原居地众说纷纭。较为可靠的说法是：主要来自南亚次大陆

僧伽罗人的舞蹈

北部，系由多处多批移民融合，并吸收部分土著**维达人**，逐渐形成僧伽罗人。分为低地僧伽罗人（又称沿海僧伽罗人）和高地僧伽罗人（又称康提僧伽罗人）。前者居住在沿海平原，自16世纪起遭受殖民统治；后者生活在中部山区，在外强占据沿海平原时曾保持独立，保留较多的古风遗俗。种姓制度具有世俗性质，最高为瞿维种姓（耕种者），最低为罗陀种姓（洗衣人）。国营资本主义种植园经济和小农经济并存。种植园栽培茶叶、橡胶和椰子，个体农民种植水稻、可可、咖啡和肉桂。教育普及，成人受教育率85%。社会以小家庭为单位。实行种姓内婚。男子着白色长袖紧口短褂，下穿条格纱龙；妇女上穿浅色前襟短袖紧身衣，下裹彩色纱丽。

僧伽罗语 Sinhalese language 斯里兰卡的官方语言。除北方省以外，大部分地区都通用僧伽罗语。使用人口约1 200万。属印欧语系**印度-伊朗语族**印度（又称印度-雅利安）语支。

僧伽罗语在发展过程中，受**巴利语**、**梵语**及**泰米尔语**的影响很深。16～18世纪，从**葡萄牙语**和**荷兰语**中吸收了一些词语，19世纪以来又从英语中吸收了大量词语。有16个元音，38个辅音。是一种屈折型语言。名词有性、数、格的变化。元音分长短，辅音分清浊、送气与不送气，没有重音、轻音的区别，也没有声调的变化。现代僧伽罗语口头语和书面语有非常明显的区别。

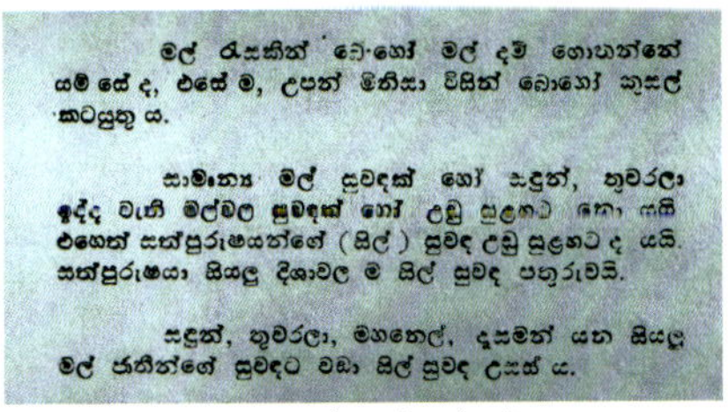
මල් රැසකින් බොහෝ මල් දම් ගොතන්නේ යම් සේ ද, එසේ ම, උපන් මිනිසා විසින් බොහෝ කුසල් කටයුතු ය.

සාමාන්‍ය මල් සුවඳක් හෝ සඳුන්, තුවරලා ඉද්ද වැනි මල්වල සුවඳක් හෝ උඩු සුළඟට නො යයි. එහෙත් සත්පුරුෂයන්ගේ (සිල්) සුවඳ උඩු සුළඟට ද යයි. සත්පුරුෂයා සියලු දිශාවල ම සිල් සුවඳ පතුරුවයි.

සඳුන්, තුවරලා, මහනෙල්, දෑසමන් යන සියලු මල් ජාතීන්ගේ සුවඳට වඩා සිල් සුවඳ උසස් ය.

僧伽罗语《古佛经》片段

最早的文字是婆罗米体，到7～8世纪才逐渐演变为僧伽罗体，自左而右书写，沿用至今。

僧伽制度 sangha system 佛教僧尼共同遵守的制度、规定及传统习惯。包括**出家**、**受戒**、安居、**羯磨**、**丛林清规**等。汉地佛教的僧伽制度还包括素食制度。此外，不同时期，不同宗派还有各自的寺院管理制度以及僧职制度，也是僧伽制度的重要内容。

僧帽水母属 *Physalia*; portuguese man-of-war 刺胞动物门水螅虫纲管水母目僧帽水母科的一属。水母浮囊体大，前后端长6～30厘米，白色透明，状似僧侣的帽子。是热带种，为暖流指示生物。中国东海和南海暖流区均有分布。僧帽水母两端略带蓝色，前端稍大，后端钝圆，其顶部有1个背峰和数个纵隔。浮囊体腹面悬垂着由许多营养体、生殖体、指状体和触手组成的干群。僧帽水母毒性很强，触手上的刺细胞能分泌毒液，使皮肤出现如受鞭抽打的伤痕，有灼痛、发烧、全身无力、呼吸困难等症状，伤口难愈合，严重者有生命危险。

僧肇 Sengzhao (384～410, 一说374～414) 中国东晋僧人。俗姓张。据《高僧传》卷六，为京兆（今陕西西安）人。原崇信老庄，读《维摩经》，欣赏不已，遂出家从**鸠摩罗什**门下。擅长般若学，曾和道融等讲习鸠摩罗什所译三论，人称解空第一；曾在姑臧（今甘肃武威）和长安于鸠摩罗什译场从事译经，评定经论。著有《维摩经注》、《肇论》等。

杀虫剂 insecticide 主要用于防治农业害虫的一类**农药**。部分也可用于卫生防疫以及畜牧业和工业原料、产品等的害虫防治。使用历史长，用量大，品种多，防治效果显著。

分类 杀虫剂品种有3种分类方法。①按作用方式可分为胃毒剂、触杀剂、熏蒸剂、内吸杀虫剂。②按毒理作用可分为神经毒剂、呼吸毒剂、物理性毒剂、特异性杀虫剂。③按来源可分为无机和矿物杀虫剂、植物性杀虫剂、有机合成杀虫剂、昆虫激素类杀虫剂。

作用机理 少数传统药剂，如矿油乳剂等主要在体表起物理性杀虫作用，而绝大多数有机合成杀虫剂都进入害虫体内，在一定部位干扰或破坏其正常生理、生化反应。进入体内的药剂与害虫体内的各种酶系发生生化反应，一些反应使药剂降解失去毒力，但也有些药剂被活化使毒力增强，未被降解（或活化后的化合物）的药剂作用于神经系统或细胞内呼吸代谢过程发挥毒杀作用。

发展趋势 杀虫剂仍将在综合防治中继续发挥重要作用。拟除虫菊酯、沙蚕毒素类和抗几丁质合成药剂的广泛应用，大大减少了杀虫剂可能带来的副作用。昆虫激素、苦楝素、大胡蜂素衍生物等的研究也已取得较大进展。从生态学的观点出发，进一步开发利用天然杀虫物质和开展仿生合成的研究，将使新型杀虫剂不断出现。

杀菌剂 fungicide 对植物病原菌具有毒杀或生长抑制作用的一类**农药**。专用于杀灭细菌的特称为杀细菌剂。只对病原菌的生长起抑制作用的有时也特称为抑菌剂。农产品和食品防腐以及轻工业防霉所使用的药剂也属于杀真菌剂或杀细菌剂，但加工的方式、方法和使用场所不同，常称为防腐剂或防霉剂等。杀菌剂按化学成分分成无机的和有机的。无机的有硫素、铜素和汞素杀菌剂3类；有机的分有机硫类、三氯甲硫基羰酰亚胺类、金属元素有机化合物类、甲酰替苯胺类等；内吸有机杀菌剂有苯并咪唑类、有机磷化合物类、三唑类和嘧啶类等。此外，还有从微生物的次生代谢物中分离或人工模拟合成的抗生素类杀菌剂。杀菌剂沿着三个主要方向发展：一是定向合成，使新化合物能定向地具有所需要的性质；二是天然产物（微生物、高等植物）的研究利用；三是非杀生性病害防治剂的研究。四是发展生物杀菌剂。

杀螨剂 acaricide 用于防治植食性螨类的一类**农药**。一般只能杀螨而不能杀灭昆虫。大多数杀虫剂对螨无效；有的虽兼有杀螨作用，但不列为杀螨剂。现有杀螨剂按化学结构可分17类：①硫磺类杀螨剂，如硫磺、石灰硫磺合剂等。②二硝基酚类杀螨剂，如二硝基磷甲酚等。③二苯基醇类杀螨剂，如杀螨醇、三氯杀螨醇等。④二苯氧基甲烷类，如杀螨醚等。⑤二苯基砜类杀螨剂，如杀螨砜、三氯杀螨砜等。⑥二苯基磺酸酯类杀螨剂，如杀螨酯等。⑦亚磺酸酯类杀螨剂，如杀螨特等。⑧二苯基醚类杀螨剂，如灭螨醚等。⑨二苯基硫醚类杀螨剂，如杀螨好等。⑩喹恶啉类杀螨剂，如克杀螨等。⑪磺酰胺类杀螨剂，如灭螨胺。⑫苯羟肟酸酯类杀螨剂，如苯螨特。⑬脒类杀螨剂，如杀虫脒等。⑭苯并咪唑类杀螨剂，如抗螨唑。⑮苯脎类杀螨剂，如杀螨脎。⑯有机锡类杀螨剂，如三环锡。⑰抗生素类杀螨剂，如杀螨素。将二三种杀螨剂制成混合制剂，可以延缓叶螨出现抗药性的期限。也可转换用药或一年内某种杀螨剂只用一次或采用综合防治等方法防止螨类产生抗药性。

杀人蜂 *Africanized bee*; killer bee 膜翅目蜜蜂科昆虫的一种。又称非洲化蜜蜂。原产于非洲蜜蜂的亚种（东非蜂或西非蜂）与南美洲的欧洲蜜蜂的亚种（意大利蜂或欧洲蜜蜂）自然杂交形成的种群。非洲蜜蜂对热带及亚热带干旱气候适应性及繁殖力均很强，但性凶猛，具群体攻击性。经过与欧洲蜜蜂若干代杂交后，其凶暴性已有所减弱，在巴西产蜜量已显著提高。随着时间的推移，杀人蜂逐渐向北美洲扩散，已扩散至美国南部的一些州。美国科学家利用先进的探测器，探知杀人蜂的虫情并发出警报。杀人蜂属于社会性昆虫，群体内有明确分工，雌性为蜂王，产卵并以蜂王激素维系群体；雄性交配后不久即死亡；工蜂数量多，负责清理及构筑巢室，抚育幼蜂，采食蜂粮（花蜜及花粉）及调节巢温等。

杀伤细胞 killer cell 一类具有杀伤活性的细胞。广义的杀伤细胞包括单核吞噬细胞系统的巨噬细胞、中性和嗜酸性粒细胞、淋巴样细胞。狭义的杀伤细胞仅指淋巴样细胞。

杀鼠剂 rodenticide 用于控制鼠害的一类农药。狭义的杀鼠剂仅指具有毒杀作用的化学药剂，广义的杀鼠剂还包括能熏杀鼠类的熏蒸剂、防止鼠类破坏物品的驱鼠剂、使鼠类失去繁殖能力的不育剂、能提高其他化学药剂灭鼠效率的增效剂等。杀鼠剂按杀鼠作用的速度可分为速效性和缓效性两类。速效性杀鼠剂或称急性单剂量杀鼠剂，如磷化锌、安妥等。特点是作用快，鼠类取食后即可致死。缺点是毒性高，对人畜不安全，并可产生第二次中毒；鼠类取食一次后若不能致死，易产生拒食性。缓效性杀鼠剂或称慢性多剂量杀鼠剂，如杀鼠灵、敌鼠钠、鼠得克、大隆等。特点是药剂在鼠体内排泄慢，鼠类连续取食数次，药剂蓄积到一定剂量方可使鼠中毒致死，对人畜危险性较小。使用方法因药剂品种、使用剂量大小和鼠类栖息地等情况而异。一般制成毒饵、毒水、毒粉、毒糊投放，也可进行飞机灭鼠、仓库熏蒸。

沙比 Shābī, Abu al-Qāsim al-（1909-02-26～1934-10-09） 突尼斯诗人。生于托泽尔，卒于突尼斯城。曾于宰顿大学学习宗教和语言，后在突尼斯法学院深造。大学期间参与创建"穆斯林青年协会"、"文学俱乐部"等组织，参加反抗法国殖民主义者的民族解放运动和文学革新运动。他一生未谋求公职，生活十分艰难，终因心脏衰竭而去世。他的诗作表达了突尼斯人民追求自由、解放，摆脱外国殖民统治的心声。感情激越，联想丰富，诗句流畅而有力。有的诗作也带有忧郁、伤感的情调。主要有诗集《生命之歌》（1955），以及《沙比回忆录》、《沙比书信集》、《阿拉伯人的诗歌想象力》、《伤感的泪水》等。他是阿拉伯现代文学中的一位重要诗人，被誉为"突尼斯之光"。

沙尘天气 dust and sand weather 在近地面风力驱动下，裸露于地表的沙粒和尘土被刮入空中，使大气变混浊、能见度下降的天气现象。气象部门将沙尘天气分为五

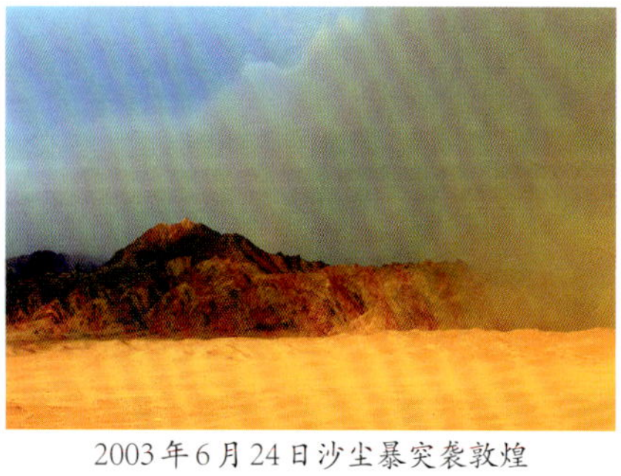

2003年6月24日沙尘暴突袭敦煌

类：①浮尘。尘土、细沙均匀地浮游在空中，使水平能见度小于10千米的天气现象。②扬沙。风将地面沙尘吹起，使空气相当混浊，水平能见度在1～10千米的天气现象。③沙尘暴。大风将地面大量沙尘吹起，使空气很混浊，水平能见度小于1千米的天气现象。④强沙尘暴。大风将地面大量沙尘吹起，使空气非常混浊，水平能见度小于0.5千米的天气现象。⑤特强沙尘暴。狂风将地面大量沙尘吹起，使空气特别混浊，水平能见度小于50米的天气现象，俗称黑风暴。

沙尘暴的发生需要强风、覆盖有沙尘的裸露地表和有利于沙尘进入大气的不稳定层结。沙尘暴发生时，大风可摧毁建筑物和树木，流沙会掩埋农田、村庄、道路和草场，大气中的浮尘严重污染环境、危害人类健康，低水平能见度会影响交通安全，风蚀则对农田和土壤造成深层次破坏。

沙槌 maracas 摇奏体鸣乐器。又称沙球。起源于南美印第安人的节奏性乐器。传统沙槌系用一个球形干葫芦，内装一些干硬的种子粒或碎石子，以葫芦原有细长颈部为柄，摇动时使硬颗粒撞击葫芦壳壁发声。也有木制、陶制、藤编和塑料制等形状类似的沙槌，内装珠子、铅丸等物。通常双手各持一只摇奏。在中、南美洲各族民间舞蹈和音乐中，沙槌是不可缺少的乐器，并普遍为世界各地的轻音乐队、伴舞乐队和爵士乐队所采用。沙槌在拉丁美洲各国有多种形制。巴西有用马口铁制作的、以两个截头圆锥体的大口互对而成的沙槌；古巴有用椭圆形古伊腊葫芦做的沙槌；还有哑铃状的双头沙槌和十字形的多头沙槌等。各国的名称不一。常用名称"马拉卡斯"源自哥伦布发现美洲大陆前的印第安阿洛柯语。

沙茨基 Shatsky, Nicolaj Sergeyevich（1895-08-28～1960-08-01） 苏联地质学家。生于莫斯科，卒于莫斯科。1913年入莫斯科大学学习。曾任莫斯科矿业学院和莫斯科地质勘探学院教授、苏联科学院地质研究所所长。1953年当选为苏联科学院院士。早年从事东欧古大陆和其他古大陆研究，发表一系列关于古陆台比较大地构造的著作。提出台向斜、台背斜、边缘拗陷、深大断裂等地质构造概念。划定了里菲群和贝加尔褶皱带，并提出地槽褶皱带形成过程的长期性。在他的领导下形成了苏联地质构造学派。是泛地槽说和泛地台说的提出者。提出地质学中的继承性原则和沉积建造分类。他领导编制了《欧亚地质图（1∶600万）》、《全苏大地构造图》（1952、1956）和《欧洲大地构造图》（1964）。晚年提出横切陆壳边缘从大洋壳延伸到克拉通内部很深的窄狭海槽构造——拗拉谷的概念。主要论著有《沙茨基选集》（1～4卷）等。

沙丁鱼 sardine 鲱形目鲱科中的沙丁鱼属、小沙丁鱼属和拟沙丁鱼属鱼类的统称。世界重要海洋经济鱼类。广泛分布于大西洋、印度洋、太平洋的热带、亚热带及温带水域。中国沿海均产。

体延长、侧扁。腹部具棱鳞。体被圆鳞，无侧线。世界沙丁鱼有3属27种。沙丁鱼属仅沙丁鱼一种，又分欧洲沙丁鱼和地中海沙丁鱼两个亚种。拟沙丁鱼属共有5种，即远东拟沙丁鱼（图1）、加州拟沙丁鱼、

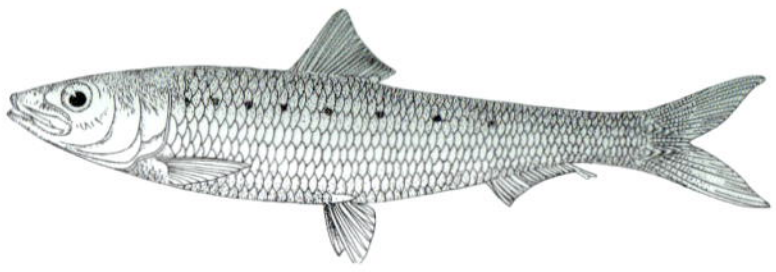

图1 远东拟沙丁鱼

南美拟沙丁鱼、澳洲拟沙丁鱼和南非拟沙丁鱼。小沙丁鱼属种类最多，共有20余种。中国沙丁鱼类主要为小沙丁鱼属约10余种，以金色小沙丁鱼（图2）、和裘氏小沙丁鱼产量较高。

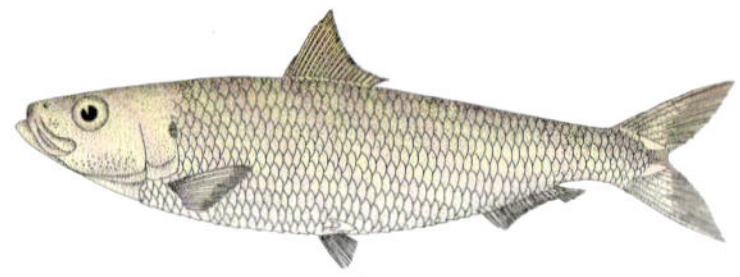

图2 金色小沙丁鱼

沙丁鱼为近海暖水性鱼类，通常栖息于中上层。适温在20～30℃。主要摄食浮游甲壳类，也摄食硅藻等。饵料因鱼种、海区和季节而异。金色小沙丁鱼一般不作远距离洄游，秋、冬季成鱼栖息于70～80米以外深水，春季向近岸作生殖洄游。远东拟沙丁鱼是沙丁鱼中产量最高的鱼种，分布在日本近海，可分为太平洋群系、日本海群系、足褶群系和九州群系4个群系。

沙丁鱼的营养价值很高，约含脂肪14%，蛋白质18%，此外还含无机磷和维生素A、D、E等。味美。欧美及日本等多制成罐头。或提炼鱼油，供食用、制革、制皂，也可制鱼粉和作为捕金枪鱼的钓饵。

沙俄侵占帕米尔事件 Russia's Aggression of Pamir 中国清代光绪十八年（1892）沙俄违约侵占中国西部领土的重要事件。帕米尔位于中国新疆西部，古称葱岭，原是中国领土的一部分。19世纪中叶以后，沙俄征服中亚，不断兼并中国西部领土，侵略势力逐渐抵达帕米尔的边缘。1884年的中俄《续勘喀什噶尔界约》中规定：帕

米尔地区自乌孜别里山口起，“俄国界限转向西南，中国界限一直往南”，据此走向线，中国只保留帕米尔东部的郎库里帕米尔、小帕米尔、塔克敦巴什帕米尔，而走向线以西的萨雷兹帕米尔的大部分及阿尔楚尔帕米尔的西北角，则被划入俄国的版图。1892年，沙俄经过充分准备后，又撕毁上述条约，派兵侵占了乌孜别里“一直往南”一线以东直至萨雷阔勒岭的中国帕米尔地区。清政府曾为此先后派驻俄公使许景澄、驻法参赞庆常与俄方交涉，要求按1884年成约划分帕米尔边界，但俄方始终坚持侵略立场，并与英国秘密达成瓜分帕米尔的协议。1894年4月，清政府被迫与俄方互换照会，同意在帕米尔地区维持现状，互不进兵，同时重申中俄帕米边界问题并未解决，中国并未放弃对帕米尔领土的权利。此后的历届中国政府也从来没有承认过沙俄违约侵占上述地区的合法性。

沙恩霍斯特 Scharnhorst, Gerhard Johann David von（1755-11-12～1813-06-28） 普鲁士军事改革家、将军。生于汉诺威，卒于布拉格。1777年从桑堡-利珀军校毕业

后在汉诺威军队服役。1801年转入普鲁士军队。次年任柏林军官学校校长。1806年任普军参谋长，参加耶拿-奥尔施塔特之战，兵败被俘。获释后任军事局长兼军队改革委员会主席，与A.W.A.格奈瑟瑙一起进行军事改革，组建总参谋部，实行义务兵役制，更新武器装备，加强部队训练。1813年普鲁士参加反法联盟后出任G.L.von布吕歇尔的参谋长。著有《炮兵研究指南》、《军官手册》等。

沙飞 Sha Fei（1912-05-05～1950-02-24） 中国现代摄影家。生于广东开平，卒于河北石家庄。原名司徒传。九一八事变后，走上革命道路。1935年参加黑白影社，拍摄的揭露日本帝国主义入侵南澳岛的照片是中国第一组以国防为主题的新闻摄影报道。1936～1937年在广州和桂林举办个人影展。作品以鲜明的主题、强烈的爱憎和尖锐的形象对比引起强烈反响。1937年，在山西五台县参加八路军，后担任晋察冀军区政治宣传部第一任编辑科长兼《抗敌报》社副主任。1939年任中国共产党第一个摄影行政机构——晋察冀军区新闻摄影科科长。1942年提议创办中国共产党和中国人民军队的第一个画报——《晋察冀画报时事专刊》。1940～1946年组织举办了8期摄影训练队，使晋察冀军区的各个部队都有摄影员，被誉为“开创中国人民革命摄影事业的摄影革命家”。

《战斗在古长城上》(1937)

沙斐仪学派 Shāfi'īyah, al- 伊斯兰教教法学派。逊尼派四大教法学派之一。学派创始人沙斐仪为了统一教法，在严格遵奉天启与运用人类理智之间作了调和。他的《法源论纲》对教法渊源作了严格论证，对《古兰经》、圣训、公议和类比四大法源作了系统阐释，创立教法根源学。他吸收哈乃斐学派和马立克学派的长处，尊重圣训律例和类比推理，其教法理论为教法学奠定统一基础，但消灭学派分歧的努力遭到挫折。嫡传弟子穆泽尼所著《教法捷要》，是沙斐仪学派的理论基础。沙斐仪学派比马立克学派更普遍地应用公议，而不局限于麦地那学者圈内，比哈乃斐学派更严谨地使用类比，认为类比是运用理智唯一可取的方法，而个人意见则带有随意性。沙斐仪学派形成于开罗和巴格达，一度为阿拔斯王朝所赏识，在伊拉克和伊朗盛行一时。后传至下埃及，希贾兹、阿拉伯半岛南部和巴勒斯坦，并流行于几乎整个东南非、中亚部分地区，以及印度的马拉巴尔海岸和科罗曼德尔海岸，后又扩展到印度尼西亚、马来西亚及东南亚其他地区。

《沙恭达罗》 *Shakuntala Cabhiyan Shakuntalam* 印度古典梵语诗人、剧作家迦梨陀娑的代表作。剧名全称为《由于一种信物而重新找到沙恭达罗记》。约在4～5世纪间世。7幕诗剧。

基本情节取自印度史诗《摩诃婆罗多》，写净修林女子沙恭达罗与国王豆扇陀的恋爱故事。豆扇陀行猎时遇见沙恭达罗，两人一见钟情而结婚。不久豆扇陀返回京城，沙恭达罗有了身孕，便带着分别时豆扇陀作为信物留下的戒指去京城找他。由于仙人诅咒，沙恭达罗在途中丢了戒指，豆扇陀闭门不纳，沙恭达罗请求地母救援。后来一个渔夫从鱼腹中剖出戒指，被豆扇陀追回，仙人的诅咒失效，两人破镜重圆。

《沙恭达罗》剧照（中国青年艺术剧院演出）

作者笔下的沙恭达罗是完美女性的典范；豆扇陀既有世俗国王轻薄的一面，又有用情专一的一面，正是在后一点上寄托了作者对爱情和婚姻的理想。诗剧语言优美，意境恬静，人物对白个性鲜明，节奏流畅。

沙果 *Malus asiatica*; Chinese pear-leared crabapple 蔷薇科苹果属的一种。落叶小乔木。又称林檎、来檎、文林郎果、花红、蜜果。起源于中国西北和华北，无野生种。其亲缘与新疆野苹果接近。是中国最古老的苹果属果树之一。

树高7米左右，嫩枝紫绿色，具短柔毛。叶卵形或椭圆形，有细齿。伞房花序，花梗、花萼均有茸毛。花蕾红色，开放后色褐而带红晕。果实扁圆形，直径4～5厘米，黄色或红色，萼宿存。果肉多汁，无石细胞，味甜微酸。变种繁多，称沙果系统。系统内有红沙果品种群、白沙果品种群和槟楸品种群。主要品种有甜沙果、酸沙果、朱砂红、红甜果、白沙果、胎里红等。用作苹果的砧木。果实供鲜食或加工成制品。

沙哈鲁 Shāh Rokh（1377-08-20～1447-03-13） 帖木儿王朝苏丹（1405～1447）。生地不详，卒于刺夷。帖木儿第四子，初受封于呼罗珊。1409年，帖木儿之孙哈里勒被叛将拘系，其叔沙哈鲁趁机进军河中，驱逐叛将，派自己的儿子兀鲁伯镇守其地。从此，原帖木儿帝国的所有地区，除西部波斯、伊拉克和叙利亚以外，都由沙哈鲁统一起来。以赫拉特为首府。他平息叛乱，发展经济，振兴学术，使得当时的伊朗和阿富汗文化复兴，繁荣昌盛。1446年，沙哈鲁之孙苏丹·穆罕默德在伊朗西部叛乱，

沙哈鲁同其妻高哈尔·莎率军前去讨伐。

沙哈鲁一反其父敌视明朝的态度，奉中国为上国，同明朝政治、经济交往频繁。于1419年派往明朝的使团最有名。这个使团的成员之一、画家火者·盖耶素丁将使团去中国的沿途所见以及明朝的政治、经济、人物、风俗等繁荣富庶情况逐日作了记述。《沙哈鲁遣使中国记》是关于这个时期中亚史的有趣史料。

沙皇 tsar 16世纪莫斯科大公们采用的称号。在中世纪的俄罗斯，沙皇这个称号指最高统治者，特别是指拜占廷皇帝，而在1240年左右以后则指蒙古大汗。莫斯科大公伊凡四世（雷帝）于1547年采用这个称号。作为沙皇，从理论上说应该拥有绝对的权力，但在实际上，他和他的继承者要受到东正教会、大公会议和1497、1550以及1649年的法典等传统权力的限制。1721年彼得一世正式把这个称号改为皇帝。但直到1917年为止，俄国的统治者一直都称为沙皇。保加利亚早期的皇帝和20世纪的保加利亚国王也自称沙皇。

沙鸡科 Pteroclidae; sandgrouse 鸽形目一科。有毛腿沙鸡属和沙鸡属2属。全长230～430毫米。嘴基无软膜；翅端尖形；跗跖被羽；后趾退化或全缺。

毛腿沙鸡属有毛腿沙鸡和西藏毛腿沙鸡2种，中国均有分布。沙鸡属世界有14种，分布于非洲、欧洲和亚洲；中国仅有黑腹沙鸡1种，在天山地区繁殖，为新疆西部喀什一带的旅鸟。

沙棘 *Hippophae rhamnoides*; seabuckthorn 胡颓子科沙棘属的一种。落叶小乔木或灌木。因耐风沙，枝上长刺而得名。又称酸刺、黑刺、醋柳。全属4种。分布欧、亚两洲。中国主要产地在西北、华北、西南等地。

树高可达10米。枝多棘刺。单叶互生，线形或线状披针形。花单性，雌雄异株，花小型，黄色。果实球形或卵圆形，橘黄色，味酸。种子一枚，黑褐色。喜光。耐干旱和严寒，并能忍耐季节性短期积水。耐盐碱。根系发达。有可直播造林，也可栽植造林。还可作为伴生树种，与其他乔木树种混交。

沙棘果实富含多种维生素，可研制多种饮料与医药产品。叶、树皮、果实均含有单宁，可提制栲胶。花为蜜源，也可提取香精。另外，沙棘嫩枝叶是非常好的牛、羊饲料。

沙迦 Sharjah; Ash Shāriqah 阿拉伯联合酋长国沙迦酋长国首府。位于波斯湾南岸，南距迪拜不足10千米。人口55.6万（2004）。原为一渔港。自沙迦国际机场建成后，一跃成为欧、亚、非三洲航空运输的中心航空港和世界上最重要的国际机场之一。人口增长迅速，已成为全国第三大城市。城区沿海岸延伸约5千米，新市区街道规划严整，干道端正，酋长宫、市政府、博物馆、俱乐部等分布其间。沙迦购物中心是一座安装着半圆形屋顶具有阿拉伯风格的建筑。市西北部的哈恩潟湖和哈立德潟湖，共同形成一个小半岛，哈立德深水港设在半岛前端，大型海轮可自由进出。

《沙家浜》 *Sha Jia Bang* 中国现代京剧作品。北京京剧团根据上海市人民沪剧团《芦荡火种》集体改编，汪曾祺、杨毓珉、萧甲、薛恩厚执笔。故事取材于崔左夫所写《血染着的姓名——三十六个伤病员的斗争纪实》。1964年毛泽东看了本剧后，认为可用故事发生地点"沙家浜"作剧名，戏的结尾应是伤病员配合大部队打进沙家浜。剧团修改加工后，定名《沙家浜》，1965年5月首演于上海。"文化大革命"中，定为"样板戏"，剧本作了个别改动。剧作以地下斗争为主线，通过《智斗》、《授计》、《斥敌》等场，塑造了阿庆嫂和胡传奎、刁德一等艺术形象。

沙捞越 Sarawak 马来西亚最大的州。位于婆罗洲西北部，北临南海，南与印度尼西亚接壤，东连文莱及沙巴州。面积124 449平方千米，占全国土地面积的37.7%，几乎相当于整个西马来西亚的面积。人口231.26万（2005），占全国人口9%。原住民族占54%，包括伊班（占本州人口35%）、碧达育、美那瑙等十多个民族。华人占27%，马来人占18%。首府古晋。地势由东南向西北降低，内地是伊兰山脉与卡普阿斯山脉；沿海为大片沼泽平原，面积1.8万平方千米，是沙捞越州粮食与经济林木重要产区。河流众多，分流入海，河网稠密，水量洪大，多河口港埠，通航价值大，富水力资源。包括全国最长的拉让河（592千米）、最宽的卢帕河（河口以上50千米段，宽4～5千米）及水力最丰的巴兰河（支流有高243米的瀑布）。气候湿热，多热带雨林，森林覆被率75%。15世纪为文莱苏丹国省份。1841年英国人J.布鲁克帮助苏丹平定叛乱有功，封为罗阇（Rajah，土王），布鲁克侄孙三代世袭，被称为白人罗阇。第二次世界大战时被日本侵占。1946年成为英国直辖殖民地，1963年与北婆罗洲、新加坡及马来亚组成马来西亚联邦。1965年新加坡退出。主要农产品有橡胶、西谷、胡椒、稻米、棕油；林产有木材、树枳、树脂、藤条等；沿海富水产；开采石油、天然气、金、铝土和煤；有炼油、液化天然气、化肥、熔锑、锯木、纺织、金属器皿、肥皂、花砖和造船等工业。上述各类产品皆有出口，进口机械与交通设备、化工产品和食品。交通主要靠河运，公路在扩展中，短途空运连接各城镇。建有国家公园及自然保护区多处。

沙捞越首府古晋街景

沙里－尼罗语族 Chari-Nile group 尼罗－撒哈拉语系的一个语族。又称大苏丹语族。

沙里宁 Saarinen, Eero（1910-08-20～1961-09-01） 美国建筑师。生于芬兰基尔科努米一个艺术家家庭，卒于密歇根州安阿伯。父亲G.E.沙里宁是建筑师，母亲是雕塑家、纺艺家。1923年全家移居美国。沙里宁于1929年赴巴黎学习雕刻，一年后返美。1934年毕业于耶鲁大学建筑系，翌年游学欧洲，回美国后，在父亲的建筑事务所工作。1950年，父亲去世，他独自开业。1962年，美国建筑师协会追授他金质奖章。

沙里宁受母亲影响喜好雕塑，后学建筑，成为负有盛名的有雕塑风格的建筑师。他的作品富于独创性，不落前人窠臼，甚至自己的前后作品也很少雷同。沙里宁着手每一项建筑创作，都竭力探索理想方案。他对待建筑创作的态度和所留下的富于变化的独创性作品，影响深远。

促使沙里宁走上独特发展道路而名闻世界的是圣路易市杰

斐逊国家纪念碑。这座高宽各为190米的外贴不锈钢的抛物线形拱门，象征该市为美国开发西部的大门，获得1948年设计竞赛一等奖。代表作品有麻省理工学院克雷斯吉礼堂和小礼拜堂、耶鲁大学冰球馆、纽约肯尼迪机场的美国环球航空公司候机楼、华盛顿杜勒斯国际机场候机楼等。

沙里院 Sariwŏn 朝鲜西南部综合性工业城市，黄海北道首府。位于平壤以南，载宁江中游右岸。面积187.91平方千米。人口约27.75万。原属凤山郡，1947年初设市，1954年设立黄海北道时定为首府。地处宽阔的载宁平原东部，载宁江自南向北流过。近郊农业以种植稻米、玉米、大豆、麦类为主，还有烟叶、蓖麻、棉花等经济作物。葡萄闻名。吉星浦建有水产研究所。朝鲜重要的纺织工业城市，建有沙里院纺织厂和景岩山皮装厂。还有机械、金属加工、建材等工厂。附近有褐煤和铁矿开采。纵贯朝鲜半岛铁路的重要枢纽，素有首都平壤南部关口城市之称。沿载宁江建有现代化的内河港口吉星浦港，可通至松林港及南浦港等，直达黄海的西朝鲜湾。设有农业、医学、地质、师范等10多所高校。主要文化遗产有青铜时期的古墓群和高丽时代的古建筑物。市内景岩山有朝鲜时代的楼阁景岩楼。景岩湖和瑞兴湖是著名旅游与休养地。

沙龙 Sharon, Ariel (1928-02-27～) 以色列总理(2001～2006)。生于特拉维夫附近沙龙地区的马拉勒村。原名阿里埃勒·沙因内曼，因眷恋故乡改姓沙龙。自幼深受父亲的影响。1945年中学毕业后，参加犹

太武装组织哈加纳的班长训导队。参加过历次中东战争，骁勇善战，声名卓著。1967年晋升少将。1969年任南方军区司令。1973年7月辞去军职从政，倡议组建**利库德集团**。第四次**中东战争**爆发后，再次应召入伍，担任装甲师师长。1975年后曾任总理安全事务顾问、农业部长、国防部长、不管部长、工业贸易部长、住房部长、基础设施部长和外交部长等职。1999年当选利库德集团领袖。2001年当选总理。2003年连任总理。沙龙是利库德集团的鹰派代表人物。由于受到国内外的巨大压力，沙龙在巴以问题上的立场发生变化。2002年，沙龙首次提出一项巴勒斯坦建国方案，同意巴勒斯坦人有条件建国。2003年，沙龙连任总理，提出从加沙地带和约旦河西岸部分地区撤离的"单边行动计划"，但遭到极右势力的强烈反对。2005年，沙龙带领一批支持者退出利库德集团，另组前进党，准备提前大选。2006年1月4日，沙龙因中风深度昏迷，其政治生命突然终结。

沙门不敬王之争 中国佛教史事。依据儒家纲常伦纪和皇权至尊的观念，出家沙门也是王化所及，理应行跪拜礼向皇帝致敬。但从印度传入的佛教以僧人是出世修行者，往往受到在家者以至帝王的崇敬。汉魏之际，佛教与世俗王权的礼仪之争尚不突出。至东晋南北朝时，封建等级制进一步发展和内忧外患的压迫，礼仪的政治含义空前突出起来。东晋咸康六年(340)车骑将军庾冰提出沙门也应对王者行跪拜礼，但佛教信徒尚书令何充认为不可，若真如此便坏了佛法，废了圣明之世的修善之俗。庾冰此议遂不行。元兴元年(402)太尉**桓玄**重新提出此议，遂与中书令王谧及名僧**慧远**等展开往复辩论。慧远为此特撰文论证沙门虽不行礼，但仍有利于王权和治世。南朝宋大明六年(462)，又诏有司参议，令僧人跪拜皇帝，数年后复废此令。隋唐时期沙门不敬王之争仍时有发生。

沙米索 Chamisso, Adelbert von (1781-01-30～1838-08-21) 德国诗人、小说家、植物学家。生于法国香槟，卒于柏林。曾任王室侍从、普鲁士军队少尉、植物园技术主管，并参与出版年鉴等。1815～1818年随俄国探险队参加航海，后写下日记《周游世界》。以小说《彼得·史莱米尔奇遇记》(又译《失去影子的人》，1814)赢得世界声誉。这部童话体小说沿用与魔鬼订约的古老题材，赋予新意，主人公靠出卖影子成了巨富，被社会认为是异类，因而不得不离群索居。还创作了许多诗歌，形式纯净。

沙漠 desert 干旱地区地表为大片沙丘覆盖的区域。广义的沙漠与荒漠相当；狭义的沙漠仅指沙质荒漠。而一般意义上的沙漠泛指风为主要营力，侵蚀和堆积形成地貌形态的地区；除沙质荒漠外，还涵盖了砾质荒漠(戈壁)和风蚀地(风城、雅丹和风蚀劣地)。依据沙漠水分条件和沙丘固定状况，分为流动沙漠、半固定沙漠和固定

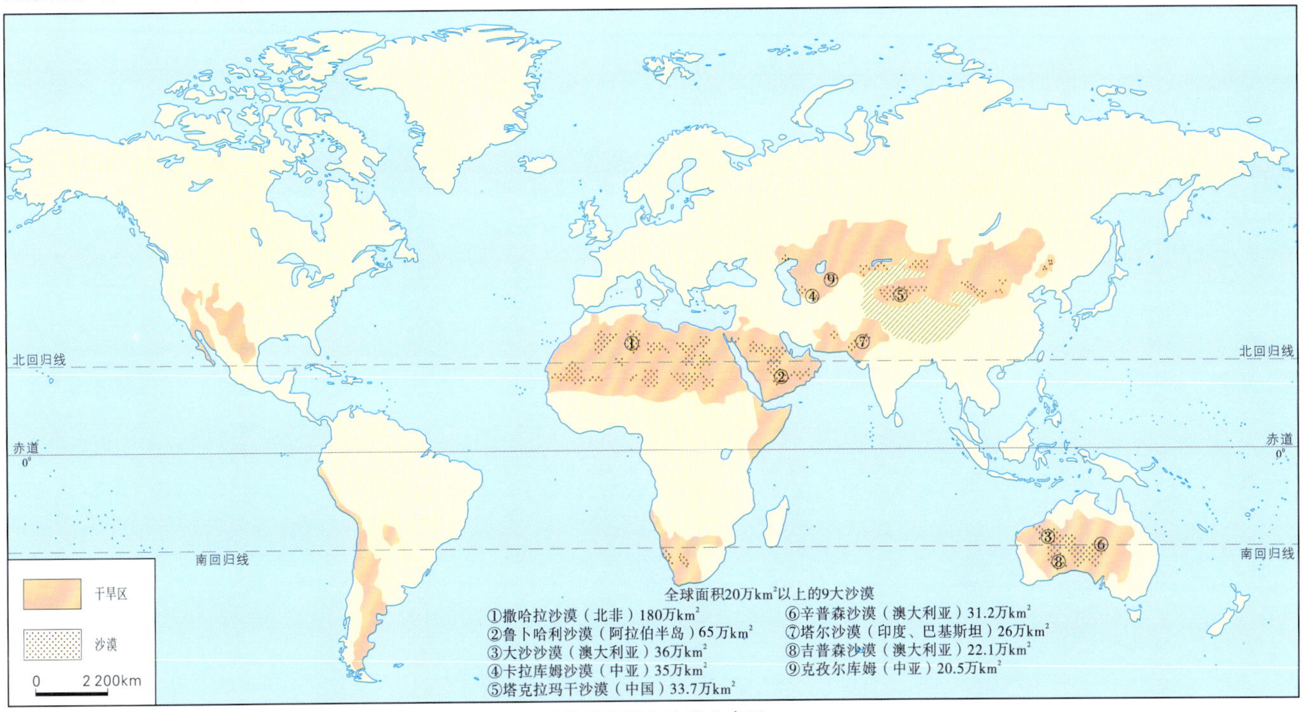

世界干旱区和沙漠分布图

沙漠。但缺乏统一的划分标准。中国地理学界把分布在中国贺兰山以西的主要由流动沙丘组成的干旱荒漠地区直呼沙漠，如塔克拉玛干沙漠、巴丹吉林沙漠、腾格里沙漠、乌兰布和沙漠等；把水分条件较好，以固定、半固定沙丘为主，分布在半干旱草原以及部分半湿润地区疏林草原的沙漠称为沙地，如毛乌素沙地、浑善达克沙地、科尔沁沙地等。全球有沙漠540万平方千米，占全球陆地面积的10.11%，主要分布在北非、西南亚、中亚和澳大利亚地区。阿拉伯半岛的鲁卜哈利沙漠面积65万平方千米，为世界第一大沙漠，也是世界第一大流动沙漠；中国新疆塔里木盆地的塔克拉玛干沙漠面积33.7万平方千米，居世界第四位，是世界第二大流动沙漠，植被盖度不足15%，是世界沙漠中植被盖度最小的沙漠。

沙漠化 desertization 在气候干旱多风的沙质地表环境，由于过度的人类活动破坏脆弱的生态平衡，出现以风沙活动为主要特征的土地退化。原先中国和国外学者都把desertification译作沙漠化，后正名为荒漠化，沙漠化则成为荒漠化的一种重要类型。沙漠化与自然因素所形成的沙漠、戈壁不属于同一范畴，只发生在人类历史时期；而且，沙漠化仅限于以风为动力，由人地关系不相协调所造成的土地退化，涉及政治、经济领域的许多基本问题。沙漠化过程中的土地退化包括：风蚀致使土壤物质流失；土壤的物理、化学和生物特性或经济特性退化；自然植被长期丧失。

沙漠化导致土地生产量下降，可利用土地资源丧失，是世界上重要的环境问题之一。世界上有1/3的土地受到沙漠及沙漠化的威胁，每年有5万～7万平方千米的土地沦为沙漠。中国沙漠化地区主要分布在东北西部、华北北部、西北的半干旱草原地带和沙漠地带的外围。其中干旱和半干旱草原区（包括部分半湿润疏林草原）的沙漠化，主要因滥垦、滥牧（超载放牧）和滥采（包括对林木的滥伐、樵采、刈割和搂发菜、滥挖药材）以及水资源利用不当引起；防止沙漠化的措施主要有：调整土地利用结构，建设护田林网；建设防沙、固沙、输沙的工程措施；兴修水利，改进农业技术措施。

沙漠气候 desert climate 沙漠地区的大陆性气候。主要特点是空气干燥，终年少雨或几乎无雨，气温日变化剧烈，日较差可达50℃以上。地面最高温度可高达60～80℃，而夜间冷却得很快。除有灌溉条件的少量绿洲外，沙漠地区只能有耐干旱的植物群落生存，其他植物几乎绝迹，甚至成为流沙或荒漠。

沙漠气候大致可分为两类：①热带沙漠气候。主要分布在南北纬20°左右的大陆西侧。夏季炎热，冬季不冷，降水稀少。如撒哈拉沙漠、澳大利亚西部和秘鲁等地区的气候。②中纬度沙漠气候。主要分布于大陆的中腹地。夏季炎热，冬季寒冷，气温日较差和年较差都几乎是全球的极大值。降水极少，甚至终年无雨。如中国新疆塔克拉玛干沙漠和中亚卡拉库姆沙漠的气候。

沙坡头 Shapotou 中国国家级自然保护区。位于宁夏回族自治区中卫市沙坡头区。距中卫城西22千米。地处腾格里沙漠的东南边缘。沙坡头自古就被列为名胜。有沙坡鸣钟、白马拉缰、炭山夜照、沙海日出、铁龙越沙等景观。其中沙坡鸣钟，悬若飞瀑，人乘沙流，轰然钟鸣。中国第一条沙漠铁路——包兰铁路穿越这一地区，有40余千米线路受流沙威胁。1956年以来，中国科学院和铁道部门在此开展治理沙漠的研究，创造了举世瞩目的治沙奇迹。被联合国评为“世界环境保护区500佳”。

沙普利 Shapley, Harlow (1885-11-02～1972-10-20) 美国天文学家。生于密苏里州纳什维尔，卒于科罗拉多州博尔德。1913年获普林斯顿大学博士学位。先后在

威尔逊山天文台工作，在哈佛大学天文台任台长。1924年当选美国国家科学院院士，曾任美国工艺和科学研究院院长，美国天文学会会长，美国科学促进会主席。

1914年，他首先提出造父变星是一种脉动变星，而非分光双星。1915年，重新定出造父变星周光关系的零点。1915～1920年，发现球状星团赫罗图上的红巨星序。1918年，在分析了100个左右球状星团的空间分布后，他确认银河系的中心在人马座方向，太阳离这个中心约5万光年，从而否定了太阳系是宇宙中心的传统观念。1931年，他和A.艾姆斯编成《亮星系表》，收载视星等大于13.5星等的1 249个星系。1938年，他最先证认了矮星系的存在。1939年，还发现了球状星团赫罗图上的亚巨星序和水平分支。

沙耆 Sha Qi (1914-03-29～2005-02) 中国油画家。生于浙江鄞县，卒于上海。原名引年，字吉留，后取艺名为耆。早年就读于上海美术专科学校、国立杭州艺术专科学校

《静物——花果》(1944)

及中央大学艺术系。1937年赴比利时布鲁塞尔皇家美术学院留学，师从院长A.巴斯蒂恩。1939年以优异成绩毕业并获“优秀美术金质奖章”。1940～1945年活跃于比利时美术界并受到关注。1946年患精神分裂症回国到故乡定居养病。50～70年代病情迁延，其间依旧写画不辍。80～90年代艺术创作丰硕，声誉日隆。前期作品的基本面貌是在西画写实体系内又有多样吸收，主要有《自画像》等；晚期重新焕发了创作激情，作风日趋真率自由，笔触点乱飞动，造型不似而似，色彩热烈大胆，有象征、寓意、隐喻、游戏性等多种意味，主要有《01-346风景》、《01-506风景》、《01-371静物》等。

沙千里 Sha Qianli (1901-06-12～1982-04-26) 中国人民政治协商会议全国委员会副主席。生于上海，卒于北京。早年在大丰洋布号任跑街。北伐战争时期加入中

国国民党，任上海三区党部执行委员。1928年考入上海法科大学，任《青年之友》周刊主编。1934年组建苏联之友社，主编《生活知识》月刊。1931年后在上海执行律师业务。1936年参与发起成立上海职业界救国会、上海和全国各界救国联合会，主编《救亡周刊》。同年与沈钧儒等七人被国民党政府逮捕入狱，史称七君子事件。1938年加入中国共产党，参与组建中国工业合作协会。1939年后开办建国机器厂、建成实业公司、中美汽水厂、南洋公司等。1942年参加中国民主政团同盟。1945年后参与组建中国经济事业协进会、上海人民团体联合会等。1947年赴香港，后转赴解放区。1949年上海解放后，任上海市军管会副秘书长、上海市人民政府副秘书长。同年参加中国人民政治协商会议第一届全体会议。中华人民共和国建立后，任中央财经委员会第六办公厅

副主任，中央人民政府贸易部副部长、商业部副部长、地方工业部部长、轻工业部部长、粮食部部长，中华全国青年联合会副主席，全国人大常委会副秘书长、法制委员会副主任，中华全国工商联秘书长。1980年后任全国政协第五届副主席，全国工商联第二、三、四届执委会副主任。

沙丘 sand dunes 风力作用下沙粒堆积而成的丘状或垅状地貌。组成沙漠的最基本地貌形态。依风力和沙丘形态之间的关系，主要分为：①横向沙丘。形态走向和起沙风合成风向之夹角大于60°或相垂直的沙丘，如新月形沙丘和沙丘链、梁窝状沙丘、抛物线形沙丘、复合新月形沙丘及复合型沙丘链等。②纵向沙丘。形态的走向和起沙风合成风向之夹角小于30°或近于平行的沙丘，又称沙垅。如新月形沙垅、纵向沙垅和复合型纵向沙垅。③多方向风作用下的沙丘。形态不与起沙风合成风向或任何一种风向相平行或垂直的沙丘，如金字塔形沙丘和蜂窝状沙丘。④沙堆。一种特殊的沙丘形态，是风沙流通过草灌丛植物时，

新月形沙丘链

风速受到减弱，大量沙粒堆积在植物根部形成。

沙滩排球 beach volleyball 球类运动之一。运动队双方各由两人组成，在被球网分开的沙滩场地上，利用身体任何部位击球过网来进行比赛。起源于20世纪20年代美国的加利福尼亚，起初只是一种民间娱乐活动。1940年左右，美国有了沙滩排球比赛。1965年加利福尼亚沙滩排球协会成立，协会第一次统一规定了沙滩排球的规则。1974年首届商业化“两人制”沙滩排球巡回赛在美国圣地亚哥举行。1987年在巴西里约热内卢举办了第1届世界男子沙滩排球锦标赛，有巴西、美国等7个国家参加。1988年国际排球联合会正式成立了世界沙滩排球联合会。1992年，首届世界女子沙滩排球锦标赛在西班牙举行。1993年国际奥林匹克委员会确定沙滩排球为1996年第26届奥运会正式比赛项目。沙滩排球在中国起步较晚，1997年被列为第8届全国运动会正式比赛项目。在2007年世界沙滩排球锦标赛女子组决赛中，中国选手夺得银牌。在2008年第29届奥运会上，中国选手获得女子沙滩排球银牌。

沙特阿拉伯 Saudi Arabia; Al ‘Arabīyah as-Sa ‘udiyah 西亚国家。约占阿拉伯半岛的

4/5。东临波斯湾，与湾内岛国巴林隔海相望（已建跨海大桥通连）；西濒红海，与非洲大陆遥对。陆上西北邻约旦，北毗伊拉克和科威特，东连卡塔尔、阿拉伯联合酋长国、阿曼，南接也门。面积225万平方千米，人口2 370万（2006）。城市人口占86.7%。民族中80%以上为阿拉伯人，余为南亚人、黑人、菲律宾人等。绝大多数居民信奉伊斯兰教（85%为逊尼派）。阿拉伯语为官方语言，通用英语。首都利雅得。

地理 大部分为高原，西高东低成阶梯状倾斜，通称阿拉伯高原。沙漠约占全国面积的一半。红海沿岸为宽20～50千米的低地，稍东是骤然隆起、高逾1 500米的汉志高原。向东渐减至1 000米，在利雅得附近更降至600米左右。波斯湾岸边有宽约150千米的沿海平原。南部分布着世界大沙漠之一的鲁卜哈利沙漠。北部为方圆稍小的内夫得沙漠。中部介于两者之间的是代赫纳沙漠，向东作弧形突出。在地势低洼处，地下水往往涌出地面，形成座座绿洲，较大的有哈尔季绿洲、哈伊勒绿洲等。

除西部高原属地中海气候外，其他地区均为热带沙漠气候，终年受大陆气流控制，炎热干燥。因地势高低悬殊，气候的地区差异显著。7月平均气温30～35℃，鲁卜哈利沙漠白昼气温可至70℃甚至更高；高山地区较凉爽。1月平均气温15～20℃，鲁卜哈利沙漠仍然不下40℃。全境降水稀少，平均年降水量约100毫米。地面缺乏常年河流和湖泊。仅西部和南部有季节性小河。

石油资源丰富，被誉称为“石油王国”。2006年，石油剩余可采储量363亿吨，占世界石油总储量26%，居世界首位。其中20世纪40年代发现的盖瓦尔油田，迄今仍然是世界最大的油田，探明储量117亿吨。天然气储量亦丰富，剩余可采储量6.9万亿立方米，占世界天然气总储量的4%。此外还有金、铜、铁、锡、铝、锌等矿藏。水资源以地下水为主。

历史 公元前大多数是逐水草而居的游牧人（阿拉伯贝都因人）。610年左右，伊斯兰教创始人穆罕默德在麦加开始传教，建立伊斯兰政权。其继承人统一了阿拉伯半岛，并扩张成为横跨欧、亚、非三洲的

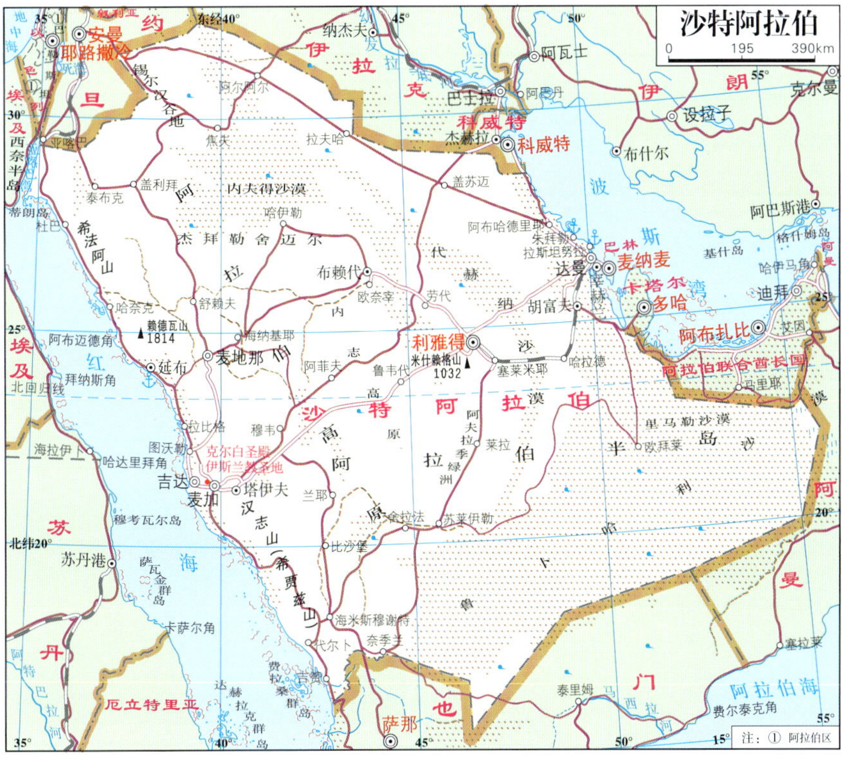

图1 沙特阿拉伯图韦格山

阿拉伯帝国，中国史称大食。9世纪末开始衰落。13世纪中，遭蒙古人西侵。16世纪入奥斯曼帝国版图。19世纪英国殖民势力开始侵入阿拉伯半岛。20世纪初伊本·沙特成为沙特家族的首领，经过多年征战，统一半岛许多部落。1927年5月英国承认其国王地位。1932年定国名为沙特阿拉伯王国。

政治 沙特是政教合一的君主制王国，禁止政党活动。没有宪法，以《古兰经》和穆罕默德的《圣训》作为国家执法的根本依据。国王是国家元首，又称“两个圣地（麦加和麦地那）的仆人”。现国王又兼任大臣会议主席（即内阁首相，政府首脑）和武装部队总司令。国王行使最高行政权和司法权，有权任命、解散或改组内阁，有权立、废王储，有权批准和否决内阁会议决议及与外国签订的条约、协议。沙特无一般意义上的议会，但设有国家政治咨询机构性质的“协商会议”，1993年12月29日正式成立，由主席和一定数额的委员（最初60名，现150名）组成，全部由国王任命，任期4年。政府即大臣会议，由首相、副首相和各部大臣共30名成员组成。

经济 2009年国内生产总值3 680亿美元，人均国内生产总值约1.55万美元。

石油工业为沙特经济的主要支柱和命脉，在国民经济中起绝对的主导作用，1980年以来，年产原油4亿吨上下。石油生产以陆上油田为主，有几十个大型或特大型油田，其中盖瓦尔油田年产量曾占全国2/3。海上油田产量比重日益增大。原油通过输油管输往波斯湾的拉斯坦努拉港和红海的延布港出口。大部分输往西欧、美国和日本等地，拉斯坦努拉为世界第一大石油输出港，年输油能力达3亿吨。随着石油生产的发展，天然气、炼油、石油化工及其他工业也相应发展。沙特的炼油能力居西亚第一，日炼油能力200万桶。近年来，沙特大力发展钢铁、炼铝、水泥、纺织、化肥、海水淡化和电力工业等非石油产业，依赖石油的单一经济结构有所改观，还利用本国丰富的石油、天然气资源，大力引进国外的先进技术设备。工业主要集中以东部朱拜勒和西部延布为中心的两大工业区。沙特是世界上最大的淡化海水生产国，其海水淡化量占世界总量的21%左右。

沙特尽管以油立国，对农业仍然十分重视。有可耕地400万公顷，已耕地117万公顷，从业人员39万。耕地集中在大小绿洲，西南部阿西尔区也有大片灌溉耕地。农作物以椰枣为最重要，其他有小麦和玉米等。西海岸南部山地种植咖啡、香蕉、杧果等。小麦、奶制品、家禽、鸡蛋等自给有余，部分出口。

沙特已建立全国海、陆、空交通运输网。公路总长19万千米（43%为沥青路面），其中高速公路1.5万千米，通达全国主要城市，并与约旦、伊拉克、科威特、卡塔尔、阿拉伯联合酋长国、也门、巴林等国相连。铁路总长1 400千米，仅有2条线路。海运具备一定规模。有八大海港，红海岸和波斯湾各占其四。吉达港是中东地区最大的集装箱港，拉斯坦努拉港是世界上最大的石油输出港。但海上大宗货运（石油运输）几乎完全掌握在外国航运公司手中。沙特航空运输发达，全国有机场72个，利雅得、吉达、麦加、达曼均有国际机场，辟有40条国际航线，通达70多个国家。沙特油气管网稠密，总长超过1万千米。现主要依靠从油田通往波斯湾的拉斯坦努拉港和红海的延布港的输送管外运。后者是复线，从东部的盖瓦尔油田横穿整个阿拉伯半岛，全长1 215千米。另有输气管与它大致平行延伸。

沙特财政收支逐年增长，由于把大量资金以各种证券和存款形式投入国际金融市场，赚取大宗赢利，因此国外资产总额也迅速增长（据估计2 500亿～3 000亿美元）。2009年外汇储备3 890亿美元。货币主币名称（沙特）里亚尔。

沙特实行自由贸易和低关税政策。2009年进出口总额2 659亿美元，出口额1 856亿美元，进口额803亿美元。出口的石油和石油制品占出口总额的93%，其次为化学制品和塑料制品。主要贸易对象国是美国、日本、韩国、英国、德园、新加坡等。主要进口机械设备、运输装备、化工产品、基础金属及其产品、菜蔬、纺织品和衣着。由于大量出口石油，对外贸易长期顺差。

图2 圣城麦加朝觐盛况

文化 政府重视教育和人才培养，实行免费教育。每年约有7 000名学生公费出国留学。有伊本·沙特伊斯兰大学、沙特国王大学等高校。在国内读书的大学生，除免费住宿外，还享受津贴。实行全民免费医疗。全国发行13种报纸、24种杂志。阿文报纸主要有《利雅得报》、《半岛报》、《国家报》、《欧卡兹报》和《座谈报》等。英文报刊主要有《阿拉伯新闻》、《沙特报》、《沙特商业》、《沙特经济概览》等。官办有沙特通讯社，在华盛顿、伦敦、突尼斯、贝鲁特和开罗等地设有分社。电台主要有：麦加的《伊斯兰召唤》电台，利雅得广播电台和《古兰经》广播电台。现有5个电视台，电视网已基本覆盖全国。1985年启用了阿拉伯通信卫星，全国现有7个地面卫星接收站，进一步改善了沙特与阿拉伯各国间通信联系。

对外关系 沙特是石油输出国组织的发起国和成员国，海湾合作委员会的成员国。和美国、欧盟、阿拉伯国家均保持密切关系，积极参与国际尤其中东的国际事务，又有自己的立场和原则（如参加1990年的海湾战争，但不支持美国发动的伊拉克战争），明确反对国际恐怖主义活动，力主以色列以土地换和平，阿拉伯大国的地位逐渐凸现。2005年12月加入世界贸易组织。1990年7月21日同中国建交。

沙特阿拉伯人 Saudi Arabians 西亚沙特阿拉伯王国的**阿拉伯人**。分布在阿拉伯半岛2/3的土地上，以及红海和波斯湾许多沿海岛屿。属欧罗巴人种地中海类型，部分混有尼格罗人种特征。通用阿拉伯语，属阿非罗－亚细亚语系闪语族。信伊斯兰教，属**逊尼派**。以伊斯兰教历作为正式历法。自中世纪起从非洲运入奴隶，至1962年始废除奴隶制。现在某些城市和绿洲仍有大量讲阿拉伯语、信伊斯兰教的非洲黑人。游牧半游牧民中保留着部落结构和宗法残余。有大小部落100多个，最大的有桑马尔人、阿奈扎人等。麦加和麦地那是伊斯兰教圣地，每年有来自世界各地的大批穆斯林到此朝觐。第一次世界大战前，收入主要来自为商队和朝觐者提供交通工具和其他服务。自20世纪30年代开采石油后，收入主要依靠石油。绿洲上的定居农民利用水浇地种植小麦、大麦、黑麦、高粱和椰枣，饲养骆驼、马、牛、羊，牧民主要牧放骆驼。

沙特罗夫 Shatrov, Mikhail Filippovich (1932-04-03～) 苏联剧作家。原姓马尔沙克。生于莫斯科。1956年毕业于莫斯科矿业学院。第一部剧本《干净的手》发表于1955年。后来陆续发表了《现代的小伙子们》(1962)、《寂静的日子》(1965)、《明日的天气》(1973)等剧本。其剧作带有强烈的政治倾向性，有关列宁的题材在他的创作中占有特别重要的地位。《以革命的名义》(1957)、《八月三十日布尔什维克》(1968)、《红草地上的青马（革命画稿）》(1979)、《我们必胜》(1981)都塑造了列宁及其战友的形象。他在剧作形式上采取文献剧和政论剧的形式，形成了自己独特的风格。

沙汀 Sha Ting (1904-12-19～1992-12-14) 中国小说家。原名杨朝熙，又名杨子青，笔名沙汀、尹光。四川安县人。1921年入成都省立第一师范学校就读。1927年

参加中国共产党领导的革命活动。成都"二一六"惨案后，于1929年逃亡到上海，参加开办辛垦书店。1932年加入**中国左翼作家联盟**。早期作品有《航线》、《老人》、《战后》等，存在着一定程度的概念化倾向。1935年后转而描写他真正熟知的四川农村社会，相继发表短篇小说《乡约》(《丁跛公》)、《凶手》、《兽道》、《在祠堂里》、《代理县长》等，成为左翼文坛具有独特现实主义风格的作家。

1938年写了《防空——在"堪察加"的一角》，反映当时大后方国民党官场的丑行。不久赴延安，一度任鲁迅艺术文学院文学系代主任。后随贺龙转战于晋西北、冀中平原。1939年冬返回四川，写出传记文学《随军散记》(《记贺龙》)。后来又写出反映人民对解放区向往之情的短篇小说《磁力》和表现根据地斗争生活的中篇小说《奇异的旅程》(《闯关》)。"皖南事变"后，回乡蛰居。不久发表著名短篇小说《在其香居茶馆里》，通过一个小镇上头面人物之间的勾心斗角，暴露出国民党政府在兵役等问题上的严重弊端。小说艺术手法纯熟，刻画入木三分，成为沙汀的代表作。他的长篇小说有《淘金记》(1943)、《困兽记》(1945)、《还乡记》(1948)，以《淘金记》的成就最为突出。作品以开采金矿作为线索，写地主劣绅们为发国难财而内讧，刻画人物性格传神。

1950～1966年，沙汀的创作均是短篇小说和散文。比较优秀的作品有《过渡》、《你追我赶》、《老邬》、《摸鱼》等，描写了社会主义农村的新生活及其复杂的矛盾，艺术上保持了其特有的风格。1976年后，出版了中篇小说《青坡》(1978)、《木鱼山》(1984)、《走出牛棚之后》(1989)，长篇小说《红石滩》(1987)，回忆录《睢水十年》(1989)等。1986～1992年，上海文艺出版社整理出版了《沙汀文集》。

沙汀曾历任西南文学艺术界联合会副主任、中国作家协会创作委员会副主任、四川省文学艺术界联合会和四川省作家协会主席、中国社会科学院文学研究所所长、中国作家协会副主席等职。

沙图克·波格拉汗 Sutuq Bughrahan (?～955) 新疆哈拉汗王朝的首领。全名沙图克·波格拉汗·阿布德·阿勒·克里木，是新疆第一位信奉伊斯兰教的古代维吾尔汗。10世纪初，皈依伊斯兰教，接受苏非主义。相传发动宫廷政变夺得汗位，称波格拉汗。称汗后大力传播伊斯兰教。在位23年，卒于955年（一说956年）。葬于新疆阿图什。

沙湾拿吉 Savannakhét 老挝沙湾拿吉省首府，经济文化中心。面积12平方千米。人口15.6万(2005)。沙湾拿吉意为"天堂之地"，历史上就是中下寮地区水陆交通枢纽和军事重镇。城市坐落在波状平原上，海拔140米，沿湄公河东岸作南北向延伸。有藤竹木材加工、缫丝、酿造、碾米、屠宰、砖瓦、卷烟等作坊，各种商店、进出口公司和宾馆等。老挝、柬埔寨、越南三国间的重要干道印支13号、9号公路在沙湾拿吉市东的塞诺相交。市东20千米有设备完善的国际航空港。沙湾拿吉与泰国穆达汉是湄公河东西两岸的另一对渡口城镇。2001年开始，老泰两国在此修建"湄公河第二大桥"，长1 600米，并在沙湾拿吉与穆达汉分别设立经济特区，在邻国与国际机构协力下完成从南海（岘港）到安达曼海（缅甸毛淡棉）的印支腰部走廊。

沙眼 trachoma 由沙眼衣原体感染引起的慢性传染性结膜炎症。致盲的常见眼病。含沙眼衣原体的眼分泌物通过手指、毛巾、面盆、洗面水以及玩具等媒介传播。病理变化为眼睑和穹隆结膜充血、乳头增生和滤泡形成，穹隆组织模糊不清，晚期形成瘢痕；角膜有垂帘状血管翳、溃疡，最后形成瘢痕。常见和严重的并发症为睑内翻倒睫，可致角膜溃疡，最后导致失明。沙眼衣原体为中国病毒学家汤飞凡于1955年首次分离到。

临床表现　起病多为急性或亚急性。潜伏期5～12天。双眼受累。自觉症状可不明显或有异物感、羞明、流泪和黏性分泌物，视力逐渐减退。临床检查可见：眼睑肿胀，睑和穹隆结膜充血、肥厚、组织模糊不清，乳头、滤泡增生，角膜上方可见血管翳。数周后在睑和穹隆部结膜上可见线状、网状或片状瘢痕。反复感染即转为慢性结膜炎，此时症状缓解而睑和穹隆部结膜仍有活动病变，可见乳头和滤泡。滤泡大小不等，排列不齐且不透明，破裂后有胶状物流出。角膜血管翳逐渐自上而下地呈垂帘状伸展。沙眼病程缓慢，可持续数年甚至十数年，且可重复感染。

诊断　主要依据临床检查，睑结膜和穹隆组织模糊不清或瘢痕形成，乳头、滤泡增生和角膜血管翳。病变早期多发生于上穹隆，故检查时一定要充分暴露上穹隆，以免误诊。有时不易确诊，可做结膜刮片，发现包涵体以辅助诊断。

治疗　以局部用药为主。常用利福平、金霉素、四环素或磺胺滴眼液或口服四环素、磺胺。若乳头、滤泡严重时，可行沙眼滤泡挤压术。沙眼为接触性传染，故应做好预防工作，改善环境卫生，培养良好卫生习惯等。

沙枣 *Elaeagnus angustifolia*; Russian olive; oleaster **胡颓子科**胡颓子属的一种。落叶小乔木。又称桂香柳、银柳。以果实似枣而得名。此属约50种，产欧洲、亚洲和北美洲。中国约有40种。分布于北纬34°以北的荒漠和半荒漠地带。

树高可达15米，胸径可达90厘米。小枝常为刺状。单叶互生，披针形或椭圆形。花单生或2～4枚簇生于当年生枝的叶腋，花萼钟形。果实成熟时黄色或橙棕色，圆形或椭圆形，核果状。喜光，耐寒，耐旱，耐水湿盐碱。根系发达，有根瘤可固氮改良土壤。用种子或**扦插**繁殖。

对风沙、盐碱的抗性强，防风固沙作用大，为中国西北荒漠、半荒漠造林与绿化的重要树种。木材橘黄稍带白色，材质坚硬，可作家具。因耐水湿，也适用于镶井。果实营养成分接近于**高粱**，可食用及酿酒。叶可作饲料。是优良的蜜源树种和干旱、半干旱地区的主要防护林树种。

纱 gauze 全部或部分采用由经纱扭绞形成均匀分布孔眼的纱组织的**丝织物**。中国古代也常把有均匀分布方孔的、经纬捻度很低的平纹薄型丝织物称为纱。纱类织物质地轻薄，孔眼结构稳定。适用于夏季服装和窗帘等装饰品。此外利用纱类织物结构可形成大小不同的孔眼，构成多种规格的筛网，供过滤用。纱分不提花的素纱和提花的花纱两种。花纱中在平纹地组织上

西汉印花敷彩纱

形成绞经起花的称实地纱，在绞经地组织上形成平纹起花的称亮地纱。在纱织物上还可施以印染、刺绣和彩绘。纱类织物的原料以长丝为主，经纬密度稀疏。战国时期《周礼》中已载有"素沙"(即素纱）名目。长沙马王堆汉墓出土的素纱禅衣，新疆唐墓出土的白色蜡缬纱、绛色印花纱，都采用平纹组织。元明以来开始生产的妆花纱是用多色彩纬和孔雀毛等特种纤维加工而成的纱线，以回纬挖梭方法织造，织物绚丽多彩，金碧辉煌。

纱丽 sari 印度民族服装。从古代印度雕塑和壁画的神像上看，古代的纱丽原为饰有宝石的宽大腰带，围束时露肚脐。现代的纱丽已成为南亚大陆妇女的主要外衣。

纱丽是成幅的绸缎或棉布，宽约1米，长4.5～9米不等，色彩鲜艳明亮，通常绣花，或镶花边、嵌亮片等。常与开襟短袖的紧身上衣乔丽、宽松的长衬裙卡格配套穿用。穿着纱丽的方法：先将其一部分裹住腰身、折出数个褶饰，再将上端塞入裙腰间固定（可与乔丽之间裸露一段腰身)，余下的部分则经胸部披向左肩或头部，然后挂于左背或搭于左臂垂下。印度女孩12岁起普遍穿纱丽，新娘按传统习惯穿绿乔丽、红纱丽。

砂矿 placer 地表的松散堆积矿物富集形成的矿床。易于开采和利用。砂矿是机械沉积矿床（见沉积矿床)，以金、锡、钛、锆、金刚石等砂矿经济意义最为重要。纯净的石英砂大量用于玻璃制造业，现代通信用的光导纤维，更为高纯石英砂开辟了重要用途。此外，砂矿还包括作为建筑材料的砂、砾等。

根据成矿时代分为两类：古代砂矿，指新近纪以前地质时代形成的砂矿床，一般已经过成岩作用的固结，甚至变质作用；近代砂矿，根据成因（主要是搬运介质）可划分为风成砂矿、冰川砂矿和水成砂矿，其中水成砂矿（含冲积砂矿和海滨砂矿）最为重要。

水成砂矿的富矿体常位于河流流速降低、运载能力减弱的下列地段：河面由窄变宽处；河床坡度由陡变缓处；支流和主流汇合处；河曲的内侧部位；河底凹凸不平处，或石灰岩河床底部的岩溶洼地和溶洞内。冲积砂矿在河谷中有残坡积砂矿、河床砂矿、河谷（又称河漫滩）砂矿、阶地砂矿。海滨砂矿是由海浪和岸流作用使重砂矿物在河流入海处、海岸孤山处和砂坝地带富集而成，大多位于海岸线附近。海滨砂矿分选富集程度高，主要有磁铁矿、钛铁矿、锆石、独居石、石英等重要矿产。

砂轮 grinding wheel 用磨料和结合剂制成的中央有通孔的圆形固结磨具。砂轮在磨具中用量最大、使用面最广。可对金属或非金属工件的外圆、内圆、平面和各种型面等进行粗磨、半精磨和精磨以及开槽和切断等。按所用磨料可分为普通磨料（刚玉和碳化硅等）砂轮和超硬磨料（金刚石和立方氮化硼等）砂轮；按形状可分

各种砂轮

为平形砂轮、斜边砂轮、筒形砂轮、杯形砂轮、碟形砂轮等；按结合剂可分为陶瓷砂轮、树脂砂轮、橡胶砂轮、金属砂轮等。砂轮的特性参数主要有磨料、黏度、硬度、结合剂、形状、尺寸等。砂轮在工作一段时间后，应进行修整以恢复磨削性能和正确的几何形状。

砂仁 *Amomum villosum*; villous amomum 姜科豆蔻属的一种。分布于中国广东、广西、云南、福建。高1.5～3米，有匍匐根状茎。叶片长披针形，长37厘米，无柄或近无柄，有叶舌。穗状花序椭圆形，鳞片椭圆形，膜质；花萼管长1.7厘米，有浅齿3，白色；唇瓣圆匙形，白色，端2裂，花丝长5～6毫米，药隔附属体3裂，腺体2，圆柱形，子房有白色柔毛。蒴果椭圆形，长2厘米，熟时紫红色，外面有柔刺；种子多角形，有浓香。花期5～6月，果期8～9月。果实入药，主治脾胃气滞、食物不化、腹胀痛等症。砂仁产品以广东阳春县出产的品质好，故又称"阳春砂仁"。

有一变种称缩砂密，产于云南南部。果熟时绿色，柔刺较扁。果实入药，功效同砂仁。

砂土液化 sand liquefaction 饱水的疏松粉砂、细砂土在振动作用下突然破坏而呈现

1976年7月唐山地震时在丰南县东田庄附近出现的喷水冒砂现象

液态的现象。

机制 饱水的疏松砂土体在振动作用下有颗粒移动和变密的趋势，对应力的承受由砂土骨架转向水。由于粉砂、细砂土的渗透性不良，孔隙水压力急剧上升。当达到总应力值时，有效正应力下降到0，颗粒悬浮在水中，砂土体即发生振动液化，完全丧失强度和承载能力。砂土发生液化后，在超孔隙水压力作用下，孔隙水自下向上运动。如果砂土层上部无渗透性更弱的盖层，地下水即大面积地漫溢于地表；如果砂土层上有渗透性更弱的黏性土覆盖，当超孔隙水压力超过盖层强度，则地下水携带砂粒冲破盖层或沿盖层已有裂缝喷出地表，产生喷水冒砂现象。地基砂土液化可导致建筑物大量沉陷或不均匀沉陷，甚至倾倒。地震、爆破、机械振动等均能引起砂土液化，尤以地震为广，危害最大。

防治 主要从预防砂土液化的发生和防止或减轻建筑物不均匀沉陷两方面入手。包括合理选择场地；采取振冲、夯实、爆炸、挤密桩等措施，提高砂土密度；排水降低砂土孔隙水压力；换土，板桩围封以及采用整体性较好的筏基、深桩基等方法。

砂岩 sandstone 粒径为0.062 5～2毫米的砂占全部碎屑50%以上的碎屑岩。砂岩由碎屑和填隙物组成。碎屑成分以石英为主，其次是长石、岩屑，以及云母、绿泥石、重矿物（如磁铁矿、钛铁矿）等。填隙物包括化学胶结物和杂基（黏土基质)。胶结物中占绝对优势的是硅质和碳酸盐质。碎屑主要有陆源的、盆内的（大部分为碳酸盐砂）和火山源的，其中以陆源的数量最多。砂岩的化学成分变化极大，它取决于碎屑和填隙物的成分。砂岩化学成分以SiO_2和Al_2O_3为主，而且SiO_2/Al_2O_3比值是区别成熟的和未成熟的砂岩的标志。砂岩按砂粒直径通常分为粒径为1～2毫米的巨粒砂岩、0.5～1毫米的粗粒砂岩、0.25～0.5毫米的中粒砂岩、0.125～0.25毫米的细粒砂岩和0.0 625～0.125毫米的微粒砂岩。

砂岩的主要类型有：①石英砂岩。石英及硅质岩屑的含量占砂级碎屑总量95%以上，仅含少量或不含长石、岩屑和重矿物。碎屑颗粒常以单晶石英为主，磨圆度和分选

石英砂岩地貌景观（湖南武陵源）

性都比较好。主要形成于稳定的大地构造环境，地形准平原化，母岩经长期风化，剥蚀的产物大多在海洋（如海滩）环境下受到波浪和水流强烈簸选和反复磨蚀缓慢沉积而形成。②长石砂岩。长石碎屑含量占砂级碎屑总量25%以上，石英含量<75%，可含少量岩屑、云母和重矿物。碎屑颗粒一般分选、磨圆中等。长石砂岩的形成一般是在构造运动比较强烈的地区，由富含长石的母岩如花岗岩或花岗片麻岩类，在气候干燥寒冷、以物理风化为主条件下，经强烈侵蚀和快速堆积而成的。大多为大陆沉积，缺少海成的。常堆积于山前或山间盆地中。③岩屑砂岩。岩屑含量占砂级碎屑总量25%以上，石英含量<75%，并可含少量长石及云母，重矿物含量较高，而且种类复杂。碎屑颗粒的磨圆度和分选性由中等到差。泥质杂基较多，胶结物可为硅质和碳酸盐质。主要形成于构造变动强烈地带的山前或山间拗陷中。这类岩石可以是海成的，也可以是陆成的。岩屑砂岩中，还有一种硬砂岩，又称杂砂岩或灰瓦克。它是一种暗色坚硬的岩石，主要由各种棱角状岩屑以及石英和长石碎屑组成，常含大量黏土杂基（15%～40%），经成岩作用和初级变质后，黏土杂基变为伊利石、绢云母和绿泥石的集合体。碎屑颗粒分选差、圆度低，呈杂基支撑。常发育某些典型原生沉积构造，如槽模、粒序层理等。硬砂岩在地质记录中，特别是在较老地层中是丰富的，成为**复理石**层系的重要组成部分，经常和海相**页岩**及**板岩**成互层，并与水下熔岩流和燧石岩相共生。硬砂岩主要是海相的，代表造山带的产物，在稳定的克拉通地区通常没有硬砂岩。但在中国中新生代陆相地层中却存在大量硬砂岩，它们富含岩屑，特别是火山岩屑，产于中新生代的大陆裂谷湖盆中。

砂体和砂岩构成了**石油**、**天然气**和**地下水**的重要储集层。**磁铁矿**、**钛铁矿**等砂矿都是重要的沉积矿产。许多砂和砂岩都可用作磨料、玻璃原料、建筑材料等。

莎车　Shache　中国汉代西域都护府所辖国之一。国都莎车城（今新疆莎车附近）。东南通皮山、于阗，西南通蒲犁、无雷、月氏，西北通疏勒，扼丝绸之路的要冲。国人属塞种。西汉时，有户二千三百余，胜兵三千余人。宣帝时，王位绝嗣，国人请立乌孙汉公主之子万年为王，汉遣使者送万年。万年暴虐，前王弟呼屠征杀万年及汉使者，并出兵逼迫南道诸国共同叛汉，于是从鄯善以西，道路不通。元康元年（前65），卫侯冯奉世护送大宛使者回国，就便征发诸国兵攻杀呼屠征，另立王。王莽时，西域大乱，南北两道诸国都臣属于匈奴，唯莎车王延仍臣属于汉。延崇慕汉朝的典章制度，并酌加采用。他敕令诸子坚奉汉家。天凤五年（公元18），延死，谥忠武王，子康立。东汉初，康率旁国拒匈奴，保卫汉朝故都护吏士家属千余口。光武帝建武五年（公元29），河西大将军窦融承制拜康为汉莎车建功怀德王、西域大都尉。九年，康死，谥宣成王，弟贤立。十七年，贤复遣使奉献，请为西域都护。光武帝本已赐以都护印绶，随后又下诏追回，改赐以汉大将军印绶，贤由是始怨汉。于是诈称大都护，通知诸国，诸国服从，尊贤为单于。贤大发兵先后吞灭龟兹、妫塞、西夜、子合、姑墨、拘弥、于阗诸国，尽杀其王，分遣将领镇守之；又破鄯善、大宛，称霸西域，重征诸国赋税。后龟兹叛属匈奴，于阗亦杀其镇将自立。贤击于阗，反为所败。明帝永平四年（公元61），于阗王广德攻破莎车，擒贤杀之。匈奴扶立贤子不居征，广德又杀之，更立其弟齐黎。章帝时，班超在西域，莎车复与龟兹连兵攻超。章和元年（公元87），超大破莎车，莎车遂降。安帝时，西域又乱，莎车先属**于阗**，后附**疏勒**。顺帝永建二年（127），班勇复平西域，莎车遣使贡献。其后渐弱，终为疏勒所并。

莎车县　Shache County　中国新疆维吾尔自治区喀什地区辖县。位于塔里木盆地西部，叶尔羌河冲积扇绿洲平原。面积9 037平方千米。人口72万（2008），有维吾尔、汉、回、哈萨克、塔吉克、乌孜别克、满、壮、蒙古、土家、锡伯11个民族，其中维吾尔族占95.3%。古代为西域莎车国，东汉明帝永平四年（公元61）以后至三国、北魏、隋、唐、宋等时期，曾被和田、疏勒国兼并。清乾隆年间设莎车办事大臣和领队大臣，光绪九年（1883）设莎车直隶州，后设莎车府。1913年改设莎车县。主要矿产有金、铜、铁、铅、锌、磷、硫、云母、石膏、冰洲石、水晶、石英石、青玉等。工业以粮油加工、棉纺、煤炭、农机修理、铸造、丝绸、食品加工、印刷、电力为主。农业以种植小麦、玉米、棉花、水稻为主。畜牧业以养马、牛、羊、驴、骡、猪等为主。盛产西瓜、甜瓜、葡萄、苹果、梨、桃、杏、红枣等。古迹有日月将军墓、大清真寺、阿勒屯麻扎、阿曼尼莎墓等。自然风景区有塔克拉玛干沙漠观光点。

《莎乐美》　*Salomé*　英国剧作家O.**王尔德**的独幕诗剧。写于1892年。用法语写成。剧本取材于圣经《新约全书》施洗者约翰之死的故事：莎乐美狂热地爱上了先知约翰，不能自拔，而约翰却蔑视她的爱恋。于是，莎乐美走向极端，利用继父希律王垂涎其美色的心理，要求希律王杀死约翰，随即她又狂吻死去的约翰的双唇，希律王

《莎乐美》剧照

醋意大发，令卫兵杀死了莎乐美。剧本为王尔德唯美主义艺术观的代表作。剧本写成后在英国曾一度被禁演，1896年首次在法国上演，后在欧洲其他国家流传。著名作曲家R.**施特劳斯**曾将其谱写成歌剧。

莎士比亚　Shakespeare, William（1564-04-23～1616-04-23）　英国诗人、剧作家。

生平　生于沃里克郡斯特拉特福镇。其父是经营羊毛、皮革制造及谷物生意的杂货商，曾任镇长。莎士比亚幼年在当地文法学校读书。少年时家道中落，曾辍学帮助父亲料理生意。1585～1592年生活经历不详，传说他当过乡村教师、兵士、贵族家仆，并因偷猎乡绅的鹿逃往伦敦，先在剧院门前为人看马，后逐渐成为剧院杂役、演员并开始剧作生涯。他的剧团从1594年开始一直受宫内大臣的庇护，称为“宫内大臣剧团”。除在天鹅剧场、

环球剧场演出外，也到宫廷或外省演出。他一生中的最后三四年在家乡度过。

创作 莎士比亚共写了37部戏剧，其中只有16部在他生前以4开本盗印版出版，多有遗漏和错误。莎士比亚的全部剧本是在他去世后由同团演员海明和康德尔搜集成书，于1623年用对开本发行，称为"第一对开本"。其中的剧目不是按创作年代，而是按喜剧、历史剧和悲剧3类编排的。此后学者们又进一步把有关罗马历史的剧本分出来，称为"罗马剧"，把后期喜剧分出来，称为"浪漫剧"或"传奇剧"。一般分为3个时期。

第一时期（1590～1600） 以写作历史剧、喜剧为主，有9部历史剧、10部喜剧和2部悲剧。

9部历史剧中除《约翰王》是写13世纪初英国历史外，其他8部是内容相衔接的两个4部曲：《亨利六世》上、中、下篇与《理查三世》；《理查二世》、《亨利四世》上、下篇与《亨利五世》。这些历史剧概括了英国历史上百余年间的动乱，塑造了一系列正、反面君主形象，反映了莎士比亚反对封建割据，拥护中央集权，谴责暴君暴政，要求开明君主进行自上而下改革，建立和谐社会关系的人文主义政治与道德理想。

10部喜剧《错误的喜剧》、《驯悍记》、《维洛那二绅士》、《爱的徒劳》、《仲夏夜之梦》、《威尼斯商人》、《温莎的风流娘儿们》、《无事生非》、《皆大欢喜》和《第十二夜》大都以爱情、友谊、婚姻为主题，主人公多是一些具有人文主义智慧与美德的青年男女，通过他们争取自由、幸福的斗争，歌颂进步、美好的新人新风，揭露和嘲讽旧事物的衰朽和丑恶。莎士比亚这一时期戏剧创作的基本情调是乐观、明朗的，充满以人文主义理想解决社会矛盾的信心，以致这一时期创作的悲剧《罗密欧与朱丽叶》中也洋溢着喜剧气氛。尽管主人公殉情而死，但爱的理想战胜死亡，换来了封建世仇的和解。然而，这一时期较后的成熟喜剧《威尼斯商人》又带有忧郁色彩和悲剧因素，说明作者已逐渐意识到理想与现实之间存在着难以调和的矛盾。

第二时期（1601～1607） 以悲剧为主，写了3部罗马剧、5部悲剧和3部"阴暗的喜剧"或"问题剧"。

罗马剧《尤利乌斯·凯撒》、《安东尼与克莉奥佩特拉》和《科里奥拉努斯》是取材于普卢塔克《希腊罗马英雄传》的历史剧。

四大悲剧《哈姆雷特》、《奥赛罗》、《李尔王》、《麦克白》和悲剧《雅典的泰门》标志着作者对时代、人生的深入思考，着力塑造的悲剧主人公，从中世纪的禁锢和蒙昧中醒来，雄心勃勃地想要发展或完善自己，但又不能克服时代和自身的局限，最终遭到失败。哈姆雷特为报父仇而发现"整个时代脱榫"了，决定担起"重整乾坤"的责任，结果是空怀大志，无力回天。奥赛罗正直淳朴，相信人而又嫉恶如仇，在奸人摆布下杀妻自戕，为追求至善至美反遭恶报。李尔王幻想以让权分国来完成自己从国王到一个普通人的转变，性格中有善和美的一面，只因王位的诱惑和野心的驱使，沦为"从血腥到血腥"、懊悔无及的罪人。他们的悲剧，表现了人文主义理想与现实之间矛盾的不可调和，具有高度的概括意义。

由于这一时期剧作思想深度和现实主义深度的增强，使《特洛伊罗斯与克瑞西达》、《终成眷属》和《一报还一报》等"喜剧"也显露出阴暗的一面，笼罩着背信弃义、尔虞我诈的罪恶阴影，因而被称为"问题剧"或"阴暗的喜剧"。

第三时期（1608～1612） 主要是4部悲喜剧或传奇剧《泰尔亲王佩里克利斯》（一般公认前两幕不是莎士比亚手笔）、《辛白林》、《冬天的故事》、《暴风雨》。这些作品多写失散、团聚、诬陷、昭雪。尽管仍然坚持人文主义理想，对黑暗现实有所揭露，但矛盾的解决主要靠魔法、幻想、机缘巧合和偶然事件，并以宣扬宽恕、容忍、妥协、和解告终。莎士比亚还与J.弗莱彻合作写了历史剧《亨利八世》和传奇剧《两个高贵的亲戚》。

莎士比亚还写了分别取材于罗马诗人奥维德的《变形记》和《岁时记》的长诗《维纳斯与阿多尼斯》与《鲁克丽丝受辱记》，以及以友谊与爱情为主题的154首十四行诗，寄托了对真、善、美的理想，形象生动丰富，语言运用巧妙，诗句节奏感强。

莎士比亚故居

成就和影响 莎士比亚的戏剧大都取材于旧有剧本、小说、编年史或民间传说，但在改写中注入了自己的思想，给旧题材赋予新颖、丰富、深刻的内容。在艺术表现上，他继承古代希腊罗马、中世纪英国和文艺复兴时期欧洲戏剧的三大传统并加以发展，从内容到形式进行了创造性革新。他的戏剧不受三一律束缚，突破悲剧、喜剧界限，努力反映生活的本来面目，深入探索人物内心奥秘，从而塑造出众多性格复杂多样、形象真实生动的人物典型，描绘了广阔的、五光十色的社会生活图景，并以博大、深刻、富于诗意和哲理著称。

莎士比亚的戏剧是为当时英国的舞台和观众写作的大众化的戏剧。因而，它的悲喜交融、雅俗共赏以及时空自由、极力调动观众想象来弥补舞台的简陋等特点，曾在18世纪遭到以伏尔泰为代表的古典主义者的指摘，并在演出时被任意删改。莎剧的真正价值，直到19世纪初，在S.T.柯尔律治和W.哈兹里特等批评家的阐发下，才开始为人们所认识。

17世纪始，莎士比亚戏剧传入德、法、意、俄和北欧诸国，然后渐及美国乃至世界各地，对各国戏剧发展产生了巨大、深远的影响，并已成为世界文化发展、交流的重要纽带和灵感源泉。莎士比亚的作品最初是通过翻译英国19世纪初散文家C.兰姆的《莎士比亚故事集》介绍到中国来的，1903年出版。莎士比亚的戏剧，直到1919年五四运动以后，才用白话文和剧本的形式翻译。有田汉、曹未风、朱生豪、曹禺、卞之琳等的译作。朱生豪的《莎士比亚全集》（1978）为最全译本。莎士比亚的剧本在中国上演了《罗密欧与朱丽叶》、《第十二夜》、《无事生非》、《威尼斯商人》、《麦克白》、《一报还一报》等。

莎士比亚纪念剧院 Shakespeare Memorial Theatre 英国剧场。坐落在W.莎士比亚的故里埃文河畔的斯特拉特福，1879年莎士比亚诞辰315年开始演出。1926年毁于火灾。1932年重建。观众厅呈扇面形，3层，可容观众1 008人。镜框台口宽9.1米，高8.1米，主台深13.8米，宽16.8米，高19.8米。设有复杂的升降台及车台等设备，后对舞台进行了多次改建，取消了乐池，台口伸入观众席。1976年的改建中，基本抛弃了镜框台口的概念。从1960年起改名为皇家莎士比亚剧院。1986年在后台旁又建起新天鹅剧场，仿16世纪伊丽莎白时代剧场的形制（见天鹅剧场）。

鲨鱼 Selachomorpha; shark 软骨鱼纲鲨形总目鱼类的统称。又称沙鱼、鲛鱼。有8目30科102属，约359种。中国有8目25科61属133种。以真鲨科和角鲨科种类最多，须鲨科和猫鲨科次之。广泛分布于印度洋、太平洋和大西洋的南纬55°至北纬80°之间。大多数种类集中在赤道、热带和亚热带海区。在海中的垂直和水平分布的范围极广，自表层可至1 800米以下的深海。中国的绝大多数种类属热带和亚热带种。内骨骼完全由软骨组成。鳃孔5～7对，位于头的两侧。

鼻孔腹位或前位。胸鳍前缘游离，与体侧和头侧不愈合。眼侧位，眼缘游离。体被盾鳞或光滑。背鳍2个。肩带的左半部与右半部在背面分离，不连于脊柱。雄鱼腹鳍里侧具一交配器的鳍脚。具泄殖腔。体内受精。肠短，具螺旋瓣。心脏具动脉圆锥。

鲨鱼几乎全是肉食性的，只有鲸鲨、姥鲨以浮游动物为食。一般都是体内受精，生殖类型有卵生型、卵胎生型和胎生型。鲨鱼为次要经济鱼类，肉可食用，肉质因种而异。皮可制皮革，也可制取鲨皮胶，是制明胶和止血海绵的原料。肝具有滋补强壮、明目的功效。

鲨鱼中有27种具有攻击人的记录，属于危险鱼类。如噬人鲨、锥齿鲨、双髻鲨、灰鲭鲨等对游泳者和潜水工作者危害较大。

啥味呢 twill coating 用精梳毛纱织制的中厚型混色斜纹**毛织物**。起源于英国，以英国的啥味羊毛为原料，故名。一般经缩绒整理，呢面有短而均匀的绒毛，织纹隐约可见。色泽以深、中、浅的混色灰为主，也有其他各种混色。长期穿着后不起极光，外观常新。宜作男女西装、学生装、女装面料和裙料等，最适宜春秋穿用，故又称春秋呢。经、纬纱一般均采用股线，也有采用股线经、单纱纬。纱线捻度比**哔叽**略低，织物密度适中，常用二上二下斜纹组织，少数用$\frac{2}{1}$斜纹组织。织物重220～320克/米^2。啥味呢是杂染产品，外观呈混色夹花，通常用不同色泽的染色毛条相混合。为使呢面匀净，色毛拼合必须采用中间色，使深浅色混合在色阶上有一定的过渡，达到均匀的效果。也可掺入印花毛条，改善混色不匀。同时深色毛条染色不能有浮色，否则会造成呢面色泽相互沾色，色泽模糊不清。

晒田 rice field sunning 水稻栽培中的一项技术措施。又称烤田、搁田、落干。主要作用在于通过排水改善土壤的通透性，使耕作层中氧的含量增多，还原性有害物质如甲烷、硫化氢和亚铁等的含量因被氧化而减少，促进根系向下伸展。同时也有利于控制茎叶长势，使茎秆粗壮，株型挺直。另外，晒田还有利于增强土壤有益微生物的活动，促进有机物的矿化，增加土壤有效养分。经过晒田的水稻复水后，稻苗能够吸收较多的养分，利于形成壮秆大穗，增加产量。

晒田应在水稻对水分反应不很敏感的时期，即水稻有效分蘖末期至节间开始伸长的期间进行。一般当有效分蘖数达到预定要求时，即可排水干田或自然落干进行晒田。晒田的程度应根据土质情况、水稻长势灵活掌握，时间一般为3～5天，多的可达20天以上。

山本萨夫 Yamamoto Satsuo (1910-07-15～1983-08-11) 日本电影导演。生于鹿儿岛，卒于东京。1930年就读于早稻田大学。1937年导演了第一部影片《小姐》。此后近10年间创作了十几部商业性影片。1946年以后，致力于拍摄反对侵略战争、揭露资本主义社会上层黑暗内幕、抨击资产阶级残酷本性以及描绘劳动人民生活和斗争的影片。如

《战争与和平》(1947)、《真空地带》(1952)、《箱根风云录》(1952)、《千疮百孔的山河》(1964)等。20世纪70年代以后，连续导演了表现重大政治事件的影片《战争与人》(1970～1973)、《华丽家族》(1974)、《金环蚀》(1975)、《不毛之地》(1976)等。反映飞机买卖中贪污受贿行为的影片《不毛之地》，在震动日本的洛克希德事件之前已写好剧本，事件揭露出来的时候，影片正好公开上演，引起轰动。1977年导演《皇帝不在的八月》，次年导演揭露资本家残酷压榨工人的影片《啊，野麦岭》，1982年又拍了此片的续集。

山本五十六 Yamamoto Isoroku (1884-04-04～1943-04-18) 日本海军将领。原姓高野。生于新潟县长冈。1904年毕业于江田岛海军学校。1905年任巡洋舰见习枪炮长，参加日俄战争，在**对马海战**中负重伤。1914～1916年入海军大学深造。1925年任驻美海军武官。1928年回国后，任巡洋舰、航空母舰舰长，主张加强航空母舰和海军航空兵建设。1930年起历任海军航空本部技术部长、第1航空战队司令、航空本部长、海军次官。1939年任日本联合舰队总司令兼第1舰队司令。1940年晋升海军上将。虽不主张对美、英、荷开战，但坚决执行大本营决策，提出以海军航空兵袭击美国太平洋舰队基地珍珠港的计划并率部实施(见**珍珠港事件**)。1942年，在**中途岛海战**和**瓜达尔卡纳尔岛争夺战**中战败。1943年在视察部队途中，其座机在布干维尔岛上空被美机击落。死后被追授元帅称号。

山苍子 *Litsea cubeba*; litse 樟科木姜子属的一种。落叶灌木或小乔木。又称山鸡椒、木姜子。原产中国长江以南各地。也产于东南亚及印度。

叶互生，有香气，矩圆形或披针形，先端渐尖，全缘，表面深绿色，背面灰白色。雌雄异株，伞形花序，黄绿色小花。浆果状核果，近球形，熟时变黑。用种子繁殖，但种子的寿命较短。直播育苗后定植。八九月份当果皮呈青色、核仁呈浅红色时采果。山苍子油含柠檬醛70%～80%，是制造紫罗兰酮（用于配制食品和化妆品香精）和维生素A的原料。药用有抗黄曲霉素和治疗冠心病功效。蒸提过山苍子油的核仁所得的脂肪油（得油率20%～30%）是制造肥皂和机械润滑油的原料。根、茎、叶、果均可入药，能祛风散寒、消肿、止痛。山苍子油是中国重要的出口香料之一。

山茶科 Theaceae; tea family 双子叶植物纲五桠果亚纲的一科。约30属750种，主要分布于亚洲的亚热带和热带。中国有15属500种。多为常绿木本。单叶，互生，革质，无托叶。花两性，少数单性。萼片多数或5数，有时与苞片分不开，二者逐渐过渡，组成苞被片。花瓣多数至5数，白色、红色或黄色；多少合生。雄蕊通常多数，子房上位，少数半下位。蒴果，或不开裂的核果和浆果。

山茶科具有很高的经济价值。茶是国际性的饮料，原产中国，现世界各热带亚热带地区广泛栽种。山茶的种子含油，榨

原产中国的唐山茶花

出的茶油供食用及工业用油。经广泛栽培、杂交，山茶花品种2 000多个，是名贵花卉之一。

山道年 santonin 三环倍半萜，分子式

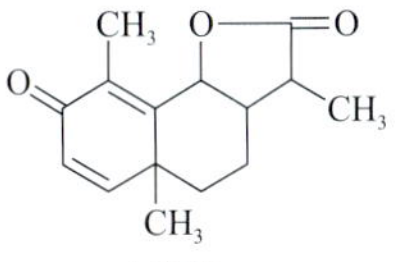

山道年

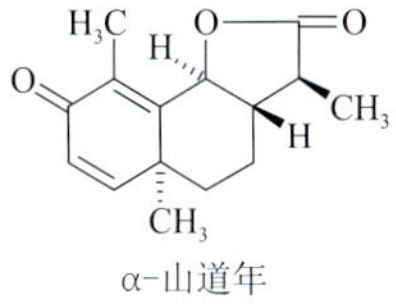

α-山道年

$C_{15}H_{18}O_3$。存在于某些蒿属植物中。山道年分子中有四个手性中心，在理论上可能存在16个异构体，在天然界存在的主要为(－)-α-山道年。α-山道年为无色结晶；熔点174～176℃，相对密度1.187(66/4℃)，比旋光度$[\alpha]_D^{18}$-173(无水酒精)；遇光变黄；可溶于酒精、氯仿和苯。山道年是一种含有两个双键的酮内酯，溶于碱中后，打开内酯环而生成盐，经酸化转回至原物。它在锌粉中蒸馏得1,4-二甲基萘、丙烯和1,4-二甲萘酚。山道年的检出方法：可用微量山道年与氢氧化钾酒精溶液共热，呈紫红色；山道年与1:1的硫酸-水溶液共热，再加一滴三氯化铁，先呈现黄色，然后转变

成红色，再后变为紫色。山道年是使用已久的驱蛔虫和驱蛲虫剂。

山地 mountains 海拔高度500米以上，地表相对高度大于200米，坡度较陡的高地。地壳构造运动的结果。地壳由若干个大的板块组成。两板块接触之处挤压隆起形成山脉，即造山运动，世界上绝大多数山脉都是这样形成的。火山活动也可以形成山地，但往往是孤立山峰，如非洲的乞力马扎罗山。根据形态分为：峰或山峰，为孤立的山；山列或山脉，即多个山峰由一山脊连接而形成的山群；山系，由一系列的山脉形成。根据高度分为：低山，海拔高度1 000米以下；中山，海拔高度1 000～3 000米；高山，海拔高度3 000～5 000米；极高山，海拔高度5 000米以上。一般地说，随着高度的升高，山势也变得愈来愈陡峻。山地愈古老，高度就愈低，坡度愈缓；相反，山地愈年轻，就愈高峻。喜马拉雅山脉是世界上最年轻的山脉，也是最高峻的山脉。许多山脉成为气候的障壁，对气候有很大的调节作用。如包括喜马拉雅山、兴都库什山以及天山在内的亚洲山系，阻挡了来自印度洋的暖湿气流，使得远在亚洲另一侧的西伯利亚成为极区型气候；而印度由于承受了过量的水汽，在雨季往往暴雨成灾。一山之隔，往往是干湿两个世界，甚至是重要的气候界线，如中国的秦岭。山地是森林的天然宝库，蕴藏各种丰富的矿藏，又是人们的休闲和避暑胜地。

山地气候 mountain climate 由于海拔高度和地形、坡向等下垫面原因形成的一种局地气候。高山高原大气质量和空气密度较小，入射阳光在大气层中的削弱小，因而阳光十分强烈；地面向太空的长波辐射热量散失因大气层减薄而大量增加，远超过阳光入射过程中损失的减少，因而造成气温随海拔高度上升而降低，一般为0.6℃/100米左右。此外，南坡因阳光热量多而暖于北坡；山谷盆地中气温昼夜变化大，而山脊山顶变化小。雨量、雨日和相对湿度随海拔高度上升而增加。但在较高山脉的坡上一定高度以上可能出现最大降水（量）带，此高度再向上降水量又开始减少。迎风坡雨量多于背风坡；山脉上部以日雨为主，高大山脉的盆地谷底则以夜雨为主。风速一般随海拔高度上升而增大；开阔地形比闭塞地形风大；峡谷中和出口附近常有地形性狭管大风；风速日变化山脉顶部昼小夜大，山谷盆地昼大夜小；山区中还能形成坡风、山谷风、焚风、冰川风和逆温风等地方性空气环流。

山顶洞人 *Human remains* from Upper Cave 晚期智人化石。1933年发现于中国北京周口店北京猿人洞上方的山顶洞。当时发掘出三个完整头骨和其他骨骼化石，共代表至少八个个体。头骨硕大，上面部低矮，整个面部中等程度地突出，眼眶较低（见图），与中国其他晚期智人化石一致，并接近现代蒙古人种。可看成是原始蒙古人种。时代为3万～1万年前。

山顶洞人头骨化石（侧视）（左，102号；中，101号；右，103号）

文化遗物比较丰富，有石器、骨器、装饰品和埋葬遗址。石器粗糙，与北京猿人的差不多。骨针的发现表明，山顶洞人已会将兽皮缝制成衣服，且知道制造和使用比较细的纤维。装饰品丰富多彩，有穿孔的兽牙、海蚶壳，钻孔的石珠、小砾石和鱼的眶上骨，骨管，去除横突、棘突的鱼类脊椎骨。孔的周围多带红色，可能是用红色的条带串连这些装饰品所致。说明山顶洞人的劳动生产率已大大提高，有了闲暇时间进行装饰。洞中发现的48种哺乳动物化石表明，当时此地的气候相当温暖。山顶洞人骨周围散布着红色的赤铁矿粉末，这是古人类有意识行为的结果，是中国最早有意识埋葬死者的证据。山顶洞遗址是中国最重要的旧石器时代晚期地点。

山东半岛 Shandong Peninsula 中国三大半岛之一。位于山东省东部，面积3.9万平方千米。北起莱州湾，南迄海州湾，突出于渤海与黄海之间，蓬莱角以西濒渤海，蓬莱角以东濒黄海。半岛西隔潍河、沭河河谷与山东西部地区相邻，北与辽东半岛共同扼守渤海海峡。其中，胶莱河以东部分又称胶东半岛，面积2.7万平方千米。

半岛地貌的南北分异显著。中部为胶莱平原，北部和南部为山地。海岸线漫长曲折，岛屿众多，海岸类型丰富，地貌形态典型。有芝罘湾、套子湾、威海湾、石岛湾、胶州湾等优良港湾，沿岸发育有屺㟂岛、芝罘岛等大型连岛沙坝，还有庙岛群岛、崆峒岛等大型群岛及大量沙嘴沙滩。

半岛为受海洋影响的暖温带季风气候。年平均气温11～12℃，年降水量600～900毫米。河流均为短小的山溪性河流。河床比降较大，河流输沙较粗。径流量年内分配不均，汛期（7～9月）流量占全年的70%～80%。半岛地带性植被为暖温带落叶阔叶林，以次生的栎类落叶阔叶林面积最大。

半岛地理位置优越，经济开发历史悠久。早期的开发主要集中于西部及沿海平原，明清以来开始大规模开发东部山地。特别是1980年以来，建成了以机械、电子、汽车、食品、纺织、化工、建材和医药为主导的产业。拥有多处国家级经济技术开发区、高新技术产业开发区、保税区、出口加工区，是中国对外开放的重要窗口和经济发展的龙头之一，经济发展水平和城市化程度都较高。水果种植业和海水养殖业发达，是中国温带水果的重要产区，还是全国著名的花生和柞蚕丝生产基地。温带滨海旅游资源丰富，旅游业已经成为支柱产业，青岛、烟台、威海为全国优秀旅游城市。沿海有青岛、烟台、日照等主枢纽港口。

山东菜 Shandong cuisine 中国八大菜系之一。简称鲁菜。孕育期可追溯到春秋战国时期，南北朝时发展迅速。元、明、清时已被公认为一大流派。由以济南、胶东（福山）为主的地方风味构成，是中国最早的地方风味菜。原料多选畜禽、海产、蔬菜，善用爆、熘、扒、烤、锅塌、拔丝、蜜汁等烹调法，偏于用酱、葱、蒜调味，善用清汤、奶汤增鲜，口味咸鲜比较明显。著名菜肴有扒原壳鲍鱼、葱烧海参、油爆鸡丁、奶汤蒲菜等。

山东大鼓 中国曲艺曲种。发源于鲁西北农村，又称犁铧大鼓、梨花大鼓。相传形成于明代末期，最初只是敲击犁铧碎片伴奏，采用山东方言来演唱当地的民歌小调，后逐渐发展为有板式变化的成套唱腔、敲击矮脚鼓和特制的半月形梨花片、并有三弦伴奏的说唱形式，长期流传在农村中，由农民业余说唱。明末清初人贾凫西创作的《木皮散人鼓词》被认为是对这种民间

山东大鼓女艺人谢大玉

大鼓形式的一种借鉴。

清末以前，山东大鼓一直活跃于农村，著名艺人有郭老占、何老凤、范其凤、李老凤等，以后，白妞（王小玉）、黑妞进入城市演唱，女艺人大量增加。20世纪30年代以后享名曲坛的是所谓的“四大玉”，即谢大玉、李大玉、赵大玉、孙大玉。之后，杜大桂、姬素英、鹿巧玲相继而起，流传地区不仅是山东城乡，而且南至徐州、南京、上海，西至郑州、洛阳、汉口、重庆，北至北京、天津和东北各地，盛极一时。

山东大鼓在流传中形成南口和北口两大流派。南口流传广、影响大，早期原唱快口，唱腔流畅动听。北口流行于山东北部和河北南部一带，俗称“老牛大拃缰”调，曲调质朴，吐字夯实有力，富于乡土气息。另外，李老凤曾在北口的基础上吸收南口的精华，自创新腔，称为小北口，原来的北口被称为老北口，所以又有南口、老北口、小北口三派之分。

山东大鼓的传统节目积累十分丰富，其中中篇有《三全镇》、《金锁镇》等数十部；短篇段儿书尤为丰富，以三国题材的唱段最多，有《东岭关》、《长坂坡》等60余段；其次是《红楼梦》题材的唱段，有《黛玉葬花》、《宝玉探病》等10余段；《水浒》唱段有《李逵夺鱼》、《燕青打擂》等。另外还有许多根据戏曲故事、民间传说故事编写的唱段，以及由子弟书移植过来的唱段等共200余段。中华人民共和国建立后，还编演了不少新节目。

山东大学 Shandong University 中国综合性大学。属教育部。校址在济南。1901年创办，名山东大学堂。曾历称山东高等学堂、山东高等学校。1926年定名（省立）山东大学。1930年迁青岛，改国立青岛大学。1932年改国立山东大学。闻一多、梁实秋、老舍、王淦昌、童第周曾在校任教。抗日战争期间曾迁四川，并入中央大学。1946年在青岛复校。时设文、理、工、农、医5个学院16系。1952年调整为设文、理基础学科的综合性大学。1958年迁济南。2000年与山东医科大学、山东工业大学合并成为多学科综合大学。设有40多个学院（部），还有附属医院以及研究生院。本科生和研究生层次教育涵盖了文学、史学、哲学、经济学、管理学、法学、理学、工学、医学、教育学、军事学等学科门类。有培养学士、硕士和博士的教学体系；有国家重点学科和国家重点实验室等。

山东快书 中国曲艺曲种。因早期主要表演武松故事，武松又是兄弟中的行二，故俗称之为“武老二”，艺人则被称为“说武老二的”或“唱武老二的”。又因为所表现的主人公武松身躯高大魁伟，人们还将其称为“唱大个子的”。后来在不同的地方和时期曾名“竹板快书”或“滑稽快书”。1949年6月山东快书艺人高元钧在上海大中华唱片厂灌制《鲁达除霸》的唱片时，正式将其定名为“山东快书”。

山东快书主要流行于以山东为中心的华北地区。其起源有多种说法，主要有三种：一为明代万历年间落第武举刘茂基创始说，二为清代道光年间山东大鼓艺人傅汉章创始说，三为清代咸丰年间落魄文人赵大桅创始说。据艺人师承推断，第二种说法比较可信。20世纪上半叶，经过几代艺人的努力，山东快书成为影响扩大至整个华北和华东部分地区的大曲种。

山东快书的表演采用山东方言，以韵诵为主，间有说白。唱腔为典型的韵诵体，唱词是以七字句为主的韵文，口语化和形象性的结合十分巧妙。传统看家节目是长篇《武松传》。但演出常常选取其中的回目或者段落，如《景阳冈》（又名《武松打虎》）、《十字坡》、《快活林》等。20世纪中期以来，题材不断扩大，新节目不断出现，代表性的有《一车高粱米》、《侦察兵》、《师长帮厨》等。

山东龙山文化 Shandong Longshan Culture 中国新石器时代末期文化。以1930年发掘的城子崖遗址所在地山东济南龙山镇而命名。主要分布在山东、苏北和皖北。年代为公元前2600～前2000年。

经济以农业为主。除旱地粟作以外，还种植小麦、水稻。农产品已有较多剩余。中国传统的马、牛、羊、鸡、犬、豕6种主要家畜，可能已全被饲养。渔捞仍是沿河湖、滨海和岛屿上居民重要甚至是主要的经济活动。制陶业的水平达到中国制陶史上的巅峰，陶器几乎全部用快轮技术成形。典型陶器有黝黑光亮的“鬼脸式足”盆形鼎和罍、豆、高柄杯、甗、鬶、盉等。其中尤以薄如蛋壳的高柄杯最为珍贵。玉器制作发达，出现了钺、戚及璧、璋、圭、琮等礼器开夏、商、周三代同类玉礼器的先河。此时冶铜业兴起，已能制造小件铜器。

蛋壳高柄杯

聚落形态上最大的变化是城的崛起。发现城址10多座，都有城墙和城壕环绕，寿光边线王城和邹平丁公城还有内外两重城垣，有的城内还有排水设施和水井等。尤其是章丘城子崖城，不仅修建在高台地上，而且面积巨大，显然具有中心城址的地位。城址面积从3 000多平方米到近30万平方米不等。

墓葬已有明显分化。从临朐朱封、泗水尹家城两墓地可看到社会分层，等级明显的迹象。朱封墓地的3座大墓，墓穴面积有20多平方米，用两椁一棺或一椁一棺，随葬品包括鬶、罍、鼎、豆、蛋壳高柄杯等陶器精品，及玉钺、玉刀、玉冠饰、玉簪、绿松石串饰、鳄皮制品、獐牙、猪下颌骨等。泗水尹家城墓地发现墓葬65座，可分为大、中、小3类，大墓面积大、随葬品丰富、有一棺二椁；中型墓面积较小，一棺一椁，随葬品也较少；小型墓不仅面积小，无葬具也无随葬品。

山东龙山文化时期出现原始文字。丁公城址出土一片陶片上刻5行11个字，属于以形、意结构为主的中国传统方块字系统。此时还用牛、鹿的肩胛骨制成的卜骨占卜。

山东龙山文化由大汶口文化发展而来，后继是岳石文化。与之前的文化相比，重视礼器，崇尚荣耀的贵族身份、地位。此时的社会已分裂为贵族、平民和奴隶等不同的等级，贫富分化严重，等级分明。私有制已经产生。城市、文字、铜器这三大文明的标志都已出现，表明山东龙山文化，或至少它的晚期已迈入了文明时代的门槛。

山东琴书 中国曲艺曲种。又称山东扬琴。源于明代中叶鲁西南菏泽（古曹州）地区兴起的民间小曲自娱演唱形式“庄家耍”（又称“玩局”），至清代中叶，将原来唱曲使用的伴奏乐器古琴和古筝改为扬琴（又称“蝴蝶琴”）、四胡、古筝、琵琶以及简板和碟子，固定为多人分持不同乐器自行伴奏，分行当围坐表演，以唱为主，间有说白或对白的说书形式。分南、北、东三路流行。南路为最早的一支，流行于鲁西南地区，以茹兴礼及其创始的“茹派”最具代表性；北路以济南为中心，广泛流行于鲁西北地区，以邓九如及其创始的“邓派”最具代表性；东路以广饶、博兴为中心而流行于胶东各地，以商业兴、关云霞夫妇及其创始的“商派”最具代表性。

山东琴书采用山东方言表演，所用唱腔曲调十分丰富，以〔凤阳歌〕、〔垛子板〕、〔梅花落〕最为常用。传统代表性节目，长篇有《白蛇传》、《秋江》、《杨家将》等多部；中篇有《王定保借当》、《三上寿》和《梁祝姻缘记》等七八十部；短段儿多为早期小曲子节目中传承下来的经典之作。

山东省 Shandong Province 简称鲁。位于黄河下游。东部的山东半岛伸入渤海、黄海之间，与辽东半岛遥望，南与江苏省、安徽省接壤，西北与河北省交界，西南与河南省相邻。辖地级市17个、市辖区49个、县级市31个、县60个（见表）。面积约16万平方千米。人口9579万（2010）。共有39个民族。其中汉族人口占总人口的90%以上。在少数民族中，回族人口最多，占少数民族人口总数的95%左右，其余为满、蒙古、朝鲜、壮、土家、高山、纳西、维吾尔、白、黎、苗、俄罗斯、锡伯、布依、侗等民族。省会**济南市**。

建制沿革　山东省是中华文化的重要发祥地之一。在四五十万年前就有古人类活动。北辛文化、大汶口文化、龙山文化遗址表明距今7 000年至4 000年间，东夷族就实现了从母系氏族社会到父系氏族及阶级社会的转变。夏朝东夷各部族就活跃在山东地域，商朝活动中心在山东西南部。春秋为齐、鲁、曹、滕等国地，战国属齐、鲁、赵等国。山东作为地理名称始于战国时期，泛指崤山或华山以东的地区。山东作为政区名称始于金（称山东东路、山东西路），元置山东行省，明设山东布政使司，清正式设山东省，治所在济南府。

自然条件　境内以平原丘陵为主，平原、盆地约占全省总面积的63%，山地、丘陵约占34%，河流、湖泊约占3%。主要山脉有**泰山**、蒙山、**崂山**、鲁山、沂山、大泽山、孟良崮等。山东半岛向东伸入渤海和黄海，从无棣县的岔尖岛到日照市的车牛山岛，形成了3 000多千米海岸，近海海域17万多平方千米，海域中散布着299个岛屿，岛屿岸线总长668.6千米，其中基岩岛屿241个，沙洲岛屿58个，有常住居民的海岛31个。利津的宁海以东为**黄河三角洲**，每年向海延伸2～3千米。

山东属于暖温带半湿润大陆性季风气候，夏多雨，冬干燥。年平均气温11～14℃。年降水量550～950毫米，由东南向西北递减，半岛南部、鲁东南沿海、鲁南800～900毫米，鲁西北及黄河三角洲550毫米左右。

境内河湖交错，水网密布，平均河网密度为0.24千米/千米^2。长度在10千米以上的1 552条，干流长50千米以上的河流有100多条，分属黄河、**淮河**、**海河**、小清河及山东半岛水系。湖泊以**南四湖**为最大，东平湖次之，还有麻大湖、白云湖和大芦湖，湖泊总面积约2 100平方千米。

山东有3 100余种植物，其中种子植物占主要地位，有2 160余种。陆栖脊椎动物中，以鸟类最多，隶属408种，约占全国鸟类的32.8%；还有许多珍贵、稀有或濒危的鸟类被列为国家一、二级保护动物，一级有白鹳、黑鹳、大鸨等16种，二级有彩鹳、白琵鹭、鸳鸯、天鹅类、鹰类、隼类等52种。哺乳动物有55种，以食虫目、翼手目和啮齿目等小型兽类为主，水生的鳍足目和鲸目也有7科15种。鱼类有370余种，约占全国鱼类种数的13.2%。

已发现的矿产有128种，占全国已经发现矿产品种类的70%以上。探明储量的74种，其中有30多种储量居全国前10位。居全国前列的有黄金、自然硫、石膏、金刚石、菱镁矿、钴、铪、花岗石、石油、钾盐、石墨、滑石、膨润土、石灰岩等。居前10位的还有煤、天然气、铁、重晶石、硅藻土、铝土矿、稀土、油页岩、石英砂、磷、镓等。其中黄金产量约占全国总产量的1/4。矿物以淄博、枣庄、兖州的煤，黄河三角洲及渤海湾沿岸的石油，金岭镇、莱芜的铁，招远、莱州的金最为著名。

山东省行政区划表（2010）

济南市	**淄博市**	**青岛市**	曲阜市　兖州市
市中区　历下区	张店区　淄川区	市南区　市北区	邹城市　微山县
槐荫区　天桥区	博山区　临淄区	四方区　黄岛区	鱼台县　金乡县
历城区　长清区	周村区　桓台县	崂山区　城阳区	嘉祥县　汶上县
章丘市　平阴县	高青县　沂源县	李沧区　胶州市	泗水县　梁山县
济阳县　商河县	**潍坊市**	即墨市　平度市	**泰安市**
聊城市	潍城区　寒亭区	胶南市　莱西市	泰山区　岱岳区
东昌府区　临清市	坊子区　奎文区	**日照市**	新泰市　肥城市
阳谷县　莘县	安丘市　昌邑市	东港区　岚山区	宁阳县　东平县
茌平县　东阿县	高密市　青州市	五莲县　莒县	**莱芜市**
冠县　高唐县	诸城市　寿光市	**临沂市**	莱城区　钢城区
德州市	临朐县　昌乐县	兰山区　罗庄区	**滨州市**
德城区　乐陵市	**烟台市**	河东区　郯城县	滨城区　惠民县
禹城市　陵县	莱山区　芝罘区	苍山县　莒南县	阳信县　无棣县
平原县　夏津县	福山区　牟平区	沂水县　蒙阴县	沾化县　博兴县
武城县　齐河县	栖霞市　海阳市	平邑县　费县	邹平县
临邑县　宁津县	龙口市　莱阳市	沂南县　临沭县	**菏泽市**
庆云县	莱州市　蓬莱市	**枣庄市**	牡丹区　曹县
东营市	招远市　长岛县	薛城区　市中区	定陶县　成武县
东营区　河口区	**威海市**	峄城区　台儿庄区	单县　巨野县
垦利县　利津县	环翠区　荣成市	山亭区　滕州市	郓城县　鄄城县
广饶县	乳山市　文登市	**济宁市**	东明县
		市中区　任城区	

经济概况　全国重要的粮食和经济作物产区，小麦产量居全国前列，也是中国重要的棉花、花生、烤烟、柞蚕丝产区，花生出口量占全国一半以上。蔬菜生产为山东省农业中第二大主导产业，被称为全国最大的“菜篮子”，是北京、上海等蔬菜市场的主要供货地之一。著名的水果之乡，主要生产高品质的苹果、梨、桃、杏、枣、葡萄、西瓜等，产量居全国前列。沿海盛产对虾、扇贝、鲍鱼、刺参、海胆等海珍品。原盐、水产品产量居全国前列。据第六次全国森林资源清查资料，森林覆盖率13.44%。初步形成了以木材加工、果品加工、花卉、木本药材、珍禽与野生经济动物饲养业和森林旅游业为主的六大林业主导产业。畜牧业历史悠久，是山东省农业和农村经济的重要支柱产业，约占全省农业总产值的30%。

山东工业发展迅速，基本形成了以能源、化工、冶金、建材、机械、纺织、食品等为支柱产业的工业体系。青岛、济南为主要工业中心。胜利油田是中国的主要石油生产基地，山东石油产量约占全国总产量的15%。山东是中国首批对外开放的沿海省份之一。出口产品主要有机械、电子、粮油、纺织、服装、医药、工艺品等。山东金融与保险业发展迅速，有国、内外各类银行的分支机构，保险市场日趋活跃。

山东地处中国东部的南北交通要道，水陆交通便捷。铁路有京沪、京九、胶济、兖石等主要干支线20余条。公路以通车里程长、路面等级高闻名全国。省内黄河、小清河和济宁至台儿庄运河可通航驳船。青岛、烟台、日照港是深水大港，远洋航线可达日本、韩国、新加坡、马来西亚等国家和中国香港。有济南、青岛、烟台3个国际机场。

文教科技　中国古代文化的重要发祥地之一。齐鲁文化兴盛发达，文化名人众多，孔子以后，还有哲学家、思想家孟子，军事家、被尊为武圣的孙武，墨家的创始人墨翟，书法家王羲之，画家张择端，文学家刘勰、李清照、辛弃疾、蒲松龄、孔尚任等。民间广为流传鼓子秧歌、胶州秧歌、海阳秧歌，统称山东三大秧歌。民间美术以造型夸张、对比强烈而著称的潍县杨家埠木版年画，是中国三大民间年画之一。有**山东大学**、中国海洋大学、石油大学（华东）、山东师范大学等高等院校。

名胜古迹　境内有沂源猿人化石、北辛文化、**大汶口文化**、龙山文化，以及中国最早的文字大汶口陶文和龙山陶书、最早的城邦城子崖龙山古城、最早的古代军事防御工程齐长城和洛庄汉墓等古迹。全

山东莱芜境内的齐长城遗址

省共修复、新建旅游景区景点510处。孔子故里曲阜，有享有东方文化高峰称誉的古建筑群；五岳的泰山，被誉为“中华之魂”。曲阜孔庙、孔府、孔林和泰山均被联合国教科文组织列入《世界遗产名录》。有崂山、昆嵛山、灵岩寺、梁山水泊遗址、菏泽牡丹园、微山湖十万亩荷花、德州苏禄王墓、枣庄万亩石榴园、古运河等名胜古迹。全省有国家历史文化名城济南、青岛、曲阜、邹城、聊城、临淄。

山歌 folk song 中国民歌体裁。人们在劳动生活中，为抒发情感、消除疲劳或遥相对答、传递情意而编唱的民歌。其特点是自由、质朴，即兴性强。山歌名称初见于唐代，诗人刘禹锡、白居易等均有山歌类仿作。明清以后，文人收集山歌渐多，并编有专集。山歌种类繁多，分布极广。南方有客家山歌、弥渡山歌、兴国山歌、柳州山歌、震颈红等；北方有花儿、信天游、爬山调、慢赶牛等；少数民族的山歌更丰富，并各具特色，如蒙古族的长调，壮族的欢、加、伦，藏族的哩噜等。一般来说，南方山歌秀丽悠扬，音域不宽，旋律跳动较少；北方山歌豪放粗犷，音域也宽，旋律起伏较大。山歌多为单乐段的反复或变化反复。山歌的节奏较自由，唱词密集；在唱词顿逗处拉宽唱腔、延长腔幅，并将旋律上扬，形成高音区的自由延长音。山歌的唱法有高腔和平腔两种。

山海关 Shanhai Pass 中国明代长城东端重要关口。位于河北与辽宁两省交界处。西南距河北省秦皇岛市15千米。隋开皇三年(583)筑关，称渝关。明洪武十四年(1381)建关设卫。关城因建于山海之间，故名山海关。南北与长城连接，城墙高13.7米，厚6.7米，周长4 363.5米，土筑砖包。有东、西、南、北四门，四门外均有瓮城。东、西门外有罗城拱卫，南北两侧有翼城呼应，东、南、北三面有宽16米、深8米的护城河环绕。城台上筑楼，高13米，宽20米，分上下两层，上层有箭窗68个。东门城楼悬挂“天下第一关”门匾。城外有烽火台、古营盘等建筑，东罗城向东1千米的欢喜岭上有威远城为前哨，构成坚固完整的防御体系。万历七年(1579)，明将戚继光于南海口向海中增筑长城，高9米，长20余米，犹如龙头伸入大海，俗称“老龙头”。山海关地处辽西走廊西端，北依燕山，南临渤海，历为华北通往东北的咽喉要道，战略地位重要。

山海关之战 Shanhai Pass, Battle of 中国清顺治元年（大顺永昌元年，1644）四月，清军与明总兵吴三桂合兵，在山海关内外击败李自成大顺军的作战。明末农民战争推翻明朝后，清摄政王多尔衮由盛京（今沈阳）率军南下，准备与李自成争夺天下。驻守山海关的明辽东总兵吴三桂起初归顺大顺军，后又拒降。四月十三日，李自成率兵约10万（一说6万）前往征讨。吴三桂致书多尔衮求援，清军昼夜兼程向山海关推进。二十一日，吴三桂军与大顺军战于关西石河及山海关城下，至翌日晨吴三桂战败，突围至城东二里的威远台见多尔衮，请其入关参战。多尔衮命吴三桂部为先锋，随后率大军分三路入关，采取重点突击的战术击败大顺军，李自成率余部退回北京。此战，李自成对清军参战既无充分的准备，也缺乏与清军骑兵作战的经验，而清军以逸待劳，适时出击，最终一举获胜。

《山海经》 *Classic of Mountains and Seas* 中国古代地理、神话传说著作。今传本18卷，包括《山经》5卷、《海经》8卷、《大荒经》4卷、《海内经》1卷。旧传是禹、益所作，一说出自“禹鼎图”，都不可信。

《山海经图赞》刑天图

《山海经》的《山经》和《海经》各成体系，成书时代也不相同。《山经》为巫祝之流根据远古以来传说记录的巫觋之书，专门记述海内各方名山大川、动植物产、祯祥怪异、祭祀所宜。写定时代，一般认为是战国初期或中期。《海经》为方士之书，专门记载海内外殊方异国传闻，夹杂大量古代神话，是秦或西汉初年的作品。至于《大荒经》和《海内经》，据考本为《海经》中的文字，西汉刘秀（即刘歆）校订《山海经》时定为13篇，删去部分内容，没有进上，逸出在《山海经》之外继续流传，称《大荒经》和《海内经》。大约在晋郭璞为《山海经》作注时，才又将它们收录进来，独立成篇。

《山经》又称《五藏山经》，因《山经》末行云：“右五藏山经五篇。”“藏”，意同“内”，“山经”上加“五藏”两字，是说这5篇所记述的山川都在内地，即华夏范围之内。《山经》所载山川大部分是历代巫师、方士、祠官的踏勘记录，经长期传写编纂，多少会有所夸饰，但仍具有较高的正确性。部分偏远地区资料采自传闻，无从核实，离地理实际就相当远。记述方式是先按大方位分成5区，即以南山经、西山经、北山经、东山经、中山经命名；次将每区的山分为若干行列；然后每一列从首山曰某山叙起，依次叙又某向若干里曰某山；山下叙某水出焉，某向流注于某水或泽或海，或无水。全部《山经》共载有447座山，其中见于汉晋以来记载，可以指实确切方位者为140座左右，占总数三分之一弱。这140座中的半数属于《中山经》，半数分属于南、西、北、东四经，而极不平衡。对今豫西、晋南、陕中地区的记载最为详确，离开这个地区越远，越疏略差谬。

《山海经》的《海外经》、《大荒经》和其他各篇，都保存了大量的神话传说。这些资料具有重要的文学价值和史料价值，对研究中国的原始社会和上古的姓氏、部族，以及考察上古人对宇宙、自然和社会历史的认识，都有重要意义。

《山海经》有晋郭璞注本。清人郝懿行有《山海经笺疏》。近人有袁珂《山海经集释》。

山河狸 *Aplodontia rufa*; moutain beaver 啮齿目山河狸科现存唯一种。约在5 000万年前的始新世就已出现。仅见于加拿大与美国的西部海岸。因外形、习性与河狸有很多相似之处（如眼小、耳短、被毛短密而色暗，穴居水边，修排水渠，以及咬食树木枝杈等）得名。体长30～46厘米；全身被覆暗灰色或赤褐色短绒毛；尾甚短，仅端部稍露出毛被外；体胖，重约1千克；头短钝，多须，额部凸圆；腿短粗，前后肢5趾，爪狭长；适于挖土，前肢拇趾具蹄状爪，

其他4趾都能抓握食物。在形态上仍保留着一些较原始的特征，如头骨上无眶后突，咀嚼肌中颞肌较强大等。

生活于海拔2 200米以下的森林和茂密灌丛下常年积水的洼地中。昼间活动，不甚机敏，喜酣睡。每年冬末或早春繁殖1次，妊娠期约1个月，一般产2～3仔，多达6仔。幼鼠10日后睁眼，于6月底出洞活动，2年后成熟。数量多时对林业有一定程度的危害，有时也偷食庄稼和危害河渠堤坝。

山核桃 *Carya cathayensis*; Cathay hickory 胡桃科山核桃属的一种。分布于中国浙江和安徽。乔木，枝髓实心。奇数羽状复叶，互生，小叶5～7，披针形或倒卵状披针形，边有细锯齿。花单性，雌雄同株，雄柔荑花序3条成1束，下垂；雄花无花被片，雄蕊2～7；雌花序直立，具1～3雌花；雌花无花被片，心皮2，合生，子房下位；花期4～5月。假核果近球形，外果皮干后革质，熟时4瓣裂，果核倒卵形，直径1.5～2厘米；果熟期9月。生长在海拔400～1 200米山麓疏林中。果实是著名的干果，味美可食，出仁率43%～49%，果仁出油率70%～74%，榨油供食用或配制假漆，果壳可制活性炭；木材坚韧，为优质用材。

《山静居论画》 *Shanjingju Studio's Treatises on Painting* 中国清代绘画理论著作。方薰撰。方薰，字兰坻，一字懒儒，号兰士，石门(今浙江桐乡西南)人。擅长诗、书、画，善画山水，尤工花鸟。其山水结构精致，风度闲逸；花卉娟洁明净，绰有余韵。他亦能刻印。著有《兰坻诗抄》、《井研斋印存》、《山静居稿》和《山静居诗话》等。

《山静居论画》成书在1795年前后，为清代画论名篇，共两卷。作者在研究历代画论画史的基础上，自抒心得，以随笔形式杂论画理、画法、渊源、流派、款题，共240余条。其主要内容可分为四部分：①画学理论泛论；②各种画科及其渊源流变略述；③历代画家评述；④名画著录。书中见解多不因袭前人，追本溯源，穷根竟委；论气韵、形神，皆自出机杼；论山水、树石、花鸟、人物，能究其用笔设色的渊源；论当代创作风尚，如论写意画、卷轴画、逸品等，均能针对时弊，有所匡正。

山榄科 Sapotaceae; sapote family 双子叶植物纲五桠果亚纲的一科。35～75属，约800种，遍布热带，主要分布于东半球和美洲热带地区，在欧洲及亚洲除热带以外的地区无分布。中国有14属28种，主产华南和云南，少数种产台湾和西藏。乔木或灌木。常具乳汁，单叶，常互生，革质，全缘，羽状脉，多具托叶。花单生或聚伞状花簇，两性，稀单性或杂性；萼片通常4～6；花瓣下部连合，裂片与萼片同数或为其2倍，有时其侧面或背部具撕裂状或裂片状附属物；能育雄蕊与花冠裂片同数对生，或多数排列成2～3轮，着生于花冠裂片基部或冠管喉部；退化雄蕊鳞片状至花瓣状，或无；子房上位，常4～5心皮合生。果为浆果或有时为核果状。种子1至数枚。山榄科有很多有经济价值的植物，一些植物髓部、皮层及叶常有乳管，破裂后有乳汁流出，可提取硬橡胶，供制优良的绝缘材料，如古塔波胶即产自胶木属；有的种子含油率高，如牛油果属、梭子果属、紫荆木属等是很好的木本油料植物；有的树皮含单宁，可提制栲胶，如紫荆木属；有的果可食，如人心果、星苹果、蛋黄果、古巴柿、神秘果、桃榄和龙果；有些为大乔木，木材坚硬，材质优良，是上等商品材；有些种可药用。

山莨菪 *Anisodus tanguticus*; tangut anisodus 茄科山莨菪属的一种。分布于中国四川、青海、西藏。印度北部也有分布。多年生草本。高60～150厘米，根粗壮，茎粗壮，上部分枝。叶互生，叶片卵形或长椭圆形，全缘或波状。花单生叶腋，下垂，两性，萼钟形，结果时增大，有10条粗纵肋，花冠钟形，紫色，雄蕊5。蒴果近球形，外被宿存花萼。种子多。生于山野、路边、村庄附近荒地。茎、叶、花均含莨菪类生物碱，以莨菪碱为主。根有毒，有解痉止痛的功能，治胃痛。为藏族自古使用的药。

山南地区 Shannan Region 中国西藏自治区人民政府设立行政公署所管理的地区。位于自治区南部，与不丹、印度相邻。辖乃东、扎囊、贡嘎、桑日、琼结、曲松、措美、洛扎、加查、隆子、错那、浪卡子12县。面积79 699平方千米。人口35万(2008)，其中藏族约占97%，还有汉、门巴、珞巴、满、土家等民族。行政公署驻乃东县。1955年设西藏自治区筹委会山南办事处。1960年设山南专区。1970年改称山南地区，以位于念青唐古拉山脉南部得名。地势南北高中间低。最低点海拔2 200米。属高原温带半干旱季风气候。主要树种有松、云杉、杨、桦等。野生动物主要有野羊、野牛、野马、野鹿、野猪、羚羊、熊猫、豹、獐等。有虫草、黄连、麻黄、雪莲花、贝母、麝香等药材。以牧业为主，主要牧养山羊、黄牛、牦牛、驴等。农作物主要有青稞、小麦、油菜等。工业比较薄弱，手工业有地毯、氆氇、竹器、藏式服装、藏式首饰、刀具等。主要公路有拉萨—亚东、八一镇—邱多江等。有山南烈士陵园、松赞干布和文成公主合葬墓、赤松德赞墓等。

山坡平行后退理论 parallel slope retreat, theory of 坡面在被剥蚀后退过程中，其坡度保持不变的理论。由德国W.彭克首创。他认为坡面在剥蚀作用下是平行后退的，后退过程中坡度不变。随着坡面的后退，高地愈益缩小，坡麓的缓坡平地（山麓夷平面）日益扩大，形成剥蚀平原。这个过程叫山麓夷平过程，这种平原称为山麓平原。彭克的坡面发育理论推动了地貌学的建立。他的地貌发育模式与W.M.戴维斯的不同：彭克认为坡地的剥蚀是平行后退，戴维斯认为坡地的剥蚀是自上而下进行。实际上这两种模式在自然界同时存在，前者盛行于干旱和半干旱气候区，后者盛行于湿润多雨区。

山雀科 Paridae; tit family 雀形目一科。有55种，分布于非洲、欧洲、亚洲及美洲。中国有21种，各大区均能见到。体型略小于麻雀；嘴短略呈锥形；鼻孔多少被羽或

大山雀

须；巢呈浅杯状，营于树洞或岩隙间及墙洞中。大山雀为此科常见鸟类。常在山地的阔叶林或针叶林中活动，冬季迁至平原树林中。常结小群活动。主要以果树害虫以及其他农林害虫为食，兼吃少量植物。在树洞或岩缝中筑巢，距地面2～4米。每窝产卵6～12枚。卵呈粉红白色，密布红褐色斑点。雌雄轮流孵卵和育雏。著名食虫鸟。

《山水纯全集》 *Collection of Han Chunquan's Treatises on Landscape Painting* 中国北宋山水画论著作。韩拙撰。韩拙，字纯全，号琴堂，晚署全翁，南阳（今河南南阳）人。出身书香仕宦之家，善画山水窠石。绍圣年间（1094～1098）到汴梁（今河南开封），为驸马都尉王诜所欣赏，常共同评鉴古今书画，并被王诜举荐给端王赵佶。赵佶继位后宣和（1119～1125）初授翰林书艺局祗候，累迁至直长秘书待诏，供奉宫廷。韩拙的绘画作品已失传，《山水纯全集》记录了他的艺术见解。全书共分《论山》、《论水》、《论林木》、《论石》、《论云霞、烟霭、岚光、风雨、雪雾》、《论人物、桥、关城、寺观、山居、舟船四时之景》、《论用笔格法气韵之病》、《论观画别识》、《论古今学者》、《论三古之画过与不及》10篇。书中强调画家要博学广识，师造化之理及师古人格法，对“不求古法，不写真山，唯务俗变，采合虚浮”的“不知山水格要”者

持否定态度。在论述山水形象时细致具体地分类阐述山川及四时朝暮等自然规律，书中援引了唐五代及北宋时期流行的画论，如荆浩、郭熙等人的著述而又加以发挥，讲郭熙所提三远（平远、高远、深远）后又举出阔远、迷远、幽远，论述画石之形状结构，同时列出披麻皴、点错皴、斫踩皴等古今家教体法。此书在注重规矩格法上体现了北宋绘画特别是宫廷绘画的艺术要求，是继郭熙《林泉高致》以后的又一重要山水画论。

山水画 Chinese landscape painting 以自然风景为主要描写对象的中国传统画科。支科虽仅有山水与屋木（又称界画）两种，但名山大川、风景佳胜、田野村居、城市园林、楼观舟桥、历史名胜均可入山水画。中国山水画不但表现了自然美，更集中体现了中国人的自然观与社会审美意识，间接反映了社会生活。

中国山水画，早期多作为人物画的背景，魏晋时才逐渐从人物画的背景中解脱出来，有了独立的山水画。至隋唐时代，山水画已经成熟，展子虔《游春图》反映了隋代或初唐青绿山水画的面目。盛唐的吴道子进而发展了简练而又写实的山水画法。五代北宋的山水画在真实描写大自然并表达一定的审美认识上达到高峰。继荆浩、关仝、董源、巨然分别开创并继承南北山水画派之后，北宋关仝、李成、范宽三家鼎立，各擅胜场。北宋郭熙父子的《林泉高致》则围绕山水画创造的核心意境问题，系统地总结了经验，使山水画理论更加体系化。至元代尤其是元四家，山水画又出现了重视主观抒发与风格创造的新高峰，也完成了山水画中诗书画的统一。明末董其昌简化古人创造的山水形象，参照书法开合起伏的法则，用以构置平面化的山水境界，形成山水画的又一变异。这种变异发展不但造就了众多名家和作品，而且形成了多种风格流派，为近现代黄宾虹、李可染等山水画大家的出现准备了历史条件。

关仝作《秋山晚翠》（五代，台北“故宫博物院”藏）

中国山水画艺术往往采取“以大观小”、“折高折远”的方法，将千崖万壑纳于一幅之中。不强调对客观景物的如实摹写，而是以高度提炼的结构程式进行描绘。无论是写境还是造境，都无不以画家的情与意为重心，追求创造的形神统一和情景交融的意境。

山田耕筰 Yamada Kōsaku (1886-06-09～1965-12-29) 日本作曲家。生于东京，卒于东京。1908年毕业于东京音乐学校声乐系，1910年入柏林音乐高等学校学作曲。1914年回国后创办东京乐友会管弦乐部，翌年组成日本最早的专业交响乐团——东京爱乐乐团，1920年筹建日本乐剧协会。1942年任日本艺术院会员，20世纪50年代先后获得日本广播协会第一次广播文化奖、绀绶褒奖章以及文化勋章。他的作品包括歌剧、交响乐、歌曲等约1 500首，其中有歌剧《黑船》、交响曲《凯旋与和平》、管弦乐《曼荼罗之花》和歌曲《香框树》、《白等一场》、《枸橘花》、《红蜻蜓》、《就是这条路》等。他的音乐活动对日本音乐界很有影响。

山田洋次 Yamada Yoji (1931-09-13～) 日本电影导演。生于大阪府宝塚市。1954年毕业于东京大学法学部，同年进入松竹电影公司任导演助手。1956年开始撰写电影剧本。

1961年成为导演，执导的第一部影片是《二楼的房客》。他擅长喜剧影片的创作，有“喜剧山田”之称。1969年开始拍摄的系列片《男人难当》是其喜剧影片的代表作。该片拍了40多部，其中9部被《电影旬报》评为当年10大佳片之一。此外，《家族》(1970)、《故乡》(1972)、《幸福的黄手绢》(1977)、《远山的呼唤》(1980)、《电影的天地》(1986)、《抓住彩虹的人》(1997)、《黄昏清兵卫》(2002)、《隐剑鬼爪》(2004)、《武士的一分》(2006)等影片主要描绘社会底层民众的生活和情感，歌颂他们纯真的爱情和善良的性格。其中《故乡》和《幸福的黄手绢》被《电影旬报》评为10大佳片第一名。因《家族》和《幸福的黄手绢》获最佳导演奖。

山旺村古生物化石自然保护区 Shanwangcun Paleontologic Fossil Reserve 中国地质遗迹自然保护区。位于山东省临朐县城东北约20千米的角岩山麓。面积约2平方千米，厚20米左右。蕴藏大量的1 500万年前的生物化石，化石门类多，数量大。其中以植物化石最多。在晚中新世的地层中一共发现包括苔藓、蕨类、裸子植物和被子植物10余个门类，近200种。在这些化石中有温带分布较多的杨属、柳属、山核桃属、桦属、鹅儿枥属、榛属、椴树属等；也出现不少亚热带的榕属、合欢属、皂荚属、梧桐属等。保存的动物化石有昆虫（蜂、蛾、蜘蛛）、鱼类、两栖动物（蝌蚪、蛙）、爬行动物（蛇）、鸟类、哺乳动物（鹿、犀、貘、猪）等。化石保存完整齐全，清晰可辨，对于中国华东北部中新世生物群和黄海、东海大陆架矿产资源的开发，都具有一定的科学价值。

山西梆子 Shanxi clapper opera 中国戏曲剧种。流行于山西省的“四大梆子”，即蒲剧（南路梆子）、晋剧（中路梆子）、北路梆子和上党梆子。梆子剧种均以硬木梆子击节为特色，以不同形制的板胡为主奏乐器。音乐采用板式变化结构，唱词主要为上下句对称体式，音乐风格大都具有高亢、粗犷的特点。

蒲剧 因兴起于蒲州（今山西永济西）得名。山西蒲州与陕西同州（今大荔）、河南陕州（今三门峡市）、灵宝隔黄河相望，长期以来经济、文化交往密切、风俗习惯、方言语音也大体相同。梆子腔即起源于这一带。明末清初即已流行，称为“乱弹”。当时在北京称山陕班、山陕梆子。后来，在陕西的称同州梆子，亦即秦腔；在山西的称蒲州梆子。

蒲剧唱腔为微调式，音域宽广，旋律跳跃性大，腔高板急，起伏跌宕，长于抒发激越凄楚的情绪。

晋剧 蒲州梆子流传到晋中太原等地，为适应当地群众欣赏习惯与爱好，吸收融化了祁（县）、太（谷）秧歌和汾（阳）、孝

中路梆子《打金枝》剧照

（义）干板秧歌的唱腔和打击乐，在表演、音乐等方面都发生了变化。其保持了梆子原有风格，同时具有清新委婉的特点。清代咸丰、同治以来，晋中票号兴旺，商业繁荣，中路梆子的活动范围也随着商路的往还扩展到内蒙古、张家口、北京、天津

以及陕北和甘肃部分地区。因之常被称为山西梆子，后径称晋剧。

北路梆子　旧称山西梆子上路调。流布于晋北、内蒙古及河北张家口、蔚县等地。艺人相传“生在蒲州，长在忻州”，或称所唱为“陕西梆子蒲州调”，可知其渊源。北路梆子的板式、唱腔结构、调式与蒲州梆子基本一致。清咸丰年间至抗日战争之前，是其兴盛时期。在艺术上最为突出的是流派唱腔的发展：以忻州、代县为中心的代州道精巧，以河北蔚县为中心的蔚州道刚健，以大同为中心的云州道舒展；不少名角也根据自己的嗓音特点和行当需要，创造了丰富多彩的“弯调”（甩腔）。

上党梆子　流行于古属上党郡的晋东南地区。原称上党宫调，包括昆、梆、罗（罗罗腔）、卷（卷戏）、黄（皮黄）5种声腔。清乾隆时，山西泽州（今晋城）、河南开封已有由“梆、罗、卷”组成的三合班演出。至20世纪，昆曲、罗罗腔和卷戏已渐绝迹舞台。演出以梆子为主，偶有皮黄。上党梆子的音乐以**板式变化体**为主，间用曲牌。唱腔比较适于表现冲突和叙事。19世纪70年代，艺人逃荒至山东菏泽及河北邯郸一带，落地生根，形成了山东枣梆和河北西调两个剧种。

山西省　Shanxi Province　简称晋。位于中国北部，华北平原西侧，黄土高原东部。东以太行山与河北为邻，西隔黄河与陕西相望，北倚长城与内蒙古毗连，南与河南接壤。辖地级市11个，市辖区23个，县级市11个，县85个（见表）。面积约16万平方千米。人口3 571万（2010）。汉族居民占总人口的99.75%。还有回、满、蒙古、朝鲜、壮、藏、苗、维吾尔、瑶、土族等34个少数民族，以回族较多。省会**太原市**。

建制沿革　山西是中国古文明发源最早的地区之一。现已发现旧石器时代遗址20多处，其中襄汾**丁村遗址**，是中国极重要的旧石器时代遗址之一。**仰韶文化**、龙山文化等新石器文化遗址遍布全省。晋南地区是远古文化的发达区，传说唐尧虞舜、夏禹均曾建都于此。西周初，周成王封其弟叔虞于山西，先称唐，后改称晋。春秋时期，晋发展为黄河流域的强大国家。今侯马古城即晋国晚期都城新田故址。战国时，晋中河谷盆地开发。春秋战国时有绛（今翼城东南）、安邑（今夏县西北）、平阳（今临汾西南）、晋阳（今太原晋源）等城市兴起。秦汉时期属河东、上党、太原、雁门等郡。魏晋南北朝时期，黄河流域战乱频繁，经济凋敝。由于游牧民族南迁，致使境内大量农田变为牧场。398年，鲜卑拓跋部建立的北魏政权，将都城由盛乐迁到平城（今大同），后统一黄河流域。自4世纪初至6世纪后半叶，平城、平阳、晋阳先后成为中国北方政治、军事中心城市。隋代山西分为13郡，置河北道行台于晋阳。河北道管辖区域相当于今山西、河北、北京、天津和河南、山东的一部分，晋阳是黄河流域仅次于长安、洛阳的政治、军事中心。唐朝中后期，突厥族的沙陀一支几经迁徙，进入山西北部。五代时期，沙陀族以山西为根据地，夺取黄河流域大部分地区，先后建立了后唐、后晋、后汉政权。以太原为陪都，称北京。元直属中书省。明代山西属山西布政使司，设大同、太原、平阳等府和汾、沁、泽等州。清为山西省。今境内有太原、汾州、潞安、大同等9府。1912年山西省分设河东、冀宁、雁门3道105县。1949年9月1日在太原成立山西省人民政府。1952年察哈尔省雁北专区13县和大同市划归山西省。

山西省行政区划表（2010）

太原市	平顺县　黎城县	霍州市　曲沃县
杏花岭区　小店区	壶关县　长子县	翼城县　襄汾县
迎泽区　尖草坪区	武乡县　沁县	洪洞县　古县
万柏林区　晋源区	沁源县	安泽县　浮山县
古交市　清徐县	**晋城市**	吉县　乡宁县
阳曲县　娄烦县	城区　高平市	蒲县　大宁县
大同市	泽州县　沁水县	永和县　隰县
城区　矿区	阳城县　陵川县	汾西县
南郊区　新荣区	**忻州市**	**运城市**
阳高县　天镇县	忻府区　原平市	盐湖区　永济市
广灵县　灵丘县	定襄县　五台县	河津市　芮城县
浑源县　左云县	代县　繁峙县	临猗县　万荣县
大同县	宁武县　静乐县	新绛县　稷山县
朔州市	神池县　五寨县	闻喜县　夏县
朔城区　平鲁区	岢岚县　河曲县	绛县　平陆县
山阴县　应县	保德县　偏关县	垣曲县
右玉县　怀仁县	**晋中市**	**吕梁市**
阳泉市	榆次区　介休市	离石区　孝义市
城区　矿区	榆社县　左权县	汾阳市　文水县
郊区　平定县	和顺县　昔阳县	中阳县　兴县
盂县	寿阳县　太谷县	临县　方山县
长治市	祁县　平遥县	柳林县　岚县
城区　郊区	灵石县	交口县　交城县
潞城市　长治县	**临汾市**	石楼县
襄垣县　屯留县	尧都区　侯马市	

自然条件　山西省处于中国黄土高原东部，通称山西高原，为山地性高原。地质构造上主要属中期准地台山西断隆。新构造运动活跃，是中国地震强度大、频度高的省份之一。境内高低悬殊，最高为**五台山**的北台顶，海拔3 061米，是华北第一高峰；最低在垣曲县东南的西阳河入黄河处，海拔180米。全省分为东部山地、中部盆地、西部高原三地貌区。

属温带大陆性半湿润季风气候，季节变化明显，地区差异大，垂直差异常大于水平差异。山西年降水量多在400～600毫米。五台山年均降水量913.3毫米，是山西降水量最多之地。降水分布自东南向西北减少。

省境西部与南部河流属黄河水系，北部与东部属海河水系。黄河干流流经省境西界及西南界，龙门的径流量为381亿立方米。境内以汾河最大，径流量达26.5亿立方米。20世纪70年代以来，由于连年天旱、地下水开采加大及水源涵养条件恶化等原因，各河水量多呈减少趋势。

原始植被几乎全遭破坏，多为次生植被。省境东南部为落叶阔叶林和针阔叶混交林。中部以中旱生落叶灌丛和针叶林为主，次为落叶阔叶林。北部和西北部为半干旱疏林草原，优势植被有本氏针茅、茭蒿、达乌里胡枝子、狗尾草等，山地有白桦、山杨、落叶松等次生林分布。野生动物资源种类甚多，有鸟类290多种，哺乳类74种。属于国家保护动物有褐马鸡、黑鹳、大天鹅、鸳鸯、梅花鹿、猕猴、石貂、原麝等18种。

在中国综合自然区划中，全省分别隶属两个自然地理区：①冀晋山地半旱生落叶阔叶林、森林草原区。全省大部属此区。包括晋东南高原亚区、晋中盆地亚区、吕梁山亚区、雁北盆地亚区4亚区。②黄土高原森林草原、干草原区。分布于吕梁山以西，水土流失严重，地面分割为塬、梁、峁多种黄土地貌。风沙对农业也有威胁。

经济概况　山西是中国内地工业较发达省份，以重工业占优势，是全国最大的煤炭能源基地。

矿产资源丰富，尤富煤，煤种齐全，埋藏浅，储量大，占全国煤炭探测储量的30%。除煤炭外，铝、铁、铜、石膏、盐等均居全国前列，此外有硫、铅、锌、黄金、钴、云母等矿藏。20世纪50年代以来，新建和扩建了一批工矿企业，形成以煤炭、冶金、机械、化工为主体的重工业基地。①煤炭工业。山西省是中国的“煤海”，全省含煤面积占总面积的37%。大同煤矿年产煤约8 000万吨，主产优质动力用煤，为中国最大煤矿。阳泉煤矿是中国最大无烟煤产地，年产1 400万吨。西山煤矿主产炼焦煤，年产量亦达1 000万吨以上。除阳泉、晋城煤矿生产无烟煤外，其他各矿多以生产炼

大同云冈石窟

焦煤为主。②电力工业。以火力发电为主。以朔州神头电厂、霍州电厂及太原、大同、娘子关电厂规模最大。山西已成为中国最大的火电基地。③钢铁工业。太原钢铁公司为大型联合企业，拥有采矿、炼铁、炼钢、轧钢、炼焦化工、耐火材料等工厂，以电炉炼钢为主，为中国主要优质钢产地之一。④有色冶金工业。以铜铝采炼为主。⑤机器制造业。以重型机械、矿山机械、纺织机械、机车、机床制造为主。⑥化学工业。原料丰富，能源充足，发展化学工业（尤其是煤化工）的条件优越。以酸碱、化肥、塑料和药物生产为主。⑦纺织工业。以棉纺为主，并有毛纺、丝纺和人造纤维工业。⑧建材工业。雁北地区的陶瓷原料储量大、种类多。所产陶瓷均属国家精品，是中国五大陶瓷原料生产基地之一。⑨食品工业。汾阳杏花村生产的汾酒和竹叶青酒驰名中外。

山西农业历史悠久，但由于滥伐滥垦导致生态环境恶化，农业生产低落。20世纪50年代以来进行水利建设，水浇地面积增加，提高了农业抗旱能力。同时，在水土保持、造林绿化等方面亦有进展。①粮食作物。小麦、玉米是本省主粮。此外有莜麦、马铃薯、甘薯、糜黍、水稻等。②经济作物。以棉花和油料为主。油料作物有胡麻、花生、向日葵等。③畜牧业。以饲养大牲畜和猪羊为主，牛占大牲畜1/2以上，多为役畜。以体型高大的良种役用牛——万荣大黄牛最有名。黎城大青羊是著名良种山羊。④林业。据第六次全国森林清查资料，全省森林面积208.19万公顷，森林覆盖率13.29%。以天然次生林为主，主要树种为华北落叶松、油松、云杉、桦等。经济林有核桃、红枣、花椒、柿树等，是中国主要核桃产区之一。以糖分高核小的稷山枣最有名。

有石太、大秦、同蒲、京绥、京原（平）、太焦（作）、长邯（郸）等铁路干支线，形成以太原为中心的铁路网。公路主要干线有：太原—军渡—陕北；太原—长治—邯郸；太原—茅津渡—三门峡；太原—大同；大同—运城等。高速公路有大运高速、石太高速等。航空有从太原直通北京、上海、广州、天津、西安及西南、西北的航线。

名胜古迹　山西省文化古迹和风景名胜众多、古老独特，旅游资源丰富多彩。国家历史文化名城有平遥、大同、祁县、代县、新绛。文物古迹有太原晋祠、天龙山石窟、双塔寺、云冈石窟、浑源悬空寺、应县木塔、平遥双林寺、永济普救寺、永乐宫壁画、解州关帝庙、丁村遗址、西侯度遗址等。风景名胜有恒山、五台山、壶口瀑布、方山北武当、永济五老峰等。还有险要隘口娘子关、平型关、雁门关、偏头关等。

山县有朋　Yamagata Aritomo（1838-06-14～1922-02-01）　日本军阀、政治家。生于长州藩（今山口县）萩城下级武士家庭，卒于东京。曾在吉田松阴的松下村塾学习。

1857年前后参加尊王攘夷运动。1869～1870年赴欧洲考察军事制度，回国后历任兵部少辅、兵部大辅、陆军大辅、陆军卿等职，成为长州派军阀首领。1885年12月出任日本第一届内阁内务大臣。1889年12月至1891年5月任内阁总理大臣兼内务大臣。1890年11月主持召开日本首次帝国议会。1893年任枢密院议长。1894年6月作为元老列席首相官邸会议，参与发动和指挥中日甲午战争。1898年11月至1900年9月第二次任内阁总理大臣。1900年派兵镇压中国义和团运动。1905年任枢密院议长。1907年晋封公爵。1909年伊藤博文死后，成为日本最有权势的元老。1921年因选定皇太子妃问题而失势。

山羊　*Capra hircus*; goat　偶蹄目牛科山羊属的一种。草食性反刍动物。乳、肉可食用，绒、毛和皮可作工业原料。个别国家（如印度）在交通不便地区用于驮运货物和拉车。

特性和品种　不同品种的体格大小相差悬殊，大的体高1米，重100余千克；小的高仅40厘米，重20千克。外形共同特征为：毛粗直，头狭长，角三棱形呈镰刀状弯曲，颌下有长须，尾短上翘。公羊有膻味。嘴尖牙利，口唇薄，能啃食短草和灌木，喜食带苦味的嫩枝和树叶，嗅觉灵敏，对食物先嗅而后采食，好饮流水。善攀登陡坡和悬崖，机灵活泼，比绵羊易于调教。家山羊易退化为野山羊，北非、中东等地均可见有这种野化山羊。

世界上山羊属有6种，品种200多个，除野生种类外，还包括家山羊。家山羊按生产用途分为乳用山羊、毛用山羊、绒用山羊、裘皮山羊、羔皮山羊、肉用山羊、普通山羊等类型。

繁殖和饲养　山羊的性成熟比绵羊早，一般早熟品种为6～8月龄，晚熟品种18月龄左右。大多数品种在秋、冬发情配种。妊娠期146～150天。产羔率一般在200%左右，初产母羊多产单羔，第2胎后则常产双羔或三羔。

山羊已从放牧饲养逐渐转为在牧区以放牧与舍饲相结合，大量的农作物秸秆是山羊粗饲料的主要来源。种公羊、妊娠后期和哺乳的母羊酌量补饲精料。耐热，但畏寒风和冷雨，须注意防寒避雨。

山羊绒　cashmere wool　从绒山羊和能抓绒的山羊体上取得的绒毛。亚洲克什米尔地区曾是山羊绒向欧洲输出的集散地。国际市场习惯称山羊绒为克什米尔，中国谐音为开司米。有白、青、紫等颜色，以白绒最为珍贵。有不规则的稀而深的卷曲。纤维平均直径为14.5～16微米，比细羊毛细。山羊绒的拉伸性、弹性和吸湿性比羊毛好，具有细、轻、柔软、滑糯、保暖性好等优良特性，主要用于纯纺或与细羊毛混纺，制作羊绒衫、围巾、花呢、大衣呢等高档贵重纺织品。主要生产国是中国、蒙古、伊朗、印度、阿富汗和土耳其。

山药　*Dioscorea*; yam　薯蓣科薯蓣属植物的统称。缠绕藤本植物。薯蓣的另称。

山岳冰川　mountain glacier　一种完全受山地地形约束的冰川。又称山地冰川或高山冰川。主要分布在地球的中、低纬度的山地上，其中亚洲山区的冰川最多，占全世界山岳冰川的一半左右。中国是亚洲中、低纬度地区山岳冰川最多的国家，据1999年冰川编目统计，有冰川46 298条，面积59 406平方千米，约占亚洲冰川总面积的1/2，总储冰量5 590立方千米，折合水量约5 000立方千米。山岳冰川形态类型主要有山谷冰川、冰斗冰川、悬冰川、平顶冰川、再生冰川、火山口冰川等。

山泽之赋　mountain and aquatic products, taxes of　中国古代对山、林、江湖、园囿、池泽所出产品课征赋税的统称。

约公元前21世纪～前11世纪的夏朝和

商朝，对山、林、川、泽设官管理，按时进贡指定产品，此外则“泽梁无禁”西周后期，开始对山泽征税，设官掌管对金、玉、锡、丹青等矿产品的戒令和税赋征课。秦汉之际，凡在山林砍伐竹木，开挖矿藏；在河湖及官有园囿采摘果实、猎取鸟兽、捕捞鱼虾等，均要课征山泽税；对官有园林苑囿、池泽，凡贷与百姓种植、采捕者，则征地税或租金（古称“假税”）。汉代定制这些收入归王室；但赐予诸侯或公主、勋戚作封邑的园囿，赋税则由封君征收，供充私奉养。魏晋南北朝时期，对山泽之财，时而允许百姓开采，政府征税，时而实行专卖。东晋时，一度出现“山湖川泽皆为豪强所专，小民薪采渔钓皆责税直”。此后杂税逐渐增多，原属于山泽税中的主要课税物品，如鱼、盐、茶、矿产品等，先后变成专门的税种，而山泽之赋的提法不再多见。

山楂 *Crataegus pinnatifida*; Chinese hawthorn 蔷薇科山楂属的一种。又称山里红、红果。落叶乔木。山楂属植物在全世界约有千种以上，中国有17种，作为果树栽培的主要为该种，主要分布在华北和东北地区。树高6米。根系发达，分枝力强。叶片宽卵形，羽状分裂，叶脉上有柔毛。伞房花序，花白色。果皮深红色，有明显果点；果肉粉红色，少数为紫红、青绿色等。性喜光，对土壤、气候的适应性强，山地栽植尤为适宜。一般用嫁接法繁殖。果实富含维生素C、有机酸和果胶质，可鲜食或入药。加工性能良好，常用以制成山楂糕、山楂片、果冻、果酱、果汁、果酒、果茶、冰糖葫芦等。此外，也是很好的观赏树种。

山茱萸科 Cornaceae; dogwood family 双子叶植物纲蔷薇亚纲的一科。有16属约130种。具两极性分布，主要分布于南北两半球的温带至热带高山地区。中国产9属60余种，其中特有种达40余种。除新疆、宁夏外，其余各省区均有分布。乔木、灌木，稀草本。单叶对生或互生，少数近于轮生。花两性或单性异株，常组成圆锥、伞形、聚伞花序，个别属为头状花序；花萼管状，与子房合生，先端具3～5萼片；花瓣3～5或缺。雄蕊与花瓣同数而互生，子房下位，1～4室。核果或浆果状核果。

山茱萸科的山茱萸属为传统的中药材萸肉的原植物；青荚叶属民间常作药用；梾木属个别种的果实为油料植物，可供食用及药用，木材供建筑工艺及农具用；四照花属的果实可食用或供酿造；桃叶珊瑚属及其他各属均可作观赏植物及行道树。

杉村春子 Sugimura Haruko（1909－01－06～1997） 日本戏剧演员。生于广岛，卒于东京。1927年入筑地小剧场，开始演员生涯。1945年，剧作家森本薰专为她写了《女人的一生》，通过主人公布引圭的遭遇概括日本妇女的命运。由于她在剧中的杰出表演，荣获战后第一次艺术院奖。此后她还在T.威廉斯的《欲望号街车》、三岛由纪夫的《鹿鸣馆》中有过出色表演。在60年的时间里，塑造了形形色色的日本妇女形象。她与水谷八重子、山田五十铃被誉为日本女演员的三绝。

杉科 Taxodiaceae; taxodium family 裸子植物门松柏纲一科。常绿、半常绿或落叶乔木。共9属16种，主要分布于北半球温暖地区，仅密叶杉属产南半球塔斯马尼亚，多成微域分布。中国产5属8种，分布于横断山脉以东，秦岭、桐柏山、大别山及江苏南部以南的亚热带中山至丘陵；水松分布较南，可达北热带东部。树干端直，大枝轮生或近轮生，树皮纵裂，成长条片脱落。叶披针形、锥形、鳞形或条形，同一树上的叶同型或二型。球花单性，雌雄同株；雄球花小，单生或簇生枝顶，雌球花顶生，珠鳞与苞鳞大部分结合而生或完全合生。球果的种鳞（或苞鳞）扁平或盾形；种子扁平或三棱形，周围或两侧有窄翅，或下部具长翅。此科有4个单种属植物，即巨杉（又称世界爷）、北美红杉（又称红杉）、水杉和水松。现存的杉科植物均为单种属或少种属，属间差异极为明显。

杉科植物除密叶杉属外，多生于气候温暖湿润，雨量充足，相对湿度较高，夏季凉润，冬季不严寒的自然环境。为亚洲东部与北美南部亚热带地区暖性针叶林的群落树种。许多种由于生长较快、材质优良，能生成大径材，而广为栽培，如东亚的杉木、秃杉、柳杉和日本柳杉，北美的落羽杉、池杉、墨西哥池杉、巨杉和北美红杉。

钐-钕法定年 samarium-neodymium dating 依据钐-钕衰变系统中放射性钐-147（^{147}Sm）经α衰变形成稳定子体钕-143（^{143}Nd）的规律建立的定年方法。按照放射性衰变定律，年龄计算方程式如下：

$$\frac{^{143}\mathrm{Nd}}{^{144}\mathrm{Nd}}=\left(\frac{^{143}\mathrm{Nd}}{^{144}\mathrm{Nd}}\right)_{\mathrm{I}}+\frac{^{147}\mathrm{Sm}}{^{144}\mathrm{Nd}}\left(e^{\lambda t}-1\right)$$

式中^{143}Nd/^{144}Nd和^{147}Sm/^{144}Nd是样品的现今测定值；(^{143}Nd/^{144}Nd)$_{\mathrm{I}}$是样品形成，即t时间的初始比值；λ是^{147}Sm的衰变常数；t为年龄。实际工作中，由于无法直接确定和扣除样品形成时就已存在的非放射性成因钕-143，因而提出了模式年龄〔根据特定模式限定的(^{143}Nd/^{144}Nd)$_{\mathrm{I}}$初始比值来计算的年龄〕及其计算方法。通常采用的钐-钕模式年龄有球粒陨石模式年龄和亏损地幔模式年龄。

通常，初始比值是不能直接测定的，因此采用钐-钕等时线法定年，由等时线的斜率计算真实年龄，截距(^{143}Nd/^{144}Nd)$_{\mathrm{I}}$是钕同位素示踪的重要参数。

钐-钕与钾-氩、铷-锶、铀-铅等体系相比，受变质作用的影响较小。由于钐和钕均为稀土元素，化学性质相似，^{143}Nd形成之后完全可以继承晶格中母体的位置，不易散失。因此，钐-钕体系在漫长的地质历史中易保持封闭。钐-钕法定年适合于火成岩和变质岩等各类岩石的全岩样品，基性成分的岩石适宜用等时线法，花岗岩和碎屑沉积岩通常只能获得模式年龄。在等时线法定年中，可以选用角闪石、辉石、斜长石和石榴子石等矿物。钐-147的半衰期长达约1 000亿年，非常适合于地球古老岩石样品和陨石的定年，定年范围通常为3亿年至46亿年以上。

衫 unlined upper garment 中式单衣。又称中式衫。采用平面造型、连肩袖、立领或无领、开襟，以盘纽、襻带或明暗扣系襟。初见于汉代。魏晋时为士人常用服装，并成为单衣的通称。男女都可穿用。衫按长短分长衫和短衫，按内外穿用分汗衫、罩衫等。汗衫又称汗褟儿，是一种主要以棉布制作的内衣，近身或贴身穿用。一般无领，对襟，用纽扣或带子系襟，夏天穿用的也可无袖。罩衫多罩于中式棉袄或其他服装之外。大多装立领，有对襟和斜襟两种。男式对襟罩衫多用暗门襟，女式的多用盘纽。斜襟罩衫多为女用，采用盘纽系襟，衣摆有平形、圆形等，讲究的还采用绣花或镶、嵌、滚、荡等传统装饰工艺。

珊瑚 Anthozoa; coral 刺胞动物门珊瑚虫纲动物的统称。又称珊瑚虫。现生3亚纲10目约6 500种，化石珊瑚则有数万种。均海产，在海洋中分布很广，主要产于热带和亚热带浅海区。在温带和寒带海区（特别是沿岸浅水区）也较常见，甚至在超深渊海底也有本纲动物的代表。生活史中没有世代交替现象，只有水螅型。多数为群体（如软珊瑚、柳珊瑚、海鳃、黑珊瑚、群海葵和很多造礁石珊瑚等），少数为单体（如海葵、单体石珊瑚等），呈六放、八放、多放或多放两辐对称。

水螅体为圆筒形。上部口端扩大成口盘，中央有椭圆形或裂缝形的口，周围有

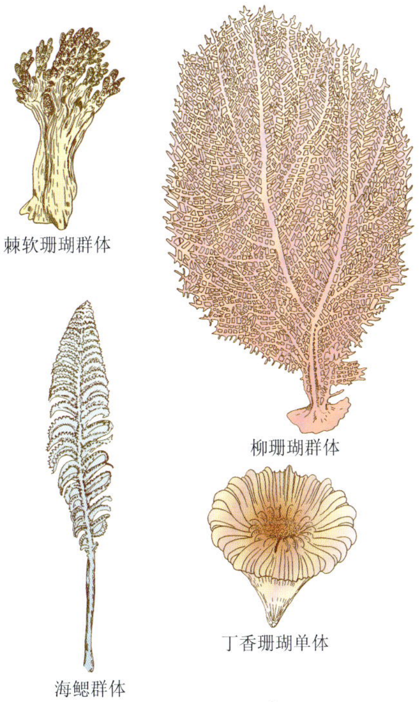

几种珊瑚虫形态

中空的触手环绕，排成一环或多环。基部称基盘或足盘，以其附着在硬物上或埋栖在泥沙质的海底内。口盘和基盘之间为体柱。口下是短而粗的口道，再下为消化循环腔。

除海葵、珊海葵、褶指海葵和角海葵几类外，都有骨骼，但骨骼类型并不相同。

珊瑚虫为雌雄异体或雌雄同体，行有性生殖或无性生殖。肉食性动物，用触手捕食小型甲壳动物、小鱼和其他小动物。

珊瑚岛 coral island 生长于热带海域火山岛周缘的珊瑚礁不断上长形成的岛屿。见大洋岛。

珊瑚海 Coral Sea 世界最大的海。位于太平洋西南部。西、北、东三面分别被澳大利亚大陆、新几内亚岛、所罗门群岛、新赫布里底群岛等环绕。向南开敞，一般以南纬30°线与塔斯曼海邻接。北部介于新几内亚岛与所罗门群岛之间的海域，又称所罗门海。北经托雷斯海峡与阿拉弗拉海相通。总面积479.1万平方千米。海底自西向东倾斜，交错分布着若干海盆、海底高原和海底山脉。平均水深2 394米。所罗门群岛和新赫布里底群岛内侧有一狭长深邃的新赫布里底海沟，是全海域最深的地方，最大深度9 165米。海水总体积1 147万立方千米，居世界各海之首。地处热带，气候湿热，最热月（2月）平均气温可达28℃。每年1～4月多台风。周围几乎没有较大的河流注入，海水洁净，呈深蓝色，透明度较高（约20米），有利于珊瑚虫生长。在大陆架和浅滩上，以及以岛屿和接近海面的海底山脉为基底，发育了庞大的珊瑚群体，构成众多的珊瑚岛礁，珊瑚海因此而得名。其中以澳大利亚大陆东北海岸的大堡礁最为著名，全长2 000余千米，为世界上规模最大的珊瑚礁群。珊瑚海中多鲨鱼，故又有鲨鱼海之称。其他水产资源有鳗鱼、鲱鱼、金枪鱼、海参、龙虾和珍珠贝等。

珊瑚海风光

珊瑚礁 coral reef 在热带和亚热带浅海，由造礁珊瑚骨架和生物碎屑组成的具有抗浪性能的海底隆起。造礁珊瑚具有分泌碳酸钙形成外骨骼的功能，它们世代交替生长，最终生长到低潮线。珊瑚在海底营固着生活，在坚硬的岩石基底上发育较好。当海平面稳定时，珊瑚礁平铺发展，但厚度不大；海平面上升或海底下沉时，礁层较厚；海平面下降或地壳上升时，礁层较薄，有的可高出海面成为隆起礁。现代活珊瑚礁的总面积约60万平方千米，分布在100多个国家的海域。中国从台湾周围海域至南海广泛分布着不同种类的珊瑚礁。

C.R.达尔文根据礁体与岸线的关系，划分出岸礁、堡礁和环礁，这一分类目前仍在使用。此外，还可分出台礁和点礁等。①岸礁，沿大陆或岛屿岸边生长发育，又称裙礁或边缘礁。②堡礁，又称堤礁，是离岸有一定距离的堤状礁体，与陆地以潟湖隔开。③环礁。礁体呈环带状围绕潟湖，有的与外海有水道相通。④台礁。呈台地状高出附近海底，但无潟湖和边缘隆起的大型珊瑚礁。又称桌礁。⑤点礁。又称斑礁。是堡礁和环礁潟湖中的礁体，大小不等，形态多样。

珊瑚从古生代初期开始繁衍，一直延续至今，可作为划分地层、判断古气候、古地理的重要标志。珊瑚礁与地壳运动有关。正常情况下，珊瑚礁形成于低潮线以下50米浅的海域，高出海面者是地壳上升或海平面下降的反映；反之，则标志该处地壳下沉。珊瑚礁蕴藏着丰富的油气资源。珊瑚礁及其潟湖沉积层中，还有煤炭、铝土矿、锰矿、磷矿，礁体粗碎屑岩中发现有铜、铅、锌等多金属层控矿床。珊瑚灰岩可作烧石灰、水泥的原料，千姿百态的珊瑚可作装饰工艺品，不少礁区已开辟为旅游场所。

《珊瑚网》 中国明代书画著录著作。汪砢玉著。汪砢玉，字玉水，号乐卿，另有石墨池外史、烟水菰芦中人等别号，徽州（今安徽歙县）人，寄籍秀水（今浙江嘉兴）。崇祯（1628～1644）时曾任山东盐运使判官。其父藏书画富甲一时，汪砢玉工诗文，亦善书画。另著有《古今鹾略》等。

《珊瑚网》成书于崇祯十六年（1643）。全书48卷。分两大部分，第一部分为古今法书题跋24卷。自卷一至卷十八，著录自钟繇以来法书名迹。大多录其原文、款识、题跋，以及他人题跋。卷十九、二十为碑帖石刻，卷二十一为丛帖，逐一述各石刻墨迹及成部丛帖原委，并录有关题跋。卷二十二为《书凭》，著录名家书法收藏目录。卷二十三为《书旨》，卷二十四为《书品》，皆编录历代书法理论评论。第二部分为古今名画题跋24卷。自卷一至卷二十二，著录顾恺之《洛神赋图》以来的名画，详略不一，其详者录款识、题跋、印章，作者有题跋者也录入其中。卷二十三为《画据》，录宋以来公私藏画目录。卷二十四为《画继》并附《画法》，编采各家画史、画论及画法著述的有关部分。此书编法，大体仿朱存理《珊瑚木难》，收罗宏富，条理清楚；《书凭》、《画据》部分采编各家书画收藏目录，亦前所未有，与《清河书画舫》同为中国古代书画著录著作中影响较广的著作。

闪长岩 diorite 中性岩深成侵入岩中常见的种属。SiO_2含量平均约57%。灰色为主，结构多为中细粒或中粒半自形粒状结构。构造常为块状，少数可见斑杂构造、条带状构造。一般暗色矿物含量约占30%，浅色矿物约占70%，主要矿物为普通角闪石和中性斜长石，次要矿物有辉石、黑云母、钾长石（<10%）、石英（<5%），次要矿物含量是可变的。典型的闪长岩中斜长石常

常发育有较好的环带构造和聚片双晶。根据闪长岩所含的主要暗色矿物不同，可分为角闪闪长岩、辉石闪长岩、黑云母闪长岩。如石英含量大于5%而小于20%，可称为石英闪长岩。常见的次生变化：铁镁矿物常发生绿泥石化、绿帘石化、纤闪石化，长石类矿物主要发生钠黝帘石化、绢云母化和泥化等。闪长岩较少成独立岩体产出，多与辉长岩或花岗岩体共生，若形成独立岩体，常为小岩株、岩盆、岩盖、岩床、岩脉等。与闪长岩有关的矿产主要是铜、铁夕卡岩型矿床，矿床主要形成在闪长岩与碳酸盐岩的接触带上。闪长岩有较强的抗风化能力，是较好的建筑石材和装饰石材。

闪电 lightning 大气中发生的超强、超长的火花放电现象。俗称雷电。通常在雷雨云情况下出现，在雨层云、雪暴、尘暴和火山爆发时也会偶尔出现，甚至核爆炸时也会产生闪电。

闪电按发生的部位可分为云内放电、云际放电和云地放电三种，前两种统称为云闪，第三种称为地闪（见图）。自然界中

地闪

大部分闪电为云闪，地闪占总闪电数的1/3～1/6（温带地区的比值高于热带地区）。由于地闪对人类活动和生命安全有较大威胁，故研究比较多。地闪可以向地面输送正电荷或负电荷，约90%的地闪向下输送负电荷，称为下行负电闪。根据闪电的不同形态和特征，可将闪电分为线状闪电、带状闪电、火箭状闪电、片状闪电、热闪电、珠状闪电和球状闪电等类型。自然界最常见的是线状闪电，它最主要的特征是细亮的发光光柱。带状闪电是一种宽约十几米，看上去呈带状的云地闪电，它是由于线状闪电的通道受强风影响而移动，致使闪电中的各次闪击的空间位置在水平方向上分开而呈带状。火箭状闪电是一种长路径的空气放电，肉眼可直接观测到放电像箭似的沿闪电通道缓缓移动，整个放电的持续时间约1秒。片状闪电是指那些使一片云或几块云发亮的闪电。热闪电用来称呼那些远得听不到雷声、只看到闪光的闪电。珠状闪电指闪电通道看起来好像断裂成许多小段的闪电，每段长约数十米，远看好像一串佛珠悬挂在天空。球状闪电是一种不太常见而又会造成一定危害的奇异闪电，通常在有强雷暴时出现，外观呈球状，直径10～20厘米（也有小于1厘米甚至大到10米的），呈红、橙或黄色，存在时间小于5秒（少数超过1分钟），水平移动速度通常为每秒数米，有时能停在半空中不动或由空中向地面降落，消失时常伴有爆炸并发出巨响，也有无声无息消失的，消失处常有股像臭氧或一氧化氮的气味。

闪电战 lightning war 集中优势军事力量，突然发动袭击，迅速摧毁对方抵抗能力的作战样式。见闪击战。

闪光灯 flash lamp 瞬间脉冲发光的摄影灯具。1885年，奥地利物理学家E.马赫用闪光拍摄飞行的子弹，是人类第一次将闪光用于摄影。1887年德国人G.约翰内斯等人，将镁粉用于闪光摄影。1931年美国电气工程师H.埃杰顿发明利用惰性气体高压放电而发光的电子闪光灯。摄影用电子闪光灯以其寿命长、功率强大、色温与日光相同等一系列优点，成为现代摄影中最通用的人造光源。根据体积与用途分为便携式闪光灯和影室闪光灯两类。

便携式闪光灯 用电池充电，一般直接做在相机内部或与机身相连，并通过插座上的触点或机身上的闪光同步线插孔接收相机快门开启时发出的闪光触发信号，引燃闪光灯实现同步闪光。离机闪光则需要闪光同步线或各种遥控器。

影室闪光灯 使用交流电源，体积较大，功率强劲，多安置于闪光灯灯架上，在影室中使用。除可调功率外，还都附有恒定光源构成的“造型灯”，以便预观闪光造型的光效。都可以配置发出散射光的柔光箱、反光伞，发出平行光的蜂巢板，发出局部点光源的聚光筒或束光罩，控制照明区域的挡光板，改变光源颜色的滤色片等多种附件，以满足商业摄影对灯光造型的多种需求。

闪击战 blitzkrieg 集中优势空军和陆军机械化部队，突然发动袭击，迅速摧毁对方抵抗能力的作战。又称“闪电战”。

德国军事家A.von施利芬在1905年的

德国对波兰发动闪击战

《对法战争备忘录》中首次对闪击战思想作了详尽的阐述。20世纪30年代，德国将军E.鲁登道夫在闪击战思想的基础上提出了“总体战”理论。1933年A.希特勒上台后，法西斯德国形成了系统的闪击战理论。

第二次世界大战初期，德军利用闪击战方式发动战争，迅速占领波兰、丹麦、挪威、荷兰、比利时、卢森堡和法国；在对苏联作战的开始阶段，闪击战也取得了成功。德国实施的闪击战主要特点是重视政治欺骗和战略伪装；先于敌国秘密动员、集中和展开军队，不宣而战；在出其不意的时间和地点突然发动攻击；集中大量飞机、坦克和摩托化部队实施强大的首次突击；在航空兵的掩护下，以大量快速部队实施迂回包围，歼灭对方重兵集团；以夺取被侵略国家的首都为主要目标，摧毁其指挥中心和抵抗意志，迅速结束战争。

在现代条件下，随着导弹、核武器和高新技术武器装备的发展，闪击战仍被一些国家视为一种有效的作战样式。

闪烁计数器 scintillation counter 利用射线引起闪烁体的发光而进行记录的辐射探测器。1947年由J.W.科尔特曼和H.P.卡尔曼所发明。它由闪烁体、光电倍增管和电子仪器等单元组成。射线（粒子）同闪烁体相互作用，使其中的原子、分子电离或激发，被激发的原子、分子退激时发出微弱荧光，荧光被收集到光电倍增管，倍

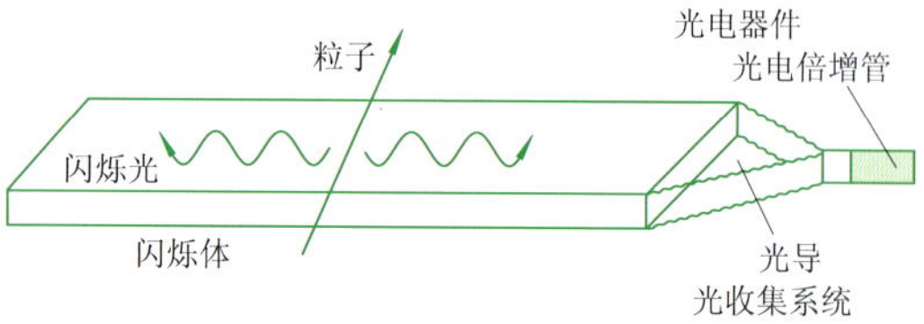

闪烁计数器示意图

增的电子流形成电压脉冲，由电子仪器放大分析和记录（见图）。可用的闪烁体种类很多，用得较多的有碘化钠（加微量铊）、碘化铯（加微量铊）、硫化锌（加微量银）等无机盐晶体和蒽、芪、对联三苯等有机晶体，也有用液体、塑料或气体的闪烁体。闪烁计数器的优点是效率高，有很好的时间分辨率和空间分辨率，时间分

辨率达10^{-9}秒，空间分辨率达毫米量级。它不仅能探测各种带电粒子，还能探测各种不带电的核辐射；不仅能探测核辐射是否存在，还能鉴别它们的性质和种类；不但能计数，还能根据脉冲幅度确定辐射粒子的能量。在核物理和粒子物理实验中应用十分广泛。

闪锌矿 sphalerite 化学成分为ZnS，晶体属等轴晶系的硫化物矿物。成分相同，而属于六方晶系的称为纤维锌矿。闪锌矿含锌67.10%，通常含铁可高达30%，含铁量大于10%的称为铁闪锌矿。此外，常含锰、镉、铟、铊、镓、锗等金属元素，因此不仅是提炼锌的重要矿物原料，还是提取上述稀有元素的原料。纯闪锌矿近于无色，含铁者随含铁量的增多，颜色变深，呈浅黄、褐黄、棕色直至黑色，透明度相应地由透明、半透明变成不透明，光泽由金刚光泽变为半金属光泽。莫氏硬度3.5～4.0。密度3.9～4.2克/厘米^3。随含铁量的增高，硬度增大而密度减小。具完全的菱形十二面体解理。具热电性，有时具发光性。富铁闪锌矿晶体形态，几乎都是四面体状；而在低温条件下形成的浅色闪锌矿，晶体多呈菱形十二面体习性（见图）。通常呈粒状、致密

块状或胶状集合体。闪锌矿是分布最广的锌矿物，也是典型的热液型矿物，几乎总是与方铅矿共生。在高温热液矿床中的闪锌矿，常富含铁、铜、铟、锡、硒；在低温热液矿床中的闪锌矿，则富含镓、锗、镉、镍、汞、铊。在地表条件下，闪锌矿易风化成菱锌矿。中国铅锌矿产地以云南金顶、广东凡口、青海锡铁山等最著名。世界著名产地有加拿大沙利文、美国密西西比河谷、澳大利亚昆士兰州芒特艾萨等。

闪语族 Semitic group 阿非罗－亚细亚语系的一个语族。

陕北公学 Shaanbei College 中国共产党领导的，以坚持抗日民族统一战线、实施国防教育、培养抗日干部为目的的干部学校。简称陕公。最初是抗日军政大学附设的一个大队。抗日战争初期，大批进步青年学生从各地奔赴延安参加革命。为了适应培养抗战人才的需要，中共中央和陕甘

白求恩大夫在陕北公学演讲

宁边区政府于1937年9月成立陕北公学。校址在延安，校长是成仿吾。1938年7月7日又在关中成立了陕北公学分校。教学原则是理论联系实际、少而精和教学相长。课程有社会科学概论、抗日民族统一战线与民众工作、游击战争与军事常识、时事演讲。课程为三分军事七分政治。采取半军事性的编制，实行一切行动军事化。提倡学生自治。

1939年初，陕公1 000名学员与抗大学员去晋东南根据地，开办了两个抗大分校；同时陕公以高级研究班为基础成立了大学部。大学部培养政治理论和行政工作方面较高级的干部。1939年夏，陕公与鲁迅艺术学院、工人学校、青训班合并，组成华北联合大学开赴前方。同年11月，留在延安的陕北公学部分师生恢复陕北公学（称"后期陕公"），筹办了一个研究部，分为民主政治、民主经济、民族文化、国防教育4个系。1941年9月，后期陕公并入延安大学。陕北公学在4年内培养了大批的抗战干部，为抗日战争作出了贡献。

陕北说书 中国曲艺曲种。流行于陕西省北部的延安、榆林等地。最初是由穷苦盲人运用陕北的民歌小调演唱一些传说故事。后来吸收眉户、秦腔以及道情和信天游的曲调，逐步形成以说唱表演长篇故事的说书形式。传统的表演形式是艺人手持三弦或琵琶自己弹奏，采用陕北方音说唱相间地叙述故事。依伴奏乐器的不同，或称之为"三弦书"，或称之为"琵琶书"。到20世纪三四十年代，艺人韩起祥等的表演，发展成一人同时操用大三弦（或琵琶）、梆子、耍板、名为"麻喳喳"的击节木片和小锣（或钹）5种乐器进行伴奏的曲艺说书形式。传统节目很多，如《花柳记》、《摇钱记》等。从20世纪40年代起，由新文艺工作者林山等帮助韩起祥等人陆续编演了一些新书目，如《刘巧团圆》、《翻身记》等。

陕甘回民起义 Shaanxi and Gansu Hui People's Uprisings 中国陕西、甘肃回民联合当地各族群众掀起的反清起义。1862年（同治元年）春，太平军、捻军联合入陕，正值华州（今华县）、渭南等处团练武装因回汉纠纷而到处焚掠回民村庄，渭河两岸回民奋起自卫，同州（今大荔）、西安、凤翔三府回民纷起响应。1864年，清将多隆阿以先抚后剿的欺骗手法击破渭河两岸坚固的回民堡寨。陕西回民军被迫携带妻小退往陕甘边境坚持自卫抗清。

1866年秋，西捻军张宗禹部入陕，陕西回民联同甘肃回民武装及清军溃勇乘势东下，造成"捻回合势"的西北反清高潮。左宗棠率湘军入陕，采取各个击破战略，西捻军在华北平原遭镇压，陕西回民武装再度退往甘肃。

陕西回民自卫抗清的怒潮迅速波及甘肃各地，形成金积堡、河州（今临夏）等回民抗清中心。世居金积堡的伊斯兰教新教大阿訇马化龙被推举为抗清首领。1869年秋，清军刘松山等部奉左宗棠之命，凭借优势兵力和洋枪洋炮，进逼金积堡。金积400多堡寨回民逐堡逐寨地殊死搏斗，给清军以重创。后粮援俱绝，马化龙父子、亲属及起义者1800余人被杀。

1871年秋，左宗棠进驻安定（今定西），湘军数十营进逼河州，以马占鳌阿訇为首领的回民军沉着应战，清军伤亡惨重。马占鳌鉴于敌我力量悬殊，乘胜求抚，换得左宗棠的信任，与马悟真、马海晏等被编入清军马队。

1872年秋，以马桂源、马本源兄弟为首的青海回族、撒拉族武装与白彦虎、崔伟等陕西回民并肩抗击清军的进攻，失败被杀。

回族猎户马文禄从1865年起领导肃州（今酒泉）回民坚持自卫抗清，牵制了河西的清军。1873年春，白彦虎由青海退到河西，曾与马文禄协同拒守，由于清军的追击，白彦虎被迫出关，马文禄坚持到9月，援尽粮绝，被迫出降。左宗棠纵兵屠城，结束了甘肃地区最后一役。白彦虎退至新疆，曾与阿古柏建立联系，后在清军的追击下于1877（光绪三年）年逃入俄国。

陕甘宁边区 Shaanxi-Gansu-Ningxia Border Region 抗日战争时期，中国共产党领导的位于陕西、甘肃、宁夏三省边界地区的抗日根据地。是抗日战争时期中共中央和中央军委所在地。

1935年10月，中共中央率领中国工农红军第一方面军长征到达陕北后，陕甘苏区得到巩固与发展。1937年3月，中国共产党为团结抗日，经与国民党政府多次谈判，将陕甘苏区改为陕甘宁特区，5月改称陕甘宁边区。9月6日成立边区政府，林伯

渠任主席，张国焘、高自立、李鼎铭、刘景范先后任副主席。首府设在延安，辖陕西省延安、延川、延长、清涧、绥德、米脂、葭县（今佳县）、吴堡、安定（今子长）、安塞、靖边、定边、保安（今志丹）、甘泉、鄜县（今富县）、淳化、栒邑（今旬邑），甘肃省宁县、正宁、庆阳、合水、镇原、环县，宁夏省（今宁夏回族自治区）盐池、豫旺（今属同心）等23个县以及神（木）府（谷）地区，面积12.9万余平方千米，人口约150万。

抗日战争时期，陕甘宁边区是中共中央领导全国人民抗战的中心，是八路军、新四军等敌后战场抗日武装的指挥中枢和总后方。陕甘宁边区政府认真执行抗日民族统一战线政策，实行减租减息、精兵简政和拥军优属、拥政爱民，开展大生产运动和经济、文化建设。边区军民消灭土匪，打退日军对边区黄河防线的进攻，战胜国民党的军事摩擦和经济封锁，巩固了边区政权，安定了社会秩序，保卫了中共中央和中央军委领导机关的安全。

解放战争开始后，毛泽东、周恩来、任弼时等率中共中央机关继续在陕甘宁边区指挥全国的解放战争，并领导边区军民粉碎了国民党军对边区的重点进攻，推动了解放战争的胜利发展。1949年6月，陕甘宁边区政府由延安迁至西安。1950年1月19日，陕甘宁边区政府撤销。

陕西历史博物馆 Shaanxi History Museum 中国大型国家级历史博物馆。馆址在西安市小寨东路。前身为1944年6月成立的陕西省历史博物馆。馆名几经变更，1991年迁入现址后改今名。馆区占地面积6.5万平方米，建筑面积5.6万平方米，其“中央殿堂，四隅崇楼”的仿唐式宫殿建筑为西安最重要的标志性建筑之一。藏品37万余件，基本反映了陕西出土和传世文物的概貌。特别是其中的800多件一级文物以及商周青铜器、历代陶俑、唐代金银器和唐代墓室壁画等代表性文物分别在工艺技术、艺术创造等方面代表了当时全国的最高水平。基本陈列“陕西古代史陈列”是最重要的陈列。它以时代为序，从馆藏文物中精选2 000余件最具代表性的文物，以周、秦、汉、唐为重点，系统展示了自蓝田猿人至鸦片战争前人类进化发展的艰难足迹以及陕西古代文明的兴衰和沧桑。

陕西省 Shaanxi Province 简称陕或秦。位于中国中部、黄河中游。省境南北长1 000多千米，东西宽约360千米，与山西、河南、湖北、四川、重庆、甘肃、宁夏、内蒙古8省、直辖市、自治区相邻。辖10个地级市、24个市辖区、3个县级市、80个县（见表）。面积约21万平方千米。人口3 733万（2010）。有汉、回、满、蒙古、藏、朝鲜等45个民族。其中，汉族人口约占总人口的99.5%，少数民族以回族人口最多。省会西安市。

建制沿革 陕西省是中华民族的发祥地之一。三四万年前，陕中地区的原始人类逐步进入氏族公社阶段。又过了一两千年，母系氏族公社发展到父系氏族公社，并处在向阶级社会过渡的时期。公元前21～前16世纪的夏朝时期，陕西为扈国、骆国地。前11世纪，周武王灭商，在陕西建都近300年。春秋战国时为秦国地。秦为内史郡、上郡、汉中郡，部分属北地郡。秦亡后，项羽三分秦地，所以又称三秦，故简称秦。汉属司隶部及益州、并州诸部。唐属关内、山南等道。宋初置陕西路，后分属永定军及秦凤、利州等路。元设陕西行中书省。明置陕西布政司。清为陕西省。1937～1948年，延安为中共中央和陕北陕甘宁边区政府所在地。

自然条件 陕西地势南北高、中间低。自然条件复杂多样，南北殊异。

从南向北依次可分为陕南山地、关中平原、陕北黄土高原3个地貌单元。秦岭、大巴山山地合称陕南山地，包括介于两山之间的汉江谷地。中部关中平原是渭、泾、洛等河流下游冲积形成的，平坦广袤。北部陕北黄土高原被深厚黄土层所覆盖，水土流失严重。

河流分属黄河、长江两大水系。黄河流域面积约占陕西省总面积的64.5%，长江流域占35.5%。渭河为黄河最大支流，流经关中平原，至潼关入黄河，陕西境内长约502千米。汉江为长江最长支流，流经汉中盆地，至白河县东流入湖北省。陕西境内为汉江上游，长719千米。

陕西省行政区划表（2010）

西安市	白水县 合阳县	镇巴县 留坝县
未央区 莲湖区	富平县	佛坪县
碑林区 阎良区	**咸阳市**	**榆林市**
长安区 蓝田县	秦都区 杨陵区	榆阳区 神木县
周至县 户县	渭城区 兴平市	府谷县 横山县
高陵县	三原县 泾阳县	靖边县 定边县
延安市	乾县 礼泉县	绥德县 米脂县
宝塔区 延长县	永寿县 彬县	佳县 吴堡县
延川县 子长县	长武县 旬邑县	清涧县 子洲县
安塞县 志丹县	淳化县 武功县	**安康市**
吴起县 甘泉县	**宝鸡市**	汉滨区 汉阴县
富县 洛川县	金台区 渭滨区	石泉县 宁陕县
宜川县 黄龙县	陈仓区 凤翔县	紫阳县 岚皋县
黄陵县	岐山县 扶风县	平利县 镇坪县
铜川市	眉县 陇县	旬阳县 白河县
耀州区 王益区	千阳县 麟游县	**商洛市**
印台区 宜君县	凤县 太白县	商州区 洛南县
渭南市	**汉中市**	丹凤县 商南县
临渭区 华阴市	汉台区 南郑县	山阳县 镇安县
韩城市 华县	城固县 洋县	柞水县
潼关县 大荔县	西乡县 勉县	
蒲城县 澄城县	宁强县 略阳县	

陕西位于中国内陆中纬度地区，季风气候和大陆性气候的影响都较明显，由南而北具有北亚热带湿润气候、暖温带半湿润气候和暖温带、温带半干旱气候的特征。秦岭山脉横亘省境中南部，南北气候差异显著。年平均气温陕北黄土高原约为9℃，关中平原13℃，陕南汉江谷地则达15℃，较同纬度的淮河流域温暖，盛产亚热带经济林木。冬季南北温差达10℃，夏季温差仅4℃。年均降水量由北向南按350毫米到1 240毫米递增，山区则由下而上递增，西部降水略多于东部。陕北黄土高原的定边县平均年降水量仅350毫米，是陕西省降水最少的地区。

陕西矿产资源较为丰富。煤炭基础储量居全国第3位。其中，神府煤田为世界七大煤田之一，是世界上少有的优质动力煤、气化煤。天然气储量丰富，榆林市的气田面积达2 000平方千米。金堆城钼矿、汞矿储量均居全国前列。旬阳县有特大型汞锑矿床数处。

经济概况 陕西农业发达，工业已建成部门较齐全的工业体系。是中国西北地区经济基础较好，发展较快的省份。

陕西是中国古老农业区之一。农业以种植业为主，农田水利较发达。20世纪50年代以来，泾惠渠、渭惠渠、洛惠渠等古老灌渠，经过整修和扩建后灌溉面积迅速扩大。同时，新修了宝鸡峡引渭灌溉、东方红电力抽水灌溉、千河冯家山和褒河石门水库等大型骨干工程和大量中小型引水工程。粮食作物以小麦、玉米、水稻和薯类为主。经济作物以油菜、棉花为主，花生、胡麻、烟叶等次之。据第六次全国森林资源清查资料，陕西森林覆盖率32.55%，居西北地区之首。陕西有辽阔的山区及丰富的牧草，为畜牧业提供了适宜的环境和良好的发展条件，关中地区以饲养大牲畜和猪为特点，著名畜种有秦川牛、关中驴和佳米驴等。

陕西省已形成了以机械、纺织为主，包括煤炭、电力、石油、化工、建材、冶金、森林、食品、造纸等在内的门类比较齐全的工业体系。其中电力、飞机制造业和电子、彩色显像管、缝纫机等工业在全国占有重要地位。纺织工业发展较快，已成为中国重要纺织工业基地之一。食品工业以面粉、酿酒及

陕北秧歌

榨油为主，是省内仅次于机械和纺织的第三大工业部门。传统名产西凤酒、杜康酒等产品畅销国内外。西安是陕西省最大的机械工业中心。机床制造集中于西安、宝鸡和汉中，生产各种大中小型车床。电力工业有宝鸡、铜川、西安、户县、华阴、韩城等地较大火电厂，以及府谷、石泉和安康等大、中型水电站。关中、陕南已和刘家峡组成陕甘青统一电力网。

陕西是联结中国西南、西北的交通要冲，陇海复线横贯关中平原，宝成线、西康线穿越秦岭，是通往西南的大动脉，与襄渝线、阳安线、咸铜线、西韩线、西延线、梅七线、西户线等形成了铁路运输网络。基本形成了以西安为中心，连接陕南、陕北、关中，贯通城乡山村的公路交通网。民航开辟了300多余国内外航线。

文教科技　陕西省的文教科技发展迅速，综合科技开发能力居全国前列。有**西安交通大学**、西安电子科技大学、**西北工业大学**、**西北大学**、陕西师范大学等高等院校。陕西是中国重要的科研教育园区，是中国航空、航天、机械、电子、仪表仪器、农业等领域重要的科研和生产基地，在空间技术、生物技术、电子信息、机电一体化、新材料和高效节能等高新技术领域具有较突出的实力。古老而深受群众喜爱的剧种有秦腔、眉户、碗碗腔、汉剧等，还有仿唐乐舞、陕北秧歌、民间社火、火花等群众文艺活动，**皮影戏**也是颇有特色的地方戏种之一。民间工艺美术品在国内外颇负盛名，如西安、乾县等地生产的各种仿唐彩俑、器皿、马、骆驼等，与官、哥、汝、定、钧五大名窑并列的耀州青瓷，凤翔罩金漆器、木版年画、户县农民画等。

名胜古迹　陕西悠久的历史，留下了极为丰富的历史文物。已发现文物点约3.1万处，其中国家级重点文物保护单位37处，居全国第1位；省级重点文物保护单位372处。

陕西省共有历代帝王陵墓72座。如黄陵县的轩辕黄帝陵、西安临潼的**秦始皇陵**、渭北的唐代18座帝王陵等。此外，还有太子公主、文臣武将墓近1 000座。

明代西安城墙是全世界保存最完整的古代城墙，高12米、宽15米、周长14千米。钟楼（建于1384年）是西安的象征。其他著名古建筑群还有三原县城隍庙，韩城市文庙、城隍庙，韩城市党家村古民居群等。

宗教建筑有道教圣地楼观台、佛教净土宗的祖庭香积寺、唐僧玄奘翻译佛经和讲授经典的大慈恩寺、安葬唐僧舍利的兴教寺以及西安市化觉巷清真寺等。著名的塔院有**大雁塔**、小雁塔、扶风法门寺塔、高陵三阳寺塔等。泾阳的崇文寺塔高达89米，是全国最高的古代砖塔。石窟寺主要有彬县大佛寺石窟、铜川市耀州区药王山摩崖造像、子长县钟山石窟以及蓝田县水陆庵雕塑等。

碑石集中于**西安碑林**、耀州碑林。摩崖题刻的代表是陕南的石门栈道题刻。著名石刻有昭陵六骏、汉茂陵石刻、唐乾陵石刻和唐桥陵石刻等。

有国家历史文化名城西安、汉中、咸阳、延安、韩城、榆林。

汕头市　Shantou City　中国广东省辖地级市。中国对外开放的港口城市，汕头经济特区所在地。位于省境东部，韩、榕、练三江出海口。辖金平、濠江、龙湖、潮阳、潮南、澄海6区和南澳县。面积2 065平方千米。人口539万（2010）。旅居海外的华侨华裔216万人，台港澳同胞近80万人。秦属南海郡，汉元鼎六年（前111）置揭阳县，隋置潮州，唐属岭南道，元改州为路，清咸丰八年（1858）改称汕头埠。1921年设汕头市政厅，1930年为省辖市。1981年成立汕头经济特区，在东北郊龙湖村西南辟出口加工区，面积1.6平方千米。市境由韩、榕、练三江交错淤积成陆，距今仅400多年。市境被汕头港分隔为南部丘陵和北部平原两部分。地处北回归线附近，属亚热带海洋性季风气候。7～9月为台风季节。农业主产水稻、水果、蔬菜，也是花生、甘蔗、黄麻、薏米等重要产区。海水养殖发展较快，以对虾、鲍鱼、太平洋牡蛎、龙须菜等为突出。传统工业以食品、纺织为主，新兴工业有感光材料、超声仪器、电子、机械、化学、橡胶、玻璃、医药、塑料、玩具等。汕头港为广东东北部沿海对外开放港口。汕头海湾大桥全长2 439米。广（州）梅（州）汕（头）铁路，以及206、324国道和厦门—汕头高速公路贯境。名胜古迹有天后庙、青云禅寺、灵山寺、文山塔和海门莲花峰等。

汕尾市　Shanwei City　中国广东省辖地级市。位于省境东南部，南濒南海。辖城区和**海丰县**、陆河县，代管**陆丰市**。面积4 838平方千米。人口294万（2010），有汉、畲、壮、侗等民族。晋咸和六年（331）置海丰县。1988年析置地级汕尾市。港湾主要有红海湾和碣石湾，海岸线长302千米，有岛屿91个，并有大量浅海滩涂。属南亚热带季风气候。年平均气温21.9℃。平均年降水量2 200毫米，为广东省暴雨中心之一。农作物有水稻、甘薯、花生、甘蔗、大豆等。

凤山祖庙天后阁

汕尾渔场是全国闻名的四大渔场之一。海产以马鲛、海鳗、银鲳、黄鱼、带鱼为大宗，以对虾、龙虾、青蟹、鲍鱼、贻贝、丝蚶、牡蛎、石斑、鱿鱼、海胆、海马、紫菜、海人草为优质产品。矿产有锡、锆、钛、钨、石英砂、玻璃砂、花岗岩等。工业有电子、机械、冶金、电力、纺织、服装、医药、制盐、渔产品加工等。公路和海运交通发达。汕尾港为著名渔港，也是粤东进出口岸之一，有客货轮往来于广州、香港和汕头。名胜古迹有捷胜龟龄岛、清云山定光寺、凤山祖庙、品清湖、黎明洞等。

疝　hernia　脏器或组织通过先天存在或后天形成的间隙、薄弱处或缺损处突入另一部位的病理现象。

病因　①存在薄弱处或缺损处。有先天性和后天性两种。先天性疝：如精索穿过腹股沟管、脐血管穿过脐环的薄弱点，可形成腹股沟斜疝及脐疝。后天性疝：有手术切口愈合不良、外伤、肌肉萎缩等造成的体壁薄弱或缺损，这些部位可出现切口疝、腰疝或阴道疝等。②体腔内压力增高。某些疾病、体力活动，使体腔压力升高，脏器移位，可导致疝的形成。如脑肿瘤使颅内压升高致小脑扁桃体疝；婴儿经常啼哭，使腹内压上升，若脐部未完全闭锁，可引起脐疝。

临床表现 与发生部位及脏器组织有关。如消化道疝可伴有肠梗阻等消化系统症状；脑疝有昏迷、瞳孔改变等神经系统的表现；外疝可在体表形成突出的肿物。

分类 见表。

疝的分类

分类依据	名称举例
发生部位	腰疝，脑疝，玻璃体疝 腹部疝：腹内疝，腹外疝（腹壁疝）
发生系统	消化道疝、神经系统疝
发病原因	先天性：脐疝、囊性颅裂 后天性：切口疝、术后腹内疝
局部病理	肠管壁疝（小肠壁一部分突出成疝） 逆行性疝（两段肠襻形成疝，两段肠襻间的肠管仍留在腹内） 利特雷氏疝（梅克尔氏憩室突出而成） 滑动性食管裂孔疝（胃上部及食管贲门部通过食管裂孔进入后纵隔）

治疗 有症状或影响功能的疝均应治疗。首先需治疗引起疝的疾病，如脑水肿、腹水、前列腺肥大等。对一般体外疝，可考虑手术治疗：还纳疝内容、高位结扎疝囊，修补体壁缺损，用合成纤维网片，行无张力疝修补术。

扇 fan 用手摇动以引风纳凉或作为装饰的物品。主要材料有竹、木、纸、象牙、玳瑁、翡翠、飞禽翎毛、麦秆、蒲草、藤等。在中国又称摇风、凉友、障日、箑。主要分为不能折叠的扇和可以折叠的折扇。前者出现最早，包括羽扇、纨扇、团扇等类型。相传舜作五明扇，为扇的雏形。商代，宫廷以长尾野鸡羽毛制成雉尾扇。汉代，宫廷嫔妃流行绢扇，又称宫扇。三国两晋前后，文士间流行执白羽扇。不能折叠的扇形制多样，扇面有圆、长圆、扁圆、方圆、梅花形、葵花形、瓜棱形等。最多的是葵扇，用蒲葵叶制成，又称芭蕉扇。竹篾、麦秸、藤编扇也较普遍。折扇起源于日本，宋时传入中国。多用竹、木、牙、角为骨，扇面以纸为多，也用绸、绢等。南宋时杭州已成为折扇生产中心，明代永乐年间折扇广泛流传。扇的主要用途是引风纳凉，在古代扇还作为装饰品用于礼仪。用扇一般与人的身份和地位相匹配。著名的扇子有：浙江湖州、湖南岳阳、江西吉安的羽毛扇，北京、杭州、苏州、绍兴、安徽泾县的折扇，广东和福建的蒲葵扇，四川垫江的棕榈扇和自贡的龚扇，浙江、山东的麦秆扇，成都、苏州的绢扇，肇庆的牛骨扇，广西阳朔的画扇，杭州、苏州的檀香扇、绢宫扇等。

早在唐代，中国绢扇就传入日本，并在日本宫廷内流行；16世纪，中国折扇传入欧洲，对这些国家和地区的扇子生产以至宫廷礼仪产生一定影响。18世纪，法国大量进口中国的竹扇骨，在巴黎组装、生产折扇，使巴黎成为欧洲制扇手工艺的中心。17、18世纪，折扇成为欧洲很多国家宫廷中订婚、结婚、加冕、欢庆胜利、舞会等礼仪的礼物和纪念品。扇子在世界很多国家逐渐融入百姓生活。扇子是西班牙妇女表达思想感情的重要媒介，她们用扇子做出各种动作来表达自己不便说出口的话。

绸质团扇

扇贝 Pectinidae; scallop 软体动物门珍珠贝目扇贝科贝类的统称。又称干贝蛤。重要的养殖贝类。种类很多，全部海产。广布于世界各大洋，主要分布于温带及热带浅海。

贝壳为扇形或圆形，多数壳质较硬，右壳较平，左壳较凸，壳顶前后有壳耳。壳面常有放射肋。壳内面色较浅，略具光泽，闭壳肌痕大而明显，韧带呈褐色。外套膜展开，无水管，边缘厚，有很多发达的触手和眼点。大多生活于低潮线以下至水深约50米的沿岸海区，以足丝附着于岩礁、石砾或其他物体上。有些种类成体无足丝，自由生活于海底或以右壳固着于附着基上。潮流是扇贝生活的重要因素，当环境不适或遇到敌害动物时，常会脱掉足丝，迁移逃避。滤食性，摄食浮游单胞藻及有机碎屑等。雌雄同体或异体两类，有性转换现象。扇贝肉营养丰富，闭壳肌肥大，肉质细嫩鲜美，除鲜食外，还可制成罐头，其干制品称干贝，是海珍品，贝壳可制成工艺品。

扇子功 fan skill in Chinese opera 中国戏曲表演基本功之一。演员借助手中的扇子做出各种动作，用以表达人物的感情。须经专门训练，运用时方能得心应手，故列为基本功。**生、旦、净、丑**各行脚色皆有此功，但以小生、花旦、闺门旦等使用最多，技巧更为丰富。戏曲舞台上使用的扇子，有大折扇、小折扇、团扇（宫扇）、羽扇、蒲扇、竹扇、鹅毛扇、芭蕉扇等多种。基本动作大体有挥、转、托、夹、合、遮、扑、抖、抛等。通过这些动作的组合，配合身段，可以衍化出各种舞姿。为避免纯技术的卖弄，传统表演中有“有扇如无扇，用扇不见扇”的要求。

掸邦高原 Shan Highland 中南半岛上最大的高原（北端有一部分在中南半岛范围之外）。因居民多为掸族而得名。位于缅甸东部，与中国、老挝、泰国等国的山地毗连。北起中缅边界上的高黎贡山，南迄丹那沙林地区。面积约16万平方千米。原为一古陆块，中生代末期上升为陆地，在其西面产生一个明显的大断层。南北延长达600千米，高原地势起伏，岭谷交错，有许多深切峡谷，富水力资源。岩溶地貌分布广泛。高原一般海拔为900～1 300米，最高点在腊戌东面的莱岭，海拔2 675米。地势自西北向东南倾斜。山地森林以柚木、橡树和松树为主。萨尔温江纵贯高原中部，和支流所形成的河谷平原，土地肥沃，雨量丰富，四季宜农，为高原的主要农业区。矿产丰富，主要有铅、锌、银、锑、钨、锡等。北部的包德温矿区是全国最大的铅、银、锌产区，并富产宝石。东部地区因交通阻隔人烟稀少，西部开发较早，城镇较多，经济富庶。山岩中盛产燕窝。

掸人 Shans 亚洲中南半岛西部缅甸联邦的民族之一。人口约500万（2009）。62%分布在掸邦，其余散居在克耶邦、克伦邦和缅甸中部。另有少数人分布在泰国。属蒙古人种南亚类型。使用掸语。有文字，多用于佛教经典，很少用于文化教育。多信小乘佛教，佛寺遍及各村寨。儿童不分男女，至五六岁时到村庙学习。男孩十四五岁时要削发当一次沙弥。公元初，掸人居住在中国西南边疆和东南亚北部。13世纪后，在缅甸北部建立阿瓦王朝。19世纪起先后受英国殖民者、日本侵略者的统治。1948年缅甸独立后，33个土司邦联合为掸邦。主要从事农业，种植水稻、豆类、茶叶、甘蔗和罂粟等，少数人兼营手工业或商业。锻冶、珠宝、漆器、纺织、编织等手工业发达。男子用布或毛巾包头，喜挂佩刀，有文身习俗。妇女喜穿白色或浅色上衣和筒裙，用白花毛巾包头。爱吃糯米饭，喜嚼槟榔。行一夫一妻制。人死后一般行土葬。

善本 reliable text 中国古书传本的美称。通常指经过精细**校勘**、错误较少、在学术或艺术上比较优异的**版本**。因此，凡具有文献价值或文物价值的古籍（包括手稿、旧拓碑帖等），均称“善本”。善本又常包容珍本的概念。所谓珍本，一是时代久远，二是传世孤罕。久远孤罕的传本弥足珍贵，但其本身却不一定就好。因此，善本的内涵随之扩大。清代末期张之洞曾提出善本三条标准：①足本，即无缺残无删削之本；②精本，即精校精注本；③旧本，即旧刻旧抄本。现存古籍中，凡具备这三方面特点或其中之一之二、且又流传较少者，均可视为善本。

善导 Shandao (613～681) 中国唐代僧人，净土宗实际创始人。山东临淄（今山东淄博）人，俗姓朱。幼年出家，习《法华经》、《维摩经》。唐太宗贞观十五年（641）赴石壁山（今山西交城境内）玄中寺，拜道绰为师，修方等忏，听讲《观无量寿经》，笃勤精苦，得念佛三昧。后到长安光明寺传净土法门，倡导专心念佛，正式创立净土宗。演说净土法门30余年。受施之财，用以撰写《阿弥陀经》10余万卷，彩画净土变相300多壁。著有《观无量寿经疏》、《往生礼赞偈》、《净土法事赞》、《般舟赞》、《观念法门》，为净土宗重要依据。弟子有怀感等。善导与昙鸾、道绰一起被日本净土宗尊为三祖。

善后大借款 Reorganization Loan 1911年辛亥革命后，中华民国时期北洋政府以办理善后改革为名，向国际银行团贷借的长期巨额借款。

1912年，袁世凯就任中华民国临时大总统后，为扼杀共和，消灭南方各省的革命势力，未经国会同意，指派其全权代表，于1913年4月26日非法与五国银行团在北京正式签订《善后借款合同》。该合同共21款。借款总额为2 500万英镑，年息5厘，按84%实交。但扣除折扣、到期的借款和赔款，实际收到的现金仅有998万英镑，即不及借款总额的40%；而规定47年还清的本利竟达6899万余英镑。合同规定以盐税、海关税及直隶（今河北）、河南、山东、江苏四省的中央税为担保。同时还规定中国政府须聘请外国人协助管理盐税征收事务。从此中国盐务被帝国主义列强控制。善后借款是列强与袁世凯之间的一笔政治交易，帝国主义通过苛刻的借款条件，从中国攫取到新的重大特权和经济利益；而袁世凯得到帝国主义财政上的支持，镇压了南方革命党势力，相对地巩固了北洋军阀的统治。

禅让 abdication 中国古史传说时代中对原始社会首领职位传承习惯法的概括。基本特点在于继任人选必须经过公众推举和议事会认可，尽管首领之子不乏被推举的机会、存在数代领袖人物出自同一家族或家庭的事实，但这种继承法的关键在于任何人（包括领袖之子）都没有法定继承权。

由于原始社会生存斗争的艰难，为保证群体的生存，首领人物必须具有组织公共事务才能，而且能在遵守原始社会道德方面起典范作用。所以经过推举讨论而“传贤”，作为一种习惯法，在世界各地的古代社会广泛存在过。

在中国的古史传说中，这一习惯法保存在尧舜禅让的故事里。相传尧年老的时候，举行部落联盟议事会，各部落领袖都推举舜为继承人。尧便对舜进行了3年考核，认为他可以胜任，就命舜摄位行政。尧死后，便由舜继任为首领。舜继位后，也用同样的方式选拔首领。经过治水考验，禹在舜死后便成为首领。禹继位后也先后用同样的方式选拔了皋陶、伯益作继承人。这种经过民主方式推选首领的方法，反映了中国原始社会末期的军事民主制传统。禹死后，他的儿子启以父传子的方式继承了王位，以后历代相沿。禅让制遂废。

鄯善 Shanshan 西域城郭国，属都护。国都打泥城（今新疆若羌附近）。东通敦煌，西通且末、精绝、拘弥、于阗，东北通车师，西北通焉耆，扼丝绸之路的要冲。产马、驴、驼等。西汉时，有户一千五百余，人口一万四千余，胜兵近三千人。本名楼兰国，旧都在楼兰城（遗址在今新疆罗布泊西北岸）。昭帝元凤四年（前77），汉遣傅介子刺杀其王安归，更立王弟尉屠耆，改国名为鄯善，始迁都于扜泥城。尉屠耆请汉朝派军队屯田于境内的伊循城（今新疆若羌东米兰附近），作为保护力量，以防御匈奴。王莽时期，西域叛附匈奴。东汉光武帝建武十四年（公元38），鄯善王安遣使入朝贡献。二十一年，与车师前部、焉耆等十八国俱遣子入侍，请复置西域都护；光武帝没有同意，遣还其侍子。二十二年，莎车王贤，要安断绝通汉朝的道路，安不肯，杀其使；贤出兵攻安，安战败，逃入山中，贤杀害并掳走千余人。安乃再次上书请置都护，光武帝仍不允，鄯善只好向匈奴称臣。后来鄯善兼并了小宛、精绝、且末等小国，南道诸国唯鄯善、于阗最大。明帝永平十六年（公元73），汉遣假司马班超出使鄯善，恰好匈奴使者也来到，鄯善王广不知所从。超杀匈奴使者，广遂降汉。安帝初，西域复绝。元初六年（119），敦煌太守曹宗遣行长史索班屯驻伊吾，鄯善与车师前部最先降汉；后匈奴与车师后部攻杀索班，鄯善告急，求救于曹宗。延光三年（124），西域长史班勇因鄯善王最先归附，特加赐他以三绶。四年，鄯善出兵助勇击破车师后部，西域遂平。

膳食 diet 人体正常消费的食物和饮料。人体所需要的热能和各种营养素，必须通过每日膳食来供给和补充，这就需要有一个合理的膳食结构。膳食结构是指人类饮食的构成，即膳食中各种不同食物的比例。又称饮食结构。人体所需的营养素主要有蛋白质、脂肪、糖类、维生素、矿物质和水六大类。由于人对各种营养素的需要量不同，而且每种营养素在不同的食物中含量也不相同，为了使机体得到适当的营养，必须合理搭配食物的种类和数量。科学家多年的研究证明，膳食结构不合理是导致很多疾病的重要原因。科学、均衡的膳食结构有利于人体的健康。

人类的膳食种类繁多，可以归纳为粮食（豆类）、蔬菜水果、动物性食物（肉、禽、鱼、蛋、乳）和油脂（调料）类四大类。美国科学家于1992年提出这四大类食品的理想摄入比例，并据此画出金字塔食物结构图（见图）。每天主要的食物应为金字塔的下面3层，即粮食类、蔬菜水果类以及肉、禽、鱼、蛋、乳、豆类和坚果类等；处于塔顶部的脂肪和甜味料（含蔗糖和其他甜品），由于只能供给热能而无（或很少含有）其他营养素，且易造成热能过剩，应当节制食用。

中国营养学会参照世界许多国家经验，结合中国具体情况，于1997年公布了《中国居民膳食指南》，其中涉及饮食结构的内容有：①食物多样，谷物为主。②多吃蔬菜、水果和薯类。③每天吃奶类、豆类及其制品。④经常吃鱼、禽、瘦肉，少吃肥肉和动物脂肪。⑤膳食应清淡少盐。⑥饮酒应限量。

均衡膳食结构还要求各餐的营养平衡分配，即每人每天需要的营养应该分别从三餐均衡获得。人在不同的生理时期以及从事不同种类的劳动，所需要的营养各不相同，故应有不同的膳食配方。

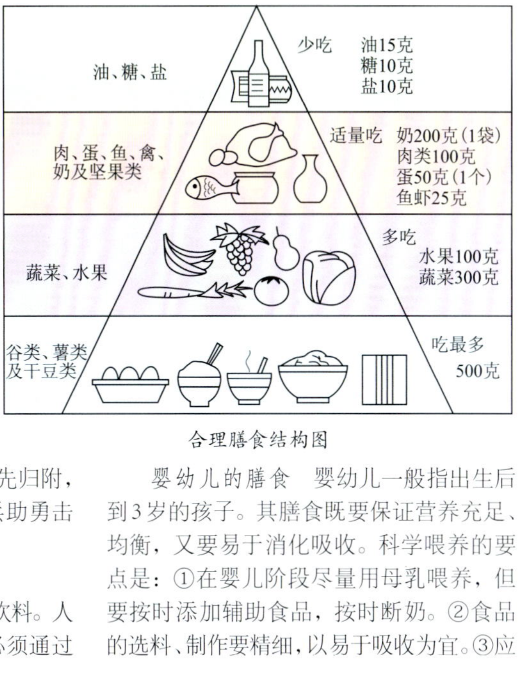

合理膳食结构图

婴幼儿的膳食 婴幼儿一般指出生后到3岁的孩子。其膳食既要保证营养充足、均衡，又要易于消化吸收。科学喂养的要点是：①在婴儿阶段尽量用母乳喂养，但要按时添加辅助食品，按时断奶。②食品的选料、制作要精细，以易于吸收为宜。③应伴随孩子的成长及时改变膳食的种类和进食次数。④注意营养均衡，一般不要给孩子吃补品。

青春期的膳食　青春期又称发育期，是人体成长的关键时期。在中国，男孩一般从15岁左右、女孩从13岁左右开始进入青春期。这是人一生中第二个生长高峰期。这时期要注意吃饱吃好，膳食中营养要全面而平衡。这时孩子的脏器功能特别是胃肠功能消化能力很强，可多吃鱼、肉、排骨、水果等高蛋白质及富含矿物质、维生素的食物，同时也要保证热量的充分供应，摄入的碳水化合物、脂肪可以略多于成年人。饥一顿、饱一顿或为怕发胖而节食都是不可取的。

孕妇的膳食　怀孕期的妇女应注意营养，但也不宜营养过剩。尤其是在怀孕的前3个月，胎儿很小，生长相对也比较慢，需要的营养有限。孕期营养过剩会造成孕妇肥胖和胎儿过大，给生产造成困难。妊娠期饮食应易于消化又营养全面，特别要注意食物的多样化。不仅应多吃各种水果、蔬菜，也要吃些豆类、杂粮，以摄取各种维生素和矿物质。妊娠中期以后，胎儿生长加快，应保障足够的蛋白质和热量供应。除医生认为必要，一般不要服用补药。

乳母的膳食　产后哺乳的妇女一方面需要营养以补充妊娠和分娩的消耗，另一方面要分泌乳汁给婴儿喂奶。所以，乳母对营养的需要量高于孕妇。在产后1～2天内，产妇的体质和消化功能都比较差，可食用鸡汤、鱼汤等含蛋白质、矿物质丰富的流质、半流质食物，以后逐渐恢复正常饮食。月子中活动较少，宜选择易消化的食物，少食多餐。随着婴儿的成长，对乳汁的需求增加，乳母应增加优质蛋白质、脂肪和矿物质、维生素的摄入，力求膳食多样化，粗细粮、荤素菜搭配，还要增加汤汁以利泌乳。

老年人的膳食　人进入老年以后（60～65岁），身体细胞的再生能力降低、数目减少，脏器功能衰退，新陈代谢也变得缓慢。老年人的饮食宜低脂肪、低热量，既富于营养，又易于消化吸收。由于味觉退化、肠胃功能减弱，老人常会觉得食欲不好、饮食无味。可通过调配食物的颜色、增加食物品种的方法引起食欲。另外，老年人饮食应有规律，每餐不宜过饱，吃盐、糖不宜过多，最好不要喝白酒等烈酒；睡前、起床后或两餐之间，可适当增加些点心。有医生建议，每日饮用一小杯葡萄酒，可以舒筋活血、预防心脏病。

赡养　support　子女对父母，孙子女、外孙子女对祖父母、外祖父母的供养责任。属于广义的扶养。《中华人民共和国婚姻法》规定，子女对父母有赡养扶助的义务；子女不履行赡养义务时，无劳动能力的或生活困难的父母，有要求子女付给赡养费的权利；有负担能力的孙子女、外孙子女，对于子女已经死亡或子女无力赡养的祖父母、外祖父母，有赡养的义务；子女对父母的赡养义务，不因父母的婚姻关系变化而终止。《中华人民共和国刑法》规定，负有赡养义务而拒绝赡养，情节恶劣的，应追究刑事责任。

伤残保险　wounded and disabled insurance　根据有关立法，当依法参加社会保险的劳动者因伤病致残丧失全部或部分劳动能力致使经济收入受到影响时，向他们提供全部或部分医护康复费用，并补贴其部分经济收入，从而保障其基本生活的社会保险项目。可以分为两部分：一是提供经济援助以保障伤残者的基本生活；二是向他们全部或部分提供医疗、护理和康复所需的费用，有时也将提供直接的医疗、护理和康复服务包括在内。

20世纪中期，美国首先将养老保险、残疾保险、遗属保险组合成一个系列，称为“老（年）、残（疾）、遗（属）保险”。50年代以来，工伤保险的范围有所扩大，而且由于国际上更加重视保护残疾人的权利，对于残疾人，尤其是先天性残疾人的基本生活更多的是用普遍性的社会福利方式来予以保障。因此，伤残保险作为一个单独的社会保险项目已经罕见，一般都与医疗保险或养老保险组合成一个系列。

伤寒　cold pathogenic disease　中医一类疾病名。有广义和狭义之分，广义伤寒即一切外感热病的总称；狭义伤寒仅指伤于寒邪而即发的外感疾病。

发病　伤寒的致病因素包括外因、内因。广义伤寒各种疾病的外因为风、寒、暑、湿、燥、火六淫之邪；狭义伤寒由冬令感受风寒所致。伤寒发病的内因为正气虚亏，被外邪侵犯成病。

辨证纲领　伤寒以六经为辨证纲领。六经指太阳、阳明、少阳、太阴、少阴和厥阴，是人体手足十二经脉的统称。六经辨证就是以经络脏腑生理和阴阳属性为基础，将外感疾病演变过程中所表现出的各种病证加以综合、分析，归纳为六个不同的类型（太阳病、阳明病、少阳病，合称为三阳病；太阴病、少阴病、厥阴病，合称为三阴病），用以说明疾病的部位、性质、病机、病势趋向及其相互间的转化，作为诊断和治疗的依据。

基本症状　伤寒六经病的基本症状为：①太阳病。多发生在外感疾病初期。外邪侵犯体表，正气奋起抗争，主证为发热、畏恶风寒、头项痛、脉浮等表证，也称太阳经证。经证有表虚、表实之分。若兼见恶风，汗出，脉浮缓，为太阳中风证（表虚证）；兼见无汗，恶寒，脉浮紧，为太阳伤寒证（表实证）。若表邪不解而内传膀胱，则为太阳腑证。太阳腑证又分蓄水证和蓄血证两种。邪传气分，导致水液内停（膀胱）而为蓄水证，证见发热恶风、烦渴欲饮、水入则吐、小便不利、脉浮或浮数；邪传血分，致使瘀热互结而成蓄血证，证见少腹急结硬满、小便通利、其人如狂或发狂、脉象沉涩。②阳明病。为邪热内盛，肠胃燥热。病变多表现为里热实证。主证为高热汗出，不恶寒、反恶热，脉大。若热邪熏灼胃经，兼见烦渴引饮、脉象洪大，为阳明经证；若热邪与肠中燥屎互结，兼见日晡潮热、谵语、腹满疼痛、大便不通、脉沉实或滑数，舌苔黄厚，为阳明腑证。③少阳病。病变表现在半表半里之间。当邪渐入里，侵犯足少阳胆经，主证为口苦、咽干、目眩、寒热往来、胸胁苦满、心烦喜呕、默默不欲饮食、脉弦。④太阴病。多系脾阳不足，寒湿之邪侵犯所致。病变多表现为脾胃虚寒证。主证为腹满，呕吐，食不下，腹泻，腹痛喜揉按，口不渴，脉缓弱。⑤少阴病。多因心肾虚衰，寒邪或热邪侵犯足少阴肾经或手少阴心经，为伤寒病危重阶段。主证为无热畏寒，脉微细，但欲寐。多为阳气虚弱、病邪入里、从阴化寒，故呈现出全身虚寒证象。若见脉沉微细，畏寒面白，四肢厥冷，呕吐，下利清谷，即为少阴虚寒证；阳虚甚者，因阴盛于内，阳气被格拒于上，可见到反不恶寒甚至面色红赤的假热症状，称为戴阳。若兼见心烦不寐，口燥，咽干咽痛，脉沉细数，舌尖红赤，为少阴虚热证。⑥厥阴病。伤寒病正邪相争的最后阶段，病证较为复杂严重，不是热极便是寒极，故以厥热往复为主要表现。厥，指四肢寒冷，甚而至于肘膝。一般阳复则厥退而发热，病可逐渐向愈；邪盛则四肢厥冷，易于出现亡阳危候。

传变　伤寒六经为病，某一经的病变往往会影响到另一经，因此六经病有相互传变的证候。所谓传，是指病情循着一定的趋向发展；变，是指病情的特殊变化，统称为传变。六经病的传变是由感邪的轻重，正气的强弱，治疗当否或有无宿疾等多种因素所决定。脉证的变化是判断六经病证是否传变的主要依据。

治疗　治疗伤寒应掌握辨证论治原则。伤寒六经病总的治则为祛除外邪，扶助正气。三阳病多属表证、热证、实证，以祛邪为主；三阴病多属里虚寒证，治法应以扶正为主。但伤寒病的诊治较为复杂，倘若误治，可致变证迭现。如太阳病虽有表邪，但不能发汗太过，否则津液耗伤，甚则汗多亡阳；太阳病表邪未解，不可误行攻下，否则可成痞证或结胸。少阳病邪在半表半里，故汗、吐、下法皆在所禁。阳明病肠胃燥热，故禁发汗及利小便，以免重伤津液；阳明邪热在经，尚未与燥屎相合，不可过早攻下。少阴病阴阳皆虚，不可误汗、误下。

伤寒 typhoid fever　由伤寒沙门氏菌（伤寒杆菌）所致的急性肠道传染病。现代医学借用中国传统医学术语“伤寒”一词来表述本病，但中、西医所说的“伤寒”内容并不相同。本病遍及世界各地，以温热带卫生状况差的地区为多。全年都可发生，主要发生在夏秋季。患者及带菌者是传染源。经口传播。一般潜伏期为7～15天，主要临床表现为持续发热、相对缓脉、表情淡漠、反应迟钝、肝脾肿大、玫瑰疹、白细胞减少等。最常见的并发症为肠出血、肠穿孔。肥达氏试验对诊断有重要意义，确诊有赖于细菌培养阳性。应按肠道传染病隔离患者，患者应严格卧床休息，进易消化少纤维渣滓的食物。抗菌药物可选用氯霉素、氟哌酸等。预防措施为及时发现并隔离患者及带菌者，并加强对其治疗及管理；有计划地接种伤寒菌苗；搞好粪便、水源及饮食卫生管理。

《伤寒论》 *Treatise on Cold Pathogenic Diseases*　以论述伤寒热病为主的奠基性中医临床经典著作。东汉末张仲景所撰《伤寒杂病论》的组成部分之一，共10卷。作者原撰《伤寒杂病论》16卷，后经晋代王叔和整理，将其中有关伤寒证治等原文重予编纂，北宋治平二年（1065）复经校正医书局孙奇、林亿等加以校订，成为当时《伤寒论》之通行本。其内容大致包括辨伤寒太阳病、阳明病、少阳病、太阴病、少阴病、厥阴病脉证并治以及“平脉法”、“辨脉法”、“伤寒例”（此三篇多数学者认为系王叔和编写，非仲景手撰）和辨痉湿暍、辨霍乱病、辨阴阳易差后劳复脉证并治等；还介绍了汗、吐、下等治法的应用范围及其禁忌。全书以辨六经病脉证和治疗为主体内容。作为中医临床医学典籍，《伤寒论》记述了113方（其中禹余粮丸只有方名，故实缺一方）。内容以六经辨证为纲，方剂辨证为法。其代表性的治疗方剂有桂枝汤、麻黄汤、白虎汤、承气汤、柴胡汤、理中丸、四逆汤、真武汤、乌梅丸等方，并列述了各方的方药组成、用法及主治病证。

《伤寒杂病论》对伤寒各证型、各阶段的辨脉、审证大法和用药规律以条文的形式作了较全面的阐析。《伤寒论》运用精细的辨证思路和方法，并据较规范化的诊疗原则确立治法，这就是后世所说的辨证论治。这一先进的诊疗思想成为后学者在诊疗过程中必须遵循的诊治原则，体现了中医学独特而完整的医疗体系。

在治法上，此书以内服方法为主。从方药治疗的药性分析，已概括了汗、吐、下、和、温、清、补、消“八法”，或单用、或数法结合应用、或分阶段论治，方治灵活而法度谨严。后世尊之为“经方”，誉为“众方之祖”。这些方剂经过千百年临床验证，为中医方剂治疗提供了变化、发展的基础。

《伤寒论》虽是以伤寒证治为主，但书中所贯穿的辨证论治精神以及方治中的六经大法，于各科临床均有指导意义。鉴于《伤寒论》是中医临床医学奠基性的名著，自刊行后流传极广，具有广泛的国内外影响。

伤寒学派 cold pathogenic diseases, school of　中医学学术流派。以研究东汉末名医张仲景所著经典著作《伤寒论》为代表。研究范围包括：探讨张仲景论治伤寒（古代外感发热性疾病的总称）的学说和辨证论治规律，以及对张仲景本人、《伤寒论》版本流传等诸多方面的研究。自《伤寒论》问世以来，研究它的医家有四五百之多，这些医家在不同的历史时期，依据各自的学养和临床经验，从不同的角度阐述了他们对《伤寒论》一书的体验，形成了中医学中历千余年而不衰的学术流派。伤寒学派内的学术主张争奇斗艳，各派通讨争鸣，从不同角度对《伤寒论》的理论构架、六经实质、辨证方法、论治精髓等进行了讨论，大大提高了中医临证水平，活跃了医家辨证论治的思路。

伤痕文学 trauma literature　中国当代文学创作思潮。因主要存在于小说领域，又被称作“伤痕小说”。出现在“文化大革命”之后的20世纪70年代末和80年代初。主要内容为揭露和控诉“文化大革命”的倒行逆施给人民带来的深重苦难和心灵创伤。发轫之作为1977年11月发表在《人民文学》上刘心武的短篇小说《班主任》。得名于1978年8月11日在《文汇报》上发表的卢新华的短篇小说《伤痕》。代表作品还有张洁《从森林里来的孩子》，宗璞《我是谁》、《三生石》、《弦上的梦》，王亚平《神圣的使命》，陈国凯《代价》、《我应该怎么办》，张弦《记忆》，郑义《枫》，莫应丰《将军吟》，金河《重逢》，冯骥才《铺花的歧路》，竹林《生活的路》，周克芹《许茂和他的女儿们》，遇罗锦《一个冬天的童话》等。伤痕文学恢复和确立了“人”在文学中的地位，在突破思想禁区和展示历史创伤的同时呼唤人道主义的回归，恢复和发扬了文学创作的现实主义传统。但有些作品艺术上尚嫌粗糙，大部分作品还停留在感性层面，未能进入更为深入的理性思考。

伤筋 injury of muscle and tendon　由于各种暴力或慢性劳损引起筋膜、肌腱、韧带、肌肉等软组织损伤的一类中医学病证。伤筋多因跌打、扭挫及慢性劳损所致。证见局部疼痛、青紫、肿胀、甚至关节屈伸不利。一般可分为扭伤和挫伤，也包括历代文献中的筋断、筋走、筋翻、筋转、筋强等。治宜活血化瘀、舒筋通络，用舒筋散。还可以针灸、推拿、拔火罐、局部封闭等方法治疗。适当配合功能锻炼有利于损伤的恢复。

伤口愈合 wound healing　各种创伤所致伤口由周围组织再生修复的过程。

类型　①一期愈合。见于无菌手术切口和经过清创缝合的伤口，术后5～7天即可愈合，局部仅留有一个线形瘢痕，功能良好。②二期愈合。创口较大或不规则，创缘分离远而难于对合，或污染严重不能缝合的伤口。须经大量肉芽组织生长和上皮覆盖才能愈合，愈合后瘢痕组织多，并可影响功能。

影响因素　局部因素有：①感染。是破坏组织修复最常见的原因。②血液供应不足。伤口包扎或缝合过紧等可造成血流循环障碍。③异物存留或失活组织过多。阻碍新生的细胞和基质连接。④局部制动不够。使伤口新生的组织继续受到损伤。

全身因素有：①营养不良。如低蛋白质血症、维生素C缺乏等，使组织细胞增生缓慢或质量欠佳。②全身性疾病。如糖尿病、肝硬化、尿毒症、白血病或艾滋病等，使机体免疫功能低下。③长期使用皮质激素类药物，或接受放、化疗，会抑制炎症反应和细胞增生，延缓伤口愈合。

商 Shang Dynasty　中国历史上继夏之后一个王朝。从公元前1600年商汤灭夏，至前1046年商纣被周武王攻灭，共传17世，31王，历时约600年。

起源和发展　商族最早活动于东方的渤海沿岸及河南河北，契居番，昭明迁砥石又迁于商，相土东迁泰山下又迁商丘，上甲微迁于殷又迁至商丘，成汤灭夏定都亳，是为八迁。后来又有过五次迁徙，即仲丁迁于隞，河亶甲迁于相，祖乙迁于邢，南庚迁于奄，到盘庚时最后定都于殷（今河南安阳）。故商又可称为殷或殷商。商族先公世系是：

商自成汤建国、盘庚迁殷，至武丁时期，经过对周围方国的频繁战争，其势力所及已东到山东半岛，西到陕西西部，北达河北北部，南至江汉流域。至于其文化对各地的影响，则大大超越了这一范围。

商族先公世系

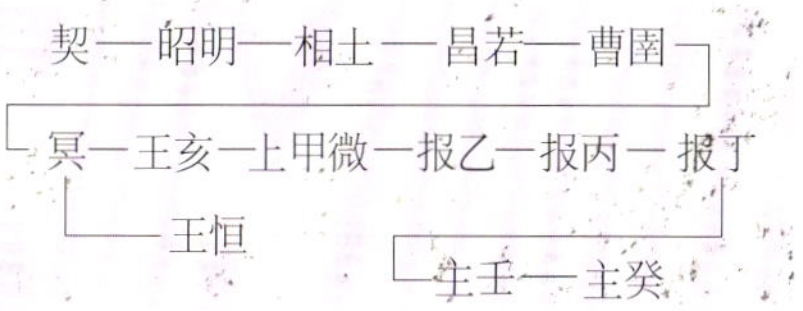

社会生产　①农业。商代农业生产已成为社会生产的主要部门。商代的主要农

图1 殷墟遗址

作物有禾、黍、稻、麦等。耕作的方法采用合力耕种及焚田（即火耕）。农业生产中使用的工具有木、石、骨蚌，亦有青铜农具。耕具有耒、耜。商代农作物的再生产品有酒、醴、鬯，分别由黍、稻、黑黍等酿制。园艺和蚕桑业亦有发展。②畜牧业和渔猎。商代畜牧业也很发达，后世所称的六畜，都已全备。商代的黄河下游中原地区，气候温和，雨量充沛，并有广大的森林、草原、沼泽、湖泊，故作为农业、畜牧业补充的渔猎也很发达。③手工业。商代的手工业分工较细，各种手工业都已有了显著发展和突出成就，其品种繁多，主要有礼器、兵器、生产工具及车马器，其中最重要的是礼器。礼器中数量最多的是酒器。商代晚期的司母戊鼎重达875千克。陶器是商代社会的主要生活用具，制陶是商代重要的手工业部门。最能代表商代制陶工艺水平的是白陶和釉陶（原始瓷器）。骨器在商代使用范围很广，种类包括生产工具铲、锥、刀、针和鱼钩，兵器镞及生活用具簪、梳、匕、

图2 商代刻字卜骨——商王常用甲骨占卜吉凶，卜毕将问事或所得结果刻写其上，此即商代甲骨文（河南安阳殷墟出土）

叉等。商代玉器切割整齐、琢磨光润，动物姿态生动活泼，表现出强烈的艺术效果。④建筑。殷墟已发现宫殿基址50多座，一般建筑在夯土台基上，柱下用砾石作基础，有的柱础间还垫有铜片，房架用木柱支撑，墙用板筑。仅从基址的规模，即知商代建筑之宏伟，建筑技术水平之高超。商人已知在土坯间用草拦泥粘砌，它可看成中国建筑技术史上的一个重大进步。⑤商业和交通。商代的交换由于农业、手工业的发展而日渐增多。除以物易物的交换外，当时已开始使用货币。商代货币的主要形态是玉和贝。交通工具主要是陆路的车和水路的船。卜辞中有车字和舟字。

国家结构 ①王权。商代的最高统治者是商王，商王自称“余一人”，享有绝对权力。商代王位的继承法为父死子继与兄终弟及两制并用，凡子即王位者其父即为直系。②官制。商王以下的统治机构，分内服、外服，即王畿内与畿外之地方两种。商代的官制在畿内大致有：负责政务的尹、多尹、臣。臣又有王臣、小臣、小众人臣、管理耕藉的小藉臣、管理山林的小丘臣、管理车马的马小臣等等。武官有多马、多亚、多箙、多射、多犬、五族戍等等。③军队。商代军队以师为单位。三师为军队的基本组织形式，大概相当于后世的三军。商代军队包括车兵及步兵，作战方式普遍使用车战。④平民和奴隶。商代的平民和奴隶由众、刍、羌、仆、奚、妾等不同身份的人组成。众和众人是商代的自由平民。他们从事农业生产劳动，有战事时还被征参加作战。商代奴隶的来源是俘虏和罪犯。⑤人殉和人祭。商代的奴隶，不仅要从事各种劳役，而且可以任意杀戮，甚至用以殉葬或祭祀祖先，其数量很大。卜辞中亦有大量杀人祭祀的记载，其中最多一次杀祭者达500人。⑥刑罚。商代的刑罚有伐（砍头）扑、墨（即黥刑）、劓（用刀割鼻）、宫（宫刑）、刖（用刀或锯割去腿）等，后世的五刑在商代即已有之。

方国各族 在商王朝的周围，还聚居着许多大小民族，即多方、多邦方。商代自武丁时期，先后征服了多方及其他小国。征服后的各方国除对商王表示臣服外，还需负担诸如防边、进贡、纳税、征伐等项义务。

商王为抵御外族外邦的侵扰，亦为扩大自己的领土，掠夺奴隶和财物，经常向外族征伐。商王朝经过一系列对外用兵，使疆域进一步扩大，成为“邦畿千里，维民所止，肇域彼四海”的强大国家。

文字和宗教 商代的文字主要有刻在甲骨上的甲骨文与铸在铜器上的金文以及刻在陶器、玉石上的文字。其中发现数量最多的是甲骨文与**金文**。商代的宗教观念，是上帝崇拜和祖先崇拜，且两者紧密结合。商代盛行占卜，凡事都求神问卜，以定凶吉与行止。占卜所用的材料为龟甲与兽骨。先将甲骨整治好，用时在其背面钻凿、灼烧，并依据正面裂出的兆纹来定凶吉，然后由卜官将占卜的过程及内容事项刻写在甲骨上，这种卜辞即是**甲骨文**。

科学和文化 商代的历法是已知较为完整的最早的历法。商代历法为阴阳历，阳历以地球绕太阳一周，即365 $^{1}/_{4}$日为一回归年，故又称四分历。阴历以月亮绕地球一周，即29或30日为一朔望月。商代用干支纪日，数字纪月。月有大小之分，大月30日，小月29日。商代每月分为三旬，每旬为10日。商代天文学中许多天象在卜辞中均有记载，如“日月有食”、“月有食”，在日食时并有“大星”等现象出现，可见对日、月食的观察之精细。由于农业、畜牧业以及田猎等活动的需要，对气候的变化特别予以重视。商人不止对一日，并且对一旬、数旬及至数月的气象变化进行了连续的记录。卜辞中记录了多种疾病，包

商朝世系表

天乙（汤）-（太丁）-太甲-沃丁
外丙　太庚-小甲
中壬　雍己
太戊-仲丁
外壬
河亶甲
祖乙-祖辛　祖丁　阳甲
沃甲　南庚　盘庚
小辛
小乙-武丁-祖庚
祖甲
廪辛-康丁-武乙-文丁-帝乙-帝乙-帝辛(纣)

括了后世的内、外、脑、眼、耳鼻喉、牙、泌尿、妇产、小儿、传染等科。商代已设有专司医药疾病事务的官职“小疾臣”。商人对于疾病，除祭祀鬼神以求福祐之外，治疗的方法见于卜辞的有针刺、艾灸以及按摩。在数学方面，商代已采取了十进位计算，卜辞中分别有个、十、百、千、万，最大的数字已有“三万”。

商标 trademark 商品生产经营者为使自己的商品在市场竞争中区别于其他生产经营者的商品而在自己的商品或包装上使用的一种专用标记。一般由图形、文字、符号或其组合构成。

商标具有重要的显示性和宣传性功能，在商品交换和市场竞争中具有如下作用：①表示商品的出处。②保证商品的质量。③广告宣传和促销的作用。

中国北宋济南刘家功夫针铺商标（拓本）

商标所有者依法享有的在核定商品和服务项目上独占使用其注册商标的权利称为商标权，又称商标专用权。在现代社会，商标是区别商品的标记，也是一种受法律保护的工业产权，属于知识产权的范畴。其基本内容有：①使用权。商标所有者享有将其注册商标在其注册时所核定的商品或服务项目上使用的权利。②使用许可权。商标所有者享有许可他人使用其注册商标的权利。③转让权。商标所有者享有将其注册商标有偿或无偿转让给他人的权利。④排他权。商标所有者享有排除他人未经许可而使用其注册商标的权利，或对未经许可而使用其注册商标的行为提出指控并追究其法律责任的权利。

商标专用权的取得是以商标注册为前提的，受法律的保护。商标必须经过国家专门管理机关注册之后，其所有者才能在核定的商品或服务项目上取得该商标的专用权，从而可以依法排除他人在相同商品或类似商品上使用与其相同或相近的商标。现代市场经济社会中，通过商标法来保护商标的专用权，已成为维护市场秩序、促进经济发展的重要手段之一。

商标法 trademark law 国家为调整商标专用权的确立与保护而制定的法律规范。知识产权法的组成部分。

在英美法系国家，传统的商标法被视为反不正当竞争法的一部分。1857年，法国制定了《关于以使用原则和不审查原则为内容的制造标记和商标的法律》(简称《注册商标法》)。这是世界上最早的商标法。

中华人民共和国建立后，1950年政务院公布了《商标注册暂行条例》；1963年国务院公布了《商标管理条例》。1982年8月23日第五届全国人民代表大会常务委员会第二十四次会议制定颁布了《中华人民共和国商标法》，经1993、2001年两次修订后的《商标法》共8章64条，包括总则，商标注册的申请，商标注册的审查和核准，注册商标的续展、转让和使用许可，注册商标争议的裁定，商标使用的管理，注册商标专用权的保护，附则。1985年3月19日，中国成为《保护工业产权巴黎公约》的成员国。1989年中国加入《商标国际注册马德里协定》。

商标管理 trademark administration 有广义和狭义之分。从狭义上讲，是指对商标注册、使用、转让、设计等行为的管理。从广义上讲，包括工商行政机关对商标代理人行为的管理和企业对自己生产的商品的商标的管理。通常意义的商标管理是在狭义上使用的。

商标管理的主要内容包括：①商标印制管理。②商标使用许可合同管理。③指导企业商标工作。④查处商标违法案件。⑤对商标代理人实施管理。中国的商标管理实行统一注册，分级管理。由国家工商行政管理总局商标局负责统一注册，由地方工商行政管理机关分级管理。

《商标国际注册马德里协定》 *Madrid Agreement Concerning the International Registration of Marks* 1891年4月14日订于马德里。先后经过7次修订和修改。中国于1989年7月14日交存加入书，协定于同年10月4日对中国生效。

此协定是根据《保护工业产权巴黎公约》而缔结的一项专门协定。目的是为消除《巴黎公约》对商标国际注册所规定的烦琐程序。此协定规定，缔约国国民（包括在缔约国设有住处或营业所者），在其所属国的商标主管机关取得商标注册后，可通过其所属国商标主管机关向世界知识产权组织国际局申请商标国际注册，以取得在协定缔约国关于商品或服务的商标的保护。国际局在收到商标注册申请后应立即注册、公布并通知申请人选定的缔约国。有关缔约国在收到通知后应在一年内向国际局提出不同意接受并说明理由，否则，该商标即被视为在该国生效。如果某一商标在原始注册国废除，则在其他缔约国也同时失效。

此协定规定的商标注册有利于简化商标注册手续、节省费用和时间，申请人不必向每个选定的缔约国申请注册和交纳申请费，而只需通过一次国际申请便可在被选定的缔约国同时获准注册。但是，按照此协定规定，申请人在申请商标国际注册之前，必须先在本国注册。因在本国申请商标注册往往需要较长时间，如果等到本国批准注册后再申请国际注册，则该商标可能在其他缔约国被别人抢先注册。

商标权 trademark rights 注册商标所有人在商业活动中依法利用其注册商标的权利，以及禁止他人未经权利人许可，在商业活动中使用与注册商标相同或者近似的标记的权利。又称商标专用权。包括：有权在商品或商品包装上使用该标记和利用该标记提供商品或服务；利用该标记进出口商品和从事宣传广告活动以及从事其他商业活动的权利。

根据各国商标法的规定，商标专用权的产生方式主要有使用和注册两种。使用产生是指商标专用权基于商业活动中对商标的实际使用，商标一经使用便取得商标权，权利属于首先使用商标的人。美国等少数国家实行这种制度。注册产生是指商标专用权依法定程序先行注册才能确立，权利属于最先申请的人。包括中国在内的世界大多数国家实行这种制度。

实行注册制国家的商标法一般规定了商标专用权的期限。中国注册商标专用权的期限为10年，期限届满可以续展注册，续展期为10年，并可以无限续展。商标权作为财产权，任何民事主体都有权成为商标权人。商标权人有权许可他人在保障商品或服务质量的前提下有偿使用自己的商标，也可以把商标权作为独立的财产转让给其他人。侵犯商标专用权的行为，商标法通常加以列举，并规定法律责任的方式。商标专用权依法在一定期间不作商业使用或因其他原因而丧失。

商博良 Champollion, Jean-François (1790-12-23～1832-03-04) 法国埃及学家和语言学家。埃及学的奠基人。生于洛特省的菲雅克，卒于巴黎。1808年获格勒诺布尔大学语言学博士学位。1809～1816年在母校任教授，已精通古希腊文和拉丁语，熟习埃及文等6种东方语言，并着手释读埃及及罗塞塔石碑的象形文字。1822年，成功释读埃及托勒密和克娄巴特拉方尖碑石印本中的象形文字，奠定了埃及学的基础。后赴埃及发掘、收集古物、摹画和抄录铭文。归国后主持卢浮宫博物馆埃及部。

1831年，法兰西学院为他创设埃及学讲座。著有《法老时期的埃及》、《古埃及象形文字体系纲要》。主要遗著有《埃及象形文辞典》和《古埃及语语法》等。

商埠 commercial port 一个国家和外国通商的地点。又称通商口岸。政府在商埠设置税务机关，对合法贸易征收关税。中国清代从康熙二十三年（1684）开放海禁后，曾设立粤海、闽海、浙海、江海四税关，进行对外贸易。实行闭关政策后，乾隆二十四年（1759）限定广州为唯一对外通商口岸。依据《南京条约》的规定，清政府先后开放了广州、厦门、上海、宁波和福州，通称五口通商。从此商埠成为资本主义国家廉价商品的倾销市场，以及中国丝茶农副原料和手工业产品贩运出国的征集地点。然而外商的活动，也扩展到当时尚未开放的温州、舟山、定海、镇海、汕头、淡水等地。1853年太平天国定都南京及上海小刀会起义后，外商乘机夺取了上海海关行政管理权，声称"代管"。清政府依据《天津条约》和《北京条约》的规定，先后开放了潮州（汕头）、天津、牛庄（营口）、芝罘（登州）、淡水、台湾（台南）、琼州（海口）7个沿海口岸和镇江、汉口、九江、南京（江宁）四个长江口岸。外国商船不仅扩大了从南到北的中国沿海航行范围，还能驶入长江，取得了内河航行权而且享受子口半税，不再缴纳内地厘金、常税。同时，上海实行的外国人（特别是英国人）把持海关的制度，普遍推行到中国通商各口，使得中国商人得不到海关的保护。

1875年的《烟台条约》规定：增开宜昌、芜湖、温州、北海4处为通商口岸，大通、安庆、湖口、武穴、陆溪口、沙市6处为停泊码头（即准许轮船停泊，上下客商货物）。清代和陆地毗邻国家的通商贸易，本是承袭以往朝贡制度在京买卖，并在边界上择地互市。雍正二年（1725）《恰克图条约》订立后，就在恰克图建立买卖城进行互市，归理藩院辖理。19世纪中叶，中国开放伊犁和塔城，允许俄商贸易免税，而不准参加海路通商。《中俄北京续增条约》（1860年11月14日）允许俄商在喀什噶尔（今新疆喀什）通商，零星货物亦准在库伦、张家口行销。按1862年订立的《中俄陆路通商章程》的规定，俄商在中国边界百里之内贸易，概不纳税，经陆路运抵天津的俄国货物纳税"按照各国税则三分之一"。1881年2月24日签订的《中俄伊犁条约》及《中俄陆路通商章程》中规定，俄商可到天山南北各城贸易并"暂不纳税"；俄货由陆路运至嘉峪关者按惯例减税1/3。继沙俄之后，英法两国也竭尽全力来打开中国西南门户，以图分享陆路通商减税的特权。中法战争后，中法续议商约规定开放广西龙州、云南蒙自和蛮耗（后改为河口）为中越边境上的商埠。1893年，英国领事进驻蛮允（后改腾越），开始和法国分享在云南倾销商品的市场。同时《中英藏印续约》（1893年12月5日）规定亚东为中印边境商埠，于5年内暂不纳税。中日甲午战争后，《马关条约》又规定增开苏州、杭州、沙市和重庆4处商埠，以后添设了长沙。外国在华的内河航行权竟扩展到从长江溯入湘江，从吴淞江开进江浙运河。英国依据《中缅条约》设置了梧州、三水和江门三埠。这时出现所谓的中国"自开商埠"，形成了由清政府自动开放，但并没有条约的正式规定。1898年3、4月间添设通商口岸4处，即吴淞、湖南岳州、福建三都澳、直隶北戴河至海滨秦皇岛，目的是增加关税收入，"筹还洋款"。于是各省就在外国公使或领事的要求下，先后开放了厦门鼓浪屿、广西南宁、云南昆明等埠。这一时期，在列强修筑的铁路沿线开放商埠的数量也不断增加，如山东省内德国修筑胶济铁路线上的济南、周村、潍县，黑龙江省沙俄建筑的中东铁路线上的满洲里和绥芬河。辽宁省的奉天（今沈阳）、安东（今丹东市）和大东沟在1907～1908年间先后开放。1905年日俄战争后，又开放新民屯、铁岭、通江子、法库门、凤凰城、辽阳、长春、吉林、珲春、三姓、宁古塔、哈尔滨、齐齐哈尔、海拉尔、瑷珲等为商埠。1909年，中国政府正式开放龙井村（今延吉）、局子街、头道沟、百草沟四埠，并"准各国人居住贸易"。辛亥革命爆发前，清政府所开放的商埠，计达82处，除河南、陕西、山西、贵州外，遍布全国各省。其中约开口岸69处，自开13处。全国各地城乡市场上充满了外国倾销的廉价商品，中国土货不断降价，输出受到排斥。为了维持国际收支平衡，中国大量的黄金白银不断流向外国，以致国内物价腾贵，销路停滞，各埠普遍发生商业危机和货币信贷危机。

商承祚 Shang Chengzuo（1902-03-07～1991-05-12） 中国现代古文字学家，古器物学家。字锡永，号契斋。广东番禺人。早年师从罗振玉，研习甲骨文、金文，后考入北京大学研究所国学门。曾先后在金陵大学、北平师范大学、清华大学、四川教育学院、重庆大学任教，后一直在中山大学中文系任主任、教授。50年代参加过湖南长沙的田野考古发掘工作。曾兼任中国考古学会名誉理事。论著主要有《殷虚文字类编》、《福氏所藏甲骨文字》、《殷契佚存》、《十二家吉金图录》及《浑源彝器图》等。

商法 commercial law; business law 调整商事关系的法律规范的总称。又称商人法、商事法。形式上的商法指在民法典之外的商法典以及公司、保险、破产、票据、海商等方面的单行法；实质上的商法指一切有关商事的法律规范。广义商法包括国际商事法与国内商事法；狭义商法专指国内商事立法中的商事私法。

立法沿革　约公元前15世纪，古巴比伦王国的《赫梯法典》中便有对商品价格管理的规定，这是迄今已知最早的关于商事的成文法律规范。海商法的起源可远溯到《汉穆拉比法典》。希腊时期商法方面最著名的是罗得法，其中抛货与海上借贷的有关规定是现代海商法共同海损及海上保险制度的起源。作为国家制定的统一的商事立法，最早是法国路易十四时期的《商事敕令》（1673）和《海事敕令》（1681）。世界上第一部近代商法典是拿破仑1807年颁布的《法国商法典》，具有划时代的意义。

中国1908年拟订《大清商律（草案）》。国民政府时期曾陆续颁布票据法、公司法、海商法、保险法等。中华人民共和国建立以后，由于实行民商合一体制，因此不存在独立的商法部门；1978年改革开放以后，有关商事的法律才日益受到重视。

商法立法体例　世界上存在民商分立、民商合一两种立法体例。民商分立是在民法典之外另外制定商法典，专门用于调整商人行为和商事交易。采用这种体例的国家主要有法国、德国、日本、比利时、西班牙、葡萄牙等国。民商合一体例即由民法统率商法，在民法典中吸收基本商事规范，于民法典外不另外制定商法典，只根据需要制定单行商事法规。这种体例始于瑞士。

商法的调整对象　商法所调整的商事关系是基于商事组织和商事活动而发生的商品经济关系。商事组织关系包括企业在设立、变更、终止过程中发生的各种关系，企业资产关系及企业各组织机构间的相互关系；商事活动关系是基于一般商行为而发生的关系（如买卖、租赁、承揽、仓储、代理、居间、行纪等关系）和基于特殊商行为而发生的商事关系（如商业票据、证券交易、财产保险、人身保险关系及海事关系等）。

商陆 *Phytolacca acinosa*; India pokeweed/pokeberry 商陆科商陆属的一种。分布于中国、朝鲜半岛、日本和印度。多年生直立草本。全体无毛；根肥大，肉质，圆锥形，

外皮淡黄色；茎绿色或紫红色。单叶，互生，长椭圆形或卵状椭圆形，全缘；叶柄长约3厘米；无托叶。总状花序直立；花两性，辐射对称，径约8毫米；花被片5，白色，后变淡粉红色；雄蕊8，花药淡粉红色；心皮8，离生；花期6～7月。分果8，浆果状，扁球形，紫色或黑紫色；果期8～9月。喜阴湿，生长在林下、路旁及宅边。根有毒，可入药，能通二便、消水肿；果实可提制栲胶。

商洛市 Shangluo City 中国陕西省辖地级市。位于省境东南部，东临河南省，南与湖北省相邻。辖商州区和洛南、丹凤、商南、山阳、镇安、柞水6县。面积19 292平方千米。人口234万（2010）。春秋置上洛邑，西汉设上洛县，东汉改为上洛侯国，南北朝、隋、唐、宋、金为上洛县，元、明、清以境内商山更名为商州。1912年改为商县，1950年改商雒专区，1964年改名商洛专区（后改地区），1988年6月撤县设县级商州市，2001年撤县级商州市和商州地区，设地级商洛市。矿藏有煤、铁、锑、铅、锌、铜、锰、钼、石膏、石灰岩等。经济林以核桃、柿子为主，是省内柿饼集中产区。产五味子、杜仲、连翘、金银花等中药材150余种。工业以农机、化工、医药、建材、造纸、食品为主。农业主产玉米、小麦、薯类、豆类。畜牧业以饲养猪、牛、羊、鸡等为主。柿饼、核桃、天麻、木耳、香菇等农副产品远销省内外。名胜古迹有龙山双塔、商鞅封邑遗址、三秦要塞武关、汉四皓墓、二郎庙、丰阳塔、骡帮会馆、湖广会馆等。

商洛市二龙山仙娥湖风光

商品 commodities 用于交换、能满足人们某种需要的劳动产品。商品首先必须是劳动产品，即通过劳动生产出来的、靠自己的属性来满足人们某种需要的有用物；同时，这种通过劳动生产出来的有用物必须用于交换才是商品。商品是劳动产品采取了通过交换取得同等代价后才去满足人们需要的一种社会形式。

商品具有使用价值和价值两个因素。商品的使用价值是商品能够满足人们需要的物品的有用性，不同的商品具有不同的使用价值，不同的使用价值是由物品本身的自然属性决定的；同一种商品具有多种自然属性，因而具有多方面的有用性。商品的使用价值是维持人类的生存和繁衍、维持社会的生存和发展所必需的。因此，不论财富的社会形式如何，使用价值总是构成财富的物质内容。

一种使用价值与另一种使用价值相交换的量的关系或比例，是商品的交换价值。两种不同的使用价值之所以能按一定的比例相交换，表明它们之间存在着某种共同的东西，这种共同的东西在质上应是相同的，从而在量上才可以进行比较。这种同质的共同东西，就是凝结在商品中的无差别的一般人类劳动。商品中的这种无差别的一般人类劳动的凝结，就是商品的价值。因此，交换价值是价值的表现形式，价值是交换价值的内容。价值反映了商品的社会属性，体现了商品生产者之间互相交换劳动的社会生产关系。

任何社会经济形态中的商品，都是使用价值和价值的矛盾统一体。一方面，商品的使用价值和价值是统一的，缺少任何一个因素都不成为商品。一种有使用价值的物品，如果不是劳动产品，那它也就不是商品，如空气、阳光等。一种劳动产品，如果没有使用价值，生产这一产品所耗费的劳动也就不能形成价值，因而也不能成为商品，如生产中的废品。因此，价值的存在要以使用价值的存在为基础，使用价值是价值的物质承担者。另一方面，商品的使用价值和价值又是矛盾的。使用价值作为商品的自然属性，反映的是人与自然的关系；价值作为商品的社会属性，反映的是商品生产者之间的社会关系。使用价值是一切有用物品包括商品所共有的属性，是永恒的范畴；价值是商品所特有的属性，是商品经济的范畴。商品生产者生产一种商品，是为了取得商品的价值；商品消费者购买一种商品，则是为了取得该商品的使用价值。因此，商品只有先证明自己具有社会使用价值，才能实现其价值；而为了实现价值，又必须先具有使用价值。可见，一种具有使用价值的劳动产品，如果只是用来满足商品生产者自己的需要，或只是无偿地交付给别人使用，都不能成为商品；只有通过商品交换把商品卖出去，才能使商品生产者实现商品的价值，使消费者得到使用价值，商品的使用价值和价值的矛盾才能得到解决。

商品拜物教 commodity, fetishism of 在以私有制为基础的商品经济中，人与人的社会关系被物与物的关系掩盖，从而使商品具有一种神秘的属性，似乎能够支配人的命运、具有令人敬畏的神力。K.马克思把这种现象和观念比喻为拜物教，称为商品拜物教。

商品交换关系掩盖着人与人相互交换劳动的关系。价值在商品交换中却似乎成了商品的自然属性，劳动量表现为价值量。商品能否顺利地卖出，这个关系着生产者命运的问题，生产者自己却无力决定，而似乎决定于商品自身的属性。人生产商品，商品却决定人的命运。

随着商品交换关系的发展和价值形式的演变，出现了货币。商品拜物教深化为货币拜物教。金、银作为货币，似乎表现为金、银的天然属性。好像金、银自身就主宰着人的命运，因此成了膜拜的对象。对钱的追求和崇拜成为商品经济中的普遍现象。在私有制商品生产的最高形式即资本主义商品生产中，商品拜物教和货币拜物教得到最大的发展，并衍生出资本拜物教。剩余价值是雇佣劳动者创造的，却被当作资本自己的产物。

马克思揭露了资本主义商品经济中物与物的关系背后的人与人的关系，说明了商品拜物教的虚妄及其根源。

商品的边际替代率 marginal rate of substitution of commodities 表示在维持效用水平或满足程度不变的条件下，消费者增加一单位某种商品的消费所必须放弃的另一种商品的数量。西方经济学中序数效用论的一个概念。用公式定义为：

$MRS_{xy}=-\dfrac{\Delta y}{\Delta x}$，或者，$MRS=-\dfrac{dy}{dx}$。式中，

MRS_{xy}为商品的边际替代率；x、y为两种商品的数量。显然，商品的边际替代率的几何意义就是无差异曲线上某点的斜率的绝对值。此外，经过推导可以有：$MRS_{xy}=MU_x/MU_y$，式中MU_x、MU_y分别为两商品的边际效用。这就是说，商品的边际替代率还可以表示为两商品的边际效用之比。

序数效用论提出了商品的边际替代率递减规律：在维持效用水平不变的条件下，随着消费者对一种商品消费数量的连续增

加，消费者所愿意放弃的另一种商品的数量是递减的。商品的边际替代率递减规律使得无差异曲线在图形上是一组凸向原点的曲线。

商品房 commodity house 房地产开发商根据房地产市场供求状况，按照市场方式，投资开发建设的供给房地产市场的各类房屋。商品房包括住宅用房、工厂仓库用房、经营性用房、办公用房等，是住房市场的主要构成部分。

商品房价格由4个部分构成：土地方面的费用，房屋建筑安装方面的费用，房地产开发建设中的各种税费，房地产开发商利润。在中国，城市土地所有权属于国家，房屋所有权是和一定时期的土地使用权结合在一起的。或者说房屋的产权是由房屋的所有权与一定年期的土地使用权构成的。由于房屋的使用性质不同，国家规定的土地使用权的年期也不同：住宅用地70年，工业用地50年，教育、科技、文化、卫生、体育用地50年，商业、旅游、娱乐用地40年，综合或者其他用地50年。

商品检验 commodity inspection 为确定商品的质量、规格、重量、数量、包装、卫生检疫、残损以及装运技术和装运条件等情况是否符合规定的标准或交易条件所进行的检验、鉴定和管理。通过商品检验，分析出商品的成分和性质，确定商品质量达到的标准，从而提供商品使用价值大小的各项指标。

商品检验的方法包括：①感官鉴定。即检验人员凭借自己的商品学知识和工作经验来判断商品的质量。②理化鉴定，又称仪器检验。即用各种器械设备、仪表和化学试剂，对商品进行物理、化学和生物学分析，从分析结果来判断商品质量是否达到规定的要求。商品检验有国内外贸易之分。国内贸易商品检验包括：对从工厂直接购进的商品进行检验和对在流通领域中的商品进行检验。对外贸易商品检验分为对出口商品的进行检验和对进口商品的检验。对外贸易商品的检验由国家商检部门或商检机构指定的专职进出口商品检验机构进行。

商品交易所 commodity exchange 进行标准化合约买卖的有组织的市场。又称期货市场。期货市场的主要功能是规避风险和价格发现。期货市场的参与者是套期保值者和投机者，套期保值者通过套用期货合约可为现货保值，投机者通过低买高卖或高卖低买赚取差价利润，即买空卖空。期货市场的上市商品必须满足的条件：商品的品质、等级、规格容易划分；商品的交易量大且价格频繁波动；商品耐储藏并易于运输，如农副产品、能源产品和金属产品；债券、外币、股票价格指数等金融商品。期货市场的参与者以保证金制度作为保障，交易依法公平竞争。这种买卖的目的不是为了获得实物，一般较少实物交割。大多数商品交易所买卖的都是代表一定商品的期货合同，因此，有人把这种交易称为“纸合同交易”。

商品经济 commodity economy 直接以交换为目的的经济形式。

产生 商品经济是在社会生产力发展的一定历史阶段上产生和发展的。它存在的历史条件是社会分工以及生产资料和产品属于不同所有者。在原始社会初期，生产力水平极为低下，通过共同劳动所获得的产品，只能供公社成员共同消费，没有可供交换的剩余产品，所以不存在原始公社之间经常的商品交换。人类历史上的第一次社会大分工的出现，使畜牧业从农业中分离出来，提高了劳动生产率，使人们生产出超过维持劳动力再生产所必要的剩余产品。这样就开始出现了比较频繁的商品交换。

原始社会进入高级阶段，出现了人类历史上第二次社会大分工，手工业从农业中分离出来，产生了直接以交换为目的的商品生产和比较频繁的商品交换。这种商品生产和交换，促进了生产规模的扩大、劳动生产率的提高和剩余产品的增加，并逐步使奴隶制成为社会经济制度的一定主要组成部分。随着商品交换的日益频繁，交换地区的不断扩大，出现了远距离的贸易和海外贸易。这时，社会上需要有一些人专门从事商品的交换活动。于是，出现了第三次社会大分工，形成了一种不从事生产而只从事商品交换的商人。商人的出现，使商品生产和商品交换进一步发展起来。

不同类型的商品经济 在不同的社会中，商品经济有着不同的特点。在奴隶社会和封建社会中，总的说来，商品经济尚处于从属的地位，自给自足的自然经济仍占统治地位。奴隶社会和封建社会的商品经济，基本上是简单商品经济。在资本主义社会中，商品经济发展到了很高的程度，不仅一切劳动产品都成为商品，而且连劳动力也变成了商品。

社会主义社会仍然存在着商品经济。这是由于：一方面，随着生产力的高度发展和生产专业化的发展，社会分工在进一步发展。另一方面，社会主义社会除生产资料公有制外，还存在生产资料的其他所有制。全民所有制的企业也具有独立的经济利益，成为自主经营、自负盈亏的社会主义商品生产者和商品经营者。

商品经济的发展在历史上曾经起着重要的积极作用，打破了自然经济和地区封锁，发展了社会分工，建立了国内市场，促进了工业同农业的分离，促进了各个独立的工业部门的形成和生产专业化过程的发展。这些都促进了各个地区、各民族经济上的互相往来和互相依赖，逐步取代了原来的闭关自守和自给自足状态，促进了社会生产力的发展。在现代经济条件下，商品经济的巨大发展是社会经济发展的必然趋势，进行现代化建设必须有商品经济的充分发展。

商品粮基地 commodity grain base 人均粮食产量高，能够长期稳定向市场提供商品粮的地区。一般光、热、水、气等条件较好，利于粮食作物生长；土地肥沃，集中连片；有较好的农业设施和技术条件；布局合理，靠近市场，交通发达，储运便利。中国的商品粮基地主要分布在平原地区。南方主要有：太湖平原、江淮平原、江汉平原、洞庭湖平原、鄱阳湖平原、成都平原、珠江三角洲等。北方主要有：三江平原、松嫩平原、松辽平原、甘肃河西走廊、宁夏银川平原、陕西关中平原、内蒙古河套平原等。建设商品粮基地的主要经济和工程技术措施有：政府给予财政、信贷资金支持，适时调控粮食和农用生产资料价格，保障粮食生产者的经济利益；兴修水利，合理施肥，改良土壤，推广良种，防治病虫害，提高机械化水平，营造防护林带，改善储运设施；吸引外资，扩大资金来源，引进先进技术等。

黑龙江省三江平原上的国营农场是中国最大，也是机械化程度最高的商品粮基地

商丘市 Shangqiu City 中国河南省辖地级市。国家历史文化名城。位于省境东部，黄河故道南侧，豫、鲁、皖3省交界处。辖梁园、睢阳2区和虞城、民权、宁陵、睢县、夏邑、柘城6县，代管永城市。面积10 658平方千米。人口736万(2010)，有汉、回、蒙古等12个民族。商时为商丘邑，秦代改为睢阳县，隋改宋城县，金复置睢阳县，明改置商丘县。1950年析置商丘市。属暖温带大陆性季风气候。矿产有煤、石油和天然气等，永夏煤田为中国优质无烟煤基地之一。农作物有小麦、玉米、棉花、大豆、烟草、水果、蔬菜等，已建成粮、棉、油、葡

阏伯台

萄、畜牧、蚕丝等商品生产基地。商丘是全国绿化先进单位，素有“泡桐之乡”美称。工业有食品、酿酒、制冷、纺织、机械、冶金、化工、电子、建材等门类。名胜古迹有归德古城、南宋应天府书院、阏伯台、文雅台、清凉寺和西汉古墓壁画等。

商务印书馆 Commercial Press 中国近代出版事业中历史最久的综合性出版社。清光绪二十三年（1897）创办于上海，1954年迁北京。在中国香港、新加坡等地设有分馆。创办人夏瑞芳、鲍咸恩、鲍咸昌、高凤池等。最初以印刷商业簿册表报为主。1902年，张元济进馆，业务由印刷转到出版。出版物遍及社会科学、自然科学、应用技术、文学艺术、儿童读物、教科书以及中外语文工具书和各类专科工具书等各个门类，并且发行各科期刊，印行珍本善本古籍。

中华人民共和国建立后，编译出版大量世界哲学、社会科学方面的古典学术著作，编纂汉语及外语各种词典和语文工具书，还编辑出版《英语世界》等期刊。

商鞅 Shang Yang（约公元前390～前338） 中国战国中期政治家、思想家。出身卫国君远支宗族，故称卫鞅或公孙鞅。“少好刑名之学”，熟悉李悝、吴起等人的变法理论和实践。公元前361年秦孝公即位，下令求贤。商鞅携带李悝《法经》入秦，深得孝公信任，主持秦国变法，对旧的奴隶制进行了比较彻底的改革，确立了新的封建制，使秦国迅速富强起来，跃居六国之上。他因功封于商（今陕西丹凤西），号商君，故人称商鞅。公元前338年，秦孝公死，秦惠王立，秦国的旧贵族诬告商鞅谋反，秦惠王将其车裂并灭其家。

商鞅是先秦法家的主要代表，他以“重法”著称，在法家中自成一派。现存《商君书》（又称《商子》）是战国中、后期商鞅及其后学的代表作，是研究商鞅一派法律思想的主要依据。他认为法律和制度都应跟随时代的变化而变化，不能复古、保守；诸侯国君要想维持自己的统治，就必须富国强兵，实行“以力服人”的“法治”和“霸道”。由此，商鞅等提出了变法的政策和方法。其内容主要有：①奖励农战，使国富兵强。②主张赏赐施于有功农战和告奸的人，按军功大小给予爵位；“刑无等级，自卿相将军以至大夫庶人，有不从王令、犯国禁、乱上制者，罪死不赦”；取缔一切不符合法令、不利于农战的思想言论，实行文化专制。③认为推行“法治”，君主必须带头遵守，在行赏施罚上应公正无私；要信赏必罚，取信于民；要使君主的法令能够顺利推行，就必须“尊君”，使君主掌握独断一切的大权。实行“法治”必须建立中央集权的君主专制政体。④主张以刑去刑，严刑峻法。

商业 commerce 商品交换的发达形式。是一种为卖而买、先买后卖，专门在生产者与消费者之间从事商品交换的经济活动和经济组织。

产生 人类社会最初出现的商品交换是物物交换，即“商品—商品”，交换双方在让渡自己商品的同时也占有了对方的商品。随着商品经济的发展，货币的产生使原来的物物交换变成以货币为媒介的商品交换，即“商品—货币—商品”，这就是简单商品流通。随着交换范围的进一步扩大，社会上产生了一个不从事生产只从事商品交换的阶级——商人，他们掌握着一定数量的货币，向生产者购进商品，然后再向消费者出卖商品，即“货币—商品—增殖的货币”，这就是发达商品流通。与此相适应，社会上就出现了一个专门从事商品交换活动的行业——商业。

特点 ①是一种专门从事商品买卖活动的行业，但是并非所有的商品买卖活动都是商业活动。只有先买后卖、为卖而买，并由同一当事人分两个阶段相继完成的买卖活动才是商业活动。②是由只从事商品交换活动的特殊阶级——商人所经营的，是与生产相分离的一个行业。③是和独立的货币投资相联系的，通过商业货币投资的循环运动，不断媒介生产与消费之间的商品交换。

职能 商业的基本职能是媒介商品交换。在“货币—商品—货币”的循环运动中，货币—商品是商业企业从商品生产者手中购进商品，这一交换的完成，对生产者来说，已经实现了商品的价值。但是，这些商品仍然停留在流通领域。只有当商业企业完成了其循环运动形式的第二阶段（商品—货币），把商品出售给消费者之后，才最终实现商品的价值。

商业在媒介商品交换的过程中，通常还要进行一些必要的附属业务活动，如商品的运输、保管、分类、广告宣传，以及为商品经营活动服务的其他业务等，一般称作商业的附属职能。在商业产生的初期，基本职能和附带职能通常是紧密结合在一起的，由商品经营者独立承担。随着商品交换的进一步发展和社会分工的进一步深化，商业的基本职能和附带职能之间也出现了分工，产生了运输业、仓储业、包装业等，实现了商品的运输、保管、包装、分类等业务的专业化服务。到了现代市场经济社会，广告业、咨询业、情报信息等专业化服务的出现，更加深了这种商业内部的社会化分工，也更有利于促进商业的发展。

地位与作用 商业在国民经济中居于中介地位，起着枢纽作用，并且，商品流通越发达，商业的地位和作用就越加重要。商业作为一个专门从事商品流通的独立部门，对经济增长、充分就业和提高居民生活质量等方面有着重要贡献或特殊贡献，通过缩短商品的流通时间，加速商品转化为货币的过程，有助于扩大生产，提高生产和国民经济运行的效率，提高市场竞争能力。

商业贿赂 business bribery 经营者为获取交易机会或在交易中为获取不正当经济利益，采取秘密给付财物或者其他手段来排斥其他经营者的行为。在中国，1993年通过的《中华人民共和国反不正当竞争法》规定，在账外暗中给予对方单位或个人回扣的，以行贿论处；对方单位或个人在账外暗中收受回扣的，以受贿论处。经营者销售或购买商品，可以明示方式给对方折扣，亦可给中间人佣金，但接受折扣与佣金的经营者必须如实入账。商业贿赂一般采取“赞助费”、“劳务费”、“回扣”等形式，严重干扰了市场交易秩序，导致国家税收流失，侵害了其他经营者与消费者的利益。《反不正当竞争法》规定，对于情节较轻的商业贿赂行为可处以1万元以上20万元以下的罚款，并没收非法所得。《中华人民共和国刑法》第385～393条规定了受贿罪、行贿罪、对单位行贿罪与单位行贿罪等罪名，对情节严重的商业贿赂行为，追究个人以及单位的刑事责任。

商业街 commercial street 众多不同规模、不同类别的商店有规律地排列组合而形成的零售店集中、行业和服务设施齐全、商品丰富、客流量大的场所。现代商业街具有购物、餐饮、娱乐、文化、旅游等多种功能，对强化城市中心的凝聚力、更新城市商业结构、提升都市生活品质等有重要作用。

商业秘密 trade secret 不为公众知悉，能为权利人带来经济利益，具有实用性并经权利人采取保密措施的技术信息和经营信息。通过不正当手段获取、泄露或使用他人商业秘密的，是侵权行为，为许多国家的法律所禁止。

1993年通过的《中华人民共和国反不正当竞争法》第10条规定，经营者不得采用下列手段侵犯商业秘密：①以盗窃、利诱、胁迫或者其他不正当手段获取权利人的商业秘密。②披露、使用或者允许其他人使用以前项手段获取的权利人的商业秘密。③违反约定或者违反权利人有关保守商业秘密的要求，披露、使用或者允许他人使用其所掌握的商业秘密。④第三人明知或应知前述违法行为，而获取、使用或者披露他人的商业秘密。1997年新修订的《中华人民共和国刑法》增设了侵犯商业秘密罪，将商业秘密纳入刑法保护的范围。对于侵犯商业秘密行为，监督检查部门应责令行为人停止违法行为，并可依情节处以1万元以上20万元以下的罚款。权利人也可提起侵权民事诉讼来追偿其商业损失。

商业秘密法 trade secret law 以保护**商业秘密**为内容的法律部门或者法律规范。它既可以是专以保护商业秘密为内容的专门法律，也可以是适用于商业秘密保护的一般法律规定。

各国商业秘密保护立法的情况不尽相同，有的国家制定了包括技术秘密和经营秘密在内的保护商业秘密的综合性法律或者专项法律（如美国、瑞典、中国台湾地区），有的在**反不正当竞争法**等法律中对商业秘密保护作出专门规定（如德国、日本、韩国），有的通过侵权行为法等保护商业秘密（如法国）。商业秘密保护受到了国际社会越来越多的关注，呈现出商业秘密保护国际化的趋势。**《保护工业产权巴黎公约》**第10条之2虽未将侵犯商业秘密列举为不正当竞争行为，但通常都认为此类行为属于该条规定的调整范围。由于商业秘密保护在国际贸易中越来越重要，为适应加强商业秘密保护的需要和弥补《保护工业产权巴黎公约》规定的不足，世界贸易组织《与贸易有关的知识产权协定》第7节专门规定了"未披露信息的保护"，使商业秘密继**著作权**、**商标权**和**专利权**等**知识产权**相继纳入国际公约保护之后，第一次得到多边条约的确认。

中国已形成对商业秘密的民事、行政和刑事的多种手段的法律保护。1993年《中华人民共和国反不正当竞争法》专门规定了保护商业秘密的条文，对商业秘密的含义、侵犯商业秘密行为的类型及其民事责任和行政处罚，作出了明确规定。中国于1997年3月14日修订刑法时增设了侵犯商业秘密罪，将商业秘密纳入了刑法保护范围。

商业摄影 commercial photography 以赢利、商业用途为主要目的的摄影形式。源于照相馆拍摄的人像摄影。19世纪40年代中期，欧美各大城市相继出现照相馆。伴随社会经济的快速发展，摄影手段与多种行业结合，拓展了商业摄影的范畴。除了包括照相馆（影楼）婚纱及艺术人像摄影、旅游风光景点的留影、一般证件照在内的人像摄影之外，商品广告摄影、时装摄影等也属于商业摄影范畴。

时装摄影家尼克·奈特的作品《苏茜吸烟》

商业摄影注重布景和各种灯光的使用，有时需要独特的道具和特殊技法拍摄，使之更能体现拍摄对象的特征，引起消费者的关注和购买欲望。商品广告摄影以印刷品或电子介质的形式体现，用于商品目录、宣传册、说明书、招贴、展览资料和说明内容的包装装潢等。

商业摄影要求摄影师拍摄出充满艺术气息，引人入胜的作品，能够为商业目的服务。

商业摄影是商品经济发展程度的标志之一，是现代科学技术与艺术文化紧密结合的产物。数码影像技术的日臻成熟使商业摄影得到快速发展。同时，商业图片的拍摄效果和影像输出质量也达到了新的高度。

商业银行 commercial bank 以经营存款、**贷款**，办理转账结算为主要业务，以赢利为主要经营目标的金融企业。与其他金融机构相比，能够吸收活期存款、创造货币是商业银行最明显的特征。企业取得**银行**的贷款后，一般不会直接提取现金，而是将它所获得的贷款存入其在银行的账户上。这样，商业银行通过发放贷款而创造的存款就称派生存款，这一过程就称货币创造。正是商业银行具有创造货币的功能，使商业银行具有特殊的职能，它们的活期存款构成货币供给或交换媒介的重要组成部分，也是信用扩张的重要源泉。故又称商业银行为存款货币银行。

商业银行的组织模式主要有：①单一银行制。银行业务完全由总行经营，不设任何分支行的制度。每家银行单独注册，成为独立的一级法人。②分支行制。在一个大城市设立总行，然后在其他城市设立分支机构的商业银行组织模式。世界上大多数国家（包括中国）都采取分支行制。③集团银行制。由一集团成立一个控股公司，然后由该控股公司控制或收购两家以上银行的组织模式。④连锁银行制。由两家或两家以上独立的银行相互持股而组成的银行组织形式。

商业中心 commercial center 担负商业活动中心职能的城市和一个城市内商业活动集中的地区。按其规模分全国性商业中心和地方性商业中心。它们都具有优良的地理位置和联系条件：有的位于几条河流的汇合处，如天津、汉口；有的位于河流下游的入海口，如上海、伦敦；有的是若干条铁路的交点，如郑州、芝加哥；有的则属于海陆运输的中转港口，如大连、圣弗朗西斯科（旧金山）等。国际上的**自由港**也往往因交通位置及自由贸易条件而成为超越国家范围的商业中心，如香港、新加坡。城市内部的商业中心，多设在城市交通便利的地段或比较繁华的地区，一般以各种零售商业、批发商业、金融业、中介、管理等行业为主，被称为中央商务区（CBD）。20世纪60年代以来，国际上某些都市化地区，随着郊区化的发展，市区人口纷纷迁往郊区，相应地形成城市外围的中心商业区。

《商周彝器通考》 *Studies on Sacrificial Vessels of Shang and Zhou Dynasties* 中国**考古学**著作。容庚（1894～1983）著。1941年出版。共2册，正文30万字，图版近千幅。文字部分分上下两编。上编为通论，包括原起、发见、类别、时代、铭文、花纹、铸法、价值、去锈、拓墨、仿照、辨伪、销毁、收藏、著录15章。下编为各论，包括食器、酒器、水器及杂器、乐器4章，对57种青铜礼器逐一论述用途、制作、形状、名称等。该书详尽系统，除郭沫若的《两周金文辞大系图录考释》外，至今仍是关于商周铜器研究，特别是形制和花纹研究方面内容比较丰富的一部著作。

熵 entropy 描述**热力学系统**的重要态函数之一。熵的大小反映系统所处状态的稳定情况，熵的变化指明热力学过程进行的方向，熵为**热力学第二定律**提供了定量表述。

为定量表述热力学第二定律，需要寻

找一个在可逆过程中保持不变，在不可逆过程中单调变化的态函数。克劳修斯在研究卡诺热机时，根据卡诺定理得出，对任意循环过程都有$\oint\frac{dQ}{T}\leqslant 0$，式中$dQ$是系统从温度为$T$的热源吸收的微小热量，等号和不等号分别对应可逆和不可逆过程。可逆循环的$\oint\frac{dQ}{T}=0$表明存在着一个态函数熵，定义为

$$dS=\frac{dQ}{T}\text{或}S_B-S_A=\int_A^B\frac{dQ}{T}$$

对于绝热过程$dQ=0$，故$dS\geqslant 0$，即系统的熵在可逆绝热过程中不变，在不可逆绝热过程中单调增大，就是熵增加原理。由于孤立系统内部的一切变化与外界无关，必然是绝热过程，所以熵增加原理也可表为：一个孤立系统的熵永远不会减少。它表明随着孤立系统由非平衡态趋于平衡态，其熵单调增大，当系统达到平衡态时，熵达到最大值。熵的变化和最大值确定了孤立系统过程进行的方向和限度，熵增加原理就是热力学第二定律。

内能、熵和热力学第一、第二定律使人们对与热运动相联系的能量转换过程的基本特征有了全面完整的认识。能量是物质运动的一种量度。某种形式的能量（如内能）越多，表明可供转换的潜力越大。熵一词的原意是转变，描述内能与其他形式能量自发转换的方向和转换完成的程度。随着转换的进行，系统趋于平衡态，熵值越来越大。这表明虽然在此过程中能量总值不变，但可供利用或转换的能量却越来越少了。

从微观上说，熵是组成系统的大量微观粒子无序度的量度，系统越无序、越混乱，熵就越大。热力学过程不可逆性的微观本质和统计意义就是系统从有序趋于无序，从概率较小的状态趋于概率较大的状态。

在信息论中，熵可用作某事件不确定度的量度。信息量越大，体系结构越规则，功能越完善，熵就越小。利用熵的概念，可以从理论上研究信息的计量、传递、变换、存储。此外，熵在控制论、概率论、数论、天体物理、生命科学等领域也已有一定的应用。

上层建筑 superstructure *历史唯物主义*基本概念，指建立在*经济基础*之上的意识形态，以及与其相适应的制度、组织和设施。上层建筑是社会结构的基本层次之一，也是社会生活的基本领域之一。

上层建筑概念的形成经历了一个历史的过程。在K.*马克思*的早期著作中，该概念的意义限定在思想体系、思想观念等意识范围内。在马克思后来的著作中，上层建筑主要指社会政治结构。J.斯大林明确把上层建筑分为观点和制度两个方面，通常称为思想上层建筑和政治上层建筑。

政治上层建筑在阶级社会里主要指政治法律制度和设施，包括军队、警察、法庭、监狱、政府机构和政党、社会集团等，其中国家政权是其核心部分。思想上层建筑又称观念上层建筑，包括政治法律思想、道德、宗教、文学艺术、哲学和社会科学等意识形态。

上层建筑作为人类社会的一个子系统，有多层次的结构，而且其结构及具体形式、性质和职能都历史地变化着。同一社会形态存在着不同阶级的政治组织及思想观点，反映了社会经济基础的复杂性和经济关系的内在矛盾。

经济基础决定上层建筑，但上层建筑具有相对的独立性，并能动地反作用于经济基础。思想上层建筑以理论思维和形象思维的观念形态反映社会存在，发挥对经济基础的维护作用。政治上层建筑是经济基础的“制度”部分，相应的生产关系同时也是一种法权关系。上层建筑的功能在本质上可以归结为为经济基础服务的功能。在社会变革时期，上层建筑的能动反作用表现得尤为突出。

上党战役 Shangdang Campaign 中国解放战争时期，晋冀鲁豫军区部队在山西省东南部以长治为中心的地区（古称上党郡）对国民党军进行的自卫反击战役。1945年8月中旬，国民党军第二战区司令长官阎锡山部4个师及1个挺进纵队（相当师）乘晋冀鲁豫军区部队正在向日伪军大反攻之际，进占上党地区的长治、长子、屯留、潞城、壶关诸城，企图以此为依托，扩占整个晋东南。为保卫抗战胜利果实，中共中央军委指示晋冀鲁豫军区进行自卫反击。军区司令员刘伯承、政治委员邓小平决心以太行、太岳、冀南军区3个纵队及地方武装共3.1万余人，在5万民兵支援配合下，先由北而南夺取长治外围各城，吸引长治守军出援并在野战中歼灭之，尔后围攻长治，诱阎锡山部出援，以便相机歼之于运动中。9月10日发起战役，10月12日战役结束。此役是抗战胜利后解放区部队反击国民党军进攻所进行的第一个较大规模的歼灭战，歼灭国民党军11个师及1个挺进纵队共3.5万余人，有力地配合了中国共产党同国民党的和平谈判。

上帝 God 基督教所信奉的至高无上的独一真神之中文译名。基督教认为上帝是宇宙万物的创造者、维系者和主宰者，是最高的、无始无终的、自足永恒的存在；既超越于自然和人类世界之上，又充溢其中，无时无处不在；全知全能，公义正直，奖善惩恶。上帝属性的核心是爱，因爱而创世。上帝与人的关系是创造与被创造、爱与被爱的关系。上帝之爱是永恒不变、普遍广大和可以感受的活生生的爱。上帝以不同的方式向人显示其品格、权力和旨意，故人可以感受和认识上帝的存在；但由于上帝具有无限性和超越性以及人类自身认识能力的有限性，人类不可能完备地认识上帝的一切属性。基督教更认为上帝通过耶稣基督道成肉身而向世人启示自身。中国基督教新教多用“上帝”和“神”二词，而中国天主教则用“*天主*”一词指称之。

上都 Shangdu; Xanadu 中国元朝的夏都。遗址在今内蒙古自治区正蓝旗东20千米闪电河北岸。

上都地区在金代称金莲川或凉陉，筑有景明宫。是金朝皇帝避暑的地方。1251年蒙哥即大汗位后，忽必烈以皇弟之亲，受任总领漠南汉地军国庶事。于是忽必烈把他的藩府南移至金莲川地区。他在负责统治汉地之后，进一步扩大了与汉人士大夫的接触，受到更多的汉文化的影响。1256年春，便命僧子聪（即*刘秉忠*）在桓州以东，滦水（今闪电河）以北，兴筑新城，名为开平府，作为藩邸。当时蒙古国的都城在和林。忽必烈在选择其藩邸地址时，考虑到“会朝展亲，奉贡述职，道里宜均”，因而把它确定在地处蒙古草地的南缘，地势冲要的开平，既便于与和林的大汗相联系，又有利于对华北汉人地区就近控制。1259年，蒙哥死。次年，*忽必烈*在开平即大汗位，与留守和林的幼弟阿里不哥发生了争夺汗位的战争。忽必烈依靠汉地的丰厚人力物力，把开平作为前沿基地，历时四年，终于战胜了阿里不哥。中统四年（1263），升开平府为上都，以取代和林。但这时忽必烈政权的统治重心已转移到中原汉地，把都城设在山后草地已嫌偏远，因此，在至元元年（1264），又改燕京为中都。九年，改中都为大都，定为都城，而将上都作为避暑的夏都，形成两都制的格局。每年四月，元朝皇帝便去上都避暑。八九月秋凉返回大都。皇帝在上都期间，政府诸司都分司相从，以处理重要政务。除皇帝在这里狩猎行乐外，蒙古诸王贵族的朝会（忽里台）和传统的祭祀活动都在这里举行。

上都是一座具有汉式宫殿楼阁和草原毡帐风格的新兴城市。其景物风习，在元朝文士的吟咏中多有记叙。同时的西方人马可·波罗、拉施都丁也有描述。上都与大都之间有四条驿道相通，往北又可以循帖里干驿道交通漠北。朝廷设上都留守司兼本路都总管府，掌领宫阙都城，兼领城区及所属州县民事；皇帝返还大都后，并领上都诸仓库之事。

元末农民大起义中，红巾军分道北伐，中路关先生、破头潘部在至正十八年（1358）

图1 上都城内宫殿遗址

图2 上都城墙遗址

十二月攻破上都城，焚毁宫阙。明初，明朝廷建立了开平卫，宣宗时南徙独石，此城被废弃。

上都城遗址迄今仍存，为全国重点文物保护单位。城墙基本完好，城内外建筑遗迹和街道布局尚依稀可见。从现存遗址结合文献记载看，上都皇城在全城的东南，城墙夯土外砌砖石，东西各两门，南北各一门，每面墙长1 400米。皇城正中偏北是宫城，东北角是华严寺，西北角是乾元寺，东南和西南两角亦各有一座庙宇。宫城城墙夯土外包以青砖，东西宽570米，南北长620米，东、西、南三面有门。城内宫殿建筑各自成群，互不对称，有泉池穿涌其间，园林特色十分明显。皇城、宫城四角均设角楼。外城全系黄色夯土，东墙和南墙都由皇城的东墙、南墙接出。外城西北两面各长2 200米，东南两面至皇城东北、西南两角各长800米。外城北开两门，南开一门。西面原有两门，元代后期毁一存一。外城南部为一般建筑区。北部地势较高，自成一区，是当时养花木禽兽供统治者玩赏的御园。东、西、南三郊各有长600～1 000米的街道，与城门相连，组成了很大的关厢区。北郊则有很多寺庙、宫观等建筑。

上甘岭战役 Sanggamryong Campaign 1952年10月14日至11月25日，中国人民志愿军为粉碎以美国为首的“联合国军”发动的金化攻势所进行的坚守防御作战。上甘岭地区位于金化以北，背靠五圣山。五圣山为中部战线的战略要点，山势险峻，西瞰平康平原，东扼金化经金城至通川海岸的公路。上甘岭以南之597.9高地和537.7高地北山是志愿军五圣山主阵地的两个前沿连阵地，均楔入对方。“联合国军”为配合停战谈判，改善金化地区的防御态势，破坏志愿军正在进行的战术反击作战，并查明志愿军坑道阵地情况，为尔后进攻创造条件，从1952年10月14日开始，以夺取金化以北上甘岭地区之597.9高地和537.7高地北山两个阵地为目标，发动了所谓金化攻势。“联合国军”先后投入3个多师的兵力，集中了300多门大炮、170多辆坦克、3 000余架次飞机支援，总兵力共6万余人。志愿军先后投入防守部队原为2个加强连，以后又陆续投入共4万余人的兵力。作战双方在不到4平方千米的两个连的阵地上，反复争夺了43天。“联合国军”每天集中优势兵力和猛烈的炮火进行轮番攻击，共发射炮弹190余万发，最多时一天达30余万发，投掷炸弹5 000余枚，两高地表面石土被打松达一米多深。中国人民志愿军顽强防御，共歼敌2.5万余人，守住了阵地，取得依托坑道工事、抗击现代化技术装备之敌重兵进攻的坚守防御作战经验。

坚守上甘岭阵地的志愿军某部近战歼敌

上官仪 Shangguan Yi（约607～664） 中国唐代诗人。字游韶。陕州陕县（今属河南）人。贞观进士，官至宰相。因议废武后受嫉，后又因梁王李忠谋反事下狱死。他擅写五言诗，多奉和应制之作，格律工整，辞藻华丽，绮错婉媚。因其位显，时人多仿效，世称上官体。他又归纳六朝以后诗歌的对偶方法，提出六对、八对之说，代表了当时宫廷诗人的形式主义倾向，但对律诗的定型有促进作用。《入朝洛堤步月》是上官体较好的代表作。而《八咏应制》则是典型的宫体诗。《全唐诗》录其诗1卷。

上官云珠 Shangguan Yunzhu（1920-03-02～1968-11-23） 中国电影演员。原名韦君荦。江苏江阴人。卒于上海。先后在华光戏剧学校、新华影业公司演员训练班学习。1941年从影，在《玫瑰飘零》中扮演角色。前期作品有《国色天香》、《泪洒相思地》等。抗日战争胜利后，在《太太万岁》、《一江春水向东流》、《万家灯火》、《丽人行》、《希望在人间》、《乌鸦与麻雀》等影片中担任主角或重要角色。1949年后，拍摄了《南岛风云》、《枯木逢春》、《早春二月》、《舞台姐妹》等10多部电影，并主演了多部话剧。她戏路宽阔，善于准确体现人物的气质，揭示不同人物内心感情。

上海芭蕾舞团 Shanghai Ballet 中国芭蕾表演团体。建于1979年初。前身为上海舞蹈学校演出一队。建团以来上演了《天鹅湖》、《吉赛尔》、《仙女们》、《葛蓓莉娅》、《罗密欧与朱丽叶》、《堂吉诃德》等世界古典芭蕾名剧的全剧或选场（段），同时不断探索中国芭蕾艺术的发展道路。其中，具有影响的舞剧有《白毛女》、《雷雨》、《伤逝》、《梁山伯与祝英台》等作品。主要编导与教师有胡蓉蓉、林泱泱、蔡国英、林心阁、吴国民、董锡麟、祝士芳等；主要演员有顾峡美、石钟琴、凌桂明、余庆云、茅惠芳、欧阳云鹏、林建伟等。汪齐凤、杨新华、辛丽丽等演员在世界芭蕾舞坛多次获奖。

上海宝钢集团公司 Shanghai Baosteel Group Corporation 中国从事钢铁冶炼、钢材深加工、贸易、金融、设备制造、运输、化工、房地产、服务业、建筑等多种行业的特大型国有企业。简称上海宝钢。位于上海浦东。上海宝钢以原宝山钢铁（集团）公司为主，于1998年11月17日与原上海冶金控股（集团）公司、原上海梅山（集团）有限公司联合重组而成，形成固定资产1 487亿元人民币、年产钢能力2 000多万吨的规模。上海宝钢拥有宝山钢铁股份有限公司、宝山集团上海第一钢铁有限公司、宝钢集团上海浦东钢铁有限公司等32家国内全资子公司，以及宝和通商株式会社、宝钢欧洲贸易股份有限公司、宝岛贸易有限公司等14家全资或控股的海外子公司。2005年10月，经国务院国有资产监督管理委员会批准，上海宝钢集团公司由国有独资企业变更为国有独资公司，企业名称变更为宝钢集团有限公司。

上海博物馆 Shanghai Museum 中国大型古代艺术博物馆。馆址在上海人民大道201号。创建于1952年，新馆于1996年10月建成开放。全馆建筑面积约4万平方米。馆藏文物12万件，包括青铜器、陶瓷器、书法、绘画、玉器、牙雕、竹木漆器、甲骨、玺印等21个门类，其中以青铜器、陶瓷器和书画最具特色，历代玺印、钱币和各类工艺美术品均有较系统的收藏。共有11个专馆，用于展出400余件精美的先秦青铜器，120余件战国至明代雕塑，500余件8 000年来的中国陶瓷精品，还有唐孙位《高逸图卷》、北宋郭熙《幽谷图轴》、南宋李迪《雪树寒禽图轴》、元赵孟頫《兰石图轴》、明唐寅《秋风纨扇图轴》等历代绘画精品120

上海博物馆外景

件，东晋王献之、唐怀素、北宋苏轼及王安石、元鲜于枢、明祝允明、清郑燮等名家手迹80余件，西周至清末玺印篆刻500余件，以及历代玉器珍品、明清家具、钱币等。

上海辞书出版社 Shanghai Lexicographic Publishing House 中国编辑出版工具书的专业出版社。前身是1958年8月成立的中华书局辞海编辑所，1978年1月改称现名。主要出版综合性辞典、语文词典、专科辞典和手册、年表、索引、年鉴等，以及以丰富的辞书资源为依托开发的电子出版物，填补了大量学科空白，并形成规模和系列。1958年开始组织全国5 000多位专家学者对旧《辞海》进行全面修订，1979年正式出版《辞海》(1979年版)，后每隔10年修订一次，先后出版了1989年版、1999年版、2009年版。一部比《辞海》规模更大的综合性辞典——《大辞海》(38卷) 正在陆续出版。上海辞书出版社还编辑出版辞书学专业期刊《辞书研究》。

上海大剧院 Shanghai Grand Theatre 中国剧场。1994年开始建造，1998年建成。

总建筑面积62 803平方米，建筑总高度40米，为地下2层、地面6层、顶部2层。内设3个剧场。大剧场1 800个座位，舞台面积728平方米，后舞台360平方米，两侧副台256平方米。舞台安装有双层圆形旋转盘，台板可全方位平移升降，可满足大型歌剧、芭蕾舞与交响乐团的演出需要。中剧场550个座位，适合室内乐及一般戏剧演出。小剧场约250个座位，可供实验戏剧演出。

上海大学 Shanghai University 中国综合性大学。校址在上海。1983年建立，下设文学院、国际商学院、美术学院、工学院和法学院。1994年上海大学、上海工业大学、上海科技大学、上海科技高等专科学校、上海法律高等专科学校合并建成新的上海大学。设有文学、理学、法学、美术、外国语、生命科学、影视艺术技术、计算机工程与科学、悉尼工商学院、巴士汽车学院、上大赛贝斯电子信息学院、国际交流学院、高等技术学院、成人教育学院等20多个学院。有培养学士、硕士和博士的教学体系；有国家重点学科和国家重点实验室等。图书馆藏书370余万册。出版物有《上海大学学报》。

上海地下铁道 Shanghai subway 中国上海采用地下连续墙及多支撑形式建造地下车站，区间隧道采用土压平衡式盾构法修建而成的地下铁道。首段6.6千米开通于1993年5月。2010年6月底有营业里程410千米，设267个车站，分11条线路。1号线长37千米，从莘庄至富锦路；2号线长60千米，从徐泾东至浦东国际机场。3号线长

上海地铁1号线站内

40千米，从江杨北路至上海南站；4号线为环线地铁，长34千米，从宜山路经上海体育馆、上海火车站至虹桥路；5号线从莘庄站至闵行开发区，全长17千米；6号线全长31千米，从港城路至灵岩南路；7号线长34.4千米，从美兰湖至花木路；8号线长37.5千米，从市光路至航天博物馆；9号线长46千米，从松江新城至杨高中路；10号线长29.6千米，从航中路和虹桥火车站经龙溪路至新江湾城；11号线长43.6千米，从嘉定北和安亭经嘉定新城至江苏路。地铁车辆采用铝合金结构车体，重量轻，防腐性好，能耗低。车辆宽3米，长约22米。列车按8节编组，最高速度80千米/时。列车运行采用自动控制系统。

上海电力公司 Shanghai Power Company 近代中国最大的外商电业垄断企业。它是美国电气债券股份有限公司在上海设立的子公司，属摩根财团。前身是中国最早的电力企业上海电光公司，1882年由外商集资在上海公共租界建成。1888年改组为新申电气公司。1893年由租界工部局购买，改为电气处。1929年复由美国电气债券股份公司以白银8 100万两收买，改名为上海电力公司。除日本占据租界时期外，总裁始终为美国人贺清。成交时得到租界工部局授予的公共租界供电专营权。租界越界筑路形成西区后，其营业范围随之扩张。1935年又取得西区专营权，设沪西电力公司，名为上海电力公司子公司，实为售电机构，本身无发电能力。

上海电力公司接办电气处时，电气处已建有斐伦路（今九龙路）电厂和杨树浦电厂，装机容量为12万余千瓦。发电能力不断扩大，1935年增至18万千瓦，售电7亿余度。太平洋战争期间为日本接管，营业一度萎缩。抗日战争胜利后恢复，装机容量最高峰达19万千瓦，发电量占上海地区的80%，不仅独占公共租界和西区的供电，而且通过华商电力企业售电而垄断华界的供电。摩根财团购买上海电力公司的价款系分期支付，凭小部分优先股和300万股普通股票控制了上海电力公司。

租界工部局曾允上海电力公司每年可得10%的纯利，但上海电力公司凭其垄断地位所得远过此数。摩根财团的普通股票虽不分红，但以抬高为上海电力公司代购物品的回扣和佣金的方式，获取巨额利润。

中华人民共和国建立初期，美国冻

结中国大陆在美资产，中国冻结美国在中国大陆的资产。上海电力公司由中国政府接管。

上海电影集团有限公司 Shanghai Film Group Corporation 中国生产故事影片的重要基地之一，兼生产美术片、科教片和译制片。1949年6月，上海市军事管制委员会接管了国民党在上海的中央电影企业总管理处及一厂、二厂、中国电影制片厂摄影场、上海实验电影工场等机构，于11月16日正式成立上海电影制片厂。1953年2月，上海电影制片厂与上海联合电影制片厂合并，厂名仍沿用上海电影制片厂。1957年4月，上海电影制片厂改组为联合企业性质的上海电影制片公司，下设江南电影制片厂、海燕电影制片厂、天马电影制片厂。1960年，由于支援华东各省新建电影厂，撤销江南厂建制，留下海燕、天马两个厂。1973年5月，两厂合并，定名为上海电影制片厂。1985年3月，上海电影制片厂与上海市电影局合并成立上海电影总公司（厂名仍为上海电影制片厂）。1996年，与上海美术电影制片厂、上海电影译制厂、上海科学教育电影制片厂、上海电影技术厂等组建上海电影集团有限公司。公司现拥有5家大型制片企业，14家影视制作公司，1个大型拍摄基地，以及上海联和电影院线、东方电影频道。片库拥有电影650多部，动画片30 000分钟，科教片1 555部，电视剧近10 000部/集。

上海港 Shanghai, Port of 世界货运大港。位于中国大陆海岸线中部，长江入海口附近的上海市境内。地处东西运输通道与海上南北运输通道的交会点。外通中国南北沿海和世界各大洋，内贯长江流域和苏、浙、皖内河水网地区，并有铁路、公路连接全国各地。

上海港的历史可以追溯到唐宋年代，港址在青龙镇（今上海青浦区东北），后因海岸线东移、河道变迁，15世纪初迁至黄浦江畔。1843年11月上海辟为通商口岸，黄浦江两岸相继出现了大量外国洋行和华商修建的码头、仓库及其他设施。至20世纪30年代上海已成为一个在东亚地区最为繁荣的港口。中华人民共和国建立以来，上海港进行了改造和大规模的建设，除黄浦江两岸码头得到迅速发展外，还新建了金山、宝山、外高桥、罗泾等新港区。2008年港区共有生产泊位137个，其中万吨级以上泊位82个。

上海外高桥集装箱码头

20世纪90年代后期开始筹建洋山港区。该港区位于距上海市南汇芦潮东南约30千米、杭州湾口长江口外的浙江省舟山市嵊泗县崎岖列岛的大小洋山海域。规划至2012年，小洋山一侧形成10千米左右的深水岸线，布置近30个泊位，集装箱吞吐能力达1 440万标准箱以上。大洋山一侧南港区还有约10千米岸线，将作为港区远景发展预留岸线。一期工程5个泊位及东海大桥等港内外配套工程于2003年开工建设，2005年12月10日竣工投产，形成吞吐能力220万标准集装箱。与此同时长江口航道整治工程亦取得了进展，2005年11月21日长江口10米深水航道治理二期工程竣工，提高了靠泊长江口内码头船舶吨级。

上海港与180多个国家和地区500多个港口建立了航运和贸易联系，2008年吞吐量5.08亿吨，集装箱吞吐量2 800.64万标准箱。

上海工人三次武装起义 Shanghai Workers' Three Armed Uprisings 中国北伐战争期间，上海工人为配合北伐军推翻北洋军阀，在中国共产党领导下举行的三次武装起义。第一次起义发动于1926年10月23日。浙江省长夏超和国民政府驻沪代表钮永建约定，脱离孙传芳，归附国民政府，并向上海进军。中共上海区委（又称中共江浙区委）决定和钮永建合作，组织联合暴动，以帮助夏超夺取上海。但因夏超的部队作战失败，起义准备不足，工人队伍力量薄弱，起义遭受失败。第二次起义发动于1927年2月22日。上海总工会发布总同盟罢工令。上海防守司令李宝章勾结公共租界工部局帝国主义势力，对罢工工人进行残酷镇压，总同盟罢工发展为第二次武装起义。由于起义计划被泄露，各区工人纠察队失去统一指挥，起义再次失败。第三次武装起义发动于1927年3月21日。由中共中央军委书记兼特别军委书记周恩来担任总指挥。对第三次武装起义作了周密的准备，在工人中建立了严密的组织，组成了约3 000人的工人纠察队，秘密进行了武装训练，全市

上海工人第三次武装起义司令部——上海总工会

80万工人实现了总罢工并立即转入武装起义，经过30个小时的浴血奋战，于22日6时许攻克了敌人的全部据点，占领了上海，取得第三次工人武装起义的胜利。上海工人三次武装起义打击了帝国主义和军阀的反动统治，显示了中国工人阶级的顽强战斗精神和强大的组织力量。蒋介石4月12日发动政变，上海又处于帝国主义和国民党统治之下。

上海"孤岛"文学 Shanghai "Isolated Island" literature 中国抗日战争初期出现在上海这个特定地区特定阶段的文学。1937年11月上海沦陷，英法等国的租界虽未被日本侵略者控制，但已形同孤岛。一部分作家留在孤岛，坚持抗战文艺活动，直到1941年12月日本发动太平洋战争的同时进占上海租界被迫中止，历时4年又一个月，这段时间里租界的文学被称为"孤岛"文学。其成就首先体现在出版方面，第一套20卷本的《鲁迅全集》、斯诺的《西行漫记》和《续西行漫记》等书在此出版。各种文艺丛刊、期刊和副刊在4年中出版达100多种，其中影响较大的有《文艺》、《文艺新潮》、《剧场艺术》、《杂文丛刊》等。这段时间最活跃的文学品种是戏剧和杂文。于伶的《夜上海》及时反映了"孤岛"现实，阿英（魏如晦）、许幸之、李健吾、顾仲彝也都是戏剧创作的活跃分子。群众性业余戏剧活动的盛行，以及业余话剧向专业话剧演出发展，都是"孤岛"戏剧运动的重要特征。杂文方面许多作家继承了鲁迅的传统，产生了屈轶、柯灵、风子（唐弢）等的合集《边鼓集》、《横眉集》等。报告文学也有较大成就，出版有大型报告文学集《上海一日》。此外，在诗歌、散文、通俗文学及文学理论和文学翻译方面也都出现了一些有影响的作品，还涌现了一批新人。"孤岛"文学是中国抗战时期文学的重要组成部分。

上海国际电视节 Shanghai International Television Festival 中国第一个国际电视节，亚洲最大的电视节之一。1986年由中国广播电影电视部、上海市政府、上海电视台、上海市广播电视局在上海创办。原称"上海国际友好城市电视节"，第2届改

为现名。原来两年举办一次，2000年起改为每年一次。电视节以“和平、友好、合作、交流”为宗旨，让世界了解上海，让上海了解世界，促进上海电视事业的腾飞。章程规定中国各地和世界各国广播电视公司、广播电视台、录像公司、电影制片厂电视部、大专院校、电教馆任何时期制作的优秀电视节目均可参加。评委会由国际电视界权威人士组成。主要活动内容有：①举行电视节目评奖；②搭建国际电视节目市场；③举办国际广播电视设备展览会；④举办电视博览会；⑤举办国际集邮展览；⑥召开国际学术讨论会；⑦组织交易洽谈，为洽谈业务提供服务等。主要奖项为白玉兰奖（包括电视剧和纪录片两类）、评委会特别奖。电视剧的奖项分别是最佳电视剧、最佳导演、最佳男女主演、最佳编剧和最佳技术6项，纪录片的奖项分为自然科学和人文科学两大类，分别有最佳纪录片、最佳创意和最佳摄影3项。

上海国际电影节 Shanghai International Film Festival 中国第一个国际电影节，国际制片人协会承认的中国的国际A类电影节，即非专门类竞赛型电影节。1993年起由中国广播电影电视部和上海市政府、上海市广播电影电视局在上海创办。受中国电影输出输入公司的支持与资助。两年举办一次，时间在10月，为期一周左右。在上海影城以及其他影院公映参赛、参展影片。自2000年起，改为每年举办一次。电影节的宗旨是广交四海宾客，增强世界各国电影界人士的相互了解和友好情谊，扩大中国电影的海外市场，促进世界各国电影艺术的发展与繁荣。电影节规定：参赛影片必须是在此届电影节前一年1月1日以后出品的、放映时间不少于70分钟的35毫米故事片。参加会外映出的影片不受此限。参赛和参展的影片由电影节组委会派人出国选择。评委会由9名世界各地著名艺术家组成。主要活动有：①参赛影片映出；②会外影片观摩映出；③召开电影创作研讨会；④召开电影评论会；⑤设影片市场并召开经贸洽谈会；⑥组织来宾参观游览。电影节设金爵奖，包括最佳影片奖、最佳导演奖、最佳男女主演奖、评委会特别奖等奖项。

上海国际机场 Shanghai International Airport 中国主要的国际国内航空枢纽。上海浦东国际机场和虹桥国际机场的总称。虹桥国际机场位于上海市区以西13千米处。1963年8月，中国政府决定将1921年始建的虹桥机场进行扩建，1964年4月完工，1988、1990年又先后进行改扩建。机场占地面积4.47平方千米，有跑道和滑行道各一条。浦东国际机场（见图）位于上海市区以东35千米处，1999年9月通航。该机场拥有3条3 800～4 000米长、60米宽跑道，2座候机楼总面积88万平方米，能满足30万架次年飞机起降量、6 000万人次年旅客吞吐量和150万吨货邮吞吐量的需求。

浦东国际机场

机场和市区间建有高速公路，以及连接机场和市地铁终点站的磁悬浮铁路。从2002年10月27日开始，虹桥国际机场主要起降国内航班，并作为国际备降机场，国际航班、港澳地区航班和部分国内航班在浦东国际机场起降。两大机场共开通70多家中外航空公司通往国内外180多个城市的航线。

上海海鸥照相机有限公司 Shanghai Seagull Camera Co., Ltd. 中国照相机、镜头与照相器材生产企业。前身是1957年建厂的上海照相机厂，使用上海牌商标。1958年投产的58-Ⅱ型135相机成为首次大批量生产的国产相机。1996年改名上海海鸥照相机厂，同年以海鸥照相机厂为骨干，联合照相机三厂、照相器材二厂、上海美能达光学仪器有限公司等国有、合资、三资企业组成上海海鸥照相机有限公司。主要产品为：传统相机（135、120相机、立体相机）与数码相机、镜头、摄影器材、摄影箱包、光学饰品等。

上海合作组织 Shanghai Cooperation Organization; SCO 中国、俄罗斯、哈萨克斯坦、吉尔吉斯斯坦、塔吉克斯坦和乌兹别克斯坦六国于2001年6月15日在上海宣布成立的政府间国际组织。其前身是“上海五国”会晤机制。上海合作组织的宗旨是：加强成员国之间的相互信任与睦邻友好；发展成员国在政治、经济、科技、文化、教育、能源、交通、环保及其他领域的有效合作；维护和保障地区的和平、安全与稳定；推动建立民主、公正、合理的国际政治经济新秩序。机构设置有成员国元首理事会、政府首脑理事会、外长理事会等。常设机构分别是设在北京的秘书处和设在乌兹别克斯坦首都塔什干的地区反恐机构。每年举行一次成员国元首正式会晤，定期举行政府首脑会晤，轮流在各成员国举行。

上海话剧艺术中心 Shanghai Drama Art Center 中国话剧团体。1995年1月由原上海人民艺术剧院和上海青年话剧团合并而成。上海人民艺术剧院组建于1950年。由前抗敌演剧队两队部分成员和解放区、上海的工作者共同组成。夏衍为首任院长。30多年中，共演出剧目达170余部，主要有《布谷鸟又叫了》、《陈毅市长》以及《日出》、《茶花女》、《三剑客》等风格各异的中外名剧。60～80年代，黄佐临提出并实践“写意戏剧”的构想，在国内外产生了较大影响，对中国话剧界开阔视野、探索多样化的演剧艺术起了推动作用。

上海青年话剧团，来自熊佛西于1957年创办的上海戏剧学院实验话剧团。1963年改名上海青年话剧团。有影响的剧目有《吝啬鬼》、《大雷雨》、《战斗的青春》、《年青的一代》等。80年代后致力于探索话剧民族化和现代化的实验，培养了一批优秀的表演和导演艺术人才。

上海话剧艺术中心成立后，先后推出的创作剧目有《OK，股票》、《商鞅》、《苍天在上》、《长恨歌》等，以及当代外国名剧《蝴蝶是自由的》、《背叛》、《狗魅Sylvia》等。小剧场戏剧《去年冬天》、《WWW.COM》等也深受青年观众喜爱。

上海环球金融中心 Shanghai World Financial Center 中国大陆第一高楼。位于上海陆家嘴金融贸易区，比邻金茂大厦。楼高492米，高度仅次于迪拜的哈里发塔和中

上海环球金融中心大楼

国台北101大楼。是世界第三高楼及世界最高的平顶式大楼。1997年工程动工，当年因受亚洲金融危机影响，曾一度停工。2003年2月复工，2008年8月竣工并开始营业。是以办公为主，集商贸、宾馆、观光、会议等设施于一体的综合型建筑。总建筑面积381 600平方米。地上101层，地下3层。地下2层至地面3层为商业、餐厅，3层至5层为会议中心，7层至77层为写字楼，79层至93层是酒店。94层至100层为观光层，有三个观景台：94层（423米）是面积为750平方米、室内净高8米的观光大厅；97层（439米）为观光天桥；100层（474米）是长度约55米的观光天阁，为世界最高的观光平台。为减少大楼由于强风而引起的摇晃，在90楼（高395米）设置了两台风阻尼器。

上海交通大学 Shanghai Jiaotong University 中国综合性大学。属教育部。校址在上海。前身为盛宣怀创办于1896年的南洋公学。1905年更名商部高等实业学堂。1907年起相继设立铁路专科、电机专科，学校性质逐渐向工科发展。1911年辛亥革命后依次改称南洋大学堂、交通部上海工业专门学校。1921年更名为交通大学，分上海、北京、唐山三校，在上海的称交通大学上海学校。翌年改设两校，上海学校定名为南洋大学。1927年学校改称第一交通大学，翌年与北京、唐山部分重新合校，上海部分称交通大学上海本部。学校逐渐形成以工为主，理、工、管相结合的现代工科大学的院系结构。抗日战争期间，学校辗转内迁，1940年在重庆成立分校，1942年改为本部，1945年迁回上海。1946年学校恢复理、工、管理3个学院。50年代经过院系调整，交通大学成为一所以机、电、船为重点，服务于重工业建设的多科性工业大学。1956年交通大学分设上海部分和西安部分。1959年交通大学两部分独立建校，称上海交通大学和西安交通大学。1999年上海农学院并入。2005年上海第二医科大学并入。著名校友有江泽民、丁关根、陆定一、汪道涵、钱学森、茅以升、吴文俊、蔡锷、邹韬奋、黄炎培、张光斗、邵力子、王安等。

设有船舶海洋与建筑工程、机械与动力工程、电子信息与电气工程、信息安全工程、软件、理学、生命科学技术、人文、化学化工、管理、外国语、医学、法学、微电子等20多个学院以及直属系和研究生院等。有培养学士、硕士和博士的教学体系，有国家重点学科几十个。校园面积约355万平方米。图书馆藏书308万册。出版物有《上海交通大学学报》。

上海交响乐团 Shanghai Symphony Orchestra 中国专业音乐表演团体。前身是19世纪70年代末组成的上海公共乐团铜管乐队，1907年扩大为管弦乐队，1944年定名为上海工部局乐队，由意大利人梅·帕器任指挥。曾有远东第一乐团之誉。1942～1945年乐团一度改称上海音乐协会爱乐乐团。1951年称上海市人民交响乐团，1954年成为上海乐团交响乐队，1956年改为现名。全团拥有140人，首任团长兼指挥为黄贻钧。20世纪80年代后，改为总监负责制，由陈燮阳任艺术总监兼首席指挥，常任指挥还有曹鹏、侯润宇等。该团除系统介绍西方古典、浪漫时期的经典作品外，还积极首演了许多中国20世纪以来的交响音乐作品。该团拥有作曲家瞿维、朱践耳等，演奏员柳和埙、张曦伦、梁大能等。

上海美术专科学校 Shanghai Fine Arts School 中国现代第一所私立美术学校。1912年11月由乌始光、张聿光、刘海粟等创办，名上海美术院。刘海粟长期任校长。1915年改名上海图画美术院。1916年称上海图画美术学校。1917年组织校董会，聘请蔡元培、梁启超、王震、沈恩孚、黄炎培等为校董。1920年更名上海美术学校，设中国画科、西洋画科、工艺图案科、雕塑科、高级师范科、初级师范科。1921年改名为上海美术专门学校。1925年改变体制，分设造型美术院（下分中国画系、西洋画系）、师范院（下分图画音乐系、图画手工系），学制3年；附设图画音乐和图画手工专修科，学制2年。1930年定名为上海美术专科学校。1932年增设绘画研究所。其后学制多变，曾一度分设3年制、5年制专科（下分中国画、西洋画、图案、音乐4组），又设3年制艺术教育科（分绘画、音乐、劳作3组）及研究班。1952年，全国艺术院校院系调整，并入华东艺术专科学校。

该校深受蔡元培关于美育和“思想自由，兼容并包”主张的影响。1914年始用人体模特作写生练习，此后屡遭攻击，刘海粟据理力争，终致获胜。几十年来，该

校培养了大批美术人才和艺术师资，出版有《美术》刊物等，为开拓中国现代美术教育事业作出了贡献。

上海汽车工业(集团)总公司 Shanghai Automotive Industry (Group) Corporation 中国汽车工业具有代表性的特大型企业集团。简称上汽集团。组建于1995年。总部设在上海。前身是1955年成立的上海市内燃机配件制造公司；1958年与上海市动力设备制造公司合并，成立上海市动力机械制造公司；1960年更名为上海市农业机械制造公司；1969年更名为上海市拖拉机汽车工业公司；1978年开始企业性公司试点，1983年成立上海汽车拖拉机联营公司。1990年更名为上海汽车工业总公司。1995年再次改制为上海汽车工业（集团）总公司。改革开放初期，上汽集团选择德国大众汽车公司作为合资经营伙伴，1983年4月1日，第一辆上海桑塔纳轿车组装成功。

1997年6月12日，上海通用汽车有限公司成立。2004年10月28日，上汽集团正式收购韩国双龙汽车，成为中国汽车企业跨国并购第一案。2007年9月，完成资产重组，持有国内A股市场规模最大的汽车公司——上海汽车集团股份有限公司（简称上海汽车）83.83%的股份。至2007年底，上汽集团主要从事乘用车、商用车和汽车零部件的生产、销售、开发、投资及相关的汽车服务贸易和金融业务，拥有上海通用、上海大众、上汽双龙、上汽通用五菱、上海申沃、荣威等系列产品。上汽集团除在上海当地发展外，还在柳州、重庆、烟台、沈阳、青岛、仪征等地建立自己的生产基地；在美国、欧洲、中国香港、日本和韩国设有公司。

上海市 Shanghai City 中国中央直辖市。简称沪。别称申。全国最大的经济中心和第一大港，世界特大港口城市。位于亚洲大陆东沿，中国南北海岸中心点，长江和钱塘江入海汇合处。北界长江南临杭州湾，东濒东海，西接江苏、浙江两省。辖黄浦、徐汇、长宁、静安、普陀、闸北、虹口、杨浦、宝山、闵行、嘉定、浦东新区、金山、奉贤、松江、青浦16区和崇明县（见表）。面积6 340平方千米。人口2 302万（2010）。上海人口除汉族外，少数民族约占总人口的6%。其中人数最多的有回、满、蒙古、壮、朝鲜、维吾尔等民族。市人民政府驻黄浦区。

上海市行政区划表(2011)

黄浦区	长宁区	徐汇区	普陀区
闸北区	闵行区	杨浦区	嘉定区
浦东新区	青浦区	松江区	奉贤区
静安区	虹口区	崇明县	
宝山区	金山区		

图1　从浦西世贸中心俯瞰上海夜景

历史沿革　上海历史悠久。在五六千年前，已有人类在上海西部地区劳动、生息。春秋时，上海属吴。战国时，先属越后属楚。战国末年，上海为楚相春申君黄歇封地，相传黄歇修治黄浦江，故黄浦江又称春申江，上海又别称春申或申。古代上海渔民在江河中栽插名为"扈"的竹编工具捕鱼，在今吴淞江下游一带，有"扈渎"之称，后扈演变为沪，是上海简称沪的由来。唐天宝五载（746）所设的青龙镇（今青浦区东北）已发展为贸易港口，后因岸线东移，距海日远，其地位才为兴起的上海所取代。南宋咸淳三年（1267）建上海镇，镇因黄浦江西的上海浦得名，属华亭县管辖。元世祖至元二十九年（1292），析华亭县置上海县。1927年析江苏省的上海、宝山、嘉定诸县地，置上海市，直属行政院管辖。1928年定为特别市。1930年又改为直辖市。1949年5月27日，上海市人民政府成立。

自然条件　地质构造属扬子准地台东缘拗陷区，燕山运动后期开始沉陷。第四纪末次海侵以来，经长江泥沙的填积，成为**长江三角洲**的组成部分。陆域地势总趋势由东向西低微倾斜，松江区北部的天马山为上海陆域最高点，海拔98.2米。西部**淀山湖**附近一带地势最低，成为向**太湖**倾斜的碟形低平原。海域上有大金山、小金山、与龟山、佘山等岩岛，大金山海拔103.4米，为最高点。

属北亚热带季风气候，温和湿润，四季分明。年平均气温15.7℃，1月平均气温3.3℃，7月平均气温27.8℃。平均年降水量1 132毫米。6月中旬至7月上旬为梅雨期。

境内水网密布，水量充足。主要河流和湖泊有长江河口段、**黄浦江**及其支流**吴淞江**（苏州河）等和淀山湖等大小湖荡30多个。长江流经市郊北部，接纳黄浦江后，东流入海。江口呈喇叭形向外展宽，最宽处达80千米。黄浦江至吴淞口汇入长江，深度一般为7～9米，1万～2万吨级船舶可直达上海港内各深水泊位。吴淞江是上海同内地联系重要水运航道。

经济概况　1949年以来，上海的经济建设取得了巨大成就，财政收入占全国的1/8，进出口商品总额占全国的1/4。

上海是中国重要的工业基地，经过60多年的建设，已经形成门类比较齐全、结构日趋完善、技术装备比较先进、大中小企业相结合、协调配套能力较强、经济效益较高的完善的工业体系。近年来，在改造振兴轻纺等传统工业的同时，重点发展新兴工业，形成汽车、现代通信设备、大型成套设备、钢铁、石化及精细化工、生物医药等六大支柱工业。上海的工业在中国国民经济中占有重要地位。微型电子计算机、集成电路、移动通信手持机、钢和钢材、乙烯、轿车的产量，在全国均占相当大的比重。每年调出大量工业品，丰富全国各地市场，并远销国外。工业产品质量也有稳定提高，不少产品以质量优异而闻名国内外。①汽车制造业。上海的新兴工业。1985年成立中德合资的上海大众汽车公司，先后生产"桑塔纳"和"帕萨特"等多种系列轿车、旅行轿车和汽油发动机；1997年在浦东金桥区兴建中美合资上海通用汽车有限公司，先后生产"别克"和"凯迪拉克"等多种系列轿车。②电子信息产品制造业。包括通信设备、计算机及软件、传输系统及电子元器件等四大类。上海软件园包括浦东软件园、复旦软件园和交大漕河泾软件园等数个分园，成为全国最大的软件产业基地。③电站成套设备制造业。通过技术改造和引进，重点改造了上海电机厂、上海汽轮机厂、上海锅炉厂和上海电站辅机厂等，使之成为全国三大电站成套设备制造基地之一。④钢铁工业。20世纪50年代以来，随吴淞钢铁工业区的扩大，特别是80年代宝山钢铁总厂的兴建，大大提高了上海的钢铁生产能力。⑤石油化工和精细化工。包括原油加工、三大合成材料、有机化工原料和精细化工等四大类。上海石油化工股份有限公司为特大型企业，主要生产石油制品、中间化工原料、合成树脂及塑料制品、化纤原料及合成纤维等四大类产品。⑥生物医药。上海是中国生物工程基地之一。经过多年来的研究开发，生物制品已形成相当规模，在细胞工程、基因工程的基础研究和应用方面取得了一批重要成果。

上海耕地水田占90%以上。是国内机械化、水利化和生产水平较高的农业区域之一。在农作物总播种面积中，粮食（包括大豆）占41%。畜牧业是上海郊区农业的重要组成部分，建有生猪饲养场，家禽饲养场，还有鸵鸟、肉鸽、鳖、牛蛙、河蟹等特色品种养殖场。

上海作为中国较早的通商口岸，吸引了国内外的投资者和众多中外金融机构，并由此而成为远东金融中心。改革开放以来，上海的金融、保险行业获得较快发展，基本形成了商业银行与非银行金融机构、本国金融机构与外国金融机构并存的金融体系。

上海是中国特大型综合性贸易中心。商业、餐饮业、服务业网点遍布全市各地，形成多层次商业网点，商品零售额居全国之首。市区的南京路、淮海路、四川北路和豫园等地是大型商店、专业商店和特色商店最集中的地方，构成上海商业中心的主体。福州路的文化街、北京路的五金街、金陵路的百货街也都是闻名遐迩的特色商业街。在对外贸易方面，上海是全国最大的进出口岸。主要出口商品有棉布、棉纱、绸缎、服装、电力机械与电气零件，石油化工产品、食品及活牲畜等。

图2　上海市城隍庙（豫园）

上海拥有多种运输方式，尤以海运、铁路最为重要，是中国最大的综合运输枢纽之一。有中国最大港口——上海港，货物吞吐量占全国的1/11。上海是京沪、沪杭两条铁路干线的会合点，沿线有十多个客站、货站和编组站，成为中国华东地区最大的铁路枢纽。上海是中国重要航空中心和三大国际航空港之一。有两个民航机场，虹桥国际机场主要承担国内航线，浦东国际机场主要承担国际航线。

文教科技 上海是中国重要的科技、教育、文化中心之一。上海的自然科学研究系统由中国科学院上海分院、地方研究所、厂属研究单位组成，以生物、医药、电子、信息、原子能等方面的研究见长。有复旦大学、同济大学、上海交通大学、华东师范大学、华东理工大学、上海大学、上海外国语大学、上海财经大学等众多院校。

上海文化机构众多，有东方明珠广播电视塔、上海国际会议中心、上海城市规划展示馆、上海博物馆、上海大剧院、上海图书馆、上海书城、刘海粟美术馆、朱屺瞻艺术馆、上海青年文化活动中心等。文化娱乐场所达4 000多家。

名胜古迹 有中山故居、中国社会主义青年团中央机关旧址、中共一大会址、鲁迅墓、宋庆龄陵园、方塔、青龙塔、龙华寺、玉华寺、明清照壁等著名古建筑，豫园、猗园、醉白寺等古园林，以及上海动物园、植物园、大世界游乐中心、锦江乐园、大观园、高桥海滨浴场、上海国际高尔夫球乡村俱乐部等游览地。上海是国家历史文化名城。

上海外国语大学 Shanghai International Studies University 中国涉外语文类高等学校。属教育部。校址在上海。1949年建校，始称上海俄文学校。1956年改为上海外国语学院。1994年改现名。设有国际经贸、英语、日本文化经济、东方语、西方语、国际文化交流、俄语、高级翻译、德语、法语等十几个院系。另有高等职业技术学院和贤达经济人文学院（民办独立）及2个附属中学。有培养学士、硕士和博士的教学体系；有国家重点学科和国家人文社科研究基地等。图书馆藏书90万册。出版物有《外国语》等。

《上海屋檐下》 *Under the Roof of Shanghai* 中国话剧作品。作者夏衍。1939年1月由怒吼剧社首演于重庆。全剧3幕。描写抗日战争爆发前夕，居住在上海一条普通弄堂的石库门房子里5户人家的艰难生活。剧中不论黄梅天的“阴晴不定”，还是“屋檐下”的拥挤、窒息，都不是简单的“背景”。它象征着左右人们命运的政治气候，反映着他们那种希望与失望混杂在一起、渴望来一场“大雷大雨”的思想情绪。夏衍从《上海屋檐下》开始，形成和确立了深沉、凝重而又淡远的艺术风格。

上海戏剧学院 Shanghai Theatre Academy 中国培养戏剧专门人才的高等艺术院校。前身是1945年成立的上海市立实验戏剧学校。1952年院系调整时改为中央戏剧学院华东分院。1956年正式改为现名。熊佛西为首任院长。学院原设有表演、导演、戏剧文学、舞台美术4个系，90年代又增设电视艺术系。从20世纪80年代起，先后成立了戏剧研究所、公共教育部、研究生部、成人教育中心等教学科研部门，开始招收戏剧戏曲学、艺术学和广播电视艺术学3个专业点的硕士研究生和戏剧戏曲学专业的博士研究生。

50多年来，上海戏剧学院形成了基础教育扎实、专业训练规范、学术思想活跃的办学特色，为全国各戏剧院（团）及其他演艺单位培养了大批的专业演员、导演、编剧和舞台美术人才。

上海音乐学院 Shanghai Conservatory of Music 中国培养音乐人才的高等音乐学府。其前身是创立于1927年的国立音乐院，1929年9月改名国立音乐专科学校，是中国最早建立的一所高等音乐学府。1950、1952年先后改名为中央音乐学院上海分院、中央音乐院华东分院。50年代在全国高等学校院系调整中，先后有国立福建音乐专科学校、金陵女子大学文理学院音乐系和华东师范大学音乐系的大部分并入该院。1956年改现名。

学院设有作曲指挥、音乐学、钢琴、声乐、管弦、民族音乐、音乐教育、艺术管理、音乐工程、音乐剧、现代器乐与打击乐等系。出版学院学报《音乐艺术》（季刊）。学院的图书馆和唱片室，分别藏有图书乐谱15万册及唱片、磁带近7万件。

上海证券交易所 Shanghai Stock Exchange 中国买卖有价证券的市场。1990年11月20日，经中华人民共和国国务院批准正式成立，同年12月19日正式营业。上海证券交易所是会员制的事业法人机构，其宗旨是发展中国证券事业，完善金融体制，更好地筹集资金和吸引外资，为促进经济发展服务。上海证券交易所办理的业务包括：提供证券集中交易的场所和设施；管理在沪市上市证券的买卖；进行证券交易的清算交割；开展证券的集中保管和股票集中过户；向社会公开发布有价证券市场的各种信息。

上海证券交易所股价指数 Shanghai Stock Exchange Stock Price Indexes 由中国上海证券交易所1991年7月15日编制并公布，以1990年12月19日为基期，以全部上市股票为样本，以股票发行量为权数，以100为基期值，采用加权综合法计算的股票指数。从1992年2月起，公布了以1990年12月19日为基期的A股指数和以1992年2月21日为基础，以全部上市的A股（人民币普通股票）和B股（在中国境内上市的人民币特种股票）为样本，以发行量为权数进行加权计算的B股指数。从1993年5月3日起，公布了工业、商业、地产业、公用事业及综合5大类分类股价指数。

随后，专家委员会根据样本股的行业代表性、流通市值、交易活跃程度、财务状况、经营业绩、发行H股（在香港联合证券交易所上市交易的记名式普通股股票）和B股情况、地区代表性等因素，从上海证券交易所上市的全部A股股票中选取最具代表性的30种样本股票，以流通股数为权数的加权综合股价指数，以1996年1月至3月的平均流通市值为指数的基数，以1 000点为基期指数编制上证30指数。

2002年7月1日，上证30指数更名为上证180指数。上证成分指数（简称上证180指数）是在所有A股股票中抽取最具市场代表性的180种样本股票编制的，旨在反映上海证券市场概况和运行状况。

上海中国画院 Shanghai Chinese Painting Institute 中国书画创作、研究的专门机构。院址在上海市徐汇区。1960年6月成立。成立初期共延聘了上海地区各个风格流派的中国画、书法、篆刻家69人为画师。目前画院拥有画师及创作人员64名。1969年曾一度与上海油画雕塑创作室合并为上海画院，1980年恢复为上海中国画院。画院设创作研究室、办公室、展览部、艺术服务部等机构。

建院以来，画师们分别出版了众多的个人作品集。其中集体编著和作品汇集主要有《花鸟画谱》(1961)、《上海中国画院作品选集》(1981)、《上海中国画院成立二十五周年纪念美术文集》、《上海中国画院画家丛书》(1998)、《林风眠作品集》(1998)、《关良作品集》(1998)、《程十髮艺术》(2000)、《上海国画院作品集》(2003)、《上海中国画院藏林风眠作品集》(2003)、《上海中国画院》(2005) 等。此外，1985年由上海科教电影制片厂摄制完成的《艺苑掇英》影片（山水篇·花鸟篇·人物篇），展示了画师们的艺术成果与风貌。该院历任院长有丰子恺、吕蒙、程十髮、施大畏，名誉院长唐云、王个簃。

上杭县 Shanghang County 中国福建省龙岩市辖县。位于省境西南部，西南与广东省接壤。面积2 879平方千米。人口37万 (2010)。唐大历四年 (769) 置上杭场，宋升场为县，

李氏大宗祠

即上杭县。境内地形以丘陵、山地为主。属亚热带季风气候。农业主产稻谷、烟叶和油菜子。林产品松脂产量居全省第二位。矿藏有金、铁、铜、钨、铅、锌、石灰岩、大理石、高岭土等。萝卜干、杭梅、板栗、汀菇等享有盛誉。工业以森工和食品为主。上杭是著名的革命老区，1929年红4军第九次党代会即“古田会议”在上杭县东北部古田镇召开。名胜有李氏大宗祠等。

上林苑 Shanglin Imperial Park 中国汉朝武帝刘彻于建元二年（公元前138）在秦代的一个旧苑址上扩建而成的宫苑，规模宏伟，宫室众多，有多种功能和游乐内容。今已无存。上林苑地跨长安（今西安）、咸宁、盩厔（今周至东）、鄠县（今户县）、蓝田五县县境，纵横三百里，有霸、浐、泾、渭、丰、镐、牢、潏八水出入其中。上林苑中有三十六苑、十二宫、三十五观。有供游憩的宜春苑，供御人止宿的御宿苑，为太子设置招宾客的思贤苑、博望苑等。有大型宫城**建章宫**，还有一些各有用途的宫、观建筑等。

上林苑中还有许多池沼，其中昆明池是汉武帝元狩四年（前119）所凿，在长安西南。上林苑中不仅天然植被丰富，初修时群臣还各献名果异树2 000余种。上林苑既有优美的自然景物，又有华美的宫室组群分布其中，是包罗多种多样生活内容的园林总体、秦汉时期建筑宫苑的典型。

上皮组织 epithelial tissue 由许多密集排列的上皮细胞及少量细胞间质所组成，在个体发生中最先形成的一种组织。简称上皮。由内、中、外3个胚层分化形成。外胚层分化的上皮主要有：表皮及其衍生物（毛、腺等），身体上所有的开口（口腔、鼻腔、肛门）的被覆上皮以及神经管壁的上皮等。内胚层分化的上皮有：消化道与呼吸道的上皮、消化腺腺泡和导管；膀胱以及甲状腺、甲状旁腺的上皮等。中胚层分化的上皮有：心血管循环系统的内皮；衬于腹腔、胸腔、心包腔以及某些器官表面的间皮，以及肾、肾上腺皮质和生殖腺的上皮等。

按功能和结构的特点可将上皮组织分为3类：①被覆上皮，如皮肤，司躯体的保护；②腺上皮，如肠绒毛小皮，司养分的吸收和分泌；③感觉上皮，如感受器的转化上皮细胞，司特定刺激的感受。其中被覆上皮为一般泛称的上皮组织，分布最广。

上皮组织的再生能力较强。有两种性质不同的再生：①生理性再生。在正常生理状态下上皮组织的更新。②病理性再生。由炎症、创伤等病理因素引起损伤后上皮组织的修复。

上清派 Shang-ch' ing school 中国道教教派。以尊奉、传承上清经法系统而形成的道派。始创于东晋后期。晋哀帝兴宁二年（364），道士杨羲自称魏夫人（天师道女祭酒**魏华存**）与众仙真降临，授以上清真经及诸真传记、修行要诀。至东晋末年，《上清经》开始在江东各地广为传播，许多道士参与传抄经典，又有王灵期等人改写增广，使经文增至一百多卷。由于《上清经》的问世与传播，遂形成上清派。该派信奉元始天王（后改称元始天尊）、太上大道君等神灵，以魏夫人或杨羲为开派祖师，主要传习《上清大洞真经》、《黄庭经》等经典。在修行方术上特别重视诵经、思神、服气、咽液等，也兼习金丹、**符箓**等方术，强调个人修道成仙。

南朝齐梁时，陶弘景隐居江苏茅山，修道40余年。纂集上清法术，撰成《登真隐诀》、《**养性延命录**》等书；又将道教信奉的诸神排定座次，编成图谱，撰为《真灵位业图》。上清经法，至此更为完备。陶弘景还在茅山大修道馆，招收弟子，使茅山成为上清道团的中心。因此上清派又称茅山宗。在隋唐、北宋时期，茅山宗师王远知、潘师正、司马承祯、李含光、刘混康等人，备受最高统治者尊崇，召请问道，赏赐封号和大量钱物，修建宫观。宋元时期，茅山与龙虎山、阁皂山合称江南道教三山符箓。茅山宫观，最盛时多达250多处，屋舍5000余间。后毁于战火，现仅存少数遗迹。

上饶市 Shangrao City 中国江西省辖地级市。位于省境东北部，邻接安徽、浙江、福建3省。辖信州区和上饶、广丰、玉山、婺源、铅山、弋阳、横峰、鄱阳、余干、万年10县，代管德兴市。面积22 784平方千米。人口658万（2010），有汉、回、满、苗、壮、白、畲、傣、朝鲜、蒙古、布依等民族。唐武德四年（621）置上饶县，1949年析置上饶市。矿产有煤、石灰岩、萤石、花岗石、硅石、稀土、矾、瓷石、金、铜、锌、硫等，有亚洲第一大铜矿——德兴铜矿。农业主产稻米、烟叶、茶叶、茶油、蚕桑、鳗鱼、乌黑鸡等。工业以冶金、建材、食品、纺织、仪表为支柱。风景名胜有三清山（已列入《世界遗产名录》）、龟峰、南岩佛窟、葛仙山、武夷山、鹅湖书院、灵岩洞、万年仙人洞、吊桶环等。

鹅湖书院

上山遗址 Shangshan 中国长江下游地区**新石器时代**早期遗址。位于浙江省浦江县黄宅镇渠南村北名为“上山”的一座小山丘上。2001～2005年3次发掘。年代为距今11 400～8 600年。它的发现，对认识该地区早期新石器文化的面貌和探讨稻作农业起源具有重要意义。

遗迹主要有干栏式建筑遗存和浅基槽式的房基残迹。遗物以圆石球、石磨棒、石磨盘、石片石器及厚胎夹炭红陶为鲜明特征。早期陶器绝大部分为外红内黑的夹炭陶，以大敞口小平底盆、平底盘为主；晚期以夹砂灰褐陶为主，器形增加。夹炭陶表面的稻壳印痕及灰坑中出土的稻米粒，均鉴定是原始栽培稻。证明长江下游应是中国稻作农业的重要起源地之一。

上升流 upwelling 从表层以下铅直上升的**海流**。表层流场产生水平辐散所造成。反之，表层流场产生水平辐合，就造成从表层铅直向下的海流，称为下降流。上升流和下降流合称为升降流，是**大洋环流**的组成部分。上升流的流速甚小，约10^{-4}～10^{-2}厘米/秒，且因地而异。如北美的加利福尼亚外海的上升流，流速为20米/月；

中国浙江近海的上升流，流速可达87.6米/月；南美西岸的强上升流，流速可达200米/月。当季风沿海岸线吹刮时，会产生大片的上升流。索马里和阿拉伯半岛东面的海岸带的上升流，是地球上最强的上升流。中国的台湾和海南岛近海，以及东海某些海域，都有上升流。在岛屿和海岬的背风侧、暗礁周围和北半球较强的逆时针流旋中，以及水团的边界处，都会产生局地的上升流。上升流可把深海区的海水营养盐带到表层，提供了丰富的饵料，使该海区成为渔场。

上市公司 listed company 股份有限公司的一种组织形式。其发行的股票经过有关证券管理部门批准在证券交易所上市交易。股份有限公司申请股票上市需要符合必要的条件：股票发行已经有关证券部门批准；公司股本不少于国家有关规定的限额；经营年限符合法律规定，并在规定的年限内连续赢利；向社会公开发行的股票占公司股票总额的比例符合法定要求；公司在规定年限内无重大违法行为，财务会计报告无虚假记载等。股票的发行，实行公开、公平、公正的原则，必须同股同权、同股同利。股票的发行价格可以是票面价格，也可以超过票面金额但不得低于票面金额。上市公司必须依照国家法律、行政法规的规定，定期公开其财务状况和经营情况，在每个会计年度内半年公布一次财务会计报告。

上诉 appellate 当事人及其法定代理人不服法院的判决、裁定，在法定期限内，请求上级法院进行审理的诉讼。在实行两审终审制的国家（如中国），上诉审程序为第二审程序。在实行三审终审制的国家，上诉审程序包括第二审程序和第三审程序，对二审裁判不服仍可上诉。

上诉人范围 上诉是当事人依法享有的权利。中国刑事诉讼中，刑事被告人、自诉人及他们的法定代理人有权用书面或口头形式向上一级人民法院上诉；被告人的辩护人和近亲属，经被告人同意可以提起上诉；附带民事诉讼的当事人和他们的法定代理人可以对附带民事诉讼部分提起上诉。民事诉讼中，上诉人和被上诉人包括原告、被告、共同诉讼人、有独立请求权的第三人和判决其承担民事责任的无独立请求权的第三人。

上诉期限 对刑事判决的上诉期限为10日，刑事裁定为5日；对民事判决或行政判决的上诉期限为15日，民事裁定或行政裁定的上诉期限为10日。均从收到判决书或裁定书的第2日起算。超过法定期限不得上诉。

上诉案件的审理 中国《刑事诉讼法》规定，第二审人民法院应当就第一审判决认定的事实和适用法律进行全面审查，不受上诉范围的限制。共同犯罪的案件只有部分被告人上诉的，应当对全案进行审查，一并处理。审理后，应按下列情形分别处理：①原判决认定事实清楚，适用法律正确，量刑适当的，裁定驳回上诉，维持原判。②原判决认定事实没有错误，但适用法律有错误，或量刑不当的，应当改判。③原判决事实不清楚或者证据不足的，可以在查清事实后改判；也可以裁定撤销原判，发回原审人民法院重审。《民事诉讼法》和《行政诉讼法》也有类似的规定。

上诉不加刑 no appeal resulting in additional punishment 上诉审法院在审判只有被告人一方提出上诉的案件时，不得改判为重于原审判决刑罚的原则。《中华人民共和国刑事诉讼法》规定："第二审人民法院审判被告人或者他的法定代理人、辩护人、近亲属上诉的案件，不得加重被告人的刑罚。"人民检察院抗诉或者自诉人上诉的案件，不受这一规定的限制。不得加重被告人的刑罚是指：①只有被告人一方上诉的案件，不得加重被告人的刑罚。②共同犯罪的案件，只有部分被告人上诉的，既不得加重上诉的被告人的刑罚，也不得加重未上诉的被告人的刑罚。③对原判认定事实清楚、证据充分，只是认定罪名不当的，在不加重原判刑罚的情况下，可以改变罪名。④对被告人实行数罪并罚的，不得加重决定执行的刑罚，也不得在维持原判决执行的刑罚不变的情况下，加重数罪中某罪的刑罚。⑤对判处拘役或有期徒刑宣告缓刑的，不得撤销原判决宣告的缓刑或者延长缓刑考验期。⑥对事实清楚、证据充分，但判处的刑罚畸轻或者应当适用附加刑而没有适用的案件，不得撤销第一审判决，直接加重被告人的刑罚，也不得以事实不清或者证据不足发回第一审人民法院重新审判。⑦对共同犯罪的案件，人民检察院只对部分被告人的判决提出抗诉的，二审法院不得加重其他被告人的刑罚。

上田诚也 Ueda Seiya（1929-11-28～ ） 日本地球物理学家。生于东京。1952年毕业于东京大学，1958年获博士学位。先后在英国牛津大学、剑桥大学，美国斯克里普斯海洋研究所、麻省理工学院、加州理工学院等机构工作，后历任东京大学理学部副教授、日本地震研究所教授。1976年被美国国家科学院和法国科学院选为外籍通讯院士。曾负责国际深海钻探计划中的马里亚纳海沟-岛弧-弧后区的钻探工作，担任地球动力学计划第一工作组组长。提出地磁场多次转向的观点，为海底扩张说提供了科学论证。提出海沟-岛弧-弧后区的标准热流模式。首先提出太平洋型造山作用和日本列岛的板块构造。1975年提出板块运动的主要驱动力是岩石圈板块向海沟下俯冲的拉力，并认为弧后盆地如日本海的成因以拉张力为主。主要著作有《日本的地热流》、《论太平洋型造山作用及其模式》、《新地球观》、《固体的流动》和《比较俯冲学》等。

上新世 Pliocene Epoch 新近纪最新的一个世，约始于530万年前，终于260万年前（或180万年前）。英国C.莱伊尔（1833,1839）命名了中新世和上新世。奥地利地质学家M.赫赤斯（1853）把中新世和上新世归入他命名的新近纪，但其新近纪还包括现称的第四纪全部。现在国际和国内的地层表，皆认定中新世和上新世组成新近纪，这是法国地质学家M.-I.-M.吉努划分方案的延续。

海相化石带以浮游或漂浮生物为主，如浮游有孔虫、钙质超微、硅藻、放射虫、硅鞭藻、沟鞭藻等，前二者为主导门类、分带的基础。浮游有孔虫有N18至N21共4个化石带，钙质超微化石有NN12（中上部）至NN17共6个化石带。

上扬斯克 Verkhoyansk 俄罗斯萨哈共和国村镇。又译维尔霍扬斯克。在亚纳河畔，西南距雅库次克约900千米。居民1 201人（2010年1月）。建于1638年。帝俄时代作为向东扩张的冬营地、犯人流放地和皮毛集散地。有锡和金开采业。地处北极圈以北，冬季异常寒冷，1月平均气温-46.8℃，绝对最低温度曾达-68℃，为北半球"寒极"之一。

上扬斯克山脉 Verkhoyansk Range; Verkhoyanskiy Khrebet 俄罗斯西伯利亚东北部山系。又译维尔霍扬斯克山脉。北自勒拿河三角洲起，大致沿勒拿河东侧呈弧形延伸，长约1 200千米，宽100～250千米。海拔1 000～2 000米，最高峰2 389米。为勒拿河及亚纳河流域分水岭。永冻层广布。山地植被有落叶松疏林、赤杨及偃松、石质山地苔原。有煤、锡、钨、金等矿藏。东侧的上扬斯克盆地和奥伊米亚康盆地有北半球"寒极"之称。

上犹县 Shangyou County 中国江西省赣州市辖县。位于省境西南部，西接湖南省。面积1 544平方千米。人口30万（2008）。民族以汉为主。五代梁乾化元年（911）析南康县西南地置上犹场。南唐保大十年（952）升场置县。农业主产水稻、甘薯、大豆、甘蔗、花生、黄麻、水果等，为赣州市最大的产茶县。森林覆盖率44%。盛产庐山石鱼、小鲩等名贵鱼。工业有玻纤、轻纺、冶金、造纸、建材、竹木加工、食品、机械等。境内建有五大水电站形成五大湖，素有“一线串珠、一江连五湖”之称。

上虞市 Shangyu City 中国浙江省辖县级市。在省境东北部，钱塘江口南岸。面积1 427平方千米。人口78万（2010）。秦嬴政二十五年（前222）置上虞县。1949年属

白马湖

绍兴专区。1983年改属绍兴市。1992年撤县设市。由绍兴市代管。矿产有铁、锰、铜、铅、锌、金、叶蜡石、萤石、白云石、花岗石等。盛产稻谷、茶叶、蚕茧、棉花、络麻等。工业有纺织、机械、化工、建材、食品等。乡镇工业发达。名胜古迹有曹娥江风景区、曹娥孝女庙、晋太傅谢安故居、谢安墓、国庆寺、洗履池、东汉王充墓、小仙坛青瓷窑遗址、窑寺前青瓷遗址和竺可桢故居等。

上谕 royal decree 中国古代皇帝的命令和指示。也指皇帝用来发布命令的一种官文书。也称谕旨、诏书，俗称圣旨。严格来说，谕和旨是有区别的。谕，一般指皇帝特发的指示性命令；旨，是皇帝根据臣僚的请示而发的答复性意见。凡历代王朝对当时国家政治、军事、经济、文化、外务、宗教等各项重要事务的最后决策及终极处置措施，都要通过上谕文书加以发布和实施。

清代在雍正以前，上谕一般是由内阁大学士或南书房的侍臣撰拟，通过内阁颁发。或由宫中径发有关部院及大臣。雍正七年（1729）军机处设立后，上谕统由军机处撰拟。经皇帝同意后，通过两种途径发出：一种是明发上谕，通过内阁公布，称作“内阁奉上谕”，是属于需要中外臣民共知的国家重大政令，如宣战、议和、大赦、巡幸、谒陵、经筵、蠲免及高级官员的除授降革、重大案件的处理结果等。另一种是“寄信谕旨”，是以军机大臣奉旨的名义，由军机处寄给受件人，所以也称“廷寄”或“字寄”，是只限于少数或个别臣工所应知而不适于公开的机密性谕旨。其内容大都是告诫臣工、指授方略、查核政事、责问刑罚之失当等。

上谕最初是由军机大臣起草，乾隆后逐渐改由军机章京拟草。其撰拟过程是：先由皇帝召见军机大臣，商讨应发上谕的要点，称作“召对”。召对完毕，军机大臣们回到值房，或亲自或令军机章京撰拟成稿，誊清后再由军机大臣送呈皇帝审阅，称作“述旨”。清末光绪年间，兴办电报，遂有电旨或电寄之名目，其性质与撰拟过程都与一般上谕相同，只是发送办法改交由总理各国事务衙门（后改称外务部）用电报拍发。

《上尊号碑》 *Stele of Shangzunhao* 中国三国魏时期碑刻。全称《公卿将军上尊号奏》，又称为《劝进碑》、《劝进表》或《百官劝进表》。立于三国魏黄初元年（220），碑在河南许昌。碑高290厘米，宽153厘米。碑刻隶书，32行，每行49字。记汉末华歆、贾诩、王朗等对曹丕劝进事。此碑传为梁鹄所书，或谓钟繇手笔，均无确凿证据。风格端庄劲健、宏伟庄严，为隶书中精品。有拓本传世。

《上尊号碑》拓片

上座部 Sthaviravāda 佛教部派之一。意为上座长老们的学说。在巴利文中称Theravāda。它是在释迦牟尼逝世后第一个百年内出现的。据说是当时佛教僧伽内部由于对戒律和教义看法不同而出现了分裂。上座部在佛灭后第三个百年中间再次分出了说一切有部、法藏部和雪山部。以后陆续分裂出现了该系当中的犊子部等八部。公元前3世纪时，阿育王向斯里兰卡传教时，派去的就是上座部长老。就三藏经典论，上座部的律藏中，汉译保存的有化地部的《五分律》，以及法藏部的《四分律》。上座部的思想可以从境（认识分析的对象）、行（修行实践）、果（修行所得）三面来看。上座部依认识对象把“法处（所知对象）”列为五十二大类；又以色心二者来归纳十二处。主张心为刹那灭，这样依于心的法处也就是刹那灭了。就解脱实践而言，上座部认为“心性本净，客尘所染”，逻辑上，众生得解脱的根据是先天而有的。为了实现摆脱染（烦恼障缠）而走向净，就要修道，这样才能恢复本性。修道的主要手段是禅定（念住）。念住是分析内心，南传上座讲心细密地分为八十九种，又分为九类十二心：有分心、爱持心、见心、速行心等。在解脱论上，上座部对原始佛教有所发展，后者只讲“人无我”，而上座部则讲三种解脱门（空、无相、无愿的禅定法），它的“空解脱门”就引向了“法无我”的命题。

尚和玉 Shang Heyu（1873～1957） 中国京剧演员。工武生，以勾脸武生戏著称。名璧。河北宝坻（今属天津）人。卒于北京。9岁入玉田县九和春科班学艺。20岁后从张

尚和玉在京剧《战滁州》中饰脱脱

玉贵学俞（菊笙）派武生戏。与李吉瑞、薛凤池同台多年。中年与梅兰芳合作，后又自己组班演出于京、津一带，称誉一时。尚和玉表演恪守俞氏风范，讲求气势，不尚花巧，工架坚实稳健，风格威猛而凝重。他主张武生表演要做到“脆、狠、率”，反对不顾剧情戏理，只为讨好观众而卖弄技术。代表作有《艳阳楼》、《英雄义》、《战滁州》、《四平山》等。早年曾在中华戏曲专科学校及富连成、荣椿社、天津稽古社等科班任教；晚年执教于中国戏曲学校。

尚可喜 Shang Kexi（1604-08-25～1676-12-04） 中国明末将领。清兵入关前降清，与吴三桂、耿精忠（耿仲明之孙）形成三藩割据势力。辽东海州（今辽宁海城）人。明代时任广鹿岛副将。天聪八年（明崇祯七年，1634）投后金。崇德元年（1636），清封尚可喜为智顺王，属汉军镶蓝旗，随清兵入关。顺治六年（1649），改封平南王，率部与耿仲明进军广东，击破广东地区明军。遂留镇广东。尚可喜在广东令其部属私充盐商，又私市私税。时广州为对外通商口岸，“每岁所获银两不下数百万”。尚可喜对清廷比较效忠，但年老多病，便将其兵事交其子尚之信。尚之信素性桀骜，横暴日甚，官民怨恨，又酗酒嗜杀，常在尚可喜面前持刃相拟，为所欲为。康熙十二年（1673），尚可喜疏请归老辽东，留尚之信继续镇守广东。朝廷认为尚之信跋扈难制，遂诏令尽撤三藩。吴三桂、耿精忠起兵叛乱，尚之信响应，尚可喜忧急而死。

尚普兰 Champlain, Samuel de（约1567～1635-12-25） 法国探险家、法国北美殖民

地魁北克和新法兰西的创建人。生于布鲁阿日，卒于魁北克。曾为西班牙国王服务，后前往西印度群岛探险。1603年第一次航行至加拿大考察，从塔杜萨克沿圣劳伦斯河而上，直至蒙特利尔。1604年，到达亚加地亚（今新斯科舍），为法国建立第一个北美殖民地并对周围领域进行勘察、制图。1608年，再度前往圣劳伦斯河流域，建魁北克城，继而建立新法兰西殖民地。1612～1627年，任新法兰西副总督。1613年多次航行至渥太华河上游各地。1615年到达尼比辛湖和佐治亚湾。1629年魁北克为英国人占领，尚普兰被俘，被解往英格兰。1633年魁北克重归法国后，再任新法兰西殖民地总督，直至在魁北克逝世。后人将其记录的大量笔记、亲手绘制的地图和出版的多部著作汇集为《尚普兰全集》(1622～1636)。

《尚书》 *Book of History* 中国古代的一部历史文献汇编。又称《书》。“尚”的意义是上古，“书”的意义是书写在竹帛上的历史记载，所以“尚书”就是“上古的史书”。主要编入商、周两代统治者的一些讲话记录。《尚书》书名为汉代今文家所定。儒家的课程原有“诗、书、礼、乐”四项，礼、乐为讲堂外经常排练的实习课，讲堂上的课本只有《诗》、《书》，所以《商君书》和秦始皇的诏令中所严禁的也是这两种。汉代的这部经书，是由秦博士伏生藏在屋壁里，躲过秦的焚禁（见焚书坑儒）和楚汉的战乱（见楚汉战争）才传下来的。相传西汉中期起，曾几次出现过先秦留下的写本，称为《古文尚书》。东汉流行的是杜林漆书本，这一古文本没有“逸书”16篇而只有同于今文的29篇。魏正始年间刻入“三体石经”中。西晋永嘉之乱，文籍丧失，今、古文也散亡。东晋初年，梅赜献上一部用“隶古定”字体（即用隶书笔法按古文字体写定）写的。该书受到人们的重视，更因为有王朝的提倡，渐得《书经》的正统地位而流传下来。唐孔颖达据以撰《尚书正义》20卷，南宋时与“孔传”合刊为《尚书注疏》。唐天宝间又命卫包用楷书改写成“今字本”，其中有改错之处。开成间这种今字本被刻在《唐石经》中，为以后一切版刻本之祖。宋代朱熹的学生蔡沈总结宋人对《尚书》的解说，撰成《书集传》6卷，每篇注明今文、古文，与《尚书注疏》分别代表《尚书》学史上的两个不同时代。元代以后，该书成了科举的法定读本，明代起被刻在《五经大全》等本中。从唐代开始，有人对东晋《尚书》置疑。清代中叶至今的两百年间，不少学者对伪孔本进行了深入钻研，清代王鸣盛的《尚书后案》、孙星衍的《尚书今古文注疏》、王先谦的《尚书孔传参证》，以及民国时期吴闿生的《尚书大义》和杨筠如的《尚书核诂》，都是有价值的研究成果。

尚书省 Department of State Affairs 中国魏晋至宋的中央最高政府机构之一。始名尚书台，后称尚书省。是由汉代皇帝的秘书机关尚书发展起来的。秦及汉初，尚书是少府的属官，是在皇帝身边任事的小臣，与尚冠、尚衣、尚食、尚浴、尚席合称六尚，因其在殿中主管收发（或启发）文书并保管图籍，故称尚书。三国时，尚书台已正式脱离少府，成为全国政务的总汇。因为它威权升高，引起最高统治者的疑忌，所以最高统治者又开始剥夺它的权力。曹操为魏王时，置秘书令，典尚书奏事。魏明帝时，中书监、令号为专任。于是在尚书台之外复有中书省，而原来作为皇帝侍从的侍中也逐渐成为参预机密的要职，尚书台不再有独占机枢的地位。东晋以后，录尚书之权渐分，有时以三四人并录尚书事。宋孝武帝孝建中，为防大臣威权过盛，遂省去录尚书之职，以后置废不常。西晋灭亡后，在北方建立的十六国，除前凉、西凉遥奉江南正朔，不立尚书台外，其余政权均有尚书令、仆射、尚书等官职。北魏出自鲜卑族，有部落大人会议决事的制度，魏道武帝拓跋珪破后燕，皇始元年（396）始仿魏晋立尚书台，置三十六曹。东魏、北齐承袭北魏，而尚书之权较重。西魏时，宇文泰以大行台执政。大行台的组织略同于尚书省，有仆射、尚书、丞、郎等职。隋文帝杨坚代周称帝，于开皇元年（581）恢复了尚书省，并使之成为名副其实的全国最高行政机构。唐沿隋制，也是三省（尚书、门下、中书）并置，而尚书省事无不总，是全国行政的总汇机构。唐代后期，尚书省已有名无实。北宋初，形式上还保留尚书省的组织系统，但权力既不归属，郎官又不治事，权借此以寄禄秩，别无差遣，尚书省的制度名存实亡。辽、金有尚书省，与宋制略同。元代以后，尚书省遂废除。

尚贤 中国传统政治思想中最为普遍的思想之一。指尊崇贤人。尽管对尚贤的标准存在着异议，但大多数思想家都同意选拔贤能的人做官。商、西周时期，宗法制占据主导地位，在选举官吏时是任人唯亲。西周初年，周公共分封七十余国，兄弟之国十余个，同姓之国五十多个。春秋战国时期，各国开始谋求发展，互相攻战，贤才对于一个国家的兴衰变得重要起来。尚贤的观念由此而生，如孔子就提出了“举贤才”的主张，孟子提出了“进贤”的主张。尚贤是春秋战国以来选拔官吏的主要指导原则，同时使等级秩序保持一定的弹性，从而利于传统秩序的长久存在。

尚小云 Shang Xiaoyun (1900-01-07～1976-04-19) 中国京剧演员。名德泉，字绮霞。祖隶汉军旗籍，生于河北南宫，卒于陕西西安。京剧“四大名旦”之一。幼入北京三乐科班（后改名正乐）学艺。初习武生，后改正旦。从孙怡云学戏，改名小云，以演青衣戏为主。与白牡丹（荀慧生）、芙蓉草（赵桐珊）并称“正乐三杰”。出科后，与孙菊仙、杨小楼、王瑶卿、谭小培、余叔岩、王又宸、马连良合作，后独立挑班。

尚小云在《梁红玉》中饰梁红玉

尚小云的唱腔，远承时小福，近师陈德霖，满宫满调，字正腔圆，善于使用颤音，拖长板眼，一气呵成，以刚劲见称；又得益于王瑶卿为他设计的峭拔、高亢唱腔，汰除了旦脚传统唱法中口紧字拙的缺点。做功身段寓刚健于婀娜，由于武功根底深厚，更擅演刀马旦戏，靠功、把子功干净利索，勇猛俏丽。

尚小云塑造了一批巾帼英雄、侠女烈妇类型的艺术形象，独树一帜，世称“尚派”。《昭君出塞》、《失子惊疯》已摄制成艺术影片。尚小云在从事演剧的同时，还致力于戏曲人才的培育，1937年开办“荣春社”科班，培养学生200余人，以“春、荣、长、喜”排名。

尚钺 Shang Yue (1902-03-23～1982-01-06) 中国历史学家。原名宗武，字健庵。河南罗山县人。卒于北京。1921年入北京大学预科，后入本科英国文学系肄业。1927年南下投身革命。同年9月在开封加入中国共产党。抗日战争爆发后，开始研究历史。

1942年到云南大学任讲师、副教授。1946年由上海入山东解放区，次年，任山东大学教授。1948年任华北大学二部史地系主任、教授。1950年任中国人民大学中国历史教研室主任等职，并兼任中国科学院哲学社会科学部历史研究所学术委员、北京市政协常委等职。1972年任中国人民大学清史研究小组副组长。1978年任历史系主任。主要史学著作有《中国历史纲要》、《中国通史讲义》、《中国资本主义关系发生及演变的初步研究》、《中国原始社会问题的探索》及《尚钺史学论文选集》等。在中国古代史分期问题上持魏晋封建论。文学著作主要有短篇小说集《病》、《斧背》，长篇小说《预谋》等。

尚志市 Shangzhi City 中国黑龙江省辖县级市。位于省境南部山区。面积8 895平方千米。人口59万（2010），有汉、朝鲜、满、回、蒙古等民族。1927年析置珠河县、苇河县。1946年珠河县易名尚志县，以纪念抗日民族英雄赵尚志而得名。1948年苇河县并入。1988年撤县，设尚志市。由哈尔滨市代管。属中温带湿润大陆性季风气候。矿产资源有大理石、花岗岩、石灰岩、煤、石墨和铜、银、铁等。工业以食品、纺织、木材、建材、酿造、冶炼、服装、医药、汽车修配等为主。所产亚麻棉混纺布在国际市场享有盛誉。农业主产水稻、玉米、大豆、啤酒花等。山区盛产水曲柳、黄菠萝、椴、榆等名贵木材，以及山参、五味子、刺五加、木耳、蘑菇、刺嫩芽等。风景名胜有亚布力冰雪运动场、乌吉密滑雪场、帽子山、万佛山等。

烧瓷 painting enamel metal ware 中国北京传统工艺品。又称画珐琅、铜胎画珐琅。清康熙年间，欧洲彩绘珐琅工艺品流传至广州，并传入宫廷。康熙五十七年（1718），宫廷在内务府养心殿造办处下设珐琅作。康熙年间的烧瓷作品多以浅黄色为底色，纹饰优雅。雍正年间，烧瓷作品多用黑底色，并出现白花锦、皮球锦等纹饰。乾隆年间是烧瓷的鼎盛时期，釉彩种类十分丰富。纹饰中多运用开光技法，开光处以白底为多，在其上描绘山水、花鸟、人物等内容，开光周围满布缠枝莲、牡丹等花卉图案。

珐琅彩花卉瓶（清乾隆年制，故宫博物院藏）

烧瓷工艺过程主要是：先以铜制成器物的胎体，然后在胎体内、外敷上一层白釉，表层釉色要求光滑平整，经烧结后在外表的白釉面上用彩釉描绘纹饰，彩绘后经过2～3次填彩、修整，然后再烧结，最后镀金、磨光而成。品种大多实用，如瓶、盘、碗、罐、碟和整套的酒具、烟具等。还有各种仿古器皿（如炉、鼎、爵、觚、斝等）以及挂屏、插屏等。烧瓷造型典雅，纹饰精细，色彩清秀，具有独特的艺术风格。

烧沟汉墓壁画 Murals in Tomb of Han Dynasty in Shaogou 中国西汉墓室壁画。1957年发现于河南省洛阳市烧沟西汉晚期墓室内。壁画分布在主室的墓门内额、隔墙及中柱、后壁、墓顶中脊上，一部分为完全绘画形式，一部分是镂雕彩绘的砖雕。主室壁面及墓顶斜披砌有模印几何花纹砖。墓主室中有两幅完整的画面。隔墙横楣上的一幅宽0.22米，长2.06米，画有13个人物，右边可能是表现“二桃杀三士”故事，左边内容不甚明确，因其中有一人物特别矮小，被认为是“周公辅成王”或“赵氏孤儿”故事。后壁一幅横长的梯形画面，共画9人，围绕中间一兽首人身持杯饮酒的形象，右边是一人站立、二人对饮与庖厨场面，左边是二人拱手站立，一人持剑跨步。从宴饮、怒目挥剑和背后的山峦景象分析，可能是描绘“鸿门宴”故事，也有人认为是傩仪图。墓门内额浮雕羊头，周围画翼虎食旱魃。隔墙横楣上方梯形部位的两面有凤鸟、龙、虎、鹿、怪兽、翼马、玉璧、窗门及人物等形象，表现的是驱傩逐疫。由12块砖面构成的前室顶部中脊是画满日、月、星、云的天象图，形象地表达了汉代的宇宙观和升仙意识。烧沟汉墓壁画画面貌基本完整，是中国早期墓室壁画的珍贵实例之一。

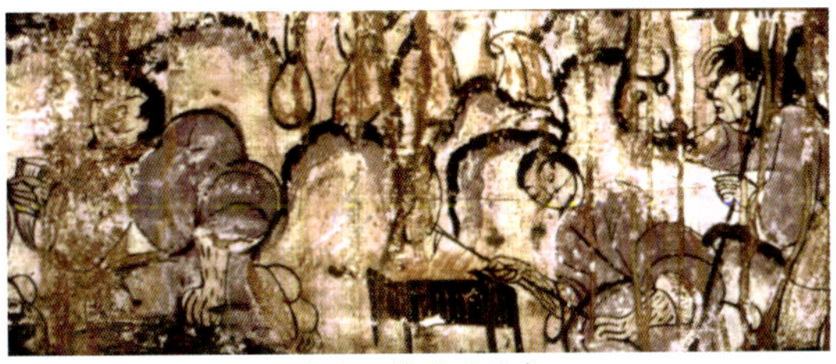
烧沟汉墓壁画局部

烧碱 caustic soda 化学式$NaOH$。氢氧化钠的俗称。

烧伤 burn 热力（如火焰、热液、热蒸汽、热金属等）所致组织损伤。又称灼伤。电流、化学物质（如强酸、强碱）所致的损伤，其病理变化和临床过程与热力损伤相近，也属烧伤范畴。决定烧伤严重程度的因素有：①烧伤面积。小面积烧伤病变局限，多无全身反应。成人烧伤面积>30%，儿童烧伤面积>10%，就有可能发生休克及其他并发症。中国常用“九分法”估计烧伤面积，即头颈部=9%；躯干=3×9%；双上肢=2×9%；双下肢=5×9%＋1%。小面积烧伤可用手掌法，即五指并拢的手掌面积等于自身体表面积的1%。②烧伤深度。普遍采用三度四分法。Ⅰ°烧伤：仅伤及表皮浅层，生发层健在，再生能力强，可自愈。浅Ⅱ°烧伤：达表皮生发层及乳头层，红肿、疼痛明显，有水疱形成，若不感染1～2周可愈合，不留瘢痕。深Ⅱ°烧伤：波及真皮层，有水疱，疼痛的感觉不如浅Ⅱ°明显，愈合后多遗留瘢痕。Ⅲ°烧伤：深达皮下、肌肉或骨骼。无水疱，皮色蜡白、焦黄甚至焦黑色。已无痛觉，触之如皮革。无上皮再生来源，必须靠植皮而愈合创面。③烧伤部位。头颈及会阴部烧伤，全身反应重、易感染。头颈部烧伤常合并呼吸道烧伤，是救治中的难题。④年龄和体质。小儿、老人、体弱者烧伤病情重，并发症多，治愈率低。

烧伤分度 ①轻度烧伤：总面积在10%以下的Ⅰ°烧伤。②中度烧伤：总面积在10%～30%的Ⅱ°烧伤，或Ⅲ°烧伤面积小于10%。③重度烧伤：总面积在30%～50%的Ⅱ°烧伤，或Ⅲ°烧伤面积10%～20%，或烧伤面积不到前二者但有下列情况之一：病情重已有休克，或合并外伤，或有吸入性损伤。④特重烧伤：烧伤总面积50%以上的Ⅱ°烧伤，或Ⅲ°烧伤面积>20%。

病理生理与临床分期 急性体液渗出期（休克期）一般在伤后48小时内。小而浅的烧伤体液渗出少，烧伤面积大而深者，体液渗出8小时达高峰，至48小时渐趋恢复。故伤后48小时内主要威胁患者生命的是低血容量休克，此期补充体液防治休克，使患者平稳度过休克期是救治烧伤的关键，同时也为相继而来的感染期的防治打下良好的基础。因皮肤屏障丧失、坏死组织溶解、渗出水肿回收开始即进入第二阶段——感染期，防治烧伤创面脓毒症的发生是本期治疗的关键。应正确处理创面，积极清创、合理应用抗菌素；对大面积深度烧伤应尽早行切痂或削痂手术，及时皮肤移植以消灭创面，防止局部及全身感染。伤后两周起直至创面愈合是烧伤的修复期。积极处理创面、促进愈合、加强营养支持是修复期治疗的关键。大面积深度烧伤的治疗与康复过程，包括预防关节功能部位的挛缩、畸形及功能锻炼，都需要较长的时间，有时需要进行多次的整形手术。

烧炭党 Carbonari 意大利资产阶级的秘密革命团体。19世纪初在那不勒斯王国成立。因成员最初逃避在烧炭山区而得名，一说沿用中欧烧炭者秘密组织之名。也可能是共济会的一个支派。旨在驱除法国（后是奥地利）侵略者，消灭封建专制制度，以谋求国家的统一和独立。19世纪30年代为G.马志尼领导的青年意大利党取代。初

被捕的烧炭党人（绘画）

在边远地区和山区活动，1812～1813年拿破仑帝国衰败时期得到发展。1815年其活动几乎遍布整个意大利半岛。成员大多数为资产阶级、先进知识分子、自由派贵族和士兵等。组织采取秘密的教阶形式，使用假名和暗语，入会需履行繁琐的仪式。19世纪上半叶，多次发动起义，均因未得到广大群众支持而失败。此外，在法国和西班牙也曾有烧炭党组织。

烧心 heartburn 剑突或胸骨下烧灼或发热的病理现象。又称胃灼热、灼心。多见于反流性食管炎，亦可见于幽门不全梗阻、消化性溃疡等疾病。主要由胃内容物反流到食管内，刺激食管黏膜所致。当食管下端括约肌功能障碍或食管蠕动功能异常时，酸性的胃内容物反流到食管内而产生烧心症状。多发生在饭后。卧位或前躬位以及饱餐、饮酒和服用某些药物可诱发或促使烧心症状加重。饮水、服抑酸药物可使症状减轻或缓解。烧心是一种常见的消化系统症状，需进一步检查明确诊断，内镜检查是首选的检查手段，食管下段括约肌运动功能测定可以帮助诊断。烧心症状有时须与心绞痛鉴别。

芍药科 Paeoniaceae; paeonia family 双子叶植物纲五桠果亚纲的一科。仅芍药属1属，约35种，主要分布于欧亚大陆，少数产北美洲西部。中国有11种，分布于西南、西北、华中、华北和东北。木本的牡丹组为中国特产。灌木或具根状茎的多年生草本。叶互生，为2回3出复叶，无托叶。花大，常单独顶生，两性，辐射对称。萼片5枚，宿存。花瓣5～10片，覆瓦状排列，白色、粉红色、紫色或黄色。雄蕊多数，离心发育，花药外向，长圆形。花盘肉质，环状或杯状。心皮2～5枚，分生，子房沿腹缝线有2列胚珠，受精后形成具革质果皮的蓇葖果。种子大，红紫色，有假种皮和丰富的胚乳。代表种：①牡丹。特产中国。小灌木，高1～2米，3回3出复叶很大，小叶三浅裂，花单生茎顶端，直径20～30厘米，有黄、紫、红白等颜色，花盘杯状，把4～5个心皮完全包住。根皮称为丹皮，通常用作通经药和强健剂。花美丽，为庭园珍品，河南洛阳和山东菏泽等地培育的品种最多。②芍药。分布于中国陕西、山西和河北北部，内蒙古和黑龙江，以及俄罗斯西伯利亚一带。具根状茎的多年生草本，2回3出复叶的小叶呈披针形，边缘有骨质小齿，花顶生和腋生，直径10厘米，白色、粉红色或紫色，花盘环状，仅包围心皮群的基部。芍药在中国已有2 000多年的栽培历史。根皮称白芍，有镇痛和解热的功效。

苕子 *Vicia*; vetch 豆科野豌豆属植物的统称。一年生或越年生蔓生草本植物。重要的绿肥和饲草作物。主要分布在东西两半球的温带地区，全世界有200多种，中国有近30种，多为野生，从平原到海拔2 000米的地区均有分布。

用作绿肥饲草栽培的主要有三种（含变种）：①毛叶苕子。又称长柔毛野豌豆。原产欧洲，俄罗斯、匈牙利等国栽培较多。中国主要在江苏、河南、山东、安徽等地种植。根系发达，密布于30厘米深的耕层内。茎四棱形，长可达3米，密被长柔毛。②光叶苕子。与毛叶苕子属同种，具半冬性的稀毛生态型。又称稀毛苕子、野豌豆、肥田草等。多在长江流域以南种植。③蓝花苕子。又称广布野豌豆。原产中国西南地区，主要分布在云南、贵州、四川、广西等地。速生早发，茎中空，蔓生，无毛。花蓝紫色。

苕子在中国南方主要作稻田冬绿肥，秋季刈稻前撒播于水稻行间或刈稻后播种，翌年春季翻压。在江淮和华北地区，多用作冬春棉田和粮田间套绿肥；西北地区常作小麦后茬的绿肥。刈割期因用途不同而异：用作青饲的宜在初花期收割，作干草的则在盛花期收割，与麦类作物混播应在麦类作物抽穗前收割。

韶关市 Shaoguan City 中国广东省辖地级市。位于省境北部。军事重镇，素有广东北大门之称。面积18 380平方千米。人口283万（2010），有汉、瑶、壮、回、满、京、苗、白、侗、土家等民族。辖浈江、武江、曲江3区和始兴、仁化、翁源、新丰4县以及乳源瑶族自治县，代管乐昌市和南雄市。西汉属曲江县，隋唐属韶州。明末清初始设税关，称韶关，为韶州府治。抗日战争时为广东省会。1949年析曲江县城区设市。境内山峦起伏，河谷盆地相间，岩溶、红岩等地形广布。仁化丹霞山、坪石金鸡岭红岩峰林是著名的丹霞地貌。属中亚热带季风气候。农业主产水稻、花生、甘蔗、油菜子、蔬菜等。特产有瓜子、南华李、草菇、竹笋、蜜糖等。矿产有锑、银、锌、钨、铀、铜、铋、汞等，以“有色金属之乡”著称。工业以采煤、钢铁、冶金和机械等为主。名胜古迹有唐张九龄墓、宋余靖墓、走马岗新石器时代文化遗址、马坝人遗址、石峡文化遗址、丹霞山、金鸡岭、岭南森林公园等。

韶山市 Shaoshan City 中国湖南省辖县级市。位于省境中部偏东，湘江下游。面积210平方千米。人口9万（2010）。相传唐虞时期舜帝南巡至此，命随从奏韶乐，引“凤凰来仪”，故名韶山。1961年湘潭县下设韶山区。1992年撤区设市。由湘潭市代管。矿藏有煤、锰、铁、耐火黏土、陶瓷土等。农作物有水稻、甘薯、花生、大豆、油菜、棉花、烟叶等。林产有木材、茶叶、柑橘等。

毛泽东故居远眺

畜禽和水产养殖业较发达。工业有纺织、印刷、服装、食品、冶金、机电、建材和采掘等。名胜古迹有银田寺、滴水洞、韶峰等，有毛泽东故居和纪念馆。

少数民族 minority nationality; ethnic minority 通常指多民族国家中人口居于少数的民族，有时也指在社会政治法律上居于从属地位的民族。世界上绝大多数国家都由多民族构成。

在中国，汉族人口在总人口中占绝大多数，习惯上将除汉族以外的其他55个民族统称为少数民族。这55个民族是：蒙古、回、藏、维吾尔、苗、彝、壮、布依、朝鲜、满、侗、瑶、白、土家、哈尼、哈萨克、傣、黎、傈僳、佤、畲、拉祜、水、东乡、纳西、景颇、柯尔克孜、土、达斡尔、仫佬、羌、仡佬、锡伯、布朗、撒拉、毛南、阿昌、普米、塔吉克、怒、乌孜别克、俄罗斯、鄂温克、德昂、保安、裕固、京、基诺、高山、塔塔尔、独龙、鄂伦春、赫哲、门巴、珞巴族。据2010年第六次中国人口普查，少数民族人口为11 379.22万，占全国总人口的8.49%。中国共产党和中国政府重视解决国内少数民族问题，制定了促进民族平等和民族发展的一系列法律、法规及政策措施，尤其是根据“大杂居”、“小聚居”的民族分布特点，实行民族区域自治政策。截至2009年，中国已建有民族自治地方155个，55个少数民族中有45个建立了自治地方，实行自治的少数民族人口占少数民族总人口的70%左右，民族自治地方行政区域面积占中国总面积的64%。

少康 Shaokang 中国古代传说中的夏代国君。姒姓。夏王相的儿子，母亲为有仍氏（今山东济宁东南）人。夏王相统治的末期，寒浞发动叛乱，杀相篡夺王位。相的妻子后缗时正怀孕，被迫逃回有仍氏，生下相的遗腹子少康。少康长大后为有仍氏牧正，又逃至有虞氏（今河南虞城南）任庖正，在虞娶妻，有田一成（方10里），有众一旅（500人）。积极争取夏众与夏民，志在复国。后在同姓部落斟灌与斟鄩的帮助下，与旧臣靡等人合力，攻灭寒浞，恢复了夏王朝的统治。此即史书中所称的“少康中兴”。

少林拳 Shaolinquan; Shaolin boxing 中国武术拳种之一。少林武术的总称。因出于河南省嵩山少林寺得名，是在中国古代健身术的基础上，吸收各种武艺之长而形成的中国拳术的一个最有影响的流派，以其刚健有力、朴实无华和利于技击而在国内外享有盛名。少林寺僧众素有传习拳术、发愤武事的传统，被誉为“天下第一名刹”。寺僧还经常邀请各地武术名家指教，各方武术名人也慕名而至，取经送宝。宋以后少林武术先后汇纳了宋太祖赵匡胤的长拳、韩通的通背、马籍的短打等18家拳法之长，

少林拳之豹拳

著拳谱于寺，留传后世。少林拳的最大特点是注重技击，套路结构短小精悍，攻防严密紧凑，动作朴实健壮而敏捷，招式巧妙多变，力量的运用灵活而有弹性，着眼于实用，不练花架子。少林拳身法有八要，即起、落、进、退、反、侧、收、纵。手眼身步法的要求是：手法曲而不曲，直而不直，滚出滚入运用自如；眼法以目注目，以审敌势；身法起横落顺，着重掌握重心，不失平衡；步法进低退高，轻灵稳固。在使用的方法上，要求藏而不露，内静外猛。少林拳的主要拳种有小洪拳、大洪拳、罗汉拳、梅花拳等。中华人民共和国建立后，在少林寺所在的登封建立了业余武术学校，成立了少林拳研究小组，搜集到一些民间珍藏的拳谱，并培养了一批练少林拳的骨干和教练员，多次参加全国武术比赛和武术表演。

少林寺 Shaolin Temple 中国佛教禅宗祖庭。位于河南登封城西少室山。寺处少室山林中，故名少林。始建于北魏太和十九年（495）。印度僧人跋陀曾在此传法。禅宗初祖菩提达摩面壁修行、慧可断臂都在此寺。北周武帝废佛时，寺毁。以后重建，改名陟岵寺。隋文帝敕复原寺名。唐初，寺僧曾助太宗作战，故此寺颇受崇敬，少林武僧名闻遐迩。南宋时扩建。清雍正年间

少林寺塔林

重修。寺内今尚存达摩亭、毗卢殿等。其他名胜有寺西北的初祖庵、寺西的塔林、寺西南的二祖庵、五乳峰上的达摩洞等。寺中保存唐代以来的古碑刻如《唐太宗赐少林教碑》等颇具历史价值。

少年宫 children's palace 综合性的少年儿童校外教育机构，少年儿童的校外活动场所。规模较小的称为少年之家。美国、日本、英国、澳大利亚、俄罗斯等国都有类似的机构。

少年宫的基本任务是：运用各种文化艺术手段，寓教于乐，在培养青少年兴趣爱好的同时陶冶情操，进行爱国主义、集体主义、社会主义宣传教育；开展新知识、新技能的普及工作，把青少年宫建成培养人才的摇篮；通过组织丰富多彩的文体科技活动，引导青少年文化的健康发展。

1953年6月，中国第一所以少年宫命名的校外教育机构——中国福利会少年宫成立。“文化大革命”期间少年宫遭受破坏。1979年形成“三个面向、三个结合”的办宫方针，次年文化部、教育部、中国科协、中华全国总工会、共青团中央颁布的《关于切实解决青少年文化活动场所的意见》，使少年宫教育拨乱反正，蓬勃发展。

《少年维特之烦恼》 *Die Leiden des Jungen Werthers* 德国书信体小说。诗人J.W.von歌德1774年写成。主人公维特在一次舞会上与美丽而聪颖的法官女儿夏洛蒂一见钟情。可惜她已与阿尔伯特订婚。为此维特烦恼不堪，决心永远离开夏洛蒂。维特勉强接受了公使秘书的工作，但深感在鄙俗的社会里，一个地位卑下的人，纵有才华亦难寻出路。他又回到夏洛蒂那里，但她已同阿尔伯特结婚，不得不疏远他。生性懦弱的维特万念俱灰，向夏洛蒂借了阿尔伯特的手枪，在自己的房间里结束了生命。

《少室山房笔丛》 *Shaoshishanfang Studio's Notes* 中国文学史料著作。明代胡应麟撰。胡应麟（1551～1602），字元瑞，更字明瑞，号石羊生，又号少室山人，兰溪（今属浙江）人。万历四年（1576）举人。诗文宗七子，但有所变化，甚得王世贞赏识。此书是一部以考据为主的笔记，32卷，续集16卷，共48卷，分为12部分。其中《经籍会通》论古来藏书存亡聚散之迹，《丹铅新录》专门驳斥杨慎考据的谬误，《史书占毕》是对史书及史事的评论，《艺林学山》品评文学遗产的优劣，《九流绪论》考论诸子百家的源流，《二酉缀遗》采掇古籍中奇闻怪事，《华阳博议》杂述古人博闻强志之事，《庄岳委谈》广泛论及社会杂事包括戏曲、小说等项。从卷二十九关于小说分类的记述中，可了解当时人们的小说观，对认识小说的历史演变颇有帮助。另外，《丹铅新录》、《艺林学山》两部分对考辨诗文典故、词曲名称的来源、作家籍里等均有助益。书中征引典籍极其宏富，但也有不少舛伪疏误之处。

少阳病 shaoyang disorder 中医学伤寒六经病之一。常见于外感病病程中，以口苦、咽干、目眩、寒热往来、胸胁苦满、心烦

多呕、默默不欲食为特征。

少阳病的治疗以和解为原则，以小柴胡汤为主治方。对于小柴胡汤的使用，在往来寒热、胸胁苦满、心烦多呕等主症中，但见一症即可，不必诸症悉具。

少阳病的**传变**，若病人阳热盛，则易入阳明胃腑。如果病人虚寒，也可转为阴证。至于妇女经期，证见寒热如疟、发作有时，昼则明了、暮则谵语，为热入血室，宜用小柴胡汤和解达邪。

因少阳病属于半表半里证，故治疗上禁用汗、吐、下三法。

少阴病 shaoyin disorder 中医学伤寒六经病之一。常见于外感病病程中，证见脉微细，但欲寐，无热恶寒，蜷卧，呕吐，下利，四肢厥冷等心肾阳虚表现；或心烦不得眠，口燥咽干，舌尖红赤，脉细数等阴虚阳亢表现。伤寒病至少阴，正气已衰弱，病势危笃，若因循失治或辨证施治失当，则预后不良。少阴病的性质，主要是心肾阳衰、阴寒内盛，或心肾阴亏、阳热内亢。前者属少阴虚寒证，后者为少阴虚热证。

少阴虚寒证：①证见下利清谷、四肢厥冷、脉沉微而细、呕不能食或食入即吐者，为脾肾阳虚、阴寒内盛，治宜抑阴扶阳，方用四逆汤。②少阴病还可见到一种真寒假热的证象，因阴寒盛于内，虚阳被格于外，故既见下利清谷、手足厥冷、脉微欲绝、腹痛干呕，又有身反不恶寒、汗出、面赤、咽痛等假热之证，为阴盛格阳证。治宜通脉四逆汤，此方与四逆汤药物相同，但药物剂量增大，意在破阴返阳。③少阴虚寒证往往兼夹寒水之气为患，若阴盛阳虚、寒水浸渍肢体、脉沉肢寒、背部畏冷、身体骨节疼痛者，宜以附子汤温补以壮元阳，或灸大椎穴、关元穴。④若寒邪水气相搏，浸淫内外而见腹痛下利、小便不利、四肢重痛等证，宜用真武汤温散以逐水气。

少阴虚热证：①初起病轻，但见咽痛，可用甘草汤、桔梗汤，轻清开泄少阴经热邪。②脉微细数、心烦失眠，为肾水不足、心火炎上所致，宜用黄连阿胶汤育阴清热。③阴虚火炎而兼有水气，证见心烦不眠、兼以下利、呕而口渴或咳嗽者，可用猪苓汤育阴利水。

在一般情况下，少阴病的治疗禁用汗、下之法。少阴病厥冷无汗，属阳虚之证，若误用药物或以火气逼其汗出，可导致小便艰难、谵语、口鼻出血等证。少阴病本无里实，自然也不可妄行攻下。

若少阴虚寒证病情严重，则多危及患者的生命。其关键在于阳气的回复与否。若通过治疗，患者下利自止、手足渐温、时时自烦、欲去衣被者，为阳回佳兆。若手足逆冷、吐利不止、躁烦不安、头眩昏冒、气促不寐、脉绝不至者，均属危象。

邵大箴 Shao Dazhen (1934-10-18～) 中国美术史学家，美术评论家。江苏丹徒（今属镇江）人。1955年赴苏联列宾绘画雕塑建筑学院学习，1960年7月毕业后回国任教于**中央美术学院**。长期从事西方美术史和中国现代美术的研究。在研究中大力培植中国现代美术，力促中国美术形态从传统走向现代。曾任《世界美术》杂志负责人、中国美术家协会书记处书记、《美术》杂志主编等职。为圣彼得堡列宾美术学院名誉教授。著有《现代派美术浅议》、《传统美术与现代派》等。

邵基 Shawqī, Ahmad (1868-10-16～1932-10-14) 埃及诗人、剧作家。生于开罗，卒于开罗。贵族出身。早年被选派赴法国留学。1892年回国后在宫中任职。第一次世界大战爆发后，被英国人放逐到西班牙。战后回国，专事写作。早期诗歌多为对王室的赞颂和爱情诗、悼亡诗、豪情诗等。其中史诗《尼罗河流域的大事件》较为著名。

流亡4年间的诗歌大多以缅怀历史、凭吊遗迹来抒发思乡之情，都收在《伊斯兰各国及其伟人》中。1919年返回祖国，在埃及民族解放运动的影响下，诗风为之一变。《狮身人面兽》(1921)、《在金字塔下》(1923)等以历史和山川古迹为题材，抒发爱国热忱，激励国民，复兴祖国。他的诗歌想象丰富，感情细腻，音律优美，语言凝练、典雅，具有强烈的艺术魅力。在阿拉伯诗歌史上占有重要地位。晚年创作了《克娄巴特拉之死》(1929)、《莱伊拉的痴情人》(1931)等6部诗剧和1部散文剧，成功地将阿拉伯诗歌运用于戏剧，为阿拉伯文学开辟了新领域。另有《邵基诗集》(4卷)、散文集《黄金市场》(1932)等。

邵飘萍 Shao Piaoping (1886-10-11～1926-04-26) 中国新闻记者、新闻教育家、新闻学者。原名新成，笔名飘萍、素昧。浙江东阳人。卒于北京。1902年入浙江高等学校，毕业后在金华中学任教。1911年赴杭州办《汉民日报》。因反对**袁世凯**，三次被捕入狱。1914年赴日留学。1915年回国，任上海《**申报**》驻北京特派员及《时事新报》、《时报》主笔。所写200余篇“北京特别通信”，深受读者欢迎。1916年7月在北京创办新闻编译社，向国内各报及外国驻京记者发稿。1918年10月在北京创办《京报》，任社长。同年，与**蔡元培**、徐宝璜创立北京大学新闻学研究会，兼任导师，主讲新闻采访和新闻学理论。1919年，《京报》因刊载指责段祺瑞政府的新闻和评论被查封。他再次逃亡日本，任大阪《**朝日新闻**》中国问题顾问。1920年秋回北京，复刊《京报》，继任社长。1924年起，在北京平民大学、国立法政大学任教，讲授新闻采访课，撰写新闻学著作。1925年秘密加入中国共产党。后被奉系军阀以“勾结赤俄，宣传赤化”的罪名杀害。

邵荃麟 Shao Quanlin (1906-11-13～1971-06-10) 中国文学理论家。原名邵骏远，曾用名邵逸民、邵亦民，笔名荃、力夫、契若等。浙江慈溪人。生于重庆，卒于北京。1920年在上海复旦中学和复旦大学读书。1926年加入中国共产党。此后长期从事革命工作。1939年在浙江金华及东南地区编辑刊物，宣传抗日。以后到桂林，从事文化工作和文艺运动，主编《文化杂志》、《文艺杂志》，发表《英雄》、《新居》等10多篇小说。1944年以后，主要致力于文艺理论和批评，任中共重庆局文化工作委员会委员。1946年到香港，主编颇有影响的《大众文艺丛刊》，撰写了《对于当前文艺运动的意见》、《论马恩的文艺批评》等重要论文。1953年被选为中国文学工作者协会（后改名中国作家协会）副主席并担任党组书记，兼任《人民文学》主编。1962年7月在大连参加农村题材短篇小说创作座谈会时，为探讨文学如何反映人民内部矛盾提出“现实主义深化”和“写中间人物”的意见，1964年以后遭到批判。“文化大革命”期间受迫害，含冤病死狱中。1979年平反昭雪，恢复名誉。1981年，人民文学出版社出版了《邵荃麟评论选集》。

邵氏兄弟(香港)有限公司 Shaw Brothers Ltd., Hong Kong 中国香港规模最大、产量最高的电影制片机构。成立于1958年。1925年**邵醉翁**、邵邨人、邵仁枚、**邵逸夫**兄弟在上海创办天一影片公司，1934年迁到香港，1937年改名南洋影片公司，1950年改名邵氏公司。1958年起分为邵氏兄弟有限公司和邵氏父子有限公司。1961年邵氏兄弟有限公司在九龙清水湾修建了东南亚最大的现代化电影制片厂，俗称“邵氏影城”；邵氏父子公司则拥有香港最大的发行放映网，全世界有100多家影院放映它发行的影片。1980年，邵逸夫出任董事局主席。同期，邵氏的电影业务不断收缩，并于1985年将全部院线售予潘迪生旗下新成立的德宝电影公司，至1987年5月，邵氏兄弟宣布停止生产电影。由邵氏兄弟投产至暂停制作期间共生产了1 000多部电影。2000年，邵氏兄弟宣布将700余部邵氏电影的永久版权以4亿港元的价钱售予马来西亚收费电视台ASTRO旗下的天映娱乐公司。

邵武市 Shaowu City 中国福建省辖县级市。位于省境西北部武夷山山麓地带。面积2 851平方千米。人口28万（2010）。三国吴永安三年（260）置昭武县。晋改称邵武县。1983年撤县建市。由南平市代管。矿藏有煤、萤石、钨、石灰岩、硫铁、石英、钾长石、大理石、云母、高岭土等。粮食作物以稻谷为主，素有“闽北粮仓”之称。经济作物有油菜、花生、甘蔗、茶叶、瓜豆、蔬菜、烟叶、麻类等。工业有森工、纺织、机械等。邵武民俗博物馆为福建省首座民俗博物馆。风景名胜有天成岩景区等。

邵循正 Shao Xunzheng（1909-11-21～1972-04-27） 中国历史学家。字心恒。福建侯官（今福州市）人。卒于北京。1924年入福州英华书院。1926年入福州协和大学。同年秋入清华学校大学部政治学系攻国际法和国际关系。1930年入清华大学研究院改习历史。所著硕士学位论文《中法越南关系始末》20余万字，被选刊于清华大学研究院毕业论文丛刊。1934年初赴欧洲留学，改习蒙古史。在法国巴黎法兰西学院东方语言学院从汉学家伯希和攻蒙古史，学习古波斯文。次年转入德国柏林大学继续研究蒙古史。1936年由法回国，被聘为清华大学历史学系讲师，讲授蒙古文。七七事变后，随校南迁赴长沙临时大学、昆明西南联合大学任历史学系专任讲师、副教授、教授，讲授蒙古史、波斯文和中国近代史诸课。1945年秋应英国文化委员会之聘，与陈寅恪、洪谦、孙毓棠、沈有鼎联袂赴英，任牛津大学访问教授，研究蒙古史。并到比利时布鲁塞尔大学和鲁文大学作短期讲学。1946年冬归国，回清华大学任教。中华人民共和国建立后，1950年任清华大学历史学系主任。1952年任北京大学历史系教授、中国近代史教研室主任，兼中国科学院第三历史研究所（即今中国社会科学院近代史研究所）研究员，1952～1958年任该所史料编辑室主任。1956年与翁独健、韩儒林作为中国蒙古史专家代表赴莫斯科，拟定由蒙、中、苏三国历史学家合作编写《蒙古通史》的研究计划，促进了国际学术文化交流。

邵循正在蒙古史研究方面有突出成就。他熟谙英语、法语，懂德语，稍通意大利语、俄语，学过古波斯文、蒙古文，略知突厥文、女真文、满文，能直接把蒙古文资料（《元朝秘史》）、波斯文资料（拉施都丁《史集》）、汉文资料（《元史》）和法、德、英等西欧诸国学者的研究成果糅合参证，互纠讹误，旁征博引，融会贯通，做了很多史实订正工作。

邵循正在中国近代史方面有很深的造诣。1949年以后，他利用其对中外关系的深刻了解，开拓对中国国内政治，特别是中国资产阶级问题的研究。他着重研究洋务派主要人物李鸿章、张之洞、盛宣怀，研究洋务派所办民用企业的性质和道路，研究出身于洋务派、以后发展各异的郑观应、唐廷枢、徐润等。写了很有价值的研究论文，为这一问题的研究作出贡献。

主要著作除《中法越南关系始末》外，与翦伯赞、胡华合著有《中国历史概要》，与陈庆华合著有《中国史纲要》第四册，学术论文编入《邵循正历史论文集》。还主持编辑了《中法战争》、《中日战争》两套中国近代史资料丛刊，《盛宣怀未刊信稿》等。“文化大革命”期间他身体备受摧残，仍抱病主持点校《元史》，在劳瘁中逝世。

邵燕祥 Shao Yanxiang（1933-06-10～ ） 中国诗人、杂文家。祖籍浙江萧山，生于北平。1947年读中学时加入民主青年联盟。1948年入北平中法大学。1949年到北平新华广播电台工作。1958年被错划为右派，1979年初平反。1978年末到中国作家协会工作，曾任《诗刊》副主编。他1946年开始在报刊发表作品，后出版诗集《歌唱北京城》和《到远方去》。“文化大革命”结束后重返文坛，诗风转向深沉冷峻，其《长城》、《我是谁》、《最后的独白》等长诗以及组诗《五十弦》，获得文学界好评。1980年后写了大量的杂文、随笔，针砭时弊，反思历史，富有思想力量和人文激情。另有人生实录《沉船》、《人生败笔》、《邵燕祥自述》及旧体诗集《三家诗·小蜂房集》。

邵阳市 Shaoyang City 中国湖南省辖地级市。位于省境中部偏西南，南与广西毗连。辖双清、大祥、北塔3区，邵东、邵阳、新邵、隆回、洞口、绥宁、新宁7县和城步苗族自治县，代管武冈市。面积20 829平方千米。人口707万（2010），有汉、苗、瑶、回、壮、侗等民族。秦属长沙郡。晋为邵陵郡。唐为邵州。1950年置邵阳市。地处邵阳盆地中北部，为半山半丘陵区。属亚热带湿润季风气候，气候温和，雨量丰沛。矿藏有煤、铁、金、银、钨等。农作物有水稻、甘蔗、小麦、大豆、蔬菜等。黄花菜、干辣椒、龙牙百合、苡米、玉兰片等在省内外享有盛名。建有脐橙、辣椒、茶叶等国家级出口商品基地。林地面积大，森林覆盖率高，楠竹产量居全省前列。境内有4个国家重点自然保护区，属国家重点保护的植物47种，被国际植物界赞为“树种基因库”。林中有大小灵猫、苏门羚、猕猴、毛冠鹿、大鲵等数十种珍稀动物，其中属国家重点保护的24种。工业有机械、冶金、化工、电子、纺织、建材、煤炭、电力、造纸、食品、医药、皮革、塑料等。风景名胜有双清亭、桃花洞、水府庙、北塔等，纪念地有八路军驻湘办事处旧址。

邵逸夫 Shao Yifu（1907-10-04～ ） 中国香港电影实业家，电影制作者。籍贯浙江镇海。生于上海。原名邵仁楞。1925年与其兄弟合办上海天一影片公司。1926年赴新加坡助其兄邵仁枚开拓电影市场。1933年在香港摄制成第一部有声片《白金龙》。到1937年，先后在新加坡、马六甲、吉隆坡等地开设新世界游艺场。1957年返港，1958年成立邵氏兄弟（香港）有限公司，任主席。并在清水湾兴建一座东南亚最大规模的现代化影城，招聘、培养人才。1961年摄制出《貂蝉》、《江山美人》、《梁山伯与祝英台》等叫座的黄梅调影片。后以《大醉侠》、《独臂刀》等影片使武侠片在香港等地再度风行。20世纪60年代是邵氏公司的黄金时代，其影片多次获亚洲影展和中国台湾电影金马奖的奖项。70年代初已在几十个国家和地区建立了200多家邵氏影片发行网点。1957～1983年，公司在邵逸夫的主持下共拍片719部，代表作有《后门》、《万古流芳》、《珊珊》、《不了情》、《花团锦簇》等。邵逸夫1967年任香港广播电视有限公司董事局成员，1980年任董事会主席。1977年获英国女皇颁发的爵士爵位。他多年来积极为祖国内地捐资助学，累计金额62.2亿余港元。1992年被聘为首批港事顾问。1995年12月任香港特别行政区筹委会委员。1998年获

香港特区大紫荆勋章。1990年5月17日中国科学院紫金山天文台宣布，经国际小行星中心批准，将该台发现的新小行星中的一颗定名为邵逸夫星。

邵雍 Shao Yong（1011～1077） 中国北宋思想家。字尧夫，谥康节。其祖先为范阳（今河北涿州）人，幼随父迁居共城（今河南辉县）。一生不仕，与周敦颐、张载、程颢、程颐并称北宋五子。其思想以易学上的象数派传承和提倡“安乐逍遥”的精神境界为特点。认为宇宙的本原是太极，太极生出天地，天生于动，地生于静。动之始生阳，动之极生阴，阴阳交互作用，形成日月星辰；静之始生柔，静之极生刚，刚柔交互作用，形成水火土石。按照“先天象数”的图式把天地从始至终的过程分为元、会、运、世4个周期。1元12会，1会30运，1运12世，1世30年，共129 600年。宇宙按这个周期，周而复始，循环不已。还认为，历史是退化的，以尧至宋，由盛而衰，一代不如一代。著有《皇极经世》60卷。

邵醉翁 Shao Zuiweng（1896～1979-02-17） 中国电影事业家、导演。浙江宁波人。卒于上海。原名同章，字仁杰。1914年在神州大学法科毕业后，任上海地方法院及会审公廨律师。1921年改行从商，由于经营失败，于1922年集股经营“笑舞台”演出文明戏。1925年与其兄弟合办天一影片公司，自任总经理兼导演。导演的影片有《立地成佛》、《女侠李飞飞》、《忠孝节义》等。1927年，又在南洋建立和发展电影机构。1932年，制作了《芸兰姑娘》、《挣扎》等进步影片。1936年设立香港分厂，筹备粤语片。抗日战争爆发后，他把天一公司迁到香港，改名为南洋影片公司。1949年后退出电影界。

绍剧 Shaoju opera 中国戏曲剧种。又名绍兴大班。流行于浙江绍兴、宁波、杭州地区及上海一带。明嘉靖年间，绍兴一带出现了“调腔”，初为坐唱，以大锣、大鼓、铙钹伴奏。搬上舞台后，称绍兴高调班。明末清初，兼唱昆腔和乱弹，形成三合班。清咸丰、同治年间，高腔和昆腔逐渐失去观众，改唱乱弹为主，称绍兴乱弹班。绍剧唱腔的主要曲调为“二凡”、“三五七”和“阳路”，以“二凡”为主。绍剧传统剧目主要有以“二凡”为主腔的《高平关》、《后朱砂》、《千秋鉴》，以“三五七”为主腔的《双贵图》、《双核桃》、《龙凤锁》，唱“阳路”（吹腔）的《和番》、《醉酒》，以及属目连戏的《男吊》、《女吊》、《调无常》等。改编和创作的代表剧目有《孙悟空三打白骨精》、《于谦》、《龙虎斗》等。

绍卡利斯基 Shokalsky, Yuly Mikhailovich（1856-10-17/5～1940-03-26） 苏联海洋学家、地理学家、制图学家。生于圣彼得堡，卒于列宁格勒（今圣彼得堡）。毕业于海军学院。曾在地球物理观象总台和海道测量局工作，1882年开始在海军学校任教，历任海军学院和列宁格勒大学教授，苏联地理学会主席，苏联科学院通讯院士。他还是许多国家科学院的通讯院士和科学团体的名誉成员。主要从事海洋学、地理学、制图学方面工作，拟订并组织领导黑海的海洋综合调查研究，从事苏联北方航路的开发和利用研究，参加筹备第二次国际极年的工作，主持苏联高程测量资料汇编和俄罗斯地貌图、世界大地图的编制，与A.A.契洛一起制定了一套完整的测绘工作方法。主要著作有《海洋学》、《物理海洋学》等。其中《海洋学》曾获苏联科学院奖金、巴黎科学院奖金。

绍纳人 Shonas 南部非洲津巴布韦共和国的主要民族之一。又称马绍纳人。属尼格罗人种班图类型。使用绍纳语，属尼日尔-科尔多凡语系东南班图语群。有用拉丁字母拼写的文字。多信万物有灵的原始宗教，少数人信奉基督教或天主教。分为六大支系：①卡兰加人，约占全国人口22%，分布在津巴布韦中南部；②泽祖鲁人，占18%，分布在中部；③马尼卡人，占13%，分布在东部；④科雷科雷人，占12%，分布在北部；⑤恩道人，占3%，分布在东南部；⑥罗兹维人，占9%，分布在中部，与他族混杂相处。六大支系均有各自的方言，但都能互相听懂。约13世纪开始，绍纳人各支系陆续进入津巴布韦等地。13～17世纪，卡兰加人曾建立莫诺莫塔帕王国。17世纪末，罗兹维人灭莫诺莫塔帕王国，建立罗兹维王国。1889年英国殖民者侵入。1980年，绍纳人与国内各族人民一起赢得了津巴布韦的独立。主要从事农业，部分地区兼事畜牧业，还有不少人在工矿企业和种植场做季节工。

绍纳人乐手

绍兴和议 Peace Agreement of Shaoxing Period 中国南宋与金订立的和约。宋军在反击金的入侵中已取得一定的胜利，但宋高宗与宰相秦桧唯恐有碍对金议和，解除了韩世忠、张俊、岳飞三大将的兵权，甚至制造岳飞冤狱，使抗战派对投降议和活动无法进行反对。绍兴十一年（1141）宋、金达成和约：①宋向金称臣，金册宋康王赵构为皇帝。②划定疆界，东以淮河中流为界，西以大散关（陕西宝鸡西南）为界，以南属宋，以北属金。宋割唐（今河南唐河）、邓（今河南邓州）二州及商（在今陕西商洛境内）、秦（今甘肃天水）二州之大半予金。③宋每年向金纳贡银25万两、绢25万匹，自绍兴十二年开始，每年春季搬送至泗州交纳。绍兴和议确定了宋金之间政治上的不平等关系，结束了长达10余年的战争状态，形成了南北对峙的局面。

绍兴市 Shaoxing City 中国浙江省辖地级市。简称越。位于省境东北部，钱塘江南岸。面积8 256平方千米。人口491万（2010）。民族有汉、回、满、苗、蒙古、壮等。辖越城区和绍兴、新昌2县，代管诸暨、上虞、嵊州3市。春秋时为越国中心。秦置会稽郡。隋大业元年（605）置越州。南宋绍兴元年（1131）改绍兴府，以年号命名。1949年置绍兴专区，后几经变动。1983年改为省辖市。南部为低山丘陵；北部平原水网密布，系典型的江南水乡。矿产有铁、铜、铅、锌、金、锰以及氟石、硅藻土等。工业有纺织、印染、丝绸、服装、化纤、机械、电子、电器、酿酒、制茶、食品、陶瓷、建材等行业。丝绸生产历史悠久，是浙江丝绸生产的重要基地。轻纺工业门类较为齐全，是绍兴工业经济中的支柱产业。被誉为东方名酒的绍兴老酒已有2 400多年历史，拥有“古越龙山”、“沈永和”、“会稽山”等国内外知名的黄酒品牌。绍兴花边、金银首饰、瓷器、毡帽等亦负盛名。主要农作物有水稻、小麦、油菜、棉花、甘薯、大豆，并产茶叶、蚕茧、烟丝。绍兴平水珠茶和越毛红是外销绿茶珍品。诸暨枫桥香榧、新昌白术为名产。土特产有腐乳、霉干菜和香糕。水陆交通发达。越剧、绍剧、新昌调腔、绍兴莲花落是主要地方戏曲剧种，其中源于嵊州的越剧已成为全国第二大剧种。名胜古迹众多，有鉴湖、大佛寺、穿岩十九峰、五泄等省级风景名胜区。

浙江绍兴水乡

有秋瑾、鲁迅故居和绍兴古纤道3个全国重点文物保护单位。有蔡元培故居、青藤书屋、大通学堂、兰亭、大禹陵、文种墓、广宁桥、周恩来祖居等。

猞猁 *Lynx*; lynx 食肉目猫科一属。共5种，广布于北欧、东欧和亚洲。体形似猫，但较大，体长约1米，体重15～30千克，肩高50～75厘米；四肢粗长，头小而圆；两耳竖立又长又宽，耳端耸生笔状毛簇；颊部的毛较长、向左右垂伸；尾短粗（见图）。雌体稍小，毛色较浅。栖息在山地、戈壁、荒漠、森林和草原。独栖或数只（一个家族）在一起。在岩隙筑巢，或利用其他动物丢弃的窝。性狡猾而谨慎，行动敏捷，

善于攀树。白日隐伏，夜晚出来活动捕食兔、旱獭、鼠兔、松鼠、雉、雷鸟、松鸡、鹧鸪等，也食中型有蹄类狍、麝等，偶尔盗食猪、羊等家畜。春季发情，雄兽间争偶咬斗激烈。妊娠期2个多月，每年产1胎，每胎2～4仔，哺乳期3个月，2岁性成熟。寿命12～15年。

中国的野生种群数量约7万只，为国家二级保护动物；《濒危野生动植物物种国际贸易公约》(CITES) 将它列入附录Ⅱ。

畲语 She language 属汉藏语系苗瑶语族苗语支。畲族人分布于中国的福建、浙江、广东、江西、安徽等省的部分山区，基本上都使用汉语客家方言，只有广东博罗、惠东等4个县的10多个村寨1 000多自称“活聂”的畲族人还使用畲语。畲语的声母比较简单，塞音声母带有同部位的鼻音。声调平、上、去各分阴阳，固有词入声已合并到上声，现有的入声只用于客家话的入声字借词。词序和虚词是表达语法意义的主要手段。名词、形容词、代词和数量词组作修饰语时，一般在中心词前，只有少数几个形容词在中心词后。句子的语序是主语-谓语-宾语。畲语以地域为界分为莲花、罗浮两个方言，但方言差别不大。畲族无本民族文字，通用汉文。

畲族 She 中国少数民族。主要分布在福建、浙江、广东、江西、安徽等省的部分地区。人口709 592（2000）。畲语属汉藏语系苗瑶语族苗语支。多数人操接近汉语客家方言的语言，少数人使用接近苗瑶语族苗语支的瑶族“布努”炯奈话的语言。无文字，通用汉文。7世纪就已生息在福建、广东、江西三省交界地区。汉文史书上称“蛮僚”、“峒蛮”等。各地畲族都以广东潮州凤凰山为发祥地。主要从事农业，以种植水稻、红薯为主，兼营林业、茶树栽培。爱唱山歌，有叙述本民族起源和迁徙过程的长篇诗歌《高皇歌》，还有“杂歌”和“小说歌”等。二声部重唱称为“双条落”。民间武术“盘柴槌”（又称齐眉杖）、“打尺寸”是民族体育项目。衣尚蓝色。男子装束同汉族。女子的衣领、袖口、右襟镶花边，穿短裤裹绑腿。发式为螺式和筒式发髻盘在头上，发间环束红色绒线，象征凤凰头。以大米和甘薯为主食，辅以蔬菜、瓜豆等。住房过去为竹木结构的“泥间”、“瓦寮”，现在多为二三层的楼房。行一夫一妻制，一般同姓不婚。行土葬。节日有三月三乌饭节、四月八牛歇节等。崇拜祖先，流传盘瓠传说。还有多神崇拜，也有信仰道教、佛教、天主教、基督教的。1984年在浙江成立了景宁畲族自治县，1953～1993年先后在福建、浙江、江西等省的25个市县成立了36个民族乡。

畲族妇女

舌 tongue 具有协助咀嚼、吞咽食物、感受味觉和辅助发音等功能的器官。位于口腔内，邻近口腔底，基本结构是骨骼肌和表面覆盖的黏膜。

人类的舌 分舌体和舌根两部分，二者之间在舌背以向前开放的“V”形的界沟为界。舌体占舌的前2/3，为界沟之前可游离活动的部分，其前端为舌尖。舌的上面为舌背，上、下面相移行的两侧缘为舌侧缘。界沟的尖端处有一小凹称舌盲孔，是胚胎时甲状舌管的遗迹。舌根占舌的后1/3，以舌肌固定于舌骨和下颌骨等处。舌根的游离面向后朝向咽部，延续至会厌的腹侧面。

舌黏膜 舌背的黏膜呈淡红色，其上可见许多小突起，称舌乳头。舌乳头分为丝状乳头、菌状乳头、叶状乳头和轮廓乳头等4种。轮廓乳头、菌状乳头、叶状乳头以及软腭、会厌等处的黏膜上皮中含有味蕾，又称味觉感受器，具有感受酸、甜、苦、咸等味觉功能。由于丝状乳头中无味蕾，故只有一般感觉，而无味觉功能。在舌根背部黏膜内有许多由淋巴组织组成的大小不等的突起，称舌扁桃体。舌下面的黏膜在舌的正中线上形成一黏膜皱襞，向下连于口腔底前部，称舌系带。在舌系带根部的两侧各有一小黏膜隆起，称舌下阜，其上有下颌下腺管和舌下腺大管的开口。由舌下阜向口底后外侧延续的带状黏膜皱襞，称舌下襞，其深面藏有舌下腺。舌下腺小管开口于舌下襞表面。

舌肌 为骨骼肌，分舌内肌和舌外肌两部分。舌内肌的起、止点均在舌内，有纵肌、横肌和垂直肌。收缩时，可改变舌的形态。舌外肌起于舌周围各骨，止于舌内，有颏舌肌、舌骨舌肌和茎突舌肌等，收缩时可改变舌的位置。

舌的功能 除处理食物外，舌还有一些其他次要机能：哺乳类的舌是味蕾分布的主要部位，人类的舌帮助说话，舌的角质乳头帮助处理食物。犬类和其他食肉目动物由于汗腺不发达，舌在体温调节中起重要作用。有些四足类的舌很长且对取食有积极作用，对以昆虫为食的种类特别有用。有些无尾两栖类没有舌，但一般蛙和蟾蜍的舌很长（前端固着而后端游离），能伸出富于黏液的尖端以粘捉昆虫。避役的舌能闪电般地伸缩以捉捕昆虫。蛇类和一些蜥蜴类的舌很发达，是具嗅觉的辅助器官。相反，龟类和鳄类的舌很不发达。啄木鸟的舌极长。以蚁或白蚁为食的兽类有

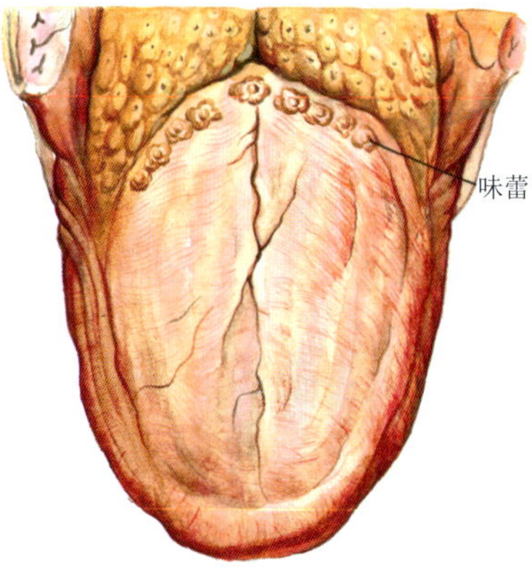

人类的舌

富于黏液的舌。舌基部淋巴囊或血窦胀缩可控舌略有伸缩。但舌的迅速伸出或缩回是由肌肉的活动来实现的。啄木鸟舌的伸缩是由一根很细长且能曲的基舌骨及相连的肌肉来实现的。

舌鳎 Cynoglossidae; tonguefish/tongue sole 鲽形目舌鳎科鱼类的统称。又称鳎目鱼。约3属103种，主要产于大西洋中东部、太平洋西北部和中西部。中国已知约32种。

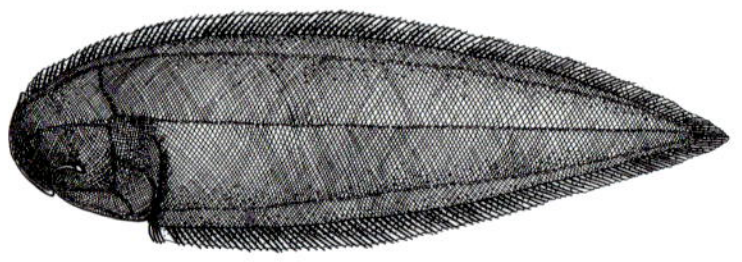

半滑舌鳎

体侧扁，呈长舌状，眼常位头左侧，尾舌骨纵窄板状，有伪间髓棘，奇鳍完全相连，无胸鳍，腹鳍一个且连臀鳍，生殖突常连臀鳍左侧，肾脉棘短横板状。各种舌鳎均可食用，其中半滑舌鳎肉质尤鲜，为名贵鱼类，中国已在渤海进行人工增、养殖。

舌苔 fur 附着在舌体表面，由胃气熏蒸而成的一层苔状物，中医舌诊的重要内容之一。清代吴鞠通《温病条辨》始名为舌苔。正常人的舌苔一般是薄白而均匀地平铺在舌面，在舌面中部、根部稍厚。因舌苔为胃气所生，而五脏六腑皆禀气于胃，故舌苔的变化可反映脏腑的寒热虚实、病邪的性质和病位的深浅。舌苔的望诊包括望苔色、望苔质两部分。

苔色 即舌苔的颜色。病态的苔色主要有白、黄、灰黑等。

①白苔。常见的病理舌苔，一般主表证或寒证。其他各种苔色多由白苔转化而来。白苔有厚薄之分。正常舌象可见薄白苔。白苔一般表示病情较轻，预后良好。可见于感冒及各种急性炎症（或感染）初期、恢复期，各种慢性炎症（或感染），急腹症早期阶段，消化系统病及水肿等。

②黄苔。一般主里证、热证。为病已入里，邪已化热所致。黄苔多分布于舌根及正中沟部位（舌中），有时亦可布满全舌。黄苔可见于各种炎症感染，包括消化、呼吸、泌尿系统感染等。

③灰黑苔。灰苔即浅黑色的苔色，多由白苔晦暗转化而来，或与黄苔并见。一般主里证。灰苔主病较轻，黑苔主病较重，随着病情发展与转归，两者又密切相关。

除以上苔色之外，有时也可见绿苔、霉酱苔。前者由白苔转化而来，见于温疫、湿温；后者兼黄苔，红中带黑，主湿热病日久。

苔质 即舌苔的形质。临床需注意观察的情况有：①苔的有无。②苔的厚薄。舌苔的厚薄可测定正邪盛衰和病情的深浅轻重。③苔的润燥。可据以了解津液的变化。④苔的腐腻。⑤苔的偏全。察舌苔分布的偏全，可判断病变的所在。⑥苔的剥落。又称剥苔。可见全部剥落或部分剥落。如全部剥落且不复生，全舌面光洁如镜，称为光剥舌，又称镜面舌、光莹舌，主阴液枯竭（舌红绛光莹）或脾胃衰竭（舌淡红光莹）。如舌苔不规则大片脱落，边缘厚苔界限清晰，形似地图，称为地图舌，儿童多见，与阴虚体质有关。苔剥落处不光滑，似有新生颗粒的，称为类剥苔，为久病气血两虚。⑦苔的消长。舌苔薄厚、多少的变化，是正邪进退的反映。⑧苔的真假。辨舌苔的真假，可判断疾病的轻重和预后。

舌形贝 lingulid 一类既有现存类型又有古代绝灭类型的腕足动物。最初见于寒武纪（约5.7亿年前至5亿年前）地层，很可能起源于前寒武纪。舌形贝类是无铰小腕足类，壳无铰合构造，由几丁质组成。现代海豆芽属见于正常的海洋环境，但在不适于大多数生物生活的多泥、缺氧的半咸水中最为普遍。小舌形贝属是寒武纪的化石，外形和构造上都与现代海豆芽属类似。鳞舌形贝属（大致限于晚寒武世）外形不同于其他舌形贝类，形态更像泪滴。舌形贝类是提供环境信息的有用化石，对于地层对比作用不大。

舌诊 tongue inspection 中医通过察看舌质和舌苔的形态、色泽、润燥等变化以诊察疾病的方法。舌为心之苗，脾之外候，舌苔为胃气的反映，人体五脏六腑通过经

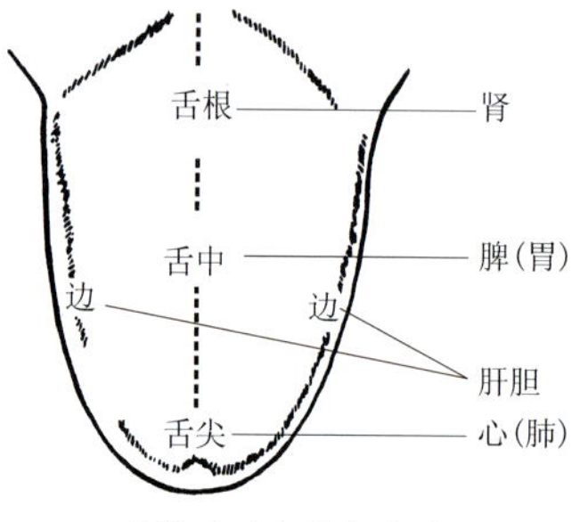

舌诊脏腑部位分属图

络和经筋的循行直接或间接地与舌有联系。所以舌象的变化能客观地反映正气的盛衰、病邪的深浅、邪气的性质、病情的进退，还可以判断疾病的转归和预后。

舌诊分为望舌质和望舌苔两方面。望舌质包括：①舌神。表现为舌质的荣枯和灵活运动情况。荣润红活为有神，干枯死板为无神。②舌色。主病的舌色有淡白舌，主虚证、寒证，红绛舌，主实证、热证，青紫舌而润的为寒，青紫舌而燥的为热。③舌形。舌体的形状，包括胖瘦、老嫩、胀瘪、舌面起刺、见瘀斑、有裂纹、舌边有齿痕，以及重舌、舌衄、舌痈、舌疔、舌菌、舌下络脉等。④舌态。舌体运动状态，包括舌体强硬、痿软、颤动、歪斜、吐弄、短缩等。临床上望舌质以舌色为主，综合考虑舌神之荣枯，舌形舌态之异常。望舌苔包括：①苔色。病态的苔色主要有白苔、黄苔、灰黑苔。有时也可发生绿苔、霉酱苔。②苔质。即苔的形质。分为苔的厚薄、润燥、腐腻、偏全、剥落、消长、真假等。

在一般情况下，舌质与舌苔的变化是统一的。舌质反映脏腑气血的虚实，可知正气的盛衰，舌苔反映病邪性质和病位深浅，可知邪气的消长。气分病察舌苔，血分病观舌质。淡白舌主虚寒，红舌主热证，青紫舌润者为寒，燥者为热；白苔主表征、寒证，黄苔主里证、热证，灰黑苔润者为寒，燥者为热。同时应注意二者的相互关系。如舌红苔黄而干，是内有实热的舌象；舌淡苔白而润，为虚寒病证的变化。有时舌质舌苔变化不一致，如红绛舌温邪入营，兼见白苔而干，表示燥热伤津，兼见滑腻苔白表示气分有湿，或为内伤病阴虚火旺而又有痰湿。因此，舌诊需结合临床具体分析，同时结合其他诊法才能正确判断。

舌质 tongue quality 舌的肌肉脉络组织。又称舌体。中医舌诊的重要内容之一。正常的舌体运动自如，柔软灵活，颜色淡红而鲜明润泽，不胖不瘦，不老不嫩，大小适中，无异常形态。舌质主要反映人体脏腑的虚实、气血的盛衰。望舌质，包括观察舌神、舌色、舌形、舌态4方面的变化。

舌神 表现于舌质的荣枯和能否灵活运动方面。舌体运动灵活、色泽红润、有生气、有光彩为有神，说明正气尚盛，虽病也可治。舌体运动迟钝呆板、色泽干枯、无生气、无光泽为无神，说明正气衰竭，预后不良。

舌色 舌体的颜色。正常人的舌质颜色淡红而鲜明。主病的舌色有淡白舌、红绛舌、青紫舌等。

①淡白舌。舌色比正常人浅淡的舌象。又称舌淡。多主虚寒证或气血两虚。淡白舌可见于贫血、慢性肾炎、营养不良、肝硬化腹水、癌症等病。

②红绛舌。舌色比正常人深红的舌象。多主热证。舌色鲜红为红舌，舌色绛红为绛舌，绛舌多由红舌发展而来。红绛舌可见于急性感染、癌症、结核病、肝病、甲亢等疾病。

③青紫舌。舌体局部或全部呈青紫色的舌象。舌色紫红为紫舌，属热；舌色淡紫带青为青舌，属寒。青紫舌而干燥者为热证，青紫舌而湿润者为寒证。青紫舌多因气血瘀滞而致，气血运行不畅则使舌体血络青紫。可见于肝胆、心血管系统疾病。

舌形 观察舌形变化，可测知正气盛衰和病邪性质：①舌质纹理异常。粗糙、坚硬、干敛称为舌老，多属实证。细腻、浮胖、娇嫩称为舌嫩，多属虚证。②胖大

舌。舌体较正常为大，伸舌满口，由水湿痰饮所致。舌淡白胖嫩，舌苔水滑，为脾肾阳虚、水湿停滞；舌淡红胖大，舌苔黄腻，为湿热痰浊。③瘦薄舌。舌体瘦小而薄，兼淡白舌者为气血两虚，兼红绛舌者为阴虚火旺。④点刺舌。点即舌面鼓起的红色星点。有点称红星舌，因热毒深入血分而致，可见于温热病极期。刺即舌面上出现的或软或硬的颗粒，高出如刺，摸之棘手，也是温热病热邪亢盛的征象。点、刺的变化，多见于舌边、舌尖。⑤齿痕舌。又称齿印舌。舌边出现牙齿的痕迹，多与胖大舌并见，因脾虚或湿盛所致。⑥裂纹舌。舌面呈现多少不等、深浅不一的各种形状明显裂沟的舌形。裂纹舌多由阴虚、血虚所致，亦可见于脾虚湿盛。裂纹舌也指舌苔的裂纹，多见于外感热病极期。⑦镜面舌（见**舌苔**）。⑧舌下络脉青紫。将舌尖翘起，舌底隐见舌系带两侧有两条血络，若其青紫曲张、增粗等，大多为气滞血瘀之证。此外尚有许多舌病，亦可通过诊察舌形得知。

舌态　舌体活动的状态。人体患病时其主要征象有：①舌强。舌体板硬强直、运动不灵活，语言謇涩。其主病是高热伤津、痰浊内阻，或是中风之征。②痿软舌。舌体软弱，无力屈伸。多为气血不足，阴液亏损，筋脉失养所致。③舌颤。舌体震颤抖动，不能自主。颤抖较快为热盛伤津，动作细微为气血虚、阳虚。④舌歪。舌体偏于一侧，又称歪斜舌。主中风及其先兆，亦可由痉病而致。⑤吐弄舌体。吐舌为舌体伸出口外，见于疫毒攻心或正气虚衰。弄舌即舌体微露出口而后立即收回，或舐口唇上下左右、活动不停，见于热盛动风或小儿智力不全。⑥短缩舌。舌体紧缩不能伸长，见于寒邪凝滞、痰浊内阻、热盛动风、气血虚亏4种情况，预后不良。⑦舌纵。舌体伸长于口外，内收困难甚而不能收缩。若舌红绛干燥为热痰火盛；若舌淡而润，且麻木不仁者，由气虚而致。

临床上，望舌质以舌色为主，参合考虑舌神之荣枯、舌形舌态之变化。同时，舌质的**望诊**应与舌苔的望诊相结合，才能得出正确的诊断结果。

蛇　Serpentiformes; serpent/snake　有鳞目蛇亚目动物的统称。约有2 700种。中国有211种。世界性分布，主要分布于热带和亚热带。体细长。最小长100毫米，最大如南美的水蟒，长达10米以上。低等种类往往有后肢带，少数种类体外还有后肢的残迹。没有耳孔，也无鼓膜、鼓室和耳咽管。除一些穴居种类的眼隐于鳞片下面外，眼外均罩一层由上、下眼睑愈合形成的透明薄膜。舌细长，分叉，可以伸缩。颈部一般不明显。躯干与尾之间以一个呈横裂的泄殖肛孔分界。大多能吞吃大型食物。卵

玉米锦蛇

生或卵胎生。树栖、穴居，淡水和海水中均有。

按现行分类系统，蛇亚目分为3附目、15科。盲（蠕）蛇附目分盲蛇科、异鳞蛇科和细盲蛇科。原蛇附目分雷蛇科、蟒科、蚺科、中美蛇科、盾尾蛇科、筒蛇科、闪鳞蛇科和瘰鳞蛇科。新蛇附目分穴蝰科、游蛇科（再分若干亚科）、眼镜蛇科（有眼镜蛇亚科、扁尾蛇亚科和海蛇亚科）和蝰科（有白头蝰亚科、蝰亚科和蝮亚科）。除游蛇科的大部分外，新蛇附目都是**毒蛇**。

蛇岛自然保护区　Shedao Island Nature Reserve　中国蝮蛇自然保护区。无人定居。蛇岛原称小龙山岛，又称蟒山或黑岛。位于辽宁省大连市旅顺口双岛西湖嘴7海里的渤海中。全岛略呈菱形，长1 700米，宽700米，面积0.62平方千米。从山梁往下，分布有灌木状乔木、灌丛和草丛，共有植物64科200余种，主要为栾树、小叶朴、黄榆、麻栎、葛藤等，还有40多种药用植物。气候湿润，岩隙和洞穴很多，土层松湿，植被繁盛，栖息蝮蛇（即蛇岛蝮）甚多，并每年递增8%左右，1990年大约已增至1.5万条。这种属于剧毒蛇的蝮蛇，活动缓慢，以鸟、鼠、昆虫为食。春季交配，秋季生殖，卵胎生一次产仔蛇4～14条。盛夏和冬季蛰伏穴中，其活动规律与候鸟迁徙季节相合，这时便是蝮蛇的采食季节，这期间每条蝮蛇可吞食40～50只小鸟。蝮蛇为珍贵动物，蛇胆、蛇蜕、蛇皮、蛇肉均可入药，能治疗多种疾病。

蛇根碱　serpentine　吲哚型强碱性**生物碱**，

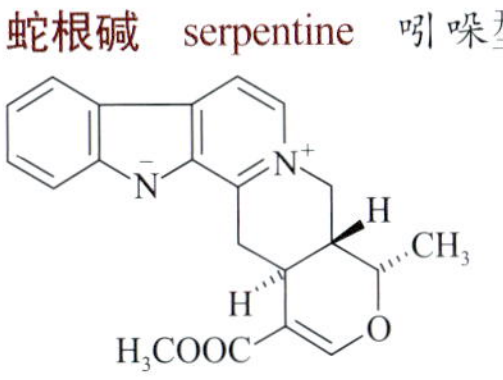

分子式$C_{21}H_{20}N_2O_3$。最初从印度萝芙木中分离得到。黄色结晶；熔点158℃（干燥空气）或175℃（真空及120℃干燥）；150℃干燥时分解，变为红色；比旋光度$[\alpha]_D^{25}$+292（甲醇）或+267（乙醇）；易溶于甲醇，溶于10%乙酸和其他有机溶剂。能与各种无机酸和有机酸生成结晶盐。蛇根碱加热到210℃异构化为异蛇根碱，后者为无色棱柱状晶体，熔点230～232℃，比旋光度$[\alpha]_D^{34}$+168.08（水）。蛇根碱有降低血压的作用，但维持时间很短。

蛇颈龟　*Chelodina longicollis*; eastern snake-necked turtle　龟鳖目蛇颈龟科长颈龟属的一种。又称**长颈龟**。

蛇颈龙　plesiosaur　已绝灭的海生爬行动物，属调孔亚纲鳍龙目。个体较大，具长颈，因以得名。分为两个亚目：头小、颈长者称蛇颈龙亚目；头大、颈短者称上龙亚目。蛇颈龙由三叠纪早期的幻龙类进化而来。蛇颈龙类与鱼龙类一起统治着中生代的海洋。在地史上，蛇颈龙的最早化石记录出现于晚三叠世。四肢为鳍脚，生活习性类似现生的海狮，可用鳍脚爬上岸休息、生殖。

蛇颈龙类海生，以鱼类为食。但近来在淡水的陆相沉积中多次发现上龙亚目的成员。中国的蛇颈龙化石即主要产自侏罗纪陆相地层，有威远中国上龙、扶绥中国上龙、杨氏璧山上龙。

蛇颈龙的地理分布是世界性的。在欧洲、北美、南美、大洋洲和亚洲都有记录。它们和鱼龙类一样在距今6 500万年前的中生代末全部灭绝。

蛇蛉目　Raphidiodea; Raphidioptera　昆虫纲的一目。中、小型**有翅昆虫**。是一个较小的类群。分蛇蛉科和盲蛉科2科。世界已记载约200种，中国只记载有4种。成虫体长10余毫米，翅展约20毫米。头部前口式，口器咀嚼式；复眼突出，单眼3个或无；触角丝状。前胸狭长呈筒状，中后胸宽阔成矩形。翅狭长，膜质透明，翅痣明显；翅脉清晰，在外缘不分小叉。前胸细长如颈，前后翅相似，膜质，脉多，具翅痣。完全变态，1年或更长时间完成一代。幼虫生活于树干的裂缝或树皮下，捕食小蠹等林木害虫。成虫白天活动，捕食各种小虫；夜间有趋光习性。

蛇绿岩　ophiolite　一组由蛇纹石化超镁铁质岩、基性侵入杂岩和玄武质熔岩构成的岩浆岩套。又称蛇绿岩套。曾音译为奥菲奥岩。一个发育完整的蛇绿岩套从下向上包含下述岩石序列：①超镁铁质杂岩，由含量不等的方辉橄榄岩、二辉橄榄岩和纯橄榄岩组成，具变质组构并多少已蛇纹石化；②辉长质杂岩，通常具堆晶结构，包括**橄榄岩**和辉石岩，变形较下伏超镁铁质岩弱；③镁铁质席状岩墙杂岩；④镁铁质火山岩，常具枕状构造。与蛇绿岩共生的岩石包括：上覆条带状硅质岩、薄层页岩夹层和少量灰岩组成的深海沉积，与纯橄榄岩共生的豆荚状铬铁矿，以及富钠长英质侵入岩或喷发岩等。蛇绿岩套各成员之间通常成断层接触，所以上述层序往往不完全或者是失序的。

由于蛇绿岩的层序与深海钻探揭示的洋壳地震剖面相似，以及蛇绿岩套岩心的地震波速测定与洋壳的速度剖面相匹配，一般认为蛇绿岩代表洋壳和大洋地幔岩组

合。这样大陆内部出露的蛇绿岩就代表地质时期曾经存在过的洋盆残余。对它们分布和演化的研究可据以再造地质时期已消失的大洋。

蛇鳗 Ophichthyidae; snake eel 鳗鲡目蛇鳗科动物的统称。有49属约230种。栖息于暖温带及热带海洋到近岸浅水区，个别种类进入河口及淡水中。中国有12属30多

花蛇鳗

种。体细长似蛇状。吻尖，突出。口裂大，后端达眼下方或后方。眼小。前鼻孔位于上唇前部上方或吻端突出部分的腹面，呈短管或缘瓣；后鼻孔常位于眼下或眼后。舌附于口底；牙尖锐，锥形或颗粒状，排列成带或行。鳃孔侧位或腹位。背、臀鳍不相连；胸鳍发达或否，退化或消失；无尾鳍，尾端尖秃。穴居于泥沙底质的低潮区或近岸处，以蛏、蛤及其他底栖动物为食，有些成为蛏养殖中的主要敌害。肉可食用。

蛇纹石 serpentine 层状结构硅酸盐矿物的总称。化学组成为$Mg_6[Si_4O_{10}](OH)_8$。主要有叶蛇纹石（单斜晶系）、利蛇纹石（单斜晶系）和纤蛇纹石（单斜或正交晶系）三种同质多象变体。成分中常有铁、铝、锰、镍等替代镁，氟替代氢氧，形成锰叶蛇纹石、氟叶蛇纹石等许多成分变种。蛇纹石晶体结构单元层由硅氧四面体片和水镁石八面体片构成，结构层常发生弯曲或卷曲，使晶体呈波状弯曲的叶片状（叶蛇纹石、利蛇纹石）或卷成纤维状（纤蛇纹石），卷曲方向可随种属不同而异；铝、铁等的类质同象替代会减弱结构层弯曲程度，使晶体呈片状或板状。纤维状蛇纹石称为蛇纹石石棉或温石棉。凝胶状蛇纹石是胶体成因的纤蛇纹石或利蛇纹石，或是两者的混合物，称胶蛇纹石。蛇纹石一般呈浅绿、黄绿、黑绿等色，色调变化较大。块状蛇纹石呈油脂光泽或蜡状光泽，纤维状蛇纹石呈丝绢光泽。莫氏硬度2.5～3.5。密度2.5克/厘米^3。除纤蛇纹石外，都具有完全的底面解理。是富镁岩石（超基性岩或镁质碳酸岩）中的富镁矿物经热液交代变质而成。由蛇纹石组成的**蛇纹岩**是有广泛用途的重要矿产，可用作建筑装饰石材等。温石棉可制成各种石棉制品。

蛇纹石玉 serpentine jade 中国辽宁岫岩为蛇纹石玉的主要产地，因此习惯上把岫玉作为蛇纹石玉总的工艺名称。其矿物组成中以**蛇纹石**为主，尚可含滑石、透闪石、透辉石、绿泥石、白云石、菱镁矿等。矿物及化学组成的差异，使其物性在一定范围内有所变化。颜色通常为浅绿、豆绿、黄绿、墨绿等各种色调的绿色，亦可见到黄、白、灰、褐、红等杂色。蜡状光泽至玻璃光泽。半透明至微透明。莫氏硬度2.5～6。密度2.4～2.8克/厘米^3。玉质细腻、手感滑爽、易于加工，为中国应用最早的传统玉料。主要产于蛇纹石化超基性岩、蚀变镁质碳酸岩中。产地有中国、新西兰、美国、朝鲜、墨西哥、阿富汗、南非等。中国著名的产地有辽宁的岫岩、广东信宜、甘肃祁连山、新疆昆仑山、吉林集安的绿水河、广西陆川、台湾花莲等。

蛇纹岩 serpentinite 几乎全部由**蛇纹石**矿物组成的岩石。又称蛇纹石岩。由纯橄榄岩、橄榄岩等超镁铁质岩石，经热液交代使其中的**橄榄石**和**辉石**发生蚀变而形成。常见矿物成分除蛇纹石之外，还有菱镁矿、白云石、滑石、水镁石、磁铁矿、铬铁矿等。当原岩含有普通角闪石时，则可能出现透闪石。蛇纹岩一般为隐晶质块状，常呈暗绿、黄绿及黑绿色，颜色不均匀。颜色深浅决定于磁铁矿等金属矿物的含量和粒度的大小。风化后可变为灰白色土状。

蛇纹岩多分布于构造活动带，如中国内蒙古、祁连山、秦岭、滇西、川西、昆仑山、天山等地均有规模较大的蛇纹岩体。与蛇纹岩有关的矿产资源有铬、镍、钴、铂、石棉、滑石、菱镁矿等。蛇纹岩本身也是很好的装饰石材和化肥原料。祁连山等地产的蛇纹岩，质地细密，可用以雕刻器件。用蛇纹岩制成的酒杯，色如琥珀，人称夜光杯。

蛇足石杉 *Huperzia serrata*; serrate club-moss 蕨类植物门石杉科石杉属的一种。又称千层塔。小草本，丛生，高10～30厘米。分布于中国华东、华北、华南和西南等省区；亚洲其他地区也有分布。主茎直立或下部平卧，单一或二叉状分枝，顶端常具生殖芽孢，落地即长成新植物体。营养叶（不育叶）椭圆状披针形，仅有1条主脉，长1～3厘米，宽2～4毫米，螺旋状着生。孢子叶（能育叶）与营养叶同形，绿色，不聚集成孢子叶穗。每个孢子叶的叶腋有一个肾形的孢子囊。孢子同型。生于密林下湿地或沟谷山坡岩石上。全草可入药，有退热、止血、消肿解毒之效。其有效生物碱成分石杉酸对记忆力减退有明显疗效，对治疗老年痴呆有明显的作用。

设得兰群岛 Shetland Islands 英国属岛。位于不列颠群岛最北部，南距苏格兰209千米，由100多个崎岖的岩岛组成，约80%为无人岛。主要岛屿有安斯特岛、梅恩兰岛、富拉岛、耶尔岛等，其中梅恩兰岛最大。群岛面积1 438平方千米。人口2.22万(2009)。首府勒威克，为主要港口。传统经济为捕鱼业和畜牧业。设德兰马颇有名。英国所产石油的75%在此处理转运。已成为欧洲最大的石油工业中心。

设菲尔德 Sheffield 英国中部南约克郡城市。位于奔宁山脉东麓，南约克郡都市区的中心。面积368平方千米。人口54.7万(2009)。铁路枢纽。地处产煤区中心。中世纪末兴起了炼铁与金属制品工业。16至18世纪以制造刀剑著称。19世纪中期起成为英国重要的钢铁工业基地之一，以产优质钢和特种钢及其产品著名。除刃具、工具、餐具等传统工业外，还有食品、造纸、光学仪器等，首饰工艺品著名。有建于1891年的市政厅及建于1897年的设菲尔德大学。

设计教学法 project method 美国进步教育运动中推行的一种教学组织形式与方法。于20世纪初即在美国运用，美国教育家 W.H.基尔帕特里克（旧译克伯屈）对此进行了归纳和完整阐述，并在1918年出版的《设计教学法》一书中，详细论述了设计教学法的理论基础和实施步骤，因而成为此教学法的代表人物。设计教学法要求废除传统的班级授课制，摒弃教科书，不受学科限制，儿童根据自己的兴趣决定学习内容，在自己设计、自己负责实行的单元活动中获得有关知识和解决实际问题的能力。设计的种类可从不同的角度划分：①依照学生的人数，分为个别设计和团体设计。②依照学科的范围，分为单科设计、合科设计（联合几种有关系的科目所进行的学习活动）、大单元设计（打破学科界限，完全以实际问题为中心）。③依照设计的性质，分为实用性项目、能培养审美观点的项目、解决实际问题的项目、掌握知识与技能的项目。知识在设计与完成项目的过程中，成为工具与手段。教师的作用仅在于激发学生的学习动机，帮助学生选择活动所需要的教材。该教学法问世后，对各国的初等教育产生过重要影响，但由于其在教学指导与教材编写上存在一些问题，特别是学生不能获得较系统的科学知识，影响教学质量，因而在30年代后逐渐被弃用。

设计艺术 design art 艺术的一个门类，指运用艺术手段进行构思与计划的创造性活动，以满足人们物质与精神的需求。20世纪初译为"图案"、"工艺美术"，80年代中期逐渐表述为"设计艺术"。设计艺术的内涵与design基本相同。现代对这一词意

的解释是：最终目的——带有质变的创造；设计方法——科学方法论与艺术方法论的横向交叉；表现形式——直观表现（图样、模型等）的完整构思。

从本质上说，设计艺术是技术与艺术的交叉与融合，尤其是现代科技和信息化社会所赋予设计艺术的使命，使人的主体地位更加突出。设计艺术的目的不仅仅是装饰和美化，而是把功效和使用者感受的软环境综合起来，改变了人仅仅是观赏者的地位，这与工艺美术有质的差别。然而，设计艺术又包含了手工艺技术和手工艺的创造。工艺美术属于设计艺术的一个分支，而不是设计艺术的全部。

设计艺术根据不同的对象主要分为现代建筑设计、室内与环境设计、产品设计、**平面设计**、广告设计、织品与服装设计6类。

设拉子 Shīrāz 伊朗古城，法尔斯省首府。位于国境南部扎格罗斯山一山间盆地中，海拔1 486米。北距首都德黑兰660千米，西南距波斯湾230千米。人口122.73万(2006)。公元前6世纪为波斯帝国的中心地区。曾是布韦希王朝(933～1055)和赞德王朝(1750～1794)的首都。多地震。附近土壤肥沃，物产丰富，为附近农产品集散中心。有纺织品、食糖、化肥、水泥、炼油、石油化工等轻重工业等。传统的地毯织造业尤其有名，“设拉子地毯”享誉于世。交通运输枢纽。古波斯文化中心，以诗歌文学兴盛闻名。设有设拉子大学(1945)。旅游胜地，历史古迹众多，如波斯波利斯古王宫遗址、巴扎格德古城、赞德陵墓（现为博物馆）、城堡（现改作监狱）、中世纪大诗人哈菲兹和萨迪的墓园以及许多清真寺和琐罗亚斯德教（拜火教）的庙宇等古建筑和古遗址。附近的帕萨尔加迪有居鲁士大帝的陵墓和宫殿遗址。一年一度举行设拉子艺术节。

设拉子老城入口处的古兰门（因刻有《古兰经》得名，据说经过的人可以得到《古兰经》的庇佑）

社 god of the land 中国先秦时初指土地神，亦指祭祀土地神的场所，后代逐渐演变为地方基层组织或民间团体。

古代家族祀祖先的太社活动

先秦时代，社是祭祀的场所，同时也是公众聚会的地方。春秋战国之际，社已成为地方基层单位，大约同邑、里相当。汉代中央、郡国、县、乡、里各级行政机构都立有社。社的活动开始出现了私人化、自愿化的趋向。汉代的里社已经下降为主要从事祭祀活动的宗教会社，但仍受到封建政权的控制。而里社之外的私社，私人团体的色彩则比较鲜明，有的还曾遭到地方政府的禁断。三国两晋南北朝，战乱频仍，人口流散，汉代严整的里制已无法维持，里社合一、全里居民参加的里社制度不免瓦解。这时，私社大为发展。有以宗族地望关系为纽带而结成的“宗社”；有按阶级和职业结成的社；最盛行的则是东晋末南北朝时由佛教信徒组成的“邑义”和“法社”。唐一建国，就下诏强调社祭，令民间普遍立社。春秋两次社日仍是民间的盛大节日。里（村）社的职能除去社祭外，还起着基层政权机构辅助组织的作用。唐时，私社对封建统治秩序的影响尚不显著，封建政权对之基本上采取放任的态度，只是从营办丧葬奢侈逾制的角度加以限制，并曾一度禁断。另外则从佛教信仰的角度，一度禁断私社杀生宴集，但条法均不甚严格，也未收到多少实效。宋代的社极为普遍，以致北方有些村庄径以某某社为村名。由于历史条件的变化，许多社的组织和活动呈现了新的内容。其中最重要的是具备了地方武装组织的职能。元代以社为社会基层组织。其制先行于北方，元灭南宋后推广到江南，在全国范围内普遍施行。其类型可分为农村与城市两种社制。明清时期，随着专制主义中央集权制度的进一步强化，对民间组织的禁限加严，加以社会生活的复杂化，前代的社的各种职能虽仍分散保留在各种基层社会组织之中，秘密宗教与帮会的活动也仍然承袭了过去的社的某些组织形式和作法，但多已不再沿用社的名称，社也不再作为一种统一的基层社会组织普遍存在于民间了。

社会 society 人类生活的共同体。马克思主义认为社会在本质上是**生产关系**的总和，只有具体的社会，没有抽象的社会。具体的社会是指处于特定区域和时期、享有共同文化并以物质生产活动为基础的人类生活的共同体。

特征主要有：①是有文化、有组织的系统。社会是由人群组成，人类社会是由一定的文化模式组织起来的。②生产活动是一切社会活动的基础，任何一个社会都必须进行生产。③任何特定的历史时期，社会都是人类共同生活的最大社会群体。④具体社会有明确的区域界限，存在于一定空间范围之内。⑤有连续性和非连续性。任何一个具体社会都是从前人继承下来的一份遗产；同时，又和周围的社会发生横向联系，具有自己的特点，表现出明显的非连续性。⑥有一套自我调节的机制，是一个具有主动性、创造性和改造能力的“活的有机体”，能够主动地调整自身与环境的关系，创造自身生存与发展的条件。

K.马克思把社会形态的历史变迁总结为原始社会、奴隶社会、封建社会、资本主义社会、社会主义社会等历史过程，并预见到共产主义社会的出现。

社会学对于社会类型还做了其他区分。从社会赖以生存的方式上分为：①狩猎与采集社会。这是最早的和最简单的社会，特征为：靠狩猎和采集果实生存，社会群体较小，生活区域变动不居，几乎没有专门的劳动分工，建立在血缘和亲属联系的基础之上。②畜牧社会。通常出现于不适于耕作而适于放牧、饲养牲畜的地区。特征是：开始出现剩余产品、私有财产，以及等级、阶级、群体间的冲突和战争，政治、经济、宗教、文化制度开始形成。③初民社会。是在适于耕作的地区，随着人们初步掌握耕作方法而出现的。特征是：种植农作物上升为主要生产方式，狩猎与采集果实降为次要方式，出现了较大规模定居的社会群体，与畜牧社会一样，不平等和阶级分化开始出现。④农业社会，又称前工业社会。是随着“犁”的发明而发展起来的。犁的发明，铁具的使用，畜力、风力、水力的应用，为较发达的农业生产和小作坊手工业生产奠定了基础。社会剩余产品大量出现，社会阶级体系和分层体系更加巩固，官僚制、官僚阶层有很大发展。⑤工业社会，又称现代社会。自17～18世纪的工业革命以来产生和发展起来的。蒸汽机、电力等机械动力代替人力、自然力之后，大规模的工业体系开始形成。出现了人口向城市集中的城市化和劳动分工体系的专业化，形成了现代的官僚制度，以及教育、医疗、保险、服务等现代化社会机构与制度。同时，不具人格的社会关系逐渐取代了血缘的、亲属的社会关系。20世纪60年代以来，一些社会学家提出后工业社会的概念。认为在这种社会中自动化、信息技术将得到普及和发展。

社会学还从社会组织形式上区分社会类型，最有影响的是德国社会学家F.滕尼斯提出的礼俗社会和法理社会。前者又称共同体，指传统的社会。后者又称交往社会，指现代工业社会。此外，社会学家、人类学家还从文化角度将社会区分为无文字社会或曰文字前社会与有文字社会，以有文字作为社会进步的标志。

功能主要是：①整合。社会将无数单个的人组织起来，形成一股合力，调整矛盾、冲突与对立，并将其控制在一定范围内，维持统一的局面。整合主要包括文化整合、规范整合、意见整合和功能整合。②交流。社会创造了语言、文字、符号等人类交往的工具，为人类交往提供了必要的场所，从而保持和发展人们的相互关系。③导向。社会有一整套行为规范，用以维持正常的社会秩序，调整人们之间的关系，规定和指导人们的思想、行为的方向。④继承和发展。人的生命短暂，人类一代代更替频繁，而社会则是长存的。人类创造的物质和精神文化通过社会而积累和发展。

社会安全阀 social safety valve 冲突理论中用以表示社会冲突积极作用的概念。指各个社会都存在着这样一类制度或习俗：作为解决社会冲突的手段，能为社会或群体的成员提供某些正当渠道，将平时蓄积的敌对、不满情绪及个人间的怨恨予以宣泄和消除，从而在维护社会和群体的生存、维持既定的社会关系中，发挥"安全阀"一样的功能。又称社会安全阀制度。冲突论的代表美国社会学家L.A.科瑟尔明确提出和阐述了这一概念。

社会安全阀强调消除心理紧张在解决社会冲突、排除敌对和不满情绪中的作用，并根据心理学关于对立、紧张情绪可通过向替代性对象发泄而予以消除的观点，提出了安全阀制度发挥作用的机制即"替罪羊机制"，主张将人们的敌对、不满情绪引离原来仇恨的目标，用其他替代性目标和手段，使它们得以发泄。社会冲突论者认为，这是一种对所有社会都具有普遍意义的特殊心理（思想）疏导理论。他们还认为，一个社会的结构愈是僵化，或愈是不容许对立的要求和主张表露出来，蓄积危险的、敌对的情绪便愈多，也就愈需要社会安全阀制度。这一制度并不能从根本上解决社会冲突问题，它可能导致两种消极后果：①减少或解除迫使社会向前发展的正常的社会压力。②产生某些负功能。

社会保险 social insurance 现代国家强制并给予保障的，由劳动者及其工作单位或雇主定期供款并且常常有国家做后援，用以帮助劳动者及其亲属在遭遇年老、疾病、工伤、残疾、生育、死亡、失业等风险时，防止收入的中断、减少和丧失以及应付意外的经济支出，以保障其基本生活需求的社会保障制度。

社会保险源于社会成员间的经济互助，形成于19世纪末期的欧洲资本主义国家。第二次世界大战后，发达资本主义国家普遍实行社会保险，并增加项目、扩大范围，将社会保险纳入社会保障制度或社会福利计划。1917年十月社会主义革命胜利后不久，苏维埃政府陆续颁布了一系列社会保险法令，把重伤、疾病、老年、残废、怀孕和分娩等都列入保险范围，保险对象包括所有劳动者及其家庭、独身母亲、孤儿和失业者。到20年代中期，所有企业和国家机关都实行了各种形式的社会保险。第二次世界大战后，东欧各国也建立了新的社会保险制度。随着民族独立解放运动的发展，许多殖民地国家陆续宣布独立，社会保险制度在世界范围内得到不同程度的推广。见社会保险法。

社会保险有以下4个特点：①由国家立法，通常由政府出面组织，强制雇主和雇员双方定期供款，有时国家也作为一方介入其中，共同筹措资金（社会保险基金）。②常被称为强制性保险。国家立法限定了社会保险的成员资格，在立法指定范围内的每一个劳动者个人及其所在单位都有资格参加社会保险。劳动者及其家属享受保险津贴只与劳动者的供款记录相关。缴纳供款和给付津贴的标准一般与投保者的职业和收入相关。③强调未雨绸缪、预防为主。只要参保，履行了缴费义务并符合规定的要求，在劳动者及其家属遭遇年老、疾病、工伤、残疾、生育、死亡、失业等风险时，就可以根据有关立法的规定，从社会保险管理机构获取现金津贴，以保证基本生活需求。④以保险方式进行组织，实现保险体系内的互助和风险分担。参保人平时按规定向有关管理机构缴费，遇到风险或达到法定受益资格后从保险体系获得保障资金。在待遇确定方式上，多数社会保险项目都是在参保人发生了约定的风险后，根据事先规定的待遇标准进行给付，与缴费数量、年限等基本无关或只是在很小程度上相关。个别保险项目，如养老保险的待遇确定有时会较多地与缴费贡献挂钩。

一般认为，社会保险是针对现代社会常见的7种经济风险设置的，这些风险是：老年、伤残、死亡、疾病、生育、工伤和失业。因此，社会保险项目也有7项：养老保险、伤残保险、遗属保险、疾病保险、生育保险、工伤保险和失业保险。在社会保险制度的实施过程中，有些保险项目如老年保险、伤残保险、遗属保险可放在一个系列中考虑，简称老、残、遗保险。另外，疾病保险和生育保险在风险发生和保障需求方面有颇多相似之处，所以也放在一个系列中考虑，称为医疗保险。这样，再加上工伤保险（包括职业病保险统称为职业伤害保险）和失业保险，便构成了常见的"四大保险"。

社会保险法 social insurance law 广义上指关于养老、疾病、工伤、失业、生育保险的所有法律规范的总称。狭义上仅指国家最高立法机关制定的涉及养老、疾病、工伤、失业、生育各项内容的单行法律。中国存在大量的社会保险法规，但至今还没有社会保险的单行法律。

社会保险最早发端于19世纪80年代的德国。德国于1883、1884、1889年分别颁布了《疾病保险法》、《工伤事故保险法》、《老年和残障保险法》，奠定了社会保险立法的基础，标志着现代意义的社会保险的诞生。美国于1935年颁布《社会保障法》，将社会保险纳入其中。英国政府根据经济学家W.H.贝弗里奇的报告，于1942～1947年相继通过了《家庭津贴法》、《国民保险法》、《国民工伤保险法》、《国民健康事业法》、《国民救济法》等，建立起包括社会保险制度在内的完整的社会保障制度。第二次世界大战后，社会保险已成为世界各国普遍实施的一项法律制度。

中华人民共和国建立后，1951年2月26日正式颁布实施了《中华人民共和国劳动保险条例》，规定医疗、生育、疾病、养老、伤残、遗属等保险待遇，保险费全部由企业负担。到1955年末，国家机关工作人员的社会保险制度已相继建立。1986年国务院发布《国营企业实行劳动合同制暂行规定》，确定了劳动合同制工人的养老制度；同年7月，国务院发布《国营企业职工待业保险暂行规定》，首次建立了失业保险制度。1991年国务院发布《关于企业职工养老保险制度改革的决定》，规定建立基本养老保险、企业补充保险和职工个人储蓄性养老保险相结合的多层次养老制度。1994年八届人大八次会议通过了《中华人民共和国劳动法》，对社会保险作了专章规定。1997年7月16日国务院制定了《关于建立统一的企业职工基本养老保险制度的决定》，提出建立适用于各类企业职工的统一基本养老保险制度。1998年12月14日国务院颁发了《关于建立城镇职工基本医疗保险制度的决定》，第一次提出了建立全国范围内统一的基本医疗保险制度。1999年1月22日，国务院颁布《失业保险条例》，第一次在法规的术语使用上，确认了“失业”的存在。根据该条例，建立失业保险基金，用人单位和职工个人都承担缴费的义务。2003年4月27日，国务院发布《工伤保险条例》，规定了工伤保险费的缴费原则及工伤和患职业病的职工享受的各种待遇。

社会保险基金 social insurance fund 国家为实施各项社会保障制度，在相关法律的规定下，通过向劳动者及其所在单位征缴社会保险费，或由国家财政直接拨款而集中起来的资金。简称社保基金。是社会保险事业的物质基础，也是各国社会保险法的中心内容。具有以下特点：①强制性。②基本保障性。③特定对象性。④统筹互济性。⑤储存性和增值性。中国社会保险基金包括养老保险基金、医疗保险基金、失业保险基金、工伤保险基金和生育保险基金。

为社会劳动者及其家庭提供基本生活保障，是社会保险基金的基本功能。同时，它还具有下述具体功能：①稳定社会的“减震器”。②社会劳动力再生产顺利进行的重要保证。③调节收入差距的特殊手段。④促进经济发展。⑤促进社会文明进步。

世界各国社会保险基金的具体筹措方式主要有现收现付制、预先积累制或基金积累制、混合制或部分积累制。资金来源主要有被保险人、企业（雇主）、政府三方的缴费或出资；特别捐税补助；基金营运收入；滞纳金和罚没收入。

社会保险基金在遵循安全原则、收益原则和流动原则的前提下参与基金运营，以获取基金收入，减轻投保人经济负担，提高保险待遇。基金运营的方式包括：①存入银行。②购买政府债券。③购买公司债券和股票。④委托银行贷款。⑤开办社会保险银行。⑥直接投资办实业。⑦对被保险人或其家属提供消费或信贷服务。

社会保险基金的经办机构主要有三种形式：政府部门直接管理的独立机构；在政府间接监督下的各种自治性协会；受政府委托管理社会保险业务的工会组织。

社会保障 social security 国家和社会为补偿现代化过程中被削弱的家庭保障功能，帮助全体社会成员应对现代社会中的社会经济风险，运用社会化的保障手段，依法保障全体社会成员基本生活的经济福利制度。又称社会安全。是现代国家社会政策和社会立法的重要内容。

社会保障法 social security, law of 调整以国家、社会和全体社会成员为主体，为了保证社会成员的基本生活需要，解决某些特殊社会群体的生活困难而发生的经济扶助关系的法律规范的总和。

社会保障源于济贫的思想，最早的社会保障立法可以追溯到1601年英国颁布的《济贫法》，但真正具有现代意义的社会保障法则出现在德国。德国于1883～1889年确立了社会保险法的基本思想和原则，开创了现代社会保障立法之先河。美国于1935年颁布了《社会保障法》，第一次使用了社会保障的概念，并规定了社会保险、社会福利和社会救济等社会保障的内容，确立了社会保障普遍性和社会性原则。第二次世界大战后，出现了以英国为代表的福利国家的社会保障立法模式，后为许多国家所仿效。

1951年2月26日中华人民共和国政务院颁布了《中华人民共和国劳动保险条例》，标志着中国社会保障制度已初步建立。

自20世纪80年代开始，中国开始对社会保障制度进行全面改革，颁布了一系列有关法律、法规。国务院1986年颁布《国营企业实行劳动合同制暂行规定》；同年7月颁布了《国营企业职工待业保险暂行规定》。1990年通过了《中华人民共和国残疾人保障法》。1997年发布了《关于建立统一的企业职工基本养老保险制度的决定》。1998年发布《关于建立城镇职工基本医疗保险制度的决定》。1999年1月发布了《失业保险条例》。2003年4月颁布《工伤保险条例》。1999年9月发布《城市居民最低生活保障条例》。这些法律法规的颁布和实施，使中国初步建立了适应社会主义市场经济体制的社会保障法律制度。

在中国，社会保障法的内容包括：①社会保险法。②社会救济法。③社会福利法。④社会优抚法。⑤社会保障管理监督法。⑥社会保障基金管理法。⑦社会保障争议解决程序法。

社会保障制度 social security system 有广义和狭义之分。狭义的社会保障制度是政府通过立法，强制对国民收入进行分配和再分配以形成社会基金向社会成员提供生活保障的一种正式制度安排，包括社会保险、社会福利、社会救济、优抚保障等内容。社会保障制度通常即指此。它具有五个要素：①国家和政府是实施社会保障制度的主体。②社会保障制度的受益者主要是社会中的弱势群体。③社会保障制度的目标是保障社会成员的最低或基本生活水平。④具有强制性。⑤现代社会保障制度的主要内容包括社会保险、社会救助和社会福利。广义的社会保障制度是指一个社会通过正式的或非正式的制度安排为其成员提供生活安全保障的体系。

按政府、企业和个人在社会保障制度中的不同责任、社会保障水平、财务制度等标准，可将社会保障制度分为四大类型：①福利型。以瑞典、英国为代表，按照“普遍性”原则，实行“收入均等化、就业充分化、福利普遍化、福利设施体系化”及包括“从摇篮到坟墓”的各种生活需要在内的社会保障制度。②保障型。又称传统型社会保障，以美国、日本为代表。在这一制度中，企业、个人和政府都是责任主体，在不同的保障项目中各自角色也不相同。在社会保险中，企业和个人为主要缴税（费）人，政府只充当最后责任人的角色；而在社会救济、社会福利项目中，政府是最主要的责任人。③国家型。它强调的是国家的责任，保障对象是国有经济部门的雇员，保险费由单位负担，各种社会保险项目由统一的组织机构经办。中国的传统社会保障制度就属于这一类型。④储蓄型。以新加坡和智利为代表。它有以下特点：一是不具有再分配性质，不强调公平性；二是财务制度是基金积累制，而不是现收现付制；三是给付水平是受益基准制，而不是供款基准制。

中国传统的社会保障制度可以概括为“低工资、多就业、高补贴、高福利”。1992年10月中共十四大提出建立与社会主义市场经济体制相符合的社会保障体系。2006年10月中共十六届六中全会对完善社会保障制度建设作出重要的战略部署，提出2020年基本建立“覆盖城乡居民的社会保障体制”的远景目标。

社会必要劳动时间 socially necessary labour time 社会生产某个商品所耗费的具有社会平均劳动力性质的简单劳动时间。又称社会平均必要劳动时间。

社会必要劳动时间是相对于个别劳动时间而言的，是社会生产中的一个一般范畴，是同价值决定和价值规律的作用相联系的。它形成商品的社会价值，属于商品生产范畴；K.马克思指出“社会必要劳动时间是在现有的社会正常的生产条件下，在社会平均的劳动熟练程度和劳动强度下制造某种使用价值所需要的劳动时间”。

社会必要劳动时间有两种意义：①在商品生产中，在单个商品的生产上只使用社会必要劳动时间。单个商品的价值不是由个别生产者的个别劳动时间决定的，而是由生产该商品的社会平均必要劳动时间决定的，进一步讲，是由再生产该商品的社会平均必要劳动时间决定的。②在同类一定量商品的生产上也只使用社会必要劳动时间。同一类商品总量的价值总额，同样是由生产它们的受社会需要的一定比例量限定的社会必要劳动时间决定的。

商品价值由社会必要劳动时间决定这一点，是通过市场价格表现出来的：①如果由于技术进步使生产某种商品的劳动生产力普遍提高了，单个商品包含的社会必要劳动时间就会减少，由它决定的社会价值就会降低。这种情况就会在市场价格的下降中表现出来。电脑价格的下降趋势就典型地说明了这一点。②如果社会对某种商品的需求相对地或绝对地减少了，生产这种商品所需要的社会必要劳动时间总量就会相对地或绝对地减少。假如仍然按照原有的生产能力来生产，供给就会大于需求，这种情况也会从市场价格的下降中表现出来。

在商品生产中，特别是在以价值增殖为目的的生产方式中，个别劳动时间和社会必要劳动时间之间的差额，商品的个别价值和它的社会价值之间的差额，是一个部门内部不同商品生产者之间竞争的基础和强制力量。每个生产者必须不断进行生产技术和生产方法的创新，降低生产总成本，提高**劳动生产率**，才能使个别劳动时间降低到社会必要劳动时间以下，从而获得超额利润。

社会变迁 social change 一切社会现象发生变化的动态过程及其结果。社会学着重说明下列社会现象的变迁：①自然环境引起的社会变迁。②人口的变迁。主要指人口数量、质量、构成及人口流动和分布的变化。③经济变迁。包括**生产力**的变化、**生产关系**的变化、生产量的增长和生产质的提高。④社会结构的变迁。主要体现在两个方面：一是社会功能结构的变化；二是社会成员地位结构的变化。⑤社会价值观念和生活方式的变迁。⑥科学技术的变迁。⑦文化的变迁。

社会变迁的类型主要有以下几种：按社会变迁的规模，划分为整体变迁和局部变迁。按社会变迁的方向，划分为进步的社会变迁和倒退的社会变迁。按社会变迁的性质，划分为进化的社会变迁和革命的社会变迁。按人们对社会变迁的参与和控制程度，划分为自发的社会变迁和有计划的社会变迁。在影响社会变迁的诸原因中，社会的物质需要和经济的发展变化是最根本的。社会物质生产力的变化造成生产方式的不断更新，社会生活、政治生活和精神生活也随之发生变化，从而整个社会结构体系也发生变化。社会变迁除了最终取决于社会生产力的发展外，还取决于自然环境、人口、社会制度、观念、社会心理、文化传播等多方面因素的影响，是多种因素相互作用的结果。

社会变迁理论主要有：①进化论。认为人类社会是一个不断发展的渐进的过程。表现为由低级到高级、由简单到复杂、由此及彼地向前发展。②循环论。认为社会变迁是周期性的重复。③均衡论。强调社会均衡一致和稳定的属性。④冲突论。认为社会体系是一个各个部分被矛盾地联结在一起的整体。20世纪70年代以来，对社会变迁的宏观研究已逐步转向对某一特定阶段、特定社会、具体社区的社会变迁的研究，相继出现了现代化理论、发展社会学、社区发展理论等。

社会病态 social pathology 社会中的群体或个人在社会心理上与社会活动中不能保持正常的一种状态。早期社会学家企图用一种类似于自然科学的方法来研究社会问题。他们将社会比为一个生物有机体，认为社会问题的发生是由于社会中某些人的行为发生偏离，不能保持与整个社会的协调关系。早期社会病态论者常把社会问题的发生归因于某些所谓“闹事者”，并强调社会病态主要是一种道德问题，是少数人与社会道德、信仰相违背造成的。20世纪60年代以来，国际上出现了比传统的观点更激进新的社会病态论，认为某些人处于病态是因为社会本身就处于病态，其口号是“不道德的社会制造了不道德的个人”。在解决社会问题的途径上，传统观点强调改造个人，新的病态论则强调改变整个社会的道德。

社会测量 social measurement **社会研究**中，遵照某种法则给社会现象或社会事物的属性在数量上赋值的过程。社会测量的领域包括：①社会态度及个性、品格的测量。②社会行为、**社会地位**的测量。③社会行为的预测。④群体结构的测量。⑤社会环境的测量等。测量对象、测量值和法则构成社会测量操作三要素。测量对象指研究中所关注事物的属性或特征，如研究家庭所关注的是家庭结构、家庭功能等属性；测量值为数值或数字符号；法则指根据对应关系将数值或数字符号分派给测量对象，确立法则是测量的关键。

与自然科学相比，社会测量的特点是：①其对象不仅涉及人的自然属性，如年龄、性别等，更多地涉及人的社会属性，如意识、行为、态度等。②这些属性大部分无法进行直接的测量，只能进行间接测量。③其工具的外在形式是问卷题目或量表（又称题器），信度和效度相对较低，测量误差较难掌握。

社会测量效度应从两方面评估：①所使用的方法是不是对研究概念的真实测量。②这一概念是否能够被正确测量。如第二个条件不能满足，即使第一个条件满足，测量也是无效的。对社会测量信度的评估则主要考虑测量中的一致性问题，如改变测量方法、测量对象或测量时点，测量的结果会不会发生大的变化等。

社会测量使对社会现象的研究从定性走向定量化。同时，将统计学和现代数学的知识引进社会研究领域，加上电子计算机的运用，丰富了分析事物的手段。

社会存在决定社会意识 determination of social consciousness by social being 历史唯物主义最基本的原理，是对社会生活的物质方面和精神方面的根本关系的科学概括。

K.马克思、**F.恩格斯**在《**德意志意识形态**》一书中，第一次提出社会存在决定社会意识的原理，并作了系统的论述。后来他们又在《〈政治经济学批判〉序言》中对这一原理作了精辟的概括：“物质生活的生产方式制约着整个社会生活、政治生活和精神生活的过程。不是人们的意识决定人们的存在，相反，是人们的社会存在决定人们的意识。”

社会存在不同于自然存在，离不开有意识的人的活动。社会存在也具有客观性，但这种客观性是就其不依赖于人们的社会意识而言的。

社会存在决定社会意识的原理强调社会存在是社会生活中第一性的东西，是社会意识发生和发展的根源，而社会意识则是社会存在的反映和派生物。它的内容主要包括：①社会存在是社会意识的基础和前提。人类社会必须先解决吃、穿、住的问题，即先进行物质生产，在此基础上方能从事精神生产。②社会存在是社会意识的客观内容和客观来源。③社会存在的发展变化决定社会意识的发展变化。社会意识的发展归根到底是同社会存在的发展相适应的。历史唯物主义在肯定社会存在决定社会意识的前提下，承认社会意识具有相对的独立性，对社会存在具有能动的反作用。

社会达尔文主义 social Darwinism 19世纪下半期在欧洲出现的用生物进化论解释一切社会现象的思潮。

英国自然科学家C.R.**达尔文**的《物种起源》(1859) 发表后，进化论在欧洲产生了广泛的影响。社会达尔文主义接受了达尔文“自然选择”、“适者生存”的学说，并把它运用于人类社会领域，把人类社会的发展简单地等同于生物的进化。代表人物有英国的H.**斯宾塞**、W.白芝霍特和B.基德，美国的W.G.**萨姆纳**和F.H.**吉丁斯**，奥地利的L.龚普洛维奇等。他们认为，社会机体类似于生物有机体，人类社会的变化过程犹如生物的进化过程；生物进化的规律也就是社会历史永恒的自然规律。人类社会的发展，不仅是个体之间，而且也是不同群体、社会、种族或民族之间，合乎自然的、必然的适应过程和淘汰过程。像生物有机体的构成一样，人类社会也有本质上类似的分工和功能划分，因此人类就其本性而言是不平等的，这种不平等构成了社会中不同的等级。一些极端的社会达尔文主义者还认为人类同生物一样有优等种族和劣等种族之分，从而导致种族中心主义。20世纪后，社会达尔文主义走向衰落。

社会党国际 Socialist International 主张社会民主主义的政党和组织的联合体，是当今世界上规模和影响最大的国际性政党联盟。始于1889年成立的第二国际，1951年7月重建。1976年，德国社民党主席W.勃兰特担任主席，提出走出“欧洲中心主义”，倡导南北对话与合作谋求东西方缓和的主张。1992年召开第19次代表大会，法国前总理P.莫鲁瓦当选为主席，开始把向中东欧地区扩展作为其工作重点。1999年召开二十一大，葡萄牙总理、社会党总书记安东尼奥·古特雷斯当选为该国际主席。2003年10月召开二十二大，古特雷斯再次当选。2005年6月，古特雷斯辞去社会党国际主席职务，就任联合国难民署高级专员。2006年1月，在雅典举行理事会会议，希腊的泛希腊社会主义运动主席G.帕潘德里欧当选为主席。

至2009年，社会党国际有各类成员党和组织170个，其成员党约在40个国家执政或参政。组织机构包括代表大会、理事会、财务和行政委员会、秘书处以及15个下属委员会和3个工作组。代表大会是最高权力机构，每三年召开一次。秘书处是常设工作机构。领导成员为主席、副主席和秘书长，他们的产生要经过理事会的提名和代表大会的选举。总部设在英国伦敦，主要通过自己的网站发布有关活动消息、政策文件及对重大国际和地区问题的看法，并出版季刊《社会党事务》。

在政治方面，自称指导思想多元化。奉行社会民主主义，主张实行多党制。在经济社会政策方面，基本放弃生产资料公有制和借助国有企业调控国民经济的原有主张，主张实行私有化或国有企业股份社会化。在国际政策方面，强调现在依然有效的国际关系准则和国际法体系应得到尊重，联合国依然是维护世界和平与稳定的基石，应维护联合国在国际事务中的主导地位。

《社会党人法》 *Anti-Socialist Laws; Sozialistengesetz* 德意志帝国O.von俾斯麦政府实施的旨在镇压德国社会主义运动的法律。全名为《反对社会民主党进行普遍危害活动法》(又译《镇压社会民主党企图危害治安的法令》)，在中国通称《反社会党人法》、《反社会党人非常法》等。1878年10月19日由帝国国会通过，21日生效，有效期最初在3年，后4次延长，1890年9月30日最后期满失效。

1878年5月和6月，德皇威廉一世两次遇刺，俾斯麦政府借机嫁祸于德国社会民主党，向国会提出反社会党人法案，但被否决。国会重新选举后，始在10月19日得以通过。《社会党人法》将德国社会民主党和社会主义的工会组织置于非法地位。该法实施期间，约1 300多种出版物被查禁，约有1 500人被判处总数达1 000多年的监禁，约1 000多名社会民主党成员被驱逐出其居留地，还有些人被迫流亡国外。有些地区常年处于“小戒严”状态，社会民主党不得不转入地下，工人运动一时处于低潮。在K.马克思和F.恩格斯的帮助下，德国社会民主党制定了将合法斗争与非法斗争相结合的策略，经过英勇斗争，逐渐恢复和壮大起来。

社会地位 social status 个人在社会体系中所处的位置。性别、年龄、种族、学历、职业等社会特征都可以构成一个人的社会地位。社会学通常区分两种社会地位：先赋地位和自致地位。先赋地位指以出身为基础，个人后天无法改变的社会地位；自致地位指通过个人努力可以改变或获得的社会地位。不同社会地位所拥有的权利、义务和社会声望是有差别的。按照不同的维度，可以将社会地位划分为不同的序列。常采用的三个维度是财富、权力和社会声望。每个人拥有多个社会地位，这些社会地位在权利、义务和社会声望方面既有可能是一致的，也有可能是相悖的。一般选取一个首要地位来界定人们的社会地位。现代社会，职业地位往往是首要地位。通过分析各种社会地位的属性及相互关系，可以揭示社会结构的有关信息。

社会调查 social survey 实地了解某种社会现象的活动和方法。狭义仅指社会研究方法中搜集分析资料的一种技术。

近代社会调查随统计学的发展而产生，发源于英国。J.斯托的《伦敦调查》、英国监狱改革的先驱J.霍华德的《英国及威尔士监狱现状》，都是早期重要的调查报告。19世纪影响较大的有法国社会改革家F.勒普累的《欧洲工人》、英国统计学家C.布恩的《伦敦居民的生活和劳动》。F.恩格斯在1845年发表《英国工人阶级状况：根据亲身观察和可靠材料》，K.马克思在1880年写的《工人调查表》，是马克思主义的社会调查的重要文献。20世纪，著名的社会调查有美国的“匹兹堡调查”、“春田调查”等；20～30年代兴起的盖洛普民意测验，第二次世界大战后出版的《美国士兵》和80年代的“科尔曼报告”等都是有影响的社会调查范例。

中国的社会调查最早的是1914～1915年北京社会实进会举办的“洋车夫生活状况调查”。此后著名的调查报告有：陶孟和、梁宇皋合著的《中国乡村生活和城镇生活》；陈达的《社会调查的尝试》；李景汉的《定县社会概况调查》；陈翰笙的《中国地主和农民》；费孝通的《江村经济》；毛泽东的《湖南农民运动考察报告》、《寻邬调查》等。中华人民共和国建立后，进行过广泛的民族调查和6次全国人口普查。1979年恢复社会学研究以来，影响较大的社会调查是中国社会科学院于1988年起组织全国2 000余名社会科学工作者和实际工作者进行的百县市经济社会调查。

社会调查可按不同标准划分类型。按调查范围分为：①普遍调查，简称普查，又称全体调查。指对全体调查对象作无一遗漏的调查。②个案调查。指仅对一个调查对象进行详细调查。③抽样调查。指从调查对象的总体中，抽取部分个体组成样本进行调查。按在研究过程中的作用，分为探索调查、试验调查、正式调查和补充调查。按调查形式分为访问调查、问卷调查和电话调查。按调查的内容分为家庭调查、群体调查、社区调查、犯罪调查、民族调查、舆论调查等。

社会调查搜集分析资料的步骤主要是：根据研究设计和课题内容的要求，从调查客体中抽取一个样本；依据研究假设，设计出调查问卷或访问调查表；在总体的小范围中进行试验，并根据试验的结果修改问卷或调查表；印制问卷或调查表，并根据需要培训访问员；对所抽取的样本进行正式调查；对调查数据进行分析和作出结论。

社会调查作为人们了解社会现实、认识社会现象的一种方式，不仅应用于社会学研究中，也应用于其他各门学科和领域，如市场研究、政策研究、舆论研究和民意测验等。

社会发展指数 social development index 用于综合反映社会发展状况的指数。计算时首先选择有代表性的若干个指标，然后进行综合形成一个指数。综合方式有简单综合与加权综合两种，应用较多的是加权综合。设所选择的n个指标为$x_1, x_2, \cdots, x_n$，由于各指标的计量单位可能不同，这就需要将各指标进行转换，以使其具有可比性。设转换后的各指标值为$z_1, z_2, \cdots, z_n$，对各项指标赋予的权数分别为$w_1, w_2, \cdots, w_n$，则综合评价指数I的一般形式为：

$$I=\frac{\sum_{i=1}^{n} z_i w_i}{\sum_{i=1}^{n} w_i}$$

其中：$0 \leqslant w_i \leqslant 1$，$\sum_{i=1}^{n} w_i=1$。

当$w_1=w_2=\cdots=w_n$时，就是简单综合而

成的综合评价指数，此时有：

$$I=\frac{1}{n}\sum_{i=1}^{n}z_i$$

社会分层 social stratification 用于描述结构化的社会不平等或人群之间的系统化的不平等的概念。这些不平等是由于各种资源在个人、群体之间的不平等分配造成的。社会分层研究主要关注的是各种资源或有价物品（经济、社会、文化、政治、声望等资源）在人口中的分配形态以及导致这种分配形态的原因。任何社会都存在着一套分层系统。这一系统有三个构成部分：①把某些物品确定为有价值并使人们都渴望得到它们的制度过程。②基于某种社会角色区分（如职业、种族、性别、户口身份、社会等级——贵族与平民等）来分配这些有价物品的规则。③把个人与这些社会角色联系起来的社会流动机制。通过研究这套分层系统和它所导致的一系列后果——各种形式的不平等，可以了解整个社会稳定化及变迁的过程。社会分层是宏观社会学尤其是社会结构研究的核心概念。

社会分层研究起源于M.韦伯有关传统身份社会与现代阶级社会的论述。传统社会大多是身份社会，人们的社会经济地位由一些先赋性的身份特征所决定，各种不平等通过法令形式来加以确定，如封建庄园领主制、印度喀斯特制度和奴隶制度等。现代工业社会的分层系统则更趋向于两极化但同时又可以上下流动的阶级社会，在这种社会里，人们的社会经济地位更多地取决于获致性因素，或者说个人后天的努力。对当代社会的分层系统进行的研究，主要分为新马克思主义和新韦伯主义流派。新马克思主义继承了K.马克思的阶级理论的一些传统，即认为导致不平等和阶级差异的决定性因素是生产资料的所有权，经济方面的差异或是否占有生产资料是社会分层的最基础的方面。同时，新马克思主义又对马克思关于资本主义社会最终两极分化为资产阶级和无产阶级的说法加以修正，认为在资产阶级和无产阶级之间产生了一个新的中产阶级。新韦伯主义则传承了韦伯多维分层标准的传统，认为除了经济差异或市场状态的差异所导致的阶级区分现象以外，通过生活方式、交往活动和社区等区分的身份群体现象也是当代社会分层的重要方面。

在不同的社会和不同的历史时期，社会分层的形式和主要资源的类型都有所不同。美国学者区分了几种分层系统的理想类型：①在古代部落形式的狩猎或采集社会，分层的主要资源是人力资源（狩猎能力或巫术技巧），主要的阶层或阶级是首领、巫师和部落普通成员。②在亚细亚生产方式的农耕社会，分层的主要资源是政治资源，主要的阶层或阶级是官僚士绅和农民。③在封建形式的农耕社会，分层的主要资源是经济资源（土地和劳动力），主要的阶层或阶级是贵族、僧侣和平民。④奴隶制度的农耕社会的主要资源是经济资源（奴隶），主要阶层或阶级是奴隶主和奴隶。⑤喀斯特形式的农耕社会的主要资源是名望资源（种姓和生活方式），主要阶层或阶级是喀斯特（高等级种姓）和非喀斯特（低等级种姓）。⑥资本主义工业化社会的主要资源是经济资源（生产资料），主要阶层或阶级是资本家和工人。⑦社会主义工业化社会的主要资源是政治资源（党和工作机构中的权威），主要阶层或阶级是管理者与被管理者。⑧发达工业化社会的主要资源是人力资源（教育和专业技能），阶层或阶级区分的基础是以技术分工为基础的职业群体。

社会分工 social division of labour 社会劳动的多支体系。主要包括国民经济各部门之间的分工，例如，分为工业、农业、商业等；各部门内部的分工，例如，工业内部分为采矿、冶炼、机器制造、纺织等行业。

在人类早期的历史上曾出现过具有历史意义的三次社会分工。第一次是畜牧业和农业的分离，第二次是手工业和农业的分离，第三次是出现了不从事生产、专门从事商品交换的商人阶级。前两次社会分工都发生在原始社会末期，第三次社会分工发生在原始社会瓦解、奴隶社会形成时期。

在资本主义社会中，社会分工高度发展。资本主义的社会分工产生于工场手工业时期，在资本主义工场手工业内部，社会分工是通过手工业活动的分解、生产工具的专门化而展开的，它提高劳动生产率，却使劳动者畸形化，摧残劳动者的体力和智力。资本主义机器大工业时期，社会分工进一步侵吞了劳动者体力和智力的一切自由活动，劳动者成为机器的奴隶。在社会主义社会中，旧的社会分工所造成的对抗性矛盾逐步消除；但是，工农之间、城乡之间、脑力劳动和体力劳动之间的差别仍然存在。随着社会生产力的迅速发展，人的体力和智力的全面发展，旧的社会分工所遗留下来的一切祸害将逐步消失。

《社会分工论》 *De la division du travail social* 法国社会学家É.涂尔干的第一部著作。1893年在巴黎出版。1933年上海商务印书馆出版了王力翻译的中译本。在书中，作者根据维系社会的方式，将社会分为两大类：①“机械团结”的社会，即传统社会。②“有机团结”的社会，即近代的分工制社会。涂尔干在书中预言，宗教和带有强制性的共同意识将随分工制的扩大而衰落下去。

社会服务 social service 国家和社会通过专业的福利机构或社区组织为解决人民生活中的实际困难，提高人民的生活质量而有针对性地提供服务和设施的社会福利计划和项目。又称社会福利服务，简称福利服务。有三个特点：①通过专业福利机构或社区组织来组织实施。社会工作者通过院舍服务和社区服务，构成覆盖城乡的社会服务网络，相辅相成，缺一不可。②目标是为人民解决生活中的实际问题和困难，提高生活质量。社会服务以服务保障方式弥补了资金保障无力顾及的许多领域，在收入水平不变的前提下，通过悉心组织的服务网络使社会生活走向有序，用非经济手段不断提高人民的生活质量。③强调有针对性。在有需求的地方设置相应的服务设施或项目。社会服务的对象是全体社会成员，重点对象主要包括两大类：一类是有特殊困难的人，如老人、儿童、残疾人、精神病人等；一类是有特殊贡献的人，如优抚对象。

社会福利 social welfare 由国家或社会为立法或政策范围内的所有公民或特定的社会群体普遍提供旨在保证一定生活水平和尽可能提高生活质量的资金和服务的社会保障制度。具有以下特点：①一般是作为调节现实社会中的问题和矛盾的社会政策而设立的。②是为立法或政策范围内的所有公民普遍提供的。常以不带任何前提的“普遍性”原则为号召。既不要求其服务对象预先缴纳费用，也毋须进行家庭经济状况调查。③是较高层次的社会保障制度。除了保障服务对象一定的生活水平之外，还着意在既定生活水平的基础上，尽力提高服务对象的生活质量。从某种意义上说，生活质量的提高往往更能体现社会福利的内涵。④从某种意义上说，社会福利更偏重于提供福利设施和福利服务，弥补了其他偏重资金保障的社会保障形式的不足，从而能够更好地发挥社会保障体系的整体作用，满足人们对基本生活需求的期望。

社会福利制度的目标比较宽泛，内容也比较庞杂。从一般意义上说，囊括了除社会保险、社会救助之外的其他所有的社会保障内容。

社会福利院 public welfare office 可提供生活服务的社会福利事业单位。主要收养因年老、疾病、生理或心理缺陷而丧失劳动能力，出现生活困难的人。16～17世纪，欧洲出现了由教会、慈善团体兴办的救济贫民、保护孤寡的福利机构。第二次世界大战后，欧美发达国家政府广泛承担起社会福利的责任，兴办了各种社会福利院。从20世纪50年代末起，中国政府投资兴建了一批社会福利院，80年代以后进一步发展。福利院采取“以养老为主”的方针，安排好老年人的吃穿住，解决其温饱问题；关心老年人的精神文化生活，并通过适当的劳动、文娱活动和康复治疗，使老年人身心健康，安度晚年。

社会工作 social work 以利他主义为指导，以科学的知识为基础，运用科学的方法进行的专业化助人服务活动。

社会工作的特点是：①本质是一种助人活动，特征是提供服务。不同于一般的善行，是一种科学的助人服务活动。②以受助人的需要为中心，以科学的助人技巧为手段，以达到助人的有效性。不同于怜悯，也不是平均分配式的福利，而是按照人们的实际需求，并以人们能够接受的方式提供服务。③是一种有意识地改变社会的活动，有专业的目标与理想，并且努力将这些目标和理想变为实际行动。④与一定范围内社会问题的出现有关，当个人、家庭、社区遇到某种问题需要帮助时，社会工作就有了用武之地。

社会工作的领域以服务对象的生理和社会特征分类，可分为儿童社会工作、青少年社会工作、老年社会工作、妇女社会工作、残疾人社会工作等。按服务对象所遇到的困难和问题分类，可分为针对日常生活方面的困难和问题，如生理问题、心理问题、人际关系、生活环境等的社会工作；针对就业方面的困难和问题，如失业问题、劳资关系、各种歧视、职业伤害等的社会工作；针对个人行为方面的困难和问题，如吸毒、赌博、酗酒等各种行为失范及各类犯罪的社会工作。以社会工作的方法分类，有个案社会工作、小组社会工作和社区社会工作，这也是社会工作三大方法。

20世纪初，西方社会工作传入中国，并在一些大学中形成专业和学科，部分大学师生开始从事社会服务活动。1949年后，中国在计划经济的思路下，政府成为全能政府，各种社会问题的解决都被纳入政府的行政框架中。1978年改革开放以来，在从计划经济向市场经济转轨中，中国社会不但要解决历史积累下来的诸多问题，更要解决发展中遇到的新问题。随着改革的深入，在社会福利、就业、社区、社会团体等方面对专业社会工作的社会需求日益紧迫，社会工作面临着前所未有的发展机遇。

社会工作者 social worker 受过社会工作专业训练，运用所掌握的专业知识、技巧，在社会工作专业伦理守则约束下为人们提供福利性服务的专业人员群体。作为专业群体，社会工作者帮助人们提高解决问题的能力，促进个人与他人、环境之间的互动，帮助他们直接获取社会资源和物质资源。社会工作者对人类负有使命，通过影响社会政策、改善社会环境、促进社会结构变迁来实现人类幸福的最高目标。

早期社会工作者大多是志愿工作者，而少数有薪水的雇佣人员也不需要经过专业训练。因此，早期社会工作是非职业性和非专业性的，所需要的知识是经验性的，所需要的技巧也相对简单。随着工业化和城市化的发展，社会问题激增，社会问题也变得更加复杂，没有经过专业训练的人难以满足社会工作发展的需要。1939年，美国开始制定社会工作专业标准。当代，社会工作者已经成为一个专业群体，必须经过专业训练，加入专业组织体系，得到组织的认可，以专业身份为人们提供服务。

社会关系 social relations 人们在社会活动和相互交往中形成的关系。人们之间有自然关系和社会关系。社会关系不同于自然关系，是人类特有的本质联系。它既是人的劳动的产物，又是劳动的必要形式。

随着人类社会实践活动的发展，历史地形成了多种层次的复杂的社会关系：①个人之间的关系，群体、阶级、民族内部及相互之间的关系，国内和国际关系等。②经济、政治、法律、伦理道德、宗教等关系。③对抗性关系和非对抗性关系。

马克思主义哲学科学地揭示了各种社会关系之间的从属关系，据此将社会关系分为物质关系和思想关系两种基本类别。物质的社会关系指人们在社会物质生活和生产过程中发生的一切不以人的意志或意识为转移的客观关系，既包括人与自然界之间的物质变换关系，也包括人与人之间的经济关系，以及人类自身的繁殖关系。其中的核心部分是人与人之间的经济关系。思想的社会关系是以一定的思想意识为指导的政治、法律、道德、宗教等关系。它是一定的物质关系及其所规定的物质利益的反映，以物质的社会关系为基础和根源，并随着物质关系的改变而改变。思想的社会关系对于物质的社会关系的形成、巩固和发展也具有不可忽视的反作用。

社会规范 social norm 人们在社会交换或社会活动中必须遵循的行为准则。是人类为了社会共同生活的需要，在社会互动过程中衍生出来，约定俗成，或者由人们共同制定并明确施行的。本质是对社会关系的反映，也是社会关系的具体化。社会规范可分为成文和不成文的两类。风俗习惯、部分道德规范及部分法律规范、宗教规范是不成文的；法令、条例、规章和大部分法律、重要的教规是成文的。风俗习惯是出现最早、最普遍的一种社会规范。它的作用是在没有外部压力的情况下实现的，主要通过模仿转化为人们的习惯行为。道德规范是比风俗习惯高一层次的社会规范，是一种内化了的行为规则。法律规范是阶级社会特有的现象，是一种具有强制性的行为规范。宗教规范是神化了的社会行为规范。各种行为规范互相配合，有机地组成一个社会规范体系，调整人们各个方面的社会行为，维护一定的社会秩序，使社会活动纳入一定的轨道。社会规范是社会控制的重要手段。

社会化 socialization 自然人成长为社会人的过程。即一个人出生以后，通过与其他社会成员、群体和组织的互动、学习和接受社会知识、技能和规范，不断适应社会生活的过程。人的社会化是一个长期的过程，伴随人的一生。一般把人一生的社会化分为早期社会化（儿童、青少年期）、继续社会化（中年、老年期）和再社会化几个阶段或类型。

社会化条件 人能够接受社会化，是因为具有特殊的生理条件：①人类具有超越本能的高级神经活动，在适应自然中可以能动地改造自然。②人在成长中有一个较长的生理上不能独立生活的童年时期，这是人接受广泛而深入的社会化的基础条件。③人有较强的学习能力。人有抽象思维与创造力，通过实践使知识内化为自己的思想、动机和行为，认识事物的本质，有计划、有目的地从事一定的活动。这种学习能力是接受社会化的重要条件之一。④人有语言能力，可以通过口头和文字传达信息、沟通思想，学习社会知识、技能和规范，达到社会化的目的。

对健康、正常的个体来说，社会化过程能否顺利进行还有赖于其所处的环境中是否具备社会化所必需的社会条件。社会化必需的外部社会环境条件是指影响和作用于个体思想观念、心理特征和行为方式的全部社会因素，较为重要的社会因素包括家庭、学校、工作单位、同龄群体和大众传播媒介等。

社会化基本内容 ①教导有关生产与生活的基本知识和技能。②教导社会规范。社会通过各种形式的教育与舆论的力量，使人们逐渐形成一种信念、习惯与传统，用来约束个人的行为；调整个人与个人，团体与团体，个人、团体与社会整体之间的各种社会关系。③培养自我观念，促进人格的形成和完善。自我观念和人格都是通过社会活动逐步形成的，是社会化的产物。自我观念和人格的形成与确立对个人的学习、生活和工作有巨大的推动作用，对个人在社会生活中的活动具有自我调控功能，使个体能够有效地参与社会生活。④学习和扮演社会角色。社会化的目的，是为社会培养符合社会发展要求的社会成员，充当适宜各自身份、地位的角色。社会化内容之一就是教育各种不同角色的社会成员按其应尽的权利与义务，规范自己的行为，自觉地为社会作贡献。

社会化途径 ①家庭教育。童年期是人的一生社会化的关键时期，在童年期，家庭担负着主要的社会化责任。②学校教育。儿童进入学龄期以后，学校的影响逐渐上升到首要地位，成为最重要的社会化途径。学校向学生传授科学知识，激发学生取得社会成就的愿望，为学生提供与更多的同伴以及成年人相处的经验与机会。学校还有独特的地位、角色、亚文化、价值标准、传统，甚至仪式或礼节。学校里的主属关系很明显。这些都有助于学生形成一种尊重权威、遵守秩序的观念。③社会群体内部影响。社会群体可能是同辈群体，也可能是阶级集团或一定的社区、工作单位。④大众传播工具。现代社会，大众传播是十分重要的社会化手段。报纸、杂志、书籍、广播、电视、电影、录音与录像等迅速地向人们提供大量有关社会事件与社会变革的各种信息，使人们开阔视野，看到自己无法亲身经历的情景，学到各种知识与规范。

社会基本矛盾 basic contradictions in Society 生产力和生产关系的矛盾、经济基础和上层建筑的矛盾。这两对基本矛盾存在于一切社会形态之中，规定社会的性质和基本结构，贯穿于人类社会发展的始终，推动着人类社会由低级向高级发展。两对基本矛盾包含着3个要素，即生产力、生产关系（经济基础）和上层建筑。它们之间相互联结、相互制约、相互作用着。生产力决定生产关系，生产关系反作用于生产力；经济基础决定上层建筑，上层建筑反作用于经济基础。这种层层决定和层层反作用的关系，构成了以生产力发展为最终动因的整个社会基本矛盾的辩证运动，体现了人类社会发展的最一般规律。马克思对生产力和生产关系、经济基础和上层建筑的矛盾运动的一般过程，作过经典式的表述。列宁继承和发挥了马克思的思想。毛泽东结合中国社会和中国革命的历史特点，对马克思列宁主义关于生产力和生产关系、经济基础和上层建筑相互关系的原理，曾作过精辟的论述。

社会基本矛盾是历史唯物主义的一个新的重要范畴，它对人们从总体上考察社会历史，全面地把握整个社会的基本面貌及其发展变化的基本线索，有着重要的指导意义。

社会交换论 social exchange theory 当代西方社会学理论流派之一。产生于20世纪50年代末期的美国。最初是针对结构功能主义提出的，在理论和方法上具有实证主义、自然主义和心理学还原主义的倾向。它强调对人和人的心理动机的研究，批判那种只从宏观的社会制度和社会结构或抽象的社会角色去研究社会的做法；在方法论上倡导个人是社会学研究的根本原则，认为人类的相互交往和社会联合是一种相互的交换过程。这是对美国心理学家B.F.斯金纳的行为主义心理学、功能主义的文化人类学和功利主义的经济学的全面综合。

社会交换论的基本研究范畴和概念包括价值、最优原则、投资、奖励、代价、公平和正义等。主要代表人物有美国社会学家G.C.霍曼斯、P.M.布劳和R.埃默森。霍曼斯是交换理论的创始人。他提出了一组普遍性命题：①成功命题。一个人的某种行为能得到相应的奖赏，他就会重复这一行动；某一行动获得奖赏愈多，重复活动的频率也随之增多；获得的奖赏愈快，重复活动的可能性就愈大。②刺激命题。相同的刺激可能会带来相同或相似性行为。③价值命题。如果某种行为的后果对一个人越有价值，他就越有可能去重复同样的行动。④剥夺与满足命题。某人（或团体）重复获得相同奖赏的次数愈多，这一奖赏对该人（或团体）的价值就愈小。⑤攻击与赞同命题。包括两方面：一是当个人的行动没有得到期待的奖赏或者受到了未曾预料到的惩罚时，就可能产生愤怒的情绪，从而出现攻击性行为；二是当个人的行动得到预期的奖赏，甚至超过期望值，或者没有遭到预期的惩罚时，他就会赞同这种行为。霍曼斯指出，利己主义、趋利避害是人类行为的基本原则，由于每个人都想在交换中获取最大利益，结果使交换行为本身变成一种相对的得与失。对个人来说，投资的大小与利益的多少基本上是公平分布的。

布劳的交换理论是从社会结构的原则出发考察人与人之间的社会交换过程。他认为，社会交换关系存在于关系密切的群体或社区中，建立在相互信任的基础之上。社会交换是一种有限的活动，是个人为了获取回报而又真正得到回报的自愿性活动。他还区分了经济交换与社会交换、内在奖赏和外在奖赏，引入了权力、权威、规范和不平等的概念，使交换理论在更大的范围内解释社会现象。布劳的社会交换理论从微观到宏观，系统地追溯了交换现象的各种发展过程及其影响，形成一种归纳过程取向的社会结构理论。

继布劳之后，对交换理论作出重要贡献的还有埃默森等人。埃默森运用严密的数理模型和网络分析，阐述社会结构及其变化、社会交换的基本动因和制度化过程，在方法论上进一步充实了交换论的理论体系。

社会结构 social structure 社会各组成部分或要素之间持久而稳定的关联方式。随着结构功能主义理论的广泛传播，社会结构成为社会学中的一个核心概念。尽管它是当代社会学中使用最为广泛的概念之一，但迄今为止没有一个公认的、明确的定义。

社会结构一词通常在以下几种意义上使用：①与社会行动或社会行动者相对，强调社会结构相对于社会个体的不可还原性及其对于社会个体的外在强制性。②与社会过程相对，强调社会结构的相对稳定性。③与社会功能相对，强调社会结构的终极性，即社会结构是社会功能的最终来源和最终目标。社会学家在描述社会结构时，通常将其分成若干层次。

在社会学经验分析中，通常存在着两种社会结构观：地位结构观和网络结构观。地位结构观把社会结构看成社会地位在空间和时间上的一种分布状态，认为社会地位是客观的、外在于个人的，社会资源是附着于社会地位之上的，个体所拥有的社会地位决定了个人对社会资源的占有和支配，进而决定个体的社会行动能力。网络结构观认为，社会结构就是人们在日常生活中结成的现实的、生动的社会关系网络。社会资源嵌入社会网络之中，而不是附着于单个社会地位之上。

社会经济形态 economic formation of society 人类在一定历史发展阶段上的经济基础，即一定的生产关系的总和。是历史唯物主义基本范畴之一。马克思创立了社会经济形态学说，第一次把社会学置于科学的基础之上。社会经济形态范畴的建立，揭示了同一发展阶段的各种社会现象的重复性和常规性，展现出历史发展过程的统一性和多样性。它使人们从各个国家和民族的纷繁复杂的社会历史现象中，发现社会发展的规律性，揭示从一种社会形态向另一种社会形态过渡的规律性，从而使人们有可能科学地预见各个国家的发展趋势，使人们的认识从偶然和混乱中摆脱出来，用自然科学那样精确的眼光来具体考察处于一定历史阶段上的社会，把人类历史看作一个不以人的意志为转移的从低级向高级发展的自然历史过程。马克思依据这一思想，阐明了人类历史依次更替的五种社会经济形态：原始公社、奴隶制、封建制、资本主义和共产主义。它们由于不同的生产关系而相互区别开来，是各有其独特特征的社会形态。马克思的社会经济形态学说是理解人类历史发展过程的钥匙，是马克思主义社会学说的理论基石。

社会救济 social aid 国家和社会对由于各种原因而陷入生存困境的公民给予财物接济和生活扶助，以保障其最低生活水平的社会保障制度。它在社会保障体系中居于基础性地位，是现代社会保障制度的基本形式，是社会弱者的最后一道生存防线。又称社会救助。社会救济包括3种方式：一是民间救济，即慈善事业，是建立在慈善伦理基础上，以社会捐献为财产来源，由民间公益团体或机构对生存困难者提供的救济；二是官方救济，即政府救济，是由政府直接组织并以财政支出为主要来源的对生存困难者提供的救济；三是官民结合救济，是由官方救济和民间救济相结合而构成的对生存困难者提供的救济。现代社会救济按统一的标准确定救济对象，这一标准就是最低生活水平线（国家公布的最低生活水平线，又称贫困线）。凡生活在或将要生活在法定最低生活水平线以下的公民和家庭，都是社会救济的对象。按造成贫困的原因不同，可将社会救济的对象分为3类：一是无依无靠又没有生活来源的公民；二是突发性灾难造成生活一时拮据的公民；三是有收入来源，但生活水平低于国家法定最低生活标准的公民。社会救济资金主要来源于财政拨款，其他渠道包括社会筹集、信贷扶持、国际援助等。

社会角色 social role 与人的社会地位、身份相一致的一整套权利、义务和行为模式。是对处在特定地位上人们行为的期待，也是社会群体或组织的基础。

角色类型 主要有：①从人们获得角色的方式上区分的先赋角色与自致角色。前者指建立在血缘、遗传等先天因素基础上的社会角色，如种族、性别、年龄等。在奴隶社会和封建社会，职业、阶级等属于先赋角色。后者又称成就角色，指主要靠个人活动与努力获得的角色。工业化社会以来，许多原来属于先赋的角色变成了自致角色。②从人们承担角色时的心理状态上区分的自觉角色与不自觉角色。前者指角色承担者明确意识到个人所进行的角色表演，因而尽力用行动去感染周围的观众，如讲演者等。后者指角色承担者并未意识到角色表演，只是照习惯方式去做。③从角色行为规范化程度上区分的规定型角色与开放型角色。前者指对权利、义务有较明确的规定，不得随心所欲地自由发挥，如军人、警察、法官、公务员等。后者指对行为规范没有明确、严格的限制，承担者有较多自由和发挥余地，如父母、夫妻、朋友等。④功利型角色与表现型角色。前者指以追求经济效益和实际利益为目标的角色，在社会上主要发挥实现效率目标的功能，如商人、企业家、经营者等。后者指不以获得经济效益为目的，而以表现社会制度与秩序、社会价值观念、思想道德等为目的的角色，在社会上主要发挥表现社会公平的功能，如学者、教授、宗教信徒、公务员等。

角色扮演 指个人具备了充当某种角色的条件，承担和表现角色的过程与活动。主要内容包括：①角色的确定。角色的承担首先要有一个确定的过程，角色确定是在长期的社会互动中完成的。角色确定也常有失误的情况，如不能胜任角色、未承担合适的角色、选择了不适当角色等。角色的确定是否有效，最终由社会决定，也与个人的活动和努力密不可分。②角色距离。指个人与所承担的角色之间存在着差距的状况。表现出“角色距离”者，包括那些行为、品质达不到角色规范的人，如军纪不严的士兵、名实不符的教授，也包括那些素质远在角色规范之上的人，如大材小用者或与儿童玩耍的成年人。角色距离表明自我与理想的角色模式是分离的，它妨碍一个人进入角色。③角色的表现。社会角色的表现需要一系列手段以及布景和道具。一方面，它们起着象征作用，既是角色表演的标志，也是角色活动的场所；另一方面它们也具有实用性。与社会表演者联系更密切的是仪表和言谈举止。④扮演过程。角色表演需要经过三个基本环节：一是对角色的期望。人们在承担某一角色时，首先遇到的是社会或他人的期望。二是对角色的领悟，即角色承担者对角色的认识理解。由于人们思想的差异、环境的不同，对同一角色的理解常常有差别。三是对角色的实践。这是期望与领悟的进一步发展，是在个人实际行动中表现出来的角色。

角色失调 指在角色扮演中发生了矛盾，遇到了障碍甚至遭到失败。常见的角色失调有：①角色冲突。即在角色之间或内部发生矛盾、对立，妨碍角色扮演的顺利进行。有两类：一是在不同承担者之间的冲突，如夫妻冲突、婆媳冲突等，常由角色利益上的对立、角色期望的差别以及偏离角色规范等原因引起。二是在角色承担者自身发生的冲突。②角色不清。即社会大众或角色扮演者对于角色的行为规范认识不清楚。在社会与文化急剧变迁时期，很多社会角色的行为规范都超出了过去人们习以为常的范围。③角色中断。指处在某一角色地位的人，由于主观或客观的原因不能将该角色扮演到底而出现的中途间断的现象。④角色失败。又称角色崩溃。这是一种最严重的角色失调现象，是指角色承担者被证明已不可能具有继续承担或履行该角色的权利和义务，不得不中途退出舞台，放弃原来角色。

社会科学 social sciences 研究社会现象及其发展规律的各门学科的总称。它以社会现象为研究对象，研究人类在社会和文化方面的行为、人际关系，以及人类与其生存环境之间关系等。包括经济学、政治学、社会学和社会人类学、社会心理学、经济地理学等。广义的社会科学包括法学、教育学、人文地理学、社会医学等。任务是阐明各种社会现象及其社会发展规律。它与人文学科之间存在着极为密切的、相互依赖的关系，因此不少学者将两者合并为人文社会科学。当代社会科学研究呈现理论与实践相结合、个体与整体相结合、定性与定量相结合、与自然科学相互渗透等新的发展趋势。

社会控制 social control 社会组织利用社会规范对其成员的社会行为实施约束的过程。广义的社会控制泛指一切社会行为的控制；狭义的社会控制特指对偏离行为或越轨行为的控制。

社会控制的基本特点：①从本质看，具有明显的集中性和超个人性。前者指社会控制总是集中地反映特定社会组织的利益和意志。后者指社会控制总是以某种社会名义，代表某个社会组织施行控制。②从作用看，具有明显的依赖性和互动性。前者指社会控制只有依赖于社会实体才能起作用。这些实体包括社会组织、社会个人和传递社会规范内容的信息媒介。后者指社会控制通过社会行为之间的相互影响而起作用。③从发挥作用的过程看，具有多向性和交叉性。多向性指控制主体多方面地将各种信息发射出去，而作为中间环节的多种信息传递媒介，又把各种社会精神因素和众多的社会个体相互联系起来，从而使社会控制成为一个多向交叉和多层联结的复杂过程。

社会控制的类型分为：①正式控制和非正式控制。政权、法律、各种社会制度、社会中有组织的宗教，均有明文规定，属于正式控制的范畴；而风俗、习惯等则是非正式控制。②积极控制和消极控制。前者如奖状、奖金、奖章、记功、晋升等；后者如记过、开除、降级、判刑等。③硬控制和软控制。政权、法律、纪律，都依赖控制力，属于硬控制范畴；软控制则依赖社会舆论、社会心理进行控制。社会风俗、道德、信仰和信念的控制属于软控制范畴。④外在控制和内在控制。内在控制即自我控制，指社会成员自觉地把社会规范内化，用以约束和检点自己的行为。外在控制是社会依靠外在力量控制其成员就范。外在控制与内在控制的界限是相对的，两者相互渗透和转化。

社会历史观 society and history, conception of 关于人类社会的起源、本质和发展规律等一般问题的观点和理论体系，是人类对本身相互交往活动的条件、过程和结果的反思。以社会现象的内在联系及其发展过程为研究对象。在历史上社会历史观具有鲜明的阶级性，它在很大程度上影响到各个时代、各个阶级的整个哲学**世界观**的倾向和实质。虽然社会历史观并不直接以考察整个世界一般问题为对象，但它对物质运动最高形式的根本问题的回答，也就是对哲学世界观的最尖锐问题的回答。因此，社会历史观是哲学世界观的重要组成部分。19世纪40年代，K.**马克思**和F.**恩格斯**创立了**历史唯物主义**，社会历史观实现了根本的变革，确立了**社会存在决定社会意识**的原理。

历史唯物主义关于社会存在决定社会意识的原理揭示了一般社会历史观的本质。社会历史观是历史地发展的概念，它采取过不同的历史形态。以往各种形态的历史观的共同特点，是没有从一般世界观和具体历史知识中分化出来。历史唯物主义的创立，使社会历史观得到了精确的规定和科学的形态，它的世界观和**方法论**功能首先在于回答社会存在和社会意识的关系问题，在这个意义上，社会历史观本质上是以社会存在和社会意识的关系为基本问题的哲学理论。历史唯物主义对历史观基本问题的明确规定，为研究和区别以往的形形色色的历史观提供了唯一科学的标准：凡是认为思想动机、国家意志、超人、绝对精神等等是社会的本质的，都是唯心史观。马克思主义以前的一切社会历史理论，虽然致力于探究历史发展的本质、动力或最终原因，并且取得了一些有价值的成果，但都是把社会意识看作社会生活中的第一性的东西，不理解到底什么是社会存在。因此，它不可避免地具有根本缺陷。历史唯物主义对社会历史观的基本问题的科学回答，克服了以往历史理论的缺陷，使人们能够以精确的眼光把社会形态的发展看作自然历史过程，能够认识和掌握社会**生产力**和**生产关系**、**经济基础**和**上层建筑**的矛盾及其运动规律，理解各种**意识形态**的本质和根源，把人类历史从根本上看作人民群众的历史，看作物质生活资料的生产者的历史。从而破天荒地第一次把社会历史观建立在科学的基础之上。

社会流动 social mobility 社会成员从一种**社会地位**向另一种社会地位，从一种职业向另一种职业的转变。社会流动会引起**社会结构**的变化，大多数人流动的方向和频率反映着**社会变迁**的方向。因此，社会流动是社会变迁的指示器，是社会选择的一种途径。一个社会能够创造更多的向上流动的机会，是社会充满活力的象征，是社会进步的表现。

社会流动可分为如下类型：①垂直流动和水平流动。前者是指一个人从下（上）层地位和职业向上（下）层地位和职业的流动。可以伴随地区间流动，也可以原地升降。后者是指一个人在同一社会职业阶层内的横向流动。多半是地区间的流动，也包含在同一地区的不同工作群体或组织之间的流动。②个人一生中的流动和代际流动。前者指个人在职业和地位方面的水平的或垂直的流动。后者是两代人之间的职业和社会地位的流动，通过测量儿子和父亲职业的异同来表示。③自由流动和结构性流动。前者是指个别发生的流动，是由个人原因造成的地位、职业的变化或地区的移动。后者是相对于自由流动而言的。由于自然环境和社会环境的突变，或由于某项社会发明与创造，而引起相当多人的流动，包括有组织的和无组织的流动，均属结构性流动。

影响社会流动的因素大体可归纳为自然、人口、社会3个方面。自然环境变化引起的社会流动多半是空间上的流动，调节着人口和资源的重新分配。人口是生活在自然环境之中，并依靠自然资源（包括土地、动物、植物、矿物和淡水）而生存的。当一个地区的人口自然增长率过高或过低，就会产生人口的压力或吸引力，于是出现人口流动。

社会流动的最根本原因是社会生产力的发展，表现为：①社会价值观。②战争、民族歧视与民族压迫。③社会改革与社会革命。④由发明创造引起的科学技术的进步和生产力的发展，这是社会流动的根本原因。

《社会契约论》 *The Social Contract* 法国政治思想家J.-J.**卢梭**的主要著作。全书分4卷，作者激进的民主主义主张贯穿始终。卢梭主张，人们之间基于自由意志而订立的社会契约，是国家的唯一合法基础。契约的目的是达到每个结合者的平等和自由。平等包含天生平等、法律面前人人平等以及政治权利平等。自由则是国家权威与个人服从的一致，即每个公民是主权者的一个成员，又是守法的臣民。卢梭将国家视为公共人格，其意志以人民的公共利益为基础，永远着眼于共同的目标，从而是公正的。人民主权具有不可转让、不可分割、不可被代表的性质。主权由人民集体直接行使。法律的制定权属于人民。政府是主权者的执行人，其权力来自人民的委托。人民通过定期集会决定是否保留现有的政府形式，以及是否让执政者继续当政。为了防止政府篡夺人民主权，卢梭又提出小国论，以城邦形式保证人民集会便于举行。

社会群体 social group 通过持续的社会互动形成的有着特定的身份认同和规范，以及共同的目标和期待的人的集合体。又称社会团体。通常有狭义和广义两种理解。狭义的社会群体，仅指那些规模比较小、关系比较亲密和富于感情的人的集合体，即**初级群体**；广义的社会群体，则除此之外还包括那些规模比较大、人际关系比较正规化和制度化的次级群体，即**社会组织**。社会群体的基本特征是：群体成员具有持续的社会互动，包括直接的和间接的社会互动；具有共同的行动目标、归属意识和行为规范；具有程度不同的分工和协作；具有一致行动的潜力。

根据不同的标准，可以把社会群体划分为不同的类型。①根据群体成员间关系的亲密程度，可分为初级群体和次级群体。②根据群体成员间社会互动的正规化程度，可分为正式群体和非正式群体。③根据群体成员对群体的心理归属，可分为内群体和外群体。④根据群体成员间社会关系的来源及性质，可分为血缘群体、地缘群体和业缘群体。

社会商品零售价格指数 social goods, retail price index for 反映城乡商品零售价格变动趋势的一种经济指数。它的变动直接影响到城乡居民的生活支出和国家财政收入，影响居民购买力和市场供需平衡以及**消费**和**积累**的比例。

中国编制的社会商品零售价格指数的资料是采用分层抽样的方法取得的，即在全国选择不同经济区域和分布合理的地区以及有代表性的商品作为样本，对**市场价格**进行经常性的调查，以样本推断总体。21世纪初，国家一级抽选出的调查市、县226个。指数的编制过程按下列步骤进行：一是调查地区和调查点的选择。二是代表商品和代表规格品的选择。代表商品主要是选择那些消费量大、价格变动有代表性的商品。代表规格品的确定是根据商品零售资料和3.6万户城市居民、6.7万户农村居民的消费支出记账资料，按有关规定筛选的。筛选原则是：与社会生产和人民生活密切相关；销售数量（金额）大；市场供应保持稳定；价格变动趋势有代表性；所选的代表规格品之间差异大。三是表格调查方式。采用派员直接到调查点登记调查，同时全国聘请近万名辅助调查员协助登记调查。四是权数的确定。零售商品价格指数的计算权数是根据社会商品零售额统计确定的。

社会商品零售总额 social retail goods, total volume of 一定时期内国民经济各部门直接售给城乡居民和社会集团的消费品和向农村出售的农业生产资料以及农民对非农业居民直接零售的总额。反映一定时期内社会商品购买力的实现程度，以及零售市场的规模状况，是研究人民生活水平、社会零售商品购买力、社会生产、货币流通和物价的发展变化趋势的重要资料。在商业统计中，社会商品零售总额按行业可分为商业、饮食业、工业等；按经济类型可分为全民所有制经济、集体所有制经济、个体经济、中外合资和外商独资经济等；按销售对象可分为城乡居民、社会集团、农业生产资料等；按商品销售地区可分为城镇和农村；按商品类别可分为食品类、日用品类、文化娱乐品类、衣着类、医药类、燃料类等。

社会失调 social maladjustment 构成社会的各基本要素、各子系统关系失去平衡，社会功能无法正常发挥的一种社会状态。具体表现为：①社会与自然环境不协调。②社会物质生产不能顺利进行。③没有适当的人口再生产。④基本社会角色的比例失衡，如工人、农民、干部、知识分子比例不适当等。⑤社会成员之间信息闭塞。⑥对社会基本事物没有一致的认识，如度量衡的不一致，对时间认识的不一致等。⑦缺乏基本一致的社会群体奋斗目标。⑧社会出现失范状态。⑨对感情表达方式没有必要的限制。⑩未能对社会的新成员实现社会化。⑪未能有效地控制分裂性社会行为。

社会学主要从以下角度研究社会失调现象：①社会病态角度，认为社会失调是由于社会中的群体与个人不能保持健康状态。②社会解组角度，认为失调是由于社会规范、制度趋于瓦解。③亚文化角度，认为社会失调是由于为社会上少数人持有的亚文化与多数人体现的主文化发生重大冲突。

社会市场学派 social market school 当代新自由主义的一个重要分支。又称弗赖堡学派、德国新自由主义。

社会统筹 overall social pooling of insurance funds 中国社会保险基金筹集的一项基本原则。社会保险经办机构按社会统筹原则依法通过征收社会保险费等建立社会保险基金的制度。社会保险具有互济性、社会性和强制性。庞大的社会保险基金只有通过国家立法强制征集才得以建立。社会保险基金除国家资助外，主要依靠征收社会保险费进行筹集。其中工伤保险费、生育保险费由单位缴纳，个人不缴纳；基本养老保险费、基本医疗保险费和失业保险费由单位和个人共同缴纳。保险基金的运营增值，包括投资权益和储蓄利息，也是社会保险基金的构成部分。此外，社会保险基金也来源于社会的捐赠。

社会统计学 social statistics 描述社会现象数量关系的工具性学科。既指与社会现象有关的实际数据的搜集，也指统计分析方法在社会研究中的运用。前者称为社会统计，后者称为社会统计分析。19世纪末以来，概率理论获得极大发展，成为现代统计的基础，使社会统计学从纯粹的数据搜集和现象描述发展为一门分析性的学科，社会统计学也从社会统计发展为社会统计分析。

社会统计包括一切与社会状况、社会发展和研究有关的统计。社会统计工作的目的在于定期公布社会生活各方面数量规律的情报，供决策部门和研究部门使用。社会学工作者利用这些公布的资料，可以进行广泛的社会研究。社会统计工作常用的方法有大量统计观察法、分类法、平均数法、指数法、平衡法和图示法。

社会统计分析是有关社会资料搜集、整理、分析和推论的一整套科学方法，是数理统计学在社会研究领域中的应用。特点是：①从社会资料的特点来看，不仅有定距变量，更多的是定类变量和定序变量。②搜集社会资料所调查的对象往往是具有主观意识的人，因此资料的真实性、问卷的信度和效度以及样本中问卷的回收率都是社会统计分析要注意的问题。③对于统计结果的社会学分析难度较大。

使用统计推论技术，要注意以下几方面：①抽样必须是概率抽样，否则不能使用统计推论技术。问卷回收率低的概率抽样，同样不能使用统计推论。②任何统计推论方法都不是万能的，在使用时，不能忘记各种方法所要求的假定。误用统计技术，会把问题的研究引入歧途。③各种统计技术都是针对一定的变量层次而言的，选择统计公式要根据变量的层次来定。④如果对变量的研究不限于变量本身，还要研究多个变量间的相互联系和因果关系，则须采用多元分析技术。

社会文化历史学派 social-cultural-historical school 在苏联形成的以L.S.维戈茨基、A.N.列昂节夫和A.R.鲁利亚为首的心理学派别。又称维列鲁学派。文化历史发展理论大体形成于20世纪20年代中期至30年代初期。

维戈茨基反对心理学中排除人的意识的研究倾向。他认为人的高级心理功能亦即随意的心理过程，并不是人自身所固有的，而是在与周围人的交往过程中产生和发展起来的，受人类的文化历史所制约，高级心理功能具有一系列特征：①它们是随意的、主动的，是由主体按照预定的目的而自觉引起的。②它们的反映水平是概括的、抽象的，也就是各种功能由于有思维的参与而高级化。③它们实现的过程的结构是间接的，是以符号或词为中介的。④它们的起源是社会文化历史发展的产物，是受社会规律所制约的。⑤从个体发展来看，它们是在人际交往过程中产生和不断发展起来的。

维戈茨基的文化历史发展理论在苏联30年代后期曾一度遭受批判。然而列昂节夫和鲁利亚进一步完善了维戈茨基的理论，把它提到了新的高度，最后形成社会文化历史学派。60年代以后，这个学派的影响不断扩大。

社会问题 social problem 社会关系或社会环境失调，影响社会全体成员或部分成员的共同生活，破坏社会正常活动，妨碍社会协调发展的社会现象。社会学研究的重要领域之一。

对于社会问题的构成要素，社会学家有不同的看法。美国社会学家R.C.富勒认为，社会问题有客观和主观两种因素。中国社会学家孙本文认为，社会问题包括两个方面，一是社会共同生活发生了障碍，一是社会进步发生了障碍。美国社会学家C.W.米尔斯则区分为个人麻烦和公共问题两个方面。20世纪60年代以来，R.K.默顿提出了两维分析方法，认为一方面社会问题从类型角度应有社会解组和离轨行为之分；另一方面社会问题应有潜在性和外显性两种特性。一般认为，社会问题由4种要素构成：①必须有一种或数种社会现象发生失调。②失调必定影响许多人。③失调必须引起许多人的注意。④失调必须通过集体行动予以解决。

社会问题的特征主要表现为普遍性、变异性、复合性和周期性。普遍性指社会问题自始至终存在于每个民族、国家和社会的现实生活中；变异性指社会问题在不同时间、不同地区、不同民族或社会，表现各不相同、各具特性；复合性指社会问题在产生原因、存在方式或表现形式以及后果等方面的复杂性质，即社会问题是由多种因素复合而成的，常常是几种社会问题同时并存，并引起一系列破坏性的社会后果；周期性是指社会问题在发生、发展过程中，表现出时间规律性。通常说，社会问题总的时间进程及其阶段性，是周期性的两个基本含义。社会学家则特别强调周期性中的潜伏性和反复性的特征。

社会问题在不同时代有不同的内容。现代最突出的社会问题是：人口问题、生态环境问题、劳动就业问题、青少年犯罪问题和老龄问题。

社会消费品零售总额 social retail goods, total volume of 中国一定时期内各种经济单位直接出售给城乡居民或社会集团用于最终消费的商品总额。主要包括：①城乡居民（包括国外来华的非常住居民）用于生活消费的商品和修建住房的建筑材料费。②社会集团的消费品和燃气用品费。③农村居民的农业生产资料费。④农村居民售给非农业居民和社会集团的商品费。不包括：①各单位用于生产经营的原材料、燃料、设备、工具等生产资料费。②经销单位用于转卖的商品费。③农民居民之间的商品销售费。社会消费品零售总额反映一定时期内居民的消费水平及其构成状况，反映社会商品购买力的大小及零售市场的规模状况，也是研究货币流通和物价变化趋势等问题的重要资料。

《社会行动的结构》 *The Structure of Social Action* 美国社会学家T.帕森斯的重要著作。1937年于纽约出版。作者曾称此书是他的社会理论研究工作的参考基点。帕森斯在书中评述了V.帕雷托、É.涂尔干、M.韦伯和英国经济学家A.马歇尔的社会学和经济学思想，总结出唯意志论的社会行动理论。帕森斯认为，这种理论应该是演绎的，表现出分析因素与理论所探究的经验事实之间的逻辑联系；社会学应把社会行动的唯意志论的概念作为自己的研究对象，如行动单位、手段、目的和条件等；社会秩序的建立，取决于社会行动者规范化即文化的取向。帕森斯还反复声明，社会行动的理论不能还原为生理学和心理学，社会行动只有通过社会学的因素，即通过分析行动者如何构造他们的情境，以及用什么样的价值规范为指导原则才能得到科学的说明。此书的出版，确立了帕森斯在美国社会学界的地位，其行动理论也成为20世纪40～50年代最流行的社会学理论，并为他后来提出的AGIL系统模式奠定了基础。

社会行为 social behaviour 同一种动物两只或两只以上个体之间的相互作用所表现的行为。包括求偶行为、交配行为、繁殖行为和双亲行为等与性别有关的行为，以及领域行为、社会等级、竞争、合作和利他行为等与性别无直接关系的行为。此外，还包括动物在表达这些行为过程中所采用的通信方式即视觉、嗅觉、触觉和听觉等。

求偶行为 伴随着性活动和作为性活动前奏的所有行为表现。其形式随物种的不同而形形色色、复杂多样，复杂的求偶可以持续几个小时甚至几天。一般情况下，求偶多由雄性动物发起。雄性动物为了吸引更多的配偶，会竭尽全力甚至冒生命危险向雌性动物展示华丽的“婚装”和表演各种复杂的动作。除单独求偶外，有些动物每到繁殖季节，雄性动物聚集在一个特定的地点即求偶场进行激烈的争斗，雌性个体则在一旁观看。优势雄性个体一般占据求偶场的中心，次级的在外。雌性明显地选择与占有中心区的强雄交配。求偶行为的主要功能是吸引异性，选择最为理想的配偶，同时也有排斥竞争对手的作用。另外，通过求偶行为，可以防止种间杂交。

交配行为 在有性繁殖过程中雌雄个体的交媾、交合过程。绝大多数雄性哺乳动物都采用腹-背后入式交配姿势。科学家将哺乳动物的交配模式划分为16种类型。在自然界，交配行为的发生表明雌雄个体间婚配关系的形成。婚配制度指在人工选择试验中，用于控制后代基因组成（通常指因近交引起的纯合性程度）的过程。有选型交配和非选型交配之分。决定动物婚配制度特征和进化的主要生态因素是资源的分布。即使同一种动物，其婚配制度也会随年份、季节、地理区域的不同而异。此外，动物究竟是选择同型还是异型异性个体交配，也因物种不同而异。非选型交配有利于增加后代的遗传多样性。按照配偶数划分，配偶制度有单配制和多配制两种类型。

动物在生存和繁衍后代的过程中，需要保护好巢穴、食物和配偶等资源，一旦同种其他个体或异种动物对有限的共同资源有相同需要（生态位重叠）时，就会发生种内或种间的竞争。竞争行为指动物为保卫上述资源而发生的激烈争斗或仪式化的争斗过程。可分为直接竞争行为和间接竞争行为。前者包括常见的仪式化攻击、比较少见的伤害性和致死性攻击行为等。后者包括鸟类的鸣叫、哺乳动物在其领域边界的气味标记等。另外，根据对资源的利用方式，竞争又可分为利用性竞争和干扰性竞争。利用性竞争是资源竞争的一种简单形式，在竞争发生过程中，每个竞争者都可依据最适觅食法则来决定是否利用某种资源以及利用的时间长短，不管该资源被利用与否和它的数量有多少。干扰性竞争指一个个体通过行为上的直接对抗影响另一个体对资源的利用。竞争行为可能产生两种结果：一种是形成领域，合理利用和保卫其资源；另一种是形成社会等级，最强壮、最有经验的个体充当首领，保卫配偶及其后代。

社会等级 动物种群中各个动物的地位具有一定顺序的现象。社会等级形成的基础是支配行为，或称支配-从属关系。这种关系的形成是一系列竞争的结果。通过竞争（包括攻击行为），优势个体在食物、栖息场所、配偶选择中均享有优先权，保证了种内强者首先获得交配和繁育后代的机会。对于种群整体而言，有利于种族的延续和存活。对于一个封闭的社群组织，社会等级的形成还有利于减少个体相遇时用于竞争的能量消耗，这有助于社群稳定。社会等级现象在鱼类、爬行类、鸟类和哺乳类动物甚至人类中普遍存在。一个动物社群的社会等级并非固定不变，而是动态的。另外，对于按照长幼顺序排列社会等级的社群，衰老的优势雌雄会逐渐被从属者替代。动物主要依靠腺体分泌物与尿液的化学气味、视觉信号、听觉信号维持个体间的社会地位和等级。

领域行为 动物通过竞争最终占有和保卫一定的空间（或区域），该空间内具有占有者所需要的各种资源。这个空间（或区域）称作领域，而动物占有和护卫该领域的行为称作领域行为。动物主要通过视觉、听觉和嗅觉等信号护卫各自的领域，并回避较强的竞争对手。领域的拥有者可以是一个个体、一对配偶、一个家庭，甚至也可以是一个群体（成员之间彼此没有亲缘关系）。占有领域的时间随物种不同而异。领域行为普遍存在于各类动物中，其中以鸟类的领域行为最发达，分布最普遍。

动物一般通过一系列护卫领域的行为活动，如视觉信号、听觉信号、嗅觉信息和触觉信息，向入侵者显示其领域的范围。领域行为是动物的一种空间行为，同时也是一种生活行为，因为它主要指向种群内其他个体。在动物护卫领域的上述几种方式中，以化学气味标记最为经济。一般情况下，领域的占有者在与同类入侵者的竞争中获胜的机会较多。

利他行为和合作 在进化过程中，自然选择使得个体的行为具有自私的性质，为了更长久地生存、更多地繁殖后代而不顾及物种或者群体的利益。但并非动物行为都是自私的，也有牺牲自己的生存或繁殖机会去帮助其他个体生存、繁殖后代的行为，被称作利他行为。亲缘选择学说有助于解释自然界广泛存在的一系列利他行为，其中包括真社会性行为。社会性昆虫属于典型的、比较容易理解的利他行为实例，除此之外，利他行为也见于高等动物中的鸟类和哺乳类。除个体之间因亲缘关系而产生的利他行为外，较为复杂的合作包括显著不平等的给予帮助也存在于其他高等动物。

通过上述的社会性相互作用，在动物的社群内部形成各种组织或结构即社会结构。社会组织指同种动物个体共同生活在一起，通过相互作用形成的群体组织。社会组织从简单的集群到昆虫的真社会组织和灵长类动物的复杂社会组织，形式多种多样，中间还包括一系列过渡类型。社会组织的维护依靠社会等级、领域和社会分工等，社会等级的划分、领域则依靠上述复杂的社会行为完成。

社会形态 social formation 历史唯物主义用以标志社会具体的历史的存在形式的范畴，指同生产力的一定发展阶段相适应的经济基础和上层建筑的统一体。包括社会的经济形态、政治形态和文化形态。唯物史观关于社会历史发展进程的规律性原理，是用社会形态范畴来表述的。

社会形态由于社会基本矛盾，即生产

力和生产关系、经济基础和上层建筑之间动态的相互作用而不断发展，呈现出从低级向高级的有序过程。在总的有序的历史进程中，受到世界历史大趋势的影响，个别民族可以通过不同形式超越一种或几种社会形态，跳跃式地向前发展。特别是当一个民族处在历史转折点时，历史发展的可能方向取决于这个民族的选择，以及民族内部不同阶级或集团力量的对比。社会发展的决定性和历史主体的选择性，使社会形态的更替既内含着统一性，又呈现出多样性。

社会形态按照不同的标准有不同的划分。根据社会中占主导地位的生产关系的性质，可以把人类历史发展划分为原始社会、奴隶社会、封建社会、资本主义社会和共产主义社会（社会主义社会是它的第一阶段）5种依次更替的社会形态。

社会学 sociology 从某种特有的角度，或侧重对社会，或侧重对作为社会主体的人，或侧重对社会和人的关系，进行综合性的研究，因而具有自己独特的对象和方法的学科。经过一个半世纪的演变，不仅在现代科学知识体系中占据独特的地位，而且在全球范围内发展成为一门包含众多分支、具有独立知识结构的社会科学。

发展概况 社会学一词由拉丁文societas（社会）或Socius（社会中的个人）与logos（知识）组合而成。由法国哲学家A.孔德于1838年在其《实证哲学教程》中最先提出并就这一新兴学科的建立做了大致的构想，孔德因此而被视作社会学的创始人。其后，英国哲学家H.斯宾塞于1874年在其《社会学原理》一书中将社会学的知识作了系统整理。这样，社会学就从一般的社会哲学演变为具体的社会科学。而将社会学发展成为一门严格意义上的独立学科，则是É.涂尔干的历史贡献。从涂尔干的实证主义社会学传统的确立到M.韦伯的理解社会学传统的产生，标志着社会学学科多元化发展的开始。20世纪社会学已经发展成一门拥有自己系统而独特的理论和方法的重要的社会科学，其研究领域广及人类社会生活的各个方面并由此衍生出诸如农村社会学、工业社会学、知识社会学、文化社会学、军事社会学、劳动社会学等众多的分支学科以及诸如社区研究、阶级阶层研究、社会控制研究、社会保障研究、生态环境研究、贫困问题研究等专项研究课题。

理论体系与方法体系 社会学理论体系的构建方式众说不一，通行的有分块式和平列式两说，其下的具体划分更是多种多样。社会学研究的内容和范围，大致包括社会、社会中的个人、群体、组织、阶级和阶层、社区、社会变迁、社会控制、社会秩序等。社会学的方法包括：①方法论。是社会学研究的指导原则。主要有实证主义方法论、人文主义方法论和唯物史观方法论。②研究法。是社会学研究中搜集和处理资料的方法，主要有观察法、实验法、文献法、比较法等。在具体研究中，研究法的取舍由研究所采用的方法论来决定。③技术手段。是指在搜集和处理资料过程中所采用的工具及其操作技术。工具包括语言工具和非语言工具；非语言工具又可分为文书性工具如问卷、统计表等，以及器具性工具如录音机、照相机、计算机等。

特性 ①科学性。通过科学理论的指导，运用科学的方法，取得对人类社会的规律性认识并用以指导人们的社会生活。科学性的保证，在于社会学者充分地实现理论研究与经验研究、定性分析与定量分析、宏观探索与微观探索、动态考察与静态考察的有机结合。②系统性。在探讨社会的结构和发展过程时，首先是把社会看作一个由经济、政治、文化等子系统构成的有机的整体，因而要广泛地研究各个子系统之间各种社会现象的相互联系和相互制约以达到对整体社会结构和过程的把握。③综合性。人类社会是一个包含有许多既相互独立又相互联系的子系统的有机整体，所以，在研究这些子系统中的任何一种社会现象时，都需参照其他专以该种社会现象为研究对象的具体社会学科的研究过程和研究成果，在联系包括个体因素、社会因素乃至自然因素的前提下，对之作综合的考察。④现实性。以现实社会中的社会现象作为研究对象，研究课题绝大部分也来源于现实社会。因而社会学的研究既是一种学术探索，同时又是一种服务于社会运转和人们生活的政策咨询和知识传授。

功能 ①描述。运用科学而独到的技术手段和研究法，客观而忠实地搜集、整理和记录各种社会现象的定量化或定性化的信息，人们可以借助这些真实可靠的社会信息获得对某一或某些社会现象乃至整体社会的感性认识。②解释。在一般性的描述之后，可借助社会学的概念范畴，对所获取的经验材料进行理论抽象，探讨社会现象形成、变化及发展的前因后果，达到对制约社会现象的主客观因素的理性认识。③预测。在描述和解释的前提下对已获取的社会信息的再处理。描述和解释工作的完成从某种意义上说标志着各相关社会现象间相关程度的确定。若能对发展相对更具规律性的社会现象的发展速度和规模作出尽可能精确的测量，则与之相关的而且是人们意欲了解的社会现象的未来发展就可以相应得到大致的确定。当然，由于社会现象之间极少有如自然现象之间那样的函数关系，所以，对社会现象的预测难以达到自然科学所做预测的那种水平。

《社会学的想象力》 *Sociological Imagination* 美国社会学家C.W.米尔斯的代表作。由一系列讲演稿和部分已发表的论文汇集而成，1959年由美国纽约牛津大学出版社出版。在卷首，作者提出了自己的“新社会学”观，把社会的一般结构、现代社会在人类历史上的地位，以及现代社会典型的个体类型，看成统一整体中发生相互作用的组成部分。作者以T.帕森斯为代表的“大理论”和P.F.拉扎斯菲尔德、S.A.斯托福为代表的“抽象的经验主义”为例，批评了当时盛行的古典社会学、形式社会学、经验社会学3种社会学流派，还对当时社会学界热衷于所谓科学研究项目和任务的官僚风尚进行了讥讽。在附录，作者详述了对社会学研究方法和程序的见解，提倡把历史、个人生活史和社会心理分析有机地结合在一起。此书出版后，在当时结构功能主义占统治地位的西方社会学界引起了巨大的反响和震荡。

社会学范式 sociological paradigm 社会学家对研究主题所作的潜在知识假设。社会学范式包含社会学家对所研究主题的基本意向，用以描述和分析这一主题的概念选择，为观察和调查而对具体现象和问题的挑选，以及在分析过程中所运用的策略。作为一种潜在的知识假设，社会学范式还包括社会学家的基本价值前提。

关于社会学是一种范式还是多重范式的科学的问题，学术界尚有争议。一种观点倾向于认为社会学是一种范式的科学。美国社会学家G.瑞泽尔则认为社会学是一门多重范式的科学。他区分了3种不同的基本范式：①社会事实范式。古典样本是É.涂尔干的《社会学方法的规则》和《自杀论》；研究主题是社会事实，即宏观的社会结构和制度；使用的是问题调查法和历史比较法；属于这种范式的有结构功能论、冲突论，还有系统论和某些新马克思主义流派。②社会界定范式。经典样本是M.韦伯论述社会行动的著作；研究旨趣在于通过主观意义理解行动、互动及其所导致的后果；主要使用观察法，辅之以问卷调查；属于这种范式的有行动理论、符号互动论、现象学社会学、民俗学方法论以及存在主义社会学等。③社会行动范式。典型样本是心理学家B.F.斯金纳的著作；研究主题集中在个体行为上，尤其关注诱发预期行为的报偿和阻止非预期行为的惩罚；使用实验方法；属于这种范式的有行为主义社会学和交换论。

社会学方法 sociology, methods of 社会学研究的方法论、研究方式、具体方法与技术的总称。社会学方法论处于社会学方法体系的最高层次，从属于一般科学方法论，规定着学科研究应遵循的基本原则，是研究方式和具体方法的理论与逻辑基础。研究方式处于方法体系的中层。具体方法与技术则处于较低的层次，是在研究各阶段中为达到一定目的而使用的技术手段。具体方法的选择必须与一定的研究方式相适应。

方法论　关于如何进行社会学研究的基本理论，包括研究的立场、方位、视角、基本观点，以及认识和解剖对象应遵循的基本原则与逻辑程序。

研究方式　贯穿于研究全过程的程序、策略和方法。社会研究首先要根据研究课题和研究目的确定一定的研究类型，然后制定具体的研究程序和研究方案，选择研究的实施方式。

研究类型可以从各种角度来划分。依据课题的性质，分为理论研究与应用研究；依据研究目的，分为探索性研究、描述性研究和解释性研究；依据研究角度，分为宏观研究与微观研究；依据研究的逻辑模式，分为理论构建研究与理论检验研究；依据研究资料的性质，分为定量研究与定性研究等。

研究程序一般分为课题选择、研究设计、资料搜集、资料分析和撰写研究报告5个阶段。

研究设计是对各种研究策略和程序加以选择，并制定详细的研究方案。研究设计最主要的任务是确定研究方法。在实证研究中，研究设计还包括对研究假设操作化，确定适当的抽样方法（见**社会调查**）和测量方法（见**社会测量**）。

研究的基本方式主要有：①社会调查。通过调查搜集资料来考察社会现象的科学活动。调查可分为普查、抽样调查和典型调查，其中抽样调查是社会学研究中运用较广泛的调查方法。②实验法。通过人为地控制环境、情景和影响因素，操纵原因变量，考察变量之间的因果关系。主要应用于社会心理学研究和小群体研究。③个案研究。包括对个人、群体的生活史或发展史的考察，对行为动机和社会文化背景的理解以及对社会单位与整个社会环境之间的复杂联系的分析。常与长期的参与观察相结合。④间接研究。利用第二手资料考察历史事件和社会现象的研究方式，也有人称之为文献研究。包括历史文献的考据、社会历史发展过程的比较、统计文献的整理与分析、理论文献的阐释，以及对文字资料中的信息内容进行数量化分析等。常用于理论研究和社会变迁研究。

具体方法与技术　包括搜集资料与分析资料的方法，以及在研究各阶段中使用的技术、手段和工具。

搜集资料的方法。资料的主要来源是观察记录、询问记录和文献。搜集资料的方法主要有：①观察法。搜集第一手资料的最初步的方法，被各学科广泛采用。②访谈法。通过交谈、询问来搜集被访者的意见和看法，所获得的资料内容较丰富、深入。③问卷法。搜集定量资料的主要手段。操作步骤为：通过事先设计好的问题表格请被访者回答，然后将这种回答定量化，用以量度或评定被访者的有关特征。通过量表与测验获得的资料也是一种定量化的测量记录，尤其适用于精确测量个人特征。④文献法。文献资料是间接的、第二手资料，它在研究中是不可缺少的，研究者一般是通过查阅公开出版物和有关组织或个人的档案来获取。

分析资料的方法。资料可分为数据资料和文字资料两大类。分析数据资料的主要方法是统计方法、数理方法和模拟法。分析文字资料的一般方法是比较法和构造类型法。所谓构造类型是指依据经验或思辨从资料中抽象出理论概念，然后利用这种概念将所研究的社会现象划分为各种类型，如权威类型、角色类型等。社会研究还使用各种特殊的定性分析方法，如结构分析、功能分析、社区分析、阶级分析、角色分析等。任何研究都离不开定性分析，但具体采用哪些分析方法是由研究目的和理论假设决定的。

研究的技术手段。包括测量技术、调查技术、资料整理与加工技术，以及研究所需的工具、设备等。例如，问卷和测验表格的制作技术，间接测量个人心理的投射技术，观测记录仪器，实验设备，录音、录像设备，电子计算机和统计技术等。

《社会学方法的规则》 *Les Règles de la méthode sociologique*　法国社会学家É.涂尔干的重要著作之一。1895年在巴黎出版。中文本由许德珩翻译，名为《社会学方法论》，1929年由上海商务印书馆出版。在书中，涂尔干为社会学确立了独立的研究对象、范围和方法，提出了社会事实是社会学的研究对象。社会事实，如语言、道德、风俗、**社会组织**是一种先于个体而普遍存在的且在个体之外，并对个体产生限制作用的“物”。它是不能用生理学、个体心理学的观点来解释，只能用社会学的观点去解释的社会现象。书中用较大篇幅论述了观察和说明社会事实的原则，同时提出了功能和因果分析的思想，以及功能与历史原因的区分。

社会学习论　social learning theory　用行为主义理论解释人的社会行为的一种社会心理学理论。

按照社会学习论，个体在某一情境下习得了某一行为，一旦他再遇到类似情境就会作出同样的行为。学习过程的机制有：①**联想**。又称条件反射。②**强化**。③**模仿**。

社会学习论注重测验、实验、调查等方法，重视资料的统计与分析。20世纪70年代以后，社会学习论的心理学家在建立模型时也考虑了认知过程的作用。

社会研究　social research　运用科学方法对社会生活现象加以了解、说明和解释的一切活动。它是以人类社会为对象，以科学方法为手段，以解释和预测为目的，以科学理论和方法论为指导的一个完整的过程。社会研究的对象既涉及客观事物，也涉及人的主观动机、态度和心理。研究结果可被他人在相同条件下的重复研究所验证。社会研究分为研究方法、研究程序和研究设计三大部分。

社会研究方法是对人类社会和人类行为加以解释和预测的科学方式和手段。分为方法论、基本方式、具体方法与技术3个层次。方法论居于最高层，是进行研究的基本原则和指导思想。一般来说，在社会研究中，趋向经验论、实证主义和归纳法。基本方式有实验研究、统计调查、实地研究和比较研究。具体方法与技术，分为搜集资料的技术和分析资料的技术。依照资料的来源不同，搜集资料的技术有直接观察、询问和文献法3种类型。分析资料的技术主要以定量的统计分析为主。统计分析除描述统计和推断统计外，更重要的方法是多变量分析和非参数统计。其他的分析技术因所研究的问题、搜集资料的技术和应用的工具不同而有区别。

社会研究是一个由互相联系的相关步骤组成的完整过程。尽管各项研究的具体程序不完全一样，但基本步骤大致相同。①选择研究课题和建立假设。提出问题是科学研究的第一要素，它指出研究的方向及研究的内容。研究课题确定后，研究者应就这一问题作出尽可能详细的假设。②制定研究方案，又称研究设计。包括选择研究类型和研究方法，制订抽样方案，设计调查表格或调查大纲，确定分析单位和资料分析方法，对研究的时间、地点、人财物力的安排等。③搜集资料。分为个人或机关基于某种意图记录下来的文字材料，研究者通过观察、试验、访问等实地调查获得的资料。④整理与分析资料。资料整理首先是对所获资料进行检查、核实，并对错误和遗漏加以修正、补充，然后将其分类编码，再进一步综合简化。资料分析包括统计分析与理论分析。⑤解释资料与提出研究报告。解释是运用归纳法、演绎法、类比法以及一般的推论方法对结果作出推论和概括。研究报告除了叙述研究过程、方法及研究结论外，还要说明研究的理论价值与应用价值，并说明研究中存在哪些问题，哪些问题尚未解决，同时指出哪些问题可作为进一步研究的起点（见图）。

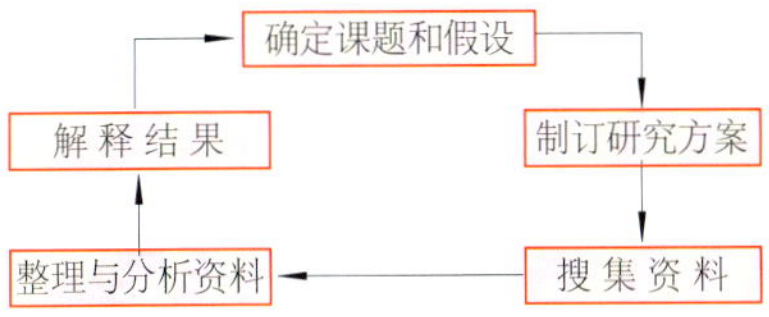

社会研究程序环状图

狭义的研究设计仅指实验设计。在社会研究中，是指制订研究规划与方案，即选择一定的研究策略和研究方法来完成研究课题。它包括下列要素：选择研究类型，确定分析单位和调查内容，确定研究的基本方式和具体方法，抽样设计，分析方案的设计，调查方案的设计。

社会意识 social consciousness 历史唯物主义最基本的范畴之一。人们对社会存在即社会物质生活及其过程的反映，包括各种社会意识形式和社会心理。从本质上讲，人的一切意识都是社会的意识。

社会意识大体上可作如下划分：①从意识的主体范围可分为个人意识和群体意识。②从对社会存在反映的不同层次可分为社会心理和社会意识形式。③从与经济基础的关系可分为社会意识形态和非意识形态的其他社会意识形式。社会意识的一般特点：①社会意识对于社会存在的依赖性。②社会意识对于社会存在的相对独立性。归根结底，社会意识根源于社会存在，受社会存在的决定和制约。

社会意识能动地反映社会存在，又能动地作用于社会存在，这是社会意识相对独立性的突出表现。人类通过社会意识了解周围的自然、社会环境、人本身以及自然、社会和人的相互关系，从而有可能进行自觉的历史活动。社会意识对社会存在的能动的反作用，在社会生产力的发展要求变革经济基础和上层建筑时，表现得尤为明显。先进的和落后的社会意识的斗争，常常成为社会经济和政治变革的先导。进步的社会意识能够促进、加速社会存在的发展变化。落后的社会意识对社会存在的发展变化起阻碍、延缓的作用。见社会存在决定社会意识。

社会有机体论 social organism 19世纪实证主义社会学的一种主要理论观点。代表人物是英国社会学家H.斯宾塞、俄国社会学家P.von利林费尔德、德国社会学家A.舍夫勒等。

斯宾塞从生物进化的基本原则出发，在其他学科的基本结论基础上进一步充实、验证和肯定了这一基本原则，把它扩展到社会领域，建立了自己的社会学体系。他认为，社会同生物一样是一个有机体，这两种有机体之间存在着许多相似之处。他还将社会及其组织比拟为人的机体。人体的生存要有营养、循环和调节3个系统，社会的生存也依赖于相应的3个系统：社会的工业组织向社会提供必要的产品；社会的商业组织，像人体的血液循环系统一样，把营养输送到机体的各部位；以国家为首的社会政治组织，像人体的神经系统一样调节各部分，使之服从于整体。据此，他将社会中的人分为3类，即从事生产的工人、农民，从事流通的商人、企业家和银行家，以及政府官员和管理人员。

社会有机体论的观点提出之后，经过利林费尔德、舍夫勒等人的阐发，成为早期社会学中具有普遍意义的方法论基础，对19世纪欧洲社会学和美国早期社会学都产生过重要影响。

社会舆论 public opinion 社会中多数成员对社会生活中有争议的事件发表的有一定倾向的议论、意见及看法。简称舆论。

社会责任论 social responsibility theory 新闻学基本理念之一。主张有限制的新闻自由，承认政府对新闻业干预和控制。严格来讲，它不是独立的理论，而是自由主义理论的一种演化形态。第二次世界大战后流行于西方国家。

社会责任的思想出现于20世纪20年代。1923年，美国报纸主编协会制订《报业法规》，提出报纸的责任问题。1974年，美国民间学术团体新闻自由委员会发表《自由与负责的新闻业》、《新闻自由：原则的纲要》等调查报告，被视为社会责任论最早的经典性文件。

社会责任理论认为，自由是伴随着义务的，报刊应对社会承担责任，并以社会责任作为报刊业务政策的基础。认为唯有对社会承担义务，负有"责任"的自由才是有实效的"积极的自由"。同时强调报刊要为政治制度和经济制度服务，对社会负责，实行"有控制的新闻自由"，政府可以"干预和控制"新闻活动。社会责任理论又被称为"新自由主义理论"，它并不否定自由主义新闻理论的基础，但怀疑自由主义理论崇尚人类理性的观点，认为人类的目标不是寻求真理，而是满足自身的直接需要和欲望。

社会责任理论从新闻理论上论证了国家干预新闻传播的合理性。20世纪80年代，美国传播学者D.埃利奥特编辑的《负责的新闻业》一书，较全面地反映了社会责任论的研究成果和争议的观点。

社会知觉 social perception 人对社会客体的感知和认识过程。与对自然客体的感知和认识过程相对应。包括对他人、对自己和对群体的知觉。社会知觉的概念是美国心理学家J.S.布鲁纳于1947年在知觉研究中采用的，用来指知觉的社会决定性，即知觉不仅仅决定于客体本身，也决定于主体的目的、态度、价值观和过去经验。这里的知觉相当于认识，因此有人主张用"社会认识"一词来代替社会知觉。

苏联社会心理学家A.A.包达列夫认为，社会知觉过程具有两个层次，表现为反映社会现实的两个水平，即感知水平和逻辑水平。前者指形成关于某人外貌的形象，后者指在感知基础上对该人个性特点的推论。F.海德认为，对人知觉和对物知觉有三个差别：①人能体验其思想和感情，而物不能。②物不被认为是其自身活动的原因，而人则往往被认为是第一原因。③人可以有意识地操纵和利用知觉者，而物则不能。

社会指标 social indicator 一定社会现象和过程的质量与数量特征。反映客观事物、社会现象的结构或发展进程。它是测量社会结构、社会现象和社会过程的一种工具和手段，具有计量性、具体性、时间性等特点。从不同的角度可分为：①客观指标与主观指标。反映客观社会现象的指标，如人口出生率、人均住宅面积、就业率等，称为客观指标；主观指标指人们对客观社会现象的感受。常表现为人们的心理状态、愿望、满意程度等。②描述性指标与评价性指标。描述性指标反映社会事实本身；评价性指标反映社会发展、社会效果在某些方面的利弊得失。③肯定指标、否定指标和中性指标。肯定指标又称社会进步或发展指标，否定指标又称问题性指标，中性指标是与人们的价值取向和愿望无直接关系的指标。

社会指标具有反映社会状况、评价社会政策、监测社会目标、比较社会计划、预测社会发展等功能，是进行社会学理论研究和经验研究的重要工具，也是政府部门制定社会政策和社会发展规划的重要依据。

社会制度 social institution 人类社会活动的规范体系。由一组相关的社会规范构成，也是相对持久的社会关系的定型化。可分为：①总体社会制度，或称社会形态，如资本主义制度、社会主义制度。②一个社会中不同领域里的制度，如经济制度、教育制度等。③具体的行为模式和办事程序，如考勤制度、审批制度等。

社会制度的构成主要包括：①观念原则。制度的理论基础，是某种制度产生及施行的合理性根据。②规范体系。包括成文和不成文的规范，是制度的基本内容。③组织系统。是保证社会制度实施的实体。④设备系统。包括物质设备和象征设备在内。

社会制度主要特征有：①普遍性。家

庭、经济、政治、教育、宗教等人类社会的主要制度，普遍地存在于一切民族、国家和社会中。②相对稳定性。制度是相对稳定的规范体系，一经确立就会在相当长时期内制约人们的行为。③系统性。各项社会制度之间具有内在的稳定的联系，构成了一个社会有机系统。在这个系统中，任何社会制度都要受其他制度的制约，任何制度及其变化又都会影响到其他制度。

不同层次的社会制度产生不同的功能，其影响和制约的范围也不相同。总体社会制度决定着社会形态的性质，是制定各种制度的依据。不同领域里的制度决定各种具体模式和规则。一般来说，社会制度具有如下的功能：行为导向功能，为人们提供思想和行为模式；社会整合功能，协调社会行为，调适人际关系，建立社会正常的秩序；传递与创造文化的功能。通过制度保存与传递人类的文化，使之世代沿袭，并在空间上得到普及。与此同时，制度还能促进文化的累积与继承，推动人们创造新的文化。制度的负功能是，已经建立的制度常常代表社会上的传统行为模式，容易产生刻板、僵化的倾向，不易随时代的发展而及时变迁，对个人行为与社会发展起一定的阻碍作用。

社会主义 socialism 与资本主义对立的思想体系和社会制度。社会主义一词在欧洲是18世纪中叶才出现的。社会主义作为一种思想体系，经历了空想社会主义和科学社会主义两个阶段。空想社会主义是社会主义思想的初级形态，经历300多年的发展，到19世纪上半叶达到顶峰时期。K.马克思、F.恩格斯于40年代创立了科学社会主义，才使社会主义发展到它的高级形态，成为科学的思想体系，并以此武装全世界无产阶级和劳动人民为建立社会主义制度而斗争。科学社会主义指导下的社会主义运动发展的必然结果是建立社会主义的社会制度。社会主义社会是共产主义社会的初级阶段。

社会主义初级阶段基本路线 basic line in the primary stage of socialism 1987年10月中国共产党第十三次全国代表大会对社会主义初级阶段的基本路线作出概括：领导和团结全国各族人民，以经济建设为中心，坚持四项基本原则，坚持改革开放，自力更生，艰苦创业，为把中国建设成为富强、民主、文明的社会主义现代化国家而奋斗。简称“一个中心，两个基本点”。一个中心，就是必须坚持以经济建设为中心，其他各项工作都服从和服务于这个中心。两个基本点：一是坚持四项基本原则，即坚持社会主义道路、坚持人民民主专政、坚持中国共产党的领导、坚持马克思列宁主义毛泽东思想，这是立国之本；一是坚持改革开放，这是强国之路。要从根本上改革束缚生产力发展的经济体制，建立社会主义市场经济体制；与此相适应，要进行政治体制改革和其他领域的改革。开放包括对内对外的全面开放。要发展对外经济技术交流与合作，更多更好地利用外来资金、资源和技术，吸收和借鉴人类社会创造的一切文明成果，包括西方发达国家的先进经营方式、管理方法。改革开放应当大胆探索，勇于开拓，在实践中开创新路。

这条基本路线，是中共十一届三中全会以来以邓小平为代表的中国共产党人解放思想，实事求是，在深刻总结社会主义建设正反两方面经验的基础上逐步形成的。1978年12月，十一届三中全会确定把工作中心转入社会主义现代化建设，作出实行改革、开放的决策。1979年3月，邓小平第一次提出“实现四个现代化必须坚持四项基本原则”。1985年8月，邓小平开始把“一个中心”和“两个基本点”连在一起。1987年1月底，中共中央指出在一个中心之下的这两个基本点是“中国特色社会主义的真谛”。1987年6、7月，邓小平对“一个中心、两个基本点”作了阐述：“我们的根本政治路线是把努力发展社会生产力作为压倒一切的中心任务”，“要搞现代化建设使中国兴旺发达起来，第一，必须实行改革、开放政策；第二，必须坚持四项基本原则”。1987年10月，中共十三大第一次对这条基本路线作出明确概括，标志着社会主义初级阶段基本路线的完全形成。邓小平在1992年初视察南方时指出：“基本路线要管一百年，动摇不得。”1992年10月中共十四大把这条基本路线正式载入《中国共产党章程》。

社会主义初级阶段理论 primary stage of socialism, theory of 中国共产党关于中国社会主义现在所处历史阶段的总的看法和根本观点。中国正处在社会主义的初级阶段的论断，包括两层含义：第一，中国社会已经是社会主义社会，因此必须坚持而不能离开社会主义；第二，中国的社会主义社会还处在初级阶段，因此必须从这个实际出发，而不能超越这个阶段。

中国社会主义的初级阶段，不是泛指任何国家进入社会主义都会经历的起始阶段，而是特指中国在生产力落后、商品经济不发达条件下建设社会主义必然要经历的特定阶段。这个阶段从20世纪50年代生产资料私有制的社会主义改造基本完成，到社会主义现代化基本实现，至少需要上百年时间。

中国正处在社会主义初级阶段的客观依据在于，因为中国的社会主义是脱胎于半殖民地半封建社会，生产力水平远远落后于发达的资本主义国家，决定了中国必须经历一个很长的初级阶段，去实现许多别的国家在资本主义条件下实现的工业化和生产的商品化、社会化、现代化。

中国人口多，底子薄，人均国内生产总值仍居于世界后列。生产力落后又发展不平衡，生产的社会化程度还很低，商品经济和国内市场很不发达，自然经济和半自然经济占相当比重，社会主义经济制度还不成熟不完善；在上层建筑方面，建设高度社会主义民主政治所必需的一系列经济文化条件很不充分，封建主义、资本主义腐朽思想和小生产习惯势力在社会上还有广泛影响，并且经常侵袭中共的干部和国家公务员队伍。

中国在社会主义初级阶段所面临的主要矛盾，是人民日益增长的物质文化需要同落后的社会生产之间的矛盾。阶级斗争在一定范围内还会长期存在，但已经不是主要矛盾。为了解决现阶段的主要矛盾，必须大力发展商品经济，提高劳动生产率，逐步实现工业、农业、国防和科学技术的现代化，并且为此而改革生产关系和上层建筑中不适应生产力发展的部分。

中共十三大制定的社会主义初级阶段的长远指导方针是，必须集中力量进行现代化建设；坚持全面改革；坚持对外开放；必须以公有制为主体，大力发展有计划的商品经济；必须以安定团结为前提，努力建设民主政治；必须以马克思主义为指导，努力建设社会主义精神文明。中国共产党社会主义初级阶段基本路线概括起来就是“一个中心，两个基本点”，即“领导和团结全国各族人民，以经济建设为中心，坚持四项基本原则，坚持改革开放，自力更生，艰苦创业，为把中国建设成为富强、民主、文明的社会主义现代化国家而奋斗”。

在社会主义初级阶段完成基本实现现代化的任务，需要分步骤、长时期的努力。“第一步，到1990年实现国民生产总值比1980年翻一番，解决人民的温饱问题；第二步，到20世纪末使国民生产总值再增长一倍，人民生活达到小康水平；第三步，到21世纪中叶，人均国民生产总值达到中等发达国家水平，人民生活比较富裕，基本实现现代化。”

在初级阶段，改革更成为迫切的历史要求。改革是社会主义生产关系和上层建筑的自我完善，是推进一切工作的动力。必须坚持对外开放。当代国际经济关系越来越密切，任何国家都不可能在封闭状态下求得发展。在落后基础上建设社会主义，尤其要发展对外经济技术交流和合作，努力吸收世界文明成果，逐步缩小同发达国家的差距。必须以公有制为主体发展多种经济成分，在以按劳分配为主体的前提下实行多种分配方式，在共同富裕的目标下鼓励一部分人通过诚实劳动和合法经营先富起来。必须以安定团结为前提，努力建设民主政治。社会主义应当有高度的民主、完备的法制和安定的社会环境。在社会主义初级阶段，人民民主专政不能削弱。社会主义民主政治的建设，只能有秩序有步骤地进行。必须以马克思主义为指导，努力建设社会主义精神文明。

社会主义社会 socialist society 社会主义社会广义上与共产主义社会是同义语，指继原始社会、奴隶占有制社会、封建社会、资本主义社会之后人类历史上最进步的社会形态。在19世纪K.马克思、F.恩格斯的著作中曾多次使用“社会主义社会”、“社会主义社会形态”、“共产主义社会”等，都是这种含义。狭义上专指共产主义社会的初级阶段，20世纪初以来在马克思主义者的著作和文献中通常是在这种含义上使用社会主义社会一词。

资本主义社会生产社会性与生产资料资本家私人占有之间的矛盾、资产阶级与无产阶级之间的矛盾，以及由此派生出来的资本主义社会的各种矛盾和弊病，注定资本主义必然要发展到更高的社会形态。社会主义社会必然取代资本主义社会，这是人类社会生产力与生产关系之间矛盾发展的客观规律的体现。社会主义社会是既继承资本主义精华，又克服资本主义弊病而建立起来的与资本主义对立的、高于资本主义的新型社会。

社会主义社会，根据一般规律和历史经验，只有在无产阶级政党领导人民群众改变资产阶级政权，建立无产阶级政权之后，经过一个从资本主义到社会主义的过渡时期，进一步发展生产力，逐步改变生产资料私有制，使社会主义生产资料公有制占据主导地位，消灭剥削阶级，才能建立起来。

资产阶级是比历史上的奴隶主阶级、封建地主阶级更高明的统治阶级，资本主义商品生产的激烈竞争迫使一部分资产阶级只有千方百计加强经营管理、改进技术才能存在和发展，同时在工人运动和人民运动日益高涨的情况下，资产阶级也力求变换统治权术，来缓和国内阶级矛盾，抵消人民革命运动，转移人民革命目标。越是资本主义历史悠久的国家，资产阶级也越是富于统治经验。因此，在资本主义发达的国家，无产阶级要取得社会主义革命的胜利更加困难。

资本主义不大发达或不发达的国家，由于社会矛盾众多和激化，统治阶级力量比较薄弱，在无产阶级及其政党的力量比较强大的条件下，可能先取得社会主义革命的胜利。1917年，作为军事封建帝国主义的俄国，首先爆发无产阶级政党——布尔什维克党领导的俄国十月社会主义革命，推翻了资产阶级临时政府的统治，建立了世界上第一个社会主义国家。经过大约20年从资本主义到社会主义的过渡时期，到1936年苏联基本上消灭了剥削制度和剥削阶级，社会主义公有制的两种形式——全民所有制和集体所有制在国民经济中已占绝对优势，工人阶级、集体农民和劳动知识分子已占人口绝大多数，这一年苏联修改宪法，宣布基本上建成了社会主义社会。第二次世界大战以后，东欧、东亚和拉丁美洲的十几个国家，在先后取得人民民主革命胜利之后，走上了社会主义道路。资本主义不大发达或不发达的国家由于生产力水平较低，封建主义残余较多，经济文化都较落后，加上外国帝国主义的包围，在建立社会主义社会的过程中困难较大，不免会出现曲折和反复。20世纪80年代末、90年代初发生了苏联解体和东欧剧变。

从社会主义发展一般规律和许多国家建设社会主义的实践经验，可以看出社会主义社会应当具有以下几个基本特征：

①社会主义社会要有高度发达的生产力和比资本主义更高的劳动生产率。这是社会主义发展的必然要求和最终结果，也是社会主义社会的首要特征。社会主义的根本任务就是促进生产力的发展。在不发达国家建设社会主义社会，要使生产力达到并超过发达资本主义国家的水平，这是更加艰巨、更加迫切的长期的历史任务。

②社会主义社会实现生产资料公有制，以逐步代替资本主义私有制。社会主义社会的生产资料公有制，可采取全民所有制（即国家所有制）、集体所有制（即劳动人民集体所有制）、劳动人民股份制、联合所有制等形式。

③社会主义社会实行按劳分配为主的原则。劳动人民创造的价值全部归劳动人民自己所有，除了社会作必要的扣除之外，按劳动者劳动的数量和质量进行分配。社会主义社会不可能实行按需分配，只有在生产极大发展的共产主义社会高级阶段才可能实行按需分配。在未来向高级阶段过渡时会有一个实行按劳分配和按需分配相结合的、逐步过渡到全面按需分配的过程。

④社会主义经济并不排斥商品货币关系，从经济运行体制看，是实行社会主义市场经济，即在社会主义国家宏观调控下由市场对资源配备起基础性作用的经济。社会主义的生产目的是最大限度地满足人们物质和文化生活的需求。

⑤社会主义社会实行高度的社会主义民主。工人阶级和全体劳动人民掌握国家政权，成为国家和社会的主人翁。社会主义国家政权只能采取共和国形式，最高权力属于由全体人民选出的代表组成的代议机关，国家机关领导人由选举产生，有一定任期，受人民群众的监督。社会主义民主一般由间接民主逐步发展为直接民主。社会主义民主要有完备的社会主义法制使之制度化、法律化。只有在世界范围内社会主义取得了决定性的胜利，国内过渡到共产主义高级阶段的条件已经成熟，无产阶级的国家政权才会消亡。

⑥社会主义社会要建设高度的社会主义精神文明。社会主义社会高度的物质文明必须要与高度的精神文明互为条件，互相促进，才能使全体人民得到全面发展，健康幸福地生活。社会主义精神文明建设包括文化建设和思想建设两方面。

⑦社会主义社会要有以马克思主义为指导的工人阶级政党的领导。有的社会主义国家，除工人阶级政党之外还有其他拥护社会主义的政党，工人政党与其他政党长期合作、互相监督。社会主义社会是在工人阶级政党领导之下有高度组织又有高度自由的社会。随着社会主义社会的全面高度发展，将来工人政党和工人国家政权一样都要逐步消亡，共产主义社会将是“自由人的联合体”。

社会主义社会的基本特征是在长期的建设过程中逐步形成并显示出来的。社会主义社会的基本特征在各国大体相似，但是在各国的不同发展时期表现出各自不同的特点，形成各具民族特色的多种多样的社会主义模式。中国目前尚处于社会主义初级阶段。把马克思主义基本原理与本国的实际结合起来，建设中国特色的社会主义，是中国共产党和中国人民的历史任务。

社会主义社会在发展过程中要经历从初级到高级、从不成熟到成熟、从不发达到发达的各个不同阶段。只有社会主义社会的生产力、经济、政治、科学技术、文化教育以及人民的思想觉悟都达到全面发展的极高程度，才能过渡到实现“各尽所能，按需分配”原则的共产主义社会。只有社会主义在世界上相当多数国家取得决定性的胜利，一些国家才可能进入共产主义社会。

社会主义生产资料公有制 socialist public ownership of the means of production 生产资料属于全体劳动者或部分劳动者共同所有、共同支配的一种所有制形式。在消灭资本主义私有制和其他私有制以后建立起来。资本主义机器大工业的发展，使各个生产部门之间的联系日益加强，生产日益社会化。生产社会化和资本主义私人占有之间矛盾的激化，要求以社会主义公有制取代资本主义私有制。在中国，社会主义公有制的建立是通过没收官僚资本，对民族资本主义工商业实行赎买，引导个体农业和个体手工业走合作化的道路等不同途径逐步完成的。

在社会主义公有制条件下，劳动者是

生产资料的共同主人，平等地占有和支配生产资料和产品。随着公有制的确立，生产资料从剥削手段变为满足劳动者物质文化需要的条件。劳动者摆脱了从奴隶制度到资本主义制度的长期受剥削和受奴役的地位，以主人翁的身份同生产资料直接结合。劳动者成为生产成果的共同主人。产品按照劳动者的共同利益进行分配，兼顾他们的眼前利益和长远利益、个人利益和集体利益、局部利益和整体利益。

社会主义初级阶段，公有制有两种基本形式：全社会劳动者共同占有和支配生产资料的社会主义**全民所有制**和部分劳动者共同占有和支配生产资料的社会主义**集体所有制**。同两种公有制形式相适应的是以全民所有制为基础的国有经济和以集体所有制为基础的合作经济。这两种公有制经济共同构成社会主义社会的经济基础。

中国还处于社会主义初级阶段，社会生产力还不很发达。与此相适应，在公有制经济以外，存在着劳动者的个体所有制经济以及其他非公有制经济形式。公有制为主体、多种所有制经济共同发展，是中国社会主义初级阶段的一项基本经济制度。

社会主义市场经济 socialist market economy 在社会主义制度下市场对资源配置起基础性作用的经济体制。

理论的建立 中国过去长期实行的是高度集中的**计划经济**体制，在工业化进程中这种经济体制曾经起过重要的作用。但也暴露出权力过分集中、管得过多过死的弊端，致使整个经济失去生机和活力。对这种高度集中的计划经济体制进行根本性的改革势在必行，否则就不能实现国家的现代化。

中国经济体制改革的目标就是改革计划经济体制，建立社会主义市场经济体制。长期以来，许多西方学者和马克思主义学者都把市场经济和社会主义对立起来，认为社会主义不可能实行市场经济。首先打破这一禁区的是中国改革开放的总设计师**邓小平**。

邓小平关于社会主义与市场经济相结合的理论包括以下几点：①市场经济不等于资本主义，社会主义也可以利用市场经济以发展自己。②确定市场在经济联系中的作用不仅在不同所有制之间，而且在全民所有制企业之间，这就意味着让市场在全社会范围内起生产调节者的作用。③把市场经济只是当作方法、手段来利用，利用它来发展生产力，并不会改变社会主义基本制度。这就从根本上解决了把计划和市场截然对立起来的片面看法。这些重大的理论创新为中国经济体制改革的顺利进行开辟了广阔的道路。

中国经济体制改革确定什么样的目标模式，中国共产党全党经历了从理论上和实践上一番艰辛的探索过程。中共十二大提出计划经济为主，市场调节为辅，开始重视市场调节的作用；中共十二届三中全会指出中国社会主义计划经济是公有制基础上的有计划的商品经济；中共十三大提出社会主义有计划商品经济的体制应该是计划与市场内在统一的体制；中共十三届四中全会后，提出建立适应有计划商品经济发展的计划经济与市场调节相结合的经济体制和运行机制。中共十一届三中全会以来改革的不断深入，市场范围逐步扩大，大多数商品的价格已经放开，计划直接管理的领域显著缩小，市场对经济活动调节的作用大大增强。邓小平1992年在南方谈话中指出："计划多一点还是市场多一点，不是社会主义与资本主义的本质区别。计划经济不等于社会主义，资本主义也有计划；市场经济不等于资本主义，社会主义也有市场。计划和市场都是经济手段。"这个精辟论断，从根本上解除了把计划经济与市场经济看作属于社会基本制度范畴的思想束缚，为进一步改革开放提供了坚实的理论基础。1992年中国共产党第十四次全国代表大会确定，经济体制改革的目标模式是建立社会主义市场经济体制。

中共十六届三中全会审议并通过《中共中央关于完善社会主义市场经济体制若干问题的决定》

主要内容 有以下几个方面：

①在社会主义条件下实行市场经济。相对于过去高度集权的计划经济体制，市场经济有其不可替代的优越性。市场是配置资源和提供激励的有效方式，它通过竞争和价格杠杆把稀缺物资配置到能创造最好效益的环节中去，并给企业以压力和动力，实现优胜劣汰；市场对各种信号的反应也最灵敏迅速，促进生产力和需求及时协调。

②社会主义市场经济体制与社会主义基本制度结合在一起。发展市场经济，当然必须反映和体现市场与市场经济的一般规律，这方面与西方市场经济体制有共同之处，对西方市场经济一切合乎市场规律和社会化生产规律的好经验，都要努力学过来。但它是和社会主义经济制度结合在一起的，必须立足于中国的国情和经济发展实际，走自己的路，有所创造，有所发展。

③建立完善的市场体系和国家宏观调控体系。充分发挥市场在**资源配置**中的基础性作用，同时加强国家对市场活动的宏观指导和调控，以弥补市场存在自发性、盲目性和滞后性的弱点和不足。

④建立社会主义市场经济体制，使公有制与市场经济有机结合起来。关键是**国有企业改革**。按照"产权清晰、权责明确、政企分开、管理科学"的要求，对国有大中型企业实行规范的公司制改革，使企业成为适应市场的法人实体和竞争主体。

⑤建立统一、开放、竞争、有序的现代市场体系。发展各类市场，除一般商品市场外，积极发展资本市场以及产权、土地、劳动力和技术等市场。建立由市场决定的各种**生产要素**的价格形成机制，创造各类市场主体平等使用生产要素的环境。改革流通体制，健全市场规则，加强市场管理，清除市场障碍，打破地区封锁、部门垄断，促进商品和生产要素在全国市场自由流动。

⑥充分发挥市场机制的作用和加强宏观调控，加快政府职能的转变。关键是实行政企分开，进行行政管理体制和机制的改革，以适应社会主义市场经济发展的要求。政府不干预企业的日常经营，不断完善政府经济调节、市场监管、社会管理和公共服务的职能，减少和规范行政审批。把促进经济增长，增加就业，稳定物价，保持国际收支平衡作为宏观调控的主要目标。

⑦进行财政、税收、金融和投融资体制改革。依法加强对各部门使用财政资金的监督，促进政府部门彻底转变职能，为社会提供良好的公共服务。金融体制改革的方向，是强化中央银行的地位和作用。建立以**中国人民银行**、**国有商业银行**为主体，包括政策性金融机构、**股份制商业银行**、其他非银行金融机构并存，分工协作的金融体系。进一步加强**货币政策**与**财政政策**的协调配合，灵活运用货币政策手段，调控经济运行。稳步推进利率市场化改革，严格规范和稳步发展货币市场和资本市场。

⑧建立和完善社会保障体系。建立多层次的社会保障体系，特别是抓紧建立和完善养老、失业、医疗保险制度。

建立社会主义市场经济已获重大成果 ①中

国已初步建立起社会主义市场经济体制，逐步取消了生产方面的指令性计划，让市场导向生产，企业自主决定产量。在流通领域，全面放开对价格的管制，市场价格成为基本的价格形式。还建立了资金、技术、土地、劳动力等要素市场并获得了较快发展。市场在资源配置中发挥了基础性作用。②国有企业的独立市场地位基本确立。国有企业独立市场主体地位的确立主要是通过公司制股份制改革实现的。至2008年8月，半数以上的国有重点企业进行了股份制改革，一批国有企业改制后在境内外上市，国有中小企业改革改制面超过90%，中央企业下属子企业大部分实施了公司制股份制改革。③对外经济活动基本按照国际市场规则进行。国家取消了外汇收支计划和进出口总额的指令性计划，综合运用各种经济杠杆和法律手段调节对外贸易，成功地实现了汇率并轨，实现了人民币经常项目可兑换。

社会总产品 aggregate social product 一个国家物质生产部门，在一定时期（通常为1年）内所生产的物质资料的总和。物质生产部门主要指工业、农业、建筑业，直接为生产服务的运输业和邮电业，以及作为生产过程在流通领域继续的那部分商业（如流通中所必要的商品分类、包装、保管、加工和运输等）和饮食业。

在商品经济条件下，社会总产品采取商品形式，表现为使用价值和价值的统一。从使用价值即从其实物形式上看，社会总产品分为生产资料和消费资料两部分。生产资料部分主要用于补偿社会生产过程中已经消耗的生产资料，用于满足扩大再生产追加生产资料的需要；消费资料部分主要用于社会各成员的生活消费。社会总产品的价值形式可分为三部分：①生产过程中已经消耗的生产资料的转移价值。②物质生产部门的劳动者新创造的维持劳动力再生产的必要产品的价值。③物质生产部门的劳动者新创造的剩余产品的价值。

从社会再生产过程来看，社会总产品可区分为补偿基金、消费基金和积累基金三部分。在社会再生产过程中，社会总产品中补偿基金、消费基金和积累基金的总供给量，必须同社会对这三部分基金的总需求量相适应，社会再生产才能顺利进行。

社会总产品的数量取决于物质生产部门投入的劳动总量和社会劳动生产率的水平。社会劳动生产率的提高是增加社会总产品数量的主要途径。

社会总产值 total product of society 物质生产部门在一定时期（通常为一年）内生产的以货币表现的各种产品总量的价值之和。物质生产部门主要包括工业、农业、建筑业，直接为生产服务的运输业和邮电业，以及作为生产过程在流通领域继续的那部分商业（如流通中所必要的商品分类、包装、保管、加工和运输等）和饮食业。

社会总产值的计算方法有两种：①把各个物质生产部门的总产值直接相加，亦即把物质生产部门按生产价格计算的价值直接相加。它可以反映社会总产品生产的总成果及其部门构成。②把工业、农业、建筑业三个部门产品的最终消费价格计算的价值指标相加。最终消费价格是指产品向消费者销售的价格。这一计算方法反映社会总产品生产的总成果和实物构成。社会总产值通常用现行价格和可比价格两种价格计算。

社会组织 social organization 人们为实现特定目标而建立的共同活动的群体。又称次级社会群体。人类社会进入工业社会以后，社会生产力飞速发展，社会分工越来越细，社会生活和社会关系越来越复杂，初级社会群体在很多方面已无法适应社会发展和社会活动的需要。因此，完成特定目标和承担特定功能的社会组织的大发展就成为近代社会发展的必然趋势。

社会组织的特征主要有：①特定的组织目标。组织目标是组织活动的灵魂。②一定数量的固定成员。至少由两人或两个以上的人组成系统。③制度化的组织结构。通过不同职位的权力结构体系，协调各个职能部门或个人的活动。④普遍化的行动规范。通过辅助的奖惩制度，制约组织成员的活动，维护组织活动的统一性。⑤社会组织是一个开放的系统。

社会组织的类型，按照组织规模，可分为小型、中型和巨型等组织；按照组织成员之间关系的性质，可分为正式组织和非正式组织；按照组织的功能和目标，可分为生产组织、政治组织和整合组织；按照组织对成员的控制类型可分为强制组织、功利组织、规范组织。组织类型的划分是相对的，人们可以从研究和分析的需要出发，选择恰当的分类标准。

建立在社会分工基础上的专业组织，将具有不同能力的人聚合在一起，从而更加有效地满足人们的多种需要。大小不同、功能各异的社会组织构成了现代社会的主要基础。关于组织的知识和研究，已发展成为一个独立的综合性学科，即组织社会学。

社火 中国新年期间民间自演自娱的各种歌舞、杂戏、武术、杂耍活动。源于远古时的图腾崇拜和原始歌舞，是早先人们对于土地与火的崇拜。商周时期，宫廷里有逐鬼的祭祀仪式，周代称为大傩、驱傩。驱傩传入民间，逐渐演变为祭神、娱神、迎神的赛会，随着赛会的普及，其中又加

陕西宝鸡赤沙镇社火表演——赤沙快火（取材于《水浒传》武松为兄报仇的故事）

进了杂戏表演。在山西、内蒙古、陕西、甘肃、宁夏、青海等地广泛流行。人们将节日中的秧歌、龙舞、狮舞、高跷、跑旱船、跑竹马等民间歌舞表演也称为社火。各地的社火有自己的特色及艺术形式，甘肃兰州地区太平鼓的社火表演极为著名；陕西宝鸡、凤翔、扶风、岐山的乡间，至今在举行社火表演时仍保留着在脸上绘有各种艺术形式的脸谱图案。

社稷坛（北京） Altar of Land and Grain (Beijing) 中国明清两代帝王祭祀社（土地神）和稷（五谷神）的场所。在北京天安门至午门间大道的西侧，建于明永乐十八年（1420）。中国历代都城都分别设太社、太稷，明成祖迁都北京后，将社稷合为一坛设祭。明初定制，都城、王国、州县皆设社稷坛。北京社稷坛是现在仅存的一座，北京社稷坛所在区域于1928年辟为中山公园。

北京社稷坛有长方形围墙，周设四门，墙外遍植松柏。因祭典是由北向南设祭，故社稷坛正门设在北面。入正门为戟门和拜殿，再南为社稷坛。整个组群布局的特点是轴线方向朝北。戟门面阔五间，单檐歇山顶，覆黄琉璃瓦。祭典时，门内列戟72杆，故名戟门。社稷坛为汉白玉石砌成的三层方台（清代乾隆以前的坛制多为两层方台），上层每边15.93米，高近1米；四面台阶，各有四级。上层按五行方位填筑五色土壤，中间黄色，东方青色，南方红色，西方白色，北方黑色，象征“普天之下莫非王土”。台面中央埋设“社主石”。坛的四周围绕壝墙（矮

社稷坛五色土

围墙），每面有棂星门一座。壝墙四边各按方位饰以四种不同颜色的琉璃砖瓦。

社论 editorial 代表编辑部观点的言论。政党机关报的社论代表同级党委的意见。欧美国家的社论是报纸或杂志总主笔或领导人表达意见的文章。这种社论用以解释新闻，补充背景，预测未来，也可以对社会事件作道德判断、价值判断。欧美一些大报辟有社论版，每天三四篇社论。苏联的社论是对最重要问题的指导性论文，它指出方向，表示报纸的意见。

中国报纸不设社论版。中华人民共和国建立前，《申报》、《大公报》等每天有社论或时论。革命战争年代中共中央机关报《解放日报》创刊初期每天也有社论，后只有对重大问题发表议论才用社论的形式。中华人民共和国建立后，中国共产党中央委员会于1950年3月发出指示，要求各级党委及政府负责人员经常为报纸撰写社论或论文。属于社论类型的评论，还有专论、本报编辑部文章等。

社区 community 以一定地域为基础的人类生活共同体。社会学家对社区概念有140多种表达方式，可分为实在社区和精神社区两类。实在社区有明显的空间性特征；精神社区没有明显的地域空间特征，但成员有共同信仰、共同价值观念和共同背景。社区概念最早出自德国社会学家F.滕尼斯的《社区和社会》一书。一般认为，社区的构成有地域、人口、区位、组织和社会心理5个基本要素。其中，人口是主体，地域是社区赖以存在和发展的基础。

社区的历史演变 社区是农业发展的产物。在远古游牧社会中，人们逐水草而居，无固定住地。随着农业的兴起，农业生产者需要定居于某个地区，于是出现了村庄这一社区。随着社会经济、政治、文化的发展，在广大乡村社区之间又出现了城镇社区。工业革命以来，人类社区进入了都市化过程，不但城市社区的数量日益增多，而且经济基础与结构功能都不同于以往的社区，出现了许多大城市、大都会社区。现代社会生活的发展，各社区之间在规范、价值观念以及行为模式上的差异逐渐缩小。社区的许多地方性功能已为“大社会”的普遍统一的功能所取代。工业和城镇化的发展，特别是城市带、城市群的形成与扩展，城市社区地域范围的疆界变得模糊了。中国社区在农村指的是行政村或自然村，在城市指的是街道办事处（镇）辖区或居民委员会辖区以及规划的社区委员会辖区。20世纪末，随着信息技术飞速发展，互联网实现了跨时空的人际互动。网络社区应运而生。这是通过互联网络衍生的一种社会群聚现象。

社区研究的发展 社区研究发端于F.滕尼斯，兴起于美国，之后扩展到其他国家。社区研究大致有：①类型学研究。滕尼斯在《社区和社会》中深刻地阐明了人类群体生活中的两种结合类型，即社区和社会。其特征是：成员对本社区具有强烈的认同意识，重感情、重传统，彼此之间全面了解。这一理论为以后的社区研究打下了基础。②城市社区研究。20世纪最初十年之后，美国芝加哥学派从本土实际出发，开拓了当代社会的城市社区研究，创立了人文区位学理论，使社区研究进入了一个新阶段。③社区全貌研究。即从整体角度描述社区结构的各个组成部分及其相互关系。美国学者R.S.林德和H.M.林德夫妇开创了以小镇为对象的全貌研究。50年代以后，美国又发展了关于社区权力的研究。④社区冲突理论。社区冲突是指社区内的个人利益群体为各自的利益和目标而发生的互相对抗。产生于20世纪40年代，主要代表有J.S.科尔曼、W.A葛木森和I.T.桑德斯等。⑤中国的社区研究。始于20世纪初叶，多为在外籍教授指导下由中国学生进行调查。稍后，中国学者以乡村建设运动为先导开始了社区改造的实践；继之，中国社会学家系统地开展了社区研究，如杨开道和许仕廉主持的清河镇调查。吴文藻大力倡导社区研究，并指导他的学生从事社区研究，其中最有国际影响的是费孝通的《江村经济》和林耀华的《金翼》。80年代，社区研究重新起步，至21世纪初，在乡村研究、小城镇研究、边区开发研究和城市社区发展研究等方面取得了令人瞩目的成果。

社区研究的意义 社区是整个大社会的不同程度的缩影。社会的一切活动都是在一个个具体的社区里进行的。整个社会普遍存在的一些现象必然会在各个社区里有所表现，人们通过社区研究对社会进行典型调查，研究和探讨社会发展的普遍规律及同类社区的共性，了解某一社区的地方特点，因地制宜地进行改造和建设。

社区服务 community service 在政府的倡导下，通过专业的社会工作方法，发动社区居民开展互助性的社会服务活动，就地解决本地的社会问题。社区社会服务的简称。中国的社区服务目前主要在城市中开展，所依托的主要是城镇中的街道办事处和镇人民政府以及社区居民委员会。服务方式是根据社区居民的需要，兴办社区服务设施，开设服务项目，帮助社区居民解决日常生活问题，丰富社区居民的文化生活，满足社区居民的健康需求。内容主要包括老年人服务、残疾人服务、青少年服务、优抚对象服务、贫困家庭服务、家政服务、文化娱乐服务、健身服务等。社区服务的工作理念和工作方式同样可以在农村实现。而且从实际需求看，农村更需要社区服务。

社区教育 community education 一种终身教育的组织形式，指与社区内的经济、政治、文化、科技发展以及日常生活相联系的各级各类教育。第二次世界大战后，随着发达国家对终身教育的重视，社区教育也相应地受到各国政府的重视与国际组织的帮助，发展迅速。20世纪20～30年代，中国受美国早期社区教育思想和教育实验的影响和启发，也曾出现过具有社区教育性质的教育实践，如陶行知的乡村教育实验、晏阳初的平民教育实验等。但直到80年代后期，具有现代意义的社区教育才在中国的城市教育体制改革实践活动中出现。21世纪初，中国的社区教育已经从提高青少年素质的学校社区教育，拓展为提高社区全体成员的素质、生活质量和发展社区的社区教育。

社区卫生服务 community health services 中国城市卫生服务体系的基础层面，以解决社区主要卫生问题、满足基本卫生服务需求为目的，融预防、医疗、保健、康复、健康教育、计划生育技术服务等卫生服务为一体的基层卫生服务。

社区医生向居民讲解传染病预防知识

社区卫生服务是城市医疗卫生制度改革的一项内容，是社区建设的重要组成部分。其体系以社区卫生服务中心、社区卫生服务站为主体，其他医疗卫生机构为补充。社区卫生服务中心可由基层医院（卫生院）或其他基层医疗卫生机构改造而成，或由大中型医疗机构、其他社会力量举办。符合要求的社区卫生服务机构作为职工基本医疗保险定点医疗机构。

社区文化 community culture 社区范围内特定的物质文化和精神文化的总和。前者包括有形的器物，如整体布局、建筑、园林、道路、生活服务设施、通信设施、文化娱乐场所及体育器械等；后者包括无形的，如知识、语言、艺术、信仰、价值观念、历史传统、风俗习惯、道德、宗教、法律、制度及特定象征等。社区的价值观念是社区文化的核心。社区文化是社区的地理环境、民族构成，以及居民长期共同的经济、政治、文化活动和生活方式的综合反映。文化是区分不同社区的重要特征。社区文化实质上是地域文化的具体化，具有凝聚力和感召作用。社区文化的差异表现为不同社区的人们在价值观念、衣着服饰、饮食习惯、行为举止、节日庆典、神话传说和宗教信仰等方面的差异。

社区预防 community prevention 在社区范围内为保护居民健康而采取的综合措施。承认健康是居民的一项基本权利，政府和全社会都负有保护居民健康的职责。在社区层面上，要动员居民积极参与预防保健工作，研究与实施社区预防保健计划和相关措施，减少或控制影响居民健康的危险因素，提高生活质量，更好地保护社区内的高危人群，满足社区内居民预防保健方面的基本需求。

基本任务是：①开展心理卫生宣传，加强公众及社会对心理卫生工作的重视和关心。②预防和减少心理问题和行为问题的发生，提高居民的社会适应能力。③对于精神疾病要做到早期发现、早期治疗，争取较好的治疗效果，促进精神疾病的社区康复，预防疾病的复发。④开展精神卫生的调查研究，了解社区精神卫生服务的要求。⑤开启和利用社区的潜在资源，动员各种力量、寻找多种途径，满足社区人群的心理卫生需求。⑥参与有关精神卫生的行政决策、规划、评价及组织管理。

社群主义 communitarianism 20世纪80年代后期在西方国家开始流行的一种与新自由主义相抗衡的政治理论。主要代表人物有M.桑德尔、A.麦金太尔等。

社群主义强调社群对于自我和个人的优先性，把社群看作是一个拥有某种共同价值、规范、认同和目标的实体，其中每个成员都把共同的目标当作自己的目标。

在社群主义者心中，社群还是一种善，个人只有通过社群，生命才有意义，生活才有价值。社群给个人以美德，诸如爱国、奉献、牺牲、利他、团结、互助、友睦、博爱、诚实、正直、宽容、忠信等美德，都是通过社群形成的。连自由主义者竭力倡导的自由和平等，也只有在社群中才能真正实现。他们由此得出结论说，作为一种善的社群，是人类良好生活的基础。

社群主义者所说的普遍的善，在现实的社会生活中的物化形式便是公共利益，或简称公益。因为善优先于权利，所以公共利益优先于个人权利。可以以此作为区分自由主义与社群主义的分界线，把自由主义政治学称为权利政治学，而把社群主义政治学称作公益政治学。

社群主义努力将权利政治学转向公益政治学。①倡导扩大政治生活的范围。政治社群所提供的公共利益的范围越大，就越符合善良生活的要求。②倡导个人积极参与社会的公共生活。只有通过积极的政治参与，个人的权利才能得到充分实现。他们从实质上把政治权利界定为个人参与政治决策的权利，因而把个人广泛的政治参与当作民主政治的基础。个人积极的政治参与是防止专制集权的根本途径。③主张包括政府在内各种政治社群应当在保护和促进公民的公共利益方面更加有所作为，甚至为了社群的普遍利益可以不惜牺牲个人的利益。

社日 Festival of the Gods of Earth 古代中国社会的盛大节日。传承达数千年之久，起源于夏、商、周三代，初兴于秦汉，兴盛于唐宋，衰微于元明及清。是以社神祭祀为中心内容的节日。社为土地神。社祭发端于先民对土地的崇敬与膜拜，祭祀的时间一般在春、秋两季。汉代以后形成固定的社祭日，称为社日。一般将春社确定在立春后第五个戊日（春分前后），秋社定在立秋后第五个戊日（秋分前后）。唐宋时期，社日是乡村的集体节日，家家户户都要参与。此日，妇女儿童休息娱乐、兴高采烈。成年男子是社日活动的主角，他们共祭社神，分享社酒、社肉。元明之后，社日所依托的村社集体组织的瓦解使社日逐渐衰落，现已不多见。

社团 mass organizations 具有某些共同特征的人相聚而成的互益组织。中国的社团一般具有非营利和民间化两种基本组织特征。社团与政府组织、非正式组织或自然群体有着明显的区别。社团依其性质分为政治性、经济性、科技、军事、外交、文化体育、健康卫生及宗教团体等；依其成员间的联系纽带分为生理、社会、精神物质以及由个体所属组织功能等方面因素结成的四类团体；亦可依其民间性程度分为官办、民办、半官办三类。其社会功能包括：满足成员发展的需要，包括知识技能的增长、社会交往、社会承认以及获得新的发展途径等；维护成员权益，包括对个人利益及群体利益的维护；参政议政；政府助手，担负着对各自社会成分的管理职能；经济参与，承担经济信息的沟通、开展生产活动、参与市场活动等；参与社会公益活动。

社戏 village theatrical performance 中国传统农村社会举行迎神赛会等祭祀活动、或岁时节庆等重要社会活动时所演的戏。江南乡村尤为盛行。常在社日演出，又说，因是在社中进行的有关宗教、风俗的戏艺活动，故称。起源久远。“社”是土地神及祭祀土地神的活动，同时又是古代的一个地区单位。原始时代先民已有各种宗教祭祀活动，商周时祭祀制度日趋完善，以“社”为单位举行祭祀，并由最初的生产性祭祀，发展出社会性和娱神性祭祀。这些祭祀、节庆娱乐活动至唐宋已很盛行，后“社戏”一词成为所有庙会演剧的泛称。社戏除在社日演出外，也有于某神祇生日演出的，如农历正月十五演“寿龙戏”，三月十六演“财神戏”，五月二十五演“五谷神戏”等。还有为游桥（在建造较大石桥完工时进行的一种祭桥神仪式）、祝寿、得子、禁山、做谱等演出的。至清代，社戏成为乱弹的主要演出形式。如遇疫病流行和水火兵灾等，为求平安，则演连台“目连戏”并进行祭鬼驱鬼活动。至今，社戏在农村仍时有演出，有些旅游景点还列为民俗风情展示的重要内容之一。

舍尔卡维 Sharqāwī, ʻAbdarrahmān ash-（1920～ ） 埃及作家。生于麦努菲叶。1943年毕业于开罗大学。长期担任官方周刊《鲁兹·尤素福》主编。1943年开始发表诗歌、小说和文艺评论。有短篇小说集《斗争的土地》(1952)、《小梦》(1956)。长篇小说有《土地》(1954)、《空虚的心》(1957)和《农民》(1968)等。《土地》以第一人称叙述夹杂着第三人称回忆的手法，写20世纪20年代末期农村生活。《农民》描写埃及农村的变化和新型农民思想的成长。作品洞隐察微，文字通俗、明白、畅达，富于乡土色彩和浓郁的生活气息。

舍尔卡维是埃及政治诗创始者之一。著有长诗《一个埃及父亲给杜鲁门总统的公开信》、《给约翰逊的公开信》(1968)。还有历史诗剧《青年麦赫朗》(1965)、《阿卡，我的祖国》(1969)等。

舍夫勒 Schäffle, Albert (1831-02-24～1903-12-25) 德国社会学家和经济学家，社会有机体论的代表人物之一。生于符滕堡（今巴登-符滕堡州）尼尔廷根，卒于斯图加特。1844～1848年就学于舍恩塔尔神学院。1868年被维也纳大学聘为政治经济学教授。1871年在霍恩瓦尔特伯爵内阁任奥地利商业部长。1872年回到斯图加特，潜心于政治经济学和社会学研究，并任《政治学概论杂志》主编。著有《国民经济》、《资本和社会主义》、《社会主义的精华》等。《社会主义的精华》一书使舍夫勒获得社会党人的坚强盟友的声誉。他宣扬工团社会主义，把国家对自由竞争的一切干预都称作“社会主义”。他阐发了社会学中的有机体理论，认为社会的生活和机构同人的机体相类似；试图通过把生物规律转用于社会和国家，把自然科学和社会科学加以有机的综合；主张从社会出发来研究个人。他还以“系统”一词来代替有机体，并开创性地把纳税学和财政学问题以及政治问题放到整个社会联系中加以研究，要求公共团体的预算在经济发展的循环过程中保持平衡。

舍勒 Scheele, Carl Wilhelm (1742-12-09～1786-05-21) 瑞典无机化学家。生于波美拉尼亚的施特拉尔松德（今属德国），卒于西曼兰省雪平。1757年在哥德堡当药剂师的学徒，开始学习和研究化学。1770年在乌普萨拉当药剂师。1775年在雪平开设药房，直到逝世。1775年选入斯德哥尔摩瑞典皇家科学院。舍勒发现的有机和无机物不下30种。他在1773年以前，研究了燃烧现象，分离出了氧气（当时他称为“火空气”），并于1775年底写成《论空气与火》一书，直到1777年才出版。他发现氧气的时间比英国的J.普里斯特利(1774)还早一年。还证明“火空气”存在于空气中。1772年他用硫磺与铁粉的混合物来吸收空气中的氧气而取得氮气，当时称它为“浊气”或“乏空气”。他是最早认识到氮气是空气成分之一的人。1774年他确定软锰矿是一种新金属的氧化物，将这种金属定名为锰。在研究软锰矿时，将盐酸加到这种矿石粉末中，观察到有黄绿色气体析出，从而发现了气体元素氯。他于1774年送交瑞典科学院的论文《关于锰及其性质》中有详细的论述。但因他相信燃素说，称此气体为“脱燃素盐酸”，而没有认为它是一种化学元素。

舍勒 Scheler, Max (1874-08-22～1928-05-19) 德国哲学家。生于慕尼黑，卒于法兰克福。1901年在耶拿大学讲授哲学。1907～1910年任教于慕尼黑大学。1919～1928年在科隆大学和法兰克福大学任教。舍勒追随E.胡塞尔的现象学观点，但承认对象是独立于意识的客观实在。试图用现象学的本质直观方法解决人的精神状态的本质及其与实在的关系，并把实在视为受本能冲动所驱使的人对抗拒本能的体验。他强烈感受到现代社会的价值崩溃所导致的精神危机，并主张通过重建伦理道德恢复昔日的宗教价值。试图通过人的感情体验把一切价值按等级次序排列，建立一种以人的目的和意图为依据的实质价值伦理学。将现象学的本质直观方法运用于对知识的考察，并对知识的形式进行分类。他有关认知对象、认识的社会功能、认识过程以及由此决定的知识形式的区分，对知识社会学的产生有很大影响。60年代以后，西方社会学界借用胡塞尔现象学和舍勒的思想，形成现象学社会学和存在主义社会学的主观主义社会学流派。著有《伦理学中的形式主义和实质价值伦理学》、《论人的内在永恒的东西》、《论价值的崩溃》、《知识的形式与社会》、《人在宇宙中的地位》等。

舍利 śarīra 佛教名词。又译为实利、设利罗、室利罗等。意译为体、身、身骨、遗骨等。即尸体或遗骨。通常指佛陀遗体火化后的遗骨，称为佛骨、佛舍利。后来亦指高僧死后焚烧所剩的骨头。据说舍利有三种颜色：白色骨舍利、黑色发舍利和赤色肉舍利。又有全身舍利、碎身舍利、生身舍利、法身舍利等区分。安置舍利的宝塔称为舍利塔，安置舍利的瓶子称为舍利瓶，供养舍利的法会称为舍利会。

舍伍德 Sherwood, Robert (1896-04-04～1955-11-14) 美国剧作家。生于新罗谢尔，卒于纽约。毕业于哈佛大学。剧作家剧团的创建人之一，担任过剧作家协会主席等职。第二次世界大战期间担任军职。舍伍德的第一部剧本《通向罗马之路》(1927)通过描写一个妓女不费吹灰之力战胜了一支所向披靡的军队，辛辣地嘲讽了黩武主义。《石化林》(1935)写一个新英格兰作家为了让一个姑娘从沙漠里逃命而宁愿牺牲自己的故事。《愚人作乐》(1936)以闹剧形式剖析一帮军火贩子、军警特务和出卖良心的科学家的丑恶灵魂。《阿贝·林肯在伊利诺伊》(1938)写林肯在当选总统前的经历，集中探讨了个人牺牲跟国家利益之间的关系。其他主要作品还有《我们一生中最好的岁月》(1946)、《罗斯福和霍普金斯》(1948)等。

射电天文学 radio astronomy 通过观测天体的无线电波来研究天文现象的学科。由于地球大气的阻挡，从天体来的无线电波只有波长约1毫米到30米的才能到达地面，迄今绝大部分的射电天文研究都是在这个波段内进行的。

1931～1932年，美国无线电工程师K.G.央斯基在研究长途电信干扰时偶然发现来自银心方向的宇宙无线电波。1940年，G.雷伯在美国用自制的直径9.45米、频率162兆赫的抛物面型射电望远镜证实了央斯基的发现，并测到了太阳以及其他一些天体发出的无线电波。第二次世界大战中，英国的军用雷达接收到太阳发出的强烈无线电辐射，表明超高频雷达设备适合于接收太阳和其他天体的无线电波。战后，一些雷达科技人员，把雷达技术应用于天文观测，揭开了射电天文学发展的序幕。以前人类能看到的只是天体的光学形象，而射电天文则为人们展示出天体的另一侧面——无线电形象。由于无线电波可穿过光波通不过的尘雾，射电天文观测就能够深入到以往凭光学方法看不到的地方。银河系空间星际尘埃遮蔽的广阔世界，只是在射电天文诞生以后，才第一次为人们所认识。

20世纪50年代以后，射电望远镜的发展，特别是射电干涉仪（由两面射电望远镜放在一定距离上组成的系统）的发展，使测量射电天体位置的精度稳步提高。50年代到60年代前期，英国剑桥利用多具射电干涉仪构成了“综合孔径”系统，并且用这种系统首次有效地描绘了天体的精细射电图像。60年代中的四大天文发现，即类星体、脉冲星、星际分子和宇宙微波背景辐射，都是用射电天文手段获得的。到70年代后期，工作在短厘米波段的综合孔径系统所取得的天体射电图像细节精度已达2角秒，可与地面上的光学望远镜拍摄的照片媲美。在此后的几十年里，大型射电望远镜和干涉仪功能及数量不断提高，并发展到毫米波、亚毫米波段。空间甚长基线干涉仪的实验，也已经有所进展。

射电望远镜 radio telescope 接收并研究宇宙和天体的无线电波（频率20千赫至3吉赫，即射电）的强度、频谱或偏振以及这三个量的变化的装置。包括收集射电波的定向天线，放大射电信号的高灵敏度接收机，信息记录、处理和显示系统，计时系统，环境检测设备，计算机控制和管理等。

经典射电望远镜的基本原理和光学反射望远镜相似，由天体投射来的电磁波经抛物面反射后，同相到达公共交点。射频信号功率首先在焦点处放大，并转换成较低频率，经进一步放大和检波，再记录、归算、处理和显示。

世界上第一台射电望远镜是美国无线电工程师K.G.央斯基在1932年制造的。发现并确认来自银河系中心方向的宇宙射电，从而开启了射电天文的历史。央斯基的射电望远镜是长30.5米、高3.66米的旋转天线阵。1937年，美国天文学家G.雷伯建成直径9.45米反射式天线，它是世界上第一架抛物面射电望远镜。21世纪初，最大口径的固定式抛物面天线是美国1962年建成的直径305米望远镜。

美国阿雷西沃天文台的直径305米固定式射电望远镜

1985年，实现了洲际甚长基线干涉测量（VLBI），获得3/1 000角秒的分辨率，揭示距离以10～1 000兆秒差距为计的河外天体的以秒差距为计的精细结构，大大超过光学天文领域现有的分辨本领和测量精度。

射电星系 radio galaxy 射电辐射功率大于10^{34}瓦的星系。活动星系核的一个亚型。射电星系大多是椭圆星系，其中许多是星系团的中央主导成员。

形态结构有下面三种。致密型核晕结构：主体为点状源，外围有晕，并向两个相反方向延伸。延展的双瓣结构：外面是两个分立的射电子源（外延展瓣），中心为光学天体。头尾结构：前面是一个有光学星系对应的致密源，随后有几对逐渐增大的双射电子源，并拖着范围逐渐增宽、谱指数逐渐变陡、偏振度逐渐增大、强度逐渐减弱的射电尾。尾长达数十至数百千秒差距。

射电星系的射电连续谱一般为幂律谱，谱指数平均值为0.75，辐射流量一般不变。不全透明，自吸收可产生平坦谱以及各组源谱叠加而形成的复杂谱。

射击 shooting 体育运动项目之一。使用枪支对预先设置的固定目标或活动目标进行射击，以命中精确度来计算成绩。广义的射击是人类最早的生产活动之一。近代射击运动从军用射击和狩猎射击演变而来。15世纪，瑞士举行过一种火绳枪的射击比赛。射击比赛是奥林匹克运动会设立最早的比赛项目之一，除奥运会比赛外还有世界锦标赛、世界杯赛、飞碟单项世界锦标赛等，参赛人数越来越多，设项不断增加。1896年第1届奥运会只有5个单项，到2008年第29届奥运会已增加到15个单项。

手枪射击比赛场面

1897年在法国里昂举行了第1届世界射击锦标赛。1907年各国射击协会国际联合会成立，1921年改名为国际射击联盟。中华人民共和国建立后，射击运动在全国逐步展开，至今已跻身于世界射击强国之列。至2006年，中国射击队共获得亚洲冠军300多个，世界冠军80余个。至2008年8月，参加了7届奥运会，共获得19枚金牌、11枚银牌、12枚铜牌。射击运动竞赛项目按使用的枪支和射击方法的不同可分为步枪射击、手枪射击、飞碟射击和移动靶射击4种类型。

射箭 archery 借助弓的弹力将箭射出去，在一定的距离内比赛准确性的一种体育运动项目。射箭本身是一项古老的技艺，随着火器的发明，逐渐失去了它原有的实用意义发展成了现代的射箭运动。射箭的历史可追溯到大约公元前50 000年。中国的射箭至少可追溯到30 000年前。射箭作为一项体育运动，最早源于法国。852年，法国一主教苏瓦松创办了世界上第一个射箭组织。1861年英国成立了全国射箭协会。

射箭比赛场面

1879年美国全国射箭协会成立，同年在芝加哥举行了美国第1届射箭比赛。1931年，国际射箭联合会正式成立，同年在波兰举行了第1届世界射箭锦标赛。从1959年起每两年举行一次，至2007年，共举行了44届世界室外射箭锦标赛。1900年第2届奥林匹克运动会开始有射箭比赛。1920年第7届奥运会后被取消，1972年才恢复，但只设个人项目，1988年第24届奥运会增设了团体项目。目前国际射箭联合会管理的射箭比赛项目有世界锦标赛和奥运会的室外、室内射准射箭等。中国的现代射箭运动始于20世纪。中华人民共和国建立后，曾多次举行过全国射箭比赛。1959年中国开始按国际射箭规则举办比赛。1964年中国射箭协会成立。此后中国男、女射箭运动员多次在世界射箭锦标赛、奥运会射箭比赛上创佳绩。40多年来，中国射箭运动员共46次打破世界纪录。2008年第29届奥运会上，中国运动员张娟娟获女子射箭个人赛金牌。

国际射箭联合会规定的室外射准射箭比赛分为淘汰赛和轮赛两大类。从1991年起的世界锦标赛，采用了轮赛加淘汰赛的赛制。预赛为轮赛，比赛射程男子为90米、70米、50米、30米，女子为70米、60米、50米、30米。每个运动员在每个射程上射36支箭，共144支箭，累积环数前64名的运动员及前16名的队进入淘汰赛。记分方法是以箭杆在靶上所嵌位置记录环数，箭杆触到环线，判高环。射箭比赛场地要求平整，长至少120米，宽度可根据比赛的规模而定。比赛环靶为圆形，90米、70米、60米比赛的环靶直径为122厘米，10环的直径是12.2厘米。箭靶有圆形和方形两种。弓大体可分为木弓、竹弓、牛角弓、金属弓和玻璃纤维等。弓身长分为64、66、68、70英寸不等。箭可分为竹箭、木箭、铝合金箭等。现在比赛用箭大多为圆柱形，箭长24～32英寸，可根据运动员的臂展来选箭。

射流 jet flow 从小孔、管口、窄缝射出的一股强迫对流。流体离开孔口后，在与周围介质相邻的界面上，通过黏性涡将周围的介质卷吸进来，互相掺混，不断扩大空间范围，流向下游，并转变成为湍射流。湍射流没有固壁，属于自由湍流范畴。距射流源足够远处，湍射流可用边界层理论进行分析。在相似性的假定下，湍射流边界是直线，平面湍射流中心最大平均速度与离孔口距离的平方根成反比，速度廓线是双曲正割平方分布；轴对称湍射流中心最大平均速度与离孔口距离成反比，速度廓线是误差函数分布。实际中还要研究可压缩性、激波波系、温度分布、压力梯度、旋转效应、相变、化学反应等因素的影响。射流在各种流体机械中有广泛的应用，如泵、压气机、喷气式发动机等，应用时要注意抑制湍射流产生的气动噪声所造成的影响。

射影几何学 projective geometry 研究图形在射影变换下不变性质的几何学分支学科。设π是一个仿射平面。在π上，两条直线一般都相交于一点，而平行直线不相交。这种例外使某些定理的叙述显得复杂。为了排除这种例外，在每条直线上添加一个无穷远点，并假定平行直线相交于无穷远点。添上无穷远点的直线简单地称为线。全体无穷远点构成的集合称为无穷远线。这样得到的面称为扩大平面，并在平等对待无穷远元素和非无穷远元素而不加以区别时，称为射影平面。

为了平等对待无穷远元素和非无穷远元素，还可以取另外一种模型。在平面π外任取一点O，考虑经过点O的所有直线的集合，称为线束O，那么射影平面上的元素和线束O中的元素是一一对应的：对应于π上的点P有线束中的直线OP；对应于无穷远点，即π上的平行线，是线束中与这族平行线平行的直线。反过来，π上的点可以认为是用平面π截线束所得到的。从线束得到π上的点称截影，从π得到线束中的元素称投影（从透视的角度看，得到的是投射线）。早在公元前200年，阿波罗尼奥斯就曾经把椭圆、双曲线、抛物线作为直圆锥面的截线来研究，因而称它们为圆锥曲线。在线束中看，所有的元素是平等的；无穷远点和普通点的差别是在用平面π去截线束时产生的。因此，通常把三维仿射空间中经过一点O的线束作为射影平面的模型。一般地，在$n+1$仿射空间中经过点O的线束称为n维射影空间。

为了将代数工具引进射影空间的研究，需要建立适当的坐标系。设P^n是n维射影空间，它是$n+1$维仿射空间A^{n+1}中经过点O的线束。在A^{n+1}中取一个仿射标架$\{O;\boldsymbol{e}_1,\cdots,\boldsymbol{e}_{n+1}\}$，那么线束$P^n$中的元素由一个非零向量$\boldsymbol{v}=\sum_{i=1}^{n+1}v^i\boldsymbol{e}_i$唯一确定；反过来，给定$P^n$中的一个元素，则它的方向向量被确定到差一个非零倍数。于是P^n中的元素与$v^1:v^2:\cdots:v^{n+1}$是一一对应的，这组不全为零的数$(v^1,\cdots,v^{n+1})$称为P^n中点的齐次坐标。

在仿射平面π上取一个仿射标架$\{O';\boldsymbol{e}_1,\boldsymbol{e}_2\}$，对应地在三维仿射空间中取仿射标架$\{O;\boldsymbol{e}_1,\boldsymbol{e}_2,\boldsymbol{e}_3\}$，其中$\boldsymbol{e}_3=\overrightarrow{OO'}$。假定在射影平面$P^2$上由仿射标架$\{O;\boldsymbol{e}_1,\boldsymbol{e}_2,\boldsymbol{e}_3\}$给出的齐次坐标是$(y^1,y^2,y^3)$，那么$\pi$上的普通点$(x^1,x^2)$对应于齐次坐标$(x^1,x^2,1)$，即$x^1=y^1/y^3,x^2=y^2/y^3$。无穷远点的齐次坐标是$(y^1,y^2,0)$。设$l$是$\pi$上的一条直线，它的方程是：

$$a_1x^1+a_2x^2+a_3=0$$

式中a_1,a_2不全为零，并且(a_1,a_2,a_3)被直线l确定到差一个非零倍数。若用齐次坐标表示，上面的方程成为：

$$a_1y^1+a_2y^2+a_3y^3=0$$

这个方程既表示“点在线上”，也表示“线在点上”（即线经过点）。已知平面上由点和线构成的图形，把其中的点和线对换，所得到的另一个图形称为已知图形的对偶。例如：“共线三点”的对偶是“共点三线”。若平面上一个只涉及点与线关联关系的定理成立，则将点和线及其关联关系对换，所得的新定理也成立，这就是对偶原理。

从射影平面到它自身的一一对应，如果把共线三点映成共线三点，则称它为一个射影变换。射影平面到它自身的射影变换的全体构成一个变换群，称射影变换群。

射影变换的一个基本性质是保持关联关系，即它把线性相关的元素变成线性相关的元素。只涉及关联关系的每个定理一定代表一种射影性质，这是射影几何的一个定理。交比是一最基本的射影不变量。

射影群有很多重要的子群，例如仿射变换群、运动群等。对应于每一个子群有一种几何，称射影几何的子几何。两种非欧几何也是射影几何的子几何。在射影平面上，把虚迹二次曲线$(x^1)^2+(x^2)^2+(x^3)^2=0$变为自己的射影变换，构成射影群的子群，称为椭圆群，对应的几何就是椭圆几何。在射影平面上把实迹二次曲线：

$$(x^1)^2+(x^2)^2-(x^3)^2=0$$

变成自己，并且把它的内部〔即$(x^1)^2+(x^2)^2-(x^3)^2<0$的点的集合〕变为内部的射影变换，也构成射影群的子群，称为双曲群，对应的几何就是双曲几何，这个二次曲线的内部就是双曲平面。

涉外民事诉讼 civil involving foreigners 法院审理和解决涉外民事纠纷所适用的程序。涉外民事案件是指具有涉外因素的民事案件。涉外因素包括三种情形：①诉讼主体涉外。即诉讼当事人一方或双方是外国的自然人、法人或其他组织。②诉讼标的涉外。引起双方当事人争议的民事权利义务关系发生、变更或消灭的法律事实发生在外国。③诉讼标的物涉外。即双方当事人争执的标的物在外国。只要具备上述三个涉外因素中的一个，便构成涉外民事案件。

中国涉外民事诉讼程序适用的原则主要有：①适用中国民事诉讼法原则。外国法院的判决和外国仲裁机构的裁决，需经中国法院审查并裁定承认后，才能依照中国《民事诉讼法》规定的程序执行。②信守国际条约原则。中国在缔结或参加的国际条约中声明保留的条款除外。这是国际法中条约必须信守原则在涉外民事诉讼中的体现。③司法豁免权原则。一个国家或国际组织派驻他国的外交代表享有的免受驻在国司法管辖的权利称为司法豁免权。民事司法豁免权的内容包括管辖豁免和执行豁免。民事司法豁免是不完全的、有限制的豁免。④使用中国通用的语言、文字原则。当事人要求提供翻译的，可以提供，费用由当事人负担。⑤委托中国律师代理诉讼原则。他国律师无效。

摄关政治 government of the Sessho and the Kampaku 日本平安时代（794～1192）中期的政治体制。具体指藤原氏以外戚地位实行寡头贵族统治的政治体制。“摄关”是摄政和关白的合称。天皇幼时，由太政大臣代行政事称摄政。天皇年长亲政后，摄政改称关白，辅助天皇总揽政事。自866年至1086年大约200余年，史称摄关时代。在此期间，藤原把持朝政。至887年，其子藤原基经改任关白，为摄关政治之始。891年正月藤原基经死后，宇多、醍醐两朝近40年间未设摄政、关白，天皇亲自执政。及至930年6月，朱雀天皇继位，藤原基经之子忠平担任摄政，941年10月又改任关白，摄关政治再度恢复。949年忠平死后，摄关政治又中断18年。967年10月至1086年的一百余年间，是摄关政治的发展期。尤其是在藤原道长、藤原赖通父子时达到最盛。1086年院政出现后，摄关政治随之衰落。

摄氏度 Celsius degree 国际单位制中表示温度的导出单位。由瑞典天文学家A.摄尔西乌斯（1701～1744）首创。符号为℃。以热力学温度与水三相点低0.01K的热状态之差来表示的温度为摄氏温度t，与热力学温度T之间的数值关系为：$t(℃)=T(\mathrm{K})-273.15$，式中K为热力学温度单位开尔文。1℃＝1K。

摄像机 pickup camera 一种电子扫描成像仪器。眼睛是人类感知世界最主要的器官，如果被观察的物体由极微弱的可见光或波长处于不可见范围（紫外或红外波段）的辐射照射，或物体距观察者十分遥远和快速变化，眼睛便难以直接对其观察，需要借助各种摄像系统。20世纪后期，发展出形形色色的摄像机，最常见的有利用摄像管的电视摄像机、电荷耦合器件（CCD）摄像机、由像增强器与摄像系统组合的微光摄像机和光子计数摄像机，以及专门用于拍摄高速运动或变化的物体的高速摄像机。随着数字化技术的迅速发展，出现了图像更加清晰的数字摄像机。

摄像机在国民经济各领域得到广泛应用。军事上用其观察敌方行动和发现隐藏目标。公安和司法部门利用摄像机对机场、银行等重要部门进行安全监控。摄像技术与日常生活非常密切，如今只需将一个十分小巧的数码摄像头通过微机接入宽带互联网中，用户即可与相隔万里的亲友进行实时可视通信。

摄影 photography 使用照相机、电影摄影机等摄取景物影像的过程。狭义的摄影指使用照相机的拍摄过程，又称图片摄影，或照相，主要有两种不同的完成方式。第一种是传统的银盐感光和化学显影方式：使景物形态通过照相机的物镜在感光胶片上曝光，构成潜影；曝光后的感光胶片在暗房中经过显影和定影等化学处理，获得负像底片，然后再印制成正像，即照片；也可以使用反转片或一次成像片拍摄，经过化学处理后直接得到正像效果的透明片或照片。第二种是数码成像方式：使景物形态通过照相机的物镜聚焦到**电荷耦合器件**（CCD）上，转化成电流信号，并将得到的数据变成电脑能识别的数码信号，经过压缩后储存在电子芯片上，传递到电脑中，再使用电脑软件对获得的图像进行处理。数码成像方式实际上是使用光电耦合器和电子芯片取代传统的胶片，使用电脑软件的操作代替传统的暗房化学处理，从而使摄影方式变得简捷、直观和高效。

最早关于摄影的实验是在19世纪20年代，法国科学家N.涅普斯将感光材料放入类似照相机的暗箱，记录了现在尚存的永久影像。但是他所采用的沥青感光法远远不具备实用价值，也没有公布和申请专利。1839年8月19日，法国科学院向全世界公布了法国科学家L.-J.-M.达盖尔的银版法摄影术——将一块涂有感光乳剂的金属板经过照相机的短暂感光后，再通过药液的化学作用，直接获得了相当逼真的影像（正像）。因此，1839年被人们公认为摄影术诞生的一年。与此同时，英国科学家W.H.F.塔尔博特也通过照相机试验成功地采用纸负像的工艺，并可以将负像转印成正像，为摄影的发展奠定了新的方向。

从摄影术诞生到20世纪20年代，是摄影技术的初创阶段：以美国柯达公司发明的柔软、可卷绕的胶卷和可以安装胶卷的可携式方箱照相机为标志，以操作的方便性和价格的平民化推动了摄影的普及。20～80年代，是照相机技术和摄影的成熟年代：平视旁轴取景的135照相机、双镜头反光120照相机、五棱镜取景的135单镜头反光照相机、俯视取景的组合式120单镜头反光照相机相继诞生，以及自动对焦等各种自动化技术逐步成熟。然而真正意义上的摄影技术变革，由90年代开始，与传统相机有着本质区别的数码相机崭露头角，并且结合电脑的处理方式，以快捷、简便、失真小、利于长期保存和方便修改的特征，为21世纪的摄影提供了更为理想的模式。

摄影大致可以分为：**纪实摄影**、**商业摄影**、艺术摄影三大形式。纪实摄影以客

图1 摄影作品《照相》(1843)

图2 柯达一号相机

观真实记录现实生活为主要目的，关注人的活动、事件以及相关的自然风貌。商业摄影以营利为主要目的，有特定的消费目标。艺术摄影主要关注摄影创作主体的审美情感或审美情趣，运用摄影造型技术对社会生活进行艺术的提炼和再创造。

摄影测量学 photogrammetry 研究利用摄影或遥感的手段获取被测物体的信息（像片或数字影像），确定被测物体性质的学科。**测绘学**分支学科。

内容 包括**航空摄影测量**、**航天摄影测量**和近景摄影测量等，其中航空摄影测量是其主要内容。摄影测量是不接触被摄目标的测量手段。具有如下优点：①量测工作多在室内进行，不受自然和地理等条件的限制。②量测工作和信息获取在时间和空间上是独立的。③自动化程度较高。④从所获信息中可以任意选择所需要测量和处理的对象。⑤全部信息都可以作为文件储存。主要用于测制地形图，但它的基本原理和技术手段也适用于非地形目标的测量。数字化影像技术出现以后，只要能够摄得被研究目标的影像，就可以使用摄影测量的方法得到这些目标的特性和信息。

简史 19世纪50年代摄影技术一经问世，便应用于测量，当时采用的方式称为交会摄影测量。20世纪初，发明立体观测法，1901年德国C.普尔弗里希制成立体坐标量测仪，1911年德国E.von奥雷尔设计地面立体测图仪，形成比较完备的地面立体摄影测量。

19世纪末至第一次世界大战前，很多学者进行了空中摄影的试验，奥地利T.山甫鲁首先提出像片纠正、双像投影测图和辐射三角测量的概念，并于1900年研制出八物镜航空摄影机。第一次世界大战期间，飞机制造和航空摄影技术有了飞速的发展。德国O.von格鲁贝尔于1929年提出在立体测图仪上进行相对定向和绝对定向的理论，以后又提出利用立体测图仪进行单航线空中三角测量的理论。1930年，德国制造了较完善的光学投影的立体测图仪。1935年，瑞士制造第一台机械投影立体测图仪。此后，立体测图仪型式繁多，都采用机械投影的方式。20世纪30年代，苏联发展出微分法测图理论和技术。同时，美国E.丘奇发展了解析算法，成为测图和控制点加密的一种解析方法。50年代，德国H.施密特建立解析摄影测量的基本理论，随即用于空中三角测量，称为解析空中三角测量。60年代初期，解析测图仪试制成功。解析摄影测量的进一步发展是数字摄影测量。数字摄影测量是利用航空、航天和地面所获取的数字影像资料，在计算机中进行各种数据、图形和影像处理，提取目标的几何和物理特性，从而获得各种形式的数字产品和可视化产品。

随着航天飞行器的问世和成像系统的不断改进，航天摄影发展起来。航天摄影获得的地面资料，特别有利于地图修测。应用航天像片可以编制1:5 000～1:1 000 000大范围的各种比例尺影像地图和专题地图。利用航天摄影资料进行摄影测量，以加密和绘制更大比例尺的地形图正处于研究和试验阶段。在摄影测量理论方面，已经建立非传统摄影系统（全景式摄影系统，多光谱扫描系统和侧视雷达成像系统等）的基本关系式，并形成当今的航天摄影测量。

研究现状 卫星导航系统（如GPS）和惯性测量装置（IMU）直接测定航片外方位元素的航空摄影导航系统（POS），是摄影测量重要研究方向。系统利用动态GPS定位技术精确测定摄站空间位置，利用IMU测定摄影瞬间传感器姿态，通过精确时钟将两者结合起来以确定航片的方位。利用激光测距原理以快速扫描方式真实再现被测物体色彩和三维立体景观的测量系统，是摄影测量另一发展方向。可用于三维地形测量、考古及文物保护、改建工程设计和变形监测等领域快速获取三维数字模型，利用随机后处理软件可获得各种数据及图形。

摄影瞬间思维 photographing moment, thoughts in 摄影艺术创作中所特有的思维方式。其特征为瞬间进行分析、判断和选择。具体有4种表现：①表现为一个连续过程，首先感受现场直观对象，再激发联想，然后在个人知识、经验的基础上，以跳跃式的艺术直觉对现场事物进行分析、判断，从而选定拍摄对象、构图方式和拍摄的瞬间。②表现为快速，头脑中的种种活动迅速完成。③表现为艺术实践经验的积累在瞬间释放，长期思维成果在瞬间定型。④表现为思维与眼、脑、手协调动作，达到快门开启、完成拍摄的目标。

摄政王 prince regent 代替或代表出国的、年幼的、生病的或神志不清的君主行使国家领导权的人。通常由君主的亲族或戚族亲王担任。如中国清世祖时睿亲王**多尔衮**摄政，宣统中醇亲王**载沣**摄政。英国还制定有专门的摄政法。

歙县 Shexian County 中国安徽省黄山市辖县。位于省境东南，新安江中游，邻接浙江省。面积2 236平方千米。人口41万(2010)。秦置歙县。属亚热带湿润性季风气候。盛产茶、林、桑、果、麻、烟、中草药等。茶叶产量居全国之首，品质优良，黄山毛峰、竹铺大方、黄山绿牡丹等均为茶中珍品。“三潭”枇杷、“三口”蜜橘、金丝琥珀蜜枣、金竹贡菊等畅销国内外。珍稀野生动物有梅花鹿、灵猫等。矿产有钼、铁、磷、煤、铬、银、铜、钨、砚石等。工业有茶叶、食品、纺织、服装、电子、仪器仪表、文房四宝、建筑材料等。皖赣铁路横贯境内，徽杭、芜屯公路在县城交会。歙县是国家历史文化名城，境内古民居群布局典雅，园林、长亭、古桥、石坊、古塔到处可见。风景名胜和纪念地有太白楼、新安碑园、许国石坊、斗山街、陶行知纪念馆等。

歙砚 Shezhou inkstone 中国四大名砚之一。歙砚石质坚韧、晶莹、细润，纹理致密；石色有黑色、苍黑色、苍碧色、淡青碧色、绿色、淡青绿色、黄褐色等；石品主要有金星、金晕、银星、银晕、罗纹、眉子、锦蹙、玉带、枣心、豆斑等。具有发墨好、下墨快、不拒墨、不损毫、易洗涤等特点。

麝 *Moschus*; musk deer 偶蹄目鹿科麝亚科麝属动物的统称。又称香獐。因雄麝在脐部和生殖器之间有香囊，能分泌和贮存麝香得名。共5种，即林麝、原麝、马麝、黑麝和喜马拉雅山麝。分布于亚洲东部和喜马拉雅山脉南坡地区。体长70～80厘米，后肢明显长于前肢，肩高低于50厘米；雌雄头上均无角；雄性具有终生生长的上犬齿，呈獠牙状突出口外，为争斗的武器；四肢趾端的蹄窄而尖，侧蹄特别长；全身褐色，密被波形中空的硬毛，只有头部和四肢被软毛。麝栖居于山林。多在拂晓或黄昏后活动，听觉、嗅觉均发达。白昼静卧灌丛下或僻静阴暗处。食量小，吃菊科、蔷薇科植物的嫩枝叶，地衣，苔藓等，特别喜食松或杉树上的松萝。营独居生活，颇警觉。行动敏捷，善攀登悬崖，常居高

以避敌害。喜跳跃，能平地起跳2米的高度。雄麝利用发达的尾腺将分泌物涂抹在树桩、岩石上标记领域。夏末上高山避暑，每年垂直性迁徙约2个月，然后重返旧巢。冬季发情交配，怀孕期半年，夏初产仔，每胎1～2仔。幼麝1.5岁即达性成熟。在雌麝产子育仔时期，雄麝泌香。麝香是珍贵的中药材和优质定香剂。所有种类均为中国二级保护动物，并被列入《濒危野生动植物种国际贸易公约》(CITES) 附录Ⅱ。

麝牛 *Ovibos moschatus*; musk ox 偶蹄目牛科麝牛属的唯一种。分布于北美洲北部、格陵兰、北极群岛等气候严寒的地区。体型大，但低矮粗壮，体长180～245厘米，肩高110～145厘米，体重200～300千克，雌较雄小；头大，吻部宽，眼小，耳中等大小，端部尖形，部分隐于毛中；雌雄均具角，截面呈圆形；四肢短而粗，具宽大的蹄；毛被厚，毛粗糙，背部毛长16厘米，颈、胸部和前半身的毛长达60厘米，最长可达90厘米，阴囊和乳房亦被毛，极耐寒；毛棕色，冬季毛更长，呈黑棕色；尾短，仅7～10厘米，但具长毛；有2对乳头。

栖息于多岩荒芜地方，群居性，主要吃草和灌木的枝条，冬季亦挖雪取食苔藓类。性勇敢。雌麝牛每年4月产仔，但幼仔的成活率很低。麝牛毛皮极好，曾被大量猎杀，几乎灭绝。经保护，现种群数量已恢复，并被引入其他国家。

麝鼠 *Ondatra zibethicus*; muskrat 田鼠亚科麝鼠属的唯一种。因其会阴部腺体能产生类似麝香的分泌物得名。又因生活在水域，善游泳，又有水老鼠、水耗子之称。原产北美洲，20世纪初才引种到欧洲。1957年开始先后在中国黑龙江、新疆、山东、青海、江苏、浙江、湖北、广东、贵州等地饲养。

麝鼠是田鼠亚科中体型最大的种类，体长30～35厘米，体重680～1 800克，尾长18～29厘米；头侧扁，颈短，吻钝圆，眼小，耳壳短；前肢比后肢短，趾间无蹼，爪锐利；后肢较长，趾间具半蹼，游泳时划行似桨；尾侧扁，上被小而圆的皮质鳞片，间杂稀疏短毛，游泳时起舵的作用；在长而光滑富有弹性的针毛下，有短而柔软厚密的绒毛，背部毛色为棕黄或棕褐，亦有黑色变种。

喜栖于水草丰盛的池塘、湖泊、沼泽、河流沿岸。窝多筑于距水面较高的岸上，以干草做成，高约1米，状如坟堆。晨昏和夜间活动。听觉灵敏，视觉和嗅觉较迟钝。水中行动灵活，地上活动显笨拙。闻声或遇敌可潜入水中数分钟。喜食植物的茎叶和根，有贮食习性。每年繁殖2～3胎，妊娠期25～28天，每胎产6～9仔，幼仔20天

后独立取食，约6个月性成熟。寿命约3年。分泌的芳香物是医药和化妆品的原料。

《申报》 *Shen Daily* 中国历史悠久、影响广泛的商业性报纸。1872年4月30日在上海创刊。由4名外侨合资创办，英商美查负责经营。初为隔日报，从第5期起改为日报。1909年中方经理席裕福购进，产权始为中国人所有。1912年10月由张謇、赵竹君、应德闳、史量才、陈冷5人合股接办，张任总经理。后张謇等人退出，由史量才独资经营。1941年侵华日军进驻上海租界后，一度在日伪控制下出版。抗日战争胜利后为中国国民党接收。1949年5月26日上海解放后停刊。先后历时77年。创刊时报纸

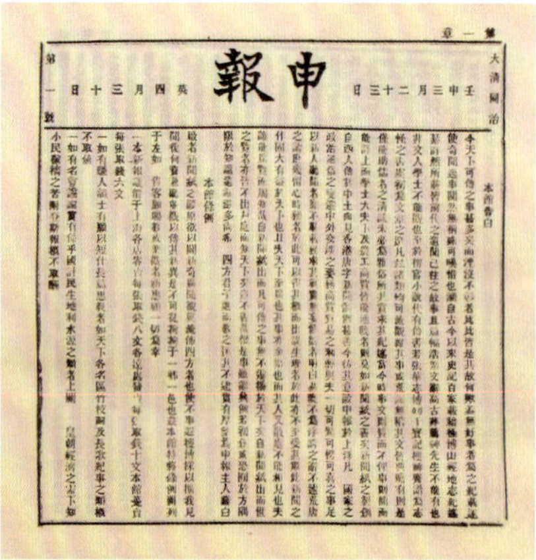

第一章

大清同治壬申三月二十三日 申報 英四月三十日 第一號

本館告白

本館條例

《申报》1872年4月30日第一号

发行仅600份，到1932年已行销至15万份。它所刊载的稿件，涉及社会、政治、经济、文化等各个方面，有人称它是研究中国近代史的“百科全书”。

申诉 appeal 公民对自身或他人的权益受到国家机关和国家工作人员违法失职行为的侵害时，向有关国家机关申述情况和事实真相，请求处理的行为。中国宪法规定，公民有申诉权。公民的申诉有两种情况：①刑事、民事诉讼当事人或其他公民对司法机关的决定或已经发生法律效力的判决、裁定不服时，可以向人民法院或人民检察院提出申诉，请求重新处理。申诉一般不受时间限制，可以口头申诉，也可以书面申诉。申诉是人民法院再审案件的根据之一，但在人民法院未作出再审决定以前，不能停止判决、裁定的执行。②国家工作人员和政党、社团成员对所受到的纪律处分不服时，可以向原机关或上级机关申述理由，请求重新处理。在选举人民代表时，

公民对公布的选民名单有不同意见，可以向选举委员会提请重新审查的申诉。中国宪法规定，保障公民的申诉权。对于公民的申诉，有关国家机关必须查清事实，负责处理，任何人不得压制和打击报复。对打击报复者要追究法律责任。

申新纺织公司 Shenxin Textile Company 中国近代棉纺织工业中规模最大的民族资本企业。1915年荣宗敬、荣德生兄弟创办于上海。1921年组成茂新、福新、申新总公司，构成荣家资本集团。到1931年全盛时期，在国内共有9个纺织厂，总计纱锭46万枚，布机4757台，职工逾3万人。1932年，实际自有资本共达1 800万元，资产总值6 400余万元。荣氏兄弟在申新各厂的投资约占申新资本总额的80%。1936年，拥有纱锭57万枚，布机5304台，约占全国（除东北三省外）民族资本棉纺厂纱锭和布机总数的1/5以上。抗日战争期间，除汉口分厂内迁重庆、宝鸡外，余均被日军侵占。抗战胜利后，申新原有各厂规模均未恢复至战前水平，但包括各系统新建纱厂在内，纱锭总数仍占全国民族资本棉纺业总数的1/5。1950年5月，上海申新各厂合组成立申新纺织公司总管理处，荣毅仁任总经理。1951～1955年，各地申新纱厂全部实现公私合营。1966年转为国营。

申雪 Shen Xue (1978-11-13～) 中国女子花样滑冰运动员。黑龙江哈尔滨人。1992年与赵宏博合作练习双人滑。经多年训练，在世界花样滑冰锦标赛双人滑比赛中，1999、2000年获亚军，2001年获季军，2002、2003年获冠军，2004年获亚军，2007年获冠军。在世界花样滑冰大奖赛总决赛的双人滑比赛中，2000年获冠军，2001年获季军，2002年获亚军，2004年获冠军。4次进军冬季奥运会，1998年第18届冬季奥运会获双人滑第5名，2002年第19届和2006年第20届均获铜牌，2010年第21届冬季奥运会获金牌。

申在孝 Sin Jae Hyo (1812～1884) 朝鲜李朝末期弹词作家、唱剧作家。字百源，号桐里。生于高敞。自幼热心攻读汉文，精通音律，曾被授予五卫将职衔，人称“申五卫将”。40岁后从事古典曲艺弹词的革新事业，整理、改编、创作了大量弹词，把弹词发展为包括音乐、舞蹈、表演等在内的综合艺术，为弹词发展成唱剧奠定了基础。申在孝是朝鲜古典戏剧唱剧的奠基人。代表作品有《春香歌》、《沈清歌》、《兴夫歌》等，后人将他的作品汇集成《申五卫将歌本》出版。

身份权 status, right of 民事主体基于特定的身份关系产生并由其专属享有以身份利益为客体的权利。身份权是主体人身权的一部分，包括配偶权、亲权、亲属权、荣誉权、著作权中的人身权及监护权。法律特征表现在：①基于特定身份关系产生。②权利主体是具有特定身份的公民或组织。③以特定的身份利益为客体。

身份权的概念是随着法律的产生、发展而产生、发展的。最早的身份权仅表现为亲属法上的身份权，主要是家长权、父权、亲权和夫权。在古代社会，身份权在私法中占有极为重要的地位，主要作用体现为对人的支配。第二次世界大战后，身份权才彻底废除了专制因素，成为平等、民主的人身权利。现代民法中的一些身份权突出地表现出义务性的特点，这种包含着义务的权利，重在保护权利相对人的利益，从一个方面体现了现代民法设置身份权的目的。

参宿七 Rigel 猎户座β(βOri)。拉丁语名为Rigel(利格耳)，源自阿拉伯语，有“左腿”的含义。它是颗最亮的蓝超巨星，全天中第七位的亮星，视亮度为0.18v（v代表变星）。半径为太阳半径的77倍。表面积虽比参宿四小，但由于表面温度高，总辐射能量却比参宿四大，为太阳光度的38 370倍。距地球773光年。目视星等在0.08～0.20间变化。最亮时成为猎户座的第一亮星，光度变化规律有待研究。从紫外光谱推断，它除了存在较平稳的星风外，还在不规则地喷出一团团物质，这些物质有时在它周围形成一个膨胀气壳。

参宿四 Betelgeuse 猎户座α(αOri)。英文名Betelgeuse，源自阿拉伯文“腋下”的意思。全天最亮的第十颗恒星，视星等为0.45，是天上最亮的光谱型为MⅡa－Ⅰab的红超巨星，为参宿座7颗亮星中唯一的红星，其余亮星均为蓝色或蓝白色的高温星。猎户腰带上从右向左排列很整齐的3颗星依次为猎户δ（参宿三）、猎户ε（参宿二）和猎户ζ（参宿一），民间称为“三星”，有谚语“三星高照，新年来到”。夜晚8点钟前后看见三星高挂南天，正是新春佳节来临之时。直径平均为太阳的650倍，温度为3 100K，距太阳为430（±100）光年。可见光亮度是太阳的1万倍，该波段辐射仅占13%，故其热光度是太阳的4万或10万倍。质量为太阳的20倍，但质量损失很大，约为10^{-5}太阳质量。属半规则变星，周期约2 070天。它是第一个直接用恒星干涉仪测定角直径的恒星。1966年就已发现它是射电星。射电频谱观测表明，它既有大气射电，也有恒星圆面射电。通过2.1米望远镜电视分光装置观测，发现它周围已形成极厚的气壳，至少伸展到本星半径约600倍处，表明该星向星际空间抛出了大量物质。

砷 arsenic 化学元素，元素符号As，原子序数33，原子量74.921 60，属周期系ⅤA族。317年，中国炼丹家葛洪用雄黄、松脂、硝石三物合炼得到砷。1250年A.马格努斯用雌黄与肥皂共热制得砷，后经A.-L.拉瓦锡确定为元素。砷在地壳中含量为5×10^{-4}%。在自然界中主要以硫化物的形式存在，如金黄色的雌黄（As_2S_3）、暗红色的雄黄（As_4S_4）、砷硫铁矿又名毒砂（FeAsS）、砷硫铜矿（Cu_3AsS_4）等。

有黄砷、黑砷、灰砷三种同素异形体。室温稳定的是灰砷（α－砷），熔点817℃（3.70兆帕），603℃升华，密度5.75克/厘米^3，能导电（电导率为铜的1/25）。砷蒸气骤冷得淡黄色的黄砷，密度2.026克/厘米^3，能溶于二硫化碳，在空气中被氧化呈现冷光。砷化氢AsH_3受热分解成黑砷，密度4.7克/厘米^3。砷蒸气的分子是As_4，温度高于800℃时分解为As_2，温度更高时分解为As。砷的氧化数－3、＋3、＋5。砷在干燥的空气中是稳定的，在潮湿的空气中能生成黑色的氧化物薄层。砷与水、碱或非氧化性酸不起作用，在硝酸和王水中被氧化成亚砷酸、砷酸，与熔融的碱反应生成亚砷酸盐和氢。砷可和许多金属一起熔融生成砷化物，它们都易被氧化，与水或稀酸反应释出砷化氢（胂）AsH_3。重要化合物有砷化氢无色、有大蒜气味的剧毒气体、三氧化二砷As_2O_3（商品名砒霜）、五氧化二砷As_2O_5、砷酸H_3AsO_4、五氟化砷、五氯化砷等及有机砷化合物。

将砷的硫化物矿石氧化焙烧得砷的氧化物，再用碳还原即得单质砷；砷硫铁矿被铁还原也可得到砷。砷的主要用途是以少量加入到铜、铅及其他金属中形成合金。砷化镓和磷砷化镓是重要的半导体材料。三氧化二砷、砷酸盐可作杀虫剂、皮毛和木材防腐剂，也可用于玻璃脱色剂、媒染剂和除莠剂。高纯砷还用于半导体和激光技术。单质砷无毒，砷的氧化物和所有金属的亚砷酸盐和砷酸盐都有毒。可引起砷中毒。

砷化镓 gallium arsenide 一种化合物半导体材料。化学式GaAs。黑灰色固体。熔点1 238℃。在600℃以下，能在空气中稳定存在，而且不为无氧化性的酸侵蚀。在一定的压力下，镓和砷的蒸气发生反应，便可合成砷化镓晶体。同锗和硅相比，砷化镓的禁带宽度大，电子迁移率高，介电常数小，能引入深能级杂质，电子有效质量小，具有双能谷导带，用于制备发光器件、半导体激光器、微波体效应器件、太阳能电池和高速集成电路等。

深大断裂 deep fracture 规模巨大、向地下深切、发育时期很长的区域性断裂。又称深断裂。其切割深度可达下地壳，甚至切穿地壳深入地幔。区域延伸可达上百千米乃至上千千米。深大断裂一般是各级区域构造单元的分界，把地壳分割成运动特点和构造特征各不相同的地块，并与构造单元相应发展，或在不同构造时期一再活动。最早的一些深大断裂出现在元古宙初。深大断裂的概念由苏联地质学家A.V.裴伟于1945年提出。

深大断裂可以是连接地壳和上地幔的通道，成为不同时期、不同性质、不同类型的岩浆活动带。相应地，也常常是区域性内生矿床成矿带，常常控制了构造－沉积单元，所以深大断裂两侧的沉积建造、岩相和厚度也是不同的。

按深大断裂的位移方式可分为深正断裂、深开断裂、深平移断裂、深逆冲断裂四类。深正断裂形成裂谷型构造。大洋中脊可以说是深开断裂的典型，这些深大断裂是在拉张条件下形成的。深平移断裂在各构造区都有分布，但形成在某些特定的地质时期。深逆冲断裂发育在地槽带的中部和边缘。

岩石圈的各层圈之间都可因应力集中而发生层间滑动，形成深浅不一、长短各异和断续延伸的顺层滑动断裂组合。它们常与陡倾斜断裂相连，由浅部的陡倾断裂向深部变缓，最后转入层间滑动形成滑脱构造。它们有时表现在同一断裂在穿过不同岩石地层时呈阶梯状形式。因而可以推测，在地壳和岩石圈剖面上，深大断裂表现为大小不同的陡倾穿层滑动断裂和顺层滑动断裂的组合形式。

中国重要的深断裂有雅鲁藏布江、台湾大纵谷、额尔齐斯、西拉木伦、北祁连、阿尔金、龙门山、东昆仑、金沙江—红河、班公错—怒江、郯庐等断裂带。

深低温设备 cryogenic equipment 产生和维持深低温，或在此基础上使气体液化或分离并提纯其组分的设备。又称深度冷冻设备。深低温是指远低于普通制冷工程所达到和应用的温度，范围一般从120K(－153℃)到接近绝对零度。深低温设备的用途很广，氧、氢液化设备生产液氧、液氢，作为火箭的推进剂；空气分离设备产生氧气和氮气等；原料气分离生产乙烷、乙烯等。

深低温设备的工作原理主要有气体液化和气体分离两个方面。

气体液化 通过液化设备内液化循环实现。主要的液化循环有林德液化循环（利用节流阀的节流效应使原料气液化）和克劳德液化循环（利用等熵膨胀和等焓膨胀结合制冷来使原料气液化）。

气体分离 常用原料气分离方法有：①深低温精馏。先将原料气液化，然后按各组分冷凝（蒸发）温度的不同，应用精馏原理分离出各组分。②深低温分凝。利用原料气中各组分冷凝温度的差异，在换热器中降低原料气的温度，由高到低逐个组分进行液化，并在分离器中将液体分离。③深低温吸附。利用多孔性的固体吸附剂具有选择吸附的特性，在深低温下吸附某些杂质组分，以获得纯净的产品。

按照原料气组分、工作过程和所获得产品状态深低温设备可分为：①气体分离设备。②气体液化设备。③回热式气体制冷机。深低温设备不能使用脆性材料。常用材料有铜、防锈铝和奥氏体不锈钢等。

深海锰结核 deep-sea manganese nodule 自生于深海底的矿物。以锰和铁的氧化物和氢氧化物为主要组分，含多种金属元素如铜、镍、钴等。又称大洋多金属结核。

深海平原 abyssal plain 深海底部坡度小于1/1 000的平坦区域。大洋盆地的重要组成单元。常位于大陆隆和深海丘陵之间，水深3 000～6 000米，大型的可延伸几百至几千千米。覆盖有较厚的沉积层（见海洋沉积），沉积物都是浊流自大陆边缘搬运来的。深海平原自大陆隆外缘向洋内伸展，表面可以被深海谷所切割，且沿着向大洋中脊的方向，沉积层逐渐减薄，直至过渡到深海丘陵。

深海丘陵 abyssal hills 大洋底部的丘陵。简称海丘。分布于水深3 000～6 000米处，比周围的洋底高出数米至数百米。单个海丘的底部，宽约数千米，侧坡的坡度1°～15°，外形多呈圆形或椭圆形，有的延伸成长条状。靠近大洋中脊，常有连绵成片的深海丘陵区。在深海平原之上，也会散布着少数海丘。海丘常由小型火山和岩盖构成，是大洋地壳的基底层的反映。

深水散射层 deep scattering layer; DSL 大洋水域深处存在的生物聚居、活动的水平层。其厚度从几十米至数百米，又称深海散射层。因其能散射成反射声波得名。散射层有时呈多层结构，每层的厚度约在200～400米，它有很宽的水平范围，常可从一个大陆水域延绵至另一个大陆水域。除极地以外，所有深海域都可观测到这种声散射层，甚至有时在极地也可探测到。深水散射层的探测可以作为研究海洋生态和监测海洋环境的一种手段。

深水炸弹 depth charge 由水面舰艇或飞机、直升机发（投）射，能在水中一定深度爆炸的水中武器。简称深弹。主要用于攻击潜艇，也可用于打击水面和滩头目标、开辟雷区通道等。深水炸弹有多种分类方法：①按携载方式，分为舰用深水炸弹和航空深水炸弹。舰用深水炸弹又分为投放式深水炸弹和发射式深水炸弹。投放式深水炸弹用投放架按一定时间间隔从舰尾投放。发射式深水炸弹又分为火药发射式和火箭发射式。航空深水炸弹的外形与航空炸弹相似。②按战斗部装药，可分为核深水炸弹、常规深水炸弹。核深水炸弹为核装药，多用作反潜导弹的弹头。常规深水炸弹装高能炸药，一般由战斗部、引信等组成，当经过目标附近时引爆战斗部，炸毁目标。③按打击目标分为悬浮式深水炸弹和自导式深水炸弹。悬浮式深水炸弹主要用于反鱼雷，在鱼雷经过的航路上引爆，毁坏鱼雷。自导式深水炸弹主要用于攻击潜艇，分为有动力和无动力两种。无动力自导深水炸弹入水后依靠自身重力边下降边搜索目标，当探测到目标时，即摆舵锁定进行攻击。有动力自导深水炸弹带有动力装置，较无动力自导深水炸弹自导和攻击目标的距离远。

装在舰尾投放架上的投放式深水炸弹

深松耕 subsoiling 用深松铲或凿形犁等松土农具疏松土壤而不翻转土层的一种深耕方法。一般深度在20厘米以上。其作用是：①打破犁底层、白浆层或其他黏土硬盘，加深耕作层，促进底土熟化，利于作物根系向深层伸展。②因不翻转土层，后茬作物仍能充分利用原有耕层的养分，并保持其中的微生物区系，减轻对下层嫌气性微生物的抑制作用。③雨季能蓄水贮墒，减少地面径流。④保留部分残茬，减轻风蚀和水蚀。深松耕方法：①全面深松耕。对耕层进行全面深松的方式。②间隔深松耕，耕松一部分耕层，另一部分保持原有状态，造成行间、行内虚实并存结构。其深松部分通气良好、接纳雨水。未松的部分紧实能提墒。利于根系生长和增强作物抗逆性。除深松耕外，生产上也常采用浅松耕。主要方法是使用去掉犁壁的铧、浅耕灭茬机、圆盘耙、松土铲等疏松土壤，深度一般在14～15厘米以内，特点是能耗较少、作业速度快，但深度较浅，翻埋有机肥料或茬不严实。

深温计 bathy thermograph; BT 连续测量并记录水温随深度变化的仪器。全称为深度温度计。有三种：①机械式深温计。用充满液体的细金属管为感温元件，用波纹管为感压元件。随着仪器投放深度的变化，自动绘出水温随深度变化的曲线。工作深度达300米左右，温度精确度约±0.05℃，深度精确度约±1%。在船只定点或走航时用钢索吊放使用。②电子式深温计。用温度传感器和压力传感器把海水的温度和探头的投放深度转换为电信号，进行测量和记录的装置。有的电子式深温计用声波传送测量信号。③投弃式深温计。属电子式深温计，但水下探头只一次使用而废弃。有船用、潜器用和飞机用3种仪器。可以在航行中成批使用，不受恶劣天气和海况的限制，操作方便。

深圳市 Shenzhen City 中国广东省辖地级市。中国最早的经济特区。简称深。位于省境中南部，珠江口东岸北回归线以南。隔深圳河与香港新界为邻。辖福田、罗湖、南山、宝安、龙岗、盐田6区和光明新区、坪山新区。面积2 050平方千米。人口1 036万（2010），有汉、回、蒙古、朝鲜、苗、壮、瑶、土家等民族。

1979年撤宝安县设深圳市。深圳西部和西南部是珠江口、伶仃洋，东部和东南部是大亚湾、大鹏湾，海岸线总长为229.96千米。岸线曲折、岸陡水深、半岛与海湾相间，有大亚湾、大鹏半岛、大鹏湾、南头半岛、深圳湾、九龙半岛等。属亚热带海洋性气候。年平均气温22.4℃。平均年降水量1 933.3毫米。

建有蔬菜、水果、牛奶、家禽等各种商品生产基地，成为香港重要的农副产品供应基地，所产牡蛎、荔枝、金龟橘子、油鸭、龙岗鸡畅销港澳。沙井蚝是深圳特产。渔业以浅海作业为主。深圳原有工业基础薄弱。自建立特区以来，初步形成了门类比较齐全、高新技术主导型、产品外向型区域经济特色比较鲜明的现代化工业体系。深圳陆路交通发达，已形成海陆空交通运输体系。广九铁路、深圳—广州—珠海高速公路和深汕高速公路等过境。深圳拥有8个港口和12个货运码头。其中，盐田港是国内四大深水港之一。深圳港为全国重要的枢纽港和中国南部地区航运中心。已建立蛇口货客运码头和赤湾港万吨级泊位，妈湾港已建有3.5万吨级码头和5 000吨级泊位。市东南沙头角镇以商业为主，为直通香港新界的口岸。此外，又辟有罗湖、文锦渡和皇岗等与香港相通的陆路口岸。深圳已经开通飞往北京、上海、杭州、乌鲁木齐、沈阳、大连等60多个城市的航线，并开通了至曼谷、新加坡、雅加达客运航线及至卢森堡的货运航线。名胜有弘法寺、“锦绣中华”微缩景区、中国民俗文化村、“世界之窗”、深圳水库、大小梅沙、海滨公园、明斯克航母世界、西丽湖、笔架山、银湖等。

深圳市远眺

深圳证券交易所 Shenzhen Stock Exchange 设在中国深圳的买卖股票、公债、公司债券等有价证券的场所。筹建于1989年11月15日，1991年7月正式营业。

深圳证券交易所是会员制、非营利的事业法人。它的宗旨是完善中国证券市场，促进中国证券事业的发展，维护国家、企业和社会公众在证券发行、交易、清算、信息披露、市场监管等与证券事务有关的合法权益。深圳证券交易所办理的业务包括：提供证券集中交易的场所和设施；管理在深市上市证券的买卖；办理在深市上市证券的清算交割；提供证券市场的信息服务；主管机关许可或委托的其他业务。

深圳证券交易所股价指数 Shenzhen Stock Exchange Stock Prices Indexes 由中国深圳证券交易所于1991年4月4日编制，以1991年4月3日为基期，以全部上市股票为样本，以基期发行量为权数的加权综合法计算，以100为基期值的股票指数。包括深证综合指数、深证A股指数和以1992年2月28日为基期编制的深证B股指数。

新股上市，在上市后第二天纳入样本计算。当某一股票暂停交易时，将其暂时从指数中剔除。当某一股票突然停牌时，将取其最后成交价计算即时指数，直至收市。当样本股数量发生变化时，则以变动日为新的基期日，并以新基数计算；同时，用连续计算方法将指数上溯到原来基期日。

1995年1月3日开始以1994年7月20日为基期，采用贝氏加权法计算，以1 000为基期值，从而得出深圳成分指数，于同年2月20日实时发布。

深州市 Shenzhou City 中国河北省辖县级市。位于省境东南部。面积1 244平方千米。人口57万（2010）。隋开皇十六年（596）置深州。1913年改深州为深县。1994年置深州市。由衡水市代管。地处冀中平原。属暖温带大陆性半湿润季风气候，四季分明。矿产有石油、天然气、地热和矿泉水地下资源。工业有化工、专业设备制造、建材等。农业盛产粮食、棉花、花生、蜜桃等。

鲹 Carangidae; carangid 鲈形目鲹科鱼类的统称。世界重要海洋经济鱼类。主要分布于印度洋、太平洋、大西洋热带和亚热带水域的南、北回归线之间。全世界鲹科鱼类约有25属290种，中国有16属64种。

体稍侧扁，呈流线形、椭圆形、卵圆形、亚圆筒形等。前颌骨一般能伸缩。两颌牙细小，犁骨、腭骨及舌上常具牙。体一般被圆鳞。侧线的全部或一部分被骨质棱鳞，或无棱鳞。背鳍两个，臀鳍前方具两分离棘。

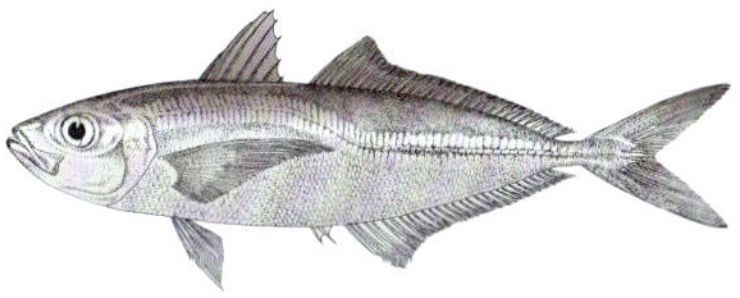

竹筴鱼

中国主要经济种有：①竹筴鱼。为中上层洄游性鱼类。喜集群，对声音颇敏感，具趋光性。摄食鱼类和浮游甲壳动物。②蓝圆鲹。中上层洄游性鱼类，游泳力强，行动迅速，具趋光性。食性广，通常摄食桡足类、磷虾类、长尾类、介形类及小型鱼类等。③五条鰤。暖温性中上层鱼类，是重要养殖对象。成鱼主要摄食小型鱼类。鲹科鱼类肉结实、味美、少骨刺，大部分制成盐干品，部分鲜销或制罐。

神 vitality; spirit; mental activity; spirit of pulse 中医理论对人的精神、意识和思维活动的总称。也是人体生命活动的体现。它通过目光表情、面容体态、动静谐调、语言气息和整体的色泽及形象、对刺激的应答以及生命机能的各种信息表现出来。神依附于人的形体而存在，即中医学所称形神合一。

神是临床诊断的重要内容之一，通过望、闻、问、切四种诊法，了解病人神的状态（有神、少神、神志异常、失神、假神等），对于疾病的诊断治疗与把握预后有重要意义。有神是精气充足、血脉旺盛的表现，即使有病，也属于正气未伤的轻病。少神系因精气不足或异常所致，临床最为常见，通过治疗往往可以康复。神志异常是指人的精神意识、思维活动出现反常状态，此时可伴有全身性的其他症状，亦可有精神失常的表现，如癫、狂、痫等。失神是精亏气损血耗的表现，病情严重，预后不良。假神是病情危重之人在临终前突然出现精神暂时的好转，如面色红艳，语言清晰或能进食等假象，俗称回光返照，预示病人的阴阳即将离绝，很快就会死亡。

神策军 Army of Inspired Strategy 中国唐代后期主要的禁军。本是陇右节度使所属驻守临洮城西的军队，安史之乱中，这支军队千余人由军将卫伯玉率领入援，参加了乾元二年（759）攻围安庆绪（安禄山子）的相州之战。唐军溃败，卫伯玉与宦官观军容使鱼朝恩退守陕州。这时神策军故地已被吐蕃占领，卫伯玉所统之军仍沿用神策军的名号，伯玉为兵马使。伯玉入朝，此军归陕州节度使郭英乂；英乂入朝，神策军遂属鱼朝恩。大历五年（770）朝恩得罪死，以后十几年均以本军将领为兵马使统率之。泾卒之变后，德宗认为文武臣僚不可信赖，兴元元年（784），命宦官分领神策军，为左、右厢都知兵马使。贞元十二年（796）又置左、右神策军护军中尉。从此，神策军虽为大将军、统军等官所统，但实为中尉掌握。神策军的地位日重，在宦官统率下，衣粮赏赐也比诸军优厚，于是戍守长安西、北的其他军队也都要求隶名神策。由于宦官控制了神策军及其他禁军，同时也控制了长安城及整个关中地区，从而造成宦官集团长期专权的局面，对唐后期的政治和社会有重大影响。至昭宗天复三年（903），朱温诛杀宦官，神策军同时被解散。

神道教 Shinto 日本民族固有宗教。简称神道。源起于原始社会的自然崇拜和祖先崇拜，乃多神教。在演进过程中相继生成神社神道、皇室神道、理论神道、教派神道及民间神道。神社神道即以神社和祭祀为支撑的神道。皇室神道是天皇及其家族崇祖敬神之神道。理论神道概指日本中世纪以来出现的不同流派的神学思想体系。江户末期以后陆续兴起有教祖、教义和独立组织建制的神道信仰团体，通称教派神道。民间神道乃是对流行民间的神道祭仪和神道习俗的总称。随着日本社会的嬗变，神道教经历了原始神道、神佛融合神道、神儒融合神道、国家神道、现代神道几个发展阶段。明治维新以后，神社神道蜕变为体现天皇专制政治，君临一切宗教之上的国家神道。在日本向外侵略扩张时期，国家神道发展到顶峰，1945年日本战败投降，宣告了国家神道的解体，神社神道恢复了民间宗教的本来面貌，成为现代神道

伊势神宫

的主体。神道教最重要的教典首推成书于8世纪的《古事记》和《日本书纪》。神道教素有祭祀宗教之称。天皇即位以新谷祀天照大神为首众神的大尝祭、春季祈念五谷丰穰的祈年祭、秋后举国上下同祭天神地祇的新尝祭、每年两次遍祭诸神的月次祭都是神道教的主要祭仪。神社是举行祭祀不可或缺的设施，知名大社主要有奉祀天照大神的中心神社伊势神宫、祭祀明治天皇的明治神宫、在民众中有广泛信仰基础的热田神宫、伏见稻荷神社、天满神社等。日本政府要员参拜的靖国神社，因供奉有东条英机等战犯的牌位而成为亚洲各国人民关注的政治焦点。

神父 Father 对天主教和东正教的教职司祭、司铎的尊称。又称神甫。级别介于主教与助祭之间。职责是协助主教管理教务并主持一个教堂的工作。在天主教、东正教的教阶制中属基本职位，但新教否认了这一职称，只有英国圣公会仍保留司祭之称。在新教中，相应级别的职位一般译称牧师（圣公会译称会长）。

神户 Kōbe 日本国际贸易港和工业中心，兵库县首府。在本州岛西南，大阪湾北岸。面积549.41平方千米。人口约148.37万（2003），居民中外国侨民较多，也是在日本的华侨和华人最多的城市。

市内多山。北有六甲山脉，其主峰海拔931米；南部沿海为河流冲积扇，有零星台地。气候冬温夏热。

原为渔村，因港湾条件优良，且靠近经济中心大阪而发展起来的以海运为主的港口城市。8世纪，即同中国、朝鲜进行贸易与文化交流，成为西日本海上交通门户。12世纪称为“兵库之津”。1867年兵库港开港。1871年设兵库县时定神户为县首府。1872年设立海关，改兵库港为神户港。1874年大阪—神户间修建东海道铁路干线，加速了城市的发展。1889年设市。第二次世界大战中遭受破坏，战后港口贸易和工业迅速发展，并大力进行填海造陆，新造地近530万平方米。

主要工业以食品、橡胶及其制品、钢铁、一般机械、电气机械和运输机械等为主。神户在生产高品质西式家具、西装、糕点、面包、清酒等日用生活品方面享有盛誉。近年来橡胶制品和钢铁工业地位衰退，电气机械发展显著。工厂多集中于大阪湾西北岸填海造陆上，是阪神工业地带的重要组成部分。

神户港位于日本群岛的中心部位，拥有广阔的腹地。港口主体部分呈扇形，为天然良港。北有六甲山脉横亘，挡住春秋盛行的北风，西有和田岬阻挡，形成自然防波屏障，港阔水深，适于巨轮停靠。加之关西地方工商业兴盛，货流量巨大。

20世纪80年代实施削山（六甲山）填海工程，相继建成人工岛港岛（4.4平方千米）和六甲岛（5.8平方千米），成为神户著名的旅游胜地，被称为“海上文化都区”。

1995年1月17日发生阪神地震，市区曾遭受严重破坏。

神户港区夜景

神话 myth 人类最早的幻想性口头散文作品。人类童年时期的产物，文学的先河。神话产生的基础是远古时代生产力水平低下和人们为争取生存、提高生产能力而产生的认识自然、支配自然的积极要求。

神话中充满神奇的幻想，它把原始劳动者的愿望和世界万物的生长变化都蒙上一层奇异的色彩。神话中神的形象，大多具有超人的力量，是原始人类的认识和愿望的理想化。它是根据原始劳动者的自身形象、生产状况和对自然力的理解想象出来的。狩猎经济比较发达的部落，所创造的神话人物大多与狩猎有关。农耕发达的部落所创造的神话人物多与农业有关。人以刀斧、弓箭为武器，神话中的人物也就变成以这种工具武装起来的英雄。它反映了神话幻想的现实制约

性。透过神话幻想的折光，从神话人物的作为和斗争中，可以大略看到当时人的作为和斗争。

神会 Shenhui（686～760） 中国唐代**禅宗**僧人。俗姓高。襄阳（今属湖北）人。早年习五经、老庄，后属意于**佛教**。依国昌寺颢元法师出家。后至广东韶关曹溪参**慧能**，豁顿悟法门。慧能殁后，往北方传教。玄宗开元八年（720）住南阳龙兴寺。后于洛阳传慧能禅法。又曾在河南滑县大云寺同北宗禅辩论，抨击北宗禅法"师承是傍，法门是渐"，后辑录成《菩提达摩南宗定是非论》。后住持洛阳荷泽寺，故人称荷泽大师，死后追谥为真宗大师。著有《显宗记》等。弟子有无名、法如等。

神经 nerve 由许多神经纤维及周围的结缔组织、血管和淋巴管等一起形成的组织。每条神经纤维周围的结缔组织称神经内膜。若干神经纤维集合成束，包绕在神经束周围的结缔组织称为神经束膜。许多神经束聚合成一根神经，其外围的结缔组织称为神经外膜。

神经纤维由**神经元**的长轴突和包在外面的神经胶质细胞所组成。包在中枢神经纤维外面的胶质细胞是少突胶质细胞，包在周围神经纤维外面的为神经膜细胞。根据神经纤维有无髓鞘，可分为有髓神经纤维和无髓神经纤维。

神经系统分为中枢部和周围部。中枢部包括脑和脊髓，又称**中枢神经系统**；周围部是脑和脊髓以外的神经成分，又称**外周神经系统**、周围神经系统，包括脊神经、脑神经和内脏神经。

神经递质 neurotransmitters 化学性突触传递中，在电信号从突触前传递到突触后的过程中担当信使的特定化学物质。简称递质。

递质的鉴定 一般认为，在神经活性物质中只有符合下述4个条件者才可称为递质：①在该神经细胞中合成。②在突触前神经末梢存在，在兴奋时被释放出来，并足以在突触后神经元或效应器引起特定效应。③作为药物，以适当剂量外用时，可确切地模拟内源性递质的作用。④存在将其从突触间隙除去的特有机制。

递质的分类 公认的递质大致可分为：小分子递质和神经活性多肽。它们都存在于神经元内的小或大囊泡内。一般公认的小分子递质有9个：乙酰胆碱（ACh）、谷氨酸（Glu）、γ-氨基丁酸（GABA）、甘氨酸（Gly）、去甲肾上腺素（NA）、肾上腺素（Ad）、多巴胺（DA）、5-羟色胺（5-HT）和组胺。

NA、Ad和DA均属儿茶酚胺类递质，因为它们都是带有氨基酸侧链的邻苯二酚化合物，并有共同的合成途径。神经元内的酪氨酸首先在酪氨酸羟化酶的作用下转化为L-多巴，然后再在脱羧酶的作用下转化为递质DA。而DA又进一步在DA-β-羟化酶的作用下转化为NA。NA又在苯乙醇胺氮位甲基转移酶的作用下转化为Ad。酪氨酸羟化酶存在于所有三种以儿茶酚胺为递质的神经元内，但在NA能神经元内无甲基转化酶，而在DA能神经元内无DA-β-羟化酶。5-HT由色氨酸在色氨酸羟化酶和5-羟色胺酸脱羧酶的作用下合成。5-HT能神经元主要分布在脑干中缝核。由于在5-HT和上述DA、NA和Ad的分子中都含有单胺基团，所以四者又被统称为单胺类递质。组胺在组氨酸脱羧酶的作用下由组氨酸合成。组胺能神经元主要分布在下丘脑后部的结节乳头核附近。一般又将组胺和上述四种单胺类递质统称为生物胺类递质。

谷氨酸（Glu）、γ-氨基丁酸（GABA）和甘氨酸（Gly）统称为氨基酸类递质。与只在特定的神经元中合成的生物胺类递质不同，氨基酸是广为存在的细胞的普遍成分，因此，只有具备作为递质的其他条件，方可被鉴定为某种氨基酸能神经元。Glu和GABA分别是中枢神经系统中的主要兴奋性与抑制性递质，而Gly则是脊髓中的抑制性递质。新的研究证明腺苷三磷酸（ATP）和腺苷也是递质。

神经肽类递质 已发现50种以上可引起特定神经元兴奋或抑制的神经肽，其中有些神经肽部分或全部满足了前述4个鉴定递质的条件。除DA-β-羟化酶外，上述合成小分子递质的酶都存在于胞浆中，故小分子递质可在神经元的各部分，特别是在神经末梢内合成，但多肽类递质只能在胞体内经内质网和高尔基复合体的处理等步骤而逐步合成。属于神经肽递质的有：①由11个氨基酸残基构成的P物质（SP），P物质存在于多种神经元中，尤以脊髓初级感觉神经元内的含量为多。②阿片肽，已发现20多种可与阿片受体特异结合的小肽，它们构成一个家族。③其他一些过去曾被认为其靶细胞在脑外的激素多肽（如血管紧张素和胃泌素），以及被认为是神经内分泌激素的多肽，如催产素、加压素、生长抑素、黄体生成素和促甲状腺激素等，它们也可作为递质作用到近旁的受体。

神经干细胞 neural stem cell 一种具有自我更新能力和多向分化潜能的细胞群体，能产生**神经元**、星形胶质细胞和少突胶质细胞，并具有很强的迁徙能力。神经干细胞是脑发育的源泉、神经再生的源泉以及脑进化的细胞基础。神经干细胞可分为胚胎神经干细胞和成年神经干细胞。

神经干细胞在神经系统发育和维持其正常形态和功能中发挥关键作用。胚胎期首先进行的是神经细胞发生，位于神经管上皮层的神经干细胞，在精确的时间和空间信号的调控下进行不对称分裂，产生限制性祖细胞。这些祖细胞在胶质细胞放射状突起的引导下发生向心性迁移，同时在局部环境信号的诱导下分化并作切线位迁移，最终形成相应的神经细胞，从而完成脑皮层的构建，稍后神经干细胞向胶质细胞分化，完成脑白质的构建。

神经干细胞不仅能分化为中枢神经系统中三种主要类型神经细胞，而且还能跨系分化为其他细胞，如骨骼肌细胞、血细胞。虽然这种跨系分化只在特定的情况下观察到，但这种可塑性对传统生物学认为成体组织中的干细胞只能定向分化为所属组织中细胞的观点提出了挑战。

中枢神经系统疾病中有很多是因为某种特定的脑细胞发生退行性死亡，导致一些重要的神经递质、蛋白质因子的匮乏所致。采用神经干细胞直接移植，或将治疗目的基因导入神经干细胞再进行移植的动物实验在治疗帕金森氏病、脑缺血、中枢神经系统损伤和脱髓鞘疾病中取得一定效果，移植的神经干细胞可分化为相应的神经元并与宿主细胞整合，形成突触联系，发挥相应的生理功能。另外，如何调动内源性神经干细胞增殖并定向分化为相应的神经元也是正在探索的治疗途径。神经干细胞的研究和应用为人脑再生的研究开辟了新的前景。同时也推动了对人类大脑神经生物学认识的深入和临床神经科学的发展。

神经梅毒 neurosyphilis 苍白密螺旋体侵害神经系统所致的病变。属于性传播疾病。可与人免疫缺陷病毒（HIV）感染合并，此时病程加速。在全世界现早期感染增加，比初期及二期**梅毒**（下疳及皮疹）显著，全身症状明显。一般可分为无症状型、脑膜和血管型和实质型（如脊髓痨、麻痹性痴呆），各型可合并存在。神经梅毒也可与其他系统梅毒，例如心血管梅毒等并发。神经梅毒一般发生在感染梅毒后的几年或几十年后，但在梅毒早期有的患者的脑脊髓液已有不正常的改变。诊断除根据症状、体征、血清学试验等外，还要作脑脊髓液检查。青霉素仍将是治疗梅毒的最佳药物，但有青霉素过敏史者，可给予四环素或红霉素。

神经衰弱 neurasthenia 以烦恼、衰弱感为主要症状的一种**神经症**。是神经症中症状分化最不明显的一种。此诊断名称在美国已弃用，但中、俄等仍保留此诊断名称。

临床表现 有以下几组症状：①心情烦恼。容易兴奋、激惹，这些都反映出内心的冲突。②脑力的衰弱感。注意力不易集中，自觉记忆力减退，但患者对其内心烦恼的事则纠缠难忘。③体力的疲劳感。④睡眠障碍。难入睡，多噩梦。⑤肌肉紧张性头部不适。胀痛、戴头盔样沉重感。

诊断与鉴别　神经衰弱与抑郁症有时不易区别，但抑郁症的内心体验是脑力迟钝、抑郁寡欢，甚至有自杀观念；而神经衰弱以烦恼为主症。鉴别困难时，抗抑郁药的实验性治疗，有助于确定诊断。

有些精神病如精神分裂症、脑动脉硬化性精神障碍早期可有类似神经衰弱的症状，但仔细检查可查出这些精神障碍的特征，鉴别也不困难。高血压病，汞、苯、铅中毒，颅脑外伤，某些慢性传染病（如肺结核、传染性肝炎），以及慢性前列腺炎等均可有神经衰弱的症状。工作时间过长所致的疲劳状态也应与神经衰弱鉴别。

治疗　应以心理治疗为主。除解释、说明病的本质以减轻并解除患者对症状的疑虑和恐惧外，多数医生主张针对主要症状进行对症治疗，以减轻患者的痛苦，如服用安眠镇静药物，进行理疗、体育锻炼等。

神经系统　nervous system　众多有组织神经细胞（神经元）的集合体，是调节人和动物体内各种器官活动以适应内、外环境变化的全部神经装置的总称。脊椎动物和人的神经系统可分为中枢神经系统和外周神经系统两部分。有约10^{11}～10^{12}个神经元以及为数更多的神经胶质细胞。庞大的神经细胞数量以及神经细胞之间的复杂组织联系使神经系统具有复杂的功能。人和高等动物的神经系统是地球上最复杂的物质结构，主要功能是接受和处理体内外各种感觉信息，调节躯体和内脏的运动，维持机体内环境的相对稳定，发动和控制各种行为，司理学习、记忆、情绪、思维及语言等高级功能。在神经系统直接或间接的控制、调节下，机体各器官系统才能相互联系、相互协调，完成统一的生理过程。神经系统的形成以及结构和功能的完善是由低等无脊椎动物向高等脊椎动物长期进化的结果。

神经性皮炎　neurodermatitis　常见的以皮肤阵发性剧烈瘙痒和苔藓样变为特征的一种慢性皮肤病变。好发于成人。主要与神经、精神因素（如焦虑及紧张）、搔抓、摩擦有关。初发病时，患部皮肤往往仅有瘙痒，经常搔抓后出现扁平丘疹密集成片，形成苔藓样斑块，正常皮色或淡褐色，表面有抓痕、少许鳞屑，境界清楚。好发于颈项部，肘、膝、踝关节伸侧、骶尾及小腿伸侧，重者皮疹可泛发全身。治疗原则：对症止痒，避免搔抓。

神经性贪食　bulimia nervosa　以反复发作和不可抗拒的摄食欲望及暴食行为为特征的一种进食障碍。又称贪食症。患者有担心发胖的恐惧心理，常采取引吐、导泻、禁食，甚至服用厌食剂等方法以消除暴食而引起的发胖。此症可与神经性厌食交替出现，两者具有相似的病理心理机制，以及性别、年龄分布。多数患者是神经性厌食的延续者，故而发病年龄较神经性厌食稍晚。此症的治疗方法及药物均与神经性厌食基本相似。

神经性厌食　anorexia nervosa　为保持体形瘦削而长期过分节食或拒食的一种进食障碍。又称厌食症。此症造成体重锐减、营养缺乏、代谢和内分泌功能紊乱，严重时可危及生命。多见于青少年期，女性患病率远高于男性。

病因　为生物学易感素质与社会－心理因素综合作用的结果。不少患者在发病之前遭遇过创伤性的生活事件，受过精神刺激。

临床表现　神经性厌食大多数发生于青少年期。由于这种病态节食，体重显著下降，一般下降15%～25%以上，严重时可呈恶病质样状态。女性患者100%有月经停止。随着病程的进展，可因营养缺乏而继发性地出现一系列的躯体症状。

治疗　应根据病情区别对待，轻者可在门诊治疗，以心理治疗改变其节食行为为主。重症者必须住院，首先是强制患者卧床休息，减少消耗，补充营养，防止衰竭。然后帮助患者转变认识，矫正病态节食行为。

神经元　neuron　神经系统中最基础的构造和机能单位。由胞体和突起两部分组成。又称神经细胞。在系统发生上自刺胞动物开始有神经细胞，至高等动物神经元的数目越来越多，神经系统也更为复杂。高等动物的神经元可以分成许多类别，各类神经元乃至各个神经元在功能、大小和形态等细节上可有明显的差别。

神经元根据功能不同可分为：①直接与感受器相连，将信息传向中枢者称感觉（传入）神经元。②直接与效应器相连，把信息传给效应器者称运动（传出）神经元。③在感觉和运动神经元之间传送信息者称中间神经元。根据神经元突起的形态与数目，又可分为单极神经元（或假单极神经元）、双极神经元和多极神经元。

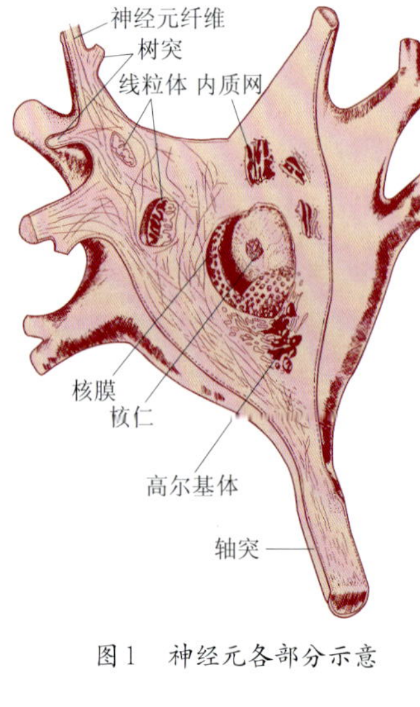

图1　神经元各部分示意

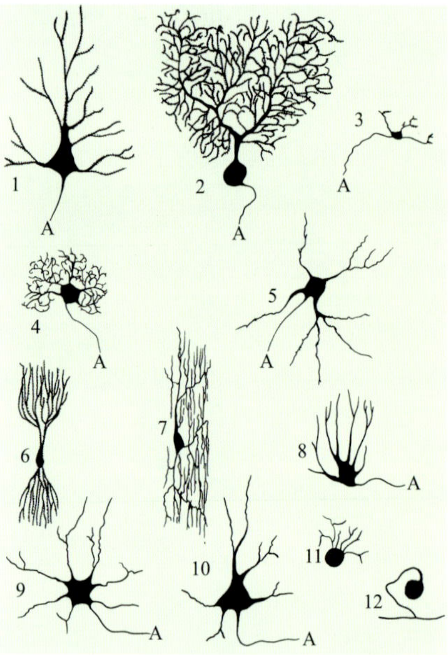

图2　各种多极神经元

1、4、5、6大脑皮层神经元　2、3小脑神经元　7、9、10脊髓神经元　8交感神经节神经元　11副交感神经节神经元　12背根神经节神经元　A轴突

神经元的功能是接受某些形式的信号并对之作出反应、传导兴奋、处理并储存信息以及发生细胞之间的联结等。由于神经元的这些功能，动物才能对环境的变化作出快速整合性的反应。神经元可以直接或间接（经感受器）地从体内、外得到信息，再用传导兴奋的方式把信息沿着长的纤维（突起）做远距离传送。信息从一个神经元以电传导或化学传递的方式跨过细胞之间的联结（即突触）传给另一个神经元或效应器，最终产生肌肉的收缩或腺体的分泌。神经元还能处理信息，也能以某种尚未清楚的方式存储信息。神经元通过突触的连接使数目众多的神经元组成比其他系统复杂得多的神经系统。神经元也与感受器如视、听、嗅、味、机械和化学感受器以及效应器如肌肉和腺体等形成突触连接。

神经症　neurosis　无器质性病理基础、由心理因素引起的一组轻微精神障碍现象。又称神经官能症。主要临床表现为过分焦虑、强迫症状、恐怖症状、癔病性症状、躯体或植物神经症状等，但无幻觉、妄想等症状，患者对疾病状态保存自知力，人格一般无损害。“神经症”这一诊断名称在美国已弃用，而代之以“焦虑症”、“抑郁症”、“强迫症”等。

临床表现　“神经症”一词包含三个意思：①相对轻微的精神障碍。②非器质性。③与心理社会因素引起的各种正常反应无截然分界。神经症患者尽管有精神障碍，但现实检验能力并未受损，并不歪曲现实，不把主观的病态心理或想象跟外在客观现实混为一谈。患者承认自己有病，且往往主动就医。

类型　焦虑性神经症（焦虑症）、恐怖性神经症（恐怖症）、强迫性神经症（强迫症）、疑病性神经症（疑病症）、抑郁性神经症（抑郁症）、躯体形式障碍、神经衰弱等。而在同一个患者身上具有两个或两个以上类型的症状者亦不少见。

病因和发病机理　主要有条件反射和学习学说，心理社会学说，生物学学说等，或认为人格特点与神经症有关。

治疗　以采取综合性措施为宜，而心理治疗应该居于主导地位。

《神农本草经》 *Shennong's Classic of Materia Medica*　中国现存最早的中药经典著作。又称《神农本草》，简称《本草经》、《本经》。撰者托名神农（中国远古传说中尝百草鉴定药物的人物）。成书年代有先秦、两汉、六朝诸说，现一般认为其主体约形成于西汉。

全书分三（或四）卷，载药365种（植物药252种，动物药67种，矿物药46种）。序例（或序录）或成一卷，即总论，归纳为13条药学理论原则。先将药物分为三类，上品120种为君，无毒，主养命，可久服；中品120种为臣，主养性，无毒或有毒，多为补养兼有攻治疾病之效；下品125种为佐使，多有毒，不可久服，多为除寒热、破积聚的药物，主治病。其中上品如人参、阿胶、雄黄；中品如鹿茸、红花、石膏；下品如附子、大黄。又论述药物“君、臣、佐、使”的配伍原则、七情、四气五味、采收、调剂、用法等。各论三卷，按上、中、下品分别记述药物的名称、性味、有毒无毒、功效主治、别名、生长环境或产地等。书中有200多味药至今常用。

《本草经》是中国早期临床用药经验的第一次大总结，被奉为中药学经典。对药物的具体产地、采收时月、炮制方法、品种鉴定等则很少涉及。

《本草经》对后世本草学影响很大，明以前许多重要本草著作均将中药以上、中、下三品来分类。

神农架林区 Shennongjia Forestry　中国湖北省直辖县级林区。中国著名原始林区之一。湖北省唯一最大的国家级森林和野生动植物类型自然保护区。位于省境西部，西南与重庆市相邻。面积3 253平方千米。人口8万（2010）。以境内大、小神农架山得名。原分属房县、兴山、巴东3县。1970年划出，成立省辖神农架林区。

神农架地当中国东西与南北植物区系的交接处，植物区系成分复杂而古老，有“物种基因库”之称。林区植物约有166科、765属，近2 000种，单种属和古老种属占较大比例，如紫荆、青檀、香果树、大珙桐、铁坚杉、紫檀、黄杉、楠木、黄杨木等，植物分布具有明显垂直地带特征。神农架是湖北省重要林区，也是中国自然封闭较好的原始林区，森林覆盖率达68.5%，木材蓄积量约1 600万立方米，占湖北省总蓄积量的10.81%。药用植物有1 200多种，是湖北省中药材主要产地，以党参、当归、黄连、丹皮、独活、黄芪等的产量为较大。林区野生动物种类多。列为国家保护对象的有金丝猴、金钱豹、毛冠鹿、红面猴、苏门羚、云豹、小灵猫、神农鼯鼠、大鲵等20多种，还有白熊、白金丝猴、白苏门羚、白蛇等白化动物。川金丝猴是中国仅有的三种金丝猴中的一种，神农架是其最主要栖息地之一。

1982年在林区内建成神农架自然保护区（国家级），1990年保护区加入联合国“人与生物圈计划”自然保护区网。神农架还是湖北省以科学考察和探索大自然为主的著名风景旅游区，有神农顶、玉泉河、燕天、老君山、九大湖5大风景区。

神农氏 Shennong　中国古史传说时代原始农业发明者的化身。神农氏时代大抵指随着原始农业的发生、发展，氏族制度日益完备的历史时期。传说神农氏姓姜，可能是以羊为图腾的氏族，生长于姜水。

《逸周书》佚文有“神农之时天雨粟，神农耕而种之”；《礼纬·含文嘉》有神农氏“始作耒耜，教民耕种”；《国语·鲁语》有“昔烈山氏之有天下也，其子曰柱，能植百谷百蔬”，夏以前曾被祀为主稼穑的神。《礼记·祭法》同，但烈山作厉山，柱作农。柱是原始农业火耕阶段的点种棒，农是耜耕阶段的蚌制农具，烈山（厉山）氏指使用火猎“烧山引兽，放火寻角”的人群。柱为烈山氏之子，寓意原始农业脱胎于采集狩猎经济，火耕脱胎于火猎，随着原始农业的发展，柱演化为农，又被神化为神农，这个名号虽然是虚构的，却浓缩了原始农业发生发展的历史。

传说这个时代的创造发明还有制陶、草药、有了“日中为市”的交换活动，出现进行祭祀活动的明堂、通神明之德的乐器等。其时代特点，《庄子·盗跖》谓“民知其母，不知其父”，“耕而食，织而衣，无有相害之心”，《商君书》云神农之世“刑政不用而治，甲兵不起而王”，《说文解字·序》有“神农氏结绳为治”等。

战国时始将神农氏与炎帝合并，《世本》出现炎帝神农氏的称谓，汉代以后定型，并列为三皇之一。

《神女》 *The Goddess*　中国无声故事片。联华影业公司（一厂）1934年摄制。编导吴永刚，摄影洪伟烈，主要演员阮玲玉、黎铿、章志直、李君磐。影片描述了旧中国一位妓女的血泪史。《神女》的题材是现实的，故事是朴素的，女演员阮玲玉的表演细腻真实、生动传神，吴永刚素朴含蓄、洗练清新的导演风格很有艺术魅力，将一个妓女的不幸遭遇和崇高的母爱和谐完美地结合在一起，使这一题材独具特色、格外感人。

《神曲》 *La Divina Commedia*　意大利诗人但丁的代表作。这是一部讽喻训世的叙事长诗，共分《地狱》、《炼狱》、《天堂》三篇，每篇33歌，加上序典，共100歌，计14 233行。创作于1307～1321年。

但丁在序曲中设想自己在人生的中途（35岁时）迷失在一座黑暗的森林里。黎明时分他遇见豹、狮、狼三只猛兽，这些野兽分别象征与天主教的禁欲、谦逊、贫寒三大美德为敌的淫欲、傲慢、贪婪。但丁高声呼救，帝国与理性的象征古罗马诗人维吉尔出现。维吉尔说：“你无力战胜这三只野兽，我带领你走另一条途径，引导你游历罪人接受酷刑的永劫之邦和灵魂洗涤与修炼的山坡，然后有一个更高贵的灵魂，来带领你游览幸福的天府。”

《地狱》篇描写但丁在地狱里的见闻。地狱的入口在大陆中心点耶路撒冷。地狱呈漏斗状，共分九层，异教徒、不能节制者、欺诈者、暴力罪者等罪恶的灵魂按生前罪孽的大小，分别在不同的层面经受不同的酷刑。地狱的尽头是冰湖。维吉尔背负着但丁越过地球中心，到达南半球大海之中的一座高山脚下，这便是与北半球的地狱相对称的炼狱。

《炼狱》篇描写生前犯有过错、但已悔悟的灵魂，为了得到上帝的宽恕而进行涤罪修炼的情景。但丁在维吉尔陪同下攀登至炼狱大门。守门天使用象征神学的金

《神曲》地狱篇第24歌插图

钥匙和象征教会忏悔权的银钥匙打开大门，放他们进去。维吉尔在山顶隐退后，一只象征耶稣的半鹰半狮动物拉着一辆象征教堂的车子，在游行队伍的护卫之下凯旋。象征各种美德的一群女神簇拥着一位高雅女子，这就是但丁年轻时初恋的对象贝雅特里齐。她前来引导但丁游历天堂。

《天堂》篇描写天国里九重天的景象。升天的英灵按照在人间所建功德的大小，由远而近地在不同程度地接受上帝的光辉，享受瞻仰上帝圣容的幸福。但丁看见上帝的形象如电光一闪，迅即消失。于是，但丁的幻游中止，《神曲》结束。

《神曲》是一部想象丰富、寓意深刻的作品，全面反映了中世纪与文艺复兴交替时期的社会风貌和思想危机。它通过对各式各样人物的评说，将中世纪的政治、宗教、文化、思想进行了一次总结和清算，有力地揭露和评判了天主教教会的贪婪腐化、封建君主的残暴专横以及市民阶层的贪财好利，充分表达了追求真理、美德和知识的人文主义理想，启迪人们追求意大利政治和道德复兴的道路。

《神曲》结构匀称完美，人物形象逼真传神，语言通俗生动，是意大利语言和文学的奠基之作。

神权政治论 theologic-politics, theory of 主张国家直接或间接地由神创造、政治权力来源于神的学说。神权政治主张盛行于古代和中世纪，延续于近现代。具体内容可分为4类：①君权神授说。主张君主具有神性或受权于神，神圣不可侵犯。中国古代把天看作有意志、人格化、能支配政治的最高主宰，君主称为天子。②教权至上说。主张由僧侣、教士或先知代表神直接统治人民，又称“纯粹的”神权政治。③天启律法说。主张天启律法是神意的体现、政治权力的基础，又称“普遍的”神权政治。许多宗教都主张神意主宰人类生活一切领域，以伊斯兰教最为典型。④末世神权说。主张神的代表或救世主将在末世前降临人世，建立完美的神权统治。

体现詹姆士一世君权神授说的《自由君主国的真正法》(1616)

神社 shrine 日本神道教祭神或参神的场所。有的被称作神宫。日本城乡皆有神社，规模不一，较重要的有祭祀天照大神的伊势神宫、祭祀明治天皇的明治神宫、祭祀在国内外战争中死亡官兵的靖国神社。据传，神社最初只是各村庄共同举行农耕礼仪之所，只有神篱（周围植常青树，中间清静土地为祭神之所）、磐境（周围置以石头，以岩石充神座）等，后来发展为屋舍、神殿。一般有本殿、币殿（献祭处）和拜殿三部分。较大的神社还有其他附属建筑，如门口有一个呈“开”字形的牌坊，称为鸟居。神社区域内有一排排人们供奉的石制或铜制灯柱。大门内外都有石制水槽，槽上有竹木做的长柄勺。香客在此接水，净手漱口，再入内拜神。本殿是神社最大的建筑，神祇的安奉之所，游客不可进入。本殿前是信奉者拜神和献祭用的拜殿。神道教徒可在每月1、15日或祭日至神社参拜，也可按个人需要随时到神社膜拜。除因生老病死、健康、安全、婚姻等日常课题参拜神社外，日本人经常在过年时全家一起到有名的神社参拜。各神社一年一度的祭奠活动非常热闹，吸引大批市民前往观看。

日本福冈县太宰府天满宫神社

《神圣家族》 *Die heilige Familie, oder Kritik der kritischen Kritik, Gegen Bruno Bauer und Consorten* K.马克思和F.恩格斯合写的批判青年黑格尔派的著作。全名为《神圣家族，或对批判的批判所做的批判。驳布鲁诺·鲍威尔及其伙伴》。1845年在法兰克福出版。

著作集中地批判了青年黑格尔派的唯心主义思辨哲学，阐发了马克思、恩格斯正在形成的新世界观的一系列重要思想。他们坚持唯物主义原则，强调了世界的物质性，通过对黑格尔哲学思辨结构的分析，揭露了青年黑格尔派唯心主义哲学的认识论根源；接触到生产方式在社会发展中的决定性作用这一唯物史观的基本原理，主张从社会物质生产出发观察历史；接近于得出自己的整个体系的基本思想，即生产离不开社会关系的思想；深刻批判了青年黑格尔派的英雄史观，论证了人民群众在历史发展中的伟大作用，几乎已经形成关于无产阶级历史使命的观点，指出无产阶级能够而且必须自己解放自己。

著作虽然还保留着L.费尔巴哈人本主义的某些影响，对历史唯物主义的一些重要概念和原理阐述还不够精确和完善，但是，正如恩格斯后来指出的，它已超出了费尔巴哈哲学的范围。

神圣家族教堂 Templo Expiatorio de la Sagrada Familia 位于西班牙巴塞罗那市区，西班牙建筑师A.高迪－科尔内的代表作。在高迪于1883年接受设计建造教堂的任务前，该教堂在建筑师比利亚尔的带领下已经动工。在高迪手中，这座教堂的规模有所扩大，成为在政治思想和意识形态领域上都十分重要的建筑，并成为巴塞罗那乃至西班牙的象征。这座教堂至今仍然在建。

高迪在设计上将哥特式风格改变为一种平衡式的奇特结构，将哥特风格与拜占廷风格相结合。建筑的顶端是一组尖顶，通过不同高度、形式和风格的组合，达到“梅花簇”式的效果。在室内，塔楼、钟楼和尖顶形成环绕着中间高峰的群山的意象，隐喻着加泰罗尼亚的圣山——蒙塞拉特山。在后期，高迪将注意力集中到基督诞生门一侧的立面上，四座尖塔构成了教堂圣门般的形象，同时也成为城市天际线的主角。

神圣家族教堂外观

在1926年高迪遇车祸身亡后，教堂继续修建，建筑费用大部分来自私人捐赠。教堂是著名的旅游景点，门票收入也是资金来源之一。

神圣罗马帝国 Holy Roman Empire 中世纪欧洲封建帝国。962年，德意志国王、萨克森王朝的奥托一世（936～973年在位）在罗马由教皇约翰十二世加冕称帝（962～973年在位），成为罗马的监护人和罗马天主教世界的最高统治者。从1157年起，帝国被称为神圣罗马帝国，帝国极盛时期的疆域包括近代的德意志、奥地利、意大利北部和中部、捷克斯洛伐克、法国东部、荷兰和瑞士。

帝国统治者以罗马帝国和查理大帝的继承者自命，对外大肆扩张，对内则以农奴制和依附农奴制的形式剥削农民。霍亨施陶芬王朝统治时期，中央权力衰落，国内各地缺乏经济联系，帝国成为承认皇帝最高权力的各封建公国和自由市的不巩固的联盟。1254～1273年是德意志历史上的空位时期。这个时期，各诸侯、骑士和城市间的纷争和内讧连绵不断。1356年，查理四世颁布《金玺诏书》，确认皇帝须由七大选帝侯推选。从15世纪初起至帝国最终瓦解，皇位均由奥地利哈布斯堡家族占据。1474年起，帝国被称为德意志民族神圣罗马帝国，已成为徒具虚名的政治组合。

16世纪初爆发宗教改革运动和德意志农民战争，农民战争是宗教改革运动的顶点。宗教改革后，帝国实际上分裂为信奉新教的北部、主要信奉天主教的西南部及纯粹信奉天主教的东南部。地方诸侯和皇室中央政权的斗争在三十年战争中达到顶点。战争使帝国遭受严重破坏，阻碍了帝国经济的发展，国家在政治上分崩离析，皇帝徒具虚名，各邦诸侯拥有完全自主权。战后，荷兰和瑞士脱离帝国，勃兰登堡－普鲁士在德意志诸侯中的地位提高，形成奥地利和普鲁士在帝国中争霸的局面。1804年拿破仑一世自立为法兰西皇帝，于1806年7月建立依附于他的并宣布脱离帝国的16个德意志邦组成的莱茵联邦，迫使弗兰茨二世在同年8月6日放弃神圣罗马帝国皇帝称号，神圣罗马帝国彻底瓦解。

神圣同盟　Holy Alliance　拿破仑帝国瓦解后，欧洲大多数国家参加的一个松散的政治组织。1815年维也纳会议结束后不久，由俄国沙皇亚历山大一世发起，得到奥地利皇帝弗兰茨一世和普鲁士国王腓特烈·威廉三世的赞同，于同年9月26日在巴黎签署《神圣同盟宣言》。宣言标榜根据基督教教义处理相互关系，宣布三国属于上帝统治下的“同一家庭的三个分支”，三国君主以“手足之情”、“互相救援”；引导臣民和士兵“保卫宗教、和平与正义”，要求人民遵守教义，恪尽职责。同时邀请承认盟约原则的国家参加同盟。同年11月19日，法国国王路易十八加入同盟。最后，除英国、奥斯曼帝国苏丹及教皇外，欧洲各国君主都纷纷加盟。19世纪20年代，神圣同盟先后镇压了意大利革命和西班牙革命，还曾企图干涉拉丁美洲的独立运动。后因欧洲革命运动蓬勃发展，列强间矛盾加剧，1822年后同盟名存实亡。1830年法国七月革命后正式瓦解。

《神仙传》　*Biographies of Divine Immortals*　中国道教神仙传记。晋葛洪撰。据葛洪《自序》称此书是为了回答其弟子滕升关于仙人有无的问题而作的。此书集录古之仙者见于仙经、服食方及百家之书、先师之说、耆儒所论，以为十卷。书中所述广成子、老子、彭祖、河上公、刘安、李少君、张道陵等人事迹，较之《史记》、《汉书》记载多有增益。壶公、蓟子训、刘根、左慈、甘始、封君达等人传记则与《后汉书·方术传》大体相符。唐代所传《神仙传》载有190人，《汉魏丛书》本仅存92人，《四库全书》本仅有84人，可证亡佚甚多。但后世道教成仙说颇受此书影响，仙传体裁的小说诗赋亦多取材于此书。

神秀　Shenxiu（约606～706）　中国唐代僧人。禅宗五祖弘忍门下700人中上座弟子。禅宗北宗创立人。俗姓李。汴州尉氏人（今属河南）。少览经史，博学多闻，后出家。到蕲州双峰山东山寺见弘忍，于寺中充杂役六年。得弘忍器重，以为“东山之法，尽在秀矣”，命为上座并“教授师”。忍死后，住荆州当阳山玉泉寺传法，弟子甚众。90余岁时为武则天召至洛阳，再召至长安，在宫内道场说法。武则天亲作礼拜。神秀门下禅法因帝室之力而流行长安、洛阳，数代之后始衰。殁后敕号“大通禅师”。其禅法主要流行于北方，主张“渐悟”，与主“顿悟”的慧能南宗相对，称北宗禅。弟子有普寂、义福等，著有《大乘五方便》、《观心论》等。

神学　theology　泛指论述神的学问。即研究神、神和宇宙的关系，以及与神明或神性相关的宗教教理，由此引申为诸宗教神学，如对基督教、犹太教、伊斯兰教、佛教、印度教等宗教教理的研究。专指对基督教信仰内容作系统研究和理论说明的宗教学科。源于希腊文Theologia，最早为柏拉图所使用，以此作为对神的描述和谈论。

柏拉图在《理想国》中、亚里士多德在《形而上学》中曾称古希腊诗人荷马、赫西奥德等为“神学家”，因为他们曾论述过神和诸神谱系。斯多阿派称神学为“合理地分析研究神”，并将其分为神话学、自然神学（指用理性分析研究宗教）和民事神学（指对各种宗教仪式和典礼的叙述）三部分。此后基督教沿用此词，作为研究、论述信仰对象上帝的存在、本体、本性，及其与世界和人类关系的理论体系。在基督教信仰范围内，早期教父称神学为对《圣经》中所论上帝、基督及其与世人关系的研究；奥古斯丁认为神学是“关于神的理论或论述”；安瑟尔谟称神学为“信仰寻求理解”；P.阿贝拉尔将神学理解为用哲学来阐述基督教教义。此后托马斯·阿奎那把神学分为自然神学和启示神学两部分，肯定自然神学的可能和必要，认为可借重理智、通过对自然现象的观察分析而得到关于神的一部分知识，领受神的一定启示。但他强调启示神学蕴涵基督教独有的宗教真理，并著有《神学大全》，根据亚里士多德哲学论证神学。中世纪东西教会的分裂曾形成天主教神学与东正教神学的区别，宗教改革后又出现了以马丁·路德和J.加尔文为代表的新教神学。当代神学家潘内伯格称“神学为上帝在耶稣基督内启示上帝的科学”，K.巴特强调“神学是一种启示神学”，K.拉纳亦称“神学是信仰的科学”。总体来看，基督教神学的特点是以信奉的三位一体上帝为论证对象，根本精神是从承认启示出发，归于论证所信启示。

神学在基督教理论体系中包含有多层意义，如神学研究分类，神学研究方法，神学学科分支和神学理论思潮等。研究分类包括自然神学和启示神学两大类，自然神学指运用人的理性从各种自然现象中推知上帝的存在及其神性；启示神学则根据上帝特殊的启示来认识和理解上帝创世、救世及存在奥秘。按研究方法可分为哲理神学、奥秘神学、实定神学、否定神学、论证神学和论争神学等。神学学科分支包括教义神学、圣经神学、圣礼神学、教牧神学、道德神学，以及崇拜学、教政学、信表学、布道学、教会法等。神学理论思潮则包括古代基督教中的亚历山大里亚学派、安提阿学派、奥利金主义、奥古斯丁主义，中世纪基督教的托马斯主义、司各脱主义，宗教改革以来近代基督教中的路德主义、加尔文主义、自然神论、泛神论、浪漫主义神学、道德神学、思辨神学，以及现代基督教中的现代主义、后现代主义、基要主义、社会福音派、自由主义神学、后自由主义神学、进化神学、新正统神学、存在主义神学、世俗神学、“上帝之死”神学、政治神学、解放神学、妇女主义神学、普世神学、新托马斯主义、梵二会议神学等。

神韵说　verve theory　中国古代诗论的一种诗歌创作和评论主张。为清初王士禛所倡导。在清代前期统治诗坛达百年之久。“神韵”一词，早在南朝齐谢赫《古画品录》中就已出现。唐代诗论提到的“韵”，大多是指诗韵、诗章的意思，不涉诗论。明清时期，“神韵”一词在各种意义上被普遍使用。王士禛之前，虽有许多人谈到过神韵，但还没有把它看成是诗歌创作的根本问题，到王士禛，才把神韵作为诗歌创作的根本要求提出来。他早年编选《神韵集》，有意识地提倡神韵说。其神韵说的根本特点，即在诗歌的艺术表现上追求一种空寂超逸、镜花水月、不着形迹的境界。神韵为诗中最高境界。但并非只有空寂超逸，才有神韵。

王士禛的神韵说对明代前后七子的复古主义倾向和公安派浅率之弊都有所矫正，在清代前期统治诗坛几达百年之久。

“神舟”号飞船 Shenzhou spacecraft 中国研制的载人飞船系列。1992年列入国家计划。飞船由轨道舱、返回舱和推进舱等组成。轨道舱是航天员在空间生活和进行科学实验、技术试验的场所。在返回舱返回后，轨道舱仍留在轨道上继续执行各项空间任务。返回舱是飞船上升和返回过程中航天员的座舱，也是飞船的指挥控制中心。推进舱又称动力舱，为飞船在轨道调整和返回提供能源和动力。飞船用“长征”2号F运载火箭从酒泉卫星发射中心飞船发射场发射。运行轨道为近地低轨道，轨道周期约90分钟。

1999年11月20～21日，“神舟”1号飞船成功进行了首次无人状态的飞行试验。飞船绕地球飞行14圈后，在内蒙古自治区中部地区安全着陆。之后，2001年、2002年又成功进行了“神舟”2号、“神舟”3号和“神舟”4号的飞行试验，完成了多项科学实验。“神舟”5号飞船于2003年10月15日9时发射，16日6时25分返回地面，将中国第一位航天员杨利伟送入太空。“神舟”6号飞船于2005年10月12日9时发射，于10月17日凌晨4时33分成功着陆，首次实现多人多天太空飞行。“神舟”7号于2008年9月25日21时10分发射，9月27日中国航天员翟志刚实现中国人首次出舱活动，9月28日17时37分返回舱成功着陆。见中国载人飞船工程。

发射前的“神舟”5号飞船

沈葆桢 Shen Baozhen (1820-04-09～1879-12-18) 中国晚清军政重臣，海军主要创始人。字幼丹。福建侯官（今福州）人。卒于江宁（今南京）。林则徐婿。1847年中进士。1855年任江西九江知府，随曾国藩与太平军作战。1862年初，由曾国藩推荐，出任江西巡抚，兼办广信粮台。1866年10月，由闽浙总督左宗棠推荐，任福建船政大臣，总理福建船政局，具体规划和领导了船政局的建设。1870年，上奏清廷设立轮船统领，对促进中国近代海军建设产生了积极的影响。积极创办福建船政学堂，为中国近代海军和造船事业培养了第一批人才。1874年日本侵略台湾，奉命办理台湾等处海防兼理各国事务大臣，调集军舰和军队在台湾、澎湖及福州、厦门沿海设防，与日本交涉，最后迫使日军退出台湾。力主建设以铁甲舰为主体的外海海军，着手设法向外国购买铁甲舰。1875年5月，被任命为两江总督兼办理通商事务大臣，督办南洋海防。主动提出优先发展北洋海军，在经费、装备等方面给予积极支持，为后来北洋海军成军作出了贡献。1879年病逝于任所。谥文肃。有《沈文肃公政书》传世。

沈从文 Shen Congwen (1902-12-28～1988-05-10) 中国作家、文物学家。原名沈岳焕，曾用过小兵、懋琳、炯之、休芸芸、甲辰、上官碧、璇若等笔名。苗族。湖南凤凰人。卒于北京。小学毕业后长期在土著军队生活。1923年到北京靠自学从事文学写作。1926年开始发表作品，并与胡也频一起编辑《京报副刊》和《民众文艺》。1927年到上海吴淞中国公学任教。1928年与胡也频、丁玲先后编辑《红黑》杂志，并参加新月社。1930年任教于青岛大学。1934年主编北平《大公报》副刊《文艺》，次年主编天津《大公报》副刊和《益世报》副刊。抗战期间，在昆明西南联大任教。抗战胜利后，任北京大学教授。三四十年代，与杨振声、朱光潜等，集合平津一带的作家从事文学活动，形成较为一致的艺术追求和文学倾向，因而有“京派”或“京派作家”之称。

沈从文是有名的多产作家，作品有《神巫之爱》、《阿黑小史》、《月下小景》、《记丁玲》、《从文自传》、《八骏图》、《湘行散记》、《边城》、《长河》等小说、散文、文论、自传、通信的集子70多种。作品内容十分广泛，有表现少数民族风情的、有描写土著军队生活的、有刻画备受残害的农民形象的、有抨击虚伪丑恶的城市绅士和知识阶层的等等。写得最为出色的是闭塞荒僻的湘西地方的风土人情；作品中充满了迷人的风光、淳厚的民风、神秘的原始生活以及强悍的民族气质和蛮性力量，以及人们无法掌握自身命运的忧伤和感慨，具有浓厚的湘西地域的独特风采。中篇《边城》为其代表作。他的作品在艺术上除了注意细节描写的真实性外，还吸收浪漫主义手法，浸透抒情诗的气氛，创造出富有诗情画意的牧歌意境。这对后来的一些作家产生过较深影响。

1957年以后，沈从文放弃了文学生涯，在中国历史博物馆、故宫博物院、中国社会科学院历史研究所等单位从事古代文物和工艺美术、文化史的研究。所编撰的如《中国丝绸图案》(与王家树合编)、《唐宋铜镜》、《龙凤艺术》、《中国古代服饰研究》等，多为很有价值的学术著作。

沈大高速公路 Shenyang-Dalian Expressway 中国沈阳至大连的高速公路。途经辽阳、鞍山、营口，全长375千米。1984年6月27日动工，1990年8月20日建成通车。采用双向四车道标准，设计行车速度100～120千米/时。是中国最早建成通车的高速公路。后经改扩建，起自沈阳绕城高速公路，止于大连（后盐），全长348千米，采用双向八车道标准，设计行车速度120千米/时。沈大高速公路沟通了大连港、营口港、鲅鱼圈港和沿线5个城市，使辽东半岛这一工业走廊联成一个整体，促进了沿线经济发展。2010年5月1日沈大高速公路更名为沈海高速公路（辽宁段）。

沈德潜 Shen Deqian (1673～1769) 中国清代诗人。字确士，号归愚。长洲（今江苏苏州）人。67岁时始中进士。官至内阁学士兼礼部侍郎。77岁辞官归里。在朝期间，他的诗受到乾隆帝的赏识，他的诗论和作品因而风靡一时，影响甚大。他论诗的宗旨，主要见于所著《说诗晬语》和他所编的《古诗源》、《唐诗别裁集》、《明诗别裁集》、《清诗别裁集》等书的序和凡例。他论诗尚格调、崇盛唐，以和平敦厚为宗。提出“温柔敦厚，斯为极则”（《说诗晬语》卷上），鼓吹儒家传统“诗教”。他的所谓“格调”，是就诗的艺术风格来说的。沈德潜的诗现存2 300多首，有很多是为统治者歌功颂德之作。近体诗中有一些作品如《吴山怀古》、《月夜渡江》、《夏日述感》等，清新可诵，颇有功力。沈德潜所选各种诗选，保存了丰富的篇章，流传颇广。尤其是《古诗源》中收录了不少古代民歌，在当时很难能可贵。选本中的评语，在品鉴诗歌艺术方面有一些精辟见解。

沈度 Shen Du (1357～1434) 中国明代书法家。字民则，号自乐。华亭（今上海松江）人。洪武时举文学，不就。后以善书征选入翰林供职，官至侍讲学士。沈度是明代

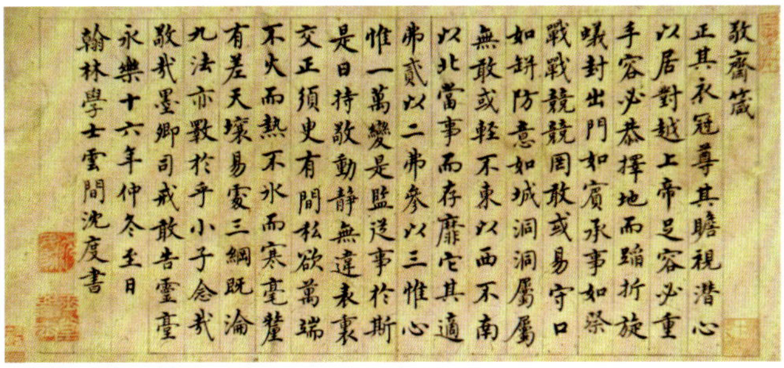

《敬斋箴》（楷书）

台阁体书法的代表，能写篆、隶、真、行书，名重一时，与其弟沈粲合称二沈。台阁体又称馆阁体，早在宋代就已出现，明初更发展为一种独立的、影响很大的书法体式。台阁体结构平正，笔法光洁，墨色乌黑，风格秀润华美，适于装点皇家的富贵气派。明成祖朱棣最嘉二沈，尤重沈度书法，宫中所用的金简、玉册、碑版、典制等都命他书写。代表作有《敬斋箴》、《四箴铭》等。弟沈粲，字民望，号简庵，官至大理少卿。善行、草书。子沈藻，字凝清，一字仲藻。承家学，善楷书。

沈浮 Shen Fu (1905-03-23～1994-04-27) 中国电影导演、编剧。原名沈哀鹃，又名百宁。天津人。卒于上海。1924年考入天津渤海影片公司当演员，不久编导并出演了喜剧短片《大皮包》。1933年进入上海联华影业公司。1936年，编写了影片《狼山喋血记》，用象征、隐喻的手法，告诫人们要对凶残成性的侵略者作顽强的斗争。抗日战争期间，在重庆从事话剧工作，写了广泛演出的舞台剧本《金玉满堂》、《重庆二十四小时》、《小人物狂想曲》等。抗日战争胜利后，先后在北平（今北京）、上海等地从事电影工作。创作了《圣城记》、《追》以及在中国电影史上有重要价值的影片《万家灯火》，编写了著名影片《乌鸦与麻雀》的文学剧本。中华人民共和国建立后，执导了《李时珍》（1956）、《老兵新传》（1959）、《万紫千红总是春》（1959）、《北国江南》（1963）、《曙光》（1979）等十多部影片。

沈复 Shen Fu (1763～?) 中国清代散文家。字三白，号梅逸。长洲（今江苏苏州）人。他一生长期做幕僚，奔走南北，游历过许多地方。代表作为《浮生六记》。《浮生六记》是自传体的散文。原有六记：《闺房记乐》、《闲情记趣》、《坎坷记愁》、《浪游记快》、《中山记历》、《养生记道》。今存前四记。作者以淳朴的文笔，记叙自己大半生的经历，欢愉处与愁苦处两相对照，真切动人。书中描述他和妻子陈芸志趣投合，伉俪情深，愿意过一种布衣蔬食而从事艺术的生活，但由于封建礼教的压迫与贫困生活的煎熬，终至理想破灭，经历了生离死别的惨痛。书中对山水园林、饮食起居均有独到的评述。此书有多种版本，以俞平伯校点本（1923年朴社出版，1980年人民文学出版社重新排印）为佳，附有《浮生六记年表》。

沈鸿 Shen Hong (1906-05-19～1998-05-20) 中国机械工程学家。生于浙江海宁，卒于北京。少年家境贫困，只读四年小学便辍学。1919年到上海协泰新布店当学徒、店员、司账。1931年在上海自办五金厂。1938年，携带工厂全部设备奔赴延安，任陕甘宁边区机器厂（兵工厂）总工程师兼总设计师。设计制造中国第一台造币机和100多种型号的数百台机器设备，被授予特等劳动英雄和模范工程师称号。从1953年起，先后担任第三机械工业部部长助理及电机工业部、煤炭工业部、农业机械工业部、第一机械工业部副部长，国家机械工业委员会副主任、机械工业部顾问等职。1980年当选中国科学院学部委员（院士）。

沈鸿有极强的机械工程实践能力和机械工程组织能力。主持了许多国家重大工程和重大装备的建造任务。1958年担任中国第一台1.2万吨自由锻造水压机项目的总设计师，于1962年6月试车成功。负责葛洲坝工程的全部机械设备技术和协调任务，成功研制出当时世界上转轮直径最大的转桨式水轮发电机。

沈鸿是《中国大百科全书》第一版总编辑委员会副主任。主持编写了中国第一部大型工具书《机械工程手册》及《电机工程手册》，有《沈鸿论机械科技》等专著。

沈既济 Shen Jiji (? ～786?) 中国唐代小说家、史学家。一说苏州人。德宗初年，曾为太常寺协律郎，官终礼部员外郎。他博通群籍，尤工史笔。《全唐文》录其文6篇。传奇作品有《枕中记》和《任氏传》。《枕中记》写卢生于梦中位极宰相，权势煊赫，梦醒觉悟，皈依宗教。表现人世荣华富贵不过如黄粱一梦。《任氏传》叙狐精化为美女任氏，与贫士郑六相爱同居。她善良聪慧，遇暴不失节，殉情以至死。二者是中唐传奇中创作年代较早的名篇。与初唐作品相比，它们在反映社会现实方面有较大进步，写作技巧也有很大提高，标志着唐传奇创作进入全盛时期，对后世文学颇有影响。

沈家本 Shen Jiaben (1840～1913) 中国清末法学家。字子惇，别号寄簃。浙江归安（今湖州）人。卒于北京。光绪九年（1883）进士。历任刑部侍郎、修订法律大臣、资政院副总裁等职。1902年受命主持修订法律，成为当时中国积极引进资本主义法律的代表人物。

沈家本坚持以"会通中西"为修订法律的原则。改革中国封建旧律的过程中，他对中国旧律的总结具有较高的学术价值。著有《沈寄簃先生遗书》甲编、乙编及未刻书目《秋谳须知》、《律例偶笺》、《律例杂说》、《读律校勘记》等。

他认为法只是"辅教之不足"的一种必要手段，反对用严刑峻法束缚民之手足。奏请设立法律学堂，培养专门司法人才，并奏请废除凌迟、枭首、戮尸、缘坐、刺字等酷刑。他接受法律面前人人平等的思想，提出满汉各族人民犯遣军流徒各罪应一体同科。主张男女平等，反对夫为妻纲的封建礼教。奏请"永行禁止"买卖人口和蓄养奴婢。他反对律外苛求，奏请废除比附断案，以防官吏肆意出入人罪。在他主持制定的《刑事民事诉讼法》中，确认了罪刑法定的原则和内容。在司法体制上，他仿效资产阶级三权分立，主张司法独立，并制定了《法院编制法》。

沈家门港 Shenjiamen Port 中国浙江省舟山市港区之一。位于舟山岛东南端，沈家门镇南侧。因处舟山渔场中心，又称沈家门渔港。盛产大黄鱼、小黄鱼、带鱼和墨鱼。港域东西长约8 000米，水域面积320平方千米，水深5～10米。可容纳渔船近万艘。东、南有普陀山、朱家尖等岛屿环峙，北有山岭为屏障，是天然避风良港。港泊渔船和渔货吞吐量均居全国首位，是中国最大渔港之一。沿港两岸建有码头80余座。水产品冷藏、加工，修船，渔业机械，渔

用塑料等行业和海运业发达。有定期客轮航班通上海、宁波。

沈璟 Shen Jing (1553～1610) 中国明代戏曲家。字伯英，号宁庵。江苏吴江人。万历二年(1574)进士，历任兵部、礼部、吏部各司的主事、员外郎。万历十六年任顺天乡试同考官、升光禄寺丞。这次乡试因考官舞弊受朝臣弹劾，沈璟在次年被迫告病回乡，从此开始戏曲创作生涯。自署词隐生，表明志趣。著有传奇17种，合称《属玉堂传奇》。现存《义侠记》、《桃符记》、《坠钗记》、《博笑记》4种。

沈璟的剧作思想平庸，在艺术形式上却有志于革新。所撰曲学著作《南九宫十三调曲谱》，对昆腔曲牌的规范化和昆腔创作的兴盛产生过较大影响。沈璟是吴江派的领袖，在当时的剧坛上有一定影响，吴江派事实上成为昆曲的正宗。沈璟的主张有两点：①格律重于一切。②戏曲语言崇尚本色。但他本人并未言行一致。

沈钧儒 Shen Junru (1875－01－02～1963－06－11) 中国爱国民主人士、法学家、社会活动家，全国人大常委会副委员长，全国政协副主席。字秉甫，号衡山。原籍浙江嘉兴。

生于江苏苏州，卒于北京。1904年(光绪三十年)进士。1905～1907年留学日本法政大学，回国后从事立宪救国运动，任浙江省咨议局副议长。1911年参加辛亥革命，浙江宣布独立时任都督府警察局长。中华民国初年加入同盟会。孙中山南下广州组织中华民国军政府、领导护法运动时，沈钧儒出任军政府总检察厅检察长。1921年，从广州到上海，任《中华新报》主笔。1923年10月，与百余议员联名发表宣言，反对曹锟贿选总统。曾任上海法科大学教务长，同时执行律师职务。1931年当选为上海律师公会执行委员。1936年与章乃器等七人被国民党当局以“危害民国”罪名逮捕，随后羁押于苏州狱中，是为著名的七君子事件。七七事变后出狱。1942年沈钧儒和救国会参加了民主政团同盟(1944年改组为中国民主同盟)，后被选为中央常务委员。1949年9月在北平(今北京)参加中国人民政治协商会议第一届全体会议，中华人民共和国建立后，先后当选为民盟中央副主席、主席。历任中央人民政府委员，最高人民法院院长，第一、二届全国人大常委会副委员长，全国政协第一、二、三届副主席和中国政治法律学会副会长等职。曾出席在柏林召开的国际民主法律工作者协会第五届代表大会，当选为国际民主法律工作者协会副主席。著有《宪法要览》、《家庭新论》等。

沈克非 Shen, James K. (1898－03－02～1972－10－09) 中国外科学家。生于浙江嵊县(今嵊州)，卒于上海。1916年考取北京清华大学庚款预备生，1919年留学美国克

利夫兰西余大学医学院，1924年获医学博士学位，回国后在北京协和医院任职。1929年至南京协助筹建中央医院，任院长。1941年任中央卫生署副署长和陆海空军总司令部医监。1946年任国立上海医学院教授，中山医院院长和外科主任。1950年参加第二批志愿军医疗队，1951～1958年任中国人民解放军医学科学院副院长，开创实验外科。1959年任上海第一医学院副院长和中山医院院长。是国际外科学会中国分会的负责人之一，英国皇家外科学会会员。擅长普通外科。1950年冬首次成功切除右额叶肿瘤。1956年主编《外科学》。

沈括 Shen Kuo (1031～1095) 中国北宋官员、科学家、文学家。字存中。钱塘(今浙江杭州)人。至和元年(1054)，以父荫入仕，任海州沭阳县(今属江苏)主簿，颇有政绩。治平三年(1066)，入京任昭文馆校书郎、太史公。熙宁年间(1068～1077)，参与王安石变法，改任司天监、太常丞；八年(1075)，以翰林侍读学士的身份，奉命出使辽国，据理力争，扼制了辽人扩张野心，平息了世界纠纷以后，曾任知延州(今陕西延安)兼鄜延路经略安抚使、左朝散郎等职。在出使辽国途中绘记了辽国山川险阻及风俗人情，成《使虏图抄》，上于朝廷。元祐二年(1087)，完成了在熙宁九年即已奉命编绘的天下郡县图，定名为《守令图》，包括全国性总图大小各1幅，分路图18幅。元祐三年，沈括移居润州(今江苏镇江)，筑“梦溪园”，隐居8年后去世。其间，写成了他的科学名著《梦溪笔谈》，以及农学著作《梦溪忘怀录》(已佚)、医学著作《良方》(10卷)等。沈括所著诗文，在南宋时编成《长兴集》41卷，今残存19卷。沈括资质聪颖，勤于思考，注重实学。《梦溪笔谈》30卷，含《梦溪笔谈》(正编)26卷、《补笔谈》3卷、《续笔谈》1卷。分乐律、象数、技艺、器用、药议等17门，共609条，李约瑟称该书是“中国科学史上的里程碑”。它记录沈括在物理学、数学、天文学、地学、生物、医学等方面的重要成就和贡献，在化学、工程技术等方面也有相当的成就。此外，沈括在文学、音乐、艺术、史学等方面都有一定的造诣。为了纪念这位世界闻名的中国古代科学家，1979年7月1日，中国科学院紫金山天文台将1964年发现的编号2027的小行星命名为“沈括星”。

沈力 Shen Li (1933－04－03～) 中国中央电视台播音员、节目主持人。山东济南人。1949年起从事文艺工作，1954年为中国人民解放军总政歌舞团演员。1957年考入中

央人民广播电台任播音员。1958年调至北京电视台(今中国中央电视台)，是中国第一位电视播音员。在中央电视台工作期间，她兼作电视节目的采访、编辑、制作和配音工作。1983年出任《为您服务》节目主持人。1993年退休后仍出任《夕阳红》节目主持人，得到老年人一致好评。

沈佺期 Shen Quanqi (约656～约716) 中国唐代诗人。字云卿。相州内黄(今属河南)人。高宗上元二年(675)进士及第。由协律郎累迁考功员外郎，知长安二年(702)贡举。旋擢为考功郎中，再迁给事中。四年春，坐考功任上受贿事被弹劾入狱，实为被诬蒙冤。中宗即位，因谄附张易之，被流放驩州。景龙元年(707)遇赦北归，授台州录事参军，迁起居郎。次年兼修文馆学士，常侍宫中。后历任中书舍人、太子少詹事，封吴兴县开国男。

沈佺期与宋之问都写有不少宫廷应制诗，虽内容多为歌功颂德，然表现技巧却代表了初唐同类诗歌的最高成就。沈佺期流放期间诸作，多抒写凄凉境遇，诗风为之一变。著名代表作《杂诗》三首，写思妇与边塞征人的两地相思，有反对穷兵黩武的意义。他还创制七律，被胡应麟誉为初唐七律之冠(《诗薮·内编》卷四)。

沈佺期与宋之问齐名，并称“沈宋”。他们的近体诗格律谨严精密，史论以为是律诗体量制定型的代表诗人。

原有文集10卷，约元、明之际散佚。另有5卷本。今存清大兴朱筠抄本(上海图书馆藏)及清东武李氏研录山房抄本(中国国家图书馆藏)，前3卷为赋、诗，后2卷为文。

沈铨 Shen Quan (1682～1761) 中国清代画家。字衡斋，一作衡之，号南蘋。吴兴(今

《雪蕉仙鹤图》

浙江湖州）双林镇人。雍正九年（1731）十二月应聘携弟子郑培、高钧等东渡日本，寓居长崎3年。在日本期间有熊斐等人从其学画，画风风靡一时。有"画伯"之称的日本画家圆山应举极其推崇沈铨，称他为"舶来画家第一"。回国后仍不断有作品流往日本。为人豪爽，不逐名利，在日本作画所得大量金帛，尽散与乡里亲友。善画花鸟、走兽，形象生动逼真，画风工整细致，色彩鲜艳，内容多为松鹤、蜂猴、柏鹿等，常用谐音，以寓吉祥之意，如《松鹤图》、《雪蕉仙鹤图》等。

沈绍安 Shen Shao'an（1767～1835） 中国清代漆器艺术家。字仲康。福建闽侯（今福州）人。少时即习漆艺。年长后改革传统技法，创制福州脱胎漆器。将糊贴胎骨的粗厚麻布改为细薄的丝绸或夏布，使内胎原形很少改变，再加上饰金银彩漆，作品可达到人物眉目秀朗，衣带飘举，顾盼有神；花果萼妍实硕，枝叶掩映，鲜美动人。其后代继承他的技艺，并不断加以改进，所制福州脱胎漆器作品曾多次在国内外举办的博览会、劝业会上展出并获奖。

沈寿 Shen Shou（1874-08-13～1921-06-08） 中国刺绣艺术家。原名云芝，字雪君，晚号雪宧。原籍浙江吴兴。生于江苏吴县（今苏州），卒于江苏南通。曾赴日本考察刺绣。1907年任清廷农工商部工艺局学堂绣工科总教习。1914年任南通女工传习所所长、南通织绣局局长。她在继承传统刺绣技艺的基础上，借鉴、吸收西洋油画、摄影等艺术的长处，创制了注重光

线明暗的仿真绣。曾绣制"意大利国王、王后像"、"意大利王后爱丽娜像"、"世界救主耶稣像"等名作。晚年在病中口述她刺绣艺术的毕生经验，经近代实业家张謇整理、编著成《雪宧绣谱》。

沈宋 Shen Quanqi and Song Zhiwen 中国初唐诗人沈佺期、宋之问的合称。他们的五七言近体诗歌作品标志着五七言律体的定型。沈宋以前，律诗前后失粘的相当多，且多为五律。沈宋使五律更趋精密，完全定型；又使七律体制开始规范化。沈宋都曾为宫廷诗人，所作律诗多应制奉和之作，佳篇不多，但词采精丽，且数量较多，格律形式完整，为后人所推崇，为近体诗的建立和发展作出了贡献。

沈湘 Shen Xiang（1921-11-11～1993-10-04） 中国男高音歌唱家、声乐教育家。生于天津，卒于北京。1933年入南开中学，受到音乐教师徐剑生的启蒙教育。1939年参加天津基督教女青年会举办的天津市歌唱比赛，荣获第一名。1940年入北京燕京大学，主修英语、选修音乐。1941年转入上海圣约翰大学英文系，同时考入国立上海音乐院，主修声乐，先后师从俄籍教授苏石林、犹太裔教授拉普。1944年他因拒绝为敌伪当局演出被开除。后他曾向意大利音乐家梅·帕器学习声乐。1945年，毕业于圣约翰大学。1947年后，先后在北平师范大学音乐系、国立北平艺术专科学校及燕京大学音乐系任教。1949年秋，随艺专师生合并入新成立的中央音乐学院任教。"文化大革命"后，沈湘任中央音乐学院副教授、教授兼歌剧系教研室主任。1983年，与著名声乐家蒋英带领歌剧系学生上演了中国歌剧《伤逝》、西洋歌剧《费加罗的婚姻》和《茶花女》。在将近半个世纪的教学实践中，沈湘为中国培养了李晋玮、郭淑珍、孟贵彬、杨彼得、金铁霖、程志、殷秀梅、关牧村、梁宁、迪里拜尔等享誉中外的歌唱家和声乐教育家。

沈心工 Shen Xingong（1870-02-14～1947-09-05） 中国学堂乐歌作者。原名庆鸿，笔名心工。生于上海，卒于上海。1896年入南洋公学师范班。1901年任南洋公学附属小学教师，后赴日本学习音乐。1902年在东京创办音乐讲习会，并开始编写、填词和创作学堂乐歌。1903年回国，在原校长期从事音乐教育工作。所编《学校唱

歌集》（共3册，1904～1907）是中国最早的学校歌曲集，后又编有《重编学校唱歌集》（共6册）、《民国唱歌集》（共4集）、《心工唱歌集》等。他的主要作品有《黄河》、《体操－兵操》（又名《男儿第一志气高》）、《竹马》等。

沈雁冰 Shen Yanbing 中国现代作家、社会活动家。见茅盾。

沈阳故宫 Shenyang Imperial Palace 中国清代努尔哈赤和皇太极两朝的宫殿。在辽宁省沈阳市，居沈阳旧城的中心。努尔哈赤于天命十年（1625）自辽阳（东京）迁都沈阳，开始营建宫殿。清入关定都北京以后，这里成了留都宫殿。康熙初，沈阳设奉天府，故又有奉天宫殿之称。康熙、乾隆两朝进行了改建和增建。1926年在皇宫建筑群的基础上建立了东三省博物馆，现称沈阳故宫博物院。2004年，沈阳故宫作为明清皇宫文化遗产扩展项目被列入《世界遗产名录》。

沈阳故宫凤凰楼

沈阳故宫占地6万多平方米。整个布局分三路。中路最宽最长，前有东西向大街，街上设文德、武功两牌坊，街南有左右对称的奏乐亭和朝房、司房等建筑，围成一个小广场。大清门临街，门内中轴线上依次为崇政殿、凤凰楼和清宁宫，连同配楼、配阁、配斋、配宫等组成三座院落，是整个建筑群的中心。中路主要建筑如大清门、崇政殿、清宁宫以及两坊两亭等建成于天聪至崇德初年，主持工程的匠师是刘光先。凤凰楼建于康熙年间，其他飞龙、翔凤二阁，日华、霞绮二楼，师善、协中二斋都是乾隆年间增建的。中路左右各有一跨院，称东宫、西宫。东宫内有颐和殿、介祉宫和敬典阁等，西宫内有迪光殿、保极宫、继思斋和崇谟阁等，都是乾隆十一年（1746）增建的。大清门之东另有一座高台，上为太庙，是乾隆四十三年从他处移来再建的。

东路为一狭长的大院，院内大政殿原名笃恭殿，居北部正中，为重檐八角攒尖顶，是努尔哈赤时期将东京城的八角殿（亭）移

来再建的。大政殿前两侧排列10座歇山顶小殿，称十王亭；最北两座为左右翼王亭，其余8座按八旗方位依次排定，是八旗制度在宫殿建筑上的体现。十王亭呈梯形排列，增强了大政殿广场的透视感。

西路文溯阁建于乾隆四十六年，庋藏《四库全书》和《古今图书集成》。阁前为嘉荫堂，阁后为仰熙斋，分别是皇帝看戏和读书的地方。

沈阳故宫的早期建筑，风格浑朴粗犷，除大政殿外，大清门、崇政殿、清宁宫等均为硬山顶，不用斗栱，主次建筑之间的等级差别不大。建筑色彩则凝重强烈，屋顶多用剪边琉璃和花脊花兽，山墙墀头也都用彩色琉璃。建筑布局和细部装饰保持着民族特色和地方特色，建筑艺术上体现了汉、满、藏族的交流和融合。

沈阳市 Shenyang City 中国辽宁省辖市、省会。位于辽宁省中部，邻接内蒙古自治区。辖沈河、和平、大东、皇姑、铁西、苏家屯、东陵、沈北新区、于洪9区和辽中、康平、法库3县，代管新民市。面积12 942平方千米。人口811万（2010），有汉、满、回、蒙古、朝鲜等33个民族。战国时期属燕国，秦、西汉属辽东郡。唐设盖牟州，辽改为沈州。清天聪八年（1634）沈阳改称盛京。1664年清设承德县，1905年设立奉天省知府，1913年承德县改称沈阳县。1923年析沈阳县置奉天市。1929年奉天省改为辽宁省，奉天市改为沈阳市。1953年为中央直辖市，1954年改辽宁省辖市。市域以平原为主，地势平坦，平均海拔50米左右。山地和丘陵集中在东北、东南部，占总面积的9.1%。西部是辽河、浑河冲积平原，占总面积的76.2%。洼地、沼泽占总面积的14.7%。地势由东向西缓缓倾斜。属温带半湿润大陆性季风气候。年平均气温7.8℃。平均年降水量734毫米。矿产主要有煤、石油、天

沈阳城市一角

然气、铁等。农业主产玉米、高粱、水稻、大豆、蔬菜等。工业以机械为主，有冶金、化工、纺织、建材、电子等部门。沈阳有东北地区最大的民用航空港——桃仙国际机场、最大铁路枢纽和最高等级公路网络。有东北大学、辽宁大学等27所高等院校。名胜古迹有沈阳故宫、福陵（东陵）、昭陵（北陵）、新石器时代新乐遗址、木清宫、实胜寺、无垢净光舍利塔、北塔、锡伯族家庙太平寺，以及辉山风景区、南运河带状公园等，建有“九一八事变”纪念馆。

沈有鼎 Shen Youding（1908～1989） 中国现代逻辑学家。字公武。生于上海。1929年清华大学哲学系毕业。1929～1931年留学于美国哈佛大学，获硕士学位。1931～1934年留学于德国海德堡大学和弗赖堡大学。1934年回国，任西南联大哲学系讲师、教授及清华大学哲学系教授。1945～1948年赴英国从事研究工作。1948年回国后历任清华大学哲学系教授、北京大学哲学系教授、中国社会科学院哲学研究所研究员。他主要从事数理逻辑、中国逻辑史和哲学的教学研究工作。著有《所有有根类的类的悖论》（论文）、《两个语义学悖论》（论文）、《初基演算》（论文）、《〈墨经〉的逻辑学》、《“纯逻辑演算”中不依赖量词的部分》（论文）。

沈元 Shen Yuan（1916-04-28～2004-05-30） 中国航空教育家和空气动力学家。生于福建福州，卒于北京。1936年入清华大学机械系学习航空工程，1940年从西南联大航空工程系毕业。1945年在伦敦帝国理工学院航空工程系获博士学位。在英国留学期间，他从理论和计算结果上证实了高亚声速流动下

圆柱附近极限线的存在和出现条件，启示了无激波跨声速绕流的可能性，受到空气动力学界的重视。1946年回国后任清华大学教授、航空工程系主任，并继续从事空气动力学研究工作。中华人民共和国建立后，历任清华大学航空工程学院院长，北京航空学院副院长、院长、名誉院长，兼任高等工科院校力学教材编审委员会主任委员和国务院学位委员会委员。曾任中国航空学会第一、第二届理事长，中国空气动力学研究会名誉会长。1980年当选中国科学院学部委员（院士）。

沈约 Shen Yue（441～513） 中国南朝梁大臣、文学家、史学家。字休文。吴兴武康（今浙江德清西）人。出身士家大族。少孤贫好学。宋时历官记室参军、法曹参军、尚书度支郎。齐时侍奉文惠太子，校四部图书，撰定明帝遗诏，历官尚书左丞、御史中丞、东阳太守、国子祭酒、司徒右长史、南清河太守等职。在竟陵王萧子良西邸与诸文士交游，为竟陵八友之一。后参与萧衍嬗代机密，与高云同被视为最有功劳之臣。入梁后，历官吏部尚书、尚书左仆射、丹阳尹、光禄大夫、尚书令，封建昌侯。因触怒梁武帝萧衍，天监十二年（513）忧惧而卒，谥怀隐。撰《四声谱》，创四声八病之说，与谢朓等开创永明体，推动了诗歌向格律化的发展。著有《宋书》、《晋书》、《齐纪》、《梁武纪》、《迩言》、《谥法》、《文章志》。除《宋书》外，余皆散佚。明人辑有《沈隐侯集》。

沈云陔 Shen Yungai（1905～1978） 中国楚剧演员。工旦。湖北新洲人。少年时在乡间学戏。进入武汉后，吸收各剧种名家之长，孜孜不倦数十年，终于形成“沈派”艺术。表演风格朴实大方，寓新巧于含蓄之中。早年曾与楚剧界人士筹组工会，废除封建把头的“包工制”。1927年成立楚剧进化社，开始编演有教育意义的新戏。1938年组织问艺楚剧流动宣传第二队，在四川进行抗战宣传。中华人民共和国建立后，致力于戏曲改革。代表剧目有《庵堂认母》、《宝莲灯》、《杀狗惊妻》、《泼粥》、《夜梦冠带》等。

沈曾植 Shen Zengzhi（1851～1922-11-21） 中国近代学者、诗人、书法家。字子培。浙江嘉兴人。光绪六年（1880）进士。光绪二十一年与康有为等开强学会于京师，主张维新。曾多年为官。清亡后为遗老。他学识广博，通儒学、文字、音韵、地理、佛学、经世之学等。郑孝胥、陈衍推他为同光体之魁杰。他提倡三元说。写诗学谢灵运、韩愈、孟郊、李商隐、黄庭坚诸家，有名的作品为《病僧行》、《鬻医篇》、《秋斋杂诗八首》等。他的诗歌内容有的悼念戊戌变法的牺牲者，有的反映富国强兵的主张，有的是发挥哲理、医学、诗论等。清亡后，还有大量复辟思想的作品。他精通书法，用笔生辣、古拙有奇趣。有《海日楼诗集》12卷。其他著作尚有《蒙古源流笺证》8卷、《元秘史笺注》15卷、《曼陀罗寱词》1卷、《海日楼札丛》8卷、《海日楼题跋》3卷。

沈周 Shen Zhou（1427～1509） 中国明代画家，吴门四家之首。字启南，号石田、白石翁。长洲（今江苏苏州）人。沈周一生未仕，优游林下，以诗书画自娱。他学识渊博，诗文书画均负盛名。

沈周是明代吴门派创始人，以山水画著称，花鸟画亦有较深造诣，并能画人物。沈周早年笔法细密，多作盈尺小景。40岁

《庐山高图》(故宫博物院藏)

以后，始拓为大幅，风格趋于劲健，追求骨力。晚年笔健皴简，更加苍劲浑厚。所作山水主要描绘江南风光和田园景色，抒写文人恬淡幽闲的情怀，着意追求平淡天真之趣。擅长水墨山水，尤以水墨浅绛画法著称。作品有粗、细两种面貌，以粗笔见胜。《庐山高图》为其早年佳构，景色繁茂，草木华滋，笔法缜密，风格细秀。中年作品《仿董巨山水》作于成化九年(1473)，在狭长的画面上布置长林巨壑的深邃高远之景，笔法圆润中含方刚，墨气浓厚中具明快，已表现出重视骨架和简劲的趋向。晚年作品《沧州趣图》化繁为简，苍劲雄阔，浑厚明快。

沈宗灵 Shen Zongling (1923-02-24～　) 中国法学家。浙江杭州人。1946年毕业于上海复旦大学法律学系。1947～1948年在美国宾夕法尼亚大学研究生院攻读政治学与法学，获人文科硕士学位。1948年9月回国后在上海复旦大学法律学系任教。自1954年起一直在北京大学法律学系执教。曾任北京大学法律学系法学理论教研室主任、北京大学比较法-法律社会学研究所所长，中国法学会法理学研究会、比较法研究会总干事，国际法律哲学与社会学哲学中国分会第一任主席。1994年当选为国际比较法科学院联系成员。曾任国务院学位委员会第二、三届学科评议组成员。主要著作有：《美国政治制度》(1984)、《比较法总论》(1987)、《现代西方法理学》(1992)、《比较法研究》(1998,1999年获第四届国家图书奖)、《法理学》(2000)、《比较宪法——对八国宪法的比较研究》(2002)等。

沈宗灵的主要学术思想是：法理学是法学中的主要理论学科，是法律教育的一门基础课程，它要研究法的一般原理，包括法的概念，法与正义、利益的关系，法的作用与历史发展，法与经济、国家、政党、政策、政治文明、人权、道德、宗教等现象的关系，法的制定与实施，法律关系，权利与义务，法律解释与推理等问题。现代西方法理学（或称法律哲学）主要指对西方国家新自然法学、分析实证主义法学和社会学法学三大学派进行分析研究并作出适当评价。

审计 audit 独立的专设机构和人员，依据授权或委托人的要求，对其资产的管理、经营者所负经济责任履行情况实施的一种经济监督活动。

基本特征包括：①独立性。具有独立的组织地位，独立地行使审计监督权，具有专项经费来源。②客观公正性。审计人员应对被审计单位作出客观公正、实事求是、符合实际情况的审计结论。③权威性。审计以公认的会计准则、会计制度或国家法律、法规和有关政策规定为依据，按规定程序和范围，对被审计单位的经济活动进行监督检查。审计人员提出的审计报告具有法律效力。

审计的职能体现在：①监督职能。审计机构依据经济法规、会计制度，审查被审计单位的经济活动及经济资料，确认其是否真实、合法，揭露错弊，促使其经济活动有序、有效地运行。②评价职能。评价被审计单位的经济决策、计划和方案是否可行，内部控制制度是否健全有效，财务状况、经营成果是否良好，经济效益的高低优劣以及经济责任是否履行等，从而提出评价意见和改进建议。③鉴证职能。对被审计单位的经济活动与经济活动的有关方面、经济活动的资料是否合法、公允和真实作出鉴定，并以审计报告的形式作出书面证明。

审计对象包括审计实体和审计内容。前者指被审计单位，即个别的、独立核算的会计单位；后者指被审计单位的财政、财务收支及相关的活动及其经济效益。

审计法 auditing law 调整国家审计机关与被审计单位之间发生的经济监督关系的法律规范的总称。审计法旨在从法律上规范审计行为，以加强国家的审计监督，维护国家的财政经济秩序，促进廉政建设，保障国民经济健康发展。

国外的审计立法 21世纪初，世界上已有150多个国家和地区实行国家（政府）审计制度。大体可分为三大类型：一是立法型审计，如美国、加拿大、英国等；二是司法型审计，如西班牙、法国等；三是行政型审计，如瑞典、瑞士等。

中国的审计立法 中华人民共和国建立后，1982年12月4日通过的《中华人民共和国宪法》规定国家实行审计制度，审计机关依照法律独立行使审计监督权，不受其他行政机关、社会团体和个人的干涉。1994年8月31日，第八届全国人大常委会第九次会议通过了《中华人民共和国审计法》，基本内容是：①规定了审计法的适用范围和审计的基本任务。②规定了审计工作体制。国家实行审计监督制度。③规定了审计机关的设置、职责和权限以及审计人员的任职要求。④规定了审计程序。⑤规定了违反审计法应承担的法律责任。

审美经验 aesthetic experience 人在欣赏具有审美价值的事物时所产生的一种特殊的经验。20世纪以来，西方美学研究的基本倾向之一，是由美的本质的探讨转向审美经验研究。在一些西方美学家看来，美学是研究感性认识，确切地说是研究感性经验的学科，将美学确定为研究“美”的学科是对美学的误解。

审美经验与审美态度 一些美学家认为，审美经验的发生与审美态度有关。根据I.康德美学，审美是以无利害的态度对待事物。无利害性作为一个美学范畴，是在18世纪英国美学家那里产生的。最后，在A.艾利森那里，“无利害”概念达到了最高的理论高度，被用来指称一种特殊的“心灵状态”，也就是所谓“空灵闲逸”的状态。现代美学主要在艾利森所讲“无利害”意义的基础上来使用这个概念。

也有许多美学家对“无利害”的审美态度表示怀疑，他们承认审美中包含实用兴趣、伦理兴趣和认知兴趣。康德提出的“无利害”的态度，本来只是针对自然审美；这种态度不适合于艺术作品的审美欣赏。比如，如果没有关于艺术作品的理论、历史和技法的知识，仅凭“无利害”的观赏，人们不可能获得关于它的审美经验。

审美经验与审美对象 一些美学家认为，是审美对象唤起了人们的审美经验。在20世纪以前，美学家常常将审美对象直接等同于艺术作品和美的事物。不过现象学美学家，如R.因加尔登和M.杜夫海纳，发现至少可以区分出两种审美对象：一种是引起审美经验的对象，如艺术作品和美的事物；一种是在审美经验中的对象，即意向性对象或感性对象。后者才是严格意义上的审美对象。

审美经验的基本特征　大多数美学家主张审美经验有自己的独特特征。一般说来，审美经验的特征有：直觉性、愉悦性、超越性。审美经验总是一种直接的感性经验，但在感性直接认识中，又能够把握到对象的本质。审美经验总是构成一个独立自足的意象世界，有些美学家将审美意象世界称之为“非现实”的世界，从日常的现实世界，进入非现实的审美世界，常常给人一种超越感。有些美学家认为审美超越与宗教超越有相同的地方，都是对个体生命有限存在的超越；另一些美学家认为，审美经验的超越，不是向需要解释的形而上学或宗教世界的超越，而是向更加清楚明白的感性世界的回归。

审美经验中的感官作用　从心理学上讲，审美经验是一段可以区分不同阶段的心理过程，一般有审美期待、审美注意、审美感觉、审美知觉、审美回味等不同阶段。一些美学家重视感觉，另一些美学家重视知觉。为了调和感觉说和知觉说的冲突，有些美学家如夏夫兹博里和哈奇森主张，在视、听、嗅、味、触等外在感官之外，在人的心灵深处还存在一种“感官”，即“内在感官”，或称之为“内在眼睛”、“内在节拍感”、“第六感官”等。这种“内在感官”既具有感觉能力也具有思维能力，它主管美丑的审辨。

审美经验批判　尽管审美经验已经取代美成为现代美学的核心概念，但这一概念自身的模糊性已经招致多方面的批判。不仅因为它的价值而且因为它的真正存在都成了问题。的确，要在众多经验形式中将审美经验明白无误地区分出来并不是件容易的事情。同时，建立在审美经验基础上的美学研究，往往求助于主观感受，无法得到客观的知识，这不利于人们真正认识艺术作品的价值。但是，如果美学研究不只是去弄清楚审美经验是什么，而是通过理论指导和具体实践去丰富和增强人们的经验，那么审美经验仍然应该是美学关注的一个重要课题。

审判独立　judicial independence　法院或法官依法独立进行审判的诉讼原则。产生于欧洲资产阶级的反封建斗争中，渊源于西方的三权分立学说。西方国家为确保这一原则的实现，还规定了一些保障制度，如法官的不可更换制、专职制、高薪制、退休制等。

中国1982年宪法规定：“人民法院依照法律规定独立行使审判权，不受行政机关、社会团体和个人的干涉。”这一原则与西方国家实行的审判独立原则有所不同，即人民法院对同级人民代表大会及其常务委员会负责并报告工作；法院院长及其他审判人员由同级人民代表大会选举产生或由其常务委员会任免。因此，它们独立进行审判只是独立履行其担负的司法职能，并不是独立于国家权力机关之外。而且，独立进行审判的是人民法院，它遵循集体领导和民主集中制原则，不受法院以外的任何行政机关、社会团体和个人的干涉，也与西方的法官审判独立不同。

审判公开　public trial　法院审判案件公开进行的诉讼原则。开庭时间、地点对外公开，允许公众旁听和新闻记者采访。审判公开原则最早为资产阶级启蒙学者所提出，以反对封建司法中的秘密审判、私设法庭、专横擅断。后为各国普遍采用。在中国，依照法律规定，人民法院审理案件应当公开进行。但下列情况不公开审判：①涉及国家机密、个人隐私案件，一律不公开。②未成年人的犯罪案件，14岁以上不满16岁的一律不公开；16岁以上未满18岁的，一般也不公开。③涉及商业秘密的民事案件、离婚案件当事人申请不公开审理的，可以不公开。上述案件不论是否公开审理，宣告判决一律公开进行。

审判监督程序　procedure for supervision upon adjudication　司法机关对已经发生法律效力的判决和裁定，发现确有错误的时候，依法要求重新审判的程序。

《中华人民共和国刑事诉讼法》、《中华人民共和国民事诉讼法》和《中华人民共和国行政诉讼法》都规定了审判监督程序。内容是：①各级人民法院院长对本院已经生效的判决、裁定，发现确有错误，认为需要再审的，应当提交审判委员会讨论决定。②最高人民法院对地方各级人民法院、上级人民法院对下级人民法院已经生效的判决、裁定，发现确有错误的，有权提审或者指令下级人民法院再审。③最高人民检察院对各级人民法院已经生效的判决、裁定，上级人民检察院对下级人民法院已经生效的判决、裁定，发现有法定情形的，应当按照审判监督程序提出抗诉，接受抗诉的人民法院应当组成合议庭重新审理。④案件的当事人等对生效的判决和裁定，认为确有错误的，可以要求对案件进行再审，纠正判决、裁定的错误。其中民事和行政诉讼的原审当事人可以向原审人民法院或者上一级人民法院申请再审，也可以向人民检察院提出申诉；刑事诉讼的原审当事人、他们的法定代理人和近亲属，可以向人民法院或人民检察院申诉。申请再审或申诉，都不停止判决、裁定的执行。

肾　kidney　脊椎动物体内主要的排泄器官。脊椎动物的肾可分为3代：前肾、中肾和后肾。前肾由少数并列的肾小管组成，位近头端，左右成对，是某些原始鱼类的终生肾。鱼类和两栖类（如蛙）的中肾，由与肾小体相连的小管组成。后肾是爬行类、鸟类和哺乳类（包括人）的成年肾，但在胚胎时期仍依次出现前肾和中肾，最后才为后肾所代替。后肾的基本结构虽仍由肾小体和肾小管组成，但更复杂。人类的肾是实质性器官，左、右各一，形似蚕豆，位于腹后壁。因受肝的影响，右肾较左肾约

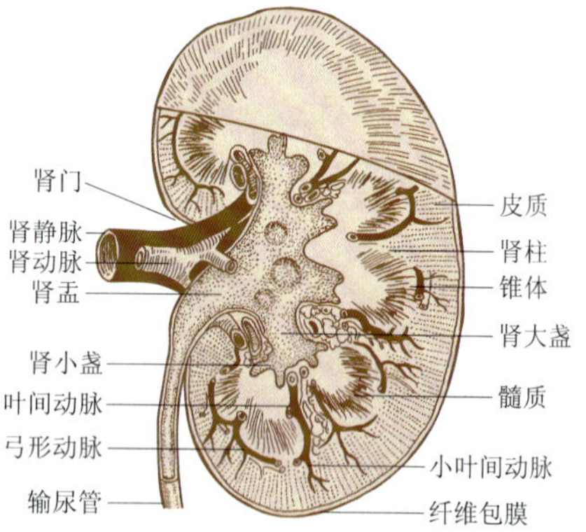

人肾部分纵切面半模式图

低1～2厘米。

肾分内、外两缘，前、后两面及上、下两端。肾由许多结构和功能相同的肾单位组成。在不同的脊椎动物中，肾的大小取决于肾单位的数目，每个肾的肾单位可由几百个到数千个，哺乳动物可达百万个。大鼠每肾有肾单位3万个，人每肾有100万个以上。肾单位的数目终生不变。肾单位由肾小体和肾小管组成。

循环血液通过肾滤过、重吸收和分泌诸过程而生成尿，借此排除体内多余的水、盐和代谢产物（主要是含氮化合物：氨、尿素和尿酸），同时调节体内的水平衡、电解质平衡和酸碱平衡。高等动物的肾还具有内分泌功能。肾的泌尿功能对于保持机体内环境理化因素的恒定具有重要意义。

肾病综合征　nephrotic syndrome　由肾小球疾病引起的临床征候群。分为两大类：继发性，由全身系统性疾病如红斑狼疮、糖尿病等导致；原发性，由原发性肾小球疾病引起。本文仅涉及后者。

发病机制　①大量蛋白尿。肾小球滤过膜电荷屏障及孔径屏障（尤其是前者）受损时，血浆蛋白质大量滤过即出现大量蛋白质尿。②低蛋白血症。尿中丢失大量蛋白质会刺激肝脏加强蛋白质合成，但若合成不能代偿丢失时即会出现低蛋白血症。③水肿。低蛋白血症致血浆胶体渗透压降低，肾素-血管紧张素-醛固酮活化致水钠潴留，肾脏原发性钠潴留机制增强等均可导致水肿发生。④高脂血症。大量蛋白尿刺激肝脏合成蛋白质增加，使脂蛋白合成增多；脂质降解酶的小分子辅因子

从尿中丢失，使脂质降解减弱，共同致成高脂血症。

病理 常引起原发性肾病综合征的肾小球疾病病理类型有：微小病变病、系膜增生性肾小球肾炎、膜增生性肾小球肾炎、膜性肾病及局灶节段性肾小球硬化症等。

诊断 表现为四个方面：①大量蛋白尿；②低蛋白血症；③水肿；④高脂血症。四条中头两条必备，加上第三或第四条，诊断即可成立。是否原发性，只有将各种系统疾病导致的继发性肾病综合征除外后，原发性肾病综合征才能成立。是由哪种病理类型的肾小球疾病引起，必须进行肾穿刺病理检查。原发性肾病综合征的疗效及预后与基础肾小球疾病病理类型密切相关，因此确定病理类型很重要。

治疗 严重水肿及体腔积液时应多卧床休息。饮食应限盐，蛋白质入量宜正常或偏低，热量应充足。对症治疗如下：①利尿消肿。以噻嗪类利尿药（如氢氯噻嗪）配合潴钾利尿药（如氨苯蝶啶或螺内酯）做基础治疗。②减少尿蛋白排泄。应用血管紧张素转化酶抑制剂，其扩张肾小球出球小动脉作用强于扩张入球小动脉，从而能降低肾小球内高压、高灌注及高滤过，减少尿蛋白排泄。③针对基础肾小球疾病的治疗。主要药物有类固醇激素、细胞毒药物、环孢素A、吗替麦考酚酯及中药雷公藤制剂等。

肾穿刺活体组织检查 kidney, biopsy of 获取肾脏活体组织进行的病理检查。包括开放肾活检和经皮肤肾穿刺活检两种。目的在于明确诊断、决定治疗方案及判断预后。其适应证主要有：各种弥漫性肾实质疾患、病因不明的急性肾功能衰竭、肾移植排异反应等。下列情况应避免肾活检：严重出血倾向、高血压、萎缩小肾、孤立肾、多囊肾、肾先天畸形、肾肿瘤、肾结核、肾内或肾周围脓肿、高度腹水、年迈及病情危重难以合作者或精神病患者。常见并发症有：肾穿刺后出现血尿、肾周围血肿，轻者无需处理。并发感染、动静脉瘘、肾脏破裂及误穿其他脏器等发生率低。但出现严重的并发症而未及时处理可致死，故应严格掌握适应证、禁忌证，正确操作，做好术后护理。

肾功能检查 kidney function test 针对肾小球滤过功能、肾小管排泌和重吸收功能的检查。

肾小球功能检查 惯用肾小球滤过率、血清肌酐及血尿素氮来检测肾小球滤过功能，而近年又应用了血清β_2-微球蛋白测定及血清胱蛋白酶抑制物测定等更敏感检测指标。

肾小球滤过率 准确值需用核素^{99m}锝-二乙三胺五醋酸（^{99m}Tc-DTPA）进行测定（可分别测定两肾）。临床上常用肌酐清除率来代表肾小球滤过率。肌酐分子量小（113道尔顿），能自由地从肾小球滤过，又不被肾小管重吸收及排泌，所以肌酐清除率能很好地反映肾小球滤过率。

血清肌酐及血尿素氮 肌酐和尿素氮（分子量为28道尔顿）皆为机体小分子代谢产物，正常情况下全部从肾小球滤过，故测定其血清浓度在一定程度上能反映肾小球滤过功能。

血β_2微球蛋白 分子量11 800道尔顿，能自由地从肾小球滤过，而后被肾小管重吸收及降解，所以，其血清浓度能反映肾小球滤过率。正常值为32～360Mg/24h（ElISA法）。

血清胱蛋白酶抑制物 胱蛋白酶抑制物为非糖基化碱性蛋白，分子量13 000道尔顿，同β_2-微球蛋白相似，几乎全部从肾小球滤过，而后被肾小管重吸收及降解，所以，检测其血清浓度也能准确反映肾小球滤过率。

肾小管功能检查 临床上应用的各种试验均是检查肾小管排泌或重吸收功能。

近端肾小管功能检测 临床常用尿中某种小分子蛋白质含量测定来检测近端肾小管重吸收功能。常检测的小分子蛋白有：尿溶菌酶，尿β_2-微球蛋白，尿α_1-微球蛋白及尿视黄醇结合蛋白。

远端肾小管功能检测 临床常用的检测远端肾小管重吸收水分功能的试验，都是以尿比重或渗透压做观察指标。尿渗透压高低取决于单位容积尿中溶质微粒数，而尿比重高低取决于单位容积尿中溶质重量（既与溶质微粒数又与溶质分子量相关），故后者检测结果易受尿中大分子溶质（糖、蛋白质）干扰，具体应用时应予注意。测定尿比重的试验包括尿浓缩试验和昼夜尿比重试验。测定尿渗透压的试验包括尿渗透压/血渗透压比值测定和尿浓缩试验。肾小管酸化功能试验包括尿酸碱度（pH）测定，近端肾小管重吸收碳酸氢离子（HCO_3^-）功能测定，及远端肾小管排泌可滴定酸及铵功能测定，对诊断肾小管酸中毒具有重要意义。

肾精亏损证 esseceloss of kidney, syndrome of 肾精不足所表现的中医学证候。多因禀赋不足、先天发育不良、后天调养失宜、房事过度、久病伤肾所致。临床表现：小儿发育迟缓，身材矮小，智力和动作迟钝，囟门迟闭，骨骼痿软；成人早衰，发脱齿摇，耳鸣耳聋，健忘恍惚，精神呆钝，动作迟缓，足痿无力，足跟痛，易骨折，或骨折后久不愈合；男子精少不育，女子经闭不孕，性机能减退。治宜补肾填精，方用左归丸、大补元煎。

肾上腺 adrenal gland 一种内分泌腺。在肾脏附近，或埋入肾组织中。人和真兽类的肾上腺位于肾脏头端，左右各一。肾上腺分皮质与髓质两部。在真兽类（包括人），肾上腺皮质的组织结构可分为3层，从外向内分别为球状带、束状带和网状带。球状带的圆柱细胞排列成环状或球状，此层较窄。束状带的细胞呈束状，与腺体表面垂直，此层构成皮质的大部分。靠近髓质的是网状带，细胞排列不规则，其中有较宽的窦状隙。肾上腺髓质主要由嗜铬细胞和少量交感神经性细胞组成。皮质部分泌的激素总称肾上腺皮质激素，属于类固醇化合物，与糖、蛋白质、钠、钾的代谢有关。髓质部分泌肾上腺素和去甲肾上腺素，有使心肌收缩力加强、心率加速、血压和血糖升高等作用。

肾上腺性征异常综合征 adrenogenital syndrome 由于肾上腺皮质增生、肿瘤使雄激素或雌激素合成（或分泌）过多引起的异性化现象。或者因性激素分泌减少而引起的性分化异常。包括先天性肾上腺皮质增生（CAH）和肾上腺分泌性激素的肿瘤。CAH对肾上腺合成皮质醇的酶先天性地缺乏，导致皮质醇合成障碍和血中促肾上腺皮质激素（ACTH）分泌过多，性激素过高或过低，进而发生以性器官形态及功能异常为主要临床表现的病症。按所缺乏酶的不同，CAH可分为多种类型，其中以21-羟化酶缺乏最为常见，11β-羟化酶缺乏次之，其他少见。21-羟化酶缺乏占CAH的80%以上，按其缺陷的程度，又可分为单纯男性化型和男性化伴失盐型。单纯男性化型为21-羟化酶部分缺乏所致，占21-羟化酶缺乏症的50%～80%，在女性主要表现为外生殖器发育异常，男性化，青春期乳腺不发育，月经不来潮；在男性则表现为早熟性生殖器巨大畸形，阴茎迅速长大而睾丸呈未成熟状，患者常有抵抗力低下和皮肤及黏膜色素沉着等临床表现。男性化伴失盐型由严重的21-羟化酶缺乏引起，除了单纯男性化型的表现外，还可有高血钾、低血钠、低血压和代谢性酸中毒，严重者可出现循环衰竭等危象表现。11β-羟化酶缺乏约占CAH的5%左右，除男性化表现外，患者常因11-去氧皮质酮在血中堆积而出现高血压和低血钾的症状。CAH的治疗以补充糖皮质激素为主，有严重失盐表现者，还需要补充醋酸去氧皮质酮（DOCA）或9a-氟氢化可的松等理盐激素。肾上腺性激素分泌瘤很少见，包括男性化及女性化肾上腺皮质肿瘤。处理以手术治疗为主。

肾炎 nephritis 两侧肾脏非化脓性的炎性病变。又称布赖特氏病。肾因肾小体受到损害出现浮肿、高血压、蛋白尿等现象。是肾脏疾病中最常见的一类，通常指肾小球肾炎。见急性肾小球肾炎、慢性肾小球肾炎。

肾阳虚证 deficiency of kidney yang, syndrome of 因肾脏阳气不足，温煦、生殖、气化功能减弱所引起的中医学证候。常见于虚劳、水肿、癃闭、阳痿、带下、泄泻等疾病。

临证以腰膝冷痛、生殖能力减退伴见畏寒肢冷、下肢尤甚等虚寒见证为辨证要点。由于肾阳具有温煦全身脏腑组织的作用，若肾阳虚证失治、误治迁延日久，可出现许多变证。如肾阳虚衰严重，可致命门火衰证；肾阳虚衰，脾失温煦，可致脾肾阳虚证；肾阳不足，膀胱气化不利，可致膀胱虚寒证；水湿失于温化，泛滥肌肤，可致肾虚水泛证；肾虚水泛，水气凌心，可致肾水凌心证。

肾阳虚证的治疗以温补肾阳为法，常用金匮肾气丸、右归丸等。若肾阳虚不能温养胞宫而见妇女宫寒不孕者，可用艾附暖宫丸；肾阳不能温煦脾阳，脾肾阳虚，五更泄泻、完谷不化者，用四神丸合理中汤；肾阳虚水肿者，用济生肾气丸；肾水凌心而见心悸气短、喘急胸闷者，用真武汤、苓桂术甘汤；导致命门火衰者，可用扶命生火丹。

肾移植 kidney, transplantation of 将健康肾脏移植给有肾脏病变并丧失肾脏功能患者的治疗方法。按其供肾来源可分为自体肾移植、同种肾移植和异种肾移植。同种肾移植也简称为肾移植。

免疫学问题 肾移植失败的原因是受者对移植肾产生的免疫反应，使移植肾被排斥和破坏。

肾移植免疫反应可分三种：①超急排异反应。移植后即刻发生。由受者体内预先形成的对供肾的抗体与移植肾抗原结合，激活补体系统，破坏内皮细胞，使血小板聚集，纤维素沉着，小血管栓塞引起移植肾坏死。临床表现为突然无尿、高热及移植肾瘀血肿胀，一旦发生，需切除移植肾。术前行直接交叉配合试验多数可预防。②急性排异反应。发生于移植后6个月内。为最常见的免疫反应，主要为细胞免疫，组织学检查可见淋巴细胞等单核细胞浸润及间质水肿。临床表现为肾功能减退，若及时加量给予免疫抑制剂多数可逆转，淋巴细胞浸润迅速消散，水肿消失，肾功能恢复正常。应用环孢霉素A后可明显降低其发生率。③慢性排异反应。病变进行缓慢，可发生于术后数月至数年。系体液及细胞免疫反应，致肾小球基底膜增厚，小动脉内膜增生、梗阻，肾小球萎缩，间质纤维化。临床表现为肾功能逐渐减退，高血压及蛋白尿，极似肾炎复发。

长期存活的途径 主要解决免疫反应，其途径有：

选择合理的供肾 需进行下述检查：①淋巴细胞毒试验（直接交叉配合试验）。检测受者体内是否有预存抗移植肾抗原的抗体，阳性时不用。②红细胞ABO血型系统检查。按输血要求进行选择。③白细胞抗原（HLA）配合情况。

抑制免疫反应 ①免疫抑制剂。常用者为强的松和硫唑嘌呤，有时辅以环磷酰胺。②手术消除淋巴细胞。不作为常规方法，只有移植前白细胞过低时才行脾切除。③放射治疗。局部照射可用来治疗排异反应。

特异性免疫抑制 专门针对移植肾产生作用，不影响全身免疫力。包括免疫耐受和免疫增加。

影响肾移植效果的其他因素 ①输血。可提高移植存活率。②血透析。可改善病情，使患者易于耐受手术。③供肾质量。④手术水平。⑤再移植。再次移植的效果与首次移植相似，甚至优于首次移植。

排异反应的诊断与治疗 是肾移植成功的关键问题之一，而急性排异反应的及时诊断与治疗尤为重要。诊断虽有不同方法，但仍以临床症状和肾功能减退为主。单克隆抗体作为诊断方法已取得进展，必要时辅以穿刺活检可确诊。治疗以加大肾上腺皮质类固醇用量的冲击或单克隆抗体OKT3治疗为主，也可辅以放射治疗，多数可得到控制。

肾阴虚证 deficiency of kidney yin, syndrome of 因肾脏阴液不足，滋养和濡润功能减弱所表现的中医学证候。多因素体阴虚，或久病伤肾，或房事过度，或热病伤阴，或过服温燥劫阴之品所致。临床表现为头晕耳鸣、腰膝酸痛、失眠多梦、潮热盗汗、五心烦热、咽干颧红、舌红少津、脉细数，男子兼见遗精，女子经少或经闭等。

肾阴虚以肾精亏虚兼有虚热之象为辨证要点。肾藏精、主骨，骨生髓，腰为肾之府，肾阴不足，骨骼失养，故腰痛酸软无力；肾阴不足，则髓海失充，故头晕耳鸣；阴虚则生内热，虚热内蒸，则潮热盗汗，五心烦热，咽干颧红，舌红少津，脉细弱；阴亏血少，故月经量少，经闭。治宜滋补肾阴，方用六味地黄丸、知柏地黄丸等。

肾盂肾炎 pyelonephritis 由致病菌感染直接引起的肾盂、肾盏和肾实质的炎症。为尿路感染的常见病。多发于20～40岁女性（男女发病之比为1:10）。致病菌绝大多数为革兰氏阴性杆菌，以大肠杆菌最常见。主要感染途径是致病菌由尿道上行或从血液循环侵入所致。肾盂肾炎有急性期和慢性期。急性期主要表现为发热、尿频、尿急、尿痛以及腰背疼痛等，尿常规检查可查出白细胞（脓细胞）和细菌。慢性期症状一般较轻，可由急性期迁延而来；或急性期虽控制，但反复发作所致。治疗应选择有效的抗菌药物。急性肾盂肾炎90%以上可迅速治愈，慢性者治愈较困难。

肾脏小血管炎 renal vasculitis 原发性小血管炎累及肾脏，以肾脏小动脉炎为主的疾病。

概述 血管炎是由多种疾病引起的全身不同部位血管壁炎症性甚至坏死性病变。约70%为原发性，30%继发于系统性红斑狼疮、过敏性紫癜、类风湿性关节炎及乙型肝炎病毒感染等全身性的疾病。血管炎的分类既考虑到病理也结合了病因（表1）。但在临床上也常根据受累血管的大小以及有无肉芽肿形成来分类（表2）。血管炎可以侵犯全身各个脏器，肾脏是最易受累的器官之一。原发性血管炎中最重要的是结节性多动脉炎和韦格纳氏肉芽肿病。根据受累的动脉大小，结节性多动脉炎又分为两种亚型：中等动脉受累者称为经典型结节

表1 血管炎的临床分类

结节性多动脉炎	
	经典型结节性多动脉炎
	过敏性血管炎及肉芽肿病（丘格-斯特劳斯二氏病）
	重叠综合征
过敏性血管炎	
	过敏性紫癜
	血清病及血清病样反应
	与感染性疾病有关的血管炎
	与肿瘤有关的血管炎
	与结缔组织病有关的血管炎
	与其他基础疾病有关的血管炎
	补体系统的先天缺乏
韦格纳氏肉芽肿病	
巨细胞性动脉炎	
	颅或颞动脉炎
	无脉病（高安氏动脉炎）
其他血管炎综合征	
	淋巴瘤样肉芽肿病
	皮肤黏膜淋巴结综合征（川崎氏病）
	贝赫切特氏病
	中枢神经系统局限性血管炎
	血栓闭塞性脉管炎（伯格氏病）
	其他的血管炎

表2 全身性血管炎分类

血管大小	肉芽肿	
	有	无
大	无脉病	巨细胞性动脉炎
中	丘格-斯特劳斯二氏病	结节性多动脉炎川崎氏病
小	韦格纳氏肉芽肿病	过敏性紫癜显微镜下型多动脉炎

性多动脉炎，小动脉受累者称为显微镜下型多动脉炎。

病理和临床表现 经典型的结节性动脉炎主要侵犯小叶间动脉以上的中等动脉，形成局灶坏死性动脉炎和动脉瘤，可造成肾动脉血栓形成和肾部分梗死，临床表现为血压高、腰痛、血尿和少量蛋白尿。显微镜下型则侵犯小叶间动脉以下的小动脉、毛细血管，甚至小静脉。多发生于中老年（40～60岁），男女比例为（2～4）:1。多表现为非特异性症状：发热、体重减轻、全身不适、肌肉疼痛。侵犯肾脏多为局灶节段性坏死性肾小球肾炎，严重者发展为新月体型肾炎。一旦肾脏受累，则发展迅速，若不及时治疗，可在几周内由正常肾功能进展到尿毒症，而必须由透析疗法维持生命。实验室检查可见明显正细胞正色素性贫血，白细胞增多，血沉增快，尿液分析可见镜下血尿和少量蛋白尿，甚至可有红细胞及管型，其肾外表现依侵犯器官不同而出现相应的症状，常见者有关节炎、皮肤病变、神经和胃肠道病变。

韦格纳氏肉芽肿病多于40岁左右起病，男多于女，约3:2。主要特点为肺部或上呼吸道及肾脏的肉芽肿性坏死性血管炎，约85%～100%侵犯肾脏，其肾脏的病理和临床表现与显微镜下型多动脉炎类似，但其新月体型肾炎的发生率更高，故其预后更差。与显微镜下型多动脉炎的区别在于肺部及上呼吸道的病变，可有咯血，上呼吸道黏膜活体检查可见肉芽肿性坏死性血管炎病变，典型的肺部浸润为双侧多发性结节性的病变，可有空洞形成。

诊断 肾活检、肺活检、上呼吸道黏膜活检及ANCA试验可助确诊。

治疗和预后 用类固醇激素和免疫抑制剂（如环磷酰胺）疗效较好。与未用类固醇激素组对比，韦格纳氏肉芽肿的一年存活率由34%升至50%，加用环磷酰胺者一年存活率高达80%～95%，5年存活率高达80%以上。

甚长基线干涉测量 very long baseline interferometry; VLBI 采用甚长基线干涉测量仪观测射电源的方法。它是一种高精度的空间大地测量方法，为射电干涉测量的一项新技术。甚长基线干涉测量仪与经典的射电干涉仪在本质上是一致的，主要不同之点是：经典射电干涉仪采用的为公共的本机振荡器，各单元必须有电缆的连接，以传送本振信号，为使传送过程中产生的随机误差不影响接收信号的相干性，各单元的基线距离一般为几千米至几十千米，最长的为英国乔德雷尔班克射电天文台的微波连接射电干涉仪，基线距离为127千米。VLBI各单元采用的为以高稳定度原子频标为基准的独立本机振荡器，可保证经过变频后的射电信号仍保持其相干性，所以基线距离就突破了电缆连接的限制。地球上基线距离最长可达到地球直径（近13 000千米），如果将VLBI的一个或几个单元放到空间去，则基线距离就可达到几万、几十万千米，甚至更长，“甚长基线”由此得名。

VLBI的基本原理：VLBI各单元同时观测一颗致密射电源，分别接收其射电信号，然后各自将观测数据送至VLBI相关处理机，通过对各路信号的延迟补偿，找到射电源辐射的同一波前的观测数据，然后进行互相关计算获得干涉条纹。观测量为：干涉条纹的幅度和相位，时间延迟和延迟率。前者主要应用于致密射电源的成图；后者主要应用于致密射电源和VLBI观测站的精确定位以及地球定向参数的测定。

渗流力学 flow through porous media, mechanics of 研究流体在多孔介质内的运动（即渗流）规律及其应用的流体力学分支。始于H.-P.-G.达西1856年发表的水通过均质砂层渗流的线性定律。最初主要用于地下水开发和水的净化等工程；20世纪20年代用于石油、天然气开采等工程中；60年代后渗流力学迅速发展，应用范围日益广泛，逐步形成工程渗流力学。此外，渗流力学与医学、生物学和生理学等交叉渗透，发展出生物渗流力学。渗流力学的主要理论有：

①液体渗流理论。研究承压条件下均质液体的渗流规律。根据是否考虑多孔介质和流体的弹性又分为弹性渗流和刚性渗流。②带自由面渗流理论。研究非承压条件下均质液体的渗流规律。当液体的最上部存在一个其上任意一点的压强为大气压强的自由液面时，多孔介质中的液体流动称带自由面渗流或无压渗流。如河里的水透过河堤向下游的渗流，石油在地层中向生产井的自由渗流等。③气体渗流理论。研究气体在多孔介质中的流动规律。气体渗流具有压缩性特强、渗流定律非线性、渗流过程非等温性以及存在滑脱效应等特点，是比较复杂的渗流问题。④混气液体渗流理论。研究相互掺混的液体和气体在多孔介质中的运动规律。⑤二相液体渗流理论。研究一相液体驱替另一相不与前者混溶的液体的流动规律。这一理论是天然水力驱动油田的开发工程和广泛应用的人工注水开发油田技术的理论基础。⑥非饱水土渗流理论。研究土壤孔隙未被水充满条件下的流体运动规律。此理论是农田水利和水文地质等部门的一项理论基础。⑦双重介质渗流理论。研究流体在裂缝-孔隙介质中的运动规律。此理论是裂缝性油气田、天然气田和地下水层的储量计算和合理开发的理论基础。⑧渗流基本定律。描述流体在多孔介质内运动的基本规律，亦即渗流过程的宏观统计规律。它是研究渗流力学的基础。在一定雷诺数范围内，牛顿流体在不可变形多孔介质内的运动遵循达西渗流定律：单位时间流过砂层的体积流量与横截面面积、测压管两端水头差、渗透系数（渗透率）成正比，与测压点间的管长成反比。⑨多孔介质理论。包括多孔介质的孔隙度、润湿性、毛细压力和渗透率等内容。

除对几何形状简单、介质理想的情况可有理论解外，实际复杂情况的渗流力学的研究方法主要靠数值模拟、物理模拟以及通过现场钻孔、测试等手段来检验理论、数值和实验室模拟结果的可靠性。渗流力学不仅在石油、天然气的开采，农田微气象和灌溉，土壤盐渍化及其防治方面，而且在水资源开发利用、城市地面沉降及其控制、海水入侵的影响评估、海岸工程地基稳定性计算、地下水污染预测、原子能电站核废料处理、人畜疾病的防治等方面都有重要应用。

渗透 osmose 某种溶剂通过半透膜（一种溶剂分子能通过，而溶质分子不能通过的膜），从低浓度溶液向高浓度溶液转移的现象。渗透作用所形成的流体静压叫渗透压。当浓度不大时溶液的渗透压p与溶质浓度c（单位体积溶液中溶质的摩尔数）和温度T成正比：$p=RTc$。式中的R是气体常数。

渗透与生物界的关系非常密切，半透膜两侧溶液的渗透压不同可以直接影响动、植物对水分的吸收、分布和排出。植物细胞形成液泡后，对水分的吸收主要靠渗透作用。半透膜两侧溶液的渗透压不等时，水便通过渗透作用由低渗侧向高渗侧转移。转移的速度决定于渗透压差的大小和膜对水的通透性。例如，将海胆卵放在海水中，因其与海水等渗，水分子可以相互交流，海胆卵的体积不变。但将海胆卵放在人工高渗海水中时，则海胆卵变小；反之，将其放在稀释的海水中时，体积则增大，直至二者的渗透压相等为止。如果海水的渗透压过低，海胆卵甚至因进水过多而破裂。用哺乳动物的血细胞也可以观察到类似现象。所以血浆渗透压保持相对恒定，对维持血细胞的正常生命活动具有重要意义。

各类动物渗透的调节方式和结构是不同的。但总的原则是，通过排水或保水与排盐或保盐以维持体内水分和盐分的含量正常，从而达到渗透压的相对恒定。渗透调节的主要结构有收缩泡、鳃、盐腺和肾4种。

渗析 dialysis 以浓度差为推动力的膜分离操作，利用膜对溶质的选择透过性，实现不同溶质的分离。渗析是最早采用的膜分离过程。早在1861年便用以分离胶体和低分子溶质。但直到20世纪60年代，高分子膜的大规模开发，渗析技术才加快了发展。根据所用的膜材料，渗析可分为两大类：①中性膜渗析。膜上不带电荷，只依溶质分子的大小能否通过膜上微孔而分离。工业上应用很少，多数被以压力差为推动力的超滤所代替，主要在医药上用于人工肾的透析以及在实验研究中大分子与小分子化合物的分离。②离子交换膜渗析。膜上带有电荷，可依离子电荷性质作选择性分离。在电场作用下进行的渗析称为电渗析。广泛应用于化工、轻工、冶金、造纸、海水淡化、环境保护等领域，以及氨基酸、蛋白质、血清等生物制品的提纯和研究。

慎到 Shen Dao（约前395～前315） 中国战国时期法家代表人物。赵国人。曾在稷下讲学。他讲法兼讲势，认为"贤智未足以服众，而势位足以诎贤者"，强调治国以法为准绳。他尊君，但不主张独裁，反对"国家之政要在一人之心"，提出"立天子以为天下，非立天下以为天子也"。对于国家兴亡，他认为"亡国之君非一人之罪也，治国之君非一人之力也"。所著《慎子》早佚，《汉书·艺文志》说有"四十二篇"，现存只有残存7篇辑本。

慎独 vigilance in solitude 中国儒家关于道德修养论的术语。指在无人监督的闲居独处时，对自己的行为必须格外谨慎，自觉地遵守道德规范。最早见于《礼记·中庸》："道也者，不可须臾离也，可离非道也。是故君子戒慎乎其所不睹，恐惧乎其所不闻，莫见乎隐，莫显乎微，故君子慎其独也。"南宋朱熹以"理学"的观点对此进行发挥，认为在对待唯己所知而不为人所知的细微之事上，要谨慎不苟，这样才能"存天理之本然而不使离于须臾之顷也"，"遏人欲于将萌而不使其滋长于隐微之中"（《中庸章句》）。明末刘宗周以"心学"讲"慎独"，认为"千古相传只慎独二字要诀"（《刘子全书》卷十三《阳明传信录》），慎独就是直指"本心"，就是致良知。

升 litre 体积和容积的非国际单位制单位，中国法定计量单位。曾称公升，误称立升。符号为L或l。1901年第3届国际计量大会定义为：质量等于1千克的纯水在其密度最大和标准大气压下所占有的体积。1964年重新定义升为1立方分米。两个定义之间差2.8×10^{-5}。国际计量局建议在准确表达体积和容积时，不使用升而用立方分米作为单位。原来的符号只用小写字母，由于极易与数字"1"混淆，因而也可用大写表示。

升船机 ship lift 用机械方法升降船舶以通过航道上集中水位落差区段的通航建筑物。多用于水位落差较大的河段，供升降吨位不大的单船过坝之用。主要由承船厢（或承船车）、驱动装置和支承导向结构等组成，多与闸坝配合建筑。升船机类型很多，有湿运升船机和干运升船机，垂直升船机和斜面升船机等。湿运升船机船舶过坝程序大体如下：通过控制系统启动机械传动机构，使承船厢停放在厢中水位与下游水位相齐平的位置，开启厢车和连接建筑物的闸门，船舶由下游航道进入承船厢；关闭闸门和厢门，将承船厢升至箱内水位与上游水位相齐平的位置；开启厢门与连接建筑物的闸门，船舶驶进上游航道。依上述程序反向操作，则船舶可由上游航道进入下游航道。

《升官图》 *Picture of Official Promotion* 中国话剧作品。作者陈白尘。1946年4月由中华剧艺社首演于重庆。3幕讽刺喜剧。剧作写民国初年，一个凄风苦雨的夜晚，两个潜逃的强盗在一处古宅里所做的一场"升官梦"。剧作体现了陈白尘喜剧的一贯风格，讽刺泼辣犀利，构思大胆奇妙。作者将要揭露的真实生活放在强盗的一枕黄粱美梦中展开，用意鲜明，讽刺效果强烈。剧中人物刻画的漫画化和性格化结合，戏剧情境的荒诞性和真实性统一，审美效应的喜剧性和悲剧性交相映衬，都显示了作者的创作特色。

升华 sublimation 精神分析学说中的一种心理防御机制。即把不被社会允许和接纳的动机和行为导向比较崇高的方向，使之符合社会规范和时代要求，能被社会或他人接纳。升华转移既满足了原有的情感，达到了内心平衡，同时又创造了积极的价值。例如，把对同行获得成就的嫉妒心理升华转化为发奋努力、赶超同行的动力；将因反传统的爱情不能实现而受挫的动机转向以文学艺术的形式加以抒发。升华是心理防御机制中的积极形式，是维持心理健康所必需的。S.弗洛伊德之女A.弗洛伊德1936年出版的《自我与防御机制》中所谈到的10种防御机制中，唯有升华不论在成人或儿童都是健康正常的。

升华 sublimation 物质由固相直接转变为气相的相变过程。因这类物质的晶格外表的原子或分子被束缚得较松，一经受热即可挣脱束缚而逸出。在常温常压下，碘化钾、硫、磷、干冰和樟脑等都有明显的升华现象，冰点以下的冰也能升华。任何物质的固态在低于三相点压强下加热，将不经过液态而直接升华为气体。单位质量物质升华时所需吸收的热量称作升华热。在三相点处的升华热等于熔解热和汽化热之和。升华热随温度的升高而降低。

升华的逆过程称为凝华，是蒸气分子结晶成固体的过程。凝华释放的热量称为凝华热，数值上等于同温度下的升华热。

升华与凝华必定同时存在，当两者达到动态平衡时，固、气两相平衡共存，此时固体外的蒸气压称为饱和蒸气压。饱和蒸气压随温度升高而增大，在p–T图上其间的关系称为升华曲线，它是固、气相的分界线，曲线上各点表示固、气两相平衡共存的各个状态。

由冰晶构成的云称为冷云，当冰晶周围的蒸气压大于冰晶的饱和蒸气压时，蒸气不断在冰晶上凝华，使之不断扩大成雪花。在不降雨的云层中撒播干冰，干冰升华时大量吸热，温度急剧下降，造成有利于凝华的条件，可达到人工降水的目的。

升降出入 ascending, descending, exiting and entering 中医学理论中气自下向上、自上向下、由内向外、由外向内的四种基本运动形式。人体气的升降出入，既体现在气及由气推动的血、津液的运行不息，也体现在脏腑、经络等组织器官的功能活动中。升降出入促进了机体的新陈代谢，维持正常的生命活动。

气机升降失常就会出现各种病理变化，主要有升降不及、升降太过、升降反常三类。升降不及指脏腑虚弱，升降功能减弱，如肝虚升发不及，则气郁不达，可见胁胀不舒、欲嗳不爽；脾虚则清气不升，运化无力，可见头晕、腹胀、大便溏薄；肺虚宣肃失职，则呼吸少气，或见津液停滞不化、酿成痰浊；大肠以传导为顺，若腑气虚弱，失于传导，则可见大便秘结难排。升降太过指超越正常的生理范围，如肝气当升，若升发太过，则肝气上逆或化火上炎；胃气当降，若通降太过则会导致腹泻。升降反常指当升不升，反而下陷；当降不降，反而上逆。前者为气陷，可见泄泻、脱肛、阴挺等病变；后者为气逆，可见嗳气、呕恶等病变。

临床对升降失常的病变，应辨明发病脏腑，区分标本缓急进行治疗。施治大法为：气滞者行之，气逆者降之，气陷者举之。如肺气不降，当肃降肺气；胃气不和，当和胃降逆；脾虚气陷，当补脾升清；心肾不交，当交通心肾；等等。更有升清降浊并举、欲降先升等法，可圆机活法、随证应用，务使升降复于常态，阴阳归于平衡。

升降浮沉 ascending and descending, floating and sinking 中药作用于人体的几种趋向，中药药性理论的基本内容之一。

药物的升降浮沉趋向，是与疾病所表现的趋向相对而言的。升是上升、升提，降是下降、降逆，浮是升浮、上行发散；

沉是重沉、下行泄利。升浮与沉降是两种对立的作用趋向。一般来说，升浮药有升阳举陷、发散表邪、宣毒透疹、涌吐开窍等作用。多用于表证、下陷证、痘疹等。沉降药有清热泻下、降逆止呕、止呃、潜阳熄风、收敛、平喘等作用。多用于里证、积滞、呕呃、咳喘等。

药物的升降浮沉与药物本身的性味有密切关系。一般来说，升浮药物大多具有辛味、甘味和温、热性；沉降药物大多具有苦、酸、咸味和寒、凉性。升降浮沉还受药物质地轻重、炮制、配伍等因素的影响，一般花、叶、枝、皮等质轻的药物大都为升浮药；种子、果实、介壳、矿石等质重的药物大都为沉降药。药物经酒制则升、姜制则散、醋炒则敛、盐制下行。药物的配伍也能使升降浮沉发生改变，如升浮药在大队沉降药中也随之下降；沉降药在大队升浮药中也能随之上升。

升降流 up-and-downwelling 因表层流场的水平辐散或辐合，从表层以下铅直上升或下降的海流。见上升流。

升降台 lifting table 将载有人或物的工作台升降至某一高度的升降设备。主要供载人进行登高作业，常用在车站、码头、机场、工厂和仓库等地。还可用作自动生产线物流系统中进行物料的垂直运输。升降台由工作平台、升降机构、底座和台架等组成。按工作位置能否移动，分为移动式和固定式两种，按台架结构型式有剪刀式、立柱式和叠臂式三种（见图）。台架升降的驱动方式主要有电动和液压两种，还有气动驱动。可在地面或工作台上控制。载人登高作业的升降台的安全性能指标均应符合有关标准的规定，并且应安装有防止工作台突然失控下降的安全装置和超载报警装置。

生 male role in Chinese opera 中国戏曲表演主要行当之一。最初见于宋元南戏，泛指剧中男主角。随着表演艺术的逐步提高和艺术技巧的逐步积累，生行逐渐分化。按其扮演人物的年龄、身份、性格特征和表演特点，大致可分为老生、小生、武生和娃娃生几类。①老生，主要扮演中年以上、性格正直刚毅的正面人物。因多戴髯口，故又称须生。京剧在老生中又有唱功老生、做功老生、靠把老生和武老生（见图）等分

京剧《战太平》剧照（李少春饰花云）

支。另有红生一行，主要扮演关羽、赵匡胤等人物。②小生，扮演青年男性。在音色运用上大致可分为两类：一类用真声，高腔和地方小戏系统剧种多用之；一类是以假声为主、真假声结合，昆曲和皮黄系统剧种多用之。按扮演人物的身份、性格和技术特点，又有巾生、冠生、穷生、雉尾生和武小生之分。③武生，扮演擅长武艺的人物，分长靠武生和短打武生两类。长靠武生扮演大将，以扎大靠、穿厚底靴而得名。短打武生常穿抱衣抱裤和薄底靴，以动作的轻捷矫健，跌扑翻打的勇猛炽烈见长。④娃娃生，扮演儿童角色。

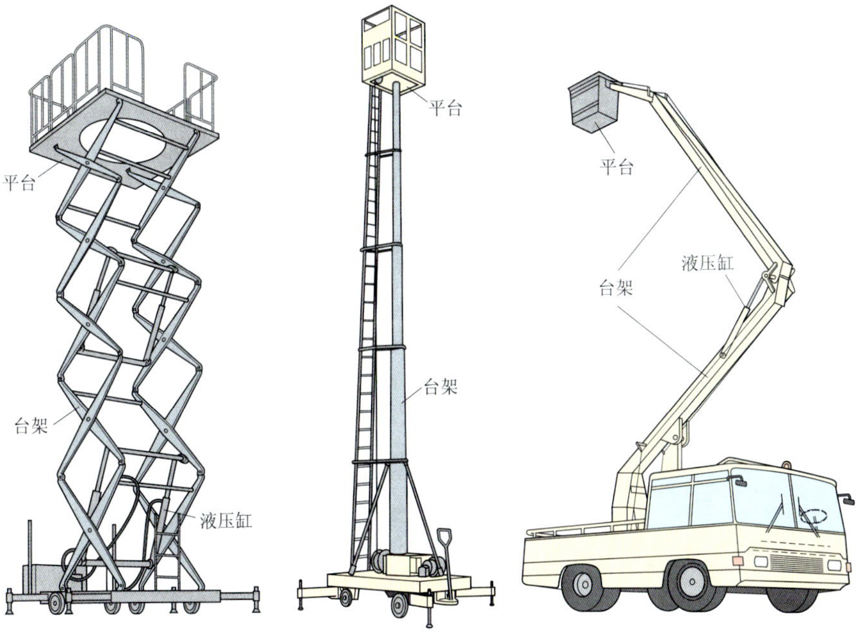

a剪刀式升降台　b立柱式升降台　c叠臂式升降台

各式升降台

生产 production 在一定的社会形态下，劳动者通过有目的的活动，改变自然界的物质形式，创造出适合人们某种需要的物质资料的过程。在任何条件下，生产都是社会的生产，人们只有结成一定的经济关系，才能同自然界进行斗争。物质资料的生产是人类社会存在和发展的基础。人们从事物质资料生产，必须具备三个要素：①劳动。即调整和控制人和自然之间的物质变换过程。在这一过程中，人在改造自然的同时，也改造人类自身。人的劳动是一种有目的、有计划的活动。②劳动对象。即人们将劳动加于其上的一切东西。包括天然存在的自然物如土地、原始森林中的树木、地下的矿石等，以及经过人类加工的原料。③劳动资料。即劳动者用以作用于劳动对象，并以此把自己的劳动传导到劳动对象上去的物或物的综合体。劳动资料中最重要的是生产工具。在物质资料生产中，劳动者的劳动通过劳动资料作用于劳动对象，生产出能够满足人们需要的新产品。

一个社会不能停止消费，自然也不能停止生产，社会生产必须不间断地进行。从生产的不断更新来看，生产就是再生产。社会再生产过程包括生产、分配、交换和消费四个环节，这四个环节之间是相互联系、相互制约的。生产是社会再生产过程的起点和决定性因素。生产是起点表明：生产不是为生产而生产，生产所创造的产品，总是直接或间接地为了满足人的需要，是为了消费；没有生产，也就没有可供消费的物质对象。生产是决定性因素表明：生产决定了分配、交换、消费的对象，生产出的产品质量和数量决定了可供分配、交换、消费的产品的质量和数量；生产的性质决定了分配、交换、消费的性质，例如，生产的资本主义性质，决定了分配、交换、消费也具有资本主义性质。同时，分配、交换、消费对生产也起反作用。

生产方式 production, mode of 社会生活所必需的物质资料的谋取方式，在生产过程中形成的人与自然界之间和人与人之间的相互关系的体系。它是历史唯物主义的基本概念。生产方式包括生产力和生产关系两个方面，是两者在物质资料生产过程

中的统一。生产力是生产方式的物质内容，生产关系是生产方式的社会形式。在马克思主义经典著作中，生产方式概念在不同场合还用以指：①人们保证自己生活的方式。②生产力的利用形式。③生产力和生产关系之间的中间环节。④人们利用什么样的劳动资料进行生产以及生产规模的大小。⑤生产关系。

人与自然界之间的关系，表现为人类征服和改造自然的物质力量，即生产力；人与人之间的关系，即人们的生产关系。这两个方面相互联系、相互作用，人与自然界之间的关系决定人与人之间的关系，人与人之间的关系又反过来制约着人与自然界之间的关系。生产方式是人类社会发展的决定力量：生产方式是人类社会赖以存在和发展的基础；生产方式决定社会制度的性质，制约着整个社会生活、政治生活和精神生活的过程；生产方式决定社会制度的更替；生产方式是划分社会类型的基本标志。在人类历史上，从低级到高级依次经历原始共产主义的、奴隶制的、封建制的、资本主义的、共产主义的五种生产方式；以此为基础，人类历史也相应地划分为五种社会类型。人类社会的历史，归根结底是生产方式依次更替的历史。

生产工具 production, instrument of 人们在生产过程中用来直接对劳动对象进行加工的物件。又称劳动工具。被用于劳动者和劳动对象之间，起传导劳动的作用。

生产工具是劳动资料基本的和主要的部分，是机械性的劳动资料。从原始人的石斧、弓箭，到现代化的各种各样的机器、工具、自动化设备等，都是生产工具。

制造和使用生产工具是人区别于其他动物的标志，是人类劳动过程独有的特征。人类劳动是从制造工具开始的。生产工具在生产资料中起主导作用。社会生产的变化和发展，始终是从生产力的变化和发展上、从生产工具的变化和发展上开始的。所以，生产工具是社会控制自然的尺度，是生产力发展的标志。

生产工具的内容和形式是随着经济和科学技术的发展而不断发展变化的。早期的生产工具（石木工具、金属工具）是劳动者依靠自身的体力用手操纵的；后来的机器包括工具机、动力机和传动装置三个部分，形成了复杂的体系；现代的自动化机器体系，又增加了以电子计算机为核心的自控装置。生产工具日益复杂化、精良化，是推动社会生产力发展的一个重要因素。

生产关系 production, relations of 物质资料生产过程中所形成的人与人之间的社会关系。生产关系又称经济关系，是生产力的社会形式。生产关系概念是K.马克思、F.恩格斯提出的标志历史唯物主义形成的基本概念。他们在《德意志意识形态》一书中第一次使用了生产关系概念，同时又在很多地方用“交往形式”、“物质交往”表述生产关系的内容。在马克思1847年写的《哲学的贫困》一书中，生产关系概念基本确定下来。

生产关系是人们在物质生产过程中结成的客观的经济关系，本质上是由物质生产力的现状决定的。它是物质的社会关系，决定着思想的社会关系。它一旦建立起来，就具有相对的稳定性，其变化并不完全与生产力的变化同步。适合生产力的生产关系为生产力的发展提供一定的发展空间，生产力在其范围内的变化不会直接引起生产关系的重大变化。任何社会的生产关系都是一定历史发展阶段上的具体条件的产物。到目前为止，人类历史从低到高经历了五种生产关系，即原始公社的生产关系、奴隶制的生产关系、封建制的生产关系、资本主义的生产关系和社会主义的生产关系。

生产国际化 production internationalization 生产社会化超越民族国家的疆界在国际范围内形成一个整体，各个国家的生产成为这个整体中相互联系和相互依赖的组成部分。是继商品国际化之后出现的一种现象。

主要方式 是直接投资，直接投资的主要形式是跨国公司。在第二次世界大战以后，由于新科技革命的兴起，国际分工也进一步加深和扩大。国际经济往来从流通领域发展到生产领域，生产出现了国际化的趋势。原来不同国家之间的国际分工发展为跨国公司内部的国际分工，原来国与国之间的贸易部分演变为跨国公司内部的贸易。

主要动因 ①世界各国的社会资源具有不同的优势，跨国生产可以充分利用这些优势，从而可以达到降低生产成本和取得规模效益的目的。②国与国商品的贸易要受到关税和非关税壁垒的限制，跨国生产则可以绕开这些限制进入外国的市场，从而可以有效地扩大市场。③某些在国内处于垄断地位的企业已难以扩大国内的市场份额，而它们在外国市场上又具有竞争优势，这样便促使它们跨国生产，以获取更大的利润。④处于同一个行业的寡头企业相互依存，当某一个寡头企业到国外设厂生产时，其他寡头企业为了在相互的竞争中不处于劣势，也纷纷到外国设厂生产，从而推动了跨国生产。⑤产品生命周期分为创新、成熟、标准化三个阶段。在产品成熟阶段，外国的仿制已经出现，为了占领外国市场，创新企业选择到技术接近的发达国家生产。到产品标准化阶段，产品的竞争主要是价格竞争，创新企业将把生产转移到发展中国家以降低成本。

作用与影响 生产国际化促进了社会资源在世界范围内的有效配置，加快了生产和管理技术在世界范围内的扩散，实现了规模经济的好处并提高了劳动生产率，从而对世界经济的发展发挥了积极的作用。但是，在生产国际化的过程中，利益的分配是不均衡的，发达国家获得了生产国际化的绝大部分利益。

生产过剩 overproduction 资本主义社会所生产的商品超过人民群众有支付能力的需求出现的过剩现象。又称商品过剩。是资本主义经济危机的基本特征。资本主义

1929～1933年世界经济危机时美国伊利诺伊州哈佛市农场主销毁过剩的牛奶

社会出现的生产过剩，不是生产的绝对过剩，只是一种相对过剩。从社会上劳动人民的实际需要来看，生活资料和现有的人口相比不是生产得太多了，而是生产得太少了。同样，就生产资料方面来说，要使人口中有劳动能力的人能够充分就业，生产资料就不是生产得太多，而是生产得不足。但是，要使生产资料和生活资料作为按一定的利润率起剥削工人手段的作用，它的确已经生产得太多了。所以，不是财富生产得太多了，而是资本主义的、对抗性的、形式上的财富周期地生产得太多了，剩余反而成了广大劳动人民贫困的源泉，这是资本主义生产方式所特有的一种矛盾现象。生产过剩的恶性发展，必然导致经济危机的爆发。

生产函数 production function 经济学中用于描述在给定的技术条件下，生产要素投入量的组合与产品的最大产量之间技术关系的函数。通常用公式表示为：$Q=f(L,K)$，式中L为劳动投入量；K为资本投入量；Q为所生产的最大产量。它可能指某一个厂商或企业等微观组织的生产函数，也可能指某个产业部门的生产函数，还可能指一个国家经济运行的总投入与产出之间的关系即经济社会的宏观生产函数。它还可以分为短期生产函数和长期生产函数，短期生产函数通常对应于至少有一种生产要素的投入数量来不及调整的情形；长期生产函数则对应于所有生产要素的投入数量皆

可得到调整的情形。生产函数又可以分为固定投入比例的生产函数和可变投入比例的生产函数两种类型。经济学中所研究的生产函数，并不仅仅存在于生产性的工业部门或企业，而是存在于一切营利或非营利性的经济组织，如商业企业、科研机构、学校等。

生产力 productive forces　人们在物质资料生产过程中与自然界之间的关系；是人类征服和改造自然的客观物质力量。又称社会生产力。生产力是由劳动者、劳动资料、劳动对象以及参与社会生产和再生产过程的其他一切物质技术要素所构成的一个复杂系统。①劳动者。作为生产力要素的劳动者，包括体力劳动者和参与物质生产过程的脑力劳动者。在生产力发展的不同阶段，劳动者的生产经验、劳动技能以及知识、智力、文化、技术修养也不同。在社会化生产中，脑力劳动者在全体劳动者中的比重日益加大。②劳动资料。又称劳动手段，是人们在劳动过程中用以改变或影响劳动对象的一切物质资料和物质条件。③劳动对象。指生产过程中被加工的东西。它分为两大类：一类是没有经过劳动加工的自然物，另一类是经过劳动加工的物质。劳动对象和劳动资料合称生产资料。生产力中的劳动者即人的要素，是生产力中的能动因素，他们制造、使用生产工具，推动生产工具不断更新。生产力中的劳动资料和劳动对象即物的要素，标志着生产力的性质和发展水平，制约着劳动者的生产经验和劳动技能。自然科学在生产力发展中起着重要作用。它来源于生产实践，又不断地应用于生产实践，渗透到劳动者、劳动资料、劳动对象、生产管理等生产的各个因素中去，转变为物质生产力，促进物质生产力的发展和劳动生产率的提高。在人类历史上，依照使用生产工具的不同，可以把生产力划分为若干发展阶段。生产力从低级到高级依次经历了手工工具时代（包括石器时代、铜器时代、铁器时代）、蒸气时代、电气时代、电子时代。生产力的发展具有连续性、顺序性、速度性等特点。历史唯物主义认为：生产力决定生产关系并进而决定全部社会关系，是人类社会发展的最终决定力量。

生产社会化 production, socialization of　分散的互不联系的生产过程变为集中的、互相联系的社会生产过程。生产社会化始于资本主义社会。主要表现是：生产资料由个人分散使用变为许多人共同使用；生产过程由个人分散进行变为许多人分工协作共同进行，产品不再是个人劳动的成果，而是许多人共同劳动的成果；生产日益依赖市场的需要。生产社会化程度是社会生产力水平高低的重要标志之一，发展社会生产力必须提高生产社会化水平。生产社会化的发展趋势是：社会分工越来越细，协作范围越来越广，生产愈来愈具有社会性质，分散的市场逐渐汇合成统一的市场，生产和流通日益国际化。科学、技术的进步推动生产社会化向更广、更深发展。

生产许可证制度 production licenses system　为加强产品质量管理，保证重要产品质量，中国政府依据国家的有关法规、规章，对影响国计民生、危及人体健康和人身财产安全的重要工业产品实施的一项质量监控制度。生产许可证工作是一个完整的体系，它由发证、对获证企业和产品的监督管理、获证企业的到期复查换证、对生产和销售无证产品的查处，以及贯穿整个生产许可证工作过程的信息反馈等5个环节组成。生产许可证制度始于20世纪80年代初期，国务院于1984年4月发布了《工业产品生产许可证试行条例》，决定对重要工业产品实施生产许可证制度。生产许可证制度的实施对于规范市场竞争，推动强制性标准的贯彻，解决无标生产，防止假冒伪劣产品和粗制滥造，提高产品质量，贯彻国家宏观经济政策，优化经济结构，加强和改善宏观调控等，发挥了重要作用。

生产要素 production, factors of　进行物质资料生产所必须具备的因素或条件，包括劳动者和生产资料。前者是生产的人身条件，后者是生产的物质条件。在生产过程中，劳动者运用生产工具等劳动资料进行劳动，使劳动对象发生预期的变化。生产过程结束时，劳动和劳动对象结合在一起，劳动物化了，对象被加工了，形成了适合人们需要的产品。

在市场经济条件下，生产要素是在市场上流动的。为了进行生产，必须在市场上获得必要的劳动力和生产资料，这就需要有一定的货币资本。所以，资本是生产要素的货币形式。随着社会生产力的发展，生产过程中越来越依靠科学技术的因素，科学技术成为重要的生产要素。而随着生产社会化和科学技术的发展，科学的现代化的管理成为一种专业化的高水平的劳动，在生产中起到更为重要的作用，管理也成为生产的重要要素。所以，生产要素既包括劳动力和生产资料，也表现为资本、技术和管理。

生产资料 production, means of　人们从事物质资料生产所必需的一切物质条件，即劳动资料和劳动对象的总和。又称生产手段。包括土地、机器、设备、厂房、工具、燃料、原材料、辅助材料等。生产资料是生产力中物的因素，在任何社会生产中，人们总是借助于生产资料，通过自己的劳动生产出劳动产品。在生产资料中，生产工具起决定性作用，生产工具的发展水平，决定了人类征服、改造自然的广度和深度。生产资料总是存在于一定的社会经济形态，成为特定生产关系的物质承担者。在不同的社会经济形态中，由于生产资料所有制形式不同，生产资料和劳动者的结合方式不同，因而生产资料也具有不同的性质。在资本主义制度下，生产资料属于资本家所有，丧失了生产资料的无产阶级，只有在资本家的支配下，才能与生产资料结合起来，进行生产。生产资料成为资本家剥削雇佣劳动的手段，表现为生产资本。在社会主义制度下，生产资料是公有财产，劳动者是生产资料的共同主人，生产资料不再表现为生产资本，而成为生产基金的物质形式。

生活·读书·新知三联书店 SDX Joint Publishing Company　中国以出版人文科学和社会科学图书、期刊为主的综合性出版社。简称三联书店。前身是邹韬奋等人在上海创立的三家书店，即成立于1932年的生活书店、1935年的新知书店、1936年的读书生活出版社。1948年10月，三家书店全面合并，在香港成立生活·读书·新知三联书店总管理处。1949年5月，总管理处迁至北京。此后，香港三联书店一直坚持出版发行工作，1988年改名为“三联书店（香港）有限公司”。

中华人民共和国建立后，三联书店的编辑出版部门曾于1951年合并到人民出版社，发行部门并入各地新华书店。1986年1月，三联书店又从人民出版社分出，正式恢复建制。三联书店着重出版人文社会科学方面的优秀著译和基础知识读物，注重文化积累。出版的期刊有《读书》、《三联生活周刊》等。

生活方式 life, modes of　狭义指个人及其家庭的日常生活的活动方式，包括衣、食、住、行，以及闲暇时间的利用等。广义指社会群体、一个地区、一个民族、一个国家具有若干共同特征的生活方式。包括劳动方式、消费方式、社会交往方式、休闲娱乐方式等，通过个人或群体的、具体的、精神活动和物质活动体现出来。

在K.马克思、F.恩格斯看来，社会的生产方式决定人们的活动方式和生活方式，人们生产所必需的生活资料，同时也间接地生产着他们的物质生活本身。生活方式的形成还受一定社会、民族的历史、文化传统的影响，因而在不同的社会和民族中有不同的生活方式。在同一社会条件下，由于自然环境、风俗习惯、人生观、价值观等的不同，在同一生活方式中也包括许多不同的生活风格。

生活教育运动 movement of life educational 20世纪20年代以后中国教育家陶行知所倡导的一种教育运动。是他在提倡乡村教育运动，创办晓庄学校时提出的。其基本观点是："生活即教育"，"社会即学校"，"教学做合一"。他反对"仪型他国"，反对洋化教育；反对"沿袭陈法"，反对传统教育。其倡导的生活教育运动，包括乡村教育运动、普及教育运动、国难教育运动、战时教育运动、全面教育运动、民主教育运动和社会大学运动。

1926～1930年，陶行知提倡乡村教育运动，创办了试验乡村师范学校，学校于1928年改为晓庄学校，1930年被南京国民政府封闭；1932～1935年，他提倡普及教育运动，1932年在上海郊外创办了山海工学团；1936年初，发起组织国难教育社，积极主张推行"国难教育"运动；1937年抗日战争爆发后，倡导"战时教育运动"，并根据形势的需要，停办山海工学团，成立战地服务团，为抗战服务；1938～1945年抗日胜利，积极执行"全面教育"运动。其间，他在重庆还创办了育才学校；1945年秋到1946年秋，提倡民主教育运动；1946年积极倡导社会大学运动。生活教育运动是陶行知的教育救国理论的实践，在教育上创获颇多，并同民族民主革命斗争密切联系，产生了广泛而深远的影响。

生活型 life form 与一定生境相联系的，主要依外貌特征区分的生物类型。常用来描述成熟的高等植物。高等植物的外貌特征主要指高矮、大小、形状、分枝等，有时还结合植物的年度周期（一年生或多年生）来区分。一般可以把高等植物分为乔木、灌木、木质藤本、草质藤本、多年生草本、一年生草本、垫状植物、肉质植物等生活型，木本又分阔叶、针叶以及落叶、常绿等。在这种粗的划分级别上，按植物外貌区分的生活型也常称为生长型。后来，有人用生活型描述动物：按形态，分蠕虫型、四足兽型等；按行动方式，分游泳型、飞翔型等。鸟类学中常用的攀禽、走禽、涉禽、游禽等即属按行为分型。所有的行为学类型都有相应的外貌特征。

生活型是生物对于特定生境长期适应而在外貌上反映出来的类型，所以生活型是生物的一种生态分类单位，凡是在外貌上具有相同（似）适应特征的归为同一类生活型。在相同的生活条件下，不同亲缘关系的生物可以通过趋同适应产生相同的生活型。而在不同的生活条件下，有些亲缘关系很近的植物却有着不同的生活型。因而生活型的区分与系统分类并无平行关系。一般来说，动物的可塑性比植物小得多，所以动物的科甚至目一级的生活型都基本相同。生物在不同发育阶段可以表现为不同的生活型。同种植物在不同生境中也可表现为不同的生活型。因而，描述一个物种的生活型时，是以其在分布区中心的成年个体的外部形态为代表。

生活质量 life, quality of 人们对自身的生活诸方面美满程度的主客观评价。生活质量评价受人们的价值取向影响，也与考察角度有关，在不同的历史条件下，有不同的标准，至今尚无统一的认识和解释。具体内容包括：①人的生活需要以生命质量作为基础。②人的生活主要指个体的行为。包括物质生活和精神生活。③人类的生存需要有良好的生活环境。④界定和测量生活质量还包括对客观生活质量的主观感受。因此，生活质量概念可以理解为生命质量、物质生活质量、精神生活质量和生活环境质量及个体对这四方面满意程度的评价。

生境 habitat 生物生活的空间和其中全部生态因子的总和。生态因子包括光照、温度、水分、空气、无机盐类等非生物因子和食物、天敌等生物因子。生境一词多用于类称，概括地指某一类群的生物经常生活的区域类型，并不注重区域的具体地理位置。一般描述植物的生境常着眼于环境的非生物因子（如气候、土壤条件等），描述动物的生境则多侧重于植被类型。

生物与生境的关系是长期进化的结果。生物有适应生境的一面，又有改造生境的一面。有些动物在正常情况下便可以有多种生境。某一生境的生物还可以占领新的生境。在同种生物适应不同生境的过程中，可能分化出具有不同生态特性的生态型或生态宗，进而还可能演化出新物种。

生理心理学 physiological psychology 对心理现象和行为从生物学和演化的角度进行解释的心理学分支学科。任务是探讨心理现象及行为的生理基础和脑机制，又称生物心理学、心理生物学、行为生物学或行为神经科学。

生理学 physiology 研究生物机体的生命活动机制及机体各个组成部分的功能的学科。根据研究对象的不同，生理学分为人体生理学、动物生理学、植物生理学、细胞生理学、微生物生理学等。人体生理学是研究构成人体各个系统的器官和细胞的正常活动过程，特别是各个器官、细胞功能表现的内部机制及系统之间的相互联系和相互作用，阐明人体作为一个整体，其各部分的功能活动是如何互相协调、互相制约，从而能在复杂多变的环境中维持正常的生命活动过程的。

以实验为特征的近代生理学始于17世纪。1628年英国医生W.哈维发表了有关血液循环的名著《动物心血运动的研究》一书，这是历史上首次以实验证明了人和高等动物血液是从左心室输出，通过体循环动脉流向全身组织，然后汇集于静脉回到右心房，再经过肺循环入左心房。但由于工具的限制，哈维对动脉与静脉之间是怎样连接的还只是臆测。直至1661年意大利组织学家M.马尔皮基应用简单的显微镜发现了毛细血管之后，血液循环的全部路径才搞清楚。17世纪法国哲学家R.笛卡尔首先将反射概念应用于生理学，认为动物的每一活动都是对外界刺激的反应，刺激与反应之间有固定的神经联系。18世纪，法国化学家A.-L.拉瓦锡首先发现氧气和燃烧原理，指出呼吸过程同燃烧一样，都是消耗氧和产生二氧化碳的过程，从而为研究机体的新陈代谢奠定了基础。意大利物理学家L.伽伐尼发现动物肌肉收缩时能够产生电流，于是开辟了生物电学这一新的生理研究领域。19世纪，生理学开始进入全盛时期。法国的著名生理学家C.贝尔纳在生理学的多领域进行了广泛的实验与研究，并提出了内环境概念，这一概念后来成为生理学中的一个指导性理论。德国的C.F.W.路德维希所创造的记录器长期以来是生理学实验室的必备仪器，他对血液循环的神经调节作出了重要贡献，对肾脏的泌尿生理机制提出了有价值的设想。与他同时代的德国R.P.H.海登海因除对肾脏泌尿生理提出不同的设想外，还首次运用了慢性的小胃制备法以研究胃液分泌的机制，后被称为海氏小胃，这一方法后来经俄国著名生理学家I.P.巴甫洛夫改良成为巴氏小胃，从而分别证明了胃液分泌的调节既有体液机制又有神经机制。他们都对消化的生理机制的研究作出了不朽贡献。德国的物理学家和生理学家H.von亥姆霍兹除运用物理学知识对视觉和听觉生理作出杰出贡献外，还创造了测量神经传导速度的简单且准确的方法。

20世纪前半期，生理学研究在各个领域都取得了丰富的成果，尤其是对神经系统生理学的研究。1903年英国的C.S.谢灵顿出版了著名的《神经系统的整合作用》，为神经系统的生理学奠定了基础。同时，巴甫洛夫以唾液分泌为客观指标对大脑皮质的生理活动规律进行了详尽的研究，提出著名的条件反射概念和高级神经活动学说。美国的W.B.坎农在长期研究自主神经系统生理的基础上，于1929年提出著名的稳态概念，进一步发展了C.贝尔纳的内环境恒定的理论。坎农的稳态理论在20世纪40年代由于与控制论相结合，广泛地认识到机体各个部分从细胞到器官系统的活动，都依靠自身调节机制的作用而保持相对稳定状态，这些调节机制都具有负反馈作用。此后，由于控制论、系统分析和电子计算机等一系列新理论新技术的引入，使生理学在定量研究方面有了很大发展，并出现数学生理学这一新边缘学科。

中国近代生理学的研究自20世纪20年代才开始发展。1926年在生理学家林可胜的倡议下，成立了中国生理学会，翌年《中国生理学杂志》创刊，中华人民共和国建立后，改称《生理学报》。中国生理学家在这个刊物上发表了不少很有价值的研究论文，受到国际生理学界的重视。

生命 life 生物物质的特殊运动形式。生命是生物体所显现的种种现象的总的抽象概念。

根据生命形态的表面特征所归纳的生命定义 生命是一个具有与环境进行物质和能量交换（即新陈代谢）、生长繁殖、遗传变异和对刺激作出反应的特性的物质系统。这种类型的定义，描述了生命活动的一般特征，具有一定的认识价值。但是随着科学的发展，越来越觉得这种定义有很大的局限性。因为所有这些特征都可以有一些例外。

从生命物质微观构成的共性来概括生命定义 生命体的形状、大小和结构可以千差万别，但它们都是由脱氧核糖核酸（DNA）、核糖核酸（RNA）和蛋白质等大分子为骨架构成的。

由于DNA可以自身复制，因而使生命物质具有繁殖和遗传的能力；由于DNA能通过转录和翻译决定RNA及蛋白质的结构，从而控制了生物的形态结构和生理功能；而复制、转录及翻译这些过程又都需有蛋白质酶及RNA参与。这样，就有了一个分子生物学的生命定义：生命是由核酸和蛋白质特别是酶的相互作用产生的、可以不断繁殖的物质反馈循环系统。这种说法是对生命物质的微观结构及其运动过程的描述。它概括了分子生物学的一些重要的理论突破，但仍然有一些界限不清楚的地方。

生态学的生命观 生物圈中的无机物质，通过了自养生物的光合作用，进入了生物体，之后部分通过自养生物自身的代谢活动而回到无机世界；部分为异养生物所摄取，通过代谢活动（包括呼吸、排泄等）又回到无机世界；而大部分植物秸秆和动物尸体最后都经腐生生物（异养生物）的降解作用而返回无机世界。这样就形成了生物圈内的物质运动循环。这种循环运动都是单方向进行，不可逆转。在这个循环运动中少了哪一环或哪一环不通畅，都会影响到整个生物界。生态学把生命看做是上述生物圈中种种不可逆物质循环过程的中心环节。但它仅描述了生命存在的外部条件及其所处的地位，却未指明生命本身的质的特点。

生物物理学的生命观 着重从物质运动的一般规律上指明生命特征。

①热力学的生命观。活的生命体是一个开放系统。它与外界不仅有能量变换，而且有物质交换。生命体实际上是从环境中取得以食物形式存在的低熵状态的物质和能量，把它们转化为高熵状态并把废物排出体外，从而保持自身的熵处于比环境更低的水平，也就是维持着自身的有序状态。生命体的有序性从分子水平看就很明显。它们的大分子如核酸、蛋白质在各种细胞中都有一定的排列顺序，以至一个生态系统都有一定的空间结构。有序性不但表现在空间的分布上，也表现在生命体活动的规律上。它们都有一定的特性：生长、发育、生殖、衰老、死亡以及对外界刺激作出有规律的反应等。从热力学的观点来看，这些现象都出自太阳辐射的推动，但太阳辐射仅仅是生命现象出现的外部条件。

②机械论与生机论。对生命的起源与自主性问题即生命的本质问题，长期以来存在着争论。机械论有时也被称为还原论，认为生命现象可以用物理科学的规律加以阐明，高度复杂的规律可以还原为比较简单、更为基本的规律。机械论把生命看做是一种机器，并且在不同时期采取不同的表达形式。16～17世纪钟表机械很时髦，有人就认为生物无非是像钟表那样的机器。19世纪发明了蒸汽机，又有人认为生物不过是个热机。后来则有很多人认为生物是个分子机器。生机论在生物学思想发展的各个历史时期也有不同的表达方式，但从本质上讲，都是以反对机械论的形式出现的。生机论总是在两个困难问题上责难机械论：ⓐ如果生命是个机器，那么这个机器是怎样设计和产生出来的，谁是生命的设计者和制造者，如果没有设计者，生命体是否会自发地形成。ⓑ如果生命是个机器，那么谁是司机，因为现在所有的机器，包括那些高度自动化的机械如机器人之类，归根结底都是受人类的指挥和控制的。如果没有司机，这架机器是不会启动并进行有目的的运转的。这两个问题的实质就是生命的起源与自主性的问题。

③非线性动力学的生命观。非线性系统的性质不同于它的组成部分性质的叠加。当一个系统的变化是非线性时，它的控制参数超越了某个临界值，就会出现对称性自发破缺。一个均匀的、对称的系统就变为不均匀的和不对称的系统，物质在空间中出现了不均匀的分布也就意味着出现了结构。这种结构的形成和维持是由于系统中各个组分以及与外界相互作用的非线性的性质才能实现。一旦各组分以及与外界的相互作用发生变化，它们就可能解体、消失。所以有人称它为“耗散结构”。因为它们的相互作用不断地耗散能量和物质。生命现象是一个典型的非线性动力系统，它是一个不断地对称性自发破缺的过程。从分子水平上看所有的核苷酸、绝大部分的氨基酸以及很多脂肪酸和其他分子都是“光学活性”分子，即只有手性分子的镜像的一面，它的镜像异构分子在生物体中却不存在。这个特性从一百多年前被L.巴斯德发现以来直到现在是唯一的有无生命活动的经验判据。这也可能是宇宙不守恒的对称性破缺的结果。这些分子的相互作用构成了一系列的对称性破缺，从而生成了有复制能力的对称性自发破缺的反应系统，导致生命现象的出现。

生命哲学 lebensphilosophie 试图用生命的发生和发展解释宇宙甚至解释知识或经验基础的唯心主义学说。19世纪末、20世纪初流行于德、法等国。德国哲学家W.狄尔泰最早用生命哲学一词表示他的哲学，主张精神生活哲学的德国哲学家R.C.奥伊肯也是这种学说的主要代表。生命哲学是对黑格尔主义的一种反抗，主张从生命出发去讲宇宙人生，用意志、情感和所谓的实践或活动充实理性的作用。但却夸大生命现象的意义，把生命解释为某种神秘的心理体验。生命哲学对德国的E.胡塞尔和美国的W.詹姆斯等人均有过重要影响，尤其是存在主义者如德国的K.雅斯贝尔斯、M.海德格尔和法国的J.-P.萨特都继承和发展了生命哲学的观点。

生漆 Chinese lacquer 从漆树树干韧皮部割口分泌出的乳白色或黄色黏稠液体涂料。又称大漆、国漆、天然漆。中国特产，主要产区在陕西、湖北、四川等。

生漆在空气中易氧化干燥，表面结成黑色光亮坚硬的漆膜，附着力、遮盖力、耐久性和防腐性强，耐水、耐热、耐溶剂、耐摩擦，可用作建筑、家具的防腐涂料。但成膜慢，颜色深，黏度大，且不耐碱和强氧化剂。漆液有强刺激性，有些接触者会染过敏性皮炎（俗称漆痤）。

用割漆刀在漆树树干上割破树皮韧皮层，收集分泌出的漆液即生漆。生漆在日光下或在常温（20～30℃）下搅拌脱水，使漆酶活化，同时使漆酚氧化聚合，过滤除去漆渣，即成精制漆（熟漆）。使用前加入适量熟桐油或熟亚麻油或混合干性油。调制漆中加入不同颜料可配制成各种彩漆。生漆分为大木漆和小木漆两类，两类生漆的性能差别显著。

生日 birthday 人出生的日子。又称生辰、诞辰、寿诞、生甲、生申。每年在这一天举行纪念或庆贺活动。流行于世界所有民族。

中国《诗经》中已提到生日，至迟在

汉代已流行过生日的习俗。婴儿出生满一年，举行周岁纪念活动，抓周是其中一项内容。一般在50岁之前只称生日；50岁之后每逢十即称寿诞，或称华诞、大寿。也有逢一、五、九做寿的。在许多地方，50岁称梅花寿，60岁称下寿或花甲寿，70岁称中寿，80岁为上寿，90岁为耆寿，100岁为期颐寿。也有一些地方对66大寿非常重视。汉族地区祝寿活动非常隆重，由亲友相聚而成为联系和巩固亲情、友情的社会活动。祝寿的礼品考究，一般选择酒、面、丝线、鸡、鱼、糕点和桃、杏等物，象征天长地久、绵绵不断、吉祥如意、年年有余、幸福美满。许多地方还有送寿联、寿屏、寿幛、寿山福海图和寿烛等习俗，表达祝愿。寿礼的色彩一般选择大红大绿，表示热烈的情谊。生日吃寿面是流行很广的习俗，取其长寿之意。少数民族地区的寿诞各有特色，还有为神灵举行生日纪念的活动。在传说中神灵的生日，人们举行各种仪式庆贺，同时感谢神灵庇护。影响较大的有农历四月初八的佛诞日、二月十五的关羽诞生日、六月二十四的鲁班诞生日和三月十七日的妈祖诞生日等，许多地方因此形成大型庙会。

西方国家生日习俗最初仅限于上流社会。文艺复兴后，英国世俗生活发生重要变化。个人生日要举办舞会，点燃与人岁数相等的生日蜡烛后大家齐唱《祝你生日快乐》，生日主人许愿、吹灭蜡烛，众人分食生日蛋糕，有的将奶油涂抹在人脸上嬉戏。这一习俗在20世纪80年代传入中国，成为都市社会庆贺生日的重要形式，在青少年中间最为流行。

生态策略 ecological strategy 生物在进化过程中形成的对付环境的策略。所指环境不仅是物理环境，而且还包括同种和异种的其他生物。因此，生态策略也就是生物在广义的生存环境中形成的进化策略。

近代研究进化论的一些学者常假定自然选择是一个最优化过程，认为现存物种代表了在各种可能的适应方式中的最佳选择，因此常采用最优化理论来研究生物进化。生态策略的概念被广泛接受并得到迅速普及，出现了生殖策略、防卫策略、资源获取和分配策略、取食策略、生活史策略等概念。随着研究的深入，人们注意到，某一方面（如防御）的最佳策略不见得是另一方面（如取食）的最佳策略。因此，人们又开始将上述种种策略综合起来进行整体研究，探讨生物进化的总体最佳策略。如在研究鸟类生殖率进化问题时发现，在自然选择中，动物总是面临着两种相反的、可供选择的进化策略：一种是低生育力，但亲体有完善的照顾和培育幼体的行为；另一种是高生育力，却缺乏亲体照顾行为。植物的生长和生殖策略划分为3类：竞争型、逆境耐受型和杂草型。这3种类型是针对环境中的逆境（指营养缺乏及光照、气温不足等）和破坏（指动物取食、细菌致病或人类损害等）的程度而划分的。因为试验证明，能在逆境（如严重干旱）中生活良好的植物，不一定是优良的竞争者，因此可以把逆境耐受型和竞争型分别作为独立的型。

生态工程 ecological engineering 模拟自然生态系统中物质能量转换原理并运用系统工程技术去分析、设计、规划和调整人工生态系统的结构要素、工艺流程、信息反馈关系及控制机构，以获得尽可能大的经济效益和生态效益的一门学科；是建立在生物工艺、物理工艺及化学工艺综合基础上的一门系统工艺学。

在生态系统演替过程中，有两种基本功能在起着重要作用：①通过生物或子系统间相互协调形成的合作共存、互补互惠的共生功能。②以多层营养结构为基础的物质转化、分解、富集和循环再生功能。这两种功能的强弱决定了生态系统的兴衰及稳定性。生态系统动态过程中，通常包含复杂的物理作用、化学作用和生物作用，其中生物起着传递者、触媒乃至建造者的作用。生物在长期演化和适应过程中，不仅建立了相互依赖和制约的食物链联系，而且由于生活习性的演化形成了明确的分工，分级利用自然提供的各种资源。正是由于这种原因，有限的空间内才能养育如此众多的生物种类，并可保持相对稳定状态和物质的持续利用。把自然生态系统中这种高经济效能的结构原理应用到人工生态系统中，设计和改造工农业生产工艺结构，促进系统组分间的再生和共生关系，疏通物质能量流通渠道，开拓资源利用的深度及广度，促进环境和经济持续稳定发展，是生态工程的基本目标。

生态工业 ecological industry 依据生态经济学原理，运用生态规律、经济规律和系统工程的方法来经营和管理，以资源节约、产品对人和生态环境损害轻和废弃物多层次利用为特征的现代工业发展模式。

生态工业系统分为4个层次：①生态企业层次。是一个国家生态工业体系的基础单元和细胞。②城市（或乡镇）生态工业园区层次。介于城镇生态企业和宏观生态工业体系之间，其特点是把合理利用某种资源和能源，并在工艺上有内在联系的工矿企业集聚在城镇的某一园区内，使其形成一个生态工业有机整体。③部门或区域生态工业系统层次。包括不同工业部门、不同城市或不同工业区域的生态工业体系。④国家层次的生态工业系统。是在一个国家范围内形成的资源、能源得到最合理的综合利用，并实现生态与经济协调发展的工业生态经济系统。

生态难民 ecological refugee 各种自然的或人为的大规模生态破坏和环境污染给人们的生产、生活带来灾难所形成的受灾人群。是当代人类社会发展中出现严重生态环境问题后产生的一个新概念。

引发生态灾难，造成大量生态难民的出现，既有自然的原因，如火山、地震、海啸和地质原因形成的泥石流等；又有人为的原因，包括人们发展经济破坏自然生态环境所引起的生态灾难和某些发达国家对发展中国家进行的“生态侵略”。实现经济社会的可持续发展，既要重视自然原因引起的生态难民问题，更要重视人为原因引起的生态难民问题，特别要坚决杜绝某些发达国家对发展中国家进行“生态侵略”所引起生态难民问题的出现。

生态平衡 ecological equilibrium 生态系统各部分的结构与功能均处于相互适应与协调的动态。生态系统是生物圈的基本功能单元，总是时刻不断地进行物质循环和能量交换，因此系统内的各个因素都处于动的状态。在长期的进化过程中，各因素或各成分之间建立起了相互协调、相互制约与相互补偿的关系，使整个自然界保持一定限度的稳定状态。如果一个生态系统的各个因素或成分在较长时间内保持相对协调的稳定状态，该生态系统就处于稳定状态，也就是说该系统中的生产者（绿色植物）、消费者（动物）和分解者（微生物）之间，或物质和能量的输入和输出之间，存在着相对平衡的关系。因此，衡量一个生态系统是否处于生态平衡，要考虑3个方面，即结构上的协调、功能上的和谐以及输出和输入物质数量上的平衡。

人类活动范围的日趋扩大，正在直接和间接地影响着生物圈，改变适于人类和生物生存的大生态系统。如果一个生态系统受到的外界干扰、破坏，超过了它本身的自动调节能力，就会导致该系统生物种类和数量发生变化，生物量下降，生产力衰退，结构和功能失调，物质循环和能量交换受到阻碍，造成该系统生态平衡的破坏。人类为提高生活水平和增加物质生产，运用了包括生态学在内的所有近代科学成就，改善环境和提高自然资源的经济效益，包括建立新型的人工生态系统。现在谈论保持生态平衡，不应该简单地认为是保持自然现状，或对现有的自然资源不加利用，更不应该理解为恢复自生自灭的原始自然状态（自然保护区除外，它所以例外，是着重对原始物种的保护）。自然界物质运动是永恒的，生态平衡是动态的，如不加破坏，它将永远具有生生不已和物质循环不息的功能。

生态适应 ecological adaptation 生物与其生存环境的协调过程。生物多通过行为、生理或结构的改变来增加存活和繁殖的机会。而生物在适应环境的同时也改造了环境。

“适应”在生物学中有多种含义：①进化适应。指自然选择所保留的基因型改变（见基因型和表型）。经选择而存留的生物，常伴有明显的形态变化，其变化幅度大且可通过遗传得到巩固，是物种形成的基础。②生理适应。只有表型的改变，如生物对地区气候的顺应以及食性改变等。生理性适应有许多是可逆的，也有某些在发育早期形成的适应难以逆转。③行为适应。也只是表型改变（包括学习过程）。学习是个不可逆过程，它在生物的高级神经系统中留下永久性痕迹，但生物却可以通过再学习而改变其行为。④感觉适应。指感官的可逆过程。如闻带刺激性的气味时，感官所感觉的刺激强度会随时间延长而迅速降低。广义的生态适应包括进化的、生理的和行为的3个层次，但不包括感觉适应。其中伴有基因型改变的进化适应是重点。当然，生理适应的幅度、学习能力以及感觉适应的机制等，也都有遗传基础，都是进化的产物。

生态危机 ecological crisis 主要由于人类不符合自然生态规律的经济行为长期积累，使自然生态破坏和环境污染程度超过了生态系统的承受极限，导致人类生态环境质量迅速恶化，影响生态安全的状况和后果。

生态安全是关系到全人类生存安全的重大问题。维护生态安全需要一定的生态环境条件，包括必要的环境容量最低值是否具备，战略性可利用自然资源存量的最低人均占有量是否有保障，重大生态灾害是否能够得到抑制等。其中，“环境容量”包括城市空气环境容量、江河湖海的地面水环境容量、大气臭氧层破坏的最大极限等；“战略性可利用自然资源”包括水资源、土地资源、森林和草地资源、海洋资源、矿产资源等。重大生态灾害包括由于温室效应造成的滨海土地被淹没、重大沙尘暴灾害、由于江河上游水土流失严重造成的中下游洪涝灾害等。全球范围内出现的，影响维持生态安全的一些重大生态环境问题，例如臭氧层破坏、温室效应加剧、生物多样性受损等，也都会形成严重的生态危机。

2002年北京遭沙尘暴袭击

关系到整个生态圈可持续发展的全球性生态危机，概括起来主要有四大类：温室气体排放带来的气候变化；臭氧层的破坏；生物多样性的减少；海洋污染，特别是国际海洋的污染。构成局部地区、部分国家或城市生态危机的有酸雨、水土流失、荒漠化、沙尘暴、河流污染、水源短缺、城市大气污染等。

生态位 ecological niche 物种在生物群落中的地位和作用。通常是就物种而言，有时虽以个体为对象，也多是将其看作该物种的代表。不过也有人把生态位视为生境的同义词。

生态位宽度 用多维空间描述生态位有助于概念的精确化。但实际工作中只能对少数几个，通常只是一两个生态因子做定量分析。生态位宽度是就一个生态因子轴而言的。这方面实验较多的是动物的竞争取食，以食物种类或体积大小为变量。一般说来，当主要食物缺乏时，动物会扩大取食种类，食性趋向泛化，生态位加宽；当食物丰富时，取食种类又可能缩小，食性趋向特化，生态位变窄。

生态位重叠 生物群落中，多个物种取食相同食物的现象就是生态位重叠的一种表现，由此造成物种间的竞争，而食物缺乏时竞争加剧。生态位重叠与物种竞争密切相关，因此生态位概念是竞争排除原理的重要根据。

生态系统 ecosystem 一定空间中由生物群落及其生存环境共同组成的动态平衡系统。生物群落同其生存环境之间以及生物群落内不同种群生物之间不断进行着物质交换和能量流动，并处于互相作用和互相影响的动态平衡之中。生态系统可分为水生生态系统和陆生生态系统，以及人工生态系统。在一个生态系统内，组成的生物种群和它们的相对数目在一定时期内保持或多或少相同。生态系统内生物种群之间的相互关系以一种网络形式出现，网络中的联系越多样、越复杂，系统也就越稳定。因为在这种情况下，当一个联系环节消失，它会被另一个取代，而不会导致整个系统的瓦解。太阳能是驱动生态系统做功的最基本能源。组成生态系统的成员，根据它们在能量传递中的位置，分为生产者（绿色植物）、消费者（动物）、分解者（微生物）及非生物环境（物理环境）。

在一个生态系统内，每一种群具有自己的生态位。生态位不仅指它所处的空间位置，也指它所执行的功能——它的食物，它的行动，它与其他种的关系等。每一个生态系统借助于其内稳定机制（抵抗改变的机制），有使自己保持稳定的趋势，这些机制调节营养物质的储存和释放、有机体的生长以及有机物质的产生和分解。像自然界任何现象和对象一样，生态系统是不断变化和发展的。当由于内部和外部的原因，一个生态系统被另一个生态系统取代时，就称为演替。

地球环境的不可逆变化和生物进化是驱动生态系统进化的基本因素。当前人类活动正在导致环境的大改变和生物的大绝灭，这将引起生态系统的不可逆改变，关系到人类的命运。对地球生态系统进化历史及其规律的了解有助于掌握和控制生态系统未来的进化。

生态效益 ecological benefit 人与自然之间进行物质变换的劳动过程中，消耗和占用的劳动量同所引起的对生态系统平衡及人类生产、生活环境影响的比较。生态效益在某些生产领域，如工业、城乡建设和环境保护等产业中，也被称为环境效益。衡量生态效益的指标具体有：①反映基本建设对生态环境破坏造成的损失（折算成经济价值）的万元固定资产投资带来的生态环境价值损失量。②反映在废渣处理和综合利用方面，生态环境再生产水平的工业废料和垃圾处理率。③反映城乡污水处理和水资源综合利用生态效益的工业污水和居民生活污水的二级处理率。④反映城市治理大气污染的城市大气环境质量达到或好于二级国家标准的天数占全年的比重。⑤反映城市或区域年降雨中降酸雨（雪）次数在总降雨次数中所占的比例——区域年降酸雨检出率，集中反映区域大气的二氧化硫污染程度。⑥反映在人工和自然的综合作用下，森林、草原、海洋鱼类等可再生资源的再生系数，用来衡量生态系统的生态平衡能否得到维持。⑦反映土壤肥力增减和农业生态平衡状况的土壤有机质含量平均变化率。⑧衡量农村大气、水体、土壤及农产品环保质量是否综合得到提高，反映农村生态环境质量变化及生态效益状况的农村生态环境质量提高率。⑨反映一个国家、地区或城市的生态平衡和生态效益状况的森林覆盖率。⑩反映一个国家、地区或城市是否能够实现生态平衡的灾害人工控制率。⑪反映一个地区水土资源保护和生态平衡状况的水土流失土地小流域综合治理率。⑫反映沙漠化和沙尘暴地区生态重建和生态平衡恢复状况的沙漠化土地人工治理率。

生态型 ecotype 同一物种内因适应不同生境而表现出具有一定结构或功能差异的不同类群。主要用于植物。

“生态型”一词是瑞典植物学家G.蒂勒松于1921年提出的。他把不同生境中的同种植物移栽到一起，结果发现它们在植株高矮、株形曲直、叶子厚薄和形状以及开花迟早等方面所具有的差异稳定不变。他认为，这些差异显示出各自的原生境特点，可作为种内不同的生态类群，代表不同的基因型。

种内分化成生态型的原因不外两条：物种扩散到新生境，或原生境局部条件改变。一般来说，物种分布越广，特别是分布区内生境差异越大，分化出的生态型就越多；物种系统发育的历史越久，分化的机会也越多。生态型是新种的先驱。

据形成生态型的主导因子类型的不同，可将生态型分为气候生态型、土壤生态型、生物生态型和品种生态型。

生态学 ecology 研究生物适应环境及生物与生物之间相互关系的生物学分支学科。生物的生存、活动、繁殖需要一定的空间、物质与能量。生物在长期进化过程中，逐渐形成对周围环境某些物理条件和化学成分（如空气、光照、水分、热量和无机盐类等）的适应和特殊需要。各种生物所需要的物质、能量以及它们所适应的理化条件是不同的，这种特性称为物种的生态特性。任何生物的生存都不是孤立的：同种个体之间有互助有竞争；植物、动物、微生物之间也存在复杂的相生相克关系。人类为满足自身的需要，不断改造环境，环境反过来又影响人类。近代生态学研究的范围，除生物个体、种群和生物群落外，已扩大到包括人类社会在内的多种类型生态系统的复合系统。人类面临的人口、资源、环境等问题都是生态学的研究内容。

“生态学”一词是德国生物学家E.海克尔1869年提出的。他在其动物学著作中定义生态学是研究动物与其有机及无机环境之间相互关系的科学，特别是动物与其他生物之间的有益和有害关系。后来，在生态学定义中又增加了生态系统的观点，把生物与环境的关系归纳为物质流动及能量交换；20世纪70年代以后进一步概括为物质流、能量流及信息流。

分支学科 按所研究的生物类别分为微生物生态学、植物生态学、动物生态学、人类生态学等。按生物系统的结构层次分为个体生态学、种群生态学、群落生态学、生态系统生态学等。按生物栖居的环境类别分为陆地生态学和水域生态学，前者又可分为森林生态学、草原生态学、荒漠生态学等，后者可分为海洋生态学、湖沼生态学、河流生态学等。生态学与非生命科学相结合的有数学生态学、化学生态学、物理生态学、地理生态学、经济生态学等，与生命科学其他分支相结合的有生理生态学、行为生态学、遗传生态学、进化生态学、古生态学等。应用性分支学科有农业生态学、医学生态学、工业资源生态学、污染生态学（环境保护生态学）、城市生态学以及景观生态学等。

生态学一般规律 大致可从种群、群落、生态系统和人与环境的关系4方面说明。①种群的自然调节。在环境无明显变化的条件下，种群数量有保持稳定的趋势。环境的空间和资源是有限的，承载的生物量接近饱和时，增长率会下降乃至出现负值；种群数量（密度）减少到一定限度时，增长率会再度上升，最终使种群数量达到环境允许的稳定水平。种群自然调节规律的研究可以指导生产实践。②物种间的相互依赖和相互制约。一个生物群落中的任何物种都与其他物种存在着相互依赖和相互制约的关系。常见的是食物链、竞争和互利共生。以上几种关系使生物群落表现出复杂而稳定的结构，即生态平衡，平衡的破坏常可能导致某种生物资源的永久性改变和丧失。③物质的循环再生。生态系统的代谢功能就是保持生命所需的物质不断地循环再生。阳光提供的能量驱动着物质在生态系统中不停地循环流动，既包括环境中的物质循环、生物间的营养传递和生物与环境间的物质交换，也包括生命物质的合成与分解等物质形式的转换。一般来说，发展中的生物群落的物质代谢是进多出少，当群落成熟后代谢趋于平衡，进出大致相当。人类在改造自然的过程中须注意到物质代谢的规律。④生物与环境的交互作用。生物进化就是生物与环境交互作用的产物。生物在生活过程中不断地由环境输入并向其输出物质，而被生物改变的物质环境反过来又影响或选择生物，二者总是朝着相互适应的协同方向发展，即通常所说的正常的自然演替。随着人类活动领域的扩展，对环境的影响也越加明显。在改造自然的活动中，人类自觉或不自觉地做了不少违背自然规律的事，从而损害了自身利益。

生态因子 ecological factor 对生物有影响的各种环境因子的总称。常直接作用于个体和群体并影响个体生存和繁殖、种群分布和数量、群落结构和功能等。生物的进化就是通过基因突变和重组再经生态因子的选择而实现的。有人在分析生态适应和种群调节等现象时，把个体基因型或种群基因频率及基因型频率等非环境因子也视为生态因子。

对生态因子的研究因生物种群不同而有所偏重。广义上一般将生态因子分为非生物因子和生物因子两大类，但各种非生物因子对生物的作用也不同程度地受生物因子的影响。就生态因子的性质看，不外物质、能量和信息3种。生态因子直接作用于个体的情况有几种：可能仅仅作为信号，如通过动物的神经系统引起行为变化；也可能通过多种途径造成生物正常或异常的生理反应；还可能直接影响生物的解剖结构。

生态因子作用的直接对象是生物个体，但通过生物间的交互作用会影响到群体。生态因子的作用与生物的适应性密切相关。在生物发展史中，生态因子作为选择因素淘汰掉不适应的物种。生态因子还可能直接诱发基因突变或重组，促进生物进化的进程。

生态殖民政策 ecological colonialism, policy of 经济发达国家向发展中国家转嫁生态经济危机的政策。一些经济发达国家对发展中国家进行生态经济侵略，采取了多种手段。常见的如：①掠夺发展中国家的自然资源。欧洲发达国家为保护自己避免生态经济危机，低价去非洲砍伐森林，美国到中南美洲砍伐森林，日本到东南亚砍伐森林等。②向发展中国家转移有毒有害产品的生产。有的是在投资或“援助”等幌子下进行的。③向发展中国家消纳污染。一些经济发达的富国向经济不发达的穷国“出口”倾倒有毒、有害的“危险垃圾”，来消纳其日益增加的污染物，给经济不发达国家的生态环境造成危害。

生铁 pig iron 含碳和非铁元素杂质较高的铁。工业上实际应用的生铁，一般含碳量小于4.5%。生铁性脆，不能塑性加工。目前主要用高炉生产。生铁按用途可分为两大类：①炼钢生铁。转炉炼钢用的主要金属炉料。按硅含量（0.4%、0.8%、1.0%）分3个牌号。炼钢生铁硬而脆，断口为白色，故又称白口铁。产量占生铁绝大部分。②铸造生铁。又称铸铁。用于铸造各种生铁铸件。硅含量很高（从1.25%到大于3.2%）。按硅含量分6个牌号。其中碳主要以石墨形态存在，断口为灰色，故又称灰口铁。铸造生铁熔点低，流动性好。用含有共生金属铜、钒、镍的铁矿石冶炼成的生铁称合金生铁。

生土建筑 earth construction 主要用未焙烧而仅作简单加工的原状土为材料营造主体结构的建筑物（如古长城、古墓等），也指在原状土中挖凿的窑洞或利用生土、砂石掩覆的各类构筑物。它始于石器时代的穴居、半穴居时期，已有悠久的历史。人类在天然穴居时期，只有洞穴能抵御严酷的气候和防范猛兽的袭击。

生土建筑分布广泛，不同地区的生土建筑在施工技术和建筑风格上各有特点。世界上约有1/3的人口居住在各类生土建筑之中。中国西北部黄土高原的陕西、甘肃、

福建初溪土楼群

宁夏、山西、河南和河北等省有4 000万人居住在各类窑洞中。中国福建、广东、江西3省部分地区客家人聚族而居的客家土楼，是用夯土墙承重的大型群体楼房。

生土建筑按材料、结构和建造工艺区分，可分为三种类型：①窑洞。②各种生土民居、大型土楼及土筑大体积构筑物。③掩土建筑（用现代结构建造的房屋，然后掩覆泥土或沙石、植草皮）。生土建筑可以就地取材、易于施工，利于再生循环，造价低廉，并且冬暖夏凉，减少污染，有利于**生态平衡**。但也有布局受限制，日照不足，通风不畅和潮湿等缺点，需要改进。

生物安全 biosafety 生物技术研究、应用以及生物技术产品研究、开发、商品化生产过程中发生的，可能会危及生物多样性、环境和人类健康的安全性问题。

对生态环境和生物多样性的威胁和影响 转基因作物本身可能转变成杂草，如果转入的抗性基因逃逸到其他作物上，也会使这些作物的野生近缘种变成杂草；抗虫、抗病和抗除草剂类转基因植物，除对害虫产生毒害而使其死亡外，对环境中的许多有益生物也产生直接或间接的影响，甚至使其致死；转基因作物中病毒基因有可能与侵染这一植物的其他**病毒**进行重组，产生新病毒或超级病毒；转基因动物具有普通动物不具备的优势特征，若逃逸到环境中，会通过改变物种间的竞争关系，破坏原有的自然生态平衡；转基因微生物与其他生物交换遗传物质，可能产生新的有害生物或增强有害生物的危害性，甚至引起疾病的流行；转基因微生物还能取代其他物种，导致生物多样性的破坏，造成生物资源无法挽回的消失。

对人体健康的威胁和影响 转基因生物作为食品进入人体，可能使人出现某些中毒和过敏反应；转入的生长激素类基因有可能对人体生长发育产生重大影响；转基因生物中使用的抗生素标记基因，如果进入人体，可能使人体对很多抗生素产生抗性。

生物磁学 biomagnetism 研究生命物质的磁性、生物磁现象和生命活动过程中结构功能的关系以及外**磁场**对生物体磁影响的**生物学**和磁学相互渗透的边缘学科。

生物磁现象 生物磁场可能有两种来源：一种是由生物体中的电子传递和离子转移等过程引起的生物电流产生的电致内源生物磁场；另一种是由于生物体内的强磁性物质（如Fe_3O_4微粒）磁化后产生的磁致内源（生物体内原有的）或外源（从生物体外进入的）生物磁场。生物磁场的强度很微弱。测量这些微弱的生物磁场需要采用高灵敏度的磁强计（如超导量子干涉式磁强计）和高性能的磁屏蔽室。生物磁场随时间的变化称为生物磁图，它能提供关于生物体的生理和病理状态的重要信息。其特点是：磁探头不与生物体接触，可避免接触（如电极）干扰；可测量恒定的和交变的生物磁场以及不同方向的生物磁场分量；可测量生物磁场的三维空间分布；某些情况下生物磁图具有较高的分辨率。因此，生物磁图可在基础研究和临床诊断上得到应用。

生物磁场研究中，检测生物活体内主要由生物大分子活动期间生物电的流动所造成的磁场，受到生物学家的重视，因为这些磁场正是大分子结构和功能变化的真实反映。如利用电子自旋共振可研究**光合作用**中产生的**自由基**数量与光照强度和频率的关系，探讨光合作用的机制，研究含顺磁离子（如含Fe离子的血红蛋白）或加入自旋标记（含自由基的分子）的生物分子的某些微观结构；研究某些含Fe蛋白在氧化和还原状态的电子价态变化，可诊断一些与含Fe有关的疾病（如含铁血黄素沉着病，地中海型贫血病）；利用磁化率的测量可研究生物组织中顺磁离子（如Fe离子）的能级参数，研究正常组织与病变组织的差异等。

磁（场）生物效应 不同类型、强度和分布的外磁场对生物体的影响不同。迁徙鸟类和回归的鸽子能清楚地找出它们周围的路径，很多研究有力地证明了鸟类能够很好地利用地磁。把体外培养的S-37肿瘤细胞在不同强度的均匀恒定磁场中培养，磁场0.1～0.2特时未观察到可察觉的变化，磁场增加到约0.37特时会使细胞中的**脱氧核糖核酸**合成减少，磁场再增加到0.44～0.80特时会出现细胞退化变性现象。

生物磁学的应用 生物磁学在农业、医药、环境保护和生物工程等方面得到较广泛的应用。农业上利用磁场处理一些作物的种子和幼苗，施加少量的磁性肥料，或者利用经磁场处理的水（简称磁水或磁化水）浸种、育秧或灌溉，可提高种子发芽率，促进作物长势，收到增产效果；利用磁水养鱼，可使鱼病减少，促进鱼的发育生长。医药上磁石（Fe_3O_4）已是多种中药的重要组分；磁场治疗（磁疗）对于急性扭挫伤、腰肌劳损、神经性头痛等疾病都有较好的疗效；磁场镇痛（简称磁麻）方法已开始在拔牙、切除粉瘤和阑尾以及结扎输卵管等手术中试验或应用；利用磁场作用原理，已研制出血流计、磁药针、无触点心肌或神经刺激器、血球分离器和磁假肢等；磁水已在治疗结石病上得到较好疗效。环境保护中，利用高梯度磁分离和加磁性种子的磁分离方法，可除去煤中硫化物，清除污水中的细菌、病毒和有害残留物（如汞等）。

生物磁现象和磁（场）生物效应的作用机理十分复杂，它既包括物理学范畴的内容，又涉及生命物质的结构和功能，尚有大量问题需要解决。

生物地球化学循环 biogeochemical cycle 生物所需要的**化学元素**在生物体与外界环

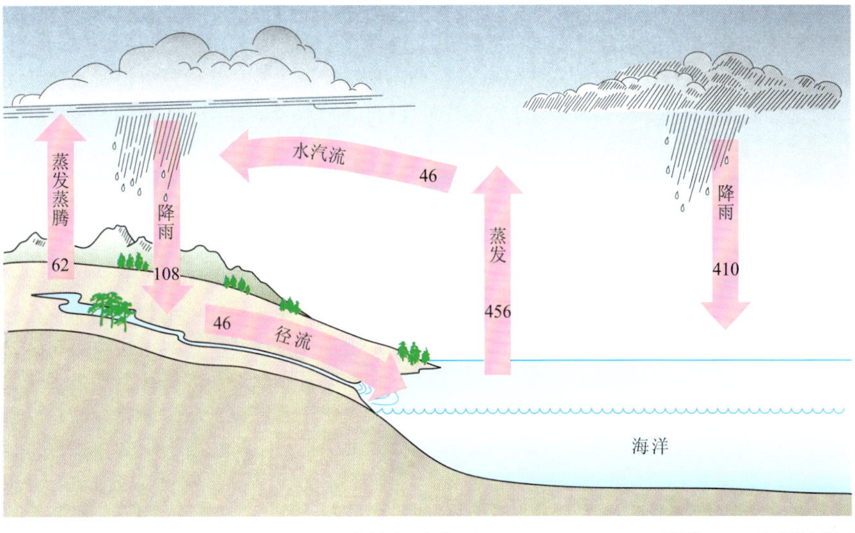

水的全球循环 （单位：1×10³千米³/年）

境之间的转运过程。“地球”一词在这里指生物体外的自然环境。生物体内的化学成分总是在不断地新陈代谢，周转速度很快，由摄入到排出，基本形成一个单向物流。在生物体重稳定不变的条件下，向外排出多少物质，必然要从环境再摄入等量的同类物质。虽然新摄入的物质一般不会是刚排出的，但如果把环境中的同类物质视为一个整体，这样的一个物流也就可以视为一种循环。物流可能只是某个生物与环境之间的交换，也可能是由绿色植物开始，通过复杂的食物链再返回自然界。可分为水循环、碳循环、氧循环、氮循环、磷循环、硫循环、其他元素和化合物的循环及营养物质的收支。农业施肥和畜牧饲喂等是生物地球化学循环中的人工辅助环节。

千百年来，人类不断扩大以人为的农业生态系统代替自然生态系统，以人为的物质循环渠道代替自然的物质循环渠道。特别是工业化以后，大量生产矿质肥料和人造氮肥极大地改变了自然界原有的物质平衡。工业污染物侵入生物地化循环渠道，对人畜造成直接威胁。所以，人类应该保护自然界营养物质的正常循环，并通过人工辅助手段促进这些循环。

生物电 bioelectricity 生物的器官、组织和细胞在生命活动过程中发生的电位和极性变化。它是生命活动过程中的一类物理、物理-化学变化，是正常生理活动的表现，也是生物活组织的一个基本特征。

静息电位 在没有发生应激性兴奋的状态下，生物组织或细胞的不同部位之间所呈现的电位差。静息状态细胞膜内外的电位差，称静息膜电位，简称膜电位。它的大小与极性，主要决定于细胞内外的离子种类、离子浓度差以及细胞膜对这些离子的通透性。例如，神经或肌肉细胞膜外较膜内正几十毫伏。在植物细胞（如车轴藻）的细胞膜内外，有100毫伏以上的电位差。

应激性电反应 活的生物体具有应激性，即当它受到一定强度（阈值）的刺激作用时，会引起细胞的代谢或功能的变化。这种引起变化（兴奋）的刺激要有一定的变化速率，缓慢地增强刺激强度不能引起应激反应。如用直流电作刺激，通电时的应激反应发生在阴极处，断电时的应激反应则发生在阳极处。应激反应之后，要经过一段恢复时期（不应期），才能再对刺激起反应。在应激反应过程中，常常伴有细胞膜电位或组织极性的改变。

生物学意义 生物电普遍的意义在于信息的转换、传导、传递与编码。高等动物具有各种分工精细的感受器。每种感受器一般只能感受某种特殊性质的刺激。感受器中的感觉细胞接受刺激时会发生感受器电位，并用它来启动神经组织，产生动作电位。不同的刺激动因都变成了同一形式的神经冲动。神经冲动是“全或无”性质的，即“通”、“断”形式的信息。神经冲动用频率变化形式，传递信息到中枢神经系统。中枢神经系统对信息进行分析、综合、编码，并将同时作出的反应信息以神经冲动形式传向外周效应器官。动作电位的传导极为迅速，所以生物体能及时对周围环境变化作出迅速的反应。这一系列的信息传递都是以发生各种形式的生物电变化来完成的。

生物毒素 biological toxin 由生物体产生的极微量就可使动物中毒甚至致死的物质。按其来源可分为动物毒素、植物毒素及微生物毒素。

动物毒素 绝大多数是蛋白质和多肽，研究较深入的是蛇毒，其次是蝎毒、蜂毒、蜘蛛毒以及一些海洋生物毒素等。

蛇毒 从毒蛇的毒腺中分泌出的一种黏液。按有毒组分可分下列几种：①神经毒素。作用于神经-肌肉接头，阻断神经兴奋性传导，中毒者常死于呼吸麻痹引起的呼吸衰竭。②出血毒素。作用于毛细血管的基底膜，引起血管内皮细胞损害，导致局部或全身性渗血。③溶血毒素。能破坏红细胞膜导致溶血。④膜毒素。由于所试生物效应不同，又被称为心脏毒素及细胞毒素等。⑤肌肉毒素。能引起严重的肌肉坏死。

蝎毒素 由蝎尾节的毒腺所分泌的毒素，它的主要活性组分是蛋白质和多肽，包括神经毒素和一些酶，其中神经毒素是蝎毒引起其他动物麻痹和死亡的主要活性物质。

蜂毒 由蜜蜂、大黄蜂和胡蜂从尾刺分泌的毒液，其中含神经毒素、溶血毒素和酶。

蜘蛛毒素 毒蜘蛛的种类很多，在中国研究得较为系统的是广西捕鸟蛛，其毒液中含有10多种神经毒素，结构测定表明大多数为30多个氨基酸残基组成的多肽。

海洋生物毒素 由海洋中有毒贝类、有毒鱼类及有毒藻类所分泌的毒素。常见的海洋生物毒素如：①河豚毒素。一种全氢化喹唑啉化合物，能引起中枢神经组织麻痹、血压下降、呼吸系统产生抑制等，最终导致人和动物死亡。②芋螺毒素。芋螺分泌的一类神经毒素。干扰和阻断神经-肌肉的信息传递。此外，还有麻痹性贝类毒素、海绵毒素、软体动物毒素等。

植物毒素 这类毒素的种类很多，通常分为两大类。一类是小分子的有机化合物，例如有毒牧草棘豆属植物中的有毒组分是黄酮苷和生物碱。另一类是大分子的毒蛋白，在这类毒蛋白中最典型的是核糖体失活蛋白，其毒性在于能修饰核糖体大亚基的rRNA，使其不能与延伸因子α结合，从而抑制了蛋白质的翻译过程。

微生物毒素 主要有：

细菌毒素 属细菌的代谢产物，种类很多，例如：①白喉毒素。抑制哺乳动物细胞内的蛋白质生物合成。②霍乱毒素。不可逆地激活腺苷酸环化酶而导致分泌型腹泻。③肉毒素。由肉毒梭菌产生的已知毒性最强的一种神经毒素，作用于神经-肌肉接头，阻遏神经冲动的传递。

霉菌毒素 由真菌产生的毒素，又称真菌毒素。在已发现的能致癌的真菌毒素中，黄曲霉素B_1是致癌能力最强，也是最有害的一种。黄曲霉素主要是抑制了蛋白质的生物合成，并由于DNA模板的改变引起突变率增加，会导致癌变。

生物多样性 biodiversity 各种生态复合体的总称。包括生态系统、物种、遗传和自然景观多样性四个层次。既是生物之间及其与环境之间复杂的相互关系的体现，也是生物资源丰富多彩的标志；是对自然生态平衡基本规律的一个简明的科学概括，也是衡量生态发展是否符合客观规律的主要标准。

研究生物多样性的目的在于减少由于人类发展所导致的资源问题，减缓许多物种日益濒临受威胁乃至灭绝的趋势，并使这些自然遗产得到保护和合理利用。一般从四个层次研究：①遗传多样性。指种内或种间基因的变化。是生物多样性的重要基础。②物种多样性。指地球上有机体变异的一个概念。以一定空间范围物种数量和分布的频率来衡量。③生态系统多样性。它既与生境的变化有关，又与物种本身的多样性和兴旺程度密切相关。④自然景观多样性。即自然地理外貌特点的综合外观。

保护生物多样性意味着保护现在和将来可以利用的生物资源，是人类对物种和生态系统的科学管理，为社会发展提供更多的选择。

《生物多样性公约》 *Convention on Biological Diversity* 国际社会缔结的保护生物资源的全球性重要国际公约。1992年5月22日政府间谈判委员会在肯尼亚内罗毕讨论通过，同年6月联合国环境与发展大会期间向各国开放签字，1993年12月29日正式生效。中国政府于1993年1月5日交存了批准书，同年12月29日对中国生效。《公约》由序言、42条正文和2个附件组成。其宗旨是致力于保护生物多样性、持久使用其组成部分以及公平合理分享由利用遗传资源而产生的惠益。

《公约》的主要内容包括：①“生物多样性”是指所有来源的形形色色的生物体。包括陆地、海洋和其他水生生态系统及其所构成的生态综合体，还包括物种内部、物种之间和生态系统的多样性。②重申各国对本国的生物资源拥有主权权利，同时有责任保护生物多样性并以可持久的方式使用其生物资源。③规定了基本原则。④规定了缔约国为保护和持久使用生物多样性应采取的措施。⑤规定了遗传资源的取得原则。确认各国对其遗传资源拥有主权权利，可否取得遗传资源，由主权国政府决定，并依照该国法律进行。⑥就技术的取得和转让作了原则规定。缔约国承诺向其他缔约国转让或便利其获得有关生物多样性保护和持续利用的技术或利用遗传资源而不对环境造成重大损害的技术。⑦规定了资金保障机制。发达国家缔约国应提供新的额外资金，以使发展中国家缔约国能支付它们因执行那些履行公约的义务的措施而承负的议定的全部增加费用，并使它们能享受到公约产生的惠益。

生物发光 bioluminescence 生物体发出光辐射的现象。是一种高效的酶促化学发光。自然界中具有发光能力的物种很多，尤其是海洋生物。不同生物的发光颜色不尽一致，多数发射蓝光或绿光，少数发射黄光或红光。

类型 萤火虫类生物发光 发光器官中含有荧光素和荧光素酶，它们在ATP（腺苷三磷酸）的帮助下与氧反应，使荧光素氧化而发光。

节足动物的生物发光 发光过程包括加氧、激发与转移，如海萤的发光，它在自身分开的腺体中分别合成荧光素和荧光素酶，当把两者同时喷进水中时，就会在水中反应而发光。波长460纳米，为蓝光。

刺胞动物门和栉水母动物门的生物发光 具有各种不同的活化反应。亚门和纲不同，活化反应与激发特性也不同。此类发光还可以从一个发光种传递激发态能量给另一个发光种，即敏化生物发光现象。可发出不同颜色的光，较多地偏向红色，波长480～490纳米。

细菌发光 细菌荧光素酶用还原型黄素单核苷酸（$FMNH_2$）作辅助因子，催化长链醛（RCHO）氧化而发出波长为490纳米的蓝绿光。

过氧化氢体系的生物发光 包括海笋属、蚯蚓属及柱头虫属等。这类发光包括两个过程，荧光素与氧或过氧化物单独或两者作用后先生成超氧阴离子（自由基），然后再激发。

海蜇的生物发光 来自于一种称作水母发光蛋白的钙结合蛋白，它由脱辅基水母发光蛋白、水母荧光素（又称腔肠嗪）和一个氧分子组成，脱辅基水母发光蛋白上含3个钙结合位点，一旦钙离子结合上去，脱辅基水母发光蛋白的构象便发生改变而转变成一个氧化酶，并催化腔肠嗪与结合的氧分子反应而发波长为470纳米的蓝光。

功能意义 生物发光被发光生物用于猎食其他生物或逃避捕食者，还用于同种属生物个体间的信息的交换，如发出求偶信号。在应用方面，如军事上观察海洋动物发光的突然爆发，可以判别水下军事设施及其他各种目的物。萤火虫的荧光素－荧光素酶系统是检测ATP最灵敏的系统，已广泛用于饮用水、啤酒、饮料和食品中含菌量的检测，也被用于各种必须十分清洁的环境的卫生检测。发光细菌已被用于对环境水源中有害有毒物质的监测，利用水母发光蛋白与Ca^{2+}反应极其灵敏的特性，可以测出极微量的钙。20世纪80年代，用荧光素酶基因作为报告基因、研究基因表达和调控的技术发展起来，使生物发光的应用进入一个新的时代。生物发光现象还启发人类从工程角度研究、模拟这种发光效率极高而产热量极少的荧光现象，新一代冷光源的研制就是一例。

生物反馈 biofeedback 现代心理学中利用生理学和生物物理学知识进行内脏活动反馈调节的方法和技术。又称内脏学习。首先由美国心理学家N.E.米勒于1967年提出，并在动物身上实验获得成功。

进行内脏学习的训练，需要借助电子技术，记录人体的生理反应，如血压、脉搏等。利用专门的设备，将这些生理反应的信息转变为可以看见或听到的信号。人在识别这些信号时，就相当于“看到”或“听到”了自己内脏活动的变化。通过对生理功能正确反应的连续强化，被试者就能学会改善自己的生理功能。

生物反馈的信息，常见的是通过心电图、肌电图、脑电图、皮肤电反应、皮温等显示出来的。另外，心率、血压及血管容积的反馈信息也在临床上经常使用。在临床上，生物反馈疗法可应用于治疗头痛、支气管哮喘、高血压以及强迫症、焦虑症、恐惧症等多种疾病。

生物防治 biological pest control 利用生物或其代谢产物控制有害生物种群的发生、繁殖或减轻其为害的方法。一般指利用有害生物的寄生性、捕食性和病原性天敌来控制有害生物。

生物防治具有不污染环境、对人和其他生物安全、防治作用比较持久、易于同其他植物保护措施协调，并能节约能源等优点，已成为有害生物综合治理中的一项重要措施。

首先是要保护天敌。保护天敌包括两方面的措施：①避免和减少直接杀伤天敌。②创造适宜天敌生存和繁殖的条件。包括补充寄主（猎物）或营养物、使用信息化学物质、提供栖息和营巢的场所等。在天敌自然种群数量低的情况下，人工大量繁殖和释放天敌对某些害虫有明显的防治作用。如繁殖和释放赤眼蜂以防治玉米螟、棉铃虫和稻纵卷叶螟，繁殖、释放平腹小蜂以防治荔枝蝽，利用丽蚜小蜂以防治温室白粉虱等。引进外地优良天敌来防治本地的有害生物，是一条经济有效的途径。当一种有害生物从原产地进入另一国家而未将天敌同时带去时，这种有害生物常因失去天敌的控制而猖獗成灾。从有害生物原产地引进天敌则可有效地控制其发生危害。利用天敌可防治害虫和害螨，如用多种瓢虫防治蚜虫，用草蛉控制蚜虫和螨类，用蜘蛛防治稻飞虱、稻叶蝉等，用赤眼蜂防治松毛虫、玉米螟、稻螟等，用苏云金杆菌防治菜粉蝶、小菜蛾、棉铃虫等。

利用天敌还可防治杂草和鼠类。19世纪60年代以来，已对百余种杂草进行了利用天敌防治的研究，较有效的天敌多为昆虫，分属于7个目33个科，其中属于鳞翅目的占一半。此外，利用病原微生物和抗生素防治杂草也有不少成功的实践；某些螨类、鱼类、家鸭、软体动物以及寄生性植物也有防治杂草的作用。在鼠类的防治上，猫头鹰、黄鼠狼等是重要的天敌。

生物工程 bioengineering 利用生物体系并用先进的生物学和工程技术，来改善人类健康及人类所处环境的新型的跨学科技术。见生物技术。

生物化学 biochemistry 研究生命物质的化学组成、结构及生命过程中各种化学变化的生物学的分支学科。

生物化学若以不同的生物为对象，可分为动物生化、植物生化、微生物生化、昆虫生化等。若以生物体的不同组织或过程为研究对象，则可分为肌肉生化、神经生化、免疫生化、生物力能学等。因研究的物质不同，又可分为蛋白质化学、核酸化学、酶学等分支。研究各种天然物质的化学称为生物有机化学，研究各种无机物的生物功能的学科则称为生物无机化学或无机生物化学。20世纪60年代以来，生物化学与其他学科融合产生了一些边缘学科如生化药理学、古生物化学、化学生态学等；或按应用领域不同，分为医学生化、农业生化、工业生化、营养生化等。

发展简史 生物化学的发展大体可分为四个阶段。①从19世纪末到20世纪30年代。主要是静态的描述性阶段，对生物体各种组成成分进行分离、纯化、结构测定、合成及理化性质的研究。②约为20世纪30～50年代。主要特点是研究生物体内物质的变化，即代谢途径，所以称动态生化阶段。其间的突出成就是确定了糖酵解、三羧酸循环以及脂肪分解等重要的分解代谢途径。对呼吸、光合作用以及腺苷三磷酸（ATP）在能量转换中的关键位置有了较深入的认识。③20世纪50年代至90年代初。主要特点是研究生物大分子的结构与功能。蛋白质和核酸是两类主要的生物大分子。它们的化学结构与立体结构的研究在50年代都取得了重大进展。1973年重组DNA获得成功，由此诞生了基因工程。④从20世纪90年代初开始。主要特点是研究生物大分子（蛋白质与核酸）和基因的结构与功能，以及它们的相互作用。随着基因工程方法的完善，及大规模DNA测序和大规模双相电泳及相关技术的迅速发展，基因组学、功能基因组学、蛋白质组学与结构生物化学等成为这一阶段的研究热点。

研究内容　生物体的化学组成　除了水和无机盐，活细胞的有机物主要由碳与氢、氧、氮、磷、硫等结合组成，分为大分子和小分子两大类。前者包括蛋白质、核酸、多糖和以结合状态存在的脂质；后者有维生素、激素、各种代谢中间物以及合成生物大分子所需的氨基酸、核苷酸、糖、脂肪酸和甘油等。在不同的生物中，还有各种次生代谢物，如萜类、生物碱、毒素、抗生素等。

新陈代谢与代谢调节控制　新陈代谢由合成代谢和分解代谢组成。前者是生物体从环境中取得物质，转化为体内新的物质的过程，又称同化作用；后者是生物体内的原有物质转化为环境中的物质，又称异化作用。在物质代谢的过程中还伴随有能量的变化。生物体内机械能、化学能、热能以及光、电等能量的相互转化和变化称为能量代谢。此过程中ATP起着中心的作用。新陈代谢是在生物体的调节控制之下有条不紊地进行的。这种调控有3种途径：一是通过代谢物的诱导或阻遏作用控制酶的合成；二是通过激素与靶细胞的作用，引发一系列生化过程；三是效应物通过别构效应直接影响酶的活性。

生物大分子的结构与功能　蛋白质的主要功能有催化、运输和贮存、机械支持、运动、免疫防护、接受和传递信息、调节代谢和基因表达等。由于结构分析技术的进展，使人们能在分子水平上深入研究它们的各种功能。20世纪80年代初出现的蛋白质工程，不仅为研究蛋白质结构与功能的关系提供了新的途径，而且也开辟了按一定要求合成具有特定功能的新蛋白质的广阔前景。

核酸的结构与功能的研究为阐明基因的本质，了解生物体遗传信息的流动作出了贡献。碱基配对是核酸分子相互作用的主要形式，这是核酸作为信息分子的结构基础。基因表达的调控是核酸的结构与功能研究的一个重要内容。

糖类物质包括多糖、寡糖和单糖。在多糖中，纤维素和甲壳素是植物和动物的结构物质，淀粉和糖原等是贮存的营养物质。单糖是生物体能量的主要来源。寡糖和蛋白质或脂质可以形成糖蛋白、蛋白聚糖和糖脂。由于糖链结构的复杂性，使它们具有很大的信息容量，对于细胞专一地识别某些物质并进行相互作用而影响细胞代谢、细胞识别、细胞运动和肿瘤发生等具有重要作用。

酶学　生物体内几乎所有的化学反应都是酶催化的。酶的催化作用具有效率高、专一性强等特点。这些特点取决于酶的结构。酶的结构与功能的关系、反应动力学及作用机制、酶活性的调节控制等是酶学研究的基本内容。

生物膜和生物力能学　生物膜主要由脂质和蛋白质组成，一般也含有糖类，其基本结构可用流动镶嵌模型来表示，即脂质分子形成双层膜；脂质和膜蛋白具有流动性；膜蛋白与膜蛋白之间以及膜蛋白与脂质之间以不同程度相互作用。生物膜与能量转换、物质与信息的传送、细胞的分化与分裂、神经传导、免疫反应等都有密切关系，是生物化学中一个活跃的研究领域。

激素与维生素　激素是新陈代谢的重要调节因子。激素系统和神经系统构成生物体两种主要通信系统。二者之间又有密切的联系。20世纪70年代以后，激素的研究范围日益扩大，对一些激素的作用原理也有所了解，如改变膜的通透性，激活细胞的酶系，或影响基因的表达。维生素对代谢也有重要影响，可分水溶性与脂溶性两大类。它们大多是酶的辅基或辅酶，与生物体的健康有密切关系。

生命的起源与进化　生物进化学说认为地球上数百万种生物具有相同的起源并在大约40亿年的进化过程中逐渐形成。生物化学的发展为这一学说在分子水平上提供了有力的证据。通过比较不同种属DNA或蛋白质的类似度，可以推断出种属之间的亲缘关系；DNA复制中的差错可以说明作为进化基础的变异是如何产生的。

方法学　在生物化学的发展中，许多重大的进展均得益于方法上的突破。例如同位素示踪技术、层析及各种电泳技术、X射线衍射技术、高分辨率二维核磁共振技术、单克隆抗体和杂交瘤技术、生物芯片技术等。生物化学今后的继续发展无疑还要得益于技术和方法的革新。

理论意义和实际应用　生物化学对其他各门生物学科的深刻影响首先反映在与其关系比较密切的细胞学、微生物学、遗传学、生理学等领域。此外生物化学是在医学、农业、某些工业和国防部门的生产实践的推动下成长起来的，反过来，它又促进了这些部门生产实践的发展。①医学生化。对一些常见病和严重危害人类健康的疾病的生化问题进行研究，有助于进行预防、诊断和治疗。青霉素的发现开创了抗生素化疗药物的新时代，再加上各种疫苗的普遍应用，使很多严重危害人类健康的传染病得到控制或基本被消灭。②农业生化。随着生化研究的进一步发展，不仅可望采用基因工程的技术获得新的动、植物良种和实现粮食作物的固氮；而且有可能在掌握了光合作用机理的基础上，使整个农业生产的面貌发生根本的改变。③工业生化。生物化学在发酵、食品、纺织、制药、皮革等行业都显示了威力。例如皮革的鞣制、脱毛，蚕丝的脱胶，棉布的浆纱都用酶法代替了老工艺。固定化酶和固定化细胞技术的应用更促进了酶工业和发酵工业的发展。④国防方面的应用。防生物战、防化学战和防原子战中提出的课题很多与生物化学有关。如射线对于机体的损伤及其防护；神经性毒气对胆碱酯酶的抑制及解毒等。

生物技术　biotechnology　利用生物体和它们的产物以及生物体所包含的信息来改善人类的健康及人类所处的环境的技术方法以及相关的科学研究活动。又称生物工程。生物技术是以生命科学为基础，利用生物体（或生物组织、细胞及其组分）的特性和功能，设计构建新物种、新品系、新分子、新技术、新方法、新材料等，并且与工程原理相结合进行研究、设计、加工生产，为社会提供服务。因此，生物技术是一个综合性技术体系，主要包括基因工程、细胞工程、酶工程、蛋白质工程、微生物工程和生物克隆技术6个部分，其中基因工程是现代生物技术的核心。生物技术的对象可以是无生命的生物大分子物质或是生物体。生物信息学和仿生学虽然不是利用生物作为手段，但也是通过深入了解生命现象的规律来解决工程技术问题，也可属于广义的生物工程学范畴。生物技术可以分为传统生物技术、工业生物发酵技术和现代生物技术。现在常说的生物技术实际上是指现代生物技术。

生物碱　alkaloid　从动植物及海洋生物、微生物和昆虫代谢产物中分离得到的、具有碱性的天然有机含氮化合物，广义地称为生物碱（维生素、蛋白质、肽、氨基酸等除外）。通常存在于植物中，旧称植物碱。含碳、氢、氧、氮等元素。生物碱分子结构复杂，种类繁多，大多为含氮杂环的化合物，按其环系又可分成多种类型，如吗啡为含异喹啉环系的异喹啉型生物碱，番木鳖碱则为吲哚型生物碱。除季胺类水溶性生物碱外，一般游离碱难溶于水，易溶于有机溶剂；味苦；呈碱性，与酸生成水溶性盐；具有一定的熔点和旋光性。生物碱有明显的生理作用，很多是中草药的有效成分。医药上广泛应用，例如吗啡能安神、镇痛，毛果芸香碱治青光眼等。但也有不少生物碱是剧毒的化合物，如番木鳖碱等，或是会引起成瘾的毒品组分，如海洛因、古柯碱等。

生物降解 bio-degradation 土壤、水体和废水处理系统中的需氧微生物对天然的和合成的有机物的破坏或矿化作用。其研究内容包括生物自身所具有的降解能力、有机物降解难易的规律、水溶性和非水溶性有机物生物降解的机理以及生物降解的途径等。结构简单的有机化合物一般先降解，结构复杂的一般后降解，具体如下：①脂肪族和环状化合物较芳香族化合物容易被生物降解。②不饱和脂肪族化合物（如丙烯基和羰基化合物）一般可降解，但有的不饱和脂肪族化合物有相对不溶性，会影响它的生物降解程度。有机化合物主要分子链上除碳元素外还有其他元素，就会增强对生物降解作用的抵抗力。③有机化合物分子量的大小对生物降解能力有重要影响。聚合物和复合物的分子能抵抗生物降解，主要是因为微生物所必需的酶不能靠近并破坏化合物分子内部敏感的化学键。④具有被取代基团的有机化合物，因其同分异构体的多样性可能影响生物的降解能力。如伯醇、仲醇非常容易被生物降解，而叔醇则能抵抗生物降解。⑤增加或去除某一官能团，会影响有机化合物的生物降解程度。如羟基或胺基团取代到苯环上，新形成的化合物比原来的化合物容易被生物降解，而卤代作用能抵抗生物降解。很多种有机化合物在低浓度时能完全被生物降解；而在高浓度时，生物的活动会受到毒性的抑制而影响有机物的降解，例如酚。

生物交互作用 biotic interaction 生活在同一生境中的生物之间相互施加影响的现象。这种影响可能促进另一方的生存或繁殖（有利影响），也可能使另一方的生存或繁殖能力下降（有害影响）。与一般生物学研究不同，这种对生物间利害关系的研究是从"功利"角度来立论的，但它不仅有很大的实用价值，而且也是进化理论的一个重要组成部分。生物交互作用表现在个体之间。如同种个体间可以存在多种交互作用：一方面，异性个体可以结成配偶，可以共同哺育子代，多个家族还可结成更大的种群，共同取食，共同御敌；另一方面，同种个体也可为了获取同一资源而互相竞争（种内竞争），甚至残杀。这两类表面看来相互矛盾的现象，如果从整个物种的角度来看，是可以统一起来的。因为不仅生殖行为和社群行为有助于种族的生存和繁衍，而且当环境资源不敷日益增长的种群需要时，竞争可以淘汰弱者，使种群保持在与环境相适应的规模内，生活质量不致下降，也可避免资源枯竭而招致更大的灾难。

生物礁 biogenetic reef 由造礁生物在原地建造的有抗浪结构的海相碳酸盐沉积的通称。按造礁生物类型，可分为藻礁、海绵礁、层孔虫礁、厚壳蛤礁、珊瑚礁等；按礁的形态学及礁形成的位置和规模，可分为岸礁、堡礁、环礁、塔礁、点礁等。在许多不同时代的生物礁中找到了储量极其可观的石油和天然气。

生物节律 biological rhythm 生命现象中的节律性变化，生物基本特征之一。在生命过程中，广泛存在的节律使生物能更好地适应外环境并通过适配的相位关系保持生命过程的协调统一。

生物体的节律变化一般与环境的周期变化相对应，也可以看作是对环境周期变化的应答。很多生物节律现象直接与地球、太阳及月球间相对位置的周期变化对应：①日节律。以24小时为周期的节律，通称昼夜节律。如细胞分裂、高等动植物组织中多种成分的浓度、活性的24小时周期涨落、光合作用速率变化等。②潮汐节律。生活在沿海潮线附近的动植物，其活动规律与潮汐时相一致。③月节律。约29.5天为一期，主要反映在动物动情和生殖周期上。④年节律。动物的冬眠、夏蛰、洄游，植物的发芽、开花、结实等现象均有明显的年周期节律。

这些节律变化的周期相对稳定，即使环境突然变化，在一段时间内仍然保持不变。除天体物理因子之外，光线、温度、喂食、药物等因素在一定程度上可起调时作用。另外，还有一些生物节律不受外部时间进程的影响，表现出较高的频率或极低的循环周期，如正常成人心搏每分钟70次，酶合成和酶活性的振荡周期为1到几十分钟，神经动作电位发放频率则可达10～10^2赫兹。影响它们的主要是温度、药物、底物浓度以及生理状态等因素。通常把生物体内激发生物节律并使之稳定维持的内部定时机制称为生物钟、生理钟。

有两种假说试图对生物钟进行解释：一种是外源说，认为生物体系根据外界自然周期现象定时，因而产生了与天体物理因子等同步的节律。另一种是内源说，认为生物钟是先天性和遗传性的，是一种内在的振荡机制。

生物净化 biological purification 生物类群通过代谢作用（异化作用和同化作用）使环境中污染物的数量减少，浓度下降，毒性减轻，直至消失的过程。水体、空气和土壤中的污染物，只要不超过生态系统的承载能力，就可通过物理、化学和生物作用得到净化，其中生物作用十分明显；如果超过生态系统的承载能力，生物净化作用就会遭到破坏，生态系统就可能失去平衡，产生不良后果。

陆地生态系统的生物净化作用　绿色植物（包括树木和草坪）净化大气的作用主要有：①吸收二氧化碳，放出氧气；②滞留过滤降尘和飘尘；③在植物抗性范围内通过吸收，减少空气中二氧化硫、氟化氢、氯气等有害物质的含量，减少臭氧的发生；④过滤细菌或杀菌的作用；⑤吸收和净化某些重金属；⑥减轻噪声污染。

土壤-植物系统的生物净化功能主要有：①植物根系的吸收、转化、降解和合成作用；②土壤中真菌、细菌和放线菌微生物区系的降解、转化和生物固定作用；③土壤中动物区系的代谢作用对于一般有机物质特别是含氮、磷、钾的有机物具有理想的净化效果。

淡水生态系统的生物净化作用　河流、湖泊、水库等水体中生活着细菌、真菌、藻类、水草、原生动物、贝类、昆虫幼虫、鱼类等生物，能够净化污染物。通常用五日生化需氧量（BOD_5）和化学需氧量（COD）作为衡量水体中生物降解有机物的综合指标。温度、营养物质比例（包括碳/氮）和溶解氧将影响水体自净。但若进入水体的某污染物的浓度超过生物生存的阈值，水体的生物自净就会遭到破坏。水体中某些特殊的微生物类群还能吸收并浓缩水中的汞、锌、镉等重金属元素或生物难降解的人工合成有机物。这些物质通过生物固定沉积在底部沉积物中，使水体逐步得到净化。

许多种水生、沼生植物，如芦苇和大米草，对水中悬浮物、氯化物、有机氮、硫酸盐均有一定的净化能力；水葱能净化水中酚类；凤眼莲（水葫芦）、绿萍、金鱼藻、菱角等有吸收水中重金属元素的作用。这些植物还可提供甲醇、乙醇、沼气等生物能源。

海洋生态系统的生物净化作用　海洋中的污染物种类繁多，尤以石油类污染最为严重。海洋中降解石油烃的微生物主要是细菌，此外还有酵母、放线菌和丝状真菌。深海具有低温（小于4℃）、高压、稀营养等特点，微生物对石油污染物的净化作用甚小；近岸和浅海长期受陆地影响，温度较高，营养物较丰富，一般生物降解比较旺盛。海洋微生物不仅能净化石油烃，而且能够较好地降解苯并(a)芘等多环芳烃化合物。

生物控制论 biocybernetics; biological cybernetics 把控制论的一般原理应用于研究生物系统中的控制和信息的接收、编码、传递、存储、提取、处理和反馈机制的理论。控制论的应用分支。生物控制论的目的主要在于建立能反映人体和动物体功能的模型与理论，而且这种模型中的逻辑原理与有机体本身中起作用的逻辑原理是相同的。在生物控制论的研究中，建立数学模型和计算机仿真的方法起着突出的作用。

由于生物系统的层次性，生物控制论可以在各个层次上研究相应的信息过程：小到从分子层次上研究细胞内生化合成过程的反馈机制，大到分析和模拟生态系统。但生物控制论研究得最多、最深入的层次是生理系统水平上的控制和信息过程，特别是神经系统各个层次中的信息过程。这方面的内容大致上可以分成两部分：①生理系统分析。用系统分析和控制理论（包括经典的频域分析和现代的时域分析）的方法，研究生理系统中各个组成部分是如何相互作用并组成整个系统，建立并分析相应的数学模型，阐明该系统内在的控制和信息处理机制。②神经控制论。研究神经系统中的信息过程，建立相应的模型。

生物力学 biomechanics 将力学的原理和方法与生命科学的原理和方法相结合，认识生命运动规律（定量）的交叉学科。应力-生长关系的发现，揭示出世界上最简单的物质运动形式——以位移为特征的机械运动和生命运动的内在联系，说明力学信号是除化学信号、电（磁）信号以外另一个影响和调控生命过程的重要的信号系统。研究对象包括人、动物、植物和微生物在内的所有物种。就生命运动的层次而言，涵盖从生态系统、生物种群、生物个体、生理系统、器官、组织到细胞和亚细胞过程、生物大分子、分子器件和亚分子结构-功能域等所有层次，以及它们之间的多种、多重跨层次、跨尺度相互作用。从研究目标来说，生物力学已深入现代医学，从临床医学到基础医学。如血管生物学（vessel-biology）的形成，以及对炎症、肿瘤转移、血栓形成等病理过程的认识等。在生物医学向生理、心理、社会、环境相结合的新医学模式转变中，生物力学与生物控制论、医学信息技术相结合，提供的新思路、新概念、新方法和新技术，促进21世纪医学的变革。生物力学还是生物工程（包括生物医学工程和生物化学工程）的理论基础：在人工器官、康复工程、创伤防护和职业病预防等方面举足轻重；对于组织工程、生物微系统、生物功能材料、仿生材料、药物分子设计、内源性药物制备及干细胞技术等前沿领域的发展，亦起着重要作用。此外，运动生物力学已成为体育科学的基础；正在兴起的绿色植物生物力学和微生物生态系统动力学，对于农业科学和农业工程以及微生物科学和微生物工程的未来发展均具有重要意义。

生物力学是力学的一个新生长点，它的深入发展，又对已有的力学理论体系提出了根本性的挑战。如在亚细胞过程和分子层面上，连续介质力学的公理体系必须修正和重建。冯元桢在这方面作了有意义的探索。

生物力学研究内容主要包括以下几方面。①活组织的力学性质（生物流变学），包括血液流变学和软组织力学。②骨组织的力学性质。③肌肉力学。④骨骼和关节力学，包括骨伤愈合的生物力学原理、脊柱力学和关节力学。⑤循环系统力学，包括血液动力学、微循环力学、肺微循环力学和肺循环力学、心脏力学和心血管系统动力学。⑥呼吸力学。⑦器官力学。⑧细胞力学，包括细胞力学性质、应力-细胞生长、细胞黏附及相关生物大分子相互作用和分子生物力学。⑨运动生物力学，包括人体运动生物力学、水生动物泳动力学、绿色植物生物力学。⑩生命过程中的基本关系应力-生长关系。⑪生物力学组织工程。⑫生物力学和人类行为工程。

生物膜 biological membrane 细胞、细胞器与其环境接界的所有膜结构的总称。生物中除某些病毒外，都具有生物膜。真核细胞除质膜（又称细胞膜）外，还有分隔各种细胞器的内膜系统，包括核膜、线粒体膜、内质网膜、溶酶体膜、高尔基体膜、叶绿体膜、过氧化酶体膜等。生物膜形态上都呈双分子层的片层结构，厚度约5～10纳米。其组成成分主要是脂质和蛋白质，另有少量糖类通过共价键结合在脂质或蛋白质上。不同的生物膜有不同的功能。质膜和物质的选择性通透、细胞对外界信号的识别作用、免疫作用等密切有关；神经细胞膜与肌细胞膜是高度分化的可兴奋膜，起着电兴奋、化学兴奋的产生和传递作用；叶绿体的类囊体膜与光合细菌膜、嗜盐菌的紫膜起着将光能转换为化学能的作用，而线粒体内膜与呼吸细菌膜则能将氧化还原过程中释放出的能量用于合成腺苷三磷酸（ATP）；内质网膜则是膜蛋白、分泌蛋白等蛋白质及脂质的生物合成场所。因而，生物膜在活细胞的物质、能量及信息的形成、转换和传递等生命活动过程中起着重要作用。

生物能学 bioenergetics 研究生命过程中能量关系的学科。又称为生物能力学或生物力能学。

有机体生活在一定的环境之中，它必须不断从外界获得能量，如光合作用需获得太阳光能，维持生命需摄取食物中的化学能等，这是能量的吸收；把吸收的能量转变为适于在体内储存的形式，如通过氧化磷酸化或光合磷酸化生成高能磷酸键，这是能量的储存；在合适的条件下，被吸收的能量将在体内转移到发生反应的其他部位，如蛋白质不同部位吸收的能量转移到某个特定化学键使之断裂，这是能量的转移；被吸收或被转移的能量在生命过程中常发生能量形式的变换，如肌肉收缩时化学能转变为机械能，视觉过程中光能转变为电能等，这是能量的转化与利用；机体在受到超出其能忍受的能量作用后产生损伤，例如强烈日照或电离辐射作用下的致癌现象，这是能量对机体的损伤作用。有机体对上述能量的吸收、储存、转移、转化、利用与损伤作用机理的研究，是生物能学的基本任务与内容。

生物能学可从宏观与微观两个不同角度研究。宏观能学广泛应用物理学中的热力学理论，包括经典热力学、不可逆过程热力学，以及耗散结构理论等。其特点是把所研究对象看成一个体系，从整个体系的能量形式和变化的数量关系考虑，而不涉及体系的分子结构及其变化细节。而微观能学则与之不同，它不仅要深入了解体系中每个组分的结构，而且要研究能量过程中这些组分的具体构象改变。

生物浓缩 bio-concentration 生物机体或处于同一营养级上的许多生物种群，从周围环境中蓄积某种元素或难分解的化合物，使生物体内该物质的浓度超过环境中的浓度的现象。又称生物学富集。

生物圈 biosphere 地球表层中生物栖居的范围。包括生物本身及其赖以生存的自然环境，并可看作地球上最大的生态系统。有人认为生物圈仅指生物总体而不包括它周围的自然环境，而另以生态圈一词来概括两者。与生物圈词义相关但界线更难划明确的还有人类圈和智慧圈，前者强调人类活动对生物圈的巨大影响，后者指人类的智力所能影响的范围。

生物圈的范围 地球表层由大气圈、水圈和岩石圈构成，三圈中适于生物生存的范围就是生物圈。水圈中几乎到处都有生物，但主要集中于表层和浅水的底层。大气圈中生物主要集中于下层，即与岩石圈的交界处。在岩石圈中，多数生物生存于土壤上层几十厘米之内。

生物圈的进化 生命离不开液态水，地球与太阳的距离以及地球的自转使地表温度足以维持液态水的存在；地球引力保证了大部分气态分子不致逃逸到太空去；地球的磁场屏蔽了一部分高能射线，使地表生物免遭伤害。这一切为生命提供了存在的可能性。原始大气富含甲烷、氨、硫化氢等化合物，属还原性，故现今的大部分生物都不能在其中生存。后来出现了蓝藻，通过光合作用放出游离氧，使大气变为氧化性，为需氧生物的出现开辟了道路。随着氧气的增多，高空出现臭氧层，阻止住紫外线，生物才有可能发展到陆地上来。但只是在低等植物和微生物的作用下，形成了肥沃的土壤，经长期的进化，最后才逐步形成现在的生物圈。

生物圈的能流　太阳能是一切生命活动的原动力，能量在生物圈中逐级传送，最后以热能形式散发到太空，但地球总体的能量收支大致平衡。生物圈各部分实际接受的太阳辐射量差别很大，这是由于纬度、季节以及大气透明度（云层）的影响造成的。太阳辐射的不均匀分布，造成了不同的气候类型，从而影响了地球上的生物分布；它也是地面气流（风）、水流和水汽循环的主要动因。

生物圈中的能流是与物流相伴随的，一般说来，化学元素进入生物体内是靠生物的主动摄取，而化学元素在自然界中的循环运动则是由气流和水流来完成的。

人与生物圈　人是生物圈中占统治地位的生物，能大规模地改变生物圈，使其为人类的需要服务。然而，人类毕竟是生物圈中的一个成员，必须依赖于生物圈提供一切生活资料。人类对生物圈的改造应有一定限度，超过限度就会破坏生物圈的动态平衡，造成严重后果。

在地球上出现人类以后大约300万年的时期里，人类与其周围的生物和环境处于合理的平衡之中。人在生物圈中的地位并不明显地超过其他动物。随着生产力的提高，人类活动对环境的影响和冲击也日益增加。尤其是产业革命以后的近几百年间，开矿、挖煤、采油、伐林、垦荒、捕捞等规模迅速扩大，生物圈的面貌也发生了极大变化。这种变化不仅影响着其中的其他成员，也对人类自身产生巨大影响。

自然生态系统达到成熟阶段时，其能量和物质的输入、输出之间往往保持相对平衡，而系统中的生物种数以及各种群的数量比例也相对稳定。这种生态平衡状态给生态学家以很大的启发：人类不仅要求生物圈能长期稳定地满足其不断增长的物质要求，而且要求环境质量不降低。形成这样的人与生物圈系统的总体平衡是人类的主要目标。

生物圈保护区　biosphere reserve　以法律及其他有效手段管护的、特别圈定的生物圈区域。1971年由联合国教科文组织人与生物圈计划的国际保护学家们探讨保护区的有效管理，特别是分析了发展中国家保护区的实际情况后，提出的一个崭新的展示人与自然协调的概念和专门的术语。它的最主要特点在于从指导思想上明确保护区不是一个堡垒式或要塞式的庄园，而是一个向人们开放的资源管理的战略基地。其最主要的功能有下列方面：①生物多样性保护功能，集中在保护主要生态系统有代表性的区域；②开发功能，发挥自己的资源优势，满足本地社区的需要；③后勤功能，为实施保护和开发的要求，开展研究、教育培训和监测等服务工作。1976年正式建立第一批生物圈保护区。

生物全息术　biohολography　用全息的理论阐释生物体对周围环境三维空间信息的获取、加工和贮存的过程以及研究全息术在生物学、医学领域的实际应用的全息术分支。生物具有全息式加工、储存和获取环境的三维空间信息的功能。

当蝙蝠发送超声波时，脑的发送部分同时发送刺激到脑接收回声的部分，成为参考刺激，这样发送和回收两者可以相干，和全息术原理是一致的。同时，当背景噪声非常强大时，它可以不增强发送超声的强度，只要提高参考刺激的强度，即可提高抗干扰能力（图1）。

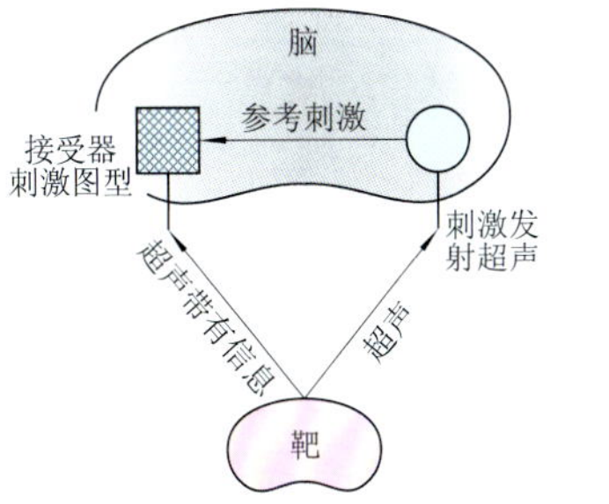

图1　蝙蝠全息式信息加工示意图

又如海豚在前额有一个接收自身发出超声波回声的“瓜器官”，在它发射超声波时亦同时冲击到“瓜器官”，形成了一个干涉背景，从而可以检测出回声波的相位，这也是全息式接收所特有的。葛布尔曾证明，如果双脉冲的发送间隔在$\lambda/4$（λ为波长）时，则所得的两个全息像就更完整。海豚的双脉冲正好落入$\lambda/4$之内（图2）。

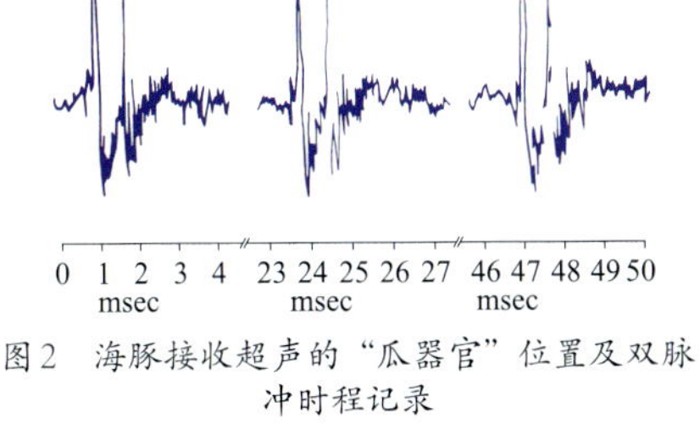

图2　海豚接收超声的“瓜器官”位置及双脉冲时程记录

生物获取环境三维信息的方式是多样化的，如昆虫的复眼、高等动物的双眼。虽然尚无确凿证据说明在动物活体中就是用全息术方式观察到环境三维图像，但是模拟昆虫复眼的透镜可以取得似激光那样形成的全息图像。高等动物双眼视差所产生的深度感知和物体空间频率的频差率相同，也可由此获得相位信息。

全息原理中波前所载信息与波本质无关，亦即不论电磁波、机械波、超声波或生物波，如能像激光全息术那样相干（等同数学上“相关”的概念），再得到重建（等同数学上“卷积”的概念），就能获得除了波的振幅信息之外的相位信息。

生物群落　biological community　生活在一定生境中全部物种及其相互作用、彼此影响所构成的整体。包括相互间有直接或间接关系的所有动物、植物、微生物在内的生命体。相当于生态系统中的生物部分。

群落结构　群落中的不同物种在空间上，常呈分层现象。如温带落叶阔叶林群落由高到低清晰地分为乔木、灌木、草本和苔藓地衣（地被）层。动物种类有时也相应地分层。当然，也存在层外生物，如藤本植物、附着植物，动物则更多些。在时间上时而呈现分化现象，如温带落叶阔叶林群落的草本植物，有早春开花的，也有晚春、夏季或秋季开花的；相关的昆虫亦依次更替。在种类组成上，则分为优势种，即群落中个体数量和生物量都很大的物种；常见种，群落中个体数量和生物量都不占优势，但分布广泛的物种；偶见种，群落中偶尔出现的物种。一般说，热带森林群落的物种数量和生物量远较冻原群落、荒漠群落的多。

群落演替　一个群落发育演化为另一个完全不同的群落。又称生态演替。如宜生云杉林地区的撂荒耕地，最先是出现喜光的桦树、山杨、桤木。这些树的种子易被风携带，落到土壤上即能萌发、生长，这些树种称为先锋种。30～50年后，桦树树冠密接成林。此条件适宜云杉生长，对桦树本身反而不利，于是由桦树林逐渐改为混交林。混交林存在的时间不会太长，因为喜光的桦树在云杉树冠下无法更新。经过80～120年，便形成稳定的云杉林。演替过程中经过的各个阶段称系列群落。演替最后达到一种相对稳定的群落，称为顶极群落。简称顶极。群落演替有两种类型：①在原来没有生命的地点开始演替，称为原生演替。它一般需要上百年或更长时间才能达到顶极状态。②在以前存在过生物的地点进行演替，称为次生演替。其群落达到顶极状态要比原生演替快得多。

生物群域　由气候制约的全球生物群落的最大类别。生物群落的种类及分布受许多因素的影响，最重要的是全球气候。世界生物群域主要有：陆地生物群域，包括热带雨林、热带季雨林和季风林、亚热带常绿林、温带落叶阔叶林、泰加林或北方针叶林、多刺林、亚热带灌丛、热带稀树草原、温带草原、冻原、荒漠、极地、高山荒漠；水陆过渡性生物群域，包括内陆沼泽、沿海沼泽；水生生物群域，包括静止淡水（湖泊、池塘）、流动淡水（河流）、河口湾、沿岸海、大洋（深海）。

生物色现象 biological coloration 生物色指生物的体色。生物体色往往具有通信、隐蔽等功能，是生物适应环境的重要手段。几乎所有生物都具有一定的颜色，有些色彩单一，有些则色彩丰富，并形成各种各样的条纹和花斑。

着色原因 生物色可分为两种：①化学色。由生物体内所含的色素引起，均不具光泽。动物体内常见的有黑色素、嘌呤色素、蝶呤色素、血红素等，植物体内主要有叶绿素、类胡萝卜素、醌类色素和黄酮类色素等。②结构色。与色素着色无关，是生物体亚显微结构所导致的一种光学效果。生物体表面或表层的嵴、纹、小面和颗粒等能使光发生反射或散射作用，从而产生特殊的颜色效应。如鸟类的羽色、蝴蝶的翅色主要是由光的干涉现象所引起的。

生物色现象 生物界普遍存在的生物色现象，对生物的生存和繁衍具有重要的意义。①隐蔽色。普遍存在于动物界，以昆虫最为发达。昆虫的体色常常与所栖物体相似，造成一定的隐蔽效果。拟态与保护色是生物在形态、行为等特征上模仿另一种生物而获益的生态适应现象。如蝇类和蛾类模仿蜜蜂和黄蜂，可逃避鸟类的捕食。某些兰科植物的花瓣在形状、颜色和多绒毛方面模拟某些雌蜂的外表，可吸引雄蜂与之“交尾”，以达到为其授粉的目的。②眼斑。某些蝶蛾类和昆虫翅上有很像脊椎动物眼睛的大斑点，称作眼斑。在动物受惊扰时起保护作用。动物不活动时眼斑隐藏着，一旦受到惊扰，眼斑就会突然暴露，常常可以把小鸟吓跑。③警戒色。一些具有强烈臭味和毒腺、毒刺的动物常有十分鲜明的色彩，这种色彩对捕食者起提醒和警告作用。④变色。某些动物的体色可在一定范围内随背景改变，这种变色特性也是一种适应现象。如在黑色背景下，小长臂虾的颜色变深；在白色背景下，虾的颜色变浅。这些变化是受激素控制的。动物体色在个体发育的不同阶段可能不同。如蝶蛾类幼虫的体色可能与成虫的完全不同；招潮蟹的体色变化则有明显的昼夜节律，白天变深，夜间变浅。

生物声学 bioacoustics 研究动物发声机制、声信号特征，声音的接收、加工和识别及其神经机理的生物物理学分支学科。广义生物声学还涉及生物组织的声学特征、声音效应、超声诊断理论与应用等。

声音通信比光、电、化学物等方式优越，因为声音传播距离远，受障碍物干扰小。动物声通信包括种内通信、种间通信和自身导航。动物通过声音吸引配偶，确定领地，捕捉食物，躲避捕猎者或障碍物，维持配对，亲子联络及集群等，而人类靠言语交流。有效的声通信系统要求：声信号有专一性，能被检测和识别，能确定发声者空间位置。生物声学主要研究对象是能发声和有听觉的昆虫和脊椎动物。

昆虫 直翅目昆虫是用声信号进行种内通信的第一批陆生动物。鳞翅目（蛾）听系统可检测出捕掠者蝙蝠的叫声。蚊、蝇也有声通信行为。①螽斯。用鞘翅摩擦发声。鸣声频率从几百到110千赫，主能峰随种类而异。听觉器官鼓膜器位于前肢胫节。声信号经听神经编码，传到前胸神经节听觉中间神经元，加工后上行到脑，实现声模式识别。②蟋蟀。利用鞘翅的振动发声。感觉细胞位于前肢胫节，低频感受器对4～5千赫声音敏感，高频感受器对10～15千赫声音敏感。③蝗虫。利用股节－鞘翅摩擦发声。鼓膜器位于第一腹节背板两侧。高级听中枢位于原脑后部外侧。

脊椎动物 不少鱼有良好的听觉及频率识别能力。两栖动物的声行为较普遍，如雨蛙、蟾蜍等在性激素控制下，对雄性动物的求偶叫声表现出趋声行为。鳄鱼和夜壁虎能够靠声音进行通信，内耳细微结构及听能力与鸟类相似。①鸟类。发声是鸟类进化的标志。鸟声模式是遗传固有的，并在个体发育中靠听觉进行调节，通过学习和模仿完善其发声本领。鸣禽声库十分庞大。如云雀能发约50种叫声，由300多种音调组成。按鸣声的生物意义可分引唱用哨音、威胁声、攻击声、平定声、恐惧的尖叫声、幼雏声及交配声等。听觉结构已相当发达。鸟类对低频和中频敏感。如红腹灰雀对100赫至12.8千赫的声音都有反应。信鸽能检测到0.05～10赫次声，其灵敏度比人强50分贝。东亚雨燕和美洲热带油鸟有能力在黑暗岩洞内利用回声定位。猫头鹰能靠声音提示定位和捕掠食物，不需视觉帮助。②哺乳动物。灵长类动物有声带，发声出现多种多样变化，可表达不同含义，如危险、侵略、爱情和食物等。人类声通信更加精致和复杂，已符号化，并延伸出语言和音乐。不过，声通信的应用和听觉进化最高、最精致，要数蝙蝠和鲸目动物。大多数蝙蝠进化了十分完善的回声定位系统（又称声呐系统）。这是生物适应黑暗环境的结果。蝙蝠用超声脉冲的回声导航，测定目标距离及运动速度，了解目标质地，发现障碍及捕掠食物。蝙蝠听觉结构比较特殊，其听觉灵敏度曲线与回声定位信号的频谱相匹配。电生理研究表明：蝙蝠听皮层呈音调拓扑排列和功能柱组构。齿鲸亚目动物（如海豚、白鳖豚）也能从回声听出目标的三维图像，精确地回避障碍，捕掠食物。深入研究回声定位及听觉信息加工的脑机理，具有重要的科学意义。

生物数学 biomathematics 生物学与数学之间的边缘学科。以数学方法研究和解决生物学问题，并对与生物学有关的数学方法进行理论研究。分支学科较多，从生物学的应用划分，有数量分类学、数量遗传学、数量生态学、数量生理学和生物力学等。这些分支是数学与生物学不同领域相结合的产物，在生物学中有明确的研究范围。从研究使用的数学方法划分，生物数学又可分为生物统计、生物信息论、生物系统论、生物控制论和生物方程等分支。这些分支没有明确的生物学研究对象，只研究那些与生物学应用有关的数学方法和理论。

生物数学具有丰富的数学理论基础，包括集合论、概率论、统计数学、对策论、微积分、微分方程、线性代数、矩阵论和拓扑学，还包括一些近代数学分支，如信息论、图论、控制论、系统论和模糊数学等。

根据生命科学的需要，生物数学的内容分为以下几个主要方面。

生命现象数量化的方法 所谓生命现象数量化，就是以数量关系描述生命现象。数量化是利用数学工具研究生物学的前提。数量化包括两个方面：①生物表现性状的数值表示；②引进各种定量的生物学概念，并进行定量分析。数量化的实质就是要建立一个集合函数，以函数值来描述有关集合。可是生物界存在着大量界限不明确的、“软”的模糊现象，“硬”的集合概念不能贴切地描述这些模糊现象，给生命现象的数量化带来困难。1965年L.A.扎德提出模糊集合概念，模糊集合适合于描述生物学中许多“软”的模糊现象，为生命现象的数量化提供了新的数学工具。以模糊集合为基础的模糊数学已广泛应用于生物数学。

数学模型方法 数学模型能定量地描述生命物质运动的过程，通过对数学模型的逻辑推理、求解和运算，就能够获得客观事物的相关结论，达到对生命现象进行研究的目的。

综合分析方法 多元分析 多元统计的各种矩阵运算体现了多种生物实体与多个性状指标的结合，在相互联系的水平上，综合统计出生命活动的特点和规律性。常用的多元分析方法有回归分析、判别分析、聚类分析、主成分分析和典范分析等。由于原始数据直接来自生产实践和科学实验，有很大的实用价值。在农、林业生产中，对品种鉴别、系统分类、情况预测、生产规划以及生态条件的分析等，都可应用多元分析方法。在医学方面，多元分析与电脑的结合已经实现对疾病的诊断，帮助医生分析病情，提出治疗方案。

系统论和控制论 系统论和控制论通过状态方程把错综复杂的关系都结合在一

起，在综合的水平上进行全面分析。对系统的综合分析也可以就系统的可控性、可观测性和稳定性作出判断，更进一步揭示该系统生命活动的特征。

概率与统计方法　生命现象常以大量、重复的形式出现，又受到多种外界环境和内在因素的随机干扰。因此，概率论和统计学是研究生物学经常使用的方法。概率与统计方法的应用还表现在随机数学模型的研究中。随机模型是生物数学不可缺少的部分。

不连续的数学方法　不连续性是一切物质存在的基本属性。首先物质和能量两个最基本的概念是不连续的；再看生命现象，物种、个体、细胞、基因等都是生命活动不连续的最小单位，不连续性表现得尤其突出。因此，不连续的数学方法在生物数学中占有重要地位。

生物水　biowater　在各种生命体系中存在的不同状态的水。生物水在生命的繁衍中有着多种重要作用。水的高比热、高汽化热使其成为有机体的温度调节剂。水不仅完成生命活动运载工具的功能，而且是一个优良的溶剂，为生命提供了一个合适的介质环境，其中的pH值、离子种类和离子强度决定着各种生化过程和反应速度。水分子还是光合作用、葡萄糖酵解等多种重要反应的直接参加者。此外，在润滑关节，维持细胞内外渗透压，保持细胞、器官乃至整个有机体的外形方面，水均起着不可替代的作用。20世纪70年代以来，对生物水的研究集中在下列三个方面：①生物体系内电解质、各种生物大分子及细胞精细结构对水的物化性质及结构状态的影响；②蛋白质、核酸、多糖等生物大分子的水合过程，它们的三维立体结构中水分子的定位以及水分子对大分子构象的影响，水在膜结构中的定位和作用；③研究水在酶激活、代谢、繁殖、生长和膜功能等生命现象中的作用，研究正常及病理条件下，有机体中水状态的变化。

由于水分子中氢、氧原子电子云分布的不均匀性，使其极易形成氢键。氢键属弱键，在外界环境及自身热涨落运动的影响下很容易断裂与重建，这就造成了水结构的复杂性，水分子处于永恒的运动中。正是水结构的易变性以及氢键网络把水分子聚集在一起的集团作用，赋予其一系列对生命具有重要意义的特性。通常根据与大分子相互作用强弱的不同，可分为三类水：紧密结合水、结合水及游离水（又称自由水）。实际上，生命体系中水的状态是多相连续的，中间不存在严格的边界，各类水分子之间进行着快速的转换。生物体系内部分水分子的异常状态具有重要作用，它们的存在对维持生物大分子及膜的三维空间结构的稳定是绝对必要的。结合水的存在对生物大分子完成其功能亦是必需的，失去结合水的溶菌酶不具酶的活力，有机体整体水平的代谢亦受制于其结合水量。

由于水分子的易变、生物体系的复杂，加之现阶段实验技术的局限，对于生物水的结构模型、结合水的分类、细胞内水的束缚程度及其作用等的认识还远未完成。

生物陶瓷　bioceramics　用作生物医学材料的陶瓷。又称生物医学陶瓷。功能陶瓷的一种。用于置换、修补人体的骨骼、牙齿等和制造人工器官如心脏瓣膜等。按植入生物体内引起的组织－材料反应可分为4种：①近于惰性生物陶瓷。暴露于生物环境中几乎不发生化学变化，引起的组织反应是材料周围形成厚度不同的包囊纤维膜。典型的有氧化铝生物陶瓷、氧化锆生物陶瓷、玻璃炭等。②表面生物活性陶瓷。可与组织在界面上以化学键性结合。有磷酸钙基生物陶瓷、生物活性玻璃陶瓷等。③可吸收生物陶瓷。可在生物环境作用下被降解和吸收，并随之为周围新生的组织所代替。有β-磷酸三钙、硫酸钙生物陶瓷等。④生物陶瓷复合材料。所引起的组织－材料反应决定于其组成和结构。按生物陶瓷结构可分为：致密型生物陶瓷，孔隙率小于5%；多孔型生物陶瓷，孔隙率大于5%。按生物陶瓷使用情况可分为：①植入陶瓷。又称生物体陶瓷。植入人体内以恢复和增强生物体的机能，是直接与生物体接触使用的生物陶瓷。主要有人造牙、人造骨、人造心脏瓣膜、人造血管和其他医用人造气管和穿皮接头等。②生物工艺学陶瓷。用于固定酶、分离细菌和病毒以及作为生物化学反应的催化剂，是使用时不直接与生物体接触的生物陶瓷。

生物污染　biological pollution　环境质量由于生物因素的污染而恶化，导致生物生存、人体健康受到危害的现象。

种类　较为常见的生物污染包括：①水体生物污染。致病微生物、寄生虫和某些昆虫等生物进入水体，或者由于某些藻类大量繁殖，引起水质恶化，影响人体健康和渔业生产的现象。污染水体的生物种类很多，包括细菌、钩端螺旋体、病毒、寄生虫和昆虫等。水体生物污染可引发疾病流行。②大气生物污染。包括大气微生物污染、大气变应原污染和生物颗粒物污染。污染大气的微生物种类很多，一些种类对外界环境的抵抗能力很强，如八叠球菌、细球菌、枯草杆菌、霉菌和酵母菌的孢子，这些微生物在大气中停留时间很长，是造成大气污染的主要种类。室内环境如果通风不良、人员拥挤，就可能成为大气微生物污染很严重的场所。大气变应原是指引起人体变态反应的物质，如花粉、尘螨、毛虫的毒毛等。一些生物物质，如杨柳等绿化植物种子的细毛、细菌、真菌、尘螨等以颗粒的形态存在或附着在大气颗粒物上，造成大气的生物颗粒物污染。

防治　主要的措施包括：①加强对可能的污染源，如医院、牲畜场、屠宰场等排气和污水的控制和管理。②加强对饮用水的处理，保证饮用水的卫生标准。③注意室内通风，在有条件或特殊场所考虑采用空气过滤和消毒措施等。

生物武器　biological weapon　以所装填的生物战剂杀伤有生力量和毁坏植物的武器。又称细菌武器。包括装有生物战剂的炮弹、航空炸弹、火箭弹、导弹和航空布洒器、气溶胶发生器等。生物武器可使大量人、畜发病或死亡，也可大规模毁伤农作物，从而削弱敌方的战斗力，破坏其战争潜力。

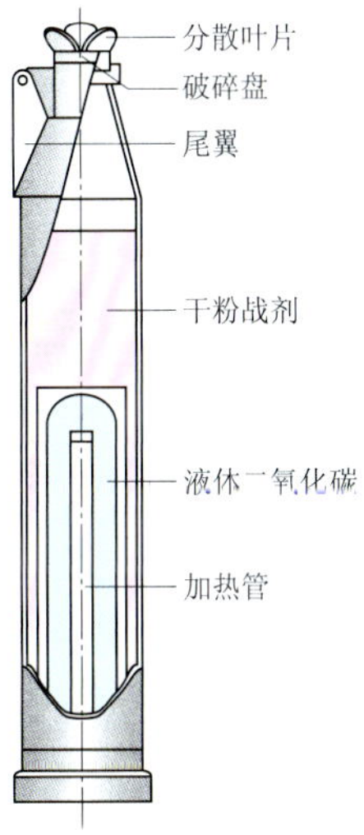

美国干粉生物战剂航空炸弹示意图

生物武器具有面积效应大、传染能力强、危害时间长、生物专一伤害性等特点，但使用受自然条件影响大。

生物武器被世界公认为是大规模杀伤性武器。为全面禁止和彻底销毁生物武器，1971年12月16日联合国第26届大会通过《禁止生物武器公约》。中国签署并批准了这一公约。

生物物理学　biophysics　研究生命物质的物理性质、生命过程的物理与物理化学规律以及物理因素对生命系统作用机制的科学，是物理学和生物学相互结合而产生的一门交叉学科。其基本内容主要有：

分子生物物理学　研究生物分子的各级结构、相互作用、动力学与功能，特别是分子间的特异相互作用（即识别），以及分子的复制与折叠等的机制。为此不仅要应用许多物理方法，如X射线与中子衍射、多维核磁共振、电子显微镜和各种光谱从实验方面具体测定，而且需要用量子生物学、分子动力学等从理论上加以阐明。

膜与细胞生物物理　应用分子生物物理学的成果于更为复杂的细胞系统将有助于了解生命活动的本质。细胞的膜系统（包括质膜、内质网膜、线粒体膜与核膜）成为研究重点，其中膜的多型性、动力学、膜脂与膜蛋白的相互作用、膜受体与配体的特异作用、膜通道的结构与选择性等都是很活跃的研究课题。

神经生物物理学　从分子水平与网络水平研究神经信号在网络中的传递，突触传递中神经递质与受体的相互作用，神经通路与神经回路的研究，学习、记忆的神经与分子机制，各种感受器的信息获取等。

理论生物物理学　运用数学与理论物理学研究生命现象的一个领域，不仅包括量子生物学、分子动力学等微观方面的研究，也包括对进化、遗传、生命起源、脑的功能活动以及生命系统的复杂性等宏观方面的研究。

技术与方法研究　发展的主流是对生物结构与生物分子高空间分辨、高时间分辨的实时无损伤观察与测定。特别是扫描隧道显微镜、原子力显微镜的应用对于单个分子的探测与成像，不仅能了解分子的真实行为，而且有望研究活细胞及活体中的过程。

除上述内容外，生物物理学还包括生物力学、生物流变学、生物控制论与信息论、生物电磁学、辐射生物物理等。

生物心理学　biopsychology　心理学中关于行为的生物学基础的分支学科。即对知觉、认知和行为的生物学的和从演化角度的解释的研究领域，又称生理心理学、心理生物学、行为生物学或行为神经科学。首先使用生理心理学一词的是W.冯特。1874年他用生理心理学作为其著作的题目，并设想了这门以生理现象解释心理现象的学科的梗概。20世纪，生物心理学成为神经科学的主要分支学科。

广义的生物心理学包括生理心理学、心理药理学、神经心理学、心理生理学、认知神经科学以及比较心理学。生物心理学的研究课题包括脑与行为的演化；脑的解剖与发展及其与行为的关系；感觉加工、运动控制、动机行为、情绪、精神障碍、学习与记忆、语言和认知等心理现象和行为的神经过程和神经机制。生物心理学有几种主要的研究思路和观点：依照不同的尺度描述行为；比较不同的物种，探究行为和脑的演化；观察行为和生物特征的毕生发展；研究行为的生物机制；利用研究结果促进人类和其他动物的健康和幸福。尽管生物心理学包括多个水平和层次的工作，但由于心理现象是脑整体活动的产物，是脑对现实刺激和过去种种经验的反映，因此，生物心理学着重从整体观点来看待作为心理现象基础的神经活动。生理心理学研究脑的各部分结构的功能，重在了解这些部分如何参与脑的整体工作。研究单个神经元对特殊刺激的反应，也是为了追踪实现某些行为反应或行为变化的神经线路和组织情况，而非出自对神经元本身的生理学的兴趣。这是生物心理学的研究目的有别于神经生理学之处。

生物芯片　biochips　通过缩微技术，在一种固相基质上平行检测大量生物样品特有信息的技术。根据基质上所固定的生物物质的种类，生物芯片可分为基因芯片、DNA芯片、蛋白质芯片、细胞芯片和组织芯片等。

最早的生物芯片为DNA芯片。将基因、DNA或寡聚核苷酸片段作为探针，按照特定的排列方式固定在硅片、玻片或塑料片上。杂交时，首先将待测的DNA或RNA样品用荧光化合物标记，然后与芯片温浴。待测样品中凡是含有与芯片DNA探针互补顺序的核酸分子均可与之形成杂交双链。将激光共聚焦显微镜采集的荧光信号在计算机上进行处理，最终转变为数字模式。这种芯片技术与传统的杂交方法相比，具有高通量、体积小、样品量少、高灵敏度的特点。由于采用了机械手操作并结合计算机判读，重复性更好，稳定性更强，使分析过程连续化、微型化、集成化和自动化。

生物芯片技术可广泛应用于疾病诊断和治疗、药物筛选、农作物优良品系选育、司法鉴定、食品卫生监督、环境检测、国防、航天等许多领域。它将为人类认识生命的起源、遗传、发育与进化，为人类疾病的诊断、治疗和防治开辟全新的途径，为生物大分子的全新设计和药物开发中先导化合物的快速筛选及药物基因组学研究提供技术支撑平台。

生物学　biology　研究生物各个层次的种类、结构、功能、行为、发育和起源、进化，以及生物与周围环境的关系等的科学。

研究对象　地球上现存的生物估计有200万～450万种；已经绝灭的种类估计至少也有1 500万种。生物具有多种多样的形态结构，生活方式也五花八门。从生物的基本结构单位——细胞的水平来考察，有的生物尚不具备细胞形态，在已具有细胞形态的生物中，有的由原核细胞构成，有的由真核细胞构成。从组织结构水平来看，有的是单生的或群体的单细胞生物，有的是多细胞生物，而多细胞生物又可根据组织器官的分化和发展不同而分为多种类型。从营养方式来看，有的是光合自养，有的是吸收异养或腐食性异养，有的则是吞食异养。从生物在生态系统中的作用来看，有的则是有机食物的生产者，有的是消费者，有的则是分解者。美国R.H.惠特克于1969年提出五界系统。将细菌、蓝菌等原核生物划为原核生物界，将单细胞的真核生物划为原生生物界，将多细胞的真核生物按营养方式划分为营光合自养的植物界、营吸收异养的真菌界和营吞食异养的动物界。中国生物学家陈世骧于1979年提出六界系统。这个系统由非细胞总界、原核总界和真核总界组成。非细胞总界中只有1界，即病毒界。原核总界分为细菌界和蓝菌界。真核总界包括植物界、真菌界和动物界。

非细胞生命形态　病毒不具备细胞形态，没有自己的代谢机构，没有酶系统，也不能产生腺苷三磷酸（ATP）。因此病毒只有在进入寄主细胞之后，它才可以利用活细胞中的物质和能量，以及复制、转录和翻译的全套装备，按照它自己的核酸所包含的遗传信息产生和它一样的新一代病毒。20世纪70年代末发现了比病毒还要简单的类病毒，只有小的核糖核酸（RNA）分子，没有蛋白质外壳。另外，还发现一类只有蛋白质却没有核酸的朊粒，可以使哺乳动物染上慢性疾病。这些不完整的生命形态的存在缩小了无生命与生命之间的距离。

原核生物　由原核细胞构成的低等生物体。原核细胞的主要特征是没有真正的细胞核，只有原核或拟核，染色体只是一个环状的脱氧核糖核酸（DNA）分子，不含组蛋白及其他蛋白质，没有核膜，没有线粒体、质体等膜细胞器。原核生物包括细菌和蓝菌。

细菌在地球上几乎无处不在，它们繁殖快、数量大，在生态系统中是重要的分解者，在自然界的氮素循环和其他元素循环中起着重要作用。有些细菌能使无机物氧化，从中获取能量来制造食物；有些细菌含有细菌叶绿素，能进行光合作用。细菌的繁殖为无性繁殖，在某些种类中存在两个细胞间交换遗传物质的一种原始的有性过程——细菌接合。

大多数立克次氏体和衣原体不能独立地进行代谢活动，被认为是介于细菌和病毒之间的生物。

蓝菌是行光合自养的原核生物。最早的生命是在无游离氧的还原性大气环境中发生的，蓝菌的光合作用使地球大气从缺氧变为有氧，为好氧生物的发生创造了条件。在现代地球生态系统中，蓝菌仍然是生产者之一。

原绿藻含叶绿素a、叶绿素b和类胡萝卜素，很像绿藻和高等植物的叶绿体，因此受到生物学家的重视。

真核生物　为由真核细胞构成的生物体。真核细胞有线粒体等各种膜细胞器，有围以双层膜的细胞核，DNA长链分子与组蛋白以及其他蛋白结合而成染色体。真核细胞的增殖为有丝分裂和减数分裂，分裂的结果使复制的染色体均等地分配到子细胞中去。

原生生物是最原始的真核生物。其原始性不但表现在结构水平上，也表现在营养方式的多样性上。原生生物还没有明确地分化为动物、植物或真菌。根据这些特性，惠特克吸收19世纪E.海克尔的意见，将原生生物列为他的五界系统中的一界，即原生生物界。但是对于这一界的划分尚存在争议。

植物是以光合自养为主要营养方式的真核生物。典型的植物细胞都含有液泡和以纤维素为主要成分的细胞壁。细胞质中有进行光合作用的细胞器即含有光合色素的质体——叶绿体。植物的光合作用都是以水为电子供体的，因而都是放氧的。植物界从单细胞绿藻到被子植物是沿着适应光合作用的方向发展的。在高等植物中植物体发生了光合器官（叶）、支持器官（茎）以及用于固定和吸收的器官（根）的分化。大多数植物的生殖是有性生殖，形成配子体和孢子体世代交替的生活史。植物是生态系统中最主要的生产者，也是地球上氧气的主要供应者。

真菌是以吸收为主要营养方式的真核生物。真菌的细胞壁多含几丁质，也有含纤维素的。细胞没有质体和光合色素。少数真菌是单细胞的，多细胞真菌的基本构造是分枝或不分枝的菌丝。真菌的繁殖能力很强、方式多样，主要是以无性或有性生殖产生的各种孢子作为繁殖单位。真菌分布得非常广泛。在生态系统中，真菌是重要的分解者。

黏菌是一种特殊的真菌。它的生活史中有一段是真菌性的，而另一段则是动物性的，其结构、行为和取食方法与变形虫相似。黏菌被认为是介于真菌和动物之间的生物。

动物是以吞食为营养方式的真核生物。动物体的结构是沿着适应吞食异养的方向发展的。单细胞动物吞入食物后形成食物泡，食物为细胞内消化。多细胞动物在进化过程中，细胞内消化逐渐为细胞外消化所取代，食物被捕食后在消化道内由消化腺分泌的酶消化，消化后的小分子营养物经消化道吸收，并通过循环系统而被输送给身体各部的细胞。与此相适应，多细胞动物逐步形成了复杂的排泄系统、进行气体交换的外呼吸系统以及复杂的感觉器官、神经系统、内分泌系统和运动系统等。在生态系统中，动物是有机食物的消费者。在生命发展的早期，即在地球上只有蓝菌和细菌时，生态系统是由生产者和分解者组成的两环系统。随着真核生物特别是动物的产生和发展，两环生态系统发展成由生产者、分解者和消费者所组成的三环系统。

生物的特征 生物不仅具有多样性，而且具有一些共同的特征和属性。

生物化学的同一性 组成生物体生物大分子的基本结构和功能，在原则上是相同的。例如，各种生物的蛋白质都是由20种氨基酸组成的，各种生物的核酸都是由含4种碱基之一的核苷酸构成的长链，它们的基本功能对于所有生物都是一样的。在不同的生物体内其基本代谢途径也是相同的，甚至于在同一代谢途径中各个不同步骤所需要的酶也是基本相同的。不同生物体在代谢过程中都以ATP的形式传递能量。

多层次的结构模式 生物都是由相同的基本单位——细胞所组成。在结构上，细胞是由蛋白质、核酸、脂质、多糖等生物大分子为主体组成的多分子动态体系；从信息论观点来看，细胞是遗传信息和代谢信息的传递系统；从化学观点来看，细胞是由小分子合成的复杂大分子，特别是核酸和蛋白质的系统；从热力学观点来看，细胞又是远离平衡态的开放系统。

除细胞外，生物还有其他结构单位。在细胞之下有细胞器、分子和原子，在细胞之上有组织、器官、器官系统、个体、种群、群落、生态系统、生物圈等单位。生物的各种结构单位，按照复杂程度和逐级结合的关系而排列成一系列的结构层次。在每一个层次上表现出的生命活动不仅取决于它的组成成分的相互作用，而且取决于特定的有序结构，因此在较高层次上可能出现较低层次所不曾出现的性质和规律。

有序性和耗散结构 生物的代谢途径和空间结构都是有序的。生物无休止的新陈代谢，不可避免地使系统内部的熵增长，在生物体中同时还存在一种使熵减少的机制。生物有序正是依赖新陈代谢这种能量耗散过程得以产生和维持的。

稳态 生物所处的环境是多变的，但生物能够对环境的刺激作出反应，通过自我调节保持自身的稳定。内环境稳定是通过一系列调节机制来保证的。生物体的生物化学成分、代谢速率等都趋向稳态水平，甚至于一个生物群落、生态系统在没有激烈外界因素的影响下，也都处于相对稳定状态。

生命的连续性 除了最早的生命是从无生命物质在当时的地球环境条件下发生的以外，生物只能通过繁殖来实现从亲代到子代的延续。因此，遗传是生命的基本属性。在分子水平上，生命的连续性首先表现在基因物质DNA的连续性上。

个体发育 生物个体发育是按一定的生长模式进行的稳定过程。胚胎组织和器官的发生是以内、中、外三个胚层为出发点的，胚胎发育是通过各部分的相互作用而完成的。现代生物学证明，个体发育是由遗传信息所控制的，发育的基本模式都是由基因决定的。

进化 1859年C.R.达尔文所著《物种起源》的出版，创立了以自然选择为基础的生物进化论。进化是普遍的生物学现象。进化导致物种的分化。生物世界是一个统一的自然谱系，各种生物，都来自一个最原始的生命类型。生物不仅有一个复杂的纵深层次（从生物圈到生物大分子），还具有个体发育历史和种系进化历史。

生态系统中的相互关系 在自然界里，生物的个体总是组成种群，不同的种群彼此相互依赖、相互作用形成群落。群落和它所在的无生命环境组成了生物地理复合体——生态系统。在生态系统中，不同的种群具有不同的功能和作用。生物彼此之间以及它们和环境之间的相互关系决定了生态系统所具有的性质和特点。任何一个生物，它的外部形态、内部结构和功能、生活习性和行为，同它在生态系统中的作用和地位总是相对适应的。这种适应是长期演变的结果，是自然选择的结果。

根据上面这些叙述，不难看出，尽管生物世界存在惊人的多样性，但所有的生物都有共同的物质基础，遵循共同的规律。

研究方法 观察描述的方法 考察那些将不同生物区别开来的、往往是不可测量的性质，用描述的方法来记录这些性质，再用归纳法，将这些不同性质的生物归并成不同的类群。要明确地鉴别不同物种就必须用统一的、规范的术语为物种命名，这一繁重的术语制定工作，主要是C.von林奈完成的。人们使用这些比较精确的描述方法收集了大量动、植物分类学材料及形态学和解剖学的材料。

比较的方法 运用比较的方法研究生物，是力求从物种之间的类似性找到生物的结构模式、原型甚至某种共同的结构单元。早期的比较，还仅仅是静态的共时的比较，在进化论确立后，比较就成为动态的历史的比较了。细胞的发现和细胞学说的建立是观察和描述深入到显微领域所获得的成果，也是比较方法研究的一个重要成果。20世纪，比较的方法深入到不同种属的蛋白质、核酸等生物大分子化学结构的比较。

实验的方法 人为地干预、控制所研究的对象，并通过这种干预和控制所造成的效应来研究对象的某种属性。19世纪，物理学、化学逐渐成熟，生物学实验有了坚实的基础，实验方法相继应用到生理学、细菌学、生物化学、胚胎学、细胞学和遗传学等学科。到20世纪30年代，除古生物学等少数学科，大多数的生物学领域都由于应用了实验方法而取得新进展。实验方法获得巨大发展，然而观察或描述方法，仍然是生物学的基本研究方法。1924～1928年L.von贝塔兰朗提出系统论思想，认为一切生物是时空上有限的具有复杂结构的一种自然系统。1932～1934年，他提出用数学和数学模型来研究生物学。近一个世纪以来，系统论取得了很大发展，涌现出许多定量处理系统问题的数学理论。生物学也积累了大量关于各个层次生命系统及其组成成分的实验资料。

分科　按类群划分　早期的生物学主要是对自然的观察和描述，是关于博物学和形态分类的研究。所以生物学最早是按类群划分学科的，如植物学、动物学、微生物学、古生物学等。植物学又可划分为藻类学、苔藓植物学、蕨类植物学等；动物学又划分为原生动物学、昆虫学、鱼类学、鸟类学等；微生物学又分为细菌学、真菌学、病毒学等。古生物学专门通过化石研究地质历史中的生物，又分为古生态学、古生物地理学等分支学科。

按属性划分　按照生命运动所具有的属性、特征或者生命过程来划分。生物学又分为形态学、生理学、遗传学、胚胎学、生态学，以及交叉学科如生物化学、生物物理学、生物数学等。

按方法划分　有少数生物学科是按研究方法来划分的，如描述胚胎学、比较解剖学、实验形态学等。按方法划分的学科往往作为更低一级的分支学科，被包括在上述按属性和类型划分的学科中。

按层次划分　生物界是一个多层次的复杂系统。为了揭示某一层次的规律以及和其他层次的关系，出现了按层次划分的学科。如分子生物学、分子遗传学、细胞生物学、个体生物学、种群生物学等。

意义　生物与人类生活的许多方面都有着非常密切的关系。生物学作为一门基础科学，传统上一直是农学和医学的基础，涉及种植业、畜牧业、渔业、医疗、制药、卫生方面。随着生物学理论与方法的不断发展，它的应用领域不断扩大，扩展到食品、化工、环境保护、能源和冶金工业等方面。如果考虑到仿生学，它还影响到电子技术和信息技术。

人口、食物、环境、能源问题是举世瞩目的全球性问题。人口问题是一个社会问题，也是一个生态学问题。内分泌学和生殖生物学的成就导致口服避孕药的发明，已促进了计划生育在世界范围内的推广。遗传病严重威胁人口质量。资料表明，新生儿中各种遗传病患者所占的比例在3%～10.5%。揭示产生遗传病的原因，找到控制和征服遗传病的途径是生物学又一重要任务。

食物匮乏是发展中国家长期以来未能解决的严重问题。人类食物的最终来源是植物的光合作用，但在陆地上扩大农业生产的土地面积是有限的，增加食物产量的主要途径是改进植物本身。在一定限度内定向改造植物，用基因工程、细胞工程培育优质、高产、抗旱、抗寒、抗涝、抗盐碱、抗病虫害的优良品种；以及利用富含蛋白质的藻类、细菌或真菌，进行大规模培养，并从中获得单细胞蛋白质，已经取得重大进展。

20世纪生态学关于人与自然关系的研究，唤醒人类重视赖以生存的生态环境。工业废水、废气和固体废物的大量排放，农用杀虫剂、除莠剂的广泛使用，使大面积的土地和水域受到污染，威胁着人类生产和生活。这就要求人们更深入地研究生物圈中物质和能量循环的生态学规律。有降解作用的微生物及其酶制剂是消除污染的有力手段。利用微生物防治害虫，以部分代替严重污染的有机杀虫剂也是大有前途的。在农业中尽快使用生物防治、生物固氮等新技术，是关系到恢复自然生态平衡的大事，也是农业发展的大势所趋。大量消耗资源的传统农业必将向以生物科学和技术为基础的生态农业转变。

全世界的化石能源（石油、煤等）储备总是有限的。因此，自然界中可再生的生物资源（生物量）又重新被人所重视。自然界中的生物量大多是纤维素、半纤维素、木质素。将化学的、物理的和生物学的方法结合起来加工，就可以把纤维素转化为酒精，用作能源。沼气是利用生物量开发能源的另一产品。一些单细胞藻类中含有与原油结构类似的油类，可高达总重的70%，这是另一个引人注目的可再生的生物能源。太阳能是人类可以利用的最强大的能源，而生物的光合作用则是将太阳能固定下来的最主要的途径，利用生物学的理论和方法解决能源问题是大有希望的。

此外，对人口、食物、环境、能源等问题综合进行生物学研究，开创各种综合解决这些问题的方法的农业生态工程的兴起，最终将发展新的、大规模的现代化农业。

生物氧化　biological oxidation　糖、脂肪、蛋白质等有机分子在生物体内通过酶的催化，实现的一系列释能的化学反应过程。生物界有近600种氧化还原酶参与生物氧化，在代谢物的转换、能量代谢、物质解毒、神经介质与激素的作用以及固氮等方面起着重要的作用。这些酶大多位于各种生物膜上，如原核细胞的质膜内壁和间体膜，真核细胞的线粒体内膜和内质网系膜等。其中线粒体含有三羧酸循环和氧化磷酸化酶系，能催化生成ATP（腺苷三磷酸），供细胞内各种化学反应与功能的能量需要，在生物氧化中最为重要。其他生物氧化过程，有的不生成ATP，还有的如固氮酶催化铁氧还蛋白的氧化，合成氨时要消耗ATP。

生物冶金　biometallurgy　利用矿物溶液中某些微生物的特性提取金属的湿法冶金过程。微生物学与冶金学的交叉学科，又称微生物冶金，也曾称细菌冶金。根据微生物在回收金属过程中所起的作用，可分三类：①生物吸附。溶液中的金属离子依靠物理化学作用结合在细胞膜或细胞壁上。②生物累积。依靠生物体的代谢作用而在体内累积金属离子。③生物浸取。利用微生物自身的氧化或还原特性，使矿物的某些组分氧化或还原，而使有用组分以可溶态或沉淀形式与原物质分离；或者使微生物的代谢产物与矿物进行反应而得到有用组分。生物浸取技术已在工业上应用，如低品位铜矿的细菌堆浸等。用于浸矿的细菌有20多种，比较重要的有氧化铁硫杆菌以及氧化铁铁杆菌、氧化硫硫杆菌等。生物浸取投资少、能耗低、生产成本低，可用于处理现有冶金方法难以处理的物料。但细菌浸出反应速度慢，生产率低，浸取周期长，细菌的培养和繁殖受环境影响较大。

生物医学材料　biomedical material　用于人体组织和器官的诊断、治疗、替代，或增进其功能的天然或合成材料。又称生物材料。生物医学材料的研究涉及细胞生物学、材料科学、工程技术和临床应用等领域。生物医学材料不同于药物，其治疗目的不需通过体内的化学反应或新陈代谢来实现。但是生物医学材料可以结合药理作用，甚至起着药理活性物质的作用。生物医学材料的功能常通过加工成器件或制品来实现，其成功使用不仅同材料的组织、结构的选择和设计有关，也同制品的形态等工程设计及制造过程有关。生物医学材料的性质必须满足十分严格的要求，除具有行使指定功能所必需的物理、化学性质外，还必须满足生物学要求，即生物相容性要求。

生物相容性　生物医学材料在特定应用中，引起适当的宿主反应和产生有效作用的能力。它描述材料在特定应用中与活体系统相互作用的生物学行为。这种相互作用包括两方面，一方面是材料对活体系统的作用，或活体系统对材料的反应，即宿主反应，包括局部反应和全身反应；另一方面是活体系统对材料的作用，或材料对活体系统的反应，称为材料反应。宿主反应的发生，是由于生物环境的作用导致构成材料的元素分子和颗粒、碎片等降解产物被释放进入邻近的组织和整个活体系统，以及材料对组织的机械、电、化学和电化学等作用。其结果可能造成对机体的毒副作用。材料反应则主要由生物环境对材料的生理腐蚀和降解作用所造成，可能导致材料结构破坏和性质蜕变。一种成功的生物材料，既要求所引起的宿主反应能够保持在可接受的水平，又要求材料反应不致造成材料发生破坏。

生物医学材料的生物相容性分为两个方面。用于心血管系统与血液直接相互作用的材料的生物相容性，称为血液相容性；用于和机体组织器官相接触的材料的生物相容性，称为组织相容性，即一般所指的生物相容性。血液相容性和组织相容性密切相关，但又有所不同。组织相容的材料，不一定是血液相容的材料。

种类　生物医学材料按组成和性质分为医用金属材料、**生物陶瓷**、生物玻璃、生物衍生材料、医用高分子材料。生物衍生材料是一类全部或主要部分由经过处理的无菌、无抗原性和无生命的生物体组织所构成的材料。常见的有用于人工心瓣膜的、经戊二醛处理固定成型的猪心瓣膜和牛心包；用作韧带修复的经处理过的牛腱；用于血管修复体的经处理过的人脐动脉和牛颈动脉，以及再生胶原弹性蛋白、透明质酸、软骨素硫酸酯、壳聚糖等。医用高分子材料是具有生理功能，符合医用要求并在医学领域应用的功能高分子材料。其应用范围包括从头盖骨到趾骨、从血液到皮肤、从内脏到五官、从牙齿到软组织，以及各种功能的体外用医疗机器、器械和辅助材料，如注射器、导管、夹板、绷带、纱布及吸水、吸液材料等。

按用途分为：骨、牙、关节、肌腱等骨骼-肌肉系统修复和替换材料；皮肤、乳房、食道、呼吸道、膀胱等软组织材料；人工心瓣膜、血管、心血管内插管等心血管系统材料；血液净化、分离、气体选择性透过膜，角膜接触镜等医用膜材料；组织黏合剂和缝线材料；药物释放载体材料；临床诊断及生物传感器材料；齿科材料。

按材料在生理环境中的生物化学反应又分为：①近于惰性的生物医学材料。在生理环境中能保持稳定、长期暴露于生理环境中仅发生轻微甚至不发生化学变化的材料。有合成的非降解高分子材料、医用金属和合金，氧化铝和生物碳等陶瓷，以及生物复合材料。②生物活性材料。植入生物体后，可在材料界面上诱发特殊生物反应，从而导致材料和组织间形成键性结合的材料。主要是生物活性陶瓷和生物活性复合材料。③生物降解和吸收材料。在生物环境中可全部或部分被降解和吸收的材料。主要有可吸收生物陶瓷和生物复合材料，可生物降解和吸收的高分子材料，以及生物衍生材料等。

生物医学工程　biomedical engineering; BME　综合工程学、生物学和医学的理论和方法，在各层次上研究人体系统的状态变化，并运用工程技术手段去控制这类变化的医学边缘学科。由生物医学与工程技术相互渗透而形成。现代生物医学工程研究范围十分广泛，包括有生物医学信息处理、生物控制、生物力学、生物的物理效应、**生物医学材料**与人工脏器、生物医学传感器和生物医学仪器等。

生物力学　运用力学的理论和方法，研究生物组织和器官的力学特性、机体力学特征与其功能的关系。**生物力学**的研究成果对了解人体伤病机理及确定治疗方法有着重大意义。同时可为人工器官和组织的设计提供依据。

生物医学信息处理　包括对生物体检测出的信号和图像，如心电图和X射线照片等的自动处理和识别。它为诊断提供新的手段和工具。而且生物医学信息具有一定的典型性和复杂性，因此成为数字信号处理、模式识别和人工智能等新技术应用的重要方面。

生物控制论　主要是应用自动控制理论和技术解决生物医学中的问题。因为生物系统与工业自动控制系统有许多共同点，控制理论中的数学模型、仿真技术、经典控制理论、系统辨识、最优控制和适应控制等方法，已广泛应用于生物医学。

生物效应、质量和能量传递　主要研究医学诊断和治疗中各种因素可能对机体造成的危害和作用，因此要研究光、声、电磁辐射和核辐射等能量在机体内的传播和分布，以及其生物效应和作用机理。

生物战　biological warfare　使用**生物武器**伤害人畜、毁坏农作物的作战。又称细菌战。在作战中，通过各种方式施放生物战剂（细菌、病毒、毒素、真菌、衣原体和立克次氏体等），造成对方广大地区传染病流行、大面积农作物坏死，以达到削弱对方战斗力，破坏其战争潜力并造成心理恐慌等战略目的。**第一次世界大战**期间，德国军队使用了鼻疽和炭疽杆菌等生物战剂。**第二次世界大战**期间，侵占中国的日本军队曾多次在中国一些地区用飞机投撒污染鼠疫杆菌的跳蚤等生物战剂，造成当地疫病流行、人员发病死亡。20世纪50年代朝鲜战争中，美军对朝鲜北部和中国东北地区使用细菌武器多达数百次，引起了当地居民鼠疫、霍乱病的发生。生物战给受害国人民带来巨大灾难，殃及后代，且对人类及自然界产生无法挽回的甚至是毁灭性的破坏。中国政府和人民一贯反对生物战。1971年12月16日，联合国大会通过《禁止生物武器公约》，对抑制生物武器的研制和生物战手段的使用起到一定作用，但是仍有一些国家继续违约研制生物武器。70年代后，随着生物工程技术取得突破性进展，一种

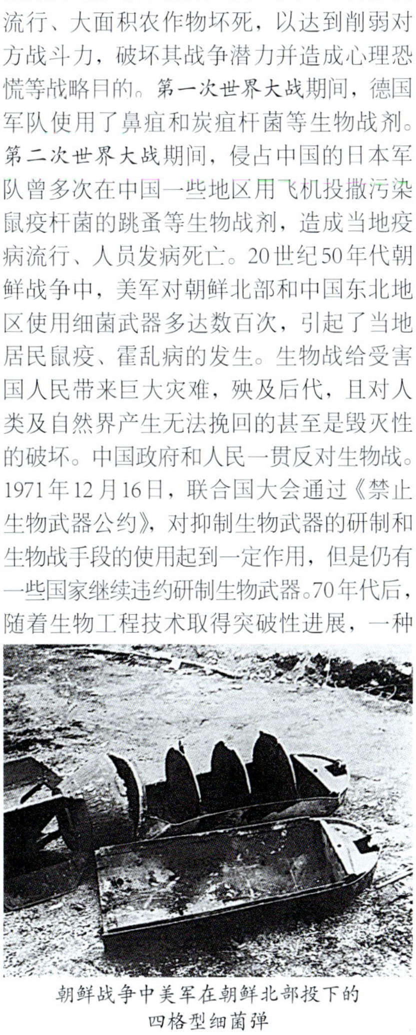

朝鲜战争中美军在朝鲜北部投下的四格型细菌弹

新的生物武器——基因武器正在产生，一旦用于战场，将使生物战具有更大的毁灭性。中国政府一贯主张禁止发展、生产和使用生物武器，并于1984年11月加入《禁止生物武器公约》。

生物制品　biological product　用**基因工程**、**细胞工程**、发酵工程等生物学技术制成的免疫制剂或有生物活性的制剂。生物制品通过刺激机体免疫系统，产生免疫物质（如抗体）发挥其功效。根据用途可分为预防、治疗和诊断用生物制品三大类。

预防用生物制品　均用于传染病的预防。包括疫苗、类毒素和γ-球蛋白三类。

疫苗是由细菌或病毒加工制成的。疫苗分灭活疫苗和活疫苗：①灭活疫苗。制备过程是先从分离得到致病的病原细菌或病毒，经过选择，将细菌放在人工培养基上培养，收获大量细菌，再用物理或化学法将其灭活（杀死），可除掉其致病性而保留其抗原性；病毒只能在活体上培养，如动物、鸡胚或细胞培养中复制增殖，从这些培养物中收获病毒，灭活后制成疫苗。②活疫苗。人工选育的减毒或自然无毒的细菌或病毒，具有免疫原性而不致病，经大量培养收获病毒或细菌制成。活疫苗用量小，只需接种一次，便可在体内增殖而达到免疫功效，而灭活疫苗用量大，并且需接种两三次方能达到免疫功效。二者各有优缺点。疫苗可通过基因重组技术来制备，主要用于尚不能用人工培养的细菌或病毒。

治疗用生物制品　包括各种血液制剂、免疫制剂如干扰素。按治疗作用机理可分为特异的和非特异的。将抗毒素及γ-球蛋白作常规治疗用药品，可起预防作用。单克隆抗体已用于治疗。血液中某些含量少的组分整合到微生物基因中，可大量生产。

诊断用生物制品　用于检测相应抗原、抗体或机体免疫状态，属于免疫学方法诊断。包括两类：①诊断血清。包括细菌类、病毒立克次氏体类、抗毒素类、肿瘤类、激素类、生化制剂等。②诊断抗原。包括细菌类、病毒立克次氏体类、毒素类、梅毒诊断抗原、鼠疫噬菌体等。此外还有红细胞类、荧光抗体、酶联免疫的酶标记制剂、放射性核标记的放射免疫制剂、妊娠诊断制剂（激素类）、诊断用单克隆抗体。

生物钟　biological clock　决定生物生理活动的周期性波动的内生节奏。见**生物节律**。

生物资源　biological resources　生物圈中所有动、植物和微生物组成的**生物群落**的总和。一般由这些生物群落及其周围环境所构成的具有结构和功能的生态系统也被认为是生物资源。人类赖以生存的基础。分

为森林资源、草场资源、水产资源、栽培作物资源、驯化动物资源、野生动植物资源、遗传基因等。生物资源属于有条件的可更新自然资源，即在适宜的天然条件或合理、适度的人类干预下可以不断更新、繁衍和增殖，而在环境条件恶化或过度开发下可能会出现不可逆的退化和衰竭。生物资源是农业生产和一部分工业部门的主要经营对象，对于人类的意义不仅仅在于它的显性价值（如经济价值、营养价值等），还在于它的潜在或隐性价值，而后者还远未被人类所认识。随着人类的技术进步，遗传基因正在成为越来越重要的生物资源。相应地，物种基因库建设受到世界各国越来越多的重视。

生育保险 childbirth insurance 国家为保证女职工及婴儿在产前、产后的全部假期内得到支持和照顾而制定的一种社会政策。是一项专门保护女职工的社会保险。主要内容是产前、产后的生育现金补助和医疗服务。

生育保险的特征包括：①享受生育保险的对象只能是女职工。②生育保险只发给合法的结婚者。③生育期间的保护，着重在休息和增加营养，医疗只是特殊情况下的医疗照顾。④生育者不论其生育的是活胎还是死胎，不论其妊娠时间的长短抑或流产，只要生育者因生育而使收入中断或身体健康状况失常，都应纳入生育保险期（包括节育期间及因节育而致的事故期）。⑤产假根据生育来安排。⑥生育保险的特殊性决定了它在经济补偿上高于疾病保险待遇，而又区别于工伤保险待遇。

生育保险的类型有：①现金给付，主要目的是维持妇女生育期间的基本生活，给付方式主要有两种，即定额制和工资比例制。②实物给付，是以提供各种必要医疗服务或实物的形式为生育妇女提供保障，这种方式一般不与被保险人的工资收入和工龄等资格条件相联系，主要是生育期间的医疗照顾、住院、治疗、药品的提供，有的国家还向新生儿提供全套用品。

生育率 fertility rate 总出生数与相应人口中育龄妇女人数之比。又称育龄妇女生育率。因分析目的不同，可分为一般生育率、分年龄生育率、孩次生育率、分年龄孩次生育率、标准化生育率、总和生育率、累计生育率、终身生育率等类型。

最常用的是一般生育率，即每1 000个育龄妇女的全年活产婴儿数。计算公式为：

$$GFR_f=\frac{B}{P^f_{15\sim49}}\times1\,000$$

式中B为包括已婚、未婚育龄妇女的全年活产婴儿数；$P^f_{15\sim49}$指本年中15～49岁的女性人数，即育龄妇女的平均人数。有些国家称15～44岁的妇女为育龄妇女，分母取$P^f_{15\sim44}$。

出生率因受性别、年龄及其他人口特征的结构影响，难以充分反映人口的生育水平。一般生育率则将生育量与人口中同它关系最密切的育龄妇女数相比，摆脱了上述结构影响，相对可信地反映出人口的生育水平。

生长 growth 生物的生长是生物体或其一部分的体积、干物重或细胞数目增长的过程。在许多情况下，这三者的增长是同时进行的，但增长速度并不完全一致。有时三者之中只有一项或两项增长，其余则停滞不动，甚至减少。

生物生长的特点 ①生物体在生长时，往往在似乎无序的基础上，长出高度有序的、具有每个种的固有特征的器官或个体来。②生物生长时，在重量、体积等数量增长的同时，还不断发生质的变化。如植物等自养生物，能将从外界摄取的无机化合物转化为组成其身体的各种复杂的有机化合物。生物在生长过程中，在结构的各个水平上，也不断发生许多质的变化。③生物体在生长过程中，各生长部分的体积与重量增长几十倍以至千百万倍，但各部分却同时不间断地执行着其生理功能。例如人的心脏在从婴儿到成人的20年生长过程中，一刻也没有停止过跳动。④生物体有调节其各部分的生长速率的本领。如涡虫可以长出被割去的任何部分，但在不切割的正常情况下，这部分并不生长。也就是说，生物体的许多部分往往有比它所实现的生长速率大得多的生长潜力，但这种潜力不到一定时机不表现出来。生长是否进行，以什么速率进行，都是受到控制的。

不同门类生物生长方式的差别 不同门类生物之间形态的差异反映了生长速率的差异。在这千差万别之中，单细胞生物与多细胞生物之间和动物与植物之间生长方式的差异是最显著的。

单细胞生物与多细胞生物生长方式的差别 ①单细胞生物。生长方式最为简单，按分裂→增大→分裂的顺序，循环不已。每个细胞即个体的大小平均有两倍的变化。有时随机因素可使细胞分裂提前或推迟，因而细胞大小变化的幅度可略大于两倍。②多细胞生物。随着身体结构的复杂化，生活方式也变得多样化。例如体积、干物重、细胞数这3项指标的增长速率常常表现不一致，各自集中于生活史的某一阶段或身体的某些部分上发生。如鸡蛋开始孵化之前、孵化过程之中与孵化之后，生长内容大不相同。

动物与植物生长方式的差别 ①动物的不同器官，在发育较早时期就完成了形态发生过程，以后主要是各个器官在体积与重量上增长，一般不再产生新的器官。植物则不然，往往在生活史的大部分时间内，不断长出新的器官。也就是说，在其各个局部中陆续反复地进行形态发生过程。②动物体各器官的数目是固定的，除了性别差异以外，个体间差别极小。例如昆虫有6只脚，脚数完全固定，以致可以作为分类的依据。植物则不然。一棵植物生多少叶子，在树木全无定数，视生长条件和年数而定。动物学中常把器官形成归于发育，而把器官的长大归于生长。植物学中，就整个个体而言，通常把根、茎、叶的发生算作生长的内容；而说发育时，则着重指从生活史的一个阶段向另一个阶段的转化，特别是从营养生长向生殖器官或其他延存器官的发生和生长的过渡。③动物在胚胎期有典型的形态发生运动，即细胞成群地移动位置，形成不同的层和区，最后形成各种器官。植物几乎没有这种运动。④动物的生长是遍及全身的，不同器官之间只在生长速度上有差异。植物的生长则几乎总是局限于某些特定的区域，例如茎和根的生长都局限于顶部的一小段区域。

相关生长与异度生长 生物生长时，常常由于身体各部分或各方向之间相对生长速度的差异，而发生有规律的形态变化。各部分和各方向之间，在生长速率上存在着一定关系的现象，称为相关生长；各部分或各方向按不同速率生长的现象，称为异度生长。人体从婴儿到老年的各个阶段中身体各部分的相对比例是变化的。随着年龄的增长，头的长度在身长中的百分比逐渐下降，而腿所占的百分比则逐渐上升。人体的不同器官，相对生长速率也不相同。

生长与发育的关系 在多数情况下，在发育的同时生长也在进行。生物的生长和发育两种过程，都是由其遗传信息控制的。生长的进程和其结果——长成的生物体的形态都可以作为表征一个生物种的特性。

环境条件对生长的影响 营养物质供应不足，生长速度就会降低。温度对生长的影响特别大。因为生长的基本过程，各种生活物质的合成，涉及一系列生化反应，其速度都随温度的上升而增长。鸟类和哺乳动物，因为有了体温调节的机能，所以受环境温度差异的影响较小。植物中生长受环境中某些信息的影响特别明显，如光形态发生效应。日照长短还会影响开花，因而间接影响营养生长。生物体各部分的生长速率之间成一定的数量关系，表明各部分间有相互制约的调节机理。

研究生长的意义 在农业生产方面，生长的速率都是决定产品（包括畜产品、水产品）的数量的主要过程，如何改变生物的环境以加速生长，或选育生长速率高的品种，以获得较多的农产品，是农业、林业、畜牧业、水产业的中心课题之一。

在医学上需要知道正常儿童的生长速率及其变化的范围，作为诊断营养不良和内分泌失调造成体重增长过慢或过快的指标。儿童身体随年龄增长的速度，对于制造儿童服装、鞋帽和儿童用具如教室桌椅等行业，也是不可少的数据。

生长激素缺乏症 growth hormone deficiency; GHD 因儿童时期人生长激素分泌过少、阙如或作用减低所致发育障碍及身材矮小的现象。又称垂体性身材矮小症。

类型 生长激素缺乏症可分为下丘脑性和垂体性两种，前者是缺乏释放激素，后者是垂体生长激素细胞有缺陷。生长激素缺乏症还可按发病时程分为先天性、获得性、暂时性。

临床表现 ①生长速度缓慢。标准为整个生长期生长速度均在同年龄同性别正常儿童的50百分位数以下，最终导致身高的丢失。②身材矮小。比同年龄同性别正常儿童身高均值矮2.5～3.0标准差，或为正常儿童身高的第3百分位数以下，比由父母遗传所预测的身高矮，身体体型的各部比例的正常演变推迟，骨龄延缓。③皮下脂肪过多。营养良好，面有细皱，皮肤细，肌肉发育较差，皮褶厚度在正常上限，体重与相同身高正常儿童相等或稍高。这是由于人生长激素的脂肪分解作用减低所致。④面容幼稚。脸面骨比颅骨生长更延迟，致前额膨出，鼻梁发育不全，下巴小，出牙延迟，牙珐琅质形成异常，牙挤满于过小的牙床上。⑤青春发育。延缓至18～20岁，患者喉结小，声音尖细，处于青春发育期者身材猛长速度比正常儿童低，少数患者成年后有生育能力。

实验室诊断 身高低于正常儿童第3百分位数，但身体发育比例正常的患儿均应考虑有生长激素缺乏症。6岁以上儿童可测血生长介素水平作为筛选试验，血清生长介素水平正常可排除严重生长激素缺乏症，但血生长介素水平对鉴别6岁以下正常儿童及生长激素缺乏症儿童不够敏感。其他疾病也可影响血生长介素水平，故须做生长激素生理性和药理性兴奋试验来确诊。

治疗 除治疗外，应补充人生长激素或生长激素释放激素。

生长素 auxin 即吲哚乙酸。最早发现的促进植物生长的**植物激素**。吲哚乙酸的纯品为白色结晶，难溶于水。易溶于乙醇、乙醚等有机溶剂。在光下易被氧化而变为红色，生理活性也降低。植物体内的吲哚乙酸有呈自由状态的，也有呈结合（被束缚）状态的。后者多是酯或肽的复合物。植物体内自由态吲哚乙酸的含量很低，每千克鲜重约为1～100微克，因存在部位及组织种类而异，生长旺盛的组织或器官如生长点、花粉中的含量较多。

生长素生物合成的前体是色氨酸。生长素在体内可被酶降解，体外在光下很容易发生光氧化而被破坏。生长素最明显的作用是促进生长，但对茎、芽、根生长的促进作用因浓度而异。三者的最适浓度是茎>芽>根，大约分别为10^{-5}、10^{-8}、10^{-10}摩升。生长素在应用上有促进愈伤组织形成和诱导生根的作用。

生长素参与细胞壁的形成和核酸代谢。在对细胞壁的作用上，生长素活化氢离子泵，降低质膜外的pH值，还大大提高细胞壁的弹性和可塑性，从而使细胞壁变松。

因为生长素在体内很容易经代谢而被破坏，所以外施时效果短暂。其人工合成的类似物生理效果相近而且不易被破坏，故被广泛应用于农业生产。

生长因子 growth factor 对生物具有促生长活性的多肽和**蛋白质**。广义上定义为生物、器官、组织和细胞生长所必需的化合物。它们对细胞具有促**有丝分裂**的功能，广泛存在于生物体的组织器官和体液中，对体内各种靶细胞，如血细胞、神经细胞、骨细胞、间质细胞和上皮细胞等，具有维持生物体存活、促进生长、诱导分化、增强生理功能的作用。因此，生长因子在个体生长发育、组织再生、创伤修复、免疫应答、炎症反应、心血管疾病和肿瘤形成及生长等生理和病理过程中起着重要作用。

生长因子的作用方式有内分泌、自分泌和旁分泌，后两种为生物体生理活动的主要方式。它们的作用机理是通过跨膜信号转导而对靶细胞的生长和分裂起作用，其靶细胞的质膜上应有高亲和力的生长因子特异受体。

现已发现数十种生长因子，例如胰岛素样生长因子（IGF）、表皮生长因子（EGF）、成纤维细胞生长因子（FGF）、神经生长因子（NGF）、转化生长因子（TGF）、集落刺激因子（CSF）等。

生殖 reproduction 生物体的亲代个体产生子代个体的生命现象。生物体最基本的特征和功能之一，也是生物的个体生命延续与生物种族得以繁衍的唯一手段。生殖的方式极其多样，复杂程度也各不相同，大致可分为无性生殖与有性生殖。

无性生殖 不经过生殖细胞（或称配子）的结合，而由亲代直接产生出新个体的生殖方式，多见于植物、某些单细胞动物与低等动物。无性生殖一般能使后代保持亲代的特征。无性生殖常见的类型有分裂生殖、孢子生殖、出芽生殖、营养生殖、再生等。此外，寄生于吸虫和昆虫的幼虫体内的某些生殖细胞也能发育为新的幼虫，这种幼虫繁殖幼虫的生殖方式称为幼体生殖。

有性生殖 由两性生殖细胞结合形成合子，再由合子发育成新个体的生殖方式。有性生殖产生的后代具备两个亲体的遗传性，同时又具有更大的生活力和变异性，有利于提高物种在环境条件不断变换下的生存能力，是生物界最普遍的生殖方式。

有性生殖主要是指配子生殖，即由亲体产生配子（有性生殖细胞），由配子两两相配成对，相互结合形成合子，再由合子发育成新个体的生殖方式。配子生殖又有三种类型，即同配生殖、异配生殖和卵式生殖。在同配生殖中，亲体产生的配子大小和形状都相同，如衣藻。异配生殖的大小配子已经出现形状、大小的区别，如空球藻。

卵式生殖是最常见的配子生殖方式。不同性别的生殖细胞相结合，然后发育成子代的新个体。亲代的很多特征通过生殖细胞染色体上的基因传给子代。所以，生殖细胞是实现生殖功能最基本的结构。卵式生殖是一种高级的异配生殖，是高等植物和多数动物普遍具有的有性生殖方式。人类的生殖是典型的卵式生殖。

多细胞生物的精子和卵分别由雄性和雌性生殖器官产生。在生物界中，有的物种的个体可以同时具有雌性和雄性生殖器官，称为雌雄同体。有的物种每一个体或为雄性，或为雌性，终生不变，称为雌雄异体。在雌雄异体动物中，雌体与雄体除生殖器官外，在形态上也常表现出程度不同的差异。在生物发展过程中，植物向雌雄同体的方向发展，而动物则向雌雄异体的方向发展。

生殖器 reproductive organ 动植物进行生殖过程、繁殖个体的器官。又称生殖器官。可以产生和输送生殖细胞，并进行繁殖。高等动物的雄性生殖器有精巢（睾丸）、输精管、**阴茎**、尿道、**前列腺**等，雌性生殖器有**卵巢**、输卵管、**子宫**、**阴道**等（见**生殖系统**）。高等植物的生殖器是雄蕊和雌蕊，雄蕊是产生花粉的雄性生殖器，雌蕊是产生卵细胞的雌性生殖器，通过传粉受精，形成种子以繁衍后代，所以被子植物的花、种子也属于生殖器。低等植物的生殖器是产生两性生殖细胞的配子器，包括藏卵器、精子器、颈卵器等。

生殖器疱疹 genital herpes 由单纯疱疹病毒感染所致的炎症性、复发性性传播疾病。约85%～90%由Ⅱ型单纯疱疹病毒引起，10%～15%由Ⅰ型单纯疱疹病毒引起。在外生殖器皮肤或黏膜发生群集性水疱，周围有红晕，有时浸渍发白并有点状糜烂。治疗原则为缩短病程、防止继发感染和并发症、预防复发。局部治疗以收敛、干燥、外用抗病毒药物为主；患者需系统应用抗病毒药物。

生殖系统 reproductive system 生物个体用于繁殖后代的器官系统。分为雄性生殖系统和雌性生殖系统。最重要的生殖器官是生殖腺，即卵巢和睾丸。生殖腺可产生卵子或精子。高等哺乳类动物和人的生殖系统具有高度特化的性器官，即睾丸和卵巢。生殖器官按解剖位置可分为内生殖器官和外生殖器官，按功能可分主性器官和附性器官。内生殖器官包括性腺及相关的附属腺体。

男性生殖器分内生殖器和外生殖器两部。内生殖器包括睾丸、输精管和附属腺等。睾丸是雄性的生殖腺，为产生精子的器官，也有分泌男性激素的功能。输精管道包括附睾、输精管、射精管和部分尿道。附睾有储存精子的作用。精子经上述管道排出体外。附属腺包括精囊腺、前列腺和尿道球腺，它们的分泌物对精子有营养和增强活动的作用。外生殖器包括阴囊、阴茎及尿道。阴囊位于阴茎根部与会阴区之间，阴囊腔分成左右两半，包藏两侧的睾丸、附睾。阴茎为性交器官及排尿射精的通道。男性尿道始于膀胱的尿道内口，终于阴茎头的尿道外口。内腔平时闭合成裂隙，排尿及排精时方扩大。

女性生殖器也分内生殖器和外生殖器两部。女性内生殖器位于盆腔内，包括卵巢、输卵管、子宫和阴道。卵巢为生殖腺，是产生卵子、分泌雌激素的器官。输卵管是输送卵子和受精的场所。子宫有孕育胎儿和定期产生月经的作用。阴道是分娩胎儿和排出月经的器官。外生殖器包括阴阜、大阴唇、小阴唇、阴蒂、前庭大腺、阴道前庭和处女膜。乳房在起源上虽属皮肤结构，但其机能活动和女性生殖系统有关。

性腺主要具有两方面功能：可产生生殖细胞，即雌性产生卵子，雄性产生精子；又可产生性类固醇激素，即睾丸合成睾酮，卵巢产生雌二醇和孕酮。生殖器官功能的实现依靠下丘脑－腺垂体－性腺轴系统的调节。下丘脑分泌促进性腺激素，腺垂体分泌促卵泡成熟激素和黄体生成素。性激素除了调节生殖细胞外的生成过程，还决定第二性征的出现。

生殖腺 gonad 动物体内产生生殖细胞（配子）的主要腺体。又称性腺。

生殖行为 reproductive behaviour 动物产生与培育下一代的行为。

交配制度 大致分为两类。①单配偶。在生殖季节内一个雄体仅与一个雌体交配。鸟类中90%为单配偶，但在其他动物中极罕见。单配偶又分为两种：一种是多年单配偶，雌雄结合为终生伴侣，如雕、天鹅、鹤、长臂猿；另一种是季节单配偶，在生殖季节结为伴侣，其他时间各自东西，如虎、熊、猫及许多种候鸟。②多配偶。在生殖季节内与多个异性个体交配。其中一雄多雌最为常见，哺乳动物多是如此。也有一雌多雄现象，但较为罕见，如鹬的雌鸟在一个生殖季节可与多只雄鸟交配，并产卵数窝，雄鸟负担孵卵育幼之责。此外还有乱交型，即无配对关系，雌性与雄性都与多个异性个体随机交配，如许多鱼类。

求偶 动物在生殖季节（如发情期）吸引及追求异性的行为。动物在求偶前往往有一些准备活动，包括占据领域以吸引异性与之交配及繁育子代。占领婚配领域者多为雄体。为提高雌体的性兴奋水平，使双方在性状态上取得一致，雄体便需要进行求偶表演。求偶表演最早见于海生多毛纲环形动物，头足纲、节肢动物和脊椎动物的求偶表演更为丰富多彩。一般说，配对关系持续时间较长的动物，求偶表演的时间也较长，形式也较复杂。求偶表演通过不同的感觉器官起作用。①视觉。如许多鱼类可在生殖期改变外形，而雄鸟则换上婚羽，雌猴臀部变成红色。许多动物还表演动作以吸引异性，如雄乌贼求偶时除体上带有条纹外还以抽动式的动作接近雌体。鸟类的求偶表演最为千姿百态，多是雌雄共同参加的有一定规律的动作（称仪式化行为），如鞠躬、摇头、舞蹈、倒立飞翔等。②听觉。声音可以越过一定的屏障，传到较远的地方，在黑暗中也能起作用，因此在求偶行为中被各种动物采用。通过声音可以获得发音者的种类、性别、婚配情况，乃至邻近存在的雄性个体数（如蛙鸣）等信息。③嗅觉。沙蚕的雌体能分泌一种物质（受精素）吸引雄体，藤壶也有信息素。信息素广泛见于昆虫。极微量的信息素即可散布很远。散布距离远远大于视觉及听觉信息。④触觉。白鹭求偶时用喙相抵。哺乳动物在发情期配偶时，相互舐毛和阴部。⑤其他。某些鱼（如南美电鳗、非洲长颌鱼）能发出微弱电流作为求偶信息。以上种种手段常被混合应用，如鸟类求偶表演时常不住地鸣叫（尤其是鸣禽），场面热闹非凡。

交配与受精 受精方式有体外受精和体内受精两种。体外受精的缺点是精、卵必须同时排出，这要靠环境因素及信息素调节。假交配是雌雄生殖孔接近，几乎同时排出卵、精，在体外受精。真交配见于体内受精动物，其方式有多种。雌雄同体的蚯蚓两两倒抱，将精液从生殖孔输入对方的受精囊。蛭的阴茎将精荚送入雌性生殖孔。头足纲动物雄体有交接腕，节肢动物雄体腹部有附肢变成的交接器（如虾）、抱雌器及阳茎（如昆虫），用以将精荚送到雌性的受精囊。两栖类交配时，雄体伏在雌体背上。鸟类交配时雌体蹲伏，尾偏向一侧，雄体跳上其背，双方的泄殖腔开口处相接，雄体射精。哺乳动物交配时雄体的阴茎插入雌体的阴道内，插入一次或多次即射精。蛞蝓以黏液丝排在空中交配，蜻蜓、蜉蝣、家蝇、胡蜂、蜜蜂、蝙蝠可在飞行中交配，这样可减少被捕食的机会。雄蜂与蜂王交配后会死亡。雄螳螂及雄蜘蛛常在交配后为雌体所食。受精后，后代产出的方式包括卵生、胎生和卵胎生。

护卵行为 许多动物有明显的护卵行为。如负子蟾的卵产于雄体背上，由雄体背负而行。一些罗非鱼将卵含在口中孵化。欧洲产婆蟾的雄体用后肢带卵。少数鳄、蛇会守在卵边至幼体孵出。多数鸟类用体热孵卵，孵卵期随物种而异。犀鸟交配后，雄鸟用泥将雌鸟封在树洞内，仅留一小口用于喂食。龟将卵产在沙中，借日光孵化。营冢鸟会筑土堆，利用落叶腐枝发酵产生的热来孵卵。杜鹃将卵产在他鸟巢内，借他鸟孵卵育雏。寄生蜂会将卵产在寄主体内，幼虫孵出即以寄主为食。

育幼行为 幼体自卵中孵出或自母体娩出后，有的发育程度较高，立即可独立生活，称为早成性；有的发育程度较低，无独立生活能力，需亲体照顾，称为晚成性。晚成性的幼体最需亲体照顾。有育幼行为的动物中，最低等的要算海葵，幼体生活于成体体内至变态成熟。海马雄体腹部有育儿袋，用以保护卵及幼鱼。雌鳄也能帮助幼鳄出壳，并引导它们下水，提供短期保护。鸟类的育幼行为更明显，亲鸟为喂哺幼鸟而终日忙碌，且往往是雌雄双双出动。哺乳动物雌体以乳汁哺育幼体。成体不但给幼体喂食，也在其学习中起重要作用，幼体成熟后即离开双亲。也有一些护幼行为是集体进行的，如非洲猎犬集体捕猎时，部分雌体及雄体负责照顾幼儿，并分享猎物。社群性昆虫也有集体护幼的行为。

生殖质 germ plasm;germinal plasm 卵子发生中形成的一种特殊的细胞质成分。又称极质、生殖细胞决定子等。分布在卵或胚胎的一定部位。含有这种成分的细胞将发育为原始生殖细胞，再由它产生出生殖母细胞。一般认为生殖质是由核糖核酸（RNA）和蛋白质共同组成的，它在卵子发生期间由细胞核产生，穿过核膜孔聚集于核膜附近的细胞质中然后再分散到植物极。至于它在卵子的发生时期和在核内形成的机理还需要深入研究。

声爆 sonic boom 飞机在超声速飞行时产生的强压力波，传到地面上形成如同雷鸣的爆炸声。飞机的强压力波引起地面上的压强变化约为78帕（8千克力/米^2），持续时间约为0.2秒。压强随飞行高度增大而减弱，但影响范围则扩大。在城市上空，低于1万米高度常禁止作超声速飞行。

声波 sound wave 弹性介质中传播的机械波，即介质质点的位移、介质内部的压强或密度的扰动在介质中逐点传播的过程。声音是声波作用于人耳引起的感觉。声波按频率可分为*次声波*、可听声波和*超声波*3种。次声波的频率范围为10^{-4}～20赫，可听声波的频率范围为20～2×10^4赫，超声波的频率范围为2×10^4～10^{12}赫以上，频率在10^{12}赫以上的声波称为特超声波。只有可听声波才能引起人耳的听觉。

声源 能发射声波的振动体的总称，通常是振动的固体（如板、杆、膜、弦等）或振动的空气柱（如哨、笛等），前者称机械声源，后者称空气动力声源。自然界存在各种各样的声源，人们还制造了用于不同目的的人工声源，如各种乐器、扬声器、电致伸缩和磁致伸缩换能器等电声转换器件。除上述宏观声源外，在固体内部发生的微小动力变化也能发声，例如范性形变引起的整体沉陷、位错破裂、微小断口的扩展等，这些发声一般都是脉冲式发声。

声源的主要特性包括频率特性、发射声功率和声发射的指向性等。一般声源能发射各种频率的声波，对声波进行频谱分析和测量是研究声源特性的重要方面。单位时间内从声源发射出来的平均能量称为声源的声功率。一般的声源所发射的声波在不同方向上有不同的强度，研究和测量声发射的指向性对声波的利用无疑极为重要。

声速 声扰动或振动在介质中的传播速度称为声速，声速一般由介质的性质和温度等因素确定。对线性声波（波动过程中自变量与应变量呈线性关系，例如质点所受的恢复力与位移成正比），声速与振幅无关，对非线性波（自变量与应变量的关系中包括高于一次的项），声速不仅由介质性质确定，而且还与振幅有关。大振幅的声波常表现出非线性。1大气压、20℃时空气中声速的计算值为340米/秒，这与实测值相符。流体（气体或液体）中的声波是纵波，而固体中可同时存在*纵波*和*横波*，两者有不同的传播速度。对各向异性的固体，横振动方向不同的波一般有不同的传播速度。

声压 在流体介质中传播的声波属压强扰动的传播，当有声波在介质中传播时，各部分产生压缩和膨胀的周期性形变，并导致压强的周期性变化，压缩时压强增大，膨胀时压强减小。瞬时压强与静压强的差值称为瞬时声压，压强周期性变化的峰值称峰值声压，瞬时声压对时间的方均根值称为有效声压，通常所说的声压均指有效声压。声压是声学测量中的一个基本量，单位为帕。实际中常用声压级L_p来描述声音的强弱，声压级的定义为：

$$L_p=20\lg\frac{p}{p_0}$$

式中p为有效声压；p_0为基准声压，对空气中的声波，$p_0=2\times10^{-5}$帕。上式中的对数是以10为底的常用对数。声压级的单位为分贝。

声能 声波在介质中传播时，引起介质质点的运动和介质的形变，其动能和势能的总和称声波的能量。单位体积中的声能称声能密度。声波传播时伴随着声能的传递，单位时间内通过某一截面的声能称声能通量。单位时间内通过垂直于声波传播方向的单位面积的平均声能（即平均能流密度）称为声强，声强单位为瓦/米^2。声强通常用声强级L_I量度，声强级的定义为：

$$L_I=10\lg\frac{I}{I_0}$$

式中I为声强；I_0为基准声强，通常取$I_0=10^{-12}$瓦/米^2，声强级单位亦称分贝。

声吸收 声波在介质中传播时部分声能转换成热能，从而导致声波减弱的现象。有多种原因造成声吸收：①流体介质的黏滞性，声波引起的质点振动因受黏滞力作用而衰减，称为声波的黏滞吸收。②介质的导热性，当介质中存在声波时，介质发生压缩和膨胀的周期性变化，压缩区使温度升高，膨胀区温度下降，于是在压缩区和膨胀区间产生温度梯度，引起不可逆的热传导，导致声能的耗散，称为声波传导吸收。③介质内部存在的弛豫过程。介质中无声波时，介质分子的热运动状态、可逆化学反应和介质微观结构等都处于平衡状态；当存在声波时，平衡状态遭破坏，建立新的平衡需要时间，称为弛豫过程，弛豫过程伴随着熵的增加，这意味着有规声能向无规热能的转化，称为声波弛豫吸收。

声吸收不仅取决于介质本身的性质，而且还与频率有关。研究空气、海水、地壳和各种建筑材料的声吸收情况有重要实际意义，是建筑设计、声响技术、地震波应用等方面必须考虑的因素。此外，通过介质对声波的宏观吸收规律可探索与分子运动有关的介质特性，这是分子声学所要研究的内容。

声符 phonetic element *汉字*结构中表示读音的偏旁，多指形声字的表音部分。又称声旁。例如芬、氛、纷、汾、粉、份、忿等字都从分得声，“分”就是这些字的声符。声符与字的读音在最初造字的时候可能相同或相近，但经过长时间发展，字音或声符的读音变了，就产生了差异。例如“堂”、“棠”都音táng，可是声符是“尚”，“尚”的读音变为shàng，就与字音不同了。有的声符在现代汉字中已经失去了表音的作用，例如“特”的声符“寺”。

声化学 sonochemistry 研究在*超声波*作用下引起化学反应或改变化学反应过程的*物理化学*分支学科。又称超声化学。用于化学反应的超声频率通常为20～50千赫。

已研究的声化学体系以液体为主。对于声能可以加速或引起化学反应的理论解释，一般认为是由于超声波的“空洞作用”，改变了局部环境反应条件的结果。该理论认为，液体中往往存在一些肉眼难见的微小气泡，当超声作用于液体时，微气泡随超声的传播及振动而不断收缩和膨胀，形成微小空腔，空腔一旦形成，即可吸收超声的能量迅速膨胀并呈爆炸性破裂，瞬时局部产生极高的温度和压力。此时处于气泡内部和附近的物质，可以被激发甚至断裂成活性碎片，从而引发化学反应。对于有固相催化剂或固体物质参加的反应，功率适当的超声也常可产生明显的效果。但对于声化学反应的具体机理还有待进一步探讨。影响声化学反应的因素有声场的频率、能量和反应溶液的温度等。

声化学在电化学、生物化学、化学分析、催化、光化学、环境化学、矿物化学处理、萃取与分离、合成与降解等诸领域都有重要应用。

声类 *汉语音韵学*术语。指声母。声类之名源自清陈澧的《切韵考》。《切韵考》卷二称《声类考》，它用反切系联法来考证《切韵》有多少个声母，凡是能够系联在一起的反切上字，就算一个类别，可见陈氏的声类指声母而言。但严格地说，声类与声母不完全相等。

声呐 sonar 利用声波对水下物体进行探测和定位识别等的技术及设备。英文sonar一词的音译，由sound navigation and ranging（声音定位和测距）的字头组成。声呐基本上可分为被动声呐和主动声呐两大类。主动声呐向水中发射声波，接收水下物体的反射回波发现目标并测量其参数。它由发射机、发射基阵、接收机（包括信号处理器）和显示控制器等组成。被动声呐通过接收目标的辐射噪声探测目标并测定其参数。它由接收基阵、接收机和显示控制器等组成。其中基阵由多个换能器基元组成，用于产生一定的方向性。发射基阵可使声能集中，接收基阵可抑制干扰。换能器可将电能转换成声能（发射换能器），或将声能转换成电能（水听器）。人类很早就利用水下声波寻找水下物体，15世纪意大利达·芬奇提出用插到水中的空气管来收听远处航船的噪声。现代声呐技术研究始于20世纪初。1916年研制出被动声呐，1918年研制成主动声呐。70年代中期陆续出现了数字式声呐，它采用计算机人机对话技术，能同时跟踪多个目标并进行全景显示，使声呐总体战术性能和抗干扰能力都有大幅度提高。声呐信号处理由模拟处理变为数字处理，由人工控制变为自动控制，由多个子系统组合成计算机控制的综合系统。现代声呐技术被广泛用于海军水下活动的各个方面，是潜艇探测、侦察、导航的主要手段。声呐还可用于探雷、航道测量、探测鱼群、海底地质测量等方面。

图2 河北梆子《大刀王怀女》剧照

声腔剧种 tunes and operas 中国戏曲艺术中区分不同品种的称谓。以演唱腔调区分，称“腔”或“调”的，如弋阳腔、梆子腔、徽调、汉调等，谓“声腔”；以民族或地域的艺术特色相区别，称“戏”或“剧”的，如藏戏、京剧等，谓“剧种”。元代至清初，各种地方戏曲大多以腔、调命名，剧种名称与声腔名称相互通用。明末以来，声腔与剧种的概念出现了分歧。声腔，除指腔调及其演唱特点外，还包括其流布各地繁衍而成的声腔系统，简称“腔系”。声腔与剧种的关系，表现为声腔是指该剧种使用的腔调。凡属由多种声腔组成的剧种，大多不再以声腔命名，而称“戏”或“剧”。中华人民共和国建立后，戏曲剧种的概念被确立下来。同时，戏曲声腔也成为从腔调与演唱特点区别戏曲类型的一种概念。

昆腔腔系 明代，曾经盛极一时的北杂剧渐趋衰亡，南戏则流行繁衍出了各种地方声腔。其中，弋阳、余姚、海盐、昆山被称为四大声腔。嘉靖、隆庆时，昆山腔经魏良辅等人革新改造，逐渐成为全国性的剧种。昆腔传至各地，与当地方言和民间音乐结合，衍变出众多流派，构成昆腔腔系。清代中叶以后，随着花部勃兴，昆腔渐趋衰落。至今尚存者，主要有江南的南昆、北京的北昆、温州的永（嘉）昆和湖南郴州的湘昆。昆腔又对京剧、川剧等许多地方剧种有过重大影响，许多剧种至今仍保存着昆曲的剧目、唱腔和器乐曲牌。

图1 《盛明杂剧·义犬记》插图——弋阳子弟演出图（明崇祯刻本）

高腔腔系 明嘉靖以来，弋阳腔在各地衍变成许多新的声腔。一般认为，包括赣东北的乐平腔，皖南的徽州腔、青阳腔（池州调）、太平腔、四平腔，浙江的义乌腔，北京的京腔等。入清以后，上述诸腔大多渐以“高腔”统称，构成了一个具有共同特点和风格的高腔声腔系统，简称“高腔腔系”。徒歌、帮腔、滚调是其共同特征。到清中叶，各地高腔大多与昆腔、乱弹合班。大量的高腔剧目保留在多种声腔剧种中，如湘剧、辰河戏、川剧、祁剧、赣剧等。

梆子腔系 因演唱时以硬木梆子击节，故名。源于明代的西秦腔，是最早创用板式变化结构的声腔。西秦腔在各地流传，逐渐衍变派生为各地的梆子腔支系。其中，历史最早、影响最大的是陕西同州梆子和山西蒲州梆子。清中叶以后，梆子腔在各地流传、衍变为各种梆子腔。有的成为独立的剧种，如豫剧（河南梆子）、河北梆子（图2）、山东梆子；有的成为多声腔剧种的组成部分，如滇剧的丝弦，川剧的弹戏（乱弹、盖板子）。

皮黄腔系 皮黄指以“西皮”和“二黄”两种腔调为主的戏曲声腔。兴起于湖北、安徽一带，清代乾隆、嘉庆时流布全国。西皮、二黄的形成，都与源出于北方的乱弹（秦腔、梆子腔）有渊源关系，故艺人也称皮黄为乱弹。西皮腔原用胡琴伴奏，二黄腔曾以笛或唢呐伴奏，二黄改用胡琴等弦乐伴奏后与西皮腔汇合为一个腔系。皮黄腔在各地流布，由于地域方音的差别而衍变为各地的皮黄腔，有的发展为以皮黄腔为主的剧种，如京剧、汉剧、徽剧、粤剧、广东汉剧、桂剧、汉调二黄等；有的成为当地多声腔剧种的组成部分，如川剧的胡琴，赣剧的二凡、西皮，湘剧和祁剧的弹戏（南北路）等。

弦索腔系 明清俗曲经由说唱衍变的戏曲。俗曲大多用琵琶、筝、三弦、浑不似（琥珀匙）等弦索类乐器伴奏，也称弦索腔（调）。清初，北京戏曲有“南昆、北弋、东柳、西梆”之称。其中“东柳”即指以演唱民歌小曲为主的柳子戏，又称弦子戏。此外，形成较早以俗曲为主的声腔、剧种，还有女儿腔（亦称弦索腔、河南调）、大弦子戏、卷戏、罗罗腔、丝弦、越调、老调等。它们构成以演唱明清俗曲为特点的弦索腔系。

各种声腔在全国各地长期的流布、衍变中，形成了许多剧种。有的历史比较长，戏曲形式相当完备，生旦净丑各行脚色齐备，称为地方大戏。清末以来近百年间，又有一些由民间歌舞、说唱发展而成的剧种出现。

此外，还有两类戏曲剧种：一种是带有浓厚宗教色彩的戏曲，如傩戏、目连戏等。另一种是由皮影戏、木偶戏改为由人扮演的戏曲剧种，如河北的唐剧，甘肃的陇剧，陕西的碗碗腔、线胡戏等。

声速 sound, speed of 声波在介质中的传播速度。又称音速。通常用符号c表示。从本质上讲，声速是介质中微弱压强扰动的传播速度，计算公式为：

$$c=\sqrt{\frac{K}{\rho}}$$

式中ρ为介质的密度；$K=\mathrm{d}p/(\mathrm{d}\rho/\rho)$，称为体积弹性模量，$\mathrm{d}p$、$\mathrm{d}\rho$分别为压强和密度的微小变化。对于液体和固体，$K$和$\rho$随温度和压强的变化很小，主要是随介质不同而异，所以在同一介质中，声速基本上是一个常数。对于气体，K和ρ随压强和温度的变化很大，故按体积弹性模量的定义，以用下式计算更为方便：

$$c=\sqrt{\left(\frac{\partial p}{\partial \rho}\right)_S}$$

下标S表示过程是等熵的。这是因为微弱的压强扰动在气体中引起的温度梯度和速度梯度都很小，而过程进行得很快，热交换和摩擦力都可以略去不计。对于完全气体的等熵过程，有$(\mathrm{d}p/\mathrm{d}\rho)_S=\gamma p/\rho$，$\gamma$为比热比。声速$c$又可表示为：

$$c=\sqrt{\gamma RT}$$

式中T为热力学温度；R为普适气体常数。对于空气，$\gamma=1.4$，$R=287.14$焦/（千克·开)，故$c=20.05\sqrt{T}$米/秒。由此可知，气体中的声速随温度升高而增大，温度每升高1℃，声速约增加0.6米/秒。

声速在常见介质中的数值见表。

声速在几种介质中的数值

介质	温度(℃)	声速(m/s)
空气	0	313.3
氢	0	1 286
氧	0	317.2
水	15	1 450
铅	20	1 230
铝	20	5 100
铜	20	3 560
铁	20	5 130
花岗石*		6 000
硬橡皮*		54

*声速值与温度基本无关。

声学 acoustics 研究声波的产生、传播、接收及各种声现象的应用学科。声音是人类最早研究的物理现象之一。人们对光和热的本质的认识在历史上曾有过曲折过程，而对声的本质的认识一开始就基本上是正确的，即认为声音是由物体的运动所产生，在空气中以某种方式传到人耳从而引起听觉。对声学的系统研究是17世纪伴随着对振动和波的研究而开始的。从那时起到19世纪，许多物理学家和数学家都曾在研究声的产生和传播原理方面作出过贡献。G.S.欧姆于1843年提出的关于人耳的听觉理论开创了听觉的声学研究，并在以后派生出生理声学和心理声学。1877年和1878年瑞利出版了两卷《声学理论》，全面总结了经典声学的研究成果。20世纪初，W.C.赛宾的研究工作使声学研究进入了建筑领域，奠定了建筑声学的基础。电子管的发明、电子技术和电声换能技术的发展促进了无线电广播和通信事业的发展。借助于电子技术可产生几乎是任何频率、任何波形和强度范围极宽的声波，并制造出高灵敏度和抗干扰的声学测量仪器。对语言发声和通信广播的研究形成了语言声学。工业和交通的发展使噪声污染成为人们关心的焦点之一，噪声研究也纳入了声学领域。在第二次世界大战中，军事上提出了在水下侦察潜艇，以及在嘈杂环境中进行可靠的语言通信的要求，这促使声学研究进一步扩大其规模，并形成了水声学这一声学分支。当声学研究从可听声频率扩展到人耳听不见的次声频率和超声频率后，形成了次声学和超声学的新领域。超声的研究成果获得了广泛应用，并出现了声成像和声全息等超声新技术(见超声波)。利用声波对大气、海洋和地层进行非接触性检测和识别构成了声遥感技术，这在气象和地震预报、海洋和海底研究、地质勘探等方面已成为重要的研究手段。

在固体物理微观理论的研究中，必定涉及高频声波在固体中的传播，以及声波与各种粒子相互作用的问题。在微观领域里的这种相互作用反映出声波的量子性——声子，固体的许多性质与声子在固体中的传播特性及与其他粒子间的相互作用密切相关。这方面的研究形成了量子声学这个新领域。因此声学是覆盖领域大、应用性极强的学科。

声训 sound explanation 汉语训诂学术语。从语词的声音方面推求词义的来源，以音同或音近的词来说明其命名之所以然的方式。又称音训。声训起源很早。如《易经》："乾，健也"；"坤，顺也"。到汉代，应用较广。汉末刘熙又作《释名》一书，专门用声训解说词义。从释词与被释词在声音方面的关系来说，声训约可分为4种：同音、双声、叠韵和音转相近。这4种声音关系主要从形状、性质、现象、功用和人所感受等各方面加以推陈，以说明事物命名之所以然，其中也自有可取之处；然而每个名号各自为说，且又多出于主观推测，不尽可信。

声障 sonic barrier 飞机的飞行速度接近声速时，进一步提高飞机速度所遇到的障碍。又称音障。20世纪40年代后期，某些战斗机的最大平飞速度已达马赫数0.5，俯冲时马赫数达到0.7以上，这时发现飞机的阻力激增，升力下降，产生很大的低头不稳定力矩，机翼和尾翼出现抖振，再提高飞机的飞行速度十分困难。为了突破声障，根据空气动力学理论采用了后掠翼、面积律等先进的空气动力布局，推迟了不利因素的出现，减弱了它们的影响。喷气发动机的研制成功使飞机获得了更大的推力。1947年10月14日，美国用于超声速飞行研究的火箭飞机X-1首次突破声障，飞行马赫数达到1.015。实战用战斗机的飞行速度在20世纪50年代初期终于超过了声速。

声子 phonon 晶格原子振动形成的格波的能量量子。固体中原子之间有类似于弹性力的相互作用，单个原子发生位移，会由近及远向各方向传播，形成晶格中的波，称为格波。若格波的角频率为ω，则格波能量的最小单元为$\hbar\omega$，这就是声子。格波量子态的变化相当于声子的产生或消没，格波能量的增大或减小相当于声子数变多或变少。固体的温度上升，格波振幅增大，能量变大，相应于声子密度增大，此即固体的晶格比热的微观图像。

一般声子可看成是气体分子在固体占有的范围内运动。声子的平均自由程受各种散射过程限制，除固体中的缺陷、杂质和界面可引起散射外，还需要考虑非弹性力的作用。弹性力对应于简谐振动，所以非弹性力引起的效应称为非简谐效应。这种效应使声子之间有相互作用，限制声子的平均自由程，它对固体的晶格热导起重要作用。

格波的不同类型对应于不同成分的声子。如果晶体每个原胞含有s个原子，每个原子有3个自由度，这个固体中的声子成分有$3s$个，即角频率ω_j，$j=1,2,3,\cdots,3s$。其中有三个成分在格波波长很长时，频率趋于零，这三种是声学格波，其余$3s-3$种是光学格波。与光学格波对应的声子称为光学声子，光学声子在离子晶体中与光子之间有较大的相互作用，在光学现象和介电特性方面起重要作用。

昇平署 Court Theatrical Office 中国清代掌管宫廷戏曲演出活动的机构。康熙设南府，隶内务府。收罗大批民间艺人，教习年轻太监和艺人子弟以为宫廷应承演出。乾隆时，南府规模较前扩大，乾隆十六年(1751)，下谕选征苏州籍艺人进宫当差，命名为外学，令住景山，仍属南府管辖；原习艺太监命名为内学，内外学的人数都在1 000以上，所唱为昆、弋腔。道光七年(1827)，清宫大事精简，将外学撤销，艺人俱回原籍。改南府为昇平署，仍主持宫内演出事务。嗣后又兼管召选宫外艺人进宫当差演戏或充作教习的事务。昇平署解散后，不少艺人留京谋生，以教戏为业，带出的许多剧本广为流传，保留至今。

笙 sheng 自由簧管气鸣乐器。中国传统气鸣乐器中能奏出和音的乐器，世界上最早使用自由簧的乐器。殷墟出土的甲骨文中已有象形文字记载。最初形制同排箫相似，用绳或木框把发音不同的竹管排列在一起。后来增加了竹质簧片和匏质(葫芦)笙斗。周代的乐器八音分类中，笙为匏类乐器，湖北随州曾侯乙墓出土的战国初期古匏笙，是中国发现最早的笙。春秋、战国至汉代，笙、竽是重要乐器，特别是竽。南北朝至隋唐时，笙有19簧、17簧、13簧多种，后

黑漆戗金笙(清)

又流行17簧义管笙，在17簧以外另有两支义管，供转调时替换用。唐代以后，又将体大质脆、吹奏费力的匏质笙斗改为木制。明、清以后，笙广泛应用于民间器乐合奏和戏曲说唱的伴奏中。

中国的笙于盛唐之时东传日本。在奈良东大寺的正仓院内，收藏着中国唐代制作的6支笙、竽。

现代笙为铜质笙斗。因流传区域广阔，外形有大小、圆方、长短的不同，常见的有苏笙、大笙、方笙、加键笙、转盘笙、抱笙和排笙等。苏笙最初流行于江南，现各地均有，在东北、华北叫小圆笙。除独奏外，也用于戏曲、歌舞的伴奏和器乐合奏。大笙又叫京笙或低音笙，体积比苏笙大。过去流行在华北、东北一带，现各地都有。方笙的笙斗为长方形，流行在河南、安徽等地。加键笙、转盘笙、抱笙和排笙等，都是20世纪60年代以后的改革品种。

各种笙的音域为：13簧a^1～d^3，14簧d^1～e^3，17簧高音笙a^1～d^3，17簧中音笙a～d^2，中音抱笙d～$^{\#}c^3$，低音抱笙D～$^{\#}c^1$，键盘排笙D～e^3。

绳纹时代 Jomon Period 日本的新石器时代。其文化称绳纹文化。因当时使用的绳纹式陶器而得名。晚于无土器时代，早于弥生时代，处在原始社会阶段，年代约为距今12 000年至公元前2200年。分布遍及从北海道到九州的日本全境。

火焰纹深碗

采集、狩猎和渔捞作为当时人类主要的经济活动贯穿于绳纹时代始终。打制和磨制的石器是主要的生产工具，有镞、铲、斧、磨棒和磨盘等。骨角器的使用也较为普遍。从早期开始就使用弓箭。使用渔叉、鱼钩和渔网捕鱼。已有独木舟。晚期可能已有农业。陶器是当时的主要生活用品。用泥条盘筑法制成。年代最早的陶器不施绳纹。烧成温度较低，约为600～800℃，多呈黑褐色或茶褐色。中期的陶器装饰繁杂，以厚重华丽为特点。至后期和晚期，纹饰转向简素，但器物种类激增，有的器形的复杂程度超出实用范围，可能与礼仪、祭祀等有关。聚落多分布在地势较高的台地上。房屋一般为竖穴式，平面形状有方形、长方形、圆形和椭圆形等，从早期到中期房屋面积逐渐增大。墓葬因年代推移而不断变化。墓圹多为土圹。中期间有利用竖穴式房屋废址作墓穴的，称“废屋葬”。墓中除多数为单人葬以外，也有夫妇、亲子的合葬。后期和晚期有明确的公共墓地和一定的埋葬礼俗。除死者身上佩戴的装饰品外，一般缺乏随葬器物。从后期到晚期，各地普遍流行在青春期拔牙的风俗，不分男女，推测与成年礼仪式有关。流行陶质偶人，形象怪异，具有女性特征，可能与宗教祭祀活动有关。

省 province 中国行政区划单位，现行地域型行政区划系统中一级政区单位。源于元代的行省，至今已有700多年历史（见省制）。1949年初全国有35个省，1951年底减为29个省，1958年底减至22个省。1988年4月第七届全国人民代表大会第一次会议通过并颁布《关于撤销海南行政区设立海南省的决定》，增加海南省，截至2010年底全国有23个省。省的权力机构是省人民代表大会，其执行机构是省人民政府。世界上许多国家的行政区划也以省作为地方一级政区单位，如加拿大、巴拉圭、莫桑比克、阿尔及利亚、荷兰、波兰、伊朗、印度尼西亚、越南等国都以省为地方一级政区单位。

省港大罢工 Guangzhou and Hong Kong Strike 中国广州和香港工人为支援上海人民反对帝国主义的斗争，于1925年6月至1926年10月举行的政治性大罢工。1925年上海五卅惨案发生后，广州各界群众于6月3日举行示威游行。香港各工会代表召开联席会议，成立了以苏兆征为主席，邓中夏为副主席的全港工团联合会，领导香港工人于6月19日开始总罢工，声援上海工商学联合会提出的17项条件，并向香港当局提出政治自由、法律平等、普遍选举、劳动立法、减少房租、居住自由等6项要求。15天中，罢工人数达25万。23日，广东各界举行援助沪案示威大会，10万余人游行示威，经过沙基时遭到对岸沙面租界英国军警的机枪扫射，造成沙基惨案，激起广

香港市民庆祝省港大罢工胜利

州和全国人民的义愤。中国共产党积极领导这次罢工斗争，指导工人组织起来，选出代表800人，组成省港罢工工人代表大会，由大会选举13人为委员，成立省港罢工委员会。委员会组织了2 000多人的工人纠察队，禁止英船英货进口，严密封锁香港，使香港的生产和运输都陷于瘫痪。罢工坚持到1926年10月10日。省港大罢工给英帝国主义以沉重打击，有力地支持了广东革命政府，促进了广东革命根据地的巩固和发展。

省制 provincial system 中国元代以后地方最高行政区划制度。古代王宫禁地称省，即省中。魏晋时期，于中央设中书、尚书、门下三省，辅助皇帝处理日常政务，省始成为官署名称。金熙宗完颜亶于天会十五年（1137），在刘豫齐国故地置行台省。以后，地方遇有重大事务，中央常遣尚书省官员坐镇地方便宜行事，称行尚书省事。不过金代的行尚书省，仍是中央在地方的临时派出机构。元承金制。忽必烈以中书省总理全国政务，改地方行尚书省为行中书省。随着疆域的开拓和政局的稳定，至成宗大德年间，在全国共设11个行省，行省成为地方最高行政区划。明初，仍沿袭元制，在地方设行中书省，朱元璋认为行中书省的权力太重，为了加强中央集权，首先采取措施削弱地方权力。洪武九年（1376），改行中书省为承宣布政使司。至明末，全国共设置承宣布政使司13个。清代建立后，在东北地区和新疆、西藏、青海、内外蒙古等地区，派遣将军、都统、大臣管辖。在关内地区，设置行省，改承宣布政使司为省。除明代原设13省外，顺治元年（1644）改明代北直隶为直隶省，改南直隶为江南省，共15省，分别为直隶省、江南省、山西省、山东省、河南省、陕西省、江西省、浙江省、福建省、湖广省、广东省、广西省、四川省、云南省和贵州省。康熙六年（1667），分江南省为江苏、安徽两省，分湖广省为湖北、湖南省，分陕西省为陕西、甘肃省，全国共设18省。光绪时在边疆地区先后添设新疆、台湾、奉天、吉林、黑龙江等省。至宣统，全国共设23省。民国初沿清制，将直隶改称为河北，奉天改称为辽宁。1928年新设热河、察哈尔、绥远、青海、西康、宁夏，增至29省。1945年，析辽宁、吉林、黑龙江为辽东、安东、辽北、吉林、松江、合江、黑龙江、兴安、嫩江，增至35省。各省行政机关初无统一制度，1913年1月统称为行政公署，置总务处及内务、财政、教育、实业四司。1914年5月，行政公署改称巡按使公署。1916年7月改巡按使公署为省长公署，巡按使为省长。1917年9月，裁省长公署政务厅内教育、实业二科，设财政、教育、实业三厅

和警务处。1921年6月，设参事会，由会长和省参事员12人组成。南京国民政府成立后，称省政府，设委员7～9人，由中央简任，组成省政府委员会，行使职权。又设秘书处和民政、财政、教育、建设四厅。1936年10月，实行秘书处和民政、财政、教育、建设四厅及保安处一律并入省政府公署内合署办公制度。1939年7月，于战区各省省政府设置行署，秉承省政府之命，在所辖区域内代行省政府职权。1949年后为中华人民共和国新省制所代替（见省）。

圣安德烈斯断裂带 San Andreas fault zone 世界上研究程度最高的走向滑移断层。位于美国西海岸，成北西向从旧金山向南进入加利福尼亚湾，在陆地上的长度超过1 200千米。由胡安－德富卡洋脊系的分布确定的北美板块向南和以西太平洋板块向北的运动，决定了圣安德烈斯断裂持续右行位移。断层本身也构成这两个板块的边界。1906年4月18日**旧金山地震**即沿此断裂带430千米长的一段发生，位移方向右行，最大水平错距达6.4米。

由于走滑断层的断距随着时间推移累进增大，地层时代越新，错距越小。根据对圣安德烈斯断裂两侧不同时代标志性地质体（如山脊、岩墙、褶皱轴及岩相界线等）的测定，这一断裂自晚侏罗世140百万年以来共右行位移了560千米，平均速度为4厘米/年。

除发生地震时应力突然释放外，沿圣安德烈斯断裂还存在缓慢的无震蠕滑。加州霍利斯特以南一正好横跨该断裂的酿酒厂，自1948年建成以来的15年当中，包括混凝土下水道在内的地基右行错开了15～30厘米。1948～1960期间的平均蠕滑速度大约为1.27厘米/年。近年来一些地震学家正试图从流体在高压下对滑动摩擦阻力的效应角度探索圣安德烈斯断裂的活动规律。

圣安德烈斯断裂带地貌景观

圣安东尼奥 San Antonio 美国得克萨斯州城市。位于该州南部，圣安东尼奥河河源附近，西南距墨西哥边界240千米。市区面积1 055.7平方千米，人口135.13万（2008）；大都市区人口203.14万（2008），其中西班牙－墨西哥裔人口占一半以上。1718年西班牙人在此建军事要塞和传教会堂，后成为西班牙在得克萨斯的主要居民点之一。1809年设市。1821年墨西哥脱离西班牙独立，得克萨斯成为墨西哥领地，圣安东尼奥为政治、军事中心。1845年并入美国版图。1877年铁路通达。20世纪初附近发现石油。工业以飞机制造、建材、化工、木材、机械、军工、制药等为主，高科技产业日益发展。农牧产品的集散地，与墨西哥经贸关系密切。市内有美国陆军第5军司令部，有4个空军基地，其中克雷基地建有世界最大的飞机库。旅游业较盛。市内多西班牙、墨西哥统治时期史迹，如建于1720年的圣何塞教堂、早期西班牙移民定居点拉维利塔村、西班牙总督宫、阿拉莫要塞等。市中心标志建筑美洲之塔摩天大楼，为1968年纪念圣安东尼奥建城250周年举办世界博览会而建。有圣玛丽大学（1852）、圣安东尼奥学院（1925）、得克萨斯大学圣安东尼奥分校等18所高等院校。

圣安娜 Santa Ana 萨尔瓦多西部城市，圣安娜省首府。全国第二大城市。圣安娜火山的山间盆地内，东南距圣萨尔瓦多约55千米。海拔647米。人口16.72万（2003）。气候温暖湿润，年平均气温22.7℃。平均年降水量2 022毫米。1576年前后建城。西部咖啡产区的商业和工业中心。有咖啡加工、冶金、食品、纺织、制糖、面粉、机械、建筑材料、酿酒等工业。国际铁路枢纽，泛美公路中途站。有萨尔瓦多大学分校。城西有9世纪查尔丘阿帕印第安人古城遗址。城郊有旅游避暑胜地科阿特佩克湖。

圣保罗 São Paulo 巴西最大城市和经济中心，圣保罗州首府。位于巴西东南部。市区面积1 624平方千米，人口约1 023.85万（2007）；大圣保罗面积7 957平方千米，人口1 903.7万（2005），为世界特大城市之一。地处巴西高原东南边缘。位于热带气候区，年平均气温18℃，平均年降水量1 384毫米。是巴西主要的铁、锰、镍等矿区和咖啡、棉花、甘蔗、柑橘等产区。水力资源丰富。原系印第安人居住地。1771年设市。工业部门结构完整。纺织、化学、塑料、药品等工业的产量占全国一半以上，电气设备与电讯器材、橡胶、机械等工业的产量占全国3/4以上，汽车产量占全国90%以上。

高楼林立的圣保罗

全国最大的商业中心之一。咖啡、棉花、蔗糖、粮食、冻肉等农产品贸易极盛；第三产业发达，就业人数约占全国第三产业就业总人数的1/3。全国重要的铁路和公路交通枢纽。铁路和公路四通八达，并有高速公路通巴西利亚、贝洛奥里藏特和里约热内卢。北郊建有大型国际机场。全国文化中心，拥有3所大学和许多科学研究机构。

圣保罗 Saint Paul 美国明尼苏达州首府。位于该州东南部，密西西比河上游东岸；西与**明尼阿波利斯**隔河相望，组成著名的双子城。市区面积136.8平方千米，人口27.96万（2008）；属明尼阿波利斯－圣保罗大都市区。19世纪40年代始建，1854年设市。1858年成为州首府。19世纪后半期，发展为密西西比河上游的航运终点港，加以铁路通过，在贸易和运输中的地位日显重要。美国主要的牲畜市场和肉类加工中心。汽车、通信设备、电器、农业机械、电子和计算机工业等发展很快。出版和印刷业颇具规模。是6条铁路干线和2条州际公路的会聚点，河港年货物吞吐量逾千万吨。西南郊有明尼阿波利斯－圣保罗国际机场，市区设有商用机场。市内有州议会大厦（1904）、圣保罗大教堂（1841）、36层的世界贸易中心等著名建筑，市政厅广场矗立着白色“印第安和平神”雕像。有圣托马斯学院（1885）、圣凯瑟琳学院（1905）、哈姆林大学（1854）等高等院校。东北郊湖泊星罗棋布，部分已辟为游览区。一年一度的圣保罗冬季狂欢节是城市盛大活动之一。

圣保罗大教堂(伦敦) St.Paul’s Cathedral, London 英国基督教教堂。位于伦敦城西

俯瞰伦敦圣保罗大教堂

部的卢德门山顶。由东撒克逊王埃塞尔伯特始建于604年，后几度重建。现存教堂是在1666年大火后由英国建筑师C.雷恩设计、1675年开始兴建、1710年完工的，工程费用达75万英镑。主体建筑用白色石块建成，平面呈士字形（拉丁十字形），长156.9米、宽轴69.3米。士字底边是正门。楼内是用方形石柱支撑起的高大的拱形大厅，大厅的墙壁和天花板有各种精美雕刻和豪华装饰。士字中间即十字交叉处托起一座直径34米、高111.4米的巨大的圆形穹窿顶两层建筑。教堂正面建筑两端建有对称的钟楼，其西南角钟楼内吊着一具重17吨的铜钟。伦敦圣保罗教堂以悠久的历史和壮观的建筑闻名于世，建筑内的装修也十分精致。教堂内还有许多王公贵族和社会名流的坟墓和墓碑，如英国海军上将H.纳尔逊、英国首相A.W.威灵顿公爵等。

圣彼得堡 Saint Petersburg; Sankt-Peterburg 俄罗斯第二大城市，西北联邦区驻地，列宁格勒州首府。1914～1924年称彼得格勒，1924～1991年称列宁格勒，1991年恢复现名。位于波罗的海芬兰湾东岸、跨涅瓦河口三角洲。市区面积570平方千米（包括水域面积58平方千米）。人口460万（2010）。

圣彼得堡基督复活教堂

城市建在涅瓦河河口两岸和三角洲的近百个岛屿上，其中较大岛屿42个。由400多座桥梁相连接，有“北方威尼斯”之称。地势低平，海拔1.5～3米。从建城起涅瓦河已泛滥250多次，其中1824年和1924年两次洪水淹没了大部分城区。现两岸已修筑永久性河堤。温和大陆性气候，年平均气温4.6℃。冬季较寒冷，1月平均气温-8℃，积雪期130多天；夏季凉爽，7月平均气温18℃。年均降水量585毫米。由于临近北极圈，冬夜漫长，初夏有“白夜”景象。

1703年5月在涅瓦河口的兔岛上修建彼得保罗要塞，并将要塞及其周围未来的城区命名为“圣彼得堡”。1712年俄国首都从莫斯科迁此，并建立造船、火药、制币、纺织等工厂，与西欧开展贸易。18世纪中叶人口达10万。18世纪末又兴建冶炼、铸造和金属加工等工业部门。为加强与内地的联系，先后修建了连接涅瓦河与伏尔加河的上沃洛乔克运河（1709）、马林斯基运河（1810）和齐赫文运河（1811）等一系列水道。19世纪上半叶开始修建通向内地的多条放射状铁路。1917年十月革命胜利后，成为俄罗斯苏维埃共和国首都。1918年3月首都迁回莫斯科。1924年V.I.列宁逝世后改名为列宁格勒。

第二次世界大战期间，城市受到严重破坏。经过数十年的快速发展，已成为全国第二大工业中心。机械工业占全市工业总产值的40%和从业人员的一半以上。动力机械中的电站设备、舰船、电子、机床、仪器仪表制造在全国占有重要地位。产品除满足国内大中型电厂需要外，并有大量出口。全国最大的综合性舰船制造中心。化工、轻纺、食品、木材加工和印刷工业亦较发达。

俄罗斯重要的水陆运输枢纽。有12条铁路呈放射状通往莫斯科以及独联体和波罗的海沿岸各国。主要港区位于市西南部的卡诺涅尔斯基岛附近。有50多个泊位，与北欧、西欧及北美、拉美的一些主要港口有定期航线。港口冬季结冰，靠破冰船通航。俄罗斯主要河港之一。是波罗的海-白海运河及波罗的海-伏尔加河运河的起点，轮船可直达白海、伏尔加河、里海、亚速海及黑海。市南的普尔科沃为重要的国际航空港。重要的公路枢纽，有11条干线公路交会于此。

素有俄罗斯科学文化城之称。1724年建立俄罗斯科学院，俄国著名的科学家M.V.罗蒙诺索夫、A.S.波波夫、D.I.门捷列夫、I.P.巴甫洛夫和文学家A.S.普希金、N.V.果戈理均在此生活和工作过。有俄罗斯科学院所属的十多个研究所、圣彼得堡大学等41所高等学校、86所中等专业学校。为俄罗斯南北极地区研究中心。有47座博物馆，其中著名的有建于1895年的俄罗斯博物馆，艾尔米塔什国家博物馆和十月革命博物馆等。还有全国闻名的谢德林图书馆、俄罗斯科学院图书馆及普希金文学博物馆等。有16所剧院。

城区以冬宫广场为中心，以涅瓦河及其支流为主干，呈不规则放射状格局。市区被大、小涅瓦河分割为四部分。第二次世界大战后，城市主要向西南方向及沿海一带发展。圣彼得堡周围形成了包括60多个城镇的城市群。

圣彼得堡音乐学院 Saint Petersburg N.A. Rimsky-Korsakov State Conservatory 俄罗斯培养音乐人才的高等学府。全称为国立圣彼得堡里姆斯基-科萨科夫音乐学院。创办于1862年，由A.G.鲁宾斯坦任首任院长。曾用名彼得格勒音乐学院和列宁格勒音乐学院。设有理论、作曲、钢琴、管风琴、指挥、乐队、声乐、师资进修等系以及研究生班和助教进修班。著名音乐家奥尔、N.A.里姆斯基-科萨科夫、A.K.利亚多夫、A.K.格拉祖诺夫都曾在该院任教。P.I.柴科夫斯基、D.D.肖斯塔科维奇、I.I.捷尔任斯基、E.A.姆拉温斯基等均受教于该院。学院附设有歌剧工作室、音乐天才儿童学校与音乐中学。

圣彼得大教堂 St.Peter's Cathedral 世界上最大的天主教堂，1506～1626年建于罗马。今属梵蒂冈城国。是意大利文艺复兴建筑的纪念碑。罗马教廷在此举行大型宗教活动。

16世纪初，教皇尤利乌斯二世决定重建已破旧不堪的圣彼得大教堂，要求该教堂的规模超过一切异教庙宇。1505年，建筑师D.布拉曼特设计的方案中选，建筑遂于1506年动工。1514年布拉曼特去世，由拉斐尔、B.佩鲁齐、小桑迦洛、米开朗琪罗等人继续设计建造。1564年工程进行到

圣彼得大教堂外景

穹顶鼓座时，米开朗琪罗去世，由G.della波尔塔和D.丰塔纳继续完成大穹顶工程。为使直径42米的穹顶更加牢靠，他们和后继者在底部加上了8道铁链。大穹顶1590年竣工，其顶点离地面137.7米，成为罗马城最高的建筑物。1564年G.B.da维尼奥拉继续设计了大穹顶四角上的小穹顶。不久，教皇保罗五世决定把布拉曼特设计的希腊十字平面改为拉丁十字平面，命建筑师C.马代尔诺在前面加了一段巴西利卡式的大厅，导致在近处看不到完整的穹顶。最后完成的拉丁十字平面内部长183米，两翼宽137米。内部墙面用各色大理石、壁画、雕刻等装饰，穹顶上有天花，外墙面饰以灰华石和柱式。

1655～1667年，由G.L.贝尼尼建造了杰出的教堂入口广场。广场由梯形和椭圆形平面组成，椭圆形长轴198米，周围由284根塔斯干柱子组成的柱廊环绕，地面略有坡度。

圣餐 Eucharist; Holy Communion 基督教各主要派别共有的重要圣事。圣餐的设立源于耶稣与门徒共进最后晚餐，掰饼分酒给门徒时所说“这是我的身体”、“这是我的血”。基督教认为饼和酒是耶稣为救赎人类被钉于十字架的象征，基督教的一些派别认为耶稣以某种特殊的方式存在于圣餐中，但对于这种存在的方式各派说法不一。天主教称此圣事为圣体，使用无酵饼，而且一般信徒领受时不领圣血。东正教称圣餐为圣体血，使用发酵饼，信徒可领受圣体和圣血。新教各派不接受天主教传统的圣体礼仪，信徒可领饼亦可领杯（圣血）。各宗派的圣餐礼仪形式不尽相同，安立甘宗和信义宗的圣餐礼与天主教较接近。加尔文宗则认为饼和酒仅为基督血肉的代表。公谊派认为圣餐只是形式，故不举行这一圣事。基督教各派的圣餐礼均由神职人员主持。

圣丹尼斯 St. Denis, Ruth（1879-01-20～1968-07-21） 美国现代舞表演家、编导、教育家，美国现代舞学派创始人及早期代表人物。生于新泽西纽瓦克，卒于洛杉矶。早年从事商业歌舞表演，1904年开始创作

圣丹尼斯自编自演的中国题材作品《白玉观音》演出照（1922）

东方情调的现代舞。主要作品有《罗陀》、《拉达》、《香烟袅袅》、《眼镜蛇》、《瑜伽信徒》、《印度舞女》、《埃及之舞》、《白玉观音》等。她的舞蹈传递了东方宗教和艺术的精神和色彩，技艺完美，在国内外巡演中获得成功。1915年与丈夫T.肖恩在洛杉矶共建丹尼斯-肖恩舞蹈学校及舞蹈团，培养出M.格莱姆、D.韩芙丽、C.韦德曼三位重要的现代舞舞蹈家。著有自传《生命不息》。

圣但尼 Saint-Denis 西印度洋法属留尼汪岛首府。位于岛北岸圣但尼河口盆地。人口13.2万（2006）。全岛行政、经济中心。制糖为主要工业，还有罐头、香草加工、卷烟、茶叶加工等工厂。城市西南有人工港勒波尔。圣但尼与勒波尔之间有长约20千米的海岸公路连接，公路沿线风光秀美。有公路通往岛内主要城镇。市郊有机场，航线联系东非、马达加斯加和法国主要城市。有自然历史博物馆、图书馆和一所法律、经济与政治学院。旅游服务设施较全。

圣诞节 Christmas 基督教纪念和庆祝耶稣基督诞生的重要节日。又译“主降生节”、“耶稣圣诞瞻礼”。《圣经》对耶稣生日并无记载。罗马教会354年规定每年的12月25日是耶稣基督诞生的纪念日。庆祝时间从12月24日持续到来年的1月6日。12月24日称为圣诞夜，为家庭团聚、共进圣诞晚餐、互赠礼品之时。圣诞树为节日的必需之物，一般为小枞树或者松树，树枝上挂满各种装饰品和彩灯，树顶上要有一颗明亮的星，以指示东方三博士赴伯利恒朝拜圣婴的道路。节日的另一个必不可少的角色是圣诞老人，源自于4世纪小亚细亚一位基督教主教圣尼古拉斯的传说。据说，一位白须红袍的老人会在圣诞夜背着装满礼物的大红包袱，乘坐鹿拉雪橇自遥远的北极来，从烟囱进入每个家庭，把玩具和礼物装进孩子们的袜子。此外，唱圣诞颂歌也是圣诞夜的重要内容。圣诞夜子夜时分，天主教教堂会举行隆重的子夜弥撒。圣诞节的黎明和上午还举行两次隆重的弥撒。大多数新教教堂会举行各种礼拜活动。一些教派因为节日期间过分奢华而不庆祝这个节日。现代的圣诞节已不仅仅是宗教节日，而且已成为全世界流传最为广泛、庆祝最为隆重的世俗节日。东正教和一些东、西教会由于历法不同而于1月6日或7日庆祝圣诞。

美国纽约洛克菲勒中心圣诞节的景象

圣诞老人 Santa Claus 基督教童话故事中的人物。已成为圣诞节最受喜爱的象征和传统。圣诞老人腰圆体胖，身穿红色棉袄，头戴红色软皮帽子，驾驶着驯鹿拉的雪橇，背着装满礼物和玩具的袋子。按照传统，孩子们会在圣诞节的前夜在床头挂着袜子，等待圣诞老人从烟囱中下来，给自己带来圣诞礼物。这一形象来自慈善而慷慨的4世纪时小亚细亚吕西亚米拉（现在土耳其境内）地区的大主教圣尼古拉，又称巴里的尼古拉、米拉的尼古拉。有很多关于纪念他的传统说法。中世纪崇敬尼古拉之风传遍欧洲，其事迹是艺术家和宗教剧的常用题材。现在流行的圣诞老人像定型于19世纪。从那时起，他一直是馈赠礼品的节日圣诞节的主保圣人，圣诞老人作为圣诞节传统的典型象征当代几乎已家喻户晓。人们用带有圣诞老人的画像或贴纸等物品来装饰房间门窗墙壁，并互相赠送卡片和礼品。各商店也多利用节期作商品促销策划，店员扮成圣诞老人散发小礼品和糖果。

坐在驯鹿拉的雪橇上的“圣诞老人”

圣诞树 Christmas tree 一种圣诞节装饰品。有天然和人造之分。一般为小枞树和松树等塔形常青树，树上挂着各种缎带、小饰物和礼品，现代还时兴装饰彩灯。圣诞树顶端有个特大的星，象征引导东方三博士（古波斯拜火教祭司）找到耶稣的那颗异星，在圣诞夜由一家之主挂上。圣诞树在圣诞节象征再生，代表光明重生。关于圣诞树的来历有许多说法，其出现在圣

诞节则首见于德国，17世纪由德国移民带到北美，19世纪初传至英国。19世纪中叶，经维多利亚女王的丈夫、德国皇子阿尔贝特的推广，在奥地利、瑞士、波兰、荷兰也流行起来。后由美国传教士传入中国和日本。

圣德太子 Shōtoku Taishi（574～622-02-22） 日本古代政治家。推古朝改革的推行者。他提倡佛教和儒教，建立新的政府以及宗教和文化机构。他尽力仿效中国，不断扩大皇室的权力。血统属苏我氏，为用明天皇次子。592年推古天皇即位，他于次年任摄政，直到去世为止。他派出遣隋使节，从中国聘来许多艺术家和手工艺者，为两国文化交流开辟了道路。他采用中国历法，建设道路网，兴修许多佛寺。他仿照中国方式编修史书，定官职为十二阶，以不同颜色的冠标志官位的高低。604年制定宪法十七条，推行中国的官僚制度。另外还兴修水利，创办社会福利设施。因死得较早，始终未能袭皇位。

圣地亚哥 Santiago 多米尼加第二大城市，圣地亚哥省首府。当地称圣地亚哥·德·洛斯·卡瓦列罗斯。位于北亚克河右岸。人口约58.07万（2000）。始建于1494～1495年。曾是旧时都城，多次毁于地震和战火。地区工商业中心。当地农畜产品的集散地。有烟草、酿酒、食品、家具、制革、制皂、橡胶等工业。公路和铁路枢纽。有飞机场。

圣地亚哥 Santiago 古巴第二大城市，圣地亚哥省首府。全称古巴圣地亚哥。位于东部马埃斯特腊山东段南麓盆地中，濒临圣地亚哥湾。年平均气温26℃。平均年降水量1 112毫米。人口47.4万（2000）。古巴最古老的城市之一，始建于1514年，1589年以前曾是殖民统治中心。古巴两次独立战争的许多重要战役都在此进行，故有“英雄城”之称。东部主要工业基地，有传统的制糖、酿酒、纺织、咖啡加工、家具等轻工业部门，又有新建的炼油、钢铁、水泥、造船、发电等工厂。市郊有丰富的铜、锰、铁和金矿。天然良港，可停泊巨型海轮。全国第二大商港。交通便利，是横贯全岛的铁路干线和中央公路的东端终点站，并有航空线与国内各大城市相连。市内有多处名胜古迹和文化教育设施，如贝拉斯克斯时期的都督府、拉亚松森大教堂、市郊的埃尔科夫雷圣母教堂、安放民族英雄J.马蒂遗骸的圣伊菲赫尼亚公墓、马塞奥故居博物馆、马塞奥纪念碑等。有1947年建立的东方大学。

古巴圣地亚哥城市一角

圣地亚哥 Santiago 智利首都，全国最大城市，圣地亚哥首都区首府。地处智利中部海岸山脉与安第斯山脉之间的马波乔河谷地，西距太平洋110千米。海拔520米。市区面积100平方千米，由市区及周围14个城镇组成的大圣地亚哥面积为2 109.7平方千米。人口674.57万（2008）。气候温和宜人。年均气温14℃。夏季干燥温和，冬天凉爽多雨雾。平均年降水量约370毫米。

圣地亚哥阿尔马斯广场上的圣地亚哥城创建者P.de瓦尔迪维亚铜像

原为印第安因多米塔族居住地。1541年由西班牙殖民者P.de瓦尔迪维亚始建。1818年独立后成为首都。全国政治、商业、金融中心。工业在国民经济中占有重要地位。主要有食品、纺织、服装、机器设备、金属加工、木材、制革和化工等工业部门。工业产值约占全国工业总产值的48%。工业区主要集中在城市南部和西部。国家主要银行和金融机构以及外国银行的分行汇聚于此。交通枢纽。公路和铁路干线连接南北。近郊有大型国际机场，为南美洲重要航空港之一。

行政、文化、商业区主要位于马波乔河与奥希金斯大道之间。阿尔马斯广场是城市核心，有市政厅、总统府、大教堂等重要建筑。

文化、教育和娱乐中心。有智利大学、天主教大学等高等院校；南美最大的国家图书馆，藏书120多万册。还有历史博物馆、国家美术馆、2000年建成的圣地亚哥科技馆和世界最著名天文台——泛美天文台。为著名旅游城市。

圣迭戈 San Diego 美国加利福尼亚州太平洋沿岸港口城市。位于州南端圣迭戈湾畔，南距墨西哥边境20多千米。市区面积840平方千米，人口127.93万（2008）；大都市区包括圣迭戈县和周围卫星城镇，人口300.11万（2008）。东、北、南三面丘陵环抱。气候温和宜人，1月气温9～19℃，7月19～25℃；平均年降水量250毫米，以冬雨为主。

加利福尼亚最早的欧洲人定居地。1769年西班牙人在圣迭戈河口附近设堡，并建立加利福尼亚第一个传教所，开始移民定居。1846～1848年美墨战争后，随同加利福尼亚归属美国。1850年设市。1884年铁路通达，成为横贯大陆铁路的西部终点站之一。

城市经济多样化。工业以航空航天、导弹和火箭制造、电子、造船等为主，电信和生物医学科技产品也发展很快。城郊农业盛产柑橘、鳄梨、蔬菜和畜产品。宜人的气候、漫长的海滩以及众多的胜景和设施，促进了旅游业的发展。1994年北美自由贸易区成立后，成为与墨西哥进出口贸易的重要口岸。圣迭戈湾外侧有半岛掩蔽，内侧港宽水深，是太平洋舰队所辖全国第二大海军基地，也是重要商港和远洋捕捞金枪鱼船队的母港。有铁路和高速公路通连洛杉矶、圣弗朗西斯科（旧金山）等太平洋沿岸主要城市，与墨西哥边境城市蒂华纳间建有电车线。城西北海湾畔设林德伯格国际机场。

城区环抱圣迭戈湾。市中心附近的巴尔博亚公园，设有美术馆、航空航天博物馆、音乐厅等，公园的核心是驰名世界的圣迭戈动物园。坐落在市北米申湾的海洋世界占地60公顷，是世界最大的水族馆和海洋公园之一。文教事业发达。大都市区有25所高等院校，包括加利福尼亚大学圣迭戈分校（1959）、圣迭戈州立大学（1897）等著名学府。创立于1912年的斯克里普斯海洋研究所是世界最大的海洋科研机构，还有以生物医学研究著称的索尔克生物研究所等。

圣多美 São Tomé 圣多美和普林西比首都和最大港口城市。在圣多美岛东北岸。人口约6.2万（2008）。城市坐落在圣多美火山东侧较宽阔的沿海平原上，处于背风坡。虽靠近赤道，属热带雨林气候，但城区雨量不大。年平均气温28.9℃，极端最高气温33.9℃。平均年降水量872毫米，分配较均匀。葡萄牙人于16世纪建为殖民据点、奴隶贸易中转与储运中心，西非咖啡、可可种植的传播中心。国家独立后定为首都，全国政治、经济中心。周围平原是可可集中产区，种植园经济历史悠久。工业主要有食品、肥皂、锯木、榨油、咖啡与可可粗加工、椰干加工等小型企业。全国最大海港，可停靠万吨轮。出口咖啡、可可和油棕产品，进口金属制品，纺织品、粮食和化工产品。全岛公路起点，连接主要种植园。圣多美机场为国际航空港。

圣多美和普林西比 São Tomé and Principe; São Tomé e Príncipe 非洲中西部沿海岛国，在大西洋几内亚湾东南部，距非洲大陆201千米，与加蓬、赤道几内亚隔海相望。海线长220千米。由圣多美、普林西比两个大岛及其附近的罗拉什岛、卡罗索岛等14个小岛组成。面积1 001平方千米。人口约16万（2008）。首都圣多美。居民大部分为班图语系黑人，主要是姆庞圭人和刚果人；其次有来自非洲西海岸的奴隶后裔和契约劳工后裔，还有混血种人和少数欧洲人。90%居民信奉天主教。有多种克里奥尔语广为使用。官方语言为葡萄牙语。

地理 全国诸岛均在非洲大陆喀麦隆火山带的延长线上，形成于第三纪的火山喷发。呈西南—东北向排列，两大岛地势较高。圣多美岛最大，呈椭圆形，面积859平方千米；沿海平原狭窄，仅东北部平原较宽阔，其余为山地，有十余座海拔1 000米以上的山峰，峰顶皆有火山口，其中圣多美峰海拔2 024米，是全国最高峰。普林西比岛在圣多美岛东北128千米处，似长方形，面积130平方千米，中部山地平均海拔500米以上，普林西比峰海拔948米；沿海平原较宽。两大岛上水系呈放射状，多急流，富水力。赤道线从圣多美岛南边的罗拉什岛上穿过。全境属典型热带雨林气候，终年高温多雨，年平均气温25℃，年降水量1 000～3 000毫米，盛行西南风。两大岛西南部迎风坡年降水量多达5 000毫米，圣多美岛南部山地的南麓迎风坡，最高可达7 000毫米；东北部背风坡雨量稍少，但相对湿度大，极为湿热，被称为“热带蒸笼”。热带雨林遍布，但由于破坏性采伐，原始热带雨林覆盖率已下降至28%。近海渔业资源丰富。矿产资源有褐煤、石油和天然气。

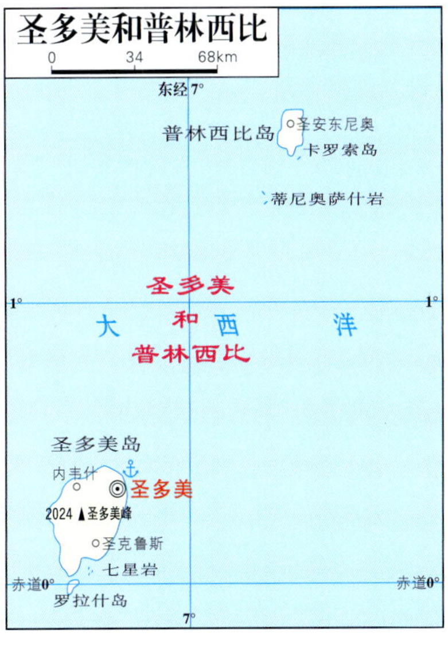

历史 中世纪时，非洲大陆的班图语系黑人迁往两大岛定居。1471年葡萄牙人开始侵入，随后成为殖民据点和流放犯人及犹太人的场所。1522年沦为葡萄牙殖民地，甘蔗种植业甚盛。17世纪下半叶，甘蔗种植衰落，代之以奴隶贸易，并成为非洲奴隶贩运的重要中转站之一。17～19世纪一度被荷兰、法国占领。1878年再度归葡萄牙统治。1951年成为葡萄牙的海外省，由葡萄牙派总督直接治理。1975年7月12日独立。

议会制国家。按1990年8月全民公决通过的新宪法，圣多美和普林西比实行多党制和议会制。总统为国家元首和武装力量总司令，经直接普选产生，任期5年，可连选连任一届。国民议会是国家最高立法机关，每届任期4年，1991年1月举行首届议会选举。2007年初共有合法政党14个。国家武装力量建立于1975年，称革命武装力量，1991年改称圣普武装力量，包括武装部队、警察、总统卫队和民兵。

经济 联合国认定的最不发达国家之一。2009年人均国内生产总值1 500美元。以热带经济作物为主的农业国。全国51%的劳动力从事农业，耕地约占土地面积的1/3。热带作物种植园经营历史悠久，一向是农业的支柱，主要种植可可、椰子、咖啡、油棕、香蕉等。产品大多供出口。可可产值占国内生产总值的20%以上，现每年出口3 500～4 000吨，占出口总额的77%左右。可可主要分布在两大岛东部沿海，以圣多美岛东北部平原最集中。椰子遍布两大岛沿海地带。咖啡主要集中在两大岛中南部高地。油棕多分布在两大岛东北滨海平原。粮食不足以自给，以种植木薯、玉米为主。工业只有食品、饮料、榨油、肥皂、陶瓷、砖瓦、汽车修理、木材加工等小型企业。有两座水电站和一座火电站。有公路380千米，其中250千米为沥青路，主要分布在圣多美岛，由首都通往各种植园。全国有港口和机场各两个，分别在两大岛。圣多美港可停靠万吨轮，圣多美机场为国际航空港，有联系安哥拉、加蓬、葡萄牙等非洲及欧洲国家的定期航班。出口可可、咖啡、油棕产品和椰子等，进口以金属制品、化工产品、纺织品、粮食等为主。

文化 重视发展教育。中、小学均实行免费教育。全国共有85所学校，2002年在校学生3.76万人，其中小学生2.38万人。每年选派留学生到国外深造。中学教育还重视聘请葡、英教师执教。2006年葡萄牙卢斯埃达大学在圣普设分校。圣多美和普林西比通讯社为国家通讯社。主要报刊有《消息报》和《共和国日报》，发行量在500份左右。有国家电台和电视台各一家；由葡萄牙援建的普林西比自治区电台于2000年4月正式开播。

圣多明各 Santo Domingo 多米尼加首都，最大城市和港口。加勒比海的旅游胜地。位于伊斯帕尼奥拉岛东部奥萨马河口西岸。人口273万。属热带雨林气候。始建于1496年，是欧洲殖民者在西半球最早建立的城市。拥有美洲第一座大学和大教堂。1936～1961年改名特鲁希略城，后恢复原名。历史上曾多次遭飓风破坏。集中全国大部分企业，有食品加工、制糖、酿酒、纺织、水泥、石油提炼、造船等工业部门。港口条件优良，港宽水深，设施先进，可停泊大型海轮。全国2/3的对外贸易经由此港。全国公路交通枢纽，有3条公路通往国内各地。城东建有飞机场。古老建筑有伯

圣多明各海边街景

爵大街、孔德城门、哥伦布宫、圣尼古拉斯·德巴里医院遗址、圣多明各大学、圣玛丽亚·拉梅诺尔教堂等。有2所大学和多所艺术院校。

圣菲波哥大 Santafé de Bogotá 哥伦比亚首都，最大城市，昆迪纳马卡省首府。又称波哥大。位于东科迪勒拉山脉西麓的苏马帕斯高原、萨瓦纳盆地东部。面积1 587平方千米。市区人口726万。地近赤道，海拔2 640米，年平均气温14℃。平均年降水量1 050毫米。

圣菲波哥大城市一角

原名巴卡达，为古代奇布查印第安人的文化中心。1538年西班牙人在此建城，后为新格拉纳达首府，并以西班牙城市圣菲命名。1718年成为新格拉纳达总督辖区首府。1819年定为大哥伦比亚共和国首都，改称“波哥大”。1886年起为哥伦比亚共和国首都。1991年恢复原名“圣菲波哥大”。

全国经济和金融中心。工业主要有汽车装配、水泥、化工、纺织、制药、制革、制糖、绿宝石加工等部门。城郊为全国粮食、水果、蔬菜的主要产区和花卉出口基地。

古老的文化中心。被誉为“南美的雅典”。有世界最大的黄金博物馆、玻利瓦尔别墅、殖民艺术博物馆、手工艺术博物馆、民间传统和艺术博物馆、祖母绿博物馆等。文化教育事业发达。有建于1777年的国家图书馆、国家科学院、哥伦比亚历史科学院、哥伦比亚语言科学院、科隆大剧院、天文馆和美术馆等。全市有70多所高等院校。包括著名的哥伦比亚国立大学（1572）等。

全国交通中心。有铁路、高速公路通过。泛美公路和西蒙·玻利瓦尔国际公路沟通国内和邻国各大城市。城东有埃尔·多拉多现代化国际机场。

圣费尔南多 San Fernando 特立尼达和多巴哥第一大城市。位于特立尼达岛西南，濒临帕里亚湾。人口6.1万（2003）。1786年西班牙殖民时期开发，1846年建成。为油田基地和世界石油冶炼和石油化工中心之一，也是制糖业、木材业的基地及出口地，同时还是沥青湖基地。铁路和公路枢纽。近郊有占地近16.2公顷的帕尔米斯特国家公园，野禽保护区。

圣弗朗西斯科 San Francisco 美国太平洋沿岸重要港口城市。位于加利福尼亚州西北部。华人称旧金山或三藩市。面积121平方千米，人口80.9万（2008）；圣弗朗西斯科－奥克兰－圣何塞大都市区人口735.46万（2008）。居民种族构成复杂，其中白种人占全市人口的49.7%，亚裔占30.8%，黑人占7.8%，混血种人占10.8%，还有少数土著民族。

市域内丘陵起伏，沿海地带较为平坦。南流的萨克拉门托河与北流的圣华金河在城东汇流，折向西注入圣弗朗西斯科湾。地处圣安德烈斯断裂带上，多地震。气候宜人，1月气温5～13℃，7月12～22℃；平均年降水量500毫米，以冬雨为主，夏季多雾。

1542年西班牙探险队到此。1776年西班牙人始建要塞和传教点。1821年归属墨西哥。1846年美国通过战争占领该地。1847年易名圣弗朗西斯科。翌年附近地区发现金矿，掀起淘金热。1850年设市，与加利福尼亚一起并入美国版图。1869年横贯大陆铁路通达。1906年大地震，全城80%建筑被毁，后迅速重建。1914年巴拿马运河通航后，港口日益繁荣，贸易量激增。

城市经济现以第三产业为主，约占市区就业人口的88%以上。美国西部的金融中心，是美洲银行公司总部、美国第十二区联邦储备银行、太平洋证券交易所等的所在地。商贸、餐饮、旅游业发达。除保留服装、食品和印刷出版等以外，传统的制造业部门多数外迁，但微电子、计算机及软件、生物工艺等高科技产业发展很快，尤以从圣弗朗西斯科南部到圣何塞的“硅谷”闻名于世。天然港口优良，曾是美国与太平洋地区各国贸易的主要海港，素有“西海岸门户”之称。20世纪60～70年代以来，随着集装箱运输的兴起，海港业务逐步转向湾东的里士满、奥克兰等地。公交运输系统便捷。适合城市多山丘、坡度大特点的空中缆车（1873）以及市内传统的有轨电车（1912）保留至今。有多座大桥跨越圣弗朗西斯科湾区，其中包括城市标志之一、跨越金门海峡的金门大桥（1937）和长达13.3千米的圣弗朗西斯科－奥克兰海湾大桥（1936）等。海湾地区高速运输系统（BATT）为轨道交通（1972），联系各卫星城镇。圣弗朗西斯科国际机场年客运量居美国机场前列。

圣弗朗西斯科金门大桥

文化教育中心。市内有18所高等院校，如加利福尼亚大学圣弗朗西斯科分校、圣弗朗西斯科大学等。举世闻名的斯坦福大学、加利福尼亚大学伯克利分校等也在圣弗朗西斯科大都市区内。博物馆众多，如美国西部最古老最大的德扬博物馆、自然史博物馆、亚洲艺术博物馆、圣弗朗西斯科现代艺术博物馆等。重要的文艺团体有圣弗朗西斯科交响乐团、歌剧团、芭蕾舞团等，有著名的柯伦剧院和金门剧院。闹市区以联合广场为中心，联合广场以北的“中国城”是美国最大的华人社区之一，在入口处的牌坊上留有孙中山的手书“天下为公”，以纪念他曾4次来到圣弗朗西斯科。

圣父 God the Father “上帝圣父”的简称。又称“天父”。又译“天主圣父”。源出于《圣经》。基督教三位一体上帝中的第一位。《尼西亚信经》规定：他是“独一上帝（天主）全能的父，创造有形无形万物的主”。

圣哥达公路隧道 Sankt-Gotthard Highway Tunnel 瑞士苏黎世东南穿越阿尔卑斯山脉圣哥达峰的欧洲交通大动脉之一。建于1970年5月至1980年9月，长16.9千米，最大覆盖层厚度为1 000米。隧道大部分通过花岗岩和花岗片麻岩地层，最坏地段为风化的砂砾和滚石。衬砌设计成宽10米的马蹄形断面，在其顶部分隔成进风和排风道作横向通风。每隔800米设一段加宽断面，为紧急停车带。

隧道车速限制在80千米每小时以内。隧道两端设有计算机控制站，可通过电视录像机和传感器提供数据，以监视和控制流量，并对空气清洁度变化、失火以及照明度等及时察觉、报警。2000年10月24日，隧道内1.5千米处两货车相撞，失火爆炸，火势猛烈，死亡及失踪共约100人。

圣公会 Anglican Churches 基督教新教主要宗派之一。16世纪产生于英国，1534年立为英格兰国教。见安立甘宗。

圣海伦斯火山 Saint Helens, Mount 美国西北部火山。位于华盛顿州西南部，喀斯喀特山脉中北段。海拔2 950米。1857年起处于休眠状态，1980年3月27日火山突然复活，间歇出现喷发活动。5月18日清晨，一次地震导致山北崩塌和滑坡，引发了美国历史上罕见的强烈火山爆发。烟云直冲1.9万米高空，火山灰随气流扩散至4 000千米以外。附近河流被堵塞、改道，道路被湮没。熔岩流引起森林大火，周围几十千米内生物绝迹。山地冰雪大量融化，形成汹涌的急流，加之上升气流中大量水汽在高空凝结，暴雨成灾，冲刷下的火山灰形成泥浆洪流，毁坏沿途农田和一切设施。57人在这次火山爆发中丧生。原火山锥顶部崩坍，出现一马蹄形凹，深750米。此后该火山仍处于活动中，有多次喷发。最后一次喷发在1991年。火山海拔高度已降为2 549米。1989年建立圣海伦斯山国家火山保护区。

圣何塞 San José 哥斯达黎加首都，圣何塞省首府，全国最大城市。全国的政治、经济中心。位于中央高原圣何塞盆地中，海拔1 160米，面积170平方千米。人口150万。气候温和湿润，年平均气温22℃，平均年降水量1 937毫米。1736年，西班牙天主教建立教区。1813年设市。1823年取代卡塔戈成为首都。19世纪20年代，中部高原的咖啡种植业迅速发展，通往东西海岸的铁路先后修成，成为全国农牧业产品的集散地和加工中心。主要工业有食品、纺织品、制革、烟草、机械、建筑材料、汽车、家电等。连接太平洋和加勒比海的交通枢纽。有铁路、泛美公路和高速公路。有胡安·圣塔玛利亚国际机场。市区呈格状分布，既有古老的西班牙式建筑，又有现代化高楼。有哥斯达黎加大学、国立大学及众多的图书馆、博物馆、体育场馆、剧院、娱乐中心等。

圣何塞 San Jose 美国加利福尼亚州中西部城市。地处圣弗朗西斯科湾南的圣克拉拉谷地，临凯奥特河和公达卢普河，西北距圣弗朗西斯科64千米。市区面积453平方千米。人口94.83万(2008)，包括圣克拉拉县的圣何塞都市区人口181.92万(2008)。隶属居圣弗朗西斯科－奥克兰－圣何塞大都市区。1777年西班牙人在此建立加利福尼亚第一个定居点。1846～1848年美墨战争后，加利福尼亚加入联邦，圣何塞一度为州府(1849～1851)。1850年设市。1864年铁路通达，成为圣克拉拉谷地农产品的集散地和加工中心。第二次世界大战后，工业迅速发展，特别是随着“硅谷”(圣克拉拉谷地)高科技产业的兴起，城市面积和人口成倍增加。圣何塞号称“硅谷”首府，电子、宇航设备、计算机、仪表等工业发达，传统的果品加工、酿酒业等仍有一定地位。商业、金融业、建筑业、房地产等也相应发展。4条高速公路、2条铁路干线在此交会，市内有轻轨交通系统，城西北设国际机场。有加利福尼亚大学圣何塞分校等3所高等院校，附近还有著名的斯坦福大学和圣克拉拉大学。博物馆众多，如市中心的圣何塞艺术博物馆、历史博物馆、科技发明博物馆、儿童启蒙博物馆等。重要名胜有西南郊的温切斯特神秘宅院、加利福尼亚州最古老的教堂——圣何塞瓜达拉普教堂(1779)以及大美国乐园、中国文化公园等。

圣赫勒拿 Saint Helena 非洲西南岸外大西洋中英国属地。辖圣赫勒拿岛、阿森松岛和特里斯坦－达库尼亚群岛。面积122平方千米。人口约4 000(2010)。首府詹姆斯敦。境内居民绝大多数是圣赫勒拿人，为欧洲移民与部分印度人和非洲黑人的混血人种。阿森松岛上无当地居民，居住着英国和美国的军事人员、圣赫勒拿的行政人员、通讯公司以及公共服务人员，亦以圣赫勒拿人最多，其次是英国人和美国人。特里斯坦－达库尼亚群岛人最少。全境通用语言为英语。大多数居民信奉基督教，多属圣公会。

主岛圣赫勒拿岛为死火山岛。地形崎岖多山，东、西、北三面都是垂直的峭壁，高达490~700米。最高点黛安娜峰海拔823米。属热带海洋性气候，盛行东南信风，终年温和，年平均气温21℃，年较差

圣何塞鸟瞰

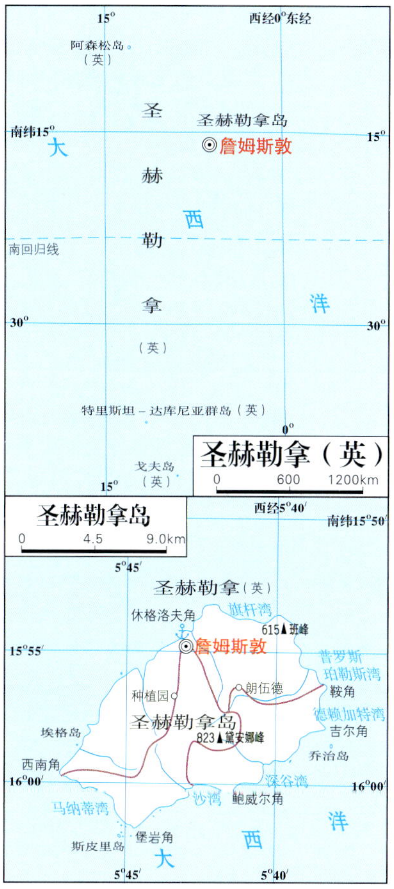

小。年降水量200～760毫米。地表多裸岩，植物稀少。阿森松岛亦称清醒岛。地形崎岖多山，岩石裸露，最高点皮克峰海拔859米。盛行东南信风，气候温和少雨，年降水量150～635毫米。植物稀少。多黑燕鸥和海龟。近海富产金枪鱼、鲨鱼等。特里斯坦－达库尼亚群岛为火山群岛。主岛最高点玛丽皇后峰海拔2 060米。气候温和湿润。主岛最热月平均气温18℃，最凉月11℃。平均年降水量1 650毫米，盛行西风，风力强而多变。

1502年葡萄牙人到达圣赫勒拿岛。1513年起为葡萄牙领地。1633年荷兰人侵占该岛。1659年英国取代荷兰在此行使管辖权。1815～1821年法国皇帝拿破仑一世被囚禁并死于该岛。1834年该岛成为英国直辖殖民地，由英国派任总督管辖。1501年，葡萄牙海员发现阿森松岛。1815年被英国海军占领。1922年11月由英殖民部接管，管辖权属圣赫勒拿。阿森松岛战略地位重要，第二次世界大战期间曾是美国空军的加油基地。1506年发现特里斯坦－达库尼亚群岛，1817年被英国海军占领。1938年1月归属圣赫勒拿。

1989年生效的宪法规定：圣赫勒拿行政权与立法权归英王室，由英国派总督统治，但总督通常由本岛官员来担任。阿森松岛和特里斯坦－达库尼亚群岛的行政长官是圣赫勒拿政府的代表。现无政党活动。下设立法会议和行政会议。立法会议由议

长、3名官方长官和12名议员组成。行政会议由总督领导，由上述三名官方长官和5名当选立法会议议员组成。总督任立法会议和行政会议主席。设有最高法院、地方法院、债务法院和少年法院。

经济在很大程度上依赖英国政府提供的发展援助。圣赫勒拿岛主要经济活动为捕鱼、家畜饲养和手工艺制作。主要农作物为玉米、马铃薯和蔬菜。渔业资源丰富，已发展深海捕鱼业。阿森松岛盛产“绿色海龟”。特里斯坦－达库尼亚群岛以渔业税和邮票发行及手工艺品生产为主要收入来源。小龙虾捕捞业是主要行业。旅游业具有发展前景。圣赫勒拿岛曾作为拿破仑一世流放地，吸引游客不断光顾。特里斯坦－达库尼亚群岛的戈夫岛野生生物保护区于1995年由联合国教科文组织列入《世界遗产名录》。

无铁路，有一个机场，对外交往主要靠海运。詹姆斯敦港为唯一港口。对外贸易由英国垄断。主要贸易对象为英国、美国、坦桑尼亚、日本、西班牙、澳大利亚和南非。主要出口鱼，还有少量的咖啡、手工艺品和羊毛。进口食品、饮料、烟草、燃油、饲料、建筑材料、机器设备及汽车等。

中小学均实行免费教育。对5～15岁儿童实行免费义务教育。2005年有各类学生784人，教职员工167人。报刊唯有官方周刊《圣赫勒拿新闻》。政府设广播电台。有卫星电视节目中继站。

圣赫勒拿岛 Saint Helena Island　非洲大陆西南南大西洋中英国属地圣赫勒拿的主岛。东距非洲大陆西南岸1 930千米。面积122平方千米。见**圣赫勒拿**。

圣胡安 San Juan　美属波多黎各首府，第一大城市。位于波多黎各岛东北海岸，濒临圣胡安湾。面积122平方千米。人口约43.4万（2003）。1510年始建于海湾南岸，原名卡帕拉。波多黎各的经济、文化中心及最大港口。工业主要有石油提炼、制糖、酿酒、电子、纺织、水泥、药品、金属制品、烟草及服装等。港口优良，为大西洋和加勒比海间重要的海上交通枢纽，加勒比海最繁忙的港口之一。全岛的对外贸易主要经由此港。城东有国际机场。全岛金融中心，许多美国银行和企业在此设有办事处。旅游胜地，有圣胡安大教堂（1540）、拉福尔塔莱萨宫（1533）、埃尔莫罗古堡（1539）等历史古迹。设有博物馆、图书馆、波多黎各大学等。

波多黎各圣胡安城远眺（前为埃尔莫罗古堡）

圣基茨和尼维斯 Saint Kitts and Nevis　加勒比海岛国。位于加勒比海小安的列斯群岛中的背风群岛。西北距波多黎各岛约320千米。由圣基茨、尼维斯、桑布雷罗等岛组成。面积为267平方千米。人口约5.25万（2009）。居民主要为黑人，其他有英国人、葡萄牙人和黎巴嫩人。居民多信奉基督教。官方语言为英语。首都**巴斯特尔**。圣基茨岛的米瑟里火山海拔1 156米，为全国最高峰。热带海洋性气候，年平均气温26℃，年降水量1 250～2 300毫米。

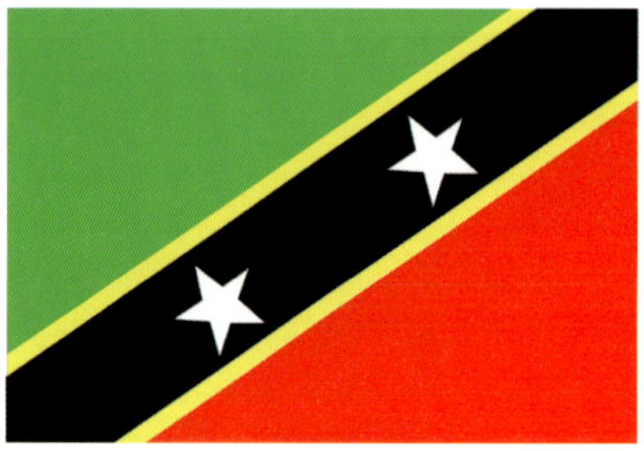

1493年C.哥伦布到达圣基茨岛，1623年被英国占领，成为英国在西印度群岛最早的殖民地。此后岛两端曾一度为法国占领。1783年该岛正式归属英国。尼维斯岛于1628年沦为英国殖民地，17～18世纪是安的列斯群岛中经济最繁荣的岛屿。1958年1月，圣基茨－尼维斯－安圭拉加入西印度联邦。该联邦于1962年解散。1967年成

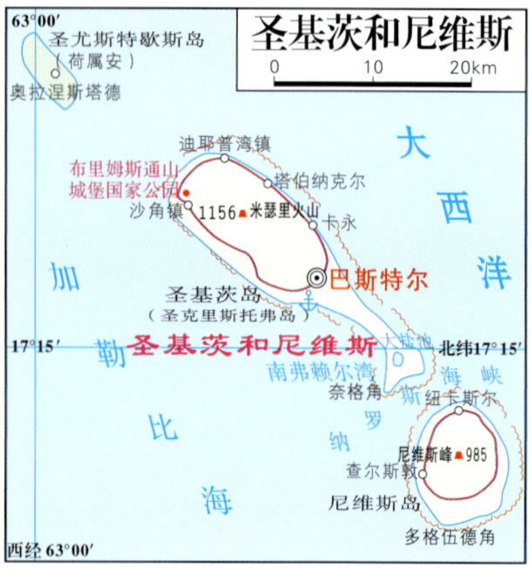

为英国的联系邦（1969年安圭拉宣布脱离），实行内部自治。1983年9月19日独立，名为圣克里斯托弗和尼维斯联邦。1988年改为圣基茨和尼维斯联邦。为英联邦成员国。

宪法规定圣基茨和尼维斯实行联邦制；英王为国家元首，任命总督为代表；总理为政府首脑，普选产生。尼维斯有立法、行政的最大自主权，在该岛设副总督和总理。议会称国民议会，为一院制，每届任期4～5年。主要政党有工党、关心市民运动、尼维斯革新党等。

经济曾主要依靠蔗糖业，近些年旅游业发展迅速。旅游收入超过蔗糖出口收入。建筑业和制造业也发展很快。工业除榨糖业外，还有农产品加工、轧棉、服装、电子元件、食品和酿酒等。农业以种植甘蔗和棉花为主，其他农产品有椰子、香蕉、蔬菜等。2009年国民生产总值5.57亿美元。货币名称东加勒比元，固定汇率。主要贸易伙伴是美国、英国、加拿大、日本及加勒比共同体成员国。主要出口蔗糖；进口机械、食品和化工产品。对外贸易长期逆差，外援对经济发展起重要作用。英、法及国际组织提供经济援助和救灾援助。公路总长约320千米。圣基茨岛上有铁路，主要用于运输甘蔗。主要港口为巴斯特尔深水港，有国营客轮从事各岛间客运。首都附近和尼维斯岛上各有一个机场，通往北美、英国和加勒比其他国家。

实行12年制义务教育。主要报刊有《民主者》、《劳动者发言人》等。全国共有3家广播电台和2家电视台。

主张在互相尊重主权、基本权利和自由的基础上，扩大同世界各国的关系。目前与中国无外交关系。

圣纪 Mawlid al-Nabī　伊斯兰教先知穆罕默德诞辰纪念日。一译“先知诞辰”。据阿拉伯史籍记载，穆罕默德出生于570年，即阿拉伯太阴历“象年”的3月12日。逝世于阿拉伯太阴历11年3月12日（公元632年6月8日）。因此，穆斯林将两个纪念日合并举行，称为“圣纪”或“圣忌”，俗称办“圣会”。12世纪，伊拉克的穆斯林开始

庆祝先知诞辰。1291年摩洛哥采用这一节日。此后，纪念先知诞辰和忌辰的活动扩展到其他伊斯兰国家和地区。届时，穆斯林多在清真寺内诵经祈祷，吟诵“赞圣词”，讲述先知事迹并设宴纪念。中国各族穆斯林大多要举行圣纪活动。与**开斋节**、**古尔邦节**并称穆斯林三大节日。

圣捷尔吉 Szent-Györgyi, Albert (1893-09-16～1986-10-22) 匈牙利生物化学家。又译森特-哲尔吉。生于布达佩斯，卒于美国马萨诸塞州伍兹霍尔。1917年获布达佩斯大学医学博士学位。后在德国、英国、美国从事生物化学领域的研究。1931～1945年为匈牙利塞格德大学医学化学教授，1945～1947年为生物化学教授。1947年去美国定居，在马萨诸塞州的伍兹霍尔肌肉研究所工作，并任所长。

他的众多研究成果对生物化学的发展有重大影响。主要贡献为：1930年他成功地分离出一种晶体化合物，最初称己糖醛酸，后鉴定为抗坏血酸，即维生素C，并研究了它的分子结构。于1937年获诺贝尔生理学或医学奖。以后他转而研究肌肉化学，发现肌动蛋白，成功地创制了人工肌肉纤维。他又进行了胸腺的研究，阐明了它与生长、肌肉功能、生育性及癌症等的关系。为了研究癌症，他对细胞分裂过程进行了研究，并从电子生物学的观点提出了形成癌的新理论。

他有很多著述，包括：《肌肉收缩的化学》、《生命的本质》、《身体和心脏收缩的化学生理学》、《科学、伦理和政治》、《亚分子生物化学导论》、《疯狂的猿》、《癌的电子生物学——癌的新理论》等。在氧化、发酵、维生素、健康等方面也有许多论著。

《圣经》 *Bible* 基督教的正式经典。又称《新旧约全书》。分为《旧约圣经》与《新约圣经》两大部分。《旧约圣经》本为**犹太教**的正式经典，后被基督教承认为《圣经》，但基督教认为，犹太教的《圣经》是上帝通过摩西与以色列人所订，《新约圣经》则是通过耶稣基督与信者订立的。

研究概况　旧约原文以希伯来文为主写成，个别段落用的是亚兰文。最早的《圣经》是用羊皮卷或纸莎草纸抄写的。1947年考古学家在死海西岸库兰地区洞穴中发现了较完整的公元前2世纪至公元1世纪时的手抄希伯来文《圣经》，学术界以此为依据将犹太教《圣经》古抄本分为3种：古巴勒斯坦抄本，古埃及抄本，原始传统抄本。新约原文为希腊文，其原本已失传，现所发现的最早抄本残片约为公元2世纪时所抄。在4世纪新约文本大致固定后，有埃及、亚历山大、叙利亚等抄本流行。目前保存的最早希腊文《圣经》抄本为4～5世纪的抄本，最著名的有西奈抄本、梵蒂冈抄本和亚历山大抄本。

《圣经》的翻译　《圣经》的翻译大致可分为3个时期。①古代和中世纪时期。此期间《圣经》先后被译成希腊文、拉丁文、叙利亚文、哥特文、格鲁吉亚文、埃塞俄比亚文、亚美尼亚文等。从古埃及抄本译成希腊文的七十子译本《圣经》和参照希腊文、希伯来文版本译成拉丁文的“通俗本”影响最大。在5世纪后的1000余年中，通俗拉丁文本《圣经》一直是**天主教**《圣经》的正式版本，后来许多民族语言的译本都以此为依据。②14～17世纪。此期间由于民族意识的增长，要求用民族语言讲道和举行仪式的呼声极高。**宗教改革**在这方面的结果是拉丁文《圣经》独尊的地位结束。英文、德文、意大利文、捷克文、荷兰文、西班牙文的《圣经全书》或《新约圣经》译本相继问世。其中英国国王詹姆斯一世于1611年颁布的“钦定本”被公认为标准英文本。后来，冰岛文、瑞士文、丹麦文、荷兰文、俄文等语种的译本也陆续出现，在亚非国家还出现了印地文、日文、中文、尼日利亚文的译本。③近现代阶段。此期间《圣经》翻译工作进展极快，新的版本不断产生。语种更多，译意更准，文字简明是当今《圣经》翻译的特色。英译本有“美国标准译本”、《耶路撒冷圣经》、《新英文圣经》、《当代圣经》、《福音圣经》等等。中文《圣经》则有和合本为中国新教徒通用，思高本为中国天主教会通用。

基本内容　《旧约圣经》包括三大部分，即律法书、先知书、圣录。律法书又称《摩西五经》，包括《创世记》、《出埃及记》、《利未记》、《民数记》和《申命记》共5卷，主要记叙了希伯来传说中世界与人类的起源以及以色列民族形成、发展的历史；先知书，包括《约书亚记》、《士师记》、《撒母耳记》、《列王记》、《以赛亚书》、《耶利米书》、《以西结书》以及十二小先知书等共21卷，记载了以色列历史上重要人物的事迹以及众先知的言行；圣录又称圣文集或杂集，包括《诗篇》、《箴言》、《约伯记》、《雅歌》、《路德记》、《传道书》、《耶利米哀歌》、《以斯帖记》、《但以理书》、《历代志》上下卷、《以斯拉记》、《尼希米记》等共13卷，其体裁有诗歌、格言、小说、戏剧、史书、预言等，属于当时流行的智慧文学和启示文学，但具有深厚的宗教内容。也有些学者把《旧约圣经》的内容划分为律法书、历史书、先知书和圣录四大部分。**新教**的旧约共有39卷，天主教使用的则有46卷，其中增加的7卷被称为“后典”或“次经”。

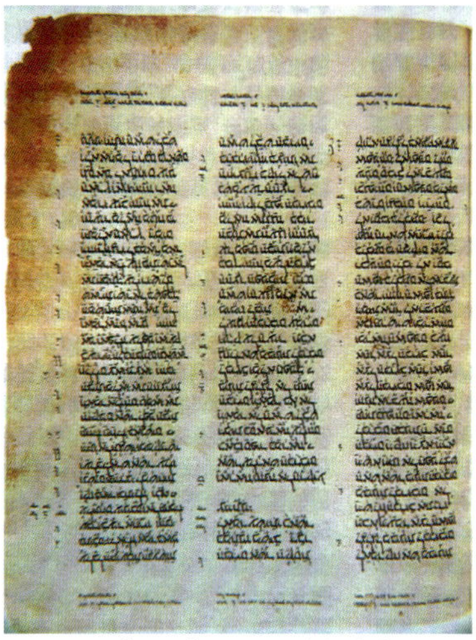

图1 《圣经》阿勒坡手抄本书影

《新约圣经》可分为三大部分：叙事著作、教义著作和启示著作。叙事著作包括记述耶稣生平和教训的《马太福音》、《马可福音》、《路加福音》、《约翰福音》，即四福音书，以及记载耶稣升天后使徒们的经历和早期教会发展史的《使徒行传》。教义著作为书信体裁，有21卷，主要是对基督教教义所作的系统阐述，包括《罗马人书》、《哥林多前书》、《哥林多后书》、《加拉太书》、《以弗所书》、《腓立比书》、《哥罗西书》、《帖撒罗尼迦前书》、《帖撒罗尼迦后书》、《提摩太前书》、《提摩太后书》、《提多书》、《腓利门书》。此13卷传为**保罗**所作，总称保罗书信。另有《希伯来书》、《雅各书》、《彼得前书》、《彼得后书》、《约翰一书》、《约翰二书》、《约翰三书》、《犹大书》。启示著作只有1卷即《启示录》或称《约翰启示录》，它用启示文学所特有的语言，用比喻、异象、预言等手法描写了世界末日的景象。新约的内容也常被分为福音书、使徒行传、使徒书信和启示录四大部分。共有27卷，并为基督教各派共同承认。

为整个基督教会所接受而无争议的经

图2 《新约圣经》德译本书影（1524）

卷，被称为正典，而一些因其年代、作者、内容曾引起过争议最后才被列入正典的经卷被称为后典或次经。《旧约》的次经有《多比传》、《犹滴传》、《所罗门智训》、《便西拉智训》、《巴录书》、《马加比传（上、下）》等7卷和《以斯帖补篇》、《但以理补篇》等。天主教认为《新约》中的《希伯来书》、《雅各书》、《犹大书》、《彼得后书》、《约翰二书》、《约翰三书》、《启示录》以及《马可福音》、《路加福音》、《约翰福音》内的一些经文是次经，但又认为正经次经皆为正典；其区别仅在于审定时间的先后不同而已。新教则认为《新约》无正经次经之分，皆为正典。

意义和影响 《圣经》记录了犹太教和基督教的起源及早期的发展，也为以色列民族史提供了重要的文献资料。它是整个基督教教义的基础，为其信徒提供了信仰的准则，同时也为基督教教会的组织和礼仪活动作出了规定。《圣经》是西方文化的重要源泉，也是一部包罗万象的百科全书。它是世界上发行量最大，发行时间最长，翻译成的语言最多，出现的版本最杂，流行最广而读者面最大，影响最深远的一部书。

圣克拉拉 Santa Clara 古巴中部工业城市，比亚克拉拉省首府。又称切·格瓦拉城。人口22.8万（2000）。年平均气温22.9℃，平均年降水量1 398毫米。始建于1689年。1867年起至1975年为拉斯维亚斯省首府。古巴中部重要农牧业产品加工和贸易中心，有制糖、卷烟、酿酒、肉类加工、纺织、家用电器和工农业重型机器配件等工业。交通便利，中央公路和铁路的中枢站。市郊有建立于1948年的拉斯维亚斯中央大学。主要名胜古迹有莱昂西奥·比达尔纪念碑、装饰艺术博物馆、博爱剧院、卡门教堂、铁甲列车博物馆等。

圣克鲁斯 Santa Cruz 玻利维亚第二大城市，圣克鲁斯省首府。位于中部安第斯山脉东侧皮拉伊河河畔。海拔480米。气候温和，雨量丰沛，适于种植水稻和甘蔗。人口116.87万（2003）。1561年由来自巴拉圭的西班牙人建立。自20世纪60年代开始大规模开发南部油田之后，城市迅速发展。工业主要有制革、酒精制造、制糖、石油精炼等。有大规模的天然气输送工程。附近地区为热带和亚热带农产品的主要贸易中心，主要产品有甘蔗、水稻、咖啡、烟草等。玻利维亚东部地区的交通枢纽。有建于1880年的加夫列尔·雷内·莫雷诺自治大学。

圣-莱昂 Saint-Léon, Arthur（1821-09-17～1870-09-02） 法国芭蕾表演家、编导、教育家。生于巴黎。自幼随父学舞，14岁在慕尼黑开始职业舞蹈生涯。以后在欧洲各地巡演。表演的作品有《水中仙女》、《艾斯美拉达》等。他先后在圣彼得堡帝国剧院、巴黎歌剧院任编导。他编导的《葛蓓莉娅》（1870）是法国浪漫主义芭蕾的喜剧代表作，至今在世界舞台上常演不衰。他改编的民间舞是古典芭蕾性格舞的基本模式。他多才多艺，常为芭蕾舞剧作曲，为歌剧编舞，创有自己的舞谱体系，著有《舞蹈速记术》一书，为近代舞谱的早期文献。

圣劳伦斯河 Saint Lawrence River 北美洲东部大河，五大湖的出水道。出自安大略湖东北端，呈西南—东北流向，注入大西洋圣劳伦斯湾。全长1 287千米，流域面积约30万平方千米。五大湖-圣劳伦斯水系以在德卢斯附近注入苏必利尔湖的圣路易斯河源头起算，全长3 058千米；流域面积102.6万平方千米，美国和加拿大两国约各占一半。

从安大略湖口至蒙特利尔为上游，长约300千米，河宽约2千米，前2/3河段构成加、美两国边界。落差达68米，多浅滩，水流湍急，富水力资源。在蒙特利尔以西接纳最大支流渥太华河。蒙特利尔至魁北克为中游，长256千米，河宽同上游，水深增加，流速减缓。魁北克以下为下游，长700多千米，河面展宽，水深增至10～30米，流速更缓；河口处沉降，形成宽达145千米的三角湾。圣劳伦斯河属雨雪补给型。因有五大湖水体调节，加以流域内降水季节分配均匀，水量丰沛而稳定。河口年平均流量10 100米³/秒，流量年变幅仅70%左右。含沙量较小。每年12月至翌年4月河流封冻。河中富水产，有鲟鱼、鲈鱼、青鱼、沙钻鱼等。

圣劳伦斯河远眺

17世纪末以来，航道条件逐步改善。第二次世界大战以后，加、美两国共同投资，整治和扩建安大略湖至蒙特利尔的圣劳伦斯河航道，开辟了一条可供吃水8.2米船只出入的深水航道。五大湖-圣劳伦斯河流域是加、美两国人口、城市集中和工农业发达地区。货运以谷物、矿石等初级产品为大宗。沿河主要城市和港口有加拿大的魁北克、蒙特利尔、金斯敦和美国的奥格登斯堡等。

圣劳伦斯湾 Saint Lawrence, Gulf of 加拿大东南岸大西洋海湾。西起圣劳伦斯河河口安蒂科斯蒂岛，东至纽芬兰岛，南、北分别经卡伯特海峡和贝尔岛海峡通大西洋。面积约25万平方千米。系陆地沉降形成，多浅滩，沿岸港湾曲折。海底台地处水深一般不足50米，深水区可达572米。湾内水体除依靠降水补给外，主要来自圣劳伦斯河口注入大量淡水，以及拉布拉多寒流挟带冰块从贝尔岛海峡流入，形成反时针方向环流，从卡伯特海峡外泄。表层至深层海水盐度12～33。结冰期较迟，解冻期相应推迟。每年5～12月可通航，海轮经圣劳伦斯河深水航道可达五大湖沿岸诸港。

圣灵 God the Holy Spirit “上帝圣灵”的简称。又称“圣神”。又译“天主圣神”。源出于《圣经》。基督教三位一体上帝中的第三位格。《尼西亚信经》规定：他“是主，是赐生命的，从父出来（西派教会后来又增作‘从父和子出来’），与父子同受敬拜，同受尊崇”。

圣灵论 pneumatology; doctrine of the Holy Spirit 基督教基本教义之一，亦属基督教神学重要课题。又译“神圣论”。此教义是说三位一体上帝之第三位格即圣灵，在圣子升天后仍继续在世上工作，使人知罪、悔改、成圣。传统神学特别强调使人成圣是圣灵特具的功能，并认为受圣灵感动的信徒能够在生活中表现出种种美德。4世纪前的教父根据《圣经》承认圣灵为“上帝之灵”或“基督之灵”，《使徒信经》已载明“信圣灵”。381年，君士坦丁堡公会议通过《尼西亚信经》，载明圣灵“是主，是赐生命的，从父出来，与父子同受敬拜，同受尊崇”。5～6世纪间西部教会将该信经中“从父出来”改为“从父和子出来”，东部教会反对，从而引起东西两派教会在教义上的“和子句”纠纷。现代有些神学家认为一切真、善、美均来自上帝，通过圣灵的运行、启迪或感动而表现出来。

圣卢西亚 Saint Lucia 加勒比海岛国。位于小安的列斯群岛中向风群岛的中部，北隔圣卢西亚海峡与马提尼克相望，南邻圣文森特岛。面积616平方千米。人口17.6万

(2009)。居民中黑人占90%，另有少数混血种人、印度人和白人。79%信奉天主教。官方语言为英语。首都**卡斯特里**。

火山岛。境内山峦起伏，西南高，东北低。中部山区的吉米山海拔950米，为全岛最高点；北部是火山丘陵地区。属热带海洋气候。

最早居民是印第安人。17世纪英、法殖民者争夺该岛。1814年根据《巴黎条约》正式划归英国。1967年实行“内部自治”。1979年2月22日宣告独立，为英联邦成员国。

英王是国家元首，任命总督为代表。总理为政府首脑，由大选获胜的政党领袖担任并组成内阁。议会分参、众两院，众议员由普选产生。主要政党有圣卢西亚工党、统一工人党。

农业在国民经济中占主导地位。20世纪90年代开始实行经济多样化，大力发展旅游业。1996年旅游业在国内生产总值的比重首次超过农业，同时促进国际金融业务、信息产业和农产品加工业。提高香蕉的产量和质量，增强出口竞争力。粮食不能自给，主要农产品有香蕉、椰子、杧果、柠檬果、可可和香料等。工业主要生产面向出口的轻工业产品，如塑料、肥皂、椰油、朗姆酒、饮料和服装等。近年来建筑业发展很快。2009年国内生产总值约9.73亿美元。货币名称东加勒比元，实行固定汇率。每年均有贸易逆差。出口以初级农产品为主，香蕉是主要的出口产品，进口粮食、食品、石油、机械及其他工业品和日用品。主要贸易伙伴是美国、英国、加拿大和加勒比共同体成员国。卡斯特里和维约堡是重要的进出口岸。

对5～15岁儿童实行义务教育。主要报刊有《声报》、《星报》等。设有电视台和电台。

同英国保持着传统的良好关系。与美国、加拿大和委内瑞拉的关系也较密切。1997年9月1日同中华人民共和国建立外交关系。因2007年4月30日圣政府与台湾当局签署“复交”公报，中国政府于同年5月5日宣布中止与圣外交关系。

圣路易 Saint Louis 塞内加尔西北部城市，圣路易大区首府。位于塞内加尔河口的恩达尔岛上，与大陆有陆桥相连。人口15.46万(2002)。由法国殖民者始建于17世纪50年代，1658年建圣路易港。1902年前一直是法属西非联邦总督府所在地，也是当时塞内加尔最繁荣的城市。西非最古老的海港，塞内加尔河流域树胶、黄金和农畜产品集散地。随着**达喀尔**港口城市的兴起并成为法属西非的殖民首府，以及达喀尔—尼日尔铁路的建成，圣路易日渐衰落，仅是塞内加尔河转运港和渔港。工业有鱼类加工、畜产加工、纺织厂、发电厂和制冰厂等。达喀尔铁路北方终点；公路通达喀尔、**捷斯**等主要城市。圣路易机场属一级机场，与达喀尔有定期航班。

圣路易斯 Saint Louis 美国中部密苏里州最大城市。位于该州东部与伊利诺伊州交界处。市区面积160.3平方千米，人口35.44万(2008)，其中黑人约占一半以上；大都市区包括密苏里州6个县和伊利诺伊州5个县，人口281.67万(2008)。城市坐落在**密西西比河**西岸阶地上，地势向西缓升，平均海拔139米。温带大陆性湿润气候，冬寒夏热，四季分明。1月气温-6～3℃，7月21～32℃；平均年降水量950毫米。

1764年法国毛皮商在此建贸易站，以法国国王路易九世的姓氏命名。1803年归属美国。1822年设市。19世纪50年代起，随着河港的开辟和多条铁路通达，城市工商业迅速发展。

美国主要综合性工业中心之一。汽车制造业仅次于底特律，通用、福特等多家大汽车公司在此设厂；航空航天、电子仪表工业发达，麦克唐纳-道格拉斯飞机制造公司(1997年与波音公司合并)和默奇森、格雷巴电器公司的总部所在地。炼油、化工、金属冶炼和加工、机械、造纸、木材加工、酿酒、食品等部门也均具规模。20世纪90年代中期以来，服务业发展较快，其就业人口已超过工业。全国第二大内陆河港。10条铁路干线和4条州际高速公路交会于此，为全国主要陆路交通枢纽。城西北兰伯特-圣路易斯国际机场属美国繁忙航空港之列。

高达192米的不锈钢拱门耸立西岸，它是城市的象征——美国历史上自东向西开发的门户，为杰斐逊国家开发纪念馆的组成部分。市内保留圣路易斯大教堂(1831～1834)、旧法院(1839～1864)等19世纪著名建筑。有圣路易斯大学(1818)、华盛顿大学(1853)、密苏里大学圣路易斯分校(1963)、韦伯斯特学院(1915)等十余所高等院校。圣路易斯交响乐团(1880)已有120多年历史。城西的森林公园占地556公顷，是美国最大的城市公园之一。

圣马丁 San Martín, José de (1778-02-25～1850-08-17) 阿根廷民族英雄，南美南部独立战争领导人。生于西班牙殖民地拉普拉塔的亚佩尤，卒于法国布洛涅城。1808年以后，在西班牙抗击拿破仑侵略的民族战争中，屡建功勋，被晋升为少校。在加的斯加入秘密革命团体“劳塔罗社”。1811年底脱离西班牙军队，后抵布宜诺斯艾利斯，受到爱国政权的热烈欢迎。1814年，他被任命为北方军司令，击退了殖民军的反扑，保卫了独立成果。圣马丁主张穿越安第斯山，首先解放智利，然后联合智利爱国军从海路去解放秘鲁。为此，他辞去北方军司令职务，于1814年任库约省省长，以门多萨城为练兵基地，用两年多的时间，精心训练一支约有5 000人的安第斯军。1817年1月，圣马丁和B.奥希金斯率安第斯军翻越安第斯山，向智利进军。1817年2月14日解放圣地亚哥。1818年2月12日智利宣告独立。

1820年，圣马丁以智利为基地，组成了一支约4500人的解放秘鲁军，包括一支拥有30艘舰船的智利海军，圣马丁任舰队总司令。8月，圣马丁率军从海上进军秘鲁。9月7日直指利马。1821年7月12日，圣马丁解放利马。28日秘鲁宣告独立，圣马丁被推举为秘鲁“护国者”。1822年7月26～27日，圣马丁与S.玻利瓦尔在瓜亚基尔会见，并进行两次秘密会谈，共商重大的军政问题，因意见分歧，会后返回秘鲁。9月22日他辞去秘鲁"护国者"之职，悄然引退。1824年4月20日到达法国隐居，直到病逝。1878年阿根廷政府将其遗骸迁回国，安葬在布宜诺斯艾利斯大教堂的荣誉墓穴。

圣马力诺 San Marino 欧洲南部内陆国。位于亚平宁半岛东北部，四周被意大利国土环围，素有"国中之国"之称。面积61.19平方千米。人口约3.18万（2010）。90%以上为世居的圣马力诺人，余为意大利等国移民。官方语言为意大利语。居民多信奉罗马天主教。首都**圣马力诺**。

境内峰峦起伏，丘陵广布。蒂塔诺山三峰并立，盘桓全境，东坡陡峻，西坡较缓，最高点海拔739米。奥萨河、马拉诺河和圣马力诺河分别流经国土北部、西南部和东南部。属地中海型气候。

公元3世纪末，石匠马力诺带领一批基督教徒为逃避宗教迫害来到蒂塔诺山，以开石为生定居下来。301年2月3日成立石匠

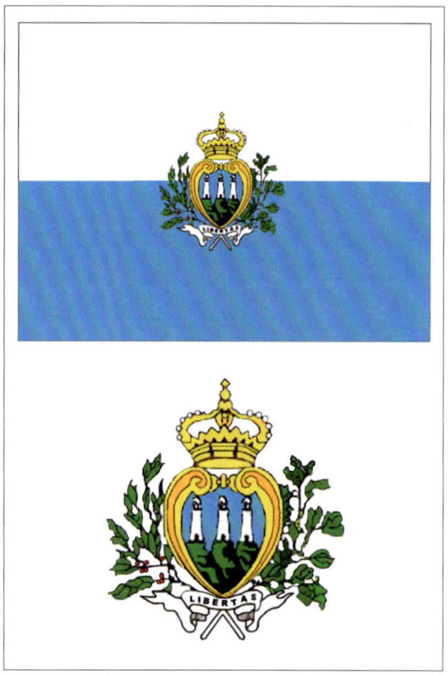

公社。马力诺死后，被尊称为圣徒马力诺，该地因此而得名。1244年建立城邦行政机构。1263年成为世界上最古老的共和国。1631年罗马教皇承认圣马力诺独立。1862年与意大利签订友好条约。在两次世界大战中保持中立。

蒂塔诺山古城堡

国家实行多党民主制。根据1600年10月8日通过的宪法，议会为一院制。议员中选出2名执政官，对外代表国家，对内主持大议会和政府，权力相同，共同执政，但任期只有半年，不能连选连任，须3年后才能重新选任。每年4月1日和10月1日为新执政官就职日期。政党有天主教民主党、社会民主党和人民联盟等。政府成员由大议会任命，不设总理，外长起总理作用。国家无正规军，但设有大议会卫队、城堡卫队、民兵、宪兵、市政警察等。圣马力诺奉行积极中立的外交政策。1992年正式加入联合国。现为20多个国际组织的正式成员，也是欧洲委员会成员国。已同104个国家建立了正式关系。1971年5月6日中国与圣马力诺建立领事级正式关系，1991年7月15日升格为大使级外交关系。

第二次世界大战后，国民经济稳步发展，尤其是旅游业和工商业增长很快。2008年国内生产总值12.59亿欧元。旅游业为国民经济支柱产业，旅游收入占国内生产总值50%以上。主要工业有纺织、服装、电子、水泥、陶瓷、酿酒等，以中、小企业为主。农业地位日益降低，主要农牧产品是葡萄、橄榄、小麦、玉米和奶酪等。邮票和纪念硬币发行为国民收入的重要来源。境内交通运输依靠公路，总长104千米。与意大利经济关系密切，边界开放，不纳关税，意大利、欧盟其他成员国、美国、中国为主要贸易伙伴。货币名称欧元。

实行小学和中学义务教育制。全国识字率96%以上。有工业技术学校、音乐学校、艺术修复中心等。无大学。国家对出国上大学者给予补助。无官方报纸。有电台和电视台各1家。重要文化设施有国家博物馆、图书馆、档案馆、国家画廊、历代兵器博物馆等。蒂塔诺山的罗卡、切斯塔和蒙塔莱3座中世纪城堡为著名旅游胜地。

圣马力诺 San Marino 圣马力诺共和国首都，旅游中心。位于国土中部蒂塔诺山西侧。人口约4 353（2010）。中世纪城市风貌依存。11～13世纪在蒂塔诺山三峰上分别建罗卡、切斯塔和蒙塔莱城堡，1320年在城堡间筑起一道城墙。城市就地取材，以石铺路、筑墙和垒屋，是一座典型的石城。市中心耸立纪念圣徒马力诺的石碑。自由广场周围集中全市主要公共建筑。附近还有大教堂、博物馆、图书馆、剧院等。

圣马力诺人 Sanmarinese 南欧民族之一。为亚平宁半岛东北部圣马力诺共和国的基本居民。人口约6万，其中国内3.01万（2006），余为旅居国外的侨民。属欧罗巴人种阿尔卑斯类型，与**意大利人**同源。使用意大利语托斯卡纳方言，属印欧语系罗曼语族。信奉天主教。因国土小，人口多，过去常有居民迁居意大利。2000年后，入境者增多。

圣帕特里克节 Saint Patrick's Day 爱尔兰人的节日。节时为3月17日。相传圣帕特里克是一位基督教传教者。422年，教皇派遣他前往爱尔兰。他从威克洛上岸传教，当地的异教徒愤怒地企图用石头将他砸死。但他毫无惧色，从容摘下一棵三叶苜蓿，生动形象地阐明了圣父、圣灵、圣子三位一体的教义，使爱尔兰人深受感动，皈依了基督教。圣帕特里克卒于493年3月17日，爱尔兰人为纪念他，把这一天定为圣帕特里克节。18世纪以后，随着大批爱尔兰移民进入美国，圣帕特里克节在美国也成为一个重要节日。节日当天，人们举行游行、教堂活动和公共晚宴以庆贺。美国的爱尔兰人在这天还喜欢佩带三叶苜蓿草，用爱尔兰的国色——绿黄色装饰房间，身穿绿色衣服，向宾客赠送三叶苜蓿、巧克力竖琴、长柄烟斗等纪念品。

圣佩德罗 San Pedro 科特迪瓦第二大港，科特迪瓦西部和内陆国马里的出海口岸。位于国境西南、圣佩德罗河河口，濒几内亚湾，东距首都**阿比让**约270千米。人口15.7万（2003）。天然良港，水深10～12米。港口落成于1971年5月，有4个码头泊位和6个锚泊泊位，仓储区9万多平方米。主要出口原木、木材加工产品和农产品，港口吞吐量100万～150万吨。圣佩德罗机场

有通往阿比让和其他主要城市的定期航班；公路东达阿比让，北抵达洛亚、马恩，并通马里首都巴马科。

圣佩德罗苏拉 San Pedro Sula 洪都拉斯第二大城市和工商业中心，科尔特斯省首府。位于国土西北部，查马莱孔河左岸。市区人口43.91万(2001)。海拔71米。属热带雨林气候，年平均气温26.5℃，平均年降水量1 332毫米。始建于1536年，早年作为西北部地区农产品、特别是香蕉的集散中心而兴起，工业有制糖、酿酒、服装、制皂、水泥、制药、轧钢、食品、制革、烟草等。工厂分布在城郊和主要公路两侧，市中心为商业区。有铁路和公路直通加勒比海沿岸三大海港，南北公路连接首都特古西加尔巴等中心城市。城东南有国际机场。郊外有古代玛雅文化遗迹和印第安加勒比人居住区等多处景点。

圣皮埃尔 Saint-Pierre 马提尼克的港口城市。位于加勒比海东部马提尼克岛西北圣皮埃尔湾畔。人口约4 000(2008)。1635年由法国移民建立。18～19世纪曾为岛上主要港口，繁荣的商业和文化艺术中心。1902年5月8日培雷火山大喷发，全城被毁，只有一人幸存。迄今留有许多废墟。设有地质实验室和火山学博物馆。废墟供游客参观。有榨糖和农产品加工工业。

圣皮埃尔和密克隆 Island of Saint Pierre and Miquelon; Îles Saint-Pierre-et-Miquelon 法国海外集体领地。位于北美洲加拿大纽芬兰岛以南25千米的北大西洋中。由2组小岛群共8个岛屿组成，总面积242平方千米。其中，密克隆岛面积110平方千米，朗格拉德岛91平方千米，两岛以一条长16千米的沙质地峡相连，又有大、小密克隆岛之称；东南侧的圣皮埃尔岛面积仅25平方千米。人口7 063(2010)，90%以上居住在圣皮埃尔岛。居民多为法国移民后裔，99%信奉天主教。首府圣皮埃尔。岛上多裸露岩丘，土地贫瘠，气候冷湿多雾，植物稀少。自然条件不宜农业。附近海域渔业资源丰富。

1520年葡萄牙人首先发现该群岛。1536年被法国人Y.卡蒂耶命名为圣皮埃尔和密克隆群岛。1604年法国渔民在岛上建永久定居点。此后，群岛在英、法之间几经易手。1816年被法国占领。1914年根据《巴黎条约》，群岛归法国所有。1946年成为法国海外领地。1976年7月改为法国海外省。1985年6月成为法国海外集体领地。行政长官由法国政府任命。在法国国民议会和参议院各有一个议席。当地议会也称省议会，由普选产生的19名议员组成，任期6年。政府由行政长官、省议会19名议

圣皮埃尔鸟瞰

员以及进入法国国民议会和参议院的2名议员组成。主要政党有社会党、人民运动联盟、法国民主联盟和社会民主人士中心等，均与法国政党有密切联系。群岛防务由法国政府负责。

传统经以渔业和渔产品加工为主。为北大西洋过往船只提供给养服务的基地。旅游业发展较快，已成为重要经济部门。法国政府每年给予财政资助。货币名称为欧元。交通以海空运输为主，港口和机场设在圣皮埃尔。主要贸易对象是加拿大、美国、法国本土和其他欧盟国家。居民享受与法国公民同等的社会福利待遇。实施与法国本土相同的教育制度，对6～16岁儿童提供免费义务教育。

圣乔治 Saint George's 格林纳达首都和港口。位于格林纳达岛西南岸，濒临加勒比海。人口1万。1650年始建。1885～1958年曾为英属向风群岛首府。港口条件优越，分内、外两港。有国际航海线通北美、欧洲和西印度群岛各岛。公路通全岛各地，城南建有机场。有圣乔治教堂、要塞、总督官、政府大厦等古老建筑和植物园、海滨浴场。为主要旅游中心。

圣琼·佩斯 Saint-John Perse (1887-05-31～1975-09-20) 法国诗人。原名阿列克西·圣-莱热·莱热。生于瓜德罗普岛，卒于日安半岛。早年发表的作品有《赞歌》(1911)等。1916～1921年在法国驻中国大使馆供职，写成的《征讨》于1924年以圣琼·佩斯的笔名发表。第二次世界大战中

他流亡到美国(1940～1945)，发表长诗《流放》(1942)、《雨》(1943)、《雪》(1944)和《风》(1946)。战后漫游安的列斯群岛和美国、加拿大等地，写成标志他思想和艺术高峰的长诗《岸标》(1957)。1960年获诺贝尔文学奖。除《纪事诗》(1960)和《群鸟》(1962)两部诗集外，还写了一些优美的短诗以及收入他的《全集》的大量书信。

圣萨尔瓦多 San Salvador 萨尔瓦多首都，圣萨尔瓦多省首府，全国最大城市。政治、经济、文化中心。位于国土中部，圣萨尔瓦多火山东南阿马卡斯谷地，距太平洋岸32千米。人口188万(2009)。海拔698米。有乌尔比纳、阿塞尔瓦特河等流过。气候温暖湿润，年平均气温22.8℃。平均年降水量1 792毫米。1525年始建。1540年成为西班牙殖民统治中心。1821年脱离西班牙统治后成为首都。1834～1838年为中美洲联邦首都。曾屡遭地震毁坏。集中了全国大部分的工厂和商业网点。有纺织、烟草、制糖、造纸、皮革、水泥等工业。为咖啡、蔗糖、烟草、棉花等产品的集散地。巴里奥斯广场坐落在市中心，周围有国家宫、中央大教堂、梅尔塞德教堂等著名建筑物。有科学和工业博物馆(1883)、萨尔瓦多博物馆(珍藏玛雅文物)，以及萨尔瓦多大学(1841)、中美洲何塞·西梅翁·卡尼亚斯大学(1965)。伊洛潘戈湖为避暑、旅游胜地。有3条主干街道。中美洲铁路和公路的枢纽。

圣-桑 Saint-Saëns, Camille (1835-10-09～1921-12-16) 法国作曲家、钢琴家。生于巴黎，卒于阿尔及尔。3岁从婶母学习钢琴，5岁开始作曲，有神童之称。10岁时举行首次公开演奏会。11岁入巴黎国立高等音乐学院，学作曲、管风琴。1852年，他的管弦乐声乐曲《圣塞西勒颂歌》获巴黎圣塞西尔协会奖。1853年任圣

玛丽教堂的管风琴师。1857年任马德莱娜教堂管风琴师。1853年《第一交响曲》首演，1859年又发表了《第二交响曲》。1861～1865年任尼德迈耶学校钢琴教授，培养出不少著名的音乐家，G.福雷就是他的学生。1864～1865年间他写了第一部歌剧《银铃》。1868年着手写歌剧《参孙与大利拉》，直至1877年方才由F.李斯特亲自主持在魏玛首演。1871年同歌唱家R.比西讷一起创立民族音乐协会。此后连续创作了管弦乐曲《翁法勒的纺车》、《法埃同》、《死之舞》、《赫拉克勒斯的青年时代》、《阿尔及利亚第一

组曲》、第二至第四钢琴协奏曲、第一至第三小提琴协奏曲、《第一大提琴协奏曲》、第一、第二钢琴三重奏曲、钢琴四重奏曲、管弦乐组曲《动物狂欢节等。1868年获荣誉勋章。1881年被选为法兰西学院院士。1886年他的最著名的题献给李斯特的《第三交响曲》由伦敦爱乐协会乐队首次演出。圣-桑从事创作达60余年，作品体裁多样，数量惊人。他的论著有《唯物论与音乐》、《古代罗马舞台布景考》、《问题与奥秘》等。

《圣斯特凡诺条约》 *Treaty of San Stefano* 1878年俄土战争结束后，俄国强迫土耳其在圣斯特凡诺签订的条约。1877年4月24日，俄土战争爆发。同年6月开始，俄军渡过多瑙河，越过巴尔干山脉。1878年1月，俄军直逼君士坦丁堡城下。土耳其被迫于1月31日与俄国签订停战协定。1878年3月3日，俄土签订《圣斯特凡诺条约》。条约规定：①俄国取得南高加索的卡尔斯、阿达罕、巴统、巴雅西特等地和比萨拉比亚的南部。②建立保加利亚公国。隶属于土耳其苏丹，由俄军占领2年。③塞尔维亚、门的内哥罗、罗马尼亚独立。罗马尼亚获得北多布鲁查。④波斯尼亚、黑塞哥维那自治，由俄、奥监督实行。⑤黑海海峡在战时和平时均须对来往于俄国港口的商船开放。⑥土耳其赔款14.1亿卢布，其中大部分以割让上述土地代替。

俄国势力在巴尔干半岛的扩张，引起英、奥等国的强烈不满。同年，德、俄、英、奥匈、法、意、土在柏林举行会议，7月18日签订《柏林条约》取代《圣斯特凡诺条约》。

圣索菲亚大教堂 Santa Sophia 东正教大教堂。位于土耳其伊斯坦布尔。始建于532年，原为拜占廷帝国的宫廷教堂，也是君士坦丁堡牧首的座堂。在8～9世纪的圣像破坏运动与13世纪的第四次十字军东征中曾遭严重破坏。15世纪中土耳其人曾将其改为伊斯兰教清真寺。后为国家博物馆。20世纪80年代以后重新开放为清真寺。

圣索菲亚大教堂鸟瞰

圣淘沙岛 Sentosa Island 新加坡南部岛屿。位于新加坡岛以南500米处，东西长4千米，南北宽1.6千米，面积为3.47平方千米，是新加坡岛以外的第三大岛。殖民统治时期为英国海军基地，旧名绝后岛，1972年改今名。现已开发成设备齐全的海上乐园。岛西端的英国碉堡西洛索炮台建于1880年。内有复杂的地下建筑物及城墙和炮座、大炮等。海洋博物馆陈列有新加坡港历史、航海术的发展过程等资料，新加坡居民早期使用过的独木舟和渔具等。位于岛上东南部的珊瑚贝壳博物馆占地1.2公顷，收集了世界各地的珊瑚贝类约2 500件。圣淘沙艺术中心展出300多件新加坡艺术家的作品。此外，岛上还有人工湖、旱冰场、网球场、高尔夫球场等。

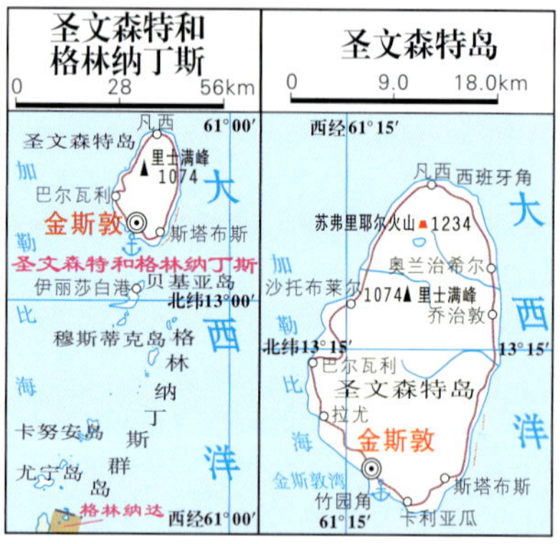

圣文森特和格林纳丁斯 Saint Vincent and the Grenadines 加勒比海岛国。位于小安的列斯群岛中向风群岛中部，由主岛圣文森特及格林纳丁斯群岛北半部的小岛组成。面积389平方千米。人口10.4万（2010）。居民中黑人占66%，混血种人占19%，另有部分印度人、白人和印第安人等。多数居民信仰基督教和天主教。英语为官方语言和通用语。首都金斯敦。

为火山岛国。苏弗里耶尔火山海拔1 234米，为全国最高点。属热带海洋性气候。

原居民是阿拉瓦克族印第安人。1498年C.哥伦布抵达圣文森特。此后，遭英、法殖民者多次争夺。1783年《凡尔赛条约》确认归属英国。1958～1962年纳入西印度联邦。1969年实行“内部自治”。1979年10月27日宣告独立。为英联邦成员国。

英王是国家元首，任命总督为代表。立法权属于议会。为一院制。众议院议员由普选产生。众议院多数党领袖由总督任命为总理，组成政府内阁。主要政党有新民主党和联合工党。

属中低等收入国家，2009年国内生产总值为6.32亿美元。货币名称东加勒比元。固定汇率。传统经济以农业为主。服务业已成为主要经济部门，旅游业是最重要的部门和外汇收入来源，其次为离岸金融业。香蕉是最主要的农产品，葛粉生产居世界首位。主要出口香蕉、葛粉、蔬菜以及少量工业制成品。英国是其最大的出口市场。主要进口食品、化工品、制成品、机械和运输设备，美国是其主要进口对象。陆上运输主要靠公路，圣文森特有环岛公路网。金斯敦的深水港可停泊远洋货轮，格林纳丁斯群岛和圣文森特岛之间有定期机动船来往。金斯敦东南有大型国际机场。

对小学生实行免费但非义务教育。主要报刊有《圣文森特人》周报、《政府公报》、《星报》等。设有法国海外广播电视台圣文森特和格林纳丁斯分台。

奉行维护民族尊严和地区团结的外交政策。同美国、英国、加拿大以及加勒比地区国家关系密切。与中国尚无外交关系。

圣西门 Saint-Simon, Claude-Henri de Rouvroy, Comte de（1760-10-17～1825-05-19） 法国哲学家、经济学家，空想社会主义者。生于巴黎，卒于巴黎。出身于贵族家庭。早年受启蒙运动影响，曾参加北美人民反对英国殖民统治的独立战争。圣西门拥护法国大革命，主动放弃伯爵爵位。为研究和宣传社会主义学说，倾注了

毕生精力。

1805年圣西门开始著书立说。他认为社会变革是从低级到高级发展的，现存制度只是从封建制度转向理想制度的一个过渡阶段，并初步意识到经济状况是政治制度的基础。他预言，旧的社会制度必将为理想的实业制度所代替。圣西门设想的未来的理想制度是一种“实业制度”。他寄希望于统治阶级的理性和善心，幻想国王和资产者会帮助无产阶级建立实业制度。这就使他的社会主义学说不得不流于空想。

主要论著有《寓言》(1819)、《论实业制度》(1820～1821)、《实业家问答》(1823～1824)、《新基督教》(1825)、《一个日内瓦居民给当代人的信》(1830)等。

圣像破坏运动 Iconoclasm 8～9世纪在拜占廷帝国发生的破坏基督教会供奉圣像、圣物的运动，其实质是反对正统教会统治势力和教会修道院占有土地的政治斗争。基督教内长期存在圣像崇拜，而反对圣像崇拜的社会力量也在拜占廷帝国境内发展。皇帝利奥三世（717～741年在位）为赢得民心，于726年发布禁止崇拜圣像的诏令，凡抗拒者其财产充公，是为圣像破坏运动之始。利奥三世之子君士坦丁五世（741～775年在位）采取更严厉措施对付圣像崇拜派。8世纪的圣像破坏运动，持续61年。843年，皇帝迈克尔三世（842～867年在位）的皇太后狄奥多拉摄政时，再次宣布恢复圣像供奉。圣像破坏运动从此结束。

圣训 Ḥadīth 伊斯兰教先知穆罕默德的言论、行为及默许的圣门弟子言行记录。穆罕默德生前，除宣布启示外，随时随地就伊斯兰教义、教制、律例和有关现实社会的各种问题发表意见或作出解释，以及他实践天启的举止行动、行为准则和道德风范，经圣门弟子和再传弟子传述，构成哈迪斯（言论、传述）的基本内容。而其中提供的教法惯例、道德规范等，则称逊奈（习惯、常道）。什叶派的圣训叫艾赫巴尔（消息、传闻），强调伊玛目传述圣训的权威。那些在《古兰经》之内而通过穆罕默德之口传述的真主启示，称神圣的圣训（哈迪斯·库德西）；而言语和含义均出自先知本人的圣训，称高贵的圣训（哈迪斯·舍里夫）。穆罕默德去世后，圣训一直是口头传述，未作整理和汇集。后随着哈里发帝国的建立，被征服地区的信教者日众，社会问题大量增加，《古兰经》的规定已无法适应层出不穷的新情况，于是产生对圣训的需求。8世纪时开始广泛辑录、汇编圣训的工作，出现按照教法需要整理的圣训集。同时，因政治、宗教等派别斗争的发展，伪造圣训的现象越来越多。圣训学家在广阔的领域内收集圣训，寻访传述人，从追查传述世系，考证传述人是否可靠，到全面甄别每条圣训真伪，进行艰苦的筛选工作。在此基础上，于9世纪出现逊尼派的六大圣训集：《布哈里圣训实录》、《穆斯林圣训实录》、《艾布·达乌德圣训集》、《提尔密济圣训集》、《奈萨仪圣训集》、《伊本·马哲圣训集》。正式的圣训都由传述世系和正文两部分组成。宗教学者根据传述世系将圣训分为众传的圣训、著名的圣训和单传的圣训；依其可靠的程度分为真实的圣训、良好的圣训和弱而无力的圣训。什叶派则依据伊玛目传述的圣训，在10～11世纪汇集本派的四圣书：库莱尼的《宗教学大全》，库米的《教法自通》，图西的《圣训辨异》和《教法修正》。这些辑录定本的圣训文献集，在伊斯兰教中是仅次于《古兰经》的权威经典，教法和教义的第二依据和渊源。其内容无论是有关教法、教义，还是社会问题的论证，都被认为是不容置疑的“默示天启”。按照圣训行事被认为是谨遵圣行。通过圣训汇集，穆斯林大致形成统一的行为规范和道德准则，并对伊斯兰教以后的发展，以及穆斯林的思想感情、日常言行和生活方式有很大影响。

圣约翰 Saint John 加勒比海岛国安提瓜和巴布达的首都，全国经济中心。位于加勒比海东北主岛安提瓜岛的西北岸，是旅游胜地和主要海港。人口4.53万(2001)。

圣约翰城一角

1632年英国人始建城市。1981年成为新独立的安提瓜和巴布达的首都。经济主要依靠旅游业和港口运输。有炼油、制糖、纺织、冷藏等小型企业。渔业基地。名胜有圣公会大教堂、詹姆斯堡、政府大厦、植物园以及风格独特的房屋和小巷等。城东北建有柯立芝机场。

圣约翰大学 St. John's University 美国圣公会在中国设立的教会学校。1879年，圣公会施约瑟主教将1865年设立的培雅书院、1866年设立的度恩书院合并，成立圣约翰书院，地址在上海。初设国文、神学两部，1880年、1881年增设医学部和英文部。分正科和预科。1906年正式成立大学，设文理、神学、医学三科。同年在美国立案，毕业生可直接升入美国大学研究院，并取得学位。后期改设文、理、工、医、农五学院。文学院设中国文学、外国文学、历史、政治、经济、教育、新闻七学系；理学院设数学、物理、化学、生物四学系；医学院不分系，设预科；农学院设动物生产、植物生产、农业经济三学系；工学院设土木建筑两学系，又添设机械工程系。此外尚设有研究院。中华人民共和国建立后，1951年圣约翰大学各个系分别合并入上海市的有关高等学校。

圣战 Jihād 伊斯兰教的宗教义务。阿拉伯语“吉哈德”，原意尽力、奋斗，引申为“为主道而奋斗”，即拿起武器与多神教徒战斗，以生命和财产为主道而奋斗。军事斗争是穆斯林早期履行这一义务的主要形式。在理论上，发动圣战是哈里发的一项主要职责，或者是为保护伊斯兰教地区免受外敌的侵略，或者是在非伊斯兰教地区传播和捍卫对真主的信仰。圣战是真主指引的通向天国的直接道路，穆斯林参加圣战便可获得来世的拯救。死于圣战，灵魂将进入天国。早期对外征服的高潮过去后，圣战在教法中的地位显著下降。只有哈瓦利吉派才把圣战作为第六项宗教功课。逊尼派认为这是一项集体义务，只要部分穆斯林履行这一义务，其余穆斯林皆可免除。还规定发动圣战的三条原则：一是被无故赶出家园时；二是不战不得以求安定时；三是战胜后要实施教法，令人行善，止人作恶。部分宗教学者根据圣训提出：同外在的公开敌人进行战争，称为小圣战；同内在的敌人即内心私欲及由此产生的一切恶行作斗争，称为大圣战。在当代伊斯兰教复兴运动中，极端派否认圣战主要是防御性手段，倡导恢复早期的战斗精神，以圣战重建伊斯兰社会；认为圣战不再是一项集体义务，人人都应以鲜血和生命为主道而奋斗，使圣战成为被广泛随意使用的口号。

圣子 God the Son “上帝圣子”的简称。又译“天主圣子”。源出于《圣经》。基督教三位一体上帝中的第二位。《尼西亚信经》规定：他“在万世以先，为父所生”，“与父一体”，“万物都借着他受造”，“为救世人，取肉身成为世人”，并且“受死”、“复活”、“升天”，“将来必再降临，审判活人、死人”。

胜论派 Vaisheshika 印度古代哲学派别，婆罗门教六派哲学之一。音译为“吠世史迦”、“毗世师”等。对此派名称的含义有“差别”、“殊胜”多种解释。

胜论派的思想渊源可追溯到梵书和奥

义书，对此派形成有直接影响的是沙门思潮中的“六师”。

此派的创始人相传是迦那陀（约前2世纪）。最早的根本经典是迦那陀的《胜论经》。现存《胜论经》有后人追加的成分，形成时间较晚，约在2世纪定型。《胜论经》之后，胜论派的最重要典籍是钵罗奢思多波陀（约6世纪）的《摄句义法论》。胜论派的另一部重要典籍是慧月（约6世纪）的《胜宗十句义论》，它的原文已失传，现仅存玄奘译的汉文本。10世纪之后，胜论派开始与正理派混合，出现的主要著作有乌德衍那（10世纪）的《光之颈饰》、希里达罗（10世纪）的《正理的芭蕉树》、湿婆迭蒂（10～11世纪）的《七句义论》、商羯罗·弥尸罗（15世纪）对《胜论经》的注《邬巴斯伽罗》、洛迦悉·帕斯迦罗（17世纪）的《思择月光》等。

胜论派的基本哲学体系是关于“句义”（指与概念相对应的实在物）的理论，用句义来区分自然现象。《胜论经》及《摄句义法论》认为有6个句义：实（指事物自体）；德（指事物的静的特性等）；业（指事物的动的特征）；同（既指事物间相对的同的关系，又指事物的存在特性）；异（既指事物间相对的异的关系，又指事物的最终差别）；和合（指事物所具有的自体与属性等的不可分的因果关系）。

胜论派的句义论体系中涉及的哲学问题较多。其中较重要的有：①极微论，认为极微是世间物体的最小单位，极微的基本存在形式是地、水、火、风，极微是永恒的，极微的最初运动由“不可见力”引起；②因中无果论，认为具体现象（结果）是各种要素（原因）的结合，在原因未产生结果之前，结果不存在于原因中；③现量与比量的理论，认为现量（感觉）可由我、根、意、境四要素结合而生，比量（推理）分为五种不同的推理形式。

胜论派虽一般也提及要遵守婆罗门教所规定的社会秩序，但与婆罗门教的主要哲学倾向有很大差异。

盛华仁 Sheng Huaren（1935－09～ ） 中华人民共和国全国人民代表大会常务委员会副委员长兼秘书长。大专学历，高级经济师。江苏射阳人。1954年8月加入中国共产党。1951年入江苏省扬州苏北合作干部学校学习，历任苏北合作总社统计员、苏北行署财经委计划员，南京市建筑工程公司技术员、工区计划组组长、工区副主任。1958年后任南京化学工业公司秘书。1960～1964年在南京化学工业公司业余化工大专班学习。1965年后任化工部化肥工业公司党委办公室副主任、燃化部综合计划组长远规划小组副组长。1978年后任化工部计划司副司长、司长，中国石化总公司副总经理、党组副书记、总经理、党组书记。1991年在中央党校进修班学习。1998年后任国家经济贸易委员会主任、党组书记。2001年被增选为九届全国人大常委会委员。2003年3月当选十届全国人大常委会副委员长。是中共十五届中央委员。

盛世才 Sheng Shicai（1892－01－08～1970－07－13） 中华民国时期新疆军政首领。原名振甲，字晋庸。辽宁开原人。卒于台北。韶关讲武堂毕业生。初任奉军下级军官。1924年由郭松龄保荐日本陆军大学深造。回国后任职于南京国民革命军总司令部。1930年应新疆金树仁之聘，入新任军校战术总教官。1931年赴哈密镇压民众暴动。1933年参加倒金政变，夺得新疆军政大权。其后提出反帝、亲苏、民族平等等六大政策为治理新疆方针。抗日战争全面爆发后，一度赞成中共抗日民族统一战线主张，并同意在迪化（今乌鲁木齐）设立“八路军办事处”。但1941年起，又在蒋介石笼络下，走上反苏反共道路，命苏联撤回全部援新专家和驻军，杀害陈潭秋、毛泽民、杜重远等中共重要领导人和爱国民主人士。1944年8月，见世界反法西斯战争取得决定性胜利，再次试图弃蒋投苏，逮捕国民党要员黄如今等千余人。9月被蒋调回重庆任农林部长闲差。1949年随蒋逃往台湾。

盛宣怀 Sheng Xuanhuai（1844－11－04～1916－04－27） 中国晚清官僚、企业家。字杏荪，又字幼勖，号愚斋、止叟。江苏武进人。1870年经人引荐入李鸿章幕，深得信任。1872年，参加创办轮船招商局（总局在上海）。1885年升任该局督办。1875～1896年间，先后任湖北开采煤铁督办、电报总局总办、上海华盛纺织总厂督办、津海关道兼津海关总督等职。中日甲午战争后，盛宣怀控制了更多的近代化大企业。1896年，他以督办身份接办张之洞创办的官办汉阳铁厂和大冶铁矿、萍乡煤矿，并改之为官督商办。同年，受清政府委任督办中国铁路总公司，创办中国通商银行。在督办铁路总公司任内，与比、英、美等国签订铁路借款合同，致使几项铁路权落入外国列强之手。八国联军入侵中国时，应刘坤一、张之洞之邀，于1900年与各国驻沪领事商订《东南互保章程》。1911年初（宣统二年底）授邮传部尚书，旋改称邮传部大臣。是年5月，清政府宣布“铁路国有”命令。他即以此与英、法、德、美四国银行团签订湖广铁路借款合同，把原来已允商办的川汉、粤汉铁路权交与外国资本作抵，激起全国性人民保路运动（见四川保路运动）。辛亥武昌起义后，被革职，在政治上已无地位，但仍有经济实力。1915年策划筹组中日合办钢铁公司，未果。遗有《愚斋存稿》。

盛泽镇 Shengze Town 中国江苏吴江市辖镇。位于市境东南部。面积67平方千米。人口25万（2010）。三国吴时名盛寨，宋时名盛泽荡，明时为盛泽市，清时为盛泽镇。境内地势低平，河港交错，湖荡密布，为江南著名水乡。农业有桑蚕、水产、家禽养殖和蔬菜种植。工业有丝织、印染、服装、纺织、机械、电缆、化工、建材等，尤以丝绸工业著名，是江苏省和吴江市丝绸基地。中国东方丝绸市场为大型专业市场。名胜古迹有升明桥、济东会馆、蚕花殿、目澜洲公园、思古桥等。

剩余价值 surplus value 劳动者创造的被资本家无偿占有的超过劳动力价值的价值。无止境地生产剩余价值是资本的本质，是资本主义生产唯一的最终目的。

剩余价值的产生　资本家在开始他的剥削活动之前，必须掌握一定数量的货币，用以购买生产资料和劳动力，然后进行生产，将生产出来的商品卖出去，获得更多的货币。这一从流通中收回的货币大于开始投入的货币，其中多了增殖额，这个增殖额就是剩余价值。

剩余价值不能从流通中产生，因为在商品流通中，通行的是等价交换的原则，买卖双方交换的结果是价值不发生变化；即使是贱买贵卖，也不能带来剩余价值，因为资本家在作为买者的同时也是卖者，买卖得失相抵，价值仍然没有增值。

剩余价值不能从流通中产生，但也不能不从流通中产生。因为剩余价值的产生，以一定数量的货币投入流通，购买到劳动力这种特殊商品为前提条件。劳动力商品的使用价值具有创造价值的能力，它能够在创造出等于它自身价值的价值的同时，也创造出剩余价值。因此，劳动力成为商品是解决剩余价值源泉问题的关键。

剩余价值的生产　剩余价值来源于劳动力的使用创造的新价值超过劳动力自身的价值，来源于资本家把雇佣工人的劳动时间延长到补偿劳动力价值所需要的时间以上。在资本主义生产中，雇佣工人的全部劳动时间分为必要劳动时间和剩余劳动时间两部分。在必要劳动时间内，雇佣工人在生产自身劳动力的价值；在剩余劳动时间内，雇佣工人无偿地为资本家生产剩余价值。假定某纱厂工人生产棉纱10斤，需要消耗棉花10斤，其价值为10元；还需要消耗机器设备和其他劳动资料，其价值为2元。假定工人生产10斤棉纱需要6小时的劳动，资本家购买雇佣工人一天劳动力的价值为3元。经过工人6小时的劳动，10斤棉花变成10斤棉纱。这样，棉纱的价值就等于生产资料转移的价值（12元）加上劳动力新创造的价值（3元）共15元。但是，资本家决不肯让工人一天只劳动6小时，而是更多的时间。如果是12小时，那么，工人每天就能把20斤棉花纺成20斤棉纱，机器磨损的价值是4元，购买一天劳动力的价值是3元，20斤棉纱的价值就是30元，其中有3元就是雇佣工人的剩余劳动所创造的被资本家无偿占有的剩余价值。

剩余价值生产的基本方法主要有：①绝对剩余价值生产。即在必要劳动时间不变时，依靠延长工作日，从而增加剩余劳动时间而生产剩余价值的方法。例如，工人的工作日为12小时，其中必要劳动时间为6小时，剩余劳动时间为6小时，剩余价值率为100%。如果必要劳动时间不变，工作日延长到15小时，剩余劳动时间就增至9小时，剩余价值率上升为150%。因此，在必要劳动时间一定时，工作日越长，剩余劳动时间也就越长，资本家榨取的剩余价值也就越多，剩余价值率也就越高。②相对剩余价值生产。即在工作日长度不变时，依靠缩短必要劳动时间，相应延长剩余劳动时间而生产剩余价值的方法。例如，工作日长度为12小时，其中必要劳动时间为6小时，剩余劳动时间为6小时，剩余价值率为100%。在工作日长度不变时，必要劳动时间缩短为4小时，剩余劳动时间相应延长为8小时，剩余价值率就上升为200%。因此，只有通过提高**劳动生产率**和降低劳动力价值，才能实现相对剩余价值的生产。

《剩余价值理论》 *Theory of Surplus Value* K.**马克思**《经济学手稿（1861～1863）》的一部分，《**资本论**》第4卷。

1861年8月到1863年7月，马克思写了《**经济学手稿**（1861～1863）》。手稿的第1部分《资本的生产过程》共分5节，前4节阐述了马克思自己的剩余价值理论，第5节即《剩余价值理论》，批判地分析了剩余价值理论的历史。

在写作《经济学手稿（1861～1863）》过程中，马克思重新研究了自己的经济学著作的理论结构，决定以《资本论》为总标题，把全书分为4册：①资本的生产过程；②资本的流通过程；③总过程的各

1861～1863年手稿第10本

种形式；④理论史。按这个计划，1862～1863年上半年间写的《剩余价值理论》就成为《资本论》第4册（卷）的草稿。经K.J.**考茨基**编辑整理，于1905～1910年间以《剩余价值学说史》的书名分3卷出版。

这部著作系统地研究了17世纪中叶至19世纪50年代资产阶级政治经济学的发展史，详细地分析了资产阶级政治经济学各派的理论观点，肯定了他们在科学理论上的贡献，批判了他们的谬误，公正地评价了他们在经济学说史上的地位，透彻地阐明了资产阶级政治经济学的庸俗化过程，深刻地揭示了庸俗政治经济学产生的历史条件和阶级基础。《剩余价值理论》是《资本论》所不可缺少的重要组成部分；同时，也是有关政治经济学史的经典著作。马克思分析资产阶级经济学说史所运用的方法论，以及评价各个学派、各个代表人物的原则和依据，至今仍然具有重要的指导意义。

剩余劳动 surplus labour 劳动者的劳动中用于生产自身必需的生活资料、维持劳动力再生产以外所剩余的部分，它不以劳动的社会形式为转移。

凭借对**生产资料**的垄断权占有劳动者的剩余劳动，是一切对立的生产方式所共有的。但是，在不同的制度下，剩余劳动的形式、榨取剩余劳动的方式和程度等是不同的。在资本主义生产方式以前的各种形式中，劳动采取奴隶劳动、农奴劳动以及学徒劳动的形式，基本关系是人的依赖关系，剩余劳动主要以剩余劳动时间和剩余产品的形式提供，对剩余劳动的剥削受到生产力的局限。在资本主义生产方式中，劳动采取**雇佣劳动**的形式，基本关系是物的依赖关系，剩余劳动是以**剩余价值**的形式提供的，对剩余劳动的剥削达到了空前的程度。不过，它榨取剩余劳动的方式和条件，同以前的奴隶制、农奴制等形式相比，都更有利于生产力的发展，有利于社会关系的发展，有利于更高级的新形态的各种要素的创造。这正是资本的文明面之一。

凭借对生产资料的垄断权无偿占有劳动者的剩余劳动，是一定经济条件的产物。如果不存在生产的物质条件和劳动者的对立，如果每个有劳动能力的人都成为普通劳动者，那么，**必要劳动**和剩余劳动的对立性质就不存在了，而且它们将成为一切社会生产方式共有的基础。

嵊州市 Shengzhou City 中国浙江省辖县级市。位于省境东部，曹娥江上游。面积1 771平方千米。人口68万（2010），民族有汉、回、苗、侗等。西汉置剡县。唐武德四年（621）以境有嵊山，置嵊州。北宋宣和三年（1121）改为嵊县。1949年属绍兴专区。1983年改属**绍兴市**。1995年撤县设市。由绍兴市代管。四面多山，中南部为平原。矿产有硅藻土、萤石、花岗石，其中硅藻土储量占全国的60%以上。水力资源丰富，建有小水电站200多座。主要农作物有水稻、小麦、玉米、甘薯、油菜。盛产茶叶、蚕茧、生猪、烟叶、水果和中药材。工业有轻纺、锻压、食品、制茶、制药、陶器等。嵊州为越剧发源地，设有越剧博物馆、“越剧之家”。名胜古迹有省级南山风景区、百丈飞瀑、溪山第一楼、贵门更楼、天章塔、清风亭、王羲之墓、城隍庙等。

尸体检验 postmortem examination 应用**法医学**理论和技术，对与案件有关的尸体进行的检验。它是法医学检验中最重要的一部分，目的是确定死因，分析死亡性质，为侦查和审判提供科学依据。与案件有关的尸体指刑事案件中的尸体，无名尸体，死亡原因和性质不清的尸体，急死而怀疑他杀或自杀的尸体，以及中毒或烈性传染病死亡、医疗纠纷或交通事故等需要判明法律责任的尸体。尸体检验应由法医学鉴定人进行。尸体检验包括尸体外表检验和尸体解剖检验。为查明死因和死亡性质，公安、司法机关有权决定尸体解剖。检验应有**见证人**参加，并要当场做好尸体检验记录，由检验人、参加人和见证人共同签名。

失蜡法 cire purdue; lost-wax process 古代铸造和雕铸复杂器物的一种精度较高的金属**铸造**方法。又称脱蜡法。其原理是：

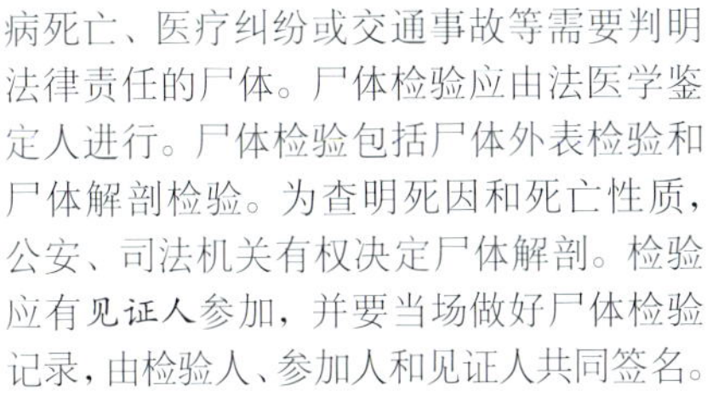

曾侯乙尊盘（湖北随州出土）

用蜡制成模，外敷造型材料，成为整体铸型。加热将蜡化去，使铸型形成空腔铸范，在其中浇入液态金属，冷却后得到成型铸件。此法属于熔模铸造范畴，在古代多用于铸造具有复杂形制的铸件。一般认为，埃及早在公元前三千纪中叶已用失蜡法铸造金属饰物。古代印度和希腊用失蜡法铸造出精美生动的青铜像。已知中国最早的失蜡铸件，是河南淅川出土的春秋晚期铜盏部件和铜禁（约前6世纪）。湖北随州出土的战国初期的曾侯乙尊盘上玲珑剔透的透空附饰（约前5世纪），也是用失蜡法制造。空间结构繁复整齐，铸作精致。

传统失蜡法具体工艺的记述，首见于宋赵希鹄《洞天清禄集》。失蜡法在长期应用过程中，发展出多种工艺类型。明清时期有拨蜡法，现存故宫博物院和颐和园的铜像、铜狮便是用拨蜡法制作的。失蜡法在近代中国仍广泛流传。

《失乐园》 *Paradise Lost* 英国诗人J.弥尔顿历时多年完成的史诗。首版10卷本于1667年发表，1674年以12卷本再版。

诗人从《圣经》中选取“人类是如何失去上帝的恩宠而堕落的”这一题材，作了生动而有独创性的处理。在撒旦具有权威、勇气、领袖才能和政治家风度的形象上加上作威作福的骄矜与妄图争得最高权力的野心。亚当和夏娃虽被逐出乐园，但上帝是普在的。终结处，亚当、夏娃手拉手走出伊甸的东门，向下看去，“整个世界展现在他们面前”。

诗人采用无韵诗形式，对诗律和音韵有极高的艺术感悟，《失乐园》所独有的长句和诗段就像连绵不绝、奔腾向前的波涛，万余行英雄体无韵诗行的音韵格调与诗歌的内容和意境达到完美的统一。

失业 unemployment 愿意并有能力就业的劳动者由于种种原因而找不到工作，或失掉原有的工作但找不到新工作的状态。

在西方经济学中，失业分为两类：一类是自愿失业，即劳动者虽然有工作机会，但因不愿意接受现行的工资率而发生的失业；另一类是非自愿失业，即劳动者虽然愿意接受现行的工资率，但仍然找不到工作而发生的失业。失业一般是指非自愿失业。非自愿失业的类型主要有以下4种：①摩擦性失业。即劳动者的正常流动所发生的失业。例如，人们离开原来的工作后，还需要一段时间寻找新的工作。在老年人退休后，青年人由于经验等原因不能马上补充老年人留下的空缺。所有这些流动都需要时间，一部分人将滞留在失业队伍里。②结构性失业。即因经济结构变化而发生的失业。例如，随着科学技术的发展，有的部门走向衰落，有的部门正在兴起。从旧工业部门中排挤出来的工人，不一定能适应新工业部门的技术要求，因而一部分人找不到工作。又如，由于地区经济发展不平衡，有的地区发展迅速，有的地区发展缓慢。落后地区的剩余劳动力因地理位置的限制，不能迅速流动到发展迅速的地区，因而也有一部分劳动者失业。③寻找性失业。即人们本来可以找到工作，但为了寻找更好的工作而暂不就业所发生的失业。例如，本来可以找到某个不需要技术的简单工作的人，认为自己受过一定的教育和训练，完全可以胜任技术性强的工作，因而不愿就业而滞留在失业队伍中，希望找到更合适的工作。④需求不足的失业。即由于社会总需求不足而带来的失业。如果社会总需求不足，生产就会出现过剩，经济将陷入萧条。在这种情况下，厂商会减少生产，解雇工人，从而带来失业人数的增加。西方经济学认为，导致失业的原因不同，解决的方法也应不同。解决摩擦性失业和结构性失业等的方法是人力政策，其目的是使劳动者与就业机会更相适应，以此降低失业水平。人力政策包括提供职业训练、就业信息、反对就业歧视等内容。解决需求不足失业的方法，就是运用宏观财政政策和货币政策，也就是政府通过增加政府支出、减少政府税收或增加货币供给量的方法，刺激总需求，从而达到增加生产，提高就业水平的目的。这些政策和措施虽然可以在一定程度上缓解资本主义失业的严重性，但并不能从根本上消除失业。

在资本主义社会，随着资本积累的增长，资本有机构成的不断提高，被机器生产排挤出来的失业工人越来越多，特别是在经济危机时期，这种情况更为严重。资本家阶级总是利用这些失业人口的存在，竭力压低在业工人的工资，增加资本积累，并加强对工人阶级的统治。在经济繁荣时期，资本家阶级又可以随时从市场上购买到适合需要的劳动力，而不受人口自然增长的限制。因此，失业既是资本积累的必然产物，也是资本主义生产方式存在和发展的必要条件。

社会主义社会也存在着失业问题。由于人口增长过快，每年都有大批的城镇待业青年处于失业状态，大批的农村青年处于半失业状态；同时，随着劳动生产率的提高，先进技术的采用和市场竞争的尖锐化，从而导致在业职工的被辞退或随企业破产而失业。但是，由于社会主义社会存在着以公有制为主体，多种所有制形式并存的所有制结构，因而可以通过劳动力市场调剂劳动力余缺，进行人才交流，从而消除失业现象。

失业保险 unemployment insurance 根据有关立法，当依法参加社会保险的劳动者，因失业导致经济收入受到影响时，按规定在法定时间内补贴其损失的部分经济收入，从而保障其基本生活的社会保险项目。最早见于20世纪初的法国，英国则开创了世界上强制性失业保险的先例。

失业保险的特点有：①主要以保障依法参加社会保险的劳动者在失业时的基本生活需求为目标。②一般被用来应对劳动者因失业可能面临的经济收入中断或丧失的经济风险，按规定在法定时间内补贴其全部或部分经济收入。失业保险的对象是所有因社会环境因素导致非自愿性失业的工薪劳动者。按照国际惯例，无正当理由自动离职的人、因犯有过错被开除的人、从事家务劳动的人以及雇主的亲属等，都不纳入失业保险的范围之内。有的国家还对失业保险对象的年龄规定了上下限，低于立法规定的劳动年龄和高于立法规定的退休年龄，都不在失业保险的范围之内。在一些国家，失业保险的获得还必须以有就业意愿并到有关政府机构进行失业登记为前提。未进行登记，则被视为没有工作意愿，不能领取失业保险金。建立了就业培训制度的国家，通常要求失业者参加就业培训，无正当理由不参加培训者，也不能领取或不能全额领取失业保险金。

失业保险严格规定了保险期限。国际惯例是6～18个月，中国现行规定的期限是世界上最长的，达24个月。一般来说，失业保险的筹资方式有两种：①企业或雇主与劳动者共同投入资金，建立失业保险基金，政府则在基金出现缺口时，承担保底的责任。②实行雇主责任制，即所有失业保险费用均由企业或雇主来承担。失业保险金的计算有两种方法：一是根据失业者失业前工薪收入的一定百分比给付，世界各国一般都在50%～60%；二是根据需要按一个绝对数给付。有些国家还对失业者被赡养的家庭成员支付“被赡养亲属津贴”或“附加津贴”。

1986年10月开始实行的《国营企业职工待业保险暂行规定》标志着失业保险制度在中国的起步。1993年5月国务院颁布了《国有企业职工待业保险规定》。上述法规都以“待业”为名，失业保险金也成为“待业救济金”。1999年1月国务院颁布《失业保险条例》，标志着中国的失业保险制度走上了与国际接轨的道路。

失业率 unemployment ratio 失业人口占劳动年龄人口的百分比。中国国家统计局有关失业人口的概念采用的是国际劳工组织建议使用的概念。现时符合以下3条的全部16岁及以上的人口，都属于失业人口：①在调查周内未从事为取得劳动报酬或经营收入而进行的劳动。②如有工作机会可以在一个特定的时期内（各国规定不同，现规定调查时点之后两周内）应聘就业或从事自营职业。③在某一特定时间（各国规定不同，国际上一般规定为30天，现规定调查时点前3个月）内采取了某种方式寻找工作。

失业率是受到各国政府关注的重要的社会经济指标。失业率的高低，在相当程度上反映着一个国家的经济发展状况和社会稳定程度。

失重 weightlessness 物体在引力场中自由运动时有质量而不表现重力的一种状态。又称零重力。失重是空间飞行出现的特殊环境之一。利用飞机做抛物线飞行或利用自由落体原理设计的失重塔只能提供短暂的失重。航天器在环绕地球运行或在行星际空间航行中处于持续的失重状态。在失重状态下，人体和其他物体受到很小的力就能飘浮起来，长期失重会使人产生失重生理效应。失重对航天器上与流体流动有关的设备影响很大。利用航天失重条件能进行某些在地面上难以实现或不可能实现的科学研究和材料加工，例如生长高纯度大单晶、制造超纯度金属和超导合金以及制取特殊生物药品等。

师昌绪 Shi Changxu (1920-11-15～) 中国金属学家、材料科学家。生于河北徐水。1945年获西北工学院工学学士学位。1949年获美国密苏里大学矿冶学院硕士学位，1952年获欧特丹大学博士学位。1955年回国，先后任中国科学院金属研究所研究员、所长，中国科学院腐蚀与防护研究所所长，国家自然科学基金委员会副主任，中国工程院副院长。1980年当选中国科学院学部委员（院士），1994年当选中国工程院院士。1995年当选第三世界科学院院士。

中国高温合金的开拓者之一。研制成功中国第一个铁基高温合金。相继研制成功不含镍的奥氏体耐蚀钢、铬锰氮系耐热钢、高强耐热钢等，领导开发出中国第一代航空发动机空心气冷铸造镍基高温合金叶片。多次参加或主持制订中国有关冶金材料、材料科学、新材料全国科技发展规划。任《金属学报》主编。创办《能源材料通讯》(现《中国材料学报》)、《自然科学进展》等刊物。任《材料大辞典》主编。2004年获光华工程科技奖成就奖。获2010年度国家最高科学技术奖。

师范教育 normal education 培养师资的专业教育。西方工业革命后，随着教育的普及、学校的大量设立，正规的师范教育在西方各国得到迅速发展。随着各国教育水平的不断提高，师范教育逐步发展到高等教育范围。在师范学校，特别是高等师范学校的教学计划里，除了普通文化基础课和专业课外，还包括教育学、心理学、教学法、教育见习及实习等方面的教育课程。

1896年盛宣怀创办的南洋公学旧址

在中国，1896年，盛宣怀在上海创办南洋公学，内设师范院，专门培养教师。1902年，张謇在杭州创办通州师范学堂。同年，京师大学堂增设师范馆，此即北京师范大学前身，为第一所官办高等师范学堂。此后，中国的各级各类师范教育逐步发展起来。中华人民共和国建立后，师范教育有了很大发展，尤其是改革开放后，国家高度重视师范教育，在1980年、1996年两次召开全国师范教育工作会议，把发展师范教育和培训在职教师作为发展教育事业的战略措施。

各国实施师范教育的方式有多种：①“定向型”培养模式，又称“封闭型”模式，是通过独立设置的师范学校系统培养师资。②“非定向型”模式，又称“开放型”，先读完普通大学，再学习一段时间的教育类课程。③综合型，即“定向型”与“非定向型”培养模式并存。许多国家普遍采用“教师资格证书制度”。师范教育逐渐趋于开放，并把职前培养和在职培训结合为一体，因而“师范教育”这一概念正逐步被“教师教育”所取代。

师旷 Shi Kuang 中国春秋时期晋国的盲音乐家。生卒年不详。主要活动于公元前558～前532年。曾任晋悼公、平公的宫廷乐师，精通音律，能歌，能弹琴、鼓、瑟，尤以琴艺高妙。据《韩非子·十过》记述，师旷在晋平公前弹《清徵》一曲时，引动仙鹤从天降下跳舞；弹《清角》一曲时，引起狂风暴雨。此虽夸大之说，但其琴艺之精深可见一斑。师旷对音乐有独到见解，他将音乐和道德联系在一起，认为靡靡之乐是“亡国之音”，不能听，主张用音乐来传播教化。先秦及汉典籍对师旷多有记载。

《诗的艺术》 *L' Art Poétique* 法国文艺理论家N.布瓦洛的著作。创作于1669～1674年。全书用亚历山大诗体写成，共1 100行，分为4章。第1章是总论。诗人应该有天才、有灵感，但也要有自知之明。要避免鄙俗卑污，讲究格律，语言要简洁明晰。第2章论次要的体裁，如牧歌、悲歌、颂歌、短诗、讽刺诗、歌谣等。每种诗体都有各自的要求。第3章论主要的体裁。悲剧的发展史、写法和应该遵循的三一律；史诗篇幅浩繁，叙述宏大的战争场面，以神话和虚构来使人着迷。喜剧是高尚的调侃，应该谑而不虐，妙语解颐。第4章论作家的道德和责任。诗人不能追求虚荣，作家要注意心灵的修养，在诗歌中把善与真和趣味融为一体。

《诗的艺术》总结了自亚里士多德和贺拉斯以来诗体创作的历程和经验，主张模仿自然和古人，注重理性和真实，讲究道德和修养，被奉为法国古典主义的美学法典，出版后立即传播到欧洲各国，统治欧洲文坛达一个多世纪之久。

诗电影 film poetry 20世纪20年代在欧洲出现的一种理论主张和艺术样式。1925年，法国“先锋派”理论家A.泊克莱提出“影片应该成为诗”。L.慕西纳克认为，电影最完善的体现是电影诗。J.爱浦斯坦认为，电影是最强有力的诗的工具。他们把电影看作表现主观幻觉的手段，认为超现实的梦幻境界是最崇高的电影领域，主张主观幻觉的绝对自由，热衷于探索电影隐喻，反对电影情节。早期“先锋派”电影创作者被称为“银幕上的诗人”。与此同时，苏联电影艺术家对电影中诗的语言进行了卓有成效的探索，创作出《战舰波将金号》、《土地》、《母亲》等影片。50年代中期以来，诗电影在苏联继续得到发展，出现了《海之歌》(1958)、《雁南飞》(1958)等作品。在西方，以意大利导演P.P.帕索里尼1965年在《诗的电影》一文中阐述的观点为代表，排斥传统叙事程式，追求神秘、梦幻、暧昧、非理性的境界。

诗歌 poetry 文学体裁之一。一般认为，诗歌借助于有节奏感和音乐美的高度凝练的语言，创造出“言有尽而意无穷”的审美意境和形象，表现诗人的情致。

中国古典文论主张“诗言志”，“诗缘情”，“诗者，根情、苗言、华声、实义”。无论是中国还是西方，都特别看重诗歌抒发诗人主观情志的特点，即使是叙事诗，其抒情性也相当明显。诗人的主观情志自然导源于外在现实，但外在现实必须内化为诗人的心理现实即变成诗人情志的一部分才能发而为诗。在形式上，与散文、小说、戏剧文学相比，诗歌更富于节奏感和音乐美。无论中国诗歌还是西洋诗歌，通常都是通过语音的有秩序的排列而形成有规律的抑扬顿挫；并且大部分诗歌要押韵，即使中国现代自由诗也注意押韵，只是押韵方式比较自由。此外，相对而言，诗歌从内容到形式都更讲究凝练；语言含蓄而富于跳跃性。

诗歌是各种文学样式中出现最早的一种体裁。在长期的历史发展中，形成不同种类，如抒情诗，叙事诗，格律诗，自由诗，散文诗，十四行诗，民歌等。

《诗光》 *Kāvyaprakāśa* 印度古代梵语文学理论著作。作者曼摩吒，约11世纪人。全书共分10章，以韵论为核心，对以往的梵语诗学成果作了全面总结。论述了诗的性质、词的3种功能（表示、转示和暗示）、以韵为主的上品诗、以韵为辅的中品诗、无韵的下品诗、诗病、诗德、词音修辞方式（“音庄严”）和词义修辞方式（“义庄严”）。作为一部综合性梵语诗学著作，《诗光》内容周详，结构严密，叙述简明，列举丰富，为后人了解梵语诗学全貌提供了途径。

《诗话总龟》 *Compilation of Notes on Classical Poetry* 中国诗话集。宋代阮阅编。此书原名《诗总》，编于宣和五年（1123），似未刊刻。南宋绍兴年间，刻于闽中，改名《诗话总龟》，与原本已略有不同。今本《诗话总龟》凡98卷，分前、后集。《前集》所引之书皆出北宋或北宋稍前，基本上为阮氏所辑。《后集》基本上是《苕溪诗话》、《韵语阳秋》、《苕溪渔隐丛话》的杂凑，当是书商所为，研究者认为成书于南宋光宗时代。此书网罗丰富，胡仔在《苕溪渔隐丛话·前集》序中已赞其详备。所引之书，不少已经失传，往往赖其摭拾而存。以诗话而论，此书与《苕溪渔隐丛话》“相辅而行，北宋以前之诗话大抵略备”（《四库全书总目》），是研究宋诗的重要参考资料。书中引用书名间有错误，亦有漏举。通行本为《四部丛刊》初编影印明月窗道人本，有佚阙。1987年人民文学出版社出版有周本淳的校点本。

诗界革命 poetry revolution 中国近代诗歌改革运动。早期倡导者是夏曾佑、谭嗣同、梁启超3人。1896～1897年间，他们开始试作“新诗”，多用经典语、新名词。谭嗣同等人力图开辟诗歌语言的新源泉，表现资产阶级新思想，有其积极可取的一面。但是，他们实际上使诗歌的语言源泉更为狭窄，作品既脱离传统，又脱离群众。代表作是谭氏的《金陵听说法》。戊戌维新运动失败后，梁启超逃亡国外，主要从事文化宣传，推进文学改良，诗界革命成为其中一个重要方面。他在《清议报》、《新民丛报》、《新小说》等刊物上开辟专栏，发表谭嗣同、唐才常、康有为、黄遵宪、蒋智由、丘逢甲、夏曾佑等人的作品，又自撰《饮冰室诗话》，阐发理论观点，大力表扬黄遵宪等新派诗人，诗界革命于是形成了一定的规模和声势。后期诗界革命要求“以旧风格含新意境”，对早期的形式主义倾向有所纠正，此期歌词和民间歌谣创作得到发展，黄遵宪的《军歌》是其中名篇。诗界革命冲击了长期统治诗坛的拟古主义、形式主义倾向，要求作家努力反映新的时代和新的思想，部分新体诗语言趋于通俗，不受旧体格律束缚，这些在当时都起了解放诗歌表现力的作用。随着改良派政治上的堕落，诗界革命的旗帜逐渐收起。资产阶级革命派与改良派政治上对立，其中受过诗界革命影响的一些人，已不愿明确地以诗界革命相号召，有的人则企图“别创一宗”，于是，诗界革命就逐渐销声匿迹了。

《诗经》 *Book of Songs* 中国第一部诗歌总集。简称“诗”，或称“诗三百”。西汉时期将它正式奉为经典，才称为“诗经”，沿用至今。《诗经》收录了自西周初期至春秋中叶（约公元前11世纪至前6世纪）大约500年间的诗歌305篇，分为《国风》、《雅》、《颂》三大部分。其中的《国风》是周南、召南、邶、鄘、卫、王、郑、齐、魏、唐、秦、陈、桧、曹、豳等15个诸侯国的土风歌谣，共160篇。《雅》是西周王畿地区的正声雅乐，共105篇，又分《大雅》和《小雅》。《大雅》31篇，用于诸侯朝会；《小雅》74篇，用于贵族宴享。《颂》是统治阶级宗庙祭祀的舞曲歌辞，又分“周颂”31篇，“鲁颂”4篇，“商颂”5篇，共40篇。另有6篇“笙诗”（《南陔》、《白华》、《华黍》、《由庚》、《崇丘》、《由仪》）只存篇目。

来源 《诗经》作品的来源主要有：一是“采诗”，周朝有称为“行人”的采诗官，负责采集民间歌谣，由称为“太师”的乐官配好音律，给天子演唱，以供朝廷考察风俗民情和政治得失。由于采诗由官府主持，并得到各诸侯国的协助，所达到的地域相当广阔，所以，各地民歌得以集中起来。二是“献诗”，周朝公卿士大夫或出于讽谏，或出于歌颂，要向周天子献诗，并形成献诗制度。此外，还有些诗是下层贵族和小官吏的抒愤之作，被从民间搜集来集中到太师手里。至于那些敬神祭祖和反映宴饮内容的诗歌，当是巫史等职官和有关贵族的奉命之作。

一些学者认为，孔子对“诗”曾经作过“正乐”的工作，主要是整理《诗经》的乐章，使《雅》、《颂》与所配音乐相一致。《诗经》的真正编订者是周王朝的乐官太师和一般乐工，可能最初搜集的古诗数量很多，整理编选其中一部分作为演唱和教诗的底本。

本来，《诗经》与音乐、舞蹈密切结合，《墨子·公孟》有“诵《诗》三百，歌《诗》三百，弦《诗》三百，舞《诗》三百”之说。春秋战国的社会动乱，使乐谱、舞姿难记而失传，只剩下歌词，就成为现在所见到的《诗经》。

内容 《诗经》写于公元前11～前6世纪，但它反映的生活却远远超过这个范围：上至神话传说时代，下至春秋，这个时期的方方面面，特别是周代社会的各个阶级、阶层，社会生活的各个领域，乃至人们的精神和心理，都作了全面的形象的反映。它以其特有的丰富性和广泛性成为那个时代的一部百科全书。

民族史诗 《大雅》中的《生民》、《公刘》、《緜》、《皇矣》和《大明》等5篇诗歌，以简朴的笔触记录周民族发祥、创业直到灭商和建立周朝的历史。这5篇诗歌，神话与历史、想象与真实相交融，以鲜明的形象和故事比较完整地再现了周民族历史上由野蛮到文明的历史进程，其时间跨度超越千年（公元前21～前11世纪），并经历了不同的社会形态（由原始社会到阶级社会），生动地表现出民族史诗的特征。

农事诗 周人以农立国，重视农业，以农耕文化为背景的农事诗较发达。按内容，农事诗可以分为两类：一类以描绘农奴生活为主，如《豳风·七月》叙述农奴一年到头无休止的繁重劳动和饥寒交迫的生活，真实地反映了处于社会最底层的广大劳动人民的悲惨命运。另一类以叙述农事过程以及有关的宗教活动和日常生活为主，如《小雅》中的《楚茨》、《甫田》、《大田》，《周颂》中的《臣工》、《丰年》、《载芟》等。这些诗歌具体叙述了从春种到秋收的农事过程和丰收的景象。这两类农事诗合在一起，也许能够比较全面地反映周代社会的真实面貌。

战争诗 按内容，战争诗也可以分为两类：一类是反映周天子对外战争的诗歌，如《大雅》中的《江汉》、《常武》，《小雅》中的《采薇》、《出

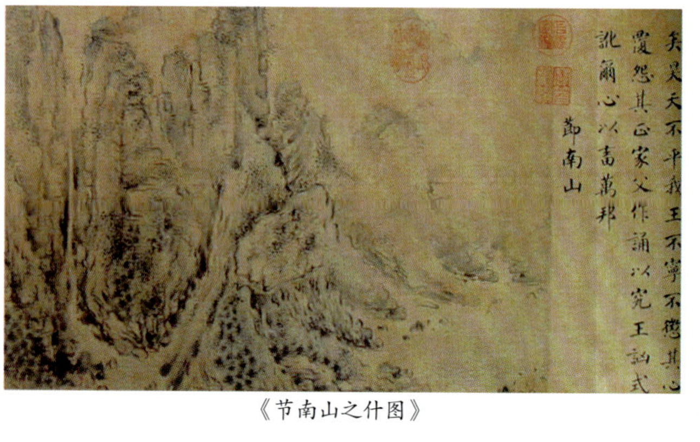

《节南山之什图》

车》和《六月》等。体现了崇德义，重教化，不战而胜的军事思想。另一类是反映诸侯对外战争的诗歌，如《秦风》中的《无衣》，表现慷慨激昂、团结互助、英勇抗敌的爱国精神。

怨刺诗　西周末年，王室衰微，政治黑暗，社会动荡，出现了大量的反映丧乱，针砭时政的怨刺诗。如《魏风》中的《伐檀》、《硕鼠》，《鄘风》中的《墙有茨》、《相鼠》，《齐风·南山》，《陈风·株林》，《大雅》中的《民劳》、《板》、《荡》，《小雅》中的《节南山》、《正月》、《十月之交》等。这些诗歌，或揭露嘲讽剥削者的不劳而获，或抨击统治者的腐朽黑暗，无不寓寄着强烈的怨愤。

婚恋诗　这部分诗歌在《诗经》中占有很大的比重，除少数几篇在《小雅》中外，绝大部分都在《国风》中。这些诗歌内容丰富多彩，多层面、多角度地反映了爱情、婚姻生活，诸如对爱情的追求、相思的痛苦、幽会的期待，以及新婚的欢乐和幸福。尤其突出的是，还写了爱情、婚姻遭受的挫折和压力，如《郑风·将仲子》中父母、诸兄和旁人之言的"可畏"，使青年男女内心充满矛盾和不安。《邶风·谷风》和《卫风·氓》写了男女在家庭中的不同地位和给妇女造成的不幸，触及更为深刻的社会问题，说明作品反映生活的深度。

此外，《诗经》还有很多诗歌，如祭祀诗、宴饮诗、田猎诗、赞颂诗等，也都反映了周代社会生活的不同侧面，具有不同的意义和价值。

艺术成就　朴素自然　《诗经》的作者十分广泛，包括社会各个阶层，所咏所唱，都来自于他们自己的生活和切身感受。所以，所咏对象无论是劳动、爱情还是时事、家事，所抒之情无论是喜是悲、是爱是恨，都言之有物，切中要害，并且不假雕饰，直抒胸臆，丝毫没有矫揉造作之态。这一点在《国风》的情歌中表现尤其突出。

赋比兴的表现手法　运用赋比兴的表现手法塑造诗歌艺术形象是《诗经》最具代表性的艺术方法之一。赋就是直接铺陈叙述，既可以叙事描写，也可以抒情议论，是一种最基本的表现方法。《豳风·七月》铺写农夫一年12个月的劳动和生活，写得十分清楚明确，充分显示了赋法的特点和优长。比就是比喻。通过形象的比喻，突出事物特征，表达强烈的感情和倾向。例如《魏风·硕鼠》把剥削者喻为大老鼠，有力揭露了剥削者的本质。有的诗歌通篇用比，如《豳风·鸱枭》就是一首比体诗，其意义通过比附象征表现出来。兴就是触物起兴，也就是客观事物触发主观感情和想象。如《周南·桃夭》、《郑风·野有蔓草》等诗运用兴的方法，达到情景交融、物我相谐的艺术境界，具有强烈的艺术感染力。

结构和句式　《诗经》最具代表性的结构就是复沓。复沓就是围绕同一旋律反复咏唱的形式，也就是在同一首诗中，在字句基本相同的若干章之间，只是对应地变换个别字词。这样，各章之间重复中有变化，并在重复和变化中使内容不断加深，感情不断加强。《诗经》创造并成熟运用了四言句式，这种句式与表达上古时代质朴自然的感情是完全适应的。除四言句式之外，根据需要，还运用了从两字句到八字句的各种句式，显得灵活多样，富于变化。

优美丰富的语言　《诗经》的语言优美生动，丰富多彩，取得了很高的艺术成就。尤其是《国风》，它的语言是在民间语言的基础上经过精细的锤炼加工，所以，既有民间语言的朴素、明快，又有文人语言的典丽、严整，形成了一种准确、鲜明、优美、生动，具有很强表现力的文学语言。

对后世文学的影响　《诗经》是中国文学的光辉起点，也是文学史上的一座高峰，对后世文学的发展产生了深刻影响。主要在于：从现实出发，积极反映现实的现实主义精神；确立了民间文学在文学史上的崇高地位；艺术风格、表现手法和语言技巧等都成为不朽的典范。

《诗镜》 *Kāvyādarśa*　印度古代梵语文学理论著作。作者檀丁，印度古代梵语小说家，约生活在7世纪，著有小说《十王子传》。《诗镜》共分3章，分别论述诗的分类、风格和诗德；词义修辞方式（"义庄严"）；词音修辞方式（"音庄严"）和诗病。檀丁在庄严论的基础上提出风格论。风格由紧密、清晰、同一、甜蜜、柔和、易解、高尚、壮丽、美好和三昧10种诗德构成。与诗德相对立的概念是诗病，包括意义不全、内容矛盾、词义重复、含有歧义、次序颠倒、用词不当、失去停顿、诗律失调、缺乏连声以及违反地点、时间、技艺、人世经验、正理和经典。13世纪中国的藏族学者将《诗镜》译为藏文，至今在藏族地区流传了8个世纪，对藏族诗学的发展起到了推动作用。

《诗品》 *Classification of Poets*　中国古代诗歌评论著作。南朝梁代钟嵘（约468～约518）撰。钟嵘字仲伟，祖籍颍川长社（今河南长葛东北）。齐代官至司徒行参军。入梁，历任中军临川王行参军、西中郎将、晋安王记室。《诗品》是他的诗歌评论专著，以五言诗为主，将自汉至梁有成就的诗歌作家区别等第，分为上中下三品，故称为《诗品》。《隋书·经籍志》著录此书，书名为《诗评》，这是因为除品第之外，还就作品评论其优劣。后以《诗品》定名。

钟嵘在对历代作家的艺术特点、风格进行品评的同时，还针对当时论诗"随其嗜欲"、"准的无依"的风尚，以及诗坛所存在的带有普遍性的流弊，提出自己的看法。

在《诗品·序》及品评中，钟嵘所接触到的重要创作问题有：①对当时诗歌发展中存在的堆垛典故和因四声八病之说盛行带来的刻意追求声律两种弊病，提出了尖锐的批评。对于前者，钟嵘认为，诗歌本来是作家抒发情感的产物，但当时诗歌创作却竞尚用典，使"吟咏性情"之诗竟然"殆同书钞"。对于后者，钟嵘认为当时正在兴起的声律之说，使"文多拘忌，伤其真美"。重视音律美是诗学的一种历史进步，它在开始阶段不够完善也是难免的。钟嵘并不太理解这一点，以传统的诗的自然节奏美来批评声律说，失之偏颇。尽管他的批评中也有合理的因素。②为五言诗的出现从理论上作了说明。受传统儒家思想的影响，理论批评在诗歌的形式问题上表现出强烈的正统保守观点：重四言而轻五言。钟嵘却提出四言的形式过时了，"每苦文繁而意少，故世罕习焉"。这种议论为诗歌形式的发展从理论上开辟了前进的道路。③钟嵘对诗歌创作中的一些重要问题正面提出了自己的见解。他继《文赋》及《文心雕龙》之后更明确地提出了诗的"滋味"问题。在《诗品·序》中，他认为只有有滋味的诗，才能"使味之者无极，闻之者动心"；在《诗品》上卷中，也提出过"使人味之，亹亹不倦"。同时他还认为"有滋味"的好诗应该"文已尽而意有余"。诗味说对后世诗文创作有深远影响。他还强调诗歌创作要"真美"。"真美"就是要求诗歌创作要有真挚强烈的感情，而非虚假的无病呻吟。又说"自然英旨，罕值其人"，可见"真美"和艺术表现上的自然密切相关。④关于作家的艺术流派及品评。钟嵘从作家和作品的风格特点着眼，很重视历代诗人之间的继承和发展关系及不同艺术流派之间的区分，并提出了比较系统的看法，为风格流变的研究开创了一个新途径。对具体作家、作品也有一些言简意赅、颇有见地的评论，是中国文论史上一部重要的著作。但是，由于他不大重视作家的生活阅历对作家风格的决定性影响，也不曾周密地考虑到作家思想艺术方面的多样性和复杂性，通常只是着眼于不同作家在某一方面的某些相似之点来研究他们诗风的同异，使其风格流派的研究部分显得混乱，且有很多牵强附会之处，引起了后世不少非议。

《诗品》最流行的版本是《津逮秘书》本和《学津讨原》本；近人许文雨有《诗品讲疏》，陈延杰有《诗品注》，曹旭有《诗品集注》。

《诗人玉屑》 *Collection of Poets' Precious Remarks*　中国诗话集。南宋魏庆之编。庆之，字醇甫，号菊庄，建安（今福建建瓯）人。约宋理宗嘉熙末年（1240）前后在世。此书作于宋理宗时，黄昇序作于淳祐四年（1244）可证。此书凡21卷，分门别类辑录宋人诗论。前11卷论诗法、诗体、诗格、学诗宗旨以及造语、下字、用事、押韵、属对等表现技巧，兼及诸种风格的评介，意在指示作诗门径。12卷以下按时代品藻古今诗作与诗人，自《诗经》至于时人，意在提供创作的规范。宋代诗话大盛，此书晚出，能够博观约取，去芜存菁，对南宋人论诗的片言只语搜采较备，某些内容可用作校勘辑佚的参考。有宋本（现藏日本），王国维曾以之校日本宽永十六年所刻本（现藏中国国家图书馆），写有校语。明、清刻本数种，大体与宋本无异，但有阙讹。1958年古典文学出版社和1959年中华书局有排印本。

《诗式》 *On Poetic Forms and Patterns* 中国诗论专著。撰者唐代诗僧皎然，俗姓谢，字清昼，南朝谢灵运十世孙，生卒年不详。活动于大历、贞元年间，有诗名。《诗式》为当时诗格一类作品中较有价值的一部。书中批判沈约"酷裁八病，碎用四声，故风雅殆尽"的声病说（《明四声》），崇尚谢灵运"真于情性，尚于作用，不顾词采，而风流自然"的作风（《文章宗旨》），但也注重苦思锻炼，主张自然与功力的结合，具有一定的辩证因素。其艺术旨趣对后来的《二十四诗品》有所影响。《诗式》流传有1卷本与5卷本两种。

《诗薮》 中国明代诗话著作。作者胡应麟（1551～1602），字元瑞，号石羊生，又号少室山人。浙江兰溪人。万历举人。筑室山中，购书4万余卷。胡氏受王世贞推引登上文坛，与李维桢、屠隆、魏允中、赵用贤被列为"末五子"。著有《少室山房类稿》、《少室山房笔丛》及《诗薮》等。《诗薮》分内、外、杂、续4编，共20卷。主旨即在阐发前、后七子的格调说，辨析不同诗体、不同时代的艺术风格，提倡取法于诸体方盛之时，以达到格高调正。对认识明中叶前、后七子之文学思潮很有裨益。在对作家作品的评论中亦时有可取见解。此外，此书搜集、记述历代诗人、诗篇、诗论情况甚为丰富。现存主要版本以上海古籍出版社1979年新校本为最善。

《诗学》 *Poetics* 古希腊哲学家、自然科学家、文艺理论家亚里士多德的文艺理论著作。现存1卷，主要讨论悲剧和史诗，分为26章。亚里士多德用科学方法对希腊文学的实践和成就加以分析和总结，提出"艺术模仿自然"，诗人创造可能发生的情节，通过个别反映现实中普遍的、本质的东西等美学理论。为现实主义的创作方法奠定了基础。亚里士多德给悲剧下的定义是：对于一个严肃、完整、有一定长度的行动的模仿；它的媒介是语言；模仿方式是借人物的动作来表达。他还分析了悲剧的6个组成部分，即"情节"、"性格"、"言词"、"思想"、"形象"与"歌曲"，并强调最重要的是情节，强调情节的有机整体概念，成为后来的"三一律"中的情节一律的根据。至于时间一律和地点一律，则是后人对《诗学》的曲解。《诗学》论喜剧的部分已失传。

《诗艺》 *Arts poetica* 古罗马诗人、文艺批评家贺拉斯的文艺理论著作。

诗意现实主义 réalisme poétique 20世纪30年代至40年代中期法国出现的一种电影创作倾向。由于不满电影界所持官方的乐观主义和影片质量的下降，以戏剧界人士M.帕尼奥尔为首的一批电影人以自然主义为武器，吸收先锋派运动的成果，把电影当成描写现实、揭露时弊的工具。代表人物有R.克莱尔、J.雷诺阿、M.卡尔内、Y.费戴尔等。虽然他们没有明确的系统理论，但都强调遵循人道主义和人性论，力主在宏观地表现日常生活的真实图景的同时，使电影具有某些诗情画意。最早具有上述表现特征的影片有克莱尔的《巴黎屋檐下》（1930）、《百万富翁》（1931），J.维果的《操行零分》（1933）等。1936年以后，一些电影工作者（包括雷诺阿、J.杜维威尔、卡尔内）又摄制了《在底层》（1936）、《雾码头》（1938）、《天堂儿女》（1945）等。这些作品一般都被称为诗意现实主义影片。

虱目 Anoplura; true lice 昆虫纲的一目。小型寄生性有翅昆虫。俗名虱子。全世界已发现约500种，中国有50余种。世界性分布，非洲种类最多，约占全世界种类的1/3。体小而扁。白色或灰白色。翅退化。复眼退化或消失，无单眼。触角3～5节。口器刺吸式，构造特殊，不用时缩入头内。胸部体节愈合。足一般短粗。跗节1节。爪单一，长而弯曲，与胫节下方一指状突对握，适于攀缘寄主毛发。渐变态。卵单产，黏附于宿主的毛发上（体虱例外，卵黏附在衣服缘垂的纤维上）。虱子的宿主相当广泛，包括哺乳动物中的各主要类群，每个种对宿主有一定的专嗜性，而近缘的宿主往往感染相同的虱种。

虱子中最常见的是人虱，包括体虱和头虱两亚种。体虱身体和头较大，触角稍长，耐饥性强，生活在衣服与皮肤之间。体虱不仅叮人吸血，引起局部红肿奇痒，还能传播疾病，以斑疹伤寒最为严重。其他如战壕热、鼠性斑疹伤寒和回归热，也可以通过体虱而传播。头虱附着在毛发上，耐饥性较差。危害人的另一种虱是阴虱，体形宽短，似蟹状。主要附着于阴毛和肛门周围的毛上，身体其他部位的毛上也偶有发现。目前认为阴虱不传播疾病。寄生于家畜的种类约有13种，它们大多在世界各地广泛分布，对家畜造成程度不同的危害。

狮 *Panthera leo*; lion 食肉目猫科豹属的一种。主要分布在非洲的阿尔及利亚、肯尼亚、埃塞俄比亚、索马里和亚洲的伊朗等国。另外，在印度西部卡锡阿瓦半岛的基尔森林地区尚有300只左右。体形、大小、重量均与虎相似。雄狮的头侧、颈部直至肩部有黑或深褐色长鬣毛；产于亚洲的狮毛色较淡，鬣毛较短。尾端有一球状毛簇，毛簇中间有一个坚硬的角质物；体毛为沙黄色、黄褐色或暗褐色。幼狮无鬣毛，身上长有灰色斑点，背部中央有一条白色花纹，半岁后斑点和白色花纹逐渐消失。栖息在热带草原和荒漠地带，喜居于靠近水源的地方。群居，由1只雄狮、数只雌狮和若干幼狮组成多偶家族。每群有一定的活动领域。白天在丛林间隐蔽休息，晨昏和夜

雄狮

晚常几只或成群出动进行围猎。以各种羚羊、斑马和疣猪等为食，偶尔捕食长颈鹿。亚洲狮喜食野猪。狮的听觉、嗅觉灵敏，动作灵活，跳跃力强，能爬树，但不善于长跑。繁殖力强，几乎每年都产仔，每胎2～5仔。幼狮2～3年后性成熟，成年的雄狮多离群营独立生活。寿命约20年。被列为濒危物种予以保护。

狮泉河 Shiquan River 中国西藏自治区西部主要大河之一，印度河上源。又称森格藏布。发源于冈底斯山主峰冈仁波齐峰北面的冰川湖。自南向北流至邦巴附近转向西流，经革吉在扎西岗附近与噶尔藏布相汇合转向西北，流入克什米尔地区。狮泉河在中国境内长430千米，落差1 264米，平均坡降2.9‰，流域面积2.717万平方千米。由源头至革吉为上游段，长约185千米，落差646米，平均比降3.5‰；流经森格卡巴，右岸有终年不断流的泉河补给，因泉水所在山体形似狮子，故名。革吉至扎西岗为中游段，长约158千米，落差299米，平均比降1.9‰，谷宽30～50米，水深0.5～1米。扎西岗以下为下游段，长约87千米，落差319米，平均比降3.7‰。狮泉河有7条主要支流，以噶尔藏布最大，长约155千米。多年平均年径流量为6.2亿立方米。狮泉河流域处于半荒漠和荒漠地带，气候干旱少雨。

狮身人面像 sphinx 神话传说中由人的头部和狮子的身躯结合一体的怪兽斯芬克斯的雕像。在埃及美术中，法老的力量和权威常常用狮子来代表，因而狮身人面像就成为人与动物结合的超人权力的象征。埃及最古老、最著名的狮身人面像，于公元前26世纪建于吉萨，在整块天然断岩上雕凿而成，坐落在胡夫金字塔东南方的372米处，高21米、长74米。雕像的身体形如卧狮，头部是一个留着王室发式的国王的头像。从面部特征看，一般认为它是国王哈夫拉的肖像。几千年来，这座狮身人面像历尽天灾人祸的摧残，雕像上留下明显的斑痕。后来，狮身人面像从埃及传至亚洲和希腊地区，成为庙宇、王座和陵墓的守护神或装饰物。

埃及狮身人面像

狮舞 lion dance 中国民间舞蹈。广泛流传于全国各地，在汉、藏、彝、壮、土家、布依、傣、水、哈尼、纳西等民族聚居地都有形态各异、风格多样的狮舞品种。它的名称很多，有舞狮、盘狮、耍狮、狮灯、跳狮子等。根据狮子的造型和表演特点，分为地狮子、高台狮子、高杆狮子、高跷狮子、板凳狮子、火狮子、手摇狮、席狮、线狮等。狮舞的历史久远，汉魏时已有狮舞活动。唐代，狮舞被宫廷作为燕乐的一种表演形式，称太平乐，又名五方狮子舞。在中国人民心目中狮子是瑞兽，人们通过舞狮，表达美好的生活愿望。

河北沧州狮子舞表演

狮舞由二人配合扮演一只狮子（太狮），一人双手执狮头在前，另一人身披狮皮于后。舞狮头者身手矫健敏捷，既善于腾挪窜跳，又能灵活地操纵狮头；舞狮尾者体壮力大，在舞动中不时地举起舞狮头者，或充当底座，让舞狮头者坐在自己肩头或站在自己腿上。狮舞的表演形式非常丰富，有一只狮子单独表演的，也有几只或十几只狮子共同竞舞的。表演时，有演员扮成武士（称引狮郎）、大头和尚等形象，手执彩色绣球、拂尘或蒲扇，指挥狮子窜跳翻滚，或与狮子亲昵戏逗。有的舞狮队中还有数只由一人戴狮头、穿狮皮的幼狮（少狮），在场上配合表演。

狮舞表演有文、武之分。文狮重在表现狮子的坐卧、舐毛、啃爪等生活习性动态，动作细腻、形象。武狮重在表现狮子刚猛威烈的形态性格。技巧要求高，难度大，表演动作常与武术、杂技相融合，依靠器械道具做腾跃、踩球、踩梅花桩等一系列惊险的动作。不少舞狮队将文狮的温顺生动和武狮的威猛慑人特色结合在一起，形成文武兼备的文武狮表演，更引人入胜。

狮舞主要有南、北两大流派。北派狮子以河北等北方数省的狮舞为代表，主要特点是狮子道具的造型和表演仿真性强。安徽的狮身内燃点蜡烛（称火狮），有时还配上10多盏云灯，狮子好像在彩云间飞舞。南派狮子以广东醒狮为代表，道具造型奇特，色彩绚丽斑斓，狮头形象似狮又非狮，狮面的线条色彩参照戏曲人物的脸谱勾画，以表现狮子的内在气质与神韵，展现不同面相狮子所应显示的性格特征。醒狮表演以“采青”最为精彩。人们把给舞狮者的酬金包在生菜内放在不同的位置凭狮子寻取，以此检验舞狮者的智慧和功力。

中华人民共和国建立后，狮舞得到很大发展和提高。狮舞不仅在重大节日和迎宾仪式中被列为重要活动，而且被搬上中外舞台。1953年，狮子舞在第4届世界青年学生和平与友谊联欢节上获得金奖。

狮子山汉墓 Han Dynasty Tomb at Shizishan 中国西汉楚王陵墓。位于江苏徐州东郊狮子山。1994～1995年发掘。推测墓主为参与“七国之乱”兵败自戕的第三代楚王刘戊，但仍有争论。此墓为崖墓，南北总长117米、东西最宽13.2米，由外、内墓道，天井，耳室，甬道，侧室，棺室及陪葬墓等组成。虽遭盗掘，内墓道3间耳室保存完好。共出土金、银、铜、铁、玉、漆、陶、骨器等2 000余件（套）。其中玉器包括丧葬、礼仪、装饰和生活用玉，代表了楚国玉器制作的最高水平。金缕玉衣用4 000多片上好的和田玉玉片制成，玲珑剔透，是迄今发现的玉衣中质量最好的一件。兵器有戈、戟、矛、铍、殳、剑等，填补了汉初冷兵器研究中的空白。印章200余枚，封泥80余枚，数量之多，为历代王陵所仅见，对研究西汉早期楚国官制、区域地理、印信制度、诸侯王国与地方行政关系等有重要价值。此墓西侧发现一座陪葬兵马俑坑，已出土陶兵马俑2 300余件。

透雕玉冲牙

狮子鱼 Liparidinae; snailfish 鲉形目圆鳍科狮子鱼亚科鱼类的统称。约13属150多种。主要分布于北太平洋、北大西洋及北极海，少数见于南极海。中国有1属4种，均见于黄、渤海和东海。体长可达150毫米。体延长，前部亚圆筒形，后部渐侧扁狭小。头宽大平扁。吻宽钝。眼小，上侧位。口中大，端位，上颌稍突出。上下颌牙细尖或分三岔，排列成牙带。鼻孔2或1个。鳃孔中大。鳃盖骨无棘，间鳃盖骨细条状，鳃盖膜与鳃峡相连。体无鳞，皮松软，光滑或具颗粒状小棘。背鳍延长，连续或具一缺刻，鳍棘细弱，与鳍条相似；臀鳍延长；尾鳍平截或圆形，常与背鳍和臀鳍相连；胸鳍基宽大，向前伸达喉部；腹鳍胸位，愈合为一吸盘。

多为冷水性和冷温性底栖海鱼类，多数栖于浅水，常吸附于岩礁上。仔鱼营漂浮生活，以甲壳动物为食，也吃小鱼。中国数量较多的为细纹狮子鱼。

狮子座 Leo 黄道十二星座之一。中心位置为赤经10时30分，赤纬16°。面积约947平方度。在巨蟹座之东，室女座、后发座之西。是重要的春季星座。座内目视星等亮于6等的星有96颗，其中亮于4等的星有18颗。α、η、γ、ζ、μ和ε（中名轩辕十四、轩辕十三、轩辕十二、轩辕十一、轩辕十和轩辕九）呈镰刀形，勾画出狮子的头和身。β、δ和θ（中名五帝座一、西上相和西次相）组成一个三角形，是狮子的臀部。狮子座内有一个很著名的流星群，每年11月中旬出现，14、15两日最盛，辐射点在ζ附近。

施蒂勒 Stille, Wilhelm Hans (1876-10-08～1967-12-26) 德国地质学家。生于汉诺威，卒于汉诺威。1896年毕业于汉诺威的莱布尼茨大学，后转入格丁根大学学习地质，

1899年毕业。曾任莱比锡皇家萨克森地质调查所所长，莱比锡大学、格丁根大学、柏林大学教授。施蒂勒的最大贡献是提出研究地质历史的地质构造划分法。以不整合的定时性作为造山事件的证据，列出了古生代以来的约50个造山幕。他将重要的区域不整合作为重大地质事件标志的原则，长期以来为人们所应用。在综合全球构造方面，继承和发展了E.修斯将地壳分为活动带与稳定陆块的观点，并将大洋边缘的活动带称为正地槽，将稳定陆块称为克拉通。正地槽再分为优地槽和冒地槽。将克拉通的沉积带称为准地槽等。施蒂勒根据德国地质构造特点，特别强调了阿尔卑斯型和日耳曼型两种不同变形性质的造山作用，并认为经过阿尔卑斯型造山作用之后，地壳渐趋稳定，通过一系列岩浆活动与火山作用，地壳逐渐固结而转为克拉通。主要著作有《地壳构造的演化与革命》、《造山运动与造陆运动概念》、《比较大地构造学的基本问题》等。德国地质学会授予他名誉主席，并设立施蒂勒奖。

施肥 fertilization 将肥料施于土壤或植物，以提供养分，保持和提高土壤肥力的农业技术措施。施肥的原则是：以一个轮作周期中的主要作物为重点，同时适当照顾其他搭配作物，以求均衡高产；兼顾作物的产量和品质，着眼于用地与养地相结合，并防止土壤污染；注意肥料的经济有效和降低成本。

施肥方案 施肥方案确定的主要依据是：植物的营养特性、土壤特性、肥料特点、气候条件。施肥量可通过植物营养诊断和根据肥料效应曲线确定。营养诊断包括土壤诊断和植株诊断两部分。肥料效应曲线反映施肥量与产量之间的数量关系，因不同地区和不同年份生产条件的差异而有线形、指数函数曲线、二次抛物线和平方根函数曲线等表现形式。

施肥技术 包括施肥时期、施肥方法和肥料量，三者又互相联系。①基肥。在播种或移植前结合土壤耕作施入土壤中的肥料。通常以有机肥料为主或与无机肥料配合施用。其作用是培肥土壤和在植物整个生长期间供应养分。②种肥。在播种或定植时施于种子（或种苗）附近或与种子混播的肥料。目的是供给幼苗生长所需的养分。③追肥。在植物生长期间施用的肥料。旨在补充和满足植物生长期间对养分的需求。通常以施用速效性化肥和腐熟的有机肥料为主。

施工导流 construction diversion 在原有河道范围内修建水利工程的过程中，为创造干地施工条件，用围堰围护基坑，将河道水流通过预定方式导向下游的工程措施。重要的施工导流方案需要通过技术经济比较，必要时应做模型试验反复论证，然后定案。

导流方式可分为河床外导流和河床内导流两大类。前者用围堰一次拦断整个河床，让河水通过河床外的导流泄水建筑物导向下游；后者用围堰先后分段围护部分河床，河水通过被束窄的另一部分河床导走，即分期导流。按泄水建筑物类型分，有明渠导流、隧洞导流以及涵洞、坝体底孔、梳齿和缺口过流等导流方式。涵洞导流一般用于中小型水闸、土石坝等工程。底孔导流用于混凝土坝施工，水流全部或部分通过坝体内设置的临时或永久泄水孔导向下游。梳齿导流则是在混凝土坝施工时预留梳齿状缺口过水，随坝体升高分段分期轮换封堵缺口。

《施公案》 *Cases of Shigong* 中国晚清小说。又称《施公案传》、《施案奇闻》、《百断奇观》。8卷，97回，未著撰人。大约由于其故事始于说书，后经文人加工整理敷衍而成。约成书于乾隆、嘉庆年间。小说的中心人物施仕纶，实即康熙年间施世纶，字文贤，清汉军镶黄旗人，曾任扬州、江宁知府，漕运总督等官。但书中许多公案题材和情节，大都出于虚构。小说从施仕纶做扬州府江都县令写起，到升任通州仓上总督时止。所做之事，不外“审案”和“剿寇”。另一主要人物为出身绿林而归依朝廷的侠客黄天霸。情节比明代公案小说稍加曲折，断案之外，又有私访遇险之事。书中大小10余案，大都靠托梦显灵、鬼神鉴察来解决，灵怪色彩很浓。小说语言通俗，类似口语，但粗糙庸俗。其善于铺排，则具有民间通俗文学的特点。《施公案》标志着公案小说和侠义小说的合流。它在同治、光绪（1862～1909）年间曾续至10集。

施光南 Shi Guangnan (1940-08-02～1990-05-02) 中国作曲家。原籍浙江金华。生于重庆，卒于北京。1957年考入中央音乐学院附中，主修作曲。1959年入天津音乐学院，1964年毕业后，先后在天津歌舞剧院、中央乐团专事作曲。1985年被选为中国音乐家协会副主席。1986年被选为全国青年联合会副主席。

施光南尤以抒情歌曲及歌剧的影响最为突出。他的抒情歌曲可以说是20世纪70～80年代中国人民心声的突出代表，如《打起手鼓唱起歌》、《祝酒歌》、《洁白的羽毛寄深情》、《周总理，你在哪里》、《在希望的田野上》、《多情的土地》、《吐鲁番的葡萄熟了》、《月光下的凤尾竹》等都是群众喜爱的歌曲。施光南曾先后创作了《伤逝》和《屈原》(1990)两部歌剧。此外，施光南还创作了《革命烈士诗抄》等5部声乐套曲，京剧《芦花淀》、《红云岗》，河北梆子《红灯记》等5部戏曲唱腔设计，舞剧《白蛇传》，钢琴协奏曲《阿里山之鼓》，小提琴独奏曲《瑞丽江边》和《帕米尔舞曲》，以及《海上生明月》等5部电影音乐。

施今墨 Shi Jinmo (1881-03-28～1969-08-22) 中国中医学家。原名毓黔，字奖生。浙江萧山人。13岁时向舅父李可亭学医，以后在山西大学堂、山西法政学堂、北京京师法政学堂就读，参加过辛亥革命，后引退行医，先后在山西、北京开诊，擅长治疗肠胃病及妇科病等。1929年积极参与抗议废止中医提案活动。1931年任中央国医馆副馆长，草拟《整理国医药学术标准大纲》。1932年独资创办华北国医学院，讲授中医经典及临床各科，并设西医课程多门，该院创办近20年，为中医界培育人才数百人。1949年后任中国人民政治协商会议第二、三、四届全国委员会委员；中华医学会副会长；中医研究院、北京医院、协和医院等单位顾问。施今墨在学术上提倡革命新中医，改进中医诊治方法，借用西医生理病理，互相参证。其门人根据所存医案等整理编撰成《施今墨医疗经验集》、《施今墨医案》、《施今墨对药临床经验集》等书。

施莱登 Schleiden, Matthias Jakob (1804-04-05～1881-06-23) 德国植物学家，细胞学说的创始人之一。生于汉堡，卒于美因河畔法兰克福。1831年毕业于耶拿大学。

1850年任耶拿大学植物学教授。他通过研究植物显微镜下的结构来描述和命名新种。施莱登根据多年在显微镜下观察植物组织结构的结果，认为在任何植物体中，细胞是结构的基本成分；低等植物由单个细胞构成，高等植物则由许多细胞组成。1838年他发表了著名的《植物发生论》一文，提出了上述观点。德国动物学家T.A.H.施万将此概念扩展到动物界，从而形成了所有植物和动物均由细胞构成这一科学概念，即细胞学说。施莱登

也认识到细胞核的重要性，并观察到细胞核与细胞分裂有关。他还描述过细胞中活跃的物质运动，即现在所说的原生质川流运动。他是首先接受达尔文进化论的德国生物学家之一。

施莱尔马赫 Schleiermacher, Friedrich Daniel Ernst (1768-11-21～1834-02-12) 德国新教神学家、哲学家。生于布雷斯劳（今波兰弗罗茨瓦夫），卒于柏林。幼年入摩拉维亚兄弟会虔敬派学校读书。

1785年入巴比神学院，1787年入哈雷大学读神学和哲学。1794年在兰德斯堡任牧师。1796年后在柏林、斯托尔普等地任牧师。1804年担任哈雷大学神学教授。1810年后任柏林三一教会牧师、柏林大学神学教授、柏林学院秘书。在神学思想上，以个人的宗教感受或体验来说明宗教的起源及其本质，认为宗教是“从有限中获得的对无限的感觉”，宗教就是人类普遍具有的“绝对依存感”。认为哲学与自然科学的真理能够与基督教神学相一致。这些思想被认为是开现代基督教神学之先河。著有《论宗教》、《基督教信仰》、《新约导论》、《耶稣传》等。

施莱格尔 Schlegel, Johann Elias (1719-01-17～1749-08-13) 德国剧作家、文学理论家。生于迈森，卒于索勒。1739～1742年在莱比锡学习法律、哲学。曾做过撰稿人、公使秘书、周刊主编、学院教授等。重要剧作是描写德国民族题材、表现开明君主制政治理想的悲剧《赫尔曼》(1740～1741)和喜剧《沉默的美人》(1747)、《善女的胜利》(1748)等。其戏剧理论论文有《论模仿》(1742～1743)和《关于繁荣丹麦戏剧的想法》(1747)等。他是G.E.莱辛之前德国启蒙运动文学中最优秀的剧作家和戏剧理论家。

施莱歇尔 Schleicher, August (1821-02-19～1868-12-06) 德国语言学家。生于迈宁根，卒于耶拿。

1850～1857年任布拉格大学教授，1857～1868年任耶拿大学教授。

施莱歇尔是历史比较语言学在19世纪中期影响最大的人物。他最重要的著作是《印度日耳曼诸语言比较语法纲要》(1861～1862)，每章先写出他所构拟的原始印欧语形式（加星号为记），再写实有的梵语、古希腊语、拉丁语、日耳曼语等形式。这个比较法为后来的新语法学派开辟了道路。

施莱歇尔把语言分为三类：孤立语（如汉语）、屈折语（如印欧语）、黏着语。他认为语言总是从孤立阶段经黏着阶段发展到屈折阶段。

施莱歇尔提出的印欧语“谱系树”模式，为后人所采用。施莱歇尔所设想的原始印欧语，结构很简单，只有几个元音、几个辅音，词法非常有规则。这个假说在他去世几年之后就为K.布鲁格曼等所推翻。1905～1907年在土耳其发掘出公元前1700～前1200年的赫梯文字，更证明施莱歇尔所构拟的形式需要修正。施莱歇尔最早提倡用自然科学方法来研究语言，他的《印度日耳曼诸语言比较语法纲要》是19世纪60年代对印欧语系最有系统的描述。因掌握材料不够，他的语言类型三分法和印欧语言谱系描写法都不免粗疏，已由后人作了许多修正。

施琅 Shi Lang (1621～1696) 中国清朝水师名将。字尊侯，号琢公。福建晋江人。初为明总兵郑芝龙部将。通阵法，善水战，熟悉海上风候、潮汐。清顺治三年(1646)，从郑芝龙降清。后投郑成功抗清。八年，因与郑成功交恶复降清。十三年，从定远大将军济度于福州击败郑成功，授同安副将。十六年，任同安总兵。康熙元年(1662)，迁福建水师提督。次年，遣兵击败南明延平王郑经（郑成功子）于海门（今龙海东北），加右都督。三年，授靖海将军。六至七年，两次上疏密奏速取台湾。二十年，复任福建水师提督加太子少保，与福建总督姚启圣共谋取台湾事宜。次年，因进兵方略与姚启圣不合，遂请独肩此任，获准。二十二年六月，在澎湖海战中利用天候和潮汐适时集中、分散兵力，歼灭延平王郑克塽（郑经子）军主力，占澎湖，迫郑克塽以台湾归降。复授靖海将军，封靖海侯。后又奏请朝廷加强对台湾的统辖，设县、府、巡道，并派兵驻守，严申海禁，稽核商船，均被采纳，为统一和开发台湾作出了贡献。

施罗德 Schröder, Gerhard (1944-04-07～) 德国社会民主党政治家，德意志联邦共和国政府总理(1998～2005)。生于北威州德特莫尔德市莫森贝格村。1963年加入德国社会民主党，1978～1980年任该党青年社会主义者联合会主席，1986年任该党中央执行委员会委员，1989年任该党中央主席团成员。1990～1998年先后两次当选为下萨克森州州长，1998年10月4日当选为德

意志联邦共和国政府总理。1999年4月和2001年11月两次当选社会民主党主席。2002年4月蝉联总理。2004年2月辞去社会党主席职务，2005年11月辞去总理职务，退出议会。执政期间，在对内政策方面推行改革，竭力扩大就业，适度增加福利，分阶段降低税收和强化经济，提出给予外国移民双重国籍法草案。在对外政策方面强调保持外交政策连续性，加强与西方国家特别是欧盟和美国的关系，维护德、法在欧洲联合中的“轴心”作用，发展德、法、英三角关系，谋求欧洲统一。在2002年的伊拉克危机中，主张通过联合国实现政治解决，反对诉诸战争。重视与中国发展关系，多次访华。

施米特 Schmidt, Maarten (1929-12-28～) 旅美荷兰天文学家。生于荷兰格罗宁根。

格罗宁根大学毕业。1956年获莱顿大学博士学位。曾在莱顿大学天文台任职。在美国加利福尼亚理工学院任教授。在威尔逊山天文台和帕洛马山天文台兼职，在海耳天文台任台长。他是美国国家科学院院士。20世纪50年代初，在莱顿大学天文台从事星系动力学和银河系结构的研究，1956年提出的银河系模型描述了恒星和星际物质的分布和运动。1963年施米特首先判明，类星射电源3C273的谱线是红移了的氢发射线，红移$z=0.158$，即波长宽了15.8%。随后，一批类星射电源的光谱得以成功地被证认，并定名为类星体，成为20世纪60年代重大的天文发现。他在类星体的计数、统计、空间分布、发射线和吸收线的证认研究、红移起因和能源问题、红移-距离关系等方面，均有重要贡献。

施米特 Shmidt, Otto Yulyevich (1891-09-30～1956-09-07) 苏联科学家。生于基辅，卒于莫斯科。1913年毕业于基辅大学。曾任莫斯科大学教授等职。1935年当选为苏联科学院院士，曾任苏联科学院副院长；组建北极地带研究所，并任所长。为《苏联大百科全书》的首任总编辑，1929～1941年任主编。对数学、天文学、地球物理学都有研究，曾到北极地区做过考察。他在

数学上的成就主要在群论方面。1916年发表《抽象群论》，指出了这一领域的发展方向。1927年证明了关于无限群的直积分解定理，后称施米特定理。在天文学方面的主要工作是提出太阳系起源的学说，即陨星说。1944年发表《地球和行星起源的陨星理论》。

施密特 Schmidt, Helmut (1918-12-23～) 德意志联邦共和国总理（1974～1982）。生于汉堡。第二次世界大战期间在国防军服役，获铁十字勋章。战后就读于汉堡大学，后供职于汉堡市政府。1953～1961年为联邦议院议员，1961～1965年又回汉堡工作，1965年再度当选为联邦议员。先后任国防部长及财政部长。1946年加入德国社会民主党。1974年5月16日任联邦总理。1976年再次当选总理。在职期间，强调稳定经济，优先发展德美关系，重视德法关系，发展欧洲团结关系。1982年10月因经济、财政等政策上的分歧自由民主党退出内阁，导致联合政府垮台，他被迫离任。著有《均势战略》等。

施密特 Schmidt, Johannes (1877-02-02～1933-02-21) 丹麦生物学家、海洋学家。生于耶厄斯普利斯。1898年和1903年先后在哥本哈根大学获理科硕士和哲学博士学位，1923年获英国利物浦大学名誉理学博士称号。他是美国国家科学院阿加西斯奖章(1930)、英国皇家学会达尔文奖章(1930)及法国、意大利等约10个国家的勋章获得者。1910年起任丹麦卡尔斯伯格生理学实验所所长直至逝世。长期从事鱼类生活史和分布同环境条件之间关系的研究。主要论著有《北大西洋鳕类浮游仔鱼和产卵场的分布》(1909)、《丹麦在大西洋和地中海进行的鳗鲡生活史的研究》(1912)、《鳗鲡的繁殖区域》(1922)等128篇。

施密特 Schmidt, Wilhelm (1868-02-16～1954-02-10) 德国人类学家、语言学家、宗教史学家。生于赫尔德，卒于瑞士弗里堡。1883年入天主教教士组织“圣言会”传教学院学习哲学和神学，1892年任天主教司铎。1893～1895年入柏林大学攻读闪语及比较语言学。1895～1905年任维也纳附近圣加俾额尔宣教士神学院讲师。1906年创办《人类》杂志。1921年任维也纳大学教授。1922年指导筹建梵蒂冈传教士民族学博物馆，1926～1927年任馆长。1932年在奥地利创建具有国际影响的人类研究所，长期担任该所民族学和语言学教授。1937年当选为教皇科学院院士。他主张用文化-历史方法和文化圈理论研究民族文化、语言和宗教，认为最初的文化圈通过人群迁移而扩展，衍化出次代文化形式。其研究曾形成文化历史学派中的维也纳学派。他在其12卷本的代表著作《上帝观念的起源》中提出了原始一神论，认为一神教本是人类最古老的宗教，后因宗教发展呈退化趋势而出现诸神和精灵崇拜，形成宗教多元发展。其他著作还有《民族和文化》、《俾格米民族在人类发展史上的地位》、《比较宗教史手册》、《人类最古阶段的财产》等。

施奈德勋 Schneiderhöhn, Hans (1887-06-02～1962-08-05) 德国地质学家。生于莱因兰-普法尔茨州美因茨，卒于巴登-符腾堡州须尔登。曾在弗赖堡大学、慕尼黑大学及吉森大学等学习地质学和矿物学，1909年获吉森大学博士学位。曾任吉森大学、柏林大学、弗赖堡大学教授。1913年到西南非洲（今纳米比亚）研究铜矿的氧化带及原生带，首次发现了硫锗铜矿。在非洲期间，开始矿相学研究，成为矿相学的创始人之一。曾观察过欧、非、北美等洲及土耳其的许多矿床。研究了含铜黑色页岩的沉积成因，以及细菌或其他种原始生物在硫化物沉积中的作用，并由此提出硫的循环。认为某些矿床的形成，不仅是纯岩浆水热作用的结果，而且需有大气降水的介入。这一观点在一些矿床中得到证实。此外，还提出矿床再活化见解，认为古老结晶基底中早已形成的矿床，在以后的地质演化过程中可以再活动，甚至转移到上覆的较新地层中。主要著作有《矿床学教程》第一卷《岩浆矿床》、《世界矿床》第一卷《早期岩浆矿床》和第二卷《伟晶岩》等。

施耐庵 Shi Naian 中国古典小说《水浒传》作者。据贾仲明《录鬼簿续编》中罗贯中小传可知，施耐庵当为元末明初人。又据胡应麟《少室山房笔丛》卷四十一，施耐庵为钱塘（今浙江杭州）人。关于他的生平和著作有不少晚出的附会委托或虚构说法，但都有明显矛盾和破绽。

施尼茨勒 Schnitzler, Arthur (1862-05-15～1931-10-21) 奥地利剧作家、小说家。生于维也纳，卒于维也纳。1879年入维也纳大学学医。1893年开办私人诊所。后专事创作。喜剧《轮舞》描写妓女、士兵、艺术家、贵族等不同阶层的10个人物对待性生活的态度，揭露了典型的资产阶级生活的腐朽与荒淫，被认为是色情戏剧而禁演。长篇小说《古斯特少尉》(1901)写古斯特少尉遭受侮辱后决定用自杀来保全体面，而听到侮辱他的人中风暴亡，却又如释重负。作品第一次使用了“内心独白”的表现手法。其他主要作品还有剧作《阿纳托尔》(1893)、《遥远的国度》(1911)，小说《瞎子基罗尼莫和他的哥哥》(1902)、《埃尔塞小姐》(1924)等。他“内心独白”的写作技巧，成为现代小说相当重要的一种艺术手法。

施佩曼 Spemann, Hans (1869-06-27～1941-09-12) 德国实验胚胎学家。生于斯图加特，卒于弗赖堡。1914～1919年任威廉皇家生物研究所第二所长，1919～1936年任弗赖堡大学动物学教授。是英国剑桥大学、美国哈佛大学名誉博士以及20多个国家的科学院外籍院士。

施佩曼毕生从事两栖类胚胎早期发育的研究。当蝾螈受精卵分裂为二细胞（即二分裂球）时，他用初生小儿的头发在两个分裂球之间加以结扎，结果每个分裂球都发育成一个完整的胚胎；如果在较晚时期——原肠期结扎，则两半各自发育为半个胚胎，这意味着在早期和晚期之间发生了某种过程，使胚胎各部分的“命运”确定下来。他把这一过程称作“决定”。以后，他又通过异位移植实验，首次接触到精确控制胚胎某一部分发育方向的机制问题。他又根据把受精卵结扎为背腹两半、只有背方一半能产生出正常胚胎的情况，建议H.曼戈尔德在早期原肠胚上把背唇移植到将来产生腹唇的部位，结果在宿主腹方产生出第二个胚胎，于是施佩曼把胚胎的背唇区域称为组织者。这一发现使他获得了1935年诺贝尔生理学或医学奖。此外，他还研究了眼球与晶体之间的诱导作用，发现缺乏眼泡便不能形成晶体，这里眼泡是“诱导者”。关于诱导作用的机制，他早期倾向于重视“诱导者”的作用——“诱导者”决定产生出什么器官。但后来的研究发现，被诱导组织所产生出的器官的种属特性，取决于它自己内在的（遗传的）组成。这使人们对于诱导和反应有了更全面的认识。

施普林格出版集团 Springer-Verlag KG 德国主要的科技出版集团。1842年由J.施普林格在柏林创立，最初集中于出版政治文献、青年文学、农业、林业、医药和机械等类图书。总部位于柏林和海德堡。1999年被贝塔斯曼出版集团收购。施普林格在德国、奥地利和瑞士拥有多家出版社和技术业务公司，每年出版2 400多种新书和大约500种期刊，同时出版这些期刊的电子版本。施普林格通过Springer LINK系统提供439种电子学术期刊及电子图书的在线服务。包括生命科学、医学等十几个学科，是科研人员的重要信息源。

施汝为 Shi Ruwei（1901-11-19～1983-01-08） 中国物理学家。生于江苏崇明（今属上海），卒于北京。1925年毕业于东南大学物理系。1934年在耶鲁大学获博士学位。历任中央研究院物理研究所研究员、广西大学教授等。中华人民共和国建立后，任中国科学院应用物理研究所（1958年改为物理研究所）代理所长、所长和名誉所长。曾任中国物理学会副理事长兼秘书长。1955年当选为中国科学院学部委员（院士）。施汝为专门从事磁学研究，30年代完成“氯化铬及其六水合物的顺磁磁化率”的研究，关于铁-钴（1934）和镍-钴（1936）合金单晶体的磁晶各向异性的研究。他对坡莫合金（1939）和磁铁矿（1940）晶体的磁畴粉纹图的研究，开创了国内磁畴的实验观测工作。50年代研究了铝-镍-钴永磁合金的热处理等问题。

施塔姆勒 Stammler, Rudolf（1856-02-19～1938-04-25） 德国法学家，新康德主义法学派首创人。生于阿尔斯费尔德，卒于韦尼格罗德。1882年起先后在马尔堡大学、哈雷大学、柏林大学讲授法学。主要著作有《从唯物史观论经济和法律》（1896）、《正义法理论》（1902，英译本为《正义理论》）、《法学理论》（1911）和《法哲学教程》（1923）。施塔姆勒认为康德关于法的定义混淆了法的概念和法的理想。法的概念是：法是不可侵犯的和专断的集体意志，它相当于康德的“纯粹理性”，是认识法的目的的手段，代表对所有法律都普遍有效的形式成分。法的理想是康德的“实践理性”，指法的目的，即实现正义，而正义要求社会生活实现最完善的调和，使个人目的和社会目的相调和。社会的理想是建立自由意志人的共同体。从这一社会理想中可以引申出4个“尊重和参加”的立法原则：①人的意志不应隶属于他人的专横权力。②在提任何法律要求时，必须使承担义务人保持人格尊严。③法律共同体的任何成员不应专横地被排斥在共同体之外。④授予法律控制权的前提是保持有关人的人格尊严。总之，不应使他人成为达到自己目的的手段。他还认为法的理想就是自然法，它并不是一套具体的法律制度，也不是永恒不变的，而是用以衡量实在法在一定时间、地点条件下是否正义的标准，因而具有“可变的内容”。在西方法律思想史中，施塔姆勒第一个提出了“内容可变”的自然法的概念。

施泰因贝格尔 Steinberger, Jack（1921-05-25～ ） 美国高能物理学家。德裔犹太人。生于德国巴特基辛根。第二次世界大战初期移居美国。获芝加哥大学哲学博士学位。后任教于加州大学伯克利分校。1950年起，在哥伦比亚大学任教职。80年代，在日内瓦欧洲核子研究中心（CERN）任职。

1962年和L.M.莱德曼及M.施瓦茨用加速器产生中微子的实验中发现π介子衰变成μ子所产生的中微子与β衰变所产生的中微子是两种不同类型的中微子。从而证实中微子至少有两种，一种是电子型，一种是μ子型。这一发现为电弱统一理论的建立奠定了基础。为此他们三人同获1988年诺贝尔物理学奖。

施泰因和哈登堡改革 Stein-Hardenberg Reforms 普鲁士的资产阶级性质的改革。又称普鲁士改革。1806年，普鲁士在拿破仑战争中遭到毁灭性失败。亡国的危机、财政的崩溃，迫使普鲁士封建王朝实行改革。改革始于1807年，先后由开明贵族、爱国改革家H.F.K.von施泰因男爵（1757～1831）及K.A.von哈登堡侯爵（1750～1822）主持。

《提尔西特和约》签订后，普王腓特烈·威廉三世被迫于1807年7月再次任命施泰因为普鲁士政府大臣。施泰因到职后，即着手进行改革。改革的主要目的，是使普鲁士有力量从拿破仑一世统治下解放出来。改革遭到容克的竭力反对，他们设置圈套，使施泰因的充满爱国思想、痛恨异族统治和有抨击拿破仑言论的信件落于拿破仑一世之手。1808年11月24日，在拿破仑一世的压力下，施泰因被解职。

1810年出任普鲁士首相的哈登堡继续施泰因的改革事业，于1811年9月14日发布《调整敕令》，规定农民在把世袭耕地变成自由地产时，必须割让土地的1/3给领主，农民只有缴纳赎金才能免除徭役和租税。改革的其他内容有：宣布工商业自由，取消行会特权，承认犹太人的平等权利等。另外，哈登堡根据施泰因的设想进行了军事改革。主持军事改革的是G.J.D.von沙恩霍斯特和C.von克劳塞维茨等人。

施泰因和哈登堡改革使普鲁士开始从封建庄园制过渡到资本主义容克地产制，从封建等级制的专制国家开始转向资产阶级君主立宪制国家，是普鲁士发展史上的转折点。

施泰因梅茨 Steinmetz, Charles Proteus（1865-04-09～1923-10-26） 美籍德国电机工程师。生于德国的布雷斯劳（现波兰弗罗茨瓦夫），卒于纽约。他出生即带有残疾，自幼受人嘲侮，但他意志坚强，刻苦学习，1882年入布雷斯劳大学就读，1888年入瑞士苏黎世联邦理工学院深造，1889年赴美。1892年1月，提出了计算交流电机磁滞损耗的公式。1893年又创立了计算交流电路的实用方法——相量法。同年，进入美国通用电气公司工作，负责为尼亚加拉瀑布电站建造发电机。之后，他又设计了能产生1万安电流、10万伏电压的高压发电机；研制成保护高压线的避雷器、高压电容器。他的另一项重要科研成就是研究电的瞬变现象理论。晚年，还开发了人工雷电装置。他一生的研究领域涉及发电、输电、配电、电照明、电机、电化学等方面，还进行过用汞灯照射以加速植物生长的实验，共获得近200项专利。施泰因梅茨是美国艺术与科学学院院士。曾获富兰克林学会的克雷松金质奖章。

施陶丁格 Staudinger, Hermann（1881-03-23～1965-09-08） 德国有机化学家、高分子化学家。生于沃尔姆斯，卒于弗赖堡。1903年在哈雷大学获化学博士学位。1912年在瑞士苏黎世联邦理工学院任教授。1926年在弗赖堡任教。高分

子科学的奠基人。他正式提出了**高分子化合物**这个名称；预言了高分子化合物在生物体中的重要作用。他提出了关于高分子的黏度性质与分子量关系的施陶丁格定律。至今，用黏度测定高分子的分子量，仍然是常用的方法。他在高分子科学理论方面的创新，是纤维、橡胶、塑料等高分子工业生产的理论基础。施陶丁格因其在高分子化学方面的发现，获1953年诺贝尔化学奖。他创办了《高分子化学》杂志。共发表了600多篇论文和专著。

施特恩海姆 Sternheim, Carl (1878-04-01～1942-11-03) 德国剧作家。生于莱比锡，卒于比利时布鲁塞尔。曾在慕尼黑、格丁根、莱比锡、弗赖堡等大学学习。1912年以后辗转于德国、比利时、荷兰、瑞士等国。因创作的剧本和小说“有伤风化”被迫流亡比利时。晚年罹患精神性疾病。他的戏剧善于运用夸张、怪诞的手法讽刺德国资产阶级社会的小市民习气。代表作《资产阶级英雄生活》的连续性喜剧，其中三部曲《裤子》(1911)、《势利小人》(1914)和《1913年》(1915)是德国20世纪初威廉帝国时代最尖锐的社会批评剧。小说属于表现主义叙事作品中的典范。中、短篇小说全部收在三卷本《20世纪初叶纪实》(1926～1928)里。

施特劳斯 Strauss, Botho (1944-12-02～) 德国戏剧家、诗人、小说家。生于瑙姆堡。先后在科隆和慕尼黑大学学习戏剧学等。曾任《今日戏剧》编辑、柏林剧院编剧。三幕剧《重逢三部曲》(1977)描写包括医生、演员、企业家、画家、药剂师等在内的一个“中产阶级”群体，每个人只关心自己，却谁也得不到别人的同情或爱。三幕喜剧《熟悉的面孔，混杂的感情》(1975)，讲的也是互相试图沟通而进行徒劳的努力。其他主要作品还有剧本《大与小》(1978)、《女导游》(1986)、《落幕的合唱》(1991)、《遗忘之吻》(1998)，短篇小说集《玛尔纳斯姐妹》(1975)、《一对对，过往行人们》(1981)，散文集《模仿者的错误》(1998)、《个别性的》(2000)等。

施特劳斯 Strauss, Johann (1825-10-25～1899-06-03) 奥地利作曲家。生于维也纳，卒于维也纳。其父J.施特劳斯虽是音乐家并奠定维也纳圆舞曲体裁的基础，却反对儿子学习音乐，让他入实业学校学习商业。后由母亲私下安排学小提琴，1843年父母分居后，他才得以学习作曲，并在第二年组织乐队正式演出。1848年资产阶级革命时他加入共和派，因此未被允许进入宫廷。翌年父亲去世，他将两个乐队合并，率队赴欧洲各国旅行演出。1863年接受宫廷舞会乐长称号。

施特劳斯的作品有编号者近500首，其中圆舞曲170首、波尔卡141首、方阵舞曲69首、进行曲47首，加上无编号者总数约在800首以上。他的主要成就在圆舞曲，代表作有《蓝色多瑙河》、《维也纳森林的故事》、《维也纳糖果》、《艺术家的生涯》、《葡萄酒、爱人与歌》、《晨叶》、《爱之歌》、《加速度》、《无穷动》、《自由之歌》、《青年之歌》、《南国玫瑰》、《春之声》、《皇帝圆舞曲》以及《安嫩波尔卡》、《革命进行曲》等。1871年后他转向轻歌剧创作，共写了16部，其中以《蝙蝠》和《吉普赛男爵》较为突出。

施特劳斯的作品缺乏深刻性，题材回避社会矛盾，但音乐充满欢快、热情、幽默的情绪，曲调扣人心弦，因此迄今不少优秀作品依然受到欢迎，并被誉为圆舞曲之王。

施特劳斯 Strauss, Richard (1864-06-11～1949-09-08) 德国作曲家、指挥家。生于慕尼黑，卒于巴伐利亚。4岁开始学音乐，6岁即开始作曲，8岁从师学小提琴，11岁学作曲。18岁任迈宁根市乐队助理指挥。此后先后任慕尼黑歌剧院副指挥、魏玛宫廷歌剧院助理指挥、柏林宫廷歌剧院指挥、维也纳国家歌剧院指挥等职。1933年被指定为纳粹德国音乐总监，1935年辞职回乡。第二次世界大战后居住在瑞士。

施特劳斯的创作大多遵循晚期浪漫主义音乐风格和手法，尤以配器效果丰富、乐队规模宏大著称。作品有交响幻想曲《自意大利》，交响诗《麦克白》、《唐璜》、《死与净化》、《梯尔·欧伦施皮格尔有趣的恶作剧》、《查拉图斯特拉如是说》、《堂吉诃德》、《英雄的一生》、《阿尔卑斯山交响曲》，交响曲《家庭交响曲》，歌剧《贡特拉姆》、《火荒》、《莎乐美》、《埃勒克特拉》、《玫瑰骑士》、《阿里阿德涅在纳克索斯岛上》、《失去影子的女人》、《插曲》、《埃及的海伦》、《阿拉贝拉》、《沉默的女人》、《和平的日子》、《达芙涅》、《随想曲》、《达奈的爱情》，管弦乐曲《日本祝典音乐》，弦乐合奏曲《变形》，管弦乐伴奏歌曲《春天》、《九月》、《沉眠》、《晚霞》，两部芭蕾舞剧、两部圆号协奏曲和许多室内音乐。

歌剧《玫瑰骑士》剧照

施特劳斯是19世纪末叶德国最重要的作曲家之一，其乐风和技法标志着晚期浪漫主义向20世纪新音乐的过渡，其交响诗和歌剧对现代音乐影响很大。

施托克豪森 Stockhausen, Karlheinz (1928-08-22～) 德国作曲家。生于默德拉特。6岁开始学音乐，1951年毕业于科隆音乐高等学校。1963年任科隆电台电子音响研究室艺术指导。1971年任科隆音乐高等学校作曲教授。从50年代起他每年举办现代先锋派音乐作曲讲座。他的作品很多。他使用传统乐器及电子声响，对音乐的各种可能性进行了多种探索。他的作品样式多变，追求音色、力度及时值的对比变化，60年代后形式更为多样和新奇。他的音乐思维以序列原则为主，再加上各种新奇手法而构成形形色色的音响表现，被称为先锋派作曲家的重要人物。施托克豪森的主要作品有《对位》、《第十一钢琴曲》、《循环》、《少年之歌》、《瞬间》、《混合物》、《望远音乐》、《来自七天》、《为了来临的时日》等。

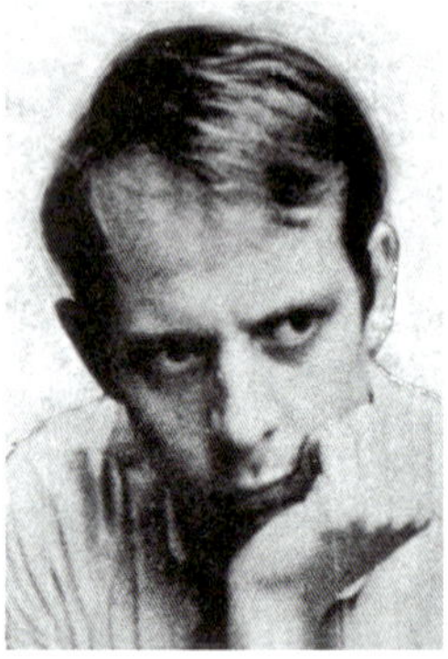

施托梅尔 Stommel, Henry Melson (1920-09-27～1992-01-17) 美国物理海洋学家。生于特拉华州威尔明顿，卒于马萨诸塞州波士顿。1942年毕业于耶鲁大学。历任耶鲁大学教员、伍兹霍尔海洋研究所研究人员、马萨诸塞理工学院和哈佛大学教授。1961年当选美国国家科学院院士。还是苏联科学院外籍院士。主要贡献是提出大洋环流理论，阐明大洋环流的结构和机制。尤其是1948年提出的以β效应阐释大洋风生漂流向西强化的理论，是现代物理海洋学中最为广泛引用的经典理论之一。提出全球环流模式，对深海环流研究作出了创造性贡献，他预言沿着大洋西边界存在着流向赤道的深层边界流，在1957年春北大西洋

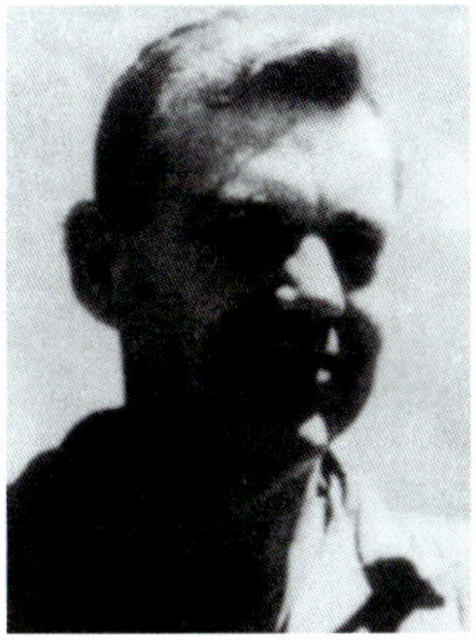

联合调查中得到证实。在国际印度洋调查、洋中动力学试验等许多大型的海洋调查和试验计划中都作出了贡献。有著作百余篇，主要专著有《湾流》、《黑潮》(与吉田耕造合编)等。他是哈佛大学、哥德堡大学、耶鲁大学和芝加哥大学的荣誉博士，曾获H.U.斯韦尔德鲁普奖(1964)、“信天翁”奖(1966)、A.阿加西奖(1979)等。

施托姆 Storm, Theodor (1817-09-14～1888-07-04) 德国小说家、诗人。生于丹麦统治下的德国小城胡苏姆，卒于哈德马尔申。1842年大学毕业后回到家乡当律师。1853年因故乡被丹麦吞并迁居波茨坦。1864年丹麦人撤退后回故乡。曾任行政长官、法官等职。1880年迁居哈德马尔逊村，潜心创作。

文学主要成就是中、短篇小说。早期作品内容简朴，语言优美，多以爱情、故乡美丽的景色和纯朴的民风以及爱国主义为主题。主要有《玛尔特和她的表》(1848)、《诗集》(1853)、《一片绿叶》(1853)等。中篇小说《茵梦湖》(1850)描写一对青年男女的爱情悲剧，抒发了作者对已经逝去生活的怀恋和炽热的思乡之情，富有诗意。中后期作品突破了个人生活的小天地，更加关注当时社会中人的处境，现实主义成分不断加重，写出了《在大学里》(1863)、《溺殇》(1877)、《双影人》(1886)、等小说。最后一部中篇小说《白马骑士》(1888)塑造了一个坚毅有力的主人公，他虽有修堤防洪、造福乡里的抱负，但脱离群众，孤军奋战，终于导致悲剧性的结局。

施瓦岑贝格 Schwarzenberg, Felix zu (1800-10-02～1852-04-05) 奥地利政治家，首相(1848～1852)。生于波希米亚贵族家庭，卒于维也纳。1848年11月出任首相兼外交大臣，12月拥立弗兰茨·约瑟夫为皇帝。对内以强制方式保全并巩固多民族的统一国家，以铁腕镇压一切要求民族平等的运动。对外政策上，主张以包括奥地利在内的大德意志方案对抗普鲁士提出的排除奥地利的小德意志方案，赢得德意志中小国家和俄国的支持。但其击败普鲁士、建立奥地利在中欧的霸主地位和加入关税同盟的计划均未能实现。

施瓦茨科普夫 Schwarzkopf, Elisabeth (1915-12-09～2006-08-03) 德国歌唱家。生于波兰波兹南省雅罗钦镇，卒于奥地利福拉尔贝格的施伦斯。1934年进柏林音乐高等学校，初学女低音，一年后从M.伊沃金改学女高音。1938年以成绩优秀奖毕业，赴英国深造。1942年在柏林贝多芬音乐厅举行首次独唱音乐会，获得成功。1945年受聘于维也纳国家歌剧院，成为演出W.A.莫扎特歌剧的最佳女高音演员。1947～1955年，先后在伦敦科文特加登皇家歌剧院、米兰拉斯卡拉歌剧院、威尼斯和旧金山等地歌剧院演出，获得了国际声誉。她的声音丰满而有光泽，音乐处理细腻而有分寸。她在艺术歌曲演唱上也有极深的造诣。为此，萨尔茨堡莫扎特协会特授予她L.勒曼奖章，英国剑桥大学授予她音乐博士学位，德意志联邦共和国授予她大十字勋章，1963年意大利授予她奥菲欧金像奖。

施瓦辛格 Schwarzenegger, Arnold (1947-07-30～) 美国电影演员。生于奥地利格拉茨。曾几次获得欧洲“健美先生”称号，还获得过世界级的“奥林匹克先生”称号。高中毕业后入美国威斯康星大学攻读商业经济，毕业后投资创办健美器械邮购公司。22岁时出演动作片，第一部影片为《纽约大力神》。1984年以《魔鬼终结者》而一举成名。之后，《魔鬼终结者》的续集接二连三地推出，在世界各地赢得了巨额票房收入。1988年，他和丹尼·德维托合演《孪生兄弟》，一跃而成为美国最受欢迎的电影演员。之后拍摄的主要影片有《幼儿园警探》(1990)、《真实的谎言》(1994)、《威龙二世》(1994)、《蒸发密令》(1996)、《蝙蝠侠与罗宾》(1997)等。2003年任加利福尼亚州州长，2011年1月卸任。

《魔鬼终结者》剧照

施万 Schwann, Theodor Ambrose Hubert (1810-12-07～1882-01-11) 德国动物学家、生理学家。生于诺伊斯，卒于科隆。他开创了现代组织学并是细胞学说的创立人之一。1834年获柏林大学博士学位。研究消化过程，发现了胃中与消化有关的物质——胃蛋白酶。这是从动物组织提取的第一个酶。他设计了实验为生理学研究开辟了新的定量途径。还通过实验认识到酒精发酵与酵母的代谢有关，有机物的腐烂是由于活的有机体（微生物）代谢的结果，并首先使用代谢作用(metabolism)一词。他的重大贡献是1839年发表的《动植物结构和生长一致性的显微研究》。他认为脊索细胞（或软骨细胞）与植物细胞有相似性，并认为细胞是各种组织的基本单位，所以有不同形状都是由于细胞分化的结果。因此，基本单位虽然在生理上完全不同，却可能是根据同一法则发育出来的。他和M.J.施莱登共同奠定细胞学说的基础。但他也接受了施莱登的错误观点，认为细胞是在基质内通过结晶的过程形成的。

1839～1848年施万在卢万大学任生理学教授，发展了胆导管的实验方法，研究胆汁在消化中的作用，认为在消化道中不能没有胆汁。1848年在列日大学任生理学教授并兼任解剖学、胚胎学教授。

施雅风 Shi Yafeng (1919-03-21～2011-02-13) 中国地理学家、冰川学家。生于江苏南通，卒于南京。1944年毕业于浙江大学研究生部，获硕士学位。1958年起主持冰川考察队，并筹建中国科学院兰州冰川沙漠研究所，历任研究员、所长、名誉所长，中国科学院地学部副主任，中国科学院兰州分院副院长，中国地理学会副理事长、理事长，国际冰川学会和国际冻土协会理事。1980年当选中国科学院学部委员（院士）。长期从事冰川学、地貌学以及第四纪地质学的研究，是中国现代冰川研究的主要开创者，冻土和泥石流研究的倡导人。考察并领导编著祁连山、天山、喜马拉雅山、喀喇昆仑山冰川的考察研究报告和中国冰川综合性专著；以他为主首次提出将亚洲中部冰川划分为大陆性（型）、

海洋性（型）和复合性（型）三类，并对喜马拉雅山区冰塔林的成因作出科学解释。与合作者提出庐山等中国东部中低山地不存在第四纪冰川和中国全新世大暖期气候与环境特征，以及20世纪亚洲中部气候暖干化、21世纪可能趋暖湿的意见。论著主要有《喀喇昆仑山巴托拉冰川考察与研究》（合编）、《中国冰川概论》等。

施蛰存 Shi Zhecun (1905-12-03～2003-11-19) 中国小说家、编辑家、文学翻译家。浙江杭州人。1923年入上海大学学习，并开始文学创作。《上元灯》是他1929年出版的短篇小说集，其中的大部分作品都是用怀旧情绪来表现少男少女的初恋情怀和小市民生活。20世纪30年代施蛰存开始有意识地在小说创作中运用精神分析学，深入细腻地表现人物的潜意识及性心理，尤

施蛰存（右二）与柯灵（右三）等在亚洲华文作家文艺基金会(1995)上获“资深作家敬慰奖”

其善于捕捉大都会男女在两性关系中复杂而微妙的精神活动，呈现出明显的现代主义特征，成为“新感觉派”的主要代表作家之一。这一阶段他出版过小说集《将军底头》、《梅雨之夕》和《善女人行品》。最后一部短篇小说集是1936年出版的《小珍集》，其中保留了心理分析小说的某些长处，但也更多地吸纳了现实主义的创作方法。

1928年他与戴望舒共同编辑《无轨列车》半月刊，1929年创办水沫书店，1932年主编《现代》月刊，介绍现代主义思潮，推崇现代意识的文学创作。抗日战争爆发后，先后在云南、福建、江苏等地执教。1952年后任上海华东师范大学教授，主要致力于古典文学和文物考古研究，兼及外国文学译介。主要译作有保加利亚I.M.伐佐夫的《轭下》、《外国独幕剧选》(合译)、匈牙利莫尔纳尔的喜剧集《丈夫与情人》、美国K.辛格的《间谍和卖国贼：第二次世界大战间谍史话》(合译)。辑录有苏曼殊的《燕子龛诗》，校点《陈子龙诗集》等。

湿地 wetland 狭义的湿地为经常或周期性地水饱和或淹浅水（水深不超过2米）、具有水成土和水生植被的土地，即为沼泽。广义的湿地还包括地球陆地上的所有水体和海洋中低潮时水深不超过6米的近海海域。它是地球上一种重要的生态系统，处于陆地生态系统（如森林和草地）与水生生态系统（如深水湖和海洋）之间，是上述两个生态系统之间的过渡带。水文条件是湿地属性的决定性因子。水的来源（如降水、地表径流、地下水、潮汐和泛滥河流等）、水深、水流方式，以及淹水的持续期和频率决定了湿地的多样性。湿地土壤有利于水生植物生长和繁殖，因此湿地有丰富的生物多样性和很高的生产力。植被往往是湿地辨识的重要标志。1971年苏联、加拿大、澳大利亚、英国等36国签署《湿地公约》，其中广义湿地定义已得到越来越多的认同。

湿度 humidity 空气中所含水汽的量度。空气中的水汽会因空气流动、气温高低、晴朗阴雨等因素而增减，时而干燥时而潮湿。通常用绝对湿度和相对湿度来表示湿度的大小。单位体积湿空气中所含水汽的质量ρ为绝对湿度。注意到湿空气中水汽的质量与温度有关，又定义单位体积湿空气中所含水汽质量ρ与在相同温度下湿空气中可含水汽的最大质量ρ_{max}之比为相对湿度：$\varphi=\rho/\rho_{max}$。湿空气的温度小于或等于湿空气压强下的饱和水蒸气的温度时，ρ_{max}等于此温度下的饱和水蒸气的密度ρ_s；温度大于湿空气压强下的饱和水蒸气的温度时，ρ_{max}等于湿空气温度和压强下的过热水蒸气的密度。

湿度表 hygrometer 测量空气中的水汽含量的仪器。常用的测湿仪器如下。

干湿球湿度表 由两支温度表构成，两支温度表球部大小和形状一样。一支温度表的球部包扎着纱布，用蒸馏水湿润后，所指示的温度为湿球温度，称湿球温度表；另一支温度表用来测量空气温度，称为干球温度表。由于蒸发，湿球表面不断地消耗蒸发潜热，使湿球温度下降；与此同时由于气温与湿球的温差使四周空气与湿球产生对流热交换，在稳定平衡的条件下，蒸发支出的热量将等于由于与四周空气热交换得到的热量。根据干湿球温度表读数，可计算出空气湿度。

露点仪 直接测量大气露点温度的仪器。传感器包括一个直径很小（10毫米左右）的薄金属镜面，以及嵌在镜片背面的测温元件，由冷却装置和加热器进行镜面的温度调节。待测湿度的空气样本由气泵打入。当冷却系统使镜面温度达到露点以下时，水汽在镜面上产生凝结，因而可在某个角度上由光检测器测出较强的散射光，该光检测器通过一个伺服控制系统调节加热组件使温度上升，镜面上的凝结现象消失，光检测器将无法测出散射光强，伺服控制系统将启动冷却系统使镜面温度再度下降，因而使镜面温度始终保持在露点温度上下。露点温度测量准确度可达0.05～0.2℃。

碳膜湿度片 元件用溶胀性较好的高分子聚合物为感湿材料，加上导电材料炭黑，以及分散剂凝胶配制成胶状液体浸渍到聚苯乙烯片基上。高分子聚合物吸湿后膨胀，使悬浮于其中的碳粒子接触概率减小，元件的电阻增大；反之，当湿度降低时，聚合物脱水收缩，使碳粒子相互的接触概率增加，元件的电阻值减小。通过测量元件的电阻值可以确定空气的相对湿度。

湿敏电容 一种用于自动测量大气相对湿度的传感器。湿敏电容测湿的感应器是用有机高分子膜做介质的一种小型电容器（如图）。湿敏电容器基板是玻璃，上电

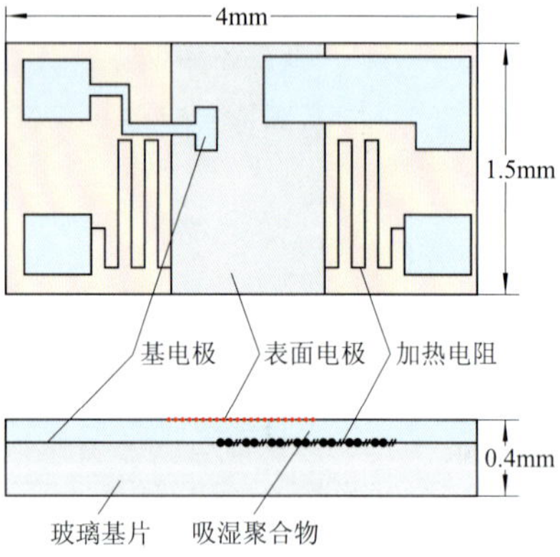

湿敏电容

极是一层多孔金膜，能透过水汽；下电极为一对刀状或梳状电极。作为吸湿层介质的有机高分子膜的厚度为1微米。当感应器置于大气中时，大气中水汽透过上电极进入介电层，介电层吸收水汽后，介电常数发生变化，导致电容量发生变化。适当的电子线路可使输出信号正比于相对湿度，响应非常迅速且线性度良好。

湿法冶金 hydrometallurgy 利用适当的溶剂作浸出剂，通过物理化学作用溶出矿石或精矿、焙砂及其他物料中的有价金属成分，或使有价金属成分以新的固相析出所进行的金属分离、富集和提取的冶金过程。由于大多在水溶液中进行，又称水法冶金。

矿石预处理 先进行粉碎、选矿等，以增大反应表面积、除去脉石，再进行化学处理，如焙烧，以转化为易于浸取的化合物。

浸取 矿石或精矿中的有价金属，利用适当的溶剂溶解，难溶的杂质或脉石作为残渣而残留下来；或有价金属与溶剂作用生成新的固相，与存在液相中杂质分开。又称溶浸、浸出、溶出或湿法分解。

液固分离 在浸取或沉淀析出之后，

将溶液和渣或沉淀析出物分离。浸取所得悬浮液可用沉降、离心分离、过滤进行机械的液固分离。为了洗掉附着在浸取残渣或者滤饼等固体颗粒上的可溶成分，须经多次洗涤。

溶液净化　用化学方法从浸取液中除去杂质。浸取时矿石中所含其他成分也会溶浸出来。要除掉这些杂质，常用的方法有结晶、蒸馏、沉淀、置换、溶剂萃取和离子交换等。

金属提取　将净化后的溶液中的金属离子还原成金属并从溶液中析出，如向含铜溶液中加铁，使金属铜析出；向氰化法冶炼的贵金属溶液中加锌，将所含金、银还原析出；用氢气还原等。大规模湿法冶金生产，主要采用电解沉积法。

主要优点　①适于处理低品位矿物原料。②能处理复杂矿物，容易解决环境污染问题。③容易解决矿物原料的综合利用问题。主要缺点是单位生产能力低；设备庞大，费用高；需要处理废水和废渣；能耗较大；难以同时回收硫化矿原料中的贵金属。湿法冶金主要用于稀有金属、贵金属以及铝、钴等的提取、富集和分离。

湿婆　Śiva　印度教三大神（另为梵天和毗湿奴）之一。常称破坏（毁灭）之神、苦行之神，其崇拜多结合于许多种生殖力崇拜（如林伽，即湿婆的男性生殖器和公牛南迪），并且还与许多生育力女神联系在一起。佛教文献多称他大自在天。形象为三眼多面四臂，第三只眼长在额心，可射出神火，其上或下有一新月。坐骑是公牛南迪。武器为三叉戟，手中另持弓、鼓。其象征性形象是林伽，在印度各地受到人们特别是希望得子的妇女的普遍崇拜。有许多个妻子，其中萨蒂、雪山神女最著名。最有名的两个儿子是塞建陀和伽内萨，前者为天神军队的统帅，后者是深受广泛崇拜的象头神。湿婆既是大苦行者，又常耽于宴乐，畅饮后与雪山女神狂舞。宇宙定期毁灭时，他的工作便是放出洪水和火。印度教中毁灭意味着再生，所以他被认为又具有将解体的一切加以恢复之力。至奥义书时代成为狂热崇拜对象，经典称之为业报轮回的掌握者。崇拜湿婆及其化身和配偶的印度教派别，称湿婆派。该派分布于印度各地，南部更为流行，但相对较为保守，内部分支众多，影响较大的有商羯罗遁世派、讲究哲理的克什米尔湿婆派、崇拜男性生殖器的林伽派等。

印度教湿婆神像

湿邪　dampness pathogen　中医病因学概念。湿邪致病有外湿和内湿之分。外湿本指自然界多雨或潮湿的气候或环境状态，多发生在夏秋之交，属六气之一。但这种气候或环境状态会使正气虚弱或体质湿盛的人发生疾病，对这些人来说，外湿便成为致病的因素，属六淫之一。内湿则指因各种原因引起的脾脏生理功能失常、体内水湿停聚所形成的病理状态的性质。外湿与内湿在发病过程中常相互影响。外湿致病，易伤及于脾脏，使湿浊内生；而脾失健运、水湿停聚又易招致外湿侵袭。

无论外湿或内湿，都有阻遏气机、伤人阳气和侵袭脾脏的特点。在病证上又都具有沉重、秽浊、黏滞等特性。沉重是指感受湿邪后，患者常可见头重如裹、周身困重、四肢酸懒沉重、关节疼痛重着等症状。这是因为湿邪侵袭肌表，留滞于经络关节，使人体的正常生理功能受到阻碍，营气和卫气不能调和的缘故。秽浊多指湿邪致病后，人体各种分泌物秽浊不清，如面垢多眵、大便溏泻、下痢脓血黏液、小便浑浊、妇女白带过多、湿疹浸淫流水等。黏滞一指因感受湿邪而引起的病证病程较长，缠绵难愈；一指病灶部位多潮湿不净，排出物黏滞、舌苔腻、脉濡等。此外，湿邪致病还多见于人体下部，如妇女白带增多、淋证、泄泻、痢疾等，水肿也多以下肢较为明显。

外湿致病，多因患者伤于雾露，或汗出沾衣，水中作业，涉水淋雨，居于潮湿之处而致。发病有由表入里的传变规律，因病变部位的不同而症状各异。浅则伤人皮肉筋脉或流注于关节，深则可入脏腑。外湿侵袭人体，还常兼有风、寒、暑、热等其他致病因素或病机特性，临床上也常以此作出病因或病性诊断，以为治疗依据，如寒湿相兼、风湿相兼、湿热相兼，或风寒湿三者相兼等。

内湿在临床上主要表现为面色萎黄，精神困倦，食欲不振，口腻不渴，胸闷痞满，呕吐痰涎，便溏泄泻或尿少浮肿，妇女白带量多等症状。

临床诊断湿邪，主要依据症状并结合当时的气候环境以及患者体质、情志和饮食起居等情况综合分析，这种方法称为审证求因或辨证求因。治疗上依病证特点，可芳香化湿、淡渗利水、健脾、燥湿等，也可几法合用以增强疗效。

湿疹　eczema　由多种因素引起，有多形性皮疹和易渗出倾向的炎症性皮肤病变。病因复杂，难以确定，发病多与变态反应有关。任何年龄的人均可发病，病情易反复，可迁延数年。可分为急性、亚急性及慢性湿疹。急性湿疹发病急，为丘疹、丘疱疹、水疱，常有糜烂、渗出。亚急性湿疹以红斑、丘疹、斑丘疹、鳞屑或结痂为主。慢性湿疹病程较长，皮损较厚，以肥厚苔藓样变为主。湿疹往往呈对称性分布，边界不清。严重时皮损可泛发全身。治疗原则为避免可能的诱因或加重因素，清洁、抗炎、抗过敏、抗感染。急性期多用洗剂，渗出停止后选用霜剂、软膏、糊剂等。

十八般兵器　eighteen kinds of weapons　中国民间对古代兵器的泛称。源于十八般武艺之说。中国古代兵器种类繁多。南宋华岳编于嘉定元年（1208）的《翠微北征录》中称：“臣闻军器三十有六，而弓为称首；武艺一十有八，而弓为第一。”元朝之后，十八般武艺一词被广泛用于戏曲小说中，其含义也日趋广泛。明代谢肇淛撰《五杂俎》和朱国桢撰《涌幢小品》中，记“武艺十八事”为：弓、弩、枪、刀、剑、矛、盾、斧、钺、戟、鞭、简、挝、殳、叉、耙、绵绳套索、白打。清朝褚人获在《坚瓠集》中又有不同的说法，为“矛锤弓弩铳、鞭简剑链挝、斧钺并戈戟、牌棒与枪扒”。十八般武艺是指使用兵器的技艺，由于多是兵器名称，久之，便演化出十八般兵器一说。具体说法有八九种之多，较为常见的是：刀枪剑戟、斧钺钩叉、镗棍槊棒、鞭锏锤抓、拐子流星。

十八反　eighteen clashes　中国古代医家所总结的中药配伍禁忌经验。反是指两种药物配伍后能产生毒副作用。金元时期的医家将反药概括为18种，故称十八反，并沿用至今。其内容是：甘草反大戟、海藻、芫花、甘遂；乌头反贝母、瓜蒌、半夏、白蔹、白芨；藜芦反人参、丹参、沙参、苦参、细辛、芍药。

反药能否同用，历代医家意见不同。有反药同用引起中毒的例证，也有反药同用无明显中毒的例证。因此，对十八反有待进一步研究，在一般情况下不宜同用，以免发生意外。

十八罗汉　eighteen arhats　佛教罗汉名。见罗汉。

十八描 eighteen craftsmanship of techniques in line-drawing 中国画画法类型术语。明代邹德中所撰《绘事指蒙》将使用线条描绘衣纹的方法加以归纳，称“古今描法一十八等”。分为：①高山游丝描；②琴弦描；③铁线描；④行云流水描；⑤马蝗描；⑥钉头鼠尾描；⑦混描；⑧撅头描；⑨曹衣描；⑩折芦描；⑪橄榄描；⑫枣核描；⑬柳叶描；⑭竹叶描；⑮战笔水纹描；⑯减笔描；⑰枯柴描；⑱蚯蚓描。这十八种描法大体分为三种类型：①线条粗细均匀，类似“春蚕吐丝”；②粗细、刚柔变化较大；③概括简洁的减笔。是对三国吴曹不兴和东晋顾恺之以来的线描方法形象的归纳和命名。

顾恺之作《洛神赋》(局部，铁线描)

十大功劳 *Mahonia fortunei*; Chinese mahonia 小檗科十大功劳属的一种。分布于中国四川、湖北、浙江、安徽等地。常绿灌木。1回奇数羽状复叶，互生，小叶5～9，狭椭圆状披针形，革质，每边有6～13刺齿；叶轴基部扁阔成鞘状；托叶细小，钻形。总状花序直立，4～8枝簇生；花两性，辐射对称；萼片9，排成3轮，花瓣状；花瓣6，2轮，黄色，内面基部常有2腺体；雄蕊6，花药瓣裂；心皮1，子房上位，1室；花期5～6月。浆果球形或矩圆球形，长4～5毫米，蓝黑色，有白粉；果期9～10月。生长在山坡树林或灌丛中。常栽培供观赏；全株药用，有清凉、强身、解毒功效。

十段锦法 ten ranks of taxes 中国明代中叶在江南地区实行的赋役改革。全名为十段锦册法，又名十段册法、十段田法等。始行于福建，有确切记载的是宪宗成化年间邵武知府盛颙所进行的改革。嘉靖四十四年（1565）推行于江南。一条鞭法行后渐废，唯云南一直延续到万历朝。这一改革对稳定封建秩序，发展农业生产有一定影响。明代中叶，江南地区土地兼并剧烈，里甲之间户等相同而贫富悬殊，兼以官绅优免，在赋役方面出现丁粮多者役轻，丁粮少者役重的现象。地方官府因此而推行十段锦法，以整顿役法，改革均徭，并清理田赋。其法仍保持明初轮役制，只是在编审之时打破以户为编审单位的界限，而将一州一县应役丁粮分作10段（间有分为5段者），每段丁粮（田）大致相等。一州一县之均徭里甲等役，逐年按段编派，每10年一轮。以此法编审徭役虽人田并计，丁粮兼派，但尤重于田粮，人丁之负担较轻，已具有摊丁入地因素。

十恶 ten-abominations 中国古代十类重罪的总称。这十类罪行是：谋反、谋大逆、谋叛、恶逆、不道、大不敬、不孝、不睦、不义和内乱。这些罪行被统治者认为是最重的罪，故称十恶。十恶是从秦汉起逐渐形成的。隋《开皇律》创设“十恶”名称，即后来的十恶。

按唐律注释，十恶的内容是：①谋反。即图谋推翻封建王朝的统治。②谋大逆。即图谋毁坏皇帝的家庙、祖墓及宫殿。③谋叛。即图谋背叛国家。④恶逆。“谓殴及谋杀祖父母、父母，杀伯叔父母、姑、兄、姊、外祖父母、夫、夫之祖父母、父母者。”⑤不道。指灭绝人道，如杀死一家三口，而被杀者都不是应判死刑的；或用肢解的手段杀人；或用蛊毒的方法，企图使人中毒致死。⑥大不敬。指对帝王不尊敬的言行，如盗取帝王祭祀用的物品或帝王日常穿戴的物品，盗取或伪造皇帝的玺印，为帝王配制药物有错误，为帝王做饭菜误犯食禁，为帝王建造的车船不牢固，咒骂帝王，无理对待帝王派遣的使者。⑦不孝。指对直系尊亲属有忤逆言行，如控告或咒骂祖父母、父母；祖父母、父母在世时别籍异财（分居），不予供养；居父母丧时嫁娶作乐，脱去丧服，改着吉服；闻祖父母、父母丧，匿不举哀；诈称祖父母、父母死亡。⑧不睦。指谋杀或出卖缌麻以上亲属，殴打或控告丈夫、大功以上尊长和小功尊亲属（见服制）。⑨不义。“谓杀本属府主、刺史、县令、见受业师，吏卒杀本部五品以上官长；及闻夫丧，匿不举哀，若作乐，释服从吉，及改嫁。”⑩内乱。“谓奸小功以上亲，父、祖妾，及与和者。”

统治者对十恶的严厉态度表现在：①在名例律中立下十恶专条，强调这些罪行的严重性质。②犯十恶罪的人即使属于八议的范围，也不得享受议、请、减的照顾。③十恶“为常赦所不原”。④对十恶罪规定了很重的刑罚，对谋反、谋大逆的处罚尤重。唐律规定，谋反、谋大逆，犯者皆斩，家属缘坐，父子年十六以上皆绞。明、清律规定，犯者凌迟处死。“祖父、父、子、孙、兄、弟及同居之人，不分异姓，及伯叔父、兄弟之子，不限籍之同异，年十六以上，不论笃疾、废疾，皆斩。”史籍记载，初唐时期州县地方出现犯十恶罪时，其主管长官州刺史有因而受弹劾者。

十二经别 twelve groups of meridional branches 中医十二经脉在肢体深部分出的较粗大的分支脉。因其不同于其他经脉而称为经别，即由十二经脉分别出来的经脉，又可称为别行之正经。首载于《内经》，并立有专篇《灵枢·经别》。经别补充了十二经脉循行之不足，同样为人体经络系统的重要组成部分。其功能同样有运行气血，荣润周身，协调阴阳，调整虚实等。

十二经筋 twelve meridional muscle groups 中医按照十二经脉循行分布区域而划分的全身12个肌肉群。经即十二经脉，筋为筋膜，包括肌肉，总称筋肉。首载于《内经》的《灵枢·经筋》。十二经筋同样以手足三阴三阳命名，为人体经络系统的组成部分。筋肉的动力来源是依赖经络运行气血以滋养，故手得血则能握、足得血则能行，所以才依经络而命名经筋。

十二经脉 twelve regular channels; twelve regular meridians 中医学理论中人体十二条经脉的合称。又称十二经、十二正经。有阴经、阳经、手经、足经之分。包括手太阴肺经、手少阴心经、手厥阴心包络经、手阳明大肠经、手太阳小肠经、手少阳三焦经、足阳明胃经、足太阳膀胱经、足少阳胆经、足太阴脾经、足少阴肾经、足厥阴肝经。十二经脉的命名与其循行、分布部位有关。

十二经脉通过经别和别络相互沟通，组合六对表里相合关系，即手太阳小肠经与手少阴心经为表里；手阳明大肠经与手太阴肺经为表里；手少阳三焦经与手厥阴心包络经为表里；足太阳膀胱经与足少阴肾经为表里；足少阳胆经与足厥阴肝经为表里；足阳明胃经与足太阴脾经为表里。十二经脉虽有各自的循行路线，但其分布有一定的规律和特点。头部为诸阳之会，手足六条阳经皆会于头，其分布特点是：手足少阳经行于头部两侧，手足阳明经行于面部，手太阳经行于两颊部，足太阳经行于后头顶及后项部。躯干部是手足之阴经行于胸腹，手足之阳经行于腰背、四肢部是阳经行于四肢外侧，阴经行于四肢内侧。十二经之间相互衔接，首尾相贯，成为一个循环往复的网状通路。十二经脉的走向、交接有一定的规律。经脉中气血的运行也有一定的流注次序。

十二皮部 twelve meridional dermomeres 中医按照十二经脉循行分布部位而划分的全身十二个皮肤区域。首载于《内经》的《素问·皮部论》。皮部即皮肤之分部的意思，为人体经络系统的组成部分。皮部内充满经脉，在皮部之经脉以浮络为主，故络脉与皮部是不可分割的整体。

十二生肖 twelve symbolic animals 中国与十二地支相配以记人出生年份的十二种动物。又称十二属相。包括子鼠、丑牛、寅虎、卯兔、辰龙、巳蛇、午马、未羊、申猴、酉鸡、戌狗、亥猪。每人据其生年所处的地支享有一个属相。十二生肖十二年一轮换，与天干相配，则六十年一轮换，称六十花甲。起源应与十二地支和动物崇拜有直接关系。先秦时已有比较完整的生肖系统，最早明确记载与今相同的十二属相的传世文献是东汉王充的《论衡》。十二生肖在民间从纪年方法逐步融入相生相克的民间信仰观念，表现在婚姻、人生、年运等方面。如农谚有“羊马年好种田，就怕鸡狗那两年”；婚姻选择以双方属相作为是否般配的依据，形成虎蛇不配、鸡狗不配等许多禁忌。许多地方信仰六丁六甲，在庙会上向属于自己生肖的动物神祈祷好运，还把生肖纪年的每次重复看作本命年，以为本命年有灾，需要系红腰带、拴红线绳等祛除灾难等。有些地方有在孩子12岁生日时举行再生仪的习俗。现在，更多的人把生肖作为吉祥物，变成一种娱乐性的文化活动。

十二使君之乱 Rebellion of A Dozen Local Military Chiefs 10世纪中叶越南地区十二个封建主割据纷争之乱。939年封建主吴权称王，944年吴权去世，长子吴昌岌年幼，外戚杨三哥篡位自立，称“杨平王”。各地豪强兴兵割据，自称“使君”。950年，吴权次子吴昌文废杨平王，称“南晋王”，与兄吴昌岌共同治理。但无法平定各地豪强势力，史称“十二使君之乱”。十二使君是：陈览（陈明公）、矫公罕、阮宽、吴日庆、李奎、阮守捷、吕唐、阮超、矫顺、范白虎、吴昌炽和杜景硕。十二使君的名字，各书记载不一。封建主间的混战，延续20余年之久，给人民带来深重的灾难。967年，陈明公部将丁部领顺应这种形势，削平十二使君，完成统一，并于968年建立了大瞿越国，是为越南自主封建国家立国之始。

十二使徒 Twelve Apostles 耶稣选召的十二个门徒。又称“十二宗徒”、“十二门徒”，有时简称“十二人”。包括彼得、安德烈、雅各（长）、约翰、腓力、巴多罗买、多马、马太、雅各（幼）、达太、西门和加略人犹大。十二使徒中，最早被召的四位是：彼得和安德烈、雅各和约翰。四人皆为渔夫。其中彼得、雅各和约翰是最为耶稣所爱的门徒。马太又名利未，原为税吏，是《马太福音》的作者。最后一位加略人犹大，则因以三十块钱为代价出卖耶稣而广为世人所知。耶稣在世时，十二使徒曾随其一起传道、医病。耶稣受难复活后向其门徒显现，并命他们“往普天下去，传福音给万民听”。

《十二铜表法》 *Law of the Twelve Tables* 古代罗马共和时代制定的最早的成文法典。因传说刻在12块铜表上而得名。它的颁布与平民反对贵族的斗争有关。平民要求编纂成文法典，以限制掌握司法权的贵族官员随意解释习惯法的专横行为。相传公元前451年和公元前450年，罗马先后选出两个十人委员会，负责制定法典。前者制定了10个法表，后者补充了两个法表。公布于罗马广场。刻有法律条文的铜表于公元前390年（或前387年）高卢人入侵时被毁，保存下来的仅为不完整的片断条文，散见于较晚时代罗马著作家和法学家的论著和文集中。

《十二铜表法》对贵族滥用权力作了一些限制，按律量刑，贵族不能再任意解释法律，是后世罗马法的渊源，对于中世纪和近代欧洲法学也有重要影响。

十二因缘 dvādaśānga-pratītya-samutpāda 佛教特有的教义。又称“十二缘生”或“十二支缘起”。其目的在于说明“三世轮回”。其根本意义在于揭示：一切世上的和人生的现象都是普遍联系的，一切现象无不受到联系和条件的制约，制约与条件就是“缘”，随条件而发生就是“缘起”。所谓十二因缘，共有十二个环节，它们前后相续、首尾相接，具体为“无明—行—识—名色—六入—触—受—爱—取—有—生—老死”。由果溯因，其中每一环节都以前面一支为缘。十二缘起再与过去、现在、未来三世结合起来，便成为两重因果，无明、行二支为过去因；识、名色、六入、触、受是现在果；爱、取、有三支又是现在因，生、老死则为未来果。生命个体若不得菩提和解脱，只能依十二缘生的法则在六道三世中生死轮回，永无终期。

达·芬奇作《最后的晚餐》，表现耶稣与他的12个门徒共进晚餐的情景

十二指肠 duodenum 小肠的一部分。位于胃与空肠之间，全长约25厘米，大部分位于腹腔上部深处，紧贴腹后壁，是小肠中长度最短、管径最大、位置最深且最为固定的部分。十二指肠整体上呈“C”字形，包绕胰头，可分上部、降部、水平部和升部4部。由于胆总管和胰管开口于十二指肠，有胆汁和胰液排入十二指肠，另外十二指肠的黏膜也有肠腺且可分泌消化液，所以十二指肠是整个消化道中非常重要的一段。

十诫 Ten Commandments 犹太教、基督教共奉的上帝“十条诫命”的简称。又称摩西十诫。上帝在西奈山上亲自授予摩西十诫，并作为与以色列人所订立的约法。其内容包括：崇拜唯一上帝而不可祭拜别神；不可制造和敬拜偶像；不可妄称上帝的名字；须守安息日为圣日；要孝敬父母；不可杀人；不可奸淫；不可偷盗；不可作假见证陷害他人；不可贪恋别人的妻子及财物。

十九畏 nineteen incompatibilities 中国古代医家所总结的中药配伍禁忌经验。畏，是指两种药物配伍后，一种药物的功能或毒副作用能被另一种药物所抑制。金元时期的医家将畏药概括为19种，故称十九畏，并沿用至今。其内容是：硫磺畏朴硝，水银畏砒霜，狼毒畏密陀僧，巴豆畏牵牛，丁香畏郁金，川乌、草乌畏犀角，牙硝畏三棱，官桂畏赤石脂，人参畏五灵脂。古代有不少十九畏同用的方剂。近代临床实验研究也有十九畏药物同用不但无害，反可增强疗效的报道。十九畏药物是否能同用，有待进一步研究，临床使用时应慎重。

十六国 Sixteen Kingdoms (304～439) 从西晋末年始至北魏统一北方为止，在中国北方及巴蜀地区出现的各族割据政权的总称。

十六国与五胡 自汉魏后，中国西北地区的少数民族不断内迁，广泛分布于长城南北和黄河流域。西晋末年，各种社会矛盾及民族矛盾空前尖锐，各族人民纷起反抗，而少数民族贵族乘机建立割据政权。从永安元年（304）至太延五年（439）的一百余年间，先后有22个割据政权更相迭起。北魏史学家崔鸿将其中的前赵、成汉、前凉、后赵、前燕、前秦、后燕、后秦、西秦、后凉、南凉、南燕、西凉、北凉、夏、北燕等16个割据国家载入《十六国春秋》，是为“十六国”名称由来。此外，这一时期还有代、冉魏、西燕、翟魏、蜀及割据仇池的氐族杨氏等政权，但习惯上不在十六国之列。参与这些政权割据的民族主要有匈奴、羯、氐、羌、鲜卑，史称“五胡”。汉人、賨人也参与角逐。

人民的生产与生活　在这个历史时期里，各族之间征服与被征服、统治与被统治的关系经常变换，民族压迫与反压迫斗争反复进行。长期的动乱，给各族人民带来巨大灾祸，北部的社会经济遭到严重破坏，但是不同区域、不同时期，情况也不尽相同。成汉政权地处西南，李雄统治的益州成为全国最安定的地区。在北方，前凉统治的河西走廊和前燕统治下的辽河流域，都比较安定。西晋末年乱时，中原人民南下江南；关中秦、雍地区人民小部分南流巴蜀、荆州，大部分西迁河西走廊；河北人民北入辽东、辽西。前凉、前燕地处边远，地广人稀，大量人民的流入提供了开发荒地的劳动力，保证了丝绸之路畅通，凉州州城姑臧成为国际、国内东西使节、商旅往来的枢纽。黄河南北与关中地区遭受战祸最剧，但在战事间歇期间，社会经济仍有所发展。曾经一度统一北方的前秦，政治比较清明，苻坚抑制氐族权贵，奖励关心农业生产的清廉官吏，平定前燕后，“关陇清晏，百姓丰乐”。继前秦的后秦姚兴统治时也注意政治，并注重刑罚，惩治贪污，有利于前秦末年大乱后关中经济的恢复。

教育与文化　为了获得人才，十六国时期的统治者重视教育，设置学校。前赵刘曜设置太学、小学，选拔百姓1500人为学生，通过考试授予官职。前燕慕容皝设置官学，入学达千余人，他还自著开蒙读物《太上章》和《典诫》作为教材。后秦姚兴设置律学，召集地方上没有专职的散吏入学，其中学得好的便派回原来郡县主管刑狱。律学的设置使不太安定的南凉也设立学校，教导贵族大臣子弟。设学授经，固然为了统治者的需要，但客观上有利于遭到严重破坏的传统文化的保存与传播，而且促使少数民族统治者加快接受汉文化，对于民族融合具有积极意义。前燕王慕容印能够著书作教材，前秦苻坚弟苻融、从子苻朗都读书能文，通晓佛学、玄谈。苻朗的著作《苻子》，今还有片断流传。姚兴能讲佛教经典，又通晓佛学。他们接受传统文化，表明少数民族上层分子汉化的深度。

十六国耙地壁画（甘肃酒泉十六国墓地出土）

佛教的传播与发展　在这个动乱的时代里，佛教获得巨大的发展。佛教引导人们把希望寄托在佛天保佑与来生福报上，统治者也需要从佛教教义里得到精神上的支持，因而积极提倡佛教。石勒、石虎尊崇来自西域、善于法术的佛图澄，据说曾立寺800余所，并下令不论华夷贵贱，都可以出家。佛图澄收了许多徒弟，其中有释道安，在整理和翻译佛经，编制佛经目录，制订仪轨、戒律，特别在宣传佛法方面，对于当时佛教的兴盛起了很大的作用。和道安同时稍后的，还有鸠摩罗什，后秦姚兴对他十分尊敬，待以国师之礼，在他主持下译出佛教经论近300卷。当时僧人群聚长安，参加译经的数以千计。前、后秦时，长安是北方的佛教中心，关中佛学达到十六国时期的最高峰。佛图澄的法术，释道安的传教，鸠摩罗什的译经，为佛教奠定了大发展的基础。前凉自张轨以来一向信仰佛教，早就有译出的佛经流传内地。北凉沮渠蒙逊尊崇中天竺（今印度）僧人昙无谶，他在姑臧译出佛教经论多种。当时凉州（今甘肃境内）继长安之后成为北方译经中心。

东西交通　十六国时期常有僧人西行求经，留下东西交通最可靠的记录，其中最值得称道的是法显。河西走廊是通往西域的要道，建立于此地的政权接待来自国内外的使节、僧人、商旅，并继续管理国内西域各族事务。通过河西走廊和西域，通往天竺、波斯（今伊朗）、大秦（即罗马帝国）等国的通道在这个动乱时期仍然通行，西域和内地、中国和西方各国间的经济、文化交流继续进行，中国的丝和纺织物以及蚕桑丝织技术这时传到高昌、焉耆、龟兹等地，并有可能传到波斯、大秦。随着佛教东来，西方雕塑艺术传入，世界艺术宝库——敦煌石窟，就是在这时开凿的。

分裂与融合　十六国时期是一个民族分裂时期，同时又是各族大融合的时期。由于各族统治者的暴行和暴政，社会经济和文化遭到严重破坏，但被破坏的经济在不同时期有所恢复，西南、西北、东北几个地区在不同程度上还有所发展。被破坏的传统文化终于保存下来，而且在一定程度上吸收了西部和北部各族文化，甚至还吸收了外来文化。经由这场动乱，内迁各族的社会形态发生了很大变化，各族成员逐渐与汉族地主和农民融合，有的种族名称基本上消失，例如匈奴、羯、巴氐、河西鲜卑，都已成为汉族的组成部分。

《十六国春秋》 *Spring and Autumn of Sixteen Kingdoms*　按国别记述十六国历史的纪传体史书。北魏崔鸿撰。崔鸿，东清河鄃县（今山东平原西南）人，崔光从子。十六国政权虽各有史书，而体例详略不同。宣武帝（500～503）初年，崔鸿着手对各种旧史加以增损褒贬，成书后共100卷，另有序例1卷、年表1卷。北宋时已经残缺不全，只剩20余卷。传世现有三种不同的《十六国春秋》：一为明代屠乔孙、项琳所编百卷本；二为《汉魏丛书》所收十六卷本，十六国各为一录，是明人依据《晋书·载记》编排而成；三为清代汤球所辑《十六国春秋辑补》，以上述《十六国春秋》为底本，以各种类书所引佚文补足，所辑大多注明出处，是研究十六国史的重要参考书。

《十面埋伏》 *Ambush on All Sides*　中国古代琵琶曲。作者佚名。曲谱最早见于1818年华秋苹所编《琵琶谱》，名《十面》。分13段，标题为：开门放炮、吹打、点将、排阵、埋伏、小战、呐喊、大战、败阵、乌江、争功、凯歌、回营。今各派传谱分段不同，有多至24段者，如李兴祖整理的《琵琶古曲李廷松演奏谱》；或少至9段者，如刘德海1975年演奏谱。

乐曲表现和描写了公元前202年楚汉战争在垓下最后决战的情景，刘邦部下的汉军用十面埋伏的阵法击败楚军，迫使项羽自刎于乌江。据考证，明末清初人王猷定（1598～1662）所著《四照堂集·汤琵琶传》中提到的《楚汉》一曲，可能是此曲的前身。

十年内战　1927～1937年间，蒋介石领导的为统一中国、消除异己、镇压革命人民所进行的一系列战争。同时又是中国共产党领导中国工农红军和中国人民，反抗蒋介石统治的革命战争，所以也称为第二次国内革命战争、土地革命战争。

收服北洋军阀残余势力的战争　1928年2月3～7日，中国国民党召开四届二中全会，蒋介石重新掌握了南京国民政府的军政大权。蒋介石决定继续北伐，并将国民革命军分编为4个集团军，由他及冯玉祥、阎锡山、李宗仁分任总司令。4月5日，南京国民政府发表《北伐宣言》。7日，下达总攻击令。战争经历3个阶段：①4月7日至5月初，主要战场在鲁南和鲁西。国民革命军第一集团军于27日进抵泰安；第二集团军第一方面军孙良诚部于21日攻克济宁。5月1日，第一集团军进入济南，张宗昌、孙传芳率直鲁军残部北逃。②5月上旬至6月中旬，主要战场在河北。参战部队包括蒋、冯、阎、李4个集团军。5月28日，各集团军开始全线总攻，奉系军阀张作霖被迫宣布退出北京。8日，第三集团军进入北京，12日和平接收天津。③9月初至下旬，主要战场在冀东。23日，在白崇禧率领的第四集团军和奉军张学良的夹击下，直鲁军被迫接受改编。至此，收服北洋军阀残余势力的战争，以南京国民政府的胜利而告终。

讨伐国民党内部各派军事集团的历次战争 南京国民政府收服北洋军阀残余势力，形式上统一了中国南北以后，为确保蒋介石的统治地位，紧接着又发动了多次大规模讨伐其内部各派军事集团的战争。主要有：

蒋桂战争 1929年3月26日蒋介石下令讨伐桂系。4月5日，蒋军进驻武汉。24日，桂系胡宗铎等人通电下野。5月21日，蒋军陈济棠部在广东击败李宗仁、白崇禧组织的“护党讨贼军”主力。李宗仁、白崇禧等逃往香港，蒋桂战争以桂系的失败而告终。

蒋冯战争 冯玉祥拥有山东、河南、陕西、甘肃广大地区。蒋介石增兵河南、山东，迫使冯玉祥收缩兵力，将山东、河南的西北军撤至陕西潼关，并于1929年5月27日通电宣布下野。从10月下旬至11月22日，蒋军在河南发动3次总攻，冯军全部退回陕西。

蒋张桂战争 929年9月17日，张发奎发表反蒋通电，要求汪精卫回国主政，随即率部向湘西进军。27日，广西省政府主席俞作柏通电响应张发奎宣布独立，并率部进攻广东，蒋张桂战争爆发。经半月激战，张桂军大败，退回广西。

蒋唐石战争 1929年12月爆发了蒋唐石战争。12月2日，石友三在江苏浦口通电反蒋，隔江炮击南京城。次日，唐生智等53人在河南郑州发表联名通电，表示拥汪精卫联张发奎，与石友三一致反蒋。蒋介石拉拢阎锡山、张学良，政治诱降石友三，重点打击唐生智。1930年1月初，唐石反蒋战争以失败而告终。

蒋阎冯桂大战 1930年春，阎锡山见李宗仁、冯玉祥等人先后为蒋介石所败，于是采取以攻为守的策略，电约蒋介石同时下野。阎的反蒋号召，得到国民党改组派，西山会议派和冯玉祥、李宗仁等反蒋政治派别与军事集团的响应和支持。3月14、15日，鹿钟麟等57人通电拥戴阎锡山为中华民国陆海空军总司令，冯玉祥、李宗仁、张学良为副总司令。4月1日，阎、冯、李宣誓就职。阎设总司令部于石家庄，以李宗仁为第一方面军总司令，由广西向湖南进兵；鹿钟麟为第二方面军总司令，由陕西向河南进兵；自兼第三方面军总司令，由河北向山东进兵；石友三为第四方面军总司令，由鲁西南会攻济南；并内定张学良、刘文辉、何键、樊钟秀为五、六、七、八方面军总司令。4月5日，蒋介石撤免阎锡山本兼各职。12日，任韩复榘为第一军团总指挥，在鲁西阻阎军南下；刘峙为第二军团总指挥，由徐州沿陇海铁路西进；何成浚为第三集团军总指挥，在河南许昌以南地区牵制冯军；陈调元为总预备兵团总指挥。5月1日在南京誓师，11日，蒋阎冯桂战争正式爆发。1930年11月4日，阎、冯通电下野，所部被张学良、蒋介石改编，战争结束。

“围剿”中国共产党领导的中国工农红军和农村革命根据地的历次战争 蒋介石取得对阎锡山、冯玉祥、李宗仁战争的胜利之后，以主要兵力自1930年8月～1934年10月对江西中央革命根据地进行了5次“围剿”。第一至第四次“围剿”均以蒋介石失败而告终，蒋介石以重大代价换得了第五次“围剿”的局部胜利。红军退出中央革命根据地，实行战略转移，进行长征。

此后蒋介石继续对长征西去的红军和其他革命根据地进行围、追、堵、截和反复“围剿”，但始终没能达到消灭红军的目的。直到1937年七七事变爆发，国共两党再度合作，十年内战才最终结束。

影响 十年内战时期，南京国民政府对北洋军阀残余势力的战争，具有一定的进步性和必要性。但是国民党各派军事集团的混战，特别是蒋介石发动的对红军的几次“围剿”，既给中国人民带来无穷灾难，又给日本发动大规模侵华战争以可乘之机。

十七勇士 中国工农红军第1军团第1师第1团第1营第2连熊尚林等17名干部战士，长征途中率先强渡大渡河的突击队成员。1935年5月24日，红军先头部队1师1团到达安顺场（今属四川石棉）附近。前有近300米宽的天险大渡河，对岸有四川军阀重兵把守，后有10多万国民党军尾追。当晚1营袭占了安顺场。次日上午，2连连长熊尚林，2排排长罗会明，3班班长刘长发，副班长张表克等17位干部、战士组成突击队，配船工帅士高、王有能、简成荣、郑本源，以仅有的一只小船，在火力掩护下，冒着敌火强行渡河，抢占了北岸渡口主要工事。由营长带领乘第二趟船的战士上岸后，合力击溃了安靖坝守军一个营，为后续部队渡河打通了前进的道路。1983年5月，在安顺场大渡河畔建立了一座中国工农红军强渡大渡河纪念碑，邓小平题写了碑名。

十氢化萘 decalin 双环脂环烃，分子式$C_{10}H_{18}$。它的两个六元环共用两个相邻的碳原子。由于两个环的相互位置不同，有顺、反两种几何异构体。已分别制得纯的顺、反异构体，并加以研究，在有机化合物的结构理论上起着十分重要的作用。它们都是无色液体。反-十氢化萘的熔点-30.4℃，沸点187.2℃，相对密度0.869 9（20/4℃）；顺-十氢化萘的熔点-43℃，沸点195.6℃，相对密度0.896 5（20/4℃）。工业上由萘在镍催化剂存在下进行催化加氢制得，产物是两种异构体的等量混合物。混合物为无色、有樟脑气味的液体，不溶于水，能与乙醚、苯、氯仿等溶剂混溶。可用作涂料的溶剂或用来提取脂肪和蜡，与苯和乙醇配成混合物，可用作内燃机的燃料。

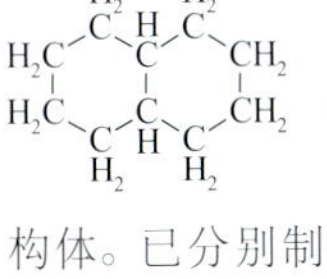

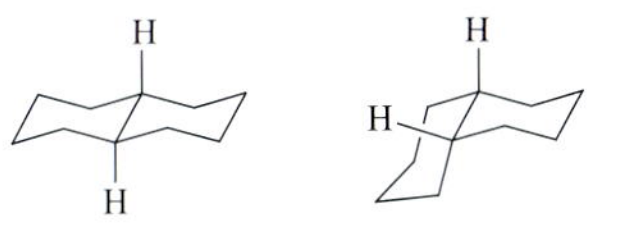

反-十氢化萘　　顺-十氢化萘

十全武功 Ten Big Military Actions 中国清代乾隆时期的十次重大军事行动。乾隆帝称之为“十全武功”，并因此自号“十全老人”。十次重大军事行动指：乾隆十二年（1747）至十四年大金川之役；二十年平定准噶尔达瓦齐之役；二十年至二十二年平定阿睦尔撒纳之役；二十三年至二十四年平定南疆大小和卓叛乱；三十年至三十四年缅甸之役；三十六年至四十一年大小金川之役；五十一年至五十三年镇压台湾林爽文起义；五十三年至五十四年安南之役；五十五年和五十六年至五十七年两次抗击廓尔喀（今尼泊尔）侵扰西藏的战争。这些军事行动性质不同，有统一国家的战争，有镇压人民起义，有抗击侵扰，有地方官吏处理不当而引发的战争。战争也有胜有败，乾隆帝统称之为“十全武功”，自撰《十全记》刻石立碑以作永远之纪念，且有《御制诗文十全集》记其事。

《十日谈》 *Il Decameron* 意大利作家G.薄伽丘最优秀的短篇小说集，也是文艺复兴时期文学的代表性作品。1353年出版。开头有一段“序曲”式的故事：1348年在佛罗伦萨城里黑死病流行时，七名少女和三名青年一起到乡村别墅避难，以讲故事作消遣。每人每天讲一个故事，十天共讲了一百个故事，故名《十日谈》。这些故事是作家从历史事件、中世纪逸闻趣事、东方民间传说、法国寓言、宫廷传闻中撷取素材而成。

这是一部以反对封建主义、宣扬人文主义为目的的著作，它首先将矛头指向封建势力的集中代表者——教会，代表了整部作品的反封建战斗精神。薄伽丘倡导热爱现实生活，宣扬“幸福在人间”的积极人生观。正面提倡“人性”和“人道”。《菲莉芭胜诉》（第六天故事第七则）颇具代表性。

爱情故事在《十日谈》中占70%。作家赞扬妇女善良、机智纯情和自尊自爱的优秀品质，提倡男女平等的新观念，塑造了一批聪明、勇敢和机智的市民阶级以及下层劳动人民形象。在批判禁欲主义时，作家宣扬了放纵情欲。有一定局限性。

作家使用独特的框形结构，将一百个故事镶嵌其中，结构完美；妙趣横生，有许多独创的讽刺手法；用托斯卡尼方言写成，语言新鲜活泼，叙事状物写人微妙尽致。《十日谈》被译成西欧各国文字出版，对16～17世纪欧洲现实主义文学的发展产生很大影响。

十四行诗 sonetto 一种格律严谨的抒情诗体。又称商籁体。意大利中世纪的“西西里诗派”诗人I.da连蒂尼第一个采用这种诗歌形式进行创作，并使之具有严谨的格律。十四行诗有固定的格式。由两节四行诗和两节三行诗两部分组成，共十四行。每行诗句通常是11个音节，抑扬格。13世纪末，十四行诗体的运用由抒情诗领域扩及叙事诗、教谕诗、政治诗、讽刺诗。文艺复兴时期的诗人F.彼特拉克一生写了300多首十四行诗，艺术完美，成为其他国家诗人后来竞相模仿的重要诗体。十四行诗传入法、英、德、西诸国，并适应各国语言的特点，产生了不同的变体。英国W.莎士比亚丰富和发展了十四行诗体，后人称伊丽莎白体。意大利的L.de' 美第奇、G.卡尔杜齐，法国的L.拉贝、P.de龙萨、英国的P.锡德尼、E.斯宾塞、J.弥尔顿，德国的J.W.von歌德等也以写作优秀的十四行诗而享有声誉。

《十五贯》 *Fifteen Strings of Coins* 中国昆曲作品。清初朱㿥原作。朱㿥，字素臣，号笙庵，吴县（今江苏苏州）人。生于明末，卒于康熙年间。出身清寒，毕生主要从事戏曲创作与研究。作传奇19种，现存9种，与扬州李书云合编《音韵须知》，协助李玉编纂《北词广正谱》。《十五贯》传奇又名《双熊梦》，据《醒世恒言》中《十五贯戏言成巧祸》改编。为其代表作。描写熊友兰、熊友蕙兄弟各遭冤狱，都被判处死刑。苏州知府况钟监斩前夕，梦见两只熊向他乞哀，就向上司请求复审，终得平反。此剧长期流传于昆曲舞台。1956年，浙江昆苏剧团演出浙江省《十五贯》整理小组改编、陈静执笔的改编本，深受欢迎。改编本保留原传奇中熊友兰、苏戍娟冤案一条线，删去熊友蕙、侯三姑冤案的另一条线，并剔除况钟宿庙、神明托梦等迷信部分，在《被冤》、《判斩》、《见都》、《疑鼠》、《访鼠》等主要场子中，集中描写了况钟、过于执、周忱处理熊友兰、苏戍娟一案的不同态度。通过况钟与过于执、周忱的冲突，揭露了封建吏治的腐朽与官场习俗的恶劣。由周传瑛饰况钟，王传淞饰娄阿鼠，朱国梁饰过于执，包传铎饰周忱。《十五贯》改编和演出的成功，使昆曲这个古老剧种得到新的生命力。1956年，昆曲《十五贯》摄制成彩色戏曲艺术影片。

昆剧《十五贯》剧照（王传淞饰娄阿鼠）

十五络脉 Fifteen Circuits 中医学中人体网络周身各部的络脉中十五支较大络脉的总称。它是由十二经脉在腕踝关节上下各分出一支络脉，加上躯干部任脉之络、督脉之络及脾之大络所组成，故又称十五别络。为人体经络系统的重要组成部分。首载于《内经》的《灵枢·经脉》。

十五络脉将气血运送到人体各个部位，既起到网络周身、联系内外左右前后的作用，又可完成滋润荣养身体的正常生理功能。

手太阴络脉　十五络脉之一。从列缺穴处由手太阴经分出，起始于手腕上部列缺穴两肌肉分歧处，与手太阴经相并而行，散布于手大鱼的边缘部（鱼际），由腕后一寸半（列缺）处走向手阳明经。

手少阴络脉　十五络脉之一。从通里穴处由手少阴经分出。起始于腕横纹后一寸半（通里）处，由此向上与手少阴经并行于浅层，沿经脉而进入心中，联系舌根部，又联属于眼睛的根部；在掌后一寸半（通里）处走向手太阳小肠经。

手厥阴络脉　十五络脉之一。又称手心主络脉。从内关穴处由手厥阴经分出。在腕横纹后两寸（内关）处，于掌长伸肌腱与拇长伸肌腱之间分出，然后沿着手厥阴经循行部之浅层上行，联系心包络。

手太阳络脉　十五络脉之一。从支正穴处由手太阳经分出，于腕横纹上五寸（支正）处出来后向内注入于手少阴经；另一支沿手太阳经之浅层上行至肘关节部，再上行则络于肩髃穴处。

手阳明络脉　十五络脉之一。从偏历穴处由手阳明经分出。在腕横纹上三寸（偏历）处分出来后进入手太阴肺经；另一支则沿上肢行于手阳明经浅层，上行至肩髃穴处，然后上行至面部颊侧屈曲处，即下颌角部，遍布于下齿中；另一支则入于耳中会合聚集于耳的宗脉。

手少阳络脉　十五络脉之一。从外关穴处由手少阳经脉分出。在腕横纹上两寸（外关）处分出来后向上绕过前臂外侧上行，注入胸中会合手厥阴经至心包络（图1）。

足太阳络脉　十五络脉之一。从飞扬穴处由足太阳经脉分离出来。在踝关节上七寸（飞扬）处分出后走向足少阴经。

足少阳络脉　十五络脉之一。从光明穴处由足少阳经脉分出。在踝关节以上五寸（光明）处分出后走向厥阴经脉，向下络于足背部。

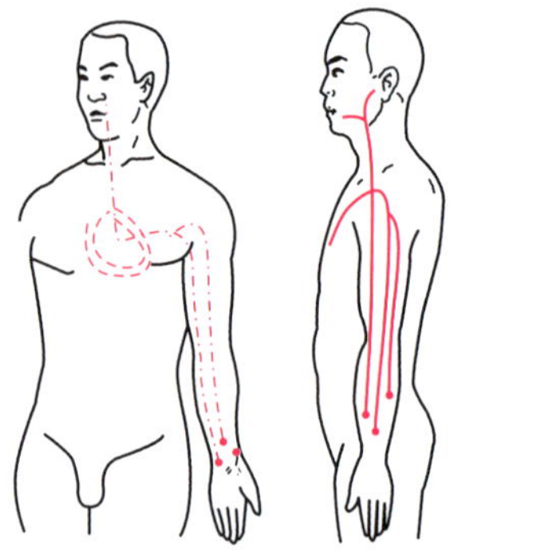
图1　手三阳、手三阴络脉分布示意图

足阳明络脉　十五络脉之一。从丰隆穴处由足阳明经脉分出。在踝关节上八寸（丰隆）处分出后走向足太阴经脉；另一支沿胫骨外缘上行于同名经脉之浅层，直达头项部，会合诸经脉之气，向下络于喉部。

足太阴络脉　十五络脉之一。从公孙穴处由足太阴经脉分出。在第一跖趾关节（本节）后一寸（公孙）处分出后走向足阳明经脉；另一支则沿同名经脉浅层上行直络于肠胃。

足少阴络脉　十五络脉之一。从大钟穴由足少阴经脉分出。在踝关节后面绕过足跟后走向足太阳经脉。另一支则与足少阴经相并而行于浅层，上行走于心包之下，向外则贯穿腰脊部。

足厥阴络脉　十五络脉之一。从蠡沟穴处由足厥阴经脉分出。在踝关节内侧以上五寸（蠡沟）处分出后走向足少阳经脉；另一支沿着同名经脉的浅层经过胫骨内侧上行至睾丸处，结聚于阴茎（图2）。

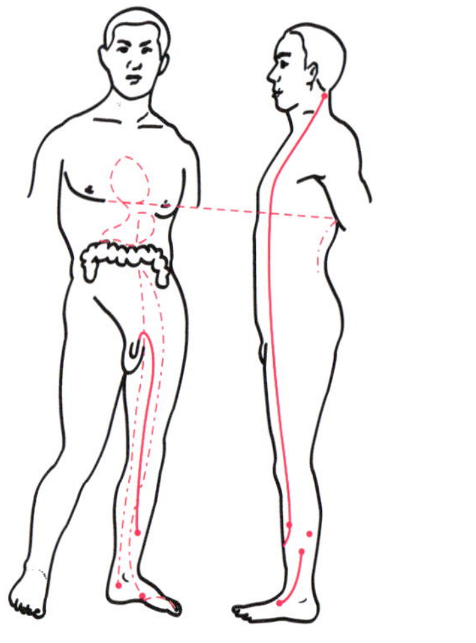
图2　足三阳、足三阴络脉分布示意图

任脉之络　十五络脉之一。起点处为尾翳穴。尾翳，历代医家多解释为鸠尾穴；亦有释为会阴穴者。从原文分析是由任脉从鸠尾穴上面分出后下行，至鸠尾穴后再散络于腹部。

督脉之络　十五经脉之一。从长强穴处由督脉分出，然后在脊柱两旁肌肉边上上行，直达项部，散络于头上。肩胛部左右有分支走向足太阳经脉，穿入于脊柱两旁肌肉之内（图3）。

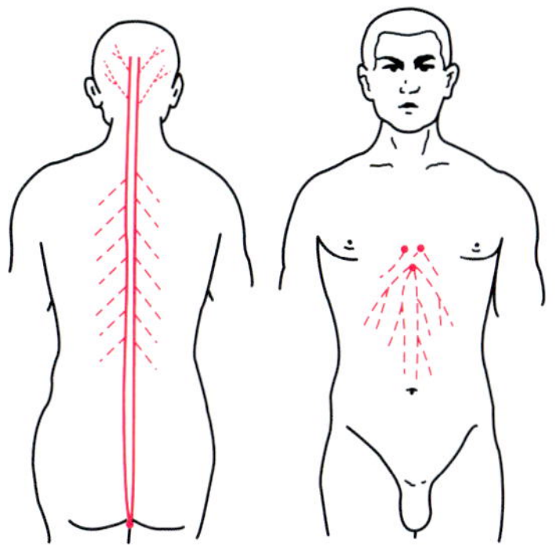

图3　任脉、督脉络脉分布示意图

脾之大络　十五络脉之一。从大包穴处由脾经（足太阴）分出。在腋窝部下三寸

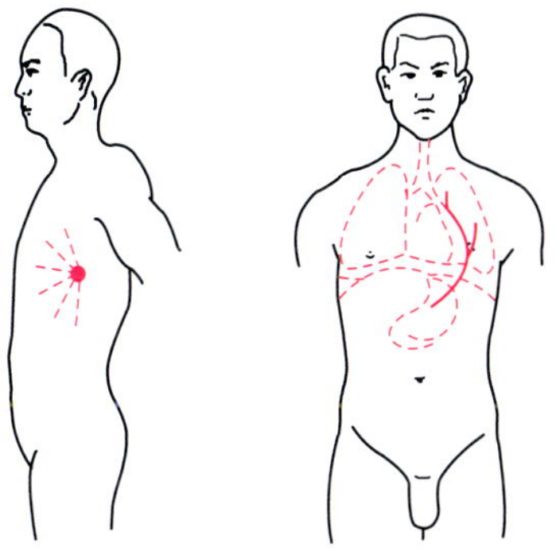

图4　脾、胃之大络分布示意图

的渊腋穴（足少阳）下方三寸处分出后散布于胁肋及胸侧（图4）。

十堰市　Shiyan City　中国湖北省辖地级市。中国新兴汽车工业城市，中国第二汽车制造厂所在地。位于省境西北部，汉江中上游。辖茅箭、张湾2区和郧县、郧西、竹山、竹溪、房县5县，代管**丹江口市**。面积23 698平方千米，人口334万（2010）。1967年析郧县的十堰、黄龙两区成立十堰工区办事处。1969年设立县级十堰市，1973年升为地级市。矿藏以铌稀土、钒、石煤、板石和金、银、铜、锑、铅、锌等较丰富，储量在全省名列前茅。全市拥有东风汽车公司、双星东风轮胎有限公司等骨干企业。卡车产销总量居全国之首，为中国最大的汽车生产基地之一。在汽车工业的带动下，全市已基本建成了以汽车轮胎外胎、汽车配件和矿产、冶金、化工、建材、纺织、食品等产业。十堰地处交通咽喉要地，襄渝、汉丹铁路和8条铁路专用线及国道209线、319线干线公路贯穿市域，交通方便。名胜古迹有武当山、丹江口水库、回龙寺、鸳鸯寺、赛武当（即伏龙山）、白马山、恐龙蛋和恐龙骨骼化石遗迹等。

十月党　Octobrist Party　俄国大工商业资产阶级和资产阶级化地主的政党。原称“十月十七日同盟”。成立于1905年11月，由地方自治运动的右翼代表联合经济进步党、工商业同盟组成。该党拥护尼古拉二世（1894～1917年在位）颁布的《十月十七日宣言》，故以《宣言》发表时间命名。主要头目是大工业家A.I.古奇科夫和大地主M.V.罗江科。十月党主张君主立宪，以《十月十七日宣言》为基础，把立宪和专制政体结合起来。十月党完全拥护沙皇政府的对内对外政策。支持沙皇政府镇压1905年革命，主张召开**国家杜马**，要求实行受财产资格限制的选举权。**俄国二月革命**期间，他们图谋挽救君主制度。在临时政府中，同立宪民主党、社会革命党、孟什维克一起，继续推行沙皇政府的帝国主义政策。**俄国十月社会主义革命**后，十月党积极参加反对苏维埃政权的活动。苏维埃俄国政府宣布该党非法。出版物有《言论报》、《莫斯科呼声报》。

《十钟山房印举》　*Shizhong Shanfang Studio's Collection of Seals*　中国古玺印谱录。清陈介祺辑。陈介祺（1813～1884），字寿卿，号簠斋，山东潍县（今潍坊）人。道光二十五年（1845）进士，改授编修，咸丰间（1851～1861），加侍读学士衔。因藏有十钟，名其斋曰“十钟山房”。又以集印七千余方，名其楼曰“万印楼”。工书法，自成一家。《十钟山房印举》先后有28册、50册、191册、194册等版本。其中28册本与50册本均成书于清同治十一年（1872），28册本存印1 017或1 020方，50册本存印3 342方，为陈介祺以自藏古印由其子陈厚滋与何昆玉编次印成。10年后，陈介祺收藏古印日多，而友人吴大澂加以敦促，因此在光绪九年（1883）以自藏古印，并汇合李璋煜、吴云、吴式芬、吴大澂、李佐贤、鲍康等各家藏印，去除六朝以后印章，编辑成191册本。以古玺、官印、周秦印、金玉陶骨、巨印、五面印、六面印、套印、两面印、姓名印、鸟虫、吉语、图案印等30举分类，共收印10 384方。有陈介祺自序1篇。《十钟山房印举》不仅收印数量空前，而且选择精当，更由于对古玺印研究的深入，其分类较前代古玺印谱录更为完善。1922年商务印书馆涵芬楼有影印本（分订12册），1985年上海书画出版社影印出版精选本。

《十竹斋笺谱》　*Shizhuzhai Studio's Stationery Manual*　中国明代末年饾版、拱花木刻彩印的画集。胡正言辑印。崇祯十七年（1644）刊行。有九龙李于坚、上元李克恭序文。对笺谱演变与饾版、拱花的刻印阐述甚详。共4卷。卷一分七类，有“清供”、“奇石”、“华石”、“博古”、“画诗”等72幅。卷二分九类，有“胜览”、“入林”、“无花”、“凤子”等77幅。卷三分九类，有“孺慕”、“棣华”、“应求”、“闺则”等72幅。卷四分八类，有“建义”、“寿征”、“灵瑞”、“香雪”等68幅。此谱与胡正言另一作品《**十竹斋书画谱**》同为精品。1934年，鲁迅与郑振铎据王孝慈藏本略作整理，交北京荣宝斋重刻出版。后又编入《中国版画史图录》。

《十竹斋书画谱》　*Shizhuzhai Studio's Calligraphy and Painting Manual*　中国明代末年饾版、拱花木刻彩印的大型画集。胡正言辑印，开刻于万历四十七年（1619），完成于天启七年（1627），崇祯六年（1633）汇集成册。全书八谱16册，一式蝴蝶装，共画180幅，字页176幅，一图一文，以诗配画，包括编者自己在内的明代书画家150余人的作品。八谱为书画册、竹谱、墨华册、石谱、翎毛谱、梅谱、兰谱和果谱。每谱有序文、小引。用色妍雅，刀法挺秀，是书画作品和版画艺术结合的珍品。上海**朵云轩**经查访详勘，汇成足本后重刻，并增加序文、后记等，于1985年9月刊行。

十字花科　Cruciferae; mustard family　双子叶植物纲五桠果亚纲的一科。约375属3 200种，广布全球，主要分布北温带，地中海区域较多。中国产95属425种、124变种和9变型，各地均有分布，以西南、西北、东北山区和丘陵地带为多，平原和沿海地区较少。其中半脊荠属、蛇头荠属、宽框荠属、穴丝芥属、堇叶芥属、连蕊芥属、阴山荠属为中国的特有属。一二年或多年生草本，很少呈亚灌木状。基生叶莲座状，茎生叶互生，无托叶，单叶或羽状分裂。花两性，整齐；萼片4，分离，排成2轮；花瓣4，分离，有白、黄、粉红、淡紫、紫各色，排列呈十字形，上部开展，下部呈爪，稀缺；雄蕊通常6，4长2短，称四强雄蕊，少数更多或更少，在花丝基部常具蜜腺；雌蕊1，子房上位，由2心皮组成，常有假隔膜分成2室，少数无假隔膜，则为1室。果实为长角果或短角果，成熟时由下向上开裂或不裂，少数角果顶端具或长或短的喙。

十字花科主产蔬菜和油料作物，如**芸薹属**、萝卜属等；药用植物如菘蓝属、葶苈属、糖芥属等；观赏植物如桂竹香属、紫罗兰属、诸葛菜属等；其他有经济用途的还有荠属、独行菜属、菥蓂属（遏蓝菜属）等；该科植物中也有很多是蜜源植物。

十字架　Cross　基督教的标志。最初是古罗马帝国处死奴隶及无公民权者的刑具。据《圣经》载耶稣被钉死于十字架上，十字架始成为耶稣基督为救赎人类而受难的象征，也成为基督教信仰的标记。十字架式样很多，一般而言，罗马**天主教**和**新教**用纵长方形的十字架，**东正教**多用正方形十字架。

《十字街头》 *Crossroads* 中国故事片。明星影片公司1937年出品。编导沈西苓，摄影周诗穆、王玉如，主演白杨、赵丹、沙蒙、吕班。这部影片是在日本帝国主义加紧侵略中国、民族危机日益加重的背景下创作的。影片是一部轻喜剧，它以乐观的笔调，诙谐风趣的描写，灵活的镜头运用，大量选取男女主人公间的误会、报复、恋爱的喜剧性场面，使影片别开生面，引人入胜，真实生动地反映了20世纪30年代知识青年的精神面貌。

十字军东征 Crusades Expeditions 1096～1291年西欧天主教会、世俗封建主和意大利富商对地中海东岸国家进行的侵略战争。侵略军身缀十字标记，故称十字军。

大、小封建主以比较富庶的东方作为掠夺土地和财富的对象，是十字军东征的主要原因。同时，农奴份地减削，负担加重，生活困苦。1085～1095年间，灾情更为严重，社会动荡不安。转移心怀怨愤的农民的视线，引诱他们向东方寻求出路，是教俗封建主发动十字军东征的又一因素。

在频繁的战争中，西亚的基督教会和修道院大都受到破坏。因此，夺取圣地成为十字军东征的主要借口。

1906年11月18日，乌尔班二世（1088～1099年在位）教皇号召西欧基督徒进行圣战，从异教徒手中夺回“主的陵墓”，参加者可完全免罪。次年，第一次十字军出发。

第一次十字军东征（1096～1099）的主力是以法国贵族为主的封建主武装。通过两年的战争，十字军占领了地中海东部长达1 200千米的狭长地带。在劫后的土地上，建立了以西欧封建制为模式的耶路撒冷王国（1099～1187）。其他十字军国家，如安条克公国（1098～1268）、埃德萨伯国（1098～1144）和的黎波里伯国（1109～1289）等，名义上为耶路撒冷王国的附庸，实际上是各自独立的。

第二次十字军东征（1147～1148）有法国国王路易七世（1137～1180年在位）和德意志皇帝康拉德三世（1138～1152年在位）参加。但两国联军于1148年7月28日在大马士革被赞吉之子和继承者努雷丁击溃，以失败告终。西欧主要国家的君主、神圣罗马帝国皇帝腓特烈一世（红胡子）、英王理查一世（狮心）和法王腓力二世·奥古斯都，皆率军参加第三次十字军东征（1189～1192）。腓特烈一世于小亚细亚渡河时溺死，德意志军大部分回国；英、法两国君主因领地争执，矛盾重重，明争暗斗。后匆匆回师。

第四次十字军东征（1202～1204）的矛头居然对准拜占廷。1204年，君士坦丁堡陷落，被十字军洗劫达一星期之久，破坏惨重。在十字军攻占的拜占廷领土上，西欧封建主建立了拉丁帝国。1261年，尼西亚皇帝巴列奥略家族的迈克尔八世灭拉丁帝国，恢复了拜占廷帝国。

第五次（1218～1221）、第六次（1228～1229）、第七次（1248～1254）和第八次十字军东征都无功而返。

1289年埃及马木留克王朝攻占十字军的重要据点的黎波里，1291年又攻占十字军在东方的最后据点阿克。西亚大陆的十字军国家至此全部灭亡。

《十字军骑士》 *Teutonic Knights; Krzyzacy* 波兰作家H.显克维奇最后一部重要的长篇小说。写于1900年。它以14世纪末15世纪初波兰北方一个德意志骑士团的入侵和波兰人民的反侵略斗争为背景。故事情节是：波兰著名骑士尤兰德的女儿丹露霞被骑士团拐骗。尤兰德为寻找女儿被割掉了舌头、烫瞎了眼睛，砍断了右臂，才被释放。丹露霞的丈夫、年轻的骑士兹贝什科为了寻找妻子，以及替先后悲惨离世的丹露霞和尤兰德报仇，和叔叔马奇科一起参加了1410年波兰和立陶宛联军，在格伦瓦尔德和骑士团决战，把骑士团军打得大败。作家善于以生动曲折的故事情节和鲜明突出的英雄形象来吸引广大读者。已有中译本。

十字石 staurolite 硅酸盐矿物，化学组成为$Fe_2Al_9[SiO_4]_4O_6(OH)_2$，晶体属单斜晶系。单个晶体呈短柱状。因晶体常呈“十”字形或“X”形贯穿双晶而得名。棕红、红褐、黄褐或黑色。玻璃光泽。莫氏硬度7～7.5。

十字石穿插双晶

密度3.74～3.83克/厘米^3。解理中等。是富铁、铝质的泥质岩石经区域变质作用的产物，见于云母片岩、千枚岩、片麻岩中，与蓝晶石、石榴子石等共生，温压条件的改变会转变成硬绿泥石、夕线石等，是显示中级变质作用的标型矿物。未经风化的、色泽鲜艳的十字石也用作宝石原料。瑞士巴塞尔有优质十字石产出，人们将它作成护身符佩戴在身。其他著名产地有美国佐治亚州范宁、缅因州温德姆、新墨西哥州陶斯等。

十足目 Decapoda 软甲纲真虾总目的一目，也是甲壳动物亚门中最大的一目。按形态构造分为游泳类和爬行类2亚目或分为长尾、异（歪）尾、短尾3亚目。近年来有较大变化，分为枝鳃亚目、腹胚亚目。共约9 000多种。其中主要是虾和蟹。

体躯延长呈虾形（腹部发达）或缩短扁圆呈蟹形（腹部退化）。体分头胸部和腹部。头胸部具发达的头胸甲。游泳生活的种类（如虾）腹部7节，多侧扁；腹肢发达，共6对，末对特化成尾肢，与尾节共同形成尾扇。有具柄的复眼。大颚粗壮，常有触须。胸肢前3对特化为颚足，鳃都在胸部。雌雄异体。虾、蟹类行两性生殖，卵生，发育过程中多有明显变态。

十足类主要为海产，少数种类栖于淡水，个别为陆栖，但繁殖时，幼体必须在水中生活。生活方式有游泳、漂浮和底栖。许多种类在渔业捕捞或养殖生产中占重要地位。

什邡市 Shifang City 中国四川德阳市辖县级市。位于省境中部，川西平原西北部。面积863平方千米。人口41万（2010），有汉、满、蒙古、回等民族。古称“十方”、“汁方”。汉高祖六年（前201）置汁邡侯国，武帝元鼎五年（前112）改汁方县。西汉王莽时改称美信县，东汉称什邡县。北周孝闵帝元年（557）改为方亭县，武帝时废。唐武德二年（619）复设什邡县。1995年撤县置什邡市。由德阳市代管。矿产以磷矿、煤、石灰岩等为主，磷矿量大质优，为全国重要的磷矿基地。工业以食品、化工、建材、煤炭、医药、机械、电力、卷烟、纺织等为主。农业主产水稻、小麦、油菜子、晒烟、大蒜、水果等，平坝地区是全国著名的粮、油、烟、猪等的生产基地。名胜古迹有蓥华山风景区、天鹅森林公园、龙居寺、青雀塔、李冰陵园等。在2008年5月12日汶川地震中受灾严重。

什切青 Szczecin 波兰西北部城市，最大港口，西滨海省首府。在奥得河下游西岸，北距波罗的海60千米，距什切青湾15千米。人口40.63万（2009）。8世纪形成聚落，10世纪末并入波兰。1720年被普鲁士占领，1945年归还波兰。第二次世界大战中严重被毁，后重建。地当波罗的海沿岸平原，地势低平，多小湖沼。属温带大陆性气候，年均气温7.5℃，年均降水量511毫米。经济、文化中心。以造船业规模最大，还有钢铁、机械、汽车、化学、建材、造纸、皮革、纺织和食品等工业。波兰重要的远洋渔业基地和河港。

什叶派 Shia; Shi ‘ah 伊斯兰教教派。阿拉伯语中“什叶”意为党人、派别，专指阿里的追随者。该派以拥戴阿里及其后裔为穆斯林社团领袖为其主要特征。后因内部分歧，相继分化出栽德派、十二伊玛目派、伊斯玛仪派等及许多支派。全世界什叶派穆斯林约有8 000多万人，主要分布在伊朗、伊拉克、也门、黎巴嫩、巴基斯坦、叙利亚、海湾各国和东非等地区。

穆罕默德去世后，伊斯兰教因哈里发继承权问题开始发生分歧。前三任哈里发任期中，以一些圣门弟子为核心，逐渐形成一个拥护阿里为哈里发的派别，被称作阿里党人。656年，奥斯曼·伊本·阿凡被刺后，阿里就任哈里发，但随之爆发伊斯兰教的第一次内战。661年阿里遇刺身亡后，穆阿维亚夺取权力，建立倭马亚王朝。阿里党人在政治斗争中严重受挫。680年，阿里之子侯赛因在卡尔巴拉之战中殉难，什叶派开始有了真正的发展。685～687年库法的穆赫塔尔起义，得到非阿拉伯穆斯林的支持，并提出隐遁伊玛目和马赫迪复临的学说，为后来什叶派教义的发展提供了重要内容。第六代伊玛目贾法尔·萨迪格专注于宗教学科，被认为奠定了该派的教法学基础。740年，侯赛因孙子栽德·本·阿里在库法发动起义并战死，追随者在9世纪形成栽德派。贾法尔·萨迪格于765年死后，激进派分裂出来，拥护其长子伊斯玛仪为伊玛目，后形成伊斯玛仪派，即七伊玛目派。大多数人拥护其次子穆萨为伊玛目，政治上对阿巴斯王朝持温和态度，称拉斐德派。9世纪末和10世纪初，什叶派布韦希人入主巴格达，伊斯玛仪派909年建立法蒂玛王朝，各支派均有所发展。在11世纪下半叶，什叶派遭受一系列挫折，政治力量大为削弱。1502年沙法维王朝建立，宣布十二伊玛目派为国教，使该派在伊朗得到充分发展，成为什叶派的主流派。

该派主张阿里及其与法蒂玛的后裔是先知的唯一合法继承人，否认前三任哈里发的合法地位。后据此形成系统的伊玛目学说，为其宗教体系的核心内容和根本依据。伊玛目是真主指定的穆斯林社团政教领袖，有传自穆罕默德的真光，具不谬性，并坚信末代伊玛目已隐遁，终将以马赫迪身份复临人世，恢复正义。其经注学尤为强调《古兰经》的隐义，唯有伊玛目才深知其玄奥。圣训学有经伊玛目传述的圣训集——四圣书及其注释。教法学以经、训和伊玛目的教法判断为立法原则，伊玛目隐遁后由权威教法学家公议，对伊玛目的判断作出解释，并以理智为补充。此外，允许教徒在受迫害时隐瞒真实信仰，准许有条件的临时婚姻，重视阿舒拉日，崇拜伊玛目陵墓等。除伊斯兰教公认的圣地外，还有卡尔巴拉、纳杰夫、马什哈德、库姆等圣城。其各支派中，栽德派最接近逊尼派，而伊斯玛仪派的一些支派，则被视为极端派。十二伊玛目派因受穆尔太齐赖派和照明哲学的影响，教义上显示出较多的活力。

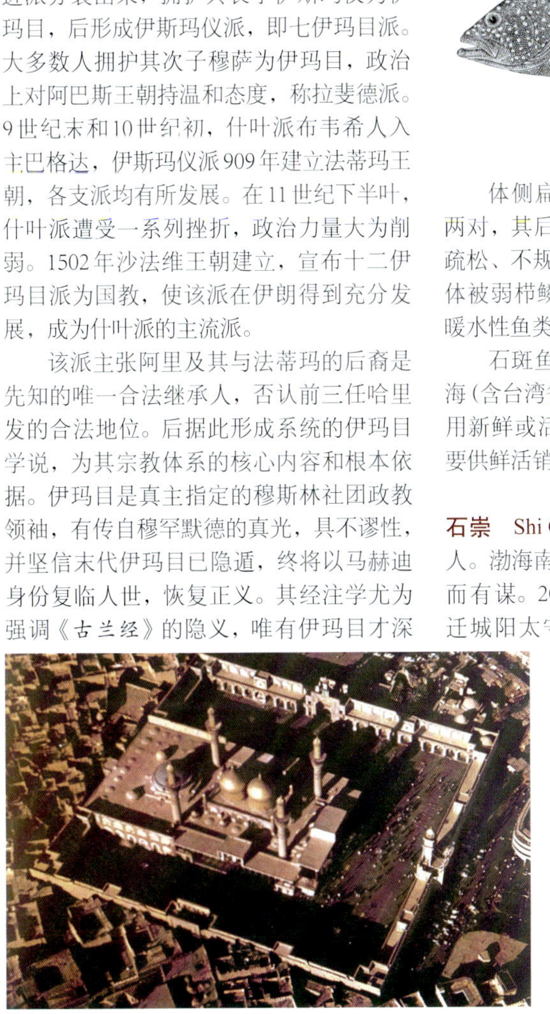

伊拉克巴格达郊外的卡第缅因清真寺是什叶派的圣地之一

石斑鱼 *Epinephelus*; grouper 鲈形目鮨科石斑鱼属鱼类的统称。名贵的海产食用鱼类。此属中国有31种，分布在南海、东海和黄海、渤海。此外，印度洋和太平洋的热带及亚热带海域也有分布。常见的种类有赤点石斑鱼（见图）、青石斑鱼和巨石斑鱼。

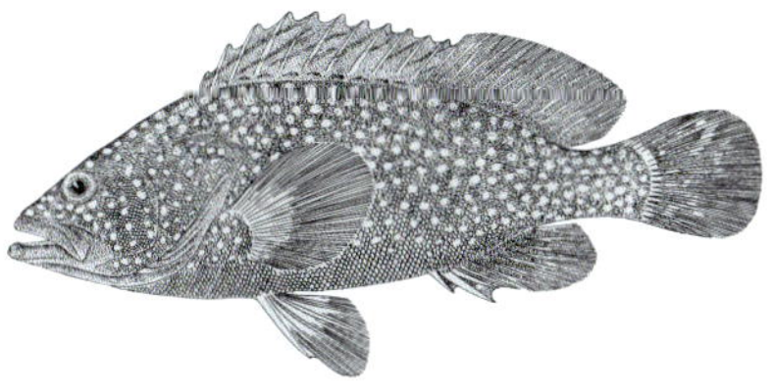

赤点石斑鱼

体侧扁，口较大，上颌前端有圆锥齿两对，其后有可倒卧的牙齿一丛。下颌齿疏松、不规则、多行，犁骨及腭骨具细齿。体被弱栉鳞，背鳍鳍棘强大。石斑鱼多属暖水性鱼类。性凶猛，捕食小鱼和虾类。

石斑鱼养殖已在东南亚地区和中国沿海（含台湾省）进行。海区捕捞一般用手钓。用新鲜或活的小鱼作饵。石斑鱼味美，主要供鲜活销。

石崇 Shi Chong（249～300） 中国西晋诗人。渤海南皮（今属河北）人。少敏惠，勇而有谋。20余岁为修武令，入为散骑郎，迁城阳太守。因伐吴有功，封安阳乡侯。惠帝即位，因对杨骏不满，出为南中郎将、荆州刺史。征为大司农，因为征书未至而擅去官被免职。元康六年（296）出为征虏将军，假节、监徐州诸军事，镇下邳。石崇有别馆在洛阳城南金谷涧，时征西将军王诩当还长安，洛阳文人名士30人因集金谷送行。昼夜游宴，并各赋诗，不能者罚酒三斗。石崇将集会所作诗集为《金谷集》，亲为作序。是依附贾谧的文人集团"二十四友"的成员。永康元年（300），赵王司马伦政变，诛杀贾谧。司马伦专权，石崇因参与反对赵王伦的政治活动，被赵王伦亲信孙秀诬杀。石崇性极豪奢，善诗文，《金谷诗序》记叙金谷宴游，于欢乐中流露出对人生不可久长的忧愁，颇有情致。他的另一篇《思归引序》则为《文选》所收录。石崇的诗《诗品》列为中品。《隋书·经籍志》著录有集6卷，佚。今存文8篇，见《全上古三代秦汉三国六朝文》；诗存9首，见逯钦立《先秦汉魏晋南北朝诗》。

石莼属 *Ulva* 绿藻门石莼科的一属。有30余种。中国约有6种。多数种类分布在温带至亚热带海洋中。常见种类有孔石莼、石莼、蛎菜、裂片石莼等。藻体为多细胞的膜状体，呈宽广叶片状或叶片裂成许多小叶片或者分枝，由2层细胞组成藻体，无柄。藻体基部细胞向下延伸出假根丝，形成多年生固着器。生活史为明显的同形世代交替。成熟时，除基部外，全部细胞均能产生游动孢子或者配子。生长在高潮带至低潮带和大干潮线附近岩石上或石沼中。幼嫩的孔石莼与石莼是很好的食品，称"海白菜"，也可制清凉饮料。石莼入药有下水、利小便的作用，在福建、广东称为"昆布"。老藻体还可作家畜或家禽的配合饲料。

石达开 Shi Dakai（1831～1863-06-25） 中国太平天国时期首义诸王之一。广西贵县（今贵港市）人。道光二十七年（1847）加入拜上帝会。1851年1月参加金田起义，任左军主将。12月，在永安（今广西蒙山）封翼王。

1853年（咸丰三年）太平天国建都天京（今江苏南京），分兵北伐、西征。石达开赴安庆，经略安徽并节制西征军事。1854年回天京，协助杨秀清处理军国要务，负责天京城防。秋，再次奉命出京指挥西征军事。1855年初，在湖口和九江大败曾国藩所率湘军水师，太平军第三次克复武昌。11月至次年4月，克复江西50余州县，困曾国藩于南昌。后率军回援天京，6月间会同他部太平军击溃清军江南大营。

1856年9月，太平天国发生内讧，韦昌辉杀东王杨秀清，滥杀杨部将士。石达开从武昌回天京，责韦滥杀，危及天国。旋被迫出逃，起兵讨韦。洪秀全处死韦昌辉，任石达开为通军主将，提理政务。因受洪秀全猜忌，不安于位，1857年5月自天京出走，带兵20多万单独行动。先后转战江西、浙江、福建、湖南、广西各地。途中，部将彭大顺、朱衣点等与之决裂，返旗回朝。1863年初（同治元年末），率军入四川。5月14日，到达大渡河南岸紫打地（今石棉县安顺场附近），遭清军及土司兵截击，伤亡惨重。致书四川总督骆秉章，愿"舍命以全三军"，亲至清营，请赦残部。6月25日从容就义于成都，遗部2 000余人全被袭杀。

石刁柏 *Asparagus officinalis*; common asparagus 百合科天门冬属的一种。多年生草本植物。又称芦笋。以嫩茎作蔬菜食用。原产地中海沿岸。19世纪末传入中国，现主要分布在台湾、浙江、山东、河南等省。

根系发达，有贮藏养分的肉质根，以及着生于肉根上、营吸收功能的纤细根。茎多分枝，叶小，鳞片状。雌雄异株，雄株产量（嫩茎）比雌株的高20%～30%。对土壤适应性较广，宜于砂壤土中栽培。多行种子繁殖。忌连作。

石刁柏的嫩茎富含多种维生素和各种氨基酸。可作蔬菜食用，也可加工制成罐头食品。味清香鲜美，柔嫩可口。对心脏病、高血压等疾病有一定疗效，其肉质根有利尿作用，被视为一种保健食品。

石雕 stone carving 以石块为原料雕刻各种图案和形象以及立体造型的技艺或雕塑工艺品。

沿革 甘肃永昌鸳鸯池出土的新石器时代的石雕已有浮雕人物像。河南安阳商代遗址中也出土了白色大理石雕刻的人物和动物像。南北朝以后，出现山西大同**云冈石窟**、河南洛阳**龙门石窟**等的大型石雕佛像群。同时，小型石雕工艺品也有发展。宋代，石雕品种由佛像、建筑装饰等逐渐演变为小型的工艺品以及印章、文具等实用品。

品种 中国石雕按石料分，有滑石雕刻、汉白玉雕刻、青石雕刻、卵石雕刻、墨晶石雕刻、菊花石雕刻、彩石雕刻等。按产地分，则有青田石雕、寿山石雕等。山东莱州滑石雕刻的品种以猴、马等动物著名，小巧可爱，常作为儿童玩物。河北曲阳汉白玉雕刻以建筑装饰和佛像为著名。云南大理石雕刻早在唐代便已闻名，采用点苍山的大理石为原料，其纹理犹如着色山水画，层叠远近，五色灿然，品种主要有插屏、镶嵌家具以及灯座、砚台等。福建惠安青石雕刻以龙柱、石狮、花鸟柱等著名。石狮采用镂雕技法，口中含有滚动自如的石珠，人称"南狮"，享有盛誉。甘肃兰州卵石雕刻系采用黄河河道的卵石雕刻而成，造型多变，是深受欢迎的旅游工艺品。此外，内蒙古赤峰的巴林彩石雕刻、辽宁沈阳的太子河石雕刻、湖南洞口的墨晶石雕刻等，都各具特色。石雕还可按用途分，主要有建筑装饰、神佛造像、人像、文具、玩具、日用品、家具装饰以及陈设欣赏品。

技法 有阴刻、浮雕、圆雕、镂雕、影雕等。影雕是福建惠安青石雕刻的独特技法，系用大小不同的钢钻在青石上凿錾，凭借钻点的大小、深浅和疏密来表现山水、鸟兽、人物、花卉等形象。

石膏 gypsum 化学组成为$Ca[SO_4]\cdot 2H_2O$，晶体属单斜晶系的含水硫酸盐矿物。又称二水石膏或生石膏。常根据形态、物性或组成特征取不同名称：纤维状石膏集合体，称纤维石膏；白色透明、细粒状石膏块体，称雪花石膏；无色透明石膏晶体，称透石膏；含少量泥质碳酸盐矿物、呈浅灰色的，

称普通石膏；含较多黏土矿物、呈土状集合体的，称泥质石膏。晶体呈板状、粒状、纤维状，燕尾状双晶常见。集合体呈致密块状、纤维状、土状等。无色或白色，常因杂质染成灰黄、褐红等色。玻璃光泽，解理面显珍珠光泽、纤维石膏显丝绢光泽。莫氏硬度1.5～2.0。密度2.3克/厘米^3。性脆。解理极完全至完全。解理薄片具挠性。不溶于水。煅烧石膏时，随着温度升高、逐渐脱水会导致新物相产生和性能的改变。当温度升高到100～200℃时，转变成半水石膏，即熟石膏（$CaSO_4\cdot 0.5H_2O$）。加热到200～400℃时，转变为易溶的**硬石膏**，它能强烈吸收空气中的水分变成半水石膏。继续加热到600～800℃，变成不溶的硬石膏，当加入少量石灰或粒化高炉矿渣作催化剂，则可成为强度高的硬石膏胶结料。加热到900～1 000℃时，形成煅烧石膏（又称水硬性石膏）。

石膏大量用于建材工业，其次是农业、化工和轻工行业。未煅烧石膏主要用作硅酸盐水泥的缓凝剂、土壤改良的调节剂、农用肥料，纸张、油漆、橡胶、塑料、日用化工、纺织品的填料；煅烧石膏可用作石膏板（轻质墙体材料）和灰泥（建筑胶结材料）。石膏也是常用的中医矿物药。

石膏分布极广，主要在沉积和风化条件下形成，少数为热液形成的硫化物矿床。海盆和湖盆里形成的石膏，由卤水蒸发或由硬石膏水化而成，与硬石膏、石盐等共生。硫化物矿床氧化带的石膏，主要由硫化物变来。中国石膏储量居世界首位。著名产地有湖北应城和云梦，山西太原、大同、平陆，湖南湘潭、澧县和邵东，辽宁辽阳和本溪等。

石鼓文 inscriptions on drum-like stone 中国周代秦国**石刻文字**。

石棺墓 stone-chambered tomb 古代用石棺为葬具的墓葬形式。又称石棺葬。棺用石块垒砌或用石板叠架。多分布在日本、朝鲜、蒙古国、西伯利亚、南亚次大陆及中国的东北、台湾和西南地区。年代大致在新石器时代晚期至早期铁器时代。中国东北的石棺墓多不晚于西汉，西南地区的可晚到东汉，西藏吐蕃石棺墓则延续到9世纪。石棺墓葬式较多，有单人葬和合葬，有一次葬和二次迁葬。

石河子市 Shihezi City 中国新疆维吾尔自治区直辖县级市。位于自治区西北部。面积约457平方千米，人口63万（2008），有汉、维吾尔、哈萨克、回、蒙古等37个民族。境内有石河子总场、152团、新疆农垦科学院试验场、石河子大学试验场4个农场。1950年，中国人民解放军屯垦戍边，开发石河子地区。1976年设立石河子市，并成立石河子地区。1978年撤销石河子地区，

王震将军铜像

石河子市为自治区直辖。工业有棉纺、毛纺、制糖、食品加工、造纸、塑料制品、机械、煤炭、电力、建材等。为新疆轻纺工业基地。农产品有小麦、稻谷、玉米、棉花、甜菜、西瓜、哈密瓜、葡萄、苹果、蟠桃等。建有周恩来总理纪念碑、王震将军铜像、艾青诗歌馆，还有大漠水库、北湖公园等景点。

石斛 *Dendrobium nobile*; nobile dendrobium 兰科石斛属的一种。分布于中国广东、广西、台湾、湖北等地区。亚洲热带其他地区也有。附生植物，多生于树上或岩壁上。茎肥厚，成簇，圆柱形，上部稍扁，具节，节上生叶。叶扁平，近革质，花期有叶或无叶。总状花序具1～4朵花；点垂，白色带淡紫色，由3枚萼片、2枚花瓣和1枚特化的唇瓣组成；唇瓣宽卵状矩圆形，不分裂，两面被毛；雄蕊与花柱合生而成合蕊柱，合蕊柱顶端有1花药，具萼囊；花粉黏合而成4个蜡质团块。蒴果。附生于林地树木上或爬于石上。

石斛茎可加工成中药材“石斛”，含有石斛碱等多种生物碱，有滋阴养胃、清热生津和强壮的功效。

石虎 Shi Hu (295～349) 中国十六国时期后赵皇帝。字季龙。羯族。上党武乡（今山西榆社北）人。石勒从子，因幼时由石勒之父收养，因而也被认为是石勒之弟。性残暴骁勇，善用兵，跟随石勒屡立战功。319年石勒称赵王、称帝时，石虎曾为单于元辅、太尉、守尚书令，封王。334年，石虎废石勒子石弘自立，称居摄赵天王，次年迁都于邺。337年改称大赵天王，349年称帝。石赵统治一度比较稳定繁荣。石虎与辽东的前燕慕容氏、河西的前凉张氏多次作战，互有胜负，还曾计划进攻东晋和成汉以夺巴蜀。但因石虎的奢侈暴虐也造成境内起义不断，乞活军和梁犊义军曾给予其统治以巨大打击。

石虎晚年，诸子石邃、石宣、石韬等争为太子，造成混乱。349年石虎死，太子石世与其兄石遵、石鉴迭相残杀。最后石鉴为冉闵所杀，后赵灭亡。

石花菜属 *Gelidium*; agar 红藻门石花菜科的一属。重要经济海藻。有40余种，广泛分布于世界温带海域，太平洋西岸是主要产区，以中国、日本和朝鲜半岛最多。产于中国的有10余种，常见的有石花菜、小石花菜、大石花菜、中肋石花菜和细毛石花菜等。

藻体一般高10～20厘米，由主枝和多次分枝组成，以假根固着于岩礁上。红色或棕红色。多年生。生活史由配子体、孢子体和附生于雌配子体上的果孢子体三个世代组成。喜生长在风浪冲击、波涛汹涌的岸边，不耐干燥，垂直分布一般在干潮线以下5～10米处。繁殖盛期多在6～10月。

养殖用的苗种可从海底采捞或者人工育苗；养成方法主要采用夹苗、筏式养殖法，且多平养。可供食用、药用和工业用，其琼胶含量丰富，是医药、纺织和食品工业的重要原料。

石灰 lime 以氧化钙为主要成分的气硬性无机胶凝材料。包括生石灰和熟石灰。以碳酸钙含量高的石灰岩、白云岩、白垩、贝壳等为原料，经900～1 100℃煅烧即得生石灰。生石灰为白色固体，耐火难熔，具有吸水性，可作干燥剂。生石灰与水反应或吸收潮湿空气中的水分后即成熟石灰，又称消石灰。化工副产品电石渣也属此类胶凝材料。公元前8世纪古希腊人将石灰用于建筑，中国在公元前7世纪开始使用石灰。石灰是用途广泛的建筑材料；工业上用于制革、制造漂白粉、冶炼金属；农业上用作间接肥料，改良酸性土壤和防治病虫害。

石灰岩 limestone 主要由方解石组成的碳酸盐岩。简称灰岩。常见的沉积岩。古代石灰岩则是由低镁方解石组成。石灰岩成分中经常混入白云石、石膏、硬石膏、菱镁矿、黄铁矿、蛋白石、玉髓、石英、海绿石、萤石、磷酸盐矿物等。此外还常含有黏土、石英碎屑、长石碎屑和其他重矿物碎屑。现代碳酸钙沉积物由文石、高镁方解石组成。

分类 主要有两种：一种是化学成分的分类，多被化工等部门采用；另一种是结构多级分类，多被地质、石油等部门采用。按结构成因主要分为：①颗粒灰岩。由颗粒组分形成的石灰岩。大部分颗粒组分如内碎屑、骨屑、鲕粒以及部分团粒和团块都是明显经过水流搬运作用形成的。②泥晶灰岩。由无黏结作用的泥晶方解石组成的石灰岩。属于静水和低能带环境的产物。③叠层灰岩。主要由分泌黏液的藻类（蓝、绿藻），通过捕集、黏结碳酸盐颗粒物质形成的岩石。一般具有水平叠层构造的叠层灰岩主要产出于潮上和潮间低能环境。具有柱状叠层构造的叠层灰岩生成环境的水动能较强，主要是潮间带下部及潮下带上部。④凝块灰岩。为无隐藻纹层的凝块状石灰岩。隐藻凝块体虽无内部纹层，但是具有叠层石的宏观外貌和类似向上生长的构造。产出环境比较宽广，从潮间带至较深的潮下带。⑤骨架灰岩。又称生物礁灰岩。一种造骨架的碳酸盐生物构筑体。骨架将碳酸岩沉积物黏在一起，形成固定在海底上的坚硬的具有抗浪性的碳酸盐岩礁。其形成和规模，决定于海水深度、温度、地形、盆地的升降速度以及海进海退变化等（见珊瑚礁）。⑥白垩。一种细粒白色疏松多孔易碎的石灰岩，质极纯，其$CaCO_3$含量大于97%，矿物成分主要为低镁方解石，可含少量黏土矿物及细粒石英碎屑，生物组分主要是颗石藻（2～25微米）和少量钙球。生成于温暖海洋环境，其沉积深

石灰岩形成的石林（云南石林）

度从几十米到几百米。⑦结晶灰岩。泛指由结晶方解石或重结晶方解石组成的石灰岩。结晶灰岩也有原生的，如大陆地表泉水、岩洞或河水由蒸发作用形成的石灰华和钙泉华。⑧钙结岩。一种发育于干旱或半干旱地区土壤和细砂中的富石灰质沉积物，呈同心环带的似枕状体。

用途 主要用于混凝土骨料和铺路基石，制造水泥和石灰，冶金工业中作熔剂，环保中用于软化饮用水及污水处理，农业中作土壤调节剂、家禽饲料添加剂，还可用于轻工、化工、纺织、食品等工业。在石灰岩发育地区，常形成石林、溶洞等优美风景区，是宝贵的旅游资源。

石挥 Shi Hui (1915～1957) 中国电影演员、导演。原名石毓涛。天津人。1940年到上海开始从事话剧演员工作。自1941年起参演电影，在《乱世风光》中初露头角。

1947～1951年主演了《假凤虚凰》、《太太万岁》、《夜店》、《艳阳天》、《腐蚀》等12部影片并导演了3部影片。在他自己导演的《我这一辈子》中扮演的警察，是他表演上的杰作。他的表演既重视内心体验，又注意外形塑造，因而形象性格鲜明、外形独特，具有浓厚的韵味。其后，参加了《姊姊妹妹站起来》、《光辉灿烂》、《美国之窗》、《宋景诗》等片的演出。还导演了《鸡毛信》和《天仙配》，自编自导了《夜航》。有文集《石挥谈艺录》出版。

石家河文化 Shijiahe Culture 中国新石器时代末期文化。以湖北天门石家河遗址群

而命名。由屈家岭文化发展而来。主要分布在江汉地区和洞庭湖周围。年代约为公元前2500～前2000年。当时的经济生活以稻作农业为主。在邓家湾遗址发现了铜块和炼铜原料孔雀石，标志着冶铜业的出现。制玉、制陶手工业发达。玉器有人面雕像、兽面雕像、蝉、鸟、玦、璜形器等，都属于小型玉器。邓家湾遗址集中出土了大批小型陶塑，有的一座坑中竟达数千件之多。所塑有鸟、鸡、猪、狗、羊、虎、象、猴、龟、鳖以及抱鱼跪坐的人物等。这些陶塑可能供原始巫术、祭祀活动之用，邓家湾似为专门产地，通过交换输往各地。出现如石家河遗址群那样的中心聚落，由石家河古城和周围数十处遗址组成。石家河古城位于石家河文化分布区的核心位置，面积约120万平方米，其规模在已知中国史前古城中仅次于山西襄汾陶寺古城（见陶寺文化）和浙江杭州余杭良渚古城（见良渚文化）。石家河文化的房屋建筑普遍为平地起建的

玉人头像

长方形单间房和连间房，除木骨泥墙外，还出现较进步的夹板夯土墙。墓葬有土坑墓和瓮棺墓。大、小墓在随葬品的规格和数量上差别悬殊，反映出当时的社会存在等级制度和贫富分化。肖家屋脊遗址一座大型土坑墓长3米多，随葬品百余件；另一座成人瓮棺中有小型玉器56件，居该文化已发现的玉器墓之首。墓主可能为首领级人物。同时，在肖家屋脊和邓家湾的陶器上发现20多种刻符，是一种具有特定含义和较固定形态的会意符号。石家河文化文明起源的进程是与中国其他地区同步发展的。

石家庄市 Shijiazhuang City 中国河北省辖市，省会。位于省境西南部，西倚太行山。辖长安、桥东、桥西、新华、裕华、井陉矿区6区和井陉、正定、栾城、行唐、灵寿、高邑、深泽、赞皇、无极、平山、元氏、赵县12县，代管辛集、藁城、晋州、新乐、鹿泉5市。面积15 722平方千米。人口1 016万（2010）。20世纪初为获鹿县一小村，1902年和1907年，京汉、正太铁路先后修建，交会于此，形成交通要冲。1925年始称石家庄市，1939年建石门市。1947年改

石家庄城市风光

石家庄市。年平均气温12.9℃，平均年降水量566毫米。盛产棉花和小麦。西有井陉煤矿，煤炭资源丰富。石家庄是全国最大的医药工业基地和重要的纺织基地之一，是国家确认的首批生物产业基地。形成以医药、纺织、化工、机械、电子、食品等为主的工业体系。市内有河北师范大学、河北医科大学十余所高等院校，还有河北省科学院及科研机构多所。为交通要冲，素有“南北通衢、燕晋咽喉”之称，是中国铁路、公路、邮政贯通、辐射面广的省会城市。石家庄市是中国重要的铁路枢纽，京广、石太、石德三条铁路交会于此，石家庄火车站是北方重要的客货中转站，京珠、石太及石黄等高速公路通过。石家庄民航机场是河北省第一个大型民用机场。石家庄邮政枢纽是中国四大邮件处理中心之一。革命纪念地有石家庄解放纪念碑、华北烈士陵园（内有白求恩墓、柯棣华墓）、西柏坡中共中央旧址。名胜古迹有安济桥、隆兴寺、永通桥、苍岩山等。

石介 Shi Jie (1005～1045) 中国宋代学者、文学家。字守道，一字公操。兖州奉符（今山东泰安）人。曾居徂徕山（今泰安东南）下，时称徂徕先生。天圣八年（1030）进士，任郓州观察推官。历南京留守推官、嘉州军事判官、国子监直讲、太子中允、直集贤院等职。庆历五年（1045）除濮州通判，未赴任而卒。尝从孙复学，博通经术，为文章论古今治乱成败，指切当世，无所顾忌。他是宋代理学酝酿时期的重要人物，与胡瑗、孙复并称“宋初三先生”。他在《原道》、《尊韩》以及《与士建中秀才书》等文中，极力倡导古文，阐述道统。在同时代作家中，推崇柳开、孙复。又著《怪说》、《中国论》诸文，抨击佛、老，指斥杨亿为首的西昆体诗为“淫巧侈丽，浮华纂组”。诗与文的风格相类，不事雕琢，“骨力甚劲”而“殊少蕴藉”。著有《徂徕先生全集》，有康熙五十五年石维岩刻本。1984年中华书局出版有陈植锷校点本。

石经 stone classics 中国古代刻于石碑、摩崖等介质上的儒家经籍或佛道经典。研究儒、释、道家文化的重要资料。石经刊刻始于东汉。迄今有文字可考的儒家石经有7种：①东汉的《熹平石经》，又称《一体石经》。②曹魏的《正始石经》，又称《三体石经》。③唐代的《开成石经》，包括十二经刻石，又称《唐石经》。④五代的蜀石经。⑤北宋石经，当时又称汴学石经。⑥南宋石经，又称宋高宗御书石经。⑦清石经。石刻佛经约始于北魏之末，盛于北齐、北周，以北京云居寺的房山石经最为有名。石刻道教经典约始于唐中叶，盛于宋、元，刻得较多的是《道德经》(以山东文登的《圣经山道德经》摩崖刻石最为著名)。明清之际顾炎武的《石经考》、清代万斯同的《石经考》、现代马衡的《汉石经集存》和张国淦的《历代石经考》，对石经的源流、文字均有考释。

石景山区 Shijingshan District 中国北京市辖区。位于城区西部。面积86平方千米。人口62万（2010），有汉、回、满、蒙古、朝鲜、藏、白、苗、壮等22个民族。1952年始称石景山区，以境内有石景山得名。1958年撤销，1967年恢复。矿产资源有无烟煤、石灰岩等。主要有首都钢铁公司、石景山发电厂等企业。首钢已有60余年历史，为中国著名钢铁基地之一（已陆续迁出北京市）。农业以生产蔬菜和水果为主。名胜古迹有西山八大处、法海寺、慈善寺等。八宝山革命公墓位于区内东部。

石敬瑭 Shi Jingtang (892～942) 中国五代后晋的开国皇帝。沙陀部人。见后晋高祖石敬瑭。

石刻文字 stone inscription 中国历代刻于石上的文字。又特指先秦石刻文字。是传统“金石学”研究的重要内容之一。对研究文字、语言、历史等都有重要的参考价值。

先秦的石刻文字往往见于戈、磬等器物上，非器物的刻石为数不多。后者一般是直接利用天然石块或石壁刻成的，即没有为刻铭而对岩石进行形状加工。秦代以后，依照刻铭目的及用途，逐渐形成各种具有固定外形的石刻类型。主要有以下几种：刻石（摩崖与碣）、碑、墓志、塔铭、经幢、造像题记、画像石、经版、买地券、建筑物附属零散刻铭。其中前三种最重要。

东汉时期存留下来的摩崖颇多，如著名的《鄐君开褒斜道记》、《石门颂》等。汉代的摩崖大多为长篇铭颂，其作用及文

体内容与汉碑相近。宗教方面的石刻在摩崖中占相当数量，其中有摩崖刻经。造像和造像题记也有相当数量是直接就摩崖刊刻而成。

秦国的石鼓文是碣的典型代表。石鼓文刻在10个石碣上，原来立在秦国雍城（今陕西凤翔）县南面的三畤原上，唐代初年始见于记载。这10个石碣每个高70余至80余厘米不等，形状似高脚馒头。因为它们类似鼓，一般称之为石鼓。石鼓曾经经过几次迁移。现收藏在故宫博物院内。石鼓各石上都刻有一篇六七十字或七八十字的四言诗。原来共有700余字，由于石的表面不断剥蚀，一大半字已残脱。根据新的研究，石鼓文是春秋晚期偏早的秦国文字。

石鼓文（拓本）

秦统一后，始皇巡行天下，在峄山、泰山、琅邪台、之罘（也作芝罘）、碣石、会稽等地刻石铭功。这些刻石是研究秦代篆书即一般所谓小篆的最好资料。西汉碑刻文字流传下来的不多。东汉时代，刻碑之风兴起，有大量碑文和摩崖文字（刻在崖壁上的文字）等流传下来。东汉碑刻一般使用工整的隶书。到了后期，书法往往很美，如《乙瑛碑》、《礼器碑》、《华山碑》、《曹全碑》、《张迁碑》等。现代书法家所写的隶书多数出自汉碑。

汉末曾将儒家主要经典刻石立于洛阳太学。由于其事始于灵帝熹平四年（175），世称《熹平石经》。其字体也是工整的隶书。曹魏正始，又将《尚书》、《春秋》二经的“古文”本刻石立于洛阳太学，每个字都用古文、小篆、隶书三种字体书写，世人称为《**正始石经**》或《三体石经》。两种石经都早已毁坏，但自清末、民国以来发现了一些残石，对研究古代文字形体颇有帮助。

晋以后，墓志逐渐流行。墓志又称墓志铭，因为志文记载死者家世和生平梗概，文后还有一段有韵的铭。

刻石、碑刻、墓志之外的石刻文字，或用于特殊场合，或数量较少，都比较专门。

石窟 cave temple 开凿在山崖上的古代庙宇。又称石窟寺。是宗教信徒礼拜、供养、起居和修行的场所。最早起源于古埃及，前身为中王国时代各州显贵在尼罗河沿岸山崖开凿的岩窟墓。到新王国时代，岩窟墓发展为石窟寺。最有名的是第19王朝法老拉美西斯二世在埃及南部开凿的阿布辛拜勒石窟，内部按埃及神庙规格布置，门面依崖凿刻4尊高达23米的法老像，被公认为世界上第一次出现的巨型石窟造像。公元前5～前4世纪，波斯帝国诸王先后在首都波斯波利斯附近的山崖开凿岩窟墓。前3世纪后传入古代印度，发展为佛教、耆那教的石窟。随着佛教的传播，石窟传至阿富汗等中亚地区。公元3世纪，通过丝绸之路，由西向东逐渐传播到中国内地，并与中国传统的建筑、雕塑艺术相融合，形成具有中国特色的石窟。

石窟形制 可分为：①塔庙窟，又译支提窟，主室后部是主体建筑佛塔（中心塔柱），信徒可以绕塔礼拜，是具有礼拜性质的石窟；②佛殿窟，窟内设置以释迦等形象为主像；③精舍殿，为佛殿与僧房混合而成；④禅窟，专供僧人坐禅之用；⑤僧房窟，又译作毗诃罗窟，中部有大厅，四周凿若干小室，供僧人起居之用。此外，还有大量单独存在或附凿在各类石窟附近的摩崖造像。

外国石窟 主要集中在印度西部的德干高原。印度地处热带，气候炎热，而岩窟具有冬温夏凉、适宜静居的特点，故在吠陀时代就有隐士和“仙人”居住的洞窟建筑。印度宗教石窟约开凿于前3世纪中叶，7～8世纪逐渐衰微。现存洞窟1 200多个。以佛教石窟为主，约占3/4，其他有耆那教和印度教的石窟。重要代表有巴查石窟、卡尔利石窟、纳西克石窟、**阿旃陀石窟**、**埃洛拉石窟**、奥莱伽巴德石窟。它们建筑规模宏伟，以丰富、精美的雕刻、壁画见称，是古代印度石窟艺术的精华所在。4～7世纪的印度笈多王朝时期的石窟雕刻和壁画不仅影响了后来的印度美术，而且对东方佛教艺术也产生了深远影响。

中亚地区的石窟主要集中在阿富汗，著名的有中部的**巴米扬石窟**，东部贾拉拉巴德的费尔哈纳石窟、北部的哈扎尔斯姆石窟等，以佛殿窟为主，另有大像窟，塔庙窟很少见到。阿富汗因位居东西方文化交流枢纽地带，石窟艺术兼有印度、波斯、中亚各地流派的特点。

中国石窟 中国开凿石窟始于3世纪，盛于5～8世纪，最晚可到16世纪，分为新疆、中原北方、南方和西藏四大区域。形制除佛殿窟、僧房窟两大类外，还有塔庙窟和大像窟等。绝大多数为佛教石窟，以**敦煌石窟**、**云冈石窟**和**龙门石窟**三大石窟为杰出代表；个别属于道教石窟。新疆吐鲁番还有摩尼教石窟。20世纪初，许多石窟遭到外国人的盗劫和破坏，众多精美的佛教艺术品被劫掠到国外。

佛教东渐，首及西域诸国。故新疆石窟开凿年代较早，约从3世纪开始，一直延续到13世纪。新疆石窟从喀什到吐鲁番均有分布，以库车、拜城为中心的古龟兹地区最为集中，其中拜城的**克孜尔千佛洞**、库车的**库木吐喇千佛洞**为典型代表。洞窟中一般是泥塑和壁画相结合。6世纪以前主要流行小乘佛教题材，绘画技法为西域流行的晕染法。6世纪以后，出现大乘佛教题材，绘画技法受到中原文化的影响。新疆是石窟艺术东传路线上的重要地区，在中外文化交流中起着桥梁作用。新疆石窟艺术融会了印度、中亚等地的佛教艺术和当地的传统文化，与中原佛教艺术相比，在塑像、壁画风格和绘画技法上都具有浓郁的异域情调。

中原及北方地区的石窟数量多、分布广，是中国石窟的主要部分。河西和陇东是沟通西域和长安的重要交通路线，也是佛教东传的主要途径，石窟艺术的发展比中原东部地区要早，约在4世纪就有开凿活动。敦煌莫高窟、武威**天梯山石窟**、永靖**炳灵寺石窟**、天水**麦积山石窟**等为这里石窟的典型代表。这一带的石窟艺术既与西域有密切关系，也受到东部长安和洛阳等地佛教艺术的影响，在中国雕塑艺术史上占有重要地位。晋、豫及其以东地区是中央王朝统治中心，也是中国石窟艺术精华所在。这里的石窟始凿于5世纪中期。以地处都城附近、由皇家开凿的大同云冈石窟、洛阳龙门石窟、邯郸**响堂山石窟**等为石窟主流。不仅洞窟数量多、规模大，而且题材丰富、雕刻精美，往往引导中国石窟艺术的潮流，对其他地区产生巨大影响。

南方石窟以江浙、四川和云南较为集中。年代较早的是5～6世纪开凿的南京栖霞山石窟（见**栖霞山石刻**）和浙江新昌大佛。

阿旃陀石窟第10窟壁画

其后有6世纪开凿的四川广元皇泽寺、千佛崖石窟（见皇泽寺摩崖造像、广元千佛崖造像），7世纪的巴中西龛等石窟。8世纪以后四川石窟由北向南扩展，出现大足、安岳等石窟（见大足石刻、安岳石刻）。9～11世纪，云南开凿了剑川石钟山石窟。10～14世纪，杭州有西湖石窟（见飞来峰造像）。从形式上看，南方地区以摩崖龛像为主，洞窟较少。

西藏地区是中国晚期石窟的重要区域。日喀则、拉萨、山南、林芝、昌都地区以摩崖造像为主，西部阿里地区主要开凿洞窟。年代最早的是拉萨的查拉路甫石窟，为中心柱窟，由吐蕃赞普松赞干布的藏妃茹雍主持开凿。阿里石窟集中在札达县古格故城附近，开凿于11～16世纪。塑像一般已不存，但保存下大量色彩鲜艳的壁画。外来文化影响明显，如壁画中的晕染法和对兽纹、环形联珠纹等，都是西域和河西一带所流行的。

石窟庵 Seokguram 朝鲜半岛新罗统一时期石窟寺院。位于韩国庆尚北道庆州市吐含山。以花岗岩建成。正式名称为石窟庵石窟。1995年作为文化遗产被列入《世界遗产名录》。系新罗统一时期宰相金大城为供养前世父母于景德王十年（751）建造，初称石佛寺，后改现名。石窟为前方后圆式，由前室、过道和主室构成。前室左右壁面有八部众浮雕像，过道两侧各有两尊天王雕像。主室莲座上有本尊佛像，高3.8米，有极高的艺术价值。主室壁面下层雕十一面观音、文殊、普贤、十大罗汉等；上层为安置在小龛中的圆雕像。雕像原施有彩绘。本尊佛容貌温和、躯体丰满，菩萨等

石窟庵主室中央莲座上的本尊佛像

曲线秀美、姿态优雅，堪称新罗石雕技术的极致。

石库门 shikumen houses; stone-doorframe houses 中国上海市区传统住宅形式。因门框采用粗实厚重的石料而得名。天津、武汉等地原租界区也有类似住宅。最早出现于19世纪后期，一般为仿西洋联排式木结构住宅，加砖墙承重，三开间或五开间，主要部分为二层楼，后部附属房屋为单层，称老石库门建筑。早期限于租界区，后范围逐渐扩大，占当时民居住宅的3/4以上，以20世纪20年代最为盛行。20世纪初出现双开间甚至单开间的结构，并有三层楼（一般称假三层）出现，称新石库门建筑。典

上海威海路石库门老建筑住宅小区

型的三开间，进大门为天井（前天井），后为客堂，两侧为东西厢房，客堂后为后天井和灶间，两侧有东西后厢房。两个天井的基本功能是改善室内通风和采光，前天井还提供室内露天活动场所，同时也形成住宅内外部空间的过渡。后天井通常附设水井或安装自来水。灶间楼上为亭子间和晒台。20世纪30年代后，因住宅紧张，空房转租，石库门住宅由一楼一户变为多户居住。20世纪末，上海市已将部分有特色的石库门里弄作为近代优秀建筑加以整组保护。

石蜡 paraffin wax 固体烷烃的混合物，无色、无味、白色或淡黄色固体。石油蜡的主要组分。

石勒 Shi Le (274～333) 中国十六国时期后赵建立者。字世龙，原名訇勒，一作匐。羯族。上党武乡（今山西榆社北）人。

石勒青年时期曾从事耕田、沤麻等农业活动，后在荒年被并州刺史司马腾枷押山东出卖。被主人放免后，结识马牧帅汲桑。305年，和汲桑率领牧人乘苑马数百骑，投奔起兵于赵魏的公师藩。石勒原有一小队胡族为主的部下，号称“十八骑”。这时胡汉各族归附他的日益增多。307年，石勒率部投汉主刘渊，改姓石姓。311年，于宁平城（今河南郸城东北）全歼晋军。后攻破洛阳，俘晋怀帝。既而筹划进攻东晋。312年依张宾之策，放弃南下计划，进据襄国（今河北邢台）为基地，逐步统一黄河以北大部地区。319年，自称大将军、大单于、赵王。到321年，幽、并、冀三州皆归石氏。323年破曹嶷，取青州。328年在洛阳大败前赵军，俘刘曜，并有关陇。北方地区除辽东慕容氏、河西张氏外，都统一于石氏。330年，改称赵天王，行皇帝事，同年又改称皇帝，迁都邺城。

石勒出身低微，早年饱经忧患。但富于军事才能，政治上也颇有识度，依靠张宾等汉族士人巩固其统治。后赵建国后，“典定士族”，区分士庶。选拔人才的办法，大致沿用九品中正制。

石勒沿袭刘渊胡、汉分治办法，称赵王时又自号大单于，禁止胡人侮慢汉人士族。职官大体依照晋制。攻占幽冀后，核实州郡户口，每户所课租调比西晋有所轻减。立国后，为节省粮食，禁止酿酒。石勒注意教育，在襄国和地方设立学校。建国前，曾令采择晋代律令要点作为暂行制度，后改用正式律令。

石里克 Schlick, (Friedrich Albert) Moritz (1882-04-14～1936-06-22) 德国哲学家、物理学家，逻辑实证主义维也纳学派的主要创始人。生于柏林，卒于维也纳。1917年起先后在罗斯托克和基尔任大学教授，1922年任维也纳大学归纳科学的哲学讲座教授，1936年被德国法西斯拥护者暗杀。石里克的前期哲学被称为批判的实在论，后期思想称为逻辑实证主义。他认为哲学不是科学，不是一种知识体系，而是确定和发现命题意义的活动。他强调，凡是在原则上不可证实的陈述，都是应当排除的形而上学的陈述。因此，唯物主义和唯心主义的全部争论在他看来都是毫无意义的。一切科学知识最终的基础，就是那些描述此时此地知觉并与一定手势相联系的基本命题。他还主张一种有经验根据的幸福论，并把“增进你的幸福”作为一种伦理学的基本原则。著有《普通认识论》、《自然哲学》。

石栎 *Lithocarpus*; glabrous tanoak 壳斗科石栎属植物的统称。常绿乔木。又称柯。有300种，除1种产于北美西部外，其余均产于亚洲。中国有110余种，主要分布于秦岭及大别山以南各地，越往南种类越多。

小枝具顶芽。单叶，螺旋状互生。雄花序为直立柔荑花序，雌花生于总苞内，单生或成花序。成熟总苞称为壳斗，每一壳斗内有坚果1个，稀3～5个。壳斗呈杯形、盘形，包着坚果基部。喜温暖湿润气候。喜光，但幼龄阶段比较耐阴，能生于林冠下层。喜生于土层深厚、湿润土壤，也能生于干燥瘠薄山地。天然生石栎一般生长速度较缓慢，很少作造林树种。

木材坚硬，耐磨损，供作农业机械、动力机械的基础垫木，建筑工程承重构件，造船、桥梁、车厢、地板等用材。椆木材还可作木梭、体育器械、高级家具用材。树皮含单宁可提制栲胶。种仁富含淀粉可作饲料或酿酒。

石榴 *Punica granatum*; pomegranate 石榴科石榴属的一种。温带落叶灌木或小乔木。又称安石榴。原产伊朗和中亚一带，史前就已驯化栽培。中国于汉代引种，现南北各地都有栽培。叶对生，倒卵形或长披针形，无毛。夏季开花，常呈黄、白等色，浆果球形而稍现6棱，秋季成熟。外种皮肉质半透明，多汁；内种皮革质。对土壤的要求不苛，而以湿润的黏质壤土最适宜。一般用硬枝扦插或分株繁殖。果色艳丽，子粒晶莹。耐储藏和运输。除鲜食外还可制果汁和果酒等。果皮含单宁，可用以提取鞣料。果皮和根皮内含石榴碱，可提取供药用。石榴花鲜艳，花期较长，其中重瓣、矮生和四季开花的类型是中国古典园林中常用的观赏花木和盆景材料。

石榴子石 garnet 化学组成为$A_3B_2[SiO_4]_3$，晶体属等轴晶系的一族硅酸盐矿物的总称。化学组成中，A代表二价阳离子镁、铁、锰、钙等，B代表三价阳离子铝、铁、铬、钒和四价阳离子钛、锆等。由于A组镁、铁、锰的相互替代，使镁铝榴石、铁铝榴石、锰铝榴石之间存在完全固溶体；由于B组阳离子间完全的类质同象代替，使钙铝榴石、钙铁榴石（见图）、钙铬榴石之间也存在完全固溶体。据此，通常将石榴子石分为铝系列和钙系列两类，这两类之间存在不完全固溶体。在自然界，几乎没有石榴子石纯种。广泛的类质同象代替，可形成钛-钙铁榴石、钇铝榴石、铬-钙铁榴石（翠榴石）等变种。晶体多呈菱形十二面体、四角三八面体或其聚形，集合体呈粒状、致密块状。有多种颜色，随成分变化而异。玻璃光泽。莫氏硬度7～8。性脆。密度3.5～4.3克/厘米^3。解理不完全或无解理。是分布广泛的矿物之一。铁铝榴石是典型的变质矿物，常见于各种泥质片岩和片麻岩中，与蓝晶石、夕线石、白云母、十字石等含

钙铁榴石

铝的矿物共生。镁铝榴石形成于富镁铁质岩石中，产于角闪岩、金伯利岩、蛇纹岩、橄榄岩、榴辉岩中，与闪石、辉石等共生。锰铝榴石产于伟晶岩、花岗岩、锰矿床中。钙铬榴石产于超基性岩中，是寻找铬铁矿的标志。钙铁榴石和钙铝榴石是夕卡岩的主要矿物，与透辉石、钙铁辉石等共生。石榴子石还常见于砂矿中。用作研磨或宝石的材料。中国称宝石级的石榴子石为紫牙乌。

石龙子 *Eumeces* 有鳞目蜥蜴亚目石龙子科石龙子属动物的统称。已知约37种，分布于亚洲、非洲和美洲。中国产7种，除黄纹石龙子分布于西北和华北外，其余6种主

要分布于华中、华南、西南和台湾省。分布广、数量多的有中国石龙子、蓝尾石龙子。体长100毫米左右，尾长超过体长。体呈圆柱形，通身被以覆瓦状排列的圆鳞，鳞下承以来源于真皮的骨板。头顶有对称排列的大鳞；眼较小，眼睑发达，瞳孔圆形，鼓膜深陷；舌中等长而扁，前端微缺。受到强烈干扰时，尾易自截，能再生。活动于海拔100～1 800米的丘陵和山区，常见于公路旁、林间小路边、茶山、菜圃、玉米地、水沟边及林下落叶里，也见于树干或树根上。白昼活动，捕食昆虫及其幼虫，也食蚯蚓、蜘蛛、小蛙、北草蜥幼蜥。卵生，每产5～9枚，卵呈椭圆形、白色，产于草间或树根下。经50余天孵出。

石鲁 Shi Lu (1919-12-13～1982-08-25) 中国画家。原名冯亚珩。生于四川仁寿，卒于西安。1934年夏入成都东方美术专科学校国画系。1940年赴延安入陕北公学，从事革命美术工作，创作版画、年画、连环画等。主要作品有版画《打倒封建》、《说理》等。1950年初任西北美协副主任、《西北画报》社社长，开始中国画创作。1954年任西安美协副主席，同年创作《古长城外》。从50年代起，积极致力于中国画的继承与创新。《转战陕北》(见图)、《延河饮马》、《东方欲晓》等作品，开创了以传统山水画形式表现重大革命历史主题和黄土高原风情的崭新道路，被称为长安画派的巨擘。这一时期的主要作品还有《南泥湾途中》、《赤岩映碧流》等。出版有《国画选》、《石鲁作品选集》。"文化大革命"期间惨遭迫害，仍以惊人的毅力创作书画作品数百幅。主

《转战陕北》(1959，中国国家博物馆藏)

要作品有《华山之雄》、《峨眉积雪图》、《荷雨图》等。

石鲁曾任中国美术家协会常务理事、美协陕西分会主席、陕西书法家协会主席等职。

《石门铭》 *Shimen Cliffside Inscription* 中国北魏纪事摩崖石刻。刻于北魏宣武帝永平二年（509）正月。原在陕西汉中市褒斜道石门崖壁，1971年因修建水库而整体凿

《石门铭》拓片（局部，中国国家图书馆藏）

割并移入汉中市博物馆保存。原刻高175厘米，宽215厘米。铭文楷书28行，每行22字。内容记述汉代所开石门栈道至北魏已崩坏阻废，梁秦二州刺史羊祉（一作羊祠）奏请朝廷修复，左校令贾三德奉诏督工复通石门之事。铭文末有"太原郡王远（一作王远之）书"及"河南郡洛阳县武阿仁凿字"署款，尤为魏碑中所少见。此铭被誉为北朝石刻书迹中的神品，具有很高的学习和欣赏价值。有拓本传世。

《石门颂》 *Ode Inscription of Shimen* 中国东汉纪事摩崖石刻。刻于汉桓帝建和二年（148）十一月。原在陕西汉中市东北褒斜道石门崖壁，1971年因修建水库而整体凿割并移入汉中市博物馆保存。原刻通高261厘米，宽205厘米，隶书22行，每行30或31

字不等。上方有题额隶书《故司隶校尉楗为杨君颂》两行十字，高54厘米，宽35厘米，汉中太守王升撰文。颂文记述司隶校尉杨涣（字孟文）屡上奏章，请求朝廷修复褒斜栈道之事，故又称《杨孟文颂》。此刻书法点画瘦劲圆浑，体势舒展开张，动静相生，凝重不呆板，流走不浮滑，点画穿插疏朗，风格飘逸洒脱。虽然是书刻在凹

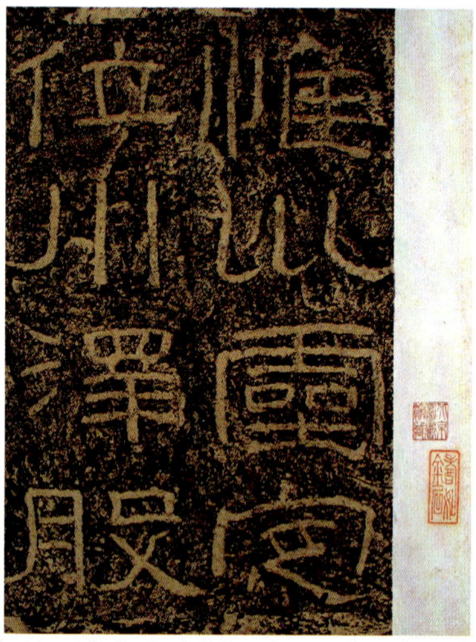

《石门颂》拓片（局部，中国国家图书馆藏）

凸不平的自然山崖上，但书写者对技巧的控制和镌刻者对笔意的体现都相当成功，因而自清代为世人所知后即获得很高评价，被奉为汉代石刻隶书中的逸品，为学习隶书的极好范本。

石棉 asbestos 天然纤维状的或能劈分成纤维状的硅酸盐矿物的统称。通常只作为具有上述特性的纤蛇纹石和闪石的某些纤维状变种的统称。按成分和内部结构可分为蛇纹石石棉（温石棉）和闪石石棉两类。闪石石棉又分为直闪石石棉（铁石棉）、透闪石石棉和阳起石石棉（狭义的石棉）、蓝石棉（钠石棉）三种。在研钵中研磨，蛇纹石石棉成混乱的毡团，纤维不易分开；而闪石石棉则分散成许多细小的纤维。不含铁的石棉呈白色，含铁的呈不同色调的蓝色。石棉未劈分前的纤维状集合体显丝绢光泽，劈分后的纤维光泽暗淡。石棉还具有耐酸、耐碱、耐高温和绝缘等性能，蛇纹石石棉的柔韧性、抗拉强度、电绝缘性和耐高温能力强于闪石石棉，而在耐酸、耐碱和防腐蚀能力方面闪石石棉则优于蛇纹石石棉。广泛用于传动、保温和绝缘装置中。长纤维石棉与棉纱混合可制成防火纺织材料，较短的纤维可用于制作石棉胶合布、石棉板和绝缘材料等。蓝石棉具有独特的防化学毒物和净化放射性微粒污染空气的性能，被用于制作各种高效能过滤器。蛇纹石石棉分布广，占石棉总产量的95%。它主要形成于侵入体与白云岩或白云质灰岩的接触带和超基性岩经变质作用形成的蛇纹岩的网状裂隙中。闪石石棉多在动力变质条件下，由热液提供钠、镁质交代含铁硅质岩而成。主要产地有加拿大魁北克、中国四川石棉等。中国石棉探明储量居世界第二位，是世界四大石棉生产国之一。

石墨 graphite 化学成分为C，晶体属六方或三方晶系的天然单质矿物。与金刚石、富勒烯、卡宾碳、赵石墨同属于碳的同质多象变体。天然石墨成分中含有许多杂质。晶体结构中，碳原子按六方环状排列成层（见图）。由于层在垂直方向上的堆垛方式不

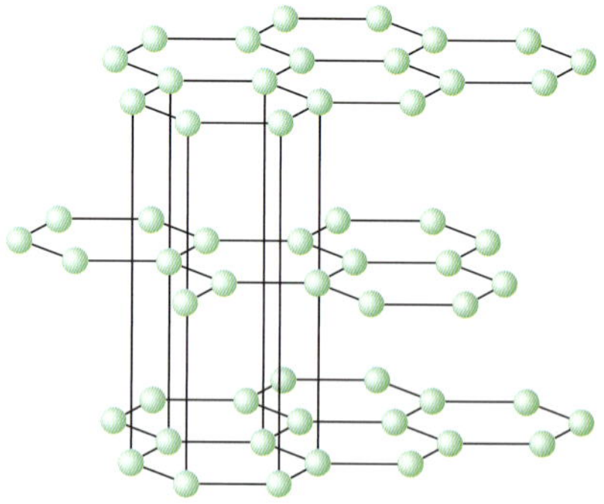

2H-石墨的晶体结构

同，产生两层重复的2H-石墨和三层重复的3R-石墨两种多型。自然界产出的石墨，大多数属2H型。石墨晶体呈六方片状，集合体多呈鳞片状、块状、土状。颜色及条痕均为黑色。晶体呈半金属光泽，隐晶质块体光泽暗淡。硬度1～2。有滑感，易污手。密度2.21～2.26克/厘米^3。底面解理极完全。良好的导电性、导热性、润滑性和耐高温性（3 000℃以上）。在空气中熔点高达3 850℃。化学性能极稳定，在常温下耐强酸、强碱，抗各种腐蚀气体及有机溶剂；但在600～700℃高温条件下，会缓慢氧化成二氧化碳。

石墨最常见于大理岩、片岩或片麻岩中，是有机成因的碳质物经区域变质或接触变质而成。热变质作用可使煤层部分形成石墨。少量石墨是火成岩的原生矿物。石墨也常呈团块状，见于陨石中。中国是石墨资源大国，产销量均居世界首位，著名产地有山东南墅、吉林磐石、湖南鲁塘、新疆苏吉泉等地。世界石墨生产大国还有俄罗斯、印度、斯里兰卡、马达加斯加、韩国、朝鲜、巴西、墨西哥等。

石墨用于生产机械润滑剂、核反应堆中子减速剂、化学催化剂、石墨-金属复合材料、石墨-陶瓷复合材料、特种耐火材料、高温坩埚、铸模涂料、导电涂料、电极、电刷、碳棒及人工合成金刚石的原料等。现代工业常用无烟煤或石油焦为原料，在电炉内加热，生产人造石墨。

石器 stone tool 以石头制作的生产工具、武器、礼乐仪仗器、器皿和艺术品等。其中的石质工具是人类最初主要的生产工具。在考古学上，把主要使用石器的阶段称为石器时代。已知最早的石器发现于东非的埃塞俄比亚，距今已有260万～250万年；金属工具出现后，有些种类的石器仍在继续使用。根据制作方法，石器可分为打制和磨制两大类。随着时间的推移，石器的制作工艺和器形不断变化，因而石器的制法和器形常成为判断考古发现的年代或文化性质的重要标尺。

制造石器的石材一般选用硬度大的岩石，如石英、燧石、火石等，也有硬度较大的火成岩和质地稍软的水成岩。石材大致来源于采集、开采或贸易交换。

制作工艺分打制和磨制两种。打制工艺是一种原始方法，从旧石器时代起便广泛应用，用这种方法制成的石器称打制石器。具体制作一般分两个步骤：①打片，即用石锤（或角、木锤）从石材上打下石片。打片方法包括用石锤直接打击的直接打法，把石材放在石砧上用石锤砸击的砸击法，将木、骨、角制的短棒一端放在石材上，用石锤打击另一端的间接打法，用这种方法可产生细长的小石片（石叶）。石材被打下若干石片后，剩下的部分称为石核（图1）。②加工，即把石片或石核加工

图1 旧石器时代石核（距今约115万年，陕西蓝田公王岭遗址出土）

成石器。加工方法有直接用石锤等打击的打击法，用石、骨、角制的压砸器在石片的边缘压出浅而长痕迹的压制法。石片和石核如果经过使用，表面留有使用痕迹，也可称为石器。磨制工艺即对石器粗坯进行全面打磨，重点是磨出工具的锋刃，这在石器制作上是一项进步。中石器时代开始出现磨制技术，但仅限于局部磨光，到新石器时代才全面磨制且被普遍应用。以磨制工艺制成的石器即磨制石器。伴随着磨制石器的出现，还产生了钻孔等先进技术。

打制石器的类别有砾石石器、石片石器、细石器三类。砾石石器又称石核石器，即以石核制成的工具。如两面刃的敲砸器，单面刃的砍斫器，在砾石周缘加工的盘状器，圆形的石球等。石片石器是用石片或石叶加工而成。主要有在石片的一边或多边加工，用以刮削兽皮或制作木、骨类工具的刮削器；沿石片相邻的边加工形成锐尖，以利于刺割的尖状器；把石片尖端打成垂直短刃，可用来雕刻骨角器和骨角艺术品的雕刻器。细石器是一种形状细小的

打制石器，通常是指以间接打法打出的细石核、细石叶及其加工品（图2）。它们出现于旧石器时代晚期，盛行于中石器时代，在某些地区甚至延续到新石器时代或更晚。细石叶可加工成尖状器、钻和刮削器等，

图2　下川文化的石叶和石镞

也可当作石刃镶嵌在骨、木柄上，制成镞、刀、镰、匕首等复合工具。由于技术不断进步和用途分工更加明确，磨制石器的器形比其他石器更为复杂。从用途上看，磨制石器大体包括生产工具、武器、礼乐仪仗器、器皿、装饰艺术品几大类。其中农业工具如铲、耜、刀、镰、磨盘，手工业工具如斧、锛、凿、钻、纺轮，武器（有些也用于狩猎）如镞、钺、戈、剑、矛头，礼乐仪仗器如璧、璋、磬、权杖头饰，器皿如碗、罐，装饰艺术品（多用精致美观的石材制造）如珠、坠、环、璜、玦及人形和动物形的石雕、佩饰等。

石器时代　Stone Age　以制作和使用石器为标志的人类物质文化发展阶段。在全球范围内至少从距今二三百万年前开始，止于公元前第2千纪或更晚。处于人类社会发展的原始社会时期，生产力水平低下，属于有文字记载以前的史前时代。按照发展水平，一般分为旧石器时代、中石器时代和新石器时代。

《石渠宝笈》　*Precious Works in Stone Canal Pavilion*　中国清代宫廷收藏书画著录著作。初编24卷，张照、梁诗正、励宗万、张若霭、庄有恭、裘日修、陆那彦、观保、董邦达等奉敕编，成书于乾隆十年（1745）。此书为继《秘殿珠林》之作，所著录书画作品均为释道之外者。其编次方法略同于《秘殿珠林》。由于编者以储藏处所、装裱形制为纲，故不便检索。又因馆臣奉命编写，故于皇帝御笔、本朝臣工作品大量收入，滥而不精。鉴定品评意见亦时多可议，如对于黄公望《富春山居图》的鉴定，竟以伪本为真，而以真本为伪，便是最明显的错误。其他疏误之处亦不少见。正编有商务印书馆涵芬楼影印本。

石渠阁会议　Meeting in Stone Canal Pavilion　汉宣帝刘询召集的一次讨论儒家经典的学术会议。中国西汉自武帝罢黜百家，提倡儒术以来，儒家学说成为统治思想。汉宣帝时为了进一步统一儒家学说，加强思想统治，于甘露三年（前51）诏太子太傅萧望之、淮阳中尉韦玄成以及刘向、戴圣、薛广德、施雠、梁丘临、林尊、周堪、张山拊等儒生，在长安未央宫北的石渠阁讲论“五经”异同。由汉宣帝亲自裁定评判。石渠讲论的奏议经过汇集，共155篇，辑成《石渠议奏》一书，又名《石渠论》，今佚。唐杜佑的《通典》中保存有若干片断。经过这次会议，博士员中《易》增立“梁丘”，《书》增立“大小夏侯”，《春秋》增立“穀梁”。

石杉碱甲　huperzine A　生物碱，分子式$C_{15}H_{18}NO_2$。中国科学家从千层塔（蛇足石杉）中分离得到。熔点229～230℃，比旋光度$[\alpha]_D^{22}-150.4$（甲醇）。石杉碱甲对乙酰胆碱酯酶（AChE）有高选择性抑制作用。可抑制脑内AChE和提高乙酰胆碱水平，改善脑功能。临床用于治疗重症肌无力症，对脑血管硬化、血管性或早老性痴呆记忆障碍均有改善作用。

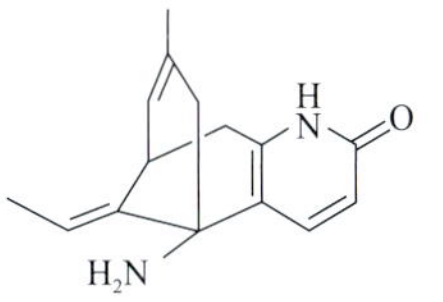

石珊瑚目　Scleractinia　刺胞动物门六放珊瑚亚纲的一目。通称石珊瑚。在生态上分为两个类群：①分布在热带浅海区，以群体为主，而且有一种单细胞双鞭毛藻与其共生，通常是构成珊瑚礁的主要成分，所以称造礁石珊瑚。最适水温25～29℃，13℃以下就会死亡。适宜盐度27～40。生活条件要求洁净的海水，水中陆源物质多而混浊的河口区不宜生长；要求坚硬的基底，否则不能生存。②分布在深海冷水，以单体为主，没有双鞭毛藻共生，不成礁，所以称深水石珊瑚或非造礁石珊瑚。最大栖息深度可达6 000米。北冰洋和南极的海底都有分布。

石珊瑚除可作石灰的原料和充作建筑材料外，还可作为经济藻类（麒麟菜和凹顶藻）的养殖基石。此外，石珊瑚中还含有甾醇类、萜类和多肽等，可作药用的天然化合物。

石少华　Shi Shaohua（1918-05-01～1998-06-30）　中国摄影家。原籍广东番禺。生于香港，卒于北京。中学时自学摄影，1937年奔赴延安，相继毕业于陕北公学、抗日军政大学。1939年调抗日军政大学任记者团摄影记者。1940年创办冀中抗日根据地摄影训练队。1943年任解放区第一个画报社晋察冀画报社副社长，随军拍摄大量反映中国人民抗日战争的照片，代表作有《地道战》、《埋地雷》、《白洋淀上雁翎队》。

《埋地雷》

中华人民共和国建立后，任新闻摄影局副秘书长兼摄影处处长。1953年任新华社摄影部主任。1959年任新华社副社长。1956年主持筹备中国摄影学会（今中国摄影家协会）工作，先后两次被选为中国摄影学会主席、《中国摄影》杂志编辑委员、全国影展评选委员。1949年后的代表作有《老贫农讲家史》、《坎儿井》、《钢锭》、《尼日尔河畔》等。著有《新闻摄影和摄影记者》、《摄影与实践》等专著。

石声汉　Shi Shenghan（1907-11-19～1971-06-28）　中国农业史学家、植物生理学家。生于湖南湘潭，卒于天津。1928年于中山大学结业。1933年赴英国求学。回国后历任西北农学院（今西北农林科技大学）、同济大学理学院、武汉大学教授。1951年后任西北农学院教授、古农学研究室主任。长期从事生物学和植物生理学的教学与研究，是最早用科学方法研究中国哺乳类的学者之一。他编制的《中国农书系统图》、《中国古代重要农书内容的演进表》，成为指导有关古农学研究的科学提要。他还先后撰写了《齐民要术今释》、《氾胜之书今释》、《四民月令校注》等15种专著。

石狮市　Shishi City　中国福建省辖县级市。位于省境东南部，濒台湾海峡，泉州湾至深沪湾之间。面积189平方千米。人口64万（2010），有汉、回、满等民族。有华侨、华人28万。石狮自唐开元六年（718）至1987年，一直隶属于泉州晋江县。1987年从晋江县析置省辖县级石狮市。由泉州市代管。临北回归线，属亚热带海洋性季风气候。农业主产水稻、甘薯、花生、大麦、小麦、甘蔗、蔬菜等。海产资源丰富，江瑶柱、石斑鱼、锯缘青蟹（红膏蟹）等享有盛誉。工业有纺织、食品、塑料、电子、机械等。名胜古迹有姑嫂塔、六胜塔、镇

海石、古码头、虎岫寺、朝天寺、洛伽寺、宝盖山、灵秀山等。

石室金匮 stone vault and metal trunk 原意指中国古代保管重要档案的处所和装具，实是历代王朝收贮档案的保管制度，又作金匮石室。这一定制遂成为古代中国保管、保护档案的优良传统。匮通馈、柜。金匮指用金属封缄的柜子，石室即用石头修筑的房子。西周成王时周公曾纳书于“金縢之匮”。秦汉时期，已有石室金匮的记载。

北京皇史宬内贮藏档案的金匮

明代更重视以石室金匮保护档案史籍。嘉靖十三年（1534），按石室金匮之制建造皇史宬，成为明、清两代收藏实录、圣训等重要典籍档案的处所。这是保存至今最完好的石室金匮实物。

石守信 Shi Shouxin（928～984） 中国北宋将领。浚仪（今河南开封）人。五代后周时累官至殿前都指挥使、义成军节度使，与赵匡胤结为义社兄弟。赵匡胤发动陈桥兵变回师开封时，他开右掖门接应，帮助夺取后周政权。宋太祖赵匡胤即位后，他被任命为侍卫亲军马步军副都指挥使，改归德军节度使。不久，率军平定后周节度使李筠、李重进的叛乱，以功加同平章事，升任侍卫亲军马步军都指挥使，成为典领中央禁军的主要将领。建隆二年（961）七月，宋太祖采纳赵普的建议，为避免重演陈桥兵变、黄袍加身的事件，解除石守信和高怀德、王审琦等人的兵权。石守信改授天平军节度使出镇郓州（今山东东平），所受赏赐甚厚。开宝五年（972），其子石保吉娶宋太祖第二女延庆公主。太平兴国二年（977）拜中书令，行河南府（今河南洛阳）尹，充西京留守。四年，随宋太宗赵炅北征辽朝，督前军，失律，责授崇信节度使，旋又进封卫国公，七年，徙镇陈州。石守信历任节镇，以贪得无厌、专务聚敛著称。

石首市 Shishou City 中国湖北省辖县级市。位于省境中部偏南，地跨长江两岸，居江汉平原与洞庭湖平原接合部。面积1 427平方千米。人口58万（2010），有汉、回、满、苗、土家、蒙古等民族。晋太康五年（284）置石首县，以“有石孤立”于城北石首山而得名。1986年撤县设市。由荆州市代管。矿产资源有石英石、石英砂、花岗岩等。农业在发展粮食、棉花、油料生产的同时，以速生林（发意杨为主）、育种和畜禽、水产养殖为主，形成了基地化、产业化、商品化的生产格局。工业发展以精细化工、汽车配件、电子材料、森林工业等为支柱产业。名胜古迹有孙权墓、范蠡庙、笔架山、绣林山和南岳山国家级森林公园，以及白鳖豚、麋鹿自然保护区。

石松类植物 lycopods 维管植物中比较原始的类群。最早发现于早泥盆世（距今约4.1亿年），其起源时代还可能更早些。现存的石松类植物仅有石松属、卷柏属和水韭属等5属，计有千余种，都是草本植物。但在中泥盆世木本类型已分布很广，石炭纪至早二叠世（距今约3.55亿～2.50亿年）盛极一时，晚二叠世逐渐衰退，进入中生代后，乔木型的类群几乎消亡殆尽，仅少数分布不广的草本类型经新生代一直繁衍至今。

石松类植物的根多为不定根，担负着固定和吸收作用；茎往往由二歧分枝或兼具二歧分枝和单轴分枝，叉枝等长或不等长；在木本类群中，体型虽然很大（高30～40米，茎粗1～2米），但茎的次生木质部仍然很小，初生木质部几乎都是外始式的，中柱为原生中柱、管状中柱或多体中柱。叶为无叶隙的、具单脉的小型叶（但木本的鳞木的叶长可达1米），通常呈螺旋状，有时对生或假轮状排列于茎及枝上；孢子囊单个，着生在孢子叶腹面的近基部（腋生），聚成疏松的孢子囊穗（简称孢囊穗，又称孢子叶穗或孢子叶球），散生在小型叶之间。孢子同形或异形。

石松类植物的演化是多途径的。早在泥盆纪原始类型开始繁盛时，就奠定了各自发展演化的主要路线，并且深刻影响到以后石松类的全部发展史。

石蒜科 Amaryllidaceae; amaryllis family 单子叶植物纲百合亚纲的一科。约90属1300多种，分布于全世界热带、亚热带和温带地区，许多种类为旱生植物。中国连同引种栽培有17属30种，主要分布于南方各省区。多年生草本，具鳞茎或根状茎。叶通常基生，狭长。花艳丽，通常两性，单生或成各式花序，具佛焰状总苞或无；花被片6，2轮，花瓣状，具花被筒或无；雄蕊常6枚；子房下位。蒴果或浆果。

石蒜科的水仙花又称金盏银台，是中国最常见花卉之一，有单瓣和重瓣两类，家庭用水盆栽种，一般认为福建漳州培植的为最佳；花的芳香油可作高级香料，用于香水、香皂和化妆品中；鳞茎捣烂敷治痈肿。葱莲、风雨花（又称韭莲）、文殊兰、朱顶红和君子兰为常见庭园观赏植物，龙舌兰栽培于温室供观赏。石蒜鳞茎含淀粉，可提取植物胶代阿拉伯胶；全草含石蒜碱、加兰他敏等用于制药的原料，有祛痰、催吐、消肿止痛、利尿等效，但有大毒，宜慎用。仙茅中医学上以根状茎入药，性温，味辛，有小毒，可温肾壮阳，散寒湿。

石炭纪 Carboniferous Period 古生代的第5个纪，约开始于3.54亿年前，结束于2.95亿年前。这段时期形成的地层称石炭系。石炭系这一名称是1822年由W.D.科尼比尔和J.菲利普斯所创建，因含众多煤炭，故名。石炭纪是重要的成煤时期。

石炭系海相和陆相地层均甚为发育。石炭纪时海相无脊椎动物以蜓类、菊石、珊瑚、腕足类为主，蜓类演化迅速，层位稳定，是重要的分带化石。随着陆地面积不断增加，陆生植物、昆虫、脊椎动物的发展，改变了陆地上的景观，石炭纪繁盛较高级的石松类、节蕨类和种子蕨。石炭纪又是昆虫类空前繁盛、两栖类大发展时期，最常见的有迷齿类。

石炭纪植物群示意

晚石炭世时，地壳运动十分强烈，各大陆块碰撞形成一个泛大陆，即联合古陆。石炭纪时，有热带、亚热带和温带。在石炭纪末期，南半球发生过大冰期。石炭纪有丰富的矿产资源，最主要的是煤，有世界上最大的煤田，其次是石油、天然气、油页岩、铝土矿等。

石炭酸 carbolic acid 即苯酚。苯分子中的一个氢原子被羟基取代的一元酚，分子式C_6H_5OH。因从煤焦油中发现而得名。

石涛 Shi Tao 中国清代画家。清初四僧之一。俗姓朱，名若极，明宗室，靖江王朱赞仪十世孙。明亡后出家为僧，法名原济（后人误传为道济），号石涛，别号大涤子、清湘老人、苦瓜和尚等。他的生年有1636、1641、1642年诸说，卒年有1705、1710、约1718年诸说。顺治二年（1645）父亨嘉被俘杀，他削发为僧，参禅证道，曾拜松江名僧旅庵本月为师，漫游名山，屡上安徽敬亭山、黄山。中年时画名布扬四海，从敬亭山迁居南京。康熙皇帝南巡时，两次接驾，并献《海晏河清图》。晚年定居扬州，与上层

《搜尽奇峰打草稿图》(局部，故宫博物院藏)

人物交往较密切。

石涛善画山水，兼工兰竹。山水画自成一家。受梅清画风影响，山水多用方折线条和虬结皴法，景色奇秀、苍浑，同时还广泛学习宋元明诸家技法。主张“借古以开今”、“我用我法”。在石涛多变的画法中，也有其基本特点：①用笔灵活。粗细刚柔、飞涩徐疾兼施并用，多用粗笔勾山石，细笔剔芦草、松竹。中锋线条流畅凝重，侧锋线条干而松柔，一波三折，方圆结合，秀拙相生。皴法主要源于董源、黄公望一派的柔性用笔，作披麻、解索皴，或细密，或简练，或湿润，或干枯，有时亦作方硬的折带皴或淋漓的拖泥带水皴。②善于用墨。浓淡相兼、干以湿出，尤其喜欢用湿笔，通过水墨的渗化和笔墨的融合，表现出山川的氤氲气象和浑厚之态。③构图新奇。一变古人和四王三重四叠之法，往往破空而来，出奇制胜。尤善用截取法，以特写的手法传达深邃的境界。④讲求气势。运笔恣肆，泼墨挥洒，不拘小处瑕疵，追求全局豪放郁勃的气势和宏博奇异的境界。⑤技法丰富多变。善于用点，不拘成法，画烟云或渍或勾或染，画树画水亦具特色。

他的存世山水画很多，代表作有《搜尽奇峰打草稿图》，《清湘书画稿》集诗、书、画于一纸，《泼墨山水》满纸飞动，集笔墨变幻之大成。《淮扬洁秋图》几乎全用点法画成，为石涛用点的典型之作。

石涛精通画理，著有《苦瓜和尚画语录》，为清代重要画论著述。与朱耷、渐江、石谿合称四僧，与渐江、梅清等人被称为黄山派。他的山水、花鸟影响清代中期的扬州八怪，还给近现代的不少重要画家以深刻的影响。

石头城 Stone City 中国六朝都城建康外围的军事城堡。因建在石头山上，故名。又名石首城，简称石城。故址在今南京市汉中门外清凉山西石头城路（原为清凉山一部分）。本是战国楚金陵邑地，东汉建安十七年（212），孙权于此筑城，山顶置烽火台，其时还是土坞。东晋义熙六年（410），为防卢循入都，改筑砖城；八年，又在城东起烽火楼，名入汉楼。有大小二城，大城在小城西南，内设龙首仓，与太仓、常平仓为都城三仓。唐代以前，长江江流紧逼山麓，城负山面江，控扼江险，南临淮（秦淮河）口，当交通要冲，形势险峻，故有“石头虎踞”之称，为兵家必争之地。三国吴、东晋和南朝先后都建康，皆以此为军事重镇。隋开皇九年(589)平陈，于此置蒋州。唐武德三年(620)为扬州治所，九年，扬州移治江都县（今扬州市），此城遂废。建中、元和时又曾一度修筑。北宋以后，长江西移，秦淮变窄，城西、南逐渐淤为平陆，无复当年雄踞之势。旧城已荡然无存，今残存城垣为明初扩建应天府时所筑。石壁上依稀可见当年江水冲刷的痕迹，因年久风化，表面粗糙，俗称鬼脸城。

石湾陶瓷 Shiwan ceramics 中国广东省石湾生产的陶瓷。主要产品有日用陶瓷、艺术陶塑、琉璃陶和建筑陶瓷。

石湾陶瓷始于新石器晚期，盛于明清。清末，生产规模逐渐缩小。20世纪50年代开始，生产逐步发展，以生产日用陶瓷为主，并制作批量的耐酸陶瓷。70年代初期开始生产杯、碟、壶、盘等日用瓷。80年代发展了建筑陶瓷。

日用陶瓷 以“三煲”，即饭煲、粥煲、茶煲最为著名。石湾蕴藏着丰富的含硅量高的岗砂。用它与当地陶土配合烧制的各种炊具，轻巧适中，耐急冷急热性好。器内涂黑色或褐色釉，不易渗漏。

艺术陶塑 造型朴实粗犷，有浓郁的乡土气息。主要分人物、鸟兽、器皿、微塑四类。陶塑的成型及装饰有雕、捏、塑、巾、捺、削、粘等方法，施釉有涂、搪、挂、泼、填等工艺。

琉璃陶 明代已有大量生产。产品传统用手工制作，80年代起用自动生产线制作瓦片、瓦筒、花窗等大宗产品。琉璃陶的釉彩主要有黄、绿、蓝、红等颜色。

建筑陶瓷 以“三砖”，即锦砖、釉面砖、彩釉砖等墙地装饰砖为主。

石谿 Shi Xi (1612～?) 中国明末清初画家。清初四僧之一。俗姓刘。武陵（今湖南常德）人，居南京。幼丧母，20岁时投龙山三家庵为僧。法名髡残，字石谿，一字介丘，号白秃，一号蒐壤、残道者、电住道人，晚署石道人。削发后云游各地，43岁时定居南京大报恩寺，后驻居牛首山幽栖寺，度过后半生。性寡默，身染痼疾，潜心艺事，与程正揆（号青谿道人）交善，时称“二谿”，艺术上与石涛并称“二石”。善画山水，亦工人物、花卉。其山水画景真情切，状物与抒情融为一体。所作山水，在平淡中

《雨洗山根图》(故宫博物院藏)

求奇险，重山复水，开合有序，传达出江南山川空濛茂密、浑厚华滋的情调。他喜用渴笔、秃毫，苍劲凝重，干而不枯，并以浓淡墨色渲染，郁茂苍浑，画面壮阔、纵横蓬勃。存世代表作有《报恩寺图》，通过概括提炼，表现了金陵名胜的磅礴、奇异气象。《云洞流泉图》、《层岩叠壑图》和《雨洗山根图》，以繁密的布局、苍劲的用笔、郁茂的景致、幽深的境界，显现出石谿鲜明的艺术特色。

石细胞 sclereid; stone cell 维管植物体中的一种厚壁组织细胞。根据形状的不同，一般可分为短石细胞、大石细胞、骨状石细胞、星状石细胞和毛状石细胞5种类型。

在植物的根、茎、叶、果实或种子中，通常都有石细胞。它们可以形成坚实、完整的一层，也可以分散地成团或单个存在于其他组织中。梨果实里的硬渣就是果肉里的一团团石细胞。蚕豆或其他豆类植物种子外面坚韧的种皮，以及桃等核果类植物坚硬的内果皮，均由石细胞组成。此外，有些植物的韧皮部和木质部维管束的周围、皮层或髓的薄壁组织中，以及叶片或叶柄内，也多有石细胞。石细胞可以直接从分生组织中分化，也可由薄壁组织细胞经过细胞壁加厚和木质化（硬化作用）之后形成。石细胞细胞壁具次生加厚、木质化，壁上具单纹孔，主要起机械支持和保护作用。

石峡文化 Shixia Culture 中国新石器时代晚期文化。以广东曲江（今韶关曲江区）马坝镇石峡遗址而命名。主要分布在粤北的北江中上游地区，在粤西局部地区也有发现。年代为公元前3000～前2000年左右。

经济生活以农业为主，种植籼稻和粳稻。农具有石镬、石铲和石锛等。陶器主要采用轮制，三足器、圈足器发达，有少量曲尺纹、漩涡纹几何印纹陶。

墓葬为长方形土坑，墓坑普遍经过烧烤。盛行单人二次葬，人骨上或近旁往往撒有朱红色粉末。随葬品有两套，一套是连同人骨从第一次埋葬时的墓中迁来的旧物，另一套是在迁葬人骨时新放进的器物。在中国新石器时代的葬俗中极为罕见。在石峡遗址的一座墓里出土了成套的木工工具，包括大小7种型式的锛和凿，墓主当是身怀专门技艺的木作匠人。晚期大小墓随葬品悬殊，大墓随葬品达60～110多件，包括较多的生产工具和新出现的琮、瑗、璧等贵重玉器，反映出明显的贫富分化和社会已出现特殊阶层。

石峡文化与岭南地区土著文化明显有别，少数陶器和琮、璧、瑗等石器具有良渚文化特征，但与北邻的江西赣江流域樊城堆文化关系最为密切。

石盐 halite 化学成分为NaCl，晶体属等轴晶系的卤化物矿物。由石盐组成的岩石，称为岩盐。石盐最常见的晶形为立方体（见图），其次是八面体、菱形十二面体及其聚形。快速生长条件下的晶体，立方体晶面上常形成漏斗状骸晶。次生或重结晶的石盐，多呈纤维状、拉长的柱状。表生形成的石盐，呈盐华状、葡萄状、钟乳状、盐笋等。现代盐湖里有珍珠状、扁砾状石盐，珠状粒径可达3～4厘米，又称珍珠盐。纯净石盐为无色透明，经常被杂质染成黄、红、蓝等各种颜色。玻璃光泽，风化表面具油脂感。莫氏硬度2。密度2.1～2.2克/厘米^3。解理完全。性脆。弱导电性。极高导热性。能潮解，易溶于水，难溶于酒精。味咸。是典型的沉积矿物，主要产于干旱条件下的内陆湖盆，与海水有联系的封闭、半封闭的海湾、潟湖和内海；在蒸发量大于补给量的环境里，会演化成盐湖，形成盐层。与石盐共生的矿物有钾石盐、光卤石、石膏、硬石膏、杂卤石、钙芒硝等。中国盐湖石盐主要分布在青藏高原、内蒙古、新疆、甘肃等地。世界大型石盐矿床有美国萨莱纳盆地、堪萨斯州和新墨西哥州，摩洛哥海米萨特省，意大利西西里岛，

乌兹别克的费尔干纳，德国萨克森，巴基斯坦旁遮普省等。石盐是食物调味品和防腐剂不可缺少的物质；是用于提炼金属钠，生产氯气、盐酸、碳酸钠、氢氧化钠、硫酸钠、除草剂、纺织业染色剂等的矿物原料。

石燕 Spiriferida; spiriferid 腕足动物门石燕目动物的统称。一大类已灭绝的动物。曾称石燕贝。以壳内发育螺旋状腕螺构造为特征。发育钙质背、腹两壳，通常两壳

弓石燕

都凸隆壳表光滑（有时同心状线纹较显著）或饰以各种类型的放射状线或褶。石燕目以发育类型多样的微细纹饰为特点，是石燕目进一步分类的主要依据。腹壳内发育铰齿，支持铰齿的齿板有时很发达，甚至相聚成匙形台，或与中隔板联结，偶见齿板缺失者。背壳内后顶端处，常发育背窗台，启肌时有附着（主突起）。壳内发育由中央向两侧后方（壳体主端）指向、呈螺旋状的腕骨（腕螺）构造。这是一种支持体内纤毛环的钙质构造（能保存为化石），是识别石燕目的一个最重要的特征。

在中国古代民间作为一种中药材，用于明目、消暑等。

石燕目化石在中国奥陶纪晚期至三叠纪海相地层中，因分布较普遍、形态颇具特征、演化较快，成为地层划分与对比的标准化石。

石英 quartz 化学组成为SiO_2，晶体属三方晶系的氧化物矿物。通常所称石英，是指分布广泛的低温石英（α-石英）；广义的石英，还应包括高温石英（β-石英，温度在573℃以上，六方晶系）。低温石英是常温常压下唯一稳定的SiO_2同质多象变体。晶体常呈带菱面体的六方柱状，有左、右形之别；六方柱面上有横纹。人造晶体上常出现底轴面，而晶面不平，由许多波纹状小丘组成。双晶极为普遍，已知的双晶律多达20余种，其中以道芬律和巴西律双晶最为常见。双晶的存在是一种晶体缺陷，对石英晶体的利用有严重影响。集合体常呈显晶质的粒状、块状、晶簇状（图1），

图1 水晶晶簇

隐晶质的晶腺、钟乳状、结核状等。

纯净的石英呈无色透明，常因含微量色素离子、细分散包裹体，或因具有色心而呈各种颜色，并使透明度降低。玻璃光泽，断口常显油脂光泽。莫氏硬度7。密度2.65克/厘米^3。无解理，断口呈贝壳状至次贝壳状。具强压电性、焦电性和旋光性。

石英有许多变种。显晶质变种主要有**水晶**（无色透明）；紫水晶（紫色），俗称紫晶；烟水晶（烟黄、烟褐至近于黑色），俗称茶晶、烟晶或墨晶；黄水晶（浅黄色）；蔷薇石英（玫瑰红色），俗称芙蓉石；蓝石英（蓝色）；乳石英（乳白色）；砂金石是含有赤铁矿或云母等细鳞片状包裹体而显斑点状闪光的石英晶体；鬃晶是指含有针状、毛发状金红石、电气石或阳起石等包裹体的透明的石英晶体。隐晶质变种有两类：一类由纤维状微晶组成，包括石髓（玉髓）、**玛瑙**；另一类由粒状微晶组成，主要有**燧石**（灰至黑色，俗称火石）、碧玉（暗红色或绿黄、青绿等色，又称碧石，图2）。

图2 块状碧玉

石英在自然界分布广泛，是火成岩、沉积岩和变质岩的主要造岩矿物之一；也是许多矿石的主要脉石矿物。常见于花岗岩类岩石、片麻岩、片岩、砂岩、某些砾岩、砂和一些矿石中。著名的南京**雨花石**，是雨花台砾石层中的玛瑙砾石和碧玉砾石。有些石英有特定的产状，如蔷薇石英几乎总是呈块状产于**伟晶岩**中；燧石通常呈结核或层状产于白垩层或灰岩、白云岩中；玛瑙主要产于基性喷出岩的孔洞中。具工业价值的水晶，主要为热液型、伟晶岩型和残积、冲积成因。巴西是世界最大的优

质水晶生产国。其他著名生产国有印度、马达加斯加、安哥拉、委内瑞拉、韩国和土耳其等。中国石英资源丰富，遍布各省区，有大型的石英砂、石英砂岩、石英岩和脉石英矿床。

无缺陷的水晶是极重要的压电材料和光学材料。尺寸大于等于12毫米×12毫米×1.5毫米的水晶块，可用于制作石英谐振器和滤波器。光学水晶用于生产聚集紫外线的透镜、摄谱仪棱镜、补色器的石英楔等光学元件。黄水晶、紫水晶、蔷薇石英、烟水晶、砂金石、虎眼石、玛瑙、石髓及鬃晶等可用作宝石或工艺美术材料。色泽差的玛瑙和石髓，还用于制作研磨器具。较纯净的石英砂、石英岩，可大量用作玻璃原料、研磨材料、硅质耐火材料及瓷器配料等。不纯的石英砂是重要的建筑材料。人工合成的水晶可有效消除双晶等缺陷、控制晶体尺寸。已经出现天然石英压电片被人造水晶完全取代的趋势。

石英电子钟表 quartz electronic watch and clock 以电池为能源，以石英振荡器为时间基准，通过集成电路分频，驱动步进电机，带动指针或驱动显示器件指示时间的仪器。简称石英钟表。

石英钟表分为指针式、数字式和双显式。指针式石英钟表又称模拟式石英钟表。具有传统机械钟表的表盘、指针，也可附加机械日历、双历装置。数字式石英钟表不用指针而用数字显示时间。显示方式有两种：一种是发光二极管（简称LED）显示，因耗电量大，现已少用；另一种是液晶（简称LCD）显示，因耗电量小、结构简单、成本低，已被大量采用。数字式石英钟表功能较多。双显式石英钟表既有指针指示，又有数字显示，功能齐全。

石英钟能源常用五号电池，石英表常用扣式氧化银电池。太阳能电池由于寿命长、无公害，得到越来越多的应用。

近年发展了长期无须更换电池的新一代石英手表：一种是光动能手表，利用光照产生电能，将电能储存于二次的锂钛电池中；一种是人动电能手表，利用机械自动表的重锤转动发电，将电能储存于专用电容器中。

石英钟表的石英振荡器频率一般为32 768赫，高级钟为4.19兆赫。石英钟表走时精度高，走时日差一般不超过1秒，且使用方便，因此发展很快。

石英岩 quartzite 主要由石英组成的变质岩。由石英砂岩及硅质岩经变质作用形成。常为粒状变晶结构，块状构造。按石英含量可分为两类：①长石石英岩。石英含量大于75%，长石含量一般少于20%。②石英岩。石英含量大于90%，可含少量云母、长石、磁铁矿等矿物。不同原岩形成的石英岩，可根据结构、变质粒度、副矿物、岩石共生组合及产状等加以区分。如由单矿物石英砂岩形成的石英岩粒度较粗，含有较多的锆石等副矿物；由硅质岩形成的石英岩，矿物粒度很少大于0.2毫米，一般不含副矿物。石英岩主要用作冶炼有色金属的熔剂，用于制造酸性耐火砖（硅砖）和冶炼硅铁合金等。纯质的石英岩可制石英玻璃、熔炼水晶和提炼结晶硅。中国北方元古宇长城系底部有大量石英岩分布。

石蝇 Plecoptera; stonefly 昆虫纲襀翅目昆虫的俗称。

石油 petroleum 赋存于地下岩石空隙中的一种液态燃料。在未进行加工前又称原油，为黏稠液体，属可燃有机矿产，是主要的能源。它是各种碳氢化合物（烃类）与少量含硫、氮、氧的非烃化合物组成的复杂混合物，还含有微量矾、镍、砷等元素。广义的石油指自然界中存在于地下的气态的烃类气体、液态的原油、固态的沥青、地蜡等。

物理性质 ①颜色。原油在透射光下，呈多种颜色，从无色到淡黄色、黄褐色、深褐色、黑绿色至黑色，常见的石油呈黑褐色。②相对密度。20℃时一般介于0.75～1.00；大于1.00和小于0.75的石油，在自然界也有发现。③黏度。在外力作用下，阻止其质点相对移动的能力。用绝对动力黏度来表示，单位为Pa·s（帕斯卡·秒），随温度升高原油黏度降低，压力加大黏度随之增加，同时随化学组成的不同，原油从常温下接近于水态到呈半固态状稠油。④凝固点。在101.325千帕（约1.0工程大气压）压强下，液态开始相变为固体的温度。原油凝固点变化很大，有超过30℃的，也有低于－60℃的。⑤荧光性。石油及其大部分的产品，除轻汽油和石蜡外，在紫外线的照射下，均可发荧光。⑥旋光性。偏振光通过石油时，可使偏振光向右旋转（少数向左旋转）。大多数石油都有旋光性，这是石油有机成因的有力证据。⑦溶解性。石油难溶于水，易溶于氯仿、四氯化碳、苯等有机溶剂。

化学组成 ①元素组成。主要是碳、氢，其次为硫、氮、氧。石油中碳的含量为83%～87%，氢的含量为11%～14%，硫、氮、氧及微量元素的总含量一般只有1%～4%。②化合物组成。石油是由碳、氢元素组成的烃类化合物和含硫、氮、氧元素的非烃化合物构成。石油中已鉴定出3 000多种化合物，其中烃类化合物有230种以上，是组成石油的基本化合物。烃类化合物按其分子结构分为：烷烃（又称脂肪族烃，属链状结构饱和烃）、环烷烃（分子中含有碳环结构的饱和烃）和芳烃（苯环化合物，属不饱和烃）三类。世界各地所产原油，在烃类组成上差别很大。中国陆相原油以烷烃为主，俄罗斯巴库石油含大量环烷烃。非烃类化合物主要有含硫化合物（如硫化氢、硫醇、硫醚、二硫化合物等）、含氮化合物（如吡啶、喹啉等碱性氮化物和吡咯、卟啉等非碱性氮化物）、含氧化合物（如环烷酸、脂肪酸等酸性氧化物和醛、酮等中性氧化物）。③组分。石油对中性有机溶剂和吸附剂有选择性溶解和吸附的性能。可以选用不同的有机溶剂和吸附剂，将石油分成若干部分，每一部分就是一个组分。石油的组分一般可划分三种：ⓐ烃类（饱和烃和芳烃），曾称油质，可溶于石油醚而不被硅胶吸附的部分。ⓑ胶质，用苯、酒精－苯从硅胶吸附物中分别溶解的产物，包括芳香烃和一些具有复杂元素的芳香烃结构化合物及非烃化合物。ⓒ沥青质，可以溶解于氯仿但不溶于石油醚的部分，是非烃的一部分，由高分子化合物组成。④馏分组成。不同的化合物具有不同沸点，对石油加热蒸馏，可将石油分离成不同的沸点范围（馏程），亦是不同大小的分子组，其每一部分就是一个馏分。由石油分离出的全部馏分称为石油的馏分组成（表1）。

原油分类 为了生产和商业上的应用，将原油按其某些性质进行分类。主要有：①按相对密度分类。相对密度大小对于其开采、储运和加工成本都有影响。在石油市场上，黏度也是以质论价的重要指标。原油按密度大小可分为凝析油、正常原油（又分轻质油、中质油、重质油）、重油（稠油）、特重油（特稠油）等（表2）。②按硫含量分类。原油硫含量对原油的加工和

表1 石油主要馏分组成及其馏程

馏分	轻馏分		中馏分			重馏分	
	石油气	汽油	煤油	柴油	重质油	润滑油	渣油
碳分子数	$C_1\sim C_4$	$C_5\sim C_{10}$	$C_{11}\sim C_{13}$	$C_{14}\sim C_{18}$	$C_{19}\sim C_{25}$	$C_{26}\sim C_{40}$	$>C_{40}$
温度（℃）	<35	35～190	>190～260	>260～320	>320～360	>360～530	>530

表2 按密度的原油分类

分类	凝析油	正常原油			重油（稠油）	特重油（特稠油）
		轻质油	中质油	重质油		
相对密度	一般<0.8	0.8～0.87	>0.87～0.89	>0.89～0.934	>0.934～1.0	>1.0

应用有不利影响，通常按硫含量的高低进行分类。一般将硫含量低于0.5%的称为低硫原油，硫含量为0.5%～2.0%的称为含硫原油，硫含量高于2.0%的称为高硫原油。③按蜡含量分类。原油中蜡含量也影响开采、储运，同时蜡又是重要能源。一般将蜡含量低于2.5%的原油称低蜡原油，蜡含量2.5%～10.0%的称含蜡原油，高于10.0%的原油称高蜡原油。中国陆相原油大多数为高蜡原油。此外，按烃类组成又分为石蜡基原油（含烷烃多，高沸点馏分含石蜡多）、环烷基原油（环烷烃较多）和混合基原油（又称中间基原油，烷烃和环烷烃含量基本相近）。

成因　由于对石油的原始物质的看法不同，出现了有机与无机成因之说，形成了两大学派。无机成油说认为，石油是在地下深处在高温、高压条件下，碳、氧元素或这些元素的无机化合物，通过化学反应合成的。有机成油说认为，石油是在地质历史发展过程中，由分散在沉积物中的动、植物有机体在一定深度和相应地热条件下的适宜环境内，经过复杂的化学和生物化学作用转化而形成的。石油勘探实践表明，世界上已发现的油气田几乎都分布在富含有机质的沉积岩区，火成岩或变质岩中储存的具有工业价值的石油，大多数都能证明是由附近的沉积岩中生成的石油运移而来。在有机成油说中，又有早期成油说（认为有机质在成岩作用早期生成烃类）和晚期成油说。晚期成油说也称干酪根成油说，即沉积物埋藏到较大深度，到了成岩作用晚期和后生作用初期，沉积物中的不溶有机质（干酪根）达到成熟，热解生成石油和天然气。由于干酪根成油说能比较合理地解释石油的生成和分布，因而成为油气资源评价的重要依据。

用途　石油及其产品广泛应用于工业、农业、交通运输、日常生活等各个方面：①石油是世界上最主要的能源、最重要的动力燃料。具有燃烧完全、发热量高、运输方便等优点。在古代，沥青被用于建筑、筑路、油漆、堵船缝、防水和医药。近代石油第一个重要用途是作为照明用的灯油。汽车问世后，石油作为内燃机燃料被广泛应用。汽车、飞机等对石油的需要，促使石油炼制业发展。除汽油外，石油是石油气、煤油、柴油、润滑油、渣油、沥青和石蜡的来源。②重要的化工原料。由石油和天然气生产的乙烯、丙烯、苯、甲苯、二甲苯和乙炔等，是现代化学工业的重要原料。③农业用化肥的生产，主要也是以石油和天然气为原料。

石油开采　petroleum production　开采石油、天然气等的工程技术。液态石油和气态天然气是深埋在地下的流体矿产，与固体矿产开采方法不同。

特点　与一般的固体矿藏相比，石油开采有三个显著特点：①开采的对象在整个开采的过程中不断地流动，油藏情况不断地变化，一切措施必须针对这种情况来进行。因此，油气田开采的整个过程是一个不断了解、不断改进的过程。②开采者在一般情况下不与矿体直接接触。油气的开采，对油气藏中情况的了解以及对油气藏施加影响进行各种措施，都要通过专门的测井、测试来进行。③油气藏的某些特点必须在生产过程中，甚至必须在井数较多后才能认识到。因此，在一段时间内油气勘探和开采阶段常常互相交织在一起。

在开采过程中需要通过生产井、注入井和观察井对油气藏开采动态进行观察和控制。油、气的流动有三个互相连接的过程：①油、气从油层中流入井底。②从井底上升到井口。③从井口流入集油站，经过分离脱水处理后，流入输油气总站，转输出矿区。

驱动方式　在开采石油的过程中，油气从储层流入井底，又从井底上升到井口的驱动方式主要有：①水驱油藏，周围水体有地表水流补给而形成的静水压头。②弹性水驱，基于周围封闭性水体和储层岩石的弹性膨胀作用。③溶解气驱，压力降低至饱和压力之下使溶解在油中的气体逸出时所起的膨胀作用。④气顶驱，基于气顶气随压力降低而发生的膨胀作用。⑤重力驱，重力排油作用。当以上天然能量充足时，油气可以喷出井口；能量不足时，则需采取人工举升措施，把油流举升到地面。

开采工程技术　油气开采是一个系统工程，主要有以下工程系列。

①测井工程。在井筒中应用地球物理测井方法，把钻过的岩层和油气藏中的原始状况和发生变化的信息，特别是油、气、水在油藏中分布情况及其变化的信息通过电缆传到地面，据此综合判断，确定应采取的技术措施。

②钻井工程。在油气田开发中，钻井工程往往要占总投资的50%以上。一个油气田的开发，往往要打几百口甚至几千口或更多的井。对用于开采、观察和控制等不同目的的井（如生产井、注入井、观察井以及专为检查水驱油效果的检查井等）有不同的技术要求。应保证钻井对油气层的污染最少，固井质量高，能经受开采几十年中各种井下作业的影响。

③采油工程。把油、气在油井中从井底举升到井口的整个过程的工艺技术，也包括注气井、注水井的井筒工艺技术。油气的上升可以依靠地层的能量自喷，也可以依靠抽油泵、气举采油法等人工增补的能量举出。各种有效的修井措施，能排除油井经常出现的结蜡、出水、出砂等故障，保证油井正常生产。水力压裂或酸化等增产措施，能提高因油层渗透率太低或因钻井技术措施不当造成污染、损害油气层而降低的产能，对注入井来说，则是提高注入能力。

④油气集输工程。在油田上建设完整的油气收集、分离、处理、计量和储存、输送的工艺技术，使井中采出的油、气、水等混合流体，在矿场进行分离和初步处理，获得尽可能多的油、气产品。水可回注或加以利用，以防止污染环境，减少无效损耗。

石油蜡　petroleum wax　由石油的含蜡馏分或渣油经加工精制得的产品，包括石蜡、地蜡、液体石蜡、石油膏（脂）等。①石蜡又称晶形蜡，主要成分为碳原子数18～30的正烷烃，是从原油蒸馏得的润滑油馏分经溶剂精制及脱蜡过程所得的固体产品。主要用于食品及其他商品的包装材料、水果保鲜、化妆品原料、电器绝缘、精密铸造、制蜡笔和蜡纸等。②地蜡又称微晶蜡，是从原油蒸馏所得残渣润滑油经精制和脱蜡制得，为含碳原子数40～55的烃类，除正构烷外还有不同数量的支链异构烷烃和环状化合物。具有良好的触变性，黏附性，绝缘性和防湿、密封性能，常用于电信元件绝缘、铸模、产品密封、地板蜡和化妆品等。③液体石蜡为从原油蒸馏得的煤油和轻柴油馏分经脱蜡所得正构烷烃，碳原子数约10～18。主要用于生产烷基磺酸盐以制洗涤剂，或氧化产生直链高碳醇和酸。④石油膏（脂）为含油的地蜡，精制后称为凡士林，可作润滑脂、药膏和化妆品等。

石油美元　petro dollar　石油输出国组织自1973年石油提价后所得出口收入减去用于发展本国民族经济的进口和其他开支后的剩余资金。又称石油剩余资金。由于石油在国际市场上是以美元计价和结算的，也有人把产油国的全部石油出口收入统称为石油美元。石油美元对世界经济和国际金融产生了巨大影响：①为产油国提供了丰富的资金，促进了这些国家民族经济的发展。②使不同类型国家的国际收支发生了新的不平衡，国际储备力量的对比发生了结构性变化。③加剧了国际金融市场的动荡。石油美元一方面充实了国际信贷力量，满足了许多国家长、短期信贷资金的需要；另一方面又造成大量游资在各国之间流动，使股票、黄金和外汇市场更加动荡不定。

石油输出国组织　Organization of Petroleum Exporting Countries; OPEC　主要从事石油生产的发展中国家的永久性政府间石油经济合作组织。1960年9月10日，伊朗、伊拉克、科威特、沙特阿拉伯和委内瑞拉的代表在伊拉克首都巴格达开会，决定联合起来共同对付西方石油公司，维护石油收入。14日成立石油输出国组织，简称“欧佩克”(OPEC)。总部设在奥地利首都维也纳。至2007年11月，有13个成员国。

其宗旨是通过调整石油生产确保供需平衡，使石油市场稳定和谐；协调和统一成员国的石油政策，确定以最佳手段捍卫各成员国及欧佩克的整体利益。

组织机构包括：①大会。最高权力机构，由各成员国派代表组成，负责制定总政策。每年至少召开两次会议。自1975年第45届会议起，最高权力机构举行的会议称为欧佩克部长级会议。②理事会。由成员国各派一名理事组成，任期两年。负责管理、执行大会决议。每年至少召开两次会议。③秘书处。职能部门。设正副秘书长，任期3年，每年至少召开两次会议。

欧佩克成立后，夺回了制定油价和石油生产的权利，将一批石油企业国有化，掌握了石油开采、销售的控制权。原油标价由最初的每桶1.80美元，经几次调价到1974年初的11.65美元，调价至1981年的34美元，形成了两次“石油危机”，对世界经济产生了冲击，欧佩克组织还利用石油收入向许多发展中国家提供大量的经济援助。

石油危机 petroleum crisis 20世纪70年代所发生的世界石油市场供不应求、油价猛涨的危机。50年代中东地区先后发现大油田，石油成为世界能源供应的主力。石油能源成为50～60年代发达资本主义国家经济繁荣的基础。1973年10月，石油输出国组织以石油为武器，对西方国家采取减产、禁运、提价和国有化等措施，给发达资本主义国家经济造成强烈冲击。1979～1981年，伊朗革命再次导致世界石油市场供不应求，价格暴涨。石油危机给发达资本主义国家经济造成强烈影响，同时也使进口石油的发展中国家遭受到严重困难。石油危机促使各国不断调整能源结构，并努力开发新的能源，以增强本国经济对能源危机的适应性。

石玉昆 Shi Yukun 中国清代子弟书艺人。字振之，又称“文光楼主”。满族。天津人。清代道光、咸丰年间（1821～1861）以编演子弟书著称于世，且弹唱俱佳。相传他早年曾在礼王府内书房当差，常奉命为太福晋讲说《封神榜》、《西游记》和《鼎峙春秋》等传奇小说。后自行编成长篇子弟书《龙图公案》(又名《三侠五义》)，应邀在各大宅第和书茶馆说唱表演，很受欢迎。刘复、李家瑞编《中国俗曲总目稿》著录了其中的《救主》、《盘盒》、《拷御》等50段唱词。当时曾有文良等人将石玉昆表演的情节内容笔录下来，整理成书刊行，名为《龙图耳录》。光绪初年有《三侠五义》和《七侠五义》两种版本刊印流传。评书艺人据之改编成评书说演，名为《包公案》，影响甚广。清末子弟书演唱消歇后，他以说唱相间的方式表演一种新形式，俗称“石派书”。清蒙古车王府存子弟书唱本中有《评昆论》（又名《叹石玉昆》）一篇，对其子弟书及“石派书”的艺术影响及演出盛况有所描述。

石元春 Shi Yuanchun (1931-01-02～) 中国土壤地理学家。生于湖北武汉。1956年北京农业大学农业化学系硕士毕业。历任该校教授、副校长、校长。先后被选为中国农学会副会长，中国科协副主席，第三世界科学院院士。并任农业部科学技术委员会三、四届副主任，国家教委科学技术委员会二、三届副主任，国务院学位委员会委员。1991年当选为中国科学院学部委员（院士），1994年当选为中国工程院院士。长期致力于土壤地理学研究和农业高等教育。首次提出了黄淮海平原易溶盐的古地球化学过程及近代地球化学分异的观点，并构建了半湿润季风气候区土壤水盐运动理论，揭示了水盐运动特征、区域水盐均衡和分布等自然现象和规律，为科学治理改造盐碱地提供了理论依据。建立的“PWS区域水盐运动监测预报系统”，推动了黄淮海平原农业开发。著有《黄淮海平原农业发展战略》、《黄淮海平原农业图集》、《盐渍土的水盐运动》等。

石寨山滇墓 Shizhaishan Cemetery of the Dian People 中国战国至东汉初西南地区滇族的墓群。分布在云南晋宁石寨山上。1955年以来多次发掘。晋宁在汉代为益州郡滇池县地。益州郡置于汉武帝元封二年（前109），为滇王国故地。石寨山6号墓出土“滇王之印”，证实此处为滇王及其臣仆的墓地，并证实《史记·西南夷列传》所载滇国之事基本可信。以石寨山滇墓为代表的青铜文化可称为“滇文化”。墓群的发现，对研究这一时期滇池地区的历史和文化有重要意义。

墓室为土坑竖穴，无坟丘。葬具均为长方形木棺，6号墓有木椁。各墓随葬品多寡不等，最多的达600余件。随葬品以青铜器最多，还有铁器、金器、珠玉制品和陶器。青铜器种类多样，制作精美，具有浓郁的地方特色。铜鼓、铜贮贝器、铜葫芦笙、铜锄、铜柄铁剑、铜枕、铜俑及各种人物、动物形镂空扣饰是最具特征的器物。许多器物上的装饰表现了滇人在农业生产、纺织、畜牧、狩猎、战争、乐舞、祭祀等方面的活动情景。还出土许多干栏式青铜屋宇模型。石寨山滇墓所代表的滇文化是在本地原始文化的基础上发展起来的，在发展过程中不断接受外来文化的影响而形成独特的风格。到东汉初期，被汉文化取代。

青铜祭祀场面贮贝器（盖上有人物127个，干栏式房屋1间，以及牛、马、猪、犬、蛇、孔雀等若干，表现了滇人的祭祀场面）

石志仁 Shi Zhiren (1897-03～1972-01-01) 中国机械工程专家。字树德。生于河北昌黎，卒于北京。1918年赴香港大学机械科学习。1922年赴美留学，获麻省理工学院硕士学位。1926年回国，先后任国立北洋大学机械系教授、国立东北大学机械系主任教授。1928年后，历任津浦铁路机务处长兼全国铁路总机厂总工程师、湘桂铁路管理局局长、交通部路政司司长兼全国铁路总机厂厂长、平津铁路局局长等。主持设计和修建了皇姑屯铁路机厂和戚墅堰、桂林等铁路机厂。中华人民共和国建立后任铁道部副部长，兼任中华人民共和国科学技术委员会机械组副组长，中国机械工程学会理事长等。1955年当选中国科学院学部委员（院士）。主持制定了中国机车车辆制造、维修、运营等基本制度和辅助制度；参与设计、试制和生产中国的内燃机车和电力机车，领导了京山线自动闭塞式试验工作、丰台和苏家屯驼峰调车场的改造工作，以及中国第一条环形铁路试验线的建设工作等。

石钟山石窟 Shizhongshan Caves 中国南诏、大理国时期的佛教石窟。又名剑川石窟。位于云南剑川西南25千米处的石钟山上。由石钟寺(8窟)、狮子关(3窟)、沙登箐(5窟)3区组成。始凿于南诏时期，盛于大理时期，个别造像可能晚至元代。是现

石钟寺1号窟（南诏王阁罗凤盘坐于龙头方椅上，左右有五身随从人物）

存南诏、大理国时期规模最大的石雕艺术群，在造像题材和雕刻艺术上有浓厚的地方特色，是白族雕刻艺术的杰出代表。1961年国务院公布为全国重点文物保护单位。南诏时期石窟仅见沙登箐1号窟，为南诏天启十一年（870）开凿。有成组合的弥勒、阿弥陀佛和观世音菩萨像，属汉地佛教造像系统。石钟寺、狮子关石窟和沙登箐其他龛像属大理国时期。其中石钟寺6号窟规模最大，为密宗题材，主尊释迦佛顶佛，两旁分列八大明王、大黑天神和毗沙门天王像。有些题材为云南佛教石窟所特有，如狮子关3号窟雕梵僧带犬化缘像，1号窟有南诏国王及王后的“全家福”雕刻，石钟寺1、2号窟传为南诏王阁罗凤、异牟寻及诸大臣群像窟，沙登箐2号窟有阿嵯耶观音像等。

石竹科 Caryophyllaceae; pink family 双子叶植物纲石竹亚纲的一科。约80属2 100余种，以温带和寒带最多。中国有32属约400种。其中金铁锁属为中国特有属。一二年生或多年生草本，稀为小灌木或亚灌木。茎通常节部膨大。单叶对生，有时具膜质托叶。花两性，稀单性，辐射伞形花序、圆锥花序或集生成头状。萼片4～5，离生或合生；花瓣4～5，稀无，离生；雄蕊8～10，稀2～5；子房上位，1室，稀2～5室，特立中央胎座。通常为蒴果，稀为瘦果或浆果状。石竹科植物可供观赏，如石竹属和剪秋罗属。许多可药用，常见的有：金铁锁、王不留行、瞿麦、太子参、银柴胡和甘肃雪灵芝等。一些种为蜜源植物。

石竹

石梓 *Gmelina*; bushbeech 马鞭草科石梓属植物的统称。落叶乔木。又称酸子木、酸树。石梓属约35种，分布于热带非洲、大洋洲和亚洲热带季风区。中国产7种，其中常见的有云南石梓。

云南石梓树高可达35米，直径约1米。树干基部常膨大。枝四棱。单叶对生，三角状卵形，叶基具一对绿色腺体。顶生总状或聚伞圆锥花序，浆果状核果。性喜光，稍耐旱。生于红壤、砖红壤性土、冲积土及石灰性土，而以高温、高湿、静风环境及深厚肥沃土壤生长最优。种子发芽率高达80%以上。植苗造林或直播造林均可。

可供造船、建筑和制作家具、镶贴板面等。树形美，花多色艳，为四旁植树和庭园绿化的优良树种。

石嘴山市 Shizuishan City 中国宁夏回族自治区辖地级市。位于自治区北端，与内蒙古自治区接壤，东临黄河。辖大武口区、惠农区和平罗县。面积5 209平方千米，人口73万（2010），有回、汉、满、蒙古、壮等22个民族。1956年石嘴山被国家列为“一五”期间10个新建矿区之一，开始以煤炭为中心的大规模工业建设。1960年撤惠农县，设县级石嘴山市。1975年建立地级石嘴山市。地处中原农耕区与北方牧区的过渡地带、交通要冲。属温带大陆性干旱气候。煤炭资源丰富，煤种多，其中“太西煤”具有低灰、低磷和高发热量等特点，有塞上“煤都”之称。工业主要有电力、冶金、机械、陶瓷、钢材、化工、建材、食品加工等。农业主产稻谷、小麦、玉米等，兼产油料、甜菜、红黑瓜子等。名胜古迹有融水上景观和塞外沙漠风景于一体的国家级旅游景点——沙湖，北靠贺兰山、面对黄河的寿佛寺，以及玉皇阁、贺兰山岩画、古长城遗址等。

沙湖旅游区景观

时差 equation of time 真太阳时与平太阳时的时刻之差。由于地球公转轨道为椭圆，地球绕太阳运动速度并非匀速，这就使真太阳在天球上的视运动速度不均匀，导致真太阳时不均匀。同时，地球轨道面和地球赤道面之间存在倾角，真太阳在黄道上不同点的时角变化率各不相同，也引起真太阳时的不均匀。这是产生时差的原因。时差的值在一年之中逐日变化，每年有4次为零，在4月16日、6月15日、9月1日和12月24日前后；4次为极值，在2月12日（负极大）、5月15日（正极小）、7月26日（负极小）和11月3日（正极大）前后。最大值达16分多。每天的时差数值载于《天文年历》中。

时间测量 time measurement 时间是物质存在的一种基本形式，也是一项基本物理量。通过某种选定的物质运动过程，可计量时间。时间的计量包括计量时间间隔和时刻，它们是两个既不同又有联系的内涵。时间间隔是指物质在运动中的两个不同状态之间所经历的时间长度，时刻则是指物质在某一运动状态瞬间与时间坐标起点之间的时间间隔。

天文学中的时间计量不同于宇宙学纪年、天体演化纪年、地质纪年和古生物纪年，也不同于历法中的以日、月、年和世纪的时间计量，而是指“日”以下的时间间隔（10^5秒）的计量。人类自古以来就以“日”(d) 为时间间隔单位。1日之内分为24小时（简称“时”，h），1小时分为60时分（简称“分”，m），1时 分 分 为60时 秒（简称“秒”，s）。天文学中有多种时间计量单位。

根据地球自转，太阳连续两次过同一子午圈的时间间隔，称为太阳日。按太阳日计量的时间，称为真太阳时。

在天球上以周年运动平均速度运行的平太阳连续两次过同一子午圈的时间间隔，称为平太阳日。按平太阳日计量的时间，称为平太阳时。

以天球上的春分点为时间基准，春分点连续两次过同一子午圈的时间间隔，称为恒星日。恒星日比平太阳日短3分56秒。按恒星日计量的时间，称为恒星时。

相对于格林尼治本初子午线的平太阳时，称为世界时（UT）。1个平太阳日的1/86 400，就是世界时的1秒。国际时间局（BIH）于1911年成立后面向全世界从事的时间服务即是提供世界时。

20世纪以来，发现了地球自转周期的不稳定性，并确认基于地球自转的世界时也是不均匀的。于是，在1960～1968年期间，曾采用以地球公转周期作为时间计量单位。这种按牛顿力学定律计量的时间称为历书时。

从1960年起，实现了以原子频标为基础的原子钟，并确认以铯原子（Cs）的同位素制造的原子钟具有极高的稳定性。这样便建立了以原子跃迁的稳定频率为基础的时间尺度，称为原子时。1967年国际计量委员会决定以原子时取代历书时，并规定以铯-133（^{133}Cs）的基态超精细结构的跃迁频率9 192 631 770周为1秒。以它计量的均匀时间即为原子时。以原子时为基准的一种时间计量系统称为协调世界时（UTC）。它与世界时的时刻差不超过±0.9秒。

此外，国际天文学联合会（IAU）还为不同的参考系规定了不同的坐标时供编制历表之用。如以地心为参考系的地球时（TT）和地心坐标时（TCG）；又如太阳系质心参考系的质心坐标时（TCB）和质心力学时（TDB）。

在时政领域还有些与社会活动关系密切的时间计量，如地方时、民用时、区时、标准时、夏令时等。地方时是以观测地点的子午圈为基准所测定的时间。民用时是1925年根据国际天文学联合会的决议以平太阳下中天（即子夜）作为一日开始的时间。它与以平太阳上中天（即正午）为一日之始的平太阳时相差12时。区时是以时区中央子午线为准的民用时。标准时是以某一行政区的民用时作为更广的地区的时间标准。中国采用北京时间为全国统一的标准时。夏令时是按照国家法令，在夏季及其前后将该国或地区使用的民用时提前或推迟一个时段，如半小时、1小时等，以节约能源，它是一种类型的法定时。

时间分辨光谱 time-resolved spectrum 通过记录到的光谱随时间的变化，了解在瞬时过程中的发生的事件和过程，从而得到普通光谱（积分光谱）中无法得到的信息。由于所研究的过程极为短暂，典型情况下具有纳秒（1纳秒$=1\times10^{-9}$秒）乃至飞秒（1飞秒$=1\times10^{-15}$秒）量级，因而要求激发光源为短脉冲或者超短脉冲的可调谐光源，脉冲染料激光和掺钛蓝宝石激光常被用于时间分辨率光谱研究。用时间分辨光谱研究微观粒子的运动规律和相互作用，导致了很多新现象、新机理的发现。如研究了分子间的能量转移、电子在分子中的内转移、化学反应的动态过程，以及光生物学中的基本过程等。

时间服务 time service 时政部门为社会提供标准时间、精确时刻和频率标准的系列化工作。曾称授时。主要领域包括测时、守时、播时和订时号改正数等。

古代的时间服务多采用鸣钟击鼓一类的方式，现代的时间服务则始于无线电报时时代。1911年组建了国际性的时间服务机构——国际时间局（BIH），主导全球的世界时（UT）服务。20世纪50年代起，又增添了原子时服务。

时间管理 time management 对法定的制度时间和工作后休闲时间进行有效利用和节约，以提高单位时间工作效率和生活质量的管理。对法定制度时间的管理，一是科学地分配时间。如采用重点管理法，把每日最重要的工作集中时间和精力做好；采用最佳管理法，把最重要的工作安排在一天中效率最高的时间去完成；采用可控管理法，把不可控的时间有效地转化为可控时间。二是合理地节约时间。如采用时间记录法，详细记录每周、每月或每季一个区段使用的时间，加以分析综合，了解哪些时间内的工作是必要的、有用的，哪些是不必要的、无用的，以避免浪费时间。三是不断降低时间成本，如采取科学召开会议法，可开可不开的会一般不开；每次会议的主题明确，准备充分，时间不要太长，不开议而不决的会。总之，时间管理是一种艺术，任何管理活动都内含时间管理的内容。

时间序列分析 time series analysis 用随机过程理论和数理统计学方法，对时间序列进行的统计分析。数理统计学的分支。时间序列是指被观测到的依时间次序排列的数据序列。从经济到工程技术，从天文到地理和气象，几乎在各种领域中都会遇到时间序列。时间序列分析包括一般统计分析（如自相关分析、谱分析等），统计模型的建立与推断，以及关于时间序列的最优预测、控制和滤波等内容。经典的统计分析都假定数据序列具有独立性，而时间序列分析则着重研究数据序列的相互依赖关系。后者实际上是对离散指标的随机过程的统计分析，所以又可看作是随机过程统计的一个组成部分。例如，记录了某地区第一个月，第二个月，……，第T个月的降雨量，利用时间序列分析方法，可以对未来各月的雨量进行预报。时间序列分析在第二次世界大战前就已应用于经济预测，第二次世界大战后，在军事科学、空间科学和工业自动化等部门的应用更加广泛。

就数学方法而言，平稳随机序列的统计分析，在理论上的发展比较成熟，从而构成时间序列分析的基础。时间序列分析的主要内容有：①频域分析。一个时间序列可看成各种周期扰动的叠加，频域分析就是确定各周期的振动能量的分配，这种分配称为谱或功率谱。因此频域分析又称谱分析。②时域分析。目的在于确定序列在不同时刻取值的相互依赖关系，或者说，确定序列的相关结构。③模型分析。20世纪70年代以后，应用最广泛的时间序列模型是平稳自回归-滑动平均模型（简称ARMA模型）。两个特殊情况是自回归模型和滑动平均模型。④回归分析。如果时间序列可表示为确定性分量与随机性分量之和，根据样本值（数据序列）来估计确定性分量及分析随机性分量的统计规律，属于时间序列分析中的回归分析问题。

时乐濛 Shi Lemeng (1915-12-10～2008-06-16) 中国作曲家。生于河南伊川，卒于北京。1928年入开封师范学校艺术科学习音乐。1935年在郑州任小学和中学音乐教师。1938年到延安，翌年入鲁迅艺术学院音乐系学习。1940年留校从事音乐教学、创作和指挥工作。1944年后在部队从事文化工作，中华人民共和国建立后先后担任过中国人民解放军总政治部文工团艺术指导、总政治部歌舞团团长、解放军艺术学院副院长等职。1979、1985年被选为中国音乐家协会第三、四届副主席。他在40年代参加了秧歌剧《血泪仇》、《周子山》的集体创作，写有歌曲《保卫莫斯科》等。1949年后创作有大合唱《祖国万岁》、《长征大合唱》，歌剧《两个女红军》，舞剧《湘江北上》，电影《探亲记》、《五彩路》、《柳暗花明》等的配乐，以及大量的歌曲如《歌唱二郎山》、《小河淌水》（合唱曲）、《花溪水》等。他还参与主持了音乐舞蹈史诗《东方红》和《中国革命之歌》的音乐创作。

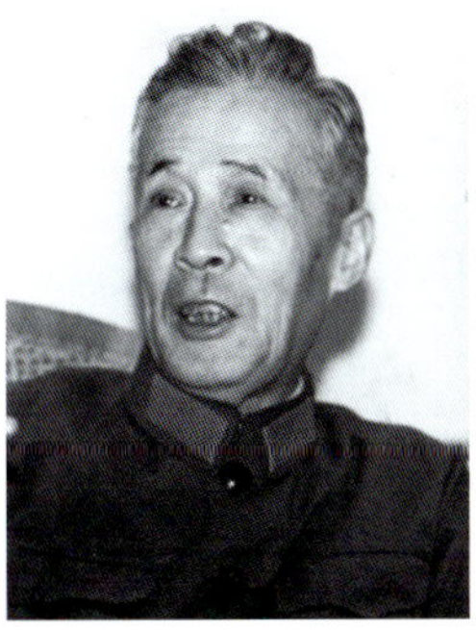

时溥 Shi Pu (?～893) 中国唐末一度据有徐州的藩帅。彭城（今江苏徐州）人。本为感化军（徐州军号）节度使支详的牙将。中和元年（881），支详遣时溥率兵5 000人入关镇压黄巢起义军。行至河阴（今河南荥阳东北），军士哗变，返徐州，逐支详，推时溥为留后。僖宗授时溥以节度使。三年，黄巢退出关中，转战至山东。四年，其将尚让叛降于时溥。巢甥林言亦于巢死后降时溥。时溥遂以功封巨鹿郡王。时秦宗权据蔡州（今河南汝南）称帝，光启元年（885）唐以时溥为蔡州四面行营兵马都统，朱温为北面都统副之，以讨宗权。三年，朱温遣兵假道徐州，时溥拒之，朱温即出兵击时溥。从此六七年间，徐州一带战争不息，百姓无法耕种，又遭水灾，百姓大量死亡。景福二年（893），徐州破，时溥自焚死。

时区 time zone 地球表面按经线等分为24区的区域。由于地球是一个球体，地球自转使其表面东面的一点总比它西面的一点要早看到日出，即经度的不同形成不同的地方时。为了避免这种时间上的混乱，1884年在华盛顿召开的国际经度会议决定，全球采用分区计时，并把通过英国**格林尼治皇家天文台**的经线定为本初子午线（0°经线），向东、向西各取7.5°为零时区。零时区以东依次分为东一区（东经7.5°～22.5°）、东二区（东经22.5°～37.5°）……零时区以西依次分为西一区（西经7.5°～22.5°）、西二区（西经22.5°～37.5°）……东、西十二区是重合的，即全球共划分为24个时区，每时区包括15个经度。每时区以其中央经线的地方时为标准，称区时或标准时。零时区的区时为国际通用的世界时。这样，地球上相邻的两时区，东面的总比西面的区时要早1小时，结果东十二区比西十二区早24小时，为此会议上还规定了日界线，又称国际日期变更线。凡是由东向西经过日界线的，必须把日期增加一天；反之减一天。日界线的地方时为东、西十二区的标准时间（见图）。时区界线原则上按照地理经线划分，但在具体实施中往往根据各国的行政区界或自然界线来确定，以方便使用。全世界多数国家都采用以区时为单位的标准时，并保持与格林尼治时间相差整小时数；但是，有些国家仍然采用其首都或重要商埠的地方时为该国的标准时间。这样，这些国家的标准时间与格林尼治时间的差数就不是整小时数，而有时、分之差。

中国位于东经72°～135°之间，跨5个时区，即东五区、东六区、东七区、东八区、东九区。中华人民共和国建立后，中国采用北京所在的东八区的标准时为全国统一的标准时间，即北京时间。中国新疆维吾尔自治区还采用乌鲁木齐时。

时尚 fad 大众中非常规行为方式流行的现象。心理学家和社会学家把时尚视为一种社会心理现象，是一种流行的行为模式。具体地说，时尚是指一个时期内相当多的人对特定的趣味、语言、思想、衣着和行为方式的随从和追求。因流行范围的大小、持续时间的长短、追求者的身心投入程度，以及流行领域的不同，时尚可有不同的层次，表现形态也多种多样。

时尚的特征：①入时性，即有新奇感。②突出个人，是突出个人特点的一种方式。③消费性，讲究时尚是对财富的享受。④周期性，时尚从形成到消失的时间较短，但在消失若干时间之后又会以新的形式再度出现。⑤选择性，时尚可由个人自由选择，不具强制力。时尚来源于人类本能的对新鲜事物的敏感性，以及人的**模仿**心理与趋同心理。

时态逻辑 tense logic **哲学逻辑**的一个分支，研究含有时间因素的命题及推理。时态命题由含有时态词或时间词的语句来表达。在时间逻辑中，运用时态算子来反映命题的时间因素。一般在时态逻辑文献中可以见到的时态算子有：F（“将是”）、P（“曾是”）、G（“将永远是”）、H（“过去一直是”）、F′（“将来任何时候以前总是”）、P′（“过去任何时候以来一直是”）、G′（“将来某时以前总是”）、H′（“过去某时以来一直是”）以及二元时态算子U和S。时态算子之间是有一定关系的，利用一个恒真命题可以由U（“直至”）和S（“自从”）定义出其他8个时态算子。

时态逻辑创始于20世纪50年代后期，创始人是英国逻辑学家A.N.普赖尔。60年代以后时态逻辑方面的成果逐渐增多，在计算机科学、人工智能和科学哲学等方面都有很大的作用或影响。80年代以来，逻辑学家们广泛开展了以时间区间为基本实体的时态逻辑研究，此外还开展了相对论时间以及时态与模态相结合等方面的逻辑研究。

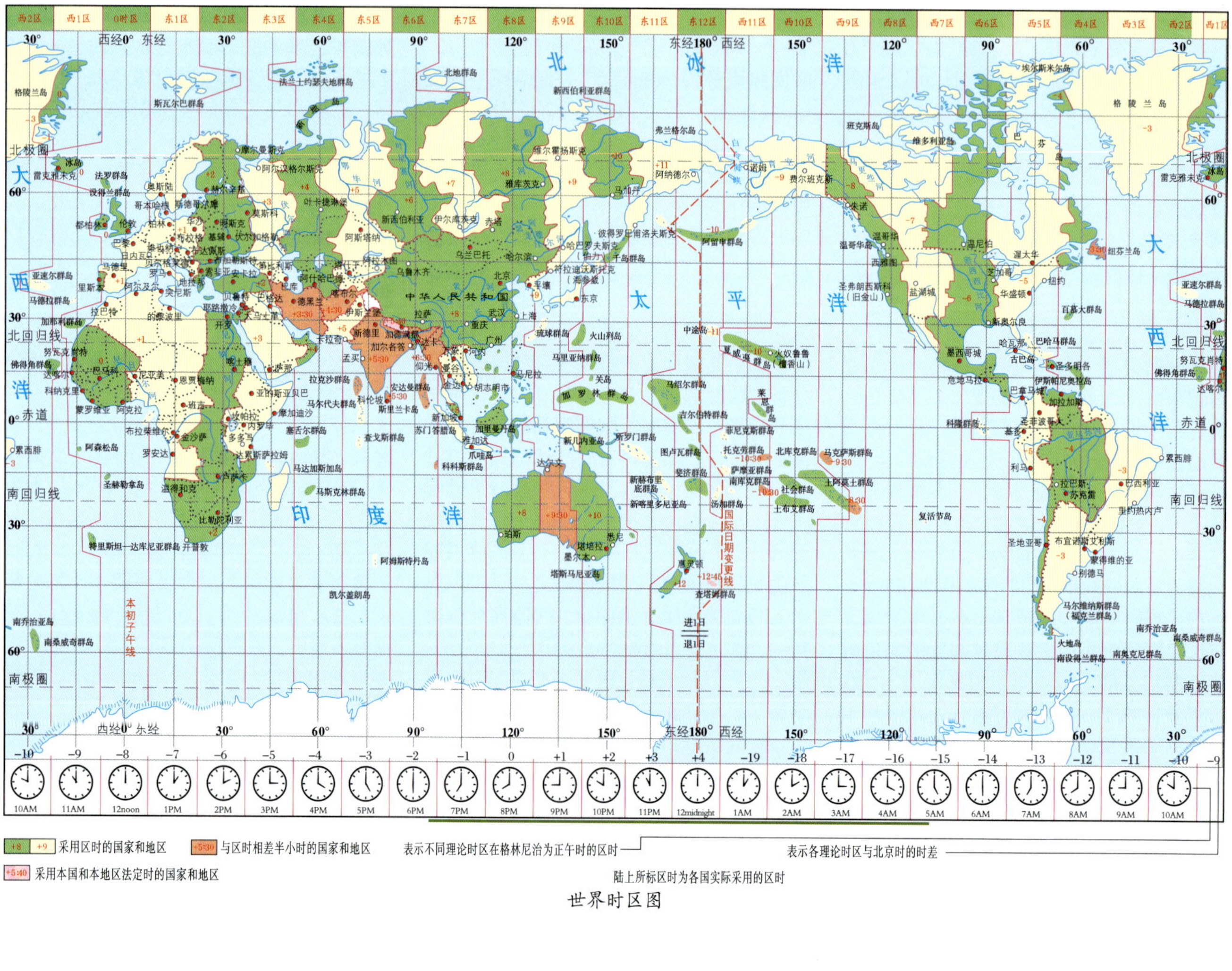

世界时区图

时钟佯谬 clock paradox 狭义相对论中关于时间延缓的一个似是而非的疑难。按照狭义相对论，运动的时钟走得较慢是时间的性质，一切与时间有关的过程都因运动而变慢，变慢的效应是相对的。于是有人设想一次假想的宇宙航行，孪生子甲乘高速飞船到远方宇宙空间去旅行，孪生子乙则留在地球上，经过若干年飞船返回地球。按地球上的乙看来，甲处于运动之中，甲的生命过程进行得缓慢，则甲比乙年轻；而按飞船上的甲看来，乙是运动的，则乙比较年轻。重返相遇的比较，结果应该是唯一的，似乎狭义相对论遇到无法克服的难题。又称孪生子佯谬。

事实上时钟佯谬并不存在。狭义相对论是关于惯性系之间的时空理论。甲和乙所处的参考系并不都是惯性系，乙是近似的惯性系，乙推论甲比较年轻是正确的；而甲是非惯性系，狭义相对论不适用，甲不能推论乙比较年轻。其实根据广义相对论，或者甚至勿须用广义相对论，设想一个甲相对乙作变速运动的特殊过程：很快加速－匀速－很快减速然后反向很快加速－匀速－很快减速，按照狭义相对论，仔细考虑其中的时间延缓和同时性的相对性，可以得出无论从甲或乙分析，结论是相同的，都是飞船上的甲要比乙更年轻。1966年用μ子作了一个类似于孪生子旅行的实验，让μ子沿一直径为14米的圆环运动再回到出发点，实验结果表明运动的μ子的确比静止的μ子寿命更长。

时装 fashion 在一定时间、空间内为相当一部分人所接受的新颖入时的流行服装。时装形态变化、流行更替较快。按照接受范围、造型款式、工艺精细程度和价值来分，有高级时装和一般时装。

沿革 中国古代就出现过时装流行的现象。现代时装一般认为起源于西方宫廷服装。17世纪初，宫廷服装设计师按照时令季节、礼仪场合的不同，为国王后妃、达官显贵设计各种新款服装，形成宫廷内时新服装的模仿流行。17世纪30年代，法国各阶层兴起追求时新服装的风尚，时装开始由宫廷走向社会。18世纪法国宫廷贵妇们经常主持时装沙龙，奠定了时装发展的基础。19世纪英国人C.F.沃思在巴黎从事服装设计与经营，首创时装表演，被誉为“时装之父”。同一时期一些服装评论家开展时装含义的讨论，时装概念逐步形成并推动时装的发展。20世纪，法国P.普瓦雷率领服装模特访问欧美，揭开国际“流行使节”时代的序幕。1914年G.夏内尔发表夏内尔套装，1924年C.迪奥尔发表新外观女裙以及其他名设计师的时装创作，极大地推动了时装的设计和创新。60年代，日本男装协会提出T、P、O（时间、地点、场合）概念和美国人倡导“孔雀革命”（以雄性孔雀开屏显美喻男装时装化）之后，时装扩展至男装。中国于20世纪初在上海出现时装的生产和表演，现代时装业从此逐步兴起。

传播与流行 时装的传播与流行同生并存。传播推动流行，流行扩大传播。时装传播的方式一般有三种：①向下传播。时装由社会上层人物穿着开始，广大公众模仿追随。20世纪以前，时装的传播大都属于这一类。②平行传播。进入20世纪后，由对上层的仿效追随，变为平行之间的模仿，如对社会名流、演员、歌星等穿着打扮的模仿。③向上传播。20世纪60年代后，出现广大公众流行的穿着打扮向社会高层传播的方式。时装由流行到衰落的过程形成流行周期，一般有三个阶段：①上升期或称导入期。这一时期出现的时装是潮流的先驱，常为追求时新服饰的少数人所穿用。②高峰期或称追随期。导入期出现的时装由为少数人所接受变为为众多消费者所接受，达到流行高峰。③下降期或称衰退期。原流行时装逐渐为新的流行时装所取代，本周期的流行过程逐渐完结和消失。由于多种因素、作用的影响，时装被接受的程度与范围有大有小，流行周期有长有短，时装的流行也会出现不可控或不规则状况。时装流行预测是对时装未来流行变化的估计。预测成果的公布称为发布流行趋势。世界一些著名的服装团体，如法国时装工业协调委员会、联邦德国的国际衣料博览会以及国际羊毛局等，每年一般分两次发布18个月以后的流行趋势。中国服装研究设计中心和《中国服装》杂志社自1986年起分春夏、秋冬两期发布中国服装流行趋势。

时装表演 fashion show 通过时装模特的形体姿态和表演来体现服装整体效果的一种展示手段。目的在于传播服装的色彩、面料和款式的流行趋势，推出服装企业和服装产品的品牌，引导消费，指导生产。时装表演要有符合流行趋势和一定创意主题的时装作品，有能够理解和表达时装作品主题的模特，有由T型表演台、灯光、音乐等营造的主题环境空间，有时装评论家与观众。模特表演水平的高低直接影响作品的艺术价值和审美价值。衡量时装模特的标准有形体、素质和修养三个方面。

时装表演可分为两大类：①商业性时装表演。主旨在时装流行趋势导向和消费导向上，每年春夏与秋冬发布两次，色彩趋势提前两年，纱线趋势提前一年半，面料趋势提前一年，服装趋势提前6～9个月。②文化性时装表演。主要包括艺术性和娱乐性表演。艺术性时装表演旨在启发和引导人们的服饰审美观念和兴趣，增强对服饰文化内涵的理解。场所及舞台设计（包括灯光、音乐、背景及整体气氛等）较为考究，展示的时装多带有一定的主题性或倾向性，需要时装模特准确把握作品的艺术内涵，以充分表达其艺术和审美价值。娱乐性时装表演多与文艺活动共同出现。

时装新戏 new opera in modern clothing 中国清末出现的表现近现代生活的戏曲作品，因穿戴时装而得名。最早出现于清道光年间。后来演出逐渐增多，随着京剧改良运动的兴起，一度颇为流行。时装新戏从服饰上区分约有3类：第1类是清装戏，即穿戴清代服装，反映清代官场或民间生活的作品，如《宦海潮》、《张文祥刺马》等；第2类是时事戏，取材于时事新闻、社会案件，穿戴时装，如《玫瑰花》、《阎瑞生》等；第3类是洋装戏，取材于外国题材，或根据外国小说、戏剧、电影改编，穿戴洋装，如《波兰亡国惨》、《拿破仑》等。时装新戏有不少作品反映了人民群众关切的各种社会问题，表演上较多模仿西洋话剧和文明戏，念白多，唱功少，念白以京白、苏白为主，有时还用其他方言。锣鼓用得少，表演比较自由，不太讲究规范，舞台采用布景、灯光等新技术。1915年以后，随着政治形势的变化，京剧改良运动逐渐衰微，时装新戏也随之衰落。

实变函数论 real function theory 19世纪末20世纪初形成的数学分支。起源于古典分析，主要研究对象是自变量（包括多变量）取实数值的函数，研究的问题包括函数的连续性、可微性、可积性、收敛性等方面的基本理论，是微积分的深入和发展。因为它不仅研究微积分中的函数，而且还研究更为一般的函数，并且得到了较微积分中相应理论更为深刻、更为一般从而应用更为广泛的结论，所以实变函数论是现代分析数学各个分支的基础。

实变函数论的中心内容是建立勒贝格积分理论。围绕中心内容介绍了勒贝格测度、勒贝格可测集和勒贝格可测函数等内容。勒贝格积分是现代数学中一个常用的重要积分工具，例如，应用广泛的傅里叶分析就是建立在勒贝格积分基础上的。勒贝格积分克服了黎曼积分的许多局限性，尤其是勒贝格积分理论在交换积分与极限次序等运算中的灵活性，以及勒贝格可积函数类所组成的函数空间的性质方面，有着黎曼积分理论不可及的优越性。

实变函数论运用勒贝格测度这一工具，在研究函数的可微性方面获得了一系列深刻的结果，单调可微定理就是其中之一。定义在$[a, b]$上的单调函数在$[a, b]\setminus E$上处处可导，且导函数在$[a, b]$上是勒贝格可积的（这里E表示$[a, b]$中勒贝格测度为零的子集）。此外，也可利用勒贝格积分的理论和点集分析的方法讨论多元实变函数的微分问题。

在收敛性方面，实变函数论利用勒贝格测度和勒贝格积分工具，引入了几乎处处收敛、依测度收敛（或度量收敛）和积分平均收敛等概念。依测度收敛就是概率论中的依概率收敛，在概率论中具有重要的地位，而积分平均收敛在分析数学中是刻划收敛性态时常用的工具之一，傅里叶级数理论以及一般正交级数理论中就是以均方收敛为基本收敛概念的。

实变函数论不仅在现代数学，尤其是分析数学中有着广泛的应用，而且它的理论和方法对于形成近代数学的其他分支，例如拓扑学、泛函分析有直接的影响。

实地盘存制 periodic inventory system 会计期末通过对全部存货进行实地盘点确定期末存货结存数量，再乘以各项存货的单价，计算出期末存货的成本，并据以计算出各项存货本期耗用或已销存货成本的一种存货盘存方法。又称定期盘存制。永续盘存制的对称。

在此法下，平时只记录存货购进的数量和金额，不记录发出的数量，期末通过实地盘点确定存货的实际结存数量，并据以计算出期末存货的成本和当期耗用或已销存货的成本。因此，又称此法为“以存计耗”或“以存货计销”。

实地盘存制所依据的基本等式为：

本期耗用（或销货）成本=期初存货成本+本期购货成本－期末存货成本

实际气体状态方程 actual gases, equation of state for 描述实际气体状态变化规律的方程。实际气体的分子有内在结构，两分子相距较近时为斥力且随距离缩短急剧增大，相距较远时为引力随距离加大逐渐减小。

1873年J.D.范德瓦耳斯假设气体分子是相互吸引的刚球，吸引力范围大于刚球半径。分子活动范围（即气体体积）小于容器容积V，气体体积应修正为$(V-b)$，b是反映分子大小的修正量，可由实验确定。当分子与器壁距离小于吸引力作用范围时，将受到垂直于器壁指向气体内部的合力，使分子撞击器壁时动量的垂直分量减小，即器壁所受实际压强为

$$p=\frac{RT}{V-b}-\Delta p$$

Δp称为气体分子施予单位面积器壁的冲量的平均值。分子碰壁一次施予的冲量的减少量与分子所受吸引力成正比，吸引力又与单位体积分子数成正比，同时，碰壁的分子数也与单位体积分子数成正比。因此，Δp应与体积的二次方成反比，即$\Delta p=\frac{a}{V^2}$，式中a是反映分子间引力的修正量，可由实验确定。于是，1摩尔范德瓦耳斯气体的状态方程为：

$$\left(p+\frac{a}{V^2}\right)(V-b)=RT$$

范氏方程是许多近似状态方程中最简单和使用最方便的一个。它较好地描绘高温下实际气体的状态变化关系，揭示出相变临界温度的存在，推广后还可近似应用于液体。

20世纪初H.开默林－昂内斯提出了一个按体积负幂次展开的级数形式的气体物态方程

$$p=A+\frac{B}{V}+\frac{C}{V^2}+\cdots$$

式中A、B、C、…都是温度的函数，并与气体性质有关，分别称为第一、第二、第三、…位力系数。这是实际气体状态方程最完全的形式。

实际工作中常采用各种经验或半经验的状态方程，它们相当准确，但往往只适用于某种特定气体或蒸气，只限于特定的比较狭小的压强和温度范围。

实践 practice 人们能动地改造和探索现实世界的一切社会的客观物质活动。实践是人的社会的、历史的、有目的、有意识的物质感性活动，是客观过程的高级形式，是人类社会发展的普遍基础和动力。全部人类历史是由人们的实践活动构成的。人自身和人的认识都是在实践的基础上产生和发展的。

实践的最基本的形式是：①改变自然，迫使自然满足人们物质生活需要的生产活动。它决定着其他一切活动。②以调整和改革人与人之间社会关系为目的的活动，这种活动在阶级社会里主要表现为阶级斗争。③以探索客观世界奥秘或寻觅有效实践活动方式为直接目的的科学试验活动。除以上3种基本形式外，教育、管理、艺术等一切同客观世界相接触的人的有目的的感性活动，都是实践。实践是人的主观的、感性的活动，是主观见之于客观的能动的活动，是社会的活动，是历史的活动。科学证明，人类历史同自然历史都是客观的过程。同样，构成人类历史的实践以及实践自身的历史发展也是一个客观的过程。

实践是认识的基础，没有实践就不会有认识，不理解实践也不能正确理解认识。认识产生于实践的需要。实践的目的在于改变世界以满足人的需要。要改变世界必须认识世界。实践及其发展的需要是认识、知识产生的根源和发展的动力。在现代，实践的发展促使科学成果层出不穷，以至促成新科学的诞生。人类实践发展的无止境，决定了认识发展的无止境。同时，实践是认识的目的。认识必须满足实践的需要，为实践服务。实践提供了认识的可能。只有实践才能提供认识所必需的信息。同时，也只有实践才使人们获得并不断发展对信息加工的能力即思维的能力。实践是检验认识真理性的唯一标准。凡是符合客观的真理性认识，通过实践必然会成功地转化为客观的现实。反之，凡是错误的认识，在实践中必然遭到失败。随着社会实践的发展，实践作为检验真理的标准，也在历史地发展着和完善着。

马克思主义哲学的伟大功绩之一，就是第一次对实践作出全面的、科学的考察和规定，并把科学的实践观引入了哲学，由此制定出辩证唯物主义认识论和科学的社会历史观，完成了旧唯物主义所无法完成的彻底批判唯心主义或神秘主义的任务。在马克思主义哲学中，实践具有十分突出的重要地位。

实践在社会生活中的作用表现得日益明朗，致使西方的唯心主义哲学也不得不以这种或那种形式反映出来，其中最突出的是实用主义。实用主义哲学十分强调实践的意义，但它否认实践的客观性，甚至否认实践对象的客观性，把实践等同于主观经验；否认客观规律对实践的制约，把实践的能动性夸大为人的主观随意创造；否认实践的社会历史性，把实践当作个人生物式地应付环境的行为；把实践取得对个人有用的效果看作是检验真理的唯一标准，完全不考虑认识内容是否和客观相符合。因此，实用主义的实践观是一种同马克思主义相对立的主观唯心主义观点。

“实践”号卫星 Shijian satellite 中国科学探测与技术试验卫星系列。“实践”1号是中国发射的第2颗人造卫星，于1971年3月3日发射入轨，原设计寿命为1年，实际在空间工作了8年多，该卫星探测到地球磁场和带电粒子的空间分布，获得了中国地区上空及其附近区域内辐射带下边缘区域的位置和特征。1981年9月20日用“风暴”1号运载火箭同时发射的“实践”2号（图1）、“实践”2号甲、“实践”2号乙3颗科学探

图1 “实践”2号卫星

图2 一箭三星发射

测与技术试验卫星，掌握了一箭三星的发射技术（图2），在科学探测方面，测得了大量电离层电子浓度分布资料，获得了太阳软X射线辐射被大气吸收的观测资料。1994年2月发射入轨的“实践”4号卫星，进行空间带电粒子环境探测和环境效应研究。1999年5月发射入轨的“实践”5号卫星，采用先进的现代小卫星技术，完成了两层流微重力科学实验、新技术演示验证实验、单粒子探测与对策研究。2004年9月发射入轨的“实践”6号01组双星和2006年10月发射入轨的02组双星，主要进行空间环境探测、空间辐射环境及其效应探测、空间物理环境参数探测，以及其他相关的空间实验。2005年7月发射入轨的“实践”7号卫星，用于空间环境监测以及其他相关的空间科学技术实验。2006年9月发射入轨的“实践”8号卫星是中国首颗专门用于航天育种研究的返回式科学技术试验卫星，完成空间诱变育种实验后，装载种子的卫星返回舱成功回收。2010年6月15日，“实践”12号卫星成功升空，该星主要用于开展空间环境探测、星际测量和通信等科学与技术实验。2010年10月1日与6日分别成功发射“实践”6号04组A星和B星。

《实践论》 *On Practice* 毛泽东关于马克思主义认识论的代表著作。原是毛泽东1937年7月为讲授哲学问题而写的《辩证法唯物论（讲授提纲）》第二章第十一节。新中国成立后，经作者修改发表在1950年12月29日《人民日报》。收入《毛泽东选集》第1卷。

这篇文章指出，实践的观点乃是辩证唯物论的认识论之第一和基本的观点，实践性是马克思主义哲学两个最显著的特征之一；强调实践是认识的来源、发展的动力和目的，是检验认识真理性的标准。它阐明了人类认识发展过程中的两次飞跃，即从感性认识到理性认识的飞跃和从理性认识到实践的飞跃，强调第二个飞跃的意义更加伟大。文章还揭示了人类认识发展的总规律，即“实践、认识、再实践、再认识，这种形式，循环往复以至无穷，而实践和认识之每一循环的内容，都比较地进到了高一级的程度”；明确指出唯心论和机械唯物论，机会主义和冒险主义，都是以主观和客观相分裂、以认识和实践相脱离为特征的，这就从根本上揭露了党内“左”右倾机会主义的认识论根源。

《实践论》从哲学上总结了马克思主义普遍原理与中国革命具体实践相结合的历史经验，奠定了中国共产党实事求是思想路线的理论基础，是毛泽东最主要的哲学著作之一。

《实践是检验真理的唯一标准》 *Practice is the Sole Criterion for Testing Truth* 1978年5月11日，《光明日报》发表的阐述关于真理标准问题的文章。粉碎“四人帮”后，主持中共中央工作的华国锋推行并迟迟不改正“两个凡是”的错误方针，继续肯定“文化大革命”的错误理论、政策和口号。1977年4月10日，邓小平写信给中共中央，提出应该用准确的、完整的毛泽东思想指导党的工作。随后，他多次同党内同志谈话，说明“两个凡是”不符合马克思主义。同年9月19日，他同教育部主要负责人谈话时提出，实事求是是毛泽东哲学思想的精髓。1978年5月11日，《光明日报》发表此文，强调检验真理的标准只能是社会实践，理论与实践的统一是马克思主义的一个最基本的原则，实际上批评了“两个凡是”的错误方针。这篇文章的发表引发了关于真理标准问题的讨论。这场讨论受到华国锋等的压制，但由于邓小平等多数中央领导人的积极领导和支持，讨论在全国范围内展开。这场讨论，冲破了长期以来“左”倾错误思想的束缚，为中国共产党十一届三中全会的召开作了理论上和思想上的准备。

光明日報
GUANG MING RIBAO
华主席给金主席的感谢电
满载朝鲜人民对中国人民的深情厚谊
华主席离平壤回国金主席到车站热烈欢送
金主席向华主席赠送礼品
实践是检验真理的唯一标准

《光明日报》1978年5月11日版

实科学校 real school 以实用学科为教学重点的一种不完全普通中学。这类学校旨在适应工商业和交通事业发展的需要，开设实用课程，培养从事工商业的中等技术人才，以打破文科中学一统天下的局面。1647年，英国经济学家W.配第首次提出“实科学问”的概念。17世纪末普鲁士神学家A.H.弗兰克就曾计划建立一种加强实科教学的教育机构。1705年，虔敬派牧师C.泽姆勒发表《在哈雷市建立数学工艺学校的有益建议》，提出建立实科学校的设想，并在1708年和1737年两度尝试开办此类学校。1747年，虔敬派牧师J.J.黑克尔在柏林开办经济学、数学实科学校获得成功。18世纪后期，在德国的威丁堡、赫尔伯斯特、布津特罗等城镇建立了一批6年制的实科学校，但这些学校未能获得与文科中学毕业生同等的社会地位，不能升入大学或在政府机关供职。1822年后，因古典主义倾向的回升，实科中学逐渐增加神学和拉丁语课程，有的成为文科中学。1872年普鲁士颁布《普鲁士国民学校和中间学校的一般决定》，将6年制的介于初等学校与文科中学之间的实科学校称为中间学校。1900年，德皇威廉二世批准《基尔法令》，承认文科中学和实科中学毕业生有升入大学的资格，实科学校在法律上获得与文科中学平等的地位。第二次世界大战后，实科中学仍作为一种不完全普通中学类型在联邦德国保留下来。

实录 chronicle record 中国封建时代记载皇帝在位期间重要史实的资料性编年体史册名称。一般以所记皇帝的庙号加谥号或仅以庙号为书名，如唐《顺宗实录》或清《世祖章皇帝实录》。也有以某一王朝命名的合刊本，如《明实录》、《清实录》等。

实录为中国传统史籍之一，南北朝时期已有。《隋书·经籍志》卷二内著录有《梁皇帝实录》三卷，周兴嗣撰，记梁武帝时史事；另有《梁皇帝实录》五卷，梁中书郎谢吴（一作昊）撰，记梁元帝时史事，是为最早的有关实录的著录。唐以后，实录均由官修，每当某个皇帝去世，即由即帝位者指令史臣撰修先帝一朝的实录，历代相沿，成为定制。至清代最后一朝的实录——《德宗景皇帝实录》（光绪帝）为止，共修撰过110多部实录。因他们的内容往往涉及时政机密，修成之后均藏于宫禁或有司，从不刊印流布，以致随封建王朝的兴衰交替，大都毁于兵火。南北朝至元代的实录，除唐《顺宗实录》及宋《太宗实录》残本20卷外，皆已佚失。明清两代的实录较完整地保存至今。

明代实录 明代共16个皇帝，有13部

实录存留，共2 909卷，约1 600余万字。第二个皇帝建文帝的实录附于《太祖实录》内；第七个皇帝代宗的实录附于《英宗实录》内；最后一个皇帝崇祯帝的实录只存后人辑补的17卷。明代实录有多种抄本流传。1941年梁鸿志据江苏省立国学图书馆所藏明代实录传抄本影印，书名为《明实录》，通行全国。影印本将《建文帝实录》附于《成祖实录》，并附印《崇祯实录》17卷，共2 928卷，线装，分装500册。1961年中国台北“中央研究院”历史语言研究所以北京图书馆所藏红格本晒蓝之明代实录为底本，经校勘影印也称《明实录》，精装，共100册。此影印本附有校勘记及不著撰人《崇祯实录》17卷、清代明史馆编《崇祯长编》、《皇明宝训》40卷等，共3 183卷，为当今最全之影印本。

清代实录　清代12个皇帝中有11个撰修了实录，全部保存下来，共4 355卷，另有总目、序、修纂凡例、目录、进实录表、修纂官等51卷，合计4 406卷。此外尚有《满洲实录》8卷即带图本《太祖实录战绩图》。其中太祖、太宗朝的实录，曾经过顺治、康熙、雍正、乾隆诸朝多次重修和改修，有多种撰修本传世；世祖朝（顺治）的实录也经雍乾时重修，但未见其初修本留传。最后一个皇帝宣统帝溥仪即位未久即被推翻，无人为其修实录，原修《德宗景皇帝实录》的编修机构编有一部70卷的《宣统政记》，另附目录1卷。

清代每朝实录缮抄多少部说法不一，一般认为有5部：以黄绫为封面呈进皇帝的送审本一部，俗称小黄绫本；以满、蒙古、汉三种文字缮抄，分别以大、小红绫为封面的大、小红绫本各二部。大红绫本为尊藏本，一存皇史宬，一存盛京（今沈阳）崇谟阁；小红绫本一为御览本，一为阁本（内阁收藏）。也有人认为乾隆朝以前有一部大黄绫本，虽见诸档案记载但目前未有实物发现。

实录的史料价值　实录所记载的内容虽然并不像其书名那样都是历史的真实记录，而且往往有一些不尽不实之处，但它毕竟是依据档册及起居注等原始资料修撰而成，所记载的许多重大历史事件在时间、地点、人物姓名及主要情节等方面，大都有史实根据。所以历代修纂正史，多取材于实录。实录是记录一朝一代国政章制的重要典籍，具有档案性史料的作用。尤其在原始档案史料已经不存或所存不全的情况下，其重要的史料价值是无可替代的。

实生苗　seedling　由种子繁殖得到的苗株。有别于无性繁殖得到的扦插苗、嫁接苗等。实生苗具有生长旺盛、根系发达、寿命较长等特点；用作繁殖材料时来源丰富，方法简便，成本低廉。因而实生繁殖迄今仍是植物栽培中最主要的育苗方法。在杂交育种中，也需要利用杂种实生苗后代分离的特性来选育新品种。在果树生产中，现只有后代性状比较稳定的少数种类如番木瓜、榛、板栗、核桃和一些柑橘类果树仍直接利用实生苗；嫁接所用的砧木，也大多利用各自近缘种的实生苗。

培育健壮、整齐的实生苗，须选择优良的母本树，适时采收充分成熟的种子。储藏期中的种子含水量不能高于12%，温度以保持5℃左右为宜。有些不适于干燥储藏的种子如板栗、荔枝、柑橘等，宜在湿沙中低温储藏。

实事求是　seek truth from facts　中国共产党人思想路线的集中概括。其基本内涵是一切从实际出发，理论联系实际，把马克思主义普遍原理同中国具体实际相结合。

“实事求是”是中国文化的优良传统。1941年5月，毛泽东在《改造我们的学习》一文中，从马克思主义认识论的高度对它作了新的阐释，指出：“‘实事’就是客观存在着的一切事物，‘是’就是客观事物的内部联系，即规律性，‘求’就是我们去研究。”他要求共产党人要从国内外、省内外、县内外、区内外的事实情况出发，从其中引出其固有的而不是臆造的规律性，即找出周围事变的内部联系，作为行动的向导。毛泽东的这一科学阐释，使实事求是上升到了马克思主义世界观和方法论的高度，成为中国共产党人的思想路线。

实事求是作为党的思想路线，是在同主观主义的长期斗争中逐步形成和发展起来的。1930年，毛泽东写作《反对本本主义》一文，强调“没有调查，没有发言权”，明确提出“共产党人从斗争中创造新局面的思想路线”，从而形成了实事求是思想路线的雏形。1937年，他又在《实践论》中阐明了“实践、认识、再实践、再认识”这一人类认识发展的总规律，提出实践的观点乃是辩证唯物论的认识论之第一和基本的观点，揭露了党内“左”、右倾机会主义的认识论根源，即主观和客观相分裂、认识和实践相脱离。《实践论》和《矛盾论》从哲学的高度总结了马克思主义普遍原理与中国革命具体实践相结合的历史经验，奠定了党的实事求是思想路线的理论基础。经过延安整风和中共七大，实事求是思想路线在全党确立起来。

中共十一届三中全会以后，邓小平把实事求是与解放思想统一起来，重新恢复和发展了这条思想路线。他指出，实事求是，是毛泽东思想的精髓，是毛泽东哲学思想的精髓，是无产阶级世界观的基础，是马克思主义的思想基础。中共十一届六中全会通过的《关于建国以来党的若干历史问题的决议》，把实事求是作为毛泽东思想活的灵魂的首要方面加以肯定和提倡。

实收资本　invested capital; paid-in capital　投资者按照企业章程或者合同、协议的约定，实际投入企业的资本。中国规定，投资者设立企业首先必须投入资本。投资者投入资本的形式可以是现金，也可以是非现金资产，符合国家规定比例的，还可以用无形资产投资。在企业经营过程中，还可以通过增资、用资本公积转增资本和用盈余公积转增资本等方式增加实收资本。投资者投入资本若在注册资本范围内，应计入实收资本（股份有限公司为股本）；超过投资者在企业注册资本中所占份额的部分，计入资本公积。

中国规定，企业资本（或股本）除了下列情况外，不得随意变动：①符合增资条件，并经有关部门批准增资。②企业按法定程序报经批准减少注册资本。

实数　real number　有理数和无理数的统称。因为有理数和无理数即所有的十进循环小数和十进不循环小数，所以实数也可以定义为十进无限小数。每个实数可表为：

$$a=a_0+\frac{a_1}{10}+\frac{a_2}{10^2}+\cdots+\frac{a_n}{10^n}+\cdots$$

或

$$a=a_0a_1a_2\cdots a_n\cdots$$

式中a_0为整数；a_i（$i=1,2,\cdots$）都是0到9的正整数。例如：

$$\pi=3.141\,59\cdots$$

$$\frac{1}{6}=0.1\dot{6}=0.166\cdots6\cdots,\ \frac{18}{5}=3.600\cdots0\cdots$$

$$-\frac{1}{3}=-(0.33\cdots3\cdots)=\bar{1}.66\cdots6\cdots$$

当$a_0>0$，或$a_0=0$但a_i（$i=1,2,\cdots$）不全等于零时，a称为正实数；当$a_0<0$时，a称为负实数；当$a_0=0$且a_i（$i=1,2,\cdots$）全等于零时，a称为实数零。要比较两个正实数的大小，可以先把它们化为上述形式的无限小数。然后依次比较它们的整数部分、十分位、百分位……。第一次出现较大数码的那个数较大。如果对应位上的数码都相同，那么两个数就相等。由此就易于建立实数集中的大小（顺序）关系。对实数可以定义加、减、乘、除四则运算。实数集内这4种运算是封闭的。实数集与一条直线上的所有点之间具有一一对应关系。因此，既可以用直线上的点来代表实数，也可以反过来用实数表示直线上的点。从直线上点和点之间的连续可以直观地理解实数集也有这样的连续性。实数是数学许多分支的重要基础。建立严格的实数理论对推动数学的发展是必不可少的工作。实数有多种不同的构造理论。一种是用有理数退缩闭区间序列来定义实数；另一种是G.康托尔提出的用收敛的有理数列的等价类定义实数；还有一种是J.W.R.戴德金提出的用有理数集的分割定义实数。所有这些构造性定义都摆脱了进位制这一局限，使实数的理论臻于完善。

实体 substance 西方哲学史上的重要范畴。一般指能独立存在的、作为一切属性的基础和万物本原的东西。又称本体。古希腊哲学家亚里士多德首次从哲学意义上使用实体一词。他认为，实体是一切属性的基础，生成变化的根据，是“这个”，如某个体。但又分出第二实体、最高实体——神等。以后，西方哲学史家大体从两个方面使用实体一词：唯物主义者认为实体是具有广延的形体，是自然实体、物质实体；唯心主义哲学家和神学家认为实体是绝对的上帝、精神性的“单子”等。

实体法 material law 规定法律关系主体之间权利、义务本体的法律。如行政法、民法、刑法、婚姻法等。程序法的对称。

实验地理学 experimental geography 运用实验方法研究地球表层系统（或地理环境）物理、化学和生物过程的学科。是综合自然地理学的一个新分支学科。地理学的实验方向首先产生于自然地理学的一些分支学科，如实验地貌学、实验水文学等，20世纪50～60年代，在苏联、中国相继发展出综合自然地理学实验方向的研究，逐步形成实验地理学。它与普通自然地理学研究对象相同，都研究地球表层系统的形成、演变及其区域分异规律，但数据来源和方法截然不同：普通自然地理学的数据来自野外考察和收集现存资料，实验地理学的数据主要来自实验。其实验方法包括：①从野外采集样品在室内进行分析。②在室内以一定比例建立实体模型，进行各种实验。③在野外对地理综合体进行观测试验，即开展地理定位研究。实验地理学开展微小空间尺度和短周期时间尺度的研究，揭示自然地理过程，为自然地理研究提供大量科学数据，促进了自然地理学的发展；同时引发出地理学工程层面的研究方向——地理工程学，实现了大多数自然科学学科所遵循的一般发展规律，即实验层面、理论层面、工程层面三者互相促进与协调发展。

实验动物 laboratory animal 用于生物科学实验的动物的统称。在品质上有一定要求，以保证实验的准确性。为各种生物制品（疫苗、抗毒素、血清、诊断液、培养基、组织细胞等）提供原料的动物，以及用于生物学教学示范的动物也常被包括在实验动物范围之内。

来源和用途 实验动物来源有三方面：①育成品种。即根据生物医学科学研究和监测工作的需要而选育成的品系较纯的动物。其性状和遗传、生理、生化指标都达到相对恒定的水平，从而可以保证实验的高精密度和具有准确的可重复性。常用的大鼠、小鼠等都属于这个类型。其中还包括由于遗传突变而出现的具有某种特殊性状的突变型动物，如免疫缺陷动物，包括无胸腺功能的裸鼠，无B细胞功能、无杀伤细胞功能、无脾脏或无巨噬细胞的动物等。这些突变型实验动物免疫功能不全，就使许多不易用动物体建立模型的疾病例如肿瘤等得以复制。②驯养动物。包括家畜和玩赏动物如猪、马、牛、羊、鸡、鸭、鹅、鸽和犬、猫等。其中的猪和犬已在生物医学研究中被大量用作动物模型。③野生动物。包括两栖类、爬行类、鱼类、鸟类、灵长类以及大量无脊椎动物（蚧、蝇、蚊、蚯蚓、虻等）。有一种小型野猪天然患有糖尿病、血友病、黑色素瘤等，且可遗传，已成为研究某些人类重要疾患的天然动物模型。野生动物和驯养动物因其遗传背景不够清楚而不具有准确的可比性和可重复性，从而限制了在精密科研中的应用，但它们具有某些生物学特点，因而在科研中的用途仍日受重视。在医学研究上应用较多的猴，常用于避孕、免疫、内分泌、肿瘤等的研究和小儿麻痹疫苗的研制；猩及黑猩猩是研究甲型肝炎病毒的法定动物；沙鼠常用于放射学、动脉粥样硬化、内分泌和体温调节的研究。

品质控制 为了保证实验动物的品质和实验的精密度，需要有严格的控制条件，并需不断进行监测。控制和监测主要有遗传学控制、微生物控制和环境控制三方面内容。

实验动物不但是许多科学实验研究必不可少的工具，而且成为衡量一个国家科学技术水平的标尺之一。

实验教育学派 experimental pedagogy 德国20世纪重要的教育学学派。产生于19世纪末20世纪初，创建人是E.梅伊曼和W.A.拉伊。拉伊从1889年开始从事实验教育学研究，1903年出版《实验教学法》一书。梅伊曼在1907～1914年出版《实验教育学讲义》，1905年二人共同创办《实验教育学杂志》。与此同时，莱比锡、慕尼黑等大学建立了专门从事实验教育学研究的机构。

实验教育学主张教育研究应当建立在实证研究的基础之上，运用实验、统计和系统观察等方法研究教育，特别是教育和学习的实际过程。拉伊认为实验教育学是唯一科学的教育学，其任务是用实验等实证方法解决教学和教育过程中的实际问题，因而把教学过程看作是教育学研究的核心问题。梅伊曼则把儿童的发展和活动以及教师在课堂上的活动视为实验教育学的研究对象，并将实验教育学主要看作是传统教育学的一种补充。

实验教育学的影响在德国未能持久。但在国外，特别是美国，实验教育学方法获得了广泛的应用，并促进了教育学研究的发展。20世纪60年代以后，实验教育学作为实证教育学的重要组成部分重新得到重视。

实验文学运动 Khit San Literature Movement 20世纪30年代缅甸文坛上发生的一场改革文风的运动。因作者们本着探索时代喜好的想法进行创作实践，故名。此前缅甸文坛流行的主要是韵律严谨的古体诗歌和由外国小说改写的小说，追求辞藻，矫揉造作，不重视反映现实生活。在仰光大学缅文教授吴佩貌丁的鼓励倡导下，年轻师生们崇尚蒲甘碑铭清晰简练的文风，受到欧洲文艺复兴时期文艺思潮及中、印现代文学的影响，希望改变文学创作现状，在爱国反帝运动的影响下进行创作，形成了这一运动。小说注意写实，有感而发；诗歌多采用更加灵活的自由体，不再一味追求辞藻华丽、格律工整；剧作不再运用成段的诗文而用生动的大众化对白。他们作品的共同特点是：言简意赅，清新朴实，生活气息浓郁，极富浪漫色彩。随着缅甸民族独立运动的蓬勃发展，1936年以后他们作品中反帝爱国的内容也逐渐增多。这一运动持续了10年左右，直至40年代初日本法西斯侵入东南亚时中断。但它对缅甸文坛影响很大。

最具代表性的人物有德班貌瓦、佐基和敏杜温。他们三人被誉为“实验文学三杰”。作品主要集中于《实验文学三人集》（短篇小说集，1955）中。文学评论方面代表作结集出版的有德班貌瓦的《文学与文化》、佐基与敏杜温的《文学世界》等。

实验戏剧 experimental theatre 带有实验性质的一种现代戏剧形式。见小剧场戏剧。

实验应力分析 experimental stress analysis 用实验分析方法确定构件在受力情况下的应力状态的学科。它既可用于研究固体力学的基本规律，为发展新理论提供依据，又是提高工程设计质量，进行失效分析的重要手段。R.胡克（1660）和E.马略特（1680）用弹簧和梁的变形实验证实了力与变形的线性关系后，出现了一些机械式引申计等应变测量装置。20世纪30年代的粘贴式电阻应变片，50年代的环氧树脂材料等，70年代的激光技术，90年代的计算机技术，才使得实验应力应变分析获得真正发展，并应用到更多的科学和工程领域。

电学方法 ①电阻应变计法。电阻应变计是一种能将构件上的尺寸变化转换成电阻变化的变换器，一般由敏感栅、引线、黏结剂、基底和盖层构成，安装在构件表面。构件表面产生微小变形时，敏感栅随之变形并产生电阻变化。由其变化率可算出该处构件表面的应变与相应的应力。依敏感栅材料不同，电阻应变计分金属电阻应变计和半导体应变计两大类。另外还有薄膜应变计、压电场效应应变计和其他各种不同用途的应变计。电阻应变计测量技术应用较为普遍，效果较好。②电容应变计法。电容应变计是一种能将构件上的尺寸变化转换成电容变化的变换器。试件变形时，两电容极片间距随之变动，引起电容变化。测出电容变化率可算出试件的应变。电容应变计有弓形、平板式和杆式等类型，多用于发电厂的管道、设备或核能设备的长期高温应变测量，监视裂纹的形成和发展，以及对航空航天构件材料进行高温性能测试等。

光学方法　此法发展较快，方式较多，已逐渐形成光测力学。①光弹性法。某些各向同性透明的非晶体高分子材料受载荷作用时，呈现光学各向异性，使一束垂直入射偏振光沿材料中的两主应力方向分解成振动方向互相垂直、传播速度不同的两束平面偏振光；卸载后，又恢复光学各向同性。用具有这种效应的透明塑料按一定比例制成零构件模型，置于偏振光场中，施加一定的载荷，模型上便产生干涉条纹。通过计算，就能确定模型受载时各部位的应力大小和方向。此法对应力集中区和三维内部应力问题的求解特别有效。②云纹法。当栅板和栅片重叠时，因栅片牢固地粘贴在试件表面而随之变形，遂使栅板和栅片上的栅线因几何干涉而产生条纹即云纹。可通过云纹测定物体表面的等高线，以及板壳的挠度分布等。③云纹干涉法。将高密度衍射光栅精确复制在物体表面，并用激光束照射该光栅，通过光栅衍射波干涉形成的条纹图获得物体表面的变形信息。此法灵敏度高，条纹对比度好；能进行全场分析，实时观测，量程几乎不受限制。④全息干涉法。利用全息照相把来自物体变形前后的光波波阵面的振幅和相位信息以干涉条纹形式记录下来，研究该条纹图的形成、条纹的定位以及对条纹图的解释，即可进行物体变形分析。常用的全息干涉法有双曝光法、即时法和均时法。⑤散斑干涉法。激光照射在漫反射物体表面时，由反射光波干涉形成的散斑随物体变形或位移而变化。采用适当装置，通过双曝光法把变形前后的散斑记录在一张全息底片上，经显影定影后便可获得存储物体表面各点位移信息的散斑图。用激光照射散斑图，就显出散斑干涉条纹。在进行光学傅里叶变换信息处理后，便可分析出物体表面各点的位移信息。⑥焦散线法。当一束光垂直照射在一块受载的带有边缘裂纹的透明薄板试件的局部高应变场区域时，透过的光线发生强烈偏折和汇聚，在试件与像屏间的空间形成一个明亮的曲面，称为焦散面。若用一个半透明屏幕切割此焦散面，就可看到一条明亮的曲线，即焦散线。建立焦散线的几何参数与奇异场的力学参数间的关系，再通过测量焦散线的几何形状，可求出有关的力学量。⑦光纤传感技术。当光通过光纤时，光的某一特性（如光强、相位、波长、偏振等）受到被测物理量的影响会发生变化，利用这一变化即可测得声压、电场、磁场、位移、加速度、应变、温度等。⑧数字图像处理技术。在实验力学领域内，主要用来分析处理光测力学中通过上述光学方法获得的光学信息，获取全面而有效的实验数据，实现光测力学的图像信息采集自动化和数据分析程序化。

声学方法　①声弹性法。超声波在有应力的介质中传播时发生双折射效应，即其剪切波沿两主应力方向发生偏振，两偏振波以不同速度传播。实验和理论分析得出，这两个超声剪切波的速度差与两主应力差成正比。其比例系数称声弹性系数，与材料的弹性常数有关。用此法可测量非透明材料的内部应力，并可测量焊接件的残余应力。②声发射技术。构件在受力过程中产生变形或裂纹时，以弹性波形式释放出应变能的现象称为声发射；接收并分析声发射信号可对构件进行动态无损检测。此技术可用来检测裂纹和研究腐蚀断裂过程，以及监视构件的疲劳裂纹扩展等；还可用来评价构件的完整性，判断结构的危险程度。③声全息法。和全息照相原理相同，利用波的干涉原理记录物波的振幅和相位，并利用衍射原理再现物体的像。此法的成像分辨率高，用于无损检验，可显示试件内部缺陷的形状和大小。

其他方法　常见的有脆性涂层法、X射线应力测定法、比拟法等。①脆性涂层法。涂料喷涂到构件表面后，经过处理就在构件表面结成脆性层。当此构件因加载而产生的应变在某点达到临界值时，该点上的涂层就出现一条与主应力方向垂直的裂纹。连接同一载荷下所有裂纹的端点，其连线上各点是有相等的应力值，称为等应力线。通过逐级加载，可得几乎遍布整个涂层表面的裂纹图和对应于不同载荷的等应力线，从而可直接观察到构件表面各处主应力大小和方向的分布状况。此法主要用来测出最大应力区和主应力方向，作为电阻应变计测量技术的辅助方法。②X射线应力测定法。X射线穿透金属晶格时发生衍射，测量衍射角的变化并通过布拉格公式确定晶格的变化，可算出金属构件表面应力。此法可无损地测量构件中的应力或残余应力，特别适于测量薄层和裂纹尖端的应力分布，是检验产品质量，研究材料强度，选用较佳工艺的一种重要手段。③比拟法。若两种物理现象中存在以形式相同的数学方程描述的物理量，它们之间便存在比拟关系，就可用一种较易测试的物理现象模拟另一种难以测试的物理现象。此法可简化试验工作。在实验应力分析领域中，常用的有薄膜比拟、电比拟、电阻网络比拟、沙堆比拟等。

实验诊断　laboratory diagnosis　通过感官观察、试剂反应和仪器分析等对离体标本、分泌物、排泄物和脱落物进行检查的诊病方法。可为临床诊断、病情判定、疗效观察以及预后估计提供实验依据。实验诊断涉及许多基础和临床学科，是现代医学的重要组成部分。实验诊断必须结合临床实际情况，对检查结果进行分析、解释，才能得出合理的判断。随着新技术、新方法在实验诊断中的应用，临床检验的范围逐渐扩大，项目日益增多，敏感性、特异性和准确性也显著提高，并已发展为一门独立的医学学科，即实验诊断学。

实验诊断大致分为以下几类：①临床一般检查，指对血、尿、粪、痰、各种穿刺液和分泌物的常规性检查。②临床血液学检查。③临床化学或临床生物化学检查。④临床微生物学检查。⑤临床寄生虫学检查。⑥临床免疫血清学检查。⑦临床遗传学检查。⑧临床脱落物细胞学检查等。

标本是实验诊断检查的对象。检验的结果准确与否，首先依靠于采集标本、转送标本以及保管标本是否得当。①血标本。采集时间因检查目的不同而异。空腹血指进食后8小时的血，多在晨起饭前采血；指定时间血标本，即按限定时间采集的血；急诊标本指根据病情随时采集，应注明采血时间。血标本可依据检查的目的不同分为全血、血浆和血清3种。标本容器应干燥、洁净。细菌培养标本的容器应符合无菌要求。②尿标本。做定性检查可随时收集尿液，但以晨起第一次尿为最佳，因为此尿较浓缩，比重高，有形成分的形态能保持完整。进行功能试验则应按要求时间采集尿液，必须留24小时尿时，标本瓶中应预放入防腐剂，以防微生物繁殖。③粪标本。宜用新鲜排出的粪便，选取有脓、血、黏液等成分的部分。容器一般用涂蜡纸盒。

实验诊断的首要步骤是判定被检标本的检测值是否正常，每项检查都应有判定的标准，即人群正常值。人群正常值有其局限性，如有些人的某些项目用人群正常值衡量可能属于正常范围，但就被检者来说已为异常。在个人连续健康检查或日常检查中可获得相应项目的个人正常值，用它衡量此人患病时的检查结果，其临床意义更为确切。实验诊断检查除具有一般实验室检查的技术性误差外，还存在生理性影响和药物的干扰。所以判定其检验结果时，首先应排除技术误差及影响和干扰实验诊断检查的因素，然后再分析它的临床意义，这对及时发现早期隐匿型及潜伏期患者很有意义。